中華民國史檔案資料滙編

第五輯 第一編 政治（五）

中國第二歷史檔案館編

鳳凰出版傳媒集團 鳳凰出版社

目　　录

〔五〕民族事务

（一）行政法规

1. 国民政府蒙藏委员会组织法
(1928年3月21日)……………………………………………………1
2. 修正蒙藏委员会组织法
(1932年7月25日)……………………………………………………2
3. 蒙藏新疆回部来京展觐人员招待规则
(1934年1月8日)……………………………………………………4
4. 边疆宗教领袖来京展觐办法
(1934年1月8日)……………………………………………………9
5. 蒙藏回疆各地方长官及各宗教领袖人员来京觐见礼节单
(1934年1月8日)……………………………………………………11
6. 蒙藏回疆各地方长官及各宗教领袖人员来京展觐赏赉办法
(1935年1月14日)……………………………………………………12
7. 管理喇嘛寺庙条例
(1935年12月9日)……………………………………………………13
8. 喇嘛奖惩办法
(1936年1月10日)……………………………………………………13
9. 修正边疆武职人员叙授官衔暂行条例
(1936年2月8日)……………………………………………………18
10. 边疆武职人员叙授官衔暂行条例施行细则
(1936年2月8日)……………………………………………………20

11. 喇嘛任用办法
(1936年2月10日)……………………………………23
12. 修正喇嘛登记办法
(1936年3月2日)……………………………………26
13. 蒙藏边区人员任用条例
(1937年4月1日)……………………………………33

(二)蒙事

一、蒙古地方行政

1. 白云梯为请调查内蒙自治自决活动致国民政府函
(1928年8月25日)……………………………………36
2. 国民政府文官处为魏笑涛要求陈明蒙边情形致行政院公函
(1928年11月14日)……………………………………36
3. 张继为恩和阿木尔等声请设立蒙旗自治委员会等致蒋介石等函
(1928年11月16日)……………………………………39
4. 张学良为声请哲里木盟没有赴京请愿自治自决致国民政府电
(1928年12月14日)……………………………………40
5. 昭乌达盟敖汉前旗札萨克为要求尊重民意革新地方政务致国民党中央党部呈
(1929年2月7日)……………………………………40
6. 张继为请采择吴鹤龄关于蒙古党务建议致蒋介石电
(1929年2月21日)……………………………………41
7. 蒋介石为改进蒙古行政致德王函
(1929年5月22日)……………………………………41
8. 国民政府文官处为内蒙各寺庙反对蒙委会关于全蒙喇嘛交蒙旗管辖提案致蒙藏委员会函

(1930年5月27日)……42
9. 陆海空军总司令部参谋处为转送孔祥熙函及李垣扶植外蒙说帖致行政院秘书处公函
(1931年6月24日)……43
10. 国民政府公布蒙古盟部旗组织法
(1931年10月12日)……45
11. 蒙古盟部旗组织法施行法
(年 月 日)……48
12. 国民政府文官处关于吴恩和陈述倭寇侵袭蒙疆危迫致行政院公函
(1931年11月6日)……50
13. 行政院为吴恩和条陈蒙疆危迫一案办理情形致文官处公函
(1931年12月16日)……52
14. 国民政府文官处为酌办白云梯关于蒙藏问题之提案致行政院公函
(1932年3月19日)……52
15. 行政院秘书处关于国难会议会员阿育勒乌贵等为提议宣抚内蒙安置蒙民编练骑兵致蒙藏委员会笺函
(1932年4月19日)……54
16. 蒙藏委员会为筹议编练蒙古骑兵致行政院呈
(1932年9月28日)……61
17. 国民政府公布蒙旗宣化使公署组织条例
(1933年7月14日)……62
18. 内政部等关于蒙古自治案会稿
(1933年9月 日)……63
19. 蒙藏委员会关于蒙古自治治标治本议决案
(1933年9月16日)……64
20. 行政院为派黄绍竑巡视察绥两省各盟旗致国民政府呈

及财政部内政部训令
(1933年10月4日)……64
21. 行政院秘书处为黄绍竑巡视蒙古由甘乃光代拟布告致内政部笺函
(1933年10月6日)……65
22. 行政院为派黄绍竑巡视内蒙各盟旗并派赵丕廉襄助办理致文官处公函
(1933年10月17日)……67
23. 行政院为奉令派黄绍竑赵丕廉巡视内蒙各盟旗致察哈尔等省府及机关的训令
(1933年10月24日)……67
24. 行政院为关于蒙古自治问题布告
(1933年11月13日)……68
25. 国民政府文官处为拟定内蒙自治办法致行政院公函
(1934年1月22日)……69
26. 蒙古地方自治政务委员会暂行组织大纲
(1934年3月7日)……73
27. 蒙古地方自治指导长官公署暂行条例
(1934年3月7日)……74
28. 行政院为解决蒙古自治问题办法原则八项致蒙藏委员会训令
(1934年3月14日)……75
29. 行政院为修正蒙古地方自治政务委员会暂行组织大纲第四条致蒙藏委员会训令
(1934年4月28日)……76
30. 行政院关于修正蒙古地方自治政务委员会暂行组织大纲第八条第三项致蒙藏委员会训令
(1934年8月4日)……77
31. 中国国民党中央执行委员会政治委员会为伊乌两盟在

爱金合洛设自治机关致国民政府函
(1936年1月7日)……………………………………………………78
82. 国民政府为乌伊两盟在爱金合洛设自治机关致行政院训令
(1936年1月8日)……………………………………………………78
33. 国民政府关于办理刘家驹等人提议建设蒙古初步办法案致行政院训令
(1936年1月9日)……………………………………………………79
二、德王自治及其与日本妥协活动
1. 德王为筹边似宜审慎致蒋介石函
(1931年4月30日)……………………………………………………84
2. 蒋介石关于以审慎周详筹维边事复锡盟副盟长德王的笺函
(1931年5月21日)……………………………………………………84
3. 锡盟盟长苏那木拉布丹为赠送礼物及拥护中央致蒋介石函
(1931年 月 日)……………………………………………………85
4. 蒋介石复锡盟盟长苏那木拉布丹笺函
(1931年5月21日)……………………………………………………86
5. 蒙古留平学生曾阳为推荐德王为蒙古宣抚使以安蒙心致国民政府电
(1932年5月8日)……………………………………………………86
6. 内蒙各盟旗驻平代表会为设置蒙古宣抚使并任命德王充任致国民政府电
(1932年5月9日)……………………………………………………87
7. 班禅驻平办公处为请任命德王为蒙古宣抚使致国民政府电
(1932年5月10日)……………………………………………………87
8. 国民政府军事委员会为准中央政治会议秘书处函请核办

白云梯提议请任命德王为内蒙宣抚使或蒙旗保安司令等名义致行政院公函
(1932年7月4日)……88
9. 德王等为推行蒙古高度自治真相致中央党部执行委员会等电
(1933年7月14日)……89
10. 绥远省政府主席傅作义报告德王在百灵庙开会情形致蒙藏委员会代电
(1933年9月1日)……91
11. 傅作义关于德王假冒名义通电自治致蒙藏委员会电
(1933年9月20日)……94
12. 蒙藏委员会关于德王要求旅京蒙人参加成立内蒙自治政府大会致行政院呈
(1933年9月22日)……94
13. 尼玛鄂特索尔报告德王在百灵庙开会参加人员实情致蒙藏委员会电
(1933年9月24日)……95
14. 傅作义为制止各旗王公出席德王百灵庙自治会议致蒙藏委员会电
(1933年9月24日)……96
15. 卓特巴扎普等为不愿追随德王自治致蒙藏委员会电
(1933年9月26日)……96
16. 宋哲元为报告德王自治情形及处理办法致行政院电
(1933年9月26日)……97
17. 傅作义为报告德王自治用意及经过等致蒙藏委员会电
(1933年10月3日)……98
18. 傅作义为报告德王自治及四子旗王对自治态度致蒙藏委员会电
(1933年10月4日)……99

19. 国民政府行政院秘书处为抄送傅作义关于德王自治情形及处理办法致蒙藏委员会笺函
(1933年10月7日) ……………………………………………………100
20. 蒙古各盟旗联合驻京办事处报告百灵庙会议情形致蒙藏委员会代电
(1933年10月8日) ……………………………………………………102
21. 傅作义报告四子旗王反对自治会议等致蒙藏委员会电
(1933年10月8日) ……………………………………………………102
22. 傅作义关于德王自治会议情形及自治大纲致蒙藏委员会电
(1933年10月11日) ……………………………………………………103
23. 行政院秘书处为抄送有关日人间谍在多伦等活动情形致蒙藏委员会笺函
(1933年10月12日) ……………………………………………………104
24. 傅作义为报告沙盟长对德王自治态度致蒙藏委员会电
(1933年10月14日) ……………………………………………………105
25. 傅作义关于锡盟发起自治起因及宣化情形致蒙藏委员会电
(1933年10月16日) ……………………………………………………105
26. 傅作义为报告德王自治筹划兵力及各盟代表态度致蒙藏委员会电
(1933年10月21日) ……………………………………………………107
27. 傅作义为报告德王愚弄蒙古各旗实行自治等致蒙藏委员会电
(1933年10月22日) ……………………………………………………107
28. 德王为组织内蒙自治政府实行自治致中央执行委员会通电
(1933年10月28日) ……………………………………………………108
29. 杀虎口台站管理局报告百灵庙自治会议大致经过致蒙

藏委员会呈
(1933年11月29日) ……………………………………………………110
30. 黄部长赵副委员长在百灵庙与内蒙自治会议商定蒙古自治办法
(1933年12月 日) ……………………………………………………116
31. 行政院秘书处为抄送参谋本部关于对德王处置意见致蒙藏委员会笺函
(1934年2月5日) ……………………………………………………118
32. 蒙藏委员会为抄送德王等要求立即施行蒙古自治案译文致行政院秘书处公函
(1934年2月16日) ……………………………………………………119
33. 行政院秘书处为抄送内蒙自治会议主席团关于自治八项原则俯顺舆情代电致蒙藏委员会函
(1934年3月30日) ……………………………………………………121
34. 行政院政务处为德王似有意寻衅事致蒙藏委员会笺函
(1935年3月20日) ……………………………………………………122
35. 参谋本部关于蒙古旅行团报告蒙旗潘王与日人来往及德王派曼头率兵围攻石王府情形致行政院公函
(1935年4月29日) ……………………………………………………123
36. 蒙古地方自治政务委员会关于召开全体委员会议经过情形致国民党中央党部等电
(1935年5月21日) ……………………………………………………124
37. 行政院政务处为蒙兵在百灵庙活动情事致外交部笺函
(1935年6月1日) ……………………………………………………125
38. 行政院关于内蒙兵将占领沽源等地致军事委员会北平分会公函及蒙藏委员会指令
(1935年8月15日) ……………………………………………………125
39. 外交部为驻平特派员程锡庚与德石二王谈话录两分呈请鉴核致行政院呈

（1935年9月26日）……………………………………………127
40．蒙古地方自治政务委员会为呈报三届全体委员会议开会经过致国民政府电
（1935年10月29日）……………………………………………130
41．张自忠关于卓世海就任伪职及德王召集蒙古王公会议情形致行政院电
（1936年1月27日）……………………………………………130
42．军委会办公厅为抄送赵尺子报告德王与日本勾结要挟中央等事致蒙藏委员会公函
（1936年2月11日）……………………………………………131
43．傅作义关于德王接受日本款械积极军备等致蒙藏委员会电
（1936年2月12日）……………………………………………135
44．傅作义关于德王与日本人来往及军备调动致蒙藏委员会电
（1936年3月5日）……………………………………………135
45．傅作义关于德王利用日本间谍为其划策及各地军事调动致蒙藏委员会电
（1936年3月12日）……………………………………………136
46．傅作义关于德王扩张军备企图进扰及拟具处置办法致行政院电
（1936年3月17日）……………………………………………136
47．傅作义关于德王调动各地军队及征集兵员致行政院电
（1936年4月1日）……………………………………………137
48．傅作义关于德王李守信部就任蒙古陆军部长职等致蒙藏委员会电
（1936年4月9日）……………………………………………138
49．傅作义关于德王成立军政府自任总司令致蒙藏委员会电

（1936年4月13日）……138
50. 傅作义关于德王征招兵员致蒙藏委员会电
（1936年4月17日）……139
51. 傅作义关于日方诱挟德王致蒙藏委员会电
（1936年4月21日）……139
52. 傅作义关于德王与日军勾结企图成立蒙古国等致蒙藏委员会电
（1936年4月25日）……140
53. 行政院为核办蒙藏委员会对蒙古自治三项意见的指令
（1936年4月28日）……140
54. 傅作义关于德王李部进驻察北等地致蒙藏委员会电
（1936年7月8日）……143
55. 军政部为抄送傅作义关于李守信收编蒙匪致蒙藏委员会密函
（1936年8月14日）……144
56. 蒙藏委员会关于日军在向绥省集结兵力应作防御准备致行政院等呈
（1936年10月2日）……145
57. 傅作义关于德王部队调动致蒙藏委员会电
（1936年10月28日）……145
58. 阎锡山关于德王部西进及日军掳挟潘王致行政院电
（1936年11月7日）……146
59. 杨芬为报告王英部被改编及对德王采取拉拢策略致蒙藏委员会电
（1936年12月30日）……146
60. 外交部关于德王与日军商组内蒙军政长官公署等致蒙藏委员会电
（1937年2月6日）……147

三、国民政府对蒙古的宣抚及蒙古人民的抗日爱国斗争
1. 国民政府秘书处为请从速规定内蒙民军队号印信等致军事委员会公函
(1928年2月17日) ……………………………………………147
2. 国民政府文官处为章嘉呼图克图关于整理内蒙佛教办法致行政院函
(1929年2月6日) ……………………………………………148
3. 行政院为转陈明令发表章嘉呼图克图为蒙旗宣化使致国民政府文官处公函
(1932年4月9日) ……………………………………………150
4. 汪精卫特派章嘉呼图克图为蒙旗宣化使手谕
(1932年4月9日) ……………………………………………150
5. 褚民谊关于政府特派章嘉为蒙旗宣化使及望其宣导各蒙旗勿为外力所诱迫电文
(1932年5月25日) ……………………………………………151
6. 章嘉呼图克图为就蒙旗宣化使职并启用关防官章成立使署致国民政府电
(1932年12月5日) ……………………………………………151
7. 国民政府文官处为迪鲁瓦呼图克图安抚外蒙民心等致行政院公函
(1933年1月11日) ……………………………………………151
8. 蒙旗宣化使署敬告蒙旗同胞书
(1933年 月 日) ……………………………………………153
9. 蒙旗宣化使署二次告蒙旗同胞书
(1933年 月 日) ……………………………………………154
10. 傅作义为乌盟盟长云栋旺楚克咨称服从中央始终如一致行政院电
(1933年4月24日) ……………………………………………155
11. 蒙旗宣化使章嘉呼图克为二次拟就告蒙古民众书致行

政院呈
(1933年4月25日)……155
12．蒙藏委员会为转述乌盟盟长竭诚拥护国家服从中央致行政院呈
(1933年4月28日)……157
13．蒙藏委员会为转述伊盟沙盟长等电称一致团结拥护中央致行政院呈
(1933年6月6日)……157
14．蒙藏委员会关于察哈尔省府为改编蒙古军队抗日召集蒙旗会议情形致行政院呈
(1933年7月28日)……158
15．行政院政务处为抄送伊盟服从中央佳电致蒙藏委员会笺函
(1934年4月19日)……160
16．蒙政会为百灵庙兵变致国民政府电呈
(1936年2月27日)……161
17．蒙政会关于云继先在百灵庙兵变致国民政府电呈
(1936年3月6日)……162
18．行政院为百灵庙兵变纯系内政问题致国民政府文官处公函
(1936年3月9日)……164
(三)藏事
一、组织法规
1．西藏班禅驻京办事处组织大纲
(1932年10月31日)……166
2．达赖班禅代表来京展觐办法
(1934年1月8日)……167
3．修正西藏驻京办事处组织大纲

(1935年11月27日) ……………………………………………………169
4. 修正西藏驻平办事处组织大纲
(1935年11月27日) ……………………………………………………171
5. 修正西藏驻康办事处组织大纲
(1935年11月27日) ……………………………………………………173
6. 修正章嘉呼图克图驻京办事处组织大纲
(1936年2月8日) ……………………………………………………174
二、第十三世达赖圆寂与黄慕松入藏致祭
1. 西藏驻京代表为转报十三世达赖喇嘛圆寂致蒙藏委员会代电
(1933年12月20日) ……………………………………………………176
2. 蒙藏委员会为达赖圆寂事致行政院呈
(1933年12月21日) ……………………………………………………177
3. 行政院为拟具追赐达赖封号并饬属妥议优礼办法致国民政府呈
(1933年12月21日) ……………………………………………………177
4. 石青阳致西藏司伦噶厦咭电
(1933年12月21日) ……………………………………………………178
5. 国民政府为追赐达赖封号等事给行政院指令
(1933年12月22日) ……………………………………………………178
6. 蒙藏委员会为饬各寺庙唪经追悼达赖事给班禅驻京办事处等训令
(1933年12月22日) ……………………………………………………179
7. 石青阳为请转饬所属寺庙唪经追悼达赖事致宋哲元等电
(1933年12月22日) ……………………………………………………179
8. 石青阳为务希对藏族僧民切实爱护事致龙云等电
(1933年12月22日) ……………………………………………………180
9. 九世班禅为达赖圆寂请中央从优追封并通令各省隆典

祭悼事致蒙藏委员会电
（1933年12月27日）……180
10．行政院为会同内政部议定褒崇达赖喇嘛典礼事给蒙藏委员会训令
（1933年12月27日）……181
11．行政院为转知国民政府令事给蒙藏委员会训令
（1933年12月30日）……182
12．石青阳为中央已明令追赠达赖封号并电各寺庙唪经祭奠等事复班禅电
（1934年1月4日）……182
13．西藏代表为催请大员入藏事致蒙藏委员会呈
（1934年1月8日）……183
14．蒙藏委员会为转呈西藏代表催请大员入藏事致行政院呈
（1934年1月10日）……184
15．国民政府特派黄慕松为致祭专使令
（1934年1月12日）……184
16．行政院为奉府令特派黄慕松为致祭专使事给蒙藏委员会训令
（1934年1月13日）……184
17．蒙藏委员会为中央特派黄慕松为致祭专使事致西藏司伦等电
（1934年1月17日）……185
18．蒙藏委员会为中央特派黄慕松为致祭专使事给西藏驻京办事处训令
（1934年1月17日）……185
19．国民政府主席祭达赖喇嘛文
（1934年1月27日）……186
20．行政院为请鉴核褒崇典礼事致国民政府呈

(1934年2月1日)……186
21. 黄慕松为请颁发署名祭文及照片事致林森呈
(1934年2月1日)……189
22. 达赖追悼会筹备处为报告第一次会议决议案事致文官处代电
(1934年2月7日)……189
23. 国民党中执委政治会议秘书处为核准南京追悼会经费等事致文官处函
(1934年2月8日)……190
24. 行政院为议定达赖追悼会地点日期筹备处简章等事致国民政府呈
(1934年2月8日)……193
25. 国民政府为照准褒崇典礼事给行政院指令
(1934年2月10日)……196
26. 国民政府为核准追悼日期等事给行政院令
(1934年2月10日)……196
27. 追悼会筹备处为追荐班次秩序并分别派员参加事致国民政府文官处函
(1934年2月12日)……196
28. 国民政府为派参军长前往致祭事致行政院指令
(1934年2月13日)……203
29. 胡德章关于册封致祭仪式的签呈
(1934年2月20日)……203
30. 国民政府为照准礼品费用事给行政院指令
(1934年2月24日)……204
31. 国民政府追赠十三世达赖护国弘化普慈圆觉大师封号册文
(1934年3月1日)……205
32. 国民政府参军处典礼局为抄送致祭秩序册及礼堂图式

事致蒙藏委员会函
(1934年3月20日)……205
33. 西藏代表为申谢各机关团体追悼达赖事致国民政府函
(1934年3月23日)……207
34. 黄慕松关于启程日期致国民政府呈
(1934年4月19日)……208
35. 魏怀为黄慕松安抵拉萨奉谕复慰电
(1934年9月1日)……208
36. 黄慕松为朝拜三大寺及商洽册封致祭日期致行政院等电
(1934年9月5日)……209
37. 黄慕松密报与首席噶伦晤谈情形致行政院等电
(1934年9月10日)……209
38. 黄慕松密报司伦等皆望解决中央与西藏问题致行政院等电
(1934年9月12日)……210
39. 黄慕松关于热振等解决中央与西藏问题态度致行政院等密电
(1934年9月14日)……211
40. 黄慕松密报四噶伦提出先磋商中央与西藏问题而后举行典礼致行政院等电
(1934年9月16日)……211
41. 黄慕松为请准追加入藏经费预算事致行政院等电
(1934年9月20日)……213
42. 黄慕松为册封典礼日期已定事致国民政府等电
(1934年9月21日)……213
43. 黄慕松为请饬京中各机关于册封典礼日悬旗志庆事致行政院电
(1934年9月21日)……214

44. 蒙藏委员会为藏方主张先议中藏问题待有结果再行册封致祭典礼事致行政院呈
(1934年9月22日) ……………………………………………………214
45. 蒙藏委员会为照黄慕松意见解决中央与西藏问题事致行政院呈
(1934年9月22日) ……………………………………………………215
46. 行政院为请于册封达赖喇嘛典礼日饬令各机关暨京市悬旗志庆事致国民政府呈
(1934年9月22日) ……………………………………………………216
47. 汪兆铭为已通饬各机关暨京市悬旗志庆事致黄慕松电
(1934年9月22日) ……………………………………………………217
48. 黄慕松为册封典礼已经举行事致行政院电
(1934年9月23日) ……………………………………………………217
49. 黄慕松为册封典礼情况等事致行政院电
(1934年9月23日) ……………………………………………………217
50. 黄慕松为总堪布诣署申谢事致行政院电
(1934年9月24日) ……………………………………………………218
51. 黄慕松为噶厦反对在祭堂内外悬党旗国旗请示变通办法事致行政院电
(1934年9月26日) ……………………………………………………218
52. 汪兆铭为致祭日悬旗事复黄慕松电
(1934年9月28日) ……………………………………………………219
53. 黄慕松为继续函促噶厦将中央与西藏根本关系意见开示事致行政院等电
(1934年9月28日) ……………………………………………………219
54. 汪兆铭关于处理中央与西藏地方关系问题复黄慕松电
(1934年9月29日) ……………………………………………………220
55. 黄慕松为报致祭典礼已于布达拉宫举行事致林森电
(1934年10月1日) ……………………………………………………220

56. 黄慕松为陈报访晤热振等谈话情况事致行政院电
(1934年10月2日) ……220
57. 黄慕松为藏方允即提出中央与西藏关系问题具体答案等事致行政院等电
(1934年10月3日) ……221
58. 行政院为致祭典礼业已举行事致国民政府呈
(1934年10月4日) ……222
59. 黄慕松为噶厦变卦不提出中央与西藏关系事致行政院等电
(1934年10月4日) ……222
60. 汪兆铭为藏局目前要义在于消除隔阂事致黄慕松电
(1934年10月14日) ……223
61. 黄慕松为噶伦提出中央与西藏为檀越关系并要求解决康藏川藏界务事致行政院等电
(1934年10月5日) ……223
62. 西藏代表奉转噶厦感谢中央派专使入藏册封致祭事致林森代电
(1934年10月5日) ……224
63. 黄慕松为访泽墨及谈话情形事致行政院等电
(1934年10月6日) ……225
64. 黄慕松为报交涉困难情形事致行政院等电
(1934年10月8日) ……225
65. 汪兆铭为解决中央与西藏关系对策事复黄慕松电
(1934年10月8日) ……226
66. 汪兆铭为解决康藏界务须与恢复中央与西藏关系并行事致黄慕松电
(1934年10月9日) ……226
67. 黄慕松为谨守中枢原则事致行政院电
(1934年10月10日) ……227

68. 国民政府为册封达赖典礼准予备案事给行政院指令
(1934年10月11日) ……227
69. 黄慕松为报布施款项运用办法事致行政院等电
(1934年10月13日) ……228
70. 黄慕松密报探闻民众大会情况事致行政院电
(1934年10月14日) ……228
71. 黄慕松续报探闻民众大会情况事给行政院等电
(1934年10月14日) ……229
72. 黄慕松将噶厦复函要点报行政院电
(1934年10月17日) ……229
73. 黄慕松为陈报复噶厦函主要内容事致行政院等电
(1934年10月18日) ……230
74. 黄慕松陈报八日给噶厦函全文事致行政院等电
(1934年10月19日) ……231
75. 黄慕松陈报十七日噶厦复函全文致行政院等电
(1934年10月19日) ……232
76. 黄慕松为解释藏方并不误会八日去函事致行政院等电
(1934年10月19日) ……233
77. 汪兆铭以西藏当局业经表态嘱定期回京事致黄慕松电
(1934年10月19日) ……234
78. 黄慕松为向西藏提议派员来京答礼及在藏设通讯处事致行政院等电
(1934年10月24日) ……234
79. 黄慕松为报往晤噶伦事致行政院电
(1934年10月25日) ……235
80. 汪兆铭为同意向西藏所提出之两项建议事复黄慕松电
(1934年10月26日) ……235

81．黄慕松为交涉已停止进行但仍表示商洽余地事致行政院等密电
（1934年10月29日）……………………………………………236
82．汪兆铭嘱临行前送噶厦说帖申明西藏为中国之一部分事致黄慕松密电
（1934年10月29日）……………………………………………237
83．汪兆铭嘱向噶厦说明八日去函系个人行为致黄慕松密电
（1934年10月31日）……………………………………………237
84．黄慕松关于藏方当局连日在布达拉宫集商西藏与中央关系问题情形致行政院密电
（1934年11月1日）……………………………………………238
85．黄慕松为婉拒噶厦十三项口头建议事致行政院电
（1934年11月6日）……………………………………………238
86．汪兆铭为同意婉拒噶厦建议事复黄慕松电
（1934年11月8日）……………………………………………239
87．黄慕松为四噶伦来署挽留并要求将谈话情况备一说帖事致行政院密电
（1934年11月10日）……………………………………………239
88．汪兆铭关于噶厦欲谈康藏纠纷及班禅回藏问题对策事复黄慕松电
（1934年11月10日）……………………………………………240
89．汪兆铭关于与噶厦交涉切不可作正式函件并促速归事复黄慕松密电
（1934年11月13日）……………………………………………241
90．黄慕松为拟以回京报告为由辞行事致行政院电
（1934年11月14日）……………………………………………241
91．黄慕松为陈报噶厦来函所提十项条件并拟即回京事致行政院等电

（1934年11月16日）……………………………………………242
92．黄慕松为拟留总参议刘朴忱驻拉萨事致行政院电
（1934年11月18日）……………………………………………244
93．黄慕松为司伦宴饯然仍望待解决问题后回京事致行政院电
（1934年11月18日）……………………………………………244
94．黄慕松为行前向噶伦重申西藏为中国一部分必须服从中央政府等原则事致行政院等电
（1934年11月19日）……………………………………………245
95．汪兆铭为告国防会议五项议决事致黄慕松电
（1934年11月21日）……………………………………………246
96．黄慕松为报回京日期及行前办理事宜致行政院电
（1934年11月22日）……………………………………………246
97．西藏驻京办事处奉转藏中来电请饬专使留藏商谈事致行政院代电
（1934年11月22日）……………………………………………247
98．汪兆铭为西藏请专使留藏问题商谈并指示机宜事致黄慕松电
（1934年11月22日）……………………………………………248
99．黄慕松为往布达拉宫辞行及与热振谈话情形事致行政院等电
（1934年11月26日）……………………………………………248
100．黄慕松为二十八日首途由海道回京事致国民政府电
（1934年11月27日）……………………………………………249
101．刘朴忱为同蒋致余开始办公事致行政院等电
（1934年12月9日）……………………………………………250
102．行政院为拟请西藏派员来京洽商藏事给蒙藏委员会指令
（1934年12月11日）……………………………………………250

103. 蒙藏委员会为转呈黄慕松抄送册封礼节及致祭秩序单事致行政院呈
(1935年1月17日) ……………………………………………251
104. 行政院为册封礼节及致祭秩序业经国民政府准予备案事给蒙藏委员会训令
(1935年2月2日) ……………………………………………256
105. 致祭专使驻京办事处为黄慕松返抵南京日期事致国民政府呈
(1935年2月15日) ……………………………………………256
106. 黄慕松为转送噶伦等希望继续解决中央与西藏关系来函事致行政院呈
(1935年2月27日) ……………………………………………257
107. 黄慕松为检交噶厦赠送礼品事致国民政府呈
(1935年3月1日) ……………………………………………258
108. 国民政府为留藏办事人员经费业经审查通过事给行政院训令
(1935年3月14日) ……………………………………………259
109. 黄慕松为转报热振来电致行政院呈
(1935年3月15日) ……………………………………………260
110. 国民政府主席为致贺达赖遗体安塔庆典事致热振电
(1935年6月12日) ……………………………………………260
111. 热振为感谢致贺达赖安塔事致国民政府暨行政院电
(1935年6月17日) ……………………………………………261
112. 黄慕松奉使入藏册封并致祭十三世达赖大师报告书
(1935年6月) ……………………………………………261
三、第九世班禅在内地活动及其返藏受阻
1. 班禅为贺国民革命成功并请扶持藏民等事致谭延闿函
(1928年9月2日) ……………………………………………357
2. 班禅驻京办公处成立宣言

(1929年1月) ……358
3. 班禅呼吁蒋介石冯玉祥停止内战挽众生倒悬之苦通电
(1929年11月22日) ……359
4. 蒙藏委员会复班禅大师养日通电
(1929年11月28日) ……360
5. 班禅代表罗桑坚赞等为请发饷械组织卫队护送班禅回藏弭止尼藏战争暨解决康藏纠纷致蒙藏委员会密呈
(1930年4月17日) ……360
6. 班禅大师参加国民会议之祝词
(1931年5月5日) ……362
7. 国民政府文官处为抄送关于班禅请通盘解决藏事意见书事致行政院公函
(1931年5月16日) ……363
8. 蒙藏委员会请特派班禅为西陲宣化使并于青康省内适当地点组织行署事致行政院呈
(1931年6月21日) ……365
9. 国民政府赠授班禅额尔德尼护国宣化广慧大师名号
(1931年6月24日) ……367
10. 班禅谢国民政府赐号呈
(1931年6月24日) ……367
11. 国民政府典礼局为抄送册授班禅护国宣化广慧大师典礼仪式致行政院函
(1931年6月30日) ……368
12. 国民政府册封班禅护国宣化广慧大师名号册文
(1931年7月1日) ……370
13. 蒙藏委员会为请颁发班禅西陲宣化使名义并允驻青海香尔德办公事呈行政院文
(1932年3月21日) ……371
14. 国民政府文官处知照特派班禅额尔德尼为西陲宣化使

致行政院公函
（1932年4月14日）……………………………………………………372
15. 行政院为告已特派班禅为西陲宣化使事致蒙藏委员会训令
（1932年4月19日）……………………………………………………373
16. 班禅为报赴乌盟日期致蒙藏委员会电
（1932年6月26日）……………………………………………………373
17. 西藏班禅驻京办事处为呈送西陲宣化使署组织大纲请鉴核转呈公布事致蒙藏委员会呈
（1932年10月19日）…………………………………………………373
18. 青海各寺院呼图克图等请促班禅大师早日赴青宣化以固国防事致蒙藏委员会电
（1932年12月21日）…………………………………………………374
19. 班禅函报宣讲团结抗日情形及行政院长宋子文嘉勉电
（1933年3月17日）……………………………………………………375
20. 班禅报告赴锡盟诵经兼事宣抚电
（1933年5月24日）……………………………………………………375
21. 行政院为告西陲宣化使公署组织条例已经国民政府明令公布通饬施行事给蒙藏委员会训令
（1933年5月27日）……………………………………………………376
22. 蒙藏委员会电慰班禅冒暑宣化电稿
（1933年8月21日）……………………………………………………377
23. 行政院为请明令褒嘉班禅额尔德尼致国民政府呈
（1933年10月14日）…………………………………………………378
24. 国民政府嘉奖班禅令
（1933年10月18日）…………………………………………………378
25. 甘孜孔萨土司等为欢迎班禅早日回藏致蒙藏委员会呈
（1934年2月　日）……………………………………………………379
26. 青海各呼图克图为达赖圆寂请中央促班禅入藏主持一

切致蒙藏委员会电
(1934年2月24日)……………………………………………379
27. 行政院秘书处为扎什伦布寺推岭札仑等呈报丁吉呼图克图等为欢迎班禅回藏代表致蒙藏委员会函
(1934年5月15日)……………………………………………380
28. 行政院秘书处为噶厦及三大寺派代表欢迎班禅回藏等事致蒙藏委员会函
(1934年7月4日)……………………………………………382
29. 班禅行辕具报入藏沿途所需物品并请转呈行政院补助致蒙藏委员会公函
(1934年7月21日)……………………………………………383
30. 西藏代表贡觉仲尼等转呈噶厦请中央令班禅由海道入藏事致蒙藏委员会代电
(1934年7月26日)……………………………………………385
31. 石青阳关于班禅大师回藏中央政府应有之决定致军事委员会第一厅公函
(1934年8月3日)……………………………………………386
32. 行政院秘书处抄转黄慕松抵拉萨后情形及班禅回藏路线等电致蒙藏委员会函
(1934年9月6日)……………………………………………387
33. 班禅为告安抵杭锦旗及沿途宣化情形事致蒙藏委员会电
(1934年9月6日)……………………………………………388
34. 蒋介石关于班禅回藏路线事致汪精卫戴传贤电
(1934年9月7日)……………………………………………388
35. 蒙藏委员会为慰问宣化西蒙事致班禅电
(1934年11月15日)……………………………………………389
36. 班禅为请速拟西陲宣化使公署办事细则事致蒙藏委员会电

(1934年11月23日)……389
37. 蒙藏委员会为送西陲宣化使公署办事细则修正全文致行政院呈
(1935年1月15日)……389
38. 行政院为已核示西陲宣化使公署办事细则修正全文事给蒙藏委员会指令
(1935年1月25日)……396
39. 班禅大师为告拟于二月六日在阿拉善旗成立西陲宣化使公署事致石青阳电
(1935年2月2日)……396
40. 石青阳转呈班禅大师电告成立宣化使署致蒋介石、汪精卫代电
(1935年2月7日)……396
41. 班禅为告在阿拉善旗成立宣化使公署事致蒙藏委员会电
(1935年2月8日)……397
42. 蒙藏委员会为贺西陲宣化使公署在阿拉善旗成立事致班禅大师电
(1935年2月18日)……397
43. 班禅受任宣慰西陲致函陈述回藏意见
(1935年3月19日)……398
44. 安钦请中央采官吏护送班禅入藏军队之策致黄慕松函
(1935年4月7日)……399
45. 蒙藏委员会为筹划班禅回藏办法路线暨经费概算事致行政院院长折呈
(1935年4月18日)……400
46. 周昆田为所拟班禅回藏主旨业经委座改定事致孔庆宗函
(1935年4月26日)……408

47．安钦呼图克图等为藏中官民极望班禅大师回藏事致蒙藏委员会密电
（1935年4月27日）……409
48．诚允为与班禅商定卫队名额并由中央指拨事致蒙藏委员会密电
（1935年4月28日）……410
49．行政院为班禅陈述宣化步骤回藏意见等事给蒙藏委员会密令
（1935年5月1日）……410
50．蒙藏委员会为策定班禅回藏办法及经费事致蒋介石密电
（1935年5月1日）……411
51．黄慕松关于班禅回藏中央当以和平为主旨致热振等密电稿
（1935年5月2日）……412
52．西藏代表贡觉仲尼等转呈噶厦请班禅勿随带汉蒙人回藏致蒙藏委员会代电
（1935年5月10日）……412
53．噶厦关于藏中僧俗民众希班禅仍从海道回藏事致蒙藏委员会电
（1935年5月15日）……413
54．黄慕松为班禅回藏路线早已言定事复噶厦电
（1935年5月18日）……413
55．行政院秘书处为抄交班禅报告及请早发旅费经康入藏事致蒙藏委员会函
（1935年5月21日）……413
56．蒋致余关于奉命探询噶厦对班禅回藏路线之事致黄慕松密电
（1935年5月23日）……414

57. 军事委员会为转马步芳电告班禅入藏办法五项事致蒙藏委员会函
(1935年6月29日) ……415
58. 蒋介石为准由谷正伦选派宪兵一营充任护送班禅入藏卫队致蒙藏委员会电
(1935年7月18日) ……416
59. 行政院为通过特派护送班禅回藏大员行署办法及概算事给蒙藏委员会指令
(1935年7月24日) ……416
60. 诚允为班禅已同意中央所定组织护送卫队办法事致蒙藏委员会密电
(1935年8月13日) ……422
61. 行政院为宪兵司令部已选定人员护送班禅回藏事致蒙藏委员会训令
(1935年8月15日) ……422
62. 班禅为谢特派诚允护送并请摧早日由京返青即早起程事致蒙藏委员会电
(1935年8月17日) ……428
63. 西藏驻京办事处为告已将中央派专员并仪仗队护送班禅入藏转告藏政府事致蒙藏委员会代电
(1935年9月4日) ……429
64. 行政院为奉令特派诚允为护送班禅专使致蒙藏委员会训令
(1935年9月10日) ……429
65. 褚民谊为议复蒋致余报告藏方决以武力抗拒护送班禅入藏等事致蒙藏委员会函
(1935年9月13日) ……430
66. 噶厦续拒中央派员暨仪仗队护送班禅入藏致蒙藏委员会电

(1935年9月22日) ……………………………………………………431
67. 蒙藏委员会说明护送专使为人并仪仗队均经严格挑选致热振等密电
(1935年9月23日) ……………………………………………………432
68. 行政院通过护送班禅回藏专使入藏训条致蒙藏委员会密令
(1935年10月2日) ……………………………………………………432
69. 蒙藏委员会为告中央派队护送班禅回藏案经确定毋庸自惊自扰致噶厦电
(1935年10月3日) ……………………………………………………433
70. 蒙藏委员会再释派遣专使及仪仗队护送班禅回藏缘由致西藏驻京办事处电
(1935年10月7日) ……………………………………………………434
71. 班禅为谢中央向噶厦解释派遣专使暨仪仗兵护送入藏致蒙藏委员会电
(1935年10月14日) ……………………………………………………435
72. 行政院为密告驻华英使来外部阻止中央派卫队护送班禅回藏并令妥筹应付办法事致蒙藏委员会密令
(1935年11月20日) ……………………………………………………436
73. 池中宽等奉命与诚允商定应付英国企图干涉班禅回藏办法致黄慕松签呈
(1935年11月26日) ……………………………………………………437
74. 行政院为准诚允呈报护送班禅返藏日期等事致蒙藏委员会训令
(1935年11月26日) ……………………………………………………438
75. 班禅为告后藏代表文屈佛等安抵塔寺致黄慕松密电
(1935年12月1日) ……………………………………………………439
76. 外交部为修正会拟应付英方干涉护送班禅回藏办法事致蒙藏委员会公函

(1935年12月9日)……………………………………………………439
77. 孔庆宗等报告外交部对会拟四条意见并检附该部政务次长与英谈话记录签呈
(1935年12月10日)……………………………………………………440
78. 护国宣化广慧大师西陲宣化使公署布告
(1935年12月13日)……………………………………………………442
79. 行政院秘书处抄交蒋致余报告三大寺倾诚内向势力反对噶厦派兵抗拒中央派队护送班禅回藏致蒙藏委员会函
(1935年12月18日)……………………………………………………443
80. 蒙藏委员会为拒绝英政府引用西姆拉条约干涉派队护送班禅回藏并拟定应付原则事致行政院密呈
(1935年12月19日)……………………………………………………444
81. 行政院为已饬令外交部商讨应付英国干涉我西藏事务办法致蒙藏委员会密指令
(1935年12月23日)……………………………………………………445
82. 行政院秘书处抄交蒋致余报告噶厦假民意拒中央派员进藏致蒙藏委员会函
(1935年12月30日)……………………………………………………446
83. 蒙藏委员会为报告民众会议决议系少数人伪造并英人续唆噶厦抗拒中央护送班禅入藏事致戴传贤呈
(1936年1月22日)……………………………………………………447
84. 戴传贤抄转班禅感电致黄慕松电
(1936年1月30日)……………………………………………………448
85. 蒙藏委员会为英使所言诸多不实并中央派队护送班禅回藏原定办法不宜改变事致外交部密函
(1936年2月13日)……………………………………………………450
86. 蒙藏委员会为告英使至外交部面转对我派队护送班禅回藏意见致班禅电

(1936年2月14日) ……………………………………………………451
87. 班禅为谢对英使答复词严意善并俟诚专使到后即可西上事致蒙藏委员会密电
(1936年2月18日) ……………………………………………………452
88. 外交部图免生外交纠纷请令护送班禅仪仗队进至藏边为止致蒙藏委员会公函
(1936年2月27日) ……………………………………………………452
89. 蒙藏委员会为陈述不可屈服于英亦不允噶厦拒蒙汉官员入藏事致外交部公函
(1936年3月19日) ……………………………………………………453
90. 黄慕松为拟答复英使对班禅回藏所提无理要求致张群密函
(1936年3月21日) ……………………………………………………454
91. 行政院秘书处为交议蒋致余报告噶厦拟定对班禅对中央及英三态度案并建议两点事致蒙藏委员会密函
(1936年7月24日) ……………………………………………………455
92. 行政院为准诚允辞护送专使改由赵守钰接任事致蒙藏委员会训令
(1936年8月20日) ……………………………………………………457
93. 班禅报告与西藏代表多仁台吉等密谈各点等事致蒋介石电
(1936年9月8日) ……………………………………………………458
94. 行政院为修正通过护送班禅回藏专使入藏训条给蒙藏委员会训令
(1936年9月21日) ……………………………………………………458
95. 马步芳为藏军数众分犯青边请重筹妥善办法事致吴忠信密电
(1936年10月31日) ……………………………………………………460
96. 行政院为噶伦等托英使转递公文纯属非法事给蒙藏委

员会密令
(1936年12月17日) ……………………………………………………460
97. 外交部关于英国干涉中央派仪仗队护送班禅入藏事致蒙藏委员会函
(1936年12月25日) ……………………………………………………461
98. 蒙藏委员会为转请外交部按仪仗队护送班禅入藏系中国地方内政毋庸英国建议原则答复英使事致行政院呈
(1936年12月30日) ……………………………………………………463
99. 蒙藏委员会为护送班禅回藏三项办法以第二项较妥事致行政院呈
(1936年12月31日) ……………………………………………………464
100. 戴传贤为仪仗队护送班禅入藏办法致吴忠信函
(1936年12月31日) ……………………………………………………466
101. 行政院为答复英国大使中国政府正设法促进班禅与拉萨间的商洽等事给蒙藏委员会指令
(1937年1月4日) ……………………………………………………466
102. 行政院为准仪仗护班到藏后即行撤回事给蒙藏委员会指令
(1937年1月13日) ……………………………………………………467
103. 蒙藏委员会为行政院决议护送仪仗队到达后即行撤回复班禅密电
(1937年1月14日) ……………………………………………………467
104. 外交部关于遵照行政院密令拟就驳复英大使照会事致蒙藏委员会公函
(1937年1月30日) ……………………………………………………468
105. 行政院秘书处抄交蒋致余报告噶厦仍不允护送仪仗队到藏等事致蒙藏委员会函
(1937年2月12日) ……………………………………………………469
106. 行政院秘书处为转蒋致余密报藏民众会议决定武力

抗拒中央并建议解决藏事办法四点事致蒙藏委员会函
(1937年5月12日) ……………………………………………471
107. 行政院秘书处为抄交蒋致余密报藏方动员武力抗拒班禅回藏并正向康运送枪支事致蒙藏委员会函
(1937年5月16日) ……………………………………………472
108. 行政院秘书处为转蒋致余电报热振力主派噶布伦入京商决藏事并建议乘机武力护送班禅入藏办法三项事致蒙藏委员会函
(1937年7月28日) ……………………………………………473
109. 蒙藏委员会为告仪仗队入藏尤须注重纪律事致高长柱等电
(1937年7月30日) ……………………………………………475

（四）新疆省政情

一、新疆事变经过

1. 新疆省主席金树仁为请扣留马仲英所购德国枪械致国民政府电
(1932年11月20日) ……………………………………………476
2. 蒙藏委员会为新疆回族聚众抗拒官府情形致行政院呈
(1933年1月30日) ……………………………………………476
3. 交通部为新疆邮务长克气格密报迪化各地情形致行政院呈
(1933年3月3日) ……………………………………………478
4. 国民政府文官处为新疆变乱扩大致行政院公函
(1933年4月14日) ……………………………………………480
5. 国防委员会秘书处为抄送驻苏大使颜惠庆筹边定计按步施行电致行政院笺函

(1933年4月17日) ……………………………………………482
6. 外交部为抄送驻塔什干总领事牟维潼电陈新疆民变原因致行政院呈
(1933年4月24日) ……………………………………………483
7. 国民政府文官处为马仲英电陈新省民变情形致行政院公函
(1933年4月26日) ……………………………………………487
8. 马绍武为陈述新疆变乱情形致行政院电
(1933年4月26日) ……………………………………………489
9. 交通部为转报新疆邮务长克气格关于回民事变致行政院呈
(1933年4月27日) ……………………………………………489
10. 邓宝珊为新疆省事变情形及南路代表到京面陈详情致行政院电
(1933年4月28日) ……………………………………………491
11. 行政院秘书处为新疆省政府驻京办事处呈新省民变原因致国防会议秘书处笺函
(1933年4月29日) ……………………………………………492
12. 外交部为转报新疆省政情形致行政院呈
(1933年4月29日) ……………………………………………493
13. 参谋本部为转报马步芳关于马仲英侵犯肃州等地致行政院密函
(1933年5月 日) ……………………………………………494
14. 外交部为转报新疆事变经过致行政院代电
(1933年5月5日) ……………………………………………494
15. 外交部为颜惠庆转报陈中到莫斯科报告新省事变致行政院代电
(1933年5月6日) ……………………………………………495
16. 外交部为转报莫斯科颜惠庆关于新省民变致行政院代

电
(1933年5月10日) ……………………………………………496
17. 刘文龙盛世才为马仲英马仲杰进攻迪化请中央责其仍回原防驻守致行政院电
(1933年5月19日) ……………………………………………498
18. 外交部为抄送苏联真理报关于回民事变致行政院代电
(1933年5月20日) ……………………………………………499
19. 刘文龙盛世才为马仲英捣乱新省请中央明令制止以安边局致国民政府电
(1933年5月31日) ……………………………………………503
20. 刘文龙盛世才为马仲杰部已入新疆到达古城请中央派军追剿致行政院电
(1933年6月1日) ……………………………………………503
21. 刘文龙盛世才为古城已被马仲英占领及请中央指示方略致行政院电
(1933年6月3日) ……………………………………………504
22. 黄慕松为马仲英向迪化进犯省府情势危急致行政院电
(1933年6月10日) ……………………………………………505
23. 黄慕松关于盛世才在阜康与马仲英部激战致行政院电
(1933年6月13日) ……………………………………………505
24. 黄慕松关于马仲英冀得南疆缠回反对等致行政院电
(1933年6月15日) ……………………………………………506
25. 外交部为接驻莫斯科大使馆来电关于马仲英欲谋夺迪化等致行政院代电
(1933年6月16日) ……………………………………………506
26. 新疆宣慰使署驻京办事处关于黄慕松陈述马仲英意欲分兵掠地迪化危机致行政院代电

(1933年6月19日) ……507
27. 交通部为转报新疆当地情形致行政院呈
(1933年7月3日) ……507
28. 盛世才为击败焉耆溃匪马石明致国民政府电
(1933年7月10日) ……510
29. 行政院政务处关于盛世才陈报马仲英逃匿俄边已被拘禁致国防会议秘书处笺函
(1934年8月21日) ……510
二、关于解决新疆事变的建议和措施
1. 国民政府文官处为马绍武请求补助饷械防止马仲英部骚动致行政院公函
(1933年3月22日) ……512
2. 行政院秘书处为中央切望和平解决新疆民变致金树仁电
(1933年4月22日) ……514
3. 国民政府文官处为新疆地方当局压迫民众引起冲突请派员抚慰致行政院公函
(1933年4月22日) ……515
4. 新疆各县代表方本仁等为新省民变情形及请早日抚慰致行政院电
(1933年4月22日) ……515
5. 北平回民公会为慎选要人抚绥新疆致中央党部等电
(1933年4月23日) ……517
6. 马仲英为新省民变日益扩大请派其入新抚靖致行政院电
(1933年4月24日) ……517
7. 新疆喀什缠族等商民为请明令马绍武收拾新省残局致国民政府电
(1933年4月25日) ……518

8. 北平回民公会为请在孙绳武唐柯三等人中择一主持新疆省政致行政院电
(1933年4月26日) ……519
9. 新疆旅平同乡为请罢免金树仁各职并派唐柯三前往宣抚致行政院电
(1933年4月26日) ……520
10. 袁建曜为详陈新省民变并请设法拯救致行政院电
(1933年4月27日) ……520
11. 外交部为驻俄颜惠庆大使电陈新省民变原因及收拾办法致行政院呈
(1933年4月27日) ……521
12. 山东省主席韩复榘为请明令准其率所部入新疆垦边安民致行政院电
(1933年4月28日) ……523
13. 行政院为发布新疆事变令稿致国民政府文官处公函
(1933年5月2日) ……523
14. 哈复生为列陈新省事变原因致行政院代电
(1933年5月2日) ……524
15. 丁正熙为请宣慰回疆速平民变致行政院呈
(1933年5月 日) ……526
16. 青海省府主席马麟等为请销弭新疆隐患以固西北而奠国本致行政院呈
(1933年5月5日) ……528
17. 中国回族文化促进会筹备处为请组织新变调查委员会致行政院代电
(1933年5月9日) ……531
18. 新疆宣慰使黄慕松为苏联对新疆取包围之势政府应默定大计致行政院公函
(1933年5月 日) ……532

19. 外交部为颜惠庆请求伊犁张师长和平解决新变致行政院代电
(1933年5月18日) ……532
20. 新疆特派员曾启文为报告新疆事变实况及五项处置建议致中央执行委员会秘书处呈
(1933年6月6日) ……533
21. 军政部为新省临时主席刘文龙请制止马仲英西进及蒋介石对新省局势指示致行政院秘书处公函
(1933年6月7日) ……540
22. 国民政府文官处为青海省府主席马麟陈述马仲英野性难驯请中央阻其入新等事致行政院公函
(1933年6月8日) ……541
23. 黄慕松为安抚金树仁前属各部致行政院电
(1933年6月9日) ……543
24. 黄慕松为新省当局拟以南疆绥靖总司令予马仲英致行政院电
(1933年6月11日) ……543
25. 黄慕松为马仲英与盛世才双方冲突在所难免等致行政院电
(1933年6月12日) ……544
26. 新疆宣慰使署驻京办事处关于黄慕松为报告宣慰情形四项致行政院代电
(1933年6月15日) ……544
27. 汪精卫为恢复和归还哈密王爵位和财产致黄慕松电稿
(1933年6月15日) ……545
28. 新疆宣慰使署驻京办事处关于黄慕松为新疆应刷新政治致行政院代电
(1933年6月16日) ……545
29. 黄慕松为对新疆政军内容复杂中央宜持稳态度致行政

院电
(1933年6月16日)……546
30. 新疆宣慰使署驻京办事处为黄慕松关于宣慰新疆各情形致行政院代电
(1933年6月18日)……546
31. 国民政府文官处关于黄慕松抵新宣慰后人心渐定边局可转为安致行政院公函
(1933年7月1日)……547
32. 汪精卫为饬令白锡尔等各率所属保靖地方电稿
(1933年7月14日)……548
33. 国民政府为通过麦斯武德提请沟通并密切新疆民众与内地关系提案致行政院训令
(1937年4月1日)……549
三、各方要求罢免金树仁及其判决
1. 北平回民公会为请停止金树仁本兼各职致行政院代电
(1933年4月20日)……550
2. 国民政府文官处为西北回民旅外回疆后援会要求罢免金树仁各职致行政院公函
(1933年4月22日)……551
3. 外交部部长罗文干为新疆省政府主席金树仁出走塔城致行政院呈
(1933年4月26日)……552
4. 国民政府文官处为新省主席金树仁电请免本兼各职等致行政院公函
(1933年4月29日)……552
5. 外交部为金树仁由海参崴赴沪致行政院代电
(1933年6月13日)……554
6. 新疆国民革命军驻哈讨逆总司令白锡尔等关于金树仁虐民暴政激成民变情形致行政院电

(1933年6月21日)……554
7. 国民政府文官处关于金树仁为历陈新疆发生事变经过及请任命张培元为新省主席兼督办致行政院公函
(1933年7月11日)……556
8. 蒋介石为金树仁余孽致电盛世才挑拨离间演成流血事件致汪精卫电
(1933年7月18日)……558
9. 金树仁为在天津暂留治病及将回南京面陈新省情形致行政院电
(1933年7月25日)……559
10. 新疆高等法院关于将金树仁被控各节逐条详细致行政院代电
(1934年12月30日)……559
11. 最高法院关于金树仁的刑事判决
(1935年7月3日)……561
12. 国民政府关于金树仁刑事判决致行政院训令
(1935年9月5日)……566
四、新疆事变后的政情
1. 外交部为新疆省民变后省政情形致行政院代电
(1933年5月4日)……567
2. 刘文龙盛世才为转报新疆各地民变致行政院电
(1933年5月　日)……567
3. 刘文龙为报告被推为新省临时主席及盛世才为临时边防督办并请指示方针致行政院电
(1933年5月16日)……568
4. 新省临时主席刘文龙为历陈新省民变及请指示施政方针致行政院电
(1933年5月16日)……570
5. 刘文龙盛世才为用和平方法解决新疆民变致行政院电

(1933年5月19日)……………………………………………571
6. 国民政府文官处为新疆各族民众联合会公推刘文龙为新省临时主席盛世才为临时边防督办致行政院公函
(1933年5月29日)……………………………………………572
7. 张培元等为请中央正式任命刘文龙为新省主席盛世才为边防督办致行政院电
(1933年6月12日)……………………………………………572
8. 刘文龙盛世才为省府秘书长陶明樾等拟推翻现任主席督办秘举黄慕松为主席另组军委会致中央党部电
(1933年6月27日)……………………………………………573
9. 马仲英关于刘文龙盛世才软禁黄慕松枪决陶明樾等颠倒是非致行政院电
(1933年6月28日)……………………………………………574
10. 新疆维持委员会等为请中央明令任命刘文龙盛世才致行政院电
(1933年6月29日)……………………………………………57
11. 东北民众救国军等为刘文龙盛世才治新得当于民有益请中央明令任命以固边局致行政院电
(1933年6月30日)……………………………………………576
12. 盛世才关于陶明樾等阴谋夺取新省政权被枪决致国民政府电
(1933年7月11日)……………………………………………577
13. 刘文龙盛世才为平息陶明樾事件及消除与黄慕松误会致行政院电
(1933年7月19日)……………………………………………578

〔六〕侨务

(一) 侨务行政

1. 国民政府修正公布侨务委员会组织法

(1932年8月13日)……581
2. 行政院公布华侨登记规则
(1935年12月14日)……583
3. 侨务委员会为蒋孝椿报告南洋侨务情形致国民政府文官处公函
(1928年12月1日)……584
4. 婆罗洲沙捞越闽北华侨总会为沙捞越政府批准立案等致国民政府呈
(1929年11月15日)……587
5. 苏岛棉兰教育会主席张念遗等报告办理华侨商务教育经过致蒋介石呈
(1931年4月29日)……592
6. 行政院为华侨救国捐款用途致国民政府呈
(1934年4月13日)……595

(二) 华侨爱国活动

1. 菲律宾华侨青年义勇团归国从军有关函电
(1928年6月)……598
2. 国民党南洋总支部特派员崔广秀为筹集北伐款项致国民政府函
(1928年2月27日)……599
3. 云南留日同乡会为济南惨案反日归国宣言
(1928年5月26日)……600
4. 泗水华侨兵灾救济会为"济案"捐款致国民政府函
(1928年5—8月)……602
5. 旅美华侨组织拒日外交后援会并捐款支援国府反对日帝出兵山东函
(1928年6—10月)……605
6. 南洋荷属安班澜救国会等为"济案"捐款致国民政府函

（1928年7—11月）……………………………………………………608
7. 非律滨华侨反日委员会关于该会组织状况致中央党部呈
（1928年11月22日）……………………………………………………613
8. 吉隆坡中华商报创办人刘赞臣为济案后华侨捐款助国抗日请予褒奖呈
（1929年8月1日）……………………………………………………615
9. 加拿大华侨拒日后援总会为运送飞机回国致国民政府函
（1929年10月10日）……………………………………………………616
10. 国民党驻海外支部为"九一八"事变请积极准备抗日的文件
（1931年9—10月）……………………………………………………617
11. 新嘉坡敬时行等十八团体为日本侵占东北请国民党团结御侮函
（1931年9月28日）……………………………………………………620
12. 国民党驻东京直属支部报告中华留日同学会发表《为东北事件告全体留日同学书》妨碍时机勒令解散呈
（1931年10月22日）……………………………………………………621
13. 国民政府文官处奉转旅京华侨救国大会议案致行政院公函
（1932年1月22日）……………………………………………………625
14. 南洋华侨请息内争合力抗日函电
（1931年9月—1932年5月）……………………………………626
15. 侨委会为秘鲁花邑联合会请速克复失地并息内讧致国民政府文官处公函
（1931年10月13日）……………………………………………………629
16. 财政部抄送棉兰苏东中华总商会国难救济捐名单呈
（1931年12月12—30日）……………………………………………630

17. 厄瓜多中华总商会报告组织旅厄华侨抗日救国总会情形致国民政府函
(1931年11月15日) ……632
18. 国民党驻菲律滨总支部关于组织华侨救国义勇军致中央训练部呈
(1931年11月18日) ……636
19. 旅美华侨援助淞沪抗战电
(1932年2月) ……639
20. 菲律滨与万隆泗水华侨请积极援助上海抗战并反对妥协停战电
(1932年2—5月) ……640
21. 国民政府文官处为旅秘华侨组织筹饷会援助祖国抗日致行政院函件
(1932年2—6月) ……641
22. 国民政府文官处抄送人民自卫办法方案致行政院公函
(1932年4月13日) ……643
23. 章超、符宝琦等组织华侨各团体联合救国会并筹组华侨抗日救国军呈
(1933年4月) ……647
24. 侨务委员会抄送大溪地华侨抗日救国会组织章则致中央民众运动会备案函
(1933年8月1日) ……656
25. 国民政府嘉奖檀香山国难救济会等捐资救国令
(1934年10月13日) ……660
26. 旅美华侨请政府开放政权积极抗日电
(1935年12月—1936年1月) ……660

〔七〕重大历史事件

（一）国民政府迁都洛阳与国难会议的召集

1. 国民政府移驻洛阳办公宣言
（1932年1月）……663
2. 国民政府召集国难会议令
（1932年1—3月）……664
3. 行政院秘书处抄送洛阳行都筹备委员会会员名单致何应钦函件
（1932年3月17日）……665
4. 国民政府公布国难会议组织大纲令
（1932年3月17日）……667
5. 国难会议会员姓名录
（1932年4月）……668
6. 国难会议预备会记录
（1932年4月7日）……670
7. 汪精卫在国难会议开幕式上的开幕词
（1932年4月8日）……673
8. 国难会议秘书处抄送军制改革等提案致行政院秘书处函件
（1932年4月21日）……676

（二）福建事变

一、福建人民政府的成立及其政策措施
1. 黄庭光：福建人民政府的成立及其组织概况
（1933年11月）……699
2. 福建人民政府之最低纲领

(1933年11月20日) ……………………………………………………713
3. 福建人民政府之权利宣言
(1933年11月20日) ……………………………………………………714
4. 福建人民政府之对外宣言
(1933年11月22日) ……………………………………………………715
5. 福建人民政府领导人李济琛等就职宣言
(1933年11月22日) ……………………………………………………717
6. 蒋介石转福建人民政府中央委员就职等情报致汪精卫密电
(1933年11月24日) ……………………………………………………719
7. 蒋介石转福建人民政府政治措施等情报致汪精卫密电
(1933年11月26日) ……………………………………………………720
8. 福建人民政府第十一次会议通过建立全国生产人民革命政权案
(1933年12月11日) ……………………………………………………720
9. 蒋介石转福建人民政府与中共联合条件的情报致汪精卫密电
(1933年12月12日) ……………………………………………………722
10. 蒋介石转福建人民政府与中共合作等情报致汪精卫密电
(1933年12月24日) ……………………………………………………723
11. 蒋介石抄转福建人民政府与中共签订六项条件情报致汪精卫密电
(1933年12月26日) ……………………………………………………723
12. 福建人民政府计口授田之方式
(1934年1月) ……………………………………………………724
二、福建人民政府的失败
1. 国民政府饬迅速处置福建人民政府令
(1933年11月21日) ……………………………………………………725

2. 蒋介石告十九路军全体将士书
(1933年11月22日)……726
3. 蒋介石攻击福建人民政府的通电
(1933年11月23日)……728
4. 吴铁城关于福建人民政府动态及西南态度致汪精卫密电
(1934年1月8—25日)……729
5. 沈光汉等宣布脱离福建人民政府通电
(1934年1月21日)……730
6. 沈光汉等为请停止军事行动并派员接洽投降致卫立煌书
(1934年1月22日)……731
7. 军委会南昌行营检送《戡定闽变纪略》致国民政府文官处函件
(1934年9月7日)……731

(三) 蒋介石发起的所谓"新生活运动"

1. 蒋介石在南昌行营扩大纪念周的训词——"教养卫"
(1934年2月12日)……745
2. 蒋介石：新生活运动之要义——在南昌行营扩大纪念周演词
(1934年2月19日)……753
3. 新生活运动纲要
(1934年5月)……762
4. 蒋介石：新运周年纪念告全国同胞书
(1935年2月19日)……773
5. 蒋介石：新生活运动第二期的目的和工作的要旨——在南京新生活运动二周年纪念会讲演
(1936年2月19日)……775
6. 蒋介石：新生活运动二周年纪念之感想

（1936年2月19日）……………………………………………783
7．蒋介石关于新生活运动三周年纪念的广播词
（1937年2月19日）……………………………………………786

（四）西南事件

1．陈济棠请蒋介石实行出兵抗战电
（1936年6月5日）……………………………………………791
2．蒋介石关于抗日步骤并请陈济棠派员入京商决一切往来电
（1936年6月7—10日）………………………………………791
3．蒋介石为两广拟单独出兵抗日重申其对日方针的报告
（1936年6月8日）……………………………………………792
4．蒋介石令陈济棠撤回越郴永北进部队密电
（1936年6月10日）……………………………………………795
5．宋哲元韩复榘吁请停止各方军事行动电
（1936年6月21日）……………………………………………797
6．蒋介石关于两广越境进兵处理方针的谈话
（1936年6月25日）……………………………………………798
7．蒋介石嘉奖李汉魂“秉义执言”电
（1936年7月10日）……………………………………………799
8．蒋介石劝陈济棠引退入京往来函电
（1936年7月10—18日）………………………………………800
9．李宗仁白崇禧黄旭初报告就职日期并请派员入桂监誓电
（1936年7月24日）……………………………………………804
10．李宗仁关于就职日期及派李品仙晋京请示与蒋介石等往来电
（1936年7月24日）……………………………………………804
11．李宗仁关于就职日期已定广西并未派兵进入湘粤境内电

(1936年7月25日) ……………………………………………………805
12. 李宗仁白崇禧为闻更调新职李品仙暂缓赴浔致蒋介石电
(1936年7月28日) ……………………………………………………806
13. 黄绍竑关于奉调回桂主持绥靖事致李宗仁白崇禧电
(1936年7月28日) ……………………………………………………806
14. 蒋介石关于调李宗仁白崇禧离桂另任新职电
(1936年7月28日) ……………………………………………………807
15. 蒋介石令何应钦坦直告诉李宗仁白崇禧关于调任新职原因电
(1936年7月30日) ……………………………………………………808
16. 李宗仁白崇禧为更调新职请具体指示抗战救亡大计与蒋介石往来电
(1936年7月31日—8月2日) ……………………………………809
17. 居正劝李宗仁白崇禧接受新职电
(1936年8月2日) ……………………………………………………813
18. 蒋介石关于出洋护照已嘱外交部妥办致陈济棠函
(1936年8月8日) ……………………………………………………814
19. 蒋介石关于派居正等入桂恳谈"团结御侮"事与李宗仁白崇禧往来函电
(1936年8—9月) ……………………………………………………814
(五)西安事变
一、张杨对蒋兵谏
1. 何应钦为西安事变致孔祥熙密电
(1936年12月12日) …………………………………………………817
2. 孔祥熙为张学良对蒋实行兵谏请其委婉相商的密电稿
(1936年12月12日) …………………………………………………817
3. 张学良关于发动西安事变目的并请维持上海金融致宋

子文孔祥熙密电
(1936年12月13日)……818
4. 张学良杨虎城请冯玉祥赴陕共决大计的往来密电
(1936年12月13日)……818
5. 李维城等关于蒋介石及诸将领留陕共商抗日大计情况致冯玉祥电
(1936年12月14日)……819
6. 阎锡山关于张学良规谏蒋介石采纳抗日主张情形致孔祥熙密电
(1936年12月17日)……820
7. 樊嵩甫关于西安事变情况及其态度等致孔祥熙何应钦密电
(1936年12月14日)……820
8. 冯钦哉关于杨虎城发动西安事变动机及对蒋态度致于右任密电
(1936年12月17日)……821
二、国民党政府对西安事变的处置
1. 国民政府文官处奉发褫夺张学良本兼各职交军委会严办令致行政法院电
(1936年12月14日)……822
2. 行政院奉发国民政府讨伐张杨令
(1936年12月17日)……822
3. 行政院奉发国民政府特派何应钦为“讨逆总司令”令
(1936年12月17日)……823
4. 行政院关于事变期内陕省行政与经费由行政督察专员及财政部办理的密令
(1936年12月23日)……823
5. 国民政府公布的讨逆总司令部组织大纲
(1936年12月24日)……824

6. 樊嵩甫关于率师进驻潼关情形致孔祥熙密电
(1936年12月13日) ……825
7. 樊嵩甫为将进取华县致孔祥熙密电
(1936年12月14日) ……825
8. 孔祥熙令樊嵩甫固守潼关原防密电
(1936年12月14日) ……826
9. 樊嵩甫关于分化张杨所部及二十八师进占华县等情形致孔祥熙密电
(1936年12月15日) ……826
10. 樊嵩甫关于空军轰炸渭南情形并请孔祥熙补助军费的有关密电
(1936年12月19—20日) ……827
11. 孔祥熙为托冯钦哉救蒋并企图分化张杨关系致樊嵩甫密电稿
(1936年12月15日) ……828
12. 阎锡山转录张杨表示抗日绝无他图的电文致赵丕廉等密电
(1936年12月20日) ……829
13. 阎锡山表示愿承委救蒋致冯玉祥密电
(1936年12月21日) ……830
14. 阎锡山为派傅宜生赴陕以打开僵局致赵丕廉密电
(1936年12月22日) ……830
15. 杨虎城等关于蒋介石容纳救国主张并由张学良陪送洛阳的通电
(1936年12月25日) ……830
16. 张学良表示愿受违纪处分致蒋介石函
(1936年12月26日) ……831
17. 国民政府军事委员会高等军法会审张学良的审判笔录
(1936年12月　日) ……831

18. 国民政府军事委员会高等军法会审张学良的判决书
(1936年12月31日) ……………………………………………………834
19. 孔祥熙呈请国民政府特赦张学良密电稿
(1937年1月3日) ……………………………………………………835
20. 许静芝为特赦张学良事致孔祥熙密电及行政院的训令
(1937年1月) …………………………………………………………836
三、“陕甘善后问题”的政治解决
1. 杨虎城为南京方面增兵压迫决计自卫复严庄密电
(1937年1月4日) ……………………………………………………837
2. 杨虎城为请求恢复张学良公权并令其返陕致蒋介石电
(1937年1月5日) ……………………………………………………838
3. 张学良为解决陕甘问题致蒋介石函件
(1937年1月7日) ……………………………………………………838
4. 蒋介石修订的解决陕事之方案
(1937年1月 日) ……………………………………………………839
5. 蒋介石令张学良劝告杨虎城接受陕甘军事善后办法函
(1937年1月7日) ……………………………………………………840
6. 杨虎城请求蒋介石撤退西进大军并释放张学良密函电
(1937年1月8—11日) ………………………………………………841
7. 戴笠关于张学良态度及其致杨虎城等书致蒋介石密电
(1937年1月8日) ……………………………………………………842
8. 陈瑞关于于学忠调停陕甘善后问题与孔祥熙往来密电
(1937年1月9—10日) ………………………………………………842
9. 孔祥熙关于于学忠出任调停问题与蒋介石往来密电
(1937年1月10—11日) ………………………………………………843
10. 蒋介石关于张学良行止及派兵西进暨解决陕事条件等问题致杨虎城书
(1937年1月10日) ……………………………………………………844
11. 孔祥熙劝杨虎城含忍接受中央处置陕事命令的密电稿

(1937年1月11日) ……………………………………………846
12．于学忠关于解决陕事宜先解除张学良留京未返等疑虑致孔祥熙密电
(1937年1月12日) ……………………………………………847
13．张学良为蒋介石限期实行解决陕事方案请杨虎城等速下最大决心收束陕局函
(1937年1月13日) ……………………………………………847
14．陈瑞建议中央军后撤并徐图分化瓦解东北军办法致孔祥熙密电
(1937年1月13日) ……………………………………………848
15．杨虎城关于解决西北问题致蒋介石密电
(1937年1月14日) ……………………………………………849
16．蒋介石告诫杨虎城勿再提张学良回陕函
(1937年1月14日) ……………………………………………850
17．韩复榘转报于学忠关于恢复张学良自由等主张致孔祥熙何应钦密电
(1937年1月14日) ……………………………………………851
18．李宗仁等吁请中央军停止入陕以消弭内乱团结对外的通电
(1937年1月15日) ……………………………………………852
19．杨虎城关于派员呈送解决陕事方案致蒋介石函件
(1937年1月16日) ……………………………………………853
20．杨虎城于学忠表示为抗日救国目的愿领受革职留任处分的通电
(1937年1月16日) ……………………………………………855
21．孔祥熙为探察张、杨、于部队实情与樊嵩甫往来密电稿
(1937年1月16—20日) ………………………………………856
22．孔祥熙关于如何采纳杨虎城所提联共抗日各条件等致

蒋介石密电稿
(1937年1月17日) ……………………………………………………857
23. 何应钦关于陕方代表提出东北军与十七路军及红军分驻陕甘等条件致孔祥熙密电
(1937年1月18日) ……………………………………………………858
24. 蒋介石指斥杨虎城等提出的解决陕事办法为"割裂军政破坏统一"函
(1937年1月19日) ……………………………………………………858
25. 杨虎城于学忠等呈述执行甲案实际困难并提出六项要求等文电
(1937年1月20—23日) ………………………………………………862
26. 杨虎城为阎锡山愿为调人并奉行甲案问题复李志刚电
(1937年1月22日) ……………………………………………………864
27. 蒋介石关于将陕事交顾祝同全权处理致杨虎城密电稿
(1937年1月22日) ……………………………………………………864
28. 蒋介石关于与杨虎城谈判六项意旨致顾祝同密电稿
(1937年1月22—24日) ………………………………………………865
29. 何应钦关于顾祝同与米春霖等会谈东北军撤移等问题的电话报告
(1937年1月25日) ……………………………………………………866
30. 蒋介石关于张学良名义及东北军和十七路军"移防"问题的电话指示要点
(1937年1月25日) ……………………………………………………868
31. 何应钦关于顾祝同继续与米春霖等会谈情形的电话报告
(1937年1月26日) ……………………………………………………869
32. 蒋介石令刘峙等对东北军如不依限撤退即宣布"和平破裂"并轰炸其阵地电
(1937年1月26日) ……………………………………………………871

33. 张学良促前方各将领接受“移防”命令并依限撤退电
(1937年1月27日) ……871
34. 何应钦转报东北军将领与杨虎城等集会商定请恢复张学良名义及部队撤退等事项的电话记录
(1937年1月27日) ……872
35. 蒋介石关于十七路军与东北军撤退事项及中央军进驻西安日期复何应钦电话记录
(1937年1月28日) ……873
36. 张学良关于陕事请按蒋意旨及前方商定办法实施致于学忠等函
(1937年1月29日) ……874
37. 何应钦转报顾祝同与何柱国谈判东北军移撤及陕甘主席人选等问题的电话记录
(1937年1月30日) ……874
38. 蒋介石关于拨发西安军事善后特别费与何应钦等来往密电
(1937年1月30—31日) ……876
39. 顾祝同关于指定红军某部的驻区及拨发每月经费等问题的请示电
(1937年1月31日) ……877
40. 杨虎城等宣告与顾祝同商定陕甘善后四事的通电
(1937年2月4日) ……877
41. 蒋介石饬何应钦等注意杨虎城支日通电意图及对策的电令
(1937年2月6日) ……879
42. 蒋介石关于对陕策略及准备进攻西安军事部署致刘峙顾祝同电
(1937年1月7—11日) ……880
43. 何应钦转报十七路军与东北军决定撤退渭北等事项的

电话记录
(1937年1月28—29日) ……883
44. 蒋介石令刘峙等注意陕军撤退情形并积极准备进攻密电
(1937年1月29日) ……884
45. 蒋介石令顾祝同警告东北军若再不如期撤退即向其阵地进攻与轰炸密电
(1937年1月30日) ……885
46. 何应钦关于东北军等撤移情形暨蒋军进逼西安一带的电话报告
(1937年1月30日—2月5日) ……886
47. 蒋介石关于中央军入驻西安时的部署致刘峙等手令
(1937年2月6日) ……889
48. 蒋介石关于中央军进驻西安城后应注意各事致顾祝同密电
(1937年2月7日) ……890
49. 行政院奉发国民政府恢复张学良公权的训令
(1837年2月18日) ……891
50. 国民党五届三中全会关于西安事变的决议
(1937年2月19日) ……891

〔五〕民族事务

（一）行政法规

1. 国民政府蒙藏委员会组织法

（1928年3月21日）

国民政府蒙藏委员会组织法

民国十七年三月二十一日中央政治会议第一三三次会议修正通过交国民政府公布

第一条　国民政府蒙藏委员会直隶于国民政府掌理左列事务

一、审议关于蒙藏行政事项。

二、计划关于蒙藏之各种兴革事项。

第二条　蒙藏委员会由国民政府任命委员五人或七人组织之，并指定一人为主席。

第三条　蒙藏委员会每两星期至少开常会一次。

第四条　蒙藏委员会主席之职务如左：

一、召集本委员会之会议。

二、代表本委员会出席国民政府会议。

三、执行本委员会之决议。

四、监督及指挥本委员会所属职员。

第五条　蒙藏委员会设左列各处：

一、秘书处；

二、蒙事处；

三、藏事处。

第六条　秘书处掌理文书、会计等事务。

第七条　蒙事处掌理关于蒙古事务。

第八条　藏事处掌理关于西藏事务。

第九条　秘书处置秘书长一人，秘书一人或二人。蒙事处、藏事处各置处长一人，得由委员兼任。

第十条　秘书处、蒙事处、藏事处各得酌量分科办事，其科长、科员员额由蒙藏委员会呈请国民政府核定之。

第十一条　蒙藏委员会于必要时，得委派或聘任专门人才或精通蒙藏情形或语言文字者为专门委员、编译员或调查员。

第十二条　蒙藏委员会因缮写文件或其他事务得酌置雇员。

第十四条　本法称蒙藏者，指未曾改设行省及特别区之蒙古、西藏地方。

第十五条　本组织法自公布日施行。

〔国民政府档案〕

2. 修正蒙藏委员会组织法

（1932年7月25日）

修正蒙藏委员会组织法

民国二十一年七月二十五日公布

第一条　蒙藏委员会依国民政府组织法第二十条之规定组织之。

第二条　蒙藏委员会掌理事务如左：

一、关于蒙古、西藏之行政事项。

二、关于蒙古、西藏之各种兴革事项。

第三条　蒙藏委员会设委员长、副委员长各一人，委员十五人至二十一人，由国民政府选择熟谙蒙藏政教情形者任命之就中指定六人为常务委员。

第四条　蒙藏委员会每星期开会一次，遇有必要时，得召集临时会议。前项会议以委员长为主席，委员长因事故不能执行职务时，以副委员长代理之。

第五条　蒙藏委员会委员长执行前条会议之决议，并综理会务，监督所属职员及各机关。副委员长及常务委员，辅助委员长处理会务。

第六条　蒙藏委员会会议，如与各院、部、会有关系时，各院、部、会得派员列席。

第七条　蒙藏委员会委员，应每年轮流分往蒙藏各地视察。

第八条　蒙藏委员会设左列各处：

一、总务处；

二、蒙事处；

三、藏事处。

第九条　总务处掌理文书、统计、会计、庶务等事务。

第十条　蒙事处掌理关于蒙古事务。

第十一条　藏事处掌理关于西藏事务。

第十二条　蒙藏委员会置参事二人至四人，撰拟、审核本会之法案、法令。

第十三条　蒙藏委员会置秘书二人至四人，分掌会议记录及长官交办事项。

第十四条　蒙藏委员会置处长三人，分掌各处事务。

第十五条　蒙藏委员会置科长九人至十二人，科员五十人至七十人。

第十六条　蒙藏委员会委员长，特任，副委员长、委员、参事、处长、秘书二人简任，其余秘书及科长荐任，科员委任。

第十七条　蒙藏委员会于必要时得委派熟谙蒙藏情形或语言文字者，为编译员或调查员。

第十八条　蒙藏委员会得酌用雇员。

第十九条　蒙藏委员会得在北平设办事处，置处长一人，荐任。其办事处规则另定之。蒙藏委员会认为必要时，得呈请行政院转呈国民政府核准，于蒙、藏或其他适当地方设办事处。

第二十条　蒙藏委员会得设招待所。

第二十一条　蒙藏委员会会议规则及办事细则由蒙藏委员会议定，呈请行政院核准行之。

第二十二条　本法自公布日施行。

〔国民政府档案〕

3．蒙藏新疆回部来京展觐人员招待规则

（1934年1月8日）

蒙藏新疆回部来京展觐人员招待规则

二十三年一月八日会令公布

第一条　凡蒙藏回各部长官及宗教领袖人员，按照展觐办法来京展觐时，均由蒙藏委员会依照本规则招待之。

第二条　招待费用，由蒙藏委员会按照规定数目发给之。

第三条　驻京招待费，依照规定招待日期，自开始日起，至停止日止，按日计算，每三日发给一次。其标准如左：

（一）蒙古之盟长、副盟长，备兵扎萨克，副都统，保安长官，西藏达赖喇嘛、班禅额尔德尼之代表，新疆回部领袖，每日二十四元。

（二）蒙古之帮办盟务，扎萨克，总管每日十八元。

（三）蒙古之管旗协领，及新疆回部领袖之代表，每日十二元。

（四）边疆宗教领袖，前驻京呼图克图，每日二十四元。

（五）呼图克图，诺们汗每日十八元。

（六）绰尔济，班第达，每日十二元。

（七）呼毕勒罕，加提凯朗，每日十元。

第四条　各展觐人员回籍时，由中央赠给旅费其标准如左：

（一）蒙古盟长、副盟长、帮办盟务备兵扎萨克，副都统，保安长官，西藏达赖喇嘛、班禅额尔德尼之代表，及新疆回部领袖等应领旅费，依第一附表所规定之数目发给之。

（二）蒙古各旗扎萨克总管管旗协领及新疆回部领袖之代表等应领旅费，依第二附表所规定之数目发给之。

（三）新疆宗教领袖应领旅费，依第三附表所规定之数目发给之。

第五条　凡受招待者之随从人等，概不另给食宿旅费。

第六条　达赖喇嘛、班禅额尔德尼到京后，其招待办法另定之。

第七条　本规则所定招待各费，均由国库支给之。

第八条　本规则如有未尽事宜，得随时呈准修正之。

第九条　本规则自公布之日施行。

附旅费表

蒙藏新疆回部来京展觐人员旅费第一表

名称	旅费数目	备考
呼伦贝尔部	500元	
哲里木盟	400元	
卓索图盟	300元	
昭乌达盟	400元	
锡林果勒盟	400元	
察哈尔部	400元	
乌兰察布盟	400元	
伊克昭盟	400元	

续表

青海左翼盟	1000元	
青海右翼盟	800元	
旧土尔扈特霍硕特五路盟	1400元	
青塞特奇勒图盟	1400元	
三音济雅图左右翼盟	800元	
唐努乌梁海部	700元	
毕都哩雅诺尔盟	700元	
齐齐尔哩克盟	600元	
汗山盟	600元	
克鲁伦巴尔城盟	700元	
西藏	1400元	
新疆回部	1400元	

蒙藏新疆回部来京展觐人员旅费第二表

名称	旅费数目	备考
呼伦贝尔部	300元	
哲里木盟	200元	
依克明安旗	300元	
卓索图盟	200元	
昭乌达盟	200元	

续表

锡林果勒盟	200元	
察哈尔部	200元	
乌兰察布盟	200元	
归化七默特旗	200元	
伊克昭盟	200元	
阿拉善霍硕特旗	400元	
额济纳旧土尔扈特旗	500元	
青海左翼盟	500元	
青海右翼盟	400元	
旧土尔扈特霍硕特五路盟	700元	
青塞特奇勒图部	700元	
三音济雅图左右翼盟	400元	
唐努乌梁海部	400元	
毕都哩雅诺尔盟	400元	
齐齐尔哩克盟	300元	
汗山盟	300元	
克鲁伦巴尔城盟	420元	
西康	500元	
新疆回部	700元	
西藏	700元	

蒙藏新疆回部来京展觐人员旅费第三表

名称	旅费数目	备考
呼伦贝尔部	300元	
哲里木盟	200元	
依克明安旗	300元	
卓索图盟	200元	
昭乌达盟	200元	
锡林果勒盟	200元	
察哈尔部	200元	
乌兰察布盟	200元	
归化土墨特旗	200元	
伊克昭盟	200元	
阿拉善霍硕特旗	400元	
额济纳旧土尔扈特旗	500元	
青海左翼盟	500元	
青海右翼盟	400元	
旧土尔扈特霍硕特五路盟	700元	
青塞特奇特图部	700元	
三音济雅图左右翼盟	400元	
唐努乌梁海部	400元	

续表

毕都哩雅诺尔盟	400元	
齐齐尔哩克盟	300元	
汗山盟	300元	
克鲁伦巴尔城盟	420元	
西康	500元	
新疆回部	700元	
甘肃	300元	

〔国民政府档案〕

4．边疆宗教领袖来京展觐办法

（1934年1月8日）

边疆宗教领袖来京展觐办法

二十三年一月八日公布

第一条　凡蒙藏及其他各地之呼图克图、诺们汗、绰尔济、班第达呼毕勒罕，及新疆回部之伊斯兰教加提凯朗，为报告边地宗教情形起见，均须分班来京展觐，其分班及展觐之程序，依本法之规定。

第二条　分班之程序如左：

（一）在蒙藏及其他各地之呼图克图、诺们汗、绰尔济、班第达呼毕勒罕共分为六班，每年召集一班来京展觐，周而复始。但在民国三年后圆寂至今未转世者，经该管官署咨明，即予除名。其有未编入年班，现时确为当地人民所尊崇者，经该管官署咨请，仍得编入年班依班展觐。

（二）在新疆各地之加提凯朗，由蒙藏委员会先期编定名册，分为十二班，每年召集一班，来京展觐，周而复始。

第三条　各展觐人员遇值班之年，应于十二月二十日到京，持具各地官署印文，并缮具衔名履历，呼图克图等并应开具历辈源流，向蒙藏委员会报到，于二十一日起开始招待。

第四条　各展觐人员因疾病或未出痘不能来京展觐时，应先行经由本地官署转报蒙藏委员会核准，移入下班来京补行展觐。

第五条　展觐之程序如左：

（一）十二月二十四日由蒙藏委员会委员长、副委员长引导谒总理陵。

（二）十二月二十五日，由蒙藏委员会委员长、副委员长引导谒见行政院院长。

（三）十二月二十六日起，至十二月三十一日止，各展觐人员在蒙藏委员会指定之坛场，分别诵经。

（四）新年一月一日，由蒙藏委员会委员长、副委员长引导觐见国民政府主席，其仪注及办法另定之。

（五）一月二日至五日，国民政府主席定期筵宴一次，并分别颁发赉品，其仪注及办法另定之。

（六）一月六日至十一日，由蒙藏委员会派员引导赴各处参观，或游览名胜。

（七）一月十二日至十五日，由蒙藏委员会委员长、副委员长引导晋谒国民政府主席辞行，并接受训词。

（八）一月六日至十五日之间，由蒙藏委员会定期召集各展觐人员，出席边事研究会，报告当地宗教情形。如有条陈意见，应呈由蒙藏委员会核办之。

（九）一月十六日至十九日，向蒙藏委员会辞行，准备回籍。一月二十一日起，停止招待。

第六条　各展觐人员，得带随行徒众一人、翻译一人，及随侍二人。

第七条　各展覲人员到京后，均依招待规则发给招待费及旅费，其规则另定之。

第八条　本办法如有未尽事宜，得随时呈准修正之。

第九条　本办法自公布日施行。

〔国民政府档案〕

5．蒙藏回疆各地方长官及各宗教领袖人员来京覲见礼节单

（1934年1月8日）

蒙、藏、回、疆各地方长官及各宗教领袖人员来京覲见礼节单　　二十三年一月八日会令公布

一、凡蒙、藏、回、疆各地方长官及各宗教领袖人员，按照覲见办法到京后，由蒙藏委员会呈请行政院转呈国民政府主席批示谒见日期及时间。蒙藏委员会奉批后，分别转知各该员知照。

一、各该员于谒见之日，先时齐集蒙藏委员会由委员长、副委员长率领赴国民政府，到达后，在指定之处静候。由蒙藏委员会委员长、副委员长会同文官长、参军长入启主席莅临。

一、主席出临时奏乐，展覲人员全体肃立，由蒙藏委员会委员长、副委员长趋前报告展覲人员人数，恭呈名单及礼柬于主席，并引导展覲人员向主席行一鞠躬。礼毕，主席赐展覲人员坐。

一、主席向展覲人员问话，展覲人员应起立对答，答毕仍就坐。

〔国民政府档案〕

6. 蒙藏回疆各地方长官及各宗教领袖人员来京展觐赏赉办法

(1935年1月14日)

蒙藏回疆各地方长官及各宗教领袖人员来京展觐赏赉办法

二十四年一月十四日行政院核转备案

第一条　凡蒙藏回疆各地方长官各宗教领袖人员，按照展觐办法到京展觐时，依左列所定，分别给予赉品。

一、蒙古盟长，副盟长，帮办盟务，备兵扎萨克，保安长官，副都统，西藏达赖喇嘛，班禅额尔德尼之代表，及回疆各部各简任阶级之地方长官，又蒙藏之呼图克图，诺们罕，班第达，绰尔济，及回疆之师海，伊斯拉穆，及各部道行较高之穆天替。以上各员各给花瓶二对，绵缎二匣，茶叶四桶。

二、蒙古扎萨克，总管，管旗协领，藏回各部荐任相当阶级之地方长官。以上官员，各给花瓶一对，绵缎二匣，茶叶四桶。

三、蒙古各盟旗藏回各部高级佐治人员，又蒙藏回各宗教领袖人员所派阶级较高之徒众。以上各员，各给绵缎二匣、茶叶二桶。

第二条　各项赉品，分别由国民政府颁发，或发交蒙藏委员会转发各该员敬谨具领其手续另定之。

第三条　本办法如有未尽事宜，得随时呈准修正之。

第四条　本办法自公布日施行。

〔国民政府档案〕

7．管理喇嘛寺庙条例

（1935年12月9日）

管理喇嘛寺庙条例

二十四年十二月九日国民政府公布

第一条　喇嘛寺庙及喇嘛，向由当地官署管理者，仍由各该官署管理之，并受蒙藏委员会之监督。北平等处喇嘛寺庙，向由中央主管机关管理者，由蒙藏委员会设专管机关管理之，其他各地喇嘛寺庙，如经该会认为有管理之必要时，得另设专办机关。

第二条　喇嘛之转世，以从前曾经转世为限，其向不转世之喇嘛，非经中央政府核许，不认为转世。

第三条　喇嘛寺庙所设各项职任喇嘛，仍照惯例，酌予设置。

第四条　喇嘛之道行高深或有勋劳于党国者，得由蒙藏委员会分别呈请奖励之，其有违反教律或法令者，由蒙藏委员会分别呈请惩处之。

第五条　喇嘛寺庙及喇嘛，应向蒙藏委员会申请登记。

第六条　喇嘛之札付及度牒，由蒙藏委员会核给之。

第七条　喇嘛之转世，任用，奖惩，登记办法由蒙藏委员会拟订，呈请行政院核定之。

第八条　本条例自公布日施行。

〔国民政府档案〕

8．喇嘛奖惩办法

（1936年1月10日）

喇嘛奖呈办法

二十五年一月十日会令公布

第一条　本办法依据管理喇嘛寺庙条例第四条及第七条规定之。

第二条　喇嘛奖励分左列各种。

一、晋给名号，如呼图克图、诺们汗等名号。二、给予封号，如禅师、法师等封号。三、加给字样，如辅国、阐化等字样。四、职任喇嘛得以应升之阶级尽先叙用。（职任喇嘛：如扎萨克喇嘛、达喇嘛之类）五、酌给奖金或奖品。六、加衔。七、记大功。八、记功。九、传令嘉奖或题给匾额。

第三条　喇嘛名号分左列各种。

一、呼图克图。二、诺们汗。三、班第达。四、堪布。五、绰尔济。

喇嘛晋给名号，应依前项级次叙晋，不得超越其原有名号，除堪布外，应以受自中央政府者为准。其受自前清政府者亦同。喇嘛受至最高级名号无可晋给者，得以前条第二款至第四款之规定，酌量办理。

第四条　喇嘛加给字样之办法如左。

一、呼图克图得以其名号上加给四字或二字（字样），并得叠加之。二、诺们汗以下名号喇嘛，得酌给相当字样，但不得重叠。

第五条　名号喇嘛及达喇嘛以上职任喇嘛有左列事迹之一者，得视其身分，依第二条前二款分别奖励之。

一、著有大勋劳于国家者。二、著有功绩在一地方者。三、道行高深为多数徒众及地方所崇信确有可征者。四、经典精通，坐床教经三年以上卓著成绩，或开会说法确得多数人之皈依者。五、领有多数庙宇、庙产及徒众逾五百名而管理有方者。

曾得前项奖励，非经过三年后，不得再奖。但奉中央政府特奖者，不在此限。

第六条　喇嘛有左列事迹之一者，但似其身分依第二条第四款至第七款分别奖励之。

一、曾受前条奖励三年内复著有前条一、二两款之功迹者。二、遵照奖觐办法，初次晋觐及连续来京三次以上者。三、辅助地方公益事项出力者。四、对于应行参加之道场，三年内未经请假及遗误一次者。

第七条　喇嘛有左列事迹之一者，依第二条第七款至第九款分别奖励之。

一、钤束所属徒众教管有方者。二、阐扬教化为黄、黑徒众所信仰者。三、办理教务，或整顿庙务，或给管庙产者有异常成绩者。

前项各款奖励，非经过三年后，不得以同一事实请奖。

第八条　凡受第二条第一款之奖励者，不因转世而生变动。但受同条第二款第三款之奖励者，以本身为限，转世后非呈奉核准，不得享用。

第九条　办理喇嘛奖励程序，应由主管宗教机关或地方行政机关，胪列该喇嘛事迹，并开明庙址及详细履历或源流，呈报地方最高行政机关转咨蒙藏委员会核请明令奖励。但关于第二条第八款及第九款之奖励，由蒙藏委员会核定后行之。

第十条　喇嘛惩处分列各种。

一、剥黄还俗。二、褫除名号。三、取消封号。四、取消字样。五、免职或降调。六、罚钱粮。七、取消加衔。八、记大过。九、记过。十、传令申斥。

第十一条　喇嘛应受罚钱粮处分时，其无钱粮者，得折罚牲畜。

第十二条　喇嘛有左列行为之一者，除涉及刑事范围送法院审理外，得各依其身分照第十条前四款之规定分别惩处。

一、违背教律或戒律情节重大者。

二、违反关于宗教行政法令情节较重者。

三、受刑法制裁者。

四、因案逮审者。

五、对妇女有猥亵行为者。

六、领得钱粮而不如数发放者。

七、未遵喇嘛登记办法私自出家者。

八、班第私逃至三次者。

前项第四款之处分，如审判无罪时，应开复之。

前项第六款之处分，并追缴其侵占之钱粮。

第十三条　喇嘛受第十条第一款、第二款及第五款之处分者，如曾得第二条第一款至第三款之奖励，得撤销之。

第十四条　职任以下喇嘛有左列情事之一者免职任以下喇嘛有左列情事之一者免职。

一、利用职任地位营私舞弊者。

二、怠于职务因而遗误者。

三、有废疾或笃疾不能执行职务者。

四、管庙喇嘛及得木奇失察，寺僧窃盗法物，经他人告发或经察觉者。

五、得木奇容隐外庙喇嘛侵占庙内钱粮名额者。

六、请假期满，除去往返程限，逾三个月不销假者。

七、因病请假调治至六个月仍不能痊愈者前项第四款之情事，如该管喇嘛等知情者，与犯僧同罪。

前项第七款处分之原因消灭时，得复其职。

第十五条　喇嘛犯有第十二条第一款之规定，该管扎萨克喇嘛或达喇嘛故意容隐者降二级调用。其得木奇隐匿者，降一级调用。

前项降调，非经过三缺，不得叙补。

第十六条　喇嘛有左列行为之一者，罚钱粮一年。

一、名号喇嘛容隐所管寺僧盗窃法物者。

二、私收班第者。

三、失察属下喇嘛，对于妇女有猥亵行为者。

四、容留未经合法登记之喇嘛者。

五、僭用上级制服，或擅服金黄、明黄、大红以外之服色者。

六、因公赴藏私带该处班第前来者。

七、未报明本管喇嘛，私行为人念经并在外住宿者。

八、请假期满，除去往返程限，逾两个月始销假者。

第十七条　喇嘛有左列行为之一者，罚钱粮六个月。

一、名号喇嘛失察所管寺僧盗窃法物，经他人告发或经察觉者。

二、得木奇于寺僧盗窃法物，事后查出，而事前疏于防范者。

三、失察属下喇嘛在外住宿者。

四、遗误重要道场者。

五、容留远方喇嘛者。

六、班第继续私逃三次以上，该庙得木奇隐不报者。

七、未报明本管喇嘛，私行为人念经治病者。

八、请假期满，除去往返程限，逾一个月始销假者。

第十八条　应受第十四(条)第六款，第十六条第八款，及第十七条第八款之处分者，如能提出确因故障延期之证明时，得酌予减免。

第十九条　喇嘛有左列行为之一者，罚钱粮一个月至三个月，或取销加衔。

一、对于寻常道场遗误一次者。

二、管庙喇嘛于寺僧盗窃法物，事后查出而事前疏于防范者。

三、失察属下喇嘛容留他庙革除之班第者。

四、失察属下喇嘛私行为人念经治病者。

五、得木奇对于应裁汰回缴之钱粮，故不裁缴者。

六、班第私逃继续二次，该得木奇不报者。

七、班第私逃一次，该得木奇不报者。

八、管庙喇嘛及得木奇等，对于徒众不遵照喇嘛登记办法呈请登记者。

前项第一款至第四款之处分，罚钱粮三个月。

前项第五款、第六款之处分，罚钱粮二个月。其第五款应回缴之钱粮，并追缴之。

前项第七款及第八款之处分，罚本身钱粮一个月。

第二十条　喇嘛有左列行为之一者，依其情节之轻重，分别申斥、记过、或记大过。

一、其过失不至议罚钱粮之程度者。

二、教务上或职务上有轻微过失者。

第二十一条　喇嘛因公记过一次及罚钱粮半年以下者，遇有应升之处，得随带处分升迁。其罚钱粮一年或记过至二次者，非俟期满或开复后，不得升迁。

第二十二条　喇嘛功过，得互相抵销。

第二十三条　办理喇嘛惩处程序，应由主管宗教机关，或地方行政机关检举该喇嘛过犯事实，呈请地方最高行政机关转咨蒙藏委员会，或由蒙藏委员会迳行查明核请处分之。但关于第十条第八款至第十款之处分，由蒙藏委员会核定后行之。

第二十四条　本办法于达赖喇嘛、班禅额尔德尼、哲布尊丹巴呼图克图不适用之。

第二十五条　本办法自呈奉行政院核定后施行。

〔国民政府档案〕

9. 修正边疆武职人员叙授官衔暂行条例

（1936年2月8日）

修正边疆武职人员叙授官衔暂行条例

二十三年十二月五日院令公布，二十五年二月八日行政院修正公布

第一条　凡在边疆（指蒙古、康、藏、新疆等处）现任武职人员，除服役于国军建制部队者外，凡有戍守地方担任保安之官长，得考核其资历与成绩，依本条例叙授官銜。

第二条　边疆武职人员之审核、转呈、授銜等事宜，由军事委员会铨叙厅主管之。并会商蒙藏委员会共同办理。

第三条　边疆武职官銜分三等九级如左。

一等一级都统；

一等二级副统；

一等三级协统；

二等一级都领；

二等二级副领；

二等三级协领；

三等一级都卫；

三等二级副卫；

三等三级协卫；三等三级以下并设准卫一级。

第四条　前条官銜之叙授，由铨叙厅会同蒙藏委员会依据本条例拟定銜级，由军事委员会函行政院转国民政府核准令行。

第五条　边疆武职人员叙授官銜施行细则，由铨叙厅会同蒙藏委员会拟定之。

第六条　已授官銜有左列情形之一者，应即取销。

一、死亡。

二、丧失国籍者。

三、判处徒刑者。

第七条　已授官銜有左列情事之一者，明令褫夺，并依法查办。

一、背叛民国者。

二、扰害地方者。

三、不遵国家法令应予免官者。

第八条　本条例自公布日施行。

〔国民政府档案〕

10. 边疆武职人员叙授官衔暂行条例施行细则

（1936年2月8日）

边疆武职人员叙授官衔暂行条例施行细则

二十五年二月八日行政院公布

第一条　本细则依照边疆武职人员叙授官衔暂行条例（以下简称本条例）第五条规定之。

第二条　具有左列资格之一者，得按其成绩叙授一等各级官衔。

一、蒙古盟长、副盟长及保安长官。

二、蒙古各旗扎萨克及总管。

三、西藏马基。

第三条　具有左列资格之一者，得按其成绩叙授二等各级官衔。

一、蒙古各旗协理、管旗章京及保安总队长。

二、蒙古各旗副章京、协领、参领及保安副队长。

三、西藏戴琫。

第四条　具有左列资格之一，得按其成绩叙授三等各级官衔。

一、蒙古各旗佐领、保安中队长及保安分队长。

二、西藏如琫、甲琫。

第五条　具有左列资格之一者，得按其成绩，叙授准卫官衔。

一、蒙古各旗保安分队长。

二、西藏定琫。

第六条　边疆武职为本细则第二、第三、第四、第五各条未列举者，由蒙藏委员会临时审定。报请军事委员会核办。

第七条　本条例第一条所称成绩，应以左列各项为准。

一、巩固边防保全国土者。

二、协助国军平定边患者。

三、剿除盗匪绥靖地方者。

四、维持治安卓著成绩者。

第八条　本条例第三条所列各等级官衔之叙授，按左列规定分别办理。

一、一等各级官衔，经铨叙厅会同蒙藏委员会审定后，由军事委员会函行政院转请国民政府叙授之。

二、二等各级官衔，由蒙古各盟部旗政府，西藏噶厦，及沿边各省政府核保，经铨叙厅会同蒙藏委员会审定后，由军事委员会（会）同行政院转请国民政府叙授。

三、三等各级官衔，及准卫官衔，由蒙古各盟部旗政府，西藏噶厦及沿边各省政府核保，经铨叙厅会同蒙藏委员会审定后，由军事委员会函行政院转请国民政府叙授之。

第九条　应叙官衔人员，须先由核保机关检取该员详细履历六份，最近二寸半身相片六张，加具考语，送蒙藏委员会审核。成绩及格报请军事委员会照前条规定办理。

第十条　叙授官衔，国民政府按其等级颁给执照。(执照如附式)

第十一条　官衔执照由军事委员会转送蒙藏委员会分别转发。并由铨叙厅登记。

第十二条　已授官衔人员，除一等一级外，得递晋叙授。

第十三条　已授官衔人员，有本条例第六条情形之一者，经蒙藏委员会查明后，报请军事委员会函行政院转请注销其官衔。

第十四条　已授官衔人员，有本条例第七条情形之一者，经蒙藏委员会查明后，报请军事委员会函行政院转请褫夺其官衔。并依法查办。

第十五条　本细则自公布日施行。

边疆武职人员叙授官衔执照式样

存根

（职衔姓名）叙授（都统等）除填给执照

外合填存根备查

中华民国　年　月　日

字第　号

边疆武职人员叙授官衔执照

兹依边疆武职人员叙授官衔暂行条例之规定，

叙授（或衔名）为（都统等）合行发给执照，以资

证明

国民政府主席　（署名）

军事委员会委员长　（署名）

蒙藏委员会委员长　（署名）

中华民国　年　月　日

执照样式说明

执照除存根外，长六十公分。宽四十公分。其上方绘党、国旗及总理遗像，其周绘宽边三道。一等各级官衔三道全印金色。二等各级官衔则以外面二道印金色，里面一道印兰色。三等各级官衔则以外面一道印金色，里面二道印兰色。藉示等差。又文中有括弧之处，皆不刊印，仅留空白，以便填发。

〔国民政府档案〕

11. 喇嘛任用办法

（1936年2月10日）

喇嘛任用办法

二十五年二月十日会令公布

第一条　本办法依据管理喇嘛寺庙条例第三条及第七条规定之。

第二条　职任喇嘛之设置与任用，除另有专案规定者外，依本办法行之。

第三条　凡依惯例设置之职任喇嘛缺额，照旧设置。但有左列情形之一者，应由直属监督机关查明裁撤之。其在本办法公布以前业已任用有人者，俟该喇嘛出缺后裁撤之，所属喇嘛，归并他庙管辖。

一、原任职机关业经取销，或已改变为他种组织者。

二、所管寺庙之殿宇、僧舍、佛像、法器一无存留者。

三、所管寺庙已全部出卖，或租赁与私人管业者。

四、所管寺庙已被侵占收没，或改作他用原有喇嘛移住他庙者。

五、所管寺庙贵重部分皆被焚毁倾圮，仅存少数僧房及喇嘛徒众者。

六、所管寺庙经监督机关查明认为应行裁并者。

第四条　凡职任喇嘛之名称及缺额，如为惯例所无者，非经蒙藏委员会核准不得任用。

第五条　职任喇嘛之升补班次及公缺、专缺等限制，照惯例办理，非经蒙藏委员会核准，不得变更。

第六条　凡由西藏调来内地服务之堪布，以应补之达喇嘛缺，尽先补用。

第七条　北平各官庙扎萨克喇嘛，多伦诺尔扎萨克达喇嘛，五台山菩萨顶扎萨克喇嘛，承德布达拉寺堪布达喇嘛，沈阳实胜寺扎萨克衔达喇嘛，伊犁掌教堪布，西安座仁寺达喇嘛等职任喇嘛，由北平喇嘛寺庙整理委员会查明应补之人，开具清单，呈请蒙藏委员会遴选派充之。并呈行政院备案，咨各该地方省市政府查明。

第八条　北平、承德、东陵、西陵各官庙达喇嘛、副达喇嘛、苏拉喇嘛等职任喇嘛由北平喇嘛寺庙整理委员会查明应补之人，呈请蒙藏委员会查核派充之。其德木奇、格斯贫〔贵〕等由各本寺最高级职任喇嘛查明应补之人，报请北平喇嘛寺庙整理委员会查核派充之并呈报蒙藏委员会。其德木奇以次各职务，由各本寺就所属格隆班第中选择派充之。并呈报北平喇嘛寺庙整理委员会备案。

第九条　四川懋功座法寺堪布，任期三年。每届更换之年，由该寺先期报请四川省政府咨行西藏地方长官拣选相当之人，派往更换。并咨蒙藏委员会转呈行政院备案。

第十条　沈阳各寺达喇嘛，由该处扎萨克衔达喇嘛查明应补之人，开具姓名、资历报请蒙藏委员会查复派充之。

第十一条　多伦诺尔汇宗寺、善因寺达喇嘛、副达喇嘛，由该处扎萨克达喇嘛拣选应补之人，报由北平喇嘛寺庙整理委员会查明，转呈蒙藏委员会派充之。

第十二条　五台山台麓守达喇嘛、啰喉寺虚衔达喇嘛，由该处扎萨克喇嘛查明应补之人，开单报由北平喇嘛寺庙整理委员会拟定正陪，转呈蒙藏委员会核派充之。其玉花池、寿宁寺、金刚窟、涌泉寺、七佛寺、三泉寺、善财洞、普安寺等八寺，虚衔达喇嘛，均由该处扎萨克喇嘛遴选补放之。并开列姓名、资历，报由北平喇嘛寺庙整理委员会备案。

第十三条　沈阳、多伦、五台、长安、伊犁、懋功各官庙达喇嘛以次各职任喇嘛之任用，由各该地方最高职任喇嘛，比照北平承德各寺之例，分别补放之。

第十四条　驻平呼图克图所设商卓特巴扎萨克喇嘛等职任喇嘛，由各该呼图克图拣选补放之，并报由北平喇嘛寺庙整理委员会转呈蒙藏委员会备案。如该商卓物〔特〕巴扎萨克达喇嘛等出缺，在呼图克图圆寂时，由北平喇嘛寺庙整理委员会拣选应补之人，呈请蒙藏委员会补放之。

第十五条　归化城扎萨克达喇嘛、副扎萨克达喇嘛等职任喇嘛，由绥远省政府拣选应补人员，拟定正陪，咨请蒙藏委员会查核派充之。并呈行政院备案。其扎萨克喇嘛，由各本寺呼图克图（呼）毕勒罕查明应补之人，报请该处扎萨克达喇嘛考核升补之。并报蒙藏委员会、绥远省政府备案。其达喇嘛以次职任喇嘛，由各本寺呼图克图（呼）毕勒罕等查明应补之人，报请扎萨克达喇嘛派充之。

第十六条　蒙古地方喇嘛寺庙之领袖喇嘛，如徒众过八百名，寺址距旗署五百里以外者，经由该旗呈请盟长转报蒙藏委员会咨行关系省政府或该管最高行政长官查复相符，呈请行政院核准后，得由蒙藏委员会派为扎萨克达喇嘛，颁给印信。并呈行政院备案。

第十七条　蒙古地方各喇嘛寺庙领袖喇嘛，如系呼图克图，其徒众过五百名，而庙宇距旗署五百里以内者，圆寂后由该管盟长于其徒众内择一人赏给扎萨克扎萨克头衔，代行管理所属寺庙事务。俟该呼图克图诺们汗转世后，上项赏给职衔，即予撤销。

第十八条　青海、甘肃地方喇嘛寺庙都纲、僧纲、僧正等职任喇嘛，由该管省、县政府拣选年富力强，才具明敏，众心悦服者派充之。并咨报蒙藏委员会备案。

第十九条　喇嘛游牧部落职任喇嘛，及外蒙、西藏等处喇嘛寺庙职任喇嘛之任用另定之。

第二十条　本办法自呈奉行政院核定后施行。

〔国民政府档案〕

12. 修正喇嘛登记办法

（1936年3月2日）

修正喇嘛登记办法

二十五年二月十日公布，同年三月二日会令修正公布

第一条　本办法依据管理喇嘛寺庙条例第五条及第七条规定之。

第二条　应登记之职衔喇嘛如左：

一、转世呼图克图。

二、转世诺们汗。

三、呼图克图。

四、诺们汗。

五、班第达。

六、堪布。

七、绰尔济。

八、呼毕勒罕。

第三条　应登记之职任喇嘛如左：

一、扎萨克达喇嘛。

二、扎萨克副达喇嘛。

三、扎萨克喇嘛。

四、达喇嘛。

五、虚衔达喇嘛。

六、副达喇嘛。

七、苏拉喇嘛。

八、商卓特巴。

九、都纲。

十、僧纲。

十一、僧正。

十二、得不奇。

十三、其格斯贵。

十四、他职任喇嘛。

第四条　应登记之普通喇嘛如左：

一、格陆。

二、班第。

三、学艺班第。

四、台吉愿充喇嘛者。

五、官私各庙职衔或职任喇嘛之随带徒弟。

六、齐巴罕察。

七、其他普通喇嘛。

第五条　本办法第一条各款职衔喇嘛声请登记时，须填其职衔喇嘛声请登记表，开列全衔姓名年龄籍贯及庙名庙址，连同封册暨本身最近二寸半身光头像片一张，呈由本庙所属该管官署转送蒙藏委员会核办。

第六条　本办法第三条第一款至第十一款各喇嘛声请登记时，须填具职任喇嘛声请登记表，开列职别、姓名、年龄、籍贯、现住庙名、庙址，及曾任经□，与受戒、受职年月，连同原领札付或度牒暨本人最近二寸半身光头像片一张，呈由本庙所属该管官署，转送蒙藏委员会核办。

第七条　本办法第三条第十二款至十四款及第四条各款喇嘛声请登记时，须由各寺庙领袖喇嘛造具某地某寺庙得木奇以次各喇嘛声请登记名册，依次开列所属喇嘛职别、姓名、年龄、籍贯，以及过去经历等项，连同原领度牒，呈由本庙所属该管官署转送蒙藏委员会核办。

第八条　职衔喇嘛经核准登记后，由蒙藏委员会填给登记证，并于其封册上注明登记年月，钤盖会印，发还收执。

第九条　职任喇嘛或普通喇嘛经核准登记后，由蒙藏委员会填给登记证，并于其札付或度牒上注明登记年月，钤盖会印，发还收执。

第十条　登记证分甲、乙、丙三种。填发标准如左，其格式另定之。

一、甲种登记证，本办法第二条各款喇嘛用之。

二、乙种登记证，本办法第三条第一款至十一款各喇嘛用之。

三、丙种登记证，本办法第三条第十二款至十四款及第四条各款之喇嘛用之。

第十一条　职衔喇嘛登记后，如有变更时，除不转世者，因圆寂、逃亡或还俗，应由其商卓特巴或达喇嘛或本庙报请撤销登记外，均应依照本办法第五条之规定，并检同前领登记证，声请为变更登记。

第十二条　职任喇嘛或普通喇嘛登记后，如有变更，除圆寂、逃亡或还俗，应由其寺庙声请撤销登记外，均应依照本办法第六条、第七条之规定，并检同原领登记证，分别声请为变更之登记。

第十三条　凡声请为变更之登记者，经核准后分别换给登记证，并于其换发之新札付或度牒上注明登记年月，钤盖会印，发还收执。其因转世而变更之职衔喇嘛，毋庸换给登记证，即于其原领之登记证及封册上，注明转世掣瓶年月，钤盖会印，发还收执。

第十四条　凡领有登记证之喇嘛，如有左列情事之一者，得由蒙藏委员会撤销其登记证：

一、违反喇嘛戒律者。

二、法院判处徒刑者。

第十五条　职衔喇嘛未经合法登记者，不得享受职衔喇嘛权利。非职衔喇嘛未经合法登记者，经查出时，勒令还俗。

第十六条　各庙喇嘛徒众除登记有名者外，不得增设。

第十七条　各庙对于外来游方或游食喇嘛，须查明曾否经过合法之登记，凡不能缴验登记证者，不准容留。

第十八条　违反本办法第十六条之规定者，处其领袖喇嘛以六个月之停职处分，并予该管官署以失察处分，在领袖喇嘛停职期间，该管官署应另派资格相当之喇嘛，代行该庙领袖喇嘛职务。

第十九条　违反本办法第十七条之规定者，其领袖喇嘛及执事喇嘛，均记大过一次，并由该管官署将游方或游食之喇嘛驱逐出境。

第二十条　冒用他人登记证者，或诈称职衔职任喇嘛资格者，经查出或被人告发后，撤销其登记证，勒令还俗，并按其情节，依法治罪。

第二十一条　达赖喇嘛，班禅额尔德尼，哲布尊丹巴呼图克图，不适用本办法之规定，由蒙藏委员会于其转世时专案办理。

第二十二条　喇嘛登记，应制备左列各簿，其格式另定之。

一、喇嘛登记总簿。

二、职衔喇嘛登记簿。

三、职任喇嘛登记簿。

四、普通喇嘛登记簿。

第二十三条　本办法第五、六、七各条应用之声请登记表及名册之格式另定之。

第二十四条　本办法如有未尽事宜，得随时修正之。

第二十五条　本办法自呈奉行政院核定后施行。

喇嘛声请登记填表须知及实例

一、喇嘛声请登记，应照后开实例之格式，分别填具声请登记表，或声请登记名册。

二、喇嘛登记办法第一条所载，呼图克图、诺们罕、班第达、绰尔济、呼毕勒罕及曾经正式封赠手续认为各该喇嘛本身永久职衔之堪布等，声请登记时，均适用职衔喇嘛声请登记表。

三、喇嘛登记办法第三条所载第一至十一各款之职任喇嘛，及前款以外不能认为本身永久职衔之堪布等，声请登记时均适用职任喇嘛声请登记表。

四、各寺得木奇、格斯贵、乌木匝特、尼尔巴等执事喇嘛，及考取噶布楚、兰占巴等名号喇嘛及格萨班第等普通喇嘛声请登记时均适用声请登记名册。

五、各喇嘛职衔职任，及其他职务名称，凡未经喇嘛登记办法第二、三、四各条明文列载者应于备考栏内，详细注明所任事务之项目，及在本寺之地位相当于何种喇嘛。

六、填列寺庙名称，应以颁赐之正名为主，其原有之蒙藏文名称，及各种俗名，均分别列填于备考栏内。如未奉颁给正名，即填列最近惯用之庙名，并于备考栏内，注名其他名称。

七、填列寺庙所在地地名及喇嘛之籍贯，如在蒙古者，填某盟某旗。如不设盟之地方，即填某某旗。如在西藏者，填前藏、后藏某某地方。如在内地者，填某省、某县或某某市。

八、凡本身曾奉颁发各项荣典，及所受奖惩等事项，均于“本身或过去”经历一栏内，分别详细注明。

九、呈交证明文件，应于证明文件栏内，载文件数。

十、职衔喇嘛声请登记表所载职衔一栏，应详细开列现辈所有之名号职衔及职任，其姓名、年龄、籍贯各栏，均照现辈之实在情形填列。历辈源流一栏，须自第一辈起，依次叙述其姓名与出生年月及地方，至最近之上一辈，并须注明圆寂年月及地方。但不转世者，此栏可以不填。现在驻锡地方一栏，如该喇嘛定期外驻于两个以上之寺庙者，应分别列注。所管寺庙一栏，系拜由该喇嘛本身直接管理之寺庙而言，其以扎萨克、达喇嘛等资格而管辖之寺庙，不得填入。

十一、职任喇嘛声请登记表所载任职处所一栏，应填列某某地方某某寺庙，不得仅列寺庙名称，而漏列该寺庙所在地之地名。职任名称一栏，除填现在所任之职务名称以外，如另有兼职者，亦于此栏注明“兼任某某庙某项职务”。

十二、喇嘛声请登记名册，应以每一寺庙为一册，如该寺为某某寺庙之下院或属于某某管辖者，应将名称改为“某某地方某某寺庙所属某地某寺得木奇以次各喇嘛声请登记名册”。其名册次序，应照各该喇嘛在本寺庙地位之高下依次排列。如用纸一页，不敷填列，应续为若干页，至敷用为止，装订成册，并将备考一栏，移至最后一页之末尾。

十三、凡不能入于各栏，而又必须填注之事项，均于备考栏内载明之。

十四、填表时之年、月、日，应照实填列，不得遗漏，并须于年、月之上，加盖印章。

喇嘛声请登记实例一

职衔喇嘛声请登记表

职衔　某某职衔

姓名　姓名

年龄　现年几岁

籍贯　某省、某县或某盟或某地方

历辈源流　第一辈某姓名，于某年某月转生于某地。第二辈某姓名，于某年、月转生于某地。第三辈……第几辈某姓名、于某年月转生于某地。某年月在某地圆寂。

本身经历　现辈为第几辈，于某年月在某地转生，某年、月呈奉掣定，某年、月入庙坐床，某年、月裁撤呼毕勒罕字样，某年、月曾到京展觐，或曾任某职办理某事。

现在驻锡地方　某地、某某寺。

所管寺庙　某地某某寺，某地某寺。

证明文件　某年、月颁发封册一件或敕书件。

备考　本表应照填二份，除由转报机关抽存一份外，其余一份送蒙藏委员会审核。

中华民国　年　月　日

喇嘛声请登记实例二

职任喇嘛声请登记表

任职处所　某地、某寺。

职任名称　某职任。

姓　名　某姓名。

年　龄　现年几岁。

籍　贯　某省、某县或某盟，某旗或某某地方。

过去经历　某年月出家，某年月受班第戒，任某职务若干年。某年月受格隆戒，任某职务若干年。某年升任某职务。某年调任某职务，某年月升任现职。

证明文件　某年月领札付一件。

备　考　本表应照填二份，除由转报机关抽存一份外，其余一份送蒙藏委员会审核。

中华民国　年　月　日

〔国民政府档案〕

13. 蒙藏边区人员任用条例

(1937年4月1日)

蒙藏边区人员任用条例

廿六年一月十二日会令公布。四月一日施行

第一条 蒙藏边区人员，得依本条例之规定，任用为简任、荐任、委任职公务员。

前项任用人员，应以蒙藏边区土著人民通晓国文、国语者尽先任用。

第二条 具有左列资格之一者，得以简任职任用。

一、曾任简任职一年以上者。

二、曾任荐任职三年以上，并叙至最高级者。

三、在教育部认可之专科以上学校毕业，并曾任荐任职或与荐任职相当之职务一年以上者。

四、曾任蒙古盟长、副盟长、帮办盟务，备兵扎萨克副都统，保安长官或其他盟部长官一年以上者。

五、曾任盟旗扎萨克总管或其他盟旗长官一年以上者。

六、曾任蒙古盟公署处长，保安长官公署督察长，旗务委员，旗协理，管旗章亨，副章京或其他盟部旗荐任佐治人员三年以上者。

七、曾任西藏地方与简任职相当之职务一年以上，或与荐任职相当之职务三年以上者。

八、有特殊勋劳于国家或地方，经国民政府特准叙用者。

第三条 具有左列资格之一者，得以荐任职任用。

一、经边区行政人员考试，高级考试及格者。

二、曾任荐任职一年以上者。

三、曾任委任职三年以上，并叙至最高级者。

四、在经主管官署认可之旧制中学或高级中学毕业，曾任委任职或与委任职相当之职务一年以上者。

五、曾任蒙藏地方荐任职或荐任职相当之职务一年以上者。

六、曾任蒙古盟公署科长、秘书或各旗参领、掌稿笔帖式或其他与委任职相当之职务三年以上者。

七、曾任西藏地方与委任职相当之职务三年以上者。

八、曾任蒙藏地方与荐任职相当之军用文官一年以上者。

九、在经主管官署认可之中等以上学校曾任校长、教务主任、训育主任或专任教员二年以上者。

十、经蒙藏地方最高行政机关以荐任职甄录合格者。

十一、有勋劳于国家或地方，经国民政府核准叙用者。

第四条　具有左列资格之一者，得以委任职任用。

一、经边区行政人员考试，初级考试及格者。

二、曾任委任职一年以上者。

三、曾任蒙藏地方委任职或与委任职相当之职务一年以上者。

四、曾任蒙藏地方与委任职相当之军用文官一年以上者。

五、在经主管官署认可之小学以上学校曾任校长，或专任教职员二年以上者。

六、在经主管官署认可之初级中学以上学校毕业者。

七、曾充雇员或与雇员相当之职务三年以上者。

八、曾办地方公益事项三年以上而有成绩者。

九、经蒙藏地方最高行政机关以委任职甄录合格者。

第五条　前三条各款所称曾任蒙藏地方与简任、荐任、委任职相当之各职务，由蒙藏委员会拟定官等后，咨由铨叙部审定之。

第六条　拟用之蒙藏人员，于送请任用审查时，其学历、经历应提出证明文件，如不能提出时，得由蒙藏委员会查核证明之。

第七条　第三条第十款，第四条第九款所称甄录，其办法由行政院、考试院会同订定之。

第八条　本条例未规定事项，适用公务员任用法之规定。

第九条　本条例之规定，于其他边区人员之任用准用之。

第十条　本条例施行日期以命令定之。

〔国民政府档案〕

（二）蒙　　事

一、蒙古地方行政

1. 白云梯为请调查内蒙自治自决活动致国民政府函

（1928年8月25日）

迳启者：查北平内蒙代表团以服从三民主义，求内蒙之自治自决为标帜，函电纷驰，颇动观听。云梯当派妥员赴平确查，其中分子非贵族官僚，即腐化恶化，目的在保存王公势力，反对革命运动，细察其所发宣言，亦无不流露于字里行间，本党主义根本不能相容。用特郑重报告，务乞转饬北平党政主要机关，对于该代表团时加注意，勿为欺朦是幸。此颂政祺。

白云梯谨启

八月二十五日

〔国民政府档案〕

2. 国民政府文官处为魏笑涛要求陈明蒙边情形致行政院公函

（1928年11月14日）

公函　第六五九号

迳启者：奉主席发下热河旅平士绅魏笑涛等呈为报载国府委员恩巴克图提议内蒙设立自治政府，实与事实相背驰，特陈明蒙边情形，以资参考呈一件，奉谕交行政院等因。相应抄同原呈，函达查照。此致

行政院

计抄送原呈一件

中华民国十七年十一月十四日

原呈

为陈明蒙边情形以资参考事：查热察绥各行政区在逊清以前，原为内蒙各盟游牧之地，自满清入关，南北一家，即同隶中国版图，直鲁豫晋之民前往购地经营垦植者，日见增多，满清政府因其生聚日繁，事务渐剧，于是择地设官，敷施民政，盖已由游牧而进于耕稼，由部落而变为郡县，非复前此荒凉之景象矣。当开辟之初，分隶于直晋各省，虽各设有都统专官，而行政事项犹例须与直晋长官协商治理。迨二百年后移民日众，拓殖日广，文化日进，政治日繁，已具有行省规模。至民国初元始划为独立三区，今国府庶政革新，复毅然改三区为三省，宏谋伟略，钦佩英名，若就旧有治区推行三民政策，自不难与腹地行省同臻上理。惟近据报载国府委员恩克巴图提议内蒙设立自治政府，并拟有自治条例十三条，阅之不胜骇异。查内蒙各盟早已改设县治，与热察绥各区本属一地，并非热察绥外尚有内蒙，而内蒙之外复有热察绥也，如昭乌达、卓索图两盟即热河省；伊克昭、乌兰察布两盟即绥远省；锡林郭勒盟即察哈尔省；哲里木盟即奉天北部，稍习地理者类能言之。今复举此四省之地，欲另组政府，讵非理论事实相背而驰，不能不略质数端，以明真象焉。

欲组政府，将先取消热察四省乎？不然同一区域何容设此多数相等机关？观其自治条例，盟政府等于省，旗政府等于县，然则内蒙盟有六，是四省之中又多六省政府，旗有四十九，是六十余县中又多四十余县，政府至所谓兵制议诸端又无一不备。倘不幸见诸实行，不第同一区域内不应有此怪现象，即地方政权究将谁属管辖？区域如何划分？而省与盟旗与县之间又如何得免权限之争议乎？再以兵制而论，其每旗定为一旅，合热察绥奉所辖共有四十九旗，当此实施裁兵之际，反增此四十九旅蒙兵之众，无论款无所出，即衡之裁兵政策，能无抵触乎？此不能不陈明者一也。热察绥奉各省满汉蒙回到处杂居，种族界限早化无形，故处于同一政治之下，数百年来，相安无事。今蒙族欲另组政府，汉族无论矣，而满回两族能不向隅？若起而援例要求，其将何词以拒？况满族地盘自前清归并国有，亦与蒙族无异，又何能此靳而彼与乎？使恩君之议果行，将恐种族之争转瞬即起，希图自治，适以自乱，瞻念前途，不寒而栗，此不能不陈明者又一。

外蒙独立，尚未取消；内蒙警耗，亦未平息。前者各报纷传外人赤化中国，将转由蒙地入手，且谓外蒙政府将联合内蒙组一蒙古独立国家。今以呼伦贝尔之举观之，恐不尽无因，若再倡组内蒙政府，得无愈坚外蒙之叛志乎？倘果有外人操纵其间，则蒙患更不忍言矣，此不能不陈明者又一。

综合以上数端，则内蒙应否设立政府已彰明矣。又阅天津《大公报》载称，八月二十七日中常委会议决案内有五中会交下白云梯提议，内蒙民政权一案，决议交国府云云。果如报载，是较恩君之说更进一步已决议内蒙自治矣。其提议内容虽不可知，但既称内蒙民政权，是与恩同为，包括热察绥各省无疑，不然热察各省北界沙漠，沙漠以北便为外蒙，所称内蒙，究指何地？若谓漠南附近未设县治者可称内蒙，然如漠南之天山、鲁北各处现正以设治局名义招徕垦植为设县之初步，何又为热河辖境？察绥各省从可类推。恩、白二君所提议案不敢谓存有私见，但此案如果通过，恐热察各省从此多事矣。想国府诸公洞明万里，万不肯轻率决议，致遗日后纠纷。惟笑涛等生长热疆，见闻较切，不得不略举所知，藉资参证，倘蒙不弃刍荛，俯加注意，则蒙边受赐多矣。

谨呈

国民政府主席蒋

热河旅平士绅　魏笑涛　胡家钰　李瀛洲
何正衡　张　溙　孙焕彩　于续文　蓝景山　关铁铮
中华民国十七年十一月三日

〔国民政府档案〕

3. 张继为恩和阿木尔等声请设立蒙旗自治委员会等致蒋介石等函

(1928年11月16日)

介石主席、组安院长、汉民院长三兄钧鉴：叠据留平蒙古代表团恩和阿木尔等声请，蒙藏相隔甚远，行政上无合设必要，关于扶植蒙民自治，推行三民主义，计应就辖有多旗之热察绥等省各设一蒙旗自治委员会，由省内各旗各选委员一人组织之，秉承各主管机关督办该省蒙旗事宜。在热察绥青四省尤须参用蒙委，除一主席、四厅长概由汉委荐任外，应设蒙委四人，二委由盟长荐充，二委由各该省蒙旗自治委员会互选出之。如是调剂，则下情上达，扞格悉除。至于各旗札萨克府应改称旗政府，仍以札萨克协理及管旗章京、副章京组织之，管旗章京及副章京嗣后应由旗议会选举呈报主管机关任命之。所以迎合蒙民心理，便利推行新政也。旗设旗议会，以民选人员组织之；各旗讼狱本属简单，但自设治以来，蒙人固县长贪酷通译舞弊，财产生命备受蹂躏，此应请将蒙地另划若干司法区，各设审判公所。凡关蒙人案件，应由审判官会同蒙古陪审官会审之。所有旗县一切司法旧制一律撤销，以示与民更始。未经开发之蒙地，应尽先由各蒙旗失业蒙民分配垦牧，余则由各旗自由招致移民以尽地利而厚民生，以前军阀贪官之掠夺式的开垦，应请命令禁止以和民情。同时，选择内蒙适宜地点设立文化院，以资编译书籍，宣传主义，开发民智等语。查所陈各节，均切实持平，对于扶植蒙民自治，保障蒙民生计两点尤要扼要。谨先奉闻，统乞垂察。查该代表团五十余人，北起呼伦贝尔，西迄宁夏、青海，咸愿晋京陈情剖晰真象，可否之处尚请电复是幸。谨请党祺。

弟张继拜启

十一月十六日

〔国民政府档案〕

4．张学良为声请哲里木盟没有赴京请愿自治自决致国民政府电

（1928年12月14日）

南京。国民政府钧鉴：顷据哲里木盟长齐黔特色木丕勒函称，接白委员云梯电告，有自称哲盟十旗代表多人赴京请愿。查本盟及各旗并未派人赴京，应请电陈国府声明，以免揑词冒名，淆惑观听等语。用特据情电达，敬希查照。张学良。寒。印。

〔国民政府档案〕

5．昭乌达盟敖汉前旗札萨克为要求尊重民意革新地方政务致国民党中央党部呈

（1929年2月7日）

昭乌达盟敖汉前旗札萨克呈为尊重民意，请求革新地方政务，务希速救出蒙民于水深火热事：窃查先总理倡明三民主义，注重永远安宁，接行世界人类同登乐土，尤以扶植弱小民族同享福利为主旨，所以革新国政，诸君子奋起于后，以至北伐完成，全国统一，此正我五族同庆乐利之秋。我蒙古民族欢腾忭舞之余，由各盟旗地方推举代表到京请愿，其宗旨在求同等之待遇，予以应享之权利，全体民众正切翘企，而该代表等到京多日，迄

未得若何之结果，致令我内蒙数百万蒙众疑惧，如沸釜中鱼，方深危急之际，乃有内蒙游民白云梯等数人为图私利，在京任意造谣，梗阻关系国家最重要之大事，并不顾及蒙古之生死存之，殊属可恨已极。惟请钧府尊重先总理三民主义各民族待遇平等，将我数百年来将存将亡之蒙古民族收容于青天白旗帜之下，俾免外蒙赤俄来侵之患，无任企祷之至。谨呈

中央党部

中央政治会议

行政院

本旗札萨克德色赉札布及全体官员阖旗民众公呈

〔国民政府档案〕

6. 张继为请采择吴鹤龄关于蒙古党务建议致蒋介石电

（1929年2月21日）

南京。国民政府蒋主席介石同志兄勋鉴：顷阅蒙古代表吴鹤龄君呈中央执委会文，所举四端，如停止内蒙党务指委会活动，请速定蒙人入党特别办法，译布蒙文三民主义书籍，派本党负责大员亲赴各盟旗征求党员各节，皆系目前切要之图，于本党暨蒙疆前途，至有关系，请府赐采择，次第施行。再此次代表大会，蒙古同志如能多加几人，更可益励其内向之志，谨掬愚见，并祈察夺。弟张继叩。箇。印。

〔国民政府档案〕

7. 蒋介石为改进蒙古行政致德王函

（1929年5月22日）

希贤先生大鉴：训政权舆，必须内外相继，遐迩一体，执事

嘉所布，实获我心。总理手创共和，以扶植五族共同发展为职志，政府秉承遗教，各盟旗倾诚向义，一切情势，夙所关怀。值兹帝国主义侵略压迫之时，图存之方，当在顺应潮流，渐谋改进，至于行政措施，亦必因地制宜，以期边地人民之便利，决不能忽视历史，骤事更张，顷由巴杂尔皋拉登君赍到来牍，并面述情形，政府俱已明了，在中央未明定办法以前，一切均仍旧制，即希宣告所属，勿用惊疑，仍盼深念遐观，协心图治，巩固边疆，是所厚望，耑复。顺颂勋祺。

蒋〇〇启

中华民国十八年五月廿二日

〔国民政府档案〕

8．国民政府文官处为内蒙各寺庙反对蒙委会关于全蒙喇嘛交蒙旗管辖提案致蒙藏委员会函

（1930年5月27日）

密函　第三五九九号

迳密启者：奉主席交下李长砺代电，为奉章嘉呼图克图电为内蒙各处寺庙喇嘛，纷纷来山，均言闻蒙藏委员会要提案将喇嘛事务处等取消，全蒙喇嘛交蒙旗管辖，即欲全体迁移外蒙传教等情。除谕听候明令解决外，请分报备案，并请政府勿图一时之快，将误大局，如该案果照解决，倘出问题，不负其责等语。特电鉴核一案，奉谕交蒙藏委员会等因，相应抄同原件，函达查照。此致

蒙藏委员会

计抄送原代电一件

中华民国十九年五月廿七日

原电

国民政府、行政院、立法院、监察院、教育部、内政部、财政部钧鉴：案查长砺刻奉大国师章嘉呼图克图梗电开：南京铜井巷大国师驻京办事处李处长鉴：现内蒙各处寺庙喇嘛纷纷来山，均言闻蒙藏委员会要提案于大会，将喇嘛事务及各处印务处取销，全蒙各寺喇嘛交蒙旗管辖。此等谬行逆施，决不承认，即欲聚合全体迁移外蒙传教等情。据此，查蒙古各寺喇嘛在各旗诵经传教为天职，劝导民众，去恶安良为实际，一旦将数千年宗教喇嘛旧惯定例一律取消，恐难办到。除面谕各该喇嘛，务先守法，不准迁移，听候政府明令解决外，急电该处长查明，果有其事，速为分报政府行政院、立法院，监察院，教育、内政、财政等部备案，并请政府勿图一时之快，将误大局。如该案果照解决，内蒙倘出问题，敝国师不负其责，先此陈明。大国师章嘉呼图克图。梗。印。等因。奉此理合电达，伏维鉴核。大国师章嘉呼图克图。驻京办事处处长李长砺叩。敬。

〔国民政府档案〕

9．陆海空军总司令部参谋处为转送孔祥熙函及李垣扶植外蒙说帖致行政院秘书处公函

（1931年6月24日）

陆海空军总司令部参谋处公函　参字第1676号

迳启者：奉总座交下实业部孔部长祥熙转呈李垣君扶植外蒙说帖乙份，奉谕移行政院转陈核办。等因。奉此。相应检同原件随函奉达，即希查照办理为荷。此致

行政院秘书处

计附原函说帖各一件

中华民国二十年六月廿四日

原函

介石吾兄钧鉴：敬启者：顷接李谦六君来函，关于蒙事有所主张，备具说帖，托为转呈，且称张汉卿兄等对于所陈亦甚赞同。李君服务蒙疆有年，所拟不无见地，用特检奉，祈赐察阅。专启，奉颂。

钧安

弟　孔祥熙谨启

五月二十日

扶植外蒙自治说帖摘要

一、外蒙问题应速谋解决之理由

（一）为保护外蒙同胞生活，巩固内蒙经济障壁起见

（二）为巩固边防起见

（三）为保持主权，防止赤化起见

二、扶植外蒙自治办法

（一）设立扶植外蒙自治委员会于北平，筹划蒙务，并由地方长官协助进行。

（二）扶植事宜分为三期。第一期宣传时期：组织宣传队队员二百人派往各盟办理宣传、指导、调查各事宜；第二期交通时期：（甲）平地泉至滂江铁计长二百四十二粁，需费一千一百万元，尽先建筑。（乙）蒙古纵横铁路由滂江至恰克图，约一千哩，需费六千万元。（丙）蒙古横断铁路由车臣汗至移布多，约二千哩，需费一万二千万元，乙、丙两线十年内完成；第三期发展时期：与交通时期同时并进，分别金融、文化、垦务、商务、矿务、边防六种事业，由委员会详定计划，分别进行，并设立蒙务学校训

练汉蒙青年，从事于发展事业。

三、筹划经费　委员会及蒙务学校经费由政府筹拨，铁路建筑经费由铁道部借款，发展事业经费，拟组织银行或另用其他方法筹集。

〔国民政府行政院档案〕

10．国民政府公布蒙古盟部旗组织法

（1931年10月12日）

蒙古盟部旗组织法

二十年十月十二日国民政府公布，同日施行。

第一条　蒙古各盟部旗管辖治理权依本法之规定。

第二条　蒙古各盟部旗以其现有之区域为区域，但于必要时，得以法律变更之。

第三条　藏古各盟部旗境内居住之蒙人即为各该盟部旗之人民，权利义务一律平等。

第四条　等于盟之各部得适用本法，关于盟之规定，其总管制之各旗得适用本法；关于旗之规定，车臣土谢图、三音诺颜札萨克图、塞音济雅哈图、唐努乌梁海、青塞特奇勒图、乌拉恩素珠克图、巴图、塞特奇勒图各部，其施行本法，日期以命令定之。

第五条　蒙古各盟及各特别旗直隶于行政院。

第六条　蒙古各盟及各特别旗遇有关涉省之事件，应商承省政府办理。

第七条　蒙古各旗直隶于现在所属之盟，遇有关涉县之事件，应与县政府会商办理。

第八条　蒙古地方所设之省县，遇有关涉盟旗之事件，与盟旗官署妥商办理。

第九条　蒙古地方之军事、外交及其他国家行政，均统一于国民政府。

第十条　蒙古各盟盟长综理盟务，监察所属职员及机关。

蒙古各盟备兵，札萨克照旧设置。

第一一条　蒙古各盟副盟长辅佐盟长处理盟务，盟长因事故不能执行职务时，由副盟长代理之。

第一二条　蒙古各盟得置帮办盟务，帮同盟长、副盟长办理盟务。

第一三条　盟长、副盟长备兵，札萨克帮办盟务之任用办法以命令定之。

第一四条　盟长得用随行秘书一人或二人。

第一五条　盟长公署设总务、政务二处，各置处长一人，荐任，其佐理人员之额数及处务规程由蒙藏委员会拟订，呈请行政院核定之。

第一六条　盟长公署因事务之必要，得咨请蒙藏委员会，呈准行政院，设专管机关。

第一七条　蒙古各盟各设盟民代表会议，其代表由本盟所属各旗旗民代表会议推选之，名额大旗三人，中旗二人，小旗一人，任期一年。

第一八条　盟民代表会议之职权如左：

一、关于盟务之立法事项；

二、关于盟务之设计事项；

三、关于盟务之审议事项；

四、关于盟务之监督事项；

五、其他特别规定之事项。

第一九条　盟民代表会议置常任代表五人至九人，由全体代表互选之。

第二〇条　盟民代表会议及常任代表会议之议事规则，由该会议自定之，但应咨请蒙藏委员会转呈行政院备案。

第二一条　盟长对于盟民代表会议之议决案如何执行，由蒙藏委员会呈请行政院定之。

第二二条　蒙古各旗札萨克总理旗务，监督所属职员及机关。

第二三条　蒙古各旗协理、管旗章京、副章京均改为旗务委员、佐理旗务，名额大旗六人，中旗四人，小旗二人。

第二四条　旗札萨克因事故不能执行职务时，应指定旗务委员一人或由旗务委员互推一人代理之，呈由该管盟长咨请蒙藏委员会，转呈行政院备案。

第二五条　旗务委员遇有缺出，由旗民代表会议推选加倍人数，札萨克保荐人数，呈报该管盟长咨请蒙藏委员会，转呈行政院选择荐任之；其特别旗旗务委员出缺，由旗民代表会议推选加倍人数，札萨克保荐加倍人数，呈请蒙藏委员会转呈行政院选择荐任之。

第二六条　各旗重要旗务，应由旗务会议决定，旗务会议以札萨克、旗务委员组织之，札萨克为主席，其会议规则由该会自定之，但应呈报该管盟长，咨请蒙藏委员会备案。

第二七条　各旗公文以札萨克、旗务委员之连署行之。

第二八条　旗札萨克得用随行秘书一人。

第二九条　旗札萨克公署设总务、政务二科，各置科长一人，其佐理人员之额数及处务规程由该旗拟订，呈报该管盟长咨请蒙藏委员会，转呈行政院核定之。

第三〇条　旗札萨克公署因事务之必要，得酌设各项专管机关，但应呈报该管盟长，咨请蒙藏委员会转呈行政院核定之；如属特别旗，得迳咨请蒙藏委员会转呈行政院核定之。

第三一条　蒙古各旗各设旗民代表会议，由本旗所属各佐各推代表一人组织之，任期一年。

第三二条　旗民代表会议之职权如左：

一、关于旗务之立法事项；

二、关于旗务之设计事项；

三、关于旗务之审议事项；

四、关于旗务之监察事项；

五、其他特别规定之事项；

第三三条　旗民代表会议置常任代表五人至九人，由全体代表互选之。

第三四条　旗民代表会议及常任代表会议之议事规则由该会议自定之，但应呈报该管盟长咨请蒙藏委员会备案。

第三五条　旗札萨克对于旗民代表会议之议决案如何执行，由蒙藏委员会呈请行政院定之。

第三六条　本法施行条例由蒙藏委员会拟订，呈请行政院核定之。

第三七条　本法自公布日施行。

〔中国银行档案〕

11. 蒙古盟部旗组织法施行法

（　年　月　日）

第一条　本条例依蒙古盟部旗组织法（以下简称本法）第三十六条之规定制定之。

第二条　本法第三条所称蒙古各盟部旗境内居住之蒙人，系指在该盟部旗境内有固定住所或继续居住二年以上者而言，其暂行游牧者或临寄居者不在此限，但仍须受所在旗之管理。

第三条　本法第四条所称等于盟之部及总管制之各旗，其适用关于盟旗规定之办法，参酌各该地方情形另定之。

第四条　本法第十二条所称各盟帮办盟务之设置及其员额，

由蒙藏委员会呈请行政院核定之。

第五条　本法第十六条、第三十条所称各盟旗之专管机关，其组织大纲由蒙藏委员会拟订，呈请行政院核定之。

第六条　本法第十七条、第二十三条所称大旗、中旗、小旗，由蒙藏委员会依其土地、人口收入及其他各种情形定之；在未确定以前，暂由各旗自行酌认，呈由该管盟长查核，转请蒙藏委员会核定之；各特别旗应自行酌认，径请蒙藏委员会核之。

第七条　本法第十七条所称盟民代表会议、第三十一条所称旗民代表会议之组织及代表推选规则，均由蒙藏委员会拟订，呈请行政院核定施行。

第八条　本法第二十二条之规定，系将各旗协理、管旗、章京、副章京之缺改为旗务委员，第一任旗务委员由札萨克慎选现任协理、管旗、章京、副章京，缮具名单履历，呈由该管盟长咨请蒙藏委员会查核转请荐任；其特别旗应迳请蒙藏委员会查核转请荐任。如现任协理、管旗、章京不足定额，或有更换必要者，由札萨克遴选其他相当人员，呈请荐任之，以后遇有缺出，即照本法第二十五条之规定办理。

第九条　蒙古各盟部旗盟民代表会议、旗民代表会议之第一次召集日期，由蒙藏委员会酌量各盟旗情形，分别呈请行政院核定行之，本法施行完成时期，由蒙藏委员会酌量各盟部旗情形，呈请行政院核定之。

第一〇条　本条例自呈奉行政院核准之日施行。

〔中国银行档案〕

12．国民政府文官处关于吴恩和陈述倭寇侵袭蒙疆危迫致行政院公函

（1931年11月6日）

公函　第八九一八号

迳启者：奉主席发下吴恩和呈为倭寇侵袭，蒙疆危迫，特条陈安抚蒙古政教两方暨青年办法，请鉴核一案，奉谕交行政院等因。相应抄同原件，函达查照。此致

行政院

计抄送原呈一件，检送大纲一份〔略〕。

中华民国二十年十一月六日

原呈

呈为倭寇侵袭，蒙疆危迫，专道入京呈报情形，陈请安抚事：窃恩和籍隶内蒙喀喇沁旗，前在日本学习陆军及医学。回国后，专任蒙藏教育十有七年，民国十八年回蒙研究蒙古宗教，对于蒙境各旗情况，夙皆谙熟，并与蒙地王公喇嘛并地方民众俱多稔识，深知蒙族全体心理悉皆倾向中央，拥护党国。惟暴日野心，垂涎蒙土，蒙人危惧为日已多。中央以累岁军务倥偬，鞭长莫及，坐是边防未固，益启戎心。自九月十八日倭兵直入沈阳，连陷辽吉、东蒙地处辽蒙之界，倭寇之侵迫尤亟甚，且诱惑地方匪党，日思逞志，以遂阴谋。但蒙地地方首长尚能深明大义，未堕奸计，无如防务设备，迄未周全，而边地交通极不发达，难于自卫。日来已接警报，倭兵已达洮南、通辽等处，此地即旧日内蒙之札萨图达尔罕等旗，以地势言，可称强敌已入内蒙之腹地。此外，尚有倭之化装商人络绎向各旗煽惑，以独立之说耸动观听，如此情状，殆为千钧一发之机。若不亟加防范，实恐难防万一。

夫蒙族固中华民族之一部，日人之所以利用之者，在欲破五族之同心，而蒙族之危动，亦牵及全局。况日人之奸意，尤欲假借独立之名，以为口实，若不亟加防范，则祸害何可堪言。今时防范之方，应分三种步骤，盖蒙古地方情形迥异，所谓三种步骤，亦按各种实际情形分别言也。(一)内蒙王公派实握有行政权及土地所有权，故彼倭政策第一欲联络王公以遂其操纵政治及收买土地之野心。(二)内蒙喇嘛派实握有宗教权及民众信仰权，尤在王公之上，但彼倭政策反未知利用彼等，而认王公为有实权。(三)青年派即知识阶级，抱有革新之志，作事勇为。彼倭对彼固亦欲利用，但不认为实力派耳。综上三派，现时防范之法，固当严杜不逞者之私通倭寇，但以实际言之，须以喇嘛教势力遏阻于上，而令青年派遏阻于下，至其施行方法，应请急设蒙古招待处于北平，直隶国府行政院之下，以收指臂之效。此蒙古招待处内设政治讨论会、蒙古宗教研究会、蒙古政治训练所各一部分，此三部分，一以招待蒙古地方首长，一以招待黄教喇嘛，一以训练青年有志之士。若能使三者悉入彀中，则政治设施可若置邮传命。此外，更恳中央特命以内蒙教长章嘉呼图克图为蒙古宣抚使，并加派后藏班禅额尔德尼为中央特派专员，使之迅赴内蒙各盟宣布中央德意，以助成招待处之要举，如是旦夕之间，转移观听，收效之大，可以预言。恩和出于爱国至诚，不敢默尔尽情上渎，实冒尊严，如蒙俯纳施行，则实挽无穷浩劫，理合备文呈请，伏乞鉴察，批示，祗遵。谨呈

国民政府主席蒋

前蒙藏专门学校校长吴恩和谨呈

中华民国二十年十一月四日

〔国民政府档案〕

13. 行政院为吴恩和条陈蒙疆危迫一案办理情形致文官处公函

(1931年12月16日)

行政院公函　字第五五二一号

迳启者：案查前准贵处函开，奉交吴恩和呈为倭寇侵袭，蒙疆危迫，特条陈安抚蒙古政教两方，暨青年办法请鉴核一案，奉谕交院函达查照等因到院，经交蒙藏委员会并函复在案。兹据蒙藏委员会复称，查现在内外蒙古交受赤白帝国主义者之侵略，危急情形，日甚一日。本会为应付目前及弭患将来，除已呈准派员分赴蒙地切实宣慰，并迭电各盟旗嘱各严密防范，妥维地方治安外，现又拣派熟悉蒙情者数人草拟巩固内蒙，收复外蒙方案，以备呈核施行。所有吴恩和呈请各节，不无见地，除将原件发交该方案起草人参考外，理合呈复鉴核等情前来，相应函达查照转陈。此致

国民政府文官处

院长　蒋中正

中华民国二十年十二月十六日

〔国民政府档案〕

14. 国民政府文官处为酌办白云梯关于蒙藏问题之提案致行政院公函

(1932年 3 月19日)

国民政府文官处公函　洛字第□号

迳启者：中央执行委员会洛字第二零四号函开，本月十日本会第十二次常会讨论第二次全体会议，交下白委员云梯关于蒙藏

问题之提案，当经议决，除原案第一、第七两项交组织委员会外，其余各项交国民政府酌办在案，相应检同原提案函达，即希查照为荷。附白委员原提案一件，等因一案。奉主席谕交行政院酌办等因，除函复外，相应检同原附提案函达，查照办理。此致

行政院

计检送原附提案一件

文官长魏怀

中华民国廿一年三月十九日

关于蒙藏问题之提案

□□□□①同志之同情而获通过，并得实行，则不独国内各弱小民族之幸甚，亦我中华民国前途之幸也。兹将提出各问题胪列于左：

一、关于内蒙者：请决定速恢复内蒙党部，并请即派蒙古青年革命同志来负责办理内蒙党务，以便内则唤醒蒙众团体，外抗暴日之侵略。

二、请决蒙藏政治，以蒙藏人主持办理之，以副总理扶助国内各弱小民族自治自决，而于政治、教育、经济、社会上均得到平等地位之遗教，而免不肖之徒藉以再来蒙蔽欺骗政府于上，压迫弱小民众于下，以逞其私欲流弊于无穷也。

三、请决议令政府速派有抵抗能力之军队，收复满蒙已失之地方，而免一般弱小民众被暴日铁蹄下长久蹂躏，以资早日救出数千万同胞水深火热之患。

四、关于内蒙者：对于各旗族原有土地及公有财产，民□□□之土地财产，由国民政府行政院通令各沿边省政府切实予以保障，并不准任何人擅行侵占，以固蒙民内倾之心，而安分守业，则帝国主义者挑拨离间侵略之路，自无启矣。

① 此处有一段缺失。

五、关于蒙藏教育，务予极力提倡，以启人民知识，而增国家思想，俾免被人利用。尤将中央曾经决议补助蒙藏之教育经费，由各国庚款内分期拨付之，以维中央之威信。

六、对于人民自由组织之义勇军及原有保安队或民团由中央指导之，由政府援助之，以便外抗强敌，内维地方。

七、关于西康者：一面派西康青年同志，前去筹办党务，唤醒土民，团结一致；一面扶助其地方自治，而万勿令边邻军队来蹂躏压迫。

八、关于外蒙、西藏之问题：应以本党之主义及建国大纲，允准其治，以便自然内倾，而免赤白帝国主义者之挑衅离间，而遂其侵略之欲。

九、对于满洲回回二民族之一般民众生计、教育亦应设法救济，其财产尤应予以保障，不应置之不顾。

十、请将中央关于蒙藏之所有决议案，例如一中全会曾经决议，中央党部添设国内民族委员会、蒙藏委员会增加常务委员等案，乞一律彻底实行，以昭信用。以上十项，是否有当，敬请大会公决。

提案人　白云梯

〔国民政府行政院档案〕

15. 行政院秘书处关于国难会议会员阿育勒乌贵等为提议宣抚内蒙安置蒙民编练骑兵致蒙藏委员会笺函

（1932年4月19日）

笺函　第九三四号

迳启者：奉院长谕：国难会议会员阿育勒乌贵等呈，请速派适当大员宣抚内蒙各盟旗，并安置外蒙逃入内蒙之蒙民，一面编练

蒙古骑兵，以固国防，乞鉴核照准一案，交蒙藏委员会。等因。相应抄同原呈及检同原附件，函达查照。此致

蒙藏委员会

计抄送原呈一件，检送原附件二件。

行政院秘书处启

中华民国二十一年四月　日

原呈

敬请者：窃会员等提请政府速派适当大员宣抚内蒙各盟旗，安置外蒙逃入内蒙之蒙民，以固内蒙地方，而收外蒙人心，并编练蒙古骑兵，以固国防一案。业经国难会议第六次大会照绥靖审查委员去审查，认为事关边防至计，应请政府采纳实施，并严守秘密，以防疏漏之意见通过。日前，会员等以此案摺呈钧座核办时，亦曾慨蒙俞允。现在蒙古地方危如垒卵，宣抚安置，实属刻不容缓，会员等或为盟旗长官，或系盟旗代表，关系切肤，情难缄默，此为图挽救而来，未便无结果而回，用敢再请钧座速简适当大员，或即令派蒙藏委员会委员长出巡蒙古各盟旗，切实宣抚安置，并选倾诚中央，资望素著之蒙古大员数人为宣抚委员，为之向导，邦同办理，期收事半功倍之效，而免噬脐无及之虞。至编练蒙古骑兵一节，关系军事计划，应请军事委员会选派专员一、二人，会同前往酌量筹办，以期早日成立，时机紧迫，务乞即日鉴核照准，并批示祗遵，束装待发，无任盼祷。谨呈

行政院院长汪

国难会议会员　阿育勒乌贵
卓特巴札普
伊希札拉散
吴　鹤　龄

附件一

请政府简派适当大员宣抚内蒙各盟旗，并安置外蒙逃入内蒙之蒙民，一面编练蒙古骑兵，充实国军力量，以期绥靖蒙疆，巩固国防案。

为提议事：查全蒙地方共分十九盟部，凡二百四十旗。就中外蒙六部一百十一旗为俄人所劫持，久已陷于独立状态之下；而内蒙东部之哲里木盟十旗，呼伦贝尔部八旗及依克明安一特别旗，现又沦于日人掌握之中，其余各盟部旗则仍拥护中央，一如往昔。惟日人野心未足，诡计百出，既制造满洲政府以淆惑一般蒙民之观听，又谋设立蒙古自治政府，用以召致蒙古智识分子；一面更派专员宣抚已经占领之各盟旗，分头猛进，影响甚巨。倘不及早图维，后患何堪设想？再者俄人既假扶植弱小民族使其自决自治之说，援助外蒙独立以后，所有内蒙亦久在其觊觎之中，不过厝火积薪，按其计划，尚在数年以后。近以日人侵略内蒙日急，恐为捷足先登，遂亦有提前进取之势。兹据各方报告，现由俄人主持征发外蒙士兵、马匹集中库伦，凡在二十岁以上五十岁以下之蒙人一律征发，情形甚为急切。因此，外蒙老幼、妇女之逃入内蒙锡、乌二盟各旗及阿拉善额济纳各旗者络绎不绝，而各该盟旗深恐混入赤化分子，大都不敢收容，以致此项难民穷无所归，被追兵杀戮者已属不少。中央对此种情形，若再坐视不救，必致永失外蒙人心。况内蒙与外蒙接壤东西亘七八千里，既无大山巨泽以为之界，又无险阻要塞以为之防，骑兵敏捷，可以朝发夕至，而内蒙各盟旗固有之兵力又素薄弱，倘有警讯，危险尤甚。万一内蒙发生事变，则不独热、察、绥、宁各省首蒙不利，即晋、冀、陕、甘各省亦恐不能高枕无忧，是内蒙之危难情形，较之淞沪为尤严重，良以防御不及东南之巩固而侵略者又不止一国也。更查蒙古地方宜于骑兵，蒙古人民素善骑射，若由中央简派相当人员编练成军，增加现有国军之力量，庶足以抵御日俄之骑兵。贵等忝任盟旗长官，知之较切，用特根据实情，拟具挽救国难办法二条，胪列如左，务希大会诸公俯察边情，慨予赞同，实为厚幸！

一、请政府简派明瞭本党主义、中央施政情形、蒙古实际情形及日俄侵略政策之适当大员巡行内蒙各盟旗，切实宣抚，并将外蒙陆续逃入内蒙之难民妥为安置，以固内蒙地方而收外蒙人心。

二、请政府简派中央信任，并在蒙古地方具有号召力之军事干员招募素善骑射之蒙人编练骑兵，以为对抗日俄骑兵之准备，而谋国防之巩固。

以上二条，如蒙通过，即请交由主管机关妥拟，详细办法，克期施行，以资御侮，籍安边局。是否有当，敬请公决。

提案人 阿育勒乌贵
卓特巴札普

附件二

蒙古宗教实际情况及国民政府处理关于蒙古宗教事项之经过并今后应采之方针

查中央待遇蒙古喇嘛之当否，关系蒙古民族之兴替及蒙民对于中央之信仰，均极重大。兹特将蒙古宗教实际情况及国民政府处理关于蒙古宗教事项之经过，并今后应采之方针胪陈于后，敬备参考。

甲、蒙古宗教实际情况

一、蒙古政教之分治　查蒙古政教之分治由来已久，喇嘛不得干政，完全等于内地之和尚。不过，人口比例上，蒙古之喇嘛较多于内地之和尚耳。与彼西藏之政教未分，多以喇嘛为领袖者，完全不同。

二、喇嘛寺庙之管辖　蒙古地方喇嘛寺庙皆归所在蒙旗管辖，在蒙旗以外，如北平、五台、承德等处之喇嘛寺庙三十余处，在前清及前政府时代概归前京城喇嘛印务处管辖。该处直隶于前理藩部及蒙藏院，迨去岁将该处取消，并公布蒙古喇嘛寺庙监督条例，明定在蒙旗境内之喇嘛寺庙仍归蒙旗管辖；其在北平、五台、承德者，则直归蒙藏委员会管辖；今章嘉所管者，只有北平、五台等处仅十庙而已，乃其名刺上擅印管理平、辽、热、察、绥、五台山，并内蒙等各寺字样，实属朦敝政府，欺骗国人，请试调阅其证明文件，则其伎俩毕露矣。

三、喇嘛之阶级及待遇　蒙藏喇嘛之阶级如左：

前藏达赖；

后藏班禅；

外蒙哲布尊丹巴呼图克图。

以上达赖、班禅二人，皆系西藏阐教正宗；哲布尊丹巴则因清初归顺有功，故待遇同较其他喇嘛为隆，而蒙则根本上无类此之宗教首领。

章嘉呼图克图

噶勒丹锡埒呼图克图

敏珠尔呼图克图

济咙呼图克图

阿嘉呼图克图

喇果呼图克图

察罕达尔汗呼图克图

那木喀呼图克图

以上八人，从前谓之驻京八大呼图克图，其地位远逊于达赖等三人，且其中只有察干达尔罕一人为蒙人，其余皆生于青海唐古忒族，素称番族。蒙人除自由布施外，与彼等绝无其他关系。

前清驻外呼图克图号称六十人，现已有不能查考者矣；民国所封驻外呼图克图甚多，不记其数。

以上两项呼图克图之地位，较逊于驻京八呼图克图，而其弟子多财产，富实力有过于驻京八呼图克图者。

以上各项喇嘛之阶级及待遇办法、理藩则例均有明文规定，章嘉之地位极为显明，何得比拟达赖、班禅，冒称内蒙黄教首领。

四、喇嘛之职衔名号　据理藩则例所载，呼图克图为职衔“国师禅师”为名号，是前清奖励蒙人充当喇嘛之工具，故受有“国师禅师”之封号者不止章嘉一人。今章嘉于国师之上，又自加“大”字，以炫国人，其喜夸大，可见一斑。

五、蒙古喇嘛之日见减少　前清以种种名号、职衔奖励蒙人充当喇嘛，以减少其人口，阻遏其进化，以致蒙古民族衰弱至于行将绝灭之境。民国以后，风气渐开，喇嘛人数遂日见减少，往日寺庙之有喇嘛数百人者，现多减至数十人矣。前年蒙古会议开会时，以蒙古代表之提议，并有限制蒙人充当喇嘛，奖励喇嘛返俗等决议案，足证蒙人对于喇嘛之心理大非昔比矣。现在外蒙之喇嘛已被屠杀殆尽，内蒙人民虽因习俗尚有形式上之优礼，而一般青年，则无不厌烦，对于章嘉，尤多反感。

乙、国民政府处理关于蒙古宗教事项之经过，并今后应采之方针

一、现行蒙古喇嘛寺庙监督条例系经蒙古会议议决，内政部审核，立法院修正通过，国民政府公布施行业经一载，务请继续实行，使蒙地喇嘛寺庙仍归所在蒙旗管辖。其在北平、五台、承德等处之蒙古喇嘛寺庙，仍直隶于蒙藏委员会，切勿误认章嘉或其他任何一个喇嘛为管理内蒙一切喇嘛寺庙之蒙古宗教首领，致令政教混合，有恢复神权时代之虞。

二、章嘉为前驻京八个呼图克图之一，国民政府成立后，因章嘉个人多方宣传，误认为蒙古宗教首领准其设立驻京办事处，并给予佛俸、兵饷，其余各呼图克图遂相率援例，要求纷至沓来，

嗣经政府查明蒙古喇嘛真相，未予一一准许。现在一般呼图克图无不心怀怨望，事实及案卷俱在，不难查悉。今后请勿再受章嘉之欺朦，而独特别优待，致使其余呼图克图怨讟益甚，影响所及，恐政府笼络蒙古之意，适得其反。

三、蒙藏委员会于阎锡山任委员长时，曾有对于蒙古王公、喇嘛采取放任主义之秘密决议，故凡关于王公、喇嘛之请求袭爵加封者，概置不理，亦不明加限制，徒博反感，是盖有见于蒙古受王公、喇嘛之害已深，而思有以实行救济之也。数年以来，已成习惯，除章嘉一人外，迄无为反对此项办法之要求者。今乃误认章嘉为蒙古宗教首领，而特别优礼之甚，至将予以宣化名义，诚恐其余喇嘛及王公亦以政府为欺侮，群起而为袭爵加封之要求。彼时准如所请，则有蒙古政治反开倒车之虞，不准则徒惹反感，实有百害而无一利。务乞对于蒙古喇嘛仍采取不利用不取缔之放任主义，勿予任何喇嘛以可炫耀之名义，以致恢复蒙人喜当喇嘛之风，而使蒙古永无复兴之望。

四、蒙人之朝五台礼喇嘛，无异江浙信佛人民之朝普陀礼和尚。现在既不因江浙人民之信佛而派和尚前往宣化，自无须派任何喇嘛宣化蒙古，徒贻国民政府。以袭用前清利用喇嘛愚弄蒙古政策之讥引起蒙古有智识者之重大反感，如为安抚蒙计，须对含有土地人民及政权之盟旗用功夫，最好另拣适当大员从事宣抚，倘以为章嘉既经优待，未便有始无终，应请按照下列各项办法办理。

（甲）按照以往通例，厚加赏赉，如黄缎、磁瓶、如意、念珠等物。

（乙）章嘉名刺上印有普善广慈、宏济光明等徽号，系前政府所给予。现在如必欲予以名义，即请再加给四字徽号，已属特别优异。去岁，政府决议派班禅为西陲宣化使，因达赖方面之反对而中止，后经册给护国宣化广慧大师名号，因其有教主地位，曾用册授手续。现如加给章嘉徽号，则不可用册授手续，致乱分剂。

（丙）章嘉去岁侵蚀北平喇嘛钱粮，经雍和宫喇嘛告发，受罚俸六个月之处分，并将其驻京办事处处长李长砺通缉在案。现如加给徽号，必须明示以后只许为诵经修庙等宗教上之工作。(1)不得再冒称内蒙黄教首领；(2)不得再冒称管理平、辽、热、察、绥、五台山及内蒙等各寺；(3)不得再干与蒙古政治，以免再出范围。

（丁）章嘉此次到洛，已受极优之待遇，闭会之日，如令迳行北返，不再有所给予，使知政府不易撞骗，尤为妥善。

以上所陈各节，均有事实及例案可证，请查理藩则例中之喇嘛事例，便知其详。

〔国民政府行政院档案〕

16．蒙藏委员会为筹议编练蒙古骑兵致行政院呈

（1932年9月28日）

呈为呈请事：窃查蒙古地处边陲，民风勇悍，游牧为生，习于骑射，惟以素少训练，且乏组织，遂致可用之器等诸樗材。值兹国家多事，边防吃紧之际，赤俄鹰瞵虎视于北，日寇食鲸吞于东，喀尔喀四部落与唐努乌梁海独立自主，十有余年。九一八以后，哲里木、呼伦贝尔等盟部复被沦陷，近来满洲伪组织派兵进窥热河卓索图、昭乌达二盟，情势又岌岌不可终日，各盟旗原有之少数兵力以之绥靖地方，或有余责之杀敌御侮恐不足。况值兹劲敌当前，非有充分之准备不足以应付裕如。查本年国难会议开会时，蒙古会员阿育勒乌贵等曾有请政府简派中央信任在蒙古地方具有号召力之军事干员，招募素善骑射之蒙人编练蒙古骑兵，以为抗日之准备，而谋国防之巩固提案一件。内蒙各盟旗联合会

晋京代表包悦卿等亦有暴日噬满蒙及苏俄赤化南侵，内蒙危殆，请组织内蒙骑兵，俾成劲旅，由中央遴派军官前往指导训练之陈请。以上二案，均奉钧院交办到会。惟以兹事体大，并闻军事委员会正在详慎研究中，不日将有具体之决定，故未敢遽然有所主张，现在历时半年，蒙边情形日趋严重，本会为应付目前危局起见，曾召集蒙古各盟旗驻京代表及本会职员开联席会议，决议对于编练蒙古骑兵一案，由本会会同军事委员会参谋本部、军政部从速切实筹议进行，并经提出本会第一二九次常会决议查案办理等因在案。所有上开决议情形，是否有当，理合录案呈请钧院鉴核，如蒙照允，即请准予分函军事委员会、参谋本部，并令军政部迅赐筹议进行，俾利边局，而固国防。仍乞训示祇遵，实为公便。

谨呈

行政院

蒙藏委员会委员长石青阳

中华民国二十一年九月二十八日

〔国民政府行政院档案〕

17. 国民政府公布蒙旗宣化使公署组织条例

（1933年7月14日）

蒙旗宣化使公署组织条例

民国二十二年七月十四日

第一条　蒙旗宣化使公署直隶于行政院，掌理蒙旗宣化事宜。

第二条　蒙旗宣化使公署置左列二处：

一、总务处；

二、宣传处。

第三条　总务处得设科办理关于文书、会计、庶务及其他不属宣传处掌管事项。

第四条　宣传处得设科办理关于宣化事宜。

第五条　蒙旗宣化使特派总理公署事务监督所属职员。

第六条　蒙旗宣化使公署设秘书四人，二人简任，二人荐任，秉承宣化使之命办理机要事务。

第七条　蒙旗宣化使公署设处长二人，简任；科长二人至四人，荐任；科员八人至十二人，委任。

第八条　蒙旗宣化使公署得酌用雇员。

第九条　蒙旗宣化使公署得聘任名誉顾问、名誉谘议。

第一〇条　蒙旗宣化使公署办事细则由蒙藏委员会拟订，呈请行政院核定之。

第一一条　本条例自公布日施行。

〔中国银行档案〕

18．内政部等关于蒙古自治案会稿

（1933年9月　日）

会稿　民字第一号

奉交审查关于蒙古自治一案，经会同决定点三项如下：

一、人民自治为本党确定之政纲，蒙人要求自治在不妨碍国家统一及外交、国防计划范围之内，自可允许，但应先从地方政治改进着手，以树立自治之基础。惟内蒙地方情形，稍有不同，故地方政制之改革办法等，应由中央斟酌的实际情形，妥为订定。

二、由中央特派大员巡视内蒙各省，征询当地盟旗王公及省政府之意见，并详考地方行政之得失、利弊，以为改革之依据。

三、准备设立内蒙自治筹备委员会，筹备关于内蒙自治一切事宜，至该会之组织及何时成立，应俟该大员巡视完竣后，再行决定。谨呈

国防会议

内　政　部　黄绍竑
参谋本部　贺耀祖代
蒙藏委员会　石青阳
〔国民政府蒙藏委员会档案〕

19．蒙藏委员会关于蒙古自治治标治本议决案

（1933年9月16日）

本会第一五四次常会议决案

报告事项：

甲、治标　1．派李委员凤岗赴察会同乌盟盟长卓长官、尼总管等剀切宣慰；2．电巴专员文峻、章嘉宣化使在绥劝阻；3．电请阎主任设法消弭此事。

乙、治本　指定吴、孔两参事，李（丹山）、陈（炳光）、唐（柯三）三委员共同研究，拟县蒙古自治筹备委员会方案，提出下星期二午后临时常会决定。

秘书办公室　九、一六
〔国民政府蒙藏委员会档案〕

20．行政院为派黄绍竑巡视察绥两省各盟旗致国民政府呈及财政部内政部训令

（1933年10月4日）

（1）行政院致国民政府呈（10月4日）

密呈　第一六〇七号

查本院第一二八次会议，本院长提议拟特派内政部部长黄绍竑巡视察绥两省各盟旗，并在国务费第一预备费项下动支叁万元，

交黄部长为巡视经费一案，经决议：通过。除先令行财政部遵照拨付并另文呈请钧府明令特派外，理合呈请鉴察，迅赐核准动支，实为公便。谨呈

国民政府

中华民国二十二年十月四日

(2) 行政院致内政部财政部训令（10月 4 日）

训令　第四六三九号

令内政部部长黄绍竑
　财政部

查本院第一二八次会议，云云照上稿抄经决议：通过。除呈请国民政府明令特派，核准动支。并分令财、内政部外，合行令仰该部长遵照。
　　　　遵照，尽先如数拨付。此令。

中华民国二十二年十月四日

〔国民政府行政院档案〕

21. 行政院秘书处为黄绍竑巡视蒙古由甘乃光代拟布告致内政部笺函

(1933年10月 6 日)

笺函　第二九五八号

顷奉院长谕：关于内蒙古拟建自治政府事件，现经决定派内政部黄部长前往巡视，查中华民国国民，无男女、种族、宗教、阶级之区别，在法律上一律平等，《中华民国训政时期约法》第六条，已经明白规定，中央对于此项规定，向极尊重，对于国内各民族，无不一视同仁。内蒙古地处边要，关系国家，中央尤极重视，凡所设施，若果于国于民，均属有利无害，中央无不乐于扶助，即如自治一项，亦极望其积极推行，惟自治而不依照自治法

规办理，或甘受他人利用，阳托自治之名，阴行资敌之实，则不惟无益而又有害，甚望蒙古各王公及地方人士，能洞悉利害，权衡轻重，审慎行之，以自卫国防，而勿中他人之奸计。中央眷念蒙疆，特派黄部长前来巡视，宣布中央德意，各该王公及盟旗长官，暨地方人士，如有嘉谟嘉猷，或具改良之意见，尽可向黄部长剖陈无隐，必能有满意之办法，应由内政部甘次长根据此意，代院草拟布告，呈院核定后，交黄部长前携往散布，其措词务宜恺切详尽，以能感化蒙人为要。又现据蒙藏委员会代拟布告一件到院，查该措词不甚得体，应抄送甘次长参考。等因，相应函达查照。
此致
内政部甘次长

计抄送蒙藏委员会代拟布告一件

行政院秘书长褚〇〇

中华民国廿二年十月　日

代院拟布告稿

——关于内蒙自治事件

照得地方自治，原为党国确定之政纲。政府夙具热望，早已尽利推行，载诸历次宣言，定为法令章则，昭告国人，谅多闻见。

内蒙地方，虽经建置省县，而大部地区，犹属盟旗所治理，体制各殊，事功自异，眷依漠南，时用悯恻！

近据锡林果勒盟盟长索讷木拉布坦等联衔愿电，呈明在百灵庙开会议决，团结自治，拟建自治政府，请予鉴核指示等情。详阅原电，尚属恳切，倘无抵触法令之处，自当予以容纳。

惟兹事体大，应先有久远宏大之规，庶无分崩离析之弊。兹特派内政部长巡视察绥盟旗，详查实际需要，籍谋全蒙福利！国家民族实利赖之！合行布告，咸使闻知！

〔国民政府行政院档案〕

22．行政院为派黄绍竑巡视内蒙各盟旗并派赵丕廉襄助办理致文官处公函

（1933年10月17日）

公函　第二〇六三号

现经本院第一三零次会议决议：特派内政部长黄绍竑前往巡视内蒙各盟旗，并派蒙藏委员会副委员长赵丕廉襄助办理。相应函请贵处查照转陈，明令特派。此致

国民政府文官处

中华民国廿二年十月　日

〔国民政府行政院档案〕

23．行政院为奉令派黄绍竑赵丕廉巡视内蒙各盟旗致察哈尔等省府及机关的训令

（1933年10月24日）

训令　第五〇四〇号

令 察哈尔省政府
绥远省政府
西陲宣化使
蒙旗宣化使

案准国民政府文官处第四八四三号公函内开：案奉国民政府令开，特派内政部部长黄绍竑巡视内蒙各盟旗，并派蒙藏委员会副委员长赵丕廉襄助办理。此令。等因。奉此。除公布并分函外，相应录令函达查照。等因。准此。除分令蒙藏委员会内政部暨绥

远省政府西陲蒙旗宣化使、蒙藏委员会内政部暨察哈尔省政府西陲蒙旗宣化使、蒙藏委员会内政部暨察绥两省政府蒙旗宣化使、蒙藏委员会内政部暨察绥两省政府西陲宣化使知照外，合行令仰该省政府、使知照。此令。

中华民国廿二年十月廿四日

〔国民政府行政院档案〕

24. 行政院为关于蒙古自治问题布告

（1933年11月13日）

行政院布告

本党以三民主义为施政之圭臬，其民族主义本含有两方面之意义：一则中华民族自求解放；二则中国境内各民族一律平等。国民政府本此主旨，对于国内各民族之待遇，无不一视同仁，未尝稍有歧异。内蒙古地处边要，国防所关，凡有利于吾蒙族同胞者，中央莫不尽力所图，徒以连年以来，外患凭陵，灾害洊至，对于边疆行政设施，容有未周，此则政府所深用忧惕者也。现在吾内蒙古人民希望推行自治，中央政府不惟无靳而不许之意，且极愿扶植辅导，俾底于成。惟自治之先决条件，为人民在政治上有相当之训练，在经济上有相当之余裕，预立计划，逐步前进，而后能达所期之结果。内蒙古地方教育、文化及经济生活均尚亟待发展，政治训练，尤未有准备，若一旦实行高度之自治，亦将不过云有其名，人民之不能行使权利如故，经济之不能适应需求如故，甚至功效未见，而纷扰徒增，此尤政治之所洞悉而深虑者也。惟政府于自治之进行，虽不欲躐等以立虚名，而切望努力以求实效，务使蒙古王公首领及受有政治训练之青年，能获得政治上相当之地位，俾各展才能以造福于国家社会，至对于全体蒙人之文化生活、经济生活，亦当尽力扶助改进，充实其自卫御侮之力量，养成其实行自治之能力，以期于不远之将来实现真正之地方自治，一如吾党建国大纲之所规定。此种程序不独于蒙古为然，即内地亦毫无二致也。惟蒙古人民风俗习惯、语言、宗教与内地略有不同，此为政府所特别考虑，倘于省行政区域及省行政系统之下，特设蒙人掌理政治之机关，试行初步之自治，则不惟可免捍隔之弊，亦可以辅助省政府之不及而收合作之效。总须不违背国家一般之法令，不妨碍各省行政之制度，中央政府无不推诚相与，竭其全力以图蒙古人民之福利。兹因道途辽远，深恐意志阻隔，特派内政部黄部长亲往巡视，并派蒙藏委员会赵副委员长襄助一切，宣布中央德意，商榷自治方案。各该王公及盟旗长官暨地方人士如有嘉谋良猷，或兴革改良之意见，务向该部长等剖陈无隐，必能求得满意之办法，以副吾蒙族同胞之殷望。方今外患日深，吾五族一家之国民，凡有意见，均宜尽情吐露，开诚磋商，以祛除误会，敦睦感情，一致团结，精诚无间，吾国族之复兴，国民之光荣，实利赖焉。特此布告，咸使闻知！

行政院院长　汪兆铭

中华民国二十二年十一月　日

〔国民政府行政院档案〕

25．国民政府文官处为拟定内蒙自治办法致行政院公函

（1934年1月22日）

国民政府文官处公函　密　第九号

径启者：中央政治会议函，为据行政院函，据内政部黄部长呈送视察内蒙报告书，转请核办。经交法制组审查旋据报告，所拟内蒙自治办法提出本会议第三九二次会议修正并经决议，通过由国民政府交行政院、军事委员会查照办理一案。奉主席谕，交

行政院、军事委员会查照办理，除函复并分函外，相应抄同原函，函达查照办理为荷。此致

行政院

计抄送原函一件

文官长　魏怀

中华民国二十三年一月廿二日

原函

径密启者：据行政院函称：案据内政部部长黄绍竑呈称：绍竑奉令巡视内蒙，遵即会同蒙藏委员会副委员长赵丕廉于十一月初旬抵察绥，并亲赴百灵庙，与各该省政府主席委员暨盟旗长官、地方民众分别晤谈，将各项问题逐一研讨，一面分派随员前赴内蒙各处详为视察，于十二月十七日回京复命，所有应行呈报事项，分别报告书四编，随文呈送，伏候鉴察等情。经于本院第一四零次会议决议，送中央政治会议，检同原报告书请鉴核，等由。经交法制组审查，旋据报告所拟内蒙自治办法提出本会议第三九二次会议修正如下：

一、蒙古自治之限度　对蒙古代表最后所提出之甲种办法，分区设置自治区政府一节，认为与中央所定原则尚属相符，可以采纳。至其区域、隶属、组织、权限、经费各项，分拟办法于后，请由中央另定法令颁布施行。

二、蒙古自治实施之程序　在此内忧外患之时，中央对蒙人之要求宜早有确切之表示，以安定人心。至其他问题，应详为考虑，在未正式成立自治区政府之前，筹备处似有成立之必要，但须由中央派员切实指导，或由中央简派当地省政府主席为指导专员，其派员人选办法另定之。

三、蒙古自治区之范围　蒙古自治区之编制，应以未设县治地方为范围。察哈尔省、绥远省内各设两区，其名称为中华民国

蒙古第一自治区政府，第二自治区政府，余类推。但察哈尔省内，或绥远省内，所设之两自治区，如愿合并为一自治区时，得由各该省报由内政部、蒙藏委员会转呈行政院核定。其察绥两省，已设有县治地方，应属于省行政区域，或应区域错交，应详细划分者，由省政府会同政府实施勘划，报由内政部、蒙藏委员会转呈行政院核定。至原属宁夏省管辖之阿拉善额济纳两旗地，不列入自治区范围。

四、自治区政府之组织　（一）自治区政府设委员五人至十五人，以一人为委员长，二人为副委员长，均以所在地人民充任为原则，由中央任命之；（二）区政府分科办事；（三）为商决各自治区共同事宜，每年由中央派员召集各自治区联席会议一次；（四）自治区为区旗两级制，区旗各设人民自治组织，其详以法令定之；（五）区政府所在地，由中央核定。

五、自治区政府之隶属　蒙古各自治区政府，直隶于行政院，并受中央各主管部会之指挥监督。

六、自治区政府之权限　蒙古自治区内，国防上军事支配之权，以及应付外交等事务，均由中央统筹办理，或授权于当地省政府执行之。其他经中央核定认为有特殊性质者，亦得授权于当地省政府办理。其未经中央授权于省政府办理之蒙旗行政，统由区政府办理之。区政府于不抵触中央及当地省政府之法令范围内，得发布命令及制定单行规则，但关于限制人民自由，增加人民负担者，非经国民政府核准，不得执行。

七、省政府与自治区政府之关系　关于蒙古自治区内之各种蒙旗行政，由中央授权于省政府者，仍由省政府统筹办理；中央未授权于省政府者，由区政府秉承中央处理，遇有关涉省行政范围者，仍须与省政府会商办法。已设县治地方之一切蒙旗行政及蒙汉纠纷，仍由当地省政府处理，必要时并得未设委员会负责解决省区间之争议事项。中央得委托省政府代表中央指导蒙古区政府办理地方自治。

八、自治区政府之政费　自治区政府行政经费，应制定预算，由中央核准拨款补助。所有各项税收应按照中央所定标准，分为国家税与地方税两种。凡属国家税性质者，由中央直接征收，或授权于当地省政府代理征收；凡属地方性质者，其在已设县自治区域内，由省政府征收，其在未设县治区域内，由自治区政府征收。

九、自治区之经济问题　在早经开垦及已设有县治地方，所有蒙汉人固有之土地权，一律照旧。其未经开垦与未设县治之蒙族地方，以畜牧为主业，农垦副之。中华民国人民，应不分种族，凡在本区域内继续居住满一年以上者，均得享有游牧垦种之权利。区政府对于自治区内之土地，认为有开垦之必要时，得随时呈报中央核定自由开放，任蒙汉人耕种。未开垦地方之牧畜，应设法改良，并由中央在适宜地方设立牛羊防疫处，及血清制造分所，以利畜牧，而重卫生。其森林矿产，应归国有，由实业部筹划开发。并由财政部在各该自治区地方设立中央银行分行，以为活动金融机关。

十、自治区之教育问题　关于变通蒙人教育制度，及补助蒙人教育经费问题，拟请交由教育部会同蒙藏委员会通盘筹划，拟具具体办法。

十一、自治区之司法问题　交司法行政部会同蒙藏委员会拟具具体办法。

并经决议，通过由国民政府交行政院军事委员会查照办理。相应录案，函请政府查照办理。此致

国民政府

中央执行委员会政治会议

中华民国廿三年一月十八日

〔国民政府行政院档案〕

26．蒙古地方自治政务委员会暂行组织大纲

（1934年3月7日）

第一条　蒙古地方自治政务委员会，依国民政府颁布之蒙古地方自治办法原则组织之。

第二条　本会直隶于行政院，并受中央主管机关及中央指导大员之指导，办理各盟旗地方自治政务，遇有关涉省之事件，应与省政府会商办理。

第三条　本会会址设于贝勒庙。

第四条　本会设委员九人至二十四人，由行政院呈请国民政府任命之，并于委员中指定委员长一人，副委员长二人。

第五条　本会每两星期开会一次，遇有必要时，得召集临时会，前项会议以委员长为主席；

委员因事不能出席时，得派代表列席。

第六条　本会委员长执行前条会议之决议，并处理会务，监督所属职员及机关，副委员长辅助委员长处理会务；

委员长不能执行职务时，以副委员长一人代理之。

第七条　本会设左列各厅、处、会，分别承办一切会务：

秘书厅　办理文书、纪录、统计、编译、会计、庶务等事项。

参事厅　撰拟审核本会之计划、法案、命令。

民治处　办理关于民治事项。

保安处　办理关于保安事项。

实业处　办理关于实业事项。

教育处　办理关于教育事项。

财政委员会　办理关于财政事项。

前项各厅、处、会除参事厅外，均分科办事。

除秘书、参事两厅外，各处、会应斟酌情形，分别呈请设立之。

第八条　本会各厅、处、会，设职员如左：

秘书厅　秘书长一人（简任）；秘书四人（荐任）。

参事厅　参事长一人（简任）；参事四人（荐任）；参议（名誉职）由所属各旗各推选一人，任期一年，得连任。

各处　处长各一人(简任)。

财政委员会　主任委员一人(简任)；委员六人至十人，由委员长就秘书、参事、参议中指派兼充之，各处长均为当然委员。

各厅、处、会科长共十二人至十六人(荐任)；

各厅、处、会科员共四十人至六十人(委任)；

本会得酌用各项技术人员及雇员。

第九条　本会委员以用蒙古人为原则，本会所属各厅、处、会职员，由行政院就国内遴选熟悉蒙古情形及有专门学识者任用之。

第十条　本会会议规则及办事规则，由本会议定呈行政院核准行之。

第十一条　本大纲自公布日施行。

〔国民政府蒙藏委员会档案〕

27．蒙古地方自治指导长官公署暂行条例

(1934年3月7日)

第一条　蒙古地方自治指导长官，依国民政府颁布之蒙古地方自治办法原则，承行政院之命指导蒙古地方自治政务委员会，并调解省县与盟旗之争执。

第二条　指导长官一人，副长官一人，由行政院呈请国民政府特派之。

第三条　指导长官公署，设参赞二人，由指导长官呈请行政院简派之。

第四条　指导长官公署其他职员另定之。

第五条　蒙古地方自治政务委员会开会时，指导长官、副长官得派参赞出席指导。

第六条　蒙古地方自治政务委员会，凡呈报行政院及蒙藏委员会之公文，均须同时呈报于指导长官公署。

第七条　蒙古地方自治政务委员会，处理事件及发布命令，如指导长官认为不当时，得纠正及撤销之。

第八条　蒙古地方自治政务委员会经费，由指导长官公署转发。

第九条　本条例自公布日施行。

〔国民政府蒙藏委员会档案〕

28. 行政院为解决蒙古自治问题办法原则八项致蒙藏委员会训令

（1934年3月14日）

行政院训令　字第一一二七四号

令蒙藏委员会

案奉国民政府第一三一号训令开：案准中央政治会议函开，本会议第三九七次会议议决解决蒙古自治问题办法原则八项如下：一、在蒙古适宜地点，设一蒙古地方自治政务委员会，直隶于行政院，并受中央主管机关之指导，总理各盟、旗政务；其委员长、委员以用蒙古人员为原则，经费由中央发给；中央另派大员驻在该委员会所在地指导之，并就近调解盟旗、省县之争议。二、各盟公署，改称为盟政府，旗公署改称为旗政府，其组织不变更，盟政府经费由中央补助之。三、察哈尔部改称为盟，以昭一律，其系统组织照旧。四、各盟旗管辖治理权，一律照旧。五、各盟旗现有牧地，停止放垦，以后从改良畜牧，并兴办附带工业方面，发展地方经济(但盟旗自愿放垦者听)。六、盟旗原有租税，及蒙民原有私租，一律予以保障。七、省县在盟旗地方所征之各项地方税收，须劈给盟旗若干成，以为各项建设费，其劈税办法另定之。八、盟旗地方以后不再增设县治或设治局（但遇必须设置时，亦须征得关系盟旗之同意)。相应录案，函请政府查照办理，等由。准此。自应照办。除函复外，合行令仰该院遵照办理。此令。等因；奉此。除函达军事委员会、参谋本部、全国经济委员会查照，暨令饬各部会驻平政务整理委员会，并察哈尔、绥远两省政府遵照外，合行令仰遵照。此令。

院长　汪兆铭

中华民国廿三年三月十四日

〔国民政府蒙藏委员会档案〕

29．行政院为修正蒙古地方自治政务委员会暂行组织大纲第四条致蒙藏委员会训令

（1934年4月28日）

行政院训令　字第二三一八号

令蒙藏委员会

案奉国民政府第二二一号训令开：查蒙古地方自治政务委员会暂行组织大纲，前经制定，明令公布，通饬施行在案。兹将该大纲第四条条文，酌加修正，除公布并分行外，合行抄发修正条文，令仰知照，并转饬所属一体知照，此令。等因；奉此，除分令外，合行抄发修正条文，令仰知照，并转饬所属一体知照，此令。

计抄发修正条文一件
中华民国廿三年四月廿八日

院长　汪兆铭

修正蒙古地方自治政务委员会暂行组织大纲第四条条文

第四条　本会设委员九人至二十八人，由行政院呈请国民政府任命之，并于委员中指定委员长一人，副委员长二人。

〔国民政府蒙藏委员会档案〕

30．行政院关于修正蒙古地方自治政务委员会暂行组织大纲第八条第三项致蒙藏委员会训令

（1934年8月4日）

行政院训令　字第四一六七号

令蒙藏委员会

案奉国民政府第五一三号训令开：查蒙古地方自治政务委员会暂行组织大纲，前经制定明令公布，通饬施行在案。兹将该大纲第八条第三项酌加修正，除公布并分行外，合行抄发修正条文，令仰知照，并转饬所属一体知照，此令。等因；奉此，除分令外，合行抄发修正条文，令仰知照，并转饬所属一体知照。此令。

计抄发修正条文一件
中华民国二十三年八月四日

院长　汪兆铭

修正蒙古地方自治政务委员会暂行组织大纲第八条第三项条文

参事厅　参事长一人（简任），参事四人（荐任），参议由所属各旗各推选一人，任期一年，得连任，于必要时，得支聘任俸。

〔国民政府蒙藏委员会档案〕

31．中国国民党中央执行委员会政治委员会为伊乌两盟在爱金合洛设自治机关致国民政府函

（1936年1月7日）

迳密启者：本会第三次会议决议：据伊克昭盟全盟七旗盟长札萨克及乌兰察布盟四子王部等五旗札萨克电：请另定分区设治办法，免予参加蒙古地方自治政务委员会等语，情词恳切，应即照准，嗣后乌兰察布盟、伊克昭盟各旗另定自治办法，并准在爱金合洛设立自治机关。相应录案函请政府查照办理。此致

国民政府

中央执行委员会政治委员会

中华民国廿五年一月七日

〔国民政府档案〕

32．国民政府为乌伊两盟在爱金合洛设自治机关致行政院训令

（1936年1月8日）

训令　密字第一〇号

令行政院

为令遵事：案准中央政治委员会二十五年一月七日函开：本会第三次会议决议，据伊克昭盟全盟七旗盟长札萨克云云，相应录案，函请政府查照办理。等由。准此。自应照办。除函复外，

合行令仰该院即便转饬遵照办理。此令。
中华民国二十五年一月八日

〔国民政府档案〕

33. 国民政府关于办理刘家驹等人提议建设蒙古初步办法案致行政院训令

（1936年1月9日）

国民政府训令　密字第一六号

令行政院

为令饬事，案奉中央执行委员会二十四年十二月二十五日，敬字第一零一零号密函开：查第五次全国代表大会关于刘家驹同志等二十一人提，建设蒙古初步办法一案，经大会决议，交国民政府在案。相应检同原提案，函达查照。等因。并附原提案一件到府，奉此。除函复并查原案第八项推进党务，应仍候党部核办，暨第十一项充实边防一节已分令参谋本部外，合行抄发原提案，令仰该院查核办理。此令。

计抄发原提案壹件。

国民政府主席　林　森
行政院院长　　蒋中正

中华民国廿五年一月九日

原提案

建设蒙古初步办法案（密案第三十一号）

刘家驹等二十一人提

理由

蒙古为我国西北之干城，且为构成中华民国之基本民族，开发与否，关系国家兴亡。昔左文襄公亦以建设新疆为保蒙古，保蒙古为固燕京，足证蒙古在国防上之重要。惜大好之新疆，因建设之不实施，以致酿成政潮，惹起英俄角逐之野心。外蒙古自民三独立以还，即卵翼于苏联政体之下，时欲赤化内蒙，日本则乘人之危，于九一八攫夺我东北，组织伪国，将整个东蒙占据后，复欲进侵西蒙，以现势观之，大有朝不夕保之虞，凡亲临蒙地所见所闻，莫不痛心疾首。抚今追昔，皆怪已往当局徒唱高调，而不实际经营所误也。然当此世界风云紧急之秋，而我国天灾人祸相继而来，赈灾救急尚属不遑。若欲大刀阔斧，专事蒙疆，则国势国库均不可能，但处此岌岌可危之时，决不能因噎废食，听其自然生灭。代表谨以个人游蒙数载之观感，略陈简切治蒙方案十二条，以资中央施政之参考。是否有当，敬祈公决！

办法

（一）建筑车路　查蒙古境内，交通全靠骆驼马牛，载少行迟，最感不便，因之商旅裹足，繁华无望，是以影响政治、经济、文化之进步。设一旦不幸，而边防有事，若欲出兵救援，则受交通之阻碍，非跋涉月余或数月不能达其地，坐视国土沦亡，前车可鉴，无待赘言。今言建设蒙古，必先由工程简易，需费不多之修筑汽车公路始，既可便利商运，复可巩固国防。蒙古境内，无高山大川，且产红白两种粘泥及细沙石灰，到处均极丰富，利用筑路，最为经济便当。除由中央令饬各旗蒙古王公照规定路线各修各境外，并请班禅劝告蒙民一律保护，此策即可实现。一面政府可奖劝京沪平津各大车行利用过去之陈旧汽车加以修改，分发各旗经营，车行以此收入繁荣，蒙古则无形中可收不可思议之利益矣。如蒙赞同，即请令饬交通部拟具详细计划，从速实施。

（二）励行造林　查造林为先总理遗嘱，谆谆告劝于吾人者，近年中央更积极提倡，而蒙古万里河山，尽属空旷，因之气候干燥，植物不生。今后应由中央奖励蒙人自动开垦植树，栽种五谷、蔬菜，并兴办水利或掘井引泉以资灌溉，不但能转变气候，点缀风景，又可阻止风沙压房蔽道，影响河套及已垦之田亩、草场，此案请交实业部办理。

（三）增设邮局　中央应派专员分赴各盟旗调查，人烟较多及商人集中之地或他日有发展希望，或于国防有关之部落，即饬交通部增设邮局及代办所，以利交通，不但传递商旅消息、新闻、包裹，且为联络民族感情，代除隔膜之良好工具。否则，来往一信，均候至两月，如遇便人，屡经数月而不达。至于内地政情及国难经过，更无由得知，曷怪民智低落，易受异族煽动，引起许多纠纷。

（四）奖励工匠　蒙人自乏建设技能，日常生活所需均靠他人，以自有之毛革、金银换取工昂价贵之物品，养成惰性，不思自勉。今后应由关系当局规定奖励技术人才服务边疆之条例，先派铜铁、木革、土石及成衣、绘画、雕刻、建筑各业工匠入蒙工作，并令蒙人学习，本互助之精神，收合作之实效。

（五）设院防疫　蒙民患病，苦无良医，传染甚速，死亡忱籍，委诸天命；牲畜之瘟，几无年不有，损失虽重，听其自然，而不思救济之方，此为蒙古民族与牛羊不能繁殖之一大原因。今后应由政府出款设轮回医院及兽医处于蒙地，各召各王府附近施诊施药，并用蒙汉藏三种文字编印卫生常识小册，注以说明，使人知晓卫生之重要，而后改良其自身生活。此关系民族健康，生计充裕，望中央速饬卫生署逐渐实行，万勿视为平常而忽略之不见乎。侵略东蒙之日人，每占一地，必先设医院，施诊施药，阳示慈善，无形中已博得蒙人之好感矣。

（六）激励民气　蒙民勇敢耐劳，兼富爱国思想，惜地在塞外，无人引导，则渐退化，苟安性成。今后中央应以有限之款印刷简明五彩画报内容，绘画帝国主义侵略中国情形及东北同胞在日本铁蹄下之近状，与夫外蒙受赤祸后之惨状，培养爱国思想之故事，成吉思汗之史迹，推行新生活运动，阐扬佛法，保护僧寺，并登国内外重要新闻，介绍党国要人，附注简显蒙汉藏文字散发各旗僧俗，改善蒙民思想，增进智识，同时利用佛经及善恶果报之故事，联络民族感情。在初办之三年中，切忌含有改革宗教及打倒王公、废除旧制等字义，此段以表面观之，勿足重轻，然能普及于蒙地，确收无形团结及认识中央与增进爱国之思想。可否交中央党部核施之？

（七）创办学校　蒙古地广人稀，文化落后，欲开通民智，必先提倡教育。在此经费拮据之秋，宜利用识字喇嘛办学，先令习蒙藏语文及西藏经典，养成读书习惯，后再授汉文汉语及公民教育、史地常识，然后再由政府创办小学，广招学子，以期深造。查喇嘛多系有闲阶级，且已舍己利人为本，而各召又为蒙民政治、文化中心，亦僧俗荟萃之所，利用办学，最为适当不止，学生容易招收，且省一笔开办经费，请饬教育部办理。

（八）推进党务　欲在蒙古推进党务，须改换面目，因该地王公僧俗守旧习深，每闻新样名目，辄因不明了意义，而怀惊惧之心，为免除误会，容易接受起见，中央党部派往蒙古办理党务人员应沿用蒙古旧有习闻之名义，而带推进党务之使命，循序渐近，则误会不生，宣传容著矣。

（九）保护商人　各盟旗商业之不发达，缘于交通不便，然最大原因，亦为商贾缺乏保障及遭当地人民之反对。今后中央及地方政府应先规定保护前往蒙藏康青经商人士条例，优待商贾，以资繁荣地方，活动金融，藉收开发实效。但为树立蒙众信仰及联络民族感情起见，应厉行取缔奸商、小贩，以免专事投机欺骗蒙人，无形中引起仇汉心理而影响及于政治也。

（十）开发利源　查蒙古境内蕴藏丰富，如煤炭、铁矿，皆有天然出现，采掘费少而利博，早为日俄所垂涎；其他皮毛、药材无地不丰，但蒙人不自开发，一切权利多望少数奸商所垄断，王公蒙吏只图坐收百分之一年租，而蒙众知亦不敢闻问。今后中央应派专家前往调查，如有损于蒙民权利之奸商，加以取缔，一律收回还诸盟旗，并指示开发及销售办法，所得盈利，即作他方建设经费，以期楚弓楚得，惠及乡人，如需扩大合资经营者，则由中央饬实业部派员合办，完成总理地尽其利之遗训，不独可免奸商垄断，且可杜绝日俄之觊觎也。

（十一）充实边防　自外蒙赤化以来，时欲煽惑内蒙，幸各王公僧官深明大义，一心拥护中央，不为威利所动。惟外蒙及日人占去之东蒙与内蒙交界之区，除本旗少驻蒙兵外（此项民兵多住王府附近），毫无国防设备及负责巡视之官吏，一旦有事，敌人即可长驱直入，无敢过问，而外蒙境内，防兵棋布，稽查严密，东蒙沿边，伪军星罗，并随时派人窃探我国消息，而我则反是感边防之空虚，令人目击心危。今后务请中央速与内蒙各王公商洽，给以相当名义及武备，饬其随时巡查，以免敌人蚕食边防，此而不能最低限度，亦当选派熟习蒙语之人，给以边防稽查员名义，随带轻便无线电台及巡丁数名分驻蒙边，稽查来往行客，调查两地情形，随时报告中央，俾便相机应付，以利外交。此案关系国防安危，祈详夺实施。

（十二）派员指导　蒙古政教仍由世袭之王公僧官管理，除委少数亲族子弟为台吉及协理辅佐外，则一般平民即无过问之权。查蒙古王公、台吉英明能干者固多，而庸懦昏愚者亦复不少，以之主政，政何能兴？若容更换，则又与大多数民众心理不合，反生事端，不如由蒙藏委员会随时考核，留学内地之蒙籍学生富有政治经验，而不浮嚣者，派往各盟旗辅佐王公，统一蒙政，改进社会事业，发展蒙民生计，以免各自为政，贻误国防。以上十二条，自认简切需要，为建设蒙古初步办法。是否有当，敬请大会公决！

提案人　刘家驹

副署人　曾启文　王维松　王玉宾　向傅义　范争波

詹朝阳　骆美奂　包悦卿　陈文彝　翟宗涛
董　霖　鲁荡平　朱福南　陈石泉　罗桑坚赞
李天民　马绍武　燕化棠　凌子惟　李永新

〔国民政府行政院档案〕

二、德王自治及其与日本妥协活动

1. 德王为筹边似宜审慎致蒋介石函

（1931年4月30日）

介石总司令钧签：谨肃者：查锡盟地势辽阔，昆连外蒙，匪为察省之门户，亦系全国之屏藩，形势既属扼要，筹边似宜慎重。惟盟旗地方习惯风俗与内地不同由来已久，而其种种设施，因有特殊情形随之亦异，谅我主座早在洞察之中。现届国民代表会议在迩，关于各种建议，尚祈俯念盟旗历史之必要者，赐予扶植，非特普之感激无既，而全蒙民众均戴大德奚有涯涘。兹有补英达赖君当选锡盟国民代表，嘱报盟旗近来情形，仰乞赐见垂教，至为远祷，肃此，敬请钧安。

锡盟副盟长　德穆楚克栋鲁普谨启

四月卅日

〔国民政府档案〕

2. 蒋介石关于以审慎周详筹维边事复锡盟副盟长德王的笺函

（1931年5月21日）

笺函　第三号

希贤先生勋鉴：此次召集国民会议，为谋巩固邦基，增进我中华民族在世界上之地位，关系至为重要。蒙地盟旗代表依时选出来京与会，至为欣慰。补英达赖君携到来函，备悉一一切。际世界进化之日，首当求政治之改良，然因地方情势之不同，自必循序渐进。各盟旗风俗习惯，固有深长之历史，而帝国主义者挟其侵略政策，偪我边陲，我国民尤应有自觉自强之道，政府筹维边事，审慎周详，必以便利推行为主旨。执事致力省政，兼绾锡盟，夙矢忠忱，有表率一般蒙民之责，对于政府措施，尚望加以宣导，尤中央所嘉赖者也。此复。顺颂勋祺。

蒋〇〇启

中华民国二十年五月廿一日

〔国民政府档案〕

3．锡盟盟长苏那木拉布丹为赠送礼物及拥护中央致蒋介石函

（1931年　月　日）

主席座前谨陈者：现在全国统一，四境安谧，我蒙古地处边陲，情形特殊，幸承德威所被，仁风所庇，未敢外侮内患之波及，保持安宁以迄今，兹每一念及，感戴实深。盟长谨率全体官民备具土产、哈达一方、马两匹、虎皮一张、猞猁褥子两床、口蘑两匣派遣镇国公罗卜桑车珠尔、管旗章京胡图力等献送进京，聊表感戴下忱，伏乞鉴察，赐收为幸。再盟长与各旗长官近年以来，对于拥护中央，维持地方尚知努力自饬，请释钧注为祷。肃此。敬请钧安。

锡林郭勒盟盟长　苏那木拉布丹谨具

〔国民政府档案〕

4. 蒋介石复锡盟盟长苏那木拉布丹笺函

（1931年5月21日）

笺函　第三号

松龄先生勋鉴：和平统一，区夏㸔宁，蒙地为国之屏藩，形势重要。赖执事深明大义，维护地方，对于中央措施，热诚拥护，良深忻慰。此次召开国民会议，于以制定大法，巩固邦基，蒙藏均有代表出席大会，结果圆满，堪慰国民。执事领导盟旗，翊卫民国，以赴民族进化之机，而杜强邻觊觎之渐，尤政府所盼望者也。承惠多珍，敬领谕谕。此布复。顺颂勋祺。

蒋〇〇启

中华民国二十年五月廿一日

〔国民政府档案〕

5. 蒙古留平学生曾阳为推荐德王为蒙古宣抚使以安蒙心致国民政府电

（1932年5月8日）

南京。国民政府主席林，行政院长汪，蒙藏委员长石钧鉴：为呈请宣抚蒙古暨推荐宣抚使事：窃以外侮日亟，蒙疆动摇，筹边要策自当擘划，近阅报载蒙委会呈请宣抚蒙古第以宣抚之责至重且巨，当以蒙古大员素孚众望，熟悉边情者膺此重职，方足奏效。环视蒙籍中，惟锡盟副盟长德穆楚克栋鲁普为我蒙旗素所钦仰，才堪胜任。敝会效以至诚，伏乞早任德穆楚克栋鲁普为宣抚使，以安蒙心，而保领土，迫切陈词，不胜待命之至。蒙古留平学生曾阳叩。印。

〔国民政府行政院档案〕

6. 内蒙各盟旗驻平代表会为设置蒙古宣抚使并任命德王充任致国民政府电

（1932年5月9日）

南京。国民政府主席林，行政院长汪，蒙藏委员长石钧鉴：兹阅报载石委员长谈话主张宣蒙人选慎重考虑，殊为切当，足见宏筹卓谋，洞照症结，曷胜佩慰。查蒙盟人选诚关切要，稍有不慎，实足招害，徐树铮之宣外蒙可为前鉴，故同人等感电推荐锡盟盟长德穆楚克栋鲁普者。有鉴及此，实以值此飘摇徬徨之际，非用以蒙宣蒙之策，难收指臂之效。边情日急，用敢再恳早日发表设置蒙古宣抚使，并请任命德穆楚克栋鲁普为宣抚使，以慰蒙众，而安边疆，迫切再恳，不胜待命之至。内蒙各盟旗驻平代表会。佳。叩。印。

〔国民政府行政院档案〕

7. 班禅驻平办公处为请任命德王为藏古宣抚使致国民政府电

（1932年5月10日）

南京。国民政府主席林，行政院长汪，蒙藏委员会委员长石钧鉴：顷阅报知蒙委会拟派大员宣抚蒙古，并留平各盟旗王公代表等推荐锡盟盟长德穆楚克栋鲁普为宣抚使，不胜欣喜。同人等久留蒙古，稍习其情。今日蒙古正处铁蹄之下，徬徨歧路之时，若得倍望著著、谙熟边情之德盟长宣抚，则以蒙慰蒙，人事两称，正不难事半功倍，伏乞早日设置蒙古宣抚使，并任德盟长为宣抚使，俾蒙情得慰，边番得安，幸甚！临电庶初，不胜恐惶之至，班禅驻平办公处叩。灰。印。

〔国民政府行政院档案〕

8. 国民政府军事委员会为准中央政治会议秘书处函请核办白云梯提议请任命德王为内蒙宣抚使或蒙旗保安司令等名义致行政院公函

（1932年7月4日）

国民政府军事委员会公函　铨字第三十七号

迳启者：案准中央政治会议秘书处留京办事处函开：准白委员云梯提议请任命德穆楚克栋鲁普为内蒙宣抚使或蒙族保安司令等名义，以资联络。抄附原提议请核办到会。查此事应由贵院核办，相应备函，检同原函暨抄件送请查照。此致

行政院

附件二纸

中华民国二十一年七月四日

原函

迳启者：准白委员云梯提议请任命德穆楚克栋鲁普为内蒙宣抚使或蒙族保安司令等名义，以资联络，而固边防等因。相应抄附原提议函达，即希核办为荷。此致

军事委员会

附抄白委员云梯原提议一件

中央政治会议秘书处留京办事处

二十一年六月卅日

抄白委员云梯原提议

查内蒙各盟长及札萨克等派代表来京请愿，并迭次联衔来电，均请任命德穆楚克栋鲁普为内蒙宣抚使，已经月余之久。今内蒙尤紧急，即将内蒙各有势力者安慰联络之必要，故请即任命德穆

楚克栋鲁普为内蒙宣抚使或蒙旗保安司令等名义，以资联络，而固边防为幸。是否有当，敬候公决。

白云梯提

六月廿五日

〔国民政府行政院档案〕

9．德王等为推行蒙古高度自治真相致中央党部执行委员会等电

（1933年7月14日）①

中央党部执行委员会、国民政府行政院、军事委员会、蒙藏委员会、参谋本部钧鉴：年来吾国兵荒饥馑，纷扰鼎沸；边疆蹙削，外患日深。吾蒙古近日俄，创痛尤烈。广漠之地，弱小民族，抵拒无力，固守无方；俎上之肉，宰割由人。十年以来，外蒙剥夺于苏俄、哲盟、呼伦贝尔沦亡于日本，近且卓、昭等盟亦相继覆没。西蒙牵动，华北振撼，千钧一发，举国忧心。吾蒙积弱民族，坐受宰割，亦固其所。中央虽负有扶植救济之责，顾内乱频仍，事势分异，当局尚不暇自救，吾蒙仰何忍以协助责望中央。况兵燹之余，不时劳遣专使，远方存问；足证休戚相关，患难与共，吾蒙深为拜嘉。边疆不警，委蛇偷安，未为不可。迩来强邻俱侵，刻不容缓；燕雀处幕，覆亡之祸已迫；因循偷安，已为事势所不许。煎急难耐，应付无方，倘不黾勉自决，一旦劲敌压境，所至为墟；风波所及，积弱之蒙疆势必蚕食殆尽，深贻中央之忧；藩篱破决，将以亡吾蒙古者累及同胞；一枝摧折，全体牵动。关怀至大，为罪滋深。传曰：鹿死不择荫。凡我同胞，设身处地试为蒙民三思，舍自决自治，复有何法？伏思我孙总理艰难定国，以

①此为拟电时间，本电直到7月27日由滂江电报局发出。

人民自治为基础，以扶植弱小为职志。煌煌遗训，万世法守。中央军事鞅掌，既不遑忧远；吾蒙敢不投袂而起，遵奉总理懿训，自任自决以自策励。盟长、扎萨克等，谨查廿年国民会议议决案，已有特许外蒙自治之先例。乃于今年七月念六日在乌盟百灵庙招集内蒙全体长官会议，佥日采用高度自治，建设内蒙自治政府，急谋团结促进，以补中央所不及。凡事自决自治，庶几眉急可挽，国疆可守。民意淳谆，亦咸以是为请。于是毅然进行，气象为之一振。所有顺应民意，应付环境，施行自治情形，除由盟长、扎萨克、王公等会衔联印，正式呈报中央签核外，爰将吾蒙推行自治真像，谨先电达。悉其自治真意，实因事急境迫，日暮途穷，志切自救救国，不得不亟图自决，以补救危亡。至于军事、外交，关切国家体制，吾蒙能鲜力薄，平时尤仰仗中央多助，况当存亡关头。一切对外措施，更情〔惟〕中央是赖。并望当局诸公，一本总理民胞物与之首，天下为公之意，谅其苦衷，悯其衰弱，辅导箴勉，弥缝其阙，而救以所不及，策励其自决自治之精神，促成其发愤图强之苦心，革其固陋，新其治化，上有以翊赞中央殷殷图治之心，下有以慰吾蒙喁喁望治之意，俾五族之民众，互助共存，打成一体。庶几危亡可挽，边疆可固，蒙民幸甚！国家幸甚！锡林果勒盟长、乌珠穆沁右旗札萨克亲王索讷木拉布坦，副盟长、苏尼特右旗札萨克亲王德穆楚克栋鲁普，苏尼特左旗札萨克亲王林沁旺都特，阿巴噶左旗札萨克亲王佈德巴拉，浩齐特左旗札萨克郡王桑都克多尔济，浩齐特右旗札萨克郡王松津旺楚克，阿巴噶右旗札萨克郡王雄诺敦都布，乌珠穆沁左旗札萨克郡王多尔济，阿巴哈那尔左旗札萨克贝勒巴拉贡苏龙，阿巴哈那尔右旗札萨克贝勒索特讷木诺尔布；乌兰察布盟长、亲王云端旺楚克、副盟长贝子巴保多尔济，四子部落旗札萨克亲王潘德恭扎布，喀尔喀右翼旗札萨克郡王根敦扎布，落明安旗札萨克贝勒齐默特林沁阔尔勒，乌喇特前旗札萨克贝子希拉布多尔济，乌喇特多〔中〕旗札萨克贝子林沁僧格，乌喇特后旗札萨克贝子首尔和色臣嘉木巴拉；伊克昭盟长、郡王沙克都尔扎布，副盟长、鄂尔多斯右翼后旗札萨克郡王阿拉坦鄂齐尔，帮办盟务、鄂尔多斯右翼中旗札萨克郡王噶桑卓勒玛旺济拉嘉木苏，鄂尔多斯左翼中旗札萨克亲王多布新济尔噶拉，鄂尔多斯右翼前旗札萨克贝勒特回色阿木噶郎，鄂尔多斯左翼后旗札萨克贝勒康达多尔济，鄂尔多斯右翼前末旗札萨克贝子瓦齐尔胡伊克图，鄂尔多斯左翼前旗署理札萨克台吉棣布扎布等同叩。愿。

〔国民政府蒙藏委员会档案〕

10．绥远省政府主席傅作义报告德王在百灵庙开会情形致蒙藏委员会代电

（1933年9月1日）

南京。蒙藏委员会公鉴：据武川县长席尚文代电称：伪政府与外蒙各派代表到达尔罕旗，劝说王公归服，并乌盟长定期召集会议，讨论应付办法，等情。当经电报在案。嗣据白灵庙来人报称：乌盟盟长于阴历闰五月二十三日召集锡盟、乌盟各旗有重大会议。又乌盟近日召集本盟各旗单独会议，讨论摊派招待班禅花费等情到府。当经饬据视察员张登鳌详查，复称：遵即驰赴该地详密调查。兹将查悉情形，分陈于左：（一）乌盟盟长于阴历润〔闰〕五月二十三日召集乌盟、锡盟各旗有重大会议一节，查此项会议系西苏尼特旗德王所发起，而集议于贝勒庙（即百灵庙）者，因西苏尼特旗隶属察省锡林郭勒盟，自满洲伪国成立，该盟即已归附，惟苏尼〔特〕旗因位于察西，与绥省陶林县相接壤。该旗德王又系年少英明（曾在北京蒙藏学校受相当教育，为蒙旗各王中头脑最新者），怀有大志，对于己身投伪之重大问题未敢冒然从事，依违两可之间（此事委员在陶林县视察时已有所闻，此次调查益

加证实)，但对伪国暗中已有勾结矣。及本年冯玉祥带兵张垣，声称抗日，即向德王联络，并欲调彼赴张垣有所协商，然德王恐冯报复前仇（民国十五年冯对奉直联军作战时，由俄运输军火，道经苏尼特旗，及失败时，德王曾将其赴俄之代表留难，并截夺汽车数辆，因此，冯深恨之)，遂托辞不去，亦感自身孤立无援，有联给〔络〕绥省各盟旗之必要，而投伪之念，益加活动，遂致函乌盟盟长蕴栋旺楚克嘱召集乌、伊两盟各旗于阴历闰五月二十三日齐集贝勒庙（白灵庙)，举行会议，德王自己于同月十八日由苏尼特旗乘汽车来贝勒庙，设帐住宿，专待开会。嗣因连雨改于阴历六月初三日开会，未果，于初四上午始开会议于贝勒庙内，到会者仅三人，即乌盟盟长德王及四子王旗代表而已，会议无结果。初六日又来锡盟某旗代表乌举木沁者，遂于初八日上午又开会议（共四人)。此时适中央蒙旗宣慰委员巴文俊到旗，彼等于会议完毕，即请巴委员到会，巴委员即为之讲述服从中央之大义，遂告散会。查此次会议最为重要，其内容如何，因关防严密，外人莫测。但据该庙主要喇嘛，为乌盟长所亲信者，透出消息则谓，德王主张依附伪国，并积极进行练兵，以图自立，而乌盟长则以所处地位与德王不同，离伪国尚远，距绥省甚近，若一旦附伪，招来绥远出兵，恐投日之利未睹，而叛军之害已见，为计非得，然严加拒绝，又恐后患之来，不可补救，遂骑墙两可，乎随环境定方针之政策，不表示具体意见，且因各旗代表未全，难以决定，改于阴历八月间再行召集开会。盖此项会议即以乌、伊两盟论，应出代表十三人（乌盟六旗，伊盟七旗)，而此次会议，除锡盟德王及乌举木沁二人外，乌盟仅盟长及四子王旗代表，其西公旗王及中公旗代表均因雨阻行迟，值会议已毕，中途而返，至伊盟则并无一人也。总之，此次会议之无结果，留待八月间开会再商确无可疑。（二）又乌盟近日召集本盟各旗单独会议一节，查此会即席县长所指六月二十六日之会议，合并详陈于下节文中。(三)

席县长代电称：伪国及外蒙各派代表到达尔罕王府，故乌盟长定于废历六月二十六日召集会议，讨论应付办法一节。查乌盟达尔罕旗（即乌盟长所住地达尔罕王，系盟长之弟，又称贝勒王），向例每年开三次会，一次在阴历正月十九日，讨论定官价（指卖给王府之货物而言）及本年应行事宜；一在六月十五以后，结算商民与王府交易账目；一在腊月间，办理旗下各事官交接事宜。此次六月二十六日所召集之会议，即向年六月间之例会也。至于伪国并外蒙各派代表到王府情事，据查不确。此会事前由王府通知贝勒庙各商号，凡与王府有交易者各派代表一人到府开会，于六月二十六日起至二十八日会毕，除结算账目外，作下列之决议：(1) 招待班禅花费由旗下供给，惟冬季须由各商号运炭一万五千斤，以供御寒之需，所有炭价暨脚价由王府发给。再查班禅于去岁到绥时，乌盟六旗（达尔罕、四子王、东公、中公、西公、茂明安）皆派代表欢迎，赴贝勒庙，然主其事者为达尔罕王，其余皆勉强附和而已。且以班禅来庙讲经，系暂时性质，不料其久住也。故招待花费，六旗公摊，及班禅赴南京后，各旗即已停止供给，现在供给者，仅达尔罕一旗而已。查班禅随员暨卫兵不下二百人，每人日给白面十二两，肉半斤，黄油四两，露仁、麦面、白糖、粉条、茶叶、杂物不等（初来时如此，本年将杂物取消，仅给肉、面），区区一旗，何能长此担负？现在达尔罕王欲强各旗共同摊派，而势不可能，他如班禅之科长、秘书等官僚恶习太甚（尤以满汉等人为甚），招蒙汉居民之不满，而强队更有强奸蒙人妇女之情事（据目击其事者之汉商及蒙人所谈，当属可靠），尤招蒙人之痛恶（按蒙地风俗最乱，男女苟合，极属寻常，但必出于双方同意，若一方强迫，其生恶感无疑），故班禅之久住亦生讨厌之意矣。奉令前因，所有调查乌盟会议各情形，理合肃函呈复鉴核，等情前来，除俟该盟长等下届招集会议以前，再行派员前往详查具报外，特先电闻。职傅作义叩。东。印。

民国二十二年九月　日

〔国民政府蒙藏委员会档案〕

11．傅作义关于德王假冒名义通电自治致蒙藏委员会电

（1933年9月20日）

蒙藏委员会石委员长勋鉴：铣两电奉悉。行密。贝勒庙上次开会，前经派员查报，乌、伊各旗，多未参加，会议并无结果，曾详陈在案。刻滂江所发之电，恐系假借名义，除派素有信仰大员，克日分地调查，并宣慰制止，劝由各旗正式表明态度外，特先奉复。弟傅作义叩。号。内四。印。

〔国民政府蒙藏委员会档案〕

12．蒙藏委员会关于德王要求旅京蒙人参加成立内蒙自治政府大会致行政院呈

（1933年9月22日）

呈　总一四四

顷接由平寄给旅京蒙人之蒙文通知一件，经照译出，为锡、乌、伊三盟盟长、副盟长等，邀请蒙人一体参加成立内蒙自治政府大会等情。理合抄同原件，呈报钧院备查。谨呈

行政院院长汪

附呈照译蒙文通知一件

全衔委员长　　石〇〇

中华民国廿二年九月　日

由平寄给旅京蒙人之蒙文通知照译如左

锡林果勒、乌兰察布、伊克昭三盟盟长、副盟长等致我书，于我蒙古旅平旅京全体王公、札萨克、委员、名人贤士等，为乙体通知事：现在我蒙古北有赤祸嚣张，东有日本窥伺，加以中央政府因我远处边陲，其政力之保护极难达到。本盟等为谋地方种族之维护与生存，开会决定成立内蒙自治政府，并定于阳历九月二十八日在乌兰察布盟达尔罕王旗贝勒庙地方成立正式大会，除通知全体内蒙各盟旗外，特以邀请旅平王公、札萨克，旅京蒙古贤达等务必一体亲自前往参加，将我濒于危亡之蒙古民族共图挽救，以尽蒙人之责，不胜祈祷之至。

〔国民政府蒙藏委员会档案〕

13. 尼玛鄂特索尔报告德王在百灵庙开会参加人员实情致蒙藏委员会电

（1933年9月24日）

蒙藏委员会石委员长勋鉴：蒙密。铣电奉悉。查德王原定七月六日在百灵庙召集王公开会，届时均未到。宥日，复召集，只有锡盟德王、乌盟云盟长、达尔罕旗札萨克贝勒、中公旗札萨克贝子、四子王代表、伊盟杭锦王代表，仅此数人与会。德王主持，议建蒙古自治政府，九月愿日，德王由滂江电话嘱察部十二旗，对前案参加列衔，总管闻甚诧异，当即拒绝，并报省府在案。现闻本月勘日德王又在该庙开会，此等举动，竟德王一人主办。由此观之，不无背景。遵查前情，据实电陈，伏祈鉴察。职卓特巴扎普尼玛鄂特索尔叩。敬。印。

〔国民政府蒙藏委员会档案〕

14. 傅作义为制止各旗王公出席德王百灵庙自治会议致蒙藏委员会电

(1933年9月24日)

蒙藏委员会石委员长勋鉴：号内四电计达。行密。此案已派委卜兆瑞赴中公、西公两旗，李春秀赴杭锦、达拉【特】两旗，刘澄赴四子王、达拉罕两旗，赵锦彪赴札萨共、郡王〔?〕两旗，固阳县长陈令德赴茂明安、东公两旗。分别调查宣慰制止，务使毋萌异志，正式表明态度。准噶尔旗据东协理奇文英在绥面称，并未参加；乌拉、鄂托克〔?〕两旗，由本府转代电，委李春秀携赴伊盟副盟长处，转劝表明态度，故该三旗均未遣派专员前往。现本府已饬令省会公安局及包头公安局，严密侦察，如遇王公或派代表出席会议，一面婉为劝阻，一面报府制止。兹闻德王有改在锡盟召开密会之说，已迳电宋主席注意。特将办理情形，先行电陈，并请转电察省知照。弟傅作义叩。敬。内三。印。

〔国民政府蒙藏委员会档案〕

15. 卓特巴扎普等为不愿追随德王自治致蒙藏委员会电

(1933年9月26日)

蒙藏委员会石委员长，蒙联处吴梅轩主任勋鉴：蒙密。径电奉悉。遵即劝慰，并陈明省府，公推特总管前往参加会议，籍探真相，容俟返回再行报告。又承德日军来函，约十二旗领袖于本月廿五到多会议，语词严厉，只可婉辞力避意外，暗中派人侦查，获有确情，电祈示遵。肃〔职〕卓特巴扎普、尼玛鄂特索尔叩。宥。印。

〔国民政府蒙藏委员会档案〕

16. 宋哲元为报告德王自治情形及处理办法致行政院电

（1933年9月26日）

南京。行政院院长汪钧鉴：行密。皓电敬悉。查内蒙自治真像，纯由锡盟德王一人所鼓动。自九一八事变发生，溥仪傀儡登场，德王首与接洽，黎顿报告书已言之极详。德王素具野心，以成吉斯汗自居，日人遂利用其心理，煽动自治。德王即勾结锡盟、乌盟等少数王公、札萨克等于本年七月六日在贝勒庙会议，以建立高度自治政府为名，而实想借外人势力，帝制自为，各王公等赞成其议者甚少。自发愿电后，极力运动各旗群附和，均被拒绝。兹又定于本月廿九日在贝勒庙开会，此其自治运用[动]之经过情形也。查德王此种举动，纯系一、二王公变相的独立，蒙族民族概不与闻。兄已派蒙员密往参加，藉以刺探消息。目下德王迷梦正酣，决非空言所能制止。兹拟两种办法：（一）由中央优给德王名号，约其赴京服务，极力羁縻，以变换其心理。（二）由中央迅派熟悉蒙情有力大员前往宣慰，对于各王公、札萨克痛陈利害，以作釜底抽薪之计，以上系和平斡旋。否则，只有以有效之方法严行裁制，但日人既在背后操纵，外交方面亦须注意。顷接：热河特务机关松室孝良威吓各盟长、王公及各旗群总管等于本月二十五日赴多伦开会之。虽本人未到，而内中暗幕亦可概见。谨并电复，伏乞垂察。职宋哲元叩。宥。印。

〔国民政府蒙藏委员会档案〕

17. 傅作义为报告德王自治用意及经过等致蒙藏委员会电

（1933年10月3日）

提前特急。蒙藏委员会石委员长勋鉴：敬内三电计达。行密。兹将派赴乌盟刘委员澄报告汇陈如下：（一）九月感日电云，职等到旗后，首宣中央德意，次询自治用意及经过。据德王言，五月会议诚有其事，初意鉴于北俄近日逐渐内侵，蒙疆危机四伏，中央忙于剿匪，不遑兼顾，为三盟团结自治起见，故有此会。意在团结御侮，实非自主及脱离中央。且据德王言，伊在京谒蒋公时，蒋公已赞同蒙民自治，惟因误解中文自治之意，致有错误。如云脱离中央，无论何人，均无此胆量及能力。（二）艳日电云，今午晤该旗台吉、章京谈话，据云今年冯据张垣，传闻已与俄联合，共党即到。又闻东三盟已由日本改为四省，并将王公制取消，另设主席，因而有此贝勒庙会。该会主旨，不外团结御侮，拥护中央。当时即恐中央怀疑，经多次讨论，决议电请备案，并求援助指导，实无自主及脱离中央字样。今观中央致省府电文，不无删减之处。再八月拟再开会，各旗到站给养，近日已有数起到庙；代表等当可续到。班禅王已于初六日起身，在四子王旗稍留，即来庙与会。（三）卅日电称，达王固执，单独通电表明态度不便，谓将来决由全体署名拍发，一再婉劝，始允照指示各点，致函主席，声明误解，详为代转。（四）十月冬日电称，据报卅晚庙近有埂包三十余架，探系德王及锡盟十旗、东旗敦都公、西公代表等到庙与会。伊盟尚无来人。并询据沙贝子云，达王定明晨赴庙各等语。除随时指示机宜，并电复达王，如愿照指示各点声明误解，致函本府代转一层，如准照办，一面仍饬该员探询会议内容，相机制止，并分电外，谨闻。弟傅作义叩。江。亥。印。

〔国民政府蒙藏委员会档案〕

18. 傅作义为报告德王自治及四子旗王对自治态度致蒙藏委员会电

（1933年10月4日）

特急。京。蒙藏委员会石委员长勋鉴：江亥电计达。行密。兹将派赴乌盟刘委员澄续报各情，汇陈于下：（一）东日电称，达王致主席函，已派人送绥。函中大意略云，主座派职来旗，诸多关照，甚感。五月会议，原意鉴于北俄，东日之威胁。欲团结各旗，保卫疆土。中央对彼廿年念德，何敢稍有异心。至误解汉文自治之意，当即会同各旗，通电声明。今将下忱说明，对中央方面，祈主座酌夺办理等语。（二）冬日电云，职于本日抵贝勒庙，探闻德王带汽车五辆，内乘学生者四、五人，及锡盟阿巴噶王、外蒙图什公、乌盟亦有一、二旗代表，于卅晚前后到庙。但四子王及伊盟阿拉善旗，均无来人。又贝勒庙住有类似日本人二名，上月初来庙时，往班禅电台询问消息，并在附近洗相多张。此次开会会期，为废历八月十五至十八。（三）江电：职江申抵四子旗，当晤藩王，伊对德王有议之事，甚不为然，谓与独立脱离无异。今此决心不去，亦不派人参加迎入班禅。四、五日后，拟赴绥远，如何表示态度，均听命于主座。并云将来伊等闭会，必派人来旗署名、盖印，此事亦惟主座之命是从。（四）支电：今夜班禅前站到四子旗，班禅本人五日可到。除分报外，谨闻。弟傅作义叩。支。酉。印。

〔国民政府蒙藏委员会档案〕

19. 国民政府行政院秘书处为抄送傅作义关于德王自治情形及处理办法致蒙藏委员会笺函

(1933年10月7日)

笺函　第二九九七号

顷奉院长谕：绥远省政府主席傅作义微四电，内蒙酝酿自治开会，伊盟各旗未参加，此事全由德王操纵。中枢处置，首以烛破德王诡谋，恩威并用，不使其从中假借，结成整个团体，此时羽翼未成，不难消灭。并陈四点，关于治蒙方针，正详拟方案，另呈候核一案。应抄送国防会议及黄部长、石委员长等因；除分函外，相应抄同原电，函达查照。此致

蒙藏委员会委员长石

计抄送原电一件

行政院秘书长褚民谊

中华民国二十二年十月七日

抄原电

特电。南京。行政院院长汪钧鉴：支酉电计达垂察。行密。查此次内蒙酝酿自治，最近依探查所得已分别报告。昨伊盟阿副盟长到绥，据云：五月间开会，伊盟各旗均未参加。最近德王分致各旗公函，并闻致沙盟长系公文，内有组织自治政府，请各旗赴会参加，并说渠尚未复。而鄂克托、乌审两旗曾派员来问，是否参加，渠答以到与绥傅主席商酌再定。并云渠愿明日回旗，趁各旗派人在杭锦旗会议迎接班禅之时，立时劝谕，表明态度等语。当请其于明晨动身返旗办理。至乌盟，除盟长已有函声明外，四子王亦面告刘委员不赞上次会议，此次决不愿参加。其余各旗或

因盟长召集开会不能不到，当可推知并无主张。然则此事主动，完全由于德王一人之操纵，买空卖空，殆无疑义。盖一方藉中央以蛊惑各旗，使均投其宇下，自张声势（德王在贝勒庙开会，谓自治系伊面请蒋委员长允许）；一方复藉蒙旗团结要挟中央，以图取得地位。此种狐搰狐埋手段，不待言而自明。故中枢处置此事，首以烛破德王诡谋，恩威并用，不使其从中假借，结成整个团体为第一义。换言之，蒙旗自治，虽可允许，然不能假乎于野心份子，使其造成个人势力。目下虽暂苟安一时，他日难保不以整个力量结引外患。且自华北成立协定后，日人虽图勾煽内蒙，其力甚微，况分旗煽动与整个接洽情形不同，单独脱离与合力背叛其势更属大异。据熟悉蒙情者谈德王为人，野心自大，属下共产及其他反动分子无不网罗，恐任何环境亦难满其欲望。证之近年来，中央对德王独优，而德王竟背恩，鼓动自治，如仍予以优礼，则可断言，仍决不能翊赞中央。然此时德王羽翼未成，纵有背景，不过等于河北之石、李，察之方、吉，不难消灭。倘任其涛张，恐藉机必明整个组织而出卖，则内蒙终非我有矣。又蒙旗情形复杂，离京较远，观听间有难周，恐不无投机分子妄陈，主客之见，亦应详察。作义一得所及，有下列各点，可备参考：（一）此次内蒙酝酿自治，可断言非全蒙之公意。在中央指导下准许蒙人自治，但不应使其有整个组织，更不可假乎德王。（二）此后中央对各盟、旗单独要求，不妨处处以示宽大；惟以整个名义相号召者，则断断不许，且予以相当制裁。（三）对德王宜恩威并用，以申纪纲，并查明此次信仰中央，不妄附和之蒙旗，予以优奖。（四）治蒙方针应提倡牧畜，以经济连销方法破除蒙汉之界限，庶一切政治始能推进。关于此点正详拟方案，另呈候核。除分陈外，谨电驰陈。职傅作义叩。微四。

〔国民政府蒙藏委员会档案〕

20．蒙古各盟旗联合驻京办事处报告百灵庙会议情形致蒙藏委员会代电

（1933年10月8日）

代电　字第　号

蒙藏委员会石委员长钧鉴：兹据本处公推前往乌盟贝勒庙劝告各盟旗长官勿自由行动之陈庚扬、恩和阿木尔、吉雅图三代表鱼电称：支晚抵贝勒庙，次午谒云盟长、根札萨克暨沙拉等各要员，备承礼遇，相谈颇洽，当宣达中央意旨，及扬等任务。云王表示，欲在拥护党国下求得自治，开大会无确期。现有锡盟德副盟长、雄王及各旗代表，乌盟巴副盟长及各旗代表，察哈尔部代表一人，土默特代表二人，到庙等语。查该会尚未开幕，似因其他盟旗尚无人来，谨先报告。伏乞鉴察。蒙古各盟旗联会驻京办事处主任吴鹤龄，暨蒙古全体驻京代表同叩。庚。印。

中华民国二十二年十月八日

〔国民政府蒙藏委员会档案〕

21．傅作义报告四子旗王反对自治会议等致蒙藏委员会电

（1933年10月8日）

蒙藏委员会石委员长勋鉴：行密。兹将蒙情续陈于下：（一）据刘委员澄微日电称，今早晤藩王。据云支晚达王派人请其参加会议，伊已托故不往。（二）伊本月二十前后赴绥，往五台。（三）伊完全不作日本奴才，亦不作德王奴才。如必须参加，伊当请示奉嘉。（四）伊不参加此会，一愤德王之力，一惧达王之权，恳求主座保护安全。（五）伊表明态度之电，已交职带回。惟再三嘱托，

不要令达王知道，以免结仇。(六)原稿大意谓，三盟在庙开会，组织自治政府，本旗决不参加。本人受中央廿年隆恩，仍遵黄教，何敢有他。在中央领导下，三盟联合自卫，拥护中央则可，倘有其他组织，则不承认，等语。又鱼日电云，顷访各旗代表，始知乌、伊两盟到庙者，仅云盟长兄弟二人，中旗鲍、察二人，西旗代表一人。谨分陈于下：(一)伊盟并无一人来庙。(二)东旗、茂明安尚无正式代表，仅有人来，系探听性质，并未出头。(三)有土默特苏前台站局长凤山、巴彦领润齐二人到庙。(四)传闻阿拉善善〔？〕旗已派人来，请设法阻回。(五)请电固阳或派员阻止东、茂两旗派人赴庙。(六)如此，则此会决开不成，等语。除电令续查，并分报外，特电奉闻。弟傅作义叩。齐。未。印。

〔国民政府蒙藏委员会档案〕

22．傅作义关于德王自治会议情形及自治大纲致蒙藏委员会电

（1933年10月11日）

蒙藏委员会石委员长勋鉴：行密。兹将最近蒙情汇电于下：刘委员澄九日电称：(一)锡盟各旗代表之来，多出勉强，多有不知为何来者，此辈决无主张，不过盲从。(二)德王方面，只特随从学生为画策。(三)达王遇事尚能持重。又新委员澄十日电称：(一)本日开会情形，首由德王发言，次由达王和之。卜音达赉特总管略言数语，余均无言。(二)宣布宗旨后，旋拟指定地点，组一自治机关，各旗推举二人为起草委员，因无人发言，结果由德王指定自书之。(三)西、茂二旗咸云，在此无法表示态度，返旗后将报省府否认。(四)外籍记者二人，今早返绥，伊等到庙时，迳往德王处，相系旧知，闻在德王处抄有组织大纲一份。(五)今日由德、达两王领衔，致班禅一电，略谓各旗全到，请求指导等

语。(六)探得大纲概略：(1)自治长官正、副各一；(2)委员九人至十三人，总务、政务、秘书三厅；(3)外交、财政、交通、司法、军事等处；(4)款由中央及两省府筹拨；(5)伊盟达拉特旗札萨克来文声明，德王集会自治，伊盟各旗，并未参加，等语。除饬续查及分电外，特闻。弟傅作义叩。真。戌三。印。

〔国民政府蒙藏委员会档案〕

23. 行政院秘书处为抄送有关日人间谍在多伦等活动情形致蒙藏委员会笺函

(1933年10月12日)

笺函　第三〇四三号

顷奉院长谕：察哈尔省政府主席宋哲元齐电陈，据报日人松室孝良到多伦，招集蒙古王公会议，刻正积极操纵一切，谨电奉闻，等情。又绥远省政府主席傅作义蒸电陈，据刘委员澄续报蒙情三项，谨电驰闻各一案，应抄送国防会议及黄部长、石委员长，等因；除分函外，相应抄同原电，函达查照。此致

蒙藏委员会委员长石

计抄送原电二件

行政院秘书长褚民谊

中华民国二十二年十月十二日

抄张家口来电

南京，汪院长；牯岭，蒋委员长；北平，何委员长钧鉴：中密。据派赴多伦探报，日人松室孝良到多招集蒙古王公会议，刻正在积极操纵一切，等情。除仍继续侦察其详情外，谨电奉闻。职宋哲元。齐。恭印。

抄归化来电

南京。行政院汪院长钧鉴：行密。谨将刘委员澄续报蒙情分列如下：(一)今午到庙，各王公开一会议，内容系预备黄部长到来，应提出改革蒙地建设边疆等事。散会后，由泰晤士报路透社新闻记者摄影。该记者昨晚到庙，系英、美人各一、瑞典人一。(二)伊等鉴于十九年五月张学良召集蒙王会议之难，有不准各王公代表等目前返旗之提议。(三)闻伊等欢迎黄部长之电定于今明日发出，等情。除分电外，谨电驰闻。职傅作义叩。蒸六印。

〔国民政府蒙藏委员会档案〕

24. 傅作义为报告沙盟长对德王自治态度致蒙藏委员会电

(1933年10月14日)

蒙藏委员会石委员长勋鉴：行密。顷据派赴札萨克、郡王两旗赵委员锦彪电称：三日谒郡王，六日谒沙盟长及鄂札萨克，剀切宣示。据沙盟长图亲王称：(一)德王两次会议通知到时，伊等既未答复，亦未参加。(二)德王致中央之电稿，伊等均未署名盖章，何时发表，更不知晓。(三)蒙古是中国之蒙古，今后甚愿服从省府之指导。(四)图亲王及沙盟长代表，均有来省谒见主席之意，等情。除分报外，谨闻。职傅作义。寒。八。叩。印。

〔国民政府蒙藏委员会档案〕

25. 傅作义关于锡盟发起自治起因及宣化情形致蒙藏委员会电

(1933年10月16日)

蒙藏委员会石委员长勋鉴：行密。石总办华岩回绥报告班禅面述锡盟发起自治起因，及该佛宣化经过。兹择陈参考：(一)锡盟酝酿自治起因有三：(甲)该处历来与内地情意隔阂；(乙)受外蒙及东蒙影响，恐被日俄压迫；(丙)当察哈尔事变时，蒙旗有力总管曾被冯捕押，枪枝亦有被没收者，此为最近原因。(二)班禅宣化经过：该佛初到德王府时，适巴文峻由西乌傍明旗返，谓日人在该旗甚多，嘱班勿去。班到贝勒庙，时适西乌旗派人迎班，遂到该旗见苏王。苏云来旗云，此来系问王爷好。刻下满洲国复兴，贵旗与林西县仅隔三百里，是否降满洲，或投赤俄，或自治，请见告。苏答：余为蒙旗领袖之一，此事一人不能解决。中国保护、治安尚佳，谈不到归满归俄，一切须众人会议始可决定。日人闻言无他词，旋云，班禅如到，余等愿拜见，言毕遂去。班到后，日人未再来。适冯军以同盟军名义遥发通知与〔与字衍〕各旗，在张垣拘押总管，并没收一部蒙枪枝。且冯与外蒙通声气，张、库间来往汽车甚多。于是大家商议，中央此时鞭长莫及，与其被冯压迫，不如投降满洲。班闻此消息，再三劝阻，谓中央对冯军不久即解决，千万勿妄动。旋冯离察，遂未实现。班行至阿巴轧旗时，闻日人派赴西乌旗汽车十三辆，东乌旗十八辆汽车，方返又去，飞机一架。日人逼问，答复前言，并云，多伦开各旗会议，日已通知各旗，请贵旗亦知会各旗参加。苏王答此事一人不能作主，且交通不便，届时难去，俟商定再复。日人旋去，班遂由阿旗返德王府。德云冯军压迫太甚，日人又相逼极紧，吾等八月间在白灵庙开会商定自治。班云自治是独立性，诚恐与中央冲突，此时不宜援外人以机会。如有困难，予可代达中央云。德王云自治为三民主义所许，与中央不违反，且已会议决定。班云无论如何，宜在中央规定范围以内，政府领导之下，妥慎办理，外交尤应听命。德旋呈阅电稿班，请加军事、外交字样，以免误会。德又云，此事须再开大会一次。班云可缓则缓，余已电中央，得复派黄部长北来，不久可到。俟黄到再行商讨，并谓国家待予甚厚，余愿不负宣化蒙古责任，但为国家一份子，如与国家、蒙民有利，无不努力，以尽天职。余所知经过如此，是否再有他情，无从得悉等语。谨闻。职弟傅作义。铣。辰。印。

〔国民政府蒙藏委员会档案〕

26. 傅作义为报告德王自治筹划兵力及各盟代表态度致蒙藏委员会电

（1933年10月21日）

蒙藏委员会石委员长勋鉴：行密。顷据刘委员澄电报：(一)蒙旗自治政府，选定齐西苏尼特旗西边，西子王旗东边之地点，规定蒙兵二千名，两次派人赴四子王旗盖印。潘王未允，现又派人前往，严厉警告。(二)各代表列席会议时，均不发言，德王谓自治系为大家，何以均不发言，咸答不明所以，故不敢擅发一言等语。除指示机宜及分电外，谨闻。弟傅作义叩。马。八。印。

〔国民政府蒙藏委员会档案〕

27. 傅作义为报告德王愚弄蒙古各旗实行自治等致蒙藏委员会电

（1933年10月22日）

蒙藏委员会石委员长勋鉴：行密。顷据刘委员澄电报：(一)德王愚蒙各旗，宣言中央准许自治，否认者即是反对中央。(二)自治政府一切费用，均由各旗摊派。现乌盟五旗，对此均有烦言。(三)会议将有瓦解之势。(四)土旗巴参领已被召回，惟苏凤山仍列席会议。(五)特总管前言日内赴张垣，欢迎黄部长，现又称病不去。据其随来书记云，伊系西十二旗联合办事处直接派来，作正式代表等语。所云迎黄，恐系托辞等情。除分电外，特闻。弟傅作义叩。养。印。

〔国民政府蒙藏委员会档案〕

28．德王为组织内蒙自治政府实行自治致中央执行委员会通电

（1933年10月28日）①

呈为边疆危急，情势日渐可虑，以期符合蒙众愿望，组织内蒙自治政府，实行自治，以救危亡，而固边防，为此据情呈报事：窃查我蒙古太祖皇帝成吉斯汗，雄据欧亚，遐尔属望；定鼎中原，国族腾欢；开拓中国今古罕有之版图，创造史册空前之纪元；增我东亚民族之光荣，成天下志士之基础。为后嗣者，宜本先祖天下为公，民胞物与之旨，不分彼此，四海为一家。清世携地来归，尝敬谨相待，殊礼有加。迨至民国肇造，五族共和，亦曾竭诚翊赞；原期克承郅治，享受幸福；方今时代，适者生存，已如天演之公例；而文化愈进步，道德观念愈薄弱，科学愈倡明，杀人利器愈精锐；非自强，莫言公理；不使革新，何以图存。当此时际，我中央政府，应如何警醒辅导，弥补缺陷，以便与欧美列强，并驾齐驱，广中国之声威，企国际之平等。乃政府不但不此之图，反而强迫蹂躏；始而开荒屯垦，继之以设县置省；当局所谓富强之策，直我蒙古致命创伤。痛定思痛，能不伤感?!处兹今世，民权一经剥夺，民生势必致困，民族益衰弱，夫岂不知？我蒙古拥护国家之热诚，从不少衰，且尝盼望中央，善于扶助，建设一新蒙古。无如赤俄，播种流毒于外蒙者十年，终至扩大，本极可虑，而今日本又为贯彻其大陆政策，节节进逼，度之必以统一满蒙为其先决次序。是利害之分，祸福迫于眉睫；倘再因循偷安，则危亡之祸，可立而待。蒙古一经沦没，中央北方门户洞开，河北诸

① 此为根据蒙文原稿核校时间。

省，必不为东北之续；光华禹甸，将任异族横行；高悬太阳旗帜，则洵为我中华民族之奇耻大辱也。兴念及此，不禁战栗！我中央政府，究为内乱所束缚，兼顾不遑；抑或视我蒙古为无用之物，以为不关痛痒，亦不可知？迄今十有余年，于外蒙尚无收复之策，东蒙既失，又无退敌之方，望之无所适从，不能不置虑也。强邻压境，而在中央政府放任之下，哲里木、昭乌达、卓索图及呼伦贝尔等各盟部，转瞬非复我所有；西蒙各盟旗，势蹙力弱，更何以御强敌？！我蒙古各盟旗当局，咸觉事态势迫，大祸迫于眉睫；若不亟起联合，无以阻止消灭；即将来之命运，舍自救无法延长；然欲联合，必先应从统一政治着手，以便革除行政积弊；欲谋自救，必应将自决自治机关，为适当设置，以增加利益力量。为此，盟长、札萨克等，一心倡导，共谋挽救；爰于本年七月间，特召集西蒙各盟旗，盟长、札萨克、王公等，于乌兰察布盟巴图哈嘎拉嘎庙开会讨论，一致决议施行高度自治之职责，为实行挽救危亡之要图，即组织内蒙自治政府，以资总揽内蒙行政；一意杜绝外来之不良宣传，免除侵略主义者种毒贻害，谋教育、经济、军事、交通、实业种种事业之平均发展；组织有序，政治有则，解决民生之疾苦，应合蒙众之愿望；军民于以团结，边疆防护，于以有备。既可纾中央政府北顾之忧，亦可免蒙古灾殃之患。伏思我总理遗训，扶植弱小民族，使之自决自治，金科玉律，万世不易之楷模；其维护弱小民族之福利，实已彰明显著，在总理主义及人道正义之下，以完成蒙古自治政府，必能挽救我民众于危亡；不独蒙古之幸，亦国家之福也。否则，既亡不能复振，且形如一盘散沙之蒙古，一旦加以利诱与威胁，其不蹈外蒙、东蒙之覆辙，恐未能也！不但唇亡齿寒，休戚相关；亦且在此训政时期，要在推行自治；且特许外蒙自治，原经民国二十年国民会议决议；约法第八十条上亦载明，关于蒙古地方制度，得就其地方情形办理。因此，尚望我党国诸公，容纳请求，并盼将已往政府所行不利于蒙古之种种政策，查明改革，以蒙古之福利为前提；凡不利我国者，均认为强敌，分别治理，提携并进，领导扶助，共同竞争国际地位之平等，以期国运永久昌盛。如是，则大有厚望，符总理主义、天下公理正义，胥在于此，所有边疆危急，组织自治政府，顺应民意，而救蒙疆之缘由，理合具陈。仰祈鉴察施行。谨呈
中国国民党中央执行委员会
国民政府
行政院
军事委员会
蒙藏委员会
参谋本部

〔国民政府档案〕

29．杀虎口台站管理局报告百灵庙自治会议大致经过致蒙藏委员会呈

（1933年11月29日）

呈为呈报事：案查内蒙各盟部旗，在贝勒庙会议自治事宜，局长前往查察，所有启程回局日期，暨筹备会议开会伊始各缘由情形，节经电报钧会鉴察在案。本月九日，筹备会议开幕以前，锡、乌、伊三盟，察哈尔归化、土默特两部及阿拉善、额济纳二旗，并列席参加之各方代表人员等，先后抵庙，即经开预备会议，先行决议内蒙各盟部旗长官自治会议组织大纲八条，并即推举出席之云盟长，德、巴两副盟长，根扎萨克及雄王等五人为大会主席团。连日会议，多有决定。所有到会人员衔名暨组织大纲，兹分别抄单缮折，随文附呈，伏乞钧览。

本月十日，黄、赵两大员，自绥抵庙，晤见班禅及云盟长，德、巴两副盟长，以次出席会议之各扎萨克代表等，将中央意旨，

剀切宣达。大会方面，亦将预备会议各决议事案，当面提呈，中经交换意见，数度商洽，双方出入，始渐趋于接近。黄部长一本中央既定方针，参酌内蒙现实情状，相与拟具解决此事原则，于十八日由主席团用书面缮明十一条项，呈交黄部长，并双方妥商，因第一条项，中央未便接受，遂复将该条项，改为甲、乙两种办法，另行缮清，一并提呈。至是黄部长始完全承认，允为尽量转请，务期悉邀核准，实见实行。大会方面全体欢欣鼓舞，静待办理。兹将原则十一条项原文，暨代替第一条项之甲乙两种办法，分缮清折，一并附呈察阅。

至关于分区实行自治，在各盟部旗本身，暨与省县之间，相互事项，一切详细办法，则俟原则条项办法，经过核准程序，再行妥为规定，呈布施行。而各个旗官民，于此遂一致希望中央能洞悉以往事实，切合实际需要，制定适当制度，俾得叨沐福利，至此自治会议问题，遂告解决，大会即日宣告休会。

黄、赵两大员以十九日返至绥垣，到会之各盟部旗长官代表及各方参加人员等，自二十日以后，亦陆续散归；德副盟长并将大会秘书处随带移往该苏尼特旗，而大会最后决议，关于此事，深感中央扶植真意，及两大员开诚相见之德，经于十九日用主席团名义，以皓电拍呈中央政治会议，国民政府以次各院、部、会，“敬申谢悃”。局长因会议已经告一段落，即于二十五日，遄行回局，即日照常任事。理合撮述大致经过，检同缮抄名单一纸，清折三扣，备文呈报，伏乞鉴察。

至于局长此次之行，所需旅费，因故启程之际，即经本归化土默特左翼旗推为代表，前往与会；旅膳之资，大部由本旗酌发，再有不敷，由局长个人筹措付讫，合并声明。谨呈

蒙藏委员会委员长石

计附名单一纸，清折三扣。

杀虎口台站管理局局长苏鲁岱

中华民国二十二年十一月二十九日

清折

谨将自治会议提呈原则内第一条项之代替办法甲乙两项原文，恭请鉴察。

甲种办法

名称　定为蒙古第一自治区政府，第二自治区政府，以下类推。

区域　乌、伊两盟暨土默特、阿拉善、额济纳各盟旗编为蒙古第一自治区政府；锡林果勒盟暨察哈尔各旗编为蒙古第二自治区政府，其他盟、部、旗比照此例编区。

隶属　蒙古各自治政府区直隶于行政院，遇有关涉省之事件，与省政府会商办理。

权限　蒙古各自治区政府管理各本区内各盟、部、旗一切政务。

经费　蒙古各自治区政府经费，由中央按月拨给。

联络　蒙古各自治区间设一联席会议，商决各自治区间共同事宜。

乙种办法

设置　蒙古统一最高自治机关，定名为蒙古自治委员会，直隶于行政院，管理各盟、旗一切政务，其经费由中央按月拨给。

清折

照抄内蒙各盟部旗长官自治会议组织大纲

第一条　内蒙各盟、部、旗长官为实现内蒙自治起见，在百灵庙召开内蒙自治会议。

第二条　本会议出席人为各盟、部、旗长官，或其代表蒙古各团体代表，暨各长官之秘书得列席。

第三条　本会议推五人组织主席团，主持本会议一切事务。

第四条　本会议设秘书处，分别各组办事：

文书组　　财政组　　议事组　　事务组

宣传组　　交际组　　翻译组　　警卫组

第五条　秘书处设秘书长一人，承主席团之命，总理秘书处事务；各组设主任一人，承秘书长之命，主持各组事务；秘书处设秘书、干事、书记各若干人，分在各组办事。

第六条　本会议议事规则、办事规则另定之。

第七条　本会议于内蒙自治实现时结束之。

第八条　本大纲自大会通过日施行。

清折

谨将自治会议提呈原则十一条项原文照抄清折，恭请鉴察。

计开

第一条　内蒙设一统一最高自治机关，定名为内蒙自治政府，直隶于国民政府行政院，总揽内蒙各盟、部、旗治权，其经费由中央拨给之。

第二条　蒙古各盟、部、旗之管辖治理权，一律照旧。

第三条　内蒙各盟、部、旗境内，以后不得再设县或设治局，其现有之县或设治局不及设治成分者，一律取消。

第四条　蒙古现有荒地一律划为蒙古牧区，永远不得开垦，其现有突入牧区之零星垦地，一律恢复为牧区。

第五条　凡蒙古牧区以内各项税收，均由内蒙统一最高机关详订统一办法征收之；其由省县设在牧区以内之各项税收局、卡，一律取消。

第六条　蒙古已垦土地，另订妥善办法整理之；其所得临时收益及每年租税，以内蒙统一最高自治机关与关系省政府平分之。

第七条　蒙古已垦土地，在未整理以前，按照左列各项办法办理之：

（甲）蒙旗对于境内之土地、矿产、山林、川泽等固有权，一律照旧，其向有征收者，照旧征收。

（乙）蒙旗境内所设之各省县局，征收土地、矿产、山林、川泽等租税，由内蒙统一最高机关派员会同征收之，所收款项，一律即时平分。

（丙）蒙古官厅及蒙民之原有私租，一律予以保障。

（丁）蒙民除对于本旗应有负担外，省县不得再加以任何负担。

第八条　凡在蒙境内关于土地以外，由省县所设之各项税收机关一律由内蒙统一最高机关派员会同征收之，其所得款项，即时平分之。

第九条　凡在蒙旗境内已设之司法机关，均由内蒙统一最高自治机关选派专员，对于汉蒙诉讼事件，实行陪审制度。

第十条　内蒙统一最高自治机关各项收入，均作为卫生、教育、实业、交通等各项事业费。

第十一条　内蒙统一最高自治机关在各关系省政府所在地，各设一办事处，以资联络。

名单

谨将贝勒庙自治会议到会人员开列名单，恭请鉴察。

计开

乌兰察布盟　盟长　云端旺楚克

副盟长贝子　巴宝多尔济

达尔罕旗札萨克　根敦扎布

贝子协理　沙拉巴尔多济

副协理　色楞鲁拉吗

正管旗章京　胡克德勒噜尔
副章京　林沁多尔济
梅伦　拉希色楞
乌拉特前旗代表梅伦　苏达那木
乌拉特中旗札萨克贝子　林沁僧格
协理　乌音巴达尔呼
副协理　那逊鄂齐尔
管旗章京　拉　布
乌拉特后旗代表梅伦　乔拉克
茂明安旗札萨克贝子　齐默特林沁呼尔勒
协理　恭色楞扎布
章京　阿迪雅
土默特旗左右翼代表　苏鲁岱
巴雅尔
索木腾
锡林果勒盟副盟长　德穆楚克栋噜普
阿巴噶右旗札萨克　卓里克图王
雄诺敦都布
苏呢特右旗达尔罕郡王　郭尔卓尔扎布
乌珠穆沁右旗代表台吉　多布坦呢吗
阿巴噶左旗代表协理　达布乔鲁布
阿巴哈那尔左旗代表协理　巴札尔古鲁达
阿巴哈那尔右旗代表台吉　巴札尔古鲁达
浩济特右旗代表协理　利克登
乌珠穆沁左旗代表参领　伊沁阿
锡盟驻张办事处处长　补英达赖
察哈尔十二旗代表商都牧厂总管　特木尔博拉特

副厂长　布库巴图尔

卓盟喀喇沁右旗　乌勒济巴雅图

和希耶勒图

朝克巴达尔呼

左旗　朝克巴图尔

补林巴雅尔

旺古尔多尔济

中旗　札拉嘎木济

车敦扎布

察哈尔正黄旗　棍布扎布

各盟旗联合驻京办事处代表　陈庚扬

恩克阿木尔

吉雅图

阿巴噶纳尔右旗札萨克　巴勒贡扎布

〔国民政府蒙藏委员会档案〕

30．黄部长赵副委员长在百灵庙与内蒙自治会议商定蒙古自治办法①

(1933年12月　日)

一、蒙古自治组织

甲、名称　定为蒙古第一自治区政府，蒙古第二自治区政府，以下类推。

乙、区域　锡林郭勒盟暨察哈尔部各旗编为蒙古第一自治区，乌、伊两盟暨土默特、阿拉善、额济纳各旗编为蒙古第二自治区，其他盟、部、旗比照此例编区。

丙、隶属　蒙古各自治区政府直隶于行政院，遇有关涉省之

① 此为原标题。

事件，与省政府会商办理。

丁、权限　蒙古各自治区政府管理各本区内各盟、部、旗一切政务。

戊、经费　蒙古各自治区政府经费由中央按月拨给。

己、联络　蒙古各自治区间设一联席会议，商决各自治区间共同事宜。

附注　商定本案时，黄部长曾向内蒙自治会议主席团言，联席会议不能常设，如欲要常设机关，可成立一联合办事处，该主席团当即表示接受。

二、蒙古各盟、部、旗之管辖治理权，一律照旧。

三、蒙古各盟、部、旗境内以后不得再设县或设治局，其现有之县或设治局不及设治成分者，一律取消。

四、蒙古现有荒地一律划为蒙古牧区，永远不得开垦，其现有突入牧区以内之零星垦地，一律恢复为牧区。

五、凡蒙古牧区以内各项税收，均由蒙古自治区政府详定统一办法征收之，其由省县设在牧区以内之各项税收局、卡，一律取消。

六、蒙古已垦土地，另订妥善办法整理之；其所得临时收益及每年租税，以蒙古自治区政府与各关系省政府平分为原则。

七、蒙古已垦土地，在未整理以前，按照左列各项办法办理之：

甲、蒙旗对于境内之土地、矿产、山林、川泽等固有权，一律照旧，其向有征收者，照旧征收。

乙、蒙旗境内所设之各省县局，征收土地、矿产、山林、川泽等租税时，由蒙古自治区政府派员会同征收之，所收款项，一律即时平分。

丙、蒙古官厅及蒙民之原有私租，一律予以保障。

丁、蒙民除对于本旗应有负担外，省县不得再加以任何负担。

八、凡在蒙旗境内关于土地以外，由省县所设之各项税收机关一律由蒙古自治区政府派员会同征收，其所收款项，一律即时平分。

九、凡在蒙旗境内已设之各级司法机关，均由蒙古自治区政府选派专员，对于汉蒙诉讼事件，实行陪审制度。

十、蒙古自治区政府各项收入，均作为卫生、教育、实业、交通等各项事业费。

十一、蒙古自治区政府在各关系省政府所在地，各设一办事处，以资联络。

〔国民政府蒙藏委员会档案〕

31. 行政院秘书处为抄送参谋本部关于对德王处置意见致蒙藏委员会笺函

(1934年2月5日)

笺函　第四七四号

顷奉院长谕：参谋本部密函，以军委会第一厅奉交何代委员长真电，据宋主席哲元电称，德王如再给以察边名义，将来之纠纷更多，拟请善为处理，以弭隐患，特电转告等语。事实方面，现在需否给予名义，尚待考虑，如何之处，函达查核见复一案。应抄送国防会议、内政部、蒙藏委员会，等因；除分函外，相应抄同原函，函达查照。此致

蒙藏委员会

计抄送原函一件

行政院秘书长　褚民谊

中华民国二十三年二月五日

抄密函

案准军委会第一厅参字第二三八九号公函开：案奉委员长交下何代委员长真电称：据宋主席哲元报称：德王夙抱野心，外受日人利用，如政府事事应其要求，即事事受其利用，如再给以察边名义，将来之纠纷更多，拟请善为处理，以弭隐患。特电转告，等语。奉谕：转函参谋本部，相应函达即照查照为荷，等语。查宋主席所虑之点，不无理由，缘蒙人性质，素号服从，狡者欲假中央所给名义，以为垄断；且事实方面现在需否给予名义，当待考虑。如何之处，相应函达，即希查核见复为荷。此致

行政院

〔国民政府蒙藏委员会档案〕

32. 蒙藏委员会为抄送德王等要求立即施行蒙古自治案译文致行政院秘书处公函

(1934年2月16日)

蒙藏委员会公函　蒙字第四四〇号

顷准贵处第五一九号笺函开：顷奉院长谕：兹有蒙藏文件一件，应交蒙藏委员会译呈，等因；相应检同原件，函达查照，计检送蒙藏文件一件，等因；经饬科译就，相应检同原文及译稿各一件，随函送请查收转陈为荷。此致

行政院秘书处

计附蒙文原呈及译稿各一件

委员长　石〇〇

中华民国廿三年二月　日

译文

锡林果勒盟盟长乌珠穆沁，右旗札萨克和硕车臣亲王索诺木，喇布坦副盟长、苏尼特右旗札萨克和硕杜楞亲王德穆楚克栋

鲁普等呈

为呈报事：窃查东北事变发生以后，暴日之侵凌鲸吞，有加无已。其侵略计划，每占据一处，必先整顿内部，再行进展，是以未及二年，我国失去行省凡四，盟、部六、七，征诸热河失陷经过，则暴日必图西进可断言也。益以蒙旗素乏实力，抵御无方，故硕果仅存之西蒙各旗，其危机已迫眉睫。本盟长等睹斯情状，诚恐无识蒙民一时被其利诱与威胁影响，全体屡经磋商，提议自治方案，组织自治政府，原意在使仅存之各盟、部、旗力量，联合一致，上则可以巩固国家疆圉，下则蒙古图以自存，果幸而不亡于异族，亦可保持国家威信，区区至诚，谅蒙国内贤达所共鉴也。复查蒙古为国家藩属，乃中央之屏藩；蒙古存亡，关系国家前途，至深且钜。本盟位居内蒙中部，尤为西蒙之门户，形势重要；洎自热河与东蒙各盟旗失守后，距离日满不过千余里；虎视眈眈，不可终日；危险状态，较诸其他各盟旗何止万倍？即如前由，日人到此强欲设立无线电台，住候月余之事而论。当时，虽经盟长等屡次设法婉言辞退，暂行停设。然该日人临行尚谓，来年春季必须遄返，前来酌置各旗之需要，设立电台数座；并谓已派定驻乌珠穆沁旗办事处处长云云。危机迫切，间不容发。本盟受兹压迫，虽实力不足以言抵抗，然亦不忍坐以待亡。故经盟长等一再密议，特派达尔汗郡王郭尔卓尔札布、锡盟驻张办事处处长补英达赖等二人代表前往晋谒当局诸公，面陈一切。恳祈中央明察边疆重要，悯怜行将被异族破坏强据之敝盟，蒙勿再因循敷衍，迅予明示拯救维护之方，立即施行，俾慰蒙民至诚，喁望祖国之殷，而资保全国土。若蒙族得免沦亡，不惟国家之幸，亦蒙古之大幸也。除饬该员等启程前往外，专具盟长印文，呈请鉴核。谨呈

行政院

中华民国二十三年一月十四日

锡林果勒盟长之印（蒙文）
锡林果勒盟长之印（蒙、汉文）
〔国民政府蒙藏委员会档案〕

33．行政院秘书处为抄送内蒙自治会议主席团关于自治八项原则俯顺舆情代电致蒙藏委员会函

（1934年3月30日）

笺函　第一二九一八号

顷奉院长谕：内蒙自治会议主席团宥电，为中政会复通过自治八项原则，俯顺舆情，各盟旗民众同声致谕一案，应抄送内政部、蒙藏委员会及何部长。等因；除分函外，相应抄同原电，函达查照。此致

蒙藏委员会

计抄送原电一件

行政院秘书长　褚民谊

中华民国二十三年三月卅日

抄原电

南京。蒋委员长、汪院长钧鉴：蒙古自治案于一月筱日经中政会议决后，蒙情哗然，万众正在痛心忧虑之间，旋接各盟旗晋京代表电陈，多赖蒋、汪二公主持，毅然撤销前案，于俭日中政会复通过自治八项原则，仰见二公推诚，相与吐露民胞物与之真情，泽被遐荒，宽慰亿万边民之隐痛，上有以先昭我先总理遵重民意之精神，下有以俯顺各盟旗政治之舆情，南望云天，能不感泣？并代表各盟旗民众同声致谕，将见政令更始，百度渐张，治化峥嵘，边疆日固，蒙民之幸，即国家之幸福，皆出二公之赐

也。本主席团定于日内招集各盟旗全体官民，宣布中央懿德，并征求大众同意，讨论自治案一切进行事宜，务期法制完善，切合事实，庶不负我二公厚待蒙古之至意，倘有不合，随时尘教，幸赐匡正，尤所感盼，肃此申谕，敬颂勋绥。内蒙自治会议主席团。宥。叩。印。

〔国民政府蒙藏委员会档案〕

34. 行政院政务处为德王似有意寻衅事致蒙藏委员会笺函

(1935年3月20日)

笺函　第一二二七号

奉院长谕：北平何部长应钦铣亥行秘电陈报，德王近似有意寻衅，已转饬慎重处理一案，应抄送蒙藏委员会。等因。相应抄同原电函达查照。此致

蒙藏委员会

计抄送原电一件

行政院秘书长　褚民谊

中华民国廿四年三月　日

原电

急。巴县委员长蒋，南京院长汪：据绥远傅主席咸办电称：劭密。顷据报蒙会临骑兵九名，东日由塔拉阿西去赴凉，又闻有东来汽车十余辆经百灵庙西去之说，另据报告，张甘运土汽车日内即由凉起程东返各等情。观此情形，日来渐趋紧张，德王近似有意寻衅。职除电七十师妥慎应付外，特电报告，伏候示遵等语。除电复务饬王部慎重处理，免致风潮扩大外，谨闻。职应钦。铣。亥。行。秘。印。

〔国民政府行政院档案〕

35．参谋本部关于蒙古旅行团报告蒙旗潘王与日人来往及德王派曼头率兵围攻石王府情形致行政院公函

（1935年4月29日）

参谋本部密公函　边字第二八一六号

密启者：案据本部蒙古旅行团报称：据确实密报称，（一）省方派四子王旗（即潘王）之人返绥，谈该旗设有日本医院，为蒙人诊病，潘王时与日人来往，又王府内并设有兵工厂，规模颇大，不许汉人进内。在过去蒙人对子弹因来源困难，极为珍惜，今则在野外随意打小鸟取乐，因该厂能造也。又云现蒙政会积极采取征兵制，每家出一人送百灵庙训练，伊曾亲见该旗征齐二百名送庙，并仍继续征集。在过去蒙兵与蒙人均好酒，每月由绥省之陶林、丰镇每月输入该旗生酒不下六七千斤，现因蒙政会戒酒，已不准输入。又与该旗交界之士牧尔召人谈该处蒙汉杂居，自蒙政会成立后，蒙人对汉人歧视，旅客不许进蒙人村内。（二）德王前派蒙人曼头（金子均）统率骑兵多在包头县境西公旗杨家台一带设卡征税，昨该旗石王电傅主席，谓王府被曼头兵围，势甚危急，乞速电王师长派兵救护等语，今日傅已电令王师前往援助等语。据此，除密呈军委会外，相应函达，即希查照。此致

行政院院长汪

中华民国二十四年四月二十九日

〔国民政府行政院档案〕

36. 蒙古地方自治政务委员会关于召开全体委员会议经过情形致国民党中央党部等电

（1935年5月21日）

南京。送中央党部，中央政治会议，国民政府主席林，军事委员会转委员长蒋，行政院院长汪，参谋本部，蒙藏委员会委员长黄钧鉴：本会此次全体委员会议于上月儆日开会，现于本日闭幕，计到会委员及委员代表二十六人，先后开谈话会十八次，审查会十五次，大会五次。对于本会二十三年度及二十四年度应办事项详慎筹议，均有具体决定，并在百灵庙西约十里那尔泰山之阳筹定会址，拟即从事建筑，以备迁移。再此次会议可称圆满，蒙疆福利已具曙光，伏思蒙古之有今日，突出中央扶植之德意，感奋之余，弥切倾诚，谨率各盟旗全体官民共伸感戴之忱，仍乞遇事成全旗盟迈进，并请随时训示，俾有遵循，除将此次决议各案另文呈请核示外，谨先电陈，伏祈鉴察。蒙古地方自治政务委员会委员长云端旺楚克、副委员长沙克克札布、索诺喇布坦，暨委员德穆楚克栋鲁普、白云梯、卓特巴扎普、克兰额、索诺木达布、吴鹤龄、贡楚克拉什、荣祥、图布陞巴雅尔、伊德钦、尼恒鄂特索尔、郭尔卓尔扎布、阿育勒乌贵、康达多尔济勒、那彦图、杨桑同叩。箇。印。

〔国民政府档案〕

37. 行政院政务处为蒙兵在百灵庙活动情事致外交部笺函

(1935年6月1日)

笺函　第二四七二号

奉院长谕：北平何部长应钦卅电陈报，据傅主席俭电复称，鱼、齐等日，百灵庙方面确无蒙兵二百余人开往情事，业饬继续探报等情，谨闻一案。应抄送外交部，等因。相应抄同原电函达查照。此致

外交部

计抄送原电一件

行政院秘书长　褚民谊

中华民国廿四年五月　日

原电

分送南京汪院长、军委会朱主任益之兄、参谋本部杨次长耿光兄：宥已行秘电计达，嘉密。据（？）傅主席俭电复称，经询据职府驻百灵庙密探面称，鱼、齐等日百灵庙方面，确无蒙兵二百余人开往情事等语。业饬继续探报等情，谨闻。职应钦。卅。行。秘。印。

〔国民政府行政院档案〕

38. 行政院关于内蒙兵将占领沽源等地致军事委员会北平分会公函及蒙藏委员会指令

(1935年8月15日)

(1) 行政院致军事委员会北平分会公函（8月15日）

公函　第二七九四号

案据蒙藏委员会呈报，蒙自治政府拟以民旗自决之精神，亟图有力的政治组织，卓委员世海已令各旗征兵，八月一日出动，有占领沽源、宝昌之企图，乞鉴察等情到院。除指令并交驻平政务整理委员会外，相应抄同原呈，函达贵分会查照。希即予转饬华北军政长官，严密防范，以图边圉为荷。此致

军事委员会北平分会

计抄送原呈一件

中华民国廿四年八月十五日

附原呈

呈为呈报事：顷接秦代主席德纯八月二日函内称：(一)蒙自治政府，拟于此外交紧急之中，拟以民族自决之精神，亟图有力的政治组织；(二)卓委员世海已令各旗征兵，定于八月一日出动，有以右翼牧群占沽源，正白旗牛羊群占宝昌之企图。除令省府严加制止，并随时陈报外，特此奉闻。等语。理合呈报，伏乞鉴察。谨呈

行政院院长汪

代理院长　孔

蒙藏委员会委员长　黄慕松

中华民国二十四年八月八日

(2) 行政院致蒙藏委员会指令（8月15日）

指令　第二五四一号

令蒙藏委员会

呈报蒙自治政府拟以民族自决之精神，亟图有力的政治组织，卓委员世海已令各旗征兵，定于八月一日出动，有占领沽源、宝昌之企图，乞鉴察由。呈悉。已交驻平政务整理委员会，并函达军事委员会北平分会转饬华北军政长官，严密防范，以固

边圉矣。仰即知照。此令。
中华民国廿四年八月十五日

〔国民政府行政院档案〕

39. 外交部为驻平特派员程锡庚与德石二王谈话录两分呈请鉴核致行政院呈

(1935年9月26日)

呈　亚字第九〇五〇号

案据本部驻平特派员程锡庚呈报：因赴绥远省视察，经由归绥县赴百灵庙，包头县会晤德石二王，并附呈谈话录两分，呈请鉴核。等情。查此项谈话录，似可供处理边务之参考。理合抄录该附件，具文密请鉴核。谨呈

行政院

附件

兼署外交部长　汪兆铭

中华民国二十四年九月廿六日

附件

(1) 蒙古地方自治政务委员长秘书长德穆楚克栋鲁普谈话录

(九月十一日在百灵庙)

程：贵会政务，近来进行如何？

德：本会自成立后，因中央辅助政费太少，各事无法进行，殊失设立本会之原意。

程：中央财政困难，亦贵王所深知，但对于蒙古地方政务，极为关心。

德：中央财政，无论如何困难，对于蒙古地方之少数辅助

费，绝不致无法筹措。现蒙政会每月经费仅三万元，仍需打九五扣，建造会所之经费，亦未拨足。中央对于蒙古情形，不免隔漠，绥远省政府对蒙古时加压迫。

程：所谓压迫，系何所指？

德：最近因税收问题，绥省府派兵驻扎旗地，现该问题业已解决，曾经请求撤兵，绥省府谓需留兵防共，本王敢保证旗地绝无共匪，留此适以示威。本地拟办《一日报》，名曰《蒙古日报》，绥省府不许用蒙古字样。近中央辅助各省，办理义务教育，本会请求分配款项，办理蒙地义教，中央谓须由绥省府办理，西公旗纠纷，中央亦偏信省府。蒙人为弱小民族，总理建国大纲，有维持弱小民族一条，似此不加维持，反予摧残，恐须逼上梁山。蒙人不能自立，特恐附俄或附日形势较今日尤苦，故未敢轻举忘动耳。

程：蒙汉一家，有数百年之历史，譬如家人父子，偶有误会，经疏解后，即可冰释，值此国难严重时期，尤须精诚团结，内地人士，诚恐贵王为外人包围利用，言动尤宜审慎。贵王所有意见，曾呈报中央否？

德：有吴鹤龄在京，时时呈报。

程：西公旗纠纷，真相如何？

德：西公旗札萨克石王，有亏职守，又不服从命令，云王以乌盟盟长兼蒙政会委员长资格，下令免职，并经呈报中央，犹如省政免去县长，并非越轨行为。外间拟本会袒护石王府馒头，有助下犯上之嫌，然该馒头亦经免去职务，现在本会稽查处羁押，贵特派员可前往查验。今晨，接黄委员长慕松来电，查询派兵到石王府增援事，然本盟既已派兵百余人前往，则增兵百人往援，亦属常事。

程：盟旗制度与省县不同，应静候中央命令办理。因任免人员而用兵，尤属失当。近闻贵王曾派飞机前往石王府，确否？

德：日方数月前赠送飞机一架，近曾到石王府散放传单。此事毫无关系。

程：飞机由何人驾驶？

德：由日本人驾驶。

程：到此游历，承贵王招待，甚感。

德：远地招待不周，甚歉。蒙地情形，本未敢渎陈，但盼中央及各地人士，对蒙情多加了解耳。

(2) 西公旗札萨克石拉布多尔济谈话记录

(九月十五日在包头)

程：贵王对贵旗纠纷感想如何？

石：本王及内蒙各王公，竭诚拥护中央，对绥远省政府所予之待遇，极为感戴。惟德王滥使职权，野心勃勃，云王年高，罕闻政事，札萨克为世袭制，非叛逆并经中央明令，不能免职，如德王能将本王免职，则各王公均人人自危。

程：此事宜静候中央查明办理。

石：今日尚接汪院长、蒋委员长电令，自当静候解决，本王决不承认德王之免职命令。

程：蒙政会近来进行如何？

石：蒙人本不求自治，蒙政会成立后，每届开会，各王公多不愿前往出席，仅派遣代表列席备位。会中事务由德王一人操纵。

程：蒙政会本设有指导长官，指导会务，将来长官就职后，常驻绥远或百灵庙，对会务可监督执行。

石：中央特派指导长官，如常川驻会指导，于会务必有利益，蒙人尤表欢迎。

〔国民政府行政院档案〕

40. 蒙古地方自治政务委员会为呈报三届全体委员会议开会经过致国民政府电

（1935年10月29日）

国民政府林主席，军事委员会蒋委员长，行政院汪院长，军政部何长官钧鉴：蒙藏委员会黄委员长勋鉴：本会第三届全体委员会议于本月佳日举行开幕典礼，因到会委员尚差数人，乃先开谈话会，多次考核各厅处会过去半年之工作，研究未来之各项施行计划。至皓日到会委员计有云端旺楚克、德穆楚克栋鲁普、郭尔卓尔札布、卓特巴扎普、尼玛鄂特索尔、贡楚克拉什、阿育勒、乌贵荣砝、吴鹤龄、伊德钦等，十什〔日〕又派代表，到会之委员计有索诺木拉布担沙克都尔、潘第恭压布、那彦图、康达多尔济、图布陞巴雅尔、巴帚多尔济、那木济勒、色楞索那木达希、托克托胡、白云梯、克兴额等十二人，已逾法定人数，遂开正式会议，所有重要决议案计有下列两类：（一）陕北共匪大有北达形势，亟应督率各盟旗官兵，一致防御；（二）上届大会决议率办之各项事业，业尚未能一一实行，亟应分别促成，以利地方。至俭日大会闭幕，所有会议记录容录另案呈报。谨先电陈，伏乞鉴察。蒙古地方自治政务委员会叩。艳。印。

〔国民政府档案〕

41. 张自忠关于卓世海就任伪职及德王召集蒙古王公会议情形致行政院电

（1936年1月27日）

南京。行政院院长钧鉴：固密。据报卓世海确于养日在张北县就察哈尔盟盟长伪职，日人方面到大本盛岛、大山田古、田中等卅余人，蒙古方面到德王、郭王、尼冠州、白云梯、吴鹤龄、迪鲁民〔瓦〕及总管厢〔镶〕黄旗穆克登宝，正白旗图勒巴图，商都牧群特穆尔，博罗特右翼牧群色楞那木济勒，正黄旗达密凌处龙，厢〔镶〕蓝旗孟兆义，厢〔镶〕红旗音登桀，正红旗富贤德，正黄旗胡凤山，正白旗萧佩玉，厢〔镶〕白旗佈子丰等数十人。德王系当日十时乘日人所赠飞机赶到，下午二时即先飞回。在就伪职时，由卓世海略述就职意义；后日驻张北特务机关长田中即大放厥词，并推正黄旗总管达密凌处龙为副盟长，一切由日方操纵。各蒙古与会人员均禁若寒蝉，或敢怒而不敢言故耳。并闻德王将于世日在德王府招集各王公、总管及各代表等开会，究商何事，尚不得知。惟内蒙所以如此情形，根本关系仍在外交。又传傅主席作义前电告绥东四旗改隶问题，报载蒙政会改组问题，职处迄未奉有明令。绥东四旗总管纷纷质问，苦无以应，尚希明白指示，以凭转告遵照为祷。嗣后各情容继续侦察，随时呈报外，谨电奉闻。职张自忠叩。感。政。印。

〔国民政府蒙藏委员会档案〕

42. 军委会办公厅为抄送赵尺子报告德王与日本勾结要挟中央等事致蒙藏委员会公函

（1936年2月11日）

国民政府军事委员会办公厅公函　高一字第三四一七号

案奉交张学良笺函一件，为赵尺子报告德王之态度，并建议一案，奉批交蒙委会参考，等因。相应抄同原件函达查照。此致

蒙藏委员会

附抄原来函二份

中华民国廿五年二月十一日

抄张学良函

委员会钧鉴：顷接绥远边疆通信社社长赵尺子来函，报告德王之态度，并有建议。值此蒙边问题严重之际，其言翔切，可资参考。谨抄原函奉达钧阅，籍拱〔供〕采择万一。耑肃敬请。

照抄赵尺子来函

关于德王态度，早拟为公一言之，而碌碌苦无暇，新年放假，本得小休，兹详陈之，想所乐读。按德王与尺子相知自自治运动之后，经其青年干部陈韶武（现任蒙政会秘书厅秘书）、王枕华（现任蒙政会阿拉善电台台长）等往返介绍，彼此曾有初步之了解。去秋承我公函公，谒之于百灵庙，乃得知其内心之事，综合而述，盖有二点：

第一、其与日人之交游，出之本心者，拟假外力以复兴蒙古民族，受之蒋、何二公者则不亢不卑作外交上之应付。德王曾摒人与言：人皆谓余亲日，又谓余定将为日人傀儡，尺子诚思：以日之聪明，肯以余为傀儡乎，傀儡之资格首须胡涂，余则未必胡涂；次欠服从，余则未必听话。人皆谓余有野心，余亦自负尚拟有所作为，而日人亦谓余野心勃勃。傀儡之事岂有野心如余者所能胜任，使余不幸而被捉作傀儡，颇自知其前途决不如东蒙诸王。尺子试思：以利害言，余亦以不作傀儡为愈，愿国人之勿怖也。然则德王何以与日人来往甚密切？曰：德王拟以此要挟中央，威吓绥远，而取得金钱与地盘，更以之多备械多练兵，俟世界战起，从中渔利，而建立“蒙古邦”与中国为“联邦”耳；更以中央之拉拢蒙古，为对日要挟之资，亦为取得金钱枪械，复兴蒙古民族耳。故曰出之本心，决不亲日；而所以为此者，想作渔人而也。凡内蒙有外交事件，如日人大岛拟以枪械相赠（前年七月二日），去年又以飞机相赠，动议之后，未成之先，德王必请命蒋、何而后受之。蒋公告陈韶武（代表）转德王：对日不亢不卑，虚与委蛇。

去夏德王赴北平谒何委员长，请示对日方针，何无以应。久之德王谓：部长如不欲指示，德有一原则，是否可行，即在不损失主权、土地、人民原则之下，德决与日周旋。何委员长应之。以上均系德王密以告尺子者。故曰受之蒋、何两公者亦委蛇应付耳。

第二、前节既已言之，德王决与中国为“联邦”，此为其一切活动之中心。德王曾为尺子述汉蒙关系，其言曰：蒙古之与满清，始终表示“联邦”之关系。当满清与汉、明争中原，努尔哈赤与大俺答汗会于上都，结为兄弟之国，以今语译之则“联邦”国也。其后满蒙联军入据北京，“老汗王”兼为蒙古皇帝（故曰“老汗王”），其致蒙古之诏谕均称：兼蒙古皇帝。辛亥革命之后，满清既已让政，蒙古亦应独立，当时外蒙本有声明，贡王亦有表示。后“五族共和”之口号打动蒙古人之心，且有优待条件悬之国门，蒙古始行内附，仍谓五族共和皆兄弟之国，亦即一大联邦国也。又称：近年中央之对蒙人则以奴隶视之，对蒙地则以殖民地视之。蒙古要求练兵，则中央视之为军事割据；蒙古要求办教育，则中央视之为教育割据。土地日蹙，牛羊瘦死，蒙人之生计绝矣。中央高呼打倒帝国主义，而蒙人之视中央殆与帝国主义无异。又称：中央对察、绥则以亲生子视之，对蒙古则以先房子视之。德王此种论调虽甚谬误（尺子于谈话时曾力驳之），而持之甚坚，其最后之办法，则为提倡蒙古民族主义，谓：蒙古民族主义如提倡成功，谁来拿蒙古也有办法（此处之谁字指中、日、俄之国言）。次为战时独立，谓：世界战时，蒙古守中立也。德王此种办法虽甚幼稚（尺子于谈话时，亦曾力驳之），而行之甚急，为蒙政会绝不用一汉人（其实有许多汉人，均冒称蒙古）；保安队绝不招一汉兵，开会不悬总理像，而向成吉思汗遗像行三跪九叩之礼；德王平日时时告诫职员、士兵勉为成吉思汗之孝子贤孙，此其大略也。

尺子所知者以此二事为大，私谓亦以此二事为危。德王主观上固未尝亲日，而客观上实已亲日；日人不已盛道之于国际，而宣传中国民族分崩乎？德王多一兵，即为日本增一兵，多一枪即为日本增一枪，其所谓蒙古民族主义正系日本扶置蒙古国之最好理论也。

尺子心所谓危，敢不私立腹案以收拾此局？而我公对蒙关心，与德王私交甚笃，为公为私，似有一听尺子渎陈之必要。欲使德王不终作傀儡（日人已令伪占察北，并嗾使卓世海索绥东，而绥远当局又与德王感情破裂，事实上德王欲不为傀儡，而无所逃避），而消灭蒙古之离贰，窃谓中央应立即办理四事：

第一，将蒙藏委员会正委员长与德王，或为德王编一骑兵师，调往宁、青训练。关于将蒙藏会委员长予德王事，中央曾有此议，德亦心切；后因萧振瀛作副委员长而罢。关于德王编骑兵师，亦为日夕梦得而不得者。现内蒙独立甚嚣尘上，德王应付大感困难，不独立无以处日人，果独立又非其本意。中央乘此时机，如派要员说之，德王当能顺水推舟，乐于就任也。

第二、中央应资助德王私人每月活动费若干，并为德王准备进出蒙古时之生活。按蒙政会经费月仅三万元，颇感拮据，德王月支薪二百元，除生活、应酬、赏赐之外，更须招待各蒙王公，不有私人活动费，实苦穷于应付。中央诚能月拨若干元，交其私人，不作报销，则德王必感激无既：如此可以安慰其失望，而增加其对中央之信托心。又按人之甘于作傀儡者，多因其家产观念之强固。德王王也，家产甚多。他日日军来犯，而求其抛家舍业，出作流亡，常人尚难如此，而谓蒙人能之乎？尺子谓德王必以爱其家而丧其身（人格·地位·生命），蒙古地图亦将德王之被迫作傀儡而变色。中央不欲蒙古永为我国之一部，或不愿德王永为我国之一人则已，否则只有在宁、青一带为德王拨置生活之资，德王既无所眷恋，人谁欲甘作亡国奴乎？

第三、石王应速免职。第四、蒙绥特税应速解决。此二事也均与绥远当局关系甚深。恕尺子不便详言之，免左右袒也。

〔国民政府蒙藏委员会档案〕

43. 傅作义关于德王接受日本款械积极军备等致蒙藏委员会电

（1936年2月12日）

南京。蒙藏委员会黄委员长慕松兄勋鉴：庚电奉悉。文密。尊见甚是。自中央发表乌伊分治案后，绥境王公竭诚拥护。此时德王鉴于王公真态，已再不能假称代表内蒙，尤不能挟西盟以自重，某方若不积极援德，或可冀德之翻然就范。惟就事实观察，德王藉某方款械积极军备，难保其不以白灵庙为据点出兵滋扰，压迫王公。情事如此，则边局来日仍多隐忧，凡此计已在尽筹之中。如何因应事机，早解纠纷，仍乞随时篆注为盼。弟傅作义叩。侵。蒙、印。

〔国民政府蒙藏委员会档案〕

44. 傅作义关于德王与日本人来往及军备调动致蒙藏委员会电

（1936年3月5日）

南京。蒙藏委员会黄委员长慕松兄勋鉴：文密。据报：（一）东日（一日）德王乘飞机到百灵庙召集在庙职员策划蒙事；（二）宥（廿六日）日东来飞机一架；沁（二十七日）日六架在四子王府以北向西飞去，当日均东返；（三）庙方日来每日均有汽车多辆与德王府及察北伪军来往，载运士兵、物品；（四）伪军在庙使用伪钞，商户停业，人心惶恐；（五）察北李守信部由多伦运到重炮及迫击炮各八门等情。弟傅作义叩。歌（五日）。蒙。印。

〔国民政府蒙藏委员会档案〕

45. 傅作义关于德王利用日本间谍为其划策及各地军事调动致蒙藏委员会电

（1936年3月12日）

南京。蒙藏黄委员会委员长慕松兄勋鉴：文密。据报：(一)德王府有日人六十余名为德划策；(二)伪李守信部分【驻】察北各县，为东、西、南、北四个警备区，每区警备司令一人。南为刘旅长，北为王旅长，东为井团长，西为尹旅长；(三)伪李部及包贵亭部日来扩充军队，并闻向乡村征集车辆；(四)关东军近发给李部炮十二门已到多伦，不日到张北；(五)百灵庙佳（九日）日又由德王府运到士兵一排，连日演习，枪炮射击等情。弟傅作义叩。文（十二日）巳谍。印。

〔国民政府蒙藏委员会档案〕

46. 傅作义关于德王扩张军备企图进扰及拟具处置办法致行政院电

（1936年3月17日）

南京。行政院院长蒋钧鉴：寒院机电、铣未侍参京电均奉悉。绥密。遵查德王运至百灵庙军队计已二百余人，飞机虽无定数，然不时来往，同时有多至五、六架者；其他情形，刻虽尚未如该情报所述，但日来蒙兵正继续输送，企图甚为可虑。查德王最近以察北六县为根据，并月受某国接济廿万元，与大量枪弹、军用品，积极屯聚、招募，扩张军备。其王府内常驻有某国人多名为之策划，百灵庙军队亦由某国军官指挥、教练；又派人暗赴各旗，已被某国操持，不能自由。其所以暂就旧蒙政会副委员长新职者，鉴于羽翼未成，且已失去西蒙王公、青年之信仰，恐绥省夺取百灵庙，不得已临时缓和，一俟准备成熟，即将进扰。职意政治方面：(一)绥蒙会委员沙王、巴王、阿王、潘王、康王等五人及宁夏、青海委员由中央明令免去旧蒙政会委员职务，以免资其假借，并以锡盟札萨克及察哈尔东八旗总管加委为锡盟蒙政会委员；(二)旧蒙政会职权属于锡盟及察哈尔东八旗，似宜明令指定新会址，与此地分开，使不至久据百灵庙；(三)青海、宁夏各蒙旗原则上在本旗秉承中央自办自治，亦似宜早颁明令为好；军事方面，前职处理云继先等官兵事变时，电请何部长，拟由职省收编，并请中央拨给经费，当奉何支秘电开，已转陈委座奉谕照准，请就近办理，等因。查国家际强盛之时，人才、财力本应多用于边地，当此内蒙多故，尤应有蒙民之防边组织，以应来日之需。该部此次来归，军官较多，势须予以安插，倘稍增饷款，即可编成蒙兵二团，不但便内向之民，均得其所，不致为日伪所利诱；且此后蒙籍军事人材皆可拨用于此，以为国家防边之良好干部，似属切要。拟恳钧核准编为蒙兵两团，由职秉承军政部统率训练，以利边局。可否？伏候示遵。职傅作义叩。洽。酉办。印。

〔国民政府蒙藏委员会档案〕

47. 傅作义关于德王调动各地军队及征集兵员致行政院电

(1936年4月1日)

南京。行政院院长蒋钧鉴，军政部部长何钧鉴：首密。据张垣报告；(一)德王蒙古军总司令部东日移化德；(二)德王府日特机关长调张北，张北日特长调德总部顾问；(三)张北日特长制中兴、李守信在化德；(四)李部增编第四旅，旅长吴睱廷，该旅原有骑兵三团，日内即由林西开张北；(五)察北蒙古队实弹打靶，并野外演习，加紧训练；(六)日伪均派人调查察北各县村镇粮草，同时并以公事手续令县、村镇支应军用粮草，否则即惩办；（七）日伪令察北各县调查民间枪械，令备编队之用等情。谨闻。职傅作义叩。东。辰办。印。

〔国民政府蒙藏委员会档案〕

48．傅作义关于德王李守信部就任蒙古陆军部长职等致蒙藏委员会电

（1936年4月9日）

南京。蒙藏委员会黄委员长慕松兄勋鉴：安密。接张垣报告：（一）李守信已就蒙古国陆军部长职，以后将常往化德、张北间；（二）张北、化德间，伪已成立保商护路队，约百余人；（三）伪李部第三旅已成起六个连已发枪弹，旅部改驻宝昌；（四）鲍贵亭部仍驻化德；（五）德王在化德等情。弟傅作义叩。泰。未办。印。

〔国民政府蒙藏委员会档案〕

49．傅作义关于德王成立军政府自任总司令致蒙藏委员会电

（1936年4月13日）

南京。蒙藏委员会黄委员长慕松勋鉴：安密。据报：（甲）德王军政府于二月廿日成立，现移化德，德自任总司令，下设：（一）政务部部长，德王自兼；内分秘书处，处长补英达赖；内务部部长金永昌，文教处处长郭王，财务处处长包悦卿。（二）军务部部长李守信兼，内分第一课，课长敖云章；第二课课长王忠乐；第三课课长于兰齐。（三）第一军军长李守信，计划扩充步骑兵一万五千名，蒙汉兼收。（四）第二军军长鲍贵亭，计划扩充骑兵一万名，纯收蒙人。（五）德王计划扩充卫队五千名，纯收蒙人。（乙）

日本派河边参谋参加德王组织，讲话云：日决以最大之牺牲，帮助蒙古独立自治完成。(丙)百灵庙特务机关长调盛岛角房充任。(丁)德王又任日留学生陶克托为机要秘书，兼认识科科长，操用人大权。弟傅作义叩。问。申办。印。

〔国民政府蒙藏委员会档案〕

50. 傅作义关于德王征招兵员致蒙藏委员会电

(1936年4月17日)

南京。蒙藏委员会黄委员长慕松兄勋鉴：安密。据报：(一)察蒙各旗现已开始按十六岁以上，四十岁以下征挑壮丁充兵，所征者均编入鲍贵亭部；(二)张北牧畜中学地址已改设内蒙武备学校，现已开学，有学生二百余名，均由日人教育等情，谨闻。弟傅作义叩。洽。申保。课。印。

〔国民政府蒙藏委员会档案〕

51. 傅作义关于日方诱挟德王致蒙藏委员会电

(1936年4月21日)

南京。蒙藏委员会黄委员长慕松兄勋鉴：安密。据正黄旗总管达密凌苏龙报称：(一)德日前遣子赴长春，参加会议，被伪扣留未返，或云作质，或云被刺。德王现倩〔请〕迪鲁瓦活佛赴伪办释放事；(二)由四月一日起，日方每月加德王军饷三十万；(三)日方向商都牧场要兵廿名，现威吓特总管召集官佐会议等情。弟傅作义叩。箇。申办。印。

〔国民政府蒙藏委员会档案〕

52. 傅作义关于德王与日军勾结企图成立蒙古国等致蒙藏委员会电

(1936年4月25日)

南京。蒙藏委员会黄委员长慕松兄勋鉴：安密。据报：德王顾问田中鄂李守信号日乘机去乌珠穆沁开会，对于成立蒙古国、德王登报事有所讨论等情。谨闻。弟傅作义叩。径。申。谍。印。

〔国民政府蒙藏委员档案〕

53. 行政院为核办蒙藏委员会对蒙古自治三项意见的指令

(1936年4月28日)

行政院指令　字第一四三九号

令蒙藏委员会

二十五年四月二十三日蒙字第一九八七号密呈，为蒙事紧急，拟具意见三项，请鉴核由。呈悉。查该会所陈各节，均尚可行。已将第一项及第三项甲、乙两款，交军政部商承军事委员会核议具复，其第二项，已令饬外交部会同边省各当局，妥为设法防止，至第三项丙款，应由该会遴派熟悉边情人员，前往阿、额两旗地方，妥为宣抚；又同项丁款，应准如该会所拟，嗣后对于蒙旗请求事件，倘为事理所许，概予酌量变通办理，以资怀柔。并经函达军事委员会查照矣。仰即知照。此令。

中华民国二十五年四月廿八日

院长　蒋中正

附抄密呈稿

为密呈事：窃自外力侵凌，东北沦陷，蚕食所至，渐及内蒙，在东邻本其发展大陆之野心，而在我国则日受土崩之惨痛，边疆危急，岁月推逝已数年于兹矣。幸仗钧座戡平共祸，备兵边陲；德威所加，盟旗内向。最近期间，设立绥境蒙古政务委员会，使西蒙王公，不至徬徨歧路；而受人利用之德王，亦趑趄顾却，罔敢彰叛。因是日人西进侵略之谋，不得不改其弦，数月来形势缓和，具征事实。其中虽有种种原因，而绥境蒙政会成立，亦为拒绝诱惑重要原因之一也。

惟日人侵略之谋，讵能中止，虚吓不能收效，将培植武力以继之，整个不能并吞，用分化方法以济之。最近扩张李守信伪部兵力，用为前锋，同时复劫持德王，组织军政府；更令德王阳假就任蒙政会副委员长，以表恭顺。而实际则盘踞百灵庙，徐图进行；默揣天气晴和，蒙地雪融之后，察右、绥北各地，或不免发生异动。查西蒙各盟旗，乃晋、绥等省之屏藩；而晋绥两省，又为黄河流域右翼之屏藩也。现在晋省忙于剿共，绥省军队复因赴晋协剿而有调动，两省防务均属空虚。万一日人乘虚而入，恐西蒙各盟、旗，又将为东蒙之续矣。目击艰危，难安缄默。谨就管见所及，分陈如左：

一、实力方面　查日人对于西蒙，既利用武力及分化政策，则应付之方，自以充实力量为重；而西蒙情形，在地理上及目前事实上，均应以晋、绥两省为后援。关于该两省之实力，应如何补充；防御工作与非常时期之交通工具，应如准备，在在均应预为筹画。拟请饬交主管机关，妥为策画，以备万一。

二、外交方面　查日人近来在绥、宁等省境内，各蒙旗地方，任意派人调查勘测，拍照，以及派遣飞机，自由来往；并就地制造汉奸，设置特务机关。如入无人之境，其行为实已轶出国际常轨。中央主管机关及地方当局，虽加以制止，而日方颟然不听。长期因循，则彼力愈张；而我方受害愈重，似应早定大计，而饬令外交部会同边省各当局，在不可忽视之范围内，予以裁止，庶边氓不致寒心，而最后可求抵抗。

三、扶植蒙旗之自卫

甲、最近由百灵庙归来之蒙古官兵，似应查明情形，妥予编制，并扩充之。查百灵庙蒙政会科长云继先、朱实夫等，因感于绥境蒙政会成立，思图效力国家，更以不堪德王之歧视压迫。曾于本年二月间通电，率部来归，深明大义，实有足多；且该员等曾肄业于黄埔军校，服膺钧座晓鬯戎机，似可资其力，以助绥省而卫蒙旗。查该员等率部来归后，绥省府曾有就其所部扩编为两团之议，拟请派员协同傅主席查明该部实况，量予扩充，以树蒙人自卫之基。

乙、对于伊盟担任防共责任之康王，似可切实予以接济协助。查伊盟达拉特旗札萨克康达多尔济，尚深明大义，富有胆略。自受任伊盟七旗联军总指挥后，对于防共卫民，颇思建树。现在乌盟乌拉特等旗，亦均呈请加入组织共同防卫。该员现又兼任绥蒙政防共委员会主席，声望地位，均堪借重；惟蒙旗兵力及武器均属有限，而又缺乏训练，深恐一旦有事，难期得力。拟请饬下傅主席查明该王所部实在情形，于人材、物质两方，量予接济；或藉此号召，收抵御东蒙伪军之效。

丙、阿、额两旗与宁夏省府关系，似应派人前往联络，使之益臻亲密。查宁夏在绥省之西，为陕、甘两省屏蔽，关系亦属重要，该省府与境内之阿拉善旗，因磴口县界务问题，纠葛多年。最近虽已由本会呈准派员前往调处解决，深恐省旗两方，仍有芥蒂。又该省境内之额济纳一旗，距离省垣较远，关系不无疏落。现蒙旗紧张之际，且据报告日人曾派员前赴该两旗托名游历，阴图侵略，亟应力图团结，以资防范。拟请遴派熟悉边情人员，前往该两旗多方，施以联络；并晓以中央关怀蒙旗，力予优遇之德意，藉以鼓舞各该蒙旗倾向中央之情绪，使与边省当局通力合作，藉此为绥、晋后盾，以杜日人之西进阴谋。

丁、怀柔方策，似应予以便利进行。查蒙古王公本其传缚地位，以身分特殊，往往希冀例外优隆之待遇、凡此情形，久在钧座洞察之中。现值非常时期，对于蒙旗事件，似未便拘牵法定程序，致在非常时期中失去政治上活用。此次绥境蒙政会潘副委员长及各代表等到京请求增加经费，及拨给卡车、电台各件。关于经费部分，手续本欠完备，而职率为代请者，即系仰体德意，力图变通，重赉轻恕，厚往薄来，为古今治边政策之要诀。以后类此之事，恐仍不少，拟请俯加鉴察。嗣后对于蒙旗请求事件，倘为事理所许，准予酌量变通办法，以副蒙人希望，而示怀柔。职非敢度越成规，盖事机所系，要非得已也。

综之现在蒙事紧急，迫在目前。职承乏边事，不敢不竭尽愚忱，以图贡献，明知无补高深，希或有一得之可采耳。所陈各节，是否有当，除分呈军事委员会／行政院外，理合密呈具陈，伏乞鉴核训示施行。无任屏营待命之至。谨呈

行政院院长蒋

军事委员会委员长蒋

蒙藏委员会委员长黄〇〇

〔国民政府蒙藏委员会档案〕

54．傅作义关于德王李部进驻察北等地致蒙藏委员会电

（1936年7月8日）

南京。蒙藏委员会黄委员长慕松兄勋鉴：安密。据报：(一)伪军三千五百余人，内有山炮八门，由承德林西开到察北，拨归李守信及鲍贵亭部内，分驻张北加卜寺、商都等处；(二) 日方委

王道一为内蒙边防自治军第一军军长，月拨该部维持费六千元，王某现在沽源组织军部中；(三) 李守信于三日由长春经天津飞返张北等情。谨闻。弟傅作义叩。齐。巳保。印。

〔国民政府蒙藏委员会档案〕

55. 军政部为抄送傅作义关于李守信收编蒙匪致蒙藏委员会密函

(1936年8月14日)

军政部密函　务（防）字第一五五一号

案据绥远省政府保安总处本年七月二十九日代电，为报告李守信近收蒙匪胡贝勒部千余人，出发向商都集中各情形，除电复外，相应抄同原代电函请查照为荷。此致

蒙藏委员会

计抄源代电一件

中华民国二十五年八日十四日

抄原代电

南京。军政部部长何钧鉴：密。据报：一、李守信近收蒙匪胡贝勒部千余人，枪马齐全，现由多伦之榆树沟出发，向商都集中，为王道一后援。又在大滩附近，收匪六百余人；二、伪军先头部队，骑兵一连，炮兵一排，通信鸽一班，敬开到商都；① 三、前驻商都伪骑兵第四团放青马，近皆收场；四、伪军刻在商都、半个苏木、小杨山、黑木匠村等地，派出小部警戒部队；(五) 张北日方特设汽车队，近将商家汽车尽数扣留，用以分向大青沟、土木路、南壕堑、商都等处运输军品等情。谨闻。职傅作义叩。

〔国民政府蒙藏委员会档案〕

① 敬即二十四日。

56. 蒙藏委员会关于日军在向绥省集结兵力应作防御准备致行政院等呈

(1936年10月2日)

呈　蒙字第四九二五
四九二六号

顷据密报：一、察省驻军仅一步兵师，两骑兵旅，冀察当局自知力簿，故赶筑宣蔚路（宣化至蔚县已成）及蔚梁路（蔚县至易县之梁各庄以达保定），俾资联贯；二、商都停有日机二十余架，便衣日军向绥东推进者日增，并赶修百灵庙飞机场及滂江通百灵庙之大道，此包围绥省之局势，愈形严重；三、日人在长城线以北赶筑防御工事，是又第一对绥进攻，对冀、察严防之象征也；四、张家口新来便衣日警十二名，风声颇紧，当局已密作巷作之准备，等情到会，除分呈军事委员会
行政院外，理合密报，伏乞鉴察。谨呈

行政院院长蒋

军事委员会委员长蒋

蒙藏委员会委员长吴〇〇

中华民国廿五年十月　日

〔国民政府蒙藏委员会档案〕

57. 傅作义关于德王部队调动致蒙藏委员会电

(1936年10月28日)

蒙藏委员会吴委员长礼卿先生、赵副委员长芷青先生勋鉴：奋密。据报：伪军骑兵一团约八、九百人带汽车拾辆，装载帐棚、

给养，寝日经过沙里木楞召开到百灵庙等情，谨闻。弟傅作义叩。勘。申参。印。

〔国民政府蒙藏委员会档案〕

58．阎锡山关于德王部西进及日军掳挟潘王致行政院电

（1936年11月7日）

行政院、军事委员会、蒙藏委员会，斗密。据赵司令承绶转。据孙师长长胜微电称：王英匪部本早由四子王府附近西窜，已令骑兵立即向西追剿。据四子王府蒙人二名来称：本午由大庙方向驶来装甲汽车两辆，满载士兵，全〔内〕有日人数名。当将潘王威胁同去，等语。查潘王被日人掳去，诚恐迫令订立非法条件。除电傅主席饬查详情具报外，特先电闻。阎锡山。阳。申机。印。

〔国民政府蒙藏委员会档案〕

59．杨芬为报告王英部被改编及对德王采取拉拢策略致蒙藏委员会电

（1936年12月30日）

蒙藏委员会钧鉴：仁密。绥境匪势溃退，王英部四千余名反正，经绥暂编师、旅，为国效命。后只遣伪军张万庆四师，暨李守信原部。察北特务机关长田中隆吉虽极谋增援反攻，但恐重心厥在嘉卜寺。前陈釜底抽薪办法，藉以冀其拨乱归正。比及间接拉拢，宣示中央德意。迨德王拍发筱电。圆心内向，更作进一步慰勉敦促，俾出肯定表示，及转向同一战线御侮，以收奇功。据谓国内多方文字宣传攻击，且停发察蒙政会经费，不无考虑之意，就其怀疑各点讶之。凡中央令示，仍宜宽大涵容，避免背叛语气；

继发经费，促其倾诚表现。兹军委会派员黎明、郭殿丞等莅绥来谈，主张同意，仍须推进拉拢等手续；并共谋策进。是否可行，谨电请鉴核指示机宜祇遵。杨芬卯。陷。印。

〔国民政府蒙藏委员会档案〕

60．外交部关于德王与日军商组内蒙军政长官公署等致蒙藏委员会电

（1937年2月6日）

代电　亚二十六第一一七八号

蒙藏委员会勋鉴：据报天津日驻屯军司令田代冬日密派永本少佐偕参谋数人赴嘉卜寺晤德王，商组内蒙军政长官公署，以德王任长官，下设九部，并令匪伪部队赶紧改编。又日关东军坂垣派参谋南山喜郎及前驻百灵庙特务机关长盛岛角房为各蒙旗改盟专员，拟将察境锡林果勒盟及其他各旗暨热境卓索图盟管辖各旗均改为盟，原札萨克总管改称盟长，各盟政府受关东军指令，必要时受当地特务机关指挥，威迫各旗王公签约各等语。特此电闻。外交部。鱼。

中华民国二十六年二月六日

〔国民政府蒙藏委员会档案〕

三、国民政府对蒙古的宣抚及蒙古人民的抗日爱国斗争

1．国民政府秘书处为请从速规定内蒙民军队号印信等致军事委员会公函

（1928年2月17日）

国民政府秘书处公函　第五一四号

迳启者：顷奉常务委员交下白委员云梯贵委员函，为前据改组内蒙民军办法八条，提交军委会公决在案。现内蒙民军策应刻不容缓，应将队号早日宣布，印信早日颁发，其余各条亦应迅予规定，以励军心函一件，奉谕交军事委员会核办。等因。相应抄同原函，除函送军事委员会外，相应函达查照。此致
军事委员会白委员

国民政府秘书处谨上

计抄送原函一件
中华民国十七年二月　日

原函
迳启者：敝委员前以改组内蒙民军心，以利进展而裨革命，拟具办法八条提交军事委员会公决在案。现在北伐事宜各方正直积极布置，力图发展，以促革命之成。内蒙民军在特别三区相机活动，以与晋军回民军互相策应，自为刻不容缓之举，应请将队号早日宣布，印信早日颁发，其余各条亦请迅予规定，以励军心，而资整顿，是否允协，请即核复为盼。此致
国民政府

白云梯谨启
二月十四日
〔国民政府档案〕

2．国民政府文官处为章嘉呼图克图关于整理内蒙佛教办法致行政院函

（1929年2月6日）

公函　第一六〇六号
迳启者：奉主席发下章嘉呼图克图函陈整理内蒙佛教办法以

收指臂之效，俾得尽力党国函一件，奉谕交行政院核办，等因。相应抄同原件函达查照办理。此致

行政院

计抄送原函一件

中华民国二十八年二月六日

原函

大国师章嘉呼图克图公函　台字第五号

迳启者：前奉蒙藏委员会来函，推举本呼图克图为内蒙佛教整理委员会首席委员，碍难就职一节，业经函复蒙藏委员会在案。查蒙古民族尚在游牧，各地散处，随意迁移。惟黄教信仰久已普及于民众，社会组织重心非宗教莫属。今蒙藏委员会创设蒙古康藏佛教整理委员会，可谓扼要之图，惜委员中人选稍失妥慎，未免污辱黄教尊严，恐于擘划进行上尤多窒碍，与其将来贻误大局，何若避而不就，区区苦衷，想诸公当能谅之也。本呼图克图自民国肇兴，即倾心内向，劝服蒙众，始终不渝，外蒙被诱于俄，西藏受迫于英。十数年来，独内蒙毫无问题发生，虽不敢自居其功，然亦不无微劳可录，此心此旨敢坦然表白于天下者也。迩者拥护党国亦绝不改其素志，训政伊始，建设尤烦，统治蒙众，诸多困难，宣传主义，尤为诸政之先。俟宣传普遍，则三民主义之信仰即可代替宗教以兴，然后蒙藏建设始有可言，王公政权之能否移转，端赖蒙众于主义是否了解。此等宏远规划，愿诸公一详察之。倘蒙鉴其愚诚，则请重申明令将原有之京城喇嘛印务处改为黄教委员会，使本呼图克图统一内蒙教权，就原有教区，如河北、山西、热河、察哈尔、绥远各省，内蒙六盟、呼伦贝尔、西土默特、阿拉善、额鲁特各地管理喇嘛印务处一律改组为黄教委员会分会，均隶属于黄教委员会，其委员人选由本呼图克图开单呈由蒙藏委员会转呈政府点派，庶收指臂之效。此种申请，绝非例外，要求

不过，就固有教权及固有教区请政府重申明令，加以保障，以便规复旧制行使职权，庶几宗教系统不致再行紊乱，俾得尽力党国，藉效棉薄，诸种设施，如能逐渐推行，所陈各节，是否有当，相应函请鉴核施行。此致

蒋主席

大国师章嘉呼图克图谨启

中华民国十八年一月二十二日

〔国民政府档案〕

3．行政院为转陈明令发表章嘉呼图克图为蒙旗宣化使致国民政府文官处公函

（1932年4月9日）

公函　第四八号

迳启者：现经四月九日行政院第十九次会议决议，请国民政府特派章嘉呼图克图为蒙旗宣化使，相应函请贵处查照转陈，明令发表。此致

国民政府文官处

中华民国廿一年四月九日

〔国民政府档案〕

4．汪精卫特派章嘉呼图克图为蒙旗宣化使手谕

（1932年4月9日）

特派章嘉呼图克图为蒙旗宣化使。

汪兆铭

四·九

〔国民政府行政院档案〕

5. 褚民谊关于政府特派章嘉为蒙旗宣化使及望其宣导各蒙旗勿为外力所诱迫电文

（1932年5月25日）

五台山。章嘉大国师惠鉴：赐函敬悉，蒙情复杂，政府特派我公宣化已有明令，望即宣导各盟旗共卫中央，勿为外力所诱迫，毋任祷冀，肃电奉复，并贺任喜。褚民谊。有。印。

〔国民政府行政院档案〕

6. 章嘉呼图克图为就蒙旗宣化使职并启用关防官章成立使署致国民政府电

（1932年12月5日）

南京。中央党部，国民政府钧鉴：各院、会、部长勋鉴：府特派为蒙族宣化使，并奉颁关防、官章，祇领之下，至深弥感，值此边疆多故之秋，自当本匹夫有责之义。兹于十二月五日在北平就职，即于是日启用关章，成立使署，除分别呈函布告，并另期宣誓外，谨当克期出发，以副中央之付托。惟是汲深绠短，陨越堪虞，尚冀我中央政府时加督率各机关、法团及高（？）论界诸公时锡针言，庶收效之可期，亦我国家及蒙民之福利。临电神驰，无任盼祷。蒙族宣化使章嘉呼图克图叩。歌。印。

〔国民政府行政院档案〕

7. 国民政府文官处为迪鲁瓦呼图克图安抚外蒙民心等致行政院公函

（1933年1月11日）

公函　密字第三一号

迳密启者：奉主席交下外蒙古迪鲁瓦呼图克图呈为此次来京晋谒，深蒙优遇，谨陈管见四点：(一)外蒙少数青年勾结赤俄，实行共产以来，大失众望，盼中央及时收抚；(二）蒙众在库逆压迫之下安分者多，逃居内蒙锡乌等盟地方，请迅予救济；(三）请咨行锡乌等盟旗对逃民准其暂驻，并归该呼图克图节制；(四）请给予名义，并准设办事处于京、平、绥等地，请采择施行一案，奉谕密交行政院等因。除函复交外，相应抄录同原呈谕密达复查照。此致

行政院

计抄送原呈一件

文官长　魏怀

中华民国二十二年一月十一日

原呈

呈为呈请事：窃本呼图克图此次来京请愿，晋谒当道诸要人，深蒙中央暨钧府之招待，仰见中央关心外蒙，优遇远人，感激曷既。谨将管见所及胪陈于左：

一、查外蒙自少数青年勾结赤俄实行共产以来，一切设施违反习惯，大失蒙众之望，旧有王公、呼图克图等曾密议多次，公推本呼图克图代表来京请愿，大多数均盼中央早日规复外蒙，以解倒悬，现值中俄邦交恢复，正我收抚外之良机，应请钧府主持大计，策划进行。

二、蒙众在库逆压迫之下，敢怒不敢言，激烈者挺而走险，反动迭起。故前年科布多杜尔伯特，今年西部达赖王阿海贝勒等旗蒙民曾聚众暴动，因枪械缺乏，又无外援，未能成功，安分者扶老携幼逃居内蒙，锡乌两盟及阿拉善额济纳麻津山等处并派代表土布丹敏珠尔来平，甘珠尔瓦喇嘛来绥，请本呼图克图作主转呈中央，恳予救济，均经呈复有案。现昆连新甘宁三省之阿拉善

额济纳麻津山等处逃民较多，应请迅赐救济。

三、请咨行锡乌两盟及阿拉善额济纳等旗对此逃民准其暂住各该地点，一律归本呼图克图节制，以便将来规复外蒙之用。

四、本呼图克图向往外蒙三音诺彦部落广化寺，在外蒙有相当之历史，门徒均散住于库伦、乌里雅苏台一带，于民国九年曾代表外蒙来平翊赞共和，向主汉蒙合作，倾向中央。倘蒙驱策，给予名义，愿尽棉薄，并请援照各呼图克图之例设办事处于京平绥等地，以便策进规复外蒙，暨安辑逃归难民各事宜，俾外蒙民众早日出水火而登衽席，除分呈外，谨贡狂瞽之见，冒昧上陈，伏乞采择施行。谨呈

国民政府主席林

外蒙古迪鲁瓦呼图克图

中华民国二十二年一月六日

〔国民政府档案〕

8. 蒙旗宣化使署敬告蒙旗同胞书

（1933年　月　日）

亲爱的蒙旗同胞们：中华民国是我们的国家，无论何人都知道这个国家是我们汉、满、蒙、回、藏五大民族共同组织成的一个大中华民国国民的一个大国家。她是我们大家的一个慈母，她的责任要比慈母的责任还大，我们的身家性命、财产等等都是由她保护我们的，一切幸福都是由她造成，所以说，有国家，才有幸福。凡是破坏我们的国家者，侵夺我们的幸福者也，就是我们的大敌人了，我们总要一致起来反抗敌人，来救国家，求幸福，不然国家一之，身家不保，那里还有幸福呢？

世界各帝国主义者——尤其是日本帝国主义者，利吾土地，蚕食鲸吞，欲壑难填，不至之吾国家，灭吾种族，不止语云。救

国要在国未亡之前努力，同胞们苟欲救国，此其时矣！

况且我们的中国已有了悠久的历史，是一个礼义之邦，忠孝、仁爱、信义、和平八字就是我们民族固有的好精神。先总理中山先生曾经谆谆告诫，要我们恢复固有之民族的精神，才能恢复了民族的地位，恢复了民族的地位，才能恢复了国际的地位，真是至理名言，请大家务要身体力行才是。

现在国难危急，生死存亡，就在目前，救国家无异自救，求生活还在救国，凡我同胞，务须一致团结起来，为政府后盾，抵抗外侮，保卫国家，最后胜利，还在我们，则我们的前途必有无限量的光明，我们的幸福自然更是无限量的了。

蒙旗宣化使章嘉呼图克图

中华民国二十二年　月　日

〔国民政府行政院档案〕

9．蒙旗宣化使署二次告蒙旗同胞书

（1933年　月　日）

前次告给大家的书，谅已知道了。人为万物之灵，是知道分别善恶的，而避祸求福，乃是寻常的事了，咱们蒙族同是人也，何能例外！

世界上的人们都想脱离痛苦，寻求安乐，所以才各有各的国家，各有各的信教。我们皈依三宝笃信修道，就是想要脱离了痛苦，享有种种安乐也，我们要想这个样子，就得宏扬佛教，尤应先想国家的安全。若要国家一之，我们就是之国之奴了，在那时候，我们就如失了慈母的护持，一般其痛苦的厉害，真有想不到之处。请看朝鲜，当了日本的奴隶，外蒙受了赤化的大祸，任人宰割，实在不如丧家之狗，简直如同蚂蚁，受了人畜的践踏，说不尽的痛苦加在身上，至于安乐，更是梦想不到，所以说，有国家，才有幸福。

我们的国家（就是中华民国），现在已经暴日强夺了，东北四省许多的土地再进一步还要想侵吞了，察绥然后再来，完全亡了中国，使我们大家作他的奴隶。同胞们，大家要想自由，信教修道，脱离痛苦，得享安乐，所以才来信教的吧！大家既然都是佛教信徒，就应该起来护教，必须起来奋斗救国，三民主义就是救国主义，大家务必一致团结起来，实现三民主义，就可以挽救国家不亡，就可以消灭痛苦，就可以得享安乐。

蒙旗宣化使章嘉呼图克图

中华民国二十二年　月　日

〔国民政府行政院档案〕

10．傅作义为乌盟盟长云栋旺楚克咨称服从中央始终如一致行政院电

（1933年4月24日）

太原阎，南京行政院院长汪，北平政务委员会钧鉴：顷据乌盟盟长云栋旺楚克咨称：经蒙旗宣化使章嘉呼图克图、特委参议高贡布等来盟传示敬告蒙族同胞书单，并宣布中央政府德意，本盟长深感中央恩德，以最诚至恳之心拥护国家，服从中央，始终如一，决不被人煽动，请鉴察转报等情。据此，除分电并照复外，谨电转陈，伏乞重察。绥远省政府主席傅作义叩。回。印。

〔国民政府行政院档案〕

11．蒙旗宣化使章嘉呼图克图为二次拟就告蒙古民众书致行政院呈

（1933年4月25日）

呈为二次拟就告蒙古民众书，仰祈鉴核备案事：窃查先后派

员分赴察绥各盟宣慰，散发印刷品，呈报有案。兹又拟就二次告蒙古民众书，亟应散发，惟因经费无着，商垫不续，不能再行派员前往散发，业经函请察绥两省政府各代转发所属盟旗分散，民间即可晓然，于自卫救国之道也，理合检同前后蒙汉互译各件呈请鉴核备案，实为公便。谨呈

行政院院长汪

附呈蒙汉文互译告蒙古民众书六纸

蒙旗宣化使章嘉呼图克图谨呈

中华民国二十二年四月二十五日

告蒙古民众书

当中华民国二十一年五月二十四日的时候，奉到国民政府令，特派我为蒙旗宣化使，并奉到行政院转发特派状、关防、官章等件，我想如此大的责任，恐怕我的才能小，担任不起，又想国家的命令是不应该推辞的，所以才遵命就职了。

我国的土地很大，物产很多，是他国比不上的，并且把政治、宗教联合起来治理国事经过了好久年代，百姓们很是安乐的过日子，你看我国有多好，我们有多幸福呢！

自从近几十年以来，外国人都想凭他们的武力侵占我国的土地，剥夺我们的权利，国内也时常有战争，又有水旱、瘟疫、天灾，因此，就把我们很好的国家闹的不成样子，国人们受很大的痛苦，幸而还没有波及到蒙旗同胞身上，总是政教联合的好处吧！

现在灭亡的惨祸已经临头了，我们应该凑在一块，成一个大团体来保护我们自己身命，抵制外来的侵侮，对于修身、齐家、治国之道，大家应下苦工夫，一旦成功，那么，我们就可以享受无限量的安乐了。

我们皈依三宝尊师修道崇佛法，完全是想成菩提之果的，这实在是惟一的个方法，大家还得尽夜勤慎，修练自己的本领可以

保住自己的身命，并以挽救国家的危亡，如果实在能照这个样子，那么我们的国家和宗教必有一天还能达到顶好的时候，到那时候，我们就可以有享不尽的安乐了。以上不多几句话，是我诚心告给你们的。

蒙旗宣化使章嘉呼图克图

中华民国二十二年　月　日

〔国民政府行政院档案〕

12．蒙藏委员会为转述乌盟盟长竭诚拥护国家服从中央致行政院呈

（1933年4月28日

呈为呈转事：准绥远省政府傅主席回电称：准乌盟盟长云端旺楚克咨称：兹经蒙旗宣化使章嘉呼图克图、特委参议高贡布等来盟传示敬告蒙族同胞书单，并宣布中央政府德意，本盟长深感中央恩德，以最诚至坚之心意，拥护国家，服从中央，始终如一，决不被人煽动，请鉴察转报等情，电请查照等因。查乌盟云盟长竭诚拥护国家，服从中央，誓不被人煽动，实属深明大义，除电复嘉勉外，理合据情转呈钧院鉴察。谨呈

行政院院长汪

蒙藏委员会委员长　石青阳

中华民国二十二年四月二十八日

〔国民政府行政院档案〕

13．蒙藏委员会为转述伊盟沙盟长等电称一致团结拥护中央致行政院呈

（1933年6月6日）

呈为转呈事：顷准伊克昭盟长沙克都尔札布、副盟长阿勒坦

鄂齐、邦办盟务噶尔藏鲁勒玛旺济勒札木素，暨各旗札萨克王公等感电内开：国民政府林主席，蒋委员长，行政院汪院长，蒙藏委员会石委员长勋鉴：窃查蒙旗向以佛教为主，且蒙旗宣化使章嘉呼图克图者，乃我黄教首领之一，而今特派专员来旗宣化，中央扶助弱小民族之德意领导之下，诚如枯鱼得水，幸甚幸甚！华北时局，虽处危急，而我蒙旗仍一致团结，拥护中央，除整军待命共防外侮外，特此电闻，尚祈指导，无任盼祷，钧院鉴核备查。
谨呈
行政院院长汪

蒙藏委员会委员长石青阳

中华民国二十二年六月六日

〔国民政府行政院档案〕

14. 蒙藏委员会关于察哈尔省府为改编蒙古军队抗日召集蒙旗会议情形致行政院呈

（1933年7月28日）

呈为呈报事：据本会驻平办事处长李芳春本月二十二日称：察哈尔省府现召集蒙旗会议，察哈尔十二旗群总管，除卓总管未到，由尼总管代表列席外，余均到口，计镶黄旗兼正白旗总管图鲁巴达尔胡、正黄旗总管巴彦孟克、镶白旗总管贡楚克拉什、正红旗兼镶蓝旗总管富龄阿、镶红旗总管巴拉滚扎普、正蓝旗总管音德贺、牛羊群总管尼玛鄂特索尔、商都牧群总管特木尔博罗特、太仆寺左翼牧群总管善济弥图普、右翼牧群总管色楞那木吉勒等十人。锡盟盟长索王代表嘎尔宾已到西苏尼特旗色力崩地方，察哈尔省府派汽车两辆，随带卫兵十余名，于十四日由口前往迎迓，副盟长德王代表补英达赖，于八日到口，住锡盟办事处，闻俟索盟长代表到口后，即开蒙古会议。最主要者，为改编蒙古军队，锡盟德副盟长已发表委为蒙古抗日第一军军长，卓总管为第二军军长，富总管龄阿委为蒙古抗日地方警卫军军长，因正红旗在察西，距热省较远，系维持后防，保护地面，故给予警卫军名义。察哈尔八旗，分左右翼，即东四旗，西【四】旗。富总管属右翼，因进行军长之故，左翼各旗，尚有争执。又据张家口台站管理局局长吴树滋漾代电称：(一)前由徐季龙之子率领到察宣传赤化之武装俄人，刻已陆续离去；(二)代为赴俄之李某，为李德全之兄，因二次经过乌得，过受盘究，闻未通过前往；(三)据确报，本会白委员派有代表到察，行踪极密，且荐福子忠接受本局，指树为中央侦探，但正式公文，尚未发表；(四)号午，吉鸿昌派副官长徐某接局长事，并称如将队兵枪械交出，不接亦行，经孙会计历陈本局特殊情形，所有枪械，系人民私有，贵部自编，本局当然不敢阻止，若由本局下令收械，本局尚须请示南京，且恐人民反对，敝局长即属在局，亦难办到等语，旋即辞去；同日下午，接商都正队部电，告自卫师团长张宗强迫缴收步枪四十余支，人马编为独立营；(五)蒙旗会议，除各总管及锡盟三个代表外，列席者有孟子裕、胡凤山。其议案之重要者，为如何编练各盟旗之有枪队兵；增加蒙古省委为三人；取销枕（？）锦寿委员各事。计开会两日，十八日业已闭幕。各总管均出口；（六）编收察哈尔蒙兵为两军制，因总管在玛鄂特索尔、巴彦孟克力示反对，冯已认照旧办理，但孟、胡两人为迎合冯之收枪计划，仍主集合训练，并有以孟、胡补省委消息；（七）锡盟索盟长派宝清文代表，谒何部长，报告该盟治安状况，及对冯之态度；(八)中央在察之机关，除本局及法院外，余均撤押更换，现有纪伦运动法院福某，欲接本局，闻均系某人所力荐，确否容另探闻。又据本会简任秘书、暂代平蒙藏学校校长易宇昌敬电称：总管尼玛鄂特索尔忠诚可靠，今被冯玉祥逮捕，生命危险，又张家口台站，冯委人接办，均关蒙局甚大，闻有人从中作祟各等情。据此，查卓总管即政府任命之察哈尔长官卓特巴札普，此次张家口召集之蒙旗会议，该长官独未到会，足见前受政府任命，尚知感报。除分饬仍将续得消息随时密报外，理合具文呈请钧鉴。谨呈
行政院院长汪

蒙藏委员会委员长　石青阳

中华民国二十二年七月二十八日

〔国民政府行政院档案〕

15．行政院政务处为抄送伊盟服从中央佳电致蒙藏委员会笺函

（1934年4月19日）

笺函　第一六三六号

顷奉院长谕：伊克昭盟盟长沙克都尔札布等佳电，为奉命治边，为国宣劳，决不受外人威胁利诱，所有建议事宜，由章嘉活佛代达中央，以示服从之诚意一案，应抄送蒙藏委员会。等因。相应抄同原电，函达查照。此致
蒙藏委员会

计抄送原电一件

行政院秘书长褚民谊

中华民国廿三年四月　日

原电

南京行政院汪院长钧鉴：窃以内蒙崇奉佛教垂数百年，此次中央派章嘉活佛入蒙宣化，允符蒙情。查本盟既活佛法之无量，复聆中央之德意，仍承国恩，钦感无既，业于上月马日电呈在案。迩者国难日深，边患益亟，设不作蒙汉之团结，何足拯国家于危

亡，盟长等奉命治边，谨随佛座之后，为国宣劳，决不受外人之威胁利诱。本盟建议事宜，请由佛座代达中央，以示服从之诚意，谨电奉闻。伊克昭盟盟长沙克郊尔札布、副盟长阿勒坦鄂济尔、邦办盟务葛勒增如勒嘛汪札勒札穆苏等叩。佳。印。

〔国民政府行政院档案〕

16. 蒙政会为百灵庙兵变致国民政府电呈

(1936年2月27日)

南京。呈国民政府林主席，行政院蒋院长，军事委员会蒋委员长钧鉴：密。本会科长云继先、朱实夫、苏鲁岱、康溯民、贾鸿珠、亢仁，队长云麟、云蔚，科长任秉钧等于本月马晚十二时，唆率保安队官兵数百余名叛变，掠抢军械、公款，毁坏无线电机，枪杀稽查处主任李凤成，纵放拘押匪犯五名。并闯入日本驻百特务机关内枪伤机关员，所有财物掠劫一空。当即饬令保安处帮办率队随踪追击各情形，业已分别呈报在案。兹据该帮办返会报称：该叛变官兵逃至距百迤南九十余里，离绥军驻防地不远之处，实有载重汽车十余辆，即将叛变官兵载运南驶。经详查，似为绥远所来汽车等语。据此断定：此次本会官兵叛变显系绥方唆使，无可掩饰。现日本关东军方面已向本会提出严重抗议，应付棘手。当此对日交涉渐次调整，双方关系好转之际，该省当局不思善加维护，乃竟居心谲诡，迭肆奸谋，离间盟旗团结，破坏蒙会系统。兹更不惜出此下策，嗾使本会官兵叛变，扰乱蒙邑治安，危害友邦官吏，似此只图自私，罔顾大局，实属倒行逆施，而其视蒙会如仇敌之险恶行为，尤难隐忍。惟有吁恳中央主持正义，严予制裁，倘再不遵照中央命令，力剿叛徒，严拿祸首，而更纵容叛贼，利以反噬，设或因此事态扩大，演成不测之变，应由绥省当局负其全责。谨此。悚切电陈，务乞迅予严饬绥远省政府将所有此次叛变官兵，悉数拘获，解交本会，依法惩办，并缴回所有军械、公款等项，仍请严惩唆使叛变人员，以正国法，而维大局，不胜迫切待命之至。蒙政会叩。感。印。

〔国民政府档案〕

17．蒙政会关于云继先在百灵庙兵变致国民政府电呈

（1936年3月6日）

呈国民政府主席林，军事委员会委员长蒋，行政院院长蒋钧鉴；军政部何部长，蒙藏委员会黄委员长勋鉴；暨各院、部、会，各市政府及各报馆、各法团均鉴：查上月二十一日晚科长云继先等率士兵叛变抢夺军械库，破坏无线电台，枪杀高级职员，抢掠商号等叛逆行为，早经本会电呈中央，并通知邻省协同剿击，以清后患等情在案。嗣以本会呈报电文未经登载，而该逆徒等妄发通电，竟载报端，诚恐各方不查真像，仅据片面之言，不特与本会名誉有关，亦有碍于国家之纪纲。谨述当时情形如下：

当二十一日晚，由云继先即（朝克巴图尔）、李实夫即（武能巴图尔）、苏鲁岱任秉钧即（色尔固朗、康济民即(图布陛巴图)、贾鸿扎等唆率队长云蔚及士兵四百余名，突然叛变，抢劫枪械子弹，并枪伤喇嘛一名，枪杀稽查处主任李凤成，捣毁无线电台，枪伤日本关东军特务机关兵一名，逼劫公款及商号，利蒙商行和记义兴公张成衣铺、公和堂、永盛厚积玉堂、崇德堂、双盛久永记号、公益合并社、福兴炉等十余家。暨乌盟护路队枪械、钱财，枪声不绝，秩序紊乱，损失颇巨。复向会内攻击，冀图枪夺印信，幸有守卫，蒙兵迎头痛击。四时许，始行南窜，次晨由保安队追击五十余里，见路上有汽车六、七辆，新退迹，似由绥开来者。而叛兵竟敢顽强抵抗，当时击毙叛兵一名，夺回步枪数枝，并见有

汽车往返输送叛兵，此皆实在情形，有证可据。复据乘隙逃回士兵云：该叛首等当众兵宣称，汝如走出，定有相当出路，且几十里外，并有汽车来接我们，如不走时，绥省府必将你们家小杀死等语。该逆等竟敢掩饰罪迹，期逃法网，举种种无稽之事，淆乱听闻，至该逆通电中有（消息隔绝，无面晤申云之机会）。查云继先等请假均在一个月以上，德秘书长来百时，伊等在绥未归，德王返府后，伊等来会才数日即煽动叛变，何谓无申晤之机会？何谓东去不返？（会中负责者，一切讳莫如深）。查苏尼特无何组织，去岁谣言，早经证实，何谓讳莫如深？（危害继云等生命）。查会中职员二百余名，何以他人不危险，而该人等独感危险？至伊等通电中（不背国家，爱国反正）。查本会为奉中央命令组织之合法机关，背叛本会即不啻背叛国家，又本会无叛逆行为，而该逆等叛乱离合，何谓爱国反正？正如谓该逆等爱国反正，将置本会于何地？（离庙时，毫无惊扰，未取分文），而李主任之被枪杀，各商号之被抢掠事实俱在，何以自解？又谓（职员百余名，士兵一千余名）。查会中职员仅被叛逆等裹去十余名，何得谓百余名，士兵仅四百余名，何得谓千余名？显见该逆等丧心病狂，行同土匪，其片面之词，掩饰已过，朦蔽中央，不计国家之纪纲，不谅边疆之危难。本会撑持艰局，委曲求全，应付环境之苦衷，或为国人所共鉴。现本会除通缉叛首，派队出剿及遴选职员照常办公外，特电各方详述经过，希垂亮察为祷。蒙古地方自治政务委员会叩。鱼。印。

〔国民政府档案〕

18. 行政院为百灵庙兵变纯系内政问题致国民政府文官处公函

(1936年3月9日)

行政院公函　字第一一三六号

案准贵处第九五号公函，以蒙古地方自治政务委员会感电，为云继先等唆率保安队官兵叛变，掠抢军械、公款，并闯入日本驻百特务机关，绥远方面有唆使情事，请严饬押解法办，并缴回械款及严惩唆使人员一案，奉主席谕：交行政院。函达查照等由。准此。查此案前据该会养电呈报，该会绥籍官兵五百余员名，由科长云继先等率领，于马日一律叛变，由百绥大道向南而去，请电饬绥远省政府严行通缉，以肃纪纲等情到院。当经电令绥远省政府主席傅作义，会同绥远省境内蒙古各盟旗地方自治政务委员会妥慎办理，并抄送军事委员会及蒙藏委员会，嗣据傅主席祃电呈报该项官兵哗变情形，复经分别抄送及电复妥慎戒备，并从速截堵。旋复据该主席俭电，请示善后处理办法，及云继先等电呈，脱离蒙古地方自治政务委员会经过情形，正核办间，适据蒙藏委员会呈拟处理办法四项，请鉴核施行前来，经指令准予照办，并电令傅主席遵照，暨抄同该云继先等原电函达军事委员会查照在案。兹蒙古地方自治政务委员会感电各节，殊与事实不符，且此案纯系内政问题，任何外国，均不能干预，原电所称外人抗议一节，尤毫无根据，除电复并转知傅主席及分别抄送军事委员会暨蒙藏委员会外，相应抄同本院，核定处理办法，函复查照转陈。

此致

国民政府文官处

附抄送处理办法一件

院长　蒋中正

中华民国二十五年三月九日

抄办法

（一）令傅主席会同绥境蒙政会查明实情，即予秉公处理；

（二）职员方面，经严密考察后，在省府及蒙政会分别予以继续工作之机会；

（三）兵士、夫役经校阅考查后，视环境之需要，分别安置；

（四）办理情形随时具报。

〔国民政府档案〕

（三）藏事

一、组织法规

1. 西藏班禅驻京办事处组织大纲

（1932年10月31日）

西藏班禅驻京办事处组织大纲

二十一年十月三十一日呈奉行政院备案

第一条　本处为西藏班禅大师驻京办事机关，定名为西藏班禅驻京办事处。

第二条　本处直属于班禅大师，受蒙藏委员会之监督指导。

第三条　本处设处长、副处长各一人，由班禅大师直接委派，呈报蒙藏委员会备案。

第四条　处长综理全处事务。以副处长襄助之。

第五条　本处设汉、藏文秘书各一人，承处长副处长之命，办理机要事务暨总核各科文稿。

第六条　本处设左列各科；

一、总务科。

二、政务科。

三、教务科。

第七条　总务科分文书、会计、庶务三股，其职掌如左。

一、关于撰拟例行文稿及收发、缮写并保管印信事项。

二、关于经费出纳及编制预计算事项。

三、关于公用物品购置、保管及交际事项。

四、关于不属其他各科事项。

第八条　政务科分设计、调查、统计三股。其职掌如左。

一、关于政治兴革建设之建议事项。

二、关于编制各种调查表册及实地调查事项。

三、关于搜集统计材料及绘制统计图表事项。

四、其他有关政务事项。

第九条　教务科分指导、编译、宣传三股。其职掌如左：

一、关于改善宗教及一切指导事项。

二、关于翻译汉、藏文及编辑刊物事项。

三、关于宣传党义、教义及撰拟宣传品事项。

四、其他有关宣传事项。

第十条　本处设科长三人，主任、股员各九人，书记五人。秉承长官命令，分别办理各科、股事务。

第十一条　本处遇必要，得聘用顾问咨议。

第十二条　本处办事细则另定之。

第十三条　本大纲如有未尽事宜，得随时呈请修正之。

第十四条　本大纲自呈报核准之日施行。

〔国民政府档案〕

2．达赖班禅代表来京展觐办法

(1934年1月8日)

达赖、班禅代表来京展觐办法

蒙藏委员会二十三年一月八日公布

第一条　达赖喇嘛、班禅额尔德尼，为报告西藏政情起见，应每年轮派代表一人来京展觐，其展觐之程序，依本办法之规定。

第二条　展觐代表，应于每年十二月二十日携带委任文件及衔名履历，向蒙藏委员会报到，于二十一日起，开始招待。

第三条　展觐程序如左：

（一）十二月二十四日，由蒙藏委员会委员长、副委员长引导谒总理陵。

（二）十二月二十五日，由蒙藏委员会委员长、副委员长引导谒见行政院院长。

（三）十二月二十六日至二十七日，由蒙藏委员会派员引导谒各院、部、会长官。

（四）十二月二十八日至三十日，由蒙藏委员会召集会议，宣布中央施政方针，并由该员报告边政情形。

（五）新年一月一日，由蒙藏委员会委员长、副委员长引导觐见国民政府主席，其仪注另定之。

（六）一月二日至五日，国民政府主席定期筵宴一次，并颁给赉品，其仪注及办法另定之。

（七）一月六日至十一日，由蒙藏委员会派员引导赴各处参观或游览名胜。

（八）一月二日至十五日，由蒙藏委员会委员长、副委员长引导晋谒国民政府主席辞行，并接受训词。

（九）一月十六日至十九日，向蒙藏委员会辞行，准备回籍。一月二十一日起，停止招待。

第四条　展觐代表得带随行秘书及翻译各一人随侍二人至四人。

第五条　展觐代表到京后，依照招待规则发给招待费及旅费，其规则另定之。

第六条　本办法如有未尽事宜，得随时呈准修正之。

第七条　本办法自公布日施行。

〔国民政府档案〕

3. 修正西藏驻京办事处组织大纲

（1935年11月27日）

修正西藏驻京办事处组织大纲

二十四年十一月二十七日呈奉行政院备案

第一条　西藏驻京办事处，由国民政府核准设于首都。

第二条　本处秉承达赖大师意旨，受蒙藏委员会之监督指导，办理关于西藏在京应行接洽事宜。

第三条　本处置处长、副处长各一人，由达赖大师选任，呈由蒙藏委员会核转备案。

第四条　处长综理本处全体事务，并指导监督所属职员。副处长辅助处长执行职务。处长有事故时，副处长代理之。

第五条　本处遇必要时，得由处长或副处长召集秘书、科长开处务会议。

第六条　本处设左列各室科。

一、秘书室。

二、总务科。

三、会计科。

四、宣传科。

五、交际科。

第七条　秘书室职掌如左。

一、撰拟机要文件。

二、翻译汉、藏文件。

三、审核各科稿件。

四、处务会议记录及整理议案事项。

五、处长交办事件。

第八条　总务科职掌如左。

一、典守印信。

二、收发及配达文件。

三、本处职员进退事项。

四、本处庶务事项。

五、各项统计登记及保管公有物事项。

六、其他不属于各室科事项。

第九条　会计科职掌如左。

一、本处预算、决算事项。

二、出纳公款及支配本处经费事项。

三、关于会计之簿记表册。

四、稽核并整理一切收支单据。

第十条　宣传科职掌如左。

一、撰著一切宣传文字或图画。

二、编辑汉、藏文字刊物。

三、翻译有关藏事之书报。

四、关于刊物或宣传品印刷，及发行事项。

第十一条　交际科职掌如左。

一、本处对外接洽或联络事项。

二、接待来宾及新闻记者。

三、西藏派京公务员、留学生或传教过京之西藏喇嘛临时招待，及指导事项。

四、调查及报告事项。

五、其他关于一切交际事项。

第十二条　本处置主任秘书一人，汉文秘书一人，藏文秘书一人。秉承处长掌理秘书室事务。

第十三条　本处各科置科长一人。秉承处长分掌各科事务。

第十四条　本处置科员六人。秉承长官分任各科事务。其人数分配，按各科事务繁简定之。

第十五条　本处因缮写文件、保管案卷等事，雇用书记六人。

第十六条　本处办事细则另定之。

第十七条　本大纲如有未尽事宜，及应行修改之处，由处务会议修正。呈报蒙藏委员会核转备案。

第十八条　本大纲自呈报核准之日施行。

〔国民政府档案〕

4．修正西藏驻平办事处组织大纲

（1935年11月27日）

修正西藏驻平办事处组织大纲

二十四年十一月二十七日呈奉行政院备案

第一条　西藏驻平办事处，由国民政府核准设立之。

第二条　本处秉承达赖大师意旨，受蒙藏委员会之监督指导，办理关于西藏在平应行接洽事宜。

第三条　本处置处长、副处长各一人，由达赖大师选任，呈由蒙藏委员会核转备案。

第四条　处长综理本处全体事务，并指挥监督所属职员。副处长辅助处长执行事务处长。有事故时，副处长代理之。

第五条　本处于必要时，得由处长或副处长召集秘书开处务会议。

第六条　本处设左列各室科。

一、秘书室。

二、总务科。

三、会计科。

第七条　秘书室职掌如左。

一、撰拟机要文电。

二、翻译汉、藏文件。

三、处务会议记录，及整理议案事项。

四、处长交办事件。

第八条　总务科职掌如左。

一、典守印信。

二、收发文件，及保管案卷、图书公有物。

三、本处职员进退事项。

四、宣传、交际、调查及传递京藏信息报告等事。

五、西藏喇嘛往来蒙古各地传教经过北平时之招待，及指导事项。

六、其他不属于各室科事项。

第九条　会计科职掌如左。

一、本处预算、决算事项。

二、出纳公款及支配本处经费事项。

三、关于本处庶务事项。

四、关于会计、庶务各项簿记表册。

五、稽核并整理一切收支单据。

第十条　本处置主任秘书一人，汉、藏文秘书各一人。秉承处长掌理秘书室事务。

第十一条　各科主任由处长指定秘书兼充。

第十二条　本处置办事员四人，秉承长官分任各室科事务。

第十三条　本处因缮写文件、保管案卷，雇用书记三人。

第十四条　本处办事细则另定之。

第十五条　本大纲如有未尽事宜，及应行修改之处，由处务会议修正，并函报西藏驻京办事处呈由蒙藏委员会核转备案。

第十六条　本大纲自呈报核准之日施行。

〔国民政府档案〕

5. 修正西藏驻康办事处组织大纲

（1935年11月27日）

修正西藏驻康办事处组织大纲

二十四年十一月二十七日呈奉行政院备案

第一条　西藏驻康办事处，由国民政府核准设立之。

第二条　本处秉承达赖大师意旨，受蒙藏委员会之监督指导。办理关于西藏在康应行接洽事宜。

第三条　本处置处长、副处长各一人，由达赖大师选任，呈由蒙藏委员会核转备案。

第四条　处长综理本处全体事务，并指挥、监督所属职员。副处长辅助处长执行事务。处长有事故时，副处长代理之。

第五条　本处于必要时，得由处长或副处长召集秘书开处务会议。

第六条　本处设左列各室科。

一、秘书室。

二、总务科。

三、会计科。

第七条　秘书室职掌如左。

一、撰拟机要文电。

二、翻译汉、藏文电。

三、处务会议记录，及整理议案事项。

四、处长交办事件。

第八条　总务科职掌如左。

一、典守印信。

二、收发文件，及保管案卷、图书公有物。

三、本处职员进退事项。

四、宣传、交际、调查及传递京藏信息报告等事。

五、西康、川边等处喇嘛赴藏学经之指导事项。

六、其他不属于各室科事项。

第九条　会计科职掌如左。

一、本处预算、决算事项。

二、出纳公款及支配本处经费事项。

三、关于本处庶务事项。

四、关于会计、庶务各项簿记表册。

五、稽核并整理一切收支单据。

第十条　本处置汉、藏文秘书各一人，秉承处长掌理秘书事务。

第十一条　各科主任由处长指定秘书兼充。

第十二条　本处置办事员四人，秉承长官分任各室科事务。

第十三条　本处因缮写文件、保管案卷，雇用书记三人。

第十四条　本处办事细则另定之。

第十五条　本大纲如有未尽事宜，及应行修改之处，由处务会议修正，并函报西藏驻京办事处，呈由蒙藏委员会核转备案。

第十六条　本大纲自呈报核准之日施行。

〔国民政府档案〕

6．修正章嘉呼图克图驻京办事处组织大纲

（1936年2月8日）

修正章嘉呼图克图驻京办事处组织大纲

十八年九月蒙藏委员会备案，二十五年二月八日行政院核准备案

第一条　本处为章嘉呼图克图驻京办事机关，定名为章嘉呼图克图驻京办事处。

第二条　本处直属于章嘉呼图克图，受蒙藏委员会之监督指导。

第三条　本处长设处长一人，综理处务。由章嘉呼图克图委派，呈报蒙藏委员会备案。

第四条　设左列各室科；

一、秘书室。

二、总务科。

三、宣传室。

四、教务科。

第五条　秘书室职掌如左；

一、关于一切机要及会议记录事项。

二、关于接待及对外接洽事项。

三、关于撰辑文稿事项。

四、关于处长委派及其他不属于各科事项。

五、关于本处职员进退事项。

第六条　总务科职掌如左；

一、关于典守印信事项。

二、关于管理本处经费预算决算及会计出纳事项。

三、关于各项统计及报告事项。

四、关于收发保存文件事项。

五、关于图书及公有物保管事项。

六、关于本处庶务及其他不属于各室科事项。

第七条　宣传科职掌如左；

一、关于蒙藏情形调查报告事项。

二、关于拟撰翻译宣传文字事项。

三、关于宣传情报事项。

四、关于编辑刊物及发行事项。

五、关于印刷宣传品事项。

第八条　教务科职掌如左：

一、关于所属各寺院产业保管及整理事项。

二、关于调解宗教上争议事项。

三、关于招待蒙古高级喇嘛僧侣及其公务人员事项。

第九条　秘书室置主任秘书、汉文秘书、蒙文秘书各一人，秉承处长掌理秘书室事务。

第十条　本处各科置科长一人，科员二人至四人。秉承处长分掌各科事务。

第十一条　本处各科得分股办事，并得雇用办事员。

第十二条　本处因缮写文件及其他事务，得雇用录事。

第十三条　本处为宣传党义，得雇用宣传员，随时分赴蒙古各地工作。

第十四条　本处于必要时，得组设学术上、教育上、宗教上各项专门委员会或讲习会。其组织章程，临时另定之。

第十五条　本处遇必要时，得聘用顾问咨议。

第十六条　本处办事细则另定之。

第十七条　本大纲如有未尽事宜，得随时呈请修正之。

第十八条　本大纲自呈报核准之日施行。

〔国民政府档案〕

二、第十三世达赖圆寂与黄慕松入藏致祭

1．西藏驻京代表为转报十三世达赖喇嘛圆寂致蒙藏委员会代电

（1933年12月20日）

蒙藏委员会钧鉴：

案奉西藏司伦、噶厦电开，达赖佛座于藏历亥月三十日（即

国历十二月十七日）下午七时半圆寂，藏中事务暂由司伦及噶厦负责处理希安心供职，并呈报中央。详情容后另电知照。等因。

肃电陈报，并乞转呈行政院察照。

西藏代表　贡觉仲尼等叩。智。印

〔蒙藏委员会档案〕

2．蒙藏委员会为达赖圆寂事致行政院呈

（1933年12月21日）

呈　发文　字第2932号

顷据西藏驻京代表贡觉仲尼等智代电称：案奉西藏司伦、噶厦电开云云，至肃电陈报，并乞转呈行政院察照。等情。

理合据情转呈钧院鉴核。谨呈

行政院院长汪

（全衔）石○○

中华民国二十二年十二月二十一日

〔蒙藏委员会档案〕

3．行政院为拟具追赐达赖封号并饬属妥议优礼办法致国民政府呈

（1933年12月21日）

行政院呈　呈字第2076号

案据蒙藏委员会委员长石青阳报告，达赖喇嘛于本月十七日圆寂，应如何褒恤，以示优礼之处，请鉴核施行。等情到院。

查达赖喇嘛护持正法，卫国安民，功绩昭著，似宜特予褒恤，以示优异。拟请钧府明令追赐护国弘化广[普]慈圆觉大师封号，所有优礼隆施办法，饬由主管机关迅速妥议呈候施行。

是否有当，理合备文呈请钧府鉴核示遵。谨呈

国民政府主席林

行政院院长　汪兆铭

中华民国二十二年十二月二十一日

〔国民政府档案〕

4. 石青阳致西藏司伦噶厦唁电

（1933年12月21日）

拉萨。司伦、噶厦并转全藏僧民钧鉴：

惊闻达赖大师圆寂，震悼殊深。遥念西陲，弥切关怀。除呈请中央从优褒恤，暨令蒙古、青、康、平、热、五台各寺唪经外，特电致唁。

石〇〇。印

二十一日

〔蒙藏委员会档案〕

5. 国民政府为追赐达赖封号等事给行政院指令

（1933年12月22日）

指令　第2344号

令行政院

呈据蒙藏委员会报告，达赖喇嘛于本月十七日圆寂，拟请追赠封号，并饬妥议优礼隆施办法，呈请核示由。

呈悉。达赖喇嘛已有明令追赠护国弘化普慈圆觉大师封号，并饬议定褒崇典礼，呈候施行矣。仰即转饬知照。此令。

中华民国二十二年十二月二十二日

〔国民政府档案〕

6. 蒙藏委员会为饬各寺庙唪经追悼达赖事给班禅驻京办事处等训令

(1933年12月22日)

训令　发文　字第2948号

班禅驻京办事处
章嘉呼图克图驻京办事处
本会驻平办事处
令　本京蒙藏训令班
北平蒙藏学校
蒙古各盟旗联合驻京办事处
西康民众代表驻京办事处

案据西藏代表贺代电称，接奉西藏司伦、噶厦电开：达赖佛座于国历本月十七日圆寂，肃电陈报。等情。

除由本会呈请行政院从优褒恤，并分电蒙古、青、康、平、热、五台山各寺庙一体为达赖大师唪经追悼外，合行令仰知照。此令

委员长　石〇〇

中华民国二十二年十二月二十二日

〔蒙藏委员会档案〕

7. 石青阳为请转饬所属寺庙唪经追悼达赖事致宋哲元等电

(1933年12月22日)

电　字第388号

张家口宋主席、绥远傅主席、宁夏马主席、甘肃朱主席勋鉴：

据西藏驻京代表贺代电称，顷接西藏司伦、噶厦电告，达赖大师于本月十七日圆寂。等情。

除呈请从优褒恤并分电各寺庙嗪经外，特此电达，希转知贵省区各寺庙一体嗪经，以志追悼为荷。

石〇〇。祃。印

〔蒙藏委员会档案〕

8．石青阳为务希对藏族僧民切实爱护事致龙云等电

（1933年12月22日）

电　字第387号

昆明龙主席志舟兄、西宁马主席勋臣兄、雅州川康边防刘总指挥自乾兄勋鉴：

据西藏驻京代表贺代电称，顷接西藏司伦、噶厦来电，达赖大师于本月十七日圆寂，肃电呈报。等情。

除由本会呈请从优褒恤，并分电蒙古、青、康、平、晋各寺庙一体嗪经外，关于西藏善后问题，正由政府妥为处理。贵省、西康接近边界，对于藏族僧民务希依照中央和平意旨，切实爱护，一致团结，是所至盼。

弟石〇〇叩。养。印

〔蒙藏委员会档案〕

9．九世班禅为达赖圆寂请中央从优追封并通令各省隆典祭悼事致蒙藏委员会电

（1933年12月27日）

急。京。蒙藏委员会石委员长勋鉴：

昨接京电，骇悉达赖大师于本月筱日圆寂。恶[噩]耗传来，悲痛欲绝，众生不幸，禅尤独伤。前岁曾遣安钦入藏，正欣追随有日，忽闻达师解脱，宇宙顿晦。回忆我师坐镇西陲，拥我中央，护国宏教，功莫大焉。伏望贵会转呈政府，请予从优追封达赖大师，并通令各省隆典祭悼，以彰殊勋。

除由禅通饬青、康、蒙、藏各寺院一律诵经追荐，并祷呼毕勒罕早日转世，以维藏局，而慰众生，特电哀恳，伏乞垂鉴。

班禅额尔德尼叩。感（二十七日）。印

〔蒙藏委员会档案〕

10．行政院为会同内政部议定褒崇达赖喇嘛典礼事给蒙藏委员会训令

（1933年12月27日）

行政院训令　字第6106号

令蒙藏委员会

案准国民政府文官处第五九九六号公函内开，奉国民政府令开：西藏达赖喇嘛，教思宏溥，觉性澄明，卫国安民，懋著勋绩。方冀住世悠长，安边阐教。兹闻圆寂，震悼良深。达赖喇嘛应追赠护国宏化普慈圆觉大师封号，一切褒崇典礼，务极优隆。著由行政院饬主管部会会同议定，呈候施行，以昭党国怀远旌贤之至意。此令。等因。除公布外，相应录令函达查照办理。等由。

准此，应由该会会同内政部议定，呈院核转。除分令外，合行令仰该会遵照。此令。

院长　汪兆铭

中华民国二十二年十二月二十七日

〔蒙藏委员会档案〕

11．行政院为转知国民政府令事给蒙藏委员会训令

（1933年12月30日）

行政院训令　字第6158号

令蒙藏委员会委员长石青阳

案查前据该委员长报告：达赖喇嘛于本月十七日圆寂，应如何褒恤，以示优礼之处，请鉴核施行。等情到院。当查达赖喇嘛，护持正法，卫国安民，功绩昭著，似宜特予褒恤，以示优异。经呈请国民政府明令追赐封号，所有优礼隆施办法，并由主管机关迅速妥议，呈候施行在案。兹奉国民政府第二三四四号指令内开：呈悉。达赖已有明令追赠护国弘化普慈圆觉大师封号，并饬议定褒崇典礼，呈候施行矣。仰即转饬知照。此令。等因。

院长　汪兆铭

中华民国二十二年十二月三十日

〔蒙藏委员会档案〕

12．石青阳为中央已明令追赠达赖封号并电各寺庙唪经祭奠等事复班禅电

（1934年1月4日）

电　字第2号

百灵庙。班禅大师慧鉴：

感电诵悉。达赖大师圆寂，政府轸念勋劳，良深震悼。业经明令追赠护国弘化普慈圆觉大师封号，并由本会通电各省、市寺庙一致唪经祭奠，借彰伟绩。现正会同内政部详议身后一切褒崇典礼，并拟在京设奠致祭，以志追悼。

尚祈大师节悲顺便，为国珍摄，并盼早日莅京，共商善后，是所至祷。

石青阳叩。鱼。印

〔蒙藏委员会档案〕

13．西藏代表为催请大员入藏事致蒙藏委员会呈

(1934年1月8日)

案查代表等前奉面示，拟请速派大员入藏吊唁，借谋中央与西藏一切问题之解决。等因。当即转电西藏陈商。承交致西藏电文，亦经遵照译转。旋奉西藏司伦、噶厦、伊仓两次复电，并已先后转译密陈各在案。

现在此项明令尚未发表，代表等理宜静候。惟兹事既经征得西藏同意，应请迅速办理，免劳远人跂望。京藏间道阻且长，大员出发及藏中欢迎，彼此一切筹备，均需时日，更以从速为宜。为此具文呈恳钧会鉴察，转请速派大员入藏，早日出发，以慰远人而利边局。谨呈蒙藏委员会

西藏总代表　贡觉仲尼

代表　阿旺坚赞

阿旺扎巴

曲批图丹

中华民国二十三年一月八日

〔蒙藏委员会档案〕

14．蒙藏委员会为转呈西藏代表催请大员入藏事致行政院呈

（1934年1月10日）

密呈　发文　字第52号

案据西藏总代表贡觉仲尼，代表阿汪坚赞、阿汪扎巴、曲批图丹呈称，案查代表等前奉面示云云，以慰远人而利边局。等情。据此，理合转呈钧院鉴核。谨呈

行政院院长汪

（全衔）　石〇〇

〔蒙藏委员会档案〕

15．国民政治特派黄慕松为致祭专使令

（1934年1月12日）

国民政府令　第23号

特派黄慕松为致祭护国弘化普慈圆觉大师达赖喇嘛专使。此令。

中华民国二十三年一月〈十二〉日

〔国民政府档案〕

16．行政院为奉府令特派黄慕松为致祭专使事给蒙藏委员会训令

（1934年1月13日）

行政院训令　字第208号

令蒙藏委员会

案准国民政府文官处第一四八号公函开：案奉一月十二日国民政府令开：特派黄慕松为致祭护国弘化普慈圆觉大师达赖喇嘛专使。此令。等因。奉此，除由府公布及填发特派状外，相应录案函达查照，转饬遵照。等由。

准此，合行令仰该会知照。此令。

院长　汪兆铭

中华民国二十三年一月十三日

〔蒙藏委员会档案〕

17．蒙藏委员会为中央特派黄慕松为致祭专使事致西藏司伦等电

（1934年1月17日）

电　字第12号

拉萨。司伦、噶厦、伊仓均鉴：

奉行政院转奉国民政府令开：特派黄慕松为致祭护国弘化普慈圆觉大师达赖喇嘛专使。等因。奉此，特此电达。

蒙藏委员会委员长　石〇〇。筱。印

〔蒙藏委员会档案〕

18．蒙藏委员会为中央特派黄慕松为致祭专使事给西藏驻京办事处训令

（1934年1月17日）

训令　总13

令西藏驻京办事处

案奉行政院第二零八号训令开：案准国民政府文官处第一四八号公函开，案奉一月十二日国民政府令开，特派黄慕松为致祭

护国弘化普慈圆觉大师达赖喇嘛专使。此令。等因。奉此，除由府公布及填发特派状外，相应录案函达查照，转饬遵照。等由。准此，合行令仰该会知照，此令。等因。奉此，除电西藏司伦、噶厦、伊仑外，合行令仰知照，此令。

委员长　石○○

中华民国二十三年一月十七日

〔蒙藏委员会档案〕

19. 国民政府主席祭达赖喇嘛文

(1934年1月27日)

中华民国二十三年　月　日，国民政府主席林○遣专使黄慕松敬荐馨香致祭于护国弘化普慈圆觉达赖大师之灵曰：

宏维大师，诞生西土。不昧慧因，早传法乳。乘愿济民，象教爰主。式阐宗风，宏敷法雨。妙乘自在，世谛圆融。教思翔洽，僧俗钦崇。证回禅天，入三摩地。甘露同沾，慈云普被。倾心枢会，命使参加。绥安边圉，翔赞中华。显密同彰，实权双立。法性真常，精诚不息。崇坛敷座，妙果遽圆。震旦惊悼，法号追颁。狮驭翔空，鸡园辍讲。三昧难闻，众生悲仰。性真不灭，教义长存。庶回宝筏，再转金轮。若水长流，雪山峻极。敬奠苾芬，灵其来格。尚飨。

中华民国二十三年一月二十七日

〔国民政府档案〕

20. 行政院为请鉴核褒崇典礼事致国民政府呈

〔1934年2月1日〕

行政院呈　呈字第183号

案查前据蒙藏委员会呈报，西藏达赖喇嘛于上年十二月十七日圆寂，应如何褒恤，以示优礼之处，请鉴核施行。等情到院。当以达赖喇嘛，护持正法，卫国安民，功迹昭著，宜特予褒恤，以示优异。经呈奉钧府明令追赠护国弘化普慈圆觉大师封号，一切褒崇典礼，务极优隆。著由院饬主管部会会同议定，呈候施行。并经本院令饬内政部及蒙藏委员会会同议定呈核在案。兹据该部、会等呈为拟具褒崇达赖大师典礼，请核转。等情前来。经提出本院第一四五次会议，决议通过。除指令外，理合抄同原件，备文呈请钧府鉴核实行。谨呈

国民政府主席林

计抄呈原呈一件，褒崇典礼一份

行政院院长　汪兆铭

中华民国二十三年二月一日

附一　　抄原呈

案奉钧院第六一〇六号训令略开：奉国民政府令，以西藏达赖喇嘛圆寂，应追赠护国弘化普慈圆觉大师封号，一切褒崇典礼务极优隆，著由行政院饬主管部会会同议定，呈候施行，以昭党国怀远旌贤之至意。此令。等因。应由蒙藏委员会会同内政部议定，呈院转核，合行令仰该部会等遵照。此令。等因。

奉此，遵经本部会等派员会商决定，依据前清旧例，参酌现在情形，拟具褒崇达赖大师典礼各项办法。理合检同原拟办法，备文会呈，仰祈钧院鉴核并转呈国民政府察核施行，实为公便。

再，此次会呈由蒙藏委员会主稿，合并呈明。谨呈

行政院院长汪

附拟具褒崇达赖大师典礼各项办法一件

内　政　部部长　黄绍竑

蒙藏委员会委员长　石青阳

附二　　达赖大师圆寂褒崇典礼

甲、国民政府特派大员赴藏致祭

清例，凡蒙古汗、亲王、郡王等，应派散秩大臣一员致祭。乾隆年间第六辈班禅在北京圆寂，即派亲王致祭。

（一）颁给玉册玉印

即追封大师之玉册、玉印。大员到藏后，应先举行授册授印典礼，再举行致祭典礼。

（二）颁给祭文

清例，蒙古汗、亲王、郡王等，均由内阁撰拟满蒙祭文，交致祭大员赍往。现颁给达赖祭文，应用汉藏合璧文字。

（三）颁给祭品

清例，蒙古汁、亲王，用牛犊一头、羊八只、酒九瓶；群王用牛犊一头、羊六只、酒七瓶。现在达赖祭品，似应比照亲王例从优办理。

（四）发给治丧费

乙、在本京为达赖大师开追悼会

按乾隆年间第六辈班禅在北京圆寂，上谕辍朝一日，除派亲王致祭外，并令近畿敕建各寺庙喇嘛讽经四十九天，以昭隆重。

（一）组织追悼会筹备处

拟请由院令派各关系部、会编制预算，共同组织。

（二）届时国民政府特派大员代表致祭

（子）本京各机关各派代表致祭。

（丑）京内外各团体，各寺庙准其推派代表致祭，但边远地方不及来京者得自行追悼。

（三）唪经二十一天

汉经，请道行高尚之法师主坛。

藏经，请班禅大师主坛。

（四）颁给祭文祭品如前例，用国民政府名义。

〔蒙藏委员会档案〕

21．黄慕松为请颁发署名祭文及照片事致林森呈

（1934年2月1日）

特派致祭护国弘化普慈圆觉大师达赖喇嘛专使行署呈　呈字第183号

呈为呈请事。窃职奉命派赴西藏致祭普慈圆觉大师，关于一切事宜刻正积极筹备，以便克期西发。拟恳钧座颁发署名盖印祭文一件并尺二寸玉照二十张，以备分赠司伦、噶厦及藏方重要人员之需。是否可行，理合呈请，俯赐核示，以便祗遵。谨呈

主席林

职黄慕松呈

中华民国二十三年二月一日

〔国民政府档案〕

22．达赖追悼会筹备处为报告第一次会议决议案事致文官处代电

（1934年2月7日）

达赖大师追悼会筹备处快邮代电

国民政府文官处勋鉴：

案奉行政院令，达赖大师褒崇典礼办法，业经本院第一四五次会议决议通过。达赖大师追悼大会应于本月十日举行，令由蒙藏委员会会同各关系部、会共同组织筹备处，妥为筹备。等因。当于本月五日在蒙藏委员会召集各院、部、会所派人员开达赖大

师追悼会第一次筹备会议，决议各案如下：

追试会日期因时间促迫，不及筹备，拟呈请行政院展缓至十四日举行。

筹备处地址　附设蒙藏委员会内。

追悼会地址　设考试院考场。

唪经地址　分设鸡鸣寺及考试院宁远楼两处。

以上各案，均经呈奉核准在卷。

现本处已于本月六日正式成立，开始办公。如有赠送诔文、礼品各件，应请径交本处收转。

除详细办法另登各报通告外，特此电达，敬希察照。

达赖大师追悼会筹备处叩。虞

〔国民政府档案〕

23. 国民党中执委政治会议秘书处为核准南京追悼会经费等事致文官处函

（1934年2月8日）

径启者：准行政院函开：查达赖于上年十二月十七日圆寂，已由政府明令追赠护国弘化普慈圆觉大师封号，并由本院议决褒崇典礼各项办法。在办法乙项内规定在本京举行追悼大会，经定期于本月十日举行，令饬蒙藏委员会迅即妥为筹备各在案。兹据该会呈称：关于筹备一切费用以及在考试院与鸡鸣寺两处唪经并购置法器等项杂费，约需二万元，除此项概算容俟补编外，请先转呈核定，并令财政部先行垫拨。抄同原呈及褒崇达赖典礼办法函请转呈核定。等由。当经提出第三九四次中央政治会议讨论，并经决议，经费、地点，交常务委员会酌量办理。在案。

兹奉常务委员会谕：追悼达赖案，查唪经原在鸡鸣寺，不在考试院，与体制无关。至其经费，姑准照拨，但须节存整款移拨

南京冬赈会，以救济贫苦市民。奉此，除函复行政院外，相应录案并抄同原附各件函达，即希查照转陈，分别饬遵为荷。此致
国民政府文官处

抄附行政院原函、蒙藏委员会原呈及褒崇达赖大师典礼办法各一件

中央执行委员会政治会议秘书处

二十三年二月八日

附一　　抄行政院原函

案查前据蒙藏委员会呈报达赖于上年十二月十七日圆寂，应如何褒恤以示优礼之处，请鉴核施行等情一案。当经呈奉国民政府明令追赠护国弘化普慈圆觉大师封号，一切褒崇典礼，务极优隆，着由行政院饬主管部、会会同议定，呈候施行，以昭党国怀远旌贤之至意。等因。经即令饬内政部及蒙藏委员会议定呈核。

旋据该部、会会同拟具褒崇达赖大师典礼各项办法请核定。等情到院。经提出本院第一四五次会议，决议通过，呈请国府鉴核。并以原办法乙项内规定在本京举行追悼大会，经本院订期于本月十日举行，令饬蒙藏委员会迅即妥为筹备各在案。

兹据该会呈复称：遵查上项追悼大会既奉令定于本月十日举行，为期甚迫，亟应从速筹备，以免贻误。关于筹备一切费用，以及在考试院与鸡鸣寺两处唪经二十一日，购买法器等项杂费，经核实估计约需二万元。除此项概算容俟补编呈送外，理合先行具文呈请钧院俯赐援照预算章程第三十九条，转请国府核定令行，并恳令饬财政部先行垫拨，俾资支应。再，上项追悼费用，事后实报实销，合并陈明。等情。

据此，相应抄同褒崇达赖大师典礼各项办法一份，函请贵处查照转陈核定为荷。此致

中央政治会议秘书处

计抄送褒崇达赖大师典礼各项办法各一件

院长　汪兆铭

二十三、二、六

附二　　抄蒙藏委员会原呈

谨折呈者。窃达赖大师圆寂，本会奉令筹备追悼。关于筹备暨唪经一切费用约二万元，业经呈请行政院转请核准令拨在案。

上款二万元用途支配如左：

一、唪经费　约一万元。上款内计密坛唪经三日，需费二千元；显坛唪经二十一日，需费七千元。查戴院长主张显、密两坛各唪经三日，密坛费用定为二千元，显坛定为一千元。唯西藏驻京办事处暨出席筹备会议各机关代表金主张显坛唪经二十一日，借示中央褒崇之意。以三日一千元比例计算，二十一日计需七千元，连同密坛唪经费二千元，共为九千元，尚多一千元，拟俟将来各寺庙之用。结束后，九千元如仍有余款，即一并用达赖名义布施。

二、设备费　约四千元。凡制扎牌楼，布置礼堂，佛坛等一切费用均属之。

三、购置费　约三百元。凡应用物件无处赁借，必需购置之各项费用均属之。

四、膳费　六百元。凡追悼会筹备处职员夫役等膳费均属之。

五、邮电费　约四百元。凡一切邮电等费均属之。

六、车马费　约五百元。派员赴考试院、鸡鸣寺两处布置设备以及采买应需物品，必须包雇汽车，约需银如上数。

七、广告费　约四百元。在京、平等处日报登载追悼会启事，约需银如上数。

八、刊物费　约七百元。戴院长为纪念达赖起见，拟印金刚、弥陀及上生、下生等经，约需三百元；本会并拟俟追悼结束后，搜集达赖生前事迹，出一纪念特刊，约需四百元。共计需银如上数。

九、文具费　一百元。凡一切笔墨、纸张、簿册、图记等费均属之。

十、消耗　一千元。凡一切灯火、油脂、茶水、薪炭等费均属之。

十一、杂费　二千元。凡一切杂支及不属于〔以〕上各项费用均属之。

以上总共需银二万元。现奉行政院令，追悼达赖应于本月十日举行。为期极迫，需款筹备，刻不容缓。谨恳钧会照数核定，转行提前拨发，以应急需而免贻误。谨呈

中央政治会议

蒙藏委员会委员长　石青阳

〔国民政府档案〕

24. 行政院为议定达赖追悼会地点日期筹备处简章等事致国民政府呈

（1934年2月8日）

行政院呈　呈字第235号

案查前据蒙藏委员会及内政部会同拟具达赖大师圆寂褒崇典礼呈请核转。等情到院。当经提出本院第一四五次会议，决议通过，并呈请钧府鉴核施行暨分别指令。嗣复经令饬蒙藏委员会于本月十日举行达赖追悼大会，迅即妥为筹备各在案。

兹据该会呈复内称，查原拟达赖大师圆寂褒崇典礼乙项内载，组织追悼会筹备处；又细目内载，由院令派各关系部、会编制预算，共同组织。各等语。即经本会根据原案，函请各关系机关派定负责人员莅会出席，讨论一切关于筹备组织各事宜。当于

本月五日下午三时在本会开达赖大师追悼会第一次筹备会议，决议各项如左：

一、关于追悼会日期　钧会规定追悼大会应于本月十日举行。经详细讨论，佥以筹备期间仅有四日，尚须通知京内外各机关、各团体撰送诔文、派员祭奠，深恐期间促迫，一切筹备均难周妥。最后又经西藏各代表提议，本月十四日为藏历正月一日，西藏僧民均希望择定是日为追悼达赖大师日期，必能预兆吉祥。等语。复经一再会商，决议呈行政院请将追悼大会展缓至本月十四日举行（并经派员面商班禅大师同意）。

二、关于筹备处简章　决议照草案修正通过。

三、关于追悼会地点　决议追悼大会地址借用考试院考场；筹备处地址，设于蒙藏委员会内；唪经地址，汉经借用鸡鸣寺，藏经借用考试院宁远楼。

以上各项，均经分别纪录在卷。现达赖大师追悼会筹备处定于本月六日正式成立，开始筹备，除追悼会经费另文呈请拨发外，理合检同简章一份，具文附呈，仰祈钧院鉴核备案。

再，追悼会日期展缓至十四日举行一节，期间仍极促迫，务乞迅赐核准指令祗遵，实为公便。等情前来。除指令准予备案外，理合缮同简章，备文呈请钧府鉴核。谨呈

国民政府主席林

计缮呈简章一份

行政院院长　汪兆铭

中华民国二十三年二月八日

附：　达赖大师追悼会筹备处简章

第一条　达赖大师追悼会筹备处以蒙藏委员会高级职员暨各机关所派之人员组织之。

前项组织人员均为筹备员。

第二条　本处办理关于达赖大师追悼会一切筹备事宜。

第三条　本处设正主任一人、副主任二人，由蒙藏委员会委员长于筹备员中指定之。

第四条　本处处务会议以正主任为主席，正主任因故缺席时，由副主任代理之。

第五条　本处一切筹备事宜，由处务会议决定之。

第六条　本处设左列各组：

一、文书组　承办一切文书收发、会议纪录及宣传特刊等编印事项。

二、典礼组　承办关于致祭典礼等事项。

三、交际组　承办各项交际及招待事项。

四、庶务组　承办庶务、会计、出纳、布置等事项。

五、唪经组　承办汉经、藏经及照料唪经事项。

六、警卫组　承办一切警卫事项。

第七条　本处各组各设主任一人、副主任一人、干事若干人。

第八条　本处正副主任、筹备员及各组职员均不支薪。

第九条　本处量事务之繁简，得酌用雇员。

第十条　本处经费由蒙藏委员会会同内政部编造概算，呈请行政院转饬财政部照拨。

第十一条　本处设【于】蒙藏委员会【内】。

第十二条　本处俟追悼会办竣时撤销之。

第十三条　本简章如有未尽事宜，由蒙藏委员会呈准修正之。

第十四条　本简章自呈准之日公布施行。

〔国民政府档案〕

25. 国民政府为照准褒崇典礼事给行政院指令

（1934年2月10日）

指令　第253号

令行政院

呈据内政部、蒙藏委员会呈，为会同拟具达赖大师圆寂褒崇典礼，经院决议通过，呈请鉴核施行由。

呈件均悉。准予照办。祭文及玉册、玉印，候文官处分别拟办。治丧费应给若干，即由该院酌议呈核。仰即遵照。附件存。

中华民国二十三年二月十日

〔国民政府档案〕

26. 国民政府为核准追悼日期等事给行政院令

（1934年2月10日）

指令　第255号

令行政院

呈据蒙藏委员会呈报达赖大师追悼会日期、地点并呈送追悼会筹备处简章，请鉴核备案一案，转呈鉴核由。

呈件均悉。准予备案。附件存。此令。

中华民国二十三年二月十日

〔国民政府档案〕

27. 追悼会筹备处为追荐班次秩序并分别派员参加事致国民政府文官处函

（1934年2月12日）

兹送上达赖大师追悼会追荐班次及追悼秩序各一件，即希查

照规定时间及人数，分别派员参加为荷。此致
国民政府文官处
附送追荐班次及追悼秩序各一纸
达赖大师追悼会筹备处启　二、十二

附一，达赖大师追悼会追荐班次

机关名称	时间	备考
一、国民政府主席代表	上午八时	
二、中央党部代	上午八时三十分	
三、班禅大师	上午八时五十分	率领随员
四、国民政府	上午九时二十分	拟请每处各派代表二十人以上参加致祭
子、文官处		
丑、参军处		着军服
寅、主计处		
卯、政务官惩戒委员会		
辰、导淮委员会		
巳、赈务委员会		
午、建设委员会		

机关名称	时间	备考
五、行政院及所属各部会	上午九时四十分	拟请每机关各派代表五人以上参加
子、内政部		
丑、外交部		
寅、军政部		着军服
卯、海军部		着海军服
辰、财政部		
巳、实业部		
午、教育部		
未、交通部		
申、铁道部		
酉、司法行政部		
戌、禁烟委员会		
亥、侨务委员会		

机关名称	时间	备考
六、立法院	上午十时	拟请全体委员及高级职员参加致祭
七、司法院及所属各机关	上午十时二十分	拟请每机关各派代表二十人以上参加致祭
子、最高法院		
丑、行政法院		
寅、公务人员惩戒委员会		
八、考试院	上午十时四十分	拟请每机关各派代表四十人以上参加致祭
子、铨叙部		
丑、考选委员会		
九、监察院	上午十一时	拟请全体监察委员及高级职员参加致祭
子、审计部		
十、国民政府直属各军事机关	上午十一时二十分	拟请每处派二十人至三十人参加致祭（着军服）
子、军事委员会		

机 关 名 称	时 间	备 考
丑、军事参议院		
寅、参谋本部		
卯、训练总监部		
十一、南京市党部代表	上午十一时四十分	
十二、南京市政府所属各机关	正午十二时	拟请每处派二十人至三十人参加致祭
子、社会局		
丑、财政局		
寅、工务局		
十三、各省市党部代表	下午一时	
十四、各省政府各军师旅团及京外各团体代表	下午一时二十分	
十五、南京警备司令部南京宪兵司令部	下午一时四十分	拟请共派职员四十人以上参加致祭（着军服）
十六、首都警察厅	下午二时	拟请派职员四十人以上参加致祭（着军服）

机关名称	时间	备考
十七、本京各军事学校	下午二时二十分	拟请每校各派代表三十人参加致祭（着军服）
子、中央军官学校		
丑、步兵专门学校		
寅、炮兵专门学校		
卯、骑兵专门学校		
辰、工兵专门学校		
巳、军需学校		
十八、本京各大学	下午二时四十分	拟请每校派四十人参加致祭（着学校制服）
子、中央大学		
丑、金陵大学		
寅、中央政治学校		
十九、蒙古各蒙旗代表、蒙藏、青、康各驻京办事处	下午三时	

机关名称	时间	备考
子、蒙古各蒙旗代表		
丑、章嘉办事处		
寅、诺那办事处		
卯、敏珠尔办事处		
辰、西康民众办事处		
巳、蒙古各蒙旗联合办事处		
二十、本京各团体	下午三时二十分	拟请每团体各派十人参加致祭
二十一、蒙藏委员会	下午三时四十分	全体参加
二十二、达赖大师追悼会筹备处全体	下午四时	全体参加

以上参加致祭各机关人员制服，除另有规定外，一律着蓝袍、短马褂，以期划一而肃观瞻。

附二　追悼秩序

一、就位

二、肃立

三、奏乐

四、主祭者诣大师座前行献礼

子、上香

丑、献花
寅、献帛(哈达)
五、主祭者复位
六、行三鞠躬礼
一鞠躬　再鞠躬　三鞠躬
七、奏乐
八、礼成
大师代表还礼

〔国民政府档案〕

28. 国民政府为派参军长前往致祭事致行政院指令

(1934年2月13日)

指令　第277号

令行政院

呈据蒙藏委员会呈，为达赖大师追悼会请转呈国民政府届时特派大员代表致祭，并颁给祭文，转呈鉴核施行由。

呈悉。已派参军长前往致祭，并颁给祭文矣。仰即转饬知照。此令。

中华民国二十三年二月十三日

〔国民政府档案〕

29. 胡德章关于册封致祭仪式的签呈

(1934年2月20日)

昨日下午三时，国府典礼局派傅科长选青并邀同内政部礼俗司梁科长持函前来，会商黄专使到藏后举行授印册封及致祭一切仪式。德章当时以未奉钧座委派，仅作谈话式之会商。结果决定如下：

一、授印册封仪式，应以二十年授班禅大师封号举行之仪式为根据。前项仪式典礼局有案可查，并嘱本会查考旧制，以备参考。

二、致祭仪式，应以此次追悼会所定之仪式为根据，如有增减必要，正式开会时再行决定。

三、定于本月二十二日(星期四)下午三时，由内政部、典礼局及本会三处派员出席会商。会议地点定在典礼局。

关于第一项授印授册仪式，理藩〈部〉则例并无明文规定。惟于旧卷内查得有光绪三十四年加封达赖喇嘛诚顺赞化西天大善自在佛时，有理藩部会同礼部所拟礼节单一件。惟前项礼节，尚举行跪拜仪式，拟与现在情形不同，仅可作为参考，应仍以二十年班禅大行举行授印典礼作为根据。

关于第二项，应照追悼会所定仪式稍加隆重，以重国体。

关于第三项，届时是否由德章出席，抑另派其他人员前往会商之处，理合检同光绪三十四年旧礼节单一件。谨呈处长转呈委员长核示祗遵。

科长　胡德章

二、二〇

〔蒙藏委员会档案〕

30．国民政府为照准礼品费用事给行政院指令

(1934年2月24日)

指令　第358号

令行政院

呈据蒙藏委员会呈为达赖大师圆寂，政府已派定专使入藏致祭，本会循例应备礼品，代表中央分赠藏方政教领袖及各大寺庙，

计共需银七千八百一十三元。请察核转请核定分行，以便领款赶办。等情。经提院会决议通过，录案转请鉴核由。

呈悉。案经本府委员会第十一次会议通过。已分别令行该院转饬财政部照数拨发，并饬蒙藏委员会知照，及令行监察院转饬审计部查照矣。仰即知照。此令。

中华民国二十三年二月二十四日

〔国民政府档案〕

31. 国民政府追赠十三世达赖护国弘化普慈圆觉大师封号册文

(1934年3月1日)

雪山肇迹，作狮吼于三空；若水诞灵，与鹫峰为一脉。达赖喇嘛护持正教，翊戴中华溥化乌斯，宏敷象教，宜追赠护国弘化普慈圆觉大师封号。於戏！德音渐被，共伊克昭庙以常新；法统绵延，并阿耨达山而永峙。式颁册命，用示荣褒。

〔蒙藏委员会档案〕

32. 国民政府参军处典礼局为抄送致祭秩序册及礼堂图式事致蒙藏委员会函

(1934年3月20日)

径启者：案查特派赴藏致祭达赖大师专使黄慕松函请规定祭礼仪式一案，本局为慎重典礼起见，当经函请贵会及有关系机关各派代表一人，于上月二十二日下午二时来局开会。届时承派藏事处胡科长德章出席共同讨论。佥以参照旧仪，运用新式为合，遂即席拟订致祭秩序一册及礼堂图式二纸，并由本局依式经过一度演习，似尚适合。兹已签奉主席核阅发下。

除将祭礼秩序及礼堂图式函送专使行署备用及内政部存查外，相应检送一份，即希贵会存查为荷。此致

蒙藏委员会

计附祭礼秩序一册① 、礼堂图式二纸

国民政府参军处典礼局启

三、二十

附一　　礼堂布置图

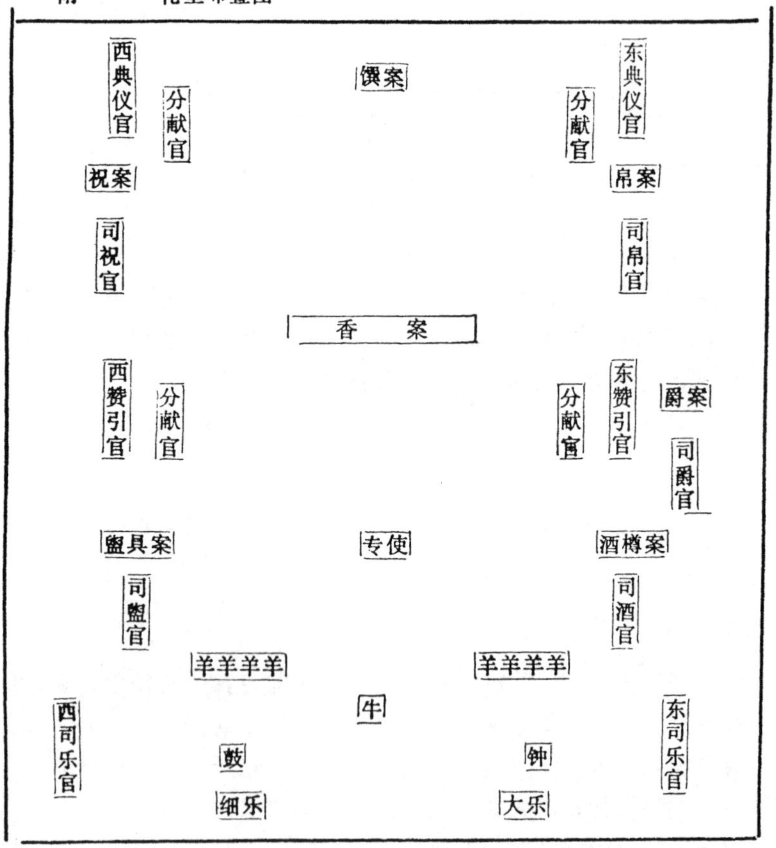

① 祭礼秩序一册原缺。

附二　礼堂进行方位图

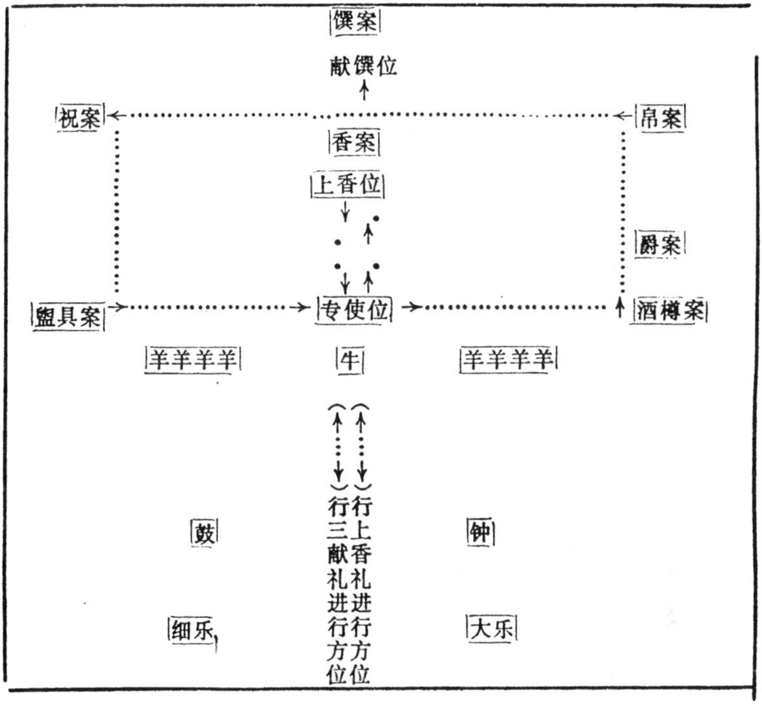

〔蒙藏委员会档案〕

33．西藏代表为申谢各机关团体追悼达赖事致国民政府函

（1934年3月23日）①

主席钧鉴：

敬肃者，达赖先佛示现涅槃，藏众业深，遽失怙恃。仰荷各机关、团体盛会追悼，净坛斋荐，并蒙宠赐祭唁，赠赉有加。珍

① 此为国民政府收文日期。

品庄严，留千秋之纪念；鸿文赞叹，极一世之荣哀。稽首拜嘉，弥殷悲感。肃笺申谢，敬叩钧安。

西藏代表　贡觉仲尼
阿旺坚赞
阿旺札巴
曲批图丹谨禀

〔国民政府档案〕

34. 黄慕松关于启程日期致国民政府呈

（1934年4月19日）

呈为呈报事：窃职以致祭达赖大师事宜筹备业经就绪，所有行署人员均经先行出发，并分别呈报在案。职定于四月二十六日自京乘飞机直航成都，取道西康入藏。除分别呈咨外，理合呈报，伏祈鉴察备案，实为公便。谨呈

国民政府主席林

职黄慕松

中华民国二十三年四月十九日

〔国民政府档案〕

35. 魏怀为黄慕松安抵拉萨奉谕复慰电

（1934年9月1日）

拉萨。黄专使慕松勋鉴：

行密。勘电呈报安抵拉萨，备受藏方欢迎各情，经已陈奉主席阅悉，并奉谕复慰等因。

特达查照。

国民政府文官长　魏。东。印

〔国民政府档案〕

36. 黄慕松为朝拜三大寺及商洽册封致祭日期致行政院等电

（1934年9月5日）

南京。行政院长汪
南昌。军事委员长蒋 钧鉴：

致密。三大寺中之折捧、色拉二寺业经朝毕，明鱼日往加登寺朝佛，灰日可回拉萨。

四品以上之主要官员均已晤谈，对中央印象似觉良好。

至册封致祭日期，现正商议中。藏方习惯办事迟缓，不能迅速也。

班禅驻印代表康福安来谈，谓对于班禅回藏问题此间当局缺少诚意，颇抱疑虑，请松尽力。等语。逆料将来商谈总有许多周折。谨报。

职黄慕松叩。微。叩。

〔行政院档案〕

37. 黄慕松密报与首席噶伦晤谈情形致行政院等电

（1934年9月10日）

南京。行政院长汪
南昌。军事委员长蒋 钧鉴：

极密。致密。昨日自加登寺朝佛归来。本灰晨往访首席噶伦泽墨，约谈一小时许。兹将关于中藏交涉之步骤择要陈报：

（一）泽墨询可否依据辛姆拉草约开始商谈？松告以中藏内部问题中央不愿第一〔三〕者过问。陈贻范革职，乃国人唾弃之结果。

（二）泽墨旋谓中藏结一条约如何？松告以藏方倘有希望，不妨逐条开具出来，松当为转呈中央核办。

（三）泽墨谓中藏大小悬殊，人惩于川军之乱，中藏和好非有证人不可，并达赖在印度时亦有藏事请英信仰保证之诺言，询松之意见若何？松告以双方交涉首重诚意。苟无诚意，仅弥缝一时之冲突，虽有证人亦何足恃？试观国际间之条约，如国际联盟之约章及九国公约等之动力如何？况英藏交恶，历史宛然犹在，目前岂有无报酬而尽保证之责任？望贤明负责之政治家应切实晓谕开导之。

（四）泽墨谓中央对西藏有具体之办法否？松告以达赖停丧在堂，中央不欲有所提示，但极愿聆悉西藏之希望。

（五）泽墨允在噶厦及大公所将藏关于政治上、宗教上及其他重要问题具体议定后，提请商议。

嗣后情形如何，容再续报。

本日噶厦公宴行署全体。又，尼泊尔驻藏代表署重要职员来署晤谈，颇觉融洽。谨报。

职黄慕松叩。灰。印

〔国民政府行政院档案〕

38. 黄慕松密报司伦等皆望解决中央与西藏问题致行政院等电

（1934年9月12日）

南京。行政院长汪
牯岭。军事委员长蒋 钧鉴：

致密。松以朝山归来之机会，历访司伦及各噶伦，皆希望中藏问题商议解决。松表示竭诚接受，代呈中央核示。盖藏方内部政争潜伏，民困已极，加以西英事形势日非也。司伦并谈及班禅回藏及路线问题，松表示在保持班禅尊严与保障西藏治安两大原则之下，极愿执斡旋之劳。伊云将来噶厦必与专使细商。此事宜稍镇静，俟噶厦方案提出，随机应付。谨报。

职黄慕松叩。文。印

〔国民政府行政院档案〕

39. 黄慕松关于热振等解决中央与西藏问题态度致行政院等密电

（1934年9月14日）

南京。行政院长汪
南昌。军事委员长蒋 钧鉴：

致密。昨元日参观机器厂，即制造军械、印刷纸币、铸造银元、铜元及电灯发电之所。由总办郎中噶伦、会办擦戎殷勤招待。规模不大，布置尚好。继续参观兵营装备，自无可观，而房舍尚觉清洁。

寒午热振在宅公宴，谆以早日解决中藏问题为嘱，有西康问题能早解决则万事皆了之口气。现在噶厦尚未将具体办法出示，而默察各方谈话之要点，均注重西康及对于班禅回藏问题，而松则以为中央与西藏之关系宜先尽明确之规定，则其他问题较易解决。俟藏方具体办法提出后，自当虚心平气与之细商。

闻黎丹既到黑筝，数日间可抵拉萨。谨闻。

职黄慕松叩。寒。印

〔国民政府行政院档案〕

40. 黄慕松密报四噶伦提出先磋商中央与西藏问题而后举行典礼致行政院等电

（1934年9月16日）

特急。南京。行政院长汪
牯岭。军事委员长蒋 钧鉴：

致密。册封、致祭典礼曾由噶厦派僧俗四品官两员来署商洽，已将册封礼节商定。松希望皓日举行册封，有日致祭。昨据商洽之官员回称，皓日不吉，宜另择吉日，加紧择定便是。

乃今晨四噶伦来谈，职署参议以上列席。藏方历解中藏历史归结，提出先行磋商中藏问题，俟有结果，然后举行册封、致祭。我方告以册封、致祭乃中央尊崇达赖之盛意，全国视听所集，且为专使之重要任务，宜赶紧举行，一面商议中藏问题。藏方又谓，西康为中藏根本问题，宜先商议。其希望有二：（甲）照唐柯三与却让代本于民二十年所议之九条，中央可否正式认为正约；（乙）青海撤退海南及俄洛之兵。我方答以西康问题固是重要，为求根本和平计，宜先解决中央与西藏之关系，则地方问题庶易办理。至甲项则唐却会议之九条，已因二十年战争而未决，另结冈拖协定，自难办到。乙项则情形不明，未能即答。总之地方事件固随中央与西藏之关系而大有伸缩也。藏方询任务所定之根本条件如何？我方答以达赖停丧在堂，中央固在尊重礼仪，其有磋商事件，准备先听藏方之希望。藏方允不日提出。藏方询双方交涉可否在英国以〔外〕另觅证人？我方答以内部交涉毋须第二〔三〕者参与。藏方询班禅由海道回藏能否办到？我方告以在保持班禅尊严及维持西藏治安两大原则之下，可从长商量。在松个人意见，班禅酌带所需之卫兵，不带多兵，不带多枪，则西藏治安无虑，可勿讨论路线问题。但声明此系个人之调停意见。藏方允呈热振、司伦及交大公所会议。等情。

窃查西藏与中央历次交涉，强移曲折，已成惯性。历次相与周旋，既不敢骤抱乐观，亦不能即抱悲观。惟有从容宽宏，多晤多谈，俾中央德意能深入其心，期其渐有澈悟。再，后情如何，再行奉陈。兹将本日谈论略呈概要，惟祈鉴察。

职黄慕松叩。铣。印

〔国民政府行政院档案〕

41．黄慕松为请准追加入藏经费预算事致行政院等电

（1934年9月20日）

急。南京。行政院长汪、参谋本部贺次长贵公钧鉴：

致密。松奉命致祭达赖大师经费，预算为十个月。计自三月职员由京出发，至现在已近七个月，由拉萨回京途中，约需两个月，所余仅一个月经费。西藏人办事迂缓，惯于曲折，在此极短时间恐难完成使命。拟恳准予延长预算，自民国二十四年一月份起，按月拨边务组寄印度领馆转汇拉萨应用。如何之处，请赐核夺。倘蒙核准，除预扣回京经费两个月份，拟请准自本年十一月预寄，合并陈明。

计行署每月经常费、职员补助费五千二百八十元；办公费如邮票、医药、购置杂支、文具共计二千八百元；职员旅费二千六百八十八元；特别费二千元；卫士二十名三百元；在拉萨临时雇用公役十名，每名十五元，共一百五十元，总计每月经常费一万三千二百十八元。

职黄慕松叩。智。印

〔国民政府行政院档案〕

42．黄慕松为册封典礼日期已定事致国民政府等电

（1934年9月21日）

分送。南京。主席林、行政院长汪钧鉴：

牯岭。军事委员长蒋钧鉴：

册封护国弘化普慈圆觉大师达赖喇嘛典礼，谨订于九月二十三日上午十一时在布达拉正殿举行。谨电奉陈，伏乞鉴察。

特派致祭护国弘化普慈圆觉大师达
赖喇嘛专使黄慕松叩。马。印

〔国民政府行政院档案〕

43．黄慕松为请饬京中各机关于册封典礼日悬旗志庆事致行政院电

（1934年9月21日）

限即刻到。南京。行政院长钧鉴：

致密。漾日举行册封达赖大师典礼，藏方筹备颇见隆重。拟请饬令京中各机关或全市悬旗志庆，以示优崇，借增情感。是否有当，谨呈鉴核施行。

职黄慕松叩。马。印

〔国民政府行政院档案〕

44．蒙藏委员会为蒙方主张先议中藏问题待有结果再行册封致祭典礼事致行政院呈

（1934年9月22日）

蒙藏委员会呈　第2492号

顷准黄专使慕松筱电内开：祭密。（一）铣日四噶伦来，忽主张先议中藏问题，俟有结果，再行册封、致祭典礼。经我方驳议。至开议中藏问题各情形，已详呈汪院长电中，国防会议当蒙鉴及。（二）铣游卢布林岗之达赖宫殿，参观近卫兵营；筱参观知纲学校、邮政局、电报局、历算及医药学校。（三）黎丹皓日可到拉萨。余容续陈。等因。

准此，查此次国民政府特派黄专使赴藏，其任务有三：(一)举行追赠达赖册封典礼；(二)代表政府致祭达赖；(三)乘便解决中藏问题。前一、二两项，业经明令公布，昭示中外；第三项为附带秘书任务。现黄专使甫抵拉萨，自应按照使命依次举行。兹据原电所称，四噶伦忽主张先议中藏问题各节，测其用意，不啻以中藏问题有无结果为举行典礼与否之标准，殊失中央优遇藏方之本意。黄专使驳斥不准，处置极当。

除以筱电敬悉，拟先举行册封、致祭典礼后再议其他，主张甚是，至佩荩筹，已转呈行政院及国防会议察核矣，电复黄专使外，理合具文转呈钧院鉴核，并请并案转送国防会议。

谨呈

行政院长汪

蒙藏委员会委员长　石青阳

中华民国二十三年九月二十二日

〔国民政府行政院档案〕

45. 蒙藏委员会为照黄慕松意见解决中央与西藏问题事致行政院呈

(1934年9月22日)

蒙藏委员会呈　第2493号

案准钧院秘书处抄发黄专使慕松青、寒密电各一件到会。

查中央此次特派黄专使赴藏，解决中藏问题，当然以恢复西藏与中央原有关系为主要原则。如藏方能在中央统治下恢复原有政治关系，则其他各项枝节问题自可迎刃而解，此为中央对藏一贯政策。

兹据寒电所称，热振呼图克图表示，有西康问题能早解决则万事皆了之口气；又默察各方谈话要点，均注重西康及班禅回藏问题。等语。藏方对中央关系如何恢复，未曾议及。先要求解决西康问题，是与筱电主张（黄专使致本会筱电已另案转呈）先议中藏问题，俟有结果，再举行册封致祭典礼，同一用语，殊非中央解决藏事本旨。

黄专使主张西藏与中央之关系宜先明确规定，则其他问题自易解决，处置妥适，深合机宜。拟请即照黄专使意见，俟藏方提出具体办法后，即依此原则详细研讨，并请将青、寒两电抄送国防会议。

理合具文呈复，仰祈钧院鉴核施行。谨呈

行政院院长汪

蒙藏委员会委员长　石青阳

中华民国二十三年九月二十二日

〔国民政府行政院档案〕

46．行政院为请于册封达赖喇嘛典礼日饬令各机关暨京市悬旗志庆事致国民政府呈

（1934年9月22日）

行政院呈　呈字第1714号

案据特派致祭达赖大师专使黄慕松马电称，漾日举行册封达赖大师典礼，藏方筹备颇见隆重，拟请饬令京中各机关或全市悬旗志庆，以示优崇，藉重情感。等情。

据此，理合备文呈请钧府鉴核施行，指令祇遵。谨呈

国民政府主席林

行政院院长　汪兆铭

中华民国二十三年九月二十二日

〔国民政府档案〕

47. 汪兆铭为已通饬各机关暨京市悬旗志庆事致黄慕松电

（1934年9月22日）

拉萨。黄专使慕松兄勋鉴：

致密。马电诵悉。漾日举行册封达赖大师典礼，已即呈国府通饬各机关暨京市悬旗志庆，希通告藏方，示以中央特予优崇之意。

我兄虢征宣惠，克完使命，备著贤劳，曷胜佩勗。特复。

汪兆铭。养

〔国民政府行政院档案〕

48. 黄慕松为册封典礼已经举行事致行政院电

（1934年9月23日）

南京。行政院长汪钧鉴：

册封护国宣〔弘〕化普慈圆觉大师达赖喇嘛典礼，已于九月二十三日上午九时在布达拉正殿举行。谨呈。

特派专使　黄慕松叩。漾午。印

〔国民政府行政院档案〕

49. 黄慕松为册封典礼情况等事致行政院电

（1934年9月23日）

南京。行政院长汪钧鉴：

致密。养日两电奉悉。中央悬旗庆祝已正式通告噶厦。

本晨举行册封典礼，我方肃静整齐，秩序较佳，足令藏方感佩。

治丧费五万元，曾与藏方商定，将林主席及钧座与蒋委员长姓名刻入大金灯上，以资纪念。

中藏交涉，自当遵钧旨坚持忍耐，诚恳开导，努力做去。

尼泊尔驻拉萨新任代表昨日到署，职派员往迎，异常欢喜。谨闻。

职　黄慕松叩。梗。印

〔国民政府行政院档案〕

50．黄慕松为总堪布诣署申谢事致行政院电

（1934年9月24日）

急。南京。行政院长汪钧鉴：

致密。漾日举行册封达赖大师典礼。敬日晨次，总堪布诣职署恭递哈达，请转呈中央申谢。京中各机关暨全市悬旗庆贺，优仪逾隆，尤表感戴。

谨电代陈，恳请转呈国府至祷。

职黄慕松叩。敬。印

〔国民政府行政院档案〕

51．黄慕松为噶厦反对在祭堂内外悬党旗国旗请示变通办法事致行政院电

（1934年9月26日）

南京。行政院长汪钧鉴：

致密。致祭达赖大师典礼，藏方择订于俭日或陷日在布达拉正殿举行，职拟订俭日。惟因祭堂内或堂外须悬党国旗以示隆重，曾交涉多次。藏当局以布达拉及各寺院与有达赖座位处素未悬旗，

已成习惯，坚决反对，拟另觅地点。等情。但据职署职员访询藏方重要当局，表示实有政治上之顾虑。

窃维此次中央褒崇达赖大师，首在恢复情感，倘以此问题发生裂痕，殊失中央德意，可否变通之处，应行请示者一。国旗代表国家尊严，不敢轻视，并关系此后交涉甚重，如藏方仍坚持己意，职拟于陷日在职置悬旗举行，以完成致祭典礼，应行请示者二。统乞于俭日前急电示遵。

职黄慕松叩。宥。印

〔国民政府行政院档案〕

52. 汪兆铭为致祭日悬旗事复黄慕松电

（1934年9月28日）

限即刻到。拉萨。黄专使慕松兄勋鉴：

宥电诵悉。致密。致祭日可在专使行辕高悬国旗、党旗。如布达拉无悬旗习惯，自可听之，但不得悬别种旗为要。

汪兆铭。俭

〔国民政府行政院档案〕

53. 黄慕松为继续函促噶厦将中央与西藏根本关系意见开示事致行政院等电

（1934年9月28日）

南京。行政院长汪
牯岭。军事委员长蒋 钧鉴：

致密。敬日噶厦交来公函，曾经电陈，谅邀鉴核。今日函，仍促其查照前次谈话结果，将中藏根本关系之意见开示。盖基本问题未明确决定以前，其他事项未便商议也。谨报。

职黄慕松叩。俭。印

〔国民政府行政院档案〕

54. 汪兆铭关于处理中央与西藏地方关系问题复黄慕松电

(1934年9月29日)

拉萨。黄专使慕松兄勋鉴：

有电敬悉。致密。恢复中藏关系为中央最切希望，我兄最大让步可将恢复中藏关系与解决康藏纠纷同时商议，一并决定。

弟兆铭。艳

〔国民政府行政院档案〕

55. 黄慕松为报致祭典礼已于布达拉宫举行事致林森电

(1934年10月1日)

南京。主席林钧鉴：

致祭护国弘化普慈圆觉大师达赖喇嘛典礼已于十月一日在布达拉正殿举行。谨呈。

特派专使　黄慕松叩。东午。印

〔国民政府档案〕

56. 黄慕松为陈报访晤热振等谈话情况事致行政院电

(1934年10月2日)

南京。行政院长汪钧鉴：

致密。艳电奉悉。当照尊示与噶厦交涉。职为联络感情起见，今晨访晤热振、司伦，表示专使得完成册封、致祭之谢意，并谈中藏问题宜先恢复中藏关系。答词空洞。明日或可晤各噶伦，于〔与〕噶再为切实之磋商。司伦曾说中藏睽隔已久，多提问题恐徒劳无功，西藏当局遵照达赖之主张，故欲解决康藏问题，倘中央提出别种条件，则宜交大公所会议解决。职答以康藏问题固属重要，倘中藏关系不恢复，征诸往例，恐难达福利目的。中央别无苛求，所以本使极愿聆悉西藏当局对于恢复中藏关系之意见。伊答可慢慢商量。谨报。

职黄慕松叩。冬。印

〔国民政府行政院档案〕

57. 黄慕松为藏方允即提出中央与西藏关系问题具体答案等事致行政院等电

（1934年10月3日）

南京。行政院长汪
牯岭。军事委员长蒋 钧鉴：

致密。致祭典礼，我方郑重举行，藏方印象尚佳。昨今两日，职历访热振、司伦及各噶伦，申谢其襄助典礼之盛意，并谈中藏问题。据说一二日内将提出较具体之答案。情形如何，届时再报。昨答拜尼泊尔代表，晤谈甚欢。伊希望职在藏公毕后往游尼泊尔。职答南京当局亦甚希望尼泊尔显要到南京一游。

探闻藏方将准英人贝尔自江孜至桑鸢寺居住，距拉萨不过四十五华里。果尔，则阻止西藏内向之策划将更猖獗也。

职黄慕松叩。江。印

〔国民政府行政院档案〕

58. 行政院为致祭典礼业已举行事致国民政府呈

（1934年10月4日）

呈 第1789号

案据致祭达赖大师专使黄慕松东电呈称，致祭护国宣〔弘〕化普慈圆觉大师达赖喇嘛典礼，已于十月一日在布达拉正殿举行。等情。据此，除报告院会外，理合具文呈请钧府鉴核。谨呈

国民政府主席林

中华民国二十三年十月四日

〔国民政府行政院档案〕

59. 黄慕松为噶厦变卦不提出中央与西藏关系事致行政院等电

（1934年10月4日）

急。南京。行政院长汪
汉口。军事委员长蒋 钧鉴：

致密。本午四噶伦来访，交来公文，大意系要求让与甘孜、瞻化、德格五属及上、中、下三俄洛等处，而对于中藏关系并不提及。俟译就及职之对策决定后，即行呈报。藏方询康藏问题解决后，中藏关系自然良好。又询职是否有全权证书或其他字据来办理此事。职思彼此商谈将及匝月，何以至今始突然询问？并前时藏方有将册封、致祭放在政治谈判之后之提议，事变无常，不可不防。当答以专使来藏，非往外国办理外交可比，何用全权证书或其他字据？倘藏方有所希望，专使当竭智尽能呈请中央鉴核，苟有益于中藏，专使无不努力去做也。伊等称谢而去。谨报。

职黄慕松叩。支。印

〔国民政府行政院档案〕

60．汪兆铭为藏局目前要义在于消除隔阂事致黄慕松电

（1934年10月14日）

拉萨。黄专使慕松兄勋鉴：

致密。陷、冬两电诵悉。祭事已竣，贤劳至佩。藏局久成积重之势，目前要义在于消除隔阂，以徐求进步，仍盼相机擘画为要。特复。

汪兆铭。支。

〔国民政府行政院档案〕

61．黄慕松为噶伦提出中央与西藏为檀越关系并要求解决康藏川藏界务事致行政院等电

（1934年10月5日）

特急。南京。行政院长汪
牯岭。军事委员〈长〉蒋钧鉴：

致密。支电计蒙垂察。噶伦来文业经译出，文中以汉藏政府并称。

首段称，职去函开：商议汉藏和好须将其要点开列。等语。已呈报热振、司伦，并征询民众大会意见。答谓西藏为观世音教化领域，自默三法王时即政教合一，至达赖五世始生汉藏檀越关系。晚近汉藏不和乃系边界启衅。

次称，现为彼此安宁及发扬佛教计，最好预将汉藏语文通行之地方及人民概应退还藏政府；如汉政府欲仍旧暂管，则于前此青藏签订和约应予实行，而俄洛亦为崇奉佛儒之地，早隶西藏，

西宁不得擅自派兵威胁。至川藏边界，如德格、瞻化、霍尔五属等地，即指甘孜，炉霍二县内之五土司，原属西藏管辖，毫无疑义，在一时期中汉派兵强占，当为贵专使所深知。若将其土地官民立予交还藏政府，西藏僧俗民众尽皆悦服，边界可望安宁，汉藏檀越和好自亦逐渐增进。尤希望专使详审赐示。等语。

职以来文仅表示中藏有檀越关系，地界复涉及青康两省。为婉言开导，审慎将事计，拟于鱼日往访泽墨噶伦，声明来文所述地界一节，事实上恐有碍难办到之处，并询明西藏对中央政治之关系。

乞速指示机宜，俾有遵循。

职黄慕松叩。歌。印

〔国民政府行政院档案〕

62. 西藏代表奉转噶厦感谢中央派专使入藏册封致祭事致林森代电

(1934年10月5日)

国民政府主席林钧座：

窃代表等顷奉西藏噶厦电开：达赖佛座圆寂后，中央特派黄专使册封致祭。专使已于藏七月十九日安临拉萨，具仰中央对藏亲爱之意，至深且厚，感慰莫名。藏中正本和平意旨，极力进行。此次自结泽热增司伦、噶伦及烈参以上官员复蒙中央咸加厚赉，仰该代表等一并转陈谢悃。等因。

奉此，肃电转呈，伏乞钧鉴。

西藏代表　贡觉仲尼、阿汪坚赞

曲批图丹蓮同叩。歌。印

〔国民政府档案〕

63. 黄慕松为访泽墨及谈话情形事致行政院等电

（1934年10月6日）

南京。行政院长汪
牯岭。军事委员长蒋钧鉴：

致密。微电将噶厦来文及职之对策呈报，谅蒙鉴核。鱼晨访泽墨、噶厦，询问二要点：（一）五族共同建设中华民国，西藏是否诚意合作？伊答：若满、蒙各族加入，西藏亦可加入。（二）西藏对于中央之政治关系如何？伊答：对外可用整个力量，但内部则藏人甚愿继续檀越关系，而不愿内地人侵夺藏人之权。察其意气，是主张西藏完全自治。伊继云康藏界务之解决为全藏官民之希望，望先办理之；云西康官吏多不良者，中央何不酌予更换。职答以藏方希望，专使当予尊重，但亦望体谅中央之立场，倘中藏关系不亟予明白确定，则内地民众及边区官吏难免误会，何能谈及界务。

窃查西藏在二十年中，或以武力，或用交涉，向东开拓土地，为其传统政策。今仅与我方谈判界务问题，而政治上则希望完全自治。职为维持感情计，自当忍耐应付，拟复噶厦函，请其将中藏政治关系明白复知。谨报。

职黄慕松叩。鱼。印

〔国民政府行政院档案〕

64. 黄慕松为报交涉困难情形事致行政院等电

（1934年10月8日）

南京。行政院长汪
牯岭。军事委员长蒋钧鉴：

致密。职到拉萨以来，抱多晤多谈主义，与各方感情尚觉良好。惟近日市中流言揭帖，指攻司伦、泽墨、噶伦彭干么三人为亲汉派。昨访晤泽墨于其私第，伊即踽躅不安，有幸勿驾临之表示。由此益见离间奸策之猖狂，中心势力之缺乏，中藏交涉更觉困难。但职惟有悉心应付，努力奋斗耳。

前闻贝尔将至桑鸢寺，职亦派员至寺朝佛布施，顺便侦察。谨报。

职黄慕松叩。阳。印

〔国民政府行政院档案〕

65．汪兆铭为解决中央与西藏关系对策事复黄慕松电

（1934年10月8日）

拉萨。黄专使慕松兄勋鉴：

江、支、歌三电诵悉。此时首须明了藏方是否诚意恢复中藏关系。如无此诚意，则我对康藏、青藏纠纷过于让步，无异自行断送土地人民于他国矣。故至少中藏关系与康藏、青藏同时谈判，同时解决。对方情形诡变，弟等实难遥制，统希吾兄审度情形，善为应付。

汪兆铭。齐。

〔国民政府行政院档案〕

66．汪兆铭为解决康藏界务须与恢复中央与西藏关系并行事致黄慕松电

（1934年10月9日）

拉萨。黄专使慕松兄勋鉴：

鱼电及阳日两电诵悉。致密。中藏关系积重难返，交涉困难

自在意中。藏方既表示诚意共同建设中华民国，以整个力量团结对外，则适度之自治中央自可酌量允准。最近蒙古地方自治，政务委员会之设立，即其明证。至于康藏界务之解决，至少须与中藏关系之恢复同时并行，而所谓中藏关系之恢复，又决非空言合作便能了事，必须备具条件见之实行。尚希持以坚忍，感以诚信，克成使命。特复。

汪兆铭。佳。

〔国民政府行政院档案〕

67．黄慕松为谨守中枢原则事致行政院电

（1934年10月10日）

南京。行政院长钧鉴：

齐电奉悉。致密。藏情诡变，诚如尊谕所云，彼方托辞大公所，我方允转呈中央，不过为维持感情，使交涉有伸缩之余地耳。但我方谨守中枢不变之原则。江日噶厦来文，业于齐晨致复，请其表明西藏对于中央之政治关系矣。我〔所〕有交涉之进行，一面呈报中央，同时负责应付，请释廑念。谨报。

职黄慕松叩。灰。印

〔国民政府行政院档案〕

68．国民政府为册封达赖典礼准予备案事给行政院指令

（1934年10月11日）

国民政府指令　第2100号

令行政院

呈据致祭达赖大师专使黄慕松电称，册封护国宣〔弘〕化普慈

圆觉大师达赖喇嘛典礼，已于九月二十三日在布达拉正殿举行，呈请鉴核备案由。

呈悉。准予备案。此令。

国民政府主席　林　森
行政院院长　汪兆铭

中华民国二十三年十月十一日

〔国民政府行政院档案〕

69．黄慕松为报布施款项运用办法事致行政院等电

（1934年10月13日）

南京。行政院长汪
洛阳。军事委员长蒋 钧鉴：

致密。布施三大寺及大、小招，计划分为临时发款与永久基金二种。临时发款，每喇嘛发藏洋二元；永久基金，存款生息，每年每人可得藏银七钱五分，永垂中央德意。隔日在别蚌寺熬茶放款，僧众大悦。依次举行，约十日竣事。谨闻。

职黄慕松叩。元。印

〔国民政府行政院档案〕

70．黄慕松密报探闻民众大会情况事致行政院电

（1934年10月14日）

南京。行政院长汪钧鉴：

阮电奉悉。致密。藏方为商议中藏政治关系，连日开民众大会，列席者二百余人。探闻亲汉者多惧祸缄默，独立派则恃英鼓簧，形势似欠良好。并风闻英、藏昔时另有密约，亦足为西藏内向之障碍，但未得确据。一二日间藏方当有表示，届时续报。

职黄慕松叩。寒。印

〔国民政府行政院档案〕

71. 黄慕松续报探闻民众大会情况事给行政院等电

(1934年10月14日)

限即刻到。南京。行政院长汪
洛阳。军事委员长蒋钧鉴：

致密。藏方商议中藏政治关系，元日在布达拉山开民众大会，列席者二百三十余人。以共和及民国不利于西藏为理由，决议仍照达赖生前办法维持独立，仅认中央为施主关系。大约一二日间噶厦当有正式表示。交涉前途固然难望进展，但为维持感情计，仍当忍耐周旋。谨报。

职黄慕松叩。寒午。印

〔国民政府行政院档案〕

72. 黄慕松将噶厦复函要点报行政院电

(1934年10月17日)

南京。行政院长汪钧鉴：

铣电奉悉。致密。中藏交涉，职抱定维持感情，不令成僵局为主旨。尊意所以亦曾虑及，以毋长彼方骄焰为度。曾派员向各方解释。

正拟复电间，噶厦送来复函，其要点有四：(一)以五族共和民国不适合西藏政教制度，表以不能合作；(二)西藏为自主之国，不愿汉政府干涉，不能设官驻兵；(三)让与瞻化、德格及霍尔五属，并俄洛撤退汉兵；(四)中藏为檀越关系。以上各点，为彼方多年迷梦，无足骇异，交涉难望发展，自在意料之中。俟公文译出，详加研究后再行应付。谨报。

职黄慕松叩。筱。印

〔国民政府行政院档案〕

73. 黄慕松为陈报复噶厦函主要内容事致行政院等电

（1934年10月18日）

急。南京。行政院长汪
牯岭。军事委员长蒋 钧鉴：

致密。关于中藏问题之进行，噶厦第二次来函，曾经撮要呈报在案。兹已复函。

首段谓，来函所开各节仍与屡次谈话所表示者大致相同，除已随时约略致答外，无日不深思熟虑，求所以秉承中央意旨，于中华民国五族一家共同建国之制度下，以恳挚之态度谋我国族内部之精诚团结，商榷中央与西藏之政治关系，以期永远和好。

中段谓，西藏佛教为全国所钦崇，诚如尊函所云，内地之于西藏保有檀越之光荣历史者有年，至今内地人士虔诚皈依，愿继续尽其檀越之义务。但在今日情况之下，倘不系以政治上之连锁关系，则不适合于国际法与国内法，未由周旋于国内外；为现状及将来之策应，更末由致全力于佛地之维护与佛教之发扬。

末段谓，为诚意商洽中央与西藏和尊起见，敬请尊处明确表示西藏对中央之政治关系，俾将早行商议康藏及其他各项问题，则以家人谈家事，自可灭却许多困难矣。等语。

于庚日派总务参议巫参议赉送噶厦，恳切开导，详细说明。谨报。

职黄慕松叩。庚。印

〔国民政府行政院档案〕

74. 黄慕松陈报八日给噶厦函全文事致行政院等电

（1934年10月19日）

急。南京。行政院长汪、参谋本部转呈军事委员长蒋钧鉴：

致密。庚日致噶厦公函，曾将要点电陈在案。顷筱日接到噶厦复函，但我方去函极有关系。兹将去函全文电呈钧鉴。

十月三日承诸公过署见教，并亲递到公函一件，比即饬属照译。回环展诵，其内容与屡次谈话所表示大致相同。本专使自维凉德之躬，奉命入藏，原为爱国爱藏之心所驱策。明教所加，除随时以亲爱坦白精神约略致答外，固无日不在深思熟虑之中，求所以秉承中央意旨，于中华民国五族共和共同建国之制度下，以恳挚之态度谋我国族内部之精诚团结，商榷中央与西藏之政治关系，以期永远和好。西藏为佛教精蕴所在，无限光明，慈航普渡，久为全国所钦崇。诚如尊函所云，全地之于西藏保有檀越之光荣历史者历有年所，至今内地人士倍益顶礼崇拜，虔诚皈依，愿继续尽其檀越之义，与我西藏同胞共同宣扬佛化。但在今日情况下，倘不系以政治上之连锁关系，则不适合于国际法与国内法，末由周旋于国内外，为现状及将来之策应，更末由致全力于佛地之维护与佛教之发扬。坐以上种种原因，本专使为诚意商洽中央与西藏和好起见，敢请尊处明确表示西藏对中央之政治关系，庶得早行商议康藏及其他各项问题，则以家人谈家事，自可减却许多困难矣。准函前因，相应披沥详陈，敬祈明察为幸。

此函系于庚日交去。筱日得噶厦复函，另皓二电续闻。

职黄慕松叩。皓一。印

〔国民政府行政院档案〕

75. 黄慕松陈报十七日噶厦复函全文致行政院等电

（1934年10月19日）

南京。行政院长汪、参谋本部转呈军事委员长蒋钧鉴：

致密。我方庚日致噶厦公函全部，曾以皓一电呈。兹筱日接到噶厦复函内开：近奉汉历十月八日所赐之函，详细诵读后，当即呈报代理法王斯穹呼图克图及斯伦二处，于西藏人众大会中咨商。汉政府顾念西藏，所以现在特派专使前来办理藏事，其于汉藏和好故，昼夜思维不懈，人众同是欣幸感谢。至汉政五族人民国家同一法规，望西藏政府以远大之意志联成一气，以后政治可以于永远时间得获安宁，希予切实商议，是为政治之要点。至康藏之事，不必隐秘，若能从速明白赐示，彼此皆有好处。等因。西藏原系大悲观世音教化之领域，故完全不与其他国合作。佛法明侔于白昼，所有盛传西藏为佛教国家。国家其施行途径，须有政教合一之执行。改变为民国之法规，于教于政，均有极大方悖之处。且接到人众大会呈递盖章之书，谓根本无法承认西藏为自主之国6179①，其内政教无与汉政府之干预，汉方在藏亦不设官驻兵。西藏东北之西宁、西康边界，一切如前函所陈，最好将通行汉藏语文之地及人民悉数设法交还藏政府。若汉政府有碍难时，以前青藏因边界之事于先年彼此曾遣代表会议立约盖章者，希予履行。俄洛早属西藏，应仍之，西宁不宜派兵威胁。四川西藏之边界，德格、瞻化、霍尔五属等地人民一时被汉方派兵强夺，立应交还藏政府。如是则顾全佛法。彼此边界之军皆同撤退，倘获安宁，即汉政府最近尊崇佛教，信仰达赖之心不变者。若以如是盛大之意顾念西藏，则汉藏两方檀越关系一致对外协力之图，西

① 6179：此电码原件未译出。

藏亦可遣派代表常川驻彼如现在然，和好必见日益增进。西藏可作中国之外城，藏地决不容许别国侵入，自当严密防守。此事贵专使能否决定，抑须请示中国政府，惟祈婉辞密报转中央赐复为荷。等语。

事关重大，应付方法正饬职署各员慎重研究中。但职个人愚见，以为彼方固无诚，我方仍重感情，拟由职亲到噶厦解释，并表示无法商议之意。至是否应用文书及如何答复之处，伫候电示祇遵。

职黄慕松叩。皓二。印

〔国民政府行政院档案〕

76．黄慕松为解释藏方并不误会八日去函事致行政院等电

（1934年10月19日）

急。南京行政院长汪、参谋本部转呈军事委员长蒋钧鉴：

铣两电奉悉。致密。连日与别棒寺、拉寺堪布晤谈，说明共和民国与西藏政教不相抵触之要义，及民国依赖佛教以教化人民之需要。伊等似有相当了解，但恐于政治方面不能发生伟大效力。

又，皓二电所陈噶厦筱日复函，似对于我方庚电稍有误会。其实发庚函之前，鱼日职造访泽墨噶伦，曾提出：（一）建设民国，西藏是否诚意合作？伊答若满蒙各族加入，西藏亦可加入。（二）西藏对于中央之政治关系如何？伊答对外可用整个力量，但内部则不愿内地人搀夺西藏人之权。曾经将谈话情形电陈在案。查藏人诡诈，好弄虚玄，私人谈话毫无信用，复函乃故意颠倒其词，实非误会。证诸民众大会之决议办法闻系噶厦所预定而求民众同意盖章者，尤为明显。谨报

职黄慕松叩。皓三。印

〔国民政府行政院档案〕

77. 汪兆铭以西藏当局业经表态嘱定期回京事致黄慕松电

（1934年10月19日）

拉萨。黄专使慕松兄勋鉴：

筱电诵悉。致密。中藏隔阂多年，原非仅恃信使往还所能恢复关系，此义人所共晓。此次中央特派吾兄持节远出，除疏通情感，和缓形势，本无奢望。今噶厦复函既已表明态度，吾兄不妨以致祭事毕为理由定期回京。至于中藏关系、康藏纠纷等问题，仅作为征询意见，不作结论，亦无大害。达赖新丧，藏方当不敢轻开边衅；即开，我亦有备，不使得逞也。能由飞机回京否？并复。

兆○。皓。印

〔国民政府行政院档案〕

78. 黄慕松为向西藏提议派员来京答礼及在藏设通讯处事致行政院等电

（1934年10月24日）

即到。南京。行政院长汪
西安。军事委员长蒋 钧鉴：

致密。顷偕刘朴枕、林东海、巫明远、李国霖往噶厦与四噶伦晤谈，详论五族共和，中华民国与西藏政教制度之无抵触，且中央将许西藏以适当之自治权，不夺藏人之权利，不改西藏之制度，痛陈利害历二小时之久。伊等似亦明了，惟以英人逼近可畏，中央力不能及；且改变现状，好则无功，坏则任咎为理由，坚决抱定民众会议之决议，不参功〔加〕五族共和，不承认民国统治，仅认为施主关系。谈判至此，觉既无磋商余地，只得搁置。职即提议：(一)请藏方派大员答礼，借使考察中央实情。(二)我方留置若干人设一通讯处，以资联络。彼方允俟陈明司伦、热振及大公所决定后通知。职现整理归装，约三星期后可望首途归京。谨报。乞电示机宜。

职黄慕松叩。敬。印

〔国民政府行政院档案〕

79. 黄慕松为报往晤噶伦事致行政院电

(1934年10月25日)

南京。行政院长汪钧鉴：

敬电奉悉。致密。敬日往晤各噶伦，用口头答复，不用文书，即是仰体尊旨力防决裂之意，请释廑虑。

又职提议酌留人员在拉萨办事，此乃蒋委员〈长〉所面授之要项。倘得藏方赞同，当此中藏情感未孚之时，拟留接近藏方之巫参议明远为办事处主任。现尚未得藏方答复，因亦未向巫参议提及，先此呈报，乞预示祇遵。

职黄慕松叩。有。印

〔国民政府行政院档案〕

80. 汪兆铭为同意向西藏所提出之两项建议事复黄慕松电

(1934年10月26日)

拉萨。黄专使慕松兄勋鉴：

敬电诵悉。致密。派员来京答礼及在藏设处通讯二节，均甚妥善。现时最要之义，为将藏方意见作为咨询，不作为结论，以留余地，务请注意为荷。

汪兆铭。宥

〔国民政府行政院档案〕

81. 黄慕松为交涉已停止进行但仍表示商洽余地事致行政院等密电

(1934年10月29日)

分送。南京。行政院长汪、军事委员长蒋钧鉴：

致密。敬日在噶厦谈话，彼方请求文日答复。职告以中央并无改西藏政制为民主制度之意，披读来文似有误会，何不将庚日专使公函重加校译，提交大公所复议？彼方窘甚，嗫嚅良久，始答可能。自经此消息传出后，复加以各方解释，幸拉萨各界均知为政略上之谣言而非中央之真意矣。刻下熬茶散款均已告竣，政治交涉停止进行。但为披沥中央诚意及安慰藏民望救之心，仍由巫参议明远以私人资格向各当局及噶厦口头接洽，所以表示中央仍留和平商洽之余地，而坚藏人内向之心也。

感日政府与党四十余人在布达拉山开会，闻仍持独立成见。

职所提派人答礼及留员办事二事，尚未答复。

又闻英人贝尔将来拉萨，我方持镇静态度，表示不重视此事。想藏方早知中央不容外人干涉中藏交涉之决心，或不过缓和英人感情之作用而已。①

〔国民政府行政院档案〕

---

① 此件未完，以下原件已佚。

82．汪兆铭嘱临行前送噶厦说帖申明西藏为中国之一部分事致黄慕松密电

（1934年10月29日）

拉萨。黄专使慕松兄勋鉴：

致密。顷与蒋委员长商定，请兄临行时送一说帖与藏方，述明汉藏向来亲洽之历史，必须同心合力以应付环境，并申述西藏为整个中国之一部，日前噶厦送来复函，只能作为藏方意见条陈，当归报中央。等语。如此则否认噶厦送来复函所主张，并预留交涉地方，请查照办理并复为要。

兆铭。艳。

〔国民政府行政院档案〕

83．汪兆铭嘱向噶厦说明八日去函系个人行为致黄慕松密电

（1934年10月31日）

拉萨。黄专使慕松兄勋鉴：

致密。艳电计达。致送说帖时，并可声明，此次中央遣派吾兄专为致祭达赖。至于吾兄庚日致噶厦之函，系因噶厦请求解决康藏地方纠纷，为便利转呈中央起见，故为此意见之征询此纯系个人行为，既与吾兄任务无涉，更非中央之意旨。因此，噶厦复函亦只能作为复吾兄个人之函，只能于归报中央时作为一种意见陈述，不敢望中央之有否复示，如此则更可否认噶厦复函并无正式交涉性质。至于吾兄此项说帖，亦毋须彼方答复。艳电意尚未尽，特再电达。

汪兆铭。世。

〔国民政府行政院档案〕

84. 黄慕松关于藏方当局连日在布达拉宫集商西藏与中央关系问题情形致行政院密电

（1934年11月1日）

南京。行政院长汪钧鉴：

艳、世电奉悉。致密。临行说帖，自当遵照钧旨，参酌环境，妥慎办理，请释廑虑。顷探闻藏方当局二十余人秘密在布达拉山对于中藏问题连日集商，包括领土主权、外交、国防、等项。数日内将有一建议书送来，内容未能探悉。两方感情融洽。职支日在署欢宴请司伦，微日宴请自台吉以上各官。交涉虽未能进展，而联络感情工作未敢或懈也。谨报。

职黄慕松叩。东。印

〔国民政府行政院档案〕

85. 黄慕松为婉拒噶厦十三项口头建议事致行政院电

（1934年11月6日）

南京。行政院长汪钧鉴：

支电奉悉。致密。顷由巫明远转达噶厦口头建议，共十三项：(1) 汉藏平等檀越关系，共同拥护内地政府；(2) 汉政府不得干涉西藏内政，并不得改变西藏政教制度；(3) 西藏政府对于边地邻国，为敦睦谊，仍得自由交涉，遇有重大事件，可商请汉政府协同办理；(4)汉政府有维持保护佛教之责；(5) 汉政府得派员驻藏，来往均由海道，总员不得超过二十五人，并不得干涉西藏政务；(6) 在藏之汉人仍旧归西藏管理；(7) 国防军由西藏自己办理训练，遇有需要饷械时，则请汉政府协助；(8) 遇有外患，由西藏自由抵御，苟需要协助时，由西藏请汉政府协助；(9) 汉政府不得在西藏驻兵；(10) 达赖转世坐状〔床〕均由西藏自己办理，俟受职后，再受汉政府册封；(11)噶伦以上之授职，可通知汉政府，但汉政府无干涉任命文武之权；(12) 西康界务仍要求德格、瞻化、霍尔五属及上、中、下俄洛；(13) 班禅由海道回藏，所有枪械由汉政府收买。征职对此之意见。职觉以上各项纯是片面义务，并于领土主权毫无是处，当即婉辞谢却，望彼此本和好和平之心，嗣后益加努力而已。

蒋委员长寓未另电呈，乞酌为转报。

职黄慕松叩。鱼。印

〔国民政府行政院档案〕

86. 汪兆铭为同意婉拒噶厦建议事复黄慕松电

(1934年11月8日)

拉萨。黄专使慕松兄勋鉴：

鱼电诵悉。致密。吾兄对噶厦此种建议婉辞谢却，至为妥善。嗣后自以疏通感情，使渐趋接近，以冀形势转变为要。尊电已转告蒋委员长。特复。

汪兆铭。齐。

〔国民政府行政院档案〕

87. 黄慕松为四噶伦来署挽留并要求将谈话情况备一说帖事致行政院密电

(1934年11月10日)

南京。行政院长汪钧鉴：

齐电奉悉。致密。昨青日四噶伦来署挽留多住数日，并要求将谈话情形备一说帖，以便提交国民大会，拟本日将说帖送去。此事发动之原因，分诚意的与非诚意的二方面观察。(甲）诚意的方面：(1）一部之俗官，大部之僧官，几乎全体民众，不满当局之处置；(2）热振受僧官之忠告，采取慎重态度；(3）驻京西藏代表处有电来建议；(4）英人贝尔未能来拉萨；(5）安钦等二十以外方能到拉萨；(6）西康及班禅问题非得中央协助不可。(乙）非诚意的方面：(1）取骗得专使据以为后来主张地步；(2)设法挽留专使，使大雪封山不得南归，彼有从中取利之时间；(3）多方商量，掩饰民众耳目。征诸昨午夫马差支券发下，旋来挽留，其诡变权诈，不无可疑。但无论如何，职持慎重态度、诚恳意思，与之周旋。释廑虑。

职黄慕松叩。灰。印

〔国民政府行政院档案〕

88．汪兆铭关于噶厦欲谈康藏纠纷及班禅回藏问题对策事复黄慕松电

（1934年11月10日）

拉萨。黄专使勋鉴：

致密。奉复鱼电想达。顷黄家濂处长转来微电诵悉。照鱼电情形，康藏纠纷自无谈判可能。唯班禅回藏问题，如彼方单独提及，不访试为探问。

汪兆铭。蒸。

〔国民政府行政院档案〕

89. 汪兆铭关于与噶厦交涉切不可作正式函件并促速归事复黄慕松密电

（1934年11月13日）

拉萨。黄专使慕松兄勋鉴：

致密。灰电诵悉。（一）除临时查照前电送一说帖外，只宜口头谈论，不可形之书面；万不得已，亦只宜作为个人私函，切不可作为正式函件。（二）请宣布吾兄系奉中央电令，以致祭事毕应即回京报告，不能久留；至多徇其所请，酌留数日。（三）无论藏方诚意与否，总以速行回京为要。

汪〇〇。元。印

〔国民政府行政院档案〕

90. 黄慕松为拟以回京报告为由辞行事致行政院电

（1934年11月14日）

南京。行政院长汪钧鉴：

致密。交涉进行困难，职早欲回京，曾以中藏癸〔暌〕隔过久，政治问题复杂，仅凭电报难明真像。迭奉中央命令回京报告，以资从速商决，通告藏方，似得谅解。盖此次专使入藏，在我方则注重联络感情，在藏方则注重商谈政治。记在专使命令发表之时，西藏代表即有专使能否谈判政治之询质，沿途官民之热烈欢迎，亦以解决政治问题为对象。到拉萨后，噶厦要求先谈政治问题，而我方亦有同时并进之诺言。几经曲折，然后册封、致祭始得完成。对于政治问题，明知效果难期，不能不于可能范围内忍耐周旋。固所以昭示忠信，即所以联络感情。故今日言论似应以回京报告为主要理由，免滋误会。是否有当，敬乞钧裁。

职黄慕松叩。寒。印

〔国民政府行政院档案〕

91．黄慕松为陈报噶厦来函所提十项条件并拟即回京事致行政院等电

（1934年11月16日）

南京。行政院长汪
南昌。军事委员长蒋 钧鉴：

致密。顷得噶厦来函，内称：近接贵专使于民国二十三年十月十日，即藏历十月四日所赐惠函，当即译出详审，并呈报代理法王斯穹呼图克图暨内务执政大臣，并询商西藏民众大会之意见，全体加以考虑。来函内称：贵专使特奉中国政府之命，顾念西藏而来，且为汉藏双方利益，筹谋实深。对于汉藏之佛法，欲设法发扬；对外则汉藏一致，共同甘苦，内务则由西藏政府自行照旧行政。各等语。业经转报代理法王暨司伦二处外，敝噶伦等及民众大会亦皆异常欣悦，感谢不尽。其主要之点，来函谓西藏为中国政府之领土是无疑义，须予承认一节。西藏本为大悲观世音所管领域，中国为文殊菩萨管理之区，各自教化，佛经中亦有分别，且先后交涉有凭可证，为众周知。再者，现在西藏之主达赖喇嘛未在位之时，此间是否为领土，仆人不敢决定主人事，无法承认。但现中国政府崇信佛教，特派贵专使临藏，并怀和好盛意，未便直率答复此语。今后汉藏各种事权能不发生争执，增进和好，得获安宁计，彼此公开推诚，不假虚伪，故将下列十条明了易为者一一会达贵专使，请予酌夺为荷。（一）对外西藏为中国领土，中国政府须答应不将西藏改变为行省。（二）西藏内外之大小权力暨法规等，无违害政教者，可以依从中国政府之谕。（三）西藏内务

之国政、教政所有例规，应如现在自权自主，所有西藏之文武权力不由汉政府加以干预，应如先后允者为准。(四) 为西藏地方安宁，故边界之国家及奉行佛教之人类，应予和好如现时，然西藏与外国立约未尽之事，其重要者由汉藏共同办理。(五) 西藏可驻汉政府之代表官一员，但主仆从人数以二十五人，此外不得另派官兵，代表请派真正崇信佛者一员，新旧替换时，往来皆由海道，不得取道西康。(六) 达赖喇嘛未转世认定即位，未亲政教时，代理法王斯穹登位以及噶伦以上之官，概由藏政府任命，如现之状况，当后函陈汉政府驻藏代表。(七) 西藏边界所需守士之军人，由藏政府自派，如现在之状，外国或者来侵犯时应发兵之，方会商汉政府酌行。(八) 西藏所有久住之汉民等，在壬子年汉藏战争以后，即归西藏政府之农务局管理，屡经维持向来所遵地方法律，由西藏政府管理，不能由汉政府驻藏代表约束。(九) 汉藏和好，永久不发生纠纷，安宁边界，故东北青藏边界所遵守前年交涉，俄洛早经属于西藏，西藏与四川两地之边界，德格、瞻化、大金寺以上之土地官兵，应从速点交西藏政府。(十) 西藏之僧俗人等，背叛西藏政府逃往中国地面者，中国政府不得收留，任为代表，等等。此为人众同意。贵专使若能决定，抑须由无线电请示汉政府，统祈从速明示。至于商路一节。商路阻窒者，只须此事有明确文字到来，汉藏商人之安全问题，拟合作商议。上项等等，祈予查照为荷。

此次噶厦来函，文字条款多不适当，然与前仅持擅越关系相较，态度稍觉和缓，或有和平商洽之可能，但非短时间所能办到。职拟即遵令回京，欲于下月敬日首途，并照前向噶厦所提议之办法，力求噶厦同意，一面由职留员驻此，一面由藏派员赴京，藉联感情，徐图进展。是否可行，乞时电示遵。

职黄慕松卯。铣。印

〔国民政府行政院档案〕

92. 黄慕松为拟留总参议刘朴忱驻拉萨事致行政院电

（1934年11月18日）

南京。行政院长汪
南昌。军事委员长蒋 钧鉴：

铣电计邀鉴核。致密。连日热振、噶厦设宴相饯，晤谈尚欢，尤以热振为恳挚。盖现热振为五世，其三世热振曾为法王，入觐中朝，在内地圆寂也。藏人深知不能离开中国，但欲得优越之权利。诡诈变幻，应付不易。我方如欲令其就范，非持久忍耐不为功。铣日来函，似有磋商可能之一线光明。职忝任专使，目标过大，关系中央威信，国际视听，自未便久留继续谈判，即遵院座迭令回京报告，但一面对藏交涉不宜中断。倘得藏方同意留员办事，当此交涉似有可能进展之时，似宜酌留较为重要人员。而查总参议刘朴忱，老成练达，职位较崇，管理蒙藏事务多年，为委座素所倚畀，拟请令其驻拉萨办事。如蒙俞允，每月经费约三千元，另开预算送核。是否可行，乞电示遵。

职黄慕松叩。巧。印

〔国民政府行政院档案〕

93. 黄慕松为司伦宴饯然仍望待解决问题后回京事致行政院电

（1934年11月18日）

南京。行政院长汪钧鉴：

筱电奉悉。致密。第一灰电报告与噶厦谈话情形，限即刻到，于午前十时拍发。何以未到，殊为可异，即饬电台重发及查考原因矣。

本日司伦设宴饯行，希望职将中藏问题解决后再归。职告以接噶厦来函后，已申请中央核示。倘中央仍命令回京报告，惟有遵命回京陈明西藏实情，以促问题之得速行解决，留一较为重要人员继续商谈。又闻本日布达拉山上复开会议，于留职问题极有关系。有一电致西藏驻京办事处，想为此事令向中央陈述，倘令职在此间继续谈判，必需半年以上，且恐未必能收效果耳。

职黄慕松叩。巧亥。印。

〔国民政府行政院档案〕

94. 黄慕松为行前向噶伦重申西藏为中国一部分必须服从中央政府等原则事致行政院等电

（1934年11月19日）①

南京。行政院长汪
南昌。军事委员长蒋 钧鉴：

致密。中藏政治问题曾经挚诚多方解释，彼方未能领悟，乃停止进行。于支、微两日在署欢宴各当局后，通告寒日首途回京。明灰日朝布达拉山辞行。今日噶厦既将夫马旅行券交来，突于午后四时，噶伦来访，坚留多住数日，职告以西藏若能认识为中华民国之一部分，服从中央政府，则可暂留，否则决定归京。并申言对外一致用中华民国，对内则有不必一致者，如原许西藏自治，中央不侵夺自治之权，不改变西藏政教制度；有须一致者，如外交、国防、交通、高级官吏之任命。其次则西藏既得自治权能，则中央须派一大员，代表中央监督国家行政，指导自治政府。藏

① 原电行政院未收到，此件为19日补发电，故发电日期与电未韵目代日不一致。

方请求备一说帖，以便提交国民大会。职已允之，拟即日送去。冀仗钧座德威，藏事得有转机，则中藏之福也。谨报。

职黄慕松。灰。印

〔国民政府行政院档案〕

95．汪兆铭为告国防会议五项议决事致黄慕松电

（1934年11月21日）

拉萨。黄专使慕松兄勋鉴：

致密。铣、巧两电诵悉。本拟即复，因蒋委员长皆日抵京，留待面商。兹经商妥，并提出国防会议，议决如下：（一）吾兄宜照迭电回京报告；（二）铣电所开十条，虽较前此檀越关系云云，差为和缓，然内容实多未妥，请仍照前电作为咨询意见，并未正式谈判；（三）留刘朴忱驻拉萨，并每月经费三千元，均可照准；（四）刘总参议权限在传达消息，联络感情；（五）藏方续派人员来京甚好。

汪兆铭。马。印

〔国民政府行政院档案〕

96．黄慕松为报回京日期及行前办理事宜致行政院电

（1934年11月22日）

急。南京。行政院长汪钧鉴：

马电奉悉。致密。拟于梗日婉辞通告噶厦，准于俭日首途回京，并将驻藏办事权限告知刘总参议遵照矣。临行时遵照前令送一说帖，叙明所有交谈均系个人谈话性质。谨复。

职黄慕松叩。养亥。印

〔国民政府行政院档案〕

97. 西藏驻京办事处奉转藏中来电请饬专使留藏商谈事致行政院代电

（1934年11月22日）

西藏驻京办事处快邮代电　第1号

南京。行政院院长汪钧鉴：

窃奉西藏僧俗官民全体大会电开：黄专使莅藏后商议中藏问题，本大会曾经议决意见十条提陈专使。旋承专使答复，当用无线电转呈中央核夺，谅已到达。专使现驻拉萨候中央回电。藏人深望中藏问题就专使在藏根本解决，仰该代表等向中央当局报告此意，请速电复专使办理。该代表等俟奉回示，迅即电告为盼。等因。奉此，伏思藏人渴望和平成功，精诚团结，已非一日。黄专使此次莅临拉萨，全藏官官民欢欣鼓舞，得未曾有，解决中藏问题，此正其时。若再旷日持久，专使归来，藏人失望，良机一逝，追救无从，藏局前途深堪悬虑。应请中央眷顾西陲，当机立断，就藏中大会所陈意见电复黄专使，即在拉萨速将中藏问题根本解决，永奠边疆。岂惟藏人之福，实亦国家之庥。兹奉前因，除分陈外，肃电转呈，伏乞鉴核示遵。

西藏代表　贡觉仲尼、阿汪坚赞、曲批丹谨同叩。养。印

〔国民政府行政院档案〕

98. 汪兆铭为西藏请专使留藏问题商谈并指示机宜事致黄慕松电

（1934年11月22日）

拉萨。黄专使慕松兄勋鉴

致密。马电计达，今晨西藏代表贡觉仲尼、阿汪坚赞、曲批图丹前来，请求中央留专使，并请求中央将藏中大会所陈意见电复专使，即在拉萨速谋解决。等语。意颇诚挚。当经答以中央已电令专使回京报告，但如藏方确有诚意，不妨暂留旬日。惟此次藏中大会所陈十条，虽已确认西藏为中国领土之一部分，而其他重要意见相距仍远。专使负国家专任，不能久留，徒淹时日。等语。兹将谈话情形电达，请兄务须注意以下两点：(一) 如认为可留，务必告以已奉中央电令回国，但藏方若具诚意，不妨稍缓旬日，但决不能久留；(二) 藏方条件如大体尚可容纳，方可与商，否则但以听取的态度处之。至安。

兆铭。养。

〔国民政府行政院档案〕

99. 黄慕松为往布达拉宫辞行及与热振谈话情形事致行政院等电

（1934年11月26日）

南京。行政院长汪、军事委员长蒋钧鉴：

致密。本晨往布达拉山辞行，与热振、司伦谈话之要旨如下：

热振谓接驻京代表电告，院座有允令再留旬日之意，务望暂留。职询以旬日内有较好之办法否？伊答如此短时间难以确言。

职答中央命令回京报告，是为询明西藏情况，借谋解决各种问题，并留总参议在拉萨办事，可代陈一切。热振、司伦以中央留职位较高之刘总参议，影响于民众观感甚佳，颇为满意。职请其派重要官员来京，热振颇以为然。

继谈班禅问题，热振恳职担任调人，职告以海道回藏非班禅所能办到，必须酌带卫队，经由青海，藏方如能确予以安全保障，可代请勿多带军队。回藏后不特宜一切照旧，且须加以优待方可。热振、司伦均以为可行，并任保障之责。

四噶伦今午来署，职以谈话结果质其意见，均表示同意，嘱回京后就商班禅。

司伦谈话中露出有破坏中藏和好之人，态度至为恳挚。谨报。

职黄慕松叩。有。印

〔国民政府行政院档案〕

100．黄慕松为二十八日首途由海道回京事致国民政府电

（1934年11月27日）

南京。国民政府主席林钧鉴：

职奉使西藏，任务已毕，兹定于俭日首途由海道回京复命。肃电奉报。

致祭专使黄慕松叩。感。印

〔国民政府档案〕

101. 刘朴忱为同蒋致余开始办公事致行政院等电

（1934年12月9日）

南京。行政院院长汪、军事委员长蒋钧鉴：

江电奉悉。致密。行署第二批人员已于鱼日离拉萨，职同蒋致余亦于同日实行办事。此后除遇紧急事务拟径电呈外，所有文电，拟仍呈由参谋本部转呈，以明系统，伏乞鉴核。

职刘朴忱叩。佳。印

〔国民政府行政院档案〕

102. 行政院为拟请西藏派员来京洽商藏事给蒙藏委员会指令

（1934年12月11日）

指令　第3885号

令蒙藏委员会

呈为关于解决西藏问题一案，业经该会第一九二次常会决议，拟请电致拉萨当局及全体大会，由藏方遴派负责代表二人迅速来京，从长商洽。一面将对于藏事各项重要问题，由该会会同各主管机关切实计议，拟具具体方案呈核。请核示由。

呈悉。察核该会所拟，自系为谋藏事早日解决起见，用意甚善。惟关于遴派代表一节，前据黄专使铣电，经提出国防会议议决，藏方续派人来京甚好（即原议决第五点），并由院电复该专使知照，现应俟黄专使返京再商。至关于解决藏事方策，准如该会所拟，由该会会同各主管机关切实计议，呈候核定。仰即知照此令

中华民国二十三年十二月十一日

〔国民政府行政院档案〕

103. 蒙藏委员会为转呈黄慕松抄送册封礼节及致祭秩序单事致行政院呈

(1935年1月17日)

案准特派致祭护国弘化普慈圆觉大师达赖喇嘛黄慕松函开：径启者：慕松此次奉命入藏，代表政府册封及致祭护国弘化普慈圆觉大师达赖喇嘛，册封典礼已于九月二十三日在布达拉祭殿举行，业经分别电陈在案。惟查册封礼节，未奉明文规定，曾派本行署两参议，藏方噶厦曾派僧官、俗官两员，对于册封礼节会同磋商。始根据民十四年十一月内政部、蒙藏院会同拟定册封班禅礼节，及民九年一月徐树铮呈报册封哲布尊丹巴礼节，并斟酌藏习，会商数次，拟定礼节，尚称适宜。经由慕松及噶厦从权核定，举行如仪。惟因交通时间关系，未克即时函请贵会转呈。至致祭达赖大师秩序，曾由典礼局交下致祭秩序一册，礼堂图式二张。惟其规定之供品及三献礼之献品一节，藏方历次请求改为敬佛物品。慕松为不与其忌抵触，并本中央尊崇德意，权予通融。但为慎重典礼起见，亦曾电请贵会转呈备案，并蒙照准在案。顷以慕松在藏册封、致祭两典礼业已完成，兹将册封礼节及致祭秩序，抄送贵会，均祈转呈备案，实纫公谊。等由。准此，查致祭秩序，政府原有规定，前准黄专使青电称，以循藏方之请，拟将牛羊酒馔改为佛礼用品，当经呈请钧院鉴核，旋奉第三〇〇五号指令，照准在案。至于册封礼节，因未明文规定，经黄专使会同噶厦派员磋商，临时拟订。细绎条文，亦甚妥适。理合照缮原附册封礼节及致祭秩序各一份，备文呈报，仰祈鉴核转呈备案，实为公便。

谨呈

行政院院长汪

计附呈册封礼节及致祭秩序各一份

蒙藏委员会委员长　石青阳

中华民国二十四年一月十七日

附一　　册封达赖大师礼节单

（一）册封日期，九月二十三日上午九时在布达拉正殿举行。

（二）专使暨参与册封人员，概着规定礼服。

（三）西藏总堪布、司伦暨各噶布伦以下僧俗官员，概着最新礼服。

（四）册封畀以彩亭，导以僧俗官员（四品、五品僧俗官员共五人），仪仗乐队（马队及军乐），专使暨参与人员随行。

（五）西藏当局派四品官员四人于册封地址楼下大门外恭迎，并向册、印呈敬哈达，随行一锵比（藏礼），引导前行。

（六）总堪布、司伦暨各噶布伦等恭迎于册封门外。

（七）专使捧册、印恭置于香案，奏乐。

（八）专使率领参与人员向册、印香案，由专使呈敬哈达并齐行三鞠躬礼，奏乐。

（九）总堪布、司伦暨各噶布伦僧俗官员等向册、印香案，由司伦呈敬哈达，并齐行三鞠躬礼，奏乐。

（十）专使暨参与人员在香案左旁立，总堪布、司伦暨各噶布伦等在香案右旁立。

（十一）专使向册、印香案正中立，宣读册文毕，将册、印褫交总堪布，由总堪布置册、印于达赖大师座前案上，专使复原位，奏乐。

（十二）总堪布、司伦暨各噶布伦僧俗官员等依次向达赖大师座行三叩头礼，并呈敬哈达。

（十三）专使暨参与人员依次向达赖大师座呈敬哈达，并齐行三鞠躬礼。

（十四）总堪布、司伦暨各噶布伦依次向专使呈敬哈达，并齐行一鞠躬礼，表示敬谨祗受。

（十五）专使暨参与人员向总堪布、司伦暨各噶布伦，由专使各敬哈达，并行一鞠躬礼。

（十六）专使率领参与人员退出，总堪布、司伦暨各噶布伦等恭送于册封门外，奏乐，四品引导员恭送于楼下大门外。

（十七）次日，总堪布诣专使行署向专使敬哈达，进行一鞠躬礼，请转呈中央表示谢意，专使回敬哈达答礼，入延见室谈叙。

说明：以上各条，总堪布当册封时系代表达赖大师，故位列司伦之上。

附二　致祭达赖大师秩序

东典仪官赞

执事者各司其事（陈设）

发鼓三通

西典仪官赞

鸣金三叩

东典仪官赞

鼓初严

西典仪官赞

金一叩

东典仪官赞

鼓再严

西典仪官赞

金二叩

东典仪官赞

鼓三严
西典仪官赞
金三叩
东典仪官赞
金鼓齐鸣
西典仪官赞
大通三叠
东典仪官赞
奏大乐
西典仪官赞
更细乐
东典仪官赞
专使就位
西典仪官赞
东赞引官赞
专使向大师案前就位
行三鞠躬礼　一鞠躬　再鞠躬　三鞠躬（毕）
东典仪官赞
行上香礼
东赞引官赞
行上香礼　专使诣香案前
初上香　亚上香　三上香
西典仪官赞
复位
西赞引官引导专使复位
东典仪官赞
行初献礼
东赞引官赞

行初献礼　专使诣献品案前

初献轮　献宝　献后　献臣　献象　献马　献将　一鞠躬

东典仪官赞

司祝官诣读祝位　乐暂止

司祝官读祝　乐复作　专使一鞠躬

西典仪官赞

复位

西赞引官引导专使复位

东典仪官赞

行亚献礼

东赞引官赞

行亚献礼　　东〔专〕使诣献品案前

亚献色　献声　献香　献味　献触　献八吉祥品　一鞠躬

西典仪官赞

复位

西赞引官引导专使复位

东典仪官赞

行终献礼

东典仪官赞

行终献礼　专使诣献品案前

三献曼达　献佛　献经　献塔　献八吉祥表　一鞠躬

西典仪官赞

复位

西赞引官引导专使复位

东典礼官赞

司帛者捧帛

司祝者捧祝

西典仪官赞

行三鞠躬礼　一鞠躬　再鞠躬　三鞠躬

东典仪官赞

礼成

各退

〔国民政府行政院档案〕

104. 行政院为册封礼节及致祭秩序业经国民政府准予备案事给蒙藏委员会训令

(1935年2月2日)

训令　第617号

令蒙藏委员会

案查前据该会呈准特派致祭达赖专使黄慕松函送册封礼节及致祭秩序一案到院，当经转呈，并指令知照在案。兹奉国民政府第二三七号指令开：呈件均悉，准予备案，附件存。此令。等因。奉此，合行令仰该会知照。此令。

中华民国二十四年二月二日

〔国民政府行政院档案〕

105. 致祭专使驻京办事处为黄慕松返抵南京日期事致国民政府呈

(1935年2月15日)

呈为呈报事。

顷接上海删电：黄专使慕松业于今午抵沪，准于十六日乘上午八时车返京复命，约下午二时到达。等语。除分函外，理合呈报，伏乞鉴察。谨呈

国民政府主席林

特派致祭达赖大师专使驻
京办事处主任　黄家濂

中华民国二十四年二月十五日

〔国民政府档案〕

106. 黄慕松为转送噶伦等希望继续解决中央与西藏关系来函事致行政院呈

（1935年2月27日）

呈为呈报事。

窃职奉命赴藏致祭达赖大师，礼成之后，与藏方谈及解决中藏间纠纷问题。所有经过，及中经变幻情形节，经先后电呈在案。当职离藏之前，复具最后说帖送达藏方，亦经有电呈报。嗣接藏方来函，声述过去错误，请求原宥，并仍盼续谋解决之意，颇表倾向之诚。理合敬谨抄呈，伏乞鉴察，实为公便。谨呈
行政院院长汪

特派致祭达赖大师专使黄慕松

附抄西藏来函一件
中华民国二十四年二月二十七日

附：　　抄西藏来函

中央特派致祭达赖喇嘛黄专使阁下：

敬肃者：奉到贵专使将由此启程返京所赐十一月二十七日大札一件，详译后拜读至再，并将全文分呈代理法王热振呼图克图暨内部财务大臣斯伦等。至中藏间过去、现在关系之事实，固如来函所述，故中央以远大之怀，谋中藏和好，特派贵专使于本年来藏致祭达赖喇嘛。贵专使且能不辞跋涉，贲临此间，尤为全藏僧侣官民所敬佩感谢者；况专使深信佛法，存心救济，为汉藏两

方谋福利，殷情备至。

前以恢复情感求和好垂询时，民会之言或有冒触之处，非敝噶伦等故意刁难，致未能达解决之途径。况敝噶伦等处境困难之情形，谅为贵专使所深悉。现在主理西藏之达赖喇嘛未在位时，一切行政必须经过僧俗人民大会讨论决议后方能施行，未经同意，无敢擅专者。顾西藏境内，现在仍从事努力于自有之佛法，其他迎合世界新趋势之智识，毫无进步，所以目前商洽中藏问题时，或有不经之语，深望贵专使特予原宥，毋以是项为介。惟冀再度促成中藏和好，俾于最近期间有实现之可能，是所祷祝者。并望报告西藏之经过时，希予善为置辞上达中央政府。此间仍盼望中藏和好逐有进步之心甚切，请烦贵专使鉴核赐示为荷。

随函附呈吉祥哈达一根

西藏噶伦等公启

藏历甲戌年十一月二十八日

〔国民政府行政院档案〕

107．黄慕松为检交噶厦赠送礼品事致国民政府呈

（1935年3月1日）①

呈为据情呈报事。窃职前奉令派赴藏致祭达赖大师，遵经取道川、康遵陆入藏，与藏方当局商择良辰举行册封及致祭典礼，节经呈报在案。藏方当局暨僧俗官民，感戴中央文德诞敷，无不欢欣鼓舞，表示尊崇。旋以使事完竣，即离藏过印，遵海回京。濒行，藏方当局敬贡礼品请为转呈前来。当以藏意颇诚，勉允其请。

兹职已于本月十六日回抵首都，理合敬检西藏政府贡品，连

① 此为国民政府收文日期。

同清单，恭肃具呈，伏乞核收饬复，借示怀柔至意，实为公便。
谨呈
国民政府主席林

计呈送西藏贡品清单一纸

特派致祭达赖大师专使
黄慕松

中华民国二十四年二月　日

〔国民政府档案〕

108．国民政府为留藏办事人员经费业经审查通过事给行政院训令

（1935年3月14日）

国民政府训令　第20号

令行政院

为令饬事。案准中央政治会议二十四年三月八日函开，案准政府核转特派致祭达赖大师专使行署留藏办事人员经费二十三年度支出临时概算一案，经交财政组审查去后。兹据报告称，查该专使前以奉命回京，深虑交涉中断，呈请酌留人员继续驻藏办事，并请月给经费三千元，经由行政院提出国防会议通过有案，兹据照案编具概算书，按章定程序送核前来。本组审查，原书自二十三年十二月共列七个月概算二万一千元，其月计之数，既系国防会议认许，当属必需，可予照列。惟此项经费，只能与该专使行署经费衔接，不应同时并立。查该专使行署经费，已据另案追加至二十四年二月底止，本案应即改至三月份起支，拟予核定本年度共列四个月概算一万二千元，在国家第二预备费内动支。等语。复经本会议第四四七次会议决议，照审查意见通过。相应录案函达，即希查照分别密饬遵办。等由。准此，自应照办。除函复并

分行外，合行令仰该院分别转行遵照。此令。

国民政府主席　林　森
行政院院长　汪兆铭
监察院院长　于右任
财政部部长　孔祥熙
代理审计部部长　陈之硕

中华民国二十四年三月十四日

〔国民政府行政院档案〕

109. 黄慕松为转报热振来电致行政院呈

（1935年3月15日）

呈为呈报事。顷接西藏热振呼图克图虞电内称：临别面谈中藏大局，务希善为转呈中央，当能俯如所请。至此间亦抱定和平宗旨，尚希始终维持，静候福音，是所盼祷。等语。理合据情转呈，伏乞鉴察，实为公便。谨呈

行政院院长汪

特派致祭达赖大师专使　黄慕松

中华民国二十四年三月十五日

〔国民政府行政院档案〕

110. 国民政府主席为致贺达赖遗体安塔庆典事致热振电

（1935年6月12日）

拉萨。辅国普化禅师热振呼图克图勋鉴：

闻本月元日，达赖大师遗体举行安塔庆典，金容永奠，法日常辉，特电致贺。

国民政府主席　林森。文。印。

〔蒙藏委员会档案〕

111. 热振为感谢致贺达赖安塔事致国民政府暨行政院电

（1935年6月17日）

分送。南京。国民政府主席林睿鉴、行政院院长汪钧鉴：

尊电奉悉。达赖喇嘛涅槃证果，金塔功圆。辱蒙奖谕宠锡，优礼有加，并承蒋参议供奉布施，藏中官民同声感泐，谨申谢悃。敬请

崇安

西藏摄政　热振呼图克图叩。筱。印。

〔国民政府档案〕

112. 黄慕松奉使入藏册封并致祭十三世达赖大师报告书

（1935年6月）

一、奉派册封致祭

西藏为中华国族所居之一大部分。达赖喇嘛不惟为藏族政治领袖，亦且为佛教之领导者。二十年来，中藏关系虽若断若续，但达赖环顾英人觊觎西藏，及藏地经济贫乏，人口稀少，地利不振，其时思内响至为殷拳，此次遽然圆寂，我中央眷念达赖保障西陲之功，藉谋恢复中藏原有关系起见，先从感情连络藏事调查入手，特派慕松入藏致祭，并加追封，远瞩高瞻，得时得计。慕松不才，忝膺重寄，自奉命后，深以此举关系中藏前途至重且巨，恐才力薄弱，弗克胜任，但为效忠党国，仰答知遇，惟有竭尽驽骀，奋勉将事。谨将入藏前后各项情形，及在藏处理各事，分别

胪举，恭呈钧核。谨呈。

职　黄慕松

二、奉派后筹备行署之经过

1．派先遣员由印入藏

职自奉命后，遵即积极筹备入藏事宜，藏方虽来电表示欢迎，惟对于入藏道路，以遵海道由印入藏为请，而以由川入藏，地方贫苦，办差无力为辞。职以民六民十九两年，康藏发生事故，均在康境，为调查实情，宣达中央德意起见，决定由川入藏。乃改派职署参议蒋致余、秘书王良坤于三月十八日，参议巫明远则于四月十二日，由京出发先行，由印入藏，调查藏中情形，并筹备行署、接洽册封致祭之日期各事宜。

2．派员先入川筹备入藏事宜

由川入藏，道路险阻，林山濯濯，迥异内地，且年来康藏纠纷迭起，逊清所有塘站已毁坏殆尽，若不事先购办西进准备事宜，途中多感困苦，必致延误程期。遵于3月28日派总参议刘朴忱、参议林东海、陈敬修，医官王兆奎，秘书李国霖，副官高长柱暨摄影师二员，先行赴川筹备西行衣食住行及礼品各项事件。职则留京候玉册玉印镌成，即行西行。

3．由京乘机飞川

国府册印既已镌成，职在川人员电报西进物品业已办齐，职为赶期西进起见，乃于4月26日偕副官王维崧乘机赴蓉。仰托钧威，荷蒙刘督办湘暨在蓉军政长官热烈欢迎。

三、入藏途中记略

1．未离川前之情形

到川后，备荷刘督办湘、刘军长文辉对康藏划界问题亦曾表示意见，彼之希望：(一)希望根据旧制以丹达山为界，(二)暂以昌都为界，(三)维持金沙江现状。三者之中，究以何项为宜？个人绝无意见，唯中央命令是从。

2. 经过西康各地，西康僧俗官民热烈欢迎之情形

康藏年来纠纷时起，康民所受疼苦实深，尤以德格、甘孜、盐井各县为甚。盖川藏军侵占某县，其军队之衣食各项，固需供给外，尚多方索诈，其行为迨与内地军人不同。此次职奉命入藏，在康民视之，以为大员到藏，康藏纠纷可望解决，而受藏军之虐待亦可昭苏，故对于中藏恢复原有关系之希望，及拥护中央之诚意，与欢迎大员之情绪至为恳挚。论者有以康藏本属一族，宗教、风俗、语言均相类似，倘藏不我附，必连带及康，经职实地观察，恰成相反。盖康民自民国六年中藏战事发生以后，康民凡属于藏军之地域者，其所受痛苦实百倍于川军，即如今之河西昌都、类伍齐、三十九族各地之康民藏民，均无日不思脱离藏属，归顺中央，此实为职之耳闻目见。故行抵一处，即受一处人民之欢迎。职当以善言安慰，谨将各地情形分述于左：在康定——于5月21日行抵康定，除刘军长所部唐师长英、邓旅长骧率部约千余人郊迎外，在康所有僧侣康民均远迎十里，一一安慰，并宣布中央眷念边民之意，彼等均深感谢。

馈赠藏方礼品业已购办，惟为应藏人之需要，及沿途各呼图克图、土司之赐物，而宣达中央德意起见，乃选购砖茶二百余包，盖藏人多食牛羊糌粑，非川茶浓艳不易消化其食物，如入藏时能购备砖茶，无论康藏官民，均所欢迎。

在康定将应需乌拉（即差马非官界中人不能雇用）五百四十匹预备完毕，于6月1日由康定出发。

按西康，古康、藏、卫三区之一也。东自泸定起，西至丹达山止，计长三千余里，南与云南之维西、中甸两处相连，北逾俄落巴达野人与甘肃交界，亦有四千余里。其西南过杂瑜处，经野人境约数日路程即为英属地；西北隅连青海西宁，东南隅抵四川宁远各县相交，东北隅与甘肃相交。幅员辽阔，土地宽广。惜均为崇山峻岭，多有不能耕种者。

西康昔为清代西藏、廓尔喀朝贡之大道，驻藏大臣出入康藏之通衢，因历代不知经营，将地割与酋长，官为土司，而自治者十分之五，割赐呼图克图者十之一，流为野人者十之二，自清面尝给西藏达赖为香火地者十之一。光绪三十二年秋，自赵尔丰任边务大臣，渐将土司及呼图克图之地改土归流，野人之地亦经率兵征讨，次第克服归顺，而尝与西藏之地，如江卡、贡觉、桑昂、杂榆等地各次第收回，均奏明设置官县。现在一切政治教育虽较前稍臻完善，但人口不满四五十万，欲谋繁荣而改省制恐尚需时日也。

西康教育，仅有西康省师范学校一所，及女子小学高小学校四五所，人数甚少。

商务以康定、泸定两县较为发达，北路甘孜、南路理化两县亦较驰名，其他均不足道也。

在甘孜——6月6日到道孚，16日到甘孜，县长及驻军团长张行率部及甘孜寺香根呼图克图，土兵营长德钦旺母率土兵五百余人来迎，人强马壮，枪刀鲜明，颇显精神。计自中央命令刘军长负责防御藏军后，刘即令驻康所部将所有土兵一律改受该部指挥，另委名义，计有人枪马匹各五百以上者，委为营长，各二百以上者委为队长。道孚、炉霍等县土兵较少，均系队长，惟甘孜、德格系营长，而以德钦旺母所领土兵力量较大，实行以来，颇著成效，地方安靖，民无惊扰。民国二十一年康藏两军激战，藏军终致败北之原因，殆受此辈土兵传达消息侧击迂回之功也。如中央将来能派干练将校来此积极训练，宣传本党主义，策划屯田之法，则有益西陲实非浅鲜。且该土兵各自携带枪马，各携干粮，均不仰给于公家饷糈，以节余之粮饷，用之于开恳、办理教育等事业，一举两得，计莫若此。

职到甘孜，驻于孔撒土司官寨，驻军团营长及香根等纷纷来谒，并献土仪。经职馈赠礼品，并述中央最近施政情形及钧座关怀边民之意，彼等均感激无已。查甘孜驻军、系刘军长二十九团团长张行，该团分驻德格、伯利、邓柯一带，张本人驻甘孜，为人精明老成，颇得当地僧俗人民欢心。香根呼图克图在甘孜其声望势力首屈一指，有喇嘛一千五百余人。孔撤土司，孔宜美系其胞兄，早死，现领土兵营长德钦旺母系其亲侄女，年仅十九，统领土兵甚为得力，现有快枪六七百支，良马一千余匹，为西康财富最有势力者。二十一年藏军之败北，孔撤土司力莫大焉。

十七日，出席甘孜驻军、僧俗官民之欢迎会，参加人数达三千余人，其欢迎之热烈及拥挤情形，实为空前之未见，边民拥护中央之热忱于此可见。

十八日，由甘孜出发，道经伯利村，有驻军营长及伯利土司、头人等郊迎热烈。查民国十九年，康藏冲突，原因系伯利土司与大金寺喇嘛因争遗产细小事件而起。盖大金寺有喇嘛一千余人，平昔善于经商，盈利所得即购枪弹，势力强悍，为各寺中所不及者。适伯利土司某某早卒，遗妇与该寺喇嘛苟合，生一子，后该妇复与头人（管家）私通，因之发生争执，该寺喇嘛纠众攻击伯利村，该村不敌，乃求援甘孜驻军营长率部援救，该寺见势不佳，乃赴昌都求援，藏军遂渡河助战，因此局部之事，而演成康藏二三年来之战事，殊堪惋惜。

在德格——26日抵德格由张团营长欧显庭、土司泽汪登登及藏方代表琼让代本等率部郊迎招待。翌日，开汉夷（即康人自称夷人，谦语也）欢迎大会，职演说："中央本五族精诚团结真谛，对康民时深怀念。此次派松入藏致祭达赖大师，亦所以谋五族大团结云云。"在场欢迎者均为狂喜，深感中央之厚意也。

27日抵金长江（康人称曰冈拖），藏方官民及如本等在江岸鹄候。遂渡江赴琼让代本欢宴会，自此康藏驻军两方感情较昔较好，而隔阂亦因减除不少。

查琼让代本此次奉藏政府派为招待专使之总招待员，渡江以后，一切安全及乌拉之调集，均由彼负责。其人对川康事件素极熟悉，在康驻军历十六七年，民国七年之绒坝岔条约，及此次与刘军长所订结之冈拖协定，均由彼办理。为人老谋深算，富机诈心，与现在首席噶伦彭休为姻亲。沿途招待，尚称周到。

3．渡金沙江后沿途之情形

（1）在江达与楚葛代本晤谈之情形。7月1日，职率行署人员抵江达，由驻军楚葛代本率部远迎，计步兵不足二百人，音乐队兵约四十名，军队尚整齐可观。查楚葛代本年约四十余，曾留英两次，为藏中留英派资格较老者，与前首席噶伦擦戎为一党，经验丰富，人亦干练。过去年波密、青海两次战役，颇著战功。当晚赴其宴会，将中藏过去之关系，及现在国际情形，非民族团结不克应付外侮。求共存共荣，反复申说，彼甚感动，力言西藏地瘠民贫，经济政治一切建设毫无基础，非藉他人帮忙，实难图存于今日二十世纪。求可为西藏人民谋幸福，佛教谋保障者，当惟中国之赖。中藏过去隔阂，经专使此次来藏，一切当可冰释。惟甚希望中央将来对西藏诚能如专使所言，本五族精神团结之旨，共存共荣，则西藏无论何时，均可服从中央，否则如逼迫过甚，徒失藏人之心，即使武力压迫入藏，藏人虽至于退守印境，将来亦难保无恢复藏地，扰乱西陲之望也。其言中旨，实非琼让等所可比拟于万一也。

该部现驻防江达、冈拖、绒松一带重地，军纪尚可，惟教练仅为制式，而口令纯用英语，亦奇事也。

查藏中现成立者有十三代本，每代本仅辖士兵五百人，与内地营长相似，在西藏即以此为最大单位。现驻康境有七代本，共共计不过四千人(详另述军事报告)，并闻藏中代本部队较精锐者，除驻拉萨、香家姑苏二部外，以楚葛为较好。

（2）到昌都与贞冬噶伦之晤谈。7月8日抵昌都，汉藏僧民及驻昌部队郊迎十余里，抵行署后，贞冬噶伦来署谒见，互道寒暄，首由职述中央眷念达赖大师有功西陲发扬佛教，此次不幸圆寂，中央各长官尤其蒋、汪二公，异常悲痛，乃特派本使入藏专诚致祭，盖不惟崇德褒功，亦且尊重佛教也。贞冬当深感谢，并言中藏如能早日和好，则康藏纠纷自可迎刃而解，而康藏人民亦得安居乐业，甚希专使转达中央。当安慰之。翌日，在其私宅邀宴行署职员，席次谈及班禅回藏问题，彼表示班禅大师为西藏佛教领袖，奔波内地，无论藏中僧俗官民及其本人，均甚希望早日回藏。至由何道入藏为宜，请专使到拉萨与噶厦面商。至谓中藏过去关系密切，彼甚明瞭，惟如何恢复，及康藏纠纷如何解决等问题，彼个人现尚无具体意见，惟甚希早日和好，是其心中最所企祷，请专使到拉萨后与各位噶伦面谈可也。其言词颇诚恳，惟不愿表示态度，是殆一老练之人也。

按西藏官制，仅有噶伦四人，向例三俗一僧，达赖在时增加一人，以贞冬充任，因贞冬直辖代本七人，驻防康境，不惟军事受其指挥，而凡军事及各县之政治等事，亦由贞冬处理。为专职权起见，特增设噶伦一人，以统领西藏东境之一切军政事务。

按昌都（藏名察木多）地当金沙江，扼青海、云南、西康、西藏等地之要道，为军事上一大重镇。溯自民国七年，自陈遐龄失守，被藏军占据以后，年来入寇西康东境，青海南部，均以昌都为大本营。而该地建设日无进步，向云宏大壮丽之昌都喇嘛寺，今已破败不堪，而商业素著茂盛为滇、青、川、康、藏五处贸易之中心地，现因驻军风纪之废弛，军饷无着，军事当局苛征结果，已日渐萧条。而人民迁徙他所者，亦日夥。现人口仅有七百户，如长此不图挽救，则昌都之不景气，恐有甚于今日也。

（3）沿途军民欢迎之记略

自6月28日渡江以来，沿途僧俗民众，及当地宗本头人，均按站迎接，其欢迎热烈之状况，倾诚内向之表示，实不逊于河东也。尤以经同普、昌都、洛隆宗边坝各地时，其人民诉苦及盼中央派人治理藏地之请求，无日无之，无地无之。究其原因：一、为年来康藏多事，西藏军队向无饷额，故军队所至之地，勒索苛求，鞭朴刑加，人民若处于水深火热中者已二十余年。二、昔之驻藏大臣，对于西藏，岁解中央额定银两，救济藏中贫苦僧侣民众，且中藏关系密切，纷争甚少，藏东人民得以安居乐业。近者康藏纠纷尚未解决，昔之日用一切物品仰之内地者，今则因交通断绝大半仰给于印度，贩来货品，物价高涨，收入又减，人民感受无量之痛苦。藏东一带现在人民户口已较昔大减，可为明证。

8月22日抵仁钦里，职署先遣员蒋致余、王良坤、巫明远由拉萨随同藏方代表二人来此，备述拉萨当局筹备欢迎及希望专使早日到拉之诚意。职当面感谢，于28日到拉萨。噶厦派来僧俗噶伦各一员，五品官以上僧俗文武官员均郊迎于鸦普藏布江。藏军约一团之众，着最新式服装，(据闻该项军服一千套，系最近向印度购用，陈列彼之武器，亦所谓最新式者，详列军事章内不赘。)鹄候欢迎。最为职所意料不及者，为驻藏尼泊尔代表率队及全市尼民与不丹代表、驻藏汉民，均各自设帐欢迎，频频以中央德被边氓为谢。计是日拉萨不下万人之市民均拥挤道中，窥目探视，而过去中藏二十二余年之隔阂，在市民观之，实已减除殆尽也。午后一时到行署，噶厦四噶伦分别来谒，职当述中央关怀边民德意，及钧座眷念西藏官民之至意，彼等均为感谢，并恳职代为电呈中央，深表谢忱，藉祝钧座健康。而职仰托钧庇，于本日安抵拉萨。

计职自奉命入藏，筹备西进一切事宜，历时两月，于五月七日成都出发，经过驿站七十四，高山三十四座，时值夏令，途中尚着重裘，而能履险如夷者，实仰托中央威德所致。途中所见民生凋敝，货弃于地，无人开发种种情形，至可痛惜也。

附驿站路程表一份。

由四川成都至康定（即打箭炉）路程单（计十一站）

打尖地名	宿营站名	里数（华里）
双流	新津	九十
斜江河	邛州	九十
大塘铺	百丈	九十
名山县	雅安（即雅州）	八五
观音铺	荥经	九五
小观山	清溪县	九十
富庄	泥头驿	七十
林口	化林坪	六五
冷碛	泸定桥	八五
	瓦司沟	八五
	康定	六五

由康定至丙杷河边路程单（计二十一站）

站　名	里数（华里）	备　考
折多塘	四十	有民房十余所
水桥子	七十	有民房三四所
长坝村	五十	有民房三四家
钟古喇嘛寺	五十	喇嘛庙一所
泰林	六十	附近有民房百余家
官寨子	五十	露宿昔有官寨子一所，今已毁坏
道孚县	九十	有民房一百五十余所
大寨	四十	有民房三十余所
将军梁子	五十	有街房八九所金矿颇多居民淘金者为生亦多不少
炉霍县	八十	有街房一百余家
纳柳村	六十	有民房三四家
朱倭	四十	有民房五十余所有土司一员
甘孜县	七十	有民房三百余家又有温泉可沐浴
绒坝岔	八十	有民房二十余家附近有温泉可沐浴

站名	里数（华里）	备考
松林口	九十	该地露宿
玉隆官寨	九十	有民房二三所该官寨系驻队伍之用
东山根子	六十	露宿
西山根子	六十	露宿是日过雀耳山
柯鹿洞	六	露宿附近有民房约十余所不堪住宿
德格县	六十	有民房约一百余所
冈拖河（又名金沙江）	六十	西岸有民房十余所

由冈拖过河即为藏军驻地。计由此站到拉萨共四十二站。

由冈拖河至拉萨路程单（计四十二站）

站名	哩数（英里）	备考
矮多	九	
绒松	一五	
降达	一二	
格里	一六	
九绒	二十	格劣

站　　　　名	哩数（英里）	备　　考
托　　　　浪	二　　十	那西
惹　　　　了	一　　八	恪片
察木多（即昌都）	一　　八	扯拉　大马　罢呷
浪　　　　达	一　　六	
拉　　　　麦	一　　四	那木错
拉　贡　思　达	一　　〇	
瓦　　　　河	二　　五	希拉　易阻　差虫 呷误　龙以　不达
马　　　　里	九	道甫
下　　野　　松	七	以大
洛　　隆　　宗	一　　八	却翠
则　　　　墨	一　　八	底呷
肖　　　　墨		
抓　　　　里	一　　七	
拉　　　　则	二　　二	西米贡

站名	哩数（英里）	备考
大宗	一三	
五结打木达	一五	
拉木结孔	一八	宁下空
温坐克瓦	一〇	
哈拉木	一一	
加贡	一六	
層土	一四	
察秋卡	一五	谷拉
拉里	一七	葱司日
秧长	一〇	白打
舌里	一八	
炸麦	一一	磋拉
浪久	一三	
江达	一五	

站　　名	哩数（英里）	备　　考
经大	一四	
龙马里	二三	
错木拉	二〇	工波怕力拉
河司力蒋	一六	
仁钦里	一七	
墨竹贡卡	一八	
拉木	一一	
得庆	二〇	
拉萨	一三	

合计六四六。由冈拖河西至拉萨共经过重要山二十九座。

由拉萨至江都路程单

站　　名	哩数(英里)	气候	备　　考
业党	一五	温和	路平有民房五十余所
僵美	一〇	温和	路平有民房三十余所
曲水	一〇	温和	路平附近约有民房一百四十余所

站名	哩数(英里)	气候	备考
冈巴白咀	一五	温和	路平有民房约三十余所
擦马龙	三	颇冷	过冈巴拉山靠吉祥海
白地	一二	颇冷	路平有民房十余所
浪噶孜	一五	冷	路平有民房约六十余所
扎拉	一五	冷	路不甚平有民房一大所
热龙	一五	极冷	路不甚平有民房约五十余所前清时驻有汉军三十名
毅喜	一六	冷	路尚可行有民房约二十余所
江孜	一六	冷	路平附近有民房一千一百余户有英兵五十名驻于英人所建之汽车站内
锁冈	一四	颇冷	路平有民房三所自江孜以后沿途虽未行驶汽车而各站皆有建立站房
康玛	一五	冷	路尚平有民房约二十余所
苏达	一四	冷	路平有民房约三十余所
卡拉	一四	极冷	路平有民房约三十余所
多金	一二	极冷	路平有民房约有二十余所
图纳	一三	极冷	路平附近约有民房一百余所

站　名	哩数(英里)	气候	备　考
帕　里	二十一	极冷	路平有民房约一百五十余所驻有西藏之营官及税务官员
沟　屋	一六·五	冷	大半路平小半路不甚好走地势极为险要前清时驻有汉军一百二十名后中英军作战于此我驻京之营均成焦土
亚　东	一二	温和	路不甚平有民房二百余所英兵二十五名英人商务委员一人
昌　谷	一七	颇冷	路险过图纳山此山即喜马拉
江　都	二五	温和	路险下山此处为哲孟雄之地其国王现尚住此有汽车可直达喜里古里亦可通喀伦堡及大吉岭
喜里谷里	六〇	热	路平下山由此上大车至印度加尔各塔

共计　　　英里。冬日行走较便

四、在拉萨朝拜寺佛及办理各种事项之经过

1. 赠送藏方僧俗官员礼物连络情感

西藏习俗，凡来往交际，先须馈赠礼品，而后宾主始易联欢。此次职奉命入藏，首须连络情感，因在京、沪、川、康备办藏人所喜用礼品，事先分配妥定，到藏后除途中赠送藏中僧俗官员及赏赐头人外，即将在拉萨应送礼品，计自热振呼图克图司伦以下至七品官以上，均分别轻重于职到日专差送达，以表示中央眷念藏人之厚意，而使中藏感情益趋和好也。

2. 朝拜各寺院

西藏官民均崇信佛教，职到拉萨，即循俗例规定朝拜寺院，计大小昭寺、别蚌、色拉、甘丹三大寺，及达赖驻锡处之布达拉宫，其中以布达拉宫规模较大，佛像庄严，宫殿庄严，实较内地为富丽。而三大寺每寺楼屋栉比，耸立山中，实壮观也。每到一寺院时，均由寺中主管堪布招待。职当述中央维持佛教之情形，及中藏过去之种种密切关系，彼等至为感激，并甚望中央以后常派大员入藏，使中藏关系更进一步而共同发扬佛教。

3. 举行追封达赖喇嘛之盛典

(1) 接洽时之波折

在接洽此事时，首席泽墨噶伦等以达赖喇嘛圆寂，西藏僧俗官民异常悲哀，对中央举行册封盛典，认为一大喜事不愿举行，以免藏人反对。经职派员协商，各噶伦均到，坚持前见，婉如谢绝，谓俟十四世达赖转世时再为举行，藏人无不愿接受。嗣经职再派专员以中央派员来藏，为表彰达赖西陲之功，及发扬佛教起见，故加追封，若不先举行册封大典，殊违中央派员入藏之初意，并湮没达赖保障西陲与维持西藏政教之功也。嗣藏方一面交涉中藏问题，一面筹备册封典礼为请，职以册封致祭为入藏首要任务，二者缺一，殊违中央意旨，且与藏人有要挟之机会。故对此请严为拒绝，并答以中央派本使来藏，原为册封致祭达赖大师，今置此不谈，在中央远隔数千里，不明真相，势生疑虑，在外人亦可藉词挑拨离间，不惟于中藏问题不能解决，反失中藏和好之目的。最好一面积极筹备册封典礼，早日举行，一面希望噶厦将西藏政府希望中央之件，在可能范围内条具开来，以便本使相机报告请示转达。揆其意旨，拟先谋解决西藏问题，如于西藏有利，即接受册封致祭，否则即藉词拒绝。藏人见小利而忘大义已成惯例，经各方疏通，及泽墨两次谈话结果，如行接受，定于九月二十三日上午九时，在布达拉宫正殿举行册封庆典。

(2) 举行册封时之情形

日期已定，职署人员均着中央规定礼服，于是日上午八时由拉萨行署出发，军队来迎来送，市民环观如堵。藏方自司伦以下四噶伦、札萨克、护卫司令及驻拉萨代本、僧俗官员数百人，均着藏中最新礼服，恭候于册封礼堂。而司伦、噶伦等高级职员，则迎候宫外。入礼堂后，即按礼单举行，由姬觉总堪布代受玉册玉印，全堂肃静无哗，礼节至为隆重，于十一时半完毕回署。

附册封礼节单一份

谨拟册封达赖大师礼节单

一、册封日期谨定于国历九月二十三日上午九时在布达宫正殿举行。

二、专使暨参与册封典礼人员概着规定礼服。

三、西藏总堪布、司伦暨各噶伦以下僧俗官员概着规定礼服。

四、册封昇以彩亭导以僧俗官员（四五品僧俗官员共五人）仪仗乐队（马队及军乐）专使暨参与人员随行。

五、西藏当局派四品官员四人于册封地址楼下大门外恭迎并向册印呈敬哈达，随行一锵比（藏礼）引导前行。

六、总堪布、司伦暨各噶伦等恭迎于册封门外。

七、专使捧册印恭置于香案（奏乐）。

八、专使率领参与人员向册印香案由专使呈敬哈达并齐行三鞠躬礼(奏乐)。

九、总堪布、司伦暨各噶伦、僧俗官员等向册印香案由司伦呈敬哈达并齐行三锵比（藏礼）奏乐。

十、专使暨参与人员在香案左旁立。总堪布、司伦暨各噶伦等在香案右旁立。

十一、专使向册印香案正中立，宣读册文毕，将册印递交总堪布，由总堪布置册印于达赖大师座前案上。专使复原位。(奏乐)

十二、总堪布、司伦暨各噶伦、僧俗官员依次向达赖大师座行三叩头礼并呈敬哈达。

十三、专使参与人员依次向达赖大师座呈敬哈达，并行三鞠躬礼。

十四、总堪布、司伦暨各噶伦依次向专使呈敬哈达，并行一鞠躬礼，表示敬谨祗受。

十五、专使暨参与人员向总堪布、司伦暨各噶伦由专使各敬哈达并行一鞠躬礼。

十六、专使率领参与人员退出，总堪布、司伦暨各噶伦等恭送于册封门外。奏乐。四品引导员恭送于楼下大门外。

十七、次日，总堪布诣专使行署，向专使敬哈达并行一鞠躬礼。请转呈中央表示谢意。专使回敬哈达，礼入延见室叙谈。

说明：以上各条，总堪布当册封时代表达赖大师，故位列之司伦之上。

4．举行致祭典礼

一、接洽致祭时之情形

在册封举行后，即开始接洽致祭日期。藏方对致祭达赖认为重典，一再选择吉期，定于十月一日在布达拉宫举行。

二、举行致祭时之情形

日期已定，因祭堂悬旗问题，噶厦又行反对，谓布达拉宫系达赖大师坐锡之处，向无外人悬旗之例，即西藏军旗亦不能上宫。当答以举行册封时，党、国旗亦曾悬挂台上宫门，且举行庆吊大典，在内地悬挂党、国旗已成当然之事，况本使此次代表中央，亦即代表四万万同胞来此致祭达赖大师，若不能悬旗，究属何方来人致祭，似欠妥当。几经周折，并请示中央后始决定在行署悬旗外，将党、国旗抬至布达拉山祭堂，暂不悬旗。遂于十月一日上午九时，在布达拉宫正殿举行致祭典礼。礼节隆重如前，惟祭堂内西藏僧俗官员及行署人员增加凄惨之态耳。

附致祭礼节单一份

东典仪官赞

执事者各司其事（陈设）

发鼓三通

西典仪官赞

　　鸣金三叩

东典仪官赞

　　鼓初严

西典仪官赞

　　金一叩

东典仪官赞

　　鼓再严

西典仪官赞

　　金二叩

东典仪官赞

　　鼓三严

西典仪官赞

　　金三叩

东典仪官赞

　　金鼓齐鸣

西典仪官赞

　　大通三叠

东典仪官赞

　　奏大乐

西典仪官赞

　　更细乐

东典仪官赞

　　专使就位

东赞引官赞

　　专使向大师案前就位

西典仪官赞

　　行三鞠躬礼　一鞠躬　再鞠躬　三鞠躬（毕）

东典仪官赞

行上香礼

东赞引官赞

行上香礼　专使诣香案前

初上香　亚上香　三上香

西典仪官赞

复位

西赞引官引导专使复位

东典仪官赞

行初献礼

东赞引官赞

行初献礼　专使诣献品案前

初献轮　献宝　献后　献臣　献象　献马　献将　一鞠躬

东典仪官赞

司祝官诣读祝位　乐暂止

司祝官读祝　乐复作　专使一鞠躬

西典仪官赞

复位

西赞引官引导专使复位

东典仪官赞

行亚献礼

东赞引官赞

行亚献礼　东〔专〕使诣献品案前

亚献色　献声　献香　献味　献触　献八

吉祥品　一鞠躬

西典仪官赞

复位

西赞引官引导专使复位

东典仪官赞

行终献礼

东典仪官赞

行终献礼　专使诣献品案前

三献曼达　献佛　献经　献塔　献八吉祥

表　一鞠躬

西典仪官赞

复位

西赞引官引导专使复位

东典礼官赞

司帛者捧帛

司祝者捧祝

西典仪官赞

行鞠躬礼　一鞠躬　再鞠躬　三鞠躬

东典仪官赞

礼成

各退

5. 散布熬茶费并规定各寺基金，期垂中央维持西藏佛教之永久纪念

按西藏以佛教教主主持藏政，政教大权集于法王一身，为世界中之特殊情形。抵藏之士，若不表示尊重佛教，断难邀藏方官方官民之相信。中央此次派职入藏，关于三大寺及各大寺之熬茶费，均有规定，仰见维持佛教，洞悉藏情。故职到拉后，鉴于英人过去在三大寺熬茶每一喇嘛仅发洋一元之旧例，为达成中藏和好而使中央无西陲之忧，决定从优厚起见，拟每一喇嘛发洋二元，乃邀请噶厦派员会同三大寺及大小昭寺之堪布会商发钱日期，及熬茶办法，于十一月十三日起，至本月二十六日止，为散钱熬茶。

此外为使三大寺堪布及喇嘛内响如一起见，乃规定每寺发基

金以垂永久，计每年每一喇嘛可获利息藏噶五枚（含中币二角三分），只用利息，而基金不动，本存一日。换言之，西藏只要有佛教一日，而中央维护佛教之心，当存一日也。

6. 规定传召办法

传召，在逊清之时，驻藏大臣向例，每年于正月十五日举行传召一次。其意即将拉萨喇嘛及附近所有寺院喇嘛集合大昭寺前，宣布逊清皇上德政，维护佛教至意。职以此举颇易收藏人之心，乃规定传召费藏银六百九十一秤，每年所得利息，足可资每年所有被传召喇嘛熬茶之用。此款由噶厦政府与大昭寺堪布负责保管，于每年正年十五日举行传召盛会，宣布中央德意，如是则中央维护佛教之心深印喇嘛，而喇嘛之倾诚内向，可始终勿懈也。

7. 补助学校经费及散振拉萨贫民

自民国元年川军哗变后，汉、回人民流落拉萨者，现有三四百户，在拉萨创立汉、回文学校一所，生徒约有八十名。在拉市学校中，较之学生为最多。松除勉励外，并酌捐经金，以示关念留藏同胞之意。

昔英人贝尔著书谓：拉萨市有三多，即喇嘛多、乞丐多、犬多是也。盖拉萨乞丐多最大原因，为西藏政府苛捐人民所演成，此类无告贫民，平日鹄立街市，鸠形菜色，实属可怜。职为表示中央对僧俗人民一体待遇起见，乃派员按民发振，计数约有二千余名，亦云惨也。

8. 在拉萨与各方应酬之记略

甫到拉萨，西藏代藏王热振、司伦及噶伦等，分别邀宴，每次会谈均述及内地匪患渐次肃清，建设事业业已开始，国势日强一日，并及英人在印度受甘地不抵抗反对结果，每年印度政府收入大减，现在伦敦失业已有数百万人，各情形。彼等甚为感动。尤以姬觉总堪布、彭康公为甚。至班禅回藏问题，原则上均不反对，惟入藏路线，意见各有不同。盖各人背景不同，利害有异，如姬觉总堪布、噶伦喇嘛、彭康公等，对班禅由海道，由青海均无不可。惟现任首席噶伦泽墨，及郎中彭休噶伦，以达赖圆寂，藏中军政大权均操彼等手中，为尊崇佛教，达赖圆寂，班禅当可回藏。惟为易于操纵政权及免班禅参政起见，故拒绝班禅由青海带卫队入藏，而欢迎由海道来藏也。详另陈后篇，从略。

五、中藏问题交换意见之经过

按中央之与西藏隔阂已有二十余年，中央以内地未清藏中政权、教权暂由达赖主持，此次适逢达赖圆寂，中央派松追封达赖为护国弘化普慈圆觉大师及致祭专使，藉以视察藏情，连络情感。抵藏之后，西藏当局除已接受册封、致祭两项外，对中藏问题之解决深具渴望，以此不能不以个人资格与其交换意见，爰将经过交涉情形纪录如左：

中藏问题交换意见纪录

九月十六日上午九时，西藏泽墨、郎中、哲康、彭休四噶伦来署商洽中藏问题。本专使行署之各参议亦同出席。任翻译之责者为巫参议明远。首由泽墨发言，谓汉藏隔阂已历二十余年，往者汉藏和好及晚近汉藏失和之经过情形，恐诸君官长未尽明瞭，故不能不首先约略陈述，西藏原为观世音菩萨之教化领域，自昔政教一致。松赞干部时代，国势大盛，尚唐文成公主，其后又有一西藏国王尚唐金城公主，此为汉藏王通往来之起点。递至达赖喇嘛第五世在位，振兴黄教。达赖喇嘛第五世统一藏地时，清朝入主中国，尊崇佛教，达赖等五世入京觐见极蒙优礼，由此汉藏始发生檀越关系。汉藏和好历时甚久，其后汉藏之所以失和者，乃因边界问题启衅，清末川边大臣赵尔丰压迫西藏，强夺西藏土地，清廷反命赵尔丰为驻藏大臣，经西藏反对未能入藏，改派联欲为驻藏大臣。不料联欲入藏后倒行逆施，与赵尔丰如出一辙，专用高压手段，奏调汉军二十名由钟颖率领入藏。钟颖所领汉军甫抵拉萨，即杀毙僧官（藏称吉仲）一员，现时之彭刚辅贡彼，时官台吉相遇于驻藏大臣衙门前，亦几遭不测。因此，达赖喇嘛第十三世始率领藏中重要官吏逃避于印度大吉岭。联欲、钟颖复变本加厉，奏革达赖喇嘛第十三世封号，对于藏人横加摧残。达赖喇嘛第十三世虽逃至印度地方，然，仍倾向中国，不受英人诱惑。英人给予房屋、金钱概辞不受，所有用费均由藏中支应。至癸丑年，驻藏汉军哗变，肆行抢劫，焚杀拉萨人民，被杀者甚多，拉萨房屋被焚烧者达三分之二。后因图劫色拉寺，围攻数日，经西藏民兵起而反抗，始将汉军击溃，迎回达赖第十三世掌理西藏政教，恢复旧观。甲寅丁〔？〕卯两年之间，中英藏各派委员在印度森姆拉会议，案经订完条约，中国委员陈贻范对于正约不予签字。丁巳戊午两年之间，驻康汉军又擅杀藏兵，汉藏两方因此又发生冲突，汉军分统刘赞廷要求英国领事台克满出面调解，停战议和，结订和约，汉藏边界得以暂安。辛未年，驻康汉军杀戮大金寺喇嘛，汉藏两军又发生战事，中国派唐柯三偕刘赞廷入康调解，商订条约十条，又不签字，反派汉军击溃藏军，焚毁大金寺。数十年来，四川、青海汉官吏更迭欺压藏人。边境之不安，及今而谋汉藏和好，应先解决川藏边界问题。关于此事，中国既不愿英国从中调停，兹亦不提。然，可否照唐柯三与琼让所订之约解决，或可否请英国以外之国家从中解决，请专使加以裁夺。至此，本使即答以今日蒙各噶伦莅临赐教，畅谈中国与西藏之悠久历史，本专使聆悉中藏之光荣历史，非常欣悦。聆悉中藏之失和经过，非常悲痛。至于唐柯三与琼让所拟之协定，不独未经签字无可置喙，且其后又有冈拖协定并已正式签字，何能更溯及唐柯三与琼让所拟之协定。至于中藏问题，纯属内政，无论任何外国不能参加。且关于康藏界务诸问题，则必先商榷。中藏关系一点，须俟中藏关系确定后始能谈及。等语。刘总参议朴忱发言：中藏问题应请西藏首先承认者，中藏是否为一家？如为一家，则边界问题自不难解决。如非一家，则康青军之击藏军直击外国耳，中央何能加以制止。泽墨噶伦询问中国政府对于此事之意旨如何？本专使即答以中国为礼义之邦，西藏在达赖新丧全地哀痛之中，中央矜怜藏人启处不遑，并无何项意旨，希望西藏将中藏和好应有事项，逐次以书面开列送达，再行商洽。泽墨噶伦许之。中间泽墨噶伦曾谓中藏和好其事难，册封致祭其事易，要求先难后易，先商中藏和好，后行册封致祭典礼。本专使答：中央特派本专使为致祭达赖大师专使。册封致祭为本专使首要任务，一面册封致祭，一面商洽中藏和好问题则可。若先商洽中藏和好问题，而后举行册封致祭典礼，深恐启中央政府与全国民众之疑虑，似属不当。林参议东海于此亦亦经发言，谓专使入藏原奉中央命令，特派为致祭达赖大师专使，自应遵照命令，首先举行册封致祭典礼。否则，不免违背中央命令。泽墨以及其他三位噶伦均未置答而默然矣。最后泽墨噶伦询问班禅回藏问题，并谓藏中民意希望由海道返藏。慕松答以此项问题有二大原则：一、保持班禅大师之尊严与自由。二、维持西藏现有之治安。刘总参议朴忱发言：班禅为西藏之大佛爷，假道外国回藏诸多不便。班禅忠厚长者，酷爱和平，除维持其尊严及安全须率领相当人员护卫外，当不致多带军队返藏。泽墨噶伦询班禅究需护卫兵多少？职答以此事不能擅定。至此各噶伦典辞而退。

九月二十四日，噶伦送公函一件，内容仍仅注重边界问题，对于根本上之中藏政治关系并未提及。是日八时，召集全体职员会议，决议推刘总参议朴忱前往噶厦商询一切再定办法。原函如下：

西藏噶伦等特函于中央特派致祭达赖大师黄专使鉴：敬启者，昨趋署承教，曾将中藏间先后经过详细陈述，并将情形呈报斯穹呼图克图暨司伦二处，得于西藏大会中征求多数之意，咸以西藏根本问题，惟在毗连地界，倘得解决，人众承蒙幸福。此即异常重要，系人众所希望者，毗连纠纷惟有请求专使处理。至于中藏问题，汉方究有何种意见，恳祈明示全体，必当思虑次第呈报。所称如是，此件能否向汉政府请示，抑从速办理。请酌夺是荷。

藏历甲戌年八月十六日

复函原文

敬启者：日前辱蒙噶伦诸公过访，承示中藏历来经过情况暨中藏和好问题中，西藏希望于中央之意见。本专使所希望于贵噶伦之意见，曾承噶伦诸公允将中藏和好应有事项以书面逐条开列见示。兹准大函经加披阅，所云仍与前次谈话中所表示者大致相同。目下本专使对于尊处口头及书面两次所表示者当然予以同情之考虑，尚望查明示全豹，以便进一步之商洽。准函前因，相应函复，请烦查照，仍希见复为荷。此致

噶厦

二十三年九月二十七日

九月二十七日，派刘总参议前往泽墨噶伦私宅，对慕松办理中藏问题所持之态度加以说明。任翻译者为郭队长寅生。刘总参议当即告以来意谓：噶厦来函颇嫌空洞，长此谈词往还，徒耗时日，无裨事实，此后应作进一步切实之政治讨论。泽墨亦以为然。末谓：中央与西藏之希求，应各顾虑现在所处之环境与事实上之可能，以为提议作根据方能顺利进行而有效。若不顾事实，专唱高调，恐无良好结果。泽墨亦以为是，但答非所问，仅重述川军哗变之惨祸。刘总参议答以川军哗变时，内地正在改革中，川军无所适从，兼以统率失当，发生不测，乃属偶然事件。至今，内地同胞对于此事甚为歉然。西藏同胞应回忆中藏之悠久光荣历史，过去数百年间，中央对于西藏之维护，盖已不知耗费若干金钱，死亡若干生命，此其密切关系为荷如耶。吾人应思其大者而忘其小者。泽墨则谓：历史之事，吾人应全体忘之为好。刘总参议回报所称之言颇挚，但泽墨似无以感动。

十月二日，慕松以册封致祭事项完毕，往访热振呼图克图及

司伦，表示襄助谢悃。在司伦处谈及中藏问题，司伦称：西藏当局愿以达赖所遗现状做去，若中央另有主张，须交西藏民众大会议决后方能商洽。目下西藏重要问题，厥为西康地界之争执。本专使答以康藏纠纷固属重要，但中藏关系若不决定征诸往例，决难达到福利目的。司伦允从容商榷。

十月四日，泽墨、郎中、哲康、彭休四噶伦来访，面递到公函一件，大意仍仅注意于西康、德格、瞻化、霍尔五属以及上、中、下俄洛之地界争执问题，而于中藏根本关系并未提及。并言：康藏界务问题一经解决，则中藏关系自然之日趋良好。又询慕松有无办理此事全权证书或其他字据？慕松答以本专使来藏，非往外国办理外交可比，无用全权证书及他字据之必要。若西藏之希望果益于中藏和好问题，本专使自当竭个人之智能，尽量呈报中央鉴核办理。各噶伦略坐片刻即辞去。来函如下：

汉政府特派致祭达赖大师黄专使鉴：新近汉历九月二十七日得奉手示内开：商议汉藏和好，须将有何要点明白开出。等因。是以立向代理法王斯穹呼图克图暨司伦二处呈报，并于西藏民众大会中征询汉藏复好意见时，咸谓西藏为圣神大悲观世音教化之领域，自昔默蕴三法王之时起即管理政教。其后大悲观世音之化身第五世达赖喇嘛时成就汉藏檀越关系，彼此推崇佛乘。中途汉藏不和之根由，乃系边界启衅。现在为彼此安宁以及发扬佛教计，最好将汉藏语文通行之地暨人民概应退还藏政府；如汉政府欲仍旧暂理之时，于先前东北青藏所立条约曾签字者须予实行，而俄洛亦为佛教之地，早经隶属于西藏，西宁不得擅自派兵威胁。至四川、西藏二处边界一节，如德格、瞻化、霍尔五属等地，原为西藏管理，毫无错误，在一时期中汉方派兵强占，亦系贵专使所深知，若将其土地官民立予交还藏政府之时，西藏僧俗民众定皆悦服，边界各望安宁，汉藏檀越和好之交亦必逐渐增进。势所必趋，故有望于贵专使者请详审后而赐示焉。

附压信阿西哈达一根。

西藏噶伦等谨上

藏历甲戌年八月二十五日

十月五日召集行署全体职员会议，讨论噶厦复文。决议：先由专使往访泽墨噶伦，先说明康藏地界问题恐难照西藏意见办到，并询问中藏之政治关系究应如何确定，以及此后交涉应以何种方法为敏捷，俟明瞭后再行函复。

1．专使问五族共和共同建设中华民国，西藏是否诚意合作？泽墨答：若满蒙各族加入西藏，亦可加入也。

2．专使问西藏对中央政府之政治关系如何？泽墨答：对外可用整个力量。但内部则当继续昔日檀越关系。若内地人士欲抢夺西藏之政权，则万难办到。泽墨并云康藏地界问题为全藏人民最所渴望迅速解决之事件，应求先行办理。又言康藏官吏中诸多不良，中央何不撤换？本专使答以中央立场吾人宜加体贴，倘中藏之政治关系不先行解决，则内地民众及边区官吏之疑虑自不能释，何能求边界问题之解决。泽墨允从容商洽。本专使末询此后交涉进行宜用何种方法简便？泽墨答非所问谓，专使此后如有吩示，不必亲临其私宅，因拉萨藏人易滋误会。最好由巫参议明远或琼让代本转告，而以琼让为最适，当以琼让为姻戚也

十月七日拟就复噶厦公函，并派刘总参议朴忱及巫参议明远前往噶厦亲递。复函录左：敬启者：十月四日承诸公过署见教，并亲递到公函一件，比即饬属迻译。回环展诵，其内容与屡次谈话所表示者大致相同。本专使谅德之躬，奉命入藏，原为爱国爱藏之心所驱策。明教所告，除随时以亲爱坦白之精神约略致答外，固无日不在深思熟虑之中，求所以秉承中央意旨，于中华民国五族共和共同建国之制度下，以恳挚之态度谋我国族内部之精诚团结，商榷中央与西藏之政治关系，以期永远和好。西藏为佛教精蕴所在，无限光明，慈航普允，为全国所钦崇。诚如尊函所云，内

地之于西藏保有檀越之光荣历史者历有年所，至今内地人士倍益顶礼膜拜，虔诚皈依，愿继续尽其檀越之义务，与我西藏同胞共同宣扬佛化。但在今日情况之下，倘不系以政治上连锁关系，则不适合于国际法与国内法，未由周旋于国内外；为现状及将来之策应，更末由致全力于佛地之维护与佛教之发扬。以上种种原因，本专使为诚意商洽中央与西藏和好起见，敬请尊处明确表示西藏对中央之政治关系，庶得早行商议康藏及其他各项问题，则以家人谈家事，自可减却许多困难矣。准函前因，相应披沥详陈。敬祈噶伦诸先生

二十三年十月八日

十月八日派刘总参议、巫参议往噶厦亲递第二次复函。由泽墨、郎中、哲康、彭休四噶伦接见。当经刘总参议加以说明，巫参议翻译，略谓专使对于中藏和好问题之意见综计如下：一、对内谋西藏之安定。二、对外谋力量之结合。所谓谋西藏之安定者，康藏问题与班禅问题二者是也。盖康藏纠纷之发生，已亘二十余年，康藏边区均为之不安，而在班禅未返藏前，西藏人士其心亦岂能安？为西藏之永久安定计，自应迅速解决此两问题。就对西藏而言，若就对外言之，则当此国际险恶环境之下，吾人为国生存计，自应亟谋力量之结合，如结合外交力量、结合国防力量、其他种种力量共同一致对外，方定以自主自足。此次来函所云西藏对中央之政治关系即指此点，故应请西藏明确表示对中央之政治问题后，中央始能对外负责安定西藏，亦无抢夺西藏政权之意合。噶允予转呈司伦、热振，此无其他表示。原函已抄录：

前函送去后数日，噶厦召集西藏民众大会讨论对策，连议数日闭会。迭据各方情报，该项会议中力图诋民国制度与西藏政教不合、反对五族共和、不承认中华民国。探闻发言者为招待员琼让、大卓尼杨喇嘛、电机局五品官仁冈、五品僧官罗冈以及哲捧寺罗色林堪布，并硕第巴等，皆属现政府（泽墨噶伦）之党，与

居中操权者为(司伦泽墨)、噶伦东波、大中译三人。非出自大会僧俗官吏之公意也。传闻如是，不知确否？同时拉萨街市流言四起，秩序已呈不安状态。会议后送来之公函如下：

中国政府特派致祭达赖喇嘛黄专使鉴：近奉汉历十月八日所赐之函，详细诵读后，当即呈报代理法王斯穹呼图克图暨司伦二处，于西藏人众大会中谘商。汉政府顾念西藏，所以现在特派专使前来办理藏事。其后汉藏和好故，昼夜思维不懈，人众闻欣幸感谢。至汉政府五族人民国家统一法规，望西藏政府以远大之意志联成一气，以后政治可以于永远时间得获安宁。希予切实商议，是为政治之要点。至康藏之事，不必隐秘，若能从速明白赐示，彼此皆有好处。等因。西藏原系大悲观音教化之领域，故完全不与其他国度相同。佛法昌明系于白昼，所以盛传西藏为佛教国家。其施行途径，须有政教合一之执行。爰改变为民国之法规，于教于政均有极大相悖之处。且接到人众大会呈递盖章之书，谓根本无法承认西藏为自主之国家，其内政教无与于汉政府之干预，汉方在藏亦不设官驻兵。西藏东北之西宁、康边界一节，如有函所陈，最好将通行汉藏语文之地及人民悉数设法交还藏政府。若汉政府有碍难时，以前青藏因边界之事于先年彼此曾遣代表会议立约盖章者，希予履行。俄洛早属西藏，应仍之，西宁不宜派兵威胁。四川、西藏之边界，德格、瞻化、霍尔五属等地人民一时被汉方派兵抢夺，立应交还藏政府。如是则顾全佛法，彼此边界之军皆可撤退，倘获安宁，即汉政府最近尊崇佛教、信仰达赖之心不变者。若以如是盛大之意顾念西藏，则汉藏两方檀越关系一致对外，南京国都，西藏亦可派遣代表常川驻彼如现在然，和好必见日益增进。西藏可作中国之外域矣。藏地决不容许别国侵入，自当严密防守。此事贵专使能否决定，抑须请示中国政府，惟祈婉辞密报，迅予赐复为荷。

附呈压信哈达一根。

西藏噶伦等上

藏历甲戌年九月九日

十月二十四日，本专使偕刘参议、林参议、巫参议、李秘书前往噶厦与各噶伦晤谈。由巫参议翻译，详细说明中华民国五族共和与西藏政教制度并无抵触。中央并无改变西藏政教制度之意。又言，满族自清入关后，群居内地东三省，满人已为数甚少，溥仪之为伪执政，实日本人压迫所致，非溥仪之本意。目下满人之任中央政府与各地方政府官吏者甚夥；蒙族则内蒙人士无一不服从中央命令。外蒙受人牢笼，自入地狱，至今外蒙佛教安在？贵族安在？王公喇嘛逃往何地？究竟谁为佛教保护者？谁为王公保护者，明眼人不难知之。至谓内地已变为赤化之区域，更属捏造谣言，蓄意挑拨，殊为可笑。蒋委员长驻节南昌专力剿共，月费国币七八百万元，历时三四年之久，沐雨栉风，不辞劳瘁。比年以来，中央剿共军节节胜利，目下已将共匪老巢攻毁，江西共匪完全肃清，白〔向〕内地赤化，其谁信之。反复开导历二小时之久。各噶伦等亦极领悟，乃以英人逼近可危，中央力弗能及；并改变现状，好则无功，坏则受咎为理由，坚持民众大会之议决，不参加五族共和，不承认民国统治。谈判至此，已无磋商余地。因西藏有留置无线电之请求及〔即〕乘机提议：(一)请西藏派遣重要人员赴京答礼。(二)留若干职员驻于拉萨，以资连络。泽墨等答俟陈明司伦、热振并征询民众大会之意见后再行通知。遂辞别回署。并风闻民众大会闻班禅回藏问题亦经决议：(一)由海道回藏。(二)照旧章待遇。(三)倘班禅带兵由青海回藏，其责任中央负之。

十一月九日，因归京乌拉、马牌已下，遂定于十一月十四、十八两日将本署人员分两批首途返京。并定于十一月十一日往布达拉宫辞行，正式向噶厦通知。是日午后三时，泽墨、郎中、哲康、彭休四噶伦来署挽留多住数日，原无不可，惟苟诚意商洽中藏问题，须西藏确认西藏为中华民国之领土及服从中央，然有始有商量之余地，否则，留此何益？中以泽墨等之发言，并申言对外必须一致用中华民国之名义，及共同拥护中央政府，如外交、国防、交通以及西藏重要官吏之任命等，均须一致由中央政府统筹办理。但西藏人士亦可前往中央参政。盖中央政权早经开放也。至于对内，则可因地制宜，如允许西藏自治，不干预西藏之自治权限，不改变西藏之原有政教制度，是惟西藏既得自治权允许，则中央为完整领土主权计，当必派遣大员常川驻藏，代表中央执行国家行政指导地方自治。泽墨等比即接受，请专使备一说帖，以便征询民众大会之意见。当允其从速办理，俾得早日返京。各噶伦去后，即召集本署全体职员讨论，一致赞成，并推荐参议起草。翌晨复开全体职员会议，讨论决定十一月十日派林参议东海、李国霖前往布达拉宫亲递书函，并嘱其口头之说明以下之五点：1．专使为联络感情计，故将谈话结果备一书函送来。惟未请示中央，只能作为个人意见。2．中央开放政权予藏人以莫大之利益，并可许西藏自治，俾西藏得确定其行政尤为难得之利益。3．书函所举各项，为共同建国所不可少之原则。此外尚有应列入者至施行细则，须从长计议，以适应所处之环境。例如外交方面，或藏人加入外交部服务，或在拉萨设交涉员兼任西藏自治政府之指导等是。4．送去书函，如第一、二项所言，纯为联络感情，切望噶厦努力设法通过，勿予更改。5．目下西藏气候日趋严寒，本行署各职员均系各部、会调用，各有原职，不能久离，请从速见复，俾早遄归。再迟恐大雪封山，不能逾越。

兹将送去说帖纪下：

敬启者：日昨承诸公过访，一再诚挚挽请专使展缓行期，俾对中藏和好问题再作一度之商洽。查本专使入藏，原为爱国爱策之心所驱策，个人意见苟有利于整个国家与西藏地方者，自无不乐予呈报中央采纳。为诚意商洽中藏和好问题起见，应请西藏首先认定以下两点，即一、西藏当然为中华民国领土之一部分。二、西藏服从中央。而上列两点，本专使亦经屡次明白解释，实无防碍于西藏之宗教与政治。盖国家领域广大，西藏情形不同，中央对内自必因地制宜，适应西藏之民意。对西藏政教制度，本专使可郑重声明如下：一、共同尊崇佛教予以维护及发扬。二、保持西藏原有之政治制度，可许西藏自治于西藏自治权限范围内之行政，中央可勿干预。其在对外，则必共同一致，凡关于全国一致性质之国家行政，应归中央政府掌理，如：（一）外交应归中央主持。（二）国防应归中央筹划。（三）交通应归中央设施。（四）西藏重要官吏经西藏自治政府选定后，应呈请经中央分别加以任命。上述种种诸大端，皆共同一致范围以内之整个国家行政也。于此须说明：所谓共同一致者，中央政府非汉政府之谓，实吾等大家之政府也。西藏同胞自可前往中央参政；外交部、军政部、交通部以及其他各院、部、会均可选任学识相当之西藏同胞服务。其详细办法，西藏可派员赴京与各院、部、会商榷。且现时西藏驻京代表中贡觉仲尼巴任立法院委员，阿旺坚赞任蒙藏委员会委员，更可证明中央政权之早经开放。不仅可予西藏以适当之自治权限而已也，法良意美，可以深思。中央既许可西藏自治，则为完整国家之领土主权计，自应派遣大员常川驻藏，代表中央一面执行国家行政，一面指导地方自治。盖非如此，则在中央不足以言真实扶植西藏，在西藏不足以言真实拥护中央。至中央驻藏大员之权限，仍照上述中央政权与地方政权之分配办法，当有明白之规定，亦非为干预西藏自治权限范围内之行政而设也。

诸公诚意，并嘱本专使将此项谈话要点以书面送达尊处，俾使提交西藏民众大会征行意见。倘蒙赞同，则本使自必竭个人之能力呈请中央采择。并可商洽康藏及其他各项问题。相应函录，送请查照办理，并希于七日内明确见复为荷。此致

噶伦诸先生

噶厦二十三年十一月十日

十一月十六日，噶厦送来第四次复函，译录如后：

噶厦内称：近接贵专使于民国二十三年十一月十日，即藏历十月四日所赐之函，当即译出详审，并呈报代理法王斯穹呼图克图暨内务执政大臣，并询商西藏民众大会之意见，全体加以考虑。来函内称：贵专使奉中国政府之命，顾念西藏而来，且为汉藏双方利益，筹谋实深。对于汉藏之佛法，愿设法发扬；对外则汉藏一致，共同甘苦，内务则由西藏政府自行照旧行政。各等语。业经转报代理法王暨司伦二处外，敝噶伦等及民众大会亦皆异常欣悦，感谢不尽。其主要之点，来函谓西藏为中国政府之领土是无疑义，须予承认一节。西藏本为大悲观世音所管领域，中国为文殊菩萨管理之区域，各自教化，佛经中亦有分别，且先后交涉有凭可述，为众周知。再者，现在西藏之主达赖喇嘛未在位时，此间是否为领土，仆人不敢决定主人事，无法承认。但既中国政府崇信佛教，特派贵专使临藏，并怀和好盛意，未便直率答复此语。今后汉藏各种事权能不发生争执，增进和好，得获安宁计，彼此公正推诚，不假虚伪，故将下列十条明瞭易为者一一书达贵专使，请予酌夺为荷。

第一条　对外西藏为中国之领土，中国政府须答应不将西藏改为行省。

第二条　西藏之内外大小权力暨法规等，无违害政教者，可以依从中国政府之谕。

第三条　西藏内务之政教所有例规，应如现在自权自主，所有西藏之文武权力不由汉政府加以干预，应如先后口允者为准。

第四条　为西藏地方安宁，故边界之国家及奉行佛法之人类，应予和好如现时，然西藏与外国立约未尽之事，其重要者由汉政府共同办理。

第五条　西藏可驻汉政府代表官一员，但主仆从人数以二十五人，此外不得另派官兵，代表请派其真正崇信佛者一员，新旧替换时，往来皆由海道，不得取道西康。

第六条　达赖喇嘛未转世认定即位，未亲政教时，代理法王斯穹登位以及噶伦以上之官，概由藏政府任命，如现在之状况，毕后函陈汉政府驻藏之代表。

第七条　西藏所有久住之汉民等，在壬子年汉藏战争以后，即归西藏政府之农务局管理，屡经维持将来应遵地方法律，由西藏政府管理，不能由汉政府驻藏代表约束。

第八条　西藏边界所需守土之军人，由藏政府自派，如现在之状，外国或者来侵犯时，应发兵之时，方会商汉政府酌行。

第九条　汉藏和好，永久不发生纠纷，安宁边界，故东北青藏边界应遵行前年交涉，俄洛早经属于西藏，西藏与四川两地之边界，德格、瞻化、大金寺以上之土地官民，应从速点交西藏政府。

第十条　西藏之僧俗人等，背叛西藏政府逃往中国地面者，中国政府不得收留，任为代表，等等。此为人众同意。贵专使若能决定，抑须由无线电请示汉政府，统祈从速明示。至于商务一节，商路阻窒者，只须此事有明确文字到后，汉藏商人之安全问题，拟另件商议。上项等等，祈查明为荷。

自该文到后，西藏虽承认为中华民国之一部，但以后讨论各种之事时过多益以藏中向例。如过十一月后，大雪封山，行人即不易启程。旋奉汪院长电令早日返京报告，当通知藏方准备一切，并为藏人彻底明瞭中央与西藏之关系、中国与西藏过去历史之真相益加明瞭起见，特于临行前派李秘书国霖、高副官长柱专送临别书一件，面递四噶伦，比由泽墨、郎中、哲康、彭休接见。由李高二员具述中央关怀藏人，维护佛教及黄专使始终爱护之真诚态度。四噶伦当表示谢意。

致噶厦衙门函件原文

噶伦诸公勋鉴：

福地暂驻，蟾影三圆，备荷诸公款待殷勤，宾主言欢礼隆情洽，私怀惓惓感何可忘。窃以中藏关系历史，自唐以来已具亲密。降及元、明益臻良好，至逊清更形融洽。在精神上，内地蒙佛教之恩，在物质上，西藏受内地无穷资助。西藏屡次事变，内地耗费无量金钱，牺牲无数骨血，为西藏努力平乱造福。如葛尔弼之击溃准噶尔、福康安之败走廓尔喀。此其荦荦大者。此种事实，尽人皆知，无待赘述。迨及逊清末叶天祸，中国外患渐臻，西藏内地稍有龃龉。但有悠久良好之历史，确实之主权，内而两方人民依然和好外，而国际视听认为一家，所以西藏之于中国，无论在法理上，事实上均为不可分离之一部。故达赖生前情殷内向，中土官民亦无外视西藏之心。去年不幸，达赖喇嘛圆寂，内地官民同深悲痛，中央政府尤为震悼，以达赖喇嘛保障西陲功在国家，特派本使前来册封致祭，固所崇德报功，阐扬佛教亦所以团结内部，巩固边防。

本使才轻任重，戒慎有加，自入藏境后，承军民热烈欢迎，并见沿途官民希望中藏早日恢复密切关系之诚意，足征民意所在，前途光明。本使异常欣慰。窃维册封致祭为本使之专责，幸蒙当局诸公竭诚相助，俾本使克完使命，尤为感谢，故于原有职务之外，念西藏民心之望治、当局之热忱，乃不惜以个人之热望，为政治之谘询，冀得藏民之好恶，供中央之采择起见，所以有十月八日之函询，职是故也。不意奉读十月十七日来函，相中藏固有之良好历史，及现在国际之情形，与中藏现在及将来之需要颇为抵触，实非中藏人民之幸福，兹事体大，钳然难安，二十四日噶厦晤谈所以表示碍难接商之遗恨。盖不忍率尔呈报中央，使内地同胞闻而失望，遗害中藏当局，此本使区区爱整个中国，爱西藏之心，堪为诸公告者也。中央以本使册封之任务既毕，电令归京报告，行装既备，首途有期，乃拟于朝布达山辞行之前日，即十一月九日午后，承诸公过访，盛意挽留，沥肝披胆，恳谈良久，仰承不弃，对于本使福条利议中藏之个人鄙见，俯加采纳，而以封面送达，备提民众会议为请，具见诸公豪杰眼光，菩萨心肠，莫名钦佩，故不顾个人之谫陋，贡诚恳之刍荛，聊以友情藉酬高谊，奉读远云，自未克符国人之愿望。然群众心理渐见曙光，从此努力不息，谅必有以安慰国人。呜呼！国际情形变化万端，时事日亟，实非吾辈所能苟安图存，深望贤达诸公指导，官民熟筹利害，毋为过高之论，为有利之谋，天之视听，悉本于民，我佛慈悲，原在普渡，慕松不敏，敬随诸公之后，继续努力，策进中藏和平。慕松幸甚！中藏幸甚！临别赠言，不尽依依。专此敬请

噶伦诸先生

二十二年十一月二十七日

该书送达以后，慕松即由藏转道尼泊尔、荷属东印度一带视察。于二月中旬到京，接噶厦复书，原文如左：

中央特派致祭达赖喇嘛黄专使阁下：敬肃州奉到贵专使将由此启程返京时所赐十一月二十七日大扎一件，详释〔译〕后拜读至再，并将全文分呈代理法王、热振呼图克图暨内部政务大臣司伦等，至中藏间过去、现在关系之事实，固来函所述，故中央以远大之怀，谋中藏和好，特派贵专使于本年来藏致祭达赖喇嘛。贵专使且能不辞跋涉，贲临此间，尤为全藏僧俗官民所敬佩感谢者；况专使深信佛法，存心救济，为汉藏两方谋福利，殷情备至。

前以恢复情感求和好垂询时，民会之言或有冒触之处，非敝噶伦等故意刁难，致未达解决之途径。况敝噶伦等处境困难之情形，谅为贵专使所深悉。现在主理西藏之达赖喇嘛未在拉时，一切行政必须经过僧俗人民大会讨论后方能行施，未经同意无敢擅专者。顾西藏境内，现在仍从事努力于自有之佛法，其他近合世界新趋势之智识，毫无进步，所以目前商洽中藏问题时，或有不经之语，深望贵专使特予原宥，毋以是项为介。惟冀再度促成中藏和好，俾于最近期间有实现之可能，是所祷祝者。并望报告西

藏之经过时，希予善为置辞上达中央政府。此间仍盼望中藏和好逐有进步之心甚切，烦请贵专使鉴核赐示为荷。

附呈吉祥哈达一根

西藏噶伦等公启

藏历甲戌年十一月二十八日

六、奉命回京之筹备

中藏问题交换意见结果，西藏当局虽承认政治关系对外为中国领土之一部，但由最后来书第三条起至第十条止，中七条要求太过，均非中央所可允许。而能交涉者如再行交涉，不惟徒费唇舌，亦且增藏人之侥幸心与自大心也。当奉电令返京报告，此正为返京之良机。

西藏自热振、司伦、噶伦等非正式与正式各处，虽均希望职多留拉萨数日解决中藏问题，恢复旧好，但以离题尚远，不便接受此项请求。当答以中央关怀边事，尤其中藏问题，甚愿早日解决。无如本使奉命入藏已近十月，藏中真相仅加电报请示殊有未尽之处。如此时返京报告一切，在中央对藏事有十分明瞭，然后藏中有所要求自较易办理也。同时希望藏中当局顾虑目前之环境，国际风云紧急之情形，及中藏应恢复原有关系之利益，详申中央对中藏二十年来之过去隔阂，当可免去也。

本使现拟留刘总参议朴忱驻拉萨办事，诸君如有所见，希告彼转呈中央请示，本使当从中帮助。同时，本使此次奉命来藏册封致祭各事，均荷诸君帮忙，已告成功，至为感谢。至派员入京晋谒中央，当局诸公申述藏中情形，及解决中藏问题，亦属必要。司伦及四噶伦等，职反复申明回京报告之必要与派员留拉萨办事。当局承诺派员入京一层，闻拟于三品官中如札萨克、台吉等，慎重考虑遴选。

各事均办理就绪，乃定于十一月二十八日离开拉萨，于二五日分别朝大昭、布达拉宫；二十六日分别向热振、司伦、噶伦等辞行。而西藏当局亦纷纷祖饯，感情连络十分融洽。临行前一日，派高副官、李秘书送去说帖一份，附文备阅。原文已附前章不赘。

七、由印度返京原因及途中之记略

现值冬令，为程途迅速，视察英人在西藏南部及哲孟雄、不丹、尼泊尔各地经营情形，藉以连络起见，决定由度返京。遂分职署人员为二批前进：第一批由职率领，于十一月二十八日离拉赴印度；第二批由副官高长柱率同，于十二月六日由拉萨出发。当十一月二十八日由拉出发，藏方僧俗官员欢迎如来时之热，凡经一站，必有一站官员、民众迎候道途。职均一一安慰。边民之仰望中央如此，实乃中央德威所感化而致也。

十二月五日午后一时抵江孜。除驻藏僧俗官员郊迎外，英国驻江孜书记长亦来，谈甚欢。连日因赶路及藏方官员挽留起见，遂决定在此休息一日。

1. 江孜一瞥

江孜高出海拔一万三千二百英尺，拉萨在其东北，距离约六十英里。实扼卫藏之咽喉，抑亦卫藏与印度、尼泊尔通商必由之道也。其区域正南至当拉与帕里宗交界，东北至熟部与浪噶孜交界。西北有大道通扎什伦布，西南有大道通于坝，可通哲孟雄。江孜城附近数十里平原，沃野颇宜耕种，所产青稞足敷居民之食。工艺方面，其手工所制之地毯，及床毡亦颇雅致；商业方面，西藏北部所出产之羊毛，均须经过此地。遇至西藏西部所出产之皮货（猞猁、水獭等）、麝香等著名产物，亦多经过此地运至拉萨、或输出销售。其拉萨、扎什伦布，以及各地所需日常用品，由印度输入者，大都亦须经过此地分别运往。谓此为西藏名城，实非虚语也。

江孜城内人口，无确实统计可考，约略言之，当在五百户以上，并有大喇嘛寺一所，名曰：此宫曲寺，占地甚广，建筑颇为壮丽，其经塔在西藏称为第一。该寺有喇嘛约三百余人，住持堪布由达赖派员充之。职曾去朝拜布施，在江孜附近纵横数十里亦衡宇相望。

关于江孜之地方行政，系由两宗本掌理，均属俗官。近年西藏地方政府加派商务总办，地位高于宗本。其职守系掌理江孜商务，及与英国驻江商务委员交涉事宜，现任江孜聪机（汉名杨喇嘛）系四川金川人，曾住内地十五年，通国语，其下设有秘书等职。此外设有西藏邮电局一所，管理江孜至拉萨邮电事务。

考江孜前清末年，曾与英国订约，辟为商埠，允许英国设置商务委员一名（外分二十人驻东夏斯曼）驻此。其自江孜至印度之邮电，亦允许由英国办理。至我国邮电设置与江孜卸接时，方可由我国备价收回自办。故英国于江孜东北一英里许，建有大营一座，藏人称为洋营盘，所有官兵均驻于此。其内现任商务委员名亨利，其下设有书记长、医官等职，多由英人充之。士兵多为印度、尼泊尔人，其一百人中，除亚东分驻二十五人外，余驻此。由江孜至哲孟雄都城之江都，共设有驿站十一所，每站设电报、电话与印度互通声息。观此，可见英人对藏交通上计谋之周到也。

此外，尼泊尔亦派有官员驻此，管理该国侨居江孜商民。此次对职欢迎尤为热烈，招待亦甚周到。

十二月七日早，由江孜出发，经康麻、图纳各站，沿站均有班格庐（即为旅馆），房舍整齐，陈设清洁，电话、电报均可北〔拍〕至拉萨，南至印度。十日下午抵帕里。僧侣、官吏，欢迎如仪。计由江孜至帕里，共行四日，沿途平坦，道外林山濯濯。惜均未开发，致西藏经济情况因外货充斥，日陷窘迫。良堪婉惜。

2．帕里一瞥

帕里虽属西藏之一宗，（宗即内地县意）其区域，四面环山，其南自阿尔子、卓木交界处，北通当拉即与江孜宗接壤，东则大雪山耸，逾山即为不丹与平坝宗交接之处，虽较广大，部系重山叠岭。帕里宗所在地，高出海面一万四千三百英尺，虽多属平野，然以气候严冬，不宜种植。

帕里居民约有七十余家，大多数全恃商业及运输事业以为生活。其地面出产，则仅下种牧草，售于人以饲马，略得微利而已。

帕里宗除西藏设有宗本(清时称为营官)二员，管理全宗民事外，去年九月于取消邦达昌包办全藏羊毛运贩制之后，设置税务官员，专掌羊毛税收事宜。每羊毛十驮，其实系以此货币折算，仅收半驮羊毛之价目。去年九月起至本年十二月初止，据云，税收可获卢比一万二千余元。

清时于此设有把总一员，驻兵八名，系自靖西大营分拨而来也。

十二月十二日，由帕里出发，经沟屋(此时清时曾驻兵于此)沿山下行约二十七英里抵卓木，寄宿英舍之夏斯曼。英兵营派兵欢迎，招待周到。为策划明日行经路线，盖以由此赴印，有二道：一为经龙图山，例须五日方可到噶伦堡；一为由此经纳图拉山至江都，仅行二日，但如在大雪封山时，即不能行。此次幸大雪尚未封山，故决定由卓木赴江都。

3．卓木之一瞥

自藏、哲交界之扎里山顶起，北行山谷中约三十英里至阿岗子与帕里交界处，藏人通称为卓木，因全卓木在山谷中，故英人称为春丕谷，汉名亚东或靖西。其地高出海面九千九百五十英尺，南北成一狭长形东西岳耸立蜿蜒达百余华里，东西越岭则属不丹境域，西面越岭则属锡金境域。卓木昔本属哲孟雄地，为尼泊尔人侵占甚久，清代由哲孟雄人收回，在扎里山顶等处设立鄂博，定为西藏境界。

卓木分上下卓木，南称下卓木，北称上卓木。全区约有人口万余人，物产除森林繁盛外，田畴无几，年产青稞甚少，居民食粮全恃由不丹人输入稻米，及由噶伦堡输入稻米及玉蜀黍资以生活。产犛牛，马稍有出产。居民以经营运输业为主要事业。自噶伦堡至卓木之运输事业，全操于卓木之手。其方法系以骡马驮载全区。现约有骡马三千余匹，大都来自青海。故卓木称为西藏繁富之区。

西藏地方政府于此设有四品官一员，称为机觉总办，率有士兵三十名。其职务系掌理卓木全区民政兼理由印度入口之税收，及稽查外国人出入事宜。

若就交通方面而言，其南有二道如前所述。其东有一小道，逾岭通不丹。其西北由夏斯曼附近起，向西斜北经康波温泉通干坝，再由干坝南通哲孟雄。光绪三十年，英兵入藏及本年七月英人贝尔均系由此路入。其北则为经帕里通江孜之要道也。

十二日，由卓木抵昌谷。本日全为上山，最高度高出海面一万六千二百英尺。十三日由昌谷下山至江都。当地公安局队长来山欢迎。由此坐汽车五小时即可达喜里古里。当晚上火车，翌晨早八时即可到加尔各答。职以前属哲孟雄境，今属印度孟加拉省之大吉岭，气候适宜，山峰峻险，为通哲、不、尼、藏之要道，乃兵要地理上之要点，决拟赴大吉岭一游。遂带郭队长一员赴喀伦堡，于十二月十五日抵喀伦堡。

4．喀伦堡之一瞥

按喀伦堡位于印度北部之高原，与大吉岭东西对峙，高出海面五千余英尺，昔为不丹属地。同治四年，不丹与阿萨密人交哄，不丹军为英军击败，遂割芽司泰河以东与伯东平原喀伦堡一带迄亚萨密上部以为英国属地。英国则每年赠与不丹英金五千磅。

查喀伦堡田畴遍山皆是土地肥沃，产稻颇佳，树木亦称繁茂，为印北方之一商埠。西藏、尼泊尔、不丹、哲孟雄及印度之行商辐辏于此。内地商人亦有在该地贸易者。商人多为北平、云南、四川、广东各省，约有三四十家，人口二百余。其中以洪盛公司（专售滇茶）、世顺和恒顺公司为最大。

行政现由英藉县长在此设警察局一所，置正副警官一人。现任正副警官各一员，有警察五十名。邮电局一所，学校一所。又有藏文报馆一家，系拉达克人夺金巴不所办，对中国言论颇表同情。

至于交通方面，正南则向加尔各塔之双轨铁路已修至距喀伦堡三十英里之喜里古里。由此向西北修筑一小铁路，直达大吉岭，人货皆可运输。向东北修筑一小铁路，直达喀伦堡山脚，货物则用小火车运至山脚，再由铁练送上山，直至喀伦堡。市内人之运送，则有汽车路由喜里古里直达喀伦堡，东北则汽车道可达距伯东约二英里之阿亚葛，为藏印通商之大道。西北则汽车道可达哲孟雄之首都江都。并喀伦堡与大吉岭亦有汽车道联贯于其间也。

5．大吉岭之一瞥

由喀伦堡到大吉岭，如通过特斯他市之捷径，仅行五十哩可达。惟经过特斯他市后上山路，不甚宽，仅容小汽车。山内林木茂盛，经红茶制造公司，规模甚大，六小时始到。

按大吉岭高度七千五百英尺，本为哲孟雄地，现属于孟加拉省。气候温和，夏季外人来此避署者甚多。英国在此设立夏季兵营有二处：一为黎木，离大吉岭三哩，可容五百人。一是节拉巴哈，可容二百五十人。

本地出产，以茶桔、药材为大宗。华侨在此约百余人，多业皮鞋匹。

八、由加尔各塔到尼泊尔

1．赴尼途中纪略

十二月二十七日，由喜里古里上车，翌晨抵加尔各答，居留五日。期中曾赴华侨欢迎大会，及梅县同乡欢迎大会。演词多为报告近来中央施政成绩，及侨胞应精诚团结，赞助中央，等语。并访印度总督惠灵吞勋爵；年逾六十，精神矍铄，述伊八年前游华状况，印象甚佳。二十二日启程赴尼泊尔。同行者有通译郭寅生、访员翟肖佛、摄影师汪翰成三人。赴尼京途中经过如左：甲、由加尔各塔至拉所。乘船经马加马河、恒河、苏马里河改乘火车，许遏里而至拉所。尼泊尔贝尔根池省省长，及官员咸来欢迎并招待。省长对于西藏军事甚为注意。乙、由拉所至加利山，乘狭轨火车起印尼国界至贝尔根池。该省驻护界兵约五百名，有一练兵场。省下分三区，区设公安局。省府共分十处，管理司法者三处、管理森林者二处、管理气象者二处，余未详。该地森林南北长约十哩，宽约十二哩，至阿莫利根，东西长约二百五十哩，延至尼京加岛曼图。森林为尼国大宗出产。由此乘火车至阿莫利根二十四哩，改乘汽车驶走山谷中。至兵追地，道路甚佳，改乘八人之小轿上加利山。上山有铁索电车，利用水力发电。山上有露天堡，驻兵若干。丙、越过加利山至加岛曼图，计程六十哩。经唐特山，道路崎岖，山上树木葱郁，至为难得。沿途居民散在山巅或路旁。建筑不广，分为三层，下层养畜类或为工场之用。墙为木制，外敷灰土，上盖草篷，鲜有用砖瓦者。妇人工作甚勤，服装与南洋岛大同小异。下唐古特山后，改乘汽车约行七哩半小时，即到尼京加岛曼图。

2. 尼泊尔之一瞥

二十五日抵尼京。国务总理周德派前国务总理之子代表欢迎。商订招待程序，计在尼居留三日，招待备极隆盛，所得情形分述于此：

甲、与各当局晤谈

晤周德国务总理，请其速派专使往中央答礼。彼答云陆路可通，当即照办。告以尼、藏交谊似嫌疏远，宜加以注意。渠甚感谢。渠对于接见时佩带国民政府所授勋绶穿常礼服。态度谈话非常恳挚。

晤巴德玛总司令，及慕汉上将。渠等询中国如何始能团结？答以党的制度本是民主集权，今日党的首领已早团结。又询，中日能否合作？答以满洲问题，若不依法解决，恐难希望。又询，中央对西藏问题是否照前清办理？答以西藏大多数人民报希望恢复旧制。但是否适合今日之趋势，中央或须熟加考虑商定耳。

乙、参观各项建设

尼京——上年正月地震后，居屋多破坏，街衢不整，有两河会流，一名沖斯怒马的河，系向南流。一名拔苦马的河，稍向西流。沿河多火葬场，烧毕即投入河中。人口约二十万，离尼京二哩。拔苦马的河之南有都市，名里丁，人口约万余。巴德高市——在尼京之东，距离七哩，有涅洼王故宫，为一百五十年前之建筑。有五层高塔一座，为五百年之建筑，被地震损坏，现正修理。街市清洁，印象良好。又有布达塔，为一金顶，古塔供奉莲花祖师，为二千五百八十七年前之古建筑，蒙、藏、康及内地僧侣来朝者甚多，十月间香火最盛，住持为中国和尚，其主由川来尼，不知自己之姓，今名为桑那道济，兼管新蒲寺，此寺为黄教，系四千七百五十三年前之建筑，为世界佛教最有名之古寺。电灯厂——在孙德利者，究系属新造，利用山水可发电力五百启罗瓦特。旧有之电力厂二处，共有电力约有一千启罗瓦特。建筑及计划均尚良好，费款约五六万卢比。铁索电车——每日费电三百余启罗瓦特，每三小时运转一次，每次九十五箱，每日可运四次，往返八次。造币厂——现在熔铸银元之錾元机，每小时可出六千元，工人百余名，机器为英国制造，较大于拉萨造币厂者。金元每个现值银四十六元，因尼泊尔不产金所铸之金元，仅作馈赠纪念之用。博物院——以陈列武器居多，次为各国国务总理要人之像及冠服。火药制造局——规模不大，但尚整齐，设备亦甚佳。

丙、考察各项情形

种族——大别为廓尔喀与归尼泊尔二族。廓尔喀又分茶德利、古伦。

孟加、特拉第殷土等族归尼泊尔，即为涅洼族，多经商务农。茶德族为高官贵族之基干，古伦、孟加亦出将官，特拉第殷土族人，则多服兵役。国务总理皆属于茶德利族。国王、传位长子、国务总理则总揽政治大权，兄终弟继。此外，贵族各有封地，只收粮赋，不能役使其人民，不能世袭本身之官职。另有婆罗门族，只管宗教，人数不多。

军事——常备兵三十二团，内占炮兵约五千人，每年新兵入营者约三千人，历行征兵制度。兵士年龄自十六岁至四十岁止，军官则至五十五岁止，现役兵三年期间严格在营训练，三年以上之老兵，则可放假八个月，每年夏季训练四个月。每年饷糈合尼泊尔卢比二十个，所有外面服装均由政府发给。军官之教育，则在尼京设有军事学校，自十四岁入学，普通教育七年毕业。所有军官、学生均相貌魁梧，英气勃勃，体操、枪刺等术非常熟练。

政治——国务总理下分内务、外交、教育、军事、商业、农林各处。地方官则分二十三省，南方平地邻接印度之省长九人，总由国务总理遴选将官充任之。余则由内务处长提请任命。尼泊尔无戏剧、电影、酒饭馆、妓院等娱乐场，政府力加劝戒，故人民亦无此嗜好。全国人民约七百万。

教育——近年历行强迫小学义务教育，小学毕业年限为二年至三年，中学五年，另有高等学校。自小学以至高中，毕业年限为九年。共有三个高等学校，在尼京一所，并有大学一所，专习文科，毕业年限三年至五年，现有学生三百余人。女子教育仍未发达，据称，人民识字者每百人中只占十余人，云云。

金融——政府岁入总共三百五十万卢比，以田赋为大宗，并无外债。币制分金、银、铜三种，每一卢比合安那二十五枚，合铜钱一百枚；每银币合安那五枚，合铜钱二十枚，并无纸币。银行仅有农业银行为国家设立。至官民至官民薪工，贵族、武官较普通武官增高三倍，普通上校月薪约四百卢比，与上尉同等之素巴，年俸一千四百卢比。普通兵目自十二卢比起，支厨役目十卢比，普通工人每日可得铜钱五十枚，但仅敷三餐面包而已。

出产——以木材、药材、黄油、米为大宗，贸易出超，并许印人在尼境取槟榔、石灰、红白黑种酌收课税。

3．其他

外人入尼境者有二处，检查护照者甚严，一在粟巴利渣之须龙山洞，一在将至兵迫地之冰许也。尼泊尔国务总理之传位，是兄终弟继，并以嫡子为主，因此，叔侄或嫡庶之间，不免发生争夺，幸不致发生内乱耳。

九、由加尔各塔游历荷属南洋群岛一带之记略

十二月二十九日，由尼泊尔迫加利山、拉所而至加尔各塔，由加乘船往西南行至可刚那德四百零四海哩，再一千一百十六海哩达槟榔屿，再三者六十八哩始达新加坡时为二十四年一月十五日也。

抵新加坡后，略事游览，各侨胞及领馆热烈招待。据称，新埠有人口八十余万，华侨胞占十分之七，贸易多操侨胞之手。其他从略。

1．巴达维亚之一瞥

由新加坡至巴达维亚五百四十海哩，十六日上午六时开船，十八日上午八时半到，移民官检查护照，执礼甚恭。总领事、商会会长及侨胞百余人到埠欢迎，招待殷勤。据调查荷属土人之人口，约五千余万，华侨一百二十余万，日本人七千余，欧州人三十余万。荷属总督住在巴城，巴城为政治中心，居民五十余万，华侨五万余，生活甚易，土人之生活最为简单，每日有一仙半即足果腹。荷属马来王有七位，无政权，不过，享安乐高贵之清福而已。

在巴城留三日，出席巴城及万隆侨胞欢迎大会，报告中央政府努力和平建设之情形，及并以大家精诚团结赞助政府相勉。晤荷兰加埠汉务司，告以中荷利害相同，宜切实合作。参观中华会馆附设学校，有学生千余，加以慰勉。茂南植物园奇花异草收罗

丰富，为东亚之冠。动物园有一鲸鱼骨，长二十余米，突重六千四百余启罗格兰姆，实为罕见之最大鱼骨。军政部、交通部、工科大学在万隆，均曾参观。

2. 孟加锡之一瞥

一月二十一日，由巴达维亚乘飞机二时半抵三宝垄稍停，周旋欢迎人员。再飞往四水，沿途村落树木茂盛，一小时半即到。侨民及党员均盛会欢迎。市廛较巴城整齐，侨胞四万余。游览一日，乘船直达孟加锡，船头高悬中华民国国旗，以示尊敬。

二十四日到孟加锡，埠头高悬中、荷两国国旗，领事及重要侨胞上船欢迎。绕游街市，不甚宽广，居民约三万余，华侨约占半数。游葡萄牙时代所建之大城，现改名洛他但堡，墙厚及高各丈余，有窖深八米突，不沾湿气，现为武库之用。城中面积不宽，纵横不过数百米突，有数机关设此。城外海军水兵教练局，因一九三四年土人之水兵叛变停办，市政府所筑之市民住宅，租金自八盾至三十盾不等。国民党支部盛会欢迎。

3. 马尼剌之一瞥

由孟加锡至马尼剌一千二百五十四里，航行平稳，夹峰皆山，间见小岛数个，闻自入海峡至马尼剌约有百里之遥。荷属东印度，包括群岛甚多，大者有苏门答腊、爪哇及婆罗州。南部之西列比斯、细支尼亚、的摩等。计自二十四日启程，二十九日至可列加岛，此为马尼拉湾之入口。右航有一海中炮台，形似战船；左航则为军港，美国防备集中在此(美国有兵万余在菲律宾)。华人于九百年前即来此岛，现有十余万人，在马尼剌不过三万人，昔时握商业之全权，今则与日本及菲人鼎足而三矣。本岛总岁收入不过一万二千万比所士，每一比所士合美金一元。今美国许其独立，由自治政府成立之日起，五年后美国对菲货之输入即须征税，故菲人甚为忧虑。日本侨民二万余人，住在南岛，多从事农业，在马尼剌者不过千余人。本岛出产以木材、糖、麻织草帽之草米为大宗。菲货进中国之价格约三百万，华货到菲者不过百余万，以布疋、鸡蛋为大宗。西班牙管理此地历三百年。美国继之亦经三十余年。

土人言语之种类甚多，现以英文为交通言语。马利剌有西班牙时代设立之大学及菲律宾大学等校。教育相当发达，华人有小学三处，中学二处。

麦坚尼军营有将官二人，为美驻扎营地，地势高凸，风景甚佳。其总司令则在市内之西班牙旧城，军官多美国人，兵为土人。街市尚整齐，以塔虎脱路及在海边之威尔逊路为最佳。菲岛议院分参众两院，现大多之党魁为繁桑，小数为奥伊斯。巴尼土人之房屋多为木造茅顶。菲岛常患大风，天气则十一、十二、一月最佳；三、四、五最热；六、七、八为雨期。市中货物，日货充斥。

4. 由马尼刺到香港返京复命

二十九日开船，二月一日到香港，海程六百五十五哩。抵港后因家母在广州，由便回广省亲，于十日到港乘轮返京复命。

十、西藏之近况

总论

西藏自清乾隆五十七年福康安讨平尼泊尔为驻藏大臣后实行统治，藏中一切军政大权均驻藏大臣掌管。自民国元年川军在藏哗变，达赖返藏主持藏政以来，对中央若即若离，中央以地处边陲，未加过问。关于最近军事、政治、经济、外交各情形，内地人士知而不详。职此次奉命来藏，就见闻所及，调查所得者，除拟专书奉核外，谨先略述于左：

面积：东西广约二千六百里，南北长约千二百里，面积约二百五十余万方里。

人口：西藏人口因官厅未设立统计局，殊难统计。在卫藏通志中，仅略称有二百万，但经职沿途所询及调查者，约计一百万左右。考其人口减少原因有三：1. 男女人民均喜为僧侣。2. 一妻多夫制仍然存在。3. 生计窘迫，妇女不尚贞操，花柳病在西藏染者甚多。

地势：

西藏地势，昆仑及喜马拉雅交于西，横断山脉障其东，成为世界第一高原，其高度约达一千尺，乃至一万六千五百尺，其山峰则更高耸于其上。然东南两部，雅鲁藏布江、怒江、及印度河等河，横亘其间，地多卑泾。兹将山脉、河流叙述如此：

甲、山脉：论山脉，则以昆仑及喜马拉雅为最著，今分志于次：1. 昆仑山脉，昆仑山脉起于帕米尔高原，东南行入西藏境内分为二支，一曰喀喇昆仑山，东南行，为冈底斯山脉，与喜马拉雅山并行。一曰唐古剌大山，与喀喇昆仑山并行，为青海、西藏间之分界止。2. 喜马拉雅山，起于帕米尔高原，亦向东南行至雅鲁藏布江大折曲处为止，为世界最高山脉，我国西南之大陆壁也。其最高峰曰额非尔士，高出海面二万九千三百尺。山北为西藏，山南为尼泊尔，不丹及印度。山巅终年积雪，故一名雪山。

乙、河流：河流以印度河、哈拉乌苏河、及雅鲁藏布江为最著，而大湖亦多，大别如次：1. 雅鲁藏布江，源出冈底斯山东谷，东行循喜马拉雅北麓而南入印度之阿萨密，称布拉马普得拉河，合恒河入孟加拉湾。2. 印度河，亦发源冈底斯山，西北流入印度克什米尔更迤，南注于阿剌伯海。3. 哈拉乌苏河，即怒江上游，（按：哈拉乌苏河，即蒙古语。黑水蒙语哈拉曰黑，乌苏曰水）禹贡之导黑水于三危入于南海，即指此也。源出拉萨，北二百八十里有巨泽，曰布喀。其水西北流百余里，入厄尔根九池，又东北流入衣达池。从池转东南流入喀喇池，更东北流至索克家城，又南流百余里入西康境内。

论湖泊之大者，则藏地中部有腾格里海，在拉萨西北二百二十余里，为西藏第一大湖，藏人视为圣湖，巡拜者甚众。全湖面积六千三百方里。西北部有伊克池及彭公湖，南部有马品木、达剌池、狼噶池等湖。

丙、气候：西藏高源拔海多在一万呎以上，空气稀薄，气压甚低，初至其地者呼吸短促而倍觉困乏，影响人生甚巨。又以其高度极大之故，温度颇低，夏季至高未及六七十度，呈无酷热之苦，而冬令则严寒异常。益以人烟稀少，道路崎岖，故内地人士入藏境者，非在春末夏令之秋，不克御此寒冷也。

藏人习惯成性，御寒多赖皮衣，但在冬令大雪下降时，往往人马均为冻毙。惟藏境东南二部略为和暖而已。

政治

（一）赘言

西藏以佛教立国，自五世达赖以法王兼管政权以来，其间虽逊清设有驻藏大臣共同办理藏事稍减其权，但西藏僧俗人民与僧俗官员因笃信佛教，对达赖尊崇较驻藏大臣为重，迨至第十三世达赖藉外力援助，驱逐在藏汉军后政教大权集于一身，西藏民众会议等于虚设。对中央表面虽于民十九年派代表常川驻京，实则西藏一切军政、教务向少请示中央。因之，外间对西藏地方政府组织各情形亦少得悉。此次奉派来藏与当地人士之谈话、实地之视察及种种调查所得者谨分述如左：

政府之组织

1. 在噶厦（西藏地方政府政务办事处之意）方面：

职衔	执掌	名额	备考
藏王	军政教一切事宜	1	向由达赖自兼
司伦	政务大臣	1	现由十三世达赖之侄尧喜公充任。其人年仅三十二岁。办事能力尚可。
噶伦	庶政一切事宜	5	向例僧一俗三，此次因驻藏军太多，兼为统一政事起见故增加噶伦一员，以统一东部军政各权。

职衔	执掌	名额	备考
仔棒	军需	3	
商卓特巴	出纳	4	
大中译	文书	4	向例由僧官充任
小中译	文书	4	
卓尔尼	传达达赖一切事宜	8	内有传达长一人
	管放青稞	2	
郎仔辖	管拉萨市	1	
协尔帮	司刑	2	现任市长顶甲，为亲英派。
达棒	司达赖马场	2	在达赖游宫罗布林岗
希约第巴	管达赖番	1	在布达拉之番民
管理天幕第巴	管天幕事宜		人数未详
管理门户第巴	管门户事宜		
管理柴米第巴	司柴米事宜		
管糌粑第巴	司糌粑事宜		

职衔	执掌	名额	备考
管草束第巴	司草束事宜		
管牛羊第巴	司牛羊事宜		

以上为文官

职衔	执掌	名额	备考
马基	军事	正副各一员	僧俗各一
代本	军务	13	现已成立十三员
如本	军务	28	
甲本	军务	56	
定本	军务	320	又名协教

以上为武官

职衔	执掌	名额	备考
大缺营官	民事军务	24	
边缺营官	边事	24	详见地方制度
中缺营官	民事军务	42	
小缺营官	民事军务	24	

以上为地方官

2. 宫中官

职衔	执掌	名额	备考
岁棒且波	侍从长		
森棒且波	法务长		
却棒且波	伙膳长		
苦卡尔且波	秘书长		
卡古安且波	太常寺		
奇勒尔且波	通政司		

官制系统表内容均同前表，（略）

（二）地方制度

现时全藏（包括前后藏）共有一百七十五宗（宗即寨意），与内地之县相似。每宗大小之区别，基于户口之多少而定，每宗置宗本（系藏名，略等于内地县长）一人或二人，如为二人，向例僧俗官名一人，以管理全县事务，执掌地方民治与军事，平时除管理本县收税支出事宜，有警则受驻军代本节制，负召集乌拉、民兵，供给民食之责。其一县各村镇择其冲要之地建筑碉楼，以备匪患。如在边境各县，则置边缺营官一员，如后藏定日、济龙；前藏帕里等县，负捍卫边疆之责外，尚有大缺营官，即地方较大，收入较多之县，如拉里、江达、江孜等县是。小缺营官，系地方收入较少，地方较小，如桑鸢各县是。

营官之下有振可尔（书记）、君勒尔（管仓库）各二人，帮助办理该县事宜。数村一团之长，曰却奔，一村之长，曰新奔；村内之组长，曰家奔。

（三）现政府人员之派别及其意见

西藏地方政府人员，自民国以来分为新派、旧派及现政府三派。换言之，即亲汉、亲英、与保持西藏人办藏事独立派。亲汉派三大寺喇嘛僧官及年久任事久者；亲英派为留学英国或印度与英国在大吉岭所办英文学校学生，以及民元川军哗变时受害之官吏最深者；现政府派为随达赖奔走最久，鉴亲汉亲英终非善计，不肯让权与外人者。谨分述于左：

1．亲英派

民国初年，亲英派以首席噶伦擦戎为首领。查擦戎出身甚微，原系罗布林岗达赖游宫之外侍者，达赖见其聪明伶俐，调入内侍。民元川军入藏，追达赖于曲水渡河时，擦戎率领僧侣十五六人在渡河山头邀击川军，达赖脱险得逃印后由是为达赖所宠爱，在印交涉事项多委伊办理。民国二年，达赖谋倒川军，派伊入拉萨运动独立。在拉川军哗变，伊遂权升藏军总司令兼首席噶伦。贡江罗敬代本、所岗代本、楚葛代本，及台吉杜林、四品官深珠品江、四品官定直均属重要人物，时擦戎为首席噶伦，政权在握，兼领全藏军权，以此，西藏高级军官代本、如本等，几全属亲英派。而政界中，也占有一部份潜势力。迄前数年（民国十年），擦戎及其党羽图谋革命，划分政教两权，达赖喇嘛专掌教权，政权仍依旧制恢复藏王制度，由藏王掌之，而拟自为藏王事未举，即被发觉，达赖喇嘛遂革去擦戎首席噶伦兼军职，而给以间散之札萨克职。至其重要党羽，如所岗、楚葛各代木〔本〕均革去代本职，而降为五品官。贡江罗敬、杜林均降为五品。因其革命有关对英亦不如前之密切。此贡觉仲尼入藏接洽，所以易于成功之由来也。自此后，亲英派势力稍杀，然犹能树一帜。

继擦戎者，领为藏军总司令隆厦，后因事去职为四品官，孜棒结党谋叛仍在秘密进行中。去年十二月三十日，达赖圆寂后，中央决定派遣大员入藏致祭，司伦、噶伦来电表示欢迎，并有意解决中藏问题。隆厦自知大员到藏，亲汉派必然抬头，本人为反对班禅、反汉最力之人，必不见容于大员，故结党徒、僧俗官员百余员，拟于中央大员未到藏前，谋杀热振司伦、泽墨噶伦，自为藏王，改变旧制，创立国会，求英保护，拒绝中央大员入藏。幸事先被泽墨噶伦发觉，搜获该党名单一纸，计诱隆厦至布达拉宫逮捕之；挖去双目，同时，按照该党名单将其党中重要人物逮捕。计有四品俗官葛察巴一人、五品俗官江罗敬等。后并经会议判决隆厦永远监禁，其子革去世袭永不叙用，其妻流刑，财产悉数查封充公。其他重要份子分别流窜边远别宗，但财产保留。此外附和一百余官员免予查究。此亲英派谋夺西藏地方政府经过之大略也。

现时西藏亲英派份子寥寥无几，无何等势力，其中擦戎自不免仍有亲英嫌疑，但据各方报告观察，可目之为中立派。其主要目的在恢复其原有地位，亲汉、亲英均无不可。其次为郎子辖顶甲，现任拉萨市长，四品官密棒泽仁以及现任楚葛代本、香家代本、类伍齐总管所岗及其子（本人在康境，其子在拉萨）、新任子棒深珠铺江之子(新升四品官，派赴南京欢迎班禅)与四品俗官土林均为亲英派。又据报告，达赖在时，因不放心于亲英派，故将其中有能为者，如楚葛代本、所岗等派赴西康以对川军，以免与英国勾结滋事。以新任彭休噶伦虽非亲英派份子，但有反汉之嫌疑。

2．亲汉派

西藏亲汉派以喇嘛为中心，三大寺亲汉更力，僧官方面亦占大多数。现任官吏中，除年龄较青或在川军哗变受害官员家属私隙者外，大半对中央并不表示恶感。据职观察，司伦、机觉堪布，表面对中央甚表好感，惜他好高而无实力。彭康公、马基、俗官等亲汉最力，彼等最希望恢复中藏原有之政治关系。此次布达拉大小会议中，据各方密报及调查结果，僧官及三大寺各堪布（有一二堪布为泽墨噶伦收买）表示对泽墨、郎中噶伦、走狗琼让、杨喇嘛等所提议不承认西藏为中国领土之一部，均表不满。

3．泽墨噶伦派（现政府派）

自达赖圆寂后，西藏政教大权完全操于首席噶伦泽墨之手。泽墨为精明强干，老成持重之人，在今日西藏环境之下，实为不可多得之人才。查泽墨随侍达赖甚久，川军入藏后彼随达赖逃印，奔走于印度大吉岭之间。森姆拉会议，彼与虾扎噶伦出席。在藏任噶伦二十三年，资深望重，手段圆滑而毒辣。其先噶伦喇嘛在时，以其年高望重，熟悉汉情，遇事尚征其意见，迨伊死后，郎中噶伦以系由东科尔出身，骤升噶伦，学识资望均逊于彼，遇事唯命是听。其他噶伦喇嘛、彭休噶伦由中译递升，且由其提拔，当然事事秉承泽墨意志办理。司伦则与泽墨感情素好。热振呼图克图系由彼主张举为代藏王，自亦水乳相融。其他新补官吏，如新仔棒及大中译、噶厦办事下级官员大多数属于此派，对于中央在不妨害政权下，可以服从中央，但须有确切之保证方可奏效。此次中藏交涉，藏事未完全解决者，正为此辈所阻碍。

4．西藏地方政府之僧俗官员中心人物

甲、西藏地方现政府人物，泽墨噶伦首屈一指，司伦次之，郎中噶伦又次之，噶伦喇嘛、彭休噶伦又次之。热振呼图克图因是初登大位，势力未允。

乙、现任僧官中之中心人物为马基僧官，及北珠大中译二人。其他僧官均唯彼二人命令是从。

丙、现任马基俗官为浴官中泽墨噶伦等外，如东科尔世袭俗官均信仰马基。

丁、三大寺之中心在别蚌寺，喇嘛最多，势力较大，堪布亲汉亦较深切。

5．见闻所及西藏各方对解决中藏问题之意见

甲、三大寺之意见

三大寺拥护中央，且唯一目的在能维持其宗教，对于政权则愿服从中央。盖以彼等受逊清二百年之厚恩，又以英人种族不同，风浴宗教各异，及视中央不惟种族、宗教相同，且征昔之汉人在藏代谋福利事实，思汉之心不忘，而愿恢复中藏原有关系，实较急迫。民国二十一年，三大寺反对康藏再起战事，要求停战其明证也。

乙、僧官之意见

僧官对于西藏现地方政府人员措置甚表不满，而对中央极表好感。其中四品以下僧官，所谓仔仲者之意见尤为坚决。此次十一月九日，最后四噶伦来署挽留再议中藏问题，实彼耸动热振代藏王有以改之也。

丙、俗官之意见

西藏俗官规定，凡非世家子弟，不能充当。普通人民服从公役，劳绩最着者，武官仅可至如本，过此则不能矣。故俗官大抵由东科尔出身。东科尔者，即世家子弟之意，一经列入世家，即可以充任官吏。目前此种东科尔为其自身利害起见，对于中央不无怀疑，以为中央对藏关系一经恢复，西藏政治势必改为民主（此中有人挑拨），则其世袭权利，如庄田、官俸行将不能保守，故迟迟不肯表示中藏应恢复原有关系，而思维特〔持〕现状。布达拉宫两次重要会议，首先反对五族共和者为琼让、台吉仁岗等俗官其明证也。

丁、人民之意见

西藏人民以自达赖对中央携贰以来，政治黑暗，战争频仍，苛损负担太重，双管齐下，困顿流连，民不堪命。年来，人口减少，人计维艰，均为中藏失和重要原因。

沿途见闻所及，大抵人民希望中央对藏关系早日恢复，以期战争停息，政治改良，压迫苛政可以免除。盖西藏地方政府官吏俸之甚微，如一噶伦每年仅三十秤藏银，每秤五十两，共一千五百两。中币每元合藏银四两，仅中币三百八十元耳。其他中、下官员薪俸更薄。故无论在政府、在地方之官，种种剥削实难罄。谚有：一好藏官不如一坏汉官。两相较之，其欢迎汉官之心可以见也。惟其知识不开，畏藏官如虎之心尚未减除，一旦生计再感恐慌，则西藏革命势必暴发，胆念藏事，不禁生无限之隐忧也。

军事

（一）士兵来源

西藏现时兵士来源概为征兵制度，对人民实行三丁抽一，五丁抽二之办法。但喇嘛在外，每兵每月给薪俸仅发青稞二斗，以维兵食外，每兵入伍后，其家属即不摊派乌拉（差役），以示体恤之意。此制系福康安征尼泊尔后任驻藏大臣时代所规定。其预备兵役，平时不能召集训练，但在现备兵役受敌重创应增加预备兵役时方可补充，数目约有一二万人。但训练毫无军事知识浅薄，仅凭血勇之气，符咒之术，实不合近代军事之要求。民国二十一年，川青、康藏两次血战，藏军败北退守金沙江西岸时，达赖拟调此种兵役参战，力谋恢复原有势力，结果遭三大寺喇嘛反对而止。

（二）现役兵力之调查

逊清时代，规定藏兵仅六个代本，计后藏日喀则一千名，江孜、定日各五百名，拉萨一千名。每代本辖兵五百名计，六代本共三千名外，如帕里、卓木各地增加三百十二名。共计定额三千三百二十名。自达赖对中央携贰后，由虾扎噶伦计划增兵五千名，则仅闻有四千名。全藏现有代本十三员，在西康境内有代本七员，在后藏有代本二员，拉萨有代本四员。惟拉萨驻军代本所辖士兵有起至五百名，定额为一千名外，如驻昌都贞冬噶伦卫队有二百名。连地方民兵实计仅在一万人左右。

附代本姓名、驻地名一份

西藏军事重要官员表

职别	姓名	现在地	原驻地	现在兵额	兵籍	备考
马基	僧、丹巴加让 俗、江雅					
天字代本	如妥公子	拉萨罗卜林卡		一千	前藏、后藏各半	天字代本称给松代本，给松译称：禁卫。内分常备、预备兵各半数。三年一换。
地字代本	涓林公子	拉萨	宁静	一千	前藏	拉萨、宁静各驻一半
玄字代本	崔科杜仲桑林机普	金沙江西岸冈拖、长达一带		一千	后藏	
黄字代本	卡白胜已	拉萨	乍了贡觉	五百	江孜	现兵分驻乍了贡觉，其代本现居拉萨。
宇字代本	拉丁公子	日咯则		五百	定日	
宙字代本	罗结郎巴	宁静		五百	后藏	系炮兵，原有炮三尊，现仅有一尊。
洪字代本	嵇卜	类伍齐、春科、丁青第处		五百	后藏	
荒字代本	汪堆卡罗	贡觉		五百	山南	
日字代本	向噶哇	拉萨		五百	拉萨	此代本之兵，皆散布拉萨四郊，有事时始集中成军。
月字代本	哑奔	西康拉托		五百	后藏	

职别	姓　　名	现在地	原驻地	现在兵额	兵籍	备　　考
盈字代本	定结	拉萨		四百	后藏	均系警察，现由定结代理代本，丝兴哇帮办驻萨维持治安。
昃字代本	昃巴	江卡				
辰字代本	无					
宿字代本	泽仁公子	扎什城		四百	后藏	系机关枪部队，其机关枪三座。原有兵一千名，均系上等人。达赖逝世后多有遣散，现额四百名，分常备、预备各半。一年一换。

共计现任代本十三员，兵七、三〇〇名。

说明：1．西藏最高军事机关称马基。马基译称总兵。康译称官署。设马基二员，僧俗各一。2．西藏军队以代本为单位，兵额五百名，亦有增至千名者。系征兵制。现有十二代本，兵力以藏文字母排列号数，今以千字文代之。3．以上所列代本兵额均不足数。枪不齐全。此外，布达拉现存有步枪五千枝，军事如急时，则召募民军，责令人民自带枪饷，并由三大寺及其他大寺派遣喇嘛编成军队作战。殊无战斗能力可言也。

（三）军队之编制

西藏军队编制，以代本为最大单位。每代本辖兵五百名，代本辖如本二员，每一如本辖兵二百五十名，甲本二员，每一甲本辖兵一百二十五名，定本五名，每一定本辖兵二十五名，久本（班长）三名，每久本领兵八名至九名。（定本又名协教）。

马基——代本——如本（二）——甲本（四）——定本（二十）——久本（六十）——（五百至一千）

（四）现有武器之调查

查西藏武器来源，概由英、俄及川军败退时缴纳之枪弹。现在西藏官民所有枪支虽有三、四万，但因不善修理，保存不良关系，堪用者甚少，且枪之口径不一，子弹补充困难。例如川军败退被缴枪弹及由俄购来枪弹现等作废物。所堪用为虾扎噶伦于民七、民十三两次共一万五千支而已，仅附表于左：

种类	来源	名称	数量	附注
步枪	俄	五子枪	一千支	光绪三十年，英军入占拉萨，达赖逃入内蒙，向俄订购。
步枪	俄	五子枪	五千支	宣统元年，川军入藏，僧俗力谋抵抗乃购之。
杂色枪	旧存	杂色枪	约一千支	
步枪	收缴川军枪械	五子枪	一百八十支	扎什伦布收七十六支，江孜收一〇四支
大炮	收缴川军枪械	格林炮	三门	
大炮	同上	机关炮	四门	
大炮	同上	威远炮	四门	
马枪	同上	五子	约一千支	
步枪	英	五子	五千支	森姆拉会议后，虾扎噶伦向英订购，原为一万支，仅交到五千支。
大炮	英	过山炮	二门	

种类	来　　源	名称	数量	附　　注
机关枪	英	水压机枪	四架	
大炮	英	格林山炮	四门	
杂色步枪	英	五子枪	五千支	民六，藏兵侵康，达赖向印订购及开箱点验口经大小不一，系一英人恨其前次赖款，故以旧枪付之。
步枪	收缴边军枪械		约二千支	民国二年后，边军失败被缴之枪。
大炮	同　　上	过山炮	二门	
杂色枪	零星购买	五子枪	约一千支	历年外商入藏，零星卖与喇嘛人民。
步枪	印　　度	同上	约五千支	民十九年购自印度政府。

总计：大炮十九门、机关枪四架、步枪二万余支。

（五）兵种

现时西藏军队以步兵为主，骑兵系由民间乌拉召集，平时毫无训练，马匹亦未加调教，战时仅供代步，不合骑兵战术之要求。故骑兵功用等于步兵。至炮兵现虽有炮十九门，但炮弹甚少，缺乏炮兵人才。机关枪仅有堪用四架，不过壮藏军之声威，资官民之壮观也。

（六）官兵之素质

代本、如本、马基各武官多系东科尔出身，或与现任噶伦亲戚子弟有关系之人充之。藏中既无军事学校，即偶有少数军官留学印度或英国，但年限甚短，所学有限，多半恃历代带兵官之经验，互相传授而已。最近楚葛代本、如妥代本、扯林代本尚在形式上讲求，即口令已多改用英语，亦异事也。闻楚葛云将所用英语口令改为藏语，现尚未实现。

至士兵均征自民间，入伍后由制式教练训练三个月，完毕普通至班教练止。其他野外教练均付缺。如惟以藏人僻处西陲，四面皆山，爬山越岭，冲锋驰马是其特长，如能按新式军事训练，于将来西防上颇有裨益。

至士兵军风纪颇不严肃，军人动作自由，军队礼节随便，服装不整（西藏向无规定服装想因经济缺乏之故），士兵夜不归营视为常事，最可笑者，卫兵在守卫时，将守卫之枪悬于门上，自己则离卫界或回家，或远游，往往一、二小时始回卫岗。

（七）兵工厂

西藏兵工厂在拉萨市北扎什城，系前清驻扎汉军之地，厂址甚小。查该厂成立于民国五年，成立时仅有木制机器一部，每日所出子弹甚少，迨由印购入新机器后（其实在内地已成旧式，在藏则视如珍宝）每日可制出子弹三千粒，每人在六个月可出步枪一支，成本甚贵。据副厂长擦戎面称，不如购买，较为适用而省钱，并有希望中央接济之意。检查该枪内容有如左之意见：1. 照门有保护机关，惟枪身太短，表尺不准确。2. 无掩护铁盖，易藏污秽，且弹簧太松，在发射三、五发子弹即易卡子，且命中精度未先试射，较之汉口造，相差远甚。

宗教

（一）西藏佛教之起源及推演

西藏之佛教，本来自印度，推演而及于蒙古，当其极盛时代，政治力量所不及之地，往往宗教力量。故欲研究西藏问题者，须注意佛教。

兹先述西藏佛教之起源及其推广：据西藏宗教源流考载，先是西方太古时代有桑结朵佛者，即观世音菩萨化身，存心济世，转世为帕尔仔巴佛，广宣教义，救济众生。复有朗娃迦古佛现身帕模卓玛（按即释迦牟尼佛），佛眼光中传授上乘真法，俾拯堕入苦海之人。自释迦牟尼佛三十七传至聂真赞普，系甲葛尔霞巴王子由印度迁居西藏簪汤棍地方，随有才能之士十二人迎立为藏王，是为佛教入藏之始。又六传至簪普弃宗弄赞，系西藏王之子，容貌与庙塑之观世音菩萨无异，藏中僧俗共迎为藏王，既立修明政教四邻畏之。于是遣使通中国贡方物，时唐太宗贞观八年冬十月也。十五年上表请婚于唐未许，帅兵二十万入侵松州，与唐将侯君集战，败绩，惧，遣使入谢后，请昏太宗许以文成公主下嫁。翌年，赞普遣使献黄金珍玉为聘，太宗命江夏、王道宗持节送之。公主至藏，赞普为公主建伊克昭庙，供唐所赐之释迦牟尼佛像于其中，即世所传之大昭寺是也。又有小昭寺者，系赞普为先娶之勒巴纳国王之女所建，内供王女带来之墨居多尔济佛。西藏既通中国，慕中国文教之盛，遣弟子入国学读诗书，并饬大臣吐密赴甲噶尔采取经文，以造藏字，赞普自编订刑律。是时，赞普之地东接凉松，南邻天竺，西并龟兹、疏勒等四镇，北抵突厥。地方万余里，胜兵数十万，西藏之强，于斯为极。

当赞普强盛之际，曾遣使招印度及尼泊尔等国之高僧，及唐僧玛哈德等来藏广译经典，努力于佛教之传播，及其曾孙俺达直热，嗣就西藏本地固有之教，以印度教调和之另开一派之教法，是为释教之起源。迭聘印度高僧，益加传播，因此，西藏之佛化大行，各地负笈来学甚多，印度之佛典翻译益广，而与梵文判然之藏文遂流行于世。

蒙古勃兴之初，适西藏大智识柏思巴出世。柏思巴者，释迦牟尼佛转世第五十五辈也。出世于蒙古之萨迦地方而敏慧，七岁时能诵经典数十万言，国人咸以神童目之。年十五谒元世祖于潜邸，与之语深，许之。后从其伯父萨黑哇而学密教，益极奥蕴。后元世祖闻西藏佛教隆盛，乃封柏思巴为国师，命就太祖成吉斯汗所制之字增补之，更制为蒙古之新字，晋封帝大宝法王，可世世承袭。西藏有佛教之宗主自此始。而佛教亦由此推广于蒙古。

（二）黄教之兴起

明代元兴统一中国，太祖以西藏地广人悍，欲夺其势，乃先分其力，于是袭元代故智，授予掌教权者以法王尊号，许其世袭，努力感化藏地之犷俗。成祖亦然迎西藏高僧哈立麻至京师，授以大宝法王西天大善自在佛之尊号。封其徒三人皆为国师，其徒争先朝贡。同时封阐化、阐教、辅教、护教、赞善五王。又授西天佛子二，灌顶国师十八，法王九。其徒辄相承袭，岁岁来朝，终明之世，西陲无边患。

明成祖永乐十五年宗喀巴者，西宁人也。十四岁时学道于西藏之萨迦寺。当时红教徒专崇密咒，务以吞刀吐火，眩惑民俗，其法殆与巫者无异，戒定之义，全失流弊，不可究诘。宗喀巴忧之，遂奋然兴起从事改革。先是红教徒皆著明代赐与之红呢禅衣（即印度之旧式袈裟），宗喀巴改衣冠尽为黄色，演大乘教以见性度生为重，对于声闻小乘及幻术下乘，均极端排斥。因衣冠色黄，故称黄教，旧彼红者为红教。红教徒可以娶妻生子以承嗣黄教则反，是以传世化身相传，即世所传之呼毕勒罕。禁止幻术及咒语。

宗喀巴以明成十四年圆寂于前藏甘丹寺。此黄教兴起之概略及红、黄二教不同之点也。

宗喀巴示寂，复历世由其二弟子达赖、班禅以呼毕勒罕转世。相传达赖系观音分体之光，班禅系金刚化身，临死不失其真，能知其再生之所，其弟子辄迎而立之。常在轮回，本性不昧，虽易世而仍为教义导师。当明中叶，黄教已远出红教之上，然未尝受封于中国，中国亦莫之知也。

清代肇兴，达赖、班禅各遣使绕朔北而东行，于崇德七年抵盛京，奉表贡方物，并献卦验，知必当统一，清太宗优诏答之。自后朝贡不绝，世受封号。而青海之固始汗亦以兵力驱逐红帽、花帽诸法王，于是黄教遍于西藏。是为黄教与清代发生关系之始及黄教盛行西藏之经过也。

达赖、班禅在黄教中同为教师，与藏事具有密切关系。现在藏事虽由达赖、班禅在僧俗民众中之信仰仍在，关于彼二人历辈之字迹与清廷待遇之情形，容另陈报外，仅将现在代表佛教精华三大寺喇嘛人数，与组织力量，与宗教有关事项，略述于左：

1．三大寺之组织及其现有喇嘛概数

(1) 别蚌寺：别蚌寺为三大寺中最大寺院，在逊清时定额七千七百人，创该寺者为宗喀巴高弟塔西坪丁。建立于纪元前一千四百十六年，达赖第二、第三、第四三辈坐床之地。喇嘛众多，寺院壮丽，为西藏寺院中势力最大者。至其寺院组织，在纵的方面言之为扎仑，有堪布六人，罗司令扎仑、果芒扎仑、敌眼扎仑、呀巴扎仑。其中以罗司令扎仑力量最大，有喇嘛四千五百余人，果芒扎仑一千九百余人。扎仑之下为康尊，康尊之下为密尊，密尊之下为喇嘛。现共实有六千五百二十一名（据职署派员散钱时统计。其他分发外面者，不在此数)。喇嘛又分为初入寺喇嘛（藏名康巴)，及久入寺喇嘛两种。此外果芒扎仑所属之哈东康尊，及所属之曲朱密尊，内外蒙古、汉僧人数二百余。

横的方面分为教学、教仪、教务、杂务四部，均归大僧正统辖，例由六堪布中选出，每年改换一次。教学部分为研钻与薰修显、密两种，内有三个大学院，收容一切学僧，学年为十五期，普通二十年左右方得毕业。课程修完时，可考受格西学位，为大导师，可以向众生说法。其学问、道德最高者，得考甘殿赤巴，其地位在宗教中最高地位。

按甘殿赤巴，据佛经所载，系宗喀巴化身，代代相传，承授宗喀巴遗教，教化僧徒。自宗喀巴圆寂到今，已有九十九代。达赖、班禅地位，在宗教上较低于彼。教仪部：司显密二教仪式之事务。因为宗教对于仪式甚为注重，必须采用种种仪式全力实干，所以特设此部，以养成仪式喇嘛之人才。

教务部：司寺内行政、司法等事，如每寺每年由喇嘛中选出铁棒喇嘛一人至四人，管理全寺喇嘛之行为，及喇嘛出外念经交涉事项。

杂务部：司一切庶务，指挥归寺辖地方人民，以及处理寺院财产之出纳事项。并有权可向各部挑选壮丁，组织僧兵团为政府后备兵。民国二年，川军哗变，色拉寺出兵协击川军，即该团努力帮助政府之明证。

（2）色拉寺：色拉寺因寺址平坦，房舍清洁可爱。喇嘛少于别蚌寺，为三大寺第二大寺。前清例定喇嘛五千五百人。创该寺者系宗喀巴高弟沙加爱塞，建立于纪元一四一九年，寺制组织与别蚌寺略同。不过堪布仅有四人，扎仑三个；即妲扎仑、牙巴扎仑、涅扎仑。其中以妲扎仑力量最大。寺规较别蚌背驰，凡拉萨市发生不好行为，如奸盗、酗酒，多半该寺喇嘛为之。该寺喇嘛与现政府色彩较重，当局重要官吏，如热振呼图克图，及西藏驻京代表贡觉仲尼、阿旺坚赞等均系该寺出身。近年来，西藏地方政府会议席上，时有彼辈发表言论，在三大寺堪布中较为活动。此寺汉、蒙人民在此学佛者有三百余人，居汉名哈东康尊、白地康尊内。

（3）甘丹寺：甘丹寺距拉萨有八十余华里，住于俄克里山，高度一二，二〇〇余英尺，地势壮观，宇屋栉比伟大，规模虽小别蚌、色拉二寺，但教规及佛教研究心得，均较前二寺为优。此寺创于宗喀巴黄教之主，建立纪元一四〇九年，喇嘛定额为三千三百。历代有宗喀巴弟子二人□□□珠是也。因分□□□□□二旁奖支有喇嘛一千六百人，香□有喇嘛一千三百余。寺内组织、教制均同别蚌、色拉。惟黄教主圣迹多在此寺，内有一最高经师甘登赤巴在此讲法，故西藏人民、僧侣多来此膜拜。

（4）其他寺院：在黄教寺院，除功德林、热振寺、丹却寺等四大呼图克图寺院在西藏有寺院外，如大昭寺，系唐时文成公主下嫁西藏五十世君主弃宗弄赞为后所建立。寺内佛像壮丽，规模甚大，西藏地方政府（藏名噶厦）在此。凡由外入藏者，第一先须朝拜该寺，以示尊崇佛教之意。寺内喇嘛仅五百余人，佛规较三大寺严整。藏俗每年正月十五日举行喇嘛大传召时，即由此寺堪布主持。

上下小召，据传，下小召系唐文成公主下嫁弃宗弄赞时所建立，寺门东向，以示不忘唐土之意。寺内喇嘛额定每寺五百人，研究佛学造诣甚深。凡在三大寺有名之喇嘛，经过考试后，方可升入此二寺深造，资格可充格西学位，为西藏喇嘛中最有学问之喇嘛。

上小召系尼泊尔公主所创，门向西，其意为不忘西土尼泊尔祖国之意。其他有名寺院甚多，容另详陈。

在红教寺院（始祖为莲花祖师）最著名者为桑鸢寺。该寺有喇嘛四百人，振丹寺有喇嘛二百余人。在后藏寺有萨迦寺，其他多在西康境内。盖西藏地方政府政权，现操于黄教人士之手，红教在藏势力甚微。该教教意已详前篇。

在黑教寺，最著名者为加拉喇嘛寺，居三十九族之地，喇嘛有五、六十人，专以念咒画符为事，在西藏人民信仰者甚少。此外又有白教，势力极弱。

（五）现在西藏人民对于佛教信仰程度上之观察

自昔佛教由印传入西藏，有道高僧实较今日为多，人民信仰亦较深刻，降及现代，在官吏方面认为非信仰佛教不能入宦途。因此投机者甚多，如每一官员私室，无论屋之广狭，最低限度要有一、二处佛堂，会客、卧宿均在此。实际言之,不过妆饰门面，供人观览。恰如内平民不能做官，仅僧官可由平民充当，喇嘛中有能力者派为官吏。因此平民愿入喇嘛多如猬集，一则有入官途希望且一生生计有寺院供给，可保无虞。故现在佛教已成做官与解决生计之最捷途经。

至主持教务者，对家、国家、社会毫无积极救世渡人之表现。工作仅注重于先辈说法与形式之研究，教化众生不过口头表示，而对数百万信佛人民仅给以灌顶，或与皈依三宝精进祈祷为能事。因之，西藏僧侣人民陷于自私自利之中，而不讲利己利人之佛教真缔，良为叹惜。

（六）佛教教规及喇嘛名词之解释

西藏佛教教规与内地不同，在内地僧侣入寺后，均戒荤食，但在西藏无论黄教、红教徒均无此戒律。惟黄教戒娶妻，教规较红教稍严。凡喇嘛有奸盗杀人之事，经主管寺院先行鞭打，轻则了事，重则驱逐出寺，开革喇嘛资格后，方由西藏地方政府论罪。如喇嘛犯法先不经主管寺院办理，当地地方政府论例不能干涉拘押，否则必遭掌教权者提出抗议。故西藏喇嘛认出教为最大耻辱。在拉萨教规最严，以上下小昭为第一，大昭次之，甘丹、别蚌之〔又〕次之，色拉更次之。往往夕阳西下，拉萨市内常发现喇嘛酗酒洒盗，肆行为及，经调查，多为色拉寺喇嘛。人民虽受其害，但以地方政府无权直接干涉，多半隐忍受之而已。

喇嘛二字，藏语译为上人，有时亦可译为主人，是佛教徒称高僧之语。盖以高僧知识超越三界，立于众生之上，指导教化，位置甚高。如达赖、班禅等是也。今之信佛人民，称普通僧徒，亦曰喇嘛，此仅恭敬语而已，其实不能随便称呼也。

财政

西藏财政收入支出，因政教大权操于达赖一人之手，公私用款向无精确之统计。仅就见闻所及，调查所得者概述于左：

（一）收入方面

1.青稞每年全藏收入一百五十万斗，每斗合内地大洋八角，约值大洋一百二十万元。每年西藏地方政府将本年收入所得贷之于民。翌年即可增加一倍，约值二百四十万元。

2．帕里、亚东关一带税收，约合大洋二十五万元。据印度年鉴，每年由藏输出羊毛约卢比一百二十万元。向例扣税五分之一，约合二十四万元卢比。又由藏经帕里一带货物，如茶每二十包抽税一包，现改藏银一百三十五两。每年可收入四、五百秤，每秤五十两，合卢比十三元五角，约值国币六、七千元。其他以未调查清楚，从略。

3．游牧人民有牛羊群者，每牛二头，或羊十六只，每年纳藏银一元。西藏北部、东部多半游牧，其收入虽无精确统计，当有可观。不丹米进藏，每包向例纳米一碗，每年可收二百数十包，每石〔包〕合卢比十二、三元左右，收入仅有五六千元。此外尼泊尔米进藏，只易藏盐收税，甚微。红花进出口每一磅收卢比一元，川茶进藏，每以十一比例征价。以上种种收入亦颇可观。

4．户口税，全藏一百七十五宗之户口，全以现金缴纳，收入可观。土地税即除前青稞收入大宗外，尚有豆油、牛奶之收入。

5．铸币局，西藏发行纸币由政府派人管理，只发纸票，不设兑现银行。人民可互相以币交易货物，每年印出多少又无限制，与统计西藏大宗收入，以此为最，将余款留作购买军火之用。

（二）支出方面

西藏僧俗文武官员薪俸甚微，如噶伦年俸，每年三十秤藏银薪俸，四品官每年八秤外，由政府指定庄田一份（古之食邑制度）以补食用。该职如被革或请辞后，该庄田即交还政府。至军官方面，代本每年十八秤，如本、定本薪俸极微。士兵每月青稞二斗，无薪饷之可言。故西藏地方政府支出官员金额甚少，因之，官员贪污过甚。而支出较多之数，为扩张军备，及寺院修缮等用是也。

（三）现在西藏地方政府经济状况

西藏地方政府因逊清年有补助之规定，收支足可相抵。自达赖携贰以来，昔之中藏交通已渐阻滞，政府所需物品多仰给印度，外货愈畅，政府愈穷。益以年来军火运入甚多，为免收支相差过甚起见，乃设法印行空头纸票，人民因印自政府，无力反对，只得忍痛使用。长此以往，西藏经济状况恐日趋困苦也。

（四）社会经济状况

1．商业。全藏商业以拉萨、扎什伦布、江孜、昌都（原属西康现被藏军占领）、定日、帕里、亚东关、卓木一带为繁盛，尤以江孜、亚东关为重心。盖因康藏交通不便，年来藏事时起，内地货物多改海道入藏。因之，无论英、印、日中各货物大半由亚东关进口，经江孜分转各地。其他尼泊尔、不丹等小国输入之米、五金、药草、香料等物，及内地北平商人、青海货商，每年一次由青海草地来藏贩买〔卖〕马匹、酒、醋等件，购买羊毛皮货运青，多在拉萨交易。现在拉萨商人占势力者，以北平、云南、四川人，及尼泊尔人为大。

至全藏出产，以麝香、鹿茸、藏獭、藏香、氆氇、熊胆、羊毛、豹皮、狐皮、砂金、藏红花（每年在后藏出产甚少、大多由西班牙运来转售青海、西康，及内地各省）等物。输出因无统计，现尚难确定多少。

2．农牧。西藏面积二百五十万余方里，因四面多山，可耕之地甚少。且藏人信佛甚深，不肯随便开垦，故现在可耕之地不及八分之一。每年藏民所获青稞、麦、豆油之类，足供藏人食用。其他草地平原，多为牧场。每年牛羊所产及羊毛除食用外，售出印度。据印度年鉴统计，约一百二十万元卢比。其他青海、西康、云南尚未统计，故牧场事业，在西藏人民上言之，可谓占收入一部分。

3．工业。西藏工业极为幼稚，现在尚可观者，惟手织之氆氇外，毡、地毡、氆氇等物。惟以人工织成，美观既不能敌外人机器所织，故运销外地甚少，如能逐渐改良，将来工艺羊毛织品当有可观也。此外洛隆宗之磁器、藏人以泥制成各种佛像、藏香多行销边区各省。其他尚未见有若何之工艺佳品。

4. 交通。西藏交通在现今二十世纪，可谓最落后之民族。铁路无一里之建筑，汽车路仅由拉萨至罗布林岗一小段。其他飞机、轮船等近代交通利器一无所有，仅将代步运物者惟牛、骡马、轿而已。兹分述于左：

甲、邮电。西藏邮政成立于民国元年，盖以藏地于光绪三十年与英订立不平等条约（详外交章）后，即将江孜关辟为商埠。由印度到江孜，英国按最近交通建设设立邮政局、电报局于各班格卢（印度名，即旅馆之意。每站距离约八十、九十里不等）均设立电话，互通消息。自此，西藏当局与英人交涉，由江孜至拉萨、江达一带邮政归藏当局管理，邮票仅适用藏境，过江孜以南即贴用英国邮票。

至电报电话，可谓英人为便利其商业及易通藏情而设，江孜以北至拉萨属藏人范围；江孜、帕里至亚东关归英人经营。如将来中央有款赎回此项权利，于国防上利益甚大，否则，长此以往，一旦边区有警，我则非三月准备不能到藏。而英人恃此邮电利器，二周内即可长驱入拉萨。斯真堪注意者也。

乙、道路。西藏四面环山，道路半属山地，崎岖难行，间有平坦天然地，亦多乱石阻道。西藏当局又无专管建设道路机关，故西藏道路难行，较新疆、甘、青各省为甚。仅由江孜至帕里一段约一百余英哩，路尚平坦。兹现已成立通行道路分述于左：
一、通内地道路有四：(1) 由四川经康定、甘孜、德格渡金沙江入昌都赴拉萨，(站程里数附表第二）即职奉命入藏经过之道，所谓北道是也。此路山少，人烟亦稀，地方尚安静。(2) 由成都经康定、巴安、理化到昌都入拉萨。逊清钦差大臣入藏，多取此道，所谓南道是也。此路山较多，人烟稍稠密，但人民强悍，匪风甚盛。(3) 由青海、西宁经塔里木河、黄河发源地，越当拉岭到旁多城入拉萨。计程八十日可到。逊清康熙五十七年，噶勒弼征讨准噶尔之乱，系由此道。沿途草木繁茂，山以纵列，行人稀少，所谓草地是也。北平、甘肃贸易商人均取道于此。(4) 由云南、昆明或其他地方经丽川、中甸、阿敦子过宁静到昌都入前藏拉萨。此路多系西康、云南商人取道之地。二、通印度之道有二；(1) 由拉萨经江孜、帕里到亚东，越龙头山到喀伦堡，计程二十一站。过此山最高点高度为一五，七〇〇尺，路险山陡，职派先遣员由印入藏系取此道。(2) 由拉萨经江孜、帕里越纳都岭、昌谷到哲孟雄都城江都。山陡而平，英人在山脚中下已筑有汽车路，为印藏交通往来之孔道。但在阴历一至四月，大雪封山即不易通行。三、通尼泊尔之道；由拉萨经江孜到扎什伦布、定日、聂拉木到尼都加岛曼都。四、通不丹之道；由拉萨、帕里越米咱里山入尼境到布那克哈。五、通新疆之道有二；(1) 由拉萨经达木、隆马绒、那克、藏萨里、巴喀尔到新疆于阗和阗。(2) 由拉萨经隆马绒、公占、翁波、干喀尔、古鲁克到新疆各地。

丙、水路。西藏河流虽多，著名者如雅鲁藏布江、胜格里海等，现尚未行驰舟楫，仅由皮筏小划船渡人马货物而已。现仅可墨竹贡卡经拉萨到江孜可用小划行驶。轮船汽划现尚无此设备。

其他交通器具，如飞机、舟车等项，尚未设备，将来欲谋西藏交通之展，第一先须从飞机、汽车站着手方足以言巩固西防也。

社会状况

西藏人民之种别；西藏人口稀少已如前述，现有人种可区别者（1）为西藏人外，如（羌族后裔）唐古特人、洛克巴人、达木蒙古人等，语言相同，风俗习尚、宗教均相类似属之。(2) 土耳其族人，如黑黑子、沙拉尔、霍尔巴等人属之。人数极少，力量极弱。(3) 寄居之汉人在拉萨者，仅有三、四百户，不足二千人。

其他各地甚少。(4) 其他经商寄居之尼泊尔、不丹、哲孟雄人。就中以西藏人最占势力，人口亦较多。

西藏人民阶级之区分；西藏人民，阶级概别为四种，即贵族、活佛、僧侣、平民是也。然细分之，则阶级区别极严。列表如左：

甲、拉布（上级）；拉布楷，最上级——达赖喇嘛等活佛属之；拉布楷丁，上中级——噶伦、堪布等属之；拉布楷达马，上下级——中译及稍低喇嘛属之。

乙、丁（中级）；丁楷拉布——素封之宗地主与曾以资助政府者属之；丁楷丁，——小中译、伴从庖人及其他司小事者属之；丁楷达马——军人、农人、佃人等属之。

丙、达马（下级）；达马拉布，下上级——佣仆属之；达马丁，下中级——穷民、无定居民及甘为乞丐者属之；达马达马，下下级——屠夫、清道夫、经理死人者属之。

西藏人民之生活；西藏人民生活与内地悬殊，颇有述明之必要。兹就衣食住，及习俗各项，简述于左：(1) 衣。衣服制度各因人民等级而异；达赖、班禅衣帽为藏中最高者，冬帽以氆氇、羊绒制之。其式上尖下大，色尚黄。夏帽若竹笠形，以金色皮为之。衣服分内衣、外衣两种，内衣制以氆氇，外衣则为紫羊绒之单衣，以帛交缚其上。足穿锦靴，腰间束黄帛带，春、冬皆露半臂。其余喇嘛衣服饰大略相似，惟表里粗精则有分别耳。

俗官，如噶伦、司伦、代本、弟巴等官发束，饰以粹玉或松耳石。帽仿清制圆顶帽，帽顶司伦以珍珠为之：噶伦以大红宝石为之：代本、弟巴等各自不同。左耳垂金镶绿松石，大如桃，其形似鸟喙；右耳垂珊瑚。身着大领袖之杏黄色缎袍（在家多半穿红篮色缎衣），佩刀，束大红花缎带。四品官以下，则不能穿杏黄色缎衣也。至平民，仅着大领衣，无红黄缎衣，腰部束小刀、碗袋、火镰等物。怀木碗与蒙人相类。

妇女服饰，则分其发束之，如绳互交脑后，以细为佳。女子未嫁时，则脑后另分一辫，辫上复以三角形梯柱，戴珍珠、宝石、珊瑚、玛瑙，此系富贵妇女。往往一头之装饰者，逾八、九万元。职在江达时，楚葛代本将其夫人所带装饰估计值之，约值八万元，亦云奢也。足穿红细氆氇所制之鞋，衣服则上着小袖之短衣与腰相齐，以绫缎、细布、毛褐等为之，外复花氆氇围裙，外披戴绒小方单如袖子袈裟。左手金银或宝石，右手带玉镯或其他值价之物。耳带金银镶绿松石，右后有小钩穿于耳。缀珍珠、珊瑚而挂于发上，下连珍珠、珊瑚串长六、七寸，垂于两肩。项挂念珠一、二串，以珊瑚、珍珠等制之。身带银盒，内装护身佛及子母药。胸前挂银镶珠石环，长可三、四寸以上。就贵族妇女言之，若平民则所装饰价值甚低，而式样则大同小异。（2）食。藏民日常饮食以糌粑、牛羊内、奶渣等物为主，而糌粑又为主要普通之食品。盖藏地风土，天气凝寒，地气瘠薄，千山压雪、六月飞霜，石多田少，米粮一项，产地甚少，盖以数万里之部落，与刍牧毳幕各种类，均藉青稞一物。青稞系麦类一种，糌粑即系炒青稞粉为之。惟糌粑与牛羊肉等性燥而胃腻，一日无茶则病。故藏民不拘贵贱，而茶则不可一日或缺者。煮茶之法；将茶熬成极红之色，然后入黄油与盐搅而饮之。至牛羊肉则多不煮熟烂，男女老幼食不用箸，多以手掏而食，或用木碗食毕以舌舐之。富贵之家，多有用筷食饭，然复藏于怀中。酒以青稞酿造，其味淡而微酸，名之曰“呛”，男女老幼皆嗜之。醉后则男女相携，沿街笑唱以为乐。其宴会之礼，主人上坐，客至并不迎送门外，在主人上者，让以酒尊以酥油为敬。至宴会，有鱼翅、海参等物。各如其贫富以为礼。(3)住。藏地房舍，向例有二层或二层以上。下层多半作牛马牲畜堆草之用。上层住人，窗户不多，光线甚少，室内不洁。富贵者于室内多置彩画，尤以佛相为装饰上最不可少之物。至牛厂人民，多为黑帐房，富者多以白布为之。惟拉萨市住户及江孜、昌都各喇嘛寺院多广，有可容五千人以下至三四百人者，如三大寺及扎什伦布等是也。

风俗及礼节：(1) 一妻多夫制。西藏多夫制多在后藏及游牧民族，凡兄弟多人共娶一妻，生子则先予其兄，以次递及，或之藏俗人户以女为主，番人尤盛，故兄弟共娶一妇，以避徭役，后遂成俗；或云西番全肃杀，所以免外番多丁之道也。两说中当以后者为近。盖山岭高原之地，食物不甚丰富，土地难施改良，欲图生存，惟有减少人口之法，一妻多夫正减少人口之法。至藏中富贵人士，多为一妻一夫制。至一夫多妻制，藏中除贵族人户外，平民甚少。(2) 婚姻。西藏缔婚，注重门户，男以识字、有钱为佳，女以善于贸易生产为能。婚姻手续多由家长作主，如男家欲娶某女时，先托亲友持哈达到女家求婚，女家如允许时，则报以哈达答礼。聘礼多为茶叶、牛羊、金银。至迎娶时不用轿车，多为乘马。男亲至女家迎娶，亲友均馈赠食品。新婚夫妇携手回男家向例三日欢乐，而婚事告毕。(3) 丧葬。西藏丧葬概分四种：一、天葬，死者由其家属雇剐人反背死尸到天葬场，用刀将全身剥割完尽，以粉搓成肉团饲诸老鹰。如鹰立将死者肉团食尽，则其家属手舞足蹈，庆其生前未作恶事，来世必转好人，否则举家引为不详。二、地葬，将上述之死尸，用石捣碎，搓成肉团而词〔饲〕诸犬时，则谓地葬。不是土葬乎。以上二者举行时，多半延请喇嘛念经。三、水葬，将死者之尸，由揹人裹以平时所穿衣服投之于水时，谓之水葬。普通平民多用水葬。四、火葬，普通喇嘛多采用之。

以上丧葬大概如是区别。又其习俗凡人死，亲友吊唁，穷者助以银钱，富者以哈达慰问，并送茶、酒。其孝服男女百日不着华服，富者时请喇嘛念经，以祈冥福。至一年乃止。(4) 哈达。哈达为藏地社交所必需之物，以织素绫为之。每方约二尺，中织佛头。四方为一连，凡番目及喇嘛见贵客，必先递哈达为礼，如内地之投刺。然大喇嘛则奉素绫一长幅，或无佛头，或谓此即古人献帛相见之意。如客位分较尊则受之，次则还之，平等则交换尊，亦予以哈达。番民礼神佛亦然。寻常小番所用哈达，以绢为之而无佛头，每方一尺五寸，十方为一连，皆织自成都、康定及西宁。

藏民相见，普通以一揖为礼，朝见则用大拜。番人之官吏对前驻藏大臣或中央派遣官吏之礼，多半伸舌。其对藏官噶伦、达赖喇嘛、班禅大师及其他长官亦皆脱帽伸舌，然后垂手鞠躬，答话唯唯。

如僧俗官民至法座前见达赖、班禅，以手摩其顶，或饬人交还哈达，谓之讨舍手。受摩者以为有莫大之荣幸。

教育状况：西藏宗教教育完善已详宗教章，唯近代式教育甚为幼稚。现在西藏最有名之学校仅有二处，除供僧俗官子弟读书外，平民甚少求学之机会，故在藏地除喇嘛及东科尔出身子弟识字略知世事外，工商人民则多属文盲。现有学校三所：一、紫岗学校，设于大召寺内，生徒二十人，均为东科尔出身。毕业年限不定，所受课程为习字、算术，其他课程甚少。二、布达拉宫仔仲学校，有生徒五六十人，多为僧官家属及世家喇嘛在此求学。课程偏重经典、书法。此类五年毕业后，经考取后可升入僧官。三、药师学校，系研究医学，学生入学七年后方能毕业。生徒不满五十人。以上学校设备毫无，教师学校浅疏，多凭经验所得历代相传而已。此外有可述者，如西藏地方政府于民国十二年派遣留学生四名往英国求学，研究矿学机器等科，回藏后因无科学设备，无法展其所长，计已入官途者惟仁岗五品官、孟重五品僧官。此次职来拉萨，一切招待多由彼负责，其人对宗教不满。此外□□□一人已死三年，一人闻尚浮沉五六品官中。

外交

（一）西藏与英国之关系

查自西历一二二五年以来，英人即有入藏探险之举，惟能探入拉萨者甚少。盖以西藏夙以闭关攘夷为其当局之主要外交政策，故外人称拉萨为禁城（TORBIDDENCLTY）。清末，我国国势日危，英法联军之役，我国与英缔结天津条约。该约第九款规定“英国人民准持护照前往内地各处游历通商，英护照由领事馆发给，由地方官盖印”。同治十二年，印度政府欲探测云南、印度间之商路，即援天津条约与我交涉，我国无法，允之。驻华英公使派其书记官马加丽为探险队之随员同往探测，于光绪元年深入缅甸，马加丽被土人戕杀，结果光绪二年又结烟台条约。除正约外，另有专条一款，其文曰：现因英国酌议约在明年派员由中国京师起行，前往遍历甘肃、青海一带地方，或由内地四川等处入藏以抵印度。为采访路程之意，所有应发护照，并知会各处地方大吏暨驻藏大臣公文，届时当由总理衙门察酌情形办给。倘若所派之员不由此路行走，另由印度与西藏交界地方派员前往，俟中国接准英国大臣知会后即行文驻藏大臣查度情形派员妥为照料，并由总理衙门发给护照，以免阻碍。此为英人预谋入藏之先导。至光绪十一年，印度民政厅书记官马考烈根据此约要求入藏，无法，允之。行过干坝宗途次，为藏兵所阻，遂向我国交涉。我政府以为若允其入藏，则藏人势必竭力反对，否则又恐交涉辣手，乃请中止入藏，另割缅甸以为交换条件。于是缅甸因此细小之事，于光绪十二年脱我藩属而入于英矣。藏人智短识浅，以为马考烈之不入藏，系畏等之力，即以英人不足畏惧，夸示于哲孟雄王前，且干涉哲、印通商之事。光绪十三年，藏人乘英国不备，潜遣兵入哲布防，并欢迎哲王移据西藏，英人劝哲王不听。翌年，藏兵入哲攻亚东袭驻防英兵大败之。英军既胜，即索哲王归国，结果英国置政务官于哲，监督其外交、内政，名为英国之保护国，实不啻于英国领土。英人对哲欲作长治久安之计，乃于光绪十六年与我国订立藏印条约。并录于后：

第一款　藏、哲之界以自布坦交界之支莫挚山起，至廓尔喀边界止，分哲属梯斯塔及近山南流诸小河。藏属莫竹及近山北流诸小河，分水流一带山顶为界。

第二款　哲孟雄由英国一国保护，即为承认其内政、外交均应专由英国一国迳办。该部长暨官员等，除由英国经理准行之事外，概不得与无论何国交涉往来。

第三款　中、英两国互允以第一款所定之界限为准，由两国遵守。并使两边各无越界违法之事。

第四款　藏、哲通商应如何增益便利一事，容后再议，务期彼此均受其益。

第五款　哲孟雄界内游牧一事，彼此言明，俟查明情形后再为议订。(附图：略)

第六款　印、藏官员因公交涉，如何交移一切，彼此言明，俟后再商另订。

第七款　自此条约批准互换之日为始，限以六个月，由中国驻藏大臣、英国印度执政大臣各派委员一人，将第四、第五、第六三款言明随后议定各节，公同会商，以期妥协。

第八款　以上条款既定后，应送两国批准，随将条款在伦敦互换，彼此各执，以昭信守。光绪十六年二月二十七日，即西历一八九〇年三月十七日在孟腊城缮就，华、英文各四份。盖印签押。

光绪十九年中、英两国在印度大吉岭订立藏、印条约后，致使藏人于游牧方面大受限制，且通商方面英人独占便宜。藏人颇不甘心，加之，前受英军战败之辱，故大起排英之心，坚持其闭关主义及极力拒绝英人入藏，致肇一九〇三年十月荣赫斯鹏武装入藏之事；荣氏初拟由龙图岭经亚东推进，后闻藏军云集靖西（即亚东），复得不丹之脚夫引导，改道干坝抄袭靖西之后直捣帕克里。藏兵屡战屡败，伤亡枕藉，沿途土墙炮垒触目皆是。于一九〇四年八月三日荣赫斯鹏进抵拉萨时，达赖已亡命蒙古，乃由噶伦及三大寺代表等自任和局与荣赫斯鹏媾结和约十条。胪列如下：

第一款　西藏允遵照光绪十六年中、英所立之约而行，亦允认该约第一款所定哲孟雄与西藏之边界，并允按此款建立界石。

第二款　西藏允定于江孜、噶大克及亚东即行开作通商商埠，以便藏、英商民任便往来贸易。所有光绪十九年中国与英国订立条约内凡关涉亚东各款，亦应在江孜、噶大克一律施行。惟嗣后如英、藏彼此允改，则该三处应从改定章程办理。除该设立商埠外，西藏应允所有现行通商之贸易一概不准有所阻滞，将来如商务兴旺，并允斟酌另设通商商埠，亦按以上所述之章程一律办理。

第三款　光绪十九年中、英条约所有更改之处，另行酌办，西藏允派掌权之员与英国政府所派之员会议详细酌改。

第四款　西藏允定，除将来立定税则内之税课外，无论何项征收概不得抽取。

第五款　西藏应允，所有自印度边界至江孜、噶大克各通道不得稍有阻碍，且应随时修理，以副贸易之用，并于亚东、江孜、噶大克及日后续设之商埠，各派藏员居住，英国亦派员监督各该处英国商务，如欲赍送公文、信函于藏官或驻藏各华官均责成商埠居住之各该藏员接收。转送、复文、回信亦一律责成此员妥送。

第六款　因西藏违约，英国派兵拉萨责问，又因英国边务大臣（指荣赫斯鹏）暨其随员护兵等被攻，是以西藏允兑给英国政府英金五十万镑、合卢比银七百五十万元，以赔补兵费及无礼侮攻各情。此赔款应在英政府随时所定之处，或于藏境内，或于英境大吉岭、扎拉白、古里等地面内清缴。每年西历正月初一日兑银十万卢比，七十五年缴清。于何处收兑，英国政府预先知照。第一期应在西历一九〇六年正月初一日照数兑交。

第七款　俟以上所述之赔款照数缴清后，并第二、三、四、五等款内所称商埠切实开办三年后，英国政府于未办之先，仍于春丕驻兵，暂作守质，至赔款缴清或商埠妥立三年后最晚之日为止。

第八款　西藏允将所有自印度至江孜、拉萨炮台、山寨等一律削平，并将所有滞碍通道之武备全行撤去。

第九款　西藏允定，以下五端非英国政府照允，不能举办：一、西藏土地，无论何外国皆不准有让卖、租典或别样出脱情事；二、西藏一切事宜，无论何外国皆不准干涉；三、无论何外国皆不许派员或派代表人进入藏境；四、无论何项铁路、电线、矿产或别项权利，均不许各外国或隶各外国籍之人民享受，若允此项权利，则应将相抵之利权或相同之利益一律给与英国政府享受；五、西藏各进款，或货物、或金银钱币等款，皆不许给与各外国或籍隶各外国之民抵押拨兑。

第十款　此约英缮五份，由商定之员在拉萨，于光绪三十年七月二十八日，即西历一九〇四年九月初七日画押盖印为凭。英国边务大臣荣赫斯鹏印。达赖喇嘛印。(此印噶尔丹寺长所钤）噶布伦印。别蚌寺印。色拉寺印。噶尔丹寺印。西藏首领印。

清廷据驻藏大臣有泰奏闻此约后，认为该约损害中国主权过甚，电饬有泰拒绝签字，并另派唐绍仪赴加尔各答与英之全权大臣费里斯会议解决藏案无结果。唐因病返国，留参事张荫棠居印续议仍无效果，后移至北京谈判。订立正约六款如下：

第一款　光绪三十年七月二十八日，英、藏所立之约暨其英文、汉文约本附入现立之约作为附约，彼此允认切实遵守。并将更订批准之文据，亦附入此约。如遇有应行设法之时，彼此随时设法将该约内各节切实办理。

第二款　英国之国家允不占并藏境及不干涉西藏一切政治。中国国家亦允不准他外国干涉藏境及其一切政治。

第三款　光绪三十年七月二十八日，英、藏所立之约第九款内之第四节所声明各项权利，除中国独能享受外，不许他国国家及他国人民享受。惟经与中国商定在该约第二款指明之各商埠，英国应得设电线通报印度境内之利益。

第四款　所有光绪十六、十九年中国与英国所定两次藏印条约，其所载各款如与本约及附约无违背者，概应切实施行。

第五款　此约分缮中文、英文业已细校相符，惟辩解之时，仍以英文为准。

第六款　此约须由两国大皇帝批准画押。自两国全权大臣画押之日起，限三个月在伦敦互换此约。中文、英文各四份，共八份。两国全权大臣画押盖印为凭。大清国钦差全权大臣外务部右侍郎唐绍仪。大英国钦差驻扎中华便宜行事全权大臣功赐佩带头等迈吉利宝星萨道义。光绪三十二年四月初四日、西历一九〇六年四月二十七日立于北京。

英国后复援此约要求订立藏印通商章程十五款如下：

第一款　光绪十九年所定通商章程与此次章程无违背者，仍应照行。

第二款　江孜商埠界内全地：甲、界线起自江孜堡垒东北之曲迷荡桑，自曲行过背廓阙堞大寺之后至峡东冈，自此直越逸阳河抵匝木萨止。乙、自匝木萨此界线向东南接行至拉萨多为止。沿此线内由庄如、拉和塔、火格错、东穷席、拉布冈等处均在界内。丙、又自拉萨多此线循行至玉驼，经甘卡尔席全地直行至曲迷荡桑为止。各商埠内有难得合宜房栈之情事，兹允英国人民亦得在各商埠内租地建筑房栈。此种建筑地基坐落之处，应由中藏官在每埠与英国商务委员特行商酌划定。英国商务委员与英、印人民除在此处外，不得在他处建筑房栈。但此种办法不得有一毫侵害中藏地方官于此处之治理权，亦不得损及英印人民在此处以外租赁房栈居住、存货之权利。凡英印人民欲租建筑地基，应转由英国商务委员向工部局声请租地文凭。其地基之租价、年限与合同应由租客与地主自行和平商订。如地主与租客因租价、年限、合同等事意见不合，应由中藏官商同英国商务委员勘定。又未经工部局给英租客建筑文凭，该租客不得兴工建筑。但约定工部局给发建筑文凭，不得任意延宕。

第三款　各商埠治理权应归中国督饬藏官管理。各商埠商务委员与边界官，均须合宜品级，彼此往来晤会，以及文移往返应互以礼貌优待。凡商务委员及地方官，因意见难合不能断定之事，应请拉萨西藏大吏及印度政府核办。印度政府照会之意，应并行知照中国驻藏大臣。如拉萨西藏大吏与印度政府仍不能断定之事，应按光绪三十二年北京条约第一款内由中英两国政府核办。

第四款　如英印人民在各商埠与中藏人民所以有争论，应由最近商埠之英国商务委员与该商务裁判局之中藏官员会同查讯，面议办法。其合同面议之意，系为证明实情，公平办理，如有意见不合之处，应按照被告之国法律办理。凡受此种交涉案件，均有被告之国之官主审。其原告之国之官只可会审。凡英、印人与英、印人因身家产业之权利而起之事，俱归英国官管理。英、印人民在各商埠及往各埠之商道中犯罪者，应由地方官送交最近犯罪之商埠，英国商务委员按印度法律审讯惩办。但地方官于此种英、印人民除应行拘禁外，不得格外凌虐。中藏人民有对于各商埠内，或往各商埠之道中之英、印人民犯罪者，应由中藏地方官拿获，按律惩办。两面审办之法，俱应至公且平。凡中藏人民到英商务委员处控诉英、印人民，中藏官得有派员往英国商务委员公堂观审之权利。凡英、印人到商埠内裁判局控告中藏人民之案件，英国商务委员亦得有派员往裁判局观审之权利。

第五款　西藏大吏遵北京政府训令，深愿改良西藏法律，俾与各西国法律例改同一律。英国允愿无论何时，英国在中国放弃治外法权，并俟查悉西藏律例情形及其审断办法及一切相关事宜皆臻妥善，英国亦弃其治外法权。

第六款　英军撤退后，所有由印度边界以达江孜一路，英国所建旅舍等房屋共计十一处，应由中国照原价赎回，仍以公平租价租与印度政府。每旅舍一半留为英国经营，由各商埠至印度边界电线之官役之用，并存储材具。其余则留为中藏英印体面官往来站宿之用。一俟中国电线已由中国接修至江孜，英国可酌量将由印边界至江孜之电线移售于中国。当未移售以前，中藏人之信当由此印政府所修之电线妥为接收传寄。又未售以前，应由中国担任保护由各商埠至印边界之电线。兹约定所有人民如毁伤此电线，或如何阻挠看管经理此电线之官役，应由地方官严惩。

第七款　凡因信借亏欠倒闭而起之控告案件，应由该管官查讯、设法追索赔偿。但如欠债者报穷无方赔偿之债，亦不得将公产官物扣抵。

第八款　驻寓西藏现在已开及将来新开各商埠之英国商务委员，得安然往来印边界。传递邮件所用传递夫役，于凡所经过之处，应由地方官尽力相助，与藏官所用传递文件之夫役同受一律保护。俟中国在西藏妥立邮政，中英两国可即酌议裁撤英商务委员之传递夫役。英国官商雇用中藏人民作合法事业，不得稍加限制，此种受雇之人，亦不得稍加扰害于西藏人民应享受之权利，亦不得因此稍受损失。但此种人于应纳赋税不得豁免。如有死罪情事，应归地方官按律惩办，雇主不得稍加庇匿。

第九款　凡往各商埠之英国官民以及货物等，应确循印藏边界之通商大路前往，不准擅往商埠外各地，不准由亚东、江孜，无论由何道路绕入藏属内地以往噶大克，亦不得由噶大克无论由何道路绕入藏属内地以往江孜、亚东。惟印度边界土人向在印属居住、贸易者，因习惯既久，仍得照旧按通行规则例来往贸易。但此种人如是往来贸易时，应仍按向例服从地方官管理。

第十款　凡官商往来藏印，其公私财产货物途中被劫，应即报明巡警官，巡警官应即设法拿获劫盗交地方官立即审办追赃。如盗犯逃至巡警局，地方官权力不及之地不能缉获，则巡警局及地方官立即咸不任偿失之责。

第十一款　为保存公安起见，凡存放大多数之火油及所有易燃危险之物，应用池栈应安设在商埠内远近距居民之处。英、印商人未经按照章程第二条禀请合宜地基，不得开筑火油池栈。

第十二款　英国人民可任便以货物或银钱交易；任便将货售与无论何人；任便由无论何人购买土产货物；任便雇赁运载夫马，并任便照地方常规办理一切贸易事宜，不得格外限制刁难，亦不得抑勒强迫。凡英官商在商埠内及往各商埠道中之身家产业，应随时由巡警官及各地方官实力保护。中国允在各商埠及往各商埠道中筹办巡警善法。俟此种办法办妥，英国允将商务委员之卫队撤退，并允不在西藏驻兵，以免居民疑忌生事。与西藏官民，或通函件，或面会往来中国官并不禁阻。凡西藏人民至印度贸易、游历、居住所享权利与此章程给与在西藏之英国官民之权利相等。

第十三款　此项章程，自两国全权大臣及西藏代表员签押之日起，应通行十年。若期满后六个月内彼此俱未知照更改此章，应再行十年，俱照此办理。

第十四款　此次章程，华、藏、英文俱均详细校对，遇有因解释此章字句而起之辩论，以英文作为正本。

第十五款　此项章程由中、英两国大皇帝批准。应自签押之日起，六个月后在北京及伦敦互换此章，由两国全权大臣暨西藏掌权员签押盖印为凭，以昭信守。华、藏、英文各缮四份。

藏、印条约订后，英国则遇事干涉，我国在藏偶欲有所举动，英国靡不藉词干预，我国两次进兵西藏，均受英国从中反对。民国元年，川、滇两军进剿西藏，连败藏军，达赖于万不得已中求助于英，英国乃以调停为名，向我外部提出抗议五条如下：

（一）中国不得干涉西藏之内政；

（二）中国官吏不得在西藏行使行政权与内地行省视同一律；

（三）中国除驻藏官员、卫队外，不得派遣军队驻扎藏境；

（四）关于西藏问题，中、英两国另以新约定之。

（五）中国如不承认以上各款，英国即不承认民国政府，且经印度入藏之交通，亦须暂时断绝。

当时民国方立，国基未固，未便引起国际纠纷，于是改剿为抚。民国二年，我政府向英提议开会讨论解决藏事，英国主张藏方亦须派员参加，地点改设印度大吉岭，后又移至西姆拉。我国出席代表为陈贻范，英国为麦克马鹤(GIRHENRY MCMAHON)，藏方为虾扎噶伦及泽墨(现任首席噶伦)，届时各提出提案，意见相距殊远，几经曲折延及半年，于是立就西姆拉草约及附约如下：(草约十一条)

第一条　本条约附表内所列举各项旧约，除经本条约更改，或与本条约旨意有出入，或迳相冲突者外，一律继续有效。

第二条　中、英两国政府同认西藏为属于中国宗主权之国，并认外藏有自治权。今为尊重该国之自治完全，所有外藏内政(选举达赖事在内)，应由拉萨政府管理，中、英两国政府均不加以干涉。中国政府不改西藏为行省，西藏不选出议员，或代表出席中国国会及其类似之机关。英国政府不兼并西藏境内任何部分。

第三条　中国政府现既承认英国在西藏地理上有特殊地位，英为欲西藏建设强有力政府、保守印度附近境界及毗连西藏各部落治安起见，今约定明年外藏尚有此项军队官员与殖民，应在一月以内一律撤退。英国政府亦约定除一九〇四年（光绪三十年）藏英拉萨条约所载外，不在西藏派驻文武官员、除商务委员卫队外，不派军队驻藏，并不在藏境兴办殖民事宜。

第四条　上款所载，并不阻止中国驻藏代表率带相当卫队驻扎西藏。所驻地点，随后商定。惟此项卫队不得逾一百人。

第五条　中藏政府今订定彼此不以藏务议约，除一九〇四年九月七日英藏拉萨条约及一九〇六年（光绪三十四年）四月十七日中英藏条约所载外，亦不得与他外国议约。

第六条　一九〇六年中、英、藏、印条约第三款今订定作废。

但一九〇四年英藏拉萨条约第九款内所载外国字样，并不包括中国，英国之商务，不得较最惠国之商务受次等待遇。

第七条　甲、一八九三年（光绪十九年）与一九〇八年（光绪三十四年）关于西藏之中、英通商章程，今订明作废。乙、西藏政府今允与英国政府议订新通商章程，以实行一九〇四年英、藏拉萨条约之第二、第四、第五条款。但新章程非经中国政府允许，不得变更条约。

第八条　驻在江孜之商务委员，如关于一九〇四年九月七日英、藏拉萨条约所载，遇有关系之事，查非通讯，或别项办法所能解决，必须前在拉萨与西藏政府协议者，该员无论何时得随带卫队前往。

第九条　现以订本条约之政府，所有西藏境界与西藏外藏之分界，以□红、蓝线绘明于所附地图之中。西藏政府在内藏权利，如选派寺僧、保存关系宗教之事权，绝不因本条约有所损害。

第十条　本条约用中、英、藏三种文字均经详细校对，如日后因解释字句有异议时，则以英文为准。

第十一条　本条约签字之日施行。

声明文件（附约七条）

一、订约各方面承认西藏为中国领土之一部；

二、达赖喇嘛被选举及受职后，即由西藏政府呈明中国政府，并由驻拉萨中国长官正式授以中国政府颁给达赖喇嘛职位相当之封号。

三、应承认外西藏官员由西藏政府选派。

四、外藏不派代表参加中国议院或类似之团体。

五、今承认驻藏英国商务局之卫队，不得逾过拉萨中国长官所带卫队百分之七十五。

六、一八九〇年三月十七日中、英条约第三款所载，禁阻西藏侵犯哲孟雄，西藏界一节以后与中国政府无涉。

七、一俟本约第三款所载各节，由签字国三方面派员迅速查报均已遵照办理无讹，本约第四款所载之驻藏中国长官即使入藏。

我国因该约损失国权过甚，故未签字。（此乃过去关于西藏事）正约闻英、藏代表已正式签字矣。此乃过去关于西藏事件，我国与英国之外交经过情形耳。

附图如左：〔略〕

（二）西藏与俄国之关系

俄国位近北冰洋西南，与欧亚大陆毗连，其急急以求之者，惟靠海口耳。西南毗连强邻德国，无机可乘。东方靠海口至冬季则海冻冰结，不适军事，极欲占穿直亚细亚，谋一靠海口之适当良地。当我国清末国势甚危之时，故乃觊觎吾西藏。盖能占领印度北部屏藩之西藏，可待机动兵进攻印度得一近东海口耳。西藏北金矿丰富，俄国苟得西藏，亦可增加财源。光绪十六年，中、英定立藏印条约以来，俄觊觎西藏益亟，藏人受英威逼，而中国步步退让，恐不可恃，心目中以为能抗英国莫如俄国。适有俄籍喇嘛孟工吉夫于光绪十九年以私人资格旅居拉萨，宣扬俄国势力，谓俄皇为答波谛萨之化身，将自天而降以征服天下。光绪二十五年间，俄皇曾赠许多礼物于十三辈达赖。闻此种礼物系由道吉甫（俄国政府所派之秘密运动员）携去，后复得任为达赖之教师。光绪二十六年，道吉甫返国觐见俄皇呈递达赖国书事，闻英人侦之深忌之，经驻俄英使询问俄外交部时，则答以此种国书，系寻常通候之意，而道吉甫亦仅为佛教而来，盖彼为佛教信徒向不许其入藏，今商请准其赴藏拜佛。云云。厥后道吉甫归至拉萨，大受欢迎。俄复派东方语言学者齐向高央赴拉萨居住一年更招英人之忌。自此英、俄两国互欲植其势力于拉萨。遂致演成二龙抢珠之局。迨至日俄战争，俄国战败，英国乘机直捣西藏，俄国无力与英国启衅，双方于光绪三十三年之订立英俄西藏协约如下：

第一款　立约之两国，均允尊重西藏之领土，并不干预西藏之内政。

第二款　英、俄两国因欲遵守中国为西藏上国之宗旨，故允除中国政府相商外，不与西藏商议事宜。一九〇六年四月二十七日中、英条约所议准一九〇四年九月十七日英藏条约第五款内载之商务代理人可与藏官直接交涉一节，不得因有些款以致废除。一九〇六年中、英条约第一款所载诸事，亦不得因此有所更易。兹特声明英、俄佛教人民倘实为宗教事宜，可与达赖喇嘛及西藏之佛教代理人直接交涉。凡有与英、俄佛教人民两国政府相关者，两国政府亦不许此项交涉有损现订之条款。

第三款　英、俄两国政府彼此允愿不派代表人前赴拉萨。

第四款　立约之两国，均允不代本国，或代本国人民索取西藏之铁路、电线、矿务等项利权。

第五款　英、俄两国政府又允西藏之税项，无论是否物业银钱，均不得作为英俄两国，或两国人民之质。此后俄国亦放弃其对藏政策，即入藏后并未见到俄国在藏有丝毫势力。现今藏人畏惧俄国之共产制度，则西藏与俄国外交关系此时似尚不易连络也。

（三）西藏与尼泊尔之关系

西历六三五年，唐三藏（僧名玄奘）往新疆沙漠过西藏北入尼泊尔至印度释迦佛得道处。其后四年，藏王宋赞堪布由聂拉木入尼，时尼王为阿木树瓦门（AMSHCVARMAN），其女布立曾（BR1 BTSUM）公主貌美而慧。宋赞堪布见而爱之，求婚于尼王，许之。同年结婚后返拉萨，归即建筑布达拉宫。公主去尼时带佛型甚多，西藏崇信佛教即由尼公主之嫁藏王非独使藏人崇信佛教，且使尼泊尔归顺西藏而为西藏之藩属。清乾隆五十三年，藏地不靖，尼泊尔之廓尔喀被唆入寇，待侍卫巴宗等调停贿和，尼军因利乘便，又冒险深入后藏。清庭乃派福康安驱逐之。乾隆五十九年事平。现藏、尼两国感情异常恶劣，视如仇敌。在拉萨凡尼代表临任或去任，藏方总不派人迎送。西藏若有大事，尼代表亦不致贺。尼邦人民在藏有治外法权，尼侨若有违法行为，应由尼代表办理，藏政府不得过问。我汉人在藏当派支应乌拉或充当差役，唯尼侨概免。此可见西藏政府之畏尼泊尔及感情之不治矣。

（四）西藏与不丹之关系

不丹藏人名之为祖坝，宗教与西藏同，惟深信红教（即崇拜莲花祖师）。其风俗与西藏略同，服装与西藏同。清雍正十年，不丹内哄，互相仇杀，赴藏投诚。贝子颇鲁乃为之和解，事后各遣使入藏，奉表致谢，内哄遂平，乾隆元年贡方物，遂为西藏附庸国。自大吉岭一日而抵喀伦堡，乃入藏赴哲必由之路为不丹之要城。不丹人与西藏人皆甚和协。同治四年，不丹人袭印度，被英军击退，喀伦堡遂割让与英人。光绪季年，清庭积极经营川边，全藏大震，英人乘机遣比尔（自称为英国西藏通者）赴不丹多方引诱，卒于宣统元年缔结英国、不丹条约，要意如下：一、英国政府自一九一〇年起，每年津贴不丹政府十万卢比。二、英国政府声明不干预不丹之内政。关于不丹之对外关系，由不丹政府同意后方接受英国政府之指导。并封其国王为英印藩王MAHARA lAH及今每年冬季藩王往加尔各答觐见印度总督，本人如不能前往，可遣派代表参加。长柱由藏返京行抵加尔各答时，适不丹藩王亦在该处。印度政府之机关报（TATESMAM）极力宣扬不丹王。于此可见英国之联络边邦一般矣。

（五）西藏与哲孟雄之关系

哲孟雄毗连西藏，自亚东关至哲孟雄京城(江都)，仅四十五英哩。两地既以图纳岭为界，岭东为藏地，岭西属哲孟雄。道路平坦，可容千磅重炮车行走。惟冬季大雪封山，不易行走。前清嘉庆十九年，尼泊尔军攻入印度，道出哲境，而胁以将吞并喜马拉雅山各国。翌年，英在哲击退尼军，割尼国两地与哲，以结欢哲人。

其后十四年，哲民复启衅，英遣专员格兰德前往调停，竟要求哲王割大吉岭及毗连印度平原之地与英，英国岁酬卢比四千元。哲王允之。时在道光十五年。后十四年，大吉岭知事英人康普培因赴哲谒哲王，竟被哲政府拘禁，四十二年英人大愤，进兵攻哲，哲军大败，于咸丰十年，英将葛刺率远征队往据哲地，迫哲王立城下之盟如下：1．许英人任意通商；2．保护游历外人；3．整治道途；4．与西藏谋互市之便。哲王终不快于英人，虽有通商筑路之约，仍置之不理。光绪十年，藏人唆使哲王离哲入藏，哲王果离哲，迨藏军败于英军。哲王返国后被英人锢禁大吉岭狱中，三年后复见赦，仍复其藩王位。观此则西藏与哲孟雄昔日关系之密切可知也。查西藏贵族至昔有通婚之举，现今之拉萨贵族拉阁下之女，系嫁给哲王之子为妻。松先遣员入藏时适哲王之媳返藏归宁。闻有员调查及入藏各种消息之任务。

（六）奉派入藏后英国在藏活动之情形

我政府特派松入藏之命令发表后，英政府多方搜索我国派员入藏之用意。英、印政府以哲孟雄政治官主任威廉逊派其助理员染若巴都赴藏代表政治主任致贺热振就代理法王职，并索一九三一年及一九三二年购置枪械之印币十万卢比欠款。在松之先遣员抵藏时，该代表以先抵拉萨月余矣。查此次英、印政府于松入藏之际，忽派员先行入藏，名虽致贺，而事实上则另有作用。该员于松未抵拉萨之先，即行散布谣言，尽力攻抨我政府，即与拉萨政府中之人员极力散布谣言、连络，并买诱噶厦中之小职员为彼探听消息，与行政会、民众大会顶甲（现任郎仔辖）交游，探听会议间之消息。松与当局互相交换意见时，彼则每晚必潜赴泽墨噶伦处，闻谈甚密。并有哲孟雄政治主任威廉逊及比尔爵士约于八月初先后到江孜会晤，始则向噶厦要求准其入后藏扎什伦布及前藏之桑鸢寺（距拉萨仅日路程）朝佛。噶厦以比尔乃无职之英人婉拒。其请比尔抵桑鸢寺时，即驰书噶伦，要求来拉萨一游，行至公卡宗暂住，以待噶厦答复，每日必电话催至拉萨电话局。噶厦以迅予答复，候至七天之久仍无答复，乃返江孜。据拉萨电报局局长密称，比尔因噶厦延迟答复，十一月七日怒抵江孜，九日已启行返大吉岭矣。后因噶厦解决藏事无望，乃准比尔来拉萨并委派赖心巴远迎。当复函后，发出比尔至公卡宗数日矣。

松奉命返京行抵江孜，英国驻军营之书记长曾来拜访，并告以系奉驻亚东英国商务官电令前来致候。谈话仅寒暄之词，彼未提及任何政治问题。到亚东路经英国军营，商务官上尉派军士数名鹄立道旁，举枪致敬。松乃派秘书前往答拜商务官，以示友好。该商务官亦派其秘书前来致候。过江都，哲孟雄政治主任威廉逊已与藩王赴加尔各答总督之觐见礼。惟已先令其警察局长为松之招待员，一切招待尚周。

西藏现况及职奉命入藏之经过已略述于前。而默察西藏人民心理与当局所耿耿不安者，约有三端，即一、英人经济侵略之猛进；二、西藏内部派别之纷歧；三、康藏悬案尚未解决是也。谨分述于此：

一、英人经济侵略之猛进：盖英人对藏因有一九〇四年英、藏条约十款之优先权，凡印度货物入藏境，概不准征加重税之规约，举凡藏人日用物品源源输入，西藏人年来受印货倾销，当局滥印不兑现纸币，使国民经济日见窘迫，且英货来藏只要现金，或易藏产之麝香、皮毛等货，不要纸票，民众更形困苦。因之藏中明白大局之人，如擦戎、彭康公亦深以英人经济侵略，危机四伏为虑。但以与内地交通未复，日用物品又不能不用，此为藏人一般心理，认英人经济侵略之可畏者一也。

二、西藏内部派别之纷歧：西藏当局官吏自达赖圆寂后，泽墨噶伦、司伦等以大权在握，急欲排除异己，竟将达赖幸臣之四品官宫丕流放某宗，同时对隆厦之谋倒现政府人员，亦剐其双目，囚放远地，并罪及重要党羽。其他一百余隆厦党羽，现仍在噶厦供职，其处心积虑无日不在谋倒泽墨等一般有权之噶伦也。益以过去藏军总司令，现任扎萨克之擦戎及其亲英份子，亦日谋活动恢复其原有地位，与僧官此次因中藏不满现政府之办法而争辩。故现在藏方内部派别之纷歧，愈演愈多，愈演愈烈。此为藏人心理所感觉不安者二也。

三、康藏纠纷尚未解决：达赖生前于民国二十一年夏，迭被川青联合军攻击溃败，退守金沙江以西。曾派员与英接洽，求借军械及其他军事上必须人员助彼反攻。据现任布达拉宫大喇嘛秘密透出消息，英人不惟不愿助兵助人，对购军械一项，因过去藏人屡次欠款，亦迟迟未能如期运藏(现存布达拉宫新枪五千余支，闻系于民国二十二年始由印度运来，尚未发给部队)，且谓彼可作调人，向中国政府劝川青部队不再西进。如事实上办不到时，暂任其入驻拉萨，一面谋其内哄，坐收渔人之利，一面相机反攻，诸滑头答复。因之达赖颇为失望。迨达赖圆寂，政教失其重心，虽泽墨跋扈弄权，但以大多数敌党反对，亦仅抱敷衍得过且过之态度。且二十一年川青联合军与藏军会议结果，驻昌都贞冬噶伦等亦得知川青部来可轻视，尤以青海部队强悍为惧，迥非二十一年前轻视川军康之可比也。职此次奉使来藏，人心理以为中藏旧有关系不能恢复，而康藏纠纷势必扩大，若然，则藏内无可战之兵，外无可靠友邦援助，西藏人民又将重加负担。故对职招待虽极为周到，态度表示为诚挚，而中心以康藏纠纷未能彻底解决引为不安者三也。

以上三者，虽为藏人一般之心理，但惧英人实力强大及英经济侵略，尤以藏中当局为甚。如泽墨噶伦面称英国国势强大，通藏交通便利，一旦藏英有事，英军两周内兵力可抵拉萨。即使中央帮忙增援部队，但交通阻滞，至快非三个月不能到拉萨。等语。故中藏问题交换意见结果，承认西藏为中国领土之一部。大前题虽已解决，而其他政治防军一切之解决，尚有待于蹉商也。

谨将在藏所得结果及贡献、对藏办法刍见，是否有当，理合恭请鉴核。

A、在藏所得之结果。

1. 各方感情连络甚好，尤以僧官喇嘛等感情□甚。

2. 亲英派份子及当局各噶伦等，对职解释五族共同建国之真缔及本党继续总理博爱、平等自由等遗教，尤为感奋。因之而解除过去疑虑不少。

3. 确认中央维护佛教，较英国利用佛教相差万倍。

4. 承认西藏为中国领土之一部，并愿中央帮忙西藏建设一切事宜。

5. 其它。

B、对藏政策刍见缓进办法

1. 选派干练人员驻藏办事，负连络、传达及交换中央与西藏意见等之责任。

2. 罗致藏方有为青年来京求学，或服务中央。

3. 由中央与西藏合组建设委员会，筹划开发交通事业，在短期内应注意完成拉萨、玉树间，拉萨、康定间，拉萨、成都间与青海间之航空连络。其他汽车公路循序推进。

4. 奖助两方之通商与贸易等，以运输上保护种种权利，使经济利权不为英人侵略。

5. 在拉萨筹办一种汉藏合印定期刊物，以沟通感情，传递消息，介绍内地文化与中央施政方针。

6. 其他有关中藏利益之事，如防军之设计、屯垦之实施等，以为将来对藏更进一步之准备。

积进办法：第一步，使川省整个统一，过剩之兵移入西康，为实施以兵代工及移民殖边之实施先声，藉以杜止康藏发生纠纷。第二步，谋西藏对中央诚意的服从，即在建立对外联合战线之共同利害上，在邀请藏人有权力者参加中央政权之平等原则上，在以相当力量扶助藏人应付急难，解除痛苦，在争回已失利权之互助精神上，建立中央与西藏地方如兄如弟如手足之亲爱关系，即可能范围内准许藏人自治，由中央遴派大员指导之。其详细方案，另为呈核。

〔蒙藏委员会档案〕

三、第九世班禅在内地活动及其返藏受阻

1. 班禅为贺国民革命成功并请扶持藏民等事致谭延闿函

（1928年9月2日）

谭主席先生钧鉴：

久企棨辉时切，葵倾辰维，泰履延鸿，政旗安燕，为无量颂。僧自到内地以来，履叨政府当道，诸公怀柔远人，待遇优厚，感激之忱无可图报。夙仰我公德孚望重，热心救国，奔走革命，劳苦功高，而对于蒙藏民族，不分畛域，一视同仁，曷胜钦佩。今幸革命成功，统一底定，实现三民主义照遍亚洲，而我各省民族同胞早跻极乐世界，独我西藏民族内受暴政之压迫，外逼强邻之侵略，正处于如水益深，如火益热，奄奄一息。仰求我公鼎力扶持，俾我藏民早登衽席之安，同立于青天白日旗帜之下，幸莫大焉。僧早拟恭赴政府当道处庆贺革命成功，奈僧随从过多，恐扰道途，有种种之困苦，是以未能遂其志愿，俟有机会会瞻睇崇辕相晤，再当详报隐衷矣。肃泐恭请

勋安

班禅额尔德尼谨启

中华民国十七年九月二日

〔行政院档案〕

2. 班禅驻京办公处成立宣言

（1929年1月）

最亲爱之中华民国五族同胞均鉴：

中华民国，分崩扰乱十七年，内受军阀之蹂躏，外遭列强之压迫，使五族同胞，各不相顾，甚至情形隔膜，痛痒莫关。西藏远处西陲，所受影响尤深，今赖全国统一，寰宇重光，青天白日旗帜之下，尚有重行相聚之日，亦为幸矣。原西藏之于中国，自汉唐以还，关系日深，清季更置官兵戍守。征诸历史与地理上之关系，西藏欲舍中国而谋自主，实不可能；反之，中国失去西藏，亦犹车之失辅。故中藏关系，合则两益，分则俱伤，此一定之道也。当清末民初之际，汉藏两方少数人为个人之利害关系，不顾大局，互相斗争，结果，达赖逃亡于印度，同时产生亲英派，结党操政，致于强邻以侵略之机会。辛亥之役，尽逐在藏之中国官兵，从此中藏感情，日趋恶化。帝国主义者更从事其经济文化之侵略，一方面又纵恿西藏独立，嗾使进兵占领西康，侵犯所及，几抵川境。对于人民，则苛虐蹂躏，奸淫掳掠，哀声遍野，饿莩载道。此皆由于少数亲英派之作祟，彼辈既磨灭中藏之关系，且不顾西藏本身之利益，盲目妄行，神人共怒，且常以武力压迫僧民，勒索重捐。藏康人民，处此淫威之下，敢怒而不敢言。班禅睹此情形，悲痛已极，乃容纳全藏僧民之公议，牺牲一切，代表东下，所抱宗旨，简单言之，不外三点：（一）西藏始终与中国合作，贯彻五族共和，共同抵制强邻之侵略；（二）希望中国以民族平等之观念，扶助及领导西藏人民，使之能自决自治；（三）继续保护维持西藏之宗教，再进而求光大佛学之真精神，以谋世界之和平。抵内地以后，转瞬六年，只因内乱绵延，中枢无主，班禅满腹苦衷，无门告述。今幸统一告成，内部既已平靖，宜尽力于国防之巩固。中华民国，既为整个之国家，则孙中山先生所遗留之主义及政纲政策，须力求实现于整个之国土。且藏康青海，地广人稀，芸畴万里，蕴藏丰富，若依中山先生之实业计划，则大有裨于国计民生。假使国人视线及政府眼光，只周旋于珠江、长江、黄河三流域之间，对于边疆，仍旧漠视，则内地纵由训政而宪政，亦非国家长治久安之计；即中国之国民革命，亦不能谓成功也。爰是本处在京筹备成立，本班禅东下宗旨，向政府报告接洽一切。更希全国同胞，群起注意藏事，不胜企祷之至。谨以至诚，作此宣言！

南京奇望街班禅办公处启

〔蒙藏委员会档案〕

3．班禅呼吁蒋介石冯玉祥停止内战挽众生倒悬之苦通电

（1929年11月22日）

南京。中央政府各部、院、各委员会、各军司令长官、各总指挥、各省政府、各特别市政府、各省、市、各法团、各报馆均鉴：

国民政府成立以来，合全国为一家，结十余年纷争之局，与民更始，视听咸新。积国群黎，涸鲋待救，建设方始，惟日不遑，所赖万众一心，群策群力，庶几来剥极之复而起贞下之元。不谓浩劫未终，战端又启，水旱游饥之后，又继以兵戈嗟我孑遗，将焉托命。班禅奉无生之旨，旷出世之观，不染尘缘，岂婴世网。惟念五族一家，存亡与共，覆巢宁有完卵，栋折必致榱崩。彼造因于一念之贪嗔，乃遗祸于万而劫而不复。悯兹恶业，莫返迷途，所望观脱盖缠挽回厄运，救众生倒悬之苦，发仁王护国之心，庶几震旦方隅，不至沉沦永世。海内贤达，幸共鉴之。

班禅额尔德尼。养。

〔蒙藏委员会档案〕

4. 蒙藏委员会复班禅大师养日通电

（1929年11月28日）

蒙藏委员会快邮代电　总字第57号

班禅驻京办公处转班禅大师道鉴：

顷诵养日通电，以浩劫未终，战端又启，嗟我孑遗，将焉托命，所望挽回厄运，以救众生。等语。仁心善意，深为钦佩，年来北方诸省水早〔旱〕洊饥，民气大伤，而西北叛将称兵作乱，正所谓造因于一念之贪，嗔遗祸于万劫不复之地。我大师悼焉心伤，以博爱群生之旨，发存亡兴共之言，足见佛法博爱真诚，正合夫三民主义之原理，爱民爱国，其有功于世道人心者，岂浅鲜哉。

敬电奉复，诸希鉴察。

蒙藏委员会委员长阎〇〇

副委员长马〇〇。俭。印。

中华民国十八年十一月二十八日

〔蒙藏委员会档案〕

5. 班禅代表罗桑坚赞等为请发饷械组织卫队护送班禅回藏弭止尼藏战争暨解决康藏纠纷致蒙藏委员会密呈

（1930年4月17日）

呈为密呈弭止尼藏战争办法暨解决藏康纠纷计划，仰祈鉴核，迅予发给饷械，组织卫队，克日回藏，以资进行事。窃尼泊尔此次举兵犯藏，所有尼泊尔筹备用兵之经过，及调集军队之情形，业经敝佛令饬驻京办公处呈报，并经令饬该处呈请俯发饷械，组织卫队，以便相机应援，各在案。近据续报，尼国军队已陆续侵入藏边，事急势迫，战事决难幸免，达赖所领藏军不过两万，内外援绝，其势必败，前、后两藏人心惶恐，其望敝佛之援救，如大旱之望云霓。值此内乱待平，外忧复起，藏事之解决实有不能稍缓之势。刻下西康、青海之土司、喇嘛及民众代表，麕集辽宁，环请敝佛回藏是以敝佛特派代表等来京，向我政府作最后之呼吁，拟请明令遣派敝佛返藏应援，并请简派大员一员偕同前往。回藏路线或由内蒙经阿拉善旗以达青海，或溯长江通过四川以达西康。所有沿途驻军，迭经敝佛接洽，均有尽力援助之表示，当不至发生何等障碍。一俟敝佛到达藏边，先由政府简派之大员驰赴拉萨，宣达中央意旨，如是，在达赖方面，自必感激中央援助之恩，顾念敝佛同袍之谊，激发天良，推诚合作，一致内响。在尼泊尔方面，敝佛夙与其国王比希米哲交谊甚笃，一经敝佛派员调解，不独可以弭止尼藏之战争，或且可以恢复中尼之关系。即在英国方面，敝佛以藏人参与藏事纯属西藏内政范围之事，政府更振振有词，易于应付。而英人无所施其侵略弱小民族之惯技矣。且西康民众近年来备受达赖征歛徭役之苦，倾向敝佛。青海亦久陷于无政府状态中，并可由敝佛加以领导，以促成该两地健全之省治。惟西藏距京穹远，沿途盗匪在所多有，敝佛回藏自须相当卫队，以资护卫。况，当大敌在前，尤须相当兵力，以张声势，仍请查照前案，迅予发给饷械，俾便组织卫队。敝佛现有随从藏众不下千人，先可成立两营，其余俟到青、康后再行成立。此种措施，在今中央政府下，不过一举手一投足之劳，即可将十九年久悬未决之西藏问题，统内政、外交而解决之。语曰：当机立断。又曰：因时制宜，机不可失，时不再来。

外抗强邻，内绥边围，西藏存亡在此一举。敝佛忝主藏教，目击时艰，为民请命，义不容辞。所有弭止尼藏战争办法暨解决藏康纠纷计划各缘由，除分呈国民政府暨行政院外，理合附呈请求各条于后，恭请鉴核，伏候批示祗遵。谨呈

蒙藏委员会委员长马

计开：

一、拟请明令遣派敝佛应援西藏。

二、拟请发给马步枪五千支，子弹二百五十万发。军装五千套，及其他一切行军需用物品，并请月拨军饷十万元，以未到藏地前为限。

三、拟请特派大员一员，随军前往襄理一切。

四、拟请选派练达军事政治人员若干员，任指导之责。

五、拟请选派干练党员若干员，任宣传之责。

六、拟请发给自购枪械护照。

七、拟请令饬回藏经过各地军政长官保护。

八、拟请令饬青、康两地军政长官力加援助。

西藏班禅额尔德尼代表

王罗皆（印章）

罗桑坚赞（印章）

阿旺敬巴（印章）

中华民国十九年四月十七日

〔蒙藏委员会档案〕

6．班禅大师参加国民会议之祝词

（1931年5月5日）

今日为国民会议开幕之期。班禅以西鄙远人，得与盛会，与全国代表诸公快晤一堂，曷胜荣幸。我国蒋主席奉总理之主义，竟革命之全功，训政建设，努力进行，宪政时期，观成在即，秉承总理遗教，召集国民会议，周询群众，协谋国是，订定约法，永固邦基，行见青天白日，永扬华夏之光辉，三民五权，长作全球之楷模。班禅蒿目边情，倾诚内款，思启政府之远图，迅拯藏民于涂炭，南北驰驱，心力交瘁。近以敝藏众民，粉吁和平，益深普庆之怀，弥动恤怜之念，伏望诸公宏纾伟议，整顿边疆，本总理济弱扶倾之训，巩国家主权领土之基，重张上国之声威，毋弃西方之宝藏。是则班禅所额手称快，虔心祷祝者也。谨颂。

〔国闻周报〕

7. 国民政府文官处为抄送关于班禅请通盘解决藏事意见书事致行政院公函

(1931年5月16日)

公函　第4511号

径启者：奉主席交下班禅额尔德尼请于最短期间通盘筹划，解决藏事，俾得早日归藏，宣示威德，谨具关于西藏内政外交意见二则，祈采择施行一案，奉谕交蒙藏委员会。等因。除函蒙藏委员会并函复外，相应抄同原意见书。函达查照。此致

行政院

计抄送原意见书一件

文官长　古应芬

中华民国二十年六月三日

附：　抄意见书

敬陈者：

窃班禅忝司黄教，备位西陲，万里来归，倾诚内向。盖祖国观念既深，而于先总理信教自由，及扶助弱小民族之主义尤佩仰无既也。前者边疆多事，国防领土，在在堪虞，西藏民众，痛苦尤亟。本拟即向政府陈述一是，只以时局未宁，不遑启请，遂漫游各省，远及蒙疆，忽忽光阴，弹指九载。今幸我主席，制定约法，力谋全国统一，是以应命修觐，面贡愚忱。中藏关系之深，

自唐、宋、元、明、清以来，叠蒙勘乱护法之嘉惠。故民元汉藏交哄之役，班禅不避嫌怨，救济旅藏遇难之汉人，冀报祖国于万一。不图异已交攻，艰难内涉，旷日持久，呼吁无门。近年以来，中藏信使往还不绝，前藏已派代表到京，表示服从，仰见我主席威信交孚，远人畏服。兹值双方在京之际，机会难得，务请垂念藏民，于最短期间通盘筹划，解决藏事。俾班禅得以早日归藏，宣示威德，则不惟西藏僧民之幸，抑亦国家无疆之休也。谨具意见，附列于后，伏乞主席采择施行。

计开：

（一）查新定约法第八十条，蒙古西藏之地方制度得就地方情形，另以法律定之。西藏所谓地方情形者，即前后藏划分与藏务行政由办事长官掌理是也。前藏曰卫，后藏曰藏，卫藏图志，灼然可稽，又有冈巴拉山为界，人情、风俗，言语截然不同，实难合而为一。至长官之设起于清乾隆间，相沿二百余载，中藏相安无事。民国成立，虽亦有驻藏办事长官，然承川军败衄之后，权势陵替，长官至累年不至拉萨。一次迁延既久，中国声威扫地殆尽。今既重订西藏地方制度，自宜参照前清成案，特派熟习边情、著有声望之大员二人，一驻前藏，一驻后藏，凡练兵、制械、□□、用人、行政，拘须与长官会商而行，有大事则请命于政府。权限既明，两藏自无侵欺之患。此关□内政之意见者一也。

（二）查《中英藏印条约》始于前清光绪十六年，其重要者在勘定藏哲界限及通商、游牧、交涉各节。嗣于十九年续议《藏印条款》，计通商六款、交涉二款、游牧一款、续款三款。逮光绪三十二年中英续订《藏印条约》四款，即承认英藏所立之约为附约，其要义即英国国家允不占并藏境及不干涉西藏一切政治，中国国家亦允不准外国干涉藏境及其一切政治。至光绪三十三年，英俄两国成立协约，其重要条件：(一)两缔盟国为保全西藏领土各不干涉其一切内政；(二)英俄两国承认西藏为中国所有，自后非经中国不得与西藏为何等交涉；（三）两缔盟国无论为自己、为国家，相约不要获西藏之铁路、道路、电信、矿山及其他权利。至民国三年，陈贻范与英人所议之《西姆拉草约》未经正式签字、及此后英藏擅定之密约未经中国与闻者，均不可与承认。今政府既拟解决藏务，但确守中英条约，不难其他外国干涉藏政，至中藏主权领土之关系，则由政府依法订定地方行政制度，英国实无过问之权。而此后西藏对内对外交涉，当然由国民政府办理，更不待言。此关于外交意见者二也。

以上所述二则，乃藏务之重要关键，其他若交通、若实业、若税则、若司法，均有彻底兴革之必要，俟西藏地方行政制度规定，方能次第议及。是否有当，还候钧裁。

班禅额尔德尼谨上

二十年五月十六日

〔国民政府档案〕

8. 蒙藏委员会请特派班禅为西陲宣化使并于青康省内适当地点组织行署事致行政院呈

（1931年6月21日）

呈为密呈事。查班禅额尔德尼此次来京觐见，面陈藏事，并参加国民会议，其拥护中央热诚洵堪嘉尚，且班禅通达教理，行持精严，康藏各处喇嘛僧众信仰至深。兹为对于各地喇嘛寺庙宣传中央政令及抚慰信仰佛教民众起见，拟请特派班禅额尔德尼为西陲宣化使，并得在青海、西康两省境内选择适宜地点组织行署，以便办理一切宣化事宜。所有行署内部组织、经费数目以及卫队饷项、班禅年俸，均经本会拟就详细办法，缮摺呈，奉蒋主席批示照准在案。兹特谨将原摺并抄同办法备文呈送，仰祈钧院鉴核办理，实为公便。

再，此项办法关系重要，在未发表以前，请饬严守秘密，以昭慎重。合并附陈。谨呈

行政院

附呈原折一件　办法一件　（原折已面交吕秘书长）

蒙藏委员会委员长　马福祥

中华民国二十年六月二十一日

附：特派班禅为西陲宣化使办法

一、国民政府为宣传三民主义、中央政令暨抚慰青海西康等处喇嘛寺院及信仰佛教之民众起见，特派班禅额尔德尼为西陲宣化使。

一、宣化使除对于喇嘛寺院及信仰佛教之民众宣布教化，及执行国民政府所特许之慰抚事宜外，对于青康两省之行政有意见时，须建议于国民政府或两省省政府，请求决定办法。宣化使不得直接干涉。

一、西陲宣化使得在青海西康两省境内选择适宜地点组织行署，内设参赞六人，由中央简派，辅助宣化使办理一切宣化事物。

一、西陲宣化使行署内得设秘书、宣传、教务三处，其职员名额及任用办法另定之。

一、西陲宣化使得派宣传员分往青康各地，慰抚寺院，教化人民。

一、西陲宣化使得成立警卫队，任保卫宣化使之责。队长由宣化使遴员呈请派充，教练官由中央派充，所需枪械、子弹、无线电台及长途汽车等均由中央酌给。

一、前项卫队队员须按学校办法教练，以期成为善良而有用之国民。

一、西陲宣化使行署经费每月定为一万五千元，警卫队经费

每月定为一万五千元，均由中央发给。

一、班禅额尔德尼年俸定为十二万元，由中央按月发给。其个人费用及随从僧徒之生活等费，均由年俸内开支，所有招待费一律停止。

一、以上办法自国民政府核准之日施行，至班禅额尔德尼回藏之日为止。

〔蒙藏委员会档案〕

9. 国民政府赠授班禅额尔德尼护国宣化广慧大师名号

（1931年6月24日）

国民政府令

班禅额尔德尼志行精诚，翊赞和平统一，此次远道来京，眷念勋劳，良深嘉慰。着加给护国宣化广慧大师名号，用示优异。此令。

〔国民政府档案〕

10. 班禅谢国民政府赐号呈

（1931年6月24日）

呈　第1679号

呈为呈明事。窃班禅内款以来，瞬经九载，躬逢主席奉行先总理遗教，召集国民会议，制定训政约法，统一华夏，绥靖边陲。凡属远人，罔不企望和平，沾濡德泽。班禅忝司黄教，未效寸能，日夕虔心，默申祈祷。兹于本年本月恭承政府颁锡嘉号，曰“护国宣化广慧大师”。祗领之余，弥深怵惕，惟有求国基之永护，为化治之宏宣，本广舌与慧心，阐宗师之大法，涓埃矢报，肝膈摅诚，

以上答主席眷顾之隆，下祝藏境无疆之福。谨陈谢悃，敬贡芜辞。谨呈

国民政府蒋主席

班禅额尔德尼

中华民国二十年六月二十四日

〔蒙藏委员会档案〕

11．国民政府典礼局为抄送册授班禅护国宣化广慧大师典礼仪式致行政院函

（1931年6月30日）

迳启者。七月一日上午十时在本府大礼堂举行册授护国宣化广慧大师班禅额尔德尼典礼，文官简任以上，军官上校以上，届时参加。等因。奉此，相应函达，即希查照为荷。此致

行政院

附典礼仪式一份

国民政府参军处典礼局启

六月三十日

附：开设护国宣化广慧大师班禅额尔德尼仪式

一、册授仪式定于七月一日上午十时，在国府大礼堂举行之。

一、册授日参加人员，本府文官荐任以上、军官校官以上，各机关文官简任以上、军官上校以上。

一、参加册授典礼人员均着礼服，护国宣化广慧大师班禅额尔德尼及其随从堪布着藏礼服。

一、举行册授典礼应有各执事人员由典礼局指派之。

一、护国宣化广慧大师班禅额尔德尼率堪布二人及参加人员，于规定时间之前，齐集国府接待室，届时由典礼局长引导入大礼堂，按照规定秩序举行册授。(秩序单及礼堂布置图附后)

一、礼成摄影后，由典礼局长引导护国宣化广慧大师班禅额尔德尼入延见室，内政部长蒙藏委员会委员长陪见，护国宣化广慧大师班禅额尔德尼向主席一鞠躬，礼毕就坐，主席中坐，内政部长、蒙藏委员长分左右坐，护国宣化广慧大师班禅额尔德尼对坐，主席询话毕，护国宣化广慧大师班禅额尔德尼向主席行一鞠躬，礼退。

附：册授典礼秩序

一、全体肃立

二、主席就位

三、护国宣化广慧大师班禅额尔德尼就位

四、奏乐

五、唱党歌

六、向国/党旗及总理遗像行三鞠躬礼

七、主席恭读总理遗嘱

八、护国宣化广慧大师班禅额尔德尼向主席行三鞠躬礼

九、捧册印官恭捧册印，呈主席，主席宣读册文

十、主席亲授册文，护国宣化广慧大师班禅额尔德尼敬谨祗文

十一、护国宣化广慧大师班禅额尔德尼向主席行三鞠躬礼

十二、护国宣化广慧大师班禅额尔德尼恭递哈达

十三、主席回授哈达

十四、主席训词

十五、护国宣化广慧大师班禅额尔德尼答词

十六、奏乐

十七、礼成

十八、摄影

附：礼堂位置图

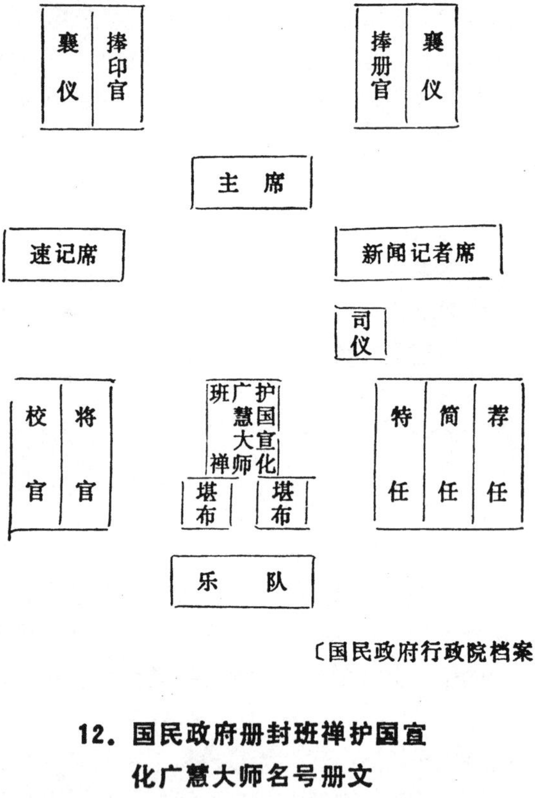

〔国民政府行政院档案〕

12. 国民政府册封班禅护国宣化广慧大师名号册文

（1931年7月1日）

广纳赤宙，知微亦复知彰，溥化黔毗，有德斯能有众。班禅额尔德尼抚辑藏服，翊戴中央，敷教元黎，效忠党国，实阐真如之妙谛，懋膺无上之殊荣，允宜授予护国宣化广慧大师称号。朗烛意珠，奉扬体命，德音普遍，布三民五权之宏规；法铎昭垂，章六度万行之妙用。祇服懋典，益懋宗风。

国民政府主席　蒋中正

中华民国二十年七月一日

〔东方杂志〕

13. 蒙藏委员会为请颁发班禅西陲宣化使名义并允驻青海香尔德办公事呈行政院文

（1932年3月21日）

呈为据情转呈事。案据西藏班禅驻京办公处处长罗桑坚赞呈称：查东北事变发生以后，继以淞沪战争，国难日亟，边事益关重要。班禅大师住锡蒙古，目睹当地危急情形，向各王公民众随时宣传暴日阴谋，晓以团结御侮之义，数月以来，防敌煽惑，安我民心，收效之宏，难以言喻。惟我国幅员辽阔，边疆人民智识闭塞，对于中央一切政治设施，往往不能充分明了。列强乘我弱点，多方诱惑，危机四伏，后患可虞。班禅大师为解决中藏纠纷前往内地，光阴荏苒，瞬将十载，现在西藏问题，既因情形复杂，一时进行困难，在此国难期中，甚愿竭其棉薄，于边疆方面为政府效驰驱之劳。查二十年七月，第二次国民政府会议曾经决议畀班禅大师以西陲宣化使名义，但为时数月，迄未发表。拟请钧会转呈政府，将前项名义早日发表，在班禅大师未能回藏以前，指定青海香尔德为其驻锡地点，并通令地方长官妥为保护。则边疆人民因对班禅大师信仰之故，亦可坚其内向之心，党国前途利赖实深。是否有当，理合备文，呈请钧会鉴核示遵，实为公便。等情。

据此，查内蒙之风云日亟，康藏之交涉又停，蒙藏人民对于班禅信仰极深，借宗教之薰沐，作边陲之保障，情势相需，似难延缓。二十年七月国民政府第二次会议，决界班禅以西陲宣化使名义，似应请查案明发，以重边务。至所请班禅未能回藏以前，指定青海香尔德驻锡办公一节，因前班禅六世班登益西到青海，该地蒙古王公及土司等为之在香尔德建寺供养，此后即由班禅遣派堪布常川驻地，该地既为班禅所有，历经着手开垦，在青海之中，于蒙藏均为接近，若荷指定驻此办公，亦属便利。所有据情转请颁发西陲宣化使名义及指定香尔德驻锡办公各情，理合备文。附具青海略图。呈请查核，指令遵行。谨呈

行政院院长汪

蒙藏委员会委员长　石青阳

中华民国二十一年三月二十一日

〔国民政府行政院档案〕

14. 国民政府文官处知照特派班禅额尔德尼为西陲宣化使致行政院公函

（1932年4月14日）

国民政府文官处公函　洛字第1373号

迳启者：案奉国民政府令：特派班禅额尔德尼为西陲宣化使，此令。

除填发特派状外，相应录令函达查照，并转行知照为荷。此致

行政院

文官长　魏怀

〔国民政府档案〕

15. 行政院为告已特派班禅为西陲宣化使事致蒙藏委员会训令

（1932年4月19日）

行政院训令　第998号

令蒙藏委员会

为令知事。案奉国民政府令开：特派班禅额尔德尼为西陲宣化使。此令等因，奉此合行，令仰该会知照。此令。

院长　汪兆铭

中华民国二十一年四月十九日

〔蒙藏委员会档案〕

16. 班禅为报赴乌盟日期致蒙藏委员会电

（1932年6月26日）

电　常字第492号

蒙藏委员会石委员长鉴：禅旅居锡盟，数月于兹，现因经教业已传毕，拟于俭日首途，前赴乌盟。特电奉闻。

班禅额尔德尼。宥。

〔蒙藏委员会档案〕

17. 西藏班禅驻京办事处为呈送西陲宣化使署组织大纲请鉴核转呈公布事致蒙藏委员会呈

（1932年10月19日）

呈为呈请事。案奉班禅大师佳电开：拟在北平就任西陲宣化使职，并组织宣化使署，饬由本处草拟组织大纲，呈请核定公布，以便早日实行，组织进行宣化事宜。兹经本处遵令拟就西陲宣化使署组织大纲一份，理合备文呈送，仰祈钧会鉴核转呈，实为公便。谨呈

蒙藏委员会委员长石

计呈送组织大纲一份〔原缺〕

西藏班禅驻京办事处处长　罗桑坚赞

中华民国二十一年十月十九日

〔蒙藏委员会档案〕

18．青海各寺院呼图克图等请促班禅大师早日赴青宣化以固国防事致蒙藏委员会电

（1932年12月21日）

蒙藏委员会委员长石钧鉴：

本年五月蒙国府特派班禅大佛为西陲宣化使，此间蒙藏民众闻之，殊甚欣感，回忆大佛为国勤劳，数载于兹。国府既已命负重任，自应及早欢迎来青，以慰众望。况大佛又为青海省政府委员之一，若能早日主持，其间必以和平方法，力行新青海设施之一切。现闻大佛已由平到京，参加三全大会，是以联名恳请钧座准予转呈国府及行政院，令促大佛从速命驾来青，实行宣化，以固国防，则全青蒙藏民众不胜感幸之至。

青海各寺院呼图克图佛僧左右翼

正副盟长及王公千百户等同叩。

马。青海省政府代印

〔蒙藏委员会档案〕

19. 班禅函报宣讲团结抗日情形及行政院长宋子文嘉勉电

（1933年3月17日）

（1）班禅致国民政府各院部会函（3月16日）

南京。中央党部、国民政府军事委员会、各院部会暨参谋本部钧鉴：近闻暴日不顾公理，蔑视盟约，仗其武力，攻我榆热。揆彼用心，无非欲实现大陆政策之阴谋。现我军民时至忍无可忍，官兵义师，前仆后继，为自卫而抵抗，为正义而舍生，救国热忱，中外皆钦。班等宣讲国难中应尽之天职，化彼惶恐观望之心理，实行团结，共赴国难。离辕较远者，或派人游说，或分函诰诫，令饬各地蒙军加意防范，严守疆地。并密查敌方派来之蒙奸，俾免港谄旗下，扇诱良民。幸各王各深感大义，先后复函，誓愿执戈报国，共驱倭奴，勒有力之声援，收最后之胜利。知关锦注，特电奉闻，诸希垂察。

班禅额尔德尼叩。铣。印

（2）宋子文复班禅电（3月21日）

电敬悉。国难益深，边氛弥急。大师宏宣法力，追荐忠魂，更复锐意抚绥，实行团结。凡兹爱国之悃诚，宜得人天之护助。眷言毅识，良切钦迟。幸为国家为蒙疆努力工作，以慰跂望。

宋子文。马。印

〔国民政府行政院档案〕

20. 班禅报告赴锡盟诵经兼事宣抚电

（1933年5月24日）

南京行政院汪院长、军事委员会蒋委员长勋鉴：国难正殷，蒙边告警，宣化抚慰，刻不容缓。故禅应德王之请，准于今日前往察属锡盟诵经兼事宣抚，期补万一，尚乞教言时颁、俾资遵循，特电奉闻。顺颂。

政祺

班禅额尔德尼。漾。印

〔蒙藏委员会档案〕

21．行政院为告西陲宣化使公署组织条例已经国民政府明令公布通饬施行事给蒙藏委员会训令

（1933年5月27日）

行政院训令　第2374号

令蒙藏委员会

为令行事。案奉国民政府第二一七号训令，内开：查西陲宣化使公署组织条例，现经制定，明令公布，应即通饬施行。除分令外，合行抄发该组织条例，令仰知照，并转饬所属一体知照。此令。等因。奉此，除分令外，合行抄发该组织条例，令仰知照，并转饬所属一体知照。此令。

计抄发西陲宣化使公署组织条例一份

西陲宣化使公署组织条例

第一条　西陲宣化使公署直隶于行政院，掌理西陲宣化事宜。

第二条　西陲宣化使公署置左列二处：

一、总务处；

二、宣传处。

第三条　总务处得设科办理左列事项：

一、关于文件之收发、分配、撰拟及保管事项；

二、关于经费之出纳及编造预算决算事项；

三、关于公用品之购置、保管及分配事项；

四、其他不属宣传处掌管事项。

第四条　宣传处得设科办理关于宣化事宜。

第五条　西陲宣化使特任，综理公署事务，监督所属职员。

第六条　西陲宣化使公署设秘书四人，二人简任，二人荐任，秉承宣化使之命，办理机要事务。

第七条　西陲宣化使公署设处长二人简任，科长四人至六人荐任，科员八人至十二人委任。

第八条　西陲宣化使公署得酌用雇员。

第九条　西陲宣化使公署得聘任名誉顾问、名誉谘议。

第十条　西陲宣化使公署办事细则，由蒙藏委员会拟订，呈请行政院核定之。

第十一条　本条例自公布日施行。

〔蒙藏委员会档案〕

22. 蒙藏委员会电慰班禅冒暑宣化电稿

（1933年8月21日）

电　藏43

滂江德王府转班禅大师慧鉴：元电悉。大师在此溽暑期间，历往西蒙各盟旗，宣扬中央德意，抚慰当地人民。各该旗领袖等，均能深明大义，团结御侮，至堪欣幸。而太师捐资犒赏，为国勤劳，尤为嘉慰。至补充实力，保卫地方，洵为目前最要工作，所请由政府协济一节，业已呈院察核，俟所派代表到京时，自当尽力维持，以副雅嘱。特此电复。并颂

道祺

石〇〇。個。印

中华民国廿二年八月

〔蒙藏委员会档案〕

23. 行政院为请明令褒嘉班禅额尔德尼致国民政府呈

（1933年10月14日）

呈　第1679号

案查护国宣化广慧大师班禅额尔德尼，矢忠党国，久著精诚，上年特派宣化西陲，驰驱蒙部。该使覃敷教典，广布德音，尤于激发忠忱，抚循僧俗，再三致意，哓音瘏口，丕著劝勤。近值蒙疆多事，益以国难方殷，该使力镇危疑，备尝艰险，相机抚慰，补救基宏，缅念成劳，宜应懋典。伏查该使笔锡嘉名，载诸册府，此次为国宣勤，实属异常出力。拟请特颁明令，用示崇褒。所有拟请明令褒嘉班禅额尔德尼缘由，理合备文呈请钧府鉴核施行。谨呈

国民政府主席林

行政院院长　汪兆铭

中华民国二十二年十月

〔行政院档案〕

24. 国民政府嘉奖班禅令

（1933年10月18日）

国民政府令

护国宣化广慧大师、西陲宣化使班禅额尔德尼，矢忠党国，愿力恢宏。前膺宣化使命，寒暑遄征，勿辞劳瘁。上以阐扬中央之意志，下以激发蒙旗之忠忱。德音广被，畛域胥融。顷者国难

未已，疆隅多故，该使力镇危疑，维系边局。眷念勋勤，尤深嘉慰。特予崇褒，以彰殊绩。此令！

中华民国二十二年十月十八日

〔国民政府档案〕

25. 甘孜孔萨土司等为欢迎班禅早日回藏致蒙藏委员会呈

（1934年2月　日）

蒙藏委员会委员长钧鉴：

敬肃者：西藏达赖喇嘛圆昇以来，藏民失去重心，无力图存，而强邻之垂涎藏土者岌岌可虑。倘使藏土不幸被人占据，藏中原有权力势必破毁无余，而国家所受之损失亦非微细。按昔日汉藏和约中载，西藏全境一切暂从旧习，不予改廿，将来之时逐渐推行自治，以期幸福普及而后已。近日之唯一需要者，是盼班禅佛早日由中国起锡，早莅藏地，以维佛教而度众生。所请是否可行，伏祈钧座衡核示遵。

甘孜　白利土司　孔萨土司

僧俗官民等謹呈

〔蒙藏委员会档案〕

26. 青海各呼图克图为达赖圆寂请中央促班禅入藏主持一切致蒙藏委员会电

（1934年2月24日）

蒙藏委员会委员长石钧鉴：

顷奉班禅大师宥电，达赖圆寂，各大小寺院应讽经追荐，等因。际此国难未已，星陨西方，藏中主持无人，西陲可虑实深，恳请钧会转请中央早促班禅大师入藏主持一切，以安西陲而慰众望，无任感祷之至。

青海　土观呼图克图、阿嘉呼图克图、丹噶尔呼图克图、桑曹萨呼图克图、冷里瓦呼图克图、兴萨班智达及各寺院法台僧纲、青海左右翼盟长暨三公等十族郎锁、绒日贡郎锁、刚咱千户、千曹勒千户汪注代海千户、昂拮千户、郭密千户等同叩。敬。印。

〔蒙藏委员会档案〕

27．行政院秘书处为扎什伦布寺推岭札仑等呈报丁吉呼图克图等为欢迎班禅回藏代表致蒙藏委员会函

（1934年5月15日）

函　第1134号

顷奉院长谕：奉国府交办札什伦布大寺推岭札仑各执事等呈称：达赖佛座既告圆寂，班禅大师仍不回藏，民等犹失父母，兹特推派丁吉呼图克图等为欢迎代表，务恳迅予赞助班禅大师于年内返藏，俾维教政，而安藏民一案。事关班禅回藏问题，应交内政部及蒙藏委员会，并抄送国防会议。等因。除分函外，相应抄检原件，函达查照。此致

蒙藏委员会

计抄送译文一件，检送藏文原呈一件

行政院秘书长　褚民谊。印。

中华民国二十三年五月十五日

抄译文

国民政府主席钧鉴：

后藏扎什伦布各级僧俗、呼毕列罕暨全体僧俗民众，谨以至诚迫切向钧府呈请者，窃以班禅佛座，昔年由藏晋京，乃为谋全藏地方之教政，发扬及本国边防之巩固，是以未便坚留。惟起行时，曾向民等宣布不久即还，殊一去十余年未归，民等如大旱之盼云霓。此次蒙派安钦呼图克图、王罗皆秘书长代表回藏，民等欣慰之余，满望班禅佛座跟即回藏，与达赖佛座欢聚一堂，使藏众蒙福。不幸两代表尚未离藏，而达赖佛座已告圆寂，藏众比如婴孩，常以达赖、班禅两佛座为父母，今失达赖，而班禅仍不回藏，是犹失父母之孤子，且恐天降灾疫，人事兵祸不常，陷藏众于水火之中，莫能自拔。为此，民等后藏全体僧俗官民推派丁吉呼图克图、四品官德绕巴、卓毅崔康巴、生噶觉珍、仔仲奔锡巴、雪仲丁巴、昂加哇德龙巴等为欢迎代表，务恳主席迅予赞助班禅大师于木狗（甲戌）年内回到藏土，俾西藏教政得以继续维持，而全藏人民亦得永久安定，民等更当矢志报效国家。

谨附大哈达一张，金丝缎一匹，氆氇四包，藏香十把，聊表敬意。并祝吉祥。

札什伦布大寺　推岭札仓各执事。印。　推岭札仓所属大麦村五、中麦村十四、小麦村六、全体执事暨喇嘛。印。　吉康札仓各执事。印。吉康札仓所属大麦村七、中麦村八、小麦村四、全体执事暨喇嘛。印。　厦仔札仓各执事。印。　厦仔札仓所属大麦村五、中麦村五、小麦村六、全体执事暨喇嘛。印。　大寺全体各级执事、大事西唆。印。　大寺各级呼毕列罕呼图克图全体、大寺各级堪布全体。印。　俗人各中级服务员。印。　僧人各中级服务员。印。　僧俗各级书记秘书。印。　各级专任法事喇嘛。印。　毅仑财务等全体职员。印。　伦统区所属全体僧俗人民。印。沾普区所属全体僧俗人民。印。　浪巴区所属全体人民。印。　列泽区所属全体人民。印。　哈译区所属全体人民。印。

大吉区所属全体人民。印。　哈汤区所属全体人民。印。　甲穹区所属全体人民。印。　雄让区所属全体人民。印。　吞雀区所属全体人民。　列普区所属全体人民。印。　槓耸区所属全体人民。印。　仔龙区。印。　普领宗。印。　拉仔宗。印。　昂仁宗所属全体人民。印。　禾康区。印。　槓马区。印。　纳丕区。印。　协通区。印。　仁仔区。印。　八仔区。印。　格弄领区。印。　基雀乌宗区。印。　绒错区。印。　吉亲仔区。印。噶德区。印。　伦中区。印。　恩根区。印。　昂觉区。印。　格巴德区。印。　虾雀拉补三小区。印。　正协区。印。　雍区。印。　沾泽区。印。　波堆区。印。　德绕区。印。　扒浪区。印。　夺钦区。印。　隆东区。印。　追烹区。印。　擦区。印。　尧雍阁达游牧区。印。　当拉噶游牧区。印。　新格噶游牧区。印。　昔噶仔全体绅董乡正。印。　巴浪区所属全体人民。印。　噶绕区。印。　妥界区。印。　且拉区。印。

〔蒙藏委员会档案〕

28. 行政院秘书处为噶厦及三大寺派代表欢迎班禅回藏等事致蒙藏委员会函

（1934年7月4日）

函　第1513号

顷奉院长谕：致祭达赖大师专使驻京办事处陈，为接蒋致余等由拉萨来电称，前捕九人，均有力亲英份子。噶斥派定降巴曲汪为政府代表，三大寺派一堪布为代表，欢迎班禅回藏。此间，因中央尊崇佛教，极表好感，朝白棒寺时，堪布秘密表明，望汉官入藏等语。转请鉴核一案，应交蒙藏委员会，并抄送国防会议，等因。除分函外，相应抄同原代电，函达查照。此致

蒙藏委员会

计抄送原代电一件

行政院秘书长　褚民谊。印。

中华民国二十三年七月四日

抄原代电

行政院院长汪钧鉴：

密。顷接蒋致余等由拉萨来铣电称：顷得报告，前捕九人，均系有力亲英份子，除龙厦仍监禁外，余流各宗。噶厦派定降巴曲汪为政府代表，三大寺亦派一堪布为代表，前往内地欢迎班禅回藏，约两月后启程。此间各方，因中央尊重佛教，极表好感。职等朝白棒寺时，寒喧毕，巡视堪布，即秘密表明彼等久望汉官入藏，一切唯中央是听。同时如有阻碍，望密告三大寺开会解决，即前次报告亦系噶斥自动表示。职等后一周后前往甘中辍琼结各寺，并派员乘便前往拉拢南部精华地方，乞鉴核等语。谨转呈鉴核。

职黄家濂叩。艳。印。

〔蒙藏委员会档案〕

29．班禅行辕具报入藏沿途所需物品并请转呈行政院补助致蒙藏委员会公函

（1934年7月21日）

迳启者：班禅离开藏地十有一年，邱首之思与日俱积。近自达佛圆寂以来，卫藏僧俗迭派代表来京，请即回藏主持一切，以慰众望。此次入京报告，又蒙中央准予赞助，故回藏路线决定取道蒙古、青海。惟由蒙至藏路途辽远，交通不便，到处萑苻，危险时生，今为未雨绸缪，稍事准备计，兹拟就由蒙转青入藏沿路所需物品节略，另纸缮具、备函送达，希即转呈行政院准予补助，俾得早日回藏，以巩边圉，是为至荷。此致

蒙藏委员会委员长石

附由蒙转青入藏沿途所需物品节略乙纸

班禅额尔德尼。印。

中华民国二十三年七月二十一日

由京赴青沿途所需物品节略

一、自京至蒙古、青海，沿途文武官长，由政府电令负责妥慎招待保护。

二、在白灵庙一切行李物件，均应一律运青。此事请政府电令沿途各省政府邦同运输照料。

三、由京赴蒙、青之路费，由政府随意发给。

四、希望政府发给装甲汽车两辆，上装枪炮。如无，则拟请政府发给护照，由班禅自办。

五、行辕卫队，为充实内容及庄严形式起见，拟请发给追击炮二——四，山炮二——四。

六、班禅到京后，希望政府电令青、宁、甘、川各省府驻军及川二刘、邓、田各部，尽力援助其一切行止，俾宣化工作及回藏行程得以无碍。

由青入藏沿途所需物品节略

一、由青到藏，沿途人烟稀薄，物资乏少，交通不便，所需人伕驼马帐幕及一切设备，颇为费事，应请政府设法补助，俾不至缺乏。

二、此次回藏，一方关系国家威信，一方关系人民切望，故请政府务必简派得力文武大员一同护送回藏，俾藏民得见中央威仪，知爱护西藏政教人民之至意。如不能派齐文武两大员，亦请在文官中简派声望素著之大员护送。

三、此次回藏，为种种便利计，应请中央派相当军队护送，但少则无益，多又恐启外国挑拨藏民怀疑，故请挑选武装整齐、军纪严肃之队伍，多则一团，少则一营，由妥实长官统率入藏，与班禅自练之卫队同任护卫之责。其饷项等，均由中央发给。但对外宣传可说明此系班禅自招之蒙藏卫队，以免英人挑拨，而对藏民，则可说所有中央护送队伍及班禅自练之卫队，均系中央所派，以重中央威信。因现在各种关系，似有声明之必要，惟究以如何为宜，仍请中央指示。

四、请政府发给飞机两架或一架，及司机人员、一切应用物品材料。

五、请政府发给五百瓦无线电机一架及人员材料。

〔蒙藏委员会档案〕

30．西藏代表贡觉仲尼等转呈噶厦请中央令班禅由海道入藏事致蒙藏委员会代电

（1934年7月26日）

南京。蒙藏委员会钧鉴：

密。窃奉西藏噶厦电开：接班禅来电，其计划拟由青海转道回藏。此节前曾由西藏僧俗官民全体大会议决，请其海道回藏。是项函件已由安钦王罗皆带京。兹班禅复请取道青海，如由青入藏，则随带卫队恐启人民惊疑，致生误会，所请取道青海，绝对不能赞成。除已电复班禅外，特仰各代表转呈中央，请令班禅由海道回藏。如奉回示，迅即电复。等因。奉此，理合肃电转呈，伏乞鉴察示遵。

西藏代表　贡觉仲尼、阿汪坚赞、曲批图丹叩。支。印

〔蒙藏委员会档案〕

31. 石青阳关于班禅大师回藏中央政府应有之决定致军事委员会第一厅公函

（1934年8月3日）

公函　藏214号

案准贵厅参字第二九四零号公函：以顷奉交下致祭达赖专使及西藏驻京办事处梗宥代电二件，为西藏当局，对于班禅大师由青海回藏，绝对不能赞成，各等情一案。奉批：分函行政院、蒙藏委员会核复。等因。除分函外，相应抄同原电，函达查照核复。等因。准此，查此案前奉行政院发交，并据西藏代表贡觉仲尼等分呈到会，当以班禅大师回藏路线，中央并无正式决定，亦未据班禅大师来函报告，现西藏噶厦等来电，对于由青海返藏，既经表示反对，则班禅大师回藏一事，政府似应有下列之决定：

一、在政策上，中央宜有一贯之主旨。

二、在手续上，宜有正式之决定。

三、在体制上，决定办法后，应明令公布。对于黄专使，更宜有切实晓示之训令。

唯此案关系重大，应否提交国防会议详细讨论之处，业经本会呈请行政院核示在卷。准函前因，相应函复，即希贵厅查照转陈为荷。此致

军事委员会第一厅

委员长　石青阳。

中华民国廿三年八月　日

〔蒙藏委员会档案〕

32. 行政院秘书处抄转黄慕松抵拉萨后情形及班禅回藏路线等电致蒙藏委员会函

(1934年9月6日)

密函 第2018号

奉院长谕：致祭达赖专使黄慕松艳电，为班禅回藏路线，及卫队两事，拟相机与藏当局说明，尤为安稳等情。又勘电为已抵拉萨，致祭达赖，须择吉日各一案，应密抄送蒙藏委员会。等因。相应抄同原电，函达查照。此致

蒙藏委员会

计抄送原电二件

行政院秘书长 褚民谊。印。

中华民国二十三年九月六日

抄原电

南京。 行政院汪院长钧鉴：

致密。班禅回藏路线及卫队两事，拟相机与藏当局说明，俾其了解班禅回藏，尤为安稳。结果如何，再行奉陈。

职黄慕松叩。艳二。印。

抄原电

南京。行政院汪院长、南昌蒋委员长钧鉴：

致密。职幸托福祟，已于勘日安抵拉萨，官民僧俗及尼泊尔官商热烈欢迎，道为之塞。僧俗噶伦二员，率领五品以上官员均在郊迎迓。及抵行馆，四噶伦齐来拜谒，并请询钧座安好。职当将中央德意恺切宣示，咸称感仰。兹于是日傍晚朝大昭寺，次日朝布达拉彦，并谒热振呼图克图。因其初摄藏政，拟代钧座致贺。

至举行册封向〔及〕致祭达赖大师两典礼，藏习须择吉日，俟商订，再行呈报。谨奉呈，祈鉴察。

职黄慕松叩。勘。印

〔蒙藏委员会档案〕

33．班禅为告安抵杭锦旗及沿途宣化情形事致蒙藏委员会电

（1934年9月6日）

汪院长、戴院长、林主席、石委员长钧鉴：班禅筱日离包头，行经乌伊两盟，开示蒙众，昭资宣化，民情安谧，爱戴中央。现已于支晚安抵杭锦旗阿王府。知关廑念，特电奉陈。

班禅额尔德尼叩。鱼。印

〔蒙藏委员会档案〕

34．蒋介石关于班禅回藏路线事致汪精卫戴传贤电

（1934年9月7日）

南京。分送 汪院长、戴院长勋鉴：

生密。顷接黄专使慕松艳电称：班禅回藏，当非藏当局所能拒绝，亦为青康藏人民之所切望，其所藉班禅左右不良，及取海道为时或不免尚顾及其自身政治问题，此亦切肤之事实。现拟一面宣示中央德意，一面晓以大义，明以利害，一俟事机成熟，班禅回藏，尤为安稳。后情如何，再为奉陈等语。除已电复嘱尽力疏解。务达班禅安稳回藏之目的，一切进行情形仍随时续电外，特并转达参考。

弟中正叩。虞亥。密。牯。印。

〔蒙藏委员会档案〕

35. 蒙藏委员会为慰问宣化西蒙事致班禅电

(1934年11月15日)

电 藏113

班禅大师慧鉴：奉诵佳电，敬念布教泽于边疆，宣中央之德意，引领贤劳，弥深钦慰。塞北严塞，诸望珍摄，是幸。

石〇〇叩。删。印

中华民国廿三年十一月

〔蒙藏委员会档案〕

36. 班禅为请速拟西陲宣化使公署办事细则事致蒙藏委员会电

(1934年11月23日)

蒙藏委员会石委员长勋鉴：西陲宣化使公署办事细则依照中央规定，组织条例须由贵会草拟颁发。现既密迩西陲，为图办事便利起见，拟到青海，即行组织宣使署。望将该办事细则早为草就，迅速赐下，为感。

班禅额尔德尼叩。漾

〔蒙藏委员会档案〕

37. 蒙藏委员会为送西陲宣化使公署办事细则修正全文致行政院呈

(1935年1月15日)

呈 藏108

案查西陲宣化使公署组织条例第十条内载："西陲宣化使公署

办事细则，由蒙藏委员会拟订，呈请行政院核定之。”等因，业经明令公布在案。前准班禅大师二十三年十一月漾电，请将该办事细则，早为草就赐下，等情，当经令饬西藏班禅驻京办事处，先行拟具草案，呈送来会，以凭核转去后，嗣据该处拟就该细则草案，呈送前来，复经本会逐加审核，酌予修正在卷。理合缮具修正全文，备文呈送，仰祈钧院鉴核示遵。谨呈

行政院院长汪

附呈修正西陲宣化使公署办事细则全文一份

蒙藏委员会委员长　石〇〇

中华民国二十四年一月

附：西陲宣化使公署办事细则

第一章　通则

第一条　本细则依据西陲宣化使公署组织条例第十条规定之。

第二条　本公署办理事务，除现行法令有明文规定者外，依本细则行之。

第三条　本公署各职员均须按照规定时间到署办公，但预先请假及派赴各地工作者，不在此限。

第四条　本公署办公时间分春、夏、秋、冬四季，由宣化使以命令定之。

第五条　本公署各职员对于署内机要事务应严守秘密，不得稍有泄漏。

第二章　职务分掌

第六条　本公署简任、荐任秘书秉承宣化使之命，办理汉藏文机要事务。

第七条　本公署总务处分文书、会计、庶务三科，其职掌如左：

1. 文书科主管撰拟例行文稿及收发、缮写并保管印信事项；

2. 会计科主管经费出纳及编造预、计算事项；

3. 庶务科主管公用物品购置保管及交际事项。

第八条 本公署宣化处分编辑、翻译、调查三科，其职掌如左：

1. 编辑科主管各种宣传品之撰拟、印刷及分发事项；

2. 翻译科主管各种文件之翻译事项；

3. 调查科主管各种调查报告及统计事项。

第三章 文书处理

第九条 本公署每日收文应由文书科摘由编号，登记收文簿，汇送简任秘书批阅。

第十条 简任秘书接到收文后，除例行及存查或有明文指定办法者外，应先拟批办法，并加盖重要、次要、寻常及主管处科戳记，送呈宣化使核阅。

第十一条 宣化使对于秘书拟批办法之文件认为适当时，加盖名章，仍交秘书分发主管各处。

第十二条 主管处长接到收文后，应分别缓急，督促所属各科妥慎办理。

第十三条 主管处长对于承办事务如有意见陈述时，应叙明理由，签呈宣化使核夺。

第十四条 凡关系重要或应守秘密之文件，由宣化使特交秘书办理之。

第十五条 秘书及各处科承办文件最要者，应随到随办；次要者，不得逾三日；寻常者，不得逾五日。但遇撰拟规则及办理表册等特别情形，不在此限。

第十六条 凡法定限期之文件，非发生特别窒碍，经宣化使核准展期者，不得逾期。

第十七条　遇有两处互相关联之文件，应会商办理，其主张不同时，得各述意见，签呈宣化使核定之。

第十八条　各科承办文件脱稿后，应登记稿簿，送经处长秘书审核后，转呈宣化使判行。

第十九条　各科似稿员及主管科长、处长、核稿秘书均须于稿面签名盖章。

第二十条　各科办理文稿及填造表册等件，关于事实及款项数目，如有错误时，主管科长应负完全责任。

第二十一条　宣化使已经判行之稿，仍交秘书送还各处，转发各科，交书记缮写之。

第二十二条　书记缮具之文件，校对无误后，应登记印簿，连同原稿送监印员用印，并于稿尾加盖名章。

第二十三条　已经用印之文件，由监印员送交收发员，登记发文簿，编号封发。

第二十四条　收发员封发文件后，应将原稿登记归档簿，送交保管档案员分类编号，妥为保管。

第四章　会计

第二十五条　本公署应于每年十一月三十日以前，编造次年度经费概算书，函送蒙藏委员会汇转核定。

第二十六条　根据全年度核定预算数，于每月下旬编造次月份经费预算书，函送蒙藏委员会汇转备案。

第二十七条　本公署经费委托驻京代表按月向财政部请领转汇。

第二十八条　本公署每月领到之经费现款，应以宣化使名义存储殷实商号。

第二十九条　支取款项时，应由会计科长陈明用途，开具支款凭单，送总务处长转请宣化使签字后，向存款商号提取。

第三十条　本公署每月初旬应将上月份经费支付情形造具支

出计算书，函送蒙藏委员会汇转备案。

第三十一条　会计科应于每月月终将经费收支总簿及分类簿送请总务处长转陈宣化使核阅，并于结数上加盖名章。

第三十二条　本公署职员薪俸于每月月终由会计科造册，送请总务处长转呈宣化使核准后，分别发给。

第三十三条　本公署应于每年八月三十一日以前编造上年度决算书，函送蒙藏委员会汇转核销。

第五章　庶务

第三十四条　庶务科应于每旬开始，将本旬内所需款项预计约数呈经总务处长核准后，向会计科支取。

第三十五条　庶务科支出款项其数目在五十元以上者，须经总务处长允许；百元以上者，应呈宣化使核定之。

第三十六条　庶务科应于每月月终将支付款项情形造具报告表，连同单据，送经总务处长转呈宣化使核阅后，发交会计科办理报销。

第三十七条　各职员因公需用物品，应填写领用物品簿，经主管长官签字后，向庶务科领取。

第三十八条　庶务科每月所发物品，应于月终造具报告表，连同领据，送请总务处长转呈宣化使核阅。

第三十九条　庶务科每月所购物品，除消耗者外，应于月终登记保管器物簿，送请总务处长转呈宣化使核阅后，分别编号，妥为保管。

第四十条　本公署勤务由庶务科训练管理之。

第四十一条　勤务工资于每月终由庶务科造册，送请总务处长转呈宣化使核准后，分别发给。

第六章　编译

第四十二条　本公署每月发行汉藏文合壁月刊，汇集国内外重要新闻、中央施政情形、西陲社会状况及有关边疆政教之特种著述，分赠京内外各机关及边疆地方团体。

第四十三条　本公署应根据中央施政方针，随时编印画报、标语及语体文小册子，分发边疆民众团体及寺庙。

第四十四条　本公署各种宣传品均由编辑科规划撰拟，但脱稿后，须送请宣传处长转呈宣化使核定后，方得付印。

第四十五条　本公署例行公文及宣传品，有翻译之必要者，由翻译科翻译之。

第四十六条　翻译人员翻译之文件脱稿后，应签名盖章，送请宣传处长转呈宣化使审核。

第七章　调查

第四十七条　本公署应将边疆政教情形及社会状况详细调查，按季报告政府。

第四十八条　各种调查表式应由调查科拟就，送请宣传处长转呈宣化使核定之。

第四十九条　遇有重要事件发生，书面调查困难时，得由宣化使指派署内职员实地调查。

第五十条　调查科根据全年调查情形，编制年度统计表，送请宣传处长转呈宣化使核定后，刷印分送。

第五十一条　凡调查所得之重要事件，应即日电报政府。

第八章　会议

第五十二条　本公署为促进署务起见，于每星期召开署务会议一次。

第五十三条　署务会议出席人员以宣化使、秘书处长及科长为限。

第五十四条　署务会议以宣化使为主席，宣化使因故缺席时，由简任秘书处长互推一人为主席。

第五十五条　署务会议纪录事项由荐任秘书担任之。

第五十六条　各处科如有提案，应于先一日送交荐任秘书，列入议程。

第五十七条　署务会议决议案由宣化使签发，主管各处办理之。

第九章　附则

第五十八条　本公署各处办事细则由各处拟订，提交署务会议决定。

第五十九条　本细则如有未尽事宜，得随时修改之。

第六十条　本细则自呈奉核准之日施行。

〔蒙藏委员会档案〕

38．行政院为已核示西陲宣化使公署办事细则修正全文事给蒙藏委员会指令

（1935年1月25日）

行政院指令　第241号

令蒙藏委员会

呈送西陲宣化使公署办事细则修正全文，请核示由。

呈件均悉。应准备案，惟该细则第七、第八两条，第二、三、四三项，均属款之性质，不能与第一项并列，应各顺序冠以一、二、三字样，第十五条末尾“特别情形”四字应删，第十六条“非发生特别窒碍时，不得逾期”等字，应改为“非发生窒碍，经宣化使核准展期者不得逾期”，第四十五条“有翻译之”等字下，漏“必”字，已分别代为改正矣，仰即知照。此令。

院长　汪兆铭

中华民国二十四年一月廿五日

〔蒙藏委员会档案〕

39. 班禅大师为告拟于二月六日在阿拉善旗成立西陲宣化使公署事致石青阳电

（1935年2月2日）

石委员长勋鉴：德密。现因行近西陲，宣化事务日渐纷繁。故拟于二月六日在阿拉善旗成立西陲宣化使公署，以利工作，而专责成。惟阿旗交通不便，且离京过远，公文邮递恐需时日。敢乞便中转陈汪、蒋两公，是至感祷，叨在爱末，特先奉恳。肃颂近祺

班禅额尔德尼叩。冬。印

〔蒙藏委员会档案〕

40. 石青阳转呈班禅大师电告成立宣化使署致蒋介石、汪精卫代电

（1935年2月7日）

代电　藏88号

军事委员会委员长蒋、行政院院长汪钧鉴：顷接班禅大师冬电开：现因行近西陲，宣化事务日渐纷繁，故拟于二月六日在阿拉善旗成立西陲宣化使公署，以利工作，而专责成。惟阿旗交通不便，且离京过远，公文邮递恐需时日。敢乞便中转陈汪、蒋两公，是至感祷。等语。谨电奉闻。

蒙藏委员会委员长　石青阳叩。虞。印

中华民国二十四年二月

〔蒙藏委员会档案〕

41. 班禅为告在阿拉善旗成立宣化使公署事致蒙藏委员会电

（1935年2月8日）

蒙藏委员会勋鉴：

前奉中央政治会议任命班禅额尔德尼为西陲宣化使，遵于二十一年十二月二十四日在国民政府礼堂敬谨宣誓就职，自应成立公署，早日视事，只因历年宣化蒙疆，冀图团结五族，挽救国难，迄今未暇组织。现以回藏在即逼近，西陲宣化事务日见纷繁，特于本月八日在阿拉善旗成立公署，并于是日启用关防，自当随节西移，因时布政，疏达民情，宣扬主义，以菩提觉必，普施教化，本中央意旨，抚绥边围。祇恐才铨任巨，绠短汲长，覆公之虞，不胜其任，尚祈当世名贤，吾党先觉，时锡箴规，力予匡正。除将本署成立情形另文呈报国府备案外，谨电奉陈，诸希鉴察。

班禅额尔德尼叩。齐。印

〔蒙藏委员会档案〕

42. 蒙藏委员会为贺西陲宣化使公署在阿拉善旗成立事致班禅大师电

（1935年2月18日）

电　藏136

班禅大师法鉴：顷奉齐电欣悉。宣化使公署在阿旗成立，中央倚畀弥深，民族团结益固。谨电致贺，并颂禅祺。

石青阳、赵〇〇。哿。印

〔蒙藏委员会档案〕

43. 班禅受任宣慰西陲致函陈述回藏意见

（1935年3月19日）

介公委员长钧鉴：在京叩别，忽迩春临，每忆榘范，不禁依驰。班禅碌碌频年，两鬓徒霜，对国对民惭无建树。回忆过去，不禁起舞。兹幸内蒙宣化已告结束，行近西陲，公署告成，现正摒挡一切，首途赴青，实地宣抚，以慰舆望。爰将藏案近况及宣化建设回藏诸计划谨为我公扼要陈之。尚希鉴核，详尽机宜，以资遵循。

（甲）藏案近况。自派安钦佛王罗皆等二次入藏，现已数月，叠接函电，卫藏交涉，大体就绪。轻骑回藏亦无不可。惟闻中藏悬案尚无具体答复，民族感情，未见融洽。若就私略公，有负班禅来华倾诚祖国、团结五族之初志，是有望于执政诸公恩威并济，早定方针，以期解决而免久悬。

（乙）宣化步骤。班禅自奉命宣化，即拟迳赴西陲。奈斯时国难方殷，边防危殆，是以移缓济急，先事内蒙宣化，大小盟旗均皆亲往，宏法利生，克尽己职。尚幸内蒙各王公贝子，佛寺堪布大喇嘛等，深明大义，拥戴中央，共御外侮，社会生活咸歌乐业，差堪告慰锦注耳。惟渐西陲宣化，尚未普及，青康各地，兵燹连年，民不聊生，急待视察，力予救济。若迳行回藏，不特有负中央使命，且令众生失望，亦非我佛普渡宏愿。故拟克日入青转康，被灾之寺宇，倡助修复，流离四野之喇嘛，竭诚招抚。寺产僧纪，严加整饬，民众痛苦，力图苏救。开诚宣化，团结五族，用报国恩于万一。但上陈各事并未空口宣化所能奏效。尚希中央酌拨帐款，分散民间，以示党国爱抚边氓（或作民）之至意。

（丙）建设计划。若欲国防之巩固，民族之融洽，必先从事建设，以维民生。利其交通，用资联络，振兴教育，藉开民智。查青康卫藏建设毫无，交通梗塞，文化落伍，设不幸而一旦国防有变，处处掣肘，援救无方，审势度情，不寒而栗。班禅此次回藏，拟先开辟青康卫藏长途汽车公路，以应急需，继在重要各县，架设电台，分置邮局，并饬各宗及（溪）兴办小学教授藏文，以养其读书习惯。再由而加授中文及科学常识。按期选派青年留学内地，以资深造。此项开办经费，预计约在百万。尚望政府及早筹发，以便着手进行，共策久远。能再饬交通、教育两部，酌派专家技师协同办理，尤所欢迎。

（丁）回藏必需。去岁班禅入京请示回藏机宜，路线决定取道青海，其他必需各项，曾开节略，函请蒙藏委员会转呈蒋委员会转呈蒋委员长，并蒙许以届时拨发等因。兹急待实现者：

（1）请中央简派得力大员护送回藏，此事不独关系国际观瞻，中央威权，且班禅今后之宣化建设，诸待指导，咨询有自，俾免陨越。（2）此次回藏，交通不便，两月路程，所需数千骑驮，全系牛马人力运输，对于前次呈请补助入藏旅费，亦望早日决定，以利遄行。（3）班禅无论采取何种方式入藏，必须略备卫队，以资安全，而扬国威。切盼政府选派武装整齐，军纪严明之队伍来青，用壮行色。（4）其他各件亦希俯察前开节略，源源拨发。以上各情，是否有当，祈我公核示，力予促成。除饬本署驻京处长罗桑坚赞专谒崇阶，详细报告外，伏祈准照面示机宜，一切设施静候明教。专肃恭叩，崇安诸维，鼎照不宣。

班禅额尔德尼谨肃

三月十九日

〔蒙藏委员会档案〕

44. 安钦请中央采官吏护送班禅入藏军队之策致黄慕松函

（1935年4月7日）

黄委员长钧鉴：

此间奉到由蒋参议转来支电，敬悉一是。西藏僧俗、文武诸众，尽皆倾向中央，而对班禅大师更加崇拜，一致盼其早日莅藏，除去人民痛苦，使得安居乐业。若依尊见，不无昧于事实之处，中央不但无实力达到藏地，处处且将随从人意，倘于最近期间送班禅回藏，以中央之官吏护卫之，军队随之而往，民间既无滋扰，则无有不欢欣踊跃而礼拜者。再从而恢复中藏一家，除去民间苦厄，安处之目的可达。倘仍沿柔和之态而进行，中藏问题绝对无有成功之可能，请酌夺。

上述情形，希予早决实施方针，并祈明白赐复。

拉萨。安钦等叩。虞。

注：原函为藏文，此为译件。

〔蒙藏委员会档案〕

45. 蒙藏委员会为筹划班禅回藏办法路线暨经费概算事致行政院院长折呈

（1935年4月18日）

折呈密

为密呈事，窃职奉命策划班禅回藏事宜，遵即斟酌各方情形，妥慎筹划，现谨将班禅回藏办法草案，外附回藏经费概算书，及由青入藏，由青转康入藏路线简略说明表图各一份恭呈钧阅，是否可行之处，仰祈呈核祇遵。谨呈

院长汪

蒙藏委员长　黄慕〇

中华民国廿四年四月十八日

班禅大师回藏办法草案

甲，回藏方式：

一、为遵崇体制，酬答勋劳，由中央简派大员，挑选卫队护

送入藏。

二、表明中央态度，认为在时机上、环境上为西藏谋利益、谋安定，班禅诚有回藏之必要，通知藏方，准备欢迎。

三、回藏时，中藏双方一切准备及举动概以和平郑重为原则，避免引起外交问题。

四、护送卫队应早训练，集中于青藏交界之处，通知附近友军切实连络，其在玉树方面，由青海马军长负责警卫；在德格、康南一带，由刘文辉负责警卫，自当拉岭至吉丁西林一带，由中央护送部队担任修路、运输、集中军实，并先遣得力部队一营驻防于距拉萨约十二站之吉丁西林、哈拉河、洛布、冷赛尔，以为前站。

乙，护卫人员：

一、班禅随员：班禅来内地，所有政、军、宗教方面随员甚多，其人数由班禅自行决定，呈报中央备案，其薪俸由西陲宣化使公署支配之。

二、班禅卫队：查照清代，尚无确定规例，及为免藏人滋疑、引起纠纷起见，额定为五百名。

三、中央护送人员：照甲项第一条之规定，由中央简派大员一员，其人选标准如下：1．熟悉藏情；2．明了中央意旨、处置有方；3．与班禅有相当情感；4．能得藏方同情者。大员之随员如下：秘书二人（汉、藏文各一人）、副官二人(交际、庶务各一人)、司书一人(司文牍)、雇员二人（同通译及其他事务)。

四、中央护送卫队：挑选中央直辖得力部队一千名（或五百名),须纪律严明、训练有素。

丙、回藏经费：约需一百四十九万二千四百四十元。

一、班禅卫队薪饷、伙食、购置等费：一十六万六千五百元。

二、班禅特别费：五十五万元（其用途包括布施、尝赠及其随员服装购置等项）。

三、护送大员行署一切经费计分三项，需十一万零九百四十元；1．行署职员津贴、治装、川资：五万五千九百四十元；2．馈赠费、杂费：三万五千元；3．特别费：二万元。

四、护送卫队需五十六万五千元；1．官兵津贴二十七万八千元；2．购置费、马乾费二十八万七千元。

五、预备费：十万元。

丁、回藏路线（附由青入藏、由青转康入藏路程略图一份、由青入藏、由青转康入藏简略说明各一份）。

一、由青海转西康入藏，其利害比较如下：利；给养较为便利。害；1．顾虑较多，因藏军多数驻防康境，计有七代本之多，兵力约有三、四千人，易引起意外之纠纷；2．由青海至拉萨，路程有四十站，行走费时，且多山，艰于行旅。

二、由青海经当拉岭入藏，其利害比较如下：利；1．沿途无藏军，顾虑甚少；2．路程较近，出青境至拉萨，仅十二站，十二日可达；3．利；一带草地、险山甚少，易给养。害；因沿途人烟稀少，给养补充较为困难。

上述两条路线相权，自以避免顾虑、缩短路途、便于行旅、由青海经当拉岭入藏为宜。至于给养补充，不难设法补救，拟仿清庭康熙五十七年征准噶尔时先派其十四太子允禵协同陕甘总督筹设粮台办理之。

戊、启行程序：

一、出发时期，按边地之天时、地理，自以夏令为主。

二、按照甲项第四项之规定，中央护送部队之一营先行出发，集中于青藏交界各要地，如顺达、吉丁西林等地。

三、俟部队集中完毕后，班禅与护送大员同时乘飞机前往，或大员先行，部队集中地点，临时斟酌决定之。

四、俟藏方表示欢迎时，班禅会行大员按程前进，万一有意外变化时，其前进方法另由大员会同班禅请示中央临时规定之。

己、注意事项：

一、班禅回藏，关系中央与西藏前途，至重且巨，应由本会密呈行政院、军委会会同有关院部妥慎处理，宜十分机密，以免误会。

二、中央对于青海、川、康各方，似宜剀切说明此次班禅回藏之重要，应切实协同连系，以收合作圆满之效。

三、关于西藏交通之建设，教育谋普及等事，似由中央指定有关部、会讨论具体办法，俾班禅到藏后即可着手。

庚、附带事项：

一、护送大员来往期间由京至青海约二个月，由青海至拉萨约六个月，由拉萨至后藏约二个月，计十个月，准此时期订立预算。

二、班禅回藏约需时四个月，其卫队□□□□□。

三、如在临时情况伸缩时，得声请追加。

由青入藏由青转康入藏简略说明

一、由青经柴达木当拉岭入藏说明：

由西宁到都兰，约九日可达；由都兰经柴达木河至屯日，约七日可达；由屯日至索沙里山口，约九日可达；由索沙里至霍廓西里山口，约五日可达；由霍廓西里山口至吉丁西林，约十一日；由此逾当拉岭入藏境，约十二日可达拉萨。计约五十二站，连途中人马休息及事后准备，约二月半可到拉萨。给养虽较困难，但顾虑甚少，大山亦不甚多，易于行走。

二、由青转康入藏路线说明：

由西宁至玉树，约十八马站；入藏由玉树经大苏莽、康达一带，逾此到昌都，约八站，里数不详；由昌都至拉萨约三十五站，连途中准备、休息计三月可到拉萨。途中给养，虽补充容易，但以途中经过藏军境内，顾虑甚多、且大山甚夥，不易行走。

谨将由昌都至拉萨站程里数说明如下：

昌都　十八英哩；浪达　十六英哩；拉麦　十四英哩；拉贡恩达　十英哩；瓦河　二十五英哩；马里　九英哩；下野松　七英哩；洛隆宗　十八英哩；则墨　十八英哩；肖墨　十五英哩；抓里　十七英哩；拉则　二十二英哩；大宗　十三英哩；五结打木达　十五英哩；拉木结孔　十八英哩；温坐克瓦　十英哩；哈拉木　十一英哩；加贡　十六英哩；屠土　十四英哩；察秋卡　十五英哩；拉里　十七英哩；秧长　十英哩；古里　十八英哩；炸麦　十一英哩；浪久　十三英哩；江达　十五英哩；经大　十四英哩；龙马里　二十三英哩；错木拉　二十英哩；河司力苍　十六英哩；仁钦里　十七英哩；墨竹贡　十八英哩；拉木　十一英哩；得庆　二十英哩；拉萨　十三英哩。

共计三十五站五百三十七英哩。

科　　目	数　　目	说　　　　　　明
第一款　班禅大师回藏旅费	一四九二，一四〇	
第一项　班禅卫队旅费	一六六，五〇〇	
第一目　设置费	一二六，五〇〇	
第一节　马匹	四〇，〇〇〇	官兵计五百人，每人购马一匹，需价八十元。合如上数。
第二节　马鞍	一二，五〇〇	官兵计五百人，每人购马鞍一付，平均每付马鞍二十五元。合计如上数。
第三节　帐篷	三，五〇〇	沿途旅店缺乏，购帐篷野宿约需七十个，每个五十元。合如上数。
第四节　服装	四〇，〇〇〇	预计行程四个月，途中气候寒冷不一，每人须制皮外套、皮呢衣、雨衣、被服、毯、帽及皮包、皮条等件，每人约八十元。合如上数。

科　目	数　目	说　明
第五节　厨房用品	五〇〇	锅笼碗等一切用品每人约一元，估计如上数。
第六节　运费	三〇，〇〇〇	由西宁至后藏计四个月。每人行李计约一驮，每日计大洋五角，计每人六十元，五百人计如上数。
第二目　膳费	三〇，〇〇〇	
第一节　官兵伙食津贴	三〇，〇〇〇	平均官兵每兵每人每月伙食津贴十五元，四个月计六十元，以五百人计之三万元。合计如上数。
第三目　马乾	一〇，〇〇〇	
第一节　马乾	一〇，〇〇〇	马乾每匹给洋五元，四个月计二十元。合计如上数。
第二项　西陲宣化使公署人员薪金杂费	四〇，〇〇〇	此项费用因已有专款，故未列入概算书。
第一目　薪金杂费	四〇，〇〇〇	每月由中央补助四万元，该公署所有人员杂费经费应列入此项概算书内。
第三项　布施及班禅随员旅费购置费	五五〇，〇〇〇	
第一目　西陲宣化使公署及行辕人员旅费	三五〇，〇〇〇	
第一节　西陲宣化使公署职员及随员杂役伕马骡马、骆驼各费	三五〇，〇〇〇	班禅为蒙藏佛教领袖之一，此次回藏随行人员势必甚多，为一切购置骡马帐篷杂费及无线电所用费用，因无统计，现暂定三十五万元。
第二目　布施	二〇〇，〇〇〇	
第一节　布施	二〇〇，〇〇〇	班禅回藏僧俗人员欢迎甚多，而请求修庙周济布施等事亦势所难免，为估计二十万元，将来实报实销。
第四项　护送大员行署津贴、旅装杂费	九〇，六四〇	

科　目	数　目	说　明
第一目　津贴旅装杂费	五五，六四〇	
第一节　津贴	二四，二〇〇	大员一人津贴连办公费月支一千元；秘书副官共四员，简任荐任平均每人月支三百元，十个月计二万二千元；书记一个每月一百二十元，十个月计一千二百元；雇员二人，每月每人五十元十个月计一千元。合如上数。
第二节　旅费	一二，六〇〇	大员日支十元，月支三百元，十个月计三千元；秘书副官日支平均每人六元，月支七百二十元，十个月计七千二百元；书记日支四元，十个月计一千二百元；雇员每人日支二元，一个月二人支一百二十元，十个月计一千二百元。合计如上数。
第三节　制装费	二，八〇〇	大员一员八百元；秘书副官每人四百元，四人计一千六百元；书记二百元，雇员每人一百元，二人计二百元。合计如上数。
第四节　川资	一三，八〇〇	往返拟由陆道。大员四千元；秘书副官四人，每人二千元；书记一千元；雇员二人各四百元，计一万三千八百元。合如上数。
第五节　公役薪饷制装费	二，二四〇	计大员二人，秘书、副官、书记各一人，雇员二人共一人，共八人，每人每月伙食薪饷二十元，合共一千六百元，制装费每人八十元，共六百四十元。合如上数。
第二目　馈赠费杂费	三五，〇〇〇	
第一节　馈赠费	三〇，〇〇〇	为表示中央德意，联络西藏青海僧俗官民情感起见，拟预备三万元馈赠各方。
第二节　杂费	五，〇〇〇	每月邮电购置文具等件，计每月五百元，十个月五千元。如上数。
第五项　护送大员卫队津贴购置费	五六五，〇〇〇	

科　　目	数　　目	说　　　明
第一目　护送大员卫队津贴	二七八，〇〇〇	
第一节　官兵津贴	一八〇，〇〇〇	此项津贴，系由部队挑选，该官兵每月应教之薪饷及为奖励出差、勤务起见，规定津贴每月一万八千元，十个月十八万元，由大员斟酌办理之。
第二节　官兵制装费	八六，〇〇〇	官长约四十人，每人平均一百五十元，计六千元；兵士制装由军政部筹发，计每人平均八十元，一千人计八万元。合如上数。
第三节　官长办公费	一二，〇〇〇	每月团部四百元，营部二百元，连部每连五拾元。合计如上数。
第二目　购置费	二三七，〇〇〇	
第一节　马匹	八〇，〇〇〇	每人需乘马一匹，每匹八十元，一千人计之八万元。合如上数。
第二节　马鞍帐篷	三一，〇〇〇	由军政部筹发。计每付马鞍平均二十五元，一千个人计二万五千元；帐篷每个约五十元，大小约一百二十个，估计六千元。合计如上数。
第三节　厨房用品	一，〇〇〇	锅、笼、碗等，每人平均一元，一千人计一千元。合如上数。
第四节　运费	一〇五，〇〇〇	每人平均一驮，每月十五元，一千人计之一万五千元，往返途中约七个月，计十万零五千元。
第五节　无线电费用	二〇，〇〇〇	查通信连络极为重要，班禅与护送大员、护送卫队约需五十瓦特电台两架、一百瓦特电台一架，运费及购置二万元之估计，人员拟交由交通部筹办。
第三目　马乾	五〇，〇〇〇	
第一节　马乾	五〇，〇〇〇	每人马一匹，每月马乾费五元，十个月计五十元，一千匹马计五万元。合如上数。
第六项　护送大员特别费	二〇，〇〇〇	

科　　目	数　　目	说　　明
第一目　特别费	二〇，〇〇〇	
第一节　特别费	二〇，〇〇〇	此项费用限于大员在特别情形时用之。暂定每月二千元，十个月合计如上数。
第七项　预备费	一〇〇，〇〇〇	
第一目　预备费	一〇〇，〇〇〇	
第一节　预备费	一〇〇，〇〇〇	此项费用限于班禅回藏经费不敷时得呈请动用之，并须实报实销。

附注：

一、通信方面：无线电人员，拟由行政院饬交交通部或交通兵团主持办理之。

二、护送大员卫队官兵之帐篷及士兵服装等件，拟由行政院饬交军政部办理，用款多少，计入本概算书内。

三、此概算书系为约计数目，是否适当，拟请由有关财政、军政、交通、蒙藏委员会各部、会会同审核。

〔蒙藏委员会档案〕

46．周昆田为所拟班禅回藏主旨业经委座改定事致孔庆宗函

（1935年4月26日）

庆宗兄：

此件已呈阅，并经委座改定，请再饬缮正为幸。

弟田　（印）　四月廿六日

（一）班禅回藏，为目前对藏问题中之主要问题。行署应早日西进，冀与班禅商洽一切

（二）行署任务，在护送班禅，在可能范围内，尊重班禅意见。

（三）护送班禅，以和平入藏为主旨，故沿途须极端慎密，总以设法避免冲突为宜。

（四）仪仗队送班禅入藏后撤回。此为班禅之意，中央现亦照此办法办理，盼行署至玉树会同班禅与拉萨洽商。中央方面，当亦继续电令拉萨遵照。

（五）西藏社会，以佛教为中心，班禅为西藏佛教之主，如西藏反对班禅，即无异反对本身，自促革命。再，中央绝对协助西藏，毫无恶意，行署应将此意切实向藏方宣述。

（六）班禅回藏后，以安定前藏当局之心为首务。在拜祭达赖之后，如能即回札什伦布，方可博得全藏同情。行署应设法使班禅照此作去。

（七）做到此层，则行署自为两方所倚重，威望树立，乃接洽汉藏问题，大体本训条办理。

（八）专使到玉后，似应先派员赴拉萨接洽。

（九）闻色拉寺大僧贡噶嘉布在藏极有令誉，到藏人员应注意与其联络。

（十）班禅回藏，为西藏内部问题，并非中央与西藏之问题，因此，行署最好应立于二者之间，仲裁调处。

〔蒙藏委员会档案〕

47．安钦呼图克图等为藏中官民极望班禅大师回藏事致蒙藏委员会密电

（1935年4月27日）

蒙藏委员会黄委员长钧鉴：

絫密。迭电均奉悉。班禅大师回藏以及西藏问题，备蒙悉心筹划，至为感激。目下藏中官民，极〔望〕班禅大师迅速回藏。班禅大师一经抵藏，则西藏一切问题均可迎刃而解。蒋参议在藏办事认真，对于藏情剖晰亦精，甚得汉藏民众之心。并以奉闻。

班禅代表　安钦呼图克图等同叩。感。

〔蒙藏委员会档案〕

48. 诚允为与班禅商定卫队名额并由中央指拨事致蒙藏委员会密电

（1935年4月28日）

蒙藏委员会黄委员长钧鉴：

允密。卫队五百名之数，商得班佛同意，并请由中央指拨，以除误会。但必最佳之军队，藉壮声威。谨闻。

诚允。俭。叩。印。

〔蒙藏委员会档案〕

49. 行政院为班禅陈述宣化步骤回藏意见等事给蒙藏委员会密令

（1935年5月1日）

行政院密令　第二五〇五号

令蒙藏委员会

案查前据班禅驻京办事处，呈送班禅回藏旅费概算书，请察核等情，到院。经交该会核复，又前准军事委员会函送班禅函陈藏案近况，及宣化步骤，建设计划，回藏必需诸项，嘱查照核办等由，经交该委员长核议，名在案。

兹据该会核复，以准班禅函述藏案近况，及宣化建设等事项，并准班禅驻京办事处，函送班禅入藏旅费概算书到会，经并案经提出本院第二一〇次会议决议：(一) 准其酌带卫队回藏，其数目由蒙藏委员会核定（二）振灾事，交财政部、振务委员会会同蒙藏委员会办理（三）建设计划，交财政、交通、铁道、实业、教育五部，会同蒙藏委员会统筹计划，余俟蒙藏委员会拟具计划后，再行讨论。除分行外，合函令仰该会遵照。此令。

院长　汪兆铭

中华民国二十四年五月一日

〔蒙藏委员会档案〕

50. 蒙藏委员会为策定班禅回藏办法及经费事致蒋介石密电

(1935年5月1日)

复电

贵阳。呈委员长蒋钧鉴：

密。俭电奉悉。远略划筹，仰佩无似。关于班禅回藏事：（一）诸事商承汪、戴二院长，本和平主旨。策定办法。(二) 现由职会派委员诚允赴青与班禅接洽一切，以期各方顾虑周密。（三）护送大员在班禅回藏时机未熟前暂行缓派，钧座意中如有相当人选，拟请电示。(四) 班禅所请之回藏经费为百六十余万元，现奉汪、戴两院长指示方针，拟规定八十万元。另预备费二十万元。(五) 藏政府方面正进行种种接洽方式，力求圆满。(六) 闻班禅拟于支日飞往青海，请钧座特电慰劳，并电令青海当局尽力保护。

所陈当否，乞示祗遵。

职黄慕松叩。东。

中华民国二十四年五月一日

〔蒙藏委员会档案〕

51. 黄慕松关于班禅回藏中央当以和平为主旨致热振等密电稿

（1935年5月2日）

拉萨。热振司伦暨诸位噶伦先生勋鉴：

密。班禅大师回藏事宜，中央本爱护边陲及为西藏谋幸福起见，当以和平为主旨。尊处如有相当意见及与安钦、王罗阶接洽情形，请予电告，以为中央之参考。特此奉达。

黄慕松。印。

〔蒙藏委员会档案〕

52. 西藏代表贡觉仲尼等转呈噶厦请班禅勿随带汉蒙人回藏致蒙藏委员会代电

（1935年5月10日）

西藏驻京办事处快邮代电

蒙藏委员会委员长黄钧鉴：

昨奉西藏噶厦电开：班禅由北路回藏，无论取道何地，请勿随带汉蒙人，其所携随身保护之枪械愈少愈善，并望以后勿再运带枪械入藏，庶现在将来可保安全。该代表等务即转呈中央，候得回示，并盼迅即电复为要。等因。

奉此，理合肃电转呈，伏乞鉴察施行，复示祇遵。

西藏代表　贡觉仲尼、阿旺坚赞、曲批图丹谨叩灰。印。

中华民国二十四年五月十日

〔蒙藏委员会档案〕

53. 噶厦关于藏中僧俗民众希班禅仍从海道回藏事致蒙藏委员会电

（1935年5月15日）

电

蒙藏委员会黄委员长慕松先生勋鉴：

奉读微电，敬悉班禅回藏事宜。中央为爱护边陲及谋西藏幸福起见，始终维持国土，至深感谢。至与安钦、王罗阶接洽情形，业已郑重声明，从优相待。惟全藏僧俗民众希望班禅仍由海道回藏，其中详情已饬驻京藏代表转呈贵委员长矣。应如何善为之处，伏候钧裁为祷。

噶厦公松叩。删。

〔蒙藏委员会档案〕

54. 黄慕松为班禅回藏路线早已言定事复噶厦电

（1935年5月18日）

拉萨。蒋参议译转诸位噶伦勋鉴：

删电悉。密。关于班禅由陆路回藏路线，早已再三言定，若随意更改，则无法调处，恐碍大局。乞予注意为盼。

黄慕松。调。巧。印。

〔蒙藏委员会档案〕

55. 行政院秘书处为抄交班禅报告及请早发旅费经康入藏事致蒙藏委员会函

（1935年5月21日）

行政院笺函　第2335号

奉院长谕："班禅大师效电为，拟在两个月内，决取道西康回藏，所有呈请发给旅费及护送各案，祈早促成，请鉴核一案，应交蒙藏委员会"。等因。相应抄同原电，函达查照。此致
蒙藏委员会

计抄送原电一件

行政院秘书长　褚民谊

中华民国二十四年五月廿一日

〔蒙藏委员会档案〕

附：抄原电

南京。行政院长汪钧鉴：

文电敬悉。枢密。前在途中闻青海当局有所疑虑，幸晤谈后不特友契如故，而子香军长并愿负责保护，请释廑念。近因全藏僧俗迭电催归，……决拟在两个月内筹备完竣，即行取道西康回藏，以维民心。所有呈请发给入藏旅费及护送各案，尚祈钧座早日促成，以利遄行。班禅此次回藏，关系国际观瞻，民志励进，仰恳政府优予护送，用表国恩，藉安边围。谨电奉恳并候示复。

班禅额尔德尼叩。效。印

〔蒙藏委员会档案〕

56. 蒋致余关于奉命探询噶厦对班禅回藏路线之事致黄慕松密电

(1935年5月23日)

蒙藏委员会委员长黄钧鉴：

巧电奉悉。祭密。遵于本日前往噶厦面质时，彭休、哲康、尊冬三噶伦在座，大半由彭休答复。(一) 首询班禅由青海回藏，系与谁言定？职答以达赖圆寂，藏中无比班禅更尊者，班禅决意取道青海，中央自应采纳。对于此事，各噶伦与专使如何商定，

职未与闻。惟班禅已抵青海，路线再不能变更，各噶伦有无别项意见？彭休答以最好由海道回藏，否则取道青海亦可，并无成见。（二）噶厦去电，并未提及班禅卫队问题，唯言应少带藉名护送班禅之汉蒙军队。（三）所指系概括的非专指汉蒙兵丁，凡汉蒙之官吏、商人、僧侣民众，均在其内，不许带入。职以此事关系重大，深感藏人反复，一再询明后，又具公函要求其照当面答复各语以书面抄录送还。各噶伦已应允。谨先将当面答复各语呈复如后，书面答复有出入时，当再呈报。伏乞鉴核。

职蒋致余叩。漾。

〔蒙藏委员会档案〕

57. 军事委员会为转马步芳电告班禅入藏办法五项事致蒙藏委员会函

（1935年5月29日）

国民政府军事委员会公函　高一字475号

案据马步芳等宥电陈报班禅入藏办法五项，并恳常赐榘训，等情。到会。除分别函电外，相应抄同原电，随函送请核办，见复为荷。此致

黄委员长

附抄送原电一件

中华民国二十四年五月二十九日

附：抄马步芳原电

军事委员会委员长蒋钧鉴：借行政院行密。班禅大师现驻锡塔尔寺，讽经事竣，日昨同职等面商入藏办法如下：（1）大师入藏日期，定于本年中秋节前后，气候凉爽，由青起节。（2）入藏路线，议定取道称多、玉树一带而行为适宜。（3）大师起节时，其行

李及各种物品均由骡马牛只载运，沿途保护由职步芳负完全责任，以免踈虞。(4) 大师起节时，应由职步芳派队护送前进。(5) 此项护送军队为数多寡，临时向委座请示约定，以资遵行。以上五项，议既决定，大师深为嘉纳，视其和颜悦色，意颇欣慰，尤近来精神健旺，每日坐禅参道，毫无怠容。今将大师入藏办法肃电奉闻，尚祈指示。再藏中事务，惟恳常赐渠训，俾悉底蕴，尤所切盼之至。

职马麟、马步芳叩。宥。印

〔蒙藏委员会档案〕

58. 蒋介石为准由谷正伦选派宪兵一营充任护送班禅入藏卫队致蒙藏委员会电

(1935年7月18日)

南京。蒙藏委员会黄委员长勋鉴：

六月删日两密电呈均悉。班禅回藏卫队事，前已准派宪兵一营前往护送返藏，并经电告谷司令赶速组织，并已电达知照矣。

中正。巧。秘蓉。印

〔蒙藏委员会档案〕

59. 行政院为通过特派护送班禅回藏大员行署办法及概算事给蒙藏委员会指令

(1935年7月24日)

行政院指令　第2301号

令蒙藏委员会

呈送特派护送班禅回藏大员行署办法及概算请鉴核由。

呈件均悉。案经提出本院第二二二次会议决议，“通过”。惟其名义，系特派护送西陲宣化使护国宣化广慧大师班禅额尔德尼回藏专使，原送办法及概算中所有大员字样，均应照改，兹将原件发还，仰即更正呈核。此令。

附发还办法一件　概算五份

院长　汪兆铭

副院长　孔祥熙代

中华民国二十四年七月廿四日

附：特派护送西陲宣化使护国宣化广慧大师班禅额尔德尼回藏专使行署办法

一、派遣原因

中央为尊崇西藏宗教首领起见，特派专使护送班禅额尔德尼回藏。（以下简称班禅大师）

二、专使之任务

甲、关于护送班禅大师回藏，与各方接洽联络，及保卫其安全事宜。

乙、关于沿途视察，宣布中央德意，及安慰边地官民，使深知五族共同建国之真谛，竭诚拥护中央事宜。

三、行署组织

护送专使应设行署，其组织及职掌如下：

专使　综理行署对内对外一切事务，并监督所属职员。

参赞　襄助专使计划及承办行署对内对外一切事务，并得于护送专使任务终了后，留藏办事。

参军　承专使之命，掌关于沿途及到藏护卫设计及指导训练卫队事宜。

秘书　中文秘书二人，掌理关于中文编撰及保管事宜。英文、藏文秘书各一人，分掌英文、藏文之编撰及交涉事宜。藏文通译二人，辅助藏文秘书，办理所掌事务。书记二人，办理缮拟文件事宜。到藏后得留中文秘书及书记各一人，驻藏办事。

事务员　事务主任一人，庶务会计各一人，承专使之命，办理行署事务。

参谋　参谋一人，承专使参军之命，办理卫队训练指导及护卫设计事宜。

护送卫队　护送专使随带卫队一营，其经费由宪兵司令部呈请军事委员会拨发，交由专使发给。

摄影师　摄影师一人，掌摄制影片事宜。

附简明组织表（照原表）

四、时期

往返程期，约计八个月，及在藏接洽时间，约计两个月，合计暂定为十个月，但有必要时，得呈准追加之。

五、来往路线

入藏路线，由京转青海入藏。回京路线，由专使临时呈请决定之。

六、经费

行署经费　暂定为二十三万二千四百元。（另详概算书）

七、出发日期

出发日期　由班禅大师专使会同拟定，呈请中央核定之。

八、专门技术人员

关于交通、实业、关税等专门技术人员，如有派遣之必要时，得由各主管机关分别派遣，其经费由各该主管机关筹画之。

特派护送班禅大师回藏大员行署经费概算书

科目	概算书	
第一款　特派护送班禅大师回藏大员行署经费	二三一四〇〇	
第一项　补助费旅装川资	一六〇〇〇〇	
第一目　补助费旅装川资	一六〇〇〇〇	
第一节　补助费	五〇四〇〇	大员一人每月津贴及办公费一千二百元，参赞一人每月六百元，参军一人每月五百元，秘书四人，事务主任一人，参谋一人，军医一人，平均每人每月三百元，十个月计之合四万六千元，翻译二人，书记二人庶务一人，会计一人，助理医官一人，摄影员一人，每月每人平均八十元，十个月计之合六千四百元，两共合五万二千四百元，计如上数。
第二节　旅费	四二〇〇〇	大员一人及参赞、参军、秘书、事务主任、参谋、军医共十员，简任、荐任不等，平均每人日支十元，十个月计三万元，翻译、书记、庶务会计、助理医官摄影员、委任雇员不等，每人日支五元，八人计月支一千二百元，十个月计一万二千元，合共四万二千元，计如上数，此数应实报实销。
第三节　川资	四三〇〇〇	大员四十元，参赞、参军、秘书、事务主任、参谋、军医平均每人三千元，九人计二万七千元，庶务、翻译、书记、会计、助理医官、摄影员共八人，平均每人一千五百元，共二万二千元，共计四万三千元，合如上数。
第四节　治装费	七一〇〇	大员一千元，参赞、参军、秘书、事务主任、参谋、军医，每人五百元，九人计四千五百元，翻译书记、庶务会计、助理医官、摄影员，每人二百元，八人计一千六百元，共计七千一百元，合如上数。

科　　目	概 算 书	
第五节　勤务薪饷川资旅费治装费	一七五〇〇	勤务十四名，每人每月十五元，十个月二千一百元，每名川资七百元，十四人，计一万一千二百元，治装费每人一百元，十四人计一千四百元，旅费每人每日一元，十四人十个月计四千二百元，共计一万八千九百元，合如上数。
第二项　办公费	一一〇〇〇	
第一目　办公费	一一〇〇〇	
第一节　邮电	五〇〇〇	平均每月五百元，十个月计五千元，合如上数。
第二节　文具	一〇〇〇	平均每月一百元，十个月计一千元，合如上数。
第三节　医药	二〇〇〇	平均每月二百元，十个月计二千元，合如上数。
第四节　购置	二〇〇〇	平均每月二百元，十个月计二千元，合如上数。
第五节　杂支	一〇〇〇	平均每月一百元，十个月计一千元，合如上数。
第三项　馈赠熬茶布施	四〇〇〇〇	
第一目　馈赠	二〇〇〇〇	为馈送当地人士及有关文武僧俗官员，藉以联络感情之用。
第一节　在途馈赠	五〇〇〇	
第二节　在藏馈赠	一五〇〇〇	
第二目　熬茶布施	二〇〇〇〇	布施三大寺、扎什伦布、布达拉、大小昭喇嘛及熬茶费共计二万元，合如上数。

科目	概算书	
第一节　熬茶	五〇〇〇	
第二节　布施	一五〇〇〇	
第四项　运费		
第一目　搬运费	一五〇〇〇	
第一节　搬运费	一五〇〇〇	骡马多少，此时不便计算，暂定一万五千元，将来实报实销。
第五项　特别费	五〇〇〇	
第一目　特别费	五〇〇〇	
第一节　特别费	五〇〇〇	平均每月五百元，十个月计五千元，合如上数。

附记：一、以上各项除员役补助、薪饷、服装、川资外，余均实报实销。

二、特别费限于特别情形时用之，如交际、赏钱等，是项应实报实销。

三、护卫队官兵薪饷、川资、办公各费，由宪兵司令部呈请军事委员会拨，经由大员具领转发之，故未列入此项概算书内，合并声明。

〔蒙藏委员会档案〕

60. 诚允为班禅已同意中央所定组织护送卫队办法事致蒙藏委员会密电

（1935年8月13日）

南京。蒙藏委员会黄委员长钧鉴：

允密。班佛今午回塔寺，对于卫队巧电办法同意，嘱转请早为筹备，俾赶行期。余商就回京面禀。

诚允叩。元。印

〔蒙藏委员会档案〕

61. 行政院为宪兵司令部已选定人员护送班禅回藏事致蒙藏委员会训令

（1935年8月15日）

行政院训令　第4362号

案据军政部呈称："案据宪兵司令谷正伦密呈称：案奉委员长蒋六月号电，令饬组织宪兵一营加机枪与迫炮各一连，护送班禅大师回藏，等因，当经分令各团遵示挑选，现据册报，已可如数编组成行，拟即召集来京施以短期训练，预备出发，至营连官兵之编制，马匹器械之计算，均系敬遵委员长叠电意旨，参以蒙藏委员会调查主任高长柱之计划，及各处考察所得，为发扬中央威德及撙节经济力量双方兼顾计，斟酌拟具宪兵营、宪兵连、机炮连编制表各一份，行李单一份，呈请钧部迅赐审核示遵，俟上项编制敲定后，再行根据拟定薪饷、川资、办公、械弹、骡马、装具等项预算，续呈核示。昨接甘肃朱绥靖主任文电开：'班禅大师定阴历八月由青启程，护送宪兵、希于阴七月中旬到甘'。等语，是行期甚为迫促，故一切均在积极准备中，除呈军事委员会外，理合缮呈编制表三份，附行李单一份，请鉴核示遵。等情。据此，当经由部函请军事委员会办公厅转陈核示去后，兹准函复尾开：‘查此案前据该部迳呈到会，业由会公一字第三七一号指令：‘除各连司书阶级应改为‘上士(准尉)’外，余均照准’。等语，相应录案函复查照’。等由。准此，除遵照改正暨分行外，理合缮具该项编制表及行李单，备文呈请鉴核，俯赐转呈国民政府备案，实为公便。”等情。据此，除呈请国民政府鉴核备案，暨指令知照外，合行检发原件，令仰该会知照。此令。

计检发护送班禅大师宪兵营连及机炮连编制表与行李单各一份

代理院长　孔祥熙

中华民国二十四年八月十五日

护送班禅大师宪兵营编制表民国二十四年七月

职别	阶级	员额	备注
营长	少(中)校	一	
营附	上(少校)尉	一	
军医	上尉	一	
兽医	上尉	一	
军需	上尉	一	
副军	中尉	一	
书记	中尉	一	

职别	阶级	员额	备注
司书	准尉	二	
军士	上(中)士	五	军需军士一，司药军士二，司号及传达军士各一。
传达兵	上等兵	五	
勤务兵	上 二等兵	三 三	
炊事兵	上 二等兵	一 二	
饲养兵	上 二等兵	二 一	
马匹	乘马	七	中尉以上各一匹，两个司书共一匹。
合计	官佐 士兵 马匹	九 二一 七	
宪兵第一连	官佐 士兵 马匹	六 一〇八 六	
宪兵第二连	官佐 士兵 马匹	六 一〇八 六	

职　　别	阶　　级	员　额	备　　　注
机炮连	官　佐 士　兵 马　匹	六 一二二 四八	
总　　计	官　佐 士　兵 马　匹	二七 三五九 六七	

护送班禅大师宪兵营宪兵连编制表

民国二十四年七月

职　　别	阶　　级	员　额	备　　　注
连　　长	上(少校)尉	一	
排　　长	中(少)尉	三	手提机关枪一排，拨壳枪一排，马枪一排。
特务长	准　　尉	一	
司　　书	上士(准尉)	一	
军　　士	上 中士 下	一〇 九 九	军需军士十一，班长九。
宪　　兵	上(一)等兵	六三	
号　　兵	上等兵	二	

职别	阶级	员额	备注
看护兵	上等兵	一	
勤务兵	上一等兵	一三	兼服传达。
炊事兵	上一(二)等兵	一七	
饲养兵	二二等兵	二一	
马匹	乘马	六	
合计	官佐 士兵 马匹	六 一〇八 六	

护送班禅大师宪兵营机炮连编制表

民国二十四年七月

职别	阶级	员额	备注
连长	上(少校)尉	一	
排长	中(少)尉	三	机枪一排，机枪两挺，弹药一班，迫击炮两排，炮四门，弹药两班。
特务长	准尉	一	
司书	上士(准尉)	一	

职别	阶级	员额	备注
军需军士	上士	一	
军士	上 中士 下	九 九 九	
枪 炮兵	上(一)等兵	六 三	
号兵	上等兵	二	
看护兵	上等兵	一	
勤务兵	上 一等兵	一 三	
炊事兵	上 一(二)等兵	一 七	
饲养兵	上 一(二)等兵	一 一五	
马匹	乘马	六	
	驮马	四二	全连枪炮六，需驮马六，每枪每炮配备弹药驮马五，预备马六，合计如上数。
合计	官佐 士兵 马匹	六 一二二 四八	

附：行李

士兵每人携带枪一支，弹二百发连弹盒(杂役兵在外)，衬衣二套，单军服两套，（帽一），呢军服两套，（帽一），羊毛衣裤一套，布袜毛袜各两双，外皮套一件，（皮帽一），雨衣一件，布鞋、皮鞋、马靴各一双，单呢裹腿各一双，腰皮带、水壳、干粮袋各一件，布手套、皮手套各一双，风镜一个，指南针一个，毛毯一，盥具一，笔墨纸，教程一册，食粮七十斤。

以上每人除携带一部徒步外，每人需健壮驮马一匹半。

外每连行军锅两套，帐幕十二个，需驮马五匹。

又营部行军锅一套，卫生材料公用物品等需驮马五匹。

行李人马之组织

队长（同中尉）一，夫目（同上士）六，马夫（同二等兵）一百九十名，伙夫（同二等兵）二十名，驮马共五百六十匹，又预备马五十匹。

〔蒙藏委员会档案〕

62. 班禅为谢特派诚允护送并请摧早日由京返青即早起程事致蒙藏委员会电

（1935年8月17日）

南京。蒙藏委员会黄委员长勋鉴：

回藏护送大员，既蒙派定，诚委员执中老诚练达，公忠率真，主持使节，定堪资依。现于咸日回京复命，倘祈催促从速筹备，及早回青，以便起程。是至感祷，特电欢谢。肃颂

政祺

班禅额尔德尼叩。筱。印

〔蒙藏委员会档案〕

63. 西藏驻京办事处为告已将中央派专员并仪仗队护送班禅入藏转告藏政府事致蒙藏委员会代电

（1935年9月4日）

蒙藏委员会委员长黄钧鉴：

宥日代电奉悉。关于班禅回藏，中央决定选派宪兵叁百余人充仪仗之用，并派护送专使一人随同护卫各节，经已遵电转达藏政府，合先电复，伏希鉴察。

西藏代表　贡觉仲尼、阿汪坚赞、曲批图丹叩。支。印

〔蒙藏委员会档案〕

64. 行政院为奉令特派诚允为护送班禅专使致蒙藏委员会训令

（1935年9月10日）

行政院训令　第四七七八号

令蒙藏委员会

案准国民政府文官处本年九月五日第四五二一号公函开：案奉九月四日国民政府令开：特派诚允为护送西陲宣化使护国宣化广慧大师班禅额尔德尼回藏专使。此令。等因。奉此。除由府公布并填发特派状外，相应录案，函达查照，转行遵照。等由。准此。合行令仰该委员会知照。此令。

院　长　汪兆铭

中华民国二十四年九月十日

〔蒙藏委员会档案〕

65. 褚民谊为议复蒋致余报告藏方决以武力抗拒护送班禅入藏等事致蒙藏委员会函

(1935年9月13日)

行政院秘书处笺函　第402号

奉院长谕："拉萨蒋致余佳电，陈报藏方反对中央动作情形请鉴核一案，应抄送国防会议并交蒙藏委员会议复。"等因。相应抄同原件，函达查照。此致

蒙藏委员会

计抄送原电一件

行政院秘书长　褚民谊

中华民国廿四年九月十三日

抄拉萨蒋致余电

特急。南京。行政院长汪、蒙藏委员会委员长黄、参谋本部代总长杨、成都行营委员长蒋钧鉴：○密。据确报：

(一)藏代表电藏，称中央派专使一员、宪兵三百名护送班禅回藏，藏当局微日在布达拉开会，决电中央，表示反对。电不日即发，并决实力拒抗，连日正在运送枪、弹赴康中，前、昨两日运去卅驮。

(二)彭休等原不愿无线电台在藏工作，有请中央撤回意。现英人又从中挑拨，谓电台不利于藏，中央派员驻藏亦非善意，诱其设法令职等官兵并无线电工作人员离藏。彭休等现正在密筹办法中。

(三)藏中反对中央份子为彭休、哲康、郎丞三噶布伦，东波大中译、琼让仁岗、鲁冈哇等约十余人。尊冬噶布伦、僧官马基等亲汉最力，三大寺亲汉派已被噶厦剔除于其小会议外。

（四）藏当局除嫉视中央在藏工作员兵外，对班禅代表邦达昌尤为嫉视，祈康福安请职转呈中央给予彼一名义，俾得减少危险。

（五）威廉逊来拉后，表面对职礼貌尚属相当，惟骨子里已派诺若巴图等不惮间接向藏当局进言，诱藏抵抗中央，设藏失败，由英国出面和解，并谓英有侦探在青海云。故彭休等决意抵抗。

（六）据职推测，职等当无何等重大危险，唯在将战未战前，或恐彭休等蠢动耳。设万一至此，只有运动三大寺保护，所有少数用费，届时再请求接济，至康福安、邦达昌凶遇危险，请中央对藏来电时亦请俯准。

以上所陈，均系实在情形。伏乞鉴核，电示祇遵。

职蒋致余叩。佳。印

〔蒙藏委员会档案〕

66．噶厦续拒中央派员暨仪仗队护送班禅入藏致蒙藏委员会电

（1935年9月22日）

南京。蒙藏委员会黄委员长慕松先生勋鉴：

前据南京敝代表呈报：中央为护送班禅回藏，派遣护送专使一员、护兵三百余名，承示勿疑，并盼答复一案到藏。查关于班禅回藏，卫藏两方均经筹派官员、夫役多人往迎，惟在中藏善后尚未解决之际，中央直派汉蒙官兵护送，民众深滋误会，佥认中藏和好绝望，危机紧迫，不敢缄默。凡藉名护送班禅，官兵无论多寡，不特不得越进藏境，且须一概撤回，班禅如需护卫，亦可依照佛意，俟到藏境，自有藏方准备迎护。其中详情，已饬敝代表等转呈矣。乞予考虑，希速示复为祷。

噶厦公所叩。藏养。印

〔蒙藏委员会档案〕

67. 蒙藏委员会说明护送专使为人并仪仗队均经严格挑选致热振等密电

（1935年9月23日）

拉萨。热振禅师慧鉴：司伦先生、噶厦诸位噶伦先生勋鉴：

筱、号两电，计邀察阅。中央此次特派诚专使允护送班禅大师回藏，原诚专使系满洲同同胞，在东北历任高等法院院长、民政厅长、代理主席，现任本会委员，为人老成持重，酷爱和平，对边事素抱热诚，对藏事亦多研究。至仪仗兵，系由中央宪兵司令挑选，其任务为尊重体制，其性质为爱好和平，军纪严肃，军誉素佳，此次诚专使指导此项军队护送班禅大师回藏，于中藏人士感情，□有裨益也。除托贵代表再为转达外，特先奉闻。

黄慕○艳。调。印

中华民国二十四年四月九日

〔蒙藏委员会档案〕

68. 行政院通过护送班禅回藏专使入藏训条致蒙藏委员会密令

（1935年10月2日）

行政院密令　第三○六○号

令蒙藏委员会委员长黄慕松

呈为遵谕拟定诚专使入藏训条，请鉴核由。呈件均悉。案经提出本院第二三二次会议，决议：将此训条秘密缮交护送班禅回藏专使诚允，由黄委员长转交。仰即遵照。训条随发。此令。

附发缮正训条一纸

院　长　汪兆铭

中华民国二十四年十月二日

特派护送班禅大师回藏专使诚允入藏训条

第一条　西藏对于中央应恢复原来密切之关系（照前清乾隆五十七年以后之办法，查照理藩部则例并本党政策办理之）。

第二条　西藏不得与外国自由订立条约。

第三条　西藏与外国旧订之约，应提请国民政府处理。

第四条　西藏之军政重大事项及外交，应由国民政府处理。

第五条　国民政府允许西藏有完全自治权，其自治方案另订之。

第六条　国民政府得依西藏官民之愿望，允许维持其固有之政教制度。

第七条　国民政府在国法之允许范围内，尊崇西藏宗教。

第八条　达赖、班禅之待遇程序，及在西藏政教上之职权，概仍旧制。

第九条　康藏驻军及行政区域暂维现状，应即恢复交通。所有划界问题可从长计议。

第十条　国民政府派大员常川驻藏，查照旧例并参酌自治情形，执行国家行政并指导地方自治各事宜。

第十一条　西藏得派专员在京设立办事处，并可由国民政府酌给办公费。

〔蒙藏委员会档案〕

69．蒙藏委员会为告中央派队护送班禅回藏案经确定毋庸自惊自扰致噶厦电

（1935年10月3日）

拉萨。蒋参议转噶厦诸位噶伦先生勋鉴：

藏养电诵悉。密。查班禅为藏中现时唯一大佛，中央为尊崇

佛教，隆重仪典起见，自应派遣负责官员及仪仗队随同欢送回藏，于维护班禅太师尊严及维持西藏现状，双方兼顾，情礼俱尽。案经确定，幸勿惊疑，希即查照以往各电，会同蒋参议妥速筹备欢迎，毋得自生惊扰，致误大局为荷。

黄慕○。江。调。印。

〔蒙藏委员会档案〕

70. 蒙藏委员会再释派遣专使及仪仗队护送班禅回藏缘由致西藏驻京办事处电

（1935年10月7日）

西藏驻京办事处贡代表、阿代表、曲代表均鉴：

感代电悉。查中央派遣专使及仪仗队护送班禅回藏，原本尊重佛教、爱护藏人之旨。今观代电所陈，贵噶厦似仍多疑虑，除于上月二十七日已函解释，嘱为转达外，兹再述之：

一、班禅为维持尊严，保护安全，应带所需之卫队，本委员长前在拉萨曾与西藏各当局当面约定。

二、中央应派专使及仪仗队，在迎送西藏之佛教领袖已有成例，实非创自今日。

三、欢迎班禅回藏，为全藏人民所渴望。今班禅俯循民意，实行回藏，如中央不派专使及仪仗队为之保障，不独无以表中央推崇佛教之真诚，且班禅势必自行招募不十分精练之卫队以壮视瞻。

四、基上所述，如贵噶厦不想班禅回藏则已，否则，不由中央负责予以保障，必由其本人自找保障。总之，班禅回藏之必须保障，乃为必需之事实。今中央于审筹熟虑后，遂本其爱护藏民之心，决定依照旧例派遣专使及仪仗队护送，此实为万全之策也。

五、如贵噶厦忽略实际情形，既不希望中央派人护送，则班禅自行带兵又为不许，不独无以慰全藏人民渴望之殷而逼班禅久住边界，将来于西藏局势之推移如何，此时实为未可逆料也。

六、且在班禅准备回藏前，曾向中央要求随带卫队甚多，经中央几经考虑与磋商，始改为仪仗兵三百余人，以此三百余人跋涉长途、担负护送全责，于西藏实有百利而无一害。

七、在中央，一方为维持班禅在佛教上之尊严，一方为维持现颇安定之藏局，此次派遣专使及仪仗队，实为应有之举动，而亦为避免许多无谓纠纷之因素也。

至中央派员留藏办事，原为沟通中央对西藏关系之连锁，而无线电又为传达消息之良好工具，意志已可藉之了解，消息亦可因而灵通，于办事上，中央、西藏均享莫大便利，此实为中央爱护及扶植西藏，使日即于繁荣之深意，无可置疑者也。以上二项，仰该代表等速予转达贵噶厦，仰体中央派遣员兵之深意，筹备欢迎，俾班禅早日回藏，以慰全藏人民渴望之殷，藉示中央尊重佛教、爱护藏人之旨。嗣后情形，统希具报为要。

黄慕松。阳。调。印。

〔蒙藏委员会档案〕

71. 班禅为谢中央向噶厦解释派遣专使暨仪仗兵护送入藏致蒙藏委员会电

（1935年10月14日）

南京。蒙藏委员会黄委员长勋鉴：

阳调两电奉悉。德密。承示汪院长复热振电意，捧读之下令人愧愠，此间并将中央援照旧例派遣护送专使与仪仗兵原为尊崇佛教，爱护和平，班禅回藏目的亦在安定民心，维持政教定谧各情形详为解释矣。祈释廑念。

至藏方欢迎代表前站已到此间，其余现达香日德，约两周可

抵塔寺。知注奉闻。即颂
勋祺。

班禅额尔德尼叩。寒。印。

〔蒙藏委员会档案〕

72．行政院为密告驻华英使来外部阻止中央派卫队护送班禅回藏并令妥筹应付办法事致蒙藏委员会密令

（1935年11月20日）

行政院训令　第六〇五〇号

令蒙藏委员会

案据外交部呈称：准驻华英大使贾德干来部面称，奉本国外部电，据报班禅喇嘛此次回藏，带有军队三百人，藏政府曾有电致贵国政府及班禅，表示异议，迄未得复。此事既为藏政府所反对，本国政府对于西藏治安素极关心，亦觉贵国政府此举，有发生困难之可能。经告以班禅喇嘛为保护其自身之安全，及维持其尊严起见，原欲多带卫队入藏，嗣因藏方希望人数不必过多，始由中央派卫队三百人，完全系护卫性质，而非军队，藏方反对之电，并无所闻，本国政府并无藉此机会派遣军队入藏之意。彼复谓班禅即无卫队入藏时，其部下甚多，且多武装者，必可加以护卫，且入藏后，可由藏方派队护卫，何必由中央派队护送？兹根据森姆拉条约第三条及藏方之异议，希望贵国政府对于此事予以慎重考虑，即请转陈贵国政府，本大使亦当将今日谈话情形，电复本国外部云云。查所谓森姆拉条约第三条规定为：中国政府现在既认英国以西藏地理上之位置有特别关系，欲西藏建有实力政府，维持附近印度边界及毘连西藏各处之治安，今订定除本约第四款所载外，中国于外西藏不派军队，不驻文武官员，并不办殖民之事，如本约签字之日，外西藏尚有该项军队官员，应于三月

内撤退。英国政府今订定除一九〇四年九月七日英藏条约所载外，不在西藏派驻文武官员；除商务委员卫队外，不派军队，并不于该国办理殖民事宜。仅系中藏英三方专员画行之草约，我政府始终未经签准。今该大使持此来争，与事实固未尽适合，而该项草约究属二十年来之悬案，亦非绝无根据。近来迭据驻藏蒋致余参议来电报告，英方藉端要求开埠，并拟援例设官等情，可见彼对此举殊为重视。应如何筹策万全维持藏局之处，除函请蒙藏委员会核夺外，理合呈请鉴核，饬下蒙藏委员会妥筹办理，实为公便。等情。据此，应准照办。除指令外，合行令仰该会遵照，妥筹办理具报。此令。

代理院长　孔祥熙

中华民国廿四年十一月廿日

〔蒙藏委员会档案〕

73．池中宽等奉命与诚允商定应付英国企图干涉班禅回藏办法致黄慕松签呈

（1935年11月26日）

敬签呈者：关于英使贾德干向外交部表示班禅回藏意见一案，奉派与诚专使妥为商洽。等因。中宽、庆宗当于二十三日下午三时同往谒诚专使，协议结果，意见如下：

一、班禅回藏，在目前应付西陲局势，确属需要，仍应按照已定计划实施；

二、因此项事件而起之对英外交，以事属我国内政问题，与之委婉周旋；

三、对于藏方表示：诚专员有附带商谈藏事之任务，以增高其希望，减少其反对，而削弱英人藉口之理由；

四、英人要求藏方割地、开埠及设官等情报，如有其事，当

以反对为原则，但目前可听藏方对付，暂取静观态度。

上述愚见，是否有当，并应否回复外交部，俾有接洽而便坚持之处，敬祈鉴核。谨呈

委员长黄

池中宽　孔庆宗。谨呈

中华民国二十四年十一月廿六日

〔蒙藏委员会档案〕

74. 行政院为准诚允呈报护送班禅返藏日期等事致蒙藏委员会训令

(1935年11月26日)

行政院训令　第六一六一号

令蒙藏委员会

案据特派护送西陲宣化使护国宣化广慧大师班禅额尔德尼回藏专使诚允二十四年十一月二十三日特字第一五二号呈称：窃职奉命护送班禅大师回藏，业已筹备就绪，现定于十一月二十五日，先遣仪仗队出发，十二月一日，职带领全署人员一律出发赴青护送班禅回藏，以重使命。惟以此次赴藏，携带礼品及应用等物，为数甚夥，经过路线又极遥远，拟请钧院转令各省、市军政长官，在职经过该境时，饬属一体保护，并予以便利，以策安全，而免延误，是否可行，理合具文呈请鉴核，指令示遵。等情，据此，应准照办。除指令暨通饬苏、皖、豫、陕、甘、青六省政府、西康建省委员会遵照，并令行军政部转饬沿途各该部队长官对于该使过境时一体保护，并予以便利外，合函令仰该会知照。此令

代理院长　孔祥熙

中华民国二十四年十一月二十六日

〔蒙藏委员会档案〕

75．班禅为告后藏代表文屈佛等安抵塔寺致黄慕松密电

（1935年12月1日）

蒙藏委员会黄委员长勋鉴：

世电奉悉。德密。仪仗队业已启程，甚感。后藏代表文屈佛等三百余人均平安到塔，余情容当续闻。

班禅额尔德尼。东。印

〔蒙藏委员会档案〕

76．外交部为修正会拟应付英方干涉护送班禅回藏办法事致蒙藏委员会公函

（1935年12月9日）

密。外交部公函　第11465号

准本月四日机字第九六号公函，开示关于班禅回藏事意见四项，并承派贵会孔参事庆宗、池秘书中宽来部商讨，业经接洽。在案。查此事曾经本部向英方婉词驳辨，尚未准复。来函第一项似可改为“班禅回藏，为应付西陲局势，确属需要，在目前按照已定计划实施，将来再行相机应付，以策万全。”第二项与第一项有连带关系，第一项如可修正，则此项自可悉照来函所拟。至于第三项既系附带之任务，第四项情报，尚待证实，均属贵会主管范围。相应函复查照为荷。此致

蒙藏委员会

中华民国二十四年十二月九日

〔蒙藏委员会档案〕

77. 孔庆宗等报告外交部对会拟四条意见并检附该部政务次长与英谈话记录签呈

（1935年12月10日）

敬签呈者：关于英使表示班禅回藏意见一案，奉派前往外交部商洽。等因。遵于本月七日午前十时赴该部与欧美司科长接洽胡襄接洽。据称该部对于本会函复意见四项，大体表示赞同。并谓第三、四两项，可暂不计议，第二项该部已向英使有所驳复外，拟将第一项稍加补充，改为：“一、班禅回藏，应付西陲局势，确属需要，在目前仍按照已定计划实施，将来再行相机应付，以策万全。”俾词意愈增婉蓄，云云。当以与原意并无出入，表示赞同，并请该部正式函复本会，以便呈后核定。同时请其将外交部徐次长及刘司长与英使关于此案之谈话记录，抄交本会，以备参考。一俟该部复到，本会如无异议，即可呈院备案，以资简捷。以上接洽各节，是否有当，理合检附谈话记录，呈请鉴核。谨呈
委员长黄

附谈话记录二件

孔庆宗　池中宽。谨呈

二十四年十二月十日

徐次长会晤英大使贾德干谈话记录

二十四年十一月九日上午十一时卅分

贾德干大使：顷奉本国外交部电称：据报班禅喇嘛此次回藏带有军队三百人，藏政府曾有电致贵国政府及班禅喇嘛表示异议，迄未得复。不知贵国政府将如何处置此事？

徐次长：阁下询问此事，想仅系探听消息。

贾德干大使：不止探听消息，因贵国政府派遣军队入藏，系

违反森姆拉条约第三条，且此事既为西藏政府所反对，本国政府对于西藏之治安，素极关心，亦觉贵国之举有发生困难之可能。

徐次长：姑先勿论条约问题，先就事实言，班禅喇嘛为保护其自身安全及维持其尊严起见，原欲多带卫队入藏，嗣因藏方希望人数不必过多，故中央决定只派仪仗队三百人。但此项部队完全系卫队，而非军队，本国政府并未接到西藏当局表示反对之电报。

贾德干大使：然则藏方对于人数已有表示，三百名不可谓不多。且班禅本人必有卫队，何必由中央派队护送？

徐次长：据本人所知，上述三百名仪仗队入藏事，藏方已经同意，贵大使所称藏方反对一节，本人毫无所闻。班禅本人素无卫队，前在南中时，亦系由中央派队护卫。

贾德干大使：闻中国政府尚拟派一大员率领卫队入藏，确否？

徐次长：政府确已派一大员，但非军人，与卫队亦无关，彼系一文官，其任务为伴送班禅，此系依照过去惯例，表示政府尊重班禅之意耳。

贾德干大使：班禅即无卫队，入藏时其部下甚多，且多武装者，必可加以护卫，且入藏后可由藏方派队护卫。总之，本国政府根据森姆拉条约第三条及藏方之异议，希望贵国政府对于此事再予慎重考虑。本人当即电复外交部，将阁下所称各节叙入。同时，希望阁下将本见解转陈贵国政府当局。

徐次长：阁下复外部电中，可告以此项卫队完全系为保护班禅与维持其尊严而派遣，本国政府并无藉此机会派遣军队入藏之意。

贾德干大使：自当酌量转达，惟本国政府是否可以安心，则未可知。

刘司长与英大使馆秘书禅德本谈话摘要

二十四年十一月二十七日

本年十一月九日贾德干大使面晤徐次长，以英国政府对于国民政府拟派仪仗队三百人护送班禅喇嘛回藏事，依据西藏当局之异议及森姆拉条约第三条之规定，表示反对。

查阅此案文卷，并向蒙藏委员会询明，当黄慕松将军前在拉萨时，曾将班禅喇嘛仪仗队事，向西藏当局提及，彼等对于此事，并无异议。徐次长已向贾德大使释明，此项派送班禅喇嘛之部队，纯系护卫，而非军队。此项派遣，除保护班禅喇嘛之安全及维持其尊严外，实无其他用意。

至于森姆拉条约，中国政府对此未签订之件向来所持之态度，当为英国政府所深知。此项未尝正式缔结之条约之援引，中国政府殊不能认为适当。且班禅喇嘛之仪仗队，既非军队性质，无论如何与上述之条款究无关系也。

〔蒙藏委员会档案〕

78．护国宣化广慧大师西陲宣化使公署布告

（1935年12月13日）

教字第3号

为布告事：案据青海各佛教信士呈称：窃惟天灾连年，国难方殷，皆由众生恶业所召感。是故欲救浩劫，挽回人心，非急急提倡佛学，阐明因果不为功。盖佛教以因果为生，因果之理明，则恶者惩而善者劝，众生不造恶因，自无恶果，如斯而天下太平可冀，人民安乐可望矣。弟子等有鉴及此，故联合西北各佛教团体，男女居士，织织西北佛教居士林，以研究佛学、修持佛法、自觉觉人为宗旨。惟恐创办伊始，人多误会，祈赏发告示，以资维护。等情。据此，查佛法宏开，人道乃昌，微奥昭明，斯世永济。兹值中央力加保护之际，而信教自由，复律有明文，深希各界上体

中央意旨，下怜社会沉溺，以菩提觉心，开悟众生，发慈悲浩愿，普渡众伦，俾西北佛教，永得滋荣增长，则非惟该居士林之所期冀，亦本使之所厚望焉！特给布告，俾众周知，此布。

护国宣化广慧大师
西陲宣化使 班禅额尔德尼

中华民国二十四年十二月十三日

〔西陲宣化使公署月刊〕

79. 行政院秘书处抄交蒋致余报告三大寺倾诚内向势力反对噶厦派兵抗拒中央派队护送班禅回藏致蒙藏委员会函

（1935年12月18日）

奉院长谕：拉萨蒋参议致余文电陈，为班禅回萨一事，藏政府因三大寺亲华派反对派兵抗拒，似呈急转直下情形一案。应送蒙藏委员会黄委员长。等因。相应抄同原件，函达查照。此致
蒙藏委员会黄委员长

计抄送原电一件。

行政院秘书长翁文灏。

（官章）

抄原电

特急。南京。军委会委员长蒋、行政院代院长孔钧鉴：

祭密。一周间，因电台系油运输误期停报，适藏中亦沉寂，故十日无报告。现布达拉以据西藏代表驻京办事处电告中央护送班禅官兵已首途，佳、蒸、真连开会议三日，首报告藏代表来电内称：中央所派专使等官员十一人、宪兵四百余人，均已于敬东两日先后首途，无线电及职雇员亦同来藏，中央给予班禅回藏各

费百万元，并云中央得藏报告藏中官员不和，此于藏大不利，但不知确否。等语。现藏中三大寺及亲华派甚形活动，三大寺堪布且在会议中宣称：中央派兵三百人护送班禅并不算多，一致反对藏政府派兵拒抗，三日来会议毫无结果，本日仍续会议，但职近日间曾分赴各噶布伦私宅恺〔剀〕切开导，藉以窥其行动态度，较前均大不相同，藏局似将呈急转直下之势，究竟会议如何决定，藏情如何变化，容再续呈。伏乞鉴核。

职蒋致余叩。文。印

〔蒙藏委员会档案〕

80. 蒙藏委员会为拒绝英政府引用西姆拉条约干涉派队护送班禅回藏并拟定应付原则事致行政院密呈

(1935年12月19日)

密呈。

案准外交部廿四年十一月十三日欧24字第一〇六〇六号公函，以驻华英大使贾德干口头提出班禅带兵回藏事件，请慎予考虑一案，函请查照，妥筹办理等由，到会。正核办间，复奉钧院廿四年十一月廿日第六〇五〇号训令，案同前因，即行派员持函前往外交部商请抄送关于西藏一切外交文件，当准外交部交来藏案交涉始末一件在案。查班禅回藏，本为藏中官民所期望，又系班禅大师之宿志，且属西藏内部问题，英人对此，亦颇具同情，故实现此事，似无问题。至随带卫队一节，西藏当局，虽曾一度食言反对，但自院、会去电解释后，迄今未有异议。而英使所引用之森姆拉条约，我政府从未签字承认，亦少法律根据，由此观察，仍拟依照前定办理班禅回藏之：（一）维持中央向来对藏之惯例。（二）维护班禅尊严。（三）不妨碍藏中秩序。（四）不致引起对外纠纷等四项原则，继续进行，并拟具意见，派员前往外交部商讨。兹谨将业经商定之意见，开陈如下：

一、班禅回藏，为应付西陲局势，确属需要，在目前按照已定计划实施，将来再行相机应付，以策万全。

二、因此项事件而起之对英外交，以事属我国内政问题，与之委婉周旋。

以上意见，是否可行，理合呈请钧院核转外交部妥筹办理，实为公便。谨呈

行政院院长蒋

全衔黄○○

中华民国廿四年十二月　日

〔蒙藏委员会档案〕

81．行政院为已饬令外交部商讨应付英国干涉我西藏事务办法致蒙藏委员会密指令

（1935年12月23日）

行政院指令　第3866号

令蒙藏委员会

二十四年十二月十九日呈，为奉令办理关于外交部与英使交涉情形一案，业经拟具意见，派员前往外交部商讨，将商定意见开陈，请核转妥办由。

呈悉。已如请令饬外交部遵照妥筹办理矣。仰即知照。此令

院　长　蒋中正

中华民国二十四年十二月二十三日

此事经过，宜随时告知班禅大师。

〔蒙藏委员会档案〕

82. 行政院秘书处抄交蒋致余报告噶厦假民意拒中央派员进藏致蒙藏委员会函

(1935年12月30日)

函　六一一〇号

奉院长谕：拉萨蒋参议致余养电，为接西藏会议及噶厦送来呈中央文电，已另译发，拟请照所陈语意批答藏方，藉收宏效一案，应抄送军事委员会并交蒙藏委员会拟复。等因。除由院函达军事委员会查照外，相应抄同原电，函达查照。此致

蒙藏委员会

计抄送原电一件

行政院秘书长　翁文灏

(官章)

中华民国二十四年十二月卅日

抄原电

急。南京。行政院院长蒋钧鉴：

祭密。号电计蒙鉴核，噶厦致西藏代表驻京办事处密电本，既已盖章送未（来）同时并送来西藏会议呈国民政府、钧院及蒙藏委员会汉藏合璧文字电与噶厦呈钧院及蒙藏委员会汉文电各一件，原电均另译发。会议电文除要求护送官兵以送至边省地界为止外，并故意涉及中藏关系，强词夺理，自站地步；噶厦电文尾有“务恳顾念中藏和好，应如何维持指导之处祈速示复”。等语。昨日，热振复密嘱人告职谓：中藏问题，藏方已有和平解决意，请职注意。惟藏人狡黠异常，诈骗狡赖，无所不为其极，纵使其有和平解决藏事诚意，亦必待其彻底觉悟，自动请求，方可望其就范，万恳注意此点，暂勿表示和平解决意旨，而对于班禅回藏

问题，仍乞按照原定计划进行，逼串愈紧，则办事愈顺、收效愈大。至中央对此次西藏会议及噶厦电呈□□□见，拟请作以下之批答云：班禅大师离藏日久，目下全藏僧俗官求治心切，盼班禅大师迅速回藏。中央此次派专使及仪仗队护送班禅大师回藏，纯系根据西藏民意，查照往年成例办理。来电一则曰：民众疑虑，再则曰：民众寒心。究竟该项会议是否依照旧规召集？能否代表全藏民意？应根〈据〉出席人数及人员姓名逐一具报，以凭核办。至中央对藏关系，中藏一家，由来已久，前辈达赖喇嘛曾经宣誓：西藏永远为中国之领土。尤其明证！来电所称，殊非事实？为有效应付计，藏方如有良好意见，乞饬就近与蒋参议开诚商洽，全衔呈报，俾便中央斟酌采纳。

上项建议，盖系本于过去事实与现在破坏斥其无理之词，开其自新之路，是否有当，伏乞钧裁。

职　蒋致余叩。养。印

〔蒙藏委员会档案〕

83. 蒙藏委员会为报告民众会议决议系少数人伪造并英人续唆噶厦抗拒中央护送班禅入藏事致戴传贤呈

（1936年1月22日）

案准行政院秘书处廿五年一月十日函，以拉萨蒋参议致余文电陈报：（一）藏中官民切盼班禅回藏。（二）英方唆使噶厦反对中央派兵护送班禅，请鉴核一案。奉谕：应抄送蒙藏委员会及外交部。等因。函抄原电，并请查照。等由到会。理合抄同原电，呈请鉴核。谨呈考试院院长戴

抄呈原电一件

全　衔　黄○○

中华民国廿五年一月廿二日

抄原电

特急。南京。行政院院长蒋钧鉴：

祭密。（一）藏中官民大都倾诚内响，盼班禅早日回藏。目今西藏民众会议通过，少数人出席，不能代表民意。顷因蒙委会有电复民众会议，职遂藉此请噶厦依法召集民众会议，以便交付电报。各噶布伦为之大窘，瞠目不能对。嗣经该噶布伦等婉词向职商洽，始于昨日将该电交噶厦转交，并经声明：现时民众会议非依法召集，全系假会，藏方以此欺骗中央，职不能随其欺骗中央，早经据实呈报，盼望嗣后噶厦自负其责，不可藉词反抗。等语。（二）哲行政官柯尔顷有电到藏，内称：中央派遣护送官兵一节，已由驻京英大使向外部交涉，外部答以噶厦对此无电反对，未仍唆藏方坚决表示反对。本日噶厦有电致其驻京代表，其内容当以此有关。肃呈鉴核。

职　蒋致余叩。文。印

〔蒙藏委员会档案〕

84. 戴传贤抄转班禅感电致黄慕松电

（1936年1月30日）

慕松先生惠鉴：

昨日由罗桑坚赞处长送来班禅大师感电，兹照录一通，送希察阅，专此密布。即颂

勋祺

附抄电一纸

弟戴传贤　敬启　（印）

一月卅日

照抄班禅额尔德尼来电

罗桑坚赞处长译呈戴院长钧鉴：

京密。此次西藏派来欢迎代表三百余人，皆已先后到达青海，早经电陈在案。兹接噶厦来函，谨将重要各节译呈如后：(1) 自达赖圆寂后，全藏僧俗妇孺莫不盼祷班禅佛早回藏土，而同人亦经竭诚派遣代表前来欢迎从速启节惠临。至卫藏一切条件，多可接受，祈释念。(2) 中藏问题尚未解决之前，望佛座勿带汉蒙官兵，以免如油浸纸，危害西藏政教，此系全藏人民公意，若不容纳，将必致坚决拒抗。(3) 如中央决派汉蒙官兵护送，只可带至汉界，不得擅越藏境一步，以免双方发生冲突。倘我佛需要卫队，迨临藏境时，愿选拨后藏籍士兵担任保护。等语。

窃思班禅个人回藏，达赖在时即经欢迎，而迟迟未归者乃欲实现恢复中藏旧有关系之初旨，兼审噶厦函中各案，只不过强奸民意之词，全藏民众无不渴望中藏和好，钧座知之有素勿庸顾忌。班禅仍拟依照原定计划，开春入藏，务恳政府一秉成案，维持国家主权，时加劝护为荷。倘今春行抵藏边，万一藏方勒令防军发生拒绝汉兵入藏之事，当如何应付？敢祈详示机宜，俾免陨越。谨电奉闻。恭颂

崇安

班禅额尔德尼叩。感

〔蒙藏委员会档案〕

85. 蒙藏委员会为英使所言诸多不实并中央派队护送班禅回藏原定办法不宜改变事致外交部密函

(1936年2月13日)

公函　机字一三〇号

密。案准贵部廿五年二月六日欧25字第一一一〇号函，以"准英大使贾德干对于班禅仪仗队入藏事件，面述三项意见，并请转达主管机关再加考虑一案。该大使馆所称藏方来往各电，究竟有无此事，本部无从深悉，惟英方对于此事，既极端重视，自不得不格外审慎考虑，以免引起纠纷。究竟班禅之仪仗队，应否令其送至藏边为止，函请查照妥核办理，并见复"等由过会。查英大使所述藏方来往各电，确系事实，但上年十一月初旬班禅复电声明无意带队入藏一节，据其驻京办事处长罗桑坚赞说明系指带领军队而言，非指随带仪仗队之说。本年一月初旬，慕〇复电亦无仪仗队入藏事可以和平解决之意。上述二点，与英大使所言，不无出入。又查本会于奉到十二月廿七日第六六三二号院令后，当即征求班禅意见，并将其上月文日复电请中央仍照护送定案进行之意，呈报政院在案。本会对于此案，以使班禅和平进藏为方针，凡藏方可能行动，本会亦已予以估量，并分别订定应付策略，将来当依照已定方针，度势施行，盖以仪仗队由兰州进至藏边时，尚有数月之久，在这期间，国际之变化与西陲之情形，均难予言，居今而定其行动，未免时机过早。且班禅方面极盼仪仗队护送入藏，若突然使之绝望，将来变化，亦是顾虑。藏方人士原分自主，亲汉，亲英三派。三派势力以自主为最大，亲汉次之，亲英最小。现在拉萨政策，一方表示坚强反抗，一方利用英人外交压迫，苟中央即于此时放弃原来主张，将使藏方对英益怀威德，对我益存轻视心理，西藏事件，益难办理。英方态度固须重视，惟英人重利，藏方深惧，故合作程度尚存疑问。现拉萨欢迎班禅代表业已启程，一俟各方人员接触后，对于此案，当深长讨论与适当决定。

综上种种，暂时拟应持镇静态度，仍拟照案进行。所见如是，未审妥否，除呈报外，相应奉复，即希查照为荷。此致

外交部

委员长黄慕〇

中华民国二十五年二月　日

〔蒙藏委员会档案〕

86. 蒙藏委员会为告英使至外交部面转对我派队护送班禅回藏意见致班禅电

(1936年2月14日)

塔尔寺。班禅大师慧鉴：

密。准外部转来英大使面述意见：（一）仪仗队入藏，因恐引起拉萨反抗，有妨害西藏治安之虑，班禅回藏或致延搁。（二）此案涉及英国利益，愿与贵国合作，使西藏有维持治安能力之政府。（三）在西藏境内，班禅喇嘛之尊严与安全由拉萨负责。仪仗队自可送至藏边为止。请转达主管机关再加考虑。等语。除复以遵照大师意见进行中央定案外，特达。

黄慕松　寒。调。印

中华民国二十五年二月　日

〔蒙藏委员会档案〕

87. 班禅为谢对英使答复词严意善并俟诚专使到后即可西上事致蒙藏委员会密电

(1936年2月18日)

急。南京。蒙藏委员会黄委员长勋鉴：

寒电敬悉。德密。英使意见或为应付西藏当局，幸承我公答辞令善，谅可冰释春融。兹为予防万一及维护我国尊荣计，敢祈贵会密呈中央早筹办法，并请电示机宜，以资遵循，此间专候诚使到来即可西上。谨复。

班禅额尔德尼叩。巧。印

〔蒙藏委员会档案〕

88. 外交部图免生外交纠纷请令护送班禅仪仗队进至藏边为止致蒙藏委员会公函

(1936年2月27日)

外交部公函　欧25字第一八二三号

关于班禅喇嘛带队回藏事，准本月十三日机字第一三〇号公函，荩虑密筹，至为钦佩。本月二十二日奉行政院第一〇九〇号训令内开：案关重要，应由该会会同该部妥慎处理，除指令外，合行令仰遵照。此令。等因。奉此。同日又准英大使贾德干来部面称：班禅带队回藏，西藏方面深感不安，迭经奉告。查带队入藏，班禅大师十一月三日曾有电声明非其主张。英政府及印度政府因西藏与印度毗连之故，极愿西藏安靖无事，但深恐班禅大师带队入藏，或将引起纷扰。可否示以和平妥善之办法，或使所带卫队护送至西藏边境为止。云云。当经剀切答辩，终难得其谅解。

查此事英方既极端重视，且屡作坚决之表示，在外交方面如能免启纠纷，则在边政上似亦不无裨益。现在班禅入藏时日已近，该大使回国亦已有期，究竟应否即令该项仪仗队仅护送至藏边为止之处，亟宜早日决策，俾便该大使回国报告，以期妥慎。奉令前因，相应函请查照筹核决定并见复为荷。此致

蒙藏委员会

中华民国二十五年二月廿七日

〔蒙藏委员会档案〕

89. 蒙藏委员会为陈述不可屈服于英亦不允噶厦拒蒙汉官员入藏事致外交部公函

(1936年3月19日)

公函

关于班禅大师回藏案，准贵部廿五年二月廿七日欧25字第一八二三号公函，以奉院令与本会会同慎妥处理，并准英大使贾德干面称各节，应否即令该项仪仗队，仅护送至藏边为止之处，亟宜早日决策，俾便该大使回国报告，以期妥慎。函请查照，等由。准此，查班禅左右，及电台人员，不少汉蒙官佐，即其随同宣慰蒙旗，以及偕赴青海之贴身卫队，百余人中，十、九皆为汉蒙子弟。拉萨政府迭次来文，均系反对汉蒙官兵入藏，措词笼统，此项员兵，当在反对之列，若遽予应允，不但中央所派员兵不能进藏，即班禅所属汉蒙人员，亦恐见拒。班禅来至内地，十有余年，奔走宣扬，具见苦心，中央对此，焉能阻其任用汉蒙人士及带之回藏。今中央已不能劝阻班禅，又不能消弭拉萨反抗，乃忽视班禅愿望，即行决定仪仗队不入藏边之策，岂但失去政治上操纵之弹性，且班禅左右为保障生命，必利用过去之准备编队入藏，西藏局势有立陷混乱之虞。近日班禅、拉萨，据各方情报，

日趋对立，中央控制之实力益见需要，否则中央和平主张，从何实现。边地窜远，交通阻障，治边之道，首贵威信，故此项事件，应在自主原则之下随机运用，使藏人明晓中央已经把握边政权衡，以开其日就范围之路，设若应允英人之请，消息一传，中央威信即行扫地，英人信仰更见抬头，西藏前途何堪设想？允宜慎重。且班禅进至藏边，由今推算，尚有四五月之久，彼时情势无由推测，决策定谋似属过早。

基上述种种利害，我方为整个西藏之维系计，似宜仍照所定计划实施，俟相当时期，随机应付，以不背和平安边之方针为要旨。至于对英外交，表示敦睦友谊，仍希贵部婉言应付。是否之处，仍希贵部裁酌见复为荷。此致

外交部

委员长　黄慕○

中华民国廿五年三月　日

〔蒙藏委员会档案〕

90．黄慕松为拟答复英使对班禅回藏所提无理要求致张群密函

（1936年3月21日）

岳军学兄勋鉴：

前承嘱代拟答复英使对藏事要求一节，昨已于军校面谈种切，尊意以为未可，兹特再行重拟抄尘，是否可行，仍祈卓裁是荷，专此，敬颂

筹安

附答复英使对藏事请求之要点。

弟黄慕松。拜启

三月

中华民国廿五年三月　日

答复英使对藏事请求之要点

一、中国本部人民，多数崇奉佛教，信仰班佛，故于班佛回藏，极望政府依照从来礼仪护送。

二、西藏官民崇奉班佛之热烈，中外共知，目前除极少数因自身利益关系之官吏外，无不渴望中央以从来之隆重典礼，护送班佛。

三、班佛及其左右对于应有之礼仪体制，亦极盼中央照例举行。

中国政府基于上述事实，深知俯顺民意，尊崇班佛，举行向例，即所以安定西藏。而安定西藏，以及维持其现状，又为中国目前绝对需要。故中国政府希望西藏之和平与英国所有之怀抱，毫无异趣。惟鉴于上述事实，苟欲得其和必先求其平。中国政府自当本其和平主旨，体察各方情热，努力注意调处，以免影响邻地治安。

〔蒙藏委员会档案〕

91. 行政院秘书处为交议蒋致余报告噶厦拟定对班禅对中央及英三态度案并建议两点事致蒙藏委员会密函

(1936年7月24日)

行政院秘书处笺函　第五四四号

奉院长谕：拉萨蒋参议致余巧电，陈此次藏政府会议所拟方案情形并建议二事，乞鉴核等情一案，应交蒙藏委员会核议具复。等因。相应抄同原电，函达查照。此致

蒙藏委员会

附抄送原电一件

行政院秘书长　翁文灏（官章）

中华民国二十五年七月廿四日

抄原电

南京。行政院院长蒋钧鉴：

元电计蒙垂察。〇密。藏政府会议自本年来关防异常严密，此次会议五日情形，经多方调查，仅得悉其梗概，其讨论事项以对于班禅回藏问题为主要，闻其预先拟定方案有三：（一）对班禅采强硬态度。（二）对中央采柔和态度。（三）对英人要求藏方敦请其来拉萨调停卫、藏事件案决定不予邀请，万一英人自动前来，亦不拒绝。故在禺中擦绒发言主请英人从中调解班禅事，三大寺即出而极力反对，略谓：此系西藏内部问题，绝无请英调解停之可能，嗣后遂无敢再发言者。证以那若巴图本拟近日返哲复命，现彼又延期须再作半月勾留，是上述第二方案似属可信。对班禅复电，闻其措词异常强硬，班禅来电所提请中央从中处理一节，不接受，但允由三大寺从中担保，又提让与或租与日喀则宗（前曾要求日喀则、那姆林、巴浪三宗）及自设军队各节，不应允，并不准其率领任何军队入藏。最近两三日，安钦等连续有长电致班禅，惟安钦极守秘密，且证以黑河扣留枪弹事，其第二方案似亦可信。至关于中藏问题，亦经议及，各噶布伦曾将职三月前对其所表示之个人意见向会议中发表，决议此为职个人意见，究竟中央意旨如何，应设法探悉，徐图解决。其用意仍在向中央表示好感，将来好请中央调停班禅所要求之事件，此其会议之大概情形也。筱日，藏政府又在会议，情形如何，容后查报。

查藏方现在之态度及情形既如上述，则班禅对此或不免怀疑，甚或因此又将缓其行期。目下热振、司伦对于中央及班禅回藏均表好感，惟噶厦及少数俗官总不免有多少疑虑，且藏人性情夙来自作聪明，办事极不爽快，以拖延疲玩为其应付难境之手段，非至图穷匕见，不肯就范。

为管见所及，建议二事如下：（一）拟请电饬诚专使敦促班禅迅速首途入藏，不再强词电藏。（二）拟请电饬马主席转饬开赴德格、邓柯一带青军仍暂住该地，以壮班禅回藏威势。

以上两项，是否有当，理合电呈，伏乞鉴核。

职蒋致余叩。巧。印。

〔蒙藏委员会档案〕

92．行政院为准诚允辞护送专使改由赵守钰接任事致蒙藏委员会训令

（1936年8月20日）

行政院训令　第四九七六号

令蒙藏委员会

案准国民政府文官处本年八月十五日第四六四九号公函开：案准八月十四日国民政府令开：护送西陲宣化使护国宣化广慧大师班禅额尔德尼回藏专使诚允呈请辞职。诚允准免本职。此令。又奉令开：特派赵守钰为护送西陲宣化使护国宣化广慧大师班禅额尔德尼回藏专使。此令。各等因。奉此。除由府公布并填发特派状外，相应录案，函达查照，转行遵照。等由。准此。合行令仰该会知照。并转饬遵照。此令。

院　长蒋中正

中华民国二十五年八月廿日

〔蒙藏委员会档案〕

93. 班禅报告与西藏代表多仁台吉等密谈各点等事致蒋介石电

（1936年9月8日）

南京。军事委员会委员长蒋钧鉴：

密。西藏政府迎禅代表多仁台吉等，在阿南王府旅次晤面，前情业经电呈行政院。日昨彼复□大经堂呈递藏政府函件，并以大会名义请禅勿带中央官兵入藏等语。继后该台吉又来私寓，面谕数次，并有热振佛及喀厦三大寺等处私函，无不切望和平，倾诚祖国。查自达赖圆寂，藏中政教顿失重心，对外虽犹坚持拒汉之说，然内部则各自为谋，除一二噶伦受人唆使外，余皆早晚祝盼汉藏和好，共筹边防之巩谧。禅仍依照原定计划，力求亲善和平，以达回藏目的。兹为促前途顺利及制止少数当局野心起见，拟恳钧座电饬甘青康军政领袖，详述中央派遣专使与仪仗队三百名护送回藏意义。倘藏方当局执迷不悟，万一以武力见拒之时，即相机声援，以期实现和平，统一国防。叨恃宠者，谨贡管见，是否有当，至祈鸿裁。顺颂崇安

班禅额尔德尼叩。庚。印

〔蒙藏委员会档案〕

94. 行政院为修正通过护送班禅回藏专使入藏训条给蒙藏委员会训令

（1936年9月21日）

行政院训令　第五五六一号

令蒙藏委员会

案查前据该会呈为诚、赵两专使现值新旧交替，应否将前订

训条重加修正，发交赵专使，请核示。等情到院。经饬据该会及外交部审查报告，提出本院第二七八次会议决议，密送中央政治委员会秘书处从速转陈核议。并经照案函送暨指令知照。在案。兹奉中央政治委员会二十五年九月十七日密函开："准函送对特派护送班禅大师回藏专使入藏训条及修正意见，请核定一案。业经本会第二十一次会议决议修正通过"除函国民政府外，兹检同训条全文函达，即希查照，转行遵照为荷。附训条一件。等因。奉此。除令行赵专使守钰遵照，并令行外交部知照，合函抄发原件，令仰遵照。此令。

附抄发训条一件。

院　长蒋中正

中华民国二十五年九月二十一日

特派护送班禅大师回藏专使入藏训条

第一条　西藏对于中央应保持原来密切之关系，为中华民国领土之一部（照前清乾隆五十七年以后之办法，查照理藩则例并本党政策办理之）。

第二条　西藏不得与外国订立条约。

第三条　西藏与外国旧订之约，应提请中央政府处理。

第四条　中央政府在中央地方均权原则下，允许西藏自治，其自治方案另订之。

第五条　西藏之军政、外交及其他有关全国一致性质之重大事项，由中央政府处理之。

第六条　中央政府得依西藏官民之愿望，允许维持其固有之政教制度。

第七条　中央政府尊崇西藏宗教。

第八条　达赖、班禅之待遇程序，及在西藏政教上之职权，概仍旧制。

第九条　康藏驻军及行政区域，现维现状，应即恢复交通，所有划界问题，可从长计议。

第十条　中央政府派大员常川驻藏，查照旧例并参酌自治情形，执行国家行政，并指导地方自治各事宜。

第十一条　西藏得派专员在京设立办事处，并可由中央政府酌给办公费。

〔蒙藏委员会档案〕

95. 马步芳为藏军数众分犯青边请重筹妥善办法事致吴忠信密电

(1936年10月31日)

蒙藏委员会吴委员长勋鉴：

艳藏电奉悉。统密。于卅西上蒋总统一电，文曰，遵电派骑兵一营，业经护送班禅大师一节，前经电呈在案。近查藏军以数千之众分犯青边，此时大师返藏，不仅一营，即一团兵力所能保护得力者。职责任所在，深为焦灼，事体重大，不敢冒昧从事，致有疏虞，敬恳速筹妥善办法，请另派队护送，不然，请大师返驻西康或青海内地，一俟藏边军事结束，再定办法，似觉妥善。谨先声明，祈即复示祇遵。等语。希请催办复示为盼。

马步芳叩。世。午。省。秘。印

〔蒙藏委员会档案〕

96. 行政院为噶伦等托英使转递公文纯属非法事给蒙藏委员会密令

(1936年12月17日)

行政院指令　第四三八五号

令蒙藏委员会

二十五年十一月二十七日呈，为英国驻华大使馆转交西藏噶伦等所致该会公函，经以非正式手续接受，并将原文译呈，请核示由。

呈件均悉。查此案西藏噶伦等所致该会函件，竟托由英大使转交，殊属不合。至关于藏事业经该会与军事委员会会商拟具办法三项，由院核定，并经分别电令转饬在案。仰即知照。此令。

院　长蒋中正

中华民国二十五年十二月七日

〔蒙藏委员会档案〕

97．外交部关于英国干涉中央派仪仗队护送班禅入藏事致蒙藏委员会函

（1936年12月25日）

外交部公函　第11805号

关于派遣仪仗队及专使护送班禅喇嘛回藏事，接准本年十一月二十七日机字第二九二号来函，抄送英大使代转藏方函文请查照等因。业已阅悉。此案现又准英大使馆来照，以“英国政府所最为注意者，厥为在西藏有一稳固有效之政府，俾能维持西藏与印度边境之安宁。英国政府深恐中国政府不顾西藏之反对，坚持其派队护送之议，则不仅引起西藏之不安，或竟发生纠纷，甚至可使中藏间发生一困难之情形。是以希望在中藏边界上，择一相宜地点，使中国护送仪仗队，由班禅本人之随从人员代替之。中国护送专使之任务，则交与西藏政府之代表”，等因。查班禅仪仗队入藏，英方向持异议。我则叠次以西藏人民并无反对表示为驳覆理由之一，现英方所送西藏反对函件，既予接受，是上述理由，已难成立。此次英方来照，态度似甚坚决。我如坚持原定计划，

或将引起较大纠纷。不能不就实际情形，审慎考虑。本部意见，英大使馆照会所提办法，似可酌予容纳。究应如何妥筹办理之处，相应抄送照会原文及译文各一件，函请贵委员会查照，迅予核办见复，为荷。此致

蒙藏委员会

附抄照会原文及译文各一件

中华民国二十五年十二月二十五日

附：照译驻华英大使十二月十日来照

关于中国政府派遣仪仗队及专使护送班禅喇嘛回藏事，贾德干大使与本大使曾叠次文请贵部长及外交部次长查照在案。

查此事双方所见不同，中国政府认为西藏政府对于仪仗队及专使未表异议，而英国政府根据所得消息，则深信西藏政府对于派遣仪仗队及专使沿途护送班禅喇嘛，事实上反对甚力。因有此种歧异，并为明白表示其态度起见，西藏政府近乃请求英国政府将其致南京蒙藏委员会委员长函一件，托由本大使馆转交。本大使于十月二十四日访晤徐次长，即为此事，依据西藏政府给予英国政府之情报，该函内对于中国仪仗队及专使之入藏，含有一附有理由之抗议。

英国政府依照西藏政府之请求，转送该函。此固另属一事，其本身与西藏之一般局势，亦肯有其密切之关系。按印度边界及毗连各地之邻境，须有一能维持和平与治安之巩固有力政府存在，乃英国主要利益之一。此当为贵部长所深知者，是以英国政府及印度政府对于危害上述情形，妨扰西藏和平与治安之任何行动或情事，极为重视。

职是之故，本大使奉英国政府训令，提请贵部长再对此事惠予严重之注意。兹更将前函奉达贵部长者，重加申述焉。英国政府所严重顾虑者，深恐中国政府不顾西藏政府之反对而坚持其派

卫队护送班禅喇嘛之队，则足以使其返藏之行无期延缓。且如此不仅引起西藏之不安，或竟发生纠纷，甚至可使中藏间发生一困难之情势。

本大使是以希望中国政府，不惟鉴于西藏政府之上述愿望，且应顾念上述之英国政府与印度政府之密切关系，以及中英两政府间之友谊，对于下述建议予以同意，即在中藏边界上，择一相宜地点，使中国护送仪仗队由班禅喇嘛本人之随从人员代替之，中国护送专使之任务，则交与西藏政府之代表。

本大使更有进者，英国政府极愿见中藏间之纠纷得一永久解决办法，尤以关于中藏界务问题者为最。惟英国政府观察西藏政府所以反对中国护送仪仗队派往拉萨，正因尚未达到此项解决之故。英国政府不能不感觉如中国政府坚持其计划，则对于有稗各方利益之解决办法，为阻碍推进之举动也。

本大使顺向贵部长重表敬意。此致

中华民国外交部长

〔蒙藏委员会档案〕

98．蒙藏委员会为转请外交部按仪仗队护送班禅入藏系中国地方内政毋庸英国建议原则答复英使事致行政院呈

（1936年12月30日）

案据外交部二十五年十二月廿五日欧25字第一一八〇五号公函内开："关于派遣仪仗队及专使护送班禅喇嘛回藏事云云，迅予核办见复为荷。"等由；并抄照会原文及译文各一件，准此。查班禅回藏仪仗队事，英国政府迭向我外交部有所表示，虽见关切之善意，但此事应如何审慎商洽处理及如何谋永久解决中藏间纠纷办法，究系中国政府与西藏地方政府间内政问题，自毋庸英国政

府之代为建议。本会拟本此旨转请外交部答复英使，以免英人藉此干涉藏事。是否有当，理合录同照会原译文一件，备文呈请察核示遵。谨呈
行政院

附抄呈照会原译文一件

全衔　吴〇〇

中华民国廿五年十二月

〔蒙藏委员会档案〕

99. 蒙藏委员会为护送班禅回藏三项办法以第二项较妥事致行政院呈

（1936年12月31日）

顷接班禅驻京办事处处长罗桑坚赞转陈班禅大师致该处长养电，以关于仪仗队事，据拉萨安钦电称，前藏少数人士，对仪仗队虽持异议，而实无坚决反对之计划。中央如能允许仪仗队于护送到藏后即行撤回，则少数怀疑者，当不至再事坚持。连日会晤藏代表，其表示与安钦来电相同，谓余如能负责保证撤回，即可代向噶厦转圜。等语。中央目前可否即照藏代表等意见，允将仪仗队于余回藏后即行撤回，希陈明吴委员长，俯赐察核，并将中央对藏主张，详为示复。等语。查所陈各节，似可窥测，藏方及班禅大师对于仪仗队之态度，兹参照所陈意见，拟定仪仗队入藏办法三项如下：

一、仪仗队无论如何，依照原定计划，护送班禅入藏，藏若反对，即以武力殿之，期能彻底解决中藏问题。但此须先作军事上之准备。

二、仪仗队护送班禅入藏，驻至半年或一年，由政府调回。在此驻扎期中，相机与西藏政府商洽中藏问题。

三、即照班禅来电所述西藏代表意见，仪仗队于护送班禅到达拉萨后，即行撤回。

以上所拟三项办法中，经慎加考虑，拟以第二项办法为较妥。究应如何办理之处，理合录同原养电一件，备文呈请核示祗遵。

谨呈

行政院院长蒋

附呈抄电一件

全　衔吴〇〇

中华民国二十五年十二月三十一日

抄原电

南京。班禅办事处罗处长鉴：

藏密。前值藏军东渡，赤匪西窜之时，中央对余行止关切备至，无任铭感，巧日安抵玉树，地方平靖，军民相安，希面陈吴委员长免劳廑念，并致谢忱。夏间曾据执事转达黄前委员长意见，以噶厦对随带仪仗队表示异议，除由中央直接交涉外，嘱余亦向前藏方面设法疏通，以免误会一节，当经电令安钦在藏就近相机进行，一面派遣旺堪布前赴玉树，与前藏派来代表及昌都噶伦等详为解释去后，现接安钦复电略称，前藏少数人士对仪仗队虽表面稍持异议，而实际并无坚决反对之计划。经向各方探询，并以个人观察，中央如能允许所带仪仗队于送余到藏后即行撤回，则少数怀疑者，亦当不至再事坚持。连日会晤藏代表，其所表示，亦与安钦来电相同，谓余如能负责保证撤回，即可代向噶厦转圜。等语。余因不明中央意旨，未即明白答复。中央对藏最近如有确实办法，前藏意见重视与否，无关宏旨。如目前仍无具体计划，可否即照藏代表等意见，允将仪仗队于余回藏后即行撤回。希将此意见陈明吴委员长，俯赐察核，并将中央对藏主张，详为示复为要。

班禅额尔德尼。养。印

〔蒙藏委员会档案〕

100．戴传贤为仪仗队护送班禅入藏办法致吴忠信函

（1936年12月31日）

礼卿先生惠鉴：

日昨承示班禅大师养电，并仪仗队入藏问题拟定之办法三项，均已奉悉。鄙见对于办法中之第二项较为稳妥。敬以奉复，尚希裁夺。顺候

勋安

弟戴传贤后

十二月二十九日

〔蒙藏委员会档案〕

101．行政院为答复英国大使中国政府正设法促进班禅与拉萨间的商洽等事给蒙藏委员会指令

（1937年1月4日）

行政院密指令　第14号

令蒙藏委员会

二十五年十二月三十日呈为准外交部函转英国大使对于班禅回藏仪仗队问题建议一案，拟具答复意见，请核示由。呈悉。查此案该会所拟答复英大使意旨，自属正当。惟应并告以中国政府，正在设法，促进班禅与拉萨间为和平回藏之商洽，决不至引起西藏之不安，以期周密，除令行外交部知照外，仰即与外交部妥慎处理。此令。

院长　蒋中正假
孔祥熙代

中华民国廿六年一月四日

〔蒙藏委员会档案〕

102. 行政院为准仪仗护班到藏后即行撤回事给蒙藏委员会指令

（1937年1月13日）

行政院指令　第167号

令蒙藏委员会

二十五年十二月三十一日发，密藏字第八号呈，为据班禅驻京办事处，转陈班禅电询，中央所派仪仗队，可否于护送到藏后，即行撤回一案，拟具办法三项，请核示由。呈件均悉。案经提出本院第二九六次会议决议："仪仗队护送班禅到达后，即行撤回。"除电知蒋参议致余，并函达军事委员会查照外，仰即知照，并分电班禅大师、赵专使守钰知照。

此令。

院长　蒋中正假
孔祥熙代

中华民国二十六年一月十三日

〔蒙藏委员会档案〕

103. 蒙藏委员会为行政院决议护送仪仗队到达后即行撤回复班禅密电

（1937年1月14日）

玉树。班禅大师慧鉴：

密。吉仲兄转来养电奉悉。承示仪仗队入藏办法，经呈院核示在案。顷奉院令开，案经提出本院第二九六次会议决议，仪仗队护送班禅到达后即行撤回。除电知蒋参议致余并函达军事委员会查照外仰即知照，并分电班禅大师、赵专使守钰知照。等因。除函知吉仲兄外，仅电奉达。尊处与藏代表接洽情形，仍希随时电示。

吴忠信叩。寒。藏。印

中华民国二十六年一月十四日

（蒙藏委员会档案）

104. 外交部关于遵照行政院密令拟就驳复英大使照会事致蒙藏委员会公函

（1937年1月30日）

外交部公函　欧26字887号

关于班禅喇嘛回藏仪仗队事，先后准贵会一月六日密藏字第一三号，及一月十四日密藏字第二零号函，业经阅悉。此事现经本部遵照行政院一月四日第一二号密令意旨，拟就照会，驳复英大使在案。除呈复行政院鉴核外，相应抄附复英大使照会，函达查照。此致

蒙藏委员会

附抄照会一件

中华民国二十六年一月三十日

照录本部致英大使照会

迳启者：准上年十二月十日贵大使来照，关于中国政府派遣仪仗队及专使护送班禅喇嘛回藏事表示英国政府之关怀，及对于仪仗队行止之建议，业已阅悉。

查班禅喇嘛回藏，由仪仗队随途护送一节早经中国政府予以详细考虑，认为本国行政上之适当措置，其目的在依照传统惯例，维持班禅喇嘛之尊严，并保护其长途之旅行，业经本部长与徐次长先后迭向贵大使与贵前任当面说明。

贵国政府以为仪仗队入藏或有扰乱西藏治安之处，因而有危及藏印边境和平状态之可能。中国政府认为，此种过虑殊无事实上之根据，中国政府不欲令西藏有任何局势发生致影响藏印边境之安宁。此种政策与英国政府及印度政府不愿在印度有任何局势发生致危及印藏边境之安宁正复相同。至中国本部与西藏间一切问题，中国政府向本和平宗旨，妥为处理。此次派遣仪仗队护送西藏宗教首领回藏，亦系根据上述意旨办理。且班禅喇嘛关于其回藏事，常与西藏当局有所接洽，而不致引起任何误会。

总之，中国政府必深切注意不使因班禅喇嘛之回藏而在西藏境内引起任何纠纷，致令英国政府或印度政府因地理上之接近而感受何种不安也。

本部长顺向贵大使重表敬意。此致

英吉利国驻中华民国特命全权大使许阁森爵士阁下

〔蒙藏委员会档案〕

105. 行政院秘书处抄交蒋致余报告噶厦仍不允护送仪仗队到藏等事致蒙藏委员会函

(1937年2月12日)

函　第742号

奉谕：拉萨蒋参议致余阳电，报告关于护送班禅回藏之仪仗队到藏后即行撤回一节，藏方仍不允，及噶布伦入京商洽藏事等四项情形，乞速裁夺一案。应抄交外交部及蒙藏委员会，并函达军事委员会。等因。除分函，并由院函达军事委员会查照外，相

应抄同原电，函达查照。此致
蒙藏委员会
附抄送原电一件

行政院秘书长　翁文灏

中华民国二十六年二月十二日

抄原电

南京。行政院代院长孔钧鉴：

密。(一)对于班禅回藏问题，中央所派仪仗队到藏后即撤回一节，藏方决定仍不允。日前已电令杜林遵照答复，似已无和平到达之可能。本晚杜林又电呈热振，篇幅甚长，内容如何，容探续报。(二)关于噶布伦入京商洽藏事一节，热振、司伦、噶厦、民众会议均有此意。但噶厦仍在徘徊观望中，且英人在此百端破坏，亦不无影响。据职观察，倘中央能令康刘、青马、班禅积极进行，噶布伦入京一层，终可实现。(三)东犯藏军，现据此间消息，已悉数撤回原防。日来此间盛传协康被青方责问无词以对，已为青方扣留。此项谣言，虽未可信，然,足见藏中人心之一斑。(四)英官柯尔已决定删或铣日返印。职驻藏三年，洞见藏人之伎俩，除狡黠外无他长，英藏亦貌合神离无所用其顾虑。惟乞中央运用时机，迅谋进展，则西陲之定可操胜算。仅电呈报，乞速裁夺。

职蒋致余卯。阳。印

〔蒙藏委员会档案〕

106. 行政院秘书处为转蒋致余密报藏民众会议决定武力抗拒中央并建议解决藏事办法四点事致蒙藏委员会函

(1937年5月12日)

第一——二七一六号

奉代院长谕:"拉萨蒋参议致余蒸电,陈报藏方前日民众会议,以抽签方法决定不派噶布伦入京,实行武力拒抗中央官兵护送班禅回藏,决定后,即令常备军及后备军准备开拔,据熟悉藏情者言,此时情形突变,英人不无挑拨关系,谨陈处理藏事意见四点,乞裁夺一案,应交蒙藏委员会并案核议迅复,并抄送外交部,函达军事委员会。"等因。查该参议阳电与江电,前经先后奉交贵会一并核符具复在案。兹奉前因,除由院函达军事委员会查照并分函外,相应抄同原电,函达查照。此致

蒙藏委员会

行政院秘书长翁文灏

魏道明(代)

中华民国二十六年五月十二日

附 抄原电

南京。行政院院长蒋、代院长王钧鉴:

江电计蒙垂察。○密。据报藏方前日民众会议四日情形:第一次会议后,曾以抽签方法祈示和平、武力,孰料结果抽得反抗签,遂决定不派噶布伦入京,实行武力拒抗中央官兵护送班禅回藏决定,以后并经令与会人员宣誓答押,不得贰心或泄漏,现已令驻扎什城所谓仲扎兵中之常备军准备开拔,惟开赴何地尚未宣布,其中之后备军四百人亦在限期集合中。又:前派之代本泽仁

定本周赴哲提运新购之军火。据熟悉藏情者言：此时情形突变，亦不无英人挑拨关系，但其重要原因则在达赖未转世、未亲政前，正噶厦一意孤行之时，无论谁何当雄，总不愿中央势力入藏，故不惜孤注一掷，以图苟延旦夕，设战而不利，则请英人出面调解，犹比不战屈服为利。据职研究，似为可靠，最低限度，亦可恫吓作用。况藏人因未开化，狡黠多端，反复无常，本其性根，即如此接洽，自一月起，迭次与各噶伦公私商谈不下十余次，莫不以职言为然，且莫不满口应允，乃口血未干，而前言尽弃，此殆文野之畛域，而不能责野蛮民族以信义。今犹如昔，窃以为中央今后处理藏事，应注意之点有四，条件如下：(一)西藏只有宗教、无政治，中央应从崇其教以其□□政方面着手，而不可以现代政治方法处理藏事；(二)藏人多疑少决、反复无常，中央对藏应专重力行、不宜宣传，且遇事不可征询藏方意见，务以敏捷出之，俾藏无疑虑之空隙而施其反复；(三)藏事非无和平解决之望，但非示威由达到和平之途径，又衔藏恶感甚深，班禅回藏，系示威举动，且为促进藏事之有利方法，不可与和平同日而语；(四)英人在藏无任何巨大势力，且万无助藏之可能，中央对藏应绝对视为内政，不可接受英人之要求，免致堕其彀中。以上意见是否有当，谨并电呈，伏乞钧裁。

职蒋致余卯。蒸。印

〔蒙藏委员会档案〕

107. 行政院秘书处为抄交蒋致余密报藏方动员武力抗拒班禅回藏并正向康运送枪支事致蒙藏委员会函

(1937年5月16日)

奉代院长谕："拉萨蒋参议致余真电，为据确报藏方刻正积极备战，已令两代本押枪五百枝赴康，决意抗拒班禅回藏，以噶厦仍惑于四川与中央之暗潮尚未解决，并中日有即将战争之传闻，乞速定大计一案，应交蒙藏委员会并案核议，暨抄送外交部，并函达军事委员会”。等因。查前据该参议蒸电，陈报藏方决定不派噶布伦来京，及实行以武力抗拒中央官兵护送班禅回藏等情。到院。经奉交贵会核议迅复，并抄送外交部，暨由院函达军事委员会在案。兹奉前因，除分函并由院函达军事委员会查照外，相应抄同原电，函达查照。此致

蒙藏委员会

计抄送原电一件

行政院秘书长　翁文灏

魏道明代

中华民国二十六年五月十五日

附：抄原电

急。南京。行政院院长蒋、代院长王钧鉴：

日来迭据确息，藏方刻正积极备战，并已动员，令日内两代本押解枪枝五百赴康，决意拒抗班禅回藏。其情形突变之另一原因，以噶厦仍惑于四川与中央之暗潮尚未解决，并中日有即将战争之传闻。此息十分可靠，除已就近电达班禅大师、刘委员长、马代主席注意外，谨电呈报，乞速先定大计，仍祈训示祗遵。

职蒋致余叩。真。印

〔蒙藏委员会档案〕

108. 行政院秘书处为转蒋致余电报热振力主派噶布伦入京商决藏事并建议乘机武力护送班禅入藏办法三项事致蒙藏委员会函

(1937年7月28日)

行政院秘书处笺函　第3865号

奉院长谕："拉萨蒋参议致余敬电，为关于藏事解决办法，建设三项，乞核示一案，应抄交蒙藏委员会。"等因；相应抄同原电，函达查照。此致
蒙藏委员会
　　计抄送原电一件

行政院秘书长　翁文灏
魏道明代

中华民国二十六年七月廿八日

抄原电

南京。行政院院长蒋、代院长王钧鉴：

寒、巧、效三电计蒙垂察。△密顷据热振亲信言：热振在赴本寺前，曾召集各噶布伦严词训责，略谓：中藏事项，自以速派噶布伦入京，商洽和平解决为上策，汝等殆不愿去，而必待俘前往乎?！词意极切。但噶厦仍抱观望犹疑态度，故作大言恫吓，如迭电所呈，待命拉萨，谣诼纷纭，据报噶厦已令马机康征集新兵三千，实际不独无兵可征，抑且无械无饷。西康北自同普、南至自静，藏军数仅五千，而我自玉树至巴安，青康驻防军并中央仪仗队、班禅卫队、驿吉所部民兵不下万人，姑无论藏方决不能坚持到底，即使抗命，苟钧座能令青康各方同时动作，亦可不崇朝先复全康，护送班禅长驱入藏。惟为赴事机计，愈速愈妙，盖藏人多疑少决习与性成制服之法，惟有以我之情，揭彼之伪；以我之锐，控彼之钝，俾其无观望犹疑之余地，否则藏方既狡展百出，班方又意见纷歧，夜长梦多，变化难测。职目击边情不敢不再本官守言责之义，建议三事：(一)拟请分饬班禅赵专使克期首途，早日莅藏；(二)拟请将计就计，分别授意康刘、青马、多吉以去岁藏军东犯善后为词，同时电责藏军退出康境，免再发生意外，促其觉悟；(三)拟请政府电饬热振、司伦、噶厦，重提前议，责

令立派噶布伦随职入京，商洽解决办法，并责令支给乌拉先行招待接替人员来藏。目下藏中亲汉官民极盼中央官兵迅速来藏，噶厦捉襟见肘，中心惶急，故一面应开其自觉自救之路，一面又不得不以有力方法迫其倾忱向化。上项办法，虽未敢必其见效，然亦不至偾事。是否有当，理合电呈，伏乞核夺，仍祈训示。

职蒋致余叩。敬。印

〔蒙藏委员会档案〕

109. 蒙藏委员会为告仪仗队入藏尤须注重纪律事致高长柱等电

(1937年7月30日)

玉树。高参军石辅兄勋鉴：

感电诵悉。参密承告各节，无任佩慰，仪仗队有关中央威望，入藏后尤希格外注意纪律，期予藏人以良好印象，是盼。

吴○○。卅藏。印

中华民国廿六年七月

〔蒙藏委员会档案〕

（四）新疆省政情

一、新疆事变经过

1. 新疆省主席金树仁为请扣留马仲英所购德国枪械致国民政府电

（1932年11月20日）

南京。国民政府主席林，军事委员长蒋，行政院长汪钧鉴：军政部、参谋本部、训练总监部、北平顺承王府张主任、太原阎主任、察哈尔傅主席、陕西杨总办，分送兰州邓主任、邵主席勋鉴：克密。马仲英扰新，实据迭电呈报在案。兹据北平办事员寒电内称：马仲英购大批德械，经马鸿逵派员护送入甘等语。如果属实，实足助长内乱，妨害西北。但证之前赍回文内云，由沪购械，业经运起等语，不为无因。除已电饬哈密驻军严加防范外，仍恳中央钜公一致主张将此批匪械设法扣留，免作虎伥，西北之幸，党国之福。当否赐教，新疆主席兼督办金树仁。戍。号。印。

〔国民政府行政院档案〕

2. 蒙藏委员会为新疆回族聚众抗拒官府情形致行政院呈

（1933年1月30日）

为密呈事：据本会委员唐柯三提议称：查近来报纸喧传，新疆回族有聚众抗拒官府情事，并谓内有英国军官操纵云云，探询行政院及新疆省政府驻京办事处，均未接有新省上项电报，无从证实，但据唐柯三所闻新人之言，以及绥远、天津两处新人传来消息，皆谓该省回族因历受省府之压迫，下情不能上达，民不堪命，蓄怨已久，遂激成今日反抗之举，目下虽无何等暴动，但由迪化东来之骆驼，行至哈密，皆被扣留，省府所委之官吏，亦拒而不纳。金主席曾令其所募之白俄军队，讨伐回族，乃俄军皆不奉命。现惟将回疆八部之王公拘押省中为质，以示消极之抵制等语。至有无英人在内操纵，柯三尚未有所闻，如其有之，则为患滋大，纵令无之，而长此相持，民怨愈深，积日既久，难保俄人不利用中亚回族煽惑挑拨，边患将不可收拾矣。柯三既有所闻，虽不敢据以为实，但以关系国防，至为重大，未便安于缄默，特据实直陈，并拟救济办法八条，敬候公决，转呈采择施行等情。经提出本会第一百三十八次常会讨论，决议密呈行政院，密函军事委员会，建议核办等因，纪录在案，除分函外，理合抄同原办法八条，建议钧院，伏乞鉴核采择施行，指令祗遵。谨呈

行政院代理院长宋

附救济办法八条

蒙藏委员会委员长　石青阳

中华民国二十二年一月三十日

救济办法八条

一、中央速派公正大员视察西北边务，亲履新疆各地，剀切宣布中央德意，并切实抚慰，以坚其内向之诚。

二、尽量开发兰州至迪化间交通，至往来书信文件，不得再行检查扣留，禁除历来闭关愚民政策。

三、改善地方政治，免除一切苛政，以苏民困而固边陲。

四、速建设哈密、迪化、塔城无线电台，令欧亚航空飞机可直达该处，以通声气而利交通。

五、新省所辖军队，悉用本国人充之，不得用俄人，以免危

及国防。

六、回族各部应准其派遣代表，常川驻京，仿蒙藏例，设办事处，以期宣达中央政情，报告地方状况。

七、责令新疆省府，多保送回族青年来内地入学，以期造就人才。

八、政府奖励内地回教专门以上学校，或陆军学校毕业生，赴新省服务。

〔国民政府行政院档案〕

3. 交通部为新疆邮务长克气格密报迪化各地情形致行政院呈

（1933年3月3日）

为呈报事：据邮政总局密呈，据新疆邮务长克气格先后密报迪化各地情形到部，除饬续将该地情形随时报告外，理合抄录原呈二件密呈钧院鉴核。谨呈

行政院

抄呈二件

交通部长　朱家骅

中华民国二十二年三月三日

照抄邮政总局密呈　第二六八号

为密呈事：兹据新疆邮务长克气格一月九日第七五号密函报称，迪化及其周围各县在过去数日间，情形极为严重。据吐鲁番东二百四十里之鄯善地方传来消息，谈该城一星期前曾被回人叛徒抢掠，华人遭害者甚多，当该叛徒向吐鲁番前进时，因途遇俄兵约二百人，致被击败，退回山中。近日又有驻吐鲁番马部叛变之说，省城人心甚为惶惑，由昨夜起，各城门上俱架小炮，今日又

组织华人保卫团，城内粮食缺乏，各项食品价格飞涨，恐随时有引起骚动之可能等情。据此，查前据该邮务长第七六号密函时，其第七五号密函尚未收到，曾由第二四七号密呈陈明在案。据报前情，理合备文呈请鉴核。谨呈

部长
次长

局长　黄乃枢

照抄邮政总局密呈　第二四七号

为密呈事：兹据该邮务长克气格一月十二日第七六号密函报称，关于本地情形，已由第七十五号密函具报在案。在过去两日间，殊觉紧张，所有华人及白俄几完全移居城内，而红俄及中立分子则在苏俄总领事馆内集中，虽私人方面颇有劝职移居该处者，职以职责所在，应与员工一同留局，故未迁移此间。白俄皆被认为回民之仇敌，因多数白俄曾加入政府军队，对于历次肃清叛徒皆异常出力故也。兹关有各项消息如下：一、马部叛变之说不确，现仍驻守旧城，新城则为叛逆占据，凡回教以外之人，均遭屠杀；二、俄兵约有一百五十名连同焉耆部队将进驻吐鲁番（现时想已到达），可见叛逆非但未得吐鲁番为根据地，而其后方亦受威慑。三、伊犁河张军已于十一日抵乌苏，五六日内即可来迪。四、哈密李军亦抵七角井，将向鄯善方面南进，以焉耆部队在吐鲁番会师。以上情形，如果属实，则此间局势目下可以无须过虑等情。据此，理合备文呈请鉴核，再新疆邮务长第七五号密函尚未收到，故该处一月十二日以前情形，尚未明悉，俟据报到，再行转呈，合并陈明。谨呈

部长
次长

局长　黄乃枢

〔国民政府行政院档案〕

4. 国民政府文官处为新疆变乱扩大致行政院公函

（1933年4月14日）

国民政府文官处公函　字第一六三〇号

迳启者：奉主席交下新疆喀什区行政长官马绍武江电，陈新省乱事日益扩大，闻苏俄边境添驻重兵，将效占领伊犁，故智越俎代庖，恳立拨巨款，由印度购马步枪数千杆，马步机枪数十架迅速接济，俾能力平祸乱，保卫边局等情。又喀什藏绅玉满巴亭亦不拉弈阿不拉和卓诚定江巴依等电陈，自去冬吐善变作以后，焉耆、轮台等处接踵沦陷，皆以反对金主席为辞，近闻主持变乱者，均要马行政长主持南疆，否则，诉之武力，恳中央立颁明令，责成马行政长官收拾新省危局，以安边民等情各一案，奉谕查案交行政院、军事委员会核办等因。查前据马行政长官绍武等阳佳两电，陈报哈密匪乱情形，恳助响械一案，经奉饬交贵院速核办在案。兹奉前因，除分函并电复外，相应抄同原电，函达查明，并案办理。此致

行政院

计抄送原电二件

文官长　魏怀

中华民国二十二年四月十四日

抄原电

南京。中央党部，执行委员会，国民政府林主席，各院部，参谋本部边务组钧鉴：边务组元电垂询新疆乱事情形，仰见本部

关怀边局，钦佩曷极。查新省缠回变乱，暨绍武调拨军队分途防剿，与恳中枢充分协助，业于上月阳日电详梗概，度邀垂察。现乱事情形日益扩大，东路自阿城失守，匪党万余人蜂拥西犯，与我军在巴楚、九台地方邀战数次，匪方枪械极少，然前仆后继，锐不可挡。赖将士极力抵御，毙匪千余人，匪不得逞，但我方兵力有限，匪方人数无穷，不能急图进取。刻下省军进至何处，迄无消息，而自焉耆以至阿克苏计十余县之广尽沦于贼，则已成为事实，致墨玉乱事，前派军队数营驰往剿办，尚未得手，而叶城、泽普两县又相继告变，刻经派队往剿，未博能否收效。目下，仅喀什附近数县赖绍武平日感情与宗教关系，暂相维系，然亦决不足恃，此乱事最近之实情也。绍武前奉金主席电令，责将喀和阿两区一片贼氛急待规复，而喀什一区地处极边，内而种族纷庞，外而强邻逼处，所有军队悉调前防，后路空虚，危险万状。近闻苏俄边境添驻重兵，万一我不能守，彼必越俎代庖，效同治年间，占领伊犁，故智则大好河山，将必永沦赤化之域而不易收拾矣。言念及此，不禁痛心。绍武守土有责，固当竭力图维，惟赤手空拳，将何以资守御，伏恳中枢俯念事机危迫，关系领土存亡，立拨巨款，由印度购马步枪数千杆，马步机枪数拾架，迅速接济，俾绍武就近添募军队，力平祸乱，保卫民生，边局幸甚！大局幸甚！临电不胜迫切之至。新疆喀什区行政长官兼喀和阿边防司令马绍武。卯。江。印。叩。

抄原电

南京。中央党部，执行委员会，国民政府，各院部钧鉴：窃自去冬吐善变作以后，而焉耆、轮台、库车、拜城、阿克苏等处接踵沦陷，皆以反对金主席为辞，如滥发纸币，搜刮现金以及勒收特产，利归一人，委用非人，害贻民众，种种罪状，不胜枚举。喀什孤悬极边，饷械两缺，此间当局以迪喀间邮电闭塞，迭经设法由苏俄转向省府，电请机宜，而迪省府终以鞭长莫及，置之不理。刻下，和阗一区又已告变，喀什所属竟如笼城，目下尚未相继变乱者，实以马行政长绍武德望素孚，民情感戴，且为回教教主，处缠回境域，不惟与缠回感情融洽，即平素对于各族各界，莫不处之若家人父子，以故当此变乱四作，危若垒卵之际，喀什一隅独能暂保平安。近闻主持和阿焉等处变乱诸首事者，先后均要马行政长主持南疆，否则，不免诉之武力，万一不幸，则喀什一隅以环境逼迫，众寡悬殊，终恐无力撑支。绍商等睹此危象千钧一发，咸以身家性命所关，迭经会商，佥以近既不能乞援于省府，惟有远恳中央俯念边氓无告，立颁明令，责成马行政长收拾新省危局，以安边民而固西北。若万一迟延无及以致破坏，内则种族庞杂，外则逼近强寇，值此国家多事，无暇西顾之秋，诚恐以历代牺牲无量生命财产所经营之土地，将沦为东省之继。喀什藏绅玉满巴亭亦不拉弈阿不拉和卓诚定江巴依，津商文联镊、张兆良、董先炘，平商阎冠九、张公烨，湘商黄学中、谭鸿藻，甘商张宝田，回绅韩镇西、马负图、马永德等代表汉回藏各族人民同叩。

〔国民政府行政院档案〕

5．国防委员会秘书处为抄送驻苏大使颜惠庆筹边定计按步施行电致行政院笺函

（1933年4月17日）

迳密启者：兹据外交部抄送驻苏大使颜惠庆寒日请筹边定计按步施行电一件，特抄送查照。此致

行政院

附抄电一件

国防委员会秘书处

二十二、四、十七

抄电

颜大使自莫斯科来电

南京外交部　四十三号　十四日

接新疆喀什区行政长马绍武来电，以哈密缠民倡乱，南路又传警耗，变乱频仍日益扩大，恳请中央补充饷械，俾奠疆基，并请本馆就近指示方针等语。窃查新疆僻处西陲，俨同化外，英俄势力交伺左右。近年苏俄经营中亚，尤属不遗力，自Turkistan Silerican Railway于一九三〇年完成由塔什干直接西北利亚铁路，新疆遂处包围之中，迄今该省对外交通经济已在苏俄势力笼罩之下，英人鉴藏印之密迩，怵唇齿而寒心，说者谓新疆缠民之乱，英实主之，此间官方尤不讳言，而俄方此次遣送华军入新，或含有助平缠乱之意，争冲之局已成，爆发之机堪虑，设落满案解决，稍有不慎，恐新疆、西藏、云南各地环而伺者，接踵效尤，东隅未复，西陲又危，即或不然，以我交通之梗塞，边情之隔膜，疆围、勒里早同欧脱，敌人从不我夺，亦已非我所有，瞻念前途，隐忧曷极。所冀政府筹边定计，按步施行，如改革交通，谋版图之缩近，派员通款，希边情之内向，或密令学校列程研习，或提倡民间设会探讨，但又不可铺张宣张，致我未行而敌已忌。总期统筹全局，实地力行，拨济亡羊救牢或犹未晚。除对该区长去电慰勉并嘱调查缠乱内幕外，特陈所见，至祈鉴察。惠。

〔国民政府行政院档案〕

6．外交部为抄送驻塔什干总领事牟维潼电陈新疆民变原因致行政院呈

（1933年4月24日）

为呈报事：本部近日迭接驻塔什干总领事牟维潼来电，胪陈

新疆回民此次变乱原因，除电军事委员会外，理合抄录来电送呈钧院鉴核。谨呈

行政院

附抄电五件

外交部部长　罗文干

中华民国二十二年四月廿四日

牟维潼自塔什干来电　廿二年四月十九日到

南京。外交部钧鉴：新疆发生回乱，系属民变，只因办理不善，竟致各县战事无法收束，情势危迫，未审新疆当局是否电呈中央？新疆孤悬塞外，内乱不已，外患乘之。俄报已有新疆成立回教独立国之宣，迭经本馆报告新疆省政府在案，乃在知反省。近各方面纷纷派员来苏购买大宗军火，惟查新疆本系回疆，若专以武力解决民变，势必造成汉回世仇，遗患无穷，国难方殷，西北万不可再生内乱。维潼在职一日，决不能坐视彼等在此购买外国军火，以遗祸边局，除将经过情形另文电呈外，特此电呈鉴核。总领事牟维潼。四月十八日印。

照抄塔什干牟维潼来电　廿二年四月十九日到

南京。外交部钧鉴：前致新疆金主席一电，电文曰：迪化。主席钧鉴：近月以来，塔城鲁都统、伊犁张师长先后电请维潼代为购买大宗军械，函电交驰于星火，而鲁都统则请以塔城土产为抵押，张师长亦请以伊犁土产为抵押，对外对内，宁有此理？夫兵多则乱，枪多则叛，自然之理。维潼总不能为新疆止乱，则宁肯新疆造叛？今局势总使钧府托购之军械即日起运，然经过塔城必为塔城截留，经过伊犁必为伊犁截留，钧座虽欲得一枪一弹，必不可得。维潼观察时局，详审周密，始敢下此断语。目前喀什

某方面欲购之件，业经维潼制止在案。伊犁、塔城是何用意，亦有考量余地，事急矣，应请钧座善自处置，速定大计，勿为野心家造机，勿以新疆供牺牲。临电神驰，急不择言，一得之愚，敬祈采纳。牟维潼。庚。印。等语。理合电呈钧部鉴核。职牟维潼。四月十八日。

照抄塔什干牟维潼来电　廿二年四月廿一日到

南京。外交部钧鉴：本月十三日致金主席一电，其文曰：迪化。主席钧鉴：三月五日函计达，迄未见复。兹再重申前情，夫乱之起也必有原因，得其症结，运用智力，立可解决，固不能专恃武力也。变乱之事，委系地方自办所致，我公责无旁贷，巨有以函电之。哀鸿无依，铤而走险，其情可悯。维潼历次主张和平解决，夫岂无因。本年各县回民主持村事，各县响应，甚至迪化省垣亦且被监理员攻击，情形概可想见。夫人孰无身家性命，谁愿造及自趋绝路，我公苟能冷静观察，自有解决办法，试思用兵两年以来，军需载运，民众员转运之。若挑兵派监差，民众员跋涉之劳，乘时痛剿，民众受之；税率加重，民众听之；政府一纸文书，百姓辗转沟壑，官兵所至，赤地一空。最难无时，收获无所。闾阎疾苦，谁复过问，民也何辜？罹此浩劫，凡此所谈情形，皆为民变之原因。夫民心疲而易失，兵端易成而难收，南京解决，万办不到，时局至此为艰，潼宁劝我公均应牺牲个人以全新疆，不愿我公牺牲新疆以全个人，民心既失，逐鹿者众，但新疆汉人上台，必杀回回，回回上台，必杀汉人，大势所趋，无庸一再蹉商。为新疆计，为我公计，应请一面下令将罪犯着即惩处，以平民气；一面电请中央速派大员来新观察，以压其祸。我公既为新疆求出路，中央当然亦为我公求出路，如此解决，名正言顺，一转移间大局底定，胜于放枪者万也。新疆回回家给人足，必不造反；新疆缠民秉性驯良，更愿和平协助，一定大乱立止。惟我公幸垂鉴等。牟维潼叩。元。印。等因。拍发在案。除电大使馆外，理合电呈鉴核。职牟维潼。四月十九日印。

牟维潼自塔什干来电　四月廿二日到

南京。外交部钧鉴：苏联与新疆接壤者计有三个共合〔和〕国，一哈萨克斯坦，二基尔吉牧斯坦，三塔吉克斯坦，均系回教国，与新疆民族同种同文同教，甚有密切关系。故回教中无论何人，不能握新疆大权，除将新疆报纸鼓吹新疆回教独立国之宣传，另文译呈外，特电陈明。再新疆此次回乱，关系大局，当为严重，所有本馆迭次电报，均请转呈国府，速定大计，免贻后患。除电大使馆外，理合电呈鉴核。总领事牟维潼。四月廿一日印。

塔什干牟维潼来电　四月廿二日到

南京。外交部钧鉴：迭电计达。兹将新疆民变各县列下：哈密、吏治、迪化、绥来、焉耆、轮台、库车、拜城、阿克苏、乌什巴、和阗等十四县。阿尔泰哈萨克变乱，迪化、绥来已解，昭乌达盟各县成立民团，现由塔城至迪化，一路由兵士护送尚可通。查此次回乱，除哈密外，均系甘籍之回回发难，不满意于个人及政府，且带有甘汉回世仇彩色甚浓，各省汉人系受池鱼之殃，所幸大多数之本地缠民，尚未附和。且汉回双方军火均已告罄，中央正可趁此时机以调查团、宣抚使等名义急速由塔城入境来新，主持大计，和平解决，以安边局，新疆情节，褚民谊先生知审矣。维潼日内赴莫斯科谒见颜大使，面陈一切。除分电外，特此奉闻。总领事牟维潼。四月廿日印。

〔国民政府行政院档案〕

7. 国民政府文官处为马仲英电陈新省民变情形致行政院公函

(1933年4月26日)

国民政府文官处公函　字第一八一八号

迳启者：奉主席交下陆军新编第三十六师师长马仲英铣电称：前奉令查询新省变乱真像，因交通阻塞，莫知所以，及接马绍武阳日通电，方悉南北各路遍地骚动，正拟请命协讨，适南北各地民众代表四十余人抵此，声称金主席树仁横征暴敛各情，恳速为设法免更扩大，或即派妥员入新调查，俾早解决，特先电呈，谨候复示等语一案，奉谕交行政院军事委员会等因。除分函外，相应抄同原件函达查照。此致

行政院

计抄送原电一件

文官长　魏怀

中华民国廿二年四月廿六日

抄肃州来电

南京。中央党部，国民政府，军事委员会钧鉴：窃职部蒙任新编三十六师以来，驻防边关，兢兢自守，常以报效党国，守土安民，作自策自励之鹄的；弭祸萧墙，协力御外，更奉之为不二法门。东北沦陷，痛心曷极；新疆祸乱，又成燎原。吾民何辜？降此凶灾，缘新省远处边荒，沙漠万里，而行政设施仍系前清余绩，风物人情迥异内地，近年来官民时生龃龉，变乱相寻。前奉钧令询查真像，职亦因交通阻塞关系，莫知所以，及接马绍武阳日由喀什通电，方悉南北各地遍地骚动，土匪马石明等煽惑人民，攻城陷地。正拟呈报钧座请命协讨，并派员赴新详探究竟间，适

南北路各地民众代表四十余人昨已抵此，谓赴京面谋中枢诸公，详呈新疆一切。惟因路途悠长，驼马疲困，拟在肃稍为将息，并请职将各情转呈钧座，盟旗真像，至该代表等所携呈钧座文件甚伙，职由邮转寄。该代表等声称：新疆金主席树仁前曾勾通已故樊道尹耀南，暗施机谋，残害杨前督，随将樊击毙灭口，阳托为故帅复仇，阴实窃夺重权。自莅任后，无亲不用，非党即除，苛捐垒垒，敲骨吸髓，其弁兵，更假借余威，依势凌民，哈密缠民之变，即因该地文武夺民财产，奸民妻女所播成也。又以纵兵屠民，加罪日匪，(鄯)善入城，杀戮一空，于是南路三十余城同时播动。盛指挥又在吐鲁番殃民屠杀，焚烧掳掠，俨然中世纪英人对阿非利加洲野蛮民族所施之手段也。于是北路各地民众愤激万状，远望中枢，呼吁无门，除派代表等星夜晋京请愿外，同时宣告与新疆当局脱离关系，自组民军，起而相抗。现已全新发动，除迪化少数县城外，余均为民众占领。该代表等又云：金主席自执政权以来，纯以愚民政策剥削民众，三民主义及国民党各项书籍不但不令民众读阅，并扣留焚烧，内地币纸亦不准流入民间，日以横征暴敛吸收现金为能事。所谓建设事业，民众疾苦，视若无睹。闻汇平津国外各埠者不下二千万，此等行径纯系封建军阀故技。处此光天化日国民党治政府之下，新疆民众何辜？何罪遭此荼毒？故请中央速为设法拯民水火，不胜感德云云。以上各情，闻之恻悯。该代表等均系于阗、和阗、库车、哈什、焉耆、吐鲁番、鄯善、哈密等地富商大贾，以及绅士头目，所言谅为有据。值此外侮日亟，西北边防关系匪浅，新省变乱不难引起英俄窥伺之机，用恳钧座速为设法免更扩大，或即派妥员入新调查，俾早解决。先电代呈，谨候复示，至祈矜鉴。职派去调查人员回甘再呈。肃此敬请。钧安。陆军新编三十六师师长马仲英叩。铣。印。

〔国民政府行政院档案〕

8. 马绍武为陈述新疆变乱情形致行政院电

(1933年4月26日)

南京。中央执行委员会，国民政府林主席，蒋委员长，各院院长，各部部长钧鉴：三月卅日拍呈一电，谅邀垂览。四月十二日恭读参谋本部敬电，敬悉请购枪械已蒙军政部提出酌办，仰见中央注重边防，莫名钦感。伏查新疆此次变乱初系马仲英之差弁马石明在吐善倡乱，以吊民伐罪，讨逆倒金为口号，纯为改良政治目的，尚无他种作用。迨后，南疆各县缠民纷纷效尤，竟变本加厉，走入歧途，专以宗教问题，种族观念，到处煽惑，惨杀汉回，甚至和阗自称帕夏，叶城殃及英侨，愈演愈奇，无所不至。绍武德薄能鲜，丁此时艰受命于危难之秋，挽救于颠覆之后，人材破产，饷械绝源，惟有勉效精卫之精，愚公之愚，竭力尽心扶持危局。倘荷国府体念边陲，速予新省以精神上或物质上之救助，庶几三百万生灵不致蹈同光覆辙，万方里产域亦免步东省后尘。党国幸甚，边民幸甚。新疆喀什区行政长兼南疆边防总司令马绍武叩。宥。印。

〔国民政府行政院档案〕

9. 交通部为转报新疆邮务长克气格关于回民事变致行政院呈

(1933年4月27日)

呈　字第一一六号

为呈报事：关于邮政总局转据新疆邮务长报告当地情形一案，经本部于六一号密呈具报在案。兹据呈称，据新疆邮务长克气格二月二十七日密函报称：二月十五日，闻吐鲁番已由官军克复，惟哈密附近又有叛变，计自一月二十二日以后，哈密所发邮件迄未收到。二月十六至十八日，新雇俄兵陆续开到数百人。二十日，俄兵司令来访，据称俄兵拟即开往达坂。二十一日上午四时，即闻有枪闻之声，闻系新疆南部山间回匪联合当地各匪先在西门外袭击某寺驻兵，夺取枪械，并残害西北两郊警官及汉人，然后前来攻城，西北两门战事甚烈。在城内高地望见城外匪众由山地蜂拥而至，并有骑队及无线电台在某寺集中，幸此时俄兵尚未离城，城上大炮即向该匪等射击，寺墙轰倒，寺内火起，匪始向东山逃窜，但旋又来攻西门，当此时局紧张之际，邮局既无人前来寄信，各地邮班亦不能到局。二十二日天明时，枪炮之声复剧，城上大炮亦自八时起复施射击，午时据守城俄兵云，前已离城之俄兵，现已开回等语。南门外方面，虽尚未平静，惟街上禁绝行人，居民不准外出。闻有通汉（汉人奉回教者）多人持刀欲加入西门回匪，多被官兵截杀。城外匪尸垒垒，枪炮声终日不绝。至夜十时，匪攻东门尤烈。二十三日晨，炮声已息，惟西方双方激战尚有枪声，闻俄兵及义勇队在西门外放火，匪众已向南山窜逸。下午，有俄人来谈战况，据称匪众非死即逃，西北两门外热闹市场及公园附近等处，皆成荒墟，因战而死者匪约数百人，俄兵约十人，汉兵不知确数，现城门防守甚严等语。查官军入公园时，杀匪颇多，匪之旗帜系书“为宗教而战”(译意)等字。二十三【日】夜，官军搜查南门时，杀匪约八十人，二十五日克复吐鲁番之盛（译音）将军到省向省政府报告毕，即率汉蒙俄各兵共六百人向北开去，并视察飞机场及通昌呼图壁、绥来各回民城市之道路。闻吐鲁番业已安靖，杀匪约七千人，得枪约二千枝，惟吐鲁番邮局长之消息尚未闻。二十六日，盛将军率军到飞机场时，遇匪众数百人来攻，当即击退，毙匪约百人。同日，邮差三人携带塔城邮件由北路来省。据报，绥来尚属安谧。二十七日，东路无消息，闻回匪又在古牧地及阜康等处叛变，业已派兵往剿，至于奇台哈密消息，仍不明瞭。明日拟派邮差二人往塔城，一人往奇台，以资联络。现本城虽暂平息，外国匪众仍有数千人，一时似难肃清。该匪或将沿途截劫，交通不免被其阻梗。嗣后往来迪化，除乘坐飞机外，恐难安全，报请鉴核等语到部。理合密呈钧院鉴核。

谨呈

行政院

交通部长　朱家骅

中华民国二十二年四月二十七日

〔国民政府行政院档案〕

10．邓宝珊为新疆省事变情形及南路代表到京面陈详情致行政院电

（1933年4月28日）

南京。行政院汪院长钧鉴：宝密。前上两电，祗候兴居，计邀睿察。昨接杨村同志寄到赐发宝密电本，并述关切至意，无任感激。新疆因前年马仲英扰乱时，缠回以宗教关系，即有内因，及马仲英退至嘉峪关，新省当局遂注意防回。去年，又以哈密一带缠回明垦熟地，给与迁移甘肃灾民，遂演成事变。今春，天山南之阿克苏、焉耆、吐鲁番、鄯善等十余县竟攻破，汉民及官吏死伤甚众，而新军又因多在哈密一带防马，兵力不敷戡乱，致成燎原之势。迪恃塔城、答什附近，刻仍平安。日前，新省南路缠回代表四十余人到肃，职已电令马仲英从速护送来兰转京，面呈种切，此事务望我公妥为处置。甘肃今岁雨水应春，丰收可望，人心大定，一切详情，拟即派人面陈，并以奉闻。职邓宝珊叩。宥。印。

〔国民政府行政院档案〕

11. 行政院秘书处为新疆省政府驻京办事处呈新省民变原因致国防会议秘书处笺函

（1933年4月29日）

笺函　第一〇三四号

迳密启者：奉院长谕，新疆省政府驻京办事处密呈新省回乱原因，并陈管见，请早设法挽回危局一案，应抄送国防会议等因。相应抄同原呈函达，查照转陈。此致

国防会议秘书处

计抄送原呈一件

行政院秘书长褚〇〇

中华民国二十二年四月二十九日

原呈

呈为密呈事：窃新省为西北边防重地，治乱安危，影响于全国至巨。上年哈密吐鲁番等处缠匪叛变，幸告戡平，近闻焉耆、轮台、库车、拜城、阿克苏等处又有回乱地警耗，外间不悉实情，谓系新省政府压迫回民所致，不知此中症结，别有原因。年来，回教独立大同盟之组织进行甚锐，蓄意在西北占领地盘，造成彼族一新势力，哈、吐等处缠乱即为彼等同盟计划之见端。盖新省向称安谧，自上年马仲英盘踞甘边以来，密派党徒煽诱新省缠匪肆行变叛。彼本回人，且为该大同盟中重要分子，哈吐乱事，彼确为主使之人，事实具在。今新省缠民有与京平等处回民联电攻击金主席，推戴喀什马行政长之事在，马行政长素明大义，谅必不致为人利用，而京平等处回民与新省风马无关。今乃联名捏词，甚或冒称新民代表，纷电耸听，其意何居？且电中声明，请由马行政长以回教教主主持，是新省乱事系该大同盟之预定计划，更

为揭露无遗。窃以新省土地广阔，物产饶富，强邻逼处，如俄如英如土耳其，皆耽耽注视已久。我中央惟有及早设法保全，方可挽回危局，否则，乱事扩大，势将为东北四省之续，言念及此，能不寒心。管见所及，一请钧院严电喀什噶尔马行政长绍武从速遏止乱源，一切承商金主席妥慎办理，不得忽视内变，致召外忧；一请速将马仲英调离甘边，俾新省缠匪无发从指使之人，乱事方无滋蔓难图之患；一请简派大员克日赴新，会同金主席抚慰叛回，俾知悔改，各安生业，毋再轻受煽惑，自贻伊戚，至为巩固边防起见，如蒙饬调中央直辖得力军队，开赴新省，分驻要隘，以资镇摄，新省官民，当无不竭诚欢迎，感激中央保境安民之至意，是否有当，合亟密呈，仰恳察夺施行，不胜迫切待命之至。谨呈
行政院院长汪

新疆省政府驻京办事处处长　　张凤九

中华民国二十二年四月二十二日

〔国民政府行政院档案〕

12. 外交部为转报新疆省政情形致行政院呈

(1933年4月29日)

为呈报事：案查关于新省回乱事，迭经本部接据各方报告，随时呈报钧院鉴核在案。兹续据莫斯科颜大使电称：顷接塔什干领馆电称：省变系盛世才倒戈，公推刘厅长为临时主席，回匪退焉耆，陶科长任迪化县长等语。据牟总领事面称：金主席已抵俄苇塘子，盛系省府总指挥，奉天人，前郭松龄部下，此次倒戈系利用迪化训练之白俄军势力。刘系教育厅长，名文龙，湖南人，年七十余，颇得各方敬仰，迪化县长原系甘人，现陶系浙江人，此次政变颇含有打破历年甘人把持省积习之意义等语。再金主席代表陈、马二君已启程来莫报告详情，当局代表陈中，黄浦学生，

皖人，已抵塔什干，奉命赴南京接洽一切云并闻等语。除电军事委事会外，理合呈报钧院鉴核。谨呈

行政院

外交部部长　罗文干

中华民国二十二年四月廿九日

〔国民政府行政院档案〕

13. 参谋本部为转报马步芳关于马仲英侵犯肃州等地致行政院密函

（1933年5月　日）

参谋本部密函　边字第457号

迳启者：顷据马步芳阳电称，鱼电奉悉。新疆、青海毗壤接境，安危攸关，蒙垂询之殷，竭尽心力，期图报称。顷据甘州驻军报称：马仲英本人率八大处于支日已出玉关，肃州各县，掳掠一空，难民逃集甘州，泣请分兵设防肃州，以防意外等语。职应民众请求，派韩旅长起功暂时前往维持治安。再查肃州一带遽陷灾眚，权变设防，足泯祸患，应乞转黄宣慰使统筹全局，迅来理乱，除刍见由航空详呈外，谨电奉闻等语。查肃州设防，似应由邓主任通盘筹划，除请军委会外，相应密函奉达，即希查核见复为荷。此致

行政院

中华民国二十二年五月　日

〔国民政府行政院档案〕

14. 外交部为转报新疆事变经过致行政院代电

（1933年5月5日）

代电　亚字第11973号

行政院钧鉴：密。关于莫斯科颜大使电告新疆新省政府代表陈中到莫报告政变经过事，四日代电计邀钧览。兹又据颜大使来电一件，谨附录原电文电请鉴核。外交部。微。印。

附录原电文一件

中华民国二十二年五月五日

照译莫斯科颜惠庆来电　廿二年五月五日到

南京。外交部。六十九号。四日新疆省政府代表陈中到莫面赍刘文龙、盛世才联名函，略称：新疆于四月十二日发生政治革命，金树仁势不能支，仓皇出走，函向省委会辞职，民众公举文龙为省政府临时主席，世才为临时边防督办，辞不获已。业经宣誓就职，地面顿觉安谧，苏联领馆暨侨民亦经保护无恙。此次革命，纯出民意，其原因由金前主席以苛政激起哈密缠回生变，征剿连年，财弹力竭。近则天山南路半就沦胥，北路亦丧失数县，省城且被围两次，势殊岌岌。金氏犹从意焚杀不已，民众恐复演同光惨杀之祸，不得不促金氏下野，以为和缓之计也。新省与苏俄接壤，绵亘数千里，在地理历史民族均有特别关系，全赖卓识伟划，启迪指导等语。又省府临时主席刘文龙公函称：现委托塔什干总领事牟维潼，暨省政府临时执行委员会委员陈中为外交代表，前赴莫斯科与苏联政府作友谊接洽，以期博得同情，便于因应，请赐介绍，并予充分协助等语。特电奉闻。惠。

〔国民政府行政院档案〕

15. 外交部为颜惠庆转报陈中到莫斯科报告新省事变致行政院代电

(1933年5月6日)

代电　亚字第12006号

行政院钧鉴：密。关于新疆省政府代表陈中到莫报告政变经过，前据莫斯科颜大使来电，业于五日抄录原文，电陈钧览在案。兹又接颜大使来电一件，谨附录原电电请鉴核。外交部。鱼。印。

附录原电文一件

中华民国二十二年五月　日

莫斯科颜大使来电　五月五日到

南京。外交部。五月四日。第七十号。

新疆政变事，据代表陈中面称：此事酝酿已久，与其事者除彼外，尚有中央党部特派员宫碧澄，省政府顾问吴霭宸，科长陶明樾及新省比较有新智识之人物。事前运动迪化军队约三千及归化白俄军约千余，并与苏炳文、郑润成旅约一千人接洽成熟，始行发动。金一闻讯，即夕出走。当即成立治安维持会，各界均有代表参加。嗣由该会推举二十余人组成临时省政府委员会，前述诸人均属委员，并公推刘厅长为临时主席，盛为临时督办。盛原籍奉天，前在郭松林〔龄〕部下，郭败后赴日本士官学校留学，回国在南京总司令部服务，前年塔城行政长鲁朝祖在京聘往新疆赞襄军事。此次被选系因其平时对于革新运动颇表同情，故请其主持军事，改组以来，地方安谧，回乱可望敉平。省府内部，除金一人出亡外，原有各厅长兼委员均照旧供职。所可虑者，伊犁屯垦使兼师长张培元及塔城行政长鲁朝祖，原与金氏关系綦重，临行时，复私任张为代理主席兼督办，并赠鲁以军械，其欲鼓动张、鲁反抗新局，用意至明。张、鲁亦曾发反对改组之通电，惟张师实力仅有千余，鲁部则不过数百，较之省府共有军队五千余人者，势力悬殊，不足为虑等语。查此次新省改组，似由新智识及与中央有关系之人物发动，因不满意二十年来新省当局之闭关主义及愚民政策，且欲沟通中央与西陲之政局。在外交方面尚未发生枝节，日前，晤李维诺夫、喀拉罕等，谈及此事，均称新省府对于中央较前接近等语，并无反对口气。惟善后问题极关重要，如张对于中央固尚未就范，而哈什区行政长马绍武系回教领袖，素属亲英，迄今未表明态度，措施稍一不当，堪虞反侧。至塔城一隅，地处新省咽喉，为对外交通要道，邮电、行旅行须经此，断难任其离省府而独立。凡此诸端，均须善用政治手腕，妥慎处置，似未可迫促过激轻启戎端，最好由中央遴选相当人员莅新抚摄，指示机宜，暗中调停，庶已成之局得以保全。正发电时，奉电政府已派参谋黄次长为新疆宣慰使，甚属相宜，不知赴新是否取道西北利亚，盼电复，俾随时通讯。惠。印。

〔国民政府行政院档案〕

16．外交部为转报莫斯科颜惠庆关于新省民变致行政院代电

（1933年5月10日）

代电　亚字第12107号

行政院钧鉴：关于新省近情，兹续接莫斯科颜大使来电二件，谨抄录全文电请鉴核。外交部。

附录莫斯科颜大使来电二件

中华民国二十二年五月十日

莫斯科颜大使来电　五月九日到

南京。外交部。九日。七十三号。

汪院长致新疆刘、盛电已照转，惟自新疆政变以来，电信迄今未通。据闻所有电信均须经过塔城，致受检查扣留，至无线电台，亦早经毁坏，迄未修复。此电能否达到，殊未可知，将来黄宣慰使赴新，最好携带轻便无线电机及密码电本，分存本馆及新省，以备通电之用。惠。

莫斯科颜大使来电　五月十日到

南京。外交部。七十四号。九日。

接安集延领馆电称：新疆喀什已被缠匪占据，马行政长已逃。又塔什干总领事馆八日电称：喀什缠头与哈萨叛变，马绍武避英领署等语。特闻。惠。

〔国民政府行政院档案〕

17．刘文龙盛世才为马仲英马仲杰进攻迪化请中央责其仍回原防驻守致行政院电

（1933年5月19日）

南京。国民政府林主席、蒋委员长、汪院长钧鉴：行密。顷据东路将领电呈，据探报，哈密突被马仲英之弟仲傑率匪三四千人占据，马仲英亦率队到哈拟分三路攻迪等情。查新省自金前主席树仁在职时，四境糜烂，回缠受马仲英暗中派人勾结，有组织回教国，脱离中央别有顷向之势。四一事之役，即系深惧国土沦亡，民族分裂而起，临时政府成立，原日抗金之回缠、蒙、哈先后表示就抚，匝月以来，办理已有头绪。哈密驻军系金氏前于省城被围时电令退保古城，嗣因环境所迫未回防，以致哈密空虚，该马仲英以中央任命之师长竟敢乘机侵略，居心实不可问。国家多事，东北问题尚未解决，若西北要区忽遭蹂躏，其危险更不可言。文龙等身负地方重责，筹防筹剿，义不容辞，惟最近数年来，人民创巨痛深，现在喘息粗定，疮痍未复，军粮民食，既属艰难，枪械子弹亦形缺乏。既须收拾金氏坏乱之局，又须戢遏马匪猖獗之焰。应付匪易，当在洞察之中，应请中央迅电马仲英仍回原防驻守，毋得越境滋事。并分电甘肃军事当局作有效之制止，以维边安，并请转饬黄次长慕松迅乘飞机来新调查，俾明真相，无任屏营待

命之至。新疆省临时主席刘文龙，临时督办盛世才叩。皓。印。

〔国民政府行政院档案〕

18. 外交部为抄送苏联真理报关于回民事变致行政院代电

（1933年5月20日）

代电　亚字第12433号

行政院钧鉴：关于新省事变，据驻塔什干总领事牟维潼代电，并抄送该馆致新疆省政府关于苏联报纸登载回乱消息各电到部，谨抄录原文暨附件，电请鉴核，以资参考。外交部。号。印。

附抄原文一件，附件二件。

中华民国二十二年五月二十日

译一九三三年苏联东方真理报

《英日在中国西部之角逐》

中国现在发生事变之地方，适与苏联中亚各共和国接近，故此事变具有莫大之意味，盖自日本占领满州后启帝国主义者实行侵略中国他处领地之先声。英国蓄意夺取西藏，由来已久，并将达到目的矣，乃因帝俄之掣肘，始暂行停止侵略，此生产富裕，与印度为界，及与中国本部，英国均有莫大之关系之地方也。查西藏与接近其边界之蒙古民均有联络，此则足见英吉利帝国主义对于内蒙及外蒙共和国之意旨，实甚远大。英国曾实施各种手段以保守西藏，故先造成西藏与中国之分立，而加以维持。当欧战前，西藏即已实行分离，驻守该处之中国军队即为受英国协助之藏军驱逐出境，而帝俄此时之所以缄默不言者，盖以此中立而获自由行动于蒙古也。方欧战时，英国曾一度放弃法意，及欧战终，乃益变本加厉，英国外交官曾于一九一九年要求中国政府承认西藏之独立，并将中国重要地方，如甘肃肃州亦一并包括于独立国领土以内。此种积极政策，颇惹起中国方面之严重之反响，而英国又以印度之革命，墨索灭他米一九二〇年之叛乱，英国、阿富汗之宣战以及英国波斯条约，一九一九年之取销，凡此种种，使英并西藏于印度之谋不得不有期待。惟在一九三二年西藏宣告独立之十年以前，英国在该处即有巩固之政治、经济势力，并经达到西藏脱离中国主权之目的。同时，为之扩张军备，以担保西藏之不可侵犯，达赖喇嘛之军队实无殊印度、英印王公之军队也。西藏之实力据往报传载，计有野战队二万，武装警察十万。当一九三二年，日本帝国主义实行进攻内蒙时，引起英国之不满，盖以此事之成功，直接威吓印度也。日本军事行动一九三二年曾一度停止者，即英日双方利益之冲突也。英国并不满意日本列内蒙于满洲版图以内，但以后双方互有谅解，英国对于日本在满洲之行动严守中立，而一面乃嗾使西藏兵进击中国之省地，以扩其领土，一面欲消灭中国反抗西藏军之实力也。乃又嗾使四川军阀使之互斗，如四川刘湘方率七万之众以反抗政府，而达赖则乘机攻击中国，获有不少之效果也。惟此英日间之妥协亦未能饱其贪欲，而双方之冲突，仍日形严厉。盖日本欲达到为中国主人翁之特权，此人之所以不能遗忘者，而大日本之计划不特包括满洲、蒙古，并及于西藏、印度，日本军阀为实现其计划，将不免出于冒险一途也。英国方利用达赖以实行其帝国主义于西藏也，而日本则拥护班禅以对抗之。班禅者，除达赖外，佛教中第二有资望之人也。日本藉班禅之助以侵占内蒙，盖欲夺取由满洲向西藏以至印度之捷径，及由中国本部向苏联中亚西亚各要区也。而英国则扩张英式西藏军之行动于正东及东北，以侵占相当之地方，以免受东北方面直接之袭击，不但此也，英日帝国主义之利益冲突对于新疆发生之事变亦有极大之意味。盖新疆省与苏联中亚各共和国作界，与外蒙古共和国为邻，并有道路以达西藏，印度早已处于英国势力范围之下，英国常欲防止日本之侵略，并欲造成该省为攻击苏联之根据地。观于英国委员（顺别尔格阿乌列尔，即祥木贝尔克）之游历中亚深处，并非等闲之事，其意义至为明显。英国常实行其习用之手段以达其侵略之目的，故特造作言语谓第三国将夺取新疆，其报中竟谓中国西部已受苏联之威吓，而军阀机根法亭法尔斯，一九三二年一月不列颠将军文中布鲁斜尔又谓中国之西北部名为新疆省者，自苏联土西铁路告成，更受苏联之包围，同时一小部分已受苏联之侵占。此盖英国先以担保印度西北边界之安全，而占据西藏，今又造作原因，以占中国西部。以上所见，正见英吉利帝国主义之欲望，实无涯际。但日本帝国主义之野心亦未因此稍戢也。新疆哈密居民因不满中国行政之措施而起叛变，对此有莫大之意义。哈密之变，适发生于迪化通中国本部之途中，虽省政府已得到若干效果，消灭叛徒之实力，尽行驱之深山中，但去年十二月间，叛徒竟将政府军队压迫至距迪化一百公里之遥。至二月时，战事已及迪化附近。因此，迪化之状况极为严重，盖省政府初未料及此次叛变系受哈密回回之辅助也。哈密、甘肃之叛变既已逐渐扩大，而西藏迄喀什一路之行动亦即从中活跃，和阗已为叛徒占领，喀什附近亦不时有叛徒之队伍发现。而一面哈密叛徒则由焉耆向前推进，占领阿克苏、毛拉巴什等处，喀什行政长马某者垂涎新疆首领已非一日，故运用其骑墙政策，以期与叛徒结和也。考究此次叛变主因，在于地盘问题及农民不堪中国行政之剥削，惟其领导权则在守旧回教徒之手中，即回教封建思想派也。此派竭力燃起民族间之恶感（教区中竟将汉民杀尽），并得帝国主义之协助，以实行与中国分离，观于回回及乌依古尔间之反抗而益明矣。然则英日帝国主义对于新疆之事态扩大，将有何等势力发生乎？要不外寻找销货场及殖民地，并夺取之，以组织守备队与中国实行分离，并造成攻击苏联之要塞，以反对苏联也。试观英吉利帝国主义之著作家有谓，假使二年以后西比利亚之交通获有第二之路道，库孜业斯地方、玛特尼特果尔地方铁厂能出三百万吨之钢及军器，则苏联如攻击亚洲中心及东亚之事，将无法以戢止也。盖帝国主义欲藉口中国非自主国，无力保守自己之利益，并归罪苏联为赤色帝国主义，以实行其侵略政策，遂以组织独立国为初步以瓜分中国。但英国年来在西藏之积极活动，颇引起中国反对达赖之激烈行动，并为中国西藏而奋斗，以反对帝国主义及其傀儡，至于英日间之利益冲突，则在各自拥护达赖、班禅以互斗也。新疆哈密之变，英日皆欲用之以夺取新疆之机会也。现在竟有意与各叛徒首领勾结，允许维持其为新疆首领，关于此事，马某特别关心，并实行准备以保守自己意中之喀什噶尔独立国也。总之，新疆或为独立国或数数个独立国，均不外帝国主义者将以武力攻击苏联之表示也。

译一九三三年四月八日苏联东方真理报

新疆为中国西部之一省，其面积为一百四十二万六千平方英里，北界外蒙共和国及内蒙古，西与苏联（塔吉克斯坦、哈萨克斯坦、吉尔吉孜）为邻，其南则为西藏、印度，东与中国甘肃毗连，有居民三百五十万，其间种族庞杂，如乌依古尔、老回回、塔吉克、吉尔吉孜、乌孜别克、汉人及其他民族，其原来居民则为乌依吉尔（约占全民族百分之六十五），以汉文为国语，全省百分之七十以上之熟地均归全民族百分之十四之地主、宗教首领、巴依所有，其余百分之八十六民众有无地土者，有少数地土者，其面积则在全熟地百分之三十以下。行政划为八道，在一九三一年以前，仅表面服从中央政府，其政权在宗教中之首领、封建王公掌中。当一九三一年之初，新疆始从事办理民政、警察，并即增加重税，此哈密叛变原因之一也。

〔国民政府行政院档案〕

19. 刘文龙盛世才为马仲英捣乱新省请中央明令制止以安边局致国民政府电

（1933年5月31日）

中国。南京。中央党部，国民政府主席林，军事委员长蒋，行政院长汪钧鉴：杨将军巷，新疆驻京办事处张凤九兄鉴：行密。马仲英以受编之师长于新疆政治改革后，假讨金为名，冒称奉中央令，率部西征，扰乱新疆东路各情，迭电陈报在案。文龙等解决地方纠纷，向主和平，故对彼初亦未示激烈，不图该兄弟等一意横行，不可理喻，侵扰木垒河、奇台各县，势颇凶猛，并以组织回教国为宣传目的，四出勾结，煽惑缠回，事关国土存亡，民族分合，迥与寻常不同。新疆自金氏在职时，早已糜烂不堪，文龙等收拾残局，方期日有起色，忽遭意外之乱，益增应付之艰，除分别布防，并由世才亲督所部东行，仍遵照钧院电令，以和平解决纠纷，先派人与彼接洽。如能就范甚善，否则，不能不诉以武力外，伏乞明令制止，严饬该马仲英迅回原防，并另有如何办法，以期消弭马仲英兄弟之患，伏乞钧示祗遵，边氓幸甚，边局幸甚。新疆省政府临时主席刘文龙、新疆临时边防兼办盛业才叩。卅一。印。

〔国民政府行政院档案〕

20. 刘文龙盛世才为马仲杰部已入新疆到达古城请中央派军追剿致行政院电

（1933年6月1日）

南京。中央党部，国民政府蒋委员长，汪行政院长钧鉴：新省自金前主席去职后，一切纠纷正在渐次解决，忽肃州马仲英令乃弟马仲杰率全部乘隙入新。现已到达古城，所至之处，威胁缠回，大肆扰乱。昨据新疆驻京办事处张凤九电称：养电悉。中央已严令制止马某前进，并派胡师长跟踪监视，彼如铤而走险，即自取灭亡，请努力抵抗，地方幸甚等语。查新省连年惨遭匪祸，疮痍满目，饥疫煎迫，民不聊生，若再兵连祸结，势必同归于尽，如无有效之处置，则边局前途，不堪设想。胡师究至何处，恳速电示，并恳严电，星夜驰追，以除民害。黄宣慰使已否动身，统乞赐复。新疆省临时主席刘文龙、临时边防督办盛世才叩。巳。东。印。

〔国民政府行政院档案〕

21. 刘文龙盛世才为古城已被马仲英占领及请中央指示方略致行政院电

（1933年6月3日）

塔城陈行政长转南京中央党部、国民政府、军事委员会、行政院钧鉴：行密。马仲英及其弟仲杰冒称奉中央令率部西征，侵扰新疆东路各情迭电呈报，未奉复示。该马仲英等节节进展，不可理喻，实于边局有重大之危险，除严密防御并派人开导外，敬祈中央迅予指示方略，以重国土，而全民命。再古城无线电台已落马手，中央如有电令，乞由塔城转达，以后由古去电，恐有假托情弊，并请加意审察。新疆省政府临时主席刘文龙、新疆临时边防督办盛世才叩。江。印。

〔国民政府行政院档案〕

22. 黄慕松为马仲英向迪化进犯省府情势危急致行政院电

（1933年6月10日）

万急。南昌。委员长蒋。南京。行政院汪院长钧鉴：精密。松与王应榆、钱桐灰到迪化晤军民政当局，知南疆全不守，省方仅有伊犁两区，阿尔泰亦经哈萨占领。自奇台陷落，失枪五千余枝，马仲英部潜势更张，现距迪化百余里。省军缺乏战斗力，东北军亦精神涣散，盛世才不克指挥全部，伊之张培元师尚在观望，情势异常急迫，省府已与马仲英议和，有畀以南疆总司令之提议。松默察情形，为暂时安定计，即马仲英第一步停止南疆军事行动，第二步再议善后办法，结果如何，容后续陈。职黄慕松叩。蒸。印。

〔国民政府行政院档案〕

23. 黄慕松关于盛世才在阜康与马仲英部激战致行政院电

（1933年6月13日）

南昌。委员长蒋。南京。行政院院长汪钧鉴：据盛世才自阜康来电，元申在县东五十里滋泥泉与马仲英部骑兵二千，步兵四千激战至元丑，敌不支，马仲英率骑兵全部退三台，是役毙敌数十人，俘千人，步枪千余，机枪四架等语。谨闻。职黄慕松叩。元。戌。肆。印。

〔国民政府行政院档案〕

24. 黄慕松关于马仲英冀得南疆缠回反对等致行政院电

（1933年6月15日）

南昌。委员长蒋。南京。行政院长汪钧鉴：中密。马仲英冀得南疆，缠回反对，松派员赴南疆宣慰，冀胁其势。省军今日可抵古城，将激战。省府各当局均逾亘昏误，金尤昧于外情，即邻封职姓名，亦不知悉。新疆又为英俄角逐之区，无怪乘祸乱勃发，遂至今日之崩溃也。职黄慕松叩。删。辰。陆。印。

〔国民政府行政院档案〕

25. 外交部为接驻莫斯科大使馆来电关于马仲英欲谋夺迪化等致行政院代电

（1933年6月16日）

代电　亚字第13106号

行政院钧鉴：关于新省事，兹续接驻莫斯科大使馆来电一件，谨附录原文电请鉴核。外交部。铣。印。

附抄电一件

中华民国二十二年六月十六日

莫斯科驻俄使馆来电　廿二年六月五日到

南京。外交部。二十号。十四日。关于新疆消息：（一）张培元六日电称，马仲英自称新疆督办，与其弟仲杰率回匪六千人，又由甘出关谋夺迪化，马仲杰已侵占奇台（古城）、孚远等县，盛世才率队堵剿，战败退入省城，情形危急，缠回各族均倡民族自决，不受汉人统治，非常嚣张，请转中央从速救济等语。（二）顷接陈中四日电，称马仲英已率队抵古城，态度尚不明等语。（三）本日俄报载上海消息，马已围迪化，此间尚难证实。（四）陈中来电称金树仁携去公款、黄金一千五百两，已由西比利亚动身回沪，请中央派员赴沪追索等语。驻俄使馆。

〔国民政府行政院档案〕

26. 新疆宣慰使署驻京办事处关于黄慕松陈述马仲英意欲分兵掠地迪化危机致行政院代电

（1933年6月19日）

代电　字第　号

本京行政院院长汪钧鉴：顷奉黄宣慰使元三电开：办事处译呈委员长蒋，院长汪钧鉴：马仲英复电，异常恭顺，以阿尔泰、喀什乱事方炽，请示办法，其欲假中央名义，分兵掠地之意，跃然纸上。松以兹事重要，并省方亦弃和决战，并复令其详细陈明，盖候战果，再事应付也。自古城失陷，军民惊扰，迪化危在旦夕。迨松到后，虽将军心挽回，但无粮食，危机尚伏，尤其是发行纸币已达一万五千万两，以西大洋一元值纸币三十两，刻下政军两费，均赖每日印发二十七万两之纸币，松正计划从事南缠回之宣慰。职黄慕松叩。元。三。印。等因。谨电呈钧察。新疆宣慰使署驻京办事处主任杜之英呈。效。

中华民国二十二年六月十九日

〔国民政府行政院档案〕

27. 交通部为转报新疆当地情形致行政院呈

（1933年7月3日）

呈　字第二一八号

为密呈事：前据邮政总局转据新疆管理局密报当地情形，业经备具第二零零号呈文，密呈钧院在案。兹复据该总局呈称：据新疆管理局本年六月一日呈称：据承化二等邮局长李秩堂、布尔津三等邮局长逯升堂、乌鲁木河三等邮局长牛化麟五月三十日电称：阿山因有匪患，地方长官恐无法支持，传知各机关及民众于四月十九日逃出阿山，现职等均已行抵沙湾，但闻前途土匪出没无常，不敢前进。现拟在沙湾休息数日，再行设法前进等语。查阿山此次乱事，因交通阻隔，迄今未明真相，除探查明确再行详报外，呈请鉴核等情。又据该总局呈称，据新疆管理局呈称：据塔城邮局长本年五月二日电称：顷接吉木乃邮局长李朝栋由宰桑领馆函称：吉地于四月九日被匪占据，所有公务人员及民众逃赴俄境，于十六日到宰桑等语，电请鉴核。又据吉木乃局长、三等六级邮务员李朝栋四月二十一日由宰桑代电内称，吉木乃县治地方于四月九日上午一句钟被土匪占据，当地民众及官府人员逃赴俄境，幸蒙苏俄政府以平时友谊，优待保护，于月之十六日安抵宰桑，除将吉木乃地方失陷经过详情另文呈报外，电呈鉴核各等情。查职属北路阿尔泰、吉木乃地方扰乱情形，因交通阻隔，邮路停滞，难明真相，已令饬塔城邮局长转知该李朝栋仍在宰桑等候，随时探查。如果吉木乃情形转佳，应即回吉恢复局务，并令将吉木乃失陷及该员逃赴俄境情形详细具报，呈请鉴核等情。据此，除指令该管理局将吉木乃失陷情形详查具报，以凭转呈外，理合呈请鉴核。又据邮政储金汇业总局呈称：据新疆邮政管理局四月十四日呈称：查新疆年来因东路哈密军事无法结束，全省各处继续叛乱之消息，逐日传来，以致省城附近一带地方情形，异常严重。省垣人心惶恐，地方特别戒严，风声紧张日甚，甚至有较为重要之处，如吐鲁番全境及绥来、呼图壁两处之一部分，均遭匪蹂躏，更有其他村镇，多处均已毁坏殆尽。当其时，逐日接到各该处报告云，多处细小村镇，人民均被屠杀无遗，证诸由遭害地方未被惨杀，逃至迪化难民所言情形，确属实在。新省汉族人民无多，当轴为扩充兵力，应募者甚少，于是强迫人民当兵，农工失业，市面物价暴涨，食粮草料仅供军用，民食缺乏，价高以前十倍。民众及归化俄国军队以省政府主席兼边防督办金树仁，不但不能为民众谋幸福，迫民当兵，农工失业，怨声载道，恨金氏政治不良，时势所迫，遂急起趋向于改革旧政府之一途。曾有首领数人鉴于目下情形及军事一时无法结束，工商失业，农民不能归家耕种，更以贼匪不但不能肃清，反而围困省城，附近各处扰乱不已，故彼等认为欲补救此种荒凶，保护全省，其唯一目的，即应力起驱逐金主席。因是彼等约会归化俄军，协助发难，归化军则亦以地方情形如斯，加以主席有数次得罪之处，遂允许一同发难，突于四月十二日午后约二时许，发生政变，全城重要地方，如军装局先由归化军占守，同时攻入主席兼督办衙署，双方战争剧烈。当晚，将督办署护卫兵完全解除武装，并将金主席之弟、曾任警备司令部主任、督办参谋长金树信及其亲近党徒数人拿获。金主席系甘肃河州人，其部下军官大抵系其同乡，拥护金主席，得于是晚逃其城外，曾联合其卫队及城防指挥部队，复有一部份盛总指挥节制，归张指挥、杨指挥管辖之军队猛扑进城。自十三日二点三十分在城内各巷作极剧烈之攻击，炮声连天，弹飞如雨，直至是日下午四时，始将反抗作战之一部分军队缴械，金树仁与其残余之党徒往北逃走，战事即于是时停止。各界为维持地方治安起见，开会公议成立新省政府，并举前省政府委员兼教育厅厅长刘文龙为临时主席，省城及附近地方尚安谧无事，所有新疆省政府政变及新政府成立各缘由，理合具文呈报，伏乞钧局鉴核等情。据此理合将新疆政变情形据情呈鉴核各等情到部，除分别指令并函报军事委员会外，理合续行呈报，仰祈鉴核。再邮政总局两呈，系据新疆管理局五月及六月间所发呈文，而邮政储金汇业总局一呈，系据该管理局四月间所发呈文，实缘新省政变之后甘、

新闻邮路或梗或通，以该管理局所具报告，亦时有先发后到，后发先到之事，合并陈明。谨呈
行政院

交通部长　朱家骅

中华民国二十二年七月三日

〔国民政府行政院档案〕

28. 盛世才为击败焉耆溃匪马石明致国民政府电

（1933年7月10日）

南京。国民政府林主席，行政院汪院长，南昌。蒋委员长钧鉴：自马匪仲英溃退后，世才率军回省从事整理。近有焉耆溃匪马石明窜入南山一带扰害，世才即派军进山痛剿，于本月九日早四时，与匪千数百人在太平渠接触，激战五小时，始行击溃，毙匪四百余，又我军伤亡之三十余人。现在向白杨沟追击中，特先电闻，容后续报。敬请钧安。新疆临时边防督办盛世才叩。蒸。印。

〔国民政府行政院档案〕

29. 行政院政务处关于盛世才陈报马仲英逃匿俄边已被拘禁致国防会议秘书处笺函

（1934年8月21日）

笺函　第三八三四号

奉院长谕，据盛世才删电陈马仲英率领残匪，逃匿俄边，已被拘禁，电请鉴核，等情到院，应抄送国防会议，等因，相应抄同原电，函达查照转陈。此致
国防会议秘书处

计抄送原电一件

行政院秘书长　褚民谊

中华民国廿三年八月　日

原电

南京。中央执行委员会，国民政府主席，各院长，各部长，各委员长，《中央日报》；江西。探呈军事委员长；各省：各省政府，各市政府，各绥靖主任，各总指挥，各军长，各师、旅长，各法团；北平《大公报》；上海《申报》；转各报馆鉴：查马匪仲英素行无赖，向不为祖若父所见容。十七年乘甘肃变乱，窃起湟源，啸聚匪类，肆行劫杀寡人妻孤人子，掠人财物，经道河、临洮，灾达陇西、甘谷、武山以及天水、徽成等县，所到之地，尽成坵墟。旋又窜回道河，越扁豆口，而永昌、而武威、而镇番，北至宁夏各县，屠城数十，所杀人百余万。其间，接以疾病、流离，死者不下三百余万，以后暴行日著，神人共愤，不第甘、青、宁三省之汉族悉以死抵抗，即回族之贤能，亦皆群起而攻，遂即窜伏甘、新毗连之肃州，又复发纵指使，酝成新疆之乱。竟于前年违抗中央命令，率众西来，甘为帝国主义者之傀儡，希图破坏边局，以与中华民国脱离关系，一面派人赴内地各省，以主义相标榜；一面派人赴天山南北，以宗教相号召，阴贼险恨，遐迩为惑谋。新省各界洞知奸谋，军民团结相誓剪除，将其所谓副师长、旅团长马仲杰、马黑鹰、马牛肝、马石明、马金禄先后阵毙，虎翼枪去，枭首可期。不图伊犁张培元利令智昏，又复作伥。马仲英竟于本年一月间率其匪类进犯省城，迪化附近悉成焦类，我军本除恶务尽之心，誓背城借一之志，忠勇奋发，并力以赴，卒将匪军击溃，势穷南窜。我军跟踪追击，未敢稍纵，经托克逊、库尔勒、焉耆、库车，节节胜利，斩获甚众。巴楚一役，击毙匪军二千余人，夺获枪械壹千八百余枝，马匪知不能支，欲向和阗，经婼羌逃回河湟老巢，无如南疆民众悉起而堵截，遂迫于不得已，率残匪八十三人逃匿苏俄边境，当被解械拘禁。我方正在要求引渡，以便归案惩治，所有喀什、和阗各处溃匪均已缴械投诚，分别编遣。现在元憝既除，全疆底定，上可以抒中央西顾之忧，下可以解边民锋刃之苦，特此奉陈，用慰国人。惟是大乱之余，善后匪易，务望中央领袖暨全国同志不时指导，以资遵循，边局前途，实利赖之。新疆边防督办盛世才叩。未。删。

〔国民政府行政院档案〕

二、关于解决新疆事变的建议和措施

1．国民政府文官处为马绍武请求补助饷械防止马仲英部骚动致行政院公函

（1933年3月22日）

国民政府文官处公函　字第一二七一号

迳启者：奉主席交下新疆喀什区行政长兼援阿前路司令马绍武等阳电，陈哈密马仲英余党及墨玉土著纠匪骚动情形，恳充分补助饷械，俾奠边疆；又佳电陈匪势扩大，须添兵购械，经与英领接洽，极愿赞助，请俯念事机危迫，立予核准，并知会英使，俾便进行各等情一案，奉谕交行政院速核办。等因。相应抄同原电函达，查照办理。此致

行政院

计抄送原电贰件

文官长　魏　怀

中华民国二十二年三月廿二日

抄原电

南京。中央党部，执行委员会，国民政府林主席，蒋总司令，军政部何部长，各部院，迪化省政府金主席，各省省政府钧鉴：自上年哈密奸民倡乱，马仲英乘机进行扰乱镇哈，幸赖金主席调拨雄师，削平大难，方冀乱事已息，风火无惊。讵去年冬，哈密余党马部残军，野心不死，灰烬复燃，由哈密南山间道窜扰吐善一带，占据城邑，煽惑人民，二月之间，声势弥漫，焉耆失守，库邑旋沦，顷已越拜城，而逼温宿矣。益珊以前方失利，城守空虚，伊犁之援兵不来，乱民亦暴变骤起，为势所迫，暂退巴城，图兵力之集中，谋反攻而再举，誓歼彼鬼，以救吾民。东路既极紧张，西南路又传噩耗。据报墨玉土著纠聚匪徒围攻县府，汉族官商悉遭屠杀，经开去少数援军加以攻击，正在相持。目下，仅喀什附近数县尚属平安，其他各处亦蠢蠢欲动，此近来天山南路骚动之实在。推原致此之由，实缘地方辽阔，守备空虚，种族纷庞，彼猛〔猜〕此忌，而承平日久将不知兵，兵不习战，亦其一原因。绍武等上受政府之委任，下为人民所倚托，保卫地方，责无旁贷，除由绍武调拨队伍，分赴东南两路，相机进剿，规复失地，并派本地绅耆前往宣慰，以期和平解决，而免糜烂地方，作暂时之支撑，待政府之拯救，其所以报效党国，拥戴省府者在此，其所以勉尽棉力，安慰人民者亦在此。区区此心，惟力是视，所患械缺兵单，饷源枯渴，而苏俄密迩虎视耽耽，近顷以来，益不可测，加以省内交通邮电断绝，北路近况，真象莫明，内审情形，外观环境，千钧一发，危亡垒卵，瞻念前途，罔知所届。是则绍武等蒿目时艰，万分焦灼，思维再三，莫展一筹。惟有仰恳中枢俯念二万里疆土、数百万人民关系国家前途，至重且大，于饷械两项充分补助，俾消匪患而奠边疆，并恳金主席立调大军，一面由吐善西进，直捣焉耆，一面由冰达板南进，规复温宿。绍武督饬所部由巴楞东进，会师闲城，以期三面夹击，一鼓荡平，以救群生，而免涂炭，临电不胜迫切待命之至。新疆喀什区行政长兼援阿前路司令马绍武，阿克苏区行政长徐益珊，和阗区行政长谆凤翼率各属地方文武商民人等三万余人同叩。寅阳。印。

抄原电

中央党部，执行委员会，国民政府林主席，蒋总司令，军政部何部长，外交部罗部长钧鉴：阳电谅达。查喀什军队共仅十余营连，刻饬分拨东南两路防剿，不敷分布，极感困难，极感危险。现匪势扩大，日益漫延，东路一带，省军进至何处，以交通断绝，莫明真象。喀什为全省精华所萃，苏商务亦极繁殷，万一不保，贻害甚大。欲弭乱必须添兵，若欲添兵，必须购械。绍武与英领接洽，极愿赞助，应恳中枢俯念，事机危迫，立予核准，并知会英使，俾便进行而救危局，不胜祷切，仍候电示祗遵。新疆喀什区行政长兼援阿前路司令马绍武叩。寅。佳。印。

〔国民政府行政院档案〕

2．行政院秘书处为中央切望和平解决新疆民变致金树仁电

（1933年4月22日）

急。迪化。金主席德庵兄勋鉴：行密。中央对于新疆回民纠纷事件，切望我兄和平处理，归于宁谧，万勿滥用兵力，致激成巨变，盖内讧一起，外侮随之矣。政府对于我兄信任如常，望我兄善体政府意旨，办理为要。褚民谊。养。印。

〔国民政府行政院档案〕

3．国民政府文官处为新疆地方当局压迫民众引起冲突请派员抚慰致行政院公函

（1933年4月22日）

国民政府文官处公函　字第一七六七号

迳启者：奉主席交下南京市回教公会呈，据会员马俊提议称，际此倭寇作乱，国难日亟，新疆地方当局压迫回民，近又发生冲突，实非国家之幸，应呈请中央迅速遴派大员驰往抚慰，以安边陲，而保国本案，经决议通过，似祈俯赐采纳施行一案，奉谕交行政院。等因。相应函达查照。此致

行政院

文官长　魏　怀

中华民国二十二年四月廿二日

〔国民政府行政院档案〕

4．新疆各县代表方本仁等为新省民变情形及请早日抚慰致行政院电

（1933年4月22日）

南京。中央党部，国民政府，军事委员会，各院、部钧鉴：窃公民等以西陲边民，向不问政，缘新疆自设行省以来，历任军民长官均以不扰民政策治理边疆，故军民得以相安，而中枢亦无西顾之忧。此虽民风谆厚，要非治理得人，恐亦早为赤白各色所诱矣。不幸金树仁前曾勾结党羽，刺杀杨督，以迅雷不及掩耳之法即将同谋之樊道尹耀南先行割舌，致樊某惟有手指上苍而无能表白。当时株连挟嫌而遭明杀暗残者，更不胜计，遂以一手而

掩尽天下之耳目，且自伊窃得政权以来，挟亲引近，非党即诛，俨然以家天下之势压迫民意，兵弁之横暴，官吏之贪污，凡在灰色统治下之民众，大有时日曷丧之慨。至奸淫掳掠，横征暴敛，犹其余事。可怜无告之边民，处于忍无可忍之际，始激成哈密之变，而金树仁调遣重兵，焚杀为法，非歼灭殆尽，不足以泄其忿。嗣有吐鲁蕃、鄯善各县亦不胜苛政歧视，相继离异。金树仁不知抚慰，而变本加厉，以全省之兵力应付此局部之民变。吐鲁蕃之热血未干，鄯善之全城遭戮，诚空前未有之大屠杀，较之闯、献，犹过无不及也。于是引起全省整个民族之公忿，各地乱源，相继纷起。全省骚动，皆以推翻苛政自誓。现南北各路被民众占领者有哈什、库车、和阗、于阗、焉耆、吐鲁番、鄯善、哈密以及各名城重镇，共有四十余县。钧部、府、院、会、署以交通关系，想犹不知新疆滥成此种无政府恐怖之状态。窃思我国自九一八以还，东北沦亡，蒙藏携贰，赤焰遍地，途多萑苻。值此内忧外患，全国整个陷于风雨飘摇之中，公民等同处召舟，何敢自外？诚恐以内忧而引起外人之窥伺，则国防堪虞，是以不揣冒昧，用敢直陈，恳祈钧府、院、部、会、署乘此桑榆未晚之机，早日设法抚慰，以免意外。除将上述各情面报邻军马子才师长，请其就近派军招抚靖难外，特电奉闻，并祈予以明令，俾马师长早日出发，期收万一之效，则边疆幸甚，国家幸甚，临电迫切不胜待命之至。新疆各县民众代表方本仁、尧老瓦斯、刘广明、王尚义、广聚兴、杨化、欧阿买、杨阿吉、春昌荣、阿卜都拉阿吉八僧、陈端存等同叩。养。

〔国民政府行政院档案〕

5. 北平回民公会为慎选要人抚绥新疆致中央党部等电

（1933年4月23日）

南京。中央党部，行政院钧鉴：虞代电计达，回疆事变，日趋严重，报载中央拟派大员前往抚绥，盖筹至佩。惟人选应就熟悉西北边情，富有政治思想，为全国回民素所敬仰者慎重遴任。倘派粗率武人，不惬众望者冒然前往，不惟纠纷难望平息，深恐事态更趋恶化，事关国防，难安缄默，谨电驰陈，敬希鉴纳。北平回民公会叩。漾。

〔国民政府行政院档案〕

6. 马仲英为新省民变日益扩大请派其入新抚靖致行政院电

（1933年4月24日）

南京。中央党部，国民政府各部院会，石家庄探投，蒋委员长，北平何部长，汉口、开封、太原各绥靖公署，兰州行署钧鉴：窃查新省祸乱已成燎原。现南北各路民众相继与新省当局离异者，有哈人〔喀什〕、阿克苏、于阗、和阗、库车、伊犁、鄯善、吐鲁番、焉耆、哈密、巴里坤、古城子等处，统计共有四十余县。初以星星之火，以当事者处之不当，终至不可收拾。在民众以身家性命，置于不顾；在当局以全省军政孤注一掷。以目下环境所驱使之实事观之，则当局与民命将有同归于尽之势。仲英深蒙中央明令驻防斯土，常以报效党国，自策自励。值此赤焰遍炽，寇深边疆之时，触目时艰，尤深痛心。惟请缨无路，引为遗憾。新疆为西北门户，在国防上与东北之满洲同关重要，设以事件扩大，上仲英以伺机〔？〕，且土耳其斯旦人邻壤相接，利用乱民，势有可能。诚恐东北省失地未复，而西北之乱萌已启。仲英迫于目下时势之严重及民意吁请之恳切，大难当头，势不容缓，故为尽军人之天职与报效党国起见，拟请赴新招抚靖难，期收桑榆之效。尚祈钧座迅予明令，俾仲英早日起程，则亡羊补牢，事或有济。至仲英行动，统以党国大计及中央命令为依归，决不敢稍事逾越，有负军人之天职，且对于将来各项招抚靖难方针，尤须商同金主席之意旨，襄理难局，以期风雨同舟，共挽危亡，情殷救焚济溺之怀，决无冀图名利之意。临电迫切，不胜待命之至，并此谨请钧安。陆军新编第三十六师师长马仲英叩。敬。印。

〔国民政府行政院档案〕

7. 新疆喀什缠族等商民为请明令马绍武收拾新省残局致国民政府电

（1933年4月25日）

南京。中央执行委员会，国民政府林主席暨各院部会钧鉴：窃查新省南疆发生乱事，业经地方各族绅商将大概情形电呈鉴核，谅蒙垂察。迩来，焉耆、阿克苏、和阗三区仍完全为匪占据，省城交通断绝，喀什饷械缺乏依然如故，而民心蠢动，众志惊疑，较前更甚。缘三月二十四、五日，叶城、泽普两县缠民又将暴动，残官劫库，放火杀人，伤害汉回百余人，英商九人，职是、莎车、麦盖提均已发现匪踪，喀什一带，皆为震动，真有如火燎原，不可遏止之势。现喀什一隅所以尚未糜烂者，实赖行政长官兼南疆边防总司令马绍武一人德威维系之力。然既已援阿援和，又自派兵飞救泽、叶，以有限之兵，平无穷之变，前途危险，洵非语言文字所可形容。伏查此次肇乱，其远因在前年哈密改土归流激起反动，马仲英乘机到哈扰乱经年。迨马已败走，官军又处处相逼，结怨逾深，以致去冬马之余党马石明等勾结缠回，复在吐善起事，嗣乃与焉而轮而库而阿，其宣传则藉宗教煽惑缠愚，其目的则专在反对金主席个人，到处传单口号，不曰吊民伐罪,即曰讨逆倒金，彰明较著，无可讳言。至苏联报载南疆变乱，系反对中国，并有帝国主义者从中主持，欲步东省后尘等语。实属有心造谣，并非个人真相。公民等因汉族数十万生命，危在旦夕，用敢一再电陈详情，吁恳中央俯念国防，关重民命垂危，速颁明令，将新省残局责成马司令设法收拾，则马司令名正言顺，自易号召剿抚，当能以砥柱之中流挽狂澜于既倒。边局幸甚，人民幸甚。喀什缠族大阿洪阿布都窝甫大毛拉，商民阿布都煦仰木黎莫提翱莫胡达，汉商王廷堂、陈庶藩、晏桂序，回商马全盛等同叩。廿五日。

〔国民政府行政院档案〕

8. 北平回民公会为请在孙绳武唐柯三等人中择一主持新疆省政致行政院电

(1933年4月26日)

南京。中央党部，行政院钧鉴：漾电计达。顷据确悉，新省主席金树仁业已弃职，全境骚然，亟待善后。中央派员入新主持，不宜再缓，惟人选当否，所关至大。窃查前蒙藏委员会委员研究边政廿余年，富有经验，创办西北公学,召致甘新子弟启迪教导，久为西北回民所敬仰。蒙藏委员会委员唐柯三服官甘省，政声素著，前年中央派赴西康调解康藏纠纷，洞悉西陲情形。拟请就孙、唐二员遴一前往，回民自必悦诚服，一切纠纷，不难迎刃而解。方今东北寇氛日亟，蒙藏警耗迭传，西北回部民心急待开诚维系，以固边圉。如仍因袭故辙，怀疑歧视，授强邻以可乘之隙，西北前途，何堪设想？本会关怀党国，爱护统一，事机迫切，不得不冒昧垂涕以陈，幸祈垂纳，无任企祷。北平回民公会叩。

宥。

〔国民政府行政院档案〕

9. 新疆旅平同乡为请罢免金树仁各职并派唐柯三前往宣抚致行政院电

(1933年4月26日)

南京。中央党部，行政院钧鉴：新疆民变志在驱金，拥护党国，绝无贰心，务请立罢金职，听候查办，迅派大员抚绥，以示德意。查唐柯三公正廉明，信望素著，倘派该员前往，定可迎刃而解，事机迫切，伏希鉴纳。新疆旅平同乡叩。宥。

〔国民政府行政院档案〕

10. 袁建曜为详陈新省民变并请设法拯救致行政院电

(1933年4月27日)

南京。国民政府，行政院褚民谊先生鉴：前在哈密晤谈，述新疆政治腐败及缠民变乱之由，因时间短促，约略言之。厥后，哈密被困四月余，军民食粮尽，建曜与法国学团团员裴文明于夜间乘汽车潜越敌垒，驶行戈壁，由十三门所经吐善抵迪化求援，其时，先生已由鞭道东归矣。闻陶菊缘、张云舟两君云：渠等将新疆十数年腐败恶劣政策与先生及姚、焦两君详述之，并望公等东归，早为设法剔除民累，实行党治。厥后，哈密围解，军官士兵不守纪律，强摇回城民众及王府财物殆尽，又将王族历代坟墓挖掘，焚毁王府数百年贮藏经典之库，是以激发哈镇山缠义愤自杀，其妻子老弱对新疆官府及汉族人民坚决死敌之心，必达仇杀报复之目的，故官军屡战不克。在此时期，省主席金树仁尚不省悟及滥发纸币，收买金银，兑德京柏林，其铸作鼎收存者数百万元；又兑天津同盛合号存贮者数百万元。复买苏联飞机八架，以新疆全省羊毛、皮张专买权许之。又开放烟禁，密借外债，人民察觉，知其种种悖谬之政策，终必遗害于民，故全疆缠民密约反抗。哈密山缠后请新编第卅六师师长马仲英拯救民难，马派部长马石铭于今春积雪未销之时，率队渡十三间房戈壁，先取吐善、托克逊各城，焉耆、阿克苏回缠闻风响应，不两月，和、喀两区廿余县之缠民亦变。现在喀什行政长马公绍武深明大义，坚守孤城，以其平时对待汉缠一体仁爱在民，故民众悦服推戴，尚在维持时期。闻马石铭现在攻省城极烈。特此电达，望先生转呈国府，以边防为重，速施拯救之法，万急万急。袁建曜。沁。叩。

〔国民政府行政院档案〕

11. 外交部为驻俄颜惠庆大使电陈新省民变原因及收拾办法致行政院呈

（1933年4月27日）

为呈报事，案查关于新疆回民变乱一事，迭经本部根据驻塔什干牟总领事，暨莫斯科颜大使来电于本月二十四日暨二十六日先后呈报钧院，鉴核在案。兹复据莫斯科颜大使来电二件，除抄送军事委员会外，理合抄呈钧院鉴核。谨呈

行政院

附抄莫斯科来电二件

外交部部长　罗文干

中华民国二十二年四月廿七日

莫斯科驻俄使馆来电　廿二年四月廿七日到

南京。外交部。五十九号。

顷接斜米领事来电称：新疆城外变乱，金主席本月十三日夜日弃城出走，由郑代旅长维持治安省垣。据闻，此次乱事，系因政治不良，人民不堪其虐，相率抗拒。并无其他原因。等语。特闻。驻俄使馆。二十六日。

照录颜大使莫斯科来电　二十二年四月二十七日到

南京。外交部。第六十号。四月二十六日。

新疆变局事，昨电计达。据牟总领事报告，自前年缠民倡乱，迄今波澜迭起，种族之见日深，汉回之仇愈烈。金主席即以仇回而激变，今竟出亡，势难复职，省垣无主，大乱可虞。本省又无可以收拾残局之人物，如伊犁张师长培元，喀什区马师长绍武均谋逐鹿，决不相容。且张属汉而仇回，马属回而仇汉，张与俄近，马与英通。中央畀张，则马怨，畀马则张怨，汉回之仇难泯，英俄之隙将启。若能由中央遴选大负莅新，则各派咸可慴伏，既无汉回之见，则种族之隙可蠲，对外因应适宜，则外患可免。惟兹人选，必须略具实力，与新省又夙有渊源，且能迅速到任者最佳。否则，迁延日久，大患已成，收拾即难矣。据牟总领事称：新疆全省军队不过三数千人，且军械不全。此次东北义勇军到新数几达万，可造成全省实力之重心。现散处塔城及伊犁者仅千余，大部均集迪化，若由中央选派东北义勇军将领一人前往新疆，即足镇摄一切。至主持省政，则莫代表德惠甚为相宜，因莫氏原籍新疆，在在颇多故旧，且能与东北义勇军合作等语。查此次赴新义勇军，多属李杜部下，曾派邢师长随同前往。惟无器械，至莫代表现在德养疴，原有五月间取道新疆回国之议。牟总领事条陈各节，足供参考，特电奉闻。惠。

〔国民政府行政院档案〕

12. 山东省主席韩复榘为请明令准其率所部入新疆垦边安民致行政院电

(1933年4月28日)

南京。行政院院长汪钧鉴：密。窃维我国东北、西北幅员广大，久与强邻逼处。东北方面，荏苒三十余年，迄无相当准备，暴日乘间伺隙，遂一举而占三省，前途茫茫，还我河山，不知何日；西北方面，接壤强俄，幸值彼国政变，此十余年中，虽外蒙已入其范围，尚未积极南向。否则，新疆、陕甘恐久与辽吉黑无异。现在，苏俄第一五年计划已告成功，其国力较之帝制时代尤为充实。我国若不早筹抵御，东北复辙不久必重演于西北，万里长城恐均不为我有，亡国灭种，真可立待，言念及此，不寒而栗。复榘久愿率兵屯边，从事西北开垦，藉固边防，去年三月智日曾经电陈钧座有案。报载新疆变乱，中央拟派大员前往镇摄，事机紧急，自在洞察之中。复榘不揣冒昧，拟恳明令准率所部移驻西北，目前则定乱安民，将来则垦荒固境，稍纾中央西顾之忧，藉偿个人殖边之愿。伏乞俯察愚诚，准如所请，不胜迫切待命。山东省政府主席韩复榘叩。俭。印。

〔国民政府行政院档案〕

13. 行政院为发布新疆事变令稿致国民政府文官处公函

(1933年5月2日)

公函　第八二七号

迳启者：本月二日本院第九十九次会议，本院长提出对新疆事变令稿，当经决议通过，送请国民政府发布，相应照抄令稿函

达查照，转陈发布。此致

国民政府文官处

计抄送令稿乙件

中华民国二十二年五月　日

对新疆事变令稿

为令知事：查民族平等，信教自由为吾党之基本政纲，乃约法之主要大则。国民政府历来对于边疆各省之施政靡不秉大公，恪遵此意。新疆僻处西陲，交通梗阻，致与中央声气难以相通，民隐未能悉达。惟该省回民及各民众诚朴循，安分守业，素为中央所深悉。迩来，国家多故，西顾未遑，而我新疆民众能本爱国热诚，体念政府苦心，矢勤矢谨，以生以息，其无形中协助中华民国之繁荣，民族之团结者，至大且巨。中央历来对于边疆大吏，无不以勤求民隐，巩固边圉为训，不意该省主席金树仁受命以来，凡百设施，未能仰体中央意旨，致肇此次事变，闻之实深惋惜。现该主席金树仁引咎辞职，中央已经核准，正在慎选贤良，妥筹治理，并先特派参谋本部次长黄慕松为新疆宣慰使，务期和辑军民，嘉靖地方。务望我新疆民众仰体斯旨，各安所业，静候办理，毋得聚众逾轨，致贻隐忧，有厚望焉。此令。

国民政府主席

行政院院长

〔国民政府行政院档案〕

14. 哈复生为列陈新省事变原因致行政院代电

(1933年5月2日)

国民政府林主席，汪院长，蒋委员长，孙院长，居院长，于院长，戴院长钧鉴：窃自吾党执政以来，筹边无暇，强邻频侵，东北之藩篱既撤，西北之户又开，忧时者于此未有不为东北痛，而重为西北危也。此次新省事变适继东北沦陷之后，马迹蛛丝不难索得，复生不敏，谨为我公分晰陈之：（一）就地理言，新疆与俄接壤。在清光绪初，俄曾一度进窥伊犁，近又沿新边筑成铁路，其意何居，未可以复交而玩视。报纸迭载事变前新省境内时有日人踪迹，兼之满蒙人常为日方利用，此次事变，暗中勾结，亦意中事。（二）就历史言，新疆之设行省，在清光绪初年，当左宗棠平定大乱时，急功速就，措置未臻完善；杨增新主省政十有八年，政绩虽有可观，而回汉畛域未能融化，杨死金代，回汉之畛域逾分，意见更形水火，致有此次纠纷。（三）就种族言，全新种族有喀什噶尔人、蒙、汉、满等，而统计之回族实占全新人口百分之七十，平日无教育无党化，只有种族之斗争，而无自治之能力，蛮横成性，几同化外，故一发不可收拾。基上三点，新省问题非局部问题，非内乱问题，实有外力侵入，势将扩大之危机也。设不迅谋适当挽救方法，恐不旋踵而为东北、外蒙之续。我政府特派大员前往宣慰，固应当务之急，而一究症结所在，尚非彻底办法，设被拒而不纳，不但中央之威信难存，而第二步将穷于应付。复生窃以为初步宜速选回汉两族人员各一，轻重就道，迅赴新省，宣布中央德意，一面调剂各种族情感，一面征求全新民意，电请中央罢免金树仁，委员众望所归接近回族者主持新政，此急则治标之策。至善后方法再徐图之。复生忝为党员，又是回民一份子，追随总理廿余年，无役不与，虽无大功，可告无过。丁兹国难严重期间，为党国计，为宗教想，均义难坐视。伏查袁世凯、段祺瑞执政时代，鉴于西北回民难驯，曾用五马羁縻。吾党秉政，天下为公，五族固无歧视，而行政用人亦应兼筹并顾。复生心所谓危不敢苟安，对于新局已有具体计划，倘不我弃一询及刍荛，奉召即至，除详细方略，容再面陈外，特此电叩，不胜屏营待命之至。哈复生叩。冬。发于上海法租界西门路润安里第五十一号。

〔国民政府行政院档案〕

15. 丁正熙为请宣慰回疆速平民变致行政院呈

（1933年5月　日）

呈为呈请宣慰回疆，速平变乱，以免事态扩大，牵动全部回族危及国防事：窃查回疆变乱，实由于执政者措置失当，横施压迫所起之反应，绝无其他背景。新省府主席金树仁素怀仇视回人之念，既主回疆，藉位报私。当十八年河湟变乱后，有金树仁之乡里戚朋数十户迁移回疆，金树仁竟将哈密回民田地及教产无条件而没收，以按插彼之同乡，此为激怒回民之远因。继又滥囚回部王公，人民反抗，则纵兵屠杀。哈密回城左右，今无片瓦，种种暴行，难以尽述。事起之后，一方朦蔽中央，讳其劣迹，一方纵其爪牙，大肆屠戮，回民忍无可忍，乃群起而驱金，时至今日，不徒回疆人民与金树仁不共日月，我西北整个回族亦皆同声为之援助。因我回族以宗教为树立民族之基础，无论何省之人，一经清真教义之薰陶，则信仰如一，其感情必相爱如手足，死生祸福愿与共之。如已往回族之纠纷，每以处置欠公，莫不以一隅之变，牵动全局，酿成大祸。例如，同治之乱，其因甚微，初原去陕西华州回民民团取汉民篱畔竹竿以残缺之矛柄，因小口角互相械斗。有汉人某诈报回乱，官府盲然派兵镇压，回民惶恐，群起应之。由华州而咸阳，由咸阳而董志原，以及于河湟，最后牵动回疆。此役乱经十数年，杀人百千万，陕东、河西回人，此役绝种，至今白骨垒垒，冤魂凄凄。我回人追念往事，不胜痛心。今日全国回民对金树仁同抱与日偕亡之慨。金树仁若不罢免，则回人之冤愤难平，况回族性质强烈，若不公平处置，藉以缓和，诚恐激生意外。同人等羁旅在外，多受党国文化之薰陶，诚心内向，更谋将整个回族使其倾向内化，同居于党国文化之下，以完成先总理之国族主义。谨将管见略呈于后：

（一）此次中央派遣大员宣慰，应在党国指导之下的回教重要分子中选其对于党国主义有切实之认识，以及得到西北回民信仰者加派一人或二人为副宣慰使，以便将党国使命直接宣慰回民，而免奸人从中朦蔽挑拨也。

（二）金树仁及其党羽务令全数离开新境，以息众怒。

（三）大员宣慰，不宜派遣大兵，因我回民为党国至忠顺之民族，在历史上未曾叛国。年来，西北军备腐败不堪，而何以国防安然无事？无非我回族为之保障。赤俄宣传共产，回民则望望然去之，视之如洪水猛兽，其他帝国主义更无所施其报，以愚弄回民，因我回民信仰唯一，不易变心，宗教之外，知有祖国，矢忠矢诚，永无他念。况国防之保障，不在军备，而在人心。已往东北武备在全国最精，而军队亦最多，九一八事变一朝失地万里，热河失守，民众为敌向导。若回民叛国，回疆早非国有，由此证明之武力不足恃，人心实可畏。今日之西北，要在收拾人心，以固国防，切望党国以德服人，不必尚力也。

以上所见，策虽下愚，而意至诚，恳望党国采纳一二，至为切盼之幸。谨呈

行政院院长汪

代表　北平陕甘青宁回教同乡义赈会
　　　西北回教留平学会

丁正熙

会址　北平天桥清真寺

中华民国二十二年五月　日

〔国民政府行政院档案〕

16. 青海省府主席马麟等为请销弭新疆隐患以固西北而奠国本致行政院呈

(1933年5月5日)

呈为呈明销弭新疆隐患，以固西北而奠国本事：窃自新疆缠民激变，金主席树仁移驻塔城，驻扎甘肃酒泉等县之陆军新编三十六师师长马仲英，未奉明令，擅自移师出关，响应新乱，乘机进攻各等情，均经电呈参军两部在案，电词未竟原委，以时机紧张，不得不详密呈明，以供采择。溯自十八年马仲英在甘倡乱，糜烂殆遍三省，至二十年窜据甘凉一带，勾结俄党，隐蓄异志，时甘肃政局阽危，河西反变，更形险恶。潼关行营顾主任祝同转命新编第九师师长马步芳前往勘〔戡〕定，以遏乱萌。当经马步芳督师痛剿，克复甘、凉、酒泉各名城，马仲英窜入新疆边境，穷溃无归，又被新军大败于哈密，乃退窜关外安、敦、玉三县，投诚乞降。惟时以关外三县，西连新疆，东毗蒙古，穷追走险，势必入俄，甘政府秉承中央意旨，许其投诚，并改编为步兵一旅，由驻凉之骑兵第二师节制。嗣经西安绥靖主任转中央电命，改为新编三十六师，并命移驻肃州。一年之内，蒙蔽中枢，大肆扩充，聚敛屯军，民不堪命，甘凉驻军，既无督责过问之职权，陕甘长官，时难尽明其真象，负嵎修养，待机图逞。此次新疆缠民事变，金主席移驻塔城，中央自有妥善办法，而据驻甘州韩起功旅长报称：马仲英突出玉关，进犯新疆，声称与缠民响应，取得迪化后，将自称独立，并向酒泉等县分兵索款，名开援费，煎迫星火，而前锋已抵哈密、巴里坤等语。甘、青唇齿，新疆尤关国防，当即会同电呈参军两部请示，马仲英移开新疆，是否奉有命令。旋奉参部勘组电开：青海党部燕李暨方特派员、省政府马主席、并转各委员马司令均鉴：有电译悉。师密。马仲英部西开是否奉有明令，已电兰州邓主任详查密复。如果擅自西开，并即严予制止，以固边圉，尊处有无妥善办法，并希见告，特此电复查照为荷。等因，奉此。当经电询兰州邓主任，据复东电开：马主席勋臣、马师长子香勋鉴：勋密。艳电敬悉。马仲英事，弟处亦接参部电令，其查明电复，当将该请示出关靖难之电，以及军队已有出关各节详复在案。因真象不悉，只有如此陈复耳。甘肃咫尺，消息灵通，刻下该部情形，究属如何？祈速详示，俾陈中央，建议妥善处置也。盼复等语。是马仲英仅向邓主任报告出关靖难一语，词涉荒谬，显系擅自移动，甘图作乱，若不统筹计划，恐将贻误全局。缘以新疆接壤苏俄，内部情形复杂，履霜坚冰，已非一日，外而白俄赤党，竟图角逐，内而缠头、民众纷起反抗，政策失驭，责有攸归。金主席弃走塔城，以复仇为心，更迫于无已时，不惮乞苏俄而卷土重来，石敬塘、吴三桂之故智不难见于今日，此惊心动魄者一。而马仲英乘机大举，款关直出，利用缠民，而缠民易被欺诈，更易广为号召，且其部潜伏赤化势力，走险自为，亦意中事，此惊心动魄者二。苏俄窥伺新疆，图逞野心，物质接济，主义煽惑，利在先制造内乱，更假马仲英以回教野心之桀黠而利用新疆，夙为回教之地域，操纵嗾使，衍成东北满洲国之现象，此惊心动魄者三。际此邦国多难，内忧外患相继而来，万一瓯脱西域，危在邦基者，更酷于日寇。前清新疆之乱，清廷以数省之兵力、财力，数载戡绥，缠民就范，老成谋国之忠，辽阔绝域不兴兵戈者，垂四十年矣。此四十年中，正宜开发达建设之会，奈仅作孟罗苟安之局，适假外人以阴逞伎俩，坐收渔利之渐。若稍延待祸乱扩大，筹策西顾，中枢时贤，不难继左宗棠之芳躅，而时代奈非清际之时代，环顾危机，茫茫疆土，失驭堪虞，此惊心动魄者四。前蒙参部电询妥善办法，当经艳电呈复谅见在案。兹再详申前意，伏冀垂察，以安边局。

（一）马仲英部未奉命令，擅自入新作乱，并以一部留向酒泉各县，强派壮丁，搜索民财，亟应请中央明令惩办，将其继续招集出关之队伍，阻止行动，釜底抽薪，以免扩大祸端。

（二）广播电传金主席辞职，中央已准。查金主席现驻塔城，徘徊中俄边境，中央对新疆主席人选，应请慎重决择，如遽畀马仲英以任何名义，贻患不堪设想，应由中央遴选大员，以应边疆民众之要求，而奠国防之根本。

（三）请中央迅促黄次长慕松航空赴兰州、肃州，分别考参，转机赴迪化，宣慰缠民，并令接近玉关之甘、凉驻军，归黄次长调遣，以便防卫。

（四）际此国难紧张，新疆边务之整理，未容稍缓，请由中央亟筹一切，以期新省党政军联合一致，和衷共济，泯销外患，而固国防。

以上四端，就管蠡所及，缕诚以请，时机殆危，愚者千虑，不得不敬贡刍荛，以资采择，并特派马腾云代表飞京面呈种切，幸授机宜，早泯巨乱，西北幸甚，党国幸甚，不胜悚震待命之至。谨呈行政院院长汪

青海省党务特派员　李天民
燕化棠　方少云
青海省政府主席　马　麟
委员　杨希尧　李迺棻
班禅额尔德尼（代）
王玉堂　魏敷滋
张心一
青海省政府委员
中央陆军新编第九师师长　马步芳
兼青海南部边区警备司令

中华民国二十二年五月五日

〔国民政府行政院档案〕

17．中国回族文化促进会筹备处为请组织新变调查委员会致行政院代电

（1933年5月9日）

南京。行政院，中央党部，军事委员会，蒙藏委员会钧鉴：查民族平等，信教自由，为吾党基本政纲，亦约法之特要原则。今暴日凭凌，攫我满蒙，进攻华北。强英野心，复窥西藏，五族团结，如火上水棱，日趋涣散。惟我回族矢诚矢忠，拥戴中央，始终弗替，讵金树仁以新疆窎远，苛征暴敛，屠杀无辜，一面肆意压逼，一面朦蔽中央，致数百万回民含愤莫伸，而激成今日之变。委员等鉴于中央多故，外患频侵，残缺金瓯，不宜再损，对于此次新变，谨贡刍荛。委员等深知此次新变如不妥为处理，真情隔阂，失却回族人心，将来直转急下，必致野火燎原，不可收拾，虽中央既已遴员宣抚，然兹事重大，新地遥阔，委员等本中央纳贤任能之旨，为求避免纷歧，达臻完善，似可就宜汉回领袖组织新变调查委员会，以多回民一致拥戴之中央委员方觉慧为主任委员，回人、军事参议院参议马良，蒙藏委员会委员唐柯三，蒙藏委员会委员孙绳武，立法院委员王曾善，前山西政务厅长马骏，华北回民代表马天英，西北回民代表丁镇南，汉人、军事委员会参议萧公远，立法院简任编修兼实业部专门委员祝世康，军事委员会参议申凌霄，前湖北省政府委员熊晋槐等为委员，取道嘉峪关，历哈密、吐鲁蕃诸境，就近调查，协助招抚，达回民之隐衷，彰中央之公义，则天山南路回民不难就范。如是，不特汉回之隔阂可以破除，而西北汉回二族和衷共济之基亦由此永奠矣。临电企盼，不胜待命之至。中国回族文化促进会委员马天英、丁镇南、哈德成、达浦生、穆海鹏、马振清、达观、马刚侯、马彬、

龙俊领、白子骏、买树桢、马彭龄、刘骏丞、高度、王光宇、忽善广、马达吾、马广庆、吕恩泽、刘志三、改复初、金家桢、白仲安、袁良才、丁尚志、满兴邦、李新珍、丹子万、马寿山谨呈。辰。佳。

〔国民政府行政院档案〕

18．新疆宣慰使黄慕松为苏联对新疆取包围之势政府应默定大计致行政院公函

（1933年5月　日）

新疆宣慰使办事处公函　字第　号

敬呈者：顷准外交部第九十四号通报，转来驻俄大使馆来电第五项称：苏联立国方针自革命以后，似已一反帝俄时代之东进政策，而为南进政策，其近年敷设铁路，已对新疆取包围之势，政府宜默定大计，不事宣扬等语。恰与职前年自欧返国时，报告政府者相符。今新疆事变方兴，正强邻乘机伺隙之候，似应确定收拾步骤，妥慎进行，为此函呈钧座鉴核，敬请赐示机宜，以便遵照。谨呈

院长汪

职　黄慕松

中华民国廿二年五月　日

〔国民政府行政院档案〕

19．外交部为颜惠庆请求伊犁张师长和平解决新变致行政院代电

（1933年5月18日）

代电　亚字第12347号

行政院钧鉴：关于新省事，兹续接莫斯科颜大使来电一件，谨录全文电请鉴核外交部。

附抄莫斯科颜大使来电一件

中华民国二十二年五日十八日

莫斯科颜大使来电　五月十七日到

南京。外交部。八十五号。十六日。

一百十二号电祗悉。前曾电伊犁张师长劝以频年邦国多难，每因内部失和，而加增外侮。此次事变总希各方以国家为前题，谋和平之善。昨接张师长复电称：此次政变，省府改组，金主席由塔城出国，培元远隔千里，深恐同族自残，力劝和平，共维边局，详情函陈等语。查自事变以来，本馆迭与新省各方通电，宣达中央意旨，调查各方情形，但迄少回电。据闻所有电报均须经过塔城，受其检查扣留之，故中央派员若能早日前往解决塔城问题，则于内外情报必多裨益。惠。

〔国民政府行政院档案〕

20．新疆特派员曾启文为报告新疆事变实况及五项处置建议致中央执行委员会秘书处呈

(1933年6月6日)

呈为呈报事：职去年十月奉命赴新办党务，取道秦陇，于二月二十八日行抵肃州，时值新变。新编三十六师马仲英师长，即有图新之准备，职几经劝谕，一切行动听命中央，马佯称赞许，而对职等西行，多方阻留，乃以边事危急，使命綦重，未遑计及个人之安全与否，即继续西进，藉侦新变真象。不图离安西后，该县教育局长及卸任县长差人星夜赶至马莲井子报称：马已暗遣缠回三人，侦察二人，意欲以非常手段阻碍职等前进，以防其军

事上之准备，因而泄漏。职得信后，即改乘骆驼间道前进，行至哈密东之苦水格之烟囱间，即被缠回阻挠，势难再事冒进，为应变起见，只得退回，方抵安西。则马部步骑四千七百余人已全体动员，向哈密出发，乃知大局已非，遂决计返肃，由李洽同志先赴兰，详为呈报，留职在肃，藉以调查事变演化之趋向，并待航空通后，拟改乘飞机赴新。不料五月五日，马亲率教导连、特务营约三百余人，迳赴哈密督战，事前约职相谈数次，坚请职随军赴新，职对此请，乃以下语答之：师长不奉中央命令，迳向新省作军事行动，乃环境使然，而本人系奉命而来，中央既无明令，实不敢自由行动。职所以如浮演者，见于此次事变，背景复杂，恐稍不慎，有演成西北大祸之趋势。后以李同志迳赴京都，因之中央所汇之千元，除□及其赴京路费支用外，仅余百元，职以费用无着，不得已于冬日亦返兰州，设法筹措，希图于短期内飞新，以完任务外，谨将职此次所得新变实况，分陈于后。

（甲）远因

（一）政治设施腐败：新省自金树仁执政后，大都萧规曹随，施政之方针，概秉杨增新之旧贯，故该省一切少有进步可言，使该地鄙塞之风俗人情，无启迪之机会。益以杨增新长新时，所遗之愚民政策，尤为人民不开化之主因。阶级之不平等，官制之腐败，一如民国纪元前时代，所谓政治云云，不过搜刮民膏，藉肥私囊而已，且官吏对待人民，专尚压迫。如人民谒见官吏，必须磕头礼拜，非经赦免，不敢抬头发言。县长、道尹每一到位，必先宣示刑法，如何严峻，俾人民闻而懔惧，人民偶有违法之处，即以惨刑施之。尤以近几年来军用负担之奇重，及金所募之白俄骑兵之横暴，更使人民对于政府，深具仇视之心，希待机图报也。

（二）外人之垂涎：新省物产丰富，外人久为垂涎，最近除英、俄暗中互相角逐外，日、土亦颇思染指，但在事实上，俄人最占势力。塔什干一带，近有俄人利用缠回创办回文报纸二家，其中之有力者厥为《脱离报》（缠回文译名），专向缠回宣传，而所用之文字，亦甚浅近，意使该地人民，易于了解，故一般无智回民，颇受其愚。时与统治者及汉人发生纠纷，英人势力，虽较俄为小，但据阿吉（南路商人，现住肃州张会长家中）对职云：有英人劳欠等在南路扮作新人，专事拉拢蒙人及缠民，以巩固该国在南路旧有势力。日、土势力现虽未克形成，但该两国现均暗中派各该国之回教徒前往新省，从中活动，利缠民无智，遂形成对本国政府渐存疏远敌视之态度矣。

（三）汉回感情之隔阂：新省回教，教规既狭且严，不徒与非教徒不联姻，且少与之交游。新教教规中，并有与非教徒接谈为犯教条之规定，因之回汉人民素即炳凿，加之施政者于事前未能设法调和，以致冲突时起，而官方复见于关外汉人势力薄弱，对缠汉之争不无偏袒之处。且自金树仁执政后，鉴于甘肃民十七、八年回变屠杀之残，防范益加严紧，孰不知适予回汉以更深之仇视，此缠民之所以乘机思动也。

（乙）近因

（一）沙王废后之反感：查哈密为新省东都之重镇，亡清时代，于该地封三回教贾萨克亲王。民国成立，犹令世袭，经理其采地租田及回民琐事，缠民信仰颇深，具有相当势力，传至沙马霍索特（即沙亲王），因其专横贪婪，民心渐见叛离。十九年三月，沙王死后，金谋利用机会，实行改土归流政策，遂将小王聂兹儿及虎王姚罗博士调赴省城，商榷施行方法，同时，缠民亦有同样之请愿，金遂允准予小王以高等顾问名义，永住省城，派员会同虎王前赴哈密，办理设县，缠民已耕者准其领照播种，未耕者准汉人领照开垦，而对于应纳之赋税，缠民领耕之熟地，即令其交纳，汉人领耕之荒地，则豁免二年。于是缠民见待遇不平，而生怨意，同时，沙王旧从经改革后，见故主势力衰落，乃生卫护之念，遂四周施以煽动，人民亦迫于田赋之无力负担，遂起而电金请愿，乃电为县府检查，缠民疑当局不准所请，二十年二月二十七日，乃藉小铺事件发之。因群起反抗，于是县府亦电省府告急，旋金于同年三月派朱凤楼率大兵至哈剿办，缠民迫于实力，多表示歉悔，并有愿自首者，奈当局不予接受，于是复起争端。自此后，金之部属亦屡为乱民挫败，虽双方人数众寡悬殊，然缠民素性强悍，且持有夺得之精良枪械，以致乱事蜿延经年，始告平息，然大多数强悍乱民，均逃亡哈东北之八大石山野中，旋分散四周，而潜其势力焉。

（二）马仲英之策动：马氏二十年春，被马步芳在河西击溃后，即勾结哈密乱民，于同年五月十九日窜扰新省之巴离坤、哈密、七角井、瞭墩等地，经省军费年余剿办之力，马方负伤，向安、燉、玉三县撤退，而驻防该地之马步芳师，对此残部亦未加剿灭，旋杨主任虎臣〔城〕为达其西北主义之目的，请中央改编为三十六师，以至形成疽痈之局。马得藉此机会，养兵秣马，以图再起。缠民见马仲英坐镇肃州等县，遂仰为靠山，乃互派信使，暗为联络。至客岁八月，哈密变事再起时，马见有机可乘，遂暗派中山副官率领枣绿团（此团即十七、八年在甘肃肇事者）全部简重赴新，以回汉仇杀相号召，在南路各县四处抢掠，杀戮汉民，以扰省军后防。同时，招回缠民首领霍吉尼亚子（吐鲁番之缠民领袖，一名霍吉尼子阿吉）、姚六娃子（沙王之侍卫长，号称虎王，一名姚罗博士）、司马义（沙王之司财政者）三人住肃州，并予霍、司以南路总指挥，姚以宣慰使等名义，藉事煽动，从此马与缠民即各派暗探，迳往南路各地串通起事，至今春遂演成各地大屠杀、大焚烧之局面。马见时机已熟，乃于四月二十日令其弟马仲杰先率骑兵一旅取道燉煌，开向哈密，继而步兵旅亦全数向哈开动。该马仲英延至五月五日，乃亲率教导连、特务营二部约三百余人，迳赴哈密一带督战，迄九师十一日开向安、燉、玉时，马仲英方将全部移新作大规模之军事行动矣。

（丙）事变之经过及现况

（一）经过：积于以上诸因，促成缠民变乱之企图，但无机暴发，故十九年仍得相安无事。迨至二十年二月二十七日，哈密东之小铺守卡军官私通当地缠民阿某之闺女，旋结为正式夫妇。该地缠民见驻军诱迫缠女，引为奇耻，遂群起尽杀卡兵，得快枪三十余枝，分扰哈密四周，同时土葫芦、老毛蝟缠民，亦起而影响，除尽杀卡兵外，并将二处新殖之汉民百余家，全植诸耕地中，而断其头，以示占地之报复。查前后各卡遭事者，计有十一处之多，缠民得枪后，即向哈密县城进攻，省方于三月派朱凤楼前往剿办，缠民惧而请降，而朱坚持惩办祸首，于是缠民又大起反抗。同时，朱将虎王姚六娃子住东山守卡之枪械全缴收，并派其赴东山安抚，终以不得要领而回。省军即行卫〔围〕剿，缠民叛乱者虽屡败省军，然终以众寡悬殊，不能久持，乃退入八大石山中，并派人往安、燉、玉请援于马仲英，适马新溃之余，乃于五月十九日乘机进犯新省之巴离坤等地，省军费年余之力，方败马仲英于瞭墩，马遂负伤退驻安、燉、玉，缠民已纷纷逃窜东山，乱祸始暂告平息。

乱事稍见平息后，省方即派大兵围剿八大石，于去岁七月间将乱民全形包围，缠民见势危险，请省军暂缓攻击，稍退数里，佯称愿欲缴枪请降。省军允如所请，并限三日内缴枪二千一百枝，及期，则乱民已逃之他处矣。马仲英遂于八月暗派中山副官率枣绿团出青铜峡，过赴婼羌，继窜哈之南湖一带，实行焚掠劫杀，以扰省军后防，省方见于缠乱将形扩大，遂于缠民首领议抚，结果决定由省府拨小麦六百石、生银四万两，同时，缠民缴枪二千一百枝，作为和平解决。议成后，省府派员将麦款全交于霍吉尼亚子，令其分交各缠民，而霍尽数发于己之部属，对姚六娃子部属竟一无所施，于是引起霍、姚两部之争。省军乘机亦前往围剿姚部，缠民见省军开至，乃息内争，后合而与省军抗，省军力剿之结果，此二部复与马之中山副官互相策应，谋窜鄯善等地。省军得报后，即调驻巴离坤之熊团驻七角井防范，而巴邑驻军去后，则汉人全遭残杀矣。此时，哈密驻军已将中山副官毙于南路某处，余部即窜至鄯善，将该地汉人三百余家尽行屠杀。熊团得信后，直赴该地，亦取同样之手段，大杀缠民，余缠窜吐鲁番。该地驻军马旅长系回教徒，遂与缠民合作，戮县署，杀汉民，而熊团尚不之知，追剿至该处，遂遭埋伏，而致全军覆没矣，此客岁上海各报纸所载之吐鲁番民变之事实也。后省方派金之五弟及驻哈密之李海如师往剿，经两昼夜之冲突，以致吐地成一片焦土矣。残余之缠民，沿天攀大坂窜至红庙子（离迪化二十余里），与南关缠民勾结，乘孔将飞机场包围，焚毁飞机两架，于是乃引起南关及西大桥之残杀事件。金即派盛世才追剿，乃由红庙子而阜康而长山子。职离安西时，闻尚战于此，适省局陡变，驻哈之李海如即保护汉民，向七角井撤退，马仲英即移师新境，金树仁乃闻变逃亡塔城，遂演成现在分崩离析之局面矣。

（二）现况：职离肃州时，据闻新省局面已分为四：(1)省城由盛世才统治；(2)哈密、巴离坤、婼羌、鄯善、吐鲁番等地为缠民与马仲英之势力范围；(3)喀什、和阗、阿克苏、疏勒、库车等地为马绍武、徐谦等所主持；(4)塔城一带为树仁亲信部属鲁绳伯及金之兄弟主持。势力以盛世才为最大，且马仲杰所领之骑兵第一团，已被盛击溃于七角井，闻马仲杰已负伤，而骑兵第一团团长马虎臣已有阵亡之传说，但南路各地之缠民，职离肃时，亦有纷纷思动之说，果如所传，则新乱将成蔓延之势矣。

（丁）邻省各军事当局对新变之态度

（一）回军方面：

（子）马仲英在未开赴新省之前，即派代表向各回族军事领袖接洽，首先得其谅解，此则为宁夏马鸿逵。职在肃时，宁夏代表护送匣子枪二百枝、无线电两架来与马仲英作秘密之商讨，惟无线电尚未运到，而马即向新省开动，故该物尚留肃州待机，再转新省。四月二十八日，肃境额尔吉纳河突来马鸿逵骑兵一团，信携精良军器，佯称叛兵投诚，三十六师即沿河迳开哈密，后经各方调查，方悉为宁夏方面早拨之援兵，不过藉叛变以掩饰人之耳目耳。

(丑)马仲英五月五日亲率全部出关后，马步芳师于八日即移防肃州，十一日早三时驻肃之三千余人，由韩其功率领向安、燉、玉三县开动。此时，三六师仅燉煌留驻一营，待九师接防军到后，方移驻哈密。至十九日，九师驻关外之军复调回肃州者二千余人，仅留一团驻防燉煌，一营驻防安西。但职在肃时，该师运出关外之军面六十万斤，小麦二百石，豌豆二百石，而此时正哈密感受粮荒之际，该师以如此巨额军粮，屯积邻境，社会风传，谓系供给三六师以资交换枪械者，甚至青海方面亦与马仲英合作之传说。但据两方接受防地之情况观之，则两方利害一致，乃可断言，不过该师师长马步芳、骑二师师长马步青以及其部下旅团长，对职表示绝愿请命中央，消灭马仲英，以除西北他日之阴忧。据职观察，青海方面无论助马仲英或清〔消〕灭马仲英，其目的全在多得枪械，政治作用似甚淡漠也。

(二)汉军方面

鲁大昌与金树仁均系狄河人，昔年颇甚相得，近年来过从更密。金氏曾请鲁在狄河招兵，鲁氏即募派步骑三千人由李和义、李子才率领，于三月初由临潭出发，历一月之久，始越夏河县境之西倾山至黄河边，业于番船商妥渡河，乃忽接夏河番兵司令黄子才报告：知新省事变纷起，大势已去，劝其勿再前往，加以青海马步芳亦派兵来阻，遂罢赴新之计，乃返临潭。总之，此种情势，原由回军方面相互暗助，力谋自立，鲁氏深感西北回汉仇视之残烈，乃出而援助新省，于是汉回之斗争开端矣。

（戊）对新变处置之建议

（一）速饬黄宣慰使克日飞迪，主持军政，以免分裂局面之扩大；

（二）对素孚缠民众望之领袖，予以荣名崇爵尊敬，羁縻以示笼络，藉分其与汉回（即马仲英部）合作之现局；

（三）予马仲英部以相当名义，暂示宽容，设法调出新省，再饬他军相机解决；

（四）速设法有效的制止回汉仇视之残杀行为。

以上各点，是否有当，理合呈报鉴核。谨呈

中央执行委员会秘书处

职　曾启文谨上

中华民国二十二年六月六日

〔国民政府行政院档案〕

21．军政部为新省临时主席刘文龙请制止马仲英西进及蒋介石对新省局势指示致行政院秘书处公函

（1933年6月7日）

军政部公函　务炮字第96号

迳启者：奉院长交下新疆刘文龙、盛世才等皓、世、东已三电，饬由部拟复等因。查原电大意为下列三点：一、请制止马仲英西进；一、胡师跟踪监视，究至何处；一、黄宣慰使已否飞新。查关于第一点军委会早已电令饬遵，现马师进至奇台，不惟邮电不通，即去电亦恐无益。第二点系根据该省驻京办事处张凤九养电，其实胡宗南师仍在天水，仅杨团驻兰州，相距尚远，中央并未令其跟追监视。第三点黄宣慰使鱼日飞新，当已有电达，则此案似以参照委员长蒋复朱、唐两主任支电第一款办理，暂不复为宜，因该省内容并未一致，驻伊犁之第五师张培元及驻迪化附近

之第一师黎海如均各有怀抱，喀什区亦未完全平复，盛世才、刘文龙能否控制裕如，自非黄宣慰使抵新具报后，难为适当之处理。以上意见，是否适当，相应抄同委员长支电函请查照，转陈察核为荷。此致

行政院秘书处

计抄支电一件

中华民国廿二年六月七日

蒋介石自南昌来电

南京。军委会朱主任、唐主任、宋参，电悉。密。对刘文龙、盛世才之电拟定三案，请与汪院长妥商裁决：(1)刘、盛此电迟到太久，新省电报亦久已不通，拟仍暂搁置，俟慕松到新具报后，再为适当之处置。(2)先电刘、盛，不作复电，应加以奖勉，责成两人合力维持新省治安，暂不说及名义，并告以黄宣慰使即行赴新，一切新省善后问题，黄抵新当面详商，并嘱诸事商承黄妥办。(3)暂委盛以代理边防督办名义，但刘主政，而盛主军，恐有不妥，且如此处置，能否适合实情亦均属疑问。以上三项，究以何项为宜，或中央有无其切合良策，统请妥商酌核为盼。中○。文。机。赣。印。

〔国民政府行政院档案〕

22．国民政府文官处为青海省府主席马麟陈述马仲英野性难驯请中央阻其入新等事致行政院公函

(1933年6月8日)

国民政府文官处公函　字第二五五六号

迳启者：奉主席交下青海省政府马主席函陈马仲英野性难驯，请制止其入新异动，不授以任何名义，并乞接济海南警备司

令军械军需，以备防御。又主张将拉卜塄寺仍划归青海所属，以便治理等情一案，奉谕交行政院军事委员会，并复。等因。除函复并分函外，相应抄同原函函达查照。此致

行政院

计抄送原函乙件

文官长　魏　怀

中华民国二十二年六月八日

原函

主席钧鉴：敬肃者：去夏特派马腾云参谋航空晋京，报告玉树事件，并请示方略，在京一载，月前始行旋青，乃蒙钧座宠锡嘉勉，企仰江天，倾慕曷极。际此国难方殷，西北边圉更滋深忧，兹谨缕陈：一、新疆事变，关系西北全局，马仲英擅自出关，影响缠民，祸乱相寻，隐伏外患，其过去肆凶三陇，隐蓄异志，路人皆知。顷闻金主席辞职，马仲英部已深入新疆，煽惑恣肆，不堪设想。中央命黄次长慕松前往宣慰，自具妥善办法，边氓引领而望，而马仲英野性野驯，得寸进尺，其自由行动，中央应严令惩办，并亟制止其继续由肃州、安敦玉三县刻尚入新之队伍，以免扩大祸端，而对新继任人选尤当慎重决择，不容授马仲英以任何名义，纵彼得逞野心，此事所关綦重。青海有党政军承参谋本部垂询，联名具有专呈，详陈意见，而此事切要急图者，万勿纵马仲英再乱新疆，遏其异动，其他宣慰事宜，军政问题不难迎刃而解。伏乞建议中枢注重及此，作大意之主张，以泯弭祸端。二、青藏息兵防守，秉承中央意旨，酷盼实现和平，奈藏方反复无常，近确由印购运大批军械，驻军巴安阳称：媾和阴谋，进取防御，准备未敢稍懈，而青海瘠贫，实达极点，军械军需，特感困难，海南警备司令部具呈请予接济，尚乞钧座俯念边困，主持优予接济，实深感戴。三、拉卜塄寺自前清以来，向为宁海辖属，宗教

统一，政俗均洽，突于十八年国民军在甘时划归甘肃，屡起纠纷几生番族携贰之心。考诸历史、宗教、地舆、番情，似应仍划归青海，以便治理，而固边防。具呈行政院，尚乞钧座顺察事情，卓断主张，边疆感荷，淘无涯际。余事均命马参谋面呈，幸赐谘询，临颖不胜迫切待命之至。掬诚虔肃，祗颂钧安。

青海省政府主席马麟谨呈

〔国民政府行政院档案〕

23．黄慕松为安抚金树仁前属各部致行政院电

（1933年6月9日）

南京。行政院长汪。南昌。委员长蒋钧鉴：擭密。新疆省府陶秘书长、党务特派员自迪化庚日飞来兰州，晤悉马仲英已陷古城，逼近省垣，师长黎海如所统四五千人有投降之消息，形势异常严重，实因金前主席旧部与盛世才不能合作，松已去电劝告伊犁张师长培元迅速出兵援迪。查张师长星经金前主席电，保为主席，兼督办，必与盛不能相下。松拟到新察看，必要时于诸将中择其有力者予以相当军职，俾易合作。又据报，马仲英对省府要求其许有全派处理南疆之条件倘至不得已，时为安定计，亦拟暂加维系容对付。松定今日飞肃州，明日飞新，余容续呈。职黄慕松叩。佳。印。

〔国民政府行政院档案〕

24．黄慕松为新省当局拟以南疆绥靖总司令予马仲英致行政院电

（1933年6月11日）

南京。行政院汪院长。南昌。蒋委员长钧鉴：精密。此间军

政当局，本拟予马仲英以南疆绥靖总司令，嗣恐马未必愿往。闻南疆多系缠回，其首领和加尼阿子表示反对，又拟改南疆保安司令予和，藉以制马，但马实力已厚，省军与战胜负不可知。自到后，民心稍定，接见代表颇众，均感谢中央德意，其余随员未到。职黄慕松叩。真。印。

〔国民政府行政院档案〕

25. 黄慕松为马仲英与盛世才双方冲突在所难免等致行政院电

（1933年6月12日）

南京。行政院院长汪。南昌。委员长蒋。中密。(一)松抵迪，即令各方停止军事行动，惟盛世才以马仲英枪多人少，省军利在速战，双方冲突势所难免，然孤注一掷，甚为可虑。(二)此次哈密变乱，影响全疆，实由金树仁监禁该王，压迫回众而起。本日哈王来谈，诉述痛苦，声泪俱下，愿即刻赴东南两路宣布中央德意。松允，电明中央准予查明昭雪，并说明金树仁所免该王位及褫夺财产、治权，未经中核准，当然无效，以安其心。谨闻。职黄慕松叩。文。酉。印。

〔国民政府行政院档案〕

26. 新疆宣慰使署驻京办事处关于黄慕松为报告宣慰情形四项致行政院代电

（1933年6月15日）

代电　字第　号

行政院院长汪钧鉴：顷奉黄宣慰使自迪化发来文电开：新疆宣慰使署驻京办事处译转蒋委员长汪院长钧鉴，陈次长公洽兄勋鉴：(一)迪化方面，新、甘军三千余，东北军约五千，白俄、归化军千余，白俄军主战最力，甘与协助，但不甚相和，而东北军苏炳文部郑旅愿直隶中央。(二)伊犁张师系甘军主力，因驻绥定之军队被省军缴械，故恐慌，经松解释，亦表示受中央驱策。(三)马仲英即与新疆省方苟安，一时亦终无良好办法，至对策容观察准备再电陈。(四)金前主席与人民结怨甚深，幸勿予以何种名义。黄慕松叩。文。印。等因。谨代电察核。新疆宣慰使署驻京办事处主任杜之英叩。删。

中华民国二十二年六月十五日

〔国民政府行政院档案〕

27. 汪精卫为恢复和归还哈密王爵位和财产致黄慕松电稿

(1933年6月15日)

迪化。黄宣慰使鉴：慕密。文酉电诵悉。金树仁所免哈密王爵位及褫夺财产、治权均未经中央核准，当然无效，着该宣慰使秉承中央德意，传谕该王爵位如故，所褫夺之财产如已没收，着即查明发还。仍盼该王仰体德意，靖恭职守，毋负期望。行政院长汪兆铭。删。

〔国民政府行政院档案〕

28. 新疆宣慰使署驻京办事处关于黄慕松为新疆应刷新政治致行政院代电

(1933年6月16日)

代电　字第　号

本院行政院长汪钧鉴：顷奉黄宣慰使寒日由迪化来电，文曰：

新疆宣慰使署驻京办事处译呈委员长蒋，院长汪钧鉴：巡视城厢内外，人心尚定，惟街道恍似河床，污秽至极。巡警老至六十岁以上，幼至十二岁以下，入店谈笑，到处皆然，政治非积极刷新，鱼馁肉败，必至不可收拾。马仲英来电表示极愿和平，松虚与委蛇，看战果如何，再行切实处理。前线刻无战报。职黄慕松叩。寒。印。等语。谨此电呈察核。新疆宣慰使署驻京办事处主任杜之英呈。铣。

中华民国廿二年六月十六日

〔国民政府行政院档案〕

29. 黄慕松为对新疆政军内容复杂中央宜持稳态度致行政院电

（1933年6月16日）

南昌。委员长蒋。南京。行政院长汪钧鉴：中密。此间政军内容复杂，情形为意想所不及，即松至尚多未明瞭，处置不慎，纠纷益繁，幸各方对中央均具信仰，中央宜持稳态度，非至情形明确，勿轻表示，较为上策。职黄慕松叩。铣。未。始。印。

〔国民政府行政院档案〕

30. 新疆宣慰使署驻京办事处为黄慕松关于宣慰新疆各情形致行政院代电

（1933年6月18日）

代电　字第　号

本京行政院院长汪钧鉴：顷奉黄宣慰使元电开：办事处译呈委员长蒋，院长汪钧鉴：（一）东北军各部队长官以客军旅新，牺牲无益，愿得中央编制名义始正，经松抚慰，咸愿驰驱。（二）马仲英向系中央师长藉资号召，自松到后，顿失凭藉。(三)盛世才以人心稍定，士气转佳，并以马仲英枪多人少，而省军则人枪补充均不容易，且以迪化四周易被包围，粮食可虑，故决心连络缠回首领，放弃与马仲英之和议。(四)文日省军自阜康向古城前进，四日可到，闻士气旺盛，颇有胜算。(五)中央急宜接收肃州防地，以应事变。职黄慕松叩。元。巳。印。等因。谨电呈察核。新疆宣慰使署驻京办事处主任杜之英呈。巧。

中华民国二十二年六月十八日

〔国民政府行政院档案〕

31. 国民政府文官处关于黄慕松抵新宣慰后人心渐定边局可转为安致行政院公函

(1933年7月1日)

国民政府文官处公函　字第二九四七号

迳启者：奉主席交下新疆宣慰使黄慕松函，陈抵迪化时，适马仲英占据奇台，乘势西进，省垣一夕数惊，经设法巩固军心，劝导缠回各民，人心渐定。现马仲英战败逃遁，闻省转窜南疆消息，幸各军渐趋一致，各民族已有心悦诚服之倾向，边局当可转危为安。惟财政奇穷，交通阻塞，对内对外，甚为棘手，望中枢指示机宜，徐图救济等情一案，奉谕分交行政院、军事委员会查核并复，等因。除电复并分函外，相应抄同原函函达查明。此致

行政院

计抄送原函乙件

文官长　魏怀

中华民国二十二年七月一日

新疆宣慰使黄慕松原函

主席钧鉴：窃慕松抵迪化时，适马仲英占据繁荣形胜之奇台已旬日，获枪四、五千枝，气焰大张，乘势西进，省垣一夕数惊，人心震动，且远来客车与本地军队素不相习，未易团结，诚边局岌岌之时，慕松设法挽救，一面调和各军将领，巩固军心，一面劝导占新疆民族大多数之缠回，各安生业，毋稍惊扰。仰赖中央威德，人心渐定。滋泥泉一役，省军大胜，马仲英始遁奇台，继遁鄯善。惟闻有转窜南疆消息，省军拟向吐鲁番堵截，不卜可操胜算否？所幸伊犁军队及省城各军，经慕松斡旋，渐趋一致，可望同心御侮，各族民众感中央一视同仁之至意，已有心悦诚服之倾向，或者边局当可转危为安，惟前此糜烂地域太宽，天山以南，阿山全境久叹沦胥，现正用政治手腕派员分途宣慰，以期早就收抚。惟此间，财政奇穷，纸币每两仅抵银叁分，疮痍满目，民困不易昭苏，且外交久已失败，交通更感阻塞，对内对外甚为棘手。惟望中枢指示机宜，俾得有所遵循，徐图救济，则边氓幸甚，国家幸甚。临颖神驰，不尽缕述。敬叩。崇安。伏维垂鉴。

新疆宣慰使黄慕松谨呈

〔国民政府行政院档案〕

32. 汪精卫为饬令白锡尔等各率所属保靖地方电稿

(1933年7月14日)

(上衔)。篇电诵悉，自新省事变以来，中央灼知由金树仁办理不善所激成，故始终主张和平处置。现金树仁已经免职，中央所派宣慰使黄慕松已到迪化从事宣布中央德意，解除新省人民痛苦。新省地处边要，关系国防，中央极为重视，且民族杂居，中央尤一视同仁。关于宗教、风俗，各民族各尊重其自由，且互尊重其自由；关于政治上之权利义务，则各民族一律平等，此为施政不易之原则；至于中央与地方之权限分配，来电所述军事、外交悉听中央主持，教育、交通、实业等事则由地方办理，亦大体可行，中央自当采择。深盼各率所属保靖地方，辑和民众，腹心之寄，匪翼人任，其各仰体此意，并广为宣谕至要。行政院长汪兆铭。寒。

〔国民政府行政院档案〕

33. 国民政府为通过麦斯武德提请沟通并密切新疆民众与内地关系提案致行政院训令

（1937年4月1日）

国民政府训令　第二一〇号

令行政院

为令饬事，案准中央政治委员会二十六年三月二十六日函开：准中央执行委员会函送本届第三次全体会议关于麦斯武德等委员提请沟通并密切新疆民众与内地之关系一案，经交本会内政专门委员会审查。兹据审查报告，本案应请交行政院参考。复经本会第三十九次会议决议，照审查意见通过。相应录案并抄附原提案函达，请烦查照饬知等因。准此。自应照办。除函复外，合行检发原附提案，令仰该院查明参考。此令。

计检发原附原提案一件。

国民政府主席　林森

行政院院长　蒋中正

中华民国二十六年四月一日

沟通并密切新疆民众与内地之关系案

提案第五十三号

麦斯武德等五委员提

理由：

新疆远处西陲，年来情态未入常规，新疆民众引领东望，内向情殷，亟应积极沟通，设法密切，以树精神之国防，立长治之初基。

办法：

(一)援照西康民众代表驻京办事处成例，设立新疆民众代表驻京办事处，推选负责人等，组织成立，并请由中央订定规程月拔经费。

(二)特予保障新疆与内地往来人员之自由及生命安全。

(三)特予保障新疆与内地邮电来往之自由及便利，由交通部妥筹办法。

以上提案，是否有当，敬候公决！

提案人　麦斯武德

王漱芳　王泉笙

洪兰友　彭学沛

〔国民政府行政院档案〕

三、各方要求罢免金树仁及其判决

1．北平回民公会为请停止金树仁本兼各职致行政院代电

(1933年4月20日)

行政院公鉴：顷阅报章，知中央对新疆回民纠纷，已拟派金树仁、马骐就近办理，逖闻之余，仰见我中央抱绥和民族，息事宁人之苦心。敝会感且不暇，又何敢哓哓披陈，惟以利害所关，

兴丧之际，不得不为我中央诸公渎陈之。窃维新疆之变，其发动非自今始，然至再至三，无不由金树仁有以酿成，盖往者既因金之所激，以致民变，则今日中央派其就近办理，是不啻投薪于火，授刀于凶，吾知其变本加厉也必矣。总不此图，恐中央远道难察，将必受其愚弄，而了此一桩公案。想此后之对回民必致假公济私以泄已忿，来日大难，谅非诸公所乐闻，而愿其实现也。况据传闻所云，此次民变已具驱金决心，目的不达，百折不返，而毫厘之间，诚能酿成不幸。是则我中央最不欲者，而敝会职员职责攸关，更不欲于此国难至深至秋，发生意外，所谓甫见东省之沦，又看西北之乱，言念及此，愤感交萦。总之，金为一省长官，抚民乃为当务，今既不能，亟应去之以避贤路，况迫民于变，而更令其抚绥，想我中央贤达诸公必不出此。敝会谨代表华北回民，上恳我中央速停金树仁本兼各职，并请遴选大员迅予接替，庶几民困可苏，祸乱可弭，党国幸甚！回民幸甚！

北平市回民公会叩号

中华民国二十二年四月二十日

〔国民政府行政院档案〕

2. 国民政府文官处为西北回民旅外回疆后援会要求罢免金树仁各职致行政院公函

（1933年4月22日）

国民政府文官处公函　字第一七六〇号

迳启者：奉主席发下西北回民旅外回疆后援会代电，为新省当局任意屠杀回族，请速罢免金树仁所兼各职，另任贤能以固边防一案，奉谕交行政院。等因。除原电据已分陈，不再抄送外，相应函达查照。此致

行政院

文官长　魏怀

中华民国二十二年四月廿二日

〔国民政府行政院档案〕

3．外交部部长罗文干为新疆省政府主席金树仁出走塔城致行政院呈

（1933年4月26日）

为呈报事：案查关于新疆回民变乱事，前据驻塔什干总领事牟维潼来电，业于本月二十四日抄呈钧院鉴核在案。兹据莫斯科颜大使来电称，本日塔什干牟总领事到莫报告新疆近情，甚为详尽，并出示其本日所接电报，迪化训练白俄军于本月十二日叛变，金主席已出走塔城等语。新疆回乱未已，省垣又起变局，已陷无政府状态，而白俄军队，尤足引起苏俄藉口，中央似宜速决大计，奠定边疆等语。除电军事委员会外，理合呈报钧院鉴核。谨呈
行政院

外交部部长　罗文干

中华民国二十二年四月廿六日

〔国民政府行政院档案〕

4．国民政府文官处为新省主席金树仁电请免本兼各职等致行政院公函

（1933年4月29日）

国民政府文官处公函　字第一九零零号

迳启者：奉主席交下新疆省政府主席兼边防督办金树仁敬日迭电，请免本兼各职，并恳以伊犁屯垦使兼第五师师长张培元升任。又陆军新编第三十六师师长马仲英同日电称：新省祸乱已成

燎原，迫于时势之严重及民意吁请之恳切，拟赴新招抚靖难，祈迅予明令，俾早起程等情各案，奉谕交行政院及军事委员会等因。除分函外，相应抄同原电函达查明。此致
行政院

计抄送原电三件

文官长　魏怀

中华民国二十二年四月廿九日

抄原电

南京。中央党部，执行委员会，国府林主席，蒋委员长，国务院宋院长，各院长钧鉴；各部长，各省政府勋鉴：树仁忝窃重任于今五年，虽无政绩可述，亦未苦累吾民，乃匪叛将平，而叛党刘文龙等乘省防空虚，嗾使一部分军队违抗命令，遽尔哗变猛攻督署，业经攻击得胜，余军欲逃，乃彼等复勾结军官盛世材〔才〕、白受之等助长变乱，树仁所部将士义愤填膺，矢志除逆。惟念地方既不胜兵革之苦，岂忍复言战争之事，于是退居西路塔城一带，避免接触，加以劳瘁致病，精力不支，计将辞归田里，以遂初服。树人奉职无状，咎无可辞，应请政府准免主席兼边防督办本兼各职，另选贤能，接任以重地方。除详情另电外，是否有当敬候鉴核示遵。新疆省政府主席兼边防督办金树仁。敬。印。

抄原电

南京。中央党部，国府林主席，军委会蒋委员长钧鉴：树仁奉职无状，电恳辞职在案，惟新疆匪乱未已，内变又生，省府主席兼边防督办一缺，非得贤能主持，恐难收拾。査有伊犁屯垦使兼第五师师长张培元，文武兼资，边情熟习，政治军旅均有经验，爰援荐贤之，例举以自代。拟恳俯念边局艰难，畀特升任前项本

兼各职以维边局，当否，乞示。金树仁叩。卯。敬。二印。

〔国民政府行政院档案〕

5．外交部为金树仁由海参崴赴沪致行政院代电

（1933年6月13日）

外交部代电　亚字第13032号

行政院鉴：关于新省事，顷据驻斜米赵领事来电一件，谨抄录原文，电请鉴核。外交部。元。印。

附抄斜米领事馆来电一件

中华民国二十二年六月十三日

斜米赵国柄来电　廿二年六月九日

南京。外交部钧鉴：新疆金主席在俄卡候护照，由海参崴赴沪，因彼在塔城强制提应付苏联汽车价，生金千余两。新政府通知苏联截留问题未结，金不能起程。驻斜米领事赵国柄叩。辰。灰。十日印。

〔国民政府行政院档案〕

6．新疆国民革命军驻哈讨逆总司令白锡尔等关于金树仁虐民暴政激成民变情形致行政院电

（1933年6月21日）

南京。国民政府林主席，蒋委员长，各院、部钧鉴：窃查新疆自前清光绪初建设行省，满清治新，专重军事，于民生、民智诸要政，初未注意。迨入民国，杨氏秉政，一切率由旧章，绝少兴革，而钳制固闭，视前清且加甚焉。迄金氏登台，政治日坏，

营私罔利，贪得无厌，举其最要者，如滥发纸币，收买现金以及勒收特产，横征课税诸端，不一而足。甚至县长为亲民之官，视同营业；武将为卫民之吏，专事虐民。人民处于积威之下，忍之受之，然金氏倒行逆施，犹不止此。前年哈密办理改土归流一案，夺我缠民之熟地，安置甘省难民，犹且责令供给牛工、种子焉。驻扎武弁，强索民间妇女，犹且摊罚巨款焉。人民处于水深火热之中，欲请愿中央更换金主席，而金氏邮电检查过密，以致下民苦痛不能上达国府，故求生无路，不得不联合请命，冀救残生。讵金氏即视为寇仇，肆行惨杀，大兵所过，庐舍为墟，坟墓暴露，惨不忍睹，于是人民叛金者，十得其五矣。至去冬，哈密民党逃至吐、善一带者数十人，金氏请大队往剿，至则不分皂白，屠杀平民以万计，于是全疆人民始咸挟必死之心而与金氏抗矣。此即新省民众被金氏暴力压迫，纠合起义之原因也。惟我民军之起，既为金氏压迫所致，故其目的，仅在推翻金恶政府，铲除虐民暴政，以求改良政治，拯救人民，别无他意。刻下，金氏逃亡，庆父已去，全局即将底定，此后一切政治进行，仍当隶属中央，服从命令，所有军事、外交悉听主持，其教育、交通、实业等事，则由地方办理，并首先开办印刷，灌输人民知识，以求日进文明，同享幸福，是则我新民众所祷祀以求者也。铁米尔、文彬、金寿等目睹金民之惨虐下民情形，义愤所感，不能不出而为助，义师抵喀，适马行政长宣告下野，民众公举文彬、金寿等共代行政长职权，实迫于民众公推，勉任斯职，诚恐道路修阻，不明真象，用敢代表全疆民意，披沥详陈，伏维鉴察。再金氏搜刮民财，不下数百万，分储天津同盛和德兴合两字号，应请迅予查封，以为新疆办理教育、实业之用，实为公便，新疆国民革命军驻哈密讨逆总司令白锡尔，驻吐、古前防司令和加尼牙孜，驻迪芨芨槽骑兵第一师师长铁占魁，驻善骑兵第二师师长义思坎巨尔，驻焉、库骑兵第三师师长买甫思，驻喀骑兵第四师师长铁米尔，暂代喀什区行政长郁文彬、苏金寿，阿克苏区行政长徐益珊同叩。巳。箇。印。

〔国民政府行政院档案〕

7. 国民政府文官处关于金树仁为历陈新疆发生事变经过及请任命张培元为新省主席兼督办致行政院公函

（1933年7月11日）

国民政府文官处公函　密字第三二〇号

迳启者：奉主席交下卸任新疆省政府主席兼边防督办金树仁代电，历陈新疆发生叛变之种种经过、事实，及请以伊犁屯垦使兼第五师师长张培元接任主席兼督办，以维边局等情一案，奉谕密交行政院、军事委员会核办，等因。除分函外，相应抄同原件函达查照。此致

行政院

计抄送原代电一件

文官长　魏怀

中华民国廿二年七月十一日

原代电

南京。中央党部，执行委员会，国民政府林主席，军事委员会蒋委员长，行政院宋院长，各院长钧鉴：各部长勋鉴：新疆驻京办事处鉴：查新省发生叛变情形，业于四月敬日电陈在案。兹将经过事实据实详呈，溯自哈密缠回变乱，迭经剿抚，始告肃清。马仲英复潜派回弁与缠匪勾结，驰往鄯善、吐鲁番大肆煽诱，多方威逼，辄以宗教感情，建立回教国主义，分遣党羽，前往各县宣传，回缠、哈萨遍满全疆，匪徒所至，纷纷响应，南路各军队，均系缠民为兵，哗变尤速。于是南路之焉耆、库车，西路之昌吉、

呼图壁，东路之阜康、乾德等处，无不有匪。树仁鉴于情势已发生种族之战争，一面调集重兵，分路剿击；一面广散布告，安抚良民，俾无从乱。该回缠人民感数年以来之善政、慈心，相信以诚，虽匪徒利诱势迫，而多数人民，迄未从匪，而西北两路之匪，迭经激烈攻剿，三路匪众，同时溃败，其被胁之人民及其家属，一律收抚，令回原庄。该匪首马世明、马全禄等，仅率残部千人窜往焉耆，而哈密逃入甘境之哈匪首逆和加尼牙子等亦向省府输诚来归，遂复饬各军分路向焉、库进发，以便平定焉、库之匪，此数月以来，匪势蔓延及分路攻剿平定东西北三路匪乱之实在情形也。是时，匪患将平，而财政拮据，米粮踊贵，人民生活已有种种穷蹙，树仁处此环境，速令各路军队刻日出发，伊犁由冰达坂进兵，喀什由阿克苏进兵，省军由达坂城进兵，方拟指日荡定焉、库，与我边民同庆安居，乃伊犁、喀什两部，业经出发，而省军系盛世才所部，逗留徘徊。查盛世才所部，内有归化军一部，系俄旧党之归化中国者，虽以果敢善战称，而残杀劫掠，时有所闻。树仁严加纠正，归化军不免怨望。教育厅刘文龙遂乘此机会，唆使归化军团长莫古托诺夫等，突于四月十二日午后猛攻督署，分踞要地，并勾结盛世才、城防指挥白受之等，或拥兵坐视，或反戈相向。树仁只率卫队数百人血战相持，并急调杨指挥正中，李指挥永华，该杨、李等均归盛部所辖，分路夹攻，于十三日午后叛军力不能支，纷纷退避城东北隅，已备齐汽车，装载财物，方拟逃窜，而盛世才一军，竟协助叛逆，向我军突击，我军见功败垂成，遂停战不进，拥护树仁，暂退昌吉，并与总指挥陈品修之军会合，以图反攻。而喀什、伊犁、阿山、塔城各军，愤愤不平，群起讨逆，树仁见战端方开，地方受祸，遂多方安慰，暂勿进兵，并佯言树仁暂住塔城，再行发布讨逆命令为词，引身而退，到塔后，旋于四月敬日电呈辞职，此近来发生内变及各方军情愤慨之实在情形也。树仁忝膺责任已五、六载，既蒙政府倚畀良殷，又念边民情感较深，如非思患预防，举贤自代，恐边局决裂，大好河山、沦之于异族之手，上无以对我政府，下无以慰我边民。树仁仓卒出省，印信名章，未暇携带，并据省电刘文龙僭称主席，盛世才僭为督办，复以匪首马世明为委员。查马世明本马仲英之党也。刘文龙衰病昏聩，盛世才才具平庸，资望不符，决难维持边局，而树仁部下各部司令、师长、总指挥等，均有重兵，去后不无顾虑。惟伊犁张屯垦使兼第五师师长培元学识资望，群情向望，如以之接任主席兼督办，新疆大局，立可转乱为治，而政府亦可免西顾之忧。前电呈请以张培元接任者，诚有万不得已之苦衷，在政府明鉴万里，当必俯赐采纳。再树仁此次出省，财产被窃一空，所有犒劳将士、清理欠饷，不能酌提公款，以资应用，合并呈明，敬候鉴核，训示祗遵。卸任新疆省主席兼边防督边金树仁叩。辰。皓。印。

〔国民政府行政院档案〕

8．蒋介石为金树仁余孽致电盛世才挑拨离间演成流血事件致汪精卫电

（1933年7月18日）

急。南京。汪院长尊鉴：砥密。据王应榆删电称：随黄宣慰使抵新之日，值古城失陷，盛赴前方督战，而金树仁在京余孽于黄起程前电盛挑拨，谓黄别有怀抱，又谓蒋、黄无深切关系，虽有请示办理之电令，可勿置理。盛先入为主，又与陈中等意见不合，演成流血。遂联想王应榆自抵迪至陈死日，常与盛见面。当时，随为解释，盛已追悔莫及，遂请中央将黄召回，冀得转圜。近奉汪院长电令，黄即备东归，盛亦欣喜，而驻京余孽得电后，请盛务将黄软禁，免走漏消息，临时乃不能行。查黄此行全为布达中央德意，融解民族意见。盛亦有维持地方□功，祗以金孽挑

拨离间，盛操之太急，铸成大错。现中央为维持大局及威信，宜调处两方，俾黄得冠冕回京，盛亦得转回余地，免生枝节等语。除电复并令来赣面谈外，特转达参考核办。弟中正叩。巧。机。牯。一。印。

〔国民政府行政院档案〕

9. 金树仁为在天津暂留治病及将回南京面陈新省情形致行政院电

（1933年7月25日）

南京。汪院长钧鉴。树仁自电准辞职回京，因事耽延，始于本月十二日抵津，稍为料理即回京复命。惟因长途劳顿，触发旧疾。现正延医调治，俟病痊即当恭谒崇阶，面陈一切。谨电呈明，敬候核示。金树仁叩。有。

〔国民政府行政院档案〕

10. 新疆高等法院关于将金树仁被控各节逐条详细致行政院代电

（1934年12月30日）

南京。行政院，司法行政部钧鉴：江苏高等法院勋鉴：南京。甘宁青会馆陈澧鉴：亥卅曾拍一电，其文曰：南京。行政院，司法行政部钧鉴：江苏高等法院勋鉴：甘宁青会馆陈澧鉴：钧部九月巧电敬悉。查五月间饬查金案原文未到，不知应查何项。惟阅报载：金之被控，系擅定新苏临时商协及教唆杀人、放火、侵占、强盗等罪。但查金树仁主新五载，以脑筋腐旧，无甚成绩，更加用人失当，未洽舆情，均系实情。至如被控各节，或为时势需要，或为行政处分，均属正当，行为依法律不能为罪，除另代电详覆，并派前省政府秘书陈澧为临时代表电饬就近出庭证明一切外，特先电复。新疆高等法院。亥。卅。印。等语。谅已达览。兹将被控各节，特再逐条详细说明如左：(一)查新苏临时通商协定原以新疆三面与苏联接壤，贸易往来，事实上不能一时停顿，国防空虚，亦万不能封锁边界，与其毫无约束，任彼自由，不如与之协定，尚可聊加限制，究其内容，未损失主权。当十八年中东路之役，仰荷中央体恤边情之特殊，电令新省维持局部和平有案，故援例商订临时协定，实因环境逼迫，当荷谅解，查阅协定原文，尚无损失主权之处。(二)哈密改土改流，系遵总理遗训，意在取消封建制度，方将试办，而乱即作，立即停止进行，并未将缠民土地夺给汉人等情。究其启衅原因，固由金树仁用人不当，未免操之过急，其实马仲英乘机造谣，鼓动风潮，以致兵连祸结，曾由省府查获，马仲英勾结该处缠、哈之缠文传单，钤有中央三十六师关防可为铁证。现经乱事已平，省府仍复迭据哈密县长尧乐博士转呈哈密民众恳求改土归流，以轻负担，文电甚多，具见前次叛变，并不为此。(三)枪决樊耀南，查樊为刺杀杨前主席之正凶，当场捕获，讯据供认不讳，并由其屋内搜获物证多件，当经军政各界以及各族民众包围，要求立决，不容稍缓，情势汹汹，异常迫切，遂即依法处死，以顺舆情，所有经过情形，均经电呈中央在案，其子樊茂如今始起诉，实系饰词诬告。(四)没收胎羔皮，查奸商因见胎皮价昂，任意宰杀，几使母羊绝种，实于新省畜收前途，影响甚巨。省政府有鉴于此，通令禁止，不许商民自由杀宰、贩运，此系省府单行法规通行已久，乃该商夏拉哈至亦夫等违令贩运，经过伊犁，被伊犁税局查获充公，与金树仁私人毫无关系。原控内称金树仁私分，运津一节，毫无根据。(五)剿办土匪，查此系军事长官应有职责，每遇战事，辄颁明令，禁止屠烧，有案可稽，以此为罪，则各省匪共皆可任其横行，何必劳民伤财，大张挞伐。(六)携带现金，查前项金子原系金树仁以私人名义，由戚友贷借而来，拟转借政府以资购买汽车之用，因仓卒出走，川资无着，遂将此款携带，当时声明，以在迪私有财产作抵。查金树仁在迪私有财产，由刘文龙就主席时，颁发布告，负责保管在案。两相品抵，有赢无绌。至于截留票银，系供军需内中，金树仁实只用过票银十四万四千七百五十一两，按当时市价，约合现洋叁千有奇，下余票银八万二百四十九两，仍由鲁效祖代缴省府有案，此与无故携带公款者迥异，不能成立法律上侵占罪名。以上各项，均系实情，诚恐电码错误，特用代电详复。新疆高等法院。

民国二十三年十二月三十日。印。

〔国民政府行政院档案〕

11. 最高法院关于金树仁的刑事判决

(1935年7月3日)

最高法院刑事判决

二十三年度上字第五六〇九号

上诉人：金树仁，男，年五十六岁，导河县人，住天津意租界五马路四号，前任新疆省政府主席兼边防督办。

选任辩护人 张耀曾律师、王瑞麟律师、潘莹律师

右上诉人因外患案件不服江苏高等法院中华民国二十四年四月五日判决，提起上诉，本院判决如左：

主文：上诉驳回

事实：

金树仁前充新疆省政府主席兼边防督办，民国二十年春，因取消哈密回王，实行改土归流，行之未久，而回民作乱，继以马仲英乘机鼓动，致地方乱事日益扩大。金树仁企图向苏联购买军械，镇压地方，乃不惜与外交部特派员陈继善勾结，以新疆省政

府名义与苏联订立新苏临时通商协定七条，附件四号，由陈继善代表于同年十月一日签字于迪化城，并于协定未尾载明所订各节，已经新疆省政府同意，发生效力，其协定及附件中损失国权，贻害边疆之处颇多。至二十二年四月间，金树仁因省垣大乱，仓皇出走，并通电下野。同年十月间，新疆旅京代表艾沙等探知金树仁潜行来京，以金树仁订立丧权辱国等情控，经行政院决议，将其拘案，令交司法行政部转饬本院检察署，将金树仁解由江宁地方法院检察处，移送江苏高等法院检察官侦查起诉。

理由：

查上诉人在新疆省政府主席兼边防督办任内，于民国二十年十月一日以新疆省政府名义与苏联政府订立新苏协定七条，附件四号，已为上诉人所不否认。按该协定，除有利于新省之条款非意甚空泛，即事极细微外，据外交部主管司会对于该协定及附件所签注之意见，略谓：第二条系规定新疆土货运入苏联，表面上于我有利，实则似是而非。查该条文载称：新疆省政府希望苏联政府准予云云。该希望字样在法律上之效力如何？究在何种范围之内能使苏联受其拘束？准予之权显然操诸苏联之手。又该项土货虽云可无限制运入苏联，但现仅能售与苏联国营商业机关，复可为苏联现行法律所禁止，则所谓无限制者，只指数量，不及其他。又新疆商货若照该条末句之限制，能否享受他国商货运入苏联者之同样待遇，亦属疑问。查苏联对于新疆土货闻极欢迎，恐其不肯售与，新疆土货大抵与外蒙相类，苏联对于外蒙之货禁令南运张家口，须全数运往苏联，彼以廉价收买，而以高价转售欧美，一转移间，坐获巨利。新省事同一例，况所运土货，仅能售与国营机关，该机关抑勒价格，或故意拒绝，势所难免。在我既经运往，亏耗运费，势难再行运回，只得忍痛残售，耗损无量，以我小资本之私商与苏联国营之机关相抗，庸岂有幸？第三条前段规定苏联商务机关及人民可以前往各区贸易，条文中“各区”二字不无含混，以致订立未久，争执即生。依我方解释，系指五城而言，而苏方则坚持为五个区域，文牍往返，辩论年余。迄本年(指民国二十二年)六月十五日，新省临时主席以指令方式竟徇苏方之请，完全让步，而该指令内所载之呈暨附件漏未抄送，故不能确定其让步之范围。中段谓可由上述各区内有遣派代理人等前往沙车、吐鲁番、焉耆、和阗、阿克苏与各本地商民或商号订立买卖契约及督促其履行之权。末段对于苏联商务机关之职员及其国民在各地内，更予以自由往返通行之保障。查此条用意，原在限制苏联在新贸易之自由，而结果适得其反。现在区域既广，商务机关及其职员代理人之额数亦无限制，复听其深入内地，自由往返，其结果将使新省全省商货为所操纵(下略)。第五条规定，对于新省商人在苏联出售土产之待遇付之阙如。查苏联对于外国商人非经特约规定者，均以普通私商待遇，重征暴敛，靡有底止，故年来中国商人在苏几已绝迹。今新苏协定中，我方对于苏联商人完纳税捐，既有明文规定，则新省商民运货前赴苏联出售，势将依照苏联法律完纳税捐。诚然，则苏商在新所纳之税将远逊于新商在苏所纳之税，其违反相互平原之原则，彰彰明甚(下略)。第六条规定，关于新省国民经济事业之建设，不仅由苏联供给各项机器，且由苏联担任建设上任用之技师及造就中国专门人员，又由苏联协助改良农业、垦牧各事宜。查苏联对于新疆之经济侵略，蓄意已久，是已真情毕露，而犹于条文中指为出于新省政府之希望，一若表示亲睦勉徇新省之请者(中略)。此条不啻将新疆国民经济前途拱送苏联，驯使新疆为苏联化，长期以往，新疆非中国有矣。至如苏联技师，技能之不及欧美技师，苏联农牧制度不宜于新省内情，尚属问题之小焉者耳(下略)。第七条第一段规定，新疆向中国之进出口货通过苏联办法，谓应以发达新苏间商业为基础，由新苏商订附单，该项附单，并得按照新苏国民经济必要之情形每年商改，此条性质与第六条相同，即谓苏联从此获得监督新疆进出口货物之权，盖新疆进出口货之通过苏联者，应以苏联利益为本位，若与苏联利益冲突，即可不列于附单，或要求改订附单矣(下略)。又附件第二号为准许苏联在迪化、喀什、伊宁、塔城设立财政所，此件之弊害，与协定之第六及第七两条相同。新省僻处边陲，与中国本部汇兑困难，金融组织亦甚幼稚，该项财政所行将垄断新省之金融、商务，而左右其命脉矣(下略)。等语。可见，新苏协定与夫附件之内容，其丧失国权、贻害边疆者不一而足，虽据上诉人辩称新省密迩苏联，片面通商已非一日，近因鉴于中东路之战争，马仲英之叛变，不得已始于旧有通商范围内，本平等互惠之精神，订立新苏协定，藉以收回利权，该协定虽经陈继善签字，迄未实行，尚无损于民国，省政府对于该协定亦仅予以同意，并非订约之当事人云云。不知苏联在新省实际上是否片面通商，纵为待决问题，然仍可藉政府之力设法补救，今乃因上诉人订立协定与苏联以口实，以致该协定订立未久，苏联对于新省之要求，有加无已。此观陈继善驳复苏领解释协定之呈文，已情见乎词，何得谓无损于国，无害于民？且查前新疆省长杨增新于民国九年与苏联订立伊犁局部通商协定，曾经中央核准，嗣于民国十一年后，杨前省长历次与俄方商议新苏通商事件，迄民国十六年止，屡议屡辍，虽无结果，然所有拟订草约条款，亦均呈请中央考核。此次上诉人于二十年十月一日与苏联订立协定，事前既未呈请中央核准，事后亦未据实呈报，不独此也。即订立协定之时，除与陈继善勾结秘密计议外，并未提交省政府会议通过。迨至翌年八月十日，始将前项协定及附件抄发秘书处备案，是上诉人深知该协定不利于国，故迟之又久，仍讳莫如深，至该协定在事实上已为苏俄藉口发生效力。观诸陈继善与苏联驻迪化总领事来往公函暨上诉人关于协定之指令，不曰值兹协定施行期间，即曰值此协定施行伊始，可以概见，该上诉人犹以协定尚未实行，即无损于民国为辩解，曷能凭信？查上诉人订立新苏协定，虽非特别奉有中央命令，但依外交部特派员办事规程第二条所载：特派员于职务上遇有地方行政或军事关系事项，除呈报外交部核示外，得随时商请省政府或军事长官办理。等语。观之，是中央政府已将地方之一部行政事务牵涉外交者委交省政府办理，至其办理结果，能否邀中央政府核准施行，固系另一问题，要不得以未经中央政府核准，抹煞其损害民国之事实，该上诉人更何得以省政府仅予同意，诿咎陈继善一人，希图卸脱自己之罪责。查上诉人服官新省，前后历念余年，对于新苏关系本了如指掌，其所以毅然决然与苏联订立协定者，据上诉人在侦查中述称：我们订这协定的原因，因为新疆偏僻，购买军械不便，靠近新疆的地方，一面是苏联，一面是英国。我们订了这通商协定之后，就可以向他们购买军械、机器了，云云。证以该上诉人订立协定之时，正马仲英作乱之时，及前新疆宣慰使黄慕松呈行政院文内所称：金前主席因内变求援订立商约，等语，恰相符合。据此，则上诉人与陈继善共同与苏联订立新苏协定，固属咎有应得，而其订立协定之动机，意在向苏联购置军械，镇压地方，尚与甘心卖国者稍有区别。原审以此为理由，认定上诉人犯罪，情状不无可原，依据刑法第四十二条、第七十七条、第一百十八条、第一百二十条、第五十七条第五项，判处上诉人有期徒刑三年六月，褫夺公权五年，并依同法第六十四条谕知，羁押日数，折抵徒刑之标准，洵无不当，上诉意旨，空言争执，难谓为有理由。

据上结论：应依刑事诉讼法第四百零八条第一项判决如主文。

中华民国二十四年六月二十九日

最高法院刑事第二庭

审判长推事　夏　勤印

推事　杨天寿印

推事　高　熙印

推事　张孚甲印

推事　赵镇镗印

右正本证明与原本无异

书记官　夏菊初印

中华民国二十四年七月三日

〔国民政府行政院档案〕

12．国民政府关于金树仁刑事判决致行政院训令

(1935年9月5日)

国民政府训令　第六五九号

令行政院

为令知事：据本政府政务官惩戒委员会二十四年八月二十八日报告称：查监察院呈劾前新疆省政府主席金树仁祸新酿变，擅订新苏商约，请交付惩戒一案，前准本府交文官处奉交到会，当经依法分配审查，并提经本会第二十七次会议决议，以金树仁犯有刑事嫌疑，应依法移送该管法院审理，除饬处检同原卷迳送最高法院检署依法办理外，并于二十二年十一月呈奉钧府核准备案，并令行政、司法、监察各院知照各在案。兹据本会秘书处转陈，准最高法院检察署函以本案业经最高法院判决终结，特检还原卷，请查收等由，并由处函准最高法院及江苏高等法院先后检送各审判决书到处，请鉴核等情。当以本案刑事部分虽已判决终结，惩戒部分应如何办理，尚待审议，复经提出本会第四十三次会议讨论决议，金树仁既受刑事宣告，并褫夺公权，依法应无庸再行审议，纪录在卷。理合报告鉴核备案，并令行行政、监察两院知照。等情。据此，应准备案。除分令外，合行令仰该院知照。此令。

国民政府主席　林　森

行政院院长　汪兆铭

监察院院长　于右任

中华民国廿四年九月五日

〔国民政府行政院档案〕

四、新疆事变后的政情

1．外交部为新疆省民变后省政情形致行政院代电

（1933年5月4日）

代电　亚字第11972号

行政院钧鉴：关于新省事，兹据驻斜米领事馆来电一件，特抄录原文，电请鉴核。外交部。支。印。

附录斜米领事来电一件

中华民国二十二年五月四日

照抄斜米赵国柄来电　廿二年五月四日到

外交部钧鉴：探闻新疆教育厅长刘文龙任主席，盛世才任边防督办，委苏部郑旅长为军事委员会委员长，郑辞不就。各方音耗意见虽未一致，尚无战事。又职馆仅能在巴克图俄边卡探听，因一入新疆，则无论官民，均无书信自由，此系新疆廿余年之特别法，合并陈明。驻斜米领事赵国柄叩。五月二日印。

〔国民政府行政院档案〕

2．刘文龙盛世才为转报新疆各地民变致行政院电

（1933年5月　日）

古城无线电转南京中央党部、国民政府、行政院、军事委员会钧鉴：窃查前主席金树仁在职时，糜烂地方，各情业经电呈在案。当以喀、和两区距省穹远，邮电又数月不通，未能得其真相。

兹据喀什行政长马绍武等由俄邮转来三月勘电呈，自吐、鄯变作，焉耆继陷，库、阿危险，当经飞电请援，迄无救应。嗣因匪势日紧，滴水一役，喀、阿两军完全失利，阿温乱缠继起，墨玉同时告变，南路各县相率蠢动。嗣库、阿匪徒又在巴楚、九台地方与官军激战数次，第一路指挥李登龙、特务连长王殿臣先后阵亡，官佐目兵伤亡亦多，旋又据刘管务处报告，策、于、洛、和四县附和墨匪，一致行动，关系大局安危，均未蒙指示机宜，岂置南疆于不顾耶？务乞速示方针，俾资应付，喀区行政长马绍武等。勘。印。又据由俄转来电称：阿区于三月被匪占据，墨玉则因受库车煽惑已勾结和、于、洛、策四县奸民发难，叶城、泽普两县亦于二十四、五两日相继作乱，贼匪宣传手段太辣，以致各县缠民闻风响应，现计喀、和两区人材、饷械均无，务望速示整个计划，毋任翘企。喀和阿边防司令马绍武。卅。印。各等情。据此，查上开两电，均系三月，在金树仁任内抄发，尔时，新政府尚未成立，该金树仁身任边防，平时政治不良，以致南北全疆，尽行沦陷。文龙、世才为国家领土存亡计，得此报告，不敢壅于上闻，除一面会商善后办法，俾期恢复外，谨据情电呈，伏乞鉴核，指示机宜，俾便遵办。新疆省政府临时主席刘文龙、临时督办盛世才。五月。印。

〔国民政府行政院档案〕

3. 刘文龙为报告被推为新省临时主席及盛世才为临时边防督办并请指示方针致行政院电

(1933年5月16日)

南京。中央党部，国民政府，蒋委员长，各院长钧鉴：各部长，各委员会并请国府转南京杨将军巷新疆驻京办事处均鉴：

行密。新疆避居西陲，民族复杂，相安无事历有年所。乃自金氏以主席兼边防督办以来，政取愚民，实行专制，其弟树信跋扈骄纵，苞苴公行，以致民怨沸腾，反动潜伏。二十年春间，因哈密设治办理失当，激起哈密缠民之变。当时，文龙以省委兼长教厅，世才任督署参谋长，迭经建议不可以武力从事，而金氏刚愎自由，派兵往剿，事经年余，日益扩大。至去年夏间，复任世才为总指挥，率队前往，世才分属军人不得不从。惟以愚民蠢动，未便尽诛，至则剿抚兼施，不数月，而东西山之乱平定。不图哈乱甫息，而鄯变复起，考其实际，不过百余鼠窃犯盗之徒，金氏派其乡人熊发有往剿，竟杀伤良民至四千余人之多，遂激成种族恶感。吐鲁番亦相继沦陷，世才奉调克复鄯城，而焉、库又复失守，正图规复焉、库，而乾、阜、木、昌、呼、伯及阿山所属各县皆先后暴动，焉、库以南，几无完土。至本年一月廿一日，省城亦被包围，金督意气用事，残民以逞，竟将西大桥数千人民付之一炬，省城解围。信又将南关缠回民诬陷，残戮至千余人。复兹道路侧目，人人自危，而征兵扶夫，集车搜金，变本为厉。至四月十二日，世才奉令赴焉，师次水西沟，省垣各界以不胜金氏兄弟之压迫，群起反鼋，围攻督署，及世才闻警返省，金已辞职离省，交印省委，以致群龙无首，秩序紊乱，岂由各界联席会议决议军民分治，公推文龙为省政府临时主席，世才为临时边防督办，固辞不获，窃维艰巨。现在金督携眷出国，省垣安堵如故，所有从前反金各项亦逐渐次消灭。窃查新省政治，从未纳于正轨，至党务更有名无实，现复兹总理遗教及中央限令次第进行，与民更始，将见青天白日之下，翰海不难风清也。惟文龙、世才学疏才庸，覆悚堪虞，敬祈指示方针，俾资遵循而奠边局，特电奉呈，敬候明令。新疆省政府临时主席刘文龙，临时边防督办盛世才叩。铣。印。

〔国民政府行政院档案〕

4. 新省临时主席刘文龙为历陈新省民变及请指示施政方针致行政院电

(1933年5月16日)

南京。中央党部，政治委员会，国民政府，军事委员会钧鉴：各院部，各省市政府，南京杨将军巷新疆驻京办事处，各法团，各报馆均鉴：前电计邀钧览。窃以哈密变乱之事起于二载以前，原以金前主席树仁用人不善，激动缠民，更因措置乖方，招怨回族。上年夏间，已有焉耆蒙部之变，迄去冬令，吐善回缠揭竿大起，名城失守，声势汹汹，南山哈萨亦复乘间蛮动。本年一月以来，省垣时被围困，势穷粮尽，人心惶惶，东路之乾德、阜康相继沦陷，西路之昌吉、呼图壁、绥来等县亦皆叛变，至于南路自托克逊而焉耆而锞合、藻〔藻字衍〕、库车以及阿克苏、乌什、喀什、和阗等处均混乱不堪，北路之阿如亦渗回哈所蹂躏，而天山南路，无宁宇矣。各界深恐国土沦亡，民族分裂，不独边疆之害，实举国之忧，迫于不得已，乃有四月十二日之政变。金氏力不能支，孑身远遁，至其他各省委宣告辞职。迨至昌吉、绥来等县，竟强提公款七八十万，至塔城复将存塔备购汽车公款金条壹千二百七十余两全数卷去，并妄造谣言，蛊惑听闻，综其情事，实属误国。现在金氏业经出国，应请国府派员来逐一调查，以昭核实。文龙、世才谬被各界公推，暂权军民两政，一切施政方略，自当以国法为根据，以党义为依归，采取人民公意，联络各族感情，期纾中央西顾之忧，聊矢国民应尽之责。其抗金之回缠蒙哈自临时政府成立，迭经剀切宣慰，分头招抚，缴械归农者络绎不绝，亦有首领顽梗，而其部众叛之，以表归顺之忱，而人心如此靡烂之局可望收束。如有不可诚感，不可理喻，必须武力解决者亦将猛以济宽，不敢惮烦，要以爱护民族保全国土为主，道途辽远，宣达綦难，披沥以陈，伏望垂察。新疆省政府临时主席刘文龙，新疆临时边防督办盛世才叩。筱。印。

〔国民政府行政院档案〕

5. 刘文龙盛世才为用和平方法解决新疆民变致行政院电

（1933年5月19日）

南京。行政院汪院长钧鉴：塔城陈行政长转驻莫斯科颜大使勋鉴：顷承颜大使转到钧院齐电示，用和平方法解决一切纠纷，仰见安边至计，莫名钦感。查文龙、世才被各界开会公推出而任事时，首先宣布保全金前主席之生命财产，嗣金在昌吉、绥来招集残部，希图卷土重来，文龙、世才仍以静待动弗与开衅，俾其安全出境，此对于金氏之和平也。其于回缠，则恪遵三民主义，联络各族感情，以期息事宁人，用是，前此抗金份子相率来归，即其负固魁渠，亦遣派代表相与商洽，徐图收抚，非至不可理喻诚感时，决不用武力对待，此于回缠之和平也。盖因新疆丧乱，迭经疮痍满目，救护尚恐不及，何忍使吾民再罹痛苦。前以颜大使驻节莫京，见闻较切，因派陈中驰往报告，幸荷颜大使据情转达中央，明烛万里，复以和平相勉。此后，益当仰体德意，敦尚和平，以资休养民生，奠安边圉，藉纾政府西顾之忧。蒙派参谋次长黄君慕松来新宣慰，从此，新省确实情状可期上闻，对于将来建设亦不难逐渐发展，匪特文龙、世才抱望岁之忱，即各界人民亦切来苏之念，其取何道前来，何日起程，乞先电示，以便派员迎迓，肃电呈复，伏维察亮。新疆省政府临时主席刘文龙，新疆临时边防督办盛世才。辰。皓。印。

〔国民政府行政院档案〕

6. 国民政府文官处为新疆各族民众联合会公推刘文龙为新省临时主席盛世才为临时边防督办致行政院公函

（1933年5月29日）

国民政府文官处公函　字第二三九一号

迳启者：奉主席交下新疆各族民众联合会等于五月一日自迪化电，称新疆于四月十二日政变后，经各界联席会议，公推刘文龙为省政府临时主席，盛世才为临时边防督办，请颁正式任命，以资镇摄，而策治安等语一案，奉谕交行政院及军事委员会等因。除分函并查原电已据分陈，不另抄送外，相应函达查明。此致
行政院

文官长　魏怀

中华民国二十二年五月廿九日

〔国民政府行政院档案〕

7. 张培元等为请中央正式任命刘文龙为新省主席盛世才为边防督办致行政院电

（1933年6月12日）

南京。中央党部，国民政府主席，行政院院长，军政部长。南昌。军事委员长钧鉴：新省地处边陲，交通梗塞，中央以外患迭兴，西顾未遑，金树仁以愚妄狂悖之资，乘机弄权，政尚专制，策重愚民，故马仲英得发纵指使，以煽内乱。军兴以来，疮痍满目，全疆糜烂，至四月十二日激成民众革命之举，金氏仓皇出走，省垣竟至无主，群情激昂，险象环生，当由民众联合会公推教育厅长刘文龙为临时省政府主席，总指挥盛世才为临时边防督办。

查二公德才兼备，众望所归，任职以来，和衷共济，秩序赖以恢复，军事渐告结束，乃马仲英乘机西犯，迭陷名城，欲摘黄台之瓜，重违白宫之命，狼子野心，军民共愤。盛督办不避艰险，提师东征，所有新省将士因久蒙训练，皆奋不顾身，适东北友军亦先后到省，同心协力，共保疆土，一致破贼，万姓欢腾，此非刘、盛二公之苦心孤诣，曷克臻此？惟真除之命未下，群情因而惶惑，觊觎之隙不塞，边局遂难巩固，伏恳中央迅颁明令，以安人心，谨此电呈，无任盼祷。新疆军务帮办兼师长张培元，南疆保卫司令和加尼芽子，暂编骑兵师长马木提，暂编陆军步兵第一旅旅长柴秀龄，第三旅旅长张毓秀，第四旅旅长魏镇国，暂编陆军骑兵旅长李作祥，暂编陆军锡伯军旅长诺音泰，暂编陆军蒙古军旅长班第，暂编归化军指挥巴本古特，暂编归化骑兵第一旅旅长籍古特诺夫，第二旅旅长别克特也夫，暂编归化炮兵团长且尔聂夫，暂编陆军第一混成旅骑兵第一团团长吕会贤，二团团长卢毓麟，三团团长马得山，四团团长梁启文，暂编步兵第一旅一团团长杨树荣，二团团长原耀宗，第三旅第五团团长何仲魁，六团团长孟煦，陆军骑兵团长冯永贤、梁志鸿、刘兆丰，暂编陆军哈萨军团团长巴械，新疆边防督办公署卫队团团长周征绵等同叩。午。支。印。

〔国民政府行政院档案〕

8．刘文龙盛世才为省府秘书长陶明樾等拟推翻现任主席督办秘举黄慕松为主席另组军委会致中央党部电

（1933年6月27日）

万急。南京。中央党部，国民政府主席，行政院长。南昌。蒋委员长，中央委员陈果夫兄，新疆驻京办事处长张凤九兄，新

疆特派代表宫碧澄兄，彭昭贤兄钧鉴：新密。新疆自政变以来，疮痍满目，百端待理，而肃州马仲英又率部西来，迭陷木垒河、奇台、孚远等县，假借中央名义，此间莫名真相。至六月十日，中央特派宣慰使黄慕松到省，始悉马仲英之西犯，纯出自由行动。世才即于次月督率所部各军驰往迎击，师抵阜康县属滋泥泉，与敌接触，幸赖中央威福及各将士用命，连战皆捷，孚、古、木各县次第克复，马仲英不支，仅率残部六、七百骑东窜，迭经电陈在案。当大军出发之后，文龙在省悉心布防，省防始获安谧，不图正在各军讨逆之际，乃有省政府秘书长陶明樾、督署行营参谋长陈中、航空处长李笑天，竟乘隙勾煽后方军士，拟将现有之主席、督办同时推翻，以图自利，证据确凿，斑斑可考。查边局新定，处处堪虞，而陶明樾等身任要职，不能同心同力，共谋挽救，竟敢从而破坏，时机危迫，险象环生，比将陶明樾、陈中、李笑天依紧急处分执行枪决，以昭炯戒。后复在陶明樾家中搜出信件，内叙由若辈秘举黄慕松为新省主席，另组所谓军事委员会，以便各满所欲等情证之。南京报载黄慕松电京新疆回民不满军事长官等语，而黄使亦不无妄受陶明樾等蛊惑之嫌，似此边疆纠纷日益增多，应请中央加派关心边局之大员如陈立夫、刘光、彭昭贤、张凤九等四员迅乘飞机来新，切实调查，以明真相，而安边局，是为至祷，临电待命之至。新疆临时主席刘文龙、临时边防督办盛世才叩。沁。印。

〔国民政府行政院档案〕

9．马仲英关于刘文龙盛世才软禁黄慕松枪决陶明樾等颠倒是非致行政院电

（1933年6月28日）

南京。总司令蒋，行政院长汪，军政部长何钧鉴：自黄宣慰

使节钺莅新，职部为实现和平计，首先停止军事，静候解决，已详前电，谅蒙垂察。唯刘、盛二世狼狈为奸，既互称主席、督办，险阴成性，复软禁黄宣慰使，滥发电报，颠倒是非，捏造谈话，淆惑所闻，已属罪不容诛。刻且藉清反动为名，枪决陶明樾、陈中、李笑天及黄氏诸随员，是可忍也，孰不可忍也。职部现驻奇台、木垒河、三台一带，平靖如常，今既事变再发，嗟彼凶顽狞恶毕露，黄宣慰使性命堪虞，所谓司马昭之心，路人皆知矣。静候明令，职即率部前进，除彼大憝。临电惶悚不胜待命之至。职马仲英叩。俭。印。

〔国民政府行政院档案〕

10．新疆维持委员会等为请中央明令任命刘文龙盛世才致行政院电

（1933年6月29日）

南京。中央党部，政治委员会，国民政府主席，行政院院长，军事委员会，新疆驻京办事处张处长。南昌。委员长蒋钧鉴：窃维地方文武长官，必须中央任命，方符法制；中央任命地方文武长官，亦必度德量功，人地相宜，方有裨益。新疆孤悬绝塞，族类庞杂，逼近苏、英，情形尤与内省不同，军民长官最关重要。省政府临时主席刘文龙、临时边防督办盛世才莅职以来，北路各处，立归平静，河山南路，可望渐就范围。（一）措施悉协机宜，民心、军心极为翕服，最近大挫马匪仲英，使之奔之逃窜，不能立足，尤为效大。（二）专求治理新疆，以纾中央西顾之忧，刘临时主席及盛临时督办实最相宜。近有少数险恶分子暗中勾结，希图推倒现主席及督办，别有拥戴，如成事实，必至破坏地方治安，幸经察觉、严惩，业已销患无形。经此变端，愈觉地方文武长官有速求中央任命之必要，应请迅颁明令，任命刘文龙为新疆省政府

主席，盛世才为新疆边防督办，以杜觊觎，而安边局，不胜迫切待命之至。新疆维持委员会，各族民众联合会同叩。艳。印。

〔国民政府行政院档案〕

11. 东北民众救国军等为刘文龙盛世才治新得当于民有益请中央明令任命以固边局致行政院电

(1933年6月30日)

万急。南京。中央党部，国民政府，各院、部。南昌。蒋委员长钧鉴：查新疆临时主席刘公文龙、临时边防督办盛公世才，一为塞上鸿儒，一为关外宿将，自就职以来，同心协力，解除纠纷，万民爱戴，有口皆碑。我东北各军将士，尤觉感激莫名。自日寇肇祸，侵我国土，东北健儿迫于自卫，起而相抗，不幸弹尽援绝，未克所志，遂蒙中央及民众之援助，经西比利亚退处新省。荷我刘、盛二公秉承中央意旨，优予给养，沿途父老亦皆悉心招待，人非木石，能不铭感？到新以来，其所以与省军和衷共济，保境安民者，意在斯也。有谓东北军与省军不能合作者，系控报居心鬼蜮，不问可知，将来中央如派忠实专员莅新，则真相自明矣。至甘省马仲英西来侵犯木河、奇台、孚远等县，盛督办奉中央明令，率各部大张讨伐，我东北各军，莫不遵附骥尾，所战皆捷，丑类披靡，从兹边局奠基，重见天日，要皆我刘、盛二公宏道硕划，苦心经营之所致也。惟名未真除，难杜奸人妒拨之隙，位同虚悬，易启不逞觊觎之心。曾于前防电请黄宣慰使转请呈中央迅予正式任命，以洽舆论在案。迄今明令未颁，群情惶惑，用再与省军联名电、恳，伏乞鉴核。东北民众救国军第五军军长刘斌，步兵炮二旅长郑澄成，参谋长苏国，东北国民救国军驻迪办事处处长郎(？)万声，秘书长王德裕，卫队旅旅长刘世凯，吉林联合军总司令部总参谋杨耀钧，参谋长唐玉良，第二旅旅长徐国光，第三旅旅长李志，第四旅旅长刘万骠，第五旅旅长郭英骠，第六旅旅长应占斌，第九旅旅长单春霖，左路总指挥部参谋长杨炳森，新疆省防军全体将士同叩。卅。印。

〔国民政府行政院档案〕

12．盛世才关于陶明樾等阴谋夺取新省政权被枪决致国民政府电

(1933年7月11日)

万急。南京。中央党部，国民政府，行政院，军政部钧鉴：南京。新疆驻京办事处张处长勋鉴：南昌。军事委员长钧鉴：北平。北草厂八号王代表仲英勋鉴：前因马匪仲英违命西来，扰害边疆，世才当即亲率各军出省迎击，连将孚远、奇台、木河次第克复，正在派队分头追击之中，乃有省府秘书陶明樾串通督署行营参谋长陈中、航空处长李笑天，希图暴动，捣乱后方，并煽惑黄宣慰使，以便攫取政权，即行星夜回省，当将陶明樾、陈中、李笑天执行枪决，以靖边局。自陶等伏法后，地方安堵如故，惟马仲英前年遣派来新之马匪石明率匪徒二千余人，鼠伏南山，希图窥伺省垣，世才仍拟率各路军从事兜剿，因各界挽留，居省坐镇，委杨耀钧为南路剿匪总指挥。本月九日率队出发，在白杨沟与匪接触，激战竟日，匪分头顽抗，我军奋勇前进，匪遂溃退，计是役毙伪旅长一名，伪团长二名，匪徒七百余名，俘虏二百余名，现正在追击中。我军亦阵亡团长二员，士兵四十余人。马仲英前此溃败后，收拾残部，盘踞鄯善一带。拟将南山之匪肃清后，当即续剿鄯匪，仰托中央威福，不难指日扑灭。特此电呈，伏乞鉴核，并冀时赐训导为祷。新疆临时边防督办盛世才敬叩。

真。印。

〔国民政府行政院档案〕

13. 刘文龙盛世才为平息陶明樾事件及消除与黄慕松误会致行政院电

(1933年7月19日)

南京。杨将军巷。新疆驻京办事处张凤九处长：新密。译呈汪院长钧鉴：顷接宫碧澄代阳电，转奉蒋委员长电示，循环庄诵，感悚莫名，文龙、世才谬被推举，勉膺艰巨。本以拥护中央，保卫地方为职志，此次中央特派黄宣慰来新，军民各界同深感戴，极表欢迎。世才亲率所部出剿，马仲英亦经秉承黄使商定方略，乃于未经出发以前，即有陶明樾密情李笑天，以与世才协商谋取主席地位，经世才面斥后，陶复怂恿世才兼任主席，世才又以婉言谢绝，陶知阴谋难售，复从各方播弄，并于世才出发后，竟与陈中、李笑天阴相勾结，陈中在前敌矫命，潜乘飞机仓猝回省暗诱军队暴动，经团长卢毓麟、马得山等报告，复查属实。幸世才克日回省，事尚未举，比以马仲英虽已败窜究未剿平，省垣若有变动，危险何堪设想？万不得已，即以军法从事，其余党徒免究。维时，外面流言，报端登载，遂对于黄使不免稍有误会，随经切实调查，皆系陶、陈、李煽动人心之一种阴谋，与黄使绝不相涉。黄使衔命来新，宣布中央德意，安慰新疆人民，到后人心大定，边局就安，即如马匪仲英从前冒称奉命西征，回缠多被煽惑，自经黄使宣慰各族人民，咸知为马仲英欺骗伎俩，大都消其附和援助之心。黄使宣慰功劳，固非浅鲜，而我中央威信所被，亦足证明新省孤悬塞外，地瘠民贫，平时尚非仰赖中央维持，不能自立。况值此地方糜烂，几及全疆，尤非得援助于中央，必致无所措手。文龙、世才性非至愚，当能晓此，我中央如何彻底筹划，巩固边局，职等誓当竭诚遵从，以尽天职，此物此志，敢质天日。临电不胜惶悚待命之至。新疆临时省政府主席刘文龙、临时边防督办盛世才敬叩。效。印。

〔国民政府行政院档案〕

〔六〕侨　务

（一）侨　务　行　政

1. 国民政府修正公布侨务委员会组织法

（1932年8月13日）

侨务委员会组织法

民国二十一年八月十三日国民政府修正公布，同日施行；原公布及修正日期十八年二月五日公布，二十年十二月七日修正。

第一条　侨务委员会隶属于国民政府行政院，掌理本国侨民之移殖、保育等事项。

第二条　侨务委员会设委员长一人，特任；副委员长一人，委员若干人，简任；并于委员中指定常务委员七人至九人。

前项委员除常务委员支薪外，其余委员在京供职者，得支公费。

第三条　侨务委员会大会每年或二年开会一次，常务会议每星期至少开会一次，其议决事件由委员长执行之，委员长因事故不能执行职务时，以副委员长代理之。

第四条　侨务委员会所议事项，如与各部会有关系时，各部会得派员列席。

第五条　侨务委员会设左列各处：

一、秘书处；

二、侨务管理处；

三、侨务教育处。

第六条　秘书处之职掌如左：

一、关于文书之撰拟、翻译、收发及保管事项；

二、关于典守印信事项；

三、关于会计、庶务事项；

四、其他不属于各处之事项。

第七条　侨务管理处之职掌如左：

一、关于侨民状况之调查及统计事项；

二、关于侨民移殖之指导及监督事项；

三、关于侨民纠纷之处理事项；

四、关于侨民团体之管理事项；

五、关于回国侨民投资与兴办实业及游历参观等之指导或介绍事项；

六、关于侨民之奖励或补助事项。

第八条　侨民教育处之职掌如左：

一、关于侨民教育之指导、监督及调查事项；

二、关于侨民回国求学之指导事项；

三、关于侨民教育经费之补助事项；

四、关于文化之宣传事项。

第九条　侨务委员会所掌事项以不与各部会及驻外使馆职权相抵触者为限。

侨务委员会关于主管事项，对于驻外领事得指挥之。

第一〇条　侨务委员会设处长三人，简任；科长六人，荐任；科员十二人至二十人，委任。

第一一条　侨务委员会因事务上之必要，得派侨务专员或视察员。

第一二条　侨务委员会得设名誉顾问，由委员会聘任之。

第一三条　侨务委员会因缮写文件及其他事务，得酌用雇员。

第一四条　侨务委员会会议规则及处务规程由侨务委员会定之。

〔中国银行档案〕

2．行政院公布华侨登记规则

（1935年12月14日）

华侨登记规则

二十四年十二月十四日行政院公布

第一条　凡旅外侨民无论向住当地或来自国内，均须依照本规则登记。

第二条　侨民登记事宜由外交部督饬驻外领事馆负责办理，但遇该地尚未设立领馆时，得令使馆或就近领馆办理之。

第三条　登记所用登记证、登记请求书、登记费、收据票、月报表及统计表由外交部规定颁发之。

第四条　登记人请求登记时，须交二寸半身相片三张，配偶及未成年之子女同行登记时，得用合摄相片，并合填一证。登记人确系贫苦而其居留地又无照相馆时，领馆得斟酌情形，呈请外交部核准复免贴相片。

第六条　凡领登记证者，须纳登记费，每张国币二角，以百分之五十汇解外交部，百分之五十留作领馆办公之用。

领馆经收登记费，应按月填表，汇解外交部。

第七条　华侨登记后，除有第八条第一项迁移情形应再登记外，其登记证永远有效。

第八条　侨民于登记后迁移居留地时，应携带登记证向原该管领馆或使馆报告，并向新居留地之领事馆重新登记。

侨民归国时，应由本人或亲友携带登记证向该管领馆报告。

侨民死亡时，应由其家属或亲友将其登记证呈缴该管领馆作废，并由领馆将死亡者姓名、年岁、籍贯、职业及侨居地列入第十条规定之统计表内，以备查考。

第九条　登记请求书系用三联式，一联存领馆，其余二联以一联呈送外交部，一联由领馆迳送侨务委员会。

第十条　领馆于每月呈报登记请求书时，应另附统计表二份分送外交部及侨务委员会。

第十一条　凡负责办理登记人员，如有滥发登记证或浮收费用，或故意拒绝登记等情事，经调查属实，应由外交部严予处分。

第十二条　侨民向领馆请求事项，应先呈验登记证；向中央有请求事项，应叙明登记证年月日及号数，倘查出未经登记者，应责令补行登记，并加收五倍登记费。

第十三条　由二十五年起至二十七年止为侨民总登记期间，所有海外侨民责成驻在地使领馆登记完竣，嗣后如属国内新来或属当地出生，或居留地变更，再随时登记。

第十四条　本规则自公布日施行。

〔国民政府外交部档案〕

3．侨务委员会为蒋孝椿报告南洋侨务情形致国民政府文官处公函

（1928年12月1日）

国民政府侨务委员会公函　第2175号

迳复者：案准贵处公函第六零二号内开：迳启者，奉主席发下蒋孝椿謄呈南洋节略呈一件，奉谕交侨务委员会等因，相应检同原呈函达查照，计检同原呈一件，仍请送还等由。准此。业经本会详细审查，分别酌量采纳。准函前由，相应检同原呈送还查照。此致

国民政府文官处

计附蒋孝椿原呈一件

常务委员　李烈钧

孔祥熙　宋渊源

周启刚　丘莘畇

中华民国十七年十二月一日

谨呈南洋侨务节略

一、热带土人性质　热带土人除印度外，大半性懒而蠢，因彼处天气炎热，生活简单所致。我闽粤二处人即利用其弱点，故百事取而代之，加之有悠久渊源，几俨然有主人翁之势，只惜闽人守旧者多，各事绝少改良，以应潮流，将来难免被外人淘汰，同沦入土人之域而后已。

二、华侨党派　华侨党派将分三党，曰国民党、保皇派（守旧派）、建德党（三点会）。国民党在南洋一带，其党员大半皆粤人，惟早年老党员死亡者有之，隐退者有之。目下党员及办事者青年居多，彼等对于党务及爱国心，固属非常热烈，所缺者指导及感化其他党派之能力。保皇派在南洋一带潜势力极大，其党员以闽人年耆者及土著居多，此党系清光绪变政，康有为避入南洋，集合清朝遗老及有官僚头衔者所发起。彼时，侨民智识非常浅薄，且虚荣心重，康等利用其弱点，从事鼓吹，故彼处年耆者及土著均纷纷加入，至今只知皇恩浩大，完全如清族遗民，对于国民革命不知为何事，甚至从中破坏之。证诸前四年英皇太子游南洋时，彼辈犹蟒袍铜顶，排于码头，代表中国人而迎皇储，加之彼辈对于祖国文字完全不识，彼等受之教育，均系英文及土人文字，故不免渐渐崇拜外人，且外人通信社宣传，意义完全以抑华扬英为宗旨，故更卑视祖国。英人更以议员头衔饵之，是以该党侨民表面虽为华人，其实际已不啻为外人傀儡。建德党（三点会），此会在南洋一带其历史极为悠久，犹之国内之青红帮，以闽人及潮州人占多数，惟大半皆下级人，专好寻事殴斗。前十数年，凡新由中国赴南洋者，莫不受彼等欺弄。近来英人取缔甚严，此风已杀，而奸盗违法等案仍系彼中人多，外人轻视华人，此辈实肇其端。目下当以竭力宣传提高华人人格，而改善其生活不可。

三、英人政策　英人对于殖民地俱抱怀柔政策，亦可谓愚民政策，故对于土人一切迷信举动非特不加阻止，且从而维持之，使彼土人毕世处于黑暗之域。学校教授科目一以愚民为宗旨，对于酋长则给以虚名，藉以笼络之；对于华侨，则游荡嫖赌，均给以利便，华侨乐不思蜀，于不知不觉之中自然堕落，其子孙亦渐沦愚昧不知自拔，外人政策之毒如此，而吾华侨绝少自悟，言念及此，不寒而栗。

四、政府应取之方针　以前政府屡派人员往南洋考察及宣慰，在国外则设侨务局以保护华侨，但所得结果甚微，推其原，均未能深悉其疮结所在也。今彼处既有此三党派，彼此各立门户，非但各不相谋，甚至彼此排挤，往往风潮，以表面论系受外人压迫，其实内幕含有党派之争，欲外人不敢侮我，首须谋自己团结，其次在国家本身之强弱。证诸初次光复时，彼地英人对于华人之待遇较前清时实已较优待，继因内乱事频仍，国际威信堕落，外人之待华侨则又故态复萌。欲使南洋华侨团结，政府须简派熟悉彼方一切情形专员四、五人赴各地常川驻彼，会同该处党员、指导员，并宣传三民主义，使人人均知国民革命之真谛，并使彼等知团结合作之必要。另选守旧派、土著，用轮分批载其归来，俾彼等得见国内之进步，并可与国内人接近，则彼等对于国内情形及进步，均可明了，将以前在南洋旧脑筋可完全推翻，则爱国爱乡之心油然而生。及彼等再返南洋，则其媚外者改为爱国，若政府再给以顾问、咨议等虚名，则彼等必受宠若惊、五体投地为政府用矣。从此，我国亦可收回已失良民，且可减少棘手之外交，

政府欲谋保护华侨，非先谋华侨自身团结治本办法不可。恭呈
国民政府主席蒋

蒋孝椿谨呈

民国十七年十一月一日

〔国民政府档案〕

4. 婆罗洲沙捞越闽北华侨总会为沙捞越政府批准立案等致国民政府呈

（1929年11月15日）

呈为呈报事：窃查婆罗洲沙捞越（Sarawak, Borneo）乃英之保护，而古晋（Knching）系其首都，闽北华侨居留是邦已有四十余年之历史。近内地多故，而南渡尤众，各自为谋，向无团结精神。至于救国观念，以及本身之责任，同侨之利益，毫无顾及，而祖国一切法令又无从传达，言念及此，殊觉痛心。同人等不揣固陋，乃召集闽北华侨全体会议，咸以有组织团体之必要。当日成立筹备委员会，业经沙捞越政府批准立案，名曰闽北华侨总会，谨将敝会所拟章程、附呈察核，惟敝会开办伊始，诸多不周，敢乞时为匡正。所有关于侨务训令，敝会尤喜接受，务期国家与侨民联络一气，以副先总理唤起民众之至意，除呈报中央侨务委员会备案外，理合呈请钧府察核，烦为查照，并乞示覆为荷，实为侨便。谨呈
国民政府主席蒋

附章程一件

筹备委员　宋而焜
丁尊三　应锡祺
赵次希　张赞清
高进财　陈来金

魏道钿　李家春

中华民国十八年十一月十五日

闽北华侨总会章程

（一）定名　沙捞越闽北华侨总会。

（二）地址　古晋坡花香街路，门牌第七十号。

（三）宗旨　联络闽北华侨感情，促进互助精神，研究应用常识，修养高尚人格为宗旨。

（四）会员　一、凡闽北华侨品行端正者均为本会会员；二、入会手续：凡入本会为会员者，要具志愿书一纸，经本会登记审查后，当有会员二人介绍，始得为会员；三、会员入会时，应缴纳入会金壹圆。

（五）组织　会员大会、会长、总务部，财政股、文书股、交际股、调查股、教育股、庶务股。

（六）职员　一、正会长一人，副会长一人；二、正部长一人，副部长一人；三、各股正主任一人，股员二人。

（七）职权

甲　会员大会职权：

1．修改章程；2．表决财政之预算与决算。

乙　正会长职权

1．开会时为主席；2．对外为本会代表；3．召集会议，督促总务部、各股进行。

丙　副会长职权：

1．辅助正会长办理各项事务；2．正会长未在时可代行职权。

丁　总务部正部长职权：

1．主持会内一切进行事宜；2．管理印章；3．召集总务常会。

戊　总务部副部长职权：

1. 辅助正部长办理一切事务；2. 正部长未在时可代行职权。

（说明）　总务部内分六股

一、财政股正主任职权：

1. 管理本会一切出入银钱及账目；2. 每月应将进支列表报告总务常会；3. 每月应将进支账目列为预算与决算报告大会。

二、文书股正主任职权：

1. 保管本会一切文件；2. 起草各项文件布告；3.开会时记录议案。

三、交际股主任职权：

1. 联络当时华侨；2. 联络当地闽侨；3. 联络当地外族；4. 招待所有新到侨民；5. 互相庆吊。

四、调查股正主任职权：

1. 调查闽侨家庭职业教育与所有生活状况；2. 调查应办慈善事业，报告总务部；3. 调查一切账目。

五、庶务股正主任职权办理会外内一切庶务。

六、教育股正主任职权：

1. 提倡办理民众夜学校；2. 提倡办理看报阅书；3. 提倡宣传教育上的关系。

七、各股员之职权：

1. 辅助各股正主任办理各股事务；2. 遇正主任未在时可代行其职权。

（八）选举　本会选举用复选制

一、每年十二月间由会长发函召集会员大会发生选举票，由会员选出全体会员二十二人，候补职员四人；

二、全体职员选举后，被举职员再投票复选正副会长、总务部正副部长、各股主任、各股股员。

（九）任期　本会任期以一年为限，期满再行选举，得连任。

（十）财政

一、本会常年经费由会员负责担任，如遇特别事故须多用款时，得由会长召集总务会议议决后向会员征募特别捐，如常年费不敷用或扩充会务须多用款，经会员大会议决可向热心家捐募赞助。

二、本会收入之款，由财政股主任经手，惟财政主任处不得超过五十元，若多过五十元，则须将该项之一部份存入大会所指定之银行。

三、本会向银行支款时，须经正会长及财政股正主任签名，并盖本会印章方为有效，特别费在十元以上者，须由总务常会议决之。

（十一）开会

一、会员大会每年一次，由会长通函文书股先期五日通函。

二、总务会议每两星期一次，由会长通知文书股先期三日发函召集之。

三、各股会议由各股主任召集股员开议。

四、特别会议凡遇特别事故发生，或有会员三人以上签名请求开会时，可由会长临时通函总务部，得其同意则可召集开会。

五、法定人数：会员大会以全体会员人数五份之一；各项会议以各职员三份之一。

（十二）会员义务

一、遵守本会规章；

二、被举为本会议员，非有充分理由，不得辞却之；

三、承认每月缴纳月捐三角，特别捐由各会员自由乐捐，最少五角起；

四、协力共策本会一切事宜；

五、互相介绍职业；

六、互相鼓励，设法求得相当之学识。

（十三）会员权利

一、得选举与被选举为本会职员；

二、享受会内所设施一切利益；

三、享受会员互助之精神，如遇有不测之危急时，可得本会相当优待；

四、回国时得由本会介绍国内政府有所指导之。

（十四）优待

一、本会会员如回国时，在回国期间准其停纳月捐，凡离本坡去别坡，属沙捞越管辖者，应当照常纳月捐；

二、如遇失业无力缴纳月捐者，当先函告本会，经本会总务常会证实时亦可准其停止月捐，惟其会员地位仍在。

（十五）出会

一、不遵守本会规章，经本会总务常会忠告不听者；

二、停缴三个月之月捐者，经两次通告而不听者；

三、破坏本会名誉经总务常会调查确实证据，又经本会忠告而不听者；

四、凡属本会员有犯以上所列之一者即行除名，除名之后非经职员五人以上证明，并确实担保者，永不得再为本会会员。

（十六）赞助员

一、凡对本会热心赞助者，得由本会会长召集常务会议通告，聘为本会赞助员或名誉会长，会所内挂其像片，以留纪念；

二、赞助员或名誉会长不负本会规定各项义务，亦不得享受本会所定第十三条一项之权利。

附则：

一、本会章程有不妥善处得由会员大会修改之；

二、本会章程经会员大会通过后即生效力；

三、本会会所不得集赌以及不正当行为；

四、本会通知开会时间，铁准全体会员不得越时；

五、凡会员及职员会如有要事不能到会，应先函知；

六、本会之章程当经本地政府审查，得其批准立案后即可施行。

〔国民政府档案〕

5. 苏岛棉兰教育会主席张念遗等报告办理华侨商务教育经过致蒋介石呈

（1931年4月29日）

呈为呈报办理华侨商务教育情形，俾供明察核示设施，以利侨务事：窃念遗经商苏岛棉兰，承此间侨胞举任商会、教育会主席职务，于兹有年，对于办理经过之情形，理合具呈奉报，素念钧座重视侨务，用敢缅陈实况，俾供明察。窃查苏门答腊日里棉兰一埠为该岛商业中心，更为该岛东海岸之首府，东海岸华侨数达十九万余人，棉兰一埠亦有三万人之谱，此间商业泰半掺诸华侨之手。中华总商会之设始自二十年以前，会员初约六百人，由张榕轩以荷官玛腰之资格兼任会长，因尔时会章、商会会长必须由玛腰兼任，所以关于侨胞商务等事统归玛腰公署办理，商会徒拥虚名，实际上仅一慈善机关而已。榕轩后继之者为张耀轩，会务亦仍旧贯，嗣由丘清德继任会长，始改去旧章会长不必定须玛腰兼任，继而随由会员公举，然是时组织犹因陋就简，直至去年四月国府工商部颁布商会组织法，始遵照改组，臻于完善。四月念七日选出念遗等十五人为执行委员，张步青等七人为监察委员，复选念遗为常务兼主席。念遗就职之后，即以振刷会务，发展商业为职志，其见诸实行著有成效者，在会务方面，如添招会员，联络苏东各埠商会，使能联成一气，完成属会之系统，又发行月刊，报告商情，并讨论会务，团结侨众。在商务方面，如建议当地政府关于新市场建筑之计划，抗议增加地契过名费，抗议提高汽车车税，又联络各处华商讨论市价妥协办法，使免倾轧竞争，共谋公益发展，更设立国货陈列所，展览国货样本，推广国货销场。而在社会方面，本会地位每足领导侨众，代表舆论，故如领照条件之修正，属会曾贡献意见，多蒙国府采纳；又如棉兰华侨之公益事业，如中华会馆之倡议建筑济安医院、老人院之办理方针，属会皆竭其能力鼓励侨胞共策进行。以上所举，犹仅就业经实行者列举其例，至于属会之计划，刻在逐步进行之中者，尚不胜枚举。窃以为南洋侨务之根基在于商业，而南洋商业虽胚胎发育垂数百年，然迄至今日犹无严密之组织为之后盾，使入于不败之地位。念遗忝任属会主席，窃尝秉持此义以为鹄的，过去事迹，虽乏善足述，然此后进行必当以此为依归也。惟海外华侨社会处外人势力之下，形势每有特殊之点，如属会于遵照国府法规进行改组及领导全体侨胞办理公益事业之中，忽有前任棉兰名誉领事，现在属会监察委员张步青煽惑三四会员，肆意捣乱，一则自相矛盾，否认其前已认可之会名问题，二则荒谬乖离，谓属会无过问社会公益之权柄，推原张步青所以任意妄为，不顾一切者，实因继承乃父管理之公产（如济安医院、老人院、天后宫等），历来经济不公开，蓄意篡夺，深恐属会办事认真，顺从民意，则公产公管，反对无由。所以，明知故犯，甘冒不韪，以先发制人之计，凭空鼓动属会风潮，分裂侨胞感情，以遂其篡夺之志。明理华侨出为理论，乃张步青复以辞职为拆台毒计，务使华商涣散，任人宰割，始称快意。幸属会会员深明大义，召开大会，加以纠正，由是张步青之阴谋不得逞而含恨属会之心益深。遥维祖国政府，护侨心切，对于强夺公产，侨众共愤之事，当能明察援助，俾肃清乱孽，团结侨众也。至于华侨教育之办理经过情形，亦有可得而述者。窃查棉兰华侨学校，原有六所，各自独立，不相为谋。民国十七年十月，念遗与此间侨界倡议各校联合办理，得全体侨胞之赞成，遂组织华侨教育总会，置各校于总会管辖之下，合办以来，教务进展甚速，原日只有六校，今则增至八校，原日学生仅有一千三百余人，今已达至一千八百三十五人矣。至于经费之统筹，兼顾节流开源，教育之改善，设施除旧布新，实为合办以后，众目共睹之事实，故教育会、执监委员多得侨众之信赖，一再连任，迄今已历三届矣。教育会所办学校，原系小学程度，自十八年度起，则在第一区学校附设初级中学及女子师范各班，竭力办理，颇见成效。直至本年二月新开之苏东中学开学，初中师范各生始迁入苏中肄业。苏东中学本属棉兰华侨学校之一，原无不可归并教育会内之理，但该校筹备处主席张步青以蓄畜篡夺公产，不愿侨胞团结之故，复反对教育统一，从而划分畛域，包办选举，遂使苏东中学自树一帜于教育总会之外，此种举动非但对于华侨教育破坏其完整，即对于华校经费亦感受竭。今苏中与教育总会各不相谋，则筹款之际势难免于各行其是，而负担学费之侨胞，则一再征捐，感其勉强，且似此一国三公，势成无政府状态，教育失其平均发展之效，欲其有益侨胞，造福学子，盖亦难矣。念遗与教育会委员等屡向张步青表示诚意合作，甚至退避贤路，举张氏等兼办总会，而张氏不愿负责，必欲破坏统一，蹂躏华校。念遗等万不得已，始再出维持，冀免解散，惟似此华侨教育横遭阻碍，学校发展顿受滞延，念遗职责所在，自应追随侨众努力前途，而推原祸，始则张步青之假公济私，分裂侨众，实为法理所不容。想我国府提倡教育，泽被海外，当亦能大振纪纲，为侨除害也。以上办理商会、教育会之经过情形，理合具呈奉报，俾供明察，核示设施，以利侨务，实为德便。敬呈

国民政府主席蒋

具呈人　张念遗

中华民国二十年四月二十九日

〔国民政府档案〕

6．行政院为华侨救国捐款用途致国民政府呈

（1934年4月13日）

呈　字第六七三号

案据财政部呈称：案奉钧院第六四四号训令开：案据军政部呈称：案奉钧院第五七三号训令略开：奉国府训令，关于中央执行委员会决议，将所有存中央财务委员会及财政部经收之华侨捐款，悉数拨充设立制造飞机工厂之用一案，除分令财政部外，合行令仰遵照办理具报，等因；奉此当经转饬航空署妥筹设立工场计划，并与军需署会拟此项捐款之领取、保管及动用手续去后。旋据航空署呈称：查筹设飞机制造厂，先后已由宋部长孔总裁与美国厂家商洽具体计划，职署因工厂计划互有关连，为顾全事实起见，不能不静候结果以求妥善，而计划工厂，其规模之大小，须视经费之多寡以为衡。复查华侨捐款，存于中央财务委员会者，已由职署陆续领到国币十万元，规元二十万两，此外所有财部原存是项捐款，是否全数可以领到，作为建厂经费等情。经咨询财部查照，兹准该部将现存华侨捐款五万一千三百三十一元零六分开具支票一纸送交职部，复准咨叙宋前部长任内，经收华侨捐款除支用各款外已悉数拨交，此外别无结存款项。等由准此。除将该项捐款五万一千三百三十一元零六分另存作为建厂经费外，奉令前因，理合将遵办情形呈复鉴核。等情。据此，查此案前奉国民政府令行下院，当经分令军政部及该部遵照办理具报在案。兹据前情，该部拨交军政部华侨捐款数目，与该部函复中央所收捐款数目，相差甚巨，究竟是何情形，合行令仰该部详细呈复，以凭核办。此令。等因。谨查二十一年一月二十八日沪变突起，海外侨胞，纷纷汇来捐款或救济难民，或慰劳将士，或充响粮之用，或作军备之需，用途不一，性质各异，经由本部委托中央银行担保，将汇来外国货币以及本国洋元银两，均按国币洋元一并

兑收，同时即由该行不计利息，另立爱国捐户专户存储，此为本部收存捐款之情形也。华侨捐款，大都均由银行电汇，除照收款手续在汇条上由宋前部长盖用名章，另盖财政部长小印章，交由央行担保代收外，并由本部出具印收，送由国内外经汇银行分别转寄或由部直接函寄。惟外商银行大都以汇款收条转寄侨胞，而将本部印收搁置不寄，又经本部重将印收收回，改由使领馆设法转送，此为本部收到捐款填发印收之情形也。华侨捐款计自二十一年二月起，迄至二十二年四月止，共计收到捐款四百八十三万一千零十三元五角，支付项下：（一）计代军事委员会订购军械款三百三十一万八千八百七十二元六角三分，代航空署订购飞机及汽油款四十万零四千三百四十三元九角七分，拨购淞沪防守各军军械等款二十八万七千一百四十六元八角三分，以上军需用款共计四百零一万零三百六十三元四角三分。（二）计拨萧德义士抚恤丧葬等费三万四千一百一十五元一角五分，拨东北热河后援会救济等款一十万零八千二百二十六元七角四分，拨上海地方维持会国际宣传款七万元，又拨该会一万元，拨捐助北平妇女协会款四千元，拨发各地侨胞电报费三千零六十六元五角一分，拨军政部余存款五万一千三百三十一元零六分，以上救济等款共计二十八万零七百三十九元四角六分。（三）计指拨第十九路军充前敌将士慰劳等款四十二万七千四百二十九元四角二分，指拨马占山将军一万四千元，指拨东北义勇军六千七百一十九元四角五分，指拨上海中国红十字会款一万四千二百二十六元三角三分，指拨东北难民救济协会款三千元，指拨上海广肇公所款三千元，指拨中央财务委员会款八千二百三十四元零一分，拨转华侨爱国义捐总收款处五万六千六百零一元四角，退回误解各款六千七百元，以上指拨退转款共计五十三万九千九百一十元六角一分。三项合计支出四百八十三万一千零一十三元五角，均由宋前部长签具支票分别支付，并经取得各该机关收据存查，此为爱国捐款支付之情形也。

查二十二年四月间，华侨爱国义捐总收款处成立，所有该年四月以后捐款，均经随时移送该处办理。本部已收各款为征信起见，刊印清单甲乙两册，分批送请外交部转寄各地使领馆，密送捐款收执，以免居留地政府干涉，暹罗侨胞捐款，由经汇庄号伍广际隆来函申明负责密送，此本部分送捐款清册之情形也。再查爱国捐款户至二十二年十一月止，业已结清，支出项下除第三项所列各款，系华侨委托本部转交及退转款项，拟不在库转赈外，其他一二两项支出各款，可否转入国库，以资结束，奉令前因，理合将爱国捐款收理情形，连同捐款清册二份，一并呈复鉴核示遵。至本部收到华侨汇交中央财务委员会捐款，均已列入前项爱国捐户，一并处理，合并声明。再当淞沪被占之际，国库收入骤形减少，侨胞眷念祖国，慷慨输将，非惟政府有所利赖，亦且足以振扬民气，挫抑寇焰，其爱国热忱，拟请钧院呈由国府明令嘉奖，以资勉励，实为公便。等情。据此，查此案前奉钧府令行下院，当经令饬军政财政两部遵照办理去后，旋据军政部复称，此案已咨准财政部将所存捐款五万一千三百三十一元零六分，开具支票送部，并准咨叙宋前部长任内经收之华侨捐款，已悉数拨交，别无结存款项等由，转请鉴核到院，当以财政部拨交军政部之华侨捐款，与财政部函复中央所收捐款，数目相差甚巨，复经令饬财政部详细呈复在案。兹据前情，除将关于请奖一节，交内政部按照人民捐资救国奖励办法办理，并指令财政部准将一、二两项支出各款分别转入库帐，依法办理追加岁入岁出概算，以资结束外，理合检同清册，备文呈请钧府签核，转送中央备案。谨呈

国民政府

计呈送收支数目清册二本〔略〕

行政院院长汪兆铭

中华民国二十三年四月十三日

〔国民政府档案〕

（二）华侨爱国活动

1. 菲律宾华侨青年义勇团归国从军有关函电

（1928年6月）

（1）菲律宾华侨青年义勇团电（6月6日）

南京。国民政府谭主席钧鉴：敝团系海外忠实同志组织，经何指导员祖炘电请外，谨再电恳容纳，勿使爱国青年失望。菲律宾华侨青年义勇团叩。鱼。

（2）驻菲总支部党务指导委员何祖炘呈（6月9日）

呈为呈请事：案奉钧府庚电内开：党务指导员何祖炘鉴：电悉。各员见义勇为，从军志切，至堪嘉慰，惟全国统一，军事将行整理，该员等即在海外努力于党国亦有益也。等因。奉此。窃查此次日帝国主义者在济南大屠杀之恶耗传来菲岛以后，凡属侨胞无不发指，誓愿牺牲一切，伸雪此奇耻大辱，当即有忠实同志多人提议组织菲律宾华侨青年义勇团回国从军，以可打倒日帝国主义之预备，不数日侨胞同志之参加者竟得数百人，足见海外华侨同志关怀党国，并不后人，但恐一时集合之份子不良，意志不坚，迫于一旦之义愤，终鲜最后之决心，故经该团同人详细考虑，乃决定从事重新登记，严格录取，人数仍达百余名，筹备计划于兹一月，诸事逐渐齐备，只候钧府命令即可回国，以革命之精神受军事之训练，为党国效力。兹奉钧电，本封令该团遵照留在海外工作，但海外党务较之国内，其活动能力受尽居留政府牵制，终不可积极之奋斗，骤增此百数十人，实无可分配工作之处，为此，再恳钧府从该团人员效忠党国之精神，许其归国从军，俾革命青年得偿其革命之素志，并可以唤醒侨胞，对于党国之注意也。

是否有当，谨请钧府电示祇遵。此呈
国民政府

驻斐总支部党务指导委员何祖炘谨呈

中华民国十七年六月九日

（3）国民政府秘书处公函（6月23日）

公函　第二四〇六号

径启者：奉常务委员发下指导员函恳华侨青年义勇团所请，许其归国从军函一件，奉谕复令仍遵庚电办理。等因。相应函达查照。此致
驻斐总支部党务指导委员何
中华民国十七年六月　日

〔国民政府档案〕

2. 国民党南洋总支部特派员崔广秀为筹集北伐款项致国民政府函

（1928年2月27日）

敬启者：秀此次奉南洋总支部特派来京，请示党务机宜，各项手续除呈报中央外，特向钧府有所陈述。窃秀忝任南洋总支部职守以来，对于鼓吹北伐捐款不遗余力，计先后筹集拾叁万余元，此项捐款经一一呈交财政部收妥，发回收据在案。秀不日离京，转赴南洋英荷两属调查党务。钧府对于该地华侨有何指示，乞赐良箴，以匡不逮，是所厚盼。谨呈
国民政府

附呈征信录二本（北伐捐及总理纪念堂捐，均载在代表大会报告书内）〔略〕

中国国民党南洋总支部特派员崔广秀谨呈
中华民国十七年二月廿七日

〔国民政府档案〕

3. 云南留日同乡会为济南惨案反日归国宣言

(1928年5月26月)

同胞们：

看哟！新闻上连日的头号大字登载："济南出兵，第一次出兵，第二次……第三次……第四次……第五次……"。日本帝国主义者提出的要求条件，"中国外交当局，大体承认！"杀杀，炮击，掠夺，强占，偌大一重公案，就这样静悄悄的了结吗？

大家都知道，使我们永远不忘的郭松林事件，以后几乎无年不对我出兵，明目张胆的对我国大肆掠夺，援助走狗军阀，破坏我国革命势力之发展，这何等的恶毒啊！

但是，这占领济南的几次出兵，较之前次更含有重大的危险性！他不仅志在山东，他更要把根本亡我的"廿一条"的权利，更加确固的保障，以大兵强占地方，更要掠取经济上新的特殊利益！犹不仅此，他更不惜惹起各帝国主义间的冲突，发生世界第二次的大战，我们怎能忽视！

因为我们地大物博的中国，是世界帝国主义的拥抱者，是现在帝国主义的掠夺区，是东方唯一的广大的消〔销〕货场，是原料丰富而劳动力低廉的次殖民地，美英法……等不待言，在我国沿海已深深的培植了雄大强盗势力，而和我仅仅隔着黄海的日本，因生产上煤铁等需要品的缺乏，金融资本的膨涨，不消说，更是野心勃勃，横行恶占的不稍松懈；满蒙方面，他一面在产业上的投资额，已在数十亿万元。事实上，许多年来，东三省已成为他的直辖地，张胡子是他保护下的关外王，蒙吉山东日浸月削，因此早孕育着帝国主义间的矛盾冲突胎儿，这次日本的出兵济南，真是破坏了华盛顿和平会议的条约。所以横蛮的田中内阁，就是胎儿的催生者，实有可怕的世界战争爆发的危机，不仅我国是他们的牺牲品！

我们知道日本政府是少数资本家地主的代表，几次的出兵我国重大的意义，即是在拥护那些少数资本家在满蒙山东各处榨取我国的企业，弄出这些杀人的把戏。我们中国除了打倒帝国主义，不能说生存谋独立，除了扫除扰乱世界的恶魔，不能讲人道，谈和平，所以日本的资产阶级和政府，就是我们眼前唯一无二的大敌！

我们夸大点说，为防止世界战争计，不能不动作，缩小点我们为拥护自己主权计，不能不起来！

我们起来干什么？我们要怎样动作？这是我们已再三的讨究了，我们除了一致的全体罢学归国，唤起国人一致的彻底反日外，实无他道！

但是，我们须郑重声明者：我们的主张归国，并不是因为什么居留日的面目问题，也不是一时的冲动，受了许多次"检举""拷打""投狱"等无理的虐行，以及一般国粹主义的欺凌笑骂，由忍耐上来说，这正是小焉者，我们确因拥护自己主权，防止世界战争的重大目的，才下了这种牺牲的决心，与反日大同盟一致罢学归国，暂不再渡。"曹沫不忍三败之辱，终返侵地！""鲁阳挥戈，日返三舍"。国人果能尝胆卧薪，誓出倭寇，跳梁小丑，不足患也，世界和平的光明，即在前面，愿同胞一致愤起！！！

被压迫的民族联合起来！

中国被压迫的民众坚固的团结起来！

彻底打倒日本帝国主义！

反对一切妥协外交！

中国民族万岁！

云南留日同乡会

中华民国十七年五月二十六日

〔国民政府外交部档案〕

4．泗水华侨兵灾救济会为“济案”捐款致国民政府函

（1928年5—8月）

（1）5月17日函

迳启者：自日本第二次出兵山东消息传来后，侨民义愤填膺，莫不痛恨，彼帝国主义者之侵略与欺陵〔凌〕斯时，此间侨界各机关已有陆续进行北伐义捐之举，盖欲以经济实力为我政府后盾，冀北伐之成功，国家之统一，俾得以捍御外侮，保我国权耳。不意警电惊传，彼强横之日本有意挑衅，着着进逼，捕杀我官吏，炮轰我军民，强占我土地，侨民闻讯，皆裂发指，乃由泗水华侨外交后援会发起，于本月十一日召集各社团代表开联席会议，出席代表计四十四团体，到会侨民达数千人，全场对日空气为之紧张，会议结果，即日成立泗水华侨兵灾救济会，其目的一则联络各社团为大规模之爱国运动，集中势力一致对外；一则募集义捐巨款，以助军饷，为我政府后盾。当于文日通电我政府，陈明愿为后援在案，谅邀钧鉴。敝会自进行以来，除内部分股负责办事外，并另推举募捐员数十人，分组出发募捐，现正在进行之中，成绩如何未可逆料，然以侨民之激于义愤热烈反日，以及对我政府之同情，预计成绩当不在少，一俟收集成数，即当陆续电汇，以为声援，而裕军饷。惟敝会敢代表泗水侨民向我当局诸公请愿者，日本此次之横暴侵陵〔凌〕，非特灭绝人道，仰为人类史上未有污点，实有不共戴天之仇。当兹生死危机，存亡所系，我政府应顺从民意，具最大牺牲决心，为极严厉之反抗，所谓宁为玉碎，

毋为瓦全，至万不得已，虽断绝邦交，诉诸武力，亦所不恤，方可以图存。若徒事含忍退让，以为不嗜杀人者，终能制人，窃恐山东全省将从此沦陷于异族，而为朝鲜、台湾之续矣。何况山东形势重要，关系中国至大，山东一失，全国即有垒卵之危乎。万恳我政府诸公当机立断，不宜一味退让，应于死路中求出生路，国乃可安，果如是，则侨民等力所能及，义无反顾，终当矢忠矢诚为我政府有力之后盾。再敝会用兵灾救济会名义，系为避居留政府之注意，因不许为政治运动耳，合并申明。谨呈
国民政府

泗水华侨兵灾救济会执行委员会
主席、华侨外交后援会代表　李叟辉
常务、中国国民党泗水支部代表　林逢年
晋江公会代表　施希楚
委员、和合会代表　蔡景兴
泗滨新报代表　萧献椒
鲁北工艺会代表　司徒焕
广东公祠代表　黎公耀

中华民国十七年五月十七日

（2） 8月21日函①

迳启者：查敝会自成立后，曾先后电汇钧府收申银五万二千两。计五月廿一日及廿三日由荷兰银行电汇各一万两，五月廿九日由荷印商业银行电汇上一万五千两，六月四日由荷兰银行电汇五千两，六月九日由荷兰银行电汇一万二千两，除五月廿一日及廿三日所汇二万两已得钧府五月漾电及卅电申明收到外，其余三万二千两，迄今两月，杳无消息，虽经敝会一再函电询问，亦未

① 此为文到日期。

见复，此间侨民殊深惶惑，佥以钧府为革命的政府，办事当稍具革命的精神，不意事实竟尔相反。前当济案发生，侨民激于义愤，即日成立，敝会输财挽粟，争先恐后，倘使钧府能利用之，鼓励激劝抚慰有加，则侨民之乐于输财者，当尚大有人在，其成绩实不止十数万盾已也。乃钧府漠然置之，非特未加鼓励抚慰，甚至对于所汇款项已历二月，寂然无闻，岂以为此区区者不足当钧府之一盼乎？抑或此款未经领至，已为他人中饱乎？此则侨民所为惶惑不解而不得不请命钧府者也。敝会同人，受侨众付托，手续必须明白，以昭公信，今为所汇款未得钧府覆示申明收至之，故攻击责难迭有烦言，虽经再三解释，终属疑惑不解，民气至此涣散冰消，加以居留政府为侨民对日经济交任意压迫，更为灰心。于是，敝会遂于七月廿四日开各社团代表联席会议，议决宣布结束矣，凡此不得已之苦衷，斯由钧府之自绝于侨民，非侨民之不热诚爱国乐于效力也。再查敝会六月廿三日有由荷兰银行电汇财务委员会八千两，七月廿三日由荷印商业银行电汇该会一万两，其六月廿三日之八千两至今亦无消息，七月廿三日之一万两汇出后，当有专电报告财务委员会请予提领，其通电挂号系用该会所自定之Overseas一字，电未退回，当然递到，乃日前得上海荷印商业银行电告，谓该一万两至今无人向领，闻讯骇然，于此尤足见中央办事之精神矣。北望神洲，为之慨欤。敝会当于七月三十一日专电钧府报告详情，并请转知财务委员会速向提领，谅邀鉴察。至去电用Overseas挂号，而不指明财务委员会者，以敝会对于银行方面系声明交Overseas，俾便取证耳。该电敝会有附回电费，十句计银三十贰盾，不知钧府总理万机，兢兢业业，尚有闲情逸致为海外侨民费神作答否？此呈

国民政府

泗水华侨兵灾救济会执行委员会

主席　李双辉

常务　林逢年

〔国民政府档案〕

5．旅美华侨组织拒日外交后援会并捐款支援国府反对日帝出兵山东函

（1928年6—10月）

(1) 檀香山华侨钟宇、许广等致国民政府函

（1928年6月）

敬肃者：日人出兵山东，侵我主权，阻我北伐，凡属国民，内外共愤。本月二十日，此间同志特联合各界团体及华侨，发起组织国府外交后援会，即日业经定职员，协勷办理。现拟一方面由本埠华侨担任筹款，以应国府之亟需，一方面对于美国上下，设法宣传，使共明日人无理之举动。再查此次日人增兵华东，纯系单独行动，并未经列强同意，仍请诸公坚忍对付，完成北伐，使吾国统一早日实现，为国府外交后盾。兹谨将本会职员表缮抄一份，附呈察览，与最近钧府关于对外所持态度及本会应办各事宜尤祈随时赐示，俾有遵循，至纫公谊。此呈

南京

国民政府委员诸公钧鉴

檀香山国民政府外交后援会会长钟宇印

中华民国十七年六月　日

檀香山国府外交后援会职员表

会　长　钟　宇

副会长　许　广

管　库　杨著昆

副管库　程　就

中书记　杨星恒

英书记
司　数　梁　显
查　数　杨训畅　林杰朝
监　督　邝廷　张金城

（2）驻美纽特埠华侨拒日后援会致国民政府函

（1928年6月15日）

窃自国府兴师，为民请命，义旗所指，军阀潜消。正澄清海宁之时，统一中原之会，捷电迭闻，欢腾海外，以为从此可脱帝国主义之羁，取消不平等之约。讵日本政府不顾邻邦之友谊，不顾国际之公法，悍然出兵山东，藉口保护侨民，实行破坏我统一，遂其侵略之野心，无辜挑衅，杀戮我官民，摧残我物业，此为世界人类所不容，国际公法所不许。侨等惊闻噩耗，悲愤填胸，分属华民，岂能旁观就〔袖〕手，故即招集紧急会议，即行组织拒日后援会，对内一致团结，对外尽量揭发其野心，先行通电国府，请严行抗拒，并电美京外部与瑞士国际联盟，诉其罪恶，鸣我冤愤。另电日本政府，斥其无辜开衅，任意杀戮，大伤东亚之和平。尤复努力宣传，以求得直于世界，实行继续断绝日货，筹捐款项，以供军需。所限埠处偏偶，侨民稀少，仅捐得沪洋二万四千零一九元九毛二仙，即于六月十四日由纽约银行电汇上海万国宝通银行转交。明知杯水车薪，无济于事，不过稍尽兴亡有责之义而已。妥收后恳谕复知，以资征信，仍请力拒倭贼，以雪国耻。谨上

六月十四日电一通，恳照提支汇款，顺及国民政府谭主席延闿暨执监委员钧鉴。

驻美纽特埠华侨拒日后援会执行委员

林德质　雷维创　李伟渠　伍于遇　陈世扬
伍炳勋　邝德彬　陈明大　陈文优　阮快亭

梅笑春

宣传主任梅笑春　　外交陈伯棠

书记陈文优
陈世扬　　财政雷维创
陈明大等上

中华民国十七年六月十五日

兹接纽约电报，由敝行汇上二万四千十九元九角二分，祈早临收取为荷。此致

谭延闿先生

上海　纽约市城银行启

款已收请复电

(3) 纽约华侨拒日后援会陈树棠致谭延闿函 (1928年10月5日)

中央财务委员会委员谭延闿同志先生英鉴：敬启者：昨接贵会大函，内夹本会第一次汇款六万元收据一纸，业已收妥布告侨众矣。本会痛祖国之危亡，愤倭寇之横暴，残杀我济南同胞，侨等闻讯悲痛欲绝，故联合纽约华侨五十六个团体，代表三万余众之侨胞，组织纽约华侨拒日后援会，一面鼓吹对日经济绝交，一面筹备拒日军费，为我国府后盾。曾于六月廿八日由纽约广东银行电汇沪洋六万元，交南京中央财务委员会收，又于九月廿六日由纽约广东银行第二次电汇沪洋七万元，交南京中央财务委员会收，为拒日军费。本会对日经济绝交与筹款两种工作，已达目的，故议决刊印"美国纽约华侨拒日后援会始末记及征信录"，分派各团体与侨胞，使之明瞭本会之工作，以昭大信，用特敬请先生亲笔书页题词寄来。"本会始末记取日字样形，直英尺十寸，横英尺七寸半等"，还希惠赐玉照一幅，并恳在玉照傍书"纽约华侨拒日后援会鉴。某某赠"。连同题词，从早邮下，俾得制铸电版，刊载本会

始朿记藉光篇幅，俾侨胞得以藉睹芝仪，而留为纪念也。诸公热诚救国，统一中原奇功伟绩，震动世界、美邦人士甚愿新中国早登富强之域，侨等更加引领翘企，日夜以祝祷者也。祝公等为国努力，侨等誓为后盾。肃此。敬请

勋安

纽约华侨拒日后援会编辑主任陈树棠　启

中华民国十七年十月五日

〔国民政府行政院档案〕

6．南洋荷属安班澜救国会等为“济案”捐款致国民政府函

（1928年7—11月）

（1）安班澜救国会函（7月28日）

敬启者：侨民僻处海岛，众不满千，而爱国之心未尝落后，自济案发生，消息传来，遂于五月十三日发起此会，派员募捐。又另提倡出入口货捐以期持久，即于十九日将所募捐款先行汇齐，欲就本安达银行汇晋，因彼未接总部指示，不敢代汇，于是转托泗水东生隆商号代由泗水汇丰银行，于五月廿三日电汇汇晋，大洋六千五百圆，交国府财政部收，然后由澜电请财政部向提，廿六日再由快邮代电呈明钧府及财政部，同时，本安班澜辖内藉葛膀亦由泗水汇晋两千元才一旬间，已接钧府回电收到，而小会独付缺如，故再于六月六日电呈钧府请查复电文（五月廿三日由泗水汇丰银行电汇六千五百圆，收到伏乞电示，救国会叩，另注亲民电码）。至六月中浣，未见覆示，又向泗水汇丰银行详细调查单据，凿凿未有缺点，再于寒日电呈钧府电文（南京国民政府谭延闿主席钧鉴：五月廿三日由泗水汇丰银行电汇财政部六千五百元，久未覆示，已否收到，请查电复，安班澜救国会叩。寒。另注亲

民电码)。又加还回电十句，所费不赀，至今半月，未承覆示。按自汇款至今，计十有五日，全埠哗然，啧有烦言，反谓主其事者有所私弊，不得不再四上渎，伏望钧府体念侨民一片爱国愚诚，少赐颜色，有无接到呈进之日，专电示下，以慰人心，倘若迁延日久，恐难根究，虽区区之数，无足轻重，未免有负侨民热烈之心，临呈情急，语无伦次，伏祈赦以不敬之罪，曷胜惶恐待命之至。此呈

国民政府大主席谭钧鉴

安班澜华侨救国会呈

主席　甘国常

民国十七年七月廿八日呈

(2) 实武牙华侨救国会函（7月30日）

中央党部，国民政府钧鉴：自济南惨案发生以还，本会努力进行反日救国工作，迄今未敢少懈，除月前电汇第一次捐款六千二百二十四两，第二次捐款一千七百五十两外，今又募集第三次救国捐款银八百二十五两正，即日由比利时银行电汇，交钧府财政部收，以充国防经费。今者第五次中央执行委员会全体大会开会在即，望诸公务于此次会议决定外交方针，对济案须取强硬态度，以期获得最后胜利，不平等条约必须废除，民众之痛苦尤宜设法解救，凡努力于革命之同志宜不分畛域，尽量容纳，共同奋斗，而封建余孽龉龊官僚以及腐化投机分子，则宜彻底铲除，英令更有活动余地。至于民众之集会、出版、言论等应予绝对之自由，俾得尽量发挥，尤须于最短期间，不加任何限制条约，而召集真正之国民会议，以贯彻总理之主张，救家国于危亡，幸甚！幸甚！此颂公绥。

实武牙华侨救国会谨呈

主席团　郑通坡　麦国炜

温燕庭　陈丕显

翁文学

中华民国十七年七月三十日

（3）苏岛直名丁宜华侨爱国会函（8月1日）

国民政府主席谭暨各委员公鉴：自五三惨案发生以后，本埠侨胞无不发指，惜未能效力疆场，为民众先驱，然亦各本爱国之心，以尽国民之责，随即由廿四个团体开联席大会，组织一个华侨爱国会，以为本埠侨胞之领袖机关。本会之重要工作为募捐款项，输助国家，务求达到侨胞誓为后盾六字为目的；其次则为抵制日货，振兴国货也。本会自成立以来，已捐得款项约拾伍千盾，经于五月十八日号由上海和丰银行先行电汇肆千两，五月廿九号又由上海荷兰银行电汇叁千两，两次电汇俱直接交中央财政部宋子文先生收，但以迟迟至今，寸函未见示覆，又并无收据付回。本会虽曾电询四次，只答曰电码不明而已，此中情形，实令人胡疑莫释也。查棉兰亚齐等埠侨胞之捐款俱有财政部之正式收据发回，独本会汇去之款则望眼欲穿，仍是消息渺然也。本会所汇之款俱由侨胞之募集得来，若无财政部之正式数据以征信，则本会同人亦难以对本埠之侨胞也。现本会尚存捐款约贰千盾，俟迟日又当汇返耳。素仰主席等办事廉明，国人同钦，用敢请向中央财政部代为查询一切究竟，此款是否收到，抑或另有别故，务希查明见覆为荷。再者，本会自成立之后，即实行抵制日货，并特聘调查数人以专责成办理，至今成绩颇佳，此皆由本会委员之尽心指导与调查员之努力工作有此致之。本会之办理爱国事务，极守秘密，当地政府颇难侦知，讵七月廿五日有张蓝田在苏岛民报发表敬告爱国诸君一文之后，本会之主席冼祈中同志，秘书罗光泽同志，调查部主任，宣传部主任均被当地政府传去问话，一一加以盘诘，情形异常严重，并谓若不立即自动解散爱国会，则难免要出境云。该同志等只得唯唯而退，但本会既已具有如此成绩，同人等宁出境，亦不愿自动解散也。查张蓝田者，当前年捐款北伐时，假公济私，欲侵蚀黄遂心君贰百盾，后经黄君登报质问，始代寄回，似此卑劣行为，可想见其人格如何耳。今身为荷属党务指导员，甘作当地政府之走狗，言论矛盾，自残同志。自其发表此文之后也，不独本会之领袖被传问话，如山达峇、叻巴姑弄等埠亦有同样之事情发生，若不速将张蓝田严重警告，并取消其荷属党务指导员之资格，则本属之党务及忠实同志则更不堪设想耳。南天翘盼，无任钦驰。此上。

直名丁宜华侨爱国会上

主席　冼公白

秘书　罗光泽

中华民国十七年八月一日

(4) 英得宜利山东惨祸筹赈会函（8 月 3 日）

南京国民政府财政部执事先生钧鉴：敬禀者：本日（即八月三号）由华侨银行续奉（第二期）国币壹万元，电曰：中央财政务部鉴：请收华侨银行国币壹万元，英得宜宁利岳山东惨祸筹赈会。江。计日当先今照电收讫矣。伏查济案初发生之日，本会未成立以前，权时由商公局会长翁福堂等出向本坡侨胞抽捐汇解，于五月廿四号曾由华侨银行电交申银捌千零贰拾伍两。文曰：南京财政部鉴：济南惨杀，公理无存，请我政府维持彻底，兹汇华侨银行申银捌千零贰拾伍两，先济难民，余款续汇等词云云。去后，即日奉上呈文，一通申明鄙意，乃迄今日，久未蒙覆示，念念侨胞目睹外埠俱蒙示覆，惟我独无，深以为慊。窃思地有通僻，民有文野，银有多寡，而爱国之心则一。我政府大公无私，一视同仁，断不以是为答覆之轻重缓急也。伏乞将前项银件查明察核，是否交收，一并赐示，以慰敝坡侨胞踊跃输将欣欣爱国之诚意，而商等亦得完清手续而征信用焉。恭此上呈，不胜迫切待命之至。此请敬颂，政安。

荷属英得宜利山东惨祸筹赈会全体鞠躬

正主席　翁竹轩

副主席　陈祝龄

十七、八月三号

(5) 东印度西里伯岛孟加锡华侨北伐后援会函

(11月1日)

呈为屡次汇寄捐款未得颁发正确收据事：窃自济案发生，侨民悲祖国之大辱，痛日帝国之蛮横，莫不义愤填胸，同忾敌仇，因而侨社团体出为组织北伐后援会、济南难民救济会等名目，先后劝捐，均得侨胞踊跃慨解义囊，迭处进行，均获成绩，而递解概由上海中南银行转交财务委员会，汇款负责人亦依照劝募名义汇寄，而尤以孟加锡北伐后援会为多次。查自孟加锡北伐后援会名义汇寄有五次：如五月十九日电叁千两，五月廿九日五千两，六月十七日六千叁百两，七月三日捌千两，九月十一日三千两，综上五次，共贰万五千叁百两，每一次电汇同时电知国府，并请收到电覆，然均未获一覆电，曾经九次函电查询，只有迟迟而来的书面答覆。惟来书及收条亦无一定之标准，而颁来者亦仅中央财务委员会盖一小印，无人负责签发，他则如收条有时，宋子文先生缮有三字"宋子文"，而无盖章，有时则并"宋子文"三字而无之，有时则系于右任、谭延闿、丁惟汾三位先生，加一注收人，什么关亦有。惟于、谭、丁字迹似出自一人手笔者，殊令人猜疑万分。兹因受各方责难，各处劝捐亦因发生阻碍，既然师抵幽燕，北伐功成，不得不暂为宣布停止，唯国耻未雪，国民仍未敢安逸，乃再组织救国会，极力募捐，终以前项手续未得真象，任尔苦口婆心，究难得具信仰，由是一再呈函中央党部，中央监察委员会，昨始接到中央监察委员会秘书处覆示，批称：查该会先后三次汇款，申银一万四千叁百两正，国府至今均未收到，用特函复，即希查照字情。奉此。敝会同人益为惶恐，盖侨胞一腔热血，踊跃输将，原望点滴归公，有裨于国府，今则颓倒未明，殊令侨民失望。值兹国债票之进行，难免无受影响也。甚望钧座从速追究，并乞真情颁示，而慰侨情，实纫公谊。专呈国民政府主席蒋中正先生麾下。

孟加锡华侨北伐后援会启

林刚盖章

民国十七年十一月一日

〔国民政府档案〕

7. 菲律滨华侨反日委员会关于该会组织状况致中央党部呈

（1928年11月22日）

中央党部钧鉴：敬启者：济案发生，侨情愤激，菲岛由中国国民党驻菲总支部、中华总商会、中华国民协会发起，协同华侨各途商会，各社团组织本会，厉行抵制日货。数月以来，略收成效。近因中日谈判，仍无圆满结果，全国各地加紧反日，此间亦积极工作，不图少数奸商，竟串通某国要人，且向居留政府播弄谣言，阴谋藉其金钱魔力，解散本会，旅菲侨众除坚持初衷继续努力外，特将本会组织法及负责职员，列表呈报，仰恳崇察，并乞随时指示机宜，是所盼祷。专肃，祗请勋安。

菲律滨华侨反日委员会谨叩

十七年十一月二十二日

发起者：菲律滨华侨反日委员会

菲律滨中华总商局

中国国民党驻菲总支部

菲律滨中华民国协会

组织团体中华布商会、米商会、木商会、铁商会、珠细里商会、福联和布商会、烟业商会、纸烟商会、鞋业商会、杂货商会、烟厂联合会、雪文商会、灼昔公会、料器商会、屠业商会。

职员及其履历

主席薛敏老（前中华总商会会长）

代理主席陈景山（广东会馆会长）

执行委员黄租贻（中华总商会会长）

吴记球（中国国民党驻菲总支部主席）

戴金华（福建侨务委员会主席）

曾连泉（菲岛甲省中华名誉领事）

高租川（中国国民党驻菲总支部指导委员）

林书晏（中国国民党驻菲总支部指导委员）

邵　荣（中国国民党驻菲总支部指导委员）

陈荣芳（前厦门市党部委员）

吴　达（中华百货商会副会长）

詹孟杉（中华总商会董事）

陈三多（中华总商会董事）

陈宗讳（中华总商会董事）

陈益三（广东会馆董事）

各途商会各派代表一人，为本会委员

杨仲兴　林耀奎　杨君廉　林雄山　林树坎　陈松根

翁振文　李懋熏　张美的　蔡梦熊　翁成奎　蔡孝忍

王秀峰　李香草　洪源梓

干部委员

戴金华（见前）曾廷泉（见前）高租川（见前）陈荣芳（见前）陈益三（见前）虞永容（中华总商会总干事）吴半生(新闻日报总经理中华国民协会秘书长)

秘书处　秘书长虞永容（见前）

纠察部由旅菲中华新剧研究社负责

〔国民党中央民众训练部档案〕

8. 吉隆坡中华商报创办人刘赞臣为济案后华侨捐款助国抗日请予褒奖呈

（1929年8月1日）

为华侨捐款助国，热诚可嘉，请甄别褒奖，以资鼓励事：窃思去年济案发生，中外哗然，凡属华人，莫不愤填膺臆，誓雪国耻。盖护国家保种族，不忍我四百兆之神明华胄，沦于行同生番之岛夷，人具同情人。至我海外华侨。尤深愤慨，大有时月【日】害【曷】丧，予与偕【汝】亡之志，继而风声所被，全侨一致起而筹款，藉为对外后盾，因而最短时间，巨款遂集，即以雪兰莪州区区之地，亦可醵集七十万金，观其踊跃捐输之慷慨牺牲，为国之热忱，虽属爱国男儿所应尽之义务，抑亦难能而可贵也。况当群情激昂之际，闺秀出而卖物捐助，老妪起而典鬻钗环，小贩走卒，则倾其所有，下而妓女乞丐亦为解囊签助，其热烈救国之忠义，殊足以风示后世，百世之下，闻者犹为歌为之泣也。顾此热诚助国，厥志可嘉，实应甄别褒奖，藉资鼓励，侨商于同侨发起筹捐之时，忝属筹捐委员之一，对于华侨之踊跃输将，热心为国之义举，洵堪感佩，兹当国家统一，小丑将告肃清，用特具呈上闻，申请甄别褒奖，倘荷政府诸公俯允，准如所请，以勉励将来，实

为德便。谨呈

行政院长谭公

云兰载筹赈济南惨案执行委员会兼稽核部长
中华商报创办人兼总理刘赞臣

中华民国十八年八月一日

〔国民政府行政院档案〕

9. 加拿大华侨拒日后援总会为运送飞机回国致国民政府函

(1929年10月10日)

国民政府蒋主席鉴：本会现购置(Fledling)军用飞机一架，(Custiss Robin)教练飞机一架，分载六大箱，日间由此起运，赶附俄国皇后商轮。十一月二日由云高华商埠放洋，计期十一月中可到沪滨，特派本会执行委员赵磊夫君（现当加拿大总支部宣传部长，加东支部执行委员，都城《醒华日报》副记者）亲带此项飞机及本会公函呈送台端，届时请赐接见，俾得而达加拿大一切侨界情况，船公司于该飞机等到沪起卸后，工作已完，由沪至京须由我方自理，请即饬知军政部豫〔预〕向海关挂报，依时派员料理一切。再本会仍候与广东飞机制造厂订造飞机一架，送赠广东省政府，又本会前蒙航空署张静愚、王承黻两先生复函示购送飞机，发展飞行事业之办法，本会虽未能办到，然实已获益不少矣。最近苏俄狡焉思逞，美洲华侨非常愤激，请钧座大张挞伐，此间华侨愿为后盾，并祝勋祺。

加拿大华侨拒日后援总会

常务委员　麦造周

文书主任　曹惠民

会计主任　吴良惠

中华民国十八年十月十日

〔国民政府档案〕

10．国民党驻海外支部为"九一八"事变请积极准备抗日的文件

（1931年9—10月）

（1）中国国民党驻东京直属支部呈（9月20日）

呈为建议事：窃日军捏造事实，侵占我东北各都市、要塞，并毁我兵工厂、飞机场，居心叵测，破坏国际大局。驻东全体党员愤激异常，由本会召集各下级党部、常务委员谈话会，除注意联络消息，搜集材料，互相督勉，并唤醒国人外，议决：

1．此事应由中央政府交涉，决勿认为局部问题。

2．请饬令外交部即转令驻日公使，向驻日各国公使连络。

3．对日所提出之任何条件，绝对不承认。

4．彻底对日励行经济绝交。

5．根据华府九国条约，要求美国主张公理。

6．作对日战争的准备。

等六项均属切要问题，特遵案备。又呈请钧会俯予采择施行，实纫党谊。谨呈

中央执行委员会

中国国民党驻东京直属支部执行委员
会常务委员　朱青选

九、廿

（2）国民党中央秘书处致国民政府文官处公函（10月27日）

中国国民党中央执行委员会秘书处公函　第22590号

顷奉常务委员会交下驻神户直属支部执委会呈，为建议请速统一军权，举办团体〔练〕，确立国防计划，以图雪复等情一案，奉批交国府参考。相应抄同原呈函达，即希查照转陈为荷！此致

国民政府文官处

附抄送原呈一件

秘书长 丁惟汾

中华民国二十年十月二十七日

原呈

呈为建议请速统一军权，举办团练，确立国防计划，以图雪复事：窃自倭寇侵略东北，时逾兼旬，我国提诉联盟，既予吾人以失望，可知世界凡弱国即无外交，有强权便无公理，国人愤恨呼号，誓死求战，此固民气，激昂民族不亡之兆也。伏读中央诰诫全国学生，言逾金石，谋国忠员谁不共谅？今强敌犹盘踞关外，无异封豕长蛇思饱，欲壑更肆奸谋，诡师亡韩之故智，嗾使一般无聊政客组织治安维持会，阳称不干我国内政，竭力鼓吹满蒙独立之空气，以淆乱世界之视线，阴实欲图吞并，此三尺童蒙犹能知之也。况我东北三千万之亲爱同胞，岂无明哲之士，而受敌人之愚弄也耶。自此事发生以来，中央宵肝忧劳，非不急图规复，即外交亦未尝不力持正义以抗争。奈敌逞蛮横，初则对我抗议视若无睹，继则向联盟声言对我直接交涉，而对我交涉则为地方与中央之问题，是包藏祸心，欲步苏俄后尘，以遂予取予求矣。当此国难方殷，正在存亡生死关头，党中领袖同志既捐除成见，共为救国之谋，而海内外民众尤一致奋起对敌，经济绝交，全国一德一心，诚可复仇雪耻，必先图国家之统一，欲国家之统一，必先统一军权，欲统一军权，则宜就各省之军队尽编为国防军，调驻边疆，集中军事优异人才，充实训练，参谋、军政各部之组织，

使其有整个发挥能力而后能号令严明，赏罚必当。尤必使军队为国家之军队，武力为民众之武力，而后能行陈和穆，步伐整齐，于此乃可收统一之效，庶不再有拥兵自重，视为攫夺权利之工具。至于各省维持治安之责则，宜扩充警察之权能，斟酌地方需要，急行设立，虽然若欲言战，则犹未也。议者谓须实行征兵制，但事机已迫，恐未易办。如庄委员松甫建议抽组国民后备军，此举诚善。第我国幅员之广，一旦有事，对于地方维持秩序与后方运输、防守等等计划，似未兼顾周全。况敌虽岛国，其国防设备坚固，全国总动员又皆曾经组织训练，我国国防久已空虚，民众素不知兵，使无加紧组织与训练，若贸然开战，则一处告警，则数处人民恐将警惶无措，岂止自扰后方治安，亦足以影响前方军事，牵一发而动全身，至关重要。为今之计，莫若举办团练以为后援，可收事半功倍之效，而此团练之组织，请由中央明令各省饬属县限期成立，法〔法字衍〕以该县各乡村之壮丁，凡年二十岁至四十岁者，皆应充团练，团局以董其事，归该县长指挥，经费就地筹措，教官由总监部选派，枪弹由军政部发给，团兵编制略同营伍，如此，既不害人民自由之职业，复可自卫，兼应后方运输、防守，似较得力，至必要时，须补充前方作战，亦可随时征调。盖战衅一开，兵连祸结，生死存亡，在此一举，非合全国之力拚命抵抗不克有济也。要之战，我国现有之军队无统一之训练，无统一之指挥，无统一之筹备，诚不堪一战。顾国家当敌寇方张之日，若复漫然毫无准备，无异委肉饲虎，倘欲委曲求全，敌人贪欲无厌，得寸得尺，则今岁东侵，明年必得北犯，可以断言，是知我国今日之存亡在乎国人之自决，与其不战而坐以待亡，熟若战而冀或不亡，且敌不讲睦邻，自残同种，是为不道，以逆犯顺，辄用寻仇，是为不德，乐祸幸灾，呈其凶暴，是为不仁，无故启衅，劫掠焚杀，是为不义，攻袭占地，破坏盟约，是为不信，挟战胜之余威，好兵以逞，其气骄，犯众怒，以为利取吾所有；其志盈，肆暴力，以求霸，喜图近攻；其欲贪，夫贪必害，盈必满，骄必败，自然之理也。敌具五不韪而有三忌，虽有坚甲利兵亦奚足畏，试观我国十余年来，战乱频仍，加以新近祸匪、水灾，可谓创痛深巨，然国民有特长之忍耐，终能保持天然生活之状能，而敌所持者工业，以我国为大商场。今中央诚能外结援应，内加整饬，只须深沟高垒，为死守长围之计，待其骄惰已生，疲敝已极，然后以民众仇恨久蓄之心，示士卒忠勇必死之志，以与肉搏必能雪百年来之耻辱而争最后胜利也。惟是中央果毅然实行断绝国交，对敌宣战，则海内外必有望风响，义捐家财以助饷，执干戈以卫国，争先恐后而来矣。是否有当，理合备文呈请钧会鉴核施行。民族幸甚，国家幸甚。谨呈

中央执行委员会

驻神户直属支部执行委员会常务委员　杨寿彭

二十、十、十一

〔国民政府档案〕

11. 新嘉坡敬时行等十八团体为日本侵占东北请国民党团结御侮函

（1931年9月28日）

南京。国民政府，五院长钧鉴：肃启者：此次倭侵东北，其残暴为亘古所未有，甘为祸首，不恤破坏东亚和平，致使我神农华胄惨遭屠戮，函电驰来，侨胞发指，用特恳请宁粤领袖联合民众，以御外侮，拒绝直接谈判，并将其残酷情形布告天下，速电国联主持正谊。侨等北望中原，忧心如捣，悲愤之余，誓死力争，以为政府后盾，专此肃达衹矣。鼎安并盼。敬时行、同乐革履行、星洲机器行、星洲昙花镜影印社、公输行、石叻总理广帮肉行商务、星洲群记行船、杂货行、印务益群社、石叻文华行、星洲唐

洋货行。

中华民国廿年九月廿八日

〔国民政府档案〕

12. 国民党驻东京直属支部报告中华留日同学会发表《为东北事件告全体留日同学书》妨碍时机勒令解散呈

(1931年10月22日)

呈为呈报留日学生会之一切经过事：窃查该会自日军侵占东北事件发生之初，首由东京工业大学发起组织，业已略呈在案。九月二十二日该会具文呈报本会备案，请予审核简章，并请派员指导。本会以其出于爱国运动，捐款资助，奖勉有加，旋将该会简章根据海外民众团体组织法规予以修正，令仰遵照应用。不料该会突于本月十五日召集各校代表，假补选遗缺职员之名，强行改选，否认修正简章，发出油印刊物，痛诋中央及在东各机关(该会油印物附呈)，显系有组织有计划之反动团体混入其中，乘机捣乱。当经密查该会改选以后之人员，或改变姓名，或无学籍，异常复杂(名单略历附呈)。本会为顾全东学子之清白及政府外交前途计，不能不勒令解散，另组织华侨联合会，以期留东侨胞整个之团结。除已函知在东各机关及通告国内外一致否认外，理合具文呈复钧会鉴核，予以有效制裁，而防捣乱。至纫党谊。谨呈

中央执行委员会

附呈 职员名单一纸〔略〕
学生会油印物一束〔仅选中华留日学生会《为东北事件告全体留日同学书》其余略〕

中国国民党驻东京直属支部执行委员会常务委员朱青选

中华民国二十年十月二十二日

为东北事件告全体留日同学书

留日的全体同学们！

痛彻心骨的东北事变，发生已近一月了！这一月我们所得到的消息是怎样呢？

显明的，问题是更趋严重了！从朝鲜、从日本陆战队的不断向华增加，军舰的不断向华派遣，以及最近锦州爆击事件的发生，事实上已证明了日本帝国主义的野心，同时所谓“政治上、经济上、日本在满州有生死利害的关系……日本居留人民的安全保障没有实现……以及日本在华种种基础没有确立之前，不能撤兵”。芳泽大使在国际联盟的声明，更证明了日本帝国主义的阴谋。同学们！这帝国主义发狂的兽性的宣泄，这帝国主义侵略半殖民地的狰狞的表现，我们应该如何的认识，如何的警惕，而如何的规定我们对付的战略呢？

同学们！前途的趋势，我们早已料到是十分险恶的！因为这次事变发生的动因，根本上就有两点是很难解决的问题：第一、日本帝国主义因本国经济恐慌的扩大——不断的生产过剩，对外贸易的激退，国内市场消费的降低，以及广泛的国民大众的失业，资本主义第三期的危机，已完全暴露而无余，殖民地市场的需用，在目前更加迫切。因此，他们企图着完全攫得满蒙，加速半殖民地的中国的殖民地化，从那里再掠得新的利润，以缓和当前的危机，而延长资本主义垂亡的生命。第二、日本帝国主义因世界经济恐慌也同样扩大，帝国主义争夺殖民地市场的世界二次大战的战云已日近展开，在半殖民地的根据地的需要，也更加迫切。因此，他们企图着攫得满蒙，以作未来的世界第二次大战的准备，由以上两点所发生的事变，所以它的前途，绝没有和平解决的可能，同时显明的呈现在我们前面的只是国际帝国主义间的残忍冲突，共同瓜分中国和爆发世界二次大战的两个阵势。

同学们！这是多么严重的一个关头啊！

同学们！我们知道，自满清中叶以还，整个的中国，已入在帝国主义的掌握，他们一方面用直接形式作积极的侵略，一方面又利用中国的封建势力，作他们间接侵略的工具。近百年来，帝国主义对华的攻势，无一日不是在猛烈的进展中的！那一次的军阀战争不是帝国主义所造成！?那一次民众的损失，不是帝国主义所赐与！?同学们！这一点，是值得我们如何的回思呢？

同学们！客观的情势已决定了我们中国革命的两个中心内容——反帝国主义与反封建势力。同时因着两个内容又决定了我们当前的任务。我们知道不根本推翻帝国主义，中国民族绝得不到半点的幸福与自由，同时不根本铲除帝国主义的内应者封建势力，绝不能完成推翻帝国主义！同学们！这次事变是促使我们觉悟的警钟，记着过去，为着将来，我们对于这次事变，我们应当如何的对付呢？

纯靠国民政府的外交吗？靠国际联盟的公理吗？靠第三国的干涉吗？同学们！我们的幻梦是应该醒了！自此次事变发生以来，我们的政府就采取了一种无抵抗、镇静、缓和群众反帝运动，希望国际联盟讲公理，等待第三国的干涉的一贯政策。但是，我们试问一问，国际联盟是否能靠得住呢？同学们！国际联盟的面纱早已在我们面前揭破了！我们只要想一想国际联盟历来政见的内容，那一点是出发于被压迫民族的立场！?那一点是为被压迫民族利益着想！?同学们！我们已经认清了！国际联盟不过是欧战后国际帝国主义间为缓和争夺市场的冲突而产生的有计划的来瓜分殖民地的国际帝国主义分赃联盟！他们的立场，就是帝国主义的立场！他们的利益，就是帝国主义的利益！他们的公理，不过只是帝国主义侵略弱小民族的公理阿！等待第三国的干涉吧？第三国看起来好像有希望的，当然是美帝国主义了！但是，自此次事变发生以来，美帝国主义的态度，始终是圆滑不一，据前次的报载，美政府某要人谓美国在满蒙有绝大的已获利权，所以美帝国主义对此次事变的态度，必须由为保持已得权利的观点上而决定。目前的报载，美潜水舰队已由青岛向上海急航。同学们！只要你们略〔略〕的研究一下，就可以知道他们的作用了！

同学们！我们是不能再靠了！如果再靠的话，就等于投降帝国主义。同学们！时期是一天天的紧迫了！我们的使命也一天天的加重了！现在，我们只有全体回国到工厂中、农村中、军队中积极的宣传去——组织去——训练去——一方面准备力量同帝国主义作最后的火拼，一方面团结力量监督政府，推动政府，使它实现了我们大多数群众的要求——驱逐帝国主义在华一切势力。过去的经验告诉我们,只有用群众的力量,才能得到彻底的胜利！同时中国是世界一部分，中国问题，无疑义的有世界的联系，所以我们必须联合全世界被压迫民族，共同奋斗，才能根本推翻国际帝国主义！

同学们！一致的团结起来！我们且奋勇的前进吧！我们的口号：

反对日本帝国主义侵略中国！

反对世界第二次大战！

打倒日本帝国主义！

打倒国际帝国主义！

打倒帝国主义在华工具——封建势力！

全世界被压迫民族联合万岁！

留日的全体同学团结万岁！

中华留日学生会印

一九三一年十月十六日

〔国民党中央党部档案〕

13. 国民政府文官处奉转旅京华侨救国大会议案致行政院公函

(1932年1月22日)

国民政府文官处公函　字第六九〇号

迳启者：奉主席发下旅京华侨救国大会呈为录送该会议案，恳予采纳施行一案。奉谕：交行政院等因。相应抄检原件，函达查照。此致

行政院

计抄送原呈一件、检送议案一件

中华民国二十一年一月二十二日

文官长　魏怀

抄原呈

呈为呈送议案，恳予采纳施行，藉慰侨望事：窃维横蛮之日本帝国主义，趁我天灾人祸交迫之际，悍然不顾国际公德，出兵侵我东北。素以拥兵自豪者则以无抵抗为主义，坐失锦绣河山，党政当轴诸公，则张惶失措，一味信赖国联。迄今锦州失陷，热冀危摇，举国悲恸。同人等海外归来，忝属华裔，爱本国家兴亡，匹夫有责之义，特于本月十四日下午假首都华侨招待所开救国大会，讨论救国之方。除分呈外，理合录案，随文呈请钧府察核施行，不胜迫切待命之至。谨呈

国民政府主席林

旅京华侨救国大会呈

计抄附议案一纸

旅京华侨救国大会议案

一、请国府令外交部对日捣毁青岛市党部及民国日报暴行提出严重抗议案。

二、请国府通令各省市绝对以后不得摧残爱国运动案。

三、请国府通令各省，由每县筹购飞机一架，以备对日宣战案。

四、请政府实行征兵制案。

以上计四条。

〔国民政府行政院档案〕

14. 南洋华侨请息内争合力抗日函电

(1931年9月—1932年5月)

(1) 国民党万里洞支部及全体华侨电(1931年9月29日)

中央党部、国民政府钧鉴：望速集中兵力，收回失地。万里洞支部暨全体华侨。艳。

(2) 星洲潮洲金果行公局电(10月2日)

南京。国府各院长钧鉴：日本蛮横，蹂躏我领土，杀戮我同胞，请息内争，合力抵御，万勿退让，侨众誓为后盾。旅星洲潮洲金果行公局叩。

(3) 荷属华侨李春风函(10月30日)

中央党部暨国民政府五院长钧鉴：日本称兵，突占我东北，扰害世界和平，目无国际公法，全国同胞群情汹涌，不愿国家沦亡，但愿为国家牺牲。我们远离祖国，侨居南洋，恶耗传来，莫不痛哭泪下。天下兴亡，匹夫有责，我今将荷属华侨情形略为我亲爱的祖国政府作一报告。荷属华侨在报上的观察及往来的征询，约可分为下列三种：

（一）荷属全体华侨可说一致主张准备对日宣战，因弱国无外交，侨民寄居篱下，知之甚悉。吾人亦不可过信国联，本月十四日不是国联决议撤兵的吗？日方置之不听，今又决议十一月十六日以前撤兵，如不听，吾人一忍再忍，实无可忍之余地，请即我以武力收回失地。

（二）在国难当前，第一项要团结，荷属华侨希望宁粤各方领袖一致精神团结，共御外侮，以雪奇耻大辱。

（三）现在荷属各埠华侨均成立救国后援会，实行月捐及特别捐，准备为祖国对日战费，及必要时亦组织义勇队，回国为祖国效劳。

以上所言，为各地华侨真实情形，不料作此书时，适接各报有令人很不快的消息，说上海和平预备会议已开三次，除议决一致对外以外，其余毫无进展。吾人面面相观，不觉长嗟短叹，国亡无日。团结之不暇，各领袖之争执为何？然各华侨仍然热诚的希望会议有圆满之结果，并馨香预祝真正之和平统一能速实现也。

末后敬祝

中华民国对日胜利！

荷属华侨李春风敬上

廿·十·卅

（4）新嘉坡福建会馆电（11月19日）

南京。蒋主席钧鉴：报载国联或将令中国先谈判后撤兵，城下之盟何殊战败，况违背国联条约尊严，蔑视非战同盟神圣公理，正义何以保障，万乞严令施公使彻底坚拒。新嘉坡福建会馆叩。效。

（5）宿务华侨救国会电（1935年1月12日）

南京国民政府鉴：万速与日本断绝国家。宿务华侨救国会叩。

锡。印。

(6) 雪梨华侨抗日救国后援会电（1月14日）

南京。中央党部转国民政府钧鉴：东北河山不复汉帜，将四月矣。现锦州既失，又津热，如再因循，国将不国。伏恳迅作有效主张，与日奴拼一死活。澳洲侨众，誓为政府后盾。雪梨华侨抗日救国后援会叩。印。

(7) 高打、巫眉华侨救国后援会代电（1月23日）

南京国民政府钧鉴：

辽吉失陷，转瞬之月，国人方恨失土未复奇耻莫雪，乃消息传来，日人近复呈其余威，举兵西进，锦州又告危急。侨民等迭听之下，不胜惶骇。盖锦州乃津屏障，得失关系全国。当兹危急，恐该地驻华士卒气馁，未能效命，有误国家，敢请我中央即派大军北上，以拒强敌，而固吾圉。若此时锦州得守，则将来恢复失地自非难事，亡羊补牢，犹未晚也。幸垂察焉。

高打
巫眉 华侨救国后援会

(8) 巴求救国赈灾会电（1月23日）

南京。国民政府钧鉴：请速对日宣战，侨众誓为后盾，万勿偷安，贻误党国。巴求救国赈灾会。漾。印。

(9) 坤甸华侨救国后援会电（3月2日）

南京。中央党部、国民政府、各省军民长官、各报馆、各法团暨海内外各同胞钧鉴：呜乎寇深矣！东北半壁已被蹂躏于日帝国义主者铁蹄之下，更欲进窥平津，攫占鲁省，并复派舰深入长江腹地，势有非鲸吞中国，灭我民族不止。呜乎，济南之血痕犹在，韩案之侨尸未寒，新旧耻重叠而来。当此危急存亡之秋，凡我血性国民，自无可容忍，莫自甘作亡国顺民而不思奋起救国自救之理。传曰：蜂虿有毒，而况国乎？又曰：困兽犹斗。夫我国据有最广之土地，有最大之民族，诚能祛除隔阂，团结精神下一牺牲决心，誓与倭奴奋斗，宁为玉碎，不愿瓦全，身可杀，头可断，此志不可移，海可枯，石可烂，此仇不可不报，则众志可以成城，投鞭可以断流，即热烈沸腾之血，亦足以淹没三岛。总理已尝明白诏示吾人，吾心信，其可行，则移山填海之难终有成功之日；吾心信，其不可行，则反掌折技之易，亦无收效之期。是故成败之数在于有无决心而已。为今之计，惟有仰仗中央迅速召集国民救国大会，统筹兼顾，严密组织，务使农工商学兵联合起来，与日本帝国主义者作殊死战，灭彼强权，还我河山，独立自由，庶乎有豸。须知委屈求全，不抵抗主义乃为怯懦合祸之源，希冀国联解决，尤属痴人说梦，必须打破一切不长进之心理，具壮士断腕之精神，共同奋斗之死，靡他不然；绯细瞻顾，畏难退缩，寇已升堂入室，亡无日矣！伏望海内外同胞，同此主张，分促当局立召全民救国大会，决定抗日大计，则幸甚矣！痛哭陈词，急不择言，临电无任恳切待命之至。南洋坤甸华侨救国后援会常务委员锺少侃叩。冬。

〔国民政府行政院档案〕

15. 侨委会为秘鲁花邑联合会请速克复失地并息内讧致国民政府文官处公函

（1931年10月13日）

中国国民党中央执行委员会侨务委员会公函　第1994号

迳启者：顷接秘鲁花邑联合会冬电内开：转送国府蒋主席钧鉴：日贼占满，群情愤激，请速克复失地，并息内讧，侨等誓为

后盾等等语到会，相应函达贵处，希转陈为荷。此致
国民政府文官处

主任委员　陈耀垣
萧吉珊代

中华民国二十年十月十三日

〔国民政府档案〕

16. 财政部抄送棉兰苏东中华总商会国难救济捐名单呈

（1931年12月12—30日）

（1）宋子文致行政院呈（12月12日）

为呈请事。案据□棉兰苏东中华总商会主席张念遗函称：吾国不幸，迭遭浩劫，前月洪水肆虐，经由职会召集苏东侨团联席会议成立苏东华侨筹赈祖国灾民委员会，发起筹赈，所筹款项及赈衣，经陆续汇寄国府救济水灾委员会代表收放赈在案。乃最近消息传来，东邻野心竟兼虚进攻东北，侵占我疆土，杀害我同胞，职会同人咸为伤痛，当于十月十九日召集临时执监委员联席会议，共谋救济办法，当场讨论，咸以国难当前，义难缄默，惟限于居留法律，未便积极进行，爰于可能范围之内，由执监委员等自动认汇救国捐，并筹备大规模之国货公司，以资提倡。并乞登报，通告各侨胞，由本会代寄自动救国捐，及努力介绍国货，以期标本并济。兹查职会执监委员等当场自动所认捐款共有荷银三千二百六十盾，经由职会收集，向棉兰中华商业银行合购上海和丰银行汇票一纸，志规银四千两，除今检出原票随函寄奉兑存国用外，理合抄录认捐委员名表一份，附呈鉴阅，仰恳迅予分别发给收据，俾征信实。并乞援照捐资救国条例，代为请奖，以资鼓励，而利进行，实纫公谊等情。查该会情殷救国，自动捐输，亟应酌予奖

励，以昭激动。除函复并存储备拨外，理合抄具名单。呈请鉴核施行。谨呈

行政院

计呈名单一纸

财政部长宋子文

中华民国二十年十二月十二日

苏东中华总商会第一次国难救济捐名表

张念遗	五百两	谢联棠	贰百两
张尚树	五百两	林仰文	贰百两
黄展骥	一百两	叶贻东	壹百两
陈子礼	贰拾伍两	余添光	贰拾两
生活公司	壹千两	保太和药房	五百两
吉林春药房	三十房	丘毅衡	一百两
李桢祥	贰百两		
王礼伟	贰拾伍两		
信丰公司	五百两		

共合规银四千两正

(2) 宋子文致行政院呈（12月30日）

为呈请事：案查苏东棉兰中华总商会前汇救国捐规银四千两，蒙经到收，开具名单，呈请奖励在案。兹据该会续呈第二、三次救国捐，并附银数名单到部。除列收函复外，理合抄具名单银数，呈请并案办理。谨呈

行政院

计呈苏东中华总商会第二次、第三次救国捐姓名银数表

财政部长　宋子文　印

中华民国二十年十二月三十日

苏东中华总商会第二次国难救济捐名表

棉　兰	甘吉公宁金义发	叁拾两
又	杨泉发	伍拾两
又	义　兴	叁拾两

共壹百壹拾两

苏东中华总商会第三次国难救济捐名表

棉　兰	江通号	拾两零伍钱三分
又	许甲午	伍两二钱三分
岑姑异华侨		贰百零三两五钱一分

共贰百壹拾玖两三钱

〔国民政府行政院档案〕

17．厄瓜多中华总商会报告组织旅厄华侨抗日救国总会情形致国民政府函

（1931年11月15日）

中华民国国民政府、海内外各团体、各同胞、各报馆、暨驻外使领各馆钧鉴：贼乘我国多难之秋，进兵东三省，侵我主权，杀我同胞。噩耗传来，群情愤激，敝会业经召集各界华侨会议，议决组织厄瓜多华侨抗日救国总会，专以联合侨众，共同救国为旨。惟是厄地偏处一隅，消息未免隔阂，所有关于中日纠纷事宜，万望随时惠寄乙份，俾得藉作宣传，则无任切盼之至矣。厄瓜多中华总商会。

详文通讯如下

中华民国二十年十一月十五日

厄瓜多华侨抗日救国总会敬告侨胞书

旅厄侨胞钧鉴：倭兵入寇，惨无人道，凡我国人，同深愤激。厄瓜多中华总商会当经召集各界侨胞会议议决组织厄瓜多华侨抗日救国总会，附设于总商会，并推定办事人员负责进行。兹奉会业于即日成立，各职员同时宣告就职视事，随即选出廖君倚廷为主席。为此，敬告我旅厄侨胞，务须同心同德，一致抗日，积极抵制劣货，实行经济绝交。至或我国政府对日倘有宣战令下，万望遵照会章，准备实力为政府之后盾，尤望各埠侨胞本爱国救国之热诚，组织抗日救国分会，协力进行，以冀分工合作，务祈打倒凶恶之倭奴，达我救国之目的。

厄瓜外华侨抗日救国总会谨启

中华民国二十年十一月十六日

日贼蛮横，不惜破坏世界和平，蹂躏非战公约，乘我国多难之秋，悍然出兵东三省，侵我主权，焚我屋宇，杀我同胞，凡我要津，占夺殆尽，日兵所至，庐舍为墟，尤复增派战舰于我国沿海各埠，威迫挑衅，迹其用心，将以虐待朝鲜之残暴而待我，大好河山，被其破坏，神明华胄，受其鱼肉。噩耗传来，胆肝为之摧裂，嗟嗟亡国之惨象已逼眉睫，凡有血气者，岂肯袖手垂让，沦为木履儿之奴隶乎！我侨胞乎事急矣，国难临头，奋起精神，抗日救国，责无旁贷。我海内外同胞，纷纷组织抗日救国之联合运动，一致对付倭奴，积极抵制劣货，实行经济绝交，使倭奴工商各业，内生恐慌，则日贼虽强，不乱而自乱，必为我之经济绝交而制其死命矣。本会为抗日救国起见，当经第九十次会议议决组织厄瓜多华侨抗日救国总会。兹将议决各条一并分列于后，深望我旅厄侨胞，本国家兴亡，匹夫有责之义，努力进行，实践会章，万众一心，联合起来，打倒残暴狼毒之日本，为国雪耻，打倒强权侵略之日本，为国复仇。

谨将议决厄瓜多华侨抗日救国总会章程胪列：

定名　厄瓜多华侨抗日救国总会。

宗旨　联合侨众共同救国。

地点　在本会会所为办事处。

组织　设委员拾壹人，由委员中推定一人为主席；另设总务部、宣传部、理财部。

每部设主任一人，干事四人。

各委员、各部主任均系职员。

议事及各部办事细则另订之。

实行对日经济绝交

（甲）凡我华商之办日货者，于本月十六日起，嗣后所到之日货，一律不准接收。

（乙）凡我华商字号或个人于本月十六日起，一律不得购买日货。

（丙）凡我华侨回国不得附搭日船。

（丁）凡我华侨对于此次对日经济绝交，倘有不表同情或从中破坏者，一经查出，作为公敌，应设法对付。

筹捐军饷

（甲）俟本月十六日以后，如无圆满解决，以致宣战，即先行着手义捐，接济急用。

（乙）凡我旅厄华胞除首次义捐外，以后每人每月担认厄币壹拾员，逐月缴纳，俾得汇齐寄返祖国，以备军用，至停息战务为止。（如系贫乏无力担认者，则听其便。）

（丙）每月除额捐外，如有热心爱国，自愿加义捐者，则多多益善。

（丁）所有此次捐款，只可汇返祖国，作军备之需，不得移作别用。

（戊）如有故意抗捐者，作为公敌，应设法对付。

以上各条，由本月十六日起发生效力，如有未尽善之处，得议决修正之。

当场推定职员如左

委员　黄锐祯　陈少枝　黄祥麟　廖倚廷　黄森泉　李奕芬
叶丰甫　廖泽宏　郑锡贤　黄谭运　张梅溪

总务部主任　欧敏吾

干事　古奕彝　杨衍恩　陈楚伯　叶北生

宣传部主任　陈衮廷

干事　郑泮生　陈葆枢　陆维昆　廖闰胜

理财部主任　古奕锦

干事　李锐廷　叶镜章　黄冠鸿　陈文均

调查部主任　陈有奕

干事　廖信棍　郑霖清　古庚猷　黄槐材

劝捐部主任　萧六根

干事　黄凤鸣　黄伯发　李天合　廖文光

顾问　驻厄瓜多总领事陈信棠

以上各职员定于本月十六日就职视事，特此通告，仰我旅厄侨胞一体遵照，此布。

厄瓜多中华总商会谨启

民国二十年十一月十五日

〔国民政府行政院档案〕

18．国民党驻菲律滨总支部关于组织华侨救国义勇军致中央训练部呈

（1931年11月18日）

中国国民党驻菲律滨总支部执行委员会公函　第二五〇号

迳启者：案据菲律滨华侨救国义勇团呈称：呈。为呈请准予登记，并转呈中央党部国民政府备案事：窃以暴日横行，比来屡挟其枪炮政策，积极侵略屠杀我同胞，掠夺我主权，侵占我国土，骚扰我边疆，无所不用其极，若大民族，一任宰割，整个神洲血痕重叠，抚今创而思前痛，爱国男儿无不眦裂发指。今者竟乘我国洪水为灾之后，政府忙于救灾恤难之时，举兵入寇，不宣而战，既临辽吉，又率蟊贼以来，荡摇我边疆，现更集重兵以攻黑省，倭奴之野心曷有底止，既蚕食不已，势必鲸吞。爱护国家，人同此心，吾侨旅居异地，爱国运动每不后人，目下虽到处风云紧张，厉行抵制，爱国运动，贵有义勇之精神，具体之组织，方足以始终贯彻救国之目标。用特邀集同志，发起组织菲律滨华侨救国义勇团，招募爱国青年，联络一致之战线，先作军事常识之训练，以为捍卫国家效命疆场之准备，誓以义勇之精神，努力救国，务必达到雪耻复仇之目的而后已。为此，理合呈请钧部准予登记，并转呈中央党部、国民政府备案，实为公便。等情。并附该团章程三份到部。据此，除指令知照外，相应检同该章程一份函达查照，希即审核准予备案，并希将国内义勇团组织法及训练纲领抄寄一份，以资参考为盼。此致

中央训练部

附章程一份

常务委员　郑汉淇

王泉笙

林书晏

菲律滨华侨救国义勇团简章

第一章　定名

第一条　本团定名为菲律滨华侨救国义勇团。

第二章　宗旨

第二条　本团以联络爱国侨胞，实行以义勇精神努力救国为宗旨。

第三章　团员

第三条　凡属菲律滨爱国华侨，愿遵守本团章程，服从本团宣言及决议案者，均得为本团团员。

第四章　组织

第四条　本团由全菲爱国华侨共同组织之。

第五条　本团采定执行委员制，执委定十一人，候补执委定五人，执行委员会分设各股如下：

（一）总务，（二）组织，（三）训练，（四）经济，（五）外交，（六）宣传，（七）调查，（八）文书，（九）庶务。（各部大纲另行择定之）

第六条　本团执行委员会由团员大会产生之。

第七条　本团设常务委员三人，处理日常事务，由执行委员中互选之。

第八条　本团出发后设有后方办事处，以便接济前方一切事宜。

第九条　各山顶州府如有爱国侨胞五人以上，请求组织分团，经执委会准许得派人指导组之。

第五章　会议

第十条　团员大会定每月举行一次，遇必要时得由执行委员会临时召集之，或经团员三分之一之请求。

第十一条　执行委员会定每星期举行一次，但遇有特别事故，得由常务委员临时召集之。

第十二条　本团最高权力为团员大会，闭会时为执行委员会。

第六章　权利

第十三条　本团团员有选举权，被选权及表决权。

第十四条　凡团员可享受本团一切之训练。

第十五条　凡本团团员因救国而牺牲，其家庭由本团执委会酌给抚恤金。

第十六条　凡团员因救国工作而染疾，由本团酌给医药费。

第十七条　凡团员对于团中服务著有成绩者，得由执委会于团员大会时提出褒奖，以示鼓励，其办法由执委会拟定之。

第七章　纪律

第十八条　凡团员应遵守本团章程宣言及一切决议案。

第十九条　凡团员于团员大会时不得无故缺席，如有特别事故，须提前用书面告假。

第二十条　执行委员于开执委会时，不得连续二次之缺席。如有特别事故须提前告假，否则受相当之处分。

第二十一条　凡本团团员倘因事发生误会，应提交执委会解决，不得私自争执，致碍团务之进行。

第二十二条　凡团员如有违背章程及一切宣言决议案时，分别其轻重予以处分，其处分办法由执委议定，或由团员大会解决之。

第八章　经济

第二十三条　本团经济以团员登记费及特别捐维持之。

第二十四条　凡团员登记时须缴纳登记费壹元。

第二十五条　本团如因发展团务经济困难，于必要时得由执委会提出向侨界劝募之。

第九章　任期

第二十六条　本团执委任期以半年为限，连选得连任之，惟出发后得斟酌临时改选之。

第十章　附则

第二十七条　本章经团员大会通过后，呈请中国国民党驻非总支部核准施行。

第二十八条　本章程如有未尽完善处，得团员三分之一请求，经团员大会通过修改之，仍行呈请总支部核准备案。

〔国民党中央民众训练部档案〕

19．旅美华侨援助淞沪抗战电

（1932年2月）

（1）芝加哥中华会馆电（2月4日）

国民政府林主席、蒋主席、汪院长钧鉴：第十九路军抗战救国，中外同钦。请即对日宣战，全国军民一致合力救亡，侨等誓为后盾。芝加哥中华会馆叩。支。

（2）国民政府文官处公函（2月9日）

国民政府文官处公函　字第一〇六号

迳启者：奉主席交下檀香山全体华侨大会感电，请力拒倭奴要求条件，保存抗日爱国团体，并挽留孙科、陈友仁复职与日绝交之事。奉谕：交行政院等因。除饬属函复外，相应抄同原电函达查照。此致

行政院

计抄送原电一件

中华民国二十一年二月九日

文官长　魏怀

抄原电

南京。国民政府钧鉴：感晚本会成立，讨论御倭救亡决定，恳请钧府力拒倭人要求条件，保存抗日爱国团体，挽留孙科，陈友仁复职，与日绝交，合作救国，全侨愿为后盾。檀香山全体华侨大会叩。感。

(3) 上海市政府转报檀香山侨胞电（2月16日）

洛阳。国民政府、行政院钧鉴：统密。前据檀香山同志电称：募款十万元，将充前方军饷之用，真日汇沪五万，经已汇到。兹又据元电，请呈委萧全棣、锺宁、许广、杨枢、陈巧、林仲池、萧卫五、陈宽、萧天荣、林光、欧将欣、黄北洪、黄林、张金成为筹饷委员，继续进行。惟须指定款汇第十九路军驻沪办事处范其五主任收等语。谨呈转□，伏乞鉴标示遵。上海市政府叩。铣。印。

〔国民政府行政院档案〕

20. 菲律滨与万隆泗水华侨请积极援助上海抗战并反对妥协停战电

(1932年2—5月)

(1) 菲律滨华侨国难后援会电（2月16日）

国民政府林主席、蒋委员、汪委员：此番我军因自卫而杀敌，成对外最光荣。战绩捷报传来，美菲舆论相称，中国有勇敢军人，南侨仰望，人心为之一振，筹款犒师，风起云涌。然敌倾全力图报复，我军百胜，不堪一击，上海非局部问题，请速接济前敌军需，调海陆空劲旅助战，并速出兵收复东北失地，以分敌势。此举再被胁屈服，万劫不复超生。南侨本匹夫有责之义，抱毁家纾难决心，极目宗邦，无任急切。菲律滨华侨国难后援会叩。铣。

〔国民党中央民众训练部档案〕

（2）国民党万隆支部及全体华侨代电（4月12日）

洛阳国民政府钧鉴：报载我政府对于敌军四个月内撤退之协定行将接受，消息传来，侨众哗骇。夫敌方无故侵我疆土，肆意屠杀吾民，凶残横暴，万国同瞻，不予以公法之惩处，既失和平之保障，现复出此违反国际决议与休战原则之协定，徒予永占沪淞之机会，事之不平，莫过去于。若竟遽然屈服签订，则世界腾笑，国体荡然。我皇皇国民革命政府，岂忍出此。敬请贯彻长期抵抗，不撤兵不谈判之主张，誓死拒敌，收回失地，为民族争生存，为国家争人格，胥在于斯，临电不胜切盼之至。

万隆支部暨全体华侨叩

中华民国二十一年四月十二日

（3）泗水华侨救国会电（5月4日）

林主席、汪院长钧鉴：电传和议，重光葵将在病榻签字，果尔卖国丧权，全侨悲愤，呼号相告，血泪频挥，偕亡恶策，矢死不认。须知东北健儿，节节战胜，俄军亦急备战，沪不言和，敌当分力回顾，立见败亡，万恳死抗到底，必胜利归我如何？切盼电复。若仍置之不闻，即是遗弃，侨众从此誓脱政府关系。临电涕泣，千希垂察。泗水华侨救国义赈会叩。四日。

〔国民政府行政院档案〕

21．国民政府文官处为旅秘华侨组织筹饷会援助祖国抗日致行政院函件

（1932年2—6月）

（1）国民政府文官处致行政院公函（2月24日）

国民政府文官处公函　字第172号

迳启者：准中央侨务委员会第二二五九号函为抄送秘鲁意结道抗日筹饷支会请政府力行对日宣战代电，请查照转陈等由。准此，当经转陈。奉主席谕：交行政院及军事委员会等因。除分行并函复外，相应抄同原件函达查照。此致

行政院

计抄送原函及原抄代电各一件

中华民国二十一年二月二十四日

文官长　魏怀

抄代电一件

中央侨务委员会转呈国民政府钧鉴：倭奴强蛮，占我满蒙，全国同忿。请国府力行对日宣战，务灭倭奴为目的。同人侨居海外，誓为国筹饷后援。民国廿年十一月廿四日驻秘鲁意结道对日宣战筹饷会主席黄一新，文书钟焕文。叩。

（2）国民政府文官处致行政院公函（6月13日）

国民政府文官处公函　洛字第2384号

迳启者：奉主席交下旅秘华侨对日宣战筹饷总会执行委员会代电称：请从速出兵东北，恢复失地。该会誓积极筹饷，为政府后盾等情一案。奉谕：交行政院等因。相应检同原电，函达查照。此致

行政院

计检送原代电一件

中华民国廿一年六月十三日

文官长　魏怀

快邮代电

万急。国民政府钧鉴：日寇横暴，占满攻沪，最近复恿弄溥仪

为傀儡，组织满洲伪政府，以遂其伸张武力，侵略大陆政策。此其目无我国政府及蔑视国联盟约，太平洋会议九国条约、启洛非战条约，直接破坏我国独立领土主权，间接蹂躏世界和平秩序，狰狞凶恶，已暴露于世界。请我政府，本奋斗精神，尽救国雪耻之责，从速出兵东北，恢复失地，以救危亡，而争荣誉，敝会誓积极筹饷为政府后盾。

旅秘华侨对日宣战筹饷总会执行委员会叩

中华民国二十一年四月八日

〔国民政府行政院档案〕

22. 国民政府文官处抄送人民自卫办法方案致行政院公函

(1932年4月13日)

国民政府文官处公函　洛字第1368号

迳启者：奉主席交下贵院呈：据内政、军政两部呈：据人民自卫办法研究会呈报，人民自卫办法方案，经修正通过，乞察核等情，转请鉴核公布施行一案。奉交本处审查，遵即审查，签具意见书，呈奉谕交行政院等因。相应抄同意见书，暨修正方案，函达查照。此致

行政院

计抄送审查意见书一份修正方案一份

中华民国二十一年四月十三日

文官长　魏怀

抄原审查意见书

审查该会所拟人民自卫办法方案，大致适合，惟尚有数点，似应再行修正补充，用期妥善。谨将意见缕陈如次，敬祈鉴核。

一、查原方案第一节文内“全国临时应付国难，防止暴日无理性动作，及共匪乘机扰乱秩序等事”各语。自系表示全国应行总动员，严为防止外侮与内乱，方针所在，自属明确。惟日人狡险万状，前曾屡援国联盟约文引言，厚诬中国到处纷乱，为无组织之国家，不应受国际间同等之待遇。此方案若依照原文公布，则日人将必摘取文内全国防止共匪扰乱，以维护全国人民之生命财产各词，捏为我全国遍地有匪之伪证，及非在华分驻重兵，无以保护日侨之口实，作段矛破盾之反宣传于世界，此点似不可不预为顾及之。兹故拟于原文“共匪”二字上加“或有”二字，觉较活动。

二、办理自卫，贵有联络，否则各自为政，遇有追【捕】凶劫，并亟应联防合作各事宜，势必各不相谋，遗误事机。兹拟于原方案第三节第一项文内“收容”二字下再加“及应如何联防”六字，并将本项文尾“施行”二字改为“办理”二字。

三、虫生恒缘于物腐，匪乱多起于勾串，日寇之利用汉奸，共党之注重农村，莫不以此。兹拟将原文第三节九项之原文内“流氓”二字改为“奸民”二字，并于“乘机”二字下增加“勾结煽惑”五字，似于遏止乱源，较为周密。

四、原文第三节第十项文尾“自行拟定”一句后拟再加续“分报查核”四字，藉资考查，而促进行。

五、原文方案第四节第一项文尾拟再加续“于必要时，并应联合邻区共同筹防”之十四字。

六、原方案第四节第二项文内“统限于二月未日以前，组织完成”一语，现在时期早过，拟即改为“统限于四月未日以前，组织完成”各字，以顾事实。

七、原方案第四节第五项2之原文，实与第三节第九项2之全文字悉同。兹拟查照前列意见三之说明，为同样之增改修正，用期一致。右具审查意见七条，是否有当，仍祈

钧裁

参事王汝翼谨签四月六日

附呈修正草案一份

抄审查修正草案

人民自卫办法方案（国府参事室审查修正草案）

第一　自卫方针

全国临时应付国难，防止暴日无理性动作，及或有共匪乘机扰乱秩序等事，亟应规定人民统一自卫办法，藉以维护全国人民之生命财产与社会秩序之安宁。

第二　自卫区域

首都及全国各省市都会之区为特别自卫，各县区乡镇为普通自卫区。

第三　特别区人民自卫办法

一、各该区最高长官应规画统一自卫办法，凡关于防空防毒、警钟信号，消防救护、收容及应如何联防等事，均应详密规定，交由各级军警长官、行政官吏遵照办理。

二、各该区得斟酌地方情形，按警察局、区署、派出所之管区或自治区，适宜划分为若干自卫分区。

三、各自卫分区下设若干自卫团，以宪兵或警察官长或自治区长负指挥指导之责。

四、各自卫分区内住民，自二十岁以上四十岁以下之男子，除有特别情形外，一律编为自卫团团员，或挨户抽派一人。

五、自卫团须具名册及五家联保切结，此项名册与切结，均须呈造一份送省市政府备查。

六、自卫团经该管政府之许可，得置自卫器具。

七、自卫团应不时招集团员，施行一切自卫训练。

八、自卫团应严密规定各团员分担之任务及紧急之处置。

九、自卫团之任务如左：

1. 防止日人之无理侵入。

2. 严防共匪与地痞奸民等之乘机勾结、煽惑或骚扰。

3. 施行救火。

4. 镇压乱民，维持治安。

5. 救护伤亡人民，并预行指定医院及收容所。

6. 关于防空防毒之实施。

7. 保护各国使领馆、教会及侨民生命财产。

十、自卫团经费及惩奖办法，由各该管政府自行拟定，分报查核。

第四　普通区人民自卫办法

一、普通人民自卫区，以县为单位，即以区保卫团负其全责，于必要时，并应联合邻区共同筹防。

二、如各县保卫团尚未组织就绪者，统限于四月末日以前组织完成。

三、各省政府在此内忧外患严重期间，对于各县保卫团应负严厉督促实行之责。

四、各县保卫团在办理人民自卫期内，应加紧训练，于应受之军事、政治训练外，并加授消防及防空防毒诸方法，并须施以练习。

五、县保卫团应注意之事项如左：

1. 防止日人无理侵入。

2. 严防共匪与地痞奸民等之乘机勾结煽惑或骚扰。

3. 施行救火。

4. 镇压乱民，维持治安。

5. 救护伤亡人民，并预行指定医院及收容所。

6. 关于防空防毒之实施。

7. 保护外人生命财产。

第五本方案如有未尽事宜，得由内政、军政两部会同修正之。

第六本方案自公布日施行。

〔国民政府行政院档案〕

23．章超、符宝琦等组织华侨各团体联合救国会并筹组华侨抗日救国军呈

（1933年4月）

呈为逆敌凭陵，前线紧张，侨等救国情切，亟组华侨救国军，以供杀敌。除分呈军政各机关请予备案外，谨具文恭呈仰祈鉴核备案并予指导事：窃侨等鉴于暴日侵略，有加无已，我政府顾念世界和平，一再诉诸国联求伸正义。讵暴日欲壑难填，鲸吞为念，近更蔑视公理，退出国联，以图逞其大欲，我国人既忍无可忍，政府亦难再宽容，长期抵抗，已具决心，前线紧张于今为烈。侨等远隔重洋，心恋祖国，救国有愿，效死不辞，用是在沪集合成立华侨各团体联合救国会，集中华侨之经济人力，供祖国政府之后盾前驱，故复根据四中全会通过华侨代表所提议组织华侨救国军之决议案，选派理事章超，符宝琦等筹备组织华侨抗日救国军，并推派章符二同志代表入京。分呈军政各机关备案外。伏念先总理致力国民革命凡四十年，以求中国之自由平等，及联合世界上以平等待我之民族，共同奋斗。当兹国难日亟，正全国一致团结御侮之时，钧部上承总理遗训，下为意兆导师，民众景从，侨胞仰望。侨等救国情殷，请缨愿切，除将组织华侨抗日救国军情形迳呈中央政府军事委员会并南京特别市党部备案外，理合具文，并将组织概略、会章、宣言各一份附呈钧部鉴核备案，并乞咨请政府鉴核施行，不胜屏萦待命之至。谨呈

中国国民党中央党部执行委员会

附组织概略、会章、宣言各一份

华侨各团体联合救国会理事章　超

符宝琦

陈论国

陈维新

黄耀如

王有容

符重远

黄子汉

郑　岳

临时通讯处　南京下关虹门口八十八号

中华民国二十二年四月　日

组织概略

谨将华侨抗日救国军组织概略缮呈鉴核

绪言

窃海外华侨，历年对于国难经济后盾输将恐后，虽毁家荡产，亦所不惜，惟以未能效命疆场为憾。自九一八以来，暴日竟敢违反国际公法，破坏世界和平及九国公约，侵占我土地，残杀我人民。送自十九委员会通过报告书后，暴日竟恼羞成怒，进陷热榆，扩大侵略，蔑视公理，惨无人道已达极点。凡我国人，莫不发指眦裂，誓洒热血，以与逆敌周旋。我华侨亦国民份子，爱国之责岂敢后人，用是根据四全代表大会决议案，召集各属华侨总支部出席四全代表，及华侨各团体团结一致，成立华侨各团体联合救国会，并筹备组织华侨抗日救国军，呈请中央军事委员会备案施行。

一、组织之意义及目的

一、此项侨军组织之惟一目的，专为抗日救国收复失地之用，以纯系光明无畏之精神，表现华侨誓死爱国救国之决心，并毫无派别及政治作用，地盘思想，凡热心救国者皆我同志，只知拼命抗日杀敌，对外工作，其他任何内战绝不参加，至达到抗日救国，失地收回为第一步任务终了。

二、第一步任务终了后，即根据议案将侨军开往西北各地屯垦，以免解散后无生活工作，贻害地方，为患非浅。因此决意采用屯垦，既免流害，复可获得开发富源，实业救国之机会，利莫大焉。其屯垦经费仍由侨胞负责募集华侨公债若干万万元，以实行屯垦，启发边疆，巩固国防。倘经费仍有不足，得请中央政府量予补助，其细则另定之。

三、侨军救国工作任务终了，或竟由政府编为国军，为党国长期服务。

四、海外侨胞出国非易，若召回从戎，关系海外华侨事业极大，况于军事训练素未娴熟急切之间必无作战能力，徒供牺牲而已。然国内武装同志向不乏人，为两全其美计，除已失业回国之侨胞志愿投军外，其海外侨胞无庸召回，以尽力捐输，为后方源源接济，代救国从军之职责。

二、侨军干部之预备

五、现因前线紧张为急，则治标起见，先组织华侨抗日救国军，以便克日出关杀敌。但此次抗日恐非短时间所能奏效，尤须注重持久战，应从治本着想，由邓耀、姜一平同志负责组织华侨模范军，在后方积极训练，以造成侨军干部人材，为长期抗日效忠党国之用，与华侨抗日救国军分工合作，本标兼顾，其细则另定之。

三、组织之方法及编制

六、侨军之召集，以失业回国之华侨充之，如不足支配，即同时得于国内退伍同志及各地方武装民众及有志加入之志士共同组织之。

七、侨军所以利用民众及退伍同志者，其利有数端，慨自民元迄今，内战不息，枪枝之遗落民间者，不可胜计，百姓苦于内争，民不聊生，更受环境逼迫，挺而走险，以致流于盗匪。夫人谁无心，非处于万不得已，何肯出此下策，爱国之心人皆有之，虽或误入歧途，若以正义收归必能誓死效忠党国，既使失业同胞不致流离失所，贻害地方，并可藉此机会收集民间遗落枪枝，节省购械经费，共赴国难，而靖内患，免全国军民后顾之忧，得以实现安内攘外之目的。

八、侨军编制之准备步骑炮空四种，兵额暂无定限，最小当以一师为基本，作战时应用队之编制法，全军分为若干队，以便指挥，其细则另定之。

九、侨军之航空机，业由侨胞捐款购备，一俟侨军部队成立时即可加入前线，随时调遣。

十、侨军应设战地医院及救护队，其办法细则另定之。

四、侨军经费之准备及军实之补充

十一、侨军一切经费完全由侨胞负责，顷已由各华侨团体募集基金一百余万元，以后仍继续募集储存应用，至国难解决时为止。此外，热心爱国之同胞，得随意捐助接济军实。

一、澳门现存洋二十余万元

二、香港现存洋七十余万元

三、南洋现存洋四十余万元

四、广州每月捐助洋五十万元

五、其他个人愿捐未计。以上各款，非俟侨军成立出关杀敌时不得动用。

十二、侨军之服装给养械弹飞机除已有外，统由侨胞负责集资购备，由总会颁发分配，如械弹有不继之虞，于必要时得请中央军事当局补助之。

五、通讯及宣传

十三、侨军应于首都、北平、香港等重要地点设通讯处，以便办理后方之接济及传达消息事宜。

十四、侨军设宣传部，应分三种：文字、摄影、演讲。此外须派专员赴海外宣传及报告战情。

六、侨军之善后

十五、侨军于作战时有伤亡者，其抚恤宜较普通军队优待，分伤亡、残废等，以及家属一切，其细则另详议章。

十六、侨军死难同志之子弟，应设华侨救国军遗族学校教育之，以造就后进人材，而慰先烈。

十七、侨军救国工作完成后，除开往西北等地屯垦外，仍应创设华侨工商业储蓄银行，以发展国内之工商业，挽回利权，其细则另详议章。

七、附则

十八、本概略由大会通过呈请备案施行。

华侨各团体联合救国会会章

第一条　本会定名为华侨各团体联合救国会。

第二条　本会以集中华侨救国抗日力量，达到收复祖国领土为宗旨。

第三条　本会系华侨各会社团体及名流志士共同组织之。

（一）华侨各团体代表；

（二）个人参加为会员；

（三）赞助人。

第四条　本会以代表大会为最高机关，代表大会由隶属本会之团体派代表组织之，每团体得派代表一人出席代表大会，以三月开会一次，但于必要时得召集临时会议。

第五条　凡隶属本会各团体须服从本会决议，凡有不服从本会决议及破坏本会行动者，经理事会调查确实，提出代表大会请其撤换代表或退会。

第六条　本会以入会之各团体代表及名流志士组织理事会，公推理事二十五人至三十五人，处理代表大会一切决议事项，及一切会务进行事宜。

第七条　新团体会员得增加理事名额一名，由代表大会补选之。

第八条　本会理事除赞助者外，每社团出席一人，其在海外远方者，得委托一人兼代之。

第九条　理事会每月开会一次，如有必要时得由常务理事会召集临时会议，前项会议主席由出席理事公推一人充任之，其议事须有三分一之理事团体之出席，出席理事过半数之同意决定之。

第十条　本会由理事会推选七人至九人为常务理事，办理一切日常会分。

第十一条　本会理事会每月开会一次，如有必要时得召集临时会议。本会常务理事会每星期开会一次，如必要时得随时召集临时会议，处决一切紧急事务。

第十二条　本会得组织经济委员会及华侨救国军委员会，实现救国工作，办理细则另定之。

第十三条　前项会议之主席由常务理事轮充之，其议事以常务理事过半数之出席，出席人过半数之同意决定之。

第十四条　本会常务理事会之职责如左：

（一）办理本会会章规定事项，

（二）执行理事会交办事项，

（三）进退并监督各处会人员事项，

（四）处理其他一切日常事项。

第十五条　本会对外发表文件须经常务理事三人以上之签允署名方为有效。

第十六条　本会设左列四处及各股，职责如左：

（一）总务处，设主任一人，办理交通股、登记股、救济股、调查股一切事宜，每股股长一人，事务员若干人。

（二）秘书处　设主任一人，办理文书股、保管股、撰缮股、收发股一切事宜，每股设股长一人，事务员若干人。

（三）宣传处　设主任一人，办理出版股、编译股、演讲股一切宣传事宜，每股设股长一人，事务员若干人。

（四）经理处　设主任一人，办理庶务股、会计股一切事宜，每股设股长一人，事务员若干人。

第十七条　本会经费由华侨各团体担任，发起人及赞助人得随时补助之。

第十八条　本会经费收支，由常务理事会编制预算，报告理事会并登周刊公布之。

第十九条　本会经费以左列各项收入充之：

（一）入会费，每团体最低额拾元，

（二）常年费，每团体最低额拾元，

（三）会内外各团体及会内外个人自由捐款。

第二十条　本会理事会、常务理事会及各处会办事细则另定之。

第二十一条　本会会址暂设上海大马路四川路一一九号A二楼。

第二十二条　本会会章自代表大会通过之日施行，如有未尽事宜得由理事会提议修改之。

华侨各团体联合救国会宣言

慨闻多难所以兴邦，输财亦以救国，杀敌乃能雪耻，团结贵乎一心。前以暴日诡夺东北，强炸沪淞，我侨胞迫于义愤，慨慷输将，逾数千万，冀救祖国于垂危，为我华族争光荣，无所惜亦无所畏也，乃时越年余，义军浴血于前，国人输将于后，而前方将士，竟有日困冰雪地，露宿风餐，弹尽援绝，未得分毫救济者。良以见闻较远，散漫难稽，而义捐之出入，毫无系统，以致审计乏准，多寡不均，抱向隅之憾者颇不乏人。兹者暴日凭陵，有加无已，榆热失陷，长城鏖兵，平津可危，华夏岌岌。侨等或远处海外，或旅居东南，风鹤频惊，虫沙未化，前车虽失，来轸方遒，请缨有路，愿学终军，输财助边，争为卜式。或为援军之敌忾，或为恤难之疗伤，或为慷慨之从戎，或为毁家之纾难，爰特联合华侨各属团体，组成斯会，步趋统一，众志成城，并遵四中全会通过华侨代表所提华侨救国军之决议案，组织华侨抗日救国军，公推章超等赍文入京，呈请中央党部、中央政府、军事委员会、侨务委员会备案施行。集华侨之经济人力，供祖国之后劲前茅，庶事权统一，力量集中，挽将倒之狂澜，为政府之后盾。尤有进者，侨等此次组织，光明纯洁，誓愿牺牲，既无权利之心，更无党派之见，但求有利于国，金钱生命，绝所不惜。伏希邦人君子，共体时艰，赞襄此举，同伸义愤，以救国魂，凡在同胞，会当援手，天相中国，定翦仇雠，俾白日青天，旌旗耀彩，白山黑水，疆域依然。我国民之资格，神圣何如；我国民之历史，光彩何如，此则侨等所馨香祷祝者也，谨此宣言。

华侨发起各团体及代表团人名列左

广州华侨联合办事处
海外同志社
华侨互助社
华侨联合会
港澳华侨互助社
安南西贡华侨同仁社
暹罗总支部
缅甸总支部
越南总支部
南洋英属总支部
南洋荷属总支部
华侨工业联合会
驻广州华侨宣传队

陈论国　陈孔持　陈维新　蔡润生　符重远　章　超　吴　逸
陈□俊　郑曼青　吴应彪　吴凯声　吴宗濂　江肇周　刘松平
刘镜如　周伯甘　赵士明　徐瑞明　黄大汉　黄子汉　黄耀如
熊长卿　王有容　戴天道　符宝琦　许建枢　毛　墉　吴子垣
许汉康　李天德　赖卓禄　林淳源　邓　耀　凤岐山　吴以仁
赖　瑛　程翼亭　杨介西　罗静予　刘常正　柯安之　郭安疆
黄琴生　梁　南　方英鹏　范　朋　吴绍基

本会各界赞助人台衔列左

蔡元培　陈树人　于右任　陈公博　周启刚　黄金荣　杜月笙
王晓籁　王一亭　陈炳谦　黄炎培　虞和德　史量才　周瘦鹃
奚九如　经亨颐　何香凝　顾墨兰　吴铁城　文鸿恩　刘鸿生
谭海秋　谭海安　张公权　吕公望　翁志毅　蔡郭景　李　君
严独鹤　潘公展　戴　戟　周佛海　李烈钧　许世英　李思浩
吴应培　辜味三　郭　乐　施德之　周柳五　张富天　范凤源
屠心矩　方振式　柏文蔚　宋渊源　褚民谊　宋子良　董　康
薛笃弼　史　良　江一平　吕复生　吕复初　黄孟圭　吕　醒
叶恭绰　钱新之　杨　虎　吕渭生　萧佛成　狄楚青　唐寿民
王鲲徒　张大千　陈大悲　王名善　许啸天　陈健安

中华民国二十二年　月　日

中央民众运动指导委员会特社科全祖懋等签呈

奉派于昨（十）日赴侨委会军委会京市党部查询关于华侨各团体联合救国会组织华侨救国军已否呈请核准备案事，兹报告如左：

一、据侨委会黎子机同志云：此事最初酝酿于香港，自李福林来京后，及一部份归国华侨正欲捧伊出山，其目的不外：1。欲以团体名义向海外募款，2。藉以安插失业归国华侨。侨委会据该会来呈；曾以“呈件均悉，查军事组织，另有主管机关，所请备案，未便照准，仰即知照，……”批令该会，嗣因无法投送，故该项批令仍暂存未发；至沪市党部对于该会曾否准许备案，不得而知等语。

二、据军委会第一厅云：关于此案之处理，现尚未决定办法。

三、据京市党部唐国桢同志云：此案前据该会代表称已呈沪市党部备案，京市党部答复以应呈由沪市党部转呈中央或由该会迳呈中央备案等语。

查华侨救国军之组织，系属军事范围，应由主管机关核办，至该会曾否呈请沪市党部核准备案，其组织份子是否纯洁，拟函请沪市党部查复后，再行批答。当否？呈核。

职吴雪澄　廿二·五·十一

特社科

金祖懋　五·十一日

拟如拟请核

孔毅

五月十一日

如拟

庚由

五月十一日

〔国民党中央民众训练部档案〕

24. 侨务委员会抄送大溪地华侨抗日救国会组织章则致中央民众运动会备案函

（1933年8月1日）

侨务委员会公函　务字第679号

迳启者，案据驻法大溪地华侨抗日救国会呈报组织进行经过，并附章程、职员表及节约筹饷会组织大纲，请予备案等情。查该会组织尚无不合，业经本会核准备案。相应抄送原章程、委员名单及节约筹饷组织大纲各一份，函请查照备案为荷。此致
中央民众运动指导委员会

计附抄原章程一份，职员表一份、节约筹饷会组织大纲一份

委员长　陈树人（印）

中华民国二十二年八月一日

大溪地华侨抗日救国会章程

第一条　本会定名为大溪地华侨抗日救国会。

第二条　本会以抵制仇货，实行对日经济绝交及筹募义款，接济抗日将士军费为宗旨。

第三条　本会组织采用委员制。

第四条　本会委员名额定为二十九人至三十九人。

第五条　本会设常务三人。

第六条　本会设文书、财政、会计、检查、宣传五科，每科设主任一人，科员若干人。

第七条　本会常务由委员互选之，各科主任及科员由本会推定之。

第八条　本会系于民国二十年十月间组织成立，各委员是由各华侨团体推出之，但有增加委员必要时，可由委员会议通过增加之。

第九条　本会委员由改组日起以一年为一任期，得连选连任。

第十条　本会办事细则另订之。

第十一条　本章程乃于二十二年五月二十一日改组时修正之。

第十二条　本章程如有未臻完善之处，得由本会随时修改或增加之。

大溪地华侨抗日救国会职员表

本会委员

余伯良　冯仲琴　萧宗何　阮汉祥　王健海　林镜晶　傅士耕
钟奕尧　丘启新　凌习之　吴威廉　周沃基　罗　鸿　邝杞胜
萧少雄　黄一帆　萧毓馨　刘　标　温英和　邝修习　陈鸿麻
陈燊就　巫映华　王　成　余晋勋　余廷康　丘仲贤　凌习湘
刘逐胡

常务委员

余伯良　冯仲琴　萧宗何
文书科主任王健海　　科员余达寰　林镜晶
财政科主任冯仲琴　　科员萧宗何　萧少雄　丘仲贤
会计科主任丘仲贤　　科员周沃基　巫映华　萧毓馨
宣传科主任钟奕尧　　科员黄一帆　丘启新　林镜晶
检查科主任傅士耕　　科员周沃基　吴威廉　余文腾　刘逐胡
邝杞胜　凌习之　王　成　萧毓声

附：大溪地华侨抗日救国会委员就职宣誓词

予以至诚，誓遵本会规章，实行抗日救国工作，尽忠职务，严守秘密，不徇情，不为己，并服从本会一切议决案。如有违背誓言，愿受最严厉处分。此誓。

宣誓人

大溪地华侨抗日救国会附设节约筹饷组织大纲

第一条　本筹饷会是由抗日救国会组织之，所有一切进行事宜，归该会处理之。

第二条　本筹饷会实行联络侨胞，节约各种费用，作长久义捐，源源接济抗日将士军费为宗旨。

第三条 本筹饷会对于侨胞节约救国办法，分为十项：(甲)赠送礼物之节约，(乙)宴请宾客之节约，(丙)烟酒装饰之节约，(丁)影戏游乐之节约，(戊)日常消费之节约，(己)家庭开支之节约，(庚)商店支消之节约，(辛)团体经费之节约，(壬)婚丧喜事之节约，(癸)其他种种之节约。

第四条 凡热心爱国华侨，可量其个人财力及每月能节约各种费用若干，作为每月义捐，该项义捐可听各人自由乐认，不拘多少。

第五条 凡各人所认每月节约义捐，每月征收一次，每逢一号开始征收，由征收人发回本会收条为据。

第六条 凡热血侨胞，如有乐认此项救国月捐者，无论多寡，均将其芳名登诸报章，及呈报政府存案，以资鼓励，而表热诚。

第七条 凡已乐认月捐于前，嗣后因生计艰难而无能力缴交者，可由其本人说明原委，得准予停缴。

第八条 本筹饷会所收入一切款项，由抗日救国会推举有信用之理财员保管之，或交银行存贮之。

第九条 本筹饷会每月将所有一切进支数目公布一次。

第十条 本筹饷会所筹获之款，应汇何机关或何人收用，由抗日救国会委员会议表决之。

第十一条 本筹饷会进行，以中日战争停止时为结束时期。

第十二条 本筹饷会系附设于抗日救国会之内，可称为节约筹饷总会，其他各环头各埠仔华侨可设立节约筹饷分会。

第十三条 本组织大纲如有不妥之处，得由抗日救国会委员会议修正之。

〔国民党中央民众训练部档案〕

25. 国民政府嘉奖檀香山国难救济会等捐资救国令

（1934年10月13日）

国民政府令

行政院呈，据内政部呈送华侨捐款请奖清册，转呈分别给奖一案。查有檀香山国难救济会、利马中华商会，泗水华侨救国义赈会，普罗波稜果埠赈灾会，均各捐款拾万元以上，该会等热忱爱国，慷慨输将，核与人民捐资救国奖励办法第二条第四款规定相符。除颁给金质奖章外，应予明令嘉奖，以昭激劝。此令。

中华民国廿三年十月　日

〔国民政府档案〕

26. 旅美华侨请政府开放政权积极抗日电

（1935年12月—1936年1月）

（1）金山中华总会暨美洲拒日总会电（1935年12月16日）

国民政府主席、蒋院长钧鉴：华北独立，自甘瓜分，民心激昂，正堪一用，请俯顺舆情，诛奸抗敌，以挽危亡。否则，民心失而大事去，悔将何及，祈熟筹为叩。金山中华总会馆暨美洲拒日总会。铣。

（2）纽约全侨抗日救国会要求组织国防政府电（1936年1月）

国民政府文官处公函　密字第一三号

迳启者：奉主席交下纽约全侨抗日救国会电称：媚日卖国，九省沦亡，侨情愤激，请开放政权，组织国防政府，积极抗日，否则声罪致讨一案。奉谕："交行政院转饬查明开导"。等因。相

应检同原电，函达查照为荷。此致

行政院

计检送原电一件

文官长　魏怀

中华民国二十五年一月九日

纽约来电

南京。国民政府鉴：媚日卖国，九省沦亡，侨情愤激，请即开放政权，组织国防政府，积极抗日，否则声罪致讨。纽约全侨抗日救国会。

〔国民政府行政院档案〕

〔七〕 重大历史事件

（一） 国民政府迁都洛阳与国难会议的召集

1. 国民政府移驻洛阳办公宣言

（1932年1月）

自日本以武力侵占东北以来，政府一面尊重华盛顿九国条约、国联盟约、凯洛格非战公约之精神，虽衅自彼敌，仍坚持忍耐，以候签约各国之主持公理，一面严饬军警，应以全力捍卫地方，保障人民生命自由财产之安全，苦心维护，于兹数月。而日本进逼不已，最近竟已大批战舰驶至上海，并输送陆空各军，藉口市民抗日举动，以使用暴力，横相恫吓。夫人民组织团体，以急国难而御外侮、本出于爱国之热诚，苟无越轨行动，政府无从加以干涉，惟政府为避免战祸计，已不恤一再迁就日本之要求，始则对于民众抗日之言论行动稍涉激烈者，均予禁止，继再晓谕各种民众团体，自动取消抗日名义，以杜强邻之藉口。本月二十八日午后一时四十五分，上海市政府对于日本驻沪领事之要求，已予以日领自身亦认为满意之答覆，而同晚十一时二十五分，日本第一外遣舰队司令官忽来通告，迫我上海驻军让出防地，俾其占领，军队有守土之责，讵能应其所求，日本军队遂即向我军进攻，竟使上海繁盛市面罹于兵燹，且使用无限制之飞机轰炸政策，平民生命财产惨受荼毒，数量之巨，无可估计，同时首都及长江上下游各重要市镇，亦有日本军舰到处挑衅。夫日本所以继续使用此等暴力政策，且进而愈厉，其用心不过欲威胁我政府，使屈服于丧权辱国条件之下。政府受国民付托之重，惟知保持国家人格，尊重国际信义，决非威武所能屈，惟有坚持原定方针，一面督励军警从事自卫，决不以尺土寸地授人，一面仍运用外交方法，要求各国履行其条约上之责任。日本此次滥启兵祸，破坏和平，不但中国领土主权遭其损害，举凡华盛顿九国条约、国联盟约、凯洛格非战公约，亦为之毁弃无余，政府深信中国对于此等暴行有正当防卫之权利与义务，同时深信各国为维持世界和平及国际信义亦必不能坐视。兹者政府为完全自由行使职权，不受暴力胁迫起见，已决定移驻洛阳办公，望我各省区行政长官及军队长官同心协力，各尽所职，以靖地方而安人民，尤望我全国民众，以勇毅沉着之精神，共赴国难，勿嚣张，勿畏葸，务使暴力无所施，正义得以申，国家安危，悉系于此。愿共勉之！国民政府主席林森、行政院长汪兆铭、立法院长覃振、代司法院长居正、代考试院长□□□、监察院长于右任。

〔《国民政府公报》第三十集〕

2. 国民政府召集国难会议令

（1932年1—3月）

（1）1月18日令

国民政府令　二十一年一月十八日

民国肇造廿有一年，变乱频仍，幸克戡定，迄于今日，内忧甫息，外患方长，凡我国人，亟宜淬励精神，共同御侮。兹定于二月一日在首都举行国难会议，广集忧时之士、经世之才，各本救国之诚，共谋自卫之道，一心一德，济此艰危。所有会议一切事宜，着由行政院妥为办理。此令。

（2）2月5日令

国民政府令　二十一年二月五日

国难会议前定于二月一日在首都举行，经饬行政院妥为筹备。兹据该院呈称：现距开会之期甚近，会员散处各地，虑未能如期齐集，请予展期。等语。应即改于二月十一日举行。此令。

(3) 3月10日令

国民政府令　二十一年三月十日

国难会议前经改定二月十一日开会。兹据行政院呈称：当因国府移洛，筹备不及，未能如期举行。等语。应即定于四月一日在洛阳举行。此令。

(4) 3月23日令

国民政府令　二十一年三月二十三日

国难会议着改于四月七日举行。此令。

〔中国国民党中央执行委员会秘书处档案〕

3. 行政院秘书处抄送洛阳行都筹备委员会会员名单致何应钦函件

(1932年3月17日)

笺函　第二七六号

敬启者。查本院第八次会议决议设洛阳行都设备委员会，推何部长应钦为委员长，委员若干人，由中央党部、国民政府各院部会各推一人组织之一案，奉院长谕，分别函知。等因。当经分函在案。旋准各机关推定会员前来出席，除尚未推定会员之机关不计外，有内政部秘书项昌权等廿二人，相应抄送名单，函请查照。此致

何部长

计抄送名单一纸

行政院秘书长　褚○○

中华民国二十一年三月十七日

内政部	秘书项昌权
国民政府	吕参军长超
训练总监部	厅长陈启之
军事委员会	处长张谞文
禁烟委员会	处长胡毓威
参谋本部	科长刘祖舜
司法行政部	秘书卢益美①
	司长王淮琛
军事参议院	参议张翼鹏
司法院	秘书齐文书
中央党部秘书处	委员李敬斋
实业部	次长郭春涛
铨叙部	司长马鹤天
铁道部	司长萨福均
考选委员会	科员冯举安
交通部	科长张心澄
外交部	秘书靳　志
蒙藏委员会	秘书易宇昌
考试院	参事饶炎
立法院	秘书长吴景鸿
监察院	委员刘莪青
洛阳卫戍司令部	副官周　旋

①1932年3月15日，卢奉调回部，由刑事司长王淮琛接替。

行政院　　　　　　　　　　　　　　　　　　秘书刘泳闿

〔国民政府行政院档案〕

4．国民政府公布国难会议组织大纲令

（1932年3月17日）

国民政府令　二十一年三月十七日

兹制定国难会议组织大纲，公布之。此令。

主　　席　林　森

行政院院长　汪兆铭

国难会议组织大纲　二十一年三月十七日公布

一、国民政府依据中国国民党第四次全国代表大会之决议，为集中全国意志、共定救国大计起见，召集国难会议。

二、国难会议会员由国民政府就全国各界富有学识经验资望之人士聘任之。

三、国难会议定于二十一年四月一日在洛阳行都举行①。

四、国难会议会期暂定为五日。第一次开会后由主席团随时通知继续开会。

五、国难会议设主席团三人至五人，由国难会议会员推定之。

六、国难会议设秘书处，其正副主任由行政院院长呈请国民政府特派之，其职员由正副主任就各机关人员调用之。

七、国难会议议事规则另订之。

八、本大纲由国民政府公布施行。

〔中国国民党中央执行委员会秘书处档案〕

---

① 国难会议后改于4月7日召开，4月11日闭幕。

5. 国难会议会员姓名录①

（1932年4月）

国难会议议事规则第四条："中国国民党中央执监委员会委员、国民政府委员、各院院长及各院所属部会之部长、委员长均得出席。"除将中央委员、国府委员、各院各部会长姓名另录外，兹列会员姓名如左：

丁小川　丁文江　丁默村　王斧　王恕　王瑚　王震
王大桢　王代之　王世杰　王立哉　王先强　王兆荣　王克敏
王星舟　王造时　王云五　王景歧　王揖唐　王昆仑　王曾善
王汉良　王晓籁　王礼锡　王镇五　王鲲徙　尤烈　孔庚
孔力行　方治　方壮猷　巴哈布　石信嘉　札葛尔　史量才
左舜生　皮宗石　安钦呼图克图　成平　光昇　伍光健　任鸿隽
朱纶　朱朴　朱文中　朱化鲁　朱世明　朱兆莘　朱广伟
朱经农　朱庆澜　伊德钦　吕寒潭　李铭　李潢　李实　李石岑
李永祥　李平衡　李松风　李宗侗　李星辉　李根源　李时蕊
李清泉　李书城　李书华　李登辉　李德新　李煜堂　李广安
李锡九　李锡恩　李翼中　李麟王　邱铣　汪竹一　汪伯奇
汪荣宝　吴晋　吴之椿　吴公义　吴有惠　吴佩孚　吴昆吾
吴鼎昌　吴经熊　吴鹤龄　余日章　余家菊　余森文　谷正鼎
谷钟秀　何侃　何公敢　何思源　何家驹　何丰林　沈尹默
狄葆贤　杜镛　杜惠生　杜锡珪　刑士廉　祁志厚　宋渊源
延国符　那木济勒色楞　那彦图　沙必哈（即沙里瓦呼图克图）
沙克都尔札布　冷遹　巫明远　虎臣　金一羽　金井羊　金问泗
周守一　周作民　周炳琳　周诒春　周震麟　周鲠生　林实

① 选自《国难会议会员须知》。

林文庆　林光汉　林忠钧　林柏生　林冠英　林植夫　林义顺
林寿昌　林学衡　武肇煦　阿汪札巴　阿育勒乌贵　阿勒垣瓦齐
尔　阿穆尔沁格勒图　卓特巴札布　易培基　胡筠　胡适　胡霖
胡大刚　胡文虎　胡元倓　胡廷銮　胡若愚　胡孟嘉　胡宗铎
胡建中　胡春霖　胡庶华　胡捷三　段祺瑞　俞仙亭　俞希稷
俞庆棠　贡觉仲尼　洪兰友　唐文治　唐锦柏　徐模　徐谦
徐元诰　徐邦杰　徐佛苏　徐炳昶　徐淑希　徐绍桢　徐新六
马良　马天则　马立群　马君武　马洗繁　马寅初　马叙伦
马邻翼　孙洪伊　孙华甫　孙传芳　孙绳武　夏鹏　班禅喇嘛
凌升　陈言　陈垣　陈三立　陈少白　陈安仁　陈克文　陈亚夫
陈启天　陈密来　陈高庸　陈书农　陈寅恪　陈彬龢　陈博生
陈登皞　陈禄仁　陈嘉庚　陈辉德　陈锦涛　高阳　高鲁
高一涵　高维岳　郭春秧　郭泰祺　耿毅　曹惠群　曹麟生
鲁耀堂　张寅　张怀　张一麐　张九维　张子柱　张元济
张平江　张永福　张志潭　张伯苓　张居平　张东荪　张秀鸾
张训钦　张国恩　张国乔　张嘉森　张嘉璈　张镜波　张耀曾
冯少山　冯自由　许世英　许克诚　许崇清　许静芝　章士钊
章炳麟　章嘉呼图克图　常乃德　常恒芳　勒尔默尔根　梁士诒
梁建章　梁漱溟　陶因　陶冶公　陶希圣　陶知行　陶孟和
陶家瑶　梅心如　梅思平　陆伯鸿　陆京士　陆宗骐　陆晶清
崔泽南　黄侃　黄郛　黄琬　黄节　黄一欧　黄大伟　黄石公
黄伯耀　黄炎培　黄金荣　黄海山　黄展云　黄梦飞　汤修慧
汤尔和　褚辅成　贾景德　贾德耀　曾琦　曾醒　曾济宽
童冠贤　钮永建　温宗尧　程子楷　程中行　程善之　达克丹蹇
苏臆云丹垣布　彭允彝　彭伯勋　彭学沛　彭济群　翁文灏
傅斯年　云端旺楚克　雷殷　董康　董显光　杨堃　杨铨
杨大实　杨天骥　杨全宇　杨在春　杨时杰　杨端六　杨寿彭
杨赓笙　和蒙巴图尔　虞和德　载涛　业喜海顺　叶荃　叶夏声

叶琢堂　叶惠钧　葛武棨　齐莫特散帔勒　赵熙　赵日生　赵正平
赵光庭　赵叔雍　赵恒惕　赵凤昌　熊希龄　荣宗敬　德穆楚克
栋鲁普　邓长耀　邓寿荃　蒲良柱　刘哲　刘通　刘庄　刘馥
刘子班　刘天予　刘元功　刘汝贤　刘成灿　刘治洲　刘叔模
刘家驹　刘崇杰　刘揆一　刘景山　刘湛恩　刘凤竹　刘蔚如
刘鸿生　刘蘅静　霍战一　谈荔孙　黎照寰　臧启芳　汉罗沙布
郑洪年　郑达初　郑震宇　蒋群　蒋北斗　蒋廷黻　蒋梦麟
蒋举清　樊象离　穆湘玥　钱永铭　钱端升　潘炳融　卢信
卢寿　卢水祥　卢印泉　卢学溥　谢仲复　谢英伯　谢寿康
欧元怀　欧阳南　钟天心　钟荣光　萨镇冰　邝炳华　邝震鸣
颜福庆　燕树棠　阎幼甫　冀贡泉　戴任　戴修骏　萧训　萧瑜
魏丕治　关崇颍　韩树业　韩觉民　罗方中　罗桑楚臣　罗贡华
罗时实　罗隆基　顾忠琛　顾维钧　龚德柏　马庸　达寿
恒诗峰

以上共计四百零八人，均以笔画先后为序①。

〔中国国民党中央执行委员会秘书处档案〕

6. 国难会议预备会记录

（1932年4月7日）

时间：中华民国二十一年四月七日下午二时
地点：洛阳西工国难会议会场
出席会员一百四十二人：
胡健中　邓长耀　王汉良　丁小川　陶冶公　林学衡　王星舟
张国乔　戴　任　李永祥　林　实　张平江　刘蘅静

① 此名单中后三人是后加入的，并非以笔画先后为序，故共计四百十一人。

萧　训　谷正鼎　胡廷銮　罗方中　王　斧　李星辉　李翼中
胡大刚　皮宗石　陶孟和　徐邦杰　王鲲徙　陈　言　李根源
宋渊源　黄大伟　邝震鸣　王代之　王　恕　罗时实　陆晶清
周守一　臧启芳　李锡恩　刘元功　达　寿　霍战一　梅思平
林冠英　石信嘉　何思源　朱　朴　周炳琳　陶希圣　金一羽
杨全宇　俞希稷　谢仲复　陈登皞　葛武棨　武肇煦　张国恩
赵光庭　朱化鲁　虎　臣　刘蔚如　刘　通　邱　铣　黄展云
叶夏声　杨时杰　陈士凯　王立哉　刘子班　胡春霖　黄梦飞
马寅初　刘曼卿　王曾善　延国符　陆宗骐　张　怀　吴有惠
魏丕治　余森文　蒋廷黻　钱端升　高　阳　祁志厚　何家驹
彭伯勋　刘家驹　刘成灿　郑震宇　杨　堃　刘揆一　刘叔模
刘风竹　潘炳融　许静芝　方壮猷　李松风　陆京士　陈亚夫
朱经农　朱　纶　阎幼甫　杨端六　俞仙亭　高一涵　何　佩
孔力行　张居平　陈克文　陈少白　吕寒潭　唐锦柏　李　实
顾忠琛　曾济宽　陈书农　蒲良柱　赵日生　伊德钦　汪竹一
萧　瑜　李宗侗　李广安　龚德柏　朱文中　王先强　王晓籁
韩觉民　吴昆吾　王礼锡　卓特巴扎普　阿育勒乌贵　贡觉仲尼
阿汪扎巴　巫明远　沙里瓦　童冠贤　光　昇　常恒芳　邓寿荃
杨天骥　林寿昌　马天则　林义顺

出席中国国民党中央执监委员十人：

王法勤　汪兆铭　顾孟余　陈公博　王陆一　李次温　黄吉宸
苗培成　褚民谊　张苇村

出席监察院审计部部长：茹欲立

立法院法制委员会委员长：王用宾

列席四人：

靳志　黄朝琴　伊希扎拉散　徐景贤

秘书处主任褚民谊报告拟请会员中年龄最高之戴任先生为本日预备会议临时主席，咨询有无异议（全场鼓掌赞同）。

临时主席　戴任

秘书处主任　褚民谊

　　副主任　彭学沛

纪录　王子壮　朱云光　张乃恭　许靛芝

主席恭读总理遗嘱

一、秘书处主任报告筹备本会议之经过（报告印附）

二、推举主席团：

（一）经讨论决定主席团人数定为五人，由会员以记名联选法自由票选之；

（二）由主席指定高一涵、朱经农、李宗侗、常恒芳四会员为监票员；

（三）选举结果：一、王晓籁得六十六票，张伯苓得四十票，高一涵得三十七票，刘蘅静得三十五票，童冠贤得三十二票，当选为本会议主席团；二、得票次多者三人，臧启芳二十七票，马寅初二十六票，杨端六二十四票。

三、抽定席次：

会员席次抽定如左：

国难会议会员席次表另附。

四、决议：以本日预备会议到会会员名义电请平津沪会员即日来会，电文交秘书处起草，由主席团核发。

五、朱会员经农临时提议，凡关于国防外交之议案或报告，须经主席团核准，始得对外发表案

决议：照办。

六、汪院长临时提议，拟请推举即将来洛与会之章嘉呼图克图为本会议名誉主席，以示尊崇案

决议：通过。

七、余会员森文临时提议用本会议名义致电慰劳前方将士案

决议：通过，交秘书处起草，由主席团核发。

国难会议秘书处正副主任报告筹备经过〔略〕

会员席次表〔略〕

〔国民党中央宣传部档案〕

7. 汪精卫在国难会议开幕式上的开幕词

（1932年4月8日）

国难会议会员诸位先生：

今日在洛阳行都开国难会议，我们对于当前的国难，是抱着一种共同的希望，即是希望大家能够领导全国来解决现在的困难问题，关于这一点，我们对于国难会议的前途，是抱着无限的热望，而对于诸位先生的热诚，不惜牺牲宝贵的光阴，长途的跋涉，来此开会，我们尤是表示十二分的敬意。

此次国难会议的举行，是根据去年十一月二十二日中国国民党第四次全国代表大会的决议，其后十二月二十八日一中全会之时，又决定在国难会议中讨论御侮、救灾、绥靖各事宜，接着国民政府于今年一月十八日发布命令并决定于二月一日在南京开会，但是不幸遇着上海的事件发生，一月三十日国民政府迁都洛阳，以致国难会议不能如期开会，延期两次，到今日才能在洛阳行都举行开幕，这是完全因为临时事故发生所致，要请各位会员原谅的，至于最近的情形，本来有几位会员提议在南京开会，但是因为政府不在南京而在洛阳，所以不能不在政府所在地举行会议，以至远劳各位跋涉来到此地，这是我们所抱歉的。

我们知道，今天我们在此开会，是中华民族意识一致的表示，这种民族意识，是中国四千余年的结晶，也就是支持我们四千余年国家的唯一命脉，自从民国成立以来，这种民族意识的表现更为明显，辛亥革命的成功就是第一先例，但是我们的民族意识，不独带有民族性，而且带有世界性，所以有人以为我们的民族意识是排外的，那是完全错误的。我们对内，固然是求国内民族之自由平等，所以因此而有辛亥的革命，但是我们对外，也是求中国整个民族之对于世界的自由平等，所以因此而有二十年来不断的奋斗，不幸在我们努力求自由平等的当中，日本以为这是对于他们的不利，于是不断的向我们进攻。辛亥年间，日本曾有人提议将中国分成南北两个国家，南为共和，北为帝制，这便是日本向我们进攻的第一步，这种意见，在日本政客当时所发表的议论，处处都可以看见，不过这种阴谋，终为我们民族意识一致所战胜，于是日本第一步的进攻便失败了。民国四年，日本乘着欧战的机会向中国突然提出二十一条的要求，这便是日本第二次向中国的进攻，因为日本进攻的结果，致使中国国内，不断的有革命的战争，虽然中经民国八年的巴黎和会，民国九年的华盛顿会议，但仍未能完全打断这种锁链。然而自此之后，中国民族的意识更加发扬，更加团结，所以有十五年的北伐，但是日本又在此时向中国作第三次进攻，演成十七年间的济南惨案。因为他不愿意使中国国民革命成功，更不愿意使中国达到自由平等的目的，所以到了现在，日本人又向中国作第四次的进攻，此次的进攻，由东北而延及于东南，比之济南惨案及二十一条件更为利害，所以我们要打破这个难关，必定要将我们的民族意识提振起来，加倍团结，加倍奋斗！

自从去年九月十八日日本出兵侵占东北以来，我们对于东北边防军的不抵抗是非常失望的，但是东北的民众能够本着固有民族的意识，继续奋斗，各地的义勇军纷纷举义，不为日本武力所屈服，这是使我们从悲痛中生出无限的快慰。现在满洲所成立的傀儡政府，其实这种政府连傀儡亦不是，我们可以说是俘虏政府，因为他是完全自由于日本武力强逼之下而成立的，所以我们定必以全力来解放这种俘虏的政府。

至于东南方面，自从一月廿八日日本开始进攻以后，我们的军队便即时抵抗，虽然我们损失极大，人民生命财产牺牲无数，文化机关、经济组织破坏无余，失业的难民触目皆是，但是在这种情形之下，我们淞沪的人民，不独全无怨言，而且能够奋勇援助抵抗的军队，我们虽然在物质方面，战争利器和交通利器都不及敌人，以至上海的军队不能不撤退，但是我们的民众却因此而更加发奋，这完全是民族意识的具体表现，这种民族意识在今日的国难会议中反映出来，表示出中国全国人民求自由平等的努力，关于这一点，我们对于国难会议诸君是有无限的敬意的。

兄弟今日除了致敬于诸君以外，还有两点意思想说明的，第一点是责任的问题，此次国难的发生，是否由国民党所做出来的呢？这个问题我们不欲多辩，但是如果以中国之情状和世界的大势看来，则中国因求自由平等之故，国难是必然会发生的，不过国民党的同志，对于国难的责任是完全担负，不能推诿的，我们今日在此开国难会议的意义，并不是想将责任推在国难会议诸君的身上，我们固然是极愿接纳各位的赞助，但是我们绝没有推诿责任的意思，关于这一点，是希望各位明白的。

第二点是权限的问题，此次行政院筹办国难会议，是遵照国民政府的命令，而国民政府的命令，是根据中央党部的决议在国难会议里讨论御侮、救灾、绥靖各事宜，所以如果是在这范围以内的问题，诸君讨论所及，行政院是当然负责答复。但是如果在范围以外的问题，则恕非行政院权限所能负责答复了。然而诸君如有意见，尽可自由发表。不过兄弟只是想说明行政院的权限，至于关于军事、财政、外交各种问题，与御侮救灾绥靖有关系的，行政院各部经已预备向各位报告，待议事日程议定后，便可依时分别报告，这也是希望各位明白的。

当此国家危急存亡之际，能得全国生产分子中之最优秀分子，集于一堂，我们相信在此必能求得解决国难的方法，以达到求中国自由平等之目的，兄弟谨代表政府同人向各位致谢跋涉之劳，并表示最深的敬意。

〔国民党中央宣传部档案〕

8．国难会议秘书处抄送军制改革等提案致行政院秘书处函件

（1932年4月21日）

国难会议秘书处公函　字第一一五号

迳密启者：国难会议先后准各会员提出关于军制改革案十一件：(一)李星辉等提打破封建树立民族武力以固国防案。(二)胡庶华等提整饬军纪充裕军实案。(三)赵光庭等提划分国防省防军以实国防而弭内乱案。(四)胡大刚等提限制政军当局兼差以专职守而增御侮效率案。(五)李实等提修明内政以期赴难救灾案。(六)刘成灿等提限期充实军备编练民团一致御侮案。(七)宋渊源等提航空救国案。(八)高阳等提欲切实御侮应将军备外交生产三项兼筹并顾案。(九)李星辉等提应付国难计划案。(十)李实等提充实国防以备对日长期抵抗案。(十一)林寿昌等提军备宜须以对外及实行征兵制藉御外侮而固国防案。暨参考案：军政部何部长所提飞机制造工厂实施计划案一件，经汇交御侮审查委员会审查，合并整理制成审查报告，提出第五次大会讨论，并经决议：

（一）划分省防军与国防军。就全国现有军队挑选精锐编为适额之国防军，其余斟酌地方需要留编为省防军，归省政府指挥管辖。

（二）国防军应一律调驻国防要隘，不得留驻非国防地域。

（三）将不专兵，各军将领应定期更调或随时更调。

（四）军需独立。国防各军饷糈应由军政部按期派员点放，不得自向地方需索。省防军饷糈应由各省政府负责筹备发放。

（五）禁止军人私行管理兵工厂及私购军用品。

（六）扩充军备应以国防为目标，特别注重充实海防及空军实力。

（七）逐渐施行征兵制度，实施学校军事教育，并尽先于县市抽调壮丁办理保卫团以作征兵制度之准备。

（八）军事工作人员不得兼任政治工作及其他职务。

在案。相应录案并抄同原提案及审查报告，函达查照转陈察核办理。此致

行政院秘书处

计抄送原提案十一件（提1、4、28、25、62、65、73、41、47、60、37），参考案一件，审查报告一件。

主　任　褚民谊

副主任　彭学沛

中华民国二十一年四月二十一日

提议打破封建军队树立民族武力以固国防案　（提1）

为提议打破封建军队树立民族武力以固国防事。窃查我国常备军队为数达二百余万，而所揭橥之旗帜无不曰国民革命军。但一究其实际，所谓国军者并不统一，其封建性质依然深根固蒂，如曰某派某系军队或某人军队，社会上竟昌言不讳。虽政府当局表面上否认有此划分，其奈事实上之拥兵自卫据地自雄固大有人在。以故，自东北事变以来，各军对于抗日一层，诚有如十九路军通电，所谓不知令原急难击首而尾不动。此种情形如不将其打破，姑无论政府当局具有若何抵抗之决心，只指挥不动调遣不灵一点，已足酿成亡国而有余。是今后吾人欲防御外来强暴，实行长期抵抗，非根本打破封建军队，树立民族武力，不可质言之。即是将所有军队实行国有，再不许为任何私人军队。此而不求打破，非特不能一致对外，即对内之所谓行政统一与军民分治，皆断乎不能实现。据管见所及，惟有根本改革现有军队制度与扩大武装

民众组织，始足以杜其流弊而创造其新生命。兹提办法如下：

一、为防止军人割据地方，干涉民政，应确定一非国防要隘不准驻兵之原则。

二、全国军队一律开驻国防要隘，集中训练，并办理兵工、筑路与垦殖事宜。

三、就全国现有军队中尽量挑选精兵编为国防军，其余斟酌各地方需要情形分别编为若干省防军或保安队，归省政府管辖指挥，以资警卫地方。

四、各军队中少将以上之将领应规定任期，由政府随时就各地驻军中互相更调任用。例如甲军原有之将领不得永任该军长官，以免形成个人武力。

五、编制国防军时，应将全国现有几大势力之军队于可能情形下施行混合编制，以打破各将领与各该军队之私的关系。

六、政府应厉行省政府组织法与四届二中全会决议案，不许现役军人兼任省政府主席，无论该省区是否属于国防要隘，均不得变更此项原则。

七、军需独立。所有国防军之官兵薪饷应由军政部按期派员点放，以免各将领侵蚀军饷。同时各军饷项既有着落，自不能再假借名义向人民抽捐索款。至省防军或保安队之薪饷，则另由各省政府负责向地方筹措，不在此限。

八、各地兵工厂一律收归政府管理，不许任何人私行设厂造械。并决定向外国购买军械一律由政府办理，以免各将领私人扩充势力。

九、军队之对外御侮或对内讨叛，政府非得民意机关之同意，不得擅自执行。

十、军制采募兵制与征兵制兼用，征兵之第一步决定先在各地方编组多量之国民义勇军（或由民团改组），以协助省防军警卫地方及为国防军之后备，并可防止不肖军人之反动行为。

十一、前项国民义勇军应限期就各地人民轮流编练，以期全国民众皆逐渐武装起来，蔚成整个的民族武力。

十二、政府应即时起开始扩充海空两军及作种种国防设备。但此项军费之筹措及保管，应由民意机关派员参与，或竟组织一委员会直接负其责任。

以上各点认为系改造中国军队与复兴中华民族当务之急，国难之是否有救以此为断。特此提议，敬候公决。此致

国难会议

提案人　李星辉

连署人　梅心如　陈书农　孔力行

韩觉民　祁志厚　唐锦柏

王汉民　戴　任　杨全宇

李松风

整饬军纪充裕军实案　（提 4）

理由

军纪为治兵之要素，而军糈尤为养兵之急需。军纪不严，则兵肆其骚扰而民不聊生；军糈不裕，则兵多方敲索而民不堪命。自一月廿八日沪战发生以来，庶华日往来真如、吴淞各战区，默察战事之能支持三十余日者，惟恃有士兵之勇气与民众之热忱二者而已。兵退以后，每遇各县民众避难来沪者，辄泣道不堪驻军之蹂躏，宁弃家室而他徙，流离琐尾，惨不忍闻。近据难民具述，常熟驻有四十七师等军队，商会方面闻已协饷十万元，尚须供给食米，在城兵士长官无越轨行动，而城外则奸淫强夺无所不至。窃以为长期抗敌为吾国上下一致之决心，倘使军纪不振，军饷不敷，以致民众在本国军队保护之下反受此种种之痛苦，怨望丛生，热忱何有？彼十九路军之所以能得民众同情者，即其军纪之严肃与夫军糈之充足也。每见该军对于避难人民多方保护，即在

医院之伤兵亦较其他兵士为有秩序。今常熟驻师既有此现象，在爱国观念较深之人尚能忍痛须臾，牺牲个人之利益。而其穷而黠者每惑于敌人之小惠，迫于生计而宁作汉奸。吾知常熟之驻兵如此，恐别处驻兵亦不免有此现象也。

办法

一、各军饷糈应由政府按月发放，不得拖欠，更不得向民众摊派。

二、各军如有在驻地骚扰情事，应责成各军事长官从严处理，不得推诿卸责，致滋民怨而惰士气。

是否有当，敬候公决。

提案人　胡庶华

连署人　萧　瑜　杨　堃　张　怀
李广安　方壮猷　邝震鸣
萧　训　李宗侗　王代之
赵日生

划分国防军省防军以实国防而弭内乱案　（提28）

办法

（一）依据各省区面积之广狭、财政之盈绌、地方安宁秩序之状况，酌留省防军五千至一万五千。

（二）各绥靖公署得酌留绥靖军五千至一万。

（三）除省防军、绥靖军而外，所有全国陆海空军一概编为国防军。

（四）省防军军费由各省区地方款支拨，绥靖军及国防军军费由国家款支拨。各省区代收之国家税款前此就地拨付各该地驻军饷糈者，应一律解缴中央　不得藉故扣留。

（五）划定国防军练兵区如下：

（甲）东北区　以滦东十县为总区，天津为分区。

（乙）中央区　以苏、常二属为总区，潍县、海州、杭州、武汉为分区。

（丙）东南区　以赣州为总区，广州、南宁为分区。

（六）将所有国防陆空两军分配集中于各练兵区，由中央简派知兵大员分赴各该地区克期训练。海军另集中海防区域训练。

（七）所有国防军编制及番号应求划一。

（八）国防军以师为单位。所有前此军长、司令、指挥等名义，除在战区及剿共区域担任前方事务者不计外，应一律取销。

（九）各区训练大员只负训练责任。如遇战事发生，当另由军委会简派指挥官长。

（十）各军集中练兵区域后，所有各级军官除有违反军风两纪情事者外，只许相互更调，不得任意撤换。

理由

慨自民国成立，念载于兹，内乱相寻，迄无宁日，驯致强邻伺隙，寇兵入境，国基析荡，神州变色。吾人痛定思痛，其所以致此之由，固非一端，而军权散乱实乃为厉之阶。盖自袁氏窃国，借藩封以制党，封建形成，遂生互争雄长之局，兼之秉国钧者类不能一秉至公厘定大计，用是猜忌日深，战端以启，此覆彼兴，竞相仿效，此终北洋军阀时代所以迄无宁日也。北伐军兴，本多革新之处，奈因成功务速，羁縻是上，新兴之局未成，习日之风已至，名色虽易，而精神无殊矣。时至今日，词缨者阻于议，受命者迟其行，沪滨不守，伪国已建，言之痛心。为今之计，惟有划分国防军、省防军，以全国民众之监督，期其必行。盖编遣之所以不克实现，军队之所以不肯奉调者，畏他人之势伏于我，我将不保也。今各省酌留省防军五千至一万五千，并于各绥靖区酌留绥靖军五千至一万，其余悉编为国防军，则各省所留军队最大限度不过二万五千，以之剿匪则有余，以之图谋异动则不足，彼此既无猜忌之心，各安所位，则军队可以如令交出，不再有犹豫观望之虞，且国军集中训练，各级官长不得任意撤换，建制划一，地丑德齐，兼以平时只派训练大员，有事另派指挥，使已往对某人某系发生特殊关系之恶例永不发生。庶几举国上下一塞妄念，悉致力于生聚教训建设雪耻之途，从此内乱可以消弭，御侮有所准备，华胄存亡，在此一举。望我胞泽速起图之！是否有当，敬祈大会公决。

提案人　赵光庭

连署人　黄梦飞　徐邦杰　吕寒潭

王立哉　刘子班　朱化鲁

罗方中　武肇煦　延国符

张居平

限制政军当局兼差以专职守而增御侮效率案　（提25）

为提"限制政军当局兼差以专职守而增御侮效率案"事。窃维人类精力有限，世有百病消除之药，国无百政皆能之人；纵有百政皆能之人，恐无同时能理百政之力，是以自古设官各有专司。查数年来政府机关林立，有一人而兼重职至一打以上者，有数月而未签到一次者，似此而欲内政修明，非缘木求鱼而何宜？其百政俱举，一事莫成，外侮频来，无法应付也。值此敌人入境横行无忌之困难时期，凡属政军当局咸应各司其事，恪尽厥职，夙夜匪懈，勉力以赴，庶几能挽沉疴。若长此兼差盛行，以无兼差为辱，则闲散人才群叹无尽所能之机，而兼差乱忙者徒遗误国误民之恶，是又何苦？为今之计，至少限度应有下列之限制：

（一）政军工作人员以不兼差为原则。不得已而兼差，则兼差不得超过两常职以上。

（二）兼差与本职应以同一地方为限，不得在异地兼差，以矫过去千里兼差，徒尸其位之弊。

（三）兼差与本职不得为应回避之性质，如监督或监察机关人员与被监督或被监察机关之人员不得互兼职务。

（四）特任官与将官不得兼任。因特任官与将官职责重大，一人专任尚有难尽厥职之虞，兼任者势难兼顾，不免亏职误公。

（五）兼职者绝对不得兼薪，公费亦应实支实报，不准迹近包办。

能如上述五项而限制兼差，则人才、精力均得集中于所事，而工作效率自必增进，内政自渐修明，御侮效力亦因而强大。是否有当，提请公决。

提案人　胡大刚

连署人　胡春霖　金一羽　胡廷銮

常恒芳　吴鹤龄　李根源

王　恕　杨时杰　高　阳

光　昇

修明内政以期赴难救灾案　（提62）

理由

此次国难危迫，政治缺陷暴露无遗，人才之缺乏，政府之空虚，均为不可掩之事实。今举国对日抵抗既抱有长期奋斗之决心，对于政府应有一番彻底之改造。内政清明，方足言御侮绥靖；政府健全，方足言赴难救灾。改造内政实为目前要图。谨提内政方案如左：

办法

（一）政府应限期结束训政。

训政时期原为宪政之准备，设无时期限制，难免不滋人疑惑。原规定六年，今已过去三分之二，成效虽略有可观，然频年灾祸，抵御毫无，若再不从速结束，将不免贻国人以口实。愚意以为应由国难会议公决，规定一年或半年结束训政。在此最短期间，亟宜设置各级民意机关，实行地方自治，筹备国民大会，促进宪政之实施。

（二）组织健全政府。

政府组织应绝对采取人材主义，除国民政府主席及五院长外，其余各政治机关应不分别党派，所有用人行政必遴选富有专门学识与丰富经验之人材，以充实政府力量，增进行政效率。

甲、保障各省行政官吏。各省行政官吏在此国难期间，除特殊情形外，应加以法律保障，似不宜任意更动，以免人存五日京兆之心，使内政建设与御侮绥靖两受影响。

乙、裁并骈枝机关，缩小政治组织。政府在此困难时既采紧缩政策，对于骈枝机关即应裁并。如铁道部应并于交通部，禁烟委员会应合并于内政部，监察院，考试院亦宜暂时缩小范围，以节经费。

（三）政府应表扬沪战殉难将士，并抚恤其家属。

此次沪战实为我军对外之光荣战争，政府对殉难将士亟应规定恤典，特为表扬，并优加抚恤，使全国将士知所矜尚。对于遗族尤应妥筹妥置，方足以安内攘外也。

提案人　李　实

连署人　马天则　黄大伟　胡廷銮

王锟徙　曾济宽　宋渊源

刘风竹　叶夏声　金一羽

刘成灿

限期充实军备编练民团一致御侮案（提65）

民国成立已逾廿载，历年埋头内战，元气丧失殆尽，国防致等于零。当此暴倭侵略严重时期，应请国民政府速行扩充军备，编练民团，固守国土，与暴倭作长期之抵抗。是否有当，敬希公决。

谨将办法如下：

办法：

一、组织救国基金筹募委员会，向国内外筹集救国基金，所筹集款项存储于信实银行，专为充实军备之需，不得移作别用。

二、请国府令饬各省由每县担任筹购飞机一架。

三、恢复已停顿之兵工厂，赶工制造。

四、开发铁煤矿及设置大规模之制铁炼钢厂。

五、聘请外国军械工程专家以资助理。

六、派员赴各国学习军械工程及化学工程。

七、每省至少设立航空学校一所。

八、修理及巩固沿海炮台。

九、编练农工商自卫团。

十、党员四十五岁以下暨中学以上学生，一律受军事训练。

提案人　刘成灿

连署人　李　实　马天则　黄大伟
王鲲徙　叶夏声　胡大刚
吕寒潭　林寿昌　黄展云
萧　训　曾济宽

航空救国案　（提73）

吾国内忧外侮险象环生，忧时之士近年多注意于国防问题之研究，意在唤起国人一致对外，藉弭内争也。吾国国防设备弱点甚多，有应改革者，有应扩张者，然权其先后缓急，欲求轻而易举，费省而收效较大者，莫如先谋空军之扩张。九·一八事变以后，国势益危，闽省素为日人所觊觎，闽人尤栗栗危惧。渊源时适回国，因提议组织福建航空救国会，即于去年十一月八、九两日开会组成，更谋推行全国。除通电各省市一致提倡外，并推渊源到沪接洽各社团，请其发起，因沪为全国经济中心，影响甚大也。讵在沪集议数次，同情者固多，而观望不前者亦非少数，即各省市之继起倡办者，除广东外，亦寥寥罕闻，致此救国主张延未奏效。乃阅时仅逾两月，沪战爆发，人民之巨大损失直接受诸敌之空军者为最惨烈。呜呼！果不幸而言中矣！现在失地未复，国耻未雪，亡羊补牢尚未为晚，特就关于航空救国问题撮陈进行纲要如左：

一、中央设立航空专部，管理全国空军及防空设备事宜，并督促全国航空事业之进行。

二、中央节减军政等费，于四个月内添组空军二十中队以上。

三、限令各省市于六个月内一律筹组空军。

甲、沿海与川、滇各省及上海市各组五中队以上。

乙、沿江与豫、陕、晋、湘等省各组三中队以上。

丙、其他各省市各组二中队以上。

四、中央及各省市组织空军应注重于驱逐机之设备，藉以抵抗侵略。

五、各省市空军由中央分期召集其一部，轮流派往沿海沿边演习，使熟习全国地形，备战时之征调。

六、中央航空学校增加学生名额，并令各省市于四个月内筹设航空学校，以造就航空人才。

七、中央及各省市均于一年内筹设飞机制造厂，中央厂须兼制马达机。如费难筹足，得劝导民办或兼招民股。倘与外商合资设厂，当以不失主权为条件。

八、各省市航空事业属于民办者，应通令奖劝保护，无论何项机关不得垄断空权。

九、各省市所需各种飞机及工厂机械暂向外国购买者，中央应立即发给护照并准免关税。

十、各省市冲要区域应兼为防空之设备，由中央主管机关计划进行。

此次沪战损失及东省各地之继续失陷，皆因敌以空军压迫之结果。既予吾人莫大之警醒，关于航空进行纲要，中央与地方务须负责筹办，依限实施。倘虑筹款困难，对于渊源另提之救国储金案若得通过，即就该项储金借用，由中央与地方分期筹还，亦当为全国人民所赞同。如何，敬希公决。

提案者　宋渊源

连署者　王晓籁　胡廷銮　王鲲徙

何家驹　马寅初　杨端六

王　恕　朱文中　李　实

黄大伟　曾济宽　张　继

吾国欲切实御侮急应将军备外交生产三项兼筹并顾案（提41）

一、理由

外侮日亟，非整顿军备，不足以图存，此固尽人知之。而我中国以外交之无确定计划，重要与国之无负责使节，外交失策，遂致寇焰炽张，军事亦因之而受影响者颇不少。至增加生产以充实国民之经济力，为长期抵抗必不可少之准备，此固欧洲大战协约国对德之所历施而有效者。故三项宜兼筹并顾。

二、办法

壹、关于军备者

（1）应加扩充者：

（一）空军方面最须注意，全国至少应有驱逐、战斗、轰炸、侦察机一千架，驾驶人员数千人。

（二）国内原有之兵工厂应加以扩充，延聘德、比及他国技师制造最新式军器及弹械，厂内设立军械研究所，延聘专家主持。

(2) 应加整顿者：

(一)陆军　裁汰军纪不良及无战斗力之军队，留优良者加以训练，且寓兵于工，垦荒实边，即以裁省下之军费购置新式之军械，以补充军实。

(二)海军　限制舰龄，将旧舰改造商船，裁汰不得力之人员，暂不添置军舰，但须广购潜艇及鱼雷。

(三)全国要塞　将全国要塞分为若干区，原有炮台应赶速分别修理，更应添设重炮以固国防。各种防御建设务须严密完备，以防敌方空军之袭击。

(3) 应行举办者：

(甲)施行征兵制，切实训练，以去征兵制之短，得募兵制之长。

(乙)完成粤汉铁路，并筑乌衣、信阳、南京、长沙轻便铁路，以利军运。

贰、关于外交者

(1) 确定外交方针。

(一)积极联络美国，使不袖手旁观。此节最应特别注意。

(二)与诸小国互通声气，使为声援。(例如捷克、西班牙、匈加利、波兰及南美诸国)

(三)法国为当今欧洲大陆之霸主，有举足轻重之力量，日本方用全力联络法国，苟为成功，则局势颇难挽回。故吾国亟应注意对法之外交，免落后着，致在国际失势，终不能操胜算。

(四)注意英、意等国动作，使不受敌人离间。

(五)在此时期不伤苏俄之感情，使之不受敌人之愚，致后侮〔悔〕无及。

(六)日本如执迷不悟，吾国当坚忍抵抗，不稍让步。但日本如能戢其野心，停止侵略，则吾国亦当与之言和。

(2) 按期筹拨使领经费。

(3) 简选富有外交知识及经验者，补充各国使领。(现当外交紧急之秋，吾国驻日、驻法两国公使均无人负责，危险万状，应即刻补充。)

(4) 筹拨确定经费，设立国际宣传机关，选派得力人员办理，分布东西洋各国重要都市，如日内瓦、东京、华盛顿、纽约、旧金山、伦敦、巴黎、莫斯科等地。

(5) 登庸人员应取严格主义，按步就班，以培植其经验。

叁、关于生产者

(1) 由各省整顿保卫力量，维持地方治安，使人民得安心治产。

(2) 开浚河道，进行造林，以减少水旱天灾。

(3) 严禁种植鸦片，以免毒害人民妨害农产。

(4) 改进种植方法，推广优良种子，提倡农产制造，以增加农产。

(5) 辅助国内日用品工厂，增加国货制造品，以挽回漏卮而裕国民生计。

(6) 速开煤铁油矿，以供给国内工厂及交通之需要。

(7) 国家银行注意实业借款，改良交通运输，流通货物，以期全国金融流通、农工商业发展。

(8) 集合资本联合经营，充实工商资本，以期国产增加而发展国外贸易。

(8) 丝茶等出口货应由主管机关研究调查欧美之需要切实改良。

(10) 培养农工商人才，以改进技术，增加生产。

(11) 设粮食燃料管理局，以调节各地粮食燃料及供给全国军队之给养。

（12）各地设立失业登记局，加以征用，如筑路或做防御工程或移民西北边地垦荒，以免流为土匪及被敌方利用。

（13）保护华侨，并奖励投资国内实业，以期集中资本发展国民经济。

提案人　高　阳

连署人　朱经农　俞仙亭　陈亚夫

李根源　王晓籁　陆京士

顾忠琛　朱文中　王　昶

陆宗骐　龚德柏

应付国难计划案　（提47）

理由

我举国上下对日自卫的作战，无不主张长期抵抗。汪先生说："有抵抗的决心，还要有抵抗的方法。"国难计划即所谓抵抗方法也。或谓：战端已开，岌岌不可终日，安能从容而施行分期计划耶？我的答覆：否，否。日本并吞中国，由台湾而朝鲜，而满蒙，再进而侵入沿江海及腹地，为明治以来传统的大陆政策，历数十年而未尝稍变者也。日本以工业立国，而缺乏工业上重要原料——煤铁等等，其人口年增百万，欧美无可移植，直视满蒙为殖民地势力圈，中国全部为独占市场，以畅销商品，吸取原料，荣养彼族的国力，而继续其生命。然犹以为未足。乃乘世界各国经济正在恐慌，苏俄五年计划未底成功，中国内乱水灾民穷财尽之际，不顾破坏国际盟约，一举而占满洲，再举而扰我沿江海，其目的在实现传统的政策。由此可知对日问题决非短期间所能解决，战固应长期抵抗，和亦何独不然。即使中日和平谈判得有结果（首沪案，次满案及其他），不过相安一时而已。我料日本必不能牺牲此传统的政策就此罢手，不出五年或十年势必卷土重来，中国再为日本枪、炮、坦克、飞机、军舰所蹂躏，变成残酷黯惨的大修罗场。故我以为，即媾和后，仍不得不谓之国难期间。愿我同胞注意，无论时局前途为战为和，我同胞必须抵抗到底！然无计划而言抵抗，其有济欤？无济欤？不待蓍龟卜也。爰拟具下列二种计划：

(甲)作战时长期抵抗之国难计划是治标的，应视日本为死敌。须迅速的：

(一)整理军队，加紧其训练及宣传。

(二)尽可能范围严饬各兵工厂赶制械弹以资补充，并设法购置必要的新兵器。

(三)奖励自动的组织保卫团，使随时随地补助军队以抗日；并能捍卫地方，协剿土匪，使各省军队易于抽调。

(四)奖励自动的组织义勇军（包括类似义勇军，如救国军、民众自卫军、决死团、铁血团等），辅助军队及保卫团内清土匪外御强寇。但查有流氓地痞投机而假冒名义者，予以取缔。

(五)筹措目前救急的财政。

(六)审察世界大势，运用外交手腕(联英、美或其他各国)，使国际地位不致孤立。

(七)赶设国际宣传局，编译关于党义、国情及民众运动的理论的各种书报，以及各国文字发行之，作国际宣传。

(八)赶设国际通讯社，于各国都会置分社或特派员，以收对外宣传对内情报之效。

(九)组织民众，施以宣传及指导的工作，使民众与政府合作。

(十)树立民主政治的基础，使民众得有参与政治之机会。

(十一)督促地方自治进行，以求城市及乡村的初步建设。

(十二)整饬吏治，以副廉洁政府之实，使政治有澄清的希望。

(十三)体念民众所最感痛苦者何在（言论、出版、集会、居住、生命之种种不自由，受重重压迫剥削致生活不安定等)，设法安慰其呼吁。

(十四)移民实边，从事耕垦畜牧。先从灾民着手(振〔赈〕灾系一时救急，决非久计)，再移失业的游民，受抚的土匪，裁汰的军队士兵，使得相当生活，并可减少边患。

(乙)媾和后长期抵抗之国难计划是治本的，应以日本为假想敌。除援用甲种第一、五、六、七、八、十一等项不赘列外，须较精确、严密、远大的：

(一)确立国防大计，划定军区。

(二)尽量筹备军费。

(三)逐渐扩张海军。

(四)创行征兵制，先择若干省试办，然后推行全国。

(五)中等以上学校施以军事教育，俾为全国皆兵之嚆矢。

(六)移东北义勇军于热、察、绥，改为屯田兵。各省有枪者，为保卫团，无枪者，则解散之。

(七)筹发巨额的国难内债。

(八)筹借巨额外资以作创办实业、开发富源、展拓交通之用。

(九)巩固民主政治的力量，凡与民主制度有抵触者悉蠲除之。

(十)重订训政年限(前订六年，将届期满)，须依限完成其工作。

(十一)于最短期间准备召集真正职业代表的国民会议决定国是。

(十二)发展农村经济，解决土地问题。

(十三)减轻日用必需品的课税，并蠲免苛杂琐复各税，以苏民困。

政府应视和议成否采用甲乙二种计划，令行各该管机关，限某项若干月、某项若干年拟就具体草案呈覆、核夺，由政府核定汇成总计画逐项分期施行，以纾国难。暴日虽狡，我有备无患，不足畏也。当否，提请公决。

提案者　戴　任

连署者　李星辉　杨　堃　梅心如
韩觉民　祁志厚　陈克文
李　实　王立哉　朱　纶
梅思平　胡健中　林　实
刘成灿　阎幼甫　葛武棨
唐锦柏　常恒芳

充实国防以备对日长期抵抗案　（提60）

理由

今日国防之重要，人人知之。但如何巩固国防，此为目前之重要问题。谨提国防方案于左：

办法：

(一)集中军权。

欲巩固国防抵御外侮，必须有国防之组织，方能指挥军队。国府现有军委会之设，负军事责任。窃以今日强敌入寇，形势危急，非军权集中，不能应非常之变；非统一指挥，断难收敏捷之功。政治方针应取决多数，军事计划应集中一人。西谚云："一良将胜于两良将。"之言颇具见解。故军事委员制频年试验已属陈迹。而国防总司令之设，实为时势所急需。亟应组织国防总司令部，设总司令一人，沿江海边塞、各省要地应各酌设国防总指挥若干人，以收军权统一之效。

(二)分配军队。

自九一八不幸事件发生之后，日军迭扰天津、青岛、广州、南京、上海、汉口等处。由此观之，国防、省防均关重要，亟应就各省原有军队数目酌量分防于港埠及各要塞，充分防备。剩余，则全数调归国防总司令部直接调遣；不足，则由各总指挥召集义勇年(即民军)，加以正式军事训练，预备补充。此种预备补充兵只发给养不发饷项，以收全国总动员之实效。

(三)实力抵抗。

国防总司令至低限度，须有三十万或五十万集中调遣之军队，以充实准备，用达抵抗目的。

(四)扩充军备。

欲巩固国防、省防，必须注意军备。窃观近日世界战争由陆趋海，由海趋空。此次沪战失败，一败于海军之无能，二挫于空军之幼稚。今后应确定国防经费，一方改良陆军训练及武器，一方扩充海军，而空军之设备尤为目前所急需，更宜提前扩充也。

提案人　李　实

连署人　黄大伟　刘成灿　马天则

宋渊源　金一羽　胡廷銮

王鲲徙　曾济宽　叶夏声

刘风竹

军备须专意对外及实行征兵制以御外侮而固国防案　(提37)

时至今日，无论和战均须积极统筹对外作战之准备。前此我国之军备纯系为对内而作，故多属于局部而非整个的。今宜一反旧辙，筹谋整个有系统之对外军备，始足以御外侮而固国防，且为彻底防止酿成内战的个人武力之树立计，非实行征兵制以代募兵制不可。谨抒管见，列陈如下：

(一)组织国防军事委员会（即以现在军委会改组之或扩大组织之)，专司国防设计及全国军队之编制与调度等事宜。其委员人选以各军军长以上之高级军官充任之，藉昭公允而杜把持，同时亦得由国府选任军事专门人材及有相当勋绩与资望者充之。

(二)凡原有全国各省之国军均编为现役之国防军。

(三)驻在各省国防军暨交由国防军委会互相混合改编，以师为单位。

(四)国防军暨须调驻国防区域。

(五)军队须随时互调其防，军官须随时互调其任。

(六)不规则或新编之军队须改编为地方警察队，归地方政府直辖，当为地方警戒及剿匪之用。

(七)军队长官不得私自招募士兵及购造军械。

(八)海陆空军各项军备须从国防方面设计,如陆军之坦克车、铁甲车、大口径之重炮等，海军之巨量吨数战斗舰、潜水艇等，空军之大战斗机、追击机等，并改筑各要塞炮垒及防空设备等。

(九)各地义勇军份子复杂，良莠不齐，如自由编练，固属非法，而政府消极禁止，亦有失当。不如由国防军委会作全国有系统之编练设计，派员分赴各省切实点验已组成之各项义勇军及民团，并为之正式改编训练，以为实行征兵制之第一个步骤。此项已成立之义勇军及民团正式编练后，可作为国防军之后备兵。

(十)全国各学校宜实施军事教育,由小学而至大学逐级推进,以为实行征兵制之第二个步骤。

(十一)以现在已成立之学生义勇军改为军事教育深造班，备作征兵之干部人材。

(十二)目前先由各县市行政长官负责抽征壮丁，办理保卫团或联甲，俟全国户口调查统计完成后实行最后全部征兵制。

以上所提是否有当，敬请公决。

提案者　林寿昌

连署者　李星辉　唐锦柏　梅心如
祁志厚　方壮猷　黄展云
陶冶公　王立哉　刘成灿
邱　铣　刘　通　韩觉民

谢仲复

飞机制造工厂实施计划

窃以航空机械在国防方面为诸武器中之最省费且最能收效者，久为世人所公认。我国居今之世，如不欲发愤自强巩固国防则已，果有念及此而不顾及空军之积极设备，则虽高谈救国，其亦何足以固吾圉？

年来航空机件均系购自外国，所费金钱为数已巨，而所谓空军者，仅具雏形，以言空战，未免自惭。此种现象，无庸讳言，是欲扩充空军，必先备置多量之机件。毫无疑义，现无论国家财力能否一蹴而几，而空军本身既经扩大，则将来之补充所费尤多，以经济言之，是此种纯属消极之计划；纵国力虽厚，恐亦未能应此无穷之需，且徒仰给于舶来品，又何异乎饮鸩止渴？

故欲积极扩充空军合乎国防条件，则舍设备工厂自制航空机械外，其道末由。爰将购买发动机图样及飞机图样使用权、设置工厂实行制造之计划拟具如左：

甲、飞机制造厂

一、建筑（二万公尺平方）	八十万元
二、工厂设备：	
工作机械	四十万元
工具	八万元
工厂及办公厅设备	三万元
器具	二十万元
原动力机器	二十四万元
焊接器具	三万元
压力空气器具	二万元
飞行场设备	二万元
水及消防设备	三万元

取暖设备	二万元
	共一百零七万元
三、器具	十二万元
四、运输费	三十二万元
五、工厂材料	十六万元
六、开办现金	四十八万元
七、工厂净需用	二百万元

需要资本共四百九十五万元

乙、发动机制造工厂

一、建筑（二万平方公尺）	八十万元
二、工厂设备	
工作机器	一千万元
工具	二十万元
工厂及办公厅设备	五万元
原动力机器	一百万元
器具	十五万元
焊接器	五万元
压力空气器具	五万元
取暖设备	四万元
消防设备	四万元
	共一千一百九十三万元
三、器具	五十万元
四、运输费	六十万元
五、工厂材料	一百万元
六、开办现金	一百五十万元
七、工厂净需费用	五百万元

需要资本共二千万零五十三万元

综上两厂所费虽巨，然以国家空防言之，诚为基本条件。而另一方面，以此种费用与陆军经费相较，曾不及其百分之一，似又为空军设备之最低要求。况工厂之设备，其立场为积极的，生产机关所出飞机固不仅限于军用一途，利弊之分昭然若揭耶。

工厂之各种设备及材料，除少数配件可采用国货外，其他机件各件均须购自外国。但以舶来之另件自行制造其出品，价值远较购买外国出品为低。如战斗机一架，以现时金价计约需十五万元，而自行制造者不过十万元，此其为利又一也。

两厂之设备以年出飞机一百架为原则。但一年以后，其生产量能为级数的增加，如第一年出机一百架，则第二年出产一百二十架殊属易易，且基础既固，可视政府对于扩充空军之计划而伸缩，其生产量计日成功如操左券。是国防之筹划就空军方面言之，庸有更愈于此者。

然而此仅就工厂之设备言之也。如政府欲于工厂成立之后在其第一年中产出飞机一百架，尚当以十万元一架计，筹划一千万元为政府对于工厂购买飞机之用。是综合两场之设备与出产飞机一百架之用费共约四千万元。综之，国难方殷，隐忧未已，工厂设计虽当责成于专家，而经国宏谋则有利赖乎耆硕。谨具粗义，敬祈公决。

提案人　何应钦

军制改革案审查报告〔略，内容见公函正文〕

〔国民政府行政院档案〕

（二）福建事变

一、福建人民政府的成立及其政策措施

1．黄庭光：福建人民政府的成立及其组织概况①

（1933年11月）

第一节　人民政府之产生

第一款　全国人民代表大会之召集

十一月二十日晨，召开人民代表大会，推蒋、蔡、戴、陈（友仁）、李（济琛）及萨镇冰、何公敢、徐谦等为主席团，决议接受各省人民请求，组织人民革命政府。由主席团负责即日组织，当场宣布废除国民党，并升新制之红蓝相间五角黄星旗。由飞机散发人民权利宣言，其要点：（一）中国产生人民民主共和国，（二）实行计口授田；（三）于最短期间召集第一次全国生产人民代表大会，制定宪法。午时散会游行。兹将是日到会各省代表开列于左：

广东：黄琪翔、蒋光鼐、蔡廷锴、翁照垣、许锡清、徐名鸿、钟喜焯、李章达、蔡省渊、张文、何彤、舒宗鎏、曾蹇、丘岛人、黄良庸、潘光远、卢任侠、麦朝枢、丘国珍、尹翠微。

广西：李济琛、朱清。

安徽：徐谦、戴戟、余心清、王亚樵、章伯钧、方范。

福建：刘建屏、何公敢、陈耀焜、林植夫、丘哲、陈碧生、林崇镛、刘勉巳、吴仲禧、万越溪。

湖南：欧阳予倩、阮淑清、陈伟器、彭岳渔。

---

①此件节选自黄庭光编：《讨平闽乱记稿》第三章“闽变之暴发”。

湖北：梅龚彬、孙华甫、胡秋原、刘剑采。

江苏：罗家骥、许默生、阳西台。

浙江：陈伯璋、张荔英、殷公云、李吴桢。

江西：程希孟、徐伟。

河北：万灿。

北平：关瑞平、鲁秀英。

四川：吕玉夫、刘蒙冰。

山东：王夫。

山西：罗汉夫、彭信盛。

河南：王咨清。

陕西：方天申。

甘肃：徐穆。

新疆：高素之。

西康：龚士奇。

云南：尹时中。

贵州：谭志贤、彭淼、胡蕴英。

黑龙江：祈万钟。

辽宁：张葆恩、张锡祓。

察西：方振武。

华侨：陈友仁、黄琬、李民欣、董冰如、李天敏。

东北：王风起。

第二款　人民政府暨各机关之组织

闽变酝酿将近六个月，中央政府早有所闻，曾叠次致函劝解。我国府林主席亦于返闽之便与蒋、蔡接洽，当面训戒，冀其醒悟。讵言者谆谆，听者藐藐。蒋委员长于十八日电陈铭枢，作最后解释。陈十九日复电谓，所见不同，惟各行其是，并请自决进退。陈铭枢、李济琛等已决心挟十九路军以叛变，乃于民国二十二年十一月二十二日正式成立伪人民政府。其经济、文化、外交、军

伪人民政府暨所属各机关最高长官一览表

机关	职别	姓名	籍贯	附记
人民政府	主席	李济琛	广东	历充师长、军长、粤省主席、参谋总长、训练总监。陆大毕业。原隶国民党。
	中央委员	陈铭枢	广东	历充师长、军长、广东省主席、交通部长、京沪卫戍司令。原隶国民党，后属社民党。保定军官学校毕业。
	中央委员	陈友仁	华侨	宁汉分裂时曾充武汉政府外交部长及国民政府外交部长。
	中央委员	蒋光鼐	广东	见前。
	中央委员	蔡廷锴	广东	见前。
	中央委员	李章达	广东	国家主义派。
	中央委员	戴　戟	安徽	见前。
	中央委员	黄琪翔	广东	曾受德国军事教育，对政治经济均有研究，尤以军事为其特长。第三党之继承人。
	中央委员	徐　谦	安徽	第三党，藉西北军活动，在闽组织劳动生产党。
	中央委员	何公敢	福建	国家主义派青年团兼充福建省长。
	高等顾问	萨镇冰	福建	海军耆宿。
	秘书长	彭泽湘	湖南	北大及莫斯科列宁研究院学生，为CB重要分子，在国际上颇有地位，曾任第三国际候补委员。

续表

府	秘书主任	杨建平	广东	日本留学生，为陈铭枢之私人，曾任总政治部驻沪办事处主任、潮海关监督、广州中国银行行长、厦门交涉使。陈长交部，杨为邮政储汇局长，舞弊三万余元。
	秘书处一科科长	麦朝枢	广东	
	秘书处二科科长	黄良庸	广东	
	秘书处三科科长	万　灿	河北	
	秘书处四科科长	丘　誉	广东	
经济	委员长	余心清	安徽	委员长原定冯玉祥，冯声言否认，以余心清代。
	副委员长	蒋光鼐	广东	
	委员	章伯钧	安徽	北大及德国留学生。与陈独秀相交。曾任邓演达之宣传科长。叶、贺在南昌暴动，章为革命行动委员会重要委员。
	委员	余心清	安徽	曾充青年会干事及基督教布道员。冯玉祥热心基督教军队化，邀余演讲，甚器重之，委为军官子弟学校校长及秘书等职。
	委员	陈公培	湖南	法国留学生，黄埔第一期学生。曾任师长、CB广州市委书记。与叶、贺、朱、毛相交甚深，与陈铭枢尤为密切。曾任十九路军机要秘书。
	委员	罗长海		
	委员	许锡清	广东	前福建省政府财政厅长，AB团。
	委员	杨建平	广东	见前。

续表

委员	委　员	丘　哲	福建	曾任广东中央银行行长。
	委　员	黄　琬	华侨	
	委　员	关楚璞	广东	
	委　员	董冰如	华侨	
	委　员	钟喜焯	广东	
	委　员	邓瑞人	广东	AB团。国华银行董事，后由福建伪府委充盐运使。
	委　员	罗从豫		
	委　员	林崇镛	福建	国家主义派。
	委　员	张子柱		
	委　员	高新亚		
	委　员	尹时中	云南	
	秘书处主任	杨建平	广东	见前。
	统计处主任	罗长海		
	土地委员会主任	章伯钧	安徽	见前。

续表

会	委　　员	林崇镛	福建	
		黄　琬	华侨	
		漆琪生		
	劳动委员会主任	蒋光鼐	广东	
	委　　员	丘　哲	福建	
		张子柱		
		董冰如	华侨	
		关楚璞	广东	
	商务委员会主任	许锡清	广东	见前。
	委　　员	罗从豫		
		张子柱		
	委　　员	董冰如	华侨	
	委　　员	杨建平	广东	
	委　　员	邓瑞人	广东	

续表

文化委员	委　员	黄　琬	华侨	
	委　员	陈公培	湖南	
	财政部长	蒋光鼐	广东	
	次　长	许锡清	广东	
	委员长	陈铭枢	广东	见前。
	委　员	李章达	广东	保定军校毕业，前充广州公安局长、福建省政府秘书长。曾赴俄考察。
	委　员	刘剑采	湖北	叔模之堂兄，法律毕业。武汉政府时代任高法院长。CC要人。
	委　员	徐名鸿	广东	北京高师毕业，加入共党后始从事政治活动。北伐时为张发奎之第四军政治主任，与蔡廷锴之关系亦系此时发生。曾指挥共党在广州暴动。嗣为蔡廷锴之秘书。
	委　员	胡秋原	湖北	日本早稻田大学生。武汉政府时代曾任学生会主席、民国日报主笔、省党部青年部长、CB武汉市委。嗣为神州国光社编译，加入社民党，为陈氏所信任。
	委　员	黄良镛	广东	
	委　员	欧阳予倩	湖南	戏剧家，社会民主党。
	委　员	林植夫	福建	
	委　员	陈耀煜	福建	国家主义派。

续表

会	委员	彭芳章		AB团。
	委员	徐翔穆		第三党。
	委员	吕仲		
	委员	梅龚彬	湖北	社民党，日本帝大政治经济毕业。武汉政府时代曾任政治部主任，五卅时代任上海市党部组织部长，即梅电龙也。
外交机关	部长	陈友仁		
	秘书	王镜澄		
	秘书	程希孟	江西	
		伍福琨		
	总务司长	林祜根		
	一科科长	雷庚侯		
	二科科长	莫长民		
司法机	最高法院院长	徐谦	安徽	见前。
	最高法院检察长	张资略		
	福建高等法院院长	陈权		

续表

关	高等法院分院长	林超南		
	厦门高分院长	林超南		
军事委员	主　席	李济琛	广西	
	委　员	陈铭枢	广东	
	委　员	蒋光鼐	广东	
	委　员	蔡廷锴	广东	
	委　员	戴　戟	安徽	
	委　员	黄琪翔	广东	
	委　员	邓世增	广东	现充第一方面军参谋长兼十九路军参谋长。
	委　员	徐景唐	广东	日本士官学校毕业，曾充第四军第十三师师长、训练总监部副监。
	委　员	沈光汉	广东	
	委　员	毛维寿	江西	
	委　员	谭启秀	广东	
	委　员	区寿年	广东	

续表

会	委　　员	张　炎	广东	
	委　　员	李章达	广东	
	委　　员	方　范	安徽	
	委　　员	徐名鸿	广东	

附记：以上各表系根据日报调制。

福建人民政府军事组织系列表

(1)第一方面军总司令部官长姓名表

职　别	姓　名	籍贯	备　考
总司令兼十九路军总指挥	蔡廷锴	广东	见前。
十九路军副指挥	邓世增	广东	广东陆军速成学校毕业，曾充副师长、总指挥部参谋长、卫戍司令部参谋长等职。
参谋长	邓世增	广东	
副参谋长	范汉杰	广东	黄埔军校第一期毕业，后赴德国留学，曾充新编师师长。
参谋处长	尹时中	云南	
秘书长	关楚璞	广东	曾任香港时报记者，国家主义派干部。
副官处长	谢东山		
军需处长	叶少泉		
军医处长	周务洪		
交通处长	毛文骏		

(2)人民革命军第一方面军官长姓名、驻地表

队号及主官姓名	籍贯	驻地
第一军军长兼前敌总指挥沈光汉 1D刘占雄60D毛志才		第一军进据延平，正向建瓯洋口北进中。
第二军军长毛维寿 2D庞　成61D梁世骥	广东	第二军军长毛维寿态度不甚积极，不赞成闽方之举措，惟尚未有所表示。其所部驻沙县，一部抽调延平。
第三军军长区寿年 3D张君嵩78D云应霖	广东	第七十八师有担任第一路延平、浦城、仙霞岭之形势，连日向永安、沙溪方面推进，甚急，一部已抵漳平。
第四军军长张　炎 4D谢琼生49D阮宝洪		军部驻漳州，第四师驻龙岩、永定，第四十九师进驻和平、诏安，有进窥粤边之形势
第五军军长谭启秀 5D司徒非7D赵一肩	广东	该军驻古田一带，现向建瓯洋口北进中。
第六军军长翁照垣 6D洪文德8D余承尧		该部原由陈德辉部及土匪编成，无战斗力，现驻永春、仙游、德化等处。

附记

一、伪第一方面军总司令部在福州。

二、敌军分两路犯浙，右路由毛维寿担任，左路由沈光汉担任，区寿年为总预备队。

三、本表由日报调制。

(3)福建人民政府其他军队官长姓名驻地表

队号	姓名	籍贯	附记
第一独立旅旅长	陈齐煊		保定军官六期生，原闽省防军第三旅萧叔煊之旧部，为团长、参谋长等职，所部共二团。
第一独立团团长	聂进龙		该团士兵原系陈维远之旧部，自闽变失败后归刘和鼎收编。
第二独立团团长	马鸿兴		原游击大队所改编，以上二团集中罗源、宁德，向福安方面推进中。
陆战队第一旅旅长	杨廷英		兼该队正司令，驻长乐、福清、甫田一带。
陆战队第二旅旅长	林秉周		兼该队副司令，驻长泰、同安、晋江一带。
特务团团长	李金波		驻福州城，该团有扩充为警备旅讯。
先遣队指挥	邱兆琛	广东	新编六团向福鼎一带集中，邱为蒋光鼐之外甥，前充省城公安局长，现又兼充城防司令。
人民自卫团团长	钟绍葵		

续表

延平行营主任	邓世增	广东	
漳州总部行营主任	黄　强	广东	保定速成学生，陈炯明旧部，为人富干才，现兼漳厦警备司令。
泉永支队长	洪文德		收编土匪。
	彭　棠		同上。
	张雄南		同上。
	林　清		同上。
飞机教导队长	邓粤铭	广东	
飞机战斗队长	刘植炎	广东	曾充广东航空学校教育长，美国留学生。

〔国民政府战史编纂委员会档案〕

事等委员会，迟至十二月初间始先后组织成立。当时一般无聊政客、失意军人闻风蚁附，相庆弹冠。福州冠盖云集，旅舍为满。兹将人民政府之组织列表如左：

2. 福建人民政府之最低纲领

（1933年11月20日）

中国之社会，乃在帝国主义统治下之半封建社会。中国革命之最大目的，在消灭帝国主义在华之宰割，同时扫除一切封建势力，以树立完全代表人民权利之政府。并须立即实行如下之最低纲领。

一、废除不平等条约，与各国重订双方平等互惠之条约。

二、外资经营及外人管理之企业与文化事业，有危害中华民族利益者，得限制或没收之。

三、整理新旧外债。凡祸国之政治借款，绝对否认。其他则有分别予以有条件的偿还。

四、实行对外贸易统制。

五、厉行关税自主。

六、开放政权。凡依附帝国主义及军阀之反革命分子，不赋予政治上一切权利。

七、中华境内各民族一律平等，得自由联合革命，确认民族自决。

八、确定人民身体、居住、信仰、言论、集会、结社、罢工、示威、出版绝对自由。

九、实行普选。

十、废止一切苛捐杂税。

十一、立行耕者有其田，实现计口授田。土地、森林、矿山、河道完全均归国有。

十二、银行与交通一切重要企业，悉归国家统制。

十三、以政治力量及国家资本，扶助农业生产科学化。

十四、严禁高利借贷。

十五、取缔奸商，人民生活日用品由国家专卖。

十六、制定农工法，改良农工生活，并保障扶助农工团体之发展。

十七、厉行普及教育。

十八、实现征兵制，武装民众，并援助民众之反帝及经济政治斗争。

〔国民政府战史编纂委员会档案〕

3．福建人民政府之权利宣言

（1933年11月20日）

甲

一、中国为中华全生产的人民民主共和国。中国最高权力属于生产的农工及共同支持社会法构的商学兵代表大会。

二、中国国家之独立为不可侵犯之最高原则。

三、全国人民不论种族、性别及职业，除背叛民族制、剥削农工者外，有绝对之自由平等。

乙

一、为排除帝国主义在中国之势力，打倒军阀，铲除封建残余制度，发展人民经济，实现彻底的民主解放。

二、否认一切帝国主义者强制订立不平等条约。首先实现关税自主。

三、实行计户口授田，以达到农业共营国业之目的。一切森林、矿山、河道、荒田，概归国有。

四、发展民族资本，奖励工业建设。凡有关于民族生存、民生日用之重要企业，概归国营。

五、人民有劳动之权利义务。肃清军阀、官僚、土豪、劣绅、地主等寄生分子，及地痞、流氓等游民分子。肉体劳动及精神劳动者，均受最大之保护。

六、人民有身体、居住、言论、出版、集会、结社、信仰、示威、罢工之自由。

七、人民负武装保卫国家之权利义务。并由大会号召全国反帝革命势力，组织人民革命政府。于最短期间召集第一次全国生产人民代表大会，制定宪法，解决国是。

〔国民政府战史编纂委员会档案〕

4. 福建人民政府之对外宣言

（1933年11月22日）

南京之卑劣统治者，现与日本帝国主义者妥协，已危及中国之独立。吾人因全国要求一致为民族独立斗争中新领导之事势所迫，乃宣告中华共和国人民革命政府之成立。两年以来，日本的目的，昭然于中国人民及文明世界。在十七世纪满洲人以征服与掠夺建立帝国，日本亦图在今日世界之环境中。此环境在政治方面，为法国革命所演出之政治观念，又为工业革命与机器时代所产生之经济力量所规定，依样施之于中国。中国不但为远东之一部分，或大亚细亚之一区域，在经济上及其他方面，中国亦如英美法等国，乃整个文明世界之广大而不可分离之一部分。对于此文明世界，中国亦受各种国际公约之拘束。此诸公约即九国公约，为英美法及其他签约各国保障中国领土独立与完整，当然包括满洲及热河。国联盟约为英法意及其他会员国所约订，其目的在尊重及维持国联所有会员国之领土完整与政治独立，以抵抗外来之侵略。凯洛白里安和平公约，既禁止以战争解决国际争执，或以武力代替外交，则英美法俄等签约国，对于日本在满洲及热河之战事行动，义当认为国际罪犯行为。对于日本海军在上海活动，义当认为与海上行劫无异。中国人民除认定蒋介石为南京政府之真正主脑，应根据上列诸公约，除积极外交政策而外，坚决要求南京政府，对于日本之侵略，厉行切实之抵抗。因以堂堂大国被人侵略，始行抵抗，不仅成为外敌征服之目的物，且其卑屈之不抵抗政策，更足以引起并鼓励自身之被征服。然蒋介石与其南京派绝不听从国民此种要求。盖为其个人政策起见，恐其所据以维政权、操纵国民党、垄断国家与政治机关之武力，一旦对日作战，必受亏损。因此蒋氏当日本开始向中国侵略之时，立即接受宋子文依赖国联以解决满洲事件之政策。因蒋宋等信赖国联能解决此问题，迫日本军队退出满洲。迨后蒋氏及抱此希望之外交家，亦觉悟日本侵略中国。蒋氏自身且不愿抵抗，英法亦不肯与破坏国联盟约之国家备战。自此时蒋氏乃放弃其国联政策，以个人名义致电日内瓦之中国代表，勿提出国联盟约十六条所规定之经济制裁，以对付日本。同时又训令声名狼藉之黄郛，签订塘沽协定。且依日本之强权，秘密将满洲问题作无形之解决。为完成其外交所定大计，不得不排斥其内亲宋子文。今蒋氏既完全抱定亲日政策，此政策若不加遏止，必将中国整个陷入早已征服朝鲜，今又攫取满洲、热河之日本侵略制度中矣。如仍容许蒋介石及其政府继续执政，以实行其背叛国家、出卖民族之政策，则中国人民将为日本之奴隶。假定容许南京统治阶级出卖中国之人力与广大之富源于日本之统治与管理，不仅中国自身被蒋氏亲日政策所严重威胁，即近代国家之体系，在军事上与经济上，亦将受其危害。此种可能性非为幻想，且去实现之期不远。盖中国现在之当局，确为一般棍徒，为实现其卑鄙恶劣之政治，不惜与日本作此种勾结。但吾人攻击此辈亲日政策派，非谓吾人即亲美或亲国联派也。因此派之主要目的，在邀集欧美各国之赞就，使其获得权力，及维持其在中国优越之地位。中国固可期望美国及签订九国公约之签约国与国联之各会员国履行条约上之义务，并察觉蒋氏之政策，足以妨害彼等之重要利益。吾人以为亲美派或亲国联派之政策，系建筑于危险原则上。吾人并不损害美国人对吾国之善意，或美国对我国政治态度之好动机，但必须认定亲美亲国联派之客观结果，将为中国于国际共管制度之下。其危害不恶于蒋介石之亲日政策，盖无疑义。吾人反对此两派互相仇视之危险政策，认定中国真正之权力，必须树立于民族基础之上，而其以人民革命政府为工具之新运动领导权，乃为中国所自有。吾人依赖广大群众之拥护之力量与工具，重建中国人民之生命于民族主义之基础上，确守民主自由之最高原则，并在协作之世界结构内行动，纵使法西斯蒂及其他反动尝试，在近代各国政府内，重新扶立专制主义。而近代经济与社会之动力，正在产生此种协作之世界。吾人最后推翻蒋氏政权，不特为中国独立与救亡所必需，且为全世界军事与经济之利益计，亦为必要。倘日本帝国主义者得蒋氏之协助，得以完全统治中国之富源与人力，则世界大战必不可免。而在世界之一部分之日本，其国家之生存，亦岌岌可危。为增进国际之安全，吾人不得不敬告列强，勿与南京政府以任何借款，或给予商品军械之变相借款。吾人更声明，以后如缔结任何借款契约，中国人民及其革命政府必全盘加以否认。

〔国民政府战史编纂委员会档案〕

5．福建人民政府领导人李济琛等就职宣言

（1933年11月22日）

全国人民各机关、各军队及各报馆公鉴：自蒋中正凭藉其御用之国民党系统及其祸国殃民之武力，背叛革命，攘据政府以来，中华民族益趋于危亡。全国人民既陷于绝境，当九一八事变之初，蒋氏即令张学良不加抵抗；十九路军淞沪抗日之际，又绝其后援，

使东北三省转瞬沦丧。驯至一送热河，再送滦东流域，签订塘沽协定，出卖中国北部。近更同意与日本秘密订立经济协定，无异承认满洲伪国，实行降日。对东北义勇军之活动，则多方破坏；对西南请缨义军，则严令制止。蒋氏之卖国行为，国将不国。自蒋中正当政以后，制造内战，酿成天灾，人民困之而死者何止数千百万！其幸而生存者，或则欲耕无地，欲工无所，或则虽工虽耕，而仍不得一饱。南京政府对此饥寒交迫之广大群众，不特不加救济，抑且不容其自救。凡主张人民自救者，不目为反动，即指为赤化。罪名一出，剿杀随之。数年人民被其残杀者，不知凡几。穷蒋氏之恶，国将无民。且在蒋中正等统治之下，政治黑暗，官吏贪污，纲纪废弛，骄奢无度，此皆蒋中正等祸国殃民之末节。然全国人民已莫不切齿痛恨，对于蒋氏政府之存在，已不可一日容忍，对于新政府成立，已不可一日延迟。以此之故，中华共和国人民革命政府乃于公历一九三三年十一月二十二日成立于福州，济琛等同时宣誓就职。谨以最大之诚意，向全国宣布其使命。(一)求中华民族之解放，形成真正独立自由之国家。(二)消灭反革命之南京政府，建立生产人民之政权。(三)实现国内各民族之平等权利。(四)保障一切生产人民之绝对自由平等权。(五)排除帝国主义在华势力，打倒军阀，铲除封建残余制度，发展国民经济，解放农工劳苦群众。以上各端，实为本革命政府之中心任务。决自成立之日起，彻底肃清贪官污吏，建立廉洁政府，提高行政效率，实行法治精神。并领导全体公务人员，节衣缩食，刻苦耐劳，以贯彻根本之主张，树立兴国之规范。本革命政府尤愿表示其为和平而奋斗之决心。蒋中正政府之亡国政策，既扰乱世界之和平，而其残民政策，又破坏国内之和平。本革命政府为保障世界及中国之和平起见，不得不坚决反对此亡国殃民之政策。希望全国人民及各政治集团与各军队深切了解本革命政府之使命，及保障和平之中心，一致奋起，拥护革命政府，与蒋中正御用之国民党南京政府作殊死战，以实现中华民国之最高理想。谨此布闻。诸希亮鉴。人民革命政府委员李济琛、陈铭枢、陈友仁、蒋光鼐、蔡廷锴、李章达、戴戟、黄琪翔、徐谦、何公敢。中华共和国元年十一月二十二日。

〔国民政府战史编纂委员会档案〕

6．蒋介石转福建人民政府中央委员就职等情报致汪精卫密电

(1933年11月24日)

南京汪院长抄北平外交大楼黄委员长、居仁堂何部长、开封刘主任、西安杨主任、兰州朱主任、汉口何主任、武昌总部曹参谋长、杭州鲁主任、光州刘总司令、长沙何总司令、成都刘总司令、归化傅主席，并转黄部长：夏密。顷据报：闽伪府中央委员养日就职，由伪人民代表梅龚彬授印，李济琛受印。并决议以陈铭枢、蒋光鼐、蔡廷锴、戴戟、黄琪翔、邓世增、徐谦、区寿年、张炎、李章达为伪军事委员，何公敢为省长。定十二月一日庆祝伪府成立，大赦政治犯，改年号为中华共和国元年。又据报：闽伪府成立后，赤匪运动激烈，由赣匪区派去五十人，各伪机关自沪赴闽匪徒亦不少。胡展堂致陈群电，大意谓对闽事已发表谈话，斥其谬妄。希注意沪社会势力，建筑反共壁垒，以固国本。应与京方在沪负责人联系。又据沪日领署讯：闽确与日海军有协定，但否认由台湾总督资助三百万各等语。特并转参考。中正。敬申秘。赣印。

〔国民政府行政院档案〕

7. 蒋介石转福建人民政府政治措施等情报致汪精卫密电

(1933年11月26日)

南京汪院长、北平外交大楼黄委员长、居仁堂何部长、开封刘主任、兰州朱主任、西安杨主任、邵主席、汉口何主任、武汉张主席、总部曹参谋长、杭州鲁主席、光州刘总司令、长沙何总司令、成都刘总司令、归化傅主席，转黄部长：夏密。顷据报：(1) 厦门定敬日庆祝伪府成立。(2) 厦门民国日报改为人民日报。(3) 龙溪县所捕各共犯已全数开释，伪政府大赦犯人。(4)黄强由漳飞省，将任马尾要港司令。(5)厦门盛传蔡廷锴对于伪组织无甚兴趣，有被陈铭枢、李济琛所忌，将其软禁在省之谣。(6)福州定有日焚毁党国旗。(7)伪军委会委员为李济琛、陈铭枢、蔡廷锴、蒋光鼐、戴戟、邓世增、徐景堂、沈光汉、毛维寿、谭启秀、区寿年、张炎、李章达等。戴任参谋团主任，张副之。(8) 港元老派机关报近对闽方已取攻击。香港国家主义派之报纸亦发表不满之评论。(9) 陈铭枢于闽变前曾商得香港买办陈廉伯，允为其担任筹款。(10)伪一次中委会推定李济琛兼军会主席，陈铭枢文化委员会主席，蒋光鼐财部长，许锡清政次长，何公敢省长，等语。特转参考。中正。宥秘。赣印。

〔国民政府行政院档案〕

8. 福建人民政府第十一次会议通过建立全国生产人民革命政权案

(1933年12月11日)

第一步，划分省区，按区实行新省县制度。派得力人员为正副省长及县长。

第二步，由县政府指派各区各乡特派员，切实进行调查户口耕地，办理自卫宣传与组织民众。

第三步，区乡民众之宣传与组织得到相当指导，户口耕地调查及自卫办理完毕，即开全乡生产人民大会，选举乡人民政府委员。乡特派员乃撤回。

第四步，凡一区所属之各乡人民政府已选举完毕，政权实质亦得到相当健全时，即行召集区生产人民代表大会，选举区人民政府委员。区特派员乃撤回。

第五步，对一县所属各乡区之人民政府已选举完毕，其政权实质亦得到相当健全时，即行召集全县生产人民代表大会，选举县人民政府委员。同时县政府移交。

第六步，全省各县人民政府已选举完毕，其政权实质亦得到相当健全时，即召开全省生产人民代表大会，选举全省人民政府委员。同时省政府移交。

第七步，各省人民政府委员选举完毕，其政权实质得到相当健全时，即召集联邦生产代表大会，选举邦人民政府委员，并制定宪法。

第八步，各邦政府委员选举完毕，其政权实质亦得到相当健全时，召集全国生产人民代表大会，选举联邦人民政府委员，制定联邦宪法。又国家最高机关为全国生产人民代表大会联邦。人民政府分邦、省、县、市、区、乡，共六级。再下则为村长、里长。

〔国民政府战史编纂委员会档案〕

9. 蒋介石转福建人民政府与中共联合条件的情报致汪精卫密电

(1933年12月12日)

抄南京汪院长、中央党部叶秘书长、北平外交大楼黄委员长、居仁堂何部长、兰州朱主任、西安杨主任、邵主席、杭州鲁主席、武昌张主席、广东陈总司令、上海吴市长：夏密。据报：(1)陈铭枢在闽组织人民政府，实行土地革命之政策。因其与共匪进行妥协，第三国际亦认此系非常重要，允为特派米夫（前莫斯科中大副校长）来华主持。而闽逆与共匪之妥协条件如下：(一)共同联络，反抗中央，撤消国民党。(二) 实行平分田产。(三) 建立农、工、小资产阶级联盟政权。其履行条件之开始：① 先由闽方停止封锁赤区政策；② 因避免目标太大，后赤匪由赣匪区派来五十人参加各伪机关，自沪赴闽之共匪党徒人亦不少。(四) 黄琪翔担任收编长汀一带共匪及漳南民军，警戒粤边。(五) 闽变发动时，共匪派彭德怀妻及罗炳辉在福州商洽一切。最近朱德到省，迭开联席会议。朱主合兵北犯，蔡主南归。暂时尽于可能范围内表示灰色，两方只实行暗中联络。(六)共匪即为十九路军屏障闽北一带，以便抵抗中央军。(七)陈、蔡等放弃闽西，由共匪罗炳辉接防龙岩，牵制广东，四十九师移调漳厦。原驻漳泉之毛、区各部则悉调闽北，准备进攻浙江。(2) 闽伪府成立，彼此相持甚力。最后卒从朱德之议，决定犯浙。第一方面军由蔡廷锴兼任，第二方面军则由朱德担任。(3)十九路军已与赤匪联合行动。上月廿日、本月二日，赤匪由将长乐开赴延平者约两团。三日，逆军六十及六十一两师会同赤匪约二千，由延平开三都口，经博山大背向古田移动。又下道湖芦山、青枫岭等处到赤匪及逆军约二千余，亦向古田移动。

等语。特转参考。中正。文秘。赣印。

〔国民政府行政院档案〕

10. 蒋介石转福建人民政府与中共合作等情报致汪精卫密电

(1933年12月24日)

南昌汪院长、中央党部叶秘书长、北平外交大楼黄委员长、居仁堂何部长、兰州朱主任、西安杨主任、邵主席、杭州鲁主席、武昌张主席、广东陈总司令、上海吴市长：夏密。据报：(1) 有俄共产党员米郛持美国护照赴闽参加。(2)已到闽北赤匪参加逆军犯浙者约五千人，均改逆军旗帜符号。(3)逆自与共匪联合后，闽西几全为匪势力。更因匪急欲得海口，经与逆商定，除划云霄至诏安为匪海口外，厦门海口匪如必要亦可通行。现厦门有大批给养及卫生品进口，驳运龙溪。(4)日本将胁逆签订受日方保护之条约，如承认，则种种均可相助。(5)逆匪攻浙军事协定为各出四师兵力北犯，蔡以某军任前锋而另集结该军主力，以图与中央军一拚。(6)逆预定数百万在南靖、天宝间筹设兵工厂。(7)逆方现正筹备组党，拟合社民党、第三党、取消派于一炉，组织生产党。目前活动以文化委员会为重心，而另以文化总同盟为外围，负各地民众之责，等语。特转参考。南昌行营第二厅。迥秘。印。

〔国民政府行政院档案〕

11. 蒋介石抄转福建人民政府与中共签订六项条件情报致汪精卫密电

(1933年12月26日)

抄南京汪院长、中央党部叶秘书长，抄北平外交大楼黄委员长、居仁堂何部长、兰州朱主任，抄西安杨主任、邵主席、杭州鲁主席、武昌张主席、广州陈总司令、上海吴市长：夏密。据外人报告，参加闽变之第三党领袖黄琪翔，于变后见西南各省未表赞同，遂解散第三党，使其党员伪称民众，自由参加闽方工作；一面并拟组织一新政党，冀使各反动党派与彼合作。同时，闽逆领袖为维持闽方本身起见，曾与共党在瑞金会商，决定下列条件：(一)江西方面，决定防守，阻止中央军前进。(二)粤军如进攻闽南时，由赤匪担任防务。(三)由闽方接济匪区廿万元防御费。(四)闽于在可能范围内供给赤匪一切需要之物。(五)闽共始终合作，设法颠覆中央。(六)闽方与匪党同组织反帝及反资本主义之劳农政府。等语。特转参考。南昌行营第二厅。宥亥。秘印。

〔国民政府行政院档案〕

12. 福建人民政府计口授田之方式①

(1934年1月)

一、按乡为区分，将各乡人口之数与田地面积详细调查估量，以定每口可得田地之产量，而授之田。

二、田地分上、中、下三等，分列号数，用竹签按插，配匀授受。

三、每乡居民如依赖土地生产为生者，皆按照其应得田地之数量授予。

四、公务人员（如官吏、教师、士兵、团丁之类）虽未回乡居住，亦授予应得之田地。

五、乡民中有长在外地为工为商者，其应得田亦按口授予。但该田地则由所谓公家人保管，名为留田。得由家属自耕，或另

---

① 此件节选自黄庭光编：《讨平闽乱记稿》。

指定其他有余力之农民兼耕之。但该田地之生产由耕种者享受，亦按例缴纳土地税外，并提出二成，为该乡公共建设之用。

六、每年终，各乡将丁口生死婚嫁登记之数清查一次。生与婚按例授予田地，死与嫁按例收回其田地。

七、乡中人口生与婚人数超过死与嫁之数，收回田地不敷授予时，则按生与婚之时日先后次序，列为即授与待授两种，依次序递补而授之以田。

八、人民有余力者，得领地开荒。开荒之田地，第一二年免其土地税，三年以后按例征收其土地税。但该田地使用权由该开荒人终身有之。

九、田地授予完毕后，禁止田地之抵押买卖。

〔国民政府战史编纂委员会档案〕

二、福建人民政府的失败

1．国民政府饬迅速处置福建人民政府令①

（1933年11月21日）

为令遵事：自国难发生以来，全国一致，为求团结，以期挽救危亡。最近江西剿匪，着着胜利，肃清可期，一切建设，当可开始，复兴之机，系此一发。乃陈铭枢忽于此时在福州纠合所谓第三党重要分子，自立名目，实行叛乱，同时勾结共匪，助其肆虐，并造作谣言，诟诬政府，以图淆惑视听，若任其猖獗，则荼毒生民，危害国家，为患不堪设想。为此令仰该院会会同行政院、军事委员会，即饬所属军政机关迅予处置，务使叛乱克日敉平，并饬各地方政府及各驻防军队，严密防范，消弭祸端，俾国家根本

①此件系国民政府分令行政院及军事委员会之件。

不致动摇，救亡图存之大计，得以继续贯彻。除分令外，合行令仰遵照。此令。

〔国民政府战史编纂委员会档案〕

2. 蒋介石告十九路军全体将士书

(1933年11月22日)

据报陈铭枢李济琛之徒，窃据福州，假借我十九路军名义，凑合第三党社会民主党之反动分子，倡言联共，背叛中国国民党，反抗国民政府，组织其共产党化身之所谓生产党与所谓人民革命政府。废弃本党总理自革命以来所创造青天白日之党国旗，而揭其上蓝下红中坎黄色五星之叛旗。值此国难严重之秋，全国并力剿共之日，乃竟有此危害党国自促灭亡之举，是诚何心，良难索解。顾陈铭枢辈胆敢悍然发难者，实以其对于赣闽共匪已实行妥协，成立互不侵犯之密约，议定接济匪区物质及军事互助彼此策应之计划，证以黄琪翔、章伯钧、彭泽湘等之依附其间，供效奔走，共党代表及彭德怀之妻滞留福州，及取销党国旗徽，高叫土地革命政策，农工政策，则联共叛党之说，显而易见矣。且前年亲谒币原求借外力以占东北之陈友仁，及安福时代参预西原借款之韩宾礼等，或任伪府新职，或为信使东渡，则人言藉藉，所谓卖国害党之阴谋，亦信而有征矣。闻陈等所恃以肆其簧鼓之口实者，一方对我十九路军将士横施恫吓，谓在闽苟不联共匪则必见灭于共匪；一方则对民众假借农工政策，实行土地革命，藉为煽动；而另一方则又师方振武、吉鸿昌在华北之故智，既已降敌通匪，而复标榜救国抗日，以欺弄我十九路军之将士。彼辈叛徒惟以联共勾日为手段，以毁党叛国为目的，固无所爱于我十九路军光荣之历史，更不计及我十九路军今日之顺逆与成败，其结果受牺牲而召污名者皆为我十九路军全体之将士，于若辈固无损毫发也。

岂不痛哉。今如听其一二人之蒙蔽卖弄，忍沦全闽陷于匪祸，甘自绝于党国，为中外所唾骂，窃恐已往我十九路军为剿共抗日而牺牲之先烈有知，亦痛哭于九泉矣。呜呼！我十九路军忠勇诸将士乎，昔以剿共抗日与不参加内战而获令誉者，今乃反为陈逆所挟持，致成破坏党国之戎首，其将何词以自解于国人之前，且将何以对 总 理 在 天之灵，何以见剿匪抗日诸先烈于地下乎。不宁唯是，我十九路军将士自十三年以来，东征北伐，随同中正转战南北，相与共死生共患难者何啻百战，在革命过程中，建树雄伟勋绩彪炳，实党国忠勇奋斗之军队，岂能为陈铭枢辈之私产。值兹国难震撼之际，当必能本爱国卫民之精神，而矫然有以自立，断不应以私害公，致供任何个人叛党乱国之牺牲，尤不应因一二人之反覆，而盲从附和，举已往出死入生所造之勋绩光荣，随之以毁灭。我忠勇诸将士深明大义，当必权衡已熟，勿庸词费矣。现时中正认定国家当前唯一之急务，与唯一之生路，只有努力剿灭赤匪，方足以卫党国而救危亡，连日赣中剿赤军事，进展极速，中正仍令我剿匪各军，专力于剿匪工作之完成，决不以闽变牵动剿匪军事，更不忍以十年来患难相共之部曲，为一二不逞之徒所蒙蔽之故，而使我国革命军自相残杀，致剿匪阵线动摇，适中共匪粉碎五次围剿计划中预定挑拨闽变之毒计，且足贻寇仇之窃笑。对于闽变罪魁，姑观其以后之行动，俾以自觉自新之机会。所冀我十九路军将士咸体斯旨，一面坚持剿匪之原有阵线，毋见挠于乱命，一面力图正义之彰明，以促叛乱之觉悟，大义灭亲，古有明训。拨乱反正，责无旁贷。救国自救，关键在兹。愿我将士速图利之，有厚望焉。

〔国民政府战史编纂委员会档案〕

3. 蒋介石攻击福建人民政府的通电

（1933年11月23日）

特急。各绥靖主任，各路剿匪总司令，各总指挥，各军长，各师长钧鉴：连年共匪肆虐，毒连数省，毁坏我国家社会之根本组织，民族生存受其威胁，致一切御侮卫国之工作，亦均不能为有效之实施。我忠勇将士乃并力共趋，专力剿匪，苦战恶斗之结果，豫、鄂、皖边区已告肃清，赣中进剿亦着着奏效，封锁围剿之政策，尤足制匪死命，稍假时日，自可次弟荡平。不期陈铭枢等竟与共党勾结妥协，号日在闽组织伪府，突行叛变，此种倒行逆施之行为，实自绝于国人，不久必召崩溃，原不足成为大患。弟此中酝酿之经过，有不得不为我剿匪将士及全国军士长官详告者：查陈逆铭枢组织社会民主党，企图利用十九路军之势力反叛中央，蓄谋已久，世所共知。自去岁在交通部长任内，签定马凯电信合同及招商局变产契约，收受重贿，有舆论界指摘，不安于位，乃去国游欧。旋返居香港，往来福漳，逆谋益急，深与第三党结纳，由该党首领黄琪翔，徐谦等斡旋，谋与共党合作，信使不辍。最近互不侵犯之协约已成，议定接济匪区之物质及军事互助之办法，恶耗传来，中正虑其误入歧途，念其前劳，于陈等抵闽之初，两电劝诫，冀戢逆谋。林主席在闽亦谆谆告诫。讵陈等罔知悔误，一意孤行，于是号日在福州由黄琪翔、方振武等为主席团所开之人民代表大会及所谓人民革命政府之伪组织，遂以出现。李济琛为伪政府主席、陈铭枢、蔡廷锴、陈友仁、许锡清、章伯钧分任伪府行政、军事、外交、财政、教育各委员会委员长，黄琪翔为参谋总长。又以李济琛、陈铭枢、蒋光鼐、蔡廷锴、戴戟、冯玉祥、陈友仁、方振武、徐谦、黄琪翔等为中央委员伪职。

各军队称为人民革命军，宣布废除国民党，改为上蓝下红中嵌黄色五星为帜徽，废青天白日帜，高叫联俄联共，实行农工政策，打倒中国国民党等口号。凑合社会民主党、第三党、国家主义派及共产之分子，一炉共冶，另组一定名生产党，聚蛇蝎于一窝，矛盾复杂，不可究诘。前途如何变化，虽不可预料，然彼辈实毁党害国，藉抗日以与日妥协，藉剿共从与共合作，事实昭然。中正诚不足以感人，才不足从弭乱，遘兹奇变，至为痛心。十九路军相随革命，转战南北，既有年所，今陷于极险恶艰危之环境，为一二野心好乱者所挟持，未能自拔，尤所关怀。惟现在形势大体已可明瞭者，则此次陈铭枢等不择手段，敢于联共毁党以图一逞，人格破坏，信用扫地，即向来与之同政治路线者，今亦顿生怀疑，不能参加。十九路军之赞成与反对两派暗斗日烈，闽省人民尤疾首痛心，愿与偕亡，则其颠覆，宁待计日。中正自当秉承中央之策略，尽其智能，设法消弭镇压，俾闽中军民，回复常态，拯之水火，凡我剿匪部队，应自知责任之重大，一本原定之计划，照常进击。盖闽变实共匪之最后挣扎，本为其破坏我军五次围剿之预定策略。陈铭枢之所为，不过共匪垂暮反照之回光，绝不足以摇动吾人剿匪之政策，应格外奋斗努力，期获最终之胜利。各地方军事长官，尤应持以镇静，维持秩序，以安地方。窃恐传闻失实，特电详告，希即遍示所属，共明真相，洞烛奸谋，各忠所职，至为企幸。蒋中正。漾秘。赣印。

〔国民政府战史编纂委员会档案〕

4．吴铁城关于福建人民政府动态及西南态度致汪精卫密电

（1934年1月8—25日）

（1）1月8日电

限即刻到。南京。汪院长钧鉴：行密。顷接港讯如下：福州密电，闽局崩溃，要人纷逃港厦。李陈已出走，但行踪未明。胡昨电促德邻来港商处置闽局，拟定双方如不息战，最后办法，西南当以武力制止。等语。谨闻。铁城叩。庚申。印。

（2） 1月10日电

限即刻到。南京。汪院长钧鉴：行密。本日港讯如下：闽蒋蔡等眷属均返港。据言十九路内部已分裂。蔡主张失败后宁入山为匪，决不降附何方面。沈光汉、张炎等主张附粤。一部中级军官主张拥戴戟出任收拾，并保存十九路军名义，伯南恐闽败窜粤，极紧张，连日电话与胡商应付办法。谨闻。铁城叩。灰申。印。

（3） 1月25日电

南京。汪院长钧鉴：行密。据报：（1）蒋、蔡电粤陈，愿自动下野，请收容该军。电中有请勿坐视十余年追随之子弟为人压迫而不予收容等语。（2）政务会致电十九路军各师长，如中央不接纳停止进攻，西南当有进一步表示，促其实现。（3）西南派黄忧书入闽收慰十九路军。黄定敬起程。（4）粤陈养晚召集军事会议，以闽局最近形势又起变化，有派兵入闽必要，决派调龙光师入闽西永定、振良，进驻大浦、饶平，联络一气。已下手令饬该师克日推进。等语。谨闻。铁城叩。有申。印。

〔国民政府行政院档案〕

5. 沈光汉等宣布脱离福建人民政府通电

（1934年1月21日）

中央党部，四中全会，国民政府军事委员会，广东西南政务委员会暨各省、市党部，各省、市政府，各路总指挥，各省军事长官，各报馆转全国各同胞均鉴：同室操戈、贻害邦国，智者所不为。光汉等决议一致脱离人民政府，拥护中央，促李陈蒋蔡诸公先行离开，并推举戴同志戟出任维持，一切政治问题静待商决。化干戈为玉帛，保邦国之安宁。全国明哲，谅表同情。除令各部队集结，停止军事行动，静待和平处理外，谨闻。十九路军六十师师长沈光汉、六十一师师长毛维寿、七十八师师长区寿年、四十九师师长张炎暨全体将士同叩。马未。印。

〔国民政府行政院档案〕

6．沈光汉等为请停止军事行动并派员接洽投降致卫立煌书

（1934年1月22日）

卫总指挥勋鉴：光汉等已于昨（廿一）日通电拥护中央，请即停止军事行动，本晨奉到蒋委员长手谕，指示一切，自当遵行。惟本晨贵军惠安前线部队，仍向洛阳桥压迫，干戈玉帛，一发千钧，同舟共济，深望相见以诚，并请立饬前线部队，停止前进，俾得商解一切问题。兹派赵参谋长锦雯前来晋谒，并持蒋委员长手谕及光汉等昨日通电呈阅，乞赐指示，无任感祷。

沈光汉、区寿年、毛维寿、张炎同上

廿三年一月廿二日于泉州城

〔国民政府战史编纂委员会档案〕

7．军委会南昌行营检送《戡定闽变纪略》致国民政府文官处函件

（1934年9月7日）

迳启者：兹由本行营纂印《勘定闽变纪略》，相应检同寄上，敬

希查收见复为荷。此致

国民政府文官处

附:《戡定闽变纪略》二件

国民政府军事委员会委员长南昌行营办公厅文书课启

戡定闽变纪略

第一　讨伐原因

第二　讨伐前逆军与我军之态势　（一）逆事（二）我军

第三　作战计划　（一）方针　（二）战斗序列　（三）各纵队集中地　（四）进击部署　（五）其他

第四　战斗经过　（一）延平之役　（二）水口之役　（三）古田之役　（四）追击之役

第五　讨逆完成

第六　结论

附表　（一）北路军战斗序列　（二）俘逆官兵统计表　（三）缴获军械统计表

附图　（一）延平城及其附近攻击部署要图　（二）第四路军第二纵队监围古田城部署要图

戡定闽变纪略

第一　讨伐原因

第十九路军自经二十一年一月二十八日上海抗日之役以后，蒋光鼐、蔡廷锴等受反动各派之怂恿，恣睢跋扈，已隐存背叛之心。中央眷念前劳，特命绥靖闽疆，协剿共匪。原冀全其终始，永保令名，乃入闽以还，自忘其本身为国军之立场及中央对该军之优遇，甘受陈铭枢等一二个人之指使，政令自专，叛谋日著。继乃自毁历史，别奉所谓第三党者相号召。一般无聊政客、失意军人乘机蚁附，肆意播弄。该军愈不自爱，竟以受命剿共之军队，与共匪信使相往还。其时，某国正欲利用机会，破坏我国家统一，暗中诱引，亦复不遗余力。积此种种原因，相互凑集，遂以酿成毁党叛国，组织伪府之谬举。中央为保持统一，整饬纪纲，遂于十一月二十一日分令行政院军事委员会如左。〔略，见前〕

委员长蒋奉令后，念十九路军将士相从多年，犹冀其悬崖知返，幡然改图，不忍遽以兵戎相加，乃发告该军全体将士书如左：

"据报陈铭枢、李济琛之徒窃据福州，假借我十九路军名义，凑合第三党社会民主党之反动分子，倡言联共，背叛中国国民党，反抗国民政府，组织其共产党化身之所谓生产党，与所谓人民革命政府，废弃本党总理自革命以来所创造青天白日之党国旗，而揭其上蓝下红中坎黄色五星为号之叛旗。值此国难严重之秋，全国并力剿共之日，乃竟有此危害党国、自促灭亡之举，是诚何心？良难索解。顾陈铭枢辈胆敢悍然发难者，实以其对于赣闽共匪已实行妥协，成立互不侵犯之密约，议定接济匪区物质及军事互助，彼此策应之计划。证以黄琪翔、章伯钧、彭泽湘等之依附其间，供效奔走，共党代表及彭德怀之妻滞留福州，及取消党国旗徽，高叫土地革命政策，农工政策，则联共叛党之说显而易见矣。且前年亲谒币原，求借外力以占东北之陈友仁及安福时代参预西原借款之韩宾礼等，或任伪府新职，或为信使东渡，则人言藉藉，所谓卖国害党之阴谋，亦信而有征矣。闻陈等所恃以肆其簧鼓之口实者，一方对我十九路将士横施恫吓，谓在闽苟不联共匪，则必见灭于共匪；一方则对民众假借农工政策实行土地革命，藉为煽动；而另一方则又师方振武、吉鸿昌在华北之故智，既已降敌通匪，而复标榜救国抗日，以欺弄我十九路军之将士。彼辈叛徒惟以联共勾日为手段，以毁党叛国为目的，固无所爱于我十九路军光荣之历史，更不计及我十九路军今日之顺逆与成败。其结果受牺牲而召污名者皆为我十九路军全体之将士，于若辈固无损毫发也，岂不痛哉？今如听其一二人之蒙蔽播弄，忍沦全闽陷于匪祸，甘自绝于党国，为中外所唾骂，窃恐已往我十九路军为剿共抗日而牺牲之先烈有知，亦痛哭于九泉矣。呜呼！我十九路军忠勇诸将士乎！昔以剿共抗日与不参加内战而获令誉者，今乃反为陈逆所挟持，致成破坏党国之戎首，其将何以自解于国人之前？且将何以对总理在天之灵？何以见剿匪抗日诸先烈于地下乎？不宁唯是，我十九路军将士自十三年以来，东征北战，随同中正转战南北，相与共死生共患难者，何啻百战？在革命过程中建树雄伟，勋绩彪炳，实党国忠勇奋斗之军队，岂能为陈铭枢辈之私产？值兹国难震憾之际，当必能本爱国卫民之精神，而矫然有以自立；断不应以私害公，致供任何个人叛党乱国之牺牲。尤不应因一二人之反复，而盲从附和，举已往出死入生所造之勋绩光荣，随之以毁灭。我忠勇诸将士深明大义，当必权衡已熟，勿庸词费矣。现时中正认定国家当前唯一之急务与唯一之生路，只有努力剿灭赤匪，方足以卫党国而救危亡。连日赣中剿匪军事进展极速，中正仍令我剿匪各军专力于剿匪工作之完成，决不以闽变牵动剿匪军事；更不忍以十年来患难相共之部曲，为一二不逞之徒所蒙蔽之故，而使我国民革命军自相残杀，致剿匪阵线动摇，适中共匪粉碎五次围剿计划中预定挑拨闽变之毒计，且足贻寇仇之窃笑。对于闽变罪魁，姑观其以后之行动，俾以自觉自新之机会。所冀我十九路军将士咸体斯旨，一面坚持剿匪之原有阵线，毋见挠于乱命，一面力图正义之彰明，以促叛乱之觉悟。大义灭亲，古有明训。拨乱反正，责无旁贷。救国自救，关键在兹。愿我将士，速图利之。有厚望焉。”

右劝告书散发后，逆军各将领依然倒行逆施，执迷不悟。沈光汉以次诸逆，复厚颜通电，就所谓人民政府军职，并实行与共党定盟立约。我军事中枢，至此不得已，只得仰体中央迅速戡乱之意，命将出师，执行讨伐。此即讨闽战役之由来也。

第二　讨伐前逆军与我军之态势

（一）逆军

陈铭枢、李济琛辈于廿二年十一月廿日宣布伪人民政府成立后，闽省驻军如刘和鼎、卢兴邦、周志群、张銮基等部深明大义，不甘附逆，相率表明态度，各以所部扼守闽北各县，以待中央军之到达。逆军方面，蔡逆廷锴将所部第四十九、第六十、第六十一、第七十八及补充等师，扩编五军，自任总司令；以沈光汉、区寿年、毛维寿、张炎、谭启秀等分任军长。其实力约有步兵四万余，步枪约三万支，航空机十余架（多属练习机），高射炮数十门，轻重机关枪七八百挺。其分防地点大致如左：

谭启秀部　（六团）延平　顺昌　古田　水口一带

区寿年部　（六团）福州附近

沈光汉部　（六团）福州、水口间地区

毛维寿部　（六团）泉州附近

张　炎部　（六团）漳州附近

特务团教导团宪兵两队　福州

此外，翁照垣收编之人民自卫军约三四千人，分驻莆仙、安溪、永春等处。

据以上配置判断，敌以延平、古田、水口为战略据点，并欲广收民军，联结匪共，拉拢各方与中央异趣之灰色势力以壮其声援。且彼方测度我中央军当剿匪工作紧张之际，决无余力分优势之兵以压闽境；纵或勉强抽调，势必绕道赣东而南向，道阻且长，前进需时。于是彼可从容布置，使共匪出为侧击，牵制中央军于闽赣边境，以遂其长驱直进不受邀击之图谋。此敌军计划之大概，亦即讨伐前之态势也。

（二）我军

中央军在赣剿匪有年，委员长蒋于廿二年春夏之交，躬亲入赣督剿；并在庐山设训练团，训练山地战术以作士气。入秋以后复变更战法，以阵地战方式建筑碉堡，开辟后方交通。至十一月下旬，乃占硝石，克黎川，断匪之交通。匪方恐惧，以主力竟包我军，遂有硝石、洵口、大雄关、浒湾诸役之捷。匪众狼狈不能成军，预计三个月内可将残匪一律肃清。而闽变忽起，因之剿匪计划遂被停顿。于是抽调一部入闽讨逆，其战斗序列仍归北路剿匪军，不另设总司令，由委员长蒋亲领入闽，留顾总司令祝同在抚州专任剿匪事务。兹记其入闽兵力如左：

第三师、第九师、第八十九师，以上归前敌总指挥蒋鼎文直接指挥。

第八十七师、第八十八师、第五十六师、第八十师、新十一师、独立四十五旅，以上归张治中指挥。

第十师、第八十三师、第四师、第七十九师、第三十六师、第五十二师，以上归卫立煌指挥。

总计兵力十四师一旅。除刘和鼎、卢兴邦、周志群等师及张銮基之一旅向在闽省，并集结寿宁、政和一带向我输诚之陈齐煊师不计外，共抽调赣省剿匪兵力约十一师，步枪约五万支，山炮四十余门，轻重机关枪约二千杆，航空机约三十架。以兵力比较，已处绝对优势，如中央讨逆，理直气壮，胜负之数，不判而明矣。

第三 作战计划

（一）方针

本军为迅速消灭逆党逆军之目的，以有力之国军一部编成数个纵队，由赣浙边区分道入闽，先击破逆军之主力，并将其余部一举而尽歼之。

（二）战斗序列 另详附表

（三）各纵队集中地

一、第二路军之第四纵队（三、九师）

二、第四路军之第二纵队（八七、八八师）

三、总预备队之八〇、八九师

右集中浦城一带，均限十二月十五日以前到达。

一、第五路军之第三纵队（四、七九师）

二、第五路军之第一纵队（一〇、八三师）

三、总预备队之三十六师

右集中光泽附近，并限十二月二十日前到达。

一、第三路军之第五纵队（十一、十四、六七、九四师）

二、第三路军之第八纵队（五、六、九六师）

右集结德胜关附近，并相机进击泰宁、邵武间。

（四）进击部署

一、闽北方面

1．以四个师由浦城集中地向建瓯前进，会同该处之五十六师为主攻部队，以取得延平为目的。

2．另以二个或三个师编成一纵队，由浦城集中地经政和占领屏南，构筑强固据点，即向古田、水口方向佯攻，以牵制在古田之逆部；并相机占领水口，以截断闽江之交通。

右预定以十二月廿五日为开始进攻之期。

二、光泽方面

各纵队到达目的地后，扫清残匪以掩护攻势方面侧翼之安全，并镇压附近共匪余孽外，更派一部经邵武、顺昌东下，以拊逆敌之背。

三、德胜关方面

各纵队集结后，应积极清剿邵（武）、光（泽）、黎（川）间地区之共匪，使我攻击容易进展。如匪势稍杀，即连络光泽、邵武方面之友军，相机向闽、泰、宁一带进击，以确实掩护我攻闽军之右侧背。

（五）其他

一、总预备队之兵力部署及出动时地，另以命令定之。

二、原在闽境之我军各部队，以任掩护集中及协同作战。

三、关于后方补给运输及通讯卫生各事项，另为规定。

第四　战役经过

作战计划既已决定，于十一月廿五日颁布出动令，各师先后歼拔，均依限到达浦城、光泽、德胜关等处集中。各路军之推进日程如左：

1. 第四路军之第二纵队（八七、八八师）于十二月廿日推进至建瓯。

2. 第二路军之第四纵队（三、九师）于十二月廿一日占领屏南。其预备队之八十九师进至西津、党城。

3. 第五路军之第一纵队（一〇、八三师）于十二月廿五日进占顺昌。

4. 第三路军之第五纵队（十一、十四、六七、九四师）于十二月廿六日移到熊村。

各路军之初步任务既经达成，于是各战役次第开始。

（一）延平之役

延平乃闽北形势之地，为战略上所必争。该城西北依炮台山，东、南、北三面环水，九峰、玉屏两山耸峙左右，且构有甚强固之堡垒，城垣工事亦坚。逆将司徒非率兵两团守之，其兵力分配如次：城内三营；九峰山一营；玉屏山一营；东外较场一营；玉屏、炮台两山各配置山炮一门。

我军为开战胜之端及威胁福州伪府计，遂命刘和鼎为攻城指挥官，廿三年一月五日下令攻之。其部署如左：（参照附图第一）

甲、兵力分配

一、主攻目标在延城北方，步兵一旅、预备队一团（五十六师任之）。

二、助攻目标

1. 延城西方，步兵一团（第四师任之）。

2. 玉屏山北方，步兵一团（第四师任之）。

3. 九峰山附近，步兵两团（三十六师任之）。

三、炮兵阵地，在安丰桥（离延城十余里）附近（炮兵第一团任之）。

四、航空机十六架，任炮兵观测及敌阵地之侦炸。

乙、攻击程序

一、航空机于五日晨九时到达，即与炮兵协同执行其侦炸任务。

二、炮兵自航空机到后，即开始准备射击一二小时。经飞机侦明目标确已命中，再行破坏射击约二小时，以启步兵突击之路。遂将所得成绩通知步兵，以行突击。（炮兵之射击计划另由炮兵团定之）

三、步兵指挥官先将步兵进入攻击准备阵地后，得炮兵及飞机之报告敌阵地确已破坏，步兵即攻击前进。同时编成突击部队，藉炮兵掩护为突击之准备，（编成破坏班突击队、扫荡队预备队等）待机突击。倘炮兵与飞机射炸无相当效果，至夜间再行突击，以占领敌阵地为止。

以上联络协定诸事规划妥当后，于五日上午九时开始攻击，至十一时约用去博福斯炮弹五六百发，百磅以上炸弹一百发。敌仍固守阵地，顽强拒抗。下午一时起，继续攻击，始将其城垣炸坍一部。飞机即发散纸条，示步兵以突击之机会。然逆军悍然不动如故。至四时许，我第卅六师独立攻占九峰山，延城已在我瞰制之下，逆胆始寒。同时，第四师之两团占领延城西郭外之阵地第五十六师亦正向城东北各阵地猛进。守将司徒非见城破在即，乃遣其参谋长出而议降。指挥官刘和鼎以事上闻，我统帅鉴其悔悟，且恐惊及无辜，遂允之。翌晨集队缴械，我军遂入城接戍，延平之役于是告竣。

是役计俘敌官兵千余人，缴获步马枪千余支，轻重机关枪六十余挺，炮二门，毙敌二百余人。

我军阵亡营长一员，连长二员；伤营长一员，伤亡士兵二百余人（详数见附表）。

（二）水口之役

延平攻下后，闽江要隘厥为水口。该处由逆将谭启秀率兵两团守之，并以一团布置于南岸之天竺山，均筑有坚固工事。我第三、第九两师，五日进占安仁溪及其西北一带，第十师与五十二师之一部，六日到达湾口、高州。此时水口已在我军包围之中，惟我统帅始终冀其悔悟，故未遽加攻击。嗣闻蔡逆有率军增援水古（口）之企图，乃下令解决之。其攻击部署大概如左：

一、第九师以主力经时坪趣水口之北，是为主攻方向。

二、第三师以一部经牛头塘趣水口之东，是为助攻方向。

三、第十师以一旅兵力占领天竺山，相机策应之。

右部署准备完毕后，于七日上午十一时开始攻击。至午后一时许，我十师完全占领天竺山。迄午后五时，逆军乃全部溃散，谭逆只身乘装甲轮向下游遁去，水口遂为我收复。

是役计俘敌副师长、参谋长各一员，官兵八百余人；缴获步马枪六百余支，轻重机关枪卅余挺，山炮二门，弹药无数；毙敌五百余人，溺死数百人。

（三）古田之役

古田为逆军第一线右翼据点，其战略上之价值与延平相伯仲。廿二年十二月初，逆将赵一肩率兵三团入守，两旬以来，掘壕筑堡，积弹屯粮，大有抗拒到底之势。本月一日，我第四路军之第二纵队（八七、八八师）到达王柏口附近，并将该处之逆军前进阵地攻略之。我统帅部欲诱逆军主力来援，以期一网打尽，乃决定不予急攻陷落，先行夺取附城各要点，形成合围而监视之。其部署大要如左：（参照附图第二）

一、第八十七师以一部占领天王山、利泽山以东北一带高地，向古田西北端黄竹、签山逆军阵地监视，其余主力由旸谷附近渡河，占领旸谷峰、笤椅山过溪山之线；另以一部进占山边井、林洋附近，与河西岸之八十八师部队确取联络，以截断逆军后方交通。并限于四日开始运动，五日拂晓以前准备完毕。重点应保持于左翼。

二、第八十八师以一部进占罗华附近，向谷口、黄田方向警戒，其余主力应占领鸣角山、高头岭、白塔山、明府山之线。其右翼须与河东岸林洋之八十七师部队相取联络，以截断逆军后方交通；左翼须与八十七师确实连系，限于五日晚运动准备完毕。重点应保持于右翼。

三、第八十七师与八十八师搜索及警戒区域之境界，为过远汤、厝坪、后寨、黄竹、签山、至古田县东南端河以西之线，线上属第八十七师。

四、第八十七师配属之山炮营，应于五日早五时以前在天王山、利洋山、南山以东南地区占领阵地。第八十八师炮兵应于五日在廷元里、高头岭间地区占领阵地。

五、空军则上、下午分班，不断监视与威胁。

六、在此监视期间，逆军如企图急袭或溃窜时，各师应取断然处置以歼灭之。

本月六日，我军先后将古田城外各要点占领，逆军多数退守城内，合围之势，完全达成。迄于八日，延平、水口相继克复，该逆更成瓮中之势。然蔡逆屯兵福州，迟疑不敢来援。我统帅部为迅速夺取福州起见，乃下令于一月十二日开始攻城。十一晚，赵逆知无幸免，乃遣使出城，向我张总指挥治中接洽投诚，遂全部缴械，士兵调往后方重行编练，古田于十三晨为我完全收复。

是役击毙敌官兵三百余人，缴获步枪千五百余支，轻重机关枪百余挺，驳壳枪四十余支，山炮两门。

我八十七师伤亡官兵二百余人，八十八师伤亡官兵数十人（详数见附表）。

（四）追击之役

蔡逆迭接前方败讯，羞愤交集，遂于一月八日亲率所部六十、六一、四九、七八等师分两路向大湖、白沙前进，企图夺回水口，藉解古田之围。讵料部署未定，而古田已为我有；复因我空军之威胁，逆兵又无斗志。蔡知事不可为，乃于元（十三日）日开始向洪山桥、峡兜两处渡河南窜，冀全实力。我统帅部侦悉其情，爰命各路军分途追击。其计划大要如左：

一、方针

追击军分四纵队，以莆田、仙游、安溪、同安、漳州为目标，截堵敌军于安溪、同安以东地区而歼灭之。

二、部署

1。第九师、第十师、第八十三师为主力纵队，由闽清出永泰、仙游，向惠安截堵。

2。三十六师、八十七师、八十八师由峡兜渡河，跟踪向莆田追击。

3。第三师由马尾乘轮经厦门，在集美、嵩屿两处登陆，以主力出同安，以一部进取漳州。

4。第八十九师由闽清经永泰、仙游出永春、安溪，与第三师确取连络。

各部队奉令后，均星夜向目的地赶进。筱（十七）晨我主力纵队之八十三师在仙游、沙溪间之石马与敌先头部队之七十八师接触，激战终日，互有伤亡。迄于巧（十八）晨，我第九、第十两师先后到达，在驿坡——涂岭——塘边——乌石岭——石马之线占领阵地。敌之六十、六一、四九等师亦窜集沙溪、枫亭一带，更番向我阵地猛冲，企图突围逃遁。我官兵沉着应战，终未得逞。我因跟踪部队尚未达相当地点，亦未出击。皓（十九）日我卅六师追抵江口，即将该处逆军后卫之一团击溃。号（廿）午续进至莆田。逆军四十九师之三团据城固守，以掩护其主力之后方。该师围攻之，激战数小时，肉搏十余次，午后六时许，始将莆田城占领，敌军大部缴械。是时，我驿坂方面各师因夹击之势已成，准备于马（廿一）晨全线出击，以期一网打尽。逆军见腹背受敌，知无幸免，其大部于号（廿）夜乘黑暗中潜绕驿坡南面，向泉州逃去，其一部被我第十师截击缴械。是役，沙溪、枫亭方面计俘敌官兵三千余人，缴获步马枪二千余枝，轻重机关枪八十余挺，毙敌二千余人；我军伤亡官兵三百余人。莆田、江口方面，计俘敌官兵八百余人，缴获步马枪六百余支，轻重机关枪廿余挺，毙敌三百余人；我军阵亡团长王作霖一员，伤亡官兵二百余人（详数见附表）。

第五　讨逆完成

逆军各师于号（廿）夜向泉州逃窜后，我军继续分三路追击。其兵力部署大要如左：

一、第八十九师主力为一路，由仙游向永春、安溪前进。

二、第九师为一路，由驿坂以北地区取直径经南安向安溪前进。

三、第十师为一路，由惠安沿汽车道经泉州向同安前进。

四、第八十三师为总预备队，在第十师后跟进。

马（廿一）日，逆军全部窜抵泉州，我追击各师亦分向泉城压迫，形成包围之势。蔡逆廷锴只身飞住漳州，率兵一团向龙岩遁去。逆将沈光汉等见大势已去，乃于深夜发乞降通电如左〔通电略，见前〕。

我统帅阅电后，本中央和平之旨，覆函允予自新，并令其于感（廿七）日以前开驻惠安、枫亭、莆田、涵江等处听候改编。各师于敬（廿四）日起开始移动，均依限到达指定地点，遂任毛维寿、张炎为东路军第七路正副总指挥，撤换其团长以上之军官，而仍留其四九、六十、六一、七八等师之番号，队伍重加改编，枪械一律收缴，待整理后重行发给。复于二月间陆续调住津浦、陇海沿线重加训练，期成劲旅。至闽南方面，自二月养（廿二）

我第三师一部入驻漳州后，蔡逆廷锴即离龙岩他去，其残部二千余人由粤省调往汕头改编，讨逆军事至此告终。

第六　结论〔略〕

〔国民政府档案〕

（三）蒋介石发起的所谓“新生活运动”

1．蒋介石在南昌行营扩大纪念周的训词——“教养卫”

（1934年2月12日）

各位同志：

兄弟自离开南昌以来，将近五十天，五十天的时间虽然不多，但是看到一般的精神很有进步，自己觉得很快慰！现在我们国家的存亡，差不多完全要看我们江西做关键，如果江西能将土匪剿清，社会安定，各种建设能够真真实实做起来，那末，江西就可以做建设国家、复兴民族的一个基础，我们的国家和民族一定由此复兴起来！现在无论是中国人外国人，无论是我们自己或我们的敌人，观察都是如此。所以我们在江西办事的党政军学警各界同志，应当要觉得，我们现在所负建设国家复兴民族的革命责任，要比其他各省工作的人还要重大。因此我们务必比其他各省工作的人加倍努力！无论一举一动，都要做各省的表率，无论内在的精神，外表的形式，都要格外的紧张、严肃。如此才可以使江西成为复兴民族的一个坚固的基础；尽到我们大家的职责，无负一般国民的期望！要做到这一点，虽然也不是十分容易的事情，但只要我们能时时刻刻不忘记自己职责所在，继续不断的努力干去，我相信一定可以达到这个目的。现在中国，所以衰败至此的原因，就在一般人不知道自己负有建设国家和复兴民族的责任，更不知道自己有尽此责任的能力。因而苟且偷安，敷衍塞责。一人如此，大众皆然，于是养成一种偷惰颓败的风气，使整个国家和民族陷于危亡的状态。我们现在要挽救危亡，复兴民族，必须少数在上的人能够觉悟起来，切实尽责，处处表率群伦，领导社会上一般人共同努力，从一个很小的区域做起，造成一种新的革命风气。这个风气的转移或许起初限于一隅，效力很小；但风气一成，由近及远，经过一两年以后，必能风动全国，使各省民众都受到影响，能一齐奋发起来，共同担负复兴民族的责任！所以国家存亡的关键系于江西。我们凡在江西办事的人，尤其是在这个江西军政中心所在的南昌办事的各位同志，一定要格外努力奋斗，克尽自己的职责。这是兄弟此次回到江西对于各位同志所深切期望的。

其次，我们虽然认识了自己所负的重大责任，并且知道自己有尽此责任的能力，如果不知道从什么地方做起，不知道要做成什么样子，不知道怎样做法，这就是，不知道本末先后，轻重缓急，结果一定会和现在一般热心办事的人犯同样的“百废俱举，一事无成”的通病。所以我们除知道自己的责任与能力以外，还要讲究权衡轻重利害的关系，决定缓急先后的步骤，确定行事的计划。古人说：“物有本末，事有终始，知所先后，则近道矣”，就是这个意思。今天在场的各位同志，无论是党政军学警那一界，个个人都负领导一部份人的责任，即至少一部份人的领袖；当领袖的人要想尽到自己的责任，造成革命的事业，必须对于全部工作，负起责任，并且有一定的计划、方针、步骤；除自己作最大最善的努力以外，更能指挥督促一般部下，切实来干，而且能收“事半功倍”的效果。若是我们侈言负责，而不能懂得本末先后的道理和办事的方法，应先做的后做，应后做的先做，不重要的视为重要，重要的反而轻忽，如此颠倒错乱，那末我们虽然很努力，也势必徒劳无功。正如古人所谓：“其本乱而末治者否矣”；“其所厚者薄而其所薄者厚，未之有也”。各位同志现在既负责领导部下共同来做完成革命复兴民族的工作，对于这一点不可不格外注意。你们如果领导得法，一个人就可以发生几百几千或几万人的效力；

如果领导不得法，那末，那怕你有一千个部下，也不能发生什么作用，所做的一切事情，也等于白费。所以归结起来讲：可以说国家的存亡，民族的盛衰，完全在乎我们党政军学警各界同志能不能负起责任，能不能领导得法，使部下一般人所做的事情都能够发生效力。刚才我已讲过，要领导得法，最要紧的就是要懂得本末先后的道理。因此我今天想将我们建设国家复兴民族所应首先努力来做的根本要务向各位提一提：

去年我已讲过：尤其是在一个国家被人侵略，贫弱到不能用武力或武力已经用完的时候，要复兴国家和民族，只有舍弃武力来充实并运用其他的力量，即古人所谓“十年生聚，十年教训”。生聚就是“育”(养育)，教训就是“教”。所以在这种情况之下要复兴国族，唯一的方法，就是要以教育代替武力，以教育的力量来复兴民族，这个教育的力量，虽不如武力之显明，而其力量之伟大，实超过武力十倍百倍还不止。所谓“教育”并不是专指在课堂上讲授各门功课，或在操场上练习各种运动而已；无论是在学校里、在家庭里、在军队里、在党部里、或在政府机关里做事，无论是做教员做国家的公务员，或是当警察，人人要知道随时随地都负有教育的责任，应当尽心教导人家，同时我们也无时无地不是居于受教的地位，让人家来教。并不是说我们做了教师就专去教学生，做了官长就专去教部下，或是教一般国民，自己什么东西都了不得，不必再要人家来教，不愿再受人家的教育。要知道我们就是活到七八十岁，在没有死以前，依然时时刻刻要受教求学，即古人所谓“做到老，学到老”。一方面我们无时无地不努力教人，一方面更无时无地不虚心受教。必有如此“学而不厌教而不倦”的精神，才配谈教育，才能不断的进步，也才是一个革命的干部，可以担负建设国家复兴民族的重任！

现在建国和复兴民族，既应以教育代武力。我们要使江西能成为复兴民族的基础，自然不好专注重军事，必须效法古人的办法，大家负起生聚教训的责任。从前讲“十年生聚、十年教训”，现在一方面我们不一定有如此较长的生聚教训的机会，一方面因为一切物质文明的进步，我们如果能以卧薪尝胆的精神，刻苦力行，从事于“生聚教训”，我相信最多以三五年的工夫，就可以打稳我们复兴民族的基础。我们可以说，建国和复兴民族的根本要务，即为“教”、“养”、“卫”三件事；而此三者的一贯方法就是教育。

现在要继续讲明：我们要教育自己，教育学生或部下和一般国民，应当从那里教起，才可以达到“教”、“养”、“卫”的目的？换一句说，“教”、“养”、“卫”三件事的基础要义是什么？应当从何处入手来做？无论那一个国民，尤其是我们党政军学警各界同志必须彻底了解，且能切实做到。如果我们在地方政府机关办事，而当地的人民不能了解“教”、“养”、“卫”三件事的基本要义而切实做到，那就是我们政府倒霉！如果我们在党部里工作，而所属的党员不能抓着“教”、“养”、“卫”三件事的基本要义努力受教教人，那就是我们党部倒霉！总之，我们无论何人，必须懂得这三件事的基本要义和入手地方，努力受教教人。

这个基本要义和下手的地方是什么呢？第一，我们要讲“教”的基本要义，首先应当注重的东西就是“礼义廉耻”。我们要达到“教”的目的，要真能建设国家复兴民族，绝不只在讲堂里一点书本子上的知识，使受教的人知道看书、写字，懂得算学、物理、化学、政治、经济诸般科学，也不只在操场练一点普通的技术，如瞄准、射击、骑马、跳跑等项；因为这些东西不过是普通的学术技能，单是教会这些科目，决不足以建设国家复兴民族，这种教育，不能算是真正完善的教育，真正完善的教育，一定要除这些科目以外，并且在教授一切科目之先，能将受教育者成一个“人”！懂得做人的道理——礼义廉耻！人之所以异于禽兽而为万物之灵，就是因为人懂得做人的道理，晓得“礼义廉耻”！若单讲其他学术技能，动物和人还不是一样？而且有时专就某一技艺来讲，每每动物还要胜过人！所以我们要达到教的目的，一定要先教做人的道理——礼义廉耻，使受教者完成人格。如此的教育才是“人格”教育，人格教育，才是真正完善的教育，真的教育才可以使受教的人，明礼义，知廉耻，负责任，守纪律，能担当建设国家复兴民族的重任！如果教育不自做人的道理——礼义廉耻——做起，受教者虽有学术技能，不但不能救国，有时误用聪明，反而增加其作恶的能力。他们在人家重重压迫之下的民族，武力不易生效，即有武力亦不能自由运用；所以复兴国家民族，只有教育，只有礼义廉耻，才是复兴的唯一工具！我们有此工具，必可复兴；失此工具，势必灭亡！所以古人说：“礼义廉耻，国之四维，四维不张，国乃灭亡！”我们也可以调转来做正面的肯定：“四维既张，国乃复兴。”我们现在国家贫弱和民族衰败，其根本原因，并不在乎武器不精，而完全是由于丧失了固有的精神和优美的德性——礼义廉耻！现在我们要救国建国，要复兴民族，并不是难事，只要我们各人能恢复各人固有的良知，实践礼义廉耻，救亡复兴必然易如反掌！我们在江西办事的一般同志，既负有非常重大的责任，以后就务必以礼义廉耻自勉而身体力行。同时，拿礼义廉耻来勉励一般亲友、学生，或部下，以及一般国民，以造成新的革命风气。如果再要做违礼背义寡廉鲜耻的事情，那就不仅不配做担负复兴民族大任的革命干部，而且根本不配做一个人，同时我们的民族也要被人家视为劣等的野蛮民族，看作比狗还不如！所以我们要达复兴民族的目的，一定要从礼义廉耻这个根本急务做起！无论是在学校里，军队里，或在政府机关里办事的人，统统要注重这一点，尤其是警察要做民众的模范、社会的教师，格外要能随时随地拿礼义廉耻来教导一般国民。假使发觉某个人有违反礼义廉耻的行动态度，立刻就要干涉他处罚他，一方面是改善个人，一方面免他流毒社会。现在社会如此纷乱，人民如此不进步，原因固然很多，而警察不得力的关系也非常之大。这一点是希望我们在警察机关工作的各位同志要特别想法子改进的。

以上是论“教”的基本要义——“礼义廉耻”。其次，要讲到“养”，养育。养就是总理所说，人人不离“衣、食、住、行”四项基本生活。普通无论何人，那一个不能吃饭、穿衣、住房子、走路以及各种行动？我们何必再要提出“养”的问题？大家要晓得：食衣住行虽为人人所能，但真是懂得食衣住行的要领，真会吃饭、穿衣、住房子、走路的人，现在中国实在太少。普通中国所谓吃饭、穿衣、住房子、走路，并不能算是真的衣、食、住、行！要如何才算得真的衣、食、住、行呢？简单的讲，必须要有一定的规律，一定的样式，必须整齐、清洁、简单、朴素。现在一般中国人，虽有材料很好的衣服也穿不整齐，有扣子不扣，还让他脏得不堪，帽子让它歪戴，鞋子不拔鞋跟，这能算会穿衣吗？至于吃饭，不到吃完，就弄得菜汤饭屑满桌满地，狼藉不堪！吃完之后，碗筷随便一丢，乱七八糟就走了，没有人管。这样一点清洁整齐的道理也没有，试问和普通动物吃东西有何区别！还有一般要吸纸烟洒香水，作种种无益的消费，这一种奢侈浪漫的生活，这样违反简单朴素两个要则的举动，简直可以说就是亡国的行为！我们负有建设国家复兴民族之大任的一般革命干部，绝对不应当有！我们的全部生活，一定要整齐、清洁、简单、朴素！我们要真能实践礼义廉耻，就要从衣食住行四项基本的实际生活中做起来！惟有依据礼义廉耻，实行整洁简朴的生活，才是真的生活，革命者的生活！亦惟有自整洁简朴的生活中刻苦力行的人，才能真正实践礼义廉耻，表现礼义廉耻！“教”和“育”所以不能分离之处，就是在此。我们现在要建设国家，复兴民族，并不一定需要怎么高深的政治经济学理，也不一定说立即要办多少工厂、合作社、或其他发展经济的事业。姑无论这些事业不是一蹴可成，即算立刻办得到，若是我们只求经济的发展，而不教导一般国民，使他们具备基本生活的修养，也不足以真正解决“养”的问题！何况任何高深的经济学理，任何伟大的经济事业，归根到底，也不过要求衣食住行四项基本生活的维持与改进。进而言之，实际的人生，也不过衣、食、住、行四件事！所以我们无论是要做人、要教人，无论是要研究经济学理发展经济事业，首先就要研究衣食住行的道理，一定要使我们衣食住行合乎礼义廉耻！衣食住行如违反礼义廉耻，那就不是人的生活，不配做人！如同禽兽一样！现在的赤匪就是如此，我们剿匪就是要扑灭禽兽，来维护人类的文明生活！我们要能剿灭赤匪，也必须我们大家的生活，随时随地以礼义廉耻为准则，力求整齐、清洁、简单、朴素。

上面这一段话是讲“养”的基本要义，是要教养一般国民，使他们具备食、衣、住、行四项基本生活的修养。现在再讲到“卫”，就是“保卫”，“保卫”本来不必格外提出一项来讲。现在我们中国自个人以至整个民族之所以不能自卫，即因为无教养，如果有教养，必能自卫。所以“教”、“养”、“卫”三件事是相连贯的，要能“卫”必须注重“教”和“养”。最要紧的就是要教导一般国民使知保卫的方法。简单的讲，没有旁的，无论一个机关、一个学校、一乡、一县、一省、一国，要能达到“卫”的目的，只有一个要诀，就是共同一致！现在自各地方而整个国家之所以不能自卫，唯一的原因，就是各人自私自利，偷生怕死，有危险自己先逃，见患难不相援救！今后起衰救敝唯一的方法，就是要从种种方面，设法教导自己的学生、部下和一般的国民使能团结精神，共同一致。无论是一个学校、一个机关、一个党部，尤其是一个军队，要能达到“卫”的目的，除共同一致之外，别无他法！还有现在在各地办团队保甲的最后目的，也就是要使民众能共同一致。但是现在一般国民的教育程度太低，社会环境和积习也太恶劣，我们有什么法子可以将他们组织好、教导好，立即能做到共同一致呢？治本的办法，当然这还要靠教育。但以现在国家危急的情形来讲，关于“卫”的事情，治本已来不及。为今之计，只有治标。治标的办法，就是八个字：“严守纪律，服从命令！”我们要达“卫”的目的，就是要拿这八个字来训导一般部下、一般国民。一方面勉强他们来照着做！一方面使他们晓得这八个字就是现在要自卫唯一的法门！唯有如此才可以补“教”之不足。古云：“治乱国当严”，严就是丝毫不苟，对人铁面无私，现在的时弊就是不严，一切敷衍塞责，泄沓因循，苟安偷惰，枉法徇情，如此下去，如何可以达到复兴民族的目的！今后我们对症下药，务必用一个“严”字，使一般国民能切实做到“严守纪律，服从命令”这八个字，才能团结精神，共同一致，以达到“卫”的目的，而完成复兴民族的使命！

总之，我们要建设国家，复兴民族，就要努力于“教”、“养”、“卫”三件事，而以教育的方法，作一贯的推进。关于“教”，要以“礼义廉耻”为基本要义。关于“养”，要注重“衣、食、住、行”四项基本生活的修养——（整齐、清洁、简单、朴素）。关于“卫”，要从“严守纪律，服从命令”，做到共同一致。这就是我们希望于各位同志的几件重要的事情，亦即建设国家复兴民族的根本要务。这几件事讲来，实在平凡得很，但救国建设与复兴民族，本不需要如何高深玄妙的理论，只须求之于日用寻常的事物和普通的情理之中。大家能照上面所讲做人的道理身体力行，我相信复兴国家民族，并非难事！各位同志，都负有领导一部份人共同从事革命以复兴民族的重任，很希望能从此格外自重、自治、自强、自立，来为民众的表率，真真实实做一个革命的干部，能尽到各人的职责，完成革命的使命！这是兄弟此次回到江西，在今年第一次纪念周中，对各位同志的希望。

〔中国国民党中央执行委员会秘书处档案〕

2. 蒋介石：新生活运动之要义
——在南昌行营扩大纪念周演词

（1934年2月19日）

南昌各学校校长暨党政军各界同志：

在上一次纪念周中，本席已经讲过，现在我们江西要做一个建设国家复兴民族的基础。这就是说，我们江西无论在那一方面，无论什么事情，统统要做各省的模范，为全国所效法，要以我们一省的新风气、新事业，来风动各国各省，使全国的民众都能闻风兴起，跟着我们共同一致的来建设我们新的国家，复兴我们中华民族。要完成这种期望，一定要我们江西全省民众，尤其是在江西省会的南昌党政军学商各界同志，即一般民众领袖，首先能够一齐奋发，以“昨死今生”的精神，共同协力来做除旧布新的工作，然后一般国民才有所效法，然后才可以风动全国，完成民族复兴的使命。

这件事情我们如果要讲难，当然很困难；因为现在我们一般国民的知识程度如此之低，社会环境与一般的教育基础也如此之坏，我们现在要在最短期间使全国国民所有社会上各个分子，都能够认识国家和民族的时代环境，知道现在国民的地位和责任，并且能够实实在在共同一致的来尽国民的责任，努力救亡建国复兴民族的工作，当然是一件很困难的事。但是大家要晓得，无论古今中外，一个社会要能改造进步，一个国家或民族要能复兴，决不是一定要等到全体国民个个人都有足够的知识、然后才可能。如果一定要这样，那末，不仅是我们中国有如“俟河之清”，不晓得要等到什么时候，才能使全体国民的知识充足，可谈复兴；恐怕古今中外，没有一个国家一个民族真正能够复兴的了。所以改进社会，复兴国家和民族的责任，在事实上绝不能希望全体国民都能尽到，完全要靠我们一般有知识的做各界民众之领袖的人，能够将这个重任一肩担负起来。只要我们先负起责任，以身作则来切实去干，才可以推动全国国民，共同觉悟奋发，协力来干。古云："君子之德风，小人之德草，草上之风必偃"，就是这个道理。从前所谓君子，就是现在各界民众中的领袖，亦即有知识有道德的优秀分子。一个社会的良窳，和一个国家的兴亡，就看这种人能不能尽到教导一般国民之重大的责任。现在无论是党政军以及学生商界的同志，个个人都是国民中的智识分子，都负有教导一般国民的责任。社会要能改进，国家和民族要想复兴，就要全国一切智识分子，尤其是各界领袖，能尽到教导全体民众的责任。所以我们到一个地方，如果看到当地的社会腐败，人民野蛮，不好说这是当地全体民众的倒霉，实在只能算是当地一般智识分子的倒霉，只能怪一般智识分子没有尽到自己教导国民改造社会的责任；反转来讲，无论是一个地方或整个国家，如果一般智识分子都能认识国家所处时代环境的险恶，和我们国民所应负之责任，并且以身作则来教导一般国民，共谋社会的改进，国家和民族的复兴，那末，这个社会和国家，没有不会很快的进步复兴起来的。所以社会能不能进步，国家和民族能不能复兴，其责任就完全在我们一般智识分子，尤其是我们一般民众的领袖。所以我今天特别要南昌各界领袖和各学校校长，参加这个纪念周，想藉这个机会，向大家贡献我的意见。

我在前一次纪念周中，已经讲过，我们要改革社会，要复兴一个国家和民族，不是用武力所能成功的。要如何才可以成功呢？简单的讲，第一就是要使一般国民具备国民道德，第二就是要使一般国民具备国民知识。道德愈高知识愈好的国民，就愈容易使他们社会一天比一天有进步，愈容易复兴他们的国家和民族。比方讲，德国的复兴，就是一个最好的先例，我们晓得，德国自从欧战失败，签订凡尔赛和约以后，整个国家在各个战胜国压迫干涉之下，一动也不许动，尤其是关于军备更受严格的限制，即如陆军，就限定最多不得超过十万，拿来和列强比较，可以说他们的武力等于零，虽然他们没有武力，但是还不到十五年工夫，居然就能够复兴起来，和世界上最强的国家并驾齐驱。这是什么道理呢？我刚才讲过，德国在过去因为受了条约的限制，是没有武力的，那末，他一旦要求军备平等的时候，法国尽可以用武力去压迫他，为什么不敢如此呢？就德国本身来讲，他既没有强大的陆军，也没有海军、空军，有什么资格可以要求平等，更如何可以获得平等呢？再拿德国的情形来和我们中国比较，德国过去完全没有武力，而我们的陆军比德国要多几十倍，海军空军也有；德国的人口仅仅六千万，我们的人口四百万；再讲德国的土地，格外不能和我们比；但是人家要求军备平等，就是军备平等，要想取消赔款，就能取消赔款，而我们中国不要讲不能根本废除不平等条约，如同德国之要求军备平等一样，而且连到提议修改也没有人理。比方讲，早两年伍朝枢在国联依据盟约第十九条动议取消不平等条约，就一点结果也没有，他们德国人要求军备平等，各国就不能不在原则上赞成，到最后还不得不完全承认，法国虽然要反对，也没有什么办法。人家刚刚战败，过几年就可以不付赔款，要赖债就赖了，而我们几十年或百多年的赔款，到现在还是每年要照付。总之，德国也是一个国家，中国也是一个国家，德国没有武力而能与各国平等，中国虽有武力，依然不能求得平等，这是什么道理？没有旁的，完全是由于我们一般国民的知识道德不及人家。因此我们可以晓得，要一个国家和民族复兴，不是只有怎样大的武力就行，完全在乎一般国民有高尚的知识道德。德国何以能和其他各个强国平等，就是因为他们一般国民的知识道德，能和各国国民平等，或许比人家还要好些。我们中国何以至今不能和各国平等，也就是我们一般国民的知识道德，不能和人家的国民平等，赶不上他们。所以今后我们要求平等，要想复兴我们的国家和民族，一定要根本上先从提高国民的知识道德这一点来做。

一般国民知识道德的高下，即文明和野蛮，从什么地方可以表现出来呢？我们要提高一般国民知识道德，要从什么地方着手呢？这就要讲到一般国民的基本生活，即所谓“衣食住行”。这四项基本生活包括全部日常生活，是个个人时时刻刻不能离的。一个人或一个国民的精神、思想、知识、道德，统统可以从基本生活的样法，表现出来。外国人衣食住行是什么情形？在场各位同志中有到过外国去的人，当然看得非常明白，就是没有到过外国的，也可以在各处租界、教会或其他外国人所住的地方看得出。外国人无论吃饭、穿衣、住房子、走路、和一切的行动，统统合乎现代国民的要求，表现爱国家和忠于民族的精神。总而言之，统统合乎礼义廉耻，不要廉耻的饭他们不吃，不要廉耻的衣他们不穿，不合礼义的事情他们不做。他们无论起居食息，一言一动，统统有规律合乎做人的道理，表现有现代文明国家的国民之知识道德。何以他们的国民能够如此呢？就是他们各国的教育发达，社会环境优良，尤其是一般负有教导一般国民的责任之智识分子，能够养成好的风气、习惯，以身作则来教导。他们每一个国民，从小在家庭里，就有很好的家庭教育；进学校以后，又有很完善的学校教育；出学校以后，再有很好的社会教育；他们一切基本生活教育，在家庭教育时就已经打好基础，到学校教育再加严格的修练而臻于完善，更有社会教育，使之发扬普遍，励进不已。他们一般国民，因为有这三种教育，接连琢育，层层扶持，所以其知识道德，都同在一个水平线上而表现于衣食住行一切实际生活之中。因此，外国人看了才晓得他们是一个文明的国家和民族，才肃然有所敬畏。德国之所以要求平等，而各国不敢拒绝他，就是这个道理。我们中国何以始终不能获得平等，而且还要一天一天被帝国主义者侵略压迫呢？一言以蔽之，就是我们一般国民无论衣食住行都不能如同我们的古人、或现在外国人一样合乎礼义廉耻。普通一般国民不必讲，我们只就现在一般准备要做国家和社会中坚人物的青年学生来讲，就可以明白。大家都可以看到，一般学生，比方说，江西的中学生，现在虽然大多数都比较好了一点，但是当去年初我来的时候，所看到的几乎无一个不是蓬头散发，有扣子不扣，穿衣服要穿红穿绿，和野蛮人一个样子，在街上步行或是坐车，都没有一个走路坐车的规矩，更不晓得爱清洁，甚至随处吐痰，还有，看到师长不晓得敬礼；看到父母也不晓得孝敬；对于朋友，更不知道要讲信义。这种学生，可以说完全不明礼义，不知廉耻。这样的学生，这样的国民，如何不要亡国？前几天我还在街上看见一个小学生吸纸烟，这还了得吗？他做学生的时候，就要吸纸烟，再长大不会吸鸦片烟吗？当时我因为车子走得太快，不便拉他。你们一般教职员或警察，应当也看见，看见的时候，就要拿来处罚。一个地方有这种现象发生，尤其是发现之后，还没有人来管，就是我们所有负有教导国民的责任的人，尤其是一般学校里的教职员最倒霉的事情。如果我们平时能留心管束，并且以身作则来教导，我想决不会有此现象。例如我此次到了建瓯，有一回发现一个十岁左右的小孩，在街上吸烟，虽穿了很好的衣服，还是一点教育也没有，因此我随即叫他的父母来要办他，从此以后，建瓯就少有小孩子吸烟的了。由此可见转移风气改造社会，并不是什么难的事情，实在还很容易。只要我们各界领袖，能够以身作则实实在在来做。现在就是因为我们各界做领袖的人，自己不能以身作则来实干，不能认真教导自己学校里的学生，自己家庭里的子弟和自己机关里面的部下，听他们一天天腐败堕落，一切不管，所以社会弄到这样纷乱黑暗，暮气沉沉，充满了乌烟瘴气，因此，我们的国家和民族，要被人家不断的侵略压迫。我们举德国的复兴为例，并拿来和我们自己比较，可以晓得一个国家和民族的兴亡，军队还只能负一部分责任，最大的责任，还是在社会上负有教育责任的一般人身上。今后我们要建设国家复兴民族，除发展教育外，再没有旁的根本方法。所以教育乃一种至高无上的救国复兴的根本事业。凡是有志救国，要想复兴民族的人，都要致力于此。不仅一般直接负有教育责任的教职员，或教育行政人员，应格外尽到自己的职责，社会上所有的智识分子，尤其是各界的领袖，也人人要负起这个教育的责任，人人要以身作则的教导，务使一般国民的衣食住行，统统能合乎礼义廉耻。如此我们的社会才容易进步，国家和民族才可以复兴。

我们现在在江西一方面要剿匪，一方面更要使江西成功一个复兴民族的基础。要达此目的，必须自江西，尤其是从江西省会所在的南昌这个地方开始，使一般人民都能除旧布新，过一种合乎礼义廉耻的新生活。目前因为限于人才物力，所以先选定南昌这一个地方，开始一个新生活运动；即要使南昌所有的人民，都能以礼义廉耻为基本原则，改革过去一切不适于现代生存的生活习惯，从此能真正做一个现代的国民。我很希望由我们在南昌的各界领袖，共同协力来干的结果，可使南昌改造成为一个新社会，使各县各省都有所取法，而将我们的新生活运动，逐渐推广至各省各县，使我们全国国民的生活，都能合乎礼义廉耻，适于现代的生存，不愧为现代的国民，文明国家的国民，表现出我们全体国民高尚的知识与道德，再不好有一点野蛮的落伍的生活习惯。比方讲随地吐痰、撒尿，到处脏得不堪，床下门角，这些地方，永远不洒扫，这些极不卫生的事情，就绝对不是现代任何文明国家的国民所可以存留的；尤其是随地吐痰、撒尿，简直只有最野蛮的民族才如此。我们要有合乎礼义廉耻的新生活，就要从不乱吐痰做起。日本人从前也是随便吐痰的，但是自从维新以后，一般国民都晓得非改革这一种野蛮的习惯，不足以与各国国民讲平等，所以统统能改过来，以后他们吐痰就吐在自己随身所带的纸头内。至于西洋人吐痰，他们也是吐在随身携带的手帕内。这种注意公共卫生的知识和习惯，我们今后一定要告诉一般国民，并且以身作则，领导他们来做，总要使一切受教的人，能从这一件事开始，养成爱清洁讲卫生的习惯。这些事情，在外国本来在小时经过家庭教育和小学教育，就已教好，所以到中学以后，用不着特别注意来教；但是我们中国无论家庭教育、学校教育和社会教育，统统不完善，所以我们无论是在家庭里、学校里、机关里、或是军队里，随时随地都要以身作则的来做。我从前也做过多年的学生，但是在学校里从来没有人特别注意教衣食住行的道理。现在我主张无论家庭教育、学校教育、军队教育和社会教育，都要从衣食住行开始，都要使受教的人一切生活合乎礼义廉耻；然后才能使全国国民表现出高尚的道德和知识来，使人家不得不敬畏我们，不敢不承认我们平等。这个道理，是不是我发明的呢？并不是的，我不过经过长期体认而知道现代各国教育的精神所在，再证以我们中国传统的立国精神，觉得合乎礼义廉耻，适于现代生存的新生活运动，是目前救国建国与复兴民族一个最基本亦最有效的革命运动。我过去在日本学陆军，受过他们的学校教育，也受过他们的军队教育；他们虽然口里从没有提出“礼义廉耻”来讲，但是无论吃饭、穿衣、住房子、走路，以及一切行动，其精神所在，有形无形之中，都合乎礼义廉耻；他们以这样的教育，几十年教下来，然后才造成今日这样富强的国家。我们现在要建立新的国家，要报仇雪耻，不要讲什么强大的武力，就只看在衣食住行上能不能做到日本人那个样子。旁的不必多讲，我只举一两件极小的事情来说。日本人全国上下，无论什么人早晚一定洗冷水脸，全国已成为一个普遍的习惯，如果有人不如此，旁的人一定目为野蛮不爱国。我们晓得，常常洗冷水脸，可以使人精神奋发，头脑清醒，又可以使人皮肤强健，不受风寒，还有最要紧的，不致耽误时间。所以这个习惯，事情虽小，益处却极大，所以日本人全国如此。试问我们中国无论是军队里、学校里、家庭里，有几个能终年用冷水洗脸呢？普通那一个不是非热水不洗脸。往往因为没有热水而不洗脸，或因为等热水而耽误几个钟头，由这一点就可以晓得我们的民族不行。我们和日本人不必在枪林弹雨之下来冲锋陷阵，就只将日常生活比一比，就可以晓得高低强弱。所以我们要复兴民族，报仇雪耻，不必讲什么枪炮，就先讲洗冷水脸，如果这一件最小的事也不能胜过日本人，其他的还讲什么？我们一般负有教导责任的人，从此一定要过新的生活，以身作则，来教好自己的部下、学生，以及一般国民。我就是第一个能做到，我从小以来，每天第一次洗脸一定用冷水，这并不是我自己要宣传，实在是希望大家都要讲到就做，做到再讲的意思。日本人除洗冷水脸之外，还有一种习惯，就是普通一般人，每天都吃冷饭。普通比较富裕的人家，早晚烧两次饭；就只早晨烧一次，日中出去工作，就带一包冷饭，这些生活习惯，是什么？这就是最基本的军事训练与军事行动。他们从小在家庭里就养成这些刻苦耐劳的习惯，就是一切生活早已军事化了，所以他们的兵能够强。不然，打仗的时候，你要等水烧热以后来洗脸，等饭烧熟再吃，敌人已经将你包围好，还了得吗？讲到这里，我可以告诉大家，我现在所提倡的新生活运动是什么？简单的讲，就是要使全国国民的生活能够彻底军事化，能够养成勇敢迅速，刻苦耐劳，尤其是共同一致的习惯和本能，能随时为国牺牲，不能说水没有烧热，饭没有煮熟，我们就不能去打仗。要养成这种随时可以与敌人拚命为国牺牲的国民，就要使全国国民军事化。所谓军事化，就是要整齐、清洁、简单、朴素，也必须如此，才能合乎礼义廉耻，适于现代生存，配做一个现代的国民。我们一般负有教导责任的人，尤其是各学校教职员直接要来教育一般青年学生，总要随时随地能以身作则，从衣食住行这几项基本生活教起，有形无形之中，使个个学生，个个部下，以及所有的国民的生活，统统能够整齐、清洁、简单、朴素，而合乎礼义廉耻，合乎做一个现代的人的道理。我们在学校里教学生，绝对不是在讲堂上教点国文、史地、理化、英文、算学或其他技术而已。一切的学术技能，都还是教育次要的东西，最根本紧要的事情，还是要教做人的道理，养成学生完美的德性和人格，使他成功一个明礼义知廉耻的人。具体的讲，就是首先要从他们的衣食住行教起，使他们都能过整齐、清洁、简单、朴素的新生活。如果这个根本的东西忘了，单是教些物理、化学、英文、算学等知识技能，那么，不管你教得怎样好，也没有用；因为知识技能，禽兽也有，禽兽也可以教会，人之所以异于禽兽，人之所以为人，就是懂得做人的道理，明礼义，知廉耻。从实际生活上讲，没有旁的，就是要做到整齐、清洁、简单、朴素。如此的生活，才可以叫做新生活。过新生活的人，才配做一个新时代的人。新时代的人绝对不是吸香烟、拍香水、随地吐痰、蓬着头发、拖着鞋子、扣子不扣、帽子戴歪的这一类的人。现在拍香水拍得愈多的就愈臭，愈不清洁；不整齐的人，就愈野蛮。现在我们要救国，要复兴民族，并不需要讲求怎么高深奥妙的道理，就是要从实际生活起做到整齐、清洁、简单、朴素几件很平常很粗浅的事情。古人所谓"蔬米布帛"，一般人所谓"家常便饭"，我们现在挽救国家，复兴民族的道理，就在"蔬米布帛"、"家常便饭"之中，就是要从"蔬米布帛"、"家常便饭"做起，也就是刚才所讲的要使全国国民，都能过军事化的共同一致的新生活。拿这个东西来复兴民族，比用什么武器什么军队的力量都要大。我们做人、教人、革命与复兴民族，都要从这一点做起。

因此我们现在先从南昌起，开始一种新生活运动。我们要使南昌所有的国民，个个人都能过整齐简朴，一切能合乎礼义廉耻的新生活，可以做全国人民的模范。我希望我们各界的领袖，以及一切智识分子，从今天起下定一个决心，来做新生活运动，尤其要能从自己做起，然后更以身作则的教导督促自己的学生、部下、亲戚、朋友以及一般国民，如此努力干去，我相信三个月以后，南昌一定可以造成一种新风气，造成一个新南昌、新江西，半年以内，一定可以风动全国，使全国国民的生活都能普遍的革新。那时，无论是要废除一切不平等条约，无论是要报仇雪耻，复兴我们的民族，都不是什么难事。现在这个复兴民族的新生活运动正在开始，我很希望我们在南昌的党政军学商各界同志，下定决心，共同来推进这个运动，尤其是各界领袖，自己要先能做到，方能以身作则，鼓舞群伦。中正就以此自勉，很希望各位同志，尤其是各界领袖，各校校长，人人以此自勉勉人。古云："从前种种譬如昨日死，以后种种譬如今日生"，希望大家抱此决心与精神，将过去不适于现代的一切野蛮生活，彻底改革，一切新的生活，新的运动，新的事业，统统要从今天开始。这就是本席今天向大家所贡献的关于新生活运动之要义与方法的几句话。希望大家能依此共同努力，以完成革命的使命。就此谨祝各位成功！

〔中国国民党中央执行委员会秘书处档案〕

3．新生活运动纲要

（1934年5月）

甲　新生活运动之主旨

新生活运动者，我全体国民之生活革命也。以最简易而最急切之方法，涤除我国民不合时代不适环境之习性，使趋向于适合时代与环境之生活。质言之，即求国民之生活合理化，而以中华民族固有之德性——"礼义廉耻"为基准也。

我中华民族本为"重礼义"、"明廉耻"之民族。而"礼义廉耻"之于今日之建国，则尤为迫切而不可须臾缓也。

我中华民族有五千年之文化，其食衣住行之法则，本极高尚，时至今日，反有粗野卑陋之状态，而不免流为非人的生活者，厥为“礼义廉耻”不张之故。

我中华民国有三千五百万方里之土地，其食衣住行之资源，本极丰富，时至今日，反多争盗窃乞之现象，而不免流为非人的生活者，厥为“礼义廉耻”不张之故。

我中华民国有四万万之人民，其食衣住行之组织，本极巩固，时至今日，反呈乱邪昏懦之现状，而不免流为非人的生活者，厥为“礼义廉耻”不张之故。

今欲以优美之艺术，易其粗野卑陋之习尚，以固有之品性，化其争盗窃乞之行为，固有待于“礼义廉耻”之复张；然在此乱邪昏懦状态之下，社会秩序纷乱，邪说横行，人多沉迷陷溺，莫知所从，故施政施教，都如搏沙捕风，未易见效，振衣者，必挈其领，提纲者，必挈其纲，若欲改善今日国民之生活，必自纠正其乱邪昏懦，陷溺沉迷之风始。此新生活运动之所以为今日立国救民唯一之要道也。

乙　新生活运动之认识

一、何为“生活”

孙总理曰：“民生就是人民的生活，社会的生存，国民的生计，群众的生命。”是民生虽分为四个方面，而生活实为其他三者之总表现。盖生存重保障，生计重发展，生命重繁衍，而凡为达成保障、发展、与繁衍之种种行为，便是生活，换言之：生活即是人生一切活动之总称。

二、何为“新”生活

为欲繁衍生命，保障生存，发展生计而表现之一切行为，因时代与环境之递嬗变迁，而呈现不同之形式，演化不同之方法。时不可留，环境亦随之而异，惟能“苟日新，日日新，又日新”者，始得畅遂其生。凡民族之生活，当其蕲求适合时代与环境时，必须补偏救弊，一变其旧有生活之趋向，此即谓之“新”的生活。

三、何为新生活“运动”

人民生活之满足，固有赖于政治之教、养、卫各种制度之尽善推行；但政治上各种制度之推行，与社会风俗习惯之关系，至为密切。每当旧制度崩溃，新制度代兴之时，苟不知提倡与其新制度相适应之风气，以为推行之助，则新制度每为之纡回颠蹶，末由展其效能。必须风以动之，教以化之，而后其政始得为之治也。水流湿，火就燥，社会运动之效用，正所以为之湿为之燥而已。故任何国家于革故鼎新之际，恒以“转移风气”为先。盖其力较政教为尤大，其用较政教为尤广，而其需要亦较政教为尤急也。此种“转移风气”之工作，即所谓新生活的“运动”。此运动之进行，端赖国民人人之自觉其需要。发乎己，应乎人，由近及远，由浅入深。能修其身，所以立一家之风；能治其家，所以立一乡之风；与政教相辅而行，而常在政教之先。与政教相得益彰，然不赖政教之力而始著者也。

丙　新生活运动之目的

一、为何需要“新生活”

今日吾国社会，一般心理，苟且萎靡，其发现于行为者，不分善恶，不辨公私，不知本末。善恶不分，故是非混淆；公私不辨，故取予不当；本末不明，故先后倒置；于是官吏则虚伪贪污，人民则散漫麻木，青年则堕落放纵，成人则腐败昏庸，富者则繁琐浮华，贫者则卑污混乱。其结果遂使国家纪纲废弛，社会秩序破坏，天灾不能抗，人祸不能弭，内忧滁至，外侮频仍，乃至个人、社会、国家与民族同受其害，若长此不变，则虽欲苟延其鄙野的非人的生活亦不可得。故欲繁衍我群众之生命，保障我社会之生存，发展我国民之生计，非将上述各种病态，扫除而廓清之，并易之以合理的新生活不为功。

二、为何需要“新生活运动”

欲建立人民现代之生活，造成一个新社会，自不能无需于政治，尤其是需要教育。但过去中国之教育，乃至一切政治，皆病于虚与伪，唯其虚与伪，故法令无效，技术无用，机械无能。官守相同，效率终异，技术相同，成就各殊，机械相同，功用不一。今欲求法令与技术之有效，其关键不在法令与技术之本身，而在使用法令技术之人；欲求机械有效，其关键亦不在机械之本身，而在运用机械者之精神如何。人之臧否，固关系乎政教，而社会习尚所予人之薰陶锻炼，其效力迅速而普及，实非任何政教制度所能比拟。关于政教制度诸问题，政府方从事于改造，自不必赘。值此国家存亡危急之时，吾人苟不愿束手待毙者，应不坐俟其自然的推演，必以非常手段，谋社会之更新。质言之，当以劲疾之风，扫除社会上污秽之恶习，更以薰和之风，培养社会上之生机与正气，负此重大使命者，唯新生活之运动。

丁　新生活运动之内容

一、新生活运动之规律

新生活运动，就是提倡"礼义廉耻"的规律生活。以"礼义廉耻"之素行，习之于日常生活——"食衣住行"四事之中，故"礼义廉耻"者，乃发民德以成民事，为待人、处事、持躬、接物之中心规律，违反此规律者，无论其个人、国家与民族，未有不为之败亡者。

持怀疑论者，约有二端：

其一，谓"礼义廉耻"不过是一种美善的行为，但恐知识技能不若人，则德行虽美善，亦不足救国。此说殆未谙本末先后之义。人因求行为之完善，而后有知识技能之需要；否则，知识技能不过为济奸作恶之具。"礼义廉耻"者，乃为社会为团体为国家唯一之规律；反乎"礼义廉耻"之行为，其知识技能适足以损人，结果亦不能有利于己，败群害国而已。故"礼义廉耻"不独可以救国，且可以立国。

其二，谓"礼义廉耻"不过是一种节文，冻馁不给，节文何用，推此说者之意向，乃由于管子“衣食足而后知荣辱，仓廪实而后知礼节”二语之误解而来。殊不知“礼义廉耻”，为人之本，未能为人，何有衣食。盖管子此言，仅示一方，综其治平之要，仍以四维为先。盖有“礼义廉耻”之社会，衣食不足，可以人力足之，仓廪不实，可以人力实之。无“礼义廉耻”之社会，衣食不足，争之盗之仍不得足，仓廪不实，为窃为乞仍不得实，“礼义廉耻”之行为，乃纠正争盗窃乞之行为，所谓以正当方法求其足求其实耳。故反乎“礼义廉耻”之行为者，衣食不足，终不得足，仓廪不实，终不得实，即使已足已实，而以争盗窃乞行为施于人与人之间，衣食虽足亦不能用，仓廪虽实亦不能享矣。世界最富足之都市往往盗匪亦最多，此其明证。而今日一般“汉奸”、“奴才”、“国贼”、“共匪”与乎“贪官污吏”等等，察其作恶之由，岂皆为饥寒所驱使？只忘其固有“礼义廉耻”之本心耳。“礼义廉耻”之重要如此，故必须以“礼义廉耻”为生活规律。

二、“礼义廉耻”之解释

“礼义廉耻”，古今立国之常经，然依时间与空间之不同，自各成其新义。吾人应用于今日待人、处事、接物、持躬之间，得为简单之解释如下：

“礼”是规规矩矩的态度。

“义”是正正当当的行为。

“廉”是清清白白的辨别。

“耻”是切切实实的觉悟。

礼者，理也。理之在自然界者，谓之定律。理之在社会中者，谓之规律。理之在国家者，谓之纪律。人之行为，能以此三律为准绳，谓之规矩。凡守规矩之行为的表现，谓之规规矩矩的态度。

义者，宜也。宜即人之正当行为。依乎礼——即合于自然定律、社会规律与国家纪律者，谓之正当行为。行而不正当，或知其正当而不行，皆不得谓之义。

廉者，明也。能辨别是非之谓也。合乎礼义为是，反乎礼义为非。知其是而取之，知其非而舍之，此之谓清清白白的辨别。

耻者，知也。即知有羞恶之心也。己之行为，若不合礼义与廉，而觉其可耻者，谓之羞。人之行为，若不合礼义与廉，而觉其可耻者，谓之恶。惟羞恶之念，恒有过与不及之弊，故觉悟要在切实。有切实之羞，必力图上进，有切实之恶，必力行湔雪。此之谓切切实实的觉悟。

礼义廉耻之解释，既如上述，可知耻是行为之动机，廉是行为之向导，义是行为之履践，礼是行为之表现。四者相连贯，发于耻，明于廉，行于义，而形之于礼，相需相成，缺一不可。否则，礼无义则奸，礼无廉则侈，礼无耻则谄，此奸、侈、谄，皆似礼而非礼者也。

义无礼则犯，义无廉则滥，义无耻则妄，此犯、滥、妄，皆似义而非义者也。

廉无礼则伪，廉无义则吝，廉无耻则污，此伪、吝、污，皆似廉而非廉者也。

耻无礼则乱，耻无义则忿，耻无廉则丑，皆似有耻而无耻者也。是诚所谓"耻非所耻"，则耻荡然矣。如果其礼为非礼之礼，义为不义之义，廉为无廉之廉，则"礼义廉耻"适足以济其奸犯伪乱者之私而已，可不辨乎？

三、食衣住行之解释

食衣住行之遂行条件有二：一为物质的资料，一为精神的表现。物质的资料，即食物、衣服、房屋、道路、舟车等是也。精神的表现，即饮食、服御、居住、行走等是也。

惟"行"之一字，有广狭二义，狭义之行，训为行走；广义之行，训为行动。故以广义言之，"食衣住行"之一切动作，无一不可纳诸"行"之范畴；而狭义之行，只为"行"之一端耳。

由此吾人可知：三民主义之“食衣住行”，乃注重物质资料之解决，而“行”之一字，系从一面的名辞之解释，观于《建国大纲》中“政府当与人民协力，共谋农业之发展，以足民食；共谋织造之发展，以裕民衣；建筑大计划之各式屋舍，以乐民居；修治道路运河，以利民行”一段可以知矣。至现在新生活运动中之“食衣住行”之“行”字，乃兼有广狭二义。吾之“行的哲学”意亦在此。观于前章新生活运动内容之所述，其大意可得而知也。

四、“礼义廉耻”与食衣住行之关系

食衣住行之遂行条件，由物质与行动两事而具备，已于前章详言之。“行”之为训，有广狭二义，广义之行，其于“礼义廉耻”之关系，亦见于“礼义廉耻”之解释一章，兹俱不赘。今所欲言者，为“礼义廉耻”如何直接表现于食衣住行之中。

食衣住行之遂行，可分为资料之获得、品质之选择与方式之运用的三个方面。今试分别言之：

（一）资料之获得应合乎廉——廉者明也，应明其分，苟非其分，一介莫取。质言之，食衣住行之资料，须以自己劳力换得，或以正当名分取予。若争夺依赖，固所不可，即施让赠与，亦有所不屑。先儒所谓“失节事大，饿死事小”，即此意也。

（二）品质之选择应合乎义——义者宜也，须因人制宜，因地制宜与因位制宜。何谓因人制宜？老者衣帛食肉，不负戴于道路，宜于饱暖舒闲；而少年仅以不饥不寒为足，宜于刻苦锻炼也。何谓因时制宜？四季寒暖不同，饮食起居宜时调节，以与气候相适应也。何谓因地制宜？南北土壤气候不齐，近山滨水，生活习惯亦异，宜依地为良，以与环境相适应也。何谓因位制宜？或临万民以行法，或帅三军以御敌，必有一定体制，始足以见威仪而蒇所事，要不卑不亢，毋泰毋啬，因其地位之上下以制宜也。

（三）方式之运用应合乎礼——礼者理也，（一）须合乎自然的定律，（二）须合乎社会的规律，（三）须合乎国家的纪律。其具体事项，列举于“新生活须知”，兹不具论。

“礼义廉耻”之互相连贯，前已言之。食衣住行之必合乎礼义廉耻，其间亦互相连贯，固无待言。无论其为资料之获得，品质之选择，方式之运用，皆有密切之关系。如三者有一失礼、亡义与不廉之事，即成为生活之污点，皆当引以为耻也。

戊　新生活运动之方法

一、运动之责任

（一）全部运动，由南昌新生活运动促进会主持之。各省市县如有发起同样运动者，乃可设会，但县会应受其省市会之指导，而免分歧。

（二）省市县会应由省市县中最高行政长官主持之，以省党部、民政厅（或社会局）、教育厅（或教育局）、公安局及军事机关各派高级人员一名，社会各公法团亦各派负责人员若干人共同组织之，以资划一。

（三）乡村农人由区保甲长，工人由厂长或工会负责人，商人由各业公会负责人，学生由校长教职员，军队由政训处长与主管长官或军队党部负责人员，公务员由各该机关主管官，家庭妇女由妇女协会，负责提倡，仍须由当地促进会派人指导之。

二、运动之工作

分调查、设计、推行三项。

三、运动之费用

一切费用应极力节省，由发起人与主持之人或当地政府筹给，但不得向外募捐。

四、运动之事项

由南昌促进会决定分发，先从规矩与清洁两种运动开始进行。

五、运动之程序

（一）由自己作起，再求之他人。

（二）由公务人员作起，再推之民众。

（三）由简单之事作起，再及其次。

（四）由不费钱、不费时、不费力之事作起，再行其余。

（五）由机关团体，及公共场所，如学校、公署、车站、码头、戏馆、公园、会场……等作起，再求之于全体之社会。

六、运动之方式

（一）先以教导，后以检阅——教导是以身教、口教，再以图画、文字、戏剧、电影为教。检阅是由促进会派人查考或由其本处每年分季比赛，评定甲乙以奖勉之。

（二）除原有隶属之关系（如长官之于部下，父兄之于子弟，教员之于学生等）外，不得干涉。一般普通朋友性质者，只可劝导而已。

七、运动之时间

一切运动，只可在公余及休假等闲暇之时间行之，不可耽误本业。

己　结论

要之，新生活运动者，即除去不合理之生活，代之以合理之生活。如何能使国民之生活合理？曰：必须提倡以“礼义廉耻”为日常生活之规律。

一、提倡“礼义廉耻”，使反乎粗野卑陋之行为，求国民生活之艺术化。艺术者，非少数有产阶级之装饰，乃无男女老幼贫富阶级之分，实为我全体民众生活之准绳。所谓人的生活，与非人的生活之分野，即在于此。凡人欲尽其所以为人之道，舍此莫由；故必以艺术“持躬待人”者，始能尽互助之天职。中国古代“礼、乐、射、御、书、数”之六艺，现今反为东西列强建国主要之艺术。现在社会之所以猜忌、嫉妒、怨恨、倾轧者，皆遗忘此艺术陶养而生之病态也。必以艺术“治事接物”，始能收整齐完善、利用厚生之宏效，而其要旨莫过于格物致知，明辨本末，器求创造，术尚精微，能如是则粗野、错乱、简陋、卑劣诸弊自除。

二、提倡“礼义廉耻”，使反乎争盗窃乞之行为，求国民生活生产化。中国之贫，由于生之者寡，食之者众。凡不生而食者，其食之所资，不出于劫夺，必出于倚赖，而皆由于不知“礼义廉耻”为之也。故必须使生活生产化，而后勤以开源，俭以节流，知奢侈不逊之非礼，不劳而获之可耻。昔者齐楚之所以霸，今者意德之所以强，胥赖是耳。故救中国之贫困，弭中国之乱源，其道莫要于此。

三、提倡“礼义廉耻”，使反乎乱邪昏懦之行为，求国民之生活军事化。国不能战，无以为国；广土众民，徒资寇盗；救国之方，惟有尚武。方今赤匪充斥，内乱未已，版土日蹙，外侮频仍，帝国主义者与汉奸赤匪，内外勾结，皆挟其全力，以压迫我民族，破坏我国家，吾人欲救此危机，完成其安内攘外之目的，亦非准备全国国民之军事化，不足以图存。而军事化之前提，即在养成国民生活之整齐、清洁、简单、朴素、迅速、确实之习性，以求共同一致之守秩序，重组织，尽责任，尚纪律，而随时能为国家与民族同仇敌忾，捐躯牺牲，尽忠报国也。

综合上述诸义，约而言之：国民生活如何始得高尚？曰：生活艺术化；国民生活如何始得富足？曰：生活生产化；国民生活如何始得巩固？曰：生活军事化。三者实现，是谓生活合理化。合理化赖以实现之规律，曰：“礼义廉耻”。“礼义廉耻”所赖以实现之事项，曰：“食衣住行”。使我全体国民以“礼义廉耻”为规律，实现之于“食衣住行”之中，则生活之内容充足，条件具备，是谓生活革命之完成，而我中华民族复兴之基础，亦即奠定于此。

附：新生活须知

第一，新生活之准则

生活须知，礼义廉耻，整齐清洁，简单朴素，迅速确实，共同一致，食衣住行，依此为据，既适卫生，又合规矩，民族复兴，但看此举。

第二，新生活与礼

何者为礼，敬恭是主，守法循理，戒慎将事，和气肃容，善与人处，孝亲敬长，克敦伦纪。

第三，新生活与义

何者为义，一心济世，厚人薄己，不争权利，急公忘私，弗辞劳瘁，扶善除恶，以彰公理。

第四，新生活与廉

何者为廉，既明且洁，严慎取予，操守有节，辨别是非，力排谬说，崇尚节约，以惜物力。

第五，新生活与耻

何者为耻，心存羞恶，不屑卑污，尊重自处，不甘暴弃，力求进步，不图苟存，宁死御侮。

第六，新生活中之食

饮食养生，人之大欲，食贵定时，莫恣口腹，食具须净，食物须洁。要用土产，利勿外溢，遇酒勿酗，食量有节，饮嚼无声，坐必正席，饭屑骨刺，毋使狼藉，宴客聚餐，相让举筷，注意微菌，生冷宜戒，鸦片屏绝，纸烟勿吸，耻养于人，自食其力。

第七，新生活中之衣

衣服章身，礼貌所寄，莫趋时髦，朴素勿耻，式要简便，料选国货，注意经用，主妇自做，洗涤宜勤，缝补残破，拔上鞋跟，扣齐钮颗，穿戴莫歪，体勿赤裸，集会入室，冠帽即脱，被褥常晒，行李轻单，解衣赠友，应恤贫寒。

第八，新生活中之住

住居有室，创业成家，天伦乐聚，敦睦毋哗，黎朋〔明〕即起，漱口刷牙，剪甲理发，沐浴勤加，建筑取材，必择国产，墙壁勿污，家具从简，窗牖多开，气通光满，爱惜分阴，习劳勿懒，当心火烛，谨慎开户，莫积垃圾，莫留尘土，厨房厕所，尤须净扫，捕鼠灭蝇，通沟清道，和洽邻里，同谋公益，互救灾难，种豆防疫，国有纪念，家扬国旗，敬旗敬国，升降循规。

第九，新生活中之行

动行是走，行亦作为，举止稳重，步武整齐，乘车搭船，上落莫挤，先让妇孺，老弱扶持，走路靠左，胸部挺起，两目平看，端其听视，拾物还主，相识见礼，遇丧知哀，观火勿喜。喷嚏对人，吐痰在地，任意便溺，皆所禁忌。公共场所，遵守纪律，就位退席，鱼贯出入，莫作吵闹，莫先抢说，闻党国歌，肃然起立。约会守时，做事踏实，应酬戒繁，嫖赌绝迹。

第十，新生活之推行

生活革新，乃除恶习，最先着手，规矩清洁，由简入繁，由浅入深，先公后私，推己及人，由近而远，由小而大，逐渐感化，力行勿懈，公务人员，在校学子，以身作则，率先做起，示人模范，彼此督勉，团体家庭，次第实现，父训其子，兄教其弟，夫妇相劝，朋友互励，不费金钱，不耗时日，运动完成，风气移易，奉告国人，一致努力。

〔中国国民党中央执行委员会秘书处档案〕

4. 蒋介石：新运周年纪念告全国同胞书

（1935年2月19日）

新生活运动者，实为我中华民国新生命之基点也。其目的在以吾民族固有美德之“礼义廉耻”，著为国民日常生活“衣食住行”规律，在由外形之训练，促进内心之建设。此乃极平凡之运动，亦即针对我民族当前环境与病态之良药也。计自去岁二月十九日，从南昌开始倡导以来，迄于今日，已阅一年，兹为检阅既往，策励将来，以达到上述之目的起见，特再申述其要旨，并指明其继续努力之途径，以告我全国同胞共勉焉。

当本运动去岁倡行之初，因我国人蕲求民族复兴之殷切，全国响应，各地风从，进展之速，得未曾有。惟以初时各地组织既多歧异，理论亦未尽同，而推行运动之方法，尤复纷驰旁骛，漫无准则，乃于五月间制定《新生活运动纲要》，详释意义，规定程序。复于七月一日成立新运总会于南昌，订立组织大纲，改组全国各地新运会，并示以进行之轨范，分期渐进，逐步推行，由己及人，由浅入深，由不费钱不费时不费力之事做起，而再及其余，由机关团体学校及公共场所等处作起，而渐次推及全体社会，先以“规矩”与“清洁”两项，为第一期运动之中心工作，于是由自由发展之状态，进于整齐划一之途程。回顾此一年以来，全国各地，其成绩进度，虽未能尽如吾人之所期，然幸赖各方贤达与全国同胞，一致推助，努力奋发，使本运动之观感与“规矩”、“清洁”两项之意识，得以深入人心，渐成风气，造成相当之基础，此实可引为无限欣慰者也。第“规矩”、“清洁”两项之致力，不过为本运动之初步工作，冀藉此矫正我国人陈腐生活之入手方法而已，今欲适应我民族之需要，发展我民族之生命，自非更进一步举我全国同胞日常整个生活，实现新运纲要中所示之军事化、生产化、艺术化之三大原则不为功。所谓军事化者，并非欲全国同胞悉数武装悉赴疆场也，只期其重组织，尚团结，严纪律，守秩序，知振奋，保严肃，一洗从前散乱浪漫推诿因循苟安之习性已耳。所谓生产化者，亦非欲全国同胞，胥作农工或尽事商贾也，只期我同胞人人能节约，能刻苦，能顾念物力之艰，能自食其力，以从事劳动生产之途，一洗从前豪奢浪费怠惰游荡贪黩之习性已耳。所谓艺术化者，更非欲全国同胞均效骚人墨客画家乐师之行为，只期其持躬接物，容人处事，能肃仪循礼，整齐清洁，活泼谦和，迅速确实，一洗从前之粗暴鄙污狭隘昏愚浮伪之习性已耳。上述三化之原则，果能一一躬行实践，勉习勿渝，则“礼义廉耻”之条件，靡不具备，一个人之生活如此，则其人必精进而有为；一民族之生活如此，则其国必富强而繁盛。今欲使我全国同胞，实现此三化生活之精神，则其具体之办法，第一应实施民众之训练与组织，第二应促进社会合作事业之组织，第三应加紧各种社会教育之普及。凡我各地负倡导新生活运动之职责者，亟宜分别组织劳动服务团，依上办法，妥定计划，流入民间，努力指导。而此服务团之组织，应即以公务人员、学校师生及各业领袖为其基干，利用公余课暇业余，或其他休假时日，以从事工作，先之劳之，自强不息，始终罔懈，负风动教化之责，则新生活运动，乃克益切于实际，亦得符由浅入深推己及人之本旨，而我复兴民族之基础，自不难由是而益臻巩固矣。邦人君子，幸共勉旃！

蒋中正　二月十九日

〔中国国民党中央执行委员会秘书处档案〕

5. 蒋介石：新生活运动第二期的目的和工作的要旨
——在南京新生活运动二周年纪念会讲演

(1936年2月19日)

主席，各位代表，同志：

今天是新生活运动二周年纪念日，兄弟临此纪念典礼的时候，自己心理甚觉惭愧，因为两年以来“新生活运动”的声名，已经遍传中外，现在无论那个地方，那个国家，都知道中国在推行一种“新生活运动”。但是新生活运动的实效究竟有多少呢？我们自己检查的结果，知道我们的进步很少，虽经两年之久，并没有达到我们预期的目的。兄弟是新生活运动发起的一个人，平时很多地方没有尽到个人的力量，或许也是不能以身作则，来风动感化，改造社会，以致新生活运动，推行不能迅速，成效也不如预期，有负内外期望之殷切。自己实在惭愧。但是过去的时间已经过去，最要紧的是希望新生活运动，从今天二周年纪念以后，能够有特殊的进步，很快的得到最后的成功。要怎样才能达到这个目的呢？当然要靠我们各界负领导责任的领袖，以及一切智识份子，大家能够负起责任，共同一致来努力推行。所以兄弟今天想藉此机会，首先将推行新生活运动的要件，向各位说一说。

第一，要有"昨死今生"的决心，——大家知道所谓"新生活运动"的"新"字，反面就是"旧"字，"生"字的反面就是"死"；"新生活运动"顾名思义，就是要"除旧布新"和"起死回生"的生活革命运动。中国有两句古话，拿来说明现在的新生活运动最为恰切。这两句话就是"从前种种譬如昨日死，以后种种譬如今日生"。我们必须将各个人以至整个社会国家一切不良的腐败的，换言之就是旧的思想、行动、习惯、风气，一概革除，造成一个良好的文明的思想行动，就是新的习惯和风气。然后我们才可以成功一个现代的人，如此我们的国家，才可以建立一个现代的国家。现在人家批评我们的国家为落后的国家，或说是非现代的国家。怎么叫"非现代的"呢？说得好听一点，就是"落后"，就是不能和人家并驾齐驱；说得不好听一点，就是"腐败"，就是"野蛮"，换言之，就是说过去的生活。这过去的生活，如果要说得更明白，就是"死"的生活与"非人"的生活。怎么说死的生活呢？我再进一步说，凡是不艺术的和不生产的生活，就是死的生活。我老实说，我们中国一般的生活，就是"非人"的生活，也就是"死人"的生活，而非新生活，亦非现代的生活。我们现在新生活的目的，就是要将不知礼义，不明廉耻非人的生活，变为明礼义知廉耻的"人"的生活；将嫖赌鸦片等的腐败污秽的生活，变成功为现代"生"的生活。如此才可与现代的人和现代的各国并驾齐驱。我们要做到这一步，最根本的一点就是各人先要有一个决心，"从前种种譬如昨日死，以后种种譬如今日生"，必须有了这种"昨死今生"的觉悟，才可以实行新生活，才可以推行新生活运动。本来无论那个人，每天都有错误的事情，亦难免有不好的习惯，个人如此，整个社会国家也是如此。所以我们必须时时刻刻痛下反省的工夫，检查自己的过失，发现自己的缺点，时时刻刻努力求改正一切的过失，捕〔补〕救所有的缺点，继续不断的进步。如此才可以“日新又新”，成功一个新的人，建立一新社会和新国家，才算是真正实行新生活，推行新生活运动。今天到会的各位同志，都是各界领袖，主管一部分的事情，大家可以反省，我们对于本身和自己所主管的机关学校团体，以及我们的家庭，能否时刻加以检点，是否已经本着“昨死今生”的精神来努力改进。据我看来，恐怕做到的还是很少。就是因为我们自己不严格的检点和反省，所以自己种种的过失，种种腐败野蛮的生活，都不能发觉。一个人既不知道自己的坏处，当然更不知道社会和国家的弱点了，自然不会有“昨死今生”的精神，来痛切改过。如此就永远没有进步。这样的人民，这样的国家民族，当然要受人家的侵侮压迫，乃至于亡国。今天兄弟首先要将这种危险的现象告诉各位，各位只要是不想做亡国奴，就应当要痛切反省，彻底觉悟，以“昨死今生”的决心，来实行新生活，推行新生活运动。

第二，我们要推行新生活运动，必须有“实事求是”的精神——新生活运动，直言之，就是要使全国国民的精神和行动现代化。我们知道现代是“科学的时代”，所谓“现代化”者，就是要“科学化”、“组织化”和“纪律化”，概括的说，就是“军事化”。科学的基本精神，就是要“实事求是，精益求精”。分别来讲，就是要“真实”，不许有一点虚伪欺骗，要“精确”，不许有一点苟且含糊，最后更要“彻底”，不容许有一点因循苟且或半途而废的恶习。由此可知我们的生活，要“科学化”、“军事化”的意思，就是要彻底铲除过去一切虚伪、自私、含糊、因循、苟且等一切不适合现代的积习，实实在在力行“整齐、清洁、简朴、勤劳、迅速、确实”的新生活。我们一定要有这种“实事求是”的精神，才可以真正推行新生活运动。

第三，我们推行新生活运动，必须具有“以身作则”的精力来教化群众，——我们要推行新生活运动，当然要自己本身先能确实做到，才可以逐渐感化教导我们的部属、学生、子弟，推而至于社会上一般民众。所以我们要使社会上个个同胞都能实行新生活，必须从我们自己心里做起。如果我们自己先能革心，切切实实检查并改良自己的生活习惯，达到了新生活的要求，那末，一般部属、学生、子弟和社会上所有的民众，一看到我们就自然被我们感化。用不着我们一个一个去督责，一家一家去劝导。古人所说：“不令而行”，“不言而教”，就是这个道理。我们一定要懂得“不言而教”的效果如此之大，努力实施“以身作则”的教化，然后才可以推行新生活运动。今天到会的各位同志，至少每个人都负了几十几百乃至几千人教导的责任，而首都这个地方，又是中外观瞻所系，要做全国模范的地方。如果各位都能以身作则，将自己的家庭以及自己所主管的机关学校或团体，彻底改造，使我们的子弟、部属和学生，都能实行新生活，我想一定可以做出一个模范，使新生活运动实实在在能推行到全国。

第四，我们推行新生活运动，一定要具“互助合作”的诚意，——古人说，“天下兴亡，匹夫有责”，又说，“己欲立而立人，己欲达而达人”。推行新生活运动，既属关系国家兴亡的事情，就是人人所应尽的责任，既属立己立人的工作，就是人人所应努力的要务。尤其是我们革命党员，要改造社会，建设国家，就先要改造人心，革新社会的风气习惯，所负推行新生活运动的责任，格外重大。无论何时何地，只要想到或看到有一事一物不合新生活的要求，不合现代的生活习惯，立刻就要负起责任，尽力改革，不好有一点推诿，一刻迟误。如果我们一般智识份子，个个人真以矫正人心改造社会为己任，我相信我们社会国家，不必说已经过二十五年之久，就只说自倡导新生活运动这两年以来，其进步亦决不致如此之慢。过去的情形，就是各个人没有尽到甚至根本不知道自己的责任，最好的也不过自己能实行新生活而已，别人如何，再不去管。做教员的只知道上课教书，各机关的职员，只道知每天上办公厅，在到学校进机关的路上，无论看到什么事情，他都漠不关心。这实在是不应该的！例如这两天首都下了雨雪，一般车夫的雨衣和行动，就不成一个生活的样子。外国人到我们首都来看，不必看其他的东西，只要看见一般车夫的生活样子，就可以看透我们人民的愚昧，社会的落后，和政府的缺乏能力，就可以间接推断到我们国家决不能久存于现在世界。现在我们要叫一般车夫都能自动的做到整齐清洁，当然不容易。而且以他们境遇的穷苦，和知识的缺乏，许多事情实在难怪。但是我们一般有责任的人，尤其是市政府和警察厅一般负主管责任的人，到那里去了呢？这些情形，为什么漠不关心，曾不想法子来改正他们，救济他们，使他们稍为象一个样子呢？只要我们主管机关稍微负一些责任，用一点心思，这件事一定可以做得了的。无奈大家都视为与己无关，甚至连主管机关也彼此推诿，不知责任所在。所以始终无人来设法改良。如此还能推行新生活吗？大家要晓得新生活运动固然要首先由我们自己实行起，但是决不是自己做到就算了事。如果认为只要我们自己能实行新生活，或是只以为个人的食、衣、住、行都合乎礼、义、廉、耻就够了，这是只可对于普通一般国民可以如此的说，但是我们一般负有领导责任的智识份子，就万不可以此为满足。中国人普通最大毛病，就是所谓"各人自扫门前雪"，只知道有自己，不知道有别人。因此虽然是一个好人，因为他不管人家的好歹，只知"独善其身"，而不能负起"兼善天下"的责任，对于社会国家，毫无补益。这种人就不能算是一个现代的人，当然不配推行新生活运动。要推行新生活运动，使全国国民的生活都能革新，使整个新的国家能够建立起来，必须我们个个人能负起"兼善天下"的责任，发挥每"互助合作"的精神。一个人、每一个机关团体，应依其纵的和横的关系，与一切的个人、机关或团体，密切联络起来，彼此互助合作，来努力推行整个的社会新生活运动，换句话说，我们一个人仅仅自己能实行新生活还不够，一定要以身作则，来劝导感化我们的朋友，我们的子弟、部属、学生，以及与我们接近的一般民众，使他们都能够实行新生活。对于我们的长上，如果他有不对的地方，不好的习惯，我们能够诚心诚意的向他贡献意见，他也一定可以接受的。总之，必须个个人、个个机关团体，大家能发挥“互助合作”的精神，才可以使新生活运动真实推行。

以上所讲的四点，是我们今后推行新生活运动的要件，也可以说就是推行新生活运动的方法。此外今天想将新生活运动重要的意义，再和各位作一个补充的说明。

在两年以前的今天，我已经举德国为例，就是国家与民族的复兴，不在武力之强大，而在国民知识道德之高超的道理，讲明新生活运动是当前救国建国与复兴民族最有效的革命运动。简单的讲，新生活运动，就是复兴民族的运动。虽然，这两年以来，我们从事这个运动没有收到很大的实效，但是只能归咎于我们一般领导的人未能尽力。天下无论什么艰巨的事业，只要有人做，没有做不好的，无论什么危险的国家，只要有人来救，亦没有挽救不转的，那怕是亡了几十年几百年，只要有人，没有不可以重新建立复兴起来的。古人说，“事在人为”，又说“人定胜天”，新生活运动是复兴民族最有效的运动，只要我们能共同一致，实实在在来努力做，就不怕不能做成功，不怕不能挽救我们的国家，复兴我们的民族。如果我们只会口说，而不去实做，或是只有形式而无实际，那是永远不会成功的。现在我们推行新生活运动，宣传当然很重要，但总不可虚张声势，有名无实。我们中国人做事，每每起初做到声势浩大，有声有色，到后来精神懈怠，一无所成。这种“虎头蛇尾”的毛病，就是一切事业失败的原因。我们一般同志，务必预防这种毛病，真心实力，继续不断的来努力推行新生活运动。如此我相信一切的艰难危险，都可由此打破，要建设一个现代的新国家，实在是很容易的事情。

最后大家特别要认识新生活运动就是博爱乐群的运动。刚才我讲推行新生活运动，必须发挥互助合作的精神，已经提到我们中国最大的毛病，就是只知有己，不知有人，只知自私自利，不能互助合作，也就是不知道合群乐群，不知道爱自己的同胞。从修养方面讲，就是缺乏“群育”的训练，从心性方面讲，就是缺乏了“同情心”，失掉了“博爱”与“互助”的精神。一般人只要自己能够穿暖吃饱，就算了事，再不想到社会上一般同胞如何，更不想到国家民族百年千年以后如何。一般人普通的思想如此，再看一般人普通的行为又怎样呢？中国人每每看见人家落下水，他只在岸上望着；看见人家起了火，他只站在远处看好看；遇着路上有人病倒在地上，他可以看了一看，掉头而去，决不想方法来援救。还有很多人，看到人家有不幸的事情，他不但不同情，不援助，还要幸灾乐祸；看见人家做好的事情，他不但不鼓励，不协助，而且还要从旁阻难、讥笑、忌妒。诸如此类，卑劣自私，冷酷无情的思想行为，几乎随处可见。今后我们如果不能切实改革这个恶劣根性，恢复中国人固有尚仁爱讲信义的群德，发挥“泛爱众而亲仁”的固有精神，使全国同胞随时随地都能彼此明礼义、知廉耻、亲爱互助，我想无论我们国家如何广大，历史如何悠久，也难逃于灭亡之例！大家要晓得从来世界上就没有一个孤独而可以生活的人。所以从社会生活的整个连带关系来讲，事实上根本就没有所谓“个人”，只有“社会国家的一分子”。我们做人既不能逃于天地之间，自外生成，只要是一个“人”，一定是社会的人，一定是过互助合作的社会生活，一定是规过劝善的团体生活。既是社会的人，过社会的生活，就要有爱群的德性，合群的能力，与利群乐群的思想。必须如此，然后才可以叫做一个“人”，才可以生存于此科学发达、社会进步、人与人更加利害与共、休戚相关的现代。所以必须是博爱乐群的人，才是现代的人，才可以建立现代的国家。因此，我们大家以后凡是发现社会丝毫的缺点，或看出政府各种弊端，就应该不分彼此，直率的报告他主管机关，期其改正。因为要使政治与社会有进步，能改良得快，必须要有社会的领导者，尤其是智识阶级，特别要负责贡献，方能达到革故鼎新的目的。因为改造国家与社会，决不是只靠政府的力量所能成功，必须依赖社会的群策群力，方能得到完满的结果。所以现代的教育，除“德育”、“智育”、“体育”之外，还要特别注重“群育”。现在我所倡导的新生活运动，也是要特别注重群性的培养，使一般国民能发挥博爱的精神，增进乐群的美德，养成互助合作的习惯，增加同心协力的效能。所以“新生活”就是爱群的合群的生活，就是全国同胞彼此亲爱互助合作的生活。这互助合作的乐群生活，才是我们所说真正的新生活。如果我们一般同胞能够改革过去一切自私自利的生活，大家能实行这种博爱乐群的新生活，我相信要建立一个现代的新国家，实在非常容易。所以新生活运动果能普遍推行，确实做到，就可以挽救国家，复兴民族。

关于新生活运动的意义，和推行的方法，兄弟过去已经讲得很明白。今天趁此二周年纪念的集会，特别再将以上几点意思，尤其是群性训练的重要，告诉各位，要请各位照此切实努力，然后新生活运动才能得到实效，各位的辛苦，才不致枉费。到新生活运动最后成功的时候，我们新的国家就可以建设起来，今天这个日子就可以成为民族复兴一个重大的纪念日。希望大家共同一致努力完成新生活运动的使命！

〔中国国民党中央执行委员会秘书处档案〕

6．蒋介石：新生活运动二周年纪念之感想

（1936年2月19日）

今天是新生活运动创始以来第二周年纪念日。关于今后的工作纲领，和所应注重的中心工作，总会方面另有书面发表，不待重述。这一个运动，已经有了二年的时间，从今天起，便是第三年度的开始。我们知道这个运动的成败，不仅为世界对我们国家观瞻所系，简直是我们民族的前途存亡所关。在二周年纪念的今天，我们最紧要的一件事，就要对于过去的成绩，加一番坦白忠实的检查，以作今后努力的参考。

我敢坦白的说一句，新生活运动自创始以来，虽然推行的区域，一天一天的加广，工作的项目和范围，一天一天的加多，推行团体和人员，也随时都有增加，照去年的统计，各省市及铁路均有劳动服务团的组织，团员人数，总计在十万人以上，对于公民训练，民众教育、救灾、卫生等等工作，团员大都是热烈参加，表现相当成绩，可是就一般的成效和实际情形来说，实在不能满足我们的期望，达到原来的目的。不但如此，简直可以说有退无进。在二周年纪念的时候，和前一年举行周年纪念的时候比较起来，还不及推行第一年时来得有成绩，这是很可痛心，很可惭愧的！怎样补救这一个缺点，真是大家所应该痛切反省的一个问题。

我在去年一年间，周行的地方不少，所到之处，都留心观察我们新生活运动的实际工作怎么样，一般社会的情形，和国民生活，较之未推行新运以前，有没有进步。我敢说，除了极少数的地方以外，一般对于清洁整齐的两件事，尚且没有切实的做到。尤其是在都会之中，不论街上路上，到处都看得见龌龊，凌乱的现象，特别在公共场所或交通要点，如码头车站之类，一般上下

往来的人，看不出曾经受过秩序训练的样子，而负有指导责任者如宪兵、警察、保甲长之类，也不能积极的尽到职责，甚至于熟视无睹，反不如农村乡间还有几个地方比较整洁，能够实行这个运动。至于公务机关，照理应该为一般社会与民众的表率，公务员又是比较有知识，而应负领导责任的，但是照我观察所得，能切实做到新生活运动的要求，能够有秩序且有精神，而无愧为现代生活的标准者，实在是很少很少。我们现在到处都可看到新运的标语，而很少看到新运的实效；到处都可看到推行新运的团体或机关，却是很少看得见有多数国民确实受了新生活运动的效果。至其一般社会能在食、衣、住、行中表现礼、廉〔义〕、廉、耻的四维，其生活方式能达到军事化、生产化、艺术化，而且厉行劳动服务，具备互助合作的品德，爱国家民族的现代精神，那当然是更少了。

我国人民众多，社会情状太复杂，旧有的习染也太觉根深蒂固，要想在短时间内使全体国民生活，大改厥观，当然不是一件容易的事，我们新生活运动推行的当初，所以定为由浅入深，由易及难，推己及人，要从极平凡处下手，也就是这个意思。我上面批评的话，并不是苛求责备，更不是一笔抹杀我们已有的成绩和推动新运者的辛劳。但是新生活运动是一种教化风动的运动，论理在开始的时候，比较不容易见效，而已经推行后，应该是可以继续进步，一年快似一年。乃事实上并不尽然。这中间若不是第一期的基础不确实，就是第二期的努力有欠缺，若不是推行干部和负有领导责任者没有尽到职责，就是受指导的一般国民，还没有深切了解新运意义的重要。我希望我们负责推进新运的同志和一般同胞，大家下一番深切的反省。过去我们国民习性上有两种最大缺点，是一般事业没有进步的主因：第一，是缺乏真诚；第二，是缺乏热烈。因为不是发于真诚，所以开始的时候，也很紧张，稍久就不免流于弛怠；凡事只求对付过去，不求实际效果。譬如各地推行的新运，往往逢到有人将要考察的时候，临时特别紧张一下，过去随即松懈下来，无人过问。又或在容易观察的地方，则注意整洁，略为偏僻一些的所在，就不去认真实行。像这种一暴十寒的做法，只做表面的行为，一般人民自然也相应以伪，不来真切听受指导了。至于第二点，我们如果缺乏热烈的情绪，对于任何事情便觉得不起劲。虽然不是有意懈怠，但终鼓不起奋迅向前的气概。结果便不免近于虚应故事，不但进行不能迅速，而且已有的成绩也往往不能保持。过去的新运工作中，也难免有这种因循的流弊。在推行的人员，因之流于被动，既不能以身作则，也不能热心研究适合各种环境的推动方法；在一般国民，也因为缺乏热烈的感应，不能养成普遍自然而且持久的风气。其实这种因循虚伪的痼习，就是不知礼义廉耻的恶果，也便是我们国家民族衰亡的主因所在。我们要成为适于现代生存的国民，非彻底痛改这个痼习不可。

总之，新生活运动不是世界上普通一般的改良社会运动，而是一种救亡图存的迫切的运动。在普通改良式的社会运动，其主旨在精益求精，是已经好了还要求其更好的意思。所以不妨逐渐求进，其进程虽缓慢一些也不妨。至于我们所倡导的新生活运动，乃是"昨死今生"的运动，亦即一种"起死回生"的运动。是因为国民的精神道德和生活态度实在太不适合于现代，而整个民族的生存已经发生了严重的危险，因此要想从根本上改造国民的生活，以求民族之复兴。所以各地同胞万不可视新生活运动仅为少数倡导者的事务，而应认为与自身切己利害相关的事情。至于公务人员及警察宪兵与教育界等负有领导责任者，以及新运推行干部，尤其应该鼓起热诚，负责任，时时要照着礼义廉耻的标准和既定的工作纲领，持续不断的作实实在在的努力。敢信新运工作必能完成复兴民族的使命！最后还要望我全国同胞不要忘了实行新生活运动四句的提要：

礼是规规矩矩的态度
义是正正当当的行为
廉是清清白白的辨别
耻是切切实实的觉悟

〔中国国民党中央执行委员会秘书处档案〕

7. 蒋介石关于新生活运动三周年纪念的广播词

（1937年2月19日）

诸位同胞：

今天是新生活运动第三周年纪念日，我趁着这个机会，再来和诸位同胞补充说明新生活运动几点重要的意义。

第一我们必须了解现在我们国家所处环境的恶劣，正是所谓内忧外患，纷至沓来，国难严重，千钧一发的时候。我们若是不愿束手待毙，必然负担起这个复兴民族的责任来。复兴民族的事业，不是个人的事业，亦不是一部份少数团体的事业，而乃是全国同胞人人之事。这个人人之事，如何才能成功呢？简单的讲是有二个要素：第一就是使一般国民具备国民道德与他的精神；第二要使一般国民具备国民知识与他的技能。道德愈高，精神愈强的国民，就容易使社会进步；知识愈广、技能愈精的国民，就容易使生活提高。社会有进步，生活能提高，就是复兴国家和民族的先决条件。新生活运动的推行，就是要做到这个地步来改良社会风气，培养国家元气，来造成我们救亡图存复兴民族的基础。纪念日的意义，本来就是要检讨过去的成绩，来策励将来的工作。在过去三年中，我常到各省市去视察，觉得在大处对于规矩清洁两项，确有显著的成效。至于改良农村，提倡国货，注重卫生，推行俭约，亦有相当成绩，此外又有去夏所试办的大学生暑期农村服务团，以及各地大中学生自动的组织暑期平民学校，虽然事属创举，但是有六十六个大学生，代表南京、上海、杭州、苏州的各大学利用暑假机会，参加农村普遍的义务工作，改进农民生活，唤起农民对于国家和民族的观念；同时学生也得到很多服务社会的经验，和熟悉农民实际的生活，确是一举两得的工作。这是很可告慰的！但是我们不能以此为满足，我们新生活运动的推行，还不能达到所预定的目标，所以我把下列的几点贡献给推行新生活的各位同志。

（一）切实推行勿事铺张

我们推行新生活运动，必须要有“实事求是”的精神，须知新生活运动，乃是一种社会运动，应当要拿从事社会运动的精神来做，而不能以做政治工作的方法来做，更不应当专做官样文章“等因奉此”的来虚应故事。须知改移风气的事情，决不是一纸空文所能办到的，必须切实的做去，方能得到真正的效果。我看到各地新运会的刊物，其中大半是公函，开会纪录，和演说词，而关于工作成绩的记载倒少。这都是没有拿出“实事求是”的精神来干，而是办事不肯认真的明证。过去的工作，在推行方面，标语多而工作少，方案多而实行少；在推行对象方面，只注意到社会的上层，而未及于下层；只注意到通衢马路，而未及于街头巷尾。所以三年来新运的结果，只做到表面一时的更新，而未达到永远彻底的改革。此后我们做新运工作的人，必须要注意到一般民众实际生活的改善，少做粉饰的宣传，应以家庭做推行新运的出发点，乡村为推行新运的中心，而以一般民众作对象，以身作则，自己先实行新生活，再来劝导他人。那末工作的效果，必然广大迅速。若仍然专以贴标语、写公文，作为推行新生活运动，那末新运的前途，不言而喻了。

（二）集中力量贯彻到底

新生活的目的，是为复兴民族，责任重大，范围广阔，当然不是我们三天二日所能做得到的事情。所以在推行的步骤上，必须由近致远，由浅及深，即如我们若是能够做到初步工作“规矩”、“清洁”两项，全国都能做到彻底，那末对于民族复兴的运动上，已经有了不少的贡献。所以我们以后要择定中心工作，切实推行，不可好高骛远，结果是什么都做，什么都做不好。过去的许多方案办法，就犯了这个毛病，表面上非常周到，事实上一点都做不到，以后我们务必力改此弊，择定中心工作，划分步骤，按期施行，集中力量，来达到我们的目标。

（三）以身作则推己及人

凡做一切社会运动的工作，必须具有伟大的人格和能用赤诚感化他人的力量，所以新生活运动的推行，绝少依靠政治的力量，而必须大家以身作则，来做“潜移默化”的功夫。因为法律这样东西，只能叫人家不许做坏事，而不能鼓励人家做好事。若是要改移风气，必须要有社会制裁的力量，精神灌注的方法，方能有效。不然我们推行新生活运动之初，为什么不用政府的命令去强制执行，而注重于领导的人之自身修养，要用“潜移默化”的方法来推己及人呢？社会的积习，是千百年来所遗留下来的，改变自属不易，所以必须用精神来感化，于是才能“金石为开”了。我们若是自己不实行新生活，而偏叫他人去实行新生活，那便是缺少精诚，虚伪丑恶，莫此为甚！

（四）简朴勤俭表里一致

“简单”、“朴素”，是新生活运动中两个重要纲领，也是实行勤劳和俭约的基础，简朴的对面就是浮靡和繁费，这是与建国工作绝对有妨碍。现在无论那一个国家，当其艰苦建国，无不是政府社会上下一致，以勤俭为本，以简单朴素是尚，而后可以省出有用的物力、财力、人力来救国。新生活运动推行之始，大家颇能注意到这一点。例如宴客，不但是确守时间，而且也崇尚节约，力戒浪费，但不久又恢复从前的状况，肴馔过多，糜费太甚，一切漫无限制枉耗时间，何等可惜！大家或以为此是小节，要知道我们要建立一个现代国家，就要百事从小的地方做起，一切事无不是积微成著，积少成多，总由不明革命建国之大道，所以知而不行，行而不久，而且往往只做了表面。我从前在外国留学，亲见外国一般大学生，早晨出来卖报送牛奶，白天读书，不但是借此可以补助学费，养成自立基础，而且也养成了躬亲细故实行勤俭的习惯。真觉得非常羡慕，这是我们中国学生亦应该效法的。又如现在德国一般青年，往往亲自做收拾废纸破布铁片等工作，把一切微细无用的物件，收集起来，利用加工储备作物质建设的材料。我们中国一般家庭中间，凡是隐蔽所在，无不是废纸狼藉，污秽散漫，毫不注意。即如南京所有较大的马路，表面上似乎很清洁，但如果到马路两旁或街巷内细细察看，就常常可以发现门前堆积了散乱的纸屑、布条和垃圾，学校里也往往如此，甚至教室内的黑板也没有人揩拭，苟且偷懒，视若无睹。这样还讲什么清洁，什么劳动呢？即如服装一项，好多学生穿了制服而把帽子歪戴着，或是把衬衣露在制服外面，这比不着制服还要不好，而且失了穿着制服的本意，绝对说不上整齐和礼节与仪容了。这不过举衣食住行的一个例子，其他不合时代的生活，还数不胜数。这种表里不一，始终不惯的毛病，都是由于不明新运本旨，不能把新生活运动与救国方法连起来。我们真要树立新风气，救国建国，必须厉行简朴，实行勤俭，而且要彻里彻外，彻始彻终的来做才好。

（五）精诚热烈自强不息

这二点我们特别要提出来勉励诸位负责推行新生活运动的同人，在本年度的工作上，务必要做到这两点的劝告。我从前已经说过，过去我们习性上有两种最大的缺点，是一般事业没有进步，赶不上列强的主因，第一是缺乏精诚与热烈，第二是缺乏继续不断的精神。因为不是发于真诚，所以开始的时候，虽很紧张，稍久就不免流于弛怠，凡事只求对付过去，不求实际效果，所以外国人讥笑我们只有三分钟热度；又因为缺乏热烈的情绪，对于任何事情，便觉得不起劲，虽然不是有意懈怠，但终鼓不起奋迅向前的气概，结果便不免近于虚应故事。

至于第二点，我们如果缺乏继续不断自强不息的精神，不但进行不能迅速，而且已有成绩的也往往不能保持。所以古人说日新又新，精益求精。这两句格言就是新生活运动的真精神。这几句话，虽然我去年已经讲过，但是我认为是极端重要，所以再提出来鼓励各位。

以上各点，是我对于负责推行新生活运动者的贡献，对于我们一般国民，有很大的关系。要知"天下兴亡，匹夫有责"，现在国难已经到了最后严重的关头，倘使不是每一个人都负起救亡图存复兴民族的责任来，国家便减少了很大的希望，民族复兴的日期，便因之而延宕下去。新生活运动的本旨，是要以礼义廉耻的四维，完全表现在每一个人的食衣住行上面，始终不懈的实行下去，使我们个人以至于社会，德、智、体、群的四育，都能够日新又新。道德天天的高尚，知识一天天的增进，体格一天天的强健，合群互助的精神一天天的加增。不但个人如此，还要使全社会和全国同胞，人人能如此。而后我们国家才能够从根本上挽救起来，我们的民族也一定能复兴。我们现在既已认定新生活运动是复兴民族唯一的途径，那末，我们每一个国民都应当切实实行新生活，切实推行新生活，由小而大，推己及人，达到日新又新的地步。希望同胞从今天起不再观望，下一个决心，来努力于复兴民族的奠基工作！

〔中国国民党中央执行委员会秘书处档案〕

（四）西南事件

1．陈济棠请蒋介石实行出兵抗战电

（1936年6月5日）

陈济棠来电[1] 六月五日发（廿五年）

两广民众，抗日情绪非常紧张。西南执行部政委会发出冬电，两广将领发出支电，请求中央领导抗日救国，系顺民众之要求；且热察情势演变至此，亦非决心抗日无以挽救危亡，万恳钧座俯念舆情，迅予领导全国实行出兵抗战。职意此时民气尚可用，军心尚振奋，如中央决定政策，则转危为安道不远也。是否有当，并祈电示。至祷！○○（微）。

〔陈布雷档案〕

2．蒋介石关于抗日步骤并请陈济棠派员入京商决一切往来电

（1936年6月7—10日）

（1）蒋介石致陈济棠电（6月7日）

微电诵悉。两粤军民痛心国难，志切御侮，以一致救亡之决心，作慷慨请缨之表示，凡在国人，无不感奋。惟近日电讯纷传，均谓已作单独出动之准备，且有改立建制、调动部队等传闻，以中所见，敢断言所传之不确。今日救亡图存，必以整个之国力取一致之步骤，若筹策未定而一隅独标揭于先，则整个国家之尊严，即已丧损于国际之间，侮我者益肆其轻蔑，爱我者亦将为扼腕。

① 此电系陈布雷录存的抄件。

此就国家之立场言，知兄等必不忍以救国者而转以降低国家之地位，减损对外之力量也。若以军事原则言，任何军事行动，必于整个命令之下协同动作，方克有济，证以国际战事之史例，即在友军之地位，亦必事先有详密之协商，而后临事有切实之联络，乃能在整个策略之下达成任务。凡此定理定则，兄等自所深知。若事先一未协商，而遽以出师相号召，知兄等又必不漠视此种军事原则而丧失吾国家军人之立场也。何况和战为党国之大事，岂可以不征求于多数同志之意见，而赌民族永久之存亡于一时之奋兴乎？近日道路纷传，群疑蜂起，不谅者甚至谓两粤行动果如外电所传，是不啻以御侮之名义而适与侮我在以快心，以救亡之决心而招致与救亡相反之结果。中深知兄赤忱为国，必不致违谋定后动之原则，而示人以分歧不一致之弱点。近日部队征调，切勿进入邻省边境，以启内外之疑端，而妨整个之大计，并望推派负责人员，来京共同商决一切。国家处境如斯，已无瓦全之理，中央救亡决心，与兄等初无二致。诸兄之明，必能灼见及此。掬诚奉达，请转告德邻、健生诸兄为盼。阳。至机。

(2) 陈济棠复蒋介石电（6月10日）

阳电奉悉。此间苦衷，家兄言之已详，谅荷镜察。外间谣传，均非事实，兹谨遵命于三日内派淑资兄面陈一切。晋京乞赐指示。职〇〇叩。蒸。

〔陈布雷档案〕

3. 蒋介石为两广拟单独出兵抗日重申其对日方针的报告

（1936年6月8日）

蒋副主席报告　六月八日在中央纪念周

救国必先团结分歧不能救国

主席各位同志：刚才听到居先生报告，此次赴粤致祭胡先生，并唁慰胡先生家属的经过，大家心里一定觉得很伤感。胡先生的逝世，实在是本党失去一位领导者，本来两粤与中央并没有多少隔阂，中央数年以来始终秉集中国力的方针，苦心以谋团结之增进。在胡先生逝世以后，中央认定格外要体察胡先生救国的苦心，对于在两广各位同志的意见和政治主张，必须尽量的容纳，也相信在两广的同志必能够体察胡先生的遗志，进一步的实现团结，以增加我们一致的力量，完成我们救国的志愿，这是中央最近对于两广至诚的态度。不过胡先生刚刚逝世，大家心里都非常哀痛，决没有心情再来商量丧祭以外的别的问题，所以此次居先生和几位同志赴粤的时候，中央就决定单纯为吊祭及唁慰家属而往，并商量胡先生国葬的办法，在胡先生丧事未办理完妥以前，不谈党务上与政治上的许多事情。这不但在情理上应如此，在我们中国的礼仪精神上来说，丧礼祭礼，必须至诚专一，尽哀尽敬，实在也不应该在胡先生新丧之际，大家正在办理丧祭的时候，来谈这些事。何况国难已到这般地步，以后只要可以团结救国，大家一切的意见、无不可以化除，任何事情，都可以开诚商讨，择善而从，也不必急于求得解决。所以此次中央推派八位委员到粤致祭，公私宴会，一概谢绝，更没有商谈党政问题。不料外面猜测纷纷，竟有什么向中央向两广提出五项条件等等谣言。这种谣言，全无根据。说这种话或是听信这种话的人，根本就没有常识。我还可以断定这种话完全不是中国人所说，只有不明中国的人情历史和中国民族的礼教精神的外国人，才会随便造这种谣言，来作挑拨离间的材料。最近一周以来，各方面的谣言格外多，尤其是日本同盟社所发的消息，格外离奇，说两广要单独抗日救国，组织军政府，出兵北上，并且现在已经出兵，到了邻省的某某地方。而其他外国的新闻电讯社，也辗转传播，不一其词，甚至还有推测两广出兵，不过是假抗日的名义，事实上是联日，其目的在推翻中央。诸如此类的谣言，很多很多，现在两广的情形究竟是怎样，我们还不十分明瞭，但我们相信中央和两广救国的精神是一致的。两广同志对于救国必先团结，以及分歧不能救国的认识，必与中央的看法相同的，不但外字〔国〕报纸种种诬蔑他们的话我们决不能轻信，就是说他们已准备单独出动，我们根据常理来判断也认为绝不可信。无论那一个国家，在决定对外关系的时候，其步骤必然是举国一致的，其行动必须是整个的，只能听一个中央政府的命令，尤其和战的问题是关系整个国家民族生死存亡的大事，必须由中央斟酌实际的情形来决定，而且要中央全体同志来决定，决不是那一个地方政府或那几个军人单独主张，就可以单独出动。这样，不但不是为国家谋福利，而且还会丧失国家的人格，减少国家的力量，以加重国难的程度。两广的同志，同是中华民国的国民，而且都是本党很有历史的党员，一定不会如此，所以我们对于最近的种种谣言，都一概置之不信。

自从去年五全大会以后，中央的外交方针已经明白决定，宣示全国，中央这半年以来，一切外交内政，完全是遵照五全大会的决议案来做。决议案最主要的话，就是“和平未到完全绝望时期，决不放弃和平，牺牲未到最后关头，亦决不轻言牺牲”。现在外交的情形究竟已到了什么阶段，是不是和平已经绝望，国家已至非放弃和平不可的情势，究竟应该采取何种方法来应付当前的事势，这些问题，决不是一两个人可以随便判断的，更不是少数人凭主观的见解，所能轻易决定的。一个国家根本大计的决定，绝不是仓卒草率的事，不但我们任何个人不敢将国家民族生死存亡的大事随便决定，就是中央常会所有负责的同志，也不敢随便来断定。所以我们根据常识来推理，两广方面，此时表示迫切的意见则有之，若说已经有如何行动，我认为都不可信。

中央无论如何必秉一贯方针

以上是说明外间谣诼纷纷都不可信的理由。在中央所正式接到的，只是从两广发出的两个电报，中央对于他们的意见当然很重视。本来我们中央全体会议，照规定每半年应该举行一次，国家一切施政方针及实施情况都应该在全会中有报告和讨论。现在中央同人准备就在常会提议召开中央第二次全体会议，使大家对现在国家的情势加一番精详的审察，对政府半年来的设施有一番切实的考查，对以后的方针，有一个决定和指示。在此国难严重的时期，这个会议关系国家前途，甚为重要。两广一般同志，关心国家安危，异常殷切，一定能踊跃参加，共决大计。总之，我相信两广决不会脱离中央，单独对外，亦决不会假外交之名义，作内争之口实。在这个艰难困苦的时期，每一个有良心的国民怎样想，我相信两广的同志一定也怎样想。现在谣诼纷纭，兄弟可以告诉大家并告诉一般国民的，我们革命的过程中，也不知经过多少次内外夹攻中的苦斗，现在一般国民对于革命救国的认识，日趋于普遍一致。我们革命的基础，已经稳固，中央无论如何，必能秉一贯的信心和方针，提挈全国国民，来保障民族的生存，只要全国人民对国家当前情势有正确的认识，不为浮言与谣诼所惑，一心一德，坚定不移，必能解除困难，复兴民族。这是兄弟今天要向各位同志报告,并且可以安慰我们全国同胞的一点意思。

〔陈布雷档案〕

4．蒋介石令陈济棠撤回越郴永北进部队密电

（1936年6月10日）

广州陈主任伯南兄勋鉴：密。阳（七日）电谅达，未获明覆，无任系念。中央执行委员会请严戒所部自由行动之电，谅亦达览。现二中全会已决于一月内举行，一切均当待决于党议，我全国军人听命党国，万不宜自由行动，使群情益深惶惑。当此华北情形

严重，外交局势紧张，举国愤慨，人人悲痛之际，知兄等必不忍乘国家之危，而加重国难。中央对于谣诼本不置信，惟据湘中确报，两粤部队已于八日进越郴永，今又继续北进，殊非梦想意料所及，此实中德薄能鲜，精诚不至之所致，闻讯旁皇，愧怍无地。中央已命衡州以南部队一律北移，冀免冲突，以待协商整个一致之方案，务希严饬两粤所有北进部队，即日停止行进，迅令归复原防，以扫除谣诼与不安，否则中央最高机关已有定期开会之决议与劝止部队行动之电文，而仍固执成见，自由行动，继续不止，则人将谓此非中国军队抗日之举动，而为地方将吏抗命之左证。国家未救，纲纪先隳，果尔，将不仅我前方担任国防之将士有内外夹攻之忧，亦使我全国国民在忧惶悲愤之中，益增箕豆相煎之痛，瞻念前途，岂忍出此，兄等此举，意必有浅佞之夫，妄拟纵横之计，以为在抗日名义之下，越疆出师，即可以长驱直指，为所欲为，若辈私利蒙心，宜其有此谬想，殊不知国难愈深，国民之认识愈确，民听民视，昭于明镜，诚伪是非，毫发莫掩，岂宜惑于不负责任者之左计，而自玷过去之历史与勋名，吾人久共患难，何能泛泛相视，心所谓危，实不能不致切直之忠告，国家危急至此，集我全国之民志与国力，尚虑不足以图存，若于此存亡绝续之交，更速分崩离析之祸，天下后世，将谓之何，兄久主南疆，领袖两粤，成败功罪，所系尤巨，务望遵照中央电令，迅命撤回两粤前进部队，以廓清外间之谣诼，而掬示爱国之真诚。德邻、健生诸兄，并请转致鄙意，千万为民族留一线之生机，使大局由危疑而复趋安定，国家幸甚！两广幸甚！中。灰。

〔陈布雷档案〕

5. 宋哲元韩复榘吁请停止各方军事行动电

（1936年6月21日）

（1）宋哲元等致国民政府电（6月21日）

国民政府钧鉴：各院部勋鉴：国难严重，违言近尚纷起，倘竟不幸而演成内战，人民糜烂，国力日消，袍泽疚心，万邦腾笑，哲元等待罪边隅，困心衡虑，惧陆沉之无日，不得不先涕泣呼吁，伏祈垂念国土民生，克日停止各方军事行动，务期开诚相济，大局幸甚。宋哲元、韩复榘叩。马。

（2）蒋介石复宋哲元等电

天津宋委员长明轩兄、济南韩主席向方兄勋鉴：马电语重心长，至为佩纫。国事艰难，中央审慎支持、亦既有时，更为郑重决定目前方策起见，已定期举行二中全会，转瞬即届，各方意见，皆可提出商定，中〇并曾电邀两广当局到京参加，当此时会，国内决不应自启纷争，中央自惟有一本精诚，力求团结，对于各省袍泽，皆推心置腹，开诚相与，所有军队皆用以保卫疆圉，维持秩序，决无丝毫轻启内战之意，此非徒托空言，事实所在，当为全国明达所共见，自两广调动军队，进入邻省，各处文电交驰，请求中央切实制止，中央仍本原旨，力避内战，并对两广恳切说明，祛除误会，凡此力求和平巩固国基之苦心，悉出至诚，燗然可见，与来电主张，若合符节，所见相同。深以为慰，中〇爱国不敢后人，一息尚存，决不自逸，鞠躬尽瘁，至死不悔，惟望两广诸君，共体此意，勿作阋墙之争，则国难虽重，事尚可为，临电不胜盼祷，蒋〇〇梗。

〔陈布雷档案〕

6. 蒋介石关于两广越境进兵处理方针的谈话

（1936年6月25日）

答记者对两广在其邻近省份越境进兵处理方针四项：

一、中国国家之治乱与存亡，不但为本国四万万同胞所深切关怀，亦为世界各国所共同注目。但存亡所判，并不专在国际情形，尤应勿忘中国自身治乱之责任。国必自伐而后人伐之。古人名言，决不我欺。如果全国上下，精诚团结，奋发有为，虽环境困难，亦可同舟共济，渡此难关。如果在此惊风骇浪之中，更复自相纷扰，甚至发生冲突，则用力愈勤，为害愈大，万一舟破舰沉，同归于尽，必贻万世千秋之罪恶，而仍无济于国事。在此存亡续绝之交，我人爱护国家之责任，愈益重大，中央必本对内和平统一之政策，贯彻到底，甚望全国同胞，共体此意，一致协助，竭尽国民之天职。

二、中国应为统一的国家。自古以来，统一则和衷共济，国泰民安；不统一则自相纷争，民不聊生。往训昭然，从未或爽。因此，凡国家行政必须统筹办理者，中央职责所在，决不放弃。但在统一国家之中，尽有尊重地方状况之可能。各省人情习尚，互有不同，各项行政，一方面固当力求贯通，另一方面亦应注意其本地环境。中央对各省政事，极愿开诚洽商，力求至当，亦极愿助以人力财力，俾臻发展。但一切方针，当以整个国家之大局为唯一前提，决不能有个人私见掺合其间，惟望各省人士，亦深切认明。全国精神必须团结，纪律必须维持。中央以和平方法，力求统一，各省亦宜循正当轨道，拥护中央，以巩固我国家之基础，提高我民族之地位。

三、国家之治乱与国力之强弱，虽其道不一，而整饬军纪，统一军令，实为民族生死国家存亡之唯一关头。全国军队行动，皆应服从决定国策最高中央机关之命令，不得有丝毫之自由。如此则地方方能治理，国家方有力量。国内各部份，如有关于国事之意见，必须用和平方式，开诚洽议。决不能自由行动，引起纠纷。近来粤桂军队，擅自进入湘黔赣闽各省，未能符合此项原则，至为可惜，但余仍深信两广将士，爱国心长，稍加考虑，必当尊重中央意志，率循常轨，为国家共同努力。果能如此，余必推心置腹，一视同仁，决不追求既往，亦决不令其他各省军队越入粤桂。特以此至诚坦白之心，征求两广当局赤诚忠信之响应。

四、至于余之个人态度，国内明达，谅当共晓，不待繁言。国难至此，余受党国与民众之重托，决当勉尽余之知能，为国家生命及民族前途，披荆斩棘，竭尽职责。余前已声明，决不愿当大总统之候选人，亦可说明决不图谋私人之任何荣利，余惟愿率领全国同志与同胞，不避艰苦，为中华民国奠定巩固之基础，亦愿以此为我国全体同志同胞，共同努力之目标。

〔陈布雷档案〕

7．蒋介石嘉奖李汉魂“秉义执言”电

（1936年7月10日）

覆李汉魂电　七月十日

香港李副军长伯豪兄勋鉴：虞电诵悉，忠忱至佩。此次两粤异动，分歧自扰，举国痛心。中央始终深信我革命策源地之粤中之将士，必能认清时代之要求，珍重光荣之历史，得兄秉义执言，更使袍泽感动，共循正轨。望益昭宣正义，共同努力，促成军政军令之统一，增厚国家对外之力量，民族前途，实深利赖。特电嘉慰。中〇。

〔陈布雷档案〕

8. 蒋介石劝陈济棠引退入京往来函电

(1936年7月10—18日)

(1) 蒋介石致陈济棠密电(7月10日)

广州陈主任伯南兄勋鉴：密。国事艰虞，中枢事务殷繁，需兄襄佐，各同志均盼兄亲来中央，共策进行。两粤环境特殊，兄必艰苦逾恒，惟恐形势牵率，动违初衷，将于公于私，均无裨益。中以多年袍泽之谊，对兄尤切关怀，深望毅然摆脱现任各职，亲来中央，同负艰钜，既以示兄光明磊落之本怀，亦所以弼成国家政令军令之统一，天下后世，共仰公忠，未来勋业，必无限量，倘蒙鉴纳此意，中必为转陈中央优加倚畀，兄意如何?切望电复。中〇(灰午)

(2) 陈济棠复蒋介石电(7月15日)

灰午电奉悉。职服膺主义，抱定救国救民之宗旨，绝不以权位萦怀，亦不敢玩意自逸，如中央宣布抗日，当即日晋京，敬承钧训，并与诸同志共赴国难也。谨复。陈〇〇。删。

(3) 蒋介石再致陈济棠电(7月17日)

蒋委员长再电劝陈济棠　　七月十七日

灰电计早达览。据报兄等对二中全会决议案，竟不加接受，而将有召集非常会议，另行组织军政府之举，此息确否，未敢深信，意者兄或尚惑于人言，而不谅中央之苦心与中〇始终爱护之夙志，为公为私，不能不为兄再进一言：此次粤中事变，中央始终以纪纲与感情并顾为宗旨，期共纳于正轨。而中之衷诚，尤在于保全我革命袍泽之历史，故一面请兄离粤，使兄得自脱于荆棘，一面仍调兄入京，共负国防之重任。诚以吾辈既同患难于先，必当共保始终于后，爱人以德，于义应尔，亦深信兄必能洞察此意，善自为计也。溯自革命以来，粤中军人，不乏勋业彪炳之辈，而往往以一念之差，不克保令名于最后。昔日总理寄陈竞存以心复之重任，而竞存终于悍然谋叛。其后，本党以维持革命策源地之职责，望陈真如与吾兄同心协力，而真如心怀异志，终于在闽称变，毁党叛国，以致名节不保，无所于归。彼辈猖狂冥行，最后究何所得，而粤中革命历史，乃贻莫大之污点。每念往事，对我粤中有历史之军人如兄者，辄不禁代为懔懔，故中〇自事变初起，即无时无刻不以保全吾兄革命历史为怀，请兄离粤来京，实完全出于爱护吾兄之真诚，不愿兄蹈竞存、真如之覆辙，以趋于身败名裂，公私交害之途。质言之，正唯希望兄能在革命史占有永远光荣之地位，故劝兄即时引退耳。吾辈军人成败荣辱，断不系于一时之进退，而实系于服从命令与自身出处之光明。中〇十年以来，一本此旨，党命之进则进，党命之退则退，绝无犹豫，亦绝无规避。愿兄亦能深知此为革命军人最低应守之条件，相与共勉，以自免于悔咎，则此日皎然引退，即为将来进一步效力党国之始基，正不必以一时之意气，断送无限之前途。今为兄计，将如竞存真如辈，自绝自弃，身败名裂之为愈乎，抑笃守革命军人服从之本分，进退光明之为愈乎？兄苟平心一思，必当接受中央之善意，而无所犹疑矣。党国艰危至此，粤中人民，回皇痛苦又如彼，即兄个人将来历史上之得失祸福，亦悉系于此时之一念，无论为粤为国，为公为私，皆宜急流勇退，自保始终，不远而复，智者所嘉。披沥尽言，胥出于保全袍泽之诚意，切望深思鄙言，从速驾京，勿令亲厚者痛心为幸。中〇筱辰。

(4) 陈济棠致蒋介石函（7月17日）

委员长钧鉴：国事至此，不忍作无谓之牺牲，故决遵命下野，以免掀起内战。但粤事交幄奇主持，各将领均不服从，仍恐不免一战，应请钧座另派一孚众望之大员来粤主持，职当摆脱一切，遂我初服，其余一切，由陈师长汉光面陈。肃此。敬请钧安。职陈〇〇谨上。

(5) 蒋介石致陈济棠电（7月17日）

广州陈委员伯南兄勋鉴：篠电悉。已派飞机在南昌接陈计远师长来京相叙。中篠辰一电谅达。幄奇对兄耿耿在念，决无过甚之举，惟望兄即时离粤驾京，以期保全公私也。中〇。篠亥。机京。

(6) 蒋介石复陈济棠函（7月18日）

委员长覆陈济棠函　七月十八日交陈师长汉光携去。

陈师长来京，接诵手书，无任感慨。吾兄爱护党国，决心离职，不唯态度光明，即前程远大，亦基于此。兹为兄计，特述数点，以伸区区，藉供参考：

一、吾人于行藏之际，必须情理兼顾，上下同感，以保全终始，则无论何时皆可共肩艰钜，相与终始。故兄对幄奇不但不可稍存意气，更须扶助其事业，此乃吾人对下应有之德性，亦即吾人任事任人之基点，务望力劝各将领和衷共济，服从命令。以幄奇调居今职，非其个人之行动，实乃中央之命令，违抗幄奇乃即违抗中央，此则公私不能不分，情理不能不顾也。

二、安置部下，慰勉将士。广东之军队，乃即国家之军队，吾兄之部下亦即中〇之部下，中〇必以吾兄爱护之意以爱护我全体将士，决无轻重厚薄之分，更不容有不公之待遇。中〇必完全为兄负责处理，不使兄稍有遗念顾虑，望兄信任中〇，则中〇必不有负于吾兄与所部也。

三、对于地方与人民，应使留有去后之思，并告诫全体将士，爱护人民，即是爱护上官，保全地方，实为保全名节，各处部队，皆应负保护地方之责，以保全我军誉，不唯增进我革命军人之声威，亦即报答吾兄培养之厚德也。总之，幄奇为有为之部下，而中〇亦不自暴弃之上官，望兄对上对下，为公为私，皆求有以善处之道，则兄他日之成功与永久之光荣，皆于此是奠也。馀托陈师长面达，不赘。顺颂

次甫预达
旭南育群 诸兄均此。

中〇手启七、十八

(7) 蒋介石致陈济棠电（7月18日）

特急。广州陈委员伯南兄勋鉴：密。手谕诵悉。陈师长亦已晤谈，兄决心引退，具佩磊落之胸怀。中筱辰所发一电，想已达览。吾辈革命军人，一切唯当以党国命令为依归，导部属以正义，而勖成其事业，不可或有所疑惧。幄奇对兄，于公于私，均属忠诚耿耿，今彼既由中央委任，兄之视彼，即应视为受中央命令之大员，以军权交幄奇，实为交军权于中央。而粤中将领，更应知幄奇系奉中央之命，负粤局之责，故听命于幄奇，乃所以服从中央，决不可以个人为观点，稍存彼此异同之见。兄此次为国事而引退，尊国家之纪纲，非可视同下野，实为我革命史上留一光荣之纪念，凡在部属，均宜继兄之志，成兄之美。兄能扶助幄奇，俾克负中央所交之任务，更以见兄之伟大；兄能勖勉部属，以服从中央，在在辅佐幄奇，俾多年袍泽，感情益趋深厚，和衷共济，对国家为更大之贡献，则益见我粤中将士之公忠。如虑兄离粤以后，对军队安顿或有偏颇，则中可质言：决不有此。粤中各师，均经中央任命，已有明白之保障，粤军本即中央之军队，兄之部下即中之部下，爱护之情，原如一体。革命以来，中央爱惜袍泽，一视同仁，从未有薄待部队之事，且兄仍任国防会议之会员，中央倚畀，与昔无异，对于军队，如有意见，固仍可随时谘商。故

兄此时宜一意信任幄奇之必可奠定粤局，尤当以中央意旨，剀切晓喻于部属，而使之安心也。万一兄仍虑交接之际或有差池，则兄离粤来京之日，中央固无不以爱护与宽厚之意旨筹维善后，中正于必要时，亦可来粤一行，对粤中将士，中可负责决不使有一事一人之不得其所。此时唯望兄能早日来京，共商国家大计，俾纠纷早息，以贯彻兄始终为国之初衷，于粤于国，均所利赖。馀由陈师长回粤面达不尽，诸唯察照。中○。巧。

〔陈布雷档案〕

9．李宗仁白崇禧黄旭初报告就职日期并请派员入桂监誓电

（1936年7月24日）

桂李白黄分致国府政府敬电

案奉行政院蒋院长咸电开：特派李宗仁为广西绥靖主任，白崇禧为广西副主任，黄旭初为广西省政府委员兼广西省政府主席各等因。奉此。兹拟定于八月东日在南宁就职，恳中央届时派员来桂监誓，并赐训词为祷。

〔陈布雷档案〕

10．李宗仁关于就职日期及派李品仙晋京请示与蒋介石等往来电

（1936年7月24日）

（1）李宗仁致蒋介石等电（7月24日）

中央党部、国民政府林主席、行政院蒋院长、军委会蒋委员长钧鉴：李委员任仁同志回邕，敬悉二全会将抗日救国大计留交国防会议拟具方案实行，并承全会推举仁等为国防委员及绥靖正

副主任等职。当兹强日进迫，外患日深，仁等只求抗日实现，其他一切当惟命是从。现决于八月初旬就绥靖之职，兹派李总参谋长品仙先行晋京请示，敬乞指示机宜。职李宗仁叩。敬。

〔陈布雷注〕 按翁秘书长交阅之行政院收到敬电，作八月删日就绥靖之职。

（2）蒋介石复李宗仁等电（7月26日）

委座宥申致李白去电 七、廿六。

邕宁李主任德邻兄、白副主任健生兄：敬已电诵悉。李鹤龄兄来京，甚为欢迎，已派机在粤相候矣。〇〇宥申。侍参牯。

〔陈布雷档案〕

11．李宗仁关于就职日期已定广西并未派兵进入湘粤境内电

（1936年7月25日）

李宗仁有电

此次西南抗日救亡提案，经蒙中央察纳，交国防会议开会讨论实施。仁等初衷贯彻有日，荷蒙中央栟㠓委任罔寄，感奋之余，惟有整饬部属候命前驱，经定于八月东日在邕遵就绥靖正副主任职，当电请中央派员监誓在案。惟当兹国军合力御侮之时，迭据港沪报章登载职军开入湘粤境内之讯，显系奸人造谣，有意中伤。窃查职部前奉委座命令，驻防黔南之一团，经撤回省境，已由顾主任派兵接防矣。湘粤两省并未派一兵入境，诚恐有假借名义滋生事端，概与职部无关，合并陈明。

〔陈布雷档案〕

12. 李宗仁白崇禧为闻更调新职李品仙暂缓赴浔致蒋介石电

（1936年7月28日）

李白俭日来电

宥申电奉悉。前国府咸日电委职等为广西绥靖正副主任，定于八月东日就职。关于绥靖以后一切机宜，亟待请示，拟派总参谋长李品仙来辕晋谒。刻据报载，又更调新职，消息未知确否？因之该员暂缓来浔。谨电奉报。

〔陈布雷档案〕

13. 黄绍竑关于奉调回桂主持绥靖事致李宗仁白崇禧电

（1936年7月28日）

南宁李德邻兄、白健生兄勋鉴：中途接诵有日各电，无任欣慰。宥日抵庐，始悉中央明令各调新职。当兄等正欲表示真诚之会，忽予以重新变动，不特兄等对中央有所怀疑，即对弟或亦难免误会。在寻常关系，自宜避嫌不复再言，惟念国家地方利害之重大，廿载私交之深切，弟如不言，谁可代为解释者。在个人牺牲者小，在国家地方牺牲者大，故敢不避嫌怨，就所知者坦白直陈。数年以来，国家因政局之不统一，未能专力对外。此次事变既由多数军民认识国家统一之必要而得以和平解决，中央当局为求永远奠定统一之基础，在此阶段，不能不作更进一步之调整。兄等才力人格，素为当局所重视，决心就职，固已表现真诚，而新职量移，实欲兄等更示大公无我之轨范，以免稍留丝毫之疑虑，为日后共肩大难之地步也。诚以今日事势，若勉强将就，则终留疑虑；若继非其人，则彼此不能放心。当局为爱护兄等及历年惨淡经营之基础，并思力加培植以为民族复兴之基点，委婉曲折，极费苦心，乃有临时之变动，在兄等固不免误会，在弟尤倍觉为难，业经恳辞，敬让贤者，惟望兄等考虑国家地方利害之重大与个人革命历史之光荣，三思而善处之耳。披胸剖腹，不敢少讳，幸鉴察之。弟黄绍竑叩。俭。

〔陈布雷档案〕

14. 蒋介石关于调李宗仁白崇禧离桂另任新职电

(1936年7月28日)

委座致李德邻白健生电 (俭)七、廿八

限即刻到。南宁李德邻、白健生两兄同鉴：国民政府二十五日调任兄等之命令，想已到达。中央同志为统筹全局，以求人事之相得益彰，咸认为于公私更有调整之必要，诚以兄等年来在桂，刻苦经营，久著成绩，而才能心力，究犹限于一省，未能为尽量之发挥。至就国家全局而言，固知兄等明识远见，决不略蹈割据之嫌，而环境所囿，又以兄等久未来京，在一般观感上终觉国家统一之未臻园满。为刷新一般之观听，昭示国家之统一，且使两兄发抒抱负，施展长才起见，爰有此次变更任务之决定。一方面则调季宽兄回桂主持绥靖，而以鹤龄兄辅之，既使兄等惨淡经营之地方事业付托得人，而不虞中骤，亦使兄等易于抚循袍泽，使共知中央之毫无他意而得相安。凡此措置，皆斟酌于国家与地方之需要，审度于公私情理之所宜，固深信兄等必能同喻此旨也。德邻兄热谙军政，出任军会常委，不仅中正深资臂助，即中央大计亦得遇事谘商。健生兄坚苦卓绝，久负舆望，浙省自治粗有基础，如更贯注以健兄教民治政之精神，必使海疆益有充实之保障。丁此时艰，吾人欲完成革命救国之事业，必须遵行总理人尽其才与任使得法之遗训。中央为国家而任用贤能，个人亦当为国家而尽其最善之贡献，故中央调任兄等，所以展兄等之长才。令季宽回桂，乃所以兼顾地方，亦为爱惜兄等多年培养之基础，用舍调动，毫无厚薄彼此之意存乎其间。兄等与季宽多年袍泽，相知素深，易地以任，后先济美，固国人所仰望，谅亦兄等所赞同。中惟恐此次更动，兄等或以道途遥隔，未明真相，爰不惮缅缕，详为陈述，切望兄等着眼于国家全局与远大之将来，珍重自身对于党国之贡献，接受新命，即日就事，使舆论益钦光明磊落之本怀，党国益示精诚团结之实际，不仅国家威信为之一振，举国同胞亦将欢欣鼓舞而一新其耳目，裨益国家，造福地方，实匪浅鲜，何日命驾，伫盼电示。

〔陈布雷档案〕

15．蒋介石令何应钦坦直告诉李宗仁白崇禧关于调任新职原因电

（1936年7月30日）

覆何应钦电　（七月卅日）

对李、白来电，可坦直覆以中央以发表兄等绥靖职务以后，时将旬日，未得兄等正式表示，故再经考虑，为使兄等益展长才，并兼顾国家与地方人事，务使益得其宜，乃请兄等出任新职，全出于借重兄等之诚意，亦属公私并顾之苦心。且以季宽、鹤龄继兄等主持绥靖，尤为爱护桂省，使各能相安，亦使兄等事业得以继续勿替。至变更全会决议一节，则以任命地方官吏系属政府职权，且全会决议亦无时间上限制，以某所知，此举实毫无他意。兄等对党部与政府之权责，素所深知，一经说明，定不致于误会。现在中央及浙省均盼二兄早日履新，务请接受新命，以慰公私之

盼望云云。希照此意酌覆之可也。中〇。

〔陈布雷档案〕

16．李宗仁白崇禧为更调新职请具体指示抗战救亡大计与蒋介石往来电

（1936年7月31日—8月2日）

（1）李、白致蒋介石电（7月31日）

李宗仁白崇禧来电（世电）一日晚接到

俭电奉悉。职等服务南疆，愧鲜建树，谬承奖饰，益增汗颜。至更调新职，中央苦心措置，职等无不尽谅。唯于抗战救亡大计，仍恳根据钧座对李重毅委员面示各节为更明确更具体之指示，俾便遵循。此间善后事宜，俟与季宽兄面商决定。谨电奉复。

（2）蒋介石致李、白电（8月1日）

邕宁李德邻、白健生先生勋鉴：密。俭（二十八日）电计早达览，迄今未奉惠覆，而道路传说，均谓兄等将拒绝新命，不惜诉之武力，且有八月一日组织自治军政府之说。此等消息，传播甚盛，闻之怅惋，终不信兄等有此举动，今已八月一日，组府之说，并未实现，益信兄等终能爱党爱国，决不对中央有所携贰，以为革命历史之羞。顾中之去电，迄未获覆，新职亦未表示就任，而中央同志私人所接来电，似兄等对中央仍不无隔阂与误会，爱不惮缅缕，再为兄等恳切言之。迭观兄等最近对中央同志来电，综括之约有二点：（一）以为中央调动兄等新职、系另有作用；（二）以国府发表新命，为违反二中全会决议，甚至诋为违法失信。兄等若如此观察，此诚误会之甚矣。

先就第一点言，中敢直告兄等，中央新命无非一方面爱护兄等之革命历史与勋业，解脱兄等所处环境之困难，以发挥兄等效

力党国之长才；一方面彻底实现国家之统一，加强本党之团结，俾人尽其才，得以共同一致，发展力量以对外。如言作用，此即为唯一之作用。中正俭电所言，绝无一语虚饰，兄等如就恶意方面推测，直将谬以千里也。且中正在二中全会之前后，每对桂省同志谈及广西问题，辄以为长此以往，兄等将有不可收拾之苦痛。盖自六月一日以后，军队较前扩充以倍，军费支出激增，纸币价格暴落，物价腾贵，社会愁苦；兼以征兵征粮，引起民间反感，有不如命，囚系随之，变乱迭起，闾阎不宁，故即置军队问题于不谈，而社会经济与人民疾苦如此，知兄等亦将无法以善其后。中央当时发表绥靖新命，一面又特任兄等为国防会议会员，即希望兄等能命驾来京，得以详商处置桂局善后之道。及兄等迟回未就，爰有调季宽回桂，而使兄等来中央与浙省之命令，诚以设身处地，一方面不能不顾惜桂省人民之元气与兄等努力之基础；同时又不愿兄等当此现实之困难，感解铃系铃之不易也。如事已至此，而中央再欲责成兄等整理桂局，负责到底，以恢复六月一日以前之原状，乃为强兄等以所难耳。故此次更调新职，实为保持兄等令名于久远，留桂省民众对兄等之好感，而国家亦得借重兄等之长才。中央苦心与中爱友之诚意，不外乎此，兄等如平心以思，即不难释然于第一点之误会矣。

至就第二点言，二中全会之决议与政府之命令，皆于七月十三日发表，而十五日兄犹有就任所谓联军总副司令之举，对于中央决议，不唯无遵守表示，而粤桂报纸，且任意反对中央，中迭嘱季宽、伯璇、礼卿诸兄分电切劝，希望公私两全，俾大局有圆满之解决，而兄等亦未有明覆。其后伯南（陈济棠）离粤赴港，以为兄等必可无所拘疑而立就新职矣，乃翘盼久虚，直至幄奇回省之后，发表命令已逾旬日，仍未见兄等正式就职，政府同人，以兄等迟回不就，必有现实之困难，故另调兄出任新职以为转圜之地。迨新令发表，而兄定期就任之电文亦到，此虽时日上之差池，然中央倚重兄等，固无今昔之异。兄等既愿接受绥靖之前命，当无不愿接受新命之理，吾人许身党国，奉命驰驱，范围至广，事业至多，岂必局限于特定之地域，而始有以自见。德邻兄供职中央，贡献更大；健生兄改主省政，浙、桂皆属国土，亦何所择。故兄等如真欲表示光明磊落之本怀，完成党国之统一与团结，示全国以拥护统一服从党国之规范，则任何命令，宜均乐受，而无所用其迟疑。至于任命地方官吏，原属政府职权，全会亦并无不得变更之限制，党部政府之权责，向系如此规定，又断不得视为违反决议，而以违法失信相诋也。

自新命发表，已逾一周，举国舆论咸望兄等之善葆令誉，造福邦国。乃兄等迄无接受中央新命之事实表示，转闻增防筑垒，纷调队伍，甚至传说兄等已有攻粤犯湘之决心。此尤险妄之计，兄等必宜详察，无论中央爱惜国力，企望和平，久已昭示中外，即全国民意，亦决不容对内有用兵自残之举。若兄等竟出兵邻省，则请兄等注意今日民心之决非昔比，如无中央命令而进出于任何省份，无论兵力如何，必为人民所不容，只有自陷于绝境。如吾人自命为中国之军人与国民，则不遵中央命令，不惟无路可行，亦且无地自容矣。故今日必须认识时代之潮流，尊视民意之力量，而勿徒以兵力为可恃。凡上所述，一经剖析，知兄等必首肯中正之所言，顾外间或有不察，则不能不望兄等有消释群疑之表示也。总之，吾人今日成败之机，必以顺应情理与事势为断，任何举借，顺乎理应乎势者靡不成。如于革命之大义相违，与时代之潮流相左，则违理逆势，即于公私，两无所利。此次之事，其主因当在吾人之睽离太久，中正耿耿之诚，不能自达于多年同死生共休戚之兄等，徒自疚痛，再敢披沥肺腑，再述所见，无隐无饰，以详告于二兄，切望兄等念国家民族之利害，察中央之诚款与国民之期望，尽祛疑猜之见，速为英明之断，接受新命，表示就职，以示大公无我之真诚，而慰举国上下之殷盼。中正最短期内并拟来粤一行，尤望能与兄等晤言一堂、详切而商，只求统一得以实现，和平得以贯彻，国家与地方交受其利，一切均可尽情商酌，为国家定长治久安之大计，亦即所以巩固革命之基础。如蒙采纳鄙言，即请覆电见示，中即当启行来粤，面谈一切。吾人多年患难相共，深信必有以共聚一堂，掬示精诚，而慰总理在天之灵。言不尽意，唯冀垂察。蒋中正。东。印。

(3) 蒋介石再致李、白电（8月2日）

委座致李、白冬电　八、二

南宁李德邻、白健生两先生勋鉴：东电计达。顷诵世电，知兄等深谅中央措置之苦心，殊为欣幸。至来电欲将抗战救亡大计为更明确具体之指示，及善后事宜俟与季宽面商决定云云。对此二点，愿更陈所见，请详察之。所谓救亡大计，关于外交方针与决择国策之限度，二中全会已有明白具体之宣示，国人所共闻知，兄等必已察及。至中央意志，李重毅同志回桂亦必已详达。若谓国防与战守之详细计划，则兄等久于军旅，宜必深知此何等事，岂可于千里之外以文电随便宣达者。况中央为整饬国防，集思广益，特设会议，敷陈谋谟，兄等正有贡献能力之机会。若就国家权责而言，关于最高决策之具体方案，只有中央最高机关可责令政府提出报告，政府亦只宜报告于中央最高机关。兄等身为党员，分属军人，只有遵中央决定计划，依照执行，固不待于具体之要求。故中〇以为兄等第一要义，仍在接受中央所畀予之一切任务，则决不患不闻明确具体之指示也。至于桂事善后，兄等似欲待季宽回桂面商而后决定，但此次收拾桂局，在季宽个人本非自愿，即下令之前，亦未得其本人同意，徒以中央有命，大义所在，亦不得计及避嫌，如在兄等尚未接受新命以前，兄等为季宽设身处地以思，当亦有未便遽然回桂者。且就一般观感而言，中央所任命者本为与桂省历史关系甚深之人，而且旭初、鹤龄，本在桂中，如果能精诚为国，不分彼此，则桂省军民两政已付托有人，是兄等正可摆脱现局，迅就新职，而无所顾虑于善后。兄等若必欲待季宽到桂面商而始决定行止，将何以塞外间悠悠之口，而以把持地盘割据不舍疑兄等乎？兄等来电既开诚相见，中亦当为兄等尽言无隐。时至今日，无论国内国外之观察，皆以二兄能否摆脱桂局接受新职，为中国统一是否真正完成之枢机，亦以兄等能否舍弃割据打破封建，为是否诚意参加抗战救国之唯一条件。如能舍弃割据，完成统一，即有救国之基础，亦有对外之力量，故国家民族之兴亡祸福，实全系于兄等行止之转移。吾人许身革命，宜务远大，能断能舍，斯为大勇。中〇东电所言，皆出爱兄以德之精诚，甚望兄等即日离桂来京，接受新职，期与中央诸同志早谋把晤，或照中东电之所约，请兄等到粤。中〇。

〔陈布雷档案〕

17. 居正劝李宗仁白崇禧接受新职电

（1936年8月2日）

居觉生致李白电　八月二日发

南宁李德邻先生、白健生先生勋鉴：密。感电诵悉。两兄悲愤填膺，恒情应尔，然使抑感情而崇理智，则一转念间，不难化悲愤为祥和也。两兄年来服务桑梓，苦心擘划，懋著勋猷，人所共仰。不图胡先生逝世，伯南不自度量，遽萌异动，几陷两兄于不义，中央始终以和平职志，严正态度临之，对两兄尤加爱护，迭电往还，呼吁宁息。二中全会之决议，两兄尚有瞻徇，常恐以桂事累两兄启浪人窥伺之渐，故明令以军委会及浙省主席分别借重，非不信任两兄，实欲使两兄弘才于济，易地皆然。两兄应顾念过去奋斗之历史与令名，披沥坦白无私之胸度，夷然北来，共纾国难，则天下有大勇者，卒然临之而不惊，无故加之而不怒，道在是矣，唯两兄其图之。掬诚布臆，诸维亮察。

〔陈布雷档案〕

18. 蒋介石关于出洋护照已嘱外交部妥办致陈济棠函①

（1936年8月8日）

委座致陈伯南函（手稿）八月八日

伯南吾兄勋鉴：黄同志（麟书）来庐，接诵来书，藉悉贵恙未痊，无任系念。吾兄进退光明，中央同志皆甚感慰，尤其武装同志更为感佩。革命同志，自不失为总理之信徒也。兄既决先出洋休养，惟期早日回国襄助，共成大业。对于出洋护照与交涉，已嘱外交部代为妥办，如有不周之处，望随时电告为荷。顺颂痊安。

〔陈布雷档案〕

19. 蒋介石关于派居正等入桂恳谈"团结御侮"事与李宗仁白崇禧往来函电

（1936年8—9月）

（1）蒋介石致李、白函（8月30日）

委员长致李白亲笔函（托居先生等带去）　八月三十日

○○○○吾兄勋鉴：党国存亡，革命成败，全在此举，吾人唯有披沥真诚，勿存彼此之见，方足以救党国而慰民望，如能彻底瞭解，同以党国为重，即无不可解决之事。兹请觉生、颂云、益之三公到邕与兄等恳谈，凡中央之措施方针与○之志意，均可为兄等尽言其详；而兄等有何意见及困难，亦可对三公面罄。务

① 此函系陈布雷录存抄件。

望开诚切洽，使公私均得其宜，以达到吾人共同一致，团结御侮之目的，尤盼能与兄等早日把晤，共商救国大计。临书祷切，不尽欲言，并颂时祺。

(2) 李宗仁、白崇禧致蒋介石电（9月3日）

李宗仁白崇禧江电

黄埔蒋委员长钧鉴：居、程、朱三公到邕，获奉手示，谨悉种切。钧示所云，唯有披沥真诚，勿存彼此之见，方足以救国家而慰民望，此间同志至深感慰。现正与三公共商解决办法，谨先奉陈。李宗仁、白崇禧叩。江。印。

(3) 李宗仁、白崇禧致蒋介石函（9月4日）

介公委座钧鉴：居、程、朱三公莅邕，辱赐手谕，并转尊旨，情词恳挚，钦感莫名。关于中央抗日决心及准备，颂益两公详加指示，抗日夙愿屈指可偿，党国前途殊深欣幸。关于团结御侮意见，已面交觉公等带呈，未尽之言，统托面达。兹派刘高级参谋为章，随同来粤请示一切。刘君面陈各节，系代表仁等，敬乞察纳，党国幸甚！禧久戍南疆，深感固陋，但求早卸仔肩，俾得乘时放洋，摭拾新知，弥补旧阙，一俟抗日有期，自当回国效命。放洋之前，当趋前拜别，藉陈微悃，谨并奉陈。敬叩钧安。

职　李〇〇

白〇〇谨肃九月四日

(4) 蒋介石覆白崇禧函稿（9月　日）

健生吾兄勋鉴：居、程、朱诸先生回粤，携来手书，并述及在桂晤谈经过，且感且愧。吾兄赤诚为国之襟怀，尤使公私交慰也。兄拟出国考察，壮志自所赞佩，但目前党国多故，时叹才难，无时不望吾兄共同患难，始终赞襄，亟盼入都佐理，俾大计得筹商，即个人之获益更非浅尠。吾人睽别多年，切望把晤，彼此相同。唯念桂省军政交接之际，一切处理事务必繁，如不及即时命驾，不妨展缓时期，尽可在粤稍待，诸请从容处理，使各事妥贴，德旭两兄得以顺利进行，届时务盼来粤，畅叙契阔，然后相偕入京，同负艰巨，实所切望。未尽之意，托为章兄面达，恕不赘述，会晤有期，诸俟面罄、即颂戎祉。

(5) 蒋介石致李宗仁函稿（9月　日）

德邻吾兄勋鉴：居程朱诸先生回粤，携示兄等手书，诵悉种切。多年同志，克达精诚团结之目的，党国庆幸，革命成功，不仅私衷感慰而已。当此军政交接之际，如需健生兄相助结束，可在粤稍待，请其处理完竣后来此相晤，共同入京，襄助大计，望兄切劝其暂勿出洋，○亦已以此意迳函健兄矣。此间一切，均托为章兄回桂面达不尽，覆颂戎祉。

健生
旭初两兄及诸同志均此。

○○手启

〔陈布雷档案〕

（五）西安事变

一、张杨对蒋兵谏

1．何应钦为西安事变致孔祥熙密电

（1936年12月12日）

孔部长庸之兄：密。亲译。据报今晨九时驻西安之一零五师叛变，九时至十一时西安临潼间有极密枪声。委座昨晚在临潼，今日驻节何处尚未查明，已派机前往侦察。此事变汉卿是否与闻，固不得知。惟据报驻洛之炮兵黄永安旅曾奉汉卿密电，令其派兵看守洛阳机场及各银行。若果属实，殊堪忧虑也。弟应钦。文未。秘。

〔国民政府财政部档案〕

2．孔祥熙为张学良对蒋实行兵谏请其委婉相商的密电稿

（1936年12月12日）

急。西安。张副司令汉卿吾兄勋鉴：汉密。顷由京中电话告知我兄致弟一电，虽尚未得读全文而大体业已得悉。保护介公绝无危险，足证吾兄爱友爱国，至为佩慰。国势至此，必须举国一致，方足以救亡图存。吾兄主张，总宜委婉相商，苟属有利国家，介公患难久共，必能开诚接受。如骤以兵谏，苟引起意外枝节，国家前途更不堪设想，反为仇者所快。辱承契好，久共艰危。此次之事，弟意或兄痛心于失地之久未收复及袍泽之环伺吁请，爱

国至切，另有不得已之苦衷。尚希格外审慎，国家前途，实利赖之。尊意如有须弟转达之处，即乞见示。先复布意，伫候明教。弟孔〇〇叩。文亥。

〔国民政府财政部档案〕

3．张学良关于发动西安事变目的并请维持上海金融致宋子文孔祥熙密电

（1936年12月13日）

宋委员长子文兄、孔部长庸之兄并转王晓籁、钱新之、林康侯、陈光甫、贝淞荪诸兄鉴：〇密。此间情形，谅得电已洞察一切。日寇深入，凛念复亡，此间所有举措，皆为增强抗战力量，决非从事内争。事态昭然，区区苦衷，当为诸公所共谅。上海系全国金融枢纽，未容紊乱。诸公关切邦国，尤负金融界之众望，希力予维持，并转向金融界同人详切说明此间举动决无肇启纠纷之意，务使安定照常，不稍恐慌。诚恐外间谣传，不明真相，特电奉达。弟张学良。元午。

〔国民政府财政部档案〕

4．张学良杨虎城请冯玉祥赴陕共决大计的往来密电

（1936年12月13日）

(1)张杨致冯玉祥密电

即刻。南京。冯副委员长焕公赐鉴：〇密。文日各电所陈，计尘聪听。现八项主张，正在规划进行。兹事体大，救亡固资群力，谋国尤仗老成。我公党国耆望，众流所归。瞻切时艰，抒示卓规，想我公所乐为，亦良等及民众所深盼。务祈迅即命驾来陕，

共决大计，力挽危舟。临电屏营，伫候明示。张学良、杨虎城。元戌。印。

(2) 冯玉祥致张学良密电

西安。张汉卿世兄惠鉴：○密。顷读通电，敬悉留介公暂住西安，莫名骇异。介公力图自强，人所共知。政治军事逐渐进步，其荦荦大端如：国事已真正统一；外交已真正不屈；绥远之战，中央军队抗敌，皆昭然在人耳目。当此外侮日深、风雨飘摇之际，虽吾人和衷共济，同挽国难，犹恐计虑不周，岂容互生意见，致使国本动摇。兹为世兄计，特叙鄙意于下：一、请先释介公回京，如世兄驻军陕甘别有困难以及有何意见，均可开诚陈述。介公为革命军人，光明磊落，坦白为怀，必能包容，必能采纳，则尊处之困难既解，而抗日之志亦行矣。二、如虑事已至此，挽回不易，或有何反复，于世兄有所不利，则祥可完全担保。若犹难释然，祥当约同知交多人，留居贵处，以为释回介公之保证。三、处事贵有定见，万勿因他人挑拨离间，致伤感情，致伤国本。祥自以年岁较长，更事较多，老马识途，决不至有误于尊事。四、总之，若能误会解除，与介公同商国是，则一切为难之处，俱可迎刃而解，于公于私，两有裨益。至于明令处分之事，只要世兄对蒋公能释回，则中央诸友无不可设法挽回也。世兄明达，当能鉴及，掬诚奉告，惟乞明察，并盼示复。冯○○。元。

〔国民政府财政部档案〕

5. 李维城等关于蒋介石及诸将领留陕共商抗日大计情况致冯玉祥电

(1936年12月14日)

南京军事委员会副委员长冯钧鉴：张副司令、杨主任等文电，主张抗日，意极诚挚。事关对外救亡，犹虞一着疏失。先生国之元老，举足重轻，中外所系，对于民族出路，自有宏谋，慰斯民望。蒋委座暨留此诸将在，极安适，现正共商抗日大计，期赴事功。惟邵元冲先生为流弹所伤，尚待医治。闻见所及，用敢奉陈。敬叩钧安。李维城、李兴中叩。寒。印。

〔国民政府财政部档案〕

6．阎锡山关于张学良规谏蒋介石采纳抗日主张情形致孔祥熙密电

（1936年12月17日）

孔院长庸之兄勋鉴：密。顷汉卿派人乘机来晋，面称近来每天三次跪求介石采纳其主张，如蒙允准，彼情愿随介公赴京请罪；一面先集合所部，切实告以如中央认彼应受国法，不准有一人抗命。倘不蒙采纳，彼当率同所部与介公一同牺牲于抗日阵线。嘱此间派员赴陕看视介公起居实况。当答以如此间到陕后，许与介公单独谈话，方可照派。再同来者有东北大学工学院院长金锡如、教授苗子然、谢如川并眷二人，又天津法商学院教授蒲汸桐，均因此次事变滞留在陕，乘便机返平津。已饬检查，无他嫌疑，以系学界人，当准其乘车赴北平矣。特电奉闻。山。筱西。

〔国民政府财政部档案〕

7．樊嵩甫关于西安事变情况及其态度等致孔祥熙何应钦密电

（1936年12月14日）

限即刻到。南京。代行政院孔、军政部长何：密。据四二师郭副师长、徐参谋寒日先后由大荔来潼面称：（1）据本师参谋长

与驻陕办事处长元由西安回称：此次西安事变初起时，委座在临潼，闻警即微上山。后经叛军白凤翔部寻回，当由杨主任接赴西安，献衣赆食，尚称优厚。陈参谋长与邵委员元冲在西安北招待所，邵欲起避，当被戕害，据【云】辞公无恙。钱主任在杨寓与其余诸公亦均平安。邵力子夫人跳墙，弹伤。等语。（2）本师追随委座有年，决不盲从作乱。现集结朝邑、大荔一带，巩固防务。如东北军北窜，共匪南窜，决予痛剿。对陕军，因关系过深，未便反颜。战争果起，对陕军得设法收容。乞转呈层峰，毋以该军为念云。郭副师长系黄埔一期同学，在该军服务八年，一切当可负责。定删辰回大荔防次，与冯军长商洽后，即与职共同通电拥护中央。冯军长、郭副师长忠勇卫国，深堪钦佩。拟恳宠赐较优名器，以示怀柔为祷。樊嵩甫。寒亥。参战。印。

〔国民政府财政部档案〕

8. 冯钦哉关于杨虎城发动西安事变动机及对蒋态度致于右任密电

（1936年12月17日）

于院长钧鉴：宁密。锐电奉悉。秀东亦到同，藉领手示矣。本日（十七）虎城派许梅仙到同，据称：事变前除虎城一人外，十七路官长慨〔概〕无一人与闻。且听虎城以国家民族为前提，秒无私见，始终不渝。除绝对负责保护委座安全外，纵至万不得已时，宁愿牺牲个人，将委座拥护到底，绝不会有丝毫危险。我公既有宣慰西北之命，祈克日莅陕，望切云霓，不胜盼祷。冯钦哉叩。筱。印。

〔国民政府财政部档案〕

二、国民党政府对西安事变的处置

1. 国民政府文官处奉发褫夺张学良本兼各职交军委会严办令致行政法院电

（1936年12年14日）

行政法院鉴：顷奉国民政府令开：据报，张学良十二日通电叛国，殊堪痛恨。查该员奉职无状，原在中央曲予矜全、冀图后效之中。当此外侮紧急，剿匪将竣之际，竟劫持统帅，妄作主张，该员以身负剿匪重责之人，形同匪寇，以身为军人，竟冒犯长官，实属违法荡纪。张学良应先褫夺本兼各职，交军事委员会严办，所部军队归军事委员会直接指挥，凛遵无违，切切。此令。等因。奉此，除分电外，特达查照，并转饬所属一体知照。国民政府文官长魏怀叩。元卯。印。

〔国民政府档案〕

2. 行政院奉发国民政府讨伐张杨令

（1936年12月17日）

行政院训令　字第07413号

令实业部

案准国民政府文官处二十五年十二月十六日第七六六三号公函开：迳启者：奉国民政府二十五年十二月十六日令开：张学良背叛党国，劫持统帅，业经褫夺本兼各职，交军事委员会严办。乃犹不自悔悟，束身待罪，反将所部军队集中西安，负嵎抗命，希图遂其逆谋，扰害大局，全国人民，同深愤慨。政府为整饬纪纲起见，不得不明令讨伐，着由讨逆总司令何应钦迅速指挥国军，扫荡叛逆，以靖凶氛，而维国本。此令。等因。除由府公布并分函外，相应录令函达查照。等由。准此。除分令外，合行令仰知照，并转饬所属一体知照。此令。

代理院长　孔祥熙

中华民国二十五年十二月十七日

〔国民政府行政院档案〕

3．行政院奉发国民政府特派何应钦为“讨逆总司令”令

（1936年12月17日）

行政院训令　字第07414号

令财政部

案准国民政府文官处本年十二月十六日第七六六二号公函开：十二月十六日奉国民政府令开：特派何应钦为讨逆总司令。等因。除由府公布并填发特派状暨分函军事委员会外，相应录令函达查照。等由。准此。除分令外，合行令仰知照。此令。

代理院长　孔祥熙

中华民国二十五年十二月十七日

〔国民政府财政部档案〕

4．行政院关于事变期内陕省行政与经费由行政督察专员及财政部办理的密令

（1936年12月23日）

行政院密令　字第7526号

令财政部

查本年十二月二十二日，本院第二九三次会议决议：(一)西安事变期内，陕省各地行政由行政督察专员迳行秉承本院办理；(二)经费交财政部妥筹办理。除分别电令外，合行令仰遵照。此令。

代理院长　孔祥熙

中华民国二十五年十二月二十三日

〔国民政府财政部档案〕

5. 国民政府公布的讨逆总司令部组织大纲

（1936年12月24日）

讨逆总司令部组织大纲

二十五年十二月二十四日公布

第一条　国民政府为讨伐西安逆乱，特任讨逆总司令指挥国军统辖讨逆军事。

第二条　讨逆总司令直隶于国民政府，其关于军务、政务、党务等联系事项，由各主管机关协助办理。

第三条　讨逆总司令为实行权责，设置讨逆总司令部。

第四条　讨逆总司令部设总参谋长一员、副参谋长一员、秘书七员及左列各处：参谋处、副官处、经理处、政训处、兵站总监部、铁道军运特派员。讨逆总司令部之组织系统如附表。〔缺〕

第五条　讨逆总司令部于必要时，得设顾问参谘议及高级参谋各若干员。

第六条　讨逆总司令部之编制另定之。

第七条　讨逆总司令部于讨逆军事完毕时撤销之。

第八条　本大纲由国民政府公布之日施行。

〔国民政府最高法院档案〕

6. 樊崧甫关于率师进驻潼关情形致孔祥熙密电

（1936年12月13日）

急。南京。行政院副院长孔：〇密。（1）职率七九师李旅及炮营，元亥到潼关。（2）我董师元丑全部集结潼关完毕，我一一六团文亥进占华阴，内有奉军二连，正监视中，明晨拟解除其武装。（3）潼关奉军人枪千余，炮十余门，弹二百万发，已由董师收缴，其徒手俘兵，拟请指定地点后送。（4）同州冯钦哉师奉杨逆命，接防潼关，急由职电话联络，劝其顾念国家艰难，固守原防，静待解决。彼表同情。（5）奉军下级官长，多未知逆情，请用飞机散发传单，劝其来归。职樊嵩甫。元亥。参战。印。

〔国民政府财政部档案〕

7. 樊嵩甫为将进取华县致孔祥熙密电

（1936年12月14日）

特急。南京。行政院副院长孔、军政部长何：〇密。本军俟七九师全部到达，即以一团进取华县。张逆部属真相不明，大部怀疑，冯钦哉表示决守原防，情况似有急转直下之势。西安逆部正筑工〔事〕，咸阳有万师固守，扼其北，潼关东封，夺其气。逆部涣散，当在指顾间。请速决定整个部署，俾有遵循为祷。职樊嵩甫。寒未。参秘。印。

〔国民政府财政部档案〕

8. 孔祥熙令樊嵩甫固守潼关原防密电

（1936年12月14日）

樊军长嵩甫弟勋鉴：松密。元亥参战电悉。无任欣慰，关于第三项，已商何部长照复；第五项已转饬照办。(二）兹致冯师长钦哉一电，文曰：冯师长钦哉兄勋鉴：元秘电谅达。接樊军长电，欣悉吾兄拒受乱命，固守原防。传示同人，无任佩慰。此次事变，显由少数之不明了中央意旨，激一时之情感，作操切之主张。当此国内方庆统一，国家前途方有曙光。绥边军事正在得手之际，而忽有此劫持领袖之举，不仅骇国际之视听，亦且授谋我者以乘我之机。言之痛心，想同慨叹。务盼吾兄查照昨电，迅即设法疏解，俾事变早日弭消，民族国家实深利赖。旋乾转坤，端资大力。吾晋人士忠义素敦，知吾兄必不任昔贤专美于前也。如何，仍盼先复。弟孔〇〇。等语，即请译致。(三）孙蔚如方面盼并密加联络，有何续息，望即电知。兄孔〇〇。寒秘。印。

〔国民政府财政部档案〕

9. 樊嵩甫关于分化张杨所部及二十八师进占华县等情形致孔祥熙密电

（1936年12月15日）

限即到。南京。军委会副委员长冯、行政院代院长孔、军政部长何：〇密。(1）冯军长钦哉派郭副师长景唐、少校参谋徐思贤来潼，表示不受伪命真意。现商定对匪军及奉军绝对打，对陕军任收容，不为中央后患。(2）六九师杨澄原饬派上慰副官刘安平来潼联络，已将进展情形告知。(3）一零五师师长刘多荃及第一旅旅长唐君尧派该旅参谋长高志恒来潼，请中央设法调解，免除战事。恐其泄漏军情，暂行留部，转送开封，一面函慰刘、唐。(4)现以二八师集中华阴，进占华县。职樊嵩甫。删巳。参战。印。

〔国民政府财政部档案〕

10．樊嵩甫关于空军轰炸渭南情形并请孔祥熙补助军费的有关密电

（1936年12月19—20日）

（1）樊嵩甫致孔祥熙密电（12月19日）

财政部孔部长庸之：松密。（一）何部长有电令，军情除报何、刘外，不准向任何人报告，对甫颇有闲言。此后报告，请秘勿外宣为祷。(二）甫现奉委为东路集团军前敌副总指挥。(三）冯钦哉决服从中央，先做营救委座工作，万不得已再与张杨敌对。（四）铣日，我航空队轰炸渭南逆军，将逆军陕警备第三旅及东北一零五师之一团炸毙千余，弹药车一列全毁，余众逃散。逆方惊骇，固派蒋鼎文来京。(五）现投机者心颇险恶，想扩大事变，甫当设法制止也。(六）他日如收拾局面，有必要时，拟请老师予以经济上援助。樊嵩甫。皓亥。秘。

（2）孔祥熙致樊嵩甫密电（12月19日）

潼关。樊军长嵩甫勋鉴：松密。据震初转陈经费困难情形，甚为驰系。兹先汇一万元，以供临时支应，嗣后当每月酌予补助。尚冀益励忠勇，以竟丰功。孔〇〇。效秘。印。

（3）孔祥熙复樊嵩甫密电（12月20日）

樊军长嵩甫鉴：松密。皓亥秘电奉悉。此后来电，自当保守秘密。经济上援助一节，自可照办。盼随时电知。孔〇〇叩。号。秘。印。

(4) 孔令侃致孔祥熙密电(12月20日)

南京。孔代院长钧鉴：部密。(1) 据樊光报告，谓本来中央命令派徐庭瑶为潼关前敌总指挥，嵩甫当即呈商指挥之困难情形，现已委徐为总指挥，樊副之。惟因此次时事紧张，当初委座批该军部经常费为七千余元，军需署缩减为三千余元，致一切均感困难。希钧座设法补助若干，以便指挥。(2) 副总裁云，今晨公债市场已到上星期之市价，外汇并无卖出一文。人心尚佳，静待时局好转。特谨奉闻。侃叩。皓。

奉批：先汇一万元，原电送国库司归卷。

〔国民政府财政部档案〕

11. 孔祥熙为托冯钦哉救蒋并企图分化张杨关系致樊嵩甫密电稿

(1936年12月15日)

樊军长嵩甫弟鉴：松密。冯钦哉力持大义，自拔反正，中央同人极为嘉佩。吾弟潜移默化之功，亦至伟大。惟杨虎城身在陕垣，是否被迫，真意不明，而冯系其旧部，当知底蕴。如能嘱冯密劝杨就近营救介公脱险，事机极为顺易。此层最为要著，即盼图之。并附托冯转杨一电。文曰：杨主任虎城兄勋鉴：密。先后奉上各电，迄未得复，至深系念。自介公被劫持以来，中央同人，极端愤慨。群以为吾兄追随介公有年，关系最切，得吾兄保卫，当不虞有他。惟时已数日，迄无表示，中外惊疑，至深且巨。意以环境所关，不得不稍有所待。汉卿真意所在，道阻不得其详。弟意以为救国抗敌之念既同，则所有问题，当不妨开诚商洽。当此外患重重之际，若徒挟介公一人以居奇。则恐愈久愈限〔陷〕纠纷，不特徒授敌人以可乘之机，亦且贻民族以无穷之祸。中央负全国安危之重责，而求民族生存计，势不得不出于断然之处置。在他人别有作用，甘为虎伥，固无论矣。惟念吾兄革命历史素极光明，忖以私心，绝不甘与之玉石俱焚，实在意料之中。是以为今之计，吾兄果能力劝汉卿悬崖勒马，导入正轨，护送介公安然回京，则满天阴霾，自可立即消弭。倘汉卿仍旧执迷不悟，而吾兄为自身革命光荣计，亦宜另寻自处之道。苟能密运机宜，尽其最大之努力，俾介公安全归来，此尤为不世之殊勋。党国利赖，讵有涯涘。冯钦哉兄与吾兄相从，历有年所。今竟力主正义，薄海同钦，证实观人及有之道，即料知吾兄必早然计及此。盖非常之功，必待非常之人。旋乾转坤，化戾为祥，端赖吾兄，非伊〔异〕人住。忝在神契，敢布腹心。弟孔〇〇叩。咸。等语。此电请托冯密为转去。仍盼随时电告，为祷。熙。咸。秘。印。

〔国民政府财政部档案〕

12. 阎锡山转录张杨表示抗日绝无他图的电文致赵丕廉等密电①

（1936年12月20日）

赵芷青、李子范、召林一三兄：冠密。顷接汉卿、虎城皓申电：李君金洲返，具述尊意及经过情形，敬悉。洞察愚情，指示周挚，感佩匪可言喻。良等愿再为公告者：一、抗日之外，绝无他图。为抗日而受任何牺牲，在所不惜。二、决不造成内战。兹事体大，动关安危。惟望我公不弃，切实指教。李君定明日返并，并闻。特录告。山。虎②。午。机。

〔国民政府财政部档案〕

① 此电经抄送张静江。

② 原文如此。

13. 阎锡山表示愿承委救蒋致冯玉祥密电

（1936年12月21日）

南京冯焕章兄勋鉴：奋密。辱承垂诿，谨当在中央严整纪律之下，竭尽棉薄，不顾一切，营救介公脱险。但恐心余力绌，有负尊命耳。季介〔宽〕兄今日可到，一俟晤面，当秉承中央意旨，迅速进行。特先奉复。弟阎锡山。马申。机。印。

〔国民政府财政部档案〕

14. 阎锡山为派傅宜生赴陕以打开僵局致赵丕廉密电

（1936年12月22日）

芷青兄：密。顷接汉卿来电云：福特机现因端纳南返，已飞南京。次陇先生暨次宸兄如何来陕并何时可到，尚祈裁复。等语。我意汉卿代表现尚未再来，而于次陇等能否单见介公一节，又无明白答复。傅宜生与汉卿个人私交尚好，拟先令其以代表前敌将士名义赴陕一行，打开僵局。次陇、次宸俟察知机宜，再行前往。山。祃巳。机。

〔国民政府财政部档案〕

15. 杨虎城等关于蒋介石容纳救国主张并由张学良陪送洛阳的通电

（1936年12月25日）

〔衔略〕自委座留住西安，对于副司令及虎城等救国主张，已表完全容纳，即定返京施行。其人格伟大，为国家为民族之精神，为空前所未有，群伦所景服，爰于本日下午四时，由副座恭谨陪送洛阳。特电奉闻。杨虎城、马占山、何柱国、孙蔚如、冯钦哉、王以哲、董英斌、缪澂流。有。印。

〔国民党云南省政府秘书处档案〕

16. 张学良表示愿受违纪处分致蒋介石函

（1936年12月26日）

介公委座钧鉴：学良生性鲁莽粗野，而造成此次违犯纪律，不敬事件之大罪，兹腼颜随节来京，是以至诚，愿领受钧座之责罚，处以应得之罪，振纪纲，警将来，凡有利于吾国者，学良万不死辞，乞钧座不必念及私情，有所顾虑也，学良不文，不能尽意，区区遇忱，俯乞鉴察。专肃。敬叩。
钧安。

学良谨肃　二十六日

〔陈布雷档案〕

17. 国民政府军事委员会高等军法会审张学良的审判笔录①

（1936年12月　日）

审判笔录摘要

一、审判长问：姓名、年、籍。

答：张学良、三十六、辽宁海城县人。

二、问：这次西安事变到底什么情形，现在我有几点问题，请你答复一下。

答：请审判长把要问我的话，给我先看一下。

① 此件系陈布雷摘要抄件。

三、问：现在我将要问的事，开列于下：

（一）本月十二日君等呈中央电，不虞危害民国乎？何因出此？

（二）君等呈中央电，为君之主动乎，有无受他人之指使？当时聚会密谋实情可直陈之。

（三）党员官吏向中央建议，向有一定程序，君宁不知之，君既有所主张，自应婉词向中央及蒋委员长陈请采纳，乃平日未曾向中央有所建议，突然出此，有何办〔辩〕解？

（四）君等呈中央电尚未到达，而临潼、西安之叛变已先起，即以建议而论，无诚意可知，是何阴谋演此巨变？

（五）临潼叛变，竟派重兵将委员长行辕重重围困，用机关枪步枪齐发如雨，得无有戕害统帅之心乎？

（六）临潼、西安叛变先后劫持统帅，禁闭中央大员，戕贤害善，邵委员元冲乃至殒命，并惨杀忠实党员将士多人，甚至侮辱女眷，残伤幼童，纵兵殃民，惨无人道，此等行为，均君为首谋，尚有说乎？

（七）演此巨大叛变，非蒋委员长临之以伟大之人格与精神有以使君等反省，宁不为民族之羞乎？旋君向委员长涕泣陈词，自请随同委员长旋京请罪，又是如何感想？可详言之。

（八）君呈蒋委员长请罪书，委员长已转呈中央，本审叛长等奉交依法办理，君果有悔意之萌乎，能从兹即为善乎？

以上是要问的事，请你答复。

答：请让我作一总答复如何？

答：请说。

答：这回的事，由我一人负责。我对蒋委员长是极信服的，我曾将我们意见，前后数次口头及书面上报告过委员长。我们一切的人都是爱国的人。我们痛切的难过国土年年失却，汉奸日日增加，而爱国之士所受之压迫反过于汉奸，事实如殷汝耕同沈钧儒相比如何乎。①我们也无法表现意见于我们的国人，也无法贡献于委员长，所以用此手段以要求领袖容纳我的主张。我可以说，我们此次并无别的要求及地盘金钱等，完全为要求委员长准我们作抗日一切的准备及行动，开放一切抗日言论，团结抗日一切力量起见。我们认为目下中国不打倒日本，一切事全难解决。中国抗日非委员长领导不可，不过认为委员长还未能将抗日力量十分发扬，而亲日者之障碍高过于抗日者之进行。如果我们有别的方法达到我们希望，也就不作此事了。我此次来京，也有三点意见：（一）维持纪律，不骤我中国在国际地位；（二）恢复及崇高领袖之尊严；（三）此事余一人负责，应当得应得之罪，我并无一点个人要求的希求，一切的惩罚我甘愿领受。我写给委员长的信，不知道他要发表的，否则我不写。原先我们也想不是这样作，因为事情急迫，无法作出来的。前次我们本想以全体人员去向委员长要求，不料"一二·九"学生运动由警察开枪，以致如此。我始终是信佩委员长的，而看见他的日记和文电更加钦佩。但对亲日者更加认识。现在的要求是极端的抗日，贯彻始终。至于我个人的生死毁誉，早已置之度外。我们的行动，本不是要开枪的，也无要损害任何人的。不幸行动中统制不良，尤是邵先生翼如，我们心中真是十分不安。如不是信崇蒋先生之伟大精诚，而其他如中枢怎样处置，那我是不在乎，也可以说不接受的。我对于我们之违反纪律之行动，损害领袖之尊严，我是承认的，也愿领罪的。我们的主张，我不觉得是错误的。

〔陈布雷档案〕

---

① 文中着重号系原有。

18. 国民政府军事委员会高等军法会审张学良的判决书

(1936年12月31日)

判决　被告张学良

右列被告，因对上官暴行胁迫案，经本会组织高等军法会审审理，判决如左：

主文

张学良首谋伙党对于上官为暴行胁迫，减处有期徒刑十年，褫夺公权五年。

事实

中华民国二十五年十二月，本会委员长蒋中正因公由洛阳赴陕，驻节临潼。十二日黎明，张学良竟率部劫持至西安，强迫蒋委员长承认其改组政府等主张。当时因公随节赴陕之中央委员邵元冲、侍从室第三组组长蒋孝先，秘书萧乃华，及侍从室公务人员卫兵等多人，并驻陕宪兵团团长杨震亚、陕西省会公安局局长冯志超，闻变抵抗，悉被戕害。侍从室主任钱大钧亦受枪伤。又在陕大员陈调元、蒋作宾、朱绍良、邵力子、蒋鼎文、陈诚、卫立煌、陈继承、万耀煌，均被拘禁。当经蒋委员长训责，张学良旋即悔悟，于同月二十五日随同蒋委员长回京请罪。事变初起，奉国民政府令交本会严办；兹又奉交张学良请罪书到会，经组织高等军法会审，审理终结，认定事实如上。

理由

本案被告张学良，劫持统帅，强迫承认其改组政府等主张，有该被告之通电可证。至戕害官员，拘禁将领，均系公然事实，虽属其部众之行为，但该被告实为主使发动，已极明显，自应负其罪责。核其所为，实犯陆海空军刑法第六十七条第二款前段刑法第二百七十一条第一项、第二项、第三百零二条第一项之罪。但查其所犯诸罪，乃系一行为而触犯数项罪名，或犯一罪之方法与结果而触犯他向罪名，应援陆海空军刑法第十五条、刑法第五十五条，依陆海空军刑法第六十七条第二款前段，从一重处断。惟被告经奉蒋委员长训责后，尚知悔悟，随同旋京请罪，核其情状不无可恕，并依刑法第五十九条，于陆海空军刑法第六十七条第二款前段，减处有期徒刑十年；并依刑法第三十七条第二项，褫夺公权五年。特为叛决如主文。

中华民国二十五年十二月三十一日

军事委员会高等军法会审

审判长　李烈钧

审判官　朱培德

审判官　鹿钟麟

军法官　陈恩普

邱毓桢

书记官　袁祖宪

郭作民

〔陈布雷档案〕

19．孔祥熙呈请国民政府特赦张学良密电稿

（1937年1月3日）

即晚到。京。国民政府主席林暨各委员钧鉴：斗密。顷闻对于张学良案，蒋委员长业经具呈钧府请予特赦，明日钧府开会议讨论。大赦为国府之特权，祥〇本不敢妄参末议。惟西安发生事变后，祥〇奉命代院，职责所在，除中央意旨整饬纪纲迅谋敉平外，并因事变之日，张学良致电祥〇，决负责保护蒋委员长安全当以私人资格，迭复函电，责以大义，晓以利害，并许望如能迅

速护送蒋公回京，中央当可宽望既往，对其个人安全，愿为保证。继据往还人员声述，均谓其表示始终拥护，绝无危害之意，短期内当可亲送蒋委员长回京。今果践其言，并上书请罪，证以事实，确能相符，是其爱国之心未泯，守法之念犹存。虽因一时受人蛊惑，意气冲动，行为实甚狂谬，而悔悟及时，诚信尚有可取。倘能予以自新，或可责其自效。其间经过，祥〇始终其事，见闻较详，用敢不避越位之嫌，为法外施仁之请。敬恳钧府俯纳蒋委员长所请，准予赦宥，以示宽大。谨电奉陈，聊供采酌。是否可行，仍祈核夺。孔〇〇叩。江戌。沪寓。

〔国民政府行政部档案〕

20。许静芝为特赦张学良事致孔祥熙密电及行政院的训令

（1937年1月）

（1）许静芝致孔祥熙密电（1月4日）

孔副院长钧鉴：斗密。顷府会决议：张学良所处十年有期徒刑，本刑准予特赦。仍交军事委员会严加管束。令文遵主席意，照决议案发，不另加词句。知注，谨闻。职许静芝叩。支。

（2）行政院给财政部训令（1月7日）

行政院训令　字第0099号

令财政部

案准国民政府文官处二十六年一月四日第一一号公函开：迳启者：关于军事委员会蒋委员长呈请特赦张学良，经奉交由司法院核复请准予依法特赦一案，业奉提出国民政府第二十二次委员会议决通过，并于本月四日奉国民政府令开：张学良所处十年有期徒刑特予赦免，仍交军事委员会严加管束。此令。等因。除分

函外，相应函达查照。等由。准此。除分令外，合行令仰遵照，并转饬所属一体知照。此令。

院长　蒋中正假
孔祥熙代

中华民国二十六年一月七日

〔国民政府财政部档案〕

三、"陕甘善后问题"的政治解决

1. 杨虎城为南京方面增兵压迫决计自卫复严庄密电

（1937年1月4日）

严委员敬斋兄：电悉。敬密。各事承鼎力斡旋，至感。此间平静如昔，与兄离陕时无异。沪上所传世日西安有事一节，想系有意造谣或传闻失实所致。惟南京方面对委座宣谕各点，全未见诸事实。汉卿亦逾期不归。更自世日起，中央方面在华渭间增兵至四、五师之众，且有续进模样，企图以武力压迫。消息传来，群情愤激，各官兵摩厉以须，咸踊跃欲试。弟以责任所在，并信委座既已应诺，必不能尽食前言。以故尽最大力量，积极设法调整，以期避免内战，实现真正和平。惟对方如仍不顾事实，过事压迫，吾人为自卫计，为贯彻主张计，誓必与之周旋到底，胜败利钝，全非所计。惟负内战责任，自有公论，而最后胜利终将属于力求和平者。此间同人对庸、右两公希望颇切，盼转陈，俾大力维护也。弟虎城。纸。

〔国民政府财政部档案〕

2. 杨虎城为请求恢复张学良公权并令其返陕致蒋介石电

(1937年1月5日)

杨虎城歌亥电

闻张副司令蒙钧座呈请特赦，明令已颁，仰见扶植正气，宽大为怀，此间军民同深感慰。张副司令以仇耻百倍之身，爱国家，爱领袖，爱纪纲，爱信义，证以其毅然归罪之举，益见其舍身爱国之诚。钧座矜其苦心，呈请特赦，并请责令带罪立功，努力自赎，为国惜才，仁言利溥，城等闻之，曷胜感戴。今张副司令虽已躬邀赦典，尚未恢复公权，虽欲图功，安由自效。此殆法令尚有所拘，因牵制钧座爱才之本意，尚恳钧座始终爱护，续请国府即将张副司令之公权恢复。此间情形，张副司令一日不来，即军民一日不安。钧座笃念地方，务恳促令早日返陕主持一切，实深感祷。如何，敬候饬遵。

〔陈布雷档案〕

3. 张学良为解决陕甘问题致蒋介石函件

(1937年1月7日)

介公委员长钧鉴：雨农同志交来手示，已遵派人持良亲笔函去西安矣。良有不得已而欲言者，夫以汤止沸，沸愈不止，去其火，则止矣。陕甘问题，良十分忧心，非只虑于陕甘，所虑者大局形势以及内乱延长，对外问题耳。冒死上陈，俯乞鉴宥。如蒙下问，愿述其详。盼钧座以伟大之精诚，更彻底而伟大之。敬祝吉人天相，钧体早复健康，深望为国珍摄。专肃。敬叩

钧安

学良谨肃七日

附：张学良意见书

甲、剿匪

一、调东北军全部驻开封、洛阳或平汉线上，整理训练，担任国防工程，由良负责调出及整理。

二、请虎城出洋考察养病半年，不开缺，以孙蔚如代理，由钧座给予充分之款项，对日发动，即召返国。

三、余陪同罍三等到洛阳，最好到潼关或临潼，由启予或庞炳勋派兵陪同前往，请虎城及各军长来会商。

乙、匪不剿

一、调虎城到甘以何雪竹或刘经扶为西北行营主任，以庞、商、萧之楚、万等军驻陕。

二、调东北军驻豫鄂一带整理训练，担任国防，由王树常负责，由良帮助整理完毕，良愿去读书。

关于虎城讲话问题，良以为力子、雪竹兄或于先生协同良到潼关或到冯钦哉防地，请虎城来谈。

〔陈布雷档案〕

4．蒋介石修订的解决陕事之方案

（1937年1月　日）

甲案

一、东北军全部调驻甘肃。

二、第十七路各部仍驻陕西原防，归绥靖主任杨虎城指挥，该路得酌留若干部队在西安，以便利行使绥靖主任之职权。

附记：陕西绥靖主任公署或移设三原亦可。

三、自潼关至宝鸡沿铁路各县，归中央军驻扎（铁路线各县以外，得由十七路部队驻扎）。

乙案

一、东北军全部调驻豫皖两省，可先令由西荆公路集中南阳、襄樊、信阳一带。

二、以王树常（或由汉卿另保一人）任安徽省政府主席。

三、调于学忠任绥靖主任，统率驻在豫鄂皖之东北军。

四、调杨虎城为甘肃省政府主席，仍兼十七路总指挥，第十七路军全部调驻甘肃。

〔陈布雷档案〕

5．蒋介石令张学良劝告杨虎城接受陕甘军事善后办法函

（1937年1月7日）

汉卿吾兄勋鉴：雨农来奉，备悉一切。在乡医嘱静养，山居极简，略愈当约兄来此同游。关于陕甘军事善后办法，○意：（一）东北军应集中甘肃，其统率人选可由兄推荐一人前往率领，免使分散以备为国效军。（二）虎城可酌留若干部队在西安，使其能行使绥靖职权。可嘱其与墨三切商办法，系应照已发电令办理。请由兄手谕告虎城及各将领，勉以切实服从中央命令，不可再错到底。如是，不但部队与地方得以保全，亦即所以救国自救也。尤须使虎城知全国公论，此次中央只令虎城撤职留任，而对部队又妥为处置，实已备极宽大。若再不遵中央处置，则即为抗命。国家对于抗命者之制裁，决不能比附于内战。而且，中央此次处置全在于政治而不用军事，亦已表示于国人，故彼等必须立即决心接受，不可有丝毫犹豫，方为自救救国之道。知兄近日关怀时局，必极望早得妥善之解决，以利国家。务望即以此意剀切函告虎城及各将领，使之安心遵从命令。兄如有所见，并请酌为补充

为荷。

〔陈布雷档案〕

6．杨虎城请求蒋介石撤退西进大军并释放张学良密函电

（1937年1月8—11日）

（1）致蒋介石密电（1月8日）

溪口。委员长蒋钧鉴：阳电奉悉。○密。张副司令复权事，钧座以正在休沐，拟稍缓即为续请，并饬从优待遇。一片爱护部属之诚，跃然纸上。凡在下风，俱深钦感。惟此间一切，胥待张副司令主持；副司令一日不回，即军民多一日之惶虑。近以大军西进，逐步迫胁，群情更愤激异常。在虎城自当约束部队，力避冲突。但两军相距非遥，易于接触，万一发生衅端，殊失钧座保全地方元气、袍泽力量之至意。仍恳钧座俯察此间实况，设法令张副司令早日返陕；并饬西进之军队先行撤退，以免冲突。职及此间将领，对于钧座万分信仰，尤必仰体张副司令之意以爱护领袖、爱护国家也。谨电奉复，诸乞垂察。职杨虎城叩。齐亥。印。

（2）致蒋介石函（1月11日）

委座钧鉴：西安之事，钧意始终在爱护部曲，贯彻和平，钦感之余，自应恪遵钧旨办理。惟一年以来，此间关于军事一切悉由张副司令负责主持，现副司令未归，而情势尤非昔比，职才识短浅，纵尽最大之努力，亦难期有明效。而熟察各方情形，即顾主任来此，恐亦有治丝而棼，不易收圆满结果之虑。事关西北大局，不敢不据实直陈，绝非对人，绝无私意。倘钧座能使副司令返陕，一切自趋简单，副司令当亦必谅体中央意旨、钧座苦衷，

处处为实际着想也。兹委托总部办公厅主任米春霖先生趋前叩谒，详陈种种，伏乞赐予延听训示，俾资转达，而利国是，不胜企祷。谨肃寸禀，虔叩
钧安。

职杨虎城谨禀

〔陈布雷档案〕

7. 戴笠关于张学良态度及其致杨虎城等书致蒋介石密电

（1937年1月8日）

南京。限即到。溪口。委员长蒋钧鉴：密。生今晨抵京，先谒何部长。出示钧座致张汉卿书后，即往访张。（张）奉读钧座书后，态度转好，语亦和平，渠亦允派王化一、吴瀚涛持其手书飞陕晤杨虎城、王以哲、刘多荃等。兹将其致杨虎城及东北军各高级将领三书抄呈，是否一一可交王、吴两人携往，乞即鉴核电示。因生明日午前须持张复呈钧座书飞奉，吴、王两人明早亦须飞陕也。……张并嘱生第一书可送何部长一阅，余不可。等情。谨此附陈。生笠叩。庚午。印。

〔蒋介石批〕：速转刘经扶、顾墨三知照。

〔陈布雷档案〕

8. 陈瑞关于于学忠调停陕甘善后事与孔祥熙往来密电

（1937年1月9—10日）

（1）陈瑞致孔祥熙密电（1月9日）

部长钧鉴：既密。于公始终拥护中央，绝对遵照政府命令，

似可作为调人。惟乞中央暂行停止军事行动，使于公有劝说转圜余地。千万望政府以缓处置陕省军事，深恐激成事变，于国家不利。至于五十一军，无论如何，绝对以国家地方为重，不成问题。务乞钧座一面派飞机由洛阳加油，径飞兰州，职当即刻飞沪面陈一切。请设法电止前方军事行动，从长计议。事机逼迫，谨电陈请。并乞急电赐复。职陈瑞叩。青。

（2）孔祥熙复陈瑞密电（1月10日）

急。兰州。财政厅陈厅长心铭兄鉴：陇密。青电悉。孝侯兄公忠为国，弟所素稔。现在态度严正，尤为佩慰。中央处置陕甘善后，业有明令。如果地方当局俱能以国家为重，接受命令，服从到底，自不致再生事变。孝侯兄愿任调人，即希努力斡旋，共谋安定，使此事先告段落，一切自可从长计议。中央对汉卿曲尽涵容，汉卿亦深能体谅。弟与汉卿相知最深，对其前途，尤当尽力维护。除转电蒋院长、何部长外，希即转告孝侯兄为盼。惟此间现无专用机，军用机不便派，且恐兄体力不胜。商用机亦不能去。有何意见，不妨仍用密电洽商。将来有机可派时再令往接。特复。○蒸酉。印。

〔国民政府财政部档案〕

9．孔祥熙关于于学忠出任调停问题与蒋介石往来密电

（1937年1月10—11日）

（1）孔祥熙致蒋介石密电（1月10日）

急。溪口。蒋院长介兄钧鉴：自密。青亥电谅邀察及。顷又据甘财政厅长陈瑞青电，称于公始终拥护中央云云，并乞急电赐复。等语。当即复电云：中央处置陕甘善后，业有明令。如果地

方当局俱能以国家为重，接受命令，服从到底，自不致再生问题。即希转告孝侯，设法务使此事先告段落，一切可从长计议。对于汉卿前途，自当尽力维护。等语。特此奉达，藉备参酌。弟〇叩。灰酉。沪寓。印。

（2）蒋介石复孔祥熙密电（1月10日）

孔副院长勋鉴：灰酉沪寓电悉。勤密。最好请复陈厅长：孝侯精诚为国，中央皆甚倚重。惟其对于劝导与调解，有否把握？请详示复，当再派机来接也。等语。如何，请裁酌。弟中正。真酉。溪。印。

〔国民政府财政部档案〕

10．蒋介石关于张学良行止及派兵西进暨解决陕事条件等问题致杨虎城书

（1937年1月10日）

虎城吾兄勋鉴：昨电（九日）计达召览。该电发后，又续接兄齐亥电。今因李志刚兄回陕之便，特再为兄详陈之：关于汉兄行止，当〇离陕之日，汉兄坚欲同行。〇再三力阻，即恐到京以后，一般公意对彼必难谅解，此为兄所亲闻者，今几经曲折，亦到特赦，而国府有管束之令，一涉法纪问题，即难以个人感情立时补救。汉兄深知此意，故彼亦不急欲回陕，稍假时日，必为之设法，使仍有效力革命之机会，以无负其爱国之苦心。兄及各将领尽可放心，亦不可操之过急，反使〇及汉兄为难也。至兄等以中央军队向西进迫为虑，则〇更可质言，不独〇必当贯彻始终和平之主张，中央处置陕甘，亦必以政治建设为主，绝不至引起战事。目前所以在陇海路上酌置军队者，则以一般国人对陕甘情形具非常之皇惑，因人事明令，兄等既未接受，而所有组织如临时

军事委员会等至今仍未变更，省府亦未照中央法令恢复原有关系，所有宣传，其误谬幼稚，与事变当时一般无二，不但形式上有不奉政令割据独立之嫌，且亦可见分子异常复杂。故一般国民对陕甘事态今后之动向，咸抱绝大之忧疑。中央为安慰人心，维持全局，自不能不加以防范。然所望于兄等者，只在接受中央之命令，而军事善后等具体细目，非无商量余地。来电谓各将领愤激异常，实则兄等亦须为中央易地以思，尤不可以全国民意为行动之借镜也。现在最急要者，在兄等务应扩清外间之疑虑，表示绝不割据独立，亦不破坏统一。为示此诚意，勿使外间误会，则：(一) 惟有迅即表示接受中央命令，使一般人了然于兄等拥护国家，完成革命之诚意；(二) 将十二月十二日以后之组织公布撤销，所有宣传均予改正，勿使再如变动当时之情形，以一新内外之观感，则国人疑虑得以冰释，而在陕军民亦可心安。兄等此次所以毅然决定而使〇〇回京者，固完全以国事为重，如此即应就国家大局与陕甘情形作一实际之考量。须知陕西，无论军民，不能离整个国家而存在，中央更不能无陕西以作国防之基础；中央离陕西无以建国，陕西离中央无以遂其生存与发展。故必须立下决心，向和平统一之方向做去，迅复事变以前之常态，确立此后努力之始基。中央地方心理契合，一切自无不可妥善解决之理。吾侪既以救国自期，万事即应从平实处彻底考量，勿为成见或环境所拘牵也。尤有为兄陈之者，兄在西北，无论在党的历史与自身政治地位及对国家对桑梓之关系上，均负有特殊之地位与责任。自十八年以迄于今，〇之所以爱护与厚望于兄者何如中央之所以爱护西北，竭全力以促成陕西一切之建设而达充实国防之目的者何？如此皆〇与兄所亲自参与之事，非他人所深知，亦非其他人所爱惜也。为公为私，尤不能不望兄信任〇〇之所言，首有明确之表示，一扫外间猜疑，而使变态得以结束，则兄光明磊落之胸怀与报国救国之诚意，立即为国人所谅解，而兄之政治地位亦即自此站稳，不独同志所钦慰，西北人民亦将歌诵感激而不置。否则，长此迁延，时日愈久，变化愈多，不但国家统一对外受其影响，和平救国之初志难于贯彻，即兄多年惨淡经营之基础亦将隳于一旦，宁不可危可痛。目前事势，首蒙其害者，将无过于陕西；而政治生命处于荣辱得失最危微之境者，莫过于吾兄。切勿受无意识者之蛊惑，为不良环境所包围，而丧失兄之事业与前途。○○必当与兄始终共同革命，以完成吾人之天职，爰不辞缕缕陈其肺腑之见，望熟察而断行之。余托志刚兄面达不尽。即颂勋祺。

〔陈布雷档案〕

11．孔祥熙劝杨虎城含忍接受中央处置陕事命令的密电稿

（1937年1月11日）

特急。西安。杨主任虎城兄勋鉴：孔密。尊电及手书均经奉悉。御侮救国，我辈同具决心。介公诚信待人，更为我兄深悉。此次中央处理陕事善后，弟虽未悉其详，既经发布明令，威信所失，碍难收回。兄等始终以国家为重，惟有委曲求全，先行接受，使此事告一段落，则情势急转直下。军事行动当然停止。纵有未尽周到之处，弟等当另行设法，徐图补救。陕甘袍泽方面，如经我兄解释，当应瞭然。设因枝节问题误会猜疑，相持日久，再生变化，不第非介公爱护部属之本意，亦非兄等拥护领袖之初衷。而御侮救国，终将徒托空言。且中央对汉卿极尽涵容，既经特赦，如陕事解决，其他不成问题。否则即令回陕，彼亦无以善后。我兄素抱牺牲精神，务希含忍到底，晓谕部属，一体服从。则御侮救国之真诚，必将大白于天下也。特布腹心，敬希谅察。弟孔○○，真酉。沪寓。印。

〔国民政府财政部档案〕

12．于学忠关于解决陕事宜先解除张学良留京未返等疑虑致孔祥熙密电

（1937年1月12日）

孔部长庸之兄勋鉴：庚沪处电敬悉。奋密。具见关怀，至为纫感。抚绥善后，自属陕甘切要之图。惟张副司令留京未返，潼关东撤之部队转而西进，无论当局之苦心如何，难免不引起一般之疑虑。为今之计，似宜先除疑虑，再谋其他问题之解决。否则扬汤止沸，恐违中央为国家为地方之初心。我兄远虑深谋，素所企佩，未识以为如何？特电奉复，诸维亮照。弟于学忠叩。文。

〔国民政府财政部档案〕

13．张学良为蒋介石限期实行解决陕事方案请杨虎城等速下最大决心收束陕局函

（1937年1月13日）

（一）

虎城、孝侯、鼎方、仲贤、乃赓、秀方、蔚如、宪章、世甫、开源、柱国、志一、公侠、芳波、伯纯、炳南、菊人诸兄鉴：弟今早同瑞峰来溪口，为目前救此危局，勿为乱国计，商定办法二则。请兄速下最大决心，使委座及弟易收束陕甘之局。关于改组政府及对日问题，准我等可在三中全会提出公开讨论。关于两案，盼兄等速即商讨，下最后果断。如有意见补充，盼虎城派人来，更盼来一军长。如兄等认此二案之一案无问题，那是更好，盼即刻表示受命。委座告弟十六日为限。盼诸兄为国家为西北为东北请详计之，凡有利于国者，弟任何牺牲在所不惜，盼勿专为我个人谋计。西望云天，无任期盼好音。专此。并颂

戎祺。

弟良顿首十三日夜

（二）

秀芳、志一、宪章、孝侯、鼎方、公侠、柱国、开源、芳波诸兄鉴：委座之意，东北军彼始终爱护，决不歧视。但在西北环境多所不便，如不遵从委座意旨，决难挽此劫运。弟一时不能离京，也不便离京，盼兄等有决心，有办法。委座讲，要自救才能救国。到此时，有大诚，有大勇，才能支此危局，才能真正抗日，才有回东北之一天。弟满腹热泪，一眼望东北，一眼望西北而流，望兄等本我初衷，凡有利于国者，任何牺牲已不早计。盼诸兄计及国家利害，勿专为我个人谋也。临书不胜依依。专此。并颂戎安。

弟良顿首十三日夜

〔陈布雷档案〕

14. 陈瑞建议中央军后撤并徐图分化瓦解东北军办法致孔祥熙密电

（1937年1月13日）

部长钧鉴：陇密。佳、蒸两电拜悉。孝公极感钧座绥抚之至意。关于陕省问题，如中央决以军事解决，势必全部赤化。匪兵及民团集合，为数亦近二十万人，一经接触，势必向晋豫流窜。星火燎原，深为国家前途隐忧。最好中央军暂取缓和态度，向后稍撤退，一面俾孝公会同王主任庭午设法将东北军调回原防，与陕军分开，并与赤匪分离，然后徐图分化解决，则事半功倍，免致激成大变。至于陇省中央军与回军围驻省垣四境，相距亦不过百里之遥，虽五十一军表示服从中央，惟各军彼此向有微嫌，如欲保全兰州，免于糜烂，务乞钧座电请委座，电饬胡军长宗南转令中央驻甘各军及回军，对于五十一军取友谊态度，则省垣可保安全。至于五十一军共三师，其中有一师为东北军，故孝公前此态度不得不稍示模棱，职行动言语，亦不得不稍顾忌。昨夜孝公约职密谈，知已略有布置。孝公决送全眷南来，并拟亲行，藉与钧座面商一切，并拟王庭午主任早日来兰，务乞赐商欧亚公司饬商机即日经由宁夏飞兰。孝公全眷均已摒当就绪，一俟机到，眷属离开，无所顾虑，即可显明表示态度，则解决陕甘问题，自可急转直下。谨此密陈，伏乞垂察。职陈端叩。元。

〔国民政府财政部档案〕

15. 杨虎城关于解决西北问题致蒋介石密电

（1937年1月14日）

急。溪口。委员长蒋钧鉴：○密。接米主任电，得悉张副司令已飞奉晋谒钧座，面聆指示，佳果可期，无任忭慰。此间原拟嘱鲍文樾、李志刚前往，业以元厅机电奉陈，今张副司令到奉，鲍李之行自可从缓。李志刚携交钧谕，仰见钧座对职爱护周至，不觉感泣！职意接受中央命令撤销临时组织及改正宣传各节，不过一纸文书即可实现，事固轻而易举。惟此际为全局关键而不可加以忽视者，似有四事，拟恳钧裁，俾资先决：（一）自张副司令部队奉令移驻陕甘以来，东北人士来者甚众，陕甘军民亲聆其亡省破家之惨，敌忾之气，实已深入人心。而红军又于陕甘两省，几于无地不到，其抗日之热烈宣传，亦复无微不至，因之秦陇之抗日狂潮，遂至一发而不可遏止，前送钧座返京，即将红军驻地指定范围，缩小地区，并尽力宣布德威，俾共同静待后命。不图复员之处置未竣，东撤之师又还，且将张副司令扣留在京，致东北军民西北人士群相责问，以职为自欺欺人，而红军亦执前言相诘。职结舌咎心，处境之难，实难笔喻。职虽愚钝，而爱国绝不后人，际此危局，决不愿再有内战发生。惟实逼处此，殊乏善策转圜之机，务请就全局考量，勿仅以职个人为念，似于东北军民西北人士之意向及红军之安置问题，均应先有妥善办法，俾得各安其心，各慰其望，则枝节问题自易解决。(二)此间人士，均渴盼张副司令返陕主持一切，而事实上副司令如不归，亦确难谋进行之顺利。钧座欲谋释群疑，脱责难，示宽大之怀，策西北之安，似应速令张副司令返陕。张副司令之苦心，为钧座所深知深谅，当不至复抱疑虑也。(三)大军西进，与钧座前令未符，此间军民，咸认为有损威信，且阻碍和平，实亦为解决当前问题之障碍，务请即令撤出潼关以东，则大军转撤，夕即可恢复十二日以前之原状。(四)目今中枢无主，人心惶惑，钧座举国仰戴，此间企仰尤殷，务请即日入京，主持大计。以上（一）为职个人所感痛苦，(二)、(三)、(四)为此间全体将领之共同愿望。职久蒙扶持，倍常爱护。肺腑之言，不敢避嫌而稍加隐饰。此固西北全局所关，抑亦于国家前途关系至巨，幸钧座俯鉴愚诚，赐予采纳，职实不胜惶悚待命之至！职杨虎城叩。愿申。印。

〔陈布雷档案〕

16. 蒋介石告诫杨虎城勿再提张学良回陕函

(1937年1月14日)

虎城吾兄勋鉴：米主任来奉，详诵来书，藉悉一是。汉卿兄问题，中已于志刚同志带奉函中详述之，此时如为国为友为公为私计，皆无回陕之理。明达如兄者，当能了然，望勿再以此为言。须知中与彼同一境地，中虽在乡休假待罪，要知陕甘事变未了，中与汉兄为国家计，皆不能置身事外。否则国不成国，人亦非人，复何革命抗日之所言。兹为陕甘袍泽与革命前途计，汉兄特提二案，请兄任择其一。此外，再无其他公私两全之道。至于兄等之要求，仍提交三中全会决定，对兄等之意见决不抹煞。望兄以国事为重，应知革命创业之艰难，历史养成之不易。耿耿此心，惟希览察。余托米主任转达，庶不一一，伏维心照。顺颂
时祉。

中正手启一月十四日

〔陈布雷档案〕

17. 韩复榘转报于学忠关于恢复张学良自由等主张致孔祥熙何应钦密电

（1937年1月14日）

孔部长庸之兄、何部长敬之兄勋鉴：自密。顷接兰州于主席孝侯真电。文曰：西安事件实有不得已之苦衷，所提主张，意在停止内战，一致对外，并非走入偏锋。外传赤化之说，尤与事实不符。其为故意捏造，不言而喻。自张副司令恭送蒋委员长返京后，已现和平商讨之景象，方期集思广益，共定国是。孰料张副司令留京未返，潼关东撤之中央军，转而增兵西进，甚至陕甘驻军亦严令限期调动。袍泽闻之，愤慨异常。老子有民不畏死，奈何以死畏之。东北军亡省破家，现所存者，只此生命。若并此生命而亡，不许其存在，则死有何惧？中央如欲息事宁人，则下列三事实有提前解决之必要：（一）即日恢复张副司令之自由，可促其返陕。（二）潼关、华县一带之中央军即日东撤。（三）陕甘驻军照现在位置，暂时不动。至其他问题，或关国家大计，或难即时解决，不妨邀集各方从长计议，求一全国公正之办法。现在中央军明言和平解决，而暗调大军压迫。似此办法，无异抱薪救火，薪不尽，火不灭，迁延日久，恐更无以善其后。此间共同主张对政治途径不拒绝，对武力压迫不屈服。内部团结坚实，所有一切，

已有相当布置。惟目击国势阽危，实不愿再见阋墙之争。吾兄爱护国家，爱护东北袍泽，倍逾寻常。尚乞鼎力斡转，指示周行，无任盼感。再：兰垣上月文（十二）晚，稍有军事，次日即复原状，现已安谧如恒。等语。弟未便置复，特电以闻。弟韩复榘叩。寒。印。

〔国民政府财政部档案〕

18. 李宗仁等吁请中央军停止入陕以消弭内乱团结对外的通电

（1937年1月15日）

刘湘李宗仁白崇禧通电删辰（电由何成濬转来）

此次西安事变，赖委座之精诚，暨西北诸将之感悟，解决迅速，化险为夷，不特中国全体称庆，即各友邦人士，亦莫不观感立变。惟近接西安将士迭电谓，中央部队仍续向西安压迫，兵车络绎，十斗相望，设不幸激起内变，恐张杨所部铤而走险，予敌人以可乘之机。国事前途，宁堪设想。职等再四思维，不忍缄默。以为过去数年中枢之设施，积极负责，固为地方所尊崇，但因地方情况，每感不能发抒，因之所陈不免稍有出入。自经此变，委座人格之伟大既表现于世界，而各方拥护之竭诚，亦为世界所罕闻。提挈全国之一切力量，团结对外，此诚千载一时之良机。为此，合恳中央本总理之宽大精神，采政治解决之途径，高瞻远瞩，以释猜疑。急令入陕部队停止进行，勿得逼之过戚，相煎太急，免彼既处情形复杂之地，而我又为渊鱼丛爵之驱。并恳我委座即日销假回京，主持救亡大计，俾此数十万之忠愤健儿，得在中央领导抚循之下，共同致力于抗敌御侮。诚以时至今日，但可消弭内乱，培护国力，百凡委曲抚顺，则中央苦心既足以大白于天下，而整个力量，亦不作无谓之牺牲。国家幸甚！民族幸甚！披沥上陈，无任迫切待命之至。

〔陈布雷档案〕

19. 杨虎城关于派员呈送解决陕事方案致蒋介石函件

（1937年1月16日）

（1）杨虎城致蒋介石函

委员长蒋钧鉴：谨肃者：米主任春霖返陕，奉读手谕，仰见逾恒爱护，不觉零涕。职爱国出于赤诚，屡蒙谆谆训诲，讵忍以爱国者祸国。遵即偕同于主席学忠电呈国民政府军事委员会、行政院，恭领革留处分；并即取消去岁十二月十二日以后之一切临时组织。仰报钧座扶持之殷，业经电陈，度邀钧鉴。张副司令返陕事，原不宜则事烦渎，惟职迭次函电所陈，确属实际情形。钧座既情殷爱护，曲予成全，乞早令归来，使此间军民，早慰谒望。鲍文樾等携此间所拟意见来辕晋谒，所列各项，或尚有未当钧意之处。惟职已煞费苦心，钧座爱职至切，知职至深，度能谅其所处之困难情形，力求实现今日救亡大计与陕甘一切善后事宜，非钧座入京主持，似难统筹尽利，务请俯念中枢之重，举国企盼之殷，早日销假入都，实深感祷。未尽之言，已嘱鲍文樾面陈。临禀悚惶，伏维垂鉴。

职杨虎城谨肃十六日

（2）鲍文樾等呈送之解决陕事问题方案

〔一〕

（甲）维持中央威信问题：

（一）杨虎城于学忠孙蔚如接受中央命令。

（二）取消十二月十二日以后临时组织，恢复一切常态。

（乙）张副司令出处问题：

A：

（1）设陕甘绥靖主任，以张副司令为主任，杨虎城为副主任。

（2）行营主任顾祝同驻洛阳。

以上两条同时并行。

B：

（1）行营以张副司令为主任，杨虎城为副主任。

（2）行营以张副司令为主任，顾祝同、杨虎城为副主任。

（丙）军事善后问题：

（一）A、为免除国际间误会起见，潼关、华阴一带酌留中央军驻扎；陕、甘、其他各地由东北军、第十七路军、红军分驻，其防地划分经三方商定后，呈请委员长批准。

B、（1）东北军驻武威、兰州、咸阳、宝鸡、固原、天水一带地区。

（2）十七路军驻西安、泾阳、洛川、韩城、朝邑、华县、商县一带地区。

（3）红军驻延长、延川、肤施、鄜县、庆阳、淳化一带地区，一部驻洛南，并一部驻凉州以西。

（4）中央军护路部队最大限三至四团。

（二）东北军、十七路军在委员长指挥之下，其用人行政及训练事宜由各本部全权负责办理。

（三）为免除国人疑惧起见，在承商期间，请委员长令何部长停止中央各军前进及其他一切军事行动。

附记：

委员长在西安所采纳之各项具体救国方案，请负责实现。此外，关于一切善后所需军费及军队编制饷糈，另定方案办理。

〔二〕

（一）给杨虎城以援绥名义，率领十七路及东北军或骑兵一部，组织援绥军（但此条仍恐有不完满处）。

（二）东北军开甘肃，十七路仍驻陕西，中央军驻潼关、汉中。

（三）为建设西北计，陕省主席仍由中央派人。至行营主任，拟请以何雪竹带萧之楚部驻西安。

〔陈布雷档案〕

20. 杨虎城于学忠表示为抗日救国目的愿领受革职留任处分的通电

（1937年1月16日）

杨、于铣日通电（筱未）电由何部长转来

去岁双十二之事，张副司令与虎城学忠之抗日救国主张，迭经电达，度邀洞鉴。窃思抗日之道，必须拥护统一，必须集中国力。为实现此目的，则服领袖，又为论理上之必然归趋。虎城、学忠此次追随张副司令之后，信守此旨，始终不渝。事已月余，其救国苦心，当已为中外所见。顷奉蒋委员长示，以文日救国主张，决定提出三中全会讨论，想御侮雪耻，人同此心，届时必可获众意佥同之良果。虎城、学忠感于蒋委员长之以肝肺相示，同情人士以和平相期，爰于谏日电呈国民政府军事委员会暨行政院，恭领对于虎城、学忠所为之革职留任处分，并取消去年十二月十二日以后之一切临时组织，用示爱护国家，服从领袖之赤诚。一面电请蒋委员长早日销假入都，主持中枢大计；并吁请其顾念事实，迅饬张副司令返陕，处理一切善后。想在上下共谋共信之下，当前问题既可速决，而救国要图亦不难及时策进也。特电奉达，敬希公鉴。

〔陈布雷档案〕

21. 孔祥熙为探察张、杨、于部队实情与樊嵩甫往来密电稿

（1937年1月16—20日）

（1）孔祥熙致樊嵩甫密铣电（1月16日）

华县。樊军长嵩甫弟鉴：松密。删酉电悉。我弟奉命部署前敌军务，责重事繁，务希益加奋勉，审慎从事。现在张、杨、于三人部队真实心理究竟如何？希望如何？能否始终合作？或将逐渐分化？如用政治解决，可否就范？若用武力，须费若干时日？有无把握？统盼探察，详确见复为荷。〇。铣酉。沪寓。印。

（2）樊嵩甫复孔祥熙密啸电（1月18日）

特急。南京孔部长庸之：松密。铣电奉悉。顷间杨虎城已于删〔铣〕日通电服从中央，接受新命。顾主席铣飞甬谒委座。杨所属师旅团长多不重杨听赤化分子之诱惑，各拥有财产，恐为共党所指摘，鼓动其士兵，故人人自危。张部将校亦与杨部同心理，然以畏破坏团体之名，不敢先发难。政治解决，张杨所属当能就范。惟改编赤匪一层，较为梗耳。兵不得已始用之，剿除流窜之匪，时日甚难预计也。且晋方北东两面空虚，我西进而彼东窜，不能守则攻无益也。刍见乞鉴核。樊嵩甫。啸未。秘。亲印。

（3）孔祥熙致樊嵩甫密皓电（1月19日）

急。华县。樊军长嵩甫弟鉴：松密。铣日杨虎城、于孝侯、孙蔚如已电呈国府，接受命令，戴罪图功。不料嗣又要求条件，拟将陕甘特殊化。中央势难采纳，故铣电未准发表。究竟前方情形如何，张、杨、于三人部队及共军是否团结一致，政治方式能

否解决，或非用兵力不可？希探确电复为盼。○。皓京。秘。印。

(4) 樊嵩甫复孔祥熙密号电（1月20日）

特急。南京。财政部孔部长庸之兄：皓京秘电奉悉。松密。张、杨、于三部原系同床异梦，近以统驭关系，猜忌颇深，兼之赤匪参入，益呈纷乱状态。闻现在张、杨各部将西安重要辎重移置蒲城、凤翔，可想见各自为谋之意态矣。拟请迅速用兵，促其分化，一面仍可用政治手腕应付。军事、政治同时进展，或较易结束。谨复。樊嵩甫。号午。秘。印。

〔国民政府财政部档案〕

22. 孔祥熙关于如何采纳杨虎城所提联共抗日各条件等致蒋介石密电稿

(1937年1月17日)

即刻到。溪口。蒋院长介兄钧鉴：○密。顷接京电，谓西安事件，中央因杨虎城等要求条件中关系军事者多不能容纳之点，对杨等接受命令之电，遂未向外间发表。据西安来人报告，各项条件中：(1) 早令汉卿回陕。(2) 顾主任祝同暂住洛阳。(3) 派汉卿为陕甘绥靖主任，令其整理张、杨两人及共党部队。(4) 由三中全会决定国策，抗日联俄容共。等情。今日已由西安代表携往溪口，面谒我兄请示。详细内容，谅邀洞察。究竟何者可予容纳，何者应予拒绝，权衡轻重，设法使其就范。惟弟日前曾电杨等，劝其先行接受中央命令，其他问题，再行缓商。今杨等既已电呈国府，承认中央宽大为怀，甘愿戴罪图功，似应即行宣布，使中外咸知杨等业已服从命令。杨等既仍就中央官吏，自不能再谓中央命令处理失当。至其要求条件，如果无理，将来仍可拒绝，设不服从，益显其反复抗命，亦仍可用兵讨伐。且共党如认杨等不应接受中央命令，更可启其分化，实于中央威信有益无损。特电奉陈，敬乞察夺。弟〇叩。洽亥。沪寓。

〔国民政府财政部档案〕

23. 何应钦关于陕方代表提出东北军与十七路军及红军分驻陕甘等条件致孔祥熙密电

（1937年1月18日）

何部长来电

孔部长庸之兄勋鉴：洽亥沪寓电奉悉。自密。已遵转林主席及楚伧兄矣。杨、于、孙等虽已电呈接受命令，但其代表朱春霖、鲍文樾、李志刚等此次到京，所谈陕方条件大要如下：（一）以汉卿为陕甘绥靖主任，虎城副之，统率东北军、十七路军及红军；行营主任顾祝同驻洛阳。（二）陕甘两省由东北军、十七路军、红军分驻，其防地划分由彼三方商定施行。（三）陕甘驻军之用人行政及训练事宜，由各该本部自行全权办理。（四）陕甘一切善后所需经费及陕甘驻军之饷糈由中央发给。至东北军、十七路军、红军之编制饷俸，由各该部自行拟定，云云。陕方意见如此，似已牵入容共及陕甘特殊化问题，中央势难予以采纳也。杨等电文发表与否，待与各方商量如何再奉闻。弟应钦。巧。秘。印。

〔国民政府财政部档案〕

24. 蒋介石指斥杨虎城等提出的解决陕事办法为“割裂军政破坏统一”函

（1937年1月19日）

委座致杨虎城书　第二函　一月十九日

虎城吾兄勋鉴：迭接来电，方幸陕甘局势渐有转机，兄等既愿接受明令，通电就职，复称取消十二月十二日以后之一切临时组织，私意以为兄等已认识国家危机，急谋结束变态，以求精诚团结矣。今观鲍、米、李三君携来商酌之办法，乃知兄等依然固执己见，不察国家之需要与事实，有出于寻常意想之外者。由兄等所提之要求，测兄等近来之心理，一方面以表示就职，掩盖国人之耳目；一方面则欲更进一步的割裂军政，破坏统一，以造成西北为特殊区域。表面虽宣称将一切临时组织撤销，而企图割据与罔恤危害国本，乃有加于昔。如此则兄等宣称就职，较之未表示就职以前，其为患于国家者将更大，而自身之表里不诚，将何以逃国人严正之责备。综合兄等要求之意，一则为西北之军事善后与人事分配，须以兄等之意为可否；二则限制中央军队之驻地，使不得越潼、华以西；三则部队之人事行政与训练，均须一任各部之自由。质言之，即不许中央过问西北之一切，亦无异使陕甘不为国家军令政令所及之陕甘，直欲使西北沦亡为东北之续，而一方面则以要求汉卿回陕主持为解决一切之关键。兄等此举，若明知其为国家纪纲所万不许可，而故以窘迫中央则得矣。如或尚有爱护国家拥护统一以御侮救亡之诚意，如兄等通电所云云，则三尺童子有以知其南辕北辙也。不辞觌缕，再为兄等质直言之：

其一，兄等应知中央无论如何决不能放弃西北。中央数年以来，确认西北尤其陕西为北方国防之根据。关于开发西北与建设西北之事业，无不本于国防之见地，按照计划尽力进行，不独国家资本对于开发西北经济、交通水利、铁道等建设不遗余力，尤奖励全国企业界大量投资，综计三年以来，合政府人民之资力，总数当在一万万元以上。而陇海线之向西延展及其联络各线之增筑，尤为国防上既定计划，无论如何困难，断不中止进行。财政困绌至此，而不惜竭全力以图之者，诚欲使后方交通与国防要地得有相当之规模，以为御侮复兴之根据也。兄等前电屡以中央军向西进迫为言，而今则更欲限制中央军之驻地与兵额，此无论在国家纲纪与统一意义上，兄等不得为此要求，且以中央军队入陕为意在威胁屈服，更属误会曲解之至。诚以去岁西安事变，既已引起内外之忧疑，如中央军队不进驻陕省，国内外经济界即不能确信其投资之安全。信用一有动摇，一切建设将无法继续。更就国防军事而言，亦何能坐令此根据重地与后方交通无确实之保障。此均为事理所必然，不待隐讳，亦无可否认。中央如放弃西北，即无异放弃国防，亦即无异于自弃其职责，故无论任何困难牺牲，势不能不确实掌握此重要之国防根据。兄长既以积极对外为标榜，以领导救亡望中央，而今所要求，乃欲摈中央军力于陕西以外，使其放弃国防基础，且不得过问西北，诚不料兄等之昧于事实一至于此。事实发生以来，国内舆论之痛心疾首于兄等者，皆以干犯纪纲、劫持统帅为兄等咎。若就国家生存大计而言，则劫持统帅之咎尤小，而破坏国防之罪实大。如不迅谋补救，举国同胞皆将不能为兄等恕，千秋万世，无所逃于历史之谴责。此兄等所万不可不察者也。

其二，关于汉卿回陕问题，兄等以友谊袍泽关系，一再请求汉卿回陕，在私人感情上，容或不能不有此表示。但如为国家整个打算，稍明爱人以德之义，则应知汉卿在陕甘变局未定以前，即令国府许可而遽回西北，其自身在责任观念上亦无以对陕人与国人，无以对军中袍泽。不独汉卿如此，即〇〇以数年来力主建设西北为国防重要根据之人，而托付无方，处理未善，以肇此空前之事变，使国家蒙受损失，反躬自省，实亦无以对国家，无以对国人，更无面目以再论国事。故陕甘之统一一日未复，即〇与汉卿之罪责一日不得而卸除。汉卿深知此意，故并无回陕之请求，而惟望问题之速了。日前彼托瑞峰兄携回之函，即可知其耿耿西望于兄等者为何事。兄等诚以国家为重，即应体汉卿之心为心，克除成见，迅下决断，确实接受中央处置，使陕甘之事大定，〇得稍减神明之疚戾，届时自当续请政府，俾汉卿仍有以自效于国家。前函仍详晰言之，愿兄等勿再作此不可能之要求，以增汉卿与〇之罪戾也。

其三，兄等当知集中国力应无害于国家之统一，而不能假此以遂其把持割裂之私图。此次西安事变，中央不惜枉法以求全，固为国难当前，凡属国家力量，均应逾格爱惜。然国家之统一，则不能任其有丝毫之毁伤。今日一般国民，均知非统一不足以御侮，而意志之统一与军事政治之统一，尤为对外必要之条件。为求得意志之统一，即不能有危害国本之主张与离间煽惑之宣传。为保持军事与政治之统一，即不容自划区域，而形成割据独立之形态。过去二旬间，陕省之宣传与行动，其为分散国力，抑集中国力，固不必多所追述。今日兄等之要求，则何异于将陕甘一切悉令特殊化，何异于要求中央放弃其国防建设与后方根据地。试问如此情形，能达抗敌救亡之目的乎？口头言服从领导，而事实上形成独立，破坏统一，能达抗敌救亡之目的乎？西北为我中华民族发祥之地，全国人民方将不惜全力，以之为复兴之基础，断不能任其有赤化恶化之情势，沦为危害国本之根据地。兄等诚明此义，应勿使其造成复杂特殊之情形。否则兄等以爱国救国为名，而竟不惜危害国家，妨及民族生存，甘与全国为敌，试问将何以自存？自事变迄今，中央爱惜国力，多方委曲之苦心昭然，于天下以共见。兄等同是炎黄胄裔，果有自谋之智与谋国之忠，即应简单坦白，放弃错误，昭示诚悃，表里一致，接受命令，确实服从国家之处置，而迅使西北规复统一之常态，则中央只求国防之基础不受影响，统一之政令得以保持，必使兄等及所有部队均得其所，亦必无负于兄等救国之初志。不然，则是兄等必欲以国事为儿戏，不惜自误以误国。此即非〇〇之所忍言，亦不愿再向兄等有所辞费矣。〇〇负疚之身，休假山居，本无如何之职责，兄等若必孤行到底，此后不独西北问题非○所欲置喙，即汉卿今后之行止如何，亦非○之所愿过问。追念多年患难与共之盛情，及国事不堪再误之危况，辄不禁质陈所见，而致其最后之忠告。何去何择，惟兄及东北诸将领共察焉。手此。即问时祺。

〔陈布雷档案〕

25. 杨虎城于学忠等呈述执行甲案实际困难并提出六项要求等文电

（1937年1月20—23日）

（1）杨虎城致蒋介石哿亥电（1月20日）

鲍、米、李三君本日下午五时抵陕，捧到钧谕，敬悉一是，除转示各将领商讨后即行陈闻外，谨此奉复，职杨○○叩。哿亥。

（2）杨虎城致蒋介石马巳电（1月21日）

兹派李志刚于本午十一时飞奉，晋谒钧座，报告一切。谨先电呈。职○○叩。马巳。

（3）杨虎城复呈蒋介石书（1月21日）

委座钧鉴：昨电计邀钧览。李志刚等赍到谕言，恳悃周详，所以为西北计为职等计者，既深且厚，转示袍泽，无不感动万分。此间将领对于钧座极端拥护，矢志服从，无时不以国家民族为念，更无违反钧座之意。前示甲案，应当接受。惟西北情形已趋复杂，执行甲案事，各方实际上之困难仍属不少。凡此情况，谅蒙洞察。谨再派李志刚趋前晋谒，陈述一切，务恳钧座对于此间实际各问题详加训示，俾便遵行。

(4) 于学忠等致张学良电（1月23日）

于学忠等致张汉卿漾戌电　一·二十三

张副司令钧鉴：致志一养申电奉悉。日前志一、瑞风返陕，奉到钧谕，仰见钧座爱护国家领袖与部属之至意，极为感动。当由杨主任召集职等全体，从详计议，经一致决定，遵照委座暨钧座意旨，接受前定之甲案。惟以执行甲案时，困难之点尚多，并经决定陈述意见六项，请求委座核准指示，以期早日解决。遂由杨主任派李志刚持函并携带意见晋谒委座，面陈一切。六项意见如下：(一)在实行中待东北军、十七路军、红军布置就绪后，再请中央军进入铁路线防地，并在实行前请中央军回入华县以东地区，以便此间前线各军移动。(二)潼宝铁路线，请中央军勿驻兵过多，以安人心。(三)东北军仍请留一部驻陕境之西兰公路上(咸阳至邠州)，并留一部在西安维护其家属。(四)十七路军请以一师人驻西安。(五)副司令既暂难回陕，请给一名义，以维系东北军心。(六)红军遵照委座指示办法，在三中全会未决定国策以前，请授权杨主任予以接济。以上六项，均属解决实行甲案困难之必要事项，初非违反委座意旨，别有要求。嗣杨主任奉到委座来电，略谓李志刚携来各件，已电嘱顾墨三全权办理，希与接洽等语。业经由杨主任嘱职、柱国与墨三商洽进行。又阎百川昨曾来电，谓对执行甲案可将困难提出，愿为负责转商。当经众议决定以上述各项意见陈复百川，并已电呈委座鉴核。此系日来经过情形。职等以后仍必仰体钧旨，并秉杨主任意旨，力图善后。伏乞勿念。并时加训示为祷。职于学忠、王以哲、马占山、何柱国、董英斌、缪澂流、沈克、刘多荃同叩。

〔陈布雷档案〕

26．杨虎城为阎锡山愿为调人并奉行甲案问题复李志刚电

（1937年1月22日）

杨虎城复李志刚养亥电

养午电悉。兄行后适阎副委员长来电，略谓：请对于甲案将所有困难提出，可由弟转商。商定之后，弟并可负责保证。等语。当即以商定办法电复，请其连同此间困难各点一并转商见示。缘此间始终仰体委座意旨，力谋政治解决，阎公既可代为转商，自为此间所心愿。至此间情形，兄所深悉。各方对于奉行甲案，均出至诚。不过以执行时问题甚多，故烦兄晋谒委座请示一切，俟委座于体察事实之中，指示确定办法后，即可开始实行。倘委座能遴派大员如力子先生者，莅陕宣示委座德威，抚绥一切，并将实际情形示以具体办法，俾善后各事得以早日就绪，尤为弟及各将领所最企望者也。特复。

〔陈布雷档案〕

27．蒋介石关于将陕事交顾祝同全权处理致杨虎城密电稿

（1937年1月22日）

长安。杨主任虎城兄：○密。刻接由奉化转来兄函，诵悉。○因贱恙未痊，静养山中，不便问事，对于陕事已交墨三兄在前方全权办理。刻已收志刚兄携来各件，电墨三兄与兄洽商，望就近接洽可也。中○〔祃戌〕

〔陈布雷档案〕

28. 蒋介石关于与杨虎城谈判六项意旨致顾祝同密电稿

（1937年1月22—24日）

（1）1月22日电

委座致潼关顾主任
洛阳刘主任电稿　并分由何部长知照

〇密。顷电虎城，可在前方与墨三兄接洽。如彼派人来洽商时，可以下列六项意旨为标准。（照抄所附六条）希本此旨洽商。至其中所规定之时间与地点，如确有稍须改易之处，希酌量伸缩之可也。一月二十二日

一、中央军于本月二十八日以前暂驻原防地。

二、东北军、十七路军须于本月二十八日以前撤至泾阳、咸阳、鄠县以西地区；徐海东、陈光瑞在陕南各部应同时一律撤至陕北。二月五日以前，中央军进至咸阳至宝鸡一线，接防完毕。

三、中央军定本月二十九日进驻西安与咸阳之线。

四、东北军可酌留一师约三团兵力暂驻西兰公路咸阳至邠州一段。

五、十七路军可酌留一团至两团兵力驻西安附近，但其驻地由行营指定，并于中央军到达西安时，十七路驻西安部队暂时集结于王曲，以免误会。

六、张副司令之出处与名义，须待西北问题完全解决时另定之。

除上列六点外，余可酌办。

（2）1月24日电

委座致顾主任祝同电　一月二十四日上午九时发

限即刻到。潼关顾主任勋鉴：○密。前电指示，对彼方前来洽商时之办法六项，除十七路军驻西安附近兵额可改为酌留一旅已见昨电外，兹再补充如下：(一)原第四项东北军可酌留一师，约三团兵力，可改为约三团至四团。(二) 原第五项后段中央军到达西安时，十七路驻西安部队暂时集结于王曲句下，可再加或分驻于王曲与新城二地。(三) 另加第七项如下：对第三者部队，准由杨主任秉承顾主任之意，设法接济。特电达遵照。中○（　）侍秘。溪。

附录委座手谕原文

集结于王曲句之下，再加或分驻于王曲与新城二地一句为要。并以此意与对共党处理，今晚新增之一条转电顾主任。

〔陈布雷档案〕

29. 何应钦关于顾祝同与米春霖等会谈东北军撤移等问题的电话报告

(1937年1月25日)

(1) 第一次报告（1月25日凌晨）

何部长电话报告前方商谈情形，一月二十四日夜十二时三十分（第一次）

（顾主任十一时二十分电话报告）

与米春霖谢珂等谈约二小时，大概结论如下：

（一）张学良之名义问题，彼方要求于东北军移动时发表名义。

顾主任答：俟西北问题解决，顾到西安后呈请中央发表，惟在未解决前由中央自动发表亦未可知。(何部长说：东北军最重视此点)。

（二）关于双方军队之行动，双方派负责人员互相视察。东北军撤退时，我方警戒步（部）队撤回，以免误会。

（三）东北军酌留二或三团驻西兰公路咸阳至邠州一带。彼方嫌兵额太少，要求增加。

（四）十七路得驻一旅在西安附近。

彼方无甚表示（似系默认，或因米、谢均为东北军代表，故无表示）。

（五）第三者之接济，由杨主任秉承行营意旨办理。

彼方要求第三者部队移动之先，发款若干（何部长意拟发十万至二十万）。

△彼方另有要求两点：

A、彼方对此次西安事件之经费，请中央承认补给（顾问其数目）。

B、十七路军、东北军移动时，请先给三个月伙食（顾答可先给一个月，如一个月以上须请示中央）何部长意拟许给两个月。

至于撤退日期，俟以上数项决定后再研究。

彼方已将上项结论以电话通知何国柱，彼方正在开会研究中，今晚当有回话云云。

（2）第二次报告（1月25日上午）

何部长电话报告　　一月二十五日上午二时　（第二次）

顾主任续告情形如下：

已与何柱国通电话；

一、彼方请求西兰公路上东北军驻一军。

二、西安附近请求驻十七路军约两旅。

顾主任意见，认为兵额稍增似亦无妨。

顾欲请示钧座者两点：

一、第三者移动时发给若干，总须三十万（至少）至五十万。

二、西安事件中已用之费六百万彼方请予核销，可否准许二百万。

定今日十时再谈。请核示后电话通知何部长转告。

〔陈布雷档案〕

30. 蒋介石关于张学良名义及东北军和十七路军“移防”问题的电话指示要点

（1937年1月25日）

委座电话告部长七项要点　　一月二十五日上午九时

一、东北军在西兰公路上可先驻四团，待其移防完毕以后准再增两团亦可，但咸阳城内不可驻部队。

二、十七路军在西安附近，于其各部未移防完毕以前不能超过两团兵额。待各部移防完毕后，如有必要亦可酌增一、二团。惟其驻地仍须由行营指定令行。

三、第三者移动时，以三十万元为度。

四、西安事件报销之费用，最多不得过二百万元。

五、十七路、东北军移动时，准发一个月伙食；待其移防完毕时，准再先发一个月。

六、张汉卿名义必待其部队移防完毕后方能呈请，此时如果请求发表不惟无益，适增国民之反响，徒戾汉卿而已。

七、第一步，各部撤至西安、咸阳以西时期，最迟不得超过本月三十日；第二步，移防完毕不得超过下月十日。但东北军入甘路程较长，准予酌量展申，然亦不得过下月十五日也。惟中央军接防陇海全线至宝鸡，必须于下月五日以前完毕。

〔陈布雷档案〕

31. 何应钦关于顾祝同继续与米春霖等会谈情形的电话报告

（1937年1月26日）

何部长电话

顾主任来电话报告如下：

电示七点已悉，即与米等接谈。由米与何柱国在电话中谈商约半小时，顾亦与何谈约二十分钟。东北军方面表示大体可接受，但要求先发表张之名义而后移动。此并非即欲张回去之意，实因部属朋友感情关系，不能不顾。如中央将此点办到，即照所定办理。顾之意见，如不能给与名义，或于彼方移动时即为办理恢复公权事。此外，彼方并希望二点：（一）东北军统帅问题——请以于为甘绥靖主任，所遗甘主席职由张汉卿另保一人；（二）绥署组织为扩大经费略予充裕，以便容纳东北失意分子。顾拟预定二十七日为彼方开始移撤日期。约定六时至八时作最后决定。附带报告三点：（一）第三者接济，此间前已给一百万，移动时我方给五十万；（二）事变善后费恐须给三百万；（三）第三者驻地，要求陕南、北各驻若干，顾已拒绝，告以陕南不能驻。

（二）

何部长电话

顾主任来电话大意如下：

今日下午四、五时何（柱国）杨（虎城）联名电顾（以电话转电）请顾转呈中央早日发表张一名义，因东北军中下级长官甚不放心，恐政治解决后张一无保障。顾即复一电，大意与委座所说者相同，俟部队开动完毕后可请中央给一名义。彼方得电后，今晨召集中级官长说话，最后决定在十时至十二时可得最后答复。

顾认为并非有意延宕，而高级官长实有困难，请委座要予以谅解。

(三)

何部长电话

据顾主任电话报告：

商谈情形不能迅速开展，杨之态度并不如何坚持，第三者亦未出而捣乱，问题全在东北军。

东北军高级将领大体均可接受命令，但对下级不能不妥为运用，期无阻挠。现在西安城内祇王以哲、鲍文樾、何柱国、董英斌四人，王、鲍均有病，不甚积极，何不能作主，亦甚着急。何已找刘多荃，并找缪澂流分头说明，多方运用，总想把部队运用成熟才下令。目前困难尚多，设计委员方面，由吴家象去疏通，尚无结果，政训人员正在阻挠，军官中亦有态度甚恶者，均为下级居多。米春霖、谢珂数次去电，顾本人与辞修、武鸣、俊如都在分头努力运用，总要照委座意思贯彻，到万不得已时始用兵。

(四)

何部长来长途电话　　一月二十六日九时三十分

顾主任来电话报告要点如下：

已与何柱国数度电谈，米春霖亦与何在电话中接谈，切告他们要有办法不能再迁延。何(柱国)说为表示诚意，先撤退渭北一部份，但请中央先恢复张之公权。顾答须完全撤退后可照办，彼此保证。何说部属不安，尤其中下级难以一一晓喻。顾对何说，应再努力劝谕彼等，不能再坚持成见，如待至今晚仍无解决，则不必再谈。现提二条办法，以便易于劝慰：

(一)将铁道正面之东北军撤至西安城附近，中央军进至临潼后，由中央办理复权。

(二)将渭北部队撤至三原以西，我军进至三原，届时请中央办理复权。

此电经报告后，奉委座面谕：二条办法均不行。因恢复公权，须国府委员会决定，如西北问题未解决前，事实上不能为之呈请。彼等如相信我，即应完全相信；如不能相信，则不必再谈，应照顷发所发之手令做，望顾主任勿提此议。事实上难以办到，要他们明了此意。

即以电话复何部长转告

一月二十六日十时

〔陈布雷档案〕

32. 蒋介石令刘峙等对东北军如不依限撤退宣布“和平破裂”并轰炸其阵地电

（1937年1月26日）

委座致刘峙、顾祝同电　一月二十六日下午七时二十分用电话亲告何部长

刘、顾二主任：如东北军作梗，至明日（即二十七日）正午再不撤退，则可通告其自明日午后起即为和平破裂，先对东北军前线阵地及其前方司令部开始轰炸，对于西安新城各目标暂缓轰炸，以示区别。中〇手启。

〔陈布雷档案〕

33. 张学良促前方各将领接受“移防”命令并依限撤退电

（1937年1月27日）

张汉卿致前方将领电　一月二十七日

潼关米瑞风、谢韵卿二兄速转鼎芳、柱国、宪章、开源、芳

波诸兄及各军师长同鉴：知前方仍未接受移防命令，万分焦急。此事如前次瑞风、志一两兄回陕时，兄等接受甲案并即实行，则良之出处此刻已不成问题。今因迁延，引起误会，委座实属为难万分。若今日再不接受，而仍以良之问题为先决条件，则爱我即以害我，不但害我，且害我团体，害我国家矣。时机迫切，务望诸兄立命部队于今日正午以前开始移撤，勿再固执误事为要。学良手启。感辰。

〔陈布雷档案〕

34. 何应钦转报东北军将领与杨虎城等集会商定请恢复张学良名义及部队撤退等事项的电话记录

（1937年1月27日）

何部长电话　一月二十七日午后二时

顾主任电话报告如下：

昨晚东北军将领与杨虎城（到杨、孙蔚如、何柱国、吴家象）在杨宅开会；另一组（鲍文樾、政训处人员及一部军官）在一陈姓科长家开会。两方开会后又合并开会，商定结果：（一）关于部队撤退要展宽期限，因行李辎重开动须要十天，行李辎重搬完后二天方可开始移撤，移撤时亦须两天。（二）要求张汉卿到部队说话，而后可一律开始移动。（三）三中全会前将张之名义等问题办到，并使张出席全会，说明政治主张。今晨五点钟将上项条件由何柱国以电话告顾。顾回说，不必谈了，最好请再开会考虑之。约定十时再通电话。十时来电话，仍坚持。顾即决绝回答，不必再谈。

米春霖与何通电话，涕泣劝告要他们接受命令。适委座及张之二电均到。米又找他们恳切再劝，经数小时商量，结果对中央命令决定接受，但仍望中央对张特予宽大，仍允即为办理复权并给名义等事。米与何商定三项折衷办法：(一)渭河南岸连同在西安部队，五日内撤至渭河北岸三原一带；(二)希望部队移动时，中央发给伙饷；(三)部队撤至渭河北岸后，希望中央办理张之复权授职等手续，并使其出席全会。顾对第(一)点谓恐中央不答应；对(二)允酌发；对(三)谓撤至渭北后对复权事总可酌办。

此电报告委座后，奉谕：可由顾酌允办理(俟撤至渭北后当为向中央呈请)，但须使东北军知悉，如再迁延反复，待至军事开始后，则对张汉卿一切均不过问，亦难再为之保障矣。

即以此意电何部长转告　一月二十七日午后二时三十分

〔陈布雷档案〕

35. 蒋介石关于十七路军与东北军撤退事项及中央军进驻西安日期复何应钦电话记录

(1937年1月28日)

委座复何部长电话　一日二十八日上午十时三刻

转告顾主任三项办法：

一、七天撤完一语，应定确实日数，如〇月〇撤退完毕，能提早更好。

二、我方军队到西安，应定为下月一日到达。

三、发一个月经费事，可酌备现款由洛阳送去。第一次不必带过多，数目由何部长决定之。此款交顾主任派人与米春霖同去西安，将西安存款查明一并提发，不敷时可续寄。第三者移动时，如要求宽发经费，可酌允宽给之，免其从中阻碍。

〔陈布雷档案〕

36. 张学良关于陕事请按蒋意旨及前方商定办法实施致于学忠等函

(1937年1月29日)

孝侯、柱国、秀芳、宪章、鼎方、开源、公侠、志一、芳波诸兄鉴：顷闻大家皆能接受中央命令，甚为欣快。但又闻各师团长中多有以良之问题尚未能一致者。目下大局及国家问题重于良个人问题千百倍，诸兄对良之爱护，听闻之下，十分感愧。但良有求于诸兄者，请恳切转告各师旅长暨各团营长与各级官兵：良与诸位共患难十余载，愚昧之处不知有几，但未尝敢计及个人利益，而将国家利益置为缓图，想为诸同志所见及。夫良之国难亦兄等之国难，良之家仇虽不敢云为兄等之家仇，但兄等亦不能不分担若干。在今日情势之下，切盼兄等劝谕部下，本良救国勿祸国之初衷，万勿斤斤于良个人问题，致误大局。现陕事委座已交由顾主任全权处理，瑞风、韵卿两兄亦已代表兄等前往接洽。务必遵照委座之意旨及前方所商之办法，迅速实施，勿再迁延为幸。良在此一切甚好，请勿过念。兹因顾虑前方情形，特修此书飞送转达。专此。并颂戎安。请向虎城及诸位致意。弟良顿首。于溪口寄。二十九日。

〔陈布雷档案〕

37. 何应钦转报顾祝同与何柱国谈判东北军移撤及陕甘主席人选等问题的电话记录

(1937年1月30日)

何部长电话　一月三十日下午二时到

顾主任下午一时报告与何柱国所谈之要点：

（1）何要求派欧亚机接于孝侯，顾答已派，下午三时可到西安。

（2）何云：现对东北军青年将领已说服了，只待于孝侯由兰州来，再向他们说一次话即转撤。顾问：如此岂不延迟？

（3）何答：日期不延长，下月三日（七天限期内）必撤完。并云：现虽停迟两天，但必有办法可如期撤完。

（4）何要求彼部撤退时，我渭南部队略向后移至华县（顾已允酌向后略退）。

（5）彼方希望：甘肃绥靖主任请政府命于孝侯充任，所遗甘肃主席由张学良另推荐一人请早日发表。

（6）据何说："孙蔚如亦不愿担任陕主席"。但此层杨虎城方面未提起。

（7）关于经费问题，东北军款项，彼说一月为一百九十七万（照我方计算系一百七十一万，或者彼方系将西北剿匪总部之每月十万及特别费十万并计在内），又十七路除中央原来所发给者外，有陕省补助三十万，此次亦请中央垫发。

（8）西安事变善后费，顾前允二百万，原拟在西安银行存款内核销，但彼方说存款已用尽，此二百万请中央另给。

又第三者经费决定发五十万。

总共以上各款要五百万。彼方报告已用六百万，将来报销清算。

（7）（8）两项可否照办？请核示！

（9）关于是否要求张到部队说话，未谈起。

（10）综合情形，据何在电话中言：今日较乐观云云。

〔陈布雷档案〕

38. 蒋介石关于拨发西安军事善后特别费与何应钦等来往密电

(1937年1月30—31日)

(1) 何应钦请示电话（1月30日）

何部长来电话请示　一月三十日下午十时

一、东北军拟先给善后费一百万。

二、十七路军拟借给二十万或三十万，俟后再行清算。

三、第三者拟发五十万。

上三项如蒙核准，请电财部特予筹发，交何部长汇顾主任转给。

奉面谕："照办"。一月三十一日分电财部孔部长
军部何部长

(2) 蒋介石致孔祥熙密电（1月31日）

致财部孔部长电　一月三十日

特急。南京。财政部孔部长转勋鉴；〇密。关于西安军事善后特别费，兹据何部长转据顾主任祝同呈拟办法，经核准发给东北军、十七路军等共计约需国币一百八十万元。希即日特予筹发，交由何部长转汇前方顾主任转给。除电何部长就近接洽外，希迅予照办为要。中〇。

(3) 蒋介石致何应钦密电（1月31日）

致军部何部长电　一月三十一日

特急。南京。何部长勋鉴：〇密。关于西安军事善后特别费，计：东北军发给一百万元；(二)十七路军可借给二十万元至三十万元；(三) 其余部队发五十万元。顷已电财部，即日筹发国币一

百八十万元，交由兄转汇顾主任转给。希即就近向财部洽领，并转知顾主任为要。并盼电复。中〇。

〔陈布雷档案〕

39. 顾祝同关于指定红军某部的驻区及拨发每月经费等问题的请示电

(1937年1月31日)

顾祝同世巳滝电

昨与何通电话时云：周某要求派代表来，其来意当不外要求该军长之办法。职意对该军长之办法：(一) 番号不变，由中央指定驻军区域，每月酌予接济。我军对其警戒，抗日时一致抗日。(二) 完全收编。但收编时应令其履行事件至如何程度始可承认，即请示以标准，以便应付。

复：暂可以(一)项办法处置。至其驻兵区域，可暂照西安方面前所提对彼等指定之范围为准。每月接济约二十至三十万，但仍由虎城间接领发。至其详细办法，必须俟各军移防完妥后再商。对其代表，可告以周〇〇努力和平之成绩，示以传令嘉许之意。

一月三十一日下午七时

〔陈布雷档案〕

40. 杨虎城等宣告与顾祝同商定陕甘善后四事的通电

(1937年2月4日)

自"九·一八"以来，瞬逾五年。此五年中，强敌侵凌，得寸进尺，淞沪、滦东、长城各役，屡经抗战，究以限于局部，未足以戢其吞噬之野心。策动犯绥，又已数月，虆虽未逞，势将再举。张副司令暨虎城、学忠等，鉴于时势所需，舆情所向，非集合国力积极抗敌，无以挽救危亡。而具有举国共仰之才力威望，足为领导抗敌之惟一领袖者，厥为我蒋委员长。爰以对内和平对敌抗战之救国意见，于近数月中，反覆陈述，期获听从。幸经双十二后，我委员长俯鉴赤诚，明察现势，表示容纳所献各项救国意见。张副司令遂于十二月二十五日，躬送入都，束身归罪，试一回溯当时情况，应知我委员长之虚怀纳谏，与夫张副司令之为国忘身，洵为前史所无，旷世仅有。只此一事，已足使国际观听为之一新。而懔然于中华民族之不可侮矣。凡此经过，前已迭电宣陈，第恐道途遥阻，或有未达，故复简述一二。自委员长返京后，此间军民，惟冀救国政策立即实施；并盼张副司令早日承命返陕，躬自领导，为援绥复土之前驱。不图于委员长休假返里之际，中央军复西进，入陕甘境者几达四十师。张副司令虽邀赦典，而公权未复，无行动之自由。陕甘人事命令与军队部署同时颁发，而关于对内和平、对外抗战之措置，尚无所闻。遂致西北人心，忧惶郁愤，莫测中央用意之所在。虎城、学忠等对于我委员长备极信仰，矢志靡他，然处此情形，亦殊无词以解一般人之疑虑。为安定人心计，不得不于渭南一带，酌布队伍，藉示保障，但仍严加约束，力避冲突。盖双十二之举，原期永息内战，一致对外，岂复愿以对外之力量，供对内之牺牲！此区区相忍为国，酷嗜和平之苦衷，当为海内所共见。至积极抗敌主张，则基于一致爱国之热诚，始终未敢放弃，业经呈蒙委员长覆示，以国策攸关，必于三中全会提请公议，决不抹煞。此外关于陕甘善后重要各事，尚有向委员长请准及与顾主任祝同商定者四端：甲、在三中全会前，由委员长呈请国府，恢复张副司令公权，并发表职务，俾得自效。乙、陕甘军队部署原案，酌为变更，容纳此间切合实际之意见。丙、军队移防，除一部略变现时位置外，均俟张副司令返陕训话后再行开始。丁、陕甘民众爱国团体，均仍旧维持，并对流亡人员，尽力妥为安置，以定人心，以备国用。上述四端，连同其他细目，商定实施后，兹事遂告一段落。此双十二以来经过大略及决定办法，愿向全国人士郑重宣告者也。虎城、学忠等追随张副司令，参与双十二之举，自信心地光明，绝无权利思想，只以不甘国土之日蹙，不忍国力之自摧，感于张副司令之至诚，因而不辞卤莽，附骥其后。中央鉴其愚悃，或予留任，或免置议，感奋之次，图报益殷。但求抗敌救国之策得以早日实现，对内固不惜最大之隐忍，对外更不计一切之牺牲，而拥护统一、拥护领袖之素志，尤必始终不易。事实俱在，讵待烦言。际此民族存亡之紧要关头，适开决定大计之三中全会，所冀举国上下，共矢团结之诚，速作抗御之计，并力合衷，共信共谅，虎城、学忠等誓以张副司令之心为心。竭其全力，为国效死，苟有一毫之私伪，必为天地所不容。谨此宣言。

杨虎城　于学忠　孙蔚如　何柱国　董英斌　缪澂流　刘多荃

民国二十六年二月四日

〔陈布雷档案〕

41. 蒋介石饬何应钦等注意杨虎城支日通电意图及对策的电令

(1937年2月6日)

委座致何部长、刘顾二主任（语酉机）电　手令（杭发）

何部长、刘顾二主任勋鉴：杨虎城、于学忠支日通电，其原电有否与兄等预商？其词句甚不妥。其中有与顾主任商妥之四项条件，而以其第三项之军队移防除一部略变更现时部署外，均俟张返陕训话后再行开始一节，最可注意。其用意一在对各方面不承认其完全撤兵，总待各方响应；一在预为张不回陕，第二步不再后撤之余地。应深切注意，不可忽视。如杨部在西安城内不允我军入城自由处置，则一面即将后方主力西进，照兄等前电所拟之部署实施可也。如果西安形势不佳，则墨兄以主任名义将与杨等所商撤兵办法及其接受命令实情，拟稿通电各省，以明真相。但不必提其支电，亦不必根据其支电与之驳辩，只将〇前致虎城最后忠告之原函发表，并根据此函意拟稿。又，须言明西北问题如不完全解决，〇与汉卿本人皆不愿预问其事之意，特别言明为要。

〔陈布雷档案〕

42. 蒋介石关于对陕策略及准备进攻西安军事部署致刘峙顾祝同电

(1937年1月7—11日)

(1) 1月7日电一

委座致刘经扶、顾墨三阳戌机溪电

对陕策略，应以政治为主，军事为从。我军各路，应照战略单位，先向各地区开进，周密布防。一面对各地区后方勤务如通讯、交通、粮秣等，积极筹备，充分补充；一面再向张、杨各将领交涉劝导，使其不得不为最后之服从。对于其前后方部队官兵与人民，另用各种传单，每日时时用机飞送散发，并可用张名义代制，劝导其部属服从中央，接受命令，乃为救国自救惟一之出路等意。用最合情理、最简单文字，使其官兵离心，失却战斗力；并使其东北军遵命迅速集中甘肃，团结一致，保存实力，以为报效国家之地等语劝之。另以中央或中正名义散发传单标语，大略以爱护张杨各军，官兵一视同仁，以及中央宽大为怀，优遇汉卿，与胁从罔治之意。如其服从中央命令，即是出路；否则，抗命盲从，即是死路。多以苦海无边，回头是岸之意动之。

并由兄等名义，对于自拔来归者之各种赏项，定为等级轻重以动之。但此项传单，须待将开战时用尽政治方法后，再行散发。然对叛军将领各种谈判与答复，须限其时日，以促其速决。最初仅用压迫姿势，步步逼紧，使其知中央已有决心不能延宕之觉悟。然不必即时开火，总以军事为准备之手段，而达到政治解决之目的。但于此谈判期间，应作各种战术攻城与巷战之训练与积极之准备，勿使前方军心松懈。尤应知非有攻克西安之准备，杨决不愿自动放弃也。总之，此次解决西北，多用策略宣传，竭尽各种政治之手段，而对于文字传单词句之调制散发尤为重要，望照此进行。各路战略展开，何时可毕？盼复。

(2) 1月7日电二

委座致刘经扶 顾墨三阳戌二机溪电

前电谅达。如能用政治方法，使我军能有一部和平进驻西安城，然后相机再用根本解决，是为上策。其次，使东北军能离陕入陇，赤匪旁观中立，俾杨逆孤立心寒，然后攻之，亦不失为中策。望照此意应用进行。又西安究有高射小炮几门，近置何处？应详查注意。

(3) 1月8日电

委座致刘经扶 顾墨三庚戌溪机电

昨电总意：以战事应充分准备，但不轻易发动。又望以军事威胁为手段，而达到政治解决为目的。故各种军事计划之考虑，应于未开战之前，不嫌其细密周到，亦不必求其急速也。然战事发动之后，应用迅雷不及掩耳手段，须定期攻克西安，亦不容有所迁移也。教导总队与三十六师既定为攻城队，则在未攻城之前即可作为总预备队，并令其随带防毒面具与即时练习，以免临不惯也；并令空军充分准备各种瓦斯炸弹，以备万一之用。此次作战，最先一战须猛须速，故最前部队，不仅作战准备要充分，而且亦要精强。其次，后继部队与监视部队，不妨稍差，如潼西路上敌守县成，则我军可用相当兵力监视，但监视兵力亦应加厚，防范工事亦应加强，不使其冲破包围线为度；一面用空军轰炸与劝降，而主力则专意向西安猛进，期速达成攻克西安之主目的。现时对于地形敌情，应分配各部队特种任务，令其分别研究与准备；对于南北两路各纵队，亦应令如此切实准备，总望于开战后十日内克复西安，而于攻击西安之攻城器材，尤应周密准备为要。

(4) 1月10日电

委座致刘经扶
顾墨三灰午机溪电（补录第四电）

严令各路前方部队，未下总攻击令以前，应力避冲突，勿使接触。致总攻击令，必须候中核定为要。

(5) 1月11日电

委座致刘经扶
顾墨三第五电（1月11日上午11时发）

昨电以总攻击令未下以前，应避免前方冲突之意，谅已明察。但兄等在前方对逆方表示，不能不紧张激昂，并须限其解决日期，使其不敢延宕。意对其派来或我方派去之人，限定铣日为最后之期，如过此则再无商洽余地之意明告之。对我军官兵，应特别激励士气与敌忾心，切勿稍带骄矜恃沾之心。盖杨部与赤匪之狡悍，实为不可轻侮也。总之，对陕运用，不忘政治为主，军事为从，而尤须以对逆紧急，对内严密。在前方，对逆表示应激急严厉，多对军事说话，而政治之运用则属之后方。如此前后策应，刚柔并用，乃易达成目的。望照此意进行。

〔陈布雷档案〕

43．何应钦转报十七路军与东北军决定撤退渭北等事项的电话记录

（1937年1月28—29日）

（一）

何部长电话　一月二十八日上午十时三十分

转告顾主任由潼关来电话

一、昨夜三时何国柱来电话，关于部队撤退，决定如下：

自二十八日起开始撤退，其渭河南岸（连西安商县在内）之部队撤到渭河北岸，七天撤完。

今日前线不撤（意谓在后者先移）。至撤退程序，今日十二时再由何商顾决定。撤退时双方派高级军官监视。

我军前进至临潼，西安时间，今日再商定。

二、彼方部队到渭河北岸，系指西兰公路（三原包含在内）渭北，东北军亦须撤退一部份。

（附记）彼方要求撤至渭北时即恢复张之公权，并要求张至部队上说话。顾答俟撤至渭北后当请中央恢复张之公权，俟顾到西安后，当请求允张至其部队上说话。但张是不是前往，则不能定。

三、先发一个月经费（三者均在内）但西安城内银行之纸币已用尽（至多只存数十万），要南京准备现款送去。

关于事变善后经费，顾只答应承认二百万。彼方说困难，顾谓到西安后再说。

四、民众团体组织，彼方希望仍旧存在，顾说到西安查明再说。

五、已告何柱国要杨虎城亦派一人至潼关。

（二）

何部长电话　林蔚文代转　一月二十九日十一时三十分

十一时接顾主任电话如下：

（一）今晨三时与何柱国通电话，决定：

1．自二十八日起，第三、四两天渭河北岸队伍撤退；第五、六两天，渭河南岸部队撤退。（商县兰田包括在内）

2．彼方拟于撤退时发表宣言，内容俟顾主任同意再发表，现尚未接洽。

3．希望顾到西安时，勿多驻队伍于西安城厢附近，特务工作人员及宪兵暂勿进西安城。十七路驻西安城内一旅约三团。（此层顾已允第一步特工人员不入西安城）

4．何柱国说，十七路及东北军军官心理皆恐惧我方乘机解决其部队，请顾主任保证。顾已应允，请他们放心。

（二）今天双方派军各十人，组织前线监视团（各派一人为团长），混合组织分为两组：（1）渭南，（2）渭北组，监视渭南渭北部队撤移。

〔陈布雷档案〕

44．蒋介石令刘峙等注意陕军撤退情形并积极准备进攻密电

（1937年1月29日）

（1）蒋介石致刘峙顾祝同电

委座致刘峙顾祝同电　一月二十九日下午二时发

刘顾二主任：○密。顷由文蔚转来今晨三时与前途商洽各条电话已悉。此后应注意及进行者：（一）应多挑选妥实人员往渭

北各军师长处为联络员，视察其各部队撤退后行进之地点及其方向与当地布防形势，并属其联络感情宣慰。（二）杨虎城在西安城内要留三团兵力，似太多，但此时不必与之争执或预先婉商。其三团部队在王曲与新城各驻半数，将来准其移驻城内。（三）陕军惯于巷战，应特别注意我军入西安部队应选其能攻巷战者为要。（四）应仍防逆匪失信变卦，故我各集团军仍积极准备，以备随时进攻，切勿被欺。此应切记，且严戒疏忽。中。手启。

（2）蒋介石致何应钦艳电

电话何部长　一月二十九日

应告刘经扶、顾墨三：对于逆军在渭南商县以及渭北之后方部队与行李，有否向后方撤退？又，应注意咸阳至邠县及三原各公路上之运输及其部队行动，并注意其撤退程度如何？应派空军时时分路侦察，而对于拂晓与黄昏时之侦察尤为重要。并望随时用电话报告。一面令催朱逸民西路部队限期于下月一日到宝鸡、凤翔以东地区，对咸阳，盩厔一意进取为要。我东路军决于下月一日向逆开始进攻，积极准备勿误。中〇手启。艳巳。

〔陈布雷档案〕

45．蒋介石令顾祝同警告东北军若再不如期撤退即向其阵地进攻与轰炸密电

（1937年1月30日）

委座致顾主任电　一月三十日发

顾主任勋鉴：〇密。如李志刚到潼，可托其转告虎城兄，若东北军再不遵命如期撤退，即视其为和平统一之最后障碍，则中央万难再忍，必于下月一日起向东北军阵地进攻与轰炸。而于西安及十七路与其他各军所在地区，尤其已撤至渭河北岸指定地区

者，只要其地上有符号，则概不轰击。并将不得已不能不独攻“反抗命令阻碍和平破坏统一者”之苦衷转告；一面可以此意多制标语，向东北军及十七路各阵地飞散警告为要。中。

〔陈布雷档案〕

46．何应钦关于东北军等撤移情形暨蒋军进逼西安一带的电话报告

（1937年1月30日—2月5日）

（1） 1月31日电话

何部长来话报告　一月三十一日晚十二时

据顾主任报告如下：

一、何柱国说：撤兵照原定计划七天可完，不致拖延。俟七天撤完，当派机到华阴接顾到西安。顾在电话内告以现潼关有事待处理，俟完毕即到西安。

二、顾希望南京即派飞机送第一批现款到洛阳（即与俞次长商派机矣）。

三、何柱国说：明天系二月一日，渭南步哨线撤回本阵地，要求我步哨线最前线略向后，顾已允办。顾对何部长言，前方事彼可完全负责，不致延误。

四、商县徐海东部已向兰田退去，商县城内有民团数百未撤，李默庵拟派人去看。

五、李志刚回西安与虎城有所接洽，明天（一日）回潼关。于孝侯在西安，一时不他往。

六、何部长问题，以彼方既在撤兵，而孝义镇、田市镇、零口、马额镇尚筑工事为何？顾已问西安方面，据谓：东北军在蒲城、白水、富平、高陵儿县仍拟略驻队伍，说系修正甲案所许可。顾说要查明，明天拟告他修正甲案中无此点，与之交涉。

七、据顾判断，咸阳目前尚不能去驻队伍，拟到西安后再与交涉。

八、顾请将善后费及第三者经费早汇洛阳。

何部长电话　二月一日

潼关顾主任电话报告：

一、白水、蒲城、富平、高陵一带，彼方仍驻队伍。

二、李志刚即可来潼，西安公安局长王某同来。

三、杨虎城在蒲城驻有一旅一团，现在要檀自新（骑十师）调开，如不遵命，恐要冲突（我方已暗中帮助嘱檀困守蒲城）。

四、我飞机到渭南侦察，被渭南叛军向飞机射击，降落我阵地。

五、何柱国昨晚对顾说很苦恼，请求中央军到宝鸡凤翔稍缓几天，希望五日以前勿到咸阳。顾允与刘主任商量。

六、李及兰部队到汧阳—续向宝鸡、凤翔前进。

(2) 2月2日电话

何部长电话　二月二日

潼关来电话如下：

一、彼方渭北部队，今日开始撤退高阁镇、贾曲镇、张桥镇、刘集、晋古镇之线，明后两日，再撤渭南部队。

二、饷款已送百五十万到西安。

三、已与檀自新接洽，令集结蒲城，不随彼方行动。

何部长电话　二月二日

潼关顾主任下午五点四十五分来电话：

（一）渭北队伍已撤退，由孝义镇至三原一带队伍甚多。

（二）李志刚今日到潼，将从前所谈者整理成十二条，由顾用电报转呈。

（三）关于军队驻扎地点，与前商者无甚出入，蒲城、富平、高陵彼方要驻军不允让出。陈光瑞股在商县龙驹寨一带尚未开走，徐海东部尚有一部在商县至黑龙口（商县西）一带，顾已嘱李志刚转令撤退。现商定第三者将来撤退地点，预定仍在延长、肤施一带，但能去否，在磋商中。

（四）彼方要求甘绥署组织要扩大一些，又以前要求以于为甘绥靖主任、主席由张另保一人，究应如何答复？请示。

（五）据李志刚言，杨虎城拟派孙蔚如到潼后，再来谒委座请训。

〔电顾〕：令第三者将陈光瑞股令开陕北，否则作为其无诚意也。甘绥署组织与省主席入选，待与张商定后再告。

（3） 2月4日电话

何部长电话

二月四日徐培根转述顾主任电话报告：

（一）二十三师到渭南，七九师一部到赤水，顾主任不久可到渭南。

（二）十七路军孙友仁旅（七、八、九三团）已反正，两团在新市镇，一团在蒲城西北，云阳镇东北，其八、九两团已无问题，惟七团尚无把握。

（三）陈诚与何柱国通电话，何希望张回陕，否则惟有自杀，孙铭九，苗剑秋等三人已逃，余已逮捕。

（4） 2月5日电话

何部长电话　二月五日

接顾主任电话报告如下：

一、我三十六师到渭南以西零口镇，明日继续向临潼前进。

二、以后布置，预定三十六师到西安南门外一带，七十九师接三十六师之后，在临潼以西到西安一带，五十七师开至咸阳，二十八师亦在咸阳，教导总队在灞桥，二十三师在临潼。

三、我（十）师李默庵部已到商县，陈光瑞股向商县西南黑龙口方面退却。

四、渭北我方部队前进者不多，朱一民方面四十九师已到扶风。

五、顾主任拟俟部队到临潼，即向临潼前进。

六、蒋鼎文明日飞京转杭州，或迳飞杭州。

〔陈布雷档案〕

47．蒋介石关于中央军入驻西安时的部署致刘峙等手令

（1937年2月6日）

委座致刘顾二主任鱼已机电手令（杭发）二·六

刘顾二主任勋鉴：一、我军入西安之时，至少要先驻守东西两门及钟楼，或先进驻两门后，再看钟楼有否杨部驻守。如无杨部，则我军可自动进驻钟楼，否则与之妥商，令其让防。又我军进驻两门后，应即先发表卫戍司令名义，以卫戍职权可指挥与处理城内军警及维持治安，但态度须和平示之，而防备应时刻勿怠勿懈。惟勿过显露紧张。二、我渭北部队至少要推进至张桥交口与北田镇一线，切勿延缓。三、严令陈光瑞部限期撤至陕北，否则作为其无诚意之表示也。

〔陈布雷档案〕

48. 蒋介石关于中央军进驻西安城后应注意各事致顾祝同密电

(1937年2月7日)

委座致顾主任祝同虞电(一)　二月七日自杭发

顾主任：○密。铭三见来杭，面告甚详。对西安处置步骤与部署，可照兄等预定办法进行，并相机独断为要。惟前约东北军在西安驻一团者，乃系孙铭九未暴动之前，且防其不易令调之故。今孙已解决，则东北军自无驻西安城之必要，且其所驻者为东门，故中意墨三兄未入城之前，须令其东门与新东门以及东关部队，先让防归中央军进驻，不可太疏忽。如何？希详酌之。墨兄入城后，应注意二事：（一）与杨详商处理西北整个办法，详询其意见，且略示推重之意，要其先述办法，并探测其赤匪与张部之方针态度与其轻重之程度，最后探询其李志刚谓其自有进一步办法者，如何进行与实施？此节或不必急遽直问，可先用志刚、登云及邓宝珊等间接运用督促，务使其与中央一致能切实办到。（二）对恩来及共产党代表态度，凡实际问题，如经费地区等皆令其仍由杨间接负责处置，不可与之有确切具体之表示，但不可多与之说感情话，最好派代表与之接洽。墨兄本人不必多与见面，即使第一次允其见面时，亦须用秘密方式，均勿公开，以免其多来求见也。（三）初入城与其三方面各人会面时，不可向之用离间之言及使其疑惧团结；而对虎城认其为三位一体之中心，自当稍加另眼相待，如使其能自动与我方就商其彻底办法则更妥也。此电底应即付丙，切勿带往西安。张冲同志来时，可与之切商也。中○手启虞午。机。杭。

委座致顾主任祝同虞电（二）

顾主任：〇密。张冲同志本日乘车来陕。其来访兄时，请转其在陕另候约期，十号暂勿来。中〇手启。虞酉。机。杭。

〔陈布雷档案〕

49．行政院奉发国民政府恢复张学良公权的训令

（1937年2月18日）

行政院训令　字第00927号

令财政部

案准国民政府文官处二十六年二月十七日第一一一二号公函开：迳启者：关于军事委员会蒋委员长呈请将张学良复权，俾得自效，经奉交由司法院核复，张学良所受褫夺公权五年之徒刑，似可免其执行一案。兹奉国民政府二十六年二月十七日令开：张学良著予复权。此令。等因。除分函外，相应函达查照。等由。准此。除分令外，合行令仰知照。此令。

院长　蒋中正假

孔祥熙代

中华民国二十六年二月十八日

〔国民政府财政部档案〕

50．国民党五届三中全会关于西安事变的决议

（1937年2月19日）

大会之决议文：大会接受蒋同志中正关于西安事变之报告及所辑《西安半月记》小册后，深以当时变起仓猝，幸蒋同志于至险至恶之危难中，独能持不可犯之正气，秉大无畏之精神，使倡乱者衷心慑服，感动悔悟，故卒能扶危定倾，弭止大乱。大会于其

为党为国夷险不渝之风谊，深致佩慰。在此事变中，因抵抗不屈而殉难之文武人员，或守正犯难以殉其生，或忠勇抗拒以殉所职，其效命党国，成仁取义，均正气凛然，可歌可泣，大会尤致景仰悼惜之意。至倡乱者之所谓八项主张云云，当其要求蒋同志提出中央时，蒋同志即毅然以严正之态度，声明反对，大会尤深佩慰。此项主张，不问其内容如何，惟既出以叛逆行为及胁迫之方式，显系托词造乱，实国法军纪所不容，大会应不予置理，以绝效尤。惟本党秉承总理宽大仁恕遗教及与人为善之精神，对于迷途知反悔悟自拔者，概可推诚相与，绝不追究。但冀此次悔过诸人，寘能革面洗心，彻底觉悟，矢其忠诚，以报党国。

〔国民政府国史馆档案〕

中華民國史檔案資料滙編

第五輯 第一編

政治（四）

中國第二歷史檔案館編

鳳凰出版傳媒集團 鳳凰出版社

目　　录

（四）国民党防范青年学生运动概况

一、颁布青年学生团体组织法与实施情况统计

1．学生联合会组织条例

（1928年10月16日）……………………………………（1）

2．学生自治会组织大纲

（1930年1月23日）……………………………………（5）

3．学生团体组织原则

（1930年1月23日）……………………………………（7）

4．国民党中央执行委员会关于学生团体组织原则及根本精神的指令

（1930年3月21日）……………………………………（10）

5．国民党中央民众训练部颁布学生训练暂行纲领施行令

（1931年2月5日）……………………………………（15）

6．国民党中央民众训练部关于青年团体组织概况统计

（1936年4月）……………………………………（19）

二、所谓整饬学风与防范、破坏青年学生运动概况

1．国民政府颁布整饬学风令

（1929年2月27日）……………………………………（21）

2．国民党中央组织部关于上海特别市党部查封该市学生联合会案函件

（1929年6月7日）……………………………………（22）

3．国民党中央训练部为抄发《共产党福建省委关于学

生群众工作指示通告》饬各地严密防范密令
(1929年10月21日)…………………………………………(34)
4. 国民党中央秘书处关于破坏共产党领导厦门大学学生运动案致中央训练部函件
(1930年4月11日)…………………………………………(38)
5. 国民党浙江省组织部报告中等以上学校党员侦查校内共产党分子办法呈
(1930年11月14日)…………………………………………(40)
6. 行政院长蒋介石告诫全国学生不得掀动学潮书
(1930年12月9日)…………………………………………(42)
7. 教育部关于整饬学风的训令
(1930年12月11日)…………………………………………(45)
8. 国民党上海市党部等关于中国公学学潮经过及改组校董会的文电
(1930年12月—1931年2月)……………………………(47)
9. 教育部为抄转搜获之中共江南省委关于学校当前中心工作通知事致中央大学严密注意的密训令
(1931年1月31日)…………………………………………(68)
10. 国民党中央训练部关于上海光华大学学潮起因经过及处理办法与教育部来往函件
(1931年1—2月)…………………………………………(72)
11. 章超关于北京大学各种团体组织活动情况的报告
(1931年5月)…………………………………………(78)
12. 章超关于北大共产党人及其他团体活动情形的报告附反帝国主义大同盟等传单
(1931年5月10日)…………………………………………(79)
13. 章超关于北平民大共产党及其他组织活动情形的报告附烽火社《纪念“五二一”宣言》
(1931年5月22日)…………………………………………(82)

14．章超关于北大共产党活动情形的报告附左联北平分盟《“四一二”四周年纪念宣言》等传单
（1937年5月23日）……………………………………（85）
15．章超关于北平民大社会科学研究会活动情形的报告
（1931年5月30日）……………………………………（89）
16．章超关于北平高等学校各种党派社团组织活动情况的综合报告
（1931年5月）……………………………………（92）
17．章超关于北大民大共产党人活动情况的报告
（1931年6月12日）……………………………………（95）
18．教育部关于整顿教育制止学潮的训令
（1932年8月2日）……………………………………（96）
19．教育部为中共青年团拟在青年中开展活动饬中央大学注意防范的密令
（1933年10月13日）……………………………………（98）

（五）人民抗日救亡运动的兴起与国民党的政策措施

一、五三惨案与国民党对人民反日爱国活动的遏制

1．张汉孺口述：“五三惨案”目击记
（1928年5月）……………………………………（101）
2．国民党中央关于应付“五三惨案”的方案办法
（1928年5月6—10日）……………………………………（103）
3．国民党中央执行委员会关于限制并取缔学生抗日爱国宣传活动的训令
（1928年5月）……………………………………（112）
4．国民党中央关于禁止学生罢课游行及停止检查日货的决议案和命令
（1928年5月9—26日）……………………………………（113）
5．国民党中央秘书处关于禁止上海工界对日后援会组

织工人先锋军的公函
（1928年6月27日）……………………………………（114）
6．云南省政府奉电禁止各民众团体罢课罢工集会游行等反日救国活动令
（1928年5—6月）……………………………………（115）
7．国民革命军总司令部奉转国民党中央禁止对日罢工排货密令
（1928年8月1日）……………………………………（116）
8．蒋介石饬查办反日游行示威群众捣毁外交部长住宅令
（1928年12月14日）……………………………………（117）
9．杨树庄为福州日商店伙命案密函改组反日会并侦查正凶电
（1928年12月14日）……………………………………（118）
10．国民党中央秘书处为反日会改组为中国国民救国会其组织纲领已修正通过致中央民众训练部函
（1929年2月15日）……………………………………（119）
11．国民党上海市执委会报送国民救国会组织条例呈
（1929年4月12日）……………………………………（123）
12．云南省政府为应日领事要求取缔反日会组织的训令
（1929年7月1日）……………………………………（126）
13．国民政府文官处关于解散重庆反日同盟会与刘湘往来密电及有关函件
（1929年7—8月）……………………………………（128）
14．首都反日会组织与宣传计划工作大纲
（1929—1930年）……………………………………（132）
15．国民党中央宣传部张建勋关于全国反日会组织及活动状况调查报告
（1931年2月4日）……………………………………（140）
16．蒋介石为取缔各界群众检查日货活动致南京中央党

部丁秘书长密电
（1931年7月31日）……………………………………（141）
17．行政院为禁止检查日货致各省市政府密电
（1931年8月4日）……………………………………（142）
18．青岛市政府为制止各界反日援侨委员会检查日货与行政院往来密电
（1931年8月22—24日）……………………………（143）
二、九一八事变后各界反对依赖国联要求一致抗日的斗争
（1）国民党对学生抗日救国运动的压制政策与处理概况
1．国民党中央执行委员会告全国学生书
（1931年9月25日）……………………………………（144）
2．教育部关于压制学生抗日救国运动要点及注意事项电
（1931年10月8日）……………………………………（146）
3．国民党中央训练部等关于制止各地学生来京组织全国学生抗日救国总会与中央秘书处往来密函
（1931年10月）…………………………………………（147）
4．国民政府禁止各地学生入京请愿令
（1931年12月5日）……………………………………（149）
5．全国青年学生抗日救国运动情况简明统计表
（1931年9月22日—12月17日）……………………（150）
（2）上海文化界与学生的抗日救国斗争及国民党的防范措施
1．国民党中央民众训练部胡星伯关于上海文化界救国会活动情形调查报告附上海市党部取缔该会办法
（1931年2月7日）……………………………………（247）
2．胡星伯关于调查上海文化界救国会组织活动情况及防范计划的签呈
（1931年2月14日）……………………………………（249）
3．张群关于防止上海学生抗日救国活动与行政院往来

密电
（1931年9月21—25日）……………………………………（252）
4．上海市长张群报告日本浪人和士兵干涉学生抗日救国宣传活动文电
（1931年10月）………………………………………………（254）
5．国民党中央训练部吕奎文等关于上海各大学抗日救国团体活动情况的调查报告
（1931年10月）………………………………………………（256）
6．行政院为防范上海各大学抗日会代表来南京活动致首都卫戍司令部笺函
（1931年11月5日）…………………………………………（274）
7．张群等报告无法阻止上海学生赴南京请愿及罢课游行示威情形密电
（1931年11—12月）…………………………………………（275）
8．铁道部为阻挠学生赴京请愿无效致国民党中央训练部公函
（1931年12月14—17日）……………………………………（279）
9．上海市政府关于中等学校联合会等为锦州失守决定赴京请愿抗日并发起市民大会情形的电呈
（1932年1月8—17日）………………………………………（281）
10．上海市政府关于民众反日救国联合会追悼杨同恒烈士大会情形致行政院呈
（1932年1月12—18日）……………………………………（283）
11．上海各大学学生抗日救国联合会要求政府退出国联代电
（1932年1月13日）…………………………………………（285）
12．淞沪警备司令戴戟转报上海各界召开市民大会情形呈
（1932年1月20日）…………………………………………（286）
（3）北平学生的抗日救国活动与国民党的阻挠破坏

1．北平各学生团体为日本侵占东北要求一致对外抗战文电
（1931年9—10月）……………………………………………（288）
2．北平各校学生抗日救国联合会组织章程及告士兵书
（1931年10月）………………………………………………（294）
3．北平市长周大文关于阻止北大等校学生赴南京请愿与国民党中央训练部往来密电
（1931年11—12月）…………………………………………（297）
4．行政院关于制止北师大救国会深入长辛店铁路工人中开展抗日救国宣传活动的训令
（1931年12月3日）…………………………………………（299）
（4）上海、北平等地学生请愿团在南京的斗争及其被镇压
1．国民党中央训练部吕奎文等关于上海学生抗日救国请愿团在宁活动情况的调查报告
（1931年9—10月）……………………………………………（302）
2．国民党中央训练部杨立坦关于到南京学生请愿团名称、人数、负责人及主要活动情况的报告
（1931年11月7日—12月22日）……………………………（309）
3．北平学生抗日救国示威团告农人书
（1931年12月15日）…………………………………………（322）
4．北平学生抗日救国示威团为遭国民党军警镇压告全国劳苦大众书
（1931年12月15日）…………………………………………（323）
5．北平学生抗日救国示威团关于“12·15”事件宣言
（1931年12月15日）…………………………………………（325）
6．北平学生抗日救国示威团为国民党“12·15”屠杀抗日救国学生告兵士书
（1931年12月16日）…………………………………………（326）
7．谷正伦关于派军警强制押送北平上海等地请愿学生

回籍情况的报告
(1931年12月17—18日) …………………………………… (327)
8. 国民政府关于镇压入京请愿学生“越轨”行动的通令
(1931年12月18日) …………………………………… (330)
9. 国民政府饬各省军政长官严行制止学生出境游行示威电
(1931年12月18日) …………………………………… (331)
10. 北平学生抗日救国运动联合会要求释放被捕同学呈
(1932年1月) …………………………………… (331)
(5)江苏各界反日救国会等的抗日活动
1. 江苏省淮阴、丹阳各界反日救国会要求速息内争共御日寇侵略电
(1931年9月) …………………………………… (333)
2. 南京金陵中学抗日救国会宣言及告民众书
(1931年10月) …………………………………… (334)
3. 南京市各学校抗日救国会组织大纲
(1931年12月) …………………………………… (337)
4. 国民政府文官处关于武进、无锡等县学生抗日救国会要求停止内争共御外侮致行政院函件
(1932年1月) …………………………………… (342)
5. 东吴大学及附中学生揭露校长压制学生抗日救国活动的有关文件
(1932年1月) …………………………………… (343)
(6)东北民众反日救国会的抗日活动
1. 东北民众救国会请息内争速定救国大计的通电
(1931年9月30日) …………………………………… (351)
2. 东北民众反日救国会关于救亡图存誓死抗日宣言
(1931年10月) …………………………………… (351)
3. 东北民众反日救国会声明不承认傀儡政权与日本侵

略军所订任何条件的通电
(1931年10月4日) …………………………………………… (353)
4．东北民众反日救国会警告袁金铠等函
(1931年10月) ………………………………………………… (353)
5．青岛大学东北同乡反日救国会反对日帝侵略东北告全国同胞书
(1931年10月) ………………………………………………… (354)
(7)其他各地反日救国会等的抗日活动
1．西安各界反日救国会要求统一军权实力抵抗日寇侵略通电
(1931年9月28—29日) ……………………………………… (355)
2．河北省法商学院关于反日救国办法的快邮代电
(1931年9月) ………………………………………………… (356)
3．湖南省学生抗日救国团体反对日帝侵略东北并要求政府息内争以御外侮电
(1931年9—10月) …………………………………………… (358)
4．甘肃省各界民众反日救国团体要求速息内争共御外侮的通电
(1931年9—10月) …………………………………………… (360)
5．四川省岳池、忠县及宜宾等县民众反日救国会要求停止内争共御外侮的通电
(1931年9—10月) …………………………………………… (363)
6．刘文辉报告成都各界于艳日罢工罢耕罢课罢操并举行反日示威游行电
(1931年10月1日) …………………………………………… (365)
7．江西省教育界反日救国团体反对日寇侵略东北要求政府对日绝交宣战的文电
(1931年10月1—25日) ……………………………………… (365)
8．陕西省政府报告该省教育界反日救国会集会反对日

本武装侵略东北电
(1931年10月20日)……………………………………………(368)
9. 河南全省民众抗日救国总会为暴日侵占东省宣言、告民众书及决议案等文电
(1931年10月)……………………………………………………(369)
10. 河北省政府关于制止天津北洋工学院学生检查日货与行政院往来密电
(1931年11月2日)……………………………………………(374)
11. 浙江温岭僧人华日等组织僧界救国祈祷会致中央党部呈
(1931年11月19日)……………………………………………(375)
12. 国民党浙江省党部关于杭州市中等以上学校组织学生抗日救国会情形函电
(1931年12月)…………………………………………………(377)
13. 山西省政府关于省党部屠杀抗日救国游行请愿学生激成罢市罢课情形致行政院电及有关文件
(1931年12月18—23日)………………………………………(379)
14. 国民政府文官处检送中国少年步行救国宣传队组织与宣传大纲等致行政院函
(1932年1月1日)……………………………………………(381)
15. 国民政府文官处奉转广州市学生请愿团要求准予两广军队开赴东北收复失地致行政院函件
(1932年1月26日)……………………………………………(384)
三、一·二八事变后人民抗日救亡运动的高涨
(1)上海各界反对淞沪停战妥协的斗争
1. 上海市政府报告无法阻挠沪市成立各种抗日义勇军组织情形密电
(1932年1月28日)……………………………………………(386)
2. 朱庆澜、黄炎培、马良、张一麐、李四光、傅斯年

等人要求中央调军援沪抗击倭寇电
(1932年1—3月)……………………………………………(387)
3. 上海市商会等团体要求国民政府增援淞沪抗战反对停战议和电
(1932年1—3月)……………………………………………(388)
4. 全国商会联合会要求政府消除分歧共御外侮的快邮代电
(1932年2月9日)……………………………………………(389)
5. 上海市民地方维持会史良才、王晓籁等要求政府速派援军至沪驱逐倭寇电
(1932年2—4月)……………………………………………(390)
6. 上海市各民众团体要求政府派军援沪抗日反对停战议和有关文电
(1932年2—5月)……………………………………………(392)
7. 上海郊县姚文枬、夏琅云等要求政府速定和战大计以解战区灾民困苦电
(1932年4月16日)……………………………………………(395)
8. 国民政府文官处关于上海市教育界救国联合会要求严守领土反对让步案的函件
(1932年4月21日)……………………………………………(395)
9. 上海市民沈郁文关于淞沪停战谈判方略的条陈
(1932年4月27日)……………………………………………(398)
(2)全国各地反对淞沪停战议和与要求收复失地的呼声
1. 广州市商会等团体成立救国筹款委员会并呼吁各界募款接济十九路军沪上抗日电
(1932年3月1日)……………………………………………(401)
2. 中国妇女救国大同盟等团体严斥汪蒋铲除异己实行不抵抗主义罪恶行径的代电
(1932年3月4日)……………………………………………(402)

3．甘肃省抗日救国会要求政府停止淞沪和议实行铁血政策奋斗到底的代电
（1932年3月10日）……………………………………………（403）
4．河南省立一中与郑州扶轮中学救国会要求收复失地并严惩镇压学运祸首呈
（1932年3月11—12日）………………………………………（404）
5．沙市民众慰劳前敌将士大会责斥国民政府弃援十九路军抗敌坐丧国土通电
（1932年3月12日）……………………………………………（406）
6．中央大学前敌将士后援会、平汉铁路工会等单位联合提出《抗日救国工作条陈》
（1932年3月14日）……………………………………………（407）
7．国民政府文官处检送四川各界民众促成会请调全国军队开赴淞沪前线抗敌的公函
（1932年3月23日）……………………………………………（410）
8．国民政府文官处检送威尔逊总统号船中国海员要求政府以武力收回东北及上海失地的公函
（1932年3月25日）……………………………………………（411）
9．开封各业工会抗日救国联合会反对淞沪协定要求限期收复失地代电
（1932年3—5月）……………………………………………（413）
10．杭州学生抗日救国联合会等团体游行示威要求政府收复失地反对签订丧权条约的文电
（1932年3—9月）……………………………………………（414）
11．国民政府文官处奉转陕西学生抗日救国会要求非日军撤军不得言和的函件
（1932年4月18日）……………………………………………（415）
12．国民政府文官处奉转四川旅沪同乡会反对淞沪停战议和的函件

（1932年4月19日）……………………………………………（417）
13．重庆商会等团体反对政府与日寇签订丧权辱国条约电
（1932年4月19日）……………………………………………（418）
14．福建厦门、晋江、长乐等市县民众抗日会反对签订丧权辱国条约要求整师抗敌电
（1932年4—6月）……………………………………………（419）
15．湖南省衡阳、湘潭等地学生抗日救国会要求政府驱逐倭寇收复失地代电
（1932年4—6月）……………………………………………（421）
16．北平市各界抗日救国会要求市政当局停止干涉禁售日货等爱国活动代电
（1932年5月3日）……………………………………………（422）
17．南京各校抗日救国会责问政府为何不收复失地并阻止学生救国运动书
（1932年5月19日）……………………………………………（424）
18．江西李烈钧、张定璠等痛斥国民政府倚赖国联坐误收复失地良机的通电
（1932年10月21日）……………………………………………（425）
19．蒋光鼐、蔡廷锴反对对日妥协通电及吴铁城禁刊该电的密电
（1933年5月25—26日）……………………………………………（426）
（3）各抗日救亡团体的组织活动
1．上海青年自愿决死抗日救国团报告组织活动情形文电
（1932年1月—1933年4月）……………………………………（428）
2．国民党中央训练部罗芳垲等调查青年自动赴东北援马抗日团在宁活动情况的报告
（1932年2月22日）……………………………………………（437）
3．河南省政府抄报《驱日前线敢死队告民众书》致行政院代电

（1932年2月）……………………………………………（445）
4．袁鹤、罗诚等为组织中国国民抗日救国军致国民党中央党部呈
（1932年2月）……………………………………………（446）
5．上海学生组织援助东北义勇军反对李顿调查团报告书联合会聘蔡元培为名誉委员函
（1932年）………………………………………………（450）
6．中国青年反日救国步行全国乡村宣传队为扩大宣传抗日救国呈
（1933年2月21日）………………………………………（451）
7．张伯苓熊希龄等发起成立东北热河后援会并号召捐款支援前方电
（1933年2月28日）………………………………………（452）
8．国民党上海特别市党部等关于各大学学生联合会组建情况公函及报告
（1933年3—4月）…………………………………………（453）
9．行政院为察哈尔留平学生抗日会呈请集中军力民力抵御暴日致财政部笺函
（1933年4月21日）………………………………………（458）
10．国民政府文官处奉转东北青年抗日铁血团报告致行政院公函
（1933年5—6月）…………………………………………（460）
四、“一·二九”抗日爱国运动的爆发
（1）“一·二九”运动的爆发与各地学生的响应
1．监察院调查各省学生响应北平学生“一二·九”抗日爱国运动状况的文电
（1935年12月—1936年1月）……………………………（464）
2．国民党江西省执委会关于南昌市学生响应“一二·九”运动举行反日爱国游行活动情况呈

（1935年12月27日）……………………………………………（467）
3．国民党浙江省执委会报告该省学生响应“一二·九”运动举行请愿示威情形致中央民训部呈
（1935年12月28日）……………………………………………（470）
4．国民党汉口市党部报告武汉学生举行游行示威实况与处理经过情形致中央民训部呈
（1935年12月31日）……………………………………………（472）
5．国民党上海市党部报告学生举行反日游行示威与赴京请愿经过情形致中央民训部公函
（1935年12月31日）……………………………………………（475）
6．国民党上海铁路特别党部关于阻止学生赴京请愿与学生在北站等地开展抗日救国宣传活动情形致国民党中央党部呈
（1935年12月—1936年2月）……………………………………（480）
7．监察使周利生关于北平学生“一二·九”、“一二·一六”反日爱国运动遭军警镇压情形的调查报告
（1936年1月18日）……………………………………………（494）
8．国民党上海铁路特别党部关于复旦大学学生赴苏州开展抗日救国宣传活动情形呈
（1936年1月31日）……………………………………………（512）
（2）国民党防制学生爱国运动的政策措施
1．国民党中央民众运动指导委员会为防止学生聚众请愿致江苏省党部密电
（1936年1月9—10日）…………………………………………（513）
2．蒋介石与秦德纯等关于制止平津学生爱国运动并限期解散平津学联会的往来密电
（1936年1月）…………………………………………………（513）
3．行政院召开全国中等以上学校学生代表谈话会发言纪要及座叙席次名单

(1936年1月14日) …………………………………………… (518)
4．国民党江西省党部关于破坏学生反日爱国运动措施的报告
(1936年1月24日) …………………………………………… (530)
5．教育部压制学生挽救民族危亡举行罢课游行的令文
(1936年1月29日) …………………………………………… (534)
6．教育部转发中央民众训练部拟订之处理学生团体临时办法的训令
(1936年2月1日) …………………………………………… (535)
7．国民党中央民众训练部关于防范上海文化界救国会人员至各地串联活动的函件
(1936年2月) …………………………………………… (536)
8．国民党政府查禁平津学联会与清华、燕京等高校要求政府收回成命的文电
(1936年2—3月) …………………………………………… (538)
9．国民党北平警宪搜查北大、清华两校并逮捕爱国学生情况的通讯
(1936年3月1日) …………………………………………… (540)
10．教育部奉发《维持治安紧急办法》的训令
(1936年3月6日) …………………………………………… (543)
11．国民党中央民众训练部为严防全国学生第二次大罢课致京沪汉及苏浙等省党部密函稿
(1936年3月6日) …………………………………………… (544)
12．国民党中央民众训练部与河南省政府关于取缔该省学生救国联合会并镇压学运活动的往来文电
(1936年4—5月) …………………………………………… (545)
13．国民党中央民众训练部处理全国学生抗日爱国运动情况的报告
(1936年7月) …………………………………………… (546)

14．国民党中央民众训练部关于防范上海文化界救国会发动学潮的密函
（1936年9月15日）……………………………………………（548）
15．国民党中央民众训练部为设法消弭北平学潮致教育部密函
（1936年10月20—27日）…………………………………（549）
16．国民党中央民众训练部关于如何指导各学校抗日救国总会等的密决议
（1936年11月5日）……………………………………………（550）
17．国民党中央民众训练部请制止北平学生为援绥抗日并要求释放邹韬奋等联络各地学生团体赴京请愿的密函
（1936年12月1日）……………………………………………（550）
18．国民党中央民众训练部拟订之“应付目前北平青年问题办法”
（1937年5月27日）……………………………………………（551）
（3）各地民众抗日救国运动的发展
1．全国学生救国联合会关于最近时局的紧急宣言
（1936年6月21日）……………………………………………（553）
2．上海新闻检查所扣发的顾颉刚等六十二位教授对时局宣言稿及有关文件
（1936年10月）…………………………………………………（555）
3．广西大学教授李进薩等反对日本提出的反共、取消抗日运动等无理要求并请政府对日实行强硬外交的函
（1936年11月11日）……………………………………………（559）
4．李宗仁先生在广州对记者谈话：惟有焦土抗战才能取得最后胜利
（1936年）…………………………………………………………（560）
5．郭鸿群关于天津学生运动情形致国民党中央训练部

报告
（1936年8月19日）……………………………………………（565）
6．国民政府文官处奉转清华大学要求政府维护领土完整与公布中日谈判真象的公函
（1936年10月14日）……………………………………………（566）
7．国民政府文官处奉转广西省学生抗日救国联合会要求政府对日实行抵抗与经济绝交的公函
（1936年12月3日）……………………………………………（568）
8．国民政府文官处奉转南开大学学生会要求政府停止对日经济提携谈判并武装制止走私的公函
（1937年4月7日）……………………………………………（568）
9．国民党中央宣传部关于防范上海量才职校人民阵线开展抗日救国活动的有关公函
（1937年5月）……………………………………………（569）
10．秦德纯关于阻止东北学生南下请愿情形致行政院等密电
（1937年5月19—22日）……………………………………………（571）
11．全国学生救国联合会关于上海大同大学学生程谈志被特务迫害自杀经过呈
（1937年6月20日）……………………………………………（572）

（四）国民党防范青年学生运动概况

一、颁布青年学生团体组织法与实施情况统计

1．学生联合会组织条例

（1928年10月16日）

第一条　凡现在初级中学及同等学校以上之各种学校之学生，不分性别得组织学生会、学生联合会。

第二条　凡合第一条规定之学生，而无左列情事之一者，皆得为本会会员：

一、有反三民主义之言论或行动，查有确据者；

二、品性不端者。

第三条　学生联合会之基本组织为学生会，学生会之基本组织为小组（班或级）。

第四条　学生联合会之组织系统如左：

一、全国学生联合会——全国学生代表大会——全国学生联合会执行委员会；

二、省特别市学生联合会——省特别市学生代表大会——省特别市学生联合会执行委员会；

三、县市学生联合会——县市学生代表大会——县市学生联合执行委员会；

四、各学校学生会——各学校学生代表大会或全体大会——各学校学生会干事会；

五、小组——班或级。

第五条　特别市学生联合会与省同，直隶于全国学生联合会；市学生联合会与县同，直隶于省学生联合会。

第六条　县以上学生联合会设执行委员会及监察委员会或监察委员，各校学生会设干事会及监察委员，其人数依照下列标准，由各该级代表大会或全体大会规定并选举之。

一、全国学生联合会设执行委员九人至十一人，监察委员定为三人至五人，职员至多不得过十三人；

二、省特别市学生联合会设执行委员七人至九人，监察委员三人，职员至多不得过九人；

三、县市学生联合会设执行委员五人至七人，监察委员一人至三人，职员至多不得过七人；

四、各学校学生会设干事五人至七人，监察委员一人至三人，不得另设职员；

五、小组设组长一人，书记一人。

前项执行委员及监察委员，均得酌设候补委员，但至多不得过原额三分之一。

第七条　学生联合会执行委员会设常务委员会或常务委员，由执行委员互选之；干事会设总干事，由各干事互选之；小组设组长，由全体会员选举之。

第八条　全国学生联合会内部组织，设左列各处：

一、组织处　掌理所属学生联合会或学生会，组织登记，入会移转及会员统计等事项；

二、训练处　掌理学生德智体三育之训练，及关于政治的经济的及教育的思想与行动之训练事项；

三、宣传处　掌理本会宣传及指导所属学生联合会或学生会之宣传方针等事项；

四、总务处　掌理文书之撰拟、收发、印刷及交际、调查、报告、庶务、会计等事项。

省或特别市学生联合会及县市学生联合会之内部组织与全国学生联合会同，惟改处为科，各该学生干事会改科为股。但如事务简约时，得将各科股减并之。

第九条　各级学生联合会或学生会，如因办理特殊事项，得设特种委员会。

第十条　凡同一学校之学生，二十人以上得发起组织学生会，定期召集该校学生代表大会或全体大会，选举干事，成立学生会。

第十一条　县市各学校学生会成立过半数以上时，得召集县或市学生联合会代表大会，成立县或市学生联合会。

第十二条　全省各县市学生联合会成立三分之一以上时，得召集学生联合会代表大会，成立省学生联合会。

第十三条　全国各省或特别市学生联合会成立九个以上时，得召集全国学生代表大会，成立全国学生联合会。

第十四条　各级学生代表大会之代表人数，以会员人数为比例，由其直属下级之学生联合会、学生会或学生选举之。

第十五条　国外留学生会及华侨学生会，得依前条规定选派代表出席全国学生代表大会，其选派代表区域依中国国民党海外党部组织区域定之。

第十六条　各级学生联合会或学生会，如在上级学生联合会成立之后组织者，须呈经该上级学生联合会认可后始得召集代表大会或全体大会，该上级学生联合会如认为必要时，得派员指导之。

第十七条　组织县市以上之学生联合会，须依照本条例第十一条至第十三条之规定，由其下级学生联合会或学生会连署提出立案请求书，并附具章程、职员履历及各该上级学生联合会或学生会负责职员之履历及会员名册各二份，呈由当地党部认可后向当地官署请求立案。

前项党部及官署在县为县党部及县政府，省为省党部及省政府，余类推。

第十八条　呈请立案之职员履历，须填明下列各项：

一、姓名

二、年龄

三、籍贯

四、经历

五、是否国民党党员

六、现任职务

七、住址或通信处

第十九条　县市以上之学生联合会之经费，由其下级学生联合会或学生会分担之；各学校学生会之经费，由左列各项充之：

一、会员入会费　学生入会得酌纳入会金，但每人至多不得过五角；

二、月捐　学生会得征收会员月捐，但每人至多不得过一角；

三、特别捐　学生会因事务上之必要，得征收特别捐，但须经代表大会或全体大会之议决；

四、学校补助金。

第二十条　各级学生代表大会之选举法及各级学生联合会、学生会之办事细则等，由各该会自定之。但须分别呈报各该级党部及其上级学生联合会核准备案。

第二十一条　各级学生会成立之后，由当地党部随时指导，当地政府随时监督。如发现有反三民主义之言论行动或违犯组织条例时，得由当地党部会同政府停止该会职权，并视其情节轻重，得改组或解散之。

第二十二条　本条例如有未尽事宜，由中国国民党中央执行委员会修改之。

第二十三条　本条例由中国国民党中央执行委员会议决，交国民政府公布施行。

〔国民党中央民众训练部档案〕

2. 学生自治会组织大纲①

（1930年1月23日）

第一条　本大纲根据学生团体组织原则制定之。

第二条　凡中等以上之各种学校学生，不分性别，皆得在学校以内组织学生自治会。

第三条　各学校学生自治会之名称，须冠以各该学校之校名。

第四条　学生自治会之组织，以本三民主义之精神，作成学生在学校以内之自治生活，并促进其智育、德育、体育、群育之发展为目的。

第五条　学生自治会之权力，属于会员全体，由会员大会或以会员总投票之方式行使之。前项会员总投票之方式另订之。

第六条　学生自治会之权力机关为会员大会，在会员大会闭会期间为代表会，在代表会闭会期间为干事会。

第七条　代表会之代表，由各年级或各院科系按照比例，选出代表若干人组织之。

第八条　代表会之代表每学年改选一次，于第一次集会时互选干事若干人组织干事会。

第九条　凡中等学校之学生自治会，其干事会定为五人至九人，候补干事一人至三人，并由干事互选常务干事一人。

第十条　凡中等学校之学生自治会，其干事会下得设文书、事务、学术、体育、游艺各股，由干事互选分掌之。

第十一条　凡专门学校以上之学生自治会，其干事会之干事定为十一人至十七人，候补干事三人至五人，并由干事互选常务干事一人至三人。

① 本大纲经国民党第三届中央执行委员会第六十七次常委会通过。

第十二条　凡专门学校以上之学生自治会，其干事会下设事务、学术二部，各部之下酌设下列各股，概由干事互选分掌之。

一、事务部

文书股

庶务股

会计股

卫生股

二、学术部

研究股

出版股

游艺股

体育股

第十三条　干事会下得酌量增设合作社，须仿照一般合作社组织，力求节省开销，增进效率。

第十四条　干事会下如遇特殊事项发生，得组织特种委员会，其委员就会员中推任之。

第十五条　学生自治会不得干涉学校行政。

第十六条　全体会员大会，每学期开会一次，遇必要时，经干事会或代表会之决议，或会员四分之一以上之建议，由干事会召开临时大会。

第十七条　代表会每三月至少开会一次，遇必要时经干事会之决议或代表会代表三分之一或会员五分之一以上之建议，由干事会召开临时大会。

第十八条　干事会每两星期至少开会一次，遇必要时得开临时会，由常务干事召集之。

第十九条　学生自治会会员在会务范围以内，具有选举、罢免、创制、复决之权。

第二十条　学生自治会之经费，以会员会费及其他捐款充之，必要时得请求学校补助。

第二十一条　学生自治会章程，须遵照本纲制定，呈请当地高级党部核准后呈报主管官署备案。

第二十二条　本大纲由中国国民党中央执行委员会议决施行。

〔国民党中央民众训练部档案〕

3．学生团体组织原则①

（1930年1月23日）

一、范围　以在学校以内组织为限。

二、目的　本三民主义之精神，作成学生在学校以内之自治生活，并促进其智育、德育、体育、群育之发展。

三、名称　暂定为学生自治会。

四、方式　采委员制。

五、职权　以不侵犯学校行政为限。

六、小学校之学生团体组织，不适用本规定。

〔国民党中央民众训练部档案〕

---

① 本原则经国民党第三届中央执行委员会第六十七次常务会议通过。

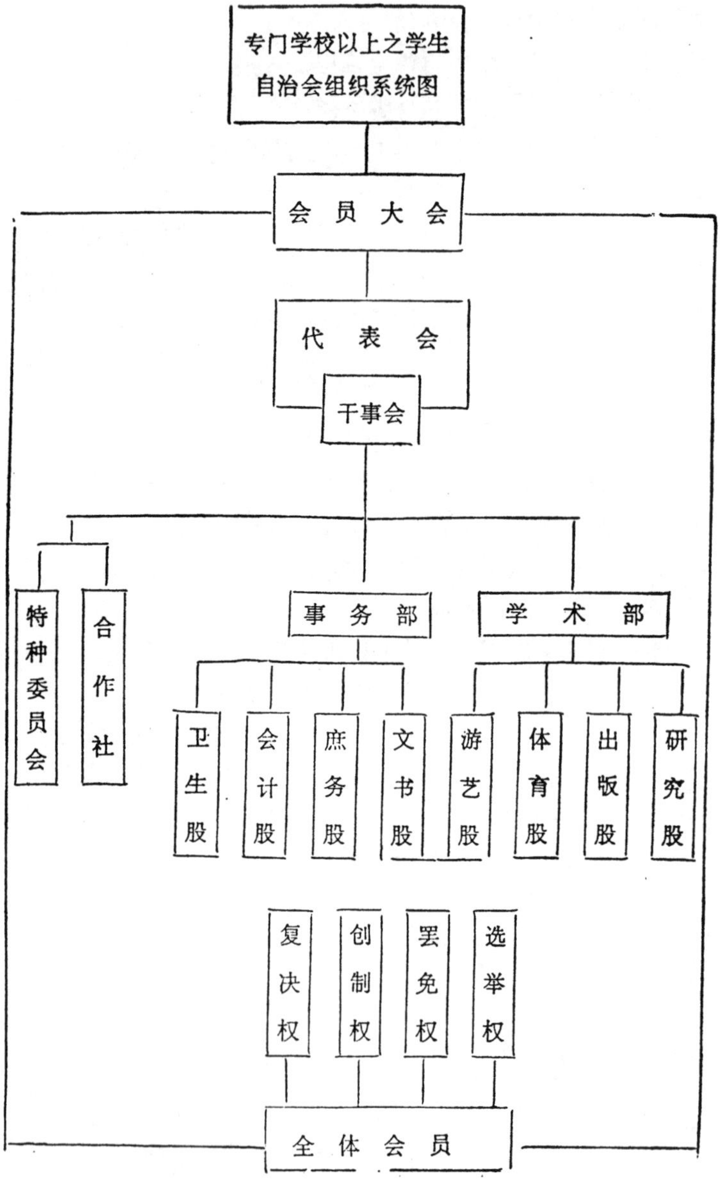
专门学校以上之学生自治会组织系统图
会员大会
代表会
干事会
特种委员会
合作社
事务部
学术部
卫生股
会计股
庶务股
文书股
游艺股
体育股
出版股
研究股
复决权
创制权
罢免权
选举权
全体会员

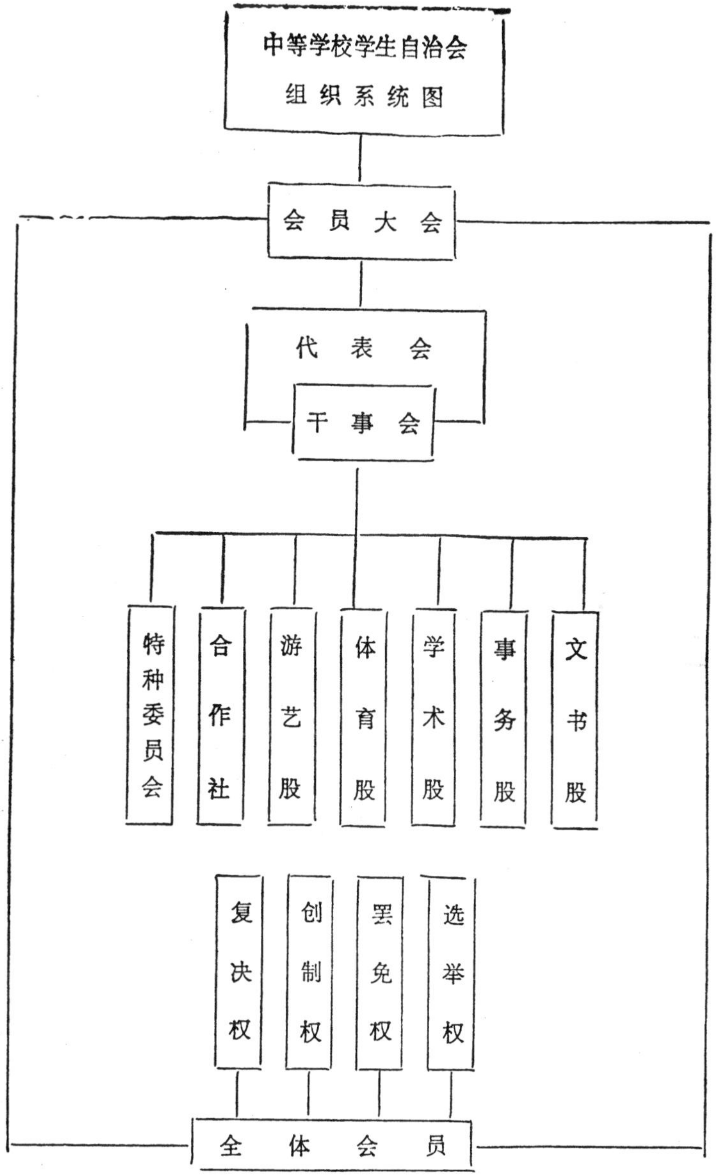
中等学校学生自治会
组织系统图
会员大会
代表会
干事会
特种委员会
合作社
游艺股
体育股
学术股
事务股
文书股
复决权
创制权
罢免权
选举权
全体会员

4. 国民党中央执行委员会关于学生团体组织原则及根本精神的指令

（1930年3月21日）

呈为转呈杭州市学生联合会呈请中央解释第六十七次常会通过之学生团体组织原则及学生自治会组织大纲，以释群疑而巩党基案，乞核示由。

呈及所转附呈均悉。查本党领导民众，努力国民革命，以求中国之自由平等；依照总理军政、训政、宪政三时期之划分，而民众运动之策略，亦因时势不同，随之而异。军政时期之民众运动，首重破坏国民革命之障碍，破坏之功绩愈著，斯国民革命之基础愈固。当时民众运动之方针在促进全国民众之总动员，以集中力量于破坏工作，因环境之需要，乃有各种全国之组织。青年学生为民众中之智识份子，感觉革命之需要尤切，故其对于革命之功绩，亦彰彰在人耳目。唯过去民众运动曾一度受共产党之操纵，以阶级斗争之谬说，麻醉民众，至民运失其轨范；结果农荒于野，工辍于场，商扰于市，学生废学，民众乃益陷于痛苦，社会乃益陷于不安，此其弊害亦确为至明显之事也。现在军政告终，训政开始，因革命程序之推进，民运方针自亦依环境之需要，随时代而演进。盖有军政时期之民众总动员以努力于破坏工作，必有训政时期之总复员以努力于建设工作，方能收革命之全功。熟审时代之环境，自有变更民众运动方法与组织之必要，此不独对于青年为然，即对于农人、工人、商人、妇女亦莫不然也。故本党第三次全国代表大会决议今后民众运动之原则：其关于一般者，为“民众运动必需以人民在社会生存之需要为出发点，而造成其为有组织之人民”；其关于青年者，为“本党对于男女之青年，今后应极力作成学校以内之自治生活，实行男女普遍的体育训练，提倡科学与文艺之集会结社与出版，奖励实用科学的研究与发明。”中央依据上项原则，制定学生团体组织原则与学生自治会组织大纲，规定学生自治会以本三民主义之精神作成学校以内之自治生活，并促进其智育、体育、群育之发展为目的。其用意决非限制学生根本不可与闻政治，而是在学生时代不必直接参加政治，应转其努力方面，涵养其品格与增进其智能，以负荷训政时期建设工作之重任。此项原则与大纲之根本精神，中央训练部经于二月五日在中央广播无线电台作详细报告，全文刊登各报。该杭州市学联会请解释之各点：其第一，关于学生之活动范围限于学生自治，疑对象太狭；第四，关于学生自治会之组织谓不明其运用：此两点均详释于该项报告中，堪资参证。其第二，谓“农工商团体组织法均已颁布，而青年妇女组织法迄未通过，以致青运工作末由进行”；又其四，谓“统观组织原则与组织大纲，对于组织系统极少阐述，而组织系统图亦未颁布”。查学生自治会及妇女团体组织原则与大纲，即为青年及妇女组织上之根本法规，专门学校以上及中等学校之学生自治会系统图，亦经中央第六十七次常会通过颁发在案，亦可查阅。其第三，以“学生会之职权以不侵犯学校行政为限，将无以解除学生本身之痛苦”，不知现在学生运动之目的，在使青年在校为良好之学生，出校为良好之公民，以负担国家之艰巨。至于教育方法之改良，腐败学校及不良师资之取缔，均有教育行政机关通盘规划，切实整顿，使青年得安心于学业，绝不容有所谓学阀学痞得把持教育以荼毒青年，所疑殊为过虑。至中央对于各种法规，均依照立法程序审慎订立，期于不背总理之遗教，适合于训政时期之民运方针。该原呈所谓“绝非少数慈悲为怀痌瘝在抱之唯心学者所能一手遮尽天下耳目”，语极狂妄，究何所指？总括该原呈大意，即使非故腾异论，图淆听闻，亦属躁率乖张，罔识党纪！该执行委员会负一省党务之重，有指导民众之责，民众对于党之理论主张有怀疑，应随时详为解释，以正视听；其有不知遵守党的决议与命令，妄肆谬论，希图煽鼓群众，扰害社会，致为训政建设之障碍者，应即严予处分。查该会对于中央颁布之各种法规之根本精神，多未能切实研究与了解，向各方予以详细之解释，迭次任命所属党部及民众团体援引本党军政时期之策略，非难本党训政时期之新方针。此次对于杭州市学生联合会之谬论，复不严加纠正，遽为转呈，且谬赞为“似尚不无见地”，殆不明自身责任与党纪之所在。合亟严令纠正，并检发中央训练部二月五日在中央广播无线电台之报告全文一份，仰即依据本党第三次全国代表大会以来中央迭次发表关于青年运动之理论决议，及上项报告，对该杭州市学生联合会将中央今后学生运动之方针与以明白之解释，其谬误之点，并分别予以指斥，以资警惕。仍将遵办情形呈报备查，毋再玩忽！切切，此令！

中华民国十九年三月二十一日

中国国民党中央执行委员会印

附学生团体组织之根本精神

（十九年二月五日中央训练部在广播电台报告稿）

学生团体组织法规，已由中央常会通过施行，本党为申述并阐明今后学生运动方针起见，兹将学生团体组织原则之根本精神作一较详细之报告，希本党同志，全国人民，加以注意。

我国自民国八年五四以还，学生运动风起云涌，几遍全国，或者拟之于欧洲文艺复兴运动，其性质虽不甚相侔，然社会事业，国家政治，与夫民族之思想文化，不无受其激进。此实因本党主义之宣传，革命之进展，使青年学生日益觉悟，有以致之。嗣本党于第一二届全国代表大会时，对于青年运动方针，更为明确之规定，学生运动益有所准绳，于是在国民革命过程中，青年学生之功绩，益复可观。现在军政告终，训政开始，因革命程序之推进，而民众运动方针与策略，依时势之需要，自不能无异。

军政时期之工作，在于破坏，训政时期之工作，在于建设，若移过去军政时期所施行之民众运动方法，以施之于训政时期，不特已失时效，且处处足以发生以党训政之矛盾现象。且回顾军政时期，本党为铲除革命障碍，本破坏工作迅速完成起见，凡奉行总理遗教者，不能不忍痛须臾，俾暂时离弃其本务，在本党领导之下，从事革命工作。兹者为训政时期，建设工作代替破坏工作，而为积极之进行，此时从事革命之份子，均须一一复员，使各发挥其本能，对于学生为然，对于农人、工人、妇女亦莫不为然也。

兹将过去之学生运动不适于现时需要之各点缕述于下：过去之学生因参加国民革命之破坏工作，对于学业荒弃，为不可避免之事实。盖欲求良好教育，必先有良好政治。在北洋军阀政府统治之下，政治混乱已达极点，教育亦因之日益腐败。青年学生，欲求良好教育，安心读书之机会，非参加本党所领导之国民革命推倒北洋军阀政府澄清政治不为功。际此北伐完成，全国统一，军政时期递变而为训政时期，此不能不衡盱训政时期之需要，对于学生团体移转其努力方向而改善其工作者一。过去无论何种人民团体均有纵横一贯之组织，不啻将四万万人民分为若干壁垒，各有其全国总集团，以为发号施令之机关，因而学生团体，亦因环境关系，产生全国学生总会，各地学生联合会，此种组织，在国民革命上诚不无相当之贡献。但其弊端，亦有下列之二点：（一）因组织过于空虚，上下易于隔绝，总机关之组织，不但不能达预期之目的，反易被利用为政争之工具，遑论乎收训练青年之实效。（二）各级学生团体负责人员，大半脱离学生生活，以团体为职业者，诚如第二次全国代表大会决议案所云：学生运动又多半只取得学生总会学生联合会职员，成为学生领袖运动，下者则易完全抛弃学生生活，专作政治之活动。兹去年曾有将全国学生总会停止活动，各地学生联合会暂维现状之命令，此不能不衡盱训政时期之需要，对于学生团体改善其组织者二。

去岁三月间，本党举行第三次全国代表大会，曾对于民众运动方针，确定四项原则，其中有民众运动须以人民在社会生存上之需要为出发点，而造成其为有组织之人民，并有本党对于青年之男女，今后应极力作成学校以内之自治生活，实行男女普遍的体育训练，提高科学与文艺之集会结社与出版，奖励实用科学的研究与发明之决议。今后对于学生运动，理应奉为圭臬。本部根据上项原则，乃制定学生团体组织原则，学生自治会组织大纲，学生自治会组织系统图，提请中央执行委员会第六十七次常务会议决议施行。此项组织原则之立法精神，概括言之，不外下列二点：（一）关于工作方面：为实现第三次全国代表大会关于青年运动原则计，对于学生团体之工作，移转过去之方针，盖以在校为良好之学生，出校即可为良好之公民，其影响于社会国家者甚大，此学生应注意作成校内自治生活者一。中国人民虽称为四万万，但其身体大半孱弱，无怪乎西人目吾国为远东病夫。语云：健康之精神，基于健康身体之中，此学生应注重普通的体育训练者二。再者百余年来，我国学术落后，科学之进步，与欧美各国比较，固然瞠乎其后，即以文艺而论，凌杂浅薄，亦彰彰在人耳目，为提高中国文化起见，此学生应注意提倡科学与文艺之集会结社与出版，及努力实用科学的研究与发明者三。至于训练四权之运用，增进合作智识及实行之，亦为最近要着。抑尤有进者，此项组织原则，对于学生参加政治，似乎有限制之意义，不明瞭时势者，或未免有所误解。总理云：政治者众人之事也，学生当无不可过问之理，唯以今后之学生，所负责任不同，固无须有积极之规定。学生可于出校后，以公民资格，参加政治，即参加政治之公民，亦未尝不可再为学生。即学生非根本不能参加政治，乃在学生时期不必直接参加政治耳。且在校之学生，对于政治之问题，均可由教职员予以适当之指导，为极精确之研讨，以其结果，贡献于政治上之效果，较直接参加政治更大。因而在学生团体组织原则上，规定学生团体组织目的，本三民主义之精神，作成在学校以内之自治生活，并促进智育德育体育群育之发展也。（二）关于组织方面：为纠正过去学生团体之庞大空虚，以应社会生存之需要起见，对于学生之组织宜缩小其范围，故在学生团体组织原则上，规定学生团体组织范围，以在校内为限，而其内部组织，亦因所担任工作不同，与先时学生会之组织为异。

总之，本党青年运动最高原则，则载在总理遗教之中，其方针则不妨因时势之需要，而确定有效之方式。兹为本党同志及全国人民明瞭今后学生运动方针起见，故不惮烦琐，对于过去之学生运动，及此次学生团体之立法精神加以阐明，爰为报告如右。

〔国民党中央执行委员会秘书处档案〕

5．国民党中央民众训练部颁布学生训练暂行纲领施行令

（1931年2月5日）

中央执行委员会训练部令

为令遵事：兹制定学生训练暂行纲领颁布施行。除分令外，合行令仰该部会遵照，并转饬所属一体遵照，为要。此令！

中华民国二十年二月五日

附学生训练暂行纲领

第一节　训练原则

一、学生训练须遵照总理遗教及本党政纲政策实施之。

二、学生训练须认清学生在民族生存上之重要地位。

三、学生训练须使学生课外作业、日常生活与学校课程互相联贯，以适应社会生活。

四、学生训练须就学生知识程度及环境之差异分别施行。

五、学生训练之实施，由当地高级党部会商学校，指导学生自治会办理之。

六、学生训练之实施，须以不妨碍学生课业为原则。

第二节　训练方针

一、思想方面

甲、将三民主义融会于一切学术，使学生有深切之认识与信仰，并明瞭中国国民党之政纲政策及训政时期之民众运动方针。

乙、使学生明瞭共产主义及其他违反三民主义之各种思想之谬误。

丙、使学生认识国内一切反革命派及帝国主义为我国家民族之敌人。

丁、使学生认识世界大势及我国家民族在国际上所处之地位，并明瞭其本身将来对于国家民族所负之责任。

戊、使学生明瞭国民对于国家社会须以服务为主旨，而不以夺取权利为目的。

己、使学生明瞭国民为国家社会服务，必须具有良好之品格，高深之学问与强健之体魄。

二、行为方面

甲、养成学生高尚人格，良好习惯及职业的兴趣。

乙、养成学生合作互助友爱及勤奋耐劳之精神。

丙、鼓励学生在学术上之发明。

丁、鼓励学生研究高深学问。

戊、鼓励学生节约与储蓄。

己、指导学生获得正当娱乐。

庚、使学生注意身体上之卫生与公共卫生。

三、组织方面

甲、使学生明瞭组织的意义、方式及运用。

乙、养成学生团体生活之习惯。

丙、指导学生在学生自治会之下举行各种科学与文艺之集会结社。

丁、使学生明瞭学生自治会与学校及党部之关系。

第三节 训练实施

一、方式

甲、集会结社 为增进学生智能，养成其团体生活习惯，陶养其高尚情绪，得举行下列各种集会结社：

1 各种纪念会；

2 各种演讲会、讨论会、辩论会；

3 各种研究会；

4 恳请会、游艺会、旅行团等。

乙、出版 为发表学生学术及文艺作品，以供切磋观摩，并鼓励其研究学术之兴趣，得举办左列各种刊物：

1 定期刊物；

2 专刊；

3 壁报书报。

丙、竞赛 为增进学生技术，健全其身心，激励其进取精神，得举行左列各种竞赛：

1 学术竞赛；

2 演讲竞赛；

3 体育竞赛。

丁、实验 为使学生对于所学课程得有实验机会及锻炼其勤奋耐劳之精神，得举行下列各种事项：

1 农场、工场、商店之考察及实习；

2 地质及气象之考察；

3 各种社会状况之考察；

4 标本之采集及制造；

5 机关学校之参观及法院之旁听。

二、指导

甲、学生自治会举行各种集会结社时，须请当地高级党部及学校派员指导。

乙、学生自治会出版之各种刊物，须随时呈送当地高级党部及学校审核。

丙、学生自治会须将其工作状况，每学期向当地高级党部及学校呈报一次。

丁、学生自治会遇有疑难事件，得请求当地高级党部及学校指导处理之。

第四节　训练材料

一、材料选择标准

甲、切于学生学业上之需要者。

乙、为一般国民所必需认识者。

丙、富于兴趣者。

二、材料举要

甲、总理关于青年之遗教。

乙、革命先烈之嘉言懿行。

丙、第三次全国代表大会及第三届历次中央全体会议及常务会议关于民众运动及教育方针之一切宣言及决议案。

丁、以全项决议案及宣言为准则，酌采以前历次全国代表大会中央全体会议及常务会议关于青年运动及教育方针之宣言及决议案。

戊、现行关于学生团体之组织训练法规方案。

己、本党先进之言论。

第五节　附则

一、本纲领由中国国民党中央执行委员会训练部颁布施行。

二、本纲领不得对外发表。

〔国民党中央执行委员会秘书处档案〕

6. 国民党中央民众训练部关于青年团体组织概况统计

（1936年4月）

本部成立伊始，正值全国青年反对华北伪自治运动之际，本部除派员赴沪汉平津各地妥慎指导外，一面遵照中央方案与法规，健全学生自治会之组织，养成其自治生活，一面取缔与中央法规抵触之校外联合组织，现各地青年团体渐臻健全。

全国各省（市）学生会及会员数目表　　二十五年四月份统计

省市别 \ 会员数 \ 学校别	大学		中学		专科学校		总数	
	学生会数	会员总数	学生会数	会员总数	学生会数	会员总数	学生会数	会员总数
江苏省	1	264	81	15,870	2	243	84	16,377
浙江省	2	548	52	11,398	4	412	58	12,358
福建省			57	6,961			57	6,961
广东省			83				83	
广西省			32	4,247			32	4,247
湖南省	1	561	161	32,157			162	32,718
湖北省	2	218	1	163			3	381
江西省			48	10,865	3	560	51	11,425

续表

学校别 会员数 省市别	大学		中学		专科学校		总数	
	学生会数	会员总数	学生会数	会员总数	学生会数	会员总数	学生会数	会员总数
贵州省			11				11	
云南省			8	914			8	914
四川省	3	129			2		5	129
河北省			17	2,778			17	2,778
山东省			46	8,159			46	8,159
河南省			31	4,363			31	4,363
陕西省			5	1,020			5	1,020
甘肃省	1	144	12	1,052			13	1,196
绥远省			4	580			4	580
青海省			8	660			8	660
南京市	3	2,202	10	4,372			13	6,574
上海市			24		1	250	25	250
广州市	3	1,995	31	10,825	16	4,773	50	17,593

续表

省市别 \ 学校别 / 会员数	大学		中学		专科学校		总数	
	学生会数	会员总数	学生会数	会员总数	学生会数	会员总数	学生会数	会员总数
北平市	12	2,122	8	1,128			20	3,250
天津市	4	1,358	9	2,626			13	3,984
青岛市			7	2,174			7	2,174
汉口市	6	162	2	74	3	91	11	327
江宁自治实验县			1	69			1	69
总计	38	9,703	749	13,455	31	6,329	818	138,487

〔国民党中央民众训练部档案〕

二、所谓整饬学风与防范、破坏青年学生运动概况

1. 国民政府颁布整饬学风令

（1929年2月27日）

全国底定以来，注意建设，首重教育，虽展布有待，而整理为亟，诚以树人不获，万事瓦弛，革命大业或致中隳。比者学校风潮迭起，甚至离常突轨，有妨治安，设令长此不辑，将必贻祸未艾。著教育部严令教育行政机关督率各校注意，严格训练，必使尽纳轨范；校纪如军。学生分父兄血汗之余利，受国家培养之深劳，当思所冀者，为异日作社会之中心，谋人群之幸福。前此

军阀擅权，民不聊生，青年为革命牺牲，类荒学业，较量得失，已为有损。今幸障碍已除，武功粗毕，青年责任，惟在自成。宜懔古人思不出位之戒，遵总理努力学问之训，自此率循校则，人勉厥志。学校政务，责之当局，务弗仍习嚣堕，恣行越轨。教育行政机关，于学生举动亦宜加注意，如有侵轶轨范，即行纠正。地方行政长官于学生举动妨及治安者，宜协同教育行政机关严予裁制，务使学风丕变，蔚成良模。至教育经费，为教育生计所寄，著财政部暨各省财政机关尽先拨付，无得悬欠。此令。

中华民国十八年三月　日

〔国民政府档案〕

2．国民党中央组织部关于上海特别市党部查封该市学生联合会案函件

（1929年6月7日）

迳启者：来函暨附件均悉。查沪市学联会业经查封，自以维持原案为妥，其余问题似可缓议，相应检同原件，随函奉覆，即希查照为荷。此致

中央训练部

附原件三

中央组织部

中华民国十八年六月七日

附件一：上海特别市学生联合会呈（5月14日）

呈为呈报职会此次被封经过，恳予秉公处理事：窃职会五月六日忽遭市党部无理封闭，并武力占据职会会所，七日各代表请愿无效，业电呈中央执行委员会在案。兹将经过详情，再为钧部陈之：

（一）事实经过　职会自“五四”运动成立后，历年来参加

革命，成绩卓著，其组织方法咸于每学期开学后三星期内召集各校代表大会，选举新职员，事前并函请市党部派员出席指导，即为合法手续。十七年秋季开学后，职会照例改选，乃忽奉市党部命令，略谓各校学生会，健全与否，尚不可知，应静候市党部调查后，再行召集等语。时职会为尊重党权计，即停止开会。但自十七年秋季，至本学期开始，凡八月有余，未见市党部派员到任何学校指导调查，虽经区党及区分部联席会议，限期召集，亦均置之不理。本学期开学后，各校同学佥以学联会工作重要，不应长此停顿，当由交大、光华、暨南、大夏、法政等五校发起，重行召集代表大会，事前亦曾面请市党部召集，乃市党部民训会常务委员施公猛答称：现在工人运动，异常繁忙，学生运动尚谈不到。似此市党部对于组织学联会，毫无诚意，不得已遂由此五校学生会召集各校代表，征求意见，到会者二十余校，谈话结果，一致认为学联会有急应成立之必要，遂定三月廿八日，召集第一次代表大会，到会者四十余校，当即选举执行委员十九校，常务委员七校，决定以后活动原则，注重本身利益，并确定建设青年图书馆、青年俱乐部、奖进学术研究、提倡体育运动为本学期工作方针。事前亦曾函请市党部派员出席指导在案。乃市党部于开会前二小时，忽令职会暂缓召集，仍以各校学生会尚未审查为由，临时并通知公安局派来大批军警，到场制止。时各代表均以市党部既无意召集，待职会自动召集，又以武力压迫，不知是何用意。职会倘再遵令停止，将永无成立希望，且各代表见武装军警异常愤慨，仍即照常开会。惟事后为尊重党权计，仍将到会各代表名单及议决案呈报市党部，请予审查备案，乃迄今两月有余，未见批覆。而公文函件则时有往来，是市党部已默认职会之存在，故职会各项工作亦均照常进行。四月廿八日为讨论五月各纪念日之纪念方法事，又召集第二次代表大会，讨论一切。事前亦曾呈请市党部派员指导，结果不独无人出席，且仍以高压手段，调集大批军警到会制止。各代表睹状，愤激异常，幸职会负责人，劝导有方，未酿成事端。然职会尤以为误会而已，竭力设法解释，孰意五月五日市党部任意指派法科、法政、沪江、劳动、群治、大夏、持志、民主、爱国等九校学生各一人，为学生团体整理委员，五月六日即武装接收职会会所，事前并未通知职会办理结束，职会负职者认为关系重大，即于五月七日召集临时代表大会讨论应取态度，结果全体否认市党部以个人意旨所委派之学生团体整理委员，在未解决前，本会另迁地址，继续办公。散会后全体赴会所责问学整会接收职会之理由。抵所后，即遇所谓学整会常务委员洪钧培，学生等尚未开口，彼即谓“我系学整会常务委员，汝等何人，不得我之许可，焉可入内”。盛气凌人，几不可一世，遂至双方冲突，结果均无伤害。事后全体赴市党部，请愿恢复学联会，取消学整会，沿途仅高呼拥护学联会，取消学整会，并无其他口号，沿途居民，可以作证。乃市党部任意诬蔑，竟于五月八日报纸上发表代表等喊打倒市党部，改组国民党等口号，而职会及各通讯社所发之公正消息，概禁登载，甚至职会寄发中央之函电，均被扣留，最后仍系职会设尽方法，始由无线电报呈报中央。五月九日职会为纪念国耻，及请愿恢复上海学联会及不得任意封锁新闻事，遵代表大会议决，召集全上海学生大会，其目的异常单纯，乃市党部庸人自扰，谓学生将举行暴动，调集大批军警，任意搜查行人，并包围华界各校，然是日到会之三四千同学，均空手赴会，虽传单标语，亦不携一张，秩序井然，毫无意外，乃市党部事后任意封闭建华、大陆二校，并扬言将通缉职会负责人员。全沪同学目睹市党部不顾事理，专恃武力，愤激情血，日渐增高，职会虽极力镇压，然再无适当处置，将酿意外之变。职会为爱护党国计，为拥护本身利益计，用敢恳请钧部早日秉公处理，庶可弹祸于未然也。

（二）市党之错误　窃此次纠纷，纯因市党一再错误有以促成之，兹列举如下：

（甲）不要学生运动　职会自十七年秋季第一次代表大会遵令停开后，至本学期第一次代表大会，为时八月有余，倘市党部有意于学生运动，如此长久时间，早应调查终了，组织完备，乃迄今仍毫无头绪，可证其根本不要学生运动。且民训会常务委员施公猛公然宣称，现在工人运动繁忙，无暇顾及学生运动，其反对学生运动更无可讳言，以领导国民之党部而不要学生运动，岂非怪事。此市党部之错误一。

（乙）专恃武力压迫民众　职会有长远历史，为党治下合法团体，即代表大会应缓召集，市党仅可派员出席，申述理由，谕之以理，动之以诚。各代表自无不服从，乃不此之图，只知调集大批军警，到会压制。再即退步言之，学整会应存立，学联会应取消，亦理应事先通知职会，办理结果，再定期交代，何能五日派整理委员，六日即携带武装军警，前来接收。市党部匪独对学生如此，对上海各界民众均无不以武力压迫为唯一手段。证之救国会，武装接收反日会可为明证。要知诚足以动物，理足以服人，而武力只足以引起反感，压迫愈大，则反抗愈烈，而尤以青年学生，非一味武力所能屈服。以解除民众苦痛之党部，而压迫民众，似觉有违革命之意义。此市党部之错误二。

（丙）学整会人选之不符众望　市党此次所派整理委员，系法科、法政、大夏、沪江、群治、持志、劳动、民主、爱国等九校，每校一人，既非出席代表，又非同学所公推，只以私人关系，任意委派，其他如交大、光华、复旦、暨南、同济、中央等各校，均无一人，以不受各本校同学所钦佩之人，何能领导全上海学生。此市党部之错误三。

（三）为"五一"宣言对市党指摘之答辩

（甲）市党部谓学联会"五一"宣言中，打破狭义的种族观念之语，为反对民族主义之证据。不知民族（Nation）与种族

（Race）之意义不同。民族主义之真谛，一方面在求自己民族之解放，一方面求世界各民族之解放。狭义的种族观，只顾自己民族之发展，其结果与国家主义趋于一途。民族主义之所以不同与国家主义者，一则涵广大的民族意识，一则囿于狭义的种族观念。故打破狭义的种族观念，即所以打倒国家主义，亦即拥护民族主义。市党部委员负指导同志之责，而不能了解民族主义之真谛，无怪其举措荒谬，处处脱离本党也。

（乙）市党部谓学联会宣言中有蒋桂战争一语，为反抗中央。查蒋桂战争，为上海民众习用之口头禅，学联会宣言中，袭用是有语病，实无丝毫恶意。

（丙）市党部谓学联会宣言中有"打倒资本家"一语，为有共产嫌疑。查学联宣言中，只有打倒资本主义一语，并无打倒资本家字样，打倒资本主义为实现民生主义必经之路程，为任何人所不能否认。今市党部竟删去"主义"二字，而代以"家"之字样，接木移花，淆乱黑白，冀欲以离间民众之团结，蒙蔽中央之睿明。

（四）请中央注意市党部之阴谋。此次事实经过，已于前文述之。市党部之获为有力证据者，惟职会之"五一"宣言而已，（此项已于前文答辩之）而市党竟以与职会毫无关系之反动文字皆诬与职会有关，以期根本颠覆学联会，并扬言将通缉三数同学，以雪私恨，手段之阴险，殊可惊骇，恳我中央注意及之。

（五）职会之要求

（甲）请中央凋查事实真像，秉公处理，职会无不服从。

（乙）命令市党部恢复职会，并取消学整会。窃职会历年来努力革命，佳誉素称，似无整理之必要。若谓上海有学校百余，而参加学联者仅四五十校，不足半数，似不健全。要知上海学校虽多，而有名无实之滑头学校，亦为数至夥，校舍一二间，学生五六人，亦得谓之为中学大学，时关时开，不知寿命几何，更何论学生会之组织。而现在参加学联之四五十校，皆沪上有群众、有地位，为社会素所信仰之大中学，如交大、光华、中央大学、复旦、暨南、同济、民主等均在职会指挥之下。

（丙）即退步言之，倘中央认上海学生团体有整理之必要，亦应援上海总商会例，由中央指派有学识，有才能，为社会所钦佩，为同学所景仰之上海学生负责办理；倘仍以现在市党部所派者负责整理，职会敢代表全上海学生誓死反对到底。谨呈

中国国民党中央训练部

上海特别市学生联合会谨呈

中华民国十八年五月十四日

附件二：中央训练部李崇诗报告（5月15日）

事由：窃职于本月十一日奉命调查此次沪市学联会被封之真象，旋即快车赴沪，实地调查。兹将调查所得详细列后：

甲、调查经过

一、市党部方面　十三日上午九时至市党部，晤及该部委员陈德征、吴开先、施公猛、范争波等，即询及此次学生联合会被封之情形。据云：自四中全会以后，各地民众运动，一律停止活动。上海学联会当然奉命停止。故在此时期内，上海学生在市党部指导之下，从无何项不轨之行动，虽有最少数份子，曾欲起而活动，均经市党部阻止，未克成事实，迄至本年二月间，各校开学之始，有少数学校发起召集全市学生代表大会，以图组织学联会。市党部得此报告后，认为非法：第一，中央无恢复民运之命，各民众团体，均待整理；第二，代表大会之出席代表，自应由各校学生会产生，今各校学生会尚未组织完全，此代表大会则更无召集之可能。于是市党部乃禁止其开会。至四月廿七日，忽得学联会报告，谓于翌日（廿八日）召集全沪学生代表大会，请市党部派人参加指导。市党部以为当此时机紧张，反动份子蠢蠢

思动，此项集会，绝不能有，故又制止其行动，令其散去。五月四日，即将学联会封闭，五日发表上海学联会整理委员会委员，七日接收学联会，即有学生数百人，至学整会，将整理委员洪培君殴伤，并举起上海学联会旗帜，齐集市党部门首，大呼打倒反革命的上海市党部等口号。当时市党部令其推代表入内接洽，学生即推出周参（交通大学生）、黄豪（劳动大学 生）、吴 其 钰（交大）、张宝传（法科大学生）四人为代表，市党部为其说明代表大会不能召集之理由，各代表亦似有相当了解，市党部复询以学生如何殴伤学整会委员，各代表则无可为词，市党部再询其五一告工人书中有“坚决肃清浅狭爱国主义种族观念与 蒋 桂 相争”等语，显系有非站在三民主义之立场而说，究是何居心，各代表则谓文字上之错误而已，互谈约三小时，各学生始散去。五月九日，学生仍拟集会，后经市党部商请军警界特别戒备，虽有少数在外游行，并未发生何项不幸之事。至于大陆大学、南华大学、建华中学，系经市党部查搜反动宣传品均已下令封闭。至于此次肇事学生，拟通缉严办，学生会方面则已派整理委员进行整理云云。因该党部已有详细报告中央，故谈话颇简单，后向其索得学联会五一告工人书，（附一件）乃与辞而出。

二、沪学联会方面　职以此事关系甚巨，务须详尽真确，故至市党部之后，复经友人介绍，晤及学联方面之主要份子，如吴其钰、王志圣、周参等，备询此次学生运动之动机，并现有何意见。据称：自四中全会之后，学联即行停止活动，至去岁济案发生，群情愤激，学生奔走呼号，作外交之后援，学联会亦即在无形中恢复其原状，完全在市指委会指导之下，并且每月有津贴学联经常费若干，以后因指委会津贴不能常发给学生，亦因功课关系，学联工作亦时起时辍，即等于无形停顿。至去岁秋季开学之后，因感觉学生组织涣散，遂思恢复学联，由交通、复旦、光华、中大商学院、暨南五校发起，召集全市学生代表大会，同时并呈报市指委会出席指导，市指委会以各校开学未久，各校学生会恐未完全成立，出席代表不尽合法，且反动份子甚形活动，恐为其所利用，故指令学联暂缓召集代表大会，俟将各校学生会调查完毕之后，再行进行。学联极遵从是项意见，静候调查，讵时逾四月，不但对于各校学生会无何项调查，对于学联更无何种表示。至本期三月中旬，各校又以召集代表大会，恢复学联为请，市党部以调查尚未了结为辞，而四月廿八日各校以五月在即，纪念甚多，尤以五四纪念关系学生綦切，于革命胜利颇多，当此北伐告成，建设方殷之际，对于以前光荣伟迹，尤留深刻之觉感和无上之光荣，即决定五四召集全市学生代表大会，开一盛大之纪念会，同时并请市党部出席指导。讵市党部不特无人出席指导，并训令一件，武装警察一排，勒令学生停止开会。当时各校代表以市党部去年藉口调查各校学生会，本期又托辞调查尚未了结，今复用武力压迫，视学生如对敌，此种处置，未免令人疑惧。当即推代表二人，向市党部质其理由，答现以谣言四起，恐反动份子乘机捣乱，无论何种较大之集会，一概停止。代表即以此回答。各校代表佥以市党部有意压迫学生，即有何种错误，理应开诚公布，详细解释，学生无不听从之理，而竟计不出此，反以武装威骇，实属处置失当。且于五月五日市党部忽发表上海学生联合会整理委员会，六日复督促该整理委员会随同武装警察至学联会强制接收，强占会所，学联会无如之何。七日即召集代表大会，学整会委员洪培君声称未得本常委之命，任何人不能在此开会。各代表以为会所本属学联，今竟鸠居，出言不逊，双方冲突，纷扰移时，旋议决于五九纪念，召集全市学生举行国耻纪念，随即全体至市党部请愿，并沿途高呼拥护上海学生联合会，取消学整会二口号，并推代表四人，入内交涉，市党部不特无诚意之答覆和解释，反嗾使门警，迫令学生退出，其势汹汹，如临大敌，学生只散去。八日全市特别戒严，藉词共党阴谋起事，其实不过对付学生而已，因此学联即通告五九停止开会。因消息发出较迟，各校未能周知，以致五九学生自由参加者不下二千人。当时因戒备森严，市面紧张异常，学联又以八日发出停止开会通告，故届时并无人出席主持，经过二小时，即全行散去。此五四至五九所经过之情形，概如上述。至于全市学生意见，学联会目前之要求，因素来学联会绝对拥护中央，全在市党部指导之言论行动，全以主义由依皈，过去事实，彰彰明甚。至近因市党部延宕学生组织，设注防止青年运动，不特不加以恳切之指导，反再以武力对付，要利用野鸡大学学生四人为学整会委员，藉以对抗学生信仰之学联会。近四月变本加厉，完全以莫须有之罪名，封闭学校。例如五九下午二时，建华中学发封数百，莘莘学子骤遭失学，情况至为可怜。无论如何只可对付学校当局，或其他负责个人，绝不能不分皂白，不论是非，迳予封闭，予青年以莫大之牺牲。尤须有言明者，租界藏污纳垢，反动势力潜伏，固无容讳言，学联此次行动，全系出乎维持全市学生本身之利益，绝无何种政治背景，学联会五月各纪念日所发出之宣传品，无一不以三民主义为准则，以中央颁布之各种宣传大纲为范围，对于共党攻击尤多，而市党部之对学联会所发出之宣传品，吹毛求疵，以词害意，例如学联会五一告工人书中有云肃清浅狭爱国主义和种族观念，顾浅狭的爱国主义和浅狭的种族观念固应肃清，第一、二次全国代表大会言之甚详，而本党之民族主义与国家主义分歧点，亦即在此。稍明党义者，类能知之。又如“蒋桂战争”一语，在字句上固失检点，然观全篇立意，绝非有何用意。且此四字，在上海已成为口头禅，偶一不慎，即流于行间而不自觉，此亦人情之常，不能据此四字而诬此次学生运动，有谁指使，有何背景，将全市学生意见一概抹杀，任意压迫，武装摧残，欲民之不动，其可得乎。最后学生方面之要求：一、绝对拥护中央，要求中央直接派人整理上海学生运动或维持以前学联会；二、认市党部对学生处置失当，并速令市党部取消学整会；三、对于此次运动之真相，要求中央根据确实情形，秉公办理，学联会无不服从云云。

乙、调查后之意见

综双方调查结果，此次之事，固极简单，是市党部因为目前反革命势力潜伏，惟恐阅历浅薄之青年受其所惑，而中其计，故对于此项运动，极力防止。而学生方面则急欲恢复，以为市党部无领导青年运动之诚意。不过在行动上，各方面均有失当之处。如市党部对于沪市学联会，本应早事派人整理，切实训练，何待学生之自动要求，且所派整理委员，应由市党部物色相当人员负责，如何仅就一二学校中指定之。（据整理委员上海各有历史的大学如交通复旦光华商科暨南各校均无）此当然不能使其他各校所赞许也。且对于学生，只能以指导和解释之方法，使学生就轨以行，若一味用武力解决，则终难使其服从也。至封闭学校，更非良法。盖学校为造就青年国家之新生命场所，即有非法之处，应由负责者负其责，或将其不良份子淘汰，将学校接收，另行委人整理，则其他无辜者，不至受累。此皆市党部方面，未免处置失当之所在也。至于学联方面，或有不适之处，尽可以合法手续呈请，乃何全凭血气用事，不听指挥，不顾利钝，甚多殴伤整理委员，是其大错也。由此观之，沪市学联会与沪市党部，固已形成对立之势，若长此下去，前途颇难乐观。职意以为学联会亦上海民众团体之重要者，为欲解决此之纠纷，并维持此后之顺利，惟有采调济方法，由上海市党部从新派人（非学生）或竟由中央派人，切实整理，对于查出确有反动嫌疑之学校，只应查办其负责之人，将学校接收，不必封闭，对于学生方面主要份子，查明其过去历史，妥为处置。所呈是否有当，尚祈鉴核。谨呈

主任转呈

部长戴何

职李崇诗呈　　十八年五月

附件三：上海特别市学生联合会为“五一”告工人书

工友们，亲爱的工友们：

四十六年以前的今日——一八八六年五月一日，全美国的工人都一齐停工，举行第一次对抗资本家的示威大罢工，每一个村落、每一个城市都普遍地叫着“八小时工作！”的口号。这一次罢工表示了工人团结的伟大力量，一个月后，就有二十二万工友获得了八小时工作制！

一八九〇年国际社会党就定这一天为全世界工人的斗争的纪念日。那时帝国主义战争在准备爆发的时候，同时工人运动亦有了很大的进步，我们的口号改换了，我们高呼着“反对反革命的战争！”“八小时工作！”“废止常备军！”“全世界的工人团结起来！”

从那一天起，地球的无论那一个国度里，每一个工人都热烈的纪念这一纪念日，壮烈的呼喊动摇资本主义的基础，虽然大部分的工人仍在反动统治的压迫下！

今年的“五一”又来了，工友们！我们应当怎样干下去？

很明白的，在今年的“五一”，工人接收最暴戾的压迫，八小时的工作制事实上早已取消，第一次世界大战的损失，都要到工人身上来讨赔偿，可是第二次世界大战又在积极的准备中了，一切军费都要从工人身上榨取！被机器所抛弃出来的失业者，继续增加，不断的法斯西蒂的暴压、残杀，……但是，全世界的工人，在今天仍旧要表示他们的努力，表示他们对资本主义的坚决的斗争！尤其是中国，今年的“五一”更有特别的意义！

一九二五年“五卅”之后，中国的工友们，特别是上海的工友们，直接加入全世界工人运动的队伍，显出最有效的努力，推动中国革命运动有很大的发展，每一次工友们最站在革命的最前线。十四年五卅惨案，全上海工人大罢工，广东香港大罢工，十六年上海工人援助北伐军的大运动等等，都是工人革命力量最伟大的表现！

很明白的，今年的“五一”，工人们处于一种最严重被压迫的痛苦中；这将使今年的五一，对中国工人有特别的意义。在经济方面，工人接收最坏的雇约，工作时间增加到十四五小时，工资的低下到不能维持一顿饭！另一方面，工人生活于种种政治的压迫下，厂方可以任意开除工人，逮捕工人亦是日常的事，更明白的最近这一次蒋桂战争，又增加了工人的许多痛苦，几多劳动群众在战场上倒了下去，几多劳动群众在后方受禁止一切集会罢工的压迫！（蒋桂战争虽暂时结束），不断的军阀战争，又将继之而来！

工友们，在这种情形之下，我们应当怎样的努力，怎样的办呢？

全上海的学生们！一方面直接参加“五一”运动，表示对工友们的热诚的同情；一方面对勇敢的工友，有如下的意见：

一、打倒一切帝国主义！

二、反对帝国主义间的反动战争！

三、打倒一切封建军阀！

四、反对军阀混乱！

全上海的学生，愿意和你们站在一起前进！

一、自从停止民众运动后，你们处于敢怒而不敢言的状态中。厂主资本家的压迫，不但一如前日，而且趁此机会变本加厉。去年的邮务罢工，接着是水电工人罢工，这是你们不得已的举动，也是你们必须的武器。实际上，一切的调和是不可能。只有工人们自己团结起来，组织起来，才能站在革命的前线，谋得彻底的很有力量的。所以你们要求中央从速恢复民众运动，一致的打倒内外的资本家。

二、总理在遗嘱上早有训言……“欲达到此目的必须唤起民众及联合世界上以平等待我之民族共同奋斗”，以平等待我之民族决不会是那些资本家，无疑地是一般被压迫的民族和帝国主义【国家】的工人，所以我们应该坚决的肃清一切浅狭爱国主义和种族观念，中国工人的组织才能和世界工人有组织上的连系，方有一致推翻帝国主义统治的可能！尤其是在世界二次大战将要爆发的前夜，全世界的工人没有最严密的团结，必然地将蹈第一次大战的旧路！所以我们要求中央促进国际组织推翻全世界的帝国主义，则国内赖以为生的封建余孽，亦可完全肃清。

啊啊！工友们，全上海学生愿意和你们在同一队伍，以同一的步伐，向着光明的前途前进，前进！

上海特别市学生联合会

〔国民党中央民众训练部档案〕

3. 国民党中央训练部为抄发《共产党福建省委关于学生群众工作指示通告》饬各地严密防范密令

（1929年10月21日）

中央执行委员会训练部　密令第5600号

令○○省
○○特别市○○委员会训练部

为密令事：准中央宣传部密函：据福建省党务指导委员会宣传部呈送共产党福建省委通告第三十号……（照抄原函）以资防范等因。查第十一届全国学生代表大会，前由本部令饬停止举行，并电令各省各特别市训练部及各特别市民众训练委员会查照在案。其用意除爱惜学生代表求学光阴外，并在防范共产党之阴谋。兹准前由，除函复外，合亟附抄原件，密令该部（会）一体遵办，嗣后对于学生运动，尤应严加注意，以遏乱萌，是为至要。此令

计抄发共党通告一件

中华民国十八年十月廿一日

部　长　戴○○

副部长　何○○

中国国民党中央执行委员会宣传部公　函

迳密启者：据福建省党务指导委员会宣传部呈送共产党福建省委通告第三十号到部。查该号通告系共党执行该党中央关于学生群众工作的指示。现在第十一届全国学生代表大会，将届开会，关于该会一切行动及各代表是否本党忠实党员，有无反动分子混迹其中，亟应注意调查，设法指导，免为共党煽惑，相应抄同原通告，函请贵部查照。即希对于第十一届全国学生代表大会严密注意，设法指导，并电各省市党部训练部调查各代表之党籍及背景，以资防范，至为公便。此致

中央训练部

计抄送共党通告一件

中华民国十八年十月九日

部长　叶楚伧

抄共党通告原文如下

〔福建〕省委工学通告第九号转录

CP省委通告第三十号——执行中央关于学生群众工作的指示——各市委及各党部：转各个同志：

全国学生总会将于九月一日在南京召集全国代表大会，中央为这一学生会议在四十三号通告中曾详细的指示出目前学生群众的工作，省委完全接收中央的指示之外，对各级党部有下列的指示：

一、国民党自背叛革命之后，依靠帝国主义的帮助，造成以

党专政的野蛮专制政治，他决不能满足小资产阶级民主的要求，自然亦决不能负民族解放的任务。蒋桂战争以后，小资产阶级特别是学生群众更加表现左倾，国民党知道单以封闭学校，革退学生，加紧剥夺学生自由等方法，还不足压迫学生运动的复兴，所以他在准备利用与包办全国学生大会，企图通过许多反动的决议。特别是要以反对苏联的欺骗宣传，掩饰他勾结帝国主义出卖民族利益的罪恶，来愚弄与麻醉全国的学生群众。

二、在政治上与组织上日趋破产的改组派，在这一次大会中一定有相当活动，企图与南京派国民党争取改良欺骗的领导，而且改组派最近站在与蒋介石斗争的地位，对学生群众更有相当的欺骗作用。总之，无论学生群众接受国民党任何一派的影响，实际都可以减弱学生群众革命的倾向，使他们徘徊迷惑于反动的改良主义的旗帜之下。

三、中央曾明确的指出：学生群众是小资产阶级的民主份子，他们是工人阶级在城市中有力的同盟军，特别是在反帝国主义，国民党进攻苏俄的工作中，我们不应放松学生群众的工作。同时，目前有许多事件（如厦门学生群众五卅纪念示威游行，反对国民党的压迫，力争反帝的自由，福州学生群众中反帝国主义、国民党的口号的深入与组织的扩大，厦门中学、漳州寻源中学、职业中学、蒲田哲理中学，反学校当局压迫的学潮，以及最近三大城市学生群众参加反帝运动之多）记明了福建学生运动的复兴，国民党在学生群众中的欺骗作用已日益削弱。所以，目前我们必须加紧执行中央所指示的任务：“设法参加此次大会，打破敌人的企图，号召学生群众的行动反抗黑暗的专制政治，扩大我们的影响，促进广大学生群众走向革命的道路”。

四、在这一任务之下，我们应即进行下列工作：

1．各地党部和团部应即动员所有学生同志，特别在厦门、福州、漳州、蒲田、泉州等重要城市的学生同志，在学生群众中活动，宣传反对国民党指派代表包办这次学生大会。这一宣传鼓动，第一要与八一示威中东路事件，特别是九一国际青年纪念的反对第二次世界大战，反对帝国主义勾结国民党进攻苏联，瓜分中国宣传口号联系起来；第二要与三省军阀出兵攻打闽西工农的宣传鼓动口号联系起来；第三要与当地学生群众的要求与斗争联系起来，特别应指出国民党各派的种种罪恶，打倒他们的改良欺骗的残余！

2．有可能派出代表的厦门、福州、漳州、蒲田等城市（自然各地也应一样进行）应即提出我们斗争的口号，在当地无党派的学生群众中活动，力争这一大会代表的民主选举，反对当地国民党部包办选举及指派代表，并设法使同志及无党组织的左倾分子当选代表，赶赴南京出席此次大会，（只要有参加大会的可能迟到亦属无妨）以便与各地同志与左倾份子的代表一致，在大会中反抗国民党的包办，揭破他们的欺骗企图和种种黑幕。

3．应该使无党派的学生群众在我们所提口号之下组织起来，同时应借一事件的宣传鼓励，在学生群众中扩大反帝大同盟的组织，并号召他们参加"九一"与中东路事件的反帝示威运动。在各种集会与示威中，应提出学生群众的要求，使与工农群众斗争的要求组织与行动密切的联系起来，同时还要注意扩大我们的政治宣传，夺取其下层群众到党的周围。

4．在党和团以及群众团体的出版物中，应登载这一宣传鼓动工作的文字，并应召集已成立的各种学生团体及尚未组织的无党派的学生群众开会讨论这一工作的进行。

五、我们应依下列口号，号召学生群众组织起来斗争！

1．反对国民党指派代表，包办全国学生代表大会；2．力争民主选举，自选代表，自开会议；3．以学生群众的力量，打倒国民党的包办；4．反对国民党卖国，力争反帝的自由；5．反对国民党军阀对苏联挑战，民众自动恢复中俄邦交；6．领导城市乡村贫民，以群众行动积极反抗军阀战争，苛捐杂税！反对军阀杨树庄与陈国辉的战争，反对军阀张贞与杨树庄出兵压迫闽西农民，拥护朱毛红军，拥护闽西土地革命的胜利；7．力争言论出版集会结社罢课的自由，反对军阀在各地戒严，反对国民党军阀压迫反帝运动；8．援助上海华南等校学生自动起封被封学校，收回被革退的学生；9．反对强迫加入国民党，废除宗教式的总理纪念周；10．力争研究社会科学，研究列宁马克思主义的自由，反对国民党检查书店学校，反对学校当局限制学生读书的自由；11．力争增加教育经费，反对以任何理由减少教育经费；12．力争参加校务，选举教师的自由，帮助厦中、蒲中、寻源等校学生得到彻底胜利；13．扩大平民教育；14．反对蒋介石及其走狗改组派等压迫欺骗学生群众；15．反对教会学校压迫学生，自动收回教会学校办理权。

附告：

中央通告及宣传大纲各一份另寄，但各地应即根据本通告立即行动起来，不必机械的等着中央通告及宣传大纲。

各地党部应马上照上列指示进行这一工作，并做报告来省委，至要！

省委　一九二九・八・廿五

〔国民党中央党部档案〕

4．国民党中央秘书处关于破坏共产党领导厦门大学学生运动案致中央训练部函件

（1930年4月11日）

中国国民党中央执行委员会秘书处公函　第五六九八号

顷准训练总监部教字一六一号公函（五六九八）：为据厦门大学军事教官胡智渊报称：厦门共党猖獗，及校中嫌疑份子乘机活动情形，附同报纸及整顿厦大方法请鉴核一案，特检同原报暨

整顿厦大方法，函达查照，转陈核办。等由过处。经陈奉常务委员批：交中央训练部与教育部商办。除分函外，特抄检原附各件函达查照。此致

中央训练部

附抄原函一件，整顿厦大方法一纸

中华民国十九年四月十一日

秘书长　陈立夫

附原函

迳启者：顷据厦门大学军事教官胡智渊报称：比来厦门共党愈见猖獗，而厦门大学内部嫌疑份子乘机活动，甚有人权保障运动大会及厦门争自由大同盟之共党变名组织。近更借三月十八日北平惨案纪念大会，取消"北平"二字，以暗合巴黎公社纪念之意，为其宣传机会，又撕毁中央颁布之开会秩序，擅加"争自由大同盟代表报告"一项，并同时喊出反动口号，若不亟请设法制止，势将滋漫难图。理合检同厦市三月十九日报纸七张，并拟具整顿厦大之方法，报请钧部鉴核办理等情。据此，查厦门共党及反动份子潜伏甚厚，前据该员报告，业经函请贵处转呈核办在案。兹据前情，事关党务，敝部未便处理，相应检同原送报纸暨抄同原整顿厦大方法，函达查照，转呈核办为荷。此致

中央秘书处

训练总监　何应钦

十九年四月四日

整顿厦大方法

一、中央颁予厦大校长以最严厉之命令，限其克日整顿，毋得玩忽。

二、校长、各院院长、指导委员长等，应时时负责调查学生

思想言行，每月向中央报告一次，且每周校长须督同院长，指导委员长等检查学生寝室一次。

三、厦大周刊应即日收回教职员办理。

四、以后不准再行滥收选科生、特别生、预科补习生，转学生等，此各项学生多系不良份子，挂名读书，另作秘密工作，厦大而论，几点〔占〕全校学生三分之一，以凑人数。

五、整顿厦大学生会，须确定其权限与范围，不得动辄要挟与罢课，并限制其办事人员，非本预科生不得充任。

六、学校应负起整顿军事教育责任，加紧训练并给教官以权限，俾训练时不感困难，且每周得与校长等同路去检查学生寝室，且改变其对教官之仇视冷视态度，和衷办理。

〔国民党中央党部档案〕

5. 国民党浙江省组织部报告中等以上学校党员侦查校内共产党分子办法呈

（1930年11月14日）

呈为呈报拟订浙江省中等以上学校内党部或党员侦查校内共产份子办法，仰祈鉴核备案事。案准国立浙江大学密字第二号公函，以奉教育部颁发拟定经中央核准之侦查各级学校内共产党份子办法一种，请查照该办法乙项之规定，订定侦查共党之工作方法等因。附侦查各学校内共党份子办法一份过会，准经属会拟具浙江省中等以上学校内党部或党员侦查校内共产份子办法一种，提交属会第二次委员会议决通过，并规定适用范围暂以浙江大学为限等语在案。除函复并令饬杭县执行委员会转饬浙江大学所属各院场处内之区分部或所属党员遵照办理外，理合检同侦查办法备文呈请鉴核，准予备案，实为党便。谨呈
中央执行委员会组织部

附呈侦查办法一份

中国国民党浙江省执行委员会组织部长　张强

中华民国十九年十一月十四日

浙江省中等以上学校内党部或党员侦查校内共产份子办法

（国民党浙江省执委会第二十八次会议通过）

一、本办法依照教育部拟定，经中央核准之侦查各学校内共产份子办法乙项订定之。

二、各校党员对于同寝室、教室、自修室及平日所接近之同学，应负随时侦查报告之责。

三、各校侦查计划及侦查区域之划分范围，由各校之区分部负责办理之。各该校内如无区分部之组织者，则由各该校党员共同筹划进行之，必要时并得仿区分部小组之组织，随时开会讨论侦查方法，但其组织须得经上级党部之许可。

四、各校党部及党员侦查时应注意左列各点：

A、党员对于其所怀疑之同学应注意下列各点：

1．来往函电及其所发表之文字；

2．思想言论行动及其日常所接近之人；

3．常读之刊物及书籍；

4．出入之神情及常到之处所；

5．对于本党之态度和对于最近政治之批评；

6．对于阶级斗争、无产阶级专政及第三国际等观念若何。

B、党部对于其范围相当的学校内之学生应注意左列各点：

1．拟订侦查工作计划，责令各党员分别办理；

2．编查各党员平日的接近同学之名单；

3．根据各党员所填其所接近之同学名单，察其相互间的关系，随时分配以适当的侦查工作；

4．注意校内各种集会结社，并考查其内容；

5．每周应考查同学之缺席及请假情形。

五、各党员对于同学之思想、言论、行动如认为有嫌疑的，应即提出相当证据，秘密报告所属区分部及学校当局，但不得挟嫌诬报。

六、区分部接到党员之秘密报告时，应即慎重审查。（如系其一党员单独报告者，并得另委其他党员再度详查，以免冤抑）。如审查确实者，应随时决定应付办法，或迅速呈报上级党部处理。

七、区分部如遇有困难不能解决之问题，应即时密报当地高级党部核办。

八、本办法适用范围另行决定之。

九、本办法如有未尽事宜，由中国国民党浙江省执行委员会修正之。

十、本办法由中国国民党浙江省执行委员会议决施行。

〔国民党中央党部档案〕

6．行政院长蒋介石告诫全国学生不得掀动学潮书

（1930年12月9日）

南京。教育、部各省市政府教育厅、教育局均鉴：顷中正拟就告诫全国学生书一通，原文如左：

近年以来，中正见闻所及，深觉于国家前途，具有莫大危机，而引为隐痛者，莫过于各地学校学风之败坏，与学潮之蜂起，若非立即严加纠正，将如洪水横流，为害无所底止，爰掬悃诚为我全国青年学生之痛陈之。

青年学生为社会优秀之份子，又为国家未来之主人，当此中国百废待举，人才缺乏，党国前途所赖以托命者，惟在青年学

生，学成以后，本其所学，以贡献于社会，庶几民族生命，得以永续，国家建设，得以完成。今日青年学生，既处此非常之时代，荷负非常重大之责任，宜如何坚定志向，奋力学业，蔚为有用之良才，以供栋梁之上选。不意各学校中，多有荒废学业，纡心外骛之学生，甚至受共匪之煽惑，及奸人之利用，秘密结社，公开集会，假借名义，以相号召，罢课游行，以肆要挟，恣其主奴之基，以为迎拒之资。受业者既不能安心学业，掌教者亦无克尽职责，学风败坏，教育破产，危及国家之治安，断丧社会之元气，祸害所见，不惟可以亡国，抑且可以灭种，言念及此，深用痛心！我国民政府负建设三民主义国家之伟大使命，即有培植全国青年，使其能任重致远的责任，对于学校风纪，自当力加整饬。今学风败坏已极，若不严加整顿，不惟无以对在校安心求学之学生，亦且无以对青年学生之父兄，更无以尽政府应负之责任。今叛乱悉平，军事告终，建设事业，经纬万端，教育为立国之根本，学风为教育之表征，言建设当首重教育，兴教育必先正学风。中正受命党国，兼长行政，往者既以武事扫革命之魔障，今后当以文治宏训政之规模，誓以改进教育，整饬学风为当务之急，职责所在，劳怨不辞。所愿全国青年学生，以自觉之明，自立之勇，仔肩重任，勉策前程，祛浮嚣之气，戒浪漫之习，重节操，笃实学，为三民主义之忠实信徒，为中华民国之未来主人，毋惑邪说，毋蹈歧趋，辨顺逆，明是非，尊师保，重学术，己立立人，自救救国，然后克尽对国家社会之职责，若仍蹈习故常，茫然罔觉，行动越轨，言论悖谬，放弃本身之职责。甘为反动之工具，则为校规所不许，国法所不容，发纵指使者，已罪无可恕，盲从附和者，亦属咎有应得，执法以绳，噬脐何及！成败利害，幸熟权之。学校风潮之起，恒籍端于迎拒校长，或教职员之事，对人问题，全属感情冲动，不逞之徒，从而鼓动，则寖淫酝酿，往往成为巨变。须知学校校长，为政府所任命，教授职员为校长所聘请，校长之任免，权责操之政府，教师之进退取舍，由于校长、政府自当慎校长之人选，校长自当严教师之行藏，校长教师，均有其国家法律所赋予之职权。学生若任意反对校长，即不啻反对任命校长之政府，若任意干涉校长行使职权，即不啻破坏国家法律，反对政府。破坏法纪之学潮，自与反革命无异，政府自当严厉制止，如法处惩者也。中正于告诫学生之时，又当为各学校校长教职员告者：教育事业，原甚清高，人格之修养，意志之磨励，思想之诱导，体魄之锻炼，科学之阐明，择业之指引，此皆教职员对学生应尽之责任，固非单纯以智识为稗贩也。为校长教职员者，尤应杜绝奔竞，砥砺廉隅，清白乃心，赤诚任事，泯门户之见，平系派之争，其本身务足以为人师表，而无可指摘，学生自无所藉口以掀动风潮，校长、职教员之责任的自觉与良心的自省，实为宁息学潮，端正学风之要素也。自中国之现状言之，教育尚未普及，入校求学，原非尽人而能。今承兵革丧乱之余，物力尤为艰难，中人之家，尚不易令其子弟受业于中等学校，父母兄弟，减衣缩食，以供其在学子弟膏火之资者往往有之，其能完成中等教育，而进于高等教育者，大都为袭家庭之余荫，受国家之殊遇之少数青年，故大学高中之学生，实已居可羡之境遇。青年学生，以有为之身，处可造之境，就人情言，自以专心向学为唯一前提，庶不致愧对家庭社会国家也。自国际之地位言之，我中国尚未臻于平等自由之境，实业尚未振兴，科学尚未发达，内乱削平，而外患未止，总理有言，欧美之长，在于科学，吾党欲求民生主义之实现，物质建设之完成，阐明科学，开发实业，跻中国于近世文化之舞台，其责乃任在青年学生。就国势言，今日之学生，处此智识饥荒之际，应具人一己百、人十己千之精神，□□科学，迎头赶上，方足以适应时代迫切之需要，尚何余力以事外骛，闹学潮也哉。政府刷新政治，努力建设，首重教育，先正学风。今后对于教育行政人员，务必亟予甄别，严其赏罚。对于教育经费，务必尽量宽筹，慎其用途。以指导之良好，责之校长教职员，以服从之谨严，课之青年学生，上下相维，师弟互勉，善良之学风，自可计日养成矣。总理有言：党员无自由，学生无自由，官吏无自由，吾人所求者，乃求国家之自由，与民族之自由，即所学者亦为求国家与民族之自由而学也。青年学生须知个人之自由与国家之自由不能并立，若有个人之自由，即无国家之自由，则国民成为一盘散沙，而国家永为帝国主义者所侵略与压迫，民族亦永久沉沦而无独立自由之日矣。思之能不戒勉乎！综上各端，除由行政院训令教育部，通饬全国各学校，转知各学生，一体遵照外，中正本爱护学子，属望青年之素志，特再痛切告诫，深愿全国学生，闻风兴起，矫其前失，正其趋向，自首都以至各省县各乡各村，自大学中学以至小学，士无不学之人，校无不良之风，人心由是而正，社会由是而安，党国前途，实利赖之。中华民国十九年十二月九日。蒋中正。等语。希即转饬所属各级学校学生一体遵照为要，兼院长蒋。真（十一）。印。

〔《教育公报》第二卷第四十八期〕

7. 教育部关于整饬学风的训令

（1930年12月11日）

教育部训令　第一三〇四号

令各 国立大学、独立学院、专科学校
省（市）教育厅（局）

案奉行政院第四二五二号训令：

为令饬事：近年以来，我国学生受共产党人及一切反动派之诱惑，动辄藉口改良校务罢课要挟，甚则擅自集会，散发传单，供人利用，妄分派系，驯至放僻邪侈，罔所不为。青年堕落，念之滋痛！循此不革，不惟教育破产，抑且有亡国灭种之忧。政府负培养青年、整饬纲纪之责，当此学风日坏，若再博宽大之虚名，坐视一般学子误入歧途，不思设法防止，岂惟放弃职责，更何以对此青年及其父兄。

现在军事告终，虽建设前途经纬万端，而百年大计，首在树人。此后政府施政方针，自当注全力于教育之改善。本院长兼长行政，尤当竭其精神能力，以谋学风之整顿。

嗣后各学校学生务当修养人格，努力学问，蔚为大器，效用国家。须知校长经政府慎重选择而后任命，反对校长即无异反对政府。教职员居师保之地位，学生对之应尊重服从，不当爱憎由己，随意迎拒。惟各教职员亦当敦品砺行，以立师表，尽心职务，以宏作育。其有滥竽充数，行为卑鄙者，政府必立于罢黜，以资整顿而慰群望。

至于教育经费为学校生机所寄，政府尤当负责筹画，决不使常费稍有缺乏，基金稍有动摇，致妨教育之发展与独立。

凡此诸端，既有政府及学校当局任之，学生惟当一意力学，涵养身心，凛古人思不出位之训戒，奉总理三民主义为依归，不得干涉教育行政，致荒学业。如再有甘受反动派之利用，仍前嚣张，恣行越轨者，政府为爱护青年贯彻整饬学风计，惟有执法严绳，以治反动派者治之，决不稍事姑息。稂莠不除，嘉禾不生，尚有一二学风最坏无法整顿之校，即不得已而至全校解散亦所弗惜。为此，令仰该部即便通行全国各级学校教职员学生一体凛遵。此令。等因。奉此，合行令仰该厅遵饬所属各校，布告全校一体凛遵！此令。

中华民国十九年十二月十一日

〔国民政府教育部档案〕

8. 国民党上海市党部等关于中国公学学潮经过及改组校董会的文电

（1930年12月—1931年2月）

（1）国民党上海市党部呈（1930年12月19日）

呈为本党忠实同志严经照、李雄，前因检举中国公学共产党邓中邦等，致被该校当局开除学籍，仰祈钧会鉴核，迅予转咨国府，令教育部即饬该校予以恢复学籍事：案查中国公学内共产党徒及国家主义派等反动份子，潜窃盘踞，秘密活动，业经查有实据，无容讳饰。十月间本党忠实同志严经照、李维，以共党吴淞支部常委邓中邦等，在中国公学内肆意活动。经报告第八区党部通知就地军警拿捕，不料该中国公学当局竟认为李、严两同志未得学校许可，私擅报告军警，有碍学校安宁，迅予开除学籍之处分。按该校学生邓中邦系吴淞区内CP负责人，前曾参加广州暴动，凿凿有其经历，该校当局既不知加以检举，已属疏于监察，何得反将举发共党之本党党员李雄、严经照开除学籍，如此存心袒护，实觉处置失当，前经职会第五十八次常会议决，函请中国公学恢复李雄及严经照之学籍在案。又居职会属第八区党部呈称，党员严经照、李雄自十月间无故被前中国公学校长马君武开除学籍以来，瞬将两月，前曾由钧会函致该校当局恢复学籍在案。惟迄今未见实行，以致光阴荒逝，学业废弃，殊为惋惜，特再呈请钧会即予转呈中央咨教育部令饬该校当局迅予恢复严、李两同志学籍等情。据此，查近来共党及各派反动份子四处图谋不轨，有赖忠实同志密告检举，得以防患未形，若严、李两同志以检举反动而致学籍开除，本党坐视不予援助，则何以慰检举者之心；即有知反动之秘密者，行将裹足，不敢告发。爰经职会第七十三次常会议决，转呈中央在案。为特具文呈请钧会察核，迅予转咨国府教育部，即饬中国公学恢复严经照、李雄两同志学籍，

俾资造就而策将来，至感党便。谨呈
中央执行委员会

上海特别市执行委员会常务委员潘公展
范　波
吴伯匡

中华民国十九年十二月十九日

（2）梁耀垣等呈（12月19日）

呈为呈报学潮经过，恳请秉公处理，以息纠纷事：窃属校自马校长长校以来，校内建设迭有兴举，全校同学方庆长校得人，学校发展方兴未艾，岂意晴天霹雳，风潮突起，事缘十月十四日政治经济系系会开会有李雄、严经照二人，本为改组派份子，前从大陆大学转来者，其言论之反动可于中公社会科学院院刊及吴淞八区党部一区分部所出版之炮台中见之。经由中公国民党忠实党员摘出向党部检举在案。此次系会开会，彼等欲乘机包办，为同学等识破，群起反对，彼等计不得逞，遂扰乱会场，更密报当地军警，控告与彼等有私怨之魏佐翰、林宏亮等为共产党，营部得报，深夜派兵来校搜检，并未查得何种证据，但仍循彼等之请，拘去魏佐翰、邓中邦二人后，以毫无证据，即准学校保释。同学方面佥以李雄、严经照竟因私愤，欲致同学于死地，不特手段过于残酷，且此后人人自危，学校亦将从此不宁，于是群请马校长开除彼等二人学籍，以谋学校之安全。学校方面遂于十月十九日宣布开除李严学籍。先是校董丁彀音代理公学总务主任，以破坏建设，侵吞校款去职，深恨马校长之彻底清查，时思报复，迨学校开除李严后，丁彀音遂利用严经照为吴淞八区党部干事，鼓动党部发出通电，指马校长包庇反动。时马校长方离校东渡，出席日本学术协会，丁彀音复乘机向校董会弹劾马校长，其预定议案为干犯党怒‘应即免职。彼以为必可通过，竟交李雄送各报发表（有十月卅一日时事新报可证）。不料十月三十日夜校董会在上海一品香开会，有校董王云五先生以为此恶例不可开，代马校长辞职，于是校董会遂有辞意，坚决准其辞职，以于右任先生继任一案。自此事发生后，学生等以学校无端受人破坏，使奋发有为之马校长去职，愤慨莫名，当即乘刘校董南陔来校上课之际，要求报告此中经过，并召集全体学生大会，以谋对付。佥谓丁彀音此种举动，不惟诬蔑校长，实属危害学校，一致反对，当场组织代表团，负责请求校董会收回准马校长辞职成命，并撤消此次鼓动风潮祸首丁彀音之校董资格，以平学潮，而谋学校之发展。校董会迄无具体答覆，于右任先生虽于此人心惶惶之际，曾一度来校宣布维持，而同时声称决不就校长之职。于先生爱护学校盛意可感，惟学生等则以马校长为中公空前之完善校长，在职不过数月，成绩斐然可观。如建筑能容五百余人之宿舍，使社会科学院能迁回吴淞，同学不致再日夕奔波于臭秽不堪之闸北横滨路上，且增购图书仪器，添设教室运动场，增建膳堂，改良浴室，且又着手计划年内建筑女生宿舍及图书馆。此种显著之成绩，实非学生等始意所及料，而一问其所用之经费，则又极为撙节，曩日之所不敷者，今乃绰有余裕矣。似此完美校长，虽冒万死亦当坚决拥护，故呼吁无效即罢课随之，以表示学生等态度之坚决。学生等宁不知罢课牺牲之大，所以忍痛为之者，以公理正义所在，不能默尔而息耳。时适马校长会毕返沪，亲函劝告复课，学生等为表示挽马之诚，当即听命复课，而拥护马校长继续长校之精神则始终如一。现学潮已逾二月，校董会迄无解决办法，丁彀音派仍欲包围校董会，任用第三者长校，以遂其私图，学生等以为学校既有如是完美之校长，而校董会不加细察，竟受人蒙蔽，许其引退，反欲另行物色新校长，此学生等所期期以为不可而坚决反对者也。学校行政虽不欲干预，但赤心为校之马校长，决不能任人逼迫引退而毫不反抗，私人去留虽不欲徒作拒迎，但能发展学校者则当誓死挽留。现年假已届，而校长问题尚成悬案，学生等认为此种责任，应由校董会完全负之。现校董会既无解决之方，惟有呈请钧部秉公处理，迅饬校董会收回准马校长辞职原案，并开除丁彀音校董资格，以平学潮，所有恳请缘由，理合备文呈请察核示遵，不胜迫切待命之至。谨呈
国民政府行政院教育部代部长蒋

附名单一纸（略）

中国公学学生梁耀垣等九百六十二人谨呈

中华民国十九年十二月廿九日

（3）国民党上海八区一分部常委王国屏呈

呈为中国公学校长马君武，包庇反动，压迫党员，恳转呈中央鉴核严惩事，窃查中国公学校长马君武，自到任后，种种劣迹，竹难尽书，兹谨胪列如左：

一、不设党义课程。我国教育宗旨在实现三民主义，自小学以至大学，均应设有党义一科。中国公学业经教育部令准立案，但大学部迄无党义课程之设置，屡经属部党员大会决议，再三请求马君武从速添设，乃竟置若罔闻。此应严惩者一。

三、玩忽总理纪念周。中国公学虽有纪念周之虚名，实际上并未按周举行，即举行时亦不遵照规定仪式唱党歌，向党国旗及总理遗像行礼，暨政治报告等项均付阙如。最荒谬者，厥为不读总理遗嘱，后经校中隶属本党之教职员及属部再三请求，仅允照读遗嘱，然读时之态度如顽童诵书，殊为不恭敬，他项仪式仍未遵行，实属有意玩忽。此应严惩者二。

三、蔑视本党总理。中国公学大礼堂并列遗像四张，本党总理亦居其一，然钧以有功于该校之资格而悬挂、将总理遗像四字易为孙中山先生遗像等字样，且与其他遗像等量齐观，并列一起，两旁亦未悬挂“革命尚未成功，同志仍须努力”之联语，是其心目中仅认总理为该校前校董，而不屑以本党总理之资格为之张

挂遗像也，蔑视总理，有意作刁。此应严惩者三。

四、不挂党国旗。中国公学大礼堂高悬万国旗，独于本党党旗及国旗，则全校遍觅不得，举行任何隆重仪式时，亦从未有党国旗之揭挂，不仅目无本党，而且目无中国。此应严惩者四。

五、包庇共产份子。中国公学为共产党在吴淞一带之大本营，反动标语及传单早属司空见惯，该校学生邓中邦系著名共犯，现负共党吴淞支部常委之职，曾参加广东暴动，并于上学期被吴淞公安局检查处在其房中搜出共党嫌疑之图章三颗，拘禁多日，又为该校业经解散，通缉之社会科学研究会（C．P集团）一重要份子，至本年暑期间长沙事件发生后，该邓中邦即携党徒潜赴长沙，加入工作，同时该校墙壁上连日发现"庆祝红军占领长沙"、"参加南京路暴动"等标语。又查该校学生张国辉亦系C．P重要份子，本年五一节纪念时，曾在上海南京路散发传单，参加暴动，被工部局拘捕，移送苏州法院监禁多日，经马君武设法保释有案。本月十四日晚间，该校政治经济系开会，邓中邦、张国辉等率领党徒捣乱会场，殴伤主席（主席李雄为本党党员），并高呼"打倒国民党""共产党万岁"之口号。当经上海特别市八区党部据密查员报告，即通告就地军警前往逮捕在案。讵马君武冒大不韪，竟为具呈保释，向邓中邦等保释之翌晨，中国公学新旧宿舍即发现"打倒国民党"、"拥护苏维埃"、"打倒李雄"、"要求学校严惩报告军警的李雄、严经照"等标语，遗痕尚在，不难查察，且当晚到校，军队已将张国辉看守，忽被跳窗脱逃。林宏亮则闻风先遁未获，经营部在伊二人房中搜出中国共产党青年团传单多份，张、林二人脱逃后得马武君之一意袒护，遂敢公然返校，包庇反动，危害本党。此应严惩者五。

六、包庇国家主义派。中国公学政治经济系主任罗隆基，留学美国时，曾组织大红社，鼓吹国家主义，回国后又在新月杂志发表大批反动言论，业经属部检同证件，呈请上级党部核办在案。本年暑假间，曾经该校学生会屡次呈请学校解聘，乃马君武藉词推委，有意庇护。又本年六月间，国家主义派首领李璜，自日本赴四川，途经上海，寓香港饭店，罗隆基因中公学生反对，地位摇动，乃亲往要求李璜下令中公国家主义派份子一致拥护，后与马君武为紧密之联合。又查国家主义派在沪组织长风学会，有马君武之巨像，赫然悬挂其内，复捐助该会建筑基金一万元，该会允为马君武雕刻肖像，以资纪念。此可知马君武与国家主义派之关系密切，同时该校学生黎盛东等组织震东社，拉属部常委王国屏同志入社，王国屏同志立指该社名称有国家主义嫌疑，乃改名为长流社，不复拉王同志入社矣。该社至中公极为活动，以马君武、罗隆基为护身符，而马君武亦复存了〔心〕勾结，引为心腹，指使该派主要份子张耀先、黎盛东联合共产党，于本月十四日晚间政治经济系开会时，共同捣乱会场，殴伤党员。事后，经属部党员请求严惩捣乱份子，乃马君武又复力为袒护，不仅毫无处置，反与国家主义份子以切实之保障。此应请严惩者六。

七、压迫本党党员。本月十四日晚间，中国公学政治经济系开会，本党党员李雄，充当主席，被共产党与国家主义份子殴伤，并高呼反动口号等情，经上海特别市八区党部一面通知中国公学，一面驰派军队前往镇压，捕去共党邓中邦、魏佐翰二名，尚有林宏亮、张国辉二名在逃。讵马君武竟将邓中邦、魏佐翰二名保释，证明邓、魏、林、张四人并非共党，又诬陷本党党员李雄、严经照未得学校许可，私擅报告军队，扰乱学校秩序，执行开除学籍（布告原文奉抄），公然压迫本党党员。此应请严惩者七。

八、反对以党治国。马君武在中国公学兼教近代文化史一课，授至近代政治制度一章时，公然宣称应行代议制，诋毁本党以党治国之主张，不遗余力。此应请严惩者八。

综上八项，包庇反动，压迫党员，设不予以严厉惩治，党国

前途，殊堪危虑，为特备文，呈请钧会，迅予递级转呈中央核办，实为党便。谨呈

中国国民党上海特别市第八区党部执行委员会

附呈中国公学开除李严二位同志布告原文一纸〔缺〕

中国国民党上海特别市第八区一部分常务委员王国屏

（4）国民党上海市训练部呈（1931年1月27日）

呈为属市中国公学，弁髦法令，摧残党教，肆行反动，俨成敌国，不予以正本清源，彻底查办既无由实施指导，更无由遵令考查，为此胪陈该校现状，并附具意见，仰祈鉴核示遵事：窃查中公为属市著名学府，中外观瞻所系，地位至为重要，自此次学潮突起，全市震动，报章宣传，举国瞻目。属部责职所在，未容忽视，经派员详查，所有该校此次风潮经过，业已报由属会转呈在案。兹准属会秘书处转奉钧会秘书处第二〇六七二号函开：顷准中央训练部第一二二九号函开：前准贵处转送常务委员批交核议，关于上海特别市执行委员会呈以中国公学校长马君武袒护反动，诬蔑本党，摧残同志，持胪陈事实呈请鉴核呈一件。又准贵处送核中央政治学校区执行委员会呈请中央查办中国公学校长马君武蔑视总理，诋毁党国，包庇反动，压迫党员一案。准此。查据上海特别市执行委员会原呈各节，该马君武身居大学校长，公然袒护反动，诬蔑本党，殊属非是。兹据申报十月三十日教育新闻内载：该校董事会以该马君武干犯党怒，致起学校纠纷，已予免职，虽该校似已加以处分，惟本部对于此案意见，以为：（一）应由中央函国民政府转饬教育部查明真相后予以警告，并切实整顿该校内容，严饬该校以后应遵照中央法令，励行实施党义教育；（二）依照考查各级学校党义教育办法第一条规定，令饬上海特别市执行委员会训练部代行考查，先行拟具考查暨指导该校实施党义教育计画呈报中央训练部核办；以上所拟办法是否有当，相应函请

贵处转呈鉴核等由。经陈奉常务委员批：查案分别转行照办。查此案中央前据贵会及中央政治学校区执行委员会先后呈请前来，经转交核议在卷。兹准前由，并奉上批，除函国民政府转饬办理外，特此函达，即希查照，转饬训练部依上列第二项办法妥为办理为荷等因。到部。奉此，仰见钧部处置该校先后问题之至意，惟查该校此次风潮，表面上似由学生冲突而起，其实项庄舞剑，情态显然，露骨言之，即为反动势力与本党之斗争，观于本党同志被国家主义派与共产党学生之凶殴与警局搜捕共产份子而为马君武所保释藏匿，及校董会准马辞职与于先生为该校代表团所拒绝，以至胡适之掩护罗隆基之指挥，马君武之回校，皆为显然易见之事。今于先生离校，马君武复职矣。该反动派视为胜利，声势煊赫，不可一世，在此大批反动份子盘据把持之下，更何党义教育之可言，指导考查益不知从何说起。兹谨将该校种种设施及风潮经过、反动情形处置办法，先行缕陈如下：

一、学校行政系统及组织人员

（1）查该校组织大纲于校长外并设副校长一人，现副校长制已取消，全校由校长一人独揽。又该大纲规定原有秘书长一人，今秘书长业已取消，仅于校长室设秘书二人。行政系统虽云仍旧，但校内最高立法机关之评议会形同虚设，半年来未曾举行一次会议。又查该大纲原无训育机关之设置，今虽有训育委员会之添设，实际上并无权力，一切事宜均由校长一人独裁。

（2）该校校长本为马君武，以包庇反动，致起学校纠纷，经十九年十月卅日校董会决议免职，任于右任先生充任，故法律上之校长为于右任，但马君武仍恋栈不去，嗾使所谓代表团者，拒绝于先生到校，故目前事实上校长仍属马君武。

（3）该校现任教职员，教务主任凌舒谟，总务主任王宏实，秘书阎素人、孙辂公，文理学院院长胡适，文史学系主任杨鸿烈有更换消息，数理学系主任胡耀楣，社会学院院长高一涵已辞职，法律系主任戴君亮，政治经济系主任罗隆基，商学院院长刘秉麟，普通商学系主任曾邦熙，银行会计系主任黄念远，预科及附属高中主任凌舒谟。

按该校奉教育部准予立案时系令改称独立学院，分文理科、法商科及附属高中，然该校仍自称普通大学。

二、教职员之政治派别及其人名

该校现任教职员凡六十人，其有显著之政治派者分述如下：

1．国家主义派。该校教职员以此派为最多，且极有势力，校政为该派所把持，重要份子如罗隆基、王造时、郃爽秋、王宏实、梁实秋、吴士栋、阎树人、张志超、石维桢、靳钟恂等属之；

2．新月派。此派以胡适为首领，刘英士、余楠秋等属之；

3．第三党或社会民主党。此派人数极少，惟张履成、张资平、近之张履成担任附属高中一年三民主义，专以推崇唯物史观，批评三民主义为能事，又兼授预科政治学，所采教本为陈豹隐（即陈启修隶第三党或云现称社会民主党）所编之新政治学（乐群书店出版），业经中央党部明令查禁者。又文学教授张资平，据闻亦属此派，张资平为乐群书局之负责人员。按新月派即一种新国家主义派，新月杂志即该派代表之言论的机关。又按该校原有隶属C．P之女性教授黄白薇，系左翼作家之健者，女生多受其影响，现已去职。又职员中曾有C．P嫌疑之职员二人，现均去职，故就现任教职员而言，似无显著之C．P份子。

三、学生之政治派别及其人数与代表刊物：

该校学生之政治团体，除本党党员三十余人外，计有共产党、国家主义派及改组派等，分述如下：

1．共产党。该校为共产党在吴淞一带之大本营，学生邓中邦为共党吴淞支部负责人员，邓在共党历史甚久，曾参与广州暴动有案，去年长沙事件发生，亲率党徒前往工作，又去年五六月间吴淞区公安局检查处在其房中搜出共党嫌疑图章三颗，带局羁押数周，嗣经有力者为其保释有案。又查学生张国辉亦系共党要犯，去年“五一”节在上海南京路散发反动传单，被巡捕拘局羁押，见上海各报，嗣经马君武为其设法保释有案。校中赤焰高张，为沪上各大学之冠，反动标语随处涂写，反动传单随地散发，人数约七八十人，以两广、四川、湖南籍居多，其组织表现于外者为“中公读书会”、“国语演讲会”、“反帝大同盟”等，其代表刊物为“中公壁报”，尚有“社会科学研究会”，系其外围组织。去年上半年，曾公开活动，分发自由大同盟之传单，并请田汉等演讲，被本党党员向市党部检举逮捕数人后始变为秘密组织。

2. 国家主义派。国家主义派在该校有二十余年之坛变历史，最初为立宪党与同盟会之斗争，民二后为进步党与国民党之斗争，继又为研究系与国民党斗争，近年来即为国家主义派与本党之斗争，一线相承，均与本党极不相容。该派基础最为隐固，在胡适时代因新月派执校政之关系，该派份子已大形活动，至马君武时代，隶属该派之教授及学生突然增加人数，现以超过C.P，在教职员与学生中均占绝对优胜地位，传单小册时有发现，其活动步骤先C.P作策略上之联合，次由黎盛东等发起组织“震东社”，拉王国屏同志加入，王同志立指该社名称有国家主义嫌疑予以警告，（黎系跨党份子，兼挂本党党籍）黎乃改名“长流社”，计有社员五十余人。去年暑期该派领袖李璜来沪，罗隆基亲往要求下令上海各大学，该派份子以中国公学及光华大学为大本营，并归罗隆基负完全指挥之责，故该派活动更有整个之计画，最近光华大学及暨南大学之学潮，均在该派计画之内。

3. 改组派及其他。改组派及第三党在该校称大陆派，系大陆大学被封后转入学生中之一部份，人数仅十人左右，实力远逊

C.P及国家主义派，而两派之主张时有龃龉，故此次风潮发生，未有若何动作，又闻社会民主党亦有其人，但无活动，本党党员在该校处压迫，兼以跨党份子张显（即张耀先）、黎盛东、陈若衡、欧广照、梁克恂（均系国家主义派）等从中捣乱，活动更为困难，而C.P及国家主义派又为策略上之联合，共同向本党进攻，代表团即系国家主义派容纳C.P所合组而成，且与教职员互相策应，故声势浩大，反动高涨，本党同志严经照、李雄被其开除学籍，本党中央委员于右任先生被其无理拒绝，俱足以证明代表团之反动气焰不可响迩也。该校董会多数反对马君武，唯以胡适力为袒护，而代表团又复拥马到底，拒绝任何第三者长校，故校董会无法处置该校学潮。

四、学潮之起因与经过

马君武自长校后，即嗾使国家主义派及两广同乡，出而包办学生会，以联络C.P为其策略（马君武在该校之基础分两大派：在珠江流域以两广同乡为基础，两广多C.P份子，马君武利用同乡以巩固其地位，而C.P亦利用马君武保障其安全与发展；在长江流域以国家主义派为其基础，亦即其基本部队），共同抵制本党党员之活动，故该校所有各派份子，均以本党为同一之敌人。去年十月十四日晚间，政治经济系举行系会筹备会，原由国家主义派黎盛东、张耀先等所发起，然本党党员大多数在该系肄业，故李雄同志得被推为主席，彼等见操纵不成。即行破坏，并呼吁同类闯入会场，将李雄同志扭殴，共产党亦乘机向本党攻击，高呼各种反动口号，一时秩序大乱。吴淞第八区党部距校甚近，且派有侦查员随时到校密查，是晚情事发生后，区党部即驰派军队到校镇压，计捕获反动份子邓中邦、魏佐翰二名，余均在逃。次日马君武即将邓魏二人保释，阅数日又将被殴之李雄同志及在八区党部服务之严经照同志一并开除学籍，因此引起上海各级党部纷纷通电声讨。同月卅日该校校董会举行临时会，王云五代表马君武辞职，决议照准，另推于右任先生继任。次日马君武即唆使国家主义派及两广同乡联合C.P召集大会，到三百余人，由总务主任王宏实亲自到场指挥，产生代表十一人，组织代表团，设置办公处，又组织武装纠察队，昼夜巡逻，控制全校，并由学校当局为之切实指导与保障，以拒于挽马为口号，以排斥本党为目的，代表团十一人均系国家主义派及C.P份子（嗣代表团增至三十人仍系该两党份子）。是时校中另有一中立派组织“解决风潮同盟会”，以拥护校董会决议案及欢迎于右任先生长校为目的。惟在校不能公开活动，处处受代表团及学校当局之摧残，结果难期圆满。去年十一月十日新校长到校，被代表团武力抗拒，并由学校当局将各教室尽行封锁，强迫全体同学罢课，学校遂陷于无政府状态，学校行政及教职员之进退均由代表团代办。自于右任先生就监察院长后，马君武即回校继续执行校长职务，董事长蔡元培声明否认，但继任校长均以马君武之厚颜无耻及代表团之横行跋扈不敢担任，故学潮无从解决。代表团自马君武回校后，亦横行无忌，除按期揭贴各种反动壁报，如“中公壁报”、“辟荒”、“飞飚”等外，并由代表团定期刊物名为“中公学生”，专载各种反动言论及消息，校中遍贴“以铁与血拥护马校长”、“反对党政当局干涉学校”等标语，武装纠察队威胁同学发出联名宣言，学生真意无从表示。又代表团经费已耗去千余元，均由马君武设法，现在该校在代表团反动势力控制之下，情形之恶劣，笔难尽书。

五、目前学校内容与学生心理

目前该校内容已见上述，至于一般学生之心理，除C.P及国家主义派与其合组之代表团外，可分为两派：

1．大多数学生目的在求学，不愿校内有党争，对于代表团之横行不法甚为不满。惟慑于代表团之武力压迫，均敢怒而不敢言。此派对于马君武并无好感，因其厚颜无耻及手段卑劣也，对于于右任颇景仰，如继任校长，能毅然就职，则决无问题。

2．有一部份学生绝对拥护校董会决议案，欢迎于右任先生长校，与本党取一致行动，惟武力不足与代表团抗衡，故迎于运动失败又胡适在该校颇得一部份学生之迷信，实缘青年崇拜偶像之故。胡适为此次风潮中挽马最有力之份子，曾亲自到校鼓动风潮，以坚代表团挽马拒于之志，影响极大。

六、该校违反党义教育之情形

1．该校仅于附属高中一年级每周设三民主义一小时，二三年级预科及大学部各级均无之（见该校学则一览自十九面至八十五面），而担任三民主义之教授又为陈豹隐之信徒名张履成者（并非受检定者）张履成之政治派别已见上述。

2．该校纪念周仅具虚名，并不按周举行，即举行时亦不遵照规定仪式，如唱党歌，向党国旗暨总理遗像行礼，恭读总理遗嘱及讲演总理遗教等，均附缺如。其举行与否，唯马君武一人之意志为转移，有时召集一堂，报告校务，如无重要报告，即不召集。

以上种种均为该校风潮发生前后，根据本党同志报告及属部派员详查所得之事实。综其要点，可得列举者如：

一、该校既奉部令改称独立学院，何得仍称普通大学，该校长抗不遵命，弁髦法令于此可见。

二、该校教职员中有如许反动派别，该校长事前既不予以查办，又复甘心附逆，充任国家主义派之高等顾问，使全校均陷于该派势力控制之下而未由自拔，其联合反动，蓄意谋叛之罪状，虽百口莫辩。

三、该马君武身居大学校长，应如何束身自爱，作育青年，以建百年树人之大计，乃舍此不图，竟嗾使无知青年，供其爪牙，既以派别自居，复以派别攻人，使全校弦歌之声一变而为打倒拥护之口号，风潮既起，受其麻醉之无知学生，于大庭广众之间作聚众扭殴本党同志之暴举，该校长亦充耳不闻，复加本党同志以开除学籍之处分，是无意认暴动为正当，视本党如仇敌，谓非发纵指使其谁能信。

四、马君武因措置失当，经校董会议免职，以于右任先生充任，迨于先生宣言就职，马又纵令所谓代表团者出面拒绝，而佯为逍遥海外，待至于氏被拒，则又厚颜无耻到校视事，是则拒于迎马之举，其为预定计划，不辩可知。而况该校为私立大学，任免校长之权既属诸校董会，今马之去留竟可由个人之意志为进退，视校董会若无物，其藐视法律，喧宾夺主，诚不知世间尚有羞耻事。

五、党义为必修之学科，纪念周为隆重之仪式，乃该校既无党义，又不举行纪念周。党师不以检定合格者充任，而委之于反动教师之师更属藐视本党，诬蔑总理之至。

综上所云，该校长实为罪魁祸首，万难再予姑容。况当此反动空气弥漫全校，坚壁清野，俨成敌国，校董会既无法处理，则解决办法自有待于政府之处置。属部心所谓危，难安缄默，为特拟具正本清源，彻底整理办法数则于下：

一、该校名称与组织，均属违反部令，应即立予撤消立案，并令停止活动，听候整理；

二、马君武既无法律上之地位，雀巢鸠占，厚颜无耻，应令当地公安局缉拿归案，处以反革命之罪；

三、该校校董会份子复杂，泰半为研究系份子，应咨教部明令改组；

四、该校反动势力已根深蒂固，应咨请教部派员接收，实行整理；

五、该校校长暂由教部委派，俟教董会改组完善后再交由校董会选任之；

六、该校教职员及学生之反动者，应即查明，分别予以撤职开除及其他法律之制裁；

七、上项办法实行后，所有该校党义教育部分，由属部遵照钧部命令，代行考查，切实指导。

以上数则，属部以为系紧急处分之最彻底之办法，倘得一一施行，则该校前途庶有光明之希望，否则因循瞻徇，养痈遗患，将陷中公于万劫不复之地步，好学有造之青年，更将流于末路，徬徨无所依托，毒蛇螫子，壮士断腕，镇压反动，在此一举，敢供刍议，是否有当，仍祈钧部鉴核示遵，实为党便。谨呈

中央训练部部长

上海特别市执行委员会训练部长　童行白

二十年一月二十七日

（5）校长马君武致教育部快邮代电（2月5日）

南京教育部蒋部长钧鉴：本月二日有中国公学校董兼校董会孙秘书丁縠音及离校教职员数人，到吴淞指挥学生龙英杰、聂海帆、申屠震、游家祥、武真卿、丁成书、王国材、张良泽、张良意、周宪初、孙珍田、刘志衡、李范畴、王坦儒、戎希谷等，及外来流氓共二十九人，手持木棍，捣毁校长室、教务处、总务处，同时由丁縠音等至吴淞公安局第七区署请求派出警察，把持门口，任龙英杰等二十九人在内捣乱，禁绝他人入内维持秩序。当由君武邀请当地营长熊克禧派兵拘捕乱党，虽派兵一排至校，然以校董会主席蔡元培有电，请其维持原状，是以未加拘捕。至今乱党龙英杰等二十九人尚盘据原处，校内职员停止办公已经三日，应请迅令军警拘捕捣乱学生龙英杰等及流氓二十九人，分别治罪，否则学校为乱党盘据，军警禁绝校中职员出入，校长以下皆不能到校办事。君武本为新校长于右任不肯就职暂任维持之人，在此种情状之下，实不能再负责任。丁縠音为中国公学校董兼校董会秘书，竟指挥本校不良学生及外来流氓捣毁学校，开国内大学教育未有之先例，学生

龙英杰等二十余人为本校学生，竟听受丁彀音等指使，携带武器捣毁办公处，盘据校中数日不去，皆应请教育部派员调查真相，按律治罪，教育界幸甚。中国公学校长马君武。歌。叩。

廿年二月

（6）国民党中央训练部朱葆勤等的调查报告（2月7日）

案奉令派调查中国公学学潮详情，遵即驰赴上海，会同上海市教育局局长徐佩璜至中国公学及有关系各方面详细调查。查该校此次风潮，因前校长马君武开除学生李雄、严经照而起。至开除理由，则因上年十月十四日，该校政治经济系学生开会冲突后，由驻吴淞第五师第二十七团第二营营部派队到校，捕去学生邓中邦、魏佐翰二名。该前校长谓系李雄、严经照前往报告，危害同学，故将二生学籍开除。惟查第二营营部，当时报团部呈稿，则系据第八区区党部干事严经照报称云云，是李雄并未前往报告，已属实在。至严经照系受区党部之命，事后曾由党部公函学校声明；且营部呈文内有“拘捕邓中邦、魏佐翰二名，并在室内搜出共产标语，及中国共产党青年团吴淞执行委员会印刷品”等语。该邓中邦、魏佐翰虽旋经该前校长向团部保释，但既经营部查有佐证，似不能谓严经照挟嫌诬告。该前校长所持开除李雄、严经照理由，与事实未尽相符。

自上年十月三十日，该校校董会准该前校长马君武辞职，另选于右任继任后，一部分学生在校开会，成立代表团，声言拥马。至十一月十日，代表团学生闻于校长到校之信，即于是日胁迫全校学生，罢课抵制。据当日目击情形之吴淞公安局第七区杨区长面称：于校长到校时，代表团学生拥住校门，大呼“拥护马校长”口号。经竭力镇压，于校长始得进校。当在校长室与代表团谈话时，室外学生群作“嘶嘶”之声，表示鄙夷之意。其时礼堂教室，均被代表团学生封锁，于校长不得已至球场训话，学生竟有大呼“不要听”者；惟多数学生，均俟训话终了始散。该区长所述情形，证以其余学生报告，大略相同。至对于罢课抵制及封锁礼堂教室各节，代表团学生，亦直认不讳。

于校长既未就职，前校长马君武乃始而劝学生上课；继则借授课之名到校；终乃执行校长职务。其时一部分学生，不直代表团为，遂有解决学潮同盟会，及护校运动会之组织，以对抗代表团。卒以张贴布告之故，发生护校会与代表团互殴之事。教务处职员，则因教务长凌舒谟辞职，引起全体怠工。时值举行学期考试，而教员有未到校主试者。校政紊乱，学生妄行，该前校长虽有“在移交前仍行负责”之宣言，亦竟任意放纵，实属不合。

又查该校学生，分子复杂，党派分歧。据第七区杨区长面称：“校内共党，曾经破案捕获者，有和凤翔、韩宏准二名，在逃未获者，有王斐一名；从前常有学生在学校附近张贴共产标语及散发印刷品，后以搜查严密，始行敛迹，然难保无危险分子潜伏其中。尚有所谓大陆派者，系大陆大学封闭后转入之学生，惟人数甚少”。又据上海市八区一分部报告：“该校国家主义派学生，曾在校散发中国青年党印刷品”。并将是项印刷品二纸，共产党名册抄件一份，中国公学大学部学则一本，附送前来。该校学生党派之杂，既如上述，而内中复有同乡会之组织甚多，如两广、台山、华北、江西、广安……等各团体。查同乡会名目，本在禁止之列，学校内有此组织，尤是以引起学生省界观念，易滋纠纷。

至关于该校党义教育之实施及设备情形，均不照部章办理：查该校学则，除高中一年级有党义课程外，大学部则全体缺如。党义教师张履成及训育委员会主任委员王宏实，均未经检定合格。教职员中，亦无研究党义之组织。纪念周则自胡适长校时，已不举行，每隔两周请名人讲演一次，名为周会——至今学生刊物中，尚有周会之称。马君武继任，一仍其旧，自上年受党部通电警告，始于暑假开学后，举行数次，亦不遵照仪式——礼堂上无仪式秩序单。至于礼堂布置，尤觉离奇；总理遗像左右，并列该校已故职员之像，两旁亦未悬挂联语，黑板讲桌，任学生粉笔涂抹，此种现象，殊属荒谬！该校员生对于党义之信仰认识程度，已可概见。

现在该校已陷于无人主持状态，学生不服从校董会之决议，对于校长人选，肆意迎拒，出言无状，行动越轨，亟宜从严整饬，以肃风纪！所有职等奉令会查中国公学学潮情形，理合备文，并检同关系较重证件，呈请钧长察核！谨呈

兼理教育部长蒋

附中国青年党政纲及七周纪念宣言各一件〔略〕

共产党名册抄件一份〔略〕

中国公学学则一本〔略〕

朱葆勤　印

郭有宋　印

中华民国二十年二月七日

（7）教育部训令（2月12日）

教育部训令　第二二一号

令顾树森、朱应鹏、岑德彰

查私立中国公学，近月以来，风潮迭起，自校长马君武经校董会议决准其辞职后，学校内部，竟蔑视校董会之决议案，对于校长人选，恣意迎拒，学生纷纷组织非法团体，干预校务，甚至发生斗殴。本部迭奉行政院令饬查办，并接各方文电报告该校现况，业经派员前往该校调查。据报：该校对于党义教育，未遵部令办理，学生思想复杂，派别分歧，现校内秩序紊乱，几已陷于无人主持状态等语各在案。兹复据该校校董会董事长蔡元培、校董高一涵、王云五、刘秉麟、杨杏佛、丁縠音等呈报，改选校长之经过，并称

校中纠纷日甚，不忍坐视，又无法维持，已向校董会辞职。察阅来呈，该校对于校董会之决议，既不加尊重于先，对于校董会之接收学校，又复表示拒绝于后，如此纠纷迭起，风纪荡然，学校基础动摇，负责无人，本应立予解散，唯念该校设立，已逾廿载，未便以少数人之捣乱，使学校遽归于消灭。除一面对于辞职各校董勉以顾念学校前途，勿萌退志外，兹制定私立中国公学临时接管委员会办公处，派顾树森、朱应鹏、岑德彰为该校临时接管委员，并指定顾树森为常务委员，将该校暂行接管，从事整理。所有校内组织之各种非法团体一律解散。该校前发各教职员之聘约，停止发生效力，并将开学日期延展至三月一日，所有教职员之延聘，以及学生之入学手续，应俟新校长另发聘约及布告分别办理。在接管期内，即以接管委员主持全校事务，一面由接管委员邀集各校董从速集议，务于二星期内筹定善后办法，呈部核办。除分别令行该校董会及该校遵照，并咨上海市政府外，合行颁发私立中国公学临时接管委员办公处规则一份，令仰遵照办理，并随时发钤记一颗，以资应用，而昭信守，仍将启用日期呈部备案，仰即遵照。并布告学生周知。此令。

兼理教育部长职务　蒋〇〇

中华民国二十年二月十二日

（8）邵力子致教育部呈（2月24日）

呈为呈报事：窃力子于二月□日蒙中国公学校董会推选为中国公学校长，业于二月二十二日到校，承由钧部委派接管委员移交校舍及各部校具图书文件，敬请接收，已告竣事。兹遵于三月二日开学，并于是日上午九时宣誓，实为公便。谨呈

部长蒋

私立中国公学校长邵力子　印

中华民国二十年二月二十四日

（9）蔡元培聘朱经农任副校长呈（3月3日）

呈为呈报事：窃职会案据私立中国公学组织大纲第四条。于二月十九日开会，决议：聘任朱经农为中国公学副校长，理合备文呈请，准予备案。谨呈

教育部长　蒋

私立中国公学校董会董事长蔡元培　印

中华民国二十年三月三日

（10）蔡元培致教育部呈（3月3日）

呈为呈报事：案奉钧部五六八号指令内开："电悉。仰将新任校董之籍贯、职业、住址等项，列表具报备查。此令。"等因。奉此，除遵将新任校董籍贯、职业、住址等另表附呈外，理合备文呈请鉴核！谨呈

教育部长　蒋

私立中国公学校董会董事长蔡元培印

中华民国二十年三月三日

〔附件〕中国公学新任校董姓名籍贯职业住址一览表

姓名	籍贯	职业	住址
蔡元培	浙江	中央研究院院长	上海极司斐而路四九号
刘秉麟	湖南	大学教授	上海北四川路丰乐南里十七号
熊克武	四川	退职军人	上海法租界辣斐德路1229号熊哲帆先生转

续表

姓名	籍贯	职业	住址
叶景葵	浙江	浙江兴业银行董事	上海英租界斜桥十号
杨　铨	江苏	中央研究院总干事	上海霞飞路霞飞坊五号
高一涵	安徽	监察院监察委员	上海慕尔鸣路德庆里六〇三号
马君武	广西	前广西省长	吴淞杨行镇马宅 上海昆明路七五〇号
胡　适	安徽	大学教授	北平米粮库四号
但懋辛	四川	退职军官	北平小将坊十九号 上海巨籁达路同福里三号
何　鲁	四川	大学教授	南京中央大学数理系
朱经农	江苏	大学副校长	本校
王敬芳	河南	中原公司经理	北平兴盛胡同十六号
王云五	广东	商务印书馆总经理	上海北四川路志安坊七号
于右任	陕西	监察院院长	上海戈登路五和里六一五号
陈果夫	浙江	监察院副院长	上海圣母院路庆顺里九号
邵力子	浙江	中央监察委员	上海太平桥三益里五号 南京户部街五十三号
潘公展	浙江	上海市社会局局长	上海爱麦虞限路 文元坊二百三十八号

续表

姓名	籍贯	职　业	住　址
朱应鹏	浙江	上海市党部监察委员	上海爱麦虞限路文元坊二百二十八号
吴开先	江苏	上海市党部执行委员兼组织部部长	上海爱麦虞限路文元坊二百二十二号

〔国民政府教育部档案〕

9. 教育部为抄转搜获之中共江南省委关于学校当前中心工作通知事致中央大学严密注意的密训令

（1931年1月31日）

教育部训令（密）字第83号

令国立中央大学

案奉行政院第四一二号密令内开：案准国民政府文官处函开：准中央执行委员会秘书处密函：以准中央组织部函为转据上海特别市执行委员会组织部呈送搜获之共党通告一种，内容系煽惑学生，特抄送转陈核办一案。奉此：摘要交府，转行注意，函希转陈办理等由，附节抄原附抄件一件。准此，经即转陈，奉主席谕：交行政院转饬注意等因。除函复外，相应检同原附抄件，函达查照，等由。准此，合行抄发原件，令仰该部即转饬全国各级学校一体注意严防。此令。等因。计抄发原附节抄通告一件。奉此，查共党煽惑青年，阴谋捣乱，迭经密令防范在案，此次该项通告中所列各项，与煽动青年，利用学生组织各种活动，以图破坏学校，造成反动，设计愈周，用心至毒，各学校若不严密注意，预筹防止，任令阴谋日炽，不唯足以危害国家，即各校校务进行，势必受其影响，内部秩序，亦将无法维持，此实为整顿教育至关急要之问题，万难忽视，除分令暨呈复外，合行抄发原附件令仰该大学遵照，严密注意，毋得玩忽。此令。

计抄发原附节抄通告一件

中华民国二十年一月卅一日

兼理教育部长职务蒋中正

抄共党省委通告第六号

加强校内活动，争取革命学生群众，参加工农民主革命（苏维埃）运动。

1．党在学生群众中的任务；

2．过去一时期对于学生运动的放弃；

3．目前学生斗争形势，无革命学生运动的策略。

七、目前学生斗争的形势，是在整个中国革命新高涨的背景之下，学生斗争也是不断爆发向前发展的形势，如上海中公反对国民党包办校务的罢课，同文反对开除革命学生的罢课，并唤起日本部的日本学生的罢课，暨南反对教务主任和要求释放被捕学生的罢课，以及江苏□县蚌埠江淮中学的斗争等，这些罢课还是在灰色的旗帜之下进行着，一方面于各种反动派别的影响，一方面则是党和团的支部在这些反动派别主张之前动摇怯懦以至投降，因此要坚决冲破这种投降政策的右倾机会主义，积极去领导校内斗争，联系到反帝国主义、反国民党与拥护红军苏维埃的主要政治任务，使校内斗争转变到校外斗争，个别的行动扩大到同盟的行动，争取革命的份子参加到革命斗争中来。

八、首先要在目前党的中心任务，反对进攻红军，拥护苏维埃政权，以及苏大会选举工作——下面深入校内活动，抓住学生群众日常的迫切要求，如改良待遇，参加校务，反对强迫军事教育，反对强迫做纪念周等，发动各种各式的校内斗争，号召学生群众争取集会结社言论出版读书自由，要发动这一切日常斗争，联系到党的中心政治口号，我们要纠正过去忽略校内斗争的错误，但必须同时反对束缚于校内斗争，而不积极行〔引〕导到政治斗争；这种企图是要把革命的学校斗争变成改良民主的运动的投降政策。

九、在学校中，发起革命的学生会组织，发展学生中革命的左翼团体，尤要有计划的推动这种左翼团体，经常举行学术演讲，思想研究、辩论会议、演剧等等校内公开活动，以扩大党的政治影响，争取革命学生会的建立，同时要加强支部，或党团对这些团体内政治领导，建立这些团体生活和独立工作的能力。在一个城市中，可联合各校革命学生会和一切学生的左翼团体，成立经常的学生代表会，或革命学生团体联合会，以领导学生斗争。

十、要运用下层统一战线，争取无派别的，以至反动派别影响之下的群众，最重要的策略是抓住群众要求和日常斗争，发动群众大会，或一级一系群众会，选举全校代表会和一级一系委员会，领导斗争。要争取这种代表会和委员会，公开的经常存在，成为校内一切斗争领导机关，而我们（党和革命的左翼团体）在实际斗争中取得这种代表会委员会的领导地位，以发展我们在大多数学生中的政治影响，使反动派凭借政治势力盘踞的学生会机关在广大群众怨恨和反对之前瓦解和消灭下去。

十一、反对帝国主义文化侵略的反基督教运动，仍可在学生群众中发动，特别在外县教育落后区域，基督教学校有很大发展，党必须组织这些学校内反基督运动，号召学生反对帝国主义文化侵略，而进一步引导到反对帝国主义进攻红军，驱逐帝国主义侦探（牧师）等斗争。

十二、加紧思想上斗争，暴露一切第三派别的面目，争取学生到革命旗帜之下来。学校支部必须经过学生中革命的左翼团体，经过这种组织发展社会主义思想，发展中国革命苏维埃等基本理论，要针对着学生群众中孙文主义改组派思想，社会民主党理论，托落斯基陈独秀主义等等，以马克斯列宁主义为武装与之作坚决的斗争。应当把这一思想成为群众中公开斗争，在校内造成严重的思想上的对垒，使整个学生卷入思想斗争的浪潮，这里就必须反对挂着社会主义科学的牌子而躲在亭子间的研究。

十三、以壁报为中心的校内宣传鼓动，壁报是校内活动最主要的武器，它要每天反映校内发生新的事件加以分析，联系到党的策略。宣传我们的主张，领导群众进行。它要抓住一切第三派别的反动思想作有系统的斗争，尤其是它要把目前党的中心口号反对进攻红军，拥护苏维埃，准备苏大会工作，联系到校内问题，有不断的解释，他要成为群众团体的机关报，吸引群众参加编辑发行事宜，建立壁报通信员和护报团体。

十四、要使一切反共产主义的理论打得粉碎，首先就要在壁报中建立起马克思列宁主义理论的基础，在日常的宣传鼓动及谈话中,处处都要引起群众去读共产主义的书籍及共产党的报,同时要利用各种可能去介绍和推销党的书籍到群众中去，这样才能使革命青年学生在共产主义的旗帜之下团结起来。

十五、学校支部应在左翼团体或代表会上提出做平民识字运动,发起组织平民夜校,校工识字班等，向附近工农贫民群众广发〔泛〕宣传，号召他们来参加，以接近工农贫民，发展党的工作。这样要改变过去党对于工人读书班秘密办法，而是要在群众中公开号召和宣传，吸引广大群众共同工作。

十六、省委唤起所有学校支部同志的注意，以上一般的策略必须每个学生支部集体的讨论，配合着自己学校内实际情形，计〔拟〕出具体工作计划，有策略的有方法的进行，勇敢的战斗。

这一通告，每个学校支部必须切实的讨论，做出接受这一通告的决议，一方面交到省委，同时就可迅速执行。

江南省委

一九三〇年十二月一日

〔国立中央大学档案〕

10. 国民党中央训练部关于上海光华大学学潮起因经过及处理办法与教育部来往函件

（1931年1—2月）

（1）国民党中央训练部致教育部公函（1月24日）

中央执行委员会训练部公函　　第12806号

迳启者：案据上海特别市执行委员会训练部呈：为胪呈光华大学学潮经过，祈鉴核示遵等情。查上海各大学向多反动分子混迹其间，彼辈利用教职员之地位，诋毁本党主义，鼓吹反动思想，若不设法纠正，纳入正轨，教育前途不堪设想。此次该市光华大学学潮，虽似起于赛球之争执，但原因绝非如此单纯。上海特别市党部委员会训练部关于该校学潮之起因、经过及其对于该案意见呈称各节，不无所见。事关教育行政，相应抄同原呈，函达贵部、酌核办理见复为荷。

教育部

附抄上海特别市执行委员会训练部呈一件

部　长　马〇〇

副部长　苗〇〇

中华民国二十年元月廿四日

抄上海特别市执行委员会训练部呈（1月14日）

呈为胪呈光华大学学潮经过仰祈鉴核示遵事。所有该校纠纷情形，兹谨分别陈之：

（一）远因：光华大学系由约翰大学学生不满于教会学校，外人撕毁中国国旗，侮辱国体而离校以组织者，固有光大中华，具有革命之历史者也。不意该校后因主持非人，致反动势力，逐渐发展。自廖世承为副校长后，校内国家主义派日益声势煊赫！教职员几尽为新国家主义派（新月派）所占据，平日高唱自由、约法、人权之论，以侮辱总理，讥刺政府，反对党义教育，凡在该校听讲者，类能凿凿言之。故党义功课各校皆视为必修之科，而光华则独付缺如！前虽有潘树藩者，为该校党师，但不常到校，即偶或上课，亦只论述各派社会主义之主张，而绝不折衷解释于三民主义一种原则之下；以是教授半年，从未提及党义一句。潘去以后，亦遂搁置至今，既无党义，又无党师。教会学校且有免循故事，延师设课者，以反教会而出之光华，至是则反教会学校之不如矣！此其一也。纪念周之实行，见于中央之法令，下至小学，无不实施，而光华则从不举行，其菲薄总理，蔑视党教精神，更为明显，此其二也。廖氏采王阳明之旧说“知行合一”为校训，与陶知行之于晓庄，可谓后先比美，一以贯之！至此说之是否与总理遗教不能相容，且曾为总理所力斥者，在廖氏岂不知之！要在其政治之主张之别有所本，故虽违反总理遗教而亦悍然出之不顾耳。此其三也。该校是否反动分子所把持，廖氏是否为国家主义派之中坚，姑不具论，但在党义教育原则之下，而悍然出此违反党义教育之行动，非别有用心，何愦愦若是！前于十九年六月由属部将其数点，查明呈报钧部，嗣奉指令第九八三三号内开：已转教育部切实纠正，并令该党义教师潘树藩，将所编讲义调取审查。等因在案。嗣又接密报该校青年党（即国家主义派）活动甚力，在政治学系各科上课时，时有极急〔激〕烈言论，攻击本党，复经属部派员往查，遍询同学，均能证实。且在该校壁报政治评论处，发现该校教员王造时有国庆纪念日演讲词一篇，略谓：

“……现在所以造成此不了赫赫一世军阀政治的局面，一般知识阶级的官僚份子为了某一种关系，依旧为军阀帮了不少的忙所造成的。我希望大多数的民众也要效法甘地的不合作主义来对付军阀，以产生真正的民主政治。……这次有人要召集国民会议，我知道在这样的情形之下，有什么意思？就是我们要召集国民会议须得用人民自己去提出，自己去召集才好。否则我敢说便难免有军阀野心家不肖份子来代疱的……。”

至于党义课程，党义教师，纪念周等仍付缺如“知行合一”之校训，亦皇然高悬，并未遵令撤去。教员罗隆基（新月）、诸青来（三民主义商榷）、徐志摩、沈有乾（新月）均有著作品出版，反对党义，批评政府皆凿凿有据。潘光旦教社会学，每课必对党义痛斥，尤为可恶！在此大批反动教员支配之下，校内青年党之活动，自更势焰迫人。该校本党区分部同志见此情形，实觉忍无可忍！偶或与学校当局言之，则压迫禁止，无微不至。如该区分部常委杨树春同志，以该校请胡适之演讲人权约法之论，杨起而反诘则力加阻止，杨谓言论自由，既属人权；人权既神圣不可侵犯，则我言何能禁止，胡遂悻悻而退。以是学校当局，衔杨刺骨！他如该校南锋社（体育团体）学生，平日深鄙校内国家主义派之教师，常有不受羁勒之行动，与本党区分部同志相接近，以致与学校当局，积不相能。积薪厝火冲突之起，固亦意中事耳。

（二）近因：该校南锋社（大都两广学生）学生，因与复旦学生在江湾赛球，被复旦球员踢伤球员奚巧生，致该校南锋社员与兰陵社员因言语细故，发生冲突。学校当局袒护兰陵社，而呵斥南锋社学生。且骂为广东蛮夷之人，以致两广学生闻而大哗，争执益烈，当被开除周松相等十人。本党区分部同志杨树春，发言主持公论，亦被一并开除。时校内群情鼎沸，秩序大乱。而国家主义派，共产党之标语传单，遂乘间飞出，当被本党区分部同志及南锋社学生当场扭获邢道诚、胡祖荫、陈志培等三人，交警察带局讯究，又被学校当局保出，遂酿成罢课驱廖风潮。

（三）风潮调解之经过　该校风潮发生后，学校当局以形势紧张无法收拾，遂宣布提前放假，以冀缓和空气。教职员方面，并联合发表宣言，措辞乖谬，其论点一若集中于本党，换言之，一若对本党而发者，韩灯匣剑，咄咄逼人。其实开除学生实无对外宣言之必要；致学生方面，亦组织驱廖大同盟，呈请本地党政机关，主持公道！一面并派人赴京，分谒中央党政机关。属市执委会，亦一面据情呈报中央执委会建议办法五项；一面函致该校正校长张寿镛，磋商平定风潮办法；经两次之讨论，遂商决：

（一）廖世承既自请辞职，应予照准。

（二）罗隆基应即撤职，诸青来、徐志摩、王造时等准期满（聘约至本年暑假）解约，不再续聘。惟须由学校发一声明，以后不许再有反对党义，攻击政府之言论，否则立予撤换。

（三）党义功课，照部令设置，党师照聘，纪念周依定式举行，校训改为格致诚正。

（四）开除学生，准予回校上课，惟每人须具一悔过书，并邀保证人两人，保证以后决不发生罢课风潮，否则立予开除。

（五）以上各办法，由张校长报告校董会办理。

以上五项解决办法，于本月十日在市党部商定。不意翌日校内忽发出布告：除第三项照办外，其第一项改为请廖为中学主任。第二项并不实行。第四项学生仍不准恢复学籍，惟得斟酌情节轻重，予以转学证书。谓此项办法，系得教育部之核准。并于十二日举行第一次纪念周。十三日各报见有该校风潮解决之纪载，而被开除之学生，见此情形，悲愤交集，含恨莫伸，属部以既经教育部之核准，自亦不便异议。惟学生此后能否就范，安然上课，此时尚难悬测；盖各校学生，均有起而援助之举也。

（四）属部对本案之意见：

（一）廖世承身为该校副校长，一切校务，皆由该员主持办理，姑不论其政治背景若何，既为党治下之大学校长，自宜负推行党义教育之责职。乃对于党义功课、党义教师纪念周、校训等各点，背谬若此，已堪骇怪，既经属部检举，又经教育部令饬改正，仍置之不理；并纵使反对教员，公然反动党义，攻击政府，荒谬至此，已足以撤职而有余。况措置失当，酿成风潮，亦应引咎去职。乃学校当局尚令专任中学主任，实属不当，应予全部撤职，以儆其余。

（二）该校反动教员，如罗隆基、诸青来、王造时、徐志摩、沈有乾等，身为大学教师，不以党义启迪青年，而公然反对党义，攻击政府。思想若此，行动如彼，不第发之于言论，且笔之于著作。以是而为人师，是惟恐反动思想之不发展，而假之以宣传之器也。乃学校仍姑息纵容之，为党教前途计，自宜立予撤职！

（三）学校开除学生，有两种不同之理由：其开除南锋社学生为驱廖运动，而开除杨树春则为咆哮校长室。查杨为本党区分部常委，并非南锋社学生，不过主持公论，至校长室理论则有之，况事在十二月五日，而张校长八日布告亦曾有"宽相绳于既往，严执法于将来"之语。是杨之咆哮校长室，已宽恕之矣。杨亦受市党部之告诫，以后遂不参加一切行动。乃十二日张校长忽又发布告：仍以杨前（五日）咆哮校长室为理由，予以开除处分。同一事实而前后布告，互相冲突，实令人不解。此杨之不应开除，已属明甚。至南锋社学生之驱廖，就形式看，固属失当，但从其精神看，南锋社驱廖之理由为廖勾结国家主义派教员，反对党义教育（见该生等宣言附）。今学校已自承其不设党义功课，不行纪念周，不改正校训为错误，则益并以证该生等驱廖为极有理由。廖既撤去大学校长之职，是学生之驱廖，学校且代为实行，更不当以学生驱廖为无理，而开除之。况既许该生等转学他校，则他校可留，该校独不可留乎？凡此皆为不合逻辑之甚。应令该校仍照与市党部所商决之办法实行，则最为妥善而公正。

以上各点，属部期期以为必须办到者。恳乞钧部鉴核，主持正论，立函教育部令饬张校长照办，则风潮可从此平息，良善有造之青年，亦得悔过保证而回校，不致有末路徬徨之叹，否则不平则鸣，以后纠纷，仍觉难免。无任迫切待命之至！是否有当，仍候鉴核示遵。谨呈

中央执行委员会训练部 正副部长 马苗

附呈 光大学生黎兢等为驱廖宣言一件（略）

上海特别市执行委员会训练部长 童行白

中华民国二十年一月十四日

（2）教育部致中央训练部公函（2月3日）

教育部公函 字第八六号

迳启者：准贵部第一二八〇六号公函抄送沪市训练部胪呈光华大学学潮经过，函请酌核办理等因。并附抄件过部。

查光华大学学潮，本部前据光华大学校长张寿镛电陈解决办法六项，经予核准照办，并经函请中央执行委员会秘书处查照转陈各在案。准函前因，相应抄录光华大学原电，本部复电，及本部公函，中央秘书处原文，函请查照。此致

中央执行委员会训练部

计附抄三件〔附校长张寿镛电一件，余略〕

兼理教育部部长职务 蒋中正

中华民国二十年二月三日

抄光华大学电

教育部钧鉴：光华大学此次纠纷情形，业经具报在案。善后办法摘要电陈：（一）校训改为格致诚正；（二）纪念周从前不合仪式，兹遵照按周举行；（三）廖副校长于东南旧案绝无关系，有研究院杨副院长可以证明，现在既据廖副校长迭请辞职，已提出校董会，拟请专任中学；（四）教员思想益求整饬；（五）学风更

求严肃；（六）已开除学生，不准自请恢复学籍，由校斟酌情节轻重给予修学证明，俾得转学。现届十一日开学之期甚近，务请钧部电赐训示，无任翘企。光华大学校长张寿镛。青。

（1931年1月9日）

〔国民党中央民众训练部档案〕

11．章超关于北京大学各种团体组织活动情况的报告

（1931年5月）

谨将北京大学各种团体组织情形及反动份子活动状况分述如左：

1．学生会——学生会主要份子为：

郭量才、夏次叔、纪元、罗盛尧。

北大学生会在校内与学校当局同力量，支配校务，故学生会可操纵把持一切。如此次免费运动，系学生会坚决主持，结果学校当局无法，只暗里疏通学生会主要份子，由减免费而转变为免收宿费，实则北大过去学生学宿各费迄未交纳，经此运动之后反由不交费而转趋减少数额，实地交纳矣。

2．经济学会——经济学会主要份子为艾和董

3．政治学会——政治学会主要份子胡嘉椿

4．法律学会——法学会主要份子纪元

5．英文学会——英文学会主要份子萧祥光

6．国文学会——（未详）

7．教育学会——主要份子张普仁

8．法文学会——（未详）

9．德文学会——（未详）

10．日文学会——（未详）

11．俄文学会——（未详）

12.哲学学会——（未详）

13.化学学会——主要份子胡美、李乐元

14.物理学会——主要份子赵子廉

15.数学学会——主要份子孙丕显

16.生物学会——（未详）

17.史学会——主要份子牛存善

国家主义派主要份子王德芳、鲁质轩

C.P主要份子：余锡嘏、艾和董、赵作霖、郭琪、千家驹、陈泽恩、张清丽、刘文衡

至C。P所出之反动刊物在该校号房代售者有铁轮、转换两种，但是否系该校C。P份子发行，尚难决定。

调查员　章超　谨呈

〔国民政府教育部档案〕

12. 章超关于北大共产党人及其他团体活动情形的报告附反帝国主义大同盟等传单

（1931年5月10日）

这个月的纪念日最多，且当国民会议开幕之期，广东的陈济棠有反抗中央的行动，北平各反动团体乘此大行活动，以改组派、共产党活动为最力，改组派仅发反对国民会议的宣言数种，（如中国国民党北方党务指委会，及学生会等团体的传单）至于共党的传单，无日不有，北大各院厕所的粉笔标语，骤然加多，北大学生刘德承、李重华、王光汉等，异常忙碌，附近之沙滩廿七号及中老胡同十一号，时有小组会议。超早已得刘德承之允许，介绍加入社会科学家联盟，但访刘数次未得晤见，不意昨日在途相遇，渠已约定于本星期日偕超至某处谈话一次。闻该盟系加入共党之预备团，超入会之后，努力工作，则北平共党机关之所在，重要份子之姓名，及活动详情，不难一举揭破，一网打

尽也。谨将所得传单附呈于后。

北平反帝国主义大同盟之《五三惨案宣言》

工人们，农民们，一切劳苦弟兄们！

惨痛的悲壮的“五三”纪念又到了。

三年前的今天，国民党军队打败军阀张宗昌，获得了山东统治权，凶恶的日本帝国主义便派遣大批日本兵，藉口保护侨民，炮轰济南城市，屠杀数千劳苦弟兄，帝国主义的狞恶面目完全暴露了。

国民党军阀看见日本帝国主义来了，仅仅屠杀劳苦工农弟兄们，正是它的反革命的好朋友，于是投降了日本帝国主义，这一惨痛的悲壮的“五三惨案”便在国民党反革命外交之下失败了。

目前，世界帝国主义，一方面积极侵略殖民地国家，一方面正在准备进攻苏联，世界第二次大战也在帝国主义强盗们拼命准备厮杀的进程中快要暴发了，所以今年来纪念“五三”，要团结起来，坚决地打倒帝国主义强盗们！反对世界第二次大战，反对帝国主义进攻苏联！援助殖民地革命运动！

在中国，因为红军势力的扩大，苏维埃区域的发展，国民党统治将要崩溃了，革命力量的增长必定会引起白色恐怖的加紧，为着维持它垂死的统治，便在帝国主义直接指挥之下，调起大批军队进攻红军苏维埃区域，另方面复召集国民会议，企图用“和平”“民权”“统一”等等好听的名词来欺骗我们劳苦工农弟兄们，把反革命的罪恶放在国民身上。

工人们，农民们，在今年的“五三纪念”当中，我们要反对帝国主义国民党进攻红军苏维埃区域，反对欺骗劳苦群众的“国民会议”！反对国民党大借款！拥护红军，拥护苏维埃！为苏维埃政权而斗争！

北平反帝国主义大同盟印

五月三日

北平五月行动委员会之《五三纪念宣言》

北平市的革命民众们！三年前的今天——十七年五月三日——在咱们的山东济南城发生了什么事变呢？我想谁也不会忘记的，因为血迹还未干呵！在那里，日本帝国主义杀死了咱们成万的人，炮轰了咱们的济南府的城池，烧了咱们的房屋。这种屠杀，自然是日本强盗政府的穷凶极恶，但是如果没有国民党政府进行卖国外交，如果没有国民党的混仗，那日本强盗是不会顽强至此的。但目前这种卖国外交（收回法权事件）和军阀混仗（陈济棠独立广东，李宗仁出兵桂林）正在那里举行，咱们是眼见着的吧！所以说：五三事件杀死咱们的是日本强盗，出卖咱们人民的是国民党。

今年咱们纪念五三的时候，国民党在做了什么呢？在准备另外一椿更残酷的事——开国民会议。它（国民党）想藉此来欺骗民众，来出卖民众，又与帝国主义讲价钱；想藉来消灭劳动人民的军队——红军，推翻工农的政权——统治湘鄂赣三省的苏维埃政府；它想藉此会来勾结帝国主义，以进攻全世界工农的祖国——苏联。

因此，咱们要纪念五三，要使全中国工农及贫民得到解放，大家都有衣穿饭吃，只有拼命执行下列几件事：

一、打倒国民会议！

二、打倒国民党！

三、打倒屠杀中国人民的日本帝国主义！

四、打倒一切帝国主义！

五、拥护苏维埃及红军！

六、拥护苏联！

北平五月行动委员会印1931.2.5

北平市赤色五月纪念行委会之《五五纪念宣言》

全北平市的劳苦群【众】！全北平市的革命学生们！

伟大的五五的纪念日又到我们面前了，我们不要忘记这是我们革命领袖马克思的诞生纪念日，我们纪念我们领袖是要用热血与奋斗争取我们的胜利，尤其是资本家衰落的今天，团结起来吧！打倒资本家！打倒窃用马克思主义的假招牌而实行欺骗劳苦群众，做资本家的看狗的社会民主党取销派等等。

今天又是国民党穷途末路异想天开来玩什么所谓国民会议的纪念的把戏，我们要反对他用卑污的欺骗手段来维持它的残局。同志们，我们要更扩大的结合起来，推倒国民党的统治！我们一起起来！

反对国民会议！打倒国民党！拥护共产党！拥护苏维埃！

北平市赤色五月纪念行委会印

五月五日

〔国民政府教育部档案〕

13．章超关于北平民大共产党及其他组织活动情形的报告附烽火社《纪念“五二一”宣言》

（1931年5月22日）

谨将本周内调查之民大反动份子及其他团体组织情形及活动状况分别报告如下：

1．共产党：连日来活动表现于外的多半系共党之干部派，自五九之后，关于宣传方面之反动情形似较消极。但自粤方背叛各派及小组织秘密发动工作均甚紧张，连日来集会讨论，应付时局办法，改变活动方式，迄未停息。至其决议之反动，计划一时难侦知，须俟随时探悉补报，至民大各团体组织情形，约分以下数种：

A、民大红旗——民大红旗系根据干部派之红旗周报另组之分部（干部派之红旗已于前报告述明），其性质专为宣传赤匪消息及捏造胜利之电文，扰乱鼓动听闻之周报，系用报纸铅印，每周一张。近民大发现之民大红旗，其内容与干部原出之红旗相类似。

B、烽火社——烽火社之组织专为散放反动宣言，捏造恐怖空气，其组织人据几方面证明系薛子芳，郑文贤与有嫌疑，但是否确为该社份子，尚不敢定。但前被革之李延桢，确系该社重要份子，该社前曾为李延桢被革，散放反动宣言，近复散放“五二一”宣言（宣言附呈）。

C、革命战线——革命战线与红旗周报大致相同，不过红旗系报纸性质，专为宣传共匪之动作，革命战线系理论性之反动宣传刊物，其目的与居心系煽惑视听，鼓吹暴动（该派组织及负责人尚不详）。

D、社会科学研究社——社会科学研究社最近为薛子芳、王志昭等发起组织之，为半秘密性质，尚未开成立会，短期内曾有开二次筹备会之计划，至其组织情形及研究范围另报。

E、左翼作家联盟北平分盟——该盟在北平系于去岁十月成立，但各校迄少参加者，而是组之份子并非纯色共产党，亦迄未发见任何公开反动言论及宣传品，兹于民大发见有署名该盟之“五二一”宣言，究竟是否出自该盟本身，拟或他人假借，尚不敢定。

2．其他组织情形：民大其他组织甚多，自鲁荡平到校，多已自动解散或归并于其他学校之同性质同立场之组织内。至现有之组织系新组织，兹分述如下：

A、明民学会——明民学会系原来护校方面之学生组织之，其目的为制止内部学生擅自捣乱。负责人为范林、周谟、刘安、张增元、彭韵信、张笑玄、杨本诚、佐大杰、刘味根、李讼启等。

B、探求社——探求社之表面组织系研究学术，但是否有其他作用，实不敢定。后该社以法定人数不足，未能立案，后归并于辘辘学社。

C、辘辘学社——辘辘学社系两社合并，其目的与立场皆系研究学术，内幕情形尚未侦悉，负责人为张 笑 玄、钱 钧材、梗阙华、方一智等。

3．附言：朝大之青年团负责人及组织情形在侦察中，北大之各派情形俟下周即可综合报闻。

调查员章超

五月廿二日

附件：烽火社纪念“五二一”宣言

十六年五月二十一日，国民党新军阀势力，在湖南屠杀革命先锋及工农群众，以逞其淫威，从此国共分裂，是谓马日事变。

原是国民党愿与国内各军阀相妥协，与帝国主义相勾结，以图保持他们特殊地位，阻止革命进展；因共产党对于工农团体之组织日益坚固，当时革命工作虽告一段落，而劳苦大众尚未得到利益，劳苦大众得不到彻底解放，革命终算不得完成，以此共产党根据当时客观的形势，劳苦大众的要求，规定土地革命，要使一般农民有地种，有饭吃，而代表资产阶级的利益的国民党深仇嫉之，阴使何健部下之团长许克祥枪杀共产党员及劳动群众数万人。这是何等悲惨的事迹。这个惨案已经过四个周年了，现在我们看看中国现状，看国民党的屠杀政策，究竟镇压了革命没有？数年来国民党摧残革命虽益增凶恶，而革命势力仍日日增大，劳苦群众日日奋勇团结，到现在毕竟建立了苏维埃政权，这证明国民党的屠杀无用。有血性的青年们啊！国民党的反动行为及压迫的势力，已迫及已身，国民党杀青年文学作家，封书店，封报馆，禁止言论、思想、出版、结社种种自由，我们青年在国民党统治之下，真是动则即遭杀身。青年啊！在国民党淫威之下，谁不说是人人自危！现在国民党军阀们又开始混战了，我们青年应该团结起来，到劳苦群众革命的阵营中去，一齐去肃清军阀国民党！

我们纪念“五二一”，不是要一种悲惨的回忆，而是要杜绝将来的悲惨事迹。不过要打算制止这一类的祸害，非先自准备战略不可：我们怎样去杀敌人！怎样铲除反动的统治阶级！

青年们，起来！打倒国民党！反对军阀混战！拥护苏维埃红军！

〔国民政府教育部档案〕

14. 章超关于北大共产党活动情形的报告附左联北平分盟《“四一二”四周年纪念宣言》等传单

（1937年5月23日）

这一周北大的共 党 仍 甚活动，沙滩二十七号、中老胡同十一号及北大第二宿舍天字九号，均为该党小组的集会地。昨日午后四时，北大第二宿舍天字九号并开执委会一次。开会时，为防备学校当局探悉及同学注意起见，临时派会员一人在门外轮流守候。开会详情与议决案件，超未加入，虽不详知，但经 各 方 调查，亦知大概，到会人数仅有六人，议决的活动方针，本党应为注意。谨述于后：

活动方略：现时共党乘两粤风云之际，令党徒积极活动，议决的活动方法有三：(一)要各党员设法钻入本党各省市县党部工作（或改各做各部之工役），其意即欲探悉本党之一切秘密也。务希党部工作人员，加意防范，使不得逞，则幸甚矣。（二）暑期将届，要派多数党徒经湘赣鄂等省参加实际工作。（三）要粉笔标语队加紧工作。此三种工作方略，虽极平凡，然亦不可不设法防止也。

最近的传单：最近该党 左 联 作家联盟又发出 纪 念“五 二一”的传单多种，谨呈于后

调查员（章超）谨呈

5月23日

"四一二"四周年纪念宣言

国民党自一九二七年四月十二日正式背叛革命后，日渐加紧地屠杀工农劳苦群众，压迫一切革命势力。空前的白色恐怖弥漫了全国。在今年它显示着最丑恶的面孔——

为着消灭苏维埃区域，它调了三十几万大军到江西，并且企图向帝国主义者借大批债款收买杂牌军队，并购办军火；它包容了一切虽然和它不一致但同样是反革命集团来对付共产党；它用尽了方法欺骗群众，制造"和平"的幻象，运用改良主义的策略，极度榨取劳苦群众；实行纯粹法西斯蒂文化政策，压迫学生运动，压迫出版界。

但是，无产阶级在刷清了自己的阵营后，却猛烈地建立了苏维埃政权。突破了国民党第一次"包剿"的红军，现正在迅速地普遍地向白色区域开展着它的势力。被压迫的劳苦群众，革命青年，一天一天地加紧团结在共产党下向帝国主义封建军阀国民党进攻。

因此，今年的"四一二"正碰到两个政权——工农兵共产党与资产阶级豪绅地主国民党——最尖锐的对立。推翻国民党政权是我们唯一的出路！

一切被压迫的群众们团结起来！

打倒国民党！

拥护共产党！

红军万岁！

共产党万岁！

中国左翼作家联盟北平分盟印

一九三一·四·十二·

纪念“五二一”宣言

劳苦的同胞们！

五月二十一日是我们劳苦大众最悲痛的纪念日，在我们受国民党军阀资本家地主的压迫最利害的时候，在我们的红军猛烈发展的时候，“五二一”又来到了！

四年前的春天，我们的红军在湖南很英勇的占据了好几个大城市，夺取了富户的土地，杀掉土豪劣绅，眼看着湖南就要成为我们的了！眼看着就要在那里建设起我们的苏维埃政府了，然而凶残的刮民党，见到了我们有这样大的力量把他们吓坏了，于是用他们的爪牙许克祥，在四年前五月二十一日的那天，屠杀了我们英勇的战士两万多人，刮民党的凶残的面目完全露了出来，更残忍的来剥削我们，更残苛的来压迫我们，叫我们再忍无可忍了！但我们的势力虽然在那一时受了摧残，而事后不久我们的红军就占据了湖南省的东南北三部许多地方；这些地方到现在全已经成立了我们的苏维埃政府了！

劳苦的同胞们！我们今年纪念“五二一”必须知道我们工农兵阶级和国民党政府是绝对势不两立的，国民党军阀现在用三四十万大军进攻我们的苏维埃区域，枪杀我们的红军，又在到处禁止组织我们自己的工会和农会，我们非马上团结起来推翻国民党政府不可！起来！罢工、罢操、罢岗纪念“五二一”！

反对刮民党进攻红军！反对军阀混战！

工人组织赤色工会！农民组织赤色农会！贫民组织贫民会！

拥护苏维埃红军！拥护中国共产党！拥护工农的祖国苏联！

中国左翼作家联盟北平分盟印

（五月十九日）

纪念“五二一”宣言

革命的青年大众们！在中国土地革命的过程上，最使我们不忘的是“五二一”事件——“马日叛变”。

一九二七年五月二十一日，长沙国民党旅长许克祥，根据国民党的清党路线，突然宣布叛变，枪杀工人、学生以及革命市民数百人。过了一个星期，红军师长陈狱青和三万红军弟兄由刘阳出发攻取长沙，以寡众不敌，又遭反动军队大批杀戮。这就开始了中国压迫阶级国民党所疯狂的武装反动，我们在这个第四个年头上纪念“五二一”，必须深切认识以下几点：

第一、“马日叛变”是中国土地革命深入化的开始，“马日叛变”直接引起了湖南东、北、南三部红军的组织化，平江刘阳的作为湖南革命军的堡垒，迄于现在。湖南革命势力的巨大开展，自去年夺取长沙后，现在是和赣鄂一致，是苏维埃区域的巩固和强大红军的建立的时期，而在和全国革命势力的配合上稳固的发展起来。

第二、国民党军阀企图缓和各方面间的不可避免的冲突，一致拼命进攻苏维埃红军，但这只有着着的失败，全师全旅的覆灭哗变，同时红军势力却在豫南和皖北积极巩固和发展起来！

第三、帝国主义者正如津贴中国统治阶级压迫革命势力一样，又怂恿各军阀的再战了（法帝国主义推动两广军阀反对美帝国主义的宠儿蒋介石是事实）。这里我们见到反动统治阶级怎样在革命势力澎涨的面前不断的演着崩溃的序幕。

第四、国民党政府已不仅是简单地武装压迫工农兵革命势力，它现在是一面到处枪杀摧残革命的哨岗上的战士——文化的战士——一面无耻地进行收买大批御用学者，欺骗和鸩毒一切青年智识份子。革命的青年大众们！把握住“五二一”的意义向帝国主义国民党进攻。

罢课纪念“五二一”！反对国民党法西斯蒂文化政策！建立工农兵文学！

拥护苏维埃红军！反对帝国主义刮民党军进攻红军！

中国左翼作家联盟北平分盟印

（五月十九日）

〔国民政府教育部档案〕

15．章超关于北平民大社会科学研究会活动情形的报告

（1931年5月30日）

谨将近日来临时调查工作分别报告如下：至本周报告日内另函陈闻：

本月廿八日民大社会科学研究会开第二次筹备会，调查员为侦察渠等内部秘密起见，故支〔隻〕身参加，计出席人为：

郑文贤、王志昭、薛子芳、孙德明、李　凝、吕树屏（？）、张德安、张定远。

据当时报告，有陕西籍数人，因接得家信，麦杆不收，即将断决下季求学之经济来源，因恼丧而未出席，事先当即由郑文贤报告筹备经过，略谓本会发起为研究新兴社会科学，注重实际问题，故愿集合志趣相同之人参加研究，曾于一月在民大校刊公布启事，征求会员，但迄无应者，后复经筹会决议发表宣言，（该项宣言已于前报告陈明矣），但仍未足法定人数（廿人），故学校方面无法立案。现拟招集新会员，及原发起人讨论改变研究方针，并如何征求会员，结果决议：凡出席会员每人于下次筹会时至少须介绍会员一人，复次决议本期研究题目为“目前中国政治之分析”，交由各会员分别研究，俟下次提交筹会讨论，并规定每礼拜五日午后为常会开会期，地点临时通知。

民大近来复有人组织一读书会，发起人为：

张明大、李维中、李道常、张浩德、王兴玕、郑文贤。

业由学校审察准予立案。

“五卅”曾有C·P散放反动宣言，兹附寄审核。

学校里的教授，近来有一个聚餐的动机，但不知道是谁发起

的，现在签名有以下的那样多：

刘家驹、唐长风、舒　宏、程光铭、舒之鎏、王文豹、骆少墨、杜　林、凌□安、欧本鹏、夏安修、梁基泰、卢斯伯、刘冠英、蔡亮澄、刘伯纶、吴中杰、陈行五、刘幼苏、李鼎辅、陈到中、罗敦伟、张绍吉、林介茹、黄　俊、陆和九、宋学仁、罗之仲、杨腾辉、陈兰生、章友江、茹春浦、伦哲明、郝圣符、刘绍宇、周名崇、吴文仲、雷　迅。

他们聚餐的时间是六月十五日，至于聚餐的意义和背景尚未侦察详细，不过当鲁荡平来校时曾有各系主任及教授全体联合，如有任何一方面被裁撤即全体总辞职之议，但究竟此□□□□□□□□□动机尚不敢武断。

附言：

至北大之调查报告三二日内即另函陈知，并民大之优秀份子调查及学校组织状况等一并奉闻。

调查员　章超　谨呈

五月卅日

五卅纪念告青年学友宣言

青年学友们！

五卅运动是在中国无产阶级领导之下和帝国主义肉搏的纪念日。它激发了一九二七年弥漫全国的革命高潮，给世界被压迫民众的解放运动以极大的推动。五卅不仅在中国工农大众的脑筋被留下不可磨灭的深根，即在人类的革命史上亦有非常的意义。

可纪念的伟大的五卅斗争精神。中国革命在这一天开放了灿烂的血花！

但是，五卅距今已有六年。当时激起这伟大运动的敌人——帝国主义依然在统治着中国，一般劳苦群众在铁蹄之下践踏着，曾一度表现反帝国主义精神的中国资产阶级，经过一九二七年大革命的冲洗，完全投降了帝国主义。工农劳动大众之拿鲜血染成的革命斗争，只换来豪绅地主资产阶级联盟的反动政权。在国民党白色统治之下，帝国主义益形猖獗，封建势力依然横行，工农大众生活更加痛苦了。

可是从这几次挫折的经验中，无产阶级和农民获得了宝贵的血的教训。我们认清了我们的敌人和友军，我们知道只有在中国共产党正确的领导之下革命才能造成我们的阶级的解放。

事实给我们有力的证明，现在中国各地的劳苦大众都先后来向压榨我们的敌人——帝国主义国民党进攻。国民党改良主义的欺骗，已失却其缓和作用，我们各地赤色工会斗争的发展与农民骚动的普遍，便可明瞭。尤其在湘鄂赣一带，赤焰澎湃，国民党虽用卅万大军，十月的期间围剿所谓赤匪的红军，但是红军的战斗力依然坚强，苏维埃区域日趋扩大并巩固。

同时，国民党的统治一天一天走向崩溃，国民会议欺骗的暴露，所谓“取消不平等条约”，都证明国民党向帝国主义投降的事实，最近广东对蒋宣布独立，很明显指出了小资产者和平统一的希望，终于是空中楼阁。

在这样严重的形势之下，工农大众日益觉悟，我们已经团结在中国共产党的周围，为苏维埃政权而斗争，听啊！二次大革命的号声，才是我们的出路。

在过去的五卅运动，你们热烈的反抗精神，的确起了伟大作用，但五卅在现在，不仅是一个可泣可歌的伟大纪念日，而是有更伟大更光荣的意义，你们要继续着昔日斗争的精神，彻低〔底〕完成推翻帝国主义与国民党的工作。才是纪念五卅，我们要高呼：

1．继续五卅精神！

2．打倒帝国主义！

3．打倒国民党！

4. 反对国民会议!
5. 反对帝国主义国民党进攻苏维埃红军!
6. 拥护苏维埃全国第一次代表大会!
7. 反对军阀战斗!
8. 反对二次世界大战!
9. 拥护第三国际!
10. 拥护苏联!
11. 拥护中国共产党!
12. 中国革命成功万岁!
13. 世界革命成功万岁!

中国共产党北平市委会

一九三一·五·二〇

〔国民政府教育部档案〕

16. 章超关于北平高等学校各种党派社团组织活动情况的综合报告

(1931年5月)

五月份调查工作除随时报告外,兹复综合报告如下:

1. 反动派之内部矛盾与冲突:

反动份子如共党国家主义派等其内部冲突与矛盾实极可怜,如有时学校墙壁发现标语,国家主义派则专写"打倒共产党"、"铲除赤匪"……等,而共党之标语则:"打倒国家主义派""取消反动之青年团""实行阶级斗争"等……实则可知其内在矛盾与两极端不能容之情形,殊为可怜,而亦滑稽之至。而共党内部复互为冲突,如杜罗斯基与干部系绝不两立之团体,而复有取消派左派反对派……等,其内在冲突实甚,如两派互相攻击之宣言传单等已于第一第二两次报告内附呈。

2. 反动份子之团体组织与活动情形

反动份子之团体组织、大都十分有统系，如每一小组织根据一整个组织分出者；又每有一总联合，其支派组织即迭现于各处。兹分述之；

A、左翼作家联盟——左翼作家联盟在北平系于去年九月始发现此种组织，其份子为左翼之作家联合，尚已含大部分之新兴作家，故自去岁该盟成立之后，各学校群起相继发现此种组织，最初为燕京，其次则清华、法大……等校相继成立，然皆系半公开式之组织，民大亦有此种组织发现，但迄未见若何规外活动，五月廿一号曾于民大发见署名左翼作家联盟北平分盟之“五二一”宣言（当时将该项宣言附呈报告中）倘非假借，推知该项份子亦系反动之甚。

B、新兴社会科学研究社——此种组织亦系半公开式，系左翼社会科学作家之变态，其组织殊属简单，研究方法系自新兴社会科学研究起，由【浅】入深而导入红色的途径，民大亦有是种组织，调查员曾躬参该会，以便乘机侦查其秘密，但两度出席迄未见彼等公开挑起红色旗帜，仅于研究之问题左倾C。P之理论而已，如该社研究之题目第一次为目前中国政治之分析，第二次为中国经济之分析，但尚无正确之结论，俟详报。

C、烽火社——烽火社系李延桢、郑文贤、薛子芳等组织之，其宗旨专为捏造反动空气，散放反动宣言（详情业于一周报内告呈明）等，但该社自李延桢被革后，活动似较消极。

D、第三党——第三党自五一发见一度宣言后，迄未见相继有何举动，据调查该派实力已甚薄弱，仅系北方临时行动委员会。

3。反动刊物与报纸：

A、铁轮——铁轮为一种较厚之装订本，其原组织系在师范大学，后不知何故遣移于女子师范学院，而通讯处系中国大学转，该刊仅出至第二期，第三第四等期迄未发见，是否现已中止尚不敢定。

B、转换——转换亦系反动刊物之一种，通信处师范大学，但据调查出版系中大之C. P份子主办，该刊近已停刊，其原因未详。

C、红旗——红旗系C. P之新闻纸类之单行日刊，专为传达共匪消息，系铅印一中张，民大亦有类似之此种反动品的“民大红旗”系油印，每礼拜发行一张（业于前报告内叙明并附呈该项反动品）。

D、革命战线——革命战线，系理论性之反动宣传品，亦系油印，每礼拜出一张，现该刊物已数礼拜未发见，或系移往他处。

4、其他团体组织情形：

甲、属于民大方面者：

A、明民学会——明民学会系鲁荡平来长校后组织之，原意为制止内部学生捣乱，然于上周该会欢送本届毕业同学，举办游艺会，曾以意见冲突惹起全体同学反感，当时曾一度殴打，未克尽欢而散，俟因多数学生包围要求，秘书长张西曼允许解散该会，学生始各散去，该会是否能继续维持尚属问题，然亦迄未见解散之令。

B、辘辘学社——该社自组织后迄无任何举动（负责人及详情已于前报告叙明）。

C、读书会——读书会系方一智、张明大、李淮中……等组织之，但甚觉滑稽者该会主要份子，一部分系C. P，一部分系国家主义派，其竟能互相利用，实属诙谐之至。

D、教授聚餐会——北平、朝大、中大、民大……等校曾有教授会之秘密组织，其目的系互相维持钟点以巩固饭碗基础，民大近有人发起聚餐会，其动机系因暑后本校拟淘汰冗员，改弦更张，渠等为设法维持饭碗问题，故有此种组织，系每月聚餐一次（参加人详前报告）。

乙、属于北大方面者：

A、法学会；B、经济学会；C、政治学会；D、物理学会；E、化学会；F、国文学会；G、英文学会；H、法文学会；I、日文学会；J、德文学会（其负责人详前报告）。

附言：

自二月份开始调查各校之优秀份子及本党党员及国家主义派份子。

调查员　章超

〔国民政府教育部档案〕

17．章超关于北大民大共产党人活动情况的报告

（1931年6月12日）

这一周共党份子之活动，略为停顿，其原因不外下列二种：（一）平市专门以上学校均已停课举行学年考试，共党份子忙于预备功课，无暇工作。（二）近来平市军警对于反动份子侦缉很严，师大、法大学生因有嫌疑而被捕者，先后已有数人，共党份子惧入法网，不得不停止活动。

在此沉寂之中，共党份子仍在北大开会一次，谨将开会情形及决议案略述如下：

北大的共党份子与改组派，近正做倒蒋梦麟之工作，上周报告，已略述及，现正连络同学，做此运动，一方面设种种的方法以难蒋，一方面想排除本党的同志，而换以共党的教授；所以上星期日北大第三院之经济系会议，吾人不能视为北大之局部问题也。

北大共党份子刘德承、杨汝璜等，托名为讨论经济系教授、课程及法学院院长问题，召集经济系同学二十余人，于本月七日上午十一时在北大第三院第七教室开经济系同学会，到会人发言激

烈者多，对于学校所订之经济系课程，及聘请之教授，诸多不能满意，请求学校当局采纳同学意见，积极改良。当时议决的议案：（一）教授问题：（A）闻陈启修下学年有离开北大消息，向学校及陈启修询问真象，设法挽留；（B）秦瓒、朱锡龄、周炳琳、黎世衡、李有度、张伟、陈宗舒宏等不堪任教，请学校更换；（C）请学校聘请马寅初、陈翰笙、李季、李达、熊得山等为经济系教授。（二）课程问题：提议下学年添设经济学方法论，经济特殊问题，马克思经济学，苏联经济研究，经济调查等课程。（三）院长问题：拒绝周炳琳为法学院长，联合政法各系共同进行。（四）图书仪器由负责人拟定计画，请求学校添设。

我们看了这个会的议决案，知道是共党推波助浪的，意欲联络多数同学与学校为难，遂其倒乱之目的，同时不过想拿几个共党份子来充北大宣传共产主义的教授吧了，这个会是有注意的价值，所以我不得不详细报告。

〔国民政府教育部档案〕

18. 教育部关于整顿教育制止学潮的训令

（1932年8月2日）

教育部训令字第　号

国立中央大学

案准行政院秘书处第二五三六号函开：现奉行政院第一四号令开：十余年来，教育纪律愈见凌替，学校风潮，日有所闻，学生对于校长则自由选举，如会议之推举主席，对于教授则任意黜陟，如宿舍之雇用庖丁，甚至散传单以谩骂，聚群众以殴辱，每有要求，动辄罢课，以相挟持，及至年终，且常罢考以作结束，弦歌停歇，黉舍骚然。谈者每扼腕而太息，国外将传播为笑柄。而此等事件，其关系方面实为思想最优秀之智识阶级与爱国最热烈之求学青年，此而无法解决，则将何以言吏治之澄清，将何以责军纪之整饬。推原学潮发生之因，固有多种关系，迭年以来，政府方面因种种窒碍，致学款常有延稽，各级教育机关对于办学人员及教师之选择亦每欠审慎，以致身为教师而操纵学生，播弄风潮之事数见不鲜，此固政府当局所引为深疚。两项情形互为因果，教育行政不积极改良，学生之风纪将无法整顿，然学生之风纪不切实整顿，则洁身自爱者将皆视教育为畏途，办学与教师人选将逾加困难。回溯历年之学潮，其最受牺牲者厥为学生，轻则旷误学业，辜负光阴，重则酿成惨案，丧失生命。青年血气方刚，思虑未熟，徒以风气所播，率尔效尤，遂令其失足一时，遗恨千古，抚循陈迹，曷胜痛念。更思师道本属尊严，教职向称清苦，从事教育者其工作备极烦劳，其报酬比较啬薄，所持以聊自慰藉者，唯在学生之造就与地位之清崇耳。今若学校既罕成绩之表现，而个人复有受辱之危险，则凡自重自爱者皆将另图职业，远引以去，教育前途，岂复堪问。尤念我国入学儿童仅占人口百分之十七，至于大学学生更不及全民总数万分之一，此少数学生实为国民中最幸运之部份，而每年用以培植此极少数学生之教育经费，皆为父老之膏血，恃此艰难之经费，教养极少数之学生，若不善为维持，国民教育即可完全破产，朽索六马，险迫眉睫。政府有鉴于此，爰议定以最大之决心，励行整顿。对于经费，决予宽筹，务期不致延欠，并于可能范围内，逐渐求独立保障之实现。同一区内学院学系之重复，亦逐渐谋其合理化，集中力量，以图各校院之发展与充实。对于教育行政人员与教师，则饬各机关各大学慎重遴选，务求确能称职。至于学生管理方针，亦决力矫宿弊，不事姑息放任，以□长少数分子之嚣张，实行严格监督，以维持多数学业之安定。在此暑假期间，饬令各学校详慎审查，其有屡犯校规、言行越轨者，宜分别惩戒，其有习气太深，不堪裁成者，宜断然开除，若有扭于习气，违犯法律，或企图作大规模之破坏行动者，则授权当地军警严厉制止，学校当局不得曲为回护。在政府当局对于青年自属期望殷切，深冀其努力造就，蔚为国用，决不顾峻法严绳，恝然舍弃。然积重必图所返，除暴即以安良，风气败坏至于今日，倘再因循俯仰，坐令病毒日深，匪为国民之戚，亦实学生本身之害。全国教育界人士，对于教育状况，耳闻目睹，素极明切，而于积极整顿之必要，尤众口一词，倡之已久，所望合力匡济，广为解说，俾各方了解整顿之用意，为教育开发一线之生机。政府职责所在，当努力执行，纵令遭若何之反对，任若何之劳怨，决所不顾，国难危急，时不我与，愿与我国人共图之。此令。等因。奉此。相应录令函达查照。等因。除分行外，合行令仰该大学遵照，并希布告学生一体周知。此令

中华民国廿一年八月二日

朱家骅

〔国立中央大学档案〕

19. 教育部为中共青年团拟在青年中开展活动饬中央大学注意防范的密令

（1933年10月13日）

教育部密令　秘字第四四六号

令国立中央大学

案准参谋本部贰字第一五〇一号密函开：兹据密报为关于匪党青年团拟向民众学生青工及军队中扩大工作之消息。除分函外，相应检抄原密报一件，函请查照转饬注意。等由到部。除函复并分令外，合行抄发原密报，令仰严密注意，切实防范，以遏乱萌，是为至要！此令

计抄发原密报一件

中华民国廿二年十月十三日

王世杰

附抄密报一：

探闻中国共党青年团现拟向民众与青工间及中外军队中扩大工作，该“团中央”并将关于此事之决议通知其各级团部，其决议情形如下：

一、中共青年团中央团部为加强彼等在学生运动中的领导工作，决议致其各级团部及全体同志一信，其内容大意系企图在学生中扩大共党势力及消灭法西斯运动等。

二、团中央为动员青年群众参加本年十二月十一日在江西招集的第二次全国苏维埃代表大会之选举运动，决议发一选举运动的通告，致其各级团部，其通告内容大略如下：

命各级团部深入工厂、作坊、铁路、轮船、码头、农村、营房、学校及一切劳苦青年聚集所，广大的激发青年群众的政治热情，发动青年群众参加代表会的选举运动，并用列宁青年的热情与坚决，切实执行下列之工作。

1．在真正深入群众的与德谟克拉西的基础上，利用一切公开的可能去发动青年的群众选举运动。

2．以动员青年群众反对第五次“围剿”，为拥护第二次苏维埃代表大会的中心任务，并在赤白区交界地，运动青年群众使参加红军战线，及在白军中竭力煽惑宣传，使其哗变，投入红军。此外并运动铁路码头兵工厂之青工罢工，给白军以有力之打击，更创立一少共国际师，切实执行武装青年工作。

3．立刻动员团及青年群众的宣传系统，用宣传的武器，团聚广大青年群众在第二次苏维埃代表大会的周围。

三、在上海中外军队中扩大宣传工作。

关于此项，该中央青年团江苏省团部日前已通告各级团部，使加紧在中外（特别是安南印度）军中之宣传工作，且在各“区团部”中，由晓外国语言之团员成立军事组，以便在外国军队中担任宣传工作。

〔国立中央大学档案〕

（五）人民抗日救亡运动的兴起与国民党的政策措施

一、五三惨案与国民党对人民反日爱国活动的遏制

1. 张汉儒口述："五三惨案"目击记①

（1928年5月）

蔡交涉员之遇难情形，据逃出之勤务兵张汉儒所述如下：

五月三日早，日兵在领事馆一带布置防线，交通即为断绝。九时许，有国军一队搬驻交涉署对面之基督医院，为日军瞥见，即开枪射击，毙我兵士、伙夫各一名，我军仓卒不及搬运辎重，纷纷藏匿医院之楼上，以避凶焰。适有一日兵于交署门首，向医院楼上轰射，同时又四面发现枪声，而交署门首之日兵忽为流弹击毙，旋又有一日兵赶来，意在救护该已死之日兵，亦被击毙。此时各处枪声大作，弹如雨下，全署员役均慑伏楼上不动，延至下午三、四时顷，枪声稍止，街衢发现类似各领馆之汽车，车前皆竖有旗帜，驰驱道上，想系劝告日军停战者，时枪声亦顿形沉寂。但见日兵满布街头，交署门首有日兵往返梭巡，我外交特派员蔡公时因事出意外，命人出外探听，竟为日兵所阻，当派员与之交涉，迄无效果而返，复蛰居楼上，静候时机。至天晚，日兵仍守交署如故，全署人员纷纷计议，始终不得要领。时届夜分，各自就寝，忽捣门之声大作，势极凶猛，传令奔报，日兵撞门，请示办法。蔡主任谕令开门延入，讵日兵不俟门开已穿门而入，计约二十余人，内有一佩指挥刀、一擎盒子炮两军官，更有一着西服者，进门后，即指挥剪断电灯电话，全署黑暗，而彼辈皆携

① 原载《国民革命军战史初稿》第一辑卷三，标题系编者所加。

有手电灯探照，一时嘈杂纷乱，此时着西服者操中国语，大意谓予等为搜查械弹而来，实因日间被枪击死两日兵，必系尔署内所为，故来与尔主管官理论。蔡主任闻言，即出为解释，大意谓：日间所毙日兵，确系为流弹误伤，我等外交人员从不携带枪械来办外交，请贵部队不必搜检，免滋分扰。讵彼一味颟顸，不可以理喻，固执非检查不可，此时蔡主任既穷于抗辩，姑允所谓，奈彼等寻衅心切，又作进一步之强迫，谓必须将全署员役捆缚检查，蔡主任以国体攸关，不予承认，乃彼竟持其强横，谓若不承允，将行强迫捆搜，蔡主任见其无理可喻，勉为应允，旋即郑重声明，谓如搜查后不获证物，仍应速行解缚，恢复原状，彼伪为许可，由是除蔡主任外，全署员役均被捆缚，旋复翻箱倒箧，搜寻殆遍，迄不获一枪弹，乃携取署中公牍五大包，势将携去，蔡主任乃请彼如约释放所缚员役，讵彼不如约，反大肆咆哮，谓我等奉命而来，非奉命不能释放，言毕相率而出，并将公牍携去。不半小时，彼复来署，仍执前说，谓日兵确系署中枪杀，非交出枪弹不能了结，蔡主任对之复解释如前。且云，署中已经搜查，绝无凶器，可以证实我等无枪杀贵国士兵之嫌疑，贵部队应考察其真像，言毕，乃请如前约释放员役，以敦睦谊，讵彼全不理会，复喝令将蔡主任一并捆缚以相恫骇。至此，蔡主任忍无可忍，乃操日语致词曰：“汝等不明外交手续，一味蛮横，此次贵国出兵济南，原系保护侨民，何得借隙寻衅，肆行狂妄，作种种无理之举动，实非文明国所宜出此。至于已死之日兵，若果敝署所为，亦应由贵国领事提出质问，则敝国自有相当之答复，何用汝等如此哓哓不休耶，若汝等果系贵国领事之命令而来，则本人即至领事馆交涉亦无不可”。语毕，日兵复大哗，旋即实施无理于我蔡主任矣。捆缚后，陈列一处，为半圆形，而残暴无人道之日军官，令日兵以刺刀对所缚诸人之头部肆行朘剥，须臾诸人断鼻缺耳，血肉模糊，其状惨不忍言。蔡主任目击之下，大声呼号，略谓“日人枪杀我们了，此种国耻，何时可雪。”言罢泪涔涔下，同人闻言，均放声大哭，群相痛骂，日兵益怒，更刀枪拳足一齐并下，尽力侮辱，反复将诸人分三四组曳出屋外执行枪决。依张汉孺所目见，当时蔡主任与张麟书及周、姚某某等为一组，实先诸人而殉难矣，而缚于第二组之勤务兵张汉孺因忙乱中由案上跃地，拾得剪刀，乘黑暗剪断束缚，乘机逸出，奋勇登墙，始落于一空地，适有一空水桶在，张即匿入桶内。旋天明，张正无计逃出防线，遥闻小车声远远而至，伸头探视，系一苦力推水者，俟其近前，张对之略述一日夜之经过，求为援救，苦力者亦泪滢滢然，无为设法施救，张探衣袋内尚有银币五角，以授苦力，易其短衫一件，更换血衣，始出桶外冒推水者，同苦力拉车，绕道混出防线，即奔往各官署报告蔡主任被难情形，总司令部当影取张汉孺受伤照片，作以后交涉之证据。此当时经过之概况也。

〔国民政府国史馆档案〕

2. 国民党中央关于应付“五三惨案”的方案办法

（1928年5月6—10日）

（1）“五三惨案”应付方案（5月6日）

在此北伐进行顺利中，突然发现日兵在济南空前之暴行，戕害吾交涉员，杀伤吾同志同胞千余人，此种不幸之遭遇，爱国同胞，何能忍受，苟雪此耻，虽粉身碎骨，亦所甘心。第念日本帝国主义者所加于中国之创痛，至深且巨，非集全民之财力物力，出以有训练有计划之斗争，断不能摧此强暴，固我国权，若激于一时之忿，为无训练无计划之动作，不特于国无益，势必堕其术

① 此方案经国民党中央执行委员会第134次常委会(临时紧急会议)通过。

中，更增困辱。因此之故，本党对此惨案，应以较远之眼光，作积极之准备。下列方案，即基于此，愿吾同志，以坚忍刻苦之精神执行之。

一、五三惨案及以前一切不平等条约，本党必以最后最大之努力彻底解决之，欲彻底解决，须积极为武力、体力、财力之准备；同时同志应唤起民众于日本问题之研究及现势之了解。

二、为求民族之独立自由，须先充裕民族之富力，欲充裕民族之富力，须增进国货之产额，故提倡国货，以抵制日货，使日本经济力无法再垄断中国之市场，实为今日以及将来之要着。惟提倡国货，自有相当之范围，如封闭商店、烧毁存货等有害无益，不宜采用。

三、本党对五三惨案已罗列事实宣告于世界，求公理正义之援助，此种有利益之宣传，本党应不断进行，并指导全国人民与本党一致。

四、共产党无所爱于济南被害之同胞，且不愿中国之统一，于此时期或将利用同胞之爱国心，煽成暴动，直接摇动北伐后方，间接引起更大之寇祸。故本党应劝告全国民众，要整齐严肃，准备最后最大的奋斗，不可有无计划无组织甚至于无目的之动作。

五、五三惨案之发生，日本帝国主义者意在挑衅，其目的，一为镇压其国内政潮，二为延长中国残余军阀之运命。蒋总司令暨前敌同志，已烛破其奸，故虽被受横逆，仍力持镇静，惟能忍人所不能忍，乃能成人所不能成，愿本党同志与爱国同胞，体念前敌同志之苦心及时局之严重，勿中日本军阀之奸计，且更注意于日侨生命财产之安全，使日本军阀无可藉口。

六、本党于日本出兵胶济时，曾制定应付方案八条颁布于各级党部，现因五三惨案之发生，特举前方案所未及或及而未详者，制定以上五项，但前方案仍继续有效。

七、五三惨案之事实及外交状况，本党将随时布告于民众，使中央的政策与民众的意思，息息相通，以一致精神，共济当前之危局。

注意：严守秘密，禁止登载报纸。

（2）“五三惨案”宣传方略（5月10日）①

壹　宣传之必要原则

（一）说明本党攻击对象全在日本政府，并宜指出其于中日两国国民在远东关系之危机。

（二）说明本党对日政策在以和平的手段，得最后的胜利，至于外交方针较并前未稍变。

（三）说明统一全国后方能一致对外的原因，此时之避免与日本冲突，在完成北伐，以根本铲除日本帝国主义的工具，使其无所凭藉。

（四）说明在军事进展中，维持后方秩序的重要，并严防共产党的煽动言论与捣乱行为。

（五）说明此次惨案发生对于国民革命的危机，此非北伐成功与否的问题，而是民众能不能解除被压迫的痛苦的问题，不是民族解放与否的问题，而是中国全民族生死存亡的问题。

（六）宜极力保护列国的侨民生命财产之安全，于日侨亦当同样保护，以免日人之藉口。

（七）各种集会宜多重代表合议之形式，由各代表负责的各团体分别执行，不必作大规模之运动。

（八）积极鼓吹民众为武力、体力、财力之充实，准备以不屈不挠之精神与政府合力共济，作政府之后盾。

（九）致力于国外宣传及联络，以引起世界各国之同情与援助。

（十）说明经济绝交的意义和日本赖工商业以立国的情形，与对于其国计民生的关系。

① 此方略经国民党中央执行委员会第136次常委会通过。

（十一）要激发民众的民族意识与爱国心，同时并说明经济绝交为抵制日本之最有效力的唯一要图。

（十二）积极宣传对日经济绝交之妥善办法，一切封闭商店、检查及烧毁存货、罢工罢市之无益行动，皆徒损国家元气而伤国民之富力，宜极力避免。

（十三）对商人应说明其本身所受痛苦系直接间接受帝国主义尤其是日本经济压迫所致，并说明经济绝交为解除商人痛苦的唯一方法，使商人自觉其仇货运动之必要，而为一切仇货运动主动的中心。

（十四）对工人应说明本身和生产的关系，应相互协助，以谋产业的发展，在此严重时期不应再有罢工运动，使社会经济受重大影响，并使工会协同农商协会，作抵制仇货运动。

（十五）对农人应极力宣传日兵的蛮暴，以激起其爱国观念，并说明经济绝交和农人应负的责任。

（十六）对妇女青年，应说明和平抵制的意义，不可操之过激，反紊乱，进行的步骤，须依本党的计划，作一致的进行。

（十七）对士兵应说明北伐和国民革命前途的重大关系，应服从命令，于最短期间完成北伐，且不可违犯军纪，作一时气愤之动作。

贰　宣传工作之必要集团

（一）组织宣传队。各地党部应协同军政机关领导各学校、各团体及一切宣传机关组织宣传队，用各种方法分组向民众宣传，以扩大民众对本案之注意和认识，唯其组织应以小队为单位，每小队不过五人，合数小队为一支队，合数支队为一总队，各小队受支队的指挥，各支队受总队的总指挥，如此宣传意志既可统一，宣传效力又可普遍，切不可召集大会作游行之宣传，免引起意外之事发生。

（二）组织抵制仇货委员会。各地党部应领导商会、商民协会及与日商有交易往来之各行商及学生工农妇女各团体联合组织委员会，其具体工作另行规定。

（三）组织日本问题研究会。研究日本国情、对华政策及中日交涉等。

叁　宣传的工具

（一）标语口号图画宜用中央所颁发者。

（二）传单，宜根据中央宣传大纲，制就各种反日传单分散各乡村都市，说明事变因果与吾应取之态度。

肆　本党党员之任务

（一）各党部应依照中央所颁示各原则、各方案，加紧工作，扩大宣传。

（二）各党部应召集各团体有力党员，组织党团，参加各种运动，实现本党意旨。

（三）各党部应一面领导民众作反日运动，一面协同军政机关维持秩序，以免政府民众间发生误会。

（四）各党员应抱定为党国牺牲之大无畏精神，持和平镇静之态度，听该党部指挥，为民众先锋。

（绝对秘密，禁止登载报纸）

（3）“五三惨案”宣传大纲（5月10日）①

（一）五三惨案的事实。本党仰承总理遗志继续北伐，出师未及一月，下临城，陷泰安，把奉鲁军阀数年盘据的济南同时亦一气克复。在北伐准备长驱北上，直到幽燕，肃清关内的时候，霹雳一声，日本帝国主义者竟敢故意挑衅，藉以阻挠革命的进展，屠杀我军民长官，演成空前残暴的惨剧，噩耗所布，举国慨愤。现据各方的报告，已证明三日上午，在济南日兵故意挑衅，对我驻军及民众开枪射击，我军为自卫计，虽曾一度还击，但旋

① 此大纲经国民党中央执行委员会第136次常委会通过。

即停止，并奉令退开，于是日兵更肆无忌惮，复用机关枪大炮轰击居民住宅，以致我军民死伤千余，惨不忍睹，日军同时又派兵侵入交涉公署戕害我蔡交涉员公时，割去其耳鼻，及其他职员千余人同遭枪杀，外交部临时办公厅亦遭搜索射击。三日晚十一时，日军复肆开大炮，毁我无线电台，八日晨又向我济南开炮，轰我军民，将来弄到何种地步，实在不敢预测，日帝国主义者之不顾公理，不顾正义，至此已极。侵害我主权，轰击我商埠，惨杀我国军民及外交官，如此奇耻大辱，凡我同胞，应如何卧薪尝胆，以谋伸雪。

（二）“五三”惨案与民众应有的认识。我们知道“五三”惨案的事实，同时我们对于空前的、残暴的、狠毒的惨案，也不能不有深切的认识，然后方可以按定步骤、按定计划、作有效力的、长久的应付，不致轻举妄动而堕彼日本帝国主义者预定的狡计中。

（甲）我们从日本帝国主义者一次二次出兵的过去历史上知道，日本帝国主义这次出兵的目的是来援助其垂危的走狗奉鲁军阀，以维持其在东北各省攫得的特殊权利。不意兵始到济，而张孙已败，计不得售，乃以暴力横加我革命军，冀激起革命民众之愤怒而发生意外的举动，藉此以阻挠我革命势力的进展，使奉鲁军阀得有余时，整顿残余军队，作最后的挣扎。

（乙）日本出兵是军阀田中拿来缓和其国内在野党及人民的攻击，想藉此延长其政治寿命。不料出兵后，反对党及民众攻击益力，彼为转移全国人民视线于对外，就令开往山东的日兵对中国革命军先行挑衅，继作有组织有计划的屠杀，好借此次的暴举来邀出兵的功劳。果然日兵在山东暴动后二日，日本国会即通过了出兵费预算案，而不信任案竟亦搁置。田中的出兵政策，可以说是如愿以偿。

（丙）日本帝国主义者想维持其走狗最后的命运及其在北方的特殊权利，就不能不倾全力来对付革命军，不意革命军进展之速，竟使日本帝国主义者之出兵政策，毫无所用，所以就不惜以残暴的举动，挑战的行为，企图栽诬革命，以为将来增兵来华的口实。

（丁）日本帝国主义者交还青岛及胶济铁路于我国，原是在华府会议上迫于国际的正义，不得已而出此的，他固无时无刻不思利用机会，重行占据，所以竟不惜以暴力出此。

（三）“五三”惨案应付的方法。根据上面所说的四种认识，我们晓得日本这次暴动完全是田中军阀预定的计划，当此民族生死存亡之际，我们对于日本帝国主义者的残酷行为，义无反顾，必誓死反抗，但外交形势危急如此，完成北伐急要如此，自非有严密而周详的应付方法，不足以推彼凶横狂暴的日本帝国主义：

（甲）全国民众及本党党员，应集中于中国国民党指导之下，作有组织、有计划、有目的反日运动，对于本党中央的方案确切遵守。

（乙）我们对日本军阀政府的残暴行为，须尽量向国际间宣传，使世界各国都洞晓日本军阀政府的罪恶，而共弃之。

（丙）我们知道日本出兵的暴行，完全是日本军阀政府，尤其是代表军阀政府的田中预定的计划，所以田中是我们的敌人，至于觉悟的日本民众，我们必须联合，以努力去打倒这个共同的敌人。

（丁）“五三”日兵的暴动，其主要目的，就是企图阻碍中国的统一，尤其是想阻碍中国国民党的统一中国，全国民众在这个认识之下，绝对拥护国民政府用外交手段解决“五三”惨案的主张，而应坚忍慎重、同心戮力的帮助北伐，以便早日成功，使日本帝国主义的狡计无所施展。

（戊）共产党徒欲利用紧张的民气而暴动，后方的民众人人都要注意，维护后方的秩序，严防共贼的捣乱，使前敌的将士得安心北伐。

（己）“五三”惨案的发生，日本帝国主义者蓄意挑衅，我们须力持镇静态度，并须注意保护日侨的生命财产，使日本帝国主义无可藉为口实。

（庚）我们从经济上要找出抵制日本帝国主义的方法，教全国民众以有系统的、有计划的方法，作长久对日的奋斗。

（辛）全国民众对于日本帝国主义者加我的耻辱，须下必死的决心，务达伸雪的目的而后止。此后全国人民，必须尽量作武力、体力、财力的积极准备，期得最后最大的胜利。

（绝对秘密，禁止登载报纸）

（4）“五三惨案”标语（5月10日）

（一）“五三”惨案是暴露日本帝国主义侵略的野心。

（二）“五三”惨案是中国人莫大的耻辱。

（三）我们要从今日起积极作雪耻的准备。

（四）我们要求国民革命军继续北伐。

（五）我们要求北伐军早日占领北京，统一中国，对日宣布取消一切不平等条约。

（六）日本是来挑衅的，我们不要上他的当。

（七）我们要持隐忍镇静的态度，作积极的准备。

（八）我们要相信政府，要为政府外交的后盾。

（九）我们要得到外交上的胜利，必须要维持后方的秩序。

（十）唯有迅速打倒奉鲁军阀才是抵抗日本的初步办法。

（十一）唯有赶速统一中国，才能全力对外。

（十二）全国民众应充分准备体力、财力、武力为我们御侮的实力。

（十三）我们要全国一致团结起来抵御外侮。

（十四）我们要在中国国民党领导之下来奋斗。

（十五）我们不要上共产党挑拨离间的当。

（十六）我们要相信中国人一定可以救中国。

（十七）我们的行动不是一时的感情冲动。

（十八）我们要有久持的奋斗精神。

（十九）我们要负起责任来分别做准备的工作。

（二十）我们要在外交上去求“五三”案件极正当之完满解决。

（二十一）民众应尽力赞助国民政府一致抵抗日本侵略。

（5）对日经济绝交办法大要（5月6日）①

1．指导各种民众团体，如商会、商民协会、学生会、工会、农民协会、妇女协会等，及与日商有交易往来之各行商，联合组织抵制仇货委员会，主持关于对日经济绝交一切事宜。

2．抵制仇货委员会委员之人数，由各该会自行订定之。但其全体以能普遍的代表各界民众团体为原则，不能由任何方面独占多数。

3．抵制仇货委员会设总务、宣传、调查、纠察等科。

4．抵制仇货委员会之目的，在使日本经济上受极大之打击，并唤醒日本民众的觉悟，起而抵抗军阀政治。

5．抵制仇货委员会之主要工作，为实行拒用日本银行钞票，提取日本银行存款，停止对日汇兑款项及买卖货物等，所有日本工厂、日本洋行、日侨家庭或私人之雇员及雇工等，一律暂不采用罢工手段，以免影响工人生计。

6．所有机房屯积或商店余存之仇货，由抵制仇货委员会会同当地商会及商民协会制定仇货调查表，详列品名、商标牌号、数量、价值等项，分发各店主限期据实填报，一遇必要时亦得秘密

① 此办法大要经国民党中央执行委员会第134次常委会（临时紧急会议）通过，并经第一四八次会议修正。

调查，以期核实。由该委员会会同商会及商民协会查照，盖印编号统计，后按物量发给凭证，准予售卖。

7．所有已向日商定购之货物，须一律发电通知停止起运，其已经付价不能停止者，须由抵制仇货委员会将定单查明盖印，编列号数，详细统计后，得依前项办法售出，并由该委员会会同当地商会及商民协会严订以后不得继续定购办法。

8．日本所产各种原料为中国制造上或生活上必不可少者，得由抵制仇货委员会酌量通融，继续订购。但须领有该会执照为凭，不得独自交易。

9．抵制仇货委员会须切实联合码头工人、机房工人及海员等，于可能范围内指导其为消极抵制及秘密侦查等工作。但切不可作有形式的检查及罢工。

10．抵制仇货委员会如与各行商发生纠纷时，由民众组织之仲裁机关判定之（其条例另行规定）。

11．奸商惩戒，简章另订之。

12．抵制仇货委员会开办及维持费，均用各种民众团体及行商凭其爱国热忱捐助或筹垫。

13．凡奸商罚款，一律存储，备慈善事业之用。

14．对日经济绝交之期间，由全国抵制仇货委员会根据外交之形势规定之。但各地务须一致，不得先后参差。

15．其余未宣布事宜，由各地按照情形酌量办理。

（注意严守秘密）

〔国民党中央民众训练部档案〕

3．国民党中央执行委员会关于限制并取缔学生抗日爱国宣传活动的训令

（1928年5月）

（1）国民党中执会训令（5月9日）

中国国民党中央执行委员会训令第　　号

令南京特别市市长何民魂

为令行事：本日中央执监委员，政治会议委员、国民政府委员联席会议议决：令南京市政府取缔乱贴标语，如有人贴与日本宣战等标语，应即撕去。等因。合亟令仰该市长遵照办理，并转饬所属一体照办。切切。此令。

中华民国十七年五月九日

（2）国民党中执会令（5月19日）

中国国民党中央执行委员会令第　　号

令 中华民国全国学生联合会总会
　 上海特别市党部指导委员会

为令遵事：日本出兵山东及济南五三惨案问题，中央早经定有应付方案，分别令行在案。其要旨即因坚定隐忍，努力北伐，力谋根本对日之方，勿堕其各地挑衅之计。迩来长江一带各要地，大部泊有日本兵舰，是其藉端启衅，昭然若揭。嗣后凡在江边沿途各地学生联合会聚众演讲或举行示威运动等事务须避免。为此，令仰该委员会迅饬上海学生联合会一律遵照办理，是为至要。此令。

中华民国十七年五月十九日

〔国民党中央党部档案〕

4. 国民党中央关于禁止学生罢课游行及停止检查日货的决议案和命令

（1928年5月9—26日）

（1）国民党中执监委员等联席会议议决案（5月9日）

五月九日，中央执监委员、政治会议委员、国民政府委员联席会议议决：由中央党部命令全国学生总会，当此时局严重，不得令学生继续罢课、结队游行及检查商货。

（2）国民党中央执行委员会密令（5月26日）

中国国民党中央执行委员会密令

令南京特别市党务指导委员会

为令遵事：关于对日经济绝交事，前经中央制定对日经济绝交办法大要，并密令在案。但查该办法第七、第九两条，各地民众往往藉为口实，实行检查，商店日货及在码头栈房检查日货等举动，殊与中央力避挑衅之本旨相违。为此，令仰该党部并转饬所属各级党部，各民众团体，在中央对于第七、第九两条未决定具体的实行方法以前，一律应即停止此种举动，是为至要。此令。

〔国民党中央党部档案〕

5. 国民党中央秘书处关于禁止上海工界对日后援会组织工人先锋军的公函

（1928年6月27日）

迳启者：顷据上海特别市党务指导委员会民众训练委员会呈称：近阅本埠报纸载有工界对日后援会呈请国府组织工人先锋军，恳派专员训练等事。查该会此次组织，事前既未呈请所在地党部核准，用意何在，本部无从悬猜。况际此反动份子蠢蠢欲动，更未便有此项奇形组织，授人以隙。为此，呈请钧会咨行国府严重驳斥，以杜衅源，实为党便等情。据此，相应查照转陈鉴核为荷。此致

国民政府秘书处

中央执行委员会秘书处　印

中华民国十七年六月二十七日

〔国民政府档案〕

6. 云南省政府奉电禁止各民众团体罢课罢工集会游行等反日救国活动令

（1928年5—6月）

（1）云南省政府训令（5月22日）

云南省政府　训令第315号

令交涉署

为通令饬遵事：案奉国民政府齐电开：军事顺利，各路大军进展均属政府通筹全局。关于北伐作战，业经授命前方。济南日军肇事一案，亦已训令外交部妥为办理，以期统一，早告完成，外交问题及时解决。当此重要时期，凡我国民应以整齐严肃之精神，一致努力，共促成功。昨据各机关报告，查获共产党印刷品甚多，希图煽动利用停课罢工及种种扰乱行为破坏秩序，已饬京内外军警严密查报究办。政府为贯彻大计，维持治安起见，用再详细申饬，以资遵守。所有各地民众及各团体学校内应遵照中央党部及本政府所颁各令，恪守纪律，各安职业。对于外交事件，听候中央处理。至力防范反动份子，保护各国侨民，并应由各当地军警负责妥办。经此诰诫，如有违命令，甘犯法纪者，准即依照戒严条例严切执行，不稍宽贷，即着军事委员会各部院、各省市政府切实办理，并分别晓谕，转饬一体遵照。此令。等因。奉此。除分令外，合行令仰该署即便遵照。迅饬所属遵照办理。事关中央饬办之件，勿稍疏虞为要。切切。此令。

主席　龙　云

中华民国十七年五月廿二日

（2）云南省政府密令（6月19日）

云南省政府密令　第409号

令交涉署

为密令遵照事：案准中央军事委员会枢密鱼未电开：此次济南日兵启衅，惨杀我外交官吏，违背万国公法，凡我同胞，无不愤慨。惟此种国际交涉，应用外交手续办理。现经我中央党部、国民政府交涉，总司令制止军民不得有轨外行动，静候外交解决。希贵省政府遵中央意旨，转饬所属，对于各地民众一切集会、进行宣传、张贴标语等一律晓谕制止，并对于各国在华官吏侨民一体妥慎保护。切勿另生枝节，授人口实，以利交涉进行，而促北伐，至为切要。等因。准此。除分令外，合行令仰该署即便遵照。并饬所属一体遵照办理。切切勿违。此令。

主席　龙　云

中华民国十七年六月十九日

〔国民政府外交部档案〕

7. 国民革命军总司令部奉转国民党中央禁止对日罢工排货密令

（1928年8月1日）

国民革命军总司令部密令　秘字第4268号

令云南省政府

为令遵事：案奉国民政府密字第五号令开：准中央政治会转中央执行委员会函开：据外交委员会提议，关于日本出兵山东，本党最高机关应表示严正的态度，警告彼国，同时密谕各级党部以进行方略，为周密的注意，免至越出轨道，而增加纠纷，爰拟宣言、密令两稿，请公决施行案。当经本会第一零三次会议通过在案。除将宣言密令分别发出外，相应录案通知，希查照。等因到会。相应检附宣言和密令各一份，函送贵处，即希转呈委员会，密令所属各机关一体遵照。等因。准此。合行令发宣言及密令各一份，仰该总司令即便遵照，并转饬所属一体遵照。切切。此令。等因。并附宣言密令各一份。奉此。自应遵照办理。除分令外，合行抄发原令及宣言，令仰该政府遵即转饬所属，一体遵照毋违。此令。

计抄发原宣言密令各一件

中华民国十七年八月一日

总司令蒋中正

抄国民党中央执行委员会宣言〔略〕

抄国民党中央执行委员会密令

中国国民党中央执行委员会密令第　　号

为训令事，现在日本出兵山东，侵犯我国主权，妨害革命进展，凡有血气，罔不慨愤。本会领导革命，关于此项对外策略，业经统筹兼顾，采取正当手续，以定应付方针，各级党部自应依照办理，不容稍有歧异。当兹大军北进之际，军阀余孽未清，帝国主义复跃跃欲试，此时对日政策，关系党国前途甚巨，亟应力避严重冲突，庶免日人有所藉口，公然援助军阀，或与帝国主义者更加结合，以致增加中华民族解放之阻力。除一面由外交据理力争外，合行密令各级党部，迅即转行各级党员，一体周知。所有因于反对日本出兵事件，各级依照中央计划进行。在本会未议之实行对日排货以前，各级党部及各级党员，只宜以文字或演讲宣传反抗，不得迳行对日有罢工及排货之举，以免轻启衅端而紊统一矣。仰即遵照办理勿违。切切。此令。

中华民国十七年　　月　　日

〔国民政府外交部档案〕

8．蒋介石饬查办反日游行示威群众捣毁外交部长住宅令

（1928年12月14日）

昨日首都对外团体有集合群众游行示威之举，甚至发生捣毁

外交部长住宅，殴伤宪兵警察至二十五人之多，殊堪骇异。当此国民外交时代，所有人民一切对外运动，政府以其出于爱国热忱，从未加以干涉，乃竟不问事由，不究原委，徒恃血气，迹近暴动。是非特损国家之庄严，亦且自暴我国民之弱点，此而不予以申诫，则将来弁髦法令，逾越范围之事，必继续发生，应谕南京特别市政府督饬公安局严密查办，呈候处分。嗣后凡有开会游行事件，必须呈报该管官厅批准，方得举行，以保公安，将〔特〕此通谕凛遵。此令。

〔国民政府档案〕

9．杨树庄为福州日商店伙命案密函改组反日会并侦查正凶电

（1928年12月14日）

急。南京。分送国民政府蒋主席、行政院谭院长钧鉴：外交部王部长勋鉴：枢密。本月七日福州鼓山下发生邹衡贵命案，据日领称：死者系日商店伙，此次被害，系福州反日会所为。元日驻闽日本总领事西泽义征来晤声称：政府如无办法，只得立谋自卫等语。英美法荷各国领事，亦于是日来见，面称省政府倘不严加取缔，外侨性命，在在危险各等语。又文日日商运载海连鱼王泽鱼船，经峡兜地方，为反日会检查员扣留，旋即将船放火焚烧，日领已派员勘验，自有严重交涉。查反日会团体，原系爱国运动，乃迭有轨外行为，不特外交棘手，更恐有不良分子，希图从中扰乱治安。本日经省委会议决，密函省指委速将该会改组，并分令军警机关，侦查肇事正凶，务获究办，一面饬属严加防范。谨先电陈，仰祈垂察。杨树庄叩。监。印。

〔国民党中央党部档案〕

10. 国民党中央秘书处为反日会改组为中国国民救国会其组织纲领已修正通过致中央民众训练部函

（1929年2月15日）

国民党中央执行委员会秘书处

迳启者：案准贵会提出中国国民 救 国 会组织纲领一案，业经中央第一九七次常会决议修正通过在案。相应检同修正原文函达，即希查照施行为荷。此致

中央民众训练委员会

附中国国民救国会组织纲领一份

中央执行委员会秘书处

中华民国十八年二月十五日

通告第二十八号（密）

为通告事：慨自济案发生，日本帝国主义者逞其凶焰，肆行残暴，中央曾于五月六日第一三四次常会决定对日经济绝交办法大要，通告各省市党部秘密遵行在案。而全国国民亦以遭此奇耻大辱，奋然兴起，组织团体，厉行对日经济绝交。此种 救 国 热忱，实为中华民族自求解放之表现，殊堪佳许。惟查各地民众于此种运动组织之团体，命名为反日会，意义有未妥，而其行动又未受党部或行政机关之指导监督，以致各处发生种种纠纷，若不速予纠正，切实指导，殊足为党国隐忧。本会以为打倒帝国主义，消极方面固应领导全国民众，厉行与帝国主义者经济绝交，积极方面尤须集合全国民力，从事生产建设，庶几国民经济基础得以建立，特将全国各级反日会改组定名为中国国民救国会，俾得在本党指导监督之下，一致奋斗，以期达到国民革命之主要目的。并拟具中国国民救国会组织纲领，业经提请中央第一九七次常会通过在案。兹特检发该纲领一份，函达查照，即希严密转饬所属

一体遵照，切实施行为要。右通告

省（特别市）党部

附中国国民救国会组织纲领一份

中央民众训练委员会

中华民国十八年二月二十三日

中国国民救国会组织纲领（1929年2月14日）

第一条　中国国民救国会以发扬三民主义的救国精神，谋民族之自由和平等，国家之自强独立为宗旨。其工作范围如下：

一、鼓励全国国民发展生产事业，提倡国货之改良进步，并扶助国货之使用行销；

二、提倡并扶助合作事业之组织及发展，以求农民工人生活之改善进步；

三、协助政府各种经济建设事业之进行；

四、厉行对日经济绝交，以经济的手段，反抗日本帝国主义之压迫，至中日国交达到平等关系为止。

第二条　为统一各地国民救国活动起见，得组织全国国民救国会。

第三条　全国国民救国会应组设于首都，各地国民救国会，除通商口岸必须设立外，其余各地应否组设，由当地高级党部民训会酌量情形，呈候中央民训会核办。

第四条　各级国民救国会之委员，除全国国民救国会完全由中央民训会选派外，由各该地高级党部民训会在党政机关及人民团体中慎重选派。但人民团体中选派者，得占三分之一。

第五条　各地国民救国会之组织如下：

一、执行委员会；

二、常务委员会；

三、常务委员会之下，得酌设左列各科：

1．总务科　掌理庶务、文书、会计及不属于他科之事务；

2．指导科　掌理本纲领工作范围内之指导及宣传事宜；

3．调查科　调查登记当地国货日货产销情形，报告当地党政机关及人民团体，并汇报全国国民救国会。

第六条　全国国民救国会执行委员会人数规定九人至十一人，互推常务委员五人，各地国民救国会执行委员会人数规定七人至九人，互推常务委员三人，各科设主任一人，由执行委员会互推兼任之。其职员人数视会务繁简，由执行委员会酌定之。

第七条　凡有左列情事之一者，不得任为国民救国会执行委员。

一、有反对本党之言论行为证据确实者；

二、凡在经济上、政治上曾与日本帝国主义者勾结，妨害本国国民利益，查有实据者；

三、吸食鸦片嗜好赌博者；

四、受刑事处分尚未撤消者；

第八条　凡未具有左列规定者，不得任为国民救国会职员：

一、经登记合格，领有新党证或登记证者；

二、经当地党部考查，其性格能力认为适合者；

三、有殷实铺保者。

第九条　全国国民救国会应受中央民训会之直接指导监督，各地国民救国会应受各地高级党部民训会之指导监督。

第十条　各地国民救国会一切言论行动，须严切遵照经中国国民党中央民训会核准之全国国民救国会所定救国计划及命令，并随时呈由中国国民救国会汇转中央民训会核夺。

第十一条　国民救国会执行委员及一切职员，如有舞弊情事，查有确据者，由当地高级党部移送法庭，按照公务员所犯各法分别加等治罪。

第十二条　凡奸商有违反国民救国会工作计划及命令者，得由该地国民救国会决议处惩，其处惩条例另订之。

第十三条　凡奸商不服当地国民救国会之处分时，得由该会呈请当地高级党部会同当地政府处理之，如当地党部政府不能处决时，则呈请中央民训会处决之。

上项之商人得对于当地高级党部及政府提出不服处分理由之诉愿书。

第十四条　处罚奸商及拍卖日货之款，统称救国基金，该项基金之保管由该地党部政府及人民团体各推派代表一人（但人民团体代表须经党部之认可）组织保管委员会，其保管委员会规则另订之。

第十五条　国民救国会所没收之日货应交该地救国基金保管委员会保管，并共同拍卖之。

第十六条　各地国民救国会须随时将救国基金及没收日货分别项目及数量，会同保管委员会分别呈报中央民训会、各该地高级党部民训会及全国国民救国会查核。

第十七条　各地国民救国会之救国基金，其用途在下列范围内由全国国民救国会呈请中央民训会转呈中央决定之。

一、举办国货陈列所；

二、举办当地所切要之农工渔业等职业学校；

三、举办平民识字教育；

四、举办通俗科学教育馆；

五、充地方救灾恤贫育婴等慈善事业之基金。

第十八条　救国基金保管委员会在未奉中央核准用途以前，不得接受任何机关及团体之请求动用基金。

第十九条　全国国民救国会之经费，须编制预算，呈请中央民训会核准，由中央民训会于各地救国基金中酌量指拨之，其决算须按月呈请核销。

第二十条　各地国民救国会之经费，须编制预算，呈由各该地高级党部核准，并随时转呈中央民训会备案，由中央民训会饬令各该地救国基金保管委员会抵拨之，如无此项基金可供抵拨者，得由该会自向当地各机关团体请求补助之，其决算应按月呈报各当地高级党部核销。

第二十一条　国民救国会之委员及职员，酌给交通费，其限度由当地高级党部酌定之。

第二十二条　海外各埠华侨得适用本纲领组织国民救国会。

〔国民党中央民众训练部档案〕

11. 国民党上海市执委会报送国民救国会组织条例呈

（1929年4月12日）

呈为呈送职市国民救国会组织条例，仰祈鉴核备案事：案准钧会民众训练委员会通告，嘱将反日会改为国民救国会等因。准此，职会遵于本月四日召集临时会议，即经决议改组上海特别市反日会为上海特别市国民救国会，复经职会第十一次常会通过该救国会组织条例各在案。兹谨将该会条例检奉一份，备文呈送钧会，仰祈迅赐鉴核备案，至感党便。谨呈

中央执行委员会

计检奉上海特别市国民救国会组织条例一份

上海特别市执行委员会

中华民国十八年四月十二日

上海特别市国民救国会组织条例

第一条　本会以发扬三民主义的救国精神，谋民族之自由平等，国家之自强独立为宗旨。其工作范围如下：

一、鼓励国民发展生产事业，提倡国货之改良进步，并扶助国货之使用行销；

二、提倡并扶助合作事业之组织及发展，以求农民工人生活之改善进步；

三、协助政府各种经济建设事业之进行；

四、厉行对帝国主义经济绝交，以经济的手段反抗以暴力或其他侵略方法压迫我民族之帝国主义；

五、本会工作计划，得依环境之需要，随时由执行委会决议公布。

第二条　本会由上海特别市党部，在党政机关人民团体中，慎重选派委员十一人至十五人组织之。

第三条　本会设主席一人，副主席一人，由委员互推之。

第四条　本会设秘书一人，由本会公决聘任之。

第五条　本会得设左列各科：

一、总务科　掌理庶务、文书、会计及不属于他科事宜。

二、调查科　办理关于本市国货劣货产销情形之调查，并得承执行委员会之命查扣劣货。

三、统计科　办理本市国货劣货产销、数量之统计，并得承执行委员会之命，举办劣货登记及被扣劣货处分统计事项。

四、宣传科　根据本会工作范围办理一切宣传事项。科设正副主任各一人，办事员若干人，由本会委任之。

第六条　凡有左列情事之一者，不得任为本会执行委员：

一、有反对本党之言论行为，证据确实者；

二、凡在经济上、政治上、曾与帝国主义勾结，妨害本国国民利益者；

三、吸食鸦片及嗜好赌博者；

四、受刑事处分尚未撤销者。

第七条　凡未具有左列规定者，不得任为本会职员：

一、经登记合格领有新党证或登记证者；

二、经上海特别市党部考查，其性格能力认为适合者；

三、有殷实铺保者。

第八条　本会执行委员及其一切职员，如有舞弊情事查有确据者，由上海特别市党部移送法庭，按照公务员所犯各法分别加等治罪。

第九条　如有违反或破坏本会工作计划及命令者，统称奸民；凡奸民得由本会决议处罚，条例另订之。

第十条　凡奸民不服本会之处分时，得由本会呈请上海特别市党部处理之，如仍不能处决时，得呈请中央党部处决之，唯上项奸民得提出不服处分理由之诉愿书。

第十一条　处罚奸民及拍卖劣货之款，统称救国基金。该项基金之保管，由市党部在党政机关及人民团体中选派董事二十一人至二十五人组织救国基金董事会，规则另行订定。

第十二条　本会所没收之劣货，应另行组织拍卖委员会拍卖之，拍卖委员会组织条例及办事细则另订之。

第十三条　本会得随时将救国基金及没收劣货分别项目及数量，会同救国基金董事会呈报上海特别市党部查核。

第十四条　本会之救国基金，其用途在下列范围内由本会呈请上海特别市党部决定之。

附抄上海特别市反日会执行委员名单

王延松　　上海特别市党部代表

闻兰亭　　上海总商会代表

叶惠钧　　上海县商会代表

范和笙　　上海闸北商会代表

骆清华　　上海特别市商民协会代表

邬志豪　　上海各路商界总联合会代表

刘　云　　上海工会整理委员会代表
斐云卿　　上海钱业公会代表
严均安　　上海钱业公会代表
陈德徵　　上海新闻记者联合会代表
陆娜君　　上海妇女协会代表
陶乐勤　　上海租界纳税华人会代表
陆　轩　　上海海员总公会代表
黄　强　　上海国货维持会代表
陇体要　　上海学生联合会代表
夏　天　　同　　上
周　参　　同　　上
胡　越　　同　　上
周静斋　　上海报关业公会代表
李次山　　上海律师公会代表
汪文卓　　上海海关华员联合会
林培根　　上海工会整理委员会
赵芝山
汪竹一　　上海学生联合会

〔国民党中央民众训练部档案〕

12．云南省政府为应日领事要求取缔反日会组织的训令

（1929年7月1日）

云南省政府训令　第　　号

令外交特派员张维翰

案准驻滇日本领事官函开：查中日两国间关于济南事件圆满解决之共同声明书、议定书及交换公文等，已各自于其首都东京及南京公表以后，反日会之应彻底的取缔，已叠于往访王交涉员

时言及，并曾已信函知会在案。乃至今反日会对我国商人营业上妨害的行动仍未见缓和，且复加严厉。如昨十七日有贵国良民在府上洋行买物，而其所购物竟为该会纠查员所强夺，其时集观成群，途为之塞。纠查员则更喜其为排日宣传之好机，大肆宣扬，俾群众知所戒惧焉。该洋行主人则因此精神上受莫大之痛苦，营业上蒙莫大之妨害。又据府上及保田两洋行店主及店员等平日周到之观察所得，则除该会纠查员外，尚有无赖汉伪为该会会员，乘间夺良民所购取之品物者亦数见不鲜，最近反日会以无当局之取缔继续活动，就所有各戏场作排日宣传之演说，其为状益形横暴无理云。再王交涉员对于本领事屡次会见及用五月十日所发公文，请求取缔妨害日商营业之反日会行动时，均以尚未奉到南京政府关于济案解决之明令，不便遽加该会以弹压，一俟奉到明令后，自当饬其解决为词，刻本领事于昨十八日再与王交涉员会见，重申前次要求，取缔妨害日商营业之反日会行动。据王交涉员谓：周余日前，业已奉到南京政府外交部长关于劝阻反日会之命令，并已将该项命令呈送省政府请示办理，想省政府自有劝阻之处置云。查本事件在南京三月二十八日所记济案会议录中已明示，由王外交部长对芳泽公使以诚意负责声明，由中央党部密令各地党部使停息排日排货之运动。又据王交涉员所谈，则贵省政府亦已接到南京中央政府王部长所声明之前记密令，可云明甚，乃至近日只见反日会如上所述之行动愈行恶化者，果不知其基何因由，殊令人苦于了能者也。准上各情，贵省政府于接到前述密令后，对于反日会作如何处置耶！又今后办理方针如何？想违反两国政府间经过双方正式手续而交换之决定书所规定，与夫阻害他国侨民之权益，及伤害国交之团体运动，无论其在任何爱国及其他美名之下，贵政府均不能许其存在，自属可以相谅。惟近查反日会所为之趋向，及本领事对于在留邦商权益拥护之职责完成上，有不能已于言者，尚希从速示覆为荷。等由。准此。查此案昨据该署呈报，奉到外交部电示，济案业已解决，各地反日会中央决定劝阻等因。本省自应照办。当经令饬市政府查核办理在案，兹准前由，此项反日行运〔动〕，自应继续劝阻。除函复并令市政府遵照前令办理外，合行令仰该员知照。此令。

主　　席龙　云　公出

代理主席胡　瑛

中华民国十八年七月一日

〔国民政府外交部档案〕

13．国民政府文官处关于解散重庆反日同盟会与刘湘往来密电及有关函件

（1929年7—8月）

（1）刘湘致国民政府电（7月20日）

汉口转来。国急。南京国民政府蒋主席钧鉴：□密。昨奉文电限即日内将重庆反日同盟会立予解散。等因。正拟执行，而重庆市党务委员会声明该同盟会系属指导之下，并无不法行为，已电钧府请示等语。是否仍遵前令执行，究应如何处理，敬乞示遵。刘湘叩。智。印。

（2）国民政府文官处复刘湘电（7月22日）

重庆刘总指挥湘鉴：蜀密。奉主席谕：智电悉。仍遵文电执行可也。等因。国民政府文官处。（祃）。印。

（3）国民党中执会宣传部致国民政府函（8月27日）

迳启者：据重庆民报八月五、七两日登载："市总工会拥护反帝大同盟之宣言，及渝万反帝同盟被解散声中，通电仍要誓死反帝，不计其他"诸文内关于解散反帝大同盟之经过，首称反动份子捏造蒋主席文电，矫令重庆商会会同刘甫澄军长解散本两同

盟，并逮捕首要，继称反动分子以一计不遂，公然又造国府文官处祃电，谓奉蒋主席面谕，饬刘军长仍照文电执行，以掩饰其前次文电末称即使中央有此种真命，亦不敢盲从等语。查该报所载各节，究竟是否实情，本部莫明真相，为此检同原报，送请贵处查明解散渝万反帝大同盟始末情形见复，以凭核办，并希办毕后将原报检还为荷。此致

国民政府文官处

附《重庆民报》二份〔选录〕

中央执行委员会宣传部

市总工会拥护反帝大同盟

已发出宣言，措词颇为热烈。

重庆反帝大同盟，前为少数奸商，朦请蒋主席解散。消息传来，士庶咸惊，各民众团体拥护文电，如雪花飞扬，逐日数通，录不胜录。兹重庆市总工会，又发出宣言拥护，其措词颇为热烈，民气为不死也，特志其宣言如下。

重庆市总工会拥护反帝大同盟宣言

反帝是孙中山先生的遗教。那个说不反帝，那个就是孙中山先生的叛徒！就是反革命，应该打倒！反帝是中国民众唯一的出路。那个说不反帝，那个就是民众的公敌，应该打倒！老实说：反帝是天经地义，除了帝国主义的走狗而外，谁都不能反对。

帝国主义既该反对，就要组织一个团体，领导大家有组织的、有计划的、长期的努力反帝，把帝国主义根本推翻。领导重庆市民反帝的团体，就是反帝大同盟。这个团体站在反帝方面说，应该拥护的，充实他，使他有充分的能力，领导全市民众，从实际行动中，努力的反对帝国主义。

真是怪！反帝大同盟刚刚成立了经济绝交委员会，要给帝国主义以经济上一个厉害的打击，不料买办阶级竟以“强迫商人登

记仇货……有共党从中操纵”莫须有的罪名，朦请蒋主席电令此间当局查封。唉！这种只知贩卖仇货，从中揩油，甘心作帝国主义经济侵略的走狗奸商，是多么可恶！我们要打倒帝国主义，就先要肃清国内的汉奸与买办阶级！

我们知道，有过革命历史的蒋主席与此间当局，决不至如此糊涂，认为现在不听〔应〕该反帝而查封重庆市民反帝大同盟，不准重庆市民反帝，一定是买办阶级，因反帝大同盟要与英、日实行经济绝交，不能再贩卖仇货，从中揩油，朦请蒋主席所致。在这种情形之下，本会敢代表重庆市十余万工友，以负责证明反帝大同盟并无不法行为，请蒋主席收回成令，并惩办甘心媚外破坏反帝运动的奸商买办阶级，同时愿率十余万工友与本市 各 级 民众，充实反帝大同盟的实力，巩固反帝大同盟的组织，加紧地向帝国主义进攻，一直把帝国主义推翻为止，现在我们高呼：

打倒帝国主义！！打倒买办阶级！？重庆市民反帝大同盟万岁。国民革命成功万岁。

（太鸟）二丁

渝万反帝同盟被解散声中

通电仍要誓死反帝不计其他

不惟反动分子此种假命不肯屈服

即使中央有此种真命亦不敢盲从

重庆万县市民反帝国主义大同盟，近来以英日帝国主义同盟，昨有快邮代电云（衔略）钧鉴：反帝废约，原为先总理之遗教，国民外交亦系国民党所提倡，在国民革命过程中，帝国主义之能否打倒，不平等条约之能否废除，则全视民众之力量若何而定，此总理救国之唯一良策，亦即为全国人所公认与其趋者也。吾川虽僻处西隅，而受帝国主义之侵略，则仍与全国无异。西南毗连康藏，边防日告倾危，东南位于长江，航业全被垄断。五卅以后则重庆七二血迹未干，而万县九五之创痛又起，悬案重重，几至无人过问，中间虽有抗英反日等会崛起，卒以环境关系，无形归于消灭。去年济案发生，全国震动，而吾川省仍寂无声息，于是英帝国主义见万案搁浅，既卷土重来，日帝国主义以各地群众起而反抗，亦向川省逋逃。渝万因地当冲要，沦为英日之次殖民地，两地民众，以受帝国主义种种压迫，不甘坐以待毙，乃先后有反帝国主义大同盟之组织。语其分子，系各民众团体代表所组成；语其性质，与废约促进会完全无异。成立以来，将届一年，因帝国主义直接之抵抗，封建势力千方百计之阻挠，虽至精力交疲，而实感工作无状，即先总理所诏示吾人之对帝国主义不合作，皆属有名无实。每一念及，汗颜毫无悔悟，咄咄逼人。即以渝万而论，如英人之凶殴船夫游发兆，日兵之毒害农民杨顺发，英商之强占麻柳湾码头与强买龙门浩土地，日人之在南岸擅捕华人与在租界擅禁华工，以及英日轮舰，随时随地浪沉中国木船，其视我国人之生命财产，直草芥之不若，谁无血气，能不痛心，因是乃力排万难，准备对英日经济绝交，以抵制侵略于万一。殊渝方正着手登记仇货之际，不料一般反动分子，与帝国主义相勾结，暗袭明攻，多方破坏，以图出卖反帝运动而博帝国主义之欢心。上月中旬，更敢于捏造蒋主席文电，矫令重庆总商会会同刘甫澄军长解散本两同盟，并逮捕首要，并驱逐出境，及经切实调查，无线电台既未收有此电，商会人员亦未提出控告，且已以同中央专电声明在案。至于该文电中所谓本两同盟为排外团体，显有共党主使，与强迫商人登记英日各货，尤为羌无故实，任意诬诬，此已有渝万党务指委会负责证明，自无庸再事哓哓。第犹有不已于言者。该反动分子以一计不遂，公然又造国府文官处祃电，谓奉蒋主席面谕，饬刘军长仍照文电执行，以掩饰其前次文电并非捏造，复查电虽系无线电台抄送刘军长者，但文电既属虚伪，而电又何从证实，使真有电，更何至于引用文电，又况全国废约会即在首都，上海反帝大同盟亦近在咫尺，其杯葛运动，激烈万分，皆未见中央禁止，而中央又何至对本两同盟必令其解散，其为反动分子所弄玄虚，已无疑义。惟此种借刀杀人，其计至毒，匪特使中央横蒙妥协帝国主义之恶名，使民众灭杀反抗帝国主义之勇气，使帝国主义轻视我民族而益无顾忌，一旦此风一开，则中央名义，人人皆可以假借，中央命令，真伪皆启人怀疑，无论团体个人，从此皆将失去保障，固不独本两同盟团体几被解散，人员几被逮捕与驱逐已也。本两同盟为求民族之解放，中国之自由平等，只知在党的领导下，遵奉总理遗教，誓死反帝，不计其他，况当此满蒙告急，滇藏垂危之际，赤帝国主义既大逞凶横，白帝国主义更乘机环伺，吾人救国，惟有反帝一途，头可断而帝不可不反，团体可解散而意志不可消灭，不惟反动分子此种假命，不肯屈服，即使中央有此种真命，亦不敢盲从。盖国民革命之主旨，断无投降帝国主义之余地，总理遗教尚在，本党政策依然，想非任何人所敢抹杀者也。不过本两同盟能力既属薄弱，环境又复险恶，一线光明能否战胜一团黑漆，诚未可以逆料，尚望我中央尊重民意，不稍妥协，对于此种反动分子，严加查办，尤望各地民众及反帝团体，作公道之主张，为正义之援助，俾本两同盟得以保全，不致坐令帝国主义之猖獗，而不敢反抗，反动分子之横行而为其屈服，民族之生存得以抗争，中国之革命得以完成，是所感幸。特电奉闻，诸维垂察。重庆市民反帝国主义大同盟，万县市民反帝主义大同盟叩。印。

〔国民政府档案〕

14. 首都反日会组织与宣传计划工作大纲

（1929—1930年）

（1）首都反日会组织大纲

第一章　总纲

第一条　本会定名为首都反日会。

第二条　本会由首都各团体组织之，本革命之精神，实行对日经济绝交，打倒日本帝国主义。

第二章　组织

第三条　本会直属于全国反日会，并受京市党部之指导。

第四条　本会以首都各团体代表大会为最高权力机关，闭会时则为执行委员会，执行委员会闭会时则以常务委员会代行职权。

第五条　本会以监察委员会为监督机关。

第三章　代表大会

第六条　代表大会以首都各团体推举代表二人组织之。

第七条　代表大会设主席团三人，由出席代表互选之。

第八条　主席团及代表之任期，以开代表大会时为限。

第九条　代表大会开会之日期地点由执行委员会议定之。

第十条　代表大会之职权如下：

一、检阅本会过去之工作；

二、编制预算及审查一切财政之收支；

三、议定本会一切事宜；

四、质问并弹劾本会执行委员；

五、选举本会执行委员及监察委员；

六、接收全国反日会之议决案并贡献其意见。

第十一条　代表大会之议决案，不得与全国反日会之议决案相抵触。

第十二条　代表大会以代表二分之一以上之出席代表为法定人数，其议案由出席人数二分之一以上之同意表决之。

第四章　执行委员会

第十三条　执行委员会以十三人组织之，并设候补执行委员五人。

第十四条　执行委员会委员由每年第一次代表大会选举之，限十日内由当选之各团体派代表一人充任之，期满不到者由候补委员递补之。

第十五条　执行委员会分设常务委员会及财务宣传检查惩罚专卖五部，遇必要时得设各种委员会（常务委员会及各部组织条例另定之）。

第十六条　各会部职务之分配由当选执委互选之。

第十七条　执行委员会每周开常会二次，由常委轮流主席，遇必要时得召集临时会议。

第十八条　执行委员会以二分之一以上之出席为法定人数，其议案以出席人数二分之一以上之同意表决之。

第十九条　执行委员会之职权如左：

甲　为本会对外代表；

乙　执行一切会务；

丙　交议案于代表大会；

丁　执行代表大会之一切议决案；

戊　管理本会财政；

己　负责召集代表大会；

庚　每月向全国反日会报告工作一次。

第二十条　执委会之议决案，不得与代表大会及全国反日会之议决案相抵触。

第二十一条　执行委员会之任期以一年为限。

第五章　常务委员会

第二十二条　常务委员会以执委三人组织之。

第二十三条　常务委员由执委互选之。

第二十四条　常务委员会执行本会日常事务，并设秘书处襄助办理。

第六章　财务部　宣传部　惩罚部　检查部　专卖部

第二十五条　财务宣传检查惩罚专卖五部，各设部长二人，由执委互选之。

第二十六条　各部部长之任期以一年为限。

第二十七条　财务部设会计股。

第二十八条　宣传部设出版艺术讲演国际等股。

第二十九条　检查部设保管特务各股及检查所。

第 三 十 条　惩罚部设裁判股。

第三十一条　专卖部设保管股。

第三十二条　各部之详细组织由各部长拟定，交委员会通过施行。

第七章　监察委员会

第三十三条　监察委员会设监察委员五人，候补三人，由每年第一次代表大会选任之。

第三十四条　监察委员会之职权，在监督本会各部会人员之工作及财政之收支。

第三十五条　监察委员之任期以一年为限。

第八章　会务

第三十六条　本会须努力实行全国反日会及本会之一切议决案。

第三十七条　本会须抵制日货，提倡国货。

第三十八条　本会须有定期刊物，传达消息及宣传主张。

第三十九条　本会除积极努力反日工作外，并对于社会及地方各种公益事业须努力参加，对于民众竭力联络，对于国民革命尤须努力。

第九章　附则

第四十条　本会组织大纲如有未尽处，得由执委会提交代表大会修改之。

第四十一条　本会组织大纲，自代表大会通过之日起公布施行。

首都反日会组织系统表

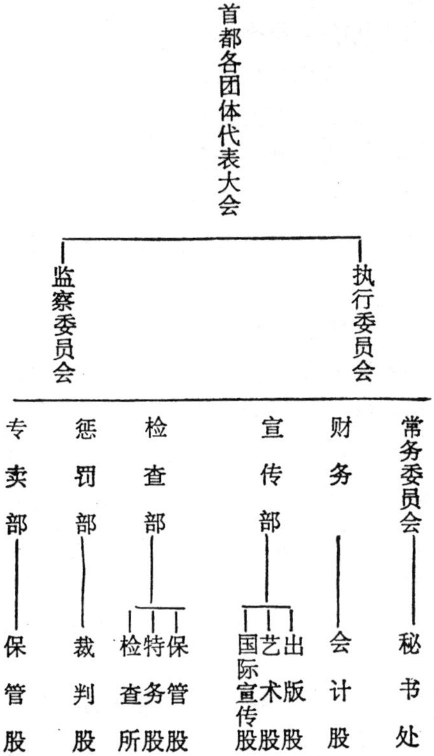

（2）首都反日会宣传计划工作大纲（1930年12月）

（一）宣传的目的

（1）站在国民党的立场上，阐明三民主义的理论，捣毁一切帝国主义者的阴谋，以唤起民众为革命外交的声援。

（2）切实归纳民众的要求，建议革命的建设理论，及实施以为反帝国主义的准备。

（3）最近须达到五三惨案有圆满结果的目的后，以革命的手段废除一切不平等条约。

（4）最近期间，使民众确实了解，在党领导〔下〕反日民众〔运动〕之意义，使其觉醒帝国主义之残酷并努力反日运动。

（二）宣传的材料

（1）以三民主义为革命最高的原则：

a 中国国民党与国民革命；

b 中国国民党的政纲政策；

c 阐明国民党的理论的各种杂志；

d 归纳各民众团体的计划及要求。

（2）评叙日本侵略中国史：

a 对于山东之侵略；

b 对于南满东部内蒙古之侵略；

c 对于闽省沿岸港湾及岛屿之侵略；

d 关于普通之侵略。

（3）揭破日本此次出兵的阴谋：

a 扶植奉鲁军阀破坏国民革命，维持在华北特殊势力；

b 田中欲转移日本国民之视线，借对外问题以延长其政治生命。

（4）宣传日兵在济南屠杀真象：

a 山东交涉署职员十六日【被】惨杀，并将交涉员蔡公时之耳鼻割去，然后枪毙；

b 幽禁外交处人员于邮政局，断绝饭食之供给；

c 开机关枪大炮轰毙市民无算；

d 拆毁无线电台、火烧外交处及各军政机关；

e 迫令国民革命军退出济南市外；

f 济南日兵司令对此次实行屠杀所属官员特为奖励。

（5）宣布日本在五三惨案后更进一步侵略之各项情形

a　日本参谋部及其他高级军官会议主张日本占据山东及该省铁路；

b　日本内阁有人主张派兵至南京；

c　向我提出五条件限十二时答复：

①　严重处罚关系骚扰及其暴虐行为之高级武官；

②　解除在日本军队前抗争之武装；

③　在南军治下严禁一切反日之宣传；

④　南军应驻扎难〔离〕济南胶济路线二十中里之外；

⑤　为左项之实行起见，限于十二小时内答复。

（6）我们对付日帝国主义者暴行之方策：

a　对日经济绝交：

①　绝对不买日货；

②　不以国产供给日本。

b　充分准备战斗力：

①　敦促各军事领袖切实裁兵，以存精锐，而为国防；

②　敦促政府切实整顿军备，筹备国防；

③　加紧青年军事训练。

c　国货之提倡：

①　奖励国产；

②　创办工厂；

③　开发矿产；

④　整顿交通。

（7）肃清反革命的余孽：

a　努力反帝国主义的侵略及肃清在其华之一切潜势力；

b　官僚政客及土劣的鱼肉人民；

c　研究系的卖国殃民；

d　国家主义派的勾结军阀，破坏国民革命；

e　共产党的捣乱社会，分散革命之力量。

（三）宣传的方法：

甲　文字宣传——根据目前时势，作宣传大纲分散各团体，以统一宣传。

（1）刊物：

a　五三半月刊；

b　编印小册子；

c　征集五三国耻之歌词及剧本；

d　编发国际宣传之文字；

e　制定五三国难简史的史实；

f　制定各团体宣传工作报告表。

（2）标语：

a　依照中央之意志，制定简明深刻之标语；

b　制大白布标语，张挂于街上；

c　制大蓝布标语，张挂于街上；

d　制大纸标语，张贴于墙壁上；

e　制标语影印于电影片上；

f　印纸标语发散于民众。

（3）壁报

a　画报

b　日报（铅印）

c　笔报（书写）

乙　口头宣传：

（1）由本部聘各校作定期之演讲（详细办法另定之）；

（2）由本部聘人赴各地宣传（办法另定之）；

（3）组织各学校学生演讲队，分区定期向民间演讲（办法另定之）；

（4）划分全市商民协会为数区，于开会时各团体分任演讲（演讲材料及方法另定之）；

（5）向各工会演讲（办法同上）；

（6）向特别区各村农民协会演讲（办法同上）；

（7）设立公共演讲厅，由本部派人定期演讲；

（8）分派各校演讲队，赴戏院演讲；

（9）组织化装讲演队；

（10）召集市民代表会议，请中央派员报告；

（11）召集新闻记者，由本部派人报告；

（12）招待外侨，报告五三惨案真象；

（13）招待各地宣传队代表；

（14）举行大规模游艺会。

首都反日会宣传部

十九年十二月

〔国民党中央民众训练部档案〕

15．国民党中央宣传部张建勋关于全国反日会组织及活动状况调查报告

（1931年2月4日）

全国反日会成立于十七年七月十一日，由上海特别市反日会发起召集各省市反日会组织之。选举执行委员十五区，候补执行委员九区，监察委员七区，候补监委三区。选举时均以地域支配，并由执行委员中互推五区为常务委员，三区为部长，委员之下设秘书处。现在该会任职之常务委员为首都黄世杰、山东陈秀章、江苏梁存仁、北平曾维藩、上海缺席，三部部长为调查部长汉口吕九成，组织部长为安徽洪文斌，宣传部长为留日罗觉僧。

该会工作在第一次代表大会以后，因内部意见复杂，常起纠纷，会务散漫，故第三次执委会由首都代表夏天自动迁京，上海反日会大不满意，其纠纷又起，由于上海反日会代表陈德微，与留日代表邵光烈私见甚深之故，现此纠纷仍未解除，上海反日会

仍缺席。

现在该会之常务委员及各部部长系第三次执委会另行推举者，故该会自第三次执委会后，工作甚形紧张，尤以该会秘书处长钱丹泉为最努力，至该会第四次执委会后，工作更形努力，各方对于该会甚为重视。

该会经费自第三次执委会迄今，由王正廷补助三百元，冯玉祥补助二百元，李宗仁补助一百元，阎锡山补助三百元，中央津贴十七年十月、十一月、十二月，十八年一月共二千元。故该会经费极形困难，内部职员仅四人，共支生活费一百八十元，驻会委员及部长每月每人支车马费十五元。

各省市反日会现尚能接受该会命令，执行一切案件，但各省市反日之工作，除天津、北平、汉口、云南、山东、广州、香港、安南、菲列滨、上海、浙江、新疆、山西、陕西尚努力紧张工作外，余均甚散漫。

该会最近之工作计划，为肃清仇货，废除征收救国基金，提倡国货，扩大国际宣传四项。再该会此次第二次代表大会，为该会最重之大会。该会一切问题，将于此大会中讨论结果，并很希望中央派员参加大会指导。以后更希望中央直接指导该会，充分补助经费。此呈。

秘书赖王鉴核

职张建勋谨上

二月廿日

〔国民党中央宣传部档案〕

16．蒋介石为取缔各界群众检查日货活动致南京中央党部丁秘书长密电

（1931年7月31日）

机密。即到。南京中央党部丁秘书长、国府叶文官长勋鉴：

密。据宋部长子文、张市长群漾未电称：日人包藏祸心，正思乘隙以逞，而薛笃弼、陈友仁、刘纪文等又正在日活动，诡谋可知。现在各地反日援侨运动办法，实有审慎将事之必要。若中央地方党政各界步骤不能一致，势必授人以阶，徒益纠纷。况反动之徒，惟恐不乱，难保不混迹各地，鼓煽风潮，发生意外。其各地规定办法之中，易引起纠纷者原为检查处罚两事。沪市群正向各方接洽，以期纳诸轨范。各地恐未必都明瞭中央意旨，万一意气用事，或受人煽惑，自乱步伐，将必增加外交应付之困难，拟请钧座电知中央党部，转令各地党部对于日货之检查及违章之处罚，不为苛求，并电政府通令各地方政府特别注意，如有不法行动，应即取缔，以免为反动派利用，藉安人心，而防意外。是否有当，乞裁夺施行。等语。事关外交，极为重要。除复准外，请中央及国府分别照办为盼。中正。世。印。

〔国民政府档案〕

17. 行政院为禁止检查日货致各省市政府密电

（1931年8月4日）

电各省市政府公署鉴：政密。查日人包藏祸心，正思乘隙以逞，而薛笃弼、陈友仁、刘纪文等又正在日活动，诡谋可知。现在各地反日援侨运动，实有审慎将事之必要。若中央地方党政各界步骤不能齐一，势必授人以柄，徒益纠纷。况反动之徒，惟恐不乱，难保不混迹各地，鼓煽风潮，发生意外。其各地现定办法中，易起纠纷者为检查处罚两事，现已由中央通令各地党部对于日货之检查及违章之处罚，不为苛求，并奉国府交办下院，合亟电抑各地方政府，密饬所属一体特别注意。如有不法行动，应即取缔，以免为反动派利用，藉安人心而防意外，并将遵办情形具报查考。行政院。支。印。

〔国民政府行政院档案〕

18. 青岛市政府为制止各界反日援侨委员会检查日货与行政院往来密电

（1931年8月22—24日）

（1）青岛市政府电（8月22日）

南京行政院蒋兼院长、宋付院长钧鉴：政密。前准内政部咨：奉钧院密令，以各地反日援侨运动办法，实有审慎之必要，令各地政府特别注意，如有不法行动，应即取缔等因。仰见尽虑周详，莫名钦佩。查本市日侨众多，商贾辐辏，实与他埠情形特殊，且往往包藏祸心，每思乘间窃发。即如最近日人志磨，招致该国人团击伤市民一案，原系其曲在彼，迭经本府严重抗议，犹复颠倒黑白，妄肆宣传，并增调军舰来青，意图威胁，万一民众团体遽行检查日货，势必发生绝大纠纷，险象环生，何堪设想。兹准本市各界反日援侨委员会函称：将开始检查工作等情前来。当经再三考虑，以本市既有特殊情形，决予切实劝阻，免致日方利用时机，横生枝节。倘该会不服劝告，一意孤行，本府负有维护地方之责，为弭患保安起见，不能不设法制止，以遏乱萌。事关地方安危至计，谨电密陈，伏乞训示祗遵，实为公便。青岛市长胡若愚叩。养。印。

（2）行政院复电（8月24日）

青岛胡市长鉴：政密。养电悉。查该市情形特殊，检查日货，自应设法劝阻，免启纠纷。如该会不服劝告，应即由该市政府依照本院前定，严予取缔，以维持治安。特复。行政院。敬。印。

〔国民政府行政院档案〕

二、九一八事变后各界反对依赖国联要求一致抗日的斗争

(1)国民党对学生抗日救国运动的压制政策与处理概况

1. 国民党中央执行委员会告全国学生书

（1931年9月25日）

中国今日当存亡关头，政府受人民之托，合人民之力，负折冲御侮之责。政府不遵重人民之意思，则人民必唾弃政府而国乃亡，人民不服从政府之指挥，则政府不能约束其人民，步骤错乱，为敌所乘，而国亦亡。鸣呼！时至今日，而谓尚可不一心一德，披肝沥胆，在中央统一指挥之下，同赴亡国灭族之难耶？全国学生血气正盛，爱国至殷，学生能一心一德，服从指挥，以为全国国民倡，则国事必可有救。存亡决于几微，死生定于俄顷，故愿竭其诚为我学生诸君告也。

所谓统一指挥者，上下一心，步骤一致，牺牲个人及一部分之成见与利益，以贡献于国家也。学生今日为主张对日作战者，则即以战言，近世之战，非犹夫历史之驱士卒以相博矣，非以全国水陆交通集中于政府权力之下而指挥之，则不能战；非以全国之经济集中于政府权力之下而指挥之，则不能战；非以全国人民平日所享受之自由生命集合于政府权力之下而指挥之，则尤不能战。以整个的国力应作战之需要，甚至毁吾庐墓不为不孝，夷吾室家不为不仁，试问在此时期，尚能人各一主张，人各一利害，而不听命于统一指挥者耶？不特战时为然，即当卧薪尝胆生聚训练之时，亦必有统一之指挥，乃能有充分之准备。即如全国学生今无一不愿荷枪前敌，为国捐驱者，然义愤固可薄天，平日苦

无训练，则必施以短时期之军事教育。在此受军事教育期中，即须牺牲其平时所享之自由，俾成为整齐严肃之战士。若曰是尚未至于战也，约束可以不行，作辍可以无定，是则霸上棘门，直如儿戏，一旦临阵，仓皇失措，既为无益之牺牲，复无补于国家之危亡，吾知明理达义之学生，于此必能憬然悟统一指挥之必要，且及未战之时，尤当磨厉及此矣。

自日本帝国主义军队侵占辽沈以来，风声所播，全国民气如汤之沸，青年学生有尽质其衣履以赈灾，只身请求入伍者，有热血愤勇无可遏抑，自杀以殉国难者，此种舍身为国之精神，已足为国必不亡之征象。其尤为坚苦卓绝者，则全国民众于热烈激昂之中，仍能刻励沉着，不予敌以可乘，不示人以皇乱，以文明族之人格，作敌国野蛮行动之反映，因是益得世界之同情。吾人固知存亡大计，决不能以学生之罢课与否为衡者也。可战而不战以亡其国，政府之罪也，不可战而战以亡其国，政府之罪也，备战未毕而轻于一战以亡其国，政府之罪也，备战完妥而不敢战以亡其国，政府之罪也，政府在此时期，负全国存亡之责，全民生死之寄，所愿以与国与民同生共死者，惟有以公忠之决心，受人民之信托，秉惟一之权能，以定惟一之大计耳。若政府于此而不计国家利害，轻徇请求，或筑室道谋，踌躇不断，则为溺职，为误国，为千秋万世之罪人。但求同情，等于依赖，惟深信只有刻厉沉着之民性，能立致果成仁之伟绩，惟有步伐整齐之纪律，乃能决胜克敌于疆场。故全国民众最近所表示者，不仅消极的使敌人无隙可乘，且积极可为民族之保障。其愿全国学生，于此良好之基础，并相勉励，以底于最后之成功。昔普法战争时，法国学校在德军枪林弹雨之下，玄歌弗辍，曾读《最后之一课》者当能识之。法国民族因具有刻励沉着拼命读书之精神，终能复其世仇。吾全国学生而欲复仇雪耻者，更宜依中央颁布之义勇军办法，日夕不懈努力于军人修养。若见敌来乘，相率罢课，适隳吾淬厉之举，示弱于敌耳，其恶乎可。

今乃有以不宣战不开课为揭示者，有以出兵与读书并提者，其发于热诚，固难厚非，衡诸事理，实多纰误。夫大难临头，至于此极，人民而犹不信任政府，政府而犹不绝对负责，则诟谇未息，国已不国矣。抑更有进于是者，负此全职之政府，自有军事处分之权衡，宣战与否，此在信任政府之人民，所不必问，负责政府所不宜答者也。外交尽应公开，军事自有机密，爱国之学生乎，磨厉以须，来为政府之后盾，速为前仆后继之准备，政府决不负国家也。

呜呼！今日之事，急于星火，今日之国，危于累卵，吾人盥沐总理救国救民之遗训，负此无可旁贷之责任，苟于国家有利者，则必身先人民而死，若见于国家有害者，则职责所在，不容姑息。竭诚相告，惟全国学生共鉴之。

中华民国二十年九月二十五日

中国国民党中央执行委员会　印

〔国民党中央民众训练部档案〕

2. 教育部关于压制学生抗日救国运动要点及注意事项电

（1931年10月8日）

（一）

比者日本突出重兵，在辽宁吉林等处侵占我领土，捕杀我官民，其残暴实为从来国际上所未有。凡我国人，莫不义愤奋发，图救危亡，惟应付必须沉着，力量斯克集中，本部为增进各级学校救国运动效率及齐一步骤起见，特规定要点如下：

（一）对日本此次暴行，及其侵略政策，加意研究，由校内教师分任演讲，或请校外学者担任。

（二）学生于课余得组织演讲队出外讲演。

（三）学生参加各种集会时，应由教职员负责领导。

（四）加紧军事训练，并注重体育课程。

（五）学生应照常努力学业，不得罢课。

（六）学生应格外以刻苦勤劳相砥砺，力戒浪漫逸乐。

（七）学生一切行动，应悉遵中央意旨，并遵行中央及政府颁定之法规。除分电外，合行电仰遵照。

（二）

查此次各学校学生，以国难当前，义愤奋发，力图挽救。中央及本部为整齐学生步骤，增进学生救国运动之效率起见，曾分别规定学生义勇军教育纲领及救国运动要点，通令转饬遵照各在案。在高级中学以上各校军事训练，尤为当务之急，所有青年义勇军训练已由训练总监部拟订加紧训练之方案，关于教官之选派，课程之支配，时间之规定等等，均应详密规划，庶实施之时得以顺利进行。此项方案颁行在即，是军事训练之加紧从事，中央将有划一之办法，可咨遵循。各校为整齐步骤起见，自不应另定程序，牵动全校课程。近日闻见沪上有半日上课，半日军事课程之提议，殊与中央不碍课业之意旨未符。学生救国运动必须遵守中央统一之规定，而后有集中之力量，尤须不妨学业，顾及教育之基本，中央及本部已谆切诰诫在先，全国各级学校教职员学生，自应一体切实奉行。任何团体之主张，其有违背中央之教令及规定办法者，各校学生，概不得轻予附从。教职员有领导学生之职责，尤宜随时制止，庶学生救国团体之热诚，得循正轨以实现，合行电仰遵照。教育部。庚、（八日）。

〔国民党中央民众训练部档案〕

3. 国民党中央训练部等关于制止各地学生来京组织全国学生抗日救国总会与中央秘书处往来密函

（1931年10月）

（1）国民党中央训练部致中央秘书处函稿（10月27日）

密函第　　号

密启者：近据报告各地学校学生有发起组织全国抗日救国总会之讯。查此项总会，在事实上并无组织必要，盖各地学生对抗日救国运动应以全力注重在当地实际工作，不必推派代表来京，致离开学生生活，且如组织该项全国总会，则各地来京参加组织之学生代表，既脱离学校范围，势必荒废学业；倘令该学生代表等加入南京学校读书，则又将成为南京学生失去其原有代表之资格，徒使学生总会有名无实。此种弊端，过去不乏例证。再本党既有纵的组织，可暗中领导各地学生厉行反日工作，表面上不失自动精神，如学生亦取纵的组织，则各地党的指挥不灵或重复，反失去原有意义。本部有鉴及此，拟请中央迅予密电各省市党部饬即依照一项规定，设法劝告各该地学生不得推派代表来京组织全国学生抗日救国总会；其已派定代表者，应即劝告制止，以免跋涉。至如各地学生不受当地党部指导，仍派代表来京，是即表示该地党部平日对于民众训练未能努力，及不能领导青年之弱点，此层并请通饬加以注意。是否可行，相应密函请查照，转陈核办，并见复为荷。此致

中央秘书处

中华民国二十年十月二十七日

（2）国民党中央秘书处复函（10月30日）

顷准贵部第一七九零一号函为“据报各地学生有发起组织全国学生抗日救国总会之讯。查此项总会，在事实上并无组织必要，拟请中央迅密电各省市党部设法劝告制止，请转陈核办”等由。准此，经陈奉常务委员会批：“照办”。除由会电令各省市党部遵照外，特函复查照。此致

中央训练部

中华民国二十年十月三十日

秘书长丁惟汾

〔国民党中央党部档案〕

4. 国民政府禁止各地学生入京请愿令

（1931年12月5日）

自九月十八日沈阳事变发生以来，各地人民激于义愤，纷纷来京请愿，尤以各学校学生为多。爱国之心理固可嘉许，而行动之当否，实关存亡。今以数千之青年学生群集于首都，表示其热忱，不惜牺牲光阴，荒废学业，已为可惜；而以请愿之故，竟至强占列车，驱逐乘客，甚且殴打站长，捣毁路局，违反国家法律，破坏交通行政；到京以后，又往往有逾越范围之言论举动，使人心为之惶惑，社会顿成不安。兼之外交紧急，瞬息万变，政府人员，夙夜在公，犹恐疏虞，乃以接见请愿团之故，分耗精力，其妨碍要政，尤非浅鲜。凡此种种，均可使本为爱国之运动，转成误国之结局，当亦非我真正爱国国民之所忍出此也。人民对于政府请愿之本义，只能表示意见，请求采纳，爰特申明令，此后无论何项团体，如有意见欲陈述于政府者，均应以书面呈请当地行政机关或学校校长转呈。果有切实可行之嘉谟，政府自无不采纳。至集队来京请愿之举，应一律禁止，以免荒废学业，贻误国家。各省市长官各学校校长，各交通机关负责人员，尤应仰体此旨，严加劝阻。我全体人民，当知值此国难方殷之际，惟全国一致团结，信任政府；共为政府之后盾，始足以抵御外侮，挽救危亡。其各同心同德，共体斯旨，克尽国民爱国之天职，有厚望焉。此令。

〔国民党中央民众训练部档案〕

5. 全国青年学生抗日救国运动情况简明统计表

（1931年9月22日—12月17日）

日期	地点	团体或集会之名称	方式	内容要点	当局之应付方法或其答复
22/9	南京	中央大学学生自治会	紧急会议	1.敦促外交当局，严重向日交涉；	
				2.电世界各国，宣布日人暴行，请求援助；	
				3.发表告全国同胞书。	
22/9	南京	金陵大学学生自治会	临时紧急会议	1.请政府电粤立时息争，以革命手段一致对外；	
				2.全国同胞本敌忾同仇之精神，在政府指挥下，奋发图存；	

续表

日期	地点	团体或集会之名称	方式	内容要点	当局之应付方法或其答复
				3.全国同胞今后啮臂铭心，卧薪尝胆，倭寇不去，誓与日俱亡。	
22/9	南京	文化学院教职员学生反日运动大会	向中央党部及国民政府请愿	1.对日宣战；	
				2.下令全国国民一致急起抵抗。	
22/9	南京	三民中学学生自治会	向中央党部及国民政府请愿	1.对日作战；	
				2.日本帝国主义者之凶顽情形揭橥全世界，以求正义之扶持。	
22/9	南京	钟英中学学生自治会	向市党部请愿	要求献身党国，以赴国难。	对于所请各项，允予转达执委会，呈请中央接受办理。

续表

日期	地点	团体或集会之名称	方式	内容要点	当局之应付方法或其答复
23/9	南京	中央大学反日救国会	全体学生大会	1.通电全国，团结国民，实力督促政府，一致抵御外侮；	
				2.电全世界说明事实真相。	
23/9	南京	南京中学暨实验小学教职员学生	向国民政府请愿	1.请政府通谍日本政府及各国政府同时限日本于二十四小时内将东省日军全部退出；	
				2.请政府以扩大事变之决心，采用国民外交政策，置今日中国问题于国际纠纷之中，以求解决，并应注意外交人选，以应危急；	

续表

日期	地点	团体或集会之名称	方式	内容要点	当局之应付方法或其答复
				3.请政府集合全国武力速息内战，对日宣战，赶速下全国动员令。	
23/9	南京	航空学校学生	宣传大队	1.组织宣传大队；	
				2.游行演讲；	
				3.张揭标语；	
				4.发表宣言；	
				5.加紧学校军事教育。	
23/9	南京	华南中学学生会	反日救国	1.努力宣传，以期唤醒民众，一致对外；	
				2.散发传单；	
				3.揭贴标语；	

续表

日期	地点	团体或集会之名称	方式	内容要点	当局之应付方法或其答复
				4.组织学生军。	
23/9	北平	清华大学学生会	临时紧急会议	1.组【织】反日会;	
				2.全体同学出发农村演讲;	
				3.全体宣誓不买日货。	
23/9	北平	燕京大学学生会	学生全体会议	1.与平各校一致行动;	
				2.即日起全校学生臂缠黑纱，上书耻字，至东省事件圆满解决为止;	
				3.组织对日经济绝交会;	
				4.电国府请准备最后牺牲，燕大男女生愿听命赴前线;	

续表

日期	地点	团体或集会之名称	方式	内容要点	当局之应付方法或其答复
				5.请求学校加设军事训练课；	
				6.发刊中英宣言；	
				7.组织国际宣传机关。	
23/9	北平	北京大学学生会	全体学生会议	1.组织抗日会推十五委员负责；	
				2.起草抗日运动宣言，及告日本民众书；	
				3.定期开抗日运动宣传大会；	
				4.联络各校学生会，反日团体，组织扩大反日运动宣传大会。	
23/9	北平	育英中学学生会	全体学生会议	1.劝令全体师生停止娱乐；	

续表

日期	地点	团体或集会之名称	方式	内容要点	当局之应付方法或其答复
				2.全体师生臂缠黑纱志哀；	
				3.通电广州，呼吁和平，一致对日；	
				4.调查东省消息，劝告同学；	
				5.告全校学生不用日货。	
24/9	南京	金陵大学学生	呈教育部转国民政府文	1.请中央集中全国军事政治人才，以备一致对外；	
				2.请中央从速准备对日作战，与其生而辱，不如战死疆场；	
				3.请中央令张副司令，以中央名义，誓死对日交涉；	

续表

日期	地点	团体或集会之名称	方式	内容要点	当局之应付方法或其答复
				4.请中央尽量供给国际宣传正确材料，慎选对外宣传人才。	
24/9	南京	文化学院大学部暨附中全体职教员学生组织反日运动大会	向中央党部及国民政府请愿	要求政府即日对日宣战，并通令全国中等以上学校，即日武装起来，加紧军事训练，为政府后援。	中央党部由丁惟汾委员接见，国府由朱文中秘书代表蒋主席负责对请愿大众代表所提各点均有满意之答复。
24/9	南京	贵州留京学生会	贵阳民国日报社请转各机关各法团各报馆各学校	望各团体速自动武装，共挽国亡，与倭奴决一死战。	
24/9	贵阳	贵阳市全体学生	贵州全省学生反日后援会	通电各学校，一致联络，以领导七百万同胞与政府一致对日共赴国难。	

续表

日期	地点	团体或集会之名称	方式	内容要点	当局之应付方法或其答复
24/9	保定	保定省辖各学校联合会	通电全国	1.望朝野诸公各消猜忌并对外；	
				2.即日集军宣战，示人心不死。	
24/9	南京	首都中等学校反日救国会	假民众科学馆开第一次会议	1.本会系应市教育局之召集而组织，应仍保有遇必要时，得派员参加其他同样性质之集会；	
				2.本会暂设总务、文书、宣传三部；	
				3.确定起草本会章程之人数与人选；	
				4.草章定于明日上午九时再召集全体会员大会通过之；	

续表

日期	地点	团体或集会之名称	方式	内容要点	当局之应付方法或其答复
				5.本会改在府东街青年会中学开会。	
26/9	南京	首都各级学校	在南京女子中学大礼堂开教职员学生代表大会	1.本会定名为首都各校抗日会，设干事会，选举干事十五人组织之；	
				2.请中央陆军军官学校派人分赴各校训练义勇军；	
				3.由本会制定表格发交各校，将各校教职员学生以及夫役详细填写，以为军事训练之准备；	
				4.呈请中央通令全国彻底抵制日货；	
				5.请各女校增加看护课程。	

续表

日期	地点	团体或集会之名称	方式	内容要点	当局之应付方法或其答复
26/9	北平	北平市各学校	抗日联合会	1.定本日在天安门召市民大会；	
				2.唤起日本工厂华工总罢工；	
				3.唤起日本下级民众，勿为帝国主义政府作工具；	
				4.发中英文宣言；	
				5.聘政治军事经济专家组织抗日运动指导机关；	
				6.请国府对日宣战；	
				7.请国府发表中日悬案内容；	
				8.请国府实行征兵；	

续表

日期	地点	团体或集会之名称	方式	内容要点	当局之应付方法或其答复
				9.电侨胞一致，组织抗日会；	
				10.请各报停刊各娱乐广告；	
				11.组织东省难民救济会。	
27/9	南京	首都各校抗日救国会	第一次干事会议	1.推选常务干事案，票选结果中大十一票，金大十票，军校九票，南中九票，南京女中八票，当选为常务干事；	
				2.推选正副主任案：(总务部)正主任金陵女大，副主任安徽中学，（宣传部）	

续表

日期	地点	团体或集会之名称	方式	内容要点	当局之应付方法或其答复
				正主任钟南中学，副主任钟英中学，（训练部）正主任军需学校，副主任三民中学，（调查部）正主任五州中学，副主任遗族学校；	
				3.定期召集全国学界代表大会；	
				4.推选代表参加首都反日会，检查日货事宜；	
				5.本会宣言如何起草案；	
				6.本会办公地点设中央大学；	
				7.本会经费应如何筹集案；	

续表

日期	地点	团体或集会之名称	方式	内容要点	当局之应付方法或其答复
				8.各校设立分会，由各校组成首都各校抗日救国会某校分会。	
27/9	英国	留英学生	中华民国留英学生总会	1.请立即停止内争；	
				2.实行经济绝交；	
				3.誓死铲除日本在华势力。	
27/9	北平	清华大学	全体学生	谒张零涕，请愿对日宣战。	
27/9	山西	山西大学等十九校	山西省学生抗日运动联合会	组织学生军	
27/9	南京	亚洲文化学会	召集在京各文化团体及各学生反日会等开联席会议	1.通电各弱小民族一致抗日；	

续表

日期	地点	团体或集会之名称	方式	内容要点	当局之应付方法或其答复
				2.电致留日中华学生返国共赴国难;	
				3.发告商人书，劝其永远对日经济绝交;	
				4.呈请中央对日断绝邦交，对卖日货奸商处以枪决严刑;	
				5.发告中华民族书;	
				6.呈请中央急令各地党政学校及社会团体组织反日义勇队;	
				7.组织国际宣传团;	

续表

日期	地点	团体或集会之名称	方式	内容要点	当局之应付方法或其答复
9/28	南京	金陵大学	反日救国会	1.军事训练委员会立请何浩若讲演"对日宣战与义勇军"；	
				2.宣传委员会分五股，总务、出版、国际、演讲、标语等；	
				3.检查日货委员会协同本京反日救国护侨会检查日货，并发表中日贸易状况图表；	
				4.日本研究委员会请张其的演讲"正大光明之国际关系"；	

续表

日期	地点	团体或集会之名称	方式	内容要点	当局之应付方法或其答复
				5.成立反日救国军，学生工友概在编制之列，共编为一营，另组电讯队及女生救护队。	
28/9	南京	中央大学抗日救国会	向中央党部及国民政府请愿	1.即刻促成和平统一；	中央党部由常务委员丁惟汾答复：（一）撤换外交当局一项，当查明办理；（二）实施军事训练，中央已积极进行。国府由于院长右任答复，关于外交方针，政府早已确定，当以全国人民之意志为宣志，关于东北军事当局，政府当令其带罪图功，
				2.对日最后通谍，积极备战；	
				3.撤换王正廷；	
				4.明令恢复民众运动；	
				5.切实执行军事训练；	
				6.从速选任胜任外交官，充各国缺额公使	

续表

日期	地点	团体或集会之名称	方式	内容要点	当局之应付方法或其答复
				7.责成边疆长官切实负守土之责；	关于集中全国政治人才，当团结一致对外，关于民众运动绝未限制。
				8.请政府厉行国民外交官。	
28/9	上海	上海六大学抗日救国会代表	向中央党部请愿及觐见蒋主席	1.请政府集中兵力驱逐日兵出境；	蒋主席对沪学生请愿团，训话略谓：学生热诚至可欣慰，政府前日对上海学生代表已表示完全接受，并曾电嘱不宜荒歇学业，减少民族持久为国奋斗之力量，若以同一请愿条文不断辍课请愿，徒使政府对外策画时间与精力，均受损失，谅非爱国学生之
				2.请政府惩办不力外交官；	
				3.请政府令张副司令迅速出兵；	
				4.请政府发给各大学学生枪械使全国学生武装起来，为政府后盾；	
				5.请政府实行革命外交，不签订丧权辱国条约。	

续表

日期	地点	团体或集会之名称	方式	内容要点	当局之应付方法或其答复
					初愿。国民政府是革命的政府，国民政府的外交是革命的外交，希学生同志在革命的纪律之下，信任国民政府，余誓以全力，应国民之愿望，争最后之胜利云云。
9/29	南京	金陵大学抗日救国会	联合复旦中央两大学前往国府请愿	1.请中央驱逐日本军队出境；	
				2.请国府令张学良死守东北；	
				3.请政府誓死不订辱国丧权条约；	
				4.请胡汉民先生即日销假视事。	

续表

日期	地点	团体或集会之名称	方式	内容要点	当局之应付方法或其答复
29/9	南京	五州中学反日救国会	召集全体学生教职员工友大会	1.请求政府宣布对日作战案；	
				2.本校全体同学为青年义勇军与童子义勇军两团，团下设运输救护通讯等队案；	
				3.函请学校加聘军事教官，积极组织义勇军，并加紧训练案；	
				4.每周请人讲演关于日帝国主义对华政策案；	
				5.通电全国学校从速成立义勇军，加紧军事训练案；	

续表

日期	地点	团体或集会之名称	方式	内容要点	当局之应付方法或其答复
				6.本校同学应秉救国不忘读书，读书不忘救国宗旨，须刻苦研究学业，并热烈参加抗日工作案。	
9/9	南京	汇文女子中学抗日救国会	告全国同胞书	亲爱捐私，同仇敌忾，牺牲供国，各竭忠贞。	
9/9	武昌	武汉大学教职员学生	校务会议	1.电中央及外交部令我国国联代表援引公约第十六条，明文责令一切联盟国对日经济绝交，采取公同军事制裁；	
				2.电全国各大学合组永久国际宣传机关，并研究巩固东省国防方法。	

续表

日期	地点	团体或集会之名称	方式	内容要点	当局之应付方法或其答复
29/9	南京	上海复旦大学	向政府请愿	1.请政府下动员令对日宣战；	
				2.严惩东北失职官吏；	
				3.惩办失职外交官吏；	
				4.政府对日条约实行公开；	
				5.对日交涉不得由地方办理。	
29/9	南京	首都各校抗日救国会	第二次干事会议	1.全市各校定期举行联合请愿案；	
				2.定期扩大总宣传案；	
				3.军事训练应如何进行案。	

续表

日期	地点	团体或集会之名称	方式	内容要点	当局之应付方法或其答复
30/9	山西	全省学生抗日救国运动联合会		组织学生军	
1/10	上海	大夏大学学生	向中央党部请愿	1.请中央准备对日宣战；	中央推委员于右任、王伯群等接见，略谓：中央对于各位请愿之意见，完全接受并已准备有最后决心，中央定当依照总理遗嘱，求中国之自由平等，不负全国国民之希望云云。继由蒋主席训话，中央对于各位所陈意见一定接受，政府以国民为基础，国民又以青年为基础，
				2.请中央责成东北当局收回领土；	
				3.全国一致团结起来共御外侮；	
				4.全国学校实施军事训练；	
				5.外交公开。	

续表

日期	地点	团体或集会之名称	方式	内容要点	当局之应付方法或其答复
					青年有力量即国家有力量，国家有力量才可对外，青年所负的责任甚为重大，青年能依照政府的方针，服从政府的指挥，上下一致，共赴国难。
1/10	南京	中央大学学生	义勇军什人团	1.高中以上各校学生应一律受军事训练，教部明文规定；	
				2.本校征集什人团，意在使同学觅得最妥适伙伴，或最密之组合；	
				3.能联络十人者盼急开单送来。	

续表

日期	地点	团体或集会之名称	方式	内容要点	当局之应付方法或其答复
1/10	河南	汴市中等以上学校学生反日救国会	代表大会	1.尽量供献意见于政府；	
				2.屯积粮食，以图久持；	
				3.会内个人行动，须受党的指导；	
				4.对日团体，严防反动造谣。	
1/10	贵州	贵阳市各学校学生抗日救国会	紧急会议	1.积极组织请愿团，数日内首途赶程到京请愿；	
				2.由请愿团负责请中央限期对日宣战，不达目的，誓不回黔；	

续表

日期	地点	团体或集会之名称	方式	内容要点	当局之应付方法或其答复
				3.组织乡镇宣传队，尽量宣传暴日不法行为。	
1/10	南京	首都各校抗日救国会总宣传	1.标语 2.传单	1.沈案之远因；	
			3.化装演讲 4.分队演讲	2.沈案之近因；	
				3.沈案突起之真相；及占领后之情形；	
				4.最近之阴谋；	
				5.国联之态度。	
4/10	南通	南通学生反日会请愿团	向中央党部及国民政府请愿	1.请政府即日对日宣战；	中央派组织部副部长苗培成接见。略谓诸君所请求各项，中央

续表

日期	地点	团体或集会之名称	方式	内容要点	当局之应付方法或其答复
				2.惩办王正廷； 3.无条件平息内争； 4.发给该县义勇军枪械； 5.严令张学良带罪立功。	正在积极办理中。至所请发给枪械一节，南通本有特殊情形，当转知政府照办云云。国府派秘书朱文仲、参事林竞接见，对于该团所要求各点，均完全接收，允予转达。
5/10	湖北	武汉大学抗日救国请愿团	向总司令部武汉行营请愿。口号：1.全国同胞一致团结起来；2.打倒日本帝国主义；3.为	1.请转呈中央即日对日宣战； 2.武汉大学实行组织义勇军，请行营即颁发枪械； 3.请行营加派军事教官，以便加紧军事训练。	由行营主任何成浚、参谋长朱传经亲自接见，略谓：中央对日暴行已有正当办法，现正在严重交涉中，无能如何当以最大决心毅力与强权反抗，以求公理之必伸。

续表

日期	地点	团体或集会之名称	方式	内容要点	当局之应付方法或其答复
			沈阳死难同胞复仇；4.全民武装起来；5.驱逐在华日军；6.切实对日经济绝交；7.收回日本租界；8.停息内战；9.肃清共匪；10.拥护中国国民党；11.完成国民革命；12.中华民国万岁。		至学人对于请愿各点，立刻转呈中央云云。

续表

日期	地点	团体或集会之名称	方式	内容要点	当局之应付方法或其答复
6/10	南京	首都各校抗日救国会	第四次干事会议	1.各校师生分别定期宣誓，永不服用日货案；	
				2.函各校对女生得设看护课程，并商请各医院派人充任义务教师案；	
				3.通电全国，促和平统一会议于国庆前实现案；	
				4.电满蒙学生青年痛陈中华民族之危，毋中日人阴谋，自取灭亡案；	
				5.国难当前，各校师生应停止娱乐案；	

续表

日期	地点	团体或集会之名称	方式	内容要点	当局之应付方法或其答复
				6.函各大学条陈意见，作种种军事能力之锻炼及准备，以御暴日侵凌案；	
				7.各校一律开日语速成班案；	
				8.检查日货应如何进行案。	
6/10	芜湖	芜湖抗日救国会	全县教育行政人员为教育委员，各中小学教职员学生举行抗日救国会。	1.呈请中央严令张副司令戴罪立功，迅速恢复失地；	
				2.函请反日会通告各日商洋行中国	

续表

日期	地点	团体或集会之名称	方式	内容要点	当局之应付方法或其答复
				买办及店友于即日内自行退出离职实行不合作主义，否则一经查出，呈请党政机关以卖国论罪；	
				3.呈请国府本主实行革命外交，不签订丧权辱国条约；	
				4.组织请愿团，赴京向国府请愿；	
				5.通知各学校，添加军事训练；	
				6.通电全国限令日本在华陆海军于一星期内撤退；	
				7.电呈国府对日宣战，断绝邦交；	

续表

日期	地点	团体或集会之名称	方式	内容要点	当局之应付方法或其答复
				8.呈请中央惩办王正廷;	
				9.由本会研究股拟就童子义勇军规则,令各校遵行;	
				10.通知各学校定期召集家长扩大反日运动;	
				11.通知各学校组织救国基金会;	
				12.由大会发布宣言;	
				13.由本会函请反日会,每周出周刊一次,以资扩大宣传;	
				14.由本会编辑股,即日拟就反日教材分发各校,暂作课程标准;	

续表

日期	地点	团体或集会之名称	方式	内容要点	当局之应付方法或其答复
				15.由本会宣传股拟就反日口号，分发各校施行，并呈请县党部颁发各团体施行；	
				16.函请各工厂，每日早晨六时鸣汽笛三分钟，以资警惕，全芜民众共赴国难。	
6/10	南京	中央大学抗日救国会	向中央党部请愿	1.停止学生团体购乘火车票事，应请国府取消；	由中委陈立夫接见，略谓转请办理。
				2.该会义勇军请中央发给枪枝并请正式委员何浩若为该军教官。	
7/10	南昌	南昌市全市中等以上教职员全体联席大会	向南昌行营及省府请愿	1.通电全国请各省有实力者一致息争对外；	行营由何部长应钦亲自接见，各教职员请求之一

续表

日期	地点	团体或集会之名称	方式	内容要点	当局之应付方法或其答复
				2.请求政府准备对日宣战；	二五八等案，转呈中央，何极为嘉许，允为转呈中央办理。省府由周秘书长接见，各教职员仍以上述议决之一二五七八等案，为请求目的，周答称，提出省务会议转达中央云云。
				3.实行严厉对日经济绝交；	
				4.通电全国教育界加紧抗日运动；	
				5.电请张副司令应整军经武恢复失地；	
				6.请大会追认抗日救国会工作纲要；	
				7.加紧军事训练；	
				8.请求国民政府退出国联。	
8/10	太原	山西全省学生抗日救国运动联合会	召集各级学校各团体及各界开抗日宣传大会	1.电请中央对日宣战；	

续表

日期	地点	团体或集会之名称	方式	内容要点	当局之应付方法或其答复
				2.电请党国各领袖捐除成见，共赴国难；	
				3.通电全国各级学校，遵照中央法令，迅速组织义勇队；	
				4.电请中央惩办边防溺职官吏；	
				5.通电全国永远对日经济绝交；	
				6.请求山西省政府发给各校武装，派遣教官，实行军事训练；	
				7.电请中央厉行革命外交；	
				8.电请中央严惩外交失职人员；	

续表

日期	地点	团体或集会之名称	方式	内容要点	当局之应付方法或其答复
				9.函请山西总商会、太原市商会具结不再购买日货；	
				10.电请政府速令各省县组织自卫军。	
8/10	武昌	武汉陆军军官学校分校	电呈中央	1.请责令副张以全力恢复固有疆土；	
				2.通电拥蒋统一军权对日宣战；	
				3.请胡汉民先生即销假视事，共舒国难。	
9/10	湖南	教育厅召集各公私学校长会议	临时会议	加紧各校军事训练，决定四项，办法各左：	

续表

日期	地点	团体或集会之名称	方式	内容要点	当局之应付方法或其答复
				1.各校组织义勇军时应全体参加；	
				2.全市是否应有统一指挥机关，由教育厅以命令行之；	
				3.每周训练六小时；	
				4.受军事会训练者以高中为限，如有初中学生热心加入者，未便拒绝。	
9/10	湖南	长沙市小学教育界联席会议	谈话会	1.成立长沙市小学校教育界抗日救国会；	
				2.由本日到会者发起组织；	
				3.定本月七日下午在中山堂开全体大会；	

续表

日期	地点	团体或集会之名称	方式	内容要点	当局之应付方法或其答复
				4.推龚们薄起草宣言；	
				5.推贡耀章、□黎岫草拟通电；	
				6.推黄德安草拟组织大纲；	
				7.由市政府发信征求提案，并呈请党政机关备案。	
10/10	安庆	安大团体师生抗日救国会	临时会议	1.定名为安大全体师生抗日救国会；	
				2.停课一日，请专家研究讲演有关此次事变之问题，并择一时间会宣誓；	
				3.推定傅筑夫、刘大杰、忽秉初三人负责起草宣言；	

续表

日期	地点	团体或集会之名称	方式	内 容 要 点	当局之应付方法或其答复
				4.组织义勇军团，同学自由加入；	
				5.由安大发起通知全国舆论机关，各大学各学术团体各推代表一人集合国都，讨论有关此次事变之问题，向国际间宣传；	
				6.向政府请求发给武装；	
				7.定十月十日宣誓；	
				8.自即日起，宣誓以后永远不买日货。	
10/10	南京	首都各校抗日救国	第五次常务干事会	1.各校应宣誓不用日货案；	

续表

日期	地点	团体或集会之名称	方式	内容要点	当局之应付方法或其答复
				2.应即召集全部各大中学义勇军代表谈话会案；	
				3.应即呈请军事主管机关速发各校义勇军枪械案；	
				4.应由本会印发田中奏章一千份出发宣传案；	
				5.应即函各校分会速办每月壁报案；	
				6.应具呈市党部请其准赴各部局检查反动宣传品案；	
				7.关于国内和平，本会对于粤方应如何表示案。	
12/10	德国	留德柏林东北同学	快邮代电	1.积极督促政府与日开战；	

续表

日期	地点	团体或集会之名称	方式	内容要点	当局之应付方法或其答复
				2.收回旅顺、大连、南满路，及日本在华一切租界和租借地；	
				3.日本在华之军队，未撤退以前绝不与之交涉。	
12/10	江苏	江苏省会民校抗日救国会	实施方案	1.使知日本侵略我国之原因；	
				2.使知日本侵略我国之政策；	
				3.使知日本历来侵略我国之事实；	
				4.使知最近万宝山案及中村事件之事实与原因；	
				5.使知日本猝然占	

续表

日期	地点	团体或集会之名称	方式	内容要点	当局之应付方法或其答复
				据我国东三省之事实与原因；	
				6.使知抗日救国之意义与必要；	
				7.使知日本国之概况；	
				8.使知东北三省之概况；	
				9.使知世界大势与东亚现状；	
				10.使知国际联盟之组织与凯洛克条约之内容；	
				11.使知我国历史上抗御外侮之事实与人物；	
				12.使知抗日救国为我人应有之天职。	

续表

日期	地点	团体或集会之名称	方式	内容要点	当局之应付方法或其答复
13/10	南京	京市各区教会抗日救国会委员会	第二次委员会	1.本会成立即分批工作情形呈报市党部备案；	
				2.通过本会组织条例；	
				3.通电抗日；	
				4.扩大宣传。	
13/10	扬州	江苏省立扬州中学师生抗日救国会	成立大会	1.图画壁报；	
				2.油漆标语及图画（仿香烟广告）；	
				3.空板油印标语，由学生自制金属雕空板，刻成图字，用时附贴墙壁上；	

续表

日期	地点	团体或集会之名称	方式	内容要点	当局之应付方法或其答复
				4.制成国耻小调，发给农工妇女歌唱；	
				4.勒石通衢“万恶日本为首”、“百行抗日为先”；	
				6.百字小传单；	
				7.化装提灯上绘国耻画及醒目标语；	
				8.下乡讲演；	
				9.船上说书，逢各班大小轮及大民船开行后，对旅客用说明书格式讲演国难；	
				10.水上宣传 雇小舟在沿河一带宣传，以唤起舟民及沿岸民众；	

续表

日期	地点	团体或集会之名称	方式	内 容 要 点	当局之应付方法或其答复
				11.戏院书场茶社分别演讲;	
				12.国货日货对照表;	
				13.化装演讲在乡间行之有效;	
				14.在相当节期入庙宇宣传;	
				15.六言韵语写成告示式张贴通街;	
				16.商业广告式传单，写以劝人不买日货抗日救国之意;	
				17.出售乡民用新年彩画，可改用日本蹂躏中国情形;	

续表

日期	地点	团体或集会之名称	方式	内容要点	当局之应付方法或其答复
				18.火险门牌式标语用蓝底白字小方牌上书写不买日货可保火险。	
14/10	北平	陆军大学学友社	通电	为国驱策，共赴国难。	
14/10	北平	北平学生会	通令全市各学校	派演讲员三千余人，分赴平津及平绥乡村讲演，唤起民众抗日救国。	
15/10	南京	首都各校抗日救国会	第五次常会	1.函各校分会速办壁报以利宣传；	
				2.高中以上各校亟应添设日语速成班；	
				3.对各校女生应添设看护课程，并请各医院派人充任教师。	

续表

日期	地点	团体或集会之名称	方式	内容要点	当局之应付方法或其答复
14/10	甘肃	省立第二中学校	通电	希望全国当轴诸公一致团结，实行对日宣战。	
14/10	南京	沈阳冯庸大学学生代表骆颖林、赖成梁等	向国府请愿	1.请中央抗议，限日兵即日撤退； 2.惩办亲日派熙洽等； 3.请营救校长冯庸； 4.请指定校址拨给经费。	由文官长叶楚伧接见答复，一二三项政府已在积极办理中，四项须向教育部陈述，必有办法云云。
16/10	南京	中华留日学生团代表四人	向国府及教育部请愿	对日绝交宣战。	
16/10	上海	各大学抗日会	第十五次干事会议	1.在国际开会期日，电施肇基代表，力争反对直接交涉案；	

续表

日期	地点	团体或集会之名称	方式	内 容 要 点	当局之应付方法或其答复
				2.电汪孙等即日来沪案;	
				3.广东军警枪杀爱国民众，本会应否有相当表示案;	
				4.关于筹组全国学生抗日救国总会，由本会推代表往京询问首都各校抗日会情形再行筹备案;	
				5.派代表晋谒胡展堂先生，并约期作公开演讲案;	
				6.因抗日工作而失业同胞如何救济案;	
				7.质问工部局之干涉爱国运动，其	

续表

日期	地点	团体或集会之名称	方式	内容要点	当局之应付方法或其答复
				言行之不符，并质问费信惇何谓“合法”的爱国运动案。	
17/10	南京	首都各校抗日救国会	第七次常务干事会议	1.军需学校以军政部令禁止军事机关参加反日运动，准予退出，其职务由汇文递补之；	
				2.推定常务干事及训练部副部长出席，参加明日义勇军联席会议；	
				3.前次干事会议交下定本月二十日举行首都各校联合示威游行，在钟南中学操场集合；	
				4.游行口号；	

续表

日期	地点	团体或集会之名称	方式	内容要点	当局之应付方法或其答复
				5.电请国联实行国际公约第十六条，并反对直接交涉；	
18/10	南京	首都抗日救国会	向国府请愿	1.请国联彻底执行前次决议案；	国府派秘书朱文中接见，允转主席核办。
				2.日本不遵国联决议，请国联执行盟约第十六条，全体会员国对日经济绝交；	
				3.国联如不能维持自身威信，请令施使退席，并退出国联；	
				4.对日宣战。	
18/10	北平	北平女界抗日救国会	成立会	1.对日请勿走济案旧路；	

续表

日期	地点	团体或集会之名称	方式	内容要点	当局之应付方法或其答复
				2.请速复方振武、李济琛等自由；	
				3.请宋庆龄、何香凝等共参大政；	
				4.请对日宣战。	
20/10	南京	首都各校抗日救国会	举行游行示威并向中央党部及国民政府请愿	1.请发义勇军枪枝；	由孔祥熙、李书华代见，并答复请愿意见（详见注（一））。
				2.促进和平统一；	
				3.加紧军事准备；	
				4.反对直接交涉；	
				5.恢复民众运动；	
				6.严办叛国份子；	
				7.恢复中俄邦交。	
21/10	日本	留日学生归国团	向教育部请愿	1.与日本断绝国交；	

续表

日期	地点	团体或集会之名称	方式	内容要点	当局之应付方法或其答复
				2.令公使下旗返国；	
				3.对日宣战；	
				4.发给留日同学归国费。	
22 10	上海	各大学抗日救国会	十七次干事会议	1.推派代表赴宁参加南京各校反日联合会谈话会，并会商改谈话会为全国抗日救国总会；	
				2.上海、汕头、常州奸商破坏抗日运动，电请省府严办奸商捣乱份子，并电各该处抗日救国会努力工作，本会愿为	

续表

日期	地点	团体或集会之名称	方式	内容要点	当局之应付方法或其答复
				后盾，上海方面则由交际股办理；	
				3.吉林商民张矶中避难来沪，报告东北铁路车务处辄将穷苦无力购票避难同胞驱逐下车，致生命发生危险，电张副司令设法维护平民生命；	
				4.向市政府领发上海军用地图；	
				5.学生军枪械应派代表住中央训练总监部备案，及接洽编制训练枪械教官等事宜。	

续表

日期	地点	团体或集会之名称	方式	内容要点	当局之应付方法或其答复
23/10	江苏	中等学校教职员联合会	第九届代表大会	1.通电全国教育界一致主张请求政府对日宣战；	
				2.通电宁粤两方通力合作，一致对外；	
				3.从速改编教材，以御侮救国为中心；	
				4.各校同人率领学生宣誓，绝对不用日货。	
27/10	上海	本市各大学学生抗日救国会	紧急会议对和平会议之提案	1.和平会议后立刻对日宣战；	
				2.宣布退出帝国主义分赃机关——国联；	

续表

日期	地点	团体或集会之名称	方式	内容要点	当局之应付方法或其答复
				3.恢复苏俄邦交；	
				4.自动宣布否认日本在华特权及一切不平等条约；	
				5.和平会议应把全国民众武装起来；	
				6.立即恢复民众运动，作政府后盾；	
				7.保障人民集会结社言论出版信仰之绝对自由；	
				8.外交绝对公开；	
				9.财政绝对公开，厉行预算制度；	
				10.准备实行征兵制；	
				11.军人绝对不以挟武力以干涉内政；	

续表

日期	地点	团体或集会之名称	方式	内容要点	当局之应付方法或其答复
				12.厉行地方自治，设立代表民意机关。	
28/10	南京	首都各校抗日救国会	致和平会议意见书	1.要求立即实践和平统一；	
				2.组织统一政府，厉行革命外交；	
				3.对日交涉誓死不订辱国条约；	
				4.反对以武力解决党内纠纷；	
				5.在训政时期急需建设廉洁政府，集中建设人才；	
				6.早日完成训政实行宪政；	

续表

日期	地点	团体或集会之名称	方式	内容要点	当局之应付方法或其答复
				7.实行军不干政，政服从党，接受民众公意；	
				8.恢复民众运动，实行言论结社等自由。	
30/10	上海	上海市中等学校学生抗日救国联合会	十一次临时干事会对南京全国学生抗日总会提议案	1.全总会请求政府绝对否认日本之五次基本要求；	
				2.请求政府明令恢复民众运动；	
				3.促成国民政府实现和平会议；	
				4.请求国民政府施行革命外交；	

续表

日期	地点	团体或集会之名称	方式	内容要点	当局之应付方法或其答复
				5.全总会地址应设在上海，并请政府准备对日宣战；	
				6.请求政府从速发给全国学生枪械，多派教官；	
				7.建议和平会议，军人不得干预政事。	
2/11	南京	全国学生代表大会	筹备会	1.应否组织全国总会案；	
				2.定名全国学生抗日救国会筹备会；	
				3.由每单位推出一人组织之；	
				4.筹备大会事务起草各项章程，征集各项提案；	

续表

日期	地点	团体或集会之名称	方式	内容要点	当局之应付方法或其答复
				5.筹备会应由首都各校抗日救国会召集;	
				6.大会日期规定本月三日上午九时;	
				7.大会地点规定在中央大学大礼堂;	
				8.经费交筹备会办。	
3/11	南京	全国学生抗日救国联合会	第一次会议	1.秘书处分设交际文书财务三股;	
				2.设立资格审查委员会;	
				3.设立章程起草委员会;	
				4.秘书处负责单位推定沪苏津皖晋京闽各地代表担任;	

续表

日期	地点	团体或集会之名称	方式	内容要点	当局之应付方法或其答复
				5.推定湖北河南宁夏三省代表担任各校审查委员会负责单位；	
				6.推定浙江湖南陕西三省代表担任起草章程委员会负责单位；	
				7.秘书处由南京代表召集，起草章程委员会由浙江代表召集，资格审查委员会由湖北代表召集；	
				8.起草章程原则，以各地得设分会，以一系统，并划分为华东华南华中及东北六区；	

续表

日期	地点	团体或集会之名称	方式	内容要点	当局之应付方法或其答复
				9.经费由各分区及中央津贴为原则。	
4/11	上海	本市各大学抗日救国联合会	举行拥护统一抗日会	1.通电当局对于北平市教育局长破坏抗日工作请加严办案;	
				a、电请中央明令制止所属机关不准压迫抗日运动;	
				b、通电全国一致起来反抗;	
				c、惩办该局长以平民愤;	
				d、即日起恢复北平市立女中原状。	
				2.确定拥护和平反抗暴日全体大会之目标案:	

续表

日期	地点	团体或集会之名称	方式	内容要点	当局之应付方法或其答复
				a、对外退出国联，即日对日宣战；	
				b、对内限十一月十五日前开正式和平会议，产生合乎民意之政府；	
				c、反对政府压迫民众抗日运动，严办各地枪杀民众之凶手及指使人员；	
				3.提请全体大会，若要求不达目的，应作扩大拥护统一，反抗暴日案。	
5/10	南京	全国学生抗日救国联合会	第一次代表大会	1.主席团票选南京、上海、天津为主席团；	

日期	地点	团体或集会之名称	方式	内容要点	当局之应付方法或其答复
				2.秘书处票选江苏、湖北、浙江为秘书处；	
				3.票选宁夏、福建、湖南为审查委员会；	
				4.山西、河南、安徽为通电宣言起草委员会。	
6/10	南京	全国学生抗日救国联合会	举行正式大会	1.对日作战案；	
				2.对日经济绝交案；	
				3.请求国府厉行革命外交案：	
				a、按照国联规定时期对日须坚持	

续表

日期	地点	团体或集会之名称	方式	内容要点	当局之应付方法或其答复
				无条件撤兵及保留赔偿道歉条件	
				b、绝对否认暴日所谓五个基本原则；	
				c、苟暴日始终残忍不顾，则宣布断绝国交；	
				4.请政府对于对日外交政策及交涉经过尽量公开；	
				5.请政府自动取消中日间一切不平等条约。	
8/11	北平	北洋大学全体学生	赴京沪请愿	1.团结对外；	
				2.勿干涉反日运动。	

续表

日期	地点	团体或集会之名称	方式	内容要点	当局之应付方法或其答复
10/11	北平	国立北洋大学工学院	向中央党部请愿	1.促成统一； 2.要求政府确定对日外交方针。	中央派参加上海和会之中委吴铁城氏接见，略谓：（详见注(二))
11/11	南京	全国学生抗日救国联合会	二次执委会	1.天津事件呈请中央及电张副司令即日动员援助黑省军事并派兵防止天津事件之扩大。	
13/11	天津	法商学院，女师学院，水产专门学校，扶轮中学，震旦中学，中山中学，容真中学，南开中学等组织请愿团	向第四次全国代表大会请愿	1.团结一致共御外侮； 2.设立国防会议，巩固国家主权及领土； 3.积极对日备战； 4.厉行经济绝交，	由大会秘书长叶楚仓接见，略谓：在答复之先，有两点应先声明：（1）本人系以大会秘书长的资格来答复各位，（2）对各位请求各点，当呈主席团提报大会，各

续表

日期	地点	团体或集会之名称	方式	内容要点	当局之应付方法或其答复
				并令地方政府勿加干涉；	位所提各点，其中有些是大会正在想办法来解决的，前项上海的谈商，对于党政外交诸端改进的原则，均已得到结果，已在报纸披露，各位当已知道。至于四全代表大会两处举行，正是中央委曲求全，想在这中间来找一条最善的出路，结束过去的纠纷，完成和平统一目的。在先中央本希望一起举行的，因粤方同志不同意，故分开举行，但苟大家以救国为唯一目的，是会虽分开，而其结果必能同归一致，因为自上海谈商至四全大会以至于将来的第四届中央执行委员会都是在谋统一政府的实现这一条路上走的。国防会议的组
				5.恢复民众运动；	
				6.扩大国际宣传，以达联合世界上以平等待我之民族共同奋斗之目的；	
				7.根据以党治国的精神，划分政军之权限；	
				8.明白规定人民在法律上之义务与权利，并予以保障；	
				9.集中全国人才；	
				10.令河北及天津当局勿阻碍抵制日货之运动；	
				11.严惩历来的卖国贼；	

续表

日期	地点	团体或集会之名称	方式	内容要点	当局之应付方法或其答复
				12、将废帝溥仪移开天津日租界，以免为日人利用。	织，在原则上是政府当然的工作，惟详细办法，一时不能答复。恢复民众运动与扩大民众运动，实在是一个意义，而且在事实上已经恢复了。又关于本月十六日，为日本不遵国联决议案撤兵，到那时当然是采进一步的办法，这办法如何？是不言而喻的。至于以前的宣传工作，确未做好。惟此次因材料尚多，似较以前为佳。但并不是说已经满意，各位提出此点，实在说，并非请愿，而是给我们的教训，关于统一的问题，我们无论如何决牺牲个人的一切，迁就而促成之。

续表

日期	地点	团体或集会之名称	方式	内容要点	当局之应付方法或其答复
18/11	上海	上海各大学抗日救国会	十五次干事会议	1.对国联示威，反对国际警察，保全中国主权；	
				2.声援死守疆边，为国家争人格之黑军；	
				3.督促国府即刻出兵驱逐日兵出境。	
21/11	上海	上海市各大学学生抗日救国联合会	十三次紧急代表大会	1.青年义勇军及救护队开赴黑龙江计划案；	
				2.大夏捐募队被日兵殴辱掳去讯息全无，本会应赴市府请愿案；	
				3.定二十三日举行第二次晋京请愿案；	

续表

日期	地点	团体或集会之名称	方式	内容要点	当局之应付方法或其答复
				4.在未请愿以前，本会应发表宣言，包括请问政府何以仍不抵抗，请问政府是否有最后办法等五点案；	
				5.第二次请愿大队出发后，留沪同学一律停止上课，组织宣传队，向各地出发案；	
				6.赴京请愿团，分权（力）机关及执行机关二种，权力机关为代表团，执行机关为总指挥一人，副指挥二人案；	

续表

日期	地点	团体或集会之名称	方式	内容要点	当局之应付方法或其答复
				7.大夏大学同学六人，刻又被日兵捕掳，应请纳税华人会 市政府抗议案。	
21/11	上海	上海全市中学学生大会	大会口号：	1.请政府立即出兵援马；	
			1.督促政府出兵抗日；	2.警告失地长官张学良、万福麟、王树常，并令带罪立功；	
			2.对日永远经济绝交；		
			3.誓死收回东北领土；	3.请政府实行武力收复失地；	
			4.青年一致武装起来；		
			5.加紧抗日救国工作；	4.请中央发给各中学义勇军枪械；	

续表

日期	地点	团体或集会之名称	方式	内容要点	当局之应付方法或其答复
			6.农工商学兵团结起来；	5.联合全市各界起来请愿；	
			7.读书不忘救国；	6.请国府即日公布对日方针；	
			8.打倒日本帝国主义；	7.保护民众运动；	
			9.三民主义万岁；	8.实行征兵制。	
			10.中华民国万岁。		
24 10	南京	各省市学生抗日救国代表联席会议	电四全大会	1.严办失地辱国之守土长官张学良；	
				2.促张发奎克日出兵援应马占山抗拒日兵收回失地。	

续表

日期	地点	团体或集会之名称	方式	内容要点	当局之应付方法或其答复
24/10	南京	上海各校学生请愿团	向中央党部国民政府请愿	1.请蒋即日整军北上；	
				2.实力援马占山收回失地；	
				3.在未对日宣战前不能发公债；	
				4.组织统一政府；	
				5.拥护张发奎军赴东北；	
				6.惩办张学良、蒋国宾、王树常等。	
24/11	南京	首都各校抗日救国会	紧急会议	1.否认张学良当选中监委；	
				2.通电国联，在日兵未撤前，反对调查来华，并直接交涉；	

续表

日期	地点	团体或集会之名称	方式	内容要点	当局之应付方法或其答复
				3.呈中央敦促蒋总司令履行四全决议，即日北上捍卫国家。	
24/11	南京	各校义勇军	紧急会议	1.请政府急调张发奎军北上援马占山；	
				2.通电全国响应冯庸养电。	
24/11	南京	上海各大学、各中学、苏州大学及中学、常州、镇江各中学、北平清华大学等请愿团	向国民政府请愿	1.请蒋主席迅速北上； 2.命张学良带罪立功。 3.口号： ①请政府立即出兵抗日； ②请蒋主席北上赴国难；	国府委员于右任略谓：政府同人对热诚爱国学生甚为感动，惟对外必先团结内部，故不惜一切牺牲以求团结共赴国难。至蒋主席北上及对日的决心已很明显，大家当以知道政府早已决定，在日本不撤兵前决不与之有任何交涉。蒋主席略谓：学生诸位远道

续表

日期	地点	团体或集会之名称	方式	内容要点	当局之应付方法或其答复
				③同胞一致武装起来；	来京请愿，纪律很好，精神很好，充分表现国民爱国心，深为欣慰。诸君今天来请愿，我首先要告诉诸君的就是我个人已决心北上效命党国，尽我的责任，以副全国人民的期望。这回北上就是志在做一个岳武穆，凭有丹心碧血，尽我自己的责任，抱定鞠躬尽粹死而后已的志愿，成败利钝在所不计。日本以侵略暴行施诸我国国民，政府无论如何必竭尽心力，保全领土，捍卫国家。但是我们要知道，我们捍卫国家，就是自己能振作自己，有准备，尤其重要的是国内统一，使敌人无机可乘，然后才可以得到最后的胜利。你们的请愿，我一定诚意接受云。
				④打倒日本帝国主义；	
				⑤永远对日经济绝交；	
				⑥永为忠勇国民；	
				⑦读书不忘救国；	
				⑧拥护国民政府；	
				⑨中华民国万岁。	

续表

日期	地点	团体或集会之名称	方式	内容要点	当局之应付方法或其答复
28/11	南京	上海市各大学学生请愿团。	向国府请愿	同前	蒋主席对请愿学生之手谕：亲爱的各大学校学生，来京请愿，激于爱国之热忱，深为欣慰。本主席效命党国，早具决心，对于诸生请愿自可接受，至于军事外交诸问题，已派张教育长答复，当皆了解，望诸生转告，各同学安心求学，拥护政府，克尽国民天职。此谕。
28/11	南京	全国学生抗日救国联合会	第三次常会	1.电广东四全大会：遵照和会决议，从速选出执委来京举行四届中全会，一致共谋对外；	
				2.电请蒋主席遵照四全会决议，即日北上，以武力收复东北失地；	

续表

日期	地点	团体或集会之名称	方式	内 容 要 点	当局之应付方法或其答复
				3.通令各省市学生抗日救国会，举行督促政府出兵大运动办法，由各省市自定；	
				4.电请胡汪即日来京共赴国难；	
				5.应电慰施肇基在国联力争先撤兵后谈判之主张；	
				6.应电告国联须遵照国联盟约十六条即日通过各国对日实行经济绝交制裁。	
28/11	南京	首都各校抗日救国会	第一次紧急干事会议	1.广州四全大会破坏上海和会决议，应请粤四全大会撤消前议，并劝慰退席代表从速开会，完成统一；	

续表

日期	地点	团体或集会之名称	方式	内容要点	当局之应付方法或其答复
				2.施公使提请蓟州为中立区，应请政府训令施氏从速撤消；	
				3.电请张学良应死守锦州，并恢复失地；	
				4.建议全国学联规定此后工作计划：a、电请全国募救国金；b、定期全国各学校悬旗一日，庆祝蒋总司令北上；c、定期检阅各地义勇军；d、寒假期中各校学生不得离校，加紧军事军训；e、拟定对日作战时学生应尽之工作；	

续表

日期	地点	团体或集会之名称	方式	内容要点	当局之应付方法或其答复
				5.本京敢死队即日北上，应派员慰劳并赠旗欢送；	
				6.至国府请愿经过详细情形，应由各校代表报告各校。	
29/11	南京	北平民国大学学生请愿团	向国府请愿	1.退出国联；	蒋主席勖勉全国学生亲笔书：御侮之道在统一，和平救国之要在乎守法，不统一不能御侮，不守法不能救国，拥护中央实现统一，各尽其职，勿越法纪，御侮救国之道，尽于此矣。学生之职在于求学，军人之职在于从军，望我学生共同奋斗，以达救国之道，幸甚！
				2.对日宣战；	
				3.恢复民运；	
				4.对俄复交；	
				5.援助马占山。	
29/11	南京	全国学生抗日救国联合会	第四次常务会议	1.呈请中央广罗全国人才，扩大国难会议，共济国难案；	

续表

日期	地点	团体或集会之名称	方式	内容要点	当局之应付方法或其答复
				2.各省市应定期检阅义勇军，准备对日作战案；	
				3.寒假期中，各校同学应留校继续抗日工作，加紧军事训练案；	
				4.两广所召集之各省市学联的非法组织应呈请中央严加取缔，并通告各省市学联勿为利用；	
				5.日军在津暴动扩大，本会应电告张学良，武力抵抗。	
2/12	南京	徐州学生请愿团及燕京大学请愿团	向中央党部请愿		蒋主席训话略谓：各位学生远道而来，向政府请愿，爱国热忱政府甚为

续表

日期	地点	团体或集会之名称	方式	内容要点	当局之应付方法或其答复
					嘉慰。所请愿各点，政府均当接受，择其重要者政府当尽先切实去做，以达各位请愿目的。至于本主席所应向各位报告者，请参阅前昨数日中央日报上所载，本主席言论即可明瞭一切云。后由燕京大学请愿团代表、徐州学生代表分别提出数点，蒋主席均予以答复，最后并诰学生谓现在国难日亟，政府应负政府之责，任国民者亦应负国民之责任，必须国民信任政府，拥护中央，方可谓之真实团结一致对外。本人俟中央全会后，即当北上，对于和平统一，中央已一照办，又外交上之应付，政府与国民均

续表

日期	地点	团体或集会之名称	方式	内容要点	当局之应付方法或其答复
					须信任外交当局等语。
4/12	南京	武汉大学学生请愿团	向中央党部及国民政府请愿	1.否认锦州设中立区;	
				2.退出国联;	
				3.与日断绝国交,以武力收复失地;	
				4.完成统一;	
				5.允张发奎北上援助马占山。	
4/12	北平	辅大学生请愿团	向中央党部及国府请愿	1.请蒋主席北上;	
				2.请政府发给义勇军枪械;	

续表

日期	地点	团体或集会之名称	方式	内容要点	当局之应付方法或其答复
				3.请汪精卫入京与政府合作；	
				4.反对中立区及直接交涉；	
				5.公开外交；	
				6.对日宣战；	
				7.政府聘名人到国外宣传暴日恶行；	
				8.请政府不压迫民众运动。	
4/12	广州	中山大学厦门大学请愿团	向广东四全大会及粤府请愿	1.对日宣战；	四全会推李杨敬出见答复：（1）政府已准备，但中有困难；（2）本会已通过胡伍建议书，诚意和平；（3）日未撤兵，不直接谈判，政府已留意此点。
				2.促成和平统一；	
				3.在日本未撤兵以前，不直接交涉。	

续表

日期	地点	团体或集会之名称	方式	内容要点	当局之应付方法或其答复
5/12	南京	北平各校抗日救国联合会代表及华北大学学生来京请愿团	向中央党部请愿口号：	1.对日绝交，撤回驻日公使；	
			1.打倒日本帝国主义；	2.实行革命外交；	
			2.中华民国万岁；	3.反对政府妥协；	
			3.中国国民党万岁；	4.严惩失地官吏；	
			4.拥护国民政府。	5.实力援助马占山；	
				6.退出国际联盟；	
				7.反对锦州设置中立区；	

续表

日期	地点	团体或集会之名称	方式	内容要点	当局之应付方法或其答复
				8.无条件取消一切不平等条约；	
				9.扩大国际宣传。	
6/12	南京	中央大学学生	召集临时大会	1.援助北大；	
				2.反对政府压迫民众运动；	
				3.总罢课。	
8/12	广州	广州市各大中学学生	举行示威大游行	要求在粤新旧中委于十日以前一律到京开四届一中全会，促成统一政府，实现本党团结，否则全体罢课。	
8/12	南京	金陵大学学生	全体学生大会	1.援助北大学生示威团；	

续表

日期	地点	团体或集会之名称	方式	内容要点	当局之应付方法或其答复
				2.派张树德、余本年、宾明绶代表本校与首都各校赴国府请愿；	
				3.派孙耀华、董日都、王正义三人到中央党部、教育部转请卫戍司令部释放被捕学生；	
				4.即日起罢课；	
				5.罢课日期视政府对日决心为转移，如认为圆满时及随时复课，否则继续罢课；	
				6.派孙耀华负责组织宪兵队，维持罢课期内秩序；	

续表

日期	地点	团体或集会之名称	方式	内容要点	当局之应付方法或其答复
				7.罢课期内，除病假外，不得缺席。否则依照军事训练委员会惩罚条例办理。	
9/12	南京	武汉大学、中央大学、北大示威团	游行示威口号：		
			1.退出国联；		
			2.武力收回东北失地；		
			3.打倒日本帝国主义；		
			4.中华民国万岁。		

续表

日期	地点	团体或集会之名称	方式	内容要点	当局之应付方法或其答复
10/12	南京	首都各校举行抗日总游行示威	向国民政府请愿口号：		
			1.实现和平统一；	1.反对锦州设中立区；	
			2.驱逐日兵出境；	2.发给义勇军枪械；	
			3.反对锦州设立中立区；	3.反对天津国际共管；	
			4.反对天津共管；	4.恢复民众运动；	
			5.反对退缩的外交政策；	5.请求蒋主席北上。	
			6.撤办顾维钧；		

续表

日期	地点	团体或集会之名称	方式	内容要点	当局之应付方法或其答复
			7.反对压制爱国运动；		
			8.援助北大被捕同学；		
			9.实行民主政治；		
			10.三民主义万岁；		
			11.中华民国万岁。		
12／12	南京	首都各校抗日救国会	举行各校代表大会	1.复课问题决定国府对请愿各点之书面答复，满意即行复课；	

续表

日期	地点	团体或集会之名称	方式	内容要点	当局之应付方法或其答复
				2.决定今日下午二时各校代表对于（一）撤办顾维钧；（二）撤办与北大示威团冲突之首都军警长官，继续向国府请愿，请求答复。	
12/12	北平	北平俄文法政学院女子文理学院、铁路大学、辅仁大学、河北省十七中学、平大附属中学、大同中学、盐务学校请愿团	向国民政府请愿		蒋主席亲出答复，大意：对北平各校学生远道来京请愿，甚为欣慰。惟路远天寒，又使诸生荒废学业，深觉不安。救国御侮，第一须全国团结一致，第二须青年有学问知识，青年为国家基础，青年有学问即国家有力量，希望全国一致

续表

日期	地点	团体或集会之名称	方式	内 容 要 点	当局之应付方法或其答复
					拥护政府，必有最后胜利之一日。
12/12	广州	广州各校举行扩大抗日示威大会	广州学界扩大抗日示威运动大会	1.反对划锦州为中立区域；	
				2.请政府从速退出国联，实行对日宣战；	
				3.请政府迅速派兵援助马占山，并接济饷械；	
				4.改组广州市学联抗日会；	
				5.请四届中委于本月十日前赴京促成统一，否则实行全体罢课，以	

续表

日期	地点	团体或集会之名称	方式	内容要点	当局之应付方法或其答复
				促早下决心，并电全国各校一致行动；	
				6.在日兵未撤退以前，不与直接谈判任何悬案；	
				7.请政府广集全国人才，共赴国难；	
				8.请政府实行征兵制；	
				9.请政府迅速催各公使赴任案；	
				10.电请汉口当局迅速枪决杜煊泰；	
				11.克日组织义勇军出发援黑；	

续表

日期	地点	团体或集会之名称	方式	内 容 要 点	当局之应付方法或其答复
				12.全国中等以上学生应受严格训练；	
				13.请陈友仁详细宣布赴日经过。	
12/12	南京	首都各校代表	向国府请愿	1.请政府撤办外交部长；	国府委员于右任出见答复，大意谓：所请撤办外交当局之理由，系以前所传说之划分锦州中立区暨天津共管，系由外交当局所建议，其实国联现已正式决议，并无以上二事，足见以前传说之不确。至惩办军警当局，政府当查明事实经过，以凭办理。并谓当国难时期，人民与
				2.惩办拘捕北大同学之军警长官。	

续表

日期	地点	团体或集会之名称	方式	内容要点	当局之应付方法或其答复
					政府应同舟同济，开诚相见，慎勿误会政府，致有偏激之行动云云。
14/12	南京	北平师范大学、平大法学院、工学院、农学院、艺术学院、中法大学、中国大学、民国大学、华北大学、英文艺林学校、女一中、安徽大学、暨留日归国学生请愿团	向国府请愿	1.请政府以武力收回失地； 2.请蒋主席即日北上； 3.惩办失地长官； 4.对日绝交； 5.外交强硬。	由国府委员蔡元培接见答复。略谓：政府对外交始终抱强硬态度，如划分锦州中立区及天津共管说，并无是项主张，即日方在国联提出之剿匪，政府亦坚决反对。至蒋主席北上并无问题，惟党政各项要事尚未处理竣事，故不能贸然离京云云。

续表

日期	地点	团体或集会之名称	方式	内容要点	当局之应付方法或其答复
17/12	南京	上海、安庆、济南、北平、南京、苏州、保定、天津等地学生总示威	向中央党部国民政府请愿	1.退出国联；	
				2.对日绝交；	
				3.五日内出兵东北；	
				4.严惩杀害爱国青年之祸首；	
				5.宣布人民结社集会言论出版等绝对自由；	
				6.迅速成立统一政府；	
				7.恢复民众运动；	
				8.其他。	

注（一）：由孔祥熙、李书华代见，并答复请愿意见，旋由孔氏讲演如下：（一）实现和平统一。关于这一点，现在事实上已经证明，可以实现。广东方面的同志，今日即将到沪，一俟与

中央代表会谈后，就可一同来京，共商实现和平统一的事情。不过诸位今日来表示此种意见，可以证明，现在国人一般希望和平统一的殷切心理，使各方面代表觉得真正民意的所在，把和平统一问题愈早实现愈好，总理一生革命，他最后的呼声还是和平奋斗救中国。现在国家危难到了万分，中央同人一定能遵守总理的遗训，以和平方式解决国内的问题，期副全国同胞爱好和平的愿望。（二）日本未撤退之前，我国不得与日本直接交涉。关于这一点的意思，政府同人恰于诸位所见正同，政府已有十二分的决心，在日本未撤兵前，无论他们如何示威，如何来压迫，必坚持到底，不稍更变。（三）缉办叛国份子，关于这一点，国家本有常法，凡有叛国份子发现，应绳以国法，不可稍有宽假的。不过政府因近数年来大局粗定，所以对叛国份子往往抱宽大为怀，从轻处分，而叛逆份子不意竟因愈多，这是殊出政府意料之外。现在诸位有这样意思表示，可以使政府下决心，以后如再遇叛变份子，一定从严取办。（四）加紧军事准备，为世界公理而战。关于这一点，诸位可以日常在报纸上看见国内各处军事长官请缨的电报，愿为国家的生存独立奋斗牺牲，大有马革裹死之概。除军人之外，全国人民也是激昂慷慨到极点，人人有为国牺牲，不恤一死的志愿，此可见政府与人民精神上已完全一致的准备。我国本来是赞成非战公约，赞成国际联盟的主张，拥护公理，反对破坏和平的强权，如到了最后，公理无法保全，和平无法维持时，国人是必不恤牺牲的。但我们始终还以拥护公理，保全和平为原则。（五）恢复民众运动。关于这一点，中央同人向来主张提倡真正的民气为务，今天诸位到这里来，也就是一种民众运动，而诸位热烈异常，秩序井然，这是真正的民众运动了。（六）发给首都各校义勇军枪枝。关于这一点，政府现在正在筹划中，但目下或因期间关系，或因事实问题，不能如愿以偿，将来时机到来，政府一定有办法使大家可以为国家满意的去尽力。（七）临时提案，请政府实行钢铁政策。这个提案很好，政府本于三年前就有全盘钢铁政策的计划，钢铁本是近代立国的要素，即如一针之微，我们所用的也是外国货，至于造房子铸器械需用更多，也无一而是本国所有，长此下去，国家确是很危险的。现在诸位提出这个要求，政府认为异常切要，以后定能根据原来计划自行开矿，自行炼铁，这不但于军事前途有重大关系，即于国计民生的实业前途也有莫大关系。由中央委员丁惟汾、陈立夫、程天放、方觉惠等接见，旋由程天放答复：（一）促进和平统一，关于此点正与中央意见相合，现中央正用全力促进此事，如果中国能真正全国一致，以广土众民物产丰富之中国，外人绝不敢加以侮辱。现中央正在进行和平统一，最短期间当可实现。（二）反对直接交涉，这一点中央亦已抱定在日兵未撤退以前，不与日本直接交涉，固然在国际惯例在两国国交未断绝以前，交涉的事件是避不了的。但是此次东北问题，则中央是定方针，因日本违反各国共同签订之条约，我方遂将此事诉诸世界公论，信托国联解决，在东三省未恢复九一八以前的状况前，中国决不与日本直接交涉。（三）严办叛国份子，这事中央当然要办的，依兄弟看，不但如熙洽等媚外求荣等叛国之行为，中央要加以严办，即如在此国难时期，散布谣言，希图破坏社会秩序者，亦应认为叛国份子，我们也要加以严惩。（四）加紧军事准备。此国府蒋主席早已决定，最近已由中央军校训练军事教育，即日分发到各校去训练。（五）恢复民众运动。关于民众运动有种种不同的方式，从前的民众运动不见适用于现在，现在的民众运动不见适用于将来，兄弟敢断言，中央在过去并未有停止民众运动，将来也决不会停止民众运动。但运动方式，则有因时环境迁移而变更。（六）发给义勇军枪械。义勇军的组织不仅是发给枪枝就算了事，必须有充分准备与训练，否则有枪而不能使，等于无枪。关于此事，当由总司令部与训练总监部等妥筹办理。（七）实行钢铁政策。

在三中全会已决定炼钢计划，现在正努力实现中。

注（二）：诸君不避跋涉，旷废学业，远道来京请愿，此种精神，非独中央同人十二分感动，全国人民亦当肃然起敬也。夫中国现状，固非和平统一不能抗拒已入国境之敌，此不仅诸君民众抱此愿望，即中央与粤当局，亦莫不然，故此次有上海和平统一之会商，余亦参加之一人。兹应将经过为诸君一述之。按和平统一最要之点，为四次全国大会问题，此问题解决，则党内即可团结，最初中央主张两方代表，如期在京合开，而粤则主张大会延期，从新选举代表，嗣后两方代表竭力从中疏通调解，遂于前日最后决定，以合作精神分地开会，不日双方即有通电，表示统一，此后一切枝叶问题，不难于第四届第一次中央全会解决，现和平统一已实现，可告慰民众及诸君也云。蒋主席训话：今日北洋大学教职员学生，远道来京请愿，当此国家存亡危急之际，诸位对于国事如此关切，深为欣慰，尤只是贵校工学院院长王 季 诸 先生，决心绝食，企待和平，此种爱国精神之表现，中央十分敬仰，亦十分惭愧，国内团结，一致对外，为今日我国当务之急，中央委曲求全，无论如何，谋与粤方实现合作办法，决不达到一致对外之目的，断不致使国家主权有所丧失，亦不负全国国民之热望，种种均以国家民族为前提，至个人进退得失成败利纯，一切置之度外，权国责任牺牲在革命，而青年救国之责任，则在刻苦求学，以为他日报效国家致用之地，惟有求学，始能爱国，惟有求 学，始 能 救国，亦惟有努力求学之青年，才能担负我国今后之责任。诸位均在求学时代，值此国难当前，应愈益奋勉，遵从师长之教导，勤劳向学，为民族争光荣，为国家雪耻辱，当望以本席今日向诸君所言者，归语贵校工学院院长，使其洞悉政府之抱负云云。

陈立夫氏略谓：兄弟与诸君，系先后同学，个人已往 之 经验，以为最足重者，惟有中国之青年，国内纷乱，历年已久，原因在未能实现总理之主义。窃念救中国之唯一方案，即在总理所著之建国方略一案，使全国青年，均能学以致用，解决民生问题，国内自然平定，今日我国尤需要者，在学习工程之人，愿诸位同学从实际上求真正学问云云。

〔国民党中央民众训练部档案〕

（2） 上海文化界与学生的抗日救国斗争及国民党的防范措施

1．国民党中央民众训练部胡星伯关于上海文化界救国会活动情形调查报告附上海市党部取缔该会办法

（1931年2月7日）

为报告事：窃职奉派赴沪调查文化界救国会活动情形，并附带处理理教团体纠纷。抵沪之后，即分头访问沪市党政当局及有关系各方调查。文化界救国会组织份子异常复杂，活动范围广大，其宣传刊物，大众生活之外，倘有多种。该团体原定于七日在市商会等二、三个场所召集市民大会，经会商沪市政府及党部通令各人民团体学校禁止参加，并禁止假借开会场所，并通知工部局办理矣。至关于取缔该反动团体及其刊物，曾由市党部开会（宣传部高荫祖同志及职均列席）议决办法七项，其中沪市党政机关职权能办到者，已经实施，其有须请示中央者急待中央决定办法严厉执行，盖非如此不足以取缔该反动团体而遏止其活动势力也。

关于理教纠纷案，亦正进行中，尚未有具体解决途径，一俟就绪即返部详报，大约尚有二三日方克有相当结果。因关于取缔文化界救国会事，亟待中央决定办法，未便稽延，故先托杨延礼同志携报告来京，以免贻误。谨呈

处长吴

秘书 李 许 张

部长 周 王

职胡星伯谨呈　一·七·

附取缔办法七项一件

活动情形调查报告一件〔略〕

取缔文化界救国联合会办法

一、由中央禁止大众、生活发行，凡贩卖及印刷该刊物者一律查办；

二、由中央令饬本市党政机关查封生活书店；

三、关于法学院问题，请中央与教育部洽商停止其招生；

四、由中央令市政府以量才补习学校及量才图书馆主持人李公朴，以该校为机关，从事反动，应即查封，并逮捕其主持人；

五、文化界救国会，由市党部密令各团体禁止参加，并不许假座开会，并令新闻检查所封锁其新闻；

六、请中央密令市政府警备司令部缉捕反动首要王造时；

七、其他反动刊物请中央一律下令查禁。

（宣传科签呈为请中央宣传部恢复过去审查办法改设“刊抄检查处”）

〔国民党中央民众训练部档案〕

2. 胡星伯关于调查上海文化界救国会组织活动情形及防范计划的签呈

（1931年2月14日）

为密呈事：窃职奉派赴沪调查文化界救国会活动情形，与上海市党部会商决定取缔办法七项，业经拟具报告，呈请中央核示在卷。窃以为所拟七项办法，乃临时措置之办法，只可挫该反动团体之气焰于一时，以该反动团体组织份子之复杂，范围之庞大，必更有周密之步骤与计划，绝非该七项计划所能根本取缔，将来毒焰所及，势必直接及于各地青年团体及文化团体，间接更有侵入各种职业产业团体及民众之危险。故为防患未然计，不可不预筹严密之防范计划。特拟具意见如下：

一、拟请密饬本部青年科作防范之计划，尤须注意北平、上海等地之学生运动。

二、拟请密令各地党部严密防范该团体煽动各地民众团体及民众。

三、密令驻上海本部调查员特别注意该团体之活动，随时具报。

以上意见，当否？请核。谨呈

处长吴

　　李

秘书许

　　张

部长周
　　王

职胡星伯谨签

二、十四、

附文化界救国会之组织及活动情形

文化界救国会为王造时、沈钧儒、李公朴、邹韬奋等所主持。上海市党部主持人佥谓欲消灭此项组织，非对上列诸人予以分别制裁不可，当时讨论结果，拟定办法七项如次：

一、由中央禁止大众、生活发行，凡贩卖及印刷该刊物者，一律查办。

二、由中央令饬沪市党政机关，查封生活书店（此对邹韬奋之处置）。

三、关于法学院问题，请中央与教育部洽商停止其招生。（此乃对于沈钧儒之处置，由中央与教部会商，由教部示意法学院主持人，万〔若〕不停止其反动活动，即停止法学院招生，如此办法，沈决不愿意牺牲其所惨淡经营之法学院，而附和王造时等别有用意之举动矣。）

四、由中央令上海市政府，以量才补习学校及量才图书馆主持人李公朴，以该校为机关，从事反动，应即查封，并逮捕其主持人。

五、文化界救国会，由市党部密令各团体禁止参加，并不许假座开会，并令新闻检查所封锁其新闻。

六、请中央密令市政府警备司令部缉捕反动首要王造时。

七、请中央下令一律查禁其他反动刊物。

复据情报，将文化界救国会内容分别于后：

一、参加人物

王造时　沈钧儒　邹韬奋　张志韩　（大美晚报记者）
马相伯　陈彬龢　诸青来　廖茂如　周建人　郑振铎
章乃器　孙寒冰　陈高慵　李公朴　褚辅成　蔡正雅
陶知行

以上十七人为该会委员。

二、工作分配

该会以马相伯为总常务委员，以下分设十部，其名称及负责人如下：

1．组织部　沈钧儒

2．宣传部　王造时

3．文书部　章乃器

4．纠察部　潘振亚

5．事务部　顾　明

6．交际部　江向渔

7．研究部　陶知行

8．情报部　不　详

三、成立经过

该会于十二月二十八日下午在西藏路宁波同乡会开成立会，当时到会者计一百二十余人，以大学教员为多，通过宣言。

四、该会现状

该会现聘金增嘏（国派份子）、孙寒冰两人为秘书，担任各种文件起草事宜，会址则未租定，有通讯三处：一、白克路大通里六号，二、极司非而路中振坊三号，三、西摩路西摩别墅沈宅。该会现在推定人员轮流在八仙桥青年会演讲国难青年之出路，其平时开会甚少。开会地点：一在威海卫路中社二楼，一在八仙桥青年会九楼四十六号。开会无定期，临时由王造时、沈钧儒等通知。

五、最近工作

该会曾发两电，督促政府抗日，（文未公布）并派钱寿二人（一说为廖茂如、余友三）秘密赴北平与该地文化界胡适、蒋梦麟、张启麟等联络，企图组织全国文化界救国联合总会、并进而成立世界文化协进会，在一二八纪念大会时，该会提出成立上海各界救国联合会。

〔国民党中央民众训练部档案〕

3. 张群关于防止上海学生抗日救国活动与行政院往来密电

（1931年9月21—25日）

（1）张群致行政院密马电（9月21日）

急。南京中央党部、国民政府行政院钧鉴：统密。自沈阳事件发生，群即特加注意于沪市之治安秩序，及防止反动份子之煽动扩大。谨将办理情形先行电陈如下：（一）日领村井来请求负责保护沪市日侨，群即允之，但声明日军不得到华界，否则不负保护之责，日领完全承认。（二）严饬公安局与警备司令部协力维持治安秩序，严密保护外人，并尽力防范反动派之乘机捣乱，扩大纠纷。惟顷闻日工厂之工人有酝酿罢工趋势，大学学生亦有组织学联会，努力反日工作之进行，反日援侨委员会亦有扩大组织，改正名称之决议，正设法防止其发生不轨行动。（三）侦察各地舆论，绝少主张正义，且多不表同情于我国，事态严重至此，将来变化莫测。除密饬公安、社会、教育等局多方严重注意外，并约集沪地党政军绅商学各界稳健忠实分子，密组会议，互通消息，共筹应付之方，务期遵照钧旨尽力处理，以纾宵旰之忧，共度艰危之局。惟兹事体大，敬祈随时指示，俾有遵循，至深祷幸！张群叩。马。印。

（2）行政院复张群密电（9月23日）

急。机。上海市政府张市长鉴：统密。马电所保各节，办理极洽机宜，罢工罢学及有妨秩序行动，应设法消弭。中央已密令各省市党部注意，希随时协商办理。行政院。漾。印。
中华民国廿年九月廿三日

（3）张群致行政院密敬电（9月24日）

急。南京。中央党部、国民政府、行政院钧鉴：马电计邀察钧院，漾电敬悉。政密。群连日督率所属各局，并与各方联合尽力防范有妨秩序行动，幸地面尚称安谧，堪慰钧注。惟前闻交通大学等有酝酿罢课游行等情事，当由职府电请教育部速定学生反日运动之限度，电令部属各校遵照办理。嗣得部电复称：已允照办。值此日兵压境，舆情愤激之秋，民众爱国运动既未便强行制止，而反动乘机鼓煽，又必须取缔，若不明定范围，应付至感困难。现各校学生组织抗日救国委员会议决自本星期六起罢课，并推举代表向中央请愿，其罢课日期至代表回沪为止。其计划在未开始罢课之前，以比较稳健态度从事演讲，唤起民众同情。其请愿事项未详，豫备中央不允其请，则一面代表留京，一面继续罢课。现各校当局无法约束学生行动，而党政两方指导及取缔亦均甚困难。理合电陈，敬祈指示机宜，俾资应付为祷。张群叩。敬。印。

（4）行政院复张群密电（9月25日）

急。上海张市长鉴：政密。敬电悉。查教育部对于学生救国运动，已规定增进效率及齐一步骤办法，于漾日电令各大学及各省市教育厅局遵照，内有学生应照常努力学业，不得罢课之规定。中央为策励学生，雪耻救国，昨已公布全国各校一律组织义勇军，教育纲领，内亦有学生应加紧努力学业，不得罢课之规定。希即会同市党部召集各学校校长会商，劝谕学生遵从中央及教育部命令，不得罢课。至对日办法，中央已有整个方案，可满足国民之希望。学生推举代表来京请愿，亦宜设法劝阻。教部现派赵参事迺传、顾司长树森赴沪，与市府党部会商办理，到时希与接洽为要。行政院。有。印。

中华民国廿年九月廿五日

〔国民政府行政院档案〕

4. 上海市长张群报告日本浪人和士兵干涉学生抗日救国宣传活动文电

（1931年10月）

（1）张群致行政院呈（10月17日）

为呈报事：案据市公安局呈称：案据本局所属第五区第一所所长陶先渠呈称：窃于本月十四日午后十时许，据外勤警长孙长铭报称，顷有日本浪人约计三四十人之多，每人手持木棍一条，在北四川路一带两旁，撕扯标语，始而人民尚称镇静，后该日人等竟向各商店内撕扯，于是各商民愤恨之余，乃群呼打东洋人。讵料日本陆战队适于此时到来，该兵士等各以刺刀威吓，而日本浪人亦于此时散去，各商民等亦皆缄默，幸未酿成大事。所有经过情形报请核转等情前来。职得讯后，当即加倍多派巡逻，注意防护。幸人民亦皆有知识，不肯为无意识之举动，故未酿成大事。然此等挑衅动作，若不提出抗议，长此以往，难免不再发生其他事故，所有职所辖境北四川路一带，日本人撕毁标语经过情形，理合备文呈报。等情。据此，除分报淞沪警备司令部备查，并令饬该所随时注意维护，理合据情呈报。正核办间，复据该局呈称：案据本局第五区第二所所长李警报称：本月十五日晚，有日本浪人三五成群，怀挟木棍利刀，在北四川路一带撕毁反日标语，意图挑衅，川公道口及靶子路等处曾发生两次冲突，经岗警巡捕制止，始告无事。至十一时三十分，北四川路突有日人三四名手执木棍，殴打市民，有马阿毛者头部被击一穴，向虬江路逃避，该日人等尚尾追不舍。当时市民团聚颇多，秩序纷乱，幸岗警巡捕竭力劝止，未肇事。该马阿毛由岗警救护到所，转送济生医院医治，伤势颇重。至肇事日人由狄思成路巡捕带往捕房。等情，附呈伤单一纸。据此，理合检用伤单，备文转报，仰祈鉴核俯赐，以函日本总领事交涉，以维治安，实为公便。各等情。据此，除面向日领提出抗议，保证以后不得再有此类行动，如果因此引起不幸事件，应由日方负其全责，并请将肇事日人严加惩处。一面商同党部注意所贴标语，不得有违法词句，一面严饬公安局注意维护外，理合备文呈报，仰祈鉴核施行。谨呈

行政院

上海市市长张群

中华民国二十年十月十七日

（２）张群致国民政府电（10月18日）

限即刻到。南京国民政府、蒋总司令、行政院钧鉴：中央党部、训练部戴院长季陶先生、外交部勋鉴：政密。昨日午前十一时顷有学生多人，手执旗帜，在劳勃生路小沙渡路转角地方讲演，不受巡捕干涉，有日捕因扯毁旗帜，被群众投砖击伤，并伤及英捕。捕房得讯，派大批巡捕前往解散，同时日陆战队戈登路分部，亦闻讯出动，见事已平，旋即回部。午后一时顷，学生数百人，又游行至澳门路，闻厂职工寄宿舍，同与工房吵闹，群众麇集，向日人及工房投石，日陆战队闻讯赶到，正喧嚷间，有群众工人被日人拉去，嗣经巡捕带往捕房，群众旋被日陆战队驱散。日方声称，群众投砖石，毁坏日人窗户、汽车，并向铁甲车投石。各日报谓群众有数千甚至万人者，又谓有官兵二十名加入群众投石者，未免过甚其词，已函日领转饬更正。顷日领来府，谓昨日群众暴动，捕房无力制止，幸日陆战队前往，方始解散，并向群声称：陆战队深虑形势再事扩大，危及日侨生命财产，以后再有同样事件发生，决采取紧急处分，以尽保护之责云云。群力辟其非，谓群众运动，只可以警察取缔，幸信华租界当局，均可负责，应令日陆战队勿再出而干涉，以免引起群众不安，转酿重大事故，彼亦谓然。但谓无权干涉陆战队行动，群当令与重光公使切商，转报该国政府注意制止云。知注谨闻。张群叩。皓。印。

〔国民政府行政院档案〕

5. 国民党中央训练部吕奎文等关于上海各大学抗日救国团体活动情况的调查报告

（1931年10月）

（1）调查报告第六号（10月20日）

事由：谨将十七、十八两日调查所得，分呈于次：

一、昨日各大学救国会干事会议关于和平统一事，决定发宣言，并确定三种原则：1．监督和平会议不得具有条件性及分赃性；2．和平统一后不得再破裂了，和平统一后即对日出兵。当推大夏、光华、法学院三校起草，交通、复旦等学校审查，再由干事会通过发出，至于粤方代表来沪事，亦决议全体干〔部〕赴埠欢迎。再，该会军务部昨亦召开军事会议，其内容甚堪注意者为暨南提出之登报，召请义务军事教官及定于十一月一日总检阅两条。

二、交通〔大学〕代表刘旋天等，现已向该校全体同学提出辞职，请另推代表，明日下午七时开大会后当有决议。惟闻刘等辞意坚决，即大会不准辞职，亦不出任代表职务，察其原因，则为本校一部分学生之反对，及光华、暨南、复旦等校之攻击而已。

三、中华职业社之中心人物，除黄炎培外，陆殿阳（现任市教育局科长）、郑通和（上海中学校）、欧元怀（大夏副校长）等均为积极活动人物，并闻利用蔡孑民先生公子无忌作其获〔护〕符云。

四、昨日劳勃生路内外棉织厂因有共党煽动罢工，致与厂方日人发生斗争，日陆战队准备开枪，后经部〔捕〕房制止，双方均有受伤。同时引翔港日厂亦发生事变，幸均未扩大。

五、日昨各界抗日会检查日货，查至抗日会执行委员陈颂云洋货店中，陈当拒绝检查，并以委员资格见责。该检查员等不服，发生争执，而陈竟鸣巡捕将彼等送至捕房，旋陈至会中。全会职员得悉此事，群呼不平，亦将陈率入捕房。查该会大权全在商人之手，而商人对日经济绝交竟若是之自私，其前途效果可想而知矣！余容续呈。谨呈

王主任转呈

部　长方
　　　　苗

职　王　珏
　　吕奎文谨呈

十月廿日

（2）上海抗日救国运动调查总报告（11月27日）

为呈报事：十月七日奉命派赴上海秘密调查抗日救国运动情形，尤其侧重工学两界份子之活动，当即遵于十月八日赴沪，十一月三日返部覆命，计在沪工作二十六天，除逐日业经呈报外，谨具总报告如次：

一、工作方式

1．访各校及各工团旧友，作友谊之谈话，探问各该学团之组织情形与负责份子之态度，并藉其介绍与各负责人作友谊谈话，考察其意志与言行。

2．联络各学团代表中之本党同志，并与其筹商防制反动份子活动之方法。

二、一般的调查

1．“上海各界抗日救国会”为上海工商学各界在市党部指导下之组织，其负责人为胡庶华、虞和德、李次山、陆京士等，工作进行颇具成绩，惟检查日货略有纠纷。至关于军事训练方面，该会有“上海市救国义勇军”之组织，其负责人为李次山、陈亚伯等，其自由报名数目虽已万余，然缴制服费者仅近千人，其下级军官则以其所办之义勇军官训练所毕业者充之。

2．上海中等以上学校均有抗日救国会之组织，其组织系统大半根据市党部所颁发之组织大纲，至于联合会之组织，该组织大纲并无规定（仅准其必要时开联席会议）。但市党部因系爱国运动，又不便制止，故只得从分散其力量着手，第一步使中学与大学分开，于是有“上海市各中学抗日救国会”及“上海各大学抗日救国会”两大单独之组织，不相连属。

中学方面负责者教职员居多，而此辈教职员又大半为党员，其余参加之学生又多属纯洁份子，故党部较易指导，虽其间不免有反动份子活动，然亦颇难着手也。

大学方面份子则较复杂，反动份子亦欲乘机操纵其间，如前次来京之大请愿，反动份子即有造成惨案之计划，幸本党应付适宜，未遂所愿，并因之引起其内部互相攻击之纠纷，市党部亦利用此机会，而作第二步之分化，指导本党学生党员，居中活动，使凡有较激烈和越轨之提案，均设法不予通过。

“上海市教育界抗日救国会”为中华职业教育社等团体所发起，国家主义派即活动于其间，故市党部不予备案，并暗示各校教职员组织“上海市各校教职员抗日救国会”以控制之。

反动派见各种计划均遭失败，又发起分区学联组织，如吴淞区各校抗日救国会，沪西区各校抗日救国会等，以便打破大学中学分开联合之组织，但又为学生自身反对而瓦解。

三、特殊的调查

1．反动派的活动

共产党：共产党活动以工人为主体，沪上电气工人大半在其指导之下，其次如纱厂工人方面亦有活动。前次所呈报之煽动日人工厂工人总罢工之油刷计划书，及内外纱厂之事可为佐证。至于学生方面亦有活动，然以托罗斯基派为较多。

国家主义派：国家主义派以教育界为活动中心，而中华职业教育社则为其大本营。至各学校方面则多年有国家主义青年党之组织。

社会民主党：社会民主党在学生中活动最力，如法政学院、法学院、复旦等校，均有若辈暗中活动，散发传单，征求党员。其方法先寄传单一份于某生上批数字，询其是否同情是项之主张，如果赞成则请回信，书“联盟”二字，置于学生之收信架上。

2．本党在民众中的力量

上海学生方面党员极少，职教员中学微多，大学甚少，又加以学生多数对本党改学生会为学生自治会之意义诸多误解，以致不满，而本党在学生中力量亦因之日形薄弱。工人团体如邮务、印刷等较大工会，现均能受本党指挥，其负责人亦多半为本党党员。职等曾以私人友谊资格，邀二十余工会代表叙谈两次，察其言行态度，均极纯良，惟对于本党与工人之关系上均感有两大困难点：1．本党关于工人与商人之组织法令，工人觉其待遇不均；2．每次劳资纠纷，调解的结果，均使工人失望。

3．各界活动份子能力的观察

各学生代表活动的力量均属平平，其讲话之技能，除刘旋天比较稍好外，余均欠训练。

工界代表其常识均在水平线上，语态理论行动均有相当知识，惜多为工头及专业工人运动者，若真正工人能如此则善矣。

四、结论——调查后的两个意见

1．此次学生爱国运动，其所以有反动派活动其间：（1）因反动派平日在学生中有青年党团之秘密组织；（2）本党在学生中既乏党团的活动，而党员之数量又少，能力又差，若能将学生中有能力份子介绍其特别入党；在学生中公开组织青年团，使反动派不能从中活动，则本党对于青年运动之领导权庶能巩固也。

2．劳资的纠纷调解，宜注意实事与劳资互助的精神，极端避免私人情感，免有袒护资方之误会，而使工人日离本党也。

以上两点意见与调查的实事报告，是否有当，敬希核示。

谨呈

课长王路转呈

主任王转呈

秘书杨转呈

部长方苗

职吕奎文王珏谨呈

附呈

一、上海市抗日救国会章程，实业基金征收及保管通则，日货登记缴款通行细则，原料必需品办法、工业原料必需品通行办法、检查邮包实施方法、检查日货施行方法、处置日货步骤、绝交方案、检察部检察委员会第一次会议记录等十九份（略九份）

二、学生抗日救国会之工作原则及大纲、各大学抗日救国会职员名单各一份。

三、社会民主党告同胞书一份。

〔附呈一〕：①上海市抗日救国会章程

第一条　本会定名上海市抗日救国会。

第二条　本会以一致抗日救国为目的。

第三条　本会暂设会所于上海北河南路天后宫内。

第四条　本会由上海各界团体代表大会组织之。

第五条　本会设执行委员会，由上海各界团体代表大会推举委员六十一人，候补委员十七人组织之。

第六条　本会由执行委员会互选委员十一人为常务委员，组织常务委员会，执行委员会议决案，并处理日常会务。

第七条　常务委员会设秘书、宣传、检查、侦察、调查、保管一处五部，秘书处设正主任一人，副主任二人，宣传、检查、侦察、调查、保管五部各由执行委员会就委员中选举正副主任各一人组织之。

第八条　秘书处及各部得因事务之繁简设置办事员，办事员之名额俱由各主任提名通过。

第九条　本会因事实上之必要，得由执行委员会之提议，互推委员若干人，或聘请专门人才，设立各项特种委员会。前项委员会各设主席一人，由委员互推，其组织法另订之。

第十条　本会执行委员会每星期二举行一次常务委员会，每星期一、二、三举行三次，其他各部办事细则另定之。

第十一条　本会章程如有未尽善处，得由执行委员会议决修改之。

第十二条　本章程经执行委员会通过，呈请市党部通过实行之。

②实业基金征收及保管通则

一、为贯彻抵货之最后目的起见，对于目前暂予通行之日货工艺原料必需品，应征收实业基金。

二、此项实业基金在某种货物上所征收者，应即指定为创办该种货物实业工厂之用。

三、各种实业基金之征收数额及详细办法，应由本会设计委员商同市商会拟定提交执行委员会通过施行。

四、各种实业基金抽收至预定之相当数目时，应即举办工厂，此后陆续征收，即随时扩充，以期逐年递减日货用量，至自产可以供应为止。

五、各业缴纳之实业基金，即为实业工厂之股款，俟将来工厂组织完全按照公司法办理之。

六、实业基金在未曾足数以前，绝对不能以任何理由移作别用，并不得发还。

七、基金保管办法，除由各该业同业公会，市商会及本会各选代表三人外，并由本会指定一人会同保管，俟创立会成立为止。

八、抽收所得之实业基金，应随时由保管委员会指定殷实银行存贮生息，至筹备委员会成立始得决议动用。

九、各该同业公会及市商会选出保管委员，办法以召集执监联席会议，用无记名投票法选出为原则。其当选不限于执监委员，惟如该业同业公会之未成立监察委员会者，得由执行委员会开会选举之。

十、实业工厂之发起人以曾缴纳该项基金全数千分之一以上或自愿缴股相当于该项基金全数千分之一以上者充任之。

十一、实业工厂之筹备委员会于基金抽收至预定相当之数目时，即由发起人组织筹备委员会，由筹备委员召集创立会。

十二、实业工厂章程厘订及营业方针均归创立会办理。

十三、现任本会执行委员，除与该业有关系者外，绝对不得充任该工厂之发起人，并不得被选为该工厂之董事及监察人。

十四、抽收实业基金时，对于该项货物由本会发给通行证，并得酌收手续费，其办法另订之。

十五、本通则经本会执行委员会议议决施行。

③日货登记缴款通行细则

（一）登记日货商号，应至登记科填写〔登记表〕三张；

（二）登记科收到登记表后，登记日货通知调查单三张连同商号自填之登记表，分发如左：

一份留存备查

一份调查科

一份送秘书处

（三）登记科送上列表至调查科时，并应将经办人员签字单一纸，由登记科主任及干事盖印后附送。

（四）调查科收到登记科送来之二张表一单后，应即速派员前往调查，并将调查情形填写登记日货调查报告单三张。

一送秘书处（连同经办人员签号单送秘书处）

一送登记科

一留存备查

(五)秘书处先接登记科之登记表等复接调查科之“调查报告解表”、“经办人员签名单”后,应即填写“缴纳救济金通知书”、款通知书”,通知商号。同时复写一份通知会计股,如调查情形“不符者，应通知商人重行登记。

（六）商号接到通知书后,应即解款至本会指定之银行,取回收据存至本会，会计股核对银额，如属无误，即由会计股盖“核对无误”木戳，退回秘书处，由秘书处通知登记科发给通行证。

（七）如货在本会者，秘书处应立即通知保管科放行。

④原料必需品办法

关于原料必需品业经第十一次常务会议议决，自本月二十日起准各商号来会声请，办法手续拟订如左：

一、商号采购原料必需品须先向本会登记科登记，填表四份，并附样品说明各二份。

二、登记科收到登记表后，除一份留存备查外，将三份一送秘书处，一送调查科，一送设计委员会；样品说明二份，一送调查科，一送设计委员会。

三、调查科及设计委员会收到登记表后，应速即切实调查，详为研究，如确无其他各国货物足以替代者，得复函详可采购，否则亦须详为指示替代之品，此项复函及意见书一律送秘书处。

四、秘书处先收登记科登记表，继收调查科及设计委员会复函，详可采购时应即填具缴款通知书，通知商号解款。

五、商号将应解之基金解交银行,拿回收拨及收款通知书后,除收据归商号保管，以便将来掉换股票外，通知书应即缴至本会会计股核验数目。

六、收款通知书经会计股核验无误，加盖验讫印记后商号即将通知书送秘书处，由秘书处通知登记科给发通行证，每件一张。

七、调查科及设计委员会认为有他货可以代替者，得由秘书处复函不能采购，拒绝通行。

八、商号购货之价格，应由调查科负责调查。

九、已经核准为必需品之细纱粗纱，如已设立筹备处者，此项登记调查研究手续，得免除之。

⑤工业原料必需品通行办法（八月廿日起实行）

（一）凡采购日货工业原料必需品，须先向本会登记科声请登记。

（二）登记后经本会审核确无其他各国货物足供替代者，准予抽收基金筹设工厂。

（三）经核准筹设工厂后，应至本会指定之银行缴存基金。

（四）本会凭银行缴款通知书发给通行证，准予通行。

（五）筹设工厂之章程通则、存款三联单及通行证式样另订之。

附缴基金办法

工业原料必需品在七月十四日以前购进者，免缴基金，十四日至廿四日期内购进者，缴基金百分之五，廿四日以后购进者，缴基金百分之十。

⑥检查邮包实施方法

一、向邮局交涉本会派员常川驻局检查日货邮包。

二、函请海关华员注意日货邮包，一经查得，即便知照或暗示本会驻局检查员。

三、本会派汽车一辆，长川驻留邮局天井，以备运送扣留邮包之用。

四、由侦察部即日侦查日货邮包经纪人活动份子，并开具名单，送由常务委员会核办。

五、书面警告该项经纪人，倘一次警告后仍不敛迹，本会应即遵行各界代表大会决议案，予以惩处。

⑦检查日货施行方法

一、派员分往车站、码头切实检查，除确经前反日援侨委员会给证准予卖买者外，其余日货一概不得转运或发售。

二、由本会公告各商店，于七日内将所存日货除经前反日援侨委员会给证准予发售者外，一律移存堆栈，不得发售，七日之后再由本会派员往各商店实行检查。

三、由本会责成各同业公会及转运公司，不以原料供给日人，否则与日货同样处置。

四、由本会派员在轮埠侦察并相机阻止搭乘日轮或以日轮装载货物。

五、责成码头工会转令码头工人不得起卸日货。

六、日本银行钞票及存款应于三日内前往日本银行兑现或提取，并不得再与日本银行往来。

七、公告商界及金融界不收受日货押款及典当，并停止经营日货商界之往来。

八、凡在日本会社洋行工厂住宅及其他企业内工作之职员或仆役，应于三日内辞去职务，凡在日本工厂轮船工作之工人，应妥筹办法，准备退出，并不准任何华人前往接替。

九、凡本国各种企业或住宅之日本籍职员、工人或仆役应于三日内一律辞退。

十、以上各项得由本会会同其他团体共同办理。

⑧处置日货步骤（七月二十四日第四次执行委员会议议决）

（甲）处置日货应分三步骤：(一)七月十四日以前，商人付银购存之日货，应于登记期内来会登记。（登记期限至八月六日，截止登记表附注内并截明1. 货物唛头；2. 货物号码；3. 所存栈房），登记期满给予凭证，准其发售，不收费用，但七月十四日以前，商人付银购存之日货，未经登记，即行报运发售，已经本会查获者，应征收反日援侨救济金百分之十，并补订登记；（二）七月十四日以后二十四日以前商人付银购存之日货，应于登记期限内来会登记，登记时随收反日援侨救济金相应于货价百分之十，俟登记期满给予凭证，准其发售，但七月十四日以后二十四日以前商人付银购存之日货未经登记即行报运发售，已经本会查获者，应加倍征收反日援侨救济金补行登记；（三）七月廿四日以后再有购运日货者，查获一律充公，其购进之货，虽在二十四日以前，而不依限来会登记者，查获亦一律充公。

（乙）各货登记后，由各同业公会自行汇存于一二堆栈，函请本会会同商会派员检验清楚，在每件货物上分别加印，始准通行发售。如欲出口，可由该业同业公会具函向本会请领通行证，该证由本会会同市商会盖印发给，以便互相考查。货物到达后，应由领货人先行报告当地反日会及商会检查登记，始得提议，嗣后如遇查未盖印之货物，均应扣留充公，作为反日援侨救济金。

⑨绝交方案

一、不买日货，不卖日货，不运日货，不用日货。

二、不以原料及一切物品供给日人。

三、不乘日本轮船，不以货物装载于日本轮船，不起卸日货。

四、拒用日本银行钞票，提取日本银行存款，对日本银行停止收办。

五、不为日本人工作。

六、不雇用日本人。

七、不登载日人及日货广告。

八、不接待日本人。

⑩惩戒办法

一、违反本纲要所定办法者，由本会查明情形，分别惩戒，其情节重大者，以卖国贼论，处以极刑。

二、惩戒事项由本会组织惩戒委员会。

三、惩戒办法约分下列各项：

甲、没有货物。

乙、公开警告。

丙、没收其财产全部或一部。

丁、拘禁示众。

戊、游街。

己、穿卖国贼衣服，拍照示众。

庚、其他惩戒委员会认为必要之方法。

四、罚戒委员会组织规程及奸民惩戒规程另订之。

⑪检察部检察委员会第一次会议记录

出席者：

周效灵、曹荫衢、麻乃绥、陶荫森、潘君藻、康渭清。

列席者：

杨思诚、何朝梓。

主　席：康渭清　　　记　录：何朝梓。

提　议：

（甲）潘君藻君提议另聘请检察队副队长一人。

议　决：交检察队队长提出由本部聘请。

（乙）麻乃绥君提议分配各职员工作及责任（通过）。

议　决：

（一）检察委员会专为讨论本部一切进行事宜（通过）。

（二）检察干事专为领导本部职员办理一切检察事宜。（通过）。

（三）助理干事协助检察干事办理一切事宜（通过）。

（四）秘书暂办本部一切文件事宜（通过）。

（五）检察队专办检察宣传队工作情形及检察一切标语传单（保留）。

（六）交通队专办运送宣传队，宣传时所缺乏之印刷品并传达消息（通过）。

（丙）麻乃绥君提议本部职员请假归检察部管理之(通过)。

（丁）周效灵君提请干事会确定本部权限（通过）。

（戊）周效灵君提议请干事会起草组织大纲以便各部组织（通过）。

（己）散会。

主席康渭清

记录何朝梓

中华民国二十年九月廿七日

附呈二：①学生抗日救国会之工作原则及暂行组织大纲

一、学生抗日救国会之工作原则

甲、厉行经济绝交

乙、拥护和平统一

丙、努力宣传工作

丁、致力学业修养

戊、加紧军事训练

己、避免一切纠纷

二、学生抗日救国会暂行组织大纲

（一）凡中等学校以上各种学校之学生，均得组织学生抗日救国会。

（二）学生抗日救国会之名称，须冠以各该学之校名。

（三）学生抗日救国会之组织，以本三民主义之精神，努力抗日救国为目的。

（四）学生抗日救国会之工作，以下列各项原则为依据，甲、拥护和平统一。乙、厉行经济绝交。丙、努力宣传工作。丁、致力学业修养。戊、加紧军事训练。己、避免一切纠纷。

（五）学生抗日救国会之权力属于会员全体，由会员大会或代表大会行使之。

（六）学生抗日救国会设干事会，干事人数定为五人至二十一人。

（七）学生抗日救国会干事会之下设文书、事务、宣传、检察等股，各股由干事互推分掌之。

（八）学生抗日救国会，于必要时，得推举代表一人至二人，联络他校学生抗日救国会之代表，举行联席会议。

（九）学生抗日救国会章程，须遵照本会大纲制定，并呈报中国国民党上海特别市执行委会备案。

（十）本大纲由中国国民党上海特别市执行委员会议决施行。

中国国民党上海特别市执行委员会印发

②各大学抗日救国会职员名单

光华抗日救国会全体职员表

常务

储安平　江　鹏　沈　鄂

干　事　周树枬　张璪龄　范家标　张子修

文书部

部　长　穆时英　胡　楷

干　事　钟善成　陆坤莹　郑锡瑜

交际部

调查部

部　长　张济民　张允和

干　事　吴翼焕　孙良骥　秦　鼎　何开选

纠察部

部　长　杨裕略　余锡恩

侦查股　刘策余

公安股　卢卓然

组织股　谭荣燊

文书股　伍松煖

纠察分队

1．第一大队　队长卢卓然

第一组　雷泽金（队长）苏　哲　余章焕　邓钱林　潘世根　李决雄

第二组　周朝述（队长）□□□　□□□　谭国荣　邓廷镜　陆恩祥

第三组　李寿培（队长）邓洪盛　石祥骥　司徒瑜　高仲篪　周良骍

第四组　林见明（队长）叶志超　曾　汉　朱志烊　汤拔山　阮雁鸣

第五组　陆五岳（队长）陈剑云　陶正炘　朱超华　邱汉□

2．第二大队　队长余国华

第一组　余国华（队长）施正光　吕伟超　郑炳垣　游子耀　苏谔贞

第二组　杜　量（队长）章　导　吴国凤　罗慧中　邓　政　钟琛荣

第三组　赵朗如（队长）赵达次　黄铁铮　林灿英　叶景福　黄庚桢

第四组　任　峰（队长）许正直　高昌南　章树钦　吴　华　钟声骏

第五组　陈道源（队长）王逸鹤　黄惠源　张慰民　刘奇超

张竞章

3．第三大队　队长梁耀宗

第一组　王季淮（队长）林炳文　马纫成　金　汤　黄宗华

第二组　梁耀宗（队长）余　航　陈子教　林甘泉　吕□□赖达才

③大夏大学抗日救国会干事名单

总务部部长　杨　智

文书股股长　李元述

谢燕卿

会计股股长　赵启源

庶务股股长　章炳炎

交际股股长　季九余

收发股股长　曹□川

宣传部部长　秦以谷

演讲股股长　马尔骏

出版股股长　肃仲岩

艺术股股长　杨家理

散发股股长　黄景宪

通信股股长　秦□中

纠察部部长　许冠彬

调查股股长　张汝砺

指挥股股长　欧元□

交通股股长　黄宗军

军事部部长　来元义

看护股股长　刘　荧

理化研究主任　全增嘏

义勇军军长　左舜生

④大同大学学生抗日救国会改组后之组织名单

总务主任　顾宝煜（文书）沈德流　杨承宗（会计）许天申（庶务）顾邦基（交际）王仪勋　刘维城　胡闻余　张昆玉　胡宜南　薛宜耕

宣传主任　徐芳藻　杨时英　委员王连庆　陆应莪　韩维新　郭总秀　张超凡　方□任　任孝胥

军训主任　裘孔闇　委员钟仁泉　黄逊之　盛保一　俞叔贤

⑤中国公学抗日救国会干事会干事名单

中国公学学生抗日救国干事会

元字十八号向钦贤先生

元字廿四号马骥伯先生

元字廿六号段伯濬先生

宇字四号王国屏先生　宣传

宇字八号吴　迪先生　事务

宇字八号殷俊之先生

宇字八号游家祥先生

宇字十号武真卿务生

宇字十号聂海帆先生

宙字二号皇甫之馨先生　检查

子字十八号转何景元先生　总务

子字廿三号管　堃先生

丑字二号司　瑞先生

丑字四号王相秦先生

寅字四十号龙英杰先生

寅字四十号郭　健先生

寅字四十号马逢瑞先生

寅字四十号梁少坤先生

乙字十号邱希圣先生

校　　外樊振邦先生

王家衖八号王国材先生

附呈三：社会民主党告同胞书

同胞乎！日本帝国主义，侵略我国，迄今已达极度，而尤以最近为甚！察我国天灾人祸剧烈之际，国家多事之秋，乘我之危，欺凌我国，初侵我万宝山之农田，继惨戳朝鲜之华侨，讵意最近复无端驱兵直入我奉天、吉林等处，袭我城池，封我官署，逐俘我官吏，杀伤我同胞，焚我房舍，毁我兵营，掳掠我之财货，奸淫我之妇女，迫缴我军之械，抢夺我地方之警权，于今已多日矣！此我民族之大羞，国家之巨耻，斯可忍，孰不可忍！乃南京政府，不思对抗之策，犹持顽故之态，视国家之灭亡若罔闻，置被灾同胞之痛苦于不顾，目睹暴日之横行，任其铁蹄之蹂躏。动曰持以镇静态度，动曰实行无抵抗主义。然则，整个之中国，变为印度之时，全国同胞，化为亡国奴之日，其亦镇静无抵抗耶？同胞乎！东三省已矣！唇亡齿寒，谅深知之矧帝主义者之战舰，星置我长江流域各要冲，环布我沿海各港湾。兵已临我城下，转瞬之间，亡国惨祸，可立而待！欲赖南京政府乎？则其根本为亡国奴之政府，欲赖国际联盟乎？则其根本为列强分赃之机关！然则当如之何乎？

第一：力求和平统一，反对内讧！

第二：打倒独裁政治，促进各党组织联合政府！

第三：唤起同胞，督促全国军事领袖，对日本帝国主义宣战，共御外侮，否则，解除供给。

第四：全国青年一律武装，作灭日本帝国主义之先锋队！

惟如斯始能自救，亦惟如斯始能图我国权之独立。不然，一再对日本帝国镇静，不抵抗，乃亡国奴之行，狗才之性，懦夫之辈，无耻之徒，非我大中华民族之所应有，直为同胞之敌，当铲除之！

同胞乎！安南亡，其人民尽作法国之刀上俎！朝鲜亡，其人皆为日本之跨下族！我国我族，处于今日，弹指之间，将蹈其覆辙矣！犹不速醒而图之乎？昔之土耳其，何尝不畏列强之巨炮长枪，然竟一战而独立于世界，无他，全国民族共排国难，以致之耳！吾国固弱，灭强暴日本帝国主义，惟在我同胞之兴起！

同胞乎！亡国大祸，已迫眉睫矣！团结起来，组织起来！抖擞挥戈反日之精神，振兴鸡鸣起舞之勇气，覆灭日本帝国主义，国家地位之提高，民族前途之繁荣，悉在斯举，其共努力，同胞乎！高呼：

打倒南京独裁政府！

建设各党联合政府！

中国军队，不能为国家为人民保障者，解除供给！

对卖国贼，蒋中正，王正廷，撤职重惩！

日本帝国主义一日不灭，中国一日不安宁！

打倒一切资本帝国主义！

中国社会民主党总宣处

一九三一·九·廿四·

〔国民党中央民众训练部档案〕

6．行政院为防范上海各大学抗日会代表来南京活动致首都卫戍司令部笺函

（1931年11月5日）

笺函　第三七一七号

迳密启者：奉兼院长蒋发下上海市市长张群豪电，密陈沪市近情，请对各大学抗日会派来首都参加筹备会之十六人注意一案。奉谕：交首都卫戍司令部及首都警察厅，严密防范。等因。除分函外，相应抄同原电函达查照。此致。

首都卫戍司令部

首都警察厅

计抄送原电一件

行政院秘书处启

中华民国二十年十一月五日

抄原电

限即刻到。南京国民政府、蒋总司令、行政院钧鉴：中央党部、宣传部、训练部戴院长季陶先生、外交部勋鉴：政密。（一）据报最近沪共党领袖均赴赣出席干部会议，故在沪工作未见紧张，预定开会后回沪，扩大行动，其预定日期在十六日以前，作用可知。已饬公安局严密防范。（二）昨各大学抗日会第九次代表会决议各案，均有作用，其总目的仍在激成罢课、罢工、罢市之风潮，难保无反动分子混迹其间，乘机利用。除已派员密查并加注意防范外，其派赴首都参加筹备会之十六人，应请注意。其决议案已详报载。（三）学联会所决议举行之拥护统一，反抗暴日大会，本拟请蔡、汪诸先生出席，蔡、汪诸先生均未应允，现该会仍决，议择期举行。（四）同兴日纱厂华工初出工厂之前，本与荣宗敬所办之申新第三厂即原生纱厂有接洽，允为完全可以安插。但至工人赴厂时，又遭申新职员拒绝，几酿事端，现尚在接洽中，大致可以容纳，（五）本日沪市安谧如常，知注谨闻。张群叩。豪。印。

〔国民政府行政院档案〕

7．张群等报告无法阻止上海学生赴南京请愿及罢课游行示威情形密电

（1931年11—12月）

（1）张群致行政院等密祃电（1931年11月22日）

限即刻到。南京。国民政府、蒋总司令、行政院钧鉴：中央

党部、宣传部、训练部戴院长、外交部、教育部勋鉴：政密。（一）今日各大学干事会决议明日赴京请愿，各校不能全体出发，则派代表至少每校十人，要求主席克日北上视师，并限张副司令三日内收复失地，主张最烈者为暨南、复旦二校学生，二十四日在沪举行游行示威。（二）昨日中学生大会议决全体赴京请愿，经设法劝阻，今日会议决定派代表，其人数以十分之一为比例。（三）杭州学生第一批八百五十三人于下午三时五十分乘京杭通车过沪赴京，第二批七百六十七人于七时二十分到沪，阻止无效，乘今晚十一时快车赴京。（四）日商精板印刷公司因营业减少，解雇华工七十三名，引起纠纷，全体解雇。（五）今日沪市要谧如常，知注谨闻。张群叩。祃。印。

廿年十一月廿三日到

（2）张群致行政院等密敬电（11月24日）

限即刻到。南京。国民政府蒋总司令、行政院钧鉴：中央党部、宣传部、训练部戴院长、外交部、教育部勋鉴：政密。（一）日舰坚田今日由汉抵沪。（二）今日各大学学生在南北市游行示威，早经防范，未生事故。（三）今晨杭州学生四百余人，乘京杭通车过沪赴京。（四）暨南学生约四百人，于今午七时在真茹上车赴京请愿。（五）本市各大中学生四千余人于午后五时半、六时半、六时五十分分乘三列车赴京，未到车站前及已赴车站后种种设法阻止，均归无效，现尚有二千余人在站候车，正设法阻止前往。（六）据报日人拟于二十七日在沪汉各地利用失业工人险谋捣乱，是否确实，尚未查有证据。（七）今日沪市安谧如常，知注谨闻。张群叩。敬。

廿年十一月廿五日

（3）张群致行政院等密江电（12月3日）

限即刻到。南京国民政府蒋主席、行政院钧鉴：中央党部、宣传部、训练部戴院长、外交部、教育部勋鉴：政密。（一）光华大学今日开学生大会，议决继续罢课，闻其他学校亦有同样酝酿。（二）因连日报载，我政府已承认划中立区，并进行直接交涉等事，今日巴黎电又有施代表建议天津国际共管之说，民气又趋激昂，类似抗日救国之团体，陆续发生，形势顿觉紧张，应付渐感困难。知注谨闻。张群叩。江二。印。

（4）张群致行政院等密鱼电（12月6日）

限即刻到。南京。国民政府蒋主席、行政院钧鉴：戴委员长、中央党部、宣传部、训练部、外交部、教育部勋鉴：政密。（一）昨日大学学生联合决议各校总罢课，召集市民大会举行大示威，经党部代表劝导，结果将原案保留，待何、邵两委员到沪宣示中央外交方针后，再召集会议讨论。又会中有交通大学及启船学校代表提议拒用中央银行纸币，罢税及破坏交通等事，表示反对政府，经党部代表痛斥仍议决保留。（二）中学联合会开会提议罢课，因多数反对未通过。（三）各大学已罢课者有半数以上。（四）各界反对接受丧权辱国大会，在青年会开会，到四百余人，由吴迈主席，议决否认政府，组织暗杀团等事，极其荒谬，显有反动派主使，正派员调查预备取缔。（五）法政学院罢课游行到市府及外交部驻沪办事处门前示威，大呼反动口号。经派员劝导始散。（六）由京来沪学生一百八十人，晚七时前赴沪。（七）何、邵两委员晚九时到沪，即参加本市党政军及各界联席会议，定明日下午一时在党部召见学生代表训话，谨闻。张群叩。鱼子。印。

（5）张群致蒋介石等密佳电（12月9日）

限三十分钟到。南京蒋主席、行政院鉴：戴委员长、中央党部、宣传部、训练部、外交部、教育部勋鉴：政密。今午大学学联会开会，中大、北大学生出席报告，散会后忽被殴，一生伤重，经学生护送宝隆医院医治，另一生受伤失踪，行凶者□人被捕。现交通、光华、大夏、复旦等校学生四千余人来市府请愿，要求：（1）惩办公安局长，（2）反对压迫抗日运动，（3）立刻释放被捕同学，（4）不达目的誓死不回身。五时起，包围市府，至今未散，且闻市党部已捣毁。现正派员彻查本案详情，藉资应付。谨先电闻，余俟续陈。张群叩。佳戌。印。

（6）张群致国民政府等密蒸电（12月10日）

限即刻到。南京。国民政府、行政院钧鉴：佳戌佳亥两电计达。政密。昨日包围本府学生，入晚愈聚愈众，人数亦愈来愈多，且至深夜，增召各校第二批学生来府示威，以作声援。情感既极兴奋，形势尤为紧张。其要求条件，除佳戌电所陈四项外，更提出枪毙陈希曾、陶百川，立刻释放被捕学生及交出凶犯种种要求。经群亲自出见，竭诚解释，允为查明，依法办理，劝令先行安心回校。几至唇焦舌敝，力竭声嘶，终以意志坚决，相持不散。且本府内外交通被其隔绝，电话电报均被监视，办公秩序无法维持，全体职员亦惟枯守，所有出入门户，楼梯阶石，均有人满之患，拥塞不通，并闻法租界亦复因此戒严。群众愈趋激昂，状态更形严重。伏念职责所在，一发千钧，措置稍乖，恐难收拾，惟有沉着应付，剀切开导，对所要求，酌予容纳，直至今午，始渐就范。惟各校全体散归以后，仍有其他学校陆续来府请愿，计自昨日下午五时起，迄今日下午二时止，鹄立群众之中，未获片刻休息，所幸转危为安，堪慰廑注。谨电奉闻，敬祈垂察。张群叩。蒸。印。

廿年十二月十一日

（7）熊式辉致国民政府等密元电（12月13日）

限即刻到。南京。国民政府、行政院、参谋本部、军政部、京沪卫戍司令长官钧鉴：统密。据报，最近发现之反日救国会，定于今日在南市公共体育场召集市民大会，闻有反动派从中活动，拟会后游行示威，并向政府机关挑衅，抢夺警察枪枝，希图造成流血惨案等情。兹已通饬军警戒备，并饬公安局派警察队莅场维持秩序。惟自学生包围市府，破坏铁路案发生，群众心理日形嚣张，党部既失领导能力，反动派更从中利用，万一蓄意寻衅，实行暴动，我军警徒手制止，决难有效，治安亦属难于维持，究应如何处置之处，事涉重大，敬祈迅赐核示祗遵。职熊式辉叩。元已参。印。

廿年十二月十四日

（8）上海市政府致国民政府等密漾电（12月23日）

限即刻到。南京。国民政府、行政院钧鉴：戴委员长、何部长、中央党部、宣传部、训练部、外交部、教育部勋鉴：政密。一、中学生联合会复议复课案，虽有二十三校之同意，率以少数激烈分子把持捣乱，未获通过；二、据报各工会拟于二十五日分别罢工，连日华商电汽公司发现反动传单甚多，已饬属严防。上海市政府叩。漾。印。

廿年十二月廿四日到

〔国民政府行政院档案〕

8．铁道部为阻挠学生赴京请愿无效致国民党中央训练部公函

（1931年12月14—17日）

（1）12月14日函（一）

迳启者：案据京沪路局寒酉电称：今午有学生五百七十余

人，来站强乘第一次上行车，当经将该次车停止开驶。经职局车务处全体员司再三婉言劝阻无效后，由淞沪警备司令部派来蒋副官长及职亲与该学生等代表商阻后亦无效，竟于下午四点卅四分被该学生等强迫将车开出矣。再此次该学生等来站，并携有执持枪械，自称学生宪兵者计四十人，入站为彼等维护，合并陈明，谨电驰达。等情。除电呈国府暨行政院外，相应函达查照。此致
中央训练部

铁道部启　十二月十四日

（2）12月14日函（二）

迳启者：顷据京沪路局寒电称：据学联会声称，今午有学生二千余人赴京，现已有三百余人强乘第一次车，无法防止，明日则有壹万余人赴京。谨电奉闻。等情到部。除据情呈报国民政府暨行政院外，相应函达查照。此致
中央党部训练部

铁道部启　十二月十四日

（3）12月17日函（一）

迳启者：案据京沪路局删电报称：今午有学生一千另十八人，仍如昨日携有执枪械之学生偕同入站，为其维持秩序。该学生等强乘第一次上行车赴京，本局即将该车停止，嗣为该学生等强迫开驶，已于下午五点十分将车开行，共延误一时五十五分。谨电奉闻等情。据此，除电呈国府暨行政院外，相应函达查照。此致
中央训练部

铁道部启　十二月

（4）12月17日函（二）

迳启者：顷据京沪路局铣电称：昨晚十时有学生三百人，强乘第五次上行车赴京，劝阻无效，该学生等竟于今晨另点二十二分强迫该次车开行，共延误卅分。谨此电闻。等情。据此，除电呈国府及行政院外，相应函达查照。此致

中央训练部

铁道部启　十二月

〔国民党中央党部档案〕

9．上海市政府关于中等学校联合会等为锦州失守决定赴京请愿抗日并发起市民大会情形的电呈

（1932年1月8—17日）

（1）上海市政府致行政院电（1月8日）

南京。中央执行委员会、行政院钧鉴：据教育局呈报：中等学校学联会代表会于六七两日开会，每校代表二人，计三拾余校，约六拾余人。探得议决案中有赴京请愿一条，其目标有三：（一）请政府即日出兵抗日，（二）请缨讨日（请政府发枪十万枝），（三）请政府即日释放北大被捕代表，并议津贴赴京代表经费等语。经派员劝阻无效。等情。据此，理合电呈鉴核。上海市政府叩。庚。印。

（2）吴铁城致行政院呈（1月9日）

呈为呈报事：据本市军警团临时联合办事处报称：据报，今日（六日）下午二时，本市中等学校抗日救国委员会代表团二十七人，大学联合会代表一人，同往市商会，因该会各常委均在国难救国会开会，约定次日下午一时由该会主席亲自接见，代表等表示明日如再不见，尚须增加人数来会示威而散。同时，各大学抗日救国会发起大规模市民大会，并游行示威，派代表曹翰芬、刘传中、祖仁田、龙铁群等至该会接洽。其所持理由：一、锦州

失守，二、上海危急，三、政府无办法。请通知商人一致参加，限明日（七日）具体答复。至大会筹备处设有〔在〕法学院，开会日期及地点，须俟各大学代表向各界接洽后定夺等情。据此，除分呈中国国民党中央执行委员会并饬属随时注意防范外，理合备文呈报，仰祈鉴核。谨呈

行政院

上海市市长吴铁城

中华民国廿一年一月九日

（3）吴铁城致行政院呈（1月12日）

呈为呈报事：查本市大学、中学抗日救国委员会推举代表赴市商会，要求商界参加市民大会一案，业经呈报钧院鉴核在案。兹续据本市军警团临时联合办事处报称：市商会于九日召集执委会讨论此案，计到执委十五人，中学代表七人，大学代表三人，亦列席参加。该代表团提议要求提早罢市，当经议决十七日召集市民大会，同时罢市一日，促进政府出兵。至于市民大会地点，须俟十一日星期一假市商会召集学商两界会议决定。等情。据此，除分呈中国国民党中央执行委员会，并饬公安局严密防范外，理合再行备文呈报，仰祈察核。谨呈

行政院

上海市市长吴铁城

中华民国二十一年一月十二日

（4）上海市政府致行政院等密电（1月17日）

特急。南京。中央执行委员会、行政院钧鉴：政密。查本市日前中等学校联合会及所谓农工商学联合会议决于本日罢市罢工罢学罢岗罢操等项，经已分别呈报在案。旋经本府设法消弭，市区安靖如常。惟本日上午十时仍有卅余团体，人数约三千人，在

公共体育场开市民大会，本府据报后即饬公安局妥为戒备，后发现有人在发反动传单，并高呼反动口号，经该管第二区拘获一人，在其身上搜出反动传单多张，即经带局讯究，嗣后该市民大会提议包围市府，营救被捕之人，当场通过，即于下午一时出发。本府闻讯，即严行戒备，二时左右，该群众到达本府门前，狂呼反动口号，并散发共党传单，旋即推举代表要求释放被捕者，本府当答以案关反动，已送警备司令部讯办。该代表仍坚决要求，继见本府态度强硬及有充分准备，虽有暴动主张，仍未实行，延至午后三时余始散，未酿其他事故。谨闻，伏希鉴察。上海市政府叩。筱。印。

廿一年一月十七日到

〔国民党中央民众训练部档案〕

10. 上海市政府关于民众反日救国联合会追悼杨同恒烈士大会情形致行政院呈

（1932年1月12—18日）

（1）1月12日呈

为呈报事：查本市本月蒸日市南公共体育场有类似学生及工人等开会追悼已死学生杨同恒一案，业经当日先行电呈钧院暨分电中央党部执行委员会鉴核在案。兹据市公安局续报称：据第二区区长凌希超报称：蒸日上午十时，中国公学法政学院，文生氏英文学校暨职工联合会等团体在公共体育场开追悼死难同学杨同恒大会，到会五百余人，由法政学院文生氏英文学校主席致祭，宣读祭文后，主席团相继发言，甚为复杂。当未开会之先，本区即派巡官高子强、周克尧率警多名，前往弹压，严密监护，幸未发生事故。惟出发游行之际，则有高呼打倒国民政府、打倒国民革命党、打倒汪精卫等反动口号。该巡官等竭力制止，终以人多无法阻其游行。曾于会场内外检得反动宣言多张，嗣经本局饬派警队多名，并加派机车四辆，四周监视，督同游行，作包围形势，尚未发生暴动行为。该会游行时舁有棺材一具，随同行走，人众即尾随其后，嗣经过斜土路老西门中华路民国路至新北门，遂即四散。等语。据此，除分呈外，理合再行具文，呈请鉴核。谨呈行政院

上海市市长吴铁城

中华民国二十一年一月十二日

（2）1月18日呈

为呈报事：案据市公安局呈称：转据本局督察员李庆鑫、刘国树等呈称：窃奉钧令以据探报上海民众反日救国联合会订于本月十日在公共体育场追悼南京被难烈士，届时派员前往监视等因。奉此。职等遵于本月十日上午九时赴公共体育场视察，即见参加开会各代表陆续到场，至十一时许，计到现代中学抗日会等三十团体约四百人左右，会场内外由该会组织纠察队维持秩序，并有本局所派警队监视，十一时半即行开会。并将学生杨同恒棺柩抬置会场，先向被难学生棺材行最敬礼，次报告开会追悼杨同恒意义。并提三议案：一、要没收已检查之日货拍卖抚恤杨烈士家属；二、反对南京政府秘密外交；三、实行罢工罢市罢课；四、扩大反日运动。次各代表继续登台演讲，均是共产主义，最后高呼共产党万岁，拥护红军，打倒国民政府等种种反动口号。十二时散会，结队游行，沿方斜路经老西门至方滨桥北转往法租界华盛路而去。在游行时有本局警队前后左右包围，随行监视，沿途尚无扰乱举动。除将拾获各种反动传单先行呈核外，所有奉令监视上海民众反日救国联合会开会追悼杨同恒并结队游行各情形，理合具文呈报，仰祈鉴核。等情。计抄呈到会各团体名单一纸，反动印刷品多种。据此，查此案前据第二区表报经即转呈在案。兹据前情，理合抄呈到会各团体名单，连同反动传单七件，具文呈

报，仰祈鉴核等情。据此，正核办间，复据市教育局呈报内称：案查南京一二一七惨案后援会上海筹备会定期举行杨同恒追悼会一案，业经呈报在案。兹该会于本月十日（星期日）上午十时在本市市立第一公共体育场妇孺部举行，经派本局值日人员前往查察据报，是日共到中华全国海员港务总工会、上海民众反日救国联合会、中国社会科学研究会、上海青年反帝同盟会、上海文生氏英文专门学校抗日救国会、中公学生抗日救国会、上海人力车夫联合会、针织袜工会等二十余团体约计一千人左右，杨同恒柩一具陈列场中，共产党传单全场纷飞，共产口号宣腾耳鼓，各团体代表演讲亦无不以“打倒国民党”、“打倒现政府”为其发言之基础，总观全场情形，几十之七八为共产党人，所谓“杨同恒追悼会”实不啻为共产党人之示威运动大会也。至十二时散会。该会复抬柩率队游行，由方斜路经西门民国路入法界而去，因防范严密，幸未肇祸等语。并附传单等刊物二十八种。据此，理合连同传单备文呈报，伏祈鉴核。各等情。据此，查关于本案经过情形，业经于本月十日、十一日先后电呈钧院鉴核在案。据呈前情，除再分呈外，理合具文呈报，仰祈鉴核。谨呈
行政院

上海市市长吴铁城

中华民国二十一年一月十八日

〔国民政府行政院档案〕

11. 上海各大学学生抗日救国联合会要求政府退出国联代电

（1932年1月13日）

国民政府钧鉴：自九一八事变以来，军人以退走苟延残喘，政府以镇静欺骗国民，一则曰政府有最后之决心，再则曰俟国联之调解，而暴日横行，有加无已，以致有十一月二十日黑省援绝

失守之事。国联决议既不生效，政府从此当实行其最后之决心，以出兵收复失地，乃计不出此，依然抱镇静与不抵抗主义，甚至有待宁粤统一而后一致对日之藉口。和平会议既为应付紧急外患而开，双方应如何牺牲一切，开诚布公，于数日内完成统一，为东北同胞解倒悬，为中华民国争主权，以期无负民众期望之心；乃双方一味守曲论直，争权分赃，只知升官发财，罔计国危民困，以致欺骗民众之所谓和会，迟至三阅月之久，始勉强告竣，尚使双方或一方稍凭天良，以国难为前提而让步，则统一不难早成。即今言之，统一既有政府所当力矫前愆，重奏新猷，方为不负，乃对外仍然依赖帝国主义者分赃机关之国联，对内仅令张学良须负守土之责，力取抵抗。至于如何使张氏用命，以及如何援助张氏，均无具体办法，以致锦州又以退走失守。闻锦州为华北屏藩，锦州失则平津危；平津危，则全局动；全局动，则后患有不堪设想者。国势阽危至此，生等何忍坐视，且国家存亡，关系人民生死，国存则已，一旦国亡，亡国痛苦，谁能代受，天下最痛心事，无过于亡国为奴者。生等用特飞电前来：（一）退出国联；（二）出兵收复失地，并令北方将领及士兵，拒绝张学良不抵抗命令，自动抗日；（三）枪毙丧地辱国之长官张学良。以上三点，请政府于三日内实行，否则不啻自认为甘心卖国之政府，上海十万同学为救亡计，当按照预定计划，努力与此麻木不仁之政府相周旋也。谨此奉闻。

上海各大学学生抗日救国联合会叩

〔国民政府行政院档案〕

12. 淞沪警备司令戴戟转报上海各界召开市民大会情形呈

（1932年1月20日）

呈为转呈事：案据上海市公安局局长温应星呈报：呈为呈报

事：案奉钧部参字第一七九号密令内开：案据密报，十七日午前十时，南市公共体育场市民大会，实际已受共党操纵，将于会中提出反动提案，会后进行示威，并扩大行动，捣毁车辆店铺，接收抗日会等情。据此，除分令外，合亟密令饬属注意防范为要。此令。等因。奉此。查此案前据密报，经即令饬该管第二区警察大队及督察处，届时加派人员，严密防范，并呈报在案。兹据该区队员前后报称：本日市民大会，约到有三十余团体，在未开会前，因意见不合，发生殴打情事，当有两人受伤，送往医院医治，延至十时余始行开会，所有演说及口号，均带反动色彩，秩序亦混乱。嗣有宁波人方善卿一名，散发反动传单，当被本局警察发觉，拘送解局讯办。该会主席团勉强维持开会，议决各事项，竟逾越抗日救国范围以外，且同赴市政府请愿无结果，约定十八日下午六时在公共租界武定路二十四号再行开会，讨论对待办法然后分散等情。并附呈检获反动传单叁拾张。据此，本日到会各团体多非正式团体，且竟有中国共产党中央执行委员会名称散发共党传单，发生殴打情事，殊于地方安宁秩序，大有妨碍，将来如果再有此项情事发生，可否即行制止开会，以免妨碍安宁之处。除分呈外，理合抄呈督察处报告壹件，连同传单十张，备文呈请鉴核示遵等情。据此，查本月十七日市民大会纷扰情形，迭经电呈钧院报告，并奉筱亥电覆，饬仍严密警戒，于必要时设法制止。倘发生暴动，即相机处理在案。兹据前呈，将来如果再有此项情事发生，可否即行制止开会，以免妨碍安宁之处，理合再具文呈报，敬祈鉴核示遵。谨呈

行政院院长孙

行政院副院长陈

淞沪警备司令戴　戟

中华民国二十一年一月二十日

〔国民政府行政院档案〕

(3)北平学生的抗日救国活动与国民党的阻挠破坏

1. 北平各学生团体为日本侵占东北要求一致对外抗战文电

（1931年9—10月）

（1）国立北平大学俄文法政学院学生自治会代电与宣言（1931年9月20日）

南京中央党部、国民政府钧鉴：各省市政府、党部、各军旅司令部、各法团、各报馆转全国民众均鉴：日本帝国主义者逞其侵略之私欲，万宝山事件发生于前，侨民又被惨杀于后，今又悍然不顾，大肆武力侵略，以遂其囊括满蒙之素志。果也正在调查所谓彼等捏造中村事件之中，竟大举进兵，于九月十八日将沈阳完全占领，焚杀抢掠，十室九空。现仍节节逼迫，进占长春、安东、营口各要埠，以及国营四洮、洮昂、吉沈各大铁路，致使我国人民生命财产损失无数；犹复掳我官吏，毁我公署，缴我军械，占我葫芦岛，直逼平津，华北一带，危在旦夕。事前既无宣战通牒，事后又复颠倒是非，恶酷手段，莫此为甚。种种惨状，言之痛心。当此国破家亡之时，正吾人同仇敌忾之际，深望当轴诸公，立息内争，一致对外，并望我国民众，实行武装，誓作政府后盾。倘再有执迷不悟，仍存自私自利者，即认为全国公敌。临电涕零，不胜迫切待命之至。

国立北平大学俄文法政学院学生自治会智叩

附宣言一纸

国立北平大学俄文法政学院学生抗日救国会宣言

同胞们：

陷沈之后，恶耗频传，葵首东瞻，横尸遍野，东北山河，已易日帜，三省同胞，皆作亡囚，古国黄裔，从此将一丧无余，谅为全国同胞所最悲愤痛恨者也。守土诸公，皆弃甲而走，无抵抗主义，耐至何时？暴邻入寇，事先未稍预闻，倭奴西侵，犹颁增兵之檄，门户俱失，狼已入室，啮头噬足，扰扰不休。仍旧不抗，未知当轴者何以自解？国际联盟乃帝国主义之分赃厅，非战公约亦世界列强之假面具，沙市、济南及万鲜惨案，无一非帝国主义之暴行，国际间对之何曾有一次公平裁判？往事皆昭昭俱在，自可一一指陈。国人应皆觉醒，勿再重登迷路。读书救国，今日已非其时，荷枪实弹，方为当前急务。凡我民众，应即团结一致，作抵抗先驱，勇敢牺牲，同赴国难，共挽家邦，舍我头颅，抗彼残暴，誓驱逐倭寇出境而后已。但于热血澎湃之下，须作冷静观察，认清一切敌人，施行总的进攻，定可得到最后胜利。临书迫切，泣血宣言。

暂且忍住一时悲愤，高呼我们的口号：

1．精诚团结，一致对日！

2．舍掉头颅，共赴国难！

3．誓雪国耻！

4．宁作战死鬼，不作亡国奴！

5．打倒惨无人道的日本帝国主义！

（2）北平私立燕京大学全体学生代电（9月22日）

通讯社转全国各级党部、各政府、各军队、各学校、各农工团体、各学术机关、各报馆、各法团均鉴：养日致南京国民政府一电，文曰：“南京国民政府均鉴：日本出兵，三省沦亡，山东海口，相继被陷，惊耗传来，惨痛万状，伏望吾政府依顺民情，积极备战，吾燕大全体学生，誓以一死，为政府作后盾，为民族争存亡。”

北平私立燕京大学全体学生叩养

燕京大学全体学生对日本侵占东北宣言

本月十八晚十时，日军开始炮攻沈阳，同时长春、营口、安东、抚顺均被侵占。二十日日本海军在大连、青岛、牛庄上岸。同时向平津方面增兵。并在平津市内遍布便衣密探，俟机寻衅。朝鲜日军续向东省急进。国破家亡的惨痛，我们是深切的尝到了！

我们应当注意这次事件的严重：

（一）华北各省地瘠民贫，灾馑频年，将来所可赖以发展生产的只有关外三省。三省的农产可以接济全国的食用。大连港、葫芦岛、连山湾、山海关都是中国的重要门户，东北一失，不但华北各省随时可入日人掌握之中，华北各地的人民，也要活活的饿死了，我们以前的灾民还可以就食关外，现在三省悉被占据，他们除了饿死，还有什么办法！

（二）日本处心积虑的要并吞满蒙，已经有数十年的历史，甲午之战，二十一条的要挟，济南的焚掠，都是要并吞满蒙的旁敲侧击。并且每次都是乘人之危：二十一条是在欧战时提出，济南惨案在北伐垂成时爆发，而这次的占据东北，又故意在我国惨罹数百年未有的水灾时发动。

但是，这次的事变比济南惨案要严重的多。济南的占据，事实上是不能长久的。三省东接朝鲜，一被占据，便和日本领土打成一片了。并且他们事前已有长久扩大的宣传，实在有永久占据东北的野心。

我们现在处在这国破家亡的地位，假使再不起来自救，将来死于日本炮火之下，死了何能甘心！所以我们现在的主张是请政府积极准备出兵。我们以为，如果我们还不愿意死心塌地的向日本称臣服阙，如果我们全国人民还有雪耻的决心，我们终有解放自己的一天。我们要对自己宣誓，即便是中国人死得只剩我一个了，我也要负起救中国的责任来。

我们燕大全体同学，愿为政府后盾，赴汤踏火，誓死共救国难！谨此宣言。

（3）北平中小学学生联合会抗日救国会呈(10月5日)

呈为呈请准予通令全国各大商埠商会筹集巨款，组织罢工、日工厂华工收容所，以雪国耻事：窃查此次日本于九月十八日突然出兵侵我东省安东、沈阳、长春等地，枪杀华人，炮击我兵工厂、飞机厂，并将飞机枪支运走。蹂躏之惨，难以忍述，亡国灭种之祸，已迫于眉睫。近且增兵黑龙江，泊战舰于塘沽等处，一面唆使东省奸民宣布独立。惟日本不顾国际公理，不顾非战公约之野心，实欲藉口中村事件而遂其并吞满蒙之计，实现大陆政策之企图，心狠手辣，莫此为甚。我国民虽群情愤激，开会宣传，游行示威，誓与倭奴拼命，但不作根本持久之图，恐仍贻人五分钟热度之讥。且所谓经济绝交，不买日货之标语口号，亦等于虚言，即以罢工厂之华工同胞，若不设法代谋出路，转瞬严寒即届，无生路转至屈服于倭奴压迫之下，此历次罢工失败之成例，无容讳言者。当此万分危急之时，我国除一面团结实力，一致对外，准备作战，并通电各界各国宣布日人残暴野蛮之行动，请求公判，一面唤起世界弱小及被压迫民族联合战线，打倒帝国主义者外，对此次罢工同胞，惟有请求总司令迅赐通令全国各大商埠商会妥筹巨款，组织工厂收容在日工厂罢工之贫苦同胞，庶雪国耻而挽利权。情急势迫，词不暇择，不胜屏营待命之至。谨呈
南京国民政府蒋主席钧鉴

北平市中小学学生联合抗日救国会

二十·十·五·

（4）北平郁文学院抗日救国会宣言（10月）

同胞们！不抵抗主义就是卖国不要钱的主义，是自有地球以来为中国军阀所服从的一个主义，也就是中国达到亡国灭种的一个最后主义。中国的军阀是向来只知有己不知有国的，中国的军队是向来供给他们敲榨小百姓和争夺地盘的御用品，什么“守土之责，死在杀场”等等话，他们是从来不会知道的，他们是帝国主义者的奴仆，他们是农工大众的冤家，他们是中华民国的送葬者。同胞们！我们既看出他们这种向来一贯的弱点，我们赶快要团结起来督促他们猛醒觉悟！掉转枪口领着大家冲上前去，以雪中国的永沉海底之耻。

我们承认任何帝国主义的国际组织，都是他们用来宰割弱小民族和分配殖民地的一种工具，并且是一种互相勾结狼狈为奸的陷井。什么国联理会，国际法庭，也就是等于贼众分赃的一个处所。同胞们！以后万别在意识着这种无聊的东西了，现在的世界上唯一的公理，只有大炮、兵舰、机关枪和一切杀戮弱小民族的武器，舍此而外无所谓公理公法。同胞们！日本的兵舰不是已竟布满了中国，英国不是已竟侵入了我们的西藏，法国不是已在窥伺着我们的云南，俄国不是已竟并吞了我们的蒙古，请问侵略中国的这些国家是不是就在执行着国际机关的这些国家呢？同胞们！中国已竟快不是中国了，你们最亲爱的父母兄弟妻子姊妹都要无家可归见不着面了，现在如能猛醒急起冲上前去或可得到一线生机，不然你们已同绑赴刑场的罪囚，只等开刀的时间了！

最要紧的还有中国向来怕死的心理，怕外国人的心理，怕外国兵舰的心理，这三个心理可以说是从庚子之乱已铸入中国人的脑髓，这种意识的心理一天不清除，而中国本身便不能振作，同时中国国际地位便一天在危险之中，要知道日本人或任何外国人，他们也是因了精虫合卵子造出来的，他们身体骨肉一切组织也和中国人一样，枪子打上他们的脑袋，他们也是立刻毙命，他们并没有三头六臂什么钢胸铁骨，勿论他们的兵器如何精巧，飞机再快，兵舰再坚，只要我们前仆后继不怕死，什么强敌都可战胜，什么目的都可达到。我们的热血可以染红了黄海，我们的热血可以扑灭了三岛，我们还要用热血洗净八十年来中国整个的国耻，愿全国亲爱的同胞，军政要人翻然猛醒，把已往怕死的、怕外国人的、怕外国兵舰的三个心理，从今天起都要消除净尽，洗刷透白，然后一致团结起来和倭奴鬼拼个绝对的死活！我们的当前主张如下：

一、要求中央党部全体委员通电引咎，给全国国民谢领导不善之罪。

二、要求国民政府全体委员、广东政府全体委员同时通电引咎，给全国国民谢丧失领土之罪，取消国府主席改为主席团制，财政公开，部长以上人员不须兼职，然后协商合并粤政府，全国统一。

三、要求国民政府通电全国将领，通电改悔，泯除私见，整饬所部，静候中央命令调迁。

四、要求国民政府通电全国父老兄弟姊妹，从即日起，决心去掉怕死、怕外国人、怕外国兵舰的三个心理。

五、要求国民政府赶快招集全国非常紧急军事会议，决定对日一切军事计划。

六、要求国民政府速颁全国非常戒严令，沿海口岸调驻海陆重兵加紧把守，任何外国兵舰商轮不得许可一概不准自由出入。

七、要求国民政府所有内河日本兵舰驻军一律缴械，解除武装。

八、要求国民政府将所有内地日本租界一律武力收回。

九、要求国民政府联合世界上弱小民族，一致声讨日本帝国主义。

十、要求国民政府通令全国各省市县镇村组织人民军，酌给军械，一律武装起来，作为对日交战后盾总预备军。

十一、要求国民政府开释全国情节较轻之政治犯，与政府更始，同赴国难。

十二、要求国民政府蠲除全国劳动业务捐——人力车——及五百元以下之不动产捐——半自耕农——以刷新中国向来不分贫富之苛政。

十三、要求国民政府通电鼓励全国资产阶级尽量捐助对日交战军费。

十四、要求国民政府不达到日本无条件的放弃在华一切既得权利与赔款，暂不停战。

〔国民政府行政院档案〕

2. 北平各校学生抗日救国联合会组织章程及告士兵书

（1931年10月）

（1）北平各校学生抗日救国联合会组织章程

第一章　总　　则

第一条　名称　本会定名为北平各校学生抗日救国联合会。

第二条　宗旨　本会以集中全市学生力量，实施抗日救国工作为宗旨。

第三条　本会址暂设北平大学第一院。

第四条　凡各校合法抗日团体皆得为本会会员。

第五条　凡本会会员有服从一切决议案之义务。

第二章　组　　织

第六条　本会设执行委员会，以委员十五人组织之；设监察委员会，以委员五人组织之，其人选由代表大会产生之。

第七条　本执行委员会设总务、组织、宣传、调查、交际五部，总务部四人，组织部三人，交际部三人，宣传部三人，调查部二人。

第八条　本执行委员会得应事实之需要，设立特种委员会。

第三章　职　　权

第九条　本会以代表大会为最高权力机关，闭会后则以执行委员会。

第十条　各部秉承执行委员会办理各该部事务，其办法细则另定之。

第四章　会　　期

第十一条　A、全体代表大会除于每学期开始时举行一次外，于必要时得随时召集之。

B、执行委员会每周举行一次，于必要时得随时召集之。

C、监察委员会每周举行一次，于必要时得随召集之。

第五章　经　　费

第十二条　本会经费分经常费、特别费两种，经常费由各委员分担之，特别费于必要时由大会筹募之。

第六章　附　　则

第十三条　本简章有未妥处得由代表大会修改之，其解释权属于执行委员会。

第十四条　本简章于通过之日起施行。

〔国民党中央民众训练部档案〕

（2）北平学生抗日救国联合会告士兵书（10月22日）

全国的士兵群众们！

在一片喧哗的"国难"声中，在日本帝国主义者的继续不断的炸弹声中，在我们政府的命令民众镇静和哀求国联援助声中，已经有一个多月的时光被我们轻轻度过了！

我们现在来回顾这一个多月的事实，而事实告诉我们的是：国联的完全无用，十四日撤兵的命令完全没有效力，我们政府的依赖国联的外交政策是完全失败！事实告诉我们的是：残暴的日本帝国主义者在一步紧一步的扩大它对我们地方的占领，扩大它对我们民众的屠杀！青天白日一样鲜明的事实告诉我们：只有我们民众自己自动的团结起来才有出路，才有办法！

全国的士兵群众们！你们自从投入行伍武装起来以后做了些什么事情呢？你们只被动的被驱使到战场上去自相残杀，只莫明其妙的去与自己兄弟拼命！然而现在是觉醒的时候了！你们要把被自己的炮火震聋了的耳朵来听一听日本的飞机声和炸弹声！你们要把被自己兄弟们的血光眩花了的眼睛来看一看日本的军装和国旗！你们要认清自己的使命！你们要团结起来！要团结起来参加我们全国民众的战团！做全国民众的先锋队！来一致的反抗日本帝国主义者！

起来，全国士兵群众们！无抵抗就是送死！退守就是投降！不要盲目的服从命令！不要把生命断送在内战的沙场！要坚决的把二十年来民国史上的自相残杀的血痕从今结束！要用我们的头颅，我们的热血，我们的尸体筑成一座大坟墓，把日本帝国主义者永远埋藏！

来！喊我们的口号：

全国士兵群众团结起来！

反对国内战争！

对日宣战，驱日本军队出境！

打倒日本帝国主义！

（一九三一）十月二十二日

〔国民政府教育部档案〕

3. 北平市长周大文关于阻止北大等校学生赴南京请愿与国民党中央训练部往来密电

（1931年11—12月）

（1）周大文勘电（1931年11月28日）

南京。中央党部、国民政府、行政院钧鉴：教育部勋鉴：统密。日前清华大学学生赴京请愿，业将劝阻不从情形，分别电陈在案。兹又有民国大学学生四百余人赴京请愿之举，当仍饬由公安局派员协同该管区署力加劝阻，并令该院当局自行设法开导，该生等坚持成见，不肯听从，纷纷齐赴车站。当复派本府秘书李运邦等驰往车站，面申中央命令，切实阻止，剀切劝谕，执意不回。人多势盛，无法制止，已于感日七时三十分由平浦附车南下，其指挥为李维中、王卓章二人。又查，现在因外交日益紧迫，平市学生赴京请愿，诚恐相率效尤，徒滋纷扰，如果仅凭劝阻，实难冀其听从。除呈明副司令另筹相当办法外，伏乞鉴核指示应付方法，俾有遵循为叩。北平市市长周大文叩。勘。印。

（2）国民党中央训练部复电（12月11日）

急。北平市党部转周市长鉴：奋密。勘电悉。平市学生如将继续来京请愿，仍希设法劝阻为荷。中央训练部。真。印。

（3）周大文冬电（1931年12月2日）

急。南京中央党部、国民政府、行政院钧鉴：教育部勋鉴：统密。查清华、民国、燕京各大学学生赴京请愿，迭经先后电陈各在案。兹又有朝阳、中国、平民、华北、北平、志成、郁文、崇实等各大学学院、中学等校请愿团暨北京大学示威团联合南下，人数约计千人以上，当经本府暨公安局派员力加劝阻，无奈人数众多，秩序凌乱，无法制止，已于东日六时四十分由平浦路赴京，其总指挥为岳增瑜。除分别呈报外，谨电陈察核。北平市市长周大文卯。冬。印。

（4）周大文微电（12月5日）

南京中央党部、国民政府、行政院钧鉴：教育部勋鉴：查本市各学生赴京请愿一事，即经令行公安、教育两局并由本府派员竭力制止，即将阻止无效情形，分别电呈各在案。支日又有辅大等九校学生，约二千人赴京请愿，事前派公安、教育两局设法阻止，及该生等仍纷纷齐赴车站，复由本府派科长蒋毅、秘书李运邦，会同市党部人员同赴车站，竭力劝告，仍属执意不从，续又商由各该校当局分投〔头〕前往劝阻，仍不听从，当由大文督同公安局鲍局长毓麟、教育局周局长学昌，同赴车站，面申先后中央明令，剀切劝导，该生等坚决不回。并据北宁路人员声称，现已奉铁道部电令，无票乘车及团体乘车，非奉令准，不得擅开，业布告周知等语。本日该生等仍盘据北宁路车站，声称非赴京请愿不可，大文刻仍继续设法劝阻，除俟办理情形另行续陈并分别呈报外，谨先电陈察核。北平市市长周大文卯。微。印。

（5）周大文阳电（12月7日）

南京中央党部、国民政府、行政院钧鉴：教育部勋鉴：查平市北大、师大等校学生赴京请愿，劝阻无效情形，曾于微日电陈，谅蒙鉴察。自五日起，该生等盘据车站，坚不肯回。当经大文亲往劝令回校，往返不下十次，讵意毫无效果。又召集蒋梦麟、沈兼士各校长等谈话，经提出两种办法：（一）该生等可向副司令请愿，由副司令代表总司令接见答复；（二）总司令不日来平，一俟北上即可在平请愿，不必跋涉数千里。以上意见，请各该校长剀切劝说。各校长虽允照办，而迄无答复。乃又请由各该校分别通知各学生家长，冀由家长劝阻，延至六日亦无答复。

是日又复有师范大学等数校陆续加入，约计二十余校，共二千人之谱，人数愈多，车站办公室以及轨道随处麇集。溯自微日起至鱼日深夜，已将及两日两夜，学生人数益见增加，迄无回校之意。复查平津交通，原有辛丑条约之拘束，不能一日停开，而日本大使馆已有口头之抗议，形势愈趋严重。因复于鱼夜，由大文偕同卫戍司令于学忠、宪兵司令邵文凯、公安局长鲍毓麟等到站召集学生劝告，舌敝唇焦，去志益决，相持至虞日午前，无法遏止，终于开车南去。正电陈间，适奉蒋主席鱼电，饬转请愿学生无庸南下，惟是时该生等所乘之车，业已开行，当即急电济南车站，交该生等遵照，仍一面转函平中各校院一体遵照矣。理合电陈鉴察，北平市市长周大文叩。阳。印。

〔国民党中央民众训练部档案〕

4. 行政院关于制止北师大救国会深入长辛店铁路工人中开展抗日救国宣传活动的训令

（1931年12月3日）

行政院训令第六〇五八号

令教育部

为令行事：据铁道部卅代电称：案据平汉铁路管理委员会黄委员长振兴十一月二十三日呈称：云云，业叙至实为公便等情。据此，除指令外，令行抄发原件，令仰该部即便遵照，转饬该校迅速查明，严加制止，以遏反动。此令

计抄发附件二份

中华民国二十年十二月三日

铁道部致行政院代电（11月30日）

行政院蒋兼院长钧鉴：案据平汉铁路管理委员会黄委员长振兴十一月二十二日呈称：据本路工会第一八七号呈称：案据本会

驻平办事处第十四号呈称：查自东北事件发生，举国民众莫不愤激填胸，各地反日活动不遗余力，值此内忧外患之际，难免共匪乘机诱惑，借题发挥，日前来长辛店有北平师大抗日会宣传队多人，散放宣言，内容言论颇多背谬，词近共产。且该宣传员等召集工友演讲，一切无关反日言词，大肆煽动挑拨，倘任彼随意宣传，实属有碍工运，本处责任所在，何敢缄默不言。除已面谕长辛店事务所负责人员严防，暨通令各事务所对于反日运动慎重参加，严密检查外界所发标语传单，以遏反动，而维工运外，理合检同师大抗日宣言一纸，具文呈报钧会备查施行。等情。据此，除分呈特别党部饬属防止并通令各事务所严秘防范外，理合检抄师大抗日救国会告工人书一纸，具文呈报鉴核，饬属严防。等情。附抄北平师范大学抗日救国会告工人书一纸，并据北平办事处抄呈所致北平师范大学公函原文一件。据此，查阅该校抗日救国会传单及讲演内容，实属逾越抗日范围以外，不无希图煽动挑拨之嫌，除分呈总副司令部暨汉口开封行营并饬路警管理处随时严为防范外，理合检抄北平师范大学抗日救国会告工人书一纸，暨北平办事处所致北平师范大学公函原文一件，备文呈请鉴核等情。并抄附告工友书暨驻平办事处致北平师范大学校函各一份到部。查该校抗日会派宣传队多人赴长辛店召集平汉工人演讲，其传单及演讲内容，言词荒谬，意存煽惑，多逾越抗日范围以外，于工作秩序及地方治安妨碍殊多，亟应严加制止，拟请钧院迅赐转饬教育部电饬该校迅速查明，严加约束制止，以后此类行动发生，理合抄呈原附件呈请鉴核施行，实为公便。署理铁道部长连声海叩。卅。印。

抄件二份

照抄北平师大抗日救国会为日本占领东三省告工友书

亲爱的工友们：

日本强盗真可恶，无端出兵占领我东三省，屠杀我无数同胞，焚毁我房屋，抢去我财产，奸淫我妇女，……真是横蛮残酷，已到极点。但是，他们并不从此就心满意足，还想完全吞并咱们中国，惨杀和奴隶咱们同胞。现在他们的军队已向山海关方面开进了，说不定几天会来占领北平，那时候做官和有钱的人，他们必定先跑。但是，咱们做工的人又跑到那里去呢，只有白白的等着他们来杀，来凌夺。但咱们愿意死吗，咱们妻女愿受凌夺吗？不，一点不愿意，咱们要联合起来同日本小鬼拼命。这样大的事件发生了，咱们的当局只晓得命令军士缴枪退让，一点不抵抗。再看南京方面，他们唯一的办法，只晓得哀求各强盗国家的分肥机关……国际联盟来干涉，真是可怜。还有一些地方，咱们同胞起来反对他们，还要压迫禁止，真是一些强盗的走狗。我们一定要反对他们这些办法，定要打倒他们。

咱们再说几句老实话，咱们工人需要打倒帝国主义强盗鬼子，打倒资本家，打倒军阀，和一切要咱们的钱，欺压咱们的狗东西，他们不打倒，咱们工人没有活命的。咱们快快齐起心来，组织工人反日会，成立自己的工会，要求每日只作八小时的工，增添工钱和改良一切待遇，反对裁减工人，反对一切压迫和欺骗，……打出咱们工人自己的天下，那时才得翻身呵！

北平师大抗日救国会印发

照抄驻平办事处致北平师范大学校函

迳启者：案准本路平顺警务段公函略开：十月二十六日下午三时余，有北平师大抗日救国会宣传队学员十余名，来辛店机厂讲演，并散发传单，至五点四十分该宣传队迳赴车站而去。查该宣传队所散传单，言词方面有涉及要求减少工作时间，增加工钱等语，殊越抗日范围。相应检抄宣传品一份，备函送请敬希鉴察，转函该校救国会，对于传单词句加以修正。等由到处。查本路工人工作时间以及工资，向按路章办理。至于待遇一层，亦颇持平。准函前因，相应函请贵校查照，转知抗日救国会，嗣后所发传单，对于铁路工人减少工作时间及增添工钱两项，应予删除，以免发生纠纷，而维路政。至纫公谊。此致

北平师范大学校

驻平办事处启

〔国民政府行政院档案〕

（4）上海、北平等地学生请愿团在南京的斗争及其被镇压

1. 国民党中央训练部吕奎文等关于上海学生抗日救国请愿团在宁活动情况的调查报告

（1931年9—10月）

（1）李北昆等呈（9月30日）

事由：窃职等奉派调查由上海来京请愿之各校学生一切动作情形，即遵命于廿九日上午十一时由部出发，先往下关车站，到站时已十一时半。上海学生分两批来京，第一批为交大等校，早已抵站，第二批为光华等校学生。抵站时，事先中央组织部已派有顾建中同志等在站招待一切。学生二千余人当分乘小火车至国民政府车站，集合于国府大门。中有法学院、美专、法政学校，学生因车辆不敷乘坐，改为步行，所有各校校名、人数及其组织情形，经调查清楚后当即用电话报告本部。查其组织，系由各校编为大队，大队之下又分为队，每队设队长一人，每校有一总指挥及一总纠察，负指挥及纠察之责。此外尚有通讯队、担架队、救护队等组织，救护队由女生担任，余由男生担任。各校总指挥又公推交大刘旋夫为总指挥，复旦黄祖民为副指挥，暨南于璞为总

纠察，法学院张寿松为副纠察，以指挥及纠察各校学生之一切行动。至于各校学生人数及总指挥名单，另有详表报告。各校学生全体赴国民政府后，职等又随往继续调查，见各校学生组织严密，纪律极佳，毫无涣散喧扰情形。旋随各校学生由国府同往中央军校，抵校后，中央组织部军官学校及国民政府均备有茶点招待。比由蒋主席在军校大礼堂召集全体学生训话，词极诚恳，并提出办法两种，即各校学生愿回沪者当晚即须离京，不愿回沪者即赴孝陵卫加入义勇军受军事训练。其训词详见卅日报载。另剪附呈。蒋主席训话毕，由戴、于两院长继续训话，并呼口号，惟以训话时之鼓掌及呼口号时之喧呼细察之，见各校学生态度，似当有认为结果不圆满者。训话毕，由军校招待晚膳，乃复旦、暨南及同德三校学生竟不食而走，时已下午五时，职等以枵腹终日，乃往就餐。餐毕复往军校调查，则各校学生正纷纷前赴国府车站，准备回沪。职等在站见各生均有不满之意。惟复旦、暨南、同德三校尚未离京。据调查结果，该校学生关于返沪问题须俟当晚会议方可决定。详情如何，俟今日调查后再行续报。谨呈

主任王转呈

秘书史杨转呈

部长方

职李北昆 吕奎文谨呈（廿年）九月三十日

上海各大学学生赴京请愿团
与示威团之组织（临时性质）

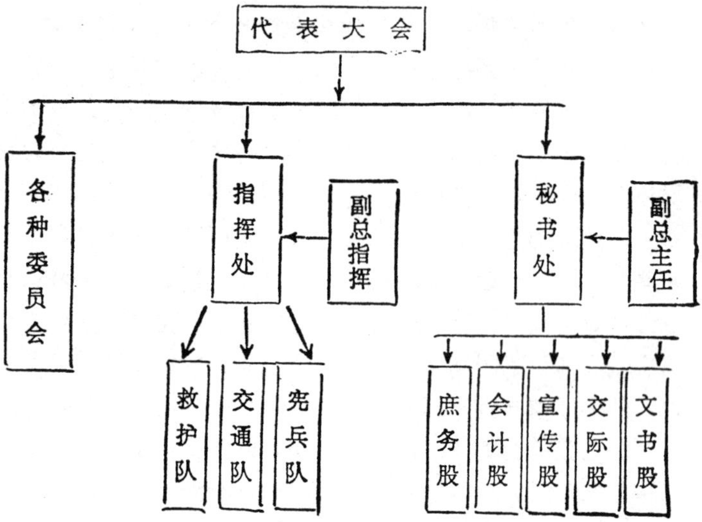

〔附件一〕上海法政学院抗日救国会传单

哎唷！我们关东三省的老百姓，大概有将近二十万的人，被东洋夷兵用大炮炸弹机关枪打死了，烧去了兵营民房无数，强奸良家妇女，抢人钱财，炮车开来开去，遇见中国人就杀，现在已经是抢去了几十座大城，中国兵不敢同他打仗，张学良也溜之大吉了！番兵入寇，中原无主，关东三省已经是东洋人的了！

现在我们大家要学岳传上的岳飞大元帅，尽忠救国，大举讨伐番邦，打倒日本金銮殿！我们的办法是：

逢人便说要蒋介石出兵打东洋！

逢人便说我们大家不买东洋货！

大家买枪预备打东洋，拼个他死我活！

大家要学岳飞，尽忠报国！

上海法政学院抗日救国会宣传部制

〔附件二〕上海法政学院抗日救国会赴京请愿告全国同胞书

亲爱的同胞们!

我国农产最丰富的东三省，日本乘我内乱未已，灾黎遍野，正待振救的时候，用武力占领去了，这几天来在他宰割下的人民，生产财产权完全操在他的手上，残杀啊！奸淫啊！掠夺啊！烧毁啊！一重重惨不忍睹的悲剧，继续在各地排演。唉！同胞们！东三省是我国固有的土地，是我国最重要的咽喉，他的存亡，就是整个国家存亡的关键，现在已被日本占领去了，这岂不是中国灭亡的开始吗？我们只要看，日帝国自霸占东三省以后，不断的增派大批军队来华，开往天津，上海、广州、厦门及长江流域的重要港口，无日不在示威，准备大屠杀大暴动。他简直视我国为己物，视我同胞为狗彘了。同胞们！日本帝国主义的刽子手已进了大门，利刃已加上我们的头项，我们还要镇静吗？不抵抗吗？不！镇静与不抵抗只是自速其亡，只是无代价的牺牲，是没有血性的人类的行为。困兽尤斗，在这生死关头，我们应当鼓起勇气，抱着宁为沙场死鬼，毋为亡国弱奴的精神，与日本帝国主义决斗，我们定可获最后的胜利！

同胞们，我们决不要奴颜乞怜国际联盟，因为他是帝国主义分赃的机关，对于日本强占东省不能秉公制止，在在教我们失望，教我们由失望而觉悟，我们现在不要再希望列强来主张公道了，我们只有靠着自己来收回国权，我们虽从过去的事实证明现政府不能够收回国权，可是我们对于政府，仍然有个最后的希望，希望政府服从我们国民的公意，凭着我们国民的力量来收回国权，所以我们仍然来向政府请愿，我们这回请愿，是试验政府是不是国民的政府。

我们相信只有国民自己起来，才能够抵抗日本帝国主义。我们请愿的目的，是希望政府和我们一致，万一不幸，不能达到目的我们还要救国，还是要自己起来救国。我们的口号是：

一　全国民众自动的团结起来，武装起来！
二　要求政府与国民党一致！
三　履行民众外交！
四　反对不抵抗主义！
五　即日对日宣战！
六　趋〔驱〕逐日本在华势力！
七　打倒日本帝国主义！
八　打倒一切帝国主义！

〔附件三〕上海法政学院抗日救国会标语

同胞们！国难临头了，不要做醉生梦死的冷血动物！
同胞们！国将灭亡，我尚安待？
打倒惨无人道的日本帝国主义！
反对坚持镇静态度！
反对一切的屈服！
反对无抵抗主义！
我们要和日本人断绝一切关系！
我们不要买/坐日货/船！
我们不要帮/替日人经商/做工！
彻底经济绝交，勿作五分钟的热度！
经济绝交才是日本的致命伤！
卧薪尝胆，誓雪国耻！
倭奴不灭！国无宁日！
驱逐倭奴！还我河山！
国民武装起来，做政府后盾！
同胞们，快快起来！共赴国难！

宁为战死鬼，莫作亡国奴！

中华民族万岁！

上海法政学院抗日救国会宣传部制

〔附件四〕蒋介石对沪学生请愿团谈话要旨

上海各大学学生，对暴日强占东省，异常愤慨，连日陆续推举代表，来京请愿，已志本报。昨晨复有交通、暨南、大夏、持志、同济等大学请愿团，共有学生约三千余人，由沪抵京，当即整队步行入城。秩序甚佳。各生均持请愿团旗帜，亦有携带行李来京，请受军事训练者，入城后分赴中央大学、中央军校、金陵大学等处寄住。下午二时，各大学请愿团，齐赴中央军校大礼堂，听候蒋主席训话。蒋主席于二时前，已抵军校，迨该请愿团齐集军校礼堂后，蒋主席即向全体学生训话：

略谓学生热诚，至可欣慰，政府前日对上海学生代表，已表示完全接受，并曾电嘱，不宜荒歇学业，减少民族持久为国奋斗之力量，若以同一请愿条文，不断辍课请愿，徒使政府对外策划、时间与精力，均受损失，谅非爱国学生之初愿。国民政府是革命的政府，国民政府的外交是革命的外交，望学生同志，在革命的纪律之下，信任国民政府，余誓以全力，应国民之愿望，争最后之胜利云云。

蒋主席训话时态度恳挚，训勉有加，对学生所请求之各点，均一一答复。蒋主席训话毕，全体学生，鼓掌如雷，表示满意。旋由学生请愿团代表请考试院长戴传贤训话，戴院长训话毕，即由监察院长于右任训话，末全体学生高呼：（一）打倒日本帝国主义！（二）拥护国民政府！（三）中国国民党万岁！（四）中华民国万岁等口号而散云。

又沪各大学请愿团于昨日向国府请愿后认为所请各点已有满意答复，再无留京必要，当于晚分批乘夜车陆续返沪，专心学业云。

（2）中央训练部王涤文、韩立德笺呈（10月1日）

职奉谕调查上海各校来京请愿学生状况，遵于当日下午五时至中央大学等处，查悉住中央大学者有交通大学、复旦大学、暨南大学、同济大学、同德大学、中法工学院等校，计二千余人，旋即分别访各校负责者，致中央慰劳之意，并询其最近计划。据称：对中央盛意深为感谢，现各同学业经决定即离京返校云云。职等旋即在该校确实调查，计当晚回沪者有交通大学、同济大学、同德医学等校，预定次晨返沪者有复旦大学、暨南大学、中法工学院等校。职等见当时秩序尚佳，且预定当晚回沪者业经动身，当无其他变故，乃复至中央军校等处调查。结果并无学生住留该校，乃即返部。今晨复至中央大学调查，确悉预计昨晨返沪各校业已全体离京。惟查此次来京学生，现虽返沪，仍恐为人利用，似应由本部派员至沪切实指导，纳入正轨，庶不致流入歧途。是否有当。敬祈钧裁。谨呈

秘书史杨转呈

部长方苗

职　荆有璘
王涤文　上
韩立德
廿·十·一·

〔批〕：可先商组织部派人调查

觉　慧
培　成
十·三·

派王珏、吕奎文赴沪秘密调查

党 慧

培 成

十·七·

〔国民党中央党部档案〕

2. 国民党中央训练部杨立坦关于到南京学生请愿团名称、人数、负责人及主要活动情况的报告

（1931年11月7日—12月22日）

为报告事：自暴日侵占辽吉，全国鼎沸，尤以青年为最，纷纷来京请愿，职奉命招待，兹将各请愿团名称、人数、组织负责人、请愿之点及到京后之行动，按日分述于后。

十一月七日

奉主任条谕，往浦口迎东北各界民众请愿团，该团五日由北平乘平浦二〇一次快车南下，沿途耽误，于本日上午十时抵浦口。当即整队渡江，登京沪路特别之专车去沪，向和会请愿，详情已载各报，不赘。

1．名称　东北各界民众请愿团。

2．人数　男女六百五十人。

3．组织　总指挥部设总指挥一人，由冯庸大学校长冯庸氏任之，指挥为王化一、卢乃赓、苏上达、李梦兴、崔立棠、林炜辰、高健国、王宪文、苗克秀等，一切发号施令均由指挥部任之，下设秘书、交际、宣传、卫生、监察等组，由各指挥分任各组组长，共十二队，若干组，每组十人。

4．负责人　总指挥冯庸。

5．请愿之点　甲、实现和平统一。

乙、收复东北失地。

丙、救济东北难民。

6．到京后之行动　到浦口后即去煤炭港转车赴沪。

十一月八日

奉部长条谕，于晚八时去浦口迎北洋工学院请愿团，该团于六日乘津浦一次快车来京，当即渡江乘小火车在鼓楼车站下车，步行至中央大学，即寓该校体育馆内，因事先未接洽妥当，直至夜深二时半方安置完毕，回寓休息也。

1．名称　天津北洋工学院促进和会请愿团。

2．人数　男四百人。

3．组织　指挥部设正副指挥各一人，另有代表团顾问、团总队长一人，下设四大队，每大队之下有三个或二个中队，中队有交通员一人，中队之下有分队，每分队十人（详细名单已呈方部长）。

4．负责人　总指挥李颂琛，总队长王春霖。

5．请愿之点　甲、实现和平统一。

乙、对日宣战。

丙、收复失地等。

6．到京后之行动　　详次日。

十一月九日

本日晨去中央大学体育馆探北洋请愿团今后动作之日程，九时全体整队到中央党部请愿，由蒋主席及陈部长分别答复，下午休息。

十一月十日

上午九时北洋请愿团谒陵。下午奉部长谕，往浦口迎天津中等以上学生抗日救国会请愿团。车抵站时，大雨淋漓，渡江乘小火车，在鼓楼车站下车，步行至金陵中学投宿，衣帽全湿，精神甚佳。同时东北各界民众请愿团亦返京，寓金陵大学内，安置完毕已三时矣。

1．名称　天津中等以上学生抗日救国会请愿团。

2．人数　男女四百七十人（北洋工学院七人、女子师范学院七十二人、水产中学八十四人、法商学院六十人、中山中学五十人、震中中学十六人、扶轮中学一百三十一人、究真中学五十人）。

3．组织　各校代表联席会每校推代表一人，产生代表五人，组织代表团，每校推指挥一人，组织指挥团，产生总副指挥各一人，组织以学校为单位，各指挥负指挥各校同学之责。

4．负责人　1.代表团李星颉、李淑敏、熊正珌、刘大伦、王懋华。

2.总指挥张绍衡，副指挥银丕振。

5．请愿之点　1．促开和平会议；

2．组织统一政府；

3．组织国防会议；

4．恢复民众运动；

5．政府明令抗日；

6．如十六日后国联无适当之处置，国府应采进一步的办法。

6．到京后之行动，详次日。

东北各界民众请愿团详七日。

十一月十一日

上午九时，天津中等以上学生抗日救国会请愿团由中央大学至四全会请愿，经叶秘书长楚伧接见；同时东北各界民众请愿团，于上午九时至中央党部请愿；十时北洋工学院请愿团至国民政府请愿，由高凌百接见。下午三时，蒋主席召东北、天津两请愿团在中央军校训话。时细雨不止，道路泥泞，各请愿团均步行前往，虽衣履尽湿，而精神奋发，毫不畏缩也。

十一月十二日

上午九时，东北请愿团自赁卡车十辆，分队往总理墓谒陵；

天津请愿团则步行至总理墓谒陵。下午为东北请愿团返平，去总司令部请代交涉车辆，五时送东北请愿团过江。天津请愿团因内部意见分歧，参加天津中等以上学生抗日救国请愿团之北洋同学七人，全体宣布脱离，总指挥一职改由银丕振担任矣。

十一月十三日

天津请愿团休息，未作任何工作。北洋请愿团决于今日晚车返津，上午各自料理行装，下午五时送北洋请愿团渡江。参加天津请愿团之扶轮学生一百三十一人，亦于是时蜂涌渡江，事前并未声明今日返津，故未代其交涉车辆。扶轮学生因无车辆，全体拥上头二等客车，内将玻璃窗捣毁数块，车站秩序为之大乱，经多方劝导无效，最后与车站交涉临时加挂客车一辆，方能开行，但已误点二时矣。

十一月十四日

上午为天津请愿团交涉返津车辆，下午五时送天津请愿团过江登车返津。

十一月十五日

下午奉苗部长面谕，去金陵中学招待天津私立南开中学请愿团，当往金陵中学接洽一切。

1．名称　天津私立南开中学代表请愿团。

2．人数　七十二人。

3．组织　七十二人共分七组，每组由组长任指挥之责，由各组长联席会议推举总副指挥各一人，另有会计一人，文牍一人。

4．负责人　总指挥张信达，副指挥唐凤都。

5．请愿之点　政治：速组统一政府。

军事：准备对日宣战。

外交：励行革命外交。

6．到京后之行动　详次日。

十一月十六日

上午九时，南开请愿团到四全会请愿，由于委员右任分别答复；下午南开请愿团谒陵，并在总理陵前宣誓抗日之决心。

十一月十七日

南开请愿团休息，候蒋主席召见训话。

十一月十八日

南开请愿团到国府请愿，由高凌百接见。

十一月十九日

下午与晚间，南开请愿团分赴本市各游艺场所，宣传天津事变，日本之暴行。

十一月二十日

南开请愿团今日工作与昨日同。

十一月二十一日

南开请愿团决明日晨返津，为其交涉车辆，全日未做任何工作，准备明日返津也。

十一月二十二日

晨八时，送南开请愿团过江。晚十时，奉部长谕，去下关招待杭州学生请愿团，因次日尚有续到者，不愿单独入城。遂商之于铁路当局，借车一宿，十二时始回。

十一月二十三日

晨七时去下关，迎续到之杭州学生，七时半全体下车整队由总指挥朱淑青领导，在月台上行纪念周礼后高呼口号，整队步行入城，先至金陵大学休息，后闻四全会尚未开幕，复整队往四全会请愿，由蒋主席接见训话，至一小时以上，乃返金陵大学休息。

1．名称　杭州学生请愿团。

2．人数　男女一千六百十六人（浙大农学院一百六十人，之江大学一百八十五人，之江大学附中二百七十人，国立艺专一百三十人，省立高中八十三人，浙大文理学院二十一人，中医学校二十一人，中山中学一百五十人，杭州师范三十人，民众实验学校四十八人，省立第一中学三十五人，蕙兰中学一百人，浙大工学院三百六十人，杭州中学二十二人。

3．组织　各校推代表一人，互选主席五人，组织主席团；各校另推指挥一人，组织指挥团，设总指挥一人，各校秩序由各校指挥负责维持。

4．负责人　主席团朱淑青、洪西青、邱玺、施尔宜、戴幼和，总指挥朱淑青。

5．请愿之点　1.唤起民众，自动奋起，准备奋斗。

2.要求国府立刻实行援助黑军，以恢复失地。

3.督促国府惩办不尽职责而致丧地辱国之边防长官，并令带罪立功。

4.拥护蒋主席北上宣言，并限日兼程出发。

5.拥护四全大会决议案，并促其实现。

6.促成党内团结，消灭一切意气的权利的内争，以积极履行救国之责。

7.请求政府即日拨发义勇军枪械。

6．到京后之行动　蒋主席训话毕，本拟即行返杭复课，因有少数份子坚持蒋主席训话并非答复所请求各点，晚间召集各校代表商讨此事。当即报告部长，请示晚间开会，张委员道藩来，逐条答复。各代表认为圆满，决明日下午返杭。

十一月二十四日

上午九时，杭州学生请愿团全体赴总理墓谒陵。之江大学代表王守伟、浙江大学农学院代表施尔宜，欲藉谒陵机会，召集全体大会，推翻昨晚决议今日返杭之议决案。当即商之与陵园，警卫处值日官藉陵园不准集会之辞以破坏其集会之议。原定下午二时返杭，一部份学生已先往下关，而施尔宜、王守伟坚持不能负责，必须招集大会解决之。是时职去下关车站，照料一切，久候不至，一部份学生向职催促开车，无何，复返金陵大学催促成行，各校学生正在礼堂集会，并拒绝职入内旁听，经多方解劝，直至五时余，始允返杭。千六百人共预备客车十六辆，每辆照容百人计，足敷用。农学院学生及国立艺专学生复藉口劳顿不堪，拥济不肯登车，要求加挂二等客车二辆。是时已夜十一时，开沪之快车入站，该二校学生不问青红皂白，一涌而将头二等客车完全占据，而下午先行登车之学生催促开行甚急。该二校学生既不听劝解，只得先将专车开出，余任自便，同商之路局，勿再售二等客票，防与乘客发生冲突也。事后闻局云：二等车全为若等占去，方能如时开行。藉爱国美名，而破坏交通，至此可叹也。

十一月二十五日

上午奉方部长面谕，往中央大学召集沪各大学请愿团代表来部谈话，因各代表尚未到，未允即来；下午奉苗部长张委员面谕，去下关招待江苏中等以上学生请愿团至中央军校投宿。是时上海各中学请愿团亦到达下关，正整队入城。五时又奉部长面谕，为上海各中学请愿团四千人找宿舍，分别安置于陆军大学、金陵中学、汇文女中、中央大学、南京中学、宪警班等处投宿，料理妥当已十二时矣，上海中学生因另有专责招待之人，故其组织等不赘。

十一月二十六日

为江苏学生返校交涉车辆，二千七百余人分批乘车返京沪线各站。常州学生约二百人，初则不肯坐所备之四等客车，继则曰车辆不敷分配，百般为难劝解者，再均不听从，不得已乃与路局交涉临时加挂三等客车一辆，至车开行已十一时矣。

十一月三十日

奉主任条谕，往金陵中学招待北平民国学院请愿团，该团于昨日抵京，寓金陵中学内，今晨九时齐集中央党部请愿，由朱委员培德接见后，又往国民政府请愿，由蒋主席接见训话。该团决明日下午返平，晚为其交涉车辆。

1．名称　民国学院请愿团。

2．人数　四百五十人。

3．组织　共分八组，每组五队，每队十人；另有宣传队、执监委员会、总副指挥等。

4．负责人　常务委员兼代表李维中、李凝、徐兴义、李殿甲、王伟章五人。

总指挥李维中。

5．请愿之点　1.立刻对日宣战。

2.退出国联。

3.扩大民众反日运动。

4.促成真正和平统一的政府。

5.肃清帝国主义者走狗军阀。

6.实行革命外交。

7.励行对日经济绝交。

6．到京后之行动，详次日。

十二月一日

晨，伴民国请愿团谒总理陵，下午五时送民国请愿团渡江，路局预为备车四辆，足敷分配。登车后，各人独据一椅，不肯二人合坐，将四辆客车占满，尚余百余人未能登车，彼等欲将乘客驱下，让彼等乘坐，乘客不肯，几至冲突，后又向路局交涉加挂客车一辆，方得开车，但已误点三时矣。

尾语

先后经职招待请愿之学生约万余人，普遍南北各地，衣服北方为朴质，且能吃苦耐劳，北方学生身体较为强健，而南方学生则较为活泼，惟团体服务精神及服从力似不若北方学生耳。

附宣言传单

1．南开中学请愿团为津变告同胞书

2．杭州学生请愿团宣言

3．杭州学生请愿团请愿的目标和口号

4．民国学院学生赴京请愿团宣言

谨呈

主任王转呈

秘书杨

部长苗、方

职杨立坦谨呈 （二十年十二月二十二日）

南开中学请愿团为津变告同胞书

亲爱的同胞们：

这次倭奴，占我土地，杀我同胞，不但是东亚所未有的，就在世界史上，也是空前的一桩大惨剧！当我们初听到这消息的时候，真是五内俱裂，痛不欲生；但是在政府无具体办法之前，我们这些老百姓们自然是唯命是听，力持“镇静”，以求在外交上得相当的解决，如果外交上不得要领的话，继之以武力，这乃是当然的步骤，但事实上，我民众只管“镇静”，而外交上无办法，依旧是无办法；不信请看日本不是又往天津运兵吗！军舰不是屡屡而来吗？这且不说，而日军阀土肥原竟潜行到津，以金钱收买中国的土匪流氓，加杂些日本浪人，组成便衣队，都持着武器，肆意的骚扰，竟想要占领河北省政府，并向天津市面的保安队冲锋，日军并在后面以炮火掩护便衣队前进；可是我们天津的安善良民，无辜的被枪杀的就远去了！同时那些便衣队因为打败了仗，也就被日本人用机关枪射死！同胞们，要晓得日本人的意思并不在挑衅，因为他们知道对无抵抗的民众挑衅是无用的，他们简直是在扩大他们的占领地，简直是要把我们中国人杀净了！也许有人会问这次津变，怎见得是日人的主使呢？同胞们！我们是天津的战场上刚来的，我们可以把我们亲眼看见的证据，报告给大家：（一）这次天津保安队俘虏的便衣队里面，有许多日本人；（二）在我们华界所拾得的子弹上面全是刻着203的号码（日本造）；（三）被俘的便衣队所用的枪都是日本兵工厂出品；（四）所发现的一些炮弹壳，都是日本大正十五年造的七厘五的炮弹；（五）并且炮弹都是从日本租界飞来的；（六）在日租界华人所办的中原公司楼顶上架有大炮，并设有探照灯，不时向华界示威。……啊，要找证据我们多得很呢；这已明明告诉了我们，这次天津的事变，完全是日本主使的。从被俘的一个日方密探（中国人）的口供：日本人不只在天津市暴动，并且要扩大到平京沪汉各地呢。啊！同胞们！我们中华的河山能任人击碎吗？我们的黄帝子孙能任人屠杀吗？同胞们！我们既都是有血有肉的中国人，就应当一致起来，向敌人总攻；以铁血换回我们的河山，以生命为我们民族的保障。我们誓死不买日货，我们需要真正的统一政府。

同胞们！起来呀！枪声已来到我们的耳边了。

同胞们！冲向前去！敌人已来到我们的面前了。

天津私立南开中学全体学生代表团

二十年十月

杭州学生请愿团宣言

自九一八沈阳惨变迄今，我东北数千里之国土瞬息在日军铁蹄蹂躏之下，遭遇之痛，有逾亡国！幸我黑省爱国忠勇之孤军，尤能誓死抵抗，奋勇杀贼，保留我半壁河山，独力撑持，苦战旬日，以弹尽援绝呼救不及，不得不退守克山，而所谓边防长官仍复保持其劣根性，镇静自守，坐视我爱国忠勇同胞的牺牲而无动于中，消息传来，举国悲愤！吾人苟具灵性，靦为人类，对此当作何感想耶！

夫时至今日，实力援助抵抗暴寇，已成全国一致之要求，目前四全大会亦以实力援助马占山及其将士之提案，全体一致通过，昨日蒋主席代表主席团向大会亦有重要报告，大意是：国难外侮，与日俱增，革命同志负有领导革命之责，亟应一致奋发，共谋御侮，本党有革命历史之同志，应力求团结，应站在国民前面，积极担负救国责任，表示与国存亡决心，同时又表示其个人决心北上，竭尽职责，以效命党国。是则我全国民众与政府已有一致的行动和决心，吾侪小民是当一致奋发，信任政府，在革命领袖领导之下，以努力杀贼，效死党国。但当我议论未终，全国民众呼声未了之时，而不幸的消息，继续传来，多议论而少成功，种种议案和要求，不过成为一种原则上的具文，宋人议论未终而金兵已渡河，这种悲痛之现象，实为吾人目前唯一之办法，只有急起自救，应将以前“坐而言”者从速痛改“起而行”，吾人应自己掌握自己之命运，因从速兴起履行吾人的责任，不因徒持依赖以供他人之牺牲。吾人的办法是：

一、唤起民众自动奋起，准备奋斗。

二、要求国府立刻实行援助黑军以恢复失地。

三、督促国府惩办不尽职责而致丧地辱国之边防长官，并令带罪立功。

四、拥护蒋主席北上宣言，并请限日兼程出发。

五、拥护四全大会议决案并促其实现。

六、促成党内团结，消灭一切意气的权利的内争，以积极履行救国之责。

七、请求政府即日拨发义勇军枪械。

同仁等要达到以上诸办法，不顾一切，毅然决然抱最后牺牲之决心，作大规模的悲壮热烈之请愿行动，以督促政府履行其责任，同时唤起全国民众之注意，以发奋其自救的能力。不达目的，誓不生还；唯全国同胞共鉴之。

杭州学生请愿团请愿的目标和口号

我们请愿的目标是：

（一）唤起民众一致奋发，共图自救。

（二）要求政府立刻援助黑军，恢复失地。

（三）督促国府惩办不尽职责而致丧地辱国之边防长官；并令其带罪立功。

（四）拥护蒋主席北上宣言，并请限日实行。

（五）拥护四全大会议决案，并促其实现。

（六）促成党内团结，消灭意气的权利的内争；以积极负起救国之责。

（七）请求政府从速发给各校义勇军枪械。

我们的口号是：

（一）民众一致团结起来。

（二）援助忠勇爱国的黑军。

（三）拥护革命领袖蒋介石同志。

（四）打倒自相残杀拥兵自卫的份子。

（五）拥护四全大会议决案。

（六）打倒日本帝国主义。

（七）抗日救国共谋御侮。

（八）中华民国万岁。

（九）中华民族万岁。

杭州学生请愿团

民国学院学生赴京请愿团宣言

同胞，武装组织起来吧，革命的民众！

东三省沦亡在日帝国主义者手里，已经两个多月了，东北的民众无日不在日帝国主义者铁蹄下，呻吟、挣扎、哀号、死伤！

现在日帝国主义者更残酷的扩大军事行动，继续的屠杀我们，剥削我们，压制我们，毁灭我们！同胞，东三省失掉了，我们还麻木的静候着失掉中国吗？东三省的民众被蹂躏了，我们还束手的叫日帝国主义者歼尽我们吗？不，不，我们的心在动，我们的热血在流，我们还有完整的身手，我们要马上武装组织起来，宁可作四万万的战鬼，不作日帝国主义的奴婢，我们誓死打倒日帝国主义，更要肃清它的走狗军阀！

现在事实告诉我们，国联已经露出了狞狰的帝国主义者的丑脸来，他们协商着瓜分我们！宰割我们！我们政府呢，还捧着公理正义的金字牌哀号！但是我们知道，这个悲惨的失败已经暴露。干脆的说，我们的政府，一方还欺骗的向我们民众喊道，要信任政府，要镇静，无抵抗……呵，我们相信政府，但是政府已经失掉了自身的威信，换句话说，也就是政府无能力制止日帝国主义者残酷的大屠杀，无能力解除我们民众的痛苦与压迫，那末，我们还要镇静，无抵抗，这不是要断送整个中华的民族吗，不是叫我们四万万的民众投降在帝国主义者的脚下做奴隶吗？

同胞，日帝国主义者，已经调动了全国的军队开始的将〔向〕中国各省进攻，而我们每个人的脑后，都有日帝国主义者的枪弹在那里等待预备！而我们的政府一点具体的准备都没有，那末我们中华民族不是亡在旦夕吗！同胞们，我们为解除我们自身的痛苦与压迫，为光后〔复〕我们中华民族，只有武装组织起来对日宣战！扩大我们反帝运动，联合世界弱小民族，充实我们的阵营，坚固我们反帝的战线！我们要认清了，日帝国主义者强占东三省，不是偶然的，是帝国主义者经常的一种侵略工作，也就是日帝国主义者满鲜一元化的政策之尖锐化，同时我们要知道，现在全世界经济的大恐慌，更加紧了帝国主义者间之争夺广大市场之斗争！换言之，也就是要延长帝国主义者寿命！同时使我们殖民地及半殖民地的国家，也就是永在帝国主义者的铁蹄下被蹂躏，压迫，剥削！那末帝国主义者存在之一日，我们弱小民族的苦情一日不能解除，所以帝国主义者一日不打倒，我们反帝的运动一日不停止！

最后我们主张：1．立刻对日宣战；2．退出国联；3．扩大民众反日运动；4．促成真正和平统一的政府；5．肃清帝国主义者走狗军阀；6．实行革命外交；7．厉行对日经济绝交。

以上的主张，只有我们民众团结起来完成它，只有我们民众自己武装组织起来，使其实现。

〔国民党中央民众训练部档案〕

3．北平学生抗日救国示威团告农人书

（1931年12月15日）

亲爱的农民们：日本帝国主义强盗暴力占领东省已经三个多月了，我们的政府抱着无抵抗主义，让东省的劳苦群众受帝国主义屠杀蹂躏，最近又接受帝国主义强盗机关——国联划分中立区的决议，使帝国主义更进一步的瓜分中国，现在的时机是万分的危迫了，中华民族是沦于怎样死亡的地位了呵！我们绝对不能再忍受了，我们一定要坚持地起来自己救自己才是唯一的出路！否则只有等死！

亲爱的农民们！你们的生活不是痛苦到了极点吗？每天和牛马一样的劳苦，所得的结果还是饥寒交迫，究竟是什么原因呢？这不是命运注定了的，而是帝国主义、军阀豪绅、地主及高利贷重重压迫下造成的呵！同时我们也要认清绝不要以为东三省离我们很远，和我们没有关系，现在帝国主义瓜分中国的危机是万分的严重了！我们的政府又要进一步的出卖民族利益了！亲爱的农民们：我们要得到彻底解放，只有和工人、兵士及一切劳苦群众亲密地团结起来，共同打倒一切帝国主义，推翻帝国主义走狗的

统治，实行抗捐抗租，打倒土豪劣绅的各种斗争，才是唯一的活路呵！最后的胜利终属于我们的！赶快的组织起来，武装起来吧！最后我们高呼：

民众自动武装起来，打倒日本帝国主义！

打倒一切帝国主义及其走狗！

工农兵联合起来！

被压迫民族解放万岁！

中华民族解放万岁！

北平学生抗日救国示威团

一二、一五、一九三一

〔国民党中央民众训练部档案〕

4. 北平学生抗日救国示威团为遭国民党军警镇压告全国劳苦大众书

（1931年12月15日）

全国劳苦大众们！

我们北平学生南下抗日救国示威，因为促成国民政府最后的觉悟，特于元〔12〕月十四日上午整队到国民政府来示威，当时准备提出严重的质问，谁料国民政府首用欺骗手段，企图缓和群众的热情，继竟置诸民众于不理，在外院则撤退其武装围队，而在内院则秘密造成屠杀民众的布置，这很明显地表示出政府不但不是代表我们民意的机关，反之却是欺骗民众，压迫民众，拍卖民众的剥削与统治的机关。因此，我们全体团员表示着异常愤慨，当时全体高呼打倒帝国主义的走狗机关——国民政府等口号，沿途高呼工农兵联合起来，建立革命政府等口号，撒了些示威宣言、告工人书、告农民书、告兵士书、告全国民众书，到处贴着大字的标语画报，并写了些粉笔标语，当时很博得大家的同情，及热烈欢迎与拥护。

十五日早九时，为继续昨日的未竟工作，又重整队列到外交部、国民党中央党部示威，因为外交部无人负责，更激起了群众的愤怒，在捣毁呼声中，壮严而华丽的外交部被群众捣毁了，外交部的招牌被粉碎了，国民党的旗帜也被扯了下来！在这群众情绪，反抗情绪更加高涨起来的当儿，我们的队伍不自觉的到了国民党的中央党部，当时蔡元培和陈铭枢出来接见。蔡答复质问，我们第一个质问题：为何北平市党部压迫反日运动。蔡答应查办北平市委。我们回答他说：北平市委是受中央党部领导的，他的错误中央党部应该负责。其实镇压反帝斗争、取缔反日运动，本是国民党的目前一贯的策略，从满州事件发生以来，在上海、广州、武汉以及其他各地都有统治阶级在屠杀群众，国民党又在公开收买流氓，命令军警殴打逮捕学生，中大、北大同学的逮捕与失踪、被殴的事件便是铁一般的证据。现在我们来此请愿，只是为的示威，我们认为，现在整个国民党是欺骗群众的，屠杀群众的，出卖群众的帝国主义的走狗政党，我们要从此拒绝他们的狗东西的欺骗我们，要高呼打倒！这时屋里的枪声似爆竹一般不断的响着，我们赤手空拳的同学们，在这种场合里只有被殴打了！逮捕了！枪杀了！不过我们不是无抵抗主义者，我们是反帝运动的坚决的战士，我们既不软化于国民党的欺骗，我们也不怕他们的屠杀，我们依旧表示着最后的反抗，捣毁了中央党部的窗子，打僵了蔡陈两个走狗，然后还由纠察队的维持分队分路归来了，至中央大学住所时，正是午后一时半左右。过了两小时后，被捕同学十一人，被释放归来了，这是吴稚晖、于右任一方藉以缓和群众的反抗情绪，另方还在别有企图的把戏，实际上我们的同学被军警枪杀者还有二人，被殴伤者有三人，被捕失踪者现在还有六七人！全国民众们，国民党现在已经公然的屠杀我们了，我们被捕的同学们，现在还是生死不明，不过我们坚决的认定，我们示威的运动，毕竟得到了相当的成功，反帝运动必然因此而更放光明了。全国的民众们，用我们自己的力量，用我们流不尽的鲜红的热血，用我们砍不断的头颅，扩大反帝运动，开展反帝斗争！

〔国民党中央民众训练部档案〕

5．北平学生抗日救国示威团关于“12·15”事件宣言

（1931年12月15日）

正当着日本帝国主义积极的侵略我们的时候，正当着统治阶级积极的出卖民族利益的时候，凡是一个中国民众——特别是先觉的青年学生，无疑的要求起来反抗，以唤起全国民众一致起来与帝国主义及其走狗作殊死战！

北平学生示威团此次来京，就是要完成抗日救国的使命，把统治阶级已经出卖给日本帝国主义的东三省，用民众的力量收回他，并且撕破一切卖国条约！

昨天我们到国府去质问，蔡元培答复说：“国联是帮助我们的，他替中国作了许多好事，何必退出呢？”亲爱的同胞们，我们要认识清楚，这就是他们投降帝国主义出卖民族利益的“不打自招”！

在此国难当头，外交紧急的时候，我们今天到外交部去质问，部内竟无一人，外交总长没有了，次长也不见，这还成什么事统呢？并且谁都知道，顾维钧是个卖国老手，他只会签订卖国条约，他只会出卖民族利益，自他任外长几天以来的成绩，就是铁一般证据。在这种场合之下，群众愤怒了，外交部受了部分的捣毁，这只是群众愤慨的表示，希望藉此唤醒昏聩的外交当局，这并不是故意破坏，更不是什么暴动！到了中央党部，正由蔡元培、陈铭枢答复着的时候，许多流氓向我们用棍棒椅凳打来了，接着开枪射击了，可怜我们这些无辜的青年学生们，上天无路，入地无门，只得惊惶四散！谁又料想得到，街上、田里已经布满了

军警，始而空枪威吓，继则实弹射击了，因此受重伤者十余人，被捕及失踪者百余人。我们要注意，在这里是中央党部的流氓先向我们打来的，这就证明他们早已经计划着压迫我们，屠杀我们！

亲爱的民众们！现在我们为了抗日，为了救国，已经给统治阶级屠杀了，但是我们将更加整齐自己的阵列，反抗到底！另一方面更希望民众积极的援助我们，团结起来，武装起来，打倒帝国主义及其走狗！

反对压迫民众运动！

反对屠杀反帝群众！

争取反帝自由！

扩大反帝运动！

打倒帝国主义及其走狗！

全国学生及劳苦群众联合起来！

〔国民党中央民众训练部档案〕

6. 北平学生抗日救国示威团为国民党"12·15"屠杀抗日救国学生告兵士书

（1931年12月16日）

亲爱的兵士们！日本帝国主义的炮火还是在扫射着我们的劳苦大众和工农群众，因为我们贤明的政府的高见抱着无抵抗主义，持着宽大的镇静态度，他们是整千整万的有增无减的，每天在日本帝国主义的锋火之下死亡着，这样大的屠杀，现在不仅是在东三省，已经扩大到了天津，到了北平，不久也许到了普遍的全中国！

亲爱的兵士们：在这民族存亡吃紧的关头，看看我们的政府，在干些什么勾当？他们还在为着党权、政权，互相攻击着，唾骂着，对于帝国主义的侵略只有向国联叩头，哭诉，请求援助，对于日本只有节节退让，哀告求饶！

亲爱的兵士们！我们知道国联是各帝国主义国家为瓜分弱小民族所设立的总机关，我们的国家是弱小民族之一，当然是他们——国际联盟——要瓜分的目的物，我们试看国际联盟对于我们政府的要求的答复就明白了：让中国兵退进关内，把锦州、天津设为共管区。

亲爱的兵士们！我们的现政府这样的无能，是这样的可耻手段，他只为每月拿七元钱买你们一条命，去替他们强占地盘。但是帝国主义来了，他们对外只有投降，对内只有压迫我们群众，最近各地屠杀了许多反日群众，十二月十五日中央党部又屠杀枪伤了许多北平抗日救国学生，这都证明了他们自始至终是在做着帝国主义的忠实走狗。亲爱的兵士们！我们不能忍受，我们不能无声无息的让一般走狗断送了我们的生命，断送了我们的民族，起来！大家起来！推翻这走狗的统治，唤发出我们的光明！

亲爱的兵士们！胜利的火光在闪耀着，只等着我们携起手来！冲上前去！

工农兵联合起来！

打倒日本帝国主义！

打倒一切帝国主义！

打倒帝国主义走狗！

中华民族解放万岁！

一切胜利万岁！

北平学生抗日救国示威团　12·16·1931·

〔国民党中央民众训练部档案〕

7·谷正伦关于派军警强制押送北平上海等地请愿学生回籍情况的报告

（1931年12月17—18日）

（1）报告一（12月17日）

一、本日（十七日）午前十一时许，有北平、济南、上海各学校学生二千余人，往中央党部高呼反动口号，夫役人等关闭大门，学生更叫嚣乱击左右墙壁，岗亭布告栏等尽被毁坏，并在门外捕警察一，稽查一，中央党部职员二，扬长而去，徘徊于高楼门附近。其中持志大学生旋回中大，余均复往中央党部，冲击大门，与在内徒手军警相持一时许，复增来中大学生数百人，蜂拥门外，以不得进入，又高呼口号，行至十庙口，有行政院秘书参事三人经过，亦被该校学生捉捕，并将所乘汽车打坏。

二、该学生旋冲入中央日报馆，捣毁房屋，其机器房、排字房捣毁尤甚，并放火焚烧。当时军警电话报告求援，即增派徒手部队两连驰往，并一面分兵救火，乃该暴徒等手执木棍、砖头，争向兵士冲击，官兵受伤者不少，内中尤以北平学生带红布臂章者异常凶恶，且所呼口号有打倒国民党、打倒国民政府、共产党万岁等等，势不得已，遂拿获五十余名，冀以制止其暴动。

右二项谨呈

国民政府代主席林

首都卫戍司令谷正伦　印

附受伤名单〔略〕。

（2）报告二（12月18日）

窃昨（十七）日午后九时，奉京沪卫戍司令长官陈令，着派军警赴中央大学勒令各地学生离京等因。谨将遵办经过情形报告于左：

一、以警卫军第一师第二旅宋旅长希濂一部与宪兵第二团一营及警察厅保安队两中队，由宋旅长指挥，于本日（十八日）午前五时到达中大附近，宪兵警察将该校包围后，其余部队整队由大门进，分途看守各学生寄宿舍，揭举白布写大字之标语：中央大学学生集中校本部宿舍，他校学生按校排队在操场集合，集合以后整队分上车船，即刻回校，限刻集合完毕，过时强制执行，如敢暴动，即以处分暴徒办法制裁，爱国学生勿受反动份子利用，做他们的牺牲工具等。

二、部署后各学生已陆续起床，见武装军警甚多，遂无抵抗形势，乃饬各学生携带各人行李，照标语所竖地点集合。是时，济南学生首先集合，请求出发返省，惟上海、北平学生中有少数学生表示不平，并有出激烈言词者。又中大学生一部，不遵标识集中，突出宿舍，行动猖狂，势将冲突。当时部队为避免冲突计，曾向天发空炮一响，以资抑压，遂未发生他故。

三、曾在该校搜获各种反动标语传单甚多，并在大礼堂三楼梯间查出十七日被学生捕去幽囚之卫戍部稽查户锦堂一员及警察一名，均被殴伤甚重。惟中央党部所嘱查访被学生殴捕失踪之工人四名，迄未查出。

四、据中央党部职员云：昨十七日学生扰乱本部时，目击有男女学生手扬红旗，高呼共产党口号，能记意其貌，遂由该职员在北平学生中指拿佘万能、薛声豫二名，押候讯问。

五、午十二时许，将北平学生约六七百人，济南学生约二千五百人、上海学生约千余人，按次押送浦口、下关两车站，计浦口车站共挂三列车，上海学生在下关乘一列车，并由宋旅长于每列车各派一连饬令押送至蚌埠镇江等处，以脱留京畿。又以北平路远，每学生给伙食洋壹元；至安徽学生约有三百余人，亦送至下关，并给洋二百元，代雇小轮两只，运送回籍。

六、已令交通宪兵团于本（十八）日上午移驻中央大学。

右六项附反动印刷品一束，谨呈

国民政府代主席林

首都卫戍司令　谷正伦　印

中华民国二十年十二月十八日

〔国民政府档案〕

8. 国民政府关于镇压入京请愿学生“越轨”行动的通令

（1931年12月18日）

自国难发生以来，各地学生，激于爱国热忱，呼号奔走，虽行动间有过当，而政府为保持民气起见，无不曲予优容，先后来京请愿者，数逾四五万人，一律开诚训迪，欣然归去。乃反动份子，见政府维护爱国行动，遂假借名义，以实行破坏工作，鼓励青年，破坏铁路交通，捣毁公共机关，殴伤公务人员，恣意缚人刑讯，危害社会秩序之事，屡见不鲜。民众怨声载道，友邦惶惑莫名，政府曾一再明令劝导，冀其纳于正轨。乃十二月十五日仍有北平学生二百余人，于捣毁外交部后，冲入中央党部，携带木棍，挟藏手枪，分发反动传单，夺取警察枪枝，致有殴伤蔡委员元培，陈委员铭枢之暴行妄举，政府本应依法严惩，惟冀促进其全体之觉悟，故对于当场逮捕之行凶份子，亦经恳切告诫以后概行从宽释放。不意十七日正午复有学生千余人，携带木棍铁条围攻中央党部，其中一部分临时换带赤色臂章，突出赤匪旗帜，散发赤匪传单，向内击毁前排门窗，在外逮捕党部职员，相持三小时以上，未能冲入，遂转而捣毁中央日报馆，并实行纵火，当经军警扑灭，沿成贤街一带，竟由彼等戒备，一遇公务人员，即行殴打致伤，行政院秘书温良等四人，及党部工作人员王辟尘等五人，工友任凤发及岗警各一人，被拘捕带走，纵迹未明。似此破坏秩序，扰乱治安，显系暴动行为，绝对不能以爱国运动为藉口。除将行凶纵火时当场逮捕之人犯，分别讯明依法办理外。此后对于藉口爱国之暴动行为，应由各地长官严厉处置，以维秩序，而保公安。尚望全国青年学生，迅即觉悟，毋为反动份子所利用，而供其牺牲。应知服从法律即所以维护国家，遵守秩序即所以保持国力，此理至显，并望我全国国民共喻之。

〔国民党中央民众训练部档案〕

9. 国民政府饬各省军政长官严行制止学生出境游行示威电

（1931年12月18日）

急。各绥靖主任，各省政府公署钧鉴：查自辽吉事变发生以来，各地学生，因激于义愤，纷纷入京请愿，游行示威，爱国热忱，原所嘉尚。乃近日所到人数愈多，分子越杂，且有共党羼入，其间种种违法越纪，不一而足。如捣毁机关，阻断交通，殴伤中委，拦劫汽车，攒击路人，及公务人员，私逮刑讯，社会秩序，悉被破坏，友邦人士，莫名惊诧，长此以往，国将不国。政府初以青年爱国，曲示优容，而证诸近日情形，殊非真正爱国者所忍出此，逆料大多数纯正之学生，决不直暴烈分子所为，尤不甘受暴烈分子胁迫。政府负治安重责，若不亟加制止，何以定人心，而安闾阎。合行令仰各该绥靖主任、各省市政府公署，嗣后遇有学生团体，出境赴各地游行示威者，各该地军民长官，务必负责严行制止，如有危险情事发生，即予紧急处置，不得于事后藉口无法劝阻，敷衍塞责，仰各切实遵照，是为主要。国民政府。巧（十八日）。印。

〔国民党中央民众训练部档案〕

10. 北平学生抗日救国运动联合会要求释放被捕同学呈

（1932年1月）

呈一

呈为陈请事：窃自我统一政府未成立以前，各地学生鉴于倭奴之侵略日益紧迫，而当时外交政策反愈退缩软弱，是以有示威运动之发轫。其整个团体之行动，抗日救国之纯洁，足昭示于国人，决不容厚诬也。乃去年一二一七各地学生总示威运动于中央日报门前，惨杀若暴徒，拘捕似囚犯，伤痛之余何堪回忆。往者已矣，是非曲直早有公判，京沪同学既已开释，对我北平学生仍加拘禁，甚有主使之目，是诚愈痛心，大惑不解者也。查我北平学生密迩垂亡东省，抗日救国自不敢后人，一二一七之总示威，各本热忱，何有主使，与中央日报冲突，实与京沪同学共之，又何能信口雌黄，俱遭蔑视。现幸我实现民主政治之统一革命政府已告成立，故特派代表吴懋成等前来，面呈我北平全体学生至低限度之两项要求。

（一）立即释放被捕同学；

（二）抚恤受伤同学。

此而不达，不知实现民主政治之统一革命政府将何以自表于学生，学生亦将无所从于政府矣。抑又有请者：北平当局对学生爱国运动日益压迫，捕者累累，务恳我政府立令平市军政当局不得高压，并释放一切因爱国行动被捕之同学。我北平全体学生当本初衷，继续努力，暂作统一革命政府之后盾，以御强暴。谨呈国民政府行政院院长孙

北平学生抗日救国运动联合会具呈

中华民国二十一年一月

呈二

呈为呈请同学曾广墀，横被诬陷，恳于令饬江宁地方法院速予开释事：窃生等此次奉北平学生界之委命来京，请求释放被捕同学，几经奔走，始克如愿，所有被捕同学张鱼等，已于一月七日业经开释。惟初时被捕者共十三人，此时释放者仅十二人，尚查有同学曾广墀未获释放，生等深为不解，再之探询，始闻曾君遭受北平私人诬陷，谓渠前有政治嫌疑。曾君与生等同学数年，勤敏好学，谨守校规，从未参加任何政治活动，素所稔悉，此次遭人暗害，纯系私人怀记仇恨，假此报复，除由曾君查明原告人

反诉滥肆诬陷，呈请法院依法释放。俾生等以早日偕同全部被捕同学返平，以报平市全体同学之委命，免致久误学业，羁留旅舍，虚耗旅资，实为德便。谨呈

行政院院长

北平学生抗日救国运动联合会代表

吴懋成（住中大一舍七八号）

谭　涤（住珍珠桥庆华旅馆）

北平女界抗日救国会
北平抗日团体联合会　代表　孙祥偈（住大纱帽将军巷三号）

中华民国二十一年一月十一日

〔国民政府行政院档案〕

(5)　江苏各界反日救国会等的抗日活动

1. 江苏省淮阴、丹阳各界反日救国会要求速息内争共御日寇侵略电

（1931年9月）

（1）淮阴民众反日救国大会通电（9月25日）

清江浦来电　第一等三三三

急。南京。中央党部、国民政府、各院部钧鉴：各省市党部、各军师特别党部、各省市政府、各总指挥、各军师长、各法团、各报馆均鉴：昊天不吊，祸我中华，连年以还，饥馑洊至，匪乱频仍，环顾宇内，哀鸿遍野，更瞻各方，烽火连天，哀我同胞，罹此鞠凶，纵幸免于天灾，亦难逃于人祸。丁此时艰，正有待于友邦之助，乃日本帝国主义者乘阋墙之争斗未休，国家之元气未复，竟敢甘为戎首，不惜破坏和平，强占我满蒙，窃视我华北，毁我官署，杀我同胞。读张副司令皓电，凡有血气，莫不发指。伏惟外

侮之来由于内争，而内争之兴原为救国，政见纵有分歧，何必诉诸武力，战胜战败同为亡国之奴，国先权丧，均无用武之地。是以当前大计，端在屏除政见，速息内争，一德一心，共御外侮。即日对日宣战，义无反顾，虽战至一人，终不屈止。吾淮民众，一息尚存，誓为政府后盾，复已亡之国土，维持东亚之和平。危亡之机，决于旦夕，泣血陈词，诸希公鉴。淮阴各界反日救国大会叩。有。印。

（2）丹阳县反日救国民众大会代电（9月27日）

急。中央党部、国民政府、暨各院部均鉴：日人乘我国天灾匪患，方张之秋，袭我东省，破坏东亚和平，残杀我同胞，强占我要地，置非战公约于不顾，实行其兼并侵略之政策。警耗传来，令人发指。夫自鲜案发生，日人之兽行既暴于世界，而中日邦交亦早已荡然无存。今日人复变本加厉，以攻取为能事，且欲移民东省，充其极直欲灭亡我国。敝会以为此乃我国存亡千钧一发之秋，容敢电请对日绝交，以示坚决，并一方备战，我民众誓为后盾，赴汤蹈火，惟命是从。江苏省丹阳县反日救国民众大会叩。感。印。

〔国民政府行政院档案〕

2．南京金陵中学抗日救国会宣言及告民众书

（1931年10月）

（1）金陵中学校抗日救国会宣言

国家兴亡，匹夫有责。盖民之托于国，犹毛之附于皮。皮之不存，毛将焉附耶？我中华立国四千余年，德威丕著，信义昭明。既不犯人，人亦不敢犯。迨满清中叶，国势日衰，外侮踵至。关于中日方面之交涉，尤为痛心。民国既成，内讧不息，日人乃更得大肆其侵略手段，迫我二十一条，在在均玷我国体，丧

我主权，更复横行无忌，于我国境内，作种种残暴之行为，演几许屠杀之惨案；如五九、五卅、五三，及目下之万宝山案等等。每次俱贻我莫大之创痛，事后即消弭于无形。乃肆虐未足，今更欲进一步而贯彻其满蒙政策，以中村失踪、南满被掘二事为藉口，一日夜占领我沈阳、长春、营口等地。毁我兵工厂，火我居民屋，掠我货财，奸我妇女，破我学府，戮我同胞，伤心惨目，竟至于斯！夫中村事件，本属无稽；南满被掘，尤为荒谬。即使二事属实，亦应由两国政府，正式交涉；乃敢不问情由，乘吾国难频仍之秋，防御稍疏之际，入寇边疆。再不思前此东京地震，全城被毁，吾国苟乘机率一旅之师，则倭奴将无噍类矣。惟吾国素以信义为重，不忍乘人之阨；更不愿作违背人道之举动，乃输粟以济其急，输帛以苏其困。噫！我之待彼者亦可谓至矣。今吾国罹兹亘古之大难，各国皆倡议协助，乃日人竟以此为大好良机。逞其禽兽行为，负恩若此，是诚何心？然廉耻丧尽者，不可以言公理。即言之，彼亦决不肯歛其野心。若不积极振作，收回失地，则藩离尽撤，倭贼将长驱直入，我大好河山，其沦为倭奴之属地，堂堂华胄，将变成丑虏之仆奴！本会同人，迫于义愤，热血沸腾久矣。爰组织抗日救国会，旨在唤醒国人，同赴国难。昭显党国之威信，永为政府之后盾。贯彻始终，坚持到底，与日势不两立，尚望国人，共申公愤，鉴此热忱，一致援助，则暴日虽横，谅不能敌成城之众志。楚歌四面，一发千钧，或存或亡，机在顷刻。愿同胞共起图之！谨此宣言。

（2）金陵中学校为日人暴行告民众书

亲爱的同胞们！

你们知道现在是什么时候吗！现在是我们国家民族生死存亡的关头，也就是我们快要做亡国奴的时候了，假设我们现在还不振作起来，一致团结，以谋救国，那我们一定是非亡国灭种不可的。是谁来亡灭我们，就是我们东邻的日本帝国。我们看，自从清末直到现在；我们是无时无刻不受着日本的侵略和侮辱；始而有甲午之战，逼我割地赔款；继而有二十一条之提出，简直想夺取东三省和山东的全部；再而有五卅、五三、朝鲜诸惨案之发生，占据我土地，屠杀我同胞，然而日本犹以为未足，必要亡我国，灭我种，然后快意，所以不惜破坏世界和平，突然出兵我东三省，自本月十八日起截至现在止，辽宁吉林两省已全被占据。日军所过地方，焚烧、屠杀、虏掠奸淫，无不达于极点，所有地方官吏，皆被屠杀或监禁，两省军队均无抵抗退出，大部分被日军缴械。尤痛心者，沈阳兵工厂所存弹械，够十师军队之用，价值一万万余，完全被日军运去；飞机厂有飞机二百余架，亦被取去。同胞们！凡是有血气，有爱国心，不甘作亡国奴的同胞们，谁能忍受这种奇耻大辱，谁不咬牙切齿想要报仇雪恨。但是，同胞们！空口说说是没有用的，救国的工作是要大家脚踏实地的去做的，至于如何做法，大概可以分做积极消极两方面来说。

（一）消极方面：对日经济绝交。我们要知日本这一个国家是工业发达的国家，它的生产过剩，不得不谋向外发展，而欧美各国都拒绝日货的输入，所以我国就做了日货的唯一销场了，而同时它也有缺乏的物品，如粮食每年只够十一个月的用，也需要我国来供给它。所以我们如果厉行对日经济绝交，大家一致不买日本货，一致不卖货物与日本，它们在无形中一定要受莫大的损失，甚至经济破产。但是同胞们！五分钟的热度是毫无用处的，我们今天不买日货，明天还是不要买日货，今年抵制日货，明年还是要抵制日货，非达到打倒日本帝国主义者的目的不止。

（二）积极方面：准备对日作战。照现在的形势看来，日本的侵略进兵是决不会停止的了，然而我们不能像东北一样，毫无抵抗的让它灭亡，到了危急的时候，必需和它决一死战。但在战争以前，我们不能〔不〕有相当的准备，所以准备是我们现在积极的工作，全国同胞无论农工商学兵各界，各尽所长，分工合作的准备对日作战，到了大难临头的时候，就可以全国一律动员。同胞们！不要灰心吧！日本的军队虽勇猛，日本的武器虽精良，可是我国吉林军队三连还能打死日军六百多人哩！只要我们大家一致的拼命干去，没有不胜利的。

同胞们！有血气的同胞们！爱国的同胞们！努力罢！

努力对日经济绝交！

努力准备对日作战！

〔国民政府行政院档案〕

3. 南京市各学校抗日救国会组织大纲

(1931年12月)

（1）首都各校抗日救国会组织大纲

一、本会由首都各级学校推举代表共同组织之，中等以上学校学生代表二人，教职员代表一人，小学（完全小学）教职员代表一人。

二、本会设干事会，由代表大会选举十五校（自由推选代表一人）组织之。

三、本会干事会设常务干事五人，由干事会互选之。

四、本会干事会设总务、宣传、训练、调查各部，受常务干事之监督，分别办理一切事务。

各部设正副主任各一人，由干事会互推之。

各部得依性质及事务繁简，分设各股，其股长人选由干事会于代表中推任之。

五、本会代表大会每月开会一次，干事会每两星期开会一次，均得因特别事故召集临时会议。

六、本会办事细则另定之。

七、本大纲经代表大会通过后呈请市党部核准施行。

（２）首都各校抗日救国会章程

第一章　总纲

第一条　本章程依据本会组织大纲订定之。

第二条　本会定名为首都各校抗日救国会。

第三条　本会以联络首都各校一致为国奋斗，誓〔与〕日偕亡为宗旨。

第四条　首都各级学校均得加入为本会会员，详情依本会组织大纲定之。

第五条　本会办公地点暂设中大南京高院对面。

第二章　组织

第六条　本会组织系统如左：

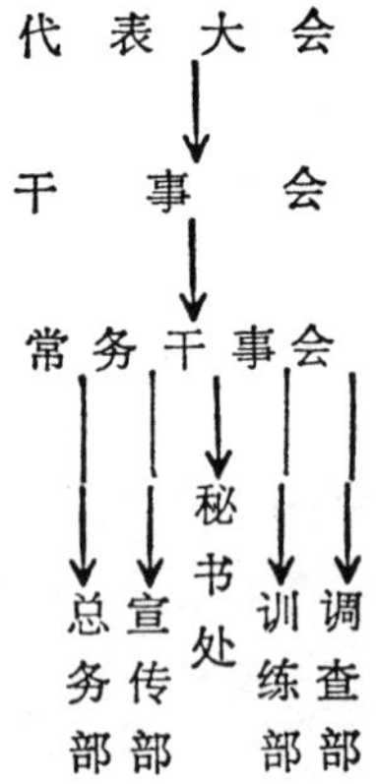

第七条　本会以代表大会为最高权力机关，代表大会闭幕期间为干事会，干事会闭幕期间由常务干事会执行一切事宜。

第八条　代表大会、干事会、常委会之人数及产生方法，依本会组织大纲定之。

第九条　常务干事会秘书处，内设秘书二人，受常务干事之指导，处理日常事务。

第十条　总务、宣传、训练、调查各部，直接受常务干事之监督，分别办理各该部所应办事务。

第十一条　凡当选为常务之学校，不得兼各部部长。

第十二条　各部设正副部长各一人，由干事会选举，每部得设股员若干人，由各该部部长提请常务干事会议通过聘任之。

第十三条　总务部设正副部长各一人，文书一人，会计兼庶务一人。

第十四条　宣传部设正副部长各一人，股员二人。

第十五条　训练部设正副部长各一人，股员二人。

第十六条　调查部设正副部长各一人，股员二人。

第三章　职权

第十七条　各部工作方案，由各该部拟订，提交常务干事会核准施行。

第十八条　常务干事会之职权如左：

一、执行全体大会之决议；

二、执行本会对内对外一切事务；

三、受理各部之建议并支配财政。

第十九条　各部遇必需款用时，得开明物件送常务委员会，由常务委员签字，方得向会计处凭单取款。

第二十条　各部遇有通俗宣传品等，由常务委员会盖章方可露布。

第四章　会期

第二十一条　代表大会每月开会一次，干事会议每两星期开会一次，均得因特别事故临时召集之。

第二十二条　常务干事会议每星期开会两次，开会时各部得推各部长一人列席。

第五章　经费

第二十三条　本会经费由会员分担之，其分担之比例按照学级（大、中、小）各校长年预算及学校人数三标准定之。

第二十四条　本会各职员除文书外均为无给职。

第六章　附则

第二十五条　本章程由干事会议通过施行。

第二十六条　本章程有未尽善事宜，得由干事会议修改之。

（3）首都各校抗日救国会分会组织章程（1931年12月8日）

第一章　总纲

第一条　本章程依据本会组织大纲所载“各校设立分会”之规定订定之。

第二条　本会定为首都各校抗日救国会某某学校分会。

第三条　以联络全体会员一致为国奋斗，誓与日偕亡为宗旨。

第四条　凡本校所有教职员学生、工友皆得为本分会会员。

第五条　本分会地址设在南京某某学校。

第二章　组织

第六条　本分会组织系统如左：

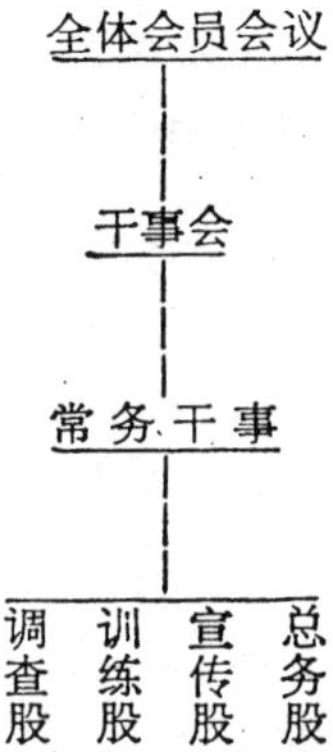

第七条　本分会由大会选举干事七人至九人，由干事会推选

常务干事一人至三人；总务股、宣传股、训练股、调查股各推选股长一人，或正股长一人、副股长一人，又股员若干人，由常务干事聘定之。

第八条　全体会下为干事会，干事会下为常务干事会，常务干事会下为各股。

第三章　职权

第九条　各股工作方案细则等由各该股拟订，提交常务干事会核准施行。

第十条　常务干事会之职权如左：

（1）执行全体大会之决议；

（2）执行本分会对内对外一切事务；

（3）受理各股之建议并支财政。

第十一条　各股不得单独向外表示意见，所有文件等项均由常务干事负责签字，方可露布或分送。

第四章　会期

第十二条　全体会员大会每月至少开会一次，干事会每星期开一次。

第十三条　常务干事会开会时，各股长得推一至三人列席。

第五章　经费

第十四条　本分会经费由各会员分担之，如不足时得由各会员自由乐捐之。

第六章　附则

第十五条　本章程由总会干事会议通过，分交各校分会施行。

第十六条　本章程有未尽善事宜，得由总会干事会议修改之。

中华民国二十年十二月八日修改

〔国民党中央民众训练部档案〕

4. 国民政府文官处关于武进、无锡等县学生抗日救国会要求停止内争共御外侮致行政院函件

(1932年1月)

(1)国民政府文官处抄送无锡县学生抗日救国会代电的公函(1月7日)

国民政府文官处公函　字第一五六号

迳启者：奉主席交下无锡县学生抗日救国会代电：为锦州失、平津急，今后有何种办法，限于四十八小时内复知，否则率五万学生，作最后行动，任何牺牲在所不惜。等情一案。奉谕：交行政院。等因。相应抄同原件，函达查照。此致

行政院

计抄送原代电一件

中华民国二十一年一月七日

文官长魏　怀

抄原代电

国民政府林主席暨各委员公鉴：寇深矣！锦州失，平津急，衮衮诸公，作何感想，今后又有何种办法？此二点，限即刻起四十八小时内复知，否则敢率本县五万学生作最后行动，任何牺牲在所不惜。

无锡县学生抗日救国会

中华民国廿一年一月五日

(2)国民政府文官处抄送武进县中等学校教职员抗日救国会代电的公函(1月26日)

国民政府文官处公函　字第八一一号

迳启者：奉主席交下江苏武进中等学校教职员抗日救国会智代电称：望政府对日迅采有效之办法，为积极之抵抗等情一案。奉谕：交行政院等因。相应抄同原件函达查照。此致。

行政院

计抄送原代电一件

中华民国二十一年一月廿六日

文官长魏　怀

抄原代电

南京国民政府钧鉴：国势危殆，日甚一日，本会前曾代电，请速进行抵抗暴日，以巩固锦县，保全关内，旋奉谕统一完成政府巩固，自应负责御侮，共纾国难等因。然按之现在事实，适与钧府神圣之昭告背驰，锦防因张学良不抵抗而溃决，山海关已飘扬敌旗，且热河危迫，平津动摇，而钧府尚无适当有效之措置，似此雍容纡缓，恐钧府整个计划实现之日，即人民尽为奴虏之时，此而可忍，孰不可忍，倘钧府再不迅采有效之办法，为积极之抵抗，则虽具救国之心，实酿误国之咎，人民虽愚，决不甘心也。临电愤激，谨乞鉴察。江苏武进中等学校教职员抗日救国会、江苏武进中等学校学生抗日救国会同叩。智。

〔国民政府行政院档案〕

5.东吴大学及附中学生揭露校长压制学生抗日救国活动的有关文件

（1932年1月）

（1）东吴大学及第一附中学生致行政院呈（1月18日）

呈为请求饬令教育部撤惩苏州东吴大学暨附属第一中学校长杨永清，收回东吴大学暨一中自办并援助转学事：窃苏州东吴大学暨一中自创办以来，多方压迫学生运动，钳制学生思想，专作帝国主义者文化侵略之工具。既往情形，因国内教育制度未能统一，教会学校得以肆其毒焰，固已无法补救，最近时代变更，国内教育制度渐趋统一刍形，学校当局应如何努力革新，以符众望。乃自杨永清长校，腐窳情形仍蹈前辙，而对于学生运动之压迫，学生思想之钳制，更变本加厉。兹谨将苏州东吴大学暨一中内部压迫学生运动之真相及腐窳情形，一一条陈如下：

（一）校长投机卖国，以学校为退养别墅。前顾维钧办理卖国外交，纷传天津共管，锦州设立中立区之时，杨永清以与顾私交独厚，钻营得势，耀为外交部机要秘书兼典职科科长，襄理一切卖国之外交政策。当时全国各界纷请政府撤惩顾维钧，属校全体学生亦曾电请杨校长回校脱身政治，专理教育。乃杨校长不特不允所请，且肆其如簧之舌，为顾维钧之卖国外交政策辩护，更谓彼之赴京，将为在校学生多方活动将来位置，欺骗引诱，冀遂其做官与卖国求荣之野心。来校数日，仍即返京，及至顾氏被黜，始狼狈归苏。此种投机卖国之校长，以办理教育为儿戏，以东吴大学为私人之蘧庐，此应呈请饬令教育部撤惩者一。

（二）压迫学生爱国运动。自日寇侵边，辽吉相续失陷，属校学生激于爱国热诚，曾罢课宣传，促国人之觉悟。而杨永清对于此种爱国运动，不但不加爱护，反多方压迫，去信恫吓学生家长，并阴命学监施季言威胁利诱，迫令学生离校，破坏学生团结力量，使爱国工作无法进行。嗣蒋氏下野，新政府成立，属校曾一度复课，继因东北军撤退关内，锦州失陷，平津危急，同学等以时局愈益紧张，应有相当表示，由二百五十余人签名请求开全体大会，讨论救国方针。而杨氏先则二次撕毁学生布告，继则在大礼堂用高压手段驱散学生全体大会，大会主席朱宗喜不得已忍痛垂泪而离会场，并无所谓侮辱举动。尤有进者，杨氏除以高压手段压迫外，并用敷衍方法蒙蔽真相，定每星期一、星期四召集国事讨论会，凡在会场内欲发言者，须事先至教务处签名并报告发言内容，方得允准。此种钳制学生思想，摧残学生运动之组织，而美其名曰国事讨论会，殊堪痛心。夫集会与言论自由，明载约法，而杨氏竟违法乱纪，力施毒辣手段于高等学府之中，此与勾结日本帝国主义压迫摧残爱国运动之卖国贼何异？以此乃民众公敌而长东吴大学教育，前途难堪设想，此应呈请饬令教育部撤惩者二。

（三）不许组织学生自治会。查学生自治会之组织，明载教育法视，而杨氏竟干预法纪，禁止学生自治会。凡有此种组织发现时，则热心办事人员必遭开除或秘密斥退之祸，以致东吴大学生自治会迄今无人敢发起组织。言念及此，不觉痛心泪下。为维护教育法规计，此应呈请饬令教育部撤惩者三。

（四）校规第六章第五项第一节之滥用。该节载学生操行不良得予开除处分，惟公布与否得由校政部酌量办理。夫学生违反校规何项何条自应根据何项何条办理，安得以莫须有之手段以开除学生。盖操行不良四字解释毫无界说。此次学生全体大会之主席朱宗喜同学，因接受二百五十余人签名之请求，召集全体大会讨论国事，即被学校当局解释为操行不良，立蒙开除之惩戒，并限令即夜离校。前民国十八年秋，因教会所办之博习医院医生殴辱东吴学生孙金衔事，群情激愤，引起之纠纷，学校除用高压手段帮同教会将同学压服外，在寒假期中竟又适用此条开除三十余人。此种校规毫无界说，专供彼辈帝国主义者走狗压迫学生之工具，如此滥用职权，应呈请饬令教育部撤惩者四。

（五）学校经济不公开。学校之经济从不公开，学生之学膳宿杂等费逐年增加，大学部新生缴费每学期竟已达上百元之多，学费五十元，膳费三十三元，宿舍费二十四元，体育费四元，医费一元，图书馆费六元，药费十元，普通储蓄费五元，年刊费二元，小杂志费一元，军事制服及操衣费三十二元，其他如科学实习费及科学储备费等等尚不在内，而用途善何，从未公布。堂堂学府形同营业机关，社会有学堂店之称，可见一般腐窳如斯。此应呈请饬令教育部撤惩杨永清，并相机收回东吴大中学自办者五。

（六）任用私人。杨氏除投机政界，不专心办理教育外，复位置其私人走狗施季言为男生校监兼事务主任，钱长本为女生部主任兼杨之秘书，此人行为卑鄙，助桀为虐，校中上至职员，下至仆役，非彼辈亲朋即彼等同乡学生，平时备受压迫之苦。如各宿舍之仆役，因特有靠山，致傲慢成性，从不与学生以相当之便利，倘学生与仆役发生纠葛，学生亦难得平允之解决。又如校中膳食一项，学生屡次请求收回自办，校方始终不允，初学生独不明真相，嗣经仔细调查，始悉事务主任施季言与厨房老板勾结，朋比为奸，侵吞折扣，致东吴七元余一月之伙食，竟不能与苏州中学五元余一月之伙食相较。此种腐窳真相，罄竹难书，学生何辜，损被盘剥，此应呈请饬令教育部撤惩者六。

（七）教务之腐败。帝国主义每侵略至一地，即利用学校为其宣传机关，东吴大学各科所用之课本，尽为英文原本，教员亦用英语讲授，而讲解时进出一律呆若一具留声机，致一切科学之中文名词，学生询之，率瞠目无应。学生耳闻目见，均书本上之英美社会，故学生中每有大学已届毕业，而一封普通之中文信札不能下笔者。至对于中国目下之社会观念，更毫无踪影。此种教育，何以合乎中国今日之需要，充其量亦不过复制造若干帝国主义文化之宣传员而已。况各系教授，只一人负责，酷肖舞台上之独脚戏。如此情形，各系课程之陈腐简略，与教授法之呆笨，不适已可想见。此种学校对于中国社会而言，有之无益，去之无损。此应呈请饬令教育部收回自办者七。

总上七端，钧院已可大概了然于东吴大学内部之腐窳情形与杨氏平时之压迫学生，摧残爱国运动之真相。最近自一月十一日杨氏驱散大会后学生已忍无可忍，痛心之余，特向学校当局请求五点：（一）收回开除大中学学生全体大会主席朱宗喜成命；（二）凡本学期热心参加爱国运动之同学，不得开除或秘密令其退学；（三）允许学生组织学生自治会；（四）学生运动学校当局不得干涉；（五）学校当局不得任意宣布放假或停课。自此五条呈上校政部后，校政部不但拒绝接受，不允加以考虑，反即日宣布放假，并多方设法欲驱散同学离校。学生等居此情形之下，无可奈何，只得选派代表，哀号来京，伏请钧院俯鉴学生备受压迫之痛。为国家教育前途计，即日饬令教育部撤惩校长杨永清收回东吴大学自办，永绝帝国主义者在苏文化侵略之武器。在未收回以前，学生等已决定全体转学，应请求钧院予以援助者二点：（一）请求饬令教育部通令全国各大中学，对于此次东吴大学暨东吴第一中学转学生之转学手续，予以特别通容办理：甲、大四、大三、高中三、初中三各年级转学生不得照普通转学手续办理，应请特别优容，年级学分不得折扣吃亏；乙、大中学全体转学生之各科学分，不得折扣；丙、准予免除转学入学试验；丁、本学期因学校在高压手段之下，未举行学期考试即宣布放假，所有各科学分应照算给。（二）请求饬令教育部命令苏州东吴大学暨东吴第一中学对于本学期学生之学分照给。迫切陈词，伏维明察。除已呈教育部核办外，理合备文呈请钧院，恳祈将以上请求各点赐予接受，实为公便。谨呈

国民政府行政院

苏州东吴大学暨东吴第一中学全体学生谨呈

二十一年一月十八日

（2）周佛海致教育部呈（1月22日）

案据江苏私立东吴大学暨附属第一中学全体教职员呈称：窃职校对于此次抗日救国工作，始终与学生取一致态度，且于各种爱国举动，丝毫未加以阻止。嗣因罢课为时过久，故职校大学部自本月五日起，中学部自八日起，相继复课。满拟本实事求是之素旨，延长学期，加紧工作，不惜牺牲精力金钱，以补此次罢课时所缺功课。盖所以重视学生学业，而期有以答各家长托付之重。故于复课以后，即组织国事讨论会，以期师生精诚团结。共同救国。初不料事竟出乎情理之外，学生反而如是嚣张，任意捣乱也。伏查一月十一日上午举行扩大纪念周，请耆硕张公仲仁演讲既毕，杨校

长报告校政部决议三点：一、大中学学生集合，宜分别举行。盖以两校学生，程度参差，所商事项，容有不同；且礼堂狭小，不能全数容纳。二、为避免妨碍学业及与上课时间冲突起见，学生集合，宜在课后举行，并希将议事程序，先期公布，俾全体学生得以参加。三、学生开会□□□重要事件，为求郑重起见，有五份之一出席人数之要求，得以无记名投票决定之。杨校长报告既毕，学生朱宗喜擅自登台，宣布大中学学生会取消。言时作拭泪状，且愤然离场，致引起一部份学生之反抗情绪，认学校此种举动，系分化学生力量，立即表示反对，发出呼吁之声。时杨校长与张公仲仁犹未离场。嗣朱宗喜反在上课时间，召集大中学全体大会，议决罢课，并欢送杨校长离校，且致回校政部，立即停止杨校长职权。当日下午教职员即集会讨论，议决三点，敬告学生。一、今晨杨校长报告，系根据校政部之决议，非杨校长个人之意旨，该项决议，本校教职员之意见一致赞同。二、晨间学生朱宗喜及其他学生十余人对于杨校长之举动，有失学生应有之态度，实属侮辱学校当局，同人等深致不满。三、学生代表擅自在上课时间召集会议，同人等认为有违校政部之决议，宜各反省，并建议校政部开除学生朱宗喜，以重校纪。当晚校政部亦议决三点：一、晨会中校长报告之各项，均系本部通过之议决案，并非校长个人之意见，故对于校长个人有侮辱举动，本部认为即侮辱本校最高行政机关，为维持学校行政系统起见，此项学生，本部即须令其立即退学。二、各课仍须照常上课，如有用威吓方法，阻止他人上课者，必须开除。三、如学校不得已不能维持上课时，即须停课放假，本学期学分不能如数照给。并通知朱宗喜家长，请其来校将该生领回。是夜朱宗喜复至各报馆擅造事实，登载侮辱学校当局之言词。十二日晨，大学多数及中学少数学生，仍照常上课，而其他学生，又集会反对校政部所示各点，威迫上课学生与会。午前，教职员再行召集大会，决定请求校政部维持原案，时朱宗喜之家长已到，立促离校，而该生口虽应允，盘据校内。是晚依然参加大会，鼓动学生向校政部要求收回开除成命。并派学生五十余人集队至代理教务主任徐景韩家，请求徐君连夜召集校政部开会，立即通过收回成命。一面学生等复分队至各校政部委员家，要求工作同时□□□□□楼，李庆贤二人，自动前往学生大会劝告，亦不服从。迟至深夜十二时□□□□□□□□出入要道，包围教务处，并有代表四人，强迫校政部代理主席徐景韩立即签认下列三点：一、容许朱宗喜在校过夜。二、明晨七时三刻须召集校政部会议。三、在召集校政部开会以前，不得宣布放假。十三日晨校政部开会，一致认为处此情形之下，无法维持校政，全体辞职。并宣布即日起，不负校政之一切责任。午前，教职员再行集会讨论，时学生代表出席，要求教职员维持校政，教职员以只负教授之责，未能接受。下午教职员重行集会，佥以学校已陷于无主张状态，而学生运动越轨愈甚，一致认为不能继续上课。议决一面正式报告校长，一面将经过情形敬告各学生家属。时学生纷集会议室之四周，当教职员散会时，学生即将教职员谢仲文、施季言、孙蕴璞、夏宪译等扣留，迫令交出家长通信处及保证书等重要文件，且把守前后各门，禁止教员出入，又看守电话，不许通信，并强迫门房，交出钥匙。十四日晨七时，一部份学生包围校监施季言住宅，逼令出见，同时起把守校门，并不许家长领其子女出外。同时晚间，又将各办公室钥匙强迫校役交出，并除大门外，其余边门等锁门，均用泥土封塞，形势严重，已达极端。当于具文呈报时，全校犹在恐慌之中。迫不得已，除将职校学潮经过情形分别呈报就地教育及行政机关请派员彻查外，理合具文呈报，恳祈迅赐派员彻查，以维学风，并乞转呈教育部，实为德便。等情。据此，查阅中央日报记载消息，该校学生正在到京请愿中。理合据情转呈，仰祈俯赐察核办理，谨呈

教育部

江苏省教育厅厅长周佛海

中华民国二十一年一月二十二日

（3）吴县学生抗日救国会致行政院呈（1月27日）

为呈请令饬教育部撤惩压迫学生抗日救国运动之苏州东吴大学暨附属第一中学校长杨永清，并收回东吴大学暨一中自办事：吴县学生抗日救国会，自查悉东吴大学暨一中校长杨永清，无理压迫学生爱国运动，于一月十一日两次撤毁召集学生全体大会之布告，驱散学生全体大会，不许讨论国事，开除全体大会主席，并组织应时敷衍，混人耳目，钳制学生言论思想自由之国事讨论会。觉此种毒辣之压迫手段，非忆想所能及，恐日帝国主义者遣派祸华走狗之危害工作亦无以过，此种之乖谬，殊堪痛心。至其个人行为之卑鄙，更不足一道。前当锦州未失陷时，杨氏曾任外交部机要秘书，违背民意，襄理顾维钧办理一切卖国外交。此种人材以长吾苏之高等学府，诚为吾国教育界之奇耻大辱，教育前途实堪危虑。除已派代表援助东吴被压迫同学来京请愿外，属会谨代表全苏五千余学生，备文呈请钧院，饬令教育部立予撤惩专作帝国主义走狗，压迫学生运动，钳制学生思想自由之东吴大学暨附属一中校长杨永清，收回东吴大学自办，以振国本，而安舆情，实为公便。谨呈

国民政府行政院

吴县学生抗日救国会谨呈

二十一年一月二十七日

〔国民政府教育部档案〕

（6）东北民众反日救国会的抗日活动

1. 东北民众救国会请息内争速定救国大计的通电

（1931年9月30日）

南京中央党部、国民政府蒋总司令、北平张副司令、各院长、各部长、各省党部、市党部、各省主席、各市长、各军长、各师长、各团体、各报馆均鉴：日本处心积虑，谋占满蒙，已非一日。此次兴兵入寇，肆其凶残，劫夺财物，惨杀人民，在日本行同盗贼，已无公理之可言，在我国任其凭陵〔凌〕，几将奴隶之不若。我东北民众，义愤填膺，发眥欲裂，背城借一，咸具决心，敢请早定大计，积极备战，速捐成见，以息内争，毋赖外力，而图苛免，集众志以成城，挽狂澜于既倒，民族存亡，在此一时，挥涕陈词，诸惟鉴察。东北民众救国会叩。卅。印。

〔国民政府行政院档案〕

2. 东北民众反日救国会关于救亡图存誓死抗日宣言

（1931年10月）

呜呼！吾东北三千万民众，数万里国土，今日已在日人铁蹄蹂躏之下矣。浃旬之间，破坏我城镇，屠戮我人民，焚毁我房屋，劫掠我财产，豺牙密厉，虺毒恣吹。以致闾里骚然，死伤狼藉，大好山河，尽葬送于倭奴炮火之下。是真所谓危急存亡之秋，千钧一发之时也。

夫日人非世所称为文明之国，尝以保障东亚和平自负者乎，又非尝以共存共荣，提倡亲善，号召于吾人者乎，乃竟于九月十八日深夜之间，出我不意，乘我不备，肆其烧杀淫掳之暴行，以逞其封豕长蛇之夙图。其事变之剧，屠戮之惨，不惟在中国为空前未有，即征诸世界，亦乏先例。且也，易帜设官，进兵吉长，既据我辽吉，复窥我黑哈。此种不讲人道，违背公理，破坏和平之野蛮举动，实为人类所不齿，抑亦国际所难容。咄彼倭奴，欺我太甚，此而可忍，熟不可忍。

吾人回忆过去日人对东北之设施，无一非亡我之工具，所谓满蒙积极政策，殆为其全国上下公然不讳之事。盖欲完成其大陆发展计划，侵略我东北，实为其吞并朝鲜后惟一之工作。而近半年来，彼国人士更如疯如狂，变本加厉。昔也口蜜腹剑，犹张亲善之伪帜，今则悍然不顾，实施武力之侵略。由是而万宝山事件，虐杀在韩华侨，惨案相继发生。与夫中村事件之捏造，在在寻衅，不惜破坏和平。而我当局本忍辱负重之训，为息事宁人之图，始终开诚布公，力持镇静，藉以期其悔悟，稍知顾忌。熟知彼倭奴者，冥顽不灵，竟难理喻。直以我之容忍退让为彼暴力有效朕兆，睥睨一切，毫无顾忌，且更进一步为实际并吞之计。古人云，怒我怠寇，今之时地。我同胞乎，盍群策群力，同舟共济，以与倭奴决一雌雄乎。吾人为主持正义而战，为保障和平而战，为民族生存，国家安宁起见，均不得不出于最后之一战。

最后更郑重为国人告者，日人占据辽吉后，即实行其吞并朝鲜之故技，先使东北省独立，然后进而保护以达其鲸吞之夙愿，切望国人勿堕其狡计，甘为傀儡，以自弃国人，而同招灭亡。夫东北省，乃我祖若宗，辛苦经营，方有今日之繁荣，今则强邻凌轹。已非我有，清夜自思，上无以对祖宗，下无以对子孙，倘此时而犹泄泄沓沓，听其宰割，堕军实而长冠仇，则全国覆亡之祸，即在眉睫。望我同胞，其速起自救，本会甚愿追随全国民众之后，共效驰驱。一息尚存，誓死靡他，时机迫切，急不择言，凡我同胞，曷兴乎来。

〔国民政府行政院档案〕

3. 东北民众反日救国会声明不承认傀儡政权与日本侵略军所订任何条件的通电

(1931年10月4日)

南京。中央党部、国民政府、蒋总司令、北平张副司令、各院长、各部长、各省党部、市党部、各省主席、各市长、各军长、各师长、各公民法团、各报馆均鉴：顷据报载，日军占领沈阳之后，竟于九月二十四日组织地方维持委员会，盖欲假此御用机关，以施其掩饰侵略之阴谋。查该会组织设委员九人，袁金铠为委员长、李友兰、于冲汉为副委员长，金梁、阚朝玺、丁鑑修、孙祖昌、张成箕、佟兆元等为委员。吾人固不敢将彼等一概认为汉奸卖国之徒，然其中实不免有甘心为虎作伥，被人利用者。本会为尊重主权起见，对该会一切设施及与日方所订任何条件，决不承认。谨此电陈。

东北民众反日救国会叩。支。

〔国民政府行政院档案〕

4. 东北民众反日救国会警告袁金铠等函

(1931年10月)

执事先生大鉴：倭寇辽吉，梓乡喋血，捬念国殇，悲怆何似。展读新闻，遥悉倭寇御用之地方维持委员会，执事亦与其列，曷胜骇异。查倭寇所以欲我方人士与其合作者，意在对世界可以夸大宣传；中国人欢迎日本，对地方藉可剥削民众，征收租税。凡我官民，均应洞烛其奸，若甘为傀儡，不啻认贼作父。执事耆德绩学，乡邦重望，济世之业，多所建树。当兹危亡，复何所恋，即有相逼，亦应身殉千秋，令节端在此间。否则群情激昂，或有不利于执事之处，敝会恐亦爱莫能助，幸执事及早图之。涕泣奉陈，伏祈鉴察。专此。敬问百益。

东北民众反日救国会启

〔国民政府行政院档案〕

5．青岛大学东北同乡反日救国会反对日帝侵略东北告全国同胞书

（1931年10月）

全国同胞：

你们早已看见那东北的鲜明的红光了。那是甚么？是我们的同胞在日本帝国主义铁蹄下流出的赤血光芒！

整个的世界的经济恐慌，市场不安，金融的变动，促成帝国主义的速死早亡。暴日在现在这样危机下，不得不急向国外图发展，压迫我们经济落后的国家。东三省是绝好的商场和原料产地。他们就不顾什么公理，公然侵占了！啊，我们几千里肥沃丰饶土地将成了日本的殖民区，几千万同胞将成了日本帝国主义的奴隶！

二十一条的胁迫，五卅的日本资本家的暴行……早使我们忍无可忍，现在更进一步，强行占据我们的土地，抢掠屠杀我们同胞，破坏我们的交通，压迫我们全国的人民。大好江山眼看将成日本剥削的处所；负有几千年历史的中华就要沦亡！东省的占领不过是侵略的开端。这样刺肤的疼痛，终于使我们猛醒，开始这狂烈的斗争！

我们不曾死，我们要自由，我们要光荣的立在世界上，我们要与残忍没落的帝国主义斗争！

依赖甚么？迟疑甚么？揭开一切帝国主义者假面具，那个不是自私！那个不是自利！那个是真的肯拥护公理！只有自己的身躯，只有自己的刀斧是唯一的可依靠的武器。空口的爱国是自欺欺人的白话，我们目前急需的是集合全国势力，联合一切被压迫

的人类，向残暴的日本帝国主义立即宣战。我们要奋斗，以全国人民的热血洗刷一切耻辱，争取最后的胜利！那才是中华民族真正的光荣！

青岛大学东北同乡反日救国会

〔国民政府行政院档案〕

（7）其他各地反日救国会等的抗日活动

1．西安各界反日救国会要求统一军权实力抵抗日寇侵略通电

（1931年9月28—29日）

（1）西安各界反日救国大会通电（9月28日）

急。南京。中央党部、国民政府、蒋总司令、北平张副司令钧鉴：各委员会、各院部、各省、各督办、各主任、各总指挥、各军师长、并转各武装同志勋鉴：各级党部、各级政府、各法团、各学校、各报馆、并转全国同胞均鉴：呜呼，吾人民尚能通电，大呼救国，彼东北同胞在日人蹂躏之下，纵欲声罪致讨厌其可得耶，吾未死之同胞乎，其忍生见国破家亡，永籍奴种乎？抑当拼命流血，与倭决一死战乎？西安各界市民本月廿六日在靶厌公园开反日救国大会，到会十余万人，莫不发指眦裂，声泪俱下，誓雪国耻，共挽危亡。爰通过要案六项：（1）通电广东汪精卫、陈济棠、许崇智等取消私见，一致对外；（2）通电拥护蒋总司令，统一军权，集中武力，准备以实力抗日；（3）电请中央于最短期内，颁布实行征兵制；（4）电请中央决定外交方针，在十年之内，专谋对日；（5）电全国各地商会，监督商人，自动抵制日货；（6）电请中央令胡汉民同志即日销假视事，共赴国难。除分别电达外，谨此奉闻，深盼一致主张，为中华民族杀出一条血路，不胜切祷之至。西安各界反日救国大会叩。俭。印。

（2）西安各界反日救国市民大会电（9月29日）

急。南京。中央党部、国民政府、蒋总司令、北平张副司令钧鉴：各委员、各院部会、各督办、各主任、各总指挥、各军师长、各武装同志勋鉴：各级党部、各级政府、各法团、各民众团体、各学校、各报馆、并转全国同胞均鉴：试举目东北，望彼日人狰狞面目，毒辣手段，惨酷行为，抢杀烧，屠戮破坏，无所不用其极。凡有血气，谁不眥裂。时至今日，舍誓死与倭奴武力周旋，以民族生死，拼国家存亡外，宁有其他办法，惟力量以集中而伟大，精神以团结而巩固，步伐以整齐而扬武，指挥以统一而威敌。故雪耻图存，莫若众志同心，欲杀敌致果，更须指挥若定。务望全国人，危惧巢覆，谊切同舟，深沉勇决，合力御侮，一致拥护我革命领袖、民众先锋之蒋总司令、统一军权，实力抗日，吾国前途，庶其有济。临电迫切，盼伸同情。西安各界反日救国市民大会。艳。印

〔国民政府行政院档案〕

2. 河北省法商学院关于反日救国办法的快邮代电

（1931年9月）

（衔略）公鉴：日军侵据东北，灭亡无日，噩耗传来，全国腾沸。当此大难临头，危迫眉睫，同胞捐驱救国，责无旁贷，学生奋身急呼，职所当然，于此覆巢之际，能不有所击心，存亡之秋，何容再行漠视，是以谨举数端，以告同胞。

（一）请共息内争，群御外患。比年以来，内战频仍，国惫民疲，摧耗殆尽，要之无非阋墙之争，党政之见。箕豆相煎，列强以隙可乘，同室操戈，倭寇公然侵边。值此千钧一发，亡国立待可现，凡属国人，能无觉悟。今后允宜弃嫌蠲忿，以国是为前提，舍微持重，以御外为急务，内纷既息，外侮可平，是在全国

同胞，群起一致对外。

（二）请召国防会议，共谋攻守大计。我国地大域阔，久为列强垂涎，平时筹画毫无，一旦寇边乏策，兵甲之众，未让他帮，饷秣之需，数超过巨，然而边陲屡侵，要隘被据，惟以国人忽视，攻守无方。当此时机，立谋大计，速召国防会议，力求军事人才，共维国艰，同赴国难，统一军令，充实国防，则列强枭心，此刻可缩，我国领域，来日自固。

（三）请广罗全国贤达，以维国事。当今国偪侵凌，民死无数，火光腥风，岂容默置。全国同胞，冷静思维，时至何日，国兴固非一人所治，国亡亦非一人所危，集思广益，端在全国贤达，众擎易举，胥赖朝野英豪，而同胞中岂无俊杰之士，只以禁网之密，恐遭干犯耳。望政府捐弃前嫌，广罗贤才，共济艰危，挽狂澜于既倒，系苞桑于永久，上下团结，无分畛域，庶国事立见解决，危难自行弭消。

（四）请中央明令恢复学生运动。五四以来，士气消沉，民众运动，寂然无声，揆厥原因，率由政府禁网过密，遂致毫无进展。窃学生为知识份子，对于国事，素具热诚，值此外患紧急之秋，国家危亡之际，亟应挺身而起，大声疾呼，唤醒同胞迷梦，团结一致，以作政府后盾，敌虽蛮横，亦必有所畏惧，政府倘再抑制，何异临敌而自束。是有望者，明令恢复学生运动，领导前进，为民先锋，则全国民意有所表现，外侮自当消灭于无形。

（五）请全国一致对日经济绝交。我国军备，废驰已久，对外战斗，力所难能，对日方策，惟有经济绝交，制彼死命，不图年来，国人对于抵货运动，枝节横生，致使收效极微，言之心痛。此次日本强占东北，国家灭亡旦夕可倾。凡我同胞，应本爱国热诚，一致对日，实行排货运动，不息不渝，贯彻始终，庶可警告于强敌，救国于危难。综上五端，皆属当前要图。国家兴亡，匹夫有责，爱国志士，谅不后人。今谨抒愚诚，以供刍荛，倘能揆诸实现，或可挽国危于万一。临难愤激，迫切陈词，惟国人鉴察，幸甚幸甚！

河北省立法商学院反日救国会印

一九三一年

〔国民政府行政院档案〕

3. 湖南省学生抗日救国团体反对日帝侵略东北并要求政府息内争以御外侮电

（1931年9—10月）

（1）湖南大学全体学生反对日本侵略通电（9月25日）

全国同胞公鉴：据报载日本帝国主义者乘我国家多事之秋，借口毫无根据之中村事件，突然率其狼贪羊狠之师，逞彼残暴，霸据我封壤虔刘我疆吏，炮毁我城郭，枪杀我军民，恶耗频传，拊膺永痛。窃思嵎夷三岛本黄炎末裔，竟敢包藏豕心，荐食上国。良由我国内争迭起，政见分歧，兵革是闻，疮痍未复。遂使日本帝国主义者，乘瑕抵隙，得寸进尺，今且野心大启，劲兵深入，国土即于沦亡，民族何由自立。所望我执政者，各捐成见，力御外侮，戒兄弟阋墙之争，凛风雨同舟之训，环请中央集中全国武力，对日宣战，大张挞伐，遂彼凶顽，党国安危，在此一举。凡我同胞，义愤所激，投袂并兴，前仆后继，生死以之，蹈火赴汤，其甘如荠。幸仗总理及革命先烈在天之灵，一仗走虏，复我山河，不但邅遭国运，赖以重新，实惟华胄神灵，永以托命。修我戈矛，与子同仇，务望政府人民，一致奋兴，灭此朝食，以雪奇耻。泣血陈词，诸希察照。谨电。湖南大学全体学生叩。（有）印。

（2）湖南澧县县立中学学生自治会代电（1931年9月27日）

中央党部、国民政府、各省县市党部、省县市政府钧鉴：各省县市反日团体、各机关、各学校、各校学生自治会、各民众团体、各报馆均鉴：日本以东陲岛夷，屡肆其野蛮手段，侵略我国，既已割台湾，攘琉球‘占澎湖，夺朝鲜强租旅顺大连湾，尤复构成五三、五卅、六一及最近万宝山各惨案。我国愿全邦交，不忍遽兴兵戎，且执中日亲善之谊，步步退让，以固盟好，无非冀其有悔祸之萌也。乃近阅报载：日本乘我灾共未靖，藉口中村事件，横施武力进攻东三省，强占沈阳等处，囚禁长官，惨杀军民，焚烧官署，炮轰兵工厂，残毁交通机关，并分头占据全满各要隘，进窥平津及烟台、青岛等处，坏破国际和平，违反非战公约，是直欲实现其数年梦想之大陆政策，不啻视我为几上肉，釜中鱼矣！披览未竟，愤慨填胸，抚今思昔，益厉悲恸。值兹忍无可忍让无可让之际，务望各激义愤，同仇敌忾，上焉者积极备战，下焉者经济绝交，且速弭内争，同赴国难，非达到凶残翦灭，疆土恢复不止。本会誓率全体会员，橐笔厉剑或为前驱，或作后盾，一唯政府之命是听。临电悲慨，无任盼切。湖南澧县县立中学校学生自治会叩。感。印。

（3）湖南翰文中学校学生自治会代电（1931年10月8日）

全国同胞均鉴：我国不幸，灾祸频仍，内乱未已，外患又至，今狼子野心之日本帝国主义者，乘人之危，藉口于毫无根据之中村事件，大兴兽兵，侵略我辽宁，屠杀我官民，炸毁我兵工厂，强占我飞机场，破坏世界和平，违反非战公约。窃日本为区区岛国，抱大陆政策，迭向我国挑衅，已非一次，万宝山之惨案未了，辽宁之风雨又来，是可忍孰不可忍。苟不全力抵抗，势必国亡无日，我国民当本天下兴亡匹夫有责之意，同心协力，众志成城，宁为玉碎，不为瓦全。本会恳请政府克日动员，歼厥小丑，会员等愿静候指挥，同赴国难，杀敌致果，义无反顾，临电激昂，统希鉴纳。湖南翰文中学校学生自治会叩。齐。

〔国民政府行政院档案〕

4. 甘肃省各界民众反日救国团体要求速息内争共御外侮的通电

（1931年9—10月）

（1）甘肃全省反日救国会电（9月21日）

南京中央党部、国民政府主席、蒋总司令、北平张副司令钧鉴：各院部、各省市党部、各省市政府、各路总指挥、各军师旅长、各级人民团体、各报馆转全国同胞均鉴：查日本帝国主义者竟惨杀我同胞，侵占我领土，已旬〔勾〕我中华民族历史上之仇仇，近复以万宝山事件，挑拨韩民，横肆排华，暴动致乱，无辜侨胞，惨遭戕害。我全国上下，同深义愤，据理力争，以谋解决。苟倭奴稍具人道，应当深自悛改，向我认罪。孰意日本帝国主义者兽性不改，居心叵测，不顾国际公法，破坏世界和平，竟于本月皓日派军攻占沈阳、长春，进攻营口，并欲直取华北，冒吞满蒙，气焰灼灼，俨然有亡我国家，灭我民族之势。噩耗传来，痛愤棉絮。我中华民族五千年祖宗遗传之大好河山，岂能任被倭奴宰割，再蹈朝鲜、台湾之覆辙耶！纵瞻环宇，国将不国！在此千钧一发之秋，宜具同仇敌忾，务祈全国同胞，上下一致，积极准备，与倭奴决一死战，宁为玉碎，毋无瓦全，本会誓死反日，始终不渝，谨率全甘九百万民众，共执干戈，以作后援，维我国权，救我危亡，在此一举，血性健儿，其速振起。临电愤慨，不胜贮盼。甘肃全省反日会叩。马。印。

（2）甘肃平凉市各界反日运动会电（10月5日）

南京蒋总司令、北京张副司令、西安杨主任、各部院、各法团、各师旅长、各省政府、各报馆均鉴：顷据各方电讯，日本藉口中村事件，突于上月皓日出兵东省，连占辽吉各地，屠杀焚掠，穷凶极恶。最近更有进窥津平意向，惊耗传来，悲愤欲绝。查自万鲜惨案发生，我政府正在据理力争，希图圆满结局，不料倭奴不顾信义，不重邦交，违背国际公法，破坏东亚和平，竟尔大肆侵掠，愈逼愈紧，揆其狼子野心，直欲乘我国步履艰难，天灾人祸，交相迫切之际，实现彼所谓大陆主义满蒙政策，是斯可忍，孰不可忍。窃维波兰尚能兴国，土耳其尚能独立，而谓我中华民族不能自存自保，宁不可耻。今当危亡俄顷之时，本会一致作下列之主张：（一）请中央政府将日本横暴行为诉诸国联会议，要求主持公理；（二）请粤方当局捐除意见，立息内争，同御外寇；（三）望商界同胞，激发天良，彻始彻终，与日本经济绝交；（四）望全国人民奋起作种种救国之活动，为革命外交之后盾。以上四端，本会认为极切要之举，如能一致团结，悉力以起〔赴〕，国族前途庶其有豸。设不幸而与日宣战，本会誓愿纠合陇上健儿，共趋国难。总之，宁为死义鬼，不作亡国奴，敢布区区，统希亮察。甘肃平凉市各界反日运动大会叩。微。印。

（3）甘肃省立第二中学校电（10月9日）

万急。南京中央党部、国民政府、各部院、各省市县党部、各省市县政府、各部队、各机关、各法团、各学校、各报馆均鉴：倭奴失韁，侵我东省，惨杀焚掠，世无其匹，破坏东亚和平，违背非战公约，逞彼凶残，占我领土，辽吉黑之同胞，已陷水深火热，江河海之要港，久欲蚕食鲸吞，堂堂华族，任伊毒杀，稍有人心，曷忍坐视。敝校师生睹此空前惨状，悲愤异常，乃于本月七号组织义勇队，誓作国府后盾，驱虏前锋，甘心染华土以死报国，不愿苟且偷生，任人蹂躏，卧薪尝胆，雪我国耻。希望全国当轴诸公，父老兄弟姊妹，即息内争，一致团结，打倒不抵抗主义，实行对日宣战。敝队枕戈待命，义无反顾，洒血歃盟，誓死救国。临电迫切愤激之至。甘肃省立第二中学校。青。叩。印。

（4）兰州中等以上各校教职员联合会电（10月27日）

特急。南京中央党部、国民政府蒋主席、北平张副司令、胡展堂先生、汪精卫先生、各院部会、各省市党部、各省市政府、各行营主任、各师旅长、各法团、各机关、各报馆、暨全国同胞均鉴：此次日人乘我国难，出兵吉辽，侵占我国土，屠杀我人民，破坏我交通，捕逐我官兵，为我国有史以来之奇耻大辱，其性质之严重，空前未有，当惊天霹雳，破空飞来，吾人方以为或系日本武人派之颟顸行为，我国自有抗议，国联自有以裁，不久即能恢复原状，故隐忍慎重，静听政府之处理。乃旬日以来，日本节节进逼，不幸事件日形扩大、迭侵名城，任意屠杀，政治军事机关直接由日人管理。我国之抗争无效，国联之仲裁无效。是日本不独目无我国政府，我国人民，更目无世界各国，目无人类，蛮横无理，殊堪悲愤。迹其所为，倭奴欲灭我国，亡我国。我国人惟有自决自救，对此横行无理之兽类，诉诸武力，请政府立即宣战。我之军备不如人，我之战术不如人，然必我四万万同胞屠戮尽净，然后东亚大陆任彼宰割，否则一息尚存，绝不以大好河山拱手让人。年来内战频仍，自相残杀，奋斗不力，终致此祸，追思前失，悲痛曷极。今为之计，惟有各方化除成见，互杀倭贼，愿效亡秦之三户，甘作田横之五百。东望三岛，目裂发指，整装待命，热血沸腾，迫切陈词，诸祈公鉴。兰州中等以上各校教职员联合会叩。感。

〔国民政府行政院档案〕

5. 四川省岳池、忠县及宜宾等县民众反日救国会要求停止内争共御外侮的通电

（1931年9—10月）

（1）岳池县军政学团民众驱日运动会电（9月24日）

万火急。南京中央党部、国民政治、蒋总司令、各部院长、北平张副司令、全国各总指挥、各军师旅长、各司令、各省政府、各省党部、各县政府、各县党部、各局所、各学校、各民众团体、各报馆均鉴：顷奉广安杨军长转发京电，惊悉倭奴横蛮，夺我吉辽两省，沈阳、长春、营口、皇姑屯、葫芦、连山等处肆行杀掠，青岛、沽墩均有日军上陆，近且占领北宁全线等语。飞来噩电，悲愤填膺，当即集合全县军政学团民众，停止办公，罢市罢课，示威游行，组织驱日运动大会，计军民三万余人，躄踊哀号，誓歼岛夷，雪此奇辱。除当场宣誓不买日货，实行经济绝交外，特电全国立止内争，共御外侮，用解累卵之危，力图苞桑之固，会当枕戈待命，愿为政府后盾，海枯石烂，不食此言。临电迫切，莫知所言。四川岳池县军政学团等七十万民众团体驱日运动会叩。敬。印。

（2）忠县全体民众反日救国会通电（10月2日）

国急。重庆刘督办、四川省指委会、成都刘主席、邓军长、行营田军长、行营杨军长、绥定刘督办、并转南京中央执行委员会、国民政府蒋主席、各院长、全国各省政府、各省党部、各总指挥、各军长、各师长、各机关、各学校、各报馆、各民众团体钧鉴：日本横行，称兵关外，逞穷凶极恶之野心，施残忍毒辣之手段，不顾邦交，节节进逼，沈吉长万等镇，已非吾之所有。且大肆焚杀，为所欲为。举国民众，悲愤填膺，中央提交国联会议解决，欲以公理正义折服倭奴，讵知强梗不移，实属剽羞，既不接

受公判，复敢诡词巧辩，居心残杀，当无退兵之望，如果听其暴行，不思抵抗，一旦侵入内地，藩篱为墟，破巢之下必无完卵。诸公或膺兵符，或主党政，或长教育，或司民社，甚望万众一心，共策应付，同赴国难，大张挞伐，宁为玉碎，毋为瓦全，苟只事阋墙之争，不类国家大体，则皮之不存，毛将焉附，诚恐国族灭亡，迫在眉睫矣。诸公党国干城，民众领导，必能捐弃嫌怨，共御外敌。本会誓为全体民众，随诸公后。迫切陈词，伏维垂察。忠县全体民众反日救国大会叩。冬。印。

（3）宜宾县民众反日救国会通电（10月8日）

南京中央党部、国民政府蒋主席、各院部长、北平张副司令、成都刘主席、重庆刘督办、成都邓军长、三台田军长、广安杨军长、各师旅长、重庆省指委会均鉴：日人横暴，窥我东北，久蓄毒谋，近乘我国水灾惨重之际，迭次挑衅，突举重兵，覆陷我辽吉数省，狂恣烧杀，荼其凶锋，大举进攻之警报纷至沓来，心裂发指，寇祸已深，国亡无日。我国府虽求文明正当解决，狂敌必无悔过之可期，欲救国家之危亡，惟有誓死以御暴。宜宾民众于本日成立反日救国大会，一致团结，无论何种牺牲，当合全国民众为政府后盾，不达驱除狂寇，湔雪奇耻大辱之目的不止。更有重切进陈者，欲平外忧，宜泯内乱，前因政见之不协，致有各地之纷争，今外祸极矣，我中央国府及各省当局诸公，均党国先进，固已翻然觉悟，息争对外，此诚我国之生死救亡之切计。惟是患难须共死生，事方有济，团结宜倾肝胆，师克在和，当兵凶战危、出生入死之时，若意气不能冰释，终莫补救危亡。昔廉蔺避车交欢，足以救赵，羊杜秉节同心，遂以破吴，古鉴不远，今御祸尤急，所望彻底谋全国统一，捐小嫌，以御大难，作洽诚之联合，同艰巨，增担当，倾我全国民众热血，集中于党国领导之下，以与日人周旋，庶不独可摧强横之敌，并可奠国家无疆之基。多难兴邦，我全国民众虽捐踵糜顶，为国而死，有荣光矣！泣血陈词，不胜悲愤之至。宜宾县民众反日救国大会叩。庚。印。

〔国民政府行政院档案〕

6. 刘文辉报告成都各界于艳日罢工罢耕罢课罢操并举行反日示威游行电

（1931年10月1日）

南京。中央党部、国民政府、行政院、立法院、司法院、监察院、考试院钧鉴：各部会、各省军政长官均鉴：此次日本在我东省恣行凶暴，电讯传来，全省民众异常愤慨，当经详切诰诫，谕令遵奉中央指导，不得有轨外妄动。并于九月敬日会同刘督办电请中央严重交涉，愿率所部，听命前驱。一方〔面〕通电各省，请为一致主张，合力御侮在案。现在成都市民众激于爱国热诚，联合农工商学兵共三百余团体，约五万余人，临时参加者二十余万人，于艳日举行反日游行大会，先期制定标语口号及宣传大纲，特组宣传队，通告农人罢耕，工人罢工，商人罢市，学校罢课，兵士罢操，停止一切宴会娱乐，全市下半旗志哀。沿途观听者无不发指眦裂，极悲壮激昂之致，而秩序仍至谨严。民气如斯，国其有豸。特电奉闻，伏维照察。四川省政府主席刘文辉叩。东。印。

〔国民政府行政院档案〕

7. 江西省教育界反日救国团体反对日寇侵略东北要求政府对日绝交宣战的文电

（1931年10月1—25日）

（1）江西省立中等以上学校教职员要求速息内争以御外侮的代电（10月1日）

万急。南京中央党部、国民政府钧鉴：全国各级党部、各级政府、各机关、各团体、各学校、各报馆、各军师旅部、暨全国同胞公鉴：倭寇深矣！空言何补？惟有万众一心，同赴国难，乃克有济。同人等谨举四事，以告全国上下，幸共图之：（一）年来内乱频仍，天灾洊至，凡有人心，早应觉悟。今者既启倭贼以乘机思逞之便，而使国家蒙失地丧权之羞；危迫如斯，尚何忍一味阋墙以自快？切望国内各有实力者，亟须激发天良，捐除私见，憬然于玉石俱焚之大祸，幡然作风雨同舟之长谋，速息内争，以御外侮，乃可保障民族之生存。舍此不图，其肉不堪食矣！（二）日贼图我，蓄谋已久，旧恨新仇，擢发难数。世间亡正义，既不能望救于他人；弱国无外交，则惟有凭诉诸武力。万乞政府，勿再持镇静态度以自误，请从民意，切实准备对日宣战。等一死耳，与其束手延颈而受戮，曷若披发缨冠以自救，凡我国人，应明此义，勿怀瓦全之望，勿忘戴天之仇。率我中华健儿，誓与此横蛮无理之岛夷作一殊死战，然后鲸波可靖，国难能平。（三）倭贼之所利用而图我者，首惟经济，夺我之刃，以扼我吭。故对日经济绝交，诚为自救之良方，制敌之利器。何期历次试验之结果，徒有五分钟之热忱，作三数天之儿戏。嗟乎！饮鸩止渴，何反自甘？斩草除根，始无后患。凡我国民，应明此义，坚我众志，制其死命，从此实行抵制仇货，互相督责，贯彻始终，勿使漏卮不止，以遗噬脐无穷也。（四）尤所望者：我全国教育界同人，更应一律加紧训练工作。不观彼倭贼之处心积虑以谋我乎？小学史地，悉以我国为其目标；中等教育，皆将军事定为主科。其勃勃野心，一至于此，而我沉沉酣梦，究复何时？嗟乎！十年教训，责在吾侪；百万儿童，足成劲旅。而今而后，凡我同人，口讲指画，毋忘东海比深之仇，尝胆卧薪，誓雪西江难洗之耻。务必磨历我中华民族之志气，以与此穷凶极恶之倭奴作最后之周旋耳！上陈各端，贵乎力行。国亡无日矣，我国人其速速兴起乎！临电眦裂，千万垂纳！江西省立中等以上各校全体教职员同叩。东。印。

（2）鲁涤平抄转南昌市立小学教职员要求对日宣战并励行革命外交呈（10月12日）

江西省政府呈为据情转呈仰恳鉴核事：案据南昌市立小学校全体教职员刘典兰等呈称：为日寇益深，国亡无日，恳准转请对日宣战，以救垂危，而图雪耻事：寇深矣若之何？惟有全国同胞，誓与日人决战耳！日本帝国主义者，本对华之传统侵略政策，处心积虑，亡我中国，五七条约，五三惨案，旧恨尤未遑湔雪，而万鲜挑衅，新耻又来，自毁铁路，含血喷人，逞兽性，占土地，囚主席，屠人民，此而可忍，亡可立待。同人篙目时艰，共懔匹夫之责，事变初起，尚冀政府态度镇静之有方，国联调停处置之有效，今竟何如？非战固无以自存也。同人环请中央：（一）积极备战，弱国无外交，世界无公理，将伯无灵，惟有决心，宁为玉碎，不求瓦全，率我身经百战之健儿，以与兽性岛夷，作一殊死战，庶可矢此载天，伤彼时日。（二）励行革命外交政策，一洗从前局部解决交涉之弊，而由中央主持统一步趋，免致失败。（三）严拒直接交涉，彼强我弱，坛坫同旋，徒受压迫，与其使和会代表断送锦绣山河，曷若凭爱国男儿，决胜于赤血黑铁。上列各端，务请钧座转呈中央，迅予决定宣示，以励国民之气，而戢岛夷之凶，不胜誓死待命之至。等情。至此。除指令外，理合据情呈请钧院，俯赐鉴核。谨呈

行政院

江西省政府主席鲁涤平

中华民国二十年十月十二日

（3）江西私立葆灵女子中学师生要求全国团结共御外侮

代电（10月25日）

中央党部、国民政府各院部会、各级党部、各级政府、各军警机关、各学校团体、各报馆、及全国同胞钧鉴：日本近日进兵占据东省，我中华民国之土地被其糜烂，官民被其杀害。警耗传来，曷胜发指。日人之野心非自今日始，我同胞之被蹂躏亦不仅一次，此次藉口中村事件，蔑视国际公法，破坏世界和平，乘我党国多难之秋，公然行其侵略之故技，是而可忍孰不可忍。人心未死，民气应伸，对此次之暴行，作应有之主张：（1）请求中央政府提出严重之抗议，实行不妥协，不屈服之革命外交，而人民愿牺牲一切，誓为政府后盾；（2）哀恳全国团结一致，化除私见，共御外侮；（3）全国同胞一致觉悟，永远不用仇货，实行对日经济绝交政策。临电不胜愤慨。伏乞垂鉴。江西私立葆灵女子中学校全体中国教职员及学生同叩。径。

〔国民政府行政院档案〕

8. 陕西省政府报告该省教育界反日救国会集会反对日本武装侵略东北电

（1931年10月20日）

中央党部、国民政府钧鉴：本会筱日陕西教育界反日救国会常务委员田伯荫、田仲翔、张遥青、白子玉、冯幼、董觉先、张格龙、王德溥、李含英、田润芝、王志鑫等率领各校全体学生来府请愿，据称该会召集全体大会，议决五事：（1）明令恢复民众运动，俾各界民众从速组织起来，作政府对日后盾；（2）化除意见，消灭内讧，团结一致，共同对外；（3）准备对日宣战，以铁血与倭奴拼命；（4）迅予发给各校义勇军枪枝，实行训练，以备效命疆场；（5）请省政府将以上各项转陈中央政府采纳等情。查日本此次侵占辽吉两省，残杀人民，蔑弃公理，举国震动，群情愤激。该会所陈各节，出于爱国热心，未便壅于上闻，特电请鉴核施行。陕西省政府叩。智。印。

〔国民党中央民众训练部档案〕

9．河南全省民众抗日救国总会为暴日侵占东省宣言、告民众书及决议案等文电

（1931年10月）

（1）河南全省民众反日救国总会为暴日侵占东省宣言

口蜜腹剑的日本，人面兽性的倭奴，垂涎我们东三省，已非一日了，天天张开了嘴，恨不早早的把满洲吞并下去。满洲的地方，如辽宁、吉林、黑龙江等处，皆是属满洲管辖范围，地区有七万四千方里大，人口有二千八百万之多，比较倭鬼的国土，除朝鲜及台湾外，大过三倍，人口比日本多三分之一，地广人稀，毗连的邻国，谁都想染指而来，囊括而去，尤其农矿森林等物的丰富，世无其匹。在先日本明治天皇，曾有三大遗策，第一期，灭亡台湾，第二期，灭亡朝鲜，第三期，灭亡满洲，征服中国全部。因为欲求征服我国，必先征服满蒙，欲求征服世界，亦必先征服我国。他们前二策可算完成了，现在突然出兵，占领我们满洲，对于第三策，也算是实现了。他们朝野上下，老幼男女，没有那一个顷刻不觊觎我们东三省的，都是耳热眼红的垂卅年了，徒以无机可乘，难于假手，未餍所欲，很希望我们常政变，发生内乱，所以制造济案、万案、鲜案，及施行种种惨酷的手段，小题大做，想激动我们民众怒气冲天，他好藉口出兵，保护侨民，就此可以占据我们的领土。他们历任内阁，侵略我们满蒙的野心，无时稍释，都是传统一贯的劣根性，组织计划，毒辣异常，田中义一曾经说过，非侵占满蒙，势不能生存。其他宣言，并谓满蒙非我中国领土。此次占领我们东三省，屠戮军民，戕害官吏，焚毁衙门，掠夺财物，充分表现野蛮强暴的行为，惨酷毒刻的举动，我们东北锦绣的河山，已失去了大半了。他们为什么要这样

违背国际公法不讲公理呢？我们的铁路计划，逐渐要完成了，葫芦岛的商港，已如期修筑了，社会的生产，将次第开展了，金融资本，已见集中了，凡是我们可以致富强的基础，越加稳固，万恶的日本，都认为妨碍他并吞满蒙的实行，不等待我们羽翼丰满，突然的迎头打击，我们越向上，日本越嫉视，诚恐我们达到强盛地位，他就难以存在了，他所以四处挑战寻衅，拿作中村案件做一根导火线，借题发挥，兴风作浪，求得一逞。他们三岛的小国，地狭人稠，生产有限，举国困穷，不堪救药，除向我东北求生牟利而外，别无出路，积极的实行大陆政策，乃是日本人唯一救死的要法，拼命的向我挑衅。按国际公法来说，凡一问题发生，必须将事实宣告各国，经过长时间的调查考虑，而后才有公平的评判，或至万不得已，得国际间之证明有发生危险状态，方可取断然手段，而日本不顾一切，忽然进兵满洲，开国际间未有的先例，影响于国际道德、国际公法关系很大。按感情来说，日本与中国有特殊关系，同文同种，语言文字，均是我们的恩惠造成，他们上年的地震，我们穷苦的中国，尚且设法救济他们，并没有丝毫歧视他的心理，而他乘我们水灾，攻我们不备，实在连食人的种种都不如了，这种野蛮行动，完全是一种强盗方式，与野兽攫人而食的样范相似。对此无情无理可讲的强盗民族，本来没有什么交涉可谈，讲到文明交涉，必须辩论情节，磋商条件，无论国与国，人与人，均须一种事理来做根据，这才是正当交涉，我们现在对于日本，好比人对禽兽一样，没有事理可说，只到拼死打倒。俗说，铁匠做官，打上前去，若要专靠国联大会来解决，那是我们一定要失败，结果还是丧地辱国，因为国联是五大强国组成，只有国际间的利益冲突，无什么威信的力量。这是与我们国家民族存亡的关键，都要我们大家拿定主张，下一决心，那还可以有挽回劫运余地，尤其日本占领东北，是为父死子继的生存而来，要想无条件的退兵，一定万不可能。东三省在我国版图，为国防门户，现在日本已进到门内，一转步间，即可升堂入室，那我们不但亡国，还要灭种，千钧一发，存亡攸关。愿我国人以热血洗国耻，以头颅巩固防，在此严重时期，战亦死，不战亦亡，与其坐受铁蹄的蹂躏，不如与之决一雌雄，或有恢复领土转机，有识之士，谁都看到与日本终不免于一战。我以公理制强权，将来胜利可操左券，如欧战的时光，谁都不料德意志一败涂地，现在一般的心理，都以为中日强弱悬殊，战端一起，中国难胜，我想只要人心不死，都有复兴希望。若日本者，已为全世界所共弃，断无胜利理由，望我国人。毋自气馁，速起图之。

（2）河南全省民众反日救国总会为暴日侵占东省告民众书

亲爱的同胞们！

我们亡国的惨祸，已迫在眉睫了！暴日这次武力侵略吾国，不仅是想占据我们的东省，简直是想倾覆我们整个的中国！东省灭亡，即是中国灭亡的先声！东省人民做亡国奴，即是中国人民皆做亡国奴的预兆！我们若再不一致奋起，恐惜亡国奴的头衔马上就要加在我们四万万同胞的头上了！

亲爱的同胞们！

从五卅惨案后，暴日侵略我国的手段，不是日逼一日吗？民十五的三一八惨案，日本舰队闯入大沽口，希图袭取天津，演成北京国务院门前的大屠杀，继着就是民十七的五三惨案，我革命军克复济南，日本即藉口保护日侨，出兵挑衅，占据胶济路沿线城市及济南，焚我交涉署，杀我交涉员，可怜济南全城，几成焦土！

本年四月间，万宝山日警又庇助鲜人，占我田地，杀我农民，后朝鲜排华，又伤杀我华侨数百，诸此惨案，当事者虽为朝鲜，主动的实系日本！

在我国正在交涉万宝山惨案，尚未结束的过程中，日本突又藉口中村事件，出兵占我沈阳，炸毁沈阳兵工厂，焚烧北大营及东北大学，复又进兵营口，占领长春、山海关、青岛等处，声势汹汹，骎骎未已！这种不宣而战的凶暴举动，不惟国际公法所不许，实亦世界史上之创闻！凡属国民，莫不气愤填胸，誓与日本帝国主义者作殊战死！

亲爱的同胞们！

我们要知道，大难当前，非仅凭着感情冲动所能解救。我们在悲愤狂热中，还要有理知的驾驭。就是要：

1、有组织：我国的人民，素缺团结的精神，此种弱点，早为外人所看破，故日人始敢如此的凶暴。现下我们就应以捍卫民族利益的原则下，将散沙般的民众，组织起来，一致努力，以达救国的目的！

2、有计划：在反日怒潮中，急应加紧工作，以挽危局，然无整个计划，行动不趋一致，力量无法集中，则不但效果难收，甚且予敌人以可乘之弱点。本会主张我全国民众，应督促政府速设法制止内争，一致对外，他方面应自动禁绝日货，竭力宣传，激发民气，使全国人民随时有为国牺牲之准备与决心，则国难自可解救！

同胞们！事变当前，大难临头，勿再迟疑，速下决心吧！

第一，彻底对日经济绝交，誓死不用日货，不供给日人物品，不与日人合作。

第二，全国民众立即全体武装，积极督促并援助政府对日准备宣战，我们民众誓作前驱，宁作战死鬼，不作亡国奴。

最后我们来高呼口号：

一、全国同胞团结起来

二、全国同胞武装起来

三、反对日本强占我国疆土

四、誓与日军决一死战

五、解除日本在华海陆军的武装
六、誓死恢复我国领土
七、废除中日间一切不平等条约
八、收回南满铁路
九、强硬收回各地日本租界
十、彻底对日经济绝交制其死命
十一、立即与日本断绝国交
十二、集中全国兵力对日宣战
十三、打倒日本帝国主义
十四、打倒日本军阀
十五、中国国民党万岁
十六、中华民国万岁
十七、中华民族万岁

（3）河南省民众反日救国总会决议案

①电全国各地商会监督商人自动抵制日货

慨自民国成立以来，祸乱频仍，灾祲垒至，稍具人心，靡不悯恻，乃日本帝国主义者，肆其兽性，趁火打劫，突驱兽军，占我东北，杀戮之惨，古无先例，焚掠之酷，世所罕闻，此而可忍，何以为人，此仇不报，何以为国。本会愤火中烧，悲痛欲绝，爰率全豫民众，一致奋起，同仇敌忾，共赴国难，凡我商界同胞，尤宜团结一致，拒绝仇货仇币，矢志不懈。雪耻救国，定获同情。伏希互相砥砺，贯彻始终，临电悲愤，不胜屏营待命之至。河南全省民众反日救国总会叩。

②电请中央于最短期内颁布实行征兵制

钧鉴，国家不幸，天灾人祸，迭起环生，日本帝国主义者竟乘此危机，不顾国际公法，悍然暴露其狰狞面目。济南之碧血未干，辽沈之边隅复失，覆亡之祸，殆在眉睫，非全国民众一致奋起作武力之解决，实无以渡此难关！应恳于最短期内，颁布实行征兵制，俾人人皆兵，共赴国难，临电不任迫切待命之至。河南省民众反日救国总会叩。

〔国民政府行政院档案〕

10. 河北省政府关于制止天津北洋工学院学生检查日货与行政院往来密电

（1931年11月2日）

（1） 王树常电 （11月2日）

南京行政院钧鉴：教育部勋鉴：统密。查自事变发生，迭奉中央电令，在国联议决撤兵期限，中国人宜处以镇定，严守秩序，静候解决。并奉政府明令：国难方殷，时机日迫，政府负其全责，巩固国基；国内之纪律，不辞任何牺牲，必须保持政府威信，稍有失坠，无异毁灭国家。各等因。天津为华北门户，关系至为重要，节经令饬所属，并告诫各校学生民众，切实遵照中央命令，处以镇定，勿贻外人口实在案。迩来津埠反日运动，日益激昂，日领连提严重抗议五次。并据天津市政府呈报，危机隐伏，全市治安尤堪注意等情。情势至为严重，当饬遵照中央迭次命令，速为制止，并派员分赴各学校劝导，免酿事端。乃三十一日各校学生忽有一百余人赴街市，封检日货，其中有北洋工学院学生六十余名，各校归教育厅及市教育局所辖者比较尚易约束，惟北洋工学院系直隶教育部，当由教育厅派女子师范学院院长齐国梁及该所秘书刘同彬、科员汪家彦、天津市教育局科长刘法曾会同前往该校设法劝导，该院院长请假当与该校训育主任王季绪接洽。乃甫经坐定，全校学生三百余名，蜂拥入室，不待理喻，即行群殴。刘同彬、汪家彦、刘法曾头额手腕等部均被重伤。似此嚣张蛮横，不守纪律，贻患何堪设想，应请教育部迅为严切之处置，以弭隐患。及今早晨该校训育主任王季绪、土木系主任张润田来府声称：此次反日运动，系由市党部主持，学校当局应付殊感困难等语。现在外交尚待解决，党政双方步骤自应一致，应请由钧院与中央党部接洽，速令制止，无任企祷之至。河北省政府主席王树常叩。东。印。

（2）行政院复电（11月2日）

电天津王主席鉴：政密。东电悉。已交教育部迅为严切适当之处置，并饬与中央党部接洽，从速转令，希党部设法制止矣。行政院。东。印。

〔国民政府行政院档案〕

11．浙江温岭僧人华日等组织僧界救国祈祷会致中央党部呈

（1931年11月19日）

呈为呈请鉴核请愿备案事：华日遵奉中国佛教会筱代电，并通告举行救国祈祷大会，呈请党政机关莅会指导祈祷三天。华日鉴于暴【日】猖狂，占据东三省等地方，内乱亦未默靖，国难临头，当千钧一发之际，应负国家之职责，我佛教徒同是国民份子，谊当为国宣劳，业由僧界代表华日刍议组织浙江省温岭县僧界救国祈祷会，唤醒僧伽，一致团结，为国牺牲；在消极的方面，一心祈祷青年僧伽训练，积极的方面，发扬大无畏精神，共赴国难。同时组织宣传，唤起民众，所有宣传资料，由党政机关发给，并察阅翻印，广行宣传。此项刍议，联名请愿，为对日之紧要。华日认为切要之举，仰祈钧部鉴核俯赞刍议，照准备案，通令各省县市党部一律应准备案，全国僧伽一致团结，共救国难。是否有当，仰乞钧部鉴核令遵施行。并令中国佛教会令各省县佛教徒一律组织僧界救国会，为救国救民，实为公德两便。谨呈南京中央党部执行委员会钧鉴

附组织大纲一份

温岭县僧界代表　华日　可球　押

白瑜　式海　印

元上　唯道贰百余僧等

中华民国二十年十一月十九日

温岭县僧界救国祈祷会组织大纲

第一条　目的　本会为宗教存亡胥赖于国，中国以党建国必须贯彻党义，增进中国文化，发扬民族精神，促成社会进步。兹当暴日猖狂，国难临头，有系统的组织，唤起僧伽一致团结，救国救民为目的。

第二条　组织　由大会推选执行委员七人，监察委员三人，组织执监委员会，分三部办理之。

一、总务科　主席一人，文牍一人，书记一人，干事三人。

二、宣传部　宣传员七人，刊印宣传员一人。

三、财政部　募款员七人，出纳员一人，会计一人。

第三条　会员资格，有左列情事之一者不得为本会会员。

（一）违背三民主义之言论或行动者；

（二）覦夺公权者；

（三）患精神病者；

（四）夙犯嗜好或不守戒律者。

第四条　基金由佛教徒募捐，各省县市会将荒废寺产收入拨充为基金。

第五条　服从党政机关命令，提倡僧伽一致团结，宣扬文化，发扬大无畏精神，救国救民。消极的一心祈祷修持，积极的努力宣传，倡办公共利益事业。

第六条　议期每三个月召开大会一次，每月召开常会一次，举行祈祷，公开赈项，会期至国境安宁为止。

第七条　本会大纲呈请中央党政机关修正备案、组织僧伽救国会。

规则简章另订之。

温岭县僧界救国会代表僧华日刍议

中华民国二十年十一月十九日

〔国民党中央民众运动指导委员会档案〕

12. 国民党浙江省党部关于杭州市中等以上学校组织学生抗日救国会情形函电

（1931年12月）

（1）张道藩致国民党中央组织部电（12月3日）

急。京。中央组织部译转诸位常务委员钧鉴：并转训练部张部长鉴——5672杭市中等以上各学校抗日救国联合会，现未经中央批准，已有种种越轨行动，一经该会决议，欲罢课即罢课，欲请愿即请愿，此间党政机关均无法制止。倘再经中央批准，地方治安将会无法维持。现正设法制止其越轨行动，予以批准。特此电恳敬祈采纳为祷。张道藩叩。江。印。

（2）许绍棣等复国民党中执会呈（12月4日）

呈为呈复事：案奉钧会俭日密电开：为据杭州市各中等以上学校学生陈述该部阻止抗日救国联合会成立及工作等情，应否予以便利，仰即酌实际情形妥为办理等因。奉此，窃自东北事变发生以后，杭州市各团体各学校均纷纷分别发起组织抗日救国团体，本会为谋统一反日工作起见，当即召集杭州市中等以上学校学生代表组织杭州市学生抗日救国宣传团，同时浙江省教育厅方面亦为谋各校抗日救国工作步骤一致起见，召集各校校长会议，组织杭州市中等以上学校抗日救国联合会，嗣本会以杭州市各界人民所组织之各种抗日救国团体，名义不一，步骤凌散，力量未能集中，为统一本市反日救国团体，组织并扩大反日救国力量起见，经前届执行委员会第一〇二次会议决议，即日召集各界商议，组织浙江省杭州市各界反日救国联合会，以为本市反日团体之领导机关，所有业经成立之各种反日联合团体，如各界反日援侨委员会，杭州市中等以上学校抗日救国联合会及杭州市学生抗日救国宣传团等，统限于该各界反日救国联合会成立后一星期内，分别撤销改组等语。嗣于十月三十日见报载：浙江大学工学院等校召集各校代表开会，决议筹组杭州市中等以上学校抗日救国联合会消息，本会以杭州市各界反日救国联合会早已成立，各机关团体组织之反日会，均应加入该联合会，俾反日工作步骤不致凌乱，该工学院等校所筹组之各校抗日救国联合会，核与上届省执行委员会决议撤销杭州市中等以上学校抗日救国联合会主旨相背，同时本省政府当局亦以为组织学校抗日救国联合会，在事实上确有未尽妥善处，爰经本会第八次会议决议，函浙江省教育厅转饬停止筹备进行在案。惟该会迄未遵命停止筹备，暗中仍然秘密进行，胁迫各校学生罢课来京请愿，以致处理为难，奉电前因，理合将停止杭州市中等以上学校抗日救国联合会筹备组织各缘由、经过及该会违令活动情形，备文呈报，究竟该会应否准予成立，伏乞指示祗遵，俾资遵循，实为党便。谨呈

中国国民党中央执行委员会

中国国民党浙江省执行委员会常务委员会许绍棣

张　强

项定荣

中华民国二十年十二月

（3）国民党中央训练部致浙江省党部公函（12月14日）

公函　　第　　　号

迳启者：准中央秘书处检送贵会呈复停止杭州市中等以上学

校抗日救国联合会筹备组织经过及该联合会违令活动情形，究竟该联合会应否准予成立，乞示遵等由。查抗日救国事体，爱力量必须集中，步骤尤应统一，杭州市各界反日救国联合会既早已成立，则该市中等以上学校反日团体自应加入该联合会，不必另组联合会，紊乱系统，致碍反日工作。贵会决议停止杭州市中等以上学校抗日救国会联合之组织尚属适当，此后仍须严密防止该市中等以上学校越轨行动为要。特此函复。即希查照为荷。此致
浙江省执行委员会

〔国民党中央党部档案〕

13. 山西省政府关于省党部屠杀抗日救国游行请愿学生激成罢市罢课情形致行政院电及有关文件

(1931年12月18—23日)

（1）山西省政府致行政院等电（12月18日）

急。南京中央党部、国民政府、行政院钧鉴：查本省学生抗日救国会连日请愿情形，业经电报在案。顷据公安局报称：本日上午八时余，有学生连同工人三千余人，有手持木棍者百余人，齐集中山公园开会，十一时整队游行，并发散抗日救国传单，十二时赴省党部请愿，公推代表五人入内，后又加派十二人进内。时省党部纠察队及义勇军开枪示威，并执木棍等器，击伤学生二十余名，现已查得十五名，均送入医院医治，并有一学生受枪伤，势甚危急。警备荣司令闻讯赶到，学生环请收枪缉凶，荣司令为防止扩大起见，遂令该纠察队及义勇军将枪械交出，并将在内人员及队兵移送警部，以免再生事故。惟受枪伤学生穆光政，因流血过多，已死于医院等语。查此案已入司法范围。除已通知法院侦验外，谨先电闻。山西省政府。巧。印。

（2）山西省政府致国民政府等电（11月19日）

特急。南京中央党部、国民政府、行政院钧鉴：巧电计达。顷据学生提出要求十项，其中如：（一）枪决惨案主犯省党委韩克温、姚大海、苏寿余、林思齐及全体党委，并严惩随从各犯；（二）逮捕在外省党委仇少楼；（三）查封省市党部等项。事关重大，且学生愤慨异常，本市商号亦因援助罢市，应如何应付请核示。再昨日移送警部之党部员兵，应送交何处办理，敬请一并示遵。山西省政府。皓。印。

（三）行政院致国民党中执会第一次全体会议秘书处密函（12月23日）

公函第五五八八号

迳启者：案据山西省政府巧电称：查本省学生抗日救国会连日请愿情形，照院明第一六七七号来电叙至谨先电闻。又续据该省政府皓电称：巧电计达，顷据学生提出要求十项，照院明第一六六一号来电叙至敬请一并示遵各等情。据此，事关党务，自应由中央决定。惟在一中全会开会期内，中央常会停开，而此案又亟待解决，相应函达贵处查照，迅即转陈主席团饬交提案审查委员会党务组审议，提出大会决定办法见复，以便转饬遵照。再查前由中央执行委员会函请国府令饬山西军政当局，查明学生两次扰乱之少数主要份子惩办，并立即制止其暴动。对省市党部委员及工作同志妥为保护，业经国府电请张委员继会同晋省府徐主席迅速彻查核办，合并函至。此致

中央执行委员会第一次全体会议秘书处

中华民国二十年十二月

〔国民政府行政院档案〕

14. 国民政府文官处检送中国少年步行救国宣传队组织与宣传大纲等致行政院函

（1932年1月1日）

国民政府文官处公函　字第二六号

迳启者：奉主席发下中国少年步行全国救国宣传队队长顾子毅等呈：为寇气日炽，国难临头，集合同志，组织宣传队，定于二十一年元旦出发，请发给护照，并通令全国各县市政府予以保护一案。奉谕：交行政院等因。相应抄检原件，函达查照。此致
行政院

计抄送原呈一件检送名单暨组织大纲、宣传大纲各一纸
中华民国二十一年一月一日

代理文官长　　叶楚伧

抄原呈

呈为寇气日炽，国难临头，爰集同志组织步行全国救国宣传队，出发宣传，仰祈钧府发给护照等。窃属队同人有鉴于东北沦陷，瞬将三月，国联虽有派员调查之举，实则无非掩饰世人耳目，列强之袒日，已昭然若揭，为今之计，惟有全国民众一致团结，充足实力，以为政府后盾，国家兴亡，匹夫有责。同人等目睹外侮日迫，而我僻乡内地民众，犹不知国族观念，更遑论随时内助政府，外抗列强，故特集合爱国志士组织斯队，本纯正之宗旨，抱百折不挠之精神，步行全国，从事宣传，以冀全国民众尽知国家频亡，生命残危，应急起团结，以作有力之准备，而为政府之后盾，集全国之力量与列强相周旋。属队业已组织就绪，并定于二十一年元旦日出发，谨检组织大纲，宣传大纲暨队员名单各一份，呈请钧府发给护照，并通令全国各县市政府予以保护，俾能成行，实为公便。谨呈

国民政府代主席林

附组织大纲宣传大纲队员名册各一份

中国少年步行全国救国宣传队队长　顾子毅

副队长　张再可

办事处暂借太平路新华旅社二十号

中国少年步行全国救国宣传队组织大纲

第一条　同人等鉴于外侮日迫，国势濒危，而一般乡村民众犹囿于家族观念，长此因循不卜伊于胡底，故特组织本队，定名为中国少年步行全国救国宣传队。

第二条　本队集合青年志士，抱牺牲一切，有百折不挠之精神，步行全国宣传爱国思想，启发民族观念为宗旨。

第三条　本队队员暂定十二人。

上项规定得视环境情形酌予增减

第四条　本队为实现本队宗旨起见，及使一般民众了解人民与国家之密切关系，俾随时随地扶助政府，故主要宣传者如左：

甲、灌输民族观念；

乙、启发爱护国家思想；

丙、扶助政府建设。

第五条　本队设正副队长各一人，处理本队一切事务，设庶务交际各一人，分别负交际及庶务责任。

第六条　本队每周得开会一次，每月开队务会议一次。

第七条　凡本队队员如有行动不检或毁损本队名誉等情，得依本队惩戒条例办理之。

第八条　本组织大纲若有未尽事宜得随时修改之。

中国少年步行全国救国宣传队宣传大纲

我们的意志：

是终我一生！
是牺牲一切！
是百折不挠！
是永远奋斗！

我们的宗旨：

我们要使全国民众尤其是穷乡僻壤的父老们都知道：
国民与国家之密切关系！
我们中国，东北，西南，内地的现在大势！
中国人应爱护中国的国家！
中国人应用中国的物品，不应买外国的东西！
国际间的大概形势！
列强的经济、政治侵略！
日本凌辱我国之真相！
此次沈阳事件我国民应有之认识与觉悟！

我们的标语：

中国人要爱护中国的国家！
爱护国家应当要比什么都要紧，都诚意！
我们有饭吃有衣穿更要爱护国家！
我们讨饭吃无衣穿还得要爱护国家！
我们除一天三餐之外别把国家忘了，国事丢了不问！
老百姓要知道家以外还有国更可宝贵！
国家若亡了，我们老百姓也要死的！
中国人应常用中国的物品，不应该用外国的东西！

东洋人这样不讲理；枪杀我们老百姓，奸淫我们老百姓的妻女，抢劫我们老百姓的钱财，火烧我们老百姓的房屋，真比强盗还厉害！

东洋人不讲理，中国的老百姓，要大家起来，把他们赶走，永远不同他们做生意！

我们的口号：

中国人应当要爱护中国的国家！

中国国家的耻辱，就是我们老百姓的耻辱！

中国人应当用中国的物品，不应用外国来的东西！

老百姓要扶助政府！

中华民国万岁！

中国少年步行全国救国宣传队队员名单

宗祺仁　顾子毅　董纬华　宗桂生

苏世辉　张丹可　金襄

〔国民政府行政院档案〕

15. 国民政府文官处奉转广州市学生请愿团要求准予两广军队开赴东北收复失地致行政院函件

（1932年1月26日）

国民政府文官处公函　字第八二五号

迳启者：案准中央执行委员会秘书处第一零一七号函：为奉交广州全市学生赴京请愿代表团呈请准两广军队开赴东北收复失地等九项，乞采纳一案，函达查照。等由到处。经陈奉主席谕：交行政院核办。等因。除函复外，相应抄同原件函达查照。此致

行政院

计抄送原函一件、原附抄呈一件

中华民国二十一年一月二十六日

文官长　魏怀

抄国民党中央执行委员会秘书处公函

中国国民党中央执行委员会秘书处公函　第1017号

顷据广州全市学生赴京请愿代表团呈：为辽吉沦陷，国家垂

危，决议请政府准两广军队开赴东北，收复失地等九项，乞采纳施行。等情到会。奉常务委员批：交国民政府。相应抄同原呈函达，即希查照，转陈核办为荷！此致

国民政府文官处

抄原呈

呈为呈请事：窃自倭奴入寇，东北沉沦，一举而陷我辽吉，再举而套我锦州，焚杀几遍，满目疮痍。数月以还，日本帝国主义者对我之横蛮酷暴，有加无已。东北同胞全沦奴隶。乃在此风雨飘摇、国脉危殆中，未闻我国政府有若何表示，拥兵者反持不抵抗主义，拱手而屈服日人。我广州全市学生，痛国家之垂危，伤同胞之惨死，为救国脉计，为争取生存计，故一致决议九项，要求举派代表等来京，向钧会请愿，兹为我钧会缕陈之。

（一）　请政府准两广军队开赴东北，收复失地；

（二）　请政府明令各省军队即日开赴东北，收复失地；

（三）　请政府即将守土失职之张学良撤职查办；

（四）　在日军未撤以前，不得对日直接交涉；

（五）　请政府即促汪、胡、蒋三先生即日入京，主持救亡大计；

（六）　请政府报告锦州失陷之经过；

（七）　请政府在请愿日起，一星期内即枪决杜煊泰；

（八）　请政府革职查办枪杀学生之军警（为首者枪决），及准许今后民众爱国运动之自由；

（九）　请政府今后财政绝对公开。

以上九项要求，为我广州全市学生一致决议，下大决心，代表等奉全市同学之使命，责任綦重。誓必卧薪尝胆，与倭奴决一死命，伏请钧会即日答复，采纳施行，实为公便。谨呈

中国国民党中央执行委员会

广州全市学生赴京请愿代表团谨呈

二十一、一、十八、

〔国民政府行政院档案〕

三、一·二八事变后人民抗日救亡运动的高涨

（1）上海各界反对淞沪停战妥协的斗争

1. 上海市政府报告无法阻挠沪市成立各种抗日义勇军组织情形密电

（1932年1月28日）

急。南京行政院钧鉴：密。查关于民众自动组织之义勇军，前奉钧院第六零四九号密令，经已饬属遵照在案。惟现在本市各种义勇军，风起潮涌。如中华民国退职军人抗日救国义勇军，中国国民精忠救国军，中华民国抗日救国敢死队，灾民义勇团，国民奋进会，救国谍报团，上海市民联合会义勇军，上海青年自愿决死抗日救国团，上海市民众救国义勇军，上海市抗日救国会义勇军，上海日厂退职同志赴东北抗日救国敢死队，上海市民抗日救国义勇军，上海市花纱同业义勇军，中国国民救国会抗日救国十人团，江淮退职军人救国奋进军，抗日救国会等，有系退伍军人组织者。有系市民及工人所组织者，纷呈本府备案，或请保护前来。阻之不听，肆意进行。值此时局不靖，对于此项组织，如无具体办法，殊与外交治安两有妨害。究应如何办理之处，理合肃电奉陈，仰祈迅予核示祗遵。上海市政府叩。俭。印。

〔国民政府行政院档案〕

2. 朱庆澜、黄炎培、马良、张一麐、李四光、傅斯年等人要求中央调军援沪抗击倭寇电

（1932年1—3月）

（1）朱庆澜、黄炎培等致林森电（1月30日）

急。南京林主席、汪精卫、蒋介石、冯焕章、陈真如、何敬之诸先生鉴：沪战日军大败，万众欢腾，惟闻日本援军行将抵沪，我军亟待增援。阅报载路透电：飞机四十架将来沪，惟政府不肯下令等语。群情万分愤激，上海全市民众已下决心牺牲救国，如果报载属实，是政府甘心弃民误国，度诸公决不出此，万乞令飞机及高射炮来沪助战，以厚军力，而慰民望。朱庆澜、黄炎培、穆湘玥、许克诚、查良钊、袁希洛、江恒源叩。陷。

（2）马良、张一麐致林森电（2月9日）

洛阳林主席、汪院长、蒋介石先生、冯焕章先生钧鉴：闻中央决定对日一致抵抗，全国人心大慰，沪淞之战迭胜，而敌援大至，时机万急，此间各公团请兵之电，纷如雪片，未奉一复，惑惑万分。目前胜败俄顷间，万乞迅派劲旅，星夜东来助战，国家存亡，在此一举。临战迫切，伫盼电复。江苏国难救济会马良、张一麐、董康、黄炎培、穆湘玥、袁希洛等。叩。

（3）黄炎培等致林森电（2月29日）

南京。万急。林主席、汪精卫先生、蒋介石先生、陈真如先生鉴：沪战激烈，我军勇气百倍，闻首都亦□攻，乞飞电各处驻军，一致抗敌，存亡俄顷，愿速决行，并请明令嘉奖十九路军，以资激励。朱庆澜、赵凤昌、唐文治、黄炎培、穆湘玥、袁希洛、赵正平、许克诚、赵雍、查良钊、江恒源、贾丰兴叩。艳。

（4）李四光、傅斯年等致汪精卫电（3月4日）

汪精卫先生鉴：沪战失利，举国惶然，咸疑有力者别有企图，果尔将致外祸加剧，内乱又起，先生虽欲为人就和，亦何所补，如无果断办法，从速赴援，恐全局瓦解矣。李四光、傅斯年、张奚若、陶孟和。支。

〔国民政府行政院档案〕

3．上海市商会等团体要求国民政府增援淞沪抗战反对停战议和电

（1932年1—3月）

（1）上海市商会等团体致国民政府电（1月30日）

急。南京国民政府林森主席、蒋介石先生、汪精卫先生、陈真如院长、何敬之部长、罗钧任部长钧鉴：上海各业团体，痛心国难，不忍使全国经济组织之中心轻于一掷，先有忍辱负重之表示。不意日方于二十八日接受市政府承认要求条件，并答覆以后，竟于当晚背信开衅，全市人民一致愤激，十九路各军等奋勇效命，誓死抗敌。闻日方尚图扩大战祸，国家存亡，决于俄顷，务请政府从速决定大计，飞令各地，一致抵抗，死里求生，在此一举。并请明令嘉奖十九等各军，一面迅予接济饷械飞机，以示激励，而固后援，迫切待命。上海市商会，上海银行同业公会，上海钱业同业公会，上海航业交易所联合会同业公会。

（2）上海市商会致国民政府电（3月4日）

洛阳。国民政府军事委员会、行政院钧鉴：淞沪苦战匝月，中央除张治中部外，未遣续缓，日寇则络绎麇至，致令孤军陷于绝地，不支后退，张强敌之焰，摧义士之气，日踞淞沪后，焚烧泄忿，劫余村落，化为灰烬，百万市民，沦为囚虏，可为痛哭。现我军早已退逾二十公里以外，而敌尚进逼不已，欲求苟安亦不得，

行见半壁东南尽入敌手而后已。政府如未忘长期抵抗之宣言，速派大军为规复淞沪之计，以谋自立，须知强寇非可以空言塞责也。上海市商会叩。支。

（3）上海市商会致国民政府电（3月11日）

洛阳中央党部、国民政府、军事委员会钧鉴：日寇以国联调查团行将抵沪，忽有准备进行谈判之声明，一面又令白川义则发表类似挑衅之宣言，意在掩我不备，为将来嫁祸地步。政府似仍宜以战守为正着，谈判为旁着，积极增调援军，补充军实，简派专阃军务，使不再以无备堕敌狡计。赵观涛部闻曾迭电请缨，整装待发，应请速予檄调。东北伪国成立以后，日已表示，我如讨伐，彼决制止，是华北出兵榆关计划，尤须速为准备，否则东北陷溺益深，吉林义勇军将为其歼灭净尽，愈缓愈难措手。美有对日抵货拟议，如能由驻美使馆密为联络运动，使其实现，或足制敌。总之，军事宜积极准备，外交宜旁敲侧击，对敌谈判宜严正三思。时艰如此，政府对于民众建议，似应采虚已有容态度。属会前上江微虞阳四电，并祈核复。俾慰群情。上海市商会叩。真。

〔国民政府行政院档案〕

4. 全国商会联合会要求政府消除分歧共御外侮的快邮代电

（1932年2月9日）

洛阳。国民政府林主席、行政院汪院长、军事委员会各委员、南京外交部罗部长、军政部何部长钧鉴：慨自日本侵占东北，我国即未予抵抗，国联复姑息养奸，遂使暴日野心愈炽，于一月俭日竭海陆空军之全力袭上海之闸北，吴淞。幸我十九路军将士誓死报国，自卫抵抗，喋血旬余，屡挫强敌，土地赖以保全，人格因之提高。我政府亦憬然而知国联之不足恃矣，毅然迁移洛阳办公，作长期之抵抗，迭诵宣言及东电，欣悉诸公果能消除意见，共御外侮，是诚我中华民族之大幸，回环再四，距踊三百，从此南北一家，精神团结，文者运筹于帷幄，武者戮力于疆场，暴日虽暴，未必能逞。属会份属国民，未敢后人，谨率全国内外三千商会为政府后盾，除已通电国内外各商会外，理合电达钧府院会部察核，临电不胜愤激之至。全国商会联合会主席林康侯、常务委员苏民生、张棫泉、卢广绩、陈日平、李奎安、彭础立叩。青。印。

中华民国二十一年二月九日

〔国民政府档案〕

5．上海市民地方维持会史良才、王晓籁等要求政府速派援军至沪驱逐倭寇电

（1932年2—4月）

（1）上海市民地方维持会与国民政府往来电

①上海市民地方维持会致国民政府电（2月4日）

洛阳。国民政府林主席、汪精卫先生、蒋介石先生鉴：十九路军连日血战，各公团迭电请援，迄未见覆，全市惶急，究竟政府通令各军抵抗以后，对于悬沪孤军有何援应方法？上海三百万市民现几濒于绝境，无上海即无全国，置十九路军而不傍〔顾〕，岂特弃我三百万市民？试问全国失此经济中心，今后将何以自立？急盼电复。上海市民地方维持会会长史量才，副会长王晓籁，理事虞洽卿、年〔张〕啸林、杜月笙、秦润卿、林康侯、朱吟江、刘鸿生、徐新六、钱新之，会员朱庆澜，李馥荪、陆伯鸿、张慰如、黄炎培、聂民生、冯炳南、葛延芳、孙仲立、查良钊、胡筠庶、刘廞生、杨幅雄、朱博泉、胡筠秋、邹秉文、胡筠庄、郭秉文，胡筠籁、徐寄顷、汪伯奇、胡笔江、袁履获、郭顺、胡孟嘉、贝淞孙、颜福庆、穆藕初、郭乐、沈籁清、陶乐勤等叩。支。

②汪精卫致上海市地方维持会复电稿（2月7日）

上海市民地方维持会会长史量才先生并转诸先生鉴：支电敬悉，政府对日方针，在外交上确保中国主权，尊重国际信义，在军事上严戒挑衅行动，力谋正当防卫，迭经昭示中外，晓导军民。此次十九路军为正当防卫而战，将士奋勇，克尽所职，政府爱护不暇，岂有听其孤军失援之理。当此时局严重之际，擘画纵未能宣布，而事实终必可表现，敬祈勿信浮言，致生疑贰，是所至望。汪兆铭。阳。

（2）上海市民地方维持会致国府军委会电（3月26日）

南京。国民政府军事委员会诸公、军政部何部长勋鉴：连日沪战剧烈，为开战以来所仅有，前线诸军，浴血苦斗，而敌军继续而来，深知政府早经筹划增调援师，同人鉴于情势急迫，敬恳准予赶速抽调，星夜赴援，多一兵增进一分力量，早一刻免失一分土地，死生成败，在此关头。临电不胜盼切。上海市民地方维持会会长史量才、副会长王晓籁、杜月笙暨全体会员叩。宥。

（3）上海市民地方维持会致行政院电（4月27日）

南京行政院、汪院长钧鉴：并请译转林主席钧鉴：维密。溯自上海开战，时逾三月，停战会议，无形停顿，究竟和乎战乎？局势无显可认求认斥之途径，朝野无衷于一是之主张，歧路徘徊，万众惶惑，长此不已，民心国力将两俱丧尽，于张皇瞻顾之中，涉念至此，不寒而栗。夫国家强弱靡常，并无万世不惑之长策，强则一战而霸，如晋文公，固不失为建国上计；即弱而忍辱图存，如越勾践，亦畴能夺我生聚教训之权。是故强可立国，弱可立国，惟不能强，不能弱，不足以立国；战能自存，和能自存，独不战不和不足以自存。远考孟子女吴之训，近鉴叶相广州之变，熟观现势，杞忧及之。查江浙两省，为东南财赋奥区，此役之供应输将，已竭其力能之所可至，又况战区所在，数县为墟，民口流离，辄数十万，即今从事整理恢复尚不知何时，而乃戎马在郊，蹂躏不绝，桑蚕禾稼，尽失厥时，内而鸡犬不宁，外而流亡莫返，大兵之后，必有凶年，虐毒所之，何堪设想，然此之牺牲，谓为战而致之乎，政府实未尝宣战也，抑为和而致之乎，政府亦未尝言和也。同人等属在国民，循分食力，见象如此，解体堪虞，连日窃本斯意，集众讨议，佥谓大计不决，民无适从，应请政府诸公明白宣示，或战或和，不过两言决耳！民困深矣，非首鼠两端之策可解，民愤极矣，非责任不明之言可平，惟诸公图之。上海市民地方维持会全体会员叩。感。

〔国民政府行政院档案〕

6. 上海市各民众团体要求政府派军援沪抗日反对停战议和有关文电

（1932年2—5月）

（1）上海各团体救国联合会电（2月7日）

国民政府鉴：第十九路军孤军独抗暴日，迄今已有一周，全国迭电求援接济，今特最后警告，如政府廿四小以内不派陆空海军应援，则是绝于国人，国人惟有与政府断绝关系，另图自救。迫切陈词，并祈电复。上海各团体救国联合会。江。

（2）上海各团体救国联合会等团体电（2月29日）

南京蒋委员、陈宋两副院长、罗部长、并转洛阳林主席、汪院长钧鉴：国联拟正式举行和平提议，又嚣尘上，且有中立区设置云云，战地人民曷胜惶骇。关东已沦异域，淞沪半为焦土，在日兵未撤退国境以前，和平固系妄谈，调停即为多事，应请以国家人民民族生命为重，勿堕狡计，沦淞沪于锦州。临电迫切，不胜待命之至。上海各团体救国联合会暨所属商总联会、律师公会、会计师公会等八十九团体叩。艳。

（3）上海抗日血战周月纪念大会电（2月29日）

国民政府林主席、行政院汪院长、军政部何部长钧鉴：暴日寇沪，存亡一发，务祈钧座迅派大军来沪增援，且令张学良提兵出关，收复失地，以分敌势。临电不胜急切待命之至。上海抗日血战周月纪念大会与会各团体。艳。

（4）上海律师公会等团体电（3月14日）

抄徐州。探送汪精卫先生、冯焕章先生、蒋介石先生钧鉴：倭虏犯沪，政府示长期抵抗之决心，十九路军迭奏克敌之伟绩，国威丕振，民众欢跃。乃沪上撤兵求和之议，甚嚣尘上，国有岳家之军，不惜自居秦桧，想公等必不出此，万祈及早觉悟，抗日到底，幸勿畏葸退缩，自误误国。临电伫候明示。上海律师公会，会计师公会，纳税华人会，商界联合会，各大学教授抗日救国会，总工会等各团体救国联合会。寒。

（5）中国纺织学会代电（3月15日）

洛阳国民政府林主席、汪院长、南京蒋委员长钧鉴：暴日侵凌于兹六月，野心不戢，进犯淞沪，我驻军浴血坚抗，人民同仇敌忾，而政府不能剑及履及，共赴国难，遂致东南富庶，卒为敌乘，焚杀之惨，震骇世界。旬日以来，敌人阳示和平，阴实遣援，未尝有悔祸之诚，固为路人共见，何可一再堕计，自弱锐气？且东北广土，伪国已成，中央徒有收复失地之言，不知将待何时，始见行动，将谓国联可以信赖，世界强弱可以不分，暴日亦不敢悍然发难矣。国家养兵百万，勇于内战，独至对外御侮，政府不能涣汗出师，各省亦可按兵不动，忍令孤军苦斗，敌骑直驱，事实如此，痛心曷极。今全国皆曰可战，形势又不能免战，中央果能号令天下，一致动员，外交纵难偏废，已无足恃，行军虽需秘密，尤贵神速，上下一德，以求自卫，中国不亡，天下归仁。否则，诸公尸位误国，万世唾骂。扼腕陈词，敬祈垂听。中国纺织学会叩。删。

中华民国廿四年三月十五日

（6）上海各团体救国联合会电（3月19日）

南京林主席、汪院长、蒋委员长勋鉴：庚电谅达。本会暨全沪民众惟一之愿望，在求整个民族生存及国家独立，对于破坏我民族生存、国家独立之日本武力侵略，决计不惜任何牺牲，以抵抗而排除之。凡同此意志者，父事师事，无不甘愿；凡反此意志者，敌视仇视，亦不敢辞。政府迭以长期抵抗宣示国人，仍不能使见信者，非民众好为逆亿。只以失守淞沪，无限伤心，而长期抵抗所必需之军事外交，不能予国人以共信，其连带不可少之计划及动作，如财政如何调度，资源如何统制，社会如何调整，后方民众如何领导，被占区域如何处置，皆不闻政府有丝毫举措，且发为反对全国总动员不科学不合理之宣言，诚足使抗日民众失望，而椎心泣血者也。本会谨此在会八十九团体之名义，掬其至诚，以求政府之了解与合作，并求于要短期间以事实为答案，谨电布臆，至祈明察。上海各团体救国联合会叩。皓。

（7）现代法政研究社致国民政府代电（5月18日）

洛阳。国民政府、行政院钧鉴：暴日侵凌，淞沪为墟，凡有血气，畴不痛心，乃政府诸公，坐视强敌，摧残我文化，焚烧我庐舍，杀戮我人民，占领我疆土，竟于五月五日签订丧权辱国之上海停战协定。宗留守渡河未闻，岳少保朱仙已召，奇文异事，旷代罕有。务请立毁亡国之约，再起抗日之师，不战亦亡，宁战而亡，此项协定，本社同人誓死反对，泣血陈情，伏候明察。现代政法研究社叩。巧。

〔国民政府行政院档案〕

7. 上海郊县姚文枏、夏琅云等要求政府速定和战大计以解战区灾民困苦电

（1932年4月16日）

国民政府林主席、蒋委员长、汪院长钧鉴：自日军侵沪，深入内地，太仓、嘉定、宝山三邑首当其冲，青浦亦已波及，人民死于炮火，妇女惨遭淫掠，万幸逃亡，灶褂无食，想望太平，犹如饥渴。乃月余以来，不战不和，依然如旧，长此迁延，后患何堪设想。战区灾民，政府毫无救济，目下已有就食大户之事，群聚不散，势必生变。此大可忧者一。商市凋敝，工人失业，载道流离，皆将铤而走险。此大可忧者二。春耕已受兵马重侵，倘若再不下种，日〔田〕埂道路相望，白骨如山，祸立至。此大可忧者三。苏省近时盗贼公行，荆天棘地，一经勾结，更难扑灭。此大可忧者四。不特此也，未受战祸各区，如嘉兴、松江、苏州、无锡、常州等处，大兵云集，供给俱穷，农人迁徙战壕，遍野收获无期，困苦情形更不止痛哭流涕而已。伏望政府担负责任，早决大计，战则勿任侵占，克期攻复，和则熟权利害，当机立断，毋徒空言抵抗，苦我同胞，谨为三百万灾民，九顿待命战区。灾民上海姚文枏、太仓朱恺挠、嘉定夏琅云、宝山施同人、青浦张继斋等叩。铣。

〔国民政府行政院档案〕

8. 国民政府文官处关于上海市教育界救国联合会要求严守领土反对让步案的函件

（1932年4月21日）

国民政府文官处公函　洛字第1504号

迳启者：奉主席发下上海市教育界救国联合会代电，请积极整顿军备，长期抵抗，并训令上海出席和会代表严守领土及行政主权完整之原则，不得让步等情一案。奉谕：交行政院等因。相应检同原件函达查照。此致

行政院

计检送原代电一件代

文官长 魏 怀

中华民国二十一年四月廿一日

国民政府钧鉴：淞沪之役，执戈勇士，为国捐驱，无辜良民，因战罗祸，其所以视死如归，甘心忍受重大损失，而无复怨怼者，无他，为民族争生存，为国家争人格也。战争既有目标，牺牲自有代价。不幸抵抗逾月，全国奋兴，卒以援师不至，敌焰大张，致有三月二日放弃前线之举，形势一变，局面皆非，抛却前功，至可痛惜。倘使久战疲敝之兵，稍得援助，二月一日以前战况，仍可继续维持，虽一时未能驱敌踪于吴淞江外，而国联开会，议决停争，友邦公使斡旋，休战在我，屯屡胜之师，处优越之势，进退张驰，自属绰有余裕。今则吴淞闸北既非我有，而嘉定、宝山全境，太仓、青浦一部，且沦于敌，主客之势大异，竟使敌人据我要区，从容布置，筑濠建垒，意图久占，而我乃熟视无可如何。上海一市，战时适当炮火之冲，繁盛之场，早成瓦砾无论矣！即在此数县境内，人民饱受日军蹂躏，既非人所能堪，而一切财物粮刍，亦且悉数委以资敌，敌能据我之地，进以攻我，攫我之财，转而杀我，大错铸成，谁尸其咎？此真我全国人民痛哭流涕而继之以血者也。上海举行停战会议，根据于国联大会议决，而承受友邦公使之周旋，我本酷爱和平，苟不悖于国联议决原则，且无损于我国主权，上海附近战事未尝不可告一结束。乃历时廿余日，开会十余次，日方无理要求，我方一再退让，其结果也驻兵地点既已指定数区，所谓领土主权已不免破坏，而日

方对于撤兵终了期限且不肯明白规定，此与永久占我领土何异？国联郑重声明，保全领土主权，行政完整，可谓大义昭于天壤。即日本又何尝不一再声称，绝无利人土地野心，乃东三省之事如彼，上海之事如此，图穷匕首见，路人皆知其心矣。彼既欲以扩张租界区域之甘言巧计，诱惑各友邦，同时便欲占我领土，以迫胁政府举行圆桌会议，冀达取消抗日运动之目的。在各友邦尊重中国主权，详察世界大势，当然不至为其所愚，而冀以此种强暴手段，压迫我国人，我国亦惟有拼命以与之争，在我尊重民意之政府，又岂能不顾一切听命于敌，以自绝于民。兹者驻兵地点，大致决定，撤兵期限，尚在争持，道路纷传，或谓有人另提折衷办法，或谓行将取决国联特别会议，在政府瞻前顾后，当然深感此事应付之困难，凡属国人，应能共谅。惟沪战既启，全国渴望增援，而政府以误于事态不可扩大，一念致构成今日之局，痛定既已思痛，一误宁容再误。本会同人，区区之愚，窃以为必能战而后能和，必有民而后有国，此则中外不易之定理，亦古今不移之定则也。切盼政府诸公暨最高军事当局，鉴于国人心理所向，民族存亡所关，摈绝主观，详加省察，便知今日如此局势，绝非屈服所能自存，苟安所能了事，更非一党一派专揽政权所能胜任愉快，一面宜积极整顿军备，下长期抵抗之决心，并集中全国人才，组成国难政府，开放党禁，准许人获得组党之自由，限期结束训政，实施宪政，涣汗大号，俾全国耳目一新，同时并决定教育方针，对于思想偏颇之青年，有法可以纳于正轨。一面训令上海出席停战会议代表，严守领土及行政主权完整之原则，丝毫不得让步，措施果能洽于人心，人民自愿作为后盾，沪战期间，上海人民对于作战军队之接济，是其明证。载舟覆舟，古有明训，抚我虐我，谁无公心，迫切电陈，伏希鉴纳。上海市教育界救国联合会叩。

中华民国二十一年四月十二日

〔国民政府行政院档案〕

9. 上海市民沈郁文关于淞沪停战谈判方略的条陈

（1932年4月27日）

敬密陈者：此次撤兵谈判，日方争持之点在退驻地区，非全部尽离华界，尤以退撤时期须伊自定，为最坚决。如犹谓无永占领土之野心，曷又备建筑费数千万元，召大连、青岛大批技师，亟至淞沪进行，岂大举工事之后，忽愿拱手让我，即时抛置而去，事实既有明断，圆桌会议时必藉投资巨大，及日侨安全问题，迫我划立耑有租界，在斯威胁之下，亟应先事筹维，伺机应付，用溯及闸北吴淞攸关，各国公共利益之历史，摅陈声东击西之牵制方法，藉作刍荛之献。

忆自甲午以还，日人图在沪独辟专界，英美亦假外侨居住不敷为名，要求扩界，乃就泥城以西一带，并入英美两租界，改为公共租界，纵日人得因此加入工部局董，而意终未满，阅年余，复坚索吴淞为其耑有租界，英美则藉口闸北路政不良，秽气传染，有碍卫生，重申推扩之请。其时列强，环迫交涉，繁杂不得已，先后自动开放，以占先着，始各寝其谋。

爰由上海道详准长官将闸北结一结九两邑辟作中外杂居区域，许外商居住，仍以地非通商口岸，未能明许营业。凡关于外商之土地，永租权则与外交团订明，凭方单转换，宝山县契，由该管领事会同盖印，示与上海租界之得换道契者有别，此为各国公共利益之所关者一。

至吴淞则由总理衙门奏准，自辟商埠，照会各国公使，並令上海道勘定界址，为各国公共通商区域（先于光绪间筑成马路，民初复设商埠，局仕张謇督办市政），此又各国公共利益之所关者二。

今日人见闸北吴淞日益冲要，顿存觊觎，宣言各该处系以铁血换来，从此归其独管，决不交还等语。固犹是当年独设专界之私心，而工部局英董论调则欲包括上宝两邑辟为自由商港，组织国际法庭，摒除我国驻军，较从前扩界原议地面犹广，欲望尤奢，此倡彼和，纵论调各殊，而对我侵略则一。近日工部局且派员至闸北实行清除工作，其举动尤堪概见。为今计，譬诸战争，见敌军来势凶猛，惟有避去正面，从旁抵御，庶用力少而成功多。郁文熟权利害，拟如左列之条，以牵制之，或亦稍补于万一乎。

（一）由上海市政府速查闸北杂居原案，照会领事团领袖，声明闸北于前清某年辟作中外杂居区域，许各国侨商概有土地永租权，由上海道会同前领事团订明外商换领地契办法在案，历经遵守无误。乃该区既遭日军武力侵占，人民房屋财物复为日军火器攻毁，各侨商如有损害，应归日方完全负责。现该区战事已息，希望各国侨商此后照旧继续居住，使与我国民族感情日益增进，本政府从无变更成案意旨，且不愿为任何一国所独据，致妨各友邦公共利益，请烦分致欧美各国驻沪总领事通谕侨商，一体知悉云云。在各友邦，本不愿日人占我领土，其既得权益，尤不愿牺牲，苟藉此牵制恢复原有地位，使敌人计无由逞，我亦主权无失。

（二）由中央特颁明令，通告各国公使，声明吴淞一隅，早经清政府自行开埠通商，奏准通知在案。兹为增进中外商业起见，特将江湾闸北一并划入吴淞商埠范围，其详细界址令上海市政府勘定布告，行政权则仍归我，掺如岳州、济南各埠例，不立租界，似于繁荣大上海原定计划无甚出入，而日人永远独占之欲，终不获偿。

（三）如日方怙恶威逼，国联袖手，英人或从中煽动，更协以谋我，则为求和平不得已而再让一步，就宝山辖属淞沪铁路以东并入公共租界，既足杜日人之强攫，亦较英人自由港之侵略政策保全实多。

上列三条，各友邦固无不赞同，即日方亦无反对之理由可持，除第一条成案具在，名正言顺，应及早实行，毋稍涉连疑外，第二条于圆桌会议开始察酌形势，不俟要挟，先发制人，第三条仅作最后应急之着，非至力竭势穷，断不可采用。窃谓依日人夙愿，倘能现踞之广大区域，许辟专有租界，是自我毁坏成约，取消其他各国之既得权益，岂能免列强之责言。矧日人狡恶多端，一旦独占此优越地位，不特商业经济悉被把持，军事运输动遭阻碍，而纳污藏垢，小之若包运鸦片、吗啡、私贩军火，公开赌博，种种不法行为将造成东三租借地同一之龌龊社会，比上海法租之专利当尤加甚。大之则豢养匪类，利用汉奸，藉专界为大本营，使谋扰怒，如大连旅顺之庇助华侨及革命党，以自便私图，其为影响我治安，妨害我政权者讵有底止。是今日暴力之蹂躏患犹浅，他日暴力之蔓延患尤深，诚不可以不虑。只有执吴淞闸北原有之定章，为抗拒之利器，转足昭示公道，易得列强之同情。郁文目击阽危，难安缄默，管窥锥指，孟浪陈词，尚冀俯鉴愚忠，复加研讨，苟认为有益无害，不以人渐而废是言，即督饬对日外交代表专员相机因应，旁攻侧击，婉拒软磨，宁使列邦共沾利益，以均其势，毋使敌方永占冲繁，以贻我患，实为至幸！

此呈

军委会
行政院 长 蒋
汪

沈郁文谨上

住上海东蒲石路一〇三号

中华民国二十一年四月二十七日

〔国民政府行政院档案〕

（2）全国各地反对淞沪停战议和与要求收复失地的呼声

1. 广州市商会等团体成立救国筹款委员会并呼吁各界募款接济十九路军沪上抗日电

（1932年3月1日）

上海市商会广肇公所，香港华商总会及国民政府各院部均鉴：暴日既陷东三省，继扰平津，现复攻我沪上，狼子野心，务欲践破我各重要都市，席卷中国而后快。其残杀之心，损失之巨，言之痛心，谁无庐墓，谁无身家，宁忍束手，任其蹂躏？兹幸沪上战役，我十九路军忠勇奋发，杀日数日，能本国人欲偕亡之决心，一洗东北无抵抗之奇耻，尽军队守土之天职，振全国对外之精神。凡有血气，莫不感动，惟我武装将士，既敌忾同仇，我各界人民，当毁家纾难。况孤军应敌，力不易支，万一因接济中辍，为敌所乘，届时虽欲救济，亦不可得，民族存亡，在此一举。敝商会恨暴日之凭陵，念匹夫之有责，于本月三十日召集全市各行同业公会代表开紧急会议，经议决即成立广东救国筹款委员会联合海外同胞募款援助，除即席集款二十万元，先行汇送十九路军外，其余陆续筹汇。凡我武装同志，苟能抵御外侮，皆力予接济，此志不渝。为此电达察核，伏乞念国亡家亡之痛，救国即自救，恳迅即多筹款项，藉作后援，或迳电送交，或交由敝会代汇，事机紧迫，稍纵即逝，幸勿迟延，不胜急切待命之至。广州市商会暨各行同业公会叩。东。印。

〔国民政府行政院档案〕

2. 中国妇女救国大同盟等团体严斥汪蒋铲除异己实行不抵抗主义罪恶行径的代电

（1932年3月4日）

院密第二七一号

汪精卫先生、蒋介石先生鉴：暴日入寇，政府逡巡迁都，谓有整个计划，一致御侮，军事秘密，不便播扬。一月以来，我爱国军人喋血杀敌，民众誓死救伤助军，而政府助饷援军终成画饼，所谓军事秘密者，保全实力，以冀将来，铲除异己耳；所谓整个计划者，贯彻不抗抵主义耳。不知覆巢之下从无完卵，政府不能保国，军队不能御侮，又何用此政府军队为两公争权攘利？频年内战，残民求逞，不啻虎狼，一遇外侮，便成鼷鼠。倭寇以倾国精锐，攻我一隅，而彼之通牒，亦仅致十九路军，其心目中又何尝有所谓中国之中央政府？且冀分化我军人，遂其各个击破之目的。国人虽愚，亦难欺骗。独政府对国人则欺骗，对仇敌则开诚，古今中外有此怪现象乎？今十九路军、五军通电，援助者惟赖民众，而政府则后援不继，终且有东夕撤兵之命，并令外交大开，停战求和谈判，前此血战牺牲，尽失意义，是民非亡国之民，军亦非亡国之军，惟政府亡国之政府耳！抗日军队撤退后，军心益愤，民怨沸腾，于卖国政府及一切屈服条件誓不承认，继自今全国军队受十九路军、五军不受乱命抗日到底之感动，自起应援者必大有人在。公等误国之罪擢发难数。岳飞秦桧之事，断不容再现于今日。苟有人心，应即翻然变计，速召大军应援，若再阻挠义师，压迫舆论，是自绝于国人也，惟善自图之。中国妇女救国大同盟，上海女权运动同盟会。支。印。

〔国民政府行政院档案〕

3. 甘肃省抗日救国会要求政府停止淞沪和议实行铁血政策奋斗到底的代电

（1932年3月10日）

洛阳。中央执行委员会、国民政府钧鉴：各省市党部、各省市政府、各军师旅长、各省市民众团体、各学校、各报馆、暨全国全体武装同志均鉴：慨自倭奴东寇，风云骤起，我东北之藩篱俱撤，关外之名城叠丧，霹雳一声，全国震惊。电讯传来。目眦尽裂，睹暴日之兽行，无不枕戈待旦，哀亡国之余痛，咸欲灭此朝食。惟我政府以慎重国际和平，恐致酿成世界大战，遂诉诸国际解决，原为尊重非战公约，不意日帝国主义者豺狼成性，蛇蝎其心，得寸图尺，进逼不已，关外之凶焰未戢，沿海之烽烟又起，置国际处理于不顾，一意横行，恃侵略政策为当然，陈兵沪上，扩大战事，破坏世界和平，施用毒炮，违背国际公法，既据我疆土，又毁我建筑，杀人放火，无所不至，奸淫掳掠，惟意所欲，似此惨无人道，灭绝天理，若不共伸义愤，大张挞伐，何以湔雪奇耻，保全国权。溯自沪战发生，我全国民众，无不义愤填膺，誓共杀贼，幸赖我前方将士忠肝义胆，同济国难，履冰霜，冒锋刃，屡挫强寇，迭奏奇功，白川既除，敌胆已寒，趁此人心愤激，将士戮力，正可剪除丑类，复我威仪，讵知日帝国主义者日暮途穷，诡计百出，唆使西人调停，意在缓兵再战，若我政府，亦以酷爱和平，退防周旋，则将中贼奸计，噬脐无及。盖倭奴处心积虑，必欲占据神州而后已，与其时时布防，何若一劳永逸。况此次战争，倭奴经济已受莫大损失，工厂倒闭渐多，工人失业日众，兼之征发年饷，民力早竭，远渡重洋，运输已疲；至其国内情形复杂，不堪朝野倾轧，暗斗甚烈，若我能坚壁持久，则彼反对派必将伺隙蠢动，内外相逼，何难最后胜利，日本帝国主义之崩溃，此正其时，务望政府秉总理打倒帝国主义之遗训，奋斗到底，停止和平会议，实行铁血政策，非达到收回一切失地，取消一切不平等条约之目的不止，万勿幕巢自安，致贻伊戚，并请全国同胞精诚团结，一致主张。敝会卫护国难，义无返顾，自当联合陇上健儿，誓为政府后盾，竭力反日工作，致倭奴之死命，宁为玉碎，不为瓦全，戴高履厚，死生不渝。临电涕泣，不胜愤激待命之至。甘肃省抗日救国会叩。佳。印。

中华民国二十一年三月十日

〔国民政府行政院档案〕

4. 河南省立一中与郑州扶轮中学救国会要求收复失地并严惩镇压学运祸首呈

（1932年3月11—12日）

（1）国府文官处检送河南省立一中呈（3月11日）

国民政府文官处公函　字第583号

迳启者：奉主席交下河南省立第一高级中学校抗日救国会学生代表马飞龙等呈称：为东北沦亡，淞沪失陷，该校同学目睹心伤，特推该生等十六人请愿，下令张学良收回失地，严惩张景惠等六项，请鉴核等情一案。奉谕：交行政院等因。相应检附原呈，函达查照。此致

行政院

计检附原呈一件

中华民国二十一年三月十一日

文官长　魏　怀

为请愿事：窃以东北沦亡，淞沪失陷，举国同胞，莫不发指。乃我政府，态度暗昧，遂致马占山以无援而失节，丁超、李杜以无援而致败，十九路虽孤军抵抗，亦因久无援而退却。长此以往，不知伊于胡底。敝校同学目睹心伤，不忍坐视，特推生等

十六人向钧府请愿：

（一）请政府立即下令，命张学良带罪出兵，收回东北失地，并声讨伪政府，严惩借兵自重，盗卖国权的汉奸张景惠等；

（二）请政府严惩勾结沪埠奸商，酝酿和平运动，进行局部解决，盗卖国权之买办人员；

（三）请政府严办摧残河南青年爱国运动之祸首；

（四）沪案与东北为整个问题，不得单独解决；

（五）质问政府，为何不使张发奎援沪？应速令军事当局下令，令张发奎赴沪助战；

（六）请政府明令恢复民众团体之自由。

特此谨呈

国民政府主席林

中华民国二十一年三月

（2）郑州扶轮中学学生自治会致中央党部呈（3月12日）

呈为国难日急，恳请迅派援军，收复失地，暨团结政府势力，一致抗日，以救危亡事：窃暴日豺狼成性，蛇蝎为心，逞厥野蛮之军，夺我东北之地，近复大肆猖狂，犯我沪滨，纵毁我财产，恣戮我人民，繁华市廛，悉化邱墟，槁项黄馘，转乎沟壑，呜呼痛矣。幸赖我十九路军，深懔国家之垂危，克尽国民之天职，崛然而起，愤然而兴，死于所敢死，战于所不敢不战。冲锋陷阵，坚苦卓绝。一月以来，迭报捷音，斯足以愧死一般望风而逃者也。然而以久战疲备之军，将何以敌十万貔貅之众，倘政府不迅予增援，则东南半壁，其不为东北之续也几希矣！现暴日视线集中淞沪，东北内部已属空虚，我政府若以重兵收复失地，其操左券可预卜也，此应请注意者一。当今我国府迁都洛阳，以示抗日决心，全国民众莫不闻风兴起，惟最近谣诼纷传，有谓我国府委员互持己见者，市虎杯弓，虽不足信，然民众无知，究难不以讹传讹也，此应请注意者二。目前各地党务以主持不得其人，几如强弩之末，抗日工作类多驰废，际兹国家存亡之秋，安能令此领导民众之机关等于虚设，此应请注意者三。兹归纳上列诸端，列为三条：

一、请国府/中央迅予派兵增援，武力收复失地；

二、请国府人员牺牲己见，一致团结抗日；

三、请中央电促各省市党部，加紧党务工作，领导民众势力，誓死抗日。

以上各点是否有当，敬请鉴核，伏乞俯赐答覆，实为公便。谨呈

国民政府/中央党部钧鉴

铁道部部立郑州扶轮中学校学生自治代表 王世昌 刘骥初 林丽云 王迁陵

中华民国二十一年三月十二日

〔国民政府行政院档案〕

5．沙市民众慰劳前敌将士大会责斥国民政府弃援十九路军抗敌坐丧国土通电

（1932年3月12日）

中央党部、国民政府、国防委员会、军事委员会、各院部、各省市军政长官、各级党部、各报馆、各民众团体均鉴：顷接沪

齐晚电称：沪亡七日，援兵不至，嘉定黄渡相继失陷，常熟无锡痛遭弹毁等语。译读未竟，肝胆俱摧。窃以上海为全国中心，经济枢纽，存亡之机，胥系于此，虽十九路军浴血抗争，大破顽敌，而暴日因羞成怒，举国动员，援兵利器，有加无已。我中央复称长期抵抗，竟不厚援，诸将士空言枕戈待命，待援何日，岂必待十九路军尽覆没而始驰救耶？迩者刘河南翔又以无援放弃，人情惶急，莫测高深。伏惟国家养兵数百万，今阽危若此，而毫无所施，宁非怪事？抑思慕覆巢倾，谁能幸保，偏安割据，岂能独存。公等或秉国钧，或膺疆寄，扶颠持危，责有攸归，拥兵坐视，决无是理。爰尽国民之天职，远效痛哭于秦庭，尚望一德一心，共赴国难，迅遣重兵增援前线，以复失土，而建国脉。临电涕泣，不知所云。沙市民众慰劳前敌将士大会，暨全市十二万民众同叩。文。

〔国民政府行政院档案〕

6．中央大学前敌将士后援会、平汉铁路工会等单位联合提出《抗日救国工作条陈》

（1932年3月14日）

呈为呈请事：窃我国之受帝国主义者侵凌压迫将近百年，此近百年中，茹痛饮泣，忍辱含垢，时至今日已至穷极。暴日自九·一八入寇，兵未血刃，而三省沦亡，一·二八又复进犯淞沪，我忠勇之十九路军，不畏强暴，不惜牺牲，奋起抗争。匝月以来，屡歼丑虏，敌乃增兵调舰，频易司令，而我十九路军除得第五军之应援外，未见多增一卒，相持月余，终以寡不敌众，战具悬殊，我将士以血肉所保持之淞沪，遂致失守，兴言及此，悲痛殊深。查九·一八事变迄今已近半载，政府事前既未知预防，而临事又仓皇乏计，初则抱不抵抗主义，继而徒赖帝国主义者分赃集团之国联，迷信虚无，迂阔之公理，俯首帖耳任人揶揄，金人业已渡河，和战尚乏决策，终则迁都洛邑，以避威胁，昭示国人以长期抵抗之决心，然前方将士、举国人民迭电请援，而一卒不发，言行矛盾，有如是者。夫沪战固为我国家存亡之关头，亦为民族复兴之机会，我党治下之政府，若能早定大计，抱最大之决心，持坚强之意志，不妥协，不苟安，毋畏强暴，毋惜牺牲，不屈不挠，誓死抵抗，必能致暴日于死命，使国家转危为安，民族因而复兴，返是和战不决，坐贻丧土辱国，而启亡国灭种之祸，虎出珪毁，咎有攸归。本团□□□□及此，爰本爱国热忱，向钧府请求左列各事：

甲、关于外交者

一、应抛弃历来以忍让牺牲求得国际同情之错误政策，须于积极抵抗中求外交上之转机；

二、根据过去事实，国联对于此次日我纠纷之处断，实欠能力与诚意，今后政府对于国联方面不应再作无望之期待，最近国联所派调查团，政府应注意其活动；

三、今后外交亟应取得同情国之联络，尤宜注力于韩国独立运动之扶持，以控暴日；

四、在日军未退出国境以前，不开始任何外交谈判；

五、正式宣布对日绝交。

乙、关于军事者

一、迅调劲旅增援淞沪，额数须在十五万人以上，盖不如是不足以克制敌军在沪之十余万兵力；

二、请政府责成张阎冯三军，委三路出兵东北，收复失地，一路出榆关，由张学良负责，余两路绥热由阎冯分路负责，以分敌侵沪之力；

三、抽调湘鄂赣军队，遣赴前方，剿共军事责令粤黔桂等军负责；

四、请缨国民政府而应遵其杀贼之志；

五、通令全国各地民团及义勇军，其已有组织者，加紧训练，无组织者迅速组织之；

六、惩办此次贻误战机之军事领袖；

七、驱逐日舰出境，巩固海防，以免后患；

八、凡后方所有战具，如飞机、大炮、高射炮等，应悉数拨付前方应用。

丙、关于财政者

一、裁并骈枝机关及冗员，充实军费，最好采择欧战时与战国战时政府之组织，集中人力物力，以长期抵抗；

二、前方抗日将士饷糈应仅先拨付，所有人民自动醵输，应迳拨前方，不得移作他用；

三、征收累进税，并加重奢侈品税，以充军实，藉作长期抗日准备。

丁、关于党务者

一、请中央通令全国各省市县党部，组训民众誓死抗日，以符全国一致总动员之旨；

二、恢复民众运动纵的组织。

以上数端，群信为目前救亡之良策，为举国民意所要求，深望钧府采纳施行，毋负民望，党国幸甚！

国民政府主席林

国立中央大学前敌将士后援队

郑县抗日救国会代表赵清泉　高旭东

郑县学生反日救国联合会代表邱郢泽　杨鸿鸣　朱晋祺

郑县扶轮中学学生自治会代表刘骥初　王迁陵　王世昌　林麓云

平汉铁路郑州员工反日救国会代表曾裕隆

平汉铁路工会郑州事务所代表刘松山

首都各界抗日会代表倪光和　李继善　朱尚琳

洛阳各界请愿代表赵子虚

廿一年三月十四日

〔国民政府行政院档案〕

7. 国民政府文官处检送四川各界民众促成会请调全国军队开赴淞沪前线抗敌的公函

（1932年3月23日）

国民政府文官处公函　洛字第1495号

迳启者：奉主席交下国民救国会议四川各界民众促成会常务委员会呈：为该会召集代表大会，讨论对日和战二项，经全数通过：（一）主战则请调全国国军开赴前线抗敌；（二）主和则请与全国民众公开商讨，呈请采择实施一案。奉谕：交行政院等因。相应检同原呈，函达查照。此致

行政院

计检送原呈一件

呈为主战请调全国国军列阵，主和请与全国民众公开，以戢暴日而救国命事：属会痛国家之垂危，遵中央之成案，沿苏浙之先例，集省市县各民众团体，呈奉省指委会之九八号许可证，省政府省字一四〇五号指令批准，成立斯会。爰于三月二十二日召集代表大会，讨论对日和战一案。佥以日帝国主义者实施其卑劣手段，盗匪行为，强占我东省，扰乱我平津，复寇我上海，幸我十九路军与第五军以不满四万之孤军，对彼十万之寇，相持四十余日之久，杀敌巨万之众，以济师不至，战胜而退。敌则利用我击首而尾不动之弱点，逞其狼子猛兽之野心，尽其机炸炮轰之淫技，毁我掠我财产，除东北方面另有报告不计外，即上海一处损失已达十五万万六千二百二十四万元之多，其不顾国际公法公约公理，不讲人道，诚自古夷狄之横未有。该倭寇之凶顽者，国联友

邦不忍坐视，派员来沪调查调解，无论其是否诚意，我国人应先抱宁玉碎，无瓦全决心，本有备无患原则，由中央正式令调全国国军，集中苏浙皖赣鄂等省剿匪，以为和议后盾，待彼倭寇卷土重来，免蹈迷信国联覆辙。查此次战后，暴日师出无名，纯为寇盗举动，无论公法私法，均是犯罪行为，应受刑事惩处，若言和议，应请国府与彼据理力争，不达还我东北及上海领土，自动取消其满蒙傀儡伪国，赔偿寇杀我国军民命价，退回劫夺我国财物，赔偿我国因被寇所受一切损失，令彼倭寇先向我国及国联道歉不止。一切议和条件悉与人民公开，不涉袁贼世凯专制卖国故技。该寇如能屈服，遵照义和，不特中日之幸，即全世界和平之福利。亦基于此，若彼终竟冥顽不灵，不顾一切，则我国府当执行长期抵抗大计，调遣全国国军，与彼相持，不待二年，该寇以经济粮食人力种种缺乏，势必自行崩解，待其疲敝，我后大举东征，该寇必覆亡无日。至于各革命军有仍拥兵自雄，只知刮民，而不顾国家之急，不应调遣者，则乞国府明令削其军职，准由民众抗粮罢捐，断其供给，与以申罪致讨，无论若何顽强之军阀，敢有不应调遣者绝无有也。纵中央鞭长莫及，敢有如前跋扈，不遵中央统一者，亦绝无有也。等语。经全体赞成通过，理合具文呈请采择，实施救国救民，无任感祷。谨呈

中央国民政府

国民救国会议四川各界民众促成会常务委员会

中华民国二十一年三月二十三日

〔国民政府行政院档案〕

8. 国民政府文官处检送威尔逊总统号船中国海员要求政府以武力收回东北及上海失地的公函

（1932年3月25日）

国民政府文官处公函　洛字第1035号

迳启者：奉主席交下威尔逊总统船全体中国海员一百零一人代电，恳速下决心，遵照历次宣言，以武力收回东三省及上海失地。该海员等对于杀贼救国，牺牲生命财产，均所不惜，祈鉴谅一案。奉谕：交行政院等因。相应检同原件。函达查照。此致

行政院

文官长　魏　怀

计检送原代电一件

中华民国二十一年三月廿五日

快邮代电

洛阳国民政府钧鉴：去岁日贼侵入东省，当地军政长官懦怯逃避，坐失国土，因循误国，贻笑万邦。日贼以我易欺，故得寸进尺，复犯京沪，观兵长江，谋吞全国。幸得我忠勇爱国之十九路军，激于守土卫国之神圣责任，奋起杀贼，血溅沪江，步枪刺刀与日贼之飞机大炮抗，血战经月，屡挫敌锋，日贼胆寒，列强惊羡，民族生机，须在于此。不期道路传闻，政府近复因国联决议，命十九路军自动撤兵，贼兵苦战经月，未得稍逞之上海，至此乃完全陷落。惊耗传来，海员等同深悲愤。夫民族非自强，无以求生存；贼来非痛击，无以谋自卫。今东省伪政府已正式成立，上海日贼复日益肆虐，国家生命危如累卵，民族生机稍纵即逝，尚恳政府速下决心，遵照历次宣言，以武力收回东三省及上海失地，海员等对于杀贼救国，牺牲生命财产，均所不惜。迫切陈词，伏祈鉴谅。威逊逊总统船全体中国海员壹百零壹人同叩。十八日。

〔国民政府行政院档案〕

9．开封各业工会抗日救国联合会反对淞沪协定要求限期收复失地代电

（1932年3—5月）

（1）开封各业工会抗日救国联合会致国民政府电（3月21日）

国民政府钧鉴：国势危殆，至斯已极，暴日狡猾无诚，世界皆知，和议消息传来，属会痛定思痛，不寒而栗。试观淞沪之血未干，昆嘉之战云又急，在此种情况之下，不战只有屈服，与其受骗而亡，宁愿孤注一掷，倘今日而谈和议，其性质是否城下之盟？况对外必先安内，顷据报载，王赓遗失地图，系奉某命等语，听闻之下，疑团莫解。属会爱国向未后人，兹经属会第七次代表大会决议：（一）国府对沪案沈案应采用革命外交，同时彻底解决，并将交涉条件在未签订前随时公布，否则有害主权，誓不承认，并一面积极准备，以免受敌人威胁案；（二）代电国府，彻查王赓前次系奉何人命令，觑与日军地图之真相，速为公布，并将主使人及王赓一律予以枪决，以彰国法案；（三）代电国府，从速实现立法院、监察院半数民选委员案。等项，各在案。特此电呈，至盼采释施行，无任迫切。开封各业工会抗日救国联合会叩。马。

中华民国二十一年三月　日

（2）开封各业工会抗日救国联合会致国民政府电（5月19日）

国民政府钧鉴：此次停战协定竟于五月五日在纪念总理就任非常总统之时签订矣，查其内容，一则中国军队永远不得驻在上海附近，再则容许日军暂驻吴淞、江湾、引翔、闸北四区，并得不定期驻在公共租界及其虹口越界筑路区域，三则在本国领土内停止一切与敌人之敌对行为，是何条件，竟丧权辱国至此，较之辛丑条约有是列乎。日本且根据此协定以鼓吹圆桌会议矣，政府犹谩

言未涉政治范围，是欺人耶，抑自欺耶？即云协定内容可以不问，试问协定本身究将发生何等效果？上海之日军未撤，东北之日军已增，隆隆炮声仍在我国境之内河不隔，血胤难分，谓为停战，他国人可此欺我，我国人不忍自欺也。犹忆沪战正酣时，政府不出兵东北，以收复失地，坐失良机，今竟辱签沪约，任日本并其全力于东北，呜呼，政府何厚于资本阶级中心之上海，而薄于救国基本武力之东北义勇军乎，上海一笑，东北一哭，仍得谓上海问题誓不单独解决否耶，于战后日货将滔滔而来，增兵东北之饷糈，又有着矣，是上海协定无异割让东北协定也。呜呼，以长期抵抗始，以长期屈辱终，态度矛盾如此，属会百思不解，殊难缄默，特电质询，即乞详予解答为盼。开封各业工会抗日救国联合会叩。皓。

〔国民政府行政院档案〕

10. 杭州学生抗日救国联合会等团体游行示威要求政府收复失地反对签订丧权条约的文电

（1932年3—9月）

（1）杭州市教育会致国民政府代电（1932年3月22日）

洛阳。中央党部、国民政府、各省党部、各省政府、各军事领袖。各机关、各民众团体、各报馆钧鉴：窃暴日自九·一八侵略东省，怂恿汉奸组织伪政府以来，我国府迄未加以抵抗，国联又无法制止，因而张彼势焰，进一步作天津之滋扰，更进一步于一·二八日侵略我全国第一大埠，中外人士荟萃之上海，袭击闸北，轰炸吴淞。可怜我全国第一大埠尽成瓦砾，人民死伤多至二万余人，财产损失达十四万万元，交通机关为之破坏，文化机关葬于火窟，近复以飞机掷弹扫射苏杭，其兽性之发泄达于极点。幸有十九路军之忠勇，十万倭奴始稍敛迹，方期万众一心，抵抗到底；不意沪上骤开停战会议，商决撤兵办法。二三日来，会议多次，其条约尚在秘密中，民心惶惶，深以丧权辱国为虑。本会为教育集团，分属国民，难安缄默，用特郑重宣言：在此敌兵压境之秋，如不思积极抵抗，甘为城下之盟，签订辱国条约者，本会认为民族之叛徒，誓不承认。尚望全国同胞一致兴起，宁为玉碎，毋为瓦全，誓死奋斗，以图生存，不胜迫切之至。杭州市市教育会叩。养。

（2）杭州市学生抗日联合会致国民政府电（4月12日）

洛阳。国民政府钧鉴：国难日亟，日态度益见屈强，切望钧府坚持到底，勿作有损国权之让步。生等谨以热血精诚，引领企盼，如钧府苟且因循，故违民意，则生等唯有誓死反对，并不再拥戴钧府。临电惶切，乞鉴施行。杭州学生抗日联合会叩。真。

鲁之屏译　廿一年四月十二日

（3）杭州市学生抗日救国联合会致国民政府电（4月29日）

国民政府钧鉴：前闻钧府接受国联特委会草案，举国民众已万分愤慨，今又闻英使提出折衷办法，钧府有意接受。本会全体闻讯之余，不胜诧异，岂钧府已弃玉碎瓦全之初意，而甘以军事商业中心之淞沪让与日本乎？万望顾全民意，勿照民四之卖国政府，对此荒谬主张，坚决拒绝。不胜迫切待命之至。杭州中等以上学校抗日救国联合会叩。艳。

〔国民政府行政院档案〕

11．国民政府文官处奉转陕西学生抗日救国会要求非日军撤军不得言和的函件

（1932年4月18日）

国民政府文官处公函　洛字第1430号

迳启者：奉主席交下陕西全省学生抗日救国总会庚代电陈为沪案和会重开，对于日本无理要求，务望严厉拒绝，非使日军队

退出沪海及撤退东北驻军，不得言和等情一案。奉谕：交行政院等因。相应检同原件函达查照。此致

行政院

计检送原代电一件

中华民国二十一年四月十八日

文官长　魏　怀

抄代电

万急。中央政府钧鉴：九·一八国难发生，津沪要埠，迭遭日寇侵略，镇静与无抵抗，几成对外之金科玉律，敌进我退，有加无已，亡国灭种，祸在眉睫。沪战四十余日，仅十九路爱国将士孤军奋斗，张发奎阻于中道，马占山变节降贼，白川倾日本全国三分之一军力，大肆屠戳，沪地同胞，死于敌锋，殆十数万，尸填闸北之墟，血翻浦东之浪，未几而援绝，退守第二道防线，上海、真茹、浏河、嘉定先后为日寇占领。国联调查团莅沪，化干戈为玉帛，和会重开，乃日本无理要求，直以战败国家视我，我政府应具有彻底抵抗之计划，为大无畏精神，厉行革命外交，非使日军退沪海及撤退东北驻军，並赔偿此次事变损失不可。会议详情，对内须绝对公开，不得有依违模棱态度，暗中与敌妥协软化，又铸成万世唾骂之大错，更将每次会场真相，迅速通知全国各抗日团体，以增加人民爱国之效率，振奋我民族自信之权威，即不幸和会破裂，和平成为泡影，我民众亦当敌忾同仇，仰仗自身之本能，以作奋斗之趋向，愿将四万万头颅，拚与五千年国族同存亡也，务望党政诸公，革命洗心，共泯门户之见，同荡魔奸之寇，御彼岛屿虏军，还我神州领土，勿再觍颜误国，为秦桧、贾似道之续也。

陕西全省学生抗日救国总会叩庚

〔国民政府行政院档案〕

12. 国民政府文官处奉转四川旅沪同乡会反对淞沪停战议和的函件

（1932年4月19日）

国民政府文官处公函　济字第1461号

迳启者：奉主席交下四川旅沪同乡会江代电陈，对于上海停战会议怀疑四点，请迅即振师驱逐日兵出境等情一案。奉谕：交行政院等因。相应检同原件函达查照。此致

行政院

计检送原代电一件

中华民国二十一年四月十九日

文官长　魏　怀

急。洛阳国民政府钧鉴：淞沪陷落，迄今已一月于兹矣。此一月以来，吾民所受异族侵凌，已去朝鲜、台湾不远，为之政府者当如何努力杀敌，以出吾民于水火，乃钧府始终依赖国际调停，谋与日方妥协，虽日事宣言抵抗，究不见收复失地，据连日停战会议所表现者，尤令人怀疑殊甚。第一、钧府既一再宣言，不撤兵不交涉，何以又有此撤兵之交涉，彼撤兵则撤兵矣，有何交涉可言，涉〔撤〕兵而言交涉，非有意承认丧权辱民之条件乎？第二、所谓日本撤兵者当系指退出中国境内而言，何以日兵退驻江湾、闸北、吴淞一带便认为彼已撤兵，而承认开圆桌会议，试问此与城下之盟有何异乎？第三、东省与上海两案不能分开解决，为钧府所宣示于人民者，何以对于沪案竟承认单独开圆桌会议，此岂非有意中日方之诡计，将东省断送乎？第四、中国军队驻中国境内，谁人得而限制，何以钧府竟承认我军暂住原地，听候圆桌会议解决，其所谓保持土地行政之完整也者果何在乎？以上四点，在钧府解释自必曰一切皆暂局，撤兵限期一到，

圆桌会议一开，则淞沪必回复原状矣。但钧府亦曾忆及，第一次国联决议案，对于日本撤兵，非亦定有限期乎？而今日东省之日兵究竟撤退也未？吾人相信。在今日形势之下，国际公约已成废纸，世界公理更属空谈，除却以武力收复失地一途外，东省固已矣，即淞沪亦必至沦为东省第二。倘钧府不此之图，而能凭藉外交之力以保金瓯无缺，本会同人实愿抉目以悬国门，用祝诸公之胜利，特是终成幻想耳！东省陷失，既已逾半年，而淞沪失守，今日又为周月纪念日，钧府之信赖国联，其效果若何？吾人惨痛之余，深觉今日之事不降即战，切望钧府毋忘国民革命之意义与民族主义之精神，迅即振起堂堂之师，驱逐日兵出境，以收复我淞沪及东省失地，而获取我中华民族之独立自由。苟不幸而以长期抵抗为名，以长期拖延为实，或竟为保持个人地位与实力，不惜牺牲民族利益与人格，则一般国民是否尚听命于政府，恐非吾人所忍言者也。戆言奉渎，请勿以逆耳而置之是幸。四川旅沪同乡会叩。江。印。

〔国民政府行政院档案〕

13．重庆商会等团体反对政府与日寇签订丧权辱国条约电

（1932年4月19日）

（1）重庆市商会致国民政府电

洛阳林主席、南京汪院长、蒋委员会、外交部罗部长、上海吴市长、并转顾首席代表、蒋总指挥钧鉴：沪战经月，我军因乏援应，卒于国联开会前一日退出上海，功亏一篑，可为痛心。现因国联调查团抵沪，东省既未规复，而上海造成之局面又为暴日所挟持，近复有议和之趋势，实为全国所注目。窃查国联对于暴日撤兵及我国领土完整，迭经提出主张，而国联对于以非法所造成之任何局势与缔结之任何条约或协定，亦经正式否认，此种表示，不惟同情我国，实指示吾人以应遵之路。在此原则之下，未

尝不可言和，若屈服于暴日之威力，签定丧权辱国条件，则负己负人，国亡无日。诸公明达，当能引为深戒。总之，能战乃能言和，非有长期抵抗之决心，政府人民团结一致，无以救亡图存，披沥陈词，万祈昭鉴。重庆市商会主席温嗣康、常务委员赵城璧、汪德熏、石荣庭、盛澜康、事务主任李奎安暨全体商民等同叩。皓。印。

（2）重庆国难救济会致国民政府电

洛阳。国民政府钧鉴：于上海会议停顿中，突闻政府业与日寇妥协，并经签定辱国丧权之密约，如其有之，何异为中华民族再判死刑，置四万万人民于永劫不复之地，政府诸公，亦中华民国之人民，贤明爱国，讵逊吾辈，窃意必不至此。但为政府诸公计，宜及时彰信人民，将此次谈判经过，宣布全国，勿隐勿漏，俾人民确知政府真意所在，并日寇蛮横狡黠之程度如何，用期举国同心，共谋对待。危亡之机，迫在目前，惨痛外交，尚有何秘密可言、若计不出此，无论是否有卖国，设或不慎，致人民保卫国家意旨相违，则责有所归，咎岂能辞？政权委托，理无久享，日寇凶残，亦不能为卖国者护符，愿政府诸公凛之。重庆国难救济会叩。皓。印。

〔国民政府行政院档案〕

14.福建厦门、晋江、长乐等市县民众抗日会反对签订丧权辱国条约要求整师抗敌电

（1932年4—6月）

（1）厦门抗日救国会致国民政府电（4月）

洛阳。国民政府林主席鉴：报载上海停战会议，我方将忍辱退让，舆论哗然，自东北事件发生，政府对内压迫，对外无抵抗，已失民众信仰，倘再签订耻辱条件，自取败亡，本会誓与民

众共弃之。厦门抗日救国会叩。宣。

（2）长乐县民众大会致中央党部电（6月7日）

南京。中央党部、国民政府主席林、行政院院长汪、军事委员会委员长蒋钧鉴：顷据电讯，中日协定，业经签订，消息传来，不胜忧愤。窃查此举非特失地收复无望，即亡国灭种亦迫在眉睫，屈辱卖国，何异自缚待宰，万恳打消妥协之议，速筹抵抗大计，本县同胞，誓为后盾。迫切陈词，谨祈采纳。福建省长乐县民众大会叩。虞。

（3）晋江县各界反对妥协示威大会致行政院代电（6月15日）

行政院院长汪钧鉴：窃自九·一八事变以来，政府始则不抵抗，继则口头抵抗，以致东北沉沦，热河继陷，及至敌迫长城，犹无抵抗决心，观之长城之战，仓惶凌乱，可以知之，逮乎兵进平津，乃竟曲辱停战，肉袒塘沽，踵门求和，犹盛称敌之能精诚合作，是真不知人间有羞耻事矣！呜呼，宋室之亡，不亡于主战之岳飞，而亡于主和之秦桧，与日之事，正犹此耳！全国国民皆欲战，政府当局独主和，其结果必陷国家民族于万劫不复之境。盖狼子野心，得寸进尺，其志固不止于东北四省也。且其他列强，见我易与，亦必起而效尤，是即不亡于暴日，亦必招瓜分之祸，不待智者可知，何政府当局独见不此，及是盖别有用心耳。夫国家乃全国国民之国家，非政府当局所私有，政府当局不过国民公仆耳；今竟违反民意，是直以公仆而奴主人，倒行逆施，莫此为甚。总之，今日非战，无以死中求生，有非战而言和者，乃自绝于国民，国民亦必群起而诛之。苟政府当局不愿自绝于国民，应即撤消停战协定，整我师旅与敌周旋，则全国国民必誓为后盾，否则政府直人民之公敌耳，人民亦自有其处之之道也。谨布区区，诸惟谅察。晋江各界反对对日妥协示威大会叩。

〔国民政府行政院档案〕

15. 湖南省衡阳、湘潭等地学生抗日救国会要求政府驱逐倭寇收复失地代电

（1932年4—6月）

（1）湖南学生抗日救国会湘潭分会代电（4月12日）

洛阳。中央党部、国民政府、行政院、军事委员会钧鉴：暴日侵占东省，欲以袭亡韩之故智，其阴谋诈变，举世暌暌，无所讳饰。阅报载，溥仪、熙洽等为日人之势屈利诱，公然组织伪府，妄登虚位，不顾中华汉族之威权，拂视东省人民之公愤，而甘心觍颜于暴日听命之下，助桀为虐，此而不讨，国威何在？嗟嗟，庆父不除，鲁难未已，人怀腹疾，医当及时，尚望政府早定大计，从速兴师，以张挞伐，灭此伪府，壮我河山，匪特国家前途之幸，即汉族光荣实深利赖焉。临电迫切，伏祈垂察。湖南学生抗日救国会湘潭分会谨。叩。

中华民国廿一年四月十二日

（2）衡阳学生抗日救国会电（1932年6月10日）

洛阳国民政府钧鉴：溯自九·一八祸变之始，钧府尝以收回失地昭告国人矣。今者日人铁蹄踏遍东省，水深火热，不可终日，未见动员进兵，从事收复，国内呼声，置若罔闻，华北屏障，一撤无余，似彼野心，方兴未艾，谁无肝肠，能不痛心。所幸东北同胞，深明大义，群起反攻，威震遐迩，岛夷亦知畏惧，苟能趁此时机，领导国民，还我河山，尚为易事，若再迁延不决，盘据之势日见巩固，东北民气，日渐消失，彼时虽欲兴师动众，亦无功矣。祈钧府克日出师，驱逐豺狼，奠定国基，东北幸甚！中国幸甚！临电神驰，伏维垂察。

湖南衡阳学生抗日救国会第二届第二次代表大会灰叩

〔国民政府行政院档案〕

16. 北平市各界抗日救国会要求市政当局停止干涉禁售日货等爱国活动代电

（1932年5月8日）

均鉴：暴日出兵侵占东省，扰毁沪滨，举世同愤。经济绝交，乃抗日之重要武器，敝会自去年九月廿六日成立以来，全力注重此点，于去年十月廿五日将本市五千余家售卖日货之商店所存之日货，一律封存，并于本市十三个城门口及前门车站一并设立十四个检查所，检查进口货物，遇有仇货，即根据条例没收处罚。至本年二月十五日，敝会为体恤商艰，进破封存日货之各商号设立日货公卖部，将所封存之日货，启封登记，置公卖部售卖，以三个月为限期，一方面敝会更加紧各检查所之检查工作，杜绝来源，冀期待日货绝迹。本市数月来，工作尚差称人意，乃本市公安局突于四月廿九日密函敝会云，顷奉市政府传谕，查本国商人运销各国货物，通商贸易，载在条约，凡不逾常轨者无论东西洋各国货物，皆当予以自由。且现值国际交涉严重之际，尤应事事遵约办理，俾免国际间有所指摘，发生影响。本市抗日救国会检查日货工作，应即停止等因。奉此。自应遵照办理。除传区知照外，相应密函贵会查照。所有检查工作，请即停止进行为荷等语。敝会接阅之下，不胜痛心之至，一体议决，誓死不从。当即函驳公安局云，迳复者，顷奉第四四八密函得悉贵局奉市政府传谕敝会停止检查日货工作，当此国难方殷，外寇压境之际，敝会深认为经济绝交为抗敌之惟一和平武器，若遵敌人意旨，弃此武器而不用则我国家不成国家，而我等国民亦为亡国奴矣。于此敝会特郑重声明如左：一、敝会为本市各界所组织，即代表各界人民之总团体，非至各界人民认为不必对日经济绝交时，敝会决不停止进行对日经济绝交之工作。二、即使政府与军队皆抱定不抵抗主义，我人民亦要抗日，盖中华民国为我四万万人民之中华民国，政府不要国家，我人民却要国家人，民无军器可以抗敌，惟有坚持经济绝交。三、对日经济绝交之举动，乃因暴日夺我疆土，侵我主权而起，世界舆论对我莫不深表同情。盖正当抵抗，正可表示民族之立国精神，今我国民若同抱无抵抗主义，何齿于世界人类，何以对得住我民族祖宗。四、自九·一八事件起后，太平洋东岸之美国民众尚且仗义执行各国对日经济绝交之工作，友邦对我尚且如此，我被侵略之当事国之国民，岂可一任宰割，仅此经济绝交之抵抗亦不敢为乎！五、敝会之检查工作完全施之于本市之中国商民，凡外国侨商公司售货，敝会从未过问，此足可谓郑重通商条约矣。至于中国人愿意受中国人的检查，此国民爱国心之表现，任何权利所不能干涉也。六、现正国际交涉严重之际，政府不得积极抵抗强寇，国民不得已，只原谅其苦衷，然国民自动之爱国行为，政府亦应加以尊重，并应爱护之，何能嘱令停止，而为敌人称喜，使国民痛心乎？七、敝会自去年九月廿六成立以来，全力注重于经济绝交，检查所之设，乃为防止奸商，杜绝来源之最有效办法，不仅市民同情，此种办法即商号同胞，亦深以敝会为然。其故不仅既可禁止奸商卖国图利，又无碍正当商民之营业，且敝会处事公平，款项无弊，民众团体如此健全，亦堪告慰矣。今如停止检查，即不啻停止敝会工作，爱国官民何忍出此。根据以上各节，敝会决不放弃对日经济绝交，停止检查工作，难于遵命之处，尚希鉴原为荷。等语。现在敝会除努力奋斗，冀使本市政府尊重民意，不干涉民众爱国举动外，特电明真相，并很〔请〕速声援为荷。北平市各界抗日救国会叩。江。

〔国民政府行政院档案〕

17. 南京各校抗日救国会责问政府为何不收复失地并阻止学生救国运动书

（1932年5月19日）

呈为寇焰益炽，救亡无待，痛心国难，掬诚质问事：东北沦陷于兹八月，山河抑听其破碎，伪国将任其孵成，此日寇虽撤兵，淞沪转增军，东省义勇义〔军〕安忍坐视被歼，山海关岂听敌人直入，于是时政府尚不督促张学良即日出兵，实际抵抗，舒其失地之衍，拯我东北之民，要将何待？用是质问者一。此次国联调查团，无形受挚于日本，世界群愤正义之被摧，乘斯振我旗鼓，搏彼倭虏，内可得国人乐助，立促精诚之团结，外可搏国际之同情，必获是后之胜利，今榆关不保于朝夕，只见倭奴铁骑之纵横，不见政府出兵之行动，用是质问者二。国难弥深，内政不举，青年安肯束手以待毙，爰愤慨而奋兴，外示民族精神之一息尚存，内促军政领袖之翻然觉悟，自五四以来，数救倾危，缘知耻以赴义，流热血亦何辞，此固先生往日之深表同情，曾加导勉，今国难方深，忽明令制止学生游行示威，剥夺救国之自由，岂欲斩绝民族生命，以速国家之危亡，用是质问者三。弱国外交端在，内得人民之谅助，外籍友国之辅翼，我政府曾有外交公开，联外政策之宣示，今淞沪协约，始终不明联外政策，模棱两可，岂非违政府前言，失公开素旨，倘政府能不蹈丧权媚敌之外交，必当以联外政策相昭示，安犹豫与暧昧，用是质问者四。掬血陈辞，恳祈切复，谨呈

国民政府行政院长汪

首都各校抗日救国会谨呈

中华民国二十一年五月十九日

〔国民政府行政院档案〕

18. 江西李烈钧、张定璠等痛斥国民政府倚赖国联坐误收复失地良机的通电

（1932年10月21日）

南京。中央党部、国民政府、行政院、军事委员会、各省市党部、各省市政府、全国各团体、各报馆公鉴：日本军阀以暴力占据东三省至今，已荏苒经年。当事变之初，当局即采取不抵抗主义，而乞怜于空洞无力之国联，国联一再开会，一再辩论，始有调查团之派遣，至本年九月四日，该团报告书始在北平签字，盖去沈阳事变发生时已周年矣。在此时间，未闻政府当局遣一兵一卒出关收复失地，只知倚赖国联，坐井待救。今报告书已一再纡回曲折发表于世矣。吾人展阅之后，未尝不抚膺叹息于当局年来倚赖国联之失策也。兹就其内容简略言之，此次调查团东来，其重大目的厥为调查中日争议之真相，在事实方面，该调查团既知沈阳事变由于日本抱定一种精密预备之计划，并以敏捷准确之方法实行之，不能视为合法自卫之办法。又知满洲伪机关之设置，由于日本军事当局所造成，非当地人民之自由意志，则日本显系以片面军事行动进而危害中国之主权、独立及领土的与行政的完整，其为违背国联盟约九国公约及非战公约，虽有百喙无以自解。调查团为维持上述条约之尊严起见，自应建议国际联合会主张恢复去年九·一八事变以前之原状，并依照国联盟约第十六条予日本以有效之制裁。不此之图，乃建议我国东三省在顾问会议之下组织一特殊制度之政府，以一种由外人训练之特殊宪兵维持内部之治安，其他东三省之税收机关，由外人监督，中央银行以外人为总顾问，所谓自治政府行政长官之任命，我国政府乃无权过问，而必须延聘以日本人占重要比例数额之外国顾问。此外，我国军队之不许驻扎，抵制日货之在条约内禁止，一一皆与国际条约相矛盾，国际联合会将来如采纳其建议，不特与我国人民之愿望相

反，且将其本身之弱点暴露无余，惟倚赖国联之失策，业经证实，亟宜调遣大批军队出关，协同原在东三省之义勇军，积极与日军抵抗，收复失地，转移各国之视线，世界始有公理之可言。尚望国人鉴大难之将临，痛国亡之无日，剑及履及，一致主张，倘阳唱抵抗，阴图牵制者，是自绝于国人，本会誓与国人共弃之。临电发指，翘盼明教。江西公会常务理事李烈钧、张定璠、孙镜亚、徐苏中、徐元诰叩。箇。

〔国民政府行政院档案〕

19．蒋光鼐、蔡廷锴反对对日妥协通电及吴铁城禁刊该电的密电

（1933年5月25—26日）

（1）蒋光鼐、蔡廷锴通电（5月25日）

南京中央党部、国民政府主席林、行政院院长汪、军事委员会委员长蒋钧鉴：顷自西南执行部巧电至闽，及日来平津告危，报载我方与日敌谋停战情节。群情惶惑，以为对日妥协一说，似非悠久之计，光鼐、廷锴窃以我与暴日不共戴天，妥协苟成无异圈牢待宰，等一死耳。与其呼号宛转于屠戮之下，孰俞于慷慨奋决于浴血之中。盖暴日之敢于入寇中国者，因觑破欧美及欧洲间经济政治的冲突，与利用公共宰制中国反对苏俄的焦点，使吾民族陷于最后挣扎之时代，断非仰人鼻息，空言乞怜可以解救，更断非委曲求全，幸敌不来可以暂免。所以十九路军有一二八奋起淞沪之抗战，并在战中极力主张扩大事态，到处起而抵抗，与及敌攻山海关热河以来，屡以绝交至不辞全国抗战为请者，诚灼然有见及此也。顷者钧座屡以共匪不除，不能谈抗日为诫，然区区□□窃引为深怜者，共何日可剿除？与敌何日停止进攻？假使外被不可止之进攻，内悬不可决之剿除，则国将不国，届时狼狈沉沦之惨状，孰得而知？然犹有可冀者，日欧美及欧洲间的矛盾之近似解

决，可望共同制日也，然而欧美即能制日，亦非脱中国之祸，乃不能独视日之独占耳。匪特此也，见欧美皆惧引起大战之故，当不因欧美之制裁而止其诡谋之进攻，欧美将因日之不止攻，且益谋均利的解决，但其方式之不同者，一方面为独占，一方面为共管耳。嗟夫！半殖民地的中国，早被帝国主义经济的统治，于今已临于政治的宰割或共管矣。□□我全民族争生死存亡于呼吸之间乎？召唤起全民族的意识，集合全民族的力量，领导全民族的革命，共誓死云以抗敌，尚有何道乎？人可杀也，全民族不可杀也，经济可统治，政治可宰割或共管，独民族生存的意志匪惟不被征服，且可令人尊重而得救，观于新土耳其之往事，是其明证。倘我政府，真能鲜明决彻领导全民族，不顾目前生死利害，抵抗暴日到底，则欧美将不难转为我友助也，此光鼐、廷锴等认之至明，思之重彻。自九一八事变，一二八血战至今，未尝一息不本此志图与敌周旋，并为全民族前驱，以思救此系在旦夕呼吸间的国命脉者，当早为钧座所洞察。而屈辱的妥协的圈牢，待宰的妥协，苟安旦夕，势必至于亡国的妥协，又当早日为钧座所深悉，所断不肯为，且不忍出，而西南执行部巧电所说，与此间报章所载，心中怜愤，极不能安，究竟真相若何？伏乞垂示。总之，光鼐廷锴等头可断，敌不屈也。临电无任惶恐待命之至。蒋光鼐、蔡廷锴叩。有。印。

（2）吴铁城致行政院电（5月26日）

南京。汪院长钧鉴：行密。沪各报本晚接到蒋光鼐蔡廷锴通电，反对妥协，力言妥协之害，但未明指中央与日妥协。此电已禁止发表。谨闻。吴铁城叩。寝亥。机。印。

〔国民政府行政院档案〕

（3）各抗日救亡团体的组织活动

1. 上海青年自愿决死抗日救国团报告组织活动情形文电

（1932年1月—1933年4月）

（1）叶斌等致国民党中央党部呈（1932年1月10日）

呈为呈报出发日期暨附组织大纲，内容一览，宣言，执行委员履历表，仰祈鉴核备查事：窃查本团前因东藩告急，爰特纠合同志成立斯团，业经先后函知各机关查照各在案。际此锦榆已失，覆亡益急，本团同志迭聆凶耗，佥愿裹尸马革，效命疆场，业经第二次团员大会议决，定本月十四日出发北上，决死抗敌。惟路途迢遥，天气严寒，将来本团沿途输送，尚须依赖举国赞助，方克有济。谨将困难情形理合备文呈报，仰祈钧部鉴核施行。谨呈

中央党部全体执监委员

计呈送组织大纲、内容一览表、宣言、执行委员履历表各一份

上海青年自愿决死抗日救国团执行委员会常务委员　叶　斌

章少麟

王玉树

中华民国二十一年一月十日

上海青年自愿决死抗日救国团组织大纲

一、宗旨：本团愤暴日之凶横，强占我国土，惨杀我同胞，为特集合各界热血青年，誓以铁血救国之决心，自愿牺牲一切，与暴日奋斗到底，倭奴不退，誓不生还。

二、名称：本团纯系各界爱国青年所组织，绝无党派作用，

定名曰上海青年自愿决死抗日救国团。

三、团员：凡具有相当学识能力，身体健康，能忍耐一切痛苦，与本团宗旨相符合，且能遵守誓约，服从本团纪律及议决案件者，经过入团手续审查合格后，即得为本团团员。

四、入团手续：凡愿为本团团员者，须履行下列手续：(一)当众宣誓；（二）填写登记表；（三）附缴二寸半身照片二张。

五、组织：本团采委员制，以分担责任，内分事务、财务、组织、宣传、训练五部及经济委员会、惩戒委员会。

事务部：内分文书、交际、卫生三股。

财务部：内分会计、庶务、募集三股。

组织部：内分登记、审查、统计三股。

宣传部：内分编辑、通讯、艺术三股。

训练部：内分训育、锻炼、考勤三股。

六、职员：本团设执行委员五人（内轮流推任主席一人，常务二人），团部设秘书一人，各部设主任一人，各股设股长一人及干事若干人，经济委员会设委员五人，惩戒委员会设委员五人。

七、职员产生：为避免繁杂纷乱起见，由团员中公推临时审查委员五人，组织审查各团员之能力、品性，推出执行委员、经济委员、惩戒委员及各部职员。

八、职务：执行委员总理本团一切对内对外事宜，并指挥各部工作，秘书负助理执行委员一切事务。

1．事务部：负本团一切文件收发、对外各项交际及办理本团团员卫生以及其他不属各部事宜。

2．财务部：负本团一切出纳款项、购置什物、募集经费等事宜。

3．组织部：负登记团员、审查团员之技能与品性及统计团员数目、状况等事宜。

4．宣传部：负本团一切宣传工作、编辑刊物、草拟各项宣言、绘制各种图书以及与各方通讯等事宜。

5．训练部：负训育团员之思想行动与品性，锻炼团员之身体，考查团员之工作等事宜。

6．经济委员会：负统筹及处理本团一切经济事宜。

7．惩戒委员会：负执行本团纪律职务。

九、纪律：本团团员决心牺牲一切，共赴国难，应绝对遵守本团纪律及决议案件，以实行铁血救国，详细条列，由惩戒委员会拟定，提交团员大会通过而后执行。

十、会议：本团分团部会议及团员大会两种，团部会议由执行委员、秘书及各部主任、各股股长组织之，每周开会一次，团员大会每月开会一次，但遇必要时，由执行委员随时召集之，其余经济委员会、惩戒委员会会议及各部部务会议，由各委员、各部主任随时召集之。

十一、经费：本团经费除团员自动捐助外，由经济委员会设法向各团体、各热心家募捐及求政府补助。

十二、待遇：本团团员无论担任何项工作，均尽义务职，不支何项生活费、津贴费等，惟在出发途中时，由团部供给最低限度之饮食，如经济充裕时，得再发给御寒衣具，其余除办公费外，不得支领其他费用。

十三、本大纲经团员大会通过后施行，如有不妥之处，得由团部会议随时修改之。

组织大纲表

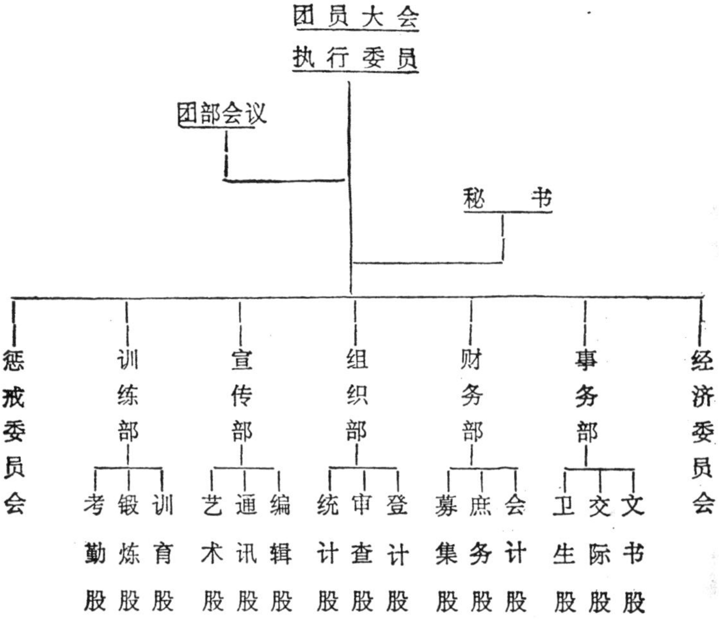

上海青年自愿决死抗日救国团内容一览表

一、思想

爱国！

二、决心

死！

三、态度

不作何派及何私人工具，何人出来抗日，即做何人后盾。

四、步骤

立即以我们的热血与倭奴作殊死战。

五、方法

鼓励国民共赴国难，一致御外。

六、组织

本团采委员制，以分担责任，内分事务、财务、组织、宣传、训练五部及经济委员会、惩戒委员会。〔下缺〕

上海青年自愿决死抗日救国团宣言

慨自九一八国难发生以来，暴日乘我灾荒之余，挟其无止境欲望，侵占我国土，屠杀我同胞，运用其亡韩故智，实行其满蒙政策。我同胞呼号无告，束手待毙，我政府以□重和平，拥护国联。然所谓国联者乃二十世纪初〔下残〕裁判是非，所以数月来，国联自国联，暴日自暴日，却仍旧肆行其强盗手段，侵吞掠□无所不用其极，既占辽黑，复涎平津，我同胞惨死非□难以数计，国家未亡刀□□□腾笑友邦，曷此为甚。顾虽有马将军执戈于前，张军长请缨于后，但大厦将摧，孤木难支。同人等设身民众贴肤痛切，因感国家兴亡，匹夫有责之义，爰特纠合海上同志，组织青年自愿决死抗日救国团，以追随爱国诸先烈之后，誓以鲜血头颅抗日救国，倭奴不退，誓不生还。纯本爱国主张，绝无党派作用，凡属中华国土，民族捍卫，不居何处罹难，何人被攻，抱定无分界域，愿效先锋，宁为战死鬼，不作亡国奴，国家兴亡端赖此举，凡我青年，盍兴乎来。

上海青年自愿决死抗日救国团执行委员履历表

姓名	年龄	籍贯	经历
叶斌	25	江苏	浙江公立工业专门学校毕业
章少麟	26	浙江	上海法政大学毕业
王玉树	26	福建	北平警官学校毕业
周新	22	浙江	浙江第二中学毕业
胡骧	21	江苏	中央军校毕业

（2）上海市政府致国民党中执会等电（1月12日）

南京。中央执行委员会、行政院钧鉴：据上海青年自愿决死抗日救国团函称：该团定于本月十四日晚车北上，并于十三日上午九时在少年宣讲团邀请冯焕章先生临场训示，函请查照等情。据此，除令公安局设法劝阻，并严密防范外，谨此电呈。上海市政府叩。文。印。马香如译。务。

（3）上海市政府致行政院等电（1月15日）

急。南京。中央党部执行委员会、行政院钧鉴：政密。上海青年自愿决死抗日救国团员约六十人，今晚夜车晋京，经派员劝阻无效，除再饬属设法制止外，谨闻。上海市政府叩。寒。印。尹新吾译。务。

二十一、一、十五、

（4）叶斌等致国民党中央党部公函（1月16日）

上海青年自愿决死抗日救国团公函　第97号

迳启者：敝团全体团员五十五人，乘十四日夜快车到京，十五日上午十时整队徒步谒陵，下午三时完毕后，暂假中央大学体育馆为临时办公处。兹因有要事须与各方接洽，并拟集募经费等事，约在京作三、四日之逗留，即转赴前方工作。相应函请贵部转饬所属，对于首都民众予以相当之认识及明确之宣传，方足以鼓励民气而资协助，是所致荷。此致

中央党部

常务委员　叶　斌

章少麟

王玉树

中华民国二十一年一月十六日

（5）上海青年自愿决死抗日救国团致国民党中央党部呈（3月20日）

呈为呈请赐予介绍加入前方军队共赴国难以达誓死杀敌目的而遂救国志愿事：窃自九一八后，东三省暴变，辽吉惨亡，稍有热血之国民，莫不蹙首痛心，裂眦被额。敝团痛神州之日沉，哀华族之失利，尤鉴国家兴亡匹夫有责之义，因有上海青年自愿决死抗日救国团之组织。成立伊始，赴京请愿，当承军政部发给服装、行政院补助经费后，即渡江北上，向张绥靖主任请发枪械，以冀出关杀敌。乃辗转未得要领，而上海又遭惨变，敝团悲愤之余，即由主席黄镇东率领南旋，决意加入前方切实工作，并曾在沿途宣传，唤起民众一致抗日。同人等分属国民，即应尽国民之义务，且敝团既以自愿决死为名义，必达决死为国之目的而后已，故决意加入前方军队，以达杀敌初衷。钧部为全国领导民众及应付国难之最高机关，是以特派代表四人，持呈晋谒，务祈钧部赐予介绍加入前方军队，共赴国难，以达誓死杀敌目的，而遂救国之愿。临呈不胜迫切待命之至。谨呈中央党部钧鉴

上海青年自愿决死抗日救国团谨呈

中华民国二十一年三月二十日

（6）上海青年自决死抗日救国团致行政院呈（1933年4月）

呈为报告抗日经过暨热河失陷之真象，并贡献收复失地管见，祈请鉴核，以备采择事：窃本团自九一八事变后，即成立沪上，颇蒙党政当局及各界名人之赞助，出发时承钧院补助经费洋壹千肆百元，暨军政部补助经费壹千元与服装等项，后由铁道部备车输送北上出关杀敌。甫抵北平，而一二八沪战又起，当即兼程南下，参加十九路军作宣传工作，颇蒙蔡军长之嘉许。及停

战协定告成，本团同志等念东北失地尚未收复，救国之责任未了，并为实践倭奴不退，誓不生还之前言起见，故于去年再度北上，徒步出关，跋涉数千里，行抵开鲁前线，经驻开辽吉黑民众后援会前方办事处分派各军团服务，并留一部份组织前敌宣传队。同志等奋勇工作，不惜牺牲，卒至周健民、庄昆容二同志惨被汉奸击毙。及至本年二月日寇大举犯热，此时在后援会前方办事处服务之同志，奉令暂退赤峰，然因事机迫切，为敌追及，遂至失散，而深陷敌境，至今生死不明者尚有五人，业已分别脱险来平者十一人，途中屡遇敌匪，备尝艰苦，始得脱险。至于其余同志，仍随各义勇军在察哈尔属之多伦宝昌一带继续努力奋斗。但同志等虽历尽艰险，受此重大牺牲，然仍毫不灰心，以再接再厉之精神，誓与倭奴周旋到底，而雪我民族性五分钟热度之讥。此次因本团曾深入前线，对于热河情形略有观察，谨分别报告并贡献收复失地意见，以备钧座采择。

甲、查热河失守原系汤玉麟苛捐杂税，纵兵殃民，并强迫人民种烟，兼之连年天灾流行，盗贼蜂起，人民因生活艰难，与政府隔阂日深。且其官兵多有不动产与家眷等，日人因以利诱，故汤军叛变，蒙匪汉奸为其响导。义勇军虽有数万，但枪械不良，又乏训练，粮秣无着，自然就食民间，人民苦于负担过重，几逃避一空。前孙殿英部开往赤峰，以交通不便，缓不济急，且接济缺乏，致节节失利，不旬日而热河全省失陷，闻者无不痛心。惟东北四省之失陷，实张学良、汤玉麟所造就。今虽平津摇动，察省震恐，果能上下一心，精诚团结，刻日调动大军，誓死杀敌，何患倭寇之不平耳。

乙、收复失地

子、破除成见，精诚团结。我国自改革以来，内争不息，考其原因，多由政见不和，互相攻击。今国是日危，惟有上下开诚布公，精诚团结，抗日到底，一发千钧，岂容再误。

丑、速调劲旅，赴长城各口，以资抵抗。查敌人近来猛攻我长城一线，石门寨、冷口相继而陷，董家口又为敌袭破，而古北口尚极增兵，今长城各口我军所存无几，平津震动，祈速调中央劲旅，驰往增往〔援〕，初步恢复长城各口。查察属多伦为内蒙古之门户，敌必由北道进攻，规其目的占据内外蒙，断绝中俄交通，今已命叛逆刘桂堂、邵炳良部进犯，且其幅原辽阔，调动迟缓，宜早为计，勿再蹈热河前辙。再山西与察省接近，调该省军队增援似觉有益。

寅、整训义勇军。查义勇军多出自草野，缺乏训练，且无给养，自然就食民间，人民均感受负担过重。惟义军多系爱国健儿，若将其改编，调赴后方严加训练，补充械弹，定成劲旅，效命前驱，收复失地，实多赖之。

卯、密派政治人员赴东北诸省作深刻政治宣传。东北各省人民，多数教育幼稚，智识未开，爱国思想尤落人后。即此次作战意义，多茫然不知，且其生活困苦异常，若能密中多予赈济，随事宣传，何患日寇不除，失地不收乎？否则被敌利用历久，实难收复。

辰、密派人员赴赤峰一带，联络该地红白各枪会，使之扰敌后方，形成不安状态。赤峰围场一带，红白枪会会徒不下数万，其组织破〔颇〕为坚固，且富于牺牲性，爱国思想尤不落人后，若派员前往联络，嗣有成效，使之扰敌后方，于军事实有莫大利益。

巳、整理交通，以便运输。交通不便，影响军事实大，中日之战，非一年可以解决，故整理交通当亟亟着手。此项工人招收失业人民，从事工作，一则可免其因生活问题铤而走险，妨害治安之患；二则可获运输之便利。修道步骤先将能通行之大车道稍加修理，即可通行汽车，再山多之地开修大车道运输，较用毛驴驼载，实为便利。

午、严肃军纪，以维民心。查历年作战当其爆发时，素称军纪优良者颇多废弛，况关外各军，平时军纪既不注意，战时自然不堪设想，若不严肃军纪，将何以安民心而收失地乎？

未、唤醒察省民众，为目前急务。察省乃汉蒙杂居之地，热河既陷，其心理已十分摇动。平时多渴望帝制，今日复惑敌重金，故汉奸蒙人多乐为敌用。考其原因，实由知识缺乏，不知种族存亡所关至大，若能派员前往，广事宣传，以提高其种族与国家观念，更说明军民合作之重大意义，自不为敌利用矣。

申、须侧重抗日，以慰民望。日军既占东北，复陷热河，近更突破长城，规其目的，非灭尽我种族，占尽我土地不止，其残暴野心无有复加者。当兹全国人民盼望政府侧重抗日之心已达极度，相即吁请急调大军驰往增援，庶几华北可保，国土赖以不堕。

酉、迅速构筑防御工事。热河之迅速失陷原因复杂，考其重大原因，确系事前未筑防御工事。故敌人进犯，毫无抵抗，今前方重要地点，多无工事之设备，不知究何居心。倘敌再犯，复将何以御敌，而保安全乎？须即命令前线各军，赶筑防御工事，以资抵御。兹谨将以上实地考察所得各点及管见，竭诚贡献，以资参考，而便采择，实为公便。谨呈

行政院院长汪

上海青年自愿决死抗日救国团主席黄镇东　呈

中华民国二十二年四月

〔国民政府行政院档案〕

2. 国民党中央训练部罗芳等呈调查青年自动赴东北援马抗日团在宁活动情况的报告

（1932年2月22日）

职等昨奉派调查并招待青年自动赴东北援马抗日团，遵于当

日上午十一时由部出发，迳往金陵大学访晤该团负责人，适该团正在招待首都新闻记者，仅得与该团宣传科主任缪向辰及通讯组组长储安平等略为探询。午后始晤及该团团长张少杰及副团长宋一痕等，但以当时人多，并值该团预备招待各界代表，致未能作精密之长谈。旋约于下午四时再行长谈。兹将调查所得关于该团之内容及其行动，列陈于下：

一、住址——现寓金陵大学体育馆内。

二、人数——二百八十余人，学生居多数。

三、组织——“青年自动赴东北援马抗日团组织大纲草案”组织颇为严密。

四、服装——有西装、有长袍、有学生服、有军服，极不整一。

五、经费——由私人或团体自动捐助。

六、立场——中华整个民族。

七、态度——据该团负责人谈，可以分为以下几点：

1．反对内战；

2．反对共产党；

3．反对国家主义派；

4．反对各派系互争权利；

5．不作任何个人或派系之工具；

6．何人出兵抗日即作何人先锋。

八、目的——赴东北援助马占山将军。

九、宣传及其方法——

1．宣传民族斗争思想；

2．宣传青年不作任何派及任何私人之工具，自动为民族流血而生存；

3．鼓励国人参加民族斗争，消弭内战，一致御外；

4．督促当局消弭内争，一致抗外。

十、目前在京行动——该团在京约尚有一周左右之逗留，其工作为：（一）扩大宣传，但不举行街头讲演；（二）征求团员，欢迎个人参加，或性质权同而名称不同之各种援马抗日团体参加；（三）筹募经费，但避免公开募捐形式。

十一、离京后之预定行动——该团拟于在京工作完竣后，即沿津浦路北上，途中并于蚌埠、徐州、济南、德州、天津等处作广大之宣传，其工作内容与在南京一样。抵北平后再视东北情形如何，或设法单独赴黑，或随政府援马军队同往。

十二、对中央的请求——该团经济困难，衣服伙食等费极度缺乏，拟请中央暗中资助，并避免公开之形式，此事究应如何办理，敬祈核夺。谨呈

主任王转呈

秘书杨

部长方
苗

附青年自动赴东北援马抗日团宣言一份

青年自动赴东北援马抗日团告全国同胞书一份

青年自动赴东北援马抗日团组织大纲一份

职罗芳岂
周著奇谨呈

青年自动赴东北援马抗日团宣言

同志们，同胞们！

血钟响了，强盗已经闯进了我们的堂前，敌人的刀子已经搁在我们的颈上，我们还能睡着做梦么？还能坐视不理么？醒醒吧，起来！赶快起来！冲上前去！！！

自九一八国难发生以来，残暴的日本，挟其无止境的欲望，侵占我土地，毁坏我文明，屠杀我同胞，扰乱我内地，到现在已

经两个多月了，在暴日是继续有计划的侵略，在我国是毫无抵抗，束手待毙。所谓国联是以滑稽的言论，游移的态度，扶强抑弱的宗旨，来敷衍延搁，欺骗我们。我们还不觉悟么？还能靠外交来解决，靠国际公理来维持么？醒醒吧，不要老是做梦呵！

我们要想保全国家，要想维持公理，只有起来，赶快起来，誓死抗日。看呵！马占山将军不是以一师一旅之众捍卫疆场，屡挫敌兵么？虽然马将军孤军苦战，暴日以全力进攻，卒至黑垣失陷，然而在他忠勇奋斗，已足使敌人胆寒，为民族争光荣不少。坐视东北同胞及忠勇的马将军陷于绝地么？

现在暴日是更无忌惮地侵略起来了，他以全力扑击马将军，他企图攻入关内，他继续扰乱天津，他认东三省是应该归他管辖，他还想煽动各帝国主义者来共管。我们如果再容忍镇静下去，只有把整个的国家拱手送给他们好了。

我们看到了这些，我们不禁热血沸腾，不禁眦裂发指，我们决不忍国家沦亡，我们决不能束手待毙。所以纠合同志，组织自动赴东北援马抗日团，拿我们的才力，去帮助马将军驰驱；拿我们的热血，去与倭奴拼死活。我们绝无何项政治背景，决不做何派何系的工具。政府如果有抗日决心和行动，我们誓做先锋，如果还是镇静忍耐，我们决意自动前去，我们决心流血塞外，曝骨沙场。

同志们！同胞们！是时候了，是为国捐躯，毁家纾难的时候了。覆巢之下无完卵，我们能想像亡国的耻辱与痛苦么？我们与其坐以待毙，何如起而自救。我们不要怕死，死是终有一天要临到的。我们应该为有意义的死，有价值的死。我们应该牺牲个人的生命，去求得国家的独立，民族的生存。

我们不多说白话了，我们只有去干！干！！干！！！我们只有去杀！杀！！杀！！！我们只有去死！死！！死！！！同志们！同胞们！愿意的来吧！来共同干去！杀去！留着看吧！看我们干去！杀去！死去！倭奴不去，誓不生还！希望大家继续我们血路，杀上前去！！！

青年自动赴东北援马抗日团告全国同胞书

全国亲爱的同胞们！

自从暴日占我辽吉，东北已沦于亡国奴之籍，在暴日铁蹄下吟呻痛苦，惨不忍闻！我马占山将军忠勇侠烈，孤军独抗，虽然被迫退却，黑垣失陷，然我中华民族之精神，已显耀于世界，历史上已增无限之光荣。现马将军节节被迫，已有弹尽援绝之危，而暴日之凶焰益更见其枭张，天津之被炮轰，福州厦门之被威吓。所谓维持公理正义之国联，亦以威信全失，本身已感不能生存之趋势，而各帝国主义者，正钩心斗角，各为自身之利益彼此猜忌，互相牵制。所谓公理，不过欺骗弱小民族而已，吾人若再执迷，仍赖国际解决，无异饮鸩止渴，自绝自毙。在此紧急关头，而我各方当局，尚奋勇私斗，坐视东北沦亡，将整个中华民族之生命，付托国际强盗之国联，听其宰割，宁不痛心。敝团同人痛亡国之无日，慕马将军之忠烈，闻我东北同胞惨痛之呼声，睹国内争权夺利之怪象，不禁热血沸腾，悲愤填膺；觉生命之无价值，愿流血以醒国人。故特团结热血同志，自动前赴东北，以壮声援，明知力微，聊尽天职，虽然路远天寒，亦决冒险前进，即使中途牺牲，灵魂亦去东北。我等对于内政，不愿多所批评。连年天灾人祸，相继纷乘，同胞痛苦，不堪言状，凡此种种，痛定思痛，欲哭无泪！现在共党气焰日炽，俟机暴动。而国家主义派又蠢蠢兴起，行见大混乱之局面，旋踵而至，全国同胞必沦于万劫不复之地。故我等之决心，纯系流血以警国人；我等思想全系民族独立运动，我等态度，决不参加内战，不做任何私人工具，如果能到东北，即达我们志愿，苟不获已，则何人出师抗日，吾人即做何人前锋，设关内军人尽皆木偶，则我等惟有组织小队，以血肉与倭奴相搏。苟我全国同胞，大家觉悟，明瞭覆巢之下无完卵，则应急起以图存，若觉悟内争之无价值，当立即捐弃私见，一致御外，庶中华民族不致沦于亡国之惨遇。现我等出发北上，决蹈上先烈之血迹，奋勇前进，倭奴不退，誓不生还，希望各界同胞一致自动起来，精诚团结，消弭内斗，与暴日作殊死战，与其偷生苟活，不若战死沙场；与其参加内战，作私人之工具，曷若流血塞外，为民族求生存。各界同胞，现在时候已到，前进，前进。将我们的热血一总流到东北去，以解我东北同胞于倒悬，救我中华民族于垂危。须知青年之血，即是民族之花。前进！前进。不到东北心不甘，誓逐倭奴裹尸还。同胞们，踏着我们的血迹！前进！前进！

青年自动赴东北援马抗日团组织大纲草案

1．宗旨　本团愤暴日之横蛮，强占我国土，残杀我同胞，特约集热血青年，自动组织，誓以铁血救国，决心牺牲一切，与暴日奋斗到底，倭奴不退，誓不生还。

2．名称　本团不受何派何系所指使，纯系青年之爱国热忱，自动组织，即日前赴东北，以援助马将军抗日，故定名为"青年自动赴东北援马抗日团"。

3．团员　凡具有相当能力，身体健康，能忍耐一切痛苦，与本团宗旨相符合之青年，且能遵守誓约，服从团体纪律决议案者，无论男女，经过入团手续后即为本团团员。

4．入团手续　凡愿为本团团员者，须履行下列手续：（一）刺血证盟以表决心，（二）当众宣誓，（三）填登记表。

5．组织　本团采团长制，以专责任，内分总务、宣传、组织、训练四股及政治、军事、救护、工程、后方、勤务五队，并设经济委员会，惩戒委员会。

总务股内分文书、会计、庶务、交际、卫生五组；

宣传股内分编辑、通信、艺术三组；

组织股内分登记、审查、统计三组；

训练股内分训育、锻炼、考勤三组；

各队则视其工作性质再分为若干分队。

6．职员　本团设团长一人，副团长二人，各股设主任人，各组设组长一人，及干事若干人；各队设队长一人，各分队设分队长一人；经济委员会设委员七人，惩戒委员会设委员五人。

7．职员产生　为避免繁难纷乱起见，由团员公推审查委员七人，组织审查各团员之能力品性，推出团长一人，及其他之各部职员，介绍团员大会，由大会公决之。

8．职务　团长负办理本团对内对外一切事宜，指挥各股各队工作，并任干部会议、经济委员会、惩戒委员会议及团员大会主席；副团长助理团长一切工作。

（1）总务股负本团一切文件出纳款项购置什物及办理本团团员卫生事宜。

（2）宣传股负本团一切宣传工作，编辑宣传刊物，草拟各项宣言，绘制各种图画，以及与各方通信等事。

（3）组织股负登记团员，审查团员之技能与品性，及统计团员数目与状况。

（4）训练股负训育团员之思想行动与品性，锻炼团员之身体，考查团员工作。

（5）政治工作队暂分三分队：第一分队集合有文字及艺术等之宣传者，第二分队集合有组织与训练民众之能力者，第三分队集合□□□律及其他政治学识者。

（6）军事工作暂分三分队：第一分队集合具有军事教育或有军事经验能担任军官者，第二分队集合愿意冲锋陷阵，决心当兵者，第三分队集合有其他军事技术者。

（7）救护工作队暂分三分队：第一分队集合有医药之学识

及经验者，第二、第三分队集合有看护学识及经验或志愿任看护者。

（8）工程工作队暂分四分队：第一分队集合有电信学识及经验者，第二分队集合有修理军械及制造火药之学识与经验者，第三分队集合有修理铁路桥梁之学识及经验者，第四分队集合有测绘及其他军事工程学识及经验者。

（9）后方勤务工作暂分三队：第一分队集合有经理粮秣经验者，第二分队集合有保管辎重经验者，第三分队集合有其他后方勤务之能力者。

（10）经济委员会负统筹及处理本团一切经济事宜。

（11）惩戒委员会负执行本团纪律职务。

9．纪律　本团团员决心牺牲一切，共赴国难，应绝对遵守团体纪律及决议案，以企铁血救国之实现，详细条例由干部会议拟定，团员大会通过，而后执行。

10．会议　本团分干部会议及团员大会两种。干部会议由团长、副团长及各股主任、各组组长组织之，干部会议每周开会一次，团员大会每月开会一次，但遇必要时由团长随时招集，其余经济委员会、惩戒委员会议、各股股务会议及各队队务会议，由各股队随时招集。

11．经费　本团经费除团员自动乐助外，由经济委员会设法向各热心家募捐及求政府补助。

12．待遇　本团员无论担任何项职务，均尽义务，不支何项生活费津贴等费，惟在出发途中，由团内设法供给最底限度之饮食，如经济充裕，得再发给御寒衣具，其余除办公用费外，团员亦不得支领车费，如紧急公务万不得已，必须车费时，得由干部会议之认可，否则已领者亦须归还。

13．本大纲经团员大会通过施行，如有不妥善之处，得由干部会议随时修改增减之。

附组织大纲表〔略〕

〔国民党中央党部档案〕

3. 河南省政府抄报《驱日前线敢死队告民众书》致行政院代电

（1932年2月）

南京行政院钧鉴：密。顷接邮寄驱日前线敢死队告民众书一纸，内容荒谬，对于政府任意诋毁，显系反动派藉驱日为名，别有图谋，若不予以取缔，深恐影响所及，淆乱听闻。除令饬所属一体严密取缔外，理合抄同原书，呈请钧院鉴核，俯赐通令各省市政府禁止该队活动，以免为反动派所欺，实为公便。河南省政府叩。铣。印。计抄原书一件。

中华民国二十一年二月

驱日前线敢死队告民众书

现在，东三省整整亡于统治阶级与日本帝国主义妥协之下了，继续而来的是黄河以北——不，是全部的中国，都将被他们——统治阶级所迫卖！亲爱的我们的大众们哟，用我们血和汗养来的大兵，在前线是始终坚持了无抵抗，用我们真切的呼吁与奔号却换得来阔宦大人们的不流一瞬。我们真痛心呵，帝国主义则掳掠奸杀，军阀官僚们又贪残暴戾！

亲爱的大众们哟，请清楚记住这个事实：

一、国联是个假面具的强盗机关，而一个国家——不，帝国主义，对中国都只是在想择肥而噬。

二、政府现在已经离开了民众，而且事实证明将永远的不抵抗与妥协。

好了，这两点可以使我们深切的认清楚，中国真的让他亡去吗？不，我们要不断的干哟！

与帝国主义肉搏去了！

推翻帝国主义的走狗统治阶级！

干哟！！

把头颅掷向帝国主义的营垒去！！

把鲜血浇在帝国主义的走狗统治阶级底身上！！

一月三十日

〔国民政府行政院档案〕

4. 袁鹤、罗诚等为组织中国国民抗日救国军致国民党中央党部呈

（1932年2月）

呈为组织抗日救国军干部委员会，以便联络，汇陈简章条例，恳予备案，并恳派员监督，以利进行事：窃倭奴逞兵，东北沦陷，凡有血气，无不痛心。鹤等投身革命，迭领师干，见强敌恶过虎狼，党国危若垒卵，用特牺牲一切，相约各省同志，组织抗日救国军，与倭奴拼命，分途进行，期各有成。或则筹款购枪，毁家纾难，或则统率旧部，效力疆场，或则联络民团，积极训练，或则苦劝绿林，救国杀敌。惨淡经营，微见功效。惟无统一机关，形成散沙，后援不继，溃败可卜，影响前途，殊堪忧惧。迭经各省民军代表议决，组织中国国民抗日救国军干部委员会，俾能团结一致，杀敌有方，既可为民众之前锋，又可为政府之后盾，事半功倍，机不可失。乃于前月二日推选姚公路、杨震春、谢清河、熊飞、罗诚等五人为筹备委员，觅定本埠南门钓鱼台七五号内进为会址，从事月余，幸渐就绪，于本月一日复开各省民军代表大会，遵章推选袁鹤、谢清河、熊飞等九人为属会执行委员，同日宣布属会成立。理合缮就属会组织条例及抗日救国军简章各一份，并刻木质关防一颗，文曰“中国国民抗日救国军干部委员会”关防，连文汇呈钧会备案。并恳迅派大员一人为属会监

察委员，以便进行无阻，党国前途实利赖之。谨呈
中央党部执行委员会

计附中国国民抗日救国军简章、干部委员会组织条例、告全国同胞书各一份

中国国民抗日救国军干部委员会常务委员　袁　鹤　印
罗　诚　印
谢清河　印
委员　何家春　印　杨震春　印
郑明公　印　穆翼南　印
姚公路　代　熊　飞　押

中华民国二十一年二月　日

中国国民抗日救国军干部委员会组织条例

1．本会为本军直接统率机关，专以指挥联络训练本军各部，俾能达到抗日救国之目的。

2．本会设监察委员会及执行委员会，其详另订之。

3．本会设监察委员五人，由下列人员担任。

A．请中央党部国民政府、行政院、军政部各派大员一人；

B．由本军各部领袖互推一人。

4．本会设执行委员九人，由本军各领袖或其代表互选，其详另订之。

5．本会设名誉委员长三人，名誉委员九人，由本会敦聘党国领袖、热心抗日救国者担任之。

6．本会设赞助委员若干人，请党政军农工商学妇女华侨抗日等团体各推强有力者一人。

7．本会设顾问若干人，由本会敦聘有专长者充之。

8．执监委员分负本会行政监督之责，名誉委员负指导并援助本会之责。

9. 本会于必要时得设补助机关，或驻某地办事处。

10. 本会设常委三人，轮流主席并执行议决案。

11. 本会秘书处推一常委兼秘书长，常川驻会办公，其下分总务、军事、文书、宣传、交际五股，其详另订之。

12. 所有关于本会重大事宜，由全委三分之二出席，过半数之同意，并经主席用相当手续即发生效力。

13. 本会每月开执监联席会议一次，每二周开执委会一次，如有紧急事故，得由常委临时召集之。

14. 本条例经过半数委员之同意，即发生效力，并向党政军机关备案，但有未尽善处，可依法修改之。

抗日救国歌（仿岳武穆满江红词调） 谢清河草

甲午耻，犹未雪，东三省，又被灭。驾飞机踏破，三岛欲缺。壮士执戈卫社稷，笑谈渴饮倭奴血，待从头，恢复旧山河，方才歇。

中国国民抗日救国军简章

1. 本军定名为中国国民抗日救国军。

2. 本军专以抗日救国为宗旨。

3. 本军设干部委员会为统率机关，其组织条例另订之。

4. 本军官兵须具不怕死、不贪财、誓死救国救民之志愿。

5. 凡各省县团兵及一切民军或个人与本军宗旨志愿相同、能赴前线作战者，皆可加入本军，如有奇材异能之士并助饷械者尤当借重。

6. 凡本军饷械均由各省县民军领袖负责尽力筹措，或以原械发给其不足之处得请政府补助。至其符号旗帜，则由本军干部委员会设法发给，在可能范围酌发服装及慰劳金。

7. 凡各省县团兵民军既经编入本军，即当受干部委员会之指挥训练，其详另订之。

8. 本军设正副总指挥各一人，负指挥全责，由干部委员会执监委员联席会议票选，呈报军政部备案。至其部队编制另订之。

9．本军注重军事科学训练（例如防御战车飞机毒气等），请军政部训练总监部派员负责，并注重生产公益事业（例如制造耕种修路架桥等），请实业部、交通部派员负责，其详另订之。

10．本军所需款项由下列方法筹集之：

A请党政军最高机关酌给津贴，B请各团体分别担任，C由干委会募捐，D由本军各领袖分别设法筹款。

11．本军官兵有功者偿，有过者罚，战死者酌给恤金，其奖惩条例及抚恤金条例另订之。

12．本简章经过半数委员之同意，向党政军最高机关备案即发生效力，但可依法修改之。

告全国同胞书

同胞钧鉴：暴日乘我天灾人祸，逞其强盗手段，侵占我三省，屠杀我同胞，洗劫我财产，近又袭锦榆，侵热绥，扰闽沪，其凶焰所至，市闾为墟。呜呼！我黄帝四千年文明演进之华胄，我总理四十年艰难缔造之民国，将被倭奴铁骑蹂躏灭绝而无遗。同人义愤填膺，欲哭无泪，乃各尽其所能，共图救国，或则捐款借枪，毁家纾难，或则统率旧部，效力疆场，或则苦劝绿林，救国杀敌，或则联络民团，积极训练。现正联络健儿，各省十二万余，分布东北及苏皖直鲁湘鄂等省，在前线者不下万人，此皆各省志士之集团，誓与倭奴不两立者也。惟无统一机关，形成散沙，后援不继，溃败不可卜，影响前途，殊堪忧惧。为统一指挥计，为援助东北义军及十九路军计，迭经各省民军代表议决，组织中国国民抗日救国军干部委员会，并推同人为委员。同人质本庸愚，何敢当此，但事属救国，故不辞牺牲，谨随我东北义军及十九路军之后，站在民众之前，誓以热血为汤，洗尽倭奴腥秽，白骨为帚，扫尽中华耻辱。惟望爱国志士，投笔从戎；绿林毫杰，改邪归正。祖鞭早着，共起杀敌。同人必当视同弟昆，分别借重。又望各界同胞予以精神上之指导及物质上之援助，威激高谊，岂徒敝军，更望朝野名流，党国领袖，共凛阋墙之训，各抱颇蔺之谦，合衷救国，同心御侮，同人纵因抗敌而死，亦含笑于九泉。凡我袍泽，当爱民众如兄弟，护地方如家庭，视国军如手足，只求援助，不犯秋毫，倘有不肖份子破坏纪律者，必执法以徇。语云：皮之不存，毛将安傅。又云：毒蛇在手，壮士断腕，与其不战而为亡国奴，曷若战死为雄鬼。兵法云：置之死地而后生。又云：兵克在和不在众，我同胞果能万众一心，誓死杀敌，何敌不摧，以主攻客，以逸待劳，我众彼寡，我直彼曲，兵家胜算，已操在我，马、蔡奋勇先例可援。况倭国内困于经济，外危于强邻，其败必矣，尚复何疑。凡我同胞，速起速起，夷彼三岛，还我河山。谨此电闻，统希谅察。中国国民抗日救国军干部委员会常务委员罗诚、熊飞、谢清河等叩。

〔国民党中央民众运动指导委员会档案〕

5. 上海学生组织援助东北义勇军反对李顿调查团报告书联合会聘蔡元培为名誉委员函

（1932年）

迳启者：慨自九一八事变之后，瞬经一年，半壁河山，早陷敌手，黄浦江畔又遭空前之浩劫，顾我政府于兹只作空言之“长期抵抗”，从未有实际之对策。今者国联调查团报告书业已公告世界，直不啻一缓和帝国主义者内部之纷争，作瓜分中国之宣言书。然我政府对此除作大体同意外，竟不惜以全中国民众置于屠宰之手。夫中国为中国民众之中国，岂可以少数弄权者所左右，以待其沦亡耶！我东北数千万义勇军，为中华民族解放，正与敌人肉搏于冰天冻地之域，我后方民众，岂可坐视不救手？爰有上海学生援助东北义勇军反对李顿调查团报告书联合会筹备会之组织，夙谂先生爱国热忱素不后人，业经本会议决，聘请先生为本会名誉委员，定于本（某某日）举行扩大筹备会，届时希拨冗驾临是荷。此致

蔡元培先生

上海学生援助东北义勇军反对李顿
调查团报告书联合会筹备委员会启

〔蔡元培档案〕

6. 中国青年反日救国步行全国乡村宣传队为扩大宣传抗日救国呈

（1933年2月21日）

中国青年反日救国团步行全国乡村宣传队于本京南京五卅中学校

为呈请酌予津贴，以便扩大组织，而广宣传事：窃敝队自去岁参加淞沪战役后，目睹日寇横行，国势堪危，诚恐安南，朝鲜之惨祸继演于吾国；欲挽危亡，非深农村，唤醒民众，一致团结，作中央长期抗日之后盾，不足以挽狂澜而保国威。遂组织步行全国乡村宣传队，于二月二十二日由上海真茹出发，沿京沪路线两旁乡村宣传，历四十余日，行抵首都，即将经过详情呈明中央。当于四月九日案奉中央民运会第四五号批令内开：呈悉。仰仍努力工作为要等因。奉此。复于是月十二日由首都出发，经江苏之江宁，安徽之当涂、芜湖、繁昌、无为、桐城、贵池、怀宁、东流、秋浦、望江等县，江西之彭泽、湖口、九江、永修、德安、新建、南昌等县，湖北之广济、蕲春、大冶、武昌、咸宁等县，湖南之岳阳、湘阴、长沙、湘潭、醴陵、衡山、衡阳、益阳、沅江、南县、安乡、澧县、汉寿、常德、桃源、宁乡、湘乡等县；于城市宣传，则由县党部召集民众团体扩大宣传，有由县召集各公法团及民众团体扩大纪念周者，或由县党部通知学校与民众团体，再派员分途前往讲演者，于乡村工作则由党部及区团学校召

集民众宣传者有之，自动集合民众宣传者有之，并向听众散发传单及利用墙壁涂写标语，并张挂布制标语和画报等。各地民众经同人将日寇数十年来侵略我国之历史及淞沪之暴行宣传后，无不惊心裂脑，擦掌磨拳，大有奋慨激昂，同仇敌忾，不共戴天之势，愿为政府后盾，收回失地，打日本帝国强权，虽毁家纾难，捐躯疆场，皆所乐为矣。同人等本拟继入黔滇工作，兹因榆关失守，平津危急，热河吃紧，大战一触即发之际，中央正准备武力抵抗之时，窃国际巨战如不幸一旦爆发，专赖军士力量恐胜券难操，非唤醒全国同胞一致团结，作中央后盾不为功。同人有见及此，爰于本月十日由湘驰回首都，除请示方针外，并拟恳请扩大组织而广宣传。今出发在迩，一切宣传品项概需增刷，为此，呈请钧院，酌予津贴宣传品及旅行等费，俾利工作进行，则党国幸甚！抗日前途幸甚！谨呈

国民政府行政院

中国青年反日救国团步行全国乡村宣传队主任罗春林　谨呈

中华民国廿二年二月廿一日

〔国民政府行政院档案〕

7. 张伯苓熊希龄等发起成立东北热河后援会并号召捐款支援前方电

（1933年2月28日）

南京。中央党部、各部院会、各省市党部、各市政府，北平、天津、济南、徐州、蚌埠、南京、苏州、上海、保定、郑州、开封、汉口、武昌、长沙、南宁、广东、太原、西安、兰州、成都、云南、贵阳、安庆、芜湖、南昌、九江、福州、杭州、张家口、归化、包头镇各商会、银行公会、教育会、报界公会转各团体、各界同胞公鉴：同人等因国难日亟，于巧日在北平成立东北热河后援协会，以期集中民众抗日力量，为前方战士作后盾，曾

于巧日经通电奉达在案。惟关于援助各事，顾名思义，在在非款莫办，而兹事体大，实非一手一足之劳所能奏功。现热边军事情势万分紧张，供应急如星火，尚望一致兴起，慷慨助捐。当此一发千钧之际，正我国人输财纾难之时，迫切陈词，伫候鸿施。捐款请交各地中央、中国、交通、金城、大陆、上海各银行转汇，并以附陈。东北热河后援协会常务理事朱庆澜、周作民、张伯苓、朱启钤、熊希龄、蒋梦麟、周诒春、胡适、王廖奉献同叩。俭。印。

〔国民政府行政院档案〕

8. 国民党上海特别市党部等关于各大学学生联合会组建情况公函及报告

（1933年3—4月）

（1）国民党上海市执委会致中央民运会公函（3月16日）

中国国民党上海特别市执行委员会　公函第915号

迳复者：案准贵会公函第三〇六九号内开：为报载上海大夏大学学生发起组织上海各大学学生联合会，其活动情况如何，并曾否呈请指导，希查照见复等由。准此，当经本会派员调查去后。兹据复称：查自三月一日申报登载上项消息后，职即驰赴大夏大学探访该校学生会负责人，据称学生为民众之基础，爱国家爱民族人同此心。值兹存亡一发之秋，吾辈居后方之学生，不能不负唤起民众之责任，促一致团结，共御外侮，经本会昨日干事会议议决发起组织上海各大学学生联合会。惟发起步骤先函询各校，征求意见，拟俟各校学生会本身健全后再行会商筹备等语。查该会发起之动机，既显然为纯洁学生自动之意志，则为扶植民众运动计，职当时未便加以劝阻，事后复查得光华、交大、复旦、持志等校学生确在筹划如何健全各自本会组织，虽稍有端倪，但未见若何举动等语。报告前来。准函前由，相应备函奉复，

即希查照为荷。此致

中央执行委员会民众运动指导委员会

吴醒亚
常务委员　潘公展
童行白

中华民国二十二年三月十六日

（2）调查员姜豪致国民党中央民众运动指导委员会呈
（4月3日）

呈为呈报事：案奉钧会第三二八八号训令，内开：仰将上海各大学学生联合会之性质内容查明具报等情。查上海学生团体，在民国十八年前，各大中学均有学生会之组织，纵的方面，则有上海学生联合会之组织，参加者为全市各大中学之学生会，及十八年后，民众团体法规修改，各大中学学生会一律改为学生自治会，上海学生联合会亦由上海市党部改组为学整会，其后学生内部发生纠纷，该学整会亦即趋于消灭，迨九一八东北事变，上海各大学俱有学生抗日联合会之组织，继之而有上海各大学学生抗日救国联合会之产生，惟自去年暑期迄今，该会已无形停顿将近一年矣。最近所见之上海各大学学生联合会筹备委员会则系新产生之团体，与以前"各大学学生抗日救国会"并无关系，现参加该会者系为各大学之学生自治会，其名义虽为大学联合会，似若普通性质之团体，其意义为注重于抗日救国工作，此次发起者为大夏、东吴、光华、及复旦等数校，始于三月中旬，而于三月三十日下午则曾举行各大学学生会代表会议，到有东吴、大夏、光华等十六校之代表三十余人，议决先行成立上海各大学学生联合会筹备委员会，并当场选举大夏、交大、东吴等十一校为筹备委员，负责进行一切筹备事宜（详情见附呈三月三十一日之新闻报消息）。自该筹委会委员产生后，该筹委会已于四月一日成立，议定详细进行办法（详情见附呈四月二日新闻报之消息）。现在积极进行，不久即将正式成立上海各大学学生联合会。查上海各大学学生内，份子本最复杂，各党派活动份子均有潜伏其中，学生团体之行动，每易越轨，惟此项发起学联会之份子，尚属纯洁，且其中并有上海市党部之同志参加指导，故该会日后行动，或不致越轨也。但其名义及办法是否妥当，似应由钧会确定方针，速予指导，免生意外。是否有当，谨呈审核。此呈

中央民众运动指导委员会

职姜豪谨呈

四月三日

附呈新闻二则

各大学生成立大学联筹委会

（新闻报三月三十一日）

上海各大学学生鉴于最近国难严重、大学生缺乏团结、致不能齐一步骤，作抗日运动，故前曾由复旦、光华等校代表一度召集各校举行谈话会，当经决定成立筹委会，昨日下午二时该会特在天后宫召开各校代表大会，计到东吴法科、新中国学院、国立上海商学院、持志、文化、兽医专科、复旦、江南、大夏、中法工专、美专、光华、正风文学院、中法乐科、新华艺专、大同等校学生会代表三十多余人，市党部特派民运科曹沛滋出席指导，公推大夏代表刘修如主席，复旦代表崔思治记录，开会如仪，首由主席报告后，即开始讨论：①先组筹备委员会，推选十一校为筹备委员，②筹备委员会分配职务如下：常务三校、组织二校、交际二校、调查二校、宣传二校，③发表筹委会成立宣言，④经费暂定每校担任五元，不足由筹委会暂垫，⑤选举筹委结果，当选者为东吴、交大、大夏、大同、文化。

大学联昨开筹备会议

（新闻报四月二日）

上海各大学学生联合会筹备委员会，昨假天后宫举行第一次会议，讨论推行会务计划，下午二时开会，公推大夏张汝砺主席，东吴薛光前记录，决议各案如下：①本会为便利工作应增设秘书一校案，议决通过；②分配筹备会职务案，议决推大夏、复旦、交大为常务，江南、光华为组织，东吴、文化为交际，新华、大同为宣传，中法工学院、持志为调查；③推定本会宣言案，议决推东吴兼任；④起草本会宣言案，议决推秘书起草；⑤起草大学联组织章程案，议决推东吴、复旦、大夏、光华、交大等五校起草；⑥如何促进大学联组织案，议决由调查组织两部积极进行工作，各将工作经过情形报告下次会议再行讨论；⑦确定本会会址案，议决以地点适中及在华界为原则，交常务委员会同交际办理，在正式会址未确定以前，暂以东吴为本会临时通信。

（3）调查员姜豪致国民党中央民众运动指导委员会呈

（4月10日）

呈为呈报事：案查上海各大学学生联合会筹备经过情形及其组织内容，前已呈报钧会在案。最近该会筹备委员会于本月九日下午二时曾在南市少年宣讲团举行第二次筹备会议，到有东吴、大夏、复旦等十一校代表王其培、刘修如、崔思治等二十余人，当即议决定于本月十六日下午二时在少年宣讲团召集各校代表大会正式成立大学联，于十五日下午则再举行筹备会议一次，现届期已近，因特呈报，以便钧会于期前决定处理本案办法，或可届时派员指导该会一切活动也。专此。谨呈

中央民众运动指导委员会

职姜豪呈廿二年四月十日晚

（4）国民党上海市执委会致中央民众运动指导委员会呈
（4月15日）

中国国民党上海特别市执行委员会　公函执字第1069号

迳复者：案准贵会公函第三一八九号内开：前准贵会公函第九一五号内开：大夏大学学生所发起组织之上海各大学学生联合会尚在酝酿，而未成立，兹据本月二十六日申报载已举行谈话会，并定期召开发起人会议，产生筹备会等情。是该项组织已由酝酿而渐成事实，第定名为上海各大学学生联合会，显然与以前之上海各大学学生抗日救国联合会之性质大有出入，究其性质是否以抗日救国为宗旨，抑与民国十七年以前普通所称之学生联合会相类似，此中真相，本会亟待明瞭，为此函达贵会，希即详查见复为荷。等由。准经本会派员调查间，又据本市各大学学生联合会筹备委员会呈称：窃暴日肆虐，愈演愈烈，民族存亡，间不容发，救国之道，固重于本位努力，各尽其责，惟丁兹国脉绝续千钧一发之会，非尽人于自身职责之外分一部份时间于御侮救国之工作，实不足以济此严重之时机。惟御侮贵有组织，救国端赖团结，沪上各大学学生会有鉴于此，爰发起筹备上海各大学学生联合会，所以整齐步伐，集中力量于三民主义共同信仰之下，从事挽救危亡之运动，经于三月二十五日下午二时，假爱羡虞限路上海市教育会会所举行各大学学生会代表谈话会，决定于三月三十日下午二时假天后宫召集发起人会议，当即推选复旦、大夏、交大、光华、东吴、持志、江南、文化、新华、艺专、大同、中法工学院等十一校为筹备委员，组织筹备委员会，负责筹备期间一切工作进行，业定于四月十六日下午二时假少年宣讲团举行成立大会，并祈届时派员莅会指导。所有筹备上海各大学学生联合会经过情形，理合备文呈报，仰祈鉴核转呈中央备案，是为公便等情到会。据查该学联合组织宗旨，确以抗日救国为任务，为避免日人注意起见，故命名为学生联合会，各校组织份子亦均纯正不

贰。除批复准予备案，并饬科届时派员出席指导外，相应备函奉复，即希察照，赐予备案为荷。此致
中央执行委员会民众运动指导委员会

吴醒亚
常务委员　潘公展
童行白

中华民国二十二年四月十五日

〔国民党中央民众训练部档案〕

9. 行政院为察哈尔留平学生抗日会呈请集中军力民力抵御暴日致财政部笺函

（1933年4月21日）

行政院笺函　第一〇七〇号

迳启者：奉院长谕：国府交办察哈尔留平学生抗日会呈为察边危急，请集中军力民力财力，抵制暴日，并条陈七事，请采纳施行一案。应交军政财务两部及蒙藏委员会等因。除分函外，相应抄同原呈函达查照。此致
军政部
财政部
蒙藏委员会

计抄送原呈一件

行政院秘书长褚民谊

中华民国二十二年四月二十一日

呈为察边危急，救不容缓，恳请集中我国军力民力财力，巩固边陲，抵制暴日事：窃自九一八事变后，日阀以武力占据东三省，继乃扰津沽，侵袭淞沪，组织傀儡政府，夺取榆关天险，近则并吞热河，威胁察省，狼豺野心，无所底止。我中华民族处此压迫之

下，如不决心拼死，彻底抵抗，实难制裁日人野心，挽救国家危亡。今热河既失，察哈尔为华北最后门户，不容再入敌手，请政府速派精锐部队，屯驻察边，进足收复失地，退可保卫察省，其能左右整个抗日前途之民政军事两端，就敝会知之较详，感之最深者，有切实陈诉钧府之必要，希亮察焉。

一、察省现时屯驻大军二十万，无全军统率，号令难一，步骤难齐，请派军事大员，指挥全军。

二、请调遣中央劲旅，接替多伦久疲之师。

三、沿长城之唐子口、青罗口、独石口、张家口、马市口、得胜口，赶筑防御工程。

四、由热退察之义勇军，富有民族意义，惜缺乏训练与组织，请派军事专员，加紧训练，俾成劲旅。

五、由军事上刚直清慎之大员，组织战地执法队，监督军纪风纪。

六、察省贫瘠，不足以支应二十万大军，请速接济大宗财政，供给大批给养，战地人民无形之损失已不可支，如常此就地征发，恐激起民变，热河覆辙可作殷鉴。

七、察省盟旗甚多，请多派宣传队与蒙人切实联络，免为日人利用。

总合以上七端，为保守察省，抵抗暴日急切之务，刍荛之见，请采纳施行。其他如澄清吏治，豁免捐税，训练民众，改进教育，整顿宣化龙烟铁矿，改良察省马种，在长期抵抗暴日途中，亦请切实筹划及之。谨呈

国民政府

贾维渠

察哈尔省留平学生抗日会邓　绍

岳永孝

〔国民政府行政院档案〕

10. 国民政府文官处奉转东北青年抗日铁血团报告致行政院公函

（1933年5—6月）

（1）国民政府文官处公函（5月11日）

国民政府文官处公函　密字第二五七号

迳启者：奉主席发下东北青年抗日铁血团团长王铁生等呈，为该团参加作战及旅行宣传深得各地政府及民众爱护各情形，恳请政府予以精神物质之提携，并令饬各省政府及各级党部竭力援助，俾策进行等情一案。奉谕：送中央党部并交行政院。等因。除函送外，相应抄同原呈函达查照。此致

行政院

计抄送原呈一件

中华民国二十二年五月十一日

文官长　魏　怀

原呈

呈为呈请通令全国协助进行，以利救国事：窃自暴日挟其满蒙政策，称兵进犯，侵略我领土，残杀我同胞，蔑视公理，绝灭天良，凡属国民，稍具血性，谁不痛心疾首，誓欲灭此朝食，以救危亡，而雪奇耻。属团籍隶东北，首当锋衂，因秉匹夫之责，集合同志，组织团体，出关杀敌，辽西一役，屡挫强敌；嗣以锦西之战，孤军无援，粮尽弹绝，以致倭寇之凶焰未戢，同志之牺牲颇巨。回视国内，民众熙熙攘攘，誓志救国之士仍属寥寥。值此国难严重时期，非全国民众总动员，不足以杀敌致果。不获〔得〕已乃将部队归各路义勇军指挥作战。因率少数同志入关，在平组织宣传处，旅行全国，奔走呼吁，以期唤起民众，至相当时期再赴前线，奋勇杀敌，非达到收复失地不止。迨至去年十二月到京，当

向钧府暨中央党部、军事委员会报告属团参加义勇军苦战情形及入关宣传经过。旋蒙中央党部颁发各种宣传品，并令仍往各省县实地宣传，时值严冬，冰天雪地，以救国心切，何惮劳苦。一月三日，由京出发，五日抵皖，承当地党政机关指导援助，工作旬日，尚能引起民众感奋，并承安徽省政府指令嘉奖。一月十四日抵鄂，承湖北省政府令民政厅转饬各县政府予以协助，又承鄂建设厅通令各县汽车路局，免票乘车，以利宣传。凡所以爱护属团者无微不至。属团受同情心之激荡，敢不竭棉努力，毋负所望。三月中旬抵湖南，承何主席芸樵召集湖南省会各界民众举行抗日总动员宣传大会，欢迎属团出席报告东北抗日作战情形。（见湖南三月十四日各大报）随即分途努力宣传工作，此系属团组织以来参加作战及旅行宣传工作实况。伏念钧府对民众抗日团体提倡指导，不遗余力，则属团矢志救国之愚忱，谅蒙钧察。惟属团参加救国运动以来，以铁血热忱，自矢不惮牺牲，虽深得各地政府及民众之爱护，然究以兹事体大，责任綦重，不得钧府之提携领导，难期收较大之效率。为此沥呈各情，恳请钧府本朝野上下，共赴国难之宏愿，俯察属团矢志救国之愚忠，予以精神物质之提携，并恳令饬各省政府及各级党部竭力援助，俾策进行，而收速效，民族幸甚，属团幸甚，临颖徬徨不胜屏营待命之至。谨呈
国民政府主席林

常务委员兼东北青年抗日铁血团团长王铁生
常务委员兼东北国民救国军指挥总监朱霁青
常务委员兼东北民众自卫义勇军第二指导部少将秘书长李新明
湖南省党部监察委员会监察员　彭国钧转
通信处湖北武昌北城角二号光华无线电学校校长金亚柱转
北平猪市大街七十一号李宁齐先生转

（２）东北青年铁血团呈（６月16日）

呈为呈报各地工作概况暨请示今后宣传方针，恳祈鉴核，予以资助事：窃属团自九一八事变后，即秉匹夫有责之旨，组织爱国健儿，出关杀敌，冲锋陷阵，炮火余生，在辽西一役，屡挫敌锐，嗣以锦西之战，孤军无援，粮尽弹绝，虽敌人之凶焰未戢，而同志之牺牲已巨，回视国内人民，熙熙攘攘，誓志救国之士，仍属寥寥，不得已遂将部属分归各路义军继续作战。铁生等乃入关，在平组织宣传处，分为三大队，旅行各地宣传，奔走呼吁，以期唤醒民众，作政府之后盾，义军之援助，至相当时期，再赴前线。迨去岁十二月到京，向钧院、中央党部、国民政府、军事委员会报告参加义军苦战情形及入关宣传之意义，当领宣传品多件。一月三日，铁生等由京出发，五日抵皖，颇得当地党政机关之援助，旬日尚能引起民众感奋，并承安徽省政府之嘉奖，一月十四日，由赣抵鄂、赣省工作特派团员万映涛主持，鄂省则承湖北省政府令民政厅转饬各县予以协助，复蒙该省建设厅一再通令各汽车路局，免费通行在案。三月中旬行抵湘省，承何主席芸樵召集湖南省会各界民众，举行抗日总动员宣传大会，欢迎铁生等出席报告东北抗日作战情形（见湖五月十四日各报）。此后，随即分途努力，各地有报章题字簿可证。此系属团自组织以至作战及旅行各地工作之概略也。惟属团自参加爱国运动以来，以铁血自矢，不惮牺牲，虽深得各地政府民众之欢迎协助，然自停战协定后，外交方针转变，属团本着钧院意旨，只得将各队团员暂令其停止工作，听候明令，再事进行。现该员分驻各地待命，铁生仅率本团秘书业蓁、总务主任朱达澂、文书主任杨异暨第一宣传大队长黄天应、第二宣传大队长柯治国、第三宣传大队长谢鸿慈等六员，送呈五特瓦无电线机一架，（此机系各地民众援助之，余资购置，以便送往前方运用，）前来请示，除分别呈报中央党部、国民政府、军事委员会外，理合连同属团宣传工作人员姓册，一并备文呈报钧院鉴核，伏乞俯察，属团矢志救国之愚忠，予以精神物质之提携，及指示今后宣传之方针，及各地团员之处理，不胜翘企待命之至。谨呈

行政院院长汪

附呈属团宣传工作人员姓名册一份

东北青年抗日铁血团团长兼宣传主任王铁生

现寓湖北路183号陵华旅馆

中华民国二十二年六月十六日

东北青年抗日铁血团团部工作人员姓名表

职别	姓名	性别	年龄	籍贯	备考
团长兼宣传主任	王铁生	男	24	辽宁	东北讲武学校毕业
秘书	叶蓁	同	26	河北	北平朝阳大学毕业
文书主任	杨异	同	28	吉林	广东中山大学毕业
总务主任	朱达徽	同	26	辽宁	广东番禺正心中学毕业
干事	张明	同	25	湖北	武昌中华大学毕业
同上	林定国	同	23	河南	省立师范毕业

东北青年抗日铁血团宣传第一大作工作人员姓名表〔略〕

〔国民政府行政院档案〕

四、“一二·九”抗日爱国运动的爆发

(1)“一二·九”运动的爆发与各地学生的响应

1.监察院调查各省学生响应北平学生“一二·九”抗日爱国运动状况的文电

（1935年12月—1936年1月）

（1）监察院致各省监察使电（1935年12月23日）

北平、武昌、济南、安庆、福州、兰州、镇江监察使鉴：台密。奉院长谕：各报载各省市学生游行请愿，致与军警冲突，发生被捕受伤等不幸事件。此种事实，内容至为复杂，各地情形不一，行政环境亦复各殊，应由各该使严密查察，随时密陈等因。特此电达，即希查照。院。秘。漾。

（2）高一涵报告武汉学运动态电（12月23日）

于院长钧鉴：特密。武昌各大学及中等学校学生，作为华北问题联合游行请愿，秩序尚好。惟因拟赴汉口游行，经当局封锁轮渡，已阻其行，学生争请开轮渡江，劝止未能生效，彻夜露宿街中。今晨又集合省府门前，坚申前请，相持甚久，而省府外岗亭，于情势最急时，被人损坏，最后要求限制人数及路线范围内，作两日分批渡江，游行学生始散。当局尚在妥商应付，颇费苦心。除派员分批密切注视并已亲往察询外，谨此电陈。再，汉口学生亦游行，未酿事故，並闻。高一涵叩。祃。

（3）戴愧生报告甘宁青学运动态呈（1月9日）

为密呈事：前奉钧电饬查陈本区内学生请愿运动情形。兹查兰州市中等以上学生，于本年元旦日，曾在兰市游行请愿，惟秩序尚佳，当局亦无干涉情事。至青宁两省，刻下尚无此项运动，除继续严查密陈外，理合将此次兰州市学生请愿运动情形，先行密陈，请鉴核备查。

谨呈

监察院院长于

监察院甘肃宁夏
青海监察区监察　　使戴愧生　印

中华民国二十五年元月九日

（4）皖赣区监察使署致监察院呈（1月4日）

南京。4148　1390　7108　4434　2579　5710　6874　7003

钧鉴：台密。漾电奉悉。皖省学生，漾日结队游行，赣省学生，感日结队游行，经各该省党政当局严密防范，尚未有越轨行动。因苗监察使公出，谨电奉闻。皖赣区使署秘书处叩。支。

（5）方觉慧报告山东、河南两省学运动态呈
（1月27日）

呈为呈报事：案奉钧院二十四年十二月漾电内开：各报载各省市学生游行请愿致与军警冲突，发生被捕受伤等不幸事件。此种事实，内容至为复杂，各地情形不一，行政环境亦复各殊，应由各该使严密查察，随时密陈。等因。奉此。即经遵照办理。兹将河南、山东两省学生运动情形，分陈于左：

一、山东省学生运动情形

山东省当局因鉴于二十一年“一·二八”时期学生运动之严重情势，自北平举行游行请愿以后，即严密注意，切实劝导。各校学生，虽在校内开会讨论，但均未能达游行请愿之目的。省当局复令各校一律提前放假，劝导学生返里，並备车运送，故全省

未发生壮烈澎湃之学生运动。

二、河南省学生运动情形

（一）开封　开封市大中学校学生，为反对华北伪自治，並响应平津学生爱国运动，于十二月二十三日晨，自动集合赴河南省政府请愿，加入之学校计有省立初中、省立女中、水利专门、北仓中学、第一师范、河南大学、两河中学、黎明中学、开封中学、明诚中学，及强豫、济汴、建国、嵩阳、大华、大河、现代、女师、静宜、任时等学校，参加学生约一万三千余人，到省府后，由各校推派代表（每校二人）及总代表三人，晋谒刘主席请求答覆五项：（1）请转呈中央明令严惩北平屠杀学生之凶手，並保障以后永不发生同样事件；（2）请中央积极抗日；（3）请转呈中央保护学生正当爱国运动；（4）请转呈中央抚恤死亡学生；(5)请转呈中央公开宣布外交方针。当由刘主席派保安处长彭进之代表接见，並将请求各点转达刘主席，各学生遂出省府，至相国寺街、鼓楼街、南土街、北土街、西大街、中山路等处游行，旋即散队。是日下午各校代表聚集在省立高中开代表大会，以学校为单位，每校派代表二人组织之。推定主席学校为河南大学，秘书学校为省立高中，並决议每月开常会一次，代表大会下产生执行委员会，内设总务、宣传、组织、情报、交际、检查、会计等七部，另订约法三章。一、即日起一律罢课，如在罢课期内，不论任何学校有复课者，由执行委员会采有效办法制止；二、停课期中各同学不得离校；三、中央延不答复或答复认为不满意时，一面派代表南下请愿，一面作二次游行。河南大学学生潘世锡等数十人于即日起发起组织救国宣传团，向市民宣传。

十二月二十四日各校一律罢课，组织宣传队，在各街巷及四郊附近宣传，有纠察交通等队维持秩序，並检查娱乐场所，编印救国情报，披露其每日工作。同日河南大学等八校校长联名发表告各校同学书，劝早日复课，本署由河南办事处职员调查各学校学生活动情形。

十二月二十五日仍罢课。

十二月二十六日晨各校学生齐集赴河南省政府作第二次请愿，要求省政府交涉车辆赴京请愿。由刘主席派省政府秘书长方其道代表答复，学生旋出省府，整队迳赴南门外大车站，纷纷登占空车，要求开放赴京请愿各节。闻因当时省府派员答复时，措辞失当，学生遂怫然不满，故有此举。但揆之实际，此种热烈澎湃之青年运动，当时颇难应付，以遏止其气焰也。但此次各学生运动动机确属纯正，既未发现反动份子或反动行为，亦不闻有何背景，其壮壮烈烈之行动，忧国之精神，深得一般同胞之同情也。

（二）其他各地焦作、新乡、安阳等处学校学生，亦于上月二十三、四、五三日各自开会游行，均未得有反动份子羼入，或任何背景之消息。

查华北情势，仍日趋严重，青年感觉锐敏，情绪热烈，春假开学以后，能否不再发生壮烈激昂之学生运动，胥视如何因势利导，除随时严密查察外，奉电前因，理合鉴核，实为公便。谨呈监察院院长于

监察院河南山东监察区监察使方觉慧　印

中华民国二十五年一月二十七日

〔国民政府监察院档案〕

2. 国民党江西省执委会关于南昌市学生响应“一二·九”运动举行反日爱国游行活动情况呈

（1935年12月27日）

窃自殷逆叛乱冀东，举国愤恨。本会为激发民众爱国情绪，并因势利导，期使青年有合理之行动，不致因一时感情冲动误入

歧途起见，迭经召集各校学生代表会议决定爱国行动之准绳，并由本会青年运动指导员随时加以恳切之指导，设法防止学潮发生。复由学生学术会印发告同学书，其情业经呈报在案。日前，一部分学生酝酿罢课游行，并定本星期五举行，一切正准备中。本会得报即派青运指导员分头劝导，尽各种有效之和平方法防止暴发。同时会同教育厅召集各校校长、学生代表训示一切，满城风雨之游行学潮得未实现。理合将办理经过及历次召集各校学生自治会负责人开会重要决议案，呈请钧部鉴核备查，实为公便。

谨呈

中央民众训练部

附决议案及电文一件

中国国民党江西省执行委员会常务委员　李中襄

王冠英

刘家树

中华民国二十四年十二月二十七日

附件一

本市中等以上学生学术研究会，暨各校学生自治会，于昨（廿九日下午六时，假省党部会议室举行联席会议，出席王吉华、胡成、邹镇邦、（医专）符式媛、殷秀侠、（助产）饶国光、（二中）赵毓章、黄景春、（一职）章魁湘、万启邦、（实职）彭大中、（志成）罗汝玉、（南师）王佐才、（一中）谢克义、黄举昌、（鸿声）谢大中、（工专）熊寰宗、（剑声）周昇、（工专）钟振邦、李友清、许国卿、（江中）周作锦、（女职）钟俊华、徐以明、（女中）肖学博、（匡中）李经才、（豫中）青年指导员金树馨等二十余人，由金树馨主席，决议要案如下：（一）电请中央明令讨伐殷逆汝耕，并通电一致主张；（二）电请冀察绥靖主任宋哲元克日就职，削平叛乱，余案略。兹录各原电如次：

电一

南京中央党部、国民政府钧鉴：殷逆汝耕，媚外求荣，倡乱冀东，凡有血气，无不发指，伏乞迅予讨伐，以寒逆胆，而保国土。南昌市中等以上学生学术研究会暨南昌市各校学生自治会叩。

电二

北平宋主任哲元勋鉴：报载荣膺新命，绥靖冀察，消息传来，薄海同钦。值此国家多难，尤倚干城，尚望克日就职，削平叛乱，固我疆圉，本会等誓为后盾。江西省中等以上学生学术研究会暨南昌市各校学生自治会。

附件二

本市中等以上各学校学生因鉴于国难严重，华北日益危急，北平学生作热烈爱国运动遭受摧残，大义所在，亟应加以援助，特于昨（廿一）日下午六时开会，讨论一切，计到本市中等以上学校学术研究会及各校学生自治会常务干事等二十余人，当经决议各要案，并电平学联会慰问及电宋哲元释放被捕学生，兹将分志如下：

决议要案　北平学生反对自治，横遭摧残，应如何援助案，决案：（一）电北平学生联合会慰问，并表示作后盾；（二）电宋哲元释放被捕学生，严惩肇事官警；（三）发表告民众书；（四）必要时举行游行，但一不罢课，二不示威，三不违背法律；（五）组织演讲队，分途演讲，藉以唤起民众救国热忱。

电平学生　北平大学学生会转北平学联会公鉴：外侮频仍，华北垂危，赖诸同学秉大无畏精神，反对分裂领土义举，振臂一呼，举国同钦。不幸横遭摧残，演成流血惨剧，消息传来，曷胜悲愤，尚望不屈不挠，再接再厉，以正当合理之行动，为巩固领土主权而奋斗，本市全体同学誓为后盾，谨此电慰，并望随时见告真象。南昌中等以上学生学术研究会、各校学生自治会同叩。

电宋哲元　北平探报。宋委员长哲元勋鉴：平市学生激于爱国热忱，反对自治丑剧，凡有血气，莫不同情，乃不幸竟发生流血惨情，殊为遗憾。须知破坏统一，为全国国民所深恶痛极，变相自治，亦为吾青年学生誓死反对，务望本过去奋斗之初衷，维持领土主权于完整，释放被捕学生，并严惩肇事官警，藉平公愤而慰喁望。南昌中等以上学生学术会、各校学生自治会同叩。

〔国民党中央执行委员会档案〕

3．国民党浙江省执委会报告该省学生响应“一二·九”运动举行请愿示威情形致中央民训部呈

（1935年12月28日）

案奉钧部感电、饬将本省学生请愿经过情形，从速详报等因。奉此，查自华北发生自治运动，殷逆占据冀东叛变后，杭州各界闻讯，莫不悲愤欲绝，而尤以中等以上学校之学生，奋发激昂，大有不计成败愿作背城之概，自始至终，前后凡十余日。本会一本中央之外交方针及预定国策，会同各方，剀切晓谕，幸各生旋即觉悟，始得平复如初。谨将运动经过，约略分陈于左。

一、发起集队游行。浙江大学学生因受北平时局影响，先于本月十日夜间九时举行学生全体大会，决定联合杭市中等以上学生作大规模之团体游行，次日通知各校，一致响应。本会以学生爱国情绪正在高度澎湃之际，未便遽予抑制，立即派员参加指导，以免发生意外，午后齐集湖滨运动场，首报告华北情形，再整队出发。关于游行路线及所喊口号，均照预定办理，秩序整肃，尚无纷扰。

二、要求组织团体。游行后，学生代表复行集合会议，佥以

学生从事爱国运动，不可无团体组织，以为主持策动之枢纽，要求党政机关准予恢复学联会组织，本会经予解释，此种组织，于法无据，难以许可。但仍得以个人名义，依照文化团体组织手续，发起筹备青年励志会等类似团体，于不妨碍政府整个外交政策之下，进行救国工作。

三、召集教职员谈话。华北时局，自十一日以后愈益严重，学生亦愤不可遏，渐酝酿所谓赴京请愿运动。本会乃于二十日下午三时半召集杭市中等以上学校训育主任、党义公民教师谈话，到者四十余人，先由各校报告训育情形及学生最近之动向，然后由本会方委员青儒、胡委员健中剀切说明政府对日外交方针，并报告时局真相，而归结于学生运动应更进一层埋头实际准备工作，勿再作游行罢课请愿等无益举动。结果由到会各教职员共同签名，发表告杭市学生书，以促学生之觉悟。

四、劝止赴京请愿。自本会集合教职员谈话后，中等学校方面，即已完全了解，职从党政机关指导，惟浙江大学及之江大学一部分，仍照原定计划进行，二十一日上午分集于闸口及城站两车站，交通为之阻塞。经本会会同政府当局竭诚劝阻，自晨至午，始各整队返校。是晚并由本会召各校学生代表谈话，到者五十余人，仍有组织学生联合会之要求，经主席方委员青儒一一解释劝导，各代表已认为无组织之必要。

五、决定善后办法。此次学生运动，虽暂告平息，但学生对于国事，仍当使其有更深入之认识与积极之准备，爰与军政警当局会商决定此后学运办法，一方面由政府发给枪弹，饬各校教官加紧军事训练，同时本会则策动杭州东南日报社、商报社、学生生活社、晨光社等文化团体，发起举行时事问题座谈会，邀集高中以上学生代表、大学教授及各界富有时事研究之人士参加研讨，使学生对时事问题有发泄之机会，并作正当理论之阐明，已于二十四日下午四时假青年会举行第一次集会，结果甚佳。

以上为杭州学生运动经过之大概，此外鄞县方面各校学生亦曾经一度游行，秩序尚佳，亦无事故。上述情形，並经专案呈报中央执行委员会在案。奉电前因，理合备文呈复，仰祈鉴核备案。

谨呈

中央民众训练部

中国国民党浙江省执行委员会常务委员　胡健中

方青儒

罗霞天

中华民国二十四年十二月二十八日

〔国民党中央执行委员会档案〕

4. 国民党汉口市党部报告武汉学生举行游行示威实况与处理经过情形致中央民训部呈

（1935年12月31日）

查自北平学生为反对华北伪自治举行爱国运动以来，全国学生均纷纷响应，武汉方面由武昌学生发起组织学生救国会，表示种种爱国行动，至为激昂。兹将连日学生运动经过及本会应付情形，分别报告如左：

（一）学生运动经过

本月十二日由华中大学学生自治会发起召集武阳汉三镇中等以上学校代表，假武昌中华大学礼堂举行联席会议，到四十余校，共代表百余人，当经议决：在（一）拥戴政府，维护统一，（二）不废学业，（三）严守规律三原则之下，对华北事件有所表示。並议决：（一）致电政府，在不丧权不失土的原则上进行外交，保障正当爱国运动及言论自由；（二）致电北平各级学校，慰劳同学及鼓励各校同学继续奋斗，并勉与北平共存亡，武汉学生誓为后盾，并希时通消息，彼此呼应；（三）致电宋哲元，盼拥护国家领土之完整，及本过去精神，继续奋斗；（四）通电全国同胞，又分函各校，促组学生自治会。

十五日，是日武汉各校在武昌举行学生联席会议临时负责单位代表会议，并决定游行示威，但未公布游行日期。

二十日，十九日深夜省市党部政府接到救国会通知二十日上午十时武汉学生在武昌汉口汉阳三处同时分别举行游行示威运动，请予指导云云，届时参加学生约两万人，汉口方面共十七校，四千余人，出发前依照规定路线游行，沿途高呼检定之口号，因军警维持得力，秩序颇为严肃，至一时余无事散队。惟武昌方面学生仍欲渡江来汉，此时轮渡均停航，学生因无船可渡，遂群集汉阳门码头，一面派代表向省政府交涉要求恢复交通，以便学生渡江，因无结果，乃有一部分学生是晚露宿于渡江码头。

二十一日，武昌学生候轮渡江者愈来愈众，轮渡仍不开航，学生继续向省政府暨建设厅请愿，同时汉口方面亦有汉阳及汉口学生整队向绥靖公署请愿，援助武昌学生渡汉游行，当由绥署何主任答复圆满，双方学生均返校。

二十二日，当局以武昌学生既必欲来汉游行未能遏止，乃允予分批渡江，是日轮渡恢复航驶，武昌学生过江来汉口者计有武汉大学等十九校，共二千余人，即由规定路线游行，并沿途演讲，所呼口号较为激烈，惟秩序尚属良好，游行毕于下午无事，轮返武昌。

二十三日，武昌中华大学等二十一校，约八千余人，于夜间第二批渡江来汉，汉口汉阳亦有十余校参加，总计万余人，集队游行，沿途高呼口号，分发传单，至为激昂。是日武昌学生因汉市扫荡报社前一日曾刊“过江外史”一文，对学生运动，颇有失言记载，致一部分学生欲将该报社捣毁，幸经当局照料得力，未生事变。此在沿途照料者，有教育厅长陈其保，市长吴国桢，警备司令陈继承，中华大学校长陈时，公安局长陈希曾，暨本会委员单成仪、江述之、陈乐三等。

（二）本会应付情形

本会于十二日据市立一女中校长周敏报告，武昌华中大学（该校系美国圣公会设立，校长常卓民，广东人，美国留学生）学生自治会召集各校，举行联合会议，对华北事件有所表示等语。本会鉴于各地学生运动澎湃，武汉继起之后，诚恐反动分子乘机煽惑，引起外交枝节，事后难以收拾，故一接悉此项消息，立由本会委员陈乐三分向省市各军政警机关，促其注意，一面函请湖北省党部注意，並派职员殷学渊同志前往会商应付办法，一面召集汉市各中学校长谈话，并请其劝导阻止学生行动，期纳于正轨，各校长均表赞同，及至十七日本会得悉学生将有游行示威之举，当即协同省市党政军在省政府召集各校校长学生代表，剀切劝阻无效，及因势利导，二十日第一次游行，本会江委员述之仍于事前向学生代表训话，多方劝导，而游行势难遏止无已。只得会同市府规定其游行路线，禁止演讲，并检定其口号标语，后始行出发，一面派本会童子军指导员召集各校童军教练员注意学生行动，维持纪律，故二十日汉市学生游行时，秩序至为良好。惟在二十二、二十三两日武昌学生来汉游行时，深恐滋生事端，连日与当局会商维持秩序办法，于游行时本会委员单成仪、江述之、陈乐三均随学生沿途照料，并派职员及全体特务工作人员出发协助。二十二日学生游行队伍经过江汉关时，有一某国人，因在场摄影，经询问后，该氏即拔出手枪发放，幸经本会特务人员立予制止，得免变祸。本会深恐此项运动将继续不断，且汉市租界邻迩，万一发生意外，影响外交实非浅鲜，为使学生运动纳入正轨起见，又于昨日（二十四日）会同市府召集汉市各校校长在本会举行会议，由单委员成仪及吴市长加以训话，席次讨论应付之具体办法，严防反动分子乘机煽惑滋事。并决定以后之学生运动概由本会指导，以免陨越，各校长一致赞同，各校学生旋于二十五日起一律复课。本会除上述工作外，尚有之事是资纪述者。

（一）学生运动之后，工人亦有所酝酿，本会得讯，深恐事态扩大，局势益不可收拾，乃于二十二日召集汉口码头工会负责人剀切训话，嘱其安心生产建设，为国效劳，万勿继起运动混入奸人，以分政府心力，卒得劝导无事。

（二）自学生运动发生之后，本会即指定中央、华中、导群等三通讯社采访新闻，每日呈核后送登各报披露，以免新闻凌乱，动摇人心，及引起其他口实。

（三）扫荡报事件发生之后，本会立即召集武汉各报社负责人谈话一次，勉以共体时艰，审慎登载新闻及著论，此为本会应付特殊局面之另三种工作也。

以上为武汉学生运动实况暨本会应付经过情形，理合备文呈请鉴核，并乞指示机宜，俾便遵循，实为党便！谨呈

中国国民党中央执行委员会民众训练部

中国国民党汉口特别市　单成仪

梅公任

党务整理委员会常务委员　江述之

中华民国二十四年十二月三十一日

〔国民党中央执行委员会档案〕

5. 国民党上海市党部报告学生举行反日游行示威与赴京请愿经过情形致中央民训部公函

（1935年12月31日）

中国国民党上海特别市执行委员会公函　执字第五一四二号

迳启者：感电敬悉。此次上海学生请愿运动，自十八日北平代表到沪创议请愿起，至二十七日赴京请愿学生全部回沪止，前

后综计十日，情势颇见紧张，报章所载多属皮相，兹特将事件经过及本部等应付情形，造具报告如次，即乞察核为荷。此致

中央民众训练部

附上海学生请愿运动经过概略一份

常务委员

中华民国二十四年十二月三十一日

上海学生请愿运动经过概略

自北平学生一再游行，反对冀察分裂活动，因而发生学警冲突，学生被捕事件以后，各地学生纷起响应。上海学校林立，大中学生数逾巨万，其感情激越，群起而作示威运动，实为自然生长之事，无足深怪。当事件之未发也，本部即遵照中央之指令，专致力于“消弭”、“戒备”之消极工作，其后北来消息日激一日，上海各大学学生群众蠢蠢欲动，在事实上已难扬汤止沸，专事抑止，徒使各校负责之学生同志在群众中日堕信誉而失其领导地位，本部有鉴于此，因即召集全市各校负责学生同志转变方策，保持在学生群众中之领导地位，对于学生运动使纳入轨范，专以反对华北伪自治为标的而作纯正之表示，并竭力防止反动分子之阴谋捣乱。以故此次上海学生请愿运动，虽有社会民主党等之暗中鼓煽，造成占据北站，阻断京沪交通之巨潮，然自始至终其要求口号，迄未有反政府、反革命者，其群众行动，亦迄未有暴动捣乱者。凡此种种，与其谓为现在学生群众政治意识水准之日渐提高，毋宁谓为本党及各校同志之努力有以致之为愈也。

（一）请愿运动之发动。此次上海学生之请愿运动，其根本原因，自为受北平学生运动之影响，而其所以汹涌澎湃，一发莫遏者，则反动分子为社会民主党等之暗中推波助澜，希图鼓动风潮实与有力焉。十二月十三夜，本部即接得报告，暨大夏、复旦等校均召开大会，有联合各校组织学联游行示威之议，当以各校同志之从中劝阻，迄未实现。直至十八日，北平学生代表到沪，

分赴各校接洽，于是此游行请愿之群众运动，遂一发而不可复遏。十九日上午九时，复旦大学首有学生四、五百人，赴市政府请愿，经市长接见满意后，沿途又邀约爱国、持志、法学院等校学生，在闸北江湾游行一周。暨南大学学生即于是时在校开全体会议，议决作大规模之游行请愿。三时出发，先赴大夏、光华、交大，复转往法学院、持志、复旦等校，号召各校学生参加，计达三千余人，然后齐向市政府进发，通宵游行至翌晨（二十日）五时始达市府，经市长接见允代转陈所提意见，幸各校学生同志领导表示请愿满意，始由市府备车分别送归各校，无事而散。时沪南各中学亦有一部分学生受大同大学学生之领导，出发在南市各处游行示威，同时并有麦伦、惠平、正风、开明等中学学生五百余人，亦至市府请愿，经劝导后即散。本部于此，即鉴于上海学生本以中学生为多，而是时大中学生颇有联合之趋势，中等学生年幼识浅，易受鼓动，任其合流，必致益难收拾，故特发动各中学负责同志，即于二十一日召开代表大会，成立中学生救国联合会，独立行动，从大学生手中夺回其领导权，除各大学之附中，例为各该大学部所领导外，其余大多数中学均在此中学联组织之下。其后，复旦等校学生占据车厢欲赴京请愿时，中学生多未盲从者，职是故也。

（二）赴京请愿之继起。二十一日，交大、大夏、暨南、光华、复旦等校均照常上课，盖其在本埠之游行请愿至是已告一段落，反动分子即再欲煽动罢课亦不可能。唯即于是日，杭州浙江大学有学生代表曹果、江某二人到沪，分赴各大学接洽，要求同赴南京请愿，而复旦学生，有任某杨某者，过去曾与本党某武装团体发生关系，近则受社民党之收买，正奉其机关部之命令鼓动赴京请愿。于是复旦学生盘据车厢，阻断京沪路交通之巨潮遂又启幕。本部当夜闻讯，即指派人会同该校同志竭力劝阻，复旦大部学生果不为动。然至二十三日晨，一部分与社民党有关系及受其影响之学生仍煽动三百余人（该校学生总数达千余），出发赴北站，沿途几经劝阻无效，下午一时抵站，即冲入月台占据车厢，同时又派代表向各校煽动，请作一致行动。本部与市政府烛照其谋，故在各校均经派有工作人员，领导各校同志设法破坏其诡计。而大夏与法学院两处，均曾因此而发生斗殴事件，同志中虽有为反动分子所殴伤者，而两校加入赴京请愿之举终有所止，相持一昼夜，前往北站加入复旦队伍者仅东南医学院、建国中学及法学院学生各数十人耳。查此次上海学生请愿运动，复旦学生之所以首先创导，特别努力者，余系社会民主党暗中策动，该党学生分子居中主持所致。又查该校请愿学生中，以一年级学生为其中心队伍，则以此等一年级学生在国文教员汪馥泉（社民党上海干部之一）鼓煽之下已非一日，其及锋而试，乘机而起，无足怪异。

（三）相持北站之紧张。初复旦请愿学生之入据北站为数仅三百余人，几经劝导无效，后本部曾与市政府商定办法：（一）由保安队及警察两人挟持一学生，强制登汽车送回学校，否则，（二）将此满据学生之列车开送新龙华，俾与北站围观之群众隔离，然后再予劝散，惜当时为某局长所阻，未见执行，迨至翌日（二十四日）共产党徒以及其他反动分子均继社民党而起，希图扩大风潮，扰乱秩序矣。先是有所谓妇女救国会者，曾于二十一日借四川路青年会开会，並在南京路、浙江路等处游行示威，人数不多，未肇事端。至是即有学生市民二百余人，于清晨八时在南京大陆商场附近游行集会，散发传单，租界工部局预有所备，当以武力驱散，亦未滋事。十时左右有所谓上海各界救国联合会者二、三百人，由浙江路冲入车站，旋又出站至宝山路前商务印书馆东方图书馆空场，召开群众大会，散发反动传单，高呼反动口号，一时围观民众为数甚多。该地与日本兵营密迩，日本陆战队及铁甲车队均远放步哨至天通庵路。而是时，同济大学及同济高级职业学校学生六百余人亦至北站，加入队伍赴京请愿，形势更觉紧张，危机系于一发。本部当即与市府商议，决定先将无知观众驱散，对于反动分子则强制驱散，当由本部工作人员捕获群众大会主席及首要分子二名送警法办，一面並将请愿学生送入车站勿使外出，俾与站外观众隔离，形势方见和缓。下午复会同各校当局多方劝解，而学生已成骑虎态度，坚决不肯回校，于是为防止发生意外计，因将学生全部送入车厢，于五时三十分分两列车开离北站，预计至青阳港后再行劝导，而相持北站之紧张形势至是始解。

（四）北站解围以后。请愿之千余学生既送离北站，反动分子因转往各校煽动怂恿继起，当由市政府密派便衣警察看守各校校门，同时复由保安队分驻于各校相互间之联络要道，宣布局部戒严，检查来往行人，一面则由本部派定工作人员长驻各校，与校内区分部及在训育处工作同志联合，防止反动分子煽惑，劝止一般群众之骚动，维持校内秩序。同时，市教育局亦通令各中学提前放年假，因之各校学生除暨南大学一二年级生曾一度继续主张赴京请愿而未曾实现外，其他各大中学均无复言赴京请愿者。即间有在南市游行宣传者，如二十五日有交大及其附中学生四百五十多人，大同大学有学生五六十人，二十六日有江西职中、清心男中等校二百余人，均能保守秩序，作纯正之示威游行，未为反动分子所乘。

（五）请愿学生之返沪。当请愿列车之开离上海也，请愿学生即胁迫司机一直前进，至翌早（二十五日）第一列车开望亭，第二列车亦进至昆山，本部因即派得力人员十五人偕同市政府人员驰至昆山劝导。第二列车大部系同济大学及其附属高级职业学校学生，于风雪中仅穿短装制服，知难久持，几经剀切劝导，即于下午六时应允回归，当就原车于九时抵沪，迳送吴淞江湾各返原校。至第一列车是时已前进至浒墅关，二十七日又自动开车进至无锡以西之一六八号桥，因桥毁始不得再进，乃折回无锡，并在无锡城内中南大戏院集合开会，继经京沪各方代表一再劝导，学生等亦知相持下去无结果，徒阻京沪交通，造成恐慌局面，因即于二十七日下午三时分登两列车回沪，当晚开至南翔下车，本部预派工作人员在站照料，雇汽车送归学校，后因汽车不敷，复旦学生即乘原车直开江湾归校。于是，此遮断京沪交通八十小时之轩然大波始告平息。

〔国民党中央执委会档案〕

6. 国民党上海铁路特别党部关于阻止学生赴京请愿与学生在北站等地开展抗日救国宣传活动情形致国民党中央党部呈

（1935年12月—1936年2月）

（1）上海铁路特别党部报告该市学生赴京请愿并举行市民救国大会情形呈（1935年12月27日）

本月二十三日有复旦大学学生三百余人，于午后四十五分前来北站，占据车辆，拟晋京请愿，以致火车未能开出，人心浮动，形势紧张，本会即于当时速发漾电二通，将实在情形报请中央执行委员会鉴核。二十四日上午，沪上各校纷起响应，北站学生愈聚愈众，一般反动分子乘机煽惑，鼓动罢市、罢工、罢课，以冀造成事变。在十时半有青年男女多人，就宝山路前东方图书馆旧址举行市民救国大会，声言冲入租界，並沿途威胁民众参加，大呼反动口号。本会以地邻北站，自应妥慎防范，乃于先一日将全体工作同志分配临时工作，以资应付事变。故该市民救国大会举行时，即由本会职员前往侦察，並报告当地公安局，请求制止驱散，以免发生事变。无如该局以时机迫促，未及实施。旋该市民等复群集北站，预备于下午就北站空地再行举行市民大会，席地大书反动标语，而军警尚未加取缔。本会以该地毗连租界，当时形势严重异常，爰临时分饬各职员分头与各校学生团体结合，使之隔离群众，並恳加以劝导，因之有感而返校者甚多，一面注意自称民众代表之首要分子，本会职员张云鹤、杨有壬、瞿治中、施文石等四人，乘隙奋勇将领袖周华基一名及市民大会主持人陈之泉、陆蒿发等，连同反动旗帜两面，传单一捆，扭交公安机关讯办，形势遂形松懈，市民大会卒未开成，亦经将当时情形连上敬电三通，报告中央执行委员会在案。现复旦、同济等学生，业已乘车在途，本会除派员跟踪注视及饬本路各地区党部相机应付外，理合将办理情形先行备文呈报，仰祈鉴核，俯赐指示祗遵，实为党便。

谨呈

中央民众训练部

附呈临时工作办法一份及宣传品二纸

中国国民党

京沪沪杭甬铁路特别党部执行委员会常务委员　李达三

陈承栻

宋传骥

中华民国二十四年十二月　日

国民党京沪沪杭甬两路党部临时工作办法

近日沪市学生运动，风起云涌，而反动份子又复利用时机，鼓动风潮，形势严重，后患堪宪。本党部接近北站，责任重大。兹特拟定临时工作办法，分发全体工作同志，切实遵照办理。

（一）在学潮及其他纷扰未解决前，本会日常工作除急要者外，得暂行停止。

（二）全体工作同志分为情报及侦察两股工作，情报股专司向中央报告及转请军警机关办理等事宜；侦察股专司侦察各界活动及其组织内容，报由情报股转报，遇紧急时並应立即报告就近军警机关，相机办理。

（三）各股工作人员分配如下：

1．情报股——刘雄、汪澄、缪毅文、闵寿衡、王谣仙、吴宝铨、华徐□、张蓉茂。

2．侦察股——张云码、杨有壬、魏云楼、施文石、张玉芝、戚永华、金侠畏、黄锐、瞿治中、冯仲达、袁玉生。

（四）各股工作人员，务须依照分配职务及画分区域，努力工作。

宣传品二纸

上海各界救国会告同胞书

亲爱的同胞们：

华北已经被汉奸卖掉了，日本帝国主义在华北可以随意捉中国人，可以随意检查新闻，冀察政务委员会是他们的走狗机关。

华北亡了，日本帝国主义就一定要来占据华南的。我们现在不救华北，大家就要作亡国奴了。日帝国主义是不让我准备的，说现在还要忍耐，长期的准备，那是骗人的话，一般甘心做亡国奴的人，总说日本帝国主义的武力如何强盛，中国如何不能跟他们打。但是，我们看过去的事实，辛亥革命推翻了满清皇帝，国民革命打倒了祸国殃民的军阀，看看阿比西尼亚民众的反抗，使意大利受到很大的损失，谁说我们民众没有力量呢？谁说我们不能冲破日本帝国主义的武力呢？

北平学生因为已经身受亡国的痛苦，他们不得不到十字路口来做救亡运动了，然而在日本帝国主义的指挥刀底下，中国的华北长官，叫军警用成排的枪向学生开放，用大刀队屠杀爱国的学生。同胞们，中国人养的军警枪口不对准日本帝国主义，却来对准中国人了。北平学生的牺牲是值得的，这唤起了高压下愤恨着的全国同胞，这是民族解放的先声。

回课堂去吗？叫我们坐着等人来宰割，做人的奴隶吗？我们知道日本帝国主义来了，受苦的是我们自己，现在只有一条生路，就是民众起来，武装抗日。我们目前的武器是示威游行，拿这来唤起全国的同胞，希望工商界一致起来罢工、罢市，全国民众组织起来，争取民族的解放，只有我们自己的力量是靠得住的。

让我们高呼：

打倒日本帝国主义，

反对华北汉奸组织，

反对秘密外交，

争取救国自由，

停止一切内战，

立刻对日宣战，

援助北平学生，

援助上海被捕学生，

民众武装起来，

打死卖国贼，

打倒日本帝国主义！

上海各界救国会启

《救国时报》载：论学生爱国运动

甲、学生运动的途径

学生救国运动的高潮澎湃起来了，北平的学生以他们的集团力量和牺牲精神，已经给全国民众立下了一个反抗侵略者的最好榜样，一切的汉奸都在发抖了，但全国民众却奋起了。

但是，已经有许多“学者”和“邦闲”在向着学生运动行施欺骗的说教了，譬如过去曾为五四运动的“领袖”的胡适之，就写过一篇异常不要脸的文章《向学生运动进一言》（见《大公报》十二月十五日）。

他们总是先装出一副慈悲的面貌，对学生说你们青年是纯洁的，你们的行为是值得同情的，接着他们就会“忠告”地说，你们应该避免牺牲，保持力量，去读书救国，你们要认清救国的方法，不要闹“罢课”之类无益的举动。

很显然的，这些邦闲的学者，是有意要压低学生运动的意义，把学生从街头拉到讲堂里去，把那在全民众支持下面的学生运动，变作只是俯首贴耳的“请愿”。

自然，学生运动並不就是罢课，罢课对于学生是一种牺牲。但是，在必不得已的时候，学生不能不忍痛牺牲一下，因为惟有罢课之后，学生才能集中力量来做唤起民众、组织民众的救国重任，他们知道这个牺牲所获得的代价是巨大的。

回答学者邦闲们的无耻的欺骗的是北平的学生以及跟着他们起来的全国学生，群众的英勇的救国运动。

乙、全体民众的主张和要求

一个刊物在发刊时，照例应该有一篇发刊词，声明自己的立场，说明自己的要求，但是我们没有。因为我们的立场就是参加救国运动的全体民众的立场，我们的要求也就是参加救国运动的全体民众的要求。

救国宣言虽然有许多，但是只要它是站在真正的中国民族解放的立场上说话的，它中间所包含的要求和主张总不出乎下列几点：

一、坚持全中国的领土和主权的绝对完整，反对在任何形式下分割中国领土，出卖民族利益的行为，因此要主张立刻取消华北的特殊行政组织，並且立刻收回沦亡了四年的东北失地。

二、对外要在公开的民众革命外交政策下，联合起世界一切反帝国主义的民众，对内要停止一切内战，发动全民族的力量来反对××帝国主义组织统一战线的民族自卫战争。

三、使全国民众都有言论、集会、结社、出版的绝对自由。

一切救国运动的目标，都集中以上的三点，只有这三个目标完全达到的时候，救国运动才能算是成功，空言的允诺和无耻的欺骗，决不能使参加救国运动的全体民众满意的。

丙、大会经过的情形，通过议案九件，发表宣言，何香凝氏有沉痛的演词。

十二月二十一日，上海妇女界由中华妇女同盟会，妇女生活社、妇女大众社、妇女园地社、妇女文化协会、微明社等团体发起，成立了妇女救国大会，大会地点在四川路青年会，出席的有女工人、女学生、女教员、女职员以及其他女自由职业者共计有一千余人。

大会继续了三小时，始终在严肃的空气中间，当场通过了议案九件，便是：

1. 要求政府取消冀察政委会。

2. 要求政府出兵讨伐殷逆汝耕。

3. 反对中日经济提携。

4. 电慰北平学生。

5. 组织募捐团。

6. 组织看护训练。

7. 要求政府严惩北平肇祸军警和指使长官。

8. 联合上海各界召开市民大会。

9. 要求政府保障爱国运动，电慰北平学生，并望再接再厉，本会誓与共同奋斗到底。

大会上还通过了一个宣言，这宣言的要点大体是这样：

1. 坚决保持中国领土和主权的完整；

2．反对秘密外交，否认一切破坏领土和主权完整的条约或协定；

3．反对一切在中国境内由外国操纵的特殊行政组织；

4．集中全国兵力、财力反抗敌人，讨伐冀东伪组织，收回东北失地；

5．严惩汉奸卖国贼；

6．要求人民结社、言论、出版的绝对自由；

7．要求立即释放北平被捕的爱国青年、严惩肇祸军警。

8．全国妇女自动组织起来，贯彻我们的主张。

会场中有何香凝的演讲，讲得激昂慷慨，使群众的情绪非常兴奋，大家都高呼我们要出去游行示威去（关于游行示威的情形下面另外有一位张莲芬女士给我们的信里有详细报告）。

丁、血腥中北平学联的产生和发展

北方，沦亡了的北方，受到日本帝国主义残酷的压迫，受到军阀汉奸无情的鞭打，北方的民众是应当无声无息地忍受吗？不绝不。北方的民众坚强的回答，让我们联合起来，为民族解放而斗争。

积起四年来燃烧着的怒火，积起四年来汹涌着的热血，毕竟北平的学生首先登高急呼，揭起了“反抗”的大旗，十几天来，已经激起全国学生群众的响应，学生运动的浪潮，冲毁了一切妥协与投降，几年来没有听见的反抗呼声，而今已经传遍每一个中国民众的心头。

“一二九”北平学生运动只是中华民族解放运动的开始，而指挥这次运动的“北平市大中小学生联合会”，不过只是一个萌芽，民族解放运动，正待全国民众的努力，而以学生运动作一主干，在斗争开始的时候，我们应该认识一下北平学联的产生及发展。

客观的环境决定了北平学生灵敏的感觉性，他们天天受到×

×帝国主义军阀汉奸及官僚式学校当局的三层压迫，他们更切实的了解华北的被断送，就是全个民族的沦亡，他们认为“最后关头”已经到了，最后限度而且是早已到了。因此，在高度的压迫下，却产生了高度的反抗。

一九三五年夏秋，江河淮运洪水瀑发，成千成万的灾民布满山野，北平各大中学曾有一个联合募捐委员会的组织，他们在工作的行进中，更认清了学生自身的力量，于是他们便有组织学联的酝酿，终于因为种种压力和破坏而没有成功。但进行团结一致努力的意念是没有断绝的。

等到十月卅一日六中全会开幕，燕大提出了一个快邮代电，争取出版、言论、集会、结社的自由和非依约法不得逮捕人民，签署的有清华、师大和女一中等平津十一校。当然这样的快邮代电，是不值得党国老爷们的一顾的。但北平学生进行团结的潜伏意念，都暴发了起来。

北平市立女子第一中学（略称女一中）和艺文中学首先取得联系，组织学联。在还没有成立的时候，艺文学校当局首先压迫学生，结果艺文中学学生自治会没有加入。但是，想为民族解放而斗争的青年学生，还是以私人名义参加的。

这时，正是华北将被出卖的当儿，虽然新闻检查是多么严格，但无耻的买卖是无法掩蔽民众眼睛的，十二月二日，燕大学生自治会全体大会，议决拍发通电，内容：

1．誓死反对“防共自治”，请政府即下令讨伐叛逆殷汝耕；

2．请政府宣布对敌外交政策；

3．请政府动员全国对敌抵抗；

4．请政府切实解放人民言论、结社、集会之自由。

签署的有平津十五校，三日正式加入学联。这时的学联，以学生自治会的名义参加的只有女一中和燕大，只能代表一部分同学，而列席学联的有东北大学、平大、法商学院第三院、清华大学、女二中、女附中、女志成、镜湖中学、艺文中学。

清华大学一方面列席学联，一方面也开全体大会，议决联络北平各大中学向何应钦请愿。学联方面听见这一个有力的议决案，在五日就周密地准备好了一切请求，决定在九日那天，举行请愿运动。清华虽然没有加入学联，也准备一致行动。

学联最初的估计，参加的人数最多不过一千人，而事实上学生群众在数量同情绪上並不像学联估计得那么低，“一二九”运动六千学生的雄悠掀起了民族解放的新页。

“一二九”的次日，学联通令各会员和列席会员一致罢课，一方面援助被捕同学，一方面表示我们已经下了最大的决心，为民族解放而斗争。

学联打算在行动中扩大组织，这一个打算果然是胜利了。北大、师大、辅仁、朝阳、平大、交大、中国等各大学，汇文、成城、求实、精业、男一中等各中学，都次第加入，北平的各大中学在学联的统一指挥下，又爆发了一个十六日的更壮烈的示威。

北平学联的产生和发展，是用流血的斗争换来的，事实已经不允许你再加怀疑，在民族解放运动的同一目标之下，北平的学生已经坚固的团结起来了。

但是，民族解放运动决不是两校所能完成，也决不是一两天所能见效，北平学生已经团结起来，更希望全国各地的同学都能继起 进 行 一个全国学生的大组织，然后用这一个组织作基础，唤起全国各地民众作反帝的斗争。

在北平的两次运动中，我们听到强烈情感刺激成的哭声，但我们相信在不久的将来，是会为了民族解放而欢呼的。

戌、用血来实现我们的愿望，同情、怜悯、纸面的响应，都不是我们所需要的——北平通讯。

自塘沽协定之后，华北成为非武装区域，中国的兵不能在中国的北方驻守了。日本第一步目的地达到之后，进行第二步，预备武力，占据华北。中国政府讳莫如深，秘密的退缩的在和日本办交涉，诉说着千日样的苦衷之后，还是非答应不可了。冀察委员会在中日双方互相默契之下成立了，这是对全国民众一次大大的欺骗。就在这傀儡组织的掩护之下，日本的武力完全控制了华北。我们华北的同学，因为身处目击，虽在帝国主义及其走狗层层高压之下，也不能再忍耐了，大家在一个目标底下，把中华民族从铁蹄底下解放出来。十二月九日，我们全北平的同学去向由南京派到北平的大员请愿，可是连请愿都不让我们自由，我们受伤了，被捕了，受伤被捕是早在我们预料中的，能因这次我们的请愿得全国同胞的响应，发动了争取民族自由的运动，那是我们所希望的。谁知我们所得到的反应是同情、怜悯、纸面上的响应，这些不是我们所需要的；我们认为第一次请愿的血还流得不够，还不够表达我们救国的热诚，所以决定才在十二月十六日作第二次的大示威运动，这次示威的意义是需用我们的血来换得我们的希望，军警用真枪实弹向学生射击了，没有武器只有血的我们，是不想退后的，我们镇静的排立着，等待着在外人指挥下飞到自己身上来的如雨般的枪弹，我们站着谁不知道我们在等死。对了，对了，我们在等死，我们死是为民族死的，死是给我们全国的同胞看的，全国的同胞们，还看不清楚吗？天津的官办自治请愿团，天津的警察却给予各种便利，但在北平却用了各种的凶器和欺诈的手段来屠杀我们中国的学生，现在我们还在准备着第三次、第四次，以至无数次的示威，用血来换取民族的自由。全国的同胞们，是时候了，用自己的力量来争取我们全民族的自由，在我们开始行动的时候，那是一定的会有许多欺骗和高压加到我们头上来，我们要揭穿一切欺骗，击碎一切高压。在现在我们认定，凡是阻碍我们救国运动的，都是我们的敌人，对这些汉奸们该采取有力的裁制，在救国的统一目标底下，希望全国同胞团结起来，和我们北平学生会联合在一起，用血来实现我们的愿望。

（2）上海铁路特别党部报告学生在北站开展抗日救国活动情形电（1936年2月8日）

急。南京。中央党部秘书处、组织部、宣传部、民众训练部钧鉴：齐晚六时三十分，有手持上海各大中学学生救国宣传团第三、第四中队旗帜之反动群众四百余人，由宝山路游行至北站，沿途高呼口号，並呼打倒列强，歌唱打倒日本，除汉奸，全国民众起来同唱救国之歌。其中有衣衫褴褛之工人，亦有十余岁之儿童，抵北站后，举行市民大会，由纠察队竭力拉拢群众。通过上海罢市罢课决议，推举代表四人，中有赵某及吴汉中，另推工人干事四人，分头接洽，定佳日上午八时仍在北站再开扩大市民大会，游行至租界。当经本会职员杨有壬分电上海市公安局督察处侦缉队，通知並洽商取缔办法，公安局方面决定，一面施行戒严，一面饬北站分局派警和平劝散。至七时，北站分局长梁扶初率警到达，群众已散。除再通知公安局路警于明晨充分戒备外，特电奉闻。又，检得煽惑军警传单一纸，容抄呈。京沪沪杭甬铁路特别党部叩。齐。

抄检得煽惑军警传单

亲爱的军警同胞们：

我们学生在这样寒冷的天气里，跑到这里宣传，为的是唤起民众，起来救国呀，国家危急到这般地步，每一个中国人都应该起来救国了。我们深切地知道，你们也一样有爱国心的，所以一定会同情我们的举动。亲爱的军警们，中国人不打中国人，中国人要联合起来救中国，快来援助我们呀！

我们相信，当你们看到北平学生被在日本军官指挥之下的中国军警殴打砍杀的消息时，一定要流眼泪，一定痛恨着北平的军警。但是，就是北平的军警，也只有极少数肯举起皮鞭打学生，肯举起大刀砍学生的，有许多军警，只举着皮鞭呼喝，不打下去，有许多军警，手举着皮鞭，眼里含着眼泪的，更有许多，流着泪自动解去武装的，这些不都是表示大部分的北平军警是有爱国心的吗？

这里的军警是更可爱了，你们曾恳切的表示过，绝对不打从事救国的学生和民众，你们自动的解除了武装。因此，在前几次壮大的示威游行时，你们总尽力保护我们，维持我们队伍的完整。我们的游行队伍经过租界时，打我们的都是可恶的外国巡捕和印度巡捕。中国巡捕手里有木棍，但他们宁可丢饭碗，不肯听外国巡捕的命令，动手打我们。十二月二十四日游行队伍经过北四川路时，一位中国巡捕亲口很感动地对我们说："你们太热心了，你们真好，我们吃了这口饭，没有办法，不能援助你们，我们心里惭愧极了，要请你们原谅我们！"当时我听了这番话，兴奋得大声喊："欢迎爱国的军警巡捕参加！"

看到这种事实，我们深深觉得，少数的同学不了解你们的热情，不体谅你们的苦衷，实在是十分错误。我们应该和你们联起手来，一同向救国的目标挺进！起来，亲爱的军警同胞们，起来救中国！起来，不愿做奴隶的军警同胞们，起来救中华民族！我们必需要站在一条战线上，铲除卖国贼，打倒日本帝国主义！

上海大中学学生救国宣传团

（3）上海铁路特别党部报告上海各界赴京请愿团在北站遭军警镇压情形呈（1936年6月24日）

本月二十一日上午八时许，有自称上海各界救国联合会赴京请愿团，约六百余人，前来北站，占据月台及机车，声言请求政府出兵抗日，形势颇为严重，客车停驶。兹将当日经过及本会办理情形，报告如下：

到站情形：群众于上午八时前，三五成群，陆续到站时取出“上海各界救国联合大会赴京请愿团”横幅白布旗帜三面，号召成队。其中有民治中学、中国女中、申报妇女补习学校学生为多，並有赤足木履之小贩，甚至乞丐亦被拉入，且有俄国女子多人夹杂其间，大呼拥护西南主张，一致抗日，散发传单。主持者顾执中、刘良谟、陆诒、陆惠廉、任崇高、李公朴诸人。旋军警闻讯赶至，相继到站维持秩序，交通要口则布置铁丝网、木架等障碍物，行人能出不能入，故群众人数，始终未有增加。当时该团曾经决定三原则：（1）坚持到底，永不解散；（2）强迫开车；（3）以非常手段引起冲突。一面大肆演说，藉事号召，相持至下午一时余仍未有解决办法。

解散经过：军警当局，初以该团不听劝告，拟强迫解散，派有手持竹杆之大批军警到场。该团始于二时二十分全体出站，在站门口空地集会，声称扩大宣传与发生政治作用两点，已占胜利。在台上宣讲者为刘良谟及史良女士，並报告由站至新闸桥止解散，军警在旁严密监视，押至麦根路始散。此次风潮，于焉终止。惟察其谈话口气及有无政治作用之行动观之，将来能否不再发生问题，殊难断言也。

本会在二十日晚已接此项消息，惟未能确定，二十一日晨七时前，虽系星期，本会仍令全体职员来会，密事布置，殆发生事故后，当经知照负责当局，並分别派员侦查，随时将现状电告钧会，至解散时止，计上马电四通，一面与路市当局，洽商制止办法，幸未酝成事变，此本会应付之大略情形也。

基上事实，理合检同传单备文具报，仰祈鉴核，俯赐备查，实为党便。谨呈

中央执行委员会

附传单二种

中国国民党京沪　沪杭甬　李达三
铁路特别党部执行委员会常务委员　陈承栻
宋传骥

中华民国二十五年六月二十四日

抄传单：①上海各界救国联合会赴京请愿团宣言

我们怀着无限的悲愤，含着满眶的热泪，抱着最后牺牲的决心，我们要向我们的政府请愿，请求政府赶快答应我们的要求，立即对日宣战！

为的是，我们的敌人日本帝国主义，最近不仅把大量私货向全国倾销，给我们的民族工商业一个致命打击，并且在我们的华北增加三万以上的杀人军队，使我们的华北变成东北第二，假使我们仍不抵抗，迎头痛击，我全国同胞恐怕都要做亡国奴，永远不得翻身了！

现在华北将士，在敌人压迫之下，已经在准备着向敌人反攻，西南的一四集团军也已正式出发抗日，全国民众的热血已经沸腾到顶点了。

我们今天要请求政府，对于这一种沸腾的热血和抗战的热情，赶快领导起来，对于敌人的凶猛侵略，迅速给以全力的抗战！

我们要求政府，对于西南的抗日部队，赶快给以行军北上的便利，并且领导他们去共同作战，一致抗日！

我们也要求政府，赶快给人民以言论出版集会结社的自由，并且把人民组织起来，作为政府抗日的后盾。

我们要求政府立刻对日宣战！

一九三六年六月二十一日

②上海各界救国会联合赴京请愿团口号

请政府立即对日宣战！

停止内战，一致对外！

请政府接受西南抗日主张！

拥护一切抗日军队！

驱逐华北日兵出境！

收复东北失地！

武力制止走私！

争取救国自由，拥护全国各界救国联合会！

打倒日本帝国主义！

打倒汉奸！

中华民族解放万岁！

〔国民党党务机构档案〕

7. 监察使周利生关于北平学生“一二·九”、“一二·一六”反日爱国运动遭军警镇压情形的调查报告

（1936年1月18日）

为呈复事：案奉钧院漾宥世三首电令，饬将北平市学生游行请愿受伤被捕各情形，调查具报等因。奉此，自应遵照办理，除已于陷日先行电复外，理合将调查结果制成报告，连同照片备文呈送，伏乞鉴核。谨呈

监察院院长于

计呈送报告一份、附照片六十二张〔缺〕

河北监察区监察使周利生　印

中华民国二十五年一月十八日

北平市学生运动调查报告

本署对于北平市学潮发生之初，曾向各方调查，惟以环境复

杂，进行困难，所得资料不甚完备。利生返平时，即以此事关系重大，特派员分赴各地及其他方面严密调查。兹将北平市学生游行请愿情形及受伤被捕人数报告如下：

一、学生运动发动之原因

一种民众运动之发生，必以时代环境为背景，北平此次学生游行示威，自以华北局势危险为其产生背景，此无可讳言者。近自冀察问题发生以后，中央军退出平津，宪兵调回江南，党部撤消，政府改组；日人在平津各地肆无忌惮，自由逮捕，造成恐怖，尤以平津文化界感受压迫更甚，此给与学生以刺激者一。平津当局既以外交关系失去统治能力，各地汉奸大肆活动，假借民意，擅立政府，香河事件发生于前，冀东伪府继起于后，华北独立高唱入云，岌岌可危，不可终日，此给与学生以刺激者二。地方当局对外交涉，一切内容均禁披露，而实际情形日趋紧张，真象莫明，群情苦闷，此给与学生以刺激者三。埃及大学学生反英民族运动，再接再厉，蓬蓬勃勃，影响所及，全世震撼，此给与学生以刺激者四。日人不仅对华北政治经济采取积极政策，即对文化界亦锐意破坏，教授之言论行动常受拘束，失去自由，学生之集会结社亦被监视，各校随着时代进展，日陷于不安状态之中，此给与学生以刺激者五。学生既痛心国事，愤懑现状，复于学校及己身之前途，发生苍茫空虚之感，学校运命所寄托之国家及己身前途所寄托之学校，阽危如此，而外来之压迫日甚一日。再以埃及学生运动之影响，而十二月九日之请愿与十二月十六日之示威，便相继爆发矣。

二、"一二·九"学生请愿之情形

北平市学生既处见闻较切之地，复感深切肌肤之痛，故乘何部长抵平之后，冀察政务委员会将要产生以前，于九日晨以北平学生联合会名义召集全市学生在中南海门前集合，向何部长请愿，反对所谓自治运动。当局事前闻讯，即派军警于是日清晨在各校门前戒备，以防学生冲出，同时西郊清华、燕京两校学生一千余人，于晨七时分乘汽车三十余辆，向城内出发，西郊署长林雁宾闻讯，当用电话向城内报告，当局遂令将西直门关闭，并派警在阜成门、德胜门、安定门等处戒备，将城门关闭一扇，把守拦阻郊外学生进城，一时城内外交通断绝，粪车骆驼等在城门附近麇集者甚多。清华、燕京两校学生行抵西直门时，因城门关闭，遂推代表向警察交涉，未得要领，更有一部学生南绕，拟由阜成门入城，城门遂亦关闭。但两校学生在城外集合并未散去，城内各校门口虽有军警戒备，禁止学生集队外出，但单独冲出者仍甚多，至新华门前集合。各学生均手持请愿小旗，高呼口号，要求谒见何部长，至十时半学生陆续集合，约达六七百人，军警竭力劝阻无效，适何已赴汤山，十一时许由侯成代表何部长出见，学生推派代表八人，与侯晤谈，要求六点：（1）反对所谓自治运动，（2）请何部长宣布此次交涉经过，（3）不得任意捕人，（4）保障地方安全，（5）停止一切内战，（6）准许言论集会结社自由。侯氏允转达何部长，最后学生要求侯氏请即通知地方当局，将城门开放。侯氏以职权所存，未能允许，遂无结果而散。各学生拟结队经府右街向市政府请愿，经警察拦阻，嗣经西长安街至西四牌楼，拟赴西直门与清华燕京两校学生会合，但在护国寺附近又被警察拦阻，东北大学学生与警察发生冲突，学生受伤並被捕多人，双方相持良久，后学生遂结队由护国寺折向东行，经什刹海、地安门、沙滩、王府井大街沿途游行，各校学生陆续参加者甚多，至五时许，行至霞公府地方，被公安局用水龙冲散，城外燕京清华两校学生亦被各校当局劝阻回校，此九日学生请愿游行与警察冲突之经过情形也。

三、“一二·一六”学生示威之酝酿及其经过

十二月九日以前，多数学校学生仍在散漫无组织之状态中，经过九日请愿，横被军警摧残，以后各校便入于严重而活跃之新

阶段，学生自十日起，一致罢课，从事于学生会救亡团等之组织，且于各种会团之下，组织交通队、宣传队、纠察队等，便于紧密联络下，使原有少数学校组织之学生联合会（原系秘密组织）扩大成为数十余校学生联合之策动机关，一切进行非常迅速，划时代之一二·一六大示威运动，终于一周内酝酿成熟矣。

冀察政务委员会原定十二月十六日成立，故学生联合会决定是日大示威，并将全市学校分为四大队，向天桥集合。第一队由东北大学领导，平大工学院、第三中学、平民中学、师大文学院、民国学院、民大附中、镜湖中学等校属之。该队行至顺承王府门前为警察所阻，至锦什坊街镜湖中学学生参加，至闹市口民国学院学生参加，至石驸马大街师大文学院校门，被警察严加戒备，学生数度外冲，受伤不少，嗣平大法商学院参加一百余人，联合起来约共一千余人，经警察数度冲散，于九时抵天桥。第二队由中国学院领导，弘达中学、平大法商学院、师大数理学院、平大医学院等校属之。该队亦于九时许抵天桥。第三队由北京大学领导，求实中学、贝满女中、两吉女中、中山中学、辅仁大学、一女中、华北中学等校属之。该队联合贝满女中、育英学校至北新桥与中山求实大中等校会合，由鼓楼至地安门，北平高中、两吉、温泉、辅仁各校学生参加，由地安门经景山西街、抵南长街时，公安局自行车队携带大刀棍棒严加戒备，同时，消防队之警车亦开到，前列学生离队冲锋，将水龙夺取反喷警察，警察不支，遂尽逃避。该队旋整队向西迈进，行至西长安街，警察复以大刀棒棍向学生猛攻，受伤者甚多，后经一女中，华北大学等校学生参加，又集合向目的地前进，迄十一时许达天桥。第四队由清华大学领导，燕京大学、平大农学院、孔德中学、汇文中学等校属之。该队七时出发，八时至西直门，城门已闭，即沿河岸南行，孔德中学参加，至阜成门，门亦关闭，平大农学院参加，行抵西便门，学生用全力将城门木栓拥折，一拥而入，沿平汉路东行，至和平门南折经师大门前被警察阻止，师大校内学生向外冲出，双方合力，竟行冲过，至十一时抵天桥。四队学生齐集后，即在天桥举行市民大会，闭会后民众均被大批警察驱散，学生大队决定全体进城，当由清华大学领队，折转向前门进发，抵前门外，大批警察及保安队迎头力阻，并开枪示威，彼时交通断绝，商店闭户，学生纷逃，秩序大乱，形势十分严重，后学生又于平汉铁路车站空地举行第二次市民大会，通过议案多起，同时派代表向军警交涉，要求开城，经数时之久，军警允许分头从前门及宣武门等处进城，于是，清华、东大、燕大、平大等校由西河沿转宣武门进城，北大、中大、精益、河北高中、中华中学等校由前门入城，结果清华等校学生被阻于宣武门外，北大等校学生被困于宣武门内，时入深夜，警察猛力驱散各校学生，受伤者计数百人，被捕者亦不少，此系十六日学生示威之详情也。

四、受伤及被捕学生之调查统计

兹将受伤及被捕学生列表如后，並附照片六十二张。

（一）受伤学生

校别	姓名	性别	伤处	伤势
北京大学	蒋峻岑		面部及背部	重
	梁发叶		腿部	轻
	朱仲龙		手部	轻
	喻亮		手部	轻
	吴沄滨		腿与腰部	轻
	蒋昌声		头部	重
	黄淑生	女	腰部	重
	王琳	女	手部	轻

续表

校　　别	姓　名	性别	伤　　处	伤　势
	李金凤	女	面部	轻
	徐瑞曾	女	头部	轻
平大农学院	张惟聪		腰部	轻
	纪人伟		背部	轻
	马建猷		背部	轻
平大工学院	刘臣亮		腿部	轻
	仝世英		手与肩部	轻
	唐　毅		腿部	轻
	王绍素		手与膝部	重
	楚金浦		手部	轻
	贾崇桂		面与腿部	轻
	王鸣耀		手部	轻
平大法商学院	张兴佳		膝部刀伤	重
	李贻谋		膊部	轻
	杨宗序		腿部	轻
	古崇君		肘部	轻
	李　铨		肘部	轻
	白世纯		右肘部	轻
	陈汝森		右肘部	轻
	朱启銮		右肘部	轻
	刘梦华		右肘部	轻

续表

校别	姓名	性别	伤处	伤势
	赵宗汉	男		重
	关雄			重
	张守训		耳部	轻
	邹斯馨	女	肘部	轻
	张坤	女	肘部	轻
	于东聘	女		轻
师范大学	严德浩	男	足部	轻
	黄孝蔚		脊骨部	轻
	高希贤		腿部	轻
	王焕然		腿部	轻
	于增鑫		腿部	
	石万柱		手、腿部	
	薛济英		头、腿部	
	李柱森		背部	
	李振名		腿部	
	周裕农		背部	
	刘蕙祺			轻
	王文琦		棒伤	
	杨国柱		头部伤	
	许安民		手部	
	高景华		手、腿部伤	

续表

校别	姓名	性别	伤处	伤势
	唐元豫		腰部伤	
	田早生		手腿部伤	
	陈振杞		头部伤	
	王伟生		腿与头部伤	
	印　馨		头部	
	陈树荣		臀部	
	董福泽		腿部	
	陈宝珍		刺刀伤	重
	陈其庶		臂部	轻
	张连魁		臂部	
	汤蔼椿		手部	
	刘家珍		手部	
	樊文哲			轻
	东　滢	女	棒伤	
	李如蕙	女	棒伤	
	罗江云	女	跌伤	
	蔡迎舆	女	棒伤	
	卢惠如	女	跌伤	
	冯来仪	女	微伤	
	王振华	女	微伤	
民国学院	李子超	男	重伤	

续表

校　别	姓　名	性别	伤　处	伤　势
	文陶之	男		重
	宿　明	男		重
	周　行			重
	詹仰曾			重
	李　深			重
	皇甫恩普			轻
	林云翥			轻
	刘心泉			轻
	员克宽			轻
	陈启桔			轻
	刘子旌			轻
	白濯江			轻
	张培芳			轻
东北大学	林　铎		鼻部	重
	佟质中		头部	重
	薛振家		头部	重
清华大学	陆　璀	女		
辅仁大学	刘大松			重
	王发毅			重
	王　泰			重
	吴承俊			重

续表

校　别	姓　名	性别	伤　处	伤　势
	孟传铎			重
	胡应之			重
	李毓淑			重
	田世琮			轻
	焦守训			轻
	刘　骥			轻
	马雪痕			轻
	张之政			轻
	刘乃谦			轻
	宁致远			轻
	王　导			轻
	李允中			轻
	王主政			轻
	王理然			轻
	马明何			轻
	高振声			轻
	施以咏			轻
	李垣田			轻
	周健尤			轻
	杨惠轩			轻
	李树成			轻

续表

校别	姓名	性别	伤处	伤势
	韩仲权			轻
	史国定			轻
	金呵督			轻
	张书田			轻
	王　玮			轻
	曹松龄			轻
	于致远			轻
	夏全之			轻
	钟清芳			轻
	陈永祖			轻
	蔡　瑞			轻
	蔡国荃			轻
	蔡誉虎			轻
	李玉锡			轻
	李玉民			轻
	张君翰			轻
	张之龙			轻
	陈云峥			轻
	郑京祖			轻
	方智君			轻
	许智芳			轻

续表

校别	姓名	性别	伤处	伤势
	张辑五			轻
	郎盖文			轻
	王培谦			轻
	王宝让			轻
	张铭东			轻
中国大学	王百川		刀伤右臂	
	李平清		刀伤左腕	
	胡泽民		棍伤腰部	
	虞贞阮			重
燕京大学	陈兰滋	女		重
蒙藏学校	孟自发			重
	马福禄			重
华北学院	张云康			重
	郑世杰			重
	唐政亭			重
朝阳学院	吴英杰			重
	陈玉华			重
	李青莲			重
	耿　俊			重
	蒋代延			重
	孙嘉时			重

续表

校别	姓名	性别	伤处	伤势
弘建中学	解觐林			重
	李祖泽			重
	刘培懋			重
	谢克武			重
	林雨声			重
	谢家顺			重
	高云龙			重
	韩祖荫			重
	刘宗沛			轻
	安锡瑞			轻
	郭丕珍			轻
	魏振友			轻
	张颐卿			
	陈文泰			
	陈家瑜			
	王新士			
	栾辑修			
	朱运浩			
	孙建伟			
	马鸿文			
	董增庆			

续表

校　　别	姓　名	性别	伤　　处	伤　势
	王墨山			
	张国政			
	黎心怀			轻
	艾连根			轻
	李竹青			轻
	史大鹏			轻
	左　萍			轻
	宁进业			轻
	刘默雷			轻
	傅景泉			轻
	杨连仲			轻
	孙顺潮			轻
	姜会俊			轻
	史　连			轻
	路兆岩			轻
	刘惠岳			轻
市立二女中	张秀勤			重
	毛德贞		右臂	
	聂元素			重
	刘宝华			重
	黄淑心		头部	重

续表

校别	姓名	性别	伤处	伤势
	翁燕娟			重
市立一女中	蒋峪山			重
	熊先林			重
中山中学	荆延春			重
	靳士耀			重
	富觉民			重
	姜绍禹			重
大中中学	虞积陈		腿部	
	朱家琛		头部	
念一中学	蒲　宏		头部	
	聂阮淑		头部	
镜湖中学	冯克良			重
育英中学	李守极			重
汇文中学	陈肇威		头部	重
	杨守时		头部	重
	陈麟堂		头臂部	重
	黄绍文		头面部周身	
	殷铁镛		头部	
	郭丕烈		头部	
	段继儒		头部	
	张守谦		吐血	

续表

校　　别	姓　名	性别	伤　　处	伤　势
	王祖成		头部鼻血	
	翁传庆		耳面部	
	李长楫		头部	重
	陶俊奇		头部	重
	张道义		内伤鼻冲血	重
	关天相		咖血	重
	邵庆善		内伤致咳嗽	
	唐华祥		手部受刺	
	张　堪		手伤鼻血	
	刘崇曦		目伤	
	李耀华		内伤	
	邱士斌		臂伤	
	王念烈		手鼻部伤	
	朱国田		头部	
	陈善嘉		目部	
	李　桓		身伤	
	李光陆		腿部	
	燕锐家		头部	
	刘希才		身部	
	侯启美		身部	
	张　密		面部	

续表

校　别	姓　名	性别	伤　处	伤　势
	李光荣		内部	
	王树模		内部	
	罗土钊		吐血	
	李国士		腰部伤	
	杨　铭		口齿伤	
	金正民		腿及背伤	

总计受伤学生共二百四十七人。

（二）被捕学生

校　名	姓　名	性别	校　名	姓　名	性　别
北京大学	巫省三		平大农学院	阎儒朴	
	郝天和		清华大学	许祖燧	
	葛洋珩			王永兴	
	王德昭		燕京大学	王黄举	
	李俊明		中国大学	唐　翰	
平大法商学院	张振民			张兰福	
	闻全善			陈良循	
	邹天爵		民国大学	赵廉泉	
民国大学	朱文宣		中山中学	侯延寄	
艺　专	杨绍辉		广安中学	肖云风	
弘　达	杨仲连				
	史大鹏				

总计被捕学生二十二人，内有民大朱文宣尚未释放。

以上统计所得之资料，系本署直接间接派员实际调查之结果。惟大多数学校原无详细之调查，故向学校当局取得之名单与向学生会取得之名单不相符合，或与报章所披露及医院所记载者又有出入，尤感困难者学校当局或学生会对于受伤学生之姓名保守秘密，不愿对外宣布。如燕京、东北、中国等大学即持此态度。本署现将各方所得报告，综合起来，加以整理，编成上表。因处境困难，障碍横生，虽经普遍而严密调查，仍不免有遗漏之憾耳。

五、学校近况

各校学生经过十六日游行示威，横被军警摧残以后，群情愈形愤慨，工作亦益紧张，原拟举行第三次大示威，嗣以军警戒备甚严，各校当局竭力劝阻，故未发生，继而蒋院长召集各地校长及学生代表入京说明国事，倾听意见之消息传来，紧张之局面愈趋和缓。除公私立中学校奉令提前放假外，各大学当局继续劝导学生复课，然终归于无效。迩来各校学生离校回家者有之，赴各地宣传者有之，赴各地联络组织者有之，南下请愿者亦有之。各大学校长目击此情，清华、燕京、师大及其他私立大学均于本月四日放假，北大虽经校长教授亲自劝导，而学生上课者仍属寥寥，辅仁大学虽曾一度复课，然自八日起，又陷于罢课状态中。现在大中学校虽已放假，然学生运动仍未稍减。近闻平津两市学生组织四团之众，赴外属开会宣传，似由游行运动转变为潜伏活动，由文化界领域扩大至于社会层，前途演变未可忽视，且寒假期短，转瞬即届开学之期，今后平津教育之善后，究应采取何种之方策，事实重大，中央地方及教育当局不能不郑重考虑也。

六、个人对于学潮之意见

综上所述，此次学生运动之发生，实基于客观环境所形成。利生以为挽救今后学潮之危机，必须消弭学潮之起因，始能获得正当解决之途径，即中央对外政策之原则，应昭示国人，且将对外交涉经过，于不妨国策之可能范围内，据实披露，以明真象，庶足以消弭青年苦闷之心理，此其一；中央政府应明令责成地方当局切实保障学校之安全，正当集会结社之自由，并设法禁止浪人自由逮捕，及军警对学生无理之压迫行为，此其二；学校当局应体察群众心理之推移，予学生以相当程度之讨论自由，而教职员亦应负辅导责任，使学生努力从科学学理上作对时局之客观认识，俾不致于流入悲观或偏激之境地，勿徒事抚慰，转令青年益陷于精神苦闷之中，此其三。

〔国民政府监察院档案〕

8．国民党上海铁路特别党部关于复旦大学学生赴苏州开展抗日救国宣传活动情形呈

（1936年1月31日）

本月二十七日，有上海复旦大学学生数十名，自沪步行至唯亭宣传，下午抵苏州，分布城中演讲，散发传单，公安局长劝阻无效，反遭怒骂，旋复齐集于县政府请愿，放声大哭。当时秩序则由公安局长警维持，並派便衣队协助。闻有学生数名被公安局便衣警士殴伤。宪兵第九团及江苏保安队，共派兵二、三百名，俱拆去领章符号，以四人挟一人，于二十八日上午七时，齐送至车站，勒令登车。並由吴县公安局宪兵团保安队派兵护送，十时十分，该学生车附挂于二十三次东驶，惟苏州方面军警仅送至昆山为止。十二时，上海市保安队大队长邹玉桢，率领武装兵士百名，开专车一列赴昆，即将学生直送回校。本会除派员密切侦查並分饬所属随时注意侦查呈报外，理合具文具报，所祈钧会察核备查，实为党便。谨呈
中央执行委员会

李达三

中国国民党京沪沪杭甬铁路特别党　陈承栻
部执行委员会常务委员会常务委员　宋传骥

中华民国二十五年一月三十一日

〔国民党党务机构档案〕

（2）国民党防制学生爱国运动的政策措施

1.国民党中央民众运动指导委员会为防止学生聚众请愿致江苏省党部密电

（1936年1月9—10日）

（1）国民党中央训练部电（1月9日）

急。镇江。江苏省党部鉴：密。此次蒋院长召集各地专科以上学校学生代表删日在京听训，恐京沪沿线各县学生届时藉口要求参加，发生聚众请愿，妨碍交通等情，希迅电令苏州、无锡、常州各县党部，或派员分赴各该地，会同地方政府及学校当局，先事暗加防范，以免临时制止困难。特电查照。并盼复。中央民众训练部。佳。

（2）国民党江苏省党部复电（1月10日）

中央民众训练部钧鉴：正密。佳电奉悉。已通令电饬吴县、无锡、武进、南通等县党部会同政府妥为防范矣。特复。镇。灰。

〔国民党中央民众训练部档案〕

2.蒋介石与秦德纯等关于制止平津学生爱国运动并限期解散平津学联会的往来密电

（1936年1月）

（1）　秦德纯致行政院密电（1月18日）

南京。行政院院长蒋、军政部部长何钧鉴：巩密。平津学生联合会近来秘密进行甚力，其扩大宣传之要点：一、反对学生赴京代表，二、对政府外交力持反对态度，三、要求停止国内战争，四、到处募捐，並组队向各县乡村宣传，五、组织武装纠察队，把持学校，压迫放假，学生不准离校，六、男组力志社，女组妇女救国会，准备秘密危险工作。总观以上情形，显系共党从中主持，危机日深，滋蔓难图，究竟如何制止，以免赤祸蔓延之处，伏乞电示方略，以便遵办。职秦德纯叩。巧。印。

（2） 蒋介石致秦德纯密复电稿（1月28日）

电。北平市秦市长勋鉴：文密。前据巧电，以平津学生联合会秘密活动事，请示方略一案，当经交教育部核议並电复在案。现据该部复称：查平津各校学生如有共产份子作违法之活动，应由当地政府会同各该校长妥商制裁，已电部密令各校及平市社会局转行各校遵照等情。特电知照。行政院院长蒋〇〇。俭。印。

（3）宋哲元致蒋介石密电（1月25日）

南京。行政院院长蒋钧鉴：察密。窃查自北平学生首倡罢课游行以来，各地学生群起响应，扰乱秩序，肆意横行。当局念其最初动机出自爱国，对其越轨妄动，无不曲予周全，百方劝导，而钧座曾招集各省市学生代表训话，对于国家大计，则推诚宣告，对于学生意见更虚怀听取，学生等如果存心无他，即当从此彻底觉悟，恢复常态，切实受政府及学校当局之指导，藉以仰副钧座殷殷训导之德意。乃竟有被少数叛徒把持利用之平津学联会，始则嗾使各院校学生自治会反抗政府功令，不推赴京听训代表，公然在各报登载启事，反对学校当局奉令指派之代表，侮辱国家尊严，淆惑国际视听。且擅出刊物，毁谤政府，结队赴乡，对政府作种种不利之宣传，意在煽惑民众，激起民变。近且表面议决声言复课，实则希图全体同学返校后乘机劫持，变本加厉，妨害秩序，扰乱公安，酿成外交，颠覆政府。观其迩来，爪牙四布，连日开会，用心可以想见。伏查政府方竭全力，从事于完成国家中心之基础工作。哲元奉命苦撑，自为国家政策之所在，若听学生肆行无忌，横加阻挠，则牵一发而动全身，故该学生等此种危害国家之行动，若不严加取缔，不特华北教育难以维持，引起外患，国家且将不保，哲元既膺政府支持华北危局之重任，实难坐视而不救。河北省立各院校权力所及，自易约期，惟平津国立各院校直辖教育部，未便越俎，只有电请钧座转令教育部迅饬各该院校于二月一日上课以前，将下列各事先行办竣：（1）解散各学校学生自治会，（2）解散平津学联会，（3）斥革鼓动风潮之不良分子，（4）严禁结队游行及赴乡鼓惑民众。以上各条，如各院校学生能恪遵政府之命令，哲元无不尽力爱护，以为国家培植有用之人材，倘仍执迷不悟，冥顽如前，则为维持中央政府威信及保全国土计，职责所在，只有重办，是否有当，伏乞垂察，恭候电示遵行。职宋哲元叩。有。印。

（4） 蒋介石致宋哲元复电稿（1月29日）

电。北平宋委员长勋鉴：察密。有电诵悉。查对于不守纪律妨害课业之学生，或从事煽惑罢课，或干涉学校行政，或妨碍社会秩序之团体，应分别由学校及地方当局严格制裁，已由院指示办法，令饬教育部及各省市政府遵照在案，仰即遵照该项办法办理。特复。行政院院长蒋〇〇。艳。印。

附抄令一件

中华民国二十五年一月二十九日

附抄令

行政院训令

教育部
令
各省市政府

多难兴邦，古有明训。值兹国难严重，教育界人士自应指导青年，守纪律，负责任，一德一心，依统一之步趋，为有秩序之努力，以期集中国力，匡救时艰。本院长最近于会见各校校长与学生代表之际，曾郑重声明此旨，关于政府方针，亦经恳切说明。此次各地学生运动，本为爱国热诚所驱使，未几则不免逾越常轨，一部分学校，竟至纪律全堕，教学停顿，自应严订办法，以资矫正。现寒假将满，各省市公私立学校应即按期开课，恢复常态。各校校长教职员，应一致负责，诱导学生，纳入正轨。嗣后凡不照章受课受考学生，各校概不得给予学绩，凡以任何方式妨害学校课业之学生，应立即严令离校，校内校外，尤不得容许任何团体为煽动罢课或干涉学校行政或妨碍社会秩序之举。地方军政机关，查有从事此种煽动行为之团体，应即予以制裁。凡斯指示，均所以维护教育之生命，亦即所以增厚国家之力量，教育部应督促各教育厅局、各校校长教职员、各省市政府应督饬所属军政机关，各依其职责严格执行，勿稍依违。至为适应国难时期之需要起见，教育方案应如何量加厘订，着由教育部迅速妥慎办理。除分行外，合行令仰遵照，并转饬所属遵照。此令。

（5） 北平市长秦德纯致行政院密电（2月17日）

南京。行政院院长蒋钧鉴：鱼密。此间学联会确有共党从中煽惑，前次赴京听训学生之被捣毁等行为，已足证实，若不取缔，势将燎原。该学联会仍在活动，如平津文艺青年救国会，各校拉丁化研究会，中山中学打狗团，洋车夫抗日救国会等共十余非法组织，皆为共党所发纵指使，拟请明令严行取缔，以弭隐患，或如何办理之处，乞电示祇遵，是所叩祷。职萧振瀛、秦德纯叩。筱。印。

（6） 秦德纯致蒋介石密电（2月22日）

南京。行政院院长蒋钧鉴：巩密。皓电奉悉。对于共党操纵之各种非法组织，当即遵令严行取缔，马日中国学院学生在校开慰劳赴各县宣传大会，张贴反动标语，並将枪库打开，取出该校存枪，组织纠察队，形势至为严重。该校当局制止无效，纯恐酿成事变，当派警察弹压，並派员会同校方职员进室检查。当收得大批反动文件，如民族解放战线、学联日报等，内容均极激烈。当将主动学生十余人传讯，现正在侦查中，並将步枪百十九支收存。谨先电闻，伏乞钧察为幸！职秦德纯叩。祃。印。

（7） 秦德纯致蒋介石密电（3月10日）

急。南京行政院院长蒋钧鉴：巩密。艳电计达。清华共产分子劫持同学，昨与警宪相持竟日，经梅校长邀同入内之警长数名，亦被拘留，饱受侮辱。当与梅校长往返磋商，迄无结果。为避免纠纷扩大起见，当于艳亥举行检查时，大多数良善学生均安静退入宿舍，惟少数不良份子及校工，手持棱标木棒，竟图抗拒。当经该校职员陪同警宪分别检查，传讯为首共党行动份子张崧年等二十余人，收得大批证据即行退出，並未伤学生一人，刻校内秩序业已恢复常态。查该校近为少数共党分子所劫持，煽动罢课，计划暴动，组织纠察队，自制所谓非常教程，反对考试，不许校长过问校事，侮辱入京听训代表，风气嚣张，俨同独立形态。其中共党首要份子三十余名，迭经严密侦查，证据确凿。此次始得大体加以肃清，敬祈电饬该校负责人员，严整校风，厉行国家反共政策，幸勿再事姑息，更贻腹患，是所至祷！职秦德纯印。东。印。

（8） 宋哲元致行政院电（3月16日）

南京行政院院长蒋钧鉴：秉密。蒸电敬悉，平市所获清华大学教授共党犯张申甫等正在侦查，俟审理终结遵即将案内重要人犯张申甫等五名解京讯办，先此电复，用纾廑念。职宋哲元叩。铣。印。

〔国民政府行政院档案〕

3．行政院召开全国中等以上学校学生代表谈话会发言纪要及座叙席次名单

（1936年1月14日）

一、学生代表之表示

十四日下午三时，蒋院长代表翁秘书长文灏，召集全国各学生代表，在行政院大礼堂，举行会谈，听取各代表之意见。教育部次长段锡朋，中央组织部长张厉生均在座。学生代表席次，先行编号规定，各代表对号入座，秩序整肃，各招待员亦到会招待。各代表发言时，先向主席讨得地位，依次陈述。各代表为爱国心所激动，发言时均激昂慷慨，华北各校代表，有泪随声下者！但自三时起至六时半终止，会场秩序，极为整饬，洵属难能可贵！兹将各代表陈述要点，列表如左：

姓　名	代表之学校	陈　述　要　旨
曹景襄	中国学院	一、请政府明令各级政府，不得擅将土地租与外人； 二、请政府严惩汉奸； 三、请政府勿准北平各校南迁； 四、请政府勿准修改华北教科书； 五、请政府保护爱国运动，並抚恤死伤学

续表

姓　名	代表之学校	陈　述　要　旨
		生； 六、请政府速订组织民众，训练民众之大计。
万福增	北平师范大学	报告北平学运之经过与所抱之真义： (1)拥护国家领土与行政之统一； (2)反对汉奸分裂国土。
李庆鐔	暨南大学	一、请政府宣布外交界限，到何时始为最后关头； 二、请政府要负起收复失地之责任，並保障领土完整。
冷　冰	南开大学	一、报告华北危殆，已至不能再行容忍之最后地步； 二、希望政府有一个不屈辱的外交政策； 三、日本企图奴化华北教育，请特予注意； 四、保障爱国运动。
杨志鹏	武汉大学	一、请政府施行非常时期教育； 二、请政府公开外交； 三、请政府保障言论自由。

续表

姓　名	代表之学校	陈　述　要　旨
俞凤池	之江大学文学院	一、全国学生，应准予有学联会之组织； 二、在这三日内，请政府多召谈话会； 三、请政府在准备时期，应下最后牺牲之决心。
张济民	武汉大学	一、请政府保全领土完整； 二、请政府保障爱国运动； 三、请政府施行统制教育； 四、请政府停止不需要之建设，並裁撤骈技机关。
杨西昆	北京大学	一、请政府保持领土统一； 二、请政府公开外交； 三、请政府注意汉奸； 四、请政府把青年组织起来。
佟士虢	齐鲁大学	一、学校施行军训； 二、新闻政策要变更，准登载爱国消息； 三、保障爱国运动； 四、撤销伪自治组织。
黄士鶗	交通大学	一、请求政府公开过去外交事件，以祛国人之疑虑。

续表

姓　名	代表之学校	陈 述 要 旨
		二、造就民众力量——实施民众军训保甲制度； 三、明令各大学一律施行军事教育； 四、改良中小学教科书。
王孝平	上海法学院	一　公开军事设备； 二、准许言论自由； 三、组织青年。
刘宗岳	金陵大学	一、公开外交； 二、保障学运； 三、准备国防。
曹寅亮	浙江大学	一、充实国家的内部力量——复兴农村； 二、研究各级学校的课程； 三、不准任意逮捕学生。
高先鋑	焦作工学院	一、施行战时教育； 二、开发禹县煤矿； 三、开采煤油矿； 四、增设酒精厂； 五、充分预购润滑油； 六、准备黄河铁桥材料，并勘定适当地点；

续表

姓　名	代表之学校	陈　述　要　旨
		七、保障青年运动。
李肇基	交通大学	请政府答复冀察委员会之设立，究系外交上之策略，抑有困难而无办法应付？
胡志宁	光华大学	一、政府安内攘外之政策如何？ 二、安内攘外之准备如何？ 三、应有统一全国意旨之组织，以期集中人才。
胡铸坊	中央大学	一、请政府实行革命外交； 二、请政府实行国防教育； 三、请政府开放青年运动。
储有礼	上海法政学院	一、施行特殊教育； 二、青年参加下层工作； 三、刷新行政机构，增加行政效率。
沙荣存	沪江大学	请政府准予将国防上之设备，特殊领导参观，表示信任。
潘德全	安徽大学	报告在校时做唤起民众之工作，并要求政府信任青年。

续表

姓　名	代表之学校	陈　述　要　旨
鲁建钺	河南大学	一、应设法组织民主国际，联络弱小民族； 二、请政府力谋人民生计之安全； 三、请政府确定战时经济计划。
平祖源	暨南大学	一、报告爱国运动之经过； 二、请政府公布中日调整委员会用意何在？方针何在？现已至何阶段？
马云龙	圣约翰大学	请求政府准予学生有全国性质之组织，并多多采纳青年意见，勿视青年为仇敌。
王强毅	湖南大学	一、建设国防心理； 二、肃清国防障碍； 三、集中国防人才； 四、施设国防机关； 五、统一国防事业； 六、统制国防经济； 七、统一国防教育。
鄢克定	上海美术专科学校	一、注意军事训练； 二、准许学生有宣传国难之组织，并明令保障。

续表

姓　名	代表之学校	陈 述 要 旨
孙道修	北平铁路学院	一、赶筑有关国防之铁路； 二、学铁道科目者，应施行军事上运输之训练。
徐世五	厦门大学	报告厦门方面及闽浙沿海各地，已有自治协会之酝酿，足见华南之危殆，与华北同样严重。
程元溱	东吴大学	一、请政府决定通盘计划之外交政策； 二、请政府统制全国生产，並调节消费，作战时之准备。
朱梅先	金陵女子文学院	一、请政府公布最后牺牲之标准； 二、请政府公开外交； 三、请政府保障学运。
潘博良	持志学院	一　日本所提“反共合作”问题，不能允予合作； 二、不能准许华北有伪组织之成立。
江惠民	上海医学院	一、扩大防空运动； 二、全国医师总动员；

续表

姓　名	代表之学校	陈 述 要 旨
江惠民	上海医学院	三、组织少年健康营； 四、增进国民防空常识。
胡弘机	大夏大学	一、请政府对外交勿再让步，不订立不平等条约； 二、一切外交方针与政策，应公开； 三、外交路线应决定，亲英美、亲日均不可能； 四、不能高压学生运动； 五、禁止华北修正教科书； 六、讨伐殷逆汝耕。
陈文魁	山东大学	请政府改订国防、建设、教育等计划，以应付当前之国难。
乔树根	上海医学院	一、请政府公开外交； 二、请政府保障学运； 三、建设防御工事。
贺逸航	武昌中华大学	一、调整外交阵容； 二、保障青年运动； 三、裁制卖国汉奸。

续表

姓　名	代表之学校	陈 述 要 旨
孙本旺	南开大学	请政府答复下列问题： （1）冀察委员会之性质； （2）该会外交委员会之设立，是否违法？ （3）该会对日交涉，中央是否承认？ （4）日本加祸华北教育界，中央如何应付？ （5）政府对学生运动之态度究竟如何？ （6）勿藉故摧残学运，並设法使华北学生安心读书。
杨志鹏	武汉大学	一　救济失业华侨； 二、请政府扶植私立大学。
陈　迟	浙江大学	请政府准许青年有救国团体之组织。
陈志远	西北农专	一、请政府刷新内政； 二、实行革命外交； 三、保障学生运动； 四、改良农民生活。
谢毓晋	同济大学	请政府常有类似此项谈话会之召集，俾上下意旨，得以贯通。
赵士伟	大夏大学	请政府关于外交事件，以后随时公开。

此次会谈，学生代表发言者，都四十一人，其中另有一二人发言，系属附议或赞成性质，毋庸列举。会谈毕，翁文灏略述意见，其大意为：

一、政府极愿接纳爱国青年之热忱，故有此次会谈之召集；

二、政府不愿以漂亮的谈话，来答复诸代表的质问，愿以真正事实来答复。

三、希望青年在国家纪律的秩序之下努力。翁讲话毕，群报以热烈之掌声，遂宣告散会。

兹将行政院会谈之学生代表席次及名单附后，以便查核。

二、学生代表意见之总括

此次学生代表发言者，人数甚多，所陈述之意见，亦属正当。总括其各代表之意见，不外下列诸问题：

（1）保护学生运动，并许可学生有联合之组织；

（2）惩办汉奸，保障国土完整；

（3）施行国难时期之非常教育，以救危亡；

（4）公开外交，并决定今后外交之整个政策；

（5）充实国防，积极准备。

以上五项多属于建议政府事项，惟第一项请准保护学生运动，并许可学生有联合之组织一节，关系本部指导青年运动之原则，全国学生代表既有此同样之意见，足证青年界需要联合组织之愿望，至为迫切，倘不稍予采纳，导入正轨，甚恐另遇煽惑，走入歧途，关于此点拟乞特予注意而加以慎重考虑者也。

三、学生代表座叙席次名单

座叙号	姓　名	座叙号	姓　名	座叙号	姓　名
201	杨联陞	203	韩　鸣	205	王世威
202	孟　复	204	陈照貂	206	万福增

续表

座叙号	姓　名	座叙号	姓　名	座叙号	姓　名
207	张光涛	228	鲁建钺	249	吴新铨
208	张国勋	229	郭　质	250	关性天
209	宋　庚	230	裴鸿泽	251	孙本旺
210	陈文魁	231	王强毅	252	冷　冰
211	邴鸿璋	232	谭兴铎	253	佟士虢
212	王廷琦	233	徐爵立	254	张成大
213	姚际唐	234	梁祖尧	255	陈稚纯
214	谢毓晋	235	胡志宁	256	□□□
215	陈延年	236	马人松	257	余承茂
216	李庆鐔	237	董叔昭	258	贺逸航
217	平祖源	238	胡弘机	259	吴醒天
218	黄德官	239	赵士伟	260	张正鹄
219	陈　迟	240	钟焕新	261	朱嘉祜
220	江希明	241	蒋建镐	262	徐世五
221	曹寅亮	242	尚宝琦	263	高时良
222	黄士骐	243	程元溱	264	方鲁池
223	李肇基	244	沙荣存	265	钟启瑞
224	夏孙丁	245	高　照	266	张孟雪
225	潘德全	246	顾存吉	267	胡宝昌
226	李震焜	247	邵东明	268	乔树民
227	刘承格	248	石安吉	269	孙伟东

续表

座叙号	姓　名	座叙号	姓　名	座叙号	姓　名
270	侯银章	291	程治平	312	高宪铗
271	刘子亚	292	龚纵德	313	杨正华
272	张济民	293	江惠民	314	李守权
273	冯克强	294	吴贻孙	315	谭鹏飞
274	罗爱华	295	张品元	316	关大成
275	白永治	296	王志信	317	蔡同举
276	吕钟玽	297	管栋材	318	陈郁章
277	朱梅先	298	廖志升	319	王树槐
278	王孝平	299	邹镇邦	320	王天岳
279	储有礼	300	黄　铎	321	陈志远
280	潘博良	301	丁建斌	322	王柔坚
281	王徽藩	302	孙　超	323	程国涛
282	曹景襄	303	郭宪亚	324	秦登科
283	孙道修	304	鄢克定	325	孟庆珍
284	王　斡	305	沈　訒		
285	徐树荃	306	李宗津		
286	俞凤池	307	顾家杰		
287	陈元光	308	余宪章		
288	李君明	309	马云龙		
289	孙永祺	310	黄嘉音		
290	黄天赐	311	陈景竹		

〔国民党中央民众训练部档案〕

4. 国民党江西省党部关于破坏学生反日爱国运动措施的报告

（1936年1月24日）

窃“九一八”事变发生后，各地学潮风起，深感党的力量未能深入青年群众中，起积极之领导作用。乃于民二十三年调派金树馨同志担任青运指导员，拟定指导纲要，依照实施，积极推进。两年以来，颇具成效，谨将江西青运情形及此次指导防止发生学潮经过简略陈之，尚乞垂察是幸！

甲　过去的概情：

一、拟定指导纲要。

二、会同学校训导主任，依法指导各学校自治会成立或改组，共计已成立者二十三校。

三、为便利训练及领导起见，指导成立中上学生学术研究会。

四、学生学术会之工作如下：

一、思想统一方面

（一）每二周敦请本党先进讲演一次；

（二）举行党义政治演讲竞赛一次；

（三）每二周举行政治讨论会一次；

（四）举行思想总测验一次，成绩甚佳；

（五）举行读书指导，介绍应读之书目。

二、学术研究方面

（一）出版《江西学生》月刊六期，因经费困难而停顿；

（二）分组举行自然科学研究会三次，社会科学研究会五次；

（三）举行学术演讲竞赛一次；

（四）国文竞赛一次。

三、锻炼体格方面

（一）举行野外竞赛二次；

（二）举行各种球类比赛；

（三）成立学术游泳队；

（四）举行身体重量比赛一次；

（五）举行举重比赛一次；

（六）举行拳术比赛一次。

四、其他

（一）召集全体会员宣誓服用国货；

（二）介绍加入本党为预备党员三十人；

（三）举行书法比赛一次；

（四）成立劳动服务青年团一大队，由学术委员会会员中选充共六十人，由金树馨兼大队长。其工作如下：

1．暑期实施军训一月；

2．西山服务一次，实行劳作精神，颇博得社会好誉；

3．参加防火防空演习各一次；

4．举行募捐赈灾一次；

5．提倡国瓷劝导一次，检查二次，工作认真，颇具成绩；

6．现每星期六下午继续军训，星期日指导行人及公共场所秩序与卫生，每日服务四小时。

乙　此次指导防止学潮发生之经过：

殷逆叛国举国痛愤，为发扬民族意识，并因势利导，斯在正轨内活动起见，曾加以下列之指导：

1．发表讨逆通电，并请中央明令讨伐殷逆。

2．电宋哲元释放被捕学生。

3．决议在不罢课、不示威、不违背法律原则下，积极爱国运动。

4．由学生学术会，发表告全省同学书，指出应注意者有三：

（1）拥护政府政策，埋头苦干；

（2）加紧军事救护训练，以备最后牺牲；

（3）宣传民众，唤起民族意识。

5．因有少数国家主义派教职员，鼓动学生游行请愿，以遂其捣乱目的。闻讯后，即分别劝导，颇趋沉寝。乃因教育厅长对代表说："不要因爱国而坐牢"之高压言词，激起公愤，群情激昂，势非游行不可。即因势利导，指导其作有纪律有秩序之游行。故仅游行而未请愿，且高呼"拥护国民政府、拥护蒋委员长、中国国民党万岁"之口号。

6．游行后，发现有反动传单，鼓励学生罢课。据学生密报后，即分往各校收集焚毁，杜绝流传后，虽仍有少数分子，希图罢课，因指导学生起分化作用，终未实现。

总之，江西青运因两年来努力之结果，青年对党印象焕然一新，故此次爱国运动，能绝对在党的指导下行动，充分表现有纪律，有秩序之现象。理合检同附件报请钧部鉴核。

谨呈

中央民众训练部

江西省党部民运科主任　段继典

青运指导员　金树馨

中华民国二十五年一月廿四日

抄匡庐社通讯一则

本市中等以上学校学生，为援助北平学生救国运动，特于昨（二十七）日下午三时召集各学校男女学生出发游行，届时到三千余人，由公共体育场出发，经过省政府，教育厅、省党部等处，沿途高呼口号，情极激昂，至五时半始返体育场解散，秩序甚佳。兹将经过各情分志如下：

各学校学生，对救国运动，早具热心，兹为唤起省会人民注意起见，特于昨（二十七）日临时决定，组队出发游行，故事前政府当局均未闻讯。下午二时后，各校学生均赴约定地点（公共体育场）集合，计到一中、二中、一女中、赣省、章汇、心远、章贡、剑声、豫章、女职、鸿声等十余校学生共约三千余人，出发前並在场高呼口号。

各校学生到齐后，于三时出发游行，前用横竹布旗领导，上写“南昌学生援助北平学生救国运动”等字样，后每段有某学校字之旗随行，各学生手中，多持小旗标语，但不一律，亦有未持者。出发后，经环城路南、三道桥、中山路、西大街、民德路、中正路、王阳明路、环城路北返体育场解散。所经各地，观众甚多，但秩序甚佳。

当各学校学生在马路游行时，沿途高呼口号，异常激昂，其口号有下列十余种。（一）反对华北自治运动，（二）铲除伪组织，（三）援助北平学生救国运动，（四）全国学生团结起来，（五）打倒汉奸，（六）铲除傀儡，保全国家领土完整，（七）拥护国民政府，（八）拥护蒋委员长，（九）中国国民党万岁，（十）中华民国万岁等十余种。

下午五时许，游行完毕，仍返体育场解散。各校学生仍至田径赛场集合，当由学生代表某报告，谓今日省会学生游行，自认结果良好，但吾同学不能认为此次游行即完成吾等救国运动，尚希望贯彻主张，继续努力。且此次游行，不过表示一点意思，我们今后要做实际工作，达到我们救国之目的云云。报告毕又高呼口号，末宣布解散，各同学乃依次出场，时已万家灯火矣。热血志士，莫不伤心，我政府忍辱负重，隐忍未发，乃竟有所谓“自治”组织，是可忍，孰不可忍？窃以国家乃人民寄托之所，疆土为国家树政之基，疆土既削，国势日蹙，国势一促，民命何存？凡我同胞，谁不欲生命永续，主权自尊，须知要一已能存，必须国基巩固，巩固国基，先除国贼，分割领土、即属汉奸，凡我国民，共起诛锄！江西省会中等以上学校学生联合会救国运动会谨启。

〔国民党党务机构档案〕

5．教育部压制学生挽救民族危亡举行罢课游行的令文

（1936年1月29日）

教育部二十九日通令各教育厅局、各校院，宣告国难时期之教育宗旨。令云：国势临危，青年郁闷，近来各省市学生群作爱国表示，其动机已为政府社会所共谅。惜有一部分学校学生，行动越轨，以致校纪不克维持，全国教育均感动摇。最近来京各校校长，懔于责任之重，曾共同发表宣言，除表示拥护国家领土主权之完整及尽力实施切合国难时期需要之教育外，並一致以制裁罢课与破坏纪律之举动为言，语重心长，可发深省。蒋院长重视教育工作，关怀青年训练，其本月二十八日院令对于此种制裁业有剀切详明之指示。本部识责所在，自必严遵院令，竭全力以维教育工作，不稍宽懈。教育之生命，即民族之生命，一经停顿紊乱，救亡图存，均无可言。故毁校决非爱国，其理至明。今后教育方案，为适应国难时期之需要起见，应如何量加厘订，本部自当遵照院令，妥慎订定。惟此种方案之实施，亦必各级学校保持安定之常态，方有宏效可期。所望全国各校校长及教职员，各秉坚定不拔之精神，恪遵院令，执行校纪，务使学校秩序完全恢复，不致再有课业中断等情事。尤望全国青年群纳感情于理智，从实际下工夫，以毅以恒，效命国家，勿为一时之意气所驱使，勿受少数缺乏理智者之煽动。须知当前之国难，青年诚为重视，民族之前途，尤系于今日青年之肩头，及时磨练，至为紧要。除饬遵院令切实办理外，为更详抒所怀，恳切宣告，由各教育厅局各院校通知。此令。

中华民国廿五年一月二十九日

部长　王世杰

〔国史馆档案〕

6．教育部转发中央民众训练部拟订之处理学生团体临时办法的训令

（1936年2月1日）

教育部训令　廿四年发第981号

令国立中央大学

案准中央执行委员会民众训练部公函开：顷密电各省市党部、各特别市党部，文曰：自行政院召集全国各大中学校校长及各级学生代表来京谈话后，上下意见，现已贯通，学生爱国行动，亦已渐入正轨。惟各地学生形成之临时组织，仍复存在。关于此项组织，非审度当时之环境，厘订整个之方案，不足以杜流弊，而期领导，中央刻正征询筹划，俾求妥慎确切，推行无碍。惟当整个方案未公布前，为爱护青年安定秩序起见，特拟订处理学生团体临时办法三项，以作目前实施之依据。一、各地学生团体之组织，仍以十九年三届中央通过之学生团体组织原则为依据；二、各地学生如有校外联合之组织请求当地高级党部备案时，应不准其备案；三、各地学生如有校外联合之组织，无论是否曾经当地高级党部备案，均应设法劝导停止活动。除分令外，特此电达，至盼慎密处理，随时具报为荷，等语。相应录文函达查照，並希密令各省市教育机关及各大学，嗣后对于学生团体组织情事，依据本部所拟订处理学生团体临时办法三项，随时会同各该地高级党部妥为处理，等因。除分行外，合行令仰该校遵照。此令。

中华民国廿五年二月一日

部长　王世杰

〔国立中央大学档案〕

7. 国民党中央民众训练部关于防范上海文化界救国会人员至各地串联活动的函件

（1936年2月）

（1）国民党浙江省党部致中央党部密呈（2月15日）

中国国民党浙江省执行委员会密呈　第2813号

呈为呈报事：窃查国立浙江大学自上次藉口参加学生爱国运动，全体罢课，始于本学期开始补行考试，并预定于本月十二日正式上课。讵于考试将竣之际，忽有自称上海文化界救国会女性代表一人来杭，以援助上海太康日纱厂罢工工人为由，煽动浙江大学及之江大学两校学生罢课响应，以壮声援。结果之江大学学生未为所动，而浙江大学以过去风潮中各主要份子犹未能悛改前非之故，则于十一日上午举行全体学生大会，决议案有电慰上海大康纱厂罢工工人，暨向校内及校外募捐予以物质援助等数案。同时推派代表陈迟、任家骅二人向本会报告，拟即出发募捐情形。经即以“文化界救国会代表，未向本会请求援助，恐别有用意，且沿街募捐，亦须先向市政府公安局商取同意”等语，婉为劝阻；一面派员侦查文化界救国会代表在杭之行动，相机制止。并电知公安局随时注意，俾免发生意外。当日下午，浙大学生果有少数部分出外向市民作募捐之行动，以未能引起社会之同情，捐款寥寥；同时又鉴于军警岗位加密，有予劝阻情势，乃亦废然终止。比由党政校各当局再行剀切劝告，因决定于十三日下午恢复上课。惟该校学生自治会，前经校务会议解散，现又因此恢复组织，请求校方准予核备，並决定举行近郊宣传及组织各种研究会（现已组成时事研究会及国防化学研究会），恢复壁报等尚在进行中。所有此次浙大学生出发募捐援助太康纱厂工人情形，理合备文呈报，仰祈鉴核备案。谨呈

中国国民党中央执行委员会

中国国民党浙江省执行委员会常务委员　　方青儒

胡健中

罗霞天

中华民国二十五年二月十五日

（2）中央训练部致浙江省党部公函（2月22日）

案准中央秘书处检送贵会呈为“呈报浙江大学学生出发募捐援助上海太康厂工人情形，请鉴核备查”等由。准此，除报告各节准予备查外，用特检同本部情报工作函达，随时注意防范具报为荷！此致

浙江省执行委员会

附情报一份〔缺〕

部长

中华民国二十五年二月二十二日

（3）中央训练部致各省市党部密函（2月22日）

中央训练部公函　密　第961号

查国难严重，凡为国民，自宜在本党领导之下，戮力同心，共济艰危。乃上海近有反动分子，以文化救国会为名，集合所谓文化救国会者，阴谋捣乱，並发行大众生活、国强等反动刊物，恣意煽惑，破坏本党威信。窃恐此等反动团体流入各地，组织分会，对各地文化界及各民众团体，施其蛊惑，实为隐忧。除分别函令外，相应函请贵会对该项反动团体活动，严格防范，毋令流毒为荷！此致

各省/特别市党部

中华民国二十五年二月二十二日

〔国民党中央民众训练部档案〕

8. 国民党政府查禁平津学联会与清华、燕京等高校要求政府收回成命的文电

（1936年2—3月）

（1）行政院政务处致教育部笺函（2月19日）

笺函第一二七八号

奉院长谕："萧振瀛、秦德纯筱电：陈为此间学联会确有共党从中煽惑，若不取缔，势将燎原，拟请明令严行取缔，以弭隐患一案，应交教育部核议具复"等因。相应抄同原件，函达查照。此致

教育部

计抄送原电一件〔略〕

中华民国二十五年二月十九日

（2）国民党中央秘书处致行政院密函（2月20日）

中国国民党中央执行委员会秘书处密函

奉常务委员谕：查平津学联会之组织，于法无据，兹复叠接报告，有少数不良分子密谋操纵，煽动风波，中央为爱护多数纯洁青年免为挟持计，应函由行政院令行教育部迅即转饬禁止该学联会之活动，以敦学风。等因。特此函达，至希查照，迅即办理为荷。此致

行政院

中华民国二十五年二月二十日

秘书长　叶楚伧

（3）教育部致行政院呈（2月24日）

案准钧院秘书处第一二七八号函开："奉院长谕：萧振瀛、秦德纯筱电陈为此间学联会确有共党从中煽惑，若不取缔，势将燎原，拟请明令严行取缔，以弭隐患一案，应交教育部核议具复

等因。相应抄同原件，函达查照”等由。并附抄电一件。正核议间，奉钧院第一〇七九号训令开：案准中央执行委员会秘书处本年二月二十日密函开：奉常务委员谕：查平津学联会之组织，于法无据。兹复叠接报告，有少数不良分子，密谋操纵，煽动风波，中央为爱护多数纯洁青年，免为挟持计，应函由行政院令行教育部迅即转饬禁止该学联会之活动，以敦学风等因。特此函达。至希查照、迅即办理为荷等由。准此，除函复外，合行令仰该部本中央爱护青年之意，迅即遵照妥为办理，并将办理情形具报等因。遵即分电北平、天津两市府协同查禁，并分令各大学、学院一律禁止学生参加该学联会。理合将办理情形呈请钧院鉴核。谨呈

行政院院长蒋

教育部部长王世杰

中华民国二十二年二月二十四日

（4）清华大学学生会致行政院函（3月1日）

行政院钧鉴：

国难日亟，凡我国民，莫不思精诚团结，共挽危亡。北平青年学子，慨国土之沦丧，谋民族之解放，爰有“一二·九”、“一二·一六”之运动，热血为国，薄海同钦。北平各校在抗敌救国之旗帜下，自动组织学联会，纯为爱国热诚所驱使，决非少数份子所能把持。钧院以路远传讹，猝颁布紧急法则，並取缔学联。院令所及，举国愕然，值此国难方殷之际，民气高张，乃国之福，曷可抑压。用特吁请收回成命，举国上下，努力抗敌，共赴国难，实大幸焉！

国立清华大学学生会谨启

三月一日

（5）燕京大学全体学生致行政院呈（3月16日）

为呈请收回取缔平津学联会命令，加强救亡运动。

窃自钧院二月廿一日发出禁止学联活动以来，连日地方当局，派遣大批军警宪及保安队搜检，各校爱国被捕者不可胜计，群情惶惶，政府此举，似有过当。窃以此次救亡学运，纯粹发诸青年爱国热诚，绝无共党操纵指挥之事。前此传闻，均系奸人造谣中伤，意图破坏学生爱国运动，当局如对此参加爱国运动中疑有不良份子混入，尽可俟查有实据后依法逮捕之，似不应解散学联，逮捕学生，陷平津于恐怖状态中。学生等目睹国势危险，不忍再见此种救国运动之误被禁止，敬恳钧院从速根据约法，允许人民自由集会，收回取缔学联明令，不胜迫切待命之至！谨呈

国民政府行政院

北平私立燕京大学全体学生谨上

中华民国二十五年三月十六日

〔国民政府行政院档案〕

9．国民党北平警宪搜查北大、清华两校并逮捕爱国学生情况的通讯①

（1936年3月1日）

中央严令平市当局取缔学联活动后，当局曾先后搜查中国学院、东北大学、东北中山中学、大学出版社等处，搜出书籍文件甚多，并将学生多名传区讯问，各校当局以校内已经上课，为维护学生计，已函地方当局调查学生，如无重大嫌疑，即请早日释放，而免荒废学业，□□□□□□□□□□。地方当局昨日上午又派长警分赴北平清华大学及北京大学搜查，清华学生与警宪发

① 本文原载《华北日报》，系国民党中宣部一份档案的附件，标题系编者所加。

生冲突，迄下午无结果，北大捕去学生三名。兹将昨日各项情形，分志如下：

日昨（二十九日）上午六时余，北河沿北京大学第三院学生宿舍，（系专为一年级生住宿）有本市宪兵第五队队长盛宣中率领二十中队宪兵，会同公安局侦缉队内六区署巡官长警等五十余人，前往分组检查各生宿舍，至十一时检查毕，以该校地质系一年级学生韩仕中，物理系一年级生刘辉榕、辅大附中学生殷炜等三人，认为有某项嫌疑，当被传去宪兵第五队队部审讯云。按韩仕中，系四川资中人，现年三十岁，住三院工字楼十二号，当被检出反动书籍十四本，日记报纸等多件；刘辉榕，系河北衡水人，住三院已楼十七号，当被检出反动书籍二十五本，杂志九十九本，信十二封，大小相片七张；殷炜，系辅仁大学附中学生（记者昨午曾电该校查询，据称无此人），当被检出书籍十本，报纸十四张。

昨据该校负责职员谈，本院第三院宿舍被公安局传去之学生，校方现正调查被传原因，然后再向地方当局设法保释。

清华大学原定昨日补考，但昨日上午四时有公安局长警及宪兵，由督察长钱宗超率领，分乘汽车三十余辆，到达该校，□□□□□□□□□□□□□□，谓系上峰命令来搜查反动分子，即至各院宿舍搜查，□□□□□□□□□□□。搜查结果，搜出书籍甚多，并拟将男生数名带走，此时全校男女学生一拥而出，将被传同学数名夺回，并将警察所乘汽车砸毁十余辆，旋即结队赴办公楼，向校长贻琦，教务长潘光旦请愿，请保护学生安全，梅当向公安局督察长交涉，请宪警暂退，警宪乃于九时退出围墙外，布岗把守。校长梅贻琦、教务长潘光旦，乃即入城谒冀察政务委员会委员长宋哲元，及平市长秦德纯，请将警宪撤回，允将应传学生交出讯问，以免发生更大之不幸事件，校内学生及校卫队则严守各门，迄下午六时，军警仍未撤退，平市公安局长陈希文据报，当即率警车四辆，亲自驶往解决，但至七时，双方仍在僵持中，清华电话昨日自十一时起完全不通，汽车往返，仅能开至学校西门外，不能直驶入校门，燕京大学电话，亦自昨日下午五时起完全不通云。

□□□□又公布事件经过云：日前中央明令取缔校内校外非法组织，并密令各军警机关，侦查各校不良分子，严厉取缔，以免鼓动学潮，平市当局奉令后，连日从事侦查，搜集反动证据多件，现正在缜密研究中。据各方密报，清华学校学生，亦有少数分子，与反动组织不无关系，昨晨六时宪兵司令部，特令同公安局派警宪驰往，知照该校当局，从事搜查，学生闻讯，群起抵抗，相持颇久，进内之警察署长数人，当时被学生扣留，经交涉后，始行放出，警车数辆，均被砸毁，被传之学生二人，当时亦被抢回，军警方面，因奉令务必持和平方法处置，至此已感无法应付，当电宪兵司令部邵文凯、公安局长陈继淹请示，学生一面集合操场，请校长梅贻琦出面制止，令军警退出校内，平市长秦德纯闻讯，即电公安局，绝对以和平方法应付，并令军警暂先退出校外，以待解决，一面并派参事祝瑞霖，驰往晓谕，十一时余，梅贻琦亲自到府，与秦市长面商颇久，秦氏以军警侦查，系奉中央命令办理，本人曾令于侦查时，切须注意三项：（一）事先应知照学校当局，（二）绝对以和平方法处理，（三）只限于检举之人，不能扰及多数善良学生，即学生传讯后，如无重大嫌疑，亦立即立时释放，希望梅校长协助晓谕，梅氏甚表同情，当允将被检举之学生送出。梅校长返校后，对学生切实劝谕，历时甚久，仍无结果，迄下午三时，公安局长陈继淹，亲自驰往劝导，并令军警退至校外相当地点，取监视态度，以待解决。

〔国民党中央宣传部档案〕

10．教育部奉发《维持治安紧急办法》的训令

（1936年3月6日）

教育部训令二十五年发令式（3）第2810号

令国立中央大学

案奉行政院本年二月二十八日第一二五四号训令开：案准国民政府文官处二十五年二月二十日密字第七一号公函开：顷奉国民政府令开：现代一切国家，凡以充实国力光复民族为任者，无不严维秩序为首务，社会秩序，一经扰乱，不待外侮之来，亦陷国家于危亡之地。近年我国忧患频仍，尤应上下整齐奋发，共为有秩序之努力。惟公安之维护，各种法令，虽已详有规定，诚恐禁制之条，散见诸法，执行者易于疏怠。兹特颁布维持治安紧急办法，使全国军警当局知所注意，对于蓄意危害社会国家之人，在动乱萌发时间，即得依以迅速处理，凡所禁制，均属违反现行刑法及其他法令之行为，一切指示，均属公安机关依法应尽之责任，令布之后，应即严格施行，俾公众之安宁，以及恪守法律之人民，同得坚强之保障。此令。等因。并附维持治安紧急办法一份。奉此。除由府公布並分函外，相应录令並抄同维持治安紧急办法，函达查照，並饬属一体知照为荷。等由，准此。除分令並函复外，合行抄发原办法令仰知照，並转饬所属一体知照。等因。奉此。除分令外，合行抄发原办法，令仰知照。此令。

附抄发维持治安紧急办法一份

中华民国二十五年三月六日

部长　王世杰

维持治安紧急办法

一、遇有扰乱秩序，鼓煽暴动，破坏交通，以及其他危害国

家之事变发生时，负有公安责任之军警，得以武力或其他有效方法制止。

二、遇有以文字、图画、演说，或其他方法而为前项犯罪之宣传者，得当场逮捕，並得于必要时，以武力或其他有效方法排除其抵拒。

三、军警遇有妨害秩序、煽惑民众之集会游行，应立予解散，並得逮捕首谋者，及抵拒解散之人。

四、军警遇有前述各项之事变时，应将当场携有武器者，立即缴械及逮捕之，並得搜捕嫌疑犯。

五、明知为违犯本办法之人犯，而藏匿容留或使之隐避者，得逮捕之。

六、军警于处理事变时，应立即报告该管上级长官。

其所逮捕之人犯，应立即解送较近之宪兵队长官，公安局长县长或检察官讯问后，分别情形，依照危害民国紧急治罪法，或其他刑事法规办理。

七、依本办法处理事变之军警，对于严守纪律之人民，应特予保护並应注意维持治安，恢复秩序。

〔国立中央大学档案〕

11. 国民党中央民众训练部为严防全国学生第二次大罢课致京沪汉及苏浙等省党部密函稿

（1936年3月6日）

密函第　　号

本部迭据密报：

一、近日平津学联，密派代表南下赴各地大学，鼓动二次大罢课风潮。

二、绥远省主席傅作义近电平津当局，谓在绥破获一共党主要机关，内有北平学运报告及学联会今后工作之动向：

1．策动罢课罢考；

2．强迫学校当局施行所谓非常时期教育方案；

3．成立全国学联。

等情。相应密达贵部，即希会商当地政府暨各校当局严密防范，俾弭患于无形，而纳青年于正轨。此致

京、沪、汉、鄂、豫、皖、浙、苏党部

部长 〇〇〇

〔国民党中央民众训练部档案〕

12．国民党中央民众训练部与河南省政府关于取缔该省学生救国联合会并镇压学运活动的往来文电

（1936年4—5月）

（1）刘种元致中央民众训练部密电（4月23日）

中央民众训练部长周钧鉴：巩密。去年底成立之开封学生救国联合会，党政机关並未允立案，时加劝导，但乞未遵令撤销。近复变本加厉，于智日举行所谓第五次临时执委会，马日向教厅请愿，幸无事，养日该会负责分子忽到县党部开会，且发有激烈传单，侮辱各界当局，因劝导无效，乃政府派队收押念余人，此种处置，实迫不得已。本日早各校学生联合向省府要求释放收押学生，今后反响如何，尚难预测，所幸党政机关正妥筹应付，或不致发生严重局面。拟明日赴郑州。特闻。职刘种元叩。梗。

（2）国民党中央民众训练部致河南省政府复电（4月27日）

电 第 号

开封。河南省政府鉴：据本部视察员刘种元电陈开封学潮经过及学生被押情形，本部为避免事态扩大起见，希贵府迅即会同党部依照本部一月感代电各省市党部所订处理学生团体临时办法，以和平妥善方法将该学生救国联合会解散。至被押学生，如无

重大反动行为，应由各校当局及家长负责领回训导监督。並希将办理情形见复为荷。中央民众训练部。感。

（3）国民党河南省政府致中央民众训练部复电（5月2日）

南京。中央民众训练部勋鉴：感电敬悉。汴市学生上月以救国联合会名义发起组织省学联会，经令饬省会公安局严加取缔，並令各校妥为劝导，遇有此项通知，立即焚毁，並阻止学生来省集会在案。马日汴市学生以所图不成，公然散发反动宣言，并结队向教厅诘问，养日午后复强在县党部开会，准备游行示威，经令公安局将为首主要份子二十四人先行逮捕看管，乃各校在校学生仍复秘密集会，梗晨五时后集队千余人赴省府要求组织学联，释放被捕代表，沿途军警阻止无效，当经主席及民教两厅长严正训示，至下午五时散队回校，敬晨各校照常上课，各校长来府，恳请保释被捕学生，当经谕令公安局将在押学生送府，予以严正训诫，並谕令由各该校长带回负责管束，风潮已早平息，缘承垂询，用将处理学潮经过情形，电复查照，并祈释念为荷。河南省政府冬印。

中华民国二十五年五月二日　发

〔国民党中央执行委员会档案〕

13. 国民党中央民众训练部处理全国学生抗日爱国运动情况的报告①

（1936年7月）

（前略）自殷逆叛变，华北事件发生，平津学生纷起作爱国运动，其他各地学生亦多闻风响应。惟青年学生，大都情感丰富，意志薄弱，思想庞杂，必须周密之调查，严正之指导，详慎

① 此件选自国民党中央民众训练部在第五届中央执行委员会第二次全体会议上报告第三部分。

之处理，方不致奸人利用，发人轨外行动。本部成立之际，适值各地学生运动纷起之时，指导处理，颇费思虑。兹将其重要事项概述如下：

（一）派员招待听训代表。本年一月十五日行政院召集全国交通较便之各省市专科以上学校及学生代表，并中等学校校长来京听训。由蒋院长说明时局真相，宣达政府外交方针，並听取各代表意见。本部为明瞭各地代表之思想行动，借资联络起见，特派员协同教育部担任指导及招待事宜。

（二）参加党政宪警联合办事处工作。各地学生激于爱国热忱，时有开会游行与来京请愿等事件发生。中央为处理此事之便利计，特联合党政宪警各机关组织一临时联合办事处会同处理，本部亦派员参加工作。

（三）严密防范各地学生轨外活动。自各地学生运动发生，本部深恐奸人乘机利用，除秘密派员赴平津沪汉各地相机应付外，並分电京、鄂、豫、皖、浙、苏等省市党部、市政府及京沪、津浦、平汉等铁路特别党部，严密防范各地学生轨外活动，並请将各该地学生运动情形及其演变，随时函报，以便决定指导方针。

（四）调查京市学生活动情况。首都为中央政府所在地，青年学生之运动，尤应特别慎重，本部为明瞭实际情形，以便指导起见，特派员分赴各校接洽严密调查，並时与学校当局宪警机关协商指导方法。

（五）调查全国学生思想。本部为欲明瞭各地学生一般思想以便拟订训练方案起见，曾函请各省市教育厅局转令所属中等学校，並函各地专门以上学校，将学生所主办之刊物或学校有关青年运动之论著，按期寄送，藉资参考。

（六）取缔湖北省学生救国联合会。本部准行政院函：据湖北省政府呈湖北省学联有反对本党及不信任中央表示，请撤销许可证等由，经电湖北省党部查询，据复称：湖北省学联未经许可，微闻该会有反动行为，除派员严密侦查外，请转函行政院饬由湖北省政府负责取缔等情，当经函复行政院查照，令由湖北省政府解散。

〔国民党中央民众训练部档案〕

14. 国民党中央民众训练部关于防范上海文化界救国会发动学潮的密函

（1936年9月15日）

中央民众训练部密函　第　号（运特密4号）

据报告：文化界救国会份子王造时、李公朴、章乃器、沈钧儒、顾执中等组织文化协会，企图发动沪市学潮，曾招集大学中学有三十二个单位团体代表举行联席会议，成立救亡会，其作用在领导沪市整个青年运动与各界救国联合会，並商定援助复旦大学学潮，决于各校上课后，将学生加以严密组织，刻已向各校调查暑假期间被停学及被开革之学生，以便招集来沪，策动学潮。又拟利用纪念“九·一八”之机会，联合各界救国会作发动宣传。现已推定各筹备员，预定在市商会或南市少年宣讲团及北市东方图书馆举行纪念大会，作大规模之宣传运动。又为扩张其实力起见，将发起组织市民义勇队，以拉拢受训公民为基干，现已推定筹备员若干人，並拟定工作纲要等语。查际此国家多事之秋，该份子等有此大规模之轨外活动，实应严密注意，相应函请查照转饬严加防范，对于反动集团之未形成者设法制止，其已组成者加以有效取缔为荷！此致

上海特别市执行委员会

中执会民众训练部

廿五年九月十五日

〔国民党中央民众训练部档案〕

15. 国民党中央民众训练部为设法消弭北平学潮致教育部密函

（1936年10月20—27日）

（1）国民党中央民众训练部密函（10月20日）

中央训练部　密函第四七一四号

顷据北平铣密电称："近以外交愈趋尖锐，平市学生以燕京大学学生会为中心，平市学联正努力广求连署，急欲掀起学潮，势甚危急"等语。查北平现为外交要冲，设一旦学潮发生，不仅增加目前外交困难，且有碍整个中央对日计划。兹据前情，相应函请克日密电燕京大学当局，设法消弭，并饬妥慎处理见复为荷。

此致

教育部

部长　〇〇〇

中华民国二十五年十月二十日

（2）教育部复函（10月27日）

教育部公函　密　秘字第2026号

案准贵部第4714号公函，据报平市学生以燕京大学学生会为中心，平市学联正努力广求连署，意欲掀起学潮，嘱电燕大当局，设法消弭，並饬妥慎处理等由。经函据燕京大学陆校长志韦声复略称：平市学生前以各校教授对外发表宣言，曾有参加联署之运动，本校学生确有以个人名义在校内外奔走者，业经竭力劝阻。教授方面似绝无将事扩大之意旨，至平市学生对外将另有表示一节，刻已向学生会负责人详细询问。据云：並无此种策动，且外间所传平市学生活动以燕大为中心云云，亦非事实，纵或有之，自当竭尽棉薄，俾使不逾常轨等语。相应函请查照为荷。

此致

中央执行委员会民众训练部

部长　王世杰

中华民国二十五年十月二十七日

〔国民党中央民众训练部档案〕

16．国民党中央民众训练部关于如何指导各学校抗日救国总会等的密决议

（1936年11月5日）

如何指导各学校抗日救国总会等（密）决议：

一、通令电报局，不准该会拍电报。

二、令该会呈送章程及决议案，候核准后始准发。

三、名称应改称“学生抗日救国联合会”（或就原拟定）。

四、经费应令呈送预算后，准予补助；惟须绝对服从中央意旨，接受党的指挥。

五、由训练部负指导责任。

方觉慧　　十一·五

〔国民党中央民众训练部档案〕

17．国民党中央民众训练部请制止北平学生为援绥抗日并要求释放邹韬奋等联络各地学生团体赴京请愿的密函

（1936年12月1日）

中央民众训练部民运字第5234号密函

迳启者：顷据密报，平市学生，绥战日紧，复因邹韬奋等被捕，集会声援，行动积极，颇有越轨之虞。兹将密报各情，节录如下：

（一）最短期内派员联络上海、南京、广州、西安、青岛、徐州、山西、绥远各地学生团体组织代表团，赴京请愿，请政府全力援绥；

（二）通电全国，一致要求政府停止内战；

（三）即派代表分赴各地宣传援绥，並向中央请愿恢复邹韬奋、沈钧儒等七人之自由，及保障爱国运动之权利与自由；

（四）援助青沪罢工工人；

（五）各校一致罢课二日，表示坚决；

（六）组织罢课工作委员会。

以上各情，关系重大，相应函达，即希贵部迅速密令平市教育当局妥为制止，防患未然，至纫公谊　此致

教育部

部长

中华民国二十五年十二月一日

〔国民党党务机构档案〕

18. 国民党中央民众训练部拟订之"应付目前北平青年问题办法"

（1937年5月27日）

遵条谕拟具《应付目前北平青年问题办法》是否可行？敬乞鉴核。

附呈《应付目前北平青年问题办法》一件

职　邹寿昌

巫兰溪

五月二十七日

应付目前北平青年问题办法

一、充实新学联——北平新学联，份子尚属纯正，对于中央亦有深切之认识，本部前以该会处境特殊，除特准其备案外，並曾发给经费，以利工作进行。兹为应付目前北平青运计，似应继续按月发给津贴，俾其于工作方面，得推行无阻，而不致感受经

济之困难，並极力设法吸收各校优秀分子参加工作，务使新学联之主张与行动，足以代表全市学生之意见，然后则□焰高张之反动势力，当可逐渐消灭于无形。

二、与民族革命青年社取得密切联系——自平市党部停止活动以后，本党党员多失凭藉，反动份子乘机抬头，假抗日救国之名，实行其麻醉青年，及欺骗民众之惯技，对本党同志及本党政策，攻讦备至，惟该社负责人贺翊新等忠心爱国，力辟邪说，虽身处危城，犹无时不与反动势力斗争，故本部曾准该部备案，並按月补助经费。兹欲应付目前北平青年问题，本部应与该社取得密切之联系。关于调查北平学运状况，侦悉旧学联活动份子之背景，及应付北平青运之意见等均可委托该社负责人办理。

三、派员常川驻平指导及调查——本部除委托北平民族革命青年社担任调查等工作外，並应派员常川驻平指导及调查工作，必要时得临时派员前往调查，其工作纲要，应就该地特殊环境，详慎另拟。

四、与当地政府取得联络——冀察当局对于新旧学联之争，素持不闻不问态度，以致新学联方面之活动，有时发生窒碍，应由本部函请行政院密饬平市当局协助本部驻平人员，如遇处理学潮须与本部驻平人员会商办理，以便度态一致，並须将处理情形，向中央或本部报告。

五、设法统一学运组织——统一学运组织之基本方法，则一面充实新学联，一面设法削灭旧学联，同时对于倾向中央之教授与学生多方与之发生密切关系，其灰色份子应多方设法联络，务使无形中改变态度，则学运组织之统一有不期然而然矣。

〔国民党中央民众训练部档案〕

(3)各地民众抗日救国运动的发展

1. 全国学生救国联合会关于最近时局的紧急宣言

（1936年6月21日）

我们已经诚恳的指出：为了事实上我中华民族已到了“抗日则生，不抗日则死”的最后关头，所以我们：

（一）对一切抗日的军队愿竭全力拥护；

（二）希望中央政府立刻顺从各方要求，正式对日宣战；

（三）要求一切实力派立刻动员，响应西南，合作抗日；

（四）要求我国同胞团结起来，促成全国一致的抗日战争的实现，我们相信，这应该是每一个爱国同胞所应有的立场。

最近因情势进展极快，而各方“舆论”又复纷纷，莫衷一是，我们觉得有再说几句话的必要。

我们很惊悉于所谓“内战”的传言。我民众已深恶痛绝于内战，我们所一再奔走呼吁的就是停止内战，一致抗日。中央政府对我们这种沉痛的呼吁，一向置于罔闻，始终把所有的国防力量消耗于“安内”的战事中，这已叫我们非常痛心失望的了。然而中央虽始终从事“安内”，却也未尝放弃“团结御侮”的标榜。既然中央也不忘“御侮”，我们民族所要求的也无非是“御侮”，西南现在所号召的也正是“御侮”，那我们就简直找不出现在西南抗日军的出动可以引起与中央军冲突而发生内战的任何理由！若是中央果然有诚意要抗日救国的，那一切抗日民众的力量，依然是它强有力的后盾，为什么还会引起内战？若是因一方要求抗日，一方加以“阻止”，因而内战起来，那非但腾笑万邦，中央又何以自辩于人民？

如果说中央所反对的是西南军的单独出动，有“乱”中央

“救国”的步骤，那我们更不能不怀疑。九·一八以来，我民众呼吁抗日，已有五年之久。中央的回答是“准备”，但“准备”的结果是国土失去五分之一，民族经济的整个崩溃。五年的时间不可谓之不长，但今日民族生命危迫至此，我们不得不站起来，坚决反对再等下去！现在日本帝国主义已扼紧了我们咽喉，只有战，立即战才有生路，过去十九路军和廿九军，没有得中央命令自动抗战，东北义勇军苦战至今也没有得中央的丝毫的指示。但是，他们非但没有“乱”了所谓救国的步骤，失去中央的威信，反而在我们近代史上写下了最光荣篇页，保持了我民族神圣的尊严，博得了全世界热烈的赞叹，这就是一个最好的榜样。因此，我们坚决的拥护一切抗日部队的出动，我们更要进一步号召一切愿意抗日的部队赶快动员，中央如果真有救国的诚意，那没有疑问的也应该立即对日宣战！要是再以神秘的“准备”和“救国步骤”为借口，而压迫一切抗日部队，那么，谁为民族最大的罪人，恐将不能一手掩尽天下耳目了。

根据这个立场，我们反对一切延宕和欺骗的政策与手段！除非二中全会将决定立即对日宣战的大计，我们反对再召开二中全会来决定和战的问题。我们坚决的指出，中华民族现在已到了最后关头，这已毋须二中全会再来决定或否认，日本三万大军已进驻华北，日本卵翼下的走私已破坏了我整个的民族经济，再要说最后关头未到，那除非中华民族“寿终正寝”才是最后关头！我们决不相信中央诸公就见不及此。如有诚意救国，现在立刻就应该当机立断，对日宣战。

亲爱的全国同胞，亲爱的全国各军部队的武装弟兄，我们要不愿做亡国奴，那就应该赶快站出来了，我们不能再愚妄的等待！在这样十万火急的关头，一切因循苟安、迟疑或者宽容，都在客观上帮助了误国。

我们要坚决的表示对一切抗日军队与抗日战争的拥护。

我们热烈的同情西南当局发表的一切武装军队，不分党派，凡愿参加抗日运动者概予欢迎的主张；我们竭诚的要求全国愿意抗日的部队立即自动响应，共同组织统一的抗日军队，对日作战。

我们希望中央勿再继续其过去的错误政策，自绝于人民，应立即动员全国对日抵抗。

我们更赤诚的呼吁全国同胞一致总动员，结成抗日救国的统一战线，促成全国的抗日战线！

伟大的民族解放战争的进军号已经响了！

拥护一切自动抗日的部队！

反对以任何理由来压迫抗日部队进行内战！

一切抗日的救国部队联合起来，保障抗日战争的伟大胜利！

中华民国二十五年六月二十一日

〔国民党党务机构档案〕

2. 上海新闻检查所扣发的顾颉刚等六十二位教授对时局宣言稿及有关文件

（1936年10月）

（1）上海新闻检查所工作日报（10月13日）

新闻检查所工作日报　第1312号

昨日检查本市日夜各报，除少数删改外，有下列之删除及免登稿件。

一、平各大学教授对时局宣言之内容

（立报十一日北平电）各大学教授顾颉刚等对时局宣言，已脱稿，日内发表。"首述沈变以来危机，嗣述年来对外失策，末提（一）请集中力量，在丧权辱国原则下调整中日关系；（二）外交公开，宣告塘沽协定等无效；（三）不许外人干涉内政；（四）制止走私"。注：宣言原文见第三条。

二、闸北发现汉奸活跃〔略〕

三、平市各大学教授对时局宣言原文

（民报十二日北平讯）平市各大学教授顾颉刚、黎锦熙等数十人联名发表对时局宣言，全文已脱稿，一二日内即可正式发表。兹探录该项宣言原文如次：国民政府、行政院、军事委员会钧鉴：全国各报馆、各通讯社、各杂志社、各机关、各法团暨全国人民公鉴：溯自沈阳之变，迄今五载，同人等托身危城，含垢忍泪，不自知其运命之所届，倏而见我政府缔结“塘沽协定”，拱手放弃东北四省，倏而见关内外交通复常，华北之藩篱尽散，倏而见我政府缔结“何梅协定”，使冀察两省名存实亡，循往思来，深恐全国领土无在不可断送于日人一声威吓之中。既而蒋行政院长宣布外交方针，並传诵一时之警句曰：“和平未至完全绝望，决不放弃和平；牺牲未至最后关头，决不轻言牺牲”。同人等反复推寻，转增惶惑。所谓最后关头，其将为勾践之保会稽，抑将为桂王之栖南粤，此可以兴邦，亦可以丧邦之一言，同人等实引领翘企其界说之分明也。既而当局一再解释，以尚存之领土，不容再失，尚保之主权不容再让，为最后关头，即东北四省之主权亦作保留之郑重声明。壮哉斯言！同人等所引为私慰者，以此全国民众所以殷殷期望于我政府者，亦以此然。而比年以来，冀东叛变，察北失陷，绥东危急，丰台迁变，从未闻我政府抗议一辞，增援一卒，岂谓诺言可以空发，而在行动上则不妨一再表现妥协与让步乎？此同人等又不胜引为惶惑者也。近来对日进行交涉，我政府所受之威胁，虽尚未宣，然据外电，本诸东报所传，谓日本对中国有以下诸条款之提出：（一）华北五省独立；（二）经济合作，减低对日关税；（三）完全消灭抗日运动；（四）开除与抗日运动有关之领袖；（五）中日协同抵抗苏俄。姑勿论所传之虚实如何，此诸条款任承其一，即足以陷我民族于万劫不复之深渊，堕中国之自由平等之追求于绝路。孙中山先生所遗托于吾人之重任，数十年先列所糜躯洒血以殉者，亦将永绝成功之望。此诸条款任承其一，我政府即自食其对国民之诺言，自失其存在之领导地位，亦遂自拒全国人民之信仰与拥护。为民族解放前途计，我政府固有根本拒绝此诸条款之责任；而为国家社稷安危计，我政府亦有根本拒绝此诸条款之权宜。在昔靖康之世，宋虽不竞，犹有太原之樱；端平之世，宋更陵夷，复有淮西之拒。我黄帝子孙，数千年来，虽时或沦于不才不肖，从未有尽举祖宗所贻，国命所系，广土众民甘作敝屣之弃者，此有史以来所未有闻之奇耻大辱，万不能创见于今日，是则同人等觇民意之趋响，本良知之促迫，所敢为我政府直言正告者也。同人等以国防前线之立场，在此中日交涉紧张之际，为愿政府明瞭华北之真正民意，与树立救亡之目标起见，特提出下列数项，要求政府体念爱国赤诚，坚决进行，以孚民望，而定国是，不胜企祷之至。（一）政府立即集中全国力量，在不丧国土，不辱主权之原则下，调整中日关系；（二）中日外交绝对公开，宣告塘沽协定、何梅协定及上海协定无效；（三）不许外人干涉中国内政及在华有非□法军事行动；（四）反对在中国领土内以任何名义成立由外方力策动之特殊行政组织；（五）政府立即增兵边防：一、保守国土，不容再失寸尺，二、相机收复东北失地；（六）政府立即以武力制止走私活动。

（２）名心致周佛海函（10月19日）

总社：请译送。

周佛海先生大鉴：宣言起草者清大张荫麟，送签者顾颉刚，原动者燕京大学教职员会。此诸教授，素无活动，连署者多文学、史学方面，亦有四教授参加，而左倾教授迄未签入，故就诸人而论，皆甚简单。原稿前文太感情，条件较平实，复经改定前文，缓和条件。急邀王雪艇阻止，电到时已经发出，及□又□收回。请愿入京，未有所闻，容询问阻止。平市学生会拥护此文，颇□利用，已有活动。弟当劝顾等阻止，第二次动作，将此事告一段落。日军已有抗议，《读卖新闻》记者曾特访弟答问，大意另电奉达。弟系被签，下文续告。名心叩。印。

附录（1）日《读卖新闻》记者采访问答

（北平十月十四日电）日读卖新闻记者村上于十三日晚访问北平某教授，对平教育界时局宣言问答如下：（问）宣言动机如何？（答）宣言起草虽未参加，以我所知，北平学界自华北增驻日军时起，屡欲有所表示，但以轻于表示恐于政府外交之进行有所不利，故迄未发出。至今上海及长江一带严重时局，已至最后关头，不能〔得〕已于一言，别无动机也。（问）签署者有何限度？（答）均以友谊关系传观，故多文史方面之人，並无何种标准。（问）签署者对南京政府信用之限度如何？（答）签署者对中央政府之瞭解虽有不同，但均自当信任政府，其始终反对政府者並未参加，盖此宣言有期待而无反对也。（问）如南京政府不能执行诸要求，诸人有第二步准备否？（答）签署诸人，一无组织，二非党派，故谈不到第二步工作。（问）对冀察政务会与日本经济合作之反对有何理由？（答）此条我尚未见想，系后来列入，余意如经济合作，如（一）条件不平等，（二）不尊重主权，（三）有军事意义则须反对，如其不然即无反对之必要也。（问）宣言与人民战线有何关系？（答）签署者无何等组织，其有组织者並未参加，至我个人意见，主张民族联合，而不主张国民战线与人民战线之对垒。（问）宣言与学生有何联络？（答）迄无有组织的联络，其学者如有同此意见者，自可一致，诸人並无意以此组织学生也。

附录（2）同盟社电讯一则

（上海同盟社十月十三日北平电）北平各大学教授之抗日时局宣言，以六十二教授之签字，于十二日夜分电国民政府、行政院、军事委员会及全国各机关、各报馆。此宣言谓此次开始之中日交涉，日本所要求者为：（一）华北五省之独立，（二）经济合作减低对日关税，（三）抗日运动之消灭，（四）抗日首脑者之排斥，（五）中日共同防共等条项。承认其一，足以亡国，况兼五者呼。该宣言又对政府提出要求八条，其要求内容大抵为报章所载，即根本否认日本在华北之特殊势力，以兵力反对开发华北经济，反对侵害主权之资源开发等。当此，因田代、宋哲元两氏之裁断，渐踏进华北明朗化第一步之际，在宋哲元势力范围之内，且由大学教授签字发表露骨的反日宣言，不仅冀察政权，影响全国甚大，故日本当局非常关心云。

（3）国民党中央民众训练部致各省（市）党部电函

各省/市党部鉴：锐密。近以外交严重，北平各大学教授顾颉刚等六十二人于文日发表对时局宣言，意在督促政府从速抗日，以挽危亡，其用意固无不可，惟恐节外生枝，复闻各地学生近亦有轨外行动酝酿。本部为避免学潮发生及影响整个中央对日计划，务请随时注意，相机劝阻，並希具报为要。特电。中央民众训练部。皓。

〔国民党中央民众训练部档案〕

3．广西大学教授李进隆等反对日本提出的反共、取消抗日运动等无理要求并请政府对日实行强硬外交的函

（1936年11月11日）

南京国民政府、行政院、军事委员会、外交部钧鉴：此次中

日调整国交，日本仍抱定其侵华之一贯政策，如：要求华北五省特殊，组织经济合作，减低对日关税，共同防共，取消我抗日运动等。设行其一，已足亡我国家而有余。同人等对于此类无理要求，誓死反对，且日本近派海、陆军来华，到处骚扰，此等蛮横无理举动尚未停止以前，例应断绝邦交，更何有调整之余地。北平、京、沪各大学教授先后联合宣言，词严义正，先获我心，此种最低限度之要求，必须达到目的。敬乞我政府俯顺全国民意，实行强硬外交，无稍退让。同人等救国有心，誓为后盾，临电愤激，伏祈垂察。广西大学理工学院、农学院教授李进蓥、陶心治、张治超、唐有垣、谢申图、林汶民、谭世藩、陈杰、赵登波、赵玉昌等卅五人呈。感。

〔国民政府行政院档案〕

4.李宗仁先生在广州对记者谈话：惟有焦土抗战才能取得最后胜利

（1936年）①

目前中国所迫切需要者，为整个民族救亡问题，为争取中华民族自由平等，保卫中华民国领土主权之完整，必须不许此不死不活之现状，继续下去，必须改变此苟安因循之现状，尤必须发动整个民族解放战争，本宁愿全国化为焦土，亦不屈服之决心，用大刀阔斧来答复侵略者，表演中华民族自存自立之伟大能力与精神，然后中国始有生存可能，中日问题或亦可因之获得和平希望。须知一个国家横遭侵略，即应坚决抗战，以表现独立自存之精神。何况日人侵我，得寸进尺，无有止境。观于前年四月十七日日本外务省天羽氏之发表声明，足知其侵略目标，固在整个中国。我国家民族既处于生死存亡之最后关头，则此时只当问应战不应战，不当顾虑有力与无力。且抗战则存，屈服则亡，除坚决

① 原件未标明时间，此时间系编者依据内容推断的。

抗战而外，更不容有徘徊余地。明知战固难免牺牲，然不战牺牲更大。不战牺牲，其结果为国亡种灭，战虽牺牲，尚可确立民族复兴之基础。且下抗战决心，或可使战祸消弭于无形，亦正未可知。能战乃能言和，不然，步步屈辱，使民族意识日见消沉，国民精神，愈形委靡。而日人运用“以华制华”毒计，将见在彼领导之下，汉奸势力日益伸张，国土不断沦亡。至国亡之最后阶段，或亦有一部份国民，不甘为亡国奴隶，起而抗战，然彼时战争，已变为国民与汉奸势力之战争，非直接与日人战争，日人则于鹬蚌争持下形势，自为渔翁，完成其囊括全中国之目的，此诚古今历史上最悲惨之事。若早日实行抗战，则国民同仇敌忾之心，必油然兴起，纵有甘心为汉奸者，亦将慑于民族精神之激荡，而转化为爱国志士矣。就今日言，国中主张抗战者，实居大多数；其意存依赖，或幻想国际战争机会之来临，而主张不战者，只极少数人耳。

依赖及机会主义，最初以为纯靠外力，即可阻止日人进侵，故以依赖国联为唯一政策，意谓日俄战争，势所必至，且为期不远。而日美日英之太洋争霸战，亦势所难免。故不如暂时隐忍，俟国际战争起时，再相机收复失地，认为得计。殊不知此种机会心理，完全出于幻想。盖日本当前目的，只在侵吞中国，尚无对列强发动战争之必要。

先就苏联对日言：苏联政府上虽感受日本之威胁，但尚非其政权致命伤。彼正埋头建设，对外运用和平外交，其所利在资本主义国家间战争爆发，世界革命高潮到临，然后起乘其敝。绝不愿首先对日作战，冒犯危险。加以德国希特勒虎视西方，更不容苏联专心对日。观于出卖中东路，提议不侵犯条约，对日完全采取防御姿势，力求妥协，足知其趋向所在。而最近之蒙边纠纷，亦不过日本假装反赤姿态，欲博英美同情，为侵吞中国烟幕。

次就英国对日言；英国虽深感日本政治经济势力之威迫，双方对华政策，难求妥协，但英为工商业先进国家，利于保持国际和平原状，以便支配广大属地，而运用经济势力，与世抗衡，渐求进展，彼虽不愿削弱其在华之市场，惟首先对日作战，恐尚非其时。加以欧洲纠纷日趋激烈，英国对远东问题更无暇取积极政策。

更就美国对日言：美国对日经济关系，更深于对华经济关系，且其国民素来厌恶战争，惟求保持门罗主义，以外交手段，求对外经济发展。观其放弃菲律滨，足见无对日速战之意。

是知苏英美三国尚无对日作战之决心，而联合对日，亦因相互间种种矛盾，实现难期。故国际战争非无爆发可能，但何时实现，谁亦不能决定。我国若不实行对日抗战，任日人步步进侵，则不独他人援我无从，正恐国际战衅未开，而我已成涸辙之鱼，或为人之殖民地。反之，我能抗战，必可转移国际形势，促使列强积极对日，届时吾人始可乘机运用，以求民族生存。而摧毁远东和平及陷中日两国民族于永劫不复之域者，谁为祸首，固责有攸归也。

至于不战论者，以为日本国家，一切组织以臻科学化，尤以军事为最，无论战舰、飞机，我不能望其项背，即巨炮枪械，我亦难与抗衡。他如经济建设，交通机构等等，我无一不落彼后。以此而言抗战，无异螳臂当车，败亡立待。甚至有发为“三日亡国”之危言，以助长侵略者之气焰，而毁灭民族自卫之精神。故主张宁可屈辱容忍，祈求妥协。此种以物质肯定一切成败之论据，不但完全违背孙总理赤手空拳推翻满清，暨民十五北伐胜利之历史事实，且亦违背许多以缺乏物质而能战胜强国之民族战争，盖决定战争胜败之因素，尚有种种，物质不过其中之一，使我能坚决抗战，则日本军队的物质优点，必无以施其所长，而我国之弱点，却可资以决胜。

先从军事上言：日本虽有现代优越之军备，然以我国广大之土地，众多之军民，兼以交通处处困难，资源全未开发，若能在同一战线要求之下，广大民族解放战争范围，军民合力，处处抵抗，节节抗战，使敌疲于奔命，无法速结战局，则以日本在国际之孤立，与国内政治经济社会之矛盾，一切战争亘于持久，前途丧失光明，其必自召崩溃毁灭，不待筮测。此种一时战斗幸胜，最后战争失败之演变，是为暴力与正义，侵略与自卫战争之自然归结，十八世纪法国之拿破仑，及最近德国之威廉第二，即其先例也。

次从经济上言：我国虽经济落后，生产幼稚，然幅员辽阔，民多务农，並无经济工业中心，一旦战争爆发，日军虽可封锁我海岸，与我鏖战于沿海区域，然沿海多系通商口岸，並非生产中心，纵受糜烂，亦不足以断绝我全民族之生命线。我国农民仍可耕种劳作，力求自足自给。以我国兵民生活之低，忍苦耐劳，是其素习，纵因战争而有所牺牲，亦必能奋勉持久。反之，日本虽为资本主义国家，产业发达，但近来经济危机，愈形严重，赤字财政，超过八万万元，国债增加，亦将突破一百万万元。他如劳苦大众生活之艰难，军需工业之偏在景气，世界市场对日货之排挤，燃料粮秣被服军需品原料之缺乏，在在呈露危机。我若对之持久抗战，不但彼因军费支出浩繁，负担无力，且因中国市场之破坏，及世界市场之被人们占夺，致输出锐减，生产衰弱，农工生活痛苦日深，势必酿成经济大恐慌，促使其政治斗争之激化。

再从政治上言：日本法西斯、左倾思想、自由主义三者间之冲突，日益尖锐化，其平日政局不安，已痛感难于调解。我若持久抗战，其国内变化必愈激进，势必爆发政治之纷乱，致战争不能进行。我则因被侵略之故，在整个民族解放战争中，国民必能一致团结，以巩固政治组织之基础。

更就国际上言：列强虽无发动对日战争之决心，但日本国际环境，已陷孤立。我若实行抗战，自可取得列强之同情与援助，而且因战我过久，实力衰弱，亦必易被列强乘其后，而受人制服。故从军事上经济上政治上国际上将敌我双方，详加比较，足知战争不独无必败之理由，且最后胜利必归我国，可以断言。

今为复兴民族计，非抗战难期实现。或谓战争结果，将毁灭文化，故宁忍辱屈服，非至最后关头，不轻于抗战者，此言如非别有用心，必系认识不识。盖文化为民族生存命脉，一国文化之价值，视其能否保障民族之生存发展为衡。吾国文化，已呈停滞状态，促其改进，实为今日民族自救中之主要工作。而最有效之改进手段，则莫过于自卫战争，因战争最足以转变民族生活故也。从积极方面言，依“文化即生活”之义，则民族生活之转变，亦即文化之转变。考之世界历史，凡战争最多之时代，即文化最激进之时代。远之如我国之春秋战国，及欧洲之古罗马帝国，近之如十九世纪之欧洲，皆其先例。反之，无力自卫之民族，亦即文化衰落之民族，如今日之埃及、印度，可为殷鉴。

故发扬吾国固有之文化，与创造前进之文化，皆非于此时发动民族自卫战争不为功。从消极方面言，一国文化之保持，必有赖乎国家之独立与自主，古今中外，从未有失却独立自主之国家，而能保持其固有之文化者。吾国对日屈辱，无异自毁民族文化，而使日本帝国主义者，不付丝毫代价，毁我国家。古人云：“哀莫大于心死”，谓“战争毁文化”者，殊亦心死之俦欤。

更为求中日问题最后和平解决计，尤非抗战不可。吾人敌人为日本之侵略主义者，而非日本人民之全体。对同种同文之日本民族，及被现制度所压迫之日本民众，吾人固具万分同情。对真正了解如何创造远东和平之日本人士，及努力为其人民求解放之日本志士，吾人亦深具敬意。但必须吾人能坚决抗战，自立自存，並藉以促使能真正代表日本人民之日本政府出现，然后始能在平等互助原则下，确立两国之合理关系耳。

由上之种种论列，可见中国之生死存亡，全系于中国本身之能否抗战，而战争之胜败，又在于精神力量之是否能充分运用，非纯在物质力量之比较与追求，换言之，中国之兴亡，全在我国大多数军民之能否觉悟，与军政当局之能否领导，上下一致，本焦土抗战之精神，毅然决然为民族解放战争而牺牲奋斗之一点而已。欧战后凯末尔及其干部以其卓越之革命精神，领导国民，为民族解放而牺牲，坚决奋斗，卒能战胜强敌，复兴国土，自助天助，史实昭然，殊足发吾人深省也。

〔国民党中央组织部档案〕

5. 郭鸿群关于天津学生运动情形致国民党中央训练部报告

（1936年8月19日）

天津学生救国运动，乃受北平学生救国运动之影响，初次发动者为天津法商学院教授温进恭、杨发林二人领导，该院学生罢课游行，此时各校学生亦纷纷响应，日前各校组织学生会并推代表组织天津学联会，同时晋京请愿，下乡宣传各工作，时而派代表赴平，参加北平学生联合组织平津学联会，此时学联会即为共党操纵。

自北平师大教授杨立奎揭破共党阴谋，中央颁布取缔学联会令后，各校纯洁青年，知既受当局压迫，复受共党利用，多表示消极，不复参加学联各种会议，然共党份子仍积极活动，恒以少数学校代表，以学生名义，开会工作，并于五月十一日学联会派代表庄全林赴沪参加全国学联会，近组织下乡宣传团，印发传单，出版刊物。

天津学联组织主要份子，为北洋工学院，法商学院，工业学院，女师学院，南开大学，水产学校，扶轮中校，汇文中校，省立师范学校等，每有会议，以学校学生会派代表参加，无固定负责人。兹将各校学生会负责人列左：

北洋工学院：杨敏　李秀琦　张善珍　王栻

法商学院　韩树义（河北安平）　庄金林（天津市）

工业学院　胡一清（绥远）　李恩华（河北丰润）　张津生（天津市）

女师学院　张文林（天津）　罗爱华（广东）　高福媛（辽宁）

水产学校　郭耀鼎（贵州）　高骥（天津）　李震潘（来水）

省立师范学校　武可嘉（丰润）　齐静斋（蠡县）

马恩忠（文安县）

市立师范学校——孟繁龙（天津市）　龚玺（天津市）　李淑修（天津市）

〔国民党中央党部档案〕

6．国民政府文官处奉转清华大学要求政府维护领土完整与公布中日谈判真象的公函

（1936年10月14日）

国民政府文官处公函　第六〇五〇号

迳启者：奉主席交下清华大学全体学生十月三日代电，为中日交涉已至最严重时期，身处危城，朝夕惶急。爰于二十六日召集大会，全体决议，请中央采纳：（一）遵守二中全会决议，切实保卫国土，维持主权；（二）立即公布最近中日外交谈判真象，务乞立予采纳施行，以慰群望等情一案。奉谕："分交行政院、军事委员会"等因。除分交外，相应抄同原代电，函达查照。

此致

行政院

计抄送代电乙件

文官长　魏　怀

中华民国二十五年十月十四日

抄原代电

南京。国民政府林主席、行政院蒋院长钧鉴：近读报载，中日交涉已至最严重时期，日方一面增派大批武装军队，对我肆其威胁，前者丰台事变，占我要镇，近则淞沪一带，布置战争；一方则对我提出无理要求，据电传所闻，竟有向我中央政府要求冀察鲁晋绥五省独立，向我冀察地方当局，要求我驻军完全退出平津之说。二十八日日本有田外相发表对华宣言，措词强硬，俨然非我屈服，即行武装侵略之意，敌人表示明显如此，我国家民族生死存亡已达最后关头。学生等身处危城，朝夕惶急，溯我国自九一八以至今日，国难五年，领土主权丧失，开世界历史未有之先例。我政府再四容忍，而彼野心国家，迄无厌足。敞读二中全会宣言，对外决不承认任何侵害领土主权之事实，亦决不签订任何侵害领土主权之协定，遇有领土主权被侵害之事实，如用尽政治方法而无效，危及民族国家之根本生存时，则必出之以最后牺牲之决心，决无分毫犹豫之余地。具见政府对日外交之根本国策。惟是近日情势紧张如此，政府对于过去中日外交谈判之真相迄未公开，对于应付日本无理要求之具体态度迄无表示，学生等惶惑无似，爰于二十六日召开大会，当场全体议决，电请中央：（一）遵守二中全会决议，切实保障国土，维持主权；（二）立即公布最近中日外交谈判真象，窃以政府外交自以民意为依归，则公布交涉真相，以取信人民，确示根本态度，以激励民气，于此国家民族存亡绝续之秋，实为急不容缓。用特电呈钧座，务乞立予采纳施行，以慰群望。国家存亡，千钧一发，学生等誓以热血头颅为我政府后盾，临电悲愤，不胜迫切待命之至。

清华大学全体学生一千二百七十五人同叩

中华民国二十五年十月三日

〔国民政府行政院档案〕

7. 国民政府文官处奉转广西省学生抗日救国联合会要求政府对日实行抵抗与经济绝交的公函

（1936年12月8日）

国民党政府文官处公函　第七三〇八号

迳启者：奉主席交下广西省学生抗日救国联合会俭电，为敌人压迫上海工人，侵略绥东，请实行抵抗，並对其经济绝交。等情一案。奉主席谕："交行政院"等因。相应抄同原电，函达查照。此致

行政院

计抄送原电一件

文官长　魏　怀

中华民国二十五年十二月三日

抄原电

南京国民政府钧鉴：目下国势危殆，险象环生。伏乞钧府迅即以全国大众利益为中心，国家民族生存为原则，确定对外政策，采取公开外交，对敌人压迫上海工友，侵略绥东，除以铁血答复敌人侵略外，更应立即实行对日经济绝交，以制敌以死命，而挽危机。临电不胜翘企之至。广西省学生抗日救国联合会叩。俭。印。

〔国民政府行政院档案〕

8. 国民政府文官处奉转南开大学学生会要求政府停止对日经济提携谈判并武装制止走私的公函

（1937年4月7日）

国民政府文官处公函　第二二二二号

迳启者：奉主席交下天津南开大学学生会世代电，为敌寇侵

略，日深一日，经济携提殊乏诚意。谨呈意见两项：（一）立即停止对日经济提携谈判；（二）武力制止走私。祈采纳施行一案。奉谕："交行政院"等因。相应抄同原电，函达查照。此致
行政院

计抄送原代电一件

文官处　魏　怀

中华民国二十六年四月七日

抄原代电

国民政府钧鉴：敌寇的侵略，日深一日，最近改换面目，来和我们谈经济提携。然而同时我们却看到敌人对沧州缉私事件提出的无理要求和上海日浪人偷运铜元的横行无阻。我们深信，如果我们自己首先没有完整的主权和制止敌人猖狂的决心，诚意互惠的经济提携是不会有的。我们全体同学一致要求政府采纳以下的意见：

（一）立即停止对日经济提携谈判；

（二）武力制止走私。

我们相信这是全国大多数人民的意见，我们愿意为这个意见效死，只要政府采纳施行，临电惶恐，不胜期待之至。

天津南开大学学生会叩。世。

〔国民政府行政院档案〕

9. 国民党中央宣传部关于防范上海量才职校人民阵线开展抗日救国活动的有关公函

（1937年5月）

（1）中央宣传部致教育局密函（5月14日）

中央宣传部　密齐第1077号

准上海特别市党部函报上海量才职业补习学校之学生，颇多

人民阵线分子，秘密把持各种戏剧音乐团体，从事共产党之侧面宣传，激起民众抗日同情，对于该校应加监督，以杜后患等由。除函嘱严密注意各团体之活动外，用特函达查照，即希转咨上海市政府对该校予以注意为荷！此致
教育部
中华民国廿六年五月十四日

部　长　邵力子

（2）教育部致上海市政府密函（5月18日）

教育部密函　第　号

案准中央执行委员会宣传部二十六年五月十四日齐字1077号函开：准上海特别市党部函报云云，叙至对该校予以注意等由。准此，除函复外，相应密达，即请查照，对该校予以注意为荷。此致
上海市政府
中华民国二十六年五月十八日

（3）教育部致中央宣传部密函（5月18日）

教育部密函　第　号

案准贵部廿六年五月十四日齐字第1077号密函开：据报上海量才职业补习学校之学生颇多人民阵线份子，秘密把持各种戏剧音乐团体，从事共产党之侧面宣传，激起民众抗日等情。嘱转咨上海市政府，对该校予以注意等由。准此，除密函上海市政府查照外，相应函复查照。此致
中央执行委员会宣传部
中华民国二十六年五月十八日

〔国民政府教育部档案〕

10．秦德纯关于阻止东北学生南下请愿情形致行政院等密电

（1937年5月19—22日）

（1）秦德纯致行政院电（5月19日）

南京。行政院王代院长钧鉴：△密。东北大学学生约三百余人，昨日午后二时余，到前门东车站强行上车，声言赴京请愿。事前经派警察沿途制止，该生等恃众不服，迄至今日下午盘踞车站，仍无返校之意，以致昨晚五点五十分之平沪快车及今早八时之平浦快车均未能按时开行。似此情形，殊与交通及国际观瞻有碍。除再勒令该生等限期返校上课外，仍恐该生分赴各站，强行上车。谨将经过情形先行电闻，敬乞赐察为祷。秦德纯叩。皓申。印。

（2）秦德纯致教育部电（5月21日）

教育部王部长雪艇兄勋鉴：自密。马电敬悉。学生强行南下后，本日又有号称学生家属之男女，约七八百人，到东车站聚集，要求南下援助请愿学生，並请车站拨三列车，每日一列南开等语。似此情形，恐有其他背景。除饬警察宪兵严行制止外，拟请大部对南下学生妥善处理，随时电示，以便转达该生等家属，俾免藉口滋扰为祷。弟秦德纯叩。箇。

（3）秦德纯致行政院电（5月22日）

南京。行政院王代院长钧鉴：养阮二电奉悉。△密。学生家属已经制止，暂不南下。惟今晨家属代表要求三点如下：（一）学生安全回平，继续就读；（二）达到学生三点目的（即张校长返校与续拨补助费及校址在平保留东北大学名义）；（三）中央如无正当答复，最近仍要求家属继续南下。似此情形，殊属不成事

体。除饬警应仍严密制止外，谅钧院定有妥善办法，俾免该家属有所借口也。除分电外，谨此奉陈。市长秦德纯叩。养酉。印。

〔国民党中央党部档案〕

11．全国学生救国联合会关于上海大同大学学生程谈志被特务迫害自杀经过呈

（1937年6月20日）

呈为呈请保障学生生命安全，思想自由，而维学纪尊严事：窃据前月廿八日上海各报载：上海大同大学物理学系四年级学生程谈志，被特务员威胁，因而投海自杀了，不胜骇异。又据连日各报所载该生家属访问情形及该生遗言，悲愤之情，实难缄默。为此，特缕呈各情，仰乞钧院鉴核，速急查明实情，惩办元凶，並乞严令制止特务员非法行动，以免将来发生同样不幸事件，而符国家爱护学子之至意。窃查该生肄业大同，历年学绩优良，行为纯正，校中师友，莫不交口赞誉。不料于前月初，突有冒名“新学识”编辑之徐步，访问程生，漫谈时局问题，並告以因组织救国会被捕的沈章诸人之近况，及中国政党近况，並留书一册。该生当时即觉此事实兀异常，后乃发现此即所谓思想测验。未几，该生接友人自平来信，论及救国运动。未数日，即又有特务员陈臬，到程生家中调查，询问北平发信之人之姓名，並问程生参加过何种组织。该生当告以北平友人姓名，並谓在校仅参加理科学会及级友会。该特务员又询程生对时局及援救沈章等之意见，该生谓援救七人问题，非国民能力所能及，惟国人无不渴望抗日及忧国能够自由。俟又谈及缉私禁毒具体问题，最后陈某令程生作一书面报告，程生以此不合理之要求，迄未照办，而陈某仍不断来顾，步步逼迫，期程生自表有爱国嫌疑。该生时受威胁，刺激过深，曾呕血数次，激怒之余，遂萌短见。至该生立场之纯正，如其遗校长书所云：“我是一个清白有节操之青年，我忍受不住

社会的陷害，我惟有一死了之，盖棺论定，让历史来裁判我。”“我反对共产党，但我更反对以爱国为共党的检举者！……我自认是一个纯洁的爱国青年，我怎能受人家这般侮辱？！”“我的思想行为，曹校长知道很清楚，我叫他们到校里问问校长，他们说不能进去，我真不知道这国家的官吏为什么如此鬼鬼祟祟。”据此，则该生之思想立场真无疵可言。

窃思此事之发生，是非曲直自有公论。单就事实上考查，应有三点可值得注意：

一、“抗日”“救国”是否犯罪，姑置不论，然一般构成犯罪因素，莫不须有实际行动，而该生除参加理科学会及级友会之外，並无其他行动，焉能即认为有罪。且该生要求陈某向校长查明竟不许可，而只作无根据之威吓，陈某殊为不法。

二、“抗日”“救国”是否为人民应有之思想姑置不论，而思想为个人自由，並不妨碍他人，焉能受人干涉，而加测验。且程生好学自守，已为人知，即退一步言之，纵然在行动上表现思想错误，亦应由学校当局负责指导，又安能以毫不相干之人越俎代庖。

三、就所谓特务员，是属何种官吏，属于何种机关，属于何种职务。一般人民均不了解，无法知其是否歹人假托，何得不据情理，不顾职守，横加干涉。

我国自九一八以来，青年学子均知国难日深，秉匹夫有责之义，莫不抱为国牺牲之决心，因我唯一领袖蒋公院长人格之感化，绝未闻有何轨外行动。值此推进救国运动之时，应如何爱护救国志士，使其共赴国难；应如何启发青年救国思想，使其精诚团结，乃不料竟有用“爱国”作为思想测验之手段，实属无智之极。

复按程生遗书，已示其思想行动纯为爱国之立场。爱国为天经地义，岂能言罪，既为无罪之爱国行为，更何能受何思想测验。纵思想稍有不纯，亦为人脑中之想像，在无行动表示之前，与人无涉，何能构成犯罪行为，而竟受干涉。世有惩人非法行动之刑罚，而未闻有钳制思想之规定。该生既肄业校中，其言行自有主管学校当局负责训导，安能以局外人颠倒是非，横加威迫，破坏学制。再该生如确有违犯法纪之事实，理亦应由正式法律手续办理，何得法外施法，目无法纪尊严，莫此为甚。该生以爱国之故，而罗此不幸，死者死矣，回生乏术，良有悲怆！然同样受此迫害之青年，不只程生一人，可断言也。熟思之余，安能忍心缄默，熟无子女，熟无父兄，设能以大家庭目中国，则全国之长者皆为父兄，全国之青年皆为子弟，安忍自相残害，取快一时。该特务员行为乖谬，非法残害学子，国尚未救，即自伐根基，痛心何极。为四万万人民救国之职责，为千万学子生命之保障，仰乞钧院，俯予准请：

一、从严惩罚迫害程谈志之元凶；

二、取缔钳制学生思想之自由，取缔借故，残害学生生命之行动；

三、尊崇教育体制，应由学校当局处理学生事件；

四、严令特务机关，不得越权扰乱国法，並令改变其性质，用以对付日本在华之特务机关，破除汉奸活动。

理合备文呈请钧院，俯予速令所属遵照，实为德便。谨呈

蒋院长

王代院长

全国学生救国联合会谨呈

中华民国二十六年六月二十日

〔国民政府行政院档案〕

中華民國史檔案資料滙編

第五輯 第一編

政治（一）

中國第二歷史檔案館編

鳳凰出版傳媒集團 鳳凰出版社

图书在版编目（CIP）数据

中华民国史档案资料汇编．第5辑．第1编．政治 / 中国第二历史档案馆编．-- 南京 : 凤凰出版社，1994.6（2020.12重印）
ISBN 978-7-80519-528-5

Ⅰ．①中… Ⅱ．①中… Ⅲ．①档案资料－汇编－中国－民国②政治－历史－档案资料－汇编－中国－民国 Ⅳ．①K258.063

中国版本图书馆CIP数据核字(2010)第085847号

书　　名	中华民国史档案资料汇编 第五辑　第一编　政治（共五册）
编　　者	中国第二历史档案馆
责任编辑	陈晓清
出版发行	凤凰出版社(原江苏古籍出版社) 发行部电话025-83223462
出版社地址	江苏省南京市中央路165号,邮编:210009
出版社网址	http://www.fhcbs.com
印　　刷	上海世纪嘉晋数字信息技术有限公司 上海市汇金路899号,邮编:201700
开　　本	850毫米×1168毫米　1/32
印　　张	117
字　　数	2935千字
版　　次	1994年6月第1版
印　　次	2020年12月第4次印刷
标准书号	ISBN 978-7-80519-528-5
定　　价	820.00元

（本书凡印装错误可向承印厂调换,电话:021-69214197）

说　　明

《中华民国史档案资料汇编》(1912—1949年)，是为了适应中国近现代史的科学研究与教学需要，就馆藏历史档案中具有一定史料价值的资料编辑而成的一套综合性档案资料汇编。

本档案资料汇编，系以前副馆长王可风生前主持编辑的《中国现代政治史资料汇编》(1919—1949年)初稿为基础，进行修订补充的。全书扩编为五辑：第一辑《辛亥革命》(1911年)；第二辑《南京临时政府》(1912年)；第三辑《北洋政府》(1912—1927年)；第四辑《从广州军政府至武汉国民政府》(1917—1927年)；第五辑《南京国民政府》(1927—1949年)。

本档案资料汇编第五辑《南京国民政府》的主编为施宣岑、方庆秋。

第五辑全书分为三编：第一编为《南京国民政府的建立与十年内战》(1927.4—1937.7)；第二编为《第二次国共合作与八年抗战》(1937.7—1945.8)；第三编为《蒋介石发动全面内战与南京国民政府的覆灭》(1945.8—1949.9)。以上每编各按政治、军事、外交、财政经济、文化教育等分为若干分册。

本分册为第五辑第一编的政治分册。全书分为七个部分：〔一〕南京国民政府的建立；〔二〕中国国民党历次会议重要决策与党内派系斗争；〔三〕第三党的崛起及其他党派社团的组织活动；〔四〕国民党的"民众运动"与工农学各界的斗争；〔五〕民族事务；〔六〕侨务；〔七〕重大历史事件。

本分册的编辑分工：第一部分的编者为万仁元(职官表)、方庆秋、蒋耘(法规);第二部分的编者为方庆秋、蒋耘;第三部分的编者为方庆秋、胡震亚(社团);第四部分的编者王少胜;第五部分的编者为刘慕燕(行政法规与藏事)、谢国富(蒙事及新疆省政情);第六部分的编者为谢国富;第七部分的编者为方庆秋、陈宝珠(福建事变)、蒋耘("国难会议"与"新生活运动")。最后,全书由施宣岑、方庆秋审阅统编定稿。

本档案资料汇编篇幅大,涉及面广,我们限于水平,在史料的选辑等方面难免有缺点和错误,谨希读者批评指正。

编　　例

一、本汇编所选资料，为保持档案文件原貌，全文照录。但对少数文件因内容重复及与主题无关者，则酌予删节。资料出处，于文件篇后注明之。

二、本汇编所选资料，按类项并依文件形成时间先后为序。但属综合性或追述性的资料，则按其内容酌加调整。

三、本汇编所选资料，一般以一件为一题。但同属一事，彼此间又有直接联系者，则以一事为一题。

四、文件标题、标点，均为编者所加，沿用原标题、原标点者，则予篇目之后加注说明。

五、本汇编所选资料，一般用简体字，但遇有可能引起文义歧异者，则保留原来繁体字。

六、本汇编所选资料，凡有破损缺漏或字迹不清者，以□号代之；错字、别字和衍文的校勘以及简单注释，均加在正文之后，以〔　〕号标明之；较长的注释，在正文之后以①②等号标明之；增补的字，以【　】号标明之；文件内容删节者，以……符号标明之；待考的字，以〔？〕符号标明存疑。

南京国民政府时期

第一编

政　　治

目　　录

〔一〕南京国民政府的建立

（一）宣言政纲

1. 国民政府定都南京宣言
（1927年4月18日）…… 1
2. 国民政府关于颁行训政时期施政纲领草案的训令
（1929年7月20日）…… 2

（二）行政组织

一、中央机构
（1）国民政府组织
1. 国民政府公布"修正中华民国国民政府组织法"令
（1928年2月13日）……21
2. 中华民国国民政府组织法
（1928年10月8日）……22
3. 修正中华民国国民政府组织法第三十七条条文
（1930年3月）……26
4. 国民政府抄发"国民政府组织法修正案"训令
（1930年11月24日）……26
5. 中华民国国民政府组织法
（1931年6月15日）……30
6. 修正中华民国国民政府组织法
（1931年12月）……34

附录：国民政府西南政务委员会组织条例
(1931年12月31日)……39
7. 修正中华民国国民政府组织法第三十条及四十八条条文
(1932年12月)……44
8. 修正中华民国国民政府组织法第二十四条第五款及第三十五条、第三十六条条文
(1934年10月)……45
9. 国民政府职官表
(1927年—1937年)……45
(2) 五院组织
1. 国民政府修正公布之司法院组织法
(1928年11月17日)……52
2. 国民政府修正公布之行政院组织法
(1932年8月3日)……53
3. 国民政府修正公布之考试院组织法
(1933年2月24日)……55
4. 国民政府修正公布之立法院组织法
(1933年5月11日)……57
5. 国民政府修正公布之监察院组织法
(1934年3月9日)……59
6. 国民政府公布修正立法院组织法第八条第十二条条文
(1936年10月29日)……61
7. 国民政府公布修正监察院组织法第八条第十一条条文
(1936年10月30日)……62
8. 国民政府五院主要职官表
(1928—1937年)……63
二、地方组织
1. 国民政府公布之市组织法
(1928年7月3日)……82

2. 国民政府公布县组织法令
(1928年9月15日) …… 87
3. 国民政府饬颁修正省政府组织法训令
(1930年2月3日) …… 93
4. 内政部为抄送设置行政督察专员提案及行政督察专员暂行条例草案提交国务会议讨论事致行政院秘书处公函
(1932年6月26日) …… 97
5. 黄绍竑关于修正行政督察专员暂行条例草案致行政院呈
(1932年7月29日) …… 100
6. 行政院公布行政督察专员暂行条例令
(1932年8月6日) …… 101
7. 国民政府关于批准"剿匪区内各省行政督察专员公署组织条例"备案的训令
(1932年10月10日) …… 103
8. 鄂豫皖三省剿匪总司令部送湖北省各行政督察专员管辖区县名清单致行政院公函
(1932年10月17日) …… 109
9. 鄂豫皖三省剿匪总司令部送安徽省各行政督察专员姓名及管辖区县名清单致行政院公函
(1932年11月25日) …… 111
10. 蒋介石令福建省实施行政督察专员制度有关文电
(1934年3—6月) …… 113
11. 蒋介石关于改组江西各区专员公署经过致行政院公函
(1934年8月16日) …… 116
12. 军委会委员长行营颁发"修正剿匪区内各县编查保甲户口条例"训令
(1935年7月19日) …… 117
三、特别区市组织

1. 特别市组织法
(1928年6月20日)………………………………………………… 125
2. 国民政府公布之威海卫管理公署组织条例
(1931年4月25日)………………………………………………… 131
3. 西南政务委员会修正公布之琼崖特别区政府组织条例
(1932年5月27日)………………………………………………… 134
4. 国民政府公布之修正中山县训政实施委员会组织大纲
(1934年11月1日)………………………………………………… 139

(三) 国民会议与国民大会组织

一、国民会议的召集

1. 国民政府发布国民会议代表选举法训令
(1930年12月31日) ……………………………………………… 141
2. 国民政府发布国民会议组织法训令
(1931年4月24日)………………………………………………… 145
3. 国民会议预备会议记录
(1931年5月6—7日)……………………………………………… 149
4. 国民会议第一次会议议事记录
(1931年5月8日) ………………………………………………… 163
5. 国民会议第二次会议议事记录
(1931年5月9日) ………………………………………………… 179
6. 国民会议第三次会议议事记录
(1931年5月11日)………………………………………………… 183
7. 国民会议第四次会议议事记录
(1931年5月12日)………………………………………………… 185
8. 国民会议第五次会议议事记录
(1931年5月13日)………………………………………………… 191
9. 国民会议第六次会议议事记录
(1931年5月14日)………………………………………………… 201

10. 国民会议第七次会议议事记录
(1931年5月15日) …… 217
11. 国民会议第八次会议议事记录
(1931年5月16日)…… 233
12. 蒋介石在国民会议闭幕式上的讲话
——努力完成训政之大义
(1935年5月17日) …… 254
二、国民大会组织
1. 国民大会组织法
(1937年5月21日)…… 258
2. 国民大会代表选举法
(1937年5月21日)…… 260

(四) 基本法与内政民刑法规

一、"约法"与"宪草"
1. 中华民国训政时期约法
(1931年6月1日) …… 269
2. 中华民国宪法草案
(1936年5月5日) …… 275
二、内政法规与反共措施
1. 国民政府抄发"防范共党办法"的训令
(1930年12月17日) …… 288
2. 司法院奉发"危害民国紧急治罪法"的训令
(1931年2月4日) …… 290
3. 司法院奉发"危害民国紧急治罪法施行条例"训令
(1931年3月13日)…… 292
4. 国民政府公布户籍法令
(1931年12月12日) …… 293
5. 司法院关于修正户籍法第十七条及第二十三条第二十

四条第二十五条条文的训令
（1934年4月）……………………………………………… 314
6. 国民政府颁布“维持治安紧急办法”令
（1936年2月20日）……………………………………… 315
三、民法与刑法
1. 中华民国民法
（1929年5月23日）……………………………………… 317
2. 中华民国刑法
（1935年1月1日）……………………………………… 459

〔一〕南京国民政府的建立

（一）宣 言 政 纲

1. 国民政府定都南京宣言

（1927年4月18日）

在此国民革命急速进展与民众热烈盼望国民革命完成之时期中，政府谨遵总理遗志，接受多数同志之主张，依据中央政治会议决议，于四月十八日在南京开始办公。南京地位在党务上、政治上、军事上、地理上均较武汉重要，定都以后，本政府所负领导国民革命与建设民国之责任愈益重大，同时帝国主义与帝国主义的工具军阀、买办、土豪劣绅以及中国共产党破坏国民革命危害本党者亦将环迫而来，求最后之一逞。在此千钧一发严重情形之下，本政府受中央党部与民众付托之重，惟有秉承总理全部遗教继续努力，一方面集中全国革命份子于三民主义之下共同奋斗，务使一切帝国主义残余军阀及一切反革命派断绝根株，尤须于最短期间开国民会议，废除不平等条约，实现三民主义，使中华民国成独立自由之国家，中华民族成为自由平等之民族，同享民有、民治、民享之幸福。盖惟三民主义为救中国之唯一途径，亦惟三民主义为造成新世界之唯一工具，本政府所行政策惟求三民主义之贯彻，凡反对三民主义者即反革命，反对国民革命而有阶级独裁者即反革命，本政府对越〔于〕总理在天之灵护党救国责无旁贷，誓与全民众对此等顽梗强敌为殊死战。至国民革命的方略，一曰使党军愈与人民密切的相结合，二曰造成廉洁之政府，三曰提倡保护国内之实业，四曰保障农工团体之利益并扶助其发展，此为中央党部发布之政策，本政府接受，必切实推行而有以发扬光大之。本政府于此敢掬诚悃昭告于革命将领、革命同志及全国国民曰：贯彻三民主义，必先肃清革命阵地以内的反动势力，然后才能精密组织、整饬纪律、统一信仰，在党的指导监督之下，领导民众同上革命战线为三民主义之先驱。凡不利于三民主义之反革命派在所必除，对于腐化之份子严加纠正，俾恶化份子甘为反革命者无所凭藉，而腐化份子流于不革命假革命乃至反革命之途者，其谬误之倾向得以遏止。唯三民主义为国民革命之真途径，亦唯三民主义为世界革命之真途径，务使本政府确为民众之政府，革命军之武力确为民众之武力，对外打倒一切帝国主义，对内肃清军阀与一切反革命派，大义所在，仔肩弥重，必于短期间内竭忠尽能，完成国民革命大业，弘我三民主义之丕基。谨此宣言。

〔《国民政府公报》第四集〕

2. 国民政府关于颁行训政时期施政纲领草案的训令

(1929年7月20日)

国民政府训令　字第六一三号

令中央研究院

为令遵事：案准中央政治会议咨开：为咨行事：准中央执行委员会函开：本年六月十五日第三届中央执行委员第二次全体会议讨论关于训政时期之规定案，决议训政时期规定为六年，至民国二十四年完成，其训政工作分配年表交政治会议，根据中央决议，于十八年九月前制定之在案。相应录案函达，希查照办理。等因。经本会议第一八五次会议议决，限七月底令各院部会将训政时期(六年内)之工作各就该管范围内分配年表附具说明书呈报国民政府汇送政治会议审核，并将民国十七年国民政府所令各部会草拟之训政实施大纲油印颁发各院部会以资参考，相应录案咨请政府查照办理。等由。查本府上年所令各部会草拟之训政时期施政纲领，前经饬由内政部长召集审查会汇集审查，并据分别修正量予归并，合订为训政时期国民政府施政纲领草案，呈府核定在案。兹准前由，自应照办，除函复并分行外，合行印发该项施政纲领草案原文，令仰遵照办理，具报为要。此令。

计印发上年订定之训政时期国民政府施政纲领草案一份

主　　席　蒋中正
行政院院长　谭延闿
立法院院长　胡汉民
司法院院长　王宠惠
考试院院长　戴传贤
监察院院长　蔡元培

中华民国十八年七月二十日

训政时期国民政府施政纲领草案

关于内政部者：

一、厉行法治主义

1. 明定行政系统
2. 实施全民政治

二、肃清盗匪

1. 严剿股匪
2. 整顿团防
3. 肃清匪源

三、整顿地方行政

1. 革新省县民政
2. 训练地方行政人才
3. 统一地方行政人员之任用及考成
4. 确定地方行政经费
5. 促进市政

四、促成地方自治

1. 选派合格人员协办自治

2. 设立筹办自治机关

3. 养成自治人才

4. 确定自治经费

5. 画定县以下自治区域

6. 清查户口

7. 训练民众试用政权

8. 完成县自治

五、整顿警政

1. 划一全国警察编制并确定其经费

2. 统一警官警察之任用及训练

3. 整顿特务警察

六、整理土地

1. 养成土地行政及技术人才

2. 实行调查测量登记

3. 厘定土地分配之标准

七、兴办水利

1. 治理江河湖泽

2. 开浚沟渠陂塘

3. 防御水灾

八、实行移民

1. 划定移民区域

2. 实行移民及招徕办法

3. 设治保护

4. 促成移民区域之自治

九、改正礼俗

1. 厘定礼制服制

2. 改良风俗

十、厉行禁烟

1. 厉行禁种、禁运、禁售、禁吸

2. 确定禁绝期限

3. 实行地方官吏禁烟考成

十一、整理卫生行政

1. 推广卫生行政及设备

2. 设立检疫防疫机关

3. 实行医士之考验与登记

4. 实行饮食物及药品之检验

十二、举办救济事业

1. 普设救济事业

2. 办理灾振〔赈〕

3. 实施工赈

关于外交部者：

(一) 统一外交事权

1. 裁撤交涉员

2. 监督并指挥地方政府对于外交政策之执行

(二) 取消不平等条约并订平等条约

1. 与不平等条约已满期各国另订平等条约

2. 与不平等条约未满期各国另订平等条约

3. 与无约各国缔结平等条约

(三) 增高国际地位

1. 改派驻重要国之公使为大使

2. 参加与我国有关之各种国际会议

(四) 整理使领馆

1. 酌量增设或裁并各使领馆

2. 举行使领馆职员任用考试

3. 划定使领馆经费

(五) 保护华侨

1. 调查侨民生活及各种事业之状况

2. 整理关于侨务各机关

3. 增进侨民地位

(六) 整理界务

1. 组织界务委员会研究界约事宜

2. 测绘各处界图

3. 规划领海及海湾范围

4. 已定约未勘界者分别实行勘划

(七) 扩大国际宣传

1. 设立国际宣传机关

2. 遣派国外宣传专员

(八) 促进世界永久和平

1. 促进世界各民族之平等

2. 努力为世界永久和平之宣传

关于财政部者：

一、划分国地收支

1. 确定国地收支之标准

2. 实行划分国地收支

二、统一财务行政

1. 设立预算委员会

2. 厘定征解办法

3. 划一征收人员之任用及考成

三、改良财政组织

1. 厘定财务机关之组织

2. 裁并骈枝机关

四、整理赋税

1. 实行国定关税制

2. 改革田赋施行地价税

3. 整理盐税及其他各项国税

4. 实行裁厘蠲除苛捐杂税

五、推行新税

1. 举办特种消费税

2. 举办所得税

3. 举办遗产税

4. 举办营业税

六、厘定政费

1. 确定行政费

2. 审定建设费

七、厘定军费

1. 核定军事各费

2. 实行军费统一

八、改革币制

1. 实行银本位制

2. 推行金汇兑本位制

九、整理债务

1. 清理外债

2. 清理内债

十、确定银行制度

1. 组织国家银行

2. 筹设汇业银行

3. 保持金库独立

关于交通部者：

一、恢复交通常态

1. 统一交通行政事权

2. 修理毁坏之路线、电线及其设备

3. 规复国内国际联运

4. 恢复各航线及停办之邮局

二、改善交通现状

1. 统一购料办法

2. 奖励国产交通材料之制造

3. 厘定任用人员规章

4. 改善职工待遇

5. 改订路电邮价目

6. 画一章制及文字

三、扩充现成事业

1. 改良并增加平绥、平汉、津浦、平奉、陇海各路之工程及设备

2. 完成粤汉、沪杭甬、陇海各路未竣之工程

3. 改良并增加电报、电话及无线电台之设备

4. 扩充全国邮路，促进邮政储金

四、整顿交通教育

1. 养成交通专门人才

2. 实施职工教育

五、整理交通财政

1. 统一交通会计

2. 整理交通债务

3. 改定借款合同

六、举办交通制造事业

1. 设立机车车辆制造厂

2. 设立船舶制造厂

3. 设立飞机制造厂

4. 设立电机制造厂

5. 设立交通材料制造厂

七、筹办航空运输

1. 设立国际航空站

2. 规定国内航空线

八、整顿海事行政

1. 确定海事行政职权

2. 养成各项海事人才

九、修筑全国道路

1. 分别测勘全国铁路线及道路线

2. 完成干支各路之工程

十、推广及奖励航业

1. 测勘江海水道、整理航运

2. 创办南洋、中日、中美、中欧各航线

3. 明定奖励办法

4. 提倡海上保险

关于司法部者：

一、统一司法行政权

1. 统一司法人员任免之权限

2. 统一司法机关设废之组织

3. 统一司法机关之组织

二、增设法院及监狱

1. 设立县法院，并增设各级法院

2. 设立普通、少年、外役、累犯及病犯各种监狱

三、整理法院及监狱

1. 整理各省区原有法院

2. 整理各省区原有监狱

四、考试并训练司法人才

1. 举行法官、书记官及监所职员考试，并加以训练

2. 举行律师考试
3. 甄别并训练各级法院及监所现任职员
4. 养成法医人才
五、减少诉讼事件
1. 实施刑事政策
2. 推广公断及仲裁机关
3. 施行感化事业
六、筹备蒙藏司法事务
1. 组织设计委员会
2. 收养蒙藏司法人才
3. 筹设蒙藏司法机关
七、确定司法经费
1. 保障司法经费之独立
2. 实行司法经费会计条例
3. 实行法官退职金条例
关于农矿部者：
一、改进农业
1. 推设农事试验场
2. 设立农具及肥料制造厂
3. 设立农产物及肥料检查所
4. 调查土壤
5. 整理耕地
6. 改良种子
7. 改良棉业及蚕桑事业
8. 预防各种灾害
二、进行垦殖事业
1. 划分垦殖区域
2. 举办大规模国家垦殖事业

3. 设立垦殖银行
4. 实行公私荒地限期垦殖办法
三、发展林业
1. 规定全国林业行政系统
2. 规定国有森林区域
3. 推设林业试验场并改进苗圃
4. 施行强制造林办法
5. 设立林产研究所
四、改良渔收
1. 防止兽疫
2. 改良畜种
3. 设立水产试验场
4. 开辟鱼港
五、发展农民经济
1. 推行农民合作事业
2. 设立农民银行
3. 改良农产运输
六、改进农民生活
1. 改进农村设备
2. 增进农民智识
3. 保障雇农佃农
4. 实行调节粮食
七、改善农民组织
1. 推行新村制度
2. 健全农民团体
八、发展国营矿业
1. 设立各种矿场
2. 设立各种练厂

九、推广矿冶设施
1. 协助各县开发矿业
2. 调查地质
3. 奖进矿冶企业
4. 改良矿业运输
5. 厉行矿场保安
6. 设立矿业银行
7. 设立矿冶公卖机关
十、整顿原有矿冶
1. 改善矿工待遇
2. 处理矿冶纠纷
3. 救济矿业损失
4. 改善矿冶工程
十一、促进农矿技术
1. 提高农矿学术
2. 养成农矿人才
关于工商部者：
一、实行保护奖励工商业
1. 实施工商保护政策
2. 奖励企业及发明
3. 提倡国际贸易
二、发展国营工业
1. 整理旧有国营工业
2. 设立基本工业制造厂
三、画一度量衡
1. 规定权度标准
2. 检定权度
四、审检工商物品

1. 设立工业试验场
2. 检查进出口商品
3. 设立材料标准检验所
五、设立工商金融机关
1. 设立工商银行
2. 设立劳工银行
3. 倡设国货银行
六、提倡国货
1. 调查国货之产销
2. 举办国货陈列及展览
3. 奖励国货之改良
七、健全工商会之组织
1. 整理工会、商会
2. 促进工商团体之联络
八、调节劳资关系
1. 组织劳资争议处理机关
2. 改善劳资相互关系
3. 倡导劳资协作
九、实施工厂监察
1. 监察工厂建筑及设备
2. 监察劳工待遇
十、改进劳工生活
1. 指导工人卫生
2. 举办职工新村
3. 举办劳工贮蓄及保险
4. 增进劳工智识
5. 举办消费合作事业
十一、救济失业工人

1. 设立职业介绍机关

2. 安插失业工人及移工兴办他种事业

十二、促进工商业协作

1. 指导工商业协作之方法

2. 调解工商业间之纠纷

十三、保护侨外工商

1. 保护侨外劳工

2. 设置驻外商务委员

3. 奖励侨外工商投资兴业

关于大学院者：

一、改良及扩充初等教育

1. 实施义务教育

2. 推广幼稚教育

3. 订定小学训育方针

4. 改善小学课程及设施标准

5. 检定小学教员并改善其待遇

6. 整理私立小学及改良私塾

二、改良及扩充中等教育

1. 注重职业教育

2. 推广师范教育

3. 订定中学训育方针

4. 改善中等学校课程及设施标准

5. 实施军事教育

三、改良及扩充高等教育

1. 提高大学程度

2. 增设专门学校

3. 设立研究院

4. 实施军事教育

5. 规定派遣留学办法

四、改良及扩充社会教育

1. 励行公民教育

2. 普及民众教育

3. 注重劳工及农民教育

4. 增设博物馆及图书馆

5. 提倡公共体育场及美育

五、发展特殊教育

1. 施行低能儿教育

2. 施行残废教育

3. 施行感化教育

六、发展蒙藏教育

1. 于适宜地点增设学校

2. 在蒙藏地方推行各种教育事业

七、发展华侨教育

1. 于适宜地点增设学校

2. 考察华侨所办教育事业并助其发展

八、编审图书及奖励学艺著作

1. 审定教科图书

2. 编辑教科图书

3. 奖励科学著作及艺术作品

4. 编审民众读物

九、确定教育经费

1. 确定教育经费应占全国岁收之百分率

2. 保持教育经费之独立

3. 规定并实行庚款兴学计划

4. 规定并实行资助贫寒学生入学办法

5. 确定教育经费各项用途分配之标准

6. 实行教育经费会计条例
7. 规定国库补助义务教育办法
关于审计院者：
一、监督预算之执行
1. 实行核准支付命令
2. 设立审计分院监督各地方政府预算之执行
二、审核决算
1. 审核中央暨地方政府计算决算书类
2. 调查计算决算书类之疑义
三、审核国债
1. 审核募集及用途
2. 审核付息及还本
四、统一会计制度
1. 统一各机关簿记
2. 统一各种营业会计
关于建设委员会者：
一、建设首都
1. 完成路政工程
2. 完成各项公用事业之工程
3. 完成中央党政各机关之建筑
4. 建筑大规模之民用房舍及公共娱乐场所
二、发展农林事业
1. 增进农产
2. 推广农牧
3. 开垦荒地
4. 奖进渔业
三、敷设铁路
1. 完成粤汉、沪杭甬、陇海、奉吉各路

2. 建筑川汉甬、福广、包兰、平热、奉同、成浦、信宁湘各路

四、修筑道路

1. 修筑首都经奉天至黑龙江线

2. 修筑首都经广州至云南线

3. 修筑首都经郑州至兰州线

4. 修筑兰州经哈蜜至科布多线

5. 修筑兰州至阿拉善线

6. 修筑兰州经青海至拉萨线

五、开拓航线

1. 开拓水上航线

2. 开拓空中航线

六、整理水利

(一) 改善淞沪商港

(二) 疏导淮河

(三) 统一并改良治黄工程

(四) 整理扬子江、珠江、运河、太湖及河北水利工程

七、开发矿冶

1. 整理全国现营矿业

2. 开发全国各种重要矿场

3. 建设全国煤铁中心

八、扩充电业

1. 建设大规模电厂

2. 筹办水力发电厂

3. 奖进农业应用电力

4. 制定全国无线通信网

5. 设立国际通信电台

6. 完成各省区广播电台

7. 责成船舶飞机装置电台

九、振兴基本工业
1. 设立农器及肥料制造厂
2. 设立机械及机器制造厂
3. 设立印刷机器制造厂
4. 设立电具制造厂
5. 设立大士敏土厂
6. 设立纲〔钢〕铁厂
7. 设立硫酸及碱厂
8. 设立火车、轮船、汽车、飞机制造厂
十、开辟重要港埠
1. 建筑东、南、北三大港
2. 建筑营口、海州、福州、钦州二等港
3. 建筑浦口商埠
关于军事委员会者：
一、统一军权
1. 设立军政部
2. 统一全国军令军政
二、改定军制
1. 实行师单位制
2. 确定常备兵额
3. 划定师管区
4. 实行经理独立
三、筹办善后
1. 实行兵工政策
2. 抚恤伤亡官兵
四、整备国防
1. 组织国防会议
2. 充实各项军备

五、整理海军
1. 整顿现有各舰队
2. 实施海防新建设
六、扩充空军
1. 编定现有航空队
2. 养成航空人才
3. 筹设军用飞机制造厂
七、整理要塞
1. 改良各要塞之建筑及设备
2. 添设新要塞
八、整理兵工厂
1. 划一全国兵工厂制造之标准
2. 养成兵器专门人才
3. 制造新式兵器
九、统一军事教育
1. 由中央设立军官学校,造就全国初级军官
2. 由中央设立陆军大学及其他专门特种学校
3. 审定典范令及各种军事学教程
十、推行征兵制度
1. 划分征兵区域
2. 确定应征兵额及时期
十一、整理军事卫生事务
1. 改良卫生队与病院之组织
2. 改良卫生材料厂之设备
十二、筹办马政
1. 由中央设立马政机关及马场
2. 改良马种及其保育医治方法
关于法制局者:

一、依据党义、党纲，按照立法程序，颁行左列法规

1. 关于中央及地方行政组织之各种法规
2. 关于中央及地方行政组织之各种法规①
3. 关于地方自治之各种法规
4. 关于考试事项之各种法规
5. 关于立法事项之各种法规
6. 关于司法事项之各种法规
7. 关于监察事项之各种法规
8. 关于财政之各种法规
9. 关于军事之各种法规
10. 关于教育事项之各种法规
11. 关于交通事项之各种法规
12. 关于农矿事项之各种法规
13. 关于土地事项之各种法规
14. 各种劳工法规
15. 各种刑事法规
16. 各种民事法规
17. 各种商事法规

二、颁行训政时期之约法

三、颁行国民大会组织法

〔中央研究院档案〕

---

① 原件1、2条即相同。

（二）行政组织

一、中央机构

（1）国民政府组织

1. 国民政府公布"修正中华民国国民政府组织法"令

（1928年2月13日）

中华民国国民政府令

兹修正中华民国国民政府组织法，公布之。此令。

中华民国十七年二月十三日

修正中华民国国民政府组织法

第一条　国民政府受中国国民党中央执行委员会之指导及监督，掌理全国政务。

第二条　国民政府由中央执行委员会推举委员若干人组织之。并推定其中五人至七人为常务委员，于常务委员中推定一人为主席。

第三条　国民政府委员处理政务以会议行之。日常政务由常务委员执行之。

第四条　国民政府委员会议须有国民政府所在地委员过半数之出席。如出席委员不足法定人数时，即以常务委员会代之。

第五条　国民政府委员会议于国民政府所在地行之。

第六条　公布法令及其他关于国务之文书，由主席及常务委员二人以上之署名。其与各部有关者，并由各该主管部部长连署，以国民政府名义行之。

第七条　国民政府设内政、外交、财政、交通、司法、农、矿、工、商等部，并设最高法院、监察院、考试院、大学院、审计院、法制院、建设委员会、军事委员会、蒙藏委员会、侨务委员会。

第八条　国民政府各部及其他机关之组织法另定之。

第九条　国民政府委员会设秘书处、副官处、印铸局、参事厅，受主席及常务委员之指挥。其规程另定之。

第十条　本法得由中央执行委员会随时修正之。

国民政府委员会于必要时亦得提出修正案。

第十一条　本法自公布之日施行。

〔《国民政府公报》第三十二期 1928 年 2 月〕

2. 中华民国国民政府组织法

(1928 年 10 月 8 日)

中国国民党本革命之三民主义、五权宪法建设中华民国，既用兵力扫除障碍，由军政时期入于训政时期，尤宜建立五权之规模，训练人民行使政权之能力，以期促进宪政，奉政权于国民。兹谨本历史上所授予本党指导监督政府之职责，制定国民政府组织法颁布之如左。

第一章　国 民 政 府

第一条　国民政府总揽中华民国之治权。

第二条　国民政府统率海、陆、空军。

第三条　国民政府行使宣战、媾和及缔结条约之权。

第四条　国民政府行大赦、特赦及减刑、复权。

第五条　国民政府以行政院、立法院、司法院、考试院、监察院五院组织之。

第六条　国民政府设主席委员一人，委员十二人至十六人。

第七条　国民政府五院院长、副院长由国民政府委员任之。

第八条　国民政府主席代表国民政府接见外使，并举行或参与国际典礼。

第九条　国民政府主席兼中华民国陆、海、空军总司令。

第十条　国民政府主席因事故不能执行职务时，由行政院院长代理之。

第十一条　国民政府以国务会议处理国务。

国务会议由国民政府委员组织之。国民政府主席为国务会议之主席。

第十二条　院与院间不能解决之事项，由国务会议议决之。

第十三条　公布法律、发布命令，经国务会议议决，由国民政府主席及五院院长署名行之。

第十四条　各院得依法律发布命令。

第二章　行　政　院

第十五条　行政院为国民政府最高行政机关。

第十六条　行政院设院长、副院长各一人。

院长因事故不能执行职务时，由副院长代理之。

第十七条　行政院设各部，分掌行政之职权。

关于特定之行政事宜，得设委员会掌理之。

第十八条　行政院各部设部长一人，政务次长、常务次长各一人。各委员会设委员长、副委员长各一人，均由行政院院长提请国民政府分别任免之。

第十九条　行政院各部部长、各委员会委员长，于必要时得列席国务会议及立法院会议。

第二十条　行政院关于主管事项，得提出议案于立法院。

第二十一条　行政院会议由行政院院长、副院长及各部部长、各委员会委员长组织之，以行政院院长为主席。

第二十二条　左列事项应经行政院会议议决。

（一）提出于立法院之法律案。

（二）提出于立法院之预算案。

（三）提出于立法院之大赦案。

（四）提出于立法院之宣战案、媾和案、条约案及其他重要国际事项。

（五）荐任以上行政官吏之任免。

（六）行政院各部及各委员会间不能解决之事项。

（七）其他依法律或行政院院长认为应付行政院会议议决事项。

第二十三条　行政院各部及各委员会得依据法律发布命令。

第二十四条　行政院及各部各委员会之组织以法律定之。

第三章　立　法　院

第二十五条　立法院为国民政府最高立法机关。

立法院有议决法律案、预算案、大赦案、宣战案、媾和案、条约案及其他重要国际事项之职权。

第二十六条　立法院设院长、副院长各一人。

院长因事故不能执行职务时，由副院长代理之。

第二十七条　立法院设委员四十九人至九十九人，由立法院院长提请国民政府任命之。

第二十八条　立法院委员任期二年。

第二十九条　立法院委员不得兼任中央政府、地方政府各机关之事务官。

第三十条　立法院会议以院长为主席。

第三十一条　立法院之决议由国务会议议决公布之。

第三十二条　立法院之组织以法律定之。

第四章　司　法　院

第三十三条　司法院为国民政府最高司法机关，掌理司法行政、官吏惩戒及行政审判之职权。

关于特赦、减刑及复权事项，由司法院院长提请国民政府核准施行。

第三十四条　司法院设院长、副院长各一人。

院长因事故不能执行职务时，由副院长代理之。

第三十五条　司法院关于主管事项得提出议案于立法院。

第三十六条　司法院之组织以法律定之。

第五章　考　试　院

第三十七条　考试院为国民政府最高考试机关，掌理考选、铨叙事宜。所有公务员均须依法律经考试院考选、铨叙方得任用。

第三十八条　考试院设院长、副院长各一人。

院长因事故不能执行职务时，由副院长代理之。

第三十九条　考试院关于主管事项得提出议案于立法院。

第四十条　考试院之组织以法律定之。

第六章　监　察　院

第四十一条　监察院为国民政府最高监察机关，依法律行使左列职权。

（一）弹劾。

（二）审计。

第四十二条　监察院设院长、副院长各一人。

院长因事故不能执行职务时，由副院长代理之。

第四十三条　监察院设监察委员十九人至二十九人，由监察院院长提请国民政府任命之。

监察院监察委员之保障以法律定之。

第四十四条　监察院会议以监察委员组织之。监察院院长为监察院会议之主席。

第四十五条　监察院监察委员不得兼任中央政府及地方政府各机关之职务。

第四十六条　监察院关于主管事项得提出议案于立法院。

第四十七条　监察院之组织以法律定之。

第七章　附　　则

第四十八条　本法自公布日施行。

〔《国民政府公报》第九十九期1928年10月〕

3. 修正中华民国国民政府组织法第三十七条条文

(1930年3月)

第四届中央执行委员第二次全体会议
第二次大会决议修正

第三十七条　最高法院院长得由司法院院长兼任。公务员惩戒委员会委员长得由司法院副院长兼任。

〔国民政府行政院档案〕

4. 国民政府抄发"国民政府组织法修正案"训令

(1930年11月24日)

国民政府训令　字第六一九号

令行政院

为令知事：案奉中国国民党中央执行委员会特字第一零三二号函开：查国民政府组织法现经本党第三届中央执行委员会第四次全体会议决议修正在案。兹特检送修正案一份，即希查照公布施行为荷。等因。奉此，自应遵办。除函复并分令外，合行抄发原附修正案令仰知照，并转饬所属一体知照。此令。

计抄发国民政府组织法修正案一份。

主　　席　蒋中正
行政院院长　蒋中正
立法院院长　胡汉民
司法院院长　王宠惠
考试院院长　戴传贤

监察院院长

中华民国十九年十一月二十四日

中华民国国民政府组织法　十九年十一月十七日第三届中央执行委员会第四次全体会议修正

中国国民党本革命之三民主义、五权宪法建设中华民国，既用兵力扫除障碍，由军政时期入于训政时期，尤宜建立五权之规模，训练人民行使政权之能力，以期促进宪政，奉政权于国民。兹谨本历史上所授予本党指导监督政府之职责，制定国民政府组织法颁布之如左：

第一章　国民政府

第一条　国民政府总揽中华民国之治权。

第二条　国民政府统率陆、海、空军。

第三条　国民政府行使宣战、媾和及缔结条约之权。

第四条　国民政府行大赦、特赦及减刑、复权。

第五条　国民政府以行政院、立法院、司法院、考试院、监察院五院组织之。

第六条　国民政府设主席委员一人，委员十二人至十六人。

第七条　国民政府五院院长、副院长由国民政府委员任之。

第八条　国民政府主席代表国民政府接见外使，并举行或参与国际典礼。

第九条　国民政府主席兼中华民国陆海空军总司令。

第十条　国民政府主席因事故不能执行职务时，由行政院院长代理之。

第十一条　国民政府会议由国民政府委员组织之。国民政府主席为国民政府会议之主席。

第十二条　院与院间不能解决之事项，由国民政府会议议决之。

第十三条　公布法律，由国民政府主席署名，以立法院院长之副署行之。发布命令，由国民政府主席署名，主管院院长之副署行之。

第十四条　各院得依据法律发布命令。

第二章　行　政　院

第十五条　行政院为国民政府最高行政机关。

第十六条　行政院设院长、副院长各一人。

院长因事故不能执行职务时，由副院长代理之。

第十七条　行政院设各部分掌行政之职权。

关于特定之行政事宜，得设委员会掌理之。

第十八条　行政院各部设部长一人，政务次长、常务次长各一人。各委员会设委员长、副委员长各一人，均由行政院院长提请国民政府分别任免之。

第十九条　行政院各部部长、各委员会委员长，于必要时得列席国民政府会议及立法院会议。

第二十条　行政院关于主管事项得提出议案于立法院。

第二十一条　国务会议由行政院院长、副院长及各部部长、各委员会委员长组织之，以行政院院长为主席。

第二十二条　左列事项应经国务会议议决：

（一）提出于立法院之法律案。

（二）提出于立法院之预算案。

（三）提出于立法院之大赦案。

（四）提出于立法院之宣战案、媾和案、条约案及其他重要国际事项。

（五）荐任以上行政官吏之任免。

（六）行政院各部及各委员会间不能解决之事项。

（七）其他依法律或行政院院长认为应付国务会议议决事项。

第二十三条　行政院各部及各委员会得依据法律发布命令。

第二十四条　行政院及各部、各委员会之组织以法律定之。

第三章　立　法　院

第二十五条　立法院为国民政府最高立法机关。

立法院有议决法律案、预算案、大赦案、宣战案、媾和案、条约案及其他重要国际事项之职权。

第二十六条　立法院设院长、副院长各一人。

院长因事故不能执行职务时，由副院长代理之。

第二十七条　立法院设委员四十九人至九十九人，由立法院院长提请国民政府任命之。

第二十八条　立法院委员任期二年。

第二十九条　立法院委员不得兼任中央政府、地方政府各机关之事务官。

第三十条　立法院会议以院长为主席。

第三十一条　立法院之决议由国民政府会议议决公布之。

第三十二条　立法院之组织以法律定之。

第四章　司　法　院

第三十三条　司法院为国民政府最高司法机关，掌理司法审判、司法行政、官吏惩戒及行政审判之职权。

关于特赦、减刑及复权事项，由司法院院长提请国民政府核准施行。

第三十四条　司法院设院长、副院长各一人。

院长因事故不能执行职务时，由副院长代理之。

第三十五条　司法院关于主管事项，得提出议案于立法院。

第三十六条　司法院之组织以法律定之。

第五章　考　试　院

第三十七条　考试院为国民政府最高考试机关，掌理考试、铨叙事宜。所有公务员均须依法律经考试院考选、铨叙方得任用。

第三十八条　考试院设院长、副院长各一人。

院长因事故不能执行职务时，由副院长代理之。

第三十九条　考试院关于主管事项得提出议案于立法院。

第四十条　考试院之组织以法律定之。

第六章　监　察　院

第四十一条　监察院为国民政府最高监察机关，依法律行使左列职权：

一、弹劾。

二、审计。

第四十二条　监察院设院长、副院长各一人。

院长因事故不能执行职务时，由副院长代理之。

第四十三条　监察院设监察委员十九人至二十九人，由监察院院长提请国民政府任命之。

监察院监察委员之保障以法律定之。

第四十四条　监察院会议以监察委员组织之。监察院院长为监察院会议之主席。

第四十五条　监察院监察委员不得兼任中央政府及地方政府各机关之职务。

第四十六条　监察院关于主管事项得提出议案于立法院。

第四十七条　监察院之组织以法律定之。

第七章　附　　则

第四十八条　本法自公布日施行。

〔国民政府行政院档案〕

5. 中华民国国民政府组织法

（1931年6月15日）

第一章　总　　则

第一条　国民政府依据中华民国训政时期约法第七十七条之

规定，制定中华民国国民政府组织法。

第二章　国民政府

第二条　国民政府总揽中华民国之治权。

第三条　国民政府统率陆、海、空军。

第四条　国民政府行使宣战、媾和及缔结条约之权。

第五条　国民政府公布法律，发布命令。

第六条　国民政府行大赦、特赦及减刑、复权。

第七条　国民政府授与荣典。

第八条　国家之岁入、岁出由国民政府编定预算、决算公布之。

第九条　国民政府设行政院、立法院、司法院、考试院、监察院及各部、会。各院、部、会得依法发布命令。

第十条　国民政府委员以国民政府主席、五院院长、副院长为当然委员，并设委员十六人至三十二人。

第十一条　国民政府于必要时得设置各直属机关，直隶于国民政府。前项直隶于国民政府各机关之组织以法律定之。

第三章　国民政府主席

第十二条　国民政府主席对内对外代表国民政府。

第十三条　国民政府主席兼中华民国陆、海、空军总司令。

第十四条　国民政府主席为国民政府会议之主席。

第十五条　国民政府主席因事故不能执行职务时，由五院院长依次代理之。

第十六条　国民政府五院院长、副院长、陆海空军副司令及直隶于国民政府之各院、部、会长，以国民政府主席之提请，由国民政府依法任免之。

第十七条　国民政府公布法律、发布命令，由国民政府主席依法署名行之。前项公布之法律、发布之命令，由关系院院长副署之。

第四章　国民政府会议

第十八条　国民政府会议以国民政府主席及委员组织之。

第十九条　院与院间不能解决之事项，由国民政府会议议决之。

第二十条　国民政府会议规程另订之。

第五章　行　政　院

第二十一条　行政院为国民政府最高行政机关。

第二十二条　行政院设院长、副院长各一人。

院长因事故不能执行职务时，由副院长代理之。

第二十三条　行政院设各部，分掌行政之职权。

关于特定之行政事宜，得设委员会掌握之。

第二十四条　行政院各部设部长一人，政务次长、常务次长各一人。各委员会设委员长、副委员长各一人，委员若干人。

行政院各部长、委员长之人选，由行政院院长推由国民政府主席提请，由国民政府依法任免之。

各部之政务次长及各委员会之副委员长、委员，由行政院院长提请国民政府分别任免之。

第二十五条　行政院关于主管事项得提出议案于立法院。

第二十六条　国务会议由行政院院长、副院长及各部部长、各委员会委员长组织之，以行政院院长为主席。

第二十七条　左列事项应经国务会议议决：

（一）提出于立法院之法律案。

（二）提出于立法院之预算案。

（三）提出于立法院之大赦案。

（四）提出于立法院之宣战案、媾和案、条约案及其他重要国际事项。

（五）荐任以上行政官吏之任免。

（六）行政院各部及各委员会间不能解决之事项。

（七）其他依法律或行政院院长认为应付国务会议议决事项。

第二十八条　行政院及各部、各委员会之组织以法律定之。

第六章　立　法　院

第二十九条　立法院为国民政府最高立法机关。

立法院有议决法律案、预算案、大赦案、宣战案、媾和案、条约案及其他重要国际事项之职权。

第三十条　立法院设院长、副院长各一人。

院长因事故不能执行职务时，由副院长代理之。

第三十一条　立法院设委员四十九人至九十九人，由立法院院长提出人选，由国民政府主席提请国民政府依法任免之。

第三十二条　立法院委员任期二年。

第三十三条　立法院委员不得兼任中央政府、地方政府各机关之事务官。

第三十四条　立法院会议以院长为主席。

第三十五条　立法院之决议由国民政府会议议决公布之。

第三十六条　立法院之组织以法律定之。

第七章　司　法　院

第三十七条　司法院为国民政府最高司法机关，掌理司法审判之职权。

关于特赦、减刑及复权事项，由司法院院长提请国民政府核准施行。

第三十八条　司法院设院长、副院长各一人。

院长因事故不能执行职务时，由副院长代理之。

第三十九条　司法院关于主管事项得提出议案于立法院。

第四十条　司法院之组织以法律定之。

第八章　考　试　院

第四十一条　考试院为国民政府最高考试机关，掌理考试、铨叙事宜。所有公务员均须依法律，经考试院考选、铨叙方得任用。

第四十二条　考试院设院长、副院长各一人。

院长因事故不能执行职务时，由副院长代理之。

第四十三条　考试院关于主管事项得提出议案于立法院。

第四十四条　考试院之组织以法律定之。

第九章　监　察　院

第四十五条　监察院为国民政府最高监察机关，依法律行使左列职权：

（一）弹劾。

（二）审计。

第四十六条　监察院设院长、副院长各一人。

院长因事故不能执行职务时，由副院长代理之。

第四十七条　监察院设监察委员二十九人至四十九人，由监察院院长提出人选，由国民政府主席提请国民政府依法任免之。

监察院监察委员之保障以法律定之。

第四十八条　监察院会议以监察委员组织之。监察院院长为监察院会议之主席。

第四十九条　监察院监察委员不得兼任中央政府及地方政府各机关之职务。

第五十条　监察院关于主管事项得提出议案于立法院。

第五十一条　监察院之组织以法律定之。

第十章　附　　则

第五十二条　本法自公布日施行。

〔国民政府行政院档案〕

6. 修正中华民国国民政府组织法

（1931年12月）

修正中华民国国民政府组织法　中华民国二十年十二月二十六日

第四届中央执行委员第一次全体会议通过

第一章　总　　则

第一条　国民政府依据中华民国训政时期约法第七十七条之规定，制定中华民国国民政府组织法。

第二章　国 民 政 府

第二条　国民政府总揽中华民国之治权。

第三条　国民政府统率陆海空军。

第四条　国民政府行使宣战、媾和及缔结条约之权。

第五条　国民政府公布法律，发布命令。

第六条　国民政府行大赦、特赦及减刑、复权。

第七条　国民政府授与荣典。

第八条　国民政府以左列五院独立行使行政、立法、司法、考试、监察五种治权。

一、行政院

二、立法院

三、司法院

四、考试院

五、监察院

前项各院得依据法律发布命令。

第九条　国民政府于必要时得设置各直属机关，直隶于国民政府，其组织以法律定之。

第十条　国民政府设主席一人，委员二十四人至三十六人。各院设院长、副院长各一人，由中国国民党中央执行委员会选任之。

第十一条　国民政府主席为中华民国元首，对内对外代表国民政府。但不负实际政治责任。

第十二条　国民政府主席不得兼其他官职。

第十三条　国民政府主席任期二年，得连任一次。但于宪法颁布时应依法改选之。

第十四条　国民政府所有命令、处分以及关于军事动员之命令，由国民政府主席署名行之。但须经关系院院长、部长副署始生效力。

第十五条　宪法未颁布以前，行政、立法、司法、监察、考试各院各自对中国国民党中央执行委员会负责。

第三章　国民政府委员会

第十六条　国民政府委员会以国民政府主席及委员组织之。

第十七条　院与院间不能解决之事项，由国民政府委员会议决之。

第十八条　国民政府委员会会议规程另订之。

第四章　行　政　院

第十九条　行政院为国民政府最高行政机关。

第二十条　行政院设各部分掌行政之职权。关于特定之行政事宜，得设委员会掌理之。

第二十一条　行政院各部设部长一人，政务次长、常务次长各一人。各委员会设委员长、副委员长各一人，委员若干人。

行政院各部长、委员长之人选，由行政院院长提请国民政府主席依法任免之。

各部之政务次长、常务次长及各委员会之副委员长、委员，由行政院院长提请国民政府主席依法任免之。

第二十二条　行政院院长因事故不能执行职务时，由副院长代理之。

第二十三条　行政院会议由行政院院长、副院长、各部部长、各委员会委员长组织之。会议时以行政院院长为主席。

第二十四条　左列事项应经行政院会议议决。

一、提出于立法院之法律案。

二、提出于立法院之预算案。

三、提出于立法院之大赦案。

四、提出于立法院之宣战、媾和案。

五、荐任以上行政、司法官吏之任免。

六、行政院各部及各委员会间不能解决之事项。

七、其他依法律或行政院院长认为应付行政院会议议决事项。

第二十五条　行政院所有命令及处分,其关于一般行政者,须经全体部长之副署,其关于局部行政者,须经各关系部部长之副署,始生效力。

第二十六条　行政院之组织以法律定之。

第五章　立　法　院

第二十七条　立法院为国民政府最高立法机关。

立法院有议决法律案、预算案、大赦案、宣战案、媾和案及其他重要国际事项之职权。

第二十八条　立法院院长因事故不能执行职务时,由副院长代理之。

第二十九条　立法院会议时,各院院长及行政院各部、会长得列席说明。

第三十条　立法院设立法委员五十人至一百人,由立法院院长提请国民政府主席依法任命之。

前项委员之半数由法定人民团体选举。其选举法另定之。

第三十一条　立法院委员任期二年,但得连任。

第三十二条　立法院委员不得兼其他官职。

第三十三条　立法院会议以立法院院长为主席。

第三十四条　立法院之组织以法律定之。

第六章　司　法　院

第三十五条　司法院为国民政府最高审判机关。

关于特赦、减刑及复权事项,由司法院院长依法提请国民政府主席署名行之。

第三十六条　司法院设最高法院、行政法院及公务员惩戒委员会。

第三十七条　司法院院长兼任最高法院院长，司法院副院长兼任公务员惩戒委员会委员长。

第三十八条　司法院院长对于行政法院及公务员惩戒委员会之审判认为有必要时，得出庭审理之。

第三十九条　司法院院长因事故不能执行职务时，由副院长代理之。

第四十条　司法院关于主管事项，得提出议案于立法院。

第四十一条　司法院之组织以法律定之。

第七章　考　试　院

第四十二条　考试院为国民政府最高考试机关，依法行使考试、铨叙之职权。

第四十三条　考试院院长因事故不能执行职务时，由副院长代理之。

第四十四条　考试院关于主管事项，得提出议案于立法院。

第四十五条　考试院之组织以法律定之。

第八章　监　察　院

第四十六条　监察院为国民政府最高监察机关，依法行使弹劾、审计之职权。

第四十七条　监察院院长因事故不能执行职务时，由副院长代理之。

第四十八条　监察院设监察委员三十人至五十人，由监察院院长提请国民政府主席依法任命之。

前项委员之半数由法定人民团体选举。其选举法另定之。

第四十九条　监察委员之保障以法律定之。

第五十条　监察院会议以监察委员组织之。监察院院长为监察院会议之主席。

第五十一条　监察委员不能兼任其他公职。

第五十二条　监察院关于主管事项，得提出议案于立法院。

第五十三条　监察院之组织以法律定之。

第九章　附　　则

第五十四条　本法自公布日施行。

〔国民政府行政院档案〕

附录：国民政府西南政务委员会组织条例

(1931年12月31日)

第一条　国民政府依据第四次全国代表大会之议决案，设西南政务委员会，直隶于国民政府，监督指挥西南区域内左列行政及审计事宜：

一　内政

二　军政

三　财政

四　交通

五　实业

六　教育

七　司法行政

第二条　国民政府西南政务委员会以西南各省为管辖之区域。

第三条　国民政府西南政务委员会经政务会议之议决，得增置或裁并各机关。

第四条　国民政府西南政务委员会设委员十五人至二十七人，特任；并指定五人至七人为常务委员。

第五条　国民政府西南政务委员会设秘书处，置秘书长一人，简任；秘书五人至七人，简任或荐任；科长三人至五人，荐任；科员、书记官若干人，委任。

第六条　国民政府西南政务委员会设审计处，置处长一人，简任；审计五人至七人，简任或荐任；协审八人至十二人，稽察六人至十人，荐任；科员十六人至二十人，书记官九人至十二人。

第七条　国民政府西南政务委员会得设专门委员九人至十二人，简任或荐任。

第八条　国民政府西南政务委员会每星期开政务会议一次，以常务委员轮流主席。

第九条　左列各事项应经由政务会议议决行之：

一　荐任以上行政司法审计官吏之任免。

二　省与省间不能解决之事项。

三　关于预算决算事项。

四　其他依法令或常务委员认为应付议决之事项。

第十条　国民政府西南政务委员会对于管辖区域，于不抵触中央法令范围内，得发布命令及单行规则。

第十一条　国民政府西南政务委员会政务会议议决各案，应呈国民政府察核，并分别咨送行政院或监察院备案。

第十二条　国民政府西南政务委员会与中央各院部权限发生争议时，呈由国民政府解决之。

第十三条　秘书长、审计处长均得列席本委员会政务会议。

第十四条　本委员会政务会议规则及秘书处、审计处组织条例另定之。

第十五条　本条例如有未尽事宜，得呈由国民政府修改之。

第十六条　本条例自公布之日施行。

国民政府西南政务委员会西南国防委员会组织条例

民国二十二年二月七日西南政委会公布

第一条　国民政府西南政务委员会为巩固西南国防，特设西南国防委员会。

第二条　西南国防委员会专任筹划西南各省陆海空一切国防设备事宜。

第三条　西南国防委员会由西南各省最高军政长官一人或二人组织之。

各省最高军政长官如不能出席时，得派代表代其出席。

第四条　西南国防委员会开会时由委员轮充主席。

第五条　西南国防委员会每两个月开常会一次。必要时，得召集临时会议。

第六条　西南国防委员会地点设于广州。

第七条　西南国防委员会会议规则另定之。

第八条　西南国防委员会设总务处、参谋处，必要时得设各种专门委员会，其组织另定之。

第九条　西南国防委员会各级职员由各省现职人员调充，兼职不兼薪。

第十条　本条例自公布日施行。

西南政务委员会外交讨论委员会组织条例

民国二十二年十一月二十五日西南政务委员会令发

第一条　西南政务委员会为研究讨论国际及外交问题，设外交讨论委员会。

第二条　本会研究及讨论前条事项，应将其结果呈西南政务委员会察核。

第三条　本会设委员若干人，常务委员三人至五人，并指定常务委员一人为主席。

前项委员及常务委员均由西南政务委员会聘充之。

第四条　本会设专门委员三人，股主任三人，股员若干人，由西南政务委员会委任之。

第五条　主席及常务委员处理本会日常一切事务，对外以主席名义行之。

第六条　本会开会以主席委员为主席，主席因事不能出席时，由常务委员代理。

专门委员得列席会议。

第七条　本会设左列三股，其职掌如左：

第一股　关于宣传事项。

第二股　关于编译、调查、统计事项。

第三股　关于条约及外交政策研究事项。

第八条　本会为办事上之需要，得酌用雇员。

第九条　本会办事细则及会议规则另定之。

第十条　本条例自公布日施行。

公务员任用法

二十二年三月十一日国民政府公布，同年四月一日施行

第一条　公务员之任用，除法律别有规定外，依本法行之。

第二条　简任职公务员应就具有左列各款资格之一者任用之：

一　现任或曾任简任职，经甄别审查或考绩合格者。

二　现任或曾任最高级荐任职二年以上，经甄别审查或考绩合格者。

三　曾任政务官一年以上者。

四　曾于民国有特殊勋劳或致力国民革命十年以上而有勋劳者。

五　在学术上有特殊之著作或发明者。

第三条　荐任职公务员应就具有左列各款资格之一者任用

之：

一 经高等考试及格或与高等考试相当之特种考试及格者。

二 现任或曾任荐任职，经甄别审查或考绩合格者。

三 现任或曾任最高级委任职三年以上，经甄别审查或考绩格合者。

四 曾于民国有勋劳或致力国民革命七年以上而有成绩者。

五 在教育部认可之国内外大学毕业而有专门著作经审查合格者。

第四条 委任职公务员应就具有左列各款资格之一者任用之：

一 经普通考试及格或与普通考试相当之特种考试及格者。

二 现任或曾任委任职，经甄别审查或考绩合格者。

三 现充雇员，继续服务三年以上而成绩优良者。

四 曾致力国民革命五年以上而有成绩者。

五 在专科学校以上之学校毕业者。

第五条 公务员之任用，除依前三条之规定外，并依其学识经验与其所任之职务相当者为限。

第六条 有左列各款情事之一者不得任用为公务员：

一 褫夺公权尚未复权者

二 亏空公款尚未清偿者

三 曾因赃私处罪有案者

四 吸用鸦片或其代用品者

第七条 简任职、荐任职公务员之任用，由国民政府交铨叙部审查合格后分别任命之。

委任职公务员之任命，由该管长官送铨叙部审查合格后委任之。

铨叙部接到前二项文件后，应即付审查，决定合格或不合格。

第八条 在请简、呈荐、拟委之期间，该管长官于必要时，得派有相当资格之人员代理。但代理期间不得逾三个月。

第九条　考试及格人员应按其考试种类及科目分发相当官署任用。

第十条　荐任职、委任职公务员应就考试及格人员尽先任用。

考试及格人员之任用以铨叙部分发先后为序。

第十一条　任用程序分为试署及实授。试署满一年者始得实授。

第十二条　初任人员应为试署，并从最低级俸叙起。但曾任公务员、积有年资及劳绩者，得按其原级叙俸。

有简任职资格而以荐任职任用，或有荐任职资格而以委任职任用者，得不适用前项之规定，并保留原有资格。

第十三条　本法于政务官不适用之。

第十四条　为施行本法，得由铨叙部分别拟订条例，呈由考试院转请国民政府核定之。

第十五条　本法施行日期以命令定之。

〔国民政府行政院档案〕

7. 修正中华民国国民政府组织法第三十条及四十八条条文①

(1932年12月)

第三十条　立法院设立法委员四十九人至九十九人，由立法院院长提请国民政府主席依法任免之。

第四十八条　监察院设监察委员二十九人至四十九人，由监察院院长提请国民政府主席依法任免之。

〔国民政府行政院档案〕

① 国民党第四届中央执行委员会第三次全体会议决议修正，

8. 修正中华民国国民政府组织法第二十四条第五款及第三十五条第三十六条条文①

（1934年10月）

第二十四条第五款　荐任以上行政官吏之任免。

第三十五条　司法院为国民政府最高司法机关。

第三十六条　司法院设司法行政部、最高法院、行政法院及公务员惩戒委员会。

〔国民政府行政院档案〕

9. 国民政府职官表

（1927年—1937年）

主　　席	谭延闿 1928.2.7选任；1928.10.8辞 蒋中正 1928.10.8选任；1931.12.15辞 林　森—— 1931. 12.15代 12.28选任 —— （1927年4月18日南京国民政府成立时，未选任主席，同年9月16日国民党中央特别委员会成立，次日改组国民政府，未选任主席而由常务委员轮流主持。）
常务委员 （1928年10月8	胡汉民 张人杰

① 国民党第四届中央执行委员会第三次全体会议交议，经中央政治会议函经中央执行委员会第一四一次常会决议修正。

（续表）

日取消常务委员制）	伍朝枢		
	古应芬——1927.9.17辞		
	汪兆铭——1927.9.21辞		
	谭延闿		
	宋子文		
	（上述七人为广州国民政府常务委员，1927年4月18日南京国民政府成立，仍任常务委员）		
	蔡元培1927.9.17选任；		
	李烈钧1927.9.17选任。		
	于右任1927.9.17选任。		
	蒋中正1928.1.3选任。		
	孙　科　1928.1.3选任		
	林　森　1928.1.3选任		
委　员 （从1927年4月18日南京国民政府成立至同年9月17日国民党中央特别委员会改组国民政府止所任之国民政府委员）	汪兆铭	胡汉民	谭延闿
	伍朝枢	古应芬	于右任
	李烈钧	戴传贤	许崇智
	程　潜	邓泽如	孙　科
	李宗仁	黄绍竑	徐　谦
	蒋中正　8.3辞	宋子文	张人杰
	蒋作宾	朱培德	李济琛
	唐生智	冯玉祥	宋渊源
	杨树庄	阎锡山　5.22选任	
	王伯群　6月选任	蔡元培　7.2选任	
	王宠惠　7月选任		
委　员 （从1927年9月17日国民党中央特别委员会改组国民政府至1928年10月8日所任之国民政府委员）	丁惟汾	于右任	
	孔　庚　9.21辞		
	王法勤	王伯群	王宠惠
	古应芬	白崇禧	田　桐
	伍朝枢	朱培德	李宗仁
	李济琛	李烈钧	
	汪兆铭　9.21辞；1928.2.7选任		何应钦

（续表）

委　员	宋子文　居　正　林　森 周震鳞　柏文蔚　胡汉民 陈调元 唐生智　9.21辞 孙　科　张人杰　张　继 黄绍竑　许崇智　钮永建 邹　鲁　覃　振　程　潜 冯玉祥　杨树庄　经亨颐 熊克武　邓泽如　蔡元培 樊钟秀　刘守中　蒋中正 蒋作宾　戴传贤　谢　持 阎锡山　谭延闿　宋渊源 赵戴文　张之江　孔祥熙 白云梯　朱霁青　何香凝 黄　郛　方振武　孙　岳 岳维峻　鹿钟麟　商　震 宋哲元　刘郁芬　杨虎城
委　员	蒋中正1928.10.8选任 谭延闿1928.10.8选任；1930.9.22死 胡汉民1928.10.8选任 蔡元培1928.10.8选任 戴传贤1928.10.8选任 王宠惠1928.10.8选任 冯玉祥1928.10.8选任；1929.5.24免
委　员 （从1928年10月8日至1931年6月15日止修改组织法所任之国民政	孙　科　1928.10.8选任 陈果夫　1928.10.8选任 何应钦　1928.10.8选任 李宗仁　1928.10.8选任；1929.3.26免 杨树庄　1928.10.8选任

（续表）

府委员）	阎锡山	1928.10.8选任；1930.4.2免		
	李济琛	1928.10.8选任		
	林　森	1928.10.8选任；1929.3.26免		
	张学良	1928.10.8选任		
	张　继	1928.10.8选任		
	朱培德	1929.11.21选任		
	赵戴文	1929.9.11选任		
	宋子文	1930.1.16选任		
	于右任	1930.11.18选任		
	张作相	1930.12.18选任		
	邵元冲	1931.3.2选任		
委　员 （从1931年6月15日至1931年12月30日止）	蒋中正	1937.4.3免	胡汉民	蔡元培
	何应钦		杨树庄	张学良
	朱培德		张作相	王树翰
	张人杰		丁惟汾	吴铁城
	陈铭枢		叶楚伧	邵力子
	韩复榘		刘　峙	何成浚
	张景惠		刘尚清	马福祥
	刘　湘		孔祥熙	王伯群
	王正廷	1937.1.10辞	刘瑞恒	龙　云
	陈调元		何　键	徐永昌
	施肇基		钮永建	李济琛
	注：1931年6月15日修改组织法以国民政府主席、五院院长、副院长为当然委员，并设委员16～32人；同年12月30日委员改为24～36人，并取消当然委员。见下表			
委　员	蒋中正			
	汪兆铭	1932.2.18辞1936.9.16选任		
	胡汉民	1936.5.12死		

（续表）

委　员	唐绍仪　　张人杰　　蔡元培
	肖佛成　　邓泽如　　谢　持
	许崇智　　王法勤　　李烈钧
	邹　鲁　　邵元冲　1932年5月改任他职
	陈果夫　　叶楚伧　　宋子文
	王伯群　　方振武　1933.10.5免
	熊克武　　阎锡山　　冯玉祥
	赵戴文　　王树翰　　刘尚清
	薛笃弼　1933.1.3辞　　柏文蔚
	程　潜　1936.1.15辞　　经亨颐
	孔祥熙　　恩克巴图　　杨树堪
	马福祥　1932.8.19死　　刘守中
	杨树庄　　王正廷
	（上述委员均为1931年12月29日选任）
	黄绍竑　1932.2.18选任；5.20免
	张　继　1932.5.20选任
	伍朝枢　1932.5.20选任
	周震鳞　1933.2.11选任
	徐绍祯　1933.2.11选任；1936.9.13死
	黄复生　1933.10.5选任
	陈立夫　1933.10.5选任
	邓家彦　1934.1.20选任
委　员	班禅额尔德尼　1934.1.13选任；1937.12死
	李文范　1934.1.31选任
	马超俊　1934.12.27选任
	云端旺楚克　1936.1.10选任
	黄　郛　1936.9.16选任；12.6死
	王宠惠　1937.1.10选任
	马　良　1937.1.14选任
	章嘉呼图克图　1937.3.25选任

（续表）

秘书长（注1928.10.19秘书处改文官处撤消此职）		钮永建 1927.4.18任;9.17辞
		连声海 1927.10.12任;1928.9.19辞
		吕苾筹 1928.3.8代;9.19任;10.26辞
文官处	文官长	古应芬 1928.10.23任；1931.6.19辞
		王树翰 1931.6.19任;1932.1.3辞
		（叶楚伧） 1931.6.19代;1932.1.3免代
		魏 怀 1932.1.3任
	文书局长	杨熙绩 1928.10.23任；1932.11.9免
		许静芝 1932.11.9兼
	印铸局长	周仲良 1928.10.23任
印铸局长 1927.6.17成立 1928.10.19归属文官处		李晓生 1927.6.17任；1928.10.23免
副官长 1928.10.19撤消此职		黄惠龙 1927.10.12任;1928.10.19免
参军处	参军长	何成浚 1928.10.31任；1930.2.3免（吴思豫暂代）
		贺耀组 1930.2.3任；1932.1.3免
		吕 超 1930.1.3任
	参军	吴思豫 张希骞 1928.10.23任;1935.7.23辞
		黄惠龙 熊秉坤 蒋锄欧
		杨 虎 黄振兴 田士捷
		陈光组 舒石父 唐 豸
		胡 瑛 彭新民 耿觐文
		邱鸿钧 上官云相 石陶军
		熊 斌 1931.5.10任 王孝缜 1931.10.11任

（续表）

参军处	参　　军	辜仁发　1931.11.7任　　李益滋　1931.11.7任 王右瑜　1932.5.6任　　马毓宝　1932.7.18任 毛仲方　1932.9.26任　1936.6.1死 黄秉衡　1933.2.16任；1934.9.5辞 萧　芹　1937.1.12任
参军处	总务局长	吴思豫　1928.10.23任；1929.7.18免 舒石父　1929.7.18任；1931.12.19免 田士捷　1931.12.19任
参军处	典礼局长	张希骞　1928.10.23任；1935.7.23免 毛仲芳　1935.7.23代；1936.6.1死 唐　豸　1936.6.25任
主计处	筹备处主任	陈其采　1930.12.4任
主计处	筹备处委员	刘大钧　　潘序伦　　秦　汾　　杨汝梅 吴大钧　上述五人均为1930.12.29任
主计处	主 计 长	陈其采　1931.3.21任
主计处	主 计 官	刘大钧　　潘序伦　　秦　汾　　杨汝梅 吴大钧　上述五人为1931.3.21任 赵棣华　1931.7.18任；1933,11.4辞 赵德馨　1932.3.9任　　闻亦有　1933.11.4任 朱君毅　1934.1.12任
主计处	岁计局长	陈其采　1931.3.21任；1932.1.30免 杨汝梅　1932.1.30任
主计处	会计局长	秦　汾　1931.3.27任
主计处	统计局长	刘大钧　1931.3.27任；1933.9.9免 吴大钧　1933.9.9任

〔根据《国民政府公报》等辑编〕

(2) 五 院 组 织

1. 国民政府修正公布之司法院组织法

(1928年11月17日)

第一条　司法院以左列各机关组织之：

一　司法行政部

二　最高法院

三　行政法院

四　公务员惩戒委员会

第二条　司法院院长综理全院事务。

第三条　司法院院长经最高法院院长及所属各庭庭长会议议决后，行使统一解释法令及变更判例之权。

前项会议以司法院院长为主席。

第四条　司法行政部承司法院院长之命，综理司法行政事宜。

第五条　最高法院对于民、刑诉讼事件，依法律行使最高审判权。

第六条　行政法院依法律掌理行政诉讼审判事宜。

第七条　公务员惩戒委员会依法律掌理文官法官惩戒事宜。

第八条　司法院内置左列各处：

一　秘书处

二　参事处

第九条　秘书处置左列各职员：

一　秘书长一人，简任。

二　秘书六人至十人，其中四人简任，余荐任。

三　科员十人至二十人，委任。

第十条　秘书处掌左列事项：

一　关于文书收发、编制及保管事项。

二　关于文书分配事项。

三　关于文件之撰拟及翻译事项。

四　关于典守印信事项。

五　关于会计庶务事项。

六　其他不属于参事处主管事项。

第十一条　参事处置参事四人至六人，简任。

第十二条　参事处掌撰拟、审核关于司法之法律命令事项。

第十三条　司法行政部、最高法院、行政法院及公务员惩戒委员会之组织，以法律定之。

第十四条　司法院经国务会议及立法院之议决，得增设委员会及其他机关，或裁并之。

第十五条　司法院处务规程另定之。

第十六条　本法自公布日施行。

〔国民政府立法院档案〕

2．国民政府修正公布之行政院组织法①

（1932年8月3日）

第一条　行政院以左列各部、各委员会组织之。

一、内政部

二、外交部

三、军政部

四、海军部

五、财政部

六、实业部

七、教育部

---

①《行政院组织法》原公布日期为1928年10月20日，后分别于1929年7月31日及1930年6月10日修正。

八、交通部

九　铁道部

十　蒙藏委员会

十一　侨务委员会

十二　禁烟委员会

十三　劳工委员会(民国二十四年六月行政院第二一九次会议决议,咨请立法院将本款删去)

第二条　行政院经国务会议及立法院之议决，得增置裁并各部、各委员会及其他机关。

第三条　院长指挥全院院务及其所属机关。

第四条　行政院内置左列各处：

一　秘书处

二　政务处

第五条　秘书处置左列各职员：

一　秘书长一人，简任。

二　秘书八人至十四人,其中八人简任,余荐任。

三　科员十人至二十人，委任。但其中四人得为荐任。

第六条　秘书处掌左列事项：

一　关于文书收发、编制及保管事项。

二　关于文书分配事项。

三　关于文件之撰拟、翻译事项。

四　关于本院委任职员之任免事项。

五　关于典守印信事项。

六　关于会计庶务事项。

七　其他不属于政务处主管事项。

第七条　政务处置左列各职员：

一　政务处长一人，简任。

二　参事六人至十人，简任。

三　科员十人至二十人，委任。但其中六人得为荐任。

第八条　政务处掌左列事项：

一　关于本院会议事项。

二　关于应提出于国务会议或国务会议发交本院之议决事项。

三　关于应提出于立法院或立法院咨送本院事项。

四　关于诉愿事项。

五　撰拟命令事项。但属秘书处主管者不在此限。

第九条　秘书长及政务处长均得列席本院会议。

第十条　行政院会议规则及处务规程另定之。

第十一条　本法自公布日施行。

〔国民政府档案〕

3. 国民政府修正公布之考试院组织法

（1933年2月24日）

第一条　考试院以左列机关组织之：

一　考选委员会

二　铨叙部

第二条　考选委员会掌左列事项：

一　关于考选文官、法官、外交官及其他公务员事项。

二　关于考选专门技术人员事项。

三　关于办理组织典试委员会事项。

四　关于考选人员之册报事项。

五　关于举行考试其他应办事项。

第三条　铨叙部掌左列事项：

一　关于公务员之登记事项。

二　关于考取人员分类登记事项。

三　关于成绩考核登记事项。

四　关于公务员任免之审查事项。

五　关于公务员升降、转调之审查事项。

六　关于公务员资格审查事项。

七　关于俸给及奖恤之审查登记事项。

第四条　考选委员会设委员长一人,副委员长一人,委员五人至七人;铨叙部设部长一人,政务次长、常务次长各一人,均由院长提请国民政府分别任免之。

第五条　考选委员会及铨叙部之组织以法律定之。

第六条　考试院内置左列各处:

一　秘书处

二　参事处

第七条　秘书处置左列各职员:

一　秘书长一人,简任。

二　秘书六人至十人,其中四人简任,余荐任。

三　科员十人至二十人,委任。

第八条　秘书处掌左列事项:

一　关于文书收发、编制及保管事项。

二　关于文书分配事项。

三　关于文件之撰拟及翻译事项。

四　关于典守印信事项。

五　关于会计庶务事项。

六　其他不属于参事处主管事项。

第九条　参事处置参事四人至六人,简任。

第十条　参事处掌撰拟、审核关于考选及铨叙之法律命令事项。

第十一条　考试院院长综理全院院务。

第十二条　考试院得依法律于各省组织典试委员会。

第十三条　考试法另定之。

第十四条　关于举行考试事项，考试院得依考试法之规定调用各机关人员。

第十五条　考试院对于各公务员之任用，除法律另有规定外，如查有不合法定资格时，得不经惩戒程序径请降免。

第十六条　考试院处务规程另定之。

第十七条　本法自公布日施行。

〔国民政府档案〕

4．国民政府修正公布之立法院组织法①

（1933年5月11日）

第一条　立法院设左列各委员会：

一　法制委员会

二　外交委员会

三　财政委员会

四　经济委员会

五　军事委员会

第二条　立法院得增置裁并各委员会。

第三条　各委员会委员由本院委员分任之。

第四条　各委员会设委员长一人，由院长指定之。

第五条　各委员会之组织另定之。

第六条　立法院内置左列各处：

一　秘书处

二　编译处

第七条　秘书处置左列各职员：

一　秘书长一人，简任。

① 《立法院组织法》原公布日期为1928年10月20日。

二　秘书六人至十人，其中四人简任，余荐任。

三　科长二人至四人，荐任。

四　科员二十人至二十八人，委任。但其中十人得为荐任。

五　速记长一人，荐任；速记员四人，委任。

六　书记官八人至十二人，委任。

第八条　秘书处掌左列事项：

一　关于文书之收发及保管事项。

二　关于文件之分配、撰拟、编制事项。

三　关于统计调查事项。

四　关于会议记录事项。

五　关于本院委任职员之任免事项。

六　关于本院任用专门人员及雇员事项。

七　关于典守印信事项。

八　关于会计庶务事项。

九　其他不属于各委员会及编译处主管事项。

第九条　编译处置左列各职员：

一　处长一人，简任。

二　编修四人至六人，简任。

三　科员十人至二十人，委任或荐任。

第十条　编译处掌左列事项：

一　关于本国法规之编辑、刊行事项。

二　关于各国法制之编译事项。

三　关于立法参考资料之检讨事项。

四　关于特别编译事项。

五　关于图书管理事项。

第十一条　院长指挥全院院务及其所属机关。

第十二条　立法院得任用专门人员，其人数、人选、俸给由立法院决定之。

第十三条　各院提出之议案，未经议决以前，得随时提出修正或撤回原案。

第十四条　立法院关于本院议决案之执行，得向各院及行政院各部、各委员会提出质询。

前项质询须经本院议决行之。

第十五条　立法院及各委员会会议，得请各院院长、行政院各部部长、各委员会委员长列席。

第十六条　立法院会议非有委员总数三分之一出席不得开议。

第十七条　立法院之议事以出席委员过半数之同意决之。可否同数时，取决于主席。

第十八条　委员对于本人缺席时议决之议案，不得为反对之动议。

第十九条　委员对于议案有关系本身者不得参与表决。

第二十条　委员提出法律案须有五人以上之连署。

第二十一条　立法院会议须公开之。但经委员七人以上或各院院长、行政院各部部长、各委员会委员长之请求，得开秘密会议。

第二十二条　院长维持院内秩序，整理议事程序。

第二十三条　立法院议事规则及处务规程另定之。

第二十四条　本法自公布日施行。

〔国民政府档案〕

5. 国民政府修正公布之监察院组织法

（1934年3月9日）

第一条　监察院以监察委员行使弹劾职权。弹劾法另定之。

第二条　监察院设审计部行使审计职权。审计部组织法及审计法另定之。

第三条　监察院为行使职权，向各官署及其他公立机关查询或调查档案册籍遇有疑问时，该主管人员应负责为详实之答覆。

第四条　审计部设部长一人，政务次长、常务次长各一人，由院长提请国民政府分别任命之。

第五条　审计部掌理左列事项：

一　监督政府所属全国各机关预算之执行。

二　审核政府所属全国各机关之计算及决算。

三　核定政府所属全国各机关之收入命令及支付命令。

四　稽察政府所属全国各机关财政上之不法或不忠于职务之行为。

第六条　监察院院长得提请国民政府特派监察使分赴各监察区巡回监察，行使弹劾职权。

监察使得由监察委员兼任。

监察区及监察使巡回监察规程由监察院定之。

第七条　监察院内置左列各处：

一　秘书处

二　参事处

第八条　秘书处掌左列事项：

一　关于文书收发、编制及保管事项。

二　关于文书分配事项。

三　关于文件之撰拟及翻译事项。

四　关于典守印信事项。

五　关于庶务会计事项。

六　其他不属于参事处之事项。

第九条　参事处掌左列事项：

一　撰拟、审核关于监察之法案命令事项。

二　院长交办事项。

第十条　监察院院长综理院务。

第十一条　监察院置秘书长一人，参事四人至六人，简任；秘书六人至十人，其中四人简任，余荐任；科员二十人，委任，但其中十人得为荐任。

第十二条　监察院得酌用雇员。

第十三条　监察院会议规则及处务规程由监察院定之。

第十四条　本法自公布日施行。

〔国民政府档案〕

6. 国民政府公布修正立法院组织法第八条第十二条条文

（1936年10月29日）

国民政府训令　　第八一九号

令国民政府政务官惩戒委员会

为令知事，查立法院组织法前经制定公布，并经迭次修正各在案。兹将该法第八条、第十二条条文再加修正，应即通饬施行。除公布并分令外，合行抄发修正条文，令仰知照，并转饬所属一体知照。此令。

计抄发修正立法院组织法第八条、第十二条条文一份。

中华民国二十五年十月廿九日

国民政府主席　林　森

立法院院长　孙　科

修正立法院组织法

第八条第十二条条文

二十五年十月二十九日公布

第八条　秘书处掌左列事项：

一、关于文书之收发及保管事项。

二、关于文件之分配、撰拟、编制事项。

三、关于会议纪录事项。

四、关于本院委任职员之任免事项。

五、关于本院任用专门人员及雇员事项。

六、关于典守印信事项。

七、关于庶务事项。

八、其他不属于各委员会及编译处主管事项。

第十二条　立法院设会计主任一人，统计主任一人，办理岁计、会计、统计事项，受立法院院长之指挥监督，并依国民政府主计处组织法之规定，直接对主计处负责。

会议室及统计室需用佐理人员名额，由立法院及主计处就本法所定委任人员及雇员名额中会同决定之。

立法院得任用专门人员，其人数、人选、俸给由立法院决定之。

〔国民政府档案〕

7. 国民政府公布修正监察院组织法第八条第十一条条文

（1936年10月30日）

国民政府训令　　第八二二号

令国民政府政务官惩戒委员会

为令知事，查监察院组织法前经制定公布，并经迭次修正各在案。兹将该法第八条、第十一条条文再加修正，应即通饬施行。除公布并分行外，合行抄发修正条文，令仰知照，并转饬所属一体知照。此令。

计抄发修正监察院组织法第八条、第十一条条文一份。

修正监察院组织法

第八条第十一条条文

二十五年十月三十日公布

第八条　秘书处掌左列事项：

一、关于文书收发、编制及保管事项。

二、关于文书分配事项。

三、关于文件之撰拟及翻译事项。

四、关于典守印信事项。

五、关于庶务事项。

六、其他不属于参事处之事项。

第十一条　监察院置秘书长一人，参事四人至六人，简任；秘书六人至十人，其中四人简任，余荐任；科员十人至二十人，委任。

监察院设会计主任一人，统计主任一人，办理岁计会计统计事项，受监察院院长之指挥监督，并依国民政府主计处组织法之规定，直接对主计处负责。

会计室及统计室需用佐理人员名额，由监察院及主计处就本法所定委任人员及雇员名额中会同决定之。

监察院于必要时，得置调查专员四人至六人，荐任。

中华民国二十五年十月卅日

国民政府主席　林　森

立法院院长　孙　科

〔国民政府档案〕

8. 国民政府五院主要职官表

(1928—1937年)

(1)　行政院职官表

院　长	谭延闿　1928.10.8选任；1930.9.22死. (宋子文　1930.9.25代院长) 蒋中正　1930.11.18兼代；1931.12.15辞 (陈铭枢　1931.12.15代)

（续表）

院长		孙　科	1931.12.28选任；1932.1.28辞
		汪兆铭	1932.1.28选任；1935.12.1辞
		蒋中正	1935.12.7选任；
副院长		冯玉祥	1928.10.8选任，1929.5.24免
		宋子文	1930.1.16选任；1931.12.25辞
		陈铭枢	1931.12.28选任；1932.1.29辞
		宋子文	1932.1.29 选任；1933.11.4辞
		孔祥熙	1933.11.4选任
秘书长		吕苾筹	1928.10.31任；1932.1.18调
		郑洪年	1932.1.18任；1932.1.31辞
		曾仲鸣	1932.1.31任；1932.2.23调
		褚民谊	1932.2.3任；1935.12.13辞
		翁文灏	1935.12.13任；1937.9.9辞
		魏道明	1937.9.9任
政务处	政务处长	陈　融	1928.11.13任；1931.6.25免
		许静芝	1931.6.25任；1932.7.8免
		彭学沛	1932.7.8任；1936.3.27任
		蒋廷黻	1936.3.27任；1936.9.2免
		何　廉	1936.10.26任
	参事	陈金绶	1928.11.1任；1928.12.5辞　　林　彬
		陈　锐	1928.11.1任；1937.2.3辞
		段炳璋	1928.11.6任；1929.9.3免
		李大年	1928.11.1任；1934.9.26免
		许静芝	1928.11.17任
		张允荣	1928.12.5任；1929.6.12免
		陆嗣曾	1929.12.11任；1932.9.26免
		谢心准	1929.6.12任；1933.4.4免
		范新范	1931.11.8任；1932.8.6免
		朱宗良	1931.6.25任；1934.2.15免

（续表）

政务处	参事	何君干 1932.1.15任;1933.4.4免 曹宗荫 1932.1.31任; 1932.8.6免 屈向邦 1932.1.31任;1932.8.6免 刘叔模 1932.3.19任; 1932.5.6免 邓介松 1932.5.6任 徐象枢 1932.8.19任 滕固 1933.5.22任 端木恺 1934.9.12任 陈念中 1934.2.15任; 1936.4.3任 曹经沅 1934.3.5任 岑德彰 1934.12.12任 张平群 1934.12.12任 陈克文 1935.10.16任 顾翊群 1936.3.18任; 1937.6.5辞 张锐 1636.4.3任

(2) 各届行政院组成主要长官职官表

谭延闿内阁(1928.10.8～1930.9.22)		
行政院	院长	谭延闿
	副院长	冯玉祥 宋子文(任免时间见前表)
内政部	部长	阎锡山 1928.10.24任 赵戴文 1928.12.27任; 1929.9.10免 杨兆泰 1929.9.10任; 1930.12.4免
	政务次长	赵戴文 1928.10.24任 赵丕廉 1929.1.18辞 樊象离 1929.1.18任; 1930.4.14辞 吴铁城 1930.4.14任
	常任次长	王朝俊 1929.10.1任; 1930.4.14辞 张我华 1930.4.4任

（续表）

外交部	部　　长	王正廷　1928.6.8任；1930.12.4辞
	政务次长	朱兆莘　1928.7.12任；1929.10.26辞 李锦纶　1929.10.26任
	常任次长	唐悦良　1928.3.6任；1929.10.26免 张我华　1929.10.26任；1930.4.14免
财政部	部　　长	宋子文　1928.1.3任；1931.12.10免
	政务次长	张寿镛　1928.10.31任
	常任次长	李调生　1928.10.31任
军政部	部　　长	冯玉祥　1928.10.24任；1929.3.12辞 鹿钟麟　1929.3.27任；1929.10.11免 何应钦　1930.3.3任
	政务次长	张　群　1928.10.31任；1929.4.6免 鹿钟麟　1929.4.6任；1929.8.24免 朱绶光　1929.8.24任；1930.6.30免
	常任次长	鹿钟麟　1928.10.31任；1929.3.27调任 陈　仪　1929.5.4任
海军部	部　　长	杨树庄　1929.4.12任；1930.12.4辞
	政务次长	陈绍宽　1929.4.12任
	常任次长	（空缺）
教育部	部　　长	蒋梦麟　1928.10.24任；1930.12.4辞
	政务次长	马叙伦　1928.10.31任；1929.11.11辞 刘大白　1929.11.11任
	常任次长	吴震春　1928.10.31任；1929.7.29免 刘大白　1929.7.29任；1929.11.11免

（续表）

教育部	常任次长	黄建中　1929.11.11任；1930.3.24免 朱经农　1930.3.24任
交通部	部长	王伯群　1928.10.24任；1930.12.4辞
	政务次长	李仲公　1928.11.6任
	常任次长	韦以黻　1928.11.6任
铁道部	部长	孙　科　1928.10.24任；1930.12.4辞
	政务次长	连声海　1928.10.31任
	常任次长	王　征　1928.10.31任；1929.9.10辞 黎照寰　1929.9.10任；1930.10.29免 黄汉樑　1930.10.29任
工商部 (1930.12.4裁)	部长	孔祥熙　1928.10.24任；1930.12.4辞
	政务次长	郑洪年　1928.11.13任
	常任次长	穆湘玥　1928.11.13任
农矿部 (1930.12.4裁)	部长	易培基　1928.10.24任；1930.12.4辞
	政务次长	麦焕章　1928.11.6任；1929.6.26辞 萧　瑜　1929.6.26署
	常任次长	曾养甫　1928.11.6任；1929.1.22辞 陈　郁　1929.1.22代
卫生部	部长	薛笃弼　1928.10.24任；1929.11.4免 刘瑞恒1929.11.4代；1930.4.14任 12.4免
	政务次长	胡毓威　1928.10.31任；1929.12.7免 胡若愚　1930.4.14任
	常任次长	刘瑞恒　1928.11.6任；1930.4.14调

（续表）

建设委员会	委员长	张人杰 1929.1.24任
	副委员长	曾养甫 1929.1.24任
蒙藏委员会	委员长	阎锡山 1928.12.27任；1930.4.5免 马福祥 1930.9.8任
	副委员长	赵戴文 1928.12.31任；1929.9.23辞 马福祥 1929.9.23任；1930.5.10调 王之觉 1930.9.15任
侨务委员会	委员长	林　森 1929.1.22任
禁烟委员会	主席委员长	张之江 1928.7.25任主席；1929.5.25改任委员长
	副委员长	刘之龙 1929.1.14任；1929.3.6辞 钮永建 1929.5.25任
蒋中正内阁(1930.11.18～1931.12.15)		
行政院	院长	蒋中正
	副院长	宋子文
内政部	部长	刘尚清 1930.12.4任；1931.12.30辞
	政务次长	吴铁城
	常任次长	张我华 1931.1.31任
外交部	部长	王正廷 1930.12.4任；1931.10.3辞 施肇基 1931.10.3任；1931.11.23免 顾维钧 1931.11.13任；1931.12.30免
	政务次长	李锦纶
	常任次长	王家桢 1931.1.31任

（续表）

财政部	部长	宋子文　1930.12.4任
	政务次长	张寿镛
	常任次长	李调生　1931.1.31任
军政部	部长	何应钦　1930.12.4任
	政务次长	陈　仪　1931.1.15任
	常任次长	陈　仪　1931.1.15调 曹浩森　1931.1.31任
海军部	部长	杨树庄　1930.12.4任；1931.12.20辞
	政务次长	陈绍宽
教育部	部长	高　鲁　1930.12.4任；1931.8.10调 蒋中正　1930.12.6兼；1931.6.19免 李书华　1931.6.19任；1931.12.20辞
	政务次长	刘大白　1930.12.15辞 李书华　1930.12.15任；1931.6.27免 陈布雷　1931.6.27任
	常任次长	朱经农　1930.12.15免 陈布雷　1930.12.15任；1931.6.27免 钱昌照　1931.6.27任
交通部	部长	王伯群　1930.12.4任；1931.12.30辞
	政务次长	李仲公　1931.1.16调
	常任次长	韦以黻　1931.1.31任
铁道部	部长	孙　科　1930.12.4任；1931.5.29免 连声海　1931.6.19任

（续表）

铁道部	政务次长	连声海　1931.6.27免 钱宗泽　1931.6.27任
	常任次长	黄汉樑　1931.1.31任
实业部	部长	孔祥熙　1930.12.4任；1931.12.20免
	政务次长	郑洪年　1931.1.31任
	常任次长	穆湘玥　1931.1.31任；1931.5.1辞 赵锡恩　1931.5.1任
蒙藏委员会	委员长	马福祥　1931.12.30免
	副委员长	王之觉
侨务委员会	委员长	吴铁城　1931.8.31任
	副委员长	周启刚　1931.8.31任
禁烟委员会	委员长	刘瑞恒　1930.12.4任；1931.12.20辞
	副委员长	钮永建　1930.12.29辞
孙科内阁　(1931.12.28～1932.1.28)		
行政院	院长	孙科
	副院长	陈铭枢　(任免时间见表2)
内政部	部长	李文范　1931.12.28任
	政务次长	吴铁城　1932.1.6辞 陈群　1932.1.16任；1932.1.31辞
	常务次长	张我华　1932.1.6辞(雷啸岑代)
外交部	部长	陈友仁　1931.12.30任；1932.1.31辞

（续表）

外交部	政务次长	李锦纶　1932.1.6辞 傅秉常　1932.1.6任
	常务次长	金问泗　1932.1.6免 甘介侯　1932.1.6任；1932.1.31免
财政部	部长	黄汉樑　1931.12.30任；1932.1.30辞
	政务次长	张寿镛　1932.1.6辞 吴尚鹰　1932.1.8任；1932.1.31辞
	常务次长	李调生　1932.1.6辞 林康侯　1932.1.8任；1932.1.31辞
军政部	部长	何应钦　1931.12.30任
	政务次长	陈仪
	常务次长	曹浩森
海军部	部长	陈绍宽　1931.12.30任
	政务次长	陈绍宽　1932.1.6辞 陈季良　1932.1.6任
	常务次长	李世甲　1932.1.6代
教育部	部长	朱家骅　1931.12.30任 （段锡朋1932.1.9代）
	政务次长	陈布雷　1932.1.9免 段锡朋　1932.1.9任
	常务次长	钱昌照
交通部	部长	陈铭枢　1931.12.30任
	政务次长	俞飞鹏　1932.1.6辞

（续表）

交通部	政务次长	陈孚木 1932.1.6任
	常务次长	韦以黻 1932.1.20免 俞飞鹏 1932.1.6任
铁道部	部长	叶恭绰 1931.12.30任
	政务次长	钱宗泽
	常务次长	黄汉樑 1932.6辞 刘展超 1932.1.6任
实业部	部长	陈公博 1931.12.30任
	政务次长	郑洪年 1932.1.6辞 郭春涛 1932.1.6任
	常务次长	赵锡恩 1932.1.6辞 许锡清 1932.1.6任
司法行政部	部长	罗文干 1931.12.30任
	政务次长	朱履和 1932.1.6辞 何世桢 1932.1.6任
	常务次长	谢瀛洲 1932.1.6辞 郑天锡 1932.1.6任
蒙藏委员会	委员长	石青阳 1931.12.30任
	副委员长	王之觉 1932.1.6辞 赵丕廉 1932.1.6任
侨务委员会	委员长	吴铁城
	副委员长	周启刚
禁烟委员会	委员长	刘瑞恒 1931.12.30任

（续表）

禁烟委员会	副委员长	邓哲熙　1932.1.6任
汪兆铭内阁(1932.1.28～1935.12.1)		
行　政　院	院　　长	汪兆铭
	副 院 长	宋子文　　孔祥熙
内　政　部	部　　长	李文范　1932.2.8辞 汪兆铭　1932.2.8任 冯玉祥　1932.2.8任；1932.5.3辞 黄绍竑　1932.5.3任；1934.12.7辞 黄　郛　1934 12.7任；1935.12.12辞
	政务次长	彭学沛　1932.1.31任；1932.5.31辞 甘乃光　1932.5.31任；1935.2.7辞 陶履谦　1935.2.27任；1935.12.17辞
	常务次长	罗贡华　1932.1.31任；1933.12.16免 傅汝霖　1934.1.29任；1935.3.1免 许修直　1935.7.13任
外　交　部	部　　长	罗文干　1932.1.29任；1933.12.2辞 汪兆铭　1933.8.17任；1935.12.12辞
	政务次长	郭泰祺　1932.1.31任；1932.6.15免 徐　谟　1932.6.25任；1935.12.17辞
	常务次长	徐　谟　1932.1.31任；1932.6.15免 刘崇杰　1932.6.15任；1934.2.21免 唐有壬　1934.2.21任；1935.12.20辞
财　政　部	部　　长	宋子文　1932.1.30任；1933.10.29辞 孔祥熙　1933.10.29任；1935.12.12辞
	政务次长	张寿镛　1932.1.31任；1932.7.28辞

（续表）

财　政　部	政务次长	邹　琳　1932.7.28任；1935.12.17辞
	常务次长	贾士毅　1932.1.31任；1932.3.4辞 李调生　1932.3.4任；1933.11.9辞 秦　汾　1933.12.16任；1935.5.18辞 徐　堪　1935.7.4任
军　政　部	部　　长	何应钦　1935.12.12辞
	政务次长	陈　仪　1934.1.24辞 （曹浩森1934.1.24代） 顾祝同　1934.1.24任；1935.12.17辞
	常务次长	曹浩森
海　军　部	部　　长	陈绍宽　1935.12.12辞
	政务次长	陈季良　1935.12.17辞
	常务次长	李世甲（代） 陈训咏　1934.2.3任
教　育　部	部　　长	朱家骅　1932.10.28免 翁文灏　1932.10.28任；1933.4.21辞 王世杰　1933.4.21任；1935.12.12辞
	政务次长	段锡朋　1935.12.17辞
	常务次长	钱昌照
交　通　部	部　　长	陈铭枢　1932.10.28辞 （黄绍竑1932.7.15兼代；1932.10.28辞） 朱家骅　1932.10.28任；1935.12.12免
	政务次长	陈孚木　1932.11.24免 俞飞鹏　1932.12.7任；1935.12.17辞

（续表）

交通部	常务次长	俞飞鹏　1932.12.7免 张道藩　1932.12.7任
铁道部	部长	叶恭绰　1932.2.8辞 陈公博　1932.1.31任 汪兆铭　1932.2.8任 顾孟余　1932.3.9任；1935.12.12辞
	政务次长	钱宗泽　1934.12.12辞 曾仲鸣　1934.12.12任；1935.12.17辞
	常务次长	刘维炽　1932 1.31任；1932.2.23免 曾仲鸣　1932.2.23任；1934.2.15免 吕苾筹　1935.2.15任
实业部	部长	陈公博　1935.12.12辞
	政务次长	郭春涛　1934.11.9辞 刘维炽　1934.11.9任
	常务次长	许锡清　1933.10.25辞 刘维炽　1933.10.25任；1934.12.8免 谷正纲　1934.12.8任
司法行政部	部长	罗文干　1934.10.20辞
	政务次长	何世桢　1932.7.12免 郑天锡　1932.7.12任；1934.10.20辞
	常务次长	郑天锡　1932.7.12免 石志泉　1932.7.12任；1934.11.24辞
蒙藏委员会	委员长	石青阳　1935.3.15辞 黄慕松　1935.3.25任；1935.12.12辞
	副委员长	赵丕廉

（续表）

侨务委员会	委员长	吴铁城　1932.5.10免 陈树人　1932.5.10任；1935.12.17辞
	副委员长	周启刚　1935.12.17免
禁烟委员会	委员长	刘瑞恒
	副委员长	邓哲熙　1933.8.8免
蒋中正内阁　1935.12.7～1938.1.1		
行政院	院长	蒋中正　1935.12.7任；1938.1.1辞
	副院长	孔祥熙　1935.12.7任；1938.1.1辞
内政部	部长	蒋作宾　1935.12.12任；1937.12.20免 何　键　1937.12.20代
	政务次长	陶履谦　1935.12.12任；1937.12.20免 凌　璋　1937.12.4任
	常务次长	许修直　1936.12.12辞 张道藩　1936.2.12任；1938.1免
外交部	部长	张　群　1935.12.12任；1937.3.4辞 王宠惠　1937.3.4任
	政务次长	徐　谟　1935.12.17任
	常务次长	陈　介　1935.12.20任
财政部	部长	孔祥熙　1935.12.12任
	政务次长	邹　琳　1935.12.17任
	常务次长	徐　堪
军政部	部长	何应钦　1935.12.12任

（续表）

军政部	政务次长	顾祝同 1935.12.17任 曹浩森 1936.12.2任
	常务次长	曹浩森 1936.12.12免 陈 诚 1936.12.12任
海军部	部长	陈绍宽 1935.12.12任
	政务次长	陈季良 1935.12.17任
	常务次长	陈训咏
教育部	部长	王世杰 1935.12.12任
	政务次长	段锡朋 1935.12.17任
	常务次长	钱昌照 1937.4.16免
交通部	部长	顾孟余 1935.12.12任；1937.3.4辞 俞飞鹏 1937.3.4任；1938.1.1辞
	政务次长	俞飞鹏 1937.3.4任；1937.3.4免 彭学沛 1937.8.20任
	常务次长	张道藩 1936.4.8辞 彭学沛 1936.4.8任
铁道部	部长	张嘉璈 1935.12.12任；1938.1.1免
	政务次长	曾养甫 1935.12.17任
	常务次长	吕苾筹 1936.1.30辞 曾镕浦 1936.1.30任
实业部	部长	吴鼎昌 1935.12.12任；1937.11.20免
	政务次长	刘维炽 1935.12.17任；1937.1.22辞 程天固 1937.1.22任

（续表）

实　业　部	常务次长	谷正纲　1937.7.29辞 周诒春　1937.7.29任
蒙藏委员会	委员长	黄慕松　1935.12.12任；1936.7.29免 林云陔　1936.7.29任；1936.8.8免 吴忠信　1936.8.8任
	副委员长	赵丕廉　1935.12.17任
侨务委员会	委员长	陈树人　1935.12.12任
	副委员长	周启刚　1935.12.17任
卫　生　署	署　　长	刘瑞恒　1935.12.12任

（3）立法院职官表

立法院	院　　长	胡汉民　1928.10.8任；1931.3.3免 林　森　1931.3.3任；1931.12.9免 张　继　1931.12.9任；1932.1.31免 孙　科　1932.1.31任——
	副院长	林　森　1928.10.8任；1931.3.3免 邵元冲　1931.3.3任；1931.12.9免 覃　振　1931.12.29任；1935.12免 叶楚伧　1935.12.10任——
	秘书长	李文范　1928.11.23任；1931.6.20免 （李晓生　1931.6.20代；1932.1.21免） 吴景鸿　1932.1.21任；1932.5.28免 张维翰　1932.5.28任；1933.1.14免 梁寒操　1933.1.18任

（4） 司法院职官表

司法院	院长	王宠惠 1928.11.16任；1931.12.29辞 伍朝枢 1931.12.29任；1932.5.21辞 居　正 1932.5.21任——
	副院长	张　继 1928.11.16任；1931.12.29辞 居　正 1931.12.29任；1932.5.21辞 覃　振 1932.5.21任——
	秘书长	伍大光 1929.5.25免 朱履和 1929.5.25代；1930.4.21免 谢冠生 1930.4.21～1936.3.13代理 1936.3.13任——
司法行政部（1928.11～1931.12；1934.10～1937年归属司法院期间；1931.12～1934.10司法行政部属行政院见前表）	部长	魏道明 1928.11.13任；1930.4.14免 朱履和 1930.4.14任；1931.12.20免 （罗文干 1931.12.30任；1934.10.20免） 居　正 1934.10.20兼任；1934.12.22免 王用宾 1934.12.22任；1937.8.9免 谢冠生 1937.8.9任——
	政务次长	朱履和 1928.11.27任；1932.1.6免 （何世桢 1932.1.6任；1932.7.12免 郑天锡 1932.7.12任；1934.10.20免） 谢冠生 1934.10.20任；1934.12.22免 洪陆东 1934.12.28任——
	常务次长	谢瀛洲 1928.12.5任；1932.1.6免 （郑天锡 1932.1.6任；1932.7.12免 石志泉 1932.7.12任；1934.11.24免） 潘恩培 1934.11.24任；1934.12.31免 谢　健 1935.2.21任；1937.12.16免

（5） 考试院职官表

考试院	院长	戴传贤 1928.10.8任；1932.5.27辞 钮永建 1932.5.27代理；1935.12.10辞 戴传贤 1935.12.10任——
	副院长	孙科 1928.10.18任；1931.6.25辞 刘芦隐 1931.6.25任；1932.6.10辞 钮永建 1932.6.10任
	秘书长	陈大齐 1928.11.6任；1932.12.22辞 （许崇灏 1929.12.30；1930.12.10代理） 许崇灏 1932.12.22任
考选委员会	委员长	戴传贤 1929.12.23任；1930.12.15免 邵元冲 1930.12.15任；1932.12.15免 王用宾 1932.12.15任；1934.12.22免 陈大齐 1934.12.12任——
	副委员长	邵元冲 1929.12.23任；1930.12.15免 王用宾 1930.12.15任；1932.12.15免 陈大齐 1932.12.15任；1935.4.12免 许崇清 1935.4.12任；1936.10.31免 沈士远 1936.10.31任——
铨叙部	部长	张难先 1929.11.5任；1930.12.4免 钮永建 1930.12.4任；1933.3.3免 林翔 1933.3.3任；1935.7.5死 马洪焕 1935.7.6代理 石瑛 1935.7.27任；1937.11.17免 钮永建 1937.11.17兼——
	副部长	仇鳌 1929.11.5任；1933.3.4免
	政务次长	仇鳌 1933.3.4任；1935.8.17免 李晓生 1935.8.17任；1936.10.31免 王子壮 1936.10.31任——
	常务次长	马洪焕 1933.8.4任

（6） 监察院职官表

监察院	院长	蔡元培 1928.10.8任；1929.8.29辞 赵戴文 1929.8.29任；1930.11.18辞 于右任 1930.11.18任
	副院长	陈果夫 1931.6.15任；1931.12.29辞 丁惟汾 1931.12.29任；1935.12.10辞 许崇智 1935.12.10任
	秘书长	杨谱笙 1931.2.17任；1932.8.29辞 王陆一 1932.8.27任；1937.10.2辞
审计院 (1928.2～1931.2)	院长	于右任 1928.2.28任；1931.2免
	副院长	茹欲立 1928.4.27任；1931.2免
审计部 (1931.2—)	部长	茹欲立 1931.2.21任；1933.2.24免 李元鼎 1933.2.24任；1935.2.24免 陈之硕 1935.2.25代；1936.8.8免 林云陔 1936.8.8任
	政务次长	王正基 1933.6.3任；1934.9.14免 陈之硕 1934.11.19任；1937.2.6免 刘纪文 1937.2.6任
	常务次长	童冠贤 1933.6.3任；1935.2.8免 张承槱 1935.4.4任；1936.12.3免 王籍田 1937.1.12任

〔根据《国民政府公报》等辑编〕

二、地 方 组 织

1. 国民政府公布之市组织法

(1928年7月3日)

第一章 总 则

第一条 市直隶于省政府,不入县行政范围。

第二条 市冠以所在地地名,称某市。

第三条 凡人口满二十万之都市,得依所属省政府之呈请暨国民政府之特许建为市。

第四条 市区域之划定,变更及扩大,由市政府呈请省政府核定之。

第五条 本法不适用于特别市。

已划入市之地域,不得脱离本市以建立他市。

第二章 市 之 职 务

第六条 市于不抵触中央及省政府法令范围之内,办理左列事项:

(一) 市政事项;

(二) 市公产之管理及处分事项;

(三) 市土地事项;

(四) 市农、工、商业之调查、统计、奖励、取缔事项;

(五) 市劳动行政事项;

(六) 市公益慈善事项;

(七) 市街道、沟渠、堤岸、桥梁、建筑及其他土木工程事项;

(八) 市河道、港务及船政管理事项;

(九) 市交通、电气、电话、自来水、煤气及其他公营事业之经营、取缔事项;

(十) 市内公私建筑之取缔事项;

（十一）市公安、消防及户口统计等事项；

（十二）市公共卫生及医院、菜市、屠宰场、公共娱乐场所之设置、取缔等事项；

（十三）市教育、文化、风纪事项。

第七条　市区域内之国家行政事务，中央不直接办理时，得委托省政府办理之。

市区域内之省行政事务，省政府不直接办理时，得委托市政府办理之。

第三章　市政府组织及权限

第八条　市设市政府，依中国国民党党义及中央与省法令综理全市行政事务。

第九条　市政府于不抵触中央及省法令范围内，对于全市行政事项得发布命令及单行规则。

第十条　市设市长一人，由省政府呈请国民政府任命之，指挥并监督所属职员。

市长为荐任职。

第十一条　市政府设财政局、土地局、社会局、工务局、公安局，于必要时，市政府得增设卫生局、教育局、港务局。

第十二条　市政府各局分掌左列事务：

（一）财政局　第六条第一款、第二款所包含之一切财政事项属之；

（二）社会局　第六条第四款至第六款所包含之一切土地、工、商、公益等事项属之；

（三）工务局　第六条第七款至第十款之一切工程及其他公共事业属之；

（四）公安局　第六条第十一款之一切公安事项属之；

（五）土地局　第六条第三款之一切土地事项属之；

（六）卫生局　第六条第十二款之一切卫生事项属之；

（七）教育局　第六条第十三款之一切教育、文化、风纪事项属之；

（八）港务局　第六条第八款之一切河道、港务及船政事项属之。

第十三条　在未设卫生局之市，第六条第十二款之事项由公安局掌理之；

在未设教育局之市，第六条第十三款之事项由社会局掌理之；

在未设港务局之市，第六条第十款之事项由工务局掌理之。

第十四条　市政府各局设局长一人，由市长呈请省政府任命之。

局长准受荐任职待遇。

第十五条　市政府设秘书处，掌理文牍、庶务及其他不属于各局专管事项。

秘书处设秘书长一人，由市长呈请省政府任命之。

秘书长准受荐任职待遇。

第十六条　市政府得设置参事二人，由市长呈请省政府任命之，辅助市长掌理关于法令起草、审议及市政设计之事项。

参事准受荐任职待遇。

第十七条　市政府依事务上之需要，得聘用专门技术人员。

第十八条　市政府关于特殊事项之调查或研究，得由市长聘任专家组织临时委员会。

第十九条　市政府设市政会议，由市长、秘书长、参事、各局局长组织之。

第二十条　左列事项应经市政会议议决：

（一）关于秘书处与各局之组织细则事项；

（二）关于市单行规则事项；

（三）关于市预算、决算事项；

（四）关于新课税捐、募集市债及公共事业之经营事项；

（五）关于市政府各局处间权限争议事项。

市长认为必要时，得将其他事项提交市政会议审议。

第二十一条　前条第一项第一款所指之细则，应由市长呈请省政府核准备案。

第二十二条　市政会议开会时以市长为主席。

第二十三条　凡设有第四章规定之参议会之市，由参议会选举代表四人加入市政会议，任期二年，每年改选半数。

前项代表被选者，不以参议会议员为限。

第二十四条　市政会议随时由市长召集；但至少每月开会一次。市政会议之议事细则由该会另定之。

第四章　市参议会

第二十五条　市得设立以市民代表组成之参议会，任期二年，每年改选半数。

前项参议会得于市成立一年后，由省政府斟酌市政设施情形，呈请国民政府核准设立之。

第二十六条　市参议会之选举法另定之。

第二十七条　第二十条第一项第一款至第四款事项，于经市政会议议决前，应交市参议会审议。

第二十八条　市参议会关于市政兴革事项，得提出建议案于市长。

第二十九条　市参议会推举议长、副议长一人，任期一年。

第三十条　市参议会每年开常会两次，每次会期以一月为限。

前项常会经参议会议员过半数之同意或市长认为有必要时，得延长之；但不得过十五日。

市长于必要时得召集参议会特别会议。

第三十一条　市参议会之议事细则由该会另定之。

第三十二条　市参议会得于全体议员过半数以上之同意，将该会通过之议案请求市长交付市民复决。

此项请求如被市长拒绝，参议会得请求省政府裁决之。

关于前项复决之程序另定之。

第三十三条　市参议会认为市长违法失职时，得依全体议员三分二以上之同意，向省政府、国民政府请求罢免。

第五章　市 财 政

第三十四条　左列各款定为市收入，由市政府征收之：

（一）土地税；

（二）土地增价税；

（三）房捐；

（四）营业税；

（五）牌照税；

（六）码头税；

（七）广告税；

（八）市公产收入；

（九）市营业收入；

（十）其他法令特许征收之税捐。

第三十五条　市政府于前条各项税捐之外新课税捐，须经省政府核准。

第三十六条　市政府于必要时得募集市债；但须经省政府之核准。

第三十七条　市政府之会计，依审计法受审计分院之监督。

第六章　市 之 监 督

第三十八条　省政府各厅厅长及大学区校长于其主管事务对于市政府之命令或处分、认为违背法令或逾越权限者，得呈请省政府停止，撤销或变更之。

第三十九条　市政府怠于履行其法定职务时，省政府各厅厅长及大学区校长得呈请省政府纠正之。

第四十条　市政府与县政府发生争议时，由省政府裁决之。

第七章　附　　则

第四十一条　本法于各特别区置市时准用之。

第四十二条　本法自公布日施行。

在本法公布以前成立之市，应于本法公布后两个月内遵照本法改组。

〔国民政府行政院档案〕

2. 国民政府公布县组织法令

(1928 年 9 月 15 日)

中华民国国民政府令

兹制定县组织法公布之。此令。

中华民国国民政府印

中华民国十七年九月十五日

县组织法

第一章　总　　则

第一条　县之区域，依其现时固有之区域。

第二条　县之新设及县区域之变更，由省政府会同内政部核准行之。

第三条　县设县政府，于省政府指挥监督之下，处理全县行政，监督地方自治事务。

第四条　各县县政府按区域大小、事务繁简分为三等，由民厅编定，呈经省政府会同内政部核准行之。

第五条　县政府于不抵触中央及省之法令范围内，得发布县令，并得制定县单行规则。

第六条　各县按其户口及地形分划为若干区。

除因地方习惯或地势限制及有其他特殊情形者外，每区至少应以二十村里组成之。

第七条　凡县内百户以上之乡村地方为村，其不满百户者得联合数村编为一村；百户以上之市镇地方为里，其不满百户者编入村区域；但因地方习惯或受地势限制及其他特殊情形之地方，虽不满百户，亦得成为村里。

第八条　区及村里区域之划定及变更，由县政府呈请民政厅核准行之，并由民政厅分呈省政府、内政部备案。

第九条　区村里得于不抵触中央及省、县法令规则之范围内，制定自治公约。

第十条　村里居民以二十五户为闾，五户为邻，但一地方因地势或其他情形而户数不足时，仍得依县政府之划定成为闾邻。

第二章　县 政 府

第十一条　县政府设县长一人，由省政府任用之，综理县政、监督所属职员。

第十二条　一等县政府设置四科，二等三科，三等二科，各科置科长一人，科员若干人；科员额数由民政厅定之，科长由县长呈请民政厅委任，科员由县长委任，并呈报民政厅备案。

第十三条　县政府得雇用事务员及书记。

第十四条　关于县长及科长、科员等佐治人员之任用及待遇，由内政部制定条例，呈请国民政府核准行之。

第十五条　县政府得设置政务警察，办理催征、送达、侦缉、调查等事项，其名额由民政厅核定之；兼理司法之县政府得以政务警察兼办承发吏、法警事务。

第十六条　县政府设左列各局：

一、公安局　掌警卫、消防、防疫、卫生、森林、保护等事项；

二、财政局　掌征税、募债、管理公产及其他地方财政事项；

三、建设局　掌关于土地、森林、水利、道路、桥梁工程及其他公共事业之事项；

四、教育局　掌关于学校、图书馆、博物馆及其他文化事业之事项。

县政府除前项各局外，于必要时，得呈请省政府设置卫生局、土地局，专理卫生及土地事项。

第十七条　县政府各局各设局长一人，由省政府主管各厅考选委任之。

第十八条　县公安事项得于各区设立公安分局处理之；公安分局设分局长一人，由民政厅考选委任之。

第十九条　各县政府所属各局之组织及权限，除法令别有规定外，由各省政府定之，并函内政部备案。

第二十条　县政府设县政会议，以左列人员组织之：

一、县长；

二、县政府各科科长；

三、县政府各局局长。

县政会议开会时，以县长为主席。

第二十一条　左列事项应经县政会议审议：

一、县预算、决算事项；

二、县公债事项；

三、县公产处分事项；

四、县公共事业之经营、管理事项。

县长认为有必要时，得以其他事项提交县政会议审议。

第二十二条　县政会议会议规则由该会议议定之。

第二十三条　县政府办事通则由内政部定之。

第三章　县参议会

第二十四条　县设参议会，以县民选举之议员组织之；任期三年，每年改选三分之一。

第二十五条　县参议会之职权如左：

一、议决县预算、决算及募债事项；

二、议决县单行规则；

三、建议县政兴废事项；

四、审议县长交议事项。

第二十六条　县长违法失职时，县参议会得请求省政府查核处分之。

第二十七条　县参议会选举法另定之。

第二十八条　县参议会之设立，应于本组织法施行一年后，由省政府按县政府进行情形，酌定时期，呈请国民政府核准行之。

第四章　区公所

第二十九条　区置区公所，设区长一人，管理区自治事务。

第三十条　区长由区民选任，并由县政府呈报民政厅备案。

第三十一条　区民对于区公约及自治事项，有创制及复决之权；区长违法失职时，区民得罢免改选之。

第三十二条　前条之创制、复决及罢免程序，另以法律定之。

第三十三条　各区区民于选举区长时，并选举监察委员五人或七人组织该区监察委员会；其职务如左：

一　监察区财政；

二　向区民纠举区长违法失职等事。

第三十四条　区长之民选，于本法施行二年后，由省政府就各县地方情形酌定时期，会同内政部核准行之。

第三十五条　在区长民选实行以前，区长由县长遴选，呈请民政厅委任之。

第三十六条　依前条委任之区长违法失职时，由县长罢免之；并呈报民政厅备案。

第三十七条　在区长民选实行以前，得于区民中由村里监察委员会推选三人，由县长委任二人组织区监察委员会，监察区行政，并向县长纠举区长违法失职等事。

第三十八条　区公所得用助理员，辅助区长办理区务。

前项助理员由区公所遴请县长委任之。

第三十九条　区公所执行区务得设置区丁，其额数由县长定之。

第四十条　区公所设置区务会议，以左列人员组成之：

一、区长；

二、区助理员；

三、本区所属村长及里长。

区务会议以区长为主席，至少每月开会一次，由区长召集。

第四十一条　左列各事项须经区务会议审议：

一、区公所经费事项；

二、区公产之处务事项；

三、区公约及其他单行规则之制定及修正事项。

第四十二条　区自治施行条例由内政部另定之。

第五章　村里公所

第四十三条　村置村公所，设村长一人；里置里公所，设里长一人；管理各该村里自治事务。

村里各设副村长、副里长一人，襄助村长、里长办理事务；但村里户口在百户以上者，每增百户设副村长或副里长一人。

第四十四条　村公所或里公所事务，得由村长、里长指定闾长襄助办理。

第四十五条　村长、副村长、里长、副里长，由村民大会或里民大会选任，并由区公所呈报县政府备案。

第四十六条　村民大会或里民大会对于村里公约及自治事项，有创制及复决之权；村长、副村长、里长、副里长违法失职时，村民大会或里民大会得罢免改选之。

第四十七条　前条之创制、复决及罢免程序，另以法律定之。

第四十八条　村民大会或里民大会于选举村长、里长时，并推选三人或五人组织监察委员会；其职务如左：

一、监督各该村里财政；

二、向村民、里民纠举村长、副村长或里长、副里长违法失职等事。

第四十九条　在区长民选实行以前，村民大会或里民大会选举村长、副村长或里长、副里长时，应选出加倍之人数，报由区公所转请县长择任，并由县长汇报民政厅备案。

第五十条　依前条规定委任之村长、副村长、里长、副里长违法失职时，村民大会或里民大会应报由区公所转请县长罢免；但县长亦得自行罢免之。

第五十一条　村里自治施行条例由内政部另定之。

第六章　闾长邻长

第五十二条　闾设闾长一人，邻设邻长一人，分掌闾邻自治事务。

第五十三条　闾长、邻长各由本闾邻居民会议推选之；选定后，由村长、里长报区公所转报县政府备案。

第五十四条　闾长、邻长由本闾邻居民会议罢免改选。

村里公所认为闾长、邻长违法失职时，得通告闾邻居民会议改选之。

第五十五条　依前条规定闾长、邻长罢免改选时，应由主管村里公所报由区公所转报县政府备案。

第五十六条　闾长、邻长之选举方法及任期，于村里自治施行条例中规定之。

第七章　附　　则

第五十七条　本法之修正，由内政部呈请国民政府核准之。

第五十八条　本法施行日期，另以命令定之。

〔《国民政府公报》第九十二期〕

3. 国民政府饬颁修正省政府组织法训令①

（1930年2月3日）

国民政府训令　字第五一号

令文官处

为令知事：查省政府组织法前经明令公布在案，兹将该法酌予修正，应再通饬施行。除分令外，合行抄发原条文，令仰知照，并转饬所属一体知照。此令。

计抄发修正省政府组织法一份。

主　　席蒋中正　行政院院长谭延闿
立法院院长胡汉民　司法院院长王宠惠
考试院院长戴传贤　监察院院长赵戴文

中华民国十九年二月三日

省政府组织法

第一条　省政府依国民政府建国大纲及中央法令，综理全省政务。

第二条　省政府于不抵触中央法令范围内，对于省行政事项得发省令，并得制定省单行条例及规程。但关于限制人民自由，增加人民负担者，非经国民政府核准不得执行。

第三条　省政府对于所属各机关之命令或处分认为有违背法

① 省政府组织法，于1931年3月23日由国民政府再次公布，同日施行。主要修正内容为：裁撤农矿厅和工商厅，改设实业厅专管农矿工商事项，并规定在未设实业厅的省份，农矿工商事项由建设厅掌管。

令、逾越权限或其他不当情形时，得停止或撤销之。

第四条　省政府设委员七人至九人，简任，组织省政府委员会行使职权。省政府设主席一人，由国民政府就省政府委员中任命之。省政府委员会开会时，省政府委员不得派代表出席。省政府主席及委员不得兼任他省行政职务。现任军职者不得兼省政府主席或委员。

第五条　左列各款事项应经省政府委员会之议决：

一、关于本法第二条、第三条规定事项。

二、关于增加或变更人民负担事项。

三、关于地方行政区划之确定及变更事项。

四、关于全省预算决算事项。

五、关于处分省公产或筹划省公营业事项。

六、关于执行国民政府委托事项。

七、关于地方自治监督事项。

八、关于省行政设施或变更事项。

九、关于咨调省内国军及督促所属军警团防绥靖地方事项。

十、关于省政府所属全省官吏任免事项。

十一、其他省政府委员会认为应议决事项。

第六条　省政府主席之职权如左：

一、召集省政府委员会，于会议时为主席。

二、代表省政府执行省政府委员会之议决案。

三、代表省政府监督全省行政机关职务之执行。

四、处理省政府日常及紧急事务。

前项省政府委员会除例会外，有委员三人以上之提议或主席认为有必要时，应召集临时会。

第七条　省政府主席因故不能执行职务时，得由省政府委员互推一人，暂行代理主席职务，其期间以一月为限。

第八条　省政府设左列各厅处：秘书处　民政厅　财政厅

教育厅　建设厅

省政府于必要时得增设农矿厅、工商厅及其他专管机关。在未设农矿厅或工商厅之省，关于各该厅事务由建设厅掌理之。

第九条　秘书处掌理事务如左：

一、关于一切机要及省政府委员会会议事项。

二、关于撰拟、保存、收发文件事项。

三、关于会计庶务事项。

四、关于编制、统计及报告事项。

五、关于纪录省政府各厅、处职员之进退事项。

六、关于典守印信事项。

七、其他不属于各厅事项。

第十条　民政厅掌理事务如左：

一、关于县、市行政官吏之提请、任免事项。

二、关于县、市所属地方自治及其经费事项。

三、关于警察及保卫事项。

四、关于卫生行政事项。

五、关于选举事项。

六、关于赈灾及其他社会救济事项。

七、关于劳资及佃业之争议事项。

八、关于礼俗、宗教事项。

九、关于禁烟事项。

十、关于各种土地测丈、征收及其他土地行政事项。

第十一条　财政厅掌理事务如左：

一、关于省税及省公债事项。

二、关于省政府预算决算、编制事项。

三、关于省库收支事项。

四、关于省公产管理事项。

五、其他省财政事项。

第十二条　教育厅掌理事务如左：

一、关于各级学校事项。

二、关于社会教育事项。

三、关于教育及学术团体事项。

四、关于图书馆、博物馆、公共体育场等事项。

五、其他教育行政事项。

第十三条　建设厅掌理事务如左：

一、关于公路、铁道之建筑事项。

二、关于河工及其他航路工程事项。

三、关于不属土地行政之测丈事项。

四、其他建设行政事项。

第十四条　农矿厅掌理事务如左：

一、关于农、林、蚕桑、渔、牧、矿业之计划管理及监督、保护、奖进事项。

二、关于整理耕地及垦荒事项。

三、关于农田水利整治事项。

四、关于农业经济改良事项。

五、关于防除动植物病虫害及保护益鸟益虫事项。

六、关于农业、渔业各团体事项。

七、其他农矿行政事项。

第十五条　工商厅掌理事务如左：

一、关于工商业之保护、监督及奖进事项。

二、关于工厂事项。

三、关于商埠事项。

四、关于商品之陈列及检查事项。

五、关于度量衡之检查及推行事项。

六、关于商会、工会及其他工商业团体事项。

七、其他工商行政事项。

第十六条　秘书处设秘书长一人，简任，承省政府主席之命，综理秘书处事务。

第十七条　各厅设厅长一人，由行政院就省政府委员中提请国民政府任命之，综理各该厅事务，指挥监督所属职员及所辖机关。

第十八条　各厅于不抵触中央法令或省政府委员会议决之范围内，对于主管事务得发厅令。

第十九条　各厅间或与专管机关间发生职权争议时，由省政府呈请行政院裁决之。

第二十条　各厅处各设秘书一人至三人，荐任，承各该长官之命办理机要事务。各厅处视事务之繁简分科办事，每科设科长一人，荐任，科员四人至十二人，委任，承长官之命办理各该科事务。各厅于必要时得酌设技正、技士、技佐及视察员，其名额由各该厅长提出，省政府委员会议定之。

第二十一条　各厅处办事细则由省政府委员会议定之。

第二十二条　本法自公布日施行。

〔国民政府档案〕

4. 内政部为抄送设置行政督察专员提案及行政督察专员暂行条例草案提交国务会议讨论事致行政院秘书处公函

(1932年6月26日)

内政部公函　民字第三八五号

径启者：兹有关于设置行政督察专员提案一件，拟提交行政院国务会议讨论，相应检同原提案，并附行政督察专员暂行条例草案各一件，函请贵处查照，列入议程为荷。此致

行政院秘书处

计送提案一件、条例草案二件

黄绍竑

中华民国二十一年六月二十六日

提案

提案人内政部长黄绍竑

议题：

拟请颁定行政督察专员暂行条例，准各省于特种情形之下得暂置行政督察专员案。

理由：

谨按现行地方行政制度，依照总理建国大纲第十八条"县为自治之单位，省立于中央与县之间，以收联络之效"之原则，暨二十年六月一日国民政府公布之训政时期约法，关于地方制度之规定，应确定为省县两级制，自属毫无疑义。历年以来，内政部为尊重法令画一制度起见，迭经督促各省将道尹县佐制度及类似道尹县佐之各种制度，厉行废除，一面拟具缩划省区方案，呈候中央核定施行，以增加省县两级制之效率。虽缩划省区方案，因时间上与空间上之关系，尚未见诸实施，而各省废除特种行政制度、实行省县两级制度，则已趋于一致，亦未始非各省地方政府尊重中央法令之表现。乃迩近数月以来，长江各省因剿匪清乡积极进行之故，为应事实上之需要，每每自订单行章程，于省与县之间增设特种行政组织，论其名称，如安徽省则曰首席县长，江苏省则曰行政区监督，浙江省则曰县政督察专员，江西省则曰行政区长官，论其区域，除浙江省区数尚未划定外，安徽江西两省均有以七、八县为一区，江苏省则多以两县三县为一区，论其办法，苏皖赣三省均兼领县长职务，而浙江省则否，论其职权，安徽省则以清乡为注重，浙江省则以督察为范围，而苏赣两省则几与省政府之职权相埒。在各该省政府增设此种特殊行政组织之初意，本谓省政府及民政厅指挥不便，为增加行政效率起见，不得不有此变更。而考其实际，则如江苏省之江南各县，交通便利，秩序安定，江西省之南昌等县，即为省政府附郭之区，省政府指挥本无不便，乃亦架床叠屋，多设此承转机关，实无必要。事关变更地方行政制度，应属立法范围，业经内政部汇案呈请行政院转咨立法院核议在案。唯我国省区过大，缩划省区案既一时不能实行，每遇有特种事件发生之际，离省会过远地方交通梗滞，省政府指挥考察或有未便，亦属实在情形。在此特种地方与特种情况之下，须临时增设一督察机关，以辅助省政府权力之所不及，似亦非无必要。然必须由中央统筹办法，以免纷歧。此种临时增设之督察机关，仍以不破坏省县两级制为原则，亦所以保持总理遗制及中央法令之尊严也。基上理由，爰拟定办法如次。

办法：

一、各省现行地方行政制度仍须遵照中央法令，不得变更省县两级制度。

二、各省因有临时发生之特种事件，（如剿匪清乡等等）在离省会过远地方，于必要时，得划定特种区域，临时设置行政督察专员，以辅助省政府及各厅处督察该区域内各县市地方行政。

三、行政督察专员系为临时应付某项特种事件而设，在某项特种事件办理完竣之日，应即撤废。

四、行政督察专员在无特种事件发生之省分，固无须增设，即有特种事件发生之省分，其一省之中亦仅须就有某项特种事件发生之某区域内临时设置，行政督察专员不必全省同时普遍设置，其距省会较近地方，省政府监督指挥本极便利，即有特种事件发生，亦可由省政府直接办理，自无设置行政督察专员之必要。

五、各省因有特种事件发生，须临时设置行政督察专员，应由省政府开明详细理由，及所指定之特种区域范围，绘具图说，咨请内政部核议，转呈行政院核定后，始能设置。

六、行政督察专员以由省政府委员兼任为原则。

七、行政督察专员得于督察区域内设置临时办事处，但不限定在某一处设置。

八、行政督察专员对于督察区域内各县市地方行政，有随时考察及督促指导之权。

上列办法不过举其大纲，另拟行政督察专员暂行条例草案，拟请一并决议公布施行，并饬令各省政府在行政督察专员暂行条例公布施行以后，各省原有一切关于变更地方行政制度之组织与该条例规定冲突者，应一律依照该条例改定，以昭画一而符法令。是否可行，敬候公决。

附行政督察专员暂行条例草案〔略〕

〔国民政府行政院档案〕

5. 黄绍竑关于修正行政督察专员暂行条例草案致行政院呈

(1932年7月29日)

呈为遵令修正行政督察专员暂行条例草案仰祈鉴核事：案奉钧院第二六三九号训令，以奉中央政治会议函，准函送行政督察专员暂行条例草案，及江苏省各行政区监督署暂行组织规程、浙江省县政督察专员章程、江西省各行政区长官公署暂行规程，经并案提出三一六次会议议决，由省政府于县长中择定人选派为某某数县行政督察专员，令仰将行政督察专员暂行条例草案及办法遵照中央决定原则修正呈核。等因。奉此。遵将行政督察专员暂行条例草案照中央决定原则妥为修正，拟请钧院核定公布后，即通行各省省政府一体知照，凡有设置是项专员必要之省分即须遵照本条例办理。在本条例未公布前所有各省自定名义自订规程，有违背本条例之规定者，应请饬令一律依照本条例改正，仍报部转呈备案，以符法令而昭画一。惟此项行政督察专员既奉中央决定由县长兼充，则专员二字，名义似不无斟酌余地。至于前拟行政督察专员办法，已归纳于该项条例之中，似无庸再行修订。所议是否有当，理合赍同修正行政督察专员暂行条例草案，备文呈请钧院鉴核示遵。谨呈

行政院院长汪

附呈行政督察专员暂行条例草案一件〔略〕

内政部长　黄绍竑

中华民国二十一年七月二十九日

〔国民政府行政院档案〕

6. 行政院公布行政督察专员暂行条例令

(1932年8月6日)

令　第一五号

兹制定行政督察专员暂行条例公布之。此令。

行政院院长　汪〇〇

内政部部长　黄〇〇

中华民国二十一年八月六日

行政督察专员暂行条例

第一条　省政府在离省会过远地方，因有特种事件发生(如剿匪清乡等等)，得指定某某等县为特种区域，临时设置督察专员，于不抵触中央法令范围内，辅助省政府督察该特种区域内地方行政，定名为某某省某某等县行政督察专员。

前项行政督察专员，于某项特种事件办理完竣后，即撤废之。

第二条　行政督察专员之设置，经省政府委员会议决后，由省

政府开明详细理由及所划定之区域范围，绘具图说，咨请内政部核议转呈行政院决定行之。

前项区域之范围，以发生特种事件之区域为限。但区域过广时，得分为两个以上之督察区域。

第三条 行政督察专员由省政府就本督察区域内各县县长中指定一人兼任之，由省政府委员会议决遴派，并咨报内政部转呈行政院备案。

兼任行政督察专员之县长，以经内政部铨叙部审查合格，转呈国民政府正式任命者为限。

第四条 行政督察专员仍支县长原俸。但于必要时，经省政府委员会议决，得支简任初级俸。

第五条 行政督察专员得于原领县政府内附设办事处，置秘书一人、事务员二人、书记二人，助理一切文件及应行事宜。

前项办事处得于本督察区域内流动设置之。

前项助理人员，除秘书由行政督察专员遴选合格人员呈请民政厅委派，必于必要时准以荐任待遇外，其余事务员、书记，均由行政督察专员自行委用，仍呈报省政府及民政厅备案。

第六条 行政督察专员对于本督察区域内各县市政府地方行政，有随时考察及督促指导之权。

第七条 行政督察专员对于本督察区域内各县市认为有必须改革或创办之事，得随时呈报省政府及主管厅核办。

第八条 行政督察专员对于本督察区域内各县市政府行政人员认为有应行奖惩之必要时，得随时开明事由，密报省政府及主管厅核办。

第九条 行政督察专员得随时召集督察区域内各县长、市长及各局长举行行政会议，讨论本区域内应兴应革事宜，遇必要时，办理地方自治人员及地方团体代表经行政督察专员之邀请，亦得列席。

前项行政会议议决案，应呈报省政府及主管厅核定施行。

第十条　行政督察专员应定期轮流巡视本督察区域内各县市政府之工作状况。其巡视程序及办法得依各省民政厅长巡视章程之规定，其巡视旅费之支给依国内出差旅费规则之规定，不得受地方迎送及供应。

行政督察专员出巡时，其原领县长职务，应呈准省政府及民政厅派本县县政府秘书或科长代理之。

第十一条　行政督察专员因维持治安之需要，对于本督察区域内各县市之警察保卫团得节制调遣之。

第十二条　行政督察专员办事处办公费，由民政、财政两厅造具预算，提经省政府委员会核定，在省库内开支。

第十三条　行政督察专员办事处关防，由省政府依照国民政府颁发印信条例所定简任关防式(横六公分、纵九公分)刊制木质关防，发交该行政督察专员启用，并拓具摹形、咨报内政部备案。

第十四条　行政督察专员之行文，对于省政府及主管厅用呈，对于本区域内各县市政府用令，其余均以公函行之。

第十五条　行政督察专员办事处办事细则由省政府定之。

第十六条　本条例公布施行后，各省原有为考查县政整饬官常之办法，(如省派视察员分区巡视之类)，得仍旧适用。此外所有关于变更地方行政制度而设立固定具有权力机关之组织，应一律依照本条例改定或取消之。

第十七条　本条例自行政院公布之日施行。

〔国民政府行政院档案〕

7. 国民政府关于批准"剿匪区内各省行政督察专员公署组织条例"备案的训令

(1932年10月10日)

国民政府训令　洛字第二七七号

令行政院

为令行事：案据豫鄂皖三省剿匪总司令蒋中正呈称：为呈报事：查年来匪共猖獗，毒痡数省，揆其原因，内政不修，吏治不振，实为致乱酿匪之大端。昔胡林翼之治湖北，常谓："吏治坏则民生无依，虽日杀千贼无补大局。"说论名言，切中肯窾。本总司令于去岁督师江西之时，即深知剿灭共匪与寻常对敌作战绝对不同，苟非于军事之外同时整理地方革新行政，断难以安阜民物而奏根本肃清之功。然按我国省区，大都地域辽阔，交通不便，所辖县治，多者逾百，少亦六十以上，遂使省与县之间上下远隔，秉承、督察两俱难周，以故省政府动有鞭长莫及呼应不灵之苦，而出任县长者辄存阳奉阴违蒙蔽取巧之心。当民国初建，沿袭清制，每省仍画数区，每区各置道尹，论其本意，固在代省府以宣勤，对各县县长为就近之督察；乃究其实际，所谓道尹既了无实权，更无所事事，仅为省与县间之一承转机关，未收监督县长之功，适见积压公文之弊，其无裨于地方行政之革新策进则一。本总司令鉴往筹今，当时在赣乃有总部设立党政委员会之举，并将全省画分若干区，每区设一党政委员会分会，每分会管辖区内若干县，即以分会委员长兼任驻在地之县长，集中党政军之事权于一处，使负监督各县及整顿本县之重任。试办以来，颇著成效，沿逮今岁，乃迭与长江各省当局协议，欲试行移植此制而推广之，或径名之为行政督察专员，创立较为完备之制度。试以每一省内欲物色数十或百余之贤良县长，实属不易，而访求十余人或数人之精干行政专员，尚有可能，然后藉专员之躬行指导，使所属县长贤者愈奋而加勉，庸者望风而有为，庶几砥砺事功，转移风气，得以形成澄清吏治、铲除匪患之重要枢纽，此实挈领提纲执简驭繁之良法也。特是惩前毖后，欲收设置行政专员之实效，冀得完成其使命，则非具备下列数项条件不为功：一曰全省分区，必须普遍行之，不能谓有匪之区或边远之区可设专员，无匪之区或近省之区则可置而不顾，盖有匪、无匪、边远、近省，其境虽殊，而吏治腐败、民生凋敝之亟须整饬，则原无二致，倘不同时并设共谋改进，恐有匪或边远之区虽经清除安宁，而无匪或近省之区又将匪患萌动矣。二曰对于行政督察专员必须隆重其体制，予以简任之待遇，授以监督区内各县县长之大权，故其人选决不能就区内现任县长任择其一提升加委，致为原与同官同职之县长所轻，末由尽其监督之使命，故必精选有为有守之干员，使之专任其责，具有俨然难犯之势，乃易实行其监察督促之权。三曰专员必须兼任驻在地之县长，仿佛如前清直隶州制之知州，除自理一县之外，兼管所属之他县，一面固当监督他人之优劣，一面尤应本身作则，推行要政，改革尽利，以作所属县长之表率，藉免专事批评，不明地方实际政务之甘苦，致蹈过去道尹之覆辙；四曰专员除为推行要政、模范所属以外，并在区内负有统筹兼顾之职责。例如一县不能举办之事，该区专员即应督同属县领导办理，庶几各县旧日畛域之见，涣散之弊赖以化除而归联络，同时并由专员兼任保安司令，全区军民两政统归主持。体制之重，有似前清之兵备道。事权已一，实力亦厚，而后措施运用胥可自如，清匪安民自然顺利；五曰确定行政专员之管区为单纯行政区域而非地方自治团体，行政专员所管之职务实如一省中之民政分厅，只系横面之扩张而非纵体之层叠，自与另创一级自治团体者迥不相侔，故虽属暂行政制，然按之省县自治二级制固根本不变，即与总理建国大纲之规定亦依然锲合；六曰总司令负剿匪之全责，行政专员则为推行清匪安民一切设施之重要关键，自应由总司令直接委派，兼领驻地县长，则由各省政府加委，统系两清，指挥咸便，乃能如纲在纲，实现军事政治并重之功能；七曰专员任用虽不得由现任县长兼充，然可为确有才能成绩之县长开一异日升迁之途径。盖如现时县长之上即为省府委员，各厅厅长中间别无晋升之阶，遂使人泯振奋之气。今后新制实行稍阅时日，权威已立，成绩已明，黜陟随之而定，希望相缘而生，大足鼓励各县县长之努力，而造成革进庶政之新机。综合以上七端之用意，则行政督察专员之设置确应乎实际之急需，于剿匪区域尤感其必要。惟伏查行政院业于最近颁有行政督察专员条例，而其创制之精神系就普通各省情形为因应，对于剿匪省区必具如上陈七点之特质，而后可谋推行尽利者，似尚未能完全顾到。用是斟酌权宜，专就剿匪省分内特别制定剿匪区内行政督察专员公署组织条例颁布施行，以期整理地方，澄清吏治，克收实在之效果。业经令行豫鄂皖三省政府知照遵行在案。所有颁行该条例各项缘由理合备文缮同条例呈请鉴核备案，并请转发行政院备案，实为公便。等情。据此。除指令呈件均悉，准予备案，并候转发行政院备案可也。仰即知照。此令。印发外，合行抄发原条例令仰该院查照备案为要。此令。

计抄发原条例一件

国民政府主席　林　森

行政院院长　宋子文代

中华民国二十一年十月十日

剿匪区内各省行政督察专员公署组织条例

第一条　豫鄂皖三省剿匪总司令部为整饬吏治，增进行政效率，以便彻底剿匪清乡及办理善后起见，特颁剿匪区内各省行政督察专员公署组织条例。

第二条　本部依各省面积、地形、户口、交通、经济状况、人民习惯，酌划一省为若干区，各设行政督察专员公署。

前项区划及公署所在地另以命令定之。

第三条　行政督察专员公署直隶本部，并受省政府之指挥监督，综理辖区内各县市行政及剿匪清乡事宜。

第四条　行政督察专员公署设专员一人，由本部委派，简任待遇。

第五条　行政督察专员公署设秘书一人，荐任待遇，由行政督察专员呈请本部委任；署员四人，事务员六人，均由专员委任，分呈本部、省政府及知照民政厅、保安处备案。

第六条　秘书承行政督察专员之命，掌管机要及专员特为指定之事务。

第七条　署员及事务员承长官之命，分掌署内各科应办之事务。

第八条　行政督察专员公署得聘任参事五人至九人，参赞署务或委托分赴各县各乡实行调查或指导之职务。

前项参事应就本区内选负时望而能办地方事务者充之，为无给职。必要时，得酌给以必要之伕马费。

第九条　行政督察专员兼任该区保安司令，承全省保安处长之命，管辖指挥该区各县之保安队、保卫团、水陆公安警察队及一切武装自卫之民众组织。但此项团队依该省现行章制如尚未划归保安队而仍属民政厅主管者，应秉承民政厅长之命令办理。

大军清剿区内之匪共时，行政督察专员应督同管区内各县长共受剿匪高级将领指挥，尽力协助；匪共败退或小股潜伏区内实行清乡时，现驻在区之军队应受行政督察专员之指导，或由高级将领就近指拨兵力之一部径由专员指挥，区内各县清乡共需之兵力亦得由专员统筹，汇请本部拨定，暂受专员之指导或指挥。

第十条　行政督察专员公署设区保安副司令一人，承专员之命襄助处理团队之管辖指挥及一切保安事务。设参谋一人，副官二人，承长官之命助理应办之保安事务。

前项保安副司令由专员呈请全省保安处长核定转呈本部委任，参谋、副官由专员咨呈保安处长委任，并分呈本部及省政府备案。

第十一条　行政督察专员由省政府加委，兼任驻在地之县长；专员公署之职员亦分别兼理县政府事务，不另支薪。

第十二条　行政督察专员应遵照现行法令，首先举办各项急应推行之要政，以为辖区所属各县市之倡，并督促各县之实施。

执行前项职务，如认为辖区各县或辖区与他区有通力合作之必要时，应商同有关系之县区联合举办。

第十三条　行政督察专员有随时考核辖区各县市长及其所属员兵成绩之权，每三个月一次，半年总核一次，胪列事实呈报本部及省政府知照主管厅、处分别惩奖或为其他必要之处分。所属县长如有渎职行为，尤应随时密呈本部及省政府知照民政厅撤惩；如遇有紧急处分之必要时，并得先行派员代理。

第十四条　行政督察专员对于区内各县县长之命令或处分认为违法或失当时，得命令停止或撤销之。

前项情形应呈报本部及省政府知照主管厅处查核。

第十五条　行政督察专员于每三个月内，应轮流亲赴辖区及县市巡视一周，并将巡视情形呈报本部及省政府备查。

巡视程序及方法得依各省民政厅巡视章程之规定。其巡视旅费之支给，依国内出差旅费之规定，不得受地方迎送及供应。

第十六条　行政督察专员得随时召集辖区各县市长及其所属局长或科长举行行政会议，讨论应行兴革事宜，或讲习新颁法令之意义及其办理程序。遇必要时，办理地方保安人员及地方团体代表，经行政督察专员之邀请，亦得列席。

前项行政会议议决案，应呈报本部及省政府查核。

第十七条　行政督察专员公署之经费，除就兼领所在地县政府额定开支外，得酌给公费。另定预算，由省库加拨或另行补助。

第十八条　行政督察专员公署关防，由本部依照国民政府颁发印信条例，刊制木质关防发交启用。

第十九条　行政督察专员执行职务时，对本部及省政府用呈，对各厅及全省保安处用咨呈，对辖区各县市政府用令，其余均以公函行之。

第二十条　行政督察专员公署办事细则另定之。

第二十一条　本条例公布后，各省原有考查县政、整饬官常之法规仍旧适用。

第二十二条　普通法令与本条例相类似或相抵触者，均暂缓适用。

第二十三条　本条例自公布日施行。

〔国民政府行政院档案〕

8. 鄂豫皖三省剿匪总司令部送湖北省各行政督察专员管辖区县名清单致行政院公函

（1932年10月17日）

豫鄂皖三省剿匪总司令部公函　秘字第37号

径启者：案查剿匪区内各行政督察专员公署组织条例前经呈奉国民政府令准备案在卷，本部根据此项条例，先将湖北省行政督察专员管辖区，参照前清府治州治之旧制、现在面积、人口、经济、交通之实况及行政管理上之便利，斟酌损益，划为十一区；其专员公署所在地，亦择便于控制全区推行要政之县份分别指定，业已办理完竣。相应检同湖北省行政督察专员管辖区域及专员公署驻在地县名清单二份，送请贵院备案，并转发内政部备案，即希查照见复为荷。此致

行政院

附湖北省行政督察专员管辖区域及专员公署驻在地县名清单二份

总司令　蒋中正(印)

中华民国二十一年十月十七日

湖北行政督察专员公署所在地及辖区县名县数一览表

区别	专员所在地	辖区县名	县数	备考
第一区	蒲圻	蒲圻、武昌、汉阳、嘉鱼、咸宁、通城、崇阳	七县	
第二区	大冶	大冶、阳新、鄂城、通山	四县	
第三区	蕲春	蕲春、蕲水、黄梅、广济、罗田、英山	六县	
第四区	黄安	黄安、黄冈、麻城、黄陂	四县	
第五区	随县	随县、安陆、孝感、应山、云梦、应城	六县	
第六区	天门	天门、汉川、沔阳、京山、钟祥、荆门	六县	
第七区	江陵	江陵、潜江、监利、石首、公安、枝江、松滋	七县	
第八区	襄阳	襄阳、枣阳、宜城、光化、谷城、南漳、保康	七县	
第九区	宜昌	宜昌、远安、当阳、宜都、兴山、秭归、长阳、五峰	八县	
第十区	恩施	恩施、宣恩、建始、巴东、鹤峰、利川、咸丰、来凤	八县	
第十一区	郧县	郧县、均县、郧西、房县、竹山、竹溪	六县	

〔国民政府行政院档案〕

9. 鄂豫皖三省剿匪总司令部送安徽省各行政督察专员姓名及管辖区县名清单致行政院公函

(1932年11月25日)

豫鄂皖三省剿匪总司令部公函　秘字第45号

径启者：本部呈奉国民政府核准于剿匪区内各省分区设置行政督察专员一案，业将湖北省行政督察专员管辖区域及专员公署所在地县名清单暨派定湖北省各区行政督察专员履历先后函准贵院函复，准予备案在卷。兹查安徽省行政督察专员管辖区域并经本部参照该省面积、人口、经济、交通之实况及行政管理上之便利，斟酌损益，划为十区，并择便于控制全区推行要政之县份分别指定为各区专员公署所在地，各区专员亦已按区委派，令饬迅赴任所组织公署任职视事各在案。相应检同安徽行政督察专员管辖区域及专员公署所在地县名清单及各专员履历表册各二份，送请贵院备案，并转发内政部备案为荷。此致

行政院

附清单表册各二份

总司令　蒋中正

中华民国二十一年十一月二十五日

安徽各区行政督察专员履历一览表①

区别	姓　名
一	徐沛南
二	高寿恒
三	盛士恒

① 此处仅录姓名，其余经历栏等略。

四　　　　　　　　席楚霖
五　　　　　　　　沈　鹏
六　　　　　　　　王树功
七　　　　　　　　罗经猷
八　　　　　　　　向乃祺
九　　　　　　　　周君南
十　　　　　　　　刘秉粹

安徽省行政督察专员公署所在地及辖区县名县数一览表

区别	专员所在地	辖区县名	县数①	备考
第一区	太湖	太湖、怀宁、宿松、桐城、潜山、望江	六县	
第二区	芜湖	芜湖、繁昌、南陵、庐江、当涂、铜陵、无为、巢县	八县	
第三区	六安	六安、合肥、舒城、霍山	四县	
第四区	寿县	寿县、霍邱、凤台、怀远、凤阳、定远	六县	
第五区	滁县	滁县、天长、来安、全椒、含山、和县	六县	
第六区	泗县	泗县、盱眙、五河、灵璧、宿县、蒙城	六县	
第七区	阜阳	阜阳、颍上、涡阳、亳县、太和	五县	
第八区	贵池	贵池、青阳、太平、石埭、东流、秋浦	六县	

① 原档中第九区栏中的"积溪"划归第十区栏中，故第九区、第十区的所辖县数都应为六县。

（续表）

区别	专员所在地	辖区县名	县数①	备考
第九区	宣城	宣城、郎溪、广德、宁国、泾县、旌德	七县	
第十区	休宁	休宁、婺源、祁门、歙县、黟县、积溪	五县	

〔国民政府行政院档案〕

10. 蒋介石令福建省实施行政督察专员制度有关文电

（1934年3—6月）

（1）致福建省政府训令（3月8日）

案查剿匪区内行政督察专员制度，豫鄂皖赣等省，均已次第施行，颇具成效。该省逆军甫平，边陲未靖，对于铲除匪患，安定民生之一切要政，非划区设置行政专员，躬行指导，则省县之间，督察禀承，两难周密，将何以策事功而清吏治？本行营有鉴于此，特订定该省设立行政督察专员办法四项，分别列叙于左：

1. 该省现辖六十四县，经已划为十个行政督察区，除第三区因地势关系，列在中心外，其余各区，均辖有海岸线或边境县份，俾均责任。特绘制该省分区地图附发，应由该省政府迅即核议呈复，再予确定。

2. 该省行政督察专员公署之组织及办事手续，均援照豫鄂皖三省剿匪总司令部所颁剿匪区内各省行政督察专员公署组织条例，及办事通则办理。

3. 该省政治设施，除保甲，禁烟、整理民团等项，应候规定施行与完成期限，另令饬遵；及公路一项，应由该省政府拟具发展全省公路计划。绘具详图呈核外，其余悉依照本行营所颁剿匪区临时施政纲要办理。

4. 查豫鄂皖三省剿匪总司令部所颁之剿匪区内各省行政督察专员公署组织条例第四条规定，专员系由该部委派，该省各专员，应由本行营委派。

至各项有关法令，在第一项，尚未确定以前，均有先行研究之必要，应予一并随令附发，俾便筹备一切。

合亟检同地图等件，令仰该省政府即便遵照办理，迅速具复为要。此令！

附发该省分区地图　剿匪区临时施政纲要各一件　法令一束〔略〕

委员长　蒋中正

(2) 致陈仪密电(4月18日)

福州陈主席：(团)密。遇秘一电悉。兹分别指示如次：(一)所拟该省行政督察专员区划，除第三区辖县太少，应量予增加，重拟候核，第六区辖县过多，应将华安划归第七区外，余准照办。(二)各区专员驻在地原电未经叙明，兹指定第一区驻长乐，二区驻福安，四区驻仙游，五区驻同安，六区驻漳浦，七区驻龙岩，八区驻长汀，九区驻泰宁，十区驻浦城，第三区俟辖县重拟核定后再行指定。(三)保安分处制度倡自浙省，本非良好办法，该省逆氛甫靖，正宜厉行专员兼保安司令制度，俾吏治有人指导地方得以绥靖，若不兼保安司令，则力量太微，吏治与团队分而为二，必不能收优良效果，故专员必须兼保安司令。且区保安司令例由省保安处核请委任。自能服从指挥，该省民队向极复杂，如仅四个保安分处，不惟范围广泛，控制难周，抑且单位太大、易滋流弊，转不如设十个保安区之较便缩编与管理。(四)推行专员制度目的原在增进全省整个行政效率该省当逆军甫平之后，无事无地不须指导有人，自应一律设置专员，以应实际当要，但为权冲人选，郑重物色起见，当由本行营陆续选充，陆续设立，该省府如有适当人材，亦可酌量推荐，听候考询择委。(五)省该现时财政困窘，固属实情，然一经设立行政专员，可沿用本行营改组赣省各区专员办法，其兼区保安司令暨驻在地县长者，由本行营按月补助每区经救二千元。又该省现没有保安分处，按月亦须支用经常费用，将来行政专员兼保安司令，原有保安分处经费，即可移充匀拨，各专员公署经救，除行营补助费及原有保安分处经费外，每行政区所差经费，由该省筹给当不过千余元，全省十区每月仅增加万余元，自不甚难。(六)专员既须兼保安司令，原定预算自未便予以核减。以上各点，仰即切实遵照具复。蒋中正。巧。行治信。印。

(3) 致福建省政府训令(6月20日)

案查该省施行行政督察专员制度，本行营迭经令据该省政府先后呈报陆续筹备就绪，并已选人员参加收复县区地方善后讲习会在案。兹已由本行营任命王伯秋为该省第一区行政督察专员，徐虎侯为第二区行政督察专员，汤荫棠为第三区行政督察专员，孟平为第四区行政督察专员，杨用斌为第五区行政督专员，朱熙为第六区行政督察专员，陈琢如为第七区行政督察专员，林斯贤为第八区行政督察专员，秦振夫为第九区行政督察专员，盛开第为第十区行政督察专员，均兼任各该区保安司令。其驻在地之县，业已规定另单附发，应由该省政府依照分别任命各该专员兼任各该驻在地之县长，以符定例。除已分别令饬克日前往遵章组织成立，并刊刻关防另行颁发启用外，合行令仰该省政府遵照办理，仍将办理情形呈报备查。此令。

附单一件

委员长　蒋中正

附：福建省各行政专员驻地一览表

一、第一区专员驻　　长乐。
二、第二区专员驻　　福安。
三、第三区专员驻　　南平。
四、第四区专员驻　　仙游。
五、第五区专员驻　　同安。
六、第六区专员驻　　津浦。
七、第七区专员驻　　龙岩。
八、第八区专员驻　　长汀。
九、第九区专员驻　　泰宁。
十、第十区专员驻　　浦城。

〔《军政旬刊》第15、19、20、24、25期〕

11. 蒋介石关于改组江西各区专员公署经过致行政院公函

(1934年8月16日)

案查江西省施行行政督察专员制度，为时两年，原系划分一十三区，专员均不兼任保安司令，及驻在地县长，与豫鄂皖三省剿匪总司令部所定行政督察专员各项章则，并不相同。成立以来，虽亦多所督促，然为职权所限，成绩不免稍逊，本行营前以该省正值加紧剿匪时期，一切军政情形，较前此豫鄂皖三省，尤为严重，为求增进政治效率，此项专员制度，确有力谋改善之必要。爰于本年一月令行该省省政府，援照三省总部，所订章则，将原有各区专员公署分别改组，以资扩展，而利进行。旋复由本行营依据条例，先后任命林竞等为该省各区行政督察专员，兼任保安司令，并饬遵章改组，暨新刊保安司令关防，分别令发启用各在案。计自筹备以来，迄今经时六月，已据呈报改组就绪者，现共一十一区，业与三省专员制度轨辙相符，嗣后当可进而获得同等效力。

再该省原有各区专员驻在县份，其县长皆系另委人员充任，改组后第一，第四，第五，第八，第十二等区专员，悉已照章兼任县长，惟第二，第三，第六，第七，第九，第十等六区，因原委县长，各有经办未完要政，尚须宽假时日，暂缓委兼，藉得始终其事，此系该省特殊情况，故予从权办理，将来仍俟陆续改正，俾归划一整齐。

以上为本行营改组江西省各区行政督察专员公署经过情形，相应连同各该专员详细履历，函达贵院，请烦查照备案，并转呈国民政府察核暨令行政主管部知照，仍希见复为荷。此致

行政院

计函送林　竞　危宿钟　曹祖彬　莫　雄　华　洸　郭　觫　周作孚　张笃伦　王有兰　李正谊　邵鸿基等十一员履历各一件

〔附件略〕

〔《军政旬刊》第30、31期合刊〕

12. 军委会委员长行营颁发“修正剿匪区内各县编查保甲户口条例”训令

（1935年7月19日）

国民政府军事委员会委员长行营训令　政保壹8

第四六七一号

二四，七，一九

各绥靖主任公署

令　本行营各处室会

豫鄂皖赣闽陕甘湘黔川各省政府

案查前豫鄂皖三省剿匪总司令部制定之剿匪区内各县编查保甲户口条例，会经该部于二十一年八月公布在案。兹经详加审核，并准酌各省现况，加以修正。除分令外，合行检发一份，令仰该　转饬遵照。此令。

附发条例一份。

修正剿匪区内各县编查保甲户口条例

二十四年七月十九日颁行

第一条 国民政府军事委员会委员长行营(以下简称本行营),为严密民众组织,彻底清查户口,增进自卫能力,完成剿匪清乡工作起见,特制定本条例。

第二条 剿匪区内各省政府,应即根据实际情形,划分全县为若干区,依照本条例之规定,限期编组保甲,清查户口,前项限期,由本行营以命令定之。

第三条 剿匪区内各县地方,原有一切自卫组织,均应依本条例之规定,改编保甲。

第四条 在编组保甲,清查户口期间,得由各该县政府遴派地方公正人士,为保甲户口编查委员,分赴各区,协同赶办。前项编查委员,所需费用,应由县政府酌量支给,不得由地方供应。

第五条 保甲之编组,以户为单位,户设户长,十户为甲,甲设甲长,十甲为保,保设保长。

第六条 保甲须按照户口、习惯、地势及其他特殊情形,依左列方法,编组之:

一、各保应就该管区域内原有乡镇界址编定。或并合数乡与镇编组一保,但不得分割本乡或本镇之一部,编入他乡镇之保。

二、各户由各甲之一方起,顺序比邻之家屋,挨户编组。

三、编余之户,不满一甲者,六户以上,得另立一甲,五户以下,并入邻近之甲,编余之甲,不满一保者,六甲以上,得另立一保,五甲以下,并入邻近之保。

四、保甲内之住户,有因避匪全户逃亡者,应暂时保留其甲户之顺序,俟归来时编组之。

第七条 寺庙船户,及公共处所,应以保为单位,另列字号,分别编查,寺庙列为船字号,公共处所列为公字号,按照所定表格填写(表式附后)。

前项寺庙或公共处所内，有住户者，仍就各户编查。

第八条　户口之编查，由县长监督之，其程序如左：

一、编定及清查门牌，由甲长执行。

二、覆查由保长执行，按月至少一次。

三、抽查由区长执行，按季至少一次。

除前项编查外，甲长保长对于各该保甲内之寺庙，祠堂，教堂，教会，会馆，宿舍，船户，及其他公共场所，应随时考查之。

第九条　清查户口，应按编定各户，挨次发给门牌。令其照填张挂户外易见之处，不得遗失毁损。各住户应填之户口调查表，亦须据实照填，不得隐瞒捏报，如受清查户口之住民，遇有不明填写方法或不能写字者，清查人员应详为指导，或代书后，令其亲自捺印，(门牌及住户户口调查表，式附后)。

第十条　户口调查完竣后，由县政府调制统计表，详细填载，分呈省政府，及该管行政督察专员公署存查。

前项户口统计表，分为第一表，第二表两种。第一表填载普通户口。及寄居中国之外国人，第二表填载船户寺庙及公共处所。(表式附后)

第十一条　户口查竣后，保长应将保内壮丁人数，呈报区长，转呈县政府存查，寺院之僧道亦同。

第十二条　保甲之名称，以数字定之，并冠以某县某区字样。

第十三条　保甲编定后，遇户口有增减时，应于每年度开始前，分别按照规定，将保甲数目增设或减并。

第十四条　户长由该户内之家长充之，但遇左列情形，不在此限。

一、家长因特别事故，或女性家长不愿充任户长之职务时，得自行指定一人为户长。

二、一户有两家以上时，得由各家协定一人为户长，或各家各编一户，各立户长。

第十五条　甲长由本甲内各户长公推，保长由本保内各甲长公推，但遇第六条第四款之情形，甲内住户逃亡未归在五户以上者，得暂合二甲以上现住在家之户，共推一人为甲长，挨逃户归来后，再行分推。

甲长应否兼任户长，保长应否兼任甲长，由各保依其情形自定之。

第十六条　有左列情形之一者，不得充保长及甲长。

一、未满二十岁者。

二、非本地土著者。

三、有不良嗜好者。

四、有危害民国或土豪劣绅行为，曾受处刑之宣告者。

五、褫夺公权，尚未复权者。

六、曾为赤匪协从，虽邀准悔过自新，而尚在察看管束期间者。

第十七条　甲长之推定或变更，由甲内户长，联名报告于保长，保长之推定或变更，由保内甲长，联名报告于区长。甲长由区长加给委任，呈报县政府备案，保长由区长呈报县政府加给委任，并由县政府呈报省政府，及该管行政督察专员公署备案。（保甲长变更报告表式附后）

第十八条　县政府查明保长甲长，不能胜任，或认为有更换之必要时，得令原公推人认为有第一项情形时，亦得联名呈明区长，转呈县政府核准改推。

第十九条　保甲编定后，保长即应召集甲长，开保甲会议，协商保甲规约，共同遵守，其规约应就左列事项，斟酌地方情形订定之。

一、关于保甲名称，区域及保长办公处地点事项。

二、关于编制门牌，调查户口事项。

三、关于境内出入人民之检查取缔事项。

四、关于水火风灾之警戒及救护事项。

五、关于匪患之警戒，通报，及搜查事项。

六、关于防匪碉楼堡寨或其他工事之筹设事项。

七、关于过境公路干线，或本区域内应备支线修筑，及电杆桥梁与一切交通设备之守护事项。

八、关于经费之筹集，征收，保管，支用，及办理报销事项。

九、关于保甲职员及住民怠于职务之处罚事项。

十、关于保甲人员之赏恤事项。

十一、关于保甲会议事项。

十二、关于其他保持地方安宁秩序之必要事项。

第二十条　保甲规约制定后，保长甲长一律签名，并绘制保甲所管区域略图，载明本区域内之乡镇村名，及户数人数，连同签名之规约，呈由区长，转呈县政府备案。

第二十一条　保长受区长之指挥监督，负维持保内安宁秩序之责，其职务如左：

一、监督甲长执行职务事项。

二、辅助区长执行职务事项。

三、教诫保内居民，毋为非法事项。

四、辅助军警搜捕人犯事项。

五、曾参加反动，或曾受赤匪胁从，现已邀准悔过自新者之察看管束事项。

六、检举违犯保甲规约事项。

七、分配督率保内应办防御工事之设备或建筑事项。

八、执行规约上之赏恤事项。

九、经费之收支，及预算决算之编制事项。

十、其他依法令或保甲规约之规定，应由保长执行事项。

第二十二条　甲长承保长之指挥监督，负维持甲内安宁秩序之责，其职务如左：

一、辅助保长执行职务事项。

二、清查甲内户口，编制门牌，取具联保连坐切结事项。

三、检查甲内奸宄，及稽查出境入境人民事项。

四、辅助军警及保长，搜捕人犯事项。

五、教诫甲内住民毋为非法事项。

六、其他依法令或保甲规约之规定，应由甲长执行事项。

第二十三条　保甲内各户之户长，须一律签名加盟于保甲规约，其由他处迁来或避乱新归，或新充户长者，亦须加盟于各该保甲内之现行规约。

第二十四条　各户户长，除依前条规定，一律加盟保甲规约外，应联合甲内他户户长至少五人，共具联保连坐切结。（切结式附后）

前项切结，由甲长面交各户户长，依式签名，不能亲书姓名者，在其名下捺印，并由甲长签押，每结分填两份，由甲长汇齐，递呈保长区长分别存查。

第二十五条　各户户长，遇有左列情事发生时，应即报告甲长。

一、有形迹可疑之人潜入者。

二、留客寄宿，及其离去，或家人出外作经宿之旅行，及归来者。

三、出生死亡，或因其他事故，致生户口上之异动者。（户口异动登记办法另定之）

第二十六条　保长甲长，知户口有异动，或接受保甲内户长或住民之通知时，除由甲长速报保长，转保区长外，遇有前条第一款之情形时，并得先为搜索逮捕之紧急处分。

第二十七条　保长甲长，因执行职务，须本保或本甲共同协力时，甲长得随时召集甲内各户长，分配任务，保长得随时召集保内各甲长，分配任务。

第二十八条　保长甲长，依第十九条第四款至第七款之规定，应办救灾御匪，或建筑碉堡公路等事务，须多数居民共同工作时，得将保甲内十八岁以上四十五岁以下之男子，编成壮丁队，由保长甲长督率分任之。

壮丁队遇军警搜捕，或攻剿土匪时，应受军警官长之指挥，尽力协助。于搜捕追剿已达本区域以外时，亦应受军警官长之指挥，互相应援。

前二项规定，虽保甲内之僧道，及留家之船户，亦不得免除共责。

第二十九条　各保甲壮丁，有应受军事及政治训练之必要时，得特编武装民团，分区分期，实行集合训练。

前项编组及训练方法另定之。

第三十条　保甲内之住户，如藏有枪枝，应报由区长转县政府验明，烙印，编号，登记，违者以私藏军火论罪。

第三十一条　甲长办公处，设于甲长之住宅，保长办公处，应就该管地方原有之寺宇，或公共处所设置之。

凡大乡镇，经编成五保以上者，应设保长联合办公处，由保长互推一人为主任，负第二十一条所规定之总责，但各保应行分别举办之事务，仍由该保长负责。

于住户少之乡镇，应联合他乡镇，照前项规定，设保长联合办公处，但以距离在二十里以内者为限，倘二十里内住户不足四保时，得暂缓设立。保长联合办公处，得设书记一人或二人，助理之。

第三十二条　保之图记用木质，楷书朱文，（图式附后）。

甲暂不刊发图记，如必须行文时，以甲长私章代之。

第三十三条　保甲经费，以地方原有公款及财源拨充，其在无公款及财源或有而不足之地方，得向保甲内住民征集之。

前项经费之拨充或征集，以统筹统支为原则，其规程另定之。

保甲开办费，完全由地方负担。但几经变乱之区域，确属无从筹措者，得由县库补助之。

第三十四条　保甲职员，均为无给职，但书记得给与最低之生活费。

壮丁队协助军警，警戒抵御土匪时，得与以必要之给养。

第三十五条　凡保甲内住民，有勾结窝藏土匪，或故纵脱逃者，除依刑法及其他特别法令，从重惩罚外，凡甲长及会具切结联保之各户长，应各科以四日以上三十日以下之拘留，但自行发觉，曾据实报告，并能协助搜查逮捕者，免予处罚。遇前项情形，甲长或联保之户长，有知情匿庇者，仍依法分别治罪。

应科第一项之拘留者，由区长呈请县政府核准，于区署内拘置之。

第三十六条　违犯左列各款之一者，科一角以上，三十元以下之罚金。

一、拒绝加盟于第十九条所指之保甲规约者。

二、应缴保甲所需之经费，无故拒绝征收，或滞纳者。

三、遇有第二十五条所列各款之情形，匿而不报者。

四、填报户口不实，或任意销毁门牌者。

五、拒绝编入壮丁队者。

六、凡经分配工作，而不遵办者。

七、依保甲规约督饬其执行任务，而怠职者。

前项所科罚金，如不依限缴纳时，应由区长转呈县政府，得以罚金数量，按照当地经济状况，折罚苦工。

第三十七条　保长甲长滥用职权，或贻误要公者，除依其他法令惩治外，区长得按其情节，呈报县政府，依左列各款处罚。

一、百元以下之罚金。

二、当众申诫。

三、免职。

第三十八条　凡遇左列情形之一者，除依保甲规约从优赏恤外，并得呈由县政府转报省政府及本行营分别核奖或给恤。

一、侦悉匪徒来侵之企图，报告迅速，因而保全地方者。

二、破获匪党重要机关，或擒获著名匪徒，经讯明法办者。

三、搜获匪党秘运或埋藏之枪械子弹，或大批粮秣者。

四、协助军警，抵御土匪，搜捕人犯，异常出力者。

五、保甲所需经费，能特别捐助者。

六、保甲职员，办事成绩异常优良者。

七、因检举匪徒，致受报复，或因抵御搜捕土匪，致受伤亡者。

第三十九条　本条例自公布之日施行。

〔《军政旬刊》第12、13期合刊〕

三、特别区市组织

1. 特别市组织法①

（1928年6月20日）

第一章　总　　则

第一条　特别市直辖于国民政府，不入省县行政范围。

第二条　特别市冠以所在地名，称某特别市。

第三条　左列都市得依国民政府之特许建为特别市：

一、中华民国首都；

二、人口百万以上之都市；

三、其他有特殊情形之都市。

---

① 此组织法系1928年6月20日由国民党中央政治会议第145次会议通过。

第四条　特别市区域之划定、变更及扩大，由特别市政府呈请国民政府核定之。

已划入特别市之地域，不得脱离本市以建立他市。

第二章　特别市职务

第五条　特别市不抵触中央法令范围以内办理左列事项：

一、市财政事项；

二、市公产之管理及处分事项；

三、市土地事项；

四、市农工商业之调查、统计、奖励、取缔事项；

五、市劳动行政事项；

六、市公益慈善事项；

七、市街道、沟渠、堤岸、桥梁建筑及其他土木工程事项；

八、市内公私建筑之取缔事项；

九、市河道、港务及船政管理事项；

十、市交通、电气、电话、自来水、煤气及其他公用事业之经营、取缔事项；

十一、市公安、消防及户口统计等事项；

十二、市公共卫生及医院、菜市、屠宰场、公共娱乐场所之设置、取缔等事项；

十三、市教育、文化、风纪事项。

在第三条第一款之特别市，关于市内公安事项，得由国民政府另以法令定其管辖。

第六条　特别市区域内之国家行政事务，中央不直接办理时，得委托特别市政府办理之。

第三章　特别市政府组织及权限

第七条　特别市设置特别市政府，依中国国民党党义及中央法令综理全市行政事务。

第八条　特别市政府于不抵触中央法令范围内，对于全市行政事项得发布命令及单行规则。

第九条　特别市政府设市长一人，由国民政府任命之，指挥并监督特别市政府所属职员。

特别市市长为简任职。

第十条　特别市政府设左列各局，分掌市行政事务：

一、财政局　第五条第一项第一款、第二款所包含之一切财政事项属之。

二、土地局　第五条第一项第三款之一切土地事项属之。

三、社会局　第五条第一项第四款至第六款所包含之一切农工商公益等事项属之。

四、工务局　第五条第一项第七款至第十款之一切工程及其他公共事业属之。

五、公安局　第五条第一项第十一款之一切公安事项属之。

六、卫生局　第五条第一项第十二款之一切卫生事项属之。

七、教育局　第五条第一项第十三款之一切教育、文化、风纪事项属之。

特别市政府因特殊情势得设港务局，专理第五条第一项第九款事宜；得设公用局，专理第五条第一项第十款事宜。

第十一条　特别市政府各局各设局长一人，由特别市市长呈请国民政府任命之。

国民政府为前项任命前，得将特别市市长所拟人选发交主管各部院及建设委员会审议。

局长为荐任职或简任职。

第十二条　特别市政府设秘书处，掌理文牍、庶务及其他不属于各局专管事项。

秘书处设秘书长一人，由特别市市长呈请国民政府任命之。

秘书长为荐任职或简任职。

第十三条　特别市政府得设置参事二人至四人，由特别市市长呈请国民政府任免之，辅佐市长掌理关于法令起草、审议及市政府设计之事项。

参事为荐任职或简任职。

第十四条 特别市政府依事务之需要，得聘用专门技术人员。

第十五条 特别市政府关于特殊事项之调查或研究，得由市长聘任专家组织临时委员会。

第十六条 特别市政府设市政会议，由市长、秘书长、参事、各局长组织之。

第十七条 左列事项应经市政会议议决：

一、关于秘书处与各局之组织细则事项；

二、关于市单行规则事项；

三、关于市预算、决算事项；

四、关于新课税捐、募集市债及公共事业之经营事项；

五、关于市政府各局处间权限争议事项。

市长认为有必要时，得将其他事项提交市政会议审议。

第十八条 前条第一项第一款所指之细则，应由市长呈请国民政府核准备案。

第十九条 市政会议开会时以市长为主席。

第二十条 凡设有第四章规定之参议会之特别市，由参议会选举代表四人，加入市政会议，任期二年，每年改选半数。

前项代表之被选者，不以参议会议员为限。

第二十一条 市政会议随时由市长召集；但至少每月开会一次。

市政会议之议事细则由该会议另定之。

第四章 特别市参议会

第二十二条 特别市得设立以市民代表组织之参议会，任期二年，每年改选半数。

前项参议会得于特别市成立一年后，由国民政府斟酌市政府设施情形核准设立。

第二十三条　特别市参议会之选举法另定之。

第二十四条　第十七条第一项第一款至第四款事项于经市政会议议决前，应交特别市参议会审议。

第二十五条　特别市参议会关于市政兴革事项，得提出建议案于市长。

第二十六条　特别市参议会推举议长、副议长各一人，任期一年。

第二十七条　特别市参议会每年开常会两次，每次会期以一月为限。

前项常会经参议会议员过半数之同意或市长认为有必要时，得延长之；但不得过十五日。

市长于必要时，得召集参议会特别会议。

第二十八条　特别市参议会之议事细则由该会另定之。

第二十九条　特别市参议会得依全体议员半数以上之同意，将该会通过之议案请求市长交付市民复决，此项请求如被市长拒绝，参议会得请求国民政府裁决之。

关于前项复决之程序另定之。

第三十条　特别市参议会认为市长违法失职时，得依全体议员三分二以上之同意，向国民政府请求罢免。

第五章　特别市财政

第三十一条　左列各款定特别市收入由特别市政府征收之：

一、土地税；

二、土地增价税；

三、房捐；

四、营业税；

五、牌照税；

六、码头税；

七、广告税；

八、市公产收入；

九、市营业收入；

十、其他法令特许征收之税捐。

第三十二条　特别市政府于前条各项税捐外，新课税捐须经国民政府核准。

第三十三条　特别市于必要时，得募集市债；但须经国民政府核准。

第三十四条　特别市之会计，依审计法受审计分院之监督；但第三条第一项第一款所指之特别市，应受审计院之监督。

第六章　特别市监督

第三十五条　国民政府各行政部院及建设委员会于其主管事务，对于特别市之命令或处分认为违背法令或逾越权限者，得呈请国民政府停止撤销或变更之。

第三十六条　特别市政府怠于履行其法定职务时，国民政府各行政部院及建设委员会，得呈请国民政府纠正之。

第三十七条　国民政府主管各行政部院及建设委员会认为特别市各局局长有溺职情形时，得呈请国民政府罢免之。

第三十八条　特别市政府与省政府发生争议时，由国民政府裁决之。

第七章　附　　则

第三十九条　本法自公布日施行。

各特别市在本法公布前成立者，应于本法公布后两个月内遵照本法改组。

〔国民政府行政院档案〕

2. 国民政府公布之威海卫管理公署组织条例

（1931年4月25日）

第一条　威海卫在未辟为军港前置威海卫管理公署，掌理行政及监督地方自治事务。

第二条　威海卫管理公署直隶于行政院，关于行政事务并受中央主管部会之指挥监督。

第三条　威海卫管理公署之管辖区域定名为威海卫行政区，由行政院呈请国民政府核定之。

第四条　威海卫管理公署于不抵触中央法令范围内，得发布命令，并制定单行规则。

第五条　威海卫地方自治之编制准用市组织法关于区坊闾邻之规定。

第六条　威海卫管理公署设管理专员一人，简任，综理行政事务，并监督所属机关职员。

第七条　威海卫管理公署设列科局：

一、总务科

二、财政科

三、工务科

四、公安局

第八条　各科之职掌如左：

一、总务科

（一）育幼、养老、济贫、救灾等设备事项

（二）粮食储备及调节事项

（三）教育及其他文化事项

（四）农工商业之改良及保护事项

（五）劳工行政事项

（六）造林垦牧渔猎之保护及取缔事项
（七）合作社互助事业之组织及指导事项
（八）风俗改良事项
二、财政科
（一）财政收支预算决算事项
（二）公产之管理及处分事项
（三）公营业之经营管理事项
（四）土地行政事项
三、工务科
（一）公用房屋、公园、公共体育场、公共墓地建筑修理事项。
（二）私人建筑之指导取缔事项
（三）道路桥梁沟渠堤岸及其他公共土木工程事项。
（四）河道港务及船政管理事项
（五）民营公用事业监督事项
第九条　公安局之职掌如左：
（一）户口调查及人事登记事项
（二）公安事项
（三）消防事项
（四）公共卫生事项
（五）医院、菜市、屠宰场及公共娱乐场所之设置及取缔事项
第十条　威海卫管理公署设秘书二人，荐任，掌理文牍、交际、综核、编纂、统计及其他不属于科局掌理之事项，并得设科员五人至七人，委任，助理事务。
第十一条　总务科设科长一人，荐任；科员四人至六人，委任。
第十二条　财政科设科长一人，荐任；科员六人至十人，委

任。

第十三条　工务科设科长一人，荐任；科员二人至四人，委任。

第十四条　公安局设局长一人，荐任；课长三人至四人，委任；科员八人至十人，委任；督察一人或二人，委任。

第十五条　威海卫管理公署因事务之需要得聘用专门技术人员。

第十六条　威海卫管理公署得酌用雇员。

第十七条　威海卫管理公署因事务之必要，呈经行政院核准，得设立附属机关。

第十八条　威海卫管理公署各科局之职员名额，由该公署依本条例之规定范围内编造预算，呈行政院核定之。

第十九条　威海卫管理公署设行政会议，以左列人员组织之：

一、管理专员

二、局长

三、科长

四、秘书

第二十条　左列事项应经行政会议：

一、关于公署各科局办事细则事项

二、关于威海卫单行规则事项

三、关于预算决算事项

四、关于整理财政收入事项

五、关于经营市公产及公营业事项

六、关于科局权限争议事项

七、管理专员提议事项

八、其他重要事项

第二十一条　行政会议每月至少开会一次，由管理专员召集之，以管理专员为主席。

第二十二条　威海卫管理公署行政会议规则及各处科局办事细则由该公署自定之，并呈报行政院备案。

第二十三条　本组织条例自公布之日施行。

〔国民政府行政院档案〕

3. 西南政务委员会修正公布之琼崖特别区政府组织条例

（1932年5月27日）

第一条　国民政府划琼崖全属为琼崖特别区，特别区长官简任，直隶于国民政府。

第二条　长官得于该区相当地点设置公署。

第三条　长官依中央法令综理琼崖全区公务，其职权如左：

一、管理全区行政事务，监督全区行政机关职务之执行。

二、遇有紧急事变得呈请中央或咨请邻近军事长官派遣陆海空军会同处理。

三、召集区行政会议，于会议时为主席。

四、长官于不抵触中央法令范围内，对于区行政事项得发区令，并得制定区单行条例及规程。但关于限制人民自由者，非经国民政府核准不得执行。

五、长官对于所属各机关之命令或处分认为有违背法令、逾越权限或其他不当情形时，得停止或撤销之。

第四条　长官公署设左列各司处：

一、秘书处

二、民政司

三、财政司

四、教育司

五、建设司

六、审计处

七、保卫处

长官公署于必要时得设实业司及其他专管机关。在未设实业司前，关于该司事务由建设司掌理之。

审计处处长以西南政务委员会审计处驻琼崖审计兼任之。

前项驻琼崖审计秉承西南政务委员会审计处处长之命，执行属于琼崖特别区内审计职务，并得呈荐协审、稽察。

第五条　长官公署秘书处设秘书长一人，各司设司长一人，审计处设处长一人，保卫处设参谋长一人，秘书长、司长、处长均简任，由国民政府任命之。保卫处参谋长照少将或上校待遇。

现任军职者不得兼任长官。

第六条　秘书长、各司处长出席区行政会议。

第七条　左列各款事项应经区行政会议之议决：

一、关于本法第三条四、五两款之规定事项。

二、关于增加或变更人民负担事项。

三、关于地方行政区域之确定及变更事项。

四、关于全区预算决算事项。

五、关于处分区公产或筹划区公营业事项。

六、关于执行国民政府委托事项。

七、关于地方自治监督事项。

八、关于区行政设施或变更事项。

九、监督所属军警团防绥靖地方事项。

十、关于公署所属全区官吏任免事项。

第八条　秘书处掌理事务如左：

一、关于区行政会议纪录事项。

二、关于撰拟、保存、收发文件事项。

三、关于宣传及调查事项。

四、关于中外政情之研究事项。

五、关于公署会计庶务事项。

六、关于纪录全区行政机关职员之进退事项。
七、关于编制统计及报告事项。
八、关于典守印信事项。
九、其他不属于各司处事项。
第九条　民政司掌理事务如左：
一、关于县市行政官吏之提请任免事项。
二、关于县市所属地方自治及其他经费事项。
三、关于警察及公安事项。
四、关于卫生行政事项。
五、关于选举事项。
六、关于赈灾及其他社会救济事项。
七、关于劳资及佃业之争议事项。
八、关于黎民事项。
九、关于礼俗宗教事项。
十、关于禁烟事项。
十一、关于各种土地测丈、征收及其他土地行政事项。
十二、关于外人事项。
第十条　财政司掌理事务如左：
一、关于区税及区公债事务。
二、关于区政府预算决算编制事项。
三、关于区库收支事项。
四、关于区公产管理事项。
五、其他区行政事项。
第十一条　教育司掌理事务如左：
一、关于各级学校事项。
二、关于社会教育事项。
三、关于教育及学社团体事项。
四、关于图书馆、博物院、公共体育场等事项。

五、其他教育行政事项。

第十二条　建设司掌理事务如左：

一、关于公路及铁路工程事项。

二、关于海岸及河道工程事项。

三、关于公用事业及航业之计划、管理、监督、保护及奖进事项。

四、关于不属土地行政之测丈事项。

五、其他建设行政事项。

第十三条　实业司掌理事务如左：

一、关于农、林、蚕桑、渔、牧、矿业之计划、管理、监督、保护及奖进事项。

二、关于整理耕地及垦荒事项。

三、关于农田水利整理事项。

四、关于农业经济改良事项。

五、关于防除动植物病虫害及保护益鸟益虫事项。

六、关于工商业之保护、监督及奖进事项。

七、关于工厂及商埠事项。

八、关于商品之陈列及检查事项。

九、关于度量衡之检查及推行事项。

十、关于农会、工会、商会、渔会及其他农业、工业、商业、渔业、矿业各团体事项。

十一、其他实业行政事项。

第十四条　审计处掌理事务如左：

一、关于审核全区各行政机关之预算决算事项。

二、关于审查全区各行政机关之官有物事项。

三、关于审核全区征税或他项机关之收入证据事项。

四、关于审核区金库收支事项。

五、关于审核官产估价变卖事项。

六、关于审核官营事业之收支事项。

七、关于审核由政府补助之民营事业收支事项。

第十五条　保卫处掌理事务如左：

一、关于保卫队队员之任免及队兵之招募斥革事项。

二、关于保卫队之统率、编制、训练及其抚恤奖惩事项。

三、关于保卫队之调遣分配事项。

四、关于保卫队服装军械之购置及保管核发事项。

五、关于保卫队法规章制之编订及颁行事项。

六、关于保卫队之医务卫生事项。

七、关于全区地方武装团体之调查整理暨匪区、匪巢、匪帮情形及其他谍查购缉事项。

第十六条　秘书长承长官之命综理秘书处事务。参谋长辅助长官综理保卫处事务。

第十七条　各司处长、参谋长综理各该司处事务，指挥监督所属职员及所辖机关。

第十八条　关于区行政之重要文告由长官署名，主管司长副署。

第十九条　各司于不抵触中央法令或区行政会议议决之范围内，对于主管事务得发司令。

其关系重要者应先呈奉长官核准。

第二十条　各司处间或与专管机关发生职权争议时，由区行政会议解决，或由长官呈请行政院裁决之。

第二十一条　秘书处设秘书一人至三人，各司处设秘书一人至二人，荐任；保卫处设参谋一人至三人，经理所所长一人，照中校或少校待遇，设副官一人至三人，照少校或上、中尉待遇，承各该司处长官之命办理重要事务。各司处视事之繁简分科办事，每科设科长一人，荐任；股长及科员若干人，委任，承各长官之命办理本科事务。

各司处必要时得酌设顾问、技正、技士、技佐及视察员，教育司得设督学，审计处得设审计、协审、稽察，其名额由各该司处长官提出区行政会议议定之。

第二十二条　长官得聘用顾问、参议、谘议。

第二十三条　各司处办事细则由区行政会议议定之。

第二十四条　本条例自公布日施行。

〔国民政府行政院档案〕

4. 国民政府公布之修正中山县训政实施委员会组织大纲

（1934年11月1日）

第一条　中山县训政实施委员会依照十八年二月八日国民政府第十九次国务会议确定中山县为全国模范县之决议，为中山县实施训政建设模范县之计划指导监督机关。

第二条　委员会由国民政府选派委员十五人组织之。

第三条　委员会设主席一人，主持会务，由国民政府于前条委员中指定之。

第四条　委员会每年至少开会二次，决定中山县之训政实施计划。

委员概无薪给。但于开会期间得酌支出席费。

第五条　中山县训政实施年限由委员会决定，呈请国民政府核准备案。

第六条　中山县县长在训政期内由中山县训政实施委员会提请广东省政府任命之。

第七条　中山县行政及建设事业经费由国、省两库每月拨付三万元，其用途分配由委员会审定。但行政费与事业费应以四与六之比例为分配标准。

第八条　委员会对于中山县训政建设计划之决议，除由会直接交中山县政府照案执行外，并函达广东省政府查照备案。

第九条　委员会为办理事务得设秘书处，置秘书一人，事务员若干人，由委员会派充之。

第十条　本大纲自公布之日施行。

〔国民政府行政院档案〕

（三）国民会议与国民大会

一、国民会议的召集

1. 国民政府发布国民会议代表选举法训令

（1930年12月31日）

国民政府训令　字第七四三号

令文官处

为令知事。查国民会议代表选举法现经制定明令公布，应即通饬施行。除分令外，合行抄发该法原条文令仰知照，并转饬所属一体知照。此令。

计抄发国民会议代表选举法一份。

主　　席　蒋中正
行政院院长　蒋中正
立法院院长　胡汉民
司法院院长　王宠惠
考试院院长　戴传贤
监察院院长

中华民国十九年十二月三十一日

国民政府遵奉总理遗嘱召集国民会议，兹制定国民会议代表选举法，公布之。

国民会议代表选举法

第一条　国民会议代表总额为五百二十名，各地方选出之总额，依左列各款分配之：

一、由各省选出者四百五十名。

二、由各市选出者二十二名。

三、由蒙古选出者十二名。

四、由西藏选出者十名。

五、由在外华侨选出者二十六名。

第二条　各省选出国民会议代表之名额，依左列之分配：

江苏　三十名　　浙江　二十四名

安徽　二十名　　江西　二十八名

河北　三十名　　山东　三十名

山西　十二名　　河南　三十名

福建　十四名　　湖北　二十九名

湖南　三十名　　广东　三十名

广西　十一名　　陕西　十七名

甘肃　七名　　新疆　五名

四川　三十名　　云南　十二名

贵州　十一名　　辽宁　十五名

吉林　五名　　黑龙江　五名

察哈尔　五名　　绥远　五名

热河　五名　　青海　五名

宁夏　五名

第三条　各市选出国民会议代表之名额，依左列分配：

南京市　三名　　上海市　五名

广州市　三名　　北平市　三名

汉口市　三名　　天津市　三名

青岛市　一名　　哈尔滨市　一名

第四条　在外华侨选出国民会议代表名额，依左列分配：

菲律宾　一名　　檀香山　一名

秘鲁　一名　　智利　一名

墨西哥　一名　　古巴　一名

美国	二名	中美	一名
加拿大	二名	马来	二名
印度	一名	缅甸	二名
安南	一名	暹罗	二名
欧洲	一名	日本	一名
朝鲜	一名	澳洲	一名
大溪地	一名	非洲	一名
荷属	二名		

第五条　国民会议代表由各地方按照定额，从左列团体选出之：

一、农会。

二、工会。

三、商会及实业团体。

四、教育会、国立大学、教育部立案之大学及自由职业团体。

五、中国国民党。

前项农会、工会、商会、教育会各团体，以依法设立者为限。

其实业团体与自由职业团体之资格另定之。

第六条　各团体选举国民会议代表数额之分配另定之。

第七条　蒙古、西藏及在外华侨选举国民会议代表之团体另定之。

第八条　有左列情事之一者，不得当选为国民会议代表。

一、有反革命行为，经判决确定或尚在通缉中者。

二、曾服公务而有贪污行为，经判决确定者。

三、褫夺公权，尚未复权者。

四、有精神病或不良嗜好者。

五、曾隶中国国民党，被开除党籍或停止党权者。

第九条　国民会议代表之选举，应分别设置选举总监督及选举监督，各省以民政厅长为总监督，各县以县长为监督，各市以市长为监督。

蒙古、西藏之选举，以蒙藏委员会为总监督，其选举监督由蒙藏委员会就该地方高级长官中派充之。

在外华侨之选举，以侨务委员会为选举总监督。

第十条　各地方各团体之选举监察员，依各团体之组织，以其具有代表该团体资格者充之。

第十一条　各选举团体之资格，由各该选举总监督审定之。

第十二条　在外华侨之选举另定之。

第十三条　本法第五条第一款至第四款各选举团体，其选出国民会议代表之当选人，应以从事于各该界业务，并经依左列年期现尚未改业者内限。

一、从事于农业十年以上者。

二、从事于工业或商业五年以上者。

三、从事于教育事业五年以上者。

四、从事于各种自由职业五年以上者。

第十四条　中国国民党国民会议代表之选举，由中央党部另定之。

第十五条　本法第五条第一款至第四款各选举团体之选举人有为两个团体以上之会员时，任其选定为一个团体之选举人。

第十六条　选举人对于各该团体选举票数计算有错误时，得申诉于选举总监督审定之。

第十七条　选举人发见其所属团体办理选举人员有舞弊情事时，得由该选举团体之选举人三分之一以上之连署，声请选举总监督侦察。

前项之侦察选举总监督认为不应起诉者，应为不起诉之裁决。如认为有舞弊嫌疑者，应即移送高等法院审判。

第十八条　选举诉讼以该地方高等法院为受诉法院，判决后即属确定。

第十九条　选举诉讼应先于其他诉讼审判之。

第二十条　各地方各团体办理选举人员有舞弊情事，经判决确定者，其选举无效。

第二十一条　前条无效之选举倘无影响于该界当选人之得票计算，又无影响于该界最接近当选人之落选者之得票计算时，该选举无效之团体毋须再选举。

前项事实由选举总监督审定之。如认为有再选举之必要时，得通知该团体再选举。

第二十二条　本法施行法另定之。

第二十三条　本法自公布日施行。

〔国民政府档案〕

2. 国民政府发布国民会议组织法训令

（1931年4月24日）

国民政府训令　字第二一九号

令文官处

为令知事。查国民会议组织法现经制定明令公布，应即通饬施行。除分行外，合行抄发该法原条文，令仰知照，并转饬所属一体知照。此令。

计抄发国民会议组织法一份。

主　　席　蒋中正

行政院院长　蒋中正

立法院院长　邵元冲

司法院院长　王宠惠

考试院院长　戴传贤

代监察院院长　于右任

中华民国二十年四月二十四日

国民会议组织法

第一章　组　　织

第一条　国民会议由各省市之职业团体、中国国民党及蒙古、西藏、海外华侨所选出之代表组织之。

第二条　中国国民党中央执行委员会、中央监察委员会各委员及国民政府委员，得出席国民会议。

第三条　左列人员得列席国民会议：

一、中国国民党候补中央执行委员及候补中央监察委员。

二、各院所属部会之部长及委员长。

三、国民会议主席团特许之人员，其名额由主席团定之。

第四条　国民会议出席者互选七人至九人组织主席团，掌理左列事项。除本法别有规定外，以主席团之商议经过半数之同意行之。

一、关于前条第三款之特许事项。

二、关于议题之厘定、议事之进行及议事程序之整理事项。

三、关于国民会议之行政事项。

四、关于国民会议代表之保障、惩戒事项。

第五条　国民会议主席团于每次开会时，须推定一人为主席。

第二章　宣　　誓

第六条　国民会议代表于举行国民会议开会式时，应举行宣誓。其誓词如左：

〇〇〇敬以至诚，代表中华民国人民，接受创立中华民国中国国民党总理遗教，实行三民主义、五权宪法，依照建国大纲谋中华民国之统一与建设，并遵守国民会议之纪律。谨誓。

第七条　国民会议代表于宣誓后，应于誓词签名盖章。

第三章　会　　议

第八条　国民会议会期定为十日至十五日，但于必要时得延长之。

第九条　国民会议代表来京报到者已达过半数时，由国民政府订定日期举行开会式。

第十条　国民会议之议事须公开之。但出席者三分之一以上之要求或主席团认为有秘密之必要时，得开秘密会议。

第十一条　国民会议之议事，非有到会代表过半数之出席，不得开议。其议决以出席者过半数之同意决之。

前项表决可否同数时，由主席裁决之。

如遇重大议案，经三分之一以上出席者之要求或主席团认为必要时，得以出席者三分二之同意议决之。

第十二条　国民会议之表决方法，主席得斟酌情形，以举手起立或投票行之。

第十三条　国民会议设下列各委员会：

一、代表资格审查委员会

二、提案审查委员会

三、特别审查委员会

各委员会之组织另定之。

第十四条　国民会议之议决案由国民政府分别办理之。

第四章　事务与警卫

第十五条　国民会议设秘书长一人，承主席团之命处理全会事务，由国民会议主席团推定之。

第十六条　秘书长之下设左列两处：

一、秘书处

二、警卫处

第十七条　秘书处设主任秘书一人，由国民政府简派，秘书若干人简派或荐派，事务员、书记员各若干人分别荐派或委派。其组织另定之。

第十八条　警卫处设警卫长一人，简派。其组织另定之。

第五章　纪　　律

第十九条　国民会议代表在议场内，就讨论案范围，得自由发表意见，对外不负责任。但以其他方法刊行其笔记、演说辞者，依一般之法律之规定。

第二十条　出席国民会议者，有遵守国民会议纪律及议场秩序之责任。

第二十一条　出席于国民会议者，于会议中有违背法规、紊乱议场秩序者，主席得警戒或制止之。不从命时，得禁止其发言。其情节重大者，经主席团之协议，指定代表组织惩戒审查委员会审查之。

第二十二条　出席国民会议者，对于有紊乱议场秩序时，得促主席之注意。

第二十三条　主席团对于紊乱秩序之情节重大者，经过交付审查程序提出会议，以出席者过半数以上之议决通过后，惩罚之。

第二十四条　惩罚如左：

一、诰诫

二、于议场表示相当谢辞

三、一定之时日停止其出席

四、撤销其出席资格

除上列各款外，其情节重大触犯刑法者，依照前条程序之议决，移付最高法院审理。

第二十五条　对于紊乱议场之惩罚，经出席国民会议者三分之一以上之连署，得为惩罚之动议。

第二十六条　在京之国民会议代表无正当理由继续三日以上不出席，经主席团去函催请又不申述正当理由者，得撤销其出席资格。

第六章　附　　则

第二十七条　本法之解释权属于国民政府。

第二十八条　本法自公布日施行。

〔国民政府档案〕

3. 国民会议预备会议记录
（1931年5月6—7日）

国民会议预备会议纪录(一)

时间：中华民国二十年五月六日上午十时

地点：首都国民会议议场

出席代表四三五人：

操宏耕	李承忠	潘秀仁	阎幼甫
狄　膺	渠仙洲	刘次萧	石绍先
邱立麒	汪鉴秋	曾济宽	陈光桥
邵菽余	王　祺	陈广材	李德祥
刘振声	王世杰	王延松	李士魁
陈泽世	赵养天	杜松延	王任民
石青阳	郭雨村	石信嘉	史家麟
李东园	田克明	王怀晋	米文兴
徐希陈	鲁荡平	冷开元	顾耕野
张介清	杜哲庵	李树臣	李天倪
马饮冰	蓝伯华	钱孙卿	陈勤士
巫笑竹	林　叠	王试蓉	吴荣楫
林植夫	庞安民	罗怀材	周作民
徐　箴	邱文伯	邱裕生	杜乾学
王维周	刘柏芳	张弥川	刘廷琛
叶奇峰	宁　坤	夏馥棠	叶家龙
秦联奎	潘其俊	谭文彬	胡之润
杨裕文	姜乃震	杨廷桢	刘书城

杜荀五	刘逵九	沈觐宜	张赖恳
毛一丰	张国钟	阎振熙	萧宗川
张春钤	杨天理	杨家凤	向传义
陈　纲	严　锌	陈赓扬	阎宝航
方克刚	殷德洋	陈介石	杨兴勤
成希文	崔廷瓒	张鸿渐	苗杏村
裴存藩	魏廷鹤	黄鼎之	陶　俊
何鉴堂	陈泮藻	降巴曲汪	杨少云
张民权	高柏桢	王卓然	陈布雷
李敬斋	张之江	杨大光	王汝翼
李文斋	朱惠清	傅光海	廖西平
胡庶华	苏资深	广　禄	钮永建
许惠东	刘子麟	马均元	高廷桂
毛丕恩	冉凌云	李嗣璁	于国桢
刘宗向	纪时若	郭自兴	张松龄
张步先	郭民铎	刘纯一	张文生
尼玛鄂特索尔	春　德	梅公任	向郁阶
傅向荣	周安汉	刘亮章	佘策琴
宋纯如	秦凤翔	陈斯白	钟　龄
杨筑九	方鸿俊	朱桂山	易　元
王廷扬	虞　协	张临球	顾佑民
胡伯岳	王录勤	周克胜	陈燮勋
马福祥	谭常恺	杨锦昱	刘岳厚
梁国栋	仲健辉	卢广绩	王福维
李文浩	张提昌	李文成	项定荣
田逸生	陈管生	祺克慎	陈　诚
马国藩	刘镇华	胡梦华	董健宇
侯映澄	陈述经	陈特向	李雅仙

武旭如	张斗垣	翟韶武	高锦章
周凤岗	赵伟民	朱光沐	胡长清
贺耀组	夏斗寅	汪世鎏	余少平
陈文彬	郭埥恺	李海龙	张　强
胡健中	张善与	张聘之	于益三
孙心田	王广恩	单成仪	梁寿珊
陈联芬	罗桑囊嘉	张树珊	王会安
张松龄	张大义	张乃燕	陈卓夫
刘重炬	罗传矩	凌霞新	喻育之
祁锡勇	宾步程	彭大铨	张恨天
张　铎	周利生	黄允祁	陶玉堂
高玉峰	棍却仲尼	阿汪坚赞	楚增丹增
曲批图丹	巫明远	秦亦文	孙业超
朱显祯	何子成	张任天	石民傭
薛广汉	苏守贵	顾　炽	潘冠馨
赵雨时	王寄一	夏正声	吴开先
庄嵩甫	田昆山	武振铎	胡图力
赵桂林	高尚志	祖兴贤	李汝泉
孙世华	罗桑坚赞	韩复榘	刘世英
宋兴儒	林学渊	黄　赵	花莱峰
萧寿民	陈石泉	荣　祥	喻绍勋
曹伯晋	南　夔	曾浴云	邓　勋
谢作民	黄宇人	于小川	王敬庭
王次青	程滨遗	何玉芳	欧巽行
龙光祐	张厉生	蒋伯诚	赵观涛
奇子俊	杨　焕	李树林	刘少岩
刘吟清	刘振群	黄学周	石九龄
谢广霖	宋垣忠	诺那呼图克图	拉希色楞

戴清廉	何思源	吴企云	阎友石
郑鹤年	何　瑶	方本仁	王溦芳
张凤九	王秉乾	陈玉科	董英斌
乔森荣	赵恩庆	刘守荣	张明经
杨建信	李鼎超	王金钰	刘涟漪
朱家骅	李峙山	林黄卷	黄奕守
詹调元	吴亚北	成柏仁	吴鹤龄
黄仲翔	韩继周	洪陆东	曹班亭
惠纪之	宫鹤汀	温仲良	王　宪
刘能昌	雷铸寰	叶家龙	后大椿
王桓武	刘元泰	李卓文	赵咸丞
张以焜	艾毓英	王锦霞	王宏实
姜卿云	郭仲隗	陈泮岭	教德兴
彭济群	张国庆	徐源泉	陈国士
赵　煊	李　蔼	黄展云	雷　宣
薛永昶	尚有珍	曾省斋	张　炯
石永年	田毅安	李范一	张森林
许承谟	张波岑	王常彝	刘积学
尹敬让	徐谷生	连声海	高蔚轩
孙西成	王建今	李光烈	刘不同
刘效贤	叶秀峰	钟君猷	刘宝书
张瑞璜	蔡自声	张守一	李升伯
马　亮	陈正言	张继周	刘炜昌
杨中明	冯天如	杨清濯	苏宝麟
蔡炽垣	苏体仁	陈安仁	郑占南
黄伯耀	张苇村	苏　存	张鉴暄
刘凤经	崔从灏	王献芳	夏鼎文
陈希豪	黄应中	万国钧	方青儒

左　铎	刘广沛	王化一	赵仲仁
杨香秋	王宪章	杨培根	徐文元
陈安均	史志英	黄格君	刘子亮
谢平治	韩克温	于怀忠	李汉珍
金思祺	汪培实	董　霖	李正乐
陈长庚	罗宣祉	黄吉裳	杨文清
杨廷桢	王罗皆	罗桑楚臣	

出席中国国民党中央执监委员及国民政府委员二十九人：

张人杰	叶楚伧	王柏龄	何应钦
陈立夫	周启刚	孔祥熙	于惟汾
于右任	邵力子	曾养甫	蒋中正
丁超五	宋子文	朱培德	刘　峙
杨树庄	何成浚	张　群	朱家骅
邵元冲	蔡元培	张　贞	吴铁城
恩克巴图	戴传贤	陈肇英	方觉慧
张学良			

列席者十五人：

茹欲立	林　翔	刘瑞恒	朱履龢
张道藩	焦易堂	刘文岛	程天放
缪　斌	余井塘	苗培成	鲁涤平
桂崇基	克兴额	褚民谊	

临时主席：于右任

临时秘书长：叶楚伧

纪录：主任秘书　程天放

秘书　钱昌照　　许静芝　　李　蟠

洪兰友　　谢　健　　区国梁

叶溯中　　程中行

临时主席恭读总理遗嘱——全体肃立

一、抽定代表席次

1 刘子尧	2 顾祝同	3 田昆山
4 杨天理	5 张斗垣	6 宋垣忠
7 梁寿珊	8 陈广材	9 吴荣楫
10 谢作民	11 邵明轩	12 成希文
13 郭仲隗	14 王卓然	15 杨大光
16 尼玛鄂特索尔	17 陈铭德	18 孙西成
19 陈兰友	20 陈赓扬	21 叶奇峰
22 李光烈	23 邱德云	24 杨　焕
25 张乃燕	26 陈安仁	27 陶　俊
28 张　铎	29 连声海	30 张恨天
31 张波岑	32 洪陆东	33 杨文清
34 廖西平	35 邱立麒	36 李升伯
37 张必果	38 韩继周	39 姜乃震
40 王常彝	41 苏　存	42 刘柏芳
43 张树珊	44 杨愿公	45 马饮冰
46 陈特向	47 徐希陈	48 广　禄
49 降巴曲汪	50 汪培实	51 陈泮藻
52 苏体仁	53 刘广沛	54 苏资深
55 王　宪	56 周作民	57 罗怀材
58 谢广霖	59 高锦章	60 谭文彬
61 崔从灏	62 曹伯晋	63 赵　煊
64 刘连桢	65 田毅安	66 王怀晋
67 史家麟	68 许惠东	69 黄麟书
70 毛丕恩	71 夏斗寅	72 沈觐宜
73 常惠清	74 韩复榘	75 拉希色楞
76 董英斌	77 戴清廉	78 吴鹤龄
79 南　夔	80 秦联奎	81 奇子俊

82 宋纯如	83 王宏建	84 许承谟
85 朱纪章	86 周　浩	87 项定荣
88 陈国士	89 傅向荣	90 李鼎超
91 陶玉堂	92 棍却仲尼	93 宁　坤
94 萧寿民	95 楚增丹增	96 褚辅成
97 欧巽行	98 金恩祺	99 谢平治
100 李敬斋	101 张大义	102 王广恩
103 阎宝航	104 王汝翼	105 何玉芳
106 曾济宽	107 于怀忠	108 李汉珍
109 刘亮章	110 高玉峰	111 冉凌云
112 朱家骅	113 王桓武	114 高柏桢
115 彭济群	116 毛一丰	117 宾步程
118 张善与	119 李为纶	120 乔森荣
121 刘书城	122 渠仙洲	123 方青儒
124 李德祥	125 李范一	126 蒋伯诚
127 谭肇均	128 杨香秋	129 马国藩
130 刘凤经	131 孙心田	132 陈　纲
133 张松龄	134 陈安均	135 夏鼎文
136 李　蔼	137 巫笑竹	138 喻绍勋
139 庄松甫	140 许　瑜	141 田克明
142 陈斯白	143 温仲臻	144 刘元泰
145 朱桂山	146 胡图力	147 王次青
148 赵静山	149 李嗣璁	150 顾耕野
151 张国庆	152 杨道仪	153 林学渊
154 段锡朋	155 黄宇人	156 王录勋
157 陈文彬	158 孙世华	159 邓　勋
160 李树林	161 杨少云	162 李雅仙
163 石信嘉	164 龚植三	165 孙业超

166 杨家凤	167 夏正声	168 朱绍良
169 陶生熙	170 彭大铨	171 王试蓉
172 顾　炽	173 荣　祥	174 王建今
175 刘焕章	176 冷曝冬	177 陈介石
178 石民傭	179 张弥川	180 王维周
181 陈调元	182 黄应中	183 高唯仁
184 陈玉科	185 张之江	186 李思纯
187 胡庶华	188 刘能昌	189 顾佑民
190 张厉生	191 王世杰	192 吴鲁颜
193 尚有珍	194 教德兴	195 胡梦华
196 刘纯一	197 阿王坚赞	198 张介清
199 苗杏村	200 王秉乾	201 马瑶生
202 杨裕文	203 董健宇	204 陈管生
205 陈正言	206 李文成	207 翟韶武
208 杨中明	209 周安汉	210 龙光裕
211 秦振鹏	212 赵伟民	213 胡子昂
214 王会安	215 朱　炳	216 张苇村
217 汪世鎏	218 钟　龄	219 陈　诚
220 万国钧	221 王献芳	222 张鉴暄
223 陈希豪	224 向传义	225 赵用之
226 何子成	227 曲批图丹	228 胡伯岳
229 周利生	230 方少云	231 魏廷鹤
232 石永年	233 廖学章	234 林植夫
235 黄格君	236 蔡炽垣	237 郑占南
238 韩克温	239 崔廷瓒	240 李文浩
241 董　霖	242 刘澄清	243 仲连辉
244 郭雨村	245 刘恩齐	246 赵养天
247 方本仁	248 胡健中	249 易　元

250 刘岳厚	251 朱惠清	252 赵桂林
253 杨锦昱	254 罗传矩	255 杜松延
256 刘不同	257 刘世英	258 杨筑九
259 黄鼎之	260 杜乾学	261 曾省斋
262 蓝伯华	263 彭　纶	264 虞　协
265 杜尊五	266 张以焜	267 严　镎
268 谭常恺	269 艾毓英	270 冷开元
271 薛广汉	272 刘宗向	323 黄美涵
324 胡之润	325 刘守一	326 陈布雷
327 何　瑶	328 曾如柏	329 何鉴堂
330 狄　膺	331 陈勤士	332 魏士骏
333 邓蕙芳	334 雷　宣	335 杨虎城
336 萧宗川	337 秦凤翔	338 刘积学
339 冯吉杨	340 王化一	341 杨德衡
342 梅公任	343 陈任一	344 郭堉恺
345 程滨遗	346 杜哲庵	347 黄振宸
348 董鸿诗	349 庞安民	350 马均元
351 邱裕生	352 朱光沐	353 张明经
354 张　炯	355 李铁夫	356 罗宣祉
357 黄允祁	358 单成仪	359 赵仲仁
360 李鸣钟	361 朱干卿	362 赵咸丞
363 雷铸寰	364 詹调元	365 曾浴云
366 苏宝麟	367 蒋鼎文	368 李士魁
369 潘其俊	370 张文生	371 李海龙
372 周凤冈	373 徐　箴	374 薛永昶
375 张步先	376 王宪章	377 邵菽余
378 侯映澄	379 霍炯堂	380 秦亦文
381 成柏仁	382 黄弈守	383 史志英

384 杨培根　385 刘作舟　386 王　祺
387 谭伟民　388 殷德洋　389 黄仲翔
390 阎幼甫　391 武旭如　392 于国桢
393 石九龄　394 陈石泉　395 杨晋唐
396 刘宝书　397 凌霞新　398 方克刚
399 高廷桂　400 王敬庭　401 刘振群
402 王竹斋　403 徐源泉　404 喻正衡
405 刘效贤　406 春　德　407 李奎安
408 后大椿　409 陈长庚　410 梁庆崇
411 贺耀组　412 惠纪之　413 王冠英
414 梁国桢　415 林　叠　416 巫明远
417 刘子嶋　418 向育阶　419 杨建信
420 苏守贵　421 卢广绩　422 罗桑囊嘉
423 陈燮助　424 吴淡人　425 麦造舟
426 喻育仁　427 张赖愚　428 林黄卷
429 纪时若　430 黄伯耀　431 赵雨时
432 甄秉钧　433 张临球　434 霍广河
435 祁锡勇　436 潘秀仁　437 钱孙卿
438 傅光海　439 王金钰　440 陈少文
441 马　亮　442 刘少岩　443 朱显桢
444 张凤九　445 裴存藩　446 宋兴儒
447 王延松　448 杨兴勤　449 耿启一
450 戴愧生　451 祖兴贤　452 赵恩庆
453 王任民　454 刘涟漪　455 张鸿渐
456 叶家龙　457 李承忠　458 郭自兴
459 吴亚伯　460 陈卓夫　461 潘冠馨
462 何思源　463 陈庆云　464 李卓文
465 李天倪　466 田逸生　467 陈竹轩

468 刘逵九
469 刘廷琛
470 温仲良
471 张聘之
472 米登岳
473 张国钟
474 张春钤
475 朱　式
476 黄吉裳
477 高尚志
478 曾乃桢
479 刘吉光
480 郑鹤年
481 左　铎
482 周克胜
483 石绍先
484 张　强
485 王寄一
486 陈联芬
487 徐谷生
488 张继周
489 冯天如
490 曹班亭
491 佘策琴
492 杨清濯
493 吴企云
494 张任天
495 尹敬让
496 李东园
497 刘重炬
498 米文兴
499 王福维
500 陈泮岭
501 操宏耕
502 蒲殿钦
503 吴开先
504 杜履谦
505 黄　赵
506 夏馥堂
507 刘子麟
508 鲁荡平
509 张提昌
510 罗桑坚赞
511 胡长清
512 伍智梅
513 李峙山
514 郭民铎
515 钮永建
516 王锦霞
517 张瑞璜
518 方鸿俊
519 刘守荣
520 刘次萧
521 黄展云
522 黄学周
523 杨廷桢
524 余少平
525 于益三
526 花莱峰
527 刘炜昌
528 阎友石
529 陈述经
530 李正乐
531 李文斋
532 李汝泉
533 王漱芳
534 汪鉴秋
535 高蔚轩
536 姜卿云
537 陈泽世
538 诺　那
539 陈光桥
540 阎振熙
541 蔡自声
542 邱怀瑾
543 邱文伯
544 徐文元
545 马福祥
546 钟君猷
547 石青阳
548 张民权
549 祺克慎
550 武振铎
551 于小川

552 宫鹤汀	553 赵观涛	554 叶秀峰
555 王廷扬	556 李树臣	557 张森林
558 刘振声	559 刘镇华	560 蒋光鼐
561 罗桑楚臣	562 王罗皆	563 陈肇祺

二、临时主席报告国民会议主席团九人中之二人，现经中国国民党推定中央委员于右任、国民政府推定国民政府委员张学良担任。

三、票选主席团七人：

临时主席指定于怀忠、陈希豪、周克胜、高尚志、朱桂山、武振铎、李如泉、林黄卷、黄格君、杨少云、林植夫、朱式、刘纯一、陈泽世、石青阳、米文兴、周浩、彭济群、石九龄、李正乐、吴开先、吴鹤龄、郑占南为监察员，监视投票开票事宜。

开票结果：

甲　当选者七人如次：

一、张　继　三九四票

二、戴传贤　三九一票

三、吴铁城　三六四票

四、周作民　二八〇票

五、林植夫　二七九票

六、陈立夫　二二一票

七、刘纯一　一七四票

乙　次多数候补者：

一、彭济群　一〇四票

二、丁惟汾　八九票

三、胡庶华　八七票

上午十一时三十分钟散会。

国民会议预备会议纪录(二)

时间：中华民国二十年五月七日上午九时

地点：首都国民会议议场

出席代表四百三十四人：〔略〕

出席中国国民党中央执监委员及国民政府委员三十人：〔略〕

列席者十四人：〔略〕

临时主席：于右任

临时秘书长：叶楚伧

纪录：主任秘书　程天放

秘书　区国梁　李　蟠　洪兰友　谢　健

　　　叶溯中　程中行　钱昌照　许静芝

临时主席恭读总理遗嘱——全体肃立

一、临时主席报告主席团选举结果〔略〕

休息五分钟

二、临时主席报告主席团指定代表资格审查委员会委员名单：

王宪章	马　亮	赵伟民	谭文彬
李树林	马福祥	洪陆东	王延松
邱裕生	陈石泉	刘少岩	鲁荡平
秦亦文	徐　箴	郑占南	戴愧生
陈　诚	罗桑囊嘉	陈燮勋	苏宝麟
林　叠	张人杰	蔡元培	吴敬恒
钮永建	庄嵩甫	刘亮华	张继周
何玉芳	蒋伯诚	胡伯岳	冯天如
刘积学	詹调元	方本仁	王　祺
李范一	田昆山	张凤九	向传义
陈玉科	王漱芳	梅公任	卢广绩
石九龄	曾如柏	吴鹤龄	

右共四十七人。

指定吴敬恒召集。

三、临时主席报告主席团特许列席者名单：

班禅

蒙古代表：

萧兴阿	色楞多尔吉	那达木德	
郑映珍	乐景涛	罗卜桑车珠尔	
补英达赖	沙拉巴多尔济	吉雅图	
补林托克托克	僧格林沁	德　春	
华林泰	额色勒克们德	巴文峻	
图鲁巴达尔胡	密喜格道尔吉		
德音诺布皆	车林诺尔布	车林诺布尔	
车林鄂齐尔	祺璞森	特木尔	那彦图
朱福南	嘉木色楞札布	齐丹僧	
官宝才仁	任冠军		

西藏代表：

楚称尼麻	罗藏桑结	降巴年扎	
邵　章	金孝木	白瑞麟	海　涛
樊泽培			

军队党部代表候选人：

马鸿逵	胡宗南	王　均	钱大钧
孙连仲	冯轶裴	何　健	熊式辉
陈继承	徐庭瑶	毛炳文	陈绍宽
罗　霖	罗卓英	梁冠英	

平汉铁路工会代表：

刘文松　张瑞冀

北宁铁路工会代表：

高哲民　李德庆

津浦铁路工会代表：

李振和

赈务委员会主席：

许世英

妇女团体十人　　人选未定

海员工会二人

四、文件报告

(一) 贺电一百零四件

(二) 本日代表告假者：山东代表曹班亭、福建代表黄赵。

五、主席团报告：推定叶楚伧为国民会议秘书长。

六、临时主席报告：定于八日上午八时开国民会议第一次会议。

七、上午十时十五分钟散会。

〔中国国民党中央执行委员会秘书处档案〕

4. 国民会议第一次会议议事记录

(1931年5月8日)

第一日　第一号

时间：中华民国二十年五月八日上午八时

地点：首都国民会议议场

出席代表四五〇人：

刘子尧　田岷山　杨天理　张斗垣　宋垣忠　梁寿珊　陈广材　吴荣楫　谢作民　郭仲隗　王卓然　杨大光　尼玛鄂特索尔　孙西成　陈赓扬　叶奇峰　李光烈　邱德云　杨焕　张乃燕　陈安仁　陶俊　张铎　连声海　张恨天　张波岑　洪陆东　杨文清　廖西平　邱立麒　李升伯　张必果　韩继周　姜乃震　王常彝　苏存　刘柏芳　张树珊　杨愿公　马饮冰　陈特向　徐希陈　广禄　降巴曲汪　汪培实　陈泮藻　苏体仁　刘广沛　苏贤深　王宪　周作民　罗怀材　谢广霖　高锦章　谭文彬　崔从灏　曹伯

晋 赵煊 田毅安 王怀晋 史家麟 许惠东 毛丕恩 夏斗寅 沈觐宜 常惠清 拉希色楞 董英斌 戴清廉 吴鹤龄 南夔 秦联奎 奇子俊 宋纯如 王宏实 许承谟 项定荣 陈国士 傅向荣 李鼎超 陶玉堂 棍却仲尼 宁坤 萧寿民 楚增丹增 欧巽行 金恩祺 谢平治 李敬斋 张大义 王广恩 阎宝航 王汝翼 何玉芳 曾济宽 于怀忠 李汉珍 刘亮章 高玉峰 冉凌云 朱家骅 王桓武 高柏桢 彭济群 毛一丰 宾步程 张善与 乔森荣 刘书城 渠仙洲 方青儒 李德祥 李范一 蒋伯诚 谭肇均 杨香秋 马国藩 刘凤经 孙心田 陈纲 张松龄 陈安均 夏鼎文 李蔼 巫笑竹 喻绍勋 庄嵩甫 田克明 陈斯宜 刘元泰 朱桂山 胡图力 王次青 李嗣璁 顾耕野 张国庆 林学渊 黄宇人 王录勋 陈文彬 孙世华 邓勋 李树林 杨少云 李雅仙 石信嘉 孙业超 杨家凤 夏正声 彭大铨 王试蓉 顾炽 荣祥 王建今 陈介石 石民傭 张弥川 王维周 陈调元 黄应中 陈玉科 张之江 李思纯 胡庶华 刘能昌 顾佑民 张历生 王世杰 尚有珍 教德兴 胡梦华 刘纯一 阿王坚赞 张介清 苗杏村 王秉乾 马瑶生 杨裕文 董健宇 陈管生 陈正言 李文成 翟韶武 杨中明 周安汉 龙光裕 秦振鹏 赵伟民 王会安 张苇村 汪世鎏 钟龄 陈诚 万国钧 王献芳 张鉴暄 陈希豪 向传义 何子成 曲批图丹 胡伯岳 周利生 魏廷鹤 石永年 廖学章 林植夫 黄格君 蔡炽垣 郑占南 韩克温 崔廷瓒 李文浩 董霖 刘澄清 仲连辉 郭雨村 赵养天 方本仁 胡健中 易元 刘岳厚 朱惠清 赵桂林 杨锦昱 罗传矩 杜松延 刘不同 刘世英 杨筑九 黄鼎之 杜乾学 曾省斋 蓝伯华 虞协 杜尊五 张以焜 严镈 谭常恺 艾毓英 冷开元 薛广汉 刘宗向 胡之润 张守一 陈希雷 何瑶 何鉴堂 狄膺 陈勤士 魏士骏 雷宣 李百龄 萧宗川 秦凤翔 刘积学 王化一 梅公任

祁堉恺　程滨遗　杜哲庵　庞安民　马均元　邱裕生　朱光沐　张明经　张炯　罗宣祉　黄允祁　单成仪　赵仲仁　李鸣钟　赵咸丞　雷铸寰　詹调元　曾浴云　苏宝麟　李士魁　潘其俊　张文生　李海龙　周凤岗　徐箴　薛永昶　张步先　王宪章　邵菽余　侯映澄　秦亦文　成柏仁　黄奕守　史志英　杨培根　刘作舟　王祺　殷德洋　黄仲翔　阎幼甫　武旭如　于国桢　石九龄　陈石泉　杨晋唐　刘宝书　凌霞新　方克刚　高廷桂　王敬庭　刘振群　王竹斋　徐源泉　喻正衡　刘效贤　春德　后大椿　陈长庚　惠纪之　梁国栋　林叠　巫明远　向育阶　杨建信　苏守贵　卢广绩　罗桑囊嘉　陈爕勋　喻育仁　张赖愚　林黄卷　纪时若　黄伯耀　赵雨时　张临球　祁锡勇　潘秀仁　钱孙卿　傅光海　王金钰　马亮　刘少岩　朱显桢　张凤九　裴存藩　宋兴儒　王延松　杨兴勤　耿启一　戴愧生　祖兴贤　赵恩庆　王任民　刘涟漪　张鸿渐　叶家龙　李承忠　郭自兴　吴亚伯　陈卓夫　潘冠馨　何思源　李卓文　李天倪　田逸生　刘逵九　刘廷琛　温仲良　张聘之　米登岳　张国钟　张春钤　黄吉裳　高尚志　刘吉光　郑鹤年　左铎　周克胜　石绍先　张强　王寄一　陈联芬　徐谷生　张继周　冯天如　佘策琴　杨清濯　吴企云　张任天　尹敬让　李东园　刘重炬　米文兴　王福维　陈泮岭　操宏耕　吴开先　黄赵　夏馥堂　刘子麟　鲁荡平　张提昌　罗桑坚赞　胡长清　李峙山　郭民铎　钮永建　王锦霞　张瑞璜　方鸿俊　刘守荣　刘次萧　黄展云　黄学周　杨廷桢　余少平　于益三　花莱峰　刘炜昌　阎友石　陈述经　李正乐　李文斋　李汝泉　王漱芳　汪鉴秋　高蔚轩　姜卿云　陈泽世　诺那　陈光桥　阎振熙　蔡自声　邱怀瑾　邱文伯　徐文元　马福祥　钟君猷　石青阳　张民权　祺克慎　武振铎　于小川　宫鹤汀　赵观涛　叶秀峰　王廷扬　李树臣　张森林　刘振声　罗桑楚臣　王罗皆　陈肇祺

出席中国国民党中央执监委员及国民政府委员三十人：

赵传贤　王柏龄　叶楚伧　张继　恩克巴图　周启刚　陈果夫　蔡元培　于右任　陈肇英　丁惟汾　陈立夫　丁超五　吴铁城　杨树庄　张贞　朱培德　刘峙　何应钦　何成浚　蒋中正　曾养甫　邵力子　邵元冲　王正廷　方觉慧　张群　宋子文　张学良　王树翰

列席者六十六人：

刘文岛　鲁涤平　张道藩　桂崇基　余井塘　焦易堂　龚增纬　喻�　黄实　苗培成　谈社英　克兴额　唐国桢　宋鉴秋　舒德进　莫祥之　王素意　朱履和　林翔　茹欲立　刘瑞恒　萧兴阿　色楞多尔吉　那达木德　郑映珍　乐景涛　罗卜桑车珠尔补英达赖　沙拉巴多尔齐　吉雅图　补林托克托克　僧格林沁德春　华林泰　额色勒克们德　图鲁巴达尔胡　密喜恪道尔吉巴文峻　德钦诺布皆　车林诺尔布　车林诺布尔　车林鄂齐尔祺璞森　特木尔　嘉木色楞札布　齐丹增　官宝才仁　朱福南任冠军　楚称尼麻　降巴军札　邵章　金孝本　白瑞麟　王均钱大钧　冯轶裴　李应莹　喻维华　梁冠英　刘文松　张瑞冀高哲民　李德庆　蒋作宾　程天放

主席团：于右任　张学良　张继　戴传贤　吴铁城　周作民林植夫　陈立夫　刘纯一

主席：于右任

秘书长：叶楚伧

纪录：主任秘书：程天放

秘书：许静芝　区国梁　钱昌照　谢健　李蟠
叶溯中　洪兰友　程中行

主席恭读总理遗嘱　全体肃立

报告事项

一、宣读预备会议纪录

二、代表资格审查委员会审查报告

报告印附

代表资格审查委员会第一次会议审查报告

本委员会于五月七日上午十一时在二楼前厅召集第一次会议，出席委员四十一人，依国民会议各委员会组织条例第十四条之规定，将截至本月六日止业已来京报到之代表四百三十六名审查完毕，除新疆代表马国藩、广东代表连声海、陕西代表田毅安、上海代表吴开先、吉林代表石九龄及陕西、甘肃两省全体代表因各该省市选举总监督迄未呈报有案，应通知各该代表于入场时携带当选证书缴呈主席团补验，及蒙藏全体代表应由蒙藏委员会补行具函证明外，余均手续完备。

报告者

代表资格审查委员会主席吴敬恒

三、主席报告主席团指定各审查委员会委员名单

约法审查委员会委员名单：

吴敬恒	王宠惠	何应钦	蔡元培
李煜瀛	戴传贤	邵元冲	张人杰
刘芦隐	邵力子	杨兴勤	陈希豪
吴企云	段锡朋	祖兴贤	何思源
韩克温	李敬斋	林黄卷	喻育之
王　祺	冯天如	郭自兴	陈泽世
马国藩	石青阳	张大义	邱文伯
朱光沐	石九龄	王宪章	杨筑九
赵伟民	姜乃震	杨　焕	宋兴儒
王延松	洪陆东	董　霖	刘少岩
鲁荡平	秦亦文	徐　箴	诺　那
戴清廉	巫明远	林　叠	郑占南
于怀忠	王次青	庄嵩甫	

共五十一人

指定吴敬恒召集；吴敬恒不在京时，由蔡元培代为召集。

提案审查委员会委员名单：

方觉慧	吴敬恒	刘芦隐	王树翰
邵力子	陈果夫	王正廷	黄宇人
狄　膺	张民权	蓝伯华	胡健中
陈布雷	王廷扬	陈勤士	王建今
程滨遗	周利生	李光烈	何玉芳
张厉生	李峙山	张苇村	郑鹤年
潘冠馨	王录勋	陈泮岭	薛广汉
张波岑	林学渊	石信嘉	罗宣祉
陈光桥	汪世鎏	张　炯	殷德洋
曾济宽	谭肇均	李范一	田昆山
张凤九	向传义	喻正衡	王宏实
杨家凤	雷　宣	王漱芳	彭济群
阎宝航	赵雨时	谢广霖	马　亮
李正乐	陈国士	赵养天	马福祥
吴开先	邱裕生	陈石泉	单成仪
陈文彬	孙心田	奇子俊	棍却仲尼
陈安仁	王金玉	陈肇琪	

共六十七人

指定彭济群召集。

法制审查委员会委员名单：

丁惟汾	丁超五	马饮冰	夏鼎文
王敬庭	彭大铨	方青儒	顾佑民
陈安均	夏馥堂	余少年	张春钤
刘吉光	徐希陈	田克明	毛丕恩
郭雨村	杨清瀊	刘守荣	张瑞璜

方鸿俊	李德祥	朱桂山	王　宪
韩继周	杜尊五	张森林	王常彝
黄学周	詹调元	孙世华	杨锦昱
刘凤经	雷铸寰	刘宝善	成希文
杨少云	邵菽余	陈特向	陈广材
苏资深	周凤岗	朱显祯	张必果
胡子昂	蒲殿钦	刘世英	周　浩
杨德衡	教德兴	杨大光	赵仲仁
张　铎	潘秀仁	陈赓扬	梁庆崇
王罗皆			

共五十七人

指定丁惟汾召集。

教育审查委员会委员名单：

蔡元培	周启刚	李煜瀛	祁锡勇
石民傭	钱孙卿	叶秀峰	朱家骅
张乃燕	陈布雷	虞　协	徐文元
杨中明	张介清	陈泮藻	李海龙
李承忠	陈　纲	阎振熙	胡梦华
王任民	李嗣璁	赵恩庆	刘子尧
刘次萧	李树臣	刘逵九	渠先洲
翟韶武	张善与	张国庆	朱干卿
黄展云	沈觐宜	王献芳	刘柏芳
田逸生	黄应中	方克刚	邓　勛
陈介石	喻绍勋	温仲良	吴荣楫
刘焕章	欧巽行	高锦章	刘宗向
李鼎超	王汝翼	杜履谦	钟君猷
李为纶	杨天理	陈玉科	龚植三
邵明轩	梅公任	王卓然	张树珊

王福维	李士魁	胡之润	方少云
董英斌	胡庶华	霍广河	春 德
赵桂林	罗桑囊嘉	甄秀钧	许 瑜
李鸣钟			

共七十三人

指定蔡元培召集。

军事审查委员会委员名单：

朱培德	何应钦	王柏龄	何成浚
张 贞	仲健辉	李升伯	刘亮章
高尚志	蒋伯诚	苏守贵	胡伯岳
郭仲隗	刘元泰	史家麟	毛一丰
左 铎	黄格君	阎幼甫	宾步程
刘岳厚	谭伟民	邓蕙芳	田毅安
彭 纶	邱怀瑾	裴存藩	张步先
朱光沐	马福祥	黄仲翔	刘不同
楚增丹增	韩复榘	陈调元	张之江
陈 诚	夏斗寅	赵观涛	

指定朱培德召集。

经济审查委员会委员名单：

曾养甫	孔祥熙	张 群	孙 科
张人杰	王伯群	陈肇英	张恨天
惠纪之	张守一	项定荣	张临球
朱惠清	陶 俊	汪培实	陶玉堂
刘重矩	刘炜昌	刘能昌	周克胜
刘书城	许惠东	马均元	刘子麟
李文斋	曹班亭	于益三	张聘之
宋纯如	阎友石	宋垣忠	李雅仙
胡长清	许承谟	刘澄清	黄 赵

顾耕野	张弥川	张以焜	南　夔
万国钧	周安汉	陈正言	向郁阶
谢平治	罗怀材	侯映澄	蔡炽垣
于国桢	成柏人	杨廷桢	董健宇
广　禄	陈铭德	常惠清	马瑶生
廖学章	杨文清	米文兴	刘思齐
金恩琪	叶奇峰	王会安	杨香秋
郭埥恺	刘效贤	杨裕文	赵养天
赵咸丞	王延松	杜哲庵	王锦霞
尼马鄂特索尔	胡图力	罗桑坚赞	陈任一
黄鼎之	陈燮勋	朱绍良	

共七十九人

指定金恩琪召集。

外交审查委员会委员名单：

周启刚	王宠惠	秦凤翔	邱立祺
张　强	何子成	张任天	陈卓夫
王寄一	刘作舟	冷开元	黄允祁
黄吉裳	李卓文	杜松延	秦振鹏
张国钟	刘廷琛	张提昌	刘振声
苏体仁	刘积学	张斗垣	郭民铎
魏士骏	王怀普	黄奕守	王世杰
傅向荣	傅光海	谭常恺	梁国栋
石永年	曾省齐	龙光祐	霍炯堂
张明经	米登岳	吴淡人	杨晋唐
董鸿诗	李思纯	何　瑶	冯吉扬
杜乾学	徐　箴	苏宝麟	曲批图丹
谢作民	魏廷鹤	刘镇华	

共五十一人

指定王世杰召集。

财政审查委员会委员名单：

刘纪文	宋子文	于小川	陈长庚
王竹齐〔斋〕	史志英	姜卿云	佘策琴
操宏耕	高蔚轩	尹敬让	孙西城
张继周	萧宗川	王秉乾	尚有珍
冉凌云	张鸿渐	李文成	石绍先
蔡自声	赵　煊	李汉珍	李汝泉
李文浩	朱纪章	陈联芬	廖西平
崔从灏	艾毓英	苏　存	张鉴暄
凌霞新	曹伯晋	连声海	陈述经
陈少文	纪时若	梁寿珊	潘其俊
朱　炳	向传义	冷曝冬	林启一
邱得云	严　镂	萧寿民	花莱峰
刘广沛	卢广绩	张松林	杨筑九
李树林	乔森荣	后大椿	荣　祥
拉希色楞	阿汪坚赞	戴愧生	宫鹤汀
郑占南	徐源泉	陈斯白	

共六十三人

指定连声海召集。

内政审查委员会委员名单：

刘　峙	杨树庄	恩克巴图	陈铭枢
王树翰	钮求〔永〕建	高柏桢	汪鉴秋
秦联奎	褚辅成	杨培根	宁　坤
何鉴堂	叶家龙	刘振群	吴亚伯
王试蓉	徐谷生	李东园	薛永昶
高廷桂	刘涟漪	顾　炽	苗杏村
李天倪	武振铎	武旭如	王桓武

张赖愚	方本仁	高玉峰	孙业超
夏正声	罗传矩	钟　龄	曾浴云
易　元	庞安民	张文生	杨建信
石青阳	李铁夫	李奎安	黄美涵
王用之	王化一	王广恩	王维周
崔廷瓒	谭文彬	李　蔼	陈管生
赵静山	刘子嵋	吴鹤龄	祺克慎
黄伯耀	巫笑竹	降巴曲汪	贺耀组
罗桑楚臣			

共六十一人

指定钮永建召集。

四、主席征询全体意见：在各审查委员会内可否由主席团各选熟悉成案人员二人为各该委员会顾问，以备咨询并兼查案之任。是项顾问代表亦得兼充。（全体无异议）

五、主席报告主席团特许驻德公使蒋作宾、华侨郑螺生、方之桢列席会议。

六、文件报告：

贺电五十三件。

讨论事项

一、对革命先烈与革命阵亡将士暨因革命而死之同胞默念致敬案

决议：通过。

默念三钟分〔分钟〕

二、慰勉剿匪将士案

决议：修改原案为慰劳全国将士并通过致陆海空军蒋总司令、张副司令暨全国将士慰劳电文（电文附印）

慰劳全国将士电

陆海空军蒋总司令、张副司令暨全国将士公鉴：国民会议集

合全国代表开会首都，将以谋国家之统一与建设。深念诸将士数年以还秉承我中华民国国父孙中山先生之三民主义出生入死，以与顽强之军阀及帝国主义相苦斗，或转战万里迭建殊勋，或捍御暴寇固我疆圉，几经艰险，卒定统一之局，以解民众之颠连困苦。乃长江流域赤匪肆虐，群丑相附，势日蔓延，骚扰闾阎，毒害民众，诸将士于讨平叛逆之后，又复受命围剿。不遑宁息，捷音踵至，歼灭有期。诸将士笃信主义之深切，服从民意之真诚，不仅为中央所信赖，实亦全国同胞所倚畀。今后全国武力在诸将士团结一致之下，必可进而为民众之武力，以奠民国久远之基础。大会同人代表全国国民谨致慰劳之意，尤望诸将士磨厉奋发，益矢忠诚，戮力同心，始终一贯捍卫国家，保卫人民，除当前之氛祲，竟革命之全功，民族前途实深利赖。敬祝努力。国民会议。庚。印。

三、嘉勉华侨历年赞助革命功绩并慰问案

决议：通过嘉勉慰问电文　电文印附

嘉勉慰问华侨电

海外各级党部，各华侨团体转全体华侨公鉴：当此革命障碍次第扫除，和平统一克底完成之日，国民会议遵奉总理遗训，集会首都，追念卅载革命备尝艰辛，输财输力，薄海云应，实惟我数百万侨胞终始翊赞，用克底于成功。大会同人对此毅力丰功，弥深无穷之钦敬。我侨胞不唯于推倒满清奠立民国树不朽之伟绩，而我中华民族在世界之发展，亦以我侨胞为先锋，荜路蓝缕以辟新地，胼手胝足以赴事功，成就卓然，举世无匹。今后祖国建设益将集全国之精诚而迈进，尤望我全体侨胞以夙昔赞助革命之热忱毅力，弼成国家经济建设之宏规，以实现总理之三民主义，而建我中华民族亿万世之基业。瞻望海天，前程无量。谨以全场一致之决议，对我海外全体侨胞表深切之敬意与希望。国民会议。庚。印。

四、国民政府送议中华民国训政时期约法草案案

本案讨论至上午十二时，主席宣告延会，下午二时三十分钟继

续开会。

决议：交约法审查委员会审查。

五、国民政府送议实业建设程序案

决议：交经济、财政两审查委员会审查，由财政审查委员会召集人召集。

下午五时三十分钟散会。

中华民国训政时期约法草案〔略〕

实业建设程序案

提案第二号

提案者 国民政府

当训政开始时期，应集中全国之人材、经济，协力同心，共谋物质建设，以树新邦之规模而利民生之发展。但物质建设经纬万端，筑室道谋，徒资聚讼，程序不立，轻重难衡，若不按岁计程，势必因循坐废。就全部计划而论，亟应遵照总理手定之成规树百年建国之大计。今因财力、人力之有限，致荩谋硕画未能同时举行，谨择其在可能范围以内、应国计民生之迫切需要而必须立即建设、限期完成者，定一最低限度之计划，政府人民一致努力立标以赴，期观厥成。如届期不成，当科主办者以重罚。凡事始简毕巨，进行自有困难，即就经济一项而论，除集中国家资本国民经济而外，犹须于确实有利条件之下，借助外资以从事建设。总之，建设事业之能完成与否，全视政府人民之是否有此决心。现在国民政府有此决心，尤望全国人民视为本身生存之大计，而尽全力以协助者也。谨定六年期内最低限度之实业建设程序提案如次：

一、确定总理建国方略中之实业计划为中华民国物质建设之最高原则，由国民政府详定分期实行计划，依次遵办。

(说明)按：实业计划为总理毕生研究中国物质建设之结晶，谋国苦心，震铄千古，规模宏大，百世典型，自当确定为中华民国物质建设之最高原则，竭全国之力以赴之。即由国民政府按照人才、经济及技术上之可能与国民经济发展之后先缓急，分为若干时期依次进行，务须遵照遗嘱于最短期间促其实现。

二、按照现在国计民生之急切需要，限期完成以下铁路：

（甲）粤汉铁路

株州至韶关　限民国二十二年底完成

（乙）陇海路

1. 潼关至西安一段　限民国二十一年底完成

2. 西安至兰州一段　限民国二十五年底完成

3. 运河站至台儿庄支线　限民国二十一年六月完成

（丙）新陇绥路

包头至宁夏一段　限民国二十三年六月完成

（丁）京湘路

南京至株州　限民国二十三年底完成

（戊）沧石路

沧州至石家庄　限民国二十一年六月完成

（说明）按：粤汉路为中国南北交通要道，现已拨付庚款一部分动工修筑；陇海路为西北交通要道，现已动工修筑；新陇绥路同为开发西北要道，且与北部边防极有关系，将来如有财力，当首先接至迪化、伊犁一带；京湘路经过江南产米及他项农业区域，此路告成，对于全国民食之转输至为便利；沧石路为北方煤粮转运要道。以上各路对于国计民生至为急需，无论如何当限期铺设完成。至于其他路线，俟一有余力即择其重要者首先举办，如首都轮渡、关于京沪、平浦两路之联运亦关重要，已切实进行。又关于粤汉等各路之道里费用等详情可参观附表。

三、限于民国二十四年底导淮工程全部完成，修治黄河工程应即由国民政府尽先办理，限期完成。

（说明）按：导淮工程关系国计民生至大，倡之虽久，但最近方由国民政府认真切实进行，并设导淮委员会专司其责。按照工程技术上之推断，于民国二十四年底完成。苟无经费上之困难，实系可能之事。治黄一端，同属关系国民生计之要图，但因工程技术上之困难，自难限期治就，应由国民政府尽先举办，务期至民国二十四年底亦有相当规模。

四、限至民国二十四年底止，必须将南方、东方两大港及葫芦岛、海州两港之第一部工程建筑完成。

(说明)按：南方、东方两大港为总理生平最注重之实业计画部份，南方大港关系中国整个南部之商务，将来粤汉路完成以后，且影响及于长江区域，东方大港关系东南富庶，同属重要，且利于收回租界进行。陇海路及导淮工作既限期完成，则海州港影响西北及淮黄流域之运输尤为重大，就目前之需要，应即建筑。至于北方大港，因葫芦岛筑港不久完成，海州港即须建筑，且有青岛可以辅助，俟有余力再行建筑。

五、限至民国二十四年底止，全国必须增加并完成二十万公里之公路。其路线之分配，由国民政府按照交通需要规定之。

(说明)按：公路一项为补助铁路、水道不足之要政，总理生平本有建筑全国公路一百万英里之计画，见国际共同发展中国实业计划。五年以来，全国公路之发展差有成绩可以告慰。综计民国十五年全国公路仅二〇〇〇〇公里，十六年增至四五二〇公里，十七年增至一八三二三公里，十八年增至四四二七七公里，十九年增至五一二一〇公里，按照此项增加比例计算，苟能全国积极进行，则至民国二十四年增加至二十万公里之公路，当非难事。

六、限至民国二十四年底止，全国必须增加五万里以上之航空线及一千架商用飞机，由国民政府积极筹设及奖励。

(说明)航空不特为军用国防上之利器，而且为邮件商用所必需之交通工具。欧美、日本无不尽力提倡航空事业，国民应有远大眼光，认定世界趋势。中国航空事业进行较迟，如沪汉、汉宜、京平航线均开办未久，将来开发西北及川滇康藏等处交通，有需于航空事业之进展至大也。

七、限至民国二十四年底止，增加国营航业自二十万至三十万吨，除内河及沿海岸航业外，应开办南洋及国外航业。对于人民经营航业应加以奖励及协助。

（说明）按：中国航业至为衰微，不特绝少国外航线，而且内河航行亦多属外人轮船，国民重要运输事业操之外人，殊属危险，国民生计因之受绝大妨害，华侨在交通上所感受之痛苦更不待言。查英国一九二九年航业统计，轮船多至二〇，〇四六，〇〇〇吨，日本亦多至四，一八七，〇〇〇吨。今因国家经济能力之限制，仅求国营航业于五年之内增加至二、三十万吨，实觉瞠乎。其后尚望国民一致奋起，积极经营航业，政府必极力与之奖励与协助，此亦各国之成规也。

八、水利、电气及钢铁、酸碱、煤、糖、煤油、汽车等项基本工业，应由国民政府积极兴办。其能由私人投资兴办者，政府应奖励协助，并予以确切保障。

（说明）按：水利一项关于〔系〕全国农业生产及农民生计，如导淮治黄本系水利之基干工作，但全国一般农村灌溉亦应积极注重，此种事业有益于国民经济之全部。而国库、省库并无显著之收入，为注重民生政策计，应不惜经费，努力进行。电气有关各种农业、工业，筹办刻不容缓。至钢铁、酸碱等项，各国均认为基本工业，非此，则他项工业无由发展，此必须政府国民一致尽全力以从事者也。

九、关于农业生产之增进，应以农业科学化为原则，除水利、电气等项重要建设外，应一并注重农产之实验、改良与造林事业之推进，并于每省划定实验县区作改良农业之模范。其详细计画由国民政府切实制定推行。

（说明）按：农业生产为中国民生问题最普遍之基础，而农业之衰落尤为年来最惨痛之现象，甚至米麦供给尚藉舶来，其将何以立国？农业科学化为增进农业生产与改进农民生计不易之原则，应切实注重将研究与推广二者同时并进，就各省土壤、气候、生产事业习惯之所宜，于每省划定实验县区，俾农业研究与推广便于进行，尤为切实，应即由国民政府拟定计划，限期办理。

十、对于东北、西北及西南之开发，应努力从事，如交通之建设、土地矿产之开辟、移民及屯垦之举办，应由国民政府按照当地情形，并参酌国防上之需要，拟定详密计画限期实行。

（说明）东北与西北及西南之开发，关系中国全民族之生存，他国侵略之野心与事实尤令人惊心怵目，设不急起直追，势必任人宰割。年来，东北发展卓著成绩，然未辟之土地、未开之矿业与天然富源正无限量；西北开发，以交通为先务之急，自苏俄环绕新疆境外铁路完成及其与西伯利亚铁路接轨以后，对华侵略势成常山之蛇，西北形势更属危急，屯垦事业应即举办；西南亦有外人窥伺，而且天然富源久付旷废，亦应积极开发，此项详密计画应由国民政府另行妥拟，限期进行。

以上十项均系举其大者，必须全国集中目标、集中经济、集中人材方能期其有成，利用外资及外国技术人材尤属事实所必需。至于其他实业建设事项，自不能逐条列举，苟属需要迫切，亦当次序筹办，如可稍缓，断不能以有限之人力、财力分途消耗。谨列纲要，敬希公决。政府与人民之决心，悉将以此觇之。谨此提案。

（附表见第180页）

5. 国民会议第二次会议议事记录

（1931年5月9日）

第二日　第二号

时间：中华民国二十年五月九日上午九时

地点：首都国民会议议场

出席代表四五〇人：〔略〕

附表

分年修筑重要铁路及附属工程一览表

名称		粤汉铁路株州至韶州	陇海铁路潼关至西安	陇海铁路西安至兰州	陇海支线运河站至台儿庄	沧石线沧州至石家庄	新陇绥线包头至宁夏	京湘线南京至株州	首都轮渡	海州港
延长公里		435	130	660	30	222	550	1080		
预定完成年数		3	2	5	1	1	3	4	1	2
分年建筑预算费	第一年	36,008,175元	9,230,000元	300,000元	1,982,535元	18,010,620元	16,421,015元	21,646,400元	5,000,000元	3,000,000元
	第二年	33,274,122元	6,264,980元	21,000,000元			24,818,962元	31,606,400元		3,000,000元
	第三年	29,007,101元		28,580,000元			21,068,677元	40,504,000元		
	第四年			34,244,000元				37,725,590元		
	第五年			34,950,000元						
全年建筑预算费		98,289,398元	15,494,930元	19,074,000元	1,982,535元	18,010,620元	62,308,654元	131,482,390元	5,000,000元	6,000,000元

〔中国国民党中央执行委员会秘书处档案〕

出席中国国民党中央执监委员及国民政府委员三十一人：〔略〕

列席者六十八人：〔略〕

主席团：于右任　张学良　张　继　戴传贤

　　　　吴铁城　周作民　林植夫

　　　　陈立夫　刘纯一

主席：张学良

秘书长：叶楚伧

纪录：主任秘书：程天放

　　　秘书：叶溯中　谢　健　李　蟠

　　　　　　区国梁　钱昌照　许静之

　　　　　　洪兰友　程中行

主席恭读总理遗嘱　全体肃立

报告事项

一、宣读第一次会议议事纪录

二、文件报告

贺电三十四件

讨论事项

一、确定教育设施之趋向案

决议：交教育审查委员会审查

二、代表项定荣等一百零二人临时动议，函请国民政府应定期限向各国政府交涉取消一切不平等条约，并用国民会议名义发表废除不平等条约宣言。其宣言内容应申述国民对于废除不平等条约之主张及决心案

决议：通过(全场一致起立)，并由主席团指定项定荣、罗桑坚赞、刘芦隐、邵力子、王卓然、谢作民、陈布雷、戴清廉、陈诚、庄嵩甫、冯天如为宣言起草委员，由邵力子委员召集。

三、政治总报告案

决议：交各委员会召集人共九人组织特别审查委员会审查，由蔡元培委员召集。

上午十二时三十分钟散会。

确定教育设施之趋向案

提案第二号

提案者：国民政府

中国目前之教育，无论在数量与质量上，均不足以适应国家之需要。而弊害之最显著者，尤莫如教育设施与国民实际生活不相应，以致未受教育者尚能秉其家庭社会递相传习之知能道德，各自安于艰苦之生活；而既受教育者，则知识技能之修养既不成熟，性行气质又往往涉于浮夸与游惰，驯至学校多一毕业之学生，社会即增一失业之份子，家庭即少一有用之子弟，诟病交起，弊害丛生。及此不为适当之矫正，将见教育愈普及，而公、私生活所受之祸害愈广。且以中国目前所处之环境而言，正须以卧薪尝胆之精神为生聚教训之努力，方足以达民族生存之目的，断非模袭外邦，徒侈观美所能救危亡而奠根本。政府对于教育之普及与推广，自当根据于中华民国教育宗旨，排除万难，与国民为一致之努力。唯默察国家之需要与过去教育上已著之弊害，深觉确立教育设施之趋向尤为训政建设时期所必要。必须明定我国此时所需要者为何种之教育，而后教育推广之工作方不致蹈于空虚；必须确知国家此时所需要而希望由教育以养成之者为何种之国民，而后教育方足以救国而不致于祸国。中国最大之祸患唯贫与乱，实为循环相倚之二因故。教育设施必须于民族自救之一大原则下，针对此二者而为紧急之救治。唯欲达此目的，又必须全国国民确知此义，相与集中心力向同一目标而推进，爰就最近教育设施条举下述之要项以为进行之根据，自救救国舍此末由，甚望一致赞助，合力推行。国家幸甚。民族幸甚。

一、各级学校之训育，必须根据总理恢复民族精神之遗训加紧实施，特别注重于刻苦勤劳的习惯之养成与严格的规律生活之培养。

二、中小学校教育，应体察当地之社会情况，一律以养成独立生活之技能与增加生产之能力为中心，务使大多数不能升学之学生皆有自立之能力。

三、社会教育应以增加生产为中心目标，就人民现有之程度与实际生活，辅助其生产技能之增进。

四、尽量增设职业学校及各种职业补习学校，职业教育之制度科目应使富有弹性，并接近固有之经济情况。私人筹设职业学校者，国家应特别奖励之。

五、尽量增设各种有关产业及国民生计之专科学校。

六、大学教育以注重自然科学及实用科学为原则。

〔中国国民党中央执行委员会秘书处档案〕

6. 国民会议第三次会议议事记录

（1931年5月11日）

第三日　第三号

时间：中华民国二十年五月十一日上午九时

地点：首都国民会议议场

出席代表四五九人：〔略〕

出席中国国民党中央执监委员及国民政府委员三十一人：〔略〕

列席者六十七人：〔略〕

主席团：于右任　张　继　戴传贤

吴铁城　周作民　林植夫

陈立夫　刘纯一

主席：张　继

秘书长：叶楚伧

纪录：主任秘书　程天放

秘书　谢　健　洪兰友　许静之

叶溯中　区国梁　李　蟠

钱昌照

主席恭读总理遗嘱——全体肃立

报告事项

一、宣读第二次会议纪录

二、提案审查委员会审查报告

三、文件报告

贺电四十五件。

讨论事项

一、催促国民政府克日施行新盐法，并限期成立盐政改革委员会案

请政府公布新盐法案

以上两案，提案审查委员会议决合并讨论。

决议：原则通过，交国民政府。

二、确定发展农业五年计划案(提案审查委员会议决提出)

决议：并在国民政府提出之实业建设程序案，交经济、财政两审查委员会合并审查。

三、设立国民经济委员会案(提案审查委员会议决提出)

决议：交经济审查委员会审查。

上午十二时散会。

请政府公布新盐法以利民食案〔略〕

请确定发展农业五年计划以裕民生案〔略〕

设立国民经济委员会案〔略〕

〔中国国民党中央执行委员会秘书处档案〕

7. 国民会议第四次会议议事记录

（1931年5月12日）

第四日　第四号

时间：中华民国二十年五月十二日上午八时

地点：首都国民会议议场

出席代表四百七十人：〔略〕

出席中国国民党中央执监委员及国民政府委员三十一人：〔略〕

列席者：六十七人

主席团：于右任　张学良　戴传贤

吴铁城　周作民　林植夫

陈立夫　刘纯一

主席：戴传贤

秘书长：叶楚伧

纪录：主任秘书　程天放

秘书　程中行　许静之　钱昌照

李　蟠　谢　健　洪兰友

叶溯中　区国梁

主席恭读总理遗嘱——全体肃立

报告事项

一、宣读第三次会议议事纪录

二、主席团报告经济审查委员会召集人连声海辞职，改由孔祥熙召集。

三、文件报告

各处请废除不平等条约电七十二件

贺电十九件

讨论事项

一、国民政府剿灭赤匪报告案〔报告附后〕

决议：交各委员会召集人，并加入何应钦、何成浚、何健、刘芦隐、陈布雷、李峙山、何思源七委员组织特别审查委员会审查，并起草决议文，由何应钦委员召集。

二、中华民国训政时期约法案(约法审查委员会提出修正案)

决议：(一) 二读会修正通过。

(二) 三读会修正通过。

(约法全文印附〔略〕)

全体三呼中华民国万岁！三呼三民主义万岁！

上午十二时三十分钟散会。

国民政府剿灭赤匪报告

一、引言

中国目前最大之祸患，厥为赤匪；国民政府与全国人民当前最急要之工作，亦莫过于扑灭赤匪。赤匪之祸患，其已发露于江西、湖南等处者，固正在政府与当地人民协力扑灭之中，而其潜伏于他处，冀图使各省均为江西与湖南之续者，亦已渐露其端，而实不容吾人之忽视。以各地受匪残害之种种事实言之，赤匪之存在与蔓延，不惟于中国民族之生存与发展不能相容，且于全国人民各个人之生命与生计不能并立。故扑灭赤匪之工作，在政府固应始终尽其最善之努力，而实则必全国人民尽能了解赤匪之毒害与罪恶，周知赤匪与民族生存、群众生命、国民生计不能相容之事实，人人起而以消弭赤匪肃清赤匪之责自任，夫然后中国前途之最大祸患，乃能于最短期间彻底消除。

二、赤匪毒害

近年以来，受赤匪荼毒最烈而最惨者，厥惟江西与湖南，而湖北次之。今试即就赣湘二省有形之损失言之，其统计已至堪惊人。江西人民被匪惨杀者约十八万六千人，难民之流亡者约二百十万人，各县被匪焚毁之民房约十万余栋，财产之损失约六万五千万元，谷米之损失约三千九百万担。湖南之匪祸，蔓延虽不若江西之广，而损失亦不相上下，计被匪惨杀者约七万二千人，房屋被毁者约十二万栋，财产之损失约三万万元。当匪祸最炽之时，江西全省八十一县之中，计全县有匪者，有宁都、兴国、安福、永新、弋阳等十一县，大部有匪者，有瑞昌、修水、铜鼓、万载、萍乡、吉安、吉水等二十五县，股匪出没未遍全境者，有上饶、广丰、玉山等三十一县，其间人民之喘息流离倖免于死者，亦势将无以为生。更就鄂省而言，则如沔阳、潜江、监利、石首、公安等县，与洪湖匪巢接近，受祸最烈，而麻城、罗田、黄冈、黄安、黄梅、孝感、通城、崇阳、大冶、鄂城等处，亦无不备受赤匪之蹂躏。吾人设想，若使赣湘鄂之匪祸次第延及于各省，则每年全国人口之损失当在五百万人以上，财产之损失当在八十万万元以上，宁非骇人听闻之尤者乎？

夫赤匪之所以自任毁坏新中国生命之责者，实受赤色帝国主义之嗾使。民国十六年，其党翼即散布于湘鄂赣粤等省，制造中国之内乱。五年以来，焚杀淫劫，罪恶昭著，擢发难数。举其最动人心魄之浩劫，当推十六年八月南昌之变，同年十二月广州之变，十九年七月长沙之乱，同年十月吉安之乱。其它如广东之海陆丰，福建之龙岩、永定；江西之上饶、永新、铜鼓、弋阳，湖南之平江、浏阳、华容，湖北之沔阳、黄安、监利，河南之商城等县，均曾经赤匪攻占，组织伪苏维埃政府，伪红军指挥部，伪军事委员会等机关。而肃反委员会之残杀良民，财政委员会之绑票勒赎，尤为各地人民之所痛心疾首。凡赤匪蹂躏之区，男女八岁以上十六岁以下者，编为儿童团；十六岁以上廿三岁以下者，编为少年先锋队；廿三岁以上四十岁以下者，编为赤卫队。以甲村而推乙村，以一乡而及一县，日夜迫胁暴动，所至十室九空。统计全国曾被匪祸之地，盖达三百县以上。设长此以往，全国国民不再奋起一致引扑灭赤匪为己任，则新中国未来之生命必将如赤色帝国主义之愿望而中斩！

三、赤匪罪恶

抑赤匪之为祟，犹不仅使吾全国人民受物质上之有形损失而已也，其处心积虑所蓄之阴谋，乃在于赤色帝国主义卵翼之下，直接利用青年男女农民工人以破灭吾国之社会基础与经济基础，而间接亦即所以破灭青年男女农民工人自身之生命。盖吾国之社会基础为家庭，而家庭之新生命即为青年男女。设匪一方利用青年好奇心理之弱点，煽惑青年男女为种种反叛家庭之惨害举动，而社会唯一基础之家庭为所破毁矣；他方更乘青年血气未定之弱点，诱使一般男女自由纵欲，则家庭之新生命又为所戕贼矣。若使此种破灭社会基础之祸患未除，则中国民族非至灭种不止！同时，赤匪之于工人，则故意提出不合生产状况之过度，以增加工资、减少工时、改良待遇等口号诱惑之，使无间断的从事于逾越范围之日常斗争，而希图罢工暴动之形成；于农民，则以抗捐抗税、没收土地等口号诱惑之，使无间断的从事于杀人放火之残酷斗争，而希图各地零星骚动之扩大。由此两种斗争之结果，则城市经济与农村经济之基础必全被摧毁，而其所利用之农民工人，即一时夺得若干土地或加得多少工资，亦终必以资本枯竭或工厂倒闭之故，无所施其劳力，而流离死亡之惨乃更甚于前矣！此种破灭经济基础之祸患不除，则全国人民之生计固将斫丧净尽，而受祸最烈者当仍为贫苦农工之自身。

四、剿匪情形

中央深知赤匪祸源之所在，与夫民生疾苦之所由，故自十六年四月清党、十七年统一全国以后，一方尽量宣传三民主义之思想，以破青年男女农民工人之迷梦，一方调集国军，设法剿办，渐收成效，不难绝其根株。无如张唐阎冯各军阀，先后背叛，中央为镇压反动实现统一起见，所有国军各部队，大半调赴前方，遂予赤匪以绝好机会，而湘赣二省匪势乃复渐形猖獗，此则中央所引为万分痛心，而反动军阀之所以罪在不赦者也。一般民众因生活艰难知识薄弱，多被赤匪裹胁入伙，而各地盗匪流氓，更以臭味相投之故，相率被其吸收。于是朱德、毛泽东在赣南有枪二三万枝，贺龙等在鄂西湘北有枪一万余枝，鄂东之蔡成熙、许继慎、萧成方等亦有枪万余枝，此外各处赤匪之有枪千余枝或数百枝者，尚有二十余股，分扰各处，互为援应，而声势遂日觉其嚣张。十九年，中央一面调集大军，讨伐阎冯，一面酌留部队，巩固后方，只以后方兵力较薄，未收圆满效果。自阎冯之乱既平，中央决以全部兵力从事清剿赤匪，特派大员，赴赣督师。现计国军入赣者已逾二十万人，兵力雄厚，势如破竹。匪灾区域，如吉安、永丰、万安、崇仁、乐安、兴国、雩都、信丰、广昌、修水、铜鼓等县，均已先后克复。赣省赤匪，势穷力蹙，各部匪酋，顿起恐慌。于是欲将湘南鄂西各股集中鄂西，赣省全部各股集中赣南，以作最后挣扎。一方拟用避实击虚，东窜西突之游击方法，希图苟延残喘；而一方则欲鼓动湘鄂赣闽苏皖各省之流民暴动，以为虚张声势之计。盖赤匪固已自知国军合围之势已成，根基覆灭之日殆至也。

就剿匪之国军方面言之，明知赤匪原系乌合之众，不足当有纪律军队之一击，然匪徒善于辗转趋避，出没无常，或凭恃天险，相与抵抗，或化装农民，扰我视线，加之匪区辽阔，山岭深邃，绝不能以正式作战之方略，施之星罗棋布之赤匪，故决定妥善布置，严密搜索，然后匪无所逞，自可聚而歼之。而匪区克复以后，如何恢复秩序，如何安抚流亡，使民众得以安居乐业，不致再为赤匪所乘，则政府固有待于全国国民之协作矣。

五、赤匪之来源

夫剿匪原为政府之职责，而曷为必有赖于全国国民之合作？盖赤匪之指挥者，直接为中国共产党，间接为赤色帝国主义，确有整个的阴谋，而非若局部流寇之可等闲视之者也。盖第三国际时于中国所抱持之一贯阴谋，乃在以共产主义迷惑吾国之人心，使吾国之农民工人时起暴乱，乃至使吾国之各种职业界自相斗争，以冀造成全国人民流离失业之普遍现象，更由中国人民流离失业之普遍现象，以冀引起欧美各国之经济恐慌与工商业之倒闭，彼时全世界人民均陷于流离失业之境，而彼赤色帝国主义即自以为世界革命之理想可以实现。故赤色帝国主义之阴谋，无论其所号召共产主义之理论如何，而其必欲先以中国民族作牺牲以供彼时欧美各国逞愤泄怨之资，则已昭然若揭。赤色帝国主义因有此种阴谋，遂豢养其所谓共产党徒者，对于中国实施勾结军阀助长内乱，煽惑游民，麻醉青年，分裂民众，鼓动土匪，散播谣言，破坏地方之种种计划。重以中国过去军阀之割据，人民生计之憔悴，智识之幼稚，与夫统一和平之大业未能早日完成，故赤色帝国主义之种种阴谋与计划，乃得乘虚而入，藉中国共产党徒为工具而潜播其一部分之恶根于社会，以致酿成今日赤匪之祸患。证以政府所获之情报，中国共产党，在赤色帝国主义卵翼之下，于伪中央设政治局，负指挥各地赤匪组织各地苏维埃之最高责任，其下则有长江局、南方局、北方局、满洲局，与江南省委，(见附表) 虽目前彼所最视为重要者，厥为长江局与江南省委，希图夺取上海与武汉之大城市为其活动之中心，然以若辈频年失败之余，难保不移转其目光于南方、北方与关外，利用其潜伏之分子以作万一之蠢动，而赤匪之流毒更将遍于全国矣。于此可知今日之赤匪，实赤色帝国主义者与吾国落伍军人、无聊政客以及地痞流氓恶少土匪之混杂体，而其恶毒所及，实足以危害中国民族之生存，戕贼中国群众之生命，断绝中国人民之生计，固不仅已遭残害之匪区受其涂毒已也。

不宁惟是。赤色帝国主义者侵略中东铁路以后，于去年七月十五日所决定对于中国之计划，不仅利用中国人民多数贫弱与内战为时过久之弱点，尽量在社会上勾结游民土匪，破坏农村秩序，在文艺上收买无耻文丐，鼓吹所谓普罗文学，在政治上宣传匪化之共产主义，欲使中国成为人民失业内乱不息之国家，而断绝亚洲与欧美各国之通商，且在军事上更有积极之准备，以期并吞中国，供其宰制。彼所谓积极之军事计画者，即(1)由外蒙苏维埃境内，经上乌金斯克、库伦至张家口之路线，自由运输各种人员武器与共产宣传品，以入于中国之北部；(2)以赤色帝国主义之教官训练外蒙军队，而充实其唐克车、飞机等等之最新战斗的设备；(3)中东铁路之共产党徒，密为军事之组织，以备一旦启衅可以立刻扰害东北各省；(4)在西伯利亚东部贝加尔省黑河及沿海省，布置二个军团之重兵，以示威胁，而备将来作战之用。由此更可知赤色帝国主义之谋我，乃习用其内应外合之策略，必欲使中国全国沦为赤色帝国主义之属地而后已，而湘鄂赣及其他各省之赤匪，实无殊以古代式流寇之资格为彼作吞并中国之虎伥也。

六、结论

夫赤匪成因之复杂既如此，赤匪流毒之蔓延又如彼，则赤匪之得扑灭与否，实中国今后人民生死、民族存亡所系之关键，而决非仅涉一部分人民或一政治团体之细故。政府既下剿灭赤匪之决心，自必无间始终以求其贯彻，惟吾全国国民究宜如何群策群力，协助政府，排除万难，以完成此安定社会巩固统一和平之任务，则不得不有望于国民会议予以确切详尽之方针矣。

(附)中国共产党伪中央政治局组织系统表〔略〕

〔中国国民党中央执行委员会秘书处档案〕

8. 国民会议第五次会议议事记录

(1931年5月13日)

第五日　第五号

时间：中华民国二十年五月十三日上午九时。

地点：首都国民会议议场

出席代表四百六十四人：〔略〕

出席中国国民党中央执监委员及国民政府委员三十五人：〔略〕

列席者六十四人：〔略〕

主席团：于右任　张学良　张　继

　　　　戴传贤　吴铁城　周作民

　　　　林植夫　陈立夫　刘纯一

主席：吴铁城

秘书长：叶楚伧

纪录：主任秘书　程天放

　　　秘书　李　蟠　程中行　叶溯中

　　　　　　钱昌照　区国梁　谢　健

　　　　　　洪兰友　许静芝

主席恭读总理遗嘱——全体肃立

报告事项

一、宣读第四次会议议事纪录

二、各审查委员会报告

甲、提案审查委员会报告(第二号及一览表印附)

乙、废除不平等条约宣言起草委员会报告(报告印附)

丙、政治总报告案特别审查委员会报告(报告印附)

丁、教育审查委员会报告(报告印附)

戊、财政经济联合审查委员会报告(报告印附)

三、文件报告

贺电十七件

讨论事项

一、国民会议全体代表代表全国国民敬谨接受中国国民党总理遗教案(原提案二件印附)

决议：通过(全体一致起立)。

全体一致起立静默三分钟，表示至诚接受。主席团指定邵力子、刘芦隐、陈布雷、叶楚伧、狄膺、张凤九、胡伯岳、王漱芳、王世杰、徐箴、唐允恭为接受总理全部遗教宣言起草委员会委员，由叶楚伧委员召集。

二、废除不平等条约宣言案(废除不平等条约宣言起草委员会提出)

决议：通过(全体一致起立)。

三、政治总报告之审查报告(政治总报告案特别审查委员会提出)

决议：本会议接受特别审查委员会关于国民政府政治总报告之审查报告，认为国民政府之所陈述均甚忠实。慨念总理虽逝，遗教自炳于天壤。国民政府秉承总理遗教，凡所措施虽因种种关系，如军阀之反覆，赤匪之煽乱，社会之未定，思想之未纯一致，原定计划未能完全实现，而其艰苦贞干以赴一的之精神，实为本会议所共谅。惟嗣是以后，头绪益繁，困难益多，本会议代表全国人民督促国民政府亦益切，国民政府应继续悫遵总理遗教排除一切障碍之精神，奉行本会所制定之约法及一切议决案，努力迈进，早日完成训政，跻登宪政时期，以建设全国人民之福利，而肇中华民国之宏基，有厚望焉。

四、确定教育实施趋向案(教育审查委员会提出)

决议：照审查报告通过如次(全体一致起立)：

(一)各级学校之训育必须根据总理恢复民族精神之遗训加紧实施，特别注重于刻苦勤劳的习惯之养成与严格的规律生活之培养。

(二)中小学校教育应体察当地之社会情况，一律以养成独立生活之技能与增加生产之能力为中心，务使大多数不能升学之学生皆有自立之能力。

（三）社会教育应以增加生产为中心目标，就人民现有之程度与实际生活，辅助其生产智识与技能之增进。

（四）尽量增设职业学校及各种职业教育之制度科目，应使富有弹性，并接近固有之经济情况。私人筹设职业学校者，国家应特别奖励之。

（五）尽量增设各种有关产业及国民生计之专科学校。

（六）大学教育以注重自然科学及实用科学为原则。

五、实业建设程序案（财政经济审查委员会提出）

前案未及讨论终结，至正午十二时宣告散会。

提案审查委员会报告　第二号

敬报告者：本委员会续奉交到各代表提案四十余起，经于本月十一日在原会议厅举行第二次审查会议，计出席委员五十七人，审查提案三十二件，并经决定：甲、应提出会议者四件：（一）宣导华侨投资以发展国内实业切实保护华侨及救济失业以解除华侨痛苦案；（二）工人失业救济案；（三）切实救济丝茶业案；（四）树立财政方针实行烟酒专卖以裕国课减轻盐税纱布税而维民生案。乙、不必提出会议者二件：（一）组织滇缅界务调查团以便会勘界务确定疆界免被侵略案；（二）请政府明定统税营业税性质并确定原则案。丙、建议于主席团交教育审查委员会审查者七件：（一）改进安南华侨教育案；（二）保障教育经费独立并规定地方教育经费应占岁出百分之三十案；（三）划定庚款一部作为民众教育经费案；（四）提高小学教员待遇以增进教育效率案；（五）请确定保障原有教育经费之具体办法案；（六）全国之牲屠牙帖遗产税暨沙田官荒庙产应全数拨充义务教育经费以宏教育案；（七）实施义务教育年限必适应训政年限案。丁、建议于主席团请交外交审查委员会审查者四件：（一）请外交当局向法政府交涉令其属地政府勿阻碍华侨党务之进行案；（二）从速交涉解除中美洲各国虐待华侨苛例案；（三）由外交当局设法催促法政府迅予批准新订之中法规定越南及中国边省关系专约以利侨商案；（四）实行新订中法越南通商专约案。戊、建议于主席团交国民政府者三件：（一）筹设西北大学以促进西北文化案；（二）成立国史馆案；（三）筹措中央研究院基金并设立国立首都图书馆案。己、建议于主席团请交各有关之审查委员会审查者六件：（一）切实推进国民体育案；（二）政府于训政时期内对外宜努力恢复国权对内宜妥筹人民生计谨拟具实施条目案；（三）确定生产政策利用外资发达国家经济裁兵归工实行生产教育以实现总理实业计划案；（四）请统一救济行政以利贫民案；（五）确定劳工政策案；（六）请划武汉为全国工业区组织委员会促进开发国内工业以立富强之基础案。庚、送回主席团请交废除不平等条约宣言起草委员会参考者三件：（一）黄宇人等提出之自动废除不平等条约案；（二）张明经等提出之自动废除不平等条约案；（三）胡健中等提出之自动宣布废除一切不平等条约案。辛、建议于主席团请与第一次审查会业经审定提会之彭大铨等请设立编译馆案合并提出者一件，即请建立国立编译馆编译中小学校教科书及学术专书以宏文化案。又，本委员会第一次审查会议业经决定之：（一）提出于国民会议之制止外人在华设立工厂案，及（二）不必提出于国民会议之修正刑法案，兹复重行提出讨论，并经决定将（一）制止外人在华设立工厂案建议于主席团交国民政府核办，将（二）修正刑法案建议于主席团核送国民政府交立法院各在案。兹谨将开会审查结果具文陈请鉴核施行。谨上

主席团

提案审查委员会召集人　彭济群

五月十二日

废除不平等条约宣言起草委员会报告

奉交起草“废除不平等条约宣言”，遵于本月九日、十一日在第

一会议室先后召集会议，将主席团交下各代表意见书详加讨论，拟具宣言如次（宣言草案另附〔略〕），是否有当，敬候公决。

废除不平等条约宣言起草委员会召集人邵力子报告

审查报告

敬报告者：元培等奉主席团指定组织特别审查委员会审查国民政府政治总报告一案，遵于本月十一日下午一时在国民会议第一审查室开会，计出席者七人，当以此项总报告内容均属事实，各项设施计画亦具有条理，曾经征询各审查委员会召集人意见，均无异议，并望政府以后能按照计画切实进行，俾完成训政工作。爰经决定，应请大会全部接受。谨将审查结果具文陈请鉴核。谨上

主席团

特别审查委员会召集人蔡元培

教育审查委员会审查报告

奉大会交下审查国民政府所提之“确定教育设施之趋向案”，遵于本月十一日下午三时开会审查，计出席委员四十八人。当将大会各代表对本案所发表之意见归纳为十九项，又经大会列席代表提出者两项，一并由主席逐条提出，详加讨论。均因所提各条，或为十八年四月二十六日国民政府所公布之“中华民国教育宗旨及其实施方针”所已规定，或为约法第五章所已列举，又或与政府此次特别提出之本旨不甚密接，反于全案一贯之精神稍有妨害，均未能得多数赞同。讨论结果，决定除原案第三项“辅助生产”下加“智识与”三字外，余均照原案条文通过。谨此报告，敬候公决。

教育审查委员会召集人蔡元培报告

五月十二日

实业建设程序案审查报告

五月十二日

奉大会交下审查实业建设程序一案，并奉大会及主席团先后交下各代表意见书十七件，遵于九日下午三时、十二日下午三时，先后召集审查会议二次，逐项详加研审讨论，凡原案所列十项计划，佥意均认为建国时期实业建设所迫切需要者。国民政府允宜依照本案，按岁计程，以裕国计而利民生。凡属国人，自当一致接受，并以全力协助政府，促其次第依限实现。再，各项意见书，其切于实际，佥议同意者，当经采纳，于原案第二项之铁路计划添加一节；又于第九项之农业计划增益文字。其余各项意见，立言者虽均本总理实业建设之宏规遗训，但欲在六年以内同时并举，则人材经济均受限制；惟有先急后缓，免乱目标，又，本案系实业建设程序之纲领，其涉及枝节琐屑之意见，自可不必纳入。兹谨将修增之处，附叙缘由，提出大会；是否有当，敬祈公决！

财政经济审查委员会联席会议召集人孔祥熙

附修正文二件

实业建设程序

原文：

第二项　按照现在国计民生之急切需要，限期完成以下铁路：

（甲）粤汉铁路

株州至韶关　限民国二十二年底完成

（乙）陇海路

1. 潼关至西安一段　限民国二十一年底完成
2. 西安至兰州一段　限民国二十五年底完成
3. 运河站至台儿庄支线　限民国二十一年一月完成

（丙）新陇绥路

包头至宁夏一段　限民国二十三年六月完成

（丁）京湘路

南京至株州　限民国二十三年完成

（戊）沧石路

沧州至石家庄　限民国二十一年六月底完成

增加：

（己）其余路线，如广州—腾越线，广州—重庆线，通张线，洮胪线，张多线，哈洮线，川康等线，皆关重要，政府应另行积极筹办，限期完成。

（理由）查西南、东北为全国重要区域，于经济上、国防上在在均关重要，故依各审查委员意见，将西南、东北所应筹备敷设铁路线补举如左，以为政府继续举办之标鹄。

（原文）

第九项　关于农业生产之增进，应以农业科学化为原则。除水利、电气等项重要建设外，应一并注重农业之实验改良与造林事业之推进，并于每省划定实验县区作改良农业之模范。其详细计画由国民政府切实制定推行。

（修正）

第九项　关于农业生产之增进，应以农业科学化为原则。除水利、电气等项重要建设外，应一并注重农业之实验改良，奖励农产之增加与造林事业之推进及渔牧事业之发展，并于每省划定实验县区作改良农业之模范。其详细计划由国民政府切实制定推行。

（理由）

原案条文对于增加农产之奖励未经提及，而渔牧事业之发展亦关重要。故拟修正如右，以期周密。

请确定农业五年计划以裕民生案审查报告〔略〕

拟请大会议决接受总理全部遗教并发表宣言昭告全国民众一致诚信接受努力实行案〔略〕

国民会议全体会议代表全国国民谨以至诚接受中国国民党总理全部遗教案〔略〕

国民会议废除不平等条约宣言

中国受不平等条约之束缚，于今八十余年，此等不平等条约，虽缔结之时日不同，而实损害我独立国家之主权，妨害我民族之生存与发展则一。缔约各国在当时利用我民意之未张，假手我国昏愚之专制政府而订立此等违背公平原则之契约，以为攫取不正当权利之保障，其不惟违反国际之正义与公理，实亦近世文明之污点。自此等条约缔结以后，中华民族所受之损害与苦痛，不唯在经济方面因履行片面义务而日趋于萎敝与贫乏，而于改革政治完成近代国家之努力，亦感多量之障碍与艰难。最近三、四十年以来，尤以欧洲大战以后，民族自决之原则益见确立，中国国民因民族意识之觉醒，感觉此种非理桎梏之不能忍受也愈深，而继续不断以谋摆脱之者亦愈力，中国国民党总理孙中山先生所领导之国民革命，即为此种运动之总汇，而废除不平等条约重订双方互尊主权之新约，列为中国国民党重要政纲之一者，足以代表我四万万国民全体一致之要求。是以国民政府成立以来，顺应此种民意，对于改正不平等的国际关系，与重订互相平等之新约，尝迭次为明白之宣示，期待于缔约各国之彻底的觉悟与改正，诚以中国民族为酷爱正义与和平之民族，不欲以各国向来把持片面利益的举动而断定各国无自动抛弃之可能，无如事实所昭示，各国之国民虽不乏明白表示赞助之舆论，而各国政府，则犹坚执其条约时效之根据，或提出不合事理之口实，推诿延宕，以冀延长此种不平等条约之生命，即如最近法权交涉之经过，已足为显著之一例，此实大反乎吾人所预期，不能不认为重大之缺憾。中国国家之在今日，既非革命以前可比，国家之统一既已确实完成，代表整个民族之国民政府，急待努力于各种重要之建设，以谋国家与人民之利益，则对于破坏吾领土主权完整与扼抑我政治经济发展之各种不平等条约，及附丽于不平等条约之各种事实，若任其延长存在，不独有损国家之独立与安全，即于各种政治之整理与建设之进行，亦将动受限制与障碍，此岂吾服膺三民主义之全国国民所能忍受?国民会议受全国国民之托，对此危害国家生存之重大事实，实属不能漠视，认为欲解除国家之束缚，对于废除不平等条约，已不能再事迁延，亦不须更有所期待，而当以断然态度为废弃之宣告，盖衡以国际公法上之惯例，凡条约当情势有显著之变迁时，缔约国一方面得根据情势变迁原则宣告废除而代以合乎公平原则与实际情势之适宜条约，以免阻害缔约国之利益而危及国际之信义与和平。中国与列国间订立不平等条约，均在数十年以前，以今日与缔约当时之情势相比较，断不能不认为已有重大而显著之变迁，何能再认此种不适宜的旧约之存在，以危害国家之生存，此其一也。我国为国际联合会会员之一，国际联合会规约第十九条规定："国际联合会大会对于已经不适用条约及危害国际和平之情状，得以随时劝告会员加以修改"，此项条文虽当时曾经我国代表伍朝枢氏提出于国际联合会大会而促其注意，迄未获得相当之尊重，然在世界上不能不认为国际适用之通则。中国与列国间尚未废弃之旧约，权利义务既属偏颇，且损及主权，侵及领土，其不适用毫无疑义，为力争民族之平等以确保世界之和平，自不能认其继续延长，此其二也。且列国所以把持不平等条约，常以若干不相关涉之理由为口实，动辄以我国内政上之事实为条件，而不知国内政治事项之改善，基于我国本身之需要，自不容外国之干涉，更不待任何外力之督促。而以我国实际成就而言，则如近年各种重要法典之完成与行政之整理，除因不平等条约存在遭受若干阻碍而外，均足证明我国有力求改进之决心与能力，例如往昔外邦对于关税自主，动辄以实现裁厘为先决条件，甚且谓关税自主以后中国将无意于裁厘，而事实证明，则在关税自主完全实现之后，我国即不惜任何牺牲而裁撤全国之厘金，以革除多年之秕政。故在外国动以内政理由为要挟者，适足以证明其为事实之颠倒，而中国改革政治之决心毅力，在事实上无宁因外国不放弃不平等条约而阻其锐进之速率，此其三也。基上理由，国民会议爰代表全国国民，为下列之决定而郑重宣告于世界：

（一）中国国民对于各国以前所加于中国之不平等条约，概不予以承认。

（二）国民政府应遵照总理遗教，于最短期内实现中华民国在国际上之完全平等与自由。

右之决定，不仅为捍卫中华民族生存之必要，实亦足以消除世界和平之障碍而湔涤近世文明之污点。深信世界各国对此坚决之表示，必能与以深切之认识，而我全国同胞自必一致拥护此项之决定，不辞任何之艰难与牺牲，谨此宣言。

〔中国国民党中央执行委员会秘书处档案〕

9. 国民会议第六次会议议事记录

（1931年5月14日）

第六日　第六号

时间：中华民国二十年五月十四日上午八时

地点：首都国民会议议场

出席代表四六二人：〔略〕

出席中国国民党中央执监委员及国民政府委员二十八人：〔略〕

列席者七十三人：〔略〕

主席团：于右任　张学良　戴传贤
周作民　林植夫　陈立夫
刘纯一

主席：于右任

秘书长：叶楚伧

纪录：主任秘书　程天放
秘书　李　蟠　区国梁　钱昌照

程中行　叶溯中　谢　健

许静芝

主席恭读总理遗嘱——全体肃立

报告事项

一、宣读第五次会议议事纪录

二、戴主席代表主席团报告

(一) 关于已成立之议案之处理，拟请先由各审查委员会拟定办法及决议文，再由主席团详慎审核，加具意见，然后全部提出大会斟酌。如委员会所拟为可行，则予以通过，不必一一就各本案发言，俾得节省时间将会议一切案件全部处理完竣。

(二) 自今日起，各代表务必努力出席于委员会。会期为日无多，如委员会再不足法定人数，则会议进行大受妨碍，万一再不足法定人数不能开会时，不得已只有径由主席团处理报告大会。

(三) 约法正本拟敬谨誊写，由各代表签字盖章附订在正文之后。

附记：全体无异议。

三、各审查委员会报告：

(一) 提案审查委员会报告

报告第三号及一览表印附

(二) 财政经济审查委员会报告

报告印附

(三) 剿灭赤匪报告审查委员会报告

报告印附

四、文件报告

贺电十七件

讨论事项

一、继续讨论实业建设程序案(财政经济审查委员会提出)

决议：关于国民政府所提出之实业建设程序案，大会认为足以充分表示国民政府对于发展国民经济之决心与诚意。惟此种专门计划非仓卒所能决定，且本会议为全国国民之最高意思机关，若对于各种专门计划加以决定，在事件之列举既难免不无挂漏之嫌，而时间之确定亦恐拘束过甚。现在本会既已将行使治权之责任付托于国民政府，则此种实际计划应完全信托国民政府以充分之注意与努力而决志实行。至建设所需要之财力，全国国民既已决定励行建设，则凡力之所能者自应与政府协力同心以赴之也。

附记：国民政府蒋主席在讨论终结后以书面送来之追加意见，及西南各省代表关于本案之发言记录，一并抄录送交国民政府斟酌采用。

二、对于国民政府剿灭赤匪报告决议案草案（剿灭赤匪报告案特别审查委员会提出）

决议：通过决议案全文。（全体一致起立）

决议案全文印附

三、宣导华侨投资以发展国内实业切实保护华侨及救济失业以解除华侨痛苦案

提案印附

决议：原则通过，交国民政府妥筹办法切实办理。（全体一致起立）

四、工人失业救济案

提案印附（提案审查委员会提出）

决议：原则通过，交国民政府妥筹办法切实办理。（全体一致起立）

五、切实救济丝茶业案

提案印附（提案审查委员会提出）

决议：原则通过，交国民政府酌办。（全体一致起立）

六、请设立编译馆案

提案印附

决议：原则通过，交国民政府。(全体一致起立)

七、由大会宣告全国拥护和平统一努力建设案

(阎宝航等一百五十余人临时动议)

决议：本案成立，由秘书处整理文字报告大会。(全体一致起立)

八、严重警告陈济棠促其悔悟以保和平统一案

(毛一丰等三百余人临时动议)

决议：本案成立，由秘书处起草电文报告大会。(全体一致起立)

正午十二时散会。

提案审查委员会审查报告　第三号

敬报告者：本委员会于本月十二日在国民会议议场三楼本委员会原会议厅举行第三次审查会议，计出席委员四十七人，审查续奉交到及前两次会议保留之提案共五十七件，当经分别决定提会及处理办法，除应整理合并者另文提出外，理合将开会审查结果开列一览表，具文陈请鉴核施行。谨上

主席团

附一览表乙纸

提案审查委员会召集人　彭济群

提案审查委员会第三次会议审查结果一览表

一、合并整理提出会议者：

(一) 确保国家和平统一案，及裁减陆军确定常备兵额及军费支出标准案，现职军人不得兼任地方民政长官案，移民裁兵从事垦殖案；

(二) 扶植新闻事业以谋舆论健全案，及解除新闻事业各种束缚并辅助其发展案，宣扬党义辅助训政开发民智启迪文化政府应切实奖进新闻事业案。

二、建议于主席团交剿灭赤匪报告审查委员会者：

（一）规定侦讯赤匪办法严防诬告以保人权案。

三、建议于主席团交废除不平等条约宣言起草委员会参考者：

（一）自动废除一切不平等条约案；

（二）以国民会议之公意对外宣布废除不平等条约案；

（三）由国民会议宣言自动废除不平等条约案；

（四）宣布中外即日撤销领事裁判权案；

（五）督促政府即日收回旅顺大连案。

四、建议于主席团交财政审查委员会审查者：

（一）请制定印花税法案；

（二）请免沿岸出口税案；

（三）彻底清理外债案。

五、建议于主席团交军事、经济两审查委员会审查者：

（一）从速开发西北以裕民生而固国防案；

（二）克期建筑西南铁路系统以资开发而固国防案。

六、建议于主席团交军事审查委员会审查者：

（一）从速拟具国防计划召集国防会议以保国权案。

七、建议于主席团交教育审查委员会作参考者：

（一）推广并改良职业教育以重民生案。

八、建议于主席团交法制审查委员会审查者：

（一）关于县自治之法令应一律废止案。

九、建议于主席团交法制审查委员会者：

（一）请决议纳妾者以重婚论为人妾者以妨家庭论案。

十、建议于主席团交各有关之审查委员会审查者：

（一）废除钦渝铁路借款合同提前建筑粤滇铁路案；

（二）提前修筑平滂包宁两铁路以利交通而固国防案；

（三）请励兴林垦事业增加生产以厚民生而固边防案

（四）移民屯垦绥远河套以兴农业而固边防案；

（五）挖修后套黄河故道以利民生而免水患案；

（六）创设大规模之牧场以改良育种案。

十一、建议于主席团交国民政府核办者：

（一）请政府厉行保奖政策取缔外人设厂以挽救国货案；

（二）严厉禁娼案；

（三）限期禁绝鸦片及一切毒物案；

（四）导淮入江有害无利拟请仍旧江淮分疏以免下游昏垫案；

（五）请国府通令各省市政府于有工厂处普设工儿寄托所案；

（六）设立农业部俾农业行政有所专事案，及拟请恢复农矿部重订农业行政机关系统案。

十二、建议于主席团交国民政府参考者：

（一）中国工业凋敝政府应设法维持案；

（二）各铁路工会应改铁道部为主管官署案；

（三）请审定国术为国操推行全国学校暨陆海空军省警民团实行普及以图精神建设强种救国案；

（四）用国民会议名义发布宣言忠告武装同志嗣后应一律遵令实行编遣于定额以外不得再增一兵一卒并一律支领定饷于所驻地不得征一草一木案；

（五）从速建设西康省政府并于省政府下特组织佛教委员会以资号召而辅党政之不逮案；

（六）设立全国农民银行以救济农民改进农业案；

（七）国家每年应拨定的款补助国内农业学术团体及私人设立之农业学校奖励农学案；

（八）请普设农民银行以资调剂农村经济改善农民生计案。

十三、暂保留者（因尚有同性质之案件未编入本日审查案内）：

（一）请分拨庚款兴修华北河道及葫芦岛商埠案；

（二）开辟大规模之毛织工厂以提倡国货挽回利权案；

（三）厉行禁烟不力人员以免流毒案。

十四、不必提出会议者：

（一）变更省县行政组织以增进行政效率案；

（二）政府对于全国经济现状应从速办理精确之统计案；

（三）政府应提倡社会需要的研究与发明使与事实相联系开放研究机关并便利专利案；

（四）限期实行工厂法并补充规则以促进工人利益案；

（五）删除工会法第二十条以利工运案；

（六）全国省市县均组织各业工联会以收统一训练集中力量案；

（七）确定教育经费之百分数及其来源案；

（八）强迫家长厉行子女教育案；

（九）请实行征兵制度案。

彭济群　五月十三日

剿灭赤匪报告审查委员会审查报告

奉大会议决交付审查关于国民政府剿灭赤匪报告一案，遵于本月十三日下午三时，在议场二楼第一审查室开会审查，计出席者：李峙山、何思源、钮永建、蔡元培、丁惟汾、吴敬恒、王世杰、刘芦隐、何应钦、何键、金恩祺、何成浚等十二人，又列席者：刘振群、成柏仁二人，经与主席团批交(一)傅向荣等五十九人提“湘鄂赣厉行剿匪全国将士应一致表示协助案”、(二)傅向荣等五十七人提“军队剿匪宜清病源以期速效案”，及刘振群、成柏仁、刘作舟、王祺、向郁阶、宁坤等代表对于本案之意见合并审查，佥认为应由大会予以议决，促全国人民之注意。当经综核国民政府之报告并采纳各代表意见，拟定大会对于国民政府剿灭赤匪之决议一件。是否有当，敬请公决。

召集人　何应钦

国民会议对于国民政府剿灭赤匪报告之决议案草案

大会听国民政府剿灭赤匪报告后，深知国民政府于连年讨平军阀之中，迄未稍稍放弃其剿办赤匪之责任。而赤匪之所以未能如期肃清者，实因其外引赤色帝国主义以为之发纵指示，内乘过去军阀之相继叛乱以阴图坐大。而吾民生计之憔悴，智识之幼稚，与社会组织之脆弱，则又在在予以可乘之隙。国民政府于其过去所遇艰难困苦之中，犹能讨逆剿匪，双方并顾，使赤匪之势日益穷促，燎原之祸莫由蔓延。其艰难困苦，实足起吾人之叹慰与同情者也。

大会综核国民政府之报告，证之以赤匪为祸之种种事实，认为扑灭赤匪之责任与工作，实有赖于全国国民与政府共同努力之必要。盖赤匪之为祸，诚如国民政府剿匪报告之所言，不特足以倾覆吾国之政制，而且足以破坏吾国之社会，断绝吾民之生计，消灭吾国之人口，危害吾民族之生存。此一全国国民共同之大患，必须全国上下通力合作以破除之，决不可如过去所持之心理，以为仅仅倚赖国军之进剿，或仅仅责望当地省政府局部之努力，即可扑灭之而有余也。国民政府既已始终自矢其贯彻剿灭赤匪之决心，各省军警行政长官自亦不容懈怠其防匪剿匪之职责，而吾国民全体尤必周知赤匪之毒害与罪恶，人人以消弭赤祸肃清匪类之责自任，从而予中央与地方军政当局以最大之协力与赞助，夫然后始足以解救目前被匪蹂躏压迫之民众，消灭中国民族前途之大患。大会认为国民政府剿匪之报告中提出希冀全国国民协助扑灭赤匪之要求，其理由至为翔实严正，本会于此，谨以一致之可决，赞同其议。今本此旨，确定全国人民协助政府扑灭赤匪之任务，并为之阐明其义，以为今后全国人民共同努力之准则焉。

第一，必须深明赤匪之毒害与罪恶① 赤匪之存在与蔓延，与中国民族之生存与发展不能相容，此义实已无可置疑。须知赤匪者，乃赤色帝国主义与土匪之混合体。证以国民政府之报告与吾人历年观察之事实，赤色帝国主义对我东北各省及蒙古、新疆，自始即已处心积虑，进行其赤色的军国主义及赤色的资本主义之侵略。此两种侵略计画之实施，目的在吞并中国之领土，以加入于赤色联邦之版图，攫取中国之富源，以填赤色的资本主义者之欲壑。今此两种侵略之形势，已成长蛇之阵，蜿蜒伸入，其将为中国前途最大之外患，盖已举世所烛知。为欲保证其此种侵略计划之得以施行无阻，赤色帝国主义于是同时卵翼中国共产党徒与赣湘等处之赤匪，使其扰乱吾国之社会，破坏吾国之经济，煽动吾国之内乱，以冀吾全国上下无暇注意其对于我东北西北边疆各省所畜〔蓄〕之阴谋，乃至无力足以抵抗其实际之侵略。是故赤匪者，其外形既为赤色帝国主义与土匪之混合体，其实质必为中国将来内乱与外患之喷火口。今其为祸于赣湘，已使地成弃土，野满饿殍，村无完屋，市绝行人，斯其流毒与罪恶，盖非过去白色帝国主义军阀、官僚、土豪、劣绅、地痞、流氓之积恶所能比拟。吾全国人民及今欲图自救救国之方，必须以周知赤匪此种毒害与罪恶为第一要义。

第二，必须断绝赤匪思想言论与其出版物之流传 赤色帝国主义所以谋我中国之计划，一方则以军事与经济之侵略施诸边陲，一方则以卵翼赤匪之恶势力祸我腹地。既如前述，然其所以卵翼赤匪之方，一恃其物质上之引诱，二恃其赤匪主义之宣传，二者交相互用，遂使一部分丧心病狂之徒供其驱策。故欲求消弭赤匪之祸患，一须断绝其物质上之接济，二须断绝其思想之流传，前者当由政府多方之努力，后者当由国民与政府协力以赴之。盖赤匪主义

① 原文加着重号，下同。

之宣传，若仅恃政府之禁止犹无大效，必须全国人民各自下一断绝赤匪思想流传之决心，一方自动禁止其宣传品之传播，一方努力于三民主义之了解与宣传，以建立吾国民对于中国固有精神文明与近代科学文明之信仰，必如此始足以绝赤匪思想言论之流毒。国人不察，往往误解自由之真义，以为凡属思想言论，不必问其为是否有害于国家社会与个人，皆应任其自由传播而不之禁。殊不知一国之思想言论，其自由决不能超越于立国之精神与社会伦理之基本原则。英美固为笃信自由之国家，然其对思想言论之自由，决不容许其侵入于危害国体、推翻政府、破坏社会、扰乱秩序之范围。中国既以三民主义为建设国家改革社会乃至发展国民经济之中心，则吾国社会伦理基本原则与立国精神必本于此，已无疑义。若于此之外，而欲任赤匪所恃以迷惑人心、扰乱社会、破坏政制、危害国家之主义与宣传自由流播不加禁止，此实自乱之道，决非可以假借自由之义以为文饰者也。大会深感此义之未经了解，致使国人虽明知赤匪思想言论于国家社会人民有不利之影响，而亦游离于平日误解自由之心理中，保持犹豫苟安之故态，而不从事于普遍之禁止，遂令赤匪思想言论得以羼入于国中，淆乱国民之意志，积渐而使国人对于民族自救自存应循之大道，亦视线纷歧，莫能认清。兴言及此，实堪浩叹。今后全国国民必须以三民主义为自救救国之中心思想，凡关吾国民个人生命、社会生活、民族生存不相容认之赤匪思想言论，乃至其所传播之文艺学说，悉当群策群力自动禁绝之，庶足以齐一国民之心志，安定社会之秩序，以从事于三民主义的新中国之建设。盖唯三民主义之思想始足以破除赤匪之思想，唯此思想上之信仰既定，始足以肃清吾人心中所隐藏之赤匪。此吾全国人民欲期赤匪根本之消灭，必当以断绝赤匪思想言论及其宣传品之流传为又一要义。

第三，青年男女为赤匪所惑陷入歧途者，其家长或学校当局必须负纠正约束之责　青年男女，乃一国之新生命，负教养之责者断不可妄持放任之态度，任青年男女供赤匪之牺牲而不为救护。赤色帝国主义所以毁灭吾民族之毒计，即在以思想上与物质上之诱惑鸩毒青年男女，使其破坏家庭，戕贼身体。其在赤匪蹂躏之区，自八岁以上四十岁以下之男女，皆威胁之使任焚杀淫劫种种残忍暴戾之工作。此种事实，国民政府剿匪报告固已言之甚明，而吾国民亦耳熟能详者也。若此鸩毒青年戕贼生命之风不加纠正，则吾民族之生命势必中断。为延续民族之生命计，为保护青年男女自身之生命计，今后必须由家长及学校当局对于青年男女切实负约束纠正之责，使已入歧途者幡然悔悟，未受煽惑者得因家长师友负责之引导而遂其身之健全发展。青年男女心身之教养既正，则自害害人之赤匪恶风乃无由而入，而赤匪之毒焰亦不待扑而自熄矣。故吾全国人民欲图根本消弭赤匪，必须以教养双方导青年男女于正轨为又一要义。

第四，农村与城市之生产者，必须依劳资互助调协之原则，于法律保护之范围内，谋双方之利益　赤匪受赤色帝国主义之指使，专力图谋摧残吾国之农村经济与城市经济。故于农人则以抗租、罢税、没收土地等口号诱惑之，使不断的从事于杀人放火之残酷斗争；于工人则以增加工资、减少工作时间、改良待遇等口号诱惑之，使不断的从事于逾越范围之日常斗争。此两种斗争之结果，事实上皆足使农村经济与城市经济同陷于破产之境。而其所利用之农民工人，亦必因失业流离之故而同归于尽。吾全国国民，尤其是吾全国之农民工人，当知赤匪侈谈之理论完全不适合于中国经济之实际情况。就农村经济言之，赤匪所侈谈之中心理论为土地革命，而土地革命之内容在均分土地，殊不知吾国土地制度原甚平均，据年来之统计，全国农民有地十亩至二十亩者，占全国耕地总面积百分之六十二；有地三十亩以上者，占百分之二十一；有地五十亩以上者，占百分之十一；而有地百亩以上者，仅占百分之六左右。可知中国土地之分配，其平均已如此。同时有地自十亩至五十亩之农民，其土地所有权之变动状态，有增加之倾向；而有地自五十亩至百亩以上之农民，其土地所有权之变动状态，只有分割之趋势，并无集中之倾向。可知中国土地分配之变动，仍不逾越其固有平衡之范围又如此。以是知赤匪均分土地之理论，其不适用于中国也明甚。又况赤匪所谓平分土地者，表面虽侈言按照人口均分，事实上则彼辈既不统计人口，复不统计土地，何从而均分之？即使为局部之统计，然全国人口之疏密不同，土地之广狭肥脊大异，匪又何得而均分之？果使按照人口均分，势必至于力能耕作者苦无足用之土，力不能耕者又苦足使之人。以是求平，结果乃适得其反。由此可知赤匪煽惑农民之谬说，事实上已不攻自破矣。更就城市经济言之，吾国之生产落后，资本主义制度既未形成，骤欲以对付西方雄厚资本主义之方法加诸于微弱之投资者，结果不独甫在萌芽之生产事业被其摧残，即工人自身甫得之生路亦被断绝。此实自十五年武汉恐怖时代以来，赤匪自身屡试屡验所予吾人之事实，无待旁征者。最近数年，工人亦颇自知经济斗争之适足以增加自身之苦痛，故不复迷信动辄罢工之谬说。赤匪窥视工人此种心理，于是变易其煽动之方法，而以怠工之术进。然无论赤匪煽惑工人之方法如何变易，而其结果之足以破坏吾国之生产事业则一，其足以使工人自身永无福利之增进则一。同时因中国工人对于本国生产事业误用经济斗争之故，使本国任何大规模之生产不能振兴，于是以西方雄厚资本主义为后盾之外国工业，反得乘虚侵入于中国之领域。此种种现象，以上海一隅为尤显著。由是可知吾国工人误信经济斗争之另一结果，即为助长外国资本主义之移殖于中国。故凡赤匪所恃以为欺骗吾国工人之理论与方法一经试用，其贻祸终不外三种：一曰消灭吾国之生产，二曰引起吾国工人之失业，三曰助长外国资本主义之侵入。在赤色帝国主义视之，此种危害中国经济生命之祸患，彼固寤寐以求之。而奈何吾国之少数工人，亦甘为之虎伥而不悟也。综合赤色帝国主义嗾使其匪类诱惑农工之理论方法，其用意乃在毁灭吾国之农村经济与城市经济，盖已显然。今后吾全国农民工人，必须彻底了悟此种毁灭社会经济生命之赤匪方法为不当，各自依劳资互助调协之原则，以从事于生产之增加与生产技能之进步。唯有努力增加生产，则生产事业始能不断的发展，唯有生产事业不断的发展，则农民工人之利益始能不断的增进，生活始能不断的改良，而技能亦始能不断的进步。若反其道而行之，不努力增加生产，而求利益增进、生活改良、技能进步，未有不陷于劳资同归于尽之境者。今劳资互助调协之原则已确定为国民生计根本政策之一，而国家亦本此原则制定各种保护农工利益之法规，以冀今后全国凡生产事业有关之人民共同推行。盖不独以此为发展国民生计必取之方针，且亦以此为挽回一般误中赤匪毒计者之恶风也。此吾人今后协助政府扑灭赤匪之祸患，必须以依据劳资互助调协之原则，于法律范围内谋双方利益之又一要义。

第五，在剿匪区域内各地人民必须与县政府协力举办保甲清乡及其他辅助剿匪善后之事宜　剿灭赤匪，一方固须赖国军之进剿，同时亦须赖人民之协助。协助之是否得力，则全恃人民自身是否有强固之组织。县自治固为地方人民应有之组织体，然在被匪之区，县自治尚未能依法筹备以前，政府必须予各县人民以先行举办保甲及组织自卫实力之保障及协助，必如此，人民自身之力量始能确立，然后能转而以其自身之力量协助政府剿匪之进行。保甲与自卫实力之组织确立，人民即当与国军通力合作，于国军进剿赤匪之时，则为之密查匪徒，侦报匪迹，办理交通，从事宣传；于本县进行清乡之际，则各自清查匪犯，绝其踪迹，无使漏网；于匪类肃清以后，则与政府合力办理招抚流亡赈救残伤恢复秩序及其他善后事宜。政府必须于人民进行此种任务之时，予以提倡奖励及保护，人民亦须于政府奖励保护之下，努力尽其职责，则赤匪之剿除，必能立奏速效。故今后人民与政府协力扑灭匪祸必须以组织人民自身之力量之又一要义。

全国人民之应予政府以协力与赞助者已如此矣，然人民之希冀政府者亦可分治本、治标两方面言之。赤匪之起因，外由赤色帝国主义之煽动，内由人民生计之枯窘。前既言之。故剿灭赤匪，于治本方面，必须政府努力于物质建设，以开国民生计繁荣发展之途径，同时亦须巩固国家之统一与和平，整顿各省之吏治与庶政，以绝匪类煽乱之机会，内治既入正轨，则以全国经济政治之伟力，充实国防，敦睦邦交，不独赤匪必因内外断绝资缘之故而归于无形之消灭，即国家亦可建长治久安之目的，此治本之方不待费词者也。至于目前大会之所希冀于政府者，于治标方面，一望政府对于剿匪军队严明其赏罚，充实其饷械，则剿匪庶益得力；二望政府于匪区之灾民尽量予以救济，俾得妥受安抚，恢复耕作，以绝煽乱之源。其有关于全国人民协助政府剿灭赤匪工作上所需各种统一之办法及法规，亦冀政府从速为之统筹制定。深望全国上下，依本案之决议，群策群力，于最短期间，扑灭此中国民族前途之大患。此患既除，斯国家之和平统一乃益臻完固，社会之秩序与安宁乃益确立而不虞动摇，夫然后三民主义之一切建设乃无往而不进行顺利也。

宣传华侨投资以发展国内实业切实保护华侨及救济失业以解除华侨痛苦案〔略〕

工人失业救济案〔略〕

切实救济丝茶业案

我国历年国际贸易入超极巨。此种巨量之入超实际上无法抵偿，于是一部分化为外债及外人在中国之投资，一部分则以现金漏卮于外洋。入超既年有增加，漏卮亦日益扩巨，驯至国民经济呈虚脱之状态，国民生计陷艰困之境地。故欲改善吾国国民生计，首须谋输出之增加，以求输出与输入相抵，而留资本于内地作种种建设事业之需，此固尽人皆知者。丝、茶两物向为我国之特产，占我国输出之大宗，在最盛时代，丝、茶两者之输出额占出口总数之半，国际丝茶市场亦为吾国所独占。乃近年来，丝则外受日丝之竞争，内受人造丝之压迫，加以战事频仍，蚕种恶劣，不但海外市场尽受日丝所夺，即国内销路亦岌岌将无立足之地；茶则当一八七〇年时销额尚占世界茶市总销额百分之八十，乃自欧战爆发而后俄销停顿，市面遂趋颓势，加之印度、锡兰等产茶之国皆竭其心力以谋茶叶生产状态之改善及对外推销之扩张，致华茶固有之地位渐为印、锡侵占以去，输出数额一落千丈，对于吾国出口贸易实感受最深刻之影响。晚近中国出口贸易之不振，皆丝、茶两业之失败有以致之，而中国农村经济因其间接之影响益濒于破产。故欲谋吾国对外贸易之发展与夫输出之增加，非首先从事于丝茶业之救济，不足以收显著之功效，即国民生计之改善、民生建设之实施亦深利赖于此举。

窃以丝茶业之救济方法固有多端，所有救济办法之是否能适合实际之需要，与夫能否充分发挥其救济之效果，自不能不有待于事前为长时期之擘划，探本索原，穷治究竟，以为根本久长之计。然一方面此实为一目前救急问题，必须先施以数种救急之办法，使其得延生存之残喘。故救济丝茶业须有治标治本两端同时并进，以期速效。兹略举如下：

（甲）治标方面

（一）国民政府已发行之丝业公债六百万，应以三分之一奖励生丝出口，三分之二改良丝厂机器，并另筹偿还公债本息基金。

（二）由国民政府于本年内发行茶业公债六百万，以三分之二奖励茶叶出口，三分之一改良茶叶制造。

（三）暂行豁免生丝、茶叶之出口税，其期间以五年为限。如必要时，得酌量延长之。

（乙）治本方面

（一）设立丝茶国际贸易局　国际贸易关系于国家经济至为

重大，过去中国之对外贸易均一任商人为之，遑论目光短浅，思虑未周，以与各资本主义国家角逐于国际贸易市场，必无幸胜之理。况外人往往以国家之力量为商人后盾，挟以临我，如俄之协助会操纵我茶市，日之产业部操纵我丝市，致我国对外贸易尽仰他人之鼻息。救济之道惟有创设国际贸易局，延聘商业专家随时研究发展国际贸易之对策，并以国家之力量尽力推行，以为保护贸易政策之运用。

（二）普设丝茶生产制造之指导机关　聘请专家主持指导改良蚕种及其饲养方法，并改善茶丝质地及其制造方法、运销方法等。

（三）设立大规模之蚕桑学校、茶业学校，以造就改良茶业丝业之专门职业人才。

（四）提倡蚕业、丝业或茶业合作社，以合作之方法贯彻下列诸目的：

（1）使用新式干茧机、缫丝机或制茶机等，以增进产制效率。

（2）建筑蚕茧、生丝或茶叶储藏所。

（3）所有干茧、生丝或茶叶共同集卖。

（4）以丝茧或茶为抵押，向银行或钱庄订立借款，以作产制之资本。

（5）改良育蚕及丝茧之产制方法。

此种合作社须由政府提倡指导，先就一地为小规模之试行以树风声，迨一睹成效，闻风兴起者必多，推行自易。意大利蚕业合作社之成功即其明证。

上述诸端，仅其荦荦大者。至其详细方法，自须由政府详加厘订，分期分区各制其宜，以便实施。是否有当，敬请公决。

提案者：项定荣　朱惠清

连署者：王竹斋　陈联芬

林黄卷等六十一人

请设立编译馆以促进科学教育案〔略〕

速设立国立编译馆编译中小学校教科书及学术专书以宏文化案〔略〕

〔中国国民党中央执行委员会秘书处档案〕

10. 国民会议第七次会议议事记录

（1931年5月15日）

第七日　第七号

时间：中华民国二十年五月十五日上午八时

地点：首都国民会议议场

出席代表四百七十二人：〔略〕

出席中国国民党中央执监委员及国民政府委员二十九人：〔略〕

列席者七十一人：〔略〕

主席团：于右任　张学良　戴传贤
　　吴铁城　周作民　林植夫
　　陈立夫　刘纯一

主席：张学良

秘书长：叶楚伧

纪录：主任秘书　程天放
　　秘书　洪兰友　许静芝　区国梁
　　　　叶溯中　谢　健　钱昌照
　　　　程中行　李　蟠

主席恭读总理遗嘱——全体肃立

报告事项

一、宣读第六次会议纪录

二、代表资格审查委员会报告　报告印附

三、文件报告

贺电一十四件

四、主席团报告陈代表希豪等建议第六次大会通过之国民会议对于国民政府剿灭赤匪报告之决议案第四段"于工人则以增加工资、减少工作时间、改良待遇等口号诱惑之"一句内之"以"字应修正为"假借"两字，经加审查，认为所请具有理由，拟请准予照改案。（全体无异议）

讨论事项

一、由中央指拨专款并奖励兴办蒙古教育及各项文化事业案。

议决：蒙古、西藏地方情形特殊，语言文字均与内地不同，应由国民政府根据约法所定之教育方针斟酌当地情形妥定办法，务期蒙藏之文化得以迅速发展。（全体一致起立）

二、通告国内外特许外蒙自治以期早日完成统一案　提案印附

决议：关于蒙古之地方制度，约法第八十条已经规定，得就地方情形另以法律定之。本案应交国民政府作为制定法律时之参考。

三、保障蒙古盟旗及蒙民生计案　提案印附

决议：查关于蒙古盟旗制度，业经第二百七十一次中央政治会议决定，原则交立法院迅速制定法律在案。本案应送国民政府交立法院作制定该项法律时之参考，并望国民政府令立法院将该项法律迅速制定。至关于蒙民生计，应由国民政府参酌本提案妥筹办法。（全体一致起立）

四、急速向各国政府交涉取消待遇华侨苛例案　提案印附

决议：原则通过，交国民政府。（全体一致起立）

五、设立国民经济委员会修正案

经济审查委员会审查报告及提案　两件印附

设立经济会议以解决中国经济问题：　提案印附

决议：原则通过，交国民政府查照。从前中央政治会议所决定之案合并办理。关于本会之文件一并送国民政府参考。（大多数起立）

六、请以国家全力救济甘、青、宁三省案　提案印附

开发西北办理工赈以谋建设而救灾黎案　提案印附

决议：将此次提出之关于西北各省工振〔赈〕及建设各案一并交国民政府通盘筹划，切实办理。（全体一致起立）

七、国民政府蒋主席请决定中华民国约法公布日期案

决议：定于中华民国二十年六月一日公布施行。（全体一致起立）

八、昭告全国拥护和平统一电　（秘书处整理提出）

决议：通过。（全体一致起立）　电文印附

九、警告陈济棠电　（秘书处起草提出）

决议：通过。（全体一致起立）　电文印附

十、由国民会议电告在广东革命武装同志，晓以邪正顺逆之辨，并由国民会议电告广东同胞一致拥护和平统一，勿为少数人所利用案　（济宽等一百三十四人临时动议）

决议：通过，由秘书处起草电文。（全体一致起立）

正午十二时散会。

代表资格审查委员会第二次审查报告

查本委员会自第一次开会后，大会截至十三日止，陆续报到之代表尚待审查。十三日召集第二次审查会，计出席委员二十四人，将续到代表资格审查完毕，均经证明手续完备，认为合格。特此报告主席团鉴核。

代表资格审查委员会召集人　吴敬恒

蔡元培代　报告

由中央指拨专款并奖励兴办蒙古教育及各项文化事业案〔略〕
通告国内外特许外蒙自治以期早日完成统一案〔略〕
保障蒙古盟旗及蒙民生计案〔略〕
急速向各国政府交涉取消待遇华侨苛例案〔略〕

经济审查委员会审查报告

奉大会交下设立国民经济委员会案一件，遵于十四日开会审查，出席者四十九人，经归纳各审查委员会意见，认为国民经济委员会确有从速设立之必要，惟对本案内容及办法略有修正之处。兹附修正案文于后。是否有当，敬请公决。

经济审查委员会召集人　金恩祺

(1) 理由第一项修正如左：

一、集全国各职业团体之代表、政府机关人员及专门家于一堂，每年定期开会，决定国民经济改良、经济设施种种实际方案，备政府采择施行，可收举国一致改进民生之效。

(附原文)

一、集党、政、军、文化团体、经济团体及专门家之代表于一堂，每年定期开会，决定国民经济改良、经济设施种种实际方案，备政府采择施行，可收举国一致改进民生之效。

(2) 理由第二项修正如左：

二、可使全国各界注意于民生问题之解决实为解决中国问题之关键，而不致操在某言某之态度，各为其私，各不相谋，驯至交受其弊。

(附原文)

二、可使全国各界注意于民生问题之解决实为解决中国问题之关键，而不至操在某言某之态度，各为其私，各不相谋，驯至交受其弊。如党之作用止于政治，而与民生渐形隔绝，驯至造成一特殊阶级；军人之不注意民生，文化教育事业之不切于社会经济需要，政府经济行政之远于民生实况等，其弊有不可胜言者。

(3) 理由第五项修正如左：

五、中国之兵匪问题实一最严重之民生问题，应集全国之力解决之，决不能高谈裁兵，徒责政府。故政府如委派军事人员参加经济委员会与各界代表相见，可祛彼此之隔阂，而促兵乱问题之解决。

(附原文)

五、中国之兵匪问题实一最严重之民生问题，应集全国之力以解决之，决不能高谈裁兵，徒责政府。故军人代表参加经济委员会与各界代表相见，可祛彼此之隔阂，而促兵乱问题之解决。

(4) 办法全文修正如左：(办法第一项依原案，增添第二项，余归并修正为第三项)

办法：

(一) 国民政府为决定全国经济政策，审查各种有关国民经济案件，并便于进行国民经济建设，实行总理实业计划及其他关系民生之遗教起见，设立国民经济委员会。

(二) 国民经济委员会隶属于国民政府。

(三) 国民经济委员会限民国二十年内筹备完竣。其组织法由国民政府根据下列原则订定颁布实施之。

甲、国民经济委员会由下列人员组织之：

1. 农工商各职业团体依法推选之代表；

2. 政府依法委派之人员；

3. 政府聘任之专家。

乙、国民经济委员会设委员长一人，由国民政府就委派之人员中委派之；副委员长二人，由国民政府就各团体选出之代表及专家中各委派一人充任之。

丙、国民经济委员会每年至少举行会议一次。

丁、国民经济委员会得附设各项必须之机关，分任设计、指导、审核等事项。

（附原文）

（办法）

一、国民政府为决定全国经济政策，审查各种有关国民经济案件，并便于进行国民经济建设，实行总理实业计划及其他关系民生之遗教起见，设立国民经济委员会。

二、国民经济委员会由党政军及经济文化团体与乎专家之代表组织之。

三、国民经济委员会之委员资格，由选举与任命取得之。

四、国民经济委员会之委员长由国民政府主席任命之，副委员长二人，由全体委员选举之。

五、国民经济委员会每年举行定期会议二次，每次会议半月至一月。

六、国民经济委员会得选举常务委员若干人组织常务委员会，于会议闭会时执行各种议案及日常事务与夫委员会付与之职责。

七、国民经济委员会得附设各项必须之机关及组织各种委员会，以增加其工作之效能，并得委托国家机关以调查研究之责任，又得设立编辑所、出版部等。

八、国民经济委员会之详细组织法规，由国民政府订定颁布实施之。

设立国民经济委员会案（提8）

（理由）

总理有言：建国之首要在民生，民生建设者经济建设也。现中国民生凋敝，匪盗四起，兵乱叠生，以致富者贫，而贫者转于沟壑，虽党国贤达夙夜忧勤以图补救，然祸水诚恐四溢乱萌尚惧日滋者，盖政治组织犹有未尽，致未能收庶民攻之不日成之之效也。今拟折衷俄、德成法，创立国民经济委员会。其效果利益约如下：

一、〔略，见前审查报告〕

二、〔略，见前审查报告〕

三、中国之积贫积弱由于产业不振，今设立国民经济委员会，萃全国各界之力以致力全国之经济建设，实不仅为救贫计，亦所以努力自强。因近世国际之战争实经济之角斗也。

四、国民经济委员会可酌量全国情形，拟定或确定缓急得宜及因地制宜之经划政策，不致畸轻畸重，偏于一方，使全国之经济发展不均，以致进步落后相隔悬殊，造成国家分裂之原素及地方主义之根苗。

五、〔略，见前审查报告〕

六、中国现当经济转变时代，故社会上发生之新问题甚多，如农村经济破坏问题、失业问题(兵匪亦在其内)、国际贸易问题、金贵银贱问题、工业化电气化问题，诸如此类，不胜枚举，若听其自然，则社会所受损失痛苦至大且巨，允宜集思广益，未雨绸缪，庶几痛苦可减而利益可期。

七、国家政治设施、地方区划、文化政策及土地问题、军政问题等等，多与经济问题有关，此项会议可备政府随时顾问或接受审议或提出意见。

兹特拟具国民经济委员会之组织大纲如左，敬祈公决。

(办法)〔略，见前审查报告〕

提案者　朱惠清　项定荣　王竹斋

连署人　陈联芬　刘澄清　张赖恳

林黄卷　张乃燕　张任天

方青儒　杨培根　陈希豪

洪陆东　张　强　姜卿云

徐文元　虞　协　张临球

陈安均　史志英　艾毓英

傅光海　崔从灏　王献芳
杨锦昱　陈勤生　顾佑民
王建今　李范一　蒋伯诚
夏正声　赵桂林　刘岳厚
易　元　方本仁　罗传矩
杜松延　何子成　陈玉科
张苇村　曾济宽　刘世英
黄宇人　杜哲庵　王　祺
杨兴勤　祁锡勇　赵伟民
王秉乾　杨裕文　顾耕野
庄嵩甫　刘不同　王漱芳
斐存藩　马　亮　潘秀仁
刘子麟　钱孙卿

提议设立经济会议以解决中国经济问题案 (提153)

……近查德国宪法中有规定经济议会条文，……德国经济议会制度实为最适宜之模范，且我国农会法、工会法、商会法、工商同业公会法均已次第颁布，各种团体亦渐次组织健全，正宜进一步在法律上规定一调协机关……

(办法)

(1) 德国经济议会于宪法中特设专条，我国宪法尚未成立，宜特别制定经济议会法或于约法中先为规定，以便将来列入宪法且为现在组织经济议会之依据。

(2) 德国颁布宪法后，即着手经济议会组织之法令，因不及待，先颁布临时经济议会组织法克期召集。我国经济问题急待解决，亦宜先颁一种临时经济议会法令，以应需要而便召集。

(3) 经济议会之设，其应行注意之点，一为解决经济问题之机关必须独立，一为解决经济问题之人物，就职业言必须求其平均，就个人言更必须求其平均。本以上两点以为组织经济议会之标的，则议会通过之法律案、议决案自有独立之精神，议会集合之各团体各阶级自有调协之机会，如此既可免阶级斗争之惨祸，亦可适合国际经济之生存。

提议人：何玉芳

连署人：李峙山　郭雨村

毛丕恩等五十四人

请以国家全力救济甘青宁三省案　（提337）

自统一告成，军事结束，为党国策长治久安者，莫不曰：开发西北，经营西北。其中最有力之主张，即曰移兵实边为巩固国防根本之计划。自表面观之，似亦持之有故，言之成理。然自三省实际状况而研究之，则莫若先从三省经济建设着手，力省而易举，事半而功倍，在政府所费有限，在人民受惠无量，特提出救济办法各事，亦即为开发西北计划之初步。

一、包宁铁路宜提前完成以利交通。

〔说明〕　西北交通梗塞，此为全国所公认。无论开发与救济，应先谋交通之便利。交通无阻，则运输不感困难，救济更易从事。例如，近年豫、陕、冀、晋、察、绥各省虽遭灾祸，乃因铁路畅通，运送米粮不感困难，因是赈救全活者无算。至甘、青、宁三省僻处边陲，既无铁路，又乏水运，坐以待毙，无术自全，此为最显明之佐证。欲谋交通，则包宁铁路提前完成，而宁夏至兰州之土工亦应早日动工，以便收容灾民，以工代赈，最低限度与陇海铁路同时并举。盖包头至宁夏，路径平坦，一望无垠，除黄河桥梁及数十里沙漠稍费工程外，该路测勘早已完毕，如政府指定专款兴工赶筑，则期年可成。而以工代赈，尤为三省目前救济灾民所急需者也。

〔办法〕　责成铁道部限期完成。

二、甘青宁三省航空线应提前开发。

〔说明〕 边地交通梗阻，实为种种设备之最大障碍，三省欲以最短期内以最经济方法达到便利交通，发展实业，开通民智，巩固边防之四大目的，惟有开辟空中交通举办边境民航之一策。盖铁路则须先设轨道，汽船、汽车极应同时以举，均非旦夕所能成功，只有飞机纵横上下、超山越水、瞬息千里、无往不宜，其便利无有逾于此者。而飞机一架，小者所值不过四、五万元，大者不过十余万元，财政上、时间上、军事上、民用上，在今日均可谓最经济之交通工具。

〔办法〕 责成交通部于最短期间先行开通甘青宁三省之空中航线，并置备飞机以利民航。

三、兴办黄河上游水利，藉免下游豫鲁各省水患，尤宜在宁夏及河套地方用大规模办法开渠引河，以资灌溉。

〔说明〕 黄河自星宿海发源，东流经过青海、甘肃两省所属郭密、贵德、循化、临夏、永静、皋兰、靖远各县，均可开渠灌田，宁夏、绥远两省地势尤能得黄河水利，如宁夏省属中卫、宁夏、宁朔、金积、灵武、平罗各县，伊乌两盟沿河旗地及阿拉善各蒙地，绥远省属临河、五原、佘太、包头、萨拉齐、托克托、东胜各县，随处皆可开渠引水，倘由宁夏横城月牙湖以东石咀山之间开一、二大渠经过伊克昭盟各旗地，该地多系沙漠，最能吸收水量，可能将沙漠变成良田，又可宣泄黄河一部之水至包头东仍入黄河；其次，山、陕两省沿河各县可开水利者亦多，如此办理，冀、豫、鲁三省不但能得水利，实足以免水患。至于宁夏河套地方则黄河有百利而无一害。谚语“黄河富宁夏河套”者，即指此也。盖宁夏地势平坦，黄河居高临下，随处均可开置渠口。西汉时，治边长吏见其地势水形可以利用，遂开河渠引水，从此水利大兴，地方饶足，不虞遭旱。民国以来，政治不能安定，关于渠工官疏督察民怠失修，渠淤田荒日甚一日，以致荒地竟达数十万顷，农民失业转徙他方，言之深堪痛心。近年雨水不调，宁夏亦旱灾迭见，实未之前闻。至于河套一带，田土尤广，可兴水利较宁夏为多。所谓河套者，黄河自宁夏横城堡西折而北，经三受降城南至废东胜州西折而南入府谷县黄甫川东，其中谓之河套。又以贺兰山绵亘西南，阴山山脉蜿蜒北面，长城屏蔽于东南，黄河环流于其间，四面地形较高，中央低下，有似盆形，加以气候温和，小麦及秋禾每年收获甚丰。近年甘青宁三省农民与山、陕、绥、宁各地之人移居耕种者甚多，惜乎人民力量薄弱，渠工过大，费用浩繁，沿用人工旧法而皆不能自办，即有已开成各渠，往往因年久失于疏浚，为泥土所淤塞，加以土匪充斥，视河套为尾，闾民不安居，流转沟壑，坐视大好良田变成荒废，殊觉可惜。今欲减免黄河下游水患，宜注重上游水利，自宁夏河套以西各地，凡能兴办水利宣泄河势之处尽力开发，尤其在宁夏河套就前人之途径尽量开渠，使荒废之田变成沃壤，而于横城月牙湖以东石咀山之间开河宣泄水势之工程尤不可缓。况沿河各省灾民饥饿载道，如兴办黄河水利，容纳灾民就工就食以代赈济，此尤为黄河流域各省灾民所急需者也。

〔办法〕 请政府指定专款，责成黄河水利委员会克期举办，最低限度亦应与导淮工程兼筹并顾，期以成效。

四、改进甘青宁三省畜牧农林各业以裕民食

〔说明〕 三省人民所最苦者，即每年农产物不足供给食用，一遇灾荒，顿成饿莩。盖不知者以为三省地广人稀，因有开发移民之提倡。其实，三省农耕畜牧之田土有限，而沙渍不毛之地仍复不少，且气候寒冷，年只收获一次，尚有一次不能收获者比比皆是。三省人民尽力耕牧，犹虞不能自给，孟子所谓“乐岁终身勤，凶年不免死亡”者是也。倘政府不予设法改进，则三省人民自食不足，何暇养人，更何敢言开发耶？

〔办法〕 责成实业部以全力提前兴办三省水利，奖励造林，保护森林，发达畜牧，改良马牛羊种，开采矿产，取用本地原料兴办工厂。

五、甘青宁三省教育应特别注重以期普及。

〔说明〕 甘青宁三省种族复杂，文化落后，教育未能普及，以致缺欠常识之人往往互起猜疑，动辄误会，甚至种族间彼此仇视，发生不幸之事。此种心理决非政治及任何办法所能为力，倘不从教育入手救济，则后患更难设想。而教育尤宜注重中小学，务令于最短期间厉行义务教育，庶期灌输常识，与东南各省同收普及之效。

〔办法〕 责成教育部规定三省地方教育经费，并因三省情形特殊，请中央特别补助，或由庚款项下指定补助三省教育专款，以期切实进行。

提案代表 马福祥

连署代表 张之江 贺耀组 陈调元
夏斗寅 王正廷 方觉慧
徐源泉 刘亮章 王金钰
刘涟漪 李鸣钟 梁冠英
陈绍宽 张森林 张国庆
胡张清 刘元泰 黄学周
宋垣忠 张波岑 许承谟
郭民铎 王常彝 杨建信
杨廷桢 陈泽世 阎振熙
李东园 张国钟 李嗣璁
冉凌云 王秉乾 高廷桂
马均元 祖兴贤 李卓文
刘书城 赵恩庆 刘守荣
薛永昶 高尚志 尚有珍
杨清濯 毛丕恩 郭雨村
成柏仁 周凤岗 郭自兴
梁寿珊 李寿亭 庄嵩甫
钮永建 王锦霞 郭民锋
赵咸丞 宋兴儒 乔森荣

董英斌　赵养天　杨　焕
李树林　李　蔼　苏宝麟
奇子俊　荣　祥　阎宝航
王卓然　金恩祺　卢广清
李士魁　王化一　杨大光
刘广沛　王广恩　恩克巴图
乐景涛　戴清廉　赵桂林
李卓文　翁富有　教德兴
拉希色楞　胡图力　陈赓扬
李正乐　徐　箴　潘秀仁
赵仲仁　彭济群　春　德
刘效贤　杜乾学　王宪章
杨香秋　王福维　杨筑九
郭堉恺　张　铎　崔廷瓒
马国藩　吴鹤龄　李鼎超
董健宇　田昆山　张斗垣
杜尊五　李汝泉　王桓武

提议开发西北办理工赈以谋建设而救灾黎案　（提226）

理由：

西北疆域辽阔，人民稀少，因交通之阻塞而文化落后，因种族宗教之复杂而猜嫌横生。近数年来，外受赤色帝国主义之侵略，内受军阀盗匪之蹂躏，人民生计社会安宁破坏无遗，莫由挽救。乃天不悔祸，灾害迭生，自十六年迄今，荒旱之灾，死亡之惨，造成前古未有之新纪录。就陕、甘、青、宁四省统计，饿死之人在千万以上，逃亡之数亦复相等，树皮、草根、油渣、土石，凡物质中弃之不惜食之有害者，无一不搜罗争抢，用以充饥。人世悲惨之境较泥犁地狱尤有甚焉。自全国统一，训政开始，政府注重建设，首谋开发西北。

国民会议开幕以来,全国视线注于一途,而开发西北之声尤喧嚣于时贤之口,方案盈尺,纷纭聚讼,良以苏俄四年计划之威挟,万里国防急须巩固,而东南过剩之人口,百万裁编之军队移殖安插,均视西北为惟一宣泄之场。谋国荩诚,起人敬佩。顾默察审虑,有不能已于言者。西北各地方在流离死亡之中固有之人口迫于饥寒流亡,各地既自顾之不遑,何招来之可言?交通道路动须人工,西北各省有数千万待毙之人而无工可作;占全国土地面积五分之一而无水可灌,膏腴良田尽成荒芜;纯朴生民坐待死亡。言开发西北者而不注意于此,则计划无论如何周密,无论如何美备,均属纸上空谈,无裨丝毫实际。此非过激之谈,危辞耸听。凡注意西北,亲履其境睹灾区荒凉凄惨之状者,类能言之也。故欲求吾民族之生存,国家之独立,防赤祸之蔓延,谋边域之巩固,自应集中全国之财力、人力,以图开发西北。而开发始期之先决问题,尤应筹集巨资救济广大灾区之垂毙人民,培养一切工役之基本大队,庶开发切乎实际,而孑遗之民亦感沐仁风于无既矣。

办法:

(甲)本案注目之点,在开发西北,而以开发西北之资金举办工赈。换言之,即利用西北灾民从事西北建设。

(乙)查卷烟消耗已成国内绝大漏卮,青年男女任意吸食,有损民族健康,堕落国民道德,弊害不可胜言。据精确统计,全国每年在卷烟一项之消耗,竟达两万万元之巨。拟由本会议咨国府转达饬财部于现行税额之外增加百分之三十,即可得六千万,以此作为基金发行六千万公债,用作全国赈灾之用。先拨三千万用作开发西北专款,即以此款举办有利之工赈,寓禁于征,既可挽青年颓丧之风,兼可作生产建设之利用,一举两得,莫善于此。至卷烟税率,各国征额过巨,吾国加征去各国税额尚远,时贤论之极详,不再赘也。

以上所陈,开发西北必先救灾,意见略具如右。是否有当,提候大会公决。

提案人　李范一等六十八人

昭告全国拥护和平统一电

全国同胞公鉴：我国今后立国之本在建设，而建设之前提为和平统一。惟实行建设，乃能积极完成近代国家之责任；而解决当前及未来一切之问题，亦惟保持和平与统一，然后建设之计划不致成为纸上之空谈，而能按期以实现。中国国民党总理孙中山先生领导全民戮力革命卅载奋斗即本此旨。中山先生既逝，中山先生之信徒秉承遗教，继续努力，既推翻军阀之势力以完成国家统一，复于最近数年中戡平叛乱，芟除障碍，为全体国民建立强固之中央政府，而奠邦家亿万世之基业。此种成就，实民意最高之表现，而当保障之以最大之决心与努力。在昔军阀窃政，枢纽失坠，我全体国民虽一致感觉和平统一之重要，而卒因统率之乏人，不能自励其奋勇，以谋国事之早定。今中国国民党既秉总理之主义为我全体国民负建设之重任，成统一之大业，我全体国民应念革命先烈牺牲无量之头颅与血汗，而国家之建设犹去理想之境界尚远，即应知今后之国事尤非吾全体人民一致归附三民主义旗帜之下共同努力不为功，而此共同努力之方法，开宗明义，厥为拥护和平与统一。训政时期之约法已经本会议制定，嗣后一切国是悉应遵共同之轨范，按照根本大法以求解决，而不许诉诸法律以外之任何势力。中华民国永为统一共和国既明定于约法，则凡假借法律以外之势力以破坏和平与统一者，皆为全体国民之公敌。本会议敢代表全体国民昭告中外，自今以后，凡个人或团体消极或积极谋破坏和平与统一者，即为违背国家根本大法之民贼，国民政府苟不幸而见此种事态之发生，当行使全体国民所授予之权力，用最迅捷妥善之方法执行严厉之制裁，以保障国家之利益。我全体国民于此建国肇始时期，尤当同心一致，共为政府之后盾，庶国家建设得以实现邦基因之永固。谨此通电。国民会议。删。印。

警告陈济棠电

广州第八路总指挥部陈总指挥、香师长翰屏、余师长汉谋、李师长扬敬鉴：本会议代表全国国民方集会首都以定国家长治久安之计，而执事忽有江日通电，摭拾邓、林、萧、古四监委失实之弹章，对于党政措施肆意攻讦，道路传闻且谓执事调动部队似将别有图谋。本会议殊为骇怪。执事身隶党籍，重膺军寄，以党的纪律言，党内一切问题应由党的最高机关解决，凡属党员，只有服从党义，未容紊乱系统，自作主张；以国家纲纪言，军人以绝对服从为天职，未得上级命令不得擅离部队，尤不得越位失序，对国家政治任意发言。自来军阀倡乱，动托兵谏之名，卒之民意共弃，罔不接踵覆亡。自李、白、张、唐以迄阎冯，往事昭昭可为殷鉴。和平统一为总理病榻弥留所垂嘱，亦举国民众一致之祈求。数载以来，中央戡乱平逆，日昃不遑，费无数之牺牲，掷巨大之代价，仅乃得有此日乂安之局，岂客〔容〕任何个人加以破坏？且今日赤氛未靖，挞伐方殷，憔悴民生亟待苏救，苟稍有爱国恤民之志，宜竟此九仞一篑之功，又岂容自乱步伐，使顽寇闻风益肆猖獗？民意国是趋向至明，执事乃于此时张皇腾议，忘出位之戒，耸天下之听，若无所爱于昔日光荣之革命历史，亦无所惜于国内和平之基础者，事之不详，孰过于此。本会议遵奉总理遗教，确认国家之武力当拥护国民之利益，而国民之需要必保障之以严正之法纪，断不能坐视法纪之陵夷，亦不忍执事之自隳其令誉，而贻祸于国家。用是正式决议，代表全国民意对执事致郑重之警告，唯民意之裁判实祸福所攸系，望懔悬崖之危，勿贻噬脐之悔。何去何择，唯执事为国自省。国民会议。删。印。

〔中国国民党中央执行委员会档案〕

11. 国民会议第八次会议议事记录

（1931年5月16日）

第八日　第八号

时间：中华民国二十年五月十六日下午二时

地点：首都国民会议议场

〔下缺〕

提案审查委员会审查报告第四号

敬报告者：本委员会于本月十三日在国民会议议场三楼本委员会会议厅举行第四次审查会议，计出席委员四十人，审查续奉交到之提案一百七十余件，当经分别决定提会与否或建议处理办法。兹将开会审查结果开列一览表，具文陈请鉴核施行。谨上

主席团

附一览表一纸

提案审查委员会召集人　彭济群

提案审查委员会第四次会议审查结果一览表

一、合并提出会议者：

（一）请国府实行法令：各省主席及省委不得以现役军人兼任案

（二）提倡国货以救济丝绸案及发展蚕丝业计划案

（三）设立经济会议以解决中国经济问题案

（四）限期禁绝种烟案及请彻底禁烟案

（五）为谋救济失业工人特拟具办法请予从速施行案

二、不必提出会议者：

（一）铲除法官之弊恶以肃正司法案

（二）统一国防编制并派员督促各省限期观成以求根本肃清匪共案

（三）建设文化中心案

（四）限制田赋附加并严禁预征丁漕以苏农困案

（五）限期彻底肃清赤匪并妥筹善后案

（六）英俄庚款余额重新分配兴办华北水利案

（七）政府应以渐进方法实施以机会平等教育案

（八）由国民会议议决筹借外资化兵为工化兵为农以解决军事问题藉谋永久统一案

（九）救济工友失业案

（十）请中央补助青海建省费案

（十一）请以大会名义发表宣言自动撤废不平等条约案

（十二）请提倡生产技能以发展国民生计增进人民谋生技能案

（十三）请政府积极整理国办实业并保障民办实业以充裕人民生计案

（十四）促进实施义务教育案

（十五）补助私立大学中学案

（十六）各省征收营业税应以营业纯益为标准案

（十七）审核一切外债分别予以承认或否认案

（十八）施行德教并提倡舆论案

（十九）发展农业案

（二十）请中央以法令规定创办工厂最低限度之资本额及最低限度必要之设备应由主管官厅查验藉以防止投机危害实业影响工人福利案

（二十一）确定人权保护制度案

（二十二）请令考试院举行各种考试录取从宽实习期间延长案

（二十三）创设国立各种实业专门学校以训练专门人才案

（二十四）促进整理土地案

（二十五）切实普及工人子弟义务教育及工人补习教育案

（二十六）依限完成地方自治案

（二十七）请增进国立图书馆并先于青岛试办案

（二十八）请贷款农村凿井以防旱灾案

（二十九）克期完成粤汉、陇海、张多三铁路以利交通案

（三十）厉行普及三民主义教育案

（三十一）厉行惩治贪污官吏案

（三十二）遵奉总理遗教厉行兵工政策以裕国计而利民生案

（三十三）广设工人补习学校以提高工人之知识而谋社会之进展案

（三十四）取消有丧主权之鲁案协定无条件收回路矿以杜帝国主义之侵略案

（三十五）采取革命的外交手段即时自动宣布无条件废除一切不平等条约以求中国之自由平等而谋主权之完整案

（三十六）实施利民垦殖发行公债以裕民生而御边患案

（三十七）恪遵总理遗教提倡固有道德化民成俗而固国本案

（三十八）明定北平为全国文化中心区域案

（三十九）提倡农村娱乐事项以防农业劳动者减少案

（四十）请定经书于教科中俾符总理遗教以正民德而延国性案

（四十一）划拨庙产兴学案

（四十二）自动宣布废除不平等条约案

（四十三）由国民政府制定宗教保障法保障宗教教育事业及宗教团体财产以利民族文化之发展案

（四十四）请大会发布警告封建余孽及残余野心军人书案

（四十五）确定民生经济纲领与约法为训政之两翼以利今后建设之进行案

（四十六）大会应发布告全国革命军人书谢其参加军政完成

统一并望其继续努力打倒帝国主义完成国民革命案

（四十七）大会应发布告世界各国国民书报告中国国民革命现状及中国国民之决心与愿望请其一致努力携手向世界大同之路前进案

（四十八）为实施本党劳工政策请特设劳工行政机关以专责任而慰劳工案

（四十九）保障言论自由优待新闻记者扶助新闻事业案

（五十）注重国民人格修养挽救颓风以维国本案

（五十一）于最短期间完成包宁铁路以开发西北而固边防案

（五十二）确定教育经费并保障其独立案

（五十三）取销领事裁判权案

三、建议于主席团交剿灭赤匪报告案特别审查委员会者：

（一）限期肃清匪共并抚辑流亡案

（二）限期肃清匪共并抚辑流亡案〔原文衍〕

（三）限期肃清赤匪并筹办善后以拯灾黎案

（四）肃清共匪并须严密民众组织以一步骤而竟全功案

（五）厉行限期肃清各地匪患以安民生案

四、建议于主席团交教育审查委员会审查者：

（一）全国动员限期普及成年补习教育以促成四权之行使案

（二）限期普及识字教育案

五、建议于主席团交经济财政两审查委员会并实业建设程序案审查者：

（一）修正实业建设程序第二项沧石路后加入粤滇路案

六、建议于主席团交国民政府酌办者：

（一）树立财政方针实行烟酒专卖以裕国课减轻盐税纱布税而维民生案

（二）取消青海出口土货之苛税杂捐以恤商困案

（三）为提倡工人教育请设补习夜校及子弟学校案

（四）移民殖边巩固国防案

（五）由国民会议议决中央应特别注意实施移民殖边案

（六）青海所有驻军移兵于垦以巩西北国防案

（七）请咨国府特许华侨组织商办福建全省铁路股份有限公司先办嵩汀铁路徐图进展以便交通而利开发案

（八）值此实行废除不平等条约之时外人在华所占矿权及所营公用事业应分别收回以重实际而维国本案

（九）防止海匪案

（十）厉行合作事业订立整个方案以推进地方自治完成训政工作案

（十一）广设医药助产专门学校及公立医院案

（十二）限期确定基金收回胶济路以保主权案

（十三）为纪念总理拟在北平设立癌病研究院案

（十四）国家宜设立完备专门农业学校指导全国农业之进展以挽回农村之颓丧案

（十五）振兴黄河流域水利案

（十六）救济山西金融案

（十七）开发西北办理工赈以谋建设而救灾黎案

（十八）禁革蓄婢养媳之陋俗以重人道案

（十九）修正民法亲属编案

（二十）请国府通饬商品检验局停检运销内地国货案

（二十一）取缔一切非法印花以恤商艰案

（二十二）指拨庚款补助西北各省教育经费案

（二十三）请催政府速拨巨款赈救甘青宁三省灾黎案

（二十四）请速拨赈款以救灾民案

（二十五）请中央拨给宁夏驻军饷糈案

（二十六）设置国立西南大学案

（二十七）在宁夏省城开办西北实业大规模毛织品工厂案及

开办大规模之毛织工厂以提倡国货挽回利权案

七、建议于主席团交国民政府核办者：

（一）导淮应江海分疏从现道入江故道入海请明定纲要以重民生案

八、建议于主席团交国民政府参考者：

（一）实行直接征税专充教育经费以办理普及教育扶助贫寒优秀子弟升学提高小学职教员待遇案

（二）厉行衣食住行四大需要之民生建设案

（三）请确定以乡村建设为建设根本大计并亟行计划实施案

（四）农会法中应明定农会有提出制裁欺压农民及破坏或阻碍农会宗旨者之权利各级农会附设农会公断处以便处理农民纠纷案

（五）化兵为农工以发展实业交通案

（六）统一河务行政以便管理案

（七）积极发展水产教育以兴渔业案

（八）请划一治理黄河行政系统于中央设置统治机关以一事权而兴水利案

（九）发展航业案

（十）确定土地政策以保护佃农造成自耕农为目的案

（十一）裁减漕粮限制附税以救济农民案

（十二）确定国家地方建设经费实施建设以奠民生案

（十三）设置改良币制委员会案

（十四）先行修筑绥新汽车路以发展西北商业案

（十五）彻底实行保护关税政策以发展我国工商业案

（十六）划定渔区保护渔业案

（十七）提倡航业以挽回利权案

（十八）重行改订印花税暂行条例及切实分设各地违反印花税条例审理委员会以免扰民而利工商业案

（十九）国民日用必需品由公家设公卖所任分配之责以人民组织消费合作社为补助案

（二十）请中央厉行移民政策裁军移犯广植边疆以增进国富而固国防案

（二十一）修正工会法规定工人应加工会为会员并规定工会得组织县省全国工会联合会以维工运而增劳工福利案

（二十二）请中央提前实行工厂法并修改工厂法第四十条规定工人红利分配成数以息劳资争端案

（二十三）普及农村妇女教育以利训政案

（二十四）免除麦粉统税以重民食而维农业案

（二十五）请国府从速颁布失业工人救济法（或职业介绍法）最低工资法劳动保险法劳资契约法案

（二十六）扩充青岛港以利华北商务案

（二十七）明定税目划一税率以清税捐积弊而裕库款案

（二十八）改进西北教育案

（二十九）修正工厂法并由国府提前施行以便劳资有所遵循案

（三十）从速重行厘订矿工待遇规则并通令全国矿厂实行案

（三十一）全国各县市应从速广设贫民习艺所藉发展实业而济民困案

（三十二）遵照总理实业计划及对内政策第三条之规定将全国煤矿按其轻重收归地方及国家经营以谋发展而利民生案

（三十三）迅予开发西北以巩固边防案

（三十四）规定工业系统分别国营商营实行负责提倡以维国本案

（三十五）开辟渔港并设渔盐学校及渔盐银行以重民生案

（三十六）推广农村教育改良农事设施发展农村经济案

（三十七）农村建设案

（三十八）实行整理币制以救济金融案

（三十九）国民政府在财政上宜调剂盈虚资助边远贫瘠省区政费以利训政之进行案

（四十）请实施卫生建设事业以促进国民健康增高国际地位案

（四十一）普及农业教育以图农业发展案

（四十二）利用被裁之兵实行屯垦以固边防而消隐祸案

（四十三）发展西北交通案

（四十四）确定国家军队军费总额及驻防办法案

（四十五）根据总理遗教确定水产建设步骤案

（四十六）整顿各级学校以资改进教育案

（四十七）修正工会法及工厂法以保障劳工利益案

（四十八）建设东北国防应先注重交通谨拟概略提请公决案

（四十九）振兴西北实业计划案

（五十）厉行心理建设以杜乱源案

（五十一）拟定特种工会法草案请从速施行案

（五十二）请咨国民政府切实施行劳工教育案

（五十三）修正工会法案

（五十四）增加烟税以救灾民案

（五十五）切实维持及保护民营电气事业而重建设案

（五十六）请速制定佃种条例以保护佃农案

（五十七）整饬军纪案

（五十八）催促实现缩小省区案

（五十九）奖佳对外贸易助长农工发展以巩国基而裕民生案

（六十）我国社会教育应与学校教育同等注重案

（六十一）成立国际贸易处以发展国际贸易案

（六十二）取缔苛捐杂税以恤灾民而利商贾案

（六十三）宜收回三道河小桥畔领土划入宁夏省案

（六十四）甘肃僻处西陲金融枯竭交通梗塞商困税杂人罹天灾救济之策端赖协助条具理由请予公决案

（六十五）完成心理建设充实边防而奠国基案

（六十六）请政府明令免除差役以济民困案

（六十七）监察院之监察委员国府之参事每省至少须任命一人案

九、建议于主席团交国民政府办理者：

（一）严禁女子缠足违者以法律制裁案

提案审查委员会报告第五号

敬报告者：本委员会于本月十四日在国民会议议场三楼本委员会会议厅继续举行第五次审查会议，计出席委员四十五人，当将先后奉发未及审查之各提案一百七十余件一并审查完竣，除应保留者各案外，理合将开会审查结果分别开列一览表，具文陈请鉴核施行。谨上

主席团

提案审查委员会召集人　彭济群

附一览表一纸

提案审查委员会第五次会议审查结果一览表

一、并案提出会议者：

（一）取消鸦片特税限期禁绝以除民害案

（二）限令立法院从速订定公务人员禁烟不力连坐法彻底肃清全国鸦片案

（三）彻底禁烟案

二、不必提出会议者：

（一）限期肃清赤匪案

（二）彻底澄清吏治案

（三）多设国有工厂救济工人失业案

（四）请定平汉铁路工人“二七”惨案为革命纪念日案

（五）修正税则开发实业以裕民生而固国本案

（六）确定以后举行全国选举时商人应与其他职业团体一律采用直接选举制度案

（七）切实培植及保障奖励农业技术人员以资农业发展案

（八）设立全国农业改良委员会督促全国农业场所以统一事功而便利进行案

（九）实行八小时的工作案

（十）政府督率各地商会厉行国货运动奖励设立国货商场以挽利权案

（十一）地方不得发行公债案

（十二）保障汉蒙藏佛教徒约法上所许之国民权利案

（十三）旅业工人黄包车工人应准其组织工会案

（十四）向华侨劝捐创造南洋舰队以实国防案

（十五）各县市应有县市总工会之组织案

（十六）准予挑贩组织团体案

（十七）请实行现役军人不得充任各省政府主席案

（十八）积极防止赤祸案

（十九）请国府令饬实业外交两部须会同解决中古商约案

（二十）全国应实行二五减租以增加农业生产发展国民经济案

（二十一）请制定推行合作事业具体方案以便实施而促国民经济之发展案

（二十二）巩固和平统一基础案

（二十三）发展华侨教育案

（二十四）明令提倡科学医术案

（二十五）保障人民团体法律上之活动并确定其经费来源以固其生活而造成民治的基础案

（二十六）请中央及地方政府拨款设立助学金以栽〔栽〕培贫苦天才子弟案

（二十七）请由县政府切实负责令饬各乡乡长副校董负责筹措乡村小学经费以期乡村小学发达为教育普及之基础案

（二十八）厉行二五减租以救济农村经济案

（二十九）由国民会议付托中央政府以戡除反动之权为永久和平统一之保障案

（三十）优待平等条约国侨民并予以商业上之便利以期不平等条约国政府及其人民觉悟自动的取消不平等条约而收回治外法权案

（三十一）县自治筹备委员会应由县党部与县政府联合组织分工进行案

（三十二）凡由政府任命之公务人员非经依法考试或铨叙合格者不得充任案

（三十三）请政府实行第三届第四次中央全体会议决议案迅速发还民营企业以保产权而安人心案

（三十四）地方自治组织应以乡村为中心案

（三十五）废除不平等条约取消虐待华侨苛例以解除华侨痛苦案

（三十六）请以厉行乡村民众教育为训政时期之教育政策案

（三十七）请令饬司法机关如遇铁路员工有违法或被告发时须先通知其主管官署或该管首领再行依法逮捕或传讯案

（三十八）联合世界上以平等待我之民族组织三民主义的国际的联盟案

（三十九）推广我国产丝区域改良产丝方法以增加生丝出口案

（四十）请国府指定的款补助学术团体发扬文化事业案

（四十一）促进和平统一案

（四十二）全国人民应一致协助中央完成首都建设案

（四十三）请政府明定全国岁入岁出概算案

（四十四）振兴航业收回内河航行权案

（四十五）军人权力限制案

（四十六）请废除不平等条约案

（四十七）请议撤消常关案

（四十八）请议明定商场结束及店员解雇日期案

（四十九）宜设县长训练专校以期修明政治案

（五十）请定张故师长辉瓒殉难日为铲共纪念日案

（五十一）约法通过后凡以前国府颁布之法规应送国〔原缺〕

（五十二）请规定中等学校不准男女合校以维校风而免荒学业案

（五十三）应将军队分成要塞要地划分防区俾专责成以卫民固边案

（五十四）请对共匪剿抚兼施恩威并用并对苏俄永绝邦交案

（五十五）发行内国公债以资削平匪患并谋建设以图长治久安案

（五十六）拟请国府转饬各地政府按月补助农会工会教育会经费以利民运案

（五十七）设立最高经济计划部俾经济建设有通盘之计划案

（五十八）请规定四月一日为张故师长石侯先生殉党纪念日案

三、建议于主席团交外交审查委员会审查者：

（一）请政府督促莫全权在莫斯科会议中本中俄及奉俄协定主张无条件收赎东省铁路以防宣传共产而期巩固国防案

（二）赎回中东路案

四、建议于主席团交军事审查委员会审查者：

（一）军官佐应由军政部统一训练依法补充以端趋向而一事权案

五、建议于主席团交国民政府酌办者：

（一）秘鲁政变土人乘机抢劫华侨商店及民居请政府严重交涉并早订立新约保护华侨案

（二）修订中美移民条约案

（三）严令各机关公用物品尽先采用国货案

（四）救济国内纱厂以解决民衣案

（五）筹拨庚款从速赎回胶济铁路以除日本在华北侵略之根据地案

（六）请确定对待韩侨方针案

（七）增设女子中学及乡村女子师范学校案

（八）中央银行应在海外多设金融机关以利汇兑案

（九）请撤换驻日公使汪荣宝案

（十）向日本政府交涉取消限制华侨入国及营业案

（十一）请如期施行新工厂法及其施行条例确定工人最低工资率即行取消包工制以保障工人生活案

（十二）力争济南惨案速提出交涉由赔偿损失项下拨款创办五三工厂五三公学教养被难家属子弟为国耻永久纪念案

（十三）海外华侨为本党工作被当地政府驱逐出境之乱命应促外交当局加紧交涉务达撤消目的案

（十四）限期统一国语案

（十五）请速查照前此两次编遣原则完成编遣工作以固国防而便整理财政案

（十六）请中央与地方政府明定奖励小学教员办法案

（十七）海外华侨身受虐待应急速交涉解除并饬驻外使领切实保护案

（十八）开发东三省森林案

（十九）限期完成总理中国北部中部造林计划案

（二十）提拨庚款普及农村教育案

（二十一）由中央指拨专款并奖励兴办蒙古教育各项文化事业案

（二十二）为抵制外货挽回利源亟须开办国营毛织工厂及造纸工厂以充裕民生案

（二十三）救济贫民办法案

（二十四）从速设立中央及各省县农业试验场以改良农业增进农产案

（二十五）从速收回租界地外人居留地以固国权而杜经济侵略案

（二十六）于赤匪消灭后应国防之需要酌留强有力之军队若干师余者用以开发边疆以期寓兵于农案

（二十七）扩充海军空军以固国防案

（二十八）速制定垦荒保障条例提倡人民开荒以增加生产案

（二十九）请于工会法内增订组织全国及各省市县总工会之条文以符总理遗教而谋工会组织之健全案

（三十）择水陆交通中心之地筹设大规模之工厂收纳穷民案

（三十一）请扶植大豆麦面各事业以维民生案

六、建议于主席团交国民政府参考者：〔略〕

七、并前案办理者：

（一）分拨庚款兴修华北河道及胡芦岛商埠案　同类案件业奉主席团发交经济财政联合审查委员会议决请交国府参考者

（二）恢复农矿部重订农业行政机关系统案　同性质之案系请交国府酌办者

（三）开发新疆移民垦荒寓兵于工以辟富源案　同性质之案系请交国府酌办者

（四）急速向各国政府交涉取消待遇华侨苛例案　第七次会议业经提出讨论

八、作为建议案不必提出会议者：

（一）组织中华民国国民外交后援会以充实民众对外力量案
（二）对英帝国主义宣布经济绝交案
（三）请国府与各国交涉取消虐待华侨诸苛例案
（四）国府应从速与暹罗订定条约以保护四百万华侨案
（五）救济被难华侨案
（六）华侨回国应予切实保护否则将负责长官严予惩办案

提案审查委员会报告　第六号

敬报告者：本委员会先后奉交审查之提案四百五十余件，迭经将审查结果具文陈报在案。兹又于本月十五日上午十时在国民会议议场三楼本委员会会议厅续开第六次审查会议，计出席委员四十人，经将奉发复议之禁烟各案及确定教育经费来源案、指定的款补助学术团体案重行提出讨论，并决议：(一)厉行禁烟并严惩禁烟不力人员案及限期禁绝种烟案、彻底禁烟案、取消鸦片特税限期禁绝案、限令立法院从速订定公务人员禁烟不力连坐法彻底肃清全国鸦片各案，建议于主席团交国民政府切实办理；(二)确定教育经费来源案及指定的款补助学术团体案，建议于主席团交国民政府参考。兹谨将审查结果具文陈请鉴核施行。再本委员会此次审查各项提案，为节省大会讨论时间起见，凡与大会决议意旨不相吻合、或政府业经办理、或已决定原则正在规划实施、或大会已有另案决定办法未及并案提出者，均议决不必再行提会讨论。惟各代表此次所提案件大都系属经国宏猷，足资参证，拟请将本委员会议定不必提会讨论之件，除二、三保留之案外，亦一并交由国民政府参考，藉收集思广益之效。是否有当，并请裁夺。谨上

主席团

提案审查委员会召集人　彭济群

财政经济审查委员会审查报告　第三号

案奉主席团交下与实业建设程序案合并审查之提案四件：

一、徐箴等九十七人提请速拨款修筑通张路及洮胪铁路案

二、张继等九十七人提请速拨款兴修华北河道及葫芦岛商埠案

三、陈国士等六十人提完成锦赤铁路以固边防而利民生案

四、王漱芳等六十人提限于训政年限完成总理西南铁路系统中之一路线以利国计民生案

上列四案遵经于十二日第二次联席会议提出与实业建设程序案合并审查，结果除上列第一案、第四案业于实业建设程序案中第二项添列已项概括涵纳外，其余第二、第三两案当经决议"拟送国民政府酌办"，理合报告，敬候核夺。此上

主席团

财政
经济 审查委员会联席会议召集人　孔祥熙

附缴原提案四件

主席团批：第一案并交国民政府

军事审查委员会
经济审查委员会 报告

敬报告者：本两委员会奉主席团交到提案审查委员会提出之(一)邱代表文伯等提议克期建筑西南铁路系统，以资开发而固国防案。(二)陈代表石泉等提议从速开发西北，以裕民生而固国防案。遵于本月十四日午后四时，在本会场二楼召集审查，计军事审查委员会出席委员二十六人，经济审查委员会出席委员四十九人，审查结果佥以为，本两案应建议于主席团，交国民政府参考。谨此报告，是否有当，敬候裁夺。

军事审查委员会召集人　朱培德

经济审查委员会召集人　金恩祺

五月十四日

内政审查委员会审查报告

奉交审查“请统一救济以利贫民案”一件，遵于本月十五日下午三时，在第四会议室召集审查会议，因出席委员仅二十人，不足法定人数，临时改开谈话会。当将原提案理由及办法详加研究讨论，佥以本案理由极为正当，唯对办法第一项及第四项略有修正，“修正条文另附”。并决定建议主席团交国民政府酌核办理，是否有当，仍候核夺，敬此报告

主席团

内政审查委员会召集人钮永建报告

附修正条文如下

办法一、在省市县设省市县救济院，直辖于省市县政府，在中央设中央救济院，直辖于国民政府。

（附原办法一） 在县设县救济院，直辖于县政府；在省设省救济院，直辖于省政府；在中央设中央救济院，直辖于国民政府。

二、地方救济机关无论官立私立，概受地方救济院之指导监督，其财产由地方救济院组织基金保管委员会保管之。

三、举凡个人救济社会救济等事项，概由各级主管机关命令各级救济院执行之。

四、在国家及地方收入项下指定的款，并设法筹募志愿捐款，举办救济事业，但募集之款不得移作行政经费。

（附原办法四） 在国税项下指定的款举办救济事业。

外交审查委员会审查报告

奉交审查下列五案：（一）海外华侨身受虐待，应急速交涉解除，并饬驻外使领随时切实保护案。（二）宜从速交涉解除中美洲各国虐待华侨苛例案。（三）请由外交当局设法催促法政府迅予批准新订之中法规定越南及中国边省关系专约，以利侨商案。（四）实行新订中法越南通商专约案。（五）请外交当局向法政府交涉，令其属地政府勿阻碍华侨党务之进行案。遵于本月十四日下午三时，

在国民会议议场召集审查会议，出席二十六人，对于以上各案次第讨论，当经决议，第一、第二两案并交国民政府分别切实办理，第三、第四两案并交国民政府办理，第五案交国民政府查明办理。兹将以上各案审查结果具文除陈请大会鉴核，是否有当，敬请公决。

外交审查委员会召集人　王世杰

教育审查委员会审查报告　第二号

奉交审查教育案计十一件，遵于本月十五日下午二时召集第二次审查会议，经将各案逐一提付讨论，其结果列表附陈，是否有当，敬请主席团鉴核。

（一）改进安南华侨教育案，原提办法三项，除第二项以教育部前已颁行规程可毋庸议外，第三项应修正为"国内各学校应酌量情形开设华侨回国学生补习班"，与第一项原定办法一并送交国民政府酌办。

（二）保障教育经费独立并规定地方教育费应占岁出百分之三十案，原提办法意在修改约法草案第五十条，查约法业已由大会通过，本案可毋庸再议。

（三）划定庚款一部作民众教育经费案，原提办法两项重在规定民众教育经费占教育费总额之成数，但查教育部前已规定民众教育经费占百分之十至百分之二十，本案可毋庸议。

（四）提高小学教员待遇，以增进教育效率案，理由极为充分。值此政府注重国民教育之际，允宜提高小学教员之待遇，本案应请提出大会讨论。（附原案）

（五）请确定保障原有教育经费之具体办法案，以约法业已规定保障条文，本案可毋庸再议。

（六）全国之牲屠牙帖遗产等税及沙田官荒庙产，应全数拨充义务教育经费，以宏教育案。原提办法中之（一）（二）（三）三项，拟请送交国府酌办。

（七）实施义务教育年限必适应训政年限案。

（八）推广并改良职业教育，以重民生案。

（九）全国动员，限期普及成年补习教育，以促成四权之行使案。

（十）切实推进国民体育案。

以上四案之原则或为约法所已规定，或为国府所提“确定教育设施之趋向案”中所已提示，拟请将各案原文一并送交国府参考。

（十一）限期普及识字教育案，拟请分送中央党部及国府参考。

教育审查委员会召集人　蔡元培

五月十五日

外交审查委员会报告　第二号

奉交审查下列两案：（一）请政府督促莫全权在莫斯科会议中本中俄及奉俄协定主张无条件收赎东省铁路案。（二）赎回中东路案，遵于本月十五日下午三时，在国民会议议场二楼前厅召集审查会议，并案审查，详加讨论，当经决议，（一）（二）两案原则通过，交国民政府酌办。兹将审查结果具文陈请大会鉴核，是否有当，敬祈公决。

外交审查委员会召集人　王世杰

法制审查委员会审查报告

奉交审查（一）李敬斋等五十四人提“关于县自治之法令应一律废止案”。（二）李峙山等五十四人提“请决议纳妾者以重婚论，为人妾者以妨害家庭论”两案，遵于本月十四日下午三时在中央大学体育馆开会审查，计出席委员三十八人。兹将审查结果报告如左：

（一）李敬斋等五十四人提关于县自治之法令应一律废止案认为，原案所要求将县组织法及其关系各法一律废止，另于约法内制定简单条文一节，事实上已不可能。因约法业已通过，不能再加规定。至所称省之权限太大,足以侵夺地方自治权一节,理由颇为充分,当经全体审查委员决定,建议主席团交国民政府参考。

(二) 李峙山等五十四人提议议决,纳妾者以重婚论,为人妾者以妨害家庭论案,认为可以交国民政府参考。

是否有当,敬请公决。

召集人　丁惟汾

军事审查委员会报告　第一号

敬报告者:本委员会奉主席团交到提案审查委员会,提出董代表霖等提议,从速拟具国防计划,召集国防会议,以保护国权案一件。遵于本月十四日午后三时在本会二楼本委员会开会审查,计到委员二十六人,审查结果佥以为本案内容关系极为重要,本案应建议于主席团,送交国民政府参考,是否有当,敬候裁夺。

军事审查委员会召集人　朱培德

五月十四日

军事审查委员会报告　第二号

敬报告者:奉主席团交到提案审查委员会,提出常代表海清等提议,军官佐应由军政部统一训练,依法补充,以端趋向而一事权案。本委员会遵于五月十五日午后三时,在本会场第一审查室召集审查,计出席委员十六人,审查结果佥以为本案应建议于主席团,交国民政府参考。谨具报告,是否有当,敬候裁夺。

军事审查委员会召集人　朱培德

五月十五日

财政审查委员会审查报告

奉大会交下审查三案:(一)请制印花税法案。(二)沿岸出口税应即日通令废除案。(三)彻底清理外债案。遵于本月十五日下午三时，在国民会议大会场开会，提出讨论。关于第一案决议，查现行印花税暂行条例办法未免扰民，请由大会交国民政府，速令立法院限期订定印花税法，通行全国。关于第二案决议，请由大会交国民政府办理。关于第三案决议，本案事关重要，请由大会办理各在案。理合报告，敬候公决。

财政审查委员会召集人　孔祥熙

五月十五日

主席团拟办案

左列各案经各该审查委员会审查，认为应提出大会讨论。兹经主席团分别拟定办法如下：

（一）明定常备兵额及军事标准，严禁军人干政及兼任政务官，以确保国家和平统一案。

说明：本案系提案审查委员会合并：一、刘作舟等提确保国家和平统一案。二、方青儒等提裁减陆军，确定准备兵额及军事支出标准案。三、程滨遗等提现职军人不得兼任地方民政长官。四、邓勋等提移民裁兵，从事垦殖等四案而成之案。

拟：送国民政府分别妥慎办理。

（二）促进新闻事业案。

说明：本案系提案审查委员会合并：一、马饮冰等提扶植新闻事业，以谋舆论健全案。二、陈介石等提解除新闻事业各种束缚，辅助其发展案。三、赵雨时等提宣扬党义，辅助训政，开发民智，启迪文化，政府应切实奖进新闻事业等三案而成之案。

拟：交国民政府酌办。

（三）马饮冰等提提高小学教员待遇，以增进教育效率案——教育审查委员会审查

拟：原则通过，交国民政府酌办。

（四）于小川等提请制印花税法案——财政审查委员会审查

拟：交国民政府令立法院妥慎审议。

（五）黄宇人等提彻底整理外债案——财政审查委员会审查

拟：国民政府已有整理内外债委员会之组织，本案应交国民政府迅饬该委员会积极筹订办法。

〔下缺〕

〔中国国民党中央执行委员会秘书处档案〕

12. 蒋介石在国民会议闭幕式上的讲话
——努力完成训政之大义
（1931年5月17日）

国民会议，此次集会首都，先后十有二日，与会诸代表既以庄肃热烈之诚意，表示全国国民一致接受总理遗教，复以周详之讨论，制定训政时期之约法，议决关于经济教育外交等各要案，而示今后建国图治之方针，诸代表在会议期中之辛劳，不仅无负各地同胞之付托，亦且对于整个国家，克尽其应有之使命。兹当会议告终之顷，中正敢代表国民政府，再致郑重之敬意。

国民会议之目的，在谋中国之统一与建设，其性质与寻常集合不同，故其所议决者，条目至简要，而成就之也则至为艰巨。此等决议之能否实现，不仅寻常毁誉荣辱之问题，而实为国家生死存亡之所系，在巩固统一，与完成建设之三大原则下，图存救亡，政府与国民实有同等之职责，而不能别其孰为重轻。中国今日在政治推进之阶段上曰训政，而其实际之工作则为建国，执斤运石，邪许同声，非全体一致，各献其长于工程之总计划，则伟大之建筑不能平地涌现，而吾人皆将无所庇风雨。故确认统一与建设之需要为一事，辨明统一与建设必由何道以求得之，又为一事。接收总统之遗教固重要，接受而全力奉行之尤为重要，于此中正又敢十分之恳敬，对于行将言旋之吾全体代表，贡献下列之各点，愿恳切开陈于各地父老昆季之前，而蕲求一致之努力。

一曰：巩固统一与尊崇法治　欲求统一之巩固，当于民主与法治植其基础，必以民主之精神，为统一之精神，而后统一乃为彻底；必以法治之轨范，为统一之轨范，而后统一之效可久。统一之重要，不待烦言，苟以国家建设，譬之于建筑干事，则统一者基其址也，无基址即无建筑，非统一则不能建设。照统一云者，非仅削平反侧之谓，亦非仅统一行政事权之谓，真正之统一，要植基于全体之国民。诚以统一非单一之谓，必汇合众流以归趋共同，而后统一之力量乃生，然欲就众异以求其共同，则又必有共循之轨范，此中正之所以主张由国民会议制定约法以资共守也。总理重要之遗教，其精神悉已包容于约法之中，今后全国同胞，只须以全力维护约法之尊严，则统一之基础自固。惟颁法为一事，行法又为一事，我国从来守法尊法之习惯较为缺乏，民主与自由之意义常被误解，致受一盘散沙之讥，以贻国家危乱之祸，是则法治精神之培养，又为训政工作之要件。必使法律有效，而后国家乃可久安，建设方得实现。在积极方面，凡法律之规定，其应为者，必须各尽其事，而不可放弃职责；在消极方面，凡法律所限制，其不应为者，必须绝对遵守而不可丝毫畔越。今后全国国民，以至政府官吏与军人，必须皆知守法为立国已立人之要则，不可再蹈放纵恣肆之错误，以陷国家于凌乱不安。无法即无自由，皮之不存，毛将焉附，此为吾全国同胞所应共勉；而在教育方面，亦应以严格规律生活之培养，造就国民崇法守纪之精神，则民权主义乃得以充分实现，而宪政亦克见其完成。

二曰：确认民生为国民之首要　依照总理之遗教，讨论民生问题，为国民会议重要之任务，政府此次郑重提出实业建设程序案，与教育设施趋向之注重生产化职业化，以及约法国民生计章之规定，皆以此旨为中心，中国今日陷于国贫民困之状态，必须在经济上有讲给自足之能力，而后国民有均给均足之享受，故增加生产，实为实行三民主义之根本。代表诸君子回归之后，希望特别阐述此义于国民，农民能每年增加一斗之农产，工人能每日多作一小时之工作，即国家与民族，可少受一分外国经济力之压迫。故国民必以游惰为可耻，以劳动为可贵，而后可以自存，可以救国，民生主义方得实现，而民族亦始可遂其生存。

三曰：培养民族之毅力　不平等条约之束缚，国民既已加以一致之否认，中国在国际之完全平等与自由，政府自当本其固有职权，必期其实现，惟于此有更愿吾国民痛切认识者，国家完全平等自由之获得，必以实现民族的独立为主要关键，苟民族之经济力与自卫力未能达到独立与充实之地步，则国际的平等与自由，托基犹极缥渺，故吾国民必须力屏虚矫之恶习，恢复民族的自信，涵养刚毅忍苦之德性，日夕不忘于雪耻图存之工作，中正敢言以吾四万万优秀之民族，果能一德一心，刻苦黾勉，实行三年生聚三年教训之决心，则不惟国家与民族达到完全独立与自由，决非难事，且必能以三民主义之成功，植世界大同之基础，此中正所灼然自信，尤愿吾全国同胞之同具此自信心也。

四曰：推进教育设施　教育为立国之基础，训政时期之教育，量的增进与质的改善，应同时并顾。关于教育普及，中央及地方均当视为首要之急务，而尤当恢复三十年前学校初兴时代之精神，由各地人士引兴办教育为自身应尽之义务，而后经济与师资之困难方有适当解决。一方面质的改善，同为重要。过去教育之不良，国家与人民已交受其弊，今后教育设施，务须依照中华民国教育宗旨及其实施方针之规定，与夫此次会议通过教育设施趋向案之原则，特别注意于固有德性之培养，强健体魄之锻炼，与夫近世科学之灌输。盖非培养吾民族固有优美之德性，不足以奠民族独立之根本；非提倡体育以增进民族之健康，不足以保障民族之生存；非注重于科学之灌输，则国民生产能力与生活技能，无由增进，而违反科学精神之传统恶习，亦将无由变更也。

五曰：安定地方秩序　目前国家之大患，为地方秩序之不宁，政府对于剿除匪患之未尽，实深引为疚责，而当督率负责者以努力。惟地方秩序之安定，尤赖当地人士协力自谋，更能事半而功倍，故兴办保甲，清查户口，缉除匪类，充实人民自卫之能力与组织，改良人民不良之嗜好与习惯，各地人士均当效法前贤举办乡约之精神，各有尽瘁乡里之努力，而后社会秩序必日见安宁，国家之元气乃可恢复其旺盛。近年可忧之现象，尤在各地优秀人士之群去其乡，乡村空虚之结果，必致庶事不举而基础日隳，此尤社会之隐忧，所当努力以挽回之者也。

六曰：完成地方自治　建国工作，以地方自治为根本，此为总理特具之灼见。吾人既已接受总理遗教而努力奉行，则今后工作即应以建国大纲为人人必备之课本，而于其第八条所规之调查户口，丈量土地，办理警卫，修筑道路四者，尤应以加倍之努力，尽量促成。盖宪政开始时期之到达，依于省县自治建设成绩之如何，训政六年，时限至促，吾人正须以团体竞赛之精神各自为奋迅之前进，甚望诸代表加紧倡导，与各地同胞相互策动，省达于县，县达于乡，父诏兄勉，一致为地方自治之促进，此为国家建设之最基本的要件，三民主义之实现，将视此为关键，盖必自治事业一一兴办，而后四种政权之使用，方得归着于具体之事实，而不流于空虚。

救国建国，端绪繁多，所欲与代表诸君子言之，而希望由诸君子以达于全体同胞者，右之数端，未为能尽；惟是此次国民会议之后，国民之政治，已入一新阶段，总理昔日在北上宣言中说明国民会议之意义；谆谆以国民自决其命运自择其需要为言，而归结于国民之觉悟与奋斗。自今以往，国家之建设与复兴，既已其定必循之步骤，揆诸知难行易之训，唯在吾国民之艰苦力行。语有之，作始也简，将毕也巨，数载以来，国事之艰危至矣，而民族内在之生气，则常蓬勃露而不可掩，由磨砺而进光明，从奋斗以求生路，此为今日国民共有之职责，而代表诸君所尤当珍重前修以期共勉者。

盖国民会议以前，革命成败之责任，在于国民政府之能否领导国民，而指示其应循之道路；国民会议以后，革命成败之责任，乃在全国国民之本身，全国国民能否尽其最后之努力，并督促政府完成训政之大业，此国民革命成败之所系，亦中国兴亡所由判也。

〔中国国民党中央执行委员会秘书处档案〕

二、国民大会组织

1. 国民大会组织法

（1937年5月21日）

第一条　国民大会制定宪法，并决定宪法施行日期。

第二条　国民大会以国民大会代表组织之。

国民大会代表选举法另定之。

第三条　中国国民党中央执行委员、监察委员及候补执行委员、候补监察委员为国民大会当然代表。

国民政府委员及国民政府各院部会长官，得列席国民大会。

第四条　国民大会由国民政府定期召集之。

第五条　国民大会开会地点在国民政府所在地。

第六条　国民大会代表于举行国民大会开会式时，应行宣誓，其誓词如下。

敬以至诚，代表中华民国人民，接受创立中华民国之孙先生之遗教，依法行使职权，并遵守国民大会之纪律。谨誓。

国民大会代表宣誓后，应于誓词签名。

第七条　国民大会出席代表互选三十一人组织主席团，掌理下列事项。

一、关于议事规则之制定及议事程序之整理进行事项。

二、关于国民大会之行政事项。

三、本法规定之其他事项。

第八条　国民大会每次开会时，由主席团推定一人为主席。

第九条　国民大会设代表资格审查委员会、提案审查委员会，必要时得设特种委员会。

各委员会之组织，由主席团提请大会决定之。

第十条　国民大会会期定为十日至二十日，必要时得延长之。

第十一条　国民大会于会期完毕，任务终了。

第十二条　国民大会非有代表过半数之出席，不得开议。其议决以出席代表过半数之同意为之。

宪法之通过，应有代表三分之二以上之出席，并经出席代表三分之二以上之同意为之。

第十三条　国民大会会议之表决方法，得由主席酌定以举手、起立或投票行之。前项表决，可否同数时，取决于主席。

第十四条　国民大会置秘书处及警卫处，其组织及处务规程，由国民大会主席团定之。

第十五条　国民大会设秘书长一人，由国民大会主席团推定之，承主席团之命，处理全会事务。

第十六条　国民大会代表于会议时所为之言论及表决，对外不负责任。

第十七条　国民大会代表在会期中，除现行犯外，非经国民大会之许可，不得逮捕或拘禁。

第十八条　国民大会会议时，有违法或紊乱议场秩序者，主席得警告或制止，并得禁其发言。其情节重大者，得付惩戒。

第十九条　前条惩戒，由主席提交主席团，指定国民大会代表组织惩戒委员会审查后，提出大会决定之。

第二十条　本法施行日期，以命令定之。

〔《国民政府公报》1933年5月22日〕

2. 国民大会代表选举法

(1937年5月21日)

第一章 总 纲

第一条 本法依国民大会组织法第二条第二项之规定制定之。

第二条 国民大会之代表,除当然代表外,其名额如下。

一、依区域选举方法选出者,六百六十五名。

二、依职业选举方法选出者,三百八十名。

三、依特种选举方法选出者,一百五十五名。

四、由国民政府指定者,二百四十名。

第三条 中华民国人民,年满二十岁,经公民宣誓者,有选举国民大会代表之权。

第四条 有下列各款情事之一者,不得有选举权。

一、背叛国民政府,经判决确定或尚在通缉中者。

二、曾服公务而有贪污行为,经判决确定或尚在通缉中者。

三、褫夺公权者。

四、禁治产者。

五、有精神病者。

六、吸用鸦片或其它代用品者。

第五条 每一选举人不得有二个以上选举权。于区域选举及职业选举均有选举权者,应参加职业选举。

于特种选举及职业选举均有选举权者,应参加特种选举。

于职业选举有二个以上选举权者,任其择定为一个团体之选举人。

第六条 国民大会代表之选举,以无记名单记法行之。其选举票应载明候选人全体姓名,由选举人就中圈选一人。

第七条　前条候选人，以得票比较多数者当选为国民大会代表。票数相同须决定何人当选时，以抽签定之。

第八条　国民大会代表依前条规定选足法定名额后，其他得票之候选人，按票数多寡定其名次先后，为国民大会代表候选人。其名额与当选人同。

第二章　区域选举

第九条　各省及直隶于行政院之市，依区域选举方法应出国民大会代表之名额，依附表一之所定。

第十条　各省国民大会代表，分区选举之。其选举区之划分及每区应出代表之名额，依附表二之所定。

第十一条　各选举区由该区内各县之乡长、镇长联合推选候选人，其名额为该区应出国民大会代表名额之十倍。选举区内如设有市者，由坊长参加推选。

在无乡长、镇长、坊长之县市或设治局，由其与乡长、镇长、坊长相当之人员参加推选。

第十二条　各选举区候选人应具有下列资格。

一、有选举人之资格，但有公民宣誓不以在该选举区内举行者为限。

二、年满二十五岁。

三、现为该选举区内之人民。

第十三条　各选举区应出之国民大会代表，由各该区有选举权人依第六条之规定选举之。

第十四条　直隶于行政院之中，其国民大会代表候选人之推选及代表之选举，准用第十一条至第十三条之规定。

第三章　职业选举

第十五条　各省及直隶于行政院之市，其各种职业团体应出国民大会代表之名额，依附表三之所定。

第十六条　自由职业团体国民大会代表之选举，不分区域，其名额依附表四之所定。

第十七条　参加选举之职业团体及自由职业团体，以在本法公布前依法成立者为限。

第十八条　各省职业团体由各该团体之机关职员推选候选人,其名额为各该团体应出代表名额之三倍。

前项机关职员,以各该职业团体执行机关之职员为限。

第十九条　各省职业团体之候选人应具有下列资格。

一、有选举人之资格。

二、年满二十五岁。

三、从事各该职业满三年以上。

四、现为各该团体之会员。

前项从事职业年限如有断续时,合并各期间计算之。

第二十条　各省职业团体应出之国民大会代表，由各该职业团体有本法所定选举权之会员依第六条之规定选举之。

第二十一条　各省职业团体之组织有数级者，国民大会代表候选人之推选,由各该职业团体中最下级团体之机关职员为之。国民大会代表之选举，由各该职业团体中最下级团职业团体之会员如为团体时。国民大会代表之选举,由各该会员团体之会员为之。

第二十二条　直隶于行政院之市，其各种职业团体国民大会代表候选人之推选及代表之选举，准用第十八条至第二十一条之规定。

第二十三条　自由职业团体国民大会代表候选人之推选及代表之选举,准用关于职业团体之规定。

第四章　特种选举

第一节　辽宁吉林黑龙江热河四省之选举

第二十四条　辽宁、吉林、黑龙江、热河国民大会代表之选举，不分区域与职业,其代表名额如下。

辽宁省十四名。

吉林省十三名。

黑龙江省九名。

热河省九名。

前项吉林省代表名额内，应有二名由东省特别区选出。

第二十五条　辽宁、吉林、黑龙江、热河国民大会代表之候选人，由国民政府指定之。其名额为各设省应出代表名额之三倍。

第二十六条　辽宁、吉林、黑龙江、热河国民大会代表之选举，由选举总事务所发给选举证，各该省有选举权人向所在省区内之选举监督领取之。

第二十七条　选举人领得选举证后，得依第六条之规定，向前条选举监督所指定之场所投票，或将选举票送寄选举总监督。

前项选举票，应另备票，解送选举总监督开票。

第二节　蒙古西藏之选举

第二十八条　蒙古应出之国民大会代表，其名额如下。

一、由锡林郭勒盟、乌兰察布盟、伊克昭盟、青海左翼盟、青海右翼盟、察哈尔部及阿拉善特别旗、额济纳特别旗、土默特特别旗选出者九名。

二、由巴图色特奇勒图中路盟、乌拉思素珠克图四路盟，及青塞特奇勒图盟选出者三名。

三、由哲里木盟、卓索图盟、昭乌达盟、呼伦贝尔部及伊克明安特别旗选出者五名。

四、由其他蒙古各盟、部、旗选出者七名。

第二十九条　西藏应出之国民大会代表，其名额如下。

一、由在西藏地方有选举权人选出者十名。

二、由在其他省区内有选举权之西藏人民选出者六名。

第三十条　第二十八条第一款、第二款及第二十九条第一款所定应出之国民大会代表，其候选人之推选及代表之选举，分别比照关于各省区域选举之规定。但所推选之候选人，由国民政府就中指定三倍于各该款所定应出代表之名额为候选人。

第三十一条　第二十八条第三款、第四款及第二十九条第二款所定应出之国民大会代表，其候选人之推选指定及代表之选举，分别比照关于辽宁、吉林、黑龙江、热河四省选举之规定。

第三节　在外侨民之选举

第三十二条　在外侨民应出之国民大会代表，其名额如下。

在檀香山者一名。

在智利者一名。

在秘鲁者一名。

在古巴者一名。

在墨西哥者一名。

在中美者一名。

在美国者三名。

在菲律滨者一名。

在加拿大者二名。

在马来者四名。

在印度者一名。

在缅甸者二名。

在安南者三名。

在暹罗者四名。

在欧洲者一名。

在日本者一名。

在朝鲜者一名。

在澳洲者一名。

在大溪地者一名。

在非洲者一名。

在荷属者四名。

在香港者一名。

在澳门者一名。

在台湾者一名。

第三十三条　在外侨民应出之国民大会代表，其候选人之推选，比照关于职业选举之规定。但推选候选人之团体，由侨务委员会定之。

依前项规定所推选之候选人，由国民政府就中指定二倍于各该地域应出代表之名额为候选人。

第三十四条　在外侨民应出之国民大会代表之选举，比照关于各省区域选举之规定。

第四节　军队之选举

第三十五条　全国陆海空军军队及军事教育机关，应选出国民大会代表三十名。

第三十六条　军队国民大会代表候选人，依下列方法推选之。

一、陆军，每师各推选候选人二名；每一独立旅或每一特种部队，其人数在两团以上者，各推选候选人一名；不及两团之独立部队，分别与驻在地附近之师、独立旅或特种部队联合推选。

二、海军，凡直属海军部之每一舰队各推选候选人一名；陆战队联合推选候选人一名；其他部队由海军部指定分别与直属海军部之舰队或陆战队联合推选。

三、空军联合推选候选人一名。

四、各军事教育机关联合推选候选人二名。

前项推选之候选人，由国民政府就中指定九十名为候选人。

第三十七条　军队国民大会代表，由陆海空军军队及军事教育机关之官兵伕，依本法有选举权者，就国民政府指定之候选人，依第六条之规定选举之。

第三十八条　军队国民大会代表候选人应具有下列资格。

一、有选举人之资格。

二、年满二十五岁。

三、曾在国民革命军服务五年以上者，著有勋绩，或曾在军事教育机关毕业，学行俱优者。

第五章　选举总事务所及选举监督

第三十九条　中央设国民大会代表选举总事务所，直隶于国民政府，置主任、副主任各一人，特派，指挥监督办理全国选举事宜。

选举总事务所之组织，以命令定之。

第四十条　各省设选举总监督，以民政厅厅长充任。

省内各选举区设选举监督，以各该区最高行政长官充任。无最高行政长官者，由选举总事务所就该区内行政长官中派充之。

第四十一条　直隶于行政院之市设选举监督，以市长充任。

第四十二条　辽宁、吉林、黑龙江、热河四省及自由职业团体之选举，以内政部部长为选举总监督。

蒙古、西藏之选举，以蒙藏委员会委员长为选举总监督。

在外侨民之选举，以侨务委员会委员长为选举总监督。

军队之选举，以军事委员会委员长为选举总监督。

第四十三条　蒙古、西藏、在外侨民及军队之选举，得设选举监督，由选举总事务所派充之。

第四十四条　推选人、选举人及候选人之资格，由选举监督审查之。

第四十五条　选举日期及选举场所，由选举监督定之。

第四十六条　关于国民大会代表选举之投票开票，置投票管理员、投票监察员、开票管理员、开票监察员，由选举监督派充之。

第四十七条　选举监督及前条职员，于其办理选举之区域或团体内，不得为国民大会代表之候选人。

第四十八条　国民大会代表之当选证书，由选举监督发给之。

第六章　选举及当选无效

第四十九条　有下列情事之一时，其选举无效。

一、选举人名册因舞弊涉及该册选举人达三分之一以上，经判决确定者。

二、办理选举违背法令，经判决确定者。

第五十条　选举无效，应即依法改选。但有特别情形不及改选者，不在此限。

第五十一条　有下列情事之一时，其当选无效。

一、死亡。

二、候选人资格不符，经判决确定者。

三、当选票数不实，经判决确定者。

第五十二条　当选无效或当选人不愿应选时，应以第八条所定之候选人依次递补。

第七章　选 举 诉 讼

第五十三条　选举人或落选人确认办理选举人员有舞弊或其他违背法令情事时，得自选举日起十日内提起诉讼。

第五十四条　选举人或落选人确认当选人资格不符或票数不实，或落选人确认所得票数应当选而未当选时，得自当选人姓名公布日起五日内提起诉讼。

第五十五条　选举诉讼归该管高等法院管辖，应先于其他诉讼审判之，以一审终结。

关于军队选举诉讼，由军事委员会军法处审判。

第五十六条　关于选举之犯罪，依刑法处判。

第八章　附　　则

第五十七条　第四章所列各特种选举，如无法举行时，其代表得由国民政府指定之。

第五十八条　本法之解释权，属于国民大会代表选举总事务所。

第五十九条　本法施行细则，以命令定之。

第六十条　本法施行日期，以命令定之。

〔《国民政府公报》1937年5月22日〕

（四）基本法与内政民刑法规

一、“约法”与“宪草”

1. 中华民国训政时期约法

（1931年6月1日）

国民政府本革命之三民主义，五权宪法以建设中华民国。既由军政时期入于训政时期，尤宜公布约法，共同遵守。以期促成宪政，授政于民选之政府。兹谨遵创立中华民国之中国国民党总理遗嘱，召集国民会议于首都。由国民会议制定中华民国训政时期约法如下。

第一章　总　　纲

第一条　中华民国领土为各省及蒙古、西藏。

第二条　中华民国之主权属于国民全体。

凡依法律享有中华民国国籍者为中华民国国民。

第三条　中华民国永为统一共和国。

第四条　中华民国国旗定为红地，左上角青天白日。

第五条　中华民国国都定于南京。

第二章　人民之权利义务

第六条　中华民国国民无男女、种族、宗教、阶级之区别，在法律上一律平等。

第七条　中华民国国民依建国大纲第八条之规定，在完全自治之县享有建国大纲第九条所定选举、罢免、创制、复决之权。

第八条　人民非依法律不得逮捕、拘禁、审问、处罚。

人民因犯罪嫌疑被逮捕、拘禁者，其执行逮捕或拘禁之机关，至迟应于二十四小时内移送审判机关审问。本人或他人并得依法请求于二十四小时内提审。

第九条　人民除现役军人外，非依法律不受军事审判。

第十条　人民之住所，非依法律不得侵入、搜索或封锢。

第十一条　人民有信仰宗教之自由。

第十二条　人民有迁徙之自由。非依法律不得停止或限制之。

第十三条　人民有通信、通电秘密之自由。非依法律不得停止或限制之。

第十四条　人民有结社、集会之自由。非依法律不得停止或限制之。

第十五条　人民有发表言论及刊行著作之自由。非依法律不得停止或限制之。

第十六条　人民之财产，非依法律不得查封或没收。

第十七条　人民财产所有权之行使，在不妨害公共利益之范围内，受法律之保障。

第十八条　人民财产因公共利益之必要，得依法律征用或征收之。

第十九条　人民依法律得享有财产继承权。

第二十条　人民有请愿之权。

第廿一条　人民依法律有诉讼于法院之权。

第廿二条　人民依法律有提起诉愿及行政诉讼之权。

第廿三条　人民依法律有应考试之权。

第廿四条　人民依法律有服公务之权。

第廿五条　人民依法律有纳税之义务。

第廿六条　人民依法律有服兵役及工役之义务。

第廿七条　人民对于公署依法执行职权之行为有服从之义务。

第三章　训政纲领

第廿八条　训政时期之政治纲领及其设施依建国大纲之规

定。

第廿九条　地方自治依建国大纲及地方自治开始实行法之规定推行之。

第卅条　训政时期由中国国民党全国代表大会代表国民大会行使中央统治权。

中国国民党全国代表大会闭会时，其职权由中国国民党中央执行委员会行使之。

第卅一条　选举、罢免、创制、复决四种政权之行使，由国民政府训导之。

第卅二条　行政、立法、司法、考试、监察五种治权由国民政府行使之。

第四章　国民生计

第卅三条　为发展国民生计，国家对于人民生产事业应予以奖励及保护。

第卅四条　为发展农村经济，改善农民生活，增进佃农福利，国家应积极实施下列事项。

一、垦殖全国荒地，开发农田水利。

二、设立农业金融机关，奖励农村合作事业。

三、实施仓储制度，预防灾荒，充裕民食。

四、发展农业教育，注重科学实验。厉行农业推广，增加农业生产。

五、奖励地方兴筑农村道路，便利物产运输。

第卅五条　国家应兴办油、煤、金、铁、矿业，并对于民营矿业予以奖励及保护。

第卅六条　国家应创办国营航业，并对于民营航业予以奖励及保护。

第卅七条　人民得自由选择职业及营业。但有妨害公共利益者，国家得以法律限制或禁止之。

第卅八条　人民有缔结契约之自由。在不妨害公共利益及善良风化范围内，受法律之保障。

第卅九条　人民为改良经济生活及促进劳资互助，得依法组织职业团体。

第四十条　劳资双方应本协调互利原则，发展生产事业。

第四十一条　为改良劳工生活状况，国家应实施保护劳工法规。

妇女儿童从事劳动者，应按其年龄及身体状态，施以特别之保护。

第四十二条　为预防及救济因伤、病、废、老而不能劳动之农民、工人等，国家应施行劳动保险制度。

第四十三条　为谋国民经济之发展，国家应提倡各种合作事业。

第四十四条　人民生活必需品之产销及价格，国家得调整或限制之。

第四十五条　借贷之重利及不动产使用之重租，应以法律禁止之。

第四十六条　现役军人因服务而致残废者，国家应施以相当之救济。

第五章　国 民 教 育

第四十七条　三民主义为中华民国教育之根本原则。

第四十八条　男女教育之机会一律平等。

第四十九条　全国公私立之教育机关一律受国家之监督，并负推行国家所定教育政策之义务。

第五十条　已达学龄之儿童应一律受义务教育。其详以法律定之。

第五十一条　未受义务教育之人民，应一律受成年补习教育。其详以法律定之。

第五十二条　中央及地方应宽筹教育上必需之经费。其依法独立之经费并予以保障。

第五十三条　私立学校成绩优良者,国家应予以奖励或补助。

第五十四条　华侨教育,国家应予以奖励及补助。

第五十五条　学校教职员成绩优良久于其职者，国家应予以奖励及保障。

第五十六条　全国公、私立学校应设置免费及奖学金额,以奖进品学俱优,无力升学之学生。

第五十七条　学术及技术之研究与发明，国家应予以奖励及保护。

第五十八条　有关历史文化及艺术之古迹、古物,国家应予以保护或保存。

第六章　中央与地方之权限

第五十九条　中央与地方之权限，依建国大纲第十七条之规定,采均权制度。

第六十条　各地方于其事权范围内得制定地方法规。但与中央法规抵触者无效。

第六十一条　中央与地方课税之划分以法律定之。

第六十二条　中央对于各地方之课税，为免除下列各款之弊害,以法律限制之。

一　妨害社会公共利益。

二　妨害中央收入之来源。

三　复税。

四　妨害交通。

五　为一地方之利益，对于他地方货物之输入为不公平之课税。

六　各地方之物品通过税。

第六十三条　工商业之专利、专卖特许权属于中央。

第六十四条　凡一省达到宪政开始时期，中央及地方权限应依建国大纲，以法律详细规定之。

第七章　政府之组织

第一节　中央制度

第六十五条　国民政府总揽中华民国之治权。

第六十六条　国民政府统率陆、海、空军。

第六十七条　国民政府行使宣战、媾和及缔结条约之权。

第六十八条　国民政府行大赦、特赦及减刑、复权。

第六十九条　国民政府授与荣典。

第七十条　国家之岁入、岁出，由国民政府编定、预算、决算，公布之。

第七十一条　国民政府设行政院、立法院、司法院、考试院、监察院及各部、会。

第七十二条　国民政府设主席一人，委员若干人。由中国国民党中央执行委员会选任委员名额，以法律定之。

第七十三条　国民政府主席对内、对外代表国民政府。

第七十四条　各院院长及各部、会长，以国民政府主席之提请，由国民政府依法任免之。

第七十五条　公布法律、发布命令，由国民政府主席依法署名行之。

第七十六条　各院、部、会得依法发布命令。

第七十七条　国民政府及各院、部、会之组织以法律定之。

第二节　地方制度

第七十八条　省置省政府，受中央之指挥，综理全省政务。其组织依法律定之。

第七十九条　凡一省依建国大纲第十六条之规定达到宪政开始时期，国民代表大会得选举省长。

第八十条　蒙古、西藏之地方制度，得就地方情形，另以法律定之。

第八十一条　县置县政府，受省政府之指挥，综理全县政务。其组织以法律定之。

第八十二条　各县组织县自治筹备会，执行建国大纲第八条所规定之筹备事项。县自治筹备会之组织以法律定之。

第八十三条　工商繁盛，人口集中或有其他特殊情形之地方，得设各种市区。其组织以法律定之。

第八章　附　　则

第八十四条　凡法律与本约法抵触者无效。

第八十五条　本约法之解释权由中国国民党中央执行委员会行使之。

第八十六条　宪法草案当本于建国大纲及训政与宪政两时期之成绩，由立法院议订，随时宣传于民众，以备到时采择施行。

第八十七条　全国有过半数省分达到宪政开始时期，即全省之地方自治完全成立时期，国民政府应即开国民大会，决定宪法而颁布之。

第八十八条　本约法由国民会议制定，交由国民政府公布之。

第八十九条　本约法自公布之日施行。

〔《国民政府公报》1931年6月1日〕

2. 中华民国宪法草案

（1936年5月5日）

中华民国国民大会受全体国民付托，遵照创立中华民国之孙先生之遗教，制兹宪法，颁行全国，永矢咸遵。

第一章　总　　纲

第一条　中华民国为三民主义共和国。

第二条　中华民国之主权属于国民全体。

第三条　具有中华民国之国籍者，为中华民国国民。

第四条　中华民国领土为江苏、浙江、安徽、江西、湖北、湖南、四川、西康、河北、山东、山西、河南、陕西、甘肃、青海、福建、广东、广西、云南、贵州、辽宁、吉林、黑龙江、热河、察哈尔、绥远、宁夏、新疆、蒙古、西藏等固有之疆域。

中华民国领土，非经国民大会议决不得变更。

第五条　中华民国各民族均为中华国族之构成分子，一律平等。

第六条　中华民国国旗定为红地，左上角青天白日。

第七条　中华民国国都定于南京。

第二章　人民之权利义务

第八条　中华民国人民在法律上一律平等。

第九条　人民有身体之自由。非依法律不得逮捕、拘禁、审问或处罚。

人民因犯罪嫌疑被逮捕、拘禁者，其执行机关应即将逮捕、拘禁原因告知本人及其亲属，并至迟于二十四小时内移送于该管法院审问。本人或他人亦得申请该管法院于二十四小时内向执行机关提审。

法院对于前项声请不得拒绝。执行机关对于法院之提审亦不得拒绝。

第十条　人民除现役军人外，不受军事裁判。

第十一条　人民有居住之自由。其居住处所，非依法律不得侵入、搜索或封锢。

第十二条　人民有迁徙之自由。非依法律不得限制之。

第十三条　人民有言论、著作及出版之自由。非依法律不得限制之。

第十四条　人民有秘密通讯之自由。非依法律不得限制之。

第十五条　人民有信仰宗教之自由。非依法律不得限制之。

第十六条　人民有集会、结社之自由。非依法律不得限制之。

第十七条　人民之财产，非依法律不得征用、征收、查封或没收。

第十八条　人民有依法律请愿、诉愿及诉讼之权。

第十九条　人民有依法律选举、罢免、创制、复决之权。

第二十条　人民有依法律应考试之权。

第廿一条　人民有依法律纳税之义务。

第廿二条　人民有依法律服兵役及工役之义务。

第廿三条　人民有依法律服公务之义务。

第廿四条　凡人民之其他自由及权利，不妨害社会秩序、公共利益者，均受宪法之保障。非依法律不得限制之。

第廿五条　凡限制人民自由或权利之法律，以保障国家安全，避免紧急危难，维持社会秩序，或增进公共利益所必要者为限。

第廿六条　凡公务员违法侵害人民之自由或权利者，除依法律惩戒外，应负刑事及民事责任。被害人民就其所受损害，得依法律向国家请求赔偿。

第三章　国 民 大 会

第廿七条　国民大会以下列国民代表组织之。

一、每县、市及其同等区域各选出代表一人。但其人口逾三十万者，每增加五十万人增选代表一人。

县、市同等区域以法律定之。

二、蒙古、西藏选出代表，其名额以法律定之。

三、侨居国外之国民选出代表，其名额以法律定之。

第廿八条　国民代表之选举，以普通、平等、直接、无记名投票之方法行之。

第廿九条　中华民国国民年满二十岁者，有依法律选举代表权；年满二十五岁者，有依法律被选举代表权。

第卅条　国民代表任期六年。

国民代表违法或失职时，原选举区依法律罢免之。

第卅一条　国民大会每三年由总统召集一次，会期一月。必要时得延长一月。

国民大会经五分二以上代表之同意，得自行召集临时国民大会。

总统得召集临时国民大会。

国民大会之开会地点在中央政府所在地。

第卅二条　国民大会之职权如下。

一、选举总统、副总统，立法院院长、副院长，监察院院长、副院长，立法委员，监察委员。

二、罢免总统、副总统，立法、司法、考试、监察各院院长、副院长，立法委员，监察委员。

三、创制法律。

四、复决法律。

五、修改宪法。

六、宪法赋于之其他职权。

第卅三条　国民代表在会议时所为之言论及表决，对外不负责任。

第卅四条　国民代表除现行犯外，在会期中非经国民大会许可不得逮捕或拘禁。

第卅五条　国民大会之组织，国民代表之选举、罢免，及国民大会行使职权之程序，以法律定之。

第四章　中 央 政 府

第一节　总　　统

第卅六条　总统为国家元首，对外代表中华民国。

第卅七条　总统统率全国陆海空军。

第卅八条　总统依法公布法律，发布命令，并须经关系院院长之副署。

第卅九条　总统依法行使宣战、媾和及缔结条约之权。

第四十条　总统依法宣布戒严、解严。

第四十一条　总统依法行使大赦、特赦、减刑、复刑之权。

第四十二条　总统依法任免文武官员。

第四十三条　总统依法授与荣典。

第四十四条　国家遇有紧急事变或国家经济上有重大变故，须为急速处分时，总统得经行政会议之议决，发布紧急命令，为必要之处置。但应于发布命令后三个月内提交立法院追认。

第四十五条　总统得召集五院院长，会商关于二院以上事项及总统咨询事项。

第四十六条　总统对国民大会负其责任。

第四十七条　中华民国国民年满四十岁者，得被选为总统、副总统。

第四十八条　总统、副总统之选举以法律定之。

第四十九条　总统、副总统之任期均为六年。连选得连任一次。

第五十条　总统应于就职日宣誓词如下。

“余正心诚意向国民宣誓：余必遵守宪法，尽忠职务，增进人民福利，保卫国家，无负国民付托。如违誓言，愿受国法严厉之制裁。谨誓。”

第五十一条　总统缺位时由副总统继其任。总统因故不能视事时，由副总统代行职权。总统、副总统均不能视事时，由行政院院长代行其职权。

第五十二条　总统于任满之日解职。如届期次任总统尚未选出，或选出后总统、副总统均未就职时，由行政院院长代行总统职权。

第五十三条　行政院院长代行总统职权时，其期限不得逾六个月。

第五十四条　总统除犯内乱或外患罪外，非经罢免或解职不受刑事上之诉究。

第二节　行　政　院

第五十五条　行政院为中央政府行使行政权之最高机关。

第五十六条　行政院设院长、副院长各一人，政务委员若干人。由总统任免之。前项政务委员不管部会者，其人数不得超过第五十八条第一项所定管部会者之半数。

第五十七条　行政院设各部、各委员会分掌行政职权。

第五十八条　行政院各部部长、各委员会委员长，由总统于政务委员中任命之。行政院院长、副院长得兼任前项部长或委员长。

第五十九条　行政院院长、副院长、政务委员、各部部长、各委员会委员长，各对总统负其责任。

第六十条　行政院设行政会议，由行政院院长、副院长及政务委员组织之，以行政院院长为主席。

第六十一条　下列事项应经行政会议议决。

一、提出于立法院之法律案、预算案。

二、提出于立法院之戒严案、大赦案。

三、提出于立法院之宣战案、媾和案、条约案及其他关于重要国际事项之议案。

四、各部各委员会间共同关系之事项。

五、总统或行政院院长交议之事项。

六、行政院副院长、各政务委员、各部、各委员会提议之事项。

第六十二条　行政院之组织以法律定之。

第三节　立　法　院

第六十三条　立法院为中央政府行使立法权之最高机关，对国民大会负其责任。

第六十四条　立法院有议决法律案、预算案、戒严案、大赦案、宣战案、媾和案、条约案及其他关于重要国际事项之权。

第六十五条　关于立法事项，立法院得向各院、各部、各委员会提出质询。

第六十六条　立法院设院长、副院长各一人，任期三年，连选得连任。

第六十七条　立法委员由各省、蒙古、西藏及侨居国外国民所选出之国民代表举行预选，依下列名额，各提出候选人名单，于国民大会选举之。其人选不以国民代表为限。

一、各省人口未满五百万者，每省四人；五百万以上，未满一千万者，每省六人；一千万以上，未满一千五百万者，每省八人；一千五百万以上，未满二千万者，每省十人；二千万以上，未满二千五百万者，每省十二人；二千五百万以上，未满三千万者，每省十四人；三千万以上者，每省十六人。

二、蒙古、西藏各八人。

三、侨居国外国民八人。

第六十八条　立法委员任期三年，连选得连任。

第六十九条　行政、司法、考试、监察各院关于其主管事项，得向立法院提出议案。

第七十条　总统对于立法院之议决案，得于公布或执行前提出复议。

立法院对于前项提交复议之案，经出席委员三分二以上之决议维持原案时，总统应即公布或执行之；但对于法律案、条约案，得提请国民大会复决之。

第七十一条　立法院送请公布之议决案，总统应于该案到达后三十日内公布之。

第七十二条　立法委员于院内之言论及表决，对外不负责任。

第七十三条　立法委员除现行犯外，非经立法院许可，不得逮捕或拘禁。

第七十四条　立法委员不得兼任其他公职或执行业务。

第七十五条　立法委员之选举及立法院之组织以法律定之。

第四节　司　法　院

第七十六条　司法院为中央政府行使司法权之最高机关，掌理民事、刑事、行政诉讼之审判及司法行政。

第七十七条　司法院设院长、副院长各一人，任期三年，由总统任命之。

司法院院长对国民大会负其责任。

第七十八条　关于特赦、减刑、复权事项，由司法院院长依法律提请总统行之。

第七十九条　司法院有统一解释法律、命令之权。

第八十条　法官依法律独立审判。

第八十一条　法官非受刑罚或惩戒处分或禁治□之宣告，不得免职；非依法律，不得停职、转任或减俸。

第八十二条　司法院之组织及各级法院之组织以法律定之。

第五节　考　试　院

第八十三条　考试院为中央政府行使考试权之最高机关，掌理考选、铨定。

第八十四条　考试院设院长、副院长各一人，任期三年，由总统任命之。

考试院院长对国民大会负其责任。

第八十五条　下列资格应经考试院依法考选、铨定之。

一、公务人员任用资格。

二、公职候选人资格。

三、专门职业及技术人员执业资格。

第八十六条　考试院之组织以法律定之。

第六节　监　察　院

第八十七条　监察院为中央政府行使监察权之最高机关，掌理弹劾、惩戒、审计，对国民大会负其责任。

第八十八条　监察院为行使监察权，得依法向各院、各部、各委员会提出质询。

第八十九条　监察院设院长、副院长各一人，任期三年，连选得连任。

第九十条　监察委员由各省、蒙古、西藏及侨居国外国民所选出之国民代表各预选二人，提请国民大会选举之。其人选不以国民代表为限。

第九十一条　监察委员任期三年，连选得连任。

第九十二条　监察院对于中央及地方公务员违法或失职时，经监察委员一人以上之提议，五人以上之审查决定，提出弹劾案。但对于总统、副总统及行政、立法、司法、考试、监察各院院长、副院长之弹劾案，须有监察委员十人以上之提议，全体监察委员二分一以上之审查决定，始得提出。

第九十三条　对于总统、副总统，立法、司法、考试、监察各院院长，副院长之弹劾案，依前条规定成立后，应向国民大会提出之。在国民大会闭会期间，应请国民代表依法召集临时国民大会，为罢免与否之决议。

第九十四条　监察委员于院内之言论及表决，对外不负责任。

第九十五条　监察委员除现行犯外，非经监察院许可不得逮捕或拘禁。

第九十六条　监察委员不得兼任其他公职或执行业务。

第九十七条　监察委员之选举及监察院之组织以法律定之。

第五章　地方制度

第一节　省

第九十八条　省设省政府，执行中央法令及监督地方自治。

第九十九条　省政府设省长一人，任期三年，由中央政府任免之。

第一百条　省设省参议会。参议员名额每县市一人，由各县市议会选举之，任期三年，连选得连任。

第一百零一条　省政府之组织、省参议会之组织、职权及省参议员之选举、罢免以法律定之。

第一百零二条　未经设省之区域，其政治制度以法律定之。

第二节　县

第一百零三条　县为地方自治之单位。

第一百零四条　凡事务有因地制宜之性质者，划为地方自治事项。

地方自治事项以法律定之。

第一百零五条　县民关于县自治事项，依法律行使□制、复决之权；对于县长及其他县自治人员，依法律行使选举、罢免之权。

第一百零六条　县设县议会，议员由县民大会选举之，任期三年，连选得连任。

第一百零七条　县单行规章与中央法律或省规章抵触者无效。

第一百零八条　县设县政府，置县长一人，由县民大会选举之。任期三年，连选得连任。

县长候选人以经中央考试或铨定合格者为限。

第一百零九条　县长办理县自治；并受省长之指挥，执行中央及省委办事项。

第一百一十条　县议会之组织、职权，县议员之选举、罢免，县政府之组织及县长之选举、罢免，以法律定之。

第三节　市

第一百一十一条　市之自治，除本节规定外，准用关于县之规定。

第一百一十二条　市设市议会；议员由市民大会选举之，每年改选三分之一。

第一百一十三条　市设市政府，置市长一人，由市民大会选举之。任期三年,连选得连任。

市长候选人以经中央考试或铨定合格者为限。

第一百一十四条　市长办理市自治,并受监督机关之指挥,执行中央或省委办事项。

第一百一十五条　市议会之组织、职权,市议员之选举、罢免,市政府之组织及市长之选举、罢免,以法律定之。

第六章　国 民 经 济

第一百一十六条　中华民国之经济制度,应以民生主义为基础,以谋国民生计之均足。

第一百一十七条　中华民国领域内之土地属于国民全体。其经人民依法律取得所有权者,其所有权受法律之保障及限制。

国家对于人民取得所有权之土地,得按照土地所有权人申报或政府估定之地价,依法律征税或征收之。

土地所有权人对于其所有土地负充分使用之义务。

第一百一十八条　附着于土地之矿及经济上可供公众利用之天然力属于国家所有,不因人民取得土地所有权而受影响。

第一百一十九条　土地价值非因施以劳力资本而增加者,应以征收土地增值税方法收归人民公共享受。

第一百廿条　国家对于土地之分配、整理、以扶植自耕农及自行使用土地人为原则。

第一百廿一条　国家对于私人之财富及私营事业,以为有妨害国民生计之均衡发展时,得以法律节制之。

第一百廿二条　国家对于国民生产事业及对外贸易,应奖励、指导及保护之。

第一百廿三条　公用事业及其他有独占性之企业,以国家公营为原则。但因必要得特许国民私营之。

国家对于前项特许之私营事业,因国防上之紧急需要,得临时管理之,并得依法律收归公营。但应于以适当之补偿。

第一百廿四条　国家为改良劳工生活，增进其生产技能及救济劳工失业，应实施保护劳工政策。

妇女儿童从事劳动者，应按其年龄及身体状态，施以特别之保护。

第一百廿五条　劳资双方应本协调互助原则，发展生产事业。

第一百廿六条　国家为谋农业之发展及农民之福利，应充裕农村经济，改善农村生活，并以科学方法提高农民耕作效能。

国家对于农产品之种类、数量及分配得调节之。

第一百廿七条　人民因服兵役、工役或公务而致残废或死亡者，国家应予以适当之救济或抚恤。

第一百廿八条　老、弱、残、废，无力生活者，国家应予以适当之救济。

第一百廿九条　下列各款事项，在中央应经立法院之议决。其依法律得以省区或县、市单行规章为之者，应经各该法定机关之议决。

一、税赋捐、罚金、罚□或其他有强制性收入之设定及其征收率之变更。

二、募集公债、处分公有财产或缔结增加公库负担之契约。

三、公营专卖独占或其他有营利性事业之设定或取销。

四、专卖独占或其他特权之授予或取销。

省区及县、市政府非经法律特许，不得募集外债或直接利用外资。

第一百卅条　中华民国领域内一切货物应许自由流通，非依法律不得禁阻。

关税为中央税收，应于货物出入国境时征收之。以一次为限。

各级政府不得于国内征收货物通过税。

对于货物之一切税捐，其征收权属于中央政府，非依法律不得为之。

第七章　教　　育

第一百卅一条　中华民国之教育宗旨，在发扬民族精神，培养国民道德，训练自治能力，增进生活智能，以造成健全国民。

第一百卅二条　中华民国人民受教育之机会一律平等。

第一百卅三条　全国公私立之教育机关，一律受国家之监督，并负推行国家所定教育政策之义务。

第一百卅四条　六岁至十二岁之学龄儿童，一律受基本教育，免纳学费。

第一百卅五条　已逾学龄、未受基本教育之人民，一律受补习教育，免纳学费。

第一百卅六条　国立大学及国立专科学校之设立，应注重地区之需要，以维持各地区人民享受高等教育之机会均等，而促进全国文化之平衡发展。

第一百卅七条　教育经费之最低限度，在中央为其预算总额百分之十五，在省区及县、市为其预算总额百分之三十。其依法律独立之教育基金并予以保障。

贫瘠省区之教育经费由国库补助之。

第一百卅八条　国家对于下列事业及人民予以奖励或补助：

一、国内私人经营之教育事业成绩优良者。

二、侨居国外国民之教育事业。

三、于学术、技术有发明者。

四、从事教育成绩优良，久于其职者。

五、学生学行俱优，无力升学者。

第八章　宪法之施行及修正

第一百卅九条　宪法所称之法律，谓经立法院通过，总统公布之法律。

第一百四十条　法律与宪法抵触者无效。

法律与宪法有无抵触，由监察院于该法律施行后六个月内提请司法院解释其详，以法律定之。

第一百四十一条　命令与宪法或法律抵触者无效。

第一百四十二条　宪法之解释由司法院为之。

第一百四十三条　在全国完成地方自治之省区未达半数以上时，立法委员及监察委员依下列规定选举、任命之。

一、立法委员由各省、蒙古、西藏及侨居国外国民所选出之国民代表依照第六十七条所定名额，各预选半数，提请国民大会选举之；其余半数由立法院院长提请总统任命之。

二、监察委员由各省、蒙古、西藏及侨居国外国民所选出之国民代表依照第九十条所定名额，各预选半数，提请国民大会选举之；其余半数由监察院院长提请总统任命之。

第一百四十四条　在地方自治未完成之县，其县长由中央政府任免之。前项规定于自治未完成之市准用之。

第一百四十五条　促成地方自治之程序以法律定之。

第一百四十六条　宪法非由国民大会全体代表四分一以上之提议，四分三以上之出席，及出席代表三分二以上之决议，不得修改之。

修改宪法之提议，应由提议人于国民大会开会前一年公告之。

第一百四十七条　宪法规定事项有另定实施程序之必要者，以法律定之。

〔国民政府最高法院档案〕

二、内政法规与反共措施

1. 国民政府抄发"防范共党办法"的训令

（1930年12月17日）

国民政府训令　字第七〇〇号

令文官处

为密饬事：案奉中央执行委员会密函开：顷据密报，中国共产党伪工农兵代表大会，因各级伪党部选举运动工作非常薄弱故改期，定于明年一月一日举行，等情。查此案前据密报前来，经抄送防范共党具体办法，函请分别办理在案。兹又据报前情，除令饬各级党部知照外，特此函达查照，即希转饬所属仍照前定防范办法办理。等因。查前奉中央执行委员会密函，以据报中国共产党伪工农兵代表大会将于本年十二月十一日举行，特抄送严防共党具体办法，希查照分别办理，等因一案，经饬处密交行政院，分别迅速照办。嗣据浙江省政府主席张人杰电称：顷获共党秘密文件，现又改定明年元旦举行开会。请通电各省市政府，饬属严密侦防等情到府，复经饬处密交行政院及总司令部，分别饬属严密侦防各在案。兹奉前因，自应遵办。除分令外，合行抄发前项防范共党具体办法，令仰遵照，并转饬所属一体遵照，严密防范为要。此令。

计抄发防范共党具体办法一份。

中华民国十九年十二月十七日

国民政府主席　蒋中正

抄防范共党办法

（A）普通的

1. 由中央密令下级党部工作人员及全体党员，严密注意与防范共党十二月十一日之事件。尤其是十二月五日至二十日期中。

2. 由国府通令全国各省、市政府及各直属军政机关，严饬所属加紧防范共党十二月十一日之事件。尤其注意十二月一日至二十日期中。

（1）全国各学校、各工厂主管人员应注意，在十二月一日至十二月二十日期中，不准学生及职工藉故请假。其不假外出或更参加上项活动者，迅报当地军警处理之。

（2）全国各铁路管理局，得密令各分局、各站、各厂，自十二月一日起至十二月二十日止，不准职工藉故请假。其逃工或放后有上项活动之情形者，得逮捕之。

(3) 在十月至十二月期间之一切请假分子，销假后即予十二分注意。并注意其往来之人物。

(4) 国有航线轮船船主，应严密注意全船船员及搭客有无共党活动情形。尤其是船舶启行时，并须尽力防范。

(5) 各省、市政府转饬各地团防局、清乡队、守望队、剿共义勇队，在十二月上半月中经常派队各地巡查。遇有共党集会或企图暴动情事，得逮捕或制止之(尤其是庐山为共党集会地址)。

(B) 特殊部分

1. 由国府分电沪、汉、粤、津，令于十二月三日起，检查各关口、各旅店、各车站、各码头一切往来之旅客。并于三号起，特别注意一切公私集会及多人聚谈之会议形式，并定制止之。

2. 由中央密电令粤省党部及广州市党部，特别注意入澳门之旅客，并深入探知其行动。最好于十二月二十日以后，由澳门出口之旅客一律检查。如觉行迹可疑，即予扣留，候中央处决。

〔国民政府档案〕

2. 司法院奉发"危害民国紧急治罪法"的训令

(1931年2月4日)

国民政府司法院训令　训字第六十三号

令最高法院院长林翔

为令知事，案奉国民政府本年二月二日第五八号训令开：为令知事，查危害民国紧急治罪法现经制定，明令公布。除施行日期另以命令定之并分行外，合行抄发该法原条文，令仰知照，并转饬所属一体知照。此令。等因。奉此。除分令外，合行检同原条文，令仰知照。此令。

计发危害民国紧急治罪法一份。

中华民国二十年二月四日

司法院院长　王宠惠

危害民国紧急治罪法

第一条　以危害民国为目的，而有左列行为之一者处死刑。

一、扰乱治安者。

二、私通外国，图谋扰乱治安者。

三、勾结叛徒，图谋扰乱治安者。

四、煽惑军人不守纪律，放弃职务，或与叛徒勾结者。

第二条　以危害民国为目的，而有左列行为之一者，处死刑或无期徒刑。

一、煽惑他人扰乱治安，或与叛徒勾结者。

二、以文字、图画或演说为叛国之宣传者。

第三条　有左列行为之一者，处无期徒刑或十年以上有期徒刑。

一、为第一条第四款之罪犯所煽惑而不守纪律，放弃职务或与叛徒勾结者。

二、为第二条第一款之罪犯所煽惑而扰乱治安，或与叛徒勾结者。

三、为第二条第二款之罪犯所煽惑，而为之展转宣传者。

犯前项之罪而自首者，减轻或免除其刑。

第四条　明知其为叛徒而窝藏不报者，处五年以上有期徒刑。

犯前项之罪而自首者，减轻或免除其刑。

第五条　以危害民国为目的，而有左列行为之一者，处死刑、无期徒刑或十年以上有期徒刑。

一、为叛徒购办或运输军用品者。

二、以政治上或军事上之秘密泄漏或传递于叛徒者。

三、破坏交通者。

第六条　以危害民国为目的而组织团体或集会，或宣传与三民主义不相容之主义者，处五年以上、十五年以下有期徒刑。

第七条　犯本法所定各罪者，在戒严区域内，由该区域最高军事机关审判之；在剿匪区域内，由县长及司法官二人组织临时法庭审判之。

临时法庭设于县政府，以县长为庭长。

第八条　依本法判处各罪、由军事机关审判者，应附具案申报，经该管上级军事机关核准后，方得执行。由临时法庭审判者，应附具案申报，经高等法院核准后，方得执行，并报省政府备案。

该管上级军事机关、高等法院对于所属审判案件认为有疑误者，应令再审或派员会审。

第九条　军警机关逮捕本法所指犯罪行为之嫌疑犯时，应立即通知有关之主管机关。

第十条　本法未规定者，适用刑法之规定。

第十一条　本法有效期间及其施行日期以命令定之。

暂行反革命治罪法于本法施行之日废止。

〔国民政府最高法院档案〕

3. 司法院奉发“危害民国紧急治罪法施行条例”训令

（1931年3月13日）

国民政府司法院训令　训字第一二六号

令最高法院院长林翔

为令行事：案奉国民政府本月十一日训令（第一四四号）开：查危害民国紧急治罪法施行条例业经制定，明令公布，亟应通饬施行。除分令外，合行抄发原条文，令仰知照，并转饬所属一体知照。此令。等因。奉此。合行令仰该法院遵照。此令。

计检发危害民国紧急治罪法施行条例一份。

中华民国二十年三月十三日

司法院院长　王宠惠

危害民国紧急治罪法施行条例

第一条　凡犯危害民国紧急治罪法各条之罪者，除该法及其他法令有特别规定外，由高等法院或其分院管辖第一审。

第二条　高等法院或其分院审判前条案件时，准用反革命案件陪审暂行法之规定。

第三条　危害民国紧急治罪法第一条、第二条及第五条、第六条之犯罪，在共产党人自首之情形，视同共产党人自首法第一条及第二条所称暂行反革命治罪法第二条至第六条之犯罪。

第四条　危害民国紧急治罪法第七条之规定，于犯罪在该法施行前或在戒严或剿匪前者，亦适用之。

第五条　危害民国紧急治罪法第七条第一项之司法官，由高等法院院长临时令派所属地方法院推事充之。

第六条　危害民国紧急治罪法之犯罪，仍适用反省院条例之规定。

第七条　本条例自公布日实行。

〔国民政府最高法院档案〕

4. 国民政府公布户籍法令

(1931年12月12日)

兹制定户籍法公布之。此令。

中华民国二十年十二月十二日

户　籍　法

(1931年12月12日)

第一章　总　　则

第一条　关于户籍及人事之登记,依本法之规定。

第二条　户籍之籍别以县市为单位。

第三条　户籍及人事之登记，以县之乡镇区域及市之坊区域为其管辖区域。

第四条　中华民国人民依左列之规定,定其户籍。

一、在一县或一市区域内有住所三年以上,而在他县、市内无本籍者,以该县或市为本籍。

二、子女除别有本籍者外,以其父母之本籍为本籍。

三、弃儿父母无可考者,以发现人报告地为本籍。

四、妻以夫之本籍为本籍,赘夫以妻之本籍为本籍。

一人不得同时有两本籍。

第五条　已有本籍而在他县、市内有住所，或居所满六个月者,以该县或市为其寄籍;无本籍或本籍不明,而在一县、市内有住所或居所未满六个月者，亦同。

一人不得同时有两寄籍。

第六条　无中华民国国籍者，不得于中华民国领域内设定本籍。其在中华民国之县、市内有住所或居所满六个月以上者，以该县或市为其寄留地。本法关于寄籍之规定,于寄留地准用之。

第七条　陆上无住所、居所,而在船舶上住居者，以船舶之常泊地为其住所、居所所在地。

第八条　户籍之编造以一家为一户,虽属一家而异居者,各为一户。

僧道或其他宗教徒所住之寺院,以一寺院为一户,寺院之主管人在本法上之地位与家长同。

第九条　无本籍或本籍不明,而在同一救济机关留养者,合编为一户。该机关之管理人,在本法上之地位,与家长同。

第十条　每户籍管辖区域设户籍主任一人，户籍员若干人，掌理户籍及人事登记事务，于乡镇公所或坊公所内办理之。

户籍主任由乡长、镇长或坊长兼任之，户籍员由乡、镇长或坊长指定所属自治人员兼任之。

第十一条　户籍主任、户籍员关于本人或与本人同属一家之人之户籍及人事登记事件，不得执行其职务，应由他户籍员之年长者为之。

第十二条　户籍主任或户籍员于执行职务，因故意或重大过失，致声请人或其他关系人受损害时，应负赔偿之责。

第十三条　户籍及人事登记事务，以乡、镇公所或坊公所所属之县、市政府为直接监督官署。

区长有襄助县长或市长指导区内各乡、镇或各坊办理户籍及人事登记事务之责任。

第十四条　户籍主任应依据户籍登记簿、人事登记簿分别编造左列各项统计季报及统计年报，呈送监督官署。

一、本籍及寄籍户数、人口、性别、年龄统计。

二、出生之男、女及其父母年龄、职业统计。

三、死亡之男、女及其年龄、职业与死亡原因统计。

四、死产及其性别与死产原因统计。

五、结婚与离婚之男、女及其年龄、职业统计。

六、男、女之职业统计。

七、宣告死亡事件统计。

八、户籍变更事件统计。

九、同一户籍监督区域之迁居统计。

十、国籍变更事件统计。

十一、侨居之外国人及其性别、年龄、职业、国籍统计。

十二、其他应行呈报事项。

监督官署接到前项报告后，应即编造关于全县、市之分类统计季报及统计年报各二份,呈送民政厅,由民政厅以一份存查,一份转呈内政部。

直隶行政院之市,应依前项规定编造统计季报及统计年报,咨送内政部。

前三项统计表格,由内政部定之。

第十五条　户籍及人事登记事务之经费,由县、市政府税收项下支出之。

第二章　登　记　簿

第一节　户籍登记簿

第十六条　户籍登记簿分本籍登记簿与寄籍登记簿两种,每种各备正、副二本。

前项登记簿格式,由内政部定之。

第十七条　户籍登记簿,由县、市政府依照格式分别制定,于每页骑缝盖印,并于簿面之里面,记明页数,盖印,先期发交各户籍主任。

第十八条　户籍登记每户用纸一份,每户一号。

第十九条　户籍登记,应依管辖区域内之自治区划编订号数,分别记明于户籍登记簿内每户用纸之首。

第二十条　户籍登记簿正本,由乡、镇公所或坊公所永久保存,副本呈送监督官署永久保存。

第二十一条　户籍登记簿,除因避免天灾事变外,不得携出保存处所。

第二十二条　户籍登记簿,无论何人得纳费,请求阅览或交付誊本。

前项阅览费每次五分,誊本抄录费每百字一角.不满百字者,以百字计算。

法院于必要时,得命户籍主任交付誊本。

第二十三条　户籍登记簿因天灾事变,致一部或全部灭失毁损时，户籍主任应从速开具左列事项，报告监督官署。

一、保存之处所。

二、灭失毁损之页数及册数。

三、灭失毁损之事由。

四、灭失毁损之年、月、日。

监督官署接到前项报告后，应令户籍主任依照户籍登记簿副本，重行编造或补造。

第二节 人事登记簿

第二十四条 人事登记簿应依左列事项，各为一册。

一、出生。

二、认领。

三、收养。

四、结婚。

五、离婚。

六、监护。

七、死亡。

八、死亡宣告。

九、继承。

第二十五条 第十六条、第十七条及第二十条至二十三条之规定，于人事登记簿准用之。

第三章 登记之声请

第一节 通 则

第二十六条 户籍及人事登记之声请，除另有规定外，应向声请人本籍或寄籍所在地之乡、镇或坊公所为之。

第二十七条 登记之声请，以书面为之，当有正当事由时，得由声请人亲向户籍主任以言词为之。

第二十八条 登记声请书应记载左列事项，由声请人签名。

一、声请人之姓名、性别、出生年月日、职业、籍别及住所。

二、声请事件及年、月、日。

声请人以言词为声请时，户籍主任应依前项各款所定事项，制作笔录，向声请人朗读，并令其签名。

第二十九条　依本法之规定，声请书应记载之事项，其事实不存在或不知悉者，得记明其事由，而缺略之；但其事项特别重要不得缺略者，不在此限。

第三十条　声请人非为声请事件之本人时，应于声请书中记载其与本人之关系。

第三十一条　声请义务人为未成年人或禁治产人时，以其法定代理人为声请人。但于婚姻或认领事件，不在此限。

前项声请，应于声请书中载明左列各款事项：

一、声请义务人之姓名、性别、出生年月日、职业、籍别及住所。

二、不能自行声请之原因。

三、声请人与声请义务人之关系。

第三十二条　声请事件应有证明人者，声请书中应载明证明人之姓名、性别、出生年月日、职业、籍别及住所，并由证明人签名。

第三十三条　声请书应笔划分明，不得用简字或符号，并不得涂抹，如有更改、增删，应记明字数，并于更改增删处，由声请人盖章。

记载年、月、日及年龄之数目字，应用大写。

第三十四条　凡登记事件应在两处以上之乡、镇公所或坊公所之登记簿为记载者，应提出与乡、镇公所、坊公所同数之声请书。

在本籍寄籍地以外为声请时，除依前项规定外，应另提出声请书一份。

第三十五条　声请事件应经官署之许可者，声请人应附具许可书之誊本。

第三十六条　声请人因疾病或其他事故不能亲自声请者，得由代理人为之。

前项规定于认领、收养、结婚登记之声请，不适用之。

第三十七条　乔居外国之中国人遇有声请事件，应向中国使馆或领事馆为之。乔居外国之中国人如依所在国之法律程序作关于声请事件之证明书时，应于一个月内，将其证明书誊本呈送所在国之中国使馆或领事馆；但其所在国无中国使馆及领事馆者，应于三个月内或归国后一个月内，将证明书誊本呈送本籍地该管户籍主任。

使馆或领事馆接到声请书或证明书誊本后，应于一个月内寄送外交部，转咨内政部，饬交声请事件本人之本籍地该管户籍主任。

第三十八条　声请期间自声请事发生之日起算。

声请期间应由法院裁判确定之日起算者，如裁判送达前已确定时，自裁判书送达于声请人之日起算。

第三十九条　户籍主任应将本法所定各项声请事件及声请期间公告之。

户籍主任查有不于法定声请期间声请者，应定相当期间催告声请义务人声请之。

第四十条　经前条催告而仍不依期声请者，户籍主任除呈请监督官署分别核办外，应再令声请义务人即补行声请。

第四十一条　声请期间或催告期间经过后始行声请者，户籍主任仍应受理之。

第四十二条　户籍主任因声请人之请求，应发给受理之声请证明书。

第四十三条　关于登记声请之规定，于撤销登记及变更登记之声请准用之。

第二节　户籍登记之声请

第四十四条　凡一户欲将本籍由一县、市移转于他一县、市者，由家长向本籍地户籍主任请求发给转籍证明书，并具声请书二份，载明左列各款事项，声请之。

一、家长及家属之姓名、性别、出生年月日及职业。

二、本籍地及户籍号数。

三、新籍地该管乡、镇、坊之名称。

前项声请得向新籍地之户籍主任为之。

前二项之规定，于寄籍之移转准用之。

第四十五条　在同一县、市内之户，欲由一乡、镇、坊迁徙于他乡、镇、坊者，应由家长具声请书，载明户籍号数及他乡、镇、坊之名称，向原乡、镇、坊之户籍主任声请之。

户籍主任接到前项声请书后，应即作成声请人之户籍誊本，送交他乡、镇、坊之户籍主任。

第四十六条　因声请之遗漏或其他事由，致无本籍或发生复本籍，而声请设籍或除籍者，应先经设籍地或除籍地监督官署之许可。

第四十七条　设籍之声请，应自许可之日起十五日内，由家长开具左列各款事项，连同许可书誊本，向设籍地之该管户籍主任为之。

一、设籍人及其同家人之姓名、性别、出生年月日及职业。

二、无本籍之原因。

三、无本籍原因发生前之旧本籍。

四、设籍人如为家长，其为家长之原因。

五、设籍人如系家属，其与家长之亲属关系。

依国籍法之规定，取得国籍或回复国籍而设籍者，准用前项之规定。并应开具取得国籍、或回复国籍之原因。其取得国籍、回复国籍之许可书与该管监督官署之许可书，有同一之效力。

第四十八条　除籍之声请应自许可之日起十五日内，由家长开具左列各款事项，连同许可书誊本，向除籍地之该管户籍主任为之。

一、除籍人及其同家人之姓名、性别、出生年月日及职业。

二、本籍及复本籍。

三、发生复本籍之原因。

四、本籍之家属与复本籍相异时,其相异之原因。

因一户消灭而除籍者,以该户最后死亡者死亡登记之声请,视为除籍之声请。

依国籍法之规定,丧失国籍而除籍者,内政部于发给许可证书后,应将许可书誊本饬交其本籍地户籍主任,视为除籍之声请。

第四十九条　依确定判决而为设籍或除籍之声请者,无须经监督官署之许可,但应附具判决书誊本。

第五十条　因分户或其他原因而创设新户者,准用第四十七条第一项之规定,并开具创设新户之原因。

第三节　人事登记之声请

第一款　出生

第五十一条　子女之出生应自出生之日起一个月内开具左列各款事项,声请登记。

一、子女之姓名、出生年月日时及出生地。

二、父母之姓名、职业及本籍,但未经认领之非婚生子女,仅记载其母之姓名、职业及本籍。

三、家长之姓名、职业及与出生子女之身份关系。

四、父母无国籍者,其无国籍之原因。

五、声请登记之年月日。

六、声请人非为父母时,其姓名、性别、职业及本籍。

出生如系双胎或多胎,应为每一子女各具声请书,并载明其出生之先后。

第五十二条　出生之登记,由父母或母声请之。父母均不能为声请时,依左列次序定其声请义务人。

一、家长。

二、同居人。

三、分娩时临视之医生或助产士。

四、分娩时在旁照护之人。

第五十三条　出生登记之声请，应向出生地之户籍主任为之。

第五十四条　对于出生之子女欲提起否认公诉者，仍应为出生登记之声请，俟其否认经判决确定后，再行附具判决书誊本，声请变更登记。

第五十五条　在医院、监狱或其他公共场所出生之子女，其父母不能为登记之声请时，由医院院长、监狱长官或其他公共场所管理人声请之。

第五十六条　在行驶之火车、长途汽车、电车或飞机中，或不备航行日记簿之船舶中出生者，以其母之到着地视为出生地。

第五十七条　在船舰航行中出生者，船长或舰长应于二十四小时内，由船舰中选定证明人，依第五十一条所列事项，记载于航行日记簿，并记载证明人之姓名、职业及本籍，与证明人同行签名。

船舰到中国口岸时，船长或舰长应于二十四小时内，将关于出生之航行日记誊本送交于其地之户籍主任；船舰到外国口岸时，船长或舰长应于二十四小时内，将关于出生之航行日记誊本送交所在国之中国使馆或领事馆，送经外交部转咨内政部，发交出生者之父母本籍地户籍主任。

第五十八条　发见弃儿时，发见人或接发见报告之警察官署，应于二十四小时内向发见地户籍主任为出生登记之声请。

户籍主任于接有前项声请时，如弃儿无姓名者，应即为之立姓命名，并将发见之年月日时、处所、附属之衣服物件、与弃儿之姓名、性别及推定出生之年、月、日作成笔录，添附于声请书。

前项弃儿，如有领受人或救济机关者，应将领受人之姓名、职业、本籍、住所及领受年、月、日或救济机关之名称、处所及交付年、月、日，一并作成笔录。

第三项之领受人或救济机关有变更时，应由双方关系人，于十五日内，向原登记地户籍主任呈报之。

第五十九条　弃儿之父或母承领弃儿时，应于十五日内，依第五十一条之规定，为更正登记之声请。

第六十条　出生子女未及声请登记而死亡者，仍应为出生及死亡登记之声请。

前项规定于弃儿准用之。

第六十一条　出生时无气息者为死产。凡死产应具死产登记声请书声请登记，并于声请书内载明死产之原因。但因怀胎未满六个月而流产者，不在此限。

第二款　认领

第六十二条　非婚生子女认领登记之声请，应由认领人自认领之日起一个月内，开具左列各款事项，为之。

一、子女之姓名、出生年月日时及出生地。

二、父之职业及母之姓名、本籍。

三、子女为家属时，其家长之姓名、职业、本籍及其与子女之亲属关系。子女如系外国人时，除前项所列各款外，并应开具本人及其母之原国籍。

第六十三条　认领未出生之子女时，应于声请书内载明其未出生之事实，如认领后出生子女为死产时，认领人应自知其事实之日起十五日内，向认领登记之原声请地为死产登记之声请。

第六十四条　依遗嘱为认领时，遗嘱执行人应自就职之日起十五日内，附具遗嘱誊本，为认领登记之声请。

第六十五条　认领之判决确定时，起诉人应自判决确定之日起十五日内，附具判决书誊本，为认领登记之声请，并应于声请书内载明判决确定之年、月、日。

第六十六条　监督官署及户籍人员编制关于非婚生子女之出生统计报告时，不得记载其姓名及其父母之姓名。

违反前项之规定者，利害关系人得请求赔偿。

第三款　收养

第六十七条　收养登记之声请，应由养父或养母自收养之日起一个月内，开具左列各款事项，为之。

一、养父母及养子女之姓名、出生年月日、职业及本籍。

二、养子女本生父母之姓名、职业及本籍。养子女为弃儿时，其发见处所及领受人之姓名、职业或救济机关之名称。

三、当事人为家属时，其家长之姓名、职业、本籍及与养子女之关系。

四、证明人之姓名、性别、职业及本籍。

五、养子女为外国人时，其原国籍。

前项登记声请，应向养父母之本籍地或寄籍地户籍主任为之。

第六十八条　终止收养关系登记之声请，应自收养关系终止之日起一个月内，开具左列各款事项，为之。

一、养父母及养子女之姓名、出生年月日、职业及本籍。

二、养子女本生父母之姓名、职业及本籍。

三、当事人为家属时，其家长之姓名、职业、本籍及与养子女之关系。

四、证明人之姓名、性别、职业及本籍。

五、收养登记声请之年、月、日。

六、收养关系终止之原因及年、月、日。

七、养子女无家可归时，其事由。

第六十九条　前条登记之声请人，因判决终止收养关系时，由养父母请求终止者，为养父母；由养子女请求终止者，为养子女；因同意终止时，为养父母及养子女。

第四款　结婚

第七十条　结婚登记之声请，应由双方当事人自结婚之日起十五日内，开具左列各款事项，为之。

一、双方当事人之姓名、出生年月日、职业及本籍。

二、双方父母之姓名、职业及本籍。

三、双方家长之姓名、职业、本籍及与当事人之亲属关系。

四、证人之姓名、性别、职业及本籍。

五、结婚之年、月、日及所在地。

六、有非婚生子女，因结婚而取得婚生子女身份关系时，其子女之姓名及出生年、月、日。

七、当事人之一方为外国人时，其原国籍。

八、再婚者，其前妻或前夫之姓名、职业、本籍及前婚姻关系消灭之年、月、日。

第七十一条　结婚应得法定代理人之同意者，应附具同意之证明书类。

第七十二条　结婚登记之声请，应向结婚时住所所在地之户籍主任为之。

第七十三条　因结婚无效而声请撤销登记者，应提出无效事由之证明书类为之。因结婚撤销而声请撤销登记者，应由请求撤销人自判决确定之日起十五日内，提出判决书誊本为之。

第五款　离婚

第七十四条　离婚登记之声请，应由双方当事人，自离婚之日起十五日内，开具左列各款事项，为之。

一、双方当事人之姓名、出生年月日、职业及本籍。

二、双方父母之姓名、职业及本籍。

三、双方家长之姓名、职业、本籍及与当事人之亲属关系。

四、离婚之年、月、日及所在地。

五、两愿离婚者，其离婚之书面誊本；判决离婚者，其判决书誊本。

六、离婚应得法定代理人之同意者，应附具同意之证明书类。

第七十五条　离婚登记之声请，应向离婚时当事人住所所在地之户籍主任为之。

第六款　监护

第七十六条　监护登记之声请，应由监护人自监护开始之日起十五日内，开具左列各款事项，为之。

一、监护人之姓名、性别、出生年月日、职业、本籍及住所。

二、受监护人之姓名、性别、出生年月日、职业及本籍。

三、家长之姓名、职业、本籍及与受监护人之关系。

四、监护之原因及监护开始之年、月、日。

五、为监护人之原因及其证明书类。

第七十七条　监护人有更换时，新监护人除依前条规定声请登记外，并应开具原监护人之姓名及其更换原因。

第七十八条　监护关系终止时，监护人应于十五日内开具左列各款事项，声请为监护关系终止之登记。

一、受监护人之姓名、性别、出生年月日、职业及本籍。

二、监护关系终止之原因及年月日。

第七十九条　关于监护登记之声请，应向受监护人本籍地或寄籍地之户籍主任为之。

第七款　死亡

第八十条　死亡登记之声请，应由声请人于知其死亡之日起七日内，开具左列各款事项，为之。

一、死亡者之姓名、性别、出生年月日、职业及本籍。

二、死亡之年、月、日、时及所在地。

三、死亡之原因。

四、死亡者配偶之有无。有配偶时，其姓名。

五、死亡者父母之姓名、职业及本籍。

六、家长之姓名、职业、本籍及与死亡者之亲属关系。

七、停厝或埋葬地。

第八十一条　前条声请人依左列次序定之：

一、家长。

二、同居人。

三、死亡者死亡时，所在之房屋或土地管理人。

四、经理殓葬之人。

第八十二条　死亡登记之声请，应向死亡地或死亡者之本籍地或寄籍地之户籍主任为之。

在行驶之火车、长途汽车、电车或飞机中，或不备航行日记簿之船舶中死亡者，得于到着地，为死亡登记之声请。

第八十三条　第五十七条之规定于死亡登记之声请，准用之。

第八十四条　执行死刑时，应由行刑公务员开具第八十条所列各款事项，向行刑地之户籍主任，为死亡之通知。

在监人于监狱内死亡而无人承领时，应由监狱管理人向监狱所在地之户籍主任，为前项之通知，并附具诊断书或检验笔录誊本。

第八十五条　因水灾、火灾或其他事变而死亡者，应由调查灾难之公务员，向死亡者本籍地之户籍主任，为死亡之通知。

第八十六条　死亡者之本籍本明或不能认识其为何人时，该管警察官署、自治机关应报告该管司法机关，派员莅场检验，随作检验笔录誊本，通知死亡地之户籍主任。

第八款　死亡宣告

第八十七条　死亡宣告登记之声请，应由声请宣告死亡之人，自判决确定之日起，于十日内开具左列各款事项，附具判决书誊本为之。

一、受死亡宣告者之姓名、性别、出生年月日、职业及本籍。

二、受死亡宣告者之失踪年月日。

三、死亡宣告之年月日。

四、家长之姓名、职业及与受死亡宣告者之亲属关系。

五、受死亡宣告者为家长时，其新家长之姓名、职业及与前家长之亲属关系。

第八十八条　死亡宣告经撤销时，应由声请撤销死亡宣告之人，自判决确定之日起十日内提出判决书誊本，为撤销登记之声请。

第九款　继承

第八十九条　继承登记之声请，继承人应自知悉其得继承之时起二个月内，开具左列各款事项为之。

一、继承人之姓名、性别、出生年月日、职业、本籍及所在地。

二、被继承人之姓名、性别、出身年月日、职业、本籍及与继承人之亲属关系。

三、继承开始之年月日。

四、继承人为未成年人时，其法定代理人之姓名、性别、职业及本籍。

指定继承人为继承登记之声请时，并应附具遗嘱誊本。

第九十条　继承人为胎儿时，继承登记之声请应由其母或监护人为之，并应附载其母或监护人之姓名、职业及本籍。

第九十一条　因继承而提起公诉者，应于判决确定后，附具判决书誊本，为继承登记之声请。

第九十二条　第八十九条至第九十一条之声请，应向被继承人之本籍地或寄籍地之户籍主任为之。

第四章　登记程序

第九十三条　户籍主任收受关于户籍及人事登记之各项书类后，应依本籍、寄籍及应行登记事项之性质，分别登记于相当之登记簿。如因人事登记事项致户籍有变更时，并应登记于相当之户籍登记簿，或通知该管户籍主任。如本籍或寄籍有变更时，应通知关系户籍主任，为本籍、寄籍之注销或转籍之登记。

前项登记并应注明各项书类收受之号数、年月日及送交者之姓名、职业、住所，送交者为机关或公务员时，其机关名称或官职姓名。

第九十四条　在同一监督区域内一种登记涉及本籍人及寄籍人者，应分别登记于本籍登记簿及寄籍登记簿，并各附记对照号数于登记栏外。

第九十五条　登记之撤销或变更，应于原登记栏外登记之，并应依其本旨，注销或变更原登记。

第九十六条　本籍不明者，经登记于寄籍登记簿后，其分明时应依声明或通知于原登记栏外，为变更登记。

第九十七条　被登记者非本籍人时，受声请之户籍主任，应于登记后，即将声请书复本分别送交其本籍地、寄籍地之管辖户籍主任。

第九十八条　关于人事登记，应依第三章第三节各款所定，声请书内应记载事项，分别登记于第二十四条所定之登记簿内。如登记事项涉及二款以上者，并应各附记对照号数于登记栏外。

第九十九条　户籍登记应于第十八条所定之登记簿用纸内登记左列事项：

一、家长、前家长及家属之姓名性别出生年月日职业及本籍。

二、成为家长及家属之原因及年月日，但因出生而为家属者不在此限。

三、家长与前家长之亲属关系。

四、家长与家属之亲属关系。

五、由他家入为家属者其原籍。

六、家长、家属有变更时，其原因及年月日。

七、有监护人时，监护人之姓名、住所、职业及监护开始终止之年月日。

八、其他关于家长或家属之关系事项。

第一百条　登记家长及家属之姓名时，应依左列次序：

一、家长。

二、家长之配偶。

三、家长之直系尊亲属。

四、家长之直系卑亲属及其配偶。

五、家长及旁系亲属及其配偶。

六、其他家属。

直系亲属或旁系亲属间之次序以亲等近者为先，亲等同者依其出生之先后。

第一百零一条　受理家长变更之声请时，应根据前家长之户籍及其号数,并就变更事项编订新家长之户籍,将前家长之户籍注销。

前项新编户籍之副本，应与原户籍之注销誊本一并送呈监督官署。

第一百零二条　受理第三十七条之声明时，户籍主任应依法登记，并将其声明书之誊本送呈监督官署。

第一百零三条　受理第四十四条转籍声请时，户籍主任应依据声请书所载事项,编订新户籍之副本,送呈监督官署。

原籍地之户籍主任于接受前项之声请书时，应记载其转籍事由于原户籍而注销之,并将其誊本呈送监督官署。

转籍人于新管辖户籍主任为转籍登记时,取得新本籍或寄籍。

第一百零四条　一户仅有一人，因死亡或受死亡宣告而为绝户者,户籍主任应经监督官署许可,于该户籍记载绝户原因及年月日而注销之,并将其注销誊本送呈监督官署。

第一百零五条　受理第四十五条之迁徙声请时，户籍主任除将声请人之户籍誊本送交新管辖区域之户籍主任外，应记载其迁徙事由于原户籍而注销之，并将其注销誊本送呈监督官署。

第一百零六条　受理第四十七条之设籍声请时，准用一百零三条第一项之规定。

第一百零七条　受理第四十八条之除籍声请时，户籍主任应记载其除籍事由于原户籍而注销之，并将其注销誊本送呈监督官署。

第一百零八条　户籍编订后成为家属而不能依第一百条之次序登记时，应登记于已登记之家属姓名之次。

第一百零九条　登记除另有规定外，应按件依收受次序为之，并逐件编订号数。

户籍主任应于每件登记末尾盖印。

为栏外登记而用纸不敷时，得用附笺，但应由户籍主任于粘连处加盖骑缝印。

第一百十条　第三十三条之规定于登记准用之。

第一百十一条　登记后应将登记事项之关系书类、附记、登记号数及年月日，依照登记簿种类编订成册，附具目录，按月送交监督官署保存之，其保存期间由内政部定之。

第一百十二条　户籍主任于登记后，应即按件分别誊写于关系登记簿，副本送呈监督官署，送呈后应为栏外登记时，由户籍主任作成栏外登记，誊本补送监督官署。

监督官署接受前项补送誊本时，应粘附于登记簿副本中相当登记栏外，加盖骑缝印。

第一百十三条　凡管辖区域土地区划名称及门牌号数有变更时，登记簿所记载之区域区划名称及号数，应即按照更正。

第一百十四条　每届年终户籍主任应于最后登记之末，记载终结字样，签名，盖印。

前项规定，于未年终而登记簿用纸已尽时，准用之。

第五章　登记之变更或更正

第一百十五条　欲变更户籍及人事登记者，应经该管监督官署许可，始得声请。

第一百十六条　变更登记之声请，应自许可之日起于十五日内，开具左列各数事项，附具许可书誊本，向原登记之户籍主任为之。

一、原登记事项之名称及年、月、日。

二、所变更之事项。

三、变更之原因及许可年、月、日。

因确定判决而变更登记时，并应附具判决书誊本，依前项规定声请之。

第一百十七条　登记后，利害关系人如发见有法律上不能允许之事项，或有错误脱漏情事时，得经该管监督官署或司法机关之许可，声请更正登记。

前项情事由户籍主任发见时，应即通知原声请人或利害关系人，为更正登记之声请。

第一百十八条　因确定判决而应为更正登记时，利害关系人应自判决确定之日起，于一个月内，附具判决书誊本声请之。

第一百十九条　变更姓名者，应自许可之日起十五日内，开具左列各款事项，附具许可书誊本，声请之。

一、变更前之原姓名。

二、变更后之新姓名。

三、变更之原因及许可之年、月、日。

第六章　诉　　愿

第一百二十条　关于户籍或人事登记事件，以户籍主任之处分为不当或违法者，得诉愿于该户籍主任所属之监督官署。

前项诉愿应提出诉愿书，附具声请书及其他关系书类。

第一百二十一条　前项诉愿书应缮具副本，分送原处分之户籍主任，户籍主任接到诉愿书副本，认诉愿为有理由者，应即行变更或撤销其原处分呈报监督官署，并通知诉愿人。认为无理由者，应附具答辩书及关系书类，于十五日内送呈监督官署。

第一百二十二条　监督官署认为诉愿无理由者，应以决定驳回之；有理由者，应以决定令户籍主任变更或撤销原处分，诉愿之决定应送达于户籍主任及诉愿人。

第一百二十三条　诉愿人不服监督官署之决定者，得向直接上级官署提出再诉愿，以再诉愿之决定为最终之决定。但违法处分于再诉愿决定后，仍得依法提起行政诉讼。

第七章　罚　　则

第一百二十四条　于法定期间内无正当理由，应声请登记而不为声请者，处五角以下之罚金。

第一百二十五条　于户籍主任所定催告期间内，仍不为声请者，处一圆以下之罚金。

第一百二十六条　声请人为不实之呈报者，处二圆以下之罚金；因而致发生两本籍或两寄籍者，处三圆以下之罚金。

第一百二十七条　户籍主任有左列情事之一者，处十圆以下之罚金。

一、无正当理由，不受关于户籍或人事登记之声请者。

二、怠于户籍或人事之登记者。

三、依本法应行呈报监督官署或转送其他户籍主任之事项，不为呈报或转送者。

四、对于本法规定之统计季报、统计年报及其他报告不按期编送者。

第一百二十八条　户籍主任有左列情事之一者，处五圆以下之罚金。

一、无正当理由，拒绝请求阅览户籍登记簿或人事登记簿者。

二、无正当理由，不交付户籍或人事登记之誊本者。

三、无正当理由不交付户籍或人事声请之证明书者。

第一百二十九条　前二条罚金之决定，由户籍主任所属之监督官署为之。

第一百三十条　意图便利自己或他人，或陷害他人，关于户籍及人事登记为诈伪之声请者，处一年以下之徒刑，或五十圆以上五百圆以下之罚金。

第八章　附　　则

第一百三十一条　本法施行细则，由内政部定之。

第一百三十二条　本法施行日期，以命令定之。

〔国民政府实业部档案〕

5. 司法院关于修正户籍法第十七条及第二十三条第二十四条第二十五条条文的训令

（1934年4月）

国民政府司法院训令　训字第六六号

令行政法院

为令知事。案奉国民政府三月三十一日第一七一号训令开：为令知事。查户籍法前经制定，明令公布，兹将该法第十七条、第二十三条、第二十四条、第二十五条酌加修正，应再通行饬知。除分令外，合行抄发修正条文，令仰知照，并转饬所属一体知照。此令。等因。奉此。除分行外，合行检同原条文令仰该法院知照。此令。

计附发修正户籍法条文一份。

司法院院长

中华民国二十三年四月四日

第十七条　户籍登记簿由县、市政府依照格式分别制定，于每张编记纸数号数盖印，并于簿面之里面记明张数盖印，先期发交各户籍主任。

第二十三条　户籍登记簿因天灾事变致一部或全部灭失毁损时，户籍主任应从速开具左列事项，报告监督官署。

一、保存之处所。

二、灭失毁损之张数或册数。

三、灭失毁损之事由。

四、灭失毁损之年、月、日。

监督官署接到前项报告后，应令户籍主任依照户籍登记簿副本，重行编造或补造。

第二十四条　人事登记簿应依左列事项各为一册。

一、出生。

二、认领。

三、收养。

四、结婚。

五、离婚。

六、监护。

七、死亡。

八、死亡宣告。

九、继承。

前项登记簿之制发，准用第十七条之规定。但只须每张骑缝盖印。

第二十五条　第十六条及第二十条至第二十三条之规定，于人事登记簿准用之。

〔国民政府最高法院档案〕

6. 国民政府颁布“维持治安紧急办法”令

（1936年2月20日）

国民政府令

现代一切国家，凡以充实国力、复兴民族为任者，无不以严维秩序为首务。社会秩序一经扰乱，不待外侮之来，亦陷国家于危亡之地。近年我国忧患频仍，尤应上下整齐，奋发共为有秩序之努力。惟公安之维护，各种法令虽已详有规定，诚恐禁制之条散见诸法，执行者易于疏怠。兹特颁布维持治安紧急办法，使全国军警当局知所注意。对于蓄意危害社会国家之人，在动乱萌发时间，即得依以迅速处理。凡所禁制，均属违反现行刑法及其他法令之行为。一切指示，均属公安机关依法应尽之责任。公布之后，应即严格施行，俾公众之安宁，以及恪守法律之人民同得坚强之保障。此令。

主　　席　林　森

行政院院长　蒋中正

内政部部长　蒋作宾

军政部部长　何应钦

一、遇有扰乱秩序，鼓煽暴动，破坏交通，以及其他危害国家之事变发生时，负有公安责任之军警得以武力或其他有效方法制止之。

二、遇有以文字、图画、演说或其他方法而为前项犯罪之宣传者，得当场逮捕，并得于必要时以武力或其他有效方法排除其抵拒。

三、军警遇有妨害秩序、煽惑民众之集会、游行，应立予解散，并得逮捕首谋者及抵拒解散之人。

四、军警遇有前述各项之事变时，应将当场携有武器者立即缴械及逮捕之，并得搜捕嫌疑犯。

五、明知为违犯本办法之人犯，而藏匿、客留或使之隐避者，得逮捕之。

六、军警于处理事变时，应立即报告该管上级长官。

其所逮捕之人犯，应立即解送较近之宪兵队长官、公安局长、县长或检察官讯问后，分别情形，依照危害民国紧急治罪法或其他刑事法规办理。

七、依本办法处理事变之军警，对于严守纪律之人民，应特于保护，并应注意维持治安恢复秩序。

〔《国民政府公报》1936年2月21日〕

三、民法与刑法

1. 中华民国民法①

（1929年5月23日）

第一编　总　　则

第一章　法　　例

第一条　民事法律所未规定者，依习惯；无习惯者，依法理。

第二条　民事所适用之习惯，以不背于公共秩序或善良风俗者为限。

第三条　依法律之规定有使用文字之必要者，得不由本人自写，但必须亲自签名。

如有用印章代签名者，其盖章与签名生同等之效力。

如以指印、十字或其他符号代签名者，在文件上经二人签名证明，亦与签名生同等效力。

第四条　关于一定之数量，同时以文字及号码表示者，其文字与号码有不符合时，如法院不能决定何者为当事人之原意，应以文字为准。

第五条　关于一定之数量，以文字或号码为数次之表示者，其表示有不符合时，如法院不能定何者为当事人之原意，应以最低额为准。

第二章　人

第一节　自　然　人

第六条　人之权利能力，始于出生，终于死亡。

第七条　胎儿以将来非死产者为限。关于其个人利益之保护，视为既已出生。

第八条　失踪人失踪满十年后，法院得因利害关系人之声请，

① 此法于1929年5月23日由国民政府公布，同年10月10日施行。

为死亡之宣告。

失踪人为七十岁以上者，得于失踪满五年后，为死亡之宣告。

失踪人为遭遇特别灾难者，得于失踪满三年后，为死亡之宣告。

第九条　受死亡宣告者，以判决内所确定死亡之时，推定其为死亡。

前项死亡之时，应为前条各项所定期间最终日终止之时。但有反证者不在此限。

第十条　失踪人失踪后，未受死亡宣告前，其财产之管理，依非讼事件法之规定。

第十一条　二人以上同时遇难，不能证明其死亡之先后时，推定其为同时死亡。

第十二条　满二十岁为成年。

第十三条　未满七岁之未成年人无行为能力，满七岁以上之未成年人有限制行为能力。

未成年人已结婚者有行为能力。

第十四条　对于心神丧失或精神耗弱致不能处理自己事务者，法院得因本人配偶或最近亲属二人之声请，宣告禁治产。

禁治产之原因消灭时，应撤销其宣告。

第十五条　禁治产人无行为能力。

第十六条　权利能力及行为能力，不得抛弃。

第十七条　自由不得抛弃。

自由之限制，以不背于公共秩序或善良风俗者为限。

第十八条　人格权受侵害时，得请求法院除去其侵害。

前项情形以法律有特别规定者为限。得请求损害赔偿或慰抚金。

第十九条　姓名权受侵害者，得请求法院除去其侵害，并得请求损害赔偿。

第二十条　以久住之意思住于一定之地域者，即为设定其住所于该地。

一人同时不得有两住所。

第二十一条　无行为能力人及限制行为能力人，以其法定代理人之住所为住所。

第二十二条　遇有左列情形之一者，其居所视为住所。

一、住所无可考者。

二、在中国无住所者。但依法须依住所地法者不在此限。

第二十三条　因特定行为选定居所者，关于其行为视为住所。

第二十四条　以废止之意思离去其住所者，即为废止其住所。

第二节　法人

第一款　通则

第二十五条　法人非依本法或其他法律之规定，不得成立。

第二十六条　法人于法令限制内，有享受权利负担义务之能力。但专属于自然人之权利义务不在此限。

第二十七条　法人须设董事。

董事就法人一切事务对外代表法人。

对于董事代表权所加之限制，不得对抗善意第三人。

第二十八条　法人对于其董事或职员因执行职务所加于他人之损害，与该行为人连带负赔偿之责任。

第二十九条　法人以其主事务所之所在地为住所。

第三十条　法人非经向主管官署登记，不得成立。

第三十一条　法人登记后，有应登记之事项而不登记，或已登记之事项有变更而不为变更之登记者，不得以其事项对抗第三人。

第三十二条　受设立许可之法人，其业务属于主管官署监督，主管官署得检查其财产状况及其有无违反许可条件与其他法律之规定。

第三十三条　受设立许可法人之董事，不遵主管官署监督之命令或妨碍其检查者，得处以五百元以下之罚锾。

第三十四条　法人违反设立许可之条件者，主管官署得撤销其许可。

第三十五条　法人之财产不能清偿债务时，董事应即向法院声请破产。

不为前项声请，致法人之债权人受损害时，其有过失之董事，应负赔偿之责任。

第三十六条　法人之目的或其行为，有违反法律、公共秩序或善良风俗者，法院得因主管官署检察官或利害关系人之请求宣告解散。

第三十七条　法人解散后，其财产之清算由董事为之。但其章程有特别规定或总会另有决议者不在此限。

第三十八条　不能依前条规定定其清算人时，法院得因利害关系人之声请，选任清算人。

第三十九条　清算人法院认为有必要时，得解除其任务。

第四十条　清算人之职务如左：

一、了结现务。

二、收取债权，清偿债务。

三、移交胜〔剩〕余财产于应得者。

法人至清算终结止，在清算之必要范围内，视为存续。

第四十一条　清算之程序除本通则有规定外，准用股份有限公司清算之规定。

第四十二条　法人之清算属于法院监督，法院得随时为监督上必要之检查。

第四十三条　清算人不遵法院监督命令，或妨碍检查者，得处以五百元以下之罚锾。

第四十四条　法人解散后，除清偿债务外，其胜〔剩〕余财产之归属，应依其章程之规定或总会之决议。

如无前项章程之规定或总会之决议时，其胜〔剩〕余财产属于法人所所〔所字衍〕在地之地方自治团体。

第二款　社团

第四十五条　以营利为目的之社团，其取得法人资格，依特别法之规定。

第四十六条　以公益为目的之社团，于登记前应得主管官署之许可。

第四十七条　设立社团者应订定章程。其应记载之事项如左：

一、目的。

二、名称。

三、董事之任免。

四、总会召集之条件、程序及其决议证明之方法。

五、社员之出资。

六、社员资格之取得与丧失。

第四十八条　社团设立时应登记之事项如左：

一、目的。

二、名称。

三、主事务所及分事务所。

四、董事之姓名及住所。

五、财产之总额。

六、应受设立许可者，其许可之年月日。

七、定有出资方法者，其方法。

八、限制董事代表权者，其限制。

九、定有存立时期者，其时期。

社团之登记，由董事向其主事务所及分事务所所在地之主管官署行之，并附具章程备案。

第四十九条　社团之组织及社团与社员之关系，以不违反第五十条至第五十八条之规定为限，得以章程定之。

第五十条　社团以总会为最高机关。

左列事项应经总会之决议：

一、变更章程。

二、任免董事。

三、监督董事职务之执行。

四、开除社员。但以有正当理由时为限。

第五十一条　总会由董事召集之。

如有全体社员十分一以上之请求表明会议目的及召集理由，请求召集时，董事须召集之。

董事受前项之请求后，一个月内不为召集者，得由请求之社员，经法院之许可召集之。

第五十二条　总会决议，除本法有特别规定外，以出席社员过半数决之。

社员有平等之表决权。

第五十三条　社团变更章程之决议，应有全体社员过半数之出席，出席社员四分三以上之同意；或有全体社员三分二以上书面之同意。

受设立许可之社团变更章程时，并应得主管官署之许可。

第五十四条　社员得随时退社，但章程限定于事务年度终或经过预告期间后始准退社者不在此限。前项预告期间不得超过六个月。

第五十五条　已退社或开除之社员，对于社团之财产无请求权。但非公益法人，其章程另有规定者，不在此限。

前项社员对于其退社或开除以前应分担之出资，仍负清偿之义务。

第五十六条　总会之决议有违反法令或章程者，对该决议原不同意之社员，得请求法院宣告其决议为无效。

前项之请求应于决议后三个月内为之。

第五十七条　社团得随时以全体社员三分二以上之可决解散之。

第五十八条　社团之事务无从依章程所定进行时，法院得因利害关系人之声请解散之。

第三款　财团

第五十九条　财团于登记前应得主管官署之许可。

第六十条　设立财团者应订立捐助章程。但以遗嘱捐助者不在此限。

捐助章程应订明法人目的及所捐财产。

第六十一条　财团设立时，应登记之事项如左：

一、目的。

二、名称。

三、主事务所及分事务所。

四、财产之总额。

五、受许可之年月日。

六、董事之姓名及住所。

七、限制董事代表权者，其限制。

八、定有存立时期者，其时期。

财团之登记，由董事向其主事务所及分事务所所在地之主管官署行之，并应附具捐助章程备案。

第六十二条　财团之组织及其管理方法，由捐助人以捐助章程定之。捐助章程所定之组织不完全，或重要之管理方法不具备者，法院得因利害关系人之声请，为必要之处分。

第六十三条　为维持财团之目的或保存其财产，法院得因捐助人、董事或利害关系人之声请，变更其组织。

第六十四条　财团董事有违反捐助章程之行为时，法院得因利害关系人之声请，宣告其行为为无效。

第六十五条　因情事变更，致财团之目的不能达到时，主管官署得斟酌捐助人之意思，变更其目的及其必要之组织，或解散之。

第三章　物

第六十六条　称不动产者，谓土地及其定着物。

不动产之出产物尚未分离者，为该不动产之部分。

第六十七条　称动产者，为前条所称不动产以外之物。

第六十八条　非主物之成分，常助主物之效用，而同属于一人者，为从物。但交易上有特别习惯者，依其习惯。

主物之处分及于从物。

第六十九条　称天然孳息者，谓果实、动物之产物及其他依物之用法所收获之出产物。

称法定孳息者，谓利息、租金及其他因法律关系所得之收益。

第七十条　有收取天然孳息权利之人，其权利存续期间内，取得与原物分离之孳息。

有收取法定孳息权利之人，按其权利存续期间内之日数，取得其孳息。

第四章　法律行为

第一节　通　　则

第七十一条　法律行为违反强制或禁止之规定者无效。但其规定并不以之为无效者不在此限。

第七十二条　法律行为有背于公共秩序或善良风俗者无效。

第七十三条　法律行为不依法定方式者无效。但法律另有规定者不在此限。

第七十四条　法律行为系乘他人之急迫、轻率或无经验，使其为财产上之给付或为给付之约定，依当时情形显失公平者，法院得因利害关系人之声请，撤销其法律行为或减轻其给付。

前项声请，应于法律行为后一年内为之。

第二节　行为能力

第七十五条　无行为能力人之意思表示无效；虽非无行为能

力人，而其意思表示系在无意识或精神错乱中所为者亦同。

第七十六条　无行为能力人，由法定代理人代为意思表示，并代受意思表示。

第七十七条　限制行为能力人为意思表示及受意思表示，应得法定代理人之允许。但纯获法律上利益，或依其年龄及身分日常生活所必需者，不在此限。

第七十八条　限制行为能力人，未得法定代理人之允许所为之单独行为无效。

第七十九条　限制行为能力人，未得法定代理人之允许所订立之契约，须经法定代理人之承认，始生效力。

第八十条　前条契约相对人，得定一个月以上之期限，催告法定代理人确答是否承认。

于前项期限内，法定代理人不为确答者，视为拒绝承认。

第八十一条　限制行为能力人，于限制原因消灭后承认其所订立之契约者，其承认与法定代理人之承认有同一效力。

前条规定于前项情形准用之。

第八十二条　限制行为能力人所订立之契约未经承认前，相对人得撤回之。但订立契约时，知其未得有允许者，不在此限。

第八十三条　限制行为能力人，用诈术使人信其为有行为能力人，或已得法定代理人之允许者，其法律行为有效。

第八十四条　法定代理人允许限制行为能力人处分之财产，限制行为能力人就该财产有处分之能力。

第八十五条　法定代理人允许限制行为能力人独立营业者，限制行为能力人关于其营业有行为能力。限制行为能力人就其营业有不胜任之情形时，法定代理人得将其允许撤销或限制之。

第三节　意思表示

第八十六条　表意人无欲为其意思表示所拘束之意而为意思表示者，其意思表示不因之无效。但其情形为相对人所明知者不在此限。

第八十七条　表意思人与相对人通谋而为虚伪意思表示者，其意思表示无效。但不得以其无效对抗善意第三人。

虚伪意思表示隐藏他项法律行为者，适用关于该项法律行为之规定。

第八十八条　意思表示之内容有错误，或表意人若【不】知其事情，即不为意思表示者，表意人得将其意思表示撤销之。但以其错误或不知事情，非由表意人自己之过失者为限。

当事人之资格或物之性质，若交易上认为重要者，其错误视为意思表示内容之错误。

第八十九条　意思表示因传达人或传达机关不实者，得比照前条之规定撤销之。

第九十条　前二条之撤销权，自意思表示后，经过一年而消灭。

第九十一条　依第八十八条及第八十九条之规定撤销意思表示时，表意人对于信其意思表示为有效而受损害之相对人或第三人，应负赔偿责任。但其撤销之原因，受害人明知或可得而知者不在此限。

第九十二条　因被诈欺或被胁迫而为意思表示者，表意人得撤销其意思表示。但诈欺系由第三人所为者，以相对人明知其事实或可得而知者为限，始得撤销之。

被诈欺而为之意思表示，其撤销不得以之对抗善意第三人。

第九十三条　前条之撤销，应于发见诈欺或胁迫终止后一年内为之。但自意思表示后经过十年，不得撤销。

第九十四条　对话人为意思表示者，其意思表示，以相对人了解时发生效力。

第九十五条　非对话而为意思表示者，其意思表示，以通知达到相对人时发生效力。但撤回之通知，同时或先时到达者不在此限。

表意人于发出通知后死亡，或丧失行为能力，或其行为能力受限制者，其意思表示，不因之失其效力。

第九十六条　向无行为能力人，或限制行为能力人为意思表示者，以其通知达到其法定代理人时发生效力。

第九十七条　表意人非因自己之过失，不知相对人之姓名居所者，得依民事诉讼法公示送达之规定，以公示送达为意思表示之通知。

第九十八条　解释意思表示，应探求当事人之真意，不得拘泥于所用之辞句。

第四节　条件及期限

第九十九条　附停止条件之法律行为，于条件成就时发生效力。

附解除条件之法律行为，于条件成就时失其效力。

依当事人之特约，使条件成就之效果不于条件成就之时发生者，依其特约。

第一百条　附条件之法律行为，当事人于条件成否未定前，若有损害相对人因条件成就所应得利益之行为者，负赔偿损害之责。

第一百零一条　因条件成就而受不〔不受〕利益之当事人，如以不正当行为阻其条件之成就者，视为条件已成就。

因条件成就而受利益之当事人，如以不正当行为促其条件之成就者，视为条件不成就。

第一百零二条　附始期之法律行为，于期限届至时发生效力。

附终期之法律行为，于期限届满时失其效力。

第一百条之规定，于前二项情形准用之。

第五节　代理

第一百零三条　代理人于代理权限内，以本人名义所为之意思表示，直接对本人发生效力。

前项规定，于应向本人为意思表示而向其代理人为之者准用之。

第一百零四条　代理人所为或所受意思表示之效力，不因其为限制行为能力人而受影响。

第一百零五条　代理人之意思表示，因其意思欠缺、被诈欺、被胁迫、或明知其事情、或可得而知其事情，致其效力受影响时，其事实之有无，应就代理人决之。但代理人之代理权，系以法律行为授与者，其意思表示如依照本人所指示之意思而为时，其事实之有无，应就本人决之。

第一百零六条　代理人非经本人之许诺，不得为本人与自己之法律行为，亦不得既为第三人之代理人，而为本人与第三人之法律行为。但其法律行为系专履行债务者不在此限。

第一百零七条　代理权之限制及撤回，不得以之对抗善意第三人。但第三人因过失而不知其事实者，不在此限。

第一百零八条　代理权之消灭，依其所由授与之法律关系定之。

代理权得于其所由授与之法律关系存续中撤回之。但依该法律关系之性质不得撤回者，不在此限。

第一百零九条　代理权消灭或撤回时，代理人须将授权书交还于授权者，不得留置。

第一百一十条　无代理权人，以他人之代理人名义所为之法律行为，对于善意之相对人负损害赔偿之责。

第六节　无效及撤销

第一百一十一条　法律行为之一部分无效者，全部皆为无效。但除去该部分亦可成立者，则其他部分仍为有效。

第一百一十二条　无效之法律行为，若具备他法律行为之要件，并因其情形可认当事人若知其无效即欲为他法律行为者，其他法律行为仍为有效。

第一百一十三条　无效法律行为之当事人，于行为当时知其无效或可得而知者,应负回复原状或损害赔偿之责任。

第一百一十四条　法律行为经撤销者,视为自始无效。

当事人知其得撤销或可得而知者,其法律行为撤销时,准用前条之规定。

第一百一十五条　经承认之法律行为,如无特别订定,溯及为法律行为时发生效力。

第一百一十六条　撤销及承认,应以意思表示为之。

如相对人确定者,前项意思表示应向相对人为之。

第一百一十七条　法律行为须得第三人之同意,始生效力者,其同意或拒绝,得向当事人之一方为之。

第一百一十八条　无权利人就权利标的物所为之处分，经有权利人之承认始生效力。

无权利人就权利标的物为处分后取得其权利者，其处分自始有效。

前项情形,若处分相抵触时,以其最初之处分为有效。

第五章　期日及期间

第一百一十九条　法令审判或法律行为所定之期日及期间,除有特别订定外,其计算依本章之规定。

第一百二十条　以时定期间者,即时起算。

以日、星期、月或年定期间者,其始日不算入。

第一百二十一条　以日、星期、月或年定期间者，以期间末日之终止为期间之终止。

期间不以星期、月或年之始日起算者,以最后之星期、月或年与起算日相当日之前一日，为期间之末日。但以月或年定期间于最后之月无相当日者,以其月之末日为期间之末日。

第一百二十二条　于一定期日或期间内，应为意思表示或给付者,其期日或其期间之末日,为星期日、纪念日或其他休息日时,以其休息日之次日代之。

第一百二十三条　称月或年者依历计算。

月或年非连续计算者，每月为三十日，每年为三百六十五日。

第一百二十四条　年龄自出生之日起算。

出生之月日无从确定时，推定其为七月一日出生。

知其出生之月而不知其出生之日者，推定其为该月十五日出生。

第六章　消灭时效

第一百二十五条　请求权因十五年间不行使而消灭。但法律所定期间较短者，依其规定。

第一百二十六条　利息、红利、租金、赡养费、退职金及其他一年或不及一年之定期给付债权，其各期给付请求权，因五年间不行使而消灭。

第一百二十七条　左列各款请求权，因二年间不行使而消灭。

一、旅店、饮食店或娱乐场之住宿费、饮食费、座费、消费物之代价及其垫款。

二、运送费及运送人所垫之款。

三、以租凭动产为营业者之租价。

四、医生、药师、看护生之诊费、药费、报酬及其垫款。

五、律师、会计师、公证人之报酬及其垫款。

六、律师、会计师、公证人所收当事人物件之交还。

七、技师、承揽人之报酬及其垫款。

八、商人、制造人、手工业人所供给之商品及产物之代价。

第一百二十八条　消灭时效自请求权可行使时起算，以不行为为目的之请求权自为行为时起算。

第一百二十九条　消灭时效因左列事由而中断。

一、请求。

二、承认。

三、起诉。

左列事项与起诉有同一效力。

一、依督促程序送达支付命令。

二、因和解而传唤。

三、报明破产债权。

四、告知诉讼。

五、开始执行行为或声请强制执行。

第一百三十条　时效因请求而中断者，若于请求后六个月内不起诉，视为不中断。

第一百三十一条　时效因起诉而中断者，若撤回其诉或因不合法而受驳回之判决，其判决确定，视为不中断。

第一百三十二条　时效因送达支付命令而中断者，若诉讼拘束失其效力时，视为不中断。

第一百三十三条　时效因和解传唤而中断者，若相对人不到庭或和解不成时，视为不中断。

第一百三十四条　时效因报明破产债权而中断者，若债权人撤回其报明时，视为不中断。

第一百三十五条　时效因告知诉讼而中断者，若于诉讼终结后六个月内不起诉，视为不中断。

第一百三十六条　时效因开始执行行为而中断者，若因权利人之声请或法律上要件之欠缺而撤销其执行处分时，视为不中断。

时效因强制执行而中断者，若撤回其声请或其声请被驳回时，视为不中断。

第一百三十七条　时效中断者，自中断之事由终止时，重行起算。

因起诉而中断之时效，自受确定判决或因其他方法诉讼终结时，重行起算。

第一百三十八条　时效中断，以当事人、继承人、受护人之间为限,始有效力。

第一百三十九条　时效之期间终止时，因天灾或其他不可避之事变致不能中断其时效者,自其妨碍事由消灭时起一个月内,其时效不完成。

第一百四十条　属于继承财产之权利或对于继承财产之权利，自继承人确定或管理人选定或破产之宣告时起六个月内，其时效不完成。

第一百四十一条　无行为能力人或限制行为能力人之权利，于时效期间终止前六个月内,若无法定代理人者,自其成为行为能力人或其法定代理人就职时起六个月内,其时效不完成。

第一百四十二条　无行为能力人或限制行为能力人，对于其法定代理人之权利,于代理关系消灭后一年内,其时效不完成。

第一百四十三条　夫对于妻或妻对于夫之权利，于婚姻关系消灭后一年内,其时效不完成。

第一百四十四条　时效完成后,债务人得拒绝给付。

请求权已经时效消灭，债务人仍为履行之给付者，不得以不知时效为理由请求返还。其以契约承认该债务或提出担保者亦同。

第一百四十五条　以抵押权、质权或留置权担保之请求权,虽经时效消灭,债权人仍得就其抵押物、质物或留置物取偿。

前项规定，于利息及其他定期给付之各期给付请求权经时效消灭者,不适用之。

第一百四十六条　主权利因时效消灭者,其效力及于从权利。但法律有特别规定者不在此限。

第一百四十七条　时效期间,不得以法律行为加长或减短之,并不得预先抛弃时效之利益。

第七章　权利之行使

第一百四十八条　权利之行使,不得以损害他人为主要目的。

第一百四十九条　对于现时不法之侵害，为防卫自己或他人之权利所为之行为，不负损害赔偿之责。但已逾越必要程度者，仍应负相当赔偿之责。

第一百五十条　因避免自己或他人生命、身体、自由或财产上急迫之危险所为之行为，不负损害赔偿之责。但以避免危险所必要，并未逾越危险所能致之损害程度者为限。

前项情形，其危险之发生如行为人有责任者，应负损害赔偿之责。

第一百五十一条　为保护自己权利，对于他人之自由或财产施以拘束、押收或毁损者，不负损害赔偿之责。但以不及受官署援助，并非于其时为之，则请求权不得实行，或其实行显有困难者为限。

第一百五十二条　依前条之规定拘束他人自由或押收他人财产者，须即时向官署声请援助。

前项声请被驳回或其声请迟延者，行为人应负损害赔偿之责。

第二编　债

民国十八年十一月二十二日国民政府公布，

十九年五月五日施行

第一章　通　　则

第一节　债之发生

第一款　契约

第一百五十三条　当事人互相表示意思一致者，无论其为明示或默示，契约即为成立。

当事人对于必要之点意思一致，而对于非必要之点未经表示意思者，推定其契约为成立。关于该非必要之点，当事人意思不一致时，法院应依其事件之性质定之。

第一百五十四条　契约之要约人，因要约而受拘束。但要约当时预先声明不受拘束，或依其情形或事件之性质可认当事人无受其拘束之意思者,不在此限。

货物标定卖价陈列者,视为要约。但价目表之寄送,不视为要约。

第一百五十五条　要约经拒绝者失其效力。

第一百五十六条　对话为要约者，非立时承诺，即失其拘束力。

第一百五十七条　非对话为要约者，依通常情形可期待承诺之达到时期内,相对人不为承诺时,其要约失其拘束力。

第一百五十八条　要约定有承诺期限者，非于其期限内为承诺,失其拘束力。

第一百五十九条　承诺之通知,按其传达方法，依通常情形，在相当时期内可达到而迟到者，要约人应向相对人即发迟到之通知。

要约人怠于为前项通知者,其承诺视为未迟到。

第一百六十条　迟到之承诺视为新要约。

将要约扩张、限制或变更而为承诺者,视为拒绝原要约而为新要约。

第一百六十一条　依习惯或依其事件之性质承诺无须通知者,在相当时期内有可认为承诺之事实时,其契约为成立。

前项规定于要约人要约当时,预先声明承诺无须通知者,准用之。

第一百六十二条　撤回要约之通知,其到达在要约到达之后,而按其传达方法,依通常情形,应先时或同时到达者，相对人应向要约人即发迟到之通知。

相对人怠于为前项通知者,其要约撤回之通知,视为未迟到。

第一百六十三条　前条之规定,于承诺之撤回准用之。

第一百六十四条　以广告声明对完成一定行为之人给与报酬者,对于完成该行为之人负给付报酬之义务。对于不知有广告而完成该行为之人亦同。

数人同时或先后完成前项行为时，如广告人对于最先通知者已为报酬之给付，其给付报酬之义务即为消灭。

第一百六十五条　预定报酬之广告，如于行为完成前撤销时，除广告人证明行为人不能完成其行为外，对于行为人因该广告善意所受之损害，应负赔偿之责。但以不得超过预定报酬额为限。

第一百六十六条　契约当事人约定其契约须用一定方式者，在该方式未完成前，推定其契约不成立。

第二款　代理权之授与

第一百六十七条　代理权系以法律行为授与者，其授与应向代理人或向代理人对之为代理行为之第三人，以意思表示为之。

第一百六十八条　代理人有数人者，其代理行为应共同为之。但法律另有规定，或本人另有意思表示者，不在此限。

第一百六十九条　由自己之行为表示以代理权授与他人，或知他人表示为其代理人而不为反对之表示者，对于第三人应负授权人之责任。但第三人明知其无代理权，或可得而知者，不在此限。

第一百七十条　无代理权人以代理人之名义所为之法律行为，非经本人承诺，对于本人不生效力。

前项情形法律行为之相对人，得定相当期限催告本人确答是否承认，如本人逾期未为确答者，视为拒绝承认。

第一百七十一条　无代理权人所为之法律行为，其相对人于本人未承认前，得撤回之。但为法律行为时，明知其无代理权者，不在此限。

第三款　无因管理

第一百七十二条　未受委任并无义务而为他人管理事务者，其管理应依本人明示或可得推知之意思，以有利于本人之方法为之。

第一百七十三条　管理人开始管理时，以能通知为限，应即通知本人。如无急迫之情事，应俟本人之指示。

第五百四十条至五百四十二条关于委任之规定，于无因管理准用之。

第一百七十四条　管理人违反本人明示或可得推知之意思而为事务之管理者，对于因其管理所生之损害，虽无过失，亦应负赔偿之责。

前项之规定，如其管理系为本人尽公益上之义务，或为其履行法定扶养义务者，不适用之。

第一百七十五条　管理人为免除本人之生命、身体或财产上之急迫危险，而为事务之管理者，对于因其管理所生之损害，除有恶意或重大过失者外，不负赔偿之责。

第一百七十六条　管理事务利于本人，并不违反本人明示或可得推知之意思者，管理人为本人支出必要或有益之费用，或负担债务，或受损害时，得请求本人偿还其费用及自支出时起之利息，或清偿其所负担之债务，或赔偿其损害。

第一百七十四条第二项规定之情形，管理人管理事务虽违反本人之意思，仍有前项之请求权。

第一百七十七条　管理事务不合于前条之规定时，本人仍得享有因管理所得之利益，而本人所负前条第一项对于管理人之义务，以其所得之利益为限。

第一百七十八条　管理事务经本人承认者，适用关于委任之规定。

第四款　不当得利

第一百七十九条　无法律上之原因而受利益，致他人受损害者，应返还其利益。虽有法律上之原因，而其后已不存在者，亦同。

第一百八十条　给付有左列情形之一者，不得请求返还。

一、给付系履行道德上之义务者。

二、债务人于未到期之债务，因清偿而为给付者。

三、因清偿债务而为给付，于给付时明知无给付之义务者。

四、因不法之原因而为给付者。但不法之原因仅于受领人一方存在时，不在此限。

第一百八十一条　不当得利之受领人，除返还其所受之利益外，如本于该利益更有所取得者，并应返还。但依其利益之性质或其他情形不能返还者，应偿还其价额。

第一百八十二条　不当得利之受领人，不知无法律上之原因而其所受之利益已不存在者，免负返还或偿还价额之责任。

受领人于受领时，知无法律上之原因或其后知之者，应将受领时所得之利益，或知无法律上之原因时所现存之利益附加利息，一并偿还。如有损害，并应赔偿。

第一百八十三条　不当得利之受领人，以其所受者无偿让与第三人，而受领人因此免返还义务者，第三人于其所免返还义务之限度内负返还责任。

第五款　侵行权〔权行〕为

第一百八十四条　因故意或过失，不法侵害他人之权利者，负损害赔偿责任。故意以背于善良风俗之方法加害于他人者亦同。

违反保护他人之法律者，推定其有过失。

第一百八十五条　数人共同不法侵害他人之权利者，连带负损害赔偿之责任。不能知其中孰为加害人者亦同。

造意人及帮助人视为共同行为人。

第一百八十六条　公务员因故意违背对于第三人应执行之职务，致第三人之权利受损害者，负赔偿责任。其因过失者，以被害人不能依他项方法受赔偿时为限，负其责任。

前项情形，如被害人得依法律上之救济方法除去其损害，而因故意或过失不为之者，公务员不负赔偿责任。

第一百八十七条　无行为能力人或限制行为能力人不法侵害

他人之权利者，以行为时有识别能力为限，与其法定代理人连带负赔偿责任；行为时无识别能力者，由其法定代理人负损害赔偿责任。

前项情形法定代理人，如其监督并未疏懈或纵加以相当之监督，而仍不免发生损害者，不负赔偿责任。

如不能依前二项规定受损害赔偿时，法院因被害人之声请，得斟酌行为人与被害人之经济状况，令行为人为全部或一部之损害赔偿。

前项规定，以其他之人在无意识或精神错乱中所为之行为，致第三人受损害时，准用之。

第一百八十八条　受雇人因执行职务，不法侵害他人之权利者，由雇用人与行为人连带负损害赔偿责任。但选任受雇人及监督其职务之执行已尽相当之注意，或纵加以相当之注意而仍不免发生损害者，雇用人不负赔偿责任。

如被害人依前项但书之规定不能受损害赔偿时，法院因其声请，得斟酌雇用人与被害人之经济状况，令雇用人为全部或一部之损害赔偿。

雇用人赔偿损害时，对于为侵权行为之受雇人有求偿权。

第一百八十九条　承揽人因执行承揽事项，不法侵害他人之权利者，定作人不负损害赔偿责任。但定作人于定作指示有过失者，不在此限。

第一百九十条　动物加损害于他人者，由其占有人负损害赔偿责任。但依动物之种类及性质，已为相当注意之管束，或纵为相当注意之管束，而仍不免发生损害者，不在此限。

动物系由第三人或他动物之挑动，致加害于他人者，其占有人对于该第三人或他动物之占有人有求偿权。

第一百九十一条　土地上之建筑物或其他工作物，因设置或保管有欠缺，致损害他人之权利者，由工作物之所有人负赔偿责任。但于防止损害之发生已尽相当之者注意〔注意者〕,不在此限。

前项损害之发生如别有应负责任之人时,赔偿损害之所有人,对于该应负责者有求偿权。

第一百九十二条　不法侵害他人致死者，对于支出殡葬费之人,亦应负损害赔偿责任。

被害人对于第三人负有法定扶养义务者，加害人对于该第三人亦应负损害赔偿责任。

第一百九十三条　不法侵害他人之身体或健康者，对于被害人因此丧失或减少劳动能力,或增加生活上之需要时,应负损害赔偿责任。

前项损害赔偿，法院得因当事人之声请,定为支付定期金。但须命加害人提出担保。

第一百九十四条　不法侵害他人致死者,被害人之父母、子女及配偶,虽非财产上之损害,亦得请求赔偿相当之金额。

第一百九十五条　不法侵害他人之身体、健康、名誉或自由者,被害人虽非财产上之损害,亦得请求赔偿相当之金额。其名誉被侵害者,并得请求为回复名誉之适当处分。

前项请求权不得让与或继承。但以金额赔偿之请求权，已依契约承诺或已起诉者,不在此限。

第一百九十六条　不法毁损他人之物者，应向被害人赔偿其物因毁损所减少之价额。

第一百九十七条　因侵权行为所生之损害赔偿请求权，自请求权人知有损害及赔偿义务人时起二年间，不行使而消灭。自有侵权行为时起逾十年者亦同。

损害赔偿之义务人因侵权行为受利益,致被害人受损害者,于前项时效完成后,仍应依关于不当得利之规定,返还其所受之利益于被害人。

第一百九十八条　因侵权行为对于被害人取得债权者，被害人对该债权之废止请求权，虽因时效而消灭，仍得拒绝履行。

第二节　债之标的

第一百九十九条　债权人基于债之关系，得向债务人请求给付。

给付不以有财产价格者为限。

不作为亦得为给付。

第二百条　给付物仅以种类指示者，依法律行为之性质或当事人之意思不能定其品质时，债务人应给以中等品质之物。

前项情形，债务人交付其物之必要行为完结后，或经债权人之同意指定其应交付之物时，其物即为特定给付物。

第二百零一条　以特种通用货币之给付为债之标的者，如其货币至给付期失通用效力时，应给以他种通用货币。

第二百零二条　以外国通用货币定给付额者，债务人得按给付时给付地之市价，以中华民国通用货币给付之。但订明应以外国通用货币为给付者不在此限。

第二百零三条　应付利息之债务，其利率未经约定亦无法律行为可据者，周年利率为百分之五。

第二百零四条　约定利率周年百分之十二者，经一年后债务人得随时清偿原本。但须于一个月前预告债权人。

前项清偿之权利，不得以契约除去或限制之。

第二百零五条　约定利率超过周年百分之二十者，债权人对于超过部分之利息无请求权。

第二百零六条　债权人除前条限定之利息外，不得于折扣或其他方法巧取利益。

第二百零七条　利息不得滚入原本再生利息。但当事人以书面约定，利息迟付逾一年，从经催告而不偿还时，债权人得将迟付之利息滚入原本者，依其约定。

前项规定，如商业上另有习惯者，不适用之。

第二百零八条　于数宗给付中得选定其一者，其选择权属于债务人。但法律另有规定或契约另有订定者不在此限。

第二百零九条　债权人或债务人有选择权者，应向他方当事人以意思表示为之。

由第三人为选择者，应向债权人及债务人以意思表示为之。

第二百一十条　选择权定有行使期间者，如于该期间内不行使时，其选择权移属于他方当事人。

选择权未定有行使期间者，债权至清偿期时，无选择权之当事人，得定相当期限催告他方当事人行使其选择权。如他方当事人不于所定期限内行使选择权者，其选择权移属于为催告之当事人。

由第三人为选择者，如第三人不能或不欲选择时，选择权属于债务人。

第二百一十一条　数宗给付中有自始不能或嗣后不能给付者，债之关系仅存在于余存之给付。但其不能之事由，应由无选择权之当事人负责者，不在此限。

第二百一十二条　选择之效力，溯及于债之发生时。

第二百一十三条　负损害赔偿责任者，除法律另有规定或契约另有订定外，应回复他方损害发生前之原状。

因回复原状而应给付金钱者，自损害发生时起加给利息。

第二百一十四条　应回复原状者，如经债权人定相当期限催告后，逾期不为回复时，债权人得请求以金钱赔偿其损害。

第二百一十五条　不能回复原状或回复显有重大困难者，应以金钱赔偿其损害。

第二百一十六条　损害赔偿，除法律另有规定或契约另有订定外，应以填补债权人所受损害及所失利益为限。依通常情形，或依已定之计划、设备或其他特别情事，可得预期之利益，视为所失利益。

第二百一十七条　损害之发生或扩大，被害人与有过失者，法院得减轻赔偿金额或免除之。重大之损害原因为债务人所不及知，而被害人不预促其注意或怠于避免减少损害者，为与有过失。

第二百一十八条　损害非因故意或重大过失所致者，如其赔偿致赔偿义务人之生计有重大影响时，法院得减轻其赔偿金额。

第三节　债之效力

第一款　给付

第二百一十九条　行使债权，履行债务，应依诚实及信用方法。

第二百二十条　债务人就其故意或过失之行为负责任。

过失之责任，依事件之特性而有轻重，如其事件非予债务人以利益者，应从轻酌定。

第二百二十一条　债务人为无行为能力人或限制行为能力人者，其责任依第一百八十七条之规定定之。

第二百二十二条　故意或重大过失之责任不得预先免除。

第二百二十三条　应与处理自己事务为同一注意者，如有重大过失，仍应负责。

第二百二十四条　债务人之代理人或使用人，关于债之履行有故意或过失时，债务人应与自己之故意或过失负同一责任。但当事人另有订定者不在此限。

第二百二十五条　因不可归责于债务人之事由致给付不能者，债务人免给付义务。

债务人因前项给付不能之事由，对第三人有损害赔偿请求权者，债权人得向债务人请求让与其损害赔偿请求权或交付其所受领之赔偿物。

第二百二十六条　因可归责于债务人之事由致给付不能者，债权人得请求赔偿损害。

前项情形给付一部不能者，若其他部分之履行于债权人无利益时，债权人得拒绝该部之给付，请求全部不履行之损害赔偿。

第二百二十七条　债务人不为给付或不为完全之给付者，债权人得声请法院强制执行，并得请求损害赔偿。

第二百二十八条　关于物或权利之丧失或损害，负赔偿责任之人得向损害赔偿请求权人请求让与基于其物之所有权，或基于其权利对于第三人之请求权。

第二款　迟延

第二百二十九条　给付有确定期限者，债务人自期限届满时起负迟延责任。

给付无确定期限者，债务人于债权人得请求给付时，经其催告而未为给付，自催告时起负迟延责任。其经债权人起诉或依督促程序送达支付命令者，与催告有同一之效力。

前项催告定有期限者，债务人自期限届满时起负迟延责任。

第二百三十条　因不可归责于债务人之事由致未为给付者，债务人不负迟延责任。

第二百三十一条　债务人迟延者，债权人得请求其赔偿因迟延而生之损害。

前项债务人在迟延中，对于因不可抗力而生之损害，亦应负责。但债务人证明纵不迟延给付而仍不免发生损害者不在此限。

第二百三十二条　迟延后之给付于债权人无利益者，债权人得拒绝其给付，并得请求赔偿因不履行而生之损害。

第二百三十三条　迟延之债务以支付金钱为标的者，债权人得请求依法定利率计算之迟延利息。但约定利率较高者，仍从其约定利率。

对于利息无须支付迟延利息。

前二项情形债权人证明有其他损害者，并得请求赔偿。

第二百三十四条　债权人对于已提出之给付拒绝受领或不能受领者，自提出时起负迟延责任。

第二百三十五条　债务人非依债务本旨实行提出给付者，不生提出之效力。但债权人预示拒绝受领之意思或给付兼需债权人之行为者，债务人得以准备给付之事情通知债权人以代提出。

第二百三十六条　给付无确定期限，或债务人于清偿期前得为给付者，债权人就一时不能受领之情事，不负迟延责任。但其提出给付由于债权人之催告，或债务人已于相当期间前预告债权人者，不在此限。

第二百三十七条　在债权人迟延中，债务人仅就故意或重大过失负其责任。

第二百三十八条　在债权人迟延中，债务人无须支付利息。

第二百三十九条　债务人应返还由标的物所生之孳息，或偿还其价金者，在债权人迟延中，以已收取之孳息为限，负返还责任。

第二百四十条　债权人迟延者，债务人得请求其赔偿提出及保管给付物之必要费用。

第二百四十一条　有交付不动产义务之债务人，于债权人迟延后抛弃其占有。

前项抛弃，应预先通知债权人，但不能通知者不在此限。

第三款　保全

第二百四十二条　债务人怠于行使其权利时，债权人因保全债权，得以自己之名义行使其权利。但专属于债务人本身者不在此限。

第二百四十三条　前条债权人之权利，非于债务人负迟延责任时，不得行使。但专为保存债务人权利之行为不在此限。

第二百四十四条　债务人所为之无偿行为有害及债权者，债权人得声请法院撤销之。

债务人所为之有偿行为，于行为时明知有损害于债权人之权利者，以受益人于受益时亦知其情事者为限，债权人得声请法院撤销之。

债务人之行为非以财产为标的者，不适用前二项之规定。

第二百四十五条 前条撤销权，自债权人知有撤销原因时起一年间不行使，或自行为时起经过十年而消灭。

第四款 契约

第二百四十六条 以不能之给付为契约标的者，其契约为无效。但其不能情形可以除去，而当事人订约时并预期于不能之情形除去后为给付者，其契约仍为有效。

附停止条件或始期之契约，于条件成就或期限届至前不能之情形已除去者，其契约为有效。

第二百四十七条 契约因以不能之给付为标的而无效者，当事人于订约时知其不能或可得而知者，对于非因过失而信契约为有效致受损害之他方当事人，负赔偿责任。

给付一部不能而契约就其他部分仍为有效者，或依选择而定之数宗给付中有一宗给付不能者，准用前项之规定。

第二百四十八条 订约当事人之一方由他方受有定金时，其契约视为成立。

第二百四十九条 定金除当事人另有订定外，适用左列之规定：

契约履行时定金应返还或作为给付之一部。

契约因可归责于付定金当事人之事由致不能履行时，定金不得请求返还。

契约因可归责于受定金当事人之事由致不能履行时，该当事人应加倍返还其所受之定金。

契约因可归责于双方当事人之事由致不能履行时，定金应返还之。

第二百五十条 当事人得约定债务人不履行债务时，应支付违约金。

违约金除当事人另有订定外，视为因不履行而生损害之赔偿总额。但约定如债务人不于适当时期或不依适当方法履行债务时即须支付违约金者，债权人于债务不履行时，除违约金外，并得请求履行或不履行之损害赔偿。

第二百五十一条　债务已为一部履行者，法院得比照债权人因一部履行所受之利益减少违约金。

第二百五十二条　约定之违约金额过高者，法院得减至相当之数额。

第二百五十三条　前三条之规定，于约定违约时应为金钱以外之给付者准用之。

第二百五十四条　契约当事人之一方迟延给付者，他方当事人得定相当期限催告其履行，如于期限内不履行时得解除其契约。

第二百五十五条　依契约之性质或当事人之意思表示，非于一定时期为给付不能达其契约之目的，而契约当事人之一方不按照时期给付者，他方当事人得不为前条之催告，解除其契约。

第二百五十六条　债权人于有第二百二十六条之情形时，得解除其契约。

第二百五十七条　解除权之行使未定有期间者，他方当事人得定相当期限催告解除权人于期限内确答是否解除，如逾期未受解除之通知，解除权即消灭。

第二百五十八条　解除权之行使，应向他方当事人以意思表示为之。

契约当事人之一方有数人者，前项意思表示应由其全体或向其全体为之。

解除契约之意思表示不得撤销。

第二百五十九条　契约解除时当事人双方回复原状之义务，除法律另有规定或契约另有订定外，依左列之规定：

一　由他方所受领之给付物，应返还之。

二　受领之给付为金钱者，应附加自受领时起之利息偿还之。

三　受领之给付为劳务或为物之使用者，应照受领时之价额，以金钱偿还之。

四　受领之给付物生有孳息者，应返还之。

五　就返还之物已支出必要或有益之费用，得于他方受返还时所得利益之限度内，请求其返还。

六　应返还之物，其毁损灭失或因其他事由致不能返还者，应偿还其价额。

第二百六十条　解除权之行使，不妨碍损害赔偿之请求。

第二百六十一条　当事人因契约解除而生之相互义务，准用第二六四条至第二百六十七条之规定。

第二百六十二条　有解除权人因可归责于自己之事由，致其所受领之给付物有毁损灭失或其他情形不能返还者，解除权消灭。因加工或改造将所受领之给付物变其种类者亦同。

第二百六十三条　第二百五十八条及第二百六十条之规定，于当事人依法律之规定终止契约者准用之。

第二百六十四条　因契约互负债务者，于他方当事人未为对待给付前，得拒绝自己之给付。但自己有先为给付之义务者不在此限。

他方当事人已为部分之给付时，依其情形如拒绝自己之给付有违背诚实及信用方法者，不得拒绝自己之给付。

第二百六十五条　当事人之一方应向他方先为给付者，如他方之财产于订约后显形减少，有难为对待给付之虞时，如他方未为对待给付或提出担保前，得拒绝自己之给付。

第二百六十六条　因不可归责于双方当事人之事由，致一方之给付全部不能者，他方免为对待给付之义务。如仅一部不能者，应按其比例减少对待给付。

前项情形已为全部或一部之对待给付者，得依关于不当得利之规定请求返还。

第二百六十七条　当事人之一方因可归责于他方之事由，致不能给付者，得请求对待给付。但其因免给付义务所得之利益或应得之利益，均应由其所得请求之对待给付中扣除之。

第二百六十八条　契约当事人之一方约定由第三人对于他方为给付者，于第三人不为给付时，应负损害赔偿责任。

第二百六十九条　以契约订定向第三人为给付者，要约人得请求债务人向第三人为给付。其第三人对于债务人亦有直接请求给付之权。

第三人对于前项契约未表示享受其利益之意思前，当事人得变更其契约或撤销之。

第三人对于当事人之一方表示不欲享受其契约之利益者，视为自始未取得其权利。

第二百七十条　前条债务人得以由契约所生之一切抗辩，对抗受益之第三人。

第四节　多数债务人及债权人

第二百七十一条　数人负同一债务或有同一债权，而其给付可分者，除法律另有规定或契约另有订定外，应各平均分担或分受之。其给付本不可分而变为可分者亦同。

第二百七十二条　数人负同一债务明示，对于债权人各负全部给付之责任者，为连带债务。

无前项之明示时，连带债务之成立，以法律有规定者为限。

第二百七十三条　连带债务之债权人，得对于债务人中之一人或数人或其全体，同时或先后请求全部或一部之给付。

连带债务未全部履行前，全体债务人仍负连带责任。

第二百七十四条　因连带债务人中之一人为清偿、代物清偿、提存、抵销或混同而债务消灭者，他债务人亦同免其责任。

第二百七十五条　连带债务人中之一人受确定判决，而其判决非基于该债务人之个人关系者，为他债务人之利益亦生效力。

第二百七十六条　债权人向连带债务人中之一人免除债务，而无消灭全部债务之意思表示者，除该债务人应分担之部分外，他债务人仍不免其责任。

前项规定于连带债务人中之一人消灭时效已完成者准用之。

第二百七十七条　连带债务人中之一人对于债权人有债权者，他债务人以该债务人应分担之部分为限，得主张抵销。

第二百七十八条　债权人对于连带债务人中之一人有迟延时，为他债务人之利益亦生效力。

第二百七十九条　就连带债务人中之一人所生之事项，除前五条规定或契约另有订定者外，其利益或不利益对他债务人不生效力。

第二百八十条　连带债务人相互间，除法律另有规定或契约另有订定外，应平均分担义务。但因债务人中之一人应单独负责之事由所致之损害及支付之费用，由该债务人负担。

第二百八十一条　连带债务人中之一人，因清偿或其他行为，致他债务人同免责任者，得向他债务人请求偿还其各自分担之部分，并自免责时起之利息。

前项情形求偿权人于求偿范围内，承受债权人之权利。但不得有害于债权人之利益。

第二百八十二条　连带债务人中之一人不能偿还其分担额者，其不能偿还之部分，由求偿权人与他债务人按照比例分担之。但其不能偿还系由求偿权人之过失所致者，不得对于他债务人请求其分担。

前项情形他债务人中之一人应分担之部分已免责者，仍应依前项比例分担之规定负其责任。

第二百八十三条　数人依法律或法律行为有同一债权，而各得向债务人为全部给付之请求者，为连带债权。

第二百八十四条　连带债权之债务人，得向债权人中之一人为全部之给付。

第二百八十五条　连带债权人中之一人为给付之请求者，为他债权人之利益亦生效力。

第二百八十六条　因连带债权人中之一人已受领清偿、代物清偿或经提存、抵销、混同而债权消灭者，他债权人之权利亦同消灭。

第二百八十七条　连带债权人中之一人受有利益之确定判决者，为他债权人之利益亦生效力。

连带债权人中之一人受不利益之确定判决者，如其判决非基于该债权人之个人关系时，对于他债权人亦生效力。

第二百八十八条　连带债权人中之一人向债务人免除债务者，除该债权人应享有之部分外，他债权人之权利仍不消灭。

前项规定于连带债权人中之一人消灭时效已完成者准用之。

第二百八十九条　连带债权人中之一人有迟延者，他债权人亦负其责任。

第二百九十条　就连带债权人中之一人所生之事项，除前五条规定或契约另有订定者外，其利益或不利益对他债权人不生效力。

第二百九十一条　连带债权人相互间，除法律另有规定或契约另有订定外，应平均分受其利益。

第二百九十二条　数人负同一债务或有同一债权，而其给付不可分者，除第二百九十三条之规定外，准用关于连带债务或连带债权之规定。

第二百九十三条　给付不可分者，各债权人仅得为债权人全体请求给付，债务人亦仅得向债权人全体为给付。

除前项规定外，债权人中之一人与债务人间所生之事项，其利益或不利益对他债务人不生效力。

第五节　债之移转

第二百九十四条　债权人得将债权让与于第三人。但左列债权不在此限：

一　依债权之性质不得让与者。

二　依当事人之特约不得让与者。

三　债权禁止扣押者。

前项第二款不得让与之特约，不得以之对抗善意第三人。

第二百九十五条　让与债权时，该债权之担保及其他从属之权利，随同移转于受让人。但与让与人有不可分离之关系者不在此限。

未支付之利息推定，其随同原本移转于受让人。

第二百九十六条　让与人应将证明债权之文件交付受让人，并应告以关于主张该债权所必要之一切情形。

第二百九十七条　债权之让与，非经让与人或受让人通知债务人，对于债务人不生效力。但法律另有规定者不在此限。

受让人将让与人所立之让与字据提示于债务人者，与通知有同一之效力。

第二百九十八条　让与人已将债权之让与通知债务人者，纵未为让与或让与无效，债务人仍得以其对抗受让人之事由对抗让与人。

前项通知非经受让人之同意，不得撤销。

第二百九十九条　债务人于受通知时所得对抗让与人之事由，皆得以之对抗受让人。

债务人于受通知时对于让与人有债权者，如其债权之清偿期先于所让与之债权或同时届至者，债务人得对于受让人主张抵销。

第三百条　第三人与债权人订立契约承担债务人之债务者，其债务于契约成立时，移转于该第三人。

第三百零一条　第三人与债务人订立契约承担其债务者，非经债权人承认,对于债权人不生效力。

第三百零二条　前条债务人或承担人，得定相当期限催告债权人于该期限内确答是否承认,如逾期不为确答者,视为拒绝承认。

债权人拒绝承认时,债务人或承担人得撤销其承担之契约。

第三百零三条　债务人因其法律关系所得对抗债权人之事由，承担人亦得以之对抗债权人。但不得以属于债务人之债权为抵销。

承担人因其承担债务之法律关系所得对抗债务人之事由，不得以之对抗债权人。

第三百零四条　从属于债权之权利，不因债务之承担而妨碍其存在。但与债务人有不可分离之关系者不在此限。

由第三人就债权所为之担保，除该第三人对于债务之承担已为承认外,因债务之承担而消灭。

第三百零五条　就他人之财产或营业概括承受其资产及负债者，因对于债权人为承受之通知或公告，而生承担债务之效力。

前项情形债务人关于到期之债权自通知或公告时起，未到期之债权自到期时起二年以内,与承担人连带负其责任。

第三百零六条　营业与他营业合并而互相承受其资产及负债者,与前条之概括承受同,其合并之新营业，对于各营业之债务负其责任。

第六节　债之消灭

第一款　通则

第三百零七条　债之关系消灭者，其债权之担保及其他从属之权利亦同时消灭。

第三百零八条　债之全部消灭者，债务人得请求返还或涂销负债之字据。其仅一部消灭或负债字据上载有债权人他项权利者，债务人得请求将消灭事由记入字据。

负债字据如债权人主张有不能返还或有不能记入之事情者，

债务人得请求给与债务消灭之公认证书。

第二款 清偿

第三百零九条 依债务本旨向债权人或其他有受领权人为清偿,经其受领者,债之关系消灭。

持有债权人签名之收据者,视为有受领权人。但债务人已知或因过失而不知其无权受领者不在此限。

第三百一十条 向第三人为清偿,经其受领者,其效力依左列各款之规定:

一 经债权人承认,或受领人于受领后取得其债权者,有清偿之效力。

二 受领人系债权之准占有人者,以债务人不知其非债权人者为限,有清偿之效力。

三 除前二款情形外,于债权人因而受利益之限度内,有清偿之效力。

第三百一十一条 债之清偿得由第三人为之。但当事人另有订定,或依债之性质不得由第三人清偿者不在此限。

第三人之清偿,债务人有异议时,债权人得拒绝其清偿。但第三人就债之履行有利害关系者,债权人不得拒绝。

第三百一十二条 就债之履行有利害关系之第三人为清偿者,得按其限度,就债权人之权利,以自己之名义代位行使。但不得有害于债权人之利益。

第三百一十三条 第二百九十七条及第二百九十九条之规定,于前条之代位行使权利准用之。

第三百一十四条 清偿地除法律另有规定,或契约另有订定,或另有习惯,或不能依债之性质或其他情形决定者外,应依左列各款之规定:

一 以给付特定物为标的者,于订约时其物所在地为之。

二 其他之债,于债权人之住所地为之。

第三百一十五条　清偿期除法律另有规定，或契约另有订定，或不能依债之性质或其他情形决定者外，债权人得随时请求清偿，债务人亦得随时为清偿。

第三百一十六条　定有清偿期者，债权人不得于期前请求清偿。如无反对之意思表示时，债务人得于期前为清偿。

第三百一十七条　清偿债务之费用，除法律另有规定或契约另有订定外，由债务人负担。但因债权人变更住所或其他行为致增加清偿费用者，其增加之费用由债权人负担。

第三百一十八条　债务人无为一部清偿之权利。但法院得斟酌债务人之境况，许其于无甚害于债权人利益之相当期限内，分期给付或缓期清偿。

给付不可分者，法院得比照前项但书之规定，许其缓期清偿。

第三百一十九条　债权人受领他种给付以代原定之给付者，其债之关系消灭。

第三百二十条　因清偿债务而对于债权人负担新债务者，除当事人另有意思表示外，若新债务不履行时，其旧债务仍不消灭。

第三百二十一条　对于一人负担数宗债务，而其给付之种类相同者，如清偿人所提出之给付不足清偿全部债额时，由清偿人于清偿时指定其应抵充之债务。

第三百二十二条　清偿人不为前条之指定者，依左列之规定，定其应抵充之债务：

一　债务已届清偿期者尽先抵充。

二　债务均已届清偿期或均未届清偿期者，以债务之担保最少者尽先抵充，担保相等者以债务人因清偿而获益最多者尽先抵充，获益相等者以先到期之债尽先抵充。

三　获益及清偿期均等者，各按比例抵充其一部。

第三百二十三条　清偿人所提出之给付，应先抵充费用，次充利息，次充原本。其依前二条之规定抵充债务者亦同。

第三百二十四条　清偿人对于受领清偿人，得请求给与受领证书。

第三百二十五条　关于利息或其他定期给付，如债权人给与受领一期给付之证书、未为他期之保留者，推定其以前各期之给付为已清偿。

如债权人给与受领原本之证书者，推定其利息亦已受领。

债权证书已返还者，推定其债之关系消灭。

第三款　提存

第三百二十六条　债权人受领迟延，或不能确知孰为债权人而难为给付者，清偿人得将其给付物为债权人提存之。

第三百二十七条　提存应于清偿地之提存所为之。无提存所者，该地之初级法院因清偿人之声请，应指定提存所或选任保管提存物之人。

提存人于提存后，应即通知债权人。如怠于通知致生损害时，负赔偿之责任。但不能通知者不在此限。

第三百二十八条　提存后给付物毁损灭失之危险，由债权人负担。债务人亦无须支付利息，或赔偿其孳息未收取之损害。

第三百二十九条　债权人得随时受取提存物。如债务人之清偿系对债权人之给付而为之者，在债权人未为对待给付或提出相当担保前，得阻止其受取提存物。

第三百三十条　债权人关于提存物之权利，自提存后十年间不行使而消灭，其提存物属于国库。

第三百三十一条　给付物不适于提存或有毁损灭失之虞或提存需费过巨者，清偿人得声请清偿地之初级法院拍卖而提存其价金。

第三百三十二条　前条给付物有市价者，该管法院得许可清偿人照市价出卖而提存其价金。

第三百三十三条　提存拍卖及出卖之费用，由债权人负担。

第四款　抵销

第三百三十四条　二人互负债务，而其给付种类相同，并均届清偿期者，各得以其债务与他方之债务互相抵销。但依债务之性质不能抵销者不在此限。

第三百三十五条　抵销应以意思表示向他方为之。其相互间债之关系溯及最初得为抵销时，按照抵销数额而消灭。

前项意思表示附有条件或期限者无效。

第三百三十六条　清偿地不同之债务亦得为抵销。但为抵销之人,应赔偿他方因抵销而生之损害。

第三百三十七条　债之请求权虽经时效而消灭，如在时效未完成前,其债务已适于抵销者,亦得为抵销。

第三百三十八条　禁止扣押之债，其债务人不得主张抵销。

第三百三十九条　因故意侵权行为而负担之债，其债务人不得主张抵销。

第三百四十条　受债权扣押命令之第三债务人，于扣押后始对其债权人取得债权者，不得以其所取得之债权与受扣押之债权为抵销。

第三百四十一条　约定应向第三人为给付之债务人，不得以其债务与他方当事人对于自己之债务为抵销。

第三百四十二条　第三百二十一条至第三百二十三条之规定于抵销准用之。

第五款　免除

第三百四十三条　债权人向债务人表示免除其债务之意思者,债之关系消灭。

第六款　混同

第三百四十四条　债权与其债务同归一人时,债之关系消灭。但其债权为他人权利之标的,或法律另有规定者,不在此限。

第二章　各种之债

第一节　买卖

第一款　通则

第三百四十五条　称买卖者，谓当事人约定一方移转财产权于他方，他方支付价金之契约。

当事人就标的物及其价金互相同意时，买卖契约即为成立。

第三百四十六条　价金虽未具体约定，而依情形可得而定者，视为定有价金。

价金约定依市价者，视为标的物清偿时清偿地之市价。但契约另有订定者不在此限。

第三百四十七条　本节规定，于买卖契约以外之有偿契约准用之。但为其契约性质所不许者不在此限。

第二款　效力

第三百四十八条　物之出卖人负交付其物于买受人，并使其取得该物所有权之义务。

权利之出卖人负使买受人取得其权利之义务。如因其权利而得占有一定之物者，并负交付其物之义务。

第三百四十九条　出卖人应担保第三人就买卖之标的物，对于买受人不得主张任何权利。

第三百五十条　债权或其他权利之出卖人应担保其权利确系存在，有价证券之出卖人并应担保其证券未因公示催告而宣示为无效。

第三百五十一条　买受人于契约成立时知有权利之瑕疵者，出卖人不负担保之责。但契约另有订定者不在此限。

第三百五十二条　债权之出卖人对于债务人之支付能力，除契约另有订定外，不负担保责任。

出卖人就债务人之支付能力负担保责任者，推定其担保债权移转时债务人之支付能力。

第三百五十三条　出卖人不履行第三百四十八条至第三百五

十一条所定之义务者，买受人得依关于债务不履行之规定，行使其权利。

第三百五十四条　物之出卖人对于买受人应担保其物依第三百七十三条之规定，危险移转于买受人时无灭失或减少其价值之瑕疵，亦无灭失或减少其通常效用或契约预定效用之瑕疵。但减少之程度无关重要者，不得视为瑕疵。

出卖人并应担保其物于危险移转时，具有其所保证之品质。

第三百五十五条　买受人于契约成立时知其物有前条第一项所称之瑕疵者，出卖人不负担保之责。

买受人因重大过失而不知有前条第一项所称之瑕疵者，出卖人如未保证其无瑕疵时，不负担保之责。但故意不告知其瑕疵者不在此限。

第三百五十六条　买受人应按物之性质，依通常程序从速检查其所受领之物。如发见有应由出卖人负担保责任之瑕疵时，应即通知出卖人。

买受人怠于为前项之通知者，除依通常之检查不能发见之瑕疵外，视为承认其所受领之物。

不能即知之瑕疵至日后发见者，应即通知出卖人。怠于为通知者，视为承认其所受领之物。

第三百五十七条　前条规定于出卖人故意不告知瑕疵于买受人者，不适用之。

第三百五十八条　买受人对于由他地送到之物主张有瑕疵不愿受领者，如出卖人于受领地无代理人，买受人有暂为保管之责。

前项情形如买受人不即依相当方法证明其瑕疵之存在者，推定于受领时为无瑕疵。

送到之物易于败坏者，买受人经物之所在地官署、商会或公证人之许可，得变卖之。如为出卖人之利益有必要时，并有变卖之义务。

买受人依前项规定为变卖者,应即通知出卖人。如怠于通知,应负损害赔偿之责。

第三百五十九条　买卖因物有瑕疵，而出卖人依前五条之规定应负担保之责者，买受人得解除其契约或请求减少其价金。但依情形解除契约显失公平者,买受人仅得请求减少价金。

第三百六十条　买卖之物缺少出卖人所保证之品质者，买受人得不解除契约或请求减少价金，而请求不履行之损害赔偿。出卖人故意不告知物之瑕疵者亦同。

第三百六十一条　买受人主张物有瑕疵者，出卖人得定相当期限催告买受人于其期限内是否解除契约。买受人于前项期限内不解除契约者,丧失其解除权。

第三百六十二条　因主物有瑕疵而解除契约者，其效力及于从物。

从物有瑕疵者,买受人仅得就从物之部分为解除。

第三百六十三条　为买卖标的之数物中一物有瑕疵者，买受人仅得就有瑕疵之物为解除。其以总价金将数物同时卖出者，买受人并得请求减少与瑕疵物相当之价额。

前项情形，当事人之任何一方如因有瑕疵之物与他物分离而显受损害者,得解除全部契约。

第三百六十四条　买卖之物仅指定种类者,如其物有瑕疵,买受人得不解除契约或请求减少价金，而即时请求另行交付无瑕疵之物。

出卖人就前项另行交付之物,仍负担保责任。

第三百六十五条　买受人因物有瑕疵，而得解除契约或请求减少价金者，其解除权或请求权于物之交付后六个月间不行使而消灭。

前项规定,于出卖人故意不告知瑕疵者不适用之。

第三百六十六条　以特约免除或限制出卖人关于权利或物之

瑕疵担保义务者，如出卖人故意不告知其瑕疵，其特约为无效。

第三百六十七条　买受人对于出卖人有交付约定价金及受领标的物之义务。

第三百六十八条　买受人有正当理由恐第三人主张权利，致失其因买卖契约所得权利之全部或一部者，得拒绝支付价金之全部或一部。但出卖人已提出相当担保者不在此限。

前项情形，出卖人得请求买受人提存价金。

第三百六十九条　买卖标的物与其价金之交付，除法律另有规定或契约另有订定或另有习惯外，应同时为之。

第三百七十条　标的物交付定有期限者，其期限推定其为价金交付之期限。

第三百七十一条　标的物与价金应同时交付者，其价金应于标的物之交付处所交付之。

第三百七十二条　价金依物之重量计算者，应除去其包皮之重量。但契约另有订定或另有习惯者，从其订定或习惯。

第三百七十三条　买卖标的物之利益及危险，自交付时起，均由买受人承受负担。但契约另有订定者不在此限。

第三百七十四条　买受人请求将标的物送交清偿地以外之处所者，自出卖人交付其标的物于运送承揽人时起，标的物之危险由买受人负担。

第三百七十五条　标的物之危险于交付前已应由买受人负担者，出卖人于危险移转后标的物之交付前所支出之必要费用，买受人应依关于委任之规定，负偿还责任。

前项情形出卖人所支出之费用，如非必要者，买受人应依关于无因管理之规定，负偿还责任。

第三百七十六条　买受人关于标的物之送交方法有特别指示，而出卖人无紧急之原因违其指示者，对于买受人因此所受之损害应负赔偿责任。

第三百七十七条　以权利为买卖之标的，如出卖人因其权利而得占有一定之物者，准用前四条之规定。

第三百七十八条　买卖费用之负担，除法律另有规定或契约另有订定或另有习惯外，依左列之规定：

一　买卖契约之费用，由当事人双方平均负担。

二　移转权利之费用，运送标的物至清偿地之费用，及交付之费用，由出卖人负担。

三　受领标的物之费用，登记之费用，及送交清偿地以外处所之费用，由买受人负担。

第三款　买回

第三百七十九条　出卖人于买卖契约保留买回之权利者，得返还其所受领之价金，而买回其标的物。

前项买回之价金另有特约者，从其特约。

原价金之利息与买受人就标的物所得之利益，视为互相抵销。

第三百八十条　买回之期限，不得超过五年。如约定之期限较长者，缩短为五年。

第三百八十一条　买卖费用由买受人支出者，买回人应与买回价金连同偿还之。

买回之费用由买回人负担。

第三百八十二条　买受人为改良标的物所支出之费用及其他有益费用而增加价值者，买回人应偿还之。但以现存之增价额为限。

第三百八十三条　买受人对于买回人负交付标的物及其附属物之义务。

买受人因可归责于自己之事由，致不能交付标的物，或标的物显有变更者，应赔偿因此所生之损害。

第四款　特种买卖

第三百八十四条　试验买卖为以买受人之承认标的物为停止

条件而订立之契约。

第三百八十五条　试验买卖之出卖人有许买受人试验其标的物之义务。

第三百八十六条　标的物经试验而未交付者，买受人于约定期限内未就标的物为承认之表示，视为拒绝。

其无约定期限，而于出卖人所定之相当期限内未为承认之表示者亦同。

第三百八十七条　标的物因试验已交付于买受人，而买受人不交还其物，或于约定期限或出卖人所定之相当期限内不为拒绝之表示者，视为承认。

买受人已支付价金之全部或一部，或就标的物为非试验所必要之行为者，视为承认。

第三百八十八条　按照货样约定买卖者，视为出卖人担保其交付之标的物与货样有同一之品质。

第三百八十九条　分期付价之买卖，如约定买受人有迟延时出卖人得即请求支付全部价金者，除买受人有连续两期给付之迟延，而其迟付之价额已达全部价金五分之一外，出卖人仍不得请求支付全部价金。

第三百九十条　分期付价之买卖，如约定出卖人于解除契约时得扣留其所受领价金者，其扣留之数额，不得超过标的物使用之代价及标的物受有损害时之赔偿额。

第三百九十一条　拍卖因拍卖人拍板或依其他惯用之方法为卖定之表示而成立。

第三百九十二条　拍卖人对于其所经管之拍卖，不得应买，亦不得使他人为其应买。

第三百九十三条　拍卖人除拍卖之委任人有反对之意思表示外，得将拍卖物拍归出价最高之应买人。

第三百九十四条　拍卖人对于应买人所出最高之价认为不足

者，得不为卖定之表示而撤回其物。

第三百九十五条　应买人所为应买之表示，自有出价较高之应买或拍卖物经撤回时，失其拘束力。

第三百九十六条　拍卖之买受人应于拍卖成立时，或拍卖公告内所定之时，以现金支付买价。

第三百九十七条　拍卖之买受人如不按时支付价金者，拍卖人得解除契约，将其物再行拍卖。

再行拍卖所得之利息，如少于原拍卖之价金及费用者，原买受人应负赔偿其差额之责任。

第二节　互易

第三百九十八条　当事人双方约定互相移转金钱以外之财产权者，准用关于买卖之规定。

第三百九十九条　当事人之一方约定移转前条所定之财产权并应交付金钱者，其金钱部分准用关于买卖价金之规定。

第三节　交互计算

第四百条　称交互计算者，谓当事人约定以其相互间之交易所生之债权、债务为定期计算，互相抵销，而仅支付其差额之契约。

第四百零一条　汇票、本票、支票及其他流通证券记入交互计算者，如证券之债务人不为清偿时，当事人得将该记入之项目除去之。

第四百零二条　交互计算之计算期如无特别订定，每六个月计算一次。

第四百零三条　当事人之一方得随时终止交互计算契约而为计算。但契约另有订定者不在此限。

第四百零四条　记入交互计算之项目，得约定自记入之时起附加利息。

由计算而生之差额，得请求自计算时起支付利息。

第四百零五条　记入交互计算之项目，自计算后经过一年不得请求除去或改正。

第四节　赠与

第四百零六条　赠与因当事人一方以自己之财产为无偿给与于他方之意思表示,经他方允受而生效力。

第四百零七条　以非经登记不得移转之财产为赠与者，在未为移转登记前,其赠与不生效力。

第四百零八条　赠与物未交付前，赠与人得撤销其赠与。其一部已交付者,得就其未交付之部分撤销之。

前项规定于立有字据之赠与，或为履行道德上之义务而为赠与者,不适用之。

第四百零九条　赠与人不履行前条第二项所定之赠与时，受赠人得请求交付赠与物或其价金。但不得请求利息或其他不履行之损害赔偿。

第四百一十条　赠与人仅就其故意或重大过失对于受赠人负其责任。

第四百一十一条　赠与之物或权利如有瑕疵，赠与人不负担保责任。但赠与人故意不告知其瑕疵或保证其无瑕疵者，对于受赠人因瑕疵所生之损害负赔偿之义务。

第四百一十二条　赠与附有负担者,如赠与人已为给付,而受赠人不履行其负担时，赠与人得请求受赠人履行其负担或撤销赠与。

负担以公益为目的者,于赠与人死亡后,主管官署得命受赠人履行其负担。

第四百一十三条　附有负担之赠与,其赠与不足偿其负担者,受赠人仅于赠与之价值限度内,有履行其负担之责任。

第四百一十四条　附有负担之赠与，其赠与之物或权利如有瑕疵，赠与人于受赠人负担之限度内，负与出卖人同一之担保责任。

第四百一十五条　定期给付之赠与，因赠与人或受赠人之死亡,失其效力。但赠与人有反对之意思表示者不在此限。

第四百一十六条　受赠人对于赠与人有左列情事之一者，赠与人得撤销其赠与：

一　对于赠与人或其最近亲属有故意侵害之行为，依刑法有处罚之明文者。

二　对于赠与人有扶养义务而不履行者。

前项撤销权，自赠与人知有撤销原因之时起一年内不行使而消灭。赠与人对于受赠人已为宥恕之表示者亦同。

第四百一十七条　受赠人因故意不法之行为，致赠与人死亡或妨碍其为赠与之撤销者，赠与人之继承人得撤销其赠与。但其撤销权自知有撤销原因之时起六个月间不行使而消灭。

第四百一十八条　赠与人于赠与约定后，其经济状况显有变更,如因赠与致其生计有重大之影响或妨碍其扶养义务之履行者，得拒绝赠与之履行。

第四百一十九条　赠与之撤销,应向受赠人以意思表示为之。

赠与撤销后,赠与人得依关于不当得利之规定,请求返还赠与物。

第四百二十条　赠与之撤销权,因受赠人之死亡而消灭。

第五节　租赁

第四百二十一条　称租赁者，谓当事人约定一方以物租与他方使用,收益他方支付租金之契约。

前项租金，得以金钱或租赁物之孳息充之。

第四百二十二条　不动产之租赁契约,其期限逾一年者,应以字据订立之。未以字据订立者，视为不定期限之租赁。

第四百二十三条　出租人应以合于所约定使用收益之租赁物交付承租人，并应于租赁关系存续中保持其合于约定使用收益之状态。

第四百二十四条　租赁物为房屋或其他供居住之处所者，如其瑕疵危及承租人或其同居人之安全或健康时，承租人虽于订约时已知其瑕疵,或已抛弃其终止契约之权利,仍得终止契约。

第四百二十五条　出租人于租赁物交付后，纵将其所有权让与第三人,其租赁契约对于受让人仍继续存在。

第四百二十六条　出租人就租赁物设定物权，致妨碍承租人之使用收益者,准用前条之规定。

第四百二十七条　就租赁物应纳之一切税捐,由出租人负担。

第四百二十八条　租赁物为动物者,其饲养费由承租人负担。

第四百二十九条　租赁物之修缮，除契约另有订定或另有习惯外,由出租人负担。

出租人为保存租赁物所为之必要行为,承租人不得拒绝。

第四百三十条　租赁关系存续中，租赁物如有修缮之必要，应由出租人负担者，承租人得定相当期限催告出租人修缮。如出租人于其期限内不为修缮者,承租人得终止契约,或自行修缮而请求出租人偿还其费用,或于租金中扣除之。

第四百三十一条　承租人就租赁物支出有益费用，因而增加该物之价值者，如出租人知其情事而不为反对之表示，于租赁关系终止时，应偿还其费用。但以其现存之增价额为限。

承租人就租赁物所增设之工作物，得取回之。但应回复租赁物之原状。

第四百三十二条　承租人应以善良管理人之注意保管租赁物。租赁物有生产力者,并应保持其生产力。

承租人违反前项义务，致租赁物毁损灭失者，负损害赔偿责任。但依约定之方法或依物之性质而定之方法为使用收益，致有变更或毁损者不在此限。

第四百三十三条　因承租人之同居人或因承租人允许为租赁

物之使用收益之第三人应负责之事由，致租赁物毁损灭失者，承租人负损害赔偿责任。

第四百三十四条　租赁物因承租人之重大过失，致失火而毁损灭失者，承租人对于出租人负损害赔偿责任。

第四百三十五条　租赁关系存续中，因不可归责于承租人之事由，致租赁物之一部灭失者，承租人得按灭失之部分请求减少租金。

前项情形承租人就其存余部分不能达租赁之目的者，得终止契约。

第四百三十六条　前条规定于承租人因第三人就租赁物主张权利，致不能为约定之使用收益者，准用之。

第四百三十七条　租赁关系存续中，租赁物如有修缮之必要应由出租人负担者，或因防止危害有设备之必要，或第三人就租赁物主张权利者，承租人应即通知出租人。但为出租人所已知者不在此限。

承租人怠于为前项通知，致出租人不能及时救济者，应赔偿出租人因此所生之损害。

第四百三十八条　承租人应依约定方法为租赁物之使用收益。无约定方法者，应以依租赁物之性质而定之方法为之。

承租人违反前项之规定为租赁物之使用收益，经出租人阻止而仍继续为之者，出租人得终止契约。

第四百三十九条　承租人应依约定日期支付租金。无约定者，依习惯；亦无习惯者，应于租赁期满时支付之。如租金分期支付者，于每期届满时支付之。如租赁物之收益有季节者，于收益季节终了时支付之。

第四百四十条　承租人租金支付有迟延者，出租人得定相当期限催告承租人支付租金。如承租人于其期限内不为支付，出租人得终止契约。

租赁物为房屋者，迟付租金之总额非达两期之租额，不得依前项之规定终止契约。

第四百四十一条　承租人因自己之事由，致不能为租赁物全部或一部之使用收益者，不得免其支付租金之义务。

第四百四十二条　租赁物为不动产者，因其价值之升降，当事人得声请法院增减其租金。但其租赁定有期限者不在此限。

第四百四十三条　承租人非经出租人承诺，不得将租赁物转租于他人。但租赁物为房屋者,除有反对之约定外,承租人得将其一部分转租于他人。

承租人违反前项规定,将租赁物转租于他人者,出租人得终止契约。

第四百四十四条　承租人依前条之规定，将租赁物转租于他人者,其与出租人间之租赁关系仍为继续。

因次承租人应负责之事由所生之损害，承租人负赔偿责任。

第四百四十五条　不动产之出租人就租赁契约所生之债权，对于承租人之物置于该不动产者，有留置权。但禁止扣押之物不在此限。

前项情形，仅于已得请求之损害赔偿及本期与以前未交之租金之限度内,得就留置物取偿。

第四百四十六条　承租人将前条留置物取去者，出租人之留置权消灭。但其取去系乘出租人之不知或出租人曾提出异议者不在此限。

承租人如因执行业务取去其物，或其取去适于通常之生活关系,或所留之物足以担保租金之支付者,出租人不得提出异议。

第四百四十七条　出租人有提出异议权者，得不声请法院径行阻止承租人取去其留置物。如承租人离去租赁之不动产者，并得占有其物。

承租人乘出租人之不知,或不顾出租人提出异议,而取去其物者，出租人得终止契约。

第四百四十八条　承租人得提出担保，以免出租人行使留置权；并得提出与各个留置物价值相当之担保，以消灭对于该物之留置权。

第四百四十九条　租赁契约之期限不得逾二十年。逾二十年者缩短为二十年。

前项期限，当事人得更新之。

第四百五十条　租赁定有期限者，其租赁关系于期限届满时消灭。

未定期限者，各当事人得随时终止契约。但有利于承租人之习惯者，从其习惯。

前项终止契约，应依习惯先期通知。但不动产之租金以星期、半个月或一个月定其支付之期限者，出租人应以历定星期、半个月或一个月之末日为契约终止期，并应至少于一星期、半个月或一个月前通知之。

第四百五十一条　租赁期限届满后，承租人仍为租赁物之使用收益，而出租人不即表示反对之意思者，视为以不定期限继续契约。

第四百五十二条　承租人死亡者，租赁契约虽定有期限，其继承人仍得终止契约。但应依第四百五十条第三项之规定先期通知。

第四百五十三条　定有期限之租赁契约，如约定当事人之一方于期限届满前得终止契约者，其终止契约得依第四百五十条第三项之规定先期通知。

第四百五十四条　租赁契约依前二条之规定终止时，如终止后始到期之租金，出租人已预先受领者，应返还之。

第四百五十五条　承租人于租赁关系终止后，应返还租赁物。租赁物有生产力者，并应保持其生产状态返还出租人。

第四百五十六条　出租人就租赁物所受损害，对于承租人之赔偿请求权，承租人之偿还费用请求权，及工作物取回权，均因二年间不行使而消灭。

前项期间于出租人自受租赁物返还时起算，于承租人自租赁关系终止时起算。

第四百五十七条　耕作地之承租人因不可抗力，致其收益减少或全无者，得请求减少或免除租金。

前项租金减免请求权，不得预先抛弃。

第四百五十八条　耕作地之出租人，如收回自己耕作，得终止契约。

第四百五十九条　耕作地之出租人，除前条及第四百四十条规定外，仅于承租人违反第四百三十二条、第四百四十三条第一项、或第四百六十二条第二项之规定时，得终止契约。

第四百六十条　耕作地之出租人终止契约者，应以收益季节后，次期作业开始前之时日为契约之终止期。

第四百六十一条　耕作地之承租人，因租赁关系终止时未及收获之孳息所支出之耕作费用，得请求出租人偿还之。但其请求额不得超过孳息之价额。

第四百六十二条　耕作地之租赁附有农具、牲畜或其他附属物者，当事人应于订约时评定其价值，并缮具清单，由双方签名各执一份。

清单所载之附属物，如因可归责于承租人之事由而灭失者，由承租人负补充之责任。

附属物如因不可归责于承租人之事由而灭失者，由出租人负补充之责任。

第四百六十三条　耕作地之承租人依清单所受领之附属物，应于租赁关系终止时返还于出租人。如不能返还者，应赔偿其依清单所定之价值。但因使用所生之通常折耗应扣除之。

第六节　借贷

第一款　使用借贷

第四百六十四条　称使用借贷者，谓当事人约定一方以物无偿贷与他方使用，他方于使用后返还其物之契约。

第四百六十五条　使用借贷因借用物之交付而生效力。

第四百六十六条　贷与人故意不告知借用物之瑕疵，致借用人受损害者，负赔偿责任。

第四百六十七条　借用人应依约定方法使用借用物。无约定方法者，应以依借用物之性质而定之方法使用之。借用人非经贷与人之同意，不允许第三人使用借用物。

第四百六十八条　借用人应以善良管理人之注意保管借用物。

借用人违反前项义务，致借用物毁损灭失者，负损害赔偿责任。但依约定之方法或依物之性质而定之方法使用借用物，致有变更或毁损者，不负责任。

第四百六十九条　借用物之通常保管费用，由借用人负担。借用物为动物者，其饲养费亦同。

借用人就借用物所增加之工作物，得取回之。但应回复借用物之原状。

第四百七十条　借用人应于契约所定期限届满时返还借用物。未定期限者，应于依借贷之目的使用完毕时返还之。但经过相当时期，可推定借用人已使用完毕者，贷与人亦得为返还之请求。

借贷未定期限，亦不能依借贷之目的而定其期限者，贷与人得随时请求返还借用物。

第四百七十一条　数人共借一物者，对于贷与人连带负责。

第四百七十二条　有左列各款情形之一者，贷与人得终止契约：

一　贷与人因不可预知之情事，自己需用借用物者。

二　借用人违反约定或依物之性质而定之方法使用借用物，或未经贷与人同意允许第三人使用者。

三　因借用人怠于注意，致借用物毁损或有毁损之虞者。

四　借用人死亡者。

第四百七十三条　贷与人就借用物所受损害对于借用人之赔偿请求权，借用人依第四百六十六条所定之赔偿请求权及其工作物之取回权，均因六个月间不行使而消灭。

前项期间于贷与人自受借用物返还时起算，于借用人自借贷关系终止时起算。

第二款　消费借贷

第四百七十四条　称消费借贷者，谓当事人约定一方移转金钱或其他代替物之所有权于他方，而他方以种类、品质、数量相同之物返还之契约。

第四百七十五条　消费借贷因金钱或其他代替物之交付而生效力。

第四百七十六条　消费借贷约定有利息或其他报偿者，如借用物有瑕疵时，贷与人应另易以无瑕疵之物。但借用人仍得请求损害赔偿。

消费借贷为无报偿者，如借用物有瑕疵时，借用人得照有瑕疵原物之价值返还贷与人。

前项情形贷与人如故意不告知其瑕疵者，借用人得请求损害赔偿。

第四百七十七条　利息或其他报偿，应于契约所定期限支付之。未定期限者，应于借贷关系终止时支付之。但其借贷期限逾一年者，应于每年终支付之。

第四百七十八条　借用人应于约定期限内返还与借用物种类、品质、数量相同之物。未定返还期限者，借用人得随时返还，贷与人亦得定一个月以上之相当期限催告返还。

第四百七十九条　借用人不能以种类、品质、数量相同之物返还者，应以其物在返还时返还地所应有之价值返还之。

返还时或返还地未约定者，以其物在订约时或订约地之价值偿还之。

第四百八十条　金钱借贷之返还，除契约另有订定外，应依左列之规定：

一　以通用货币为借贷者，如于返还时已失其通用效力，应以返还时有通用效力之货币偿还之。

二　金钱借贷约定折合通用货币计算者，不问借用人所受领货币价格之增减，均应以返还时有通用效力之货币偿还之。

三　金钱借贷约定以特种货币为计算者，应以该特种货币或按返还时返还地之市价，以通用货币偿还之。

第四百八十一条　以货物折算金钱而为借贷者，纵有反对之约定，仍应以该货物按照交付时交付地之市价所应有之价值为其借贷金额。

第七节　雇用

第四百八十二条　称雇用者，谓当事人约定一方于一定或不定之期限内为他方服务，他方给付报酬之契约。

第四百八十三条　如依情形非受报酬即不服劳务者，视为允与报酬。

未定报酬额者，按照价目表所定给付之。无价目表者，按照习惯给付。

第四百八十四条　雇用人非经受雇人同意，不得将其劳务请求权让与第三人。受雇人非经雇用人同意，不得使第三人代服劳务。

当事人之一方违反前项规定时，他方得终止契约。

第四百八十五条　受雇人明示或默示保证其有特种技能者，

如无此种技能时,雇用人得终止契约。

第四百八十六条　报酬应依约定之期限给付之。无约定者,依习惯。无约定亦无习惯者,依左列之规定:

一　报酬分期计算者,应于每期届满时给付之。

二　报酬非分期计算者,应于劳务完毕时给付之。

第四百八十七条　雇用人受领劳务迟延者,受雇人无补服劳务之义务,仍得请求报酬。但受雇人因不服劳务所减省之费用,或转向他处服劳务所取得,或故意怠于取得之利益,雇用人得由报酬额内扣除之。

第四百八十八条　雇佣定有期限者,其雇佣关系于期限届满时消灭。

雇佣未定期限,亦不能依劳务之性质或目的定其期限者,各当事人得随时终止契约。但有利于受雇人之习惯者,从其习惯。

第四百八十九条　当事人之一方遇有重大事由,其雇佣契约纵定有期限,仍得于期限届满前终止之。

前项事由,如因当事人一方之过失而生者,他方得向其请求损害赔偿。

第八节　承揽

第四百九十条　称承揽者,谓当事人约定一方为他方完成一定之工作,他方俟工作完成给付报酬之契约。

第四百九十一条　如依情形非受报酬,即不为完成其工作者,视为允与报酬。

未定报酬额者,按照价目表所定给付之。无价目表者,按照习惯给付。

第四百九十二条　承揽人完成工作,应使其具备约定之品质,及无减少或灭失价值或不适于通常或约定使用之瑕疵。

第四百九十三条　工作有瑕疵者,定作人得定相当期限请求承揽人修补之。

承揽人不于前项期限内修补者，定作人得自行修补，并得向承揽人请求偿还修补必要之费用。

如修补所需费用过巨者，承揽人得拒绝修补。前项规定不适用之。

第四百九十四条　承揽人不于前条第一项所定期限内修补瑕疵，或依前条第三项之规定拒绝修补，或其瑕疵不能修补者，定作人得解除契约，或请求减少报酬。但瑕疵非重要，或所承揽之工作为建筑物或其他土地上之工作物者，定作人不得解除契约。

第四百九十五条　因可归责于承揽人之事由，致工作发生瑕疵者，定作人除前二条之规定请求修补或解除契约或请求减少报酬外，并得请求损害赔偿。

第四百九十六条　工作之瑕疵因定作人所供给材料之性质或依定作人之指示而生者，定作人无前三条所规定之权利。但承揽人明知其材料之性质或指示不适当，而不告知定作人者不在此限。

第四百九十七条　工作进行中因承揽人之过失，显可预见工作有瑕疵或有其他违反契约之情事者，定作人得定相当期限请求承揽人改善其工作或依约履行。

承揽人不于前项期限内依照改善或履行者，定作人得使第三人改善或继续其工作，其危险及费用均由承揽人负担。

第四百九十八条　第四百九十三条至第四百九十五条所规定定作人之权利，如其瑕疵自工作交付后经过一年始发见者，不得主张。

工作依其性质无须交付者，前项一年之期间自工作完成时起算。

第四百九十九条　工作为建筑物或其他土地上之工作物或为此等工作物之重大修缮者，前条所定之期限延为五年。

第五百条　承揽人故意不告知其工作之瑕疵者，第四百九十八条所定之期限延为五年，第四百九十九条所定之期限延为十年。

第五百零一条　第四百九十八条及第四百九十九条所定之期限，得以契约加长，但不得减短。

第五百零二条　因可归责于承揽人之事由，致工作不能于约定期限完成，或未定期限，经过相当时期而未完成者，定作人得请求减少报酬。

前项情形，如以工作于特定期限完成，或交付为契约之要素者，定作人得解除契约。

第五百零三条　因可归责于承揽人之事由迟延工作，显可预见其不能于限期内完成者，定作人得解除契约。但以其迟延可为工作完成后解除契约之原因者为限。

第五百零四条　工作迟延后，定作人受领工作时不为保留者，承揽人对于迟延之结果不负责任。

第五百零五条　报酬应于工作交付时给付之。无须交付者，应于工作完成时给付之。

工作系分部交付，而报酬系就各部分定之者，应于每部分交付时给付该部分之报酬。

第五百零六条　订立契约时仅估计报酬之概数者，如其报酬因非可归责于定作人之事由超过概数甚巨者，定作人得于工作进行中或完成后解除契约。

前项情形，工作如为建筑物或其他土地上之工作物或为此等工作物之重大修缮者，定作人仅得请求相当减少报酬。如工作物尚未完成者，定作人得通知承揽人停止工作，并得解除契约。

定作人依前二项之规定解除契约时，对于承揽人应赔偿相当之损害。

第五百零七条　工作需定作人之行为始能完成者，而定作人不为其行为时，承揽人得定相当期限催告定作人为之。

定作人不于前项期限内为其行为者，承揽人得解除契约。

第五百零八条　工作毁损灭失之危险，于定作人受领前由承揽人负担，如定作人受领迟延者，其危险由定作人负担。

定作人所供给之材料因不可抗力而毁损灭失者，承揽人不负其责。

第五百零九条　于定作人受领工作前，因其所供给材料之瑕疵或其指示不适当，致工作毁损灭失或不能完成者，承揽人如及时将材料之瑕疵或指示不适当之情事通知定作人时，得请求其已服劳务之报酬及垫款之偿还。定作人有过失者，并得请求损害赔偿。

第五百一十条　前二条所定之受领，如依工作之性质无须交付者，以工作完成时视为受领。

第五百一十一条　工作未完成前定作人得随时终止契约。但应赔偿承揽人因契约终止而生之损害。

第五百一十二条　承揽之工作以承揽人个人之技能为契约之要素者，如承揽人死亡或非因过失致不能完成其约定之工作时，其契约为终止。

工作已完成之部分于定作人为有用者，定作人有受领及给付相当报酬之义务。

第五百一十三条　承揽之工作为建筑物或其他土地上之工作物或为此等工作物之重大修缮者，承揽人就承揽关系所生之债权，对于其工作所附之定作人不动产有抵押权。

第五百一十四条　定作人之瑕疵修补请求权、修补费用偿还请求权、减少报酬请求权、或契约解除权，均因瑕疵发见后一年间不行使而消灭。

承揽人之损害赔偿请求权或契约解除权，因其原因发生后一年间不行使而消灭。

第九节　出版

第五百一十五条　称出版者，谓当事人约定一方以文艺、学术或美术之著作物为出版而交付于他方，他方担任印刷及发行之契约。

第五百一十六条　著作人之权利于契约实行之必要范围内移转于出版人。

出版权授与人应担保其于契约成立时有出版授与之权利。如著作物受法律上之保护者，并应担保其有著作权。

出版物授与人已将著作物之全部或一部交付第三人出版，或经第三人公表为其所明知者，应于契约成立前将其情事告知出版人。

第五百一十七条　出版权授与人于出版人得印行之出版物未卖完时，不得就其著作物之全部或一部为不利于出版人之处分。

第五百一十八条　版数未约定者，出版人仅得出一版。

出版人依约得出数版或永远出版者，如于前版之出版物卖完后怠于新版之印刷时，出版权授与人得声请法院，令出版人于一定期限内再出新版，逾期不遵行者丧失其出版权。

第五百一十九条　出版人对于著作物不得增减或变更。

出版人应以适当之格式印刷著作物，并应为必要之广告及用通常之方法推销出版物。

出版物之卖价由出版人定之。但不得过高致碍出版物之销行。

第五百二十条　著作人于不妨害出版人出版之利益或增加其责任之范围内，得订正或修改其著作物。但对于出版人因此所生不可预见之费用，应负赔偿责任。

出版人于印刷新版前，应予著作人以订正或修改著作物之机会。

第五百二十一条　同一著作人之数著作物为各别出版而交付于出版人者，出版人不得将其数著作物并合出版。

著作人以其著作物为并合出版而交付于出版人者，出版人不得将其著作物各别出版。

第五百二十二条　著作物翻译之权利，除契约另有订定外，仍属于出版权授与人。

第五百二十三条　如依情形非受报酬即不为著作物之交付者，视为允与报酬。

出版人有出数版之权者，其次版之报酬及其他出版之条件，推定与前版相同。

第五百二十四条　著作物全部出版者于其全部印刷完毕时，分部出版者于其各部分印刷完毕时，应给付报酬。报酬之全部或一部依销行之多寡而定者，出版人应依习惯计算支付报酬，并应提出销行之证明。

第五百二十五条　著作物交付出版人后因不可抗力致灭失者，出版人仍负给付报酬之义务。

灭失之著作物，如著作人另存有稿本者，有将该稿本交付于出版人之义务。无稿本时，如著作人不多费劳力即可重作者，应重作之。

前项情形著作人得请求相当之赔偿。

第五百二十六条　印刷完毕之出版物于发行前因不可抗力致全部或一部灭失者，出版人得以自己之费用就灭失之出版物补行出版，对于出版权授与人无须补给报酬。

第五百二十七条　著作物未完成前，如著作人死亡或丧失能力或非因其过失，致不能完成其著作者，其出版契约关系消灭。

前项情形如出版契约关系之全部或一部之继续为可能且公平者，法院得许其继续，并命为必要之处置。

第十节　委任

第五百二十八条　称委任者，谓当事人约定一方委托他方处理事务，他方允为处理之契约。

第五百二十九条　关于劳务给付之契约，不属于法律所定其他契约之种类者，适用关于委任之规定。

第五百三十条　有承受委托处理一定事务之公然表示者，如对于该事务之委托不即为拒绝之通知时，视为允受委托。

第五百三十一条　为委任事务之处理须为法律行为，而该法律行为依法应以文字为之者，其处理权之授与亦应以文字为之。

第五百三十二条　受任人之权限依委任契约之订定。未订定者，依其委任事务之性质定之。委任人得指定一项或数项事务而为特别委任，或就一切事务而为概括委任。

第五百三十三条　受任人受特别委任者，就委任事务之处理得为委任人为一切必要之行为。

第五百三十四条　受任人受概括委任者，得为委任人为一切法律行为。但为左列行为须有特别之授权：

一　不动产之出卖或设定负担。

二　不动产之租赁，其期限逾二年者。

三　赠与。

四　和解。

五　起诉。

六　提付仲裁。

第五百三十五条　受任人处理委任事务，应依委任人之指示，并与处理自己事务为同一之注意。其受有报酬者，应以善良管理人之注意为之。

第五百三十六条　受任人非有急迫之情事，并可推定委任人若知有此情事亦允许变更其指示者，不得变更委任人之指示。

第五百三十七条　受任人应自己处理委任事务。但经委任人之同意，或另有习惯，或有不得已之事由者，得使第三人代为处理。

第五百三十八条　受任人违反前条之规定，使第三人代为处理委任事务者，就该第三人之行为与就自己之行为负同一责任。

受任人依前条之规定，使第三人代为处理委任事务者，仅就第三人之选任及对于第三人所为之指示负其责任。

第五百三十九条　受任人使第三人代为处理委任事务者，委任人对于该第三人关于委任事务之履行有直接请求权。

第五百四十条　受任人应将委任事务进行之状况报告委任人，委任关系终止时，应明确报告其颠末。

第五百四十一条　委任人因处理委任事务所收取之金钱、物品及孳息，应交付于委任人。

受任人以自己之名义为委任人取得之权利，应移转于委任人。

第五百四十二条　受任人为自己之利益使用应交付于委任人之金钱，或使用应为委任人利益而使用之金钱者，应自使用之日起支付利息，如有损害并应赔偿。

第五百四十三条　委任人非经受任人之同意，不得将处理委任事务之请求权让与第三人。

第五百四十四条　受任人因处理委任事务有过失，或因逾越权限之行为所生之损害，对于委任人应负赔偿之责。

委任为无偿者，受任人仅就重大过失负过失责任。

第五百四十五条　委任人因受任人之请求，应预付处理委任事务之必要费用。

第五百四十六条　受任人因处理委任事务支出之必要费用，委任人应偿还之，并付自支出时起之利息。

受任人因处理委任事务负担必要债务者，得请求委任人代其清偿。未至清偿期者，得请求委任人提出相当担保。

受任人处理委任事务，因非可归责于自己之事由致受损害者，得向委任人请求赔偿。

第五百四十七条　报酬纵未约定，如依习惯或依委任事务之性质应给与报酬者，受任人得请求报酬。

第五百四十八条　受任人应受报酬者，除契约另有订定外，非于委任关系终止及为明确报告颠末后，不得请求给付。

委任关系因非可归责于受任人之事由，于事务处理未完毕前已终止者，受任人得就其已处理之部分请求报酬。

第五百四十九条　当事人之任何一方得随时终止委任契约。

当事人之一方于不利于他方之时期终止契约者，应负损害赔偿责任。但因非可归责于该当事人之事由，致不得不终止契约者不在此限。

第五百五十条　委任关系因当事人一方死亡、破产或丧失行为能力而消灭。但契约另有订定，或因委任事务之性质不能消灭者，不在此限。

第五百五十一条　前条情形如委任关系之消灭有害于委任人利益之虞时，受任人或其继承人或其法定代理人于委任人或其继承人或其法定代理人能接受委任事务前，应继续处理其事务。

第五百五十二条　委任关系消灭之事由系由当事人之一方发生者，于他方知其事由或可得而知其事由前，委任关系视为存续。

第十一节　经理人及代办商

第五百五十三条　称经理人者，谓有为商号管理事务及为其签名之权利之人。

前项经理权之授与，得以明示或默示为之。

经理权得限于管理商号事务之一部或商号之一分号或数分号。

第五百五十四条　经理人对于第三人之关系，就商号或其分号或其事务之一部，视为其有为管理上一切必要行为之权。

经理人除有书面之授权外，对于不动产不得买卖或设定负担。

第五百五十五条　经理人就所任之事务视为有代表商号为原告或被告或其他一切诉讼上行为之权。

第五百五十六条　商号得授权于数经理人。但经理人中有二人之签名者，对于商号即生效力。

第五百五十七条　经理权之限制，除第五百五十三条第三项、

第五百五十四条第二项、及第五百五十六条所规定外，不得以之对抗善意第三人。

第五百五十八条　称代办商者，谓非经理人而受商号之委托，于一定处所或一定区域内，以该商号之名义办理其事务之全部或一部之人。

代办商对于第三人之关系，就其所代办之事务，视为其有为一切必要行为之权。

代办商除有书面之授权外，不得负担票据上之义务，或为消费贷借或为诉讼。

第五百五十九条　代办商就其代办之事务，应随时报告其处所或区域之商业状况，于其商号并应将其所为之交易即时报告之。

第五百六十条　代办商得依契约所定请求报酬，或请求偿还其费用。无约定者，依习惯；无约定亦无习惯者，依其代办事务之重要程度及多寡定其报酬。

第五百六十一条　代办权未定期限者，当事人之任何一方得随时终止契约。但应于三个月前通知他方。

当事人之一方因非可归责于自己之事由，致不得不终止契约者，得不先期通知而终止之。

第五百六十二条　经理人或代办商非得其商号之允许，不得为自己或第三人经管与其所办理之同类事业，亦不得为同类事业公司无限责任之股东。

第五百六十三条　经理人或代办商有违反前条规定之行为时，其商号得请求因其行为所得之利益作为损害赔偿。

前项请求权自商号知有违反行为时起经过一个月，或自行为时起经过一年不行使而消灭。

第五百六十四条　经理权或代办权不因商号所有人之死亡、破产或丧失行为能力而消灭。

第十二节　居间

第五百六十五条　称居间者，谓当事人约定一方为他方报告订约之机会或为订约之媒介,他方给付报酬之契约。

第五百六十六条　如依情形非受报酬即不为报告订约机会或媒介者,视为允与报酬。

未定报酬额者，按照价目表所定给付之。无价目表者，按照习惯给付。

第五百六十七条　居间人关于订约事项，应就其所知据实报告于各当事人。对于显无支付能力之人或知其无订立该约能力之人,不得为其媒介。

第五百六十八条　居间人以契约因其报告或媒介而成立者为限,得请求报酬。

契约附有停止条件者，于该条件成就前，居间人不得请求报酬。

第五百六十九条　居间人支出之费用，非经约定不得请求偿还。

前项规定于居间人已为报告或媒介而契约不成立者,适用之。

第五百七十条　居间人因媒介应得之报酬，除契约另订定或另有习惯外,由契约当事人双方平均负担。

第五百七十一条　居间人违反其对于委托人之义务而为利于委托人之相对人之行为，或违反诚实及信用方法由相对人收受利益者，不得向委托人请求报酬及偿还费用。

第五百七十二条　约定之报酬较居间人所任劳务之价值为数过巨,失其公平者,法院得因委托人之请求酌减之。但报酬已给付者,不得请求返还。

第五百七十三条　因婚姻居间而约定报酬者，其约定无效。

第五百七十四条　居间人就其媒介所成立之契约，无为当事人给付或受领给付之权。

第五百七十五条　当事人之一方指定居间人不得以其姓名或

商号告知相对人者，居间人有不告知之义务。

居间人不以当事人一方之姓名或商号告知相对人时，应就该方当事人由契约所生之义务，自己负履行之责，并得为其受领给付。

第十三节　行纪

第五百七十六条　称行纪者，谓以自己之名义为他人之计算为动产之买卖或其他商业上之交易，而受报酬之营业。

第五百七十七条　行纪除本节有规定者外，适用关于委任之规定。

第五百七十八条　行纪人为委托人之计算所为之交易，对于交易之相对人自得权利并自负义务。

第五百七十九条　行纪人为委托人之计算所订立之契约，其契约之他方当事人不履行债务时，对于委托人应由行纪人负直接履行契约之义务。但契约另有订定或另有习惯者不在此限。

第五百八十条　行纪人以低于委托人所指定之价额卖出，或以高于委托人所指定之价额买入者，如担任补偿差额，其卖出或买入对于委托人发生效力。

第五百八十一条　行纪人以高于委托人所指定之价额卖出，或以低于委托人所指定之价额买入者，其利益均归属于委托人。

第五百八十二条　行纪人得依约定或习惯请求报酬、寄存费及运送费，并得请求偿还其为委托人之利益而支出之费用及其利息。

第五百八十三条　行纪人为委托人之计算所买入或卖出之物为其占有时，适用寄托之规定。

前项占有之物，除委托人另有指示外，行纪人不负付保险之义务。

第五百八十四条　委托出卖之物于达到行纪人时有瑕疵，或依其物之性质易于败坏者，行纪人为保护委托人之利益，应与保护自己之利益为同一之处置。

第五百八十五条　委托人拒绝受领行纪人依其指示所买之物时，行纪人得定相当期限催告委托人受领。逾期不受领者，行纪人得拍卖其物，并得就其对于委托人因委托关系所生债权之数额，于拍卖价金中取偿之，如有剩余，并得提存。

如为易于败坏之物，行纪人得不为前项之催告。

第五百八十六条　委托行纪人出卖之物不能卖出，或委托人撤回其出卖之委托者，如委托人不于相当期间取回或处分其物时，行纪人得依前条之规定行使其权利。

第五百八十七条　行纪人受托出卖或买入货币、股票或其他市场定有市价之物者，除有反对之约定外，行纪人得自为买受人或出卖人，其价值以依委托人指示而为出卖或买入时市场之市价定之。

前项情形行纪人仍得行使第五百八十二条所定之请求权。

第五百八十八条　行纪人得自为买受人或出卖人时，如仅将订立契约之情事通知委托人，而不以他方当事人之姓名告知者，视为自己负担该方当事人之义务。

第十四节　寄托

第五百八十九条　称寄托者，谓当事人一方以物交付他方，他方允为保管之契约。

受寄人除契约另有订定或依情形非受报酬即不为保管者外，不得请求报酬。

第五百九十条　受寄人保管寄托物，应与处理自己事务为同一之注意。其受有报酬者，应以善良管理人之注意为之。

第五百九十一条　受寄人非经寄托人之同意，不得自己使用或使第三人使用寄托物。

受寄人违反前项之规定者，对于寄托人应给付相当报偿，如有损害，并应赔偿。但能证明纵不使用寄托物，仍不免发生损害者，不在此限。

第五百九十二条　受寄人应自己保管寄托物。但经寄托人之同意，或另有习惯，或有不得已之事由者，得使第三人代为保管。

第五百九十三条　受寄人违反前条之规定使第三人代为保管寄托物者，对于寄托物因此所受之损害应负赔偿责任。但能证明纵不使第三人代为保管，仍不免发生损害者，不在此限。

受寄人依前条之规定使第三人代为管理者，仅就第三人之选任及其对于第三人所为之指示负其责任。

第五百九十四条　寄托物保管之方法经约定者，非为急迫之情事，并可推定寄托人若知有此情事亦允许变更其约定方法时，受寄人不得变更之。

第五百九十五条　受寄人因保管寄托物而支出之必要费用，寄托人应偿还之。但契约另有订定者，依其订定。

第五百九十六条　受寄人因寄托物之性质或瑕疵所受之损害，寄托人应负赔偿责任。但寄托人于寄托时非因过失而不知寄托物有发生危险之性质或瑕疵，或为受寄人所已知者，不在此限。

第五百九十七条　寄托物返还之期限虽经约定，寄托人仍得随时请求返还。

第五百九十八条　未定返还期限者，受寄人得随时返还寄托物。

定有返还期限者，受寄人非有不得已之事由，不得于期限届满前返还寄托物。

第五百九十九条　受寄人返还寄托物时，应将该物之孳息一并返还。

第六百条　寄托物之返还于该物应为保管之地行之。

受寄人依第五百九十二条或第五百九十四条之规定将寄托物转置他处者，得于物之现在地返还之。

第六百零一条　寄托约定报酬者，应于寄托关系终止时给付之。分期定报酬者,应于每期届满时给付之。

寄托物之保管因非可归责于受寄人之事由而终止者，除契约另有订定外,受寄人得就其已为保管之部分请求报酬。

第六百零二条　寄托物为代替物时，如约定寄托物之所有权移转于受寄人,并由受寄人以种类、品质、数量相同之物返还者,自受寄人受领该物时起适用关于消费借贷之规定。

第六百零三条　寄托物为金钱时，推定受寄人无返还原物之义务。但须返还同一数额。

受寄人依前项规定仅须返还同一数额者，寄托物之利益及危险于该物交付时移转于受寄人。

前项情形如寄托物之返还定有期限者，寄托人非有不得已之事由,不得于期限届满前请求偿还。

第六百零四条　第三人就寄托物主张权利者，除对于受寄人提起诉讼或于扣押外,受寄人仍有返还寄托物于寄托人之义务。

第三人提起诉讼或为扣押时,受寄人应通知寄托人。

第六百零五条　关于寄托契约之报酬请求权、费用偿还请求权、或损害赔偿请求权，自寄托关系终止时起一年间不行使而消灭。

第六百零六条　旅店或其他以供客人住宿为目的之场所主人,对于客人所携带物品之毁损丧失,应负责任。其毁损丧失纵由第三人所致者亦同。

前项毁损丧失,如因不可抗力,或因其物之性质，或因客人自己或其伴侣、随从或来宾之故意或过失所致者,主人不负责任。

第六百零七条　饮食店、浴堂之主人对于客人所携带通常物品之毁损丧失，负其责任。但有前条第二项规定之情形时不在此限。

第六百零八条　客人之金钱、有价证券、珠宝或其他贵重物品，非经报明其物之性质及数量交付保管者，主人不负责任。

主人无正当理由拒绝为客人保管前项物品者，对于其毁损丧失应负责任。其物品因主人或其雇佣人之故意或过失而致毁损灭失者亦同。

第六百零九条　以揭示限制或免除前三条所定主人之责任者，其揭示无效。

第六百一十条　客人知其物品毁损丧失后，应即通知主人。怠于通知者，丧失其损害赔偿请求权。

第六百一十一条　依第六百零六条至第六百零八条之规定所生之损害赔偿请求权，自发见丧失或毁损之时起六个月间不行使而消灭。自客人离去场所后经过六个月者亦同。

第六百一十二条　主人就住宿饮食或垫款所生之债权，于未受清偿前，对于客人所携带之行李及其他物品有留置权。

第十五节　仓库

第六百一十三条　称仓库营业人者，谓以受报酬而为他人堆藏及保管物品为营业之人。

第六百一十四条　仓库除本节有规定者外，准用关于寄托之规定。

第六百一十五条　仓库营业人因寄托人之请求，应由仓库簿填发仓单。

第六百一十六条　仓单应记载左列事项，并由仓库营业人签名。

一　寄托人之姓名及住址。

二　保管人之场所。

三　受寄物之种类、品质、数量及其包皮之种类、个数及记号。

四　仓单填发地及填发之年月日。

五　定有保管期间者，其期间。

六　保管费。

七　受寄物已付保险者，其保险金额、保险期间及保险人之名号。

仓库营业人应将前列各款事项，记载于仓单簿之存根。

第六百一十七条　仓单持有人请求仓库营业人将寄托物分割为数部分，并填发各该部分之仓单。但持有人应将原仓单交还。

前项分割及填发新仓单之费用，由持有人负担。

第六百一十八条　仓单所载之货物非由货物持有人于仓单背书，并经仓库营业人签名，不生所有权移转之效力。

第六百一十九条　仓库营业人于约定保管期间届满前，不得请求移去寄托物。

未约定保管期间者，自为保管时起经过六个月，仓库营业人得随时请求移去寄托物。但应于一个月前通知。

第六百二十条　仓库营业人因寄托人或仓单持有人之请求，应许其检点寄托物或摘取样本。

第六百二十一条　仓库契约终止后，寄托人或仓单持有人拒绝或不能移去寄托物者，仓库营业人得定相当期限请求于期限内移去寄托物。逾期不移去者，仓库营业人得拍卖寄托物。由拍卖代价中扣去拍卖费用及保管费用，并应以其余额交付于应得之人。

第十六节　运送营业

第一款　通则

第六百二十二条　称运送人者，谓以运送物品或旅客为营业而受运费之人。

第六百二十三条　关于物品或旅客之运送，如因丧失、损伤或迟延而生之赔偿请求权，自运送终了或应终了之时起二年间不行使而消灭。

第二款　物品运送

第六百二十四条　托运人因运送人之请求，应给托运单。

托运单应记载左列事项，并由托运人签名：

一 托运人之姓名及住址。

二 运送物之种类、品质、数量及其包皮之种类、个数及记号。

三 目的地。

四 受货人之名号及住址。

五 托运单之填发地及填发之年月日。

第六百二十五条 运送人因托运人之请求应填发提单。

提单应记载左列事项，并由运送人签名：

一 前条第二项所列第一款至第四款事项。

二 运费之数额及其支付人为托运人或受货人。

三 提单之填发地及填发之年月日。

第六百二十六条 托运人对于运送人应交付运送上及关于税捐警察所必要之文件，并应为必要之说明。

第六百二十七条 提单填发后运送人与提单持有人间关于运送事项，依其提单之记载。

第六百二十八条 提单纵为记名式，仍得以背书移转于他人。但提单上有禁止背书之记载者不在此限。

第六百二十九条 交付提单于有受领物品权利之人时，其交付就物品所有权移转之关系与物品之交付有同一之效力。

第六百三十条 受货人请求交付运送物时，应将提单交还。

第六百三十一条 运送物依其性质对于人或财产有致损害之虞者，托运人于订立契约前应将其性质告知运送人。怠于告知者，对于因此所致之损害，应负赔偿之责。

第六百三十二条 托运物品应于约定期间内运送之。无约定者，依习惯，无约定亦无习惯者，应于相当期间内运送之。

前项所称相当期间之决定，应顾及各该运送之特殊情形。

第六百三十三条 运送人非有急迫之情事，并可推定托运人若知有此情事亦允许变更其指示者，不得变更托运人之指示。

第六百三十四条　运送人对于运送物之丧失、毁损或迟到，应负责任。但运送人能证明其丧失、毁损或迟到系因不可抗力，或因运送物之性质，或因托运人或受货人之过失而致者，不在此限。

第六百三十五条　运送物因包皮有易见之瑕疵而丧失或毁损时，运送人如于接收该物时不为保留者应负责任。

第六百三十六条　运送物因运送人之雇用人或其所委托为运送之人有过失，而致丧失、毁损或迟到者，运送人应负责任。

第六百三十七条　运送物由数运送人相继为运送者，除其中有能证明无前三条所规定之责任者外，对于运送物之丧失、毁损或迟到应连带负责。

第六百三十八条　运送物有丧失、毁损或迟到者，其损害赔偿额应依其应交付时目的地之价值计算之。

运费及其他费用因运送物之丧失、毁损无须支付者，应由前项赔偿额中扣除之。

运送物之丧失、毁损或迟到系因运送人之故意或重大过失所致者，如有其他损害，托运人并得请求赔偿。

第六百三十九条　金钱、有价证券、珠宝或其他贵重物品，除托运人于托运时报明其性质及价值者外，运送人对于其丧失或毁损不负责任。

价值经报明者，运送人以所报价额为限负其责任。

第六百四十条　因迟到之损害赔偿额不得超过因其运送物全部丧失可得请求之赔偿额。

第六百四十一条　如有第六百三十三条、第六百五十条、第六百五十一条之情形，或其他情形足以妨碍或迟延运送或危害运送物之安全者，运送人为保护运送物所有人之利益，应为必要之注意及处置。

运送人怠于前项之注意及处置者，对于因此所致之损害应负责任。

第六百四十二条　运送人未将运送物之达到通知受货人前，或受货人于运送物达到后尚未请求交付运送物前，托运人对于运送人如已填发提单者，其持有人对于运送人得请求中止运送，返还运送物或为其他之处分。

前项情形运送人得按照比例就其已为运送之部分请求运费，及偿还因中止返还或其他处分所支出之费用，并得请求相当之损害赔偿。

第六百四十三条　运送人于运送物达到目的地时，应即通知受货人。

第六百四十四条　运送物达到目的地并经受货人请求交付后，受货人取得托运人因运送契约所生之权利。

第六百四十五条　运送物于运送中因不可抗力而丧失者，运送人不得请求运费。其因运送而已受领之数额应返还之。

第六百四十六条　运送人于受领运费及其他费用前交付运送物者，对于其所有前运送人应得之运费及其他费用负其责任。

第六百四十七条　运送人为保全其运费及其他费用得受清偿之必要，按其比例对于运送物有留置权。

运费及其他费用之数额有争执时，受货人得将有争执之数额提存，请求运送物之交付。

第六百四十八条　受货人受领运送物并支付运费及其他费用不为保留者，运送人之责任消灭。

运送物内部有丧失或毁损不易发见者，以受货人于受领运送物后十日内将其丧失或毁损通知于运送人为限，不适用前项之规定。

运送物之丧失或毁损，如运送人以诈术隐蔽或因其故意或重大过失所致者，运送人不得主张前二项规定之利益。

第六百四十九条　运送人交与托运人之提单或其他文件上有

免除或限制运送人责任之记载者，除能证明托运人对于其责任之免除或限制明示同意外，不生效力。

第六百五十条　受货人所在不明或拒绝受领运送物时，运送人应即通知托运人并请求其指示。

如托运人之指示事实上不能实行或运送人不能继续保管运送物时，运送人得以托运人之费用寄存运送物于仓库。

运送物如有不能寄存于仓库之情形，或有腐坏之性质或显见其价值不足抵偿运费及其他费用时，运送人得拍卖之。

运送人于可能之范围内应将寄存仓库或拍卖之事情通知托运人及受货人。

第六百五十一条　前条之规定于受领权之归属有诉讼致交付迟延者适用之。

第六百五十二条　运送人得就拍卖代价中扣除拍卖费用、运费及其他费用，并应将其余额交付于应得之人。如应得之人所在不明者，应为其利益提存之。

第六百五十三条　运送物由数运送人相继运送者，其最后之运送人就运送人全体应得之运费及其他费用，得行使第六百四十七条、第六百五十条及第六百五十二条所定之权利。

第三款　旅客运送

第六百五十四条　旅客运送人对于旅客因运送所受之伤害及运送之迟延应负责任。但其伤害系因不可抗力或因旅客之过失所致者不在此限。

第六百五十五条　行李及时交付运送人者，应于旅客达到时返还之。

第六百五十六条　旅客达到后六个月内不取回其行李者，运送人得拍卖之。

行李有易于腐坏之性质者，运送人得于达到后经过四十八小时拍卖之。

第六百五十二条之规定，于前二项情形准用之。

第六百五十七条　运送人对于旅客所交托之行李纵不另收运费，其权利义务，除本款另有规定外，适用关于物品运送之规定。

第六百五十八条　运送人对于旅客所未交托之行李，如因自己或其雇佣人之过失，致其丧失或毁损者，仍负责任。

第六百五十九条　运送人交与旅客之票、收据或其他文件上有免除或限制运送人责任之记载者，除能证明旅客对于其责任之免除或限制明示同意外，不生效力。

第十七节　承揽运送

第六百六十条　称承揽运送人者，谓以自己之名义为他人之计算，使运送人运送物品而受报酬为营业之人。承揽运送除本节有规定外，准用关于行纪之规定。

第六百六十一条　承揽运送人对于托运物品之丧失或毁损或迟到，应负责任。但能证明其于物品之接收、保管、运送人之选定在目的地之交付及其他与运送有关之事项未怠于注意者不在此限。

第六百六十二条　承揽运送人为保全其报酬及垫款得清偿之必要，按其比例对于运送物有留置权。

第六百六十三条　承揽运送人除契约另有订定外，得自行运送物品。如自行运送，其权利义务与运送人同。

第六百六十四条　就运送全部约定价额或承揽运送人填发提单于委托人者，视为承揽人自己运送，不得另行请求报酬。

第六百六十五条　第六百三十一条、第六百三十五条及第六百三十八条至第六百四十条之规定于承揽运送准用之。

第六百六十六条　对于承揽运送人因运送物之丧失、毁损或迟到所生之损害赔偿请求权，自运送物交付或应交付之时起二年间不行使而消灭。

第十八节　合伙

第六百六十七条　称合伙者，谓二人以上互约出资以经营共同事业之契约。

前项出资得为金钱或他物，或以劳务代之。

第六百六十八条　各合伙人之出资及其他合伙财产，为合伙人全体之公同共有。

第六百六十九条　合伙人除有特别订定外，无于约定出资之外增加出资之义务。因损失而致资本减少者，合伙人无补充之义务。

第六百七十条　合伙契约或其事业之种类，除契约另有订定外，非经合伙人全体之同意不得变更。

第六百七十一条　合伙之事业除契约另有订定外，由合伙人全体共同执行之。

合伙之事务如约定由合伙人中数人执行者，由该数人共同执行之。

合伙之通常事务得由有执行权之各合伙人单独执行之。但其他有执行权之合伙人中任何一人对于该合伙人之行为有异议时，应停止该事务之执行。

第六百七十二条　合伙人履行依合伙契约所负担之义务，应与处理自己事务为同一注意。

第六百七十三条　一定之事务如约定应由合伙人全体或一部之过半数决定者，其有表决权之合伙人无论其出资之多寡，推定每人仅有一表决权。

第六百七十四条　合伙人中之一人或数人被委托执行合伙事务者，非有正当事由不得辞任其他合伙人，亦不得将其解任。

前项被委任人之解任，非经其他合伙人全体之同意不得为之。

第六百七十五条　无执行合伙事务权利之合伙人，纵契约有反对之订定，仍得随时检查合伙之事务及其财产状况，并得查阅帐簿。

第六百七十六条　合伙之决算及分配利益除契约另有订定外，应于每届事务年度终为之。

第六百七十七条　分配损益之成数未经约定者，按照各合伙人出资额之比例定之。

仅就利益或仅就损失所定之分配成数，视为损益共通之分配成数。

以劳务为出资之合伙人除契约另有订定外，不受损失之分配。

第六百七十八条　合伙人因合伙事务所支出之费用得请求偿还。

合伙人执行合伙事务除契约另有订定外，不得请求报酬。

第六百七十九条　合伙人被委任执行合伙事务者，于依委任本旨执行合伙事务之范围内，对于第三人为他合伙人之代表。

第六百八十条　第五百三十七条至第五百四十六条关于委任之规定于合伙人之执行合伙事务准用之。

第六百八十一条　合伙财产不足清偿合伙之债务时，各合伙人对于不足之额连带负其责任。

第六百八十二条　合伙人于合伙清算前不得请求合伙人财产之分析。

对于合伙负有债务者，不得以其对于任何合伙人之债权与其所负之债务抵销。

第六百八十三条　合伙人非经他合伙人全体之同意，不得将自己之股分转让于第三人。但转让于他合伙人者不在此限。

第六百八十四条　合伙人之债权人于合伙存续期间内，就该合伙人对于合伙之权利不得代位行使。但利益分配请求权不在此限。

第六百八十五条　合伙人之债权人就该合伙人之股分得声请扣押。但应于两个月前通知合伙。

前项通知有为该合伙人声明退伙之效力。

第六百八十六条　合伙未定有存续期间或经订明以合伙人中一人之终身为其存续期间者，各合伙人得声明退伙。但应于两个月前通知他合伙人。

前项退伙不得于退伙有不利于合伙事务之时期为之。

合伙纵定有存续期间，如合伙人有非可归责于自己之重大事由，仍得声明退伙。

第六百八十七条　除依前二条之规定得声明退伙外，合伙人因左列事项之一而退伙：

一　合伙人死亡者。但契约订明其继承人得继承者不在此限。

二　合伙人受破产或禁治产之宣告者。

三　合伙人经开除者。

第六百八十八条　合伙人之开除以有正当理由为限。

前项开除应以他合伙人全体同意为之，并应通知被开除之合伙人。

第六百八十九条　退伙人与他合伙人间之结算，应以退伙时合伙财产之状况为准。

退伙人之股分不问其出资之种类，得由合伙人以金钱抵还之。

合伙事务于退伙时尚未了结者，于了结后计算，并分配其损益。

第六百九十条　合伙人退伙后对于其退伙前合伙所负之债务仍应负责。

第六百九十一条　合伙成立后非经合伙人全体之同意，不得允许他人加入为合伙人。

加入为合伙人者，对于其加入前合伙所负之债务与他合伙人负同一之责任。

第六百九十二条　合伙因左列事项之一而解散：

一　合伙存续期限届满者。

二　合伙人全体同意解散者。

三　合伙之目的事业已完成或不能完成者。

第六百九十三条　合伙所定期限届满后合伙人仍继续其事务者,视为以不定期限继续合伙契约。

第六百九十四条　合伙解散后，其清算由合伙人全体或由其所选任之清算人为之。

前项清算人之选任,以合伙人全体之过半数决之。

第六百九十五条　数人为清算人时，关于清算之决议应以过半数行之。

第六百九十六条　以合伙契约选任合伙人中一人或数人为清算人者,适用第六百七十四条之规定。

第六百九十七条　合伙财产应先清偿合伙之债务。其债务未至清偿期或在诉讼中者，应将其清偿所必需之数额由合伙财产中划出保留之。

依前项清偿债务或划出必需之数额后，其剩余财产应返还各合伙人之出资。

为清偿债务或返还合伙人之出资，应于必要限度内将合伙财产变为金钱。

第六百九十八条　合伙财产不足返还各合伙人之出资者，按照各合伙人出资额之比例返还之。

第六百九十九条　合伙财产于清偿合伙债务及返还各合伙人出资后尚有剩余者,按各合伙人应受分配利益之成数分配之。

第十九节　隐名合伙

第七百条　称隐名合伙者，谓当事人约定一方对于他方所经营之事业出资而分受其营业所生之利益及分担其所生损失之契约。

第七百零一条　隐名合伙除本节有规定者外，准用关于合伙之规定。

第七百零二条　隐名合伙人之出资，其财产权移属于出名营业人。

第七百零三条　隐名合伙人仅于其出资之限度内负分担损失之责任。

第七百零四条　隐名合伙之事务专由出名营业人执行之。

隐名合伙人就出名营业人所为之行为，对于第三人不生权利义务之关系。

第七百零五条　隐名合伙人如参与合伙事务之执行，或为参与执行之表示，或知他人表示其参与执行而不否认者，纵有反对之约定，对于第三人仍应负出名营业人之责任。

第七百零六条　隐名合伙人纵有反对之约定，仍得于每届事务年度查阅合伙之帐簿，并检查其事务及财产之状况。

如有重大事由，法院因隐名合伙人之声请，得许其随时为前项之查阅及检查。

第七百零七条　出名营业人除契约另有订定外，应于每届事务年度终计算营业之损益，其应归隐名合伙人之利益应即支付之。

应归隐名合伙人之利益而未支取者，除另有约定外，不得认为出资之增加。

第七百零八条　除依第六百八十六条之规定得声明退伙外，隐名合伙契约因左列事项之一而终止。

一　存续期限届满者。

二　当事人同意者。

三　目的事业已完成或不能完成者。

四　出名营业人死亡或受禁治产之宣告者。

五　出名营业人或隐名合伙人受破产之宣告者。

六　营业之废止或转让者。

第七百零九条　隐名合伙契约终止时，出名营业人应返还隐名合伙人之出资及给与其应得之利益。

但出资因损失而减少者，仅返还其余存额。

第二十节　指示证券

第七百一十条　称指示证券者，谓指示他人将金钱、有价证券或其他代替物给付第三人之证券。

前项为指示之人称为指示人，被指示之他人称为被指示人，受给付之第三人称为领取人。

第七百一十一条　被指示人向领取人承担所指示之给付者，有依证券内容而为给付之义务。

前项情形被指示人仅得以本于指示证券之内容，或其与领取人间之法律关系所得对抗领取人之事由，对抗领取人。

第七百一十二条　指示人为清偿其对于领取人之债务而交付指示证券者，其债务于被指示人为给付时消灭。

前项情形债权人受领指示证券者，不得请求指示人就原有债务为给付。但于指示证券所定期限内其未定期限者，于相当期限内不能由被指示人领取给付者不在此限。

债权人不愿由其债务人受领指示证券者，应即时通知债务人。

第七百一十三条　被指示人虽对于指示人负有债务，无承担其所指示给付或为给付之义务。

已向领取人为给付者，就其给付之数额对于指示人免其债务。

第七百一十四条　被指示人对于指示证券拒绝承担或拒绝给付者，领取人应即通知指示人。

第七百一十五条　指示人于被指示人未向领取人承担所指示之给付或为给付前，得撤回其指示证券。其撤回应向被指示人以意思表示为之。

指示人于被指示人未承担或给付前受破产宣告者，其指示证券视为撤回。

第七百一十六条　领取人得将指示证券让与第三人。但指示人于指示证券有禁止让与之记载者不在此限。

前项让与应以背书为之。

被指示人对于指示证券之受让人已为承担者，不得以自己与领取人间之法律关系所生之事由与受让人对抗。

第七百一十七条　指示证券领取人或受让人对于被指示人因承担所生之请求权，自承担之时起三年间不行使而消灭。

第七百一十八条　指示证券遗失、被盗或灭失者，法院得因持有人之声请依公示催告之程序宣告无效。

第二十一节　无记名证券

第七百一十九条　称无记名证券者，谓持有人对于发行人得请求其依所记载之内容为给付之证券。

第七百二十条　无记名证券发行人于持有人提示证券时有为给付之义务。但知持有人就证券无处分之权利，或受有遗失、被盗或灭失之通知者，不得为给付。

发行人依前项规定已为给付者，虽持有人就证券无处分之权利，亦免其债务。

第七百二十一条　无记名证券发行人其证券虽因遗失、被盗或其他非因自己之意思而流通者，对于善意持有人仍应负责。

无记名证券不因发行在发行人死亡或丧失能力后失其效力。

第七百二十二条　无记名证券发行人仅得以本于证券之无效证券之内容，或其与持有人间之法律关系所得对抗持有人之事由，对抗持有人。

第七百二十三条　无记名证券持有人请求给付时，应将证券交还发行人。

发行人依前项规定收回证券时，虽持有人就该证券无处分之权利，仍取得其证券之所有权。

第七百二十四条　无记名证券因毁损或变形不适于流通，而其重要内容及识别记号仍可辨认者，持有人得请求发行人换给新无记名证券。

前项换给证券之费用应由持有人负担。但证券为银行兑换或其他金钱兑换券者，其费用应由发行人负担。

第七百二十五条　无记名证券遗失、被盗或灭失者，法院得因持有人之声请依公示催告之程序宣告无效。

前项情形发行人对于持有人应告知关于实施公示催告之必要事项，并供给其证明所必要之材料。

第七百二十六条　无记名证券定有提示期间者，如法院因公示催告声请人之声请，对于发行人为禁止给付之命令时，停止其提示期间之进行。

前项停止自声请发前项命令时起，至公示催告程序终止时止。

第七百二十七条　利息、年金及分配利益之无记名证券有遗失、被盗或灭失而通知于发行人者，如于法定关于定期给付之时效期间届满前未有提示为通知之持有人，得向发行人请求给付该证券所记载之利息、年金或应分配之利益。但自时效期间届满后经过一年者，其请求权消灭。

如于时效期间届满前由第三人提示该项证券者，发行人应将不为给付之情事告知该第三人，并于该第三人与为通知之人合意前，或于法院为确定判决前，应不为给付。

第七百二十八条　无利息见票即付之无记名证券，除利息、年金及分配利益之证券外，不适用第七百二十条第一项但书及第七百二十五条之规定。

第二十二节　终身定期金

第七百二十九条　称终身定期金契约者，谓当事人约定一方于自己或他方或第三人生存期内定期以金钱给付他方或第三人之契约。

第七百三十条　终身定期金契约之订立，应以书面为之。

第七百三十一条　终身定期金契约关于期间有疑义时，推定其为于债权人生存期内按期给付。

契约所定之金额有疑义时,推定其为每年应给付之金额。

第七百三十二条　终身定期金除契约另有订定外,应按季预行支付。

依其生存期间而定终身定期金之人,如在定期金预付后该期届满前死亡者,定期金债权人取得该期金额之全部。

第七百三十三条　因死亡而终止定期金契约者,如其死亡之事由应归责于定期金债务人时,法院因债权人或其继承人之声请,得宣告其债权在相当期限内仍为存续。

第七百三十四条　终身定期金之权利除契约另有订定外,不得移转。

第七百三十五条　本节之规定于终身定期金之遗赠准用之。

第二十三节　和解

第七百三十六条　称和解者,谓当事人约定互相让步以终止争执或防止争执发生之契约。

第七百三十七条　和解有使当事人所抛弃之权利消灭,及使当事人取得和解契约所订明权利之效力。

第七百三十八条　和解不得以错误为理由撤销之。但有左列事项之一者不在此限:

一　和解所依据之文件事后发见为伪造或变造,而和解当事人若知其为伪造或变造即不为和解者。

二　和解事件经法院确定判决而为当事人双方或一方于和解当时所不知者。

三　当事人之一方对于他方当事人之资格或对于重要之争点有错误而为和解者。

第二十四节　保证

第七百三十九条　称保证者,谓当事人约定一方于他方之债务人不履行债务时,由其代负履行责任之契约。

第七百四十条　保证债务除契约另有订定外,包含主债务之利息、违约金、损害赔偿及其他从属于主债务之负担。

第七百四十一条　保证人之负担较主债务人为重者，应缩减至主债务之限度。

第七百四十二条　主债务人所有之抗辩，保证人得主张之。

主债务人抛弃其抗辩者，保证人仍得主张之。

第七百四十三条　保证人对于因错误或行为能力之欠缺而无效之债务，如知其情事而为保证者，其保证仍为有效。

第七百四十四条　主债务人就其债之发生原因之法律行为有撤销权者，保证人对于债权人得拒绝清偿。

第七百四十五条　保证人于债权人未就主债务人之财产强制执行而无效果前，对于债权人得拒绝清偿。

第七百四十六条　有左列各款情形之一者，保证人不得主张前条之权利。

一　保证人抛弃前条之权利者。

二　保证契约成立后主债务人之住所、营业所或居所有变更，致向其请求清偿发生困难者。

三　主债务人受破产宣告者。

四　主债务人之财产不足清偿其债务者。

第七百四十七条　向主债务人请求履行及为其他中断时效之行为，对于保证人亦生效力。

第七百四十八条　数人保证同一债务者，除契约另有订定外，应连带负保证责任。

第七百四十九条　保证人向债权人为清偿后，债权人对于主债务人之债权，于其清偿之限度内移转与保证人。

第七百五十条　保证人受主债务人之委任而为保证者，有左列各款情形之一时，得向主债务人请求除去其保证责任。

一　主债务人之财产显形减少者。

二　保证契约成立后，主债务人之住所、营业所或居所有变更，致向其请求清偿发生困难者。

三　主债务人履行债务迟延者。

四　债权人依确定判决得令保证人清偿者。

主债务未届清偿期者，主债务人得提出相当担保于保证人，以代保证责任之除去。

第七百五十一条　债权人抛弃为其债额担保之物权者，保证人就债权人所抛弃权利之限度内免其责任。

第七百五十二条　约定保证人仅于一定期间内为保证者，如债权人于其期间内对于保证人不为审判上之请求，保证人免其责任。

第七百五十三条　保证未定期间者，保证人于主债务清偿期届满后，得定一个月以上之相当期限催告债权人于其期限内向主债务人为审判上之请求。

债权人不于前项期限内向主债务人为审判上之请求者，保证人免其责任。

第七百五十四条　就连续发生之债务为保证而未定有期间者，保证人得随时通知债权人终止保证契约。

前项情形保证人对于通知到达债权人后所发生主债务人之债务，不负保证责任。

第七百五十五条　就定有期限之债务为保证者，如债权人允许主债务人延期清偿时，保证人除对于其延期已为同意外，不负保证责任。

第七百五十六条　委任他人以该他人之名义及其计算供给信用于第三人者，就该第三人因受领信用所负之债务对于受任人负保证责任。

第三编　物　　权

民国十八年十一月三十日国民政府公布，

十九年五月五日施行

第一章 通 则

第七百五十七条 物权除本法或其他法律有规定外，不得创设。

第七百五十八条 不动产物权依法律行为而取得设定、丧失或变更者，非经登记不生效力。

第七百五十九条 因继承、强制执行、公用征收或法院之判决，于登记前已取得不动产物权者，非经登记不得处分其物权。

第七百六十条 不动产物权之移转或设定应以书面为之。

第七百六十一条 动产物权之让与，非将动产交付不生效力。但受让人已占有动产者，于让与合意时即生效力。

让与动产物权，而让与人仍继续占有动产者，让与人与受让人间得订立契约，使受让人因此取得间接占有以代交付。

让与动产物权，如其动产由第三人占有时，让与人得以对于第三人之返还请求权让与于受让人以代交付。

第七百六十二条 同一物之所有权及其他物权归属于一人者，其他物权因混同而消灭。但其他物权之存续于所有人或第三人有法律上之利益者不在此限。

第七百六十三条 所有权以外之物权及以该物权为标的物之权利归属于一人者，其权利因混同而消灭。

前条但书之规定于前项情形准用之。

第七百六十四条 物权除法律另有规定外，因抛弃而消灭。

第二章 所 有 权

第一节 通则

第七百六十五条 所有人于法令限制之范围内得自由使用收益处分其所有物，并排除他人之干涉。

第七百六十六条 物之成分及其天然孳息于分离后，除法律另有规定外，仍属于其物之所有人。

第七百六十七条 所有人对于无权占有或侵夺其所有物者，

得请求返还之。对于妨害其所有权者，得请求除去之。有妨害其所有权之虞者，得请求防止之。

第七百六十八条　以所有之意思五年间和平公然占有他人之动产者，取得其所有权。

第七百六十九条　以所有之意思二十年间和平继续占有他人未登记之不动产者，得请求登记为所有人。

第七百七十条　以所有之意思十年间和平继续占有他人未登记之不动产，而其占有之始为善意并无过失者，得请求登记为所有人。

第七百七十一条　占有人自行终止占有，或变为不以所有之意思而占有，或其占有为他人侵夺者，其所有权之取得时效中断。但依第九百四十九条或第九百六十二条之规定回复其占有者不在此限。

第七百七十二条　前四条之规定于所有权以外财产权之取得准用之。

第二节　不动产所有权

第七百七十三条　土地所有权除法令有限制外，于其行使有利益之范围内及于土地之上下，如他人之干涉无碍其所有权之行使者，不得排除之。

第七百七十四条　土地所有人经营工业及行使其他之权利，应注意防免邻地之损害。

第七百七十五条　由高地自然流至之水，低地所有人不得妨阻。

由高地自然流至之水而为低地所必需者，高地所有人纵因其土地之必要，不得妨堵其全部。

第七百七十六条　土地因蓄水、排水或引水所设之工作物破溃阻塞，致损害及于他人之土地或有致损害之虞者，土地所有人应以自己之费用为必要之修缮、疏通或预防。但其费用之负担另有习惯者，从其习惯。

第七百七十七条　土地所有人不得设置屋□或其他工作物，使雨水直注于相邻之不动产。

第七百七十八条　水流如因事变在低地阻塞，高地所有人得以自己之费用为必要疏通之工事。但其费用之负担另有习惯者，从其习惯。

第七百七十九条　高地所有人因使浸水之地干涸或排泄家用农工业之水以至河渠或沟道，得使其水通过低地。但应择于低地损害最少之处所及方法为之。

前项情形高地所有人对于低地所受之损害，应支付偿金。

第七百八十条　土地所有人因使其土地之水通过，得使用高地或低地所有人所设之工作物。但应按其受益之程度负担该工作物设置及保存之费用。

第七百八十一条　水源地、井、沟渠及其他水流地之所有人得自由使用其水。但有特别习惯者不在此限。

第七百八十二条　水源地或井之所有人对于他人因工事杜绝、减少或污秽其水者，得请求损害赔偿。如其水为饮用或利用土地所必要者，并得请求回复原状。但不能回复原状者不在此限。

第七百八十三条　土地所有人因其家用或利用土地所必要，非以过巨之费用及劳力不能得水者，得支付偿金，对邻地所有人请求给与有余之水。

第七百八十四条　水流地所有人如对岸之土地属于他人时，不得变更其水流或宽度。

两岸之土地均属于水流地所有人者，其所有人得变更其水流或宽度。但应留下游自然之水路。

前二项情形如另有习惯者，从其习惯。

第七百八十五条　水流地所有人有设堰之必要者，得使其堰附著于对岸。但对于因此所生之损害应支付偿金。

对岸地所有人如水流地之一部属于其所有者，得使用前项之堰。但应按其受益之程度负担该堰设置及保存之费用。

前二项情形如另有习惯者，从其习惯。

第七百八十六条　土地所有人非通过他人之土地不能安设电线、水管、煤气管或其他筒管，或虽能安设而需费用过巨者，得通过他人土地之上下而安设之。但应择其损害最少之处所及方法为之，并应支付偿金。

依前项之规定安设电线、水管、煤气管或其他筒管后，如情事有变更时，他土地所有人得请求变更其安设。

前项变更安设之费用，由土地所有人负担。但另有习惯者从其习惯。

第七百八十七条　土地因与公路无适宜之联络，致不能为通常使用者，土地所有人得通行周围地以至公路。但对于通行地因此所受之损害应支付偿金。

前项情形有通行权人应于通行必要之范围内择其周围地损害最少之处所及方法为之。

第七百八十八条　有通行权人于必要时得开设道路。但对于通行地因此所受之损害应支付偿金。

第七百八十九条　因土地一部之让与或分割致有不通公路之土地者，不通公路土地之所有人因至公路仅得通行受让人或让与人或他分割人之所有地。

前项情形有通行权人无须支付偿金。

第七百九十条　土地所有人得禁止他人侵入其地内。但有左列情形之一者不在此限。

一　他人有通行权者。

二　依地方习惯任他人入其未设围障之田地、牧场、山林刈取杂草，采取枯枝、枯干，或采集野生物，或放牧牲畜者。

第七百九十一条　土地所有人遇他人之物品或动物偶至其地

内者，应许该物品或动物之占有人或所有人入其地内寻查取回。

前项情形土地所有人受有损害者，得请求赔偿。于未受赔偿前，保留置其物品或动物。

第七百九十二条　土地所有人因邻地所有人在其疆界或近旁营造或修缮建筑物有使用其土地之必要，应许邻地所有人使用其土地。但因而受损害者，得请求偿金。

第七百九十三条　土地所有人于他人之土地有煤气、蒸气、臭气、烟气、热气、灰屑、喧嚣、振动及其他与此相类者侵入时，得禁止之。但其侵入轻微，或按土地形状、地方习惯认为相当者，不在此限。

第七百九十四条　土地所有人开掘土地或为建筑时，不得因此使邻地之地基动摇或发生危险或使邻地之工作物受其损害。

第七百九十五条　建筑物或其他工作物之全部或一部有倾倒之危险，致邻地有受损害之虞者，邻地所有人得请求为必要之预防。

第七百九十六条　土地所有人建筑房屋逾越疆界者，邻地所有人如知其越界而不即提出异议，不得请求移去或变更其建筑物。但得请求土地所有人以相当之价额购买越界部分之土地，如有损害，并得请求赔偿。

第七百九十七条　土地所有人遇邻地竹木之枝根有逾越疆界者，得向竹木所有人请求于相当期间内刈除之。

竹木所有人不于前项期间内刈除者，土地所有人得刈取越界之枝根。

越界竹木之枝根如于土地之利用无妨害者，不适用前二项之规定。

第七百九十八条　果实自落于邻地者，视为属于邻地。但邻地为公用地者不在此限。

第七百九十九条　数人区分一建筑物而各有其一部者，该建筑物及其附属物之共同部分推定为各所有人之共有。其修缮费及其他负担由各所有人按其所有部分之价值分担之。

第八百条　前条情形其一部分之所有人有使用他人正中宅门之必要者，得使用之。但另有特约或另有习惯者，从其特约或习惯。

因前项使用致所有人受损害者，应支付偿金。

第三节　动产所有权

第八百零一条　动产之受让人占有动产而受关于占有规定之保护者，纵让与人无移转所有权之权利，受让人仍取得其所有权。

第八百零二条　以所有之意思占有无主之动产者，取得其所有权。

第八百零三条　拾得遗失物者应通知其所有人。不知所有人或所有人所在不明者，应为招领之揭示或报告警署或自治机关。报告时应将其物一并交存。

第八百零四条　拾得物经揭示后，所有人不于相当期间认领者，拾得人应报告警署或自治机关，并将其物交存。

第八百零五条　遗失物拾得后六个月内所有人认领者，拾得人或警署或自治机关于揭示及保管费受偿还后，应将其物返还之。

前项情形拾得人对于所有人得请求其物价值十分之三报酬。

第八百零六条　如拾得物有易于腐坏之性质或其保管需费过巨者，警署或自治机关得拍卖之，而存其价金。

第八百零七条　遗失物拾得后六个月内所有人未认领者，警署或自治机关应将其物或其拍卖所得之价金交与拾得人，归其所有。

第八百零八条　发见埋藏物而占有者，取得所有权。但埋藏物系在他人所有之动产或不动产中发见者，该动产或不动产之所有人与发见人各取得埋藏物之半。

第八百零九条　发见之埋藏物足供学术、艺术、考古或历史之资料者,其所有权之归属依特别法之规定。

第八百一十条　拾得漂流物或沉没品者，适用关于拾得遗失物之规定。

第八百一十一条　动产因附合而为不动产之重要成分者，不动产所有人取得动产所有权。

第八百一十二条　动产与他人之动产附合，非毁损不能分离或分离需费过巨者，各动产所有人按其动产附合时之价值共有合成物。

前项附合之动产有可视为主物者，该主物所有人有得合成物之所有权。

第八百一十三条　动产与他人之动产混合，不能识别或识别需费过巨者，准用前条之规定。

第八百一十四条　加工于他人之动产者，其加工物之所有权属于材料所有人。但因加工所增之价值显逾材料之价值者，其加工物之所有权属于加工人。

第八百一十五条　依前四条之规定,动产之所有权消灭者,该动产上之其他权利亦同消灭。

第八百一十六条　因前五条之规定丧失权利而受损害者，得依关于不当得利之规定请求偿金。

第四节　共有

第八百一十七条　数人按其应有部分对于一物有所有权者，为共有人。

各共有人之应有部分不明者，推定其为均等。

第八百一十八条　各共有人按其应有部分对于共有物之全部有使用收益之权。

第八百一十九条　各共有人得自由处分其应有部分。

共有物之处分变更及设定负担应得共有人全体之同意。

第八百二十条　共有物除契约另有订定外，由共有人共同管理之。

共有物之简易修缮及其他保存行为，得由各共有人单独为之。

共有物之改良非经共有人过半数并其应有部分合计已过半数者之同意，不得为之。

第八百二十一条　各共有人对于第三人得就共有物之全部为本于所有权之请求。但回复共有物之请求权，得为共有人全体之利益为之。

第八百二十二条　共有物之管理费及其他担负除契约另有订定外，应由各共有人按其应有部分分担之。

共有人中之一人就共有物之担负为支付，而逾其所应分担之部分者，对于其他共有人得按其各应分担之部分请求偿还。

第八百二十三条　各共有人得随时请求分割共有物。但因物之使用目的不能分割，或契约订有不分割之期限者不在此限。

前项契约所定不可分割之期限，不得逾五年，逾五年者缩短为五年。

第八百二十四条　共有物之分割依共有人协议之方法行之。

分割之方法不能协议决定者，法院得因任何共有人之声请命为左列之分配。

一　以原物分配于各共有人。

二　变卖共有物以价金分配于各共有人。

以原物为分配时，如共有人中有不能按其应有部分受分配者，得以金钱补偿之。

第八百二十五条　各共有人对于他共有人因分割而得之物，按其应有部分负与出卖人同一之担保责任。

第八百二十六条　共有物分割后，各分割人应保存其所得物之证书。

共有物分割后，关于共有物之证书归取得最大部分之人保存之。无取得最大部分者，由分割人协议定之。不能协议决定者，得声请法院指定之。

各分割人得请求使用他分割人所保存之证书。

第八百二十七条　依法律规定或依契约成一公同关系之数人，基于其公同关系而共有一物者，为公同共有人。各公同共有人之权利及于公同共有物之全部。

第八百二十八条　公同共有人之权利义务依其公同关系所由规定之法律或契约定之。

除前项之法律或契约另有规定外，公同共有物之处分及其他之权利行使，应得公同共有人全体之同意。

第八百二十九条　公同关系存续中，各公同共有人不得请求分割其公同共有物。

第八百三十条　公同共有之关系自公同关系终止，或因公同共有物之让与而消灭。

公同共有物分割之方法除法律另有规定外，应依关于共有物分割之规定。

第八百三十一条　本节规定于所有权以外之财产权由数人共有或公同共有者准用之。

第三章　地　上　权

第八百三十二条　称地上权者，谓以在他人土地上有建筑物或其他工作物或竹木为目的而使用其土地之权。

第八百三十三条　第七百七十四条至第七百九十八条之规定，于地上权人间或地上权人与土地所有人间准用之。

第八百三十四条　地上权未定有期限者，地上权人得随时抛弃其权利。但另有习惯者不在此限。

前项抛弃应向土地所有人以意思表示为之。

第八百三十五条　有支付地租之订定者，其地上权人抛弃权利时，应于一年前通知土地所有人或支付未到支付期之一年分地租。

第八百三十六条　地上权人积欠地租达二年之总额者，除另有习惯外，土地所有人得撤销其地上权。

前项撤销应向地上权人以意思表示为之。

第八百三十七条　地上权人纵因不可抗力妨碍其土地之使用，不得请求免除或减少租金。

第八百三十八条　地上权人得将其权利让与他人。但契约另有订定或另有习惯者不在此限。

第八百三十九条　地上权消灭时，地上权人得取回其工作物及竹木。但应回复土地原状。

前项情形土地所有人以时价购买其工作物或竹木者，地上权人不得拒绝。

第八百四十条　地上权人之工作物为建筑物者，如地上权因存续期间届满而消灭，土地所有人应按该建筑物之时价为补偿。但契约另有订定者，从其订定。

土地所有人于地上权存续期间届满前，得请求地上权人于建筑物可得使用之期限内延长地上权之期间。地上权人拒绝延长者，不得请求前项之补偿。

第八百四十一条　地上权不因工作物或竹木之灭失而消灭。

第四章　永　佃　权

第八百四十二条　称永佃权者，谓支付佃租，永久在他人土地上为耕作或牧畜之权。

永佃权之设定定有期限者，视为租赁，适用关于租赁之规定。

第八百四十三条　永佃权人得将其权利让与他人。

第八百四十四条　永佃权人因不可抗力致其收益减少或全无者，得请求减少或免除佃租。

第八百四十五条　永佃权人不得将土地出租于他人。

永佃权人违反前项之规定者，土地所有人得撤佃。

第八百四十六条　永佃权人积欠地租达二年之总额者，除另有习惯外，土地所有人得撤佃。

第八百四十七条　前二条之撤佃应向永佃权人以意思表示为之。

第八百四十八条　第八百三十九条之规定于永佃权准用之。

第八百四十九条　永佃权人让与其权利于第三人者，所有前永佃权人对于土地所有人所欠之租额由该第三人负偿还之责。

第八百五十条　第七百七十四条至第七百九十八条之规定于永佃权人间或永佃权人与土地所有人间准用之。

第五章　地　役　权

第八百五十一条　称地役权者，谓以他人土地供自己土地便宜之用之权。

第八百五十二条　地役权以继续并表见者为限，因时效而取得。

第八百五十三条　地役权不得由需役地分离而为让与或为其他权利之标的物。

第八百五十四条　地役权人因行使或维持其权利，得为必要之行为。但应择于供役地损害最少之处所及方法为之。

第八百五十五条　地役权人因行使权利而为设置者，有维持其设置之义务。

供役地所有人得使用前项之设置。但有碍地役权之行使者不在此限。

前项情形供役地所有人应按其受益之程度分担维持其设置之费用。

第八百五十六条　需役地经分割者，其地役权为各部分之利益仍为存续。但地役权之行使依其性质只关于需役地之一部分者，仅就该部分仍为存续。

第八百五十七条　供役地经分割者，地役权就其各部分仍为存续。但地役权之行使依其性质只关于供役地之一部分者，仅对于该部分仍为存续。

第八百五十八条　第七百六十七条之规定于地役权准用之。

第八百五十九条　地役权无存续之必要时，法院因供役地所有人之声请，得宣告地役权消灭。

第六章　抵　押　权

第八百六十条　称抵押权者，谓对于债务人或三人不移转占有而供担保之不动产，得就其卖得价金受清偿之权。

第八百六十一条　抵押权所担保者，为原债权利息、迟延利息及实行抵押权之费用。但契约另有订定者不在此限。

第八百六十二条　抵押权之效力及于抵押物之从物与从权利。

第三人于抵押权设定前就从物取得之权利，不受前项规定之影响。

第八百六十三条　抵押权之效力及于抵押物扣押后由抵押物分离之天然孳息。

第八百六十四条　抵押权之效力及于抵押物扣押后抵押人就抵押物得收取之法定孳息。但抵押权人非以扣押抵押物之事情通知应清偿法定孳息之义务人，不得与之对抗。

第八百六十五条　不动产所有人因担保数债权，就同一不动产设定数抵押权者，其次序依登记之先后定之。

第八百六十六条　不动产所有人设定抵押权后，于同一不动产上得设定地上权及其他权利。但其抵押权不因此而受影响。

第八百六十七条　不动产所有人设定抵押权后，得将不动产让与他人。但其抵押权不因此而受影响。

第八百六十八条　抵押之不动产如经分割或让与其一部，或担保一债权之数不动产而以其一让与他人者，其抵押权不因此而受影响。

第八百六十九条　以抵押权担保之债权如经分割或让与其一部者，其抵押权不因此而受影响。

前项规定于债务分割时适用之。

第八百七十条　抵押权不得由债权分离而为让与或为其他债权之担保。

第八百七十一条　抵押人之行为足使抵押物之价值减少者，抵押权人得请求停止其行为。如有急迫之情事，抵押权人得自为必要之保全处分。

因前项请求或处分所生之费用由抵押人负担。

第八百七十二条　抵押物价值减少时，抵押权人得请求抵押人回复抵押物之原状，或提出与减少价额相当之担保。

抵押物之价值因非可归责于抵押人之事由致减少者，抵押权人仅于抵押人得受损害赔偿之限度内请求提出担保。

第八百七十三条　抵押权人于债权已届清偿期而未受清偿者，得声明法院拍卖抵押物，就其卖得价金而受清偿。

约定于债权已届清偿期而未为清偿时抵押物之所有权移属于抵押权人者，其约定为无效。

第八百七十四条　抵押物卖得之价金按各抵押权人之次序分配之。其次序同者平均分配之。

第八百七十五条　为同一债权之担保，于数不动产上设定抵押权，而未限定各个不动产所负担之金额者，抵押权人得就各个不动产卖得之价金受债权全部或一部之清偿。

第八百七十六条　土地及其土地上之建筑物同属于一人所有，而仅以土地或仅以建筑物为抵押者，于抵押物拍卖时视为已有地上权之设定。其地租由当事人协议定之。协议不谐时，得声请法院定之。

土地及其土地上之建筑物同属于一人所有，而以土地及建筑物为抵押者，如经拍卖，其土地与建筑物之拍定人各异时，适用前项之规定。

第八百七十七条　土地所有人于设定抵押权后在抵押之土地上营造建筑物者，抵押权人于必要时得将其建筑物与土地并付拍卖。但对于建筑物之价金无优先受清偿之权。

第八百七十八条　抵押权人于债权清偿期届满后为受清偿，得订立契约取得抵押物之所有权，或用拍卖以外之方法处分抵押物。但有害于其他抵押权人之利益者不在此限。

第八百七十九条　为债务人设定抵押权之第三人代为清偿债务，或因抵押权人实行抵押权，致失抵押物之所有权时，依关于保证之规定对于债务人有求偿权。

第八百八十条　抵押权担保之债权，其请求权已因时效而消灭，如抵押权人于消灭时效完成后五年间不实行其抵押权者，其抵押权消灭。

第八百八十一条　抵押权因抵押物灭失而消灭。但因灭失得受之赔偿金，应按各抵押权人之次序分配之。

第八百八十二条　地上权、永佃权及典权均得为抵押权之标的物。

第八百八十三条　本章抵押权之规定于前条抵押权及法定抵押权准用之。

第七章　质　　权

第一节　动产质权

第八百八十四条　称动产质权者，谓因担保债权占有由债务人或第三人移交之动产，得就其卖得价金受清偿之权。

第八百八十五条　质权之设定因移转占有而生效力。质权人不得使出质人代自己占有质物。

第八百八十六条　质权人占有动产而受关于占有规定之保护者，纵出质人无处分其质物之权利，质权人仍取得质物。

第八百八十七条　质权所担保者，为原债权利息、迟延利息、实行质权之费用及因质物隐有瑕疵而生之损害赔偿。但契约另有订定者不在此限。

第八百八十八条　质权人应以善良管理人之注意保管质物。

第八百八十九条　质权人得收取质物所生之孳息。但契约另有订定者不在此限。

第八百九十条　质权人有收取质物所生孳息之权利者，应以对于自己财产同一之注意收取孳息，并为计算。

前项孳息先抵充收取孳息之费用，次抵原债权之利息，次抵原债权。

第八百九十一条　质权人于质权存续中，得以自己之责任将质物转质于第三人。其因转质所受不可抗力之损失亦应负责。

第八百九十二条　因质物有败坏之虞，或其价值显有减少足以害及质权人之权利者，质权人得拍卖质物，以其卖得价金代充质物。

第八百九十三条　质权人于债权已届清偿期而未受清偿者，得拍卖质物，就其卖得价金而受清偿。

约定于债权已届清偿期而未为清偿时，质物之所有权移属于质权人者，其约定为无效。

第八百九十四条　前二条情形质权人应于拍卖前通知出质人。但不能通知者不在此限。

第八百九十五条　第八百七十八条之规定于动产质权准用之。

第八百九十六条　动产质权所担保之债权消灭时，质权人应将质物返还于有受领权之人。

第八百九十七条　动产质权因质权人返还质物于出质人而消灭。

返还质物时为质权继续存在之保留者，其保留无效。

第八百九十八条　质权人丧失其质物之占有不能请求返还

者，其动产质权消灭。

第八百九十九条　动产质权因质物灭失而消灭。如因灭失得受赔偿金者，质权人得就赔偿金取偿。

第二节　权利质权

第九百条　可让与之债权及其他权利均得为质权之标的物。

第九百零一条　权利质权除本节有规定外，准用关于动产质权之规定。

第九百零二条　权利质权之设定除本节有规定外，应依关于其权利让与之规定为之。

第九百零三条　为质权标的物之权利非经质权人之同意，出质人不得以法律行为使其消灭或变更。

第九百零四条　以债权为标的物之质权，其设定应以书面为之。如债权有证书者，并应交付其证书于债权人。

第九百零五条　为质权标的物之债权，其清偿期先于其所担保债权之清偿期者，质权人得请求债务人提存其为清偿之给付物。

第九百零六条　为质权标的物之债权，其清偿期后于其所担保债权之清偿期者，质权人于其清偿期届满时，得直接向债务人请求给付。如系金钱债权，仅得就自己对于出质人之债权额为给付之请求。

第九百零七条　为质权标的物之债权，其债务人受质权设定之通知者，如向出质人或质权人一方为清偿时，应得他方之同意。他方不同意时，债务人应提存其为清偿之给付物。

第九百零八条　质权以无记名证券为标的物者，因交付其证券于质权人而生设定质权之效力。以其他之有价证券为标的物者，并应依背书方法为之。

第九百零九条　质权以无记名证券、票据或其他依背书而让与之证券为标的物者，其所担保之债权纵未届清偿期，质权人仍得收取证券上应受之给付。如有预行通知证券债务人之必要，并有为通知之权利，债务人亦仅得向质权人为给付。

第九百一十条　质权以有价证券为标的物者，其附属于该券证〔证券〕之利息证券、定期金证券或分配利益证券以已交付于质权人者为限，其质权之效力及于此等附属之证券。

第八章　典　　权

第九百一十一条　称典权者，谓支付典价占有他人之不动产而为使用及收益之权。

第九百一十二条　典权约定期限不得逾三十年，逾三十年者缩短为三十年。

第九百一十三条　典权之约定期限不满十五年者，不得附有到期不赎即作绝卖之条款。

第九百一十四条　第七百七十四条至第八百条之规定，典权人间或典权人与土地所有人间准用之。

第九百一十五条　典权存续中典权人得将典物转典或出租于他人。但契约另有订定或另有习惯者依其订定或习惯。

典权定有期限者，其转典或租赁之期限不得逾原典权之期限。未定期限者，其转典或租赁不得定有期限，转典之典价不得超过原典价。

第九百一十六条　典权人对于典物因转典或出租所受之损害负赔偿责任。

第九百一十七条　典权人得将典权让与他人。

前项受让人对于出典人取得与典权人同一之权利。

第九百一十八条　出典人于典权设定后，得将典物之所有权让与他人。

典权人对于前项受让人仍有同一之权利。

第九百一十九条　出典人将典物之所有权让与他人时，如典权人声明提出同一之价额留买者，出典人非有正当理由不得拒绝。

第九百二十条　典权存续中典物因不可抗力致全部或一部灭

失者，就其灭失之部分典权与回赎权均归消灭。

前项情形出典人就典物之余存部分为回赎时，得由原典价中扣减典物灭失部分灭失时之价值之半数。但以扣尽原典价为限。

第九百二十一条　典权存续中典物因不可抗力致全部或一部灭失者，典权人除经出典人同意外，仅得于灭失时灭失部分之价值限度内为重建或修缮。

第九百二十二条　典权存续中因典权人之过失致典物全部或一部灭失者，典权人于典价额限度内负其责任。但因故意或重大过失致灭失者，除将典价抵偿损害外，如有不足仍应赔偿。

第九百二十三条　典权定有期限者，于期限届满后出典人得以原典价回赎典物。

出典人于典期届满后经过二年不以原典价回赎者，典权人即取得典物所有权。

第九百二十四条　典权未定期限者，出典人得随时以原典价回赎典物。但自出典后经过三十年不回赎者，典权人即取得典物所有权。

第九百二十五条　出典人之回赎，如典物为耕作地者，应于收益季节后次期作业开始前为之。如为其他不动产者，应于六个月前先行通知典权人。

第九百二十六条　出典人于典权存续中表示让与其典物之所有权于典权人者，典权人得按时价找贴取得典物所有权。

前项找贴以一次为限。

第九百二十七条　典权人因支付有益费用使典物价值增加，或依第九百二十一条之规定重建或修缮者，于典物回赎时，得于现存利益之限度内请求偿还。

第九章　留　置　权

第九百二十八条　债权人占有属于其债务人之动产，而具有左列各款之要件者，于未受清偿前得留置之。

一　债权已至清偿期者。

二　债权之发生与该动产有牵连之关系者。

三　其动产非因侵权行为而占有者。

第九百二十九条　商人间因营业关系而占有之动产及其因营业关系所生之债权，视为有前条所定之牵连关系。

第九百三十条　动产之留置如违反公共秩序或善良风俗者，不得为之。其与债权人所承担之义务或与债务人于交付动产前或交付时所为之指示相抵触者亦同。

第九百三十一条　债务人无支付能力时，债权人纵于其债权未届清偿期前，亦有留置权。

债务人于动产交付后成为无支付能力，或其无支付能力于交付后始为债权人所知者，其动产之留置纵有前条所定之抵触情形，债权人仍得行使留置权。

第九百三十二条　债权人于其债权未受全部清偿前，得就留置物之全部行使其留置权。

第九百三十三条　债权人应以善良管理人之注意保管留置物。

第九百三十四条　债权人因保管留置物所支出之必要费用，得向其物之所有人请求偿还。

第九百三十五条　债权人得收取留置物所生之孳息以抵偿其债权。

第九百三十六条　债权人于其债权已届清偿期而未受清偿者，得定六个月以上之相当期限通知债务人，声明如不于其期限内为清偿时，即就其留置物取偿。

债务人不于前项期限内为清偿者，债权人得依关于实行质权之规定拍卖留置物或取得其所有权。

不能为第一项之通知者，于债权清偿期届满后经过二年仍未受清偿时，债权人亦得行使前项所定之权利。

第九百三十七条　债务人为债务之清偿已提出相当之担保者，债权人之留置权消灭。

第九百三十八条　留置权因占有之丧失而消灭。

第九百三十九条　法定留置权除另有规定外，准用本章之规定。

第十章　占　　有

第九百四十条　对于物有事实上管领之力者为占有人。

第九百四十一条　质权人、承租人、受寄人或基于其他类似之法律关系对于他人之物为占有者，该他人为间接占有人。

第九百四十二条　雇用人、学徒或基于其他类似之关系受他人之指示而对于物有管领之力者，仅该他人为占有人。

第九百四十三条　占有人于占有物上行使之权利，推定其适法有此权利。

第九百四十四条　占有人推定其为以所有之意思善意、和平及公然占有者。

经证明前后两时为占有者，推定前后两时之间继续占有。

第九百四十五条　占有依其所由发生之事实之性质无所有之意思者，其占有人对于使其占有之人表示所有之意思时起，为以所有之意思而占有。其因新事实变为以所有之意思占有者亦同。

第九百四十六条　占有之移转因占有物之交付而生效力。

前项移转准用第七百六十一条之规定。

第九百四十七条　占有之继承人或受让人得就自己之占有或将自己之占有与其前占有人之占有合并而为主张。

合并前占有人之占有而为主张者，并应承继其瑕疵。

第九百四十八条　以动产所有权或其他物权之移转或设定为目的而善意受让该动产之占有者，纵其让与人无让与之权利，其占有仍受法律之保护。

第九百四十九条　占有物如系盗赃或遗失物，其被害人或遗失人自被盗或遗失之时起二年以内得向占有人请求回复其物。

第九百五十条　盗赃或遗失物如占有人由拍卖或公共市场或由贩卖与其物同种之物之商人以善意买得者，非偿还其支出之价金，不得回复其物。

第九百五十一条　盗赃或遗失物如系金钱或无记名证券，不得向其善意占有人请求回复。

第九百五十二条　善意占有人依推定其为适法所有之权利，得为占有物之使用及收益。

第九百五十三条　善意占有人因可归责于自己之事由致占有物灭失或毁损者，对于回复请求人仅以灭失或毁损所受之利益为限负赔偿之责。

第九百五十四条　善意占有人因保存占有物所支出之必要费用，得向回复请求人请求偿还。但已就占有物取得孳息者，不得请求偿还。

第九百五十五条　善意占有人因改良占有物所支出之有益费用，于其占有物现存之增加价值限度内，得向回复请求人请求偿还。

第九百五十六条　恶意占有人或无所有意思之占有人因可归责于自己之事由致占有物灭失或毁损者，对于回复请求人负损害赔偿之责。

第九百五十七条　恶意占有人因保存占有物所支出之必要费用，对于回复请求人得依关于无因管理之规定请求偿还。

第九百五十八条　恶意占有人负返还孳息之义务，其孳息如已消费或因其过失而毁损或怠于收取者，负偿还其孳息价金之义务。

第九百五十九条　善意占有人于本权诉讼败诉时，自其诉讼拘束发生之日起视为恶意占有人。

第九百六十条　占有人对于侵夺或妨害其占有之行为，得以己力防御之。

占有物被侵夺者，如系不动产占有人，得于侵夺后即时排除加害人而取回人；如系动产占有人，得就地或追踪向加害人取回之。

第九百六十一条　依第九百四十二条所定对于物有管领力之人，亦得行使前条所定占有人之权利。

第九百六十二条　占有人其占有被侵夺者，得请求返还其占有物；占有被妨害者，得请求除去其妨害；占有有被妨害之虞者，得请求防止其妨害。

第九百六十三条　前条请求权自侵夺或妨害占有或危险发生后一年间不行使而消灭。

第九百六十四条　占有因占有人丧失其对于物之事实上管领力而消灭。但其管领力仅一时不能实行者不在此限。

第九百六十五条　数人共占有一物时，各占有人就其占有物使用之范围，不得互相请求占有之保护。

第九百六十六条　财产权不因物之占有而成立者，行使其财产权之人为准占有人。

本章关于占有之规定于前项准占有准用之。

第四编　亲　　属

民国十九年十二月二十六日国民政府公布，

二十五年五月五日施行

第一章　通　　则

第九百六十七条　称直系血亲者，谓己身所从出或从己身所出之血亲。

称旁系血亲者，谓非直系血亲而与己身出于同源之血亲。

第九百六十八条　血亲亲等之计算，直系血亲从己身上下数，以一世为一亲等。

旁系血亲从己身数至同源之直系血亲，再由同源之直系血亲数至与之计算亲等之血亲，以其总世数为亲等之数。

第九百六十九条　称姻亲者，谓血亲之配偶、配偶之血亲及配偶之血亲之配偶。

第九百七十条　姻亲之亲系及亲等之计算如左：

一　血亲之配偶从其配偶之亲系及亲等。

二　配偶之血亲从其与配偶之亲系及亲等。

三　配偶之血亲之配偶从其与配偶之亲系及亲等。

第九百七十一条　姻亲关系因离婚而消灭。夫死妻再婚或妻死赘夫再婚时亦同。

第二章　婚　　姻

第一节　婚约

第九百七十二条　婚约应由男女当事人自行订定。

第九百七十三条　男未满十七岁，女未满十五岁者，不得订定婚约。

第九百七十四条　未成年之男女订定婚约应得法定代理人之同意。

第九百七十五条　婚约不得请求强迫履行。

第九百七十六条　婚约当事人之一方有左列情形之一者，他方得解除婚约：

一　婚约订定后再与他人订定婚约或结婚者。

二　故违结婚期约者。

三　生死不明已满一年者。

四　有重大不治之病者。

五　有花柳病或其他恶疾者。

六　婚约订定后成为残废者。

七　婚约订定后与人通奸者。

八　婚约订定后受徒刑之宣告者。

九　有其他重大事由者。

依前项规定解除婚约者，如事实上不能向他方为解除之意思表示时，无须为意思表示，自得为解除时起不受婚约之拘束。

第九百七十七条　依前条之规定婚约解除时无过失之一方，得向有过失之他方请求赔偿其因此所受之损害。

第九百七十八条　婚姻当事人之一方无第九百七十六条之理由而违反婚约者，对于他方因此所受之损害应负赔偿之责。

第九百七十九条　前条情形虽非财产上之损害，受害人亦得请求赔偿相当之金额。但以受害人无过失者为限。

前项请求权不得让与或继承。但已依契约承诺或已起诉者不在此限。

第二节　结婚

第九百八十条　男未满十八岁、女未满十六岁不得结婚。

第九百八十一条　未成年人结婚应得法定代理人之同意。

第九百八十二条　结婚应有公开之仪式及二人以上之证人。

第九百八十三条　与左列亲属不得结婚：

一　直系血亲及直系姻亲。

二　旁系血亲及旁系姻亲之辈分不相同者。但旁系血亲在八亲等之外，旁系姻亲在五亲等之外者不在此限。

三　旁系血亲之辈分相同，而在八亲等以内者。但表兄弟姊妹不在此限。

前项姻亲结婚之限制于姻亲关系消灭后亦适用之。

第九百八十四条　监护人与受监护人于监护关系存续中不得结婚。但经受监护人父母之同意者不在此限。

第九百八十五条　有配偶者不得重婚。

第九百八十六条　因奸经判决离婚或受刑之宣告者，不得与相奸者结婚。

第九百八十七条　女子自婚姻关系消灭后非逾六个月不得再行结婚。但于六个月内已分娩者不在此限。

第九百八十八条　结婚有左列情形之一者无效。

一　不具备第九百八十二条之方式者。

二　违反第九百八十三条所定亲属结婚之限制者。

第九百八十九条　结婚违反第九百八十条之规定者，当事人或其法定代理人得向法院请求撤销之。但当事人已达该条所定年龄或已怀胎者不得请求撤销。

第九百九十条　结婚违反第九百八十一条之规定者，法定代理人得向法院请求撤销之。但自知悉其事实之日起已逾六个月或结婚后已逾一年或已怀胎者，不得请求撤销。

第九百九十一条　结婚违反第九百八十四条之规定者，受监护人或其最近亲属得向法院请求撤销之。但结婚已逾一年者，不得请求撤销。

第九百九十二条　结婚违反第九百八十五条之规定者，利害关系人得向法院请求撤销之。但在前婚姻关系消灭后不得请求撤销。

第九百九十三条　结婚违反第九百八十六条之规定者，前配偶得向法院请求撤销之。但结婚已逾一年者，不得请求撤销。

第九百九十四条　结婚违反第九百八十七条之规定者，前夫或其直系血亲得向法院请求撤销之。但自前婚姻关系消灭后已满六个月或已在再婚后怀胎者，不得请求撤销。

第九百九十五条　当事人之一方于结婚时不能人道而不能治者，他方得向法院请求撤销之。但自知悉其不能治之时起已逾三年者，不得请求撤销。

第九百九十六条　当事人之一方于结婚时系在精神错乱中，得于常态恢复后六个月内向法院请求撤销之。

第九百九十七条　因被诈欺或被胁迫而结婚者，得于发见诈欺或胁迫终止后六个月内向法院请求撤销之。

第九百九十八条　结婚撤销之效力不溯及既往。

第九百九十九条　当事人之一方因结婚无效或被撤销而受有

损害者，得向他方请求赔偿。但他方无过失者不在此限。

前项情形虽非财产上之损害，受害人亦得请求赔偿相当之金额。但以受害人无过失者为限。

前项请求权不得让与或继承。但已依契约承诺或已起诉者不在此限。

第三节　婚姻之普通效力

第一千条　妻以其本姓冠以夫姓，赘夫以其本姓冠以妻姓。但当事人另有订定者不在此限。

第一千零一条　夫妻互负同居之义务。但有不能同居之正当理由者不在此限。

第一千零二条　妻以夫之住所为住所，赘夫以妻之住所为住所。

第一千零三条　夫妻于日常家务互为代理人。

夫妻之一方滥用前项代理权时，他方得限制之。但不得对抗善意第三人。

第四节　夫妻财产制

第一款　通则

第一千零四条　夫妻得于结婚前或结婚后，以契约就本法所定之约定财产制中选择其一为其夫妻财产制。

第一千零五条　夫妻未以契约订立夫妻财产制者，除本法另有规定外，以法定财产制为其夫妻财产制。

第一千零六条　夫妻财产制契约之订立、变更或废止，当事人如为未成年人或为禁治产人时，应得其法定代理人之同意。

第一千零七条　夫妻财产制契约之订立、变更或废止，应以书面为之。

第一千零八条　夫妻财产制契约之订立、变更或废止，非经登记不得以之对抗第三人。

前项登记另以法律定之。

第一千零九条　夫妻之一方受破产宣告时，其夫妻财产制当然成为分别财产制。

第一千零十条　有左列各款情形之一时，法院因夫妻一方之请求应宣告改用分别财产制。

一　夫妻之一方依法应给付家庭生活费用而不给付时。

二　夫或妻之财产不足清偿其债务，或夫妻之总财产不足清偿总债务时。

三　夫妻之一方为财产上之处分依法应得他方之同意，而他方无正当理由拒绝同意时。

第一千零十一条　债权人对于夫妻一方之财产已为扣押而未得受清偿时，法院因债权人之声请得宣告改用分别财产制。

第一千零十二条　夫妻于婚姻关系存续中，得以契约废止其财产契约或改用他种约定财产制。

第一千零十三条　左列财产为特有财产：

一　专供夫或妻个人使用之物。

二　夫或妻职业上必需之物。

三　夫或妻所受之赠物经赠与人声明为其特有财产者。

四　妻因劳力所得之报酬。

第一千零十四条　夫妻得以契约订定以一定之财产为特有财产。

第一千零十五条　前二条所定之特有财产适用关于分别财产制之规定。

第二款　法定财产制

第一千零十六条　结婚时属于夫妻之财产及婚姻关系存续中夫妻所取得之财产为其联合财产。但依第一千零十三条规定，妻之特有财产不在其内。

第一千零十七条　联合财产中妻于结婚时所有之财产，及婚姻关系存续中因继承或其他无偿取得之财产，妻之原有财产保有其所有权。

联合财产中夫之原有财产及不属于妻之原有财产之部分为夫所有。

由妻之原有财产所生之孳息，其所有权属于夫。

第一千零十八条　联合财产由夫管理，其管理费用由夫负担。

第一千零十九条　夫对于妻之原有财产有使用收益之权。

第一千零二十条　夫对于妻之原有财产为处分时，应得妻之同意。但为管理上所必要之处分不在此限。

前项同意之欠缺不得对抗第三人。但第三人已知或可得而知其欠缺，或依情形可认为该财产属于妻者，不在此限。

第一千零二十一条　妻对于联合财产于第一千零三条所定代理权限内得处分之。

第一千零二十二条　关于妻之原有财产，夫因妻之请求有随时报告其状况之义务。

第一千零二十三条　左列债务由夫负清偿之责。

一　夫于结婚前所负之债务。

二　夫于婚姻关系存续中所负之债务。

三　妻因第一千零三条所定代理行为而生之债务。

第一千零二十四条　左列债务由妻就其财产之全部负清偿之债：

一　妻于结婚前所负之债务。

二　妻因职务或业务所生之债务。

三　妻因继承财产所负之债务。

四　妻因侵权行为所生之债务。

第一千零二十五条　左列债务由妻仅就其特有财产负清偿之责：

一　妻就其特有财产设定之债务。

二　妻逾越第一千零三条代理权限之行为所生之债务。

第一千零二十六条　家庭生活费用夫无支付能力时，由妻就其财产之全部负担之。

第一千零二十七条　妻之原有财产所负债务而以夫之财产清偿，或夫之债务而以妻之原有财产清偿者，夫或妻有补偿请求权。但在联合财产关系消灭前不得请求补偿。

妻之特有财产所负债务而以联合财产清偿，或联合财产所负债务而以妻之特有财产清偿者，虽于婚姻关系存续中，亦得为补偿之请求。

第一千零二十八条　妻死亡时妻之原有财产归属于妻之继承人。

如有短少，夫应补偿之。但以其短少系因可归责于夫之事由而生者为限。

第一千零二十九条　夫死亡时妻取回其原有财产。如有短少，并得向夫之继承人请求补偿。

第一千零三十条　联合财产之分割，除另有规定外，妻取回其原有财产。如有短少，由夫或其继承人负担。但其短少系由可归责于妻之事由而生者不在此限。

第三款　约定财产制

第一目　共同财产制

第一千零三十一条　夫妻之财产及所得，除特有财产外，合并为共同财产，属于夫妻公同共有。

共同财产，夫妻之一方不得处分其应有部分。

第一千零三十二条　共同财产由夫管理，其管理费用由共同财产负担。

第一千零三十三条　夫妻之一方对于共同财产为处分时，应得他方之同意。但为管理上所必要之处分不在此限。

前项同意之欠缺不得对抗第三人。但第三人已知或可得而知其欠缺，或依情形可认为该财产属于共同财产者，不在此限。

第一千零三十四条　左列债务由夫个人并就共同财产负清偿之责。

一　夫于结婚前所负之债务。

二　夫于婚姻关系存续中所负之债务。

三　妻因第一千零三条所定代理行为而生之债务。

四　除前款规定外，妻于婚姻关系存续中以共同财产为负担之债务。

第一千零三十五条　左列债务由妻个人并就共同财产负清偿之责。

一　妻于结婚前所负之债务。

二　妻因职务或营业所生之债务。

三　妻因继承财产所负之债务。

四　妻因侵权行为所生之债务。

第一千零三十六条　左列债务由妻仅就其特有财产负清偿之责。

一　妻就其特有财产所负担之债务。

二　妻逾越第一千零三条代理权限之行为所生之债务。

第一千零三十七条　家庭生活费用于共同财产不足负担时，妻个人亦应负责。

第一千零三十八条　共同财产所负之债务而以共同财产清偿者，夫妻间不生补偿请求权。

共同财产之债务而以特有财产清偿，或特有财产之债务而以共同财产清偿者，有补偿请求权。虽于婚姻关系存续中亦得请求。

第一千零三十九条　夫妻之一方死亡时，共同财产之半数归属于死亡者之继承人，其他半数归属于生存之他方。

前项财产之分割，其数额另有约定者，从其约定。

第一项情形，如该生存之他方依法不得为继承人时，其对于共同财产得请求之数额，不得超过于离婚时所应得之数额。

第一千零四十条　共同财产关系消灭时，除法律另有规定或契约另有订定外，夫妻各得共同财产之半数。

第一千零四十一条　夫妻得以契约订定仅以所得为限为共同财产。

婚姻关系存续中，夫妻因劳力所得之财产，及原有财产之孳息为前项之所得，适用关于共同财产制之规定。

结婚时或婚姻关系存续中属于夫妻之原有财产，适用关于法定财产制之规定。

第二目　统一财产制

第一千零四十二条　夫妻得以契约订定，将妻之财产除特有财产外估定价额，移转其所有权于夫，而取得该估定价额之返还请求权。

第一千零四十三条　统一财产除前条规定外，准用关于法定财产制之规定。

第三目　分别财产制

第一千零四十四条　分别财产，夫妻各保有其财产之所有权、管理权及使用收益权。

第一千零四十五条　妻以其财产之管理权付与于夫者，推定夫有以该财产之收益供家庭生活费用之权。

前项管理权，妻得随时取回，取回权不得抛弃。

第一千零四十六条　左列债务由夫负清偿之责。

一　夫于结婚前所负之债务。

二　夫于婚姻关系存续中所负之债务。

三　妻因第一千零三条所定代理行为而生之债务。

第一千零四十七条　左列债务由妻负清偿之责。

一　妻于结婚前所负之债务。

二　妻于婚姻关系存续中所负之债务。

夫妻因家庭生活费用所负之债务，如夫无支付能力时，由妻负担。

第一千零四十八条　夫得请求妻对于生活费用为相当之负担。

第五节　离婚

第一千零四十九条　夫妻两愿离婚者，得自行离婚。但未成年人应得法定代理人之同意。

第一千零五十条　两愿离婚应以书面为之，并应有二人以上证人之签名。

第一千零五十一条　两愿离婚后，关于子女之监护由夫任之。但另有约定者从其约定。

第一千零五十二条　夫妻之一方以他方有左列情形之一者为限，得向法院请求离婚。

一　重婚者。

二　与人通奸者。

三　夫妻一方受他方不堪同居之虐待者。

四　妻对于夫之直系尊亲属为虐待，或受夫之直系尊亲属之虐待，致不堪为共同生活者。

五　夫妻之一方以恶意遗弃他方在继续状态中者。

六　夫妻之一方意图杀害他方者。

七　有不治之恶疾者。

八　有重大不治之精神病者。

九　生死不明已逾三年者。

十　被处三年以上之有期徒刑，或因犯不名誉之罪被处徒刑者。

第一千零五十三条　对于前条第一款、第二款之情事有请求权之一方，于事前同意或事后宥恕或知悉后已逾六个月或自其情事发生后已逾二年者，不得请求离婚。

第一千零五十四条　对于一千零五十二条第六款及第十款之

情事有请求权之一方，自知悉后已逾一年或自其情事发生后已逾五年者，不得请求离婚。

第一千零五十五条　判决离婚者，关于子女之监护适用第一千零五十一条之规定。但法院得为其子女之利益酌定监护人。

第一千零五十六条　夫妻之一方因判决离婚而受有损害者，得向有过失之他方请求赔偿。

前项情形虽非财产上之损害，受害人亦得请求赔偿相当之金额。但以受害人无过失者为限。

前项请求权不得让与或继承。但已依契约承诺或已起诉者不在此限。

第一千零五十七条　夫妻无过失之一方因判决离婚而陷于生活困难者，他方纵无过失亦应给与相当之赡养费。

第一千零五十八条　夫妻离婚时，无论其原用何种夫妻财产制，各取回其固有财产。如有短少，由夫负担。但其短少系由非可归责于夫之事由而生者不在此限。

第三章　父母子女

第一千零五十九条　子女从父姓。

赘夫之子女从母姓。但另有约定者从其约定。

第一千零六十条　未成年之子女以其父之住所为住所。

赘夫之子女以其母之住所为住所。

第一千零六十一条　称婚生子女者，谓由婚姻关系受胎而生之子女。

第一千零六十二条　从子女出生日回溯第一百八十一日起至第三百零二日止为受胎期间。

能证明受胎回溯在前项第三百零二日以前者，以其期间为受胎期间。

第一千零六十三条　妻之受胎系在婚姻关系存续中者，推定其所生子女为婚生子女。

前项推定如夫能证明于受胎期间未与妻同居者，得提起否认之诉。但应于知悉子女出生之日起一年内为之。

第一千零六十四条　非婚生子女其生父母结婚者，视为婚生子女。

第一千零六十五条　非婚生子女经生父认领者，视为婚生子女。其经生父抚育者，视为认领。

非婚生子女与其生母之关系，视为婚生子女，毋须认领。

第一千零六十六条　非婚生子女或其生母对于生父之认领得否认之。

第一千零六十七条　有左列情形之一者，非婚生子女之生母或其他法定代理人得请求其生父认领。

一　受胎期间生父与生母有同居之事实者。

二　由生父所作之文书可证明其为生父者。

三　生母为生父强奸或略诱成奸者。

四　生母因生父滥用权势成奸者。

前项请求权自子女出生后五年间不行使而消灭。

第一千零六十八条　生母于受胎期间内曾与他人通奸或为放荡之生活者，不适用前条之规定。

第一千零六十九条　非婚生认领之效力，溯及于出生时。但第三人已得之权利不因此而受影响。

第一千零七十条　生父认领非婚生子女后不得撤销其认领。

第一千零七十一条　依第一千一百四十三条之规定指定继承人者，其继承人与被继承人之关系除法律另有规定外，与婚生子女同。

第一千零七十二条　收养他人之子女为子女时，其收养者为养父或养母，被收养者为养子或养女。

第一千零七十三条　收养者之年龄应长于被收养者二十岁以上。

第一千零七十四条　有配偶者，收养子女时应与其配偶共同为之。

第一千零七十五条　除前条规定外，一人不得同时为二人之养子女。

第一千零七十六条　有配偶者，被收养时应得其配偶之同意。

第一千零七十七条　养子女与养父母之关系除法律另有规定外，与婚生子女同。

第一千零七十八条　养子女从收养者之姓。

第一千零七十九条　收养子女应以书面为之。但自幼抚养为子女者不在此限。

第一千零八十条　养父母与养子女之关系，得由双方同意终止之。

前项终止应以书面为之。

第一千零八十一条　养父母养子女之一方有左列各款情形之一者，法院因他方之请求，得宣告终止其收养关系。

一　对于他方为虐待或重大侮辱时。

二　恶意遗弃他方时。

三　养子女被处二年以上之徒刑时。

四　养子女有浪费财产之情事时。

五　养子女生死不明已逾三年时。

六　有其他重大事由时。

第一千零八十二条　收养关系经判决终止时，无过失之一方因而陷于生活困难者，得请求他方给与相当之金额。

第一千零八十三条　养子女自收养关系终止时起回复其本姓，并回复其与本生父母之关系。但第三人已取得之权利不因此而受影响。

第一千零八十四条　父母对于未成年之子女有保护及教养之权利义务。

第一千零八十五条　父母得于必要范围内惩戒其子女。

第一千零八十六条　父母为其未成年子女之法定代理人。

第一千零八十七条　未成年子女因继承、赠与或其他无偿取得之财产为其特有财产。

第一千零八十八条　子女之特有财产由父管理。父不能管理时，由母管理。

父母对于子女之特有财产有使用收益之权。但非为子女之利益不得处分之。

第一千零八十九条　对于未成年子女之权利义务，除法律另有规定外，由父母共同行使或负担之。父母对于权利之行使意思不一致时，由父行使之。父母之一方不能行使权利时，由他方行使之。父母不能共同负担义务时，由有能力者负担之。

第一千零九十条　父母滥用其对于子女之权利时，其最近尊亲属或亲属会议得纠正之。纠正无效时，得请求法院宣告停止其权利之全部或一部。

第四章　监　　护

第一节　未成年人之监护

第一千零九十一条　未成年人无父母，或父母均不能行使负担对于其未成年子女之权利义务时，应置监护人。但未成年人已结婚者不在此限。

第一千零九十二条　父母对其未成年之子女，得因特定事项于一定期限内，委托他人行使监护之职务。

第一千零九十三条　后死之父或母得以遗嘱指定监护人。

第一千零九十四条　父母均不能行使负担对于未成年子女之权利义务，或父母死亡而无遗嘱指定监护人时，依左列顺序定其监护人。

一　与未成年人同居之祖父母。

二　家长。

三　不与未成年人同居之祖父母。

四　伯父或叔父。

五　由亲属会议选定之人。

第一千零九十五条　依前条规定为监护人者，非有正当理由不得辞其职务。

第一千零九十六条　未成年人及禁治产人不得为监护人。

第一千零九十七条　除另有规定外，监护人于保护增进受监护人利益之范围内，行使负担父母对于未成年子女之权利义务。但由父母暂时委托者，以受委托之职务为限。

第一千零九十八条　监护人为受监护人之法定代理人。

第一千零九十九条　监护开始时，监护人对于受监护人之财产应会同亲属会议所指定之人开具财产清册。

第一千一百条　受监护人之财产由监护人管理，其管理费用由受监护人之财产负担。

监护人管理受监护人之财产，应与处理自己事务为同一之注意。

第一千一百零一条　监护人对于受监护人之财产非为受监护人之利益，不得使用或处分。为不动产之处分时，并应得亲属会议之允许。

第一千一百零二条　监护人不得受让受监护人之财产。

第一千一百零三条　监护人应将受监护人之财产状况向亲属会议每年至少详细报告一次。

第一千一百零四条　监护人得请求报酬，其数额由亲属会议按其劳力及受监护人财产收益之状况酌定之。

第一千一百零五条　第一千零九十九条及第一千一百零一条至第一千一百零四条之规定，于与未成年人同居之祖父母为监护人时不适用之。

第一千一百零六条　监护人有左列情形之一时，亲属会议得撤退之。

一　违反法定义务时。

二　无支付能力时。

三　由亲属会议选定之监护人违反亲属会议之指示时。

第一千一百零七条　监护人于监护关系终止时，应即会同亲属会议所指定之人为财产之清算，并将财产移交于新监护人。如受监护人已成年时，交还于受监护人。如受监护人死亡时，交还于继承人。

亲属会议对于前项清算之结果未为承认前，监护人不得免其责任。

第一千一百零八条　监护人死亡时，前条清算由其继承人为之。

第一千一百零九条　监护人对于受监护人财产所致之损害，其赔偿请求权自亲属会议对于清算结果拒绝承认之时起二年间不行使而消灭。

第二节　禁治产人之监护

第一千一百一十条　禁治产人应置监护人。

第一千一百一十一条　禁治产人之监护人依左列顺序定之。

一　配偶。

二　父母。

三　与禁治产人同居之祖父母。

四　家长。

五　后死之父或母以遗嘱指定之人。

不能依前项规定定其监护人时，由法院征求亲属会议之意见选定之。

第一千一百一十二条　监护人为受监护人之利益，应按受监护人财产状况护养、疗治其身体。

监护人如将受监护人送入精神病医院或监禁于私宅者，应得亲属会议之同意。但父母或与禁治产人同居之祖父母为监护人时不在此限。

第一千一百一十三条　禁治产人之监护除本节有规定外，准用关于未成年人监护之规定。

第一千零九十九条及第一千一百零一条至第一千一百零四条之规定，于父母为监护人时亦不适用之。

第五章　扶　　养

第一千一百一十四条　左列亲属互负扶养之义务。

一　直系血亲相互间。

二　夫妻之一方与他方之父母同居间，其相互间。

三　兄弟姊妹相互间。

四　家长家属相互间。

第一千一百一十五条　负扶养义务者有数人时，应依左列顺序定其履行义务之人。

一　直系血亲卑亲属。

二　直系血亲尊亲属。

三　家长。

四　兄弟姊妹。

五　家属。

六　子妇女婿。

七　夫妻之父母。

同系直系尊亲属或直系卑亲属者，以亲等近者为先。

负扶养义务者有数人，而其亲等同一时，应各依其经济能力分担义务。

第一千一百一十六条　受扶养权利者有数人，而负扶养义务者之经济能力不足扶养其全体时，依左列顺序定其受扶养之人。

一　直系血亲尊亲属。

二　直系血亲卑亲属。

三　家属。

四　兄弟姊妹。

五　家长。

六　夫妻之父母。

七　子妇女婿。

同系直系尊亲属或直系卑亲属者，以亲等近者为先。

受扶养权利者有数人，而其亲等同一时，应按其需要之状况酌为扶养。

第一千一百一十七条　受扶养权利者，以不能维持生活而无谋生能力者为限。

前项无谋生能力之限制，于直系血亲尊亲属不适用之。

第一千一百一十八条　因负担扶养义务而不能维持自己生活者，免除其义务。

第一千一百一十九条　扶养之程度应按受扶养权利者之需要与负扶养义务者之经济能力及身分定之。

第一千一百二十条　扶养之方法由当事人协议定之。不能协议时，由亲属会议定之。

第一千一百二十一条　扶养之程度及方法当事人得因情事之变更请求变更之。

第六章　家

第一千一百二十二条　称家者，谓以永久共同之生活为目的而同居之亲属团体。

第一千一百二十三条　家置家长。

同家之人除家长外均为家属。

虽非亲属，而以永久共同生活为目的同居一家者，视为家属。

第一千一百二十四条　家长由亲属团体中推定之。无推定时，以家中之最尊辈者为之。尊辈同者，以年长者为之。最尊或最长者不能或不愿管理家务时，由其指定家属一人代理之。

第一千一百二十五条　家务由家长管理。但家长得以家务之一部委托家属处理。

第一千一百二十六条　家长管理家务应注意于家属全体之利益。

第一千一百二十七条　家属已成年或虽未成年而已结婚者，得请求由家分离。

第一千一百二十八条　家长对于已成年或虽未成年而已结婚之家属，得令其由家分离。但以有正当理由时为限。

第七章　亲属会议

第一千一百二十九条　依本法之规定应开亲属会议时，由当事人、法定代理人或其他利害关系人召集之。

第一千一百三十条　亲属会议以会员五人组织之。

第一千一百三十一条　亲属会议之会员应就未成年人、禁治产人或被继承人之左列亲属与顺序定之。

一　直系血亲尊亲属。

二　三亲等内旁系血亲尊亲属。

三　四亲等内之同辈血亲。

前项同一顺序之人以亲等近者为先；亲等同者以父系之亲属为先；同系而亲等同者以年长者为先。

第一千一百三十二条　无前条规定之亲属或亲属不足法定人数时，法院得因有召集权人之声请，于其他亲属中指定之。

第一千一百三十三条　监护人、未成年人及禁治产人不得为亲属会议之成员。

第一千一百三十四条　依法应为亲属会议会员之人，非有正当理由不得辞其职务。

第一千一百三十五条　亲属会议非有三人以上之出席不得开会，非有出席会员过半数之同意不得为决议。

第一千一百三十六条　亲属会议之会员于所议时间有个人利

害关系者，不得加入决议。

第一千一百三十七条　第一千一百二十九条所定有召集权之人对于亲属会议之决议有不服者，得于三个月内向法院声诉。

第五编　继　　承

民国十九年十二月二十六日国民政府公布，

二十年五月五日施行

第一章　遗产继承人

第一千一百三十八条　遗产继承人除配偶外，依左列顺序定之。

一　直系血亲卑亲属。

二　父母。

三　兄弟姊妹。

四　祖父母。

第一千一百三十九条　前条所定第一顺序之继承人以亲等近者为先。

第一千一百四十条　第一千一百三十八条所定第一顺序之继承人有于继承开始前死亡或丧失继承权者，由其直系血亲卑亲属代位继承其应继分。

第一千一百四十一条　同一顺序之继承人有数人时，按人数平均继承。但法律另有规定者不在此限。

第一千一百四十二条　养子女之继承顺序与婚生子女同。

养子女之应继分为婚生子女之二分之一。但养父母无直系血亲卑亲属为继承人时，其应继分与婚生子女同。

第一千一百四十三条　无直系血亲卑亲属者，得以遗嘱就其财产之全部或一部指定继承人。但以不违反关于特留分之规定时为限。

第一千一百四十四条　配偶有相互继承遗产之权，其应继分依左列各款定之。

一　与第一千一百三十八条所定第一顺序之继承人同为继承时，其应继分与他继承人平均。

二　与第一千一百三十八条所定第二顺序或第三顺序之继承人同为继承时，其应继分为遗产二分之一。

三　与第一千一百三十八条所定第四顺序之继承人同为继承时，其应继分为遗产三分之二。

四　无第一千一百三十八条所定第一顺序至第四顺序之继承人时，其应继分为遗产全部。

第一千一百四十五条　有左列各款情事之一者，丧失其继承权。

一　故意致被继承人或应继承人于死，或虽未致死因而受刑之宣告者。

二　以诈欺或胁迫使被继承人为关于继承之遗嘱，或使其撤销或变更之者。

三　以诈欺或胁迫妨害被继承人为关于继承之遗嘱，或妨害其撤销或变更之者。

四　伪造、变造、隐匿或湮灭被继承人关于继承之遗嘱者。

五　对于被继承人有重大之虐待或侮辱情事，经被继承人表示其不得继承者。

前项第二款至第四款之规定，如经被继承人有宥恕者，其继承权不丧失。

第一千一百四十六条　继承权被侵害者，被害人或其法定代理人得请求回复之。

前项回复请求权自知悉被侵害之时起二年间不行使而消灭。自继承开始时起逾十年者亦同。

第二章　遗产之继承

第一节　效力

第一千一百四十七条　继承因被继承人死亡而开始。

第一千一百四十八条　继承人自继承开始时，除本法另有规定外，承受被继承人财产上之一切权利义务。但权利义务专属于被继承人本身者不在此限。

第一千一百四十九条　被继承人生前继续扶养之人，应由亲属会议依其所受扶养之程度及其他关系酌给遗产。

第一千一百五十条　关于遗产管理、分割及执行遗嘱之费用，由遗产中支付之。但因继承人之过失而支付者不在此限。

第一千一百五十一条　继承人有数人时，在分割遗产前各继承人对于遗产全部为公同共有。

第一千一百五十二条　前条公同共有之遗产得由继承人中互推一人管理之。

第一千一百五十三条　继承人对于被继承人之债务负连带责任。

继承人相互间对于被继承人之债务，除另有约定外，按其应继分比例负担之。

第二节　限定之继承

第一千一百五十四条　继承人得限定以因继承所得之遗产偿还被继承人之债务。

继承人有数人，其中一人主张为前项限定之继承时，其他继承人视为同为限定之继承。

为限定之继承者，其对于被继承人之权利义务不因继承而消灭。

第一千一百五十五条　依前条规定为限定之继承者，适用第一千一百五十六条至第一千一百六十三条之规定。

第一千一百五十六条　为限定之继承者，应于继承开始时起三个月内开具遗产清册呈报法院。

前项三个月期限，法院因继承人之声请认为必要时得延展之。

第一千一百五十七条　继承人依前条规定呈报法院时，法院应依公示催告程序公告，命被继承人之债权人于一定期限内报明其债权。

前项一定期限不得在三个月以下。

第一千一百五十八条　继承人在前条所定之一定期限内，不得对于被继承人之任何债权人偿还债务。

第一千一百五十九条　在第一千一百五十七条所定之一定期限届满后，继承人对于在该一定期限内报明之债权及继承人所已知之债权，均应按其数额比例计算，以遗产分别偿还。但不得害及有优先权人之利益。

第一千一百六十条　继承人非依前条规定偿还债务后，不得对受遗赠人交付遗赠。

第一千一百六十一条　继承人违反第一千一百五十七条至第一千一百六十条之规定，致被继承人之债权人受有损害者，应负赔偿之责。

前项受有损害之人对于不当受领之债权人或受遗赠人，得请求返还其不当受领之数额。

第一千一百六十二条　被继承人之债权人不于第一千一百五十七条所定之一定期限内报明债权，而又为继承人所不知者，仅得就剩余遗产行使其权利。

第一千一百六十三条　继承人中有左列各款情事之一者，不得主张第一千一百五十四条所定之利益。

一　隐匿遗产。

二　在遗产清册为虚伪之记载。

三　意图诈害被继承人之债权人之权利而为遗产之处分。

第三节　遗产之分割

第一千一百六十四条　继承人得随时请求分割遗产。但法律另有规定或契约另有订定者不在此限。

第一千一百六十五条　被继承人之遗嘱定有分割遗产之方法或托他人代定者，从其所定。

遗嘱禁止遗产之分割者，其禁止之效力以二十年为限。

第一千一百六十六条　胎儿为继承人时，非保留其应继承分，他继承人不得分割遗产。

胎儿关于遗产之分割，以其母为代理人。

第一千一百六十七条　遗产之分割溯及继承开始时发生效力。

第一千一百六十八条　遗产分割后，各继承人按其所得部分，对于他继承人因分割而得之遗产，负与出卖人同一之担保责任。

第一千一百六十九条　遗产分割后，各继承人按其所得部分，对于他继承人因分割而得之债权，就遗产分割时债务人之支付能力负担保之责。

前项债权附有停止条件或未届清偿期者，各继承人就应清偿时债务人之支付能力负担保之责。

第一千一百七十条　依前二条规定负担保责任之继承人中无支付能力，不能偿还其分担额者，其不能偿还之部分，由有请求权之继承人与他继承人按其所得部分比例分担之。但其不能偿还系由有请求权人之过失所致者，不得对于他继承人请求分担。

第一千一百七十一条　遗产分割后，其未清偿之被继承人之债务移归一定之人承受或划归各继承人分担，如经债权人同意者，各继承人免除连带责任。

继承人之连带责任自遗产分割时起，如债权清偿期在遗产分割后者，自清偿期届满时起经过五年而免除。

第一千一百七十二条　继承人中如对于被继承人负有债务者，于遗产分割时应按其债务数额，由该继承人之应继分内扣还。

第一千一百七十三条　继承人中有在继承开始前，因结婚分居或营业已从被继承人受有财产之赠与者，应将该赠与价额加入继承开始时被继承人所有之财产中为应继遗产。但被继承人在赠与时有反对之意思表示者不在此限。

前项赠与价额应于遗产分割时，由该继承人之应继分中扣除。

赠与价额依赠与时之价值计算。

第四节　继承之抛弃

第一千一百七十四条　继承人得抛弃其继承权。

前项抛弃应于知悉其得继承之时起二个月内,以书面向法院、亲属会议或其他继承人为之。

第一千一百七十五条　继承之抛弃溯及于继承开始时发生效力。

第一千一百七十六条　法定继承人中有抛弃继承权者，其应继分归属于其他同一顺序之继承人。同一顺序之承继人均抛弃其继承权时，准用关于无人承认继承之规定。

指定继承人抛弃继承权者，其指定继承部分归属于法定继承人。

第五节　无人承认之继承

第一千一百七十七条　继承开始时继承人之有无不明者，由亲属会议选定遗产管理人。

第一千一百七十八条　亲属会议选定遗产管理人后，应将继承开始及选定管理人之事由呈报法院，法院应依公示催告程序公告继承人，命其于一定期限内承认继承。

前项一定期限应在一年以上。

第一千一百七十九条　遗产管理人之职务如左：

一　编制遗产清册。

二　为保存遗产必要之处置。

三　声请法院依公示催告程序限定一年以上之期间公告被继承人之债权人及受遗赠人，命其于该期间内报明债权及为愿受遗赠与否之声明。被继承人之债权人及受遗赠人为管理人所已知者，应分别通知之。

四　清偿债权或交付遗赠物。

五　有继承人承认继承或遗产归属国库时，为遗产之移交。

前项第一款所定之遗产清册管理人，应于就职后三个月内编制之。第四款所定债权之清偿，应先于遗赠物之交付。为清偿债权或交付遗赠物之必要，管理人经亲属会议之同意，得变卖遗产。

第一千一百八十条　遗产管理人因亲属会议、被继承人之债权人或受遗赠人之请求，应报告或说明遗产之状况。

第一千一百八十一条　被继承人之债权人或受遗赠人非于第一千一百七十九条第一项第三款所定期间届满后，不得请求清偿债权或交付遗赠物。

第一千一百八十二条　被继承人之债权人或受遗赠人不于第一千一百七十九条第一项第三款所定期间内为报明或声明者，仅得就剩余遗产行使其权利。

第一千一百八十三条　遗产管理人得请求报酬，其数额由亲属会议按其劳力及其与被继承人之关系酌定之。

第一千一百八十四条　第一千一百七十八条所定之期限内有继承人承认继承时，遗产管理人在继承人承认继承前所为之职务上行为，视为继承人之代理。

第一千一百八十五条　第一千一百七十八条所定之期限届满无继承人承认继承时，其遗产于清偿债权并交付遗赠物后，如有剩余归属国库。

第三章　遗　　嘱

第一节　通则

第一千一百八十六条　无行为能力人不得为遗嘱。

限制行为能力人无须经法定代理人之允许得为遗嘱。但未满十六岁者不得为遗嘱。

第一千一百八十七条　遗嘱人于不违反关于特留分规定之范围内，得以遗嘱自由处分遗产。

第一千一百八十八条　第一千一百四十五条丧失继承权之规定，于受遗赠人准用之。

第二节　方式

第一千一百八十九条　遗嘱应依左列方式之一为之：

一　自书遗嘱。

二　公证遗嘱。

三　密封遗嘱。

四　代笔遗嘱。

五　口授遗嘱。

第一千一百九十条　自书遗嘱者，应自书遗嘱全文，记明年月日，并亲自签名。如有增减、涂改，应注明增减、涂改之处所及字数，另行签名。

第一千一百九十一条　公证遗嘱应指定二人以上之见证人，在公证人前口述遗嘱意旨，由公证人笔记、宣读、讲解，经遗嘱人认可后记明年月日，由公证人、见证人及遗嘱人同行签名。遗嘱人不能签名者，由公证人将其事由记明，使按指印代之。

前项所定公证人之职务，在无公证人之地得由法院书记官行之。侨民在中华民国领事驻在地为遗嘱时，由领事行之。

第一千一百九十二条　密封遗嘱应于遗嘱上签名后将其密封，于封缝处签名，指定二人以上之见证人向公证人提出，陈述其为自己之遗嘱。如非本人自写，并陈述缮写人之姓名、住所，由公证人于封面记明该遗嘱提出之年月日及遗嘱人所为之陈述，与遗嘱人及见证人同行签名。

前条第二项之规定于前项情形准用之。

第一千一百九十三条　密封遗嘱不具备前条所定之方式，而具备第一千一百九十条所定自书遗嘱之方式者，有自书遗嘱之效力。

第一千一百九十四条　代笔遗嘱由遗嘱人指定三人以上之见证人，由遗嘱人口述遗嘱意旨，使见证人中之一人笔记、宣读、讲解，经遗嘱人认可后记明年月日及代笔人之姓名，由见证人全体及遗嘱人同行签名。遗嘱人不能签名者，应按指印代之。

第一千一百九十五条　遗嘱人因生命危急或其他特殊情形，不能依其他方式为遗嘱者，得为口授遗嘱。

口授遗嘱应由遗嘱人指定二人以上之见证人口授遗嘱意旨，由见证人中之一人将该遗嘱意旨据实作成笔记，并记明年月日，与其他见证人同行签名。

第一千一百九十六条　口授遗嘱自遗嘱人能依其他方式为遗嘱之时起经过一个月而失其效力。

第一千一百九十七条　口授遗嘱应由见证人中之一人或利害关系人于为遗嘱人死亡后三个月内提经亲属会议认定其真伪，对于亲属会议之认定如有异议时，得声请法院判定之。

第一千一百九十八条　左列之人不得为遗嘱证人：

一　未成年人。

二　禁治产人。

三　继承人及其配偶或其直系血亲。

四　受遗赠人及其配偶或其直系血亲。

五　为公证人或代行公证职务人之同居人、助理人或受雇人。

第三节　效力

第一千一百九十九条　遗嘱自遗嘱人死亡时发生效力。

第一千二百条　遗嘱所定遗赠附有停止条件者，自条件成就时发生效力。

第一千二百零一条　受遗赠人于遗嘱发生效力前死亡者，其遗赠不生效力。

第一千二百零二条　遗嘱人以一定之财产为遗赠，而其财产在继承开始时其一部分不属于遗产者，其一部分遗赠为无效。全部不属于遗产者，其全部遗赠为无效。但遗嘱另有意思表示者，从其意思。

第一千二百零三条　遗嘱人因遗赠物灭失、毁损，变造或丧失物之占有，而对于他人取得权利时，推定以其权利为遗赠。因遗赠物与他物附合或混合而对于所附合或混合之物取得权利时亦同。

第一千二百零四条　以遗产之使用收益为遗赠，而遗嘱未定返还期限并不能依遗赠之性质定其期限者，以受遗赠人之终身为其期限。

第一千二百零五条　遗赠附有义务者，受遗赠人以其所受利益为限负履行之责。

第一千二百零六条　受遗赠人在遗嘱人死亡后得抛弃遗赠。

遗赠之抛弃溯及遗嘱人死亡时发生效力。

第一千二百零七条　继承人或其他利害关系人得定相当期限请求受遗赠人于期限内为承认遗赠与否之表示，期限届满尚无表示者，视为承认遗嘱。

第一千二百零八条　遗赠无效或抛弃时，其遗赠之财产仍属于遗产人。

第四节　执行

第一千二百零九条　遗嘱人得以遗嘱指定遗嘱执行人或委托他人指定之。

受前项委托者，应即指定遗嘱执行人，并通知继承人。

第一千二百一十条　未成年人及禁治产人不得为遗嘱执行人。

第一千二百一十一条　遗嘱未指定遗嘱执行人，并未委托他人指定者，得由亲属会议选定之。不能由亲属会议选定时，得由利害关系人声请法院指定之。

第一千二百一十二条　遗嘱保管人知有继承开始之事实时，应即将遗嘱提示于亲属会议。无保管人而由继承人发见遗赠者亦同。

第一千二百一十三条　密封遗嘱非在亲属会议当场，不得开视。

第一千二百一十四条　遗嘱执行人就职后，于遗嘱有关之财产如有编制清册之必要时，应即编制遗产清册交付继承人。

第一千二百一十五条　遗嘱执行人有管理遗产并为执行上必要行为之职务。

遗嘱执行人因前项职务所为之行为视为继承人之代理。

第一千二百一十六条　继承人于遗嘱执行人执行职务中，不得处分与遗嘱有关之遗产，并不得妨碍其职务之执行。

第一千二百一十七条　遗嘱执行人有数人时，其执行职务以过半数决之。但遗嘱另有意思表示者，从其意思。

第一千二百一十八条　遗嘱执行人怠于执行职务或有其他重大事由时，利害关系人得请求亲属会议改选他人。其由法院指定者，得声请法院另行指定。

第五节　撤销

第一千二百一十九条　遗嘱人得随时依其遗嘱之方式撤销遗嘱之全部或一部。

第一千二百二十条　前后遗嘱有相抵触者，其抵触之部分前遗嘱视为撤销。

第一千二百二十一条　遗嘱人于为遗嘱后所为之行为与遗嘱有抵触者，其抵触部分遗嘱视为撤销。

第一千二百二十二条　遗嘱人故意破毁或涂销遗嘱，或在遗嘱上记明废弃之意思者，其遗嘱视为撤销。

第六节　特留分

第一千二百二十三条　继承人之特留分依左列各款之规定：

一　直系血亲卑亲属之特留分为其应继分二分之一。

二　父母之特留分为其应继分二分之一。

三　配偶之特留分为其应继分二分之一。

四　兄弟姊妹之特留分为其应继分三分之一。

五　祖父母之特留分为其应继分三分之一。

第一千二百二十四条　特留分由依第一千一百七十三条算定之应继财产中除去债务额算定之。

第一千二百二十五条　应得特留分之人如因被继承人所为之遗赠，致其应得之数不足者，得按其不足之数由遗赠财产扣减之。受遗赠人有数人时，应按其所得遗赠价额比例扣减。

〔国民政府立法院档案〕

2. 中华民国刑法①

（1935年1月1日）

第一编　总　　则

第一章　法　　例

第一条　行为之处罚，以行为时之法律有明文规定者为限。

第二条　行为后法律有变更者，适用裁判时之法律。但裁判前之法律有利于行为人者，适用最有利于行为人之法律。

保安处分适用裁判时之法律。

处罚之裁判确定后未执行或执行未完毕，而法律有变更不处罚其行为者，免其刑之执行。

第三条　本法于在中华民国领域内犯罪者适用之。在中华民国领域外之中华民国船舰或航空机内犯罪者，以在中华民国领域内犯罪论。

---

① 此法于1935年1月1日由国民政府公布，同年7月1日施行。

第四条　犯罪之行为或结果有一在中华民国领域内者，为在中华民国领域内犯罪。

第五条　本法于凡在中华民国领域外犯左列各罪者适用之：

一　内乱罪。

二　外患罪。

三　伪造货币罪。

四　第二百零一条及第二百零二条之伪造有价证券罪。

五　第二百一十一条、第二百一十四条、第二百一十六条及第二百一十八条之伪造文书印文罪。

六　第二百九十六条之妨害自由罪。

七　第三百三十三条及第三百三十四条之海盗罪。

第六条　本法于中华民国公务员在中华民国领域外犯左列各罪者适用之：

一　第一百二十一条至第一百二十三条、第一百二十五条、第一百二十六条、第一百二十九条、第一百三十一条、第一百三十二条及第一百三十四条之渎职罪。

二　第一百六十三条之脱逃罪。

三　第二百十三条之伪造文书罪。

四　第三百三十六条第一项之侵占罪。

第七条　本法于中华民国人民在中华民国领域外犯前二条以外之罪，而其最轻本刑为三年以上有期徒刑者，适用之。但依犯罪地之法律不罚者不在此限。

第八条　前条之规定于在中华民国领域外，对于中华民国人民犯罪之外国人准用之。

第九条　同一行为虽经外国确定裁判，仍得依本法处断。但在外国已受刑之全部或一部执行者，得免其刑之全部或一部之执行。

第十条　称以上、以下、以内者，俱连本数或本刑计算。

称公务员者，谓依法令从事于公务之人员。

称公文书者，谓公务员职务上制作之文书。

称重伤者，谓左列伤害：

一　毁败一目或二目之视能。

二　毁败一耳或二耳之听能。

三　毁败语能、味能、或嗅能。

四　毁败一肢以上之机能。

五　毁败生殖之机能。

六　其他于身体或健康有重大不治或难治之伤害。

第十一条　本法总则于其他法令有刑罚之规定者，亦适用之。但其他法令有特别规定者不在此限。

第二章　刑事责任

第十二条　行为非出于故意或过失者不罚。

过失行为之处罚，以有特别规定者为限。

第十三条　行为人对于构成犯罪之事实明知，并有意使其发生者为故意。

行为人对于构成犯罪之事实预见其发生，而其发生并不违背其本意者，以故意论。

第十四条　行为人虽非故意，但按其情节应注意并能注意而不注意者，为过失。

行为人对于构成犯罪之事实，虽预见其能发生而确信其不发生者，以过失论。

第十五条　对于一定结果之发生，法律上有防止之义务，能防止而不防止者，与因积极行为发生结果者同。

因自己行为致有发生一定结果之危险者，负防止其发生之义务。

第十六条　不得因不知法律而免除刑事责任。但按其情节得减轻其刑，如自信其行为为法律所许可而有正当理由者，得免除其刑。

第十七条　因犯罪致发生一定之结果，而有加重其刑之规定者，如行为人不能预见其发生时，不适用之。

第十八条　未满十四岁人之行为不罚。

十四岁以上、未满十八岁人之行为得减轻其刑。

满八十岁人之行为得减轻其刑。

第十九条　心神丧失人之行为不罚。

精神耗弱人之行为得减轻其刑。

第二十条　喑哑人之行为得减轻其刑。

第二十一条　依法令之行为不罚。

依所属上级公务员命令之职务上行为不罚。但明知命令违法者不在此限。

第二十二条　业务上之正当行为不罚。

第二十三条　对于现在不法之侵害，而出于防卫自己或他人权利之行为不罚。但防卫行为过当者，得减轻或免除其刑。

第二十四条　因避免自己或他人生命、身体、自由、财产之紧急危难，而出于不得已之行为不罚。但避难行为过当者，得减轻或免除其刑。

前项关于避免自己危难之规定，于公务上或业务上有特别义务者不适用之。

第三章　未　遂　犯

第二十五条　已着手于犯罪行为之实行而不遂者，为未遂犯。

未遂犯之处罚，以有特别规定者为限。

第二十六条　未遂犯之处罚，得按既遂犯之刑减轻之。但其行为不能发生犯罪之结果又无危险者，减轻或免除其刑。

第二十七条　已着手于犯罪行为之实行，而因己意中止或防止其结果之发生者，减轻或免除其刑。

第四章 共犯

第二十八条　二人以上共同实施犯罪之行为者皆为正犯。

第二十九条　教唆他人犯罪者为教唆犯。

教唆犯依其所教唆之罪处罚之。

被教唆人虽未至犯罪，教唆犯仍以未遂犯论。但以所教唆之罪有处罚未遂犯之规定者为限。

第三十条　帮助他人犯罪者为从犯。虽他人不知帮助之情者亦同。

从犯之处罚，得按正犯之刑减轻之。

第三十一条　因身分或其他特定关系成立之罪，其共同实施或教唆帮助者，虽无特定关系，仍以共犯论。

因身分或其他特定关系，致刑有重轻或免除者，其无特定关系之人科以通常之刑。

第五章 刑

第三十二条　刑分为主刑及从刑。

第三十三条　主刑之种类如左：

一　死刑。

二　无期徒刑。

三　有期徒刑二月以上、十五年以下。但遇有加减时，得减至二月未满或加至二十年。

四　拘役一日以上、二月未满。但遇有加重时，得加至四个月。

五　罚金一元以上。

第三十四条　从刑之种类如左：

一　褫夺公权。

二　没收。

第三十五条　主刑之重轻，依第三十三条规定之次序定之。

同种之刑，以最高度之较长或较多者为重，最高度相等者以最低度之较长或较多者为重。

除前二项规定外，刑之重轻参酌前二项标准定之。不能依前二项标准定之者，依犯罪情节定之。

第三十六条　褫夺公权者，褫夺左列资格：

一　为公务员之资格。

二　公职候选人之资格。

三　行使选举、罢免、创制、复决四权之资格。

第三十七条　宣告死刑或无期徒刑者，宣告褫夺公权终身。

宣告六月以上有期徒刑，依犯罪之性质认为有褫夺公权之必要者，宣告褫夺公权一年以上、十年以下。

褫夺公权于裁判时并宣告之。

依第一项宣告褫夺公权者，自裁判确定时发生效力。依第二项宣告褫夺公权者，自主刑执行完毕或赦免之日起算。

第三十八条　左列之物没收之：

一　违禁物。

二　供犯罪所用或供犯罪预备之物。

三　因犯罪所得之物。

前项第一款之物不问属于犯人与否，没收之。

第一项第二款、第三款之物，以属于犯人者为限，得没收之。但有特别规定者，依其规定。

第三十九条　免除其刑者仍得专科没收。

第四十条　没收于裁判时并宣告之。但违禁物得单独宣告没收。

第四十一条　犯最重本刑为三年以下有期徒刑以下之罪，而受六月以下有期徒刑或拘役之宣告，因身体、教育、职业或家庭之关系执行显有困难者，得以一元以上三元以下折算一日易科罚金。

第四十二条　罚金应于裁判确定后两个月内完纳。期满而不完纳者，强制执行。其无力完纳者，易服劳役。

易服劳役以一元以上三元以下折算一日。但劳役期限不得逾六个月。

罚金总额折算逾六个月之日数者，以罚金总额与六个月之日数比例折算。

科罚金之裁判，应依前二项之规定载明折算一日之额数。

易服劳役不满一日之零数不算。

易服劳役期内纳罚金者，以所纳之数依裁判所定之标准折算，扣除劳役之日期。

第四十三条　受拘役或罚金之宣告，而犯罪动机在公益或道义上显可宥恕者，得易以训诫。

第四十四条　易科罚金、易服劳役或易以训诫执行完毕者，其所受宣告之刑以已执行论。

第四十五条　刑期自裁判确定之日起算。

裁判虽经确定，其尚未受拘禁之日数不算入刑期内。

第四十六条　裁判确定前羁押之日数，以一日抵有期徒刑或拘役一日或第四十二条第四项裁判所定之罚金额数。

第六章　累　　犯

第四十七条　受有期徒刑之执行完毕，或受无期徒刑或有期徒刑一部之执行而赦免后，五年以内再犯有期徒刑以上之罪者，为累犯，加重本刑至二分之一。

第四十八条　裁判确定后发觉为累犯者，依前条之规定更定其刑。但刑之执行完毕或赦免后发觉者不在此限。

第四十九条　累犯之规定，于前所犯罪依军法，或于外国法院受裁判者，不适用之。

第七章　数罪并罚

第五十条　裁判确定前犯罪者，并合处罚之。

第五十一条　数罪并罚，分别宣告其罪之刑，依左列各款定其应执行者：

一　宣告多数死刑者，执行其一。

二　宣告之最重刑为死刑者，不执行他刑。但从刑不在此限。

三　宣告多数无期徒刑者，执行其一。

四　宣告之最重刑为无期徒刑者，不执行他刑。但罚金及从刑不在此限。

五　宣告多数有期徒刑者，于各刑中之最长期以上、各刑合并之刑期以下定其刑期。但不得逾二十年。

六　宣告多数拘役者，比照前款定其刑期。但不得逾四个月。

七　宣告多数罚金者，于各刑中之最多额以上、各刑合并之金额以下定其金额。

八　宣告多数褫夺公权者，仅就其中最长期间执行之。

九　宣告多数没收者，并执行之。

十　依第五款至第九款所定之刑，并执行之。

第五十二条　数罪并罚于裁判确定后发觉未经裁判之余罪者，就余罪处断。

第五十三条　数罪并罚有二裁判以上者，依第五十一条之规定定其应执行之刑。

第五十四条　数罪并罚已经处断，如各罪中有受赦免者，余罪仍依第五十一条之规定定其应执行之刑。仅余一罪者，依其宣告之刑执行。

第五十五条　一行为而触犯数罪名，或犯一罪而其方法或结果之行为犯他罪名者，从一重处断。

第五十六条　连续数行为而犯同一之罪名者，以一罪论。但得加重其刑至二分之一。

第八章　刑之酌科及加减

第五十七条　科刑时应审酌一切情状，尤应注意左列事项为科刑轻重之标准：

一　犯罪之动机。

二　犯罪之目的。

三　犯罪时所受之刺激。

四　犯罪之手段。

五　犯人之生活状况。

六　犯人之品行。

七　犯人之智识程度。

八　犯人与被害人平日之关系。

九　犯罪所生之危险或损害。

十　犯罪后之态度。

第五十八条　科罚金时，除依前条规定外，并应审酌犯人之资力及因犯罪所得之利益。如所得之利益超过罚金最多额时，得于所得利益之范围内酌量加重。

第五十九条　犯罪之情状可悯恕者，得酌量减轻其刑。

第六十条　依法律加重或减轻者，仍得依前条之规定酌量减轻其刑。

第六十一条　犯左列各罪之一情节轻微，显可悯恕，认为依第五十九条规定减轻其刑仍嫌过重者，得免除其刑：

一　犯最重本刑为三年以下有期徒刑、拘役或专科罚金之罪。但第一百三十二条第一项、第一百四十三条、第一百四十五条、第一百八十六条、第二百七十二条第三项及第二百七十六条第一项之罪不在此限。

二　犯第三百二十条之窃盗罪。

三　犯第三百三十五条之侵占罪。

四　犯第三百三十九条之诈欺罪。

五　犯第三百四十九条第二项之灭物罪。

第六十二条　对于未发觉之罪自首而受裁判者，减轻其刑。但有特别规定者依其规定。

第六十三条　未满十八岁人或满八十岁人犯罪者，不得处死刑或无期徒刑。本刑为死刑或无期徒刑者减轻其刑。

未满十八岁人犯第二百七十二条第一项之罪者，不适用前项之规定。

第六十四条　死刑不得加重。

死刑减轻者为无期徒刑或为十五年以下十二年以上有期徒刑。

第六十五条　无期徒刑不得加重。

无期徒刑减轻者为七年以上有期徒刑。

第六十六条　有期徒刑、拘役、罚金减轻者，减其刑至二分之一。但同时有免除其刑之规定者，其减轻得减至三分之二。

第六十七条　有期徒刑加减者，其最高度及最低度同加减之。

第六十八条　拘役或罚金加减者，仅加减其最高度。

第六十九条　有两种以上主刑者，加减时并加减之。

第七十条　有两种以上刑之加重或减轻者，递加或递减之。

第七十一条　刑有加重及减轻者，先后加减。有二种以上减轻者，先依较少之数减轻之。

第七十二条　因刑之加重或减轻而有不满一日之时间或不满一元之额数者不算。

第七十三条　酌量减轻其刑者，准用减轻其刑之规定。

第九章　缓　　刑

第七十四条　受两年以下有期徒刑、拘役或罚金之宣告，而有左列情形之一，认为以暂不执行为适当者，得宣告二年以上五年以下之缓刑，其期间自裁判确定之日起算。

一　未曾受有期徒刑以上刑之宣告者。

二　前受有期徒刑以上刑之宣告执行完毕，或赦免后五年内未曾受有期徒刑以上刑之宣告者。

第七十五条　受缓刑之宣告而有左列情形之一者，撤销其宣告。

一　缓刑期内更犯罪、受有期徒刑以上刑之宣告者。

二　缓刑期前犯他罪而在缓刑期内受有期徒刑以上刑之宣告者。

因过失犯罪者不适用前项之规定。

第七十六条　缓刑期满而缓刑之宣告未经撤销者，其刑之宣告失其效力。

第十章　假　释

第七十七条　受徒刑之执行而有悛悔实据者，无期徒刑、逾十年有期徒刑逾二分之一后，由监狱长官呈司法行政最高官署，得许假释出狱，但有期徒刑之执行未满一年者不在此限。

前项执行期间遇有第四十六条情形者，以所余之刑期计算。

第七十八条　假释中更犯罪受有期徒刑以上之刑宣告者，撤销其假释。

因过失犯罪者，不适用前项之规定。

假释撤销后其出狱日数不算入刑期内。

第七十九条　在无期徒刑假释后满十年或在有期徒刑所余刑期内未经撤销假释者，其未执行之刑以已执行论。

假释中因他罪受刑之执行者，其执行之期间不算入假释期内。

第十一章　时　效

第八十条　追诉权因左列期间内不行使而消灭。

一　死刑、无期徒刑或十年以上有期徒刑者二十年。

二　三年以上十年未满有期徒刑者十年。

三　一年以上三年未满有期徒刑者五年。

四　一年未满有期徒刑者三年。

五　拘役或罚金者一年。

前项期间自犯罪成立之日起算，但犯罪行为有连续或继续之状态者，自行为终了之日起算。

第八十一条　追诉权之时效期间依本刑之最高度计算有二种以上之主刑者，依最重主刑或最重主刑之最高度计算。

第八十二条　本刑应加重或减轻者，追诉权之时效期间仍依本刑计算。

第八十三条　追诉权之时效如依法律之规定侦查起诉或审判之程序不能开始或继续时停止其进行。

前项时效停止，自停止原因消灭之日起，与停止前已经过之期间一并计算。

停止原因继续存在之期间，如适于第八十条第一项各款所定期间四分之一者，其停止原因视为消灭。

第八十四条　行刑权因左列期间内不行使而消灭：

一　死刑、无期徒刑或十年以上有期徒刑者三十年。

二　三年以上十年未满有期徒刑者十五年。

三　一年以上三年未满有期徒刑者七年。

四　一年未满有期徒刑者五年。

五　拘役、罚金或专科没收者三年。

前项期间自裁判确定之日起算。

第八十五条　行刑权之时效如依法律之规定不能开始或继续执行时，停止其进行。

前项时效停止，自停止原因消灭之日起，与停止前已经过之期间一并计算。

停止原因继续存在之期间如达于第八十四条第一项各款所定期间四分之一者，其停止原因视为消灭。

第十二章　保安处分

第八十六条　因未满十四岁而不罚者，得令入感化教育处所施以感化教育。

因未满十八岁而减轻其刑者，得于刑之执行完毕或赦免后，令入感化教育处所施以感化教育。但宣告三年以下有期徒刑、拘役或罚金者，得于执行前为之。

感化教育期间为三年以下。

第二项但书情形依感化教育之执行，认为无执行刑之必要者，得免其刑之执行。

第八十七条　因心神丧失而不罚者，得令入相当处所施以监护。

因精神耗弱或喑哑而减轻其刑者，得于刑之执行完毕或赦免后，令入相当处所施以监护。

前二项处分期间为三年以下。

第八十八条　犯吸食鸦片或施打吗啡或使用高根海洛因或其化合质料之罪者，得令相当处所施以禁戒。

前项处分于刑之执行前为之，其期间为六个月以下。

依禁戒处分之执行，法院认为无执行刑之必要者，得免其刑之执行。

第八十九条　因酗酒而犯罪者，得于刑之执行完毕或赦免后，令入相当处所施以禁戒。

前项处分期间为三个月以下。

第九十条　有犯罪之习惯或以犯罪为常业或因游荡或懒惰成习而犯罪者，得于刑之执行完毕或赦免后，令入劳动场所强制工作。

前项处分期间为三年以下。

第九十一条　犯第二百八十五条之罪者，得令入相当处所强制治疗。

前项处分于刑之执行前为之，其期间至治愈时为止。

第九十二条　第八十六条至第九十条之处分，按其情形得以保护管束代之。

前项保护管束期间为三年以下。其不能收效者，得随时撤销之，仍执行原处分。

第九十三条　受缓刑之宣告者，在缓刑期内得付保护管束。

假释出狱者，在假释中付保护管束。

第二项情形违反保护管束规则情节重大者，得撤销缓刑之宣告或假释。

第九十四条　保护管束交由警察官署、自治团体、慈善团体、本人之最近亲属或其他适当之人行之。

第九十五条　外国人受有期徒刑以上刑之宣告者，得于刑之执行完毕或赦免后驱逐出境。

第九十六条　保安处分于裁判时并宣告之。但因假释或于刑之赦免后付保安处分者不在此限。

第九十七条　依第八十六条至第九十条及第九十二条规定，宣告之保安处分期间未终了前，认为无继续执行之必要者，法院得免其处分之执行。如认为有延长之必要者，法院得就法定期间之范围内酌量延长之。

第九十八条　依第八十六条、第八十七条、第八十九条及第九十条规定，宣告之保安处分于刑之执行完毕或赦免后认为无执行之必要者，法院得免其处分之执行。

第九十九条　第八十六条至第九十一条之保安处分自应执行之日起经过三年未执行者，非得法院许可不得执行之。

第二编　分　　则

第一章　内　乱　罪

第一百条　意图破坏国体、窃据国土或以非法之方法变更国宪、颠覆政府而着手实行者，处七年以上有期徒刑，首谋者处无期徒刑。

预备或阴谋犯前项之罪者，处六月以上五年以下有期徒刑。

第一百零一条　以暴动犯前条第一项之罪者，处无期徒刑或七年以上有期徒刑，首谋者处死刑或无期徒刑。

预备或阴谋犯前项之罪者，处一年以上七年以下有期徒刑。

第一百零二条　犯第一百条第二项或第一百零一条第二项之罪而自首者，减轻或免除其刑。

第二章　外　患　罪

第一百零三条　通谋外国或其他派遣之人，意图使该国或他国对于中华民国开战端者，处死刑或无期徒刑。

前项之未遂犯罚之。

预备或阴谋犯第一项之罪者，处三年以上十年以下有期徒刑。

第一百零四条　通谋外国或其他派遣之人，意图使中华民国领域属于该国或他国者，处死刑或无期徒刑。

前项之未遂犯罚之。

预备或阴谋犯第一项之罪者,处三年以上十年以下有期徒刑。

第一百零五条　中华民国人民在敌军执役或与敌国械抗中华民国或其同盟国者，处死刑或无期徒刑。

前项之未遂犯罚之。

预备或阴谋犯第一项之罪者，处三年以上十年以下有期徒刑。

第一百零六条　在与外国开战或将开战期内，以军事上之利益供敌国或以军事上之不利益害中华民国或其同盟国者，处无期徒刑或七年以上有期徒刑。

前项之未遂犯罚之。

预备或阴谋犯第一项之罪者,处五年以下有期徒刑。

第一百零七条　犯前条第一项之罪而有左列情形之一者，处死刑或无期徒刑。

一　将军队交付敌国,或将要塞、军港、军营、军用船舰、航空机及其他军用处所建筑物、与供中华民国军用之军械弹药钱粮及其他军需品或桥梁铁路车辆电线电机电局及其他供转运之器物交付敌国、或毁坏或致令不堪用者。

二　代敌国招募军队或煽惑军人使其降敌者。

三　煽惑军人不执行职务或不守纪律或逃叛者。

四　以关于要塞军港军营军用船舰航空机及其他军用处所建筑物或军略之秘密文书图画消息或物品泄漏或交付于敌国者。

五　为敌国之间谍或帮助敌国之间谍者。

前项之未遂犯罚之。

预备或阴谋犯第一项之罪者，处三年以上十年以下有期徒刑。

第一百零八条　在与外国开战或将开战期内，不履行供给军需之契约或不照契约履行者，处一年以上七年以下有期徒刑，得并科五千元以下罚金。

因过失犯前项之罪者，处二年以下有期徒刑，拘役或一千元以下罚金。

第一百零九条　泄漏或交付关于中华民国国防应秘密之文书图画消息或物品者，处一年以上七年以下有期徒刑。

泄漏或交付前项之文书图画消息或物品于外国或其派遣之人者，处三年以上十年以下有期徒刑。

前二项之未遂犯罚之。

预备或阴谋犯第一项或第二项之罪者，处二年以下有期徒刑。

第一百一十条　公务员对于职务上知悉或持有前条第一项之文书图画消息或物品因过失而泄漏或交付者，处二年以下有期徒刑、拘役或一千元以下罚金。

第一百一十一条　刺探或收集第一百零九条第一项之文书图画消息或物品者，处五年以下有期徒刑。

前项之未遂犯罚之。

预备或阴谋犯第一项之罪者，处一年以下有期徒刑。

第一百一十二条　意图刺探或收集第一百零九条第一项之文

书图画消息或物品，未受允准而入要塞军港军舰及其他军用处所建筑物或留滞其内者，处一年以下有期徒刑。

第一百一十三条　应经政府允许之事项，未受允许私与外国政府或其派遣之人有约定者，处无期徒刑或七年以上有期徒刑。

第一百一十四条　受政府之委任处理对于外国政府之事务，而违背其委任致生损害于中华民国者，处无期徒刑或七年以上有期徒刑。

第一百一十五条　伪造、变造、毁弃或隐匿可以证明中华民国对外国所享权利之文书、图画或其他证据者，处五年以上十二年以下有期徒刑。

第三章　妨害国交罪

第一百一十六条　对于友邦元首或派至中华民国之外国代表犯故意伤害罪、妨害自由罪或妨害名誉罪者，得加重其刑至三分之一。

第一百一十七条　于外国交战之际违背政府局外中立之命令者，处一年以下有期徒刑、拘役或三千元以下罚金。

第一百一十八条　意图侮辱外国而公然损坏、除去或污辱外国之国旗、国章者，处一年以下有期徒刑、拘役或三百元以下罚金。

第一百一十九条　第一百一十六条之妨害名誉罪及第一百一十八条之罪，须外国政府之请求乃论。

第四章　渎　职　罪

第一百二十条　公务员不尽其应尽之责而委弃守地者，处死刑、无期徒刑或十年以上有期徒刑。

第一百二十一条　公务员或仲裁人对于职务上之行为要求期约或收受贿赂或其他不正利益者，处七年以下有期徒刑，得并科五千元以下罚金。

犯前项之罪者所收受之贿赂没收之。如全部或一部不能没收时，追征其价额。

第一百二十二条　公务员或仲裁人对于违背职务之行为要求期约或收受贿赂或其他不正利益者，处三年以上十年以下有期徒刑，得并科七千元以下罚金。

因而为违背职务之行为者，处无期徒刑或五年以上有期徒刑，得并科一万元以下罚金。

对于公务员或仲裁人关于违背职务之行为，行求期约或交付贿赂或其他不正利益者，处三年以下有期徒刑，得并科三千元以下罚金。但自首者减轻或免除其刑，在侦查或审判中自白者得减轻其刑。

犯第一项或第二项之罪者，所收受之贿赂没收之。如全部或一部不能没收时，追征其价额。

第一百二十三条　于未为公务员或仲裁人时，预以职务上之行为要求期约或收受贿赂或其他不正利益，而于为公务员或仲裁人后履行者，以公务员或仲裁人要求期约或收受贿赂或其他不正利益论。

第一百二十四条　有审判职务之公务员或仲裁人为枉法之裁判或仲裁者，处一年以上七年以下有期徒刑。

第一百二十五条　有追诉或处罚犯罪职务之公务员为左列行为之一者，处一年以上七年以下有期徒刑。

一　滥用职权为逮捕或羁押者。

二　意图取供而施强胁迫者。

三　明知为无罪之人，而使其受追诉或处罚；或明知为有罪之人，而无故不使其受追诉或处罚者。

因而致人于死者，处无期徒刑或七年以上有期徒刑。刑致重伤者，处三年以上十年以下有期徒刑。

第一百二十六条　有管收解送或拘禁人犯职务之公务员对于人犯施以凌虐者，处一年以上七年以下有期徒刑。

因而致人于死者，处无期徒刑或七年以上有期徒刑。致重伤者,处三年以上十年以下有期徒刑。

第一百二十七条　有执行刑罚职务之公务员违法执行或不执行刑罚者,处五年以下有期徒刑。

因过失而执行不应执行之刑罚者,处一年以下有期徒刑、拘役或三百元以下罚金。

第一百二十八条　公务员对于诉讼事件明知不应受理而受理者,处三年以下有期徒刑。

第一百二十九条　公务员对于租税或其他入款明知不应征收而征收者，处一年以上七年以下有期徒刑，得并科七千元以下罚金。

公务员对于职务上发给之款项物品明知应发给而抑留不发或克扣者亦同。

前二项之未遂犯罚之。

第一百三十条　公务员废弛职务酿成灾害者，处三年以上十年以下有期徒刑。

第一百三十一条　公务员对于主管或监督之事务直接或间接图利者，处一年以上七年以下有期徒刑，得并科七千元以下罚金。

犯前项之罪者，所得之利益没收之。如全部或一部不能没收时,追征其价额。

第一百三十二条　公务员泄漏或交付关于中华民国国防以外应秘密之文书、图画、消息或物品者,处三年以下有期徒刑。

因过失犯前项之罪者,处一年以下有期徒刑、拘役或三百元以下罚金。

非公务员因职务或业务知悉或持有第一项之文书、图画、消息或物品而泄漏或交付之者,处一年以下有期徒刑、拘役或三百元以下罚金。

第一百三十三条　在邮务或电报机关执行职务之公务员开拆或隐匿投寄之邮件或电报者，处三年以下有期徒刑、拘役或五百元以下罚金。

第一百三十四条　公务员假借职务上之权力、机会或方法，以故意犯本章以外各罪者，加重其刑至二分之一。但因公务员之身分已特别规定其刑者不在此限。

第五章　妨害公务罪

第一百三十五条　对于公务员依法执行职务时施暴胁迫者，处三年以下有期徒刑、拘役或三百元以下罚金。

意图使公务员执行一定之职务或妨害其依法执行一定之职务或使公务员辞职而施强暴胁迫者，亦同。

犯前二项之罪因而致公务员于死者，处无期徒刑或七年以上有期徒刑。致重伤者，处三年以上十年以下有期徒刑。

第一百三十六条　公然聚众犯前条之罪者，在场助势之人处一年以下有期徒刑、拘役或三百元以下罚金；首谋及下手实施强暴胁迫者处一年以上七年以下有期徒刑。

因而致公务员于死或重伤者，首谋及下手实施强暴胁迫之人依前条第三项之规定处断。

第一百三十七条　对于依考试法举行之考试以诈术或其他非法之方法使其发生不正确之结果者，处一年以下有期徒刑，拘役或三百元以下罚金。

前项之未遂犯罚之。

第一百三十八条　毁弃、损坏或隐匿公务员职务上掌管或委托第三人掌管之文书、图画、物品，或致令不堪用者，处五年以下有期徒刑。

第一百三十九条　损坏、除去或污秽公务员所施之封印或查封之标示，或为违背其效力之行为者，处一年以下有期徒刑、拘役或三百元以下罚金。

第一百四十条　于公务员依法执行职务时当场侮辱，或对于其依法执行之职务公然侮辱者，处六月以下有期徒刑、拘役或一百元以下罚金。

对于公署公然侮辱者亦同。

第一百四十一条　意图侮辱公务员或公署，而损坏、除去或污秽实贴公众场所之文告者，处拘役或一百元以下罚金。

第六章　妨害投票罪

第一百四十二条　以强暴胁迫或其他非法之方法妨害他人自由行使法定之政治上选举或其他投票权者，处五年以下有期徒刑。

前项之未遂犯罚之。

第一百四十三条　有投票权之人要求期约或收受贿赂或其他不正利益而许以不行使其投票权或为一定之行使者，处三年以下有期徒刑，得并科五千元以下罚金。

犯前项之罪者，所收受之贿赂没收之。如全部或一部不能没收时，追征其价额。

第一百四十四条　对于有投票权之人行求期约或交付贿赂或其他不正利益，而约其不行使投票权或为一定之行使者，处五年以下有期徒刑，得并科七千元以下罚金。

第一百四十五条　以生计上之利害诱惑投票人不行使其投票权或为一定之行使者，处三年以下有期徒刑。

第一百四十六条　以诈术或其他非法之方法使投票发生不正确之结果或变造投票之结果者，处五年以下有期徒刑。

前项之未遂犯罚之。

第一百四十七条　妨害或扰乱投票者，处二年以下有期徒刑、拘役或五百元以下罚金。

第一百四十八条　于无记名之投票刺探票载之内容者，处三百元以下罚金。

第七章　妨害秩序罪

第一百四十九条　公然聚众意图为强暴胁迫，已受该管公务员解散命令三次以上而不解散者，在场助势之人处六月以下有期徒刑、拘役或三百元以下罚金，首谋者处三年以下有期徒刑。

第一百五十条　公然聚众施强暴胁迫者，在场助势之人处一年以下有期徒刑、拘役或三百元以下罚金，首谋及下手实施强暴胁迫者处六月以上五年以下有期徒刑。

第一百五十一条　以加害生命、身体、财产之事恐吓公众致生危害于公安者，处二年以上有期徒刑。

第一百五十二条　以强暴胁迫或诈术阻止或扰乱合法之集会者，处二年以下有期徒刑。

第一百五十三条　以文字、图画、演说或他法公然为左列行为之一者，处二年以下有期徒刑、拘役或一千元以下罚金。

一　煽惑他人犯罪者。

二　煽惑他人违背法令或抗拒合法之命令者。

第一百五十四条　参与以犯罪为宗旨之结社者，处三年以下有期徒刑、拘役或五百元以下罚金。首谋者处一年以上七年以下有期徒刑。

犯前项之罪而自首者，减轻或免除其刑。

第一百五十五条　煽惑军人不执行职务或不守纪律或逃叛者，处六月以上五年以下有期徒刑。

第一百五十六条　未受允准招集军队、发给军需或率带军队者，处五年以下有期徒刑。

第一百五十七条　意图渔利挑唆或包揽他人诉讼者，处一年以下有期徒刑、拘役或五百元以下罚金。

以犯前项之罪为常业者，处三年以下有期徒刑，得并科二千元以下罚金。

第一百五十八条　冒充公务员而行使其职权者，处三年以下有期徒刑、拘役或五百元以下罚金。

冒充外国公务员而行使其职权者亦同。

第一百五十九条　公然冒用公务员服饰、徽章或官衔者，处五百元以下罚金。

第一百六十条　意图侮辱中华民国而公然损坏、除去或污辱中华民国之国旗、图章者，处一年以下有期徒刑、拘役或三百元以下罚金。

意图侮辱创立中华民国之孙先生而公然损坏、除去或污辱其遗像者亦同。

第八章　脱　逃　罪

第一百六十一条　依法逮捕拘禁之人脱逃者，处一年以下有期徒刑。

损坏拘禁处所械具或以强暴胁迫犯前项之罪者，处五年以下有期徒刑。

聚众以强暴胁迫犯第一项之罪者，在场助势之人处三年以上十年以下有期徒刑，首谋及下手实施强暴胁迫者处五年以上有期徒刑。

前三项之未遂犯罚之。

第一百六十二条　纵放依法逮捕拘禁之人，或便利其脱逃者，处三年以下有期徒刑。

损坏拘禁处所械具，或以强迫胁迫前项之罪者，处六月以上五年以下有期徒刑。

聚众以强暴胁迫犯第一项之罪者，在场助势之人处五年以上十二年以下有期徒刑。首谋及下手实施强暴胁迫者，处无期徒刑或七年以上有期徒刑。

前三项之未遂犯罚之。

配偶五亲等内之血亲或三亲等内之姻亲犯第一项之便利脱逃罪者，得减轻其刑。

第一百六十三条　公务员纵放职务上依法逮捕拘禁之人，或便利其脱逃者，处一年以上七年以下有期徒刑。

因过失致前项之人脱逃者，处六月以下有期徒刑、拘役或三百元以下罚金。

第一项之未遂犯罚之。

第九章　藏匿人犯及湮灭证据罪

第一百六十四条　藏匿犯人或依法逮捕拘禁之脱逃人，或使之隐避者，处二年以下有期徒刑、拘役或五百元以下罚金。

意图犯前项之罪而顶替者亦同。

第一百六十五条　伪造、变造、湮灭或隐匿关系他人刑事被告案件之证据，或使用伪造、变造之证据者，处二年以下有期徒刑拘役或五百元以下罚金。

第一百六十六条　犯前条之罪，于他人刑事被告案件裁判确定前自白者，减轻或免除其刑。

第一百六十七条　配偶五亲等内之血亲或三亲等内之姻亲图利犯人或依法逮捕拘禁之脱逃人而犯第一百六十四条或第一百六十五条之罪者，减轻或免除其刑。

第十章　假证及诬告罪

第一百六十八条　于执行审判职务之公署审判时，或于检查官侦查时，证人、鉴定人、通译于案情有重要关系之事项，供前或供后具结而为虚伪陈述者，处七年以下有期徒刑。

第一百六十九条　意图他人受刑事或惩戒处分向该管公务员诬告者，处七年以下有期徒刑。

意图他人受刑事或惩戒处分而伪造、变造证据，或使用伪造、变造之证据者亦同。

第一百七十条　意图陷害直系血亲、尊亲属而犯前条之罪者，加重其刑至二分之一。

第一百七十一条　未指定犯人而向该管公务员诬告犯罪者，

处一年以下有期徒刑、拘役或三百元以下罚金。

未指定犯人而伪造、变造犯罪证据或使用伪造、变造之犯罪证据，致开始刑事诉讼程序者亦同。

第一百七十二条　犯第一百六十八条至一百七十一条之罪，于所虚伪陈述或所诬告之案件裁判或惩戒处分确定前自白者，减轻或免除其刑。

第十一章　公共危险罪

第一百七十三条　放火烧毁现供人使用之住宅或现有人所在之建筑物、矿坑、火车、电车或其他供水陆空公众运输之舟车航空机者，处无期徒刑或七年以上有期徒刑。

失火烧毁前项之物者，处一年以下有期徒刑、拘役或五百元以下罚金。

第一项之未遂犯罚之。

预备犯第一项之罪者，处一年以下有期徒刑、拘役或三百元以下罚金。

第一百七十四条　放火烧毁现非供人使用之他人所有住宅或现未有人所在之他人所有建筑物、矿坑、火车、电车或其他供水陆空公众运输之舟车、航空机者，处三年以上十年以下有期徒刑。

放火烧毁前项之自己所有物致生公共危险者，处六月以上五年以下有期徒刑。

失火烧毁第一项之物者，处六月以下有期徒刑、拘役或三百元以下罚金。失火烧毁前项之物致生公共危险者亦同。

第一项之未遂犯罚之。

第一百七十五条　放火烧毁前二条以外之他人所有物致生公共危险者，处一年以上七年以下有期徒刑。放火烧毁前二条以外之自己所有物致生公共危险者，处三年以下有期徒刑。

失火烧毁前二条以外之物致生公共危险者，处拘役或三百元以下罚金。

第一百七十六条　故意或因过失以火药、蒸气、电气、煤气或其他爆裂物炸毁前三条之物者，准用各该条放火失火之规定。

第一百七十七条　漏逸或间隔蒸气、电气、煤气或其他气体致生公共危险者，处三年以下有期徒刑、拘役或三百元以下罚金。

因而致人于死者，处无期徒刑或七年以上有期徒刑。致重伤者，处三年以上十年以下有期徒刑。

第一百七十八条　决水浸害现供人使用之住宅或现有人所在之建筑物、矿坑或火车、电车者，处无期徒刑或五年以上有期徒刑。

因过失决水浸害前项之物者，处一年以下有期徒刑、拘役或五百元以下罚金。

前一项之未遂犯罚之。

第一百七十九条　决水浸害现非供人使用之他人所有住宅或现未有人所在之他人所有建筑物或矿坑者，处一年以上七年以下有期徒刑。

决水浸害前项之自己所有物致生公共危险者，处六月以上五年以下有期徒刑。

因过失决水浸害第一项之物者，处六月以下有期徒刑、拘役或三百元以下罚金。

因过失决水浸害前项之物致生公共危险者亦同。

第一项之未遂犯罚之。

第一百八十条　决水浸害前二条以外之他人所有物致生公共危险者，处五年以下有期徒刑。

决水浸害前二条以外之自己所有物致生公共危险者，处二年以下有期徒刑。

因过失决水浸害前二条以外之物致生公共危险者，处拘役或三百元以下罚金。

第一百八十一条　决溃堤坊、破坏水闸或损坏自来水池致生公共危险者，处五年以下有期徒刑。

因过失犯前项之罪者，处拘役或三百元以下罚金。

第一项之未遂犯罚之。

第一百八十二条　于火灾、水灾之际隐匿或损坏防御之器械或以他法妨害救火、防水者，处三年以下有期徒刑、拘役或三百元以下罚金。

第一百八十三条　倾覆或破坏现有人所在之火车、电车或其他供水陆空公众运输之舟车、航空机者，处无期徒刑或五年以上有期徒刑。

因过失犯前项之罪者，处一年以下有期徒刑、拘役或三百元以下罚金。

从事业务之人因业务上之过失犯第一项之罪者，处三年以下有期徒刑、拘役或五百元以下罚金。

第一项之未遂犯罚之。

第一百八十四条　损坏轨道灯塔、标识或以他法致坐火车、电车或其他供水陆空公众运输之舟车、航空机往来之危险者，处三年以上十年以下有期徒刑。

因而致前项之舟车、航空机倾覆或破坏者，依前条第一项之规定处断。

因过失犯第一项之罪者，处六月以下有期徒刑、拘役或三百元以下罚金。

从事业务之人因业务上之过失犯第一项之罪者，处二年以下有期徒刑、拘役或五百元以下罚金。

第一项之未遂犯罚之。

第一百八十五条　损坏或壅塞陆路、水路、桥梁或其他公众往来之设备或以他法致生往来之危险者，处五年以下有期徒刑、拘役或五百元以下罚金。

因而致人于死者，处无期徒刑或七年以上有期徒刑。致重伤者，处三年以上十年以下有期徒刑。

第一项之未遂犯罚之。

第一百八十六条　未受允准而制造、贩卖、运输或持有炸药、棉花、药、雷、汞或其他相类之爆裂物或军用枪炮、子弹而无正当理由者，处二年以下有期徒刑、拘役或五百元以下罚金。

第一百八十七条　意图供自己或他人犯罪之用而制造、贩卖、运输或持有炸药、棉花、药、雷、汞或其他相类之爆裂物或军用枪炮、子弹者，处五年以下有期徒刑。

第一百八十八条　妨害铁路、邮务、电报、电话或供公众之用水、电气、煤气事业者，处五年以下有期徒刑、拘役或五百元以下罚金。

第一百八十九条　损坏矿坑、工厂或其他相类之场所内关于保护生命之设备致生危险于他人生命者，处一年以上七年以下有期徒刑。

因而致人于死者，处无期徒刑或七年以上有期徒刑。致重伤者，处三年以上十年以下有期徒刑。

因过失犯第一项之罪者，处六月以下有期徒刑、拘役或三百元以下罚金。

从事业务之人因业务上之过失犯第一项之罪者，处二年以下有期徒刑、拘役或五百元以下罚金。

第一项之未遂犯罚之。

第一百九十条　投放毒物或混入妨害卫生物品于供公众所饮之水源、水道或自来水池者，处一年以上七年以下有期徒刑。

因而致人于死者，处无期徒刑或七年以上有期徒刑。致重伤者，处三年以上十年以下有期徒刑。

因过失犯第一项之罪者，处六月以下有期徒刑、拘役或三百元以下罚金。

第一项之未遂犯罚之。

第一百九十一条　制造、贩卖或意图贩卖而陈列妨害卫生之饮食、物品或其他物品者，处六月以下有期徒刑、拘役或科或并科一千元以下罚金。

第一百九十二条　违背关于预防传染病所公布之检查或进口之法令者，处二年以下有期徒刑、拘役或一千元以下罚金。

暴露有传染病菌之尸体或以他法散布病菌致生公共危险者亦同。

第一百九十三条　承揽工程人或监工人于营造或拆卸建筑物时，违背建筑术成规致生公共危险者，处三年以下有期徒刑、拘役或三千元以下罚金。

第一百九十四条　于灾害之际关于与公务员或慈善团体缔结供给粮食或其他必需品之契约而不履行或不照契约履行致生公共危险者，处五年以下有期徒刑，得并科三千元以下罚金。

第十二章　伪造货币罪

第一百九十五条　意图供行使之用而伪造、变造通用之货币、纸币、银行券者，处五年以上有期徒刑，得并科五千元以下罚金。

前项之未遂犯罚之。

第一百九十六条　行使伪造、变造之通用货币、纸币、银行券，或意图供行使之用而收集或交付于人者，处三年以上十年以下有期徒刑，得并科五千元以下罚金。

收受后方知为伪造、变造之通用货币、纸币、银行券而仍行使，或意图供行使之用而交付于人者，处五百元以下罚金。

第一项之未遂犯罚之。

第一百九十七条　意图供行使之用而减损通用货币之分量者，处五年以下有期徒刑，得并科三千元以下罚金。

前项之未遂犯罚之。

第一百九十八条　行使减损分量之通用货币或意图供行使之用而收集或交付于人者，处三年以下有期徒刑，得并科一千元以下罚金。

收受后方知为减损分量之通用货币而仍行使或意图供行使之用而交付于人者，处一百元以下罚金。

前一项之未遂犯罚之。

第一百九十九条　意图供伪造、变造通用之货币、纸币、银行券或意图供减损通用货币分量之用而制造、交付或收受各项器械原料者，处五年以下有期徒刑，得并科一千元以下罚金。

第二百条　伪造、变造之通用货币、纸币、银行券、减损分量之通用货币及前条之器械原料，不问属于犯人与否没收之。

第十三章　伪造有价证券罪

第二百零一条　意图供行使之用而伪造、变造公债票、公司股票或其他有价证券者，处三年以上十年以下有期徒刑，得并科三千元以下罚金。

行使伪造、变造之公债票、公司股票或其他有价证券，或意图供行使之用而收集或交付于人者，处一年以上七年以下有期徒刑，得并科三千元以下罚金。

第二百零二条　意图供行使之用而伪造、变造邮票或印花税票者，处六月以上五年以下有期徒刑，得并科一千元以下罚金。

行使伪造、变造之邮票或印花税票，或意图供行使之用而收集或交付于人者，处三年以下有期徒刑，得并科一千元以下罚金。

意图供行使之用而涂抹邮票或印花税票上之注销符号者，处一年以下有期徒刑、拘役或三百元以下罚金。其行使之者亦同。

第二百零三条　意图供行使之用而伪造、变造船票、火车电车票或其他往来客票者，处一年以下有期徒刑、拘役或三百元以下罚金。其行使之者亦同。

第二百零四条　意图供伪造、变造有价证券、邮票或印花税票之用而制造、交付或收受各项器械原料者，处二年以下有期徒刑，得并科五百元以下罚金。

第二百零五条　伪造、变造之有价证券、邮票或印花税票及前条之器械原料，不问属于犯人与否没收之。

第十四章　伪造度量衡罪

第二百零六条　意图供行使之用而制造违背定程之度量衡或变更度量衡之定程者，处一年以下有期徒刑、拘役或三百元以下罚金。

第二百零七条　意图供行使之用而贩卖违背定程之度量衡者，处六月以下有期徒刑、拘役或三百元以下罚金。

第二百零八条　行使违背定程之度量衡者，处三百元以下罚金。

从事业务之人关于其业务犯前项之罪者，处六月以下有期徒刑、拘役或五百元以下罚金。

第二百零九条　违背定程之度量衡，不问属于犯人与否没收之。

第十五章　伪造文书印文罪

第二百一十条　伪造、变造私文书足以生损害于公众或他人者，处五年以下有期徒刑。

第二百一十一条　伪造、变造公文书足以生损害于公众或他人者，处一年以上七年以下有期徒刑。

第二百一十二条　伪造、变造护照、旅券、免许证、特许证及关于品行能力服务或其他相类之证书、介绍书，足以生损害于公众或他人者，处一年以下有期徒刑、拘役或三百元以下罚金。

第二百一十三条　公务员明知为不实之事项而登载于职务上所掌之公文书，足以生损害于公众或他人者，处一年以上七年以下有期徒刑。

第二百一十四条　明知为不实之事项而使公务员登载于职务上所掌之公文书，足以生损害于公众或他人者，处三年以下有期徒刑、拘役或五百元以下罚金。

第二百一十五条　从事业务之人明知为不实之事项而登载于其业务上作成之文书，足以生损害于公众或他人者，处三年以下有期徒刑、拘役或五百元以下罚金。

第二百一十六条　行使第二百一十条至第二百一十五条之文书者，依伪造、变造文书或登载不实事项或使登载不实事项之规定处断。

第二百一十七条　伪造印章、印文或署押足以生损害于公众或他人者，处三年以下有期徒刑。

盗用印章、印文或署押足以生损害于公众或他人者亦同。

第二百一十八条　伪造公印或公印文者，处五年以下有期徒刑。

盗用公印或公印文足以生损害于公众或他人者亦同。

第二百一十九条　伪造之印章、印文或署押不问属于犯人与否没收之。

第二百二十条　在纸上或物品上之文字符号依习惯或特约足以为表示其用意之证明者，关于本章之罪以文书论。

第十六章　妨害风化罪

第二百二十一条　对于妇女以强暴、胁迫、药剂、催眠术或他法至使不能抗拒而奸淫之者，为强奸罪，处五年以上有期徒刑。

奸淫未满十四岁之女子以强奸论。

前二项之未遂犯罚之。

第二百二十二条　二人以上犯前条第一项或第二项之罪而共同轮奸者，处无期徒刑或七年以上有期徒刑。

第二百二十三条　犯强奸罪而故意杀被害人者处死刑。

第二百二十四条　对于男女以强暴、胁迫、药剂、催眠术或他法至使不能抗拒而为猥亵之行为者，处七年以下有期徒刑。

对于未满十四岁之男女为猥亵之行为者亦同。

第二百二十五条　对于妇女乘其心神丧失或其他相类之情形

不能抗拒而奸淫之者，处三年以上十年以下有期徒刑。

对于男女乘其心神丧失或其他相类之情形不能抗拒而为猥亵之行为者，处五年以下有期徒刑。

第一项之未遂犯罚之。

第二百二十六条　犯第二百二十一条、第二百二十四条或第二百二十五之罪，因而致被害人于死者，处无期徒刑或七年以上有期徒刑。致重伤者，处七年以上有期徒刑。

因而致被害人羞忿自杀或意图自杀而致重伤者，处七年以上有期徒刑。

第二百二十七条　奸淫十四岁以上未满十六岁之女子者，处一年以上七年以下有期徒刑。

对于十四岁以上未满十六岁之男女为猥亵之行为者，处五年以下有期徒刑。

第二百二十八条　对于因亲属监护、教养、救济、公务或业务关系服从自己监督之人利用权势而奸淫或为猥亵之行为者，处五年以下有期徒刑。

第二百二十九条　以诈术使妇女误信为自己配偶而听从其奸淫者，处三年以上十年以下有期徒刑。

前项之未遂犯罚之。

第二百三十条　直系或三亲等内旁系血亲相和奸者，处五年以下有期徒刑。

第二百三十一条　意图营利引诱或容留良家妇女与他人奸淫者，处三年以下有期徒刑，得并科五百元以下罚金。

意图营利使人为猥亵之行为者亦同。

以犯前二项之罪为常业者，处五年以下有期徒刑，得并科一千元以下罚金。

公务员包庇他人犯前三项之罪者，依各该项之规定加重其刑至二分之一。

第二百三十二条　对于第二百二十八条所定服从自己监督之人或夫对于妻犯前条第一项之罪者，处五年以下有期徒刑，得并科一千元以下罚金。

第二百三十三条　引诱未满十六岁之男女与他人为猥亵之行为或奸淫者，处五年以下有期徒刑。

第二百三十四条　公然为猥亵之行为者，处拘役或一百元以下罚金。

第二百三十五条　散布或贩卖猥亵之文字、图画及其他物品，或公然陈列或以他法供人观览者，处一千元以下罚金。

意图贩卖而制造持有前项之文字、图画及其他物品者亦同。

第二百三十六条　第二百二十一条至第二百三十条之罪须告诉乃论。

第十七章　妨害婚姻及家庭罪

第二百三十七条　有配偶而重为婚姻或同时与二人以上结婚者，处五年以下有期徒刑。其相婚者亦同。

第二百三十八条　以诈术缔结无效或得撤销之婚姻，因而致婚姻无效之裁判或撤销婚姻之裁判确定者，处三年以下有期徒刑。

第二百三十九条　有配偶而与人通奸者，处一年以下有期徒刑。其相奸者亦同。

第二百四十条　和诱未满二十岁之男女脱离家庭或其他有监督权之人者，处三年以下有期徒刑。

和诱有配偶之人脱离家庭者亦同。

意图营利或意图使被诱人为猥亵之行为或奸淫而犯前二项之罪者，处六月以上五年以下有期徒刑，得并科一千元以下罚金。

前三项之未遂犯罚之。

第二百四十一条　略诱未满二十岁之男女脱离家庭或其他有监督权之人者，处一年以上七年以下有期徒刑。

意图营利或意图使被诱人为猥亵之行为或奸淫而犯前项之罪者，处三年以上十年以下有期徒刑，得并科一千元以下罚金。

和诱未满十六岁之男女以略诱论。

前三项之未遂犯罚之。

第二百四十二条　移送前二条之被诱人出中华民国领域外者，处无期徒刑或七年以上有期徒刑。

前项之未遂犯罚之。

第二百四十三条　意图营利或意图使第二百四十条或第二百四十一条之被诱人为猥亵之行为或奸淫，而收受藏匿被诱人或使之隐避者，处六月以上五年以下有期徒刑，得并科五百元以下罚金。

前项之未遂犯罚之。

第二百四十四条　犯第二百四十条至第二百四十三条之罪，于裁判宣告前送回被诱人或指明所在地因而寻获者，得减轻其刑。

第二百四十五条　第二百三十八条、第二百三十九条之罪及第二百四十条第二项之罪须告诉乃论。

第二百三十九条之罪配偶纵容或宥恕者，不得告诉。

第十八章　亵渎祀典及侵害坟墓尸体罪

第二百四十六条　对于坛庙、寺观、教堂、坟墓或公众纪念处所公然侮辱者，处六月以下有期徒刑、拘役或三百元以下罚金。

妨害丧葬、祭礼、说教、礼拜者亦同。

第二百四十七条　损坏、遗弃、污辱或盗取尸体者，处六月以上五年以下有期徒刑。

损坏、遗弃或盗取遗骨、遗发、殓物或火葬之遗灰者，处五年以下有期徒刑。

前二项之未遂犯罚之。

第二百四十八条　发掘坟墓者处六月以上五年以下有期徒

刑。

前项之未遂犯罚之。

第二百四十九条　发掘坟墓而损坏、遗弃、污辱或盗取尸体者,处三年以上十年以下有期徒刑。

发掘坟墓而损坏、遗弃或盗取遗骨、遗发、殓物或火葬之遗灰者,处一年以上七年以下有期徒刑。

第二百五十条　对于直系血亲尊亲属犯第二百四十七条至第二百四十九条之罪者,加重其刑至二分之一。

第十九章　妨害农工商罪

第二百五十一条　以强暴、胁迫或诈术为左列行为之一者,处五年以下有期徒刑、拘役或三千元以下罚金。

一　妨害贩运谷类及其他公共所需之饮食物品致市上生缺乏者。

二　妨害贩运种子、肥料、原料及其他农业工业所需之物品致市上生缺乏者。

前项之未遂犯罚之。

第二百五十二条　意图加损害于他人而妨害其农事上之水利者,处二年以下有期徒刑、拘役或三百元以下罚金。

第二百五十三条　意图欺骗他人而伪造或仿造已登记之商标、商号者,处二年以下有期徒刑、拘役或科或并科三千元以下罚金。

第二百五十四条　明知为伪造或仿造之商标、商号之货物,而贩卖或意图贩卖而陈列或自外国输入者,处二千元以下罚金。

第二百五十五条　意图欺骗他人而就商品之原产国或品质为虚伪之标记或其他表示者,处一年以下有期徒刑、拘役或一千元以下罚金。

明知为前项商品而贩卖或意图贩卖而陈列或自外国输入者亦同。

第二十章　鸦　片　罪

第二百五十六条　制造鸦片者，处七年以下有期徒刑，得并科三千元以下罚金。

制造吗啡、高根、海洛因或其化合质料者，处无期徒刑或五年以上有期徒刑，得并科五千元以下罚金。

前二项之未遂犯罚之。

第二百五十七条　贩卖或运输鸦片者，处七年以下有期徒刑，得并科三千元以下罚金。

贩卖或运输吗啡、高根、海洛因或其化合质料者，处三年以上十年以下有期徒刑，得并科五千元以下罚金。

自外国输入前二项之物者，处无期徒刑或五年以上有期徒刑，得并科一万元以下罚金。

前三项之未遂犯罚之。

第二百五十八条　制造贩卖或运输专供吸食鸦片之器具者，处三年以下有期徒刑，得并科五百元以下罚金。

前项之未遂犯罚之。

第二百五十九条　意图营利为人施打吗啡或以馆舍供人吸食鸦片或其化合质料者，处一年以上七年以下有期徒刑，得并科一千元以下罚金。

前项之未遂犯罚之。

第二百六十条　意图供制造鸦片，吗啡之用而栽种罂粟者，处五年以下有期徒刑，得并科三千元以下罚金。

意图供制造鸦片、吗啡之用而贩卖或运输罂粟种子者，处三年以下有期徒刑，得并科三千元以下罚金。

前二项之未遂犯罚之。

第二百六十一条　公务员利用权力强迫他人犯前条之罪者，处死刑或无期徒刑。

第二百六十二条　吸食鸦片或施打吗啡或使用高根、海洛因或其化合质料者，处六月以下有期徒刑、拘役或五百元以下罚金。

第二百六十三条　意图供犯本章各罪之用而持有鸦片、吗啡、高根、海洛因或其化合质料或专供吸食鸦片之器具者，处拘役或五百元以下罚金。

第二百六十四条　公务员包庇他人犯本章各条之罪者，依各该条之规定加重其刑至二分之一。

第二百六十五条　犯本章各条之罪者，其鸦片、吗啡、高根、海洛因或其化合质料或种子或专供吸食鸦片之器具，不问属于犯人与否没收之。

第二十一章　赌　博　罪

第二百六十六条　在公共场所或公众得出入之场所赌博财物者，处一千元以下罚金。但以供人暂时娱乐之物为赌者不在此限。

当场赌博之器具与在赌台或兑换筹码处之财物，不问属于犯人与否没收之。

第二百六十七条　以赌博为常业者，处二年以下有期徒刑，得并科一千元以下罚金。

第二百六十八条　意图营利供给赌博场所或聚众赌博者，处三年以下有期徒刑，得并科三千元以下罚金。

第二百六十九条　意图营利办理有奖储蓄或未经政府允准而发行彩票者，处一年以下有期徒刑或拘役，得并科三千元以下罚金。

经营前项有奖储蓄或为买卖前项彩票之媒介者，处六月以下有期徒刑、拘役或科或并科一千元以下罚金。

第二百七十条　公务员包庇他人犯本章各条之罪者，依各该条之规定加重其刑至二分之一。

第二十二章　杀　人　罪

第二百七十一条　杀人者处死刑、无期徒刑或十年以上有期徒刑。

前项之未遂犯罚之。

预备犯第一项之罪者，处二年以下有期徒刑。

第二百七十二条　杀直系血亲尊亲属者，处死刑或无期徒刑。

前项之未遂犯罚之。

预备犯第一项之罪者，处三年以下有期徒刑。

第二百七十三条　当场激于义愤而杀人者，处七年以下有期徒刑。

前项之未遂犯罚之。

第二百七十四条　母于生产时或甫生产后杀其子女者，处六月以上五年以下有期徒刑。

前项之未遂犯罚之。

第二百七十五条　教唆或帮助他人使之自杀或受其嘱托或得其承诺而杀之者，处一年以上七年以下有期徒刑。

前项之未遂犯罚之。

谋为同死而犯第一项之罪者，得免除其刑。

第二百七十六条　因过失致人于死者，处二年以下有期徒刑、拘役或二千元以下罚金。

从事业务之人因业务上之过失犯前项之罪者，处五年以下有期徒刑或拘役，得并科三千元以下罚金。

第二十三章　伤　害　罪

第二百七十七条　伤害人之身体或健康者，处三年以下有期徒刑、拘役或一千元以下罚金。

犯前项之罪因而致人于死者，处无期徒刑或七年以上有期徒刑。致重伤者，处三年以上十年以下有期徒刑。

第二百七十八条　使人受重伤者，处五年以上十二年以下有期徒刑。

犯前项之罪因而致人于死者，处无期徒刑或七年以上有期徒刑。

第一项之未遂犯罚之。

第二百七十九条　当场激于义愤犯前二条之罪者，处二年以下有期徒刑、拘役或一千元以下罚金。但致人于死者，处五年以下有期徒刑。

第二百八十条　对于直系血亲尊亲属犯第二百七十七条或第二百七十八条之罪者，加重其刑至二分之一。

第二百八十一条　施强暴于直系血亲尊亲属未成伤者，处一年以下有期徒刑、拘役或五百元以下罚金。

第二百八十二条　教唆或帮助他人使之自伤或受其嘱托或得其承诺而伤害之成重伤者，处三年以下有期徒刑。因而致死者，处六月以上五年以下有期徒刑。

第二百八十三条　聚众斗殴致人于死或重伤者，在场助势而非出于正当防卫之人处三年以下有期徒刑，下手实施伤害者仍依伤害各条之规定处断。

第二百八十四条　因过失伤害人者，处六月以下有期徒刑、拘役或五百元以下罚金。致重伤者，处一年以下有期徒刑、拘役或五百元以下罚金。

从事业务之人因业务上之过失伤害人者，处一年以下有期徒刑、拘役或一千元以下罚金。致重伤者，处三年以下有期徒刑、拘役或二千元以下罚金。

第二百八十五条　明知自己有花柳病或麻疯，隐瞒而与他人为猥亵之行为或奸淫致传染于人者，处一年以下有期徒刑、拘役或五百元以下罚金。

第二百八十六条　对于未满十六岁之男女施以凌虐或以他法致妨害其身体之自然发育者，处五年以下有期徒刑、拘役或五百元以下罚金。

意图营利而犯前项之罪者，处五年以上有期徒刑，得并科一千元以下罚金。

第二百八十七条　第二百七十七条第一项、第二百八十一条、第二百八十四条及第二百八十五条之罪，须告诉乃论。但公务员于执行职务时犯第二百七十七条第一项之罪者不在此限。

第二十四章　堕　胎　罪

第二百八十八条　怀胎妇女服药或以他法堕胎者，处六月以下有期徒刑、拘役或一百元以下罚金。

怀胎妇女听从他人堕胎者亦同。

因疾病或其他防止生命上危险之必要而犯前二项之罪者，免除其刑。

第二百八十九条　受怀胎妇女之嘱托或得其承诺而使之堕胎者，处二年以下有期徒刑。

因而致妇女于死者，处六月以上五年以下有期徒刑。致重伤者，处三年以下有期徒刑。

第二百九十条　意图营利而犯前条第一项之罪者，处六月以上五年以下有期徒刑，得并科五百元以下罚金。

因而致妇女于死者，处三年以上十年以下有期徒刑，得并科五百元以下罚金。致重伤者，处一年以上七年以下有期徒刑，得并科五百元以下罚金。

第二百九十一条　未受怀胎妇女之嘱托或未得其承诺而使之堕胎者，处一年以上七年以下有期徒刑。

因而致妇女于死者，处无期徒刑或七年以上有期徒刑。致重伤者，处三年以上十年以下有期徒刑。

第一项之未遂犯罚之。

第二百九十二条　以文字、图画或他法公然介绍堕胎之方法或物品，或公然介绍自己或他人为堕胎之行为者，处一年以下有期徒刑、拘役或科或并科一千元以下罚金。

第二十五章　遗　弃　罪

第二百九十三条　遗弃无自救力之人者，处六月以下有期徒刑、拘役或一百元以下罚金。

因而致人于死者，处五年以下有期徒刑。致重伤者，处三年以下有期徒刑。

第二百九十四条　对于无自救力之人依法令或契约应扶助、养育或保护而遗弃之，或不为其生存所必要之扶助、养育或保护者，处六月以上五年以下有期徒刑。

因而致人于死者，处无期徒刑或七年以上有期徒刑。致重伤者，处三年以上十年以下有期徒刑。

第二百九十五条　对于直系血亲尊亲属犯前条之罪者，加重其刑至二分之一。

第二十六章　妨害自由罪

第二百九十六条　使人为奴隶或使人居于类似奴隶之不自由地位者，处一年以上七年以下有期徒刑。

前项之未遂犯罚之。

第二百九十七条　意图营利以诈术使人出中华民国领域外者，处三年以上十年以下有期徒刑，得并科三千元以下罚金。

以犯前项之罪为常业者，处五年以上有期徒刑，得并科五千元以下罚金。

第一项之未遂犯罚之。

第二百九十八条　意图使妇女与自己或他人结婚而略诱之者，处五年以下有期徒刑。

意图营利或意图使妇女为猥亵之行为或奸淫而略诱之者，处一年以上七年以下有期徒刑，得并科一千元以下罚金。

前二项之未遂犯罚之。

第二百九十九条　移送前条被略诱人出中华民国领域外者，处五年以上有期徒刑。

前项之未遂犯罚之。

第三百条　意图营利或意图使被略诱人为猥亵之行为或奸淫而收受藏匿被略诱人或使之隐避者，处六月以上五年以下有期徒刑，得并科五百元以下罚金。

前项之未遂犯罚之。

第三百零一条　犯第二百九十八条至第三百条罪于裁判宣告前送回被诱人或指明所在地因而寻获者，得减轻其刑。

第三百零二条　私行拘禁或以其他非法方法剥夺人之行动自由者，处五年以下有期徒刑、拘役或三百元以下罚金。

因而致人于死者，处无期徒刑或七年以上有期徒刑。致重伤者，处三年以上十年以下有期徒刑。

第一项之未遂犯罚之。

第三百零三条　对于直系血亲尊亲属犯前条第一项或第二项之罪者，加重其刑至二分之一。

第三百零四条　以强暴胁迫使人行无义务之事或妨害人行使权利者，处三年以下有期徒刑、拘役或三百元以下罚金。

前项之未遂犯罚之。

第三百零五条　以加害生命、身体、自由、名誉、财产之事恐吓他人，致生危害于安全者，处二年以下有期徒刑、拘役或三百元以下罚金。

第三百零六条　无故侵入他人住宅、建筑物或附连围绕之土地或船舰者，处一年以下有期徒刑、拘役或三百元以下罚金。

无故隐匿其内或受退去之要求而仍留滞者亦同。

第三百零七条　不依法令搜索他人身体、住宅、建筑物、舟车或航空机者，处二年以下有期徒刑、拘役或三百元以下罚金。

第三百零八条　第二百九十八条及第三百零六条之罪须告诉乃论。

第二百九十八条第一项之罪，其告诉以不违反被略诱人之意思为限。

第二十七章　妨害名誉及信用罪

第三百零九条　公然侮辱人者，处拘役或三百元以下罚金。

以强暴犯前项之罪者，处一年以下有期徒刑、拘役或五百元以下罚金。

第三百一十条　意图散布于众而指摘或传述足以毁损他人名誉之事者为诽谤罪，处一年以下有期徒刑、拘役或五百元以下罚金。

散布文字、图画犯前项之罪者，处二年以下有期徒刑、拘役或一千元以下罚金。

对于所诽谤之事能证明其为真实者不罚。但涉于私德而与公共利益无关者不在此限。

第三百一十一条　以善意发表言论而有左列情形之一者不罚。

一　因自卫、自辨或保护合法之利益者。

二　公务员因职务而报告者。

三　对于可受公评之事而为适当之评论者。

四　对于中央及地方之会议或法院或公众集会之记事而为适当之载述者。

第三百一十二条　对于已死之人公然侮辱者，处拘役或三百元以下罚金。

对于已死之人犯诽谤罪者，处一年以下有期徒刑、拘役或一千元以下罚金。

第三百一十三条　散布流言或以诈术损害他人之信用者，处二年以下有期徒刑、拘役或科或并科一千元以下罚金。

第三百一十四条　本章之罪须告诉乃论。

第二十八章　妨害秘密罪

第三百一十五条　无故开拆或隐匿他人之封缄信函或其他封缄文书者，处拘役或三百元以下罚金。

第三百一十六条　医师、药师、药商、助产士、宗教师、律师、辩护人、公证人、会计师或其业务上佐理人或曾任此等职务之人，无故泄漏因业务知悉或持有他人之秘密者，处一年以下有期徒刑、拘役或五百元以下罚金。

第三百一十七条　依法令或契约有守因业务知悉或持有工商秘密之义务而无故泄漏之者，处一年以下有期徒刑、拘役或一千元以下罚金。

第三百一十八条　公务员或曾任公务员之人无故泄漏因职务知悉或持有他人之工商秘密者，处二年以下有期徒刑、拘役或二千元以下罚金。

第三百一十九条　本章之罪须告诉乃论。

第二十九章　窃　盗　罪

第三百二十条　意图为自己或第三人不法之所有而窃取他人之动产者为窃盗罪，处五年以下有期徒刑、拘役或五百元以下罚金。

意图为自己或第三人不法之利益而窃占他人之不动产者，依前项之规定处断。

前二项之未遂犯罚之。

第三百二十一条　犯窃盗罪而有左列情形之一者，处六月以上五年以下有期徒刑。

一　于夜间侵入住宅或有人居住之建筑物、船舰或隐匿其内而犯之者。

二　毁越门扇、墙垣或其他安全设备而犯之者。

三　携带凶器而犯之者。

四　结伙三人以上而犯之者。

五　乘火灾、水灾或其他灾害之际而犯之者。

六　在车站或埠头而犯之者。

前项之未遂犯罚之。

第三百二十二条　以犯窃盗罪为常业者，处一年以上七年以下有期徒刑。

第三百二十三条　电气关于本章之罪以动产论。

第三百二十四条　于直系血亲配偶或同财共居亲属之间犯本章之罪者，得免除其刑。

前项亲属或其他五亲等内血亲或三亲等内姻亲之间犯本章之罪者，须告诉乃论。

第三十章　抢夺强盗及海盗罪

第三百二十五条　意图为自己或第三人不法之所有而抢夺他人之动产者，处六月以上五年以下有期徒刑。

因而致人于死者，处无期徒刑或七年以上有期徒刑。致重伤者，处三年以上十年以下有期徒刑。

第一项之未遂犯罚之。

第三百二十六条　犯前条第一项之罪而有第三百二十一条第一项各款情形之一者，处一年以上七年以下有期徒刑。

前项之未遂犯罚之。

第三百二十七条　以犯第三百二十五条第一项之罪为常业者，处三年以上十年以下有期徒刑。

第三百二十八条　意图为自己或第三人不法之所有，以强暴、胁迫、药剂、催眠术或他法至使不能抗拒而取他人之物或使其交付者为强盗罪，处三年以上十年以下有期徒刑。

以前项方法得财产上不法之利益或使第三人得之者亦同。

犯强盗罪因而致人于死者，处死刑或无期徒刑。致重伤者，处无期徒刑或七年以上有期徒刑。

第一项及第二项之未遂犯罚之。

预备犯强盗罪者，处一年以下有期徒刑、拘役或三百元以下罚金。

第三百二十九条　窃盗或抢夺因防护赃物、脱免逮捕或湮灭罪证而当场施以强暴、胁迫者以强盗论。

第三百三十条　犯强盗罪而有第三百二十一条第一项各款情形之一者，处五年以上十二年以下有期徒刑。

前项之未遂犯罚之。

第三百三十一条　以犯强盗罪为常业者，处七年以上有期徒刑。

第三百三十二条　犯强盗罪而有左列行为之一者，处死刑或无期徒刑。

一　放火者。

二　强奸者。

三　掳人勒赎者。

四　故意杀人者。

第三百三十三条　未受交战国之允准或不属于各国之海军而驾驶船舰意图施强暴胁迫于他船或他船之人或物者为海盗罪，处死刑、无期徒刑或七年以上有期徒刑。船员或乘客意图掠夺财物施强暴胁迫于其他船员或乘客而驾驶或指挥船舰者以海盗论。

因而致人于死者，处死刑。致重伤者，处死刑或无期徒刑。

第三百三十四条　犯海盗罪而有左列行为之一者，处死刑。

一　放火者。

二　强奸者。

三　掳人勒赎者。

四　故意杀人者。

第三十一章　侵　占　罪

第三百三十五条　意图为自己或第三人不法之所有而侵占、自己持有他人之物者，处五年以下有期徒刑、拘役或科或并科一千元以下罚金。

前项之未遂犯罚之。

第三百三十六条　对于公务上或因公益所持有之物犯前条第

一项之罪者，处一年以上七年以下有期徒刑，得并科五千元以下罚金。

对于业务上所持有之物犯前条第一项之罪者，处六月以上五年以下有期徒刑，得并科三千元以下罚金。

前二项之未遂犯罚之。

第三百三十七条　意图为自己或第三人不法之所有而侵占遗失物、漂流物或其他离本人所持有之物者，处五百元以下罚金。

第三百三十八条　第三百二十三条及第三百二十四条之规定于本章之罪准用之。

第三十二章　诈欺背信及重利罪

第三百三十九条　意图为自己或第三人不法之所有，以诈术使人将本人或第三人之物交付者，处五年以下有期徒刑、拘役，或科或并科一千元以下罚金。

以前项方法得财产上不法之利益或使第三人得之者亦同。

第三百四十条　以犯前条之罪为常业者，处一年以上七年以下有期徒刑，得并科五千元以下罚金。

第三百四十一条　意图为自己或第三人不法之所有，乘未满二十岁人之知虑浅薄，或乘人之精神耗弱，使之将本人或第三人之物交付者，处五年以下有期徒刑、拘役，或科或并科一千元以下罚金。

以前项方法得财产上不法之利益或使第三人得之者亦同。

前二项之未遂犯罚之。

第三百四十二条　为他人处理事务意图为自己或第三人不法之利益，或损害本人之利益而为违背其任务之行为，致生损害于本人之财产或其他利益者，处五年以下有期徒刑、拘役，或科或并科一千元以下罚金。

前项之未遂犯罚之。

第三百四十三条　第三百二十三条及第三百二十四条之规定

于前四条之罪准用之。

第三百四十四条　乘他人急迫轻率或无经验贷以金钱或其他物品而取得与原本显不相当之重利者，处一年以下有期徒刑、拘役，或科或并科一千元以下罚金。

第三百四十五条　以犯前条之罪为常业者，处五年以下有期徒刑，得并科三千元以下罚金。

第三十三章　恐吓及掳人勒赎罪

第三百四十六条　意图为自己或第三人不法之所有，以恐吓使人将本人或第三人之物交付者，处六月以上五年以下有期徒刑，得并科一千元以下罚金。

以前项方法得财产上不法之利益或使第三人得之者亦同。

前二项之未遂犯罚之。

第三百四十七条　意图勒赎而掳人者，处死刑或无期徒刑或七年以上有期徒刑。

因而致人于死或重伤者，处死刑或无期徒刑。

第一项之未遂犯罚之。

预备犯第一项之罪者，处二年以下有期徒刑。

犯第一项之罪未经取赎而释放被害人者，得减轻其刑。

第三百四十八条　犯前条第一项之罪而故意杀被害人者处死刑。

犯前条第一项之罪而强奸被害人者，处死刑或无期徒刑。

第三十四章　赃　物　罪

第三百四十九条　收受赃物者，处三年以下有期徒刑、拘役或五百元以下罚金。

搬运、寄藏、故买赃物或为牙保者，处五年以下有期徒刑、拘役或科或并科一千元以下罚金。

因赃物变得之财物以赃物论。

第三百五十条　以犯前条之罪为常业者，处六月以上五年以下有期徒刑，得并科三千元以下罚金。

第三百五十一条　于直系血亲配偶或同财共居亲属之间犯本章之罪者，得免除其刑。

第三十五章　毁弃损坏罪

第三百五十二条　毁弃损坏他人文书或致令不堪用，足以生损害于公众或他人者，处三年以下有期徒刑、拘役或五百元以下罚金。

第三百五十三条　毁坏他人建筑物、矿坑、船舰或致令不堪用者，处六月以上五年以下有期徒刑。

因而致人于死者，处无期徒刑或七年以上有期徒刑。致重伤者，处三年以上十年以下有期徒刑。

第一项之未遂犯罚之。

第三百五十四条　毁弃损坏前二条以外之他人之物或致令不堪用，足以生损害于公众或他人者，处二年以下有期徒刑、拘役或五百元以下罚金。

第三百五十五条　意图损害他人以诈术使本人或第三人为财产上之处分，致生财产上之损害者，处三年以下有期徒刑、拘役或五百元以下罚金。

第三百五十六条　债务人于将受强制执行之际，意图损害债权人之债权而毁坏处分或隐匿其财产者，处二年以下有期徒刑、拘役或五百元以下罚金。

第三百五十七条　第三百五十二条、第三百五十四条至第三百五十六条之罪须告诉乃论。

〔国民政府立法院档案〕

中華民國史檔案資料滙編

第五輯 第一編

政治（三）

中國第二歷史檔案館編

鳳凰出版傳媒集團 鳳凰出版社

目　录

〔四〕国民党的“民众运动”与工农学各界的斗争

（一）国民党的“民运”概况

一、国民党的民众团体组织原则与训练方案

1．国民党中央民众训练部制定之民众团体组织原则及系统
（1928年10月）…………（1）

2．国民党中央民众训练计划大纲
（1928年7月9日）…………（10）

3．国民党中央民众训练部拟订民众团体三民主义训练纲要
（1928年10月）…………（21）

4．国民政府检送训政时期民众训练方案的训令
（1930年8月5日）…………（42）

5．国民党省市党部指导民众运动工作纲要
（1932年9月8日）…………（45）

6．国民党中央秘书处检送修正指导民众运动方案函
（1933年2月2日）…………（47）

二、国民党民众训练实施概况

1．全国人民团体会员人数统计表
（1931年9月15日）…………（51）

2．国民党陆军第八十三师党部办理江西宁都县公民训练的有关文件

(1935年10月—1936年1月) ……………………………… (52)
3. 国民党甘肃省党部民众训练工作实施方案
(1936年8月15日) ……………………………… (58)
4. 国民党四川省党部办理民众训练与地方军阀发生矛盾的有关文件
(1936年11月) ……………………………… (61)
5. 国民党中央民众训练部工作报告(战前部分)
(1938年3月) ……………………………… (66)
6. 国民党中央民众运动史概略
(1938年) ……………………………… (84)

(二)国民党防范工人罢工的措施与各地罢工概况

一、国民党的工会组织法与训练纲要
1. 工会组织暂行条例
(1928年7月9日) ……………………………… (89)
2. 特种工会组织条例
(1928年7月26日) ……………………………… (93)
3. 工会法
(1929年10月21日) ……………………………… (95)
4. 国民党中央民众训练部订定之工人训练暂行纲领
(1931年1月7日) ……………………………… (103)
5. 国民党中央民众训练部订定之工人运动实施纲要
(1933年) ……………………………… (108)
二、工人团体组织概况
1. 工商部调查各类工会与会员人数统计表
(1930年) ……………………………… (114)
2. 国民党中央民众训练部报告全国工人团体组织概况
(1932年) ……………………………… (118)
3. 国民党中央民众训练部民国二十二年普通工会状况

调查统计资料
（1933年）……………………………………………………（122）
三、劳资关系法与劳资纠纷
1．国民党南京市党部与市仲裁委员会为请核定劳资争议仲裁条例致国民政府呈
（1927年6月14日）……………………………………………（129）
2．行政院关于试行《劳资争议重要事项处理标准》致上海特别市政府指令
（1929年12月30日）……………………………………………（131）
3．行政院饬办上海市劳资纠纷歇业停业等案训令
（1930年2月12日）……………………………………………（134）
4．团体协约法
（1930年10月28日）……………………………………………（142）
5．修正劳资争议处理法
（1932年9月27日）……………………………………………（147）
6．民国二十二年一至月六月上海市罢工停业案件统计表
（1933年8月）……………………………………………………（154）
7．国民党中央训练部工人科对全国劳资纠纷案件之分析与统计
（1933年12月25日）……………………………………………（162）
8．国民政府颁发最低工资法训令
（1936年12月23日）……………………………………………（167）
四、各地工人罢工概况
（1）上海市
1．国民党中央委员会禁止工人罢工的“告诫书”
（1928年10月）…………………………………………………（170）
2．上海市总商会请迅派军警镇压南洋烟草公司工人失业团电
（1929年1月9日）………………………………………………（177）

3．南洋烟厂全体工人失业团要求查办南洋烟公司非法停厂摧残劳工致国民党中央党部呈
(1930年5月16日) ……………………………………………… (179)
4．国民党中央组织部转报上海市公安局镇压汽车电车工人罢工经过情形函
(1930年5月29日) ……………………………………………… (185)
5．熊式辉抄报上海公共租界汽车及电车工人罢工情形致国民党中央执行委员会呈
(1930年) ……………………………………………………… (187)
6．俞飞鹏转报吴淞铁路工人秘密集会情形致蒋介石呈
(1929年3月16日) ……………………………………………… (193)
7．国民党中央民众训练部关于严密防范上海地下党发动工人罢工的密函
(1930年8月21日) ……………………………………………… (195)
8．行政院抄送上海市政府关于在工界代表会议期间严防共产党领导海员工会举行罢工请愿的密函
(1932年1月21日) ……………………………………………… (196)
9．国民党中央民众训练部干事朱震生关于共产党领导上海英美烟厂工人罢工斗争的报告
(1932年5月18日) ……………………………………………… (197)
10．行政院秘书处检送上海人力车工人要求减租反对剥削压迫的笺函
(1932年10月11日) ……………………………………………… (199)
11．行政院秘书处检送上海大中橡胶厂工人抗议资本家迫害工友致上海市政府笺函
(1933年6月9日) ……………………………………………… (204)
12．国民党中央民众训练部干事朱震生调查共产党领导电力公司及丝织厂工人罢工斗争的报告
(1933年7月) ………………………………………………… (206)

13. 国民党中央民众训练部调查员姜豪关于共产党领导上海工运动态的报告
(1933年—1934年) ……………………………………………… (212)
14. 国民党中央民众训练部干事朱震生调查上海共产党领导工人开展反蒋爱国斗争情况的报告
(1933年5月28日) ……………………………………………… (224)
15. 吴铁城报告上海丝厂女工罢工反对延长工作时间经过情形致行政院呈
(1933年10月1日) ……………………………………………… (232)
16. 行政院与上海市政府等单位协调解决英商大英烟草公司工人罢工斗争经过往来文电
(1934年5—7月) ……………………………………………… (233)
17. 上海日资纱厂工人联合罢工要求增加工资情形的资料
(1936年11月) ……………………………………………… (241)
18. 上海丝织业工人罢工要求改善待遇的有关文件与资料
(1937年3—4月) ……………………………………………… (244)
19. 上海第四区丝织业工人罢工反对巡捕房搜查并逮捕工友有关文件
(1937年6月) ……………………………………………… (258)
20. 上海美亚织绸厂工人罢工反对资方无故开除工友有关文件
(1937年6月) ……………………………………………… (263)
(2)各省
1. 国民党江苏省党部关于停止民运活动解散工农团体并拘押工运人员等问题呈
(1927年12月—1928年5月 ……………………………………… (269)

2．江苏省镇江缫丝业工会控诉勤益丝厂资方违背劳资协约激起工潮呈
（1929年11月）……（274）
3．南京特别市市长刘纪文关于镇压南京英商和记洋行工人罢工要求改善待遇经过致行政院呈
（1930年4月7日）……（278）
4．江苏省实业厅长何玉书报告无锡丝厂工人要求改善待遇开展罢工斗争经过情形呈
（1932年10月22日）……（286）
5．南通大生第一纺织厂工人反对资方开除工友与强迫制服剪发遭军警屠杀案有关文件
（1933年5月）……（289）
6．实业部与江苏省建设厅关于无锡庆丰纱厂工人罢工经过的往来电
（1934年4月）……（298）
7．实业部与江苏省政府关于镇压无锡丝厂工人罢工斗争往来文件
（1936年7－8月）……（299）
8．实业部关于无锡振新纺织公司电请镇压工人罢工要求改善待遇案的训令
（1935年9月19日）……（302）
9．国民党中央民众训练委员会策划破坏中共河南省工运计划的密函
（1928年11月19日）……（313）
10．国民党河南省党部报告英商福公司枪杀罢工工人案经过致中央民运会公函
（1932年6月17日）……（321）
11．行政院与河南省主席刘峙等关于镇压六河沟煤矿工人罢工斗争情况的往来文电

(1932年7—9月)……………………………………(325)

12. 河南省政府转报豫丰纱厂工人罢工反对停工减员斗争经过致实业部咨
(1933年12月31日)……………………………………(330)

13. 六河沟煤矿工会理事张霖抄报中共直南特委为“九一八”事变三周年纪念告磁县工友书呈
(1934年9月10日)……………………………………(343)

14. 六河沟煤矿工人反对资方裁工减员斗争的有关文件
(1935年10月—1936年1月)……………………………(346)

15. 国民党中央民众训练部关于处理青岛市日资各厂工人罢工斗争有关文电
(1929年8月—1930年5月)……………………………(362)

16. 国民党中央停止青岛市工运活动的文件
(1930年4—5月)……………………………………(378)

17. 国民党青岛市党部训练部长吴任沧关于该市人力车工人罢工要求减租呈
(1929年12月28日)……………………………………(380)

18. 国民党山东省党部训练部转报桓台张店日商铃木丝厂工人罢工情形致中央训练部呈
(1930年1月9日)……………………………………(382)

19. 国民党青岛市训练部长吴任沧报告大英烟公司南北厂工人罢工要求改善待遇致中央训练部呈
(1930年4月21日)……………………………………(385)

20. 国民党青岛市党部常委方治等报告该市日资大康纱厂工人罢工经过致中央训练部呈
(1930年10月22日)……………………………………(389)

21. 国民党中央民众训练部张翰猷等调查青岛工运情况总报告书
(1932年5月20日)……………………………………(392)

22. 行政院关于防止淄博煤矿工人罢工问题致实业部密令
(1933年4月25日) ………………………………………………… (400)
23. 国民党山东省党部抄送鲁大公司淄川煤矿崩溃淹毙工人惨案经过致中央训练部公函
(1935年5月31日) ………………………………………………… (402)
24. 天津市长崔廷献报告该市比商电车电灯公司工人罢工要求改善待遇经过的文电
(1929年6月) ………………………………………………… (407)
25. 国民党中央民运会与河北省实业厅等单位关于处理开滦六矿工人罢工要求改善待遇情形的往来文电
(1931年6月—1933年1月) ………………………………… (410)
26. 河北省实业厅长何玉芳报告镇压唐山华新纱厂工人罢工经过致实业部呈
(1932年7月18日) ………………………………………………… (416)
27. 行政院关于严防共产党在平汉路石家庄各厂进行活动致实业部训令
(1932年10月5日) ………………………………………………… (419)
28. 河北省石门大兴纱厂工人罢工经过情形有关文件
(1933年2—4月) ………………………………………………… (421)
29. 河北省开滦马家沟矿区军警残酷镇压罢工矿工经过的有关文件
(1934年1—4月) ………………………………………………… (445)
30. 天津日商内外化学肥料公司工人罢工要求改善待遇与日方要求赔偿营业损失案的文电
(1935年11月) ………………………………………………… (451)
31. 阎锡山关于制止北平市工会活动并解散其组织电
(1928年6月30日) ………………………………………………… (454)
32. 一九二七年七月武汉地区红色工会组织概况
(1930年) ………………………………………………… (455)

33. 鲁涤平、何键报告查封安源矿区共产党工运机关并捕获人员情形呈
(1928年9月3日) …………………………………………… (463)
34. 行政院抄发浙江省检获之中共红五月工作计划致实业部密令
(1932年5月2日) …………………………………………… (465)
35. 彭昭贤为防止汉口申新四厂焚后发生工运请国民党中执会转饬总厂救济呈
(1933年4月8日) …………………………………………… (469)
(三)国民党防范农民抗租抗捐斗争的措施与各地农民的反抗斗争
一、国民党的农会法与组织概况
1. 农民协会组织条例
(1928年7月26日) …………………………………………… (473)
2. 农会法
(1930年12月30日) …………………………………………… (477)
3. 农会法施行法
(1931年1月31日) …………………………………………… (482)
4. 国民党中央民众训练部制定之农民运动方案
(1930年1月27日) …………………………………………… (483)
5. 国民党中央民众训练部制定之农人训练暂行纲领
(1932年6月11日) …………………………………………… (488)
6. 国民党中央民众训练部制定之农人运动指导纲领
(1933年7月6日) …………………………………………… (492)
7. 国民党中央民众训练部调查各省市农会及会员数目统计表
(1935年3月) …………………………………………… (496)
二、各地的农民的抗租抗捐斗争

（1）浙江省
1．浙江省政府抄送绍兴耆民呈请查禁农会唆使佃农抗租致国府秘书处公函
（1927年12月21日）……………………………………………（498）
2．浙江省余姚县回龙乡与甘孟寨乡等地农民协会控诉业主私造大斛强逼地租的代电
（1930年8—9月）……………………………………………（501）
3．国民政府文官处检送浙江瑞安郭弼等要求取消二五减租以歇佃业纠纷函
（1930年2月26日）……………………………………………（503）
4．国民政府文官处抄送松阳县潘宗传等呈控县仲裁会煽动农民抗租案致浙江省政府公函
（1930年9月5日）……………………………………………（508）
5．国民党浙江省党部关于镇压慈溪县三北农民反对防止花会入境暴动经过呈
（1933年4月8日）……………………………………………（512）
6．浙江省党部关于萧山、余杭、临安三县农民暴动反抗强迫改良蚕种经过呈
（1933年8月31日）……………………………………………（514）
7．蒋介石饬解散浙江平阳县农会并拿办为首分子有关令文
（1934年3—12月）……………………………………………（524）
8．浙江税警镇压定海岱山渔盐民反对强制食盐归堆暴动情形有关文件资料
（1936年7—8月）……………………………………………（533）
9．浙江省党部报告镇压余姚县农民暴动反对测丈田亩迫收地价经过呈
（1935年8月14日）……………………………………………（548）
（2）江苏省

1．国民政府文官处与江苏省政府关于镇压吴县、吴江常熟、昆山等县农民联合抗租斗争往来函
（1930年1月）……（552）
2．江苏省长顾祝同镇压江都东乡农民抗清查田赋暴动经过有关文件
（1932年10月）……（555）
3．国民党江苏省党部关于南通平湖保卫团屠杀抗捐农民激成暴动经过呈
（1933年3月24日）……（568）
4．江苏省保安队屠杀扬中县农民抗苛捐杂税暴动经过有关文件
（1933年10—12月）……（572）
5．国民党中央秘书处为转饬拿办江苏武进天宁寺农民抗租抗暴运动领导人员的公函
（1929年11月7日）……（578）
6．苏州各乡农民抗租运动有关文件资料
（1936年6—7月）……（579）
（3）其他
1．国民党中央民运会黄君禹调查宿县、灵璧县农民武装抗捐抗暴斗争经过有关文件
（1932年8—11月）……（584）
2．何源湛关于北平市农会概况与郊农负担苛捐杂税情况的调查报告
（1933年3月—1934年4月）……（624）

〔四〕国民党的“民众运动”与工农学各界的斗争

（一）国民党的“民运”概况

一、国民党的民众团体组织原则与训练方案

1.国民党中央民众训练部制定之民众团体组织原则及系统

（1928年10月）

（一）序言

自中央第二届执行委员会第四次全体会议举行以后，过去因共产党操纵利用而陷于破碎分裂和停顿的民众组织，已达于整理和改组各民众团体的时候，本党过去所定民众组织的原则及系统，应否改变，实成一大问题。而致疑于民众团体应否整理及应否存在者，亦复不少。

过去民众运动有种种的错误，这不待言。要纠正过去的错误，应当从确立民众运动方针着手。民众团体本来是民众一方面为维护其特殊利益，实现其特殊要求所组织，同时又为谋民族的国家的共同利益而组织的。在为民众而革命的本党之下，决不应使之停顿或令其消灭。且在帝国主义的势力尚存于国内的今日，民众痛苦还没有解除，民众幸福还没有享受，即欲使民众解除痛苦，实现利益的组织终归停顿，或竟至消灭，亦不可能。

况本党统一中国以后，所需于民众团体者正多。民众团体本

有两种的使命，其一为破坏的，其二为建设的。在军政时期，民众团体的使命在向军阀政府及反动势力作政治的斗争。训政时期开始以后，民众已有了组织的自由，和参与政治的地位，已可以向革命政府提出其要求使订定于国法，其使命便一变而为发展产业及提高文化，并协助国民政府整个的计划和一致的步骤之下，从事于革命的建设。至于民族运动，则无论在何种时期，应集中力量向帝国主义在华势力作破坏的工作。由此可知民众运动的方针，应随革命的进展而变更，固不应鉴于军政时期破坏运动的不足取法，遂以为训政时期建设运动便为非所必须。

民众运动既为本党今后所必需，民众组织自应为本党今后所重视。所以本党今日急当注意的，是民众运动方针如何确立的问题，并不是民众组织应否存在的问题。民众运动的方针一旦确立，则本党便可领导着民众团体走上革命的建设之路。

民众组织必须存在，并应扩大，已如上述。所当研究的只有民众团体应取如何组织的原则及组织系统的问题。要解决这个问题，须先知党对民众团体的领导作用的重大。

民众团体是民众为维护特殊利益或实现特殊要求而组织的。代表民众的本党应观察其要求而于不违反社会进化及不妨害民众利益的限度以内，发展其组织，保障其利益，并确定其在国民革命中的义务和职权，才能够尽领导民众的责任，而与总理所说“三民主义是为人民而设的”一语相符。而且是在帝国主义侵略之下的中国民众除各有其特殊利益与特殊要求而外，更有共同的利益及共同的要求。这个共同利益共同要求，便是消灭帝国主义在中国的势力，而发展产业。产业发展，民众生活才有改善之可能。本党所领导的国民革命，便是根据中国民众这种共同利益与共同要求而发生。中国各阶级民众亦便在这共同利益共同要求之下树立其联合战线并集中其革命的力量。党的领导作用，果能使各阶级民众本于共同利益与共同要求而达到打倒帝国主义发展产业改良生活的目的。则各阶级民众在党的领导之下决不致流于阶级斗争，以破坏其联合战线并分散其革命力量。

由此可知：过去民众运动的错误，其原因在于共产党的领导错误，决不是在民众团体组织原则及组织系统。民众团体的组织原则、组织系统与民众运动的阶级斗争的方式，并没有必然的因果关系。

（二）民众组织的一般原则

依上述的理论，便可知在社会上利益不同，而在国民革命中义务各异的民众应当各别组织，否则集利益相冲突义务不一致的民众于同一团体以内，其弊害有二：（一）为强者压服弱者，致有违本党解放痛苦民众的本旨，（二）为双方不断冲突，致团体终于分裂或竟至销沉。如果各别组织在各级民众共同利益及共同要求之下，由党领导他们向同一目的前进，则断没有发生上述的危险，所以民众团体的第一个组织原则是：凡利益不同而义务各异的民众应使其分别组织。根据这样组织原则而组织的民众团体，党对于他们的关系怎样呢？党既是代表民众领导民众的，则党对于民众团体是领导的关系，不是命令的关系。以党治国，是以党透过政府而实施政策，并不是党直接去命令民众或统治民众。所以党对民众团体，不是上级管理的关系，乃是骨干核心的关系。因此为求民众力量集中为使民众团体健全计，为求党便于领导计，民众团体的第二个组织原则是：民众团体应各保其完整一贯的系统。

训政时期开始后，民众团体除向帝国主义在中国的势力仍取破坏的态度外，其使命应趋重于建设工作，团体内部自不能不设担负建设事业的机关，所以民众团体的第三个组织原则是：民众团体应加设或改设担负建设工作的机关。

（三）民众团体组织的条件及本党的领导方法

民众团体的使命，在今后为发展产业及提高文化，树立民生主义经济的基础，凡民众团体之本于地方思想或封建关系而组织，且其发展有妨害社会进化者，应予禁止。所以民众团体组织的第一个条件是妨害社会进化的民众团体，应由政府加以法律制裁或禁止之，而党不加以扶助。

以经济利益为基础的民众团体，无论是在军政时期的破坏工作上或是在训政时期的建设工作上，皆应为本党所扶助，但是本党所领导的国民革命以解放被压迫民众为目的而从民众运动的本质上说，民众必须受了压迫，才有组织和运动，以维护其利益，并伸张其要求，且始能与一般革命民众，共达到国民革命的目的。至于压迫民众的人们，在国民革命过程中，为反革命，在社会势力关系上为优越者，党无须去领导他们。所以民众团体组织的第二个条件是非被压迫民众的组织，除妨害革命或社会利益者，应有政府禁止外，当受法律的管理，而党不加以扶助。

党对民众团体的领导，应以何种方法实施，这个问题要看民众团体和党发生发达的情况如何，才可能解决，如欧洲拉丁诸国，社会党与民众团体并立，而互不相关，有时虽相与联络，也不过取对等合作的方式，如英国工党，则为民众所创设，故有使民众团体整个的入党做党员的方式。至于中国民众团体还是在幼稚时期，不独要党来领导并且要党来组织。党当然成了民众团体的核心。复次，共产党对于民众团体，是指挥党员在民众团体中间去活动，本党也必用同一方式，才可以从民众团体中把他们排斥肃清，所以民众团体组织的第三个条件是本党用党团的方式，领导民众团体，故应指挥民众团体中党员充分活动以引导民众入于三民主义之下。

（四）农民团体的组织原则及系统

（甲）原则

共产党操纵民众运动的错误，要以农民运动为最甚，他于农运方面的错误，约可分为五项，（1）利用阶级斗争的方法，想使中国农村形成经济的分化；（2）以佃农为农协之主要成分，而实权又操之于无业的农民；（3）以农协的独裁，代替了绅士的独裁，结果造成新土劣阶级；（4）不注意生产的奖励；（5）不完成自治的机关。此五项错误中（1）、（3）两项乃是应用农民组织的错误，不是农协组织上的错误，（4）、（5）两项，只是没有负起农协应负的责任，也不是组织上的错误，所以关于组织上的错误只有第二项，其错误点是不知农民中之主要成分非佃农而为自耕农，所以今后组织农协应守的原则，当为下列数项：

A．农民协会之所谓农民，究指农村中什么分子，在这些分子中间，究以何者为主要，总理在他所审定的农民协会章程中，已很显明的告诉我们了，这章程第一条规定，“本章程中所称为农民者如左，自耕农半自耕农佃农雇农农村中之手工业及在农村中为体力的劳动者”，此种规定，非常合理，且在此条中之先后次序，亦可看出何者为主要成分，因农民运动之终极目的，在“耕者有其田”而现在有其田的耕者，就是自耕农，且那些大小地主及半自耕农佃农长工等，在本党的主义上，将来都要使他们变为自耕农的，故农协的组织，当以自耕农为中心。

B．过去农民协会章程中规定百亩以上的地主不得加入农协，在事实上经验上，这个规定实有弊端，本来地主所享有的土地，应由国民政府依平均地权的办法，颁布法律，以为限制，百亩以上土地既不没收，便不应把百亩以上的地主和百亩以下的地主加以分别，使百亩以下的地主得享受农协的保护，而百亩以上的地主则委为攻击的目标，今后的农协应为从事农业劳动的农民集团，无论所享有的土地若干，只要本人从事于农业劳动便得加入农协，如不从事于农业劳动便不得称做农民加入农协，凡不从事农业劳动的地主在土地法佃农保护法上得主张其权利而受法律的保护，凡从事农业劳动的农民，在法律上得主张权利，并受党的扶助和发展。

C. 过去农协内部的组织，除宣传组织各部外，关于自治、训练等事项，多附属于各部内，今日中国已入于训政时期，此等事项乃系急图，应另设部处理，至农业之改良，以前视为专门事务，多置而不顾，此后亦应特设一部从事实际工作。

D. 过去农协所以渐成新土劣者，全因其纪律裁判委员会之组织，并乱使职权，此制万不可再用，如遇有纷争事项，应由另设之仲裁部处理之。

（乙）组织系统

（五）工人组织的原则及系统

（甲）原则

中国工会的组织系统自始即以产业别为主，职业别副之，共产党要以无产阶级为其夺取政权的基本部队，自然要力求其组织系统的产业化，以增加其作战的能力。自本党清党以后，此种产业别的组织，便受一部份人的怀疑，其意以为本党既反对阶级斗争，而巩固各阶级的联合战线，工会组织如再以产业别为根基，是直促进阶级斗争。此类思想的大病，是在失于深察。因为工会组织的系统，以产业别为主，不惟于组织上感觉许多方便，并且于实现三民主义上，亦系必要途径。盖工人的痛苦，固有受之于本国资产阶级者，然比较起来总算很少，而使工人最感受痛苦的，则为帝国主义的经济侵略和军阀贪官污吏及买办阶级的压迫。欲使工人得着经济的解放，必须让同业的工人首先团结一起共图技术的改进，产业的发达，然后事方有济，所以工会组织系统的产业化虽共产党视为利器，但今后决不能因之而舍实现民生主义的必要途径。况且本党若认真的领导着，决没有阶级斗争的危险发生，从此可知工会的组织原则中成为问题的，并不在组织之应否产业别，其间问题尚在以下数项：

A. 工会中之份子问题，在过去工会受共产党把持的时候，除产业工人而外，他们把店员学徒及城市的手工业工人，都划入工会组织的范围，于是便造成各地农工商联合战线的破裂，到处使工人与商人两败俱伤，使工商业完全停顿，结果店员失业，店铺倒闭，其实店员的性质，不尽同于工人，他们可说是无产阶级与资产阶级中间的阶级，他们的待遇，是比工人优厚，他们的生活，是比工人快活，况店员和店东的关系，决不象厂主和工人的关系那样单纯，那样无情，其中还有人与人的关系，故店员决不能划入工会的组织范围，城市手工业者，其中亦有作工而兼营商者，其工厂即其店铺，其产品即其商品，此种手工业工人，如强令其与产业工人同一组织，其中必发生许多纠纷，至学徒非若工人之出力以要求金钱的报酬，乃自愿屈身以学艺，性质既若斯不相同，自不能强令其同一组织。以上三者，均不能加入工会。

B．地方主义和行会问题，这个问题，在工人组织中最关重要，中国工人因产业的落后，交通的梗塞，乡土观念深入工人的脑海中，故工人原始的组织，无处不充满着地方观念，有以省别的如什么广帮苏帮之类，有以县别的，如汉口帮襄阳帮之类，甚而同属一县尚有畛域之分，这样的组织，完全是向内的斗争，如以此种团体与帝国主义军阀奋斗，那里还有力量，故除另以法律取缔外，党部宜担起训练的责任使彼等觉悟，销灭这种有害无利的组织。至于行会，也是要不得的，现在手工业工会，仍未能脱行会的色彩，即产业工人也受了行会的深刻影响，象广东工人常常在业内互相斗争，在业外互相倾轧，都是行会的恶作剧，所以这种向内斗争的组织，以后在工会中，务须设法铲除。

C．中国革命亦渐入训政时期，故关于训练的，文化的，合作主义的组织，应在工会组织系统内设法创立，期其自谋解决己身之痛苦及增己身之技能与知识。

（乙）组织系统

（六）商人组织的原则及系统

（甲）原则

商民组织原则中最有问题的是下面二点：

（一）商会与商民协会应否并存及分立的问题；

（二）商民协会的成分问题。

（一）商民协会和商会之所以不同者，在前者以中小商人为重心，后者以大商人为重心，大商人和中小商人的分别，并不是社会阶级的不同，而是营业范围大小的差别，但是商人组织的重心在中小商人抑或在大商人，这是国民革命的基本力量的构成上的一大问题，商人组织如操持于商人，那末商人组织和农工组织便立在对立的地位易起冲突，这实在有碍于国民革命战线上农工商的联合，反之则农工商各民众团体便可以构成统一的力量。

在政府法律上，大商人的资产，仍在保护之中，只不过在节制资本的办法之下受有限制，且在发展商业，尤其是发展国际贸易上于国家资本还没有充分建设以前，必须使大商人集中力量以从事。

但在党的政策上，商人组织，应置重心于中小商人而卖办及勾结帝国主义的商人，自不能加入商协，即大厂主及雇用多数店员并运用资本在若干以上的商业主亦以不应入会为原则，但在大工商业区仍有保护个人资本以发展工商业及国际贸易之必要。

要解决这个矛盾的问题，须先认识大商人在法律上的地位，和中小商人在革命中的地位，二者有分别观察的可能，前者为本党经济政策之所在，后者为本党革命力量之所存，依这个观察，定商人组织的方案如下：

1．商民协会以中小商为会员，商民协会受党的领导；

2．在大工商业区，商民协会内各业会员，得发起各业公会，各业大工商业者得加入之；

3．各业公会得合组商会，商会得各组总商会；

4．总商会商会受政府的管理，其任务专在发展工商业及国际贸易；

5. 工商纠纷依劳动法之规定解决之。

（二）至商协成分问题，认定除中小商人而外，店员及摊贩亦应为商民协会之主要成分，其次如学徒及城市手工业者，亦应加入，惟关于店员之加入商民协会怀疑者颇多，兹分别解答如下：

1. 有谓店员若与商民共同组织，则与大中小商人合并组织之商民协会无异，殊不知店员虽与中小商人共同组织，而在商民协会中，则仍保存其各别独立的系统，各有平等的代表权，决不致发生彼此压迫之弊，且可藉此发生调协的作用。

2. 有谓店员既可与店东共同组织，则工人与厂主也未尝不可共同组织，何以工人方面采各别组织法，独令店员加入商民协会。关于这个疑问的解答，前面已经说过，乃是店员与店东的关系与工人与厂主的关系不尽相同的缘故。因为店员与店东，在金钱与劳力方面的关系，确不如其在人与人方面的关系重要，武汉店东宁出重资而雇用一善经商并感情融洽之店员，不愿出贱价雇用一平常店员，以影响商业和力争用人权，就是一个很好的例，况店员年终尚可分取若干红利，此红利乃视商业赢余的多寡而定高低，是其虽为店员，同时亦系商人性质，可想而知，店员既向商人一样的志在经商，则彼此间很少利益的冲突，这又不能和工人与厂主相提并论了。城市的摊贩，资本虽微，然仍不失其为小商人，故无疑的须加入商民协会，至店铺学徒，其近的目标在技术上的学习，远的目标在商业的经营，就近的而论，他是商人的助手，就远的而论则是商人的资格将更加确定，所以也应该加入商协。至于店员摊贩等的组织，除与一般商民共同构成商民协会的地方组织而外，应否各有其全国一贯系统的问题，这是不必有的，因为事实上他们已有商协为之代表，再没有全国一贯的组织的必要。

（乙）组织系统

“附注”

（1）学徒可以归并于店员总会，不必另成系统；

（2）城市手工业者可以归并店主总会，亦不必另成系统；

（3）摊贩店主店员在各县市商民协会之代表权依其人数比例为标准；

（4）特别市与省平行，较大市镇与县平行；

（5）凡厂主及大行东可不加入商民协会。

（七）妇女团体组织的原则及系统

（甲）原则

过去妇女团体的组织，尚没有什么问题，惟偏重于学校及城市妇女，而未发展到乡村，失了普遍性，这是错误的地方。实在我国妇女，在乡村的占大部分，既然要求妇女全体的解放，决不能只注意到学校及城市的一小部分，所以此后应将乡村妇女与学校及城市妇女同样的组织起来，以达到妇女全体的解放。

（乙）组织系统（附表）〔略〕

〔国民党中央执行委员会秘书处档案〕

2.国民党中央民众训练计划大纲①

（1928年7月9日）

本党在领导民众努力国民革命进程中，为扫除革命的障碍，贯彻军政时期之工作，由训政时期而进于宪政时期，以建设民有民治民享之国家起见，关于民众运动，特为规定系统的整个计划：首在确定民众运动之理论，使各级党部、政府与民众，均瞭然于民众运动意义之重要，及其各自所负历史使命之伟大。其次，在规定民众运动之原则与民众运动目前之纲领，以适应民众实际的要求，并以示本党为民众利益而革命的决心。复次，在认

① 此件于1628年6月4日经国民党中央第一四三次常会通过，同年7月9日第一五四次常会修正，

识民众运动过去的错误，以免再蹈以往各自为政之覆撤。终乃详定民众运动今后之方针，以为党与民众共同奋斗之准绳。务期全国革命民众。在本党正确领导之下，一致团结进行，以完成三民主义之使命，共享自由平等之幸福。兹分别撮举其纲目如次：

（A）民众运动的理论

甲、民众运动的意义

一、民众运动，是民众感受世界潮流，要求民族生存，民权伸张，民生乐利之必然的总反应；

二、民众运动，是民众为推动社会进化而改造政治的经济的社会的一切不适合现实生活之制度的总表现——破坏与建设；

三、民众运动，是民众实行自身所需要之三民主义的国民命命，达到世界大同的总动员；

四、民众运动，不是狭隘的阶级斗争，而是一切被压迫者对压迫者的总反抗。

乙、党及政府与民众的关系

一、党与民众

（一）党与民众的关系

1．党的主义——民族民权民生——是民众要求革命之理论的结晶；

2．党的政纲，是民众要求革命之具体的规定；

3．党的政策，是实现民众要求的手段；

4．民众要求革命，故党领导民众去革命。

（二）党对民众的地位

1．党是领导民众铲除革命前途之一切障碍与推翻整个的封建势力，建设三民主义国家的革命集团；

2．党是为民族的国家的及一切被压迫者的利益而奋斗的；

3．党是民众运动之参谋部和领导者；

4．党是尊重民族的利益而调剂各阶级间各职业者间之利益的；

5．党是领导革命民众以革命手段取得政权；以和平方法——政治的法律的力量——解决经济。

（三）党对民众的任务

1．领导民众求国际上的平等自由；

2．领导民众求政治上的平等自由；

3．领导民众求经济上的平等自由；

4．随时提示民众运动最低限度的纲领；

5．统一民众革命的意志；

6．集中民众革命的势力；

7．健全民众革命的组织；

8．领导民众革命的行动；

9．整齐民众革命的步骤；

10．解除民众的痛苦；

11．建设民主政治的基础；

12．建设并巩固民众的经济基础；

13．培植并发展民众的生产能力。

二、政府与民众

（一）在政治上

政府应透过党以取得民众的拥护，同时，民众亦应透过党以充实政府之破坏的和建设的力量。

（二）在法律上

政府应根据党的决议，公布并执行法律，以保护民众的利益及范围民众的行动。

（三）在经济上

政府应根据党纲，以增进或协助民众共同的及个别的利益，并调节之。

（B）民众运动的原则

甲、民众应在本党的三民主义与政纲的提示之下，共同奋斗；

乙、民众应在本党领导和指挥之下，为有组织有计划有步骤之大规模的动作；

丙、民众应认识三民主义革命的真确对象，以严整的态度，一致的动作，应付环境，改造环境；

丁、民众应绝对严守革命的根本意义——一方消极的破坏，一方积极的建设；

戊、民众个别的团体的相互间应发生亲密的关系和团结，以集中革命的力量，并于谋本身的阶级的利益时，必须尊重民族的、国家的、社会的共同利益。

（C）民众运动目前的纲领

甲、关于一般的

一、废除不平等条约，重行缔结尊重中国主权之条约；

二、肃清军阀余孽，铲除封建势力；

三、严惩贪官污吏，建设廉洁政府；

四、扑灭共产党及土匪；

五、实行地方自治；

六、扶助奖励并保护农工商业之发展；

七、设立农工银行，禁止高利贷；

八、厉行平民识字运动；

九、保障人民集会结社言论出版之完全自由权；

十、实行义务教育及职业教育；

十一、实行关税自主及保护政策；

十二、统一币制及划一度量衡；

十三、订定新税则，废除苛捐杂税。

乙、关于农民的

一、健全农会的组织，使成为领导农民参与政治的机关，并为农业发达的指导机关；

二、设立农人补习学校与俱乐部，增进农民智识技能及精神上之修养；

三、组织农村各种合作社，并维护现存的社仓义仓等公产，以减轻农民经济上之痛苦；

四、振兴水利，改良种子；

五、制定土地法，土地使用法，土地征收法，地价税法，及佃农贫农保护法，以求农民生活之改良；

六、整理耕地，调整粮食之产销，以谋民食之均足；

七、补助垦殖事业；

八、奖励并培养佃农自耕农之生产能力；

九、佃农缴纳租项，至多不得过所耕地收获百分之四十；

十、改良民团之组织，严防土豪劣绅之把持。

丙、关于工人的

一、制定劳工法，工厂法，工会法，劳资争议处理法；

二、制定劳工保护法（尤其注重童工妇女）；

三、制定劳工保险法，疾病保险法，灾荒救济法，伤害赔偿法，死亡抚恤法，年老恤金法；

四、统一产业及职业之组织，打破地方主义和行帮陋规；

五、组织工人各种合作社，减轻工人生活上之负担；

六、设立工人补习学校与俱乐部，增进工人知识技能及精神上之修养；

七、制定各地物价指数表，调查生活状况，规定最低工资之标准；

八、监督并改良工厂之设备和工人之待遇。

丁、关于商人的

一　制定商会法，商店法，店员服务法，保持商人店员独立之组织；

二、设立商人补习学校和俱乐部，增进商人的智识技能及精神上之修养；

三、组织运输批发合作社，促进商业之发展，预防商人额外之损失，杜绝企业者之剥削；

四、奖励投资，保护交通上及国外贸易上安全及便利。

戊、关于青年的

一、增加教育经费，减轻学生负担；

二、培养青年为革命而读书，为社会而服务的精神；

三、防止青年参加各地个人主义的政争及一切轨外行动；

四、团结并训练一般农人工人商人的青年，及救济无业或失业的青年。

己、关于妇女的

一、妇女在法律上、政治上、经济上、教育上、社会上一切地位与男子享同等之权利；

二、解放妇女的宗法思想；

三、破除妇女的迷信观念；

四、矫正妇女的虚荣心及倚赖心；

五、提高妇女职业的教育；

六、禁止买卖式的婚姻制度；

七、禁止童养媳和蓄置婢妾；

八、协助妇女改良家庭教育。

庚、关于侨民的

一、设法使侨民在居留地获得同等之待遇；

二、力谋侨民子弟回国求学之便利；

三、奖励侨民回国兴办实业，并予以切实的保护；

四、扶助并发展侨民在居留地之垦殖事业；

五、发展并改进侨民在居留地之教育事业。

（D）民众运动过去的错误

甲、共产党的罪恶

一、制造阶级斗争，破坏国民革命；

二、煽惑民众互相残杀，造成民众的混战局面；

三、利用土匪，流氓，地痞为工具，企图毁灭社会一切秩序；

四、假借本党名义，肆其阴谋，隔断本党与民众的联络和指导。

乙、民众自身的错误

一、妄用情感，紊乱革命的步骤；

二、偏重个人的阶级的利益，忽视民族的国家的共同利益；

三、滥用团体的威权。

丙、本党的错误

一、缺乏一贯的主张，坚定的策略和具体的方法；

二、忽略下层工作及有计划的指导；

三、忽略民主集中制的运用；

四、忽略个别的团体的训练和生产能力的培养；

五、党员未能深入民众，努力工作，致使民众不能成为三民主义化。

上述各种错误，除共产党罪恶，因清党以后自然消灭外，其他关于本党的错误及民众自身的错误，今后各级党部应根据主义政纲及本计划分别切实纠正之。

（E）民众运动今后的方针

甲、民众运动的组织

一、民众组织的原则

（一）利益不同的民众，应使其分别组织；

（二）民众组织，应采取民主集中制；

（三）民众组织，应采取产业别主义，但因特殊情形，亦得设职业组织。

二、民众组织的系统

（一）纵的方面，由下而上，各成系统；

（二）横的方面，逐层联络，相互同盟。

三、民众组织间的关系

（一）团体与团员之关系

1．团体对团员

（1）沟通党与民众间的意思，和增进民众对党的认识；

（2）实行思想上、组织上、行动上的训练，并纠正其错误；

（3）领导团员参加国民革命；

（4）谋个别的，团体的利益，同时尊重其他一切被压迫者的共同利益；

（5）注意团员的倾向和需要；

（6）其他。

2．团员对团体

（1）遵守团体的规章；

（2）奉行团体的决议；

（3）严守团体的纪律；

（4）服从团体的训练和行动；

（5）接受团体的指导；

（6）建议个别的团体的利益之要求；

（7）其他。

（二）上级团体与下级团体之关系

1．上级对下级

（1）指导并健全下级之组织；

（2）筹谋下级之发展及其共同利益；

（3）促进并巩固下级之间团结；

（4）指导下级之行动；

（5）监督下级经济之出纳；
（6）考查下级工作之成绩；
（7）调解下级之纠纷；
（8）解答下级之一切咨询；
（9）纠正下级之错误；
（10）采纳下级之建议；
（11）其他。
2．下级对上级
（1）服从上级之命令；
（2）接受上级之指导；
（3）报告活动情形；
（4）缴纳会费；
（5）贡献意见，察核上级经济的用途；
（6）检举上级的违法行为；
（7）其他。
（三）同级团体间的关系
1．同级之民众团体，应有密切的联络，以谋共同利益的实现；
2．同级之民众团体，应在联盟上调解利益冲突的问题；
3．同级之民众团体，应互相建议和督促。
乙、民众运动的训练
一、训练的类别
（一）思想的训练——民众的思想应革命化：
1．使民众认识痛苦的来源和革命的对象；
2．发扬民族独立的自信力和合作互助的精神；
3．灌输三民主义的理论；
4．使民众了解本党的政纲与策略；
5．使民众认识并信仰本党是国民革命进程中唯一的参谋部和领导者；

6．破除民众传统的封建思想及其他阻碍进化的观念；

7．培植民众政治的智识与能力。

（二）组织的训练——民众的组织应民主化：

1．使民众发展组织的意识；

2．使民众明瞭组织的方式；

3．使民众实习民权初步的智识；

4．使民众认识选举制度的重要；

5．锻炼民众运用组织的能力；

6．增进民众参加团体的兴趣。

（三）行动的训练——民众的行动应纪律化：

1．养成民众服从团体决议的精神；

2．训练民众遵守团体纪律的习惯；

3．指导民众的破坏工作，使不致流入狭隘的阶级斗争；

4．指导民众的建设工作，使之遵循有步骤有意义的计划。

二、训练的方法

（一）材料

1．普通的；

2．特殊的。

（二）对象

1．团体的；

2．个别的；

3．特殊的。

（三）方式

1．学校的；

2．社会的。

（四）成绩的考查

1．视察；

2．测验；

3．统计。

三、训练的人员

（一）在中央及各省之党务学校，必须切实训练造就各种民众运动的干部人才。

（二）在工业区及农业区开设民众运动工作人员训练班，考选或召集民众运动工作人员，施以短期的训练。

（三）在各级党部尤其是区党部区分部，必须随时考察党员个性之所近，严加训练，组织党团，造成各种民众团体中活动的核心。

（四）民众团体中的党部或党团对于该团体中努力而有能力的分子，应随时接洽，加以深切的训练并介绍其入党。

（F）（从略）

（G）民众团体目前的整理

甲、机关

一、组织民众团体整理委员会，其条例另定之；

二、大工业区或有其他特殊情形的民众团体，由中央直接指派整理委员整理之；

三、各省县市民众团体，由各该省党部委派整理委员整理之。

乙、办法

一、会员总登记；

二、划分支部或分会；

三、依照法定手续，举行团体职员的选举，并分别呈请当地党部与政府立案。

丙、经费

一、民众团体的经费，由各该民众团体之会员自行负担为原则；

二、在整理期间之整理机关，其经费得由党部酌量补助；

三、俱乐部、补习学校、合作社等之经费，分别酌量拨款补助。

附注：关于民众训练的详细方案及工作计划等，得由民众训练委员会之训育、指导、编审、调查各科，依此计划大纲，分别订定之。

〔国民党中央执行委员会秘书处档案〕

3.国民党中央民众训练部拟订民众团体三民主义训练纲要

（1928年10月）

弁言

一、三民主义是整个的，本篇虽分三部，其中互相连锁，互相发明之处，须加以详密之注意。

二、民众训练是党对民众之一种指导作用，故三民主义训练应由党透过民众团体以实施，由党在民众团体开会选举及会外运动中发挥之。其详细方案规定于本篇第二部民权主义训练纲要之内。民众团体中之党员务须依照此方案指导民众团体，使其议决案及团体机关之命令均合于本篇各部所定之纲要。

三、本篇系依民众训练计划大纲而规定，如尚有未尽者，均依民众训练计划大纲进行。

第一部——民族主义训练纲要

一　民族主义的意义：

（A）中国民族自求解放。

（B）中国境内各民族一律平等。

（C）世界上各民族一律平等。

二　民族主义训练的意义：

（A）集中民族的力量以谋民族的生存。

（B）巩固革命民众的同盟为整个的民众利益奋斗。

（C）振起民族独立精神以求国际地位的平等。

三　民族主义训练的提示：

（A）提示革命民众的共同敌人——帝国主义及其工具——军阀买办贪污土劣。

（B）提示反帝国主义的基本力量——农工商学各界民众。

四　民族主义训练的实施：

（A）对各界民众共同参加的民族运动的训练：

1．在民族运动中，应严密各民众团体的组织，使革命民众发展团结力量，以备继续反帝国主义的斗争。

2．在民族运动中，应鲜明革命民众共同目标，庶不致因一部分民众特殊利益过度发展之故，他部分民众却于反帝国主义战线之外，而使民族运动化为内部的狭隘的阶级斗争。

3．在民族运动中，应对各界民众，指示民权主义的意义：第一使认识民族运动为中国民族对帝国主义的斗争，同时又为对效忠于帝国主义的反革命势力的斗争，然后革命政权方能巩固，换言之，即欲完成民主政治，必须致力于民族独立运动。第二使认识要扫除国内反革命势力，必须国内革命民众联合起来，建设革命政权始能消灭帝国主义在中国之势力。

4．在民族运动中，应对各界民众指示民生主义的意义，使认识帝国主义在中国的势力没有铲除，则中国农工商业决没有发达的希望，并认识要消灭帝国主义在中国的势力，必须集中农工商各界民众经济的力量，努力发展国营产业及社会产业，以抵抗帝国主义在中国之经济势力。

（B）对各界民众各别的政治经济运动的训练：

1．农民

（一）在农民运动中，应指示帝国主义凭藉不平等条约，行使经济的侵略；如占领海关，盘据租界，垄断航权，以贱价吸收原料品，而尽量输入洋货，占领国货的销场等等，为农业衰败的最大原因。

（二）在农民运动中，应指示残余封建势力依赖帝国主义以图存在的事实，使认识帝国主义为农民生活痛苦的根本原因。

（三）在农民运动中，应指示反抗帝国主义的主力为城市工人，使认识对工人运动加以援助及相与联合的必要。

（四）在农民运动中应指示中国工商业的发展，为灭杀帝国主义在中国的经济势力的一个条件，使认识农民与商民联合的必要。

2．工人

（一）在工人运动中，应指示在帝国主义经济势力压迫之下，中国的国有产业和个人产业，都没有发展的可能，要发展中国产业以改良工人生活，必须集中斗争的力量于反帝国主义运动。

（二）在工人运动中，应指示帝国主义在中国设立工厂，运用其雄厚的资本，贱价收买中国工人的劳力，以其所制造的商品，占领中国国货的销场，妨碍中国工商业的发达，为中国工人生活痛苦及失业的原因。

（三）在工人运动中，应指示帝国主义因中国民族运动，而封锁中国金融，并关闭其所设工厂，以致工人有失业的危险，欲消灭此种危险，必须集中中国国家及个人的经济力量，积极的为发展产业的设施，消极的为经济绝交或罢工的准备。

（四）在工人运动中应指示中国是以农立国的国家，民族运动必须有占中国人口百分之八十以上的农民参加才能成功，故工人有与农民联合的必要。

（五）在工人运动中应指示中国工商业者，处处受帝国主义及其工具买办阶级的压迫，同时反帝国主义经济上准备，又必须有中国工商业者的参加，因此在国民革命进程中，工人除为劳动法所认许外，决不应向中国幼稚而被压迫的工商业者作阶级斗争。

3．商民

（一）在商民运动中，应指示在不平等条约束缚之下，中国产业决没有发展之可能，使商人认识有反帝国主义的必要。

（二）在商民运动中，应指示发展中国产业必须有巨大的资本，但不应为少数人所垄断，少数人垄断资本的结果，第一使中国大多数商民终于破产，第二使中国人口中最大数的农工，不能享产业发达的利益，故本党节制资本的政纲，是为中国多数商民及农工的共同利益。

（三）在商民运动中，应指示在产业落后的中国，要发展产业必须在整个计划之下集中力量，一致努力，决非个人自由经营所能成功，故商民应竭诚维护本党建国方略所指示的一切经济政策。

（四）在商民运动中，应指示商民在国家整个计划之下，有努力发展国际贸易的必要。

（五）在商民运动中，应指示洋货的输入，不仅断绝国货的销场，且使国内现金无限制的输出，其结果中国经济日益衰败，民众购买力日益低落，全国工商业者，均将蒙其不利，故商民应努力推销国货，减少洋货的贩卖。

（六）在商民运动中，应指示农民及工人为反帝国主义的同盟者，反帝国主义的民族运动，必须有农工的参加，始有取消不平等条约消灭帝国主义在中国的经济势力的可能，故商民必须与农工联合。

（七）在商民运动中，应指示店员生活必须工商业发达始可根本改善，故店员须参加反帝国主义运动，而不应作破坏工商业的阶级斗争。

（八）在商民运动中，应指示店员有发展工商业的责任，一方面固应主张劳动法，店员服务法上所给与的权利，他方面尤应注意工商业营业的改进，以为反帝国主义经济上的准备。

（九）在商民运动中，应指示店主必须改良店员及学徒生活，并提高店员工作兴趣及学徒营业技术，然后营业始有发达的可能。

（十）在商民运动中，应指示摊贩一方直接供给农工及其家庭的需要，他方推销工商业者的货物，实为工商业者与消费者间的连锁，故工商业者应提携摊贩，而摊贩亦应忠实营业，以与工商业者及一般消费者相联合。

（十一）在商民运动中，应指示摊贩与农工及工商业者之关系，必须不平等条约的废除，工商业发达，农工生活提高，购买力增加，摊贩营业始有发达之希望，故摊贩应拒销洋货并参加民族运动。

4．青年

（一）在青年运动中，应指示文化侵略为帝国主义维持并推进其经济侵略的方法。

（二）在青年运动中，应指示帝国主义经济侵略的结果，以致中国产业衰落，为教育破产青年失学的主要原因。

（三）在青年运动中，应指示帝国主义之政治压迫，使中国政治不上轨道，实业不能发展，知识技术无广大的需要，是中国青年断绝出路的原因。

（四）在青年运动中，应指示青年为民族解放运动的中坚，在民众团体中必须各尽宣传组织推动的责任，充实反帝国主义的力量。

（五）在青年运动中，应指示帝国主义经济势力的侵入，使中国都市生活畸形发展，而乡村经济日趋破产，此种情形，引诱青年集中都市，增加洋货销场，实为中国经济一大危机，故青年生活应力求俭朴，绝对拒用洋货，以抵制帝国主义的经济侵略，同时应努力改良生产技术，以发展中国的经济力量。

5．妇女

（一）在妇女运动中，应指示压迫妇女的封建宗法势力，现尚依附帝国主义以图存，故妇女须参加反帝国主义运动。

（二）在妇女运动中，应指示劳动妇女生活的改良，必须帝国主义在中国的势力崩溃，所以劳动妇女，应参加反帝国主义运动。

（三）在妇女运动中，应指示帝国主义经济侵略的结果，致中国产业落后，社会困穷，为家庭妇女不能得到经济解放的原因，所以家庭妇女应绝对拒用洋货，并参加反帝国主义运动。

（四）在妇女运动中，应指示妇女失业失学为帝国主义侵略的结果，所以有知识的妇女，必须参加反帝国主义运动。

6．侨民

（一）在侨民运动中，应指示侨民，国内富源的开发为投资最好的机会，亦为救国最好的方法。

（二）在侨民运动中，应指示开发国内富源，必须同时作废除不平等条约的运动。

（三）在侨民运动中，应指示国内政治的不安，皆由于帝国主义的压迫和操纵，欲求政治的安定，必须先求经济的发达，而经济的发达必须侨民回国发展工商业。

五　民族主义训练的材料：

（A）国耻小史。

（B）帝国主义侵略中国史。

（C）不平等条约。

（D）中国革命外交史。

（E）中国关税问题。

（F）山东问题及满洲问题。

（G）最近列强对华政策。

（H）各地华侨之苦况。

（I）五卅惨案及五三惨案。

（J）民族主义与国家主义。

（K）民族主义与世界主义。

（L）各国民族主义运动史。

（M）中国民族革命运动史。

（N）中外贸易状况之调查。

（O）外国银行营业之调查。

（P）其他。

第二部——民权主义训练纲要

（一）民权主义的意义：

（A）国民党的民权主义，在以人民的力量管理政事。

（B）国民党之民权主义，于间接民权之外，复行直接民权，即为国民者不但有选举权且兼有创制、复决、罢免诸权。

（C）凡真正反对帝国主义及军阀之个人或团体，均得享有民权。而卖国罔民以效忠于帝国主义及军阀者，无论其为团体或个人，皆不得享有民权。

（二）民权训练的意义：

（A）消极方面可免放弃权利及受人利用的弊病。

（B）积极方面可养成民众实行四大民权的能力。

（三）民权训练的目的：

（A）消极方面打破官僚政治铲除封建势力。

（B）积极方面建设真正民主政治的国家。

（四）民权训练的步骤：

（A）民众团体生活中之民权训练无论何时均应普遍的实施。

（B）国民生活中之民权训练则分下列的步骤：

1．在时期上

（一）军政时期停止以前，民众尚在反革命势力之下，本党应领导民众作民权运动，以搏击反革命的政权，使之从基本上动摇，而于民权运动中实施民权的训练。

（二）训政时期开始以后，民众已有组织的自由及参与政治的权利，本党应从乡村自治起，开始县自治的筹备，而于地方自治中，实施民权的训练。

2．在地域上

（一）完成县自治；

（1）以农村为起点，

（2）以县为单位。

（二）颁行省宪；

（三）组织国民大会行使国家政策；

（四）民权训练的实施：

（A）团体生活中的民权训练

1．民主集中制

（一）民主集中制的意义

（1）民主的意义：

（a）在使民众以共同的意思管理共同的事务。

（b）在使民众的要求可以完全表现，以成为团体的要求。

（2）集中的意义在使团员的力量集中于团体，以团体的力量实现团员的要求。

（3）民主集中制的意义在集中团员的意见于团体，集中下级的意见于上级，而团员及下级在团体及上级的决议及命令之下，必须一致的执行作整个的活动。

（二）民主集中制的要点：

（1）民主方面：

a 各级团体的机关均由普通选举的形式产生。

b 各级团体在上级团体命令范围内，对于各该团体事务，享有最高度的决定权。

c 各个会员均可参与团体内一切问题的决议。

（2）集中方面：

a 会员服从团体的决议案。

b 下级团体服从上级团体的命令。

（3）民主集中制的运用：

a 反革命势力下或向反革命进攻时，民众团体应趋重于集中。

b 在革命势力下或反革命势力退却时，应逐渐趋重于民主。

2. 开会

（一）开会前的准备：

（1）宣传会议的使命。

（2）宣传会议中应议各案的意义。

（3）注意各个会员对会议的正常要求而促进之。

（4）观察多数会员对会议的正当要求而整理之。

（5）准备适应多数会员要求的提案。

（二）开会时的指导：

（1）开会程序应依“民权初步”行之。

（2）会场的布置应极力使能引起会员参加对讨论的兴趣。

（3）尽量引导有能力的会员，使之发言以贯彻民众普遍要求的主张。

（4）发言的会员主张略有出入而不相统一者，应为之综合整理，以贯彻民众普遍要求的主张。

（5）纠正援引同类排斥异己的操纵手段。

（三）开会后的考察：

（1）继续宣传使会员自动服从会议的决议案。

（2）考察会员对议决案的异议，加以劝告或纠正，使其服从公意。

（3）协助议决案的执行。如执行上发现重大的障碍必须改正议决案时，应立即向会员宣传，并促进其依会章提交复议或提出修正案的活动。

3. 选举：

（一）选举前的准备：

（1）宣传选举的重要，以促起会员的注意。

（2）提出适当的人选，个别的或乘集会的机会，向会员明示的，或暗示介绍。

（3）制止反动分子的选举运动，暴露其人选的不当与运动的卑污。

（二）选举时的指导：

（1）注意选举会主席团的人选，以适当的方法，使会员推举适当人员充任之。

（2）制止反动分子在会场内的活动。

（3）提出适当的候选人，并宣传以增进其信仰。

（4）纠正把持会场，制造选举的操纵手段。

（三）选举后的考察：

（1）继续宣传以增进当选人的信仰。

（2）劝告反对当选人的分子使改变其态度。

4. 会外的训练：

（一）平时的训练：

（1）使会员感觉所属团体，实在是为自己的及自己所有的组织。

（2）使会员增进其与团体机关的亲切关系。

（3）使会员信仰团体，自动服从团体的命令。

（4）使会员养成其运用团体的兴趣及习惯。

（二）特殊行动时的训练：

（1）对于游行示威、罢工、排货等运动上，应使会员遵守纪律，为有秩序有计划的活动。

（2）遇有临时猝然发生的事变，影响于团体或多数会员的利益时，应立即规定宣传政策及活动方式，作广大深入的活动，使会员以镇定的态度应付之。

（B）国民生活中的民权训练：

1．反革命势力下民权的要求：

（一）在反革命势力下，应领导民众，作反抗反革命政权的民权运动。

（二）民权运动的纲领如左：

（1）铲除民权的障碍：

a 揭破反革命政府欺骗民众的政治法或宪法的内幕。

b 揭破贪污土劣操纵选举的罪恶。

c 打破贪官污吏的官僚政治。

d 反对土豪劣绅把持自治机关。

e 拆散贪污土劣的相互勾结。

（2）发展民权的要求：

a 言论出版之自由。

b 集会结社之自由。

c 罢工权。

d 选举权、参政权。

e 农工团体遣派代表参加各种经济会议之权。

f 地方自治之权。

g 武装自卫权。

h 其他。

（三）民权运动的方法：

（1）结社。

（2）宣传。

（3）请愿。

（4）示威。

（5）罢工。

（6）抗税抗捐。

（7）参加公开集会及公开团体并主持其活动。

2．革命势力下的民权训练：

（一）地方自治

（1）民众团体在地方自治中的地位：

a 民众团体所包容的民众，是有民权训练的民众，所以在筹备地方自治时期，以至于民众行使四种民权的时期，民众团体实居于领导的地位。

b 民众团体是各职业民众的代表者，为贯彻总理注重职业代表制的精神，（由国民会议的组织法即可见一班）在地方自治中必须尊重民众团体的领导的地位。

c 地方自治的目的，在使各县成为一政治组织，同时并成为一经济组织，其方法在发展地方公共产业并设立各种合作机关，民众团体对于此种事业尤为主要的动力。

（2）地方自治的开始。

a 由本党指导民众团体从事自治的鼓吹，养成民众自治的思想；

b 自治之鼓吹已成熟，自治之思想已普遍时，应试办下列六事：

（甲）清户口。

（乙）立机关。

（丙）定地价。

（丁）修道路。

（戊）垦荒地。

（己）设学校。

c 立机关的方法，就是民众行使选举权，选出适当人员组织自治机关，选举权的训练，由民众团体实行下列的办法：

（甲）选举前的准备：

子、宣传选举的重要。

丑、提出适当候选人。

（乙）选举时的指导：

子、劝导民众勿放弃选举权。

丑、指示民众依法投票。

寅、防止候选人之利诱威胁。

卯、防止办事人营私舞弊。

（丙）选举后的监督。

子、检举违法的选举。

丑、撤消无效的选举。

寅、防止当选人的官僚化。

卯、援助当选人的正当主张。

d 以上六事施行有效后补助地方自治团体，创设各种合作社，并领导民众从事合作运动。

3．地方自治的完成：

a 县自治完成后，领导民众行使罢官权、创制权、复决权。

b 县自治完成后，领导民众选举县民代表，参与中央政治。

c 联合各自治县，以促进省宪政的开始。

（二）国宪的准备与颁布：

（1）在试行宪政时期，本党的宪法草案，应由党与民众团体使其自动接受。

（2）在宪政开始时期，民众团体应在党领导之下，作国民代表选举的准备。

（3）在国民大会开会时期，民众团体，应代表民众督促国民代表，提出民众所要求的议案，并通过民众所接受的宪法。

（4）在国民大会闭会后，民选政府正式成立，则民众即应充分行使四权，使民众的要求成为法律，并防止政府官僚化。

4．四种民权的训练：

（一）选举权的训练（见前）。

（二）罢免权的训练：

（1）行使前的准备：

a 民众团体应在本党领导之下，促进民众对自治机关及政府官员的监督。

b 对于不法及不称职的官员，应宣传其劣迹及不称职的情形于民众，及观察民众所不满意此种官员的处所而宣传之。

c 制止反动或腐化分子维护此种官员的宣传及行动。

d 依照罢免官员的程序，作行使罢免权的准备。

（如联名提出请愿书于有罢免该官员权限的机关等等，如须民众开大会投票决定罢免与否时，则准用前述选举权训练方法为之准备。）

e 制止野心家为攫取地位而煽动民众以罢免善良的官员。

（2）行使时的指导：

a 防止被罢免者的威吓利诱。

b 防止反动分子利用民气，对本党作反对宣传以取得民众的信仰。

c 劝导民众勿放弃罢免权。

d 指导民众积极活动。

（三）创制权的训练：

（1）行使前的准备：

a 观察民众对某种法律制度的要求。

b 依照党纲及民众的要求作成具体的法律案，或原则的提案宣传于民众。

c 依照创制法律的程序，领导民众作提案的准备，（如联名发起提案，联合数县或数省民众共同提出，或由一县一省民众提出于各该政府立法机关，如须民众开大会投票决定提案内容时，则准用前述选举权训练方法为之准备。）

d 制止反动派利用民众要求，诱惑民众作不适当的提案或有利于少数人而妨害社会的提案。

（2）行使时的准备：

a 防止不法官员的反动活动。

b 防止反对提案的少数人的宣传和煽动。

c 劝导民众勿放弃创制权。

d 领导民众积极活动。

（四）复决权的训练：

（1）行使前的准备：

a 宣传政府提案或法律案的内容意义与作用。

b 观察民众对该提案或法律的各种意见。

c 依党纲及民众的要求，决定赞成或反对的态度，宣传于民众使知所弃取。

d 宣传投票复决的重大意义。

e 防止反动派的宣传。

（2）行使时的指导：

a 防止不法官员的威胁利诱。

b 防止反动派的活动。

c 劝导民众勿放弃复决权。

d 领导民众依法投票。

第三部——民生主义训练纲要

一，民生主义训练的意义：

（A）增进民众关于生活上所必需的一切常识。

（B）培养民众在社会上生产的能力。

（C）领导民众从事民生障碍的破坏。

（D）领导民众从事民生的一切建设。

二，民生主义训练的目的：

（A）求中国的经济地位平等。
（B）谋全国民众生活的改善。
（C）完成社会的一切建设。
（D）实现民有民治民享的国家。
三，民生主义训练的原则：
（A）发达国家资本以求民族的生存。
（B）扫除民生的障碍，以推动社会的进化。
（C）完成物质建设以满足民众的需要。
四，民生主义理论的认识：
（A）民生主义与资本主义。
1 生产目的不同。
2 生产机关的组织不同。
（B）民生主义与社会政策。
1 性质不同。
2 方法不同。
3 最后目的地不同。
（C）民生主义与共产主义。
1 背景不同。
2 观点不同。
3 方法不同。
（D）民生主义与无政府主义。
1 性质不同。
2 生产方法不同。
3 分配方法不同。
（E）民生主义的特质。
1 生产技术的科学化——由手工业的生产进而为机器的生产。
2 生产手段的社会化——由生产手段的私有制而进为生产手

段的国有制。

（F）民生主义的办法。

1 平均地权。

（一）依照土地法由地主自行报价。

（二）照价纳税与照价收买。

（三）土地的自然增价收归公有。

（四）公有土地给与农民耕种。

2 节制资本。

（一）节制私人资本以谋生产手段的社会化。

（二）保护私人的生产以谋民族资本的发达。

3 制造国家资本。

（一）有独占性质的企业个人所不能办者由国家经营。

（二）国营企业所得的利益为人民所共有。

4 衣食住行的建设。

（一）保障农工权利以增加工作效率。

（二）改良生产的工具以增进生产力。

（三）预防一切灾害以保护生产物品。

（四）发展农业以足民食。

（五）改良织造以裕民衣。

（六）建筑房屋以乐民居。

（七）修治道路疏浚河川以利民行。

（八）改良运输以便生产物品的流通。

（九）设立各种合作社以补助个人的经济力量。

（G）民生主义的目的：

1 打破社会上经济的不平等。

2 打破私有制度。

3 消减社会阶级。

4 建设民有民治民享的国家。

5 消灭国际资本主义。

五，民众在民生主义上应有的自觉：

（A）健全民众团体的组织以巩固革命的基础。

（B）团结各界民众的革命势力，以反抗帝国主义的经济压迫。

（C）提倡国货，拒绝洋货之贩卖与使用，以谋国民经济之发展。

（D）破除各阶级的冲突，以谋民族利益的发展。

（E）发展民权以保障民生主义的实现。

六，民生主义训练的实施：

（A）破坏的：

1 对帝国主义：

（一）扩大反帝国主义运动。

（二）援助政府的革命外交政策——废除不平等条约。

（三）于必要时采用下列的手段。

（1）不供给原料——断绝对帝国主义原料的供给。

（2）经济绝交。

a 消极方面——断绝经济关系。

b 积极方面——发展国内的生产和信用，同时增进以平等待我之国家的经济关系。

（3）罢工或怠业——一方面在消灭其一部分的侵略势力，一方面在痛苦其侨民，使其自觉认识中国民族革命的势力。

2 对军阀：

（一）罢工罢市——在交通上生产上供给上予军阀以重大打击。

（二）反抗一切捐税：

（1）公开的反抗（抗捐拒税）。

（2）非公开的反抗（延缓缴纳）。

（三）组织反军阀的武装势力：

（1）指导农村自卫的武装民众。

（2）组织农工加以军事训练。

（3）改组土豪劣绅操纵的民团。

3 对买办阶级：

（一）断绝营业及雇佣关系。

（二）不供给其生活上之需要。

4 对贪官污吏——侦察贪污证据，要求政府依法惩处。

5 对土豪劣绅：

（一）对其个人地位的破坏：

（1）检举其罪状请求政府惩处。

（2）宣传其劣迹使丧失社会的地位。

（二）对其社会基础的破坏——发展公共的经济组合消减其在乡村固有的势力。

（B）建设的：

1．协助国家完成建设计划：

（一）建设计划：

（1）商业计划——各地商港商埠之建设。

（2）交通计划——浚河造船开山筑路及发展邮电航空等事业。

（3）农业计划——整理耕地，制造农具，改良种植，发展蚕桑，开拓牧场及造林等事业。

（4）移民计划——移民于满蒙青海新疆西藏，并化兵为工开辟荒区。

（5）工业计划——普设工厂，改良机器，增进技术，发达衣食住行及印刷等事业。

（6）水利计划——沿海各地建筑渔业港运用天然水利辅助人力。

（7）矿业计划——利用机器依次开发中国所有蕴藏的矿产。

（二）协助方法

（1）劳动民众以体力贡献。

（2）有特殊知识技术之民众以智力贡献。

（3）富有资本之民众以经济贡献。

2.增加社会生产率：

（一）地主及工商业者接受劳动者正当的要求，改良其生活，以增进其生产的兴趣及效率。

（二）劳动者应努力工作为社会生产。

（三）双方相互间：化了解各个利益与共同利益的维系，以供给民众的需要，共谋生产技术的改良以发展中国的产业。

3.筹设各种合作事业：

（一）合作事业的范围：

（1）合作事业为互助个人职业上和生活上的经营力量。

（2）合作事业的使命，在辅助民生主义的建设。

（二）合作事业的种类：

（1）消费合作社。

（2）产业合作社：

a 信用合作社，

b 购买合作社，

c 生产合作社，

d 运输合作社，

e 国际贸易合作社。

（3）职业合作社：

a 制造合作社，

b 公益合作社、

c 住宅合作社。

（三）合作事业之资本：

（1）由地主及工商业者出资。

（2）由地主及工商业者贷资按期无利抽还。

（3）由民众共同出资。

（四）经营方法（另按规定）。

4 推广职业教育

（一）种类：

（1）同一技能的练习，

（2）混合技能的学习，

（3）特殊技能的专习，

（4）一般职业的补习。

（二）设立：

（1）由地方教育机关设立的，

（2）由各级民众团体设立的，

（3）由民众个人设立的。

（三）方法：

（1）同一技能的练习——凡同一产业部门的民众，其能力不足时，应组织练习处，所以增进该产业所需要的技能。

（2）混合技能的学习——凡同一产业的民众得组织学习处，所以交换学习各部门的技能，习成多种的技术，以为生活上的补助。

（3）特殊技能的专习——同一产业的民众，凡有特殊天才者，应由团体或生产机关聘请专门技师加以教导，以发展其天才。

（4）一般职业的补习——社会上各职业民众，其工作能力不足者，应就各地情形设补习学校，为各种职业上之补习。

〔国民党中央执行委员会秘书处档案〕

4.国民政府检送训政时期民众训练方案的训令

（1930年3月5日）

国民政府训令　字第一六三号

令行政院

为令知事，案奉中央执行委员会函开：本年三月五日第三届中央执行委员会第三次全体会议通过训政时期民众训练方案一件。除通令颁行外，相应检同全文，函请查照，转饬所属一体知照为荷。等因。附训政时期民众训练方案一件。奉此。自应照办。除函复外，合行抄发原方案，令仰知照，并转饬所属一体知照。

此令。

计抄发训政时期民众训练方案一件

中华民国十九年三月十九日

主　　席　蒋中正
司法院长　王宠惠
行政院院长　谭延闿
考试院院长　戴传贤
立法院院长　胡汉民
监察院院长　赵戴文

训政时期民众训练方案

本党第三次全国代表大会，为补救过去民众运动之缺憾，决议于今后民众运动之全部方针，为原则上之确定者四端：

（一）民众运动，必须以人民在社会生存上之需要为出发点，而造成其为有组织之人民。

（二）全国农工，已得有相当之组织者，今后必须由本党协助之，使增进其生产力与生产额，而达到改善人民生计之目的。

（三）农业经济，占中国国民经济之主要部份，今后之民众运动，必须扶植农村教育，农村组织、合作运动及灌输农业生产方法，为主要之任务。

（四）本党对于男女青年，今后应竭力作成学校以内之自治生活，实行男女普遍的体育训练，提倡科学与文艺之集会结社与出版，奖励实用科学之研究与发明。

为实现上述方针，完成训政工作起见，爰制为民众训练方案，分为四节：一曰民众训练基本原则，二曰组织，三曰训练，四曰党部与政府对于人民团体之权责。诚以在训政时期中，为运动第三次全国代表大会所决议之民运方针，对于理论上亦有首应确定者，故第一节规定人民组织之精神，及训练上注意之要点。其次则训练人民，必须使人民有健全之组织，而后训练工作之进行，方易著有成效。故第二节规定本党各地党部，如何指导人民团体之组织。至训练之范围及训练之方式与方法，则于第三节中规定之。又征之过去各地党部与政府，对于各地人民团体之职责不清，对于民运工作之进行，不无障碍，故第四节对于党部与政府对于人民团体之权责，加以具体之规定。此项方案，系根据训政时期之需要，为原则上之规定。至如何施行，当交中央常会，根据此项方案，分别拟定详细方案，以便实施。

第一节　民众训练之基本原则

一、人民组织团体，以自动组织为原则。

二、训练人民，须认清人民在社会生存上之需要，及以党训政之精神。

第二节　组织

一、党部应指导各种人民团体为健全之组织。

二、党部应指导各种人民完成其组织。

第三节　训练

第一目　训练之范围

1、一般的训练

甲、组织训练·使人民明瞭组织之意义及方式。

乙、思想训练　使人民对党义有正确之认识与信仰，并明了共产党鼓吹阶级斗争之错误及彻底了解训政时期之民运方针。

丙、行为训练　使人民行动合于党义，并实践三民主义之建设工作。

2、特殊训练

甲、业务智识上的训练　使人民充实其业务上之知识，并明了其对于国家社会之任务。

乙、业务技能上的训练　使人民增进其业务上之技能，促进建设事业之发展。

第二目　训练方式

一、分组的：将各团体之会员划分为组，俾便于训练之实施。

二、集合的：将各团体之会员大会，民众集会，举行总理纪念周等。

三、学校的：设立平民学校，特别业务补习学校等。

四、社会的：设立通俗图书馆，业余俱乐部、各种实验场等。

第四节　党部与政府对于人民团体之权责

一、人民团体受党部之指导，政府之监督。

二、党部对于人民团体不受指导而予以处分时，须呈准上级党部以命令行之，但对人民团体之解散，并须转请当地政府依法执行之。

三、政府对于人民团体如须解散时，须依法办理，但事前须知照当地党部后执行之。

〔国民党中央执行委员会秘书处档案〕

5.国民党省市党部指导民众运动工作纲要①

（1932年9月8日）

壹．工作方针

一、省市党部指导民众运动，在以切实方法逐渐实现中央颁布之各种指导民众运动法规方案为主要工作。

二、省市党部指导民众运动工作，应严格遵守中央法令之规定执行之。

三、省党部指导民众运动工作，除属全省范围或有特殊关系应直接指导外，须分别指挥，并督促下级党部进行之。

四、省市党部对于民众运动工作之进行，应按照当地实际需要，斟酌缓急，划分期限，根据中央之法令另行详定实施计划，由中央核定施行之。

五、目前各省市各种民众运动工作之实施，应以对于御侮救国，对内努力地方自治，完成训政建设为中心。

贰．工作实施

甲、对于中央应负之职责

一、执行中央关于民众运动之一切法令及决议。

二、呈请指示关于民众运动之重要事项。

三、贡献有关民众运动之意见。

四、呈报该管区域内民众运动之工作状况与成绩。

五、其他。

乙、对于下级党部应有之职权。

一、指导事项：

（一）计划所属下级党部关于指导民众运动之工作方案；

（二）指导并督促下级党部关于所属区域内民众运动工作

① 本纲要經国民党第四届中央执行委员会第三十七次常务会议通过。

之进行；

（三）解答下级党部有关民众运动工作之疑义；

（四）召集下级党部民众运动工作人员或民众团体负责人员举行会议或特殊训话谈话；

（五）参加下级党部关于指导民众运动之会议；

（六）对下级党部作有关民众运动之报告或批评；

（七）转发中央所颁有关民众运动之法令表册及刊物；

（八）制发下级党部关于民众运动之各项材料；

（九）其他。

二、考核事项：

（一）派员视察下级党部民众运动工作之进行状况；

（二）征集下级党部各种有关民众运动工作之参考材料；

（三）调查统计下级党部指导民众运动工作之工作状况；

（四）考核下级党部指导民众运动之工作成绩并分别加以奖惩；

（五）其他。

丙、对民众团体应有之指导

一、对民众团体组织事宜之指导。

二、对民众团体训练会员之指导。

三、对民众团体各种实际工作进行之指导。

四、对民众团体纠纷之调解。

五、召集民众团体负责人举行各种会议或谈话。

六、出席指导民众团体之各种重要集会。

七、指示民众团体中党员之活动。

八、考核民众团体之活动及其成绩。

九、其他。

叁．附则

一、本纲要未规定事项，应依照中央颁布有关民众运动之法规方案办理。

二、本纲要由中央执行委员会议决施行。

三、设法联络居留地政府要人及地方名人说明暴日侵略行为，俾明真相。

四、减少书面工作至最低限度。

五、侦查及制止反动分子与外人勾结行动。

〔国民党中央执行委员会档案〕

6.国民党中央秘书处检送修正指导民众运动方案函

（1933年2月2日）

中央秘书处公函

——函中央民众运动指导委员会

中央第五十六次常会准提议："为本党指导民众运动方案前经第三次全体会议决定第一项方针修正通过，第二项组织原则及第三项工作原则交由常会参酌大会指示之方针及各种施行之法规从速订定；复经第五十一次常会议决先交民众运动指导委员会审议各在案。兹查方案第三项工作原则与第三次全体会议对于本会工作报告决议各点之精神尚无违背；惟第三项组织原则经重加审议，折衷拟定，是否有当，请核议施行"一案。当经决议"修正通过"在案。相应检同修正全文录案函达，即希查照，分别办理，并颁发各级党部遵行，为荷。此致

中央民众运动指导委员会

中华民国二十二年二月八日

修正指导民众运动方案（秘密）

第一项　指导民众运动方针

一、提高民众民族意识，增进民族自信力。

二、健全民众组织，推进地方自治，树立民治基础。

三、指导民众努力生产，发展国民经济（在不违反共同利益条件之下增进其本身利益）。

第二项　民众团体组织原则

一、各种民众团体之组织，均采民主集权制。

二、各种民众团体之组织，规定如次：

（一）农人团体：省市以下得采系统组织，但现行农会法会员资格之限制，应行修正。

（二）工人团体：

甲、普通工会县市以下得成立总的组织。

乙、特种工会：

1．海员为整个的流动体，得设立总工会，各埠设立分会，各船设立支部；

2．铁路工会以路线为组织区域，各段设立分会，各站设立支部；

3．邮务工会于所在地设立，但为增进智能，提高工作效力，得由中央民众运动指导委员会定期召集年会；

4．电务工会于所在地设立。

（三）商人团体：商会于县市设立，省以上得成立联合会。

（四）青年团体：以学校为组织单位，但专门学校以上学生为研究学术计，得有学科联合组织。

（五）妇女团体：妇女会以由县市组织为原则，如事实上有特别困难时，得先组织省妇女会。

（六）特种社会团体：其基本组织以所在地区域为范围，其组织系统之级数，依其性质另案规定之。

三、民众团体以党部辅导民众自行组织为原则。（各级党部应切实指导各种民众团体中之党员参加各种人民团体活动，组织干事会，为各该人民团体之核心，尤须逐级接受上级党部之命令及指导。）

四、民众团体之构成分子，以禁止非现在从事本业者参加为原则。

五、各种民众团体之有系统组织者，皆以先行组织基本团体为原则，由基本团体逐级推行，并须经过相当时期之指导与考核，认为健全，始得合组上级团体，其无基本组织者，经党部认可，政府核准后，方准设立。

第三项　指导民众运动工作标准

一、农民运动：以实现本党政纲对内政策第九项“清查户口，整理耕地，调正粮食之产销，以谋民食之均足”，第十项“改良农村组织，增进农人生活”之规定，与地方自治开始实行法所指示之点，及改良生产技术，实现本党土地政策，提倡公益救济事项为标准。

二、工人运动：以实现本党政纲对内政策第十一项“制定劳工法，改良劳动者之生活状况，保障劳工团体，并扶助其发展”之规定，及调和劳资关系，革除不良意识，增进生产智能及效果，推行合作事业为标准。

三、商人运动：以提高民族意识，发展对外贸易，流通本国商品，改良因袭习惯为标准。

四、青年运动：以注重自治生活，造成读书风气，提高学术修养，革除狂嚣惯习，培养高尚人格，以备担当国家民族生存持续之重任为标准。

五、妇女运动：以改良生活习惯，增进家庭福利，参加社会事业，及充分实现本党政纲对内政策第十二项“于法律上经济上教育上社会上确认男女平等之原则，助进女权之发展”所规定之权益为标准。

六、特种社会团体以不背本党主义，作各种裨益社会国家之活动为标准。

第四项　国难期间指导民众运动工作要点

一、指导民众全体动员，从事于反抗侵略运动。

二、启发民众自卫智识，以从事于有组织有计划之奋斗。

三、指导战事区域与非战事区域民众努力于各种实际工作。

甲、战事区域（指敌人军事行动所能达之区域而言）

指导当地高级党部联合政军警各机关及各种民众团体共同组织自卫团体，从事于协助军事，便利军资，维持治安，侦察敌情，调节粮食，稳定金融，保护交通，救护灾变等事项。至民众团体固有之工作，在可能范围内照常进行。

乙、非战事区域

指导当地高级党部领导民众团体切实从事前方军事上之协助，与地方秩序之维持，国民自卫力之准备，生产事业之兴发，地方自治之推进，及各种公益事业之举办。

四、指导民众团体组织保卫团，以达安定地方辅助军事进行之目的。

五、指导各地民众切实提倡国货，努力经济自卫。

六、指导各地民众团体协助政府救济灾民，安辑流亡，并防范共产党对于灾民之煽惑。

七、指导海员及铁路工人努力增进交通上效能及轮船机厂机车之保护。

八、用有效方法互传党部政府民众各方面之情况，以求彼此相互间之了解，俾达政党民众一致团结自卫之目的。

九、非常时期得斟酌情形指导民众团体筹设各项特种组织，分担特种工作，如慰劳队、募捐团体、学生义勇军之类。

十、各地民众团体之不健全者应限期加以整理，其未经筹备组织或已筹备而尚未正式成立者，应促其依法成立。

十一、本会委员或派员随时分赴各地实地指导，并视察民众团体的活动。

〔国民党中央执行委员会秘书处档案〕

二、国民党民众训练实施概况

1.全国人民团体会员人数统计表

（1931年9月15日）

团体名称	会员人数
农会	1,533,280
工会	364,012
教育会	87,430
学生自治会	28,797
文化团体	6,287
自由职业团体	5,558
妇女团体	3,442
慈善机关	2,785
其他团体	18,599
总计	2,050,190

说明1．截至廿年九月十五日止，呈报者共十七省市，其于十五日以后呈报者，未及整理均未列入。

2．商会以工商同业公会及商店为会员，工商同业公会以商店为会员，均非自然人，其会员不能以人数计算，故略。

〔国民党中央执行委员会秘书处档案〕

2.国民党陆军第八十三师党部办理江西宁都县公民训练的有关文件

（1935年10月—1936年1月）

（1）陆军第八十三师党部致中央组织委员会呈（1935年10月）

为组织宁都县公民训练委员会，拟具第一期实施计划，呈请钧会鉴核，指示工作进行方针，俾资遵循事：窃以公民训练为训政实施之基础，本会遵照中央电令，协助地方政府实施公民训练，爰于九月二十五日下午二时召集各机关团体代表在本会会议厅开会。当即决定组织公民训练委员会，推本会叶秘书长起草组织大纲及第一期工作实施计划。旋于二十七日上午十时在本会大礼堂开成立大会，由叶书记长主席行礼如仪后，主席报告开会意义及公民训练实施之重要，相继演说者有本师刘师长戡、八区邵专员鸿基等，至十一时许始散会。次日下午二时举行第一次委员会议，通过组织大纲及第一期工作实施计划，拟定训练人员，并规定第一期公民训练自十月一日起开始训练。所有组织宁都县公民训练委员会及实施第一期公民训练各缘由，理合连同各附件，备文呈报钧会鉴核，并恳指示工作进行，俾所遵循。谨呈

中央组织委员会

附宁都县公民训练委员会第一期公民训练实施计划及第一次委员会议纪录各一份〔纪录略〕

中国国民党陆军第八十三师特别党部执行委员会常务委员 陈　武 刘　戡 李楚瀛

中华民国二十四年十月

宁都县公民训练第一期实施计划

本计划依照江西省公民训练实施方案及实施纲要，参酌当地情形拟订之。

甲、训练目的

一、养成忠党爱国之国民。

二、树立三民主义之中心信仰，攻破异端邪说。

三、使之始终服膺政府，奉行法令，而成为现代国民。

四、使切实明了国际政治情况与内政设施之梗概，而能发挥其行使四权之能力。

五、使认识公民之责任，以坚定其服务信念，而为三民主义之真实信仰者。

六、养成其自治、自卫、自给之基本知识与技能，使其有独立生存之能力。

乙、工作原则

一、公民训练应强制实行。

二、公民训练由本会协同当地党政军各机关协力办理。

三、以党员、公务人员、教职员及中等以上学校学生为训练之干部人员，并规定训练公民为党员及公务人员、教职员应尽之义务，不得拒绝征调服务。

四、训练公民应以保甲为训练实施之基础，但于县城得斟酌情形，依职业组合之区分训练之。

五、训练程序先由城市后及乡村，先由保甲长后普遍一般公民。

六、受训公民得依其性别分别训练。

七、本计划第一步实施程序规定先从城区四联保着手。

丙、训练公民

一、公民训练以户（每家为一户）为训练单位，第一区规定城区四联保各壮丁应一律参加训练。

二、公民年在二十一岁以下，不分男女，均须参加训练。

三、法定受训之公民，曾受中等教育及现任公务人员者得免除受训。

四、法定受训公民，如因疾病或生理关系不能受训者，得报请查明展缓受训时间，但不得免除受训。

五、法定受训公民如系残废，经报请查明后得免除受训。

六、各学校学生，由各校单独训练或联合行之。

七、女公民训练，由妇女劳动服务团负责主持之。

丁、施行程序

一、本计划第一期训练预定三个月完成之，先从城区四联保着手。

二、训练开始时，联保主任及保甲长应尽先施行训练，使能为一般公民之模范而协助训练之进行。

三、四联保所属壮丁，由本会制定名册表格分发各保甲长负责填造，限三日内送呈，由本会依照各保所属区域编成东西南北四区，分区训练。

四、女公民训练，俟妇女劳动服务团成立后再行着手分区编队训练。

五、每区得依住址地域或职业关系，由训练员斟酌情形划分若干小区。

六、小区之划分，应以便于训练实施工作进行为原则，每小区至少须有户籍五保。

戊、实施方法

子、办理机关

一、设立县公民训练委员会，主持全县公民事宜。

二、公民训练委员会由本会会同当地党政军机关联合组织之。

三、公民训练委员会委员，除上列各组成机关领袖为当然委员外，得聘请当地热心公民训练之人士参加之。

四、公民训练委员会，每星期得派员分赴各区视察训练成绩，每月须举行检阅一次。

丑、训练人员

一、公务人员由公民训练委员会函请主管机关征调。

二、保甲长由县政府以命令派遣。

三、党员由县党部以命令派遣。

四、其他热心人员由公民训委会函请。

五、教职员由当地教育机关派遣。

六、党义、政治、军事训练，由本会工作人员担任。

寅、召集方法

一、召集公民训练采强制方法，由县政府督促区长，责成联保主任、保甲长负责督率各公民按时出席。

二、训练实施之先，由本会召集城区四联保主任、保长训话、责成将各保壮丁依住址或职业之区分编为若干队，由联保主任、保长任队长。

三、受训公民不得请人代理，亦不得迟到早退。

四、受训公民，如因疾病或其他特殊关系不得出席受训时，须向联保主任保长请假，事先并须呈报本会核准查明。

五、公民有意规避或抗不出席者，得处以警告、罚役、拘留等处分。

卯、训练方法

一、采取定期集合训练方法。

二、方法分三种：

1．授课法　训练员依照训练纲要讲授。

2．演习法　凡事务之须实地演习者，由训练员指导受训民众练习，如军事训练及民权初步之实习是。

3．表证法　凡习惯之改善，应由训练员示以模范，指导受训公民遵从，如新生活规条之实践是。

辰、训练时间

一、每日训练一小时，时间规定每日上午六时半至七时半，俾养成其早起习惯。

二、每期暂定三个月为期满，遇必要时得延长训练时间。

三、训练时间以不妨碍工作为原则。

巳、训练场所

一、每一训练区应有训练场所一处。

二、训练场所于所在地依下列标准择定之：

1．住户在一百户以上；

2．位置适中，交通无阻碍；

3．训练场所与公民住址各个距离适当；

4．利用公共场所（如学校寺庙等）。

三、第一期训练分东南西北四门集中训练，训练场所规定借用西门中山民校教室为授课场所，军事训练地点由训练员择定适中地点举行。

午、经费

公民训练所需经费，由县政府筹措。关于一切党义、政治课本教材由本会编印。印刷费亦由本会供给。

未、训练课目之分配

一、军事训练

1．注重战时之民众军事任务，如通讯、运输、掘壕、警戒及消防、防空、避毒、救护等行动之练习。

2．每日施行半小时，与早操联合举行，早操时间规定每日上午六时半至七时。

3．军务训练时间如遇必要时得延长之。

二、公民常识

1．材料以党义及有关政治之基础知识为主，兼及日常生活之改进。

2．教材编配与单元选择，另行规定。

三、前两项教材，除有本会呈请中央颁发外，现暂由本会编拟油印分发各训练员应用。

申、训练方式

一、早操，

二、朝会，

三、纪念周，

四、授课，

五、军训。

己、工作考核

一、公民训练之成绩，由本会派员随时考核之。

二、训练员之勤惰，由本会派员随时视察之。

三、热心公民训练工作，努力之服务人员，由本会会同县政府褒奖之。

庚、附则

一、本计划由公民训练委员会第一次会议通过。

二、本计划俟呈请中央鉴核后再呈请省公民训练委员会核准施行。

中华民国二十四年十月　　日

（2）中央民众运动指导委员会与中央组织部往来函（1935年10月22日—1936年1月29日）

国民党组织委员会致民众训练部公函

中国国民党中央执行委员会组织委员会公函　咀丽字第五九七号

据陆军第八十三师特别党部执行委员会呈报：组织宁都公民训练委员会，实施第一期公民训练并呈赍训练实施计划到会。查各地公民训练事宜，向由贵会主管，相应检同原呈各件，备函转请核办，并希见覆为荷！此致

中央民众运动指导委员会
中华民国二十四年十月廿二日

国民党民众训练部致组织部公函稿

公函　第　　号

案查接收卷内兹中央民众运动指导委员会准前中央组织委员会第五九七号函开：据陆军第八十三师特别党部执行委员会，呈报组织宁都县公民训练委员会，实施第一期公民训练，并呈赍训练实施计划到会，查各地公民训练事宜，向由贵会主管；相应检同原呈各件，备函转请核办，并希见覆等由。附送各件，经审核，尚无不合，准予备查。除指令该会外，相应函请查照为荷！此致
中央组织部
中华民国二十五年一月二十九日

部长〇〇〇

〔国民党中央民众训练部档案〕

3.国民党甘肃省党部民众训练工作实施方案

(1936年8月15日)

中国国民党甘肃省党部公函　字第三四九号

顷准贵部第三四〇二号公函节开：将本省民众训练工作实施方案应检送一份来部，以备查考等由。准此，兹查案抄附一份，请查照备查为荷。此致
中央民众训练部
附抄甘肃省民众训练工作实施方案一份
中华民国二十五年八月十五日

张民权
常务委员　凌子惟
汪　震

甘肃省民众训练工作实施方案

甲　总纲

一、本方案依据中央推进边远省区民运工作原则第二项之规定订定之。

二、本省地居边域，汉蒙回藏杂居，过去指导民众工作，除汉人较多地方易于着手外，其他回蒙藏各族住居较多数县，进行极感困难，鲜收成效。今后工作在遵照中央整个民运方针原则下，如普通法规不适时得依本方案实施之。

三、本省蒙藏人民信仰佛教，日逐水草而居，生活尚在部落时期，文字语言与汉迥异，尚无近代文化可言，亟宜指导组织佛教团体，联络情感，并得按其职业区别参加当地职业团体或社会团体，筹设办学机关，讲通文字语言，使其接受党的指导，提高文化程度，改良生活形态。

四、本省回民语言文字与汉亦异，但多通汉语，而兴办学校者亦渐有人。惟是宗教观念太深，携械好斗，有碍民族间精诚之团结，亟宜组织中华回教公会甘肃分会，陶冶性情，并得按其职业区别参加当地职业团体或社会团体，筹设办学机关，且将原有学校加以改善，使其接受党的指导，增高学识，养成与汉蒙藏共同团结之精神。

五、对于汉回蒙藏民众，须使认识中华民族之整个民族性，养成强固坚实之整个中华民族意识，绝对不受帝国主义者及其他野心家之挑拨离间与分化作用。

六、对于汉回蒙藏民众，须使认识中华民国之整个国家立场，养成一致爱护中华民国之确定信念，绝对不受帝国主义及其他野心家之挑拨诱惑与分化利用。

乙　组织指导

七、宗教团体

1．指导回民，依照中华回教公会规定，组织甘肃回教公会及回民较多各县低级分会。

2．指导蒙藏民众较多各县组织佛教团体。

八、职业团体或社会团体

1．凡各地住居回蒙藏民众者，应分别所操职业，指导参加各该地职业团体或社会团体。

2．尚未组织职业或社会团体各县，应调查并指导住居各该县回蒙藏民众与汉人共同组织之。

九、兴办教育机关及民众学校

1．指导回蒙藏民众分别组织教育促进会。

2．选择回蒙藏民众住居较多地方，如临夏、夏河、岷县、清水、民勤、鼎新各县，设立民众学校，尽量招收回蒙藏民众之子女。

3．凡有小学毕业程度回蒙藏学生，各中等学校应予从宽收入。

4．本部设立回蒙藏各地工作人员训练班，教授回蒙藏各种语言文字及其工作技能。

丙　工作方式

十、凡组织回教公会、佛教团体，均由各地党部遴选或敦请回蒙藏中有声望学识及信仰本党之份子负责筹备，并派员参加指导。

十一、凡组织职业团体或社会团体，依照普通法令办理。

十二、凡组织回蒙藏教育促进会，均由各地党部会同当地教育机关委派人员，并物色回蒙藏中有声望学识及信仰本党之份子，共同筹措之。

十三、凡设立回蒙藏较多各地民众学校，均由各地党部负责办理，并请回蒙藏有声望学识及信仰本党之份子协助之。

十四、各地组织宗教团体，必要时，得由本部直接派员指导之。

十五、各地主办民众学校，必要时，得由本部直接派员办理之。

十六、本部为明瞭回蒙藏各民众实际状况，得派员确切调查，并视察所组织之团体及筹设之学校，就便指导其活动。

丁　经费

十七、各地组织回蒙藏宗教团体及教育促进会之经费，均由各地筹措，其不足之数，得列举预算表册，呈请中央补助之。

十八、各地设立有关回蒙藏之民众学校，本部设立回蒙藏工作人员训练班及调查视察之经费，编拟预算表册，呈请中央核拨之。

戊　附则

十九、本方案呈请中央民众训练部核准后实施。

二十、本方案如有未尽事宜，得呈准中央民众训练部修正之。

〔国民党中央民众训练部档案〕

4.国民党四川省党部办理民众训练与地方军阀发生矛盾的有关文件

（1936年11月）

（1）四川省党部致中央训练部呈（11月17日）

案准四川省公民训练委员会忠字第八六号公函开：查去年三月中央民众训练部以巧俭两电通令全国各省市党部，邀同当地军政机关，合组公民训练委员会，推动公民训练，其时，贵部及四川省政府尚在重庆，复值赤匪回窜，逼近成都，人心浮动，寝处不安，公民训练有不能不展缓举办之势。迄至六月，贵部乃在重庆会同军政各机关，两度筹商公民训练进行方案。八月，贵部四川省政府迁回成都，更约同十五机关，成立四川省公民训练委员会，推定贵部谢特派员作民、四川省政府刘主席湘、行营参谋团政训处处长兼别动队总队长康泽为常务委员，成都市人民团体临时指导委员会担任书记室工作，四川剿匪总司令部担任总务组工作，行营参谋团政训处担任训练组工作，四川省会公安局担任调查组工作，成都市政府担任考核组工作，厘定章程，编著教练，决定先将成都市公民，初分四组训练，以次推及各市县乡村。至于经费方面，则仿江西成例，由参加机关分别负担，预算全年经费约六千元，惟各机关分担数额，多未按月拨足，实际收入每月尚不足全数二分之一，除贵部及成都市政府，中央军校成都分校按月发给外，余如四川省政府，四川善后督办署，均未核发，职员教育全系义务职，仅少数雇员，略给津贴，以是经费虽拮据万端，工作尚能勉强推进。查成都市第一期公训，先由四川省会公安局，饬各该团正齐集固定地点，由本会派员说明公训之意义与办法，继由各团正调查本街应受训公民，汇表呈报，以便指定训练场所，实行召集训练，殊人多规避，应者寥寥，乃变更方针，饬由各工商团体负责推动，参加受训公民忽呈踊跃之象。计第一期共有训练场所四十八处，受训公民达七千余人，实施训练时间，每日早晚各二小时，共训练六星期。课程分公民常识、党义、新生活运动纲要、军事常识、国耻史、公民歌选、政治讲演、精神讲话、军事训练、集会仪式等，尤侧重于军事训练，场所主任及军事教官，由别动队担任，其余各科教官，分聘党务工作人员、四川大学学员及各机关公务员担任，均能准时到达，循循讲授。受训公民，咸能诚意接受，对于发扬民族意识、国家观念及拥护中央政府与唯一革命领袖诸要点，均有深刻之认识，成都市第一期训练完毕，据情奉命主持四川省党务，继谢特派员作民，担任本会常务委员，第二期训练，仍本第一期常规继续推动，由一月杪起至五月中旬止，综计训练场所五十二处，受训公民达八千余人，并以各市县乡村公民训练，遵照实施者，仅成都、华阳、富顺、泸县、新津、新都、江北及重庆市等处，其余各地，均延搁未办，乃于第八次委员大会决议，开办干部训练班，征调各市县商会主席及委员一人至三人，齐集成都训练。俟其毕业返籍，便于襄助当地党政军机关，举办公民训练，一月开始征调，五月即训练竣事，毕业人数，凡一百二十四人，各学员回籍襄办公训，所收之效果，实未能以数字估计也。当届毕业时，即由中央民众训练部所派之吕视察员震洲，在成都市躬临检阅一二两期各公训班，各市县第一期商联干训班，所有训练成绩，及经费预决算书，均曾交请吕特派员震洲转呈核示在案。一面由本会请贵部及四川省政府，分别通令各县党部及各县政府会同筹办公民训练，结果全川公民训练会，即已陆续发展至各市县，当以收效颇宏，乃参照第一期常规略事改善，续办第二期干训班，从五月杪起至七月中旬止训练完毕，人数凡一百二十八人。从此各市县公训干部力量益形增大，公训工作愈见推展，各市县公训会，现已推广六十余处，受训人员约四五万，继续办理参加者，尚属踊跃。第三期公训时间，仍系从五月杪起至七月中旬止，综计场所共十一所，人数达二千余人，统计受训公民，约一万八千余人。受训后之态度，咸具有发扬民族之意识、国家观念及拥护中央政府与唯一领袖之热忱。惟各市县壮丁训练，常因公民受训后，不愿往受壮训，曾由本会第十次委员大会决议，曾受公训者，免受壮训，但应编组服壮丁之任务，业经通令遵行在案。本会深感困难严重，新政未张，公训工作实不可缓，亟应循序渐进，以底于成。健全全川公民，为复兴民族之基础，正拟一面接办成都市第四期公民训练班，一面发展各市县公训会。乃至七月二十日，准四川省政府秘字第五一八七号公函开：顷据四川省会公安局呈称：本局奉令编查保甲，业经筹备进行，现正训练编查人员，赶制表册，预拟以八九两个月为编查期间。在编查期内，凡省会居民，均须接受查验编制，不得藉口规避，以期确实。查省会各种公民训练，职业住址参差不一，忙于受训，编查困难，合亟仰恳钧府函请四川省公民训练委员会，转令本市各公民训练团体，遵照于二十五年八九两月内一律暂行停止，一俟省会保甲查编完竣，再行训练，以期双方兼顾，等情。据此，查编保甲为目前举行要政，迭奉委员长行营令饬限期完成，自未便再四牵延，除指令照准外，相应函达贵会，请烦查照，转饬成都市各公民团体一体遵照，暂行停止为荷，等语。成都市第四期公训班因以延至十月十三日，始举行第十二次委员大会决议，继续开办成都市第四期公训班，及各市县公民干部训练班，并确定经费来源，正在加紧准备开始训练之际，忽于十月二十日，接准四川省政府民字第二五九三二号公函开：案查本府近奉行政院院长蒋洽院四电，饬速拟具本省民众训练计划呈核施行，等因。当经本府拟呈民训计划，请照江西先列，设立四川民众训练委员会，并于各市县设立分会，以便对于民训事项，统一规划进行。查贵会主办之公民训练，系属民训之一部份，本府现既奉令克速统筹全省民训事宜，相应函请查照！对于四期公民训练，暂缓开办，以免事涉纷歧，仍希见复为荷！等由。准此，复于十月二十一日，本市各报载有省府令饬成都市政府，同四川省会警备司令部等训令，强迫制止本会开办第四期公训班，又十月二十九日午后二时，四川省会公安局，突派一等警长张均平，闯入本会办公室，声称系奉该局命令，调查本会情况，并坚请收拾本会会牌，当经本会职员告以会内近况，及收拾会牌必须经过合法手续，始能决定，等语。查四川省政府及四川省会公安局此种行为究与对反动团体何异，而本会一切进行，系完全奉中央民众训练部电令指示，及大会决议案办理者。细译来文，谓奉电饬速拟具本省民众训练计划，呈核施行等语，是该省府不过在草拟计划中，呈核后能否核准，何时施行，均属问题。四川省会公安局派警调查，既无命令出示，又无正式公函，此种荒谬行动，令人不胜诧异。当此国难严重，以公训工作之重要性言之，积极进行之不暇，又何能借故停顿，显系别有用心。除函复四川省政府外，理合将本会经过，随文另单粘附各项表式，及十月二十一日成都报载各情，一并赍请贵部转请中央民众训练部核夺，关于本会办理四川省公训情形，及此次四川省政府以民众训练委员会名义，统筹全省民训事宜，障碍公训各情形，是否有当？并请转请分别解释，指示方针，俾资遵循，仍希见复为荷！此致，附粘各种表式单一纸，成都市剪报一份。等由。准此，查本部前奉中央执行委员会二十五年五月八日，忠字第五二六四号通告：为准内政军政训练总监三部函送二十五年壮丁训练实施纲要施行程序一案；饬即遵照办理，等因。该项程序内，规定将公民训练归并于壮丁训练，统由各省市国民军事训练委员会办理，并叙明如设有民众训练委员者，应即归并合作，免致纷扰，是公民训练应合并于壮丁训练之中，由各省市国民军训会办理；惟公民训练，系奉前中央民众运动指导委员会饬办之件，究应如何归并之处？因无钧部明令，不敢擅专，曾一再分别呈请鉴核，未奉批示，对于公民训练，只得照旧进行，殊四川省政府竟节外生枝，组织民众训练委员会，依照上项通告规定，凡有是项名目者，均应归并于国民军训会之内，川省素无是项名目，而特为组织不特反滋纷扰，且与通告之规定相冲突，准函前由，拟将公民训练交由四川国民军训会，归并于壮丁训练中办理，至四川省政府组织之民众训练委员会，拟请转函内政军政训练总监三部明令停止活动，用免纷歧，是否有当？理合检同各种表式单一纸，成都市剪报一份，具文呈请钧会鉴核，并祈迅予指令祗遵！

谨呈

中央民众训练部

附呈四川省公民训练委员会各种表式单一纸，成都剪报一份。〔略〕

四川省党部特派委员会　扩　情

中华民国二十五年一月十七日

（2）中央民众训练部致四川省党部公函稿（12月16日）

公函　第　　号

准呈略称：准四川省公民训练委员会函：为汇送工作总报告，请转呈核示一案，呈请鉴核示遵。等情；准此，查该会推进四川省公民训练情形，尚无不合，惟所称公民训练与壮丁训练合并一节，仍应静候中央核定社会军事训练方案后施行，前据该会齐代电，业经函四川省政府及贵部转知遵照在案。相应函复即希查照为荷？此致

四川省党部

中华民国二十五年十一月十七日

〔国民党中央民众训练部档案〕

5．国民党中央民众训练部工作报告（战前部份）①

（1938年3月）

中央民众训练部工作报告

一、总述

本党第五次全国代表大会于中华民国二十四年十一月国难严重之时举行，全体代表深感全国民众必须有极坚强之组织与极严密之训练，始能齐一心志，集中力量，以复兴民族而挽救危亡，因授权中央执行委员会，变更中央组织，恢复部长制度，设立民众训练之最高计划指导机关，以集中事权而统一指挥，本部乃于二十四年十二月十七日按照组织条例组织成立，开始工作，迄今已两年又三月矣。在此两年三月中之本部工作，可分为三个时期叙述。

① 本件系摘自1938年3月国民党中央民众训练部向临时全国代表大会的工作报告。

第一时期自本部成立时起至二十五年七月五届二中全会止，为时共计六月。本期内之本部中心工作，在树立民训工作之基础。首先遵照中央指示，体察实际情形，制订民众训练工作大纲，呈经中央常会通过后，即根据大纲，再详订实施方案，以为推动民训工作之准绳，其次即举行全国人民团体总视察，以期深切了解全国人民团体之实际状况，奠定民训工作之推动基础。第一时期内，本部同志之工作精力多集中于此二点。

第二时期自二十五年七月二中全会起至二十六年七月卢沟桥事件发生止，为时刚一周年。在此一年中之本部工作，悉遵照五届全国代表大会决定之原则，一、二次全体会议之决议及本部厘订之民训工作大纲，与举行全国人民总视察所得之结果，按步就班，赓续进行。二十六年一月三中全会后，本部部长虽有更迭，然工作步骤未加变动。民众组织方面，以健全各种人民团体之组织为原则，并切实推行大纲中所规定之实施要点，务使本党同志，恪遵党员守则，深入各种团体以师保之精神，负艰巨之责任，使民众由亲爱本党，信任本党，而树立本党革命建国之基础。民众运动方面，以培养民族精神，充实民族力量，泯除民众纠纷，增进民众福利为原则，并领导人民实行新生活，参加国民经济建设运动，协助地方政府举办地方自治为共通工作。一年中之工作可例举而数者：如特设人民团体登记室，负人民团体组织及纠纷登记之责，以期健全人民团体之组织；如规划全国社会军训中政治训练，以期增进民众之民族意识，激发民众之爱国精神；如筹划训练全国青年，矫正过去之错误，增强今后之力量；如创立自作自折制度，废除剥削压迫工人之工头包工办法，以贯彻本党劳工政策之目的，凡此种种，皆本部一年中所黾勉从事者，惟以时间环境之限制，或初引端绪而未竟全功，或刚树规模而中道停迟，本部正拟排除困难以推行，而卢沟桥事件发生矣。

……

二、一般工作

本部成立伊始，深感过去全国民众训练工作，或为现行法规所拘，或为特殊事实所限，虽经各级党部之努力策动，终未达预期之效果，爰节遵照中央通过之民众训练工作大纲，订定民众训练工作实施方案，关于各种人民团体之分类及其任务，力求切合事实之需要，其筹备程序，组织形态，训练要旨，指导方式，以及各团体之中心工作事项，均有更精详明确之规定，呈报中央常会核议，并经各委员之指示，一再修正呈请，未蒙通过施行，以至本部对于民众工作，仍依现行法规指导，未能作更积极之努力，而得更进步之成效。以后应事实之需要，订定各项重要法规，俾下级党部得有遵循，民训工作趋入正轨，使全国民众对本党信仰，益趋坚定。虽有成效可睹；但各项人民团体，仅有静的成绩之表现，迨全面抗战开始后，仍感本党对于民训工作，未能达到预期之目的，而收圆满之效果，此亦未可讳言者也。

兹特将本部成立迄今之一般工作，择其重要者，分述于下：

甲、关于法规编订事项

（一）拟订民众训练工作大纲

本部成立后，鉴于全国之人民团体，在本党领导之下者，固属多数，而确有反动势力之背景，或供不良分子利用者，亦所在皆有。际此国家之最后关头，亦即本党建国之最后阶段，国内政治，既定期召开国民大会，将日趋于民主政权之建立，而外交情势又极严重，终不免与日寇出于一战。健全人民团体之组织，确立本党的领导权，实为急不容缓之事，特订定民众训练工作大纲，其内容对于确立领导权的方式，以及工作实施，工作领导各项，均有详切之规定，经呈准五届中央第四次常务委员会议议决通过。惟以此项大纲，具有秘密性，未向党外公开颁布施行。

（二）拟订推进边远省区民训工作原则

本部以边远省区，或地处僻远；或民族复杂，或情形特殊，对于普通民训法规，难期适用，特拟订推进边远省区民训工作原则。其重要方针有三：（1）指导各民族之人民认识中华民族之整个民族性，养成强固坚实之整个中华民族意识，绝对不受帝国主义者及其他野心家之挑拨离间与分化作用；（2）指导各民族之人民，认识中华民国之整个立场，养成一致爱护中华民国之确定信念，绝对不受帝国主义者及其他野心家之挑拨诱惑与分化作用；（3）指导各民族之人民，逐渐提高其文化程度，改良其生活形态，其他关于工作方式及经费等项亦均有规定。

（三）订定商会及工商同业公会章程准则

自法币制度推行后，国民经济已有坚固之基础，商民团体之组织，亦以经济的关系，日趋严密。本部为便利各地党部指导商民团体起见，特订商会章程准则，计七章，共四十七条，专供各地商会订立章程之参考；工商同业公会章程准则，计七章共四十三条，专供各地同业公会订立章程之参考。是项准则系二十五年七月，由本部会同实业部拟订，二十六年四月，本部复加修正，以期推行尽利。

（四）订定不加入同业公会及不缴纳会费之公司行号制裁办法

查各业商店，本应依法加入本业同业公会，但有少数商民或不明公会组织之意义，或不愿接受团体之拘束，首倡者一人不加入，效尤者则继之而退会，如不设法制裁，影响商运至巨，爰特订定制裁办法，其要点如下：（1）未加入同业公会之商店，先限期着令加入，不加入则警告，不接受警告，则呈请主管官署罚办，重者勒令停业。（2）不缴纳会费之同业，先劝告，次警告，最后则呈请主管官署罚办，已于二十五年七月，颁布施行矣。

（五）确定社会军事训练中政治训练指导方案

查前中央民众运动指导委员会为提高民族意识，锻炼国民体格，于二十四年三月颁行公民训练实施纲要，通令各省市党部一律遵行。二十五年训练总监部依据兵役法，施行社会军事训练，以公民训练与社会军训颇多类似，呈奉中央核准合并整理。本部亦以公民训练与社会军训，名称虽异，目的则同，有统一办理之必要。惟社会军训之实施，关系国家民族前途至大，故划分社会军训为军事、政治二部，党义、公民等项归纳于政治训练，为统一办理起见，复规定政治训练由党部指导，此项办法，迭经与训练总监部磋商，并提经军事委员会召集之高级审查会议通过，复经行政院核准试办一年在案。本部爰根据社会军事训练实施纲要中之规定，拟订社会军训中政治训练指导方案，呈准中央通过，并令发各下级党部遵照。

（六）拟具宗教团体组织原则

查宗教之在吾国，如佛、道、回等教，均具有悠久之历史；外来宗教，如天主、耶苏等教，又复各恃条约以为护符，在社会上各有其相当之潜势力。民国十八年以来，本党对于宗教团体之处置，以不提倡、不禁止之态度，为消极之应付；监督指导方面，迄无单行法规藉资准绳。而各团体之现象，以致派别纷歧，紊乱不堪，加之华北事件以还，一般汉奸，每藉宗教团体之名，深入内地活动，不加预防，至堪忧虑。本部为适应环境起见，特拟具宗教团体组织原则，以便处理宗教团体之立案及纠纷之调解有所遵循，当经呈请中央核准施行在案。

（七）颁发中等学校公民教育研究会规则

查全国中等学校公民教育，以培养健全公民为任务，所有训育主任暨公民教员，对于该项教育之基本理论与实际问题，自应时加探讨，以求推行尽利，特制订中等学校公民教育研究会规则，俾得从事组织，进行研究。其内容关于中等学校公民训练、公民课程，以及学生活动调查统计等项，均经详细规定。除令发各省市训育主任公民教员资格审查委员会遵照办理外，并分函各省市党部指导进行，嗣据各省市党部先后呈报，已多数筹备成立矣。

（八）订定全国中等以上学生暑期服务办法

本部深感中等以上学校学生，在暑假期间，应有社会服务之机会，于二十五年曾拟订中学以上学生暑期服务工作纲要九项，分电各省市党部及函教育部、新运总会转饬所属，斟酌当地实际情形，拟具实施办法，并予切实协助，以期推行顺利。二十六年六月，蒋委员长发表大学生应深入农村服务之说论，建树复兴民族之基础，舍此莫由，本部因再订定中等以上学生暑期农村服务工作纲要，函请有关各机关，一致推行，同时并分函各省市党部，指导中等以上学生党员积极从事农村服务工作，以示提倡，并应站在领导地位，注意各方言论行动，使全国青年意旨趋于一致，共谋民族之复兴。

（九）订定中等学校训育主任公民教员审查登记等法规

查全国中等学校训育主任公民教员，负有推行党义教育及陶铸青年思想之重责，自应举行审查，考查其学行，俾能作青年之表率，经订定中等学校训育主任公民教员资格审查条例，中等学校训育主任公民教员工作成绩考核办法。并修正训育主任公民教员资格审查委员会条例，及登记办法工作大纲等，并案呈报第五届中央第六次常务会议通过施行，并指导全国各省市训育主任公民教员资格审查委员会重行改组，从事实际工作，按期呈报工作概况，听候审核。

（十）订定参加各特种社团活动人员工作纲要

查全国特种社团，种类繁多，份子复杂，活动目标各有不同。本部特订定参加该项团体活动人员工作纲要，计九条；同时并订定本党同志参加特种社团活动办法，其要义系站在本党立场，考察各该社团之性质，及重要负责人之行动。此项办法，属秘密性，未向党外公开颁行。

乙、关于民运指导事项

（一）变更河北省人民团体章程之手续案

暴日窥伺华北各省市，欲假借小故，扩大事态，造成河北省特殊情形，当经行政院来函，为据河北省政府呈以该省具有特殊情形，关于变更人民团体章程之手续，应免办理，请鉴核一案，函请查照见复，经函复准予免除，惟此后关于该省人民团体章程，经该省政府复核后，仍须呈由行政院转送本部鉴核备查。

（二）派员招待各省市专科以上学校代表暨学生代表来京听训案

行政院蒋院长定期召集全国专科以上学校代表暨各大学学生代表，来京听训，本部以事关重要，事前分别密电各省市党部注意其人选，届期本部派员会同教育部组织招待处，并随时宣谕中央忍辱负重准备御侮之决心。迨蒋院长训话后，上下意旨，业已贯通，无不满意，青年拥护政府之心，益趋坚定。

（三）派遣国际劳工大会我国出席劳方代表

我国出席国际劳工大会劳方代表，过去各届之派遣办法，系分区域遴选，但以每届改派，对于各项情况，每多隔阂，且在大会时以情形生疏，无活动之余地，本部特订定国劳代表派遣办法，自第二十二届起，规定代表任期，得连任三届，俾收驾轻就熟之效。其顾问秘书人选，仍可每届重行物色，不受规定之拘束，上项办法业经中央核准有案。

（四）组织各铁路职工教育委员会

本部以各铁路工人，人数众多，对于职工教育之实施，过去归铁路路局及党部主办，终以事权之不统一，收效未宏，特制定各铁路职工教育委员会组织规则，会同铁道部令饬京沪、沪杭甬、津浦、平汉、粤汉、胶济、陇海、正太等七路，成立职工教育委员会，其委员人选除本部及铁道部派员外，各路局负责人为当然委员，再由各该路党部工会各推兼委员一人，共为五人，各路成立委员会后，对于职工教育之实施，均积极努力；对于职工之特殊训练，如军事训练等，亦均详订计划，按步推进。

（五）指示各省市党部在国民大会前无关选事之人民团体仍应依法改组改选案

案准南京特别市党部函请核示在国民大会前，无关选事之人民团体，是否一律暂停改选一案。查在国民大会前，有关国选之职业等团体，自应遵照规定暂停改选，至无关国选之公益慈善等团体，仍应依法改组改选。除函复南京特别市党部外，并通函各省市党部知照。

（六）政府对于党部已经核准备案之人民团体章程认为有变更必要时，须先征得党部同意案

案准行政院函：为政府对于党部已经复核备案之人民团体章程认为有变更必要时，先征得党部意见一案。兹据河北省政府呈以民众团体经党部指导组织后，事实上每多蔑视法令，不受政府监督，取缔碍于党部之许可，放任又为势所不许，据情请查核见复到部。当以人民团体应受党部之指导与政府之监督，法有明文，人民团体倘有蔑视法令、行动越轨之处，政府尽可商同党部，依法实行其监督权。经以此意见，一面函复行政院转饬知照，一面函达湖北省党部对于人民团体之行动，随时注意纠正。

（七）规定人民团体组织范围及于全国或超过一省市者应补行呈报备案手续

查人民团体之组织，有普及全国者，有超过一省市者，其活动之范围，不限于某一地区，其参加份子，亦散居各方，有时且须在各地设立分会。本部为谋统一指导及各级党部办事便利计，自应由中央核准备案后，予以直接指导，或委托当地高级党部代为处理。但以过去中央曾经主张将各项团体，划归当地高级党部指导管辖，因此组织范围普及全国，而未尽中央核准备案之人民团体，在在皆是。兹为划一事权，并明瞭各该团体之实际情形起见，特函令各省市党部转饬该项人民团体检具章册等件，补

行备案手续，以符功令。

（八）指导津浦铁路工会改选案

铁道部直辖津浦路工会第二届理监事，任期早经届满，延不改选，致失该路工人之信仰。本部迭据该路工人暨各分会呈请，并经派员调查属实，认为各理监事任期既经早满，自应依法改选，令饬该部党部遵照依法办理，至改选时，本部为慎重起见，并派员出席指导，以免纠纷。

（九）指示湖北省党部重行划分武昌汉阳行政区域人民团体管理办法案

查湖北省党部以武昌汉阳行政区域重行划分，对于人民团体名称之变更，颇感困难，请详为指示一案。查人民团体之设立区域，应以县市行政区域为区域，武昌市、汉阳县之行政区域，既已重行划分，则所有人民团体，应依照现在行政区域重行组织或改组，分别改正名称，以符法令，当即函复该省党部查照。

（十）指示海员特别党部对于轮船业同业公会之指导问题

案据中华海员党部呈请海员党部可否指导轮船业同业公会一案，查同业公会之指导与监督，既属地方党政机关，该轮船业，虽与海员同属海上交通关系，但依据工商同业公会法组织之轮船同业公会，其指导机关自应属于地方党部，令饬中华海员党部分令知照。

丙、关于纠纷处理事项

（一）处理河南手工卷烟业工会存废问题

查河南各县手工卷烟业工会，财政部以妨碍税收，决定立予解散一案，经本部呈奉中央会议决定“暂维现状，徐图改业”在案，惟财政部仍坚持成见，再三商请取缔，本部复以此种卷烟依法纳税，其工人依法组织工会，财政部只以维持税收，忽视民众生计，权衡轻重，似非所宜。再行派员与财政部会商，当以河南地方党政当局，以此种卷户，遍布全省为数甚大，确不欲立予撤销，致令大多数民众失业，而妨害社会安宁，故财政部虽决意撤销，地方政府亦将有所顾虑，不愿执行。况河南在华北地位之重要，际此国难时期，尤当仰体中央安辑流亡、绥靖地方之至意，仍令该卷烟工会暂维现状，惟改业时期，规定为三年至五年，以全财政部之威信，经呈准中央核准。并派员调查实况，作指导改业之参考。

（二）处理平汉铁路工会纠纷案

案据平汉铁路特别党部呈为该路郑县、江岸继续发现非法组织，应请转函铁道部迅饬解散，并将摧残党务破坏工运之局长陈延炯撤职查办一案，本部当以国难严重，平汉路地位重要，万不能发生工潮，影响交通，当经拟具解决办法四点：（1）函铁道部令平汉路局明令解散非法工人组织；（2）路局滥用职权，擅令逮捕党员应予惩戒；（3）黄某被殴案应由司法解决；（4）被殴案未经解决前，不得藉词开革员工。一面呈请中央核准，一面令饬平汉路特别党部查照办理。

（三）处理湖南第一纺织厂罢工风潮案

查湖南第一纺织厂工人，因要求修正该厂所订工人待遇暂行章程，改良工人生活，迁延数月，未获解决，至演成罢工风潮。省府以该厂系省营产业，应依国营产业之规定解释，不得怠工罢工，当即封闭工会，逮捕工人，形势日益严重。本部为消弭纠纷起见，特派训练委员伍仲衡遄行赴湘，会同当地党政机关，于发展生产原则之下，兼顾劳工福利，妥为调处。结果，决定办法六项：（1）请中央及实业部派员分别报告中央党部与实业部，并严重指示工人罢工行为之错误，须查办首要；并警告以后不准有怠工或再罢工情事发生；（2）委员长电令严厉镇压工潮，应遵照办理，由省党部、省政府分别令行县市党部与政府及各工会切实遵照；（3）请中央及实业部派员赴厂训话；（4）厂务之整顿得设改进委员会以审议各项应行改进之事宜；（5）工会由省政府函请省党部派员整理；（6）工人请求各项送改进委员会研究之，后经本部派员向工人剀切训话后，即行复工，罢工风潮，遂告平息。

（四）处理武昌纺织业产业工会纠纷

查武昌纺织业产业工会之纠纷，历时经数年之久，未能得根本解决，其重要症结，在指导机关之不统一。最近该工会常务理事复以任期届满，自动呈请改选，依法似可准如所请，惟在纠纷未解决前是否不致以选举而使纠纷扩大，殊属疑问。本部为谋该案早日解决起见，曾拟定办法三项：（1）函湖北省党部依法积极指导该工会；（2）训令该工会服从湖北省党部之指导；（3）限湖北省党部在二个月内将该工会纠纷调解清楚，再行定期改选，如逾期不能解决，即将该工会解散。根据以上各点，分别函令有关机关妥慎进行。

（五）处理引水管理问题

案据中华海员特别党部暨中国长江镇江总会呈请撤销上海引水管理委员会，将国人领江划归交通部管理，并请先行制止上海引水管理委员会掉换执照等情，本部为慎重起见，函请行政院查核办理。嗣准函复：查引水管理暂行章程，曾经国民政府于二十二年九月核准照办，上海引水管理委员会即系依据该章程第一条之规定而产生，至于引水事权之主管问题，前经交通、海军两部及参谋本部，详加讨论，最后决定以引水事务划归财政部主管，引水人执业证书应于每年七月一日换发，亦为新旧章程内所明定，均未便遽予变更。至该引水团体，恐上海引水管理委员会于换照时，加以排挤一层，已由本院令饬财政部于换照时特别注意，并饬对于华籍引水人员务予保障等由。本部复令行中华海员党部转饬知照。

（六）处理蚌埠河下粮杂驳运工人纠纷

查蚌埠河下粮杂驳运工头高某等，巧立名目，剥削工人，数十年工人所缴之保存金等款项，数达十万以上，近来工人以迭遭荒歉，农村破产，商业萧条，生活日形困难，乃推代表向工头请求准将保存金发还若干，以解倒悬。工头不但不允，反开除代表等工作，并工会会籍，计先后被开除者达二十八家，被开除之工人，迫于生计，群起控告，无如当地政府，俱受工头蒙蔽，迭次呼吁，卒无效果，以致纠纷年余，未能解决。本部据该业工人推派代表徒步来京，沥陈前情，当经派员密查，为彻底解决纠纷计，并将该业工头制撤销，拟定工人自作自折制办法，一面函请安徽省政府令饬蚌埠公安局切实执行，一面由本部派员会同安徽省党部，前往整理工会，力求自作自折制之实行，逾时两月，即将工会整理完成，自作自折制亦推行顺利矣。

（七）规定消弭工潮办法

案查近来上海等地，时有工潮发生，对于民族工业，国民经济，社会治安，影响颇大，各省市亟应预为防范。本部应事实之需要，特规定办法两项：（1）各省市党部对于劳资纠纷，应事先设法消弭，争议既起，应指示合法途径，以求迅速解决；（2）各省市党部应令饬各工商团体对于劳资争议事件，非经调查无效，不得动辄以停工罢工相要挟，致使劳资双方同受其害。上项办法通函各省市党部查照办理后，工潮日见减少。

（八）函请行政院转饬财政部从速救济江苏仪征县十二圩失业盐工之生计

查江苏省仪征县十二圩地方，为运盐工人丛聚之所，自财政部督令盐商，改为轮运后，该处已年余无盐停留，全部盐工失业，时有抢掠之事发生，影响治安甚大，若再无盐经过，则其危险更不堪设想。迭经与财政部磋商，期与国计民生，两有裨益，曾准财政部函复：“关于失业盐工之救济问题，已在积极筹办之中，原定以组设工厂及移民就工两项为治本，督商赶办帆运为治标，经呈奉行政院令准备案，并函请中央政治会议秘书处查照转陈在案。工厂一项，已据两淮盐运使呈报拟在圩地先设规模较大之麻袋工厂，容纳失业及自愿改业之盐工，致移民就工一项，拟在盐区内筑路浚河建堤等类工程，足以容纳多数工人，对于船户，亦拟酌给津贴，俾资改业”等由。但以逾时两载，未见实行，以致该地社会秩序之不安，日趋严重。本部因再查函请行政院转饬财政部从速妥筹救济办法。

（九）派员指导组织安徽马鞍山铁矿业产业工会

案查本部自二十五年三月间接准中央秘书处密函：为日人在芜湖收买流氓，密谋扩张潜势力，又马鞍山、腰铺，均有轮船码头，专供日人运售铁砂，其工人约千余，而籍贯均属冀鲁，以掘矿窑为生活，一旦战事发生，此项工人，若不预事防范，恐为日人利用等由。当即遴派委员会同安徽省党部前往调查，嗣据报称：日人在芜有特殊经济势力，而该地之劳工群众又系客籍，早有汉奸活动之传说，尤以马鞍山铁矿及裕繁砂矿等区，殊堪隐忧，该矿等所有生产均受日人支配，无知识之工众，民族思想自甚薄弱，若不予以部勒，甚恐发生意外，且密迩首都，影响治安尤巨，似有派员指导其组织工会之必要。本部根据此项报告，爰订定马鞍山铁矿业产业工会组织指导员办事处规则，派员前往指导，将散漫之工众，成一系统之联合，开始筹备后，工作尚属顺利。

（十）规定处理人民团体纠纷办法

查各省市人民团体，时有纠纷发生，甚至迁延经年，不克解决。本部所派各省市视察员，到达各地后，对于此项案件，每多不加调查，附具解决意见，仅将纠纷概况，呈报到部，以致无从处理，因规定处理办法两项：（1）凡各人民团体之纠纷案件，能就地调处者，将纠纷详情及调处意见，呈准本部后，即商同各关系机关，就地调处之；（2）凡人民团体之纠纷案件，如经县市省各关系机关，调处不成，以致久悬不决，实有不得不呈请中央者，应先详查纠纷经过及其症结所在，签呈意见，呈部核办。

一般工作略如上述，其他如全国各级人民团体之许可组织，审查章程，指导成立，准予立案等类事极繁重，但属日常工作性质，无列述之必要。次如法规解释，在本部成立之二年时间内，已积有二百余件之多，业经汇印民运法规解释汇编一册，连篇累牍之件，似亦无列述之必要。再次如纠纷案件之处理，虽已列举如上，但不及全部百分之一，盖以平时关于此项纠纷案件，所耗人力至巨，其所以层见迭出者，其重要原因有二：（1）经济的：世界经济衰落，国内又迭遭灾害，一般社会经济，不克充分周转，以致生活指数日见高涨，劳工工资反形减低，工界为谋自身利益，酿成怠工罢工情事，迁延不决，殃及劳资双方，地方当局口舌周旋之仲裁办法，终难达根本之解决，不得不诉请中央加以处理。（2）政治的：重要商埠中之人民团体，每有政治作用之派系，从旁策动，以致一部分群众倾甲，另一部分群众则拥乙，各为系统，各有立场，互相倾轧，互相控告，甚至故意造成事端，作为纠纷之张本，以致一波未平，一波又起，无论如何公正解决之办法，终不易推行尽利，因有少数不良份子，假藉名义，从中作祟，其结果予反党者以口实，失民众之信仰，本党整个民训工作，未得良好收获，此亦原因之一也。

本部对于一般民训工作，概言之，以健全各种人民团体之组织，确定党的领导权为主旨，同时对广大之民众提高其民族意识，激发其爱国思想，一切纠纷案件无不仰体中央公正之态度，作适当之处理。至关于人民团体之统计数字，以重要都市陷入战区，未便调查，故从略。

三、特殊工作

上节所述，为本部一般工作之概况，此外如人民团体之视察及登记，合作事业及地方自治之指导，国民体育之倡导等工作，在本部内均另设科室或委员会办理，兹分别叙述其工作于次：

（一）举办全国人民团体总视察

全国人民团体，自民国十九、二十年间陆续依法成立后，其组织健全者固多，而徒具空名，工作不力，或内容复杂时起纠纷者亦属不少。本部负本党领导民众之责，自应积极从事视察指导，俾臻完善。故本部于第五届全国代表大会后开始工作之际，即行拟订全国人民团体总视察办法，全国人民团体总视察办法施行细则等法规，以为实施总视察之依据。民国二十五年一月，总视察办法经中央第四次常务会议核准后，乃即从事各项准备，并派定视察人员。是年四月，准备完竣，各视察员乃先后出发，历时数月，方告完成。计共得视察总报告二十二份，团体调查表格二万余份，当即指定人员从事整理，分别编订各省市及海员铁路等人民团体概况若干册，陆续付印，以作今后指导各地人民团体之准绳。兹将办理全国人民团体总视察之经过，分别叙述于左：

1．视察区域之划分。全国各地，有情形特殊者，有地域辽远者，划分区域，颇见困难，为便于视察起见，暂分为江苏、浙江、安徽、江西、鄂汉、湖南、四川、河南、山东青岛、晋绥、陕甘、青海、福建、广东、广西、云南、贵州、宁夏、新疆、上海、南京、广州等二十二区。

2．视察任务之分配。区域既定，而视察工作又因人力、财力、时间及地方情形之关系，不能不分别办理。凡交通便利，本部财力可以负担之区域，由本部派员会同各该地党部视察之，计有江苏、浙江、安徽、鄂汉、上海、湖南、福建、四川、河南、陕甘、江西、南京等十二区。凡交通不便，或情形特殊之区域，由本部指定各该地党部派员视察之，计有山东青岛、晋绥、青海、广东、广西、云南、贵州、宁夏、新疆、广州等十区。此外，九一八事变汉沦陷之各区，及河北、北平、天津等有特殊情形之省市，由本部密派熟悉当地情形之同志，秘密视察之。

3．视察员须知及表格之厘订。全国人民团体为数众多，性质不一，故于视察之先，订定视察员须知一项，举凡视察意义，视察事项，视察方法等，一一胪列，俾视察员得随时注意。至各团体之名称、沿革、成立日期、负责人姓名、工作概况、经费情形等等，则另定调查表格，按表填注，以期统一。

4．视察员之工作概况。以上准备既毕，本部乃于二十五年四月间，依照规定派员及函告各省市党部分别视察，各视察员均能努力工作，有月余即行竣事者，有历数月方告完成者，计共有总报告书二十二份，表格两万余张，先后送呈本部。

5．视察报告之整理。视察报告及表格陆续呈报后，本部乃规定整理办法，并成立人民团体总视察报告整理室，派员从事整理，以各省市县之名称为经，以农、工、商等团体之名称为纬，分别编订各省市人民团体概况，及全国人民团体数量统计，历时数月，方告完竣。遂于二十五年底将江苏省人民团体概况先行付印，其余各册，亦在准备印刷中。

（二）办理全国人民团体登记事宜

本部历年对于核准备案之人民团体，向未从事登记，并作有系统之记载，致团体数量，难有确实统计，每欲考查各种团体情况，时有调卷参阅之烦。且自全国人民团体总视察工作完竣后，团体数量日见增多，尤非专设机关，从事登记，不足以备重要之参考。因于本部内设人民团体登记室，直属于本部秘书室，以掌理其事。该室设立后，迄今将及一年，凡两年来本部所核准备案之人民团体，均经分别登记，陆续在本部公报上发表，其他两年前业已成立之团体，亦经陆续整理，制成检查卡片以资参考。

（三）策进全国合作事业

合作事业，本党夙所重视，民国十七年中央根据总理遗教，列合作运动为训政时期七项运动之一。惟数年以来，对于此项运动，仅着重于宣传，向未设立指导机关，以资推动。本部成立后，因感于全国合作事业，虽日见蓬勃，而理论纷歧，系统紊乱，不得不力谋调整，予以适宜之指导者，当即呈请中央，在本部内设立合作事业指导委员会，经本届中央第七次常务会议决议通过。兹概述该会两年来之工作概况于左：

1．厘订指导合作运动纲领。本纲领为规定党部指导合作事业要项，及党部与政府间指导合作事业之分际，内容分训练党员，指导民众，设立机关，及合作组织指导办法等四项，经中央第二十一次常务会议通过施行。

2．设立省市党部合作事业指导委员会。各省市党部对于合作事业之指导，向未专设机关办理，遂致责任不专，事业鲜有进步。兹为促进该事业之发展，因于各该党部内组织合作事业指导委员会，以负指导之专责，经中央第二十六次常务会议将该项指导委员会组织大纲通过后，即由本部督促施行。迄二十六年春间，各地党部大都将该项委员会设立完竣，从事工作矣。

3．筹办合作函授学校。合作事业应由专门人才办理，实无疑义。故欲求事业之普遍发展，非造就合作事业之大量人才不为功。本部有见及此，因在合作事业指导委员会内，筹设合作函授学校，其章程业于二十五年十二月订定施行，旋因经费问题，未得解决，致未有成效。

4．通令全国党员参加合作运动。本党党员，数逾百万，且多智识份子，若能参加此项事业及运动，其有助于全国合作事业之发展，必无疑义。因拟具党员参加合作运动办法，经中央第二十一次常务会议通过后，通令各级党部遵行矣。

5．奖励人民团体附办合作事业。全国人民团体，为数众多，其有能力举办合作事业者，亦颇不少，因特订奖励办法，以资鼓励，业于二十五年十一月通令施行。

6．发行合作旬刊。本项旬刊，内容分合作理论及合作消息两栏，于每月一号十一号二十一号，分别刊载于中央日报，二十五年十二月起发行创刊，迄卢沟桥事变发生后，因该报缩小篇幅而停止。

7．举办合作通迅。本部为明瞭全国合作事业之推进情形，及各地合作组织状况以为设计指导之基准起见，特举办合作通迅，以各地合作指导人员及合作社负责人为合作通迅员，在一定期间，以普通书面形式，从事通迅，并订有合作通迅办法，以作准绳。

（四）指导各省市提倡国民体育〔略〕

（五）推进各省市地方自治

总理于遗著中，规定训政时期推行地方自治，中央对此项工作亦历有决议，并曾拟订关于地方自治之各种条例规章，颁发各级党部遵照施行。惟各级党部多未能切实指导，而各地党员及民众未能普遍参加，至训政之期限将完，而自治之成绩殊少，中央第五次全国代表大会时深觉地方自治工作必须从速努力完成，藉以促进经济之建设，增强御侮之实力。故于中央另设地方自治计划委员会，俾能增加此项工作之效率，而于指导方面，仍由本部负责指导，各级党部切实推进。数年以来，于指导地方自治之各种条例规则渐见完备，工作亦较前顺利而有进展也。兹将本部所拟订关于地方自治之各种法规，分述于后：

1．厘订省市地方自治推进委员会组织条例。各省市地方自治指导工作必须党政两方取得联系方能收分工合作之效。本部有鉴及此，特拟订此项组织条例，规定省市地方自治推进委员会内党政两方及社会人士委员之人数，并规定工作范围，划分工作责任，俾各地依此鹄的，能顺利推进各省市之地方自治工作也。

2．厘订省市地方自治推进委员会工作纲领。为正确定省市地方自治推进委员会之工作方针，俾各该会工作进行有所依据，特拟订此项纲领，规定工作原则、工作方针、及工作实施等项，俾委员会依据纲领，推进工作，庶不致头绪纷歧，各行真是也。

3．厘订指导各省市地方自治推进委员会工作办法。本部为明了各省市自治推进委员会之工作情形，及沟通中央与地方对地方自治工作之意见，特拟订此项办法，规定各该会每月所作之工作，应向本部呈报所拟之各种法规章则或计划等，均应呈部审核。而各该会工作上所发生之疑难或隔阂，亦可由本部解释并调整之，则中央与地方之间，不致上下阻隔，而可加强工作之效率也。

4．厘订省市地方自治推进委员会每月报告纲要。为求各省市地方自治推进委员会每月报告之格式趋于一致，故拟订此项纲要。其内容分设计事项、审核事项、指导事项、社会调查事项、自治宣传及编辑事项，自治人员之训练事项，自治实验事业进行概况，以及工作人员之考核与推进工作之困难等均有详细规定，俾各依此标准按月填报，曾通函各该会遵照办理矣。

四、抗战时期工作〔略〕

五、结论

五届全国代表大会后之本部工作，已概述于上，其各项设施之成绩，似未能适合预定之期望，而自全国抗战以来，各地民众动员，亦急切未能适应战时需要，如是更感平时民众训练工作之不足。此固不能以时间环境人力物力之限制，为推卸过去之责任；但此后应如何集中人才与物力，扫除过去推行之困难，发挥战时民众动员之最高效率，以达到预期之目的，均急待大会之研讨。本部爰胪陈事实，以求大会之审核与指导。

〔国民党中央民众训练部档案〕

6.国民党中央民众运动史概略

（1938年）

本党之民众运动，见于党章具体规定者，启端于民国十二年第一次全国代表大会，决定中央设立农、工、商、青年、妇女各部，民运工作，于焉发展，而于十四年广州香港之罢工尤显威力。其时各种民众团体，均采国、省、县、市等系统之纵的组织，而归属中央各该部领辖。二次全国代表大会仍之。

然当北伐军事紧张时期，共产党员误解民运意义，全国人民蒙害甚巨，中央乃于十七年二届四中全会，重新订定各项原则及法规，取消对立组织，改设训练部及民众训练委员会，主管民运事宜。同年六月十四日，中央常会复通过民众训练计划大纲，将其组织系统纵横兼雇，并将其破坏之民众运动导入建设之民众运动。三全大会，撤销民众训练委员会，于训练部下增设民众训练处，并规定民运原则四端，其要旨如左：

（一）造成有组织之人民。

（二）增进农工知识与技能，并提高其社会道德，促进其生产力与生产额，而达到改善人民生计之目的。

（三）扶植农村教育，农村组织，合作运动，及灌输农业新生产方法。

（四）青年男女，应作成校内之自治生活，实行体育训练，提倡科学与文艺之集会结社与出版，奖励实用科学之研究与发明。

三届二中全会，乃依此方针制定人民团体组织方案，以为指导各种民众团体之根本方法。三届三中全会，复制定训政时期民众训练方案，将组织训练各原则，详细规定，组织法规，复由立法院依此原则分别制定，经国民政府公布施行。

四全大会，中央决议改训练部为民众训练委员会，对于民运方针，规定，（一）提高民众民族意识，增进民族自信力；（二）健全民众组织，推进地方自治，树立民治基础；（三）指导民众努力生产，发展国民经济。并将各种民众团体组织系统，略加修正。自此以后，各种民运原则及组织系统，遂臻完备。

五全大会后，民众训练委员会改为民众训练部。迨抗战开始，中央民训部连同中央组织部并成军事委员会第六部；旋军委会组织改变，又恢复中央民训部之组织；临全大会，乃决议改组为社会部。此为近年中央主管民运机关之变迁情形，而于民运方针，则仅有技节上之修正或补充，并无根本改革之点。然自抗战以还，本党对于民运工作，显然呈现不足适应战时之需要，本届四中全会，乃有由最高国防会议颁布战时人民团体组织纲领之决议。至以目前全国经组成之人民团体，据中央社会部调查所得，约如下表所列：

团体种类		名称	数额	备注
职业团体	农民团体	省农会	二	共有会员三四六八一〇〇〇人
		市农会	四	
		县市农会	七一五	
		区农会	三三九一	
		乡农会	二八〇六四	
	工人团体	中央直属工会	二	共有会员一五三〇八三〇人
		县市总工会	一〇二	
		各业工会	三〇〇一	
		铁路工会	一一	
	商人团体	省商会联合会	七	
		市商会	七	
		县市商会	一一八六	
		区镇商会	六三〇	
		同业公会	一三三八七	
	自由职业团体		三一六	全国各省县市合计
	学术团体	属各种自然科学者	八	
		属各种社会科学者	二二	
		属人文科学者	四	

续表

团体种类		名称	数额	备注
文化团体		属农工商技术研究者	六	
		属应用科学及医药卫生者	一七	
		属边疆垦殖研究者	六	
		属教育研究者	七	
		属一般学术研究者	八	
		属其他性质者	二八	
	文艺团体	属戏剧者	二	限于一地之文艺团体，多如春笋，故不在内。
		属电影者	一	
		属美术者	四	
		属木刻者	一	
		属音乐者	一	
		属歌咏者	三	
		属国学者	一	
		属其他者	一	
	国际文化团体	属中英者	一	
		属中法者	二	
		属中苏者	一	
		属中意者	一	
		属中暹者	一	
		属中波者	一	
		属中印者	一	
		属美洲华侨组织者	一	
		属一般团体性质及外交者	四	
	宗教团体	属佛教者	二	
		属基督教者	六	
		属回教者	三	

续表

团体种类		名称	数额	备注
		属孔教者	一	
		属其他者	二	
社会团体	学生团体	专门学校学生自治会	九一	
		中等学校学生自治会	一三九一	
	妇女团体	省妇女会	一四	
		县市妇女会	二六八	
	慈善团体	属中央者	一	
		属省市县者	七三四	
	公益团体	属中央者	四	
		属各省市县者	一六一六	
	体育团体	体育会 国术会 体育协进会	一五三	各省县市合计
	抗敌团体	属全国者	二〇	
		属各省市县者	七八五	
	救火团体	救火会		各省重要城市极为普遍
	教育团体	教育会 文化建设协协会		各省多已设立
	其他	新生活运动会		各省重要县市殆已普遍

〔国民党中央民众训练部档案〕

（二）国民党防范工人罢工的措施与各地罢工概况

一、国民党的工会组织法与训练纲要

1. 工会组织暂行条例①

（1928年7月9日）

第一条　凡年在十六岁以上，同一产业或职业之体力脑力男女劳动者，集合同一业务之人数，在四十五人以上者，得组织工会。

第二条　工会之组织，以各厂工会或区会为工会单位，以小组为组织基本。

第三条　凡有左列情事之一者，不得为工会会员：

一、有虐待工友，欺骗工友，查有确据者；

二、有反动言论行为，查有确据者。

第四条　工会之组织范围，以各该会所在地之行政区域为标准，其有特别情形者，得呈请中央执行委员会划定之。

第五条　各级工会，以各该级代表大会为最高机关，各该级代表大会闭会期间，以各该级执行委员会为最高机关。

第六条　组织系统：

全国总工会——全国代表大会——全国总工会执行委员会。

省特别市总工会——全省特别市代表大会——省特别市总工会执行委员会。

县市总工会——全县市代表大会——县市总工会执行委员会。

---

① 本件经国民党二届中央第一五四次常务会议通过。

各业工会——同业代表大会——各业工会执行委员会。

各区厂工会——全区厂代表大会或会员大会——各区厂工会执行委员会——分会支部——分会支部会员大会——分会支部干事会。

小组——小组会议——小组长。

区厂工会以上之各级工会，得组织监察委员会。

第七条　凡同一工作部份之会员，有五人以上，得成立小组，但每组人数，不得过二十一人。

第八条　分会或支部，在成立三个小组以上时，得召集会员大会或代表大会，成立分会，选举干事。

第九条　各厂工会及区会，在产业组织，以工厂为标准，职业组织，以同业为标准，凡成立三个分会以上者，得召集会员大会或代表大会，成立各厂工会或区会，选举执行委员及监察委员。

第十条　凡产业或职业组织之各工会，在同一区域内，成立过半数时，得召集某业会员大会或代表大会，成立某业工会，选举执行委员会及监察委员，但其系统仍属各该地之县市总工会或特别市总工会。

第十一条　全县或市或特别市之各业工会，成立三分之二以上时，得召集全县或市或特别市会员大会或代表大会，成立县总工会或市总工会或特别市总工会，选举执行委员会及监察委员。

第十二条　全省之县市总工会，成立过半数时，得召集全省代表大会，成立全省总工会，选举执行委员会及监察委员。

第十三条　全国之省总工会及特别市县工会成立在九处以上时，得召集全国代表大会，成立全国总工会，选举执行委员及监察委员。

第十四条　各级代表大会之组织法选举法及人数，由各该上级工会规定之；以会员人数之比例为原则。

第十五条　各级工会执行委员及监察委员之人数，视各该会情形规定之。

第十六条　工会之执行委员会，各厂工会或区会以上，设常务委员会，分会或支部设干事会，其人数视各该会情形规定之。

第十七条　各级工会内部之组织：

一、全国总工会设左列各处：

（一）组织处——掌理所属工会之组织事项，并促进或协助各地工人组织工会等事项。

（二）宣传处——掌理宣传并指导所属工会之宣传方针等事项。

（三）训练处——掌理工人之政治的、社会的、组织的、行动的各种训练事项。

（四）经济处——掌理工人在社会上之经济活动，及筹办各种合作社等事项。

（五）总务处——掌理一切文件、收发、交际、调查、统计、报告、庶务、会计等事项。

二、全省总工会及县总工会，其内部组织与全国总工会同；惟改处为科，所掌事务以各该会之组织范围为标准。

三、各厂工会或区会设左列各股：

（一）组织股——掌理分会之组织，并会员大会、转会、登记等事项。

（二）宣传股——掌理传达上级宣传与本会之临时宣传等事项。

（三）训练股——掌理分会与小组之政治的、社会的、组织的、行动的一切训练会员事项。

（四）总务股——掌理文书、收发、交际、调查、庶务、会计，及不属他股之一切事项。

四、分会或支部之一切事务，由干事分别担任之。

五、小组事务，由组长主持并执行之。

第十八条　各级工会之各处科股，得视事务之繁简，规定职员人数。

第十九条　特别市总工会之内部组织与省总工会同，其组织系统与县总工会同，但直属全国总工会。

第二十条　市总工会与县同，直属全省总工会。

第二十一条　组织工会，须由同一业务四十五人以上之连署，提出立案请求书，并附具章程及职员履历、会员名册各二份，经当地党部认可后，向地方官署立案。

第二十二条　呈请立案之工会章程，须载明下列各项：

一、名称及业务之性质；

二、目的及职务；

三、区域及所在地；

四、职员之人数、职权及选任、解职之规定；

五、会议之组织及选举法；

六、现在职务；

七、会员之资格限制及其权利义务。

第二十三条　呈请立案之会员名册，须载明下列各项：

一、姓名；

二、年龄；

三、籍贯；

四、经历；

五、住址或通讯处。

第二十四条　呈请立案之职员履历，除前条各项外，须增载下列各项：

一、党员或非党员；

二、工人运动经验；

三、现在职务。

第二十五条　为谋会员之福利起见，各厂工会或区会以上，得组织各项合作社、职业介绍所等。

第二十六条　为筹划合作事业与工人教育计，县总工会以上得设各项特种委员会。

第二十七条　各种工会章程及办事细则，由各该工会自订之。

第二十八条　本条例得适用于各项特种工会，但其组织系统另订之。

第二十九条　本条例如有未尽事宜，由中央执行委员会修改之。

第三十条　本条例由中央执行委员会议决，交国民政府公布施行。

〔国民党中央执行委员会秘书处〕

2. 特种工会组织条例①

（1928年7月26日）

第一条　本条例根据工会组织条例第二十八条订定之。

第二条　本条例所称特种工会，指下列五种工会；但其他产业工会，如中央民众训练委员会认为必要时，得呈准中央执行委员会列为特种工会。

一、铁路工会；

二、海员工会；

三、矿业工会；

四、邮务工会；

五、电务工会。

第三条　铁路工会系统如左：

① 本件经国民党二届四中第一五九次中央常务会议通过。

全国铁路总工会——某铁路工会——某路某段分会——某路某站支部——小组。

第四条　海员工会系统如左：

全国海员总工会——某埠海员工会——某船海员分会——某船某门支部——小组。

第五条　矿业工会系统如左：

全国矿业总工会——某省（区）矿业工会——某矿厂分会——某矿厂某门支部——小组。

第六条　邮务工会系统如左：

全国邮务总工会——某省（特别市）邮务总工会——某县（市）邮务工会——某区邮务分会——小组。

第七条　电务工会系统如左：

全国电务总工会——某省（特别市）电务总工会——某县（市）电务工会——某区电务分会——小组。

第八条　特种工会之全国总会，应参加全国总工会，并受其指挥。

第九条　特种工会之在省或特别市者，须参加省或特别市之总工会，并受其指挥。

第十条　特种工会之在县（市）者，须参加县（市）总工会，并受其指挥。

第十一条　依前三条之规定，特种工会之各级工会，得依工会组织暂行条例第十四条之规定，选派代表，参加各级总工会，有选举权及被选举权。

第十二条　特种工会各级组织程序及本条例未规定他种事项，得适用工会组织暂行条例之规定。

第十三条　特种工会组织条例之施行细则，由中央民众训练委员会另定之，其章程由各该特种工会自订之，但须呈报中央执行委员会核准备案。

第十四条　本条例未尽事宜，由中央执行委员会修改之。

第十五条　本条例经中央执行委员会议决，交国民政府公布施行。

〔国民党中央执行委员会秘书处档案〕

3. 工 会 法

（1927年10月21日）

第一节　设立

第一条　凡同一产业或同一职业之男女工人，以增进智识技能，发达生产，维持改善劳动条件及生活为目的，集合十六岁以上，现在从事业务之产业工人，人数在一百人以上，或职业工人人数在五十人以上时，得适用本法组织工会。产业工会、职业工会之种类，另以命令定之。

第二条　工人具有左列资格之一者，虽非属于同一产业或同一职业，得加入其工会为会员，但雇主或其代理人，不在此限。

一、曾选任为其工会之职员者；

二、曾为同一产业或职业之工人者。

第三条　国家行政、交通、军事、军事工业、国营产业、教育事业、公用事业、各机关之职员及雇用员役，不得援用本法组织工会。

第四条　工会之主管监督机关，为其所在地之省市县政府。

第五条　发起组织工会，须依第一条所规定人数之连署，推出代表五人至九人，提出立案请求书，并附具章程及代表履历各二份，向主管官署呈请立案。

主管官署接到立案请求书后，须于两星期内审查批示，如有令其更正或查复者，对于更正后之请求书或查复后之呈报亦同。

工会呈准立案后，须于三星期内将其成立日期及选出职员之履历住址呈报主管官署，主管官署接到呈报后，须即公告之。

未经呈准立案，及为前项之呈报者，不得享受本法所规定之权利及保障。

第六条　在同一区域内之同一产业工人，或同一职业工人，只得设立一个工会。

第七条　发起组织工会，须开创立大会，议定章程。

前项章程之议定，须得发起人四分之三以上之同意。

第八条　工会章程，须载明左列事项：

一、名称；

二、目的；

三、区域及会址；

四、会员之资格及其权利义务之规定；

五、会员入会、退会及除名之规定；

六、职员之规定；

七、会议之规定；

八、会费及其他会计之规定；

九、互助事业之规定；

十、章程变更之规定。

第九条　章程之变更，非经主管官署之认可，不生效力。

第十条　工会为法人。

工会不得为营利事业。

第十一条　工会须设理事。

理事由会员中选任之，但有必要时，经主管官署之认可，得选非工会会员任之，理事处理工会一切事务，对外代表工会。

对于理事代表权所加之限制，不得对抗善意第三人。

第十二条　工会之理事或其代理人，因执行职务所加于他人之损害，工会须负连带赔偿之责任，但因关于劳动条件，使会员为协同之行为或对于会员之行为加以限制，致使雇主受雇用关系上之损害者，不在此限。

工会职员及会员私人之对外行为，工会不负其责任。

第十三条　左列事项，须经会员大会或代表大会之议决。

一、工会章程之变更；

二、经费之收支预算；

三、事业报告及收支决算之承认；

四、劳动条件之维持或变更；

五、基金之设立管理及处分；

六、会内公共事业之创办；

七、工会联合会之组织及其加入或脱退；

八、工会之解散、合并或分立。

第十四条　工会得依章程或大会之决议设置监事。

监事掌理审核工会簿记帐目，稽查各种事业进行状况及监察各职员之职务。

监事须由会员中选任之。

第二节　任务

第十五条　工会之职务如左：

一、团体协约之缔结、修改或废止，但非经主管官署之认可，不生效力。

二、会员之职业介绍及职业介绍所之设置。

三、贮蓄机关、劳动保险、医院诊治所及托儿所之举办。

四、生产消费、购买信用住宅等各种合作社之组织。

五、职业教育及其他劳工教育之举办。

六、图书馆及书报社之设置。

七、出版物之印行。

八、会员恳亲会、俱乐部及其他各项娱乐之设备。

九、工会或会员间纠纷事件之调处。

十、劳资间纠纷事件之调处。

十一、关于劳动法规之规定改废事项，得陈述其意见于行政机关、法院及立法机关，并答复行政机关、法院及立法机关之咨询。

十二、调查工人家庭生计经济状况，及其就业失业，并编制劳工统计。

十三、其他有关于改良工作状况，增进会员利益之事业。

工会如尚未举办前项所列或其章程所订定之互助事业，而主管官署认为有举办之必要时，得派员协助办理之。

第十六条　第三条所列举各种事业之工人所组织之工会，无缔结团体协约权。

第十七条　工会得向其会员征收会费，但入会费每人不得超过一元，经常会费不得超过各该会员收入百分之二。

特别基金，临时募集金或股金，须呈经主管官署核准后方得征收。

第十八条　工会每六个月应将财产状况报告会员，如会员有十分之一以上之连署，得选派代表，查核工会之财产状况。

第三节　监督

第十九条　工人只得加入于同一产业或同一职业之工会。

第二十条　工会不得强迫工人入会及阻止其退会。

工会不得拒绝法律章程上认为合格之人入会，亦不得许法律章程上认为不合格之人入会。

工会不得妨害未入工会人之工作。

第二十一条　工会会员得随时退出工会，但工会章程定有退会预告期间者，须预先预告。前项预告期间，不得超过一个月。

第二十二条　工会对于会员所处之罚款，不得超过其三日之工资。

工会非有正当理由及得会员三分之二以上之同意，不得将其会员除名。

第二十三条　劳资间之纠纷，非经过调解仲裁程序后，于会员大会以无记名投票，得全体会员三分之二以上之同意，不得宣言罢工。

工会于罢工时，不得妨害公共秩序之安宁，及加危害于雇主或他人之生命财产。

工会不得要求超过标准工资之加薪，而宣言罢工。

第三条所列举各事业工人组织之工会，不得宣言罢工。

第二十四条　工会章程或理事与其他职员有变更时，须即行呈报主管官署，并由主管官署于两星期内公告之，在公告前不得以其变更对抗第三者。

第二十五条　工会呈准立案后，须提出空白之会员名簿及会计簿各二份，于主管官署请求盖印，嗣后更用新簿亦同。

前项会员名簿及会计簿记载后，一存会所，一缴主管官署。

会员名簿须记载会员之姓名人数，入会年月日，就业处所，及其就业失业，移动死亡伤害之状况。

会计簿之收支记载，须另册编号粘附收据，如主管官署认为必要时，得令工会雇用会计师鉴定之。

第二十六条　工会在每年六月内及十二月内，应将下列表册帐簿，呈报主管官署，主管官署认为必要时，得令工会随时报告。

一、职员之姓名履历。

二、会员名簿。

三、会计簿。

四、事业经营之状况。

五、各项纠纷事件之经过。

第二十七条　工会职员或会员，不得有左列各项行为：

一、封锁商店或工厂。

二、擅取或毁损商店工厂之货物器具。

三、逮捕或殴击工人与雇主。

四、限制雇主雇用其介绍之工人。

五、集合或巡行时携带武器。

六、对于工人之勒索。

七、命令会员怠工。

八、擅行抽收会金或捐项。

第二十八条　工会之选举或决议，有违背法令或章程时，主管官署得撤销之。

第二十九条　工会章程有违背法令时，主管官署得令其变更之。

第三十条　对前两条之处分有不服者，得提起诉愿，但诉愿之提起，须于处分决定之日起三十日内为之。

第四节　保护

第三十一条　雇主或其代理人，不得因工人为工会会员或职员，而拒绝雇用或解雇，及为其他不利益之待遇。

第三十二条　雇主或其代理人，对于工人不得以不理工会职务，不入工会或退会为雇用条件。

第三十三条　雇主或其代理人，在劳资纠纷之调解仲裁期间内，不得解雇工人。

第三十四条　工会免课所得税、营业税及登记税。

第三十五条　工会于其债务人破产时，对其财产有要求优先清偿之权利。

第三十六条　工会所有之下列各项财产，不得没收。

一、会所、学校、图书馆、书报社、俱乐部、医院诊治所、托儿所、生产消费住宅购买等合作社之动产及不动产。

二、工会基金、劳动保险金。

第五节　解散

第三十七条　工会有左列情事之一时，主管官署得解散之；

一、存立之基本要件不具备者；

二、违反法规情节重大者；

三、破坏安宁秩序或妨害公益者。

第三十八条　工会除依前条命令解散外，得因左列事由之一宣告解散。

一、大会决议解散，但须得主管官署之认可；

二、章程内规定解散事由之发生；

三、工会之破产；

四、会员人数之不足；

五、工会之合并或分立。

第三十九条　工会之合并或分立，须经由关系各工会之会员二分之一以上之同意，并须得主管官署之认可。

第四十条　合并后继续存在，或新成立之工会承继因合并而续消灭之工会之权利义务。

因分立而成立之工会承继因分立而消灭之工会，或分立后继存在之工会之权利义务，其承继权利义务之部分，须在议决分立时议决之，并须得主管官署之核准。

第四十一条　工会于合并或分立前，须公告其债权人，于一个月以上之一定期间内，声明异议，但对于其已知之债权人，须按名催告之。

债权人于前项之一定期间内声明异议时，工会非先行清偿或供相当之担保，不得合并或分立。

违反前二项之规定，而为合并或分立者，不得以之对抗该债权人。

第四十二条　工会之解散，除由命令解散外，须于两星期内将解散事由及年月日呈报主管官署。

第四十三条　工会之解散，除合并分立或破产外，其财产应速行清算。

前项清算，依民法法人之规定。

第四十四条　工会解散后，除清偿债务外，其剩余财产之归属，应依其章程之规定或大会之决议，无规定及决议时，归属于该会所加入之工会联合会，未加入工会联合会者，归属于工会会址所在地之地方自治团体。

第六节　联合

第四十五条　工会为谋增进会员间之智识技能，发达生产，办理互助事业，得联合同一产业或职业之工会，呈经主管官署之核准，组织工会联合会。

组织工会联合会时，须召集各关系工会开联合大会，议定章程，其章程并须经主管官署之核准。

工会联合会，除前二项规定外，准用本法关于工会之规定。

第四十六条　工会非得政府之认可，不得与外国任何工会联合。

第七节　罚则

第四十七条　工会职员或会员，有第二十七条各项行为之一时，得处以二百元以下之罚金，但其行为有犯刑法者，仍依刑法处罚之。

第四十八条　雇主或其代理人，违反第三十一条、第三十二条之规定时，得处以三百元以下之罚锾。

第四十九条　雇主或其代理人，违反第三十三条之规定解雇工人时，得按每解雇工人一名，处十元以上一百元以下之罚锾。

第五十条　工会之理事有左列情事之一时，得处以一百元以下之罚锾：

一、关于第二十四条、第二十六条、第四十二条、第五十一条之事项，不为呈报或为虚伪之呈报者。

二、违反第二十五条之规定及第二十九条之命令者。

三、违反第四十一条第一项、第二项之规定而为合并或分立者。

者。

第八节　附则

第五十一条　本法施行前，已成立之工会，应自本法施行之日起，两个月内依第五条之程序重新立案。

第五十二条　本法施行前，在同一区域内，已有两个以上之同一产业或同一职业之工会，自本法施行之日起，两个月内须行合并。

第五十三条　本法施行日期以命令定之。

修正工会法第十六条条文（中华民国二十年十二月十二日公布）

第十六条　第三条所列举各种事业之工人所组织之工会，无缔结团体协约权，但私营之交通及公用事业，不在此限。

修正工会法第二十三条条文（中华民国二十一年九月二十七日公布）

第二十三条　劳资间之纠纷，非经过调解程序后，于会员大会以无记名投票，得全体会员三分之二以上之同意，不得宣言罢工，其已付仲裁或依法应付仲裁者，仍不得宣言罢工。

工会于罢工时，不得妨害公共秩序之安宁，及加危害于雇主或他人之生命财产。

工会不得要求超过标准工资之加薪而宣言罢工。

第三条所列举各事业工人组织之工会，不得宣言罢工。

〔国民党中央执行委员会秘书处档案〕

4. 国民党中央民众训练部订定之工人训练暂行纲领

（1931年1月7日）

第一节　训练原则

一、工人训练须遵照中国国民党之主义政纲政策施行之。

二、工人训练应以工人在社会生存上之需要为出发点，以增进其知识、技能，提高其社会道德之标准，改善其生活，正确其思想，严密其组织，促进其生活力与生产额，而达到改善人民生计之目的。

三、工人训练须与社会共同福利，及该业发展范围内，力谋劳资利益之协调。

四、工人训练须因时因地因各业之生产状况，于不妨碍工作之时间分别实施之。

第二节　训练方针

一、关于思想者

1．使工人对于三民主义有深切之认识与信仰，并明了中国国民、党政纲、政策及训政时期之民众运动方针。

2．使工人明了马克思共产主义及其他违反三民主义之各种思想之谬误。

3．使工人明了我国产业之衰弱原因及影响，以激发其救国自救之精神。

4．使工人了解生产技术、生产效率与工人报酬相互之关系。

二、关于知识技能者

1．培养工人读书读报及应用浅近文字之能力。

2．灌输工人以国民应具之常识。

3．增进工人业务上之知识技能。

4．灌输工人以举办各种互助事业之知识。

5．鼓励工人在技术上之发明。

6．指导季节工人，以选择副业之途径，并授以应具之知识技能。

三、关于行为者

1．养成工人遵守纪律，及勤奋耐劳的习惯。

2．养成工人合作、互助、友爱及服务社会之精神。

3．使工人明了应用新生产方法，为发展本国产业，充实国民经济，改善工人生活，增加工作机会之途径，以祛除其墨守成规的陋习。

4．使工人认识其所服务之工厂，为我国新兴之生产机关，与国民经济及工人生活均息息相关。工人对于工厂，应加意爱护，不宜有破坏之行为。

5．使工人明了劳动为人类之义务，亦是人类之权利，不得有相互排斥之行为。对于学徒，尽心传授其技术，并不得有虐待之行为。

6．使工人明了怠工、罢工对于社会及工人影响甚大，为万不已之行动，不得滥用。而国营工厂之工人，系服务于国家社会共有之机关，绝无劳资对抗之意义，更不得有怠工、罢工之行动。

7．使工人遇有发生劳资纠纷时，应以合理方式，求得正当之解决，不得以阶级斗争相号召。

四、关于改善生活者

1．协助工人改善其生活。

2．救济失业工人。

3．使工人以正当方法，取得奖金或盈余分配。

4．提倡节约储蓄及合作事业。

5．指导工人得到正当娱乐，并利用休假为适宜之修养。

五、关于卫生者

1．使工人注意身体之健康，及日常生活应注意之卫生事项。

2．使工人戒除不良嗜好。

3．使工人得到工作场所卫生上应有之设备。

六、关于组织者

1．使工人明了组织之意义、方案及其运用。

2．指导工人运用工会，使成为发展社会生产，改善工人生活之团体。

3．使工人明了本身与团体之关系，并养成其团体生活之习惯。

4．使工人明了人民团体，对党部与政府之关系。

第三节　训练机关

一、工人训练之机关为工会。

二、工会尚未成立者，其训练机关为当地高级党部。

三、训练机关实施训练，须秉承所隶属党部之指导。

第四节　训练实施

一、方式

1．个别谈话　解答工人种种疑难问题，其思想行动有错误者，须随时纠正之。

2．分组训练　按照各工人之职务、地位及智识程度，划分为组训练之。

3．集合训练　为培养工人知识与技能，陶冶其高尚情绪，正确其思想，得举行下列各种集会：

甲、各种演讲会；

乙、各种研究会；

丙、恳亲会等。

4．设立学校　遵照党政机关颁布之规章，设立或协助设立下列各种学校：

甲、工人补习学校；

乙、工人子弟学校；

丙、注音符号传习班等。

5．举办社会事业　依照工人在社会生存上之需要为标的，于可能范围内，酌办下列各项事业：

甲、各种技术实验室；

乙、保险机关；

丙、工人医院；

丁、合作社；

戊、储蓄会；

己、书报室；

庚、俱乐部；

辛、运动场等。

6．其他　如壁报、画报之出版与戏剧歌谣之演唱等。

二、步骤

1．计划　训练机关实施训练，应根据本纲领，斟酌人财时地，通盘筹划，制定办法，依次实施之。

2．指导　前项办法确定后，即指导下级机关或工人办理之，如办理错误，或有不明了时，随时加以纠正或指示。

3．视察　上级机关应随时派员视察下级机关之训练工作。

4．报告　各训练机关应按照规定，向上级机关报告训练工作情形；并每月汇编总报告，逐级转呈中央训练部。

5．考核　上级机关应根据考察报告，及下级机关训练工作报告，严加考核，按成绩优劣，依法分别奖惩之。

第五节　训练材料

一、训练材料选择标准

1．切于工人日常生活之需要者；

2．为一般国民所必须认识者；

3．为工人所能了解者；

4．富于兴趣者。

二、训练材料举要

1．总理遗教，尤须注重关于工人之遗教；

2．第三次全国代表大会，及第三届各次中央全体会议、常务会议关于民众运动之一切宣言与决议案。

3．以前项之宣言与决议案为标准，酌采左列各项：

甲、以前历次全国代表大会，中央全体会议，及常务会议之宣言与决议案；

乙、本党同志对于工人之言论。

4．中央颁行工会法之原则及与工会法有关之解释案。

5．国民政府颁行与工人有关之现行法令。

6．当地党政机关颁行与工人有关之法规方案。

7．其他与工人智识技能、生活卫生等有关之训练材料，得商同专门人员，依照训练材料选择标准，随时选定之。

第六节　附则

一、工人之训练，除铁路、邮电工人及海员有特别规定外，均适用本纲领之规定。

二、本纲领由中国国民党中央执行委员会训练部颁布施行。

三、本纲领不得对外发表。

〔国民党中央民众训练部档案〕

5．国民党中央民众训练部订定之工人运动实施纲要

（1933年）①

引言

本党首先倡导劳工运动，具有悠久光荣之历史，一贯正确之方针。随时代之演进，劳工政策之实施，渐次革新，溯自民国十二年一月一日，本党宣言经济政策纲领中即有制定工人保护法，以改良劳动者之生活状况，徐谋劳资间地位平等之规定；民国十三年，本党第一次全国代表大会宣言中复有制定劳工法，改良劳动者之生活状况，保障劳工团体，并扶助其发展。

总理就任大元帅时，即公布工会条例，以后历届会议宣言决

① 此件未注明时间，据文意推断当在1933年。

议，均逐渐充实而有详密之决定。观乎本党五十年革命建国之史实，工人同志争先热烈参加，贡献至大，足征本党工人运动之成就。兹者制宪告成，行宪在即，工人所负工业建国之责任繁重，对于国民经济之建设及人民权利之行使，均待努力。政府公布之第一期经济建设方案及修正之工会法，关系今后工人运动者尤巨。本党今后应如何领导工人，奉行主义，推行政纲政策，完成初期建国之使命，允宜缜密规划，纲举目张，决序先后，酌量缓急，以负荷此重大艰巨之任务。爰依照劳工政策纲领之规定，拟定实施纲要，以为工作实施依据。

甲、实施原则

（一）工人运动之指导，应以三民主义及本党劳工政策纲领为最高准绳，并以发展劳工组织，提高劳工地位，改善劳工生活，充实劳工智能，培养劳动纪律，提高生产效能，促进劳资合作，确保社会利益之均衡，增进经济事业之发展为主要目标。

（二）工人运动之实施，以各级党部为主体。省（市）县（市）党部内，设置农工运动委员会，负指导策动统一领导之责。

（三）工人运动之对象包括所有从事劳动之职业及产业工人（公营事业在内），特别注重重要交通工矿公用事业之工人。

（四）工人运动之设施，尽量以透过工人组织方式，配合推进。

（五）工人运动须由下而上，故主要之工作，在基层单位之工厂、矿场或工作场所。

（六）工运工作应采重点主义，工业都市之工运，尤应积极领导推行。

乙、工作要点

（一）阐扬工运理论

一、在各大工业区域，创办适合工人阅读之日报，以宣扬本党主义及劳工政策，研讨各项劳工问题，并对时事及劳工界情况，作正确之报导。

二、大量编印各种劳工问题丛书。工运理论刊物，及工人通俗读物，藉谋劳工精神食粮之充足，与训练材料之供应。

三、各级党部应指导党员或党团，策动工人团体，经常举行座谈会、讨论会、演讲会或组织研究会，随时研讨工运之策略及路线。

（二）培养工运干部

一、中央应于首都所在地，设立高级工运干部训练班，分别遴调各级党部于各地设立中级或基层工运干部训练班；分别遴调各级党部社会经济交通等行政机关经管人员，从事工运人员，重要工人团体负责人员，及优秀技工中之党员，予以训练，增进其理论认识与工运技术。

二、选拔或训练熟谙劳工法令具有工运经验之优秀干练党员，使能派赴各厂矿充任人事管理及主办福利工作，俾直接接触工人，发生领导作用。

三、工人干部之选拔，尽量于各业在业人员中物色优秀分子充实其领导能力，提高其在本业工人及团体中之领导地位。

四、党内已从事工运之干部，应由中央统一其意见，整齐其步伐。

五、派遣高级工运干部，参加各种国际劳工会议，或出国访问，以扶植其地位，加强与国际工界之联系。

（三）发展工会组织

一、一切从事劳动之职业产业员工，均应依法指导其组织工会，尤须注意重要交通公用工矿事业员工，尽先完成组织。

二、公营事业工会法，应督促迅速完成立法程序，公布施行，并迅速调整及完成铁路、公路、邮务、电信及其他公营厂矿工会之组织。

三、策动各重要业类工会，组织全国性产业工会分业联合会，并成立全国总工会。

四、党部与社政机关，对于指导工会组织工作，应密切配合，党部并应指挥党员建立党团，切实领导，凡工会理监事书记重要任务，须设法使优秀党员当选充任。

五、大量吸收优秀工人入党，党的区党部区分部应与工会之分会支部配合编组，使基层组织严密，一切活动完全由党部掌握领导。

（四）扶植政治地位

一、指导工会训练工人行使四权，培养其参政能力，并督促社政机关订定训练办法，编发训练材料，随时派员指导实行。

二、地方自治机关之区乡（镇）保甲长，区乡（镇）保民代表，省（市）参议员，立法委员，监察委员，国民大会代表选举前，工会应向工人宣传各项选举法令，候选人检核手续，发动工人依法参加选举与竞选，并扶助真正工人之优秀党员当选。

三、省（市）县（市）党部委员选举时，应扶植优秀工人党员当选。

四、有关民选之选举法规订定时，应力争工人名额之比例增加。

（五）促进劳资合作

一、指导劳资双方实施工厂会议制度，以建立劳资平等关系，沟通双方意见，促进劳资合作。

二、指导双方订立团体协约，关于各项劳动条件，双方随时事先协商议定，共同遵守。

三、厂矿管理工人方法，应力求合理，并订定工厂或矿场规则，公开揭示实行。

四、工会应培养劳工自觉自发之精神，自决自治之能力，以谋劳动纪律之建立，生产秩序之维护，劳工道德之提高。

五、劳工发生争议时，应依法请求调解仲裁，主管机关处理劳资争议事件应公正敏捷。工人非经合法程序，不得罢工，双方如有违法行为，主管机关应予制止，其涉及治安及司法范围者，应依法惩处。

（六）提高生产技能

一、经济行政机关，应于各地普设工人技术训练班或补习学校，大量招收各项技术工人，并使在业工人有补习增进生产技能之机会。

二、倡导工作竞赛，鼓励工人自动情绪，提高生产效率。

三、订定各业标准生产率，厉行生产奖励办法，凡超过标准生产力量，及有特殊技术发明之工人，予以名誉及物质上之奖励与优待。

（七）改善经济生活

一、工资以同工同酬为原则，划一工资等级名称，各地并应按照工人实际生活状况，当地生活指数或粮物价规定最 低 工 资率。

二、厉行八小时工作制，每周以工作四十八小时为原则，并应有连续二十四小时之休息。其成绩优良者，依法每年应予定期休假，假期内照给工资。

三、厂矿工人福利及安全设备，应依法切实充实。主管机关应订定各业福利安全设备最低标准，并于重要工业区域，设立厂矿检查机构，随时派员检查，如有不完善者，限期饬予改善。

四、厉行伤害赔款及死亡抚恤，并尽速成立社会保险机构，先行创办疾病及伤害保险，逐渐推行其他社会保险。

五、督促举办女工童工保护设施，切实执行女工保护法令。

六、兴筑劳工住宅，普设托儿所，推进劳工教育，提倡正当娱乐，普设劳工合作及公益互助设施。

七、倡办劳工储蓄，奖励劳工入股，并厉行年终奖金及分配红利办法。

八、对于失业工人，应妥谋适当之安置救济，并迅速设法使其就业转业。

九、倡办示范合作工厂和矿场

丙、实施方式

（一）以党透政实施之方式

举凡本党劳工政策纲领中所规定，应由政府执行者，采用左列方式由各级党部予以实施。

一、政治委员会之运用

中央至地方设有各级秘密性之政治委员会，以控制从政党员。凡本党决定之政策，须赖政府执行或监督指导实施者，由党部与同级政治委员会决定，命令从政党员于政府中制定方案，作为施政之依据，并检讨其成效。其需要上级或下级政府执行或监督指导实施者，则由该级党部呈请上级党部或命令下级党部，提出同级政治委员会办理。

二、民意机构之运用

各级党部对同级政府有关劳工行政实施与监督，及劳工立法之创制与复决，应就代表工界之省（市）县（市）参议员立法委员、监察委员、国民大会代表中之党员遴选若干人组织党团，指导执行党的决议，以利政策之推行。

（二）以党透过工会实施之方式

工会为劳工唯一之组织，凡劳工政策纲领中之规定，有待劳工自发自动自决自治之工作，概可由党策动工会工作，至于策动工会之设立与健全其组织及透过工会指导，其实施方式如左：

一、策动工会之设立与健全其组织之方式

1．凡未经组织工会者，由省市及县（市）党部农工运动委员会，依工会法之规定，先所在地工厂、矿场及职业工人中，召集各该业议员举行会议，择优指定议员三人至九人组织该业工会策进委员会，成立党务活动核心，党团依法定程序，指导其从事工会组织之推进，如该业党员人数过少，则先从发展党员入手。

2．由省（市）党部农工运动委员会及铁路、公路、海员特别党部对省（市）总工会及国营事业工会，分别设立工会策进委员会，作为党团运用之机构，依照工会法及公营事业工会法规定，发动并指导党员循序筹组省（市）总工会及公营事业工会。

3．由中央农工部会同有关各部会，组织全国总工会，作为党团运用之机构，依照工会法及公营事业工会法之规定，指导党员循序筹组全国总工会及全国性产业分业工会联合会。

〔国民党中央民众训练部档案〕

二、工人团体组织概况

1．工商部调查各类工会与会员人数统计表

（1930年）

（1）各类工会数统计表

业别／地名	纺织	化学	饮食	衣服	器具	机械	教育	美术	交通	公用	建筑	杂品	其他	总计
上海	34	16	21	3	4	1	5	—	21	3	2	5	14	129
苏州	2	—	—	—	—	—	—	—	—	—	—	—	—	2
无锡	14	1	5	3	1	1	1	—	1	—	1	—	1	29
武进	2	1	—	1	—	—	—	—	—	—	—	—	1	5
镇江	4	4	3	1	1	1	—	—	2	—	4	—	6	26
江都	1	1	—	—	—	—	—	—	1	1	—	—	3	7
南通	2	2	—	1	—	1	—	—	2	—	—	—	1	9

业别 地名	纺织	化学	饮食	衣服	器具	机械	教育	美术	交通	公用	建筑	杂品	其他	总计
宜兴	—	4	2	2	3	3	1	—	1	—	2	—	5	23
南京	3	4	14	3	—	4	3	—	13	—	1	—	8	53
杭州	15	5	10	—	1	2	4	—	—	—	4	1	7	49
嘉兴	6	1	2	—	1	1	1	—	—	—	—	—	3	15
宁波	1	5	7	1	3	1	1	—	1	1	5	4	7	37
安庆	1	2	5	2	3	—	2	—	5	1	4	—	9	34
芜湖	3	4	11	3	2	2	1	—	12	1	4	—	6	49
九江	—	—	—	—	—	—	—	—	1	—	—	—	—	1
汉口	3	1	3	2	1	1	1	—	2	1	1	1	4	21
武昌	4	—	—	—	—	—	—	—	1	—	—	—	2	7
大冶	—	—	—	—	—	—	—	—	—	—	—	—	1	1
青岛	7	4	5	1	—	1	1	—	8	2	1	—	3	33
广州	—	7	1	—	4	6	1	—	6	1	6	1	2	35
顺德	1	1	—	3	—	1	—	—	1	—	1	1	3	12
佛山	4	2	3	1	1	2	5	1	—	—	2	—	7	28
潮安	—	3	6	2	2	2	1	—	3	1	3	1	3	27
汕头	1	—	7	3	2	1	1	—	6	1	1	—	7	30
梧州	—	1	2	1	—	1	—	—	6	—	—	3	4	18
福州	3	4	6	—	7	1	4	—	15	—	2	—	5	47
厦门	—	—	2	2	1	—	1	—	3	—	1	—	4	14
总计	111	73	115	35	37	33	34	1	111	13	45	17	116	741

（2）各类工会会员人数统计表

上海	17062	10424	14492	3906	790	405	1267
苏州	14812	—	—	—	—	—	—
无锡	12145	150	1226	1139	90	1353	120
武进	3000	184	—	395	—	—	—
镇江	813	1081	460	240	126	49	—
江都	750	67	—	—	—	—	—
南通	5961	336	—	111	—	110	—
宜兴	—	365	176	2586	617	210	185
南京	3130	822	4295	1770	—	9517	420
嘉兴	2577	143	421	—	120	46	54
宁波	980	302	2473	520	258	274	90
杭州	12974	11675	5686	—	217	2135	898
安庆	875	299	1202	992	975	—	346
芜湖	2309	656	2958	2452	1833	1436	52
九江	—	—	—	—	—	—	—
汉口	13256	1230	3496	8866	560	509	300
武昌	22911	—	—	—	—	—	—
大冶	—	—	—	—	—	—	—
青岛	13581	2188	681	157	—	750	400
广州	—	8788	16025	—	2492	54435	2850
顺德	195	101	—	1050	—	95	—
佛山	9949	840	743	730	120	557	1274
潮安	—	798	1443	1420	1040	275	1615
汕头	108	—	2427	788	535	586	431
梧州	—	164	557	354	—	1449	—
福州	516	9765	1376	—	1342	66	397
厦门	—	—	883	676	1846	—	368
总计	137904	43308	61020	28152	12961	74302	11067

—	6429	828	2960	2254	7271	68133
—	—	—	—	—	—	14812
—	—	—	2175	—	1446	19844
—	—	—	—	—	631	4210
—	759	—	628	—	678	4834
—	83	72	—	—	58	1030
—	307	—	—	—	100	6925
—	102	—	743	—	436	5420
—	3255	—	1828	—	4118	29155
—	—	—	—	—	503	3864
—	—	89	1836	884	6962	14668
—	—	—	5372	83	1866	33906
—	1626	84	876	—	4074	11349
—	4536	53	2105	—	2504	20894
—	1300	—	—	—	—	1300
—	11644	4082	1055	1480	6147	52625
—	4573	—	—	—	600	28084
—	—	—	—	—	3511	3511
—	6846	247	85	—	774	25639
—	12446	515	9158	380	245	107334
—	795	—	413	101	175	2925
305	—	—	302	—	2576	17396
—	1421	—	920	102	412	9446
—	35311	243	102	—	4655	45186
—	4959	—	—	533	1532	9548
—	8869	—	648	—	3291	26270
—	512	—	168	—	2005	6458
305	105773	6213	31374	5817	56570	574766

〔国民政府经济部档案〕

2. 国民党中央民众训练部报告全国工人团体组织概况

（1932年）

全国各地工会组织，在团体及会员数量方面，除冀、察、平、津、唐山等省市，以地方环境特殊，无形减少外，豫、鄂、皖、闽各省，前以剿匪时期，所属各工会曾停止征收会费，迄未恢复，工作亦不无困难。尤以年来遭受经济衰落影响，市场不振，工厂倒闭，日有所闻，致有广大之工人群众坠入失业之惨境，而工运之发展，亦有每况愈下之趋势。兹将最近各省市工会及会员数目，各铁路工会会员数目，及已核准成立各县市总工会数目，列表统计于后：

（1）各省市工会及会员统计表

省市别	县市总工会数	各业工会总数	各业工会分析								各业工会会员总数
			服用业	饮食业	建筑业	交通业	农矿业	人事服务业	使用业	其他业	
江苏省	8	231	47	44	46	28	2	15	28	21	86,790
浙江省	11	437	64	59	85	38	—	54	135	2	71,940
安徽省	—	226	—	—	—	—	—	—	—	—	43,885
福建省	4	121	6	8	14	28	1	36	20	8	23,909
广东省	—	366	—	—	—	—	—	—	—	—	—
广西省	—	45	2	2	2	6	—	11	17	5	11,762

省市别	县市总工会数	各业工会总数	各业工会分析								各业工会会员总数
			服用业	饮食业	建筑业	交通业	农矿业	人事服务业	使用业	其他业	
湖南省	8	407	—	—	—	—	—	—	—	—	148,736
湖北省	6	155	15	27	32	5	2	51	23	—	45,330
江西省	2	374	67	42	22	51	5	30	98	59	71,734
贵州省	—	74	12	10	12	1	—	12	27	—	—
云南省	7	44	12	3	11	4	—	12	2	—	7,107
四川省	—	700	—	—	—	—	—	—	—	—	—
河北省	—	122	9	4	34	21	19	10	25	—	78,872
山东省	—	163	26	14	55	7	4	36	20	1	43,649
河南省	—	139	22	13	35	4	3	38	23	1	40,742
山西省	—	—	—	—	—	—	—	—	—	—	—
陕西省	—	16	—	—	—	—	—	—	—	—	—
甘肃省	—	6	—	—	—	2	—	3	1	—	3,381
辽宁省	—	—	—	—	—	—	—	—	—	—	—

省市别	县市总工会数	各业工会总数	各业工会分析								各业工会会员总数
			服用业	饮食业	建筑业	交通业	农矿业	人事服务业	使用业	其他业	
吉林省	—	—	—	—	—	—	—	—	—	—	—
黑龙江省	—	—	—	—	—	—	—	—	—	—	—
热河省	—	—	—	—	—	—	—	—	—	—	—
察哈尔省	—	6	1	1	2	—	—	1	1	—	758
绥远省	—	24	—	4	4	1	—	9	6		2,854
新疆省	—	—	—	—	—	—	—	—	—	—	—
西康省	—	—	—	—	—	—	—	—	—	—	—
宁夏省	—	—	—	—	—	—	—	—	—	—	—
青海省	6	25	4	7	2	—	—	2	2	8	2,727
南京市	—	48	6	7	1	13	—	11	6	4	18,292
上海市	—	113	—	—	—	—	—	—	—	—	85,911
广州市	—	47	5	6	4	2	—	15	15	—	35,418
北平市	—	22	4	1	—	3	—	6	5	3	13,685

省市别	县市总工会数	各业工会总数	各业工会分析								各业工会会员总数
			服用业	饮食业	建筑业	交通业	农矿业	人事服务业	使用业	其他业	
天津市	—	20	3	1	1	4	—	4	6	1	25,441
青岛市	—	19	3	6	2	2	—	2	4	—	20,847
汉口市		38	12	4	1	3	—	5	11	2	65,975
哈尔滨市	—	—	—	—	—	—	—	—	—	—	—
东北党务办事处	—	—	—	—	—	—	—	—	—	—	—
江宁自治实验县	—	—	—	—	—	—	—	—	—	—	—
总计	52	3,988	320	263	365	223	36	363	475	115	949,745

（2）各铁路工会会员统计表

路别	人数
京沪沪杭甬路	8,613
津浦路	20,353
胶济路	5,573
陇海路	7,294

路别	人数
平绥路	8,016
平汉路	16,707
北宁路	8,375
湘鄂路	4,000
正太路	2,226
道清路	1,209
共计	82,366

〔国民党中央民众训练部档案〕

3. 国民党中央民众训练部民国二十二年普通工会状况调查统计资料

(1933年)

二十二年下季，中央工人科调查上海、南京、青岛等五市，及江苏、浙江、山东、河北等十八省，都凡二十三个地区，工会总数一千四百九十三所，会员总数七十五万一千八百余人（特种工会除外），广东、四川及少数边远省区，因地域辽远，不及调查；而北平、南京、福建三省市，虽有数字，然分类不甚完备，故下列各表，不能谓为准确之标准材料，然大概如斯，已可窥见全国工会状况之一班。附兹表于后，以为读者诸君与二十一年之资料作一对照焉。

（一）各省市工会数量统计表

地名	工				会
	工会总数	产业工会	百分比	职业工会	百分比
上海	67	46	47.42	51	52.58
江苏	168	13	7.74	155	92.26
南京	46	3	6.52	43	93.48
山东	142	7	4.93	135	95.07
河北	111	25	22.52	86	77.48
天津	31	18	58.06	13	41.94
北平	22	10	45.45	12	54.55
河南	128	13	2.54	115	97.46
湖北	55	2	3.64	53	96.36
湖南	196	18	9.18	178	90.82
江西	41	1	2.44	40	97.65
福建	168	19	11.31	149	88.69

续表

地名	工				会
	工会总数	产业工会	百分比	职业工会	百分比
浙江	97	7	7.22	90	92.78
广西	43	15	34.88	28	65.12
青岛	17	12	70.58	5	29.42
贵州	77			77	100.00
云南	30			30	100.00
察哈尔	8	1	12.50	7	87.50
绥远	24			24	100.00
陕西	6			6	100.00
甘肃	2			2	100.00
宁夏	1			1	100.00
青海	7			7	100.00
总计	1,517	210	13.84	1,307	86.16

（二）各省市产业工会会员与职业工会会员统计表

地名	工会会员				
	会员总数	产业工会会员	百分比	职业工会会员	百分比
上海	120,048	91,827	76.42	28,221	23.58
南京	17,802	3,053	17.15	14,749	82.85
江苏	297,958	68,,029	22.83	229.929	77.17
山东	29,169	13,402	45.95	15,765	54.05
青岛	22,845	21,484	94.04	1,361	5.96
河北	52,466	48,430	92.31	4,036	7.69
天津	24,345	19,586	80.04	4,759	19.96
河南	17,237	2,206	12.80	15,031	87.20
湖北	39,128	27,290	69.74	11,838	30.26
湖南	104.552	22,515	21.53	82,037	78.47
江西	24,590	164	0.67	24,426	99.33
浙江	17,241	4,228	24.50	13,013	75.50
广西	10,195	3,355	32.91	6,840	67.09

续表

地名	工会会员				
	会员总数	产业工会会员	百分比	职业工会会员	百分比
贵州	6,493			6,493	100.00
云南	5,004			5,004	100.00
察哈尔	1,343	104	7.74	1,239	92.26
绥远	2,820			2,820	100.00
陕西	2,969			2,969	100.00
甘肃	139			139	100.00
宁夏	260			260	100.00
青海	3,463			3,463	100.00
总计	800,065	325,673	40.71	474,392	59.29

注：本表中缺乏北平、福建之数字。

（三）各省市工会男女童工会员统计表

姓名	工会会员						
	会员总数	男	百分比	女	百分比	童	百分比
上海	120,048	55,082	45.88	51,721	53.02	13,245	1.10
南京	17,802	16,952	95.23	850	4.77		
江苏	297,958	287,384	96.45	9,885	3.32	689	0.23
山东	29,167	28,400	97.40	176	0.60	591	2.00
青岛	22,845	16,695	73.44	4,194	18.00	1,956	8.56
河北	52,466	52,042	99.14	119	0.28	305	0.58
天津	24,345	21,548	88.51	1,835	7.54	962	3.95
河南	17,237	14,861	86.24	1,941	11.26	435	2.50
湖北	39,128	24,678	63.07	11,253	28.76	3,197	8.17
湖南	104,552	98,401	94.12	3,939	3.77	2,212	2.11
江西	24,590	21,891	89.03	2,289	9.31	410	1.66
浙江	17,241	17,241	100.00				
广西	10,195	9,010	88.38	777	7.62	408	4.00

续表

姓名	工会会员						
	会员总数	男	百分比	女	百分比	童	百分比
贵州	6,493	6,493	100.00				
云南	5,004	5,004	100.00				
察哈尔	1,343	1,225	91.22	8	0.59	110	8.19
绥远	2,820	2,715	96.28			105	3.72
陕西	2,969	2,918	98.28	2	0.07	49	1.65
甘肃	139	139	100.00				
宁夏	260	206	79.23			54	20.77
青海	3,463	3,401	98.21	4	0.11	58	1.68
总计	800,065	686,286	85.78	88,993	11.12	24,786	3.10

注：本表中缺乏北平福建之数字，江苏无锡县及浙江、贵州、云南等四处，因其调查时未将工人分类，本表将其总数列入男工栏内。

〔国民党中央执行委员会秘书处〕

三、劳资关系法与劳资纠纷

1. 国民党南京市党部与市仲裁委员会为请核定劳资争议仲裁条例致国民政府呈

(1927年6月14日)

呈为函送南京特别市劳资仲裁委员会仲裁条例，其中第九条因关系重大，暂与保留，请酌示范围，以便解决纠纷事：缘前据南京特别市总工会筹备处呈称：请组织南京特别市仲裁委员会，以解决劳资双方间纠纷。职部旋即邀集市政府、总政治部、南京总工会筹备处、商民协会筹备处等开会，业经开会三次，议决仲裁条例及办事细则等。惟仲裁条例中之第九条规定更换伙友，劳资双方争持颇力，职部等以事关重大，未便轻与可决，暂行保留，呈请钧府酌定范围，再行讨论。为此，检齐该会条例呈送钧府，恳即审核情形酌定范围，以便遵循，实为公便。

谨呈

国民政府

附呈南京特别市劳资仲裁委员会条例一份

中国国民党南京市党部　印

南京特别市劳资仲裁委员会

中华民国十六年六月十四日

南京特别市劳资仲裁条例

（一）本条例专为解决南京市内劳资纠纷而设，凡工商业之雇主及劳动者必须绝对服从，（附注）其他雇庸间之纠纷亦得适用本条例。

（二）劳资双方发生纠纷，不能自行解决时，任何一方得呈请本会裁判，在裁判未决定，双方均不得取直接行动，如工人罢工，商人歇业或开除工友等。

（三）劳资双方发生纠纷，三日内不能自行解决，又未呈请本会仲裁者，经调查后本会得行使强制仲裁。

（四）劳资双方发生纠纷，经本会裁决必须切实履行，否则由政府强制执行之。

（五）商店、工厂当劳动者罢工时，只准东家自行掺作，不得雇用其他商店工厂之工人或店员制造货品及帮同工作营业，但店东、厂主自行掺作时之人数，以足资保管为限。

（六）劳资间发生纠纷时，劳动者不得擅自携取或破坏商店或工厂货品及一切品物，并不得擅自封锁商店工厂或禁止东家厂主本人掺作，同时东家亦不得将货物及一切器具变卖或搬移他处。

（七）劳资间发生纠纷，未经本会裁决时双方均不得擅自拘捕工人、商民或侵害他人身体上之自由。

（八）凡劳动者因要求被拒而罢工时，其罢工期内之工资照给。如系要求加薪而罢工，其罢工期内之工资须照新定工资发给，但工会方面不得藉口损失要求其他赔偿或罚金。

（九）每年中应由政府规定日期，商店、工厂得自行决定营业继续或停歇，并得更换伙友工人。此外，非劳动者有过失时，不得无故开除。但有特别契约者不在此限（保留）。

（十）雇主不得无故开除工友，如商店、工厂遇有不得已事故歇业时，应先一月通知劳动者，并须补给一个月工资。如无故忽行歇业，须补给两个月工资。

（十一）雇主在本条例未颁布以前，与劳动者订立之条件，经本会审查认为继续有效时，不得藉口取消或变更之。

（十二）本条例经本会呈请中央政治会议核准公布施行。

〔国民政府档案〕

2. 行政院关于试行《劳资争议重要事项处理标准》致上海特别市政府指令

（1929年12月30日）

行政院指令　第三九一一号

令上海特别市政府

呈悉。修正劳资争议重要事项处理标准共十三项，呈请核示由。

呈件均悉。准照备案，仰即试行可也。附件存。此令。

中华民国十八年十二月卅日

附抄张群致行政院呈（1929年12月25日）

呈为呈复事：案奉钧院训令第四五七零号以据工商部呈复，职市劳资争议事项处理标准案，核与现行法令尚无抵触，用以纠正劳资双方不良习惯，自属切合地方需要。惟第十三项似应改为"增加工资应依物价指数及资方最近三年内营业状况为根据"，俾劳工于物价腾贵，生活困难之时，得向资方要求酌加工资，而免资方藉口营业不佳，遇事压迫。如是规定，方得事理之平。除此项应稍加修正外，其余各项大体尚妥。应请令其修正后再予备案试行。令仰即将此项处理标准按照部议修正，呈院核办等因。奉此，遵经将劳资争议重要事项处理标准第十三项按照部议修正，并附具说明，令知社会局外，理合缮具修正劳资争议重要事项处理标准备文呈请鉴核，俯赐备案试行，并祈指令祗遵，实为公便。谨呈

行政院

附呈修正劳资争议重要事项处理标准一份

上海特别市市长张群

中华民国十八年十二月二十五日

修正劳资争议重要事项处理标准

1．工会不得要求资方津贴经常费，但倘为举办劳工福利事业，于必要时得要求资方酌予补助。

（说明）因为工会是资方的对等团体，具有独立性，所以工会的经常费资方设有津贴的义务。不过，劳工福利事业，是改善劳工生活的事业，劳工生活能够改善，对于工作效力也不无小补。所以，必要时得要求资方酌予补助。

2．有资方补助经费之劳工福利事业，以合组委员会共同办理为原则。但资方愿放弃权利者听之。

（说明）资方补助经费，既尽义务，应享权利，故应共同办理。

3．工会不得强迫资方供给办公处，但资方愿意供给者听之，惟不准订入契约。

（说明）见第一条说明前段。

4．契约中只准规定“工会有代表全体会员之权”，不准规定“工会有代表全体工人之权”及其类似之条文。

（说明）目前事实上既有未入工会的工人，并且立法院通过的工会法上也没有工人必须加入工会的明文规定。所以，工会的代表资格，自应于会员为限。况且中国工人知识幼稚，易为野心家操纵，事实俱在。所以，目前工会的权力宜有限制，免滋流弊。

5．契约中只准规定“尽先雇用工会会员”，不准规定“非会员不准录用”及其类似之条文。

（说明）工会既不能强迫工人入会，工会会员又可随时退会，则“非会员不准录用”等字句，当然不能适用。并且根据前条说明，后段的意义亦不准规定为宜。

6．契约中只准规定“开除工会会员须先通知工会”，不准规定“须得工会同意”及其类似之条文。

（说明）政府既有调解仲裁的规定，关于解雇纠纷，自应呈候政府核办，当然毋庸规定“须得工会同意”及类似之条文。

7．契约中不准规定“经工会开除会籍之工人同时资方亦须开除其工作”及其类似之条文。

（说明）见第四条说明后段。

8．契约中不准规定工资定期普加办法。

（说明）工资的增加，应依资方营业状况和工人的工作勤惰为根据，庶几公平无偏，定期普加办法，理论上说不过去，且多流弊。

9．契约中不准规定废历节日及年终年初给假日期。

（说明）阴历既已明令废除，则阴历假期自应取消。

10．工会会费由工会自收为原则，倘欲请资方代收，须先得其同意，并不准订入契约。

（说明）工会收会费是工会工作的一部份，所以不能强迫资方代收和订入契约。工会要求资方代收会费，是防工人不愿缴费，想资方在各人工资中代扣，是无形中含有强迫的性质，易生流弊。

11．契约中关于分红问题，应依政府法令办理。倘无法令可依，应依各业习惯酌量办理。

（说明）用分红办法来替代加薪办法，是很有意思的，所以原则应当同意。但是，办法应依法令习惯办理。

12．契约中关于职工工作时间应依本特别市职工待遇规则所定为标准，资方营业时间可依各业惯例酌量办理。

（说明）规定职工工作时间，是为预防工作疲劳的缘故。但是资方营业时间有环境和营业竞争的关系，工方不应干涉。

13．增加工资，应依物价指数及资方最近三年内营业状况为根据。

（说明）增加工资应依物价指数及资方营业状况为根据，这是自然的道理。缘社会上生活程度时有不同，如遇物价腾贵，工人所得工资的确不能维持生活时，得依物价指数要求酌加工资，资方不得藉口营业不佳，坐视不顾。但工资加了之后，不能再减也是一个事实问题。况且中国实业尚未发达，倘使一有盈利即便加薪，开支过大，那么不幸有一年亏本，营业便难维持，增加工资规定以最近三年内营业状况为根据，无非是为劳资双方互相维持罢了。

〔国民政府行政院档案〕

3．行政院饬办上海市劳资纠纷歇业停业等案训令

（1930年2月12日）

行政院训令

令工商部

为令遵事：案据上海特别市市政府呈称：窃职府前准内政部密咨：以奉钧院密令第四七二一号抄发防止共党废历年关暴动办法，饬属遵照等因。当经密令属社会、公安两局去后。兹据属社会局呈称：案奉钧府第二二号密令，关于防止共党废历年关暴动办法第十条有应视当地财力，兴办公共事业，为失业工人之安插，失业工人麇集无法办理者，应建议上级政府办理，并随时侦察其行动。等因。奉此。仰见中央痌瘝在抱，顾念民生之至意。查本市年来，因工商业之凋疲，失业工人日见增加，虽未有确切统计，而姑就职局调解劳资纠纷案件观察所得，溯自十七年八月，职局改组成立之日起，至十八年十二月份止，仅历年余，歇业停业及缩小营业范围之案件，竟占全部纠纷案件百分之十四。二八，因此而失业之工人达六千五百余人。其为本年已经决定及尚

在调介中者，如华明火柴厂歇业等十余案，关系工人亦有一千四百余人。其它如全市布厂及电机丝织厂亦均因救济款项无从押借，多数恐难维持，势将相卒歇业，职工生计顿受影响。可见本市失业现象日益严重，若不亟谋救济，饥寒交迫，铤而走险，社会治安实堪隐忧。为今之计，诚应如中央执行委员会秘书处所定办法，从速兴办公共事业，收容失业工人，并规定失业保险办法，藉图补救。惟兴办公共事业在在需款，恐非目前市库能力所及，而一念工人失业苦痛，救济又实不容缓，用敢备文呈请钧长迅赐规画救济办法，或即予转呈中央指拨的款，俾得早日举办公共事业，藉资补救，而利工运，又保治安。至失业工人保险办法，尤盼中央参酌东西各国成例，迅予厘订公布施行，以冀消弭失业恐慌于万一。所有十七年八月起至本年一月二十日止，经职局调介劳资纠纷各案，属于歇业停业及缩小营业范围者，一并列表抄呈，仰祈鉴核赐转，实为公便等情。据此，查职市年来因工商业之凋疲，失业工人日见增加，自应妥筹安插办法，以资救济。除指令先将应行举办之公共事业，详为筹议具体方案呈候核转外，至失业工人保险办法如何制定，应请钧院转请立法院，迅予厘订公布施行，以资遵循。所有拟请制定失业工人保险办法缘由，理合检同职市劳资纠纷关于歇业等案一览表二份，备文呈请鉴核，迅赐分别存转，伏祈指令祗遵等情。附呈劳资纠纷关于歇业等案一览表。据此，查关于工人失业之救济及工人保险各事项，系属该部主管范围。除指令外，合行检发原附件，令仰该部核议具复，以凭办理。此令。

计检发原送劳资纠纷关于歇业等案一览表一份呈行政院

中华民国十九年二月十二日

院长谭延闿

（一）劳资纠纷关于歇业停业及缩小营业范围已决定各案一览表
（自十七年八月至十八年十二月止）

歇业类

决定书号数	名称	歇业原因	调解决定日期	失业人数	备注
录字三号	同盛鑫布厂	营业失败	十七年八月六日	六〇	
调字十八号	美升电力丝织厂	营业清淡存货堆积	十七年九月廿五日	五〇	
调字八九号	振裕织绸厂	营业失败	十七年十二月廿七日	四〇	
调字九七号	南洋烟草公司浦东厂	营业退化金融周转不灵	十八年一月七日	三〇〇〇	
调字九九号	永康染厂	营业亏蚀	十八年一月八日	四〇	
调字一〇八号	华利印务局	经理缺乏营业经验以致失败	十八年一月十日	七	
调字一一三号	鼎丰肥皂厂	营业清淡无力维持	十八年一月十七日	六七	
调字一一五号	友文印刷所	营业清淡	十八年一月十九日	四〇	
录字不列号	大章德绸缎局	营业失败	十八年一月廿八日	二〇	
调字一三四号	大华烟公司	营业清淡不能维持	十八年二月十九日	一七〇	
调字一四九号	天禄斋茶食号	营业清淡亏蚀血本	十八年二月廿三日	四	
调字一六四号	新记绸缎	营业亏蚀	十八年三月十一日	六三	

续表

决定书号数	名　　称	歇业原因	调解决定日期	失业人数	备注
调字一七八号	德和丝织厂	营业亏蚀	十八年三月十九日	三〇	
调字一八〇号	云霞电力丝织厂	营业亏蚀	十八年三月十九日	二〇〇	
调字一八六号	悦华电力丝织厂	营业亏蚀	十八年三月廿五日	一七〇	
调字二一六号	裕昌福记火柴公司	营业亏蚀	十八年六月四日	四四〇	
调字二二一号	文记丝织厂	营业亏蚀	十八年六月十二日	二四五	
调字二二五号	合作染炼工厂	营业亏蚀	十八年六月十八日	四七	
调字二六五号	中国美术印花厂	营业亏蚀	十八年七月卅一日	四〇	
调字二七一号	中华帆布厂	营业亏蚀	十八年八月廿一日	一二	
调字二七九号	新大成阳伞厂	营业亏蚀	十八年九月四日	四	
调字二八八号	民生造纸厂	营业亏蚀	十八年九月廿日	七九	
调字三〇八号	群益雪茄烟厂	营业亏蚀	十八年十一月一日	男二〇二 女一五五	
调字三一三号	利民火柴厂	营业亏蚀	十八年十一月九日	男一四一 女三〇〇	
调字三一六号	同德丝边厂	营业失败	十八年十一月十八日	一三	
录字四二号	仁和腊线厂	营业清淡	十八年十一月十九日	一三	

续表

决定书号数	名　　称	歇业原因	调解决定日期	失业人数	备注
调字三二六号	越东布厂	营业亏蚀	十八年十二月七日	七	
录字四五号	越东布厂木机部	营业亏蚀	十八年十二月七日	七	
调字三二九号	永华布厂	营业亏蚀	十八年十二月廿六日	七〇	

停　业　类

决定书号数	名　　称	停业原因	调解决定日期	失业人数	备注
调字八三号	华成丝织厂	营业清淡	十七年十二月廿六日	一八	
调字九八号	纬纶毛织厂	金融周转不灵	十八年一月七日	一〇〇	
调字一三一号	胜美袜带公司	营业清淡销路停滞	十八年二月八日	二〇	
调字一六九号	锦华布厂	营业亏蚀	十八年三月十四日	一〇	
调字二三八号	义昌橡皮制物厂	改变营业方针	十八年六月廿九日	二〇〇	即可复业
调字三一九号	启明染织厂	迁移厂址	十八年十一月廿三日	三二	

缩小营业范围类

决定书号数	名　　称	缩小原因	调解决定日期	失业人数	备注
调字一〇四号	立德油厂	营业亏蚀	十八年一月十一日	七六	

续表

决定书号数	名称	缩小原因	调解决定日期	失业人数	备注
调字一〇五号	利民火柴厂	营业清淡金融周转不灵	十八年一月十一日	一五〇	
调字一三五号	悦来香茶食店	营业亏蚀	十八年二月廿日	一四	
调字一三六号	老大房茶食号	同上	十八年二月廿日	七	
调字一三八号	冯大房茶食号	同上	十八年二月廿五日	一二	
调字一四八号	新万兴茶食号	同上	十八年二月廿二日	三	
调字一六七号	鼎泰酱园	同上	十八年三月十四日	二	
调字二一七号	裕康丝光染厂	同上	十八年六月五日	一一	
调字二二〇号	虹口大旅社西菜部	营业清淡	十八年六月六日	六〇	
调字二六九号	广雅楼粤菜馆	营业清淡	十八年八月十七日	二	
调字二二七号	野荸荠天香村茶食号	同上	十八年六月廿日	四	
调字二三九号	同乐茶食号	同上	十八年七月四日	二	
调字二四八号	昌兴煤厂	营业亏蚀	十八年七月十二日	二二	
调字二一三号	上海制革厂	营业清淡	十八年五月廿八日	八	
调字三二一号	振和布厂	销路不旺存货山积	十八年十一月二十八日	三二	女工不在其内

续表

决定书号数	名　称	缩小原因	调解决定日期	失业人数	备注
调字一九一号	天华丰洋货店	营业亏蚀	十八年十月三日	二	
调字二九六号	民升公司	营业锐减存货堆积	十八年十月十二日	四	
调字三〇三号	同裕刷印所	营业清淡	十八年十月十八日	一	
调字三一二号	粤商倚虹酒楼	营业清淡	十八年十一月九日	二	

一、上表各案自民国十七年八月本局成立（农工商局改组社会局）之日起至十八年十二月底止，凡五十四案内歇业类二十九案，停业类六案，缩小营业范围类十九案，均系依据劳资争议处理法调解决定者，此外由局全处理及劳资双方直接妥协之案件尚不在内。

二、本局自民国十七年八月至十八年十二月底止，依法调解之劳资纠纷案件凡三七八起，除解雇待遇条件及工资纠纷占大部份外，歇业案件占百分之七。六七，停业案件占百分之一。五八，缩小营业范围之案件占百分之五。〇二，合计占百分之一四。二六。

三、依照上表因歇业而失业之工友凡五七三六人，因停业而失业者凡二八〇人，因缩小营业范围而失业者凡四一四人，共计六五三〇人。

四、停业原因都系营业清淡，其实际情形即为工人工作效率减低，出品不良，劳资不能合作，以致影响于资方之经济信用，结果不得不出于停歇之一途。

五、按上表五十四案中仅十二案系商店，其余均系工厂，内以丝织业为最多，共计九起，棉织业次之，计七起，烟草业、染业各四起，火柴、印刷各三起，新工业如毛线、肥皂、造纸、制革等业亦相继停业，宁不痛心。

（二）劳资纠纷关于歇业停业及缩小范围各业一览表（自十九年一月六日起至二十日止）

十九年一月六日至二十日本市劳资纠纷之已经调解者共十四件（决定书自调字第三三四号至第三四四号笔录自录字第四十六号至第四十八号），其间属于歇业者计二件，为兴康布厂（工人十人），兴华明火柴厂（工友二百十五人）；又因改用马达而致工人失业者一件，为震亚线造厂（工友十六人）。

正在调解中之劳资纠纷属于歇业停业及缩小营业范围各案分列如下：

厂名	何种纠纷	工人人数	近况
善昌布厂	歇业	七八	在调解中
祥昌布厂	歇业	三〇九	已委托会计师查帐
正新布厂	歇业	二三〇	因劳方抗传不到已呈请仲裁
三新棉铁厂	缩小营业范围	一四三	在调解中
工业银公司第一工场	歇业	一五四	着该公司呈核帐目
锦华丝线厂	停业	一四六	在调解中
中国桅灯厂	停业	一五四	厂方拒绝调解
丰华丝线厂	停业	五七	在调解中
公和布厂	缩小营业范围	二六	在调解中
五福线造厂	歇业	一六	在调解中

〔国民政府经济部档案〕

4. 团体协约法

（1930年10月28日）

第一节　总则

第一条　称团体协约者，谓雇主或有法人资格之雇主团体与有法人资格之工人团体，以规定劳动关系为目的所缔结之书面契约。

左列各款，亦属本法所称劳动关系。

一、学徒关系。

二、一个企业内之劳动组织。

三、关于职业介绍机关之利用。

四、关于劳资纠纷调解机关或仲裁机关之设立或利用。

第二条　团体协约有规定劳动关系以外之事项者，对于其事项不适用本法之规定。

第三条　劳资团体之代表机关，非依其团体章程之规定，或依其团员大会或代表大会之决议，或受其团体全体团员各个所授与特别书面之委任不得以其团体之名义缔结团体协约。

违反前项规定所缔结之团体协约，非得其团员大会或代表大会之追认，不发生效力。

第四条　团体协约，应由当事人双方或一方呈请主管官署认可。

主管官署发现团体协约条款中有违背法令或与雇主事业之进行不相容或与工人从来生活标准之维持不相容者，应删除或修改之。如得当事人同意时，得就其删除或修改后之团体协约为认可，已认可之团体协约，自认可之翌日起发生效力。

前项之规定，于团体协约之变更或废止准用之。

第五条　劳动关系以有二个以上之团体协约可以适用时，其效力发生在前之团体协约无特别规定者，先适用职业范围较小之团体协约，团体协约不属于职业性质者，先适用地域或人数适用范围较大之团体协约。

第六条　资方之团体协约当事人为多数时，如无特别之规定，其各当事人不得单独与一般工人团体为异于团体协约之特别规定。

团体协约当事人，除前项规定外，各自独立取得权利，负担义务。

第七条　雇主受团体协约之拘束者，应将团体协约于工作场所易见之处揭示之。

违反前项规定者，得处以五十圆以下之罚锾。

第二节　限制

第八条　团体协约得规定雇主雇用工人限于一定工人团体之团员，但有左列情形之一时，雇主不受限制。

甲、该工人团体解散时。

乙、该工人团体无雇主所需要之专门技术工人时。

丙、该工人团体之团员不足供给或不愿应雇时。

丁、雇主雇用学徒或使役时。

戊、雇主雇用为其管理财务印信或机要文件者时。

己、雇主雇用该工人团体以外之工人，除丁戊两款不计外，尚未超过其厂店工人人数十分之二时。

第九条　团体协约有规定雇主雇用工人应依工人团体所定轮雇工人表之次序者，其规定为无效。

第十条　团体协约得规定雇主雇用工人应由工人团体介绍。但限制雇主之自由去取者，其规定为无效。如规定工人团体有介绍权时，应规定由接到雇主通知之日起一星期内之一定期间，尚未介绍工人到工时，雇主得雇用工人团体以外之工人。

第十一条　团体协约得规定雇主于休假日或于原定工作时间

外必须工人工作或继续工作时，其工资应加成或加倍发给。但不得超过二倍，超过二倍者，视为二倍。

第十二条　团体协约得规定工人团体现任职员，因办理会务得请假之时间。但至多每月平均不得超过三十小时。

第十三条　团体协约有限制雇主采用新式机器或改良生产或限制雇主买入制成品或加工品之规定者，其规定为无效。

第三节　效力

第十四条　团体协约如无特别限制，左列各款之雇主及工人，均为团体协约关系人，应遵守团体协约所规定之劳动条件。

一、为团体协约当事人之雇主。

二、属于团体协约当事团体之雇主及工人，或于团体协约订立时或订立后加入该团体之雇主及工人。

对于团体协约订立后始为协约关系人者，除该团体协约另有规定外，其关于劳动条件之规定，自取得团体协约关系人资格之日适用之。

第十五条　前条第一项各款所列团体协约关系人之所属关系，于该团体协约终止时终了。团体协约订立后，协约当事团体退出之雇主或工人之所属关系亦同。

第十六条　团体协约所定劳动条件，当然为该团体协约所属雇主及工人间所订劳动契约之内容。如劳动契约有异于该团体协约所定之劳动条件者，其相异之部分无效，无效之部分以团体协约之规定代之。但异于团体协约之约定，为该团体协约所容许，或为工人之利益变更劳动条件，而该团体协约并无明文禁止者，为有效。

第十七条　团体协约已届期满，新团体协约尚未订立时，于劳动契约另为约定前，原团体协约关于劳动条件之规定，仍继续为该团体协约关系人之劳动契约之内容。

第十八条　团体协约关系人，如于其劳动契约存续期间，抛弃其团体协约所得劳动契约上之权利，其抛弃为无效。但于劳动契约终了后三个月内，仍不行使其权利者，不得复行使之。

团体协约所属之雇主，因工人维持其由于团体协约所生之权利，或基于团体协约之劳动契约所生之权利，而终止劳动契约者，其终止为无效。

第十九条　团体协约关系人违反团体协约中不属于劳动条件之规定时，除该团体协约另有规定外，法院依利害关系之雇主或团体协约当事人一方之声请，得科雇主五百元以下，工人五十元以下之罚金。

前项罚金，应使用于为工人之福利事业。

第二十条　团体协约当事人及其权利承继人，对于妨害团体协约之存在或其各个规定之一切斗争手段，不得采用。

团体协约当事团体，对于其所属团员，有使其不为前项斗争并使其不违反团体协约之规定之义务。

团体协约得约定当事人一方不履行团体协约所定之义务时，对于他方应给以代替损害赔偿之一定偿金。

关于团体协约之履行，除本法有特别规定外，适用民法之规定。

第二十一条　团体协约当事团体，对于违反团体协约之规定者，无论其为团体或个人、为本团体之团员或他团体之团员，均得以团体名义请求损害赔偿。

第二十二条　团体协约当事团体，无须特别之委托，得为其团员提起团体协约上一切之诉讼，但以先通知本人而本人不表示反对时为限。

关于团体协约上之诉讼，团体协约当事团体之团员为被告人时，其团体亦得随时参加诉讼。

第四节　存续期间

第二十三条　团体协约得以定期不定期或完成一定之工作为

期订立之。

第二十四条　团体协约为不定期者，其当事人之一方于团体协约订立一年后，得随时终止团体协约，但应于三个月前以书面通知他方当事人。

团体协约所规定之通知期间，较前项规定期间为长者，依其规定。

第二十五条　团体协约为定期者，其期限不得超过三年，超过三年者视为三年。

第二十六条　团体协约以一定工作之完成为期限者，其工作于三年内尚未完成时，视为三年期限订立之团体协约。

第二十七条　团体协约当事团体在团体协约上之权利义务，除团体协约当事人另有约定外，因团体之合并或分立，移转或因合并或分立而成立之团体。

团体协约当事团体解散时，其团体所属各员在团体协约上之权利义务，不因其团体之解散而变其效力，但不定期之团体协约，于解散后经过通知期间失其效力。

第二十八条　团体协约订立时之经济界情形，于订立后有重大变更，如维持该团体协约有与雇主事业之进行或与原来工人生活标准之维持不相容，或依团体协约当事人之行为致无达到当初目的之希望时，主管官署因团体协约当事人一方之声请，得废止团体协约。

第二十九条　团体协约之废止，纵有反对之约定，仍对于该团体团员全体发生效力。

第五节　附则

第三十条　团体协约在本法施行前订立者，自本法施行之日起适用本法。

第三十一条　本法施行日期以命令定之。

〔国民党中央执行委员会秘书处档案〕

5. 修正劳资争议处理法

（1932年9月27日）

第一章 总则

第一条 本法于雇主与工人团体或工人十五人以上关于雇佣条件之维持或变更发生争议时适用之。

第二条 本法所称主管行政官署，除有特别规定者外，在市为市政府，在县为县政府，在国营事业为其主管机关。

第三条 主管行政官署于劳资争议发生时，经争议当事人一方或双方之声请，应召集调解委员会调解之。如主管行政官署认为有付调解之必要，虽无当事人之声请时亦同，调解成立时，视同争议当事人间之契约，如当事人之一方为工会时，视同争议当事人间之团体协约。

第四条 左列各事业发生劳资争议，其事件经调解而无结果者，应付仲裁委员会仲裁。

一 供公众需要之自来水、电灯或煤气事业；

二 供公众使用之邮务、电报、电话、铁道、电车、航运及公用汽车事业。

第五条 前条以外之劳资争议事件调解无结果者，经争议当事人双方之声请，应付仲裁委员会仲裁。但行政官署因争议情势重大，并延长至一月以上尚未解决，而认为有付仲裁之必要时，虽无争议当事人之声请，亦得将该项争议交仲裁委员会仲裁。

第六条 劳资争议事件未经调解程序者，不得付仲裁。但争议当事人双方声请径付仲裁时不在此限。

第七条 争议当事人对于仲裁委员会之裁决，不得声明不服。

前项裁决视同争议当事人间之契约，如当事人之一方为工会时，视同争议当事人间之团体协约。

第二章 劳资争议处理之机关

第一节 调解机关

第八条 劳资争议之调解，由调解委员会处理之。

第九条 调解委员会置委员五人或七人，以左列代表组织之：

一 主管行政官署派代表一人或三人。

二 争议当事人双方各派代表二人。

前项第一款之代表，不以主管行政官署之职员为限。

第十条 劳资争议依第三条第一项之规定应付调解时，其争议当事人应于接到主管行政官署之通知后三日内，各自选定或派定代表，并将其代表之姓名住址具报。主管行政官署于认为有必要时，得将前项期限酌量延长之，逾期未将其代表姓名、住址具报者，主管行政官署得依职权代为指定之。

第十一条 调解委员会委员人选决定后，主管行政官署应从速召集开会，并以主管行政官署所派代表为主席，但第十三条第二项规定之。

调解委员会以实业部所派代表为主席。

调解委员会已经召集开会而委员拒绝出席致调解无从进行者，以调解不成立论。

第十二条 调解委员会之主席，得调用各该主管行政官署之职员，办理纪录、编案、拟稿及其他一切庶务。

第十三条 同一劳资争议事件，该主管行政官署有二个以上者，如该主管行政官署在同一省区时，第九条第一项第一款之主管行政官署由省政府指定之，于必要时第九条第一项第一款之代表并得由该省政府指派。

同一劳资争议事件不在同一省区时，第九条第一项第一款之主管行政官署由实业部指定之。如实业部认为有必要时，第九条第一项第一款之代表得由该部指派。

前二项情形，在国营事业由其主管机关指定或指派之。

第二节 仲裁机关

第十四条 劳资争议之仲裁，由仲裁委员会处理之。

第十五条 仲裁委员会置委员五人，以左列人员组织之。

一 主管行政官署派代表一人，

二 省党部或该地市县党部派代表一人，

三 地方法院派代表一人，

四 与争议无直接利害关系之劳方及资方代表各一人。

第十六条 省政府或不属于省之市政府，于其所辖区域内，每二年应命工人团体及雇主团体各推定堪为仲裁委员者二十四人至四十八人，开列名单，送请核准后咨实业部备案。

实业部每二年应命国营事业之工人团体，并分别函令各该事业之直接主管机关，各推定堪为仲裁委员者二十四至四十八人，开列名单送请备案。

遇有仲裁事件，前条第四款之代表，由主管行政官署就前二项名单中分别指定与争议无直接利害关系者充之。

第一项及第二项仲裁委员之推定方法，由实业部定之。

第十七条 凡曾任调解委员会委员者，不得为同一事件之仲裁委员。

第十八条 仲裁委员会由主管行政官署召集之，以召集机关之代表为主席。但第二十条规定之仲裁委员会以实业部所派代表为主席。

第十九条 仲裁委员会之主席，得调用其所属官署或其所在地地方法院之职员办理纪录、编案、拟稿及其他一切庶务。

第二十条 同一劳资争议事件，其范围不限于一省者，除国营事业外，第十五条第一款之代表由实业部指派，第四款之代表由实业部就相关各省之仲裁委员名单指派之。

第三章　劳资争议处理之程序

第一节　调解程序

第二十一条　争议当事人声请调解时，应向主管行政官署提出调解声请书。

第二十二条　调解声请书应记明左列各事项：

一、当事人之姓名、职业、住址或商号、厂号，如为团体者，其名称及事务所所在地；

二、与争议事件有关之劳工人数；

三、争议之要点。

第二十三条　未经争议当事人声请而由主管行政官署提付调解时，该行政官署须应将付调解事项以书面通知于双方当事人。

第二十四条　调解委员会应于召集后二日内开始调查左列各事项：

一、争议事件之内容；

二、争议当事人提出之书状及其他有关系之事件；

三、争议当事人双方之现在状况；

四、其他应调查事项。

调查期间，非有特别情形不得逾七日。

第二十五条　调解委员会，得因调查事项传唤证人，或命关系人到会说明，或提出说明书。

第二十六条　调解委员会得向关系工厂、商店等调查或询问。

第二十七条 调解委员会委员不得泄漏调查所得之秘密事项。

第二十八条　调解委员会调查完毕后，应于二日内为调解之决定。但有特别情形或争议，当事人双方同意延期时不在此限。

第二十九条　调解委员会之调解，经争议当事人双方代表之同意在调解笔录签名者，调解为成立。

调解委员会应将调解之结果报告主管行政官署。

第二节　仲裁程序

第三十条　争议当事人声请仲裁时，应向主管行政官署提出仲裁声请书。

主管行政官署收受前项文卷后，应从速于该行政官署所在地，或争议事件所在地，召集仲裁委员会。

第三十一条　争议当事人因调解不成立请付仲裁时，其声请书应记明左列各事项：

一、当事人之姓名、职业、住址或商号、厂号，如为团体者，其名称及事务所所在地；

二、调解不成立之事由；

三、请求之目的。

第三十二条　争议当事人双方声请径付仲裁时，其声请书应记明第二十二条所列事项。

第三十三条　第二十三条至第二十八条之规定，于仲裁程序准用之。

第三十四条　仲裁委员会之仲裁，以全体委员之合议行之，取决于多数。

仲裁委员会应将前项仲裁，于二日内作成仲裁书，送达于双方当事人，并送主管行政官署备案。

第三十五条　争议当事人不论仲裁程序至何程度，均得成立和解。但须将和解条件呈报仲裁委员会。

第四章　争议当事人行为之限制

第三十六条　第四条所列各事业之雇主或工人，不得因任何劳资争议停业或罢工，其他工商业之雇主或工人，其争议在调解期内，或已付仲裁者，不得停业或罢工。

雇主于调解或仲裁期内不得开除工人。

调解或仲裁开始之期，以主管行政官署通知争议当事人之日起算。

第三十七条　工人或工人团体不得有左列行为：

一、封闭商店或工厂；

二、擅取或毁损商店、工厂之货物器具；

三、强迫他人罢工。

第五章　罚则

第三十八条　争议当事人对于第三条第二项、第七条第二项所定视同争议当事人间契约之决定，或裁决有不履行者，处二百元以下之罚金，或四十日以下之拘役。

前项情形，得由争议当事人另依民事法规，径向法庭请求强制执行。

第三十九条　争议当事人有违反第三十六条及第三十七条之规定时，主管行政官署及调解委员会或仲裁委员会得随时制止，不服制止者得处以二百元以下之罚金，其行为已犯刑法者，仍依刑法处断。

第四十条　有左列行为之一者，处百元以下之罚金。

一、违反第二十五条规定，无故不到会或不提出说明书者；

二、违反第二十七条规定者。

前项第二款情形构成刑法上之犯罪行为时，仍依刑法处断。

第四十一条　有左列行为之一者，处百元以下之罚金，但证人为虚伪之陈述时，以刑法伪证之规定处罚。

一、于第二十五条所定情形，而为虚伪之说明者；

二、于第二十六条所定情形，无故拒绝调查答复或为虚伪之陈述者。

第四十二条　遇有本章各条所定应处罚之行为，得由主管行政官署及调解委员会或仲裁委员会声述事由，移送该管法院审理。该管法院除有特别情形者外，应于接收案卷后二十日内宣告裁判。

第六章　附则

第四十三条　省政府或不属于省之市政府，于必要时得拟具本法施行细则，呈请国民政府核定之。

第四十四条　本法自公布日施行。

本法修正公布前发生之争议尚未解决者，得依本法处理之。

〔国民党中央执行委员会秘书处档案〕

9．民国二十二年一月至六月

（1933年8

年月	案件号码	案　　　　　　　　由	业务分类及号码	资方国籍	关系厂号数
民国21年12月	1	大东大北太平洋三电报局全体投递员工友要求增加工资并提出改良待遇条件（AⅠ2a）	电报 CⅢ	国际	3
	2	大英烟公司烟厂盒子间工人十四名因资方抗不履约加薪发生罢工影响全厂工人工作停顿（AⅡ1a）	烟草 BⅢ13	英	1
22年1月	3	大中国福利橡胶厂工人要求恢复原有工资（AⅡ1a）	橡鞋 BⅢ11	中	1
2月	4	义生橡皮厂工人要求发给去年年赏（AⅡ1C）	橡鞋 BⅢ11	中	1
	5	全市南货业及上海南北杂货同业联合会秤折办法（BⅢ2）	南货店 C1	中	245
	6	永华绸厂工人反对减低工资三分（AⅡ16）	丝织 BⅢ10	中	1
	7	沪南运米客商反对斛司施用重斛（BⅢ2）	运输 CⅢ	中	11
	8	龙章造纸厂短女工要求与长女工一律待遇（AⅡ4d）	造纸 BⅢ14	中	1

上海市罢工停业案件统计表

关系职工数	罢工或停业日数	损失工数	损失工资数	调处者	结果
男77	12月20日起止22年1月7日止计19日	1,463	854.39	无	无条件复工 (C)
男4,162 女3,455 童1,259	12月31日起至22年1月9日止计10月	88,760	39,892.16	劳资调解委员会	盒子间童工全体复工加薪问题静候解决 (C)
男131 女248	1月19日起至22日止计4日	1,516	655.20	总工会	无条件复工 (C)
男200	2月9日上午半日	100	58.40	无	资方允准备补发全体复工 (A)
男2,353	2月10日起至17日止计8日	18,824	10,993.22	市商会	关于市秤折合问题糖业仍照八五北货业南规八八北规八五海味杂货业八八，八五 (A)
男30	2月13日起至14日止计2日	60	35.04	无	该厂对减低工资允取消 (A)
男237	2月26日起至3月1日止计10日	2,370	1,384.08	社会局	经检验后决定采用平斛漏斗定标准办法通令施行 (B)
男130	2月21日起至24日止计4日	520	303.68	无	（1）短女工工资每人每日增加三分，（2）长工原来一百八十人将短工补充为二百人 (B)

续表

年月	案件号码	案由	业务分类及号码	资方国籍	关系厂号数
	9	大纶染织厂解雇不服指挥之工友四名（AⅡ3a）	染织 BⅢ10	中	1
	10	大中华橡胶厂工人要求释放因捣乱秩序而被捕之工友（AⅡ6a）	橡鞋 BⅢ11	中	1
3月	11	申新第一纺织厂工友因巡丁施行检查发生冲突枪伤工人引起罢工（AⅡ4a）	棉纺 BⅢ10	中	1
	12	昌明电器公司厂务主任辞职工友要求回厂（AⅡ3d）	电器 BⅢ4	中	1
	13	南洋兄弟烟草公司烟厂工友要求签订条件（AⅠ2a）	烟草 BⅢ13	中	1
	14	白礼士洋烛厂因营业不振减少工人工作（AⅡ6g）	造烛 BⅢ9	中	1
	15	远东机器厂解雇工作不力之工友（AⅡ3a）	机器 BⅢ4	中	1
4月	16	义原橡皮厂解雇工友四人（AⅡ3a）	橡鞋 BⅢ11	中	1
	17	华利时等十一家阳伞厂各资方反对设法阳伞公卖市场（BⅢ2）	阳伞 BⅢ16	中	11

关系职工数	罢工或停业日数	损失工数	损失工资数	调处者	结果
男60	2月22日半日	30	17.52	无	该工友等仍准复工，惟以须服从厂方指挥，否则准予解雇 (B)
男40 女60	2月24日起至26日止计3日	300	133.44	无	无条件复工 (C)
男 女 3,494	3月12日起至14日止计3日	I0,482	6,121.49	市党部	(1)即日起厂中一切职权完全集中于严厂长执掌。(2)巡工头目准予撤职拘办。(3)受伤工友停工及养伤期内，工资照给，并由厂方给予医疗费及家属抚恤金 (A)
男80	3月13日一天	80	46.72	社会局	劝导复工 (C)
男613 女1,841	3月20日上午半天	1,227	503.02	总工会 社会局	(1)劳方所提条件暂予收回，须呈请党部再行依法调处。(2)被捕工人静候法院释放。(3)资方采用强力压迫工人之行为应即撤消 (B)
男230	3月21日起至22日止计2日	460	278.64	无	工人要求失据，无条件复工 (C)
男18	3月27日起至28日止计2日	36	21.02	无	无条件复工 (C)
男150	4月1日起至12日止计12日	1,800	1,051.20	社会局	其中工友两名准予开除，两名记大过一次复工 (B)
男120	4月2日起至7日止计6日	720	420.48	社会局	经劝导后全体开工 (C)

续表

年月	案件号码	案由	业务分类及号码	资方国籍	关系厂号数
	18	求新造船厂因营业清淡解雇工友三名 （AⅡ3a）	造船 BⅠ15	法	1
	19	本市时装工人反对资方扣减工资 （AⅡ1L）	成衣 BⅠ11	中	20
	20	纬成织绸厂解雇不服指挥之工友两名	丝织 BⅠ10	中	1
	21	法租界各脚踏车行反对法公董局限缴修理捐一致停业公董局停供水电 （BⅡ3a）	脚踏车 BⅠ5	中	45
	22	浦东同泰码头工人因业主欠给工资发生罢工 （AⅡ1a）	码头工 CⅠ	中	1
	23	胜德织造厂丝织部工友要求预借工资 （AⅡ4g）	丝织 BⅠ10	中	1
	24	阜丰纱厂工人要求增加工资 （AⅡ1a）	棉纺 BⅠ10	中	1
	25	国华绸厂工友反对厂方将工人救国捐改充航空救国及取消勤工赏 （AⅡ1e）	丝织 BⅠ10	中	1

关系职工数	罢工或停业日数	损失工数	损失工资数	调处者	结果
男368	4月2日起至3日止计2日	736	429.82	社会局	(1)其中工友一名准予复工，其余二名因系非会员资方解雇与否工会不加顾问。(2)怠工期内工资一律发给半天(B)
男200	4月3日起至7日止计5日	1,000	584.00	社会局	工资恢复二月底原价暂不减少，或增加三月一日起所欠工资一律补足 (B)
男153	4月6日起至13日止计8日	120	70.08	社会局	被解雇工友一名，领清工资，自行告退一名，仍准复工 (B)
男15	4月6日起至26日止计21日	3,213	1,876.39	市民联合会第四区分会	(1)界内各车行占屋一间者出租脚踏车以廿八辆为限无须捐照，如越过此数时，每季捐银三两出租之识别可在车上标明，以便工部局随时调查。(2)占屋二间者不论车辆多少一律每季纳捐银六两。(3)停供水电一事工部局允予恢复(B)
男450	4月13日起至21日止计9日	4,050	2,365.20	无	业主逃避工友另往他处工作 (C)
男700	4月17日起至18日止计2日	1,400	817.60	无	无条件复工 (C)
男700	4月20日起上午3小时	210	122.64	无	由资方增加每人工资一元半，原系十元半者，现则加至十二元 (A)
男100 女70	4月24日下午起至25日止计1天半	255	124.56	社会局	(1)罢工一天半工资照给，(2)勤工赏每人每月一元仍照给，(3)志愿书取消，(4)捐款不相强 (A)

续表

年月	案件号码	案由	业务分类及号码	资方国籍	关系厂号数
	26	上海第一铁厂解雇翻砂部工人六名 （AⅡ3a）	机器 BⅡ4	中	1
	27	天正袜厂工友要求：（1）购办新袜机，（2）织坏袜子照原料价格赔偿，（3）损坏袜针照原价赔偿 （AⅡ4d）	织袜 BⅡ11	中	1
5月	28	英美烟草公司浦东第一、二两厂及沪东第三厂因时局关系出品销路呆滞每星期减工三天 （AⅡ6g）	烟草 BⅡ13	英	3
	29	申新第一纺织厂因营业清淡取消赏工 （AⅡ1e）	棉纺 BⅡ10	中	1
	30	溥益纺织公司工厂第一厂实行减工并取消赏工 （AⅡ1e）	棉纺 BⅡ10	中	1
6月	31	求新造船厂工友反对工程师殴打不服指挥之工友 （AⅡ4a）	造船 BⅡ5	法	1

关系职工数	罢工或停业日数	损失工数	损失工资数	调处者	结果
男45	4月26日起至28日止计3日	133	78.84	社会局	（1）工友两名准予复工，其余四名罚停职四天，以后复工罢工期内工资不给，（2）该厂工人以后应服从厂方指挥及管理不得再有非法罢工行为（B）
男40	4月27日起至30日止计4日	160	93.44	无	资方对工友所提要求全部承认（A）
男4,162 女3,455 童1,259	5月11日起至18日止计8日	71,008	31,913.72	社会局	（1）每星期只少须做工作四天，（2）复工以后厂方不得藉故开除工友，（3）纠纷期内停工工资一律照给（B）
男女3,494	5月25日起至28日止计4日	13,978	8,161.98	总工会	（1）五月份赏工由厂方照给，（2）以后视各厂情形办理，（3）怠工期内工资各给半天（B）
男1,200 女500	5月26日起至29日止计4日	6,800	3,507.20	社会局	每日赏工由四工减为二工（B）
男300	6月10日下午起至15日上午止计5日	1,500	876.50	社会局	被殴工人由资方给予养伤费洋一百元，并给假两星期，怠工期内工资给半。（A）

〔国民党中央民众训练部档案〕

7. 国民党中央训练部工人科对全国劳资纠纷案件之分析与统计

（1933年12月25日）

（1）劳资纠纷案件之分析

二十二年中央工人科调查所得之劳资纠纷案件，都凡南京上海等十二省市，共发生案件三百二十四起。以此十二省市之劳资纠纷案件，而概例全国，自属不甚准确，然其间有一甚大之困难，不能不加以说明者，即现时尚有多数省市之党政当局，对于此类社会下层之现象，未能引起注意，故亦无法为普遍之收集也。揆其所以未加注意之原因，亦确为事实使然；盖全国除少数都市，工业发达，容有相当之产业工人外，余则工人之种类殊无一定之分际，工人一身而兼数部门之工作者有之，半工半农者有之，其意识恬淡，劳资关系之维持，迥不若新式工业之严格，即发生纠纷，亦常以私谊予以解决，其与社会之影响，远不若各大都市之严重也。惟其如是，则纠纷之性质，亦似与吾人所谓之劳资纠纷有别矣。各边远省区，常以弥年而未发生劳资纠纷案件为呈报者，缘是故也。此篇所载各案，大抵适合统计条件，而其发生之地区，又类多较为重要之省市，要可概见全国劳资关系之大略，故即以之为全国劳资纠纷之统计资料，亦无不可。兹将所有案件之内容，发生原因，及其结果等项，分析说明于次：

（一）纠纷案件总数：总计二十二年南京上海等十二省市发生劳资纠纷案件，共三百二十四件，内中上海有一百六十一件，占总数百分之五十弱；青岛三十六件，占总数百分之十一强；天津三十件，占百分之九强；汉口二十三件，占百分之七强；南京十九件，占百分之六弱；浙江十五件，占百分之五弱；此外山东七件，河北二十六件，河南三件，武昌十四件，湖南十三件，广东十二件，共为四十件，合占总数百分之十二强。若按月分配，则一月份共有案件四十三件，二月份七十七件，三月份七十七件，四月份六十九件，五月份五十五件，六月份六十二件，七月份二十四件，八月份二十一件，九月份二十五件，十月份二十八件，十一月份二十一件，十二月份三十二件，全年按月合计为五百三十四件。此五百三十四件纠纷案中，有少数系二十一年延至二十二年者，亦有起止时期未详者，此外每一案件之迁延时间，倘在一月以上或二月以上，则必须叠入下月之中，故五百三十四件之数字，与前列三百二十四件之数不同，即因按月分配中有重叠之案件在也（参观按月分配表分表即可明了）。实则二十二年全年所发生之案件，仅为三百二十四件耳。

（二）纠纷原因：若以劳资纠纷发生之原因言之，则全年三百二十四案中，属于雇佣关系者，有一百〇六件，占总数百分之三十三弱；属于工资者，七十一件，占百分之二十二弱；属于劳动协约者三十四件，占百分之十强；属于歇业停业者三十一件，占百分之十弱；属于待遇者三十件，占百分之九强；属于工会者十六件，占百分之五弱；余关系于工时、厂规、工作制度以及其他者，共三十六件，合占百分之十一强。至于与国体交涉无关之纠纷案件，如政治关系，以及因同情而发生纠纷者均无，惟其中有性质未详者五件耳。

（三）纠纷结果：若就各纠纷案件之结果言之，则劳方要求完全胜利者一百件，占总数百分之三十一弱；一部份胜利者一百〇四件，占百分之三十二强；完全否认者二十三件，占百分之七强；资方要求完全胜利者五件，占百分之二弱；一部分胜利者十四件，占百分之四强；完全否认者八件，占百分之三弱；其无形停顿或结果不明者七十件，占百分之二十一强。此处吾人有须申明者，即在无形停顿或结果不明之七十件纠纷案中，不少已经和解，或另订条件解决，只以报告未详，未能归类列入耳。

（四）关系职工数：各纠纷案中关系职工之数量，其不及十人者八十件，占百分之二十五弱；十人至五十人者五十五件，占百分之十七弱；五十至百人者二十件，占百分之六强；一百至五百人者四十四件，占百分之十三弱；五百至千人者八件，占百分之三弱，一千至五千人者十五件，占百分之四强；五千至一万人者五件，占百分之二弱；不详者九十七件，占百分之三十弱。

（五）纠纷迁延日期：更就各纠纷案件迁延之日数言之，则案件发生不及二日即行解决者十八件，占总数百分之六弱；二日至十日者八十四件，占百分之二十六弱，十日之一个月者一百十六件，占百分之三十六强，一个月至两个月者四十九件，占百分之十五强；二个月至三个月者十二件，占百分之四弱；三个月至五个月者十件，占百分之三强；五个月以上者六件，占百分之二弱；迁延日数未详者二十九件，占百分之八强。此外尚有关系厂号数，关系资方之国籍数，以及各该纠纷案件之调处机关等，皆未编制统计；因各该纠纷案中之关系厂号，在一个以上者绝少，而关系资方之国籍，除上海天津两地有极少数之外籍工厂或公司发生纠纷，余则绝无。至于调处机关，则大都为当地党政当局，因此为法律之规定也。关于上列三种材料，以其无统计之价值，故暂时付阙。

下附统计表格六十四种〔附二种，余略〕

（1）南京上海等十二省市劳资纠纷案件按月分配表

省市＼月份	1月	2月	3月	4月	5月	6月	7月	8月	9月	10月	11月	12月	总计
南京市	7	8	4	4	3	3	4	5	3	4	2	2	49
上海市	20	45	47	38	25	32	3	2	3	8	4	13	240

续表

省市 \ 月份	1月	2月	3月	4月	5月	6月	7月	8月	9月	10月	11月	12月	总计
天津市		4	5	3	3	3	4	3	5	4	2	8	44
汉口市	4	8	9	10	6	4	3	1	3	3	1		52
青岛市	1	2	2	1	3	6	2	5	6	5	7	7	47
浙江省	4	1	1	2	3	3	2	1	1	3	5	1	27
山东省	2	1		1	1	2							7
河北省	4	4	4	6	4	2	1	1					26
河南省				1			1	1					8
武　昌				1	3	3	3	2	2				14
湖南省	1	3	3	1	2	2	1						13
广东省		1	2	1	2	2			2	1		1	12
统　计	43	77	77	69	55	62	24	21	25	28	21	32	534

（2）南京上海等十二省市劳资纠纷案件原因分析表

原因 地别	（A）与团体交涉有关之劳资纠纷										（B）与团体交涉无关之劳资纠纷			总计
	1.关于劳动者协约		2.关于雇佣状况者											
	Ⅰ.工会	Ⅱ.劳动协约	1.工资	2.工时	3.雇佣或解雇	4.待遇	5.厂规	6.工作制度	7.歇业或暂停营业	8.其他	Ⅰ政治	Ⅱ同情	Ⅲ其他	
南　京	1	1	4		5		1		5	2				19
上　海	3	10	29		71	18	1	7	10	7			5	161
天　津	6	2	4	1	7	3		3	4					30
汉　口		11	8		2				1	1				23
青　岛	1	2	10	1	16	3		1	2					36
浙　江		4	4		2	1			3	1				15
山　东			3						1	1				5
河　北			4		2	5			1					12
河　南									1	1				2
武　昌					1			1	3					5
湖　南	1		3				1			1				6
广　东	4	4	2											10
总　计	16	34	71	2	106	30	3	12	31	14			5	324

〔国民党中央执行委员会秘书处档案〕

8. 国民政府颁发最低工资法训令

（1936年12月23日）

国民政府训令　第九七〇号

令国民政府政务官惩戒委员会

为令知事：查最低工资法，现经制定，明令公布，应即通行饬知。除分行外，合行抄发该法条文，令仰知照，并转饬所属一体知照。此令。

计抄发最低工资法一份

中华民国二十五年十二月二十三日

国民政府主席　林　森

立法院院长　　孙　科

最低工资法

第一条　各种工业其全部或一部之工人，无团体协约或其他方法以确定其工资，而其工资特别低廉者，主管官署得依本法处理之。

第二条　本法所称主管官署，除有特别规定者外，在市为市政府，在县为县政府。

第三条　最低工资率，应就当地生活程度及各该工业工人情况，依左列标准定之。

一、成年工以维持其本身及足以供给无工作能力亲属二人之必要生活为准；

二、童工工资不得低于成年工最低工资之半数。

第四条　关于劳资双方不得以个人或团体资格订立少于最低工资率之契约或团体协约，少于最低工资率者仍应依最低工资率给付。但团体协约经主管官署核准者不在此限。

第五条　残废体弱之工人尚堪担任一部分之工作者，其工资经主管官署之核准，不得少于最低工资率。

第六条　工资计算，以每日工作时间内所得者为准，除雇方供给之膳宿得依最近三个月之平均价值在工资内并入计算外，左列各款不得并入计算：

一、雇方所定分给之红利及津贴；

二、延长工作时间之工资。

第七条　主管官署对于某种工业工人之全部或一部，认为有规定最低工资之必要时，征询该工业劳资双方之意见后，得提经最低工资委员会议定最低工资率，并呈经上级主管官署核转实业部备案后公布之。

第八条　最低工资委员会置委员九人至十五人，以左列人员组织之，其人选应由主管官署呈报上级主管官署转报实业部备案。

一、主管官署代表一人或二人；

二、关系劳资双方各推出无直接利害关系并熟悉该工业情形者一人；

三、关系劳资双方代表各三人至五人；

四、实业部或省主管官署认为必要时，得派代表一人。

第九条　前条第一款之委员，不以主管官署之职员为限。

前条第二款之委员，由关系劳资双方分别加倍推出，开列名单，呈由主管官署选派之。主管官署并得于名单中选派若干人为候补委员。

前条第三款之委员，由主管官署令关系劳资双方，于一定期内各加倍推出，开列名单呈候选派。如名单不按期开列时，主管官署得就具有该款资格之人员指派之。

第十条　最低工资委员会，以主管官署代表为主席。但有第八条第四款之情形时，以实业部或省主管官署代表为主席。

第十一条　最低工资委员会委员任期二年，递补之委员以补足原任之任期为限。

第十二条　最低工资委员会委员无故继续三次不到会者，主管官署得撤销其委员资格，以候补委员继任，呈报上级主管官署转报实业部备案。

第十三条　最低工资委员会开会时，须有委员三分之二之出席，出席委员三分 二 之 同意议决之。

前项开会，资方或劳方如无代表出席时，会期应顺延一次，由主管官署书面通知，该方第二次开会不得缺席，如仍无代表出席时，主管官署得自行决定最低工资率，或交由出席各委员开会，并以出席委员三分二之同意议决之。

第十四条　最低工资委员会委员均为无给职，但第八条第三款之代表得酌给津贴。

第十五条　最低工资委员会于必要时，得询问工人，或调阅雇方所置与工资有关之簿册。

第十六条　最低工资率实行满十二个月后，得依法修改之。

第十七条　雇方应将主管官署所定该业之最低工资率张贴于工作场内显明处所，如雇有场外件工者，应贴于领件交件处所。

第十八条　关系雇方雇有场外件工者，应备具簿册，载明左列各款。

一、工人姓名；

二、工作类别及其数量；

三、工作发交及缴回日期；

四、件工计算方法及工资额；

五、工人自备原料全部或一部之价值计算方法；

六、扣减工资时其数额及原因。

第十九条　关于第四条至第六条及第十七条第十八条所规定之事项，由工厂检查员或由主管官署派员检查之。

第二十条　雇方违反第四条第六条之规定者，处一百元以下之罚锾。

第二十一条　雇方违反第十五条之规定拒绝调阅簿册，或违反第十七条第十八条之规定者，处五十元以下之罚锾。

第二十二条　本法得分区施行，其区域由实业部拟定，呈请行政院核定之。

第二十三条　本法施行日期，以命令定之。

〔国民政府档案〕

四、各地工人罢工概况

（1）上海市

1. 国民党中央委员会禁止工人罢工的“告诫书”

（1928年10月）

中国国民党依总理孙中山先生之三民主义与革命方略，努力奋斗。迄于今兹，既已扫平军阀，统一全国，开始训政，蕲求建设，方将总摄纲纪，利导国民，相与抚绥乱余，涤除浇伪，共向心理、社会、政治、物质四大建设之目标而前进。乃者，上海邮务工人不幸以不明自身地位及责任之故，猝起罢业，资奸人以流言，召社会之反感。以我政府进行收回邮权之中，扶植邮工组织之不易，方在萌芽，而妄试罢工行动，摘瓜抱蔓，实为可惜。中央念国家生产之落后，与工人组织之幼稚，不加苛责，而于此次罢业者生活之要求，有为邮政前途安全与一般经济现状所许者，由交通部负责与谋解决，毋使延累。惟一隅邮工罢业之错误，其事犹小，而一般工人运动缺乏正确之观念，实足为民族前途之隐忧。本党过去十数年军政时期中，革命工作，重在扫除国内之障碍，故于民众运动，唯在唤起全国人民共同救国之精神，与北方军阀奋斗。然两年以来，共产党则因乘利便，从而分析整个民族之革命力量，运农离农，运工离工，而酿成暴动反动，以致与国民革命为敌。人民初不察革命与反革命分野之所在，致令威虐肆扬，苛暴细民，焚掠所至，闾阎为墟。今则人人皆知共产党之凶残虐毒而深恶痛绝之矣。然犹未辩本党对于工人工会所持之原则为何若，即党员亦多茫然无所知，甚或瞑行妄作，以个人主义指挥工人团体，致工会既不属于工人，又不属于全党，更不属于国家。形式上指导工人团体，而遇事则往往发生离开党与国家利益之个人活动。由是党国之系统与权力不能确立，革命之主义，不能深入于人心，而人民对于革命，虽欲贡献其总合的能力，亦因之不能集合于党中以作有组织有步骤之三民主义的战斗。长此以往，不待革命之传统的敌人死灰复燃，而中国民族亦必无幸！须知国民革命，距完成之期望尚远，盖军阀虽已翦除，帝国主义之积患犹烈，人民喘息初定，而全民族之恫瘝实深。继今以往，本党负训政之大任，必当振起整个民族忍耐刻苦，勤俭沉毅，通力合作之精神，造成一颠扑不破百折不挠之伟力，以之解除国家之锁缚，发展经济之事业，然后大多数人民之生计，始有进步之可言。为欲求其有成，则必于过去党员实际工作之错误，予以纠正，于本党对于工人工会之原则，加以阐明。工人为建设中国民族经济新生命之主力，若不认清本身与国家相关之地位，及其在完成国民革命目的上应有之责任，唯知舍本逐末，因小误大，国家犹是覆巢，一己欲求完卵，万众未脱水火，一己欲登衽席，剜肉补疮，疮未补而肉已腐；则其结果非至使全国人民生计之根株皆绝不止。惟此义之不可以逾，而不可不剀切昌明，俾作教条，庶几全国工友，知所告勉。

一、当知工友皆国民一份子，欲求个人之幸福，必先尽救国之任务。总理于民国十三年五月一日对全国工人曾有沉痛之遗训，谓中国工人地位之低落乃由于中国国家地位之低落，工人所受之苦痛，乃由于整个国家受各国帝国主义种种压迫所生之苦痛。盖一百年来，列强皆恃不平等条约剥削中国人民之权利。我国民为此等“卖身契”所束缚，无形中早已变为列强之奴隶，几尽失其改革政治发展实业之能力与自由。辛亥革命，虽经多少先烈之肝脑涂地，推翻满清之专制，脱却一种之奴隶，然各种不平等条约尚未废除，即全国人之卖身契犹未收回。元年而后，军阀展转相承，吾人继续努力于国民革命与帝国主义之工具搏战，经数年来苦战恶斗之结果，全国工友已觉悟帝国主义之不可不并力驱除。徒以复受共产党人自私自利之诱惑，致使革命发生障碍，我国民之卖身契转得延长时效，而帝国主义亦得保持其将绝之寿命。今军阀既已驱除，此后之任务，厥为收回近百年来积留之卖身契，以解除我国民最后一重之奴隶。全国工友，须知一切不平等条约之存在，实使帝国主义扼锁我国之咽喉，管理我国之产业，垄断我国之金融，吸收我国之膏血，掠夺我国之治权。夫国家处此危亡之地位，则国民之地位，当然低落，工人之地位，乃更低落。故今日中国工人欲为自己争地位，若从自己地位设想，必愈争愈坏，必须从全体国民之地位设想，为国家争地位，始能愈争愈高。自今以后，必须人人下一卧薪尝胆、忍辱负重之决心，作出十年生聚十年教训之成绩，始能解脱国家之桎梏，抬高国家之地位。

总理孙中山先生有言：“工人不但是对于自己团体之中有责任，在自己团体之外还有更大之责任。此种更重大之责任是什么呢？就是国民的责任，就是要担任抬高国家地位的责任。如果不能担任这个责任，诸君便要做外国的奴隶。若能够担任这个责任，把中国变成世界上头一等强国，诸君便是世界上头一等工人！”谚亦有言：“水涨船高，水落船低。”国家与人民之地位亦然。使国家之地位增高，工人之地位自然随之而高。中国受列强之压迫已至极点，工人如不以国家之利益为重，而欲独求自身利益之增进，必无是理。又使一国之人，农工商学，各顾其私，不念国家共同之利益，则其结果必如驶孤舟于大海，同舟之人，互相残害，非至同归陷落不止。故凡我工人，当知中国实如大海一孤舟，不可再以怠工罢工及其他阶级斗争之手段，破坏本国人民之产业与秩序，以自取覆亡。吾人于工商各种职业之任务外，实有救国救民之大任，国愈危，民愈弱，则此大任必随之加重。若处处但求满足一己之物欲，稍有不满，则不惜举社会国家之公利破坏之以泄愤，曾不思物欲未满而已不成其为中国人，且亦不成其为含灵负智之人类，此军阀官僚土豪劣绅守财奴辈所以为世诟病，而我全国工人所万万不可踵蹈之覆辙也。

二、凡我工人，当知人类之所以能生存，民族之所以能绵续，社会之所以能进步，皆恃人人具有一个继往开来的精神。此种精神，即谚语所谓“前人种树后人乘凉”之精神，我皇炎远祖本此精神以拓疆土，以建中国，使子子孙孙，绵绵延延，生于斯，长于斯，衣食于斯。则吾子孙当共守而勿替。我革命先烈亦唯本此精神以除旧恶，以造新命，则吾后死者当继此精神，以勉以教，以建千百年后中国民族之伟基。个人之生命不过数十年，而此数十年生命之价值，则唯有赖于为未来子孙造永久之福利而延长。吾侪工人，得吾民族远祖烈宗之遗传，既土广而物富天府之国利赖无穷，只须吾人秉刻苦勤劳之精神，合全国同胞所有之聪明才智，殊途合辙，以事生产，则人人之福利可立致，而工人未来之享受亦必无限。若不存刻苦勤劳之决心，忍现在之牺牲，谋未来之幸福，而妄思目前经济能力以外之享受，则结果唯有使目前一切皆陷于厄境，未来之福利无可期盼。甚至中国民族之子孙，亦遭绝灭。故凡我工友，必须切实猛省，不可贪目前之享受，而辜负从前祖宗创业之辛劳；尤不可贪目前逾量之需求，而妄却对于未来子孙之责任，此是人类生存，社会延续，文化继进之唯一关键，凡我工友急宜于此立定脚根，不可再受一般对时间空间而皆不负责任者之诱惑！

三、中国工人，当深切明瞭国家现在经济之现状，而与全国上下共谋正当之解决。总理有言：中国之经济现状，实是全国皆穷。穷之最大原因，厥为各国帝国主义以不平等条约加诸我国，而外国资本家则复凭藉不平等条约，以吸尽我国之经济的命脉。五年以前，各国以舶来品剥削我国之金钱，每年五万万，而今亦必倍之。故只以经济而言，中国人民实全体备受列强帝国主义与资本家之压迫，无或幸免。加以中国机器生产落后，迄今尚无与外国相等之大资本家与压迫工人之现象。吾人之所最痛心戚首者，唯外国帝国主义之压迫与外国资本主义之剥削。至于本国，则尚无何种强大之资本家足以压迫我工人。就年来之工潮事实言之，反而小实业受工人之压迫，小工厂为工潮所摧毁，而其终极，则复转使小实业之工人，流离失所，造成工人之压迫人者，转而压迫自己之恶现象。以此可知在生产未发达之国家，施用怠工罢工种种阶级斗争之方法于工人，其弊不独败坏社会之生计，仰且增加工人自身之痛苦。我工友切尝自身所受之经验，洞察国家经济之情况，当知解决工人生计问题，与解决国家经济问题，二者实有同一之利害，应本同一之原则。原则维何？即增加生产是也。盖外国货品充斥于我国中，吸收我国人民之膏髓，则我国人民唯有制造本国货品以抵制之，始能保障吾人之膏血。外国资本雄厚，以其大规模生产压迫我中国，且以其大银行之纸币压倒我国之金融与财政，则我国人民唯有勤劳节俭，提倡积蓄，将国民自己之积资，投诸国家大生产事业，以发展交通，开辟富源，始足以排除外国之资本主义及其货币之侵略。总而言之，我国民今后救国自救之道，只有全国上下共同努力于“增加生产”四字，乃为根本之图。欲求增加生产，国家则宜取消不平等条约，收回海关，保护实业，鼓励储蓄，制定劳动法，而工人则宜增加一己之技术与能力，养成勤俭耐劳之习惯，使工作之效能增多，然后生产额因之而增多。如是，则国家富力始能勃兴，工人生计亦自能充裕，较之在大贫小贫之社会中求不彻底之生活解决者迥不侔矣。

四、全国工友，当知目前工人之生活已有较其他职业界中人之生活为优裕者。中国为一患贫之国家，固已尽人皆知。吾人试一反省：中国人民大多数为农民，而农民之生活，则披星戴月，整日勤劳，刻苦操作，寒暑无间；加以我国科学落后，农具不良，耕种方法，简陋不堪，以致生产状况，毫无进步，又况农乡组织未备，政治不宁，匪祸遍地，偶有天灾，益增其苦。幸而勤劳有获，则纳赋偿债，犹恐不足，此农民之贫苦也！其次，则为士兵之生活，饷银既少，忍饥耐寒，为国服务，平时训练操作，日必在十数小时以上，一旦有事，则呼吸存亡不能自主；幸得生还，亦且断肢折股，僇为废人，此士兵之牺牲也。又其次，则为一般失业者之生活，室无积储，独身漂泊，到处既无可寻之工，几何不易沦为饥殍之鬼。此又一般失业细民之厄运也。是故举目一衡，全国大多数人之苦况，工人之生活，其贫苦不如农民，其牺牲不如士兵，其凄惨不如一般失业之众庶。以一般社会之情形如此，而工人岂尚不满于日有定业、夜有定所之生活，反欲向全国大多数穷苦达于极点之同胞以求增益乎？有人心者必不出此也。兹且谒诚以告我全国工友曰：国民今日救穷之责任，当先救其所急，而徐谋其可缓。本党深信此后之天职，在于努力奠定社会之安宁，消除一切害民之伏莽，同时，以国家现有之能力，开发实业，为民造产，使农民得所增益，失业者得所归宿，而一切流亡废疾者，庶有救死扶伤之望。我全国工友，当于此时作平心静气之自省，宜如何以有余之力量，尽同类相爱之情，协助政府，恪守秩序，努力国家社会之建设，以昭苏大多数同胞？如其不顾全国人民之生活为何若，误信共产党人“阶级意识”之莠言，则一阶级生，而全国大多数之同胞死，一阶级存，而全中国民族之生机绝，未见何阶级果能独存也。

五、抑我国工友所当知者，中国民族之生路，舍坚信孙中山先生之遗教末由，工人之生路，尤其舍坚信孙中山先生之遗教末由。孙先生之遗教，乃整个中国民族由建国以进于大同之唯一大道；广而言之，则须人人朝夕研求而不能尽，扼要举之，即吾人必须唤起全国人之救民救国之精神，团结于三民主义之理论与方略之下，以求全民族之独立生存，建设全民族之政治秩序，发展全民族之经济事业。本党今后，必须提挈全国人民，运用强国之政权，制定良善之法律，本建国大纲建国方略之计划，以全力为国民建设工作之后盾，而达人尽其才，地尽其利，物尽其用，货畅其流 之目的。在 本党 向此目的进行期间，政府必须使之有负荷建设之能力；法令规章，必须使之能保障国民生活之稳固与安宁；绝不使任何部分人民遭受遗亡或偏视。维我工友，当知政府在此建设之时期间，凡铁道、邮政、电机及其他交通事业，乃至各省地方政府经营之基本工业，皆为国家之公用事业。凡在公用事业作工之工人，即为国家服务人员，其地位则优良，其责任则重大，万不可自等于寻常自私自利之辈，叫人诱惑，以蹈怠工罢工之歧路。须知所谓公用事业者，非个人资本主义之事业；不得以对付个人资本主义之手段与方法对付之。反是者，即谓之背弃国民之义务，反抗政府，反叛国家。详言之，公用事业，乃合于民生主义之事业，其作用，在于供给人民全体之需求；其关系，在于维持人民全体之安宁；其目的，在于增进整个社会之福利，而万万不得以对资本主义的工业行为之行动以对待之。反是者，即谓之反人民、反社会，而其结果则必受社会严格之制裁。明此二义，则知政府对于公用事业工人之处置，无论采用任何方式，均为国家治权所许，而为适应社会要求与人民需要之正当行为。

呜呼！我国民数十年来遗大投艰，苦战恶斗，至今已稍见民国前途一线之光明，后此之责任，视以往为重大；而其艰难，必且过之，维我工友，于确实了解以上各条意义之余，当念及民族生存竞争之不易，人人应以知耻雪耻之精神，起三民主义之信仰，依本党之指导，为政府之后盾，作建设之前驱；必当企求工业技术之娴熟，生产效能之增高，与企业组织之完备。然后国家生产始能期其发展，而使中国得与帝国主义决未来百年之胜负，为中国民族雪已往百年之耻辱。我全国工人，其深念之！

中国国民党中央执行委员会

中华民国十七年十月十八日

〔国民党中央执行委员会秘书处档案〕

2. 上海市总商会请迅派军警镇压南洋烟草公司工人失业团电

（1929年1月9日）

南京。国民政府蒋主席、中央党部、行政院、工商部钧鉴：本月九日接南洋兄弟烟草公司函称：敝公司以营业退缩，停办浦东分厂各情，前经呈明在案。兹因职工盘踞厂中，于股东血本，地方治安均有莫大关系，迫得再将为难情形渎陈贵会，赐予维持。查营业计划当以盈亏为伸缩，敝公司连年因时局影响，及烟厂日多，销路分薄，外货复挟其经济侵略之力，大肆打击，遂致营业一落千丈。计十四五六等年份，销数总额均在三千万元上下，十七年份骤缩至一千七百余万元，比较历年几减半数。制造之力供过于求，成本愈高，亏折愈甚。不筹变计，全局将倾，以关于营业上不得不停办浦厂者一也。营业既减、金融之周转倍极艰难，虽有额定资本及历年公积金，而地产、房屋、机器、原料及其他生财等件，已占去大半。复因连年地方不靖，各分局及各代理兵事之损失，帐项之积压，霉烟之亏耗为数极巨，上年营业亏拆复达二百余万元，现既负债四百余万元，流通资本业已告罄。若不将应行收束者迅为收束，势必致公司全局陷于危险，此关于金融上不得不停办浦厂者二也。浦厂为敝公司制造之一部份，总厂及港厂总分公司职工数比较多于该厂数倍，若不从大多数着想，谋根本上救济，一有动摇，南洋公司名字恐归消灭，不特内负股东，外负国人，即上列大多数职工，势将同时失业，两害相权，当取其轻，此为大多数职工生计起见，不得不停办浦厂者三也。以上为势处万难，不得不停之苦衷，并以上项原因，日前曾将南洋锡箔铁罐厂、江浙皖三省营业处及三省各段分别收束，下止浦厂为然。至浦厂房屋系向永兴洋行租用，租期已将届满，且闻业主已转售他人，亦有不得不停之势，敝公司平时待遇职工，力从优厚，各界谅有所闻，该厂职工与公司共事多年，感情甚洽，若飞〔非〕万不得已，何忍遽行分散，往年营业稍有赢余，对于各省灾荒尚竭力救济，今以亲爱之工友，不幸乃有穷于救济之日，此则含泪忍痛，莫可如何者耳。此次遣散职工，按照前与该工会所订待遇条件，每人津贴工资两个月，经上海特别市社会局于一月七日召集双方调解，断令敝公司加给工资一个月。当此金融紧迫之时，筹发两月工资为数甚巨，已属筋疲力竭，惟以尊重社会局调解之至意，及各职工生计之艰难，于判定办法无论如何竭蹶，不得不勉力遵办，以期告无罪于同人。乃自该厂宣布停办，公司迭请工会派全权代表前来磋商，均置不理，社会局调解办法，亦不接受，而一面勒逼职工，盘踞工厂，并将敝公司大联珠轮船霸占行驶。复纠集百余人冲进总公司，既不携带正式函件，又不签报来者姓名，托名请愿，终宵不散。致与租界巡捕冲突，则诬为公司指使，在外则散布种种传单，派人逼令各纸烟店不售公司香烟，以破坏营业，又谓非资本亏拆过半，不许关闭厂，必欲陷公司于破产而后已。其尤奇者，在各报登出启事，谓浦厂一切产业有劳资契约关系，别人不得承受，不知其意欲何为。近更张大其词。冀耸动各方观敢〔听〕。此等情形，惟十五六年间，共党最盛时，广东、汉口等处有之，不图今日训政时期，竟有此现象，迁延不决，敝公司虽不足惜。恐此后办理实业者人人自危，谁复牺牲血本，掷于无可维持之地，其影响国家者甚大。且当此各〔国〕防吃紧之际，以千数百人昼夜盘踞厂中，万一于地方治安安致有妨碍，敝公司实难负此重责，迫得函请贵会迅电中央党部，国府蒋主席、行政院、工商部转饬上海警备司令暨公安局，迅派兵警前赴该厂勒令各职工即行退出，并遵断领取所津贴之三个月工资，俾资结束，以维实业而保治安等语。到会。查该公司浦厂停业，实因迭受巨亏，无法支持所致，否则该公司何致出此下策。社会局见此情形，是以有加给工资一个月，准其停业之决定。该工人不谅公司苦衷，蔑视官厅调解，盘踞工厂，霸占轮船，并阻止该公司将厂出盘，实属显干法律，扰乱治安。此端一开，将使上海为昔年武汉、广州之续，一般厂商谁不人人自危，何以立足。据函前情，应请准予电饬淞沪警备司令暨市政府公安局，迅派军警赴厂弹压，勒令退出，遵照社会局调解案办理。实为公便。上海特别市总商会叩。青。

中华民国十八年一月九日

〔国民政府行政院档案〕

3. 南洋烟厂全体工人失业团要求查办南洋烟公司非法停厂摧残劳工致国民党中央党部呈

（1930年5月16日）

呈为请求查办南洋烟公司非法停闭沪厂，故意延长纠纷，藉词蒙蔽工商部，摧残劳工，恳求限令克日复厂，以维数千失业工人之生计，而维社会秩序于安宁事：窃自南洋公司于去年废历年底，非法停闭沪厂，迄今数月，历经市党部、社会局调解，已属将次解决，巨意资方一面作无诚意之谈判，一面藉词蒙蔽工商部，以冀遂其摧残劳工，压逼宰割之恶欲，置数千失业工人于绝地而后快，种种毒辣手段，无非一意孤行，强欲实现违反潮流摇动党国基础之万恶“包工制”，妄图压榨劳工之汗血，达其稳住，坐享其成之目的。诚属目光浅短，不明人群进步在互相扶助之旨，摧残实业，自杀途成。岂但双重压榨施于胼手胝足之劳工，亦且引起阶级斗争，摇动党国之基础。职因为数千失业工友之代表，身受目睹，心所谓危，不敢不言，爰将往事近因一一详呈伏希垂鉴，并乞救助数千困苦莫名在资方铁蹄压逼蹂躏之下因而失业断炊之工人，则不胜衔感之至矣。（一）此次之劳资纠纷，远因在资方利用劳劳纠纷，着手进行压逼工人，而劳劳纠纷之发生，则因南洋烟草职工同志会第八届工会执委之内讧，最初中于“省界问题”之封建遗毒，藉私用公款与该工会年刊插画党旗握手于腐化之手，向党部检举，指为反动，而起集众，在工作时间内将四区二分部之候补充执委、在厂内作工之容晓堂痛殴成伤，当即车送福民医院调治。此事曾一度喧传沪地各报，于是劳劳纠纷，势成燎原，藉容晓堂作导火线，陷于不可收拾之地矣。嗣后市党部以该工会第八届执委迹属反动，指令资方开除彼等职务，并派梁正嘉、容玉光、谢继初等为该工会整理委员，改组登记，讵意资方有机可乘，贿买整理委员，开除第八届工会执委职务外，复无故开除工友二百数十人，并恐失业之二百数十人与整理委员为难，汽车代步，保镖随护。资方对于整委可称爱护备至矣。独惜此种殊典，不克两露，均沾及于众工友耳。（二）资方以无故开除工友二百余人，饱受市党部指责，勉强掩人耳目，用回六十余人，包括为市党部指令开除之第八届工会执委，在厂内召集御用全体工人大会，强逼参加。协理简英甫登台演说，谓工会不能与工人谋利益，于工人有百害而无一利。厂方亏累，多半由于有工会，不如解散工会，实行劳资合作，本人负责担保，年关决不开除工人，并当为工友谋利益，实行储蓄、养老、年金等制，奖励勤劳工友等语，以饵工人。当时众工友以整理委员无故开除二百数十人已属兔死狐悲，怨声载道，加以狡焉思逞者流之早施挑拨离间，视国民党为括民党，乍聆甘言，自属易于感情冲动，举手狂呼，打倒整理委员会，取销工会矣。经此一度之呐喊，于是此在民国十三年经孙总理耳提面命，亲手扶植之南洋烟草职工同志会，转眼作广陵散矣，旧时所订优待工友条约一一推翻，代以劳资合作条约，整理委员会经此一度掩耳盗铃，移花接木之拍卖工会手续后，尽皆锦衣洋服，挟资潜行。第八届工会执委之宠膺再召当然感激涕零，图报资方，扶助解散工会，成立劳资合作委员会之实现，独惜众工友做尽傀儡，尚须饱受压逼，任人宰割烹调耳。其时非无登高作反对声者，无如卵石不敌，继起乏人，反舌无声有由来也。（三）劳资合作委员会甫告成立，即与资方互订新约，约言中有此劳资合作委员会为劳资双方所立，不受其他任何团体机关干涉等，荒谬绝伦之妙文，置党政机关于何地，足见狼子野心，别有所恃，市党部解散该非法委员会之明令虽颁亦等诸官样文章，置之不理，解散由他解散，合作我自为之，如此合作，诚宜普遍施行于全国各劳资之间而永垂不朽，奉为金科玉律，以彰南洋烟公司首创劳资合作之功。（四）更有滑稽之尤者，该厂于废历年底最末之星期日（即一月廿六号）、用劳资合作委员会明〔名〕义，命令全厂各工人照常赴厂工作，（以前该厂星期日例假休息，如工作则须双倍之资），不给工资，藉符劳资合作扶助厂方之义，枵腹从公，殊堪敬佩。要亦工友驯良，早知横逆当头，工会已惨遭解散，声诉无从，忍痛承受而已。堂堂南洋烟公司，具有千五百万之资本，乃需以全厂工人一日之所入，慷慨捐助乎，是诚咄咄怪事。就最低限度而言，则该厂只须斥制造一工贼之代价，已足抵全体工人一日之所入而有余，足见别有会心，藉此试验工友之团结不团结，反抗不反抗，而另谋对付之策而已。（五）无抵抗之试验已告成功，非法停厂接踵而来，所谓金价猛涨，税率加重，销费浩大等语，尽属欺人之谈。答言亏本，则该厂有千五百万元之资本，与历年赢余四百余万元之公积金，民十六七八年，虽因经理不善与其他关系而致亏损，然仅亏去公积金而已，尚可设法补救，何得非法停厂。若诿为如工商部批示中所云之不得已，则贿买整理委员，制造工贼，解散工会，组织劳资合作委员会，压逼工人亦属不得已乎？无怪其弃原有工厂于不复业，托他厂代卷，置数千嗷嗷待哺之失业工友于绝地，尚谓为并非摧残劳工之过度办法，怪论惊人，岂亦不得已乎！不得已不得已，延长纠纷，实行包工制，引起阶级斗争，摇动党国之基础，其乃得已乎？适见其盲人瞎马，趋于自杀之途而已。哀哉！实业家之眼光浅短，痛哉！工人等之无辜被累，野心工贼之养成，资方何得辞其责？发财之路大开，工贼于焉尽来，工会可作进身之阶级，工人可作猪仔拍卖，资方以一念之差，仇视工会，摧残工运，不惜黄金手腕，铜臭熏天，回溯以往大堪玩味，嚣张之工人，只有此辈铜臭工贼足以当此，要亦资方之舍正道而拂由，有以致之耳。否则，在解散工会与劳资合作，执委压逼时早已纛树反抗矣。于今失业工人已忍至无可再忍之地，迫不得已要求党政机关援助，亦属应有之自卫，何得谓为工人嚣张，至于工资过巨，则仅有少数在厂工作至十余年之老工友，所以工资较巨者亦属历年递加汗血，辛勤换获之酬报，其余亦不过仅足维持生活于繁华的上海而已。岂足以言席丰履厚哉。厂方之言，适足以暴露资本主义者之丑面目与乎剥削工人之野心而已，岂有他哉。（六）非法停厂于废历年底，事前毫无通告，任众工人于二月三日（即废历正月初五日）照常赴厂工作，至则重关深闭，拒不使入，一方面由御用劳资合作委员召集喧阗路上之众工友，在旧职工同志会会址前开露天大会，不向党政机关请求办法，以少数人之意见包办，代表数人径入厂内，作两度掩耳盗铃之交涉，即发两月零五元之遣散费，其时多数工人已尽晓资方之鬼蜮伎俩，再开大会，推翻旧代表，重组失业代表团，向市党部、社会局请愿，讵意资方于此时派遣大批走狗，“野鸡拉客式”恐吓诱惑工人往领遣散费，意图分崩失业工人之团结，在法律上冀生已领退职金之效。但如此诡计，何能只手遮天，前此种种，市党部、社会局尽情畅晓，结果授意工人此费可领，议决作维持费用，然则工人等固秉承市党部之意旨而领，非作退职金而领也。该公司蒙混工商部，而工商部不察，以社会局、市党部为第三者，不能加以否认，盖仅凭资方片面理由，抹杀事实之立论，资方得此如纶之音，更可藉口压逼。试问，置数千失业工友于何地、任其辗转沟壑乎？任其铤而走险乎？任其饱受包工制之荼毒乎？不识吾党救助农工之本旨，是否准许资本家作有计划之行动，制造圈套，陷工人入阱而亦扶助之乎？吾党扶助农工之历次宣言决议案，果尽皆不兑现之支票乎？市党部、社会局皆第三者，无权接受调解，扶助失业工人乎？是诚过于袒护资方矣！总之，市党部非梦梦者，否则何故决议将遣散费作为维持费而用？亦缘资方丑面目毒手段曾几度尝透滋味也。（七）失业工人自得市党部决议，指令静候解决，限资方整理之期两月。四月一日，转瞬期届，讵料资方抗不遵令，不如期复业，且变本加厉，托中原、新民、三友等厂代卷，有社会局之训令与工商部批示证明，非伪弃原有失业工人于不顾，实欲延长纠纷，饿死失业工人而后快耳。工商部反认为托他厂代卷，其工作部份仍属本国工人，自不能因其停厂，即谓摧残劳工亦属奇谈，须知代卷厂素常营业为专替无厂基机器之小烟公司代卷，非为有大批失业工人，具大批机器弃而不用之南洋烟公司而设也。代卷厂之工人不因与南洋代卷而得业，南洋原有工人因代卷而失业，同属本国工人，得业失业各异，谓非摧残劳工，其谁信之，如此维持营业，尚具苦心，不知何所见而云然。实则托他厂代卷，为一种延长纠纷，饿死失业工人之策略，驱使工人四散而无复团结，乃各地遍设小烟厂，俾得工人数少，毫无生气，不能活动，以遂其实行“包工制”双重压榨，坐吸工人汗血之毒计，证以该公司目下之尽迁机器，阳称拍卖，阴假外人名义，私设烟厂，推行包工制，已可一目了然，无烦再事争辩矣。至于该厂之处心积虑压逼工人，已非一日，回溯民国十三年该厂即制造工贼张显庭等捣乱工会，幸得工人力争，始获工会无恙。去年更在粤东聘任大阴谋家李辉（即李思普）曾公洛等在厂任机器部长、秘书等职，勾结前工会第七届委员长区皓、关球、唐人强等，同谋解散工会，拍卖工会，挑拨离间，引起第八届工会执委江春、裘来富、张章、骆云来、汤富顺、郑绍基、容晓堂等内讧，发生劳劳纠纷，又贿买整理委员梁正嘉、容玉光、谢继初等，共同拍卖工会，推翻优待工友条约，组织劳资合作委员会，为遣散全体工人，推行包工制之过度机关，以骆云来、刘阿发、王用林、文连法、张厚仁、周贵金、林泉等为委员，统计著名工贼不下数十人，其余爪牙举目皆是，书不胜书，洋洋大观，叹观止矣。该厂之制造工贼，诚属神乎其技，无怪臭肉招蝇，引来大批变节恶化之铜臭份子。此次劳资纠纷，曾公洛、汪敬之等任设计参谋，李辉任收买过付，驯良工友，尽为鱼肉，宰割烹调，谈笑从容，指顾间大事已定，不惜黄金买娥眉，纵横捭阖，实以推行违背潮流之“包工制”为目的。哀我中国工人，既饱受国际帝国主义者之压逼，复受国内实业甫在萌芽妄思步帝国主义者后尘之资本家之压逼，目下已陷于罗掘俱穷，易子而炊之绝境，倘长此延宕，毫无解决之方，深恐坐毙垂成，或铤而走险，则不但以扰社会之治安，更恐颠摇党国之基础。职因目击身受，不忍不言，务恳体念失业工人痛苦难达之下情，限令该厂克日复业，以安失业之众，并希纠正该厂已往之过失，与乎保障将来之安全，则岂但数千嗷嗷待哺之众，衔感莫名，党国前途，亦利赖之矣！临呈

不胜惶恐涕泣待命之至。谨呈

中国国民党中央党部民众训练委员会　钧鉴

具呈者　南洋烟厂全体工人失业团暨

四千余工人同泣叩

代表　梁　坤　容幹挺

容　耀　郑满全

中华民国十九年五月十六日

〔国民政府行政院与国民党中央民众训练部档案〕

4. 国民党中央组织部转报上海市公安局镇压汽车电车工人罢工经过情形函

（1930年5月29日）

迳启者：据报上海汽车电车工人罢工经过情形，又据密报：平汉路江岸机厂工友黄树杨于十六年在武昌纱厂作工时即有共党嫌疑，最近突然秘密离汉，潜赴北方，有所活动。闻黄在天津与反动派颇为接近各等情。兹特抄录原报附送，请查照。并希转民众训练处知照为荷。此致

中央训练部

附抄件一件

中华民国十九年五月廿九日

部长　蒋中正

上海汽车电车罢工之经过情形

a. 汽车

1．罢工之起因：因近来生活程度日高，公司方面于四月一日自动加薪。但以司机工人所加甚微，均认为不满，拟要求改良待遇，于是全体职工推举代表向公司交涉。

2．要求之条件：

（一）凡工资在二十三元以上至五十元以下者，一律加四元。

（二）开车一个月内不肇祸，赏洋两元，二个月内赏洋四元，以此类推。全年内如不肇祸者，须赏洋二十四元。

（三）凡有确实过误，以致被革班，不得至公司入学者，当作拘留论。否则，必须照全日工资发给。

（四）钟点快者受罚，慢者则不受罚，亦不得因一些快慢而减去每月应加二元。在末站二分钟内不停引擎。

（五）凡开老式车子者，可得练习新车子。

3．公司方面之态度：

公司方面以工人除要求加薪外，余三、四条均不能许可，是以于四月十九日全体罢工。

4．工潮之介决：

罢工后，公司中曾一度请捕房出而调解，后因工人要求罢工期间工资照给一条，公司不肯承认，以致决裂后再度调解。由劳资双方代表接洽三日，经公司认许条件，于十四日全体复工，开车人仍以华人暂雇，俄人已准另行设法。

b。电车（公共租界电车）

1．罢工之原因：该公司卖票人，开车人以及工厂机匠等，因以近来米价高涨，工资低少，并以票价平均已涨至二成，而工资依旧，工人等以公司待遇不平而有罢工之事实行。

2．要求之条件：

（一）每人每月增加工资七元；

（二）每人每月津贴米费三元；

（三）承认工人俱乐部有代表全体工友之权，并由公司津贴开办费三百元；

（四）每逢星期工作者双工，每月做满二十日者计二工，二十五天者计四工；

（五）工友病假期内仍给工资；

（六）罢工期内工资照给；

（七）无故不得开除工友；

（八）被捕工友释放；

（九）每一亭子间设茶缸及发给工友雨衣等件。

3．公司方面之态度：据该公司总经理鲍其斯称：此次工人罢工，事前未接工人请求加薪之正式要求，至罢工三日后，始推代表交涉。现在对于工人所提要求，在可能范围内接受，惟须复工后再行讨论。罢工期内亦不另雇俄工代替工人。对于上述办法，亦表示满意，照常复工。后因一部份工人坚持，须公司承认所要求各条，以致又复罢工。

4：现状：现在双方最难解决问题，即铜匠工人之加薪，罢工期内工资照给及承认俱乐部等。现在双方各不相让，致无解决希望。

〔国民党中央党部档案〕

5．熊式辉抄报上海公共租界汽车及电车工人罢工情形致国民党中央执行委员会呈

（1930年）

呈为呈报事：窃查上海公共租界电车及公共汽车工潮情形，前经呈报在案，兹据上海特别市公安局呈称：呈为呈复事，案据职局侦缉队队长卢英呈称：奉令饬查公共租界电车及公共汽车罢工一案，遵即饬据侦缉员高巨川查复称：此次公共租界电车及公共汽车工人全体罢工一案，系因近来米价腾贵，各工人要求公司酌加俸薪，并津贴伙食，以资维持，几经磋商，公司方面已允每人按月加薪工九角，并津贴伙食三元，如米价回贱，仍将津贴

取销，双方已无异议。嗣因该工会忽要求资方每月津贴会费洋三百元，并嗣后工人对于公司有所接洽，须完全由工会主持，资方对此要求完全拒绝，以致酿成罢工风潮。至公共汽车罢工情形，亦因开车工人要求加薪，公司方面积极抵制，竟雇用俄人驾驶，双方各趋极端，遂致全体罢工，旋经各方调解，资方允每人按月加工资三元，并加伙食洋三元，业经照常复工。查此次电车及汽车工人罢工，虽为生计关系，但工人脑筋简单，难免有人暗中操纵等情。据此，除饬各员随时详查具报，并注意华界工人行动，以弭乱萌外，理合据情呈复，仰祈鉴赐核转等情。据此，查此案前奉钧部参字第八五九号及八九三号先后训令职局，从速会同设法调解，并奉市政府第四三四零号令同前因，遵经饬派商事股主任张寿椿前往社会局会商办理。当将商酌情形呈奉钧部参字一零一二号指令，仍仰相机办理，复经饬派该员会同社会局派员顾炳元调查此案经过情形，据报公共汽车工人业已复工，而电车工潮尚未解决。正核办间，又奉钧部参字第九五六号训令，以该案业准市党部民训会派员查明，实有反动分子从中主持捣乱，应先侦缉主持此次罢工之反动分子，归案严惩，俾工潮得早解决，令仰设法侦查具报等因。复经遵令转饬督察处及侦缉队设法详查具报去后。兹据前情，除仍饬随时严密侦查具报，并注意华界工人行动以便防范外，理合抄录会查公共租界汽车及电车工潮报告，备文呈送，仰祈鉴核等情。据此，理合转呈鉴核。谨呈

中央执行委员会

附抄呈报告一件

兼淞沪警备司令熊式辉

抄报告

奉派调查公共租界公共汽车及电车工人因要求资方增加工资

改良待遇等相继发生罢工风潮事，当即会同社会局科员顾炳元先后往南京路公共汽车公司、苏州路电车公司分别调查，兹将查得情形汇录于后。

甲、公共汽车工人罢工之经过情形

一、罢工纠纷起因。查公共汽车公司，鉴于米价与一般生活程度之增高，于四月一日起，自动将各职员薪金一律增加，但司机工人，因所加薪金甚微，每人按薪计算，尚未加至十分之一，均认为不满，并拟要求改良种种待遇，于是全体职工于四月十五日推举代表，向公司提出要求改待遇，条件五条(条件全文如下)：

(一)凡工资二十三元以上至五十元以下，一律增加四元；

(二)开车一个月内不肇祸，赏洋两元，二个月内赏洋肆元，三个月赏六元，一年赏洋二十四元；

(三)凡有确实之过错，以致革班，不得来至公司入学，查以作拘留，否则必须全日工资照给；

(四)钟点快者当受罚，慢者亦不得受罚，亦不得因一些快慢而减去每年应加两元工资，在末站时二分钟内不停引擎；

(五)开老式车子人，得学练新式车子。

至四月十八日，公司告碍难应允，工人方面以为公司毫无诚意，遂于四月十九日起全体罢工。

二、公司之态度：据该公司发表宣言云：自公共汽车司机罢工后，华搭感受不便者每日不下六七万人，因此敝公司应付工潮之方针当亦为公众所欲详知，爰述其事实，幸加垂察。窃公司对于职员之所需无时不在可能范围内尽力代为谋致。最近鉴于米价与一般生活程度增高，自动决定将各职员薪水一概增加，因此咸示满意，独司机仍继续求增薪及经公司告以碍难应允，遂于四月十九日全体罢工。若辈除加薪外，当要求两事，一为车达路线终点后，不必停止引擎，二即行车时间不必定照规定时刻，略予通融。此二项要求，设经承认，万难策车务之效能，可以断言。至于司机薪水自入公司领到开车正照会后给二十七元，嗣后服务，每满一年，增加月薪二元，每月休息三天，工资照给，倘能注意职务，当有增加收入之机会，如开车谨慎与注意引擎，俾用油节省者，每可得赏工多至大洋二角，又为行车严守规定时刻，每月可得赏工二元至十元，又如开车谨细，不肇祸端，则分三级给奖，凡一月内不肇祸者特奖一元，一季内不肇祸者加奖五元，一年内不肇祸者再加六元，故若开车谨细，每年可得赏工共三十八元。现公司已表示可以酌增此项特奖，使终年不肇祸端者可得赏工四十八元，按此项赏工并不难得，目下能得月奖之司机约有百分之五十，能得年奖者亦有多人，故苟能谨慎开车，不难人人可得，目下有若干技术优良之司机，每月所得可达五六十元，即技术最劣者，亦不难矢勤矢慎，以求进步而增加其收入。迩来外间传说公司雇用俄人以代罢工之华司机，实不尽然，因既属公司事业之一，□应以种种可能方法维持其服务，华司机不顾公众之不便，出此极严重之步骤，相率罢工，希图完全妨阻公司之服务，则公司自当乘机招雇俄人，惟今有俄司机得与华司机并用，因公添造与业已运到之新车上正须添雇司机也。至于现已通知工人条件：（一）不肇祸奖金分别酌增，俾全年共可得四十八元；（二）自到公司复工日起照薪支给；（三）罢工期内不给工资；（四）加薪办法则如业已应允者计月薪在二十元至三十元间者加二元，在三十元至五十元间者加三元；（五）行车必须履守时刻表；（六）车到路线终点后必须停止引擎；（七）罢工者名下所储津贴金充公，按此项津贴金系公司为谋职员利益计，每月照其薪水另出百分之五代为存储，但照储蓄章程第五款凡加入罢工运动者即行充公，故此次必须照章履行，惟上述条件当然不能毫无时限，故罢工者苟不于合理期间内复工者，则公司不得不全招新人，从事训练，嗣后即失复工之机会，总之公司待遇司机见于前述种种已不可谓不善，实无再诉苦之理，故其罢工乃属听信莠言，卤莽从事，若再坚持，唯有自蒙更大之不利云。

三、公司另雇俄人替代。公司方面见工友坚持罢工，遂于四月二十日开董事会议决定将罢工之司机人二百五十余名，一律开除，另雇俄人四十余名，训练至四月二十八日向工部局领得驾驶执照，实行开车，本局于四月三十日曾令饬该公司不得雇俄工替代，以免扩大工潮。

四、工潮之解决。当电车罢工后，该公司曾一度请捕房出面调解、因罢工期内工资照给一条，公司不肯承认，以致决裂及再度调解，由劳资双方代表谈判三天，遂于五月十一日在甲圆开群众大会，宣布公司承认条件，全体通过，至十三日由工人代表第八十号三十六号三十七号开车，三人正式签字，定于十四日晨全体复工，开车仍用华人。其复工条件如下：

一、一律加工资三元；

二、平安奖金第一月一元，第二月二元，第三月六元，一年共四十多元；

三、在学堂受训练时工资照给；

四、各开车的有训练开新车之机会；

五、复工后三个月内不准开除工友；

六、新开车在训练时每月津贴十五元；

七、新开车领到照会后，每月至少工资二十五元；

八、酬劳金一年后再商量，暂雇之白俄由公司另行设法处理。

乙、公共租界电车工人罢工之经过情形

一、罢工之原因　公共租界电车公司之卖票人、开车人以及工厂机匠等共有一千五百余名，稽查及内部职员当不在内，去年十一月各工人以米价高涨，工资低小，曾向公司要求得每月米贴洋一元五角，迨至本年三月间公司方面即将此项米贴完全取消，另加每人工资洋五角，在工人先后共得米贴三个月，而三月间名为加薪，实际照原有米贴减去一元，各工人深为不平，且本月二十日起公共租界各电车平均涨票价二成，而工人之工资依旧，遂愈感公司待遇之不平等而罢工之事由是实现。

二、罢工经过　于四月二十三日各工人向公司提出要求四条：（一）每人每月增加工资洋八元，（二）每人每月米贴洋三元，（三）每一亭子间设立茶缸，（四）每逢星期日及节期须发双工，公司方面当即布告按照现市米价每人每日加给米贴洋七分，其余三条均未答复，至四月二十五日晨提篮桥北厂开车，卖票工人约七百人首先罢工，延至午时，罢工风潮扩展至西区赫德路新厂，一二等路电车工人遂开回厂继起罢工，下午二时起公共租界全部电车遂完全停顿，于四月二十八日始由公共租界电车公司工人俱乐部具名派八号开车，四百七十八号卖票，一百〇八号铜匠三代表往见公司总经理鲍芬斯，提出要求十三条.

一、每人每月增加工资洋八元；

二、每人每月米贴三元；

三、承认工人俱乐部有代表全体工友之权，并有公司津贴开办费洋三百元；

四、每星期日工作者双工，每月做满二十天者二工，二十五天者四工；

五、工友病假期内仍给工资；

六、罢工期内工资照给；

七、无故不得开除工友；

八、被捕工友释放；

九、每一亭子间设茶缸；

十、各路工友发给雨衣开车卖票一年发给三季号衣；

十一、机匠应发租界电车派司；

十二、开车卖票领得攀手票箱后，无论工作数小时或半天者，须发一天工资，跑狗时间延长工作者，须发双工；

十三、无论开除或告老应由公司发给退俸金一个月。

而大班因八号开车工作未久，一百〇八号铜匠年纪太轻，多不够资格，只有四百七十八号买票合格，但因代表人数太少，故未代判，当关照另推代表数人，再来磋商。

三、公司态度　据该公司总经理鲍芬斯称：此次工人突然罢工，实出意外事，前厂中未接工人请加薪之正式要求，至罢工后三日，工人始推代表与公司磋商，对于工人所提要求之十三条，除第六、第十一条不能承认外，第一条每人每月增加工资三元，第二条米价在十五元以外时每日给每人米贴洋壹角，停工照扣，其余问题在可能范围内接受，惟须在复工后再行讨论，罢工期内亦不另雇俄工代替华工工作。一部份工人对于上述办法表示满意，曾于十一日午时起复工。十二日晨起，各路电车均已开出，卒因另一部份工人坚持须公司承认第三、第六、第十一三条。并恫吓复工之工人，故自十二日上午十一时左右。又全体继续罢工云云。

四、现状　现在双方最难解决之问题系铜匠工人之加薪，罢工期内工资及承认俱乐部三种，双方各不相让，致无解决希望，日下公司方面每日开工二路，电车路线自静安寺路至洋经浜，并拟于最短期内

〔下缺〕

〔国民党中央民众训练部档案〕

6. 俞飞鹏转报吴淞铁路工人秘密集会情形致蒋介石呈

（1929年3月16日）

事由：顷准沪市公安局黄局长振兴翰称：据先后确实探报，关于吴淞沪宁铁路工人阴谋情形，实有不容忽视，各方报告如出一辙。惟该工会直属中央管辖，恳转呈总座转中央党部令饬该路

工整会各委员严密查拿，而消阴患。除抄原报告呈报熊司令、并饬局属七区随时注意查察外，理合抄同原报告，输请转呈察核等由。准此。查沪宁沪杭及津浦各路，关系军事输送异常重要。据报有共党阴谋煽惑，自应严密防范，理合照录原报告一份。呈报钧座察核办理。谨呈

主席蒋

抄呈原报告一份

职 俞飞鹏 谨呈印

于第一编遣区经理分处

附呈原报告

吴淞沪宁铁路工人孙琴川、林景林、蔡锦海、仇金标、苏咸金、邱阿庆等，在吴淞沪宁铁路修机厂对面组织工会，每逢星期二、四在会散发传单，秘密开会。该会假借铁路工会名词，实则共产党秘密机关，全厂工人七百余人，现在已有大半被若辈引诱入会。自湘事发生后，该工人即召集紧急会议，议决待时发动。第一步打倒司令蔡增基，并闻业已派出多数暗杀党，不日欲将蔡司令害死，第二步即大团结罢工，妄图断绝交通，俾中央不能派兵援救，大事杀戮，欲各党员人多血渍污身而后已。故日来四处密购枪弹，若不早日制止，后患奚堪设想。愚亦被强迫入会，故能知内中底蕴，幸勿以明日黄花视之也。谨请。

顷据确实报告及由某同志转来共匪议决案一纸。共产党议决于政局若有变化之日，该党应以全力于沪杭宁铁路煽动罢工，并附近乡村举行暴动云云。弟连日接各方面报告，该项消息似已证实，供给共匪及想利用共党者大有人在。吾兄负公安责任，应如何取缔及预防，务求及早决定。否则，燎原之势若成，更不为力矣。此项消息弟愿有全责。此致

〔国民政府档案〕

7. 国民党中央民众训练部关于严密防范上海地下党发动工人罢工的密函

（1930年8月21日）

中央训练部　密函　字第10250号

密启者：准中央组织部摘送共党紧急通知第一号一件来部。查该件纯为煽动上海工人，企图酝酿上海总同盟罢工，以达彼辈出卖民众，出卖国家，破坏国民革命之宿愿，相应抄附原件，函请贵会察核，严为防范为荷。此致

上海特别市执行委员会

附抄件一件

中华民国十九年八月二十一日

部　长　戴○○

副部长　何○○

附抄　紧急通知第一号

援助法电罢工，积极准备上海总罢工。

法电罢工，经过残酷斗争，已发展与帝国主义武装冲突，工人和反动武装肉搏，被伤20余人。此流血案，在目前形势，颇有可能与各种斗争配合，暴发80万工人总罢工，掀起全国革命高潮。

本党在根据此事，号召组织全上海80万工人及贫民群众，反对帝国主义、国民党运动，实现总同盟罢工，其具体办法如下：

1．发动大批宣传队，至英电各中心站，散发传单，公开演讲，尤注意到定备车上开会，宣布罢工。

2．各区委加紧各业各厂罢工的布置，争取总同盟罢工之实现，此为运动的方针。

3．对法电工人，加紧政治宣传，特别揭破国民党欺骗，使

工人坚决继续斗争，要求全体总同盟罢工，反抗帝国主义，准备武装暴动。

4．星期四下午，由总工联发起开各团体代表大会，成立法电罢工后援会，各区应即发动各厂各团体开会报告流血案，成立后援会，援助法电罢工，参加星期日的大会，并分批慰问法电工人。

5．星期日援助法电群众大会，在法租界马浪路口集中，各区尽量号召，多印煽动性传单，动员到工厂，召集群众讲演。

6．特别加紧政治宣传，鼓动罢工者提出援助法电 罢 工 口号，各区委应坚决发动宣传队。

7．组织工人纠察队，发展赤色先锋队。

8．党和互济会，自由同盟，均应动员对学生活动。

9．我们罢工口号：

a。援助法电工人；

b。反对帝国主义及勾结帝国主义的国民党；

c。打倒黄色工会，驱逐黄色领袖；

d。暴动时候快到，大家武装起来；

e。拥护水电总工会；

f。拥护上海总工联。

总行动委员会

19·7·21

〔国民党中央民众训练部档案〕

8。行政院抄送上海市政府关于在工界代表会议期间严防共产党领导海员工会举行罢工请愿的密函

（1932年1月21日）

密函　第二九五号

径密启者：据上海市政府巧电为该市公安局探得赤区混合各工会密谋，俟全市工界代表大会日乘机暴动，电请鉴核等情。据此。除电令该市政府会同警备司令部严密侦察防止外，相应抄同原电，函请贵处提出会议报告。

中央政治会议特务委员会秘书处

计抄送原电一件

中华民国廿一年一月廿一日

附抄上海来电

南京。行政院钧鉴：政密。据市公安局呈称：案据本局督察处报称：探得海员公会、申新第七厂工会、民国书局工会、韩人反日会、东北旅沪同乡会、纠察失业工人联合会、商务印书馆工会、驳船工会、黄包车夫工会、留日学习会等（内本赤党混合）并联合失业工人数千人（该失业工人已在上海民众反日救国联合会登记）秘密计议，一俟全市工界开代表大会之日，即行混入，散发传单，向市政府请愿，乘机暴动。并闻赤党中有主张以时机未至，要候士兵工作成立方可大举暴动，并拟先占兵工厂为根据地。除依法侦查全市工界代表大会开会日期及苏党确定之计划再行呈报外，理合密令鉴核等情。据此。除分呈并通令所属预防外，理合具文密报等情。据此，除令饬注意侦察，尽力设法防止外，理合肃电密陈、仰祈鉴核。上海市政府叩。巧。印。

〔国民政府行政院档案〕

9. 国民党中央民众训练部干事朱震生关于共产党领导上海英美烟厂工人罢工斗争的报告

（1932年5月18日）

一、工潮发生前之劳资状况

英美烟草公司，在浦东本设有第一、第二两厂，工人共计五千余人，有沪市第五区卷烟业工会之组织，杨树浦方面则设第三厂，有工人四千余人，当地虽有第四区卷烟业工会之成立，该厂工人独未参加。资方在北方事变前规定，每星期须做六工，工资多寡，胥视工人能力而定。

二、工潮起因

最近资方因受华北军事影响，存货甚多，且值兹五月，为防霉起见，决定减少生产（即每星期做三日）。但劳方则因生计所关，表示反对，此项工潮乃告爆发。

三、共党活动

工潮爆发以后，沪东CP份子（查沪东区与沪西区同为CP活动之大本营），遂不惜借题发挥，以实现其一面造成恐怖，一面吸收其所谓“英勇的”同志加入该党之企图。同时，并组织罢工委员会，指挥罢工。杨树浦方面CP之行动尤为积极。于是，此次英美烟厂工人之纯粹的自发的经济罢工一变而为CP作政治斗争之工具矣。（此说在英美工人或不会承认，但总工会方面确有此感想）。工潮发生时，杨树浦工人曾有代表至四区卷烟工会，请求援助。但该会以其态度不佳，未有表示。

四、共党被捕

五月十五日上午，杨树浦英美第三厂工人代表百余人，往浦东开会，中途因受CP鼓动，与当地军警发生冲突。工人拟前往包围沪市公安局第三区署，并收缴保安第二中队门警械（以上公安局消息），旋被驱散。事后，由公安局〔逮捕〕工人四名，一为强雷，系共党沪东区委兼书记；一为杨四；一为李步祥；一为袁五西，即小口子，均为共党罢委，现仍拘押于公安局内。

五、工人请愿

强雷等四人被捕后，沪东CP份子又提出其所惯用之〔法〕：（一）反对拘捕工人，（二）反对减工之两个口号，纵恿工人到社会局请愿，时在五月十七日下午也。幸公安局早得眼线报告，派警防范，始未肇事。现此案已由沪市党政机关召集调解，结果尚好，如无枝节，今日或可复工矣。（其办法系每星期暂做四工）。

六、共党策划

据熟悉杨树浦方面工运情形者谈：该地CP现拟以烟厂为中心，并设法打进丝纱两业工人队伍中去，以取得其领导地位，赤化各业工人。职除随时前往刺探消息外，谨此先闻。此呈

秘书张转呈　陈

主任委员　　王

职朱震生呈　五月十八日

〔国民党中央执行委员会秘书处档案〕

10．行政院秘书处检送上海人力车工人要求减租反对剥削压迫的笺函

（1932年10月11日）

笺函　第三六四四号

径启者：奉代院长谕：据上海人力车夫孟晋臣等呈，为奸商包国香等，把持车数，迭次加租，请饬上海市政府，转饬社会局，依法核减车租，并追查巨款，以维生计，等情到院，应交上海市政府等因。相应检送各件，函达查照。此致

上海市政府

计检送副呈及宣言各一件

行政院秘书长褚○○

中华民国二十一年十月　日

附抄原呈（10月11日　　）

具呈人上海人力车夫代表孟晋臣、刘辅君等（住上海闸北大

统路顺兴里十二号门牌）呈：为奸商垄断把持车数迭次加租，侵蚀巨款，剥夺平民生活，乞求派员履沪，秘密调查，令饬上海市社会局依法核减车租，追查巨款，而维民生事：窃民等向业在上海公共租界拉车（均有车主可稽）。缘上海人力车（即黄包车）为旅客代步，平民倚靠，苦求衣食，不意被奸商包国香、梁瑞廷、奚应川、顾松茂等，贿通公共租界工部局，限止车数一万辆，包捐大洋两万元，傍〔旁〕人不得捐添。该奸商等得到垄断包捐权柄，迭次增加车租。查该车价值八十元不足，每日每车剥削车夫小洋十二角至十三角五分不等，其车价值高抬至六百余元矣。民等为生活计，迭次渎呈上海市各行政机关、并奉到社会局第四零六四号批示：业经会同市党部谕饬酌减等因。不料遭该奸商等贿串，宴邀阴谋破坏，相届二载，未能达到减租目的，不意一二月八日暴日进攻上海闸北，战事绵延，车夫等避迁公共租界，生活无处苛求。该奸商等见失业工友与灾民人数重〔增〕多，趁机加租，如有不遵，勒扣照会，停止营业。民等只得再具呈上海市政府与社会局，乞求依法减租，明令分布，相届月余，未见如何处分，民等只得发第四次宣言呼吁，查上海市人力车分闸北、南市与联法租界，公共租界三域营业。闸北每车每日车租小洋四角伍分，南市与法界每日五角五分（均奉官厅核准），唯公共租界垄断一万辆，迭次加租不厌，现时加至十三角五分。此等利率重大，骇人闻惊，与政府营业产业利率百分不过二十之旨大相违背。则洋商国恩，仅有车辆二千零七十二部（属公共租界一万辆之内），即飞星公司。十五年被奸商顾松茂、姜春翘、后少庵、马金标、陆顺贤、郑鉴泉、王星寰、鲍炳坤、陈继有等趁机包租、转租与放车人（即小头目），车夫等在放车人之下债租营业，并蒙放车人念车夫生活为难，代表具呈各官厅，乞求减租，又遭奸商顾松茂趁机与洋商私立包租，据约期限五年半。期满后，该洋商自愿将车体恤车夫，每月每车净包大洋七元（现已五年）。该奸商等每日追收放车人小洋十角，计五年合算，蒙蔽侵蚀大洋一百三十四万三千一百二十元（此段情节宣言注明）。此等巨款，纯系车夫血汗资膏，被其侵蚀。窃思车夫等营业不堪痛苦，人力不能抵抗，上海各当局置之不理，显系舞弊贿通，故迫得具呈。附代宣言。恳求钧院迅予派员履沪秘密调查，追究巨款而充公益，令饬减租而维民生，实感党德。谨呈

国民政府行政院院长汪　钧鉴

人力车夫代表　孟晋臣（私车）　卞维栋　诸葛奎荣

施福庆　刘辅君　王海波　袁哲国

路伯远　黄桂成　仓公文　陈栋梁

邢鸿喜　朱呈麟　刘乐山　陈加龙

孙正奎　于　德

中华民国二十一年十月十一日

附抄上海人力车夫代表孟晋臣、刘辅君等乞求各界援助宣言

各党部、各官厅、各学校、各工会、各报馆、各商会、各警署、各救国团体、各慈善机关、各海外侨胞、各武装同志、各民众团体、及各界人士公鉴：窃车夫等大都系江北灾民，为灾匪所迫，来沪拉车，居草厦，食藜藿，衣褴褛。每日上街拖拉，不避风雨寒暑，汗流气喘，稍有人心者无不怜悯。不料人力车（即黄包车）被奸商包国香等操纵垄断，把持车数，妨害车夫营业自由，察其原因由（民）十三年九月份，蒙呈租界工部局，限止车数计一万辆，权标华洋人力车商同业公会，包国香位居会长，不准傍〔旁〕人添车，归保单捐领执照，计保捐车商一百三十一家，洋商国恩仅有二千零七十二辆（名称飞星公司），包国香（称三鑫公司）、奚应川（和兴公司）、梁瑞廷保捐照会数百张、助纣为恶。该奸商等得到垄断包捐权柄，迭次增加车租，由

小洋六角加至七角八角不等。（民）十五年并蒙放车人（即小头目）郑大德、葛青山、王汉臣、孙仁和等俯念车夫病苦，代表具呈各官厅，要求减租，蒙前淞沪警察所长严春阳，体恤平民，训令全市车商减租，同时各官所批准，亦有通告公布，不意奸商顾松茂趁机与洋商□减，蒙该洋商亦念车夫生活为艰，准减十分之四（照六折算交），顾松茂等用其掩耳盗铃的手段，并不宣布减租情节，藉口洋商态度强硬，不肯减租等语。同时勾结王星寰、后少奄、姜春翘、郑鉴泉、马金标、顺陆贤、鲍炳坤、陈继有等私行与洋商立约包租，每月每车包定大洋七元，限期五年半，如期满后，洋商自愿弃车不要，意存体恤车夫。车夫等彼时无法调查，全市车夫与领放人受其蒙蔽，彼时顾松茂权操飞星公司总经理，位居华洋人力车商公会常务委员之职，召集全市车商会议，再行加租（脱去草鞋忘旧苦，不念车夫生活难），迫令小头目每日每车交小洋十角，而小头目被迫不已，随便增加，现加至小洋十二角至十三角五分不等。任意剥削平民脂膏，其他的车商，狐假虎威，其车价值高抬五六百元之多。则飞星公司计车二千〇七十二部，每日每部收小洋十角，每月合大洋二十五元，除去捐照五元，橡皮油漆、人工杂费约三元、车租七元、除支十五元外，每月每车可净得大洋十元谱，每月合得大洋贰万零七百二十元，每年合并坐收大洋二十四万八千六百四十元，五年共算剥夺车夫血汗之资大洋一百三十一万三千一百二十元。此等巨款，纯系车夫血汗脂膏，上不能报效国家，下不肯体恤灾民（实行居其发财政策）。车夫等忍不住痛苦，公推晋臣等为代表，备文具呈上海市各行政机关，乞求核减车租，取缔华洋人力车商同业公会非法团体在案。恩蒙上海市政府、市党部会同社会局第四零六四号批示：业经谕饬酌减在案。等因。同时取缔该非法团体。不料该奸商等目无党纪，违抗政令，不但车租不减，反而更加压迫，如有不遵，勒扣照会，停止营业，将非法之团体，借尸还魂，改头换面，号称上海市人力车同业公会特区办事处，恃钱运动，贿串宴邀，诬蔑车夫等赤匪、汉奸、反动诸恶化名词，虚构重伤，心毒手辣，无所不用其极。晋臣等申请组织，被其贿串工贼陈锦堂等，捏车夫名义，蒙呈中央各级党部，号称人力车夫总工会，与何武山等互相攻讦，阴谋实现，蒙市党部取缔在案。突于九一八日，暴日逞兵，犯我国土，杀我同胞，奸淫掳掠，车夫等生于中华国土，应尽国民之职，召集全市车夫代表议决，组织义勇军，刊发爱国陈词宣传运动，不料一二六日，上海市政府通令取消全体义勇军，车夫等只得遵令遣散。突于一二八日，闸北战事发生，车夫等迁移租界，同时各要路口，沙袋铁网，塞断交通，罢市御侮，而我人力车夫营业一落千丈，露食卧弄，无处所归，合家委为饿莩。该奸商等不加怜恤，反以重租压迫，狂风骤雨，不能让免分毫，车租比国税尤重耶。查上海人力车分南市、闸北与公共租界三域营业。闸北每日每车车租小洋四角五分，南市与法界多纳，法界照税贰元，每日每车租五角五分。惟公共租界又捐贰元照税，理应与南北市比较，礼〔理〕应六角五分，现时加至小洋十二角至十三角五分不等。同是一样的人力车，形式同，资本同，质料同，橡皮钢丝无一不同，而车租之高下，相差竟二倍以上，此种不平等待遇，实出人意料之外。则车夫等每日所得约一元之多，除付车租外，已不足一饱，天下之不平，熟〔孰〕甚于此！故迫得车夫等再行具呈各行政机关，恳求减租，而救全市工友的生活，已发宣言三次，呼求各界援助。昔孟宗哭竹，竹能生笋，感应孝子之心。晋臣等为民众泣求，相届二载，未能达其减租目的，而青天白日之下泣求，反不如冬竹林中之哭耶。晋臣等虽赴火投汤，代领全市工友，走入光明径途，再发第四次呼吁，泣求各界援救，救我全市苦力车夫工友，出奸商压迫之下。同胞联合起来，一致要求减租，否认操纵垄断，不受压迫虐待，打倒工贼走狗，反对奸商恶魔，万众共同一心，牺牲奋斗到底，不达减租目的，誓死不能甘休。

人力车夫代表列后

沪东　诸葛奎荣　张寿高　李汝银　焦宝泰　郑益三　丁德金　张玉山　徐金余

南市　黄桂成　仓公生　韩筱云　徐耀龄　张寿庆　邢鸿才　韩　钧　商加信

沪西　袁哲国　倪士洲　朱宝兴　朱呈麟　张广玉　杨连哲　陆焕文　仓弼富

闸北　仓公文　王海波　周维高　邢鸿仪　吴长坤　杨星魁　吴同留　魏立顺

法租界　施福庆　诸葛奎于　邢悦卿　林长嵩　孟善夫　卢海南　仓弼发

公共租界　陈栋梁　陈加龙　李重山　路伯广　孙正奎　焦宝湖　李竹青　邵阿三　顾金山　王连喜　王佩之　诸葛奎富　王德喜　刘铁峰　陈益元　刘兆庆　吴延山　卞为栋　徐学成　王冠甲　徐竹林

〔国民政府行政院档案〕

11. 行政院秘书处检送上海大中橡胶厂工人抗议资本家迫害工友致上海市政府笺函

（1933年6月9日）

行政院秘书处笺函第一五〇二号

径启者：奉院长谕：上海大中橡胶厂被压迫工人呼吁委员会常务徐永嘉等呈：为大中橡胶厂仇视工人运动，诬控伪造证书，非法逮捕工友，开除发起人，蔑视党威，违背厂规，历经上海市社会局调解无效，推派代表，诣前请愿，恳令社会局转饬该厂开工，以维民生等情到院，应交上海市政府等因。相应检同原副呈

函达查照。此致

上海市政府

　　计检送原副呈一件

行政院秘书长褚〇〇

中华民国二十三年元月　日

抄 原 呈

呈为大中橡胶厂方，仇视工人组织工会，摧残工人运动，诬控伪造许可证书，非法逮捕工友，开除发起人，事先未呈主管机关，突然宣告停业，蔑视党威，违背工厂法规，历经向市社会局调解无效，迫不得已，推派代表，前来请愿，恳祈令知社会局转饬该厂，迅即开厂，以符法令，而维民生事：窃工人等向在沪西星加坡路五十三号大中华橡胶厂工作，该厂经理陈仲言自开办迄今已历二载，工人等鉴于国难如缕，若无团体之组织，对于国事益形隔阂，缘依法发起组织工会，蒙上海市特别党部发给第一六〇号许可证书，准予组织。讵好事多磨，事为厂方藉势欺人，摧残党威，工务主任陆锡章所悉，于五月十二日下午三时，竟诬控工人等于上海市公安局六区警务署为反动份子，并指许可证书为伪造。该区长警随至工会筹备处，将许可证吊去，并将工友周慧华、俞瑞生、陈季康等连续拘捕，而该陆锡章则□坐自备汽车先工人而在六区警署，要求区长严惩被拘之各工友，被拘工友等受此势迫，不容辩驳，惟有饱尝铁关风味。嗣幸由工会筹备处将事实呈报市党部，得蒙释放，并发还许证书。工人等秉承先总理之昭示，爰此巨创，努力会务进行，未尝或懈。但厂方则以计未获售，竟变本加厉，事前未经依法呈报社会局，突于十三日早晨宣告停厂，并雇用流氓张春保等四十余人为护符，希图恫吓，驱散工人，不顾法令之尊严，不顾四百余工人之生命，其蓄意恶毒不可言喻。自停工后，工人等受此生活之压迫，物质精神均感极大痛苦，断食者亦不止一日，屡经社会局调解，厂方因无停厂理由，乃毒计横生，居心延宕，闻除从事伪造新帐外，并继续派遣不负责任者为出席代表，致历时已久，毫无结果。兹据道路传闻，厂方毒辣手段愈演愈烈，将积极向各方疏通，置工人等于绝地，若不幸而信此言，工人等直死无所矣。迫不得已，为特推派徐永嘉、邱海荣等持呈趋前吁请钧院，仰祈鉴核，赐予援助，迅予令知上海市社会局转饬该厂即日开工，恢复全体工人工作，四百余工人之生命，实利赖之。临呈惶悚，不胜迫切待命之至。谨呈

行政院

上海大中橡胶厂被压迫工人呼吁委员会　徐永嘉

沈荣泉　谨呈

邱海荣

〔国民政府行政院档案〕

12．国民党中央民众训练部干事朱震生调查共产党领导电力公司及丝织厂工人罢工斗争的报告

（1933年7月）

（1）报告第十号（7月10日）

（一）一星期来，上海CP在工人方面之活动似稍稍积极，如最近虹口闸北两区各丝厂工人之罢工事件及目前正在酝酿尚未暴发之公共租界之水电业劳资纠纷事件，胥有CP份子居间鼓动，惟其力量似不甚大，故虹口闸北之丝厂罢工事件，得能迅速解决，CP及有CP嫌疑之工人，业已次第被捕，而电力公司劳资纠纷事件，在CP固有罢工企图，但能否实现，其自身亦无把握。兹分述如次：

甲、丝厂罢工事件　虹口、闸北各丝厂，在民十九年以前规定女工工资为每月〔日〕大洋六角（女童工及剥茧者当然不到六

角），男工工资为每月三十元，开工四天，是年秋女工减至五角一分，男工减至二十四元，去年春女工再减至四角五分，男工减至二十元，升工一概取消，本年六月二十七日各厂工人以丝价已逐渐恢复九百余两，请求恢复原有工资；虹口有一家丝厂，且发生一度罢工，但立即平息。本月初突有CP份子陈延章及虹口天宝路永亨丝厂管车女工绰号沈小钻子（查沈系接近CP者）者，向工人大肆煽惑，乃于七月五日上午十一时许决定分派人假装送饭，到正丰丝厂活动，并伪称永亨已实行罢工，劝正丰工人一致加入，正丰工人未察其伪，于下午一时贸然响应，迨事后发觉业已无及，遂拥至永亨及其他各厂强迫罢工，至七八两日此项工潮遂波及闸北一带。现在沈小钻子等八人已由公安局拘去，惟CP陈延章以行踪诡秘，仍被漏网。此项工潮后经党政双方调解，成立决定办法五项，于今晨上午一律复工，其余情形在七月六八九十等日上海申报已有登载，无甚出入，兹不赘。

乙、电力公司劳资纠纷事件　公共租界上海电力公司，原为CP份子赵连连（即曹连连一名小天津）、陈宝根、周慧恒、周福进、梁恒真等活动之渊薮。陈宝根且被推为工会理事，但无甚实力，其余诸人，或因行踪诡秘，或因无甚证据，党政机关未加拘捕。七月初，该公司有工人周根发者因公死亡，公司方面仅给二百元之抚恤，工人大为不满（当时工会要求二千元），日前公司又藉故开除工人杨阿巧，亦未给以一定之退职金（按规定须给该工人所得工资总和之百分之五），工人尤愤愤不平，于是CP份子陈宝根以为宣传资料，乃于七月六日下午九时集议罢工，惟另一部份工人对罢工事件并不同意，致未成会。现陈氏复以主动罢工事件为公司开除，同时被开除者尚有倪文富等三人，此项工潮或将因此扩大，亦未可知。

查近数月来，有许多工潮，其始均系工人自发主张，异常纯正，绝不含有政治意味，故党政双方尚未取缔，迨工潮发生以后，CP即设法混入，希图捣乱。党政机关为维持治安计，不得不改变态度，从事防止，内心常觉不安。嗣后关于工人之合法行动，究应如何保护，工人之经济生活，究竟如何改善，CP之捣乱行为，究应如何防止，本会似有统筹兼顾之必要也。

（二）关于国土保障同盟会之历史，兹经查明如下：该会最初为国民御侮自救会，确为共党之外层组织，自救会被封后，又在法租界贝勒路文昌里二十七号暗设机关，并改名为上海救济东北欢迎巴比赛调查团委员会，仍以吸收失业群众及各校喜出风头之学生，而施以共产主义之训练为唯一之工作，本月初始更今名。现已被抄，无形解散矣。

（三）关于各业方面分负侦查责任之人员，早经完全聘定，惟上海共党各区委现时尚无整个之工作，故收到报告不多，兹将其姓名任务附呈于后：

1．浦东区：陈正明（码头兼纱厂），王大兴（纱厂），刘小二（纱厂），陈秀之（纱厂）；

2．虹口区：王小陆（卷烟），张子才（纱厂），毛大（纱厂），周得福（店员），徐程（卷烟），张阿云（丝厂）；

3．闸北区：王海珊（丝厂兼码头），毛华生（丝厂）；

4．沪西区：袁月娥（纱厂），杨家有（纱厂），严春生（纱厂）；

5．沪中区：方谦（水电），吴良才（报界），周元明（水电）；

6．法南区：姜兆嘉（水电），胡义太（华商电车）。

（四）职来沪时所带经费仅二百元，按照批准数目尚有六十元未曾领取，现在一月将满，所有分任侦查责任人员之津贴，亟须发给，拟请连同下一个月之经费二百六十元一并汇寄，以利工作。谨呈

杨
秘书萧转呈
张

陈
主任委员
王

职朱震生呈　七月十日

（2）报告第十一号（7月11日）

（一）上海电力公司杨树浦新厂方面之CP自工人周根发因公死亡，倪文富、潘根林、张才生、陈宝根（CP）被公司解雇后，行动益趋积极，最近已发出宣言，主张除向公司方面提出将周根发的儿子送进厂里继续作工，并抚恤周根发家属二千元外，同时并组织劳动保险委员会，举凡反对开除工人，反对加重工作以及保险款项的保管与分配等事项，皆由此委员会来决定，而上海市第四区水电业产业工会，亦以公司方面对待工人未免太苛，表示坚决反对。但公司方面态度则异常强硬，现已作“万一工人罢工以后”之准备，风潮似将扩大。兹附呈CP宣言一纸，仰祈垂察。

（二）虹口闸北各丝厂之第二次罢工事件（在七月十二日）现已平息，查此次罢工之主动者系共和路天来丝厂，报载积余丝厂殊非事实。其原因系受CP份子之欺骗，盖当第一次罢工时，曾由社会局调解决定关于工资部份规定为每日大洋五角，但CP则强谓系五角八分，工人多未不识字，故上其当。

（三）职于七月十五日下午八时，曾接密报，略谓七月十六日上午九时CP将在三大公司附近举行欢迎巴比赛调查团之飞行集会，其他各特务机关亦有同样消息。职乃于是日午前前往查看。但结果仅在永安公司西首有形似工人学生者七八十人，驻足而立，不久即为捕房驱散。

（四）现据未能证实消息，第三国际方面拟以八月初旬在沪举行全世界反帝代表大会，（地点一说系日本之横滨，想系一种烟幕弹），对中国之职工运动问题，亦将提出讨论。届时如有所闻，当即详细报告。

（五）关于职前次催发经费，如未汇出，乞即迅予发给（六月份欠六十元，连七月份计共为三百二十九元），以利工作。谨呈

秘书杨萧张转呈

主任委员陈王

职朱震生呈　七月十七日

附共产党宣言一纸

为争取老周抚恤金及全体工友劳动保险宣言

工友们，昨天我们厂里长日班工友为了三号炉子间二十三炉子的工友老周在工作中跌死，资本家只允许发给二百元抚恤费，因此实行怠工，并提出要发给老周二千的抚恤费，当怠工时候，资本家调动数百武装巡捕到厂，企图镇压工友怠工，但因为工友团结一致，资本家没有办法，只好来一个欺骗，说是明天（五日）答复，并且只要黄色工会派二个代表去交涉，同时黄色工会的执委看了工友情绪紧张，又提出如果资本家不实行条件，就举行罢工，我们从这些事实中看清爽：（一）对于老周跌死提的条件不够，连带提出老周的儿子进厂继续作工；（二）尤其不够的是忽视了全体工友的劳动保险，我们要知道如老周在工作中可以跌死，那么其他的工友免不了要发生同样的事体，我们看到资本家对于老周的抚恤金这样少，这样推三阻四的不肯发，如果我们哪个工友不幸发生同样事体，试问有什么保障，所以我们一方面要援助老周，同时更要顾及全体工友的保障，那么我们应该提出要资本家按照工友人数为比例，每月人人支付三角至五角，作为

劳动保险金（比画如每月每人支付五角，以一千五百人计算，每月应共付七百五十元），并且由工友组织劳动保险委员会，一方面管理及分配保险金，一方面监督资本家要有劳动保障及卫生的设备，处理养老金，反对开除，反对加重工作等，都由这个委员会负责。

这些要求，黄色工会执委都没提出，也就是黄色工会不能代表全体工友利益的罪恶，我们为了保障全体工友生命安全起见，应当坚决提出来，工友们对于资本家是否答应我们的条件，这纯靠我们工友团结起来，坚持到底，不怕资本家不履行，不过决〔绝〕对不是五个代表的交涉可以实现的，并且我们要防备代表和资本家的勾结。

工友们，对于黄色工会执委提出罢工对付资本家，而不提出为必争取罢工胜利，那么第一工友不团结好，罢工不会实现，第二团结好，那么黄色工会在工友们威吓下面只好罢工，但空喊罢工的黄色工会执委只有在罢工中出卖罢工，所以我们要保障上面两个要求的实现与胜利，只要罢工坚持到底，反对任何调解与压迫，才能得到真正的胜利，我们忠诚的在全体工友面前宣言，我们不算上援助老周，而且要争取全体工友的劳动保险金，我们不单只和资本家斗争，而且要反对黄色工会执委的不顾及全体工友劳动保险的出卖工人利益的行为，工友们，团结起来。

（一）为争取老周二千元抚恤费及老周儿子进厂作工的胜利而斗争！

（二）为争取全体工友劳动保险金及组织劳动保险委员会的胜利而斗争！

（三）反对任何调解与压迫！

（四）反对借罢工出卖罢工的工贼！

1933年7月4日

〔国民党中央党部档案〕

13. 国民党中央民众训练部调查员姜豪关于共产党领导上海工运动态的报告

(1933年—1934年)

（1）姜豪报告之一：共产党在沪市对工运最近活动情形（1月11日）

自闽变后，共党见有机可乘，乃大肆活动，而于工运为尤甚。兹将调查所得者，分述如下：

1．共党沪上工人组织，近年表面均仍存在，但实际上亦颇空虚，其下层基础，类皆有名无实，观之共党江苏省委对沪市纱码二总之批评，可以概见。盖纱码二总为有历史之首要组织，尚且如此，则其余可想而知矣。自共党苏省委决定整顿上海纱码后，近来其下层干部积极筹备，其计划系以各区CP区委及CY区委为中心，发动工人党员，指导其活动，工人群众先行成立，各厂各码头成立工会小组，由各小组推选代表为总会代表，各组代表产生后，乃由省委分别召集纱工及码工两代表大会，于代表大会中改组纱码两总工会。本月五六两日，沪西及沪东CP及CY区委，已召集各厂支部书记开会，讨论进行办法，当即决定各厂工会小组限于本月十五日以前成立，并须推定各组代表，纱厂总工会代表大会则决于十八日以前举行。浦东共党的区委及青年团的区委与海员总工会的码委会，连日亦分别召集其下属支部书记会议，积极进行组织，各码头小组并推定代表，其代表大会日期，与纱总代表大会时期相近。

2．闸北共党区委，近日召集各丝厂支部书记开会数次，拟利用年关期近，工人生活极恐慌之时，煽动停厂失业工人，向厂方要求发还欠资及立即复业，否则即施捣乱行动，最近已有表示，不久恐将扩大也。

3．共党在公共租界电力公司工人中，近亦有活动，系以上次罢工失败，推责于黄色工会为口实，因煽动工人，促其接受彼等指挥，再作新的斗争。至于其他方面，本亦有活动者，惟因较为轻平，未为并述，待有重要者，再为续报。

报告者姜豪廿三年一月十一日

附呈共党江苏省委关于召集纱码两总代表大会决议书及各种传单小报等共九份〔附三份余略〕

附件一：江苏省委关于召集码总纱总两代表大会的决定

省委听了并讨论了工会党团书记托××同志关于工联对码总纱总两代表大会最近的筹备工作情形以后，省委坚决明白的指出：一方面虽然我们在码头和纱厂中组织的力量是极端的微弱，我们的群众工作是极端的不够，与工作中存着许多严重的缺点和错误，然而英勇的和先进的上海码头工人和纱厂工人群众，已经日益明显的积极的表示对党这一伟大的号召的热烈拥护与政治上的同情。如申七、老怡和等纱厂工人群众对党的影响的日益增加与殷切的要求组织和老工会的领导，顺太、义太兴、其昌栈等码头工人群众中，党和赤色工会的政治影响，不惟是绝对的提高了和扩大了，即党和赤色工会在组织上也得到了突飞猛进的发展，这是铁一般的事实，而这一事实，正是完成纱码两代表大会和保证我们工作整个转变的有力条件。但是，另一方面，虽然我们想有上述的极端宝贵的优越条件，然而我们的党和赤色工会，始终未能开展难苦的布尔什维克的群众工作，来抓紧这一群众要求，组织的积极性和对两代表大会拥护的热情，而把他组织起来和巩固起来，其具体的表现于：

1．未能真正的开展一个小组的群众工作，小组以外的广大群众的动员更谈不到，工作的狭隘作风，可想而知。

2．未能真正的布置一个厂，甚或一个车间的斗争，未能真正由群众中产生出一个厂的斗争纲领，在此条件下，更未能形成一个厂的斗争委员会。

3．在纱厂方面，四个分会都未能加紧的动员，而恒丰中心分会却又因某种原因竟至失掉关系，而党的区委和支部，对这些分会的领导，以前自然是根本没去领导，而最近也未能很好的抓紧，在码头方面，如顺太、其昌、大莱等分会，也是同样的未能抓紧。

4．在整个的动员中，未能为召集纱码两个代表大会的问题，首先是以各码头各纱厂工人自己的切身生活问题作旗帜，拿到黄色工会（不管在某党某派领导下的黄色工会都一样）的会员群众中去讨论和号召，没能吸收一个黄色工会的代表，甚至会员参加大会，这一方面忽视了真正的建立下层群众的统一战线，另一方面证明未能将革命的老工会与反革命的一切黄色工会在这次的实际运动中，很切实的尖锐的对立起来。

5．党团的许多组织，未能很好的动员，沪东党和团的区委和所有支部在以前是根本没动，沪西团的负责同志直到最近还如大梦未醒的一样说什么听说工会已经自动停开了的鬼话，党的海委在码头总筹备会代表会议开会时，既没有一个人参加，而反说："工联和海总没有来邀我去参加"作藉口，来企图代替或根本避开在这一艰苦伟大运动中，党所应当起的领导和推动作用，最近仍是根本没有去讨论。

6．在动员中，未能很好的发展组织，这应认为是组织上的很大失败。

7．最不可允许的就是工联纱总和海委（党的团的）海总以及沪东沪西党团的区委，对于这两个代表大会根本没有工作计划，而特别是纱总和工联党团对于下层情形的隔离。

8．团对于青工的动员也是得到异常可怜的反映。

9．对女工的工作，忽视到了极点，工联没有妇女部，纱总虽有妇女部，但未能选出一个妇女代表。

10．在整个的动员中，所有以上所指出的严重缺点和错误，一方面固然是由于过去官僚主义领导的遗毒——党不做工会工作——和下层首先是工联的领导同志对于省委许多具体指示，未能坚决的执行所形成。但另一方面省委对于这一艰苦伟大工作的督促和注意，亦是非常不够的。这应坚决的在开展布尔什维克自我批评条件下，来改善和推动这一工作。

省委细心的分析了以上的情形以后，一致的认为我们在工人群众迫切要求组织的热情日益增加，下级负责同志工作积极性日益提高，与领导方式，随着反官僚主义斗争的运动更加深入扩大，而日益改善的条件下，再加上新的省委坚决的领导具体帮助，完成纱总码总两代表大会的可能是完全存在的。为着争取这一可能的实现，省委认为必须刻不容缓的团结下级干部和工人群众，革命的积极性在党和赤色工会的周围，去执行下列的根本的艰苦工作：

1．委托工联党团，纱总党团，党团的海委；党和团的沪东区委领导着每个分会，赤色小组和党团的支部以及每个工作单位，应该刻不容缓的规定出自己的具体计划，和规定出自己的负责人，来开展讨论这两个大会的群众运动。每个厂，每个车间，直至每个小组的同志，都应当帮助他们，使他们明白，懂得自己对代表大会应做些什么事？怎样去做？和何时做完？

2．纱总码委在工联党团的帮助下，在纱厂内，在码头上，要制定纱厂和码头的斗争纲领，吸取车间、码头上的群众（会员和非会员）讨论具体的布置斗争（如顺太、义太兴、煤业公栈都在酝酿着斗争——根据海委报告），那怕是两个或一个斗争都是宝贵的，这对于发动群众，选举代表，代表大会真正是由热烈的群众运动中产生出来，是有特别的重要意义。

3．对纱厂和码头上已有的分会，应加强领导，对有可能而尚未成立分会的应立刻成立分会（如吴淞永安纱厂）。

4，东区区委应立刻成立起来，在未成立前，应经过巡视员，区委干事，同时省委应再动员二人到支部里去，动员支部及团的区委来立刻执行对大会应负的工作。

5．责成团的省委立即开展西纱区的工作，首先责成团，要进行自己提出来的纱厂青工代表大会的工作，来帮助纱总大会的完成，同时工联应检查西纱厂内的工作。

6．工联的码委，党和团的海委，海总的码委，应立刻检查自己的工作，相互间建立经常的密切的联系，按照具体计划，四位一体的去进行筹备码总大会的工作，省委责成党的海委应起主要的领导作用，经常的检查并帮助各码委的工作。

7．省委工联部应立刻建立妇女部，纱总和东区已有的妇女部，应立刻开展起来，每一分会和赤色小组内，应有专人负责妇女工作，以保证把妇女工作能够深入到群众中去。

8．应加紧群众的选举运动，在纱厂、在码头，已选出的代表，首先是五个由群众选出的代表筹备委员，应立刻分别吸收参加各码头的工作。把每次所选举出来的代表，都应详细登记组织成立代表团，派团的得力同志与他们谈话，并具体的分配工作，在巩固他们的基础上去推动他们开展群众的选举运动。

9．在黄色工会里应进行艰苦的工作，要经过反对派及现有的关系，去在黄色工会的会员群众中，选举自己的代表，参加两个大会。

10．在整个运动中，要充分的注意到发展组织的问题，工会和党团，应相互帮助，应动员党团的支部和赤色小组，具体的讨论，在那些纱厂内、码头上，怎样去完成这一伟大的任务。

11．两个大会斗争的纲领，在深刻注意到下层情形，和每一纱厂、每一码头的迫切要求条件下，由工联委员将群众的迫切要求编制成总的斗争纲领，并火速的拿到下层去，在小组的周围，吸收各色各样的工人群众来讨论，作为号召发动和组织群众的大旗。

12。应动员一切的组织，选举各种企业的代表当来宾，去庆祝大会，援助大会。

13。应用教工会的名义发表两种宣言，一个告码头工人，由海委负责准备，一个告纱厂工人，由工联纱总联名发出，两个宣言的数量要多，并要保证能够很好的传达到群众手中去。

14。责成省委的列宁生活，工联的工联生活和小报，纱总的小报，海总的海员先锋，海光旬刊，领导一切的壁报，来号召并督促实行革命竞赛，用黑红板的办法去提高和发扬群众的革命热情，去推动代表大会的完成。

15。码总大会日期改为十二月廿四日，纱总大会日期改为十二月廿七日。

为保证以上的具体任务能够胜利的完成，省委认为必须深入地开展两条战线的斗争，扩大反官僚主义的和两面派的领导方式，而大半年来养成的官僚主义和两面派的遗毒，正是目前阻碍着江苏党取得胜利的——铁丝网——障碍物！我们应用布尔什维克的火力，努力在实际工作中，去粉碎这一障碍。省委极端郑重和极端严厉的再三警惕每一个组织和同志：

1。应火速加紧工会的工作，谁要忽视工会工作，谁要认为工会的工作只是工联的工作，谁要是官僚主义的继承者，谁要在口头上，或企图只是在口头上反对官僚主义与两面派的工作方式，谁便必然会受到布尔什维克无情的铁锤，“谁不做工会工作，谁就不是个革命家”，共产国际给我们这个警钟，江苏的每个布尔什维克应当时常自己敲着！

2。要清楚的明白下层情形，要面向企业、支部和小组。

3。要坚决的反对无计划的混乱状态和无根据的担保，这只是望梅止渴的“宽心丸”，官僚主义者过去多次欺骗我党中央的惯技！

4。坚决的反对忽视斗争，空喊斗争，和离开斗争去高谈发展组织与召集代表大会的企图。坚决的反对用“拉夫式”的方法来拉人充数，而冒充为代表。要以厂内为原则，来真正地进行群众的会议选举代表。

5．工作无人负责，没有具体的检查和推动，极端的缺乏自动性，这都是明显的官僚主义的工作方式，而这些现象，正是在准备纱码工会的工作规程中，首先是工联明显存在着的。至于当面承认指示的正确，而实际没有一个很紧张的去努力执行，更是不可宽恕的重复了两面派的罪过，为无情的执行铁的纪律起见，给工联委员长××同志以组织上的制裁——警告！

省委号召每一个组织和同志，不是在口头上而是在实际工作中来坚决的拥护与执行党布尔什维克的路线，来彻底的转变党在工会中的整个工作！首先是转变纱总和码总的两个代表大会的工作！

省委坚决提议党团工联的组织，首先是工联，纱总的党团，码头委员会，党团的海委，沪东党团的区委，法南党的区委，闸北、沪西团的区委，以及海总的码头委员会，应迅速讨论省委这个决定。并定出具体办法和布置具体工作，保证在最短时期内，详细的反映到省委里面来！

省委一九三三年十二月十二日

附件二：为招集码头代表大会告码头工友书

码头工友们：

在资本家与包工头重重压迫剥削底下，我们经常过着没遮没挡，风吹日晒，牛马不如的生活。一天到晚要做十几个钟头的苦工。工作慢点，便要受到工头辱骂与殴打。弄坏一点东西，硬要很大的赔偿，撞伤生病，停在家里，没有医药，没人过问，每天的工钱，有时连吃饭都不够，还论养家活口！

寒冬到了，镇〔整〕天在码头寒风里边做工的我们，身上穿的还是薄衣，弯着腰，低着头，去受资本家的压榨。但是资本家还是饿狗一样的贪心不足，不断的减低工钱，停工开除，将我们赶到饥寒死路上去！

这还不算，资本家利用包工头，拆帐先生等层层剥削我们以外，还收买了国民党工贼走狗流氓，成立码头业务所，五区码头总工会，无耻的冒充老工会在码头工友里招摇撞骗，出卖工友。工友们，这些国民党黄色工会，只会帮助资本家，帮助工头，一齐向工人进攻，是我们工人的死敌！今年英美烟厂，电力公司工友罢工的失败，就是这一类的瘟贼出卖掉的呀！

工友们，我们工农劳苦弟兄，正在各处举起反对资本家反对帝国主义国民党的大旗，向我们敌人进攻。资本家不断的减低工钱，加紧剥削，将我们的血汗，拿去帮助帝国主义国民党购买飞机大炮，屠杀我们各地的工农劳苦弟兄，这是多么阴险残酷呀！

我们在饥寒里边，过着一天不如一天的牛马生活，但是资本家包工头们，享着快乐安闲的日子。还嫌不够，更加百般的向我们进攻。工友们，这是我们生死关头！代表工人利益的上海老工会，号召我们全上海码头工友，起来！团结起来！组织起来！招集码头工人代表大会，成立码头总工会，团结全体的工友像一个人一样，用自己的拳头，粉碎资本家包工头压迫与剥削，解除我们的痛苦，改善我们恶劣的生活！

工友们，码头工人代表大会，最近就要开会了，立刻举行谈话会，群众会议，码头会议，不分老少，不分帮口，不分派别，一致联合起来，共同讨论码头工人代表大会的意义，准备提案，推选代表，踊跃热烈地去参加码头代表大会！

上海老工会（工联）十二月　日

附件三：上海纱厂老工会为反对东洋资本家开除工人告内外绵各厂工友书

亲爱的工友们！

资本家压迫我们，一天天凶了。

看吧！老早我们每日工钱五角多，现在减到三角几分了。红布赏（二元一角），米贴（一元），老金赏一概取消，我们的生活，早已不够维持了，现在资本家又实行大批开除工人，要把日夜工都停掉，开除以后十五班东洋厂一概不收，中外各厂也正减工，在这年关天冷的时候，不是要我们冻死饿死吗？死到眼前了！我们如果还不齐心，真吃苦不消呵！

工友们！不要说：还没有开除到我头上来，我不管。知道吗？第三厂已经开除了三百多人，资本家正预备陆续开除，我们谁个能担保自己不停生意呢？开除就是死，资本家要我们的命；我们还能不大家齐心，同他们拼命吗？

立刻起来！一致罢工，要资本家马上实行下列条件：

一、不准开除一个工人，被开除的工人，立刻复工。临时工一律改为长工；

二、不准减少一文工钱，普遍增加工钱一倍，最低工钱每月十八元，年关发双薪。

三、恢复原有的红布赏（二元一角），米贴（一元）老金赏，每月四个赏工，停工不准扣除，不准罚一文工钱。

四、实行三班制，每日工作八小时，青工六小时，不减工钱，给失业工人工作。

五、实行由资本家出钱的劳动保险，立刻照下列办法做：

1．轻伤归厂方医治，休养期间工钱照发，不许扣除一文。

2．重伤残废了，要厂方出五百元养老金，每月照给生活费二十元。

3．死亡要五千元抚恤金，并由厂方安埋。

六、不准打骂工人，出厂进厂都不准搜身，撤退厂内巡捕，包打听，不准局子警察带枪进厂，压迫工人。

工友们！不要说：条件是不错，罢工很好，只怕没有人出头领导。你们只有自己齐心，赶快各车间选举代表，成立罢工委员会，实行罢工。我们当然可以设法帮助你们的！你们只要大家同资本家斗争，一定能得到胜利。

但是，你们不要被黄色工会（国民党的）欺骗，罢工以后，同资本家秘密谈判，由国民党市党部、社会局来调解、仲裁。或者被走狗法西斯蒂破坏，相信他们说的，资本家关几个号头，不要紧，罢工不会胜利的狗屁，而不加紧同资本家斗争，这就只有失败的呵！

一九三四年一月十日

（2）姜豪报告之二：上海共产党筹开纱码两总工会近况（1月28日）

（一）上海共党之纱厂工人代表大会，以前所得消息，本定于本月十八日左右举行，惟最近查悉，该项代表大会，至今尚未举行。其原因系由下层组织之未及完成，盖其计划，本由共党各纱厂支部先行吸收工人，成立以厂为单位之纱总小组，再由各厂小组推出代表，组织全市纱厂代表大会，而每小组之人数，以十人为标准，至今各厂小组因人数不足，大部尚未成立，是以大会未能举行。现闻须待各小组健全成立，产生代表后，再行确定会期云。

（二）共党码工组织，现有老工会及罢委会二种，最近亦正筹备举行代表大会，重行改组码总。其计划由各区支部先行成立各码头小组，推出代表后，组织全市代表大会。现各码头小组正在陆续成立，大会日期闻为二月十二日云。

（3）姜豪致中央民众运动指导委员会呈（1月28日）

敬呈者：关于沪上共党最近筹备改组纱码两总工会事件，现正极力侦查。惟此项工作，须有与共党有关系之线人，始能获悉其内容，否则实难见效。此种线人，须有四人，其分配方法：沪东沪西纱厂方面者各一人，沪南、浦东码头方面者各一人，现已物色得者，已有沪西及浦东各一人，其他二人，亦可找得，惟每人须给津贴每月约三十元，否则彼等不能无条件供给消息。此项办法，是否可行，请予核夺。若属可行，请即示复，并盼即将第一月之经费汇沪，以便工作之进行也。此呈

中央民众运动指导委员会

（附报告一份，传单四份）略

职姜豪谨呈

廿三年一月二十八日

（4）姜豪报告之三：上海四区丝厂工潮实况（1932年6月28日）

一、纠纷原因

丝厂工人待遇，以前本为最多者每日工资为五角八分，一月中不缺工者另加二日工资，一星期中不缺工者赏洋二角；职工待遇去年薪水为照八五折发(按月计划)，另外依薪例每元加蚕娥津贴四角半，一月中不缺工者加工资四天，女工待遇以前最多者，每日工资六角，一月中不缺工者加工四天，一星期中不缺工者加赏三角，工作时间一律为十一小时。自目前因丝市衰弱后竣工时，则工人工资最多每日四角八分，其他赏钱均取消，职工薪水七折，并按日计算，其他津贴等亦均取消，且每日工作时间增至十二小时，工人因待遇太苦，乃有要求恢复以前待遇之请求。当工会正在向资方要求时，忽有激烈份子鼓动，乃有三厂自动罢工，其他被迫罢工者二家，至廿七日自动停厂者又十一家，目前形势，则将由虹口外更有普及全市之丝厂停厂之势。

二、工人内部纠纷情形

四区缫丝业工会，以前尚健全，近则有虹口区内之CP份子陈延章（改名正立）者，到处向工人宣传，谓老工会与资方勾结，应打倒之另组新工会，并谓罢工后工资必可加。工人无知因受其愚，加入新工会者颇多，闻工会中理事陈锡章、陈杏生二人有与陈延章勾结嫌疑，惟新工会之组织颇秘密，一时不易探悉，现尚在设法向各方侦查中，至于原有工会中负责者常务理事陈秀甫、乐小荣等，则甚纯洁。目前工会仍负责向资方交涉中。

调查报告者　姜豪　六·廿八·

（5）姜豪报告之四：上海四区缫丝业新工会活动情形（1932年7月27日）

报告（第十四号）

呈为呈复事：案奉钧会本月梗电命查上海市第四区缫丝业产业工会内新工会活动情形一案。查此次上海市丝厂工潮发动于虹口区，当六月廿五日有虹口怡昌厂工人首先自动罢工，同时更由该厂罢工工人要挟云成及祥成二厂继续罢工，其后虹口区内各丝厂恐被照样要挟，乃自动停工，终更波及全市。此案主使者为虹口区内共党分子陈延章（化名陈正立），未罢工前曾极力向工人宣传谓目前工资太低，若能罢工三天，资方必被屈服，工资定可由四角二分加至六角，并谓老工会出卖工友，我们现正另组赤色工会，领导罢工工友，若全体加入，必可达到胜利等。原丝厂工人本多无知识之女工，故易受其欺骗，一时加入者颇多，惟陈延章本人行动极秘密（陈非丝厂工人），所谓新工会者亦无形式组织，因亦难得证据。所幸工会负责者深明事理，审慎行事，一面向资方交涉，一面严防共产党活动，将其行动随时报告该区公安局区分署，严密防范。共党乃不敢公开活动。至七月九日由社会局召集劳资双方调解，签定协约，至次日全体复工，工潮消灭，共党失所藉口，不能再行公开活动。目前赤色工会亦已消声匿迹，惟其

秘密组织，恐仍存在，待以后再设法查悉其内容后续行报告。此呈
中央民众运动指导委员会

职姜豪敬呈

中华民国二十一年七月二十七日

〔国民党中央民众训练部档案〕

14. 国民党中央民众训练部干事朱震生调查上海共产党领导工人开展反蒋爱国斗争情况的报告

（1933年5月28日）

一、兹侦悉上海共党因感觉“五一”、“五四”、“五五”各次行动之失败，对于未来之“五卅”，似有非拼一拼不可之势，目前，伪江苏省委宣传部及共产青年团南市区委已将各种反动传单，暗中印就，准备届时散发。惟其指挥人选现仍未有决定，除随时协同各方继续侦查并设法制止外，谨呈反动传单五种，请求鉴核。

二、关于共党认为较有把握之工厂及工会，除第五号报告所列者外，尚有闸北之华商公共汽车公司，共党对之亦甚注意。现正设法使其罢工，（本月四日该公司工人戴承裕因受CP毛雨丰之鼓动，有强迫工人签名罢工情事，被公司发觉开除，戴疑此事系该公司另一工人郭一峰之所告密，乃由毛雨丰设计联合，另一部份工人要求公司开除郭之工作，公司未允，于是戴等乃有于五月十一日假至社会局请愿之名，实行罢工，不料社会局已得报告，罢工始未实现，故有此次之新酝酿）。此外，虹口天同路天同里之第四区缫丝等工会，过去亦有CP份子朱大银子（女性，现已脱离工界，专在闸北方面作CP活动）陈延章（男性）等在内活动，女工沈小钻子，男工朱锡章及工会书记苏如铧等受毒尤深。现在虽已由工会将彼等开除，而沈小钻子则仍在虹口天宝路永亨丝厂任管车工作，不时仍向工人队伍中作种种反动宣传。

三、职第三、第五两号报告中请示各点，乞速鉴核示下，以便遵行。

右谨呈

秘书张转呈

主任委员陈
王

职朱震生呈　五月廿六日

附反动传单五种

附件一：反对日本帝国主义进攻平津告劳苦青年书

劳苦的青年们！

听呵！日本帝国主义进攻平津的枪炮，轰炸的飞机响了！

看呵！中国国民党，更无耻的出卖民族利益，做帝国主义的走狗！

中国共产党及其青年团累(屡)次的指出，日本帝国主义占领东三省、热河，是作进攻社会主义的国家苏联，及进攻中国革命的根据地的有计划的瓜分中国的清道夫，现在事实很明显的摆在我们的前面，日本的飞机在北平天空开枪轰炸，国民党正在与日本谈判长城以南划作中立区，在后方用血腥的手段压迫反帝运动，逮捕屠杀反日的民众及其领袖，东北义勇军在国民党的不给与任何的援助下面受着残酷的屠杀，这一事实是铁一般证明中国共产党及其青年团指出的正确！更说明国民党及无产阶级的叛徒武断宣传的破产。

然而，劳苦青年呵！好好的认清呵！只有工农的武装——红军，才是真正为作民族解放斗争到底的执行者和领导者，只有中国的民众的苏维埃政府及其工农红军，才能真正抵抗帝国主义瓜分中国的危险！只有中国无产阶级唯一的政党中国共产党及其青年团，才能真正的领导和彻底的完成民族的解放运动。劳苦青年们！立刻团结起来，齐集到中国共产党青年团的组织下来，抵抗帝国主义的瓜分中国，来完成民族的解放战争！

反对日本帝国主义进攻平津！自动武装北上保护平津！自动组织检查日货队！

检查日货救济失业工人！欢迎红军北上收复失地！民众自动武装北上保护平津！

反对国民党进攻抗日的红军！

中共江苏省委宣传部五月十五号

附件二：为“五卅”纪念告华电工友书

亲爱的华电工友们：五卅是东洋资本家枪杀工人的领袖——顾正红，以及英日帝国主义扫射南京路示威的学生工人！我们知道他们都是为我们工友死的，我们要团结，要同资本家斗争，就要学习他们的精神，所以纪念五卅对于工友是更有重大的意义，特别是在今年的五卅，我们可以看着：

1．日本帝国主义在各帝国主义援助和刮民党公开出卖底下，占领了东北四省，平津万分危极了，而且最近黄郛北上去订立卖国条约了！

2．各个帝国主义看着工人国——苏联，五年计划的成功，失业的消灭，工人的生活一天一天好起来，这些都会使资本家的国家毁灭，所以各帝国主义拼命的进攻苏联，如日帝国主义在北满拼命组织白俄军，以及……

3．各资本家借着国难，减少工资，开除工人，更如纱厂、绸厂的开三日班，五日班等，而且以航空救国来剥削我们，拿去与人跳舞，去进攻工人的红军！

工友们，我们知道国亡了，死的饿的受苦的，都是劳苦群众，关厂了，失业的仍然是工人，我们还不团结就只有等死了！我们要反对帝国主义和资本家的压迫，只有加入工人自己的团体——

共产青年团！我们要：

罢工游行示威纪念五卅！

反对日本帝国主义占领华北！

反对帝国主义进攻苏联！

工人加入共产青年团！

中国共产青年团南市区委会印　十七日

附件三：共产青年团南市区委为五卅惨案纪念节告南市青年工友书

亲爱的青年弟兄姊妹：血腥的壮烈的五卅到了，今年的五卅帝国主义更欺侮我们了，日本帝国主义进攻华北平津，各帝国主义也借着新疆、康藏的事件把大批的军舰调来准备屠杀工人，来瓜分中国，进攻工人的国家——苏联。国民党老是投降出卖我们工人的利益，同时资本家压迫我们更利害，我们做着同成年同样的工，我们工钱却更要少，甚至学徒一个铜版也没有，还要挨打受骂，资本家强盗关厂减工开除，我们常常都有饿死的危险！

弟兄姊妹们：只有在苏联的青年工人生活才非常写意，每天只做五小时工作或七小时，工资是一样的。在中国苏维埃区里也只做六小时，能进学校读书、游戏、分田，那里就没有资本家强盗的势力压迫，是工人管理一切事体，因为这样资本家强盗国民党才拼命的进攻红军和苏联。弟兄姊妹们：一九二五年的五卅是工人顾正红反抗资本家，被强盗东洋资本家绞杀工人顾正红，同时又勾接各帝国主义军阀在南京路大批屠杀工人、学生群众。今年是强盗欺侮压迫我们更加凶恶残忍，我们要改善自己生活，和反抗帝国主义国民党资本家的压迫，只有加入工人自己的共产党、共产青年团。伟大的五卅纪念节到了，我们要罢工、罢课、游行示威，纪念五卅！反对资本家减工！

反对帝国主义瓜分中国进攻苏联！

反对国民党出卖华北平津！

加入共产党、共产青年团！

二十日

附件四：共产青年团南市区委为五卅惨案纪念节告劳苦青年书

亲爱的青年弟兄姊妹们：

壮烈的血腥的五卅纪念节到了，在今年的五卅是日本帝国主义进攻华北平津，国民党老是不断的投降出卖，各帝国主义也借着新疆康藏许多的问题来更进一步瓜分中国和更有计划的进攻工人的祖国——苏联。现在资本家强盗又更加无耻的压迫我们工人，纱厂减工，英美烟厂和许多工厂也都减工停班、关厂、开除工人、减少工钱，我们虽是牛马班〔般〕的工作，却是临用都不能维持，而且常常有饿死的危险！弟兄姊妹们，只有苏联才没有资本家强盗的势力，是我们工人管理一切，每天只做七小时，青工只做五小时，做四天休息一天，在中国苏维埃红军区，同样的也没有帝国主义资本家国民党势力的压迫，只做八小时工作，青工六小时，能够读书分田，生活过得非常写意。因为这样的原故，帝国主义国民党才拼命去攻击我们的红军和苏联，企图使我们工农劳苦弟兄姊妹们，永远的做强盗们的奴隶！

弟兄姊妹们，我们知道一九二五年的五卅是东洋资本家枪杀工人顾正红，又勾结帝国主义军阀在南京路大批屠杀工人学生群众，同时工人阶级反对帝国主义资本家最有力最光荣的事件，现在是强盗欺侮我们更加凶恶残忍，我们要改善自己生活，只有反抗帝国主义资本家刮民党，只有加入工人的共产党共产青年团！

伟大的五卅纪念节到了，我们要：

罢工、罢课、游行示威纪念五卅！

反对帝国主义瓜分中国进攻苏联！

反对国民党出卖华北平津！

反对资本家减工！

工人加入共产党青年团！

附件五：纪念五卅

各帝国主义瓜分中国，现在似发疯样的进行着，日本已在华北占领四省及二个半省，英帝国和东洋也一齐在西藏新疆青海西康等省动手，法帝国正在云贵广西边境增兵，美国把远东舰队全部驻在中国沿海各省，帝国主义的海防顺长江深入到四川，国民党对这瓜分的一出戏，不但不居反对的地位，而是完全拥护的，现在更成表演的主角，集中所有一切力量去围剿唯一反帝力量苏维埃红军，所以反对一切帝国主义保卫领土和民族，只有我们民众自动武装起来，进行民族革命战争才有可能。

民众自动武装起来！进行民族革命战争！反对日本及一切帝国主义！

满洲与热河，是国民党政府有计划送给东洋帝国主义的，最近整个华北更要遭国民党政府空前的拍卖，现在只望国民党出兵收回失地，那是梦想，所以被国民党政府拱手送给东洋土地，是要我们革命民众自己武装力量驱逐日本帝国主义才有可能。

民众自动武装起来！驱逐日本帝国主义收回满洲与热河！

再也不能眼看平津华北，又继着满洲热河后头被国民党政府拍卖了，我们民众要自动武装起来，保卫平津，反对日本帝国主义进攻华北。妈的，数百磅的炸弹，几百架飞机，只向江西的工农身上炸，华北却不派一架飞机去炸东洋赤姥！

民众自动武装！保卫平津，反对日本进攻华北！

各帝国主义压迫中国不是时常取一致行动吗？国际联盟就是这班强盗联合的世界机关。去年满洲事变，国际联盟派来几个代表到满州去调查，曾制成有名的国际共管中日报告书，但国民党却奉他当做祖宗。

打倒瓜分中国，奴役中国的强盗机关国际联盟！

资本帝国主义国家因为自己造成的经济恐慌进而成了政治的危机，国民党想用战争来作两个主要事体，（1）毁灭苏联，辟成为资本主义下边的市场。（2）重新分割殖民地及瓜分中国，这样战争我们坚决反对。因为苏联是我们工农的国家，瓜分了殖民地就会延长帝国主义统治，何况又是直接来瓜分中国的！

反对帝国主义进攻苏联！瓜分中国及一切殖民地的战争！

国民党成为中国豪绅地主资本家军阀官僚的旗帜，是帝国主义忠实走狗，专门屠杀我们工农士兵及一切劳苦的革命的群众，再让他统治下去，中国民族利益要遭它卖完，工农劳苦群众要将要死光，非打倒它不可，打倒国民党！

打倒出卖民族利益的国民党！

中国苏维埃政府与红军是我们工农劳苦群众自己的民主政权，是唯一的反对帝国主义的力量，所以我们必须热烈的拥护她！

拥护中国苏维埃政府及红军！

国民党不派一支劲旅，一架飞机去抵抗东洋帝国主义，却动员所有部队来围剿已经脱离帝国主义统治的苏区，阻止红军北上抗日，然而苏区得到广大的群众拥护及红军英勇的血战，只是不断的得到胜利，上海的工友起来斗争，反对资本家的压迫，反对国民党围剿红军与苏区，争取全国苏维埃！

反对国民党围剿苏区！中国苏维埃胜利万岁！！

兵工厂的工友不造一枪一弹，交通工友不运一兵一卒去进攻苏维埃与红军，是拥护苏区红军最有效的办法，因为苏维埃与红军是我们工农自己的政权与武装呀！

不造一枪一弹，不运一兵一卒去进攻苏区与红军！

中外资本家现在他们一致的向工人阶级进攻，烟厂纱厂丝厂绸厂等都在很普遍的减工——三日班四日班五日班，这简直活要工人的命，一个月拿十多天工钱那里够吃饭呢？所以我们须要将各厂工人一致联合起来用各方法去反对三日班四日班等，争取恢复原班头，米贴三元，尤其在这“五卅”八周年纪念的今年，应该学习过去“五卅”斗争经验来反对资本家这一进攻！

罢工示威游行！反对中外资本家减工！纪念“五卅”！

中外资本家在用一切的方法向工人阶级进攻，除减工外，更用关厂停航减工钿加钟头开除，换上童女工等等方法来驱着工人失业饥饿死亡，工人身上的精力用光了，它就把你滚出厂去。难道我们就这样等着死吗？我们应该坚决反对，组织自己团体和资本家拼命！

反对关厂！反对停航！

在国民党领导下的抵货运动，却成了日货比以前更加畅销的相反现象，可知国民党的抵制日货完全是骗人的话。所以上海只有我们工人贫民及革命学生自己组织检查队，才是靠得住没收日货，用来救济失业的工人！

抵制日货！组织工人检查队！没收日货救济失业工人！

除了苏联以外，世界到处都患经济恐慌，资本家想和往年一样，赚大利钿就百般在工人身上转念头，它觉青年工人压迫起来便当容易，更加利害的剥削，它就喜欢来招我们去做工，妈的，他想错了，我们青工也学到和资本家斗争的经验了。

青年工作八小时，反对虐待青工及学徒！

国民党把日本及各帝国主义军队欢迎到中国来，反藉口“国难”克扣工资，强扣爱国捐压迫工人不许向资本家斗争，劳资合作等等。妈的，就拿近几月轰轰烈烈的“航空救国”运动，已经捐得了几千万元，说是募去买飞机抵抗东洋，现在东洋又在炮轰平津，侦察保定，国民党政府连一只飞机影子也没有派到北方去，恰都上了国民党官僚的腰包和买军火去进攻苏区红军了，顶无耻的刮民党不募一个铜板给它！

反对藉口克扣工锢，救国捐自动捐款买飞机送给红军，欢迎红军北上抗日！

中国苏维埃领导下的红军，才是真正抗日的军队呢！你看，在苏维埃统治下的赣闽湘鄂皖豫川陕甘区域里，帝国主义势力早已被红军铲除干干净净，以前被国民党出卖的民族利益都经收回，红军老早要出兵北上抗日，不是被国民党白军挡住道路，满洲热河久已收复了。但是国民党反武断宣传说是红军牵制抗日，世界上最不要脸的东西就是刮民党！

欢迎红军北上抗日！

〔国民党中央党部档案〕

15. 吴铁城报告上海丝厂女工罢工反对延长工作时间经过情形致行政院呈

（1933年10月1日）

呈为呈报事：案据社会局呈称：查本市丝厂女工因工作时间发生罢工纠纷，当经派员调查，竭力调解，谨将该案起因及办理经过情形缕陈如下：

一、罢工原因。查丝厂女工工作时间向为做足十一小时，例如自上午五时半上工至下午五时半放工，中间有一小时午餐时间。本年战事发生后，各厂对午餐时间减为三刻钟，嗣又延长放工时间一刻钟。本月十九日丝厂因同业公会虹口办事处主任张佩绅通知虹口区各丝厂于翌日放工时间一律延长至下午六时（又增一刻钟），因此，激起工人不满，于二十三日晨发生罢工。

二、工人要求。该区工人罢工后，群向工会质问，并要求立即向资方交涉：一、恢复工作时间，二、恢复原有工资，三、恢复礼拜赏日，四、恢复申工。查女工工资前本为五角八分，自战事平定后，市面凋敝，失业激增，工资乃减至四角二分，其他待遇一律取消。七月间，经本局调解，工资增至四角五分，当时丝价仍旧疲弱，最近因丝况稍好，丝价增高，故工人要求恢复待遇。

三、罢工蔓延。虹口区自二十三日罢工后，租界区各丝厂遂于二十四日响应罢工，旋经本局与该处第三区缫丝业工会及同业公会设法劝导，乃于本月二十六日先行复工，业已照常工作。

四、调解经过。本局自该案发生后，除派员调查与劝导外，并于本月二十六日下午二时会同市党部、公安局召集劳资双方问话结果，对恢复工作时间问题，资方经诘责后已允照办。至恢复工资等问题，双方对丝价报告不同，须经调查后方能核办，乃劝工方先行复工。而工方代表对复工一层并不反对，所顾虑者如工资问题未得相当解决，恐工人复工后仍难消泯纠纷，资方亦认为可虑，最后因资方内部情形复杂，须徐从长计议，原饬双方于今日下午先行直接谈判，再向本局具报候核。

综上所述，预料该案不日当可解决，理合备文呈报，仰祈鉴核等情。据此，除指令迅速设法妥为解决具报外，理合备文呈报，仰祈鉴核，实为公便。谨呈

行政院

上海市市长吴铁城

中华民国廿一年十月一日

〔国民政府行政院档案〕

16. 行政院与上海市政府等单位协调解决英商大英烟草公司工人罢工斗争经过往来文电

（1934年5—7月）

（1）行政院秘书处致实业部公函（5月30日）

奉院长谕：据上海市市长吴铁城养电，为英商大英烟公司沪

厂，因减工发生纠纷，本月十四日该公司将第一厂全部歇业，现第二厂工人又宣告怠工，观察情形工潮或将扩大。此次厂方举措，殊嫌失当，但依法终止契约，碍难干涉，已督饬主管各局分别保护，并会同党部设法调处，希指示等情。到院。应交实业部会同上海市政府，迅予设法调处，并将办理情形随时具报。等因。除由院电复外，相应抄同原电，函请查照。此致

实业部

计抄送原电一件

行政院秘书长褚民谊

抄原电

南京。行政院钧鉴：结密。查英商大英烟公司沪厂在本年三月间曾发生减工之事，系由每星期六天减至每星期五天，工人方面虽曾呈局请予调解，并未坚持，嗣于四月九日，厂方又继续减工，改为每日八小时，工方极感困难。当由本府招集双方详询一切，因念该厂近来营业清淡，存货过多，方议定办法三项，维持厂方每星期四十小时之原则，双方均无异言。乃令行未久，而五月十日厂方又改工作为每日九小时，每星期四日，由局呈报前来。正核办间，又据该厂十一日来呈略称：工人不服指挥，定于五月十四日将第一厂全部歇业，至关于工人终止契约办法，自当遵照工厂法第二十七及第三十条，并社会局批准敝公司厂规之规定办理等语。比由本府劝告该厂再行考虑，亦归无效。现该公司第二厂工人又宣告怠工，观察情形，工潮或将扩大。查此事厂方举措殊嫌失当。但依法终止契约，碍难干涉。旋奉蒋委员长电令略开：英美公司工厂关闭能否设法调处，凡关于英商在沪经营事业，党部与政府应予保护为要。等因。除督饬主管各局分别保护该厂并会同党部设法调处外，谨此电闻，祇希指示。上海市市长吴铁城，养。印。

（2）行政院致实业部训令（6月21日）

令实业部

案查前据该部呈称：案准钧院秘书处密函略开：奉院长谕：据上海市市长吴铁城养电，为英商大英烟公司沪厂，因减工发生纠纷，请予指示等情，应交实业部会同上海市政府迅予设法调处，并将办理情形随时具报等因。抄同原电嘱查照等由。经派本部科长唐健飞前往上海会同上海市政府调处具报去后。兹据复称：该公司共有三厂：第一、第二两厂，设于浦东；第三厂设于杨树浦。共有工人万余。此次工潮起于第一厂，其真实原因为：（一）该厂厂址在中国地界，因受中国法律限制，此次停工，意欲避免中国政府之管辖；（二）该厂机器太旧，不适合于现代生产合理化之原则。此次停工，以谋根本改造；（三）该厂工会，组织健全，历史较久，资方无可施其高压手段。此次停工，以图销灭工会势力。劳资双方固执成见，劳方以此次停工影响工人生计至巨，故坚决要求开工，免陷绝境，情极可悯。而资方则宁愿遵照中国工厂法，支付约四十万元之巨额解雇金，亦不允开工，于法并无不合。双方各走极端，相持不下。目前调解异常困难，加以上海市政府与党部因所处地位之不同，对于此次工潮之态度亦不免稍有差异等语。查该公司工潮既趋严重，而地方党政机关所持态度未能一致，拟请钧院召集中央民运会、财政部（因与税收有关），上海市政府及本部会商解决办法，交由上海市党政机关执行。是否有当，理合呈请鉴核示遵。等情。据此，当经召集该部暨财政部、上海市政府，并函邀中央民众运动指导委员会派员开会审查。兹据报告审查结果：应由上海市政府设法使公司恢复第一厂，否则亦须由厂方尽量妥插善良工人，对于解雇部分，条件务须提高，由党政当局预谋善后方法等情前来。应准照办。除密令上海市政府会同上海市党部妥为办理具报，并函达中央民众运动指导委员会查照暨行知财政部外，合行令仰该部知照。此令。

中华民国二十三年六月二十一日

院长　汪兆铭

（３）外交部致实业部咨（６月25日）

准中国国民党中央执行委员会民众运动指导委员会函：以据上海市第五区卷烟业产业工会等先后呈报，沪市英美烟公司无故停厂，复拒绝调解等情，请查照办理等由。并附上海市英美烟厂罢工委员会及上海市第五区卷烟业产业工会呈文各一件到部。当经本部咨请上海市政府就近调查处理去后。准咨复本案事实经过及调处情形到部。查本案劳资双方既已各走极端，倘长此纠纷，深恐事态扩大。除再咨上海市政府严密防范处理外，相应抄同上海市政府来咨，连同上海市英美烟厂罢工委员会及上海市第五区卷烟业产业工会呈文各一份，咨请贵部查照，酌核办理，并见复为何。此咨

实业部

计附抄上海市政府原咨一件

上海市英美烟厂罢工委员会呈文一份

上海市第五区卷烟业产业工会呈文一份

兼署外交部长汪兆铭

中华民国二十三年六月二十三日

照录上海市政府来咨民国二十三年六月十八日收文字第八六〇八号

案准大咨欧字第五六一〇号，为英美烟公司停厂罢工案，事实经过及现在办理情形，嘱为详查见复，以凭核办等由。准此，查英美烟公司浦东第一厂在本年三月间曾发生减工之事，系由每星期六天减至每星期五天，工人方面确曾呈报社会局请予调解，

并未坚持。嗣于四月九日厂方又继续减工，改为每日八小时，工方极感困难。当由本府召集双方详询一切，因念该厂近来营业清淡，存货过多，乃决定办法三项，维持厂方每星期四十小时之原则，双方均无异言。讵令行未久，而五月十日厂方又改工作为每日九小时，每星期四日，由局呈报前来。正核办间，又据该公司于是月十一日来呈略称：工人不服指挥，定于五月十四日将第一厂全部歇业，至关于工人终止契约办法，自当遵工厂法第二十七及第三十条并社会局批准公司厂规定办理等语。此由本府一再劝告，重行考虑，均属无效。该公司第二厂工人为援助第一厂工人复工起见，嗣复相率罢工，以促厂方觉悟。本府深恐工潮扩大，当即令饬社会局劝令第二厂工人先行复工，静候解决，一面会同市党部设法调处，令饬公安局保护该公司产业暨维持秩序。五月二十九日，社会局依法召集双方调解，乃该公司竟不派员出席，仅声称："公司关闭老厂，系经董事会郑重考虑所决定，并经伦敦总公司核准，不能变更等语"。本府造〔根〕据社会局呈请核示，爰于本月十四日会同财政部税务署长暨中央民运会、实业部派员、市党部代表等集议，并召集劳资双方剀切劝导。据劳方代表略称：此次该公司未至破产程度，遽将第一老厂全部停业，断绝工人生计，工人绝对不能接受等语。而资方代表则谓公司必须破产，始准停厂，恐全世界无此法令。该厂因公〔工〕人不服指挥，厂务无法进行，营业日衰，万难维持，故不得已忍痛停厂，所有停厂后之工人善后，自当依照中国法令给资解雇，并酌给预告金，如欲强令开厂，则无论如何不能办到等语。几经本府与中央部会派员多方劝导，迄无效果，即安插第一厂歇业工人一节，资方亦以事实所限，未即接受。旋由本府代表嘱令厂方代表再请该厂负责当局从长考虑而散。综合两方情形，似已各走极端，恐非空言利害所能裨补。现已由各方代表分别报告，以便再议进行办法。除静候中央核示暨督饬主管局等竭力设法调处，并严密防

止形势恶化外，相应将该案事实经过及处理情形先行咨复，即希察核办理，并祈见复为荷。此致

外交部

市长 吴铁城

照录上海市英美烟厂罢工委员会致中央党部民众运动指导委员会呈

为续呈英美烟公司非法关厂，激成罢工，恳祈立饬公司复厂，以维工友生计事：窃五月二十六日奉钧会第六八四九号内开：呈悉。已函上海市党部、市政府会同妥慎处理矣，仰即知照等因。奉此，自应遵照，惟此次风潮发生，举国属目，虽奉本市党政机关数次调解，无如公司态度强硬，终无结果，故不避越渎，续嫌冒死上陈，冀获最高之权力，为本案合法之解决。良以罢工日久，不但工人生计攸关，抑且影响国税，区区之诚，谅蒙鉴谅。且工人要求只在复厂，公司如能接受，则风潮立刻可平，劳资双方不难重敦睦谊，倘无切实办法，势将各走极端。五月二十九日本市社会局召集调解，公司抗不出席，似此目无政府，实为公理难容。特此沥陈下情，恳求钧会立饬公司从速复工，以慰喁望而解倒悬。临呈不胜迫切待命之至。

五月三十日

照录上海市第五区卷烟业产业工会呈 民国二十三年五月十九日

为英美烟公司无故停厂，蔑视法令，恳祈秉公救济事：窃上海浦东英美烟公司，突于本月十二日将第一厂无故停开，全厂工友三千余人，一旦生计同陷绝境，伤心惨目，何忍胜言。回溯老厂开设三十余年，为该公司在华各厂之鼻祖，所获利益不下数千万万，皆我工友血汗之结晶。近年以还，该公司管理权不能统一，

常起纠纷。然工友深知国步难艰，看着退让，而公司则利用时机，得寸进尺，本年上月间，厂方藉口营业清淡，连续减工，经奉沪市府决定办法，并奉第三〇号批示饬遵以后，厂方非呈请主管官署核准，不得减少工作时间，不料厂方抗不遵行，于本月十日又复擅行递减，每星期只做三十六小时，属会以工友生计，实难维持，复向党政机关请愿。又奉沪社会局第三六一四号批示：已饬厂方暂缓实行，方幸工人生活稍有保障。孰意公司竟于本月十二日藉口营业不振，工人不受指挥，突将第一厂关闭，致使数千工友生计一旦断绝。呜呼，情亦惨矣！查厂方近用新式快车，增加速度，以致生产过剩，与营业毫无关系，致于工人工作，有何不受指挥，党政机关尽可告诉，安可凭空捏造。且查工厂未至破产程度，例不准停，载明法规，停厂须事先呈请主管官署核准。即如厂方所称：果真营业清淡，工人不受指挥，亦断无停厂之理。今竟自由行动，以莫须有三字置数千工人于死地，其待遇工人残酷情形如此，其蔑视我国政府法令又如此，其减工关厂之理由已不攻而破矣。又如最近蒋总司令提系劳资，曾有工人不得罢工，资方不得停厂之通令，谆谆告诫公司，为外国资本家尤应善体斯旨。彼乃倚仗强权，蔑视公理，可谓冥顽已极。窥公司之同意，无非以原有之工人工价太大，工作最久，关厂之后，既可赖去多数抚恤金，将来复厂之时雇用新工人，更可减少工价。倘若此例一开，英美在华各厂，更相为用，其他各厂相率效尤，工人生活毫无保障，失业者日增，工人前途何堪设想，务乞钧会俯念属会工友于十六年争回国税，有功党国，转咨外交部迅赐交涉，务达复厂之目的，再造苏张，既可感恩于此日，有灵蛇雀，还当衔于素生。涕泣陈情，伫候核示。谨呈

中央党部民众运动指导委员会

上海市第五区卷烟业产业工会谨呈

常务理事　陈培德

刘得华
楼景观
会址：上海浦东赖义波路七十八号

（4）行政院秘书处致实业部公函（7月26日）

奉院长谕："据上海市市长吴铁城梗电，报告英美烟公司劳资纠纷，经会同上海市党部决定解决办法五项，分饬遵照。劳资双方已表示遵办，新厂罢工工人，并已复工等情，到院，应交实业部"等因。相应抄同原件，函达查照。此致

实业部

计抄送原电一件。

行政院秘书长褚民谊

抄原电

南京。行政院汪院长钧鉴：查英美烟公司，因浦东老厂歇业，发生纠纷一案，双方争持，迄今两月，长此不决，不独工人生计堪虞，抑且影响社会安宁。本府多方调解，煞费苦心，爰经会同市党部决定解决办法五项：一、该公司新厂工人应即依照该公司各部工作程序，前往复工，所有罢工期内之救济事宜，由本府部负责办理；二、所有以前罢工工人所组织之纠察队或维持队，应即解散；三、关于该老厂工人终止工作契约办法，该公司除已表示愿给予一个月之工资，并储蓄及年赏外，特再饬知对于该厂工人一律发给二个月之工资，以资救济；四、该老厂将来如果复业，该公司应将此次解雇之工人择优尽先雇用；五、该新厂工人复业后，该公司不得无故将其开除。以上办法，经分饬遵照后，该劳资双方已表示遵办，新厂罢工工人并于本日复工矣。特此电陈，敬祈鉴核。上海市市长吴铁城叩。梗。印。

（5）中央民众运动指导委员会致上海市政府电（5月25日）

上海市政府吴市长铁城勋鉴：养电具悉。大英烟厂第一厂，由减工以至歇业，经一再调处无效，第二厂亦已罢工。以厂方举措失当，或竟以一时停厂，遂其排制〔挤〕工众之实，而工人及其家庭生活突然断绝，群情焉得不忿。厂方平时据经济政治上之特殊优越条件，一旦营运稍感困难，遂对工人生活，地方治安不负丝毫责任。现在事态严重，万不能听其诿为无关，此时倘能觅得其他妥善解决途径最佳，否则，因外资关系，既无法强令该厂复业，则此数千工人不将驱而置之死地，影响所及，极为寒心。除由会呈明中央商讨有效应付方策外，为目前情势计，亟宜安定地方秩序，及政府对民众应有之生计保障，尚希召集工商各业团体妥商济助办法，毋任劳工群众陷于绝境，切冀贵府毅然主持也。中央民众运动指导委员会。有。印。

廿三年五月二十五日下午七时半

〔国民政府经济部与国民党中央民众训练部档案〕

17. 上海日资纱厂工人联合罢工要求增加工资情形的资料

（1936年11月）

（1）日商七家纱厂全体工人联合罢工（11月10日）

大公社云：沪东杨树浦上海、同兴、东华等日商纱厂，全体男女工人一万五千余人，为提出要求普加工资十分之二等五项条件，发生联合罢工，日商纱厂联合会对昨日下午四时召集各厂大班，商讨解决办法。沪西内外棉等各厂工潮亦在酝酿中，兹将各情分志如次。

五项条件：本市沪东、沪西、浦东等处之内外棉，丰田、公大、喜和、上海、大康、同兴、裕丰、日华等日商纱厂工人发表联合宣言，并提出五项条件如下：①要加工资十分之二，②吃饭后要停车一小时，③不准开除任何一个工人，④不准拷打任何一个工人，⑤反对礼拜日多做钟头。

联合罢工：各厂工人自提出五项条件后，沪东杨树浦上海第一、二、三、四、五厂、同兴第二厂、华德路一六八七号东华等七家日商纱厂全体男女工人，于八日晚十一时三十分发生罢工，所有男女工人日间散处在工厂附近马路，探听消息，夜间则仍归宿工房，秩序颇为良好。现据调查结果，罢工工人计上海第一、二、三、四、五厂工人一万一千五百余人，同兴一千六七百人，东华二千人，总计一万五千余人云。

谈判无效：日商上海纱厂等，于昨日上午十时由总营通知，各间领班进厂与厂方协商，当由总大班里田亲自向工人报告，并承认增加工资百分之五。但工方认为与所提之普加工资百分之二十，相差太远，不能代表全体工人接受，致谈判无效。旋厂方于十一时许，贴出通知云：为通告事：厂方对工人要求增加工资，准予普加百分之五，望各工友即日复工，否则即行退出厂外。至下午八时左右，大公社记者探得最后消息，工方对第一项条件普加工资十分之二已更改为十分之一，第二项除吃饭停车一小时外，须规定每日上午九时至九时十五分，下午三时至三时十五分，合半小时之休息，第五项如礼拜日多做钟点，必须每月另给赏工两天。

联合讨论：上海日商纱厂联合会主席船津，于昨晨十时分访上海纱厂大班黑田．东华纱厂大班石田，同兴纱厂大班立川（因立川返日由人事科主任大石代见），调查工人罢工情形，及工方所提之条件后即行辞去。旋于下午四时，在蓬莱路日本俱乐部，召集上海等日商首脑人开联席会议，商讨解决办法，经过讨论结果，因工资问题，全体日商纱厂均有关系，必须召集未罢工之纱厂，共同讨论后方可解决，同兴纱厂则电告返日之大班立川，请示办法。

各厂戒备：自上海同兴、东华等各纱厂罢工后，公共租界榆林路捕房，格兰路捕房均派大批中西探捕弹压，日本陆战队分驻各厂严密戒备，警备车亦往来巡查；毗连上海等厂之公大、大康等纱厂，深恐发生工潮，故戒备尤为严密。

各厂酝酿：沪西内外棉、丰田、喜和、同兴第一厂、浦东日华、广东、大康、公大、裕丰等各纱厂工人，自与沪东上海同兴第二厂、东华等厂工友联合发表宣言并提出条件后，原拟采取同一步骤进行，经厂方先前得讯后即加以严密监视，致未实现。现各该厂工人，仍在暗中活动酝酿中，如上海同兴、东华等各厂工潮，不早日解决，势必继起援助。又日商纱厂工人罢工之际，杨树浦路英商怡和纱厂即于昨晨十时，在厂门首张贴招收新工通告，日厂工人应募之男女工人已达三百余人。

（2）吴铁城致实业部的快邮代电（11月13日）

南京。实业部吴部长勋鉴：真电祗悉。本市沪东各日商纱厂工人，因要求改善待遇，发生工潮，实行罢工。本府据报后，即经饬局调查真相，妥为调处。查该工人等所提条件计有：(一)要求普加工资十分之一；（二）恢复一二八以前之赏工；（三）米贴；（四）饭后休息一小时；（五）不得无故开除工人等五项。厂方对于增加工资表示至多加百分之五，其它四项均未接受。现正派员向在华日本纺织业公会洽商。劝导厂方设法消弭纠纷，俾免扩大，一面饬工人严守秩序，静候解决。准电前由，除饬社会局遵办具报，再行转达外，特先电复。上海市市长吴铁城。元。印。

中华民国二十五年十一月十三日

〔国民政府经济部档案〕

18. 上海丝织业工人罢工要求改善待遇的有关文件与资料

（1937年3—4月）

（1）《申报新闻》：丝织业工人大罢工（3月31日）

大公社云：本市全体丝织厂工人，要求改良待遇条件，其他部份业经调处决定，惟以工资问题，劳资双方意见相左，仍未解决，本市党政机关复于昨日上午九时起，召集双方举行第三次调解，计到资方电机丝织业同业公会蔡声白、袁慰宸、金德庆，劳方一区潘允才、三区朱友生、四区何尧、七区吴英等，暨美亚厂代表王季松、市党部代表陆荫初、李维熊，社会局许也夫、朱圭林、张楚强等，由许也夫主席，江实甫纪录。经主席宣读第二次调解决定各项后，即行开始调解。工资部份（包括织工、经纬工，艺徒踏工等工资等级），但劳方坚持一律普加二成，资方因各厂情形不同，且资本并不一律，故反对采取普加办法，虽经党政机关代表一再分别举行个别谈话。但仍无结果，直至下午五时，宣告调解不成而散。

自社会局调解不成后，劳方代表当即宣告以后不负责任，旋即归去，将调解经过情形报告全市丝织工人要求改良待遇委员会，并举行紧急常务委员会，议决要案多件后散会。各区代表即分返各区报告，各区工人以调解即毫无结果，乃即自动罢工。昨晚九时半以前，先后罢工者已有沪东区裕厚、金记、协丰、裕民、因利、锦华、□元、荣章、天福、晋东、天兴、恒谊、华通、新生、新丰、锦新、益丰、益友、大美、普益、美文、天成、中国、方隆、源源、革新、林记、洪昌、和兴、锦盛、志成、恒祥、协记、协隆、新华、周记、德兴、永利、九隆、协大、久丰、惠庆、云麟、协盛、经纬、美亚九厂、沪南区美亚总厂、美亚七厂、美亚五厂、胜旦、华成、五丰、元元、元友、谊利、远辛丰、纬昌、永安、勤余、通源、同丰、记仁、重庆、天元、光明、中兴、三益、沪北区美亚十厂、美亚二厂、荣成、巨昌、生生、永华、醒民、纬新、时新等一百三十余家工人，定今日上午举行紧急代表大会。党政当局闻讯后，正谋消弭和解办法。

（2）丝织工人要求改良待遇委员会致国民党中央党部呈（4月13日）

呈为待遇恶劣，生活困难，特联合上海市丝织工人提出共同要求条件，请求令饬上海市丝织业同业公会接受，转饬各绸厂实行，以维护劳工生计，而免使工潮扩大事：窃工人等自“九一八”、“一二八”事变相继发生以来，因感于市面不景气，工商业之凋零，为表示爱护民族工业，实行劳资合作起见，对于厂方再四减少工资，增加工时，开除工人及对于工人之待遇恶劣，皆加宽谅，隐忍未言，所以冀共渡难关，协谋复兴。讵世界经济恐慌日益深重，国内农村经济加紧崩溃，厂方对于工人之压榨，自亦随之加重。工人为贯彻初衷，始终缄默，从无任何报复行动，事实具在，有目共睹，当不容轻易抹煞，此足见工人对于资方之爱护甚切，且不惜忍受最大痛苦，以成全之。故近年来，各绸厂每年仍得获厚利者，当由于工人之牺牲精神与力量之助，延至今日，所幸经济恐慌已经和缓，农村经济渐次昭苏，又因政府法币政策之成功，与农产物之丰收，市面已转繁荣，去年结帐，各业皆有盈余，而丝织业获利尤厚，资方固面团团皆大欢喜。然返顾我工人情状，则又如何！其痛苦诚非语言文字所能尽状，以之较“一二八”以前织工工资每日最多五元最少三元者，今则三角而不可得，扒经工工资每日最多八元最少五元者，今则五角而不可得，其相去不啻十余倍。至物价之高涨，生活之困难，则与日俱深〔增〕。然资方对于工人之痛苦生活，毫无改善之意，且有更进一步压榨工人之表示。人皆有血肉，人皆欲生存，本身以极贱代价出卖身体，为人作牛马，不获一饱，而家人子女啼饥号寒，其惨诚不忍闻。工人非见资方获利即行罢工怠工，所以罢工怠工者，实缘于忍受榨压已至最低限度，不能再事容忍也。故于本年二月间，本市各区绸厂乃先后发生工潮，其目的全系在促使资方觉悟，改良工人待遇，资方自不乏开明卓识者，在党政机关调解之下，多数争议旋告解决，其迁延未决者，意见亦渐接近。乃丝织业同业公会一面蒙呈党政机关，请求布告，制止罢工；一面复于三月十八日召集临时会员大会，竟有取销以前已经劳资双方订定条件之决议，其藐视政府，轻蔑工人，足见一斑。此不仅使争议尚未解决之各厂工人异常激怒，而争议已经解决之各厂工人尤为愤恨。工人等为集中力量统一行动，以争取生存起见，乃有三月十八日全市丝织工人代表大会之召集，除议决组织全市丝织工人要求改良待遇委员会，推举全权代表，处理争议事件外，并议定对丝织业同业公会提出共同一致要求，条件共计三十条，同时工人等为表白绝对服从政府起见，议决自三月十八日起，所有罢工各厂一律复工，均已实现复工，以后经由上海市社会局会同上海市党部先后调解三次，除内容不甚重要之条件（见附件）经劳资双方同意商定外，而最重要之工资问题及有关工资之各条件（见附件），资方坚不让步，于是调解决裂。工人等再四思维，党政当局既不足以制裁专横之资方，工人自亦无法再进行和议，乃于三月三十日下午七时全市丝织工人一律停止工作，三十一日社会局发出市字八四七六号训令，除责令双〔方〕履行已经成立之各条件外，工资准普加一成，至其他有关工资之条件则一概撤销。工人等接奉该项训令后，以与原来要求目的相差过远，且有关工资之各条约甚重要，不能放弃，乃于四月一日推举代表向社会局请愿，请求收回普加工资一成成命，并将未决各条件交付仲裁。据局方训示，未决条件工人如决不放弃，可另案请求，惟必先行复工，至收回加资成命则不能办到，各代表乃纷返各厂，报告请愿情形。后工人等又于四月二日下午三时召开全市扩大代表会议，议决为表示始终爱护民族工业，服从政府命令起见，于四月三日上午七时一律复工，至其他未决条件，决另案请求，此足以见工人等之苦心为何如。乃三日各厂工人上工时，竟有少数厂家，藉口未奉同业公会命令，不准工人复工，同业公会亦表示对社会局之训令不能接受，当时几又酿成纠纷，后由社会局派员责令厂方开工，始未生变故。工人等目前虽已复工，然以争议悬未解决，不能安心工作，如再迁延，则恐迫不及待，且资方如此强横，对社会局所批准之各项条件，尚不能实行，则对于已提出而未经谈判之条件，自更难希冀其接受。此为工人等生命所系，决不容轻忽视之，如不达目的，誓不中止。窃思推动国家经济建设，发展生产事业，必须劳资合作，一致努力，庶几有成。今工人等深愿与资方合作，然在资方如此高压之下，欲谈合作实不异与虎谋皮，悲惧交集，如处水深火热之中，然又不能含默待死，迫不得已，缕呈苦情，并附呈已决未决之各项条件，仰恳钧会迅即严令上海特别市党部会同上海市社会局转令上海市丝织业同业公会饬所属各厂，接受工人等所提已决未决条件，一并实行，以挫强梁，扶弱小，正人心，张公道，而使上海市八万丝织工人，六十万丝织工人家室儿女，苟延残喘。如此，不仅工人等感激涕零，即于社会国家亦有所俾益，如资方仍不接受，则工人等既不能求生，自亦不惜此区区微命，以相周旋，血泪陈词，不胜惶恐迫切待命之至。谨呈

中国国民党中央执行委员会

上海市丝织工人要求改良待遇委员会

主席委员　张伯溪

委员

第一区　周云清　张祯祥　程本浩　吴祥林

第三区　黄佐良　蔡其超　陈如生　高洪魁

第四区　邢庄庆　董成高　张之钦　李圣颐

第六区　王季松　王春晖

中华民国二十六年四月十三日

工资问题及有关工资之各条件

此次全市丝织工人要求改善待遇，提出条件共三十条，呈请党政机关严令丝织业同业公会转饬所属各厂，一律接受，实行社会局三度调解，并定折衷办法，训令劳资双方一律遵行。兹将社会局训令抄录如后，希吾工友，务按明令所定，一律遵照实行，是为至要。

奉社会局训令内开：

查本市丝织业工人要求厂方增加工资，改良待遇，劳资纠纷一案，业经本局会同市党部三次合集调解后，计工人所提要求条件已得双方同意者如下：

第四条　工作时间不得超过十一小时，原来厂方不满十一小时者，仍照其旧。

第五条　码尺问题，应照市定公尺计算，不得伸长或折扣。

第十三条　织工部雇用艺徒，依照同业公会备案办法办理。

第十四条　凡工厂工人在三十人以上者，准备部雇用艺徒，不得超过三分之一，其在三十人以下者，不得超过二分之一。

第十五条　厂方不得无故开除或压迫工人。

第十八条　甲、不得滥罚工资；乙、工人所罚工资，悉数拨充惠工事业经费，并由劳资双方及党政机关组织惠工事业委员会；丙、如因损坏原料而被罚者，悉数作为赔偿厂方之损失。

第二十一条　工人不请假者，奖励办法由资方另订之。

第二十二条　工人如遇重要事故，得托人向厂方请假。

第二十三条　女工生育问题，依照工厂法第七章第三十七条拟定；女工分娩前后应停止工作共八星期；其入厂工作六个月以上者，假期内工资照给，不足六个月者，减半发给。

第二十四条　工人有疾病死伤时，概依工厂法第九章第四十五条规定。在劳动保险法施行前，工人因执行联务而致伤病或死亡者，工厂应给其医药补助费，抚恤费，其补助及抚恤之标准如左：

1．对于因伤病暂时不能工作之工人，除担任其医药费外，每日给以平均工资三分之二之津贴，如经过六个月尚未痊愈，其每日津贴得减至平均工资二分之一，但以一年为限。

2．对于因伤病成为残废之工人，永久失其全部或一部之工作能力者，给以残废津贴，其津贴以残废部分之轻重为标准，但至多不得超过三年之平均工资，至少不得低于一年之平均工资。

3．对于死亡之工人，除给与五十圆之丧葬费外，应给与其遗族抚恤费三百圆，及二年之平均工资。

前项平均工资之计算，以该工人在工厂最后三个月之平均工资为标准。丧葬费、抚恤费应一次给与，但伤病津贴、残废津贴得按期给与。

注：受领前条之抚恤费者，为工人之妻或夫，无妻或无夫者依左列顺序，但工人有遗嘱时依其遗嘱。

第一、子女

第二、父母

第三、孙

第四、同胞兄弟姊妹

第二十六条　存厂工资不得超过十天，每半月发一次。

第二十八条　机旁设置凳子问题，由党政机关会同派员视察后再行核办，卫生设备依法办理。

第三十条　络丝工资，依公斤计算。

以上各条，既经双方同意，仰即遵照，切实履行。至该业工人工资，应普加一成。所有工人原要求各条，凡与工资问题有关系者，概予撤销。

包机问题其解决办法如下：

甲、包机系承揽性质，今后工资应由厂方交与承揽人如数发给。

乙、厂方对承揽人所招雇之工人，应负有雇用关系之责任，法定纪念日应依法休假，其工资之给付规定如下：

甲、杂工工资照给。

乙、织工由厂方津贴五角。

上列办法，乃由本局与市党部派员会商，秉公决定，并仰切实遵照履行。除分行外，合并令仰遵照。此后劳资双方均不得再生异议，致滋纠纷，是为主要。此令。

二十六年三月卅一日局长潘公展

上海市第三区丝织业产业工会

其中被撤销工人有关于工资要求，经呈请收回成命，业（四月三日）奉社会局批示，市字第八九七三号内开：呈悉。查撤销有关工资之各条要求，业经明白令知有案，仍仰遵照前令办理，克日复工，毋得再行观望，致贻后悔，切切。此批。

上海市丝织工人要求改善待遇委员会

未接受条件

三、夜班工人，每夜每人津贴夜餐费壹角。

六、日给工夜班，每人照原有工资普加二成计算。

七、等原料机件及改造家伙，每日每人津贴大洋五角。

八、星期日及法定纪念日，应放假休息，织工由厂方津贴五角，杂工工资照给。

九、厂方停工或年关结帐，使工人无工可作，在一星期以上时，须每日津贴生活费五角，如做隔日班，在不做之日，每人津贴维持费三角。

十、�经工人，以一千头份，经长五百公尺为计算标准，多则类推。每次落轴在五百公尺以下者，应给大洋叁角，每调筒于签子一次，应给大洋三角，不得再少。

十一、因原料不良，致不易工作者，除应有工资外，每日津贴五角。

十二、准备部艺徒工资至少在三角五分以上，服务半年后，其工资至少在五角以上，如老手工人进厂，须在七角以上。

十六、日给工每年普加工资二次，每次须在二分以上。

十七、凡遇扻人造丝者，照原有工资加二成；凡扻花色经者，加四成；凡原料经过打线车作乔其者，加倍计算。

十九、取消雇用书。

二十、取消等级工资。

廿一、每月如不请假者，必须给赏工二元。

廿九、准备部落丝车，遇有缺少原料或筒子，停十六只者，须津贴二角，多照加。

二十六年四月一日

上海市丝织工人要求改善待遇委员会

（3）民运部劳工司科长刘旭光赴沪调查报告（4月23日）

科长奉派赴沪调查劳资纠纷真相，遵于四月三日出京，四日抵达上海。正调查间，又于同月九日奉劳字五七八七号钧令，嘱会同上海市政府处理丝织业工潮，故留至四月十六日始克返京。除已将内容情形面陈钧座外，谨再补具书面报告：

查上海市自二十五年六月起至本年三月底止，共发工潮四百零六次之多，百分之九十以上为要求增加工资，改良待遇。自二十一年一二八大战以后，上海工商业日益疲蔽，厂方非裁减工人，削减工资不能维持。工人亦知恶运之来，非忍痛牺牲，不能并存。故虽屡减工资，数年以来，仍能相安无事。目前各业，工人之工资较一二八以前约百分之六十左右。去年施行法币，物价高涨，工人生活费日益增高，检阅指数，以本年二月与去年一月相较，工人生活费计增高百分之七七，而物价上腾，以二十五年十二月与同年十一月相较，计提高百分之二七·七，工人生活困苦，自属实情。去年农村丰收，市面转活，各业皆有 来〔复〕 苏之象，故日商纱厂工人，首先罢工，结果获得普增工资百分之五。其他各业工人，因此颇受刺激，蠢蠢思动，近顷工潮其所以蔓延不已者，除其他外在原因外，上述情形，实为主要原因之一。最近工潮，比较严重者计有三起：（1）丝织业纠纷，（2）新裕纱厂纠纷，（3）公益纱厂纠纷。兹分陈之：

（一）上海市电机丝织工厂计有三六七家，工人总数为二〇一八〇人，以美亚厂为最大，其他小厂，尚不脱家庭工业之形势，工人人数有仅六人至九人者，三十人以下之工厂为数甚多。一二八以前与现在工资之比率，约如下表：

品　名	一二八以前每公尺工资	现在工资
华锦绉	0.090	0.050
玻璃绉	0.135	0.048
45双绉	0.070	0.037
和合绉	0.050	0.027
双面绉	0.150	0.068
素　纺	0.070	0.036
线　绨	0.060	0.024

惟各厂工资，极不一致，亦有较上表所列略高者。而一二八以后，因机械改良，工人生产能力亦较增高，每日所得虽较一二八以前工资略有参差，但并不如上表所指之甚。丝织工人，每日每人最低工资在五角以上，而最高工资有达二元者，与上海其他工人工资相较，尚称优越。去年丝织业皆有盈余，劳方如仅为增加工资问题，和平要求，资方亦可相当接受。不意工人所提条件达三十条之多，有为厂方绝对不能接受者，故陷于僵持之局。厂方先召集同业公会，协商一致态度，对付工人，工方遂亦召集全市丝织工人，议决全体罢工。经社会局努力调解之结果，除将双方同意之条件令饬实行外，并核定普加工资一成，令饬双方遵照，工人遂于四月三日复工，此案至此本可告一段落，虽资方提起诉愿，亦不过先为之地，防工人得寸进尺而已，不料竟至再度罢工。科长适奉钧令，会同市政府处理此案，经与俞代市长、潘社会局长详加讨论，并分别接见劳资双方代表，反复解说，劝令复工，资方因提起诉愿，延不遵行社会局之裁定，本属不合，而工人动辄罢工怠工，亦属不当。故决定一面督促资方遵行社会局之命令，一面严饬工人复工，倘不另生枝节，此案应可解决。惟工会方面有复杂之人事关系，上海党政当局办理诸多碍手，前途有无其他变化，尚难预测。

（二）新裕纱厂之前身为溥益，已有二十余年之历史，因中国棉业之不景气，已三易其主。此次诚孚银公司接办，仅二十余日，即发生纠纷，考其原因，厥为厂方工方互相猜忌。诚孚接办之始，曾将旧职员裁去五十余人，旧日员工不无震动，人人自危，暗中联络团结，以防厂方之开革，厂方对于旧日员工亦取防御政策，双方形成对峙之局，适厂方拟改换新式自动布机，先将旧布机拆去，解雇工人十二名，工人认为厂方借题开除工人，发生骚动。厂方则以用人行政不容工人干预，双方各走极端，终至演成冲突。职员工人互有伤害，停工十九日之久，科长到沪调查之便，曾极力劝解双方早日解决，并就此次纠纷之是非曲直，秉公批评，勉以合作，双方皆甚感动，始于四月十三日在社会局、市党部监督之下，成立和解，即于十四日全体复工。

（三）公益纱厂曾于本年二月十八日罢工一次，旋经党政机关调解复工，本已暂告平息。嗣因罢工期内，工资问题引起纠纷，乃于四月一日再度罢工，并提出下列八项条件：

（一）厂方须取消新职员，除工程师厂方得选择资深之人充任外，俱须由资深之老工人升充；（二）厂方须担保不得开除工人；（三）工人请假，其工作由其他工人代做时，须照发代做部份之完全工资；（四）不得增加工作，如增加工作时，应比照原有工资加给之；（五）厂方须组织工人俱乐部，由工人代表负责办理；（六）去年减去十分之一工资及米贴三分，厂方须即恢复；（七）上次罢工期内，工资照给；（八）厂方接受后须签订契约，以资遵守。厂方不允接受，迄今仍在僵持。党政双方咸工人另有背景，厂方又属外商，调解亦多困难，万一久延不决，难免不生事端。科长在沪曾力促当局注意，并劝告工人严守秩序。

科长默察现况，深觉丝织业工潮未了部份，及公益纱厂纠纷皆有外在原因阻隔其间。如何去此障碍，有待于地方党政机关之协调及人事之疏解，故先行返示复命，视其发展再为相机处理。所有奉令调查沪市工潮及处理丝织业纠纷经过情形，理合缕呈钧长鉴核。谨呈

司长转呈

部长

次长

劳工司第一科科长刘旭光（四·廿三）

附呈丝织业工人所提条件全文一份、上海市社会局第八四六七号训令一份

工方提出之要求三十条

一、不论织工杂工，按照原有工资，一律普加三成。

二、取消租机制，所有受租机雇用之工人，厂方须继续伍角。

三、夜班工人，每夜每人津贴夜餐费壹角。

四、工作时间不得超过十小时半。

五、所出成品，应照市定公尺计算，不得伸长或折扣。

六、日给工夜班，每人照原有工资普加二成计算。

七、等原料机件及改造家伙，每日每人津贴大洋五角。

八、星期日及法定纪念日，应放假休息，织工由厂方津贴五角，杂工工资照给。

九、厂方停工或年关结帐，使工人无工可作时，须每日津贴生活费五角，如做隔日班，在不做之日每人津贴维持费三角。

十、扒经工人以一千头份，径长五百公尺为计算标准，多则类推，每次落轴在五百公尺以下者，应给大洋三角，每调筒子签子一次应给大洋三角，不得再少。

十一、因原料不良，致不易工作者，除应有工资外，每日津贴五角。

十二、准备部艺徒工资至少在三角五分以上，服务半年后，其工资至少在五角以上，如老手工人进厂，须在七角以上。

十三、艺徒工资不得折扣，但在六个月以上，无机可派者，每日厂方应津贴生活费三角。

十四、厂方收用艺徒，最多不得占全数工人十分之一以上。

十五、不得压迫工人或无故开除工人，如遇开除工人，必须先经党政机关及工会认可，否则被开除工人除不承认外，并须照给工资。如厂方添用工人，须先托工会介绍，如工会七天内无人介绍者，厂方可另请。

十六、日给工每年普加工资二次，每次须在二分以上。

十七、凡遇扒人造丝者，照原有工资加二成；凡扒花色经者，增加四成；凡原数经过打线车作乔其者，加倍计算。

十八、不得滥罚工资，罚款数目至多不得超过两角，罚款应全数转划工会，充惠工事业费。

十九、取消雇用书。

二十、取消等级工资。

二十一、每月如不请假者，必须给赏工两元。

二十二、工人因事或因病请假，应予照准。如遇重病或他往而不能亲自请假者，得准代为请假。

二十三、女工生育期内，应给假两月，并津贴三十元。

二十四、凡工人有疾病死伤时，概依工厂法办理。

二十五、在工作时间遇有亲友访问，应准许会客；女工有小孩至厂哺乳时，应迅速通知，均不得留难。

二十六、存厂工资不得超过五天。

二十七、厂方应举办劳工教育及运动娱乐事业。

二十八、各架机旁应设置凳子及其他卫生设备。

二十九、准备部落丝车遇有缺少原料或筒子，停十只者须津贴二角，多照加。

三十、络丝工资取消斤两法度。

上海市丝织工人要求改善待遇委员会

二六、三、一八

（4）上海市社会局致电机丝织业同业公会训令（1937年3月31日）

上海市社会局训令　市字第八四七六号

令电机丝织厂业同业公会

查本市丝织业工人，要求厂方增加工资，改良待遇，劳资纠纷一案，业经本局会同市党部三次召集调解后，计工人所提条件，已得双方同意者如下：

第四条　工作时间不得超过十一小时，原来厂方不满十一小时者仍照其旧。

第五条　码尺问题应照市定公尺计算，不得伸长或折扣。

第十三条　织工部雇用艺徒，依照同业公会备案办法办理。

第十四条　凡工厂工人在三十人以上者，准备部雇用艺徒不得超过三分之一，其在三十人以下者不得超过二分之一。

第十五条　厂方不得无故开除或压迫工人。

第十八条　甲、不得滥罚工资；乙、工人所罚工资，悉数拨充惠工事业经费，并由劳资双方及党政机关组织惠工事业委员会；丙、如因损坏原料而被罚者，悉数作为赔偿厂方之损失。

第廿一条　工人不请假之奖励办法，由资方另订之。

第二十二条　工人如遇重要事故，得托人向厂方请假。

第廿三条　依照工厂法办理。

第廿四条　依照工厂法办理。

第廿六条　存厂工资不得超过十天。

第廿八条　机旁设置凳子问题，由党政机关会同派员视察后再行核办，卫生设备依法办理。

第卅条　络丝工资依公斤计算。

上列各条，既经双方同意，仰即遵照，切实履行。至该业工人工资应准普加一成，所有工人原要求各条，凡与工资问题有关者，概予撤销。

包机制问题，其解决办法如下：

甲、包机系承揽性质，今后工资应由厂方交与承揽人如数发给；

乙、厂方对承揽人所招雇之工人，应负有雇用关系之责任。

法定纪念日应依法休假，其工资之给付规定如下：

甲、杂工工资照给；

乙、织工由厂方津贴五角。

上列办法，乃由本局与市党部派员会商秉公决定，并仰切实遵照履行。除分行外，合行令仰遵照。此后劳资双方均不得再生异议，致滋纠纷，是为至要。

此令

中华民国二十六年三月三十一日

局长潘公展

〔国民政府实业部档案〕

19. 上海第四区丝织业工人罢工反对巡捕房搜查并逮捕工友有关文件

（1937年6月）

（1）上海市政府致行政院秘书处公函（6月17日）

上海市政府　公函　字第659号

案查前准贵处笺函：为据本市第四区丝织业产业工会呈：为租界捕房搜查会所，逮捕工人一案，前经令据警察局呈报，先行函复在案。兹又据社会、警察两局会呈称：查此案经派员会同调查，询据榆林路捕房西探长赫登声称：自该工会成立以来，工潮迭起，始而殴伤捕房探员，继而侮辱社会局职员，主使罢工，捣毁工厂，种种越轨行动，不胜缕计。五月十二日突将锦新厂工人张祥林私擅逮捕至该工会，软禁五小时之久，最后并令该张祥林跪于地上，用白纸写“锦新厂走狗张祥林出卖良心”等字样，贴其身上，摄一相片，始行释放。该张祥林据情报告捕房后，经捕房派员查明属实，乃将邹伯宗、王同兴等六十七人带至捕房，由张祥林指认在场实施妨害自由之邹伯宗等二十一人无讹，连同抄获之文件等一并解送法院，提起公诉，其余四十六人，因无关系，当场开释。二十五日上午宣判，王同兴等五人各处徒刑八月，王基华等三人各处徒刑六月，李玉斌等十一人各处拘役二十天，黄文先、钱福生无罪，文件等由法院没收。倘贵局等不将该工会停止活动，工部局为维持治安起见，惟有自动将其解散等语。据此，查该工会领导无方，行动越轨，不自知咎，犹敢蒙请交涉，殊属不合。业经本社会局根据五月三十一日本局等与市党部联席会议决定办法，并案令饬停止活动在案。理合会衔备文呈复，仰祈鉴核。等情前来。除指令外，相应函达，即希察照转陈为荷。
此致
行政院秘书处

代理市长俞鸿钧

中华民国二十六年六月十七日

（2）行政院秘书处致实业部笺函稿（6月18日）

笺函　叁——3451

查本院前据上海市第四区丝织业产业工会转呈该区丝织业工人反对公共租界捕房搜查工会，逮捕工友通电一案，经奉交上海市政府查复在案。兹准该市政府函复，以据该市警察局查明本案经过情形，嘱为查照转陈等由。准此，经转陈，奉院长谕：应抄送实业部。等因。相应抄同各件，函达查照。此致
实业部

计抄送上海市第四区丝织业产业工会原呈一件及原附通电一件照宙字第（二九一四）暨上海市政府函一件

行政院秘书长　翁〇〇
魏〇〇代

中华民国廿六年六月十八日

上海市第四区丝织业工会原呈

案据属会所属第四区丝织业上海织造厂九十二厂全体工人，为反对公共租界捕房非法搜查工会，无理逮捕工友，通电一则前来。据此，所称各节确系实情，理合将该通电全文转呈钧院，仰

祈鉴察审核，实为公便。谨呈

南京行政院

中华民国廿六年五月廿日

上海市第四区丝织业产业工会常务何尧

地址：上海华盛路同乐坊一三八号

上海市第四区丝织业工人为反对公共租界捕房非法搜查工会无理逮捕工友通电

南京。中央党部、国民政府、行政院、上海市党部、市政府社会局、总工会、全国各报馆、各工会、各工厂、各工人暨全国各界同胞公鉴：上海市第四区丝织业产业工会是经过市党部、社会局许可成立的一个合法的人民团体，它是始终站在党政机关指导之下及劳资协调的精神上，为民族工业谋发展，为劳苦工人谋福利的，并且从未有过非法的行为，或任何越轨的举动，不料于五月十四日晚，突然被上海公共租界榆林路捕房非法搜查，无理逮捕该工会理事邹伯宗与锦新厂工友六十七人，现在释放四十余人，尚有廿一人在羁押中。我们听了这消息，非常惊骇，十分痛心，因为公共租界榆林路捕房这次的搜查四区丝织业工会，既没有得到我们主管机关的同意，又没有法院签发的搜查证，不仅是任意摧残我们的工运，甚至蔑视我们的政府，侵害我们国家的主权，我们为了维护国家的主权，为了合法的人民团体获得保障，为了我们自身不被无辜摧残，特要求我们的政府向公共租界榆林路捕房严重交涉，立即释放被捕工友及四区工会理事，发还搜去的一切文件及钤记，并要求赔赏一切损失，惩办非法搜查主动人。我们更希望全国各界同胞主持公道，给予种种的援助。临电迫切不胜盼祷之至。

上海市第四区丝织业工会所属各厂联名于后

上海织造厂　恒丰绸厂　振业绸厂　美丰绸厂

镜云绸厂	惠霞绸厂	裕盛绸厂	正丰绸厂
南洋绸厂	勤益绸厂	鸿大绸厂	余记绸厂
顺大绸厂	共和绸厂	烈丰绸厂	昌明绸厂
涛记绸厂	天法绸厂	裕厚绸厂	天元绸厂
盛记绸厂	裕民绸厂	裕源绸厂	卿云绸厂
源裕绸厂	四裕绸厂	益丰绸厂	维记绸厂
日升绸厂	景裕绸厂	协济绸厂	丰大绸厂
裕纶绸厂	景记绸厂	景余绸厂	聚丰绸厂
盈余绸厂	盈丰绸厂	因利绸厂	泰赉绸厂
庆余绸厂	天晶绸厂	兰丰绸厂	元丰绸厂
福田绸厂	远东绸厂	全记绸厂	中国绸厂
余庆绸厂	正鑫绸厂	祥记绸厂	锄经绸厂
时利新绸厂	华通绸厂	天衣绸厂	纬纹绸厂
慎益绸厂	嘉成绸厂	天生绸厂	福新绸厂
天华绸厂	纬成绸厂	仁和绸厂	美丽绸厂
孙嘉绸厂	达利绸厂	大陆绸厂	天星绸厂
协和绸厂	姚金绸厂	景记绸厂	慎余绸厂
裕华绸厂	纶华绸厂	中亚绸厂	和平绸厂
大纶绸厂	天兴绸厂	民新绸厂	顺德绸厂
光华绸厂	裕新绸厂	永业绸厂	锦新绸厂
大新绸厂	隆仁绸厂	顺昌绸厂	大丰绸厂
恒谊绸厂	镜亚绸厂	天福绸厂	晋泰绸厂

以上各厂全体工人具叩。效。

上海市政府致行政院秘书处公函（6月10日）

上海市政府　公函　字第605号

案准贵处五月二十八日笺函：关于本市第四区丝织业产业工会转呈第四区丝织业工人反对公共租界捕房搜查工会，逮捕工友通电，祈鉴核一案，抄送原电，嘱即查明见复等由并附件。准此，查此案前据该工会呈报到府，经令据警察局查复呈称：遵经派员会同社会局调查员张楚强、任积摸等前往公共租界华盛路同乐坊四区丝织业工会，询据该工会书记郑爕尧声称：本月十四日下午五时余，实有榆林路捕房派来大批中西探捕，大肆搜查，将写字台、书厨抽屉等均行扭开，并将文件钤记等物携去，当场捕去锦新厂工人六十余名，旋于下午十时许释放四十余人，尚有二十一人由该捕房转介特一法院，现尚在押。究因何事，殊难索解等语。职等复至榆林路捕房，询据由西捕头吓登声称：本月十四日下午三时许，有工人张祥林前来捕房报告，以被该工会私行禁闭四小时之久，并百般污辱威吓该张祥林跪下拍照，且身上裹以白纸，写有锦新厂走狗张祥林出卖良心各字样，行动越轨，本捕房据报之后，当即饬派探捕按址前往。当场拘获肇事工人六十余名，旋以写字台，书厨抽屉均下锁，向索钥匙，该工会均诿称不知，不得已将抽屉撬开，抄获名册文件等（内有法币壹元）带回捕房。经该报告人张祥林指明，内有威逼拍照禁闭等二十一人无误，余均释放，遂将本案原被告等转介法院究办在案。现该工人等复煽动邻近工厂工人继续罢工者已有十五家等语。当以本案未尽明瞭，复经前往查明平凉路隆仁里锦新厂罢工，坚持多日，该工人终日在该工会内集合讨论，甚至每日开大锅饭。惟该厂工人内有少数工人不愿罢工，自动上工者不乏其人，张祥林即不愿罢工之一。该工会之激烈分子，以该张祥林破坏工运，遂将该张祥林拘至该工会内禁闭有四小时之久，威胁跪地，身上贴以白纸，写有“锦新厂走狗张祥林出卖良心”等字样，拍就八寸头照片后始将该张祥林逐出。（照片系韬明路青青照相馆所拍）（该捕房曾抄有此项照片存特院在案）该张祥林被释放后遂投榆林路捕房报告，此本案之经过情形也。奉查前因，理合据实呈复。仰祈鉴核等情在案。准函前由，相应查案函复，即希察照转陈为荷。此致

行政院秘书处

代理市长俞鸿钧

中华民国二十六年六月十日

〔国民政府行政院档案〕

20. 上海美亚织绸厂工人罢工反对资方无故开除工友有关文件

(1937年6月)

(1)上海市总工会致实业部呈(6月11日)

窃本市丝织工人自九一八以来，因遭受原料增价，销路低落影响，以致一再减低工资，已达原有工资十分之五之巨。去岁农村及蚕茧均告丰收，丝织业之成本既因而减低，农民购买力亦为增强。本年三月间，全市丝织工人因鉴于资方营业已复旧观，提出恢复原有工资之要求，其中一部份工人虽行动方面似觉操之过急，然整个情形尚属可宥，故本市社会局于四月一日裁定，普加工资十分之一，其他维护工人利益与保障资方营业等，均有相当之规定。此项裁定办法，虽与工人原要求相去甚远，为服从及维护政府威信起见，当即表示接受。惟资方仍为不服，向市政府提出行政诉愿，虽经驳斥资方之请求，劳资间之恶感已预伏于斯矣。上月二十七日，美亚经纬厂偶因细故，该厂竟称工人有威胁职员之行为，藉此将全市美亚各厂一律停厂要挟，本市党政当局，为求消弭纠纷，一面停止一三四各区丝织工会之活动，并命令开除工人七人，一面令饬美亚当局开厂，在工人方面已受严厉之惩戒，如此严正之处置，而资方尤以为未足，坚持非开除十九工人，宁愿关厂，并停止供给工人伙食。美亚经纬及总厂等工人一千三百余人，自上月二十八日起，薄粥充饥，现粒米无存，全体已在绝食，不久恐将尽成饿殍，而美亚厂方因本市舆论方面不愿公布此种不幸消息，竟赴京市中央日报刊登巨幅广告，且工人具有存工每人至少半月之工资，厂方既不发给，又不允维持工人之伙食，其有扩大事端与断决工人生命之决心，已属显然。职会等同一工界立场，为正义人道计，不忍千余工人坐而待毙，为特联名呈请钧部鉴核，伏乞迅予令知本市党政当局，立即严令美亚厂方即日开厂，并履行社会局之裁定及党政命令，以重政令。否则因此发生更不幸、更严重之事件，其责任应由厂方负之。临呈无任迫切之至。

谨呈

实业部部长吴

上海市总工会

上海市酱业工会　上海市拖驳工会

上海市第七区清洁工会　上海市第五区棉纺工会

上海市第四区缫丝工会　上海履业职业工会第五分会

上海市漂业工会　上海市第二区针织工会

上海市第六区制革工会　上海市第一区水电工会

上海市第四区缫丝工会　上海市第十区棉纺工会

上海市制墨业工会　上海市胶片业工会

上海市第一区民船肩负工会　上海邮务工会

上海市第一区化妆品工会　上海市第六区制茶工会

上海市第四区民船肩负工会　上海市烛业工会

上海市第四区运木工会　上海市第三区棉纺业工会

上海市第三区卷烟业产业工会筹备会图记

上海市军服业职业工会　上海市造酒业工会

上海市第四区清洁业工会　上海市民船木业职业工会

上海市制履业工会　上海市航海安旅会

上海市英商中国公共汽车公司售票员公益会筹备会

上海市第五区卷烟业工会　上海市米车肩运业工会

上海市第四区卷烟业产业工会

上海市第七区水木业工会　上海市染业职业工会

上海市第四区进出口业职业工会

中华民国二十六年六月十一日

（2）上海市政府致实业部咨（6月26日）

上海市政府咨　字第四一二号

案准贵部劳字第六〇一七号咨：以据本市酱业工会等呈请令行沪市党政机关转饬美亚厂即日开厂一案，抄送原呈，嘱为查照办理等由。并附件。准此，查此案前经令据社会局呈称：查美亚总厂及经纬厂工人为少数份子所挟持，延不复工，□由本局会同市党部暨警察局商定办法，一面严缉主动份子，一面限令工人于十三日复工，届时两厂工人遵令上工者已有数百人。讵该通缉有案之工潮主动份子沈见灿等，竟潜伏工房内，指使党羽，阻止工人上工，遂致已复工之工人又告罢工。本局为维护劳资双方之利益起见，复又会同市党部暨警察局商定办法如下：一、命令缉拿之工人，应由警察局派大批警士及干员，会同党政机关代表，于十七日上午二时入厂拘捕；二、俟拘捕后再由党政机关会衔布告，限十九日下午六时前复工，倘逾期不遵令复工者，作为自动退职论；三、倘有阻止复工者，应当场逮捕，由警察局切实实行；四、由本局严令厂方切实履行本局第八四七六号训令裁定之办法。上列办法决定后，即于十七日上午二时由警察局派红色警备车两辆，警士一百二十名，侦缉员约二十名，由西门分局长姚光鼎率领，本局暨市党部亦均派员随同前往。驰抵该厂工房后，侦缉员与警士即先入内，搜索至清晨五时，计共拘获沈见灿、屠发生、尹岳云、胡富元、任三松、叶福荣、谭荣生、张士本、王庭法、倪佩金、张振祥、丁宝芳、俞传五、裘造英、沈海灿、邵金生、王玉华、陈芳英等十八名，其中曾经通缉有案者计为沈见灿、屠发生、尹岳云、胡富元等四名，尚有骆光位、张福相二名，则在逃未获，当场搜出铁棍四十余根，长短约如指挥交通之警棍，一端系以纱带，可以悬诸腰间，外用黄纸裱糊，骤视颇似竹棒，该厂工人胆敢备具此类凶恶武器，足证其蓄意预谋，为时已久。此外，并抄获会议记录簿数册，油印品数张，均由警察局带回核办。理合声叙逮捕美亚绸厂工潮主动份子经过，并抄附会衔布告一件，备文呈复，仰祈鉴核等情。附呈抄会衔布告一件，业经指令，仍同市党部警察局妥为处理，以泯纠纷在案。准咨前由，相应抄同布告，一并咨达。即希察照为荷。此咨

实业部

附送抄件一份

代理市长余鸿钧

中华民国二十六年六月廿六日

上海市警察局等单位布告（6月17日）

上海市警察局

上海市党部　布告　市字第一八一七六号

上海市社会局

案据美亚织绸厂股份有限公司呈略称：遵令于十二日晨六时开工后，总厂工人计到百余人，经纬厂工人到二百余人，秩序初尚良好，讵通缉有案之沈见灿等六不法工人，在工房内发令指使其党羽宋贤德等，以入厂工作为由，混入厂内，迫令已上工之工人于十三日上午十时立即罢工，并盘踞工场不出，宣言绝食。当经西门警察分局姚局长亲临劝导，亦复无效，迄至十四日晨九时坚持如故。其他罢工工人，则在两厂门口，全夜高呼口号，情势愈臻严重，请核办等情。据此，查该厂工人沈见灿等，行动越轨，曾经通缉有案，该工人等不知钦迹，仍敢鼓煽工潮，殊属不法已极。据呈前情，除立即严拿诸不法工人归案究办，并批饬该厂切实履行本社会局第八四七六号裁定之办法外，合行会衔布告。仰

该美亚总厂暨经纬厂全体工人遵照，务须依限于本月十九日下午六时前一律进厂复工，逾期作自动退职论，不稍宽贷。其各懔遵，毋得观望自误！切切！

此布

二十六·六·一七

（3）翁文灏等笺函（6月29日）

本院据陈如生等呈：为美亚、经纬厂及美亚总厂，藉故锁闭厂门，朦请拘捕代表，恳请派员彻查究办，并令释放被捕工人及代表，以维法纪一案。奉院长谕：应交实业部及上海市政府并案核办。等因。查前据上海市总工会等呈：为美亚经纬厂停工，工人生活困难，请转饬开厂，等情到院。经奉交贵部及上海市政府在案。兹奉前因，除分函外，相应检同副呈，函达查照。此致实业部

计检送原附副呈一件

行政院秘书长翁文灏
魏道明代

抄原呈

具呈人陈如生，年二十八岁，温州人，往上海胶州路六十三号，美亚四厂宿舍七号工，为土劣勾结贪污，滥用职权，藉势胁迫工人，摧残工会，蔑视训令，违抗法纪，请求派员彻查，依法严办，并恳令知释放被捕工人及代表，以拯无辜，而免冤仰事：窃代表等向在美亚、经纬厂工作，历有年所，惟查过去待遇，虽不足温饱，当勉强维持，苟延残喘。讵料近四五年来，因国外感受经济恐慌狂潮之袭击，百业萧条，国内农村经济破产，国民经济陷于极度窘迫之险境。于是，与经济有联系之工商实业，遂亦呈露破敝之状态。然此种情势之下，资方实行增加工作时间，更

再减少工人工资，劳方工人大受打击，损失实非浅鲜。如此无理，藉势强抗，剥削工人，为害痛苦良深。然代表等为保全国家工业计，保全劳资调剂计，只得忍气吞声，宁痛接受。乃近年间来，世界经济转机活动，国际市场渐见恢复，兼以我国改革法币成功外汇稳定，各种贸易亦渐呈发达，尤以绸厂一业更形勃发，至最近上海各绸厂添购机器，扩充营业，增加资金，于可概见。代表等为现在各物昂贵，暴涨增高，并以资方不顾工人生活，减底工资，以致工人生活岌岌可危。因于今春请求资方改善待遇，曾经上海党政各当局数度调解，毫无结果。旋经社会局议决，妥善办法，批令劳资双方遵照，奉行在案。代表等为服从当局命令起见，代表等即偕全体工人进厂复工。讵各该厂竟敢违抗仲裁条约，拒绝全体工人复工，并将各工人存工之资，张贴布告，强迫工人赔偿四、五两月份损失，并制止全沪各厂不准实行政府训令等情。代表等查资方违背仲裁条约于前，拟图没收工人存工之资于后，代表等正拟依法手续，呈请上海各该管当局秉公彻究，严恳强制执行之际，资方（即美亚经纬厂及美亚总厂）于五月二十七日夜，藉故锁闭厂门，诬报各机关当局，请求拘捕代表，开除工人，通缉各厂善良无辜，被累达数十人之多。代表等为政府威信计，为整个民族振兴工商发达计，为全沪数万工人生活计。因此，沥陈恳请钧座俯赐鉴核，准予迅速派员彻查究办。并恳令知上海各当局释放无辜被捕工人代表，取消通缉代表及工人令，并无故不得开除工人，履行上海党政训令仲裁条约，酌给工人停工罢工期内生活费用，以维法治而免冤抑，且安闾阎，实为德便。谨呈

国民政府行政院院长蒋　公鉴

具呈人　陈如生　徐雅臣　张月珍

董成高　王春晖　史秋祺　谨代

严国威　陈以民　吴子余

上海丝织工人代表团暨全体数万被难工人同具

批赐南京夫子庙市场一百七十五号黄鹤鸣相馆转

中华民国二十六年六月二十二日

〔国民政府经济部档案〕

（2）各省

1. 国民党江苏省党部关于停止民运活动解散工农团体并拘押工运人员等问题呈

（1927年12月—1928年5月）

（1）江苏省政府主席钮永建致国民政府呈（1927年12月26日）

密呈第二二号

呈为密呈请求事：案查十二月十八日江苏省党部、省政府委员谈话会小组会议关于停止民众运动方法一案。讨论结果，根据上海搜出共党文件，为保障民众安全，制止暴徒捣乱，布告停止民众集会。其要点：（一）首都内非得戒严司令部及公安局允许不得集会，请求集会时须有人负责签名，如不得戒严司令部、公安局允许，私自集会或集会中不服制止时，立即将请求人拿办法治；（二）各县取缔民众集会事宜，由各县县长会同驻在军队长官办理之。等语。复经十二月二十日提出省政府委员会第十八次会议决议：照原决议通过。等语。在案。除第二项径由省政府通令各县办理外。查第一项省政府佥以首都治安关系綦重，上项办法是否可行，未敢专擅，理合会衔，密呈钧府鉴核，密示祇遵，实为公便。再，此稿系由省政府主稿，市政府会衔，合并陈明。谨呈

国民政府

江苏省政府主席　钮永建
南京特别市政府主席　何民魂　谨呈

中华民国十六年十二月二十六日

（2）江苏省政府主席钮永建致国民政府呈（1928年2月19日）

呈为江苏各县市总工会代表请愿团请求三项问题，议决转请签核训示祗遵事：窃本年二月十三日，有江苏各县市总工会代表请愿团代表黄道揆、狄乃津、戴晋南、朱仲威、丁向然等五人，据称代表二十四县市总工会来省政府请愿，当由职永建亲自接见，详询一切，盖其来意有三：（一）请求取消停止民众运动案；（二）请求确定各县市总工会经费；（三）请求明令保障工运人员。并据递请愿书略称：一、自中央执行委员有提议停止民众运动之说，尚未及讨论，而省政府突令各县暂行停止，因此，一般民众相率怀疑，无异脱离民众；二、各县市总工会经费拟分四等：甲等月支八百元，乙等月支七百元，丙等月支六百元，丁等月支五百元，请令饬各县确定照拨；三、各县地方土豪劣绅，欲遂其把持政权之伎俩，对于努力工运人员，辄加诬陷，各官厅不加讯察，随意拘押，请明令地方官厅，对于工运人员，须得各该上级工会之许可，方得传案审讯，如擅自拘押，即以破坏工运论罪各等语。经职永建逐层解释，嘱静候核办去后。嗣于二月四日提出省政府委员会第三十三次会议讨论。佥以查第一项，本省暂行停止民众运动，系由上年十二月十八日江苏省党部、省政府委员谈话会根据上海搜出共党文件，为保障民众安全，制止暴徒捣乱，共同决定，复于十二月二十日提经省政府委员会议通过，并会同南京特别市政府呈报钧府核准在案。现在各县共党仍甚猖獗，每次民众运动辄授该党以捣乱机会，故一时似未便遽将此案取消。第二项，各县市总工会经费，前因各县市政府以团体纠纷，请求接济，无款可拨，呈请核示前来。当以政府款项向有指定用途，一进一支，均列预算、新增款目，旧无列额，团体又多，数目甚大。各该县市长所呈固属实在情形，且不特县市政府为难，即省政府亦同此感。所以，上年十月间先经省政府将关于各级党部及各级工会、农会等借拨经费问题，汇案列表，呈请中央特别委员会决定统一办法，以资遵循在案。迄今日久未蒙示复，本月九日再经省政府呈请钧府。奉批：候送中央决定，又在案。在未奉决定以前，各县市总工会经费自只得与其他各团体一律暂由各县市政府酌量筹垫、未便独依其自定数目确定照拨，以启各界要求，益增紊乱。第三项，所请本不成问题，吾党治下之各级政府办理任何案件，亦应惟允惟明，无枉无从，凡各民众团体利益必力为保障，且扶助其发展，岂对于工运人员敢有歧视，果如所称土豪劣绅把持诬陷，若经审实，自当严励惩办。省政府经请设特种临时刑事法庭，所有土劣案件，并交审理。所辖各官厅拘拿处置嫌疑人犯，迭经省政府时加督责告诫，毋稍冤抑延滥，各工运人员无越轨行动，自有充分保障。至据请须得上级工会许可，方得传案审讯云云。果照明令，反生窒碍，核法理及目前形势均觉不合，以上三端，职委员会详细讨论之余，公决呈请钧府鉴核训示，再行办理。伏思苏省自被共党捣乱，各县市秩序未免骚然，欲期此后政治进行，必使目前社会安定，在省政府勉竭棉力，固思挽此滔滔日下之江河，而非仗钧府主持权威，殊难堵彼悠悠可憎之众口。为此，缕晰具呈，伏乞察核，迅赐指令祇遵，实为公便。谨呈

国民政府

江苏省政府委员会主席钮永建

中华民国十七年二月十九日

（3）江苏省主席钮永建致国民政府呈

呈为奉令办理解散农工团体及拘押党员或团体职员办法两点，实有为难，据情申复，仰恳鉴核转请维持原案并示遵事：案奉钧

府第二二四号令开；中央执行委员会函开；迳启者：本月十四日中央第一三七次常务会议讨论江苏省党务指导委员会呈报该会对于省政府解散农工团体及拘押工会人员之意见，并请示办法一案。佥以该会所议：一、各团体虽难保不无反动分子混迹其中，但不得因个人之活动牵涉整个之团体而骤行解散；二、党员或民众团体职员如有嫌疑，应行拘捕者，除特殊情形应急处置外，先通知所属党部或团体，再依法拘办，尚属正当。经决议，函国民政府令江苏省政府照办在案。相应函达贵政府即希查照办理为何。等由。准此。合行令仰该省政府即便遵照办理，等因奉此。查此案缘自近月以来，迭准钧府军事委员会暨秘书处函电：以据调查员及武汉卫戍司令部、浙江省政府等报告，破获共党机关，检出反动计划，请饬属严密防范查拿各由。职府亦迭据各县暨水陆队警查获该逆机关文件不少，而每次均与党员或农工会人员有关，蛛丝马迹，在在可寻，防不胜防，办不胜办。职府犹以牵涉太大，未敢轻发，最近嘉定等七县纷纷告警，杀人放火，此仆彼起，逆氛益甚，势将摇动北伐后方，始迫不得已，于四月十七日职府委员会第五十二次会议提案讨论决议，关于嘉定、宜兴、青浦、松江、金山、江阴、无锡等处，现当共匪扰乱，每托名工会农会，藉便活动，省政府为制止共匪暴乱计，除函省党部另行组织训练，现存之农工团体暂予一律解散等语。除分令执行并于省党务指导委员会成立之始补行录案，函请查核外，嗣先后据各该县呈报，幸多已办理就绪，惟无锡县县长秦毓鎏呈请将该县总工会暂予保留，复经据情函转省党务指导委员会查核各在案。兹奉令前因，窃查其办法第一点似欲将此案完全推翻，一经奉办，恐不特使职府此后政令难行，且将长暴乱之心，而共产党徒已得利用团体为工具，更特此项法令为护符，大局前途，何堪设想。伏读中央执行委员会第四次全体会议宣言第六关于党之整理与建设，有云："自今以往，全党新旧同志，不得再以派别自居，以派别攻人之谬举，尤不得摹效共产党徒暴乱之言行，假借党部之组织与地位，伪造民众团体之名义为法外之煽动，以阻挠本党政治之施设，与妨碍人民生活之自由”。告诫煌煌，何等恺切。兹各该县农工团体等实犯伪造名义，法外煽动之嫌疑。职府岂敢姑息，然亦已隐忍审慎，至万不得已乃出此最小范围之权宜处置，断非以个人之活动而牵涉其整个团体，故此节似有恳请钧府转请中央设法救济，维持原案之必要。再，办法第二点：查与职府向来办法原属相同，而考查各属经过案件，非遇特殊紧急，亦尚无敢冤滥拘捕者，以后即行转饬遵办，自无问题。但现在苏省除省与特别市党务指导委员会已经成立，其各县市党部与各民众团体均尚未正式成立，各县市政府如有须先通知之事，该各党部及团体犹在停止活动中，实无人可以负责答复，任其延搁则误公，不予通知则违令，究应如何办理方免窒碍，此亦应恳转请中央核示遵行之点。以上职府奉令，形势扞格，办理为难情由。理合据实备文申复，仰恳鉴核赐准，转请中央执行委员会分别维持核示，实为公便。谨呈

国民政府

江苏省政府委员会主席钮永建

（4）国民党中执会致国民政府函（5月17日）

迳启者：本月十四日中央第一三七次常务会议讨论江苏省党务指导委员会呈报该会对于省政府解散农工团体及拘押工会人员之意见并请示办法一案。佥以该会所议：一、各团体虽难保不无反动分子混迹其中，但不得因个人之活动牵涉整个之团体而骤行解散；二、党员或民众团体职员，如有嫌疑应行拘捕者，除特殊情形应急处置外，须先通知所属党部或团体，再依法拘办。两点尚属正当。经议决函国民政府令江苏省政府照办在案。相应函达贵政府，即希查照办理为荷。此致

国民政府

中国国民党中央执行委员会印

中华民国十七年五月十七日

（5）国民党中执会秘书处致国民政府秘书处函（6月11日）

迳启者：顷准贵处函开：为江苏省政府呈：奉令办理关于嘉定等七县解散农工团体及拘押党员或团体职员，沥陈难以收回成命等困难情形两点，转请中央分别维持核示一件，抄录原件函达查照等情到处。经中央第一四四次常务会议决议：令江苏省党部从速改组嘉定等七县民众团体在案。特录案函复查照，并转知江苏省政府为荷。此致

国民政府秘书处

中央执行委员会秘书处

中华民国十七年六月十一日

〔国民政府档案〕

2．江苏省镇江缫丝业工会控诉勤益丝厂资方违背劳资协约激起工潮呈

（1929年11月）

（1）镇江各业工会协约后援会呈（11月18日）

国民政府钧鉴：窃江苏镇江勤益丝厂厂主王利人，经营该厂，屡施奸计，压迫女工，曾于本年六月间劳资双方议定协约，旋据王利人发信否认，激起罢工，直至八月上旬始经县党部、县政府、商整会、工整会等招集双方开会调解。议定王利人酌给罢工期内之工资，并自八月四日起，一年以内双方不得违反签订协约在案。未及一月，王利人忽然无故停工，既不照约事先通知，并将八月份全部工资数千元，勒扣不发，一面令其妻将资财及帐簿私运而去。旋被该厂职员闻讯，将王利人监视。因亦欠职员薪

金，即经该厂线丝工会据理力争，并请照约处分，呈请县工整会、县政府主持。王利人正图逃脱，旋经县政府拘留，并将余货发封备抵，而镇江江苏银行于本案争执，一月有余，忽然私封厂库。指为抵押之货。商会委员会陆小波诱迫女工，意图吓禁。嗣见女工情急，始允仅发欠资，而无故停工，应受处分之款，则坚不承认。虽经县政府等秉公处理，而陆小波始终坚持，意图破坏协约。查劳资协约乃调和劳资双方利益，陆小波甘为王利人鹰犬，毅然破坏此约失效，直接危害缫丝工会之数百无告女工，即间接摧灭镇江全埠数十工会，数万无告劳工之生命，各工会利害切身，不得已由镇江驳运工会、轮业船员工会、煤铁扛夫工会、荧昌火柴工会、猪肉业工会、棉织业工会、成衣业工会、麻绳业工会、金银工会、香业工会、木业钩帮工会、瓦木业工会、运煤车工会、煤业扛夫工会、旅业招待工会、茶酒馆业工会、爆烟业工会、白扛粗作工会、浴业工会、染业工会、打线工会、锡箔工会，合组各业工会保障线丝工会劳资协约后援会，协力挣扎。讵陆小波奸谋百出，竟收买数千无知妇女，故与工友为难，蒙混省会公安局，藉口维持，强迫各女工往局领取八月份一个月之工资，一面拟将县政府发封之余货藏去。经工友访悉，群起恐慌，报明政府，由各业工友将货移送县政府保存，始免遗失。正在力谋解决，而陆小波鹰犬伎俩不稍悔悟，仍复奸谋百出，谣风四起，嘱托维生丝厂眭星南，允许缫丝工会委员余老久之夫于效涛贿洋若干元，令其劝妻运动各女工仍将存县余货运回，交维生丝厂作工，暗中取销协约应行处分之款，打倒工会，幸于效涛深明大义，报告到会，并出具负责函件。其摧残工友，破坏协约，保持其封建思想之志始终不懈，手段尤属残酷。查该厂主王利人此次停工，非亏折（王利人私运资财帐簿之举，显系获利甚丰，畏人查问），又不照约于一个月前通知工友，显系利己害人，此而不罚，协约之信用何存，而全埠数十工会、数万工友之劳资议案有何效力，此不能不彻底追究，不达目的不止者。陆小波运其市侩手腕，藉公安局势力，散发该厂八月份欠资，无论已否，完全不能藉此打破协约，阻碍照约处分之事，此不能不竭诚声明者二。镇江江苏银行与该厂无论有无债务，均应向厂主交涉，工人血汗工资及照约处分各款，并非债务，按照工会法第三十五条，不得相提并论。换言之，该厂清理债务，即令破产，亦应先提工资及应受处分之款，然后分配，若谓货已抵押，何不运回行栈，纠纷起后，何不早为宣布，直至一月有余，交涉紧张后私自擅封厂库，又不报请司法机关依法权执行，举动矛盾，破绽显然，明明互为鬼域，欺压工友，根本不能取信，此不能不切实辩驳者三。陆小波资产丰富，封建之势力绝大，私心自用，难保不用非常手段加以破坏，此乃缫丝工会劳资协约存败之机，即镇江数十工会、数万工友存亡关键，而劣绅陆小波仗其封建势力，阻碍革命，为患尤大，迫不得已，附粘历次宣言缕陈状况，仰祈鉴核。依照先总理主义，飞饬江苏省党政机关及承办本案之镇江县县长孔宪坚力排奸商势力，克日照约处分变货存款，一面治奸商王利人及劣绅陆小波以及对破坏党义摧残工运之罪，党国幸甚，工运幸甚。镇江各业工会保障缫丝工会协约后援会叩。皓。

中华民国十八年十一月十八日

（2）镇江缫丝业工会常务委员王四嫂致国民政府呈（11月21日）

呈为饥寒交迫，请求主持正义，饬江苏省政府转饬镇江县政府从速拍卖勤益丝厂存货，以救济数百户无告工人事：窃镇江县勤益丝厂厂主王利人行使脱骗伎俩，令其妻将现款及帐簿预先卷逃后，突然宣告停业，甚至将已抛血汗之八月份全部工资亦勒扣不发，致工人陷于餐食不继之境，一切详细情形，已见各报及镇江各业工会保障劳资协约后援会历次宣言，兹不赘叙。窃查属会劳资协定条约第六条载：厂方如因营业清减，有倒闭之虞时，须在一月前通知本会，否则照无故停业办理。第七条载：厂方无故停业，须按照该厂所订合同时期，如数发给工资。此次该厂之停业，纯系脱骗之举动，既非亏折，而事前亦未照约通知，显已违背劳资协约第六条之规定。既违背第六条之协约，则应受第七条之处分已无疑义。现在本案虽经江苏省镇江县各党政机关处理，然该王利人暗结商会委员陆小波及镇江江苏银行用非常手段，希图推翻协约，破坏工运。风闻陆小波甘为王利人鹰犬，诱买与本案毫无关系之第三者，分赴各机关冒名请愿，以期颠倒黑白，淆乱听闻，而遂其破坏私欲，故不得不将此次纠纷之真相为钧府陈之。按此次江苏银行于本案发生及查封该厂存货一月有余后始出面声明，既经长时间之空间时间，则法律上时效已失，纵有若何单据亦无证明能力，自不应与属会争此存货，即认此存货，乃该行所有之抵押品，则在产权未移转以前，该行亦无处分之权。根据国民政府颁布之工会法第三十五条所载，工会于其债务人破产时，对其财产有要求优先清偿之权，况工资尚非债权可比。该厂又未宣告破产乎。换言之，即决不能以工友应得之工资而为厂主偿还债务，亦即纵然江苏银行有如何损失，亦当认为受该厂经理王利人之脱骗，应向王利人直接交涉，何得与属会无理取闹。值此寒风惨烈砭骨剥肤，我五百余工人，五百余户赖资生活之老幼残弱者，随时可因冻馁而死，实不能任本案常久拖延。为此，恳祈钧府主持正义，飞饬江苏省政府转饬镇江县政府火速执行拍卖存货，并按照协约之规定发给工人应得之资，以保全政府之威信，保障协约之效力，及工人一切权利，而救济五百余工人，五百余户赖工资生活之老幼残弱者。惩治违背党义，破坏协约吮吸工人之血汗为一己之营养品者，党国幸甚！工运幸甚！谨呈

国民政府

镇江缫丝工会常务委员王四嫂

中华民国十八年十一月二十一日

〔国民政府档案〕

3．南京特别市市长刘纪文关于镇压南京英商和记洋行工人罢工要求改善待遇经过致行政院呈

（1930年4月7日）

呈为呈报事：窃据职府社会局局长邓刚呈称：为签呈事：窃据职局前准首都警察厅函开：略以据译员范正华报称：据英商和记洋行函称：有反动工人意图扰乱，请转呈防范等情，呈请查照办理等由。并抄附和记洋行致范正华原函及和记洋行致英国领事函各一件。准此，当派职局劳动行政股主任科员沈家杰前往切实调查。据呈报称：为呈报事：案奉批谕，派职迅查和记洋行工厂风潮一案，当经连日到该厂调查及调解，此次纠纷经过呈报于后：缘该厂向分长工短工两种，长工在厂约二百余人，短工人数无定，最多二三千人，视货之多少，又分男女工两支部。此次风潮由男女两部工人同时发生，要求加薪及改良待遇，但同时有前经警厅拘押，由工会保释之反动嫌疑三五工人参与，极力鼓动，是以该厂认为有反动分子捣乱，函请警厅严防。但该行报告各节事实，经职调查未有证据。至于要求加薪，由总工会及市党部派员调查，着其举出代表，正式将提出要求各点，交由总工会代向厂方交涉。但厂方力持反对，谓工人去年曾要求加薪，经以允许，何以不及半年再事要求，宁可闭厂不允接纳。迨经职负责向厂方交涉解释，以前加薪系由厂方与私人口头订约，此次政府负责调解，应由双方重新订定条件，签字存案，将来或可免纠纷，于是厂方允肯，将工人要求各条件逐条讨论，经商议四日，始于四月一日将条件订妥，各方签字，并决定四月三日实行开工，此次风潮已告平息。惟查此次又发现三数不良分子在内，其存心意图捣乱，务求破坏为止，难保于工人开工时不无从中阻挠，或施强压之事

发生。现拟由本局将调解妥当情形呈复警厅，并请其明日早派警在该厂一带附近梭巡，保护工人复工及严防捣乱分子，同时本局布告张贴厂门，着该厂及工人各互遵条约，实行劳资协作。以上经过情形及所拟办法，理合一并呈报察核示遵。计附呈和记第二、三支部劳资协约中英文各二份。据此，当将调解经过情形函复首都警察厅，并请于三日正式开工时多派警士前往和记工厂，保护开工，并严防捣乱；一面将调解该案纠纷经过情形及结果，布告张贴和记洋行门首，该案纠纷已完全解决。讵于本月三日正式开工时，有多数短工因不得工作强欲进厂，以致与已经得有工作之工人冲突，互相殴打（按该厂平时惯例，系分长工短工两种，长工有固定之工作，短工则临时雇佣），双方具有受伤。当由首都警察厅将为首肇事之工人徐云乐等五人拘捕，其余工人当即解散（五日中央日报记载甚详）。讵于四日有中南中学等学校分头在街市演讲，捏称此次和记工潮工人为英国水兵枪杀六人，组织惨案后援会。五日下午十时复有东方公学学生数百人，由校长陆自衡率领，赴市党部请愿，当由市党部民众训练委员会秘书张元良接见，解释此次工潮真相，并令解散，免滋事端，当即散去。忽于同日十二时警察厅电告有数百学生齐赴下关和记工厂，联合数百工人，意图捣乱等语。当即派职局劳动行政股主任科员沈家杰驰赴下关调查，并设法调解。据呈复称：呈为呈报事：窃查和记洋行工厂，前因劳资纠纷暨经职等解决，互订协约，决定本月三日开工，除签呈钧长函请警厅保护开工及布告晓谕外，并将详情呈报察核在案。乃于开工之前一日，有三数不良分子，意图捣乱，从中破坏，藉发给开工筹签之际，煽惑工人争先攘夺，互相殴打，撕毁本局布告，后由该段警局派队制止，事遂寝息；及至翌日早，当工人持有筹签进厂开工之际，又纠合二三百人，四围兜截殴打，务使一度停工，并纠众强行冲入厂内捣乱，又经十一警察局立派大队武装及保安队到场弹压，一面制止暴动，一面入厂保护，并当场捕获手持铁器伤人凶手二人，及将被伤三人送往医院。已进厂之工人男女约三百余人照常开工外，其余在外捣乱之工人亦已散去（详情见中央日报及下关办事处王仲刚同志调查报告）。不料该三数不良分子另有作用，藉此次唆使工人斗殴，与市内三数学校学生勾结，扩大宣传，捏造是非，散发传单，四处演讲，谓英兵登陆，枪杀工人，惨死六人等种种惹人注意之空气，并组织和记惨案后援会名目，于本月四日由东方公学校长陆自衡率领百余人质问市党部，经民训会张元良同志将此次纠纷及解决经过情形报告解释，此次系工人内部争斗与厂方外人无涉。当时职得闻此讯，即往市党部调查，目睹该学生等词锋尖利，满口激烈言词，迨至中午接奉钧长电示消息，当即赴下关十一警察局会同沈局员派警保护，同到和记查明该数校学生及工人包围工厂情形。当职甫抵下关煤炭港空地时（离工厂不远），遥望见有学生三百余人（后查系东方公学、钟南中学、晓庄学校、中央大学四校）、工人男女六七百人（查和记工会工人向无确数、未知是否系完全工人团聚一处，正当高呼口号，随职到即有百余工人数十学生拦截路口，问何人系社会局代表，经职自认。问其来意并着其举派代表到该警局第七分所会谈，后有一人自称全班代表，名丁监民，中央大学政治系学生，发言质问何以英帝国主义违背劳资协约，政府绝不负责。当由职将日前解决经过情形详告，及反问其散发之传单所载事实系根据某方面得来，何人负此责任。当时丁某即言，今日之来，一方面调查真相，一方面向外国人示威，甫经言论之际，忽有巡官走报，谓空地所聚之学生及工人，经议决行动，由学生包围军警，阻止武装卫护工厂，由工人分两路攻入工厂，与内部同党工人内外夹击。斯时职一闻报讯，即与沈局员及督察处各员会商，先将该代表丁某拘留，不能放其出外，同时由职向丁某称：今日所有学生及工人一切行动由你一人负责，丁某答谓：能尽个人之力量制止并解散全部，随即派人同往空地，由丁某当众宣布着各人可先行散去，同时厂内厂外军警戒备甚严，以防不测（当时厂内保安队约百五十名，宪兵约三十名，厂外第七分所门口警察约四十名，另卫戍司令部督察处十余名，车站防军一排）。迨隔十分钟之久，丁某返，称谓人均散，但请政府应令进厂工人一齐停工，再由厂方向工会完全介绍雇用，并须各方面共同组织，对付和记。后经职答复，谓已开工之工人，政府断不能令其离厂，因当时本局之所以负责调解，其目的就系使工人免日久失业之虞。至于此次既经调解签定之协约，双方若有违约，政府当然责成遵守，若谓外间认为解决结果有不满意之点，请随时指摘批评，或有见及到确为工人谋福利之处，请同工人正式向市府提出，亦无不采纳，尽政府力量做去，于是该代表唯唯而去。复有人报称，该数百人等向江边前进。查江边向来舶有英舰四艘，靠近和记，但最近日本驶来舰队十五艘，均贴近不远，由督察处派员及警队赶赴严密监视，恐其故意向英日各舰发生事端，后该数百人转向老江口入下关而去。但既散去之后，警局巡官发现有各种传单，类皆反动。查此次学生举动，颇足注意，其故意造出英兵杀人之是非，显系意图煽惑，所有以上经过情形，理合呈报鉴核等情。附传单一纸，据此，窃查此次和记劳资纠纷，经职局会同市党部派员调解，经劳资双方签定协约，业告结果，乃少数不良分子及四校学生造谣煽惑，除已由教育局召集市内各校长说明此次工潮真相，令负责向各该校学生详述，并制止参加，及职局会同市民训会布告该案真相外，理合将调解和记纠纷经过情形及工潮发生真相，并检同和记工人原提出条件及商定协约签报钧长鉴核迅赐转呈行政院设法消弭，以免滋尤，实为公便等情。计抄附和记工人原提出条件一份及第二三支部及签订协约各一份。五日中央日报一纸。据此，查该洋行此次劳资纠纷经调解结束，忽有少数不良分子从中煽惑，致生事端，除责令教育社会两局严行制

止，加意防范外。理合据情检同原件，呈请钧院鉴核，分别转令制止防范，以维治安，实为公便。谨呈

行政院院长谭

计呈送和记工人原提出条件一份及第二三支部签订协约各一份，五日中央日报一纸

南京特别市市长刘纪文

中华民国十九年四月七日

第三支部原提要求条件

一、工会有介绍权，但得厂方同意，厂方辞退工人须得工会同意，不得无故开除。

二、生活太高，要求十三元者加至十八元，炕黄白厂每人每月二十元，二十元以下均加五元，二十元以上至三十元加二成，三十元以上至六十元加一成，六十元以上加半成，挑蛋每箩为二分，童工原有十五吊钱应改为洋码。

三、入厂不满半年不裁，即不足半年亦照付六个月工资，外加酒资一个月，年下在职照例双薪；永远退职，依任职年数，每年加一个月。

四、露天工友发给雨衣蔽雨，饭堂配定桌凳，注重卫生。

五、因公致疾，除工资照付外，厂方仍须认给医药费，因公残废或致命，须给若干年抚恤金，工友实在有病时，不扣工资，以三个月为度。

六、每天工作九小时，礼拜及政府规定纪念日休息，如星期休息日，每多作七小时算一天。

第二支部原提条件

一、工资一律将钱码改为洋码（即原有十吊改为十元）。其余第二、三、四、五、六各条均照签订条文。

七、从〔重〕新提出与第三支部第一条条文同，以求划一。

和记第二支部劳资协约

一、（甲）工资一律加十分之四，并将钱码改为洋码，铜钱以三百枚为洋码一元。

（乙）凡女工经厂方雇用进厂，不论有无工作，亦算一天计。

（丙）论件女工，照件计算工资。

二、厂方与工人须互相合作，无故不得开除。但工人确有不守厂规行为方能认为辞退之理由。

三、由厂方指定房室一所，以备女工在中膳时哺育子女。

四、改良女工饭堂设备，男女分食，不得乱杂。

五、对于女工罚款规则，由厂方规定，通知工会，如工会认为有不满之点，得请厂方修改。

六、在厂工作，凡满十个月之已婚女工，遇分娩时，厂方另给半个月工资，以示优待。

七、工会有介绍权（指会员言，会员名册交厂），但须得厂方大班或代表同意雇用；如辞退工会工友时，须通知工会。

南京特别市社会局　沈家杰印

京市工人团体指导委员会　眭光禄印

顾百淮印

程秉智印

和记洋行代表　赖安仁印

和记工会第二支部常务干事　向素兰印

和记第三支部劳资协约

一、工会有介绍工友权（指工会会员而言，工会名册应交厂方），但得厂方大班或代表同意雇用，如辞退工会工友时，须由厂方通知，但不得无故开除。

二、全厂工友一律照原薪每月加洋贰元。

三、在厂工作一年以上者，另给酒资一个月（照一个月工资算）；

六个月至一年者，另给酒资四分之三；

四个月至六个月内，另给酒资三分之一；

两个月至四个月内，另给酒资四分之一；

两个月以下者，另给酒资五分之一；

此条适用短工，但遇年底时，厂方向来规定之红利，只限专工、短工不得兼有。

四、童工改钱码为洋码，另加工资贰元。

五、雇用期间，最低以半个月计算，但工作不满一个月而过半月者，工资亦照一个月付给。

六、露天工作及饭堂布置，厂内卫生，应由厂方尽量改良。

七、因工受伤，由厂方送往医院诊治，工资照给，另给医药费。但过两个月以上者，应由医生再证明。

因公身故，厂方认给衣棺椁及安葬抚恤费共贰百元，此条适用全厂工友。

八、每天工作九小时，每多做三小时工作，算半天，六小时算一天计日资，礼拜日及政府规定纪念日休息，但星期日如工人自愿工作者，照三小时算半天，六小时算一天计。此条适用短工长工，照向来旧例。

九、其他工人不在以上条例者，照原有工资加十分之一五。

南京特别市社会局　沈家杰印

京市工人团体指导委员会　眭光禄印

顾百维印

程秉智印

和记洋行代表　赖安仁印

和记工会第三支部常务干事　陆拱之印

抄中央日报刊载和记工潮新闻一则

下关和记工潮之详情

前晨开工突然发生械斗

下关宝塔桥英商和记洋行，于客岁冬季，因受浦口石部兵变影响，各埠外货物一时不能运送到京，宣告停工，直至上月中旬，始有定期复工之讯。各部分工友闻此消息，以为厂既开工，生济有着，乃月前鉴于生活程度过高，原定工资殊觉不敷，与其开工后若起纠纷，何若开工前设法解决，遂一致要求厂方酌量增加。经市社会局暨工人团体指导委员会几度调解，始得厂方允可和平解决，订期前日（三日）一律到厂工作。该行全厂工友男女共分三部，第一支部系外庄职工，第二支部系厂内女工，第三支部系厂内男工。此次风潮虽与外庄无关，但二三两部工友共约一千余人，现厂方因时局不靖，不欲尽量开办，以免亏蚀，故仅需用男工一百余人，女工七八十人，徐谋增雇，嘱由厂中工头鲍云卿制定一种纸牌子，分发第一批被雇工友入厂工作，其他所余工友然后再陆续雇用。此项办法，原期兼筹并顾，两无妨碍。岂知此讯一经传出，该第一批未经被雇工友，恐遭失业，大为恐慌，前晨开厂时，各已领得纸牌子之工友均皆相继到厂，准备工作。惟工头鲍云卿即领首分发工作纸牌子者，因于事先闻失业工友将有不利举动，藏匿煤炭港家中，未敢入厂。适为到厂工友彭玉珊、彭德山、施洪勋等所闻知，不禁气愤填膺，立即率同其他工友数十人，拟往煤炭港迎护鲍云卿入厂领导，讵料甫经行至煤炭港车站之侧，恰遇失业工友邓定海、黄文宾等亦率落雇工友宋如海等百余人，由老江口方面而来，声势汹汹，预备入厂员工，两方相值，竟以细故起衅发生械斗。各执刀棍等件，揪扭殴打，混成一团。一时人声鼎沸，情形严重，交通几为断绝，幸经第十一警察局闻警立派巡官郑庆祥、章昌识率同武装警士二十名，荷枪实弹，驰往该场弹压，而该管第七分驻所巡官柳金华亦率警赶至，分头驱逐，始将武剧制止。并拘获为首工友，计失业方面宋如海、王金山、庄洪发、徐云乐等四名，已雇方面戚世海一名，双方均各有损伤，而尤以已雇方面工友彭玉珊为最重，伤痕斑斑，血流如注，恐有性命之虞。遂一面将受伤者彭玉珊、彭德山、施洪勋、虞守琳等四名，分送博爱、协和两医院延医诊治，一面则由柳巡官等将该拘获工友宋如海等五名解送大马路第一一局，报请楼局长发交沈局员预加审讯，据宋如海、王金山、庄洪发、徐云乐等四名先后供称：今日郑定海等率领我等失业工友，因闻和记开工，意欲进厂觅工，不料行至煤炭港地方，忽被彭玉珊等拦阻，不许我等进厂，以致互殴，我等均各受伤等语；旋质之徐世海一名，则称：今日进厂做工，突被失业工友殴打，不知何故等语。供词各执，未能即时解决，嗣乃一并申解城内警察厅，以凭讯究。至昨日（四日）情势，上下虽甚平静，但至下午两时许，仍有一部分失业工友聚集煤炭港空地，意欲露天开会，筹商办法，幸经第七分所派警驱散，未发生事端。

〔国民政府行政院档案〕

4．江苏省实业厅长何玉书报告无锡丝厂工人要求改善待遇开展罢工斗争经过情形呈

（1932年10月22日）

为呈报处理无锡丝厂工潮经过情形仰祈鉴核事：案据无锡县政府庚代电称：本县乾生丝厂女工，于本日下午突以恢复协约工资问题罢工，旋即波及乾泰、厚生、大成、三泰等十厂，亦于傍晚相继罢工。县长得悉后，随即分饬公安局队妥慎防范，维护秩序，一面会商县党部，分向劳资双方积极调解，冀速解决，藉免蔓延，谨先电陈鉴考等情。据此，即经本厅派员调查，藉明工潮

原因，以作处理根据，旋据查报无锡县丝厂产业工会整理委员会所征会费，每一工人按日纳洋二分，积少成多，为数颇巨；嗣虽改作一分，犹有可观。因其有利可图，觎觊者大有人在，乃以鼓动工潮作进身之阶，此一因也。上年五月一日，劳资双方曾订协约，是凡工人待遇均有规定。迨至沪变以还，又值丝价惨落，一蹶不振，劳资双方尚能互相迁就，酌量减低工资，略增工作时间，各厂始得勉力重开，相安无异。然工人生活本极艰难，一经鼓动，易于受惑，此又一因也。工潮发生后，乃由工整会向该县县党部提出要求六点：一、要求恢复劳资协约；二、采点制须以固定每日工资五角七分为基，如被罚扣，不得扣进五角以内；三、职员应得蚕蛾，要求照前发给；四、职员薪水，自改日给制后，仅及以前之半，要求平均增加；五、工作时间要求遵行六上六下钟点及赏工例假以归一律；六、实行采点制，则厂对工务上及工人卫生等项须完全置备，并呈报主管机关及劳资双方同意签定等语。该县县党部、县政府迭加劝导，并会衔布告，饬于十二日复工，听候调解，各厂虽多开车，惟有少数厂工以提出条件未达目的，成群结队分赴东西北路各厂，要挟罢工，人数愈聚愈众，竟扰及锦记、惠生、德昌、大成等厂，捣毁厂物，仅南区各厂未经波及。复经县党部、县政府召集工整会，同业公会代表先后训话，十三日仍未一律复工。且以乾生丝厂为工潮发动之人，不应首先复工，加以阻碍，对于南路各厂，亦有同等行动，致令无锡全埠丝厂二十五家全部停顿。厅长于本月十四日奉江苏省政府第六二零九号密令内开：案照无锡工厂工潮，据报有反动分子从中鼓动，除电各司令饬驻军张团长注意地方治安，并电县政府暂时宣布戒严外，兹派该厅长会同李司令克速前往，以维治安，合亟令仰遵照等因。奉此。遵于即日驰赴无锡，详细查询，暨各方陈述情形大致相符。当兹国难时期，地方未靖，诚恐匪徒潜滋，影响治安，无知工人被人勾引，立即会同李司令明扬调遣士兵，分途巡逻防范，责成当地警队，维持秩序安宁，并令饬每一丝厂推举职工代表各一人，暨丝厂同业代表分别直接训话，以免隔阂。首责职工于此次罢工未经法定手续之不当，继均详细开导，晓以利害，业于十七日起一律遵谕复工，一面查得陈孟起、汪连馥、谢冰、丁绍祁、吴连生、尤梅云等均有鼓动工潮嫌疑，将嫌疑最重之陈孟起一名，严加儆诫，饬由县政府派警监视行动，其余各名并交留心察看。至关于改善工人待遇各项，曾拟同业公会自动改善数点，复经厅长参酌实际状况，依据双方意见，酌量订定暂行办法如下：一、工作时间每日上午五时三刻上工，下午六时一刻放工，落丝在内；二、赏工每月做满十工者赏一工，做满十六工者赏二工，如停半工者扣半工，停一工者扣一工，余类推；三、工资：（甲）日给制者四角三分，（乙）采点制者最低工资不得少于三角三分；四、以上三项，各厂应一律照办，不得参差；五、现时暂照上述办法办理，在协约有效期时间，如中级丝价涨至八百五十两时，原订协约应予恢复，今由该县政府分别令示周知，一体遵照。伏念此次无锡丝厂工潮，虽由少数不良分子勾引而起，然已牵动全局，尤以各厂工资之高低，工作时间之出入不能一致，易为工人藉口，若不略予改善，未足折复众心，劳资感情本非恶劣，正可假以维护，使其益趋稳定。至于原提要求六点，其三、四两项，原与工人无涉，查系丝厂职员利用工潮趁机要求，自可置诸不理。上年五月所订劳资协约，其时效至本年年底为止，时当丝价高涨之际，有利共享，本无不当。现在丝厂不振，碍难遽准恢复，惟在有效期间，似应暂予保留。所有处理无锡丝厂工潮经过情形，理合具文呈报、仰祈鉴核查考。谨呈

实业部

江苏省实业厅长何玉书

中华民国二十一年十月二十二日

〔国民政府经济部档案〕

5．南通大生第一纺织厂工人反对资方开除工友与强迫制服剪发遭军警屠杀案有关文件

（1933年5月）

（1）国民政府文官处致行政院公函（5月22日）

国民政府文官处公函　字第二二二九号

迳启者：奉主席交下南通县城区纺织业产业工会及该工会工友李瀛清等先后电呈：为南通大生第一纺织工厂经理李升伯，因勒令工友制服剪发，操持过急，酿成怠工，复开除工友千余名，招致军警武装护厂。激起罢工后，工友请愿释归，与护厂军警发生冲突，当被击毙女工一名，受伤多人，社会顿呈惶恐，请派员勘查，将李法办，并准予复工，等情各一案。奉谕：并交行政院。等因。相应检同原件，函达查照。此致

行政院

计检送原代电及原呈各一件

文官长　魏怀

中华民国二十二年五月二十二日

检送原呈

呈为军火毙命，纵绝民生，请求杜济振激，代友诉冤事：窃工友等身居厂业，劳工过活，该厂曾由前清初末之时，原继张啬公创建南通大生第一纺织工厂，设立城北唐闸地区，志途卫国济良，民生意见，迄今承办三十余载，该工人等立有各执遗规，凡工人等无论男妇，仅分甲乙两班，日夜工作、原章无异。岂知张啬公故后，该厂由李升伯代为经理，不料百出改章，意图牟利之心，减发工人，遽令各工女剪发为词，有回归尽命者可证。并逼购伊布置一式服装，至十三日蒙令开除工友一千一百二十四名。各工友而见失业，不胜惊骇，致怠工潮，即求工会维持失业障碍。正于

会议时，岂知保卫团士一百四十余人，各持枪械，将各工友包围，工会拘代表十七名，夫雄殴逼招，做认共产土匪之类。当送城政府监押，众工人等次日至政府跪求，叶县长蒙允释放回归。不料李升伯暗令守厂保卫凌团长，列行催散未遂，指令暴行枪杀血案。当毙女工顾王氏一名，惨孕撮胎不已，余受手足重伤者十余名。是此情形，而工等尚又第一副厂，然亦更变在节，而惊社会恐惶，实不忍见。复乞钧府鉴核，赏准派员调查，并将李升伯纵绝民生案惩法究，俯念劳工如数原班安分工作，而杜惨血详情惩法。实为公德两便。谨呈

中央政府

周峰臣

李瀛清

陆立会

中华民国二十二年五月十七日

江苏南通城区纺织业产业工会代电

国民政府钧鉴：属县唐家闸大生一厂，为已故邑绅张謇创办，在历史上原为维持南通教育、慈善之设置，本非专为营利而立，讵经理李升伯勒令工友制服、剪发、操持过急，酿成怠工。事未解决，复藉词解雇工友千余名，招致军警武装护厂。千余工友以时值青黄不接，生计断绝，要求工会保障。厂方竟加以不良分子徽号，指挥资方豢养之实业特警队队副林仲希，率领队士数十人，携带绳索，于寒日黎明时包围工会，痛殴工友，复将安宿会内之代表十七名予以拘捕，以是之故，复激动公愤，千余工友跪向县府请愿。幸业县长明察秋毫，准予开释。其时复工工友以厂方不准送饭，枵腹终日，酿成罢工。乃护厂军警无故殴击民众，刺伤面厂工人陈陶、周三，适当请愿工友返闸，冲突之下，竟尔开枪扫射，击毙女工顾王氏一人，重伤工友民众八人，轻伤者不

计其数，酿成绝大血案，开南通未有之惨剧，一时碧血遍地，哭声震天。复察子弹所中多在下部，或从背入。查请愿工友佥系徒手，显系厂方计谋，似非临时自卫，现在人心皇皇，不可终日，似此摧残工运，蹂躏工人，匪惟有背总理扶助农工之至意，并且影响治安经济。果为杀人之具，军警竟受资方指挥，地覆天旋，黑暗无日。本会代表千百工友，实抱兔死狐悲之感。涕泣电陈，恳赐派员勘查，务期彻底解决，庶以保障工运，藉雪沉冤，时机危急，不及递呈。临电怆恻不胜迫切待命之至。

南通县城区纺织业产业工会叩。筱。

（2）实业部致江苏省政府咨（6月24日）

实业部咨　劳字第　　号

为咨请事：案据南通大生厂解雇工人田吉成等呈：为摧残工运、蹂躏工友，请派员依法严惩，力谋救济，而纾民生等情。据此：查此案前准中央民运指委会暨行政院秘书处先后函（以南通大生纱厂裁减工人，勒令工友制服剪发，酿成血案风潮）嘱查照。等由到部。当经抄同原代电及原呈于劳字第二二五四号咨请查照，转饬该县政府查明（办理）呈复，转部备查各在案。兹据前情（事关劳工生命，亟应严查究办），除批示外，相应抄同原呈暨附件，咨请查照，迅予转饬并案查明，妥慎办理。并希见复为荷。此咨

江苏省政府

附抄送原呈一件、原附件三份

部长陈〇〇

中华民国二十二年六月　日

南通大生厂田吉成等呈

呈为摧残工运，蹂躏工友，勾结驻军，枪杀民众，死者衔冤，

生者待毙，请求派员彻查，依法严惩，力谋救济，以昭伸雪，而纾民生事：窃南通唐家闸大生一厂，原为邑绅张謇所创办，以其盈余补助地方慈善教育，虽属私人经营，非牟利目的，数十年来，劳资相安无事。自张謇故后，盐垦事业失败，地方金融停滞，改由上海银团接办，委李升伯为经理。该经理刚愎自用，恣意孤行，复吸引私人，培植势力，故改组以来，肆意摧残，百端压迫，复收买工会，以换人心，且此之故，劳资情感日趋冷淡。本年以日货倾销，华纱被挤，全国华商纱厂联合会议决减工，以维大局。李升伯返通以后，未能遵照决案覆行，复勒令全厂女工一律剪发，并向该厂购制制服，从中渔利。工友少有不遵，即行解雇，操持太急，致酿成四月三十日之怠工。其时问题甚小，本可立即调停。讵李升伯别具用心，竟下令关车，驱逐全厂工友出厂，一面电邀县警队，实业特警队，省保安队武装护厂，以期威胁工人，藉此解雇纺工千余名，机工九十二名，其蓄意摧残，了无疑义；一面勾结县长叶震东，出示布告，再期以行政力量挟制，工友庶可俯首贴耳，听其蹂躏。查县长为一县最高行政长官，地方发现此种工潮，应本劳资互惠精神，毫无偏袒，方足以挽回厄运，乃一味庇护资方，威胁压迫（原布告附呈），致地方舆论遑然，殊滋疑虑。传闻资方贿赂二万余元，故得斯结果。惟此授彼受，律主并罚，谁肯以证据示人，而自为束缚。总之，空穴来风，必非无因，该厂既经得此威胁之布告，乃放胆登记工人，发给手摺，其未得手摺之人，一律不决复工，并于该厂所在地唐闸市各路口驻以重兵，武装凛然。凡无手摺者，即行人亦不得通过，交通断绝者凡小三时。是时适为青黄不接之秋，千余工友忽然解雇，将何以谋生。吉哉等再四思维，万分无奈，适中国纺织学会在通举行之际，工友等意董事长张孝若将来通，因群趋大生厂左近静候请愿，事后知张未来通，颇为失望。伏维工会之设，所以保障工人，今大生厂无故解雇工友，工会当主持正义，誓死力争，遂改赴工会请愿。该会理监事等接受工友等之请求，饬推出代表接洽，工友等筹商之下，当举出代表协商。讵时间过晚，有童工头等十七人，不及返家，当由该会理事发给铜元各二十枚，藉资充饥，并允借宿工会之内。讵该工会早为资方所收买，一面以工人霸占工会，无法行使职权，向各机关呈控，一面由厂方主使，于是日天甫黎明之时，饬该厂自备之实业特警队附林仲希率武装警士，肆意殴辱，四时许大队长张希文赶到，一面阻止警士殴击，一面将十七人拘往队部，次日由厂方交县警察队解回南通县政府。噩耗传来，工友等以工会反复无常，资方勾结军警，地覆天旋，黑暗已极，一时群情激愤，恨怨填膺，致发生千余人赴县请愿之举。彼时人数虽多，而秩序安静。抵县府后，则军警如林，刀枪森立，工友等为请愿而来，讵可受胁而退，赤伞张空，匐伏阶前，臭汗若涔，静候解决，幸叶县长、蔡大队长、陈公安局长、县党部吴委员会同接见，工友等要求将无辜被捕代表予以释放，舌敝唇焦，挨饥受饿，允由工会取保释放。工友等亦以目的可达，相率告退。此役匪惟与治安无关，亦自审秩序甚好，焉知返闸之后，而复有惨案之临也。先是一厂工友得由其家庭送饭，自登记以后概须自己携带，偶有不便，则挨饿终日。此种苛规，为工友所不能耐，故又有怠工之举。怠工之潮既起，军警断绝交通如故，适其时面厂有工人陈陶、周三途经省保安团防线，为队士所阻，言语误会，遂至冲突。该保安队兵士，不辨面厂工人，突以刺刀冲击，刺伤面部头部多处此一事也。当其时赴城请愿之工友，适由城回闸，将至市南街头，省保安队不准通过，并开枪示威，工友以枵腹终日，必取道于此方可返家，与之理喻不听，认为暴徒，指为反动，甚至开枪扫射之结果，毙命者一人，重伤者十余，轻伤者不计其数。并祸及无辜民众。工友等以酿成流血惨案，谁不欲生，四散以退。此案既以发生，党政各方即派大员驰往查勘，一面由第二区区长召集工友等再推代表，协商解决之途，地方各界，亦多主张彻查。工友等目的乃在生活与工作，惨案之发生，当局自有是非处置，因推出代表沙桂生等二十人，与县党部委员吴建章、纪贯一，县政府委员陶后三、大生厂代表战纯，一区长吴冥阶（大生厂职员）数度洽商，以环境关系，不得不于俯就之条件下忍辱承认，静候党政当局公平之裁制。讵枪杀之工友，资方竟以抚恤五百元，冀图县法院结案，枪伤者分别赔款，一面复借省保安第一团朱团长绵之武力，威胁面厂工人陈陶等，法院方面之控诉（省保安团启事暨朱团长电附呈）据闻省保安团之酬金计八万元，故面面偏袒资方，并以开枪之责自负，其他各机关报馆均有相当贿赂，经一区三分部电请彻查在案。似此情形，暗无天日，果金钱为杀人之工具，则工运前途危险殊甚，此已往之事实也。爰再申诉理由如下：

一、工会方面　工会所以保障工运，惟一厂工会，则不然，其理监事大多为厂方所收买。如陈长庚所居之住宅，为大生厂所建筑；陈复任本县救国会委员，平时大生厂所用之洋纱(布厂)、东洋煤、东洋织布机（丰田机器制厂所用）均一味庇袒。此届事变发生以后，工会非惟不出为调处，反暗与厂方勾结，百般压迫工友，如明使工友住会，而暗则控为盘踞工会，妨其行使职权，事态扩大，则全体辞职；县党部议决撤职，则又抗不移交。凡此种种，无非摧残工运，甘作资方之走狗。此届工潮之发生，工会亦应绝对负责，实其与厂方勾结，有以激成之也。

二、行政方面　行政官吏所以临民，既未能消弭工潮于事前，乃一味勾结厂方，公行赂贿，用其高压手段，蹂躏工友，果使工友稍有异议，则以反动二字加诸其身，无公平之措置，多昧心之言行。吏治如斯，四维不振，资方果理直气壮，又胡为勾结官厅，动加高压也。

三、保安团方面　查此次开枪，实保安团张连长受厂方命令行之（厂方曾命令实业特警队开枪，该大队长未允）。事出以后，以八万元之代价，竟忽视人命，谓为示威，谓为流弹。根据科学原理，子弹出膛以后，成弧线进行，果使向空开枪，则子弹堕落之处，必远而其力最微，中伤之处亦多在上部，今开枪者在大洋槅，中弹者在其左近，子弹透过全身，其力甚猛，且命中者多在下部，足见示威与流弹之说，实为诿罪之言。面厂工友陈陶、周三为刺刀所伤，乃如其罪曰夺枪，在军警森严之地，岂少数工人所敢夺枪，且刺伤之疮口与夺枪误伤之疮口大有不同，可以查察，夫大生厂果未压迫工友，又安用赂贿军警，以为自己脱身地步，此又一勾结之情形也。

四、法院方面　查我国刑事取干涉主义，误伤及轻微伤属于告诉，乃论之案得请求撤销；其故意杀人等案例，不能听其销案。而此次南通县法院检察处竟准予撤销，显有背景。

综上四点，大生厂对于工潮流血之惨案应绝对负责。叶县长、朱团长对此案颇有赂贿嫌疑，工友等胁于武力，不得不忍辱含冤，然而三民主义解除民众痛苦之义又安在？工友等不为已往者惜，不为已死者悲，殊为将来工运前途忧惧切肤之痛，敢涕泣以陈，恳祈钧会愍念千余工友生计断绝，死伤工友含冤莫诉，准予派员密查，一面严惩，一面救济。临呈不胜迫切待命之至，惟是目前形势紧张，工友等少有举措，则当地军警必妄加逮捕，并恳秘密进行，以全蚁命。谨呈

中央民众运动指导委员会

附　报载南通县政府布告一则
　　报载省保安团启事一则
　　报载省保安团朱团长电报一则

具呈南通大生厂解雇工人田吉成等七十三人

附件三件

①本县新闻　五月十二日五山日报

△叶县长劝谕大生一厂复工之文告

△定于今日复工务各安心工作

唐闸大生厂工人罢工以来，已十余日，县府方面已饬警察大队长调查呈复，各情业志本报。叶县长为雇念民生起见，特饬该厂于今日复工，并发出布告。文云：为布告事：照得大生一厂罢工风潮，业经本府饬警弹压，并派员查复在案。此次工人甘受利用，无故罢工，妨害地方秩序，断绝工友生计，本府勉体时艰，姑免深究，现已劝令厂方从速登记甄别，并饬于本月十二日开工。合行布告，仰该厂男女工人，务各安心工作。如有不良分子，怙恶不悛，阻扰滋事，定予严拿法办，决不稍宽，凛遵切切。此布。

△大生一厂昨又解雇工人千余

△工会今日开会讨论应付办法

唐闸大生一厂，上月底因愤怠工各情，已叠志前报。厂方自日前开始登记以来，现已将机工、男女纺工，相继登记完毕。前昨两日，即将各登记工人分别发给手摺，以便今日开车后驻摺上工。当发给手摺时，即随时甄别各工人之劳绩及行为，以定去留，截至昨午止，即有男女工人千余名，未能领到该项手摺，显系将千余名工人解雇无疑。当时各解被工人得悉之后，莫不忧容满面，竟有相视呜咽，失声啼哭者，凄然之状，不堪卒睹。该厂纺织业工会门前，被解雇工人之前往请求复职者，大有山阴道上之慨，该会以事出非常，将来影响各乡民生计，实非浅鲜，如不力谋救济，势成社会隐忧，现各理监事已于今日下午举行紧急会议，讨论有效办法，解决此项问题云。

②新南通日报（五月二十三日）

江苏省保安第一团部启事　本团奉令驻通，负有地方治安之责。本月十四日晨忽接县府电话云：唐闸大生厂工人罢工，唯恐匪共混迹，影响治安，请速派队镇慑。本团捍卫地方，责无旁贷，立派张连长率领全连驰往劝散。午后六时，进城请愿之工友千余人，又折回唐闸，意欲鼓动放工之工人，包围纱厂。张连长见情势紧张，正在一面威力阻止，一面和平劝导，总期化险为夷，不料复新面厂失业工人，周三率领多人，忽由后方进击，木石俱下，声势汹涌，并敢抢夺军械，抢去刺刀三把，军帽两顶，张连士兵先后受重伤者计有王维卿、丁西江等四名。工人仍复节进逼、张连官兵退无可退，忍无可忍，不得已向空开枪，以示警告。暴徒闻枪声始稍散退。张连拟乘隙退回河东，避去冲突，以免事态扩大，行经大桥口，不料暴动者又复四面包围，蜂拥而上，抢夺武器，张连长恐有匪共参加，复再向空开枪，以资自卫。事后调查，计受流弹重伤者有顾王氏一人，轻伤者施兰英、杨招候等数人，因抢夺刺刀而反受刺刀轻伤者有陈陶一人。查此次该连开枪，纯系自卫，实为应付暴徒，万不得已之一着。诚恐各界不明真相，暴徒捏造，是非转足，淆乱听闻。除已会同县府呈报省府严究外，特为通告，俾众周知。

③本县新闻　五月二十二日五山日报

△朱团长由澄电县彻查大生血案

△谓已派员彻查俟得真相自当秉公处分

省保安第一团朱团长，昨由江阴珂里电致本县云：保安团部转叶县长、并转李经理勋鉴：苏密。代电计达，大生工潮，误伤数名，是何实情，弟已派员彻查，俟得有真相，自当秉公处分，决不瞻徇。传闻近有不肖生风劣棍，利用受伤愚儒，起诉法庭，意图株连波及，居心叵测，殊堪痛恨。务希两公转告各界，共应体会时艰，维护地方为重，勿听悖谬之词，附和盲从，致生枝节为荷。弟后日回通，统容面罄申谢。弟朱绵叩。智。

实业部批劳字第　　号

具呈人南通大生厂解雇工人田吉成等

呈一件：呈为摧残工运，蹂躏工人，勾结驻军，枪杀民众，请求派员澈查，依法严惩，力谋救济，而纾民生由。

呈暨附件均悉。已据情咨请江苏省政府核办矣。仰即知照。此批。

中华民国二十二年六月　日

〔国民政府行政院与经济部档案〕

6．实业部与江苏省建设厅关于无锡庆丰纱厂工人罢工经过的往来电

（1934年4月）

（1）实业部致江苏省建设厅快邮代电

江苏省建设厅览：案据无锡庆丰纱厂经理唐滋镇等电称：商厂最近发生工潮云云，照原电录至寖成扰乱，请查办等情。据此，该厂工潮形势严重，仰即妥慎处理具报。实业部。印。

附抄微电

南京。行政院长汪、实业部钧鉴：商厂最近发生工潮，幸经省县主持，厂方忍痛开工，乃于四日下午，突有工人行凶，捣毁评布间，殴伤看布女工三人，聚众威迫，第一纺场立时罢工。今日复群集厂门，拦阻第一纺场全体上工，虽经报县派警弹压，仍属无法维持，现已无从开工，厂外工人结队游行，情势扩大，寖成扰乱。湖州前辙不难重演，恳速派员查办。并先电县护厂，以泯乱萌、而彰法治。临电无任惶急待命之至。无锡庆丰纱厂经理

唐滋镇等叩。微。

（2）陈光甫给实业部电

南京。实业部陈部长公博兄勋鉴：据无锡庆丰纱厂派员来会面称：商厂第一工场最近发生工潮，幸经省县主持，厂方忍痛开工，乃于四日下午突有工人行凶，捣毁第一纺场评布间，殴伤评布女工三人，同时胁迫纺场全体立时罢工，五日复群集厂门，拦阻第一纺场全体上工，虽经报县派警弹压，仍属无法维持，现已无从开工，厂外工人结队游行，形势异常严重等因。查该厂屡受工人挟制，动辄罢工，实属有妨治安。似此不法行动，毁物伤人，难保无不逞之徒从中操纵，应请赐予迅电江苏省政府严行制止，以维棉业，而系治安，无任公感。棉委会陈光甫叩。鱼。印。

〔国民政府经济部档案〕

7．实业部与江苏省政府关于镇压无锡丝厂工人罢工斗争往来文件

（1936年7—8月）

（1）实业部致江苏省政府咨（七月二十一日）

实业部咨　劳字第　号

案据无锡县丝厂业同业公会代电，为无锡丝厂产业工会要求改善工人待遇，提出条件四项，及工人暴动情形，请饬县严拿首要。等情到部。除批示外，应抄同原代电，咨请贵省政府转饬查明真象，妥为办理，并希将办理情形见复为荷！此咨

江苏省政府

计抄送原代电一件

中华民国廿五年七月　日

南京。实业部部长吴钧鉴：本月庚日无锡丝厂产业工会函致属会，要求改善工人待遇，提出条件四项。蒸日经属会邀集该会及属会委员在会洽商，对于缩短工作时间一条，当场接受，即日实行；增加工资一条，以属会须开会员大会方可决定，经双方约定文日由属会召开会员大会，寒日双方继续洽商，并由属会随时发出通告在案。不意文日下午一时，周三浜瑞昌丝厂少数女工，受人煽惑，相约罢工。同时联合间壁乾生二厂（即五丰丝厂原址）女工，胁迫附近永生、万昶等厂女工一律罢工，属会立即电报该管公安分局，派警到工运桥堵截，奈警力单薄，堵截无效，不一时工运桥下乾生一厂亦已被迫停工。该女工等即相率东行，经过马路一带，马路浪人，流氓复从中鼓动，参加羼入，行至东门外亭子桥，永盛瑞昌永等厂尚在工作，遂先冲入瑞昌永丝厂捣毁工场杂物，损毁车上丝茧，随又冲入永盛丝厂，将该厂楼上楼下车间丝车帐房宿舍门帘玻璃并全部器具什物悉数捣毁，并将该厂厂长张娴殴打成伤，该流氓及女工等遂呼啸而散。属会会员即在会内开紧急会议，商议救济办法，傍晚至县府请愿，奉县府汪秘书面谕，元日除永盛全部被毁外，其余各厂照常开工。元晨六时，各厂女工大半均已上工，该流氓及女工等又复聚众捣毁南仓门乾昶丝厂，惠商桥广成二厂，南门外荣记丝厂，森明丝厂、永昌丝厂；十时冲至永泰丝厂门口，意欲冲入，经警队驰至，尽力弹压，该厂厂门紧闭，幸未冲入，相持至十一时，经地方驻军协助，就地解散。午后，真正善良女工千余，以横逼胁迫，生计无着，纷向属会哭诉，竟有泣不成声者。查聚众暴动，毁物殴人均干厉禁。际此二中全会开会之时，地方治安尤关重要，岂容暴徒流氓横行无忌，扰乱治安。除由永盛丝厂等业向法院报请履勘，并验伤缉凶外，为特驰呈鉴核，迅予饬县严拿首要，依法惩办，以保治安，而维工业。临电不胜迫切待命之至。无锡县丝厂业同业公会主席钱凤高叩。寒。

中华民国二十五年七月十四日

（2）江苏省主席陈果夫致实业部咨复（8月12日）

江苏省政府咨　民字第354号

案准贵部二十五年七月二十七日劳字第四九四七号咨开：据无锡县丝厂业同业公会寒代电，为无锡丝产业公会要求改善工人待遇，提出条件及工人暴动情形，请饬县严拿首要等情，请转饬查明真相，妥为办理见复。等由，准查本案，据无锡县商会于七月十五日删电陈报，无锡丝厂工人罢工风潮情形紧张，请饬第二区保安司令宣布戒严，并派大员驰锡镇压查办。等情到府。当即以第三九八七号删电饬第二区（无锡）行政督察专员兼区保安司令臧启方查明事态，妥为开导制止，务即恢复地方秩序，一面详细具报去后。嗣据该专员铣电报称：无锡工潮，并无特殊背景，地方安谧，现正妥筹解决复工，详情另文具报。嗣于七月三十一日续据该专员皓代电报称：查无锡丝厂业工人发生罢工风潮一案，督饬该县处理经过及昨日复工各情形，业经以元代电暨巧电先后陈报在案。兹据该县县长庞体要巧代电称：案查本县丝厂业工人，因要求改善待遇，缩短时间，发生罢工风潮。其经过及处理情形，经本月元日肃电呈报在案。自十四日起，县长会同党部先后召集丝厂业同业公会代表暨该业产业工会代表，四次集议劝导，先行复工复业，再由本府依正当途经解决劳资纠纷，并分饬政务警长、公安局长逮捕鼓动工潮嫌疑犯高德华、陆亮卿、华阿四、周德昌、蔡二妹等，呈解钧部侦讯法办，一面分配军警负责地段，支配保护工厂及巡逻兵力，以资维持秩序。复于十七日下午四时，在本府礼堂召集各厂总车及车头，剀切劝谕，晓以工人与工厂休戚相共之关系，责成领导各厂工人一律于十八日复工，如再执迷违抗，惟有执法严绳。并为充实力量，俾收令出维行之效起见，特派本府全体职员督率第一区乡镇保甲长及壮丁义勇队，于十八日拂晓四时，各赴各丝厂协同各该丝厂职员办理复工事宜，县长亦亲往各丝厂巡视劝导，当时发现尚有少数工人仍复意存观望，逗留不前情事，当即派遣职员督率自治人员，分赴工人住宅，挨户晓导，责令即刻赴厂复工，至上午十一时止，复工工人已达十分之八以上。除仍饬各职员暂行住厂督察，并定期召集劳资代表依法调解外，理合将处理工潮及复工情形，肃电呈报，即祈鉴核示遵等情。据查，该县捕送鼓动工潮嫌疑犯高德华等五名，业予收押侦查，惟截至十七日上午止，各厂工人仍坚持不肯复工，当由本署严切布告。关于工人待遇问题，由专员负责督同县府处理，限令克日复工，再行磋商条件，违者严惩，并指示该县长一面剀切劝导，一面采取监视复工办法，务期恩威兼施，迅复常态，业经该县会同县党部努力进行，旋于昨日复工，各厂均得照常开业。据呈前情，除指令该县长迅即召集劳资双方代表会商工人待遇改善问题，切实解决。又于七月廿日据无锡县县长庞体要号电报称：复工及工人待遇改善问题，经调解均圆满解决各等情。据此，除分别指令外，准咨前由。相应将此案办理经过及解决情形咨复，即希查照为荷。此咨

实业部

主席陈果夫

中华民国廿五年八月十二日

〔国民政府经济部档案〕

8．实业部关于无锡振新纺织公司电请镇压工人罢工要求改善待遇案的训令

（1935年9月19日）

实业部训令劳字第　号

令江苏省建设厅

案准中国国民党江苏省无锡县执行委员会文代电，为陈述振

新纺织公司发生劳资纠纷经过情形，检附重要各件，电请核示等由；又据无锡振新纺织厂经理蒋曾燠文代电，胪陈振新工人，聚众骚扰，请予转饬严办等情，同日到部。查无锡为工业荟萃之区，劳资双方，均应体念生产，顾全地方秩序，本案迁延日久，殊非所宜，合亟抄发原代电及附件，令仰该厅迅予查明饬属克日依法解决。此令。

计抄附江苏省无锡县执行委员会原代电及附件各一件

无锡振新纺织厂经理蒋曾燠原代电一件

中华民国二十四年九月　日

江苏省无锡县执行委员会原代电（九月十二日）

实业部钧鉴：窃查本县振新纺织公司于本年五月十七日忽以待遇问题发生怠工事情，经本会劝导，先行复工，再事调解后，工人均已应允，而厂方坚决不从。嗣经本会会同县政府严前县长对于资方再三劝谕，始于同月十八日照常开工，风潮遂未扩大。嗣后工人等发起组织工会，正式提出改善待遇条件，要求资方逐项改善。经本会转函去后，而资方复函措词含混，颇为荒谬。甚且谓工人无组织工会之必要；一面状请无锡地方法院饬拘工人吴阿大等二十三人，治以殴伤职员之罪。工人闻讯大动公愤，几肇风潮，幸经劝止。嗣厂方于发给工资时，仍复强搭购物券。该券注明不得兑现，只可向该厂门市部购买物件，工人等以迹近剥削，不堪忍受，遂提出抗议，不意厂方置之不闻；旋因积欠工资至二期之多，工人无法维持生计，于七月三十一日又发生罢工索欠之风潮。该厂经理蒋哲卿，藉口营业失败，不以工人福利为念，即托病进普仁医院，拒见一切宾客，以致党政机关调解无从，风潮有扩大之势。经再三催促，该厂出而料理，始由该厂职员华少纯为全权代表与本会及县政府、县商会等商谈善后办法。当经决定办法二点：一、资方出一通告，谓复工日期当以一月为限，以安工人之心；二、与上海银行无锡分行接洽贷款，先行发放七月份上半月工资至于下半月工资在最短期内发出。于是迁延不决之问题，方告一段落。讵至九月一日，该厂尚无开工之意，工人等以生计攸关，不胜惶惑，呈请本会询问厂方之态度，因特附具意见多项，当经函转该厂经理蒋哲卿去后，不料复函措词一味推诿，对于前次通告复工日期等问题，完全否认，而将工人所附意见逐项加以批驳，并有拒绝党政机关处理之意，公然声称工人尽可自向法院起诉云云。至于该经理本人则匿居上海，延不返锡，亦不指定负责代表提出具体意见，以示诚意解决，乃仅书函往返，迁延时间，以尽推宕之能事。常此以往，无法解决。工人于失望之余，难免有轨外行动。除一面会同县政府、县商会竭力设法继续调解，一面切实劝导工人静候处理外，究应如何办理，颇感无适当之途径。查该厂或即宣告复工，或即宣告停厂，根据工厂法规定，应有明白之规定。乃不此之图，始终应付，以延宕政策，一旦发生轩然大波，不仅处理愈趋困难，势必影响地方治安。本会处理本案为期六月，心力已瘁，深恐发生意外。而查该厂早向政府履行立案手续，对于工厂法各项之规定，自有绝对遵守之义务。现该厂经理蒋哲卿，既避沪不出料理，坐视风潮之扩大，实有严厉制裁之必要。按公司法之规定，经理不能负责时，应由董事会出面料理。现该厂董事会对此严重之问题，似不能身置事外，无所表示，应请严令转饬迅筹善后办法，为特检附重要各件，电请钧部签核示遵。不胜迫切待令之至。

中国国民党江苏省无锡县执行委员会叩。文。

中华民国二十四年九月十二日

附件一

中国国民党江苏省无锡县执行委员会公函　第二七六号

迳启者：案查本邑振新纱厂全体工友，因资方各项规定，妨碍工人生活，屡次要求改善未遂，于五月十七日午后一时发生怠工，纷扰中并有少数职员被殴情事，本会即派民运干事萧若倩前往劝导。该厂全体工友一致表示接受劝导，愿意立即复工，静候党政处理。惟资方藉辞推诿，不允开车，后由前县长严慎予手谕公安局长陈育初勒令资方于五月十八日晨照常开工，方告段落。是役由公安局长陈育初、保安大队附许毅、本会民运干事萧若倩及资方负责人华少纯视察各车间，机件原料绝无毁损。工人出厂时，复由资方施行个别检查，亦无私带物件情事。十八日复工后，工人以党政尚未处理完竣，有拒绝肇事职员进车间情事，而该厂经理蒋哲卿复以工人徐仁宝等二十三人伤害及毁损罪诉之本邑法院，工人认为厂方改善部分未曾解决，再进而压迫，群情惶愤，遂具呈本会请求设法救济。双方执词相峙，形势又转紧张，本会当推孙徐两委员设法调处，并召该厂经理蒋哲卿来会话谈。结果蒋哲卿表示如被拒职员能进车间，则讼案可向工务课主任荣广明商协解决，本人虽为原告，在事实上仅系法定代理人等语；孙徐两委员亦认为职员之去留为厂方行政范围，工人未便干涉。当即派员向工人分别剀切劝导，并先后由本会派员将被拒绝职员孙宗枢、范焕章、叶振、范捷声、余嵩生、李向云等伴随进车间工作。对于讼案问题，另召该厂工务课主任荣广明数度接洽，决定三项解决原则：一、不辞退工人，二、不扣发工资，三、工人向职员登报道歉及具悔过书。嗣后本会征得工人同意，即草拟悔过书及道歉启事二则，送厂征求意见，不意时愈两旬，复音毫无，一再催询，荣广明始答称：职员坚持须被控之二十三工人出厂后方允撤销诉讼等语。与原定之解决原则适相背左。讵最近复据工人来会报称：该厂又发行物品券分五角、乙元、乙元五角三种，并于券面注明“此券只可向门售部购买货物，不得兑换现洋”字样。在发给工资时期，如工资满五元者，只发现金四元五角及货物券一张，多则类推。此项购货券既不能在社会流动，复不能向厂方兑现，是否合法，固置勿论，其显系蓄意剥削劳工，无可讳言，请求力予制止等情来会。窃谓当此国难严重，劳资双方本彻底合作之旨，不存歧视之念。本会处理此案，历时数月，心力俱瘁，设因厂方如此设施，因而无从调解，一旦发生意外，实与地方治安与实业前途均有重大之影响。该厂负责人既接受调解原则于前，而又复故意推诿于后，用意何在，殊难明了，现为求本案从早结束起见，用特将本会处理经过情形专函奉达，即希查照，迅召该厂经理蒋哲卿暨工务课主任荣广明，试行调解，以安工人生计，实纫公谊。

此致

无锡县政府

七月十六日发

附件二

惕平委员、抱玄县长赐鉴：奉七日孙卿先生大函，致悉一切。按敝厂通告或任何书面经理处均须盖章或签字，八月一日停工通告，亦曾有同样图章。至一月后再行开工之通告，鄙人并未发布，亦未委托他人张贴（即委托他人张贴,亦向须鄙人盖章），惟鄙人于八月五日晚在普仁出院时，开〔在〕党部会商，有人担保华少纯兄发贴一月后开工之通告，无庸鄙人负责，且决不使华君为难，不过一纸具文而已。鄙人当夜即力加否认,六日早到苏，并长途电话通知华君阻止勿贴，以后如何，鄙人不得而知，故迄今对于一月后开工之条件，当然无若何表示也。再大函谓敝厂竟无一人负责，试问聚众强暴胁迫，危害雇主或他人生命财产，本为法律所不许之事，而公安局方面以警力单薄，无法制止为辞，因此工人毫无忌惮，日以殴辱并私擅逮捕监禁停工，供给饮食为惯技，被裁职员且尤而效之，华少纯、秦亮来、孙颁辉诸君，无不遭危险，其尚能再派代表乎，此应请公等所曲谅者也。向米行借米之说，亦曾传开，但系秦亮来君个人被厄之结果，厂中并无此种处置。承诏鄙人当早有主张，俾根本解决，极感在鄙人当受七月三十一日痛苦时，即经决定八月一日宣布停工，作根本解决。对于工人当然依工厂法第三十一条（一）项办理（按七月三十一日之事较此尤为重大）。病愈后，或尚须诉诸法院，另行治罪。总之，治安系官厅所负责任，在吾人生命财产自由未有保障，工人举动未循法轨以前，敝厂前途因属可虑，然非照上海华堂面粉厂（八月二十一日以后报纸均有记载）停工风潮处理办法，先行禁止工人聚众要挟，资劳各推代表一二人，由官厅、党部、商会等各派代表于安全地带胁力调解之，如调解不成，听凭双方各自诉诸法院，则庶几尚有谈判之可能。然此实公等权力所能及，小子一介商民，不过供其私愿而已，幸公等谋之，病榻布闲，不尽言宣，惟祈垂察祗颂

公绥

蒋曾燠谨启印（二十四年九月八日）

附件三

迳启者：查贵厂开工日，八月五日布告，以一月为期，而时间匆匆，八月底转眼已过，尚未闻有开工音讯。因是九月二日上午，工人代表吴福祥等三十余人，复来请愿，并附呈意见书两纸到会，请求转函贵厂，迅赐解答。本会据呈前情，特抄录意见书，函请查照，将开工日期，并对于工人所提意见，早日见复为荷。

此致

振新纺织公司

附意见书一份

振新工人对于开工或关车之意见

开工前先决条件

一、九月五日之后如不开工，在展期停工期内，男女工每人每月由厂方津贴陆元。

一、五月十七日半工及十月三十一日二五工在开工期前发放。

一、储蓄项依法另筹保证金。

一、理发票听工人自由购买。

关车条件

一、要求解散费。

一、要求发还飞机捐。

一、要求发还年终奖金。

一、五月十七日半工，七月三十一日二五工发给。

一、发还储蓄金。

一、发还存工。

一、养成工保证金每名三元。

一、发还二年半赏工，每工每月以二工计。

敬覆者：按奉本月三日第三〇〇号公函，并附意见书到厂，具悉。一是按本年八月五日本厂并未有开工日期以一月为限之布告，即钧函所附意见书中之一部分，亦先经无锡县棉纺织业同业公会函转前来。惟称接据无锡县棉纺织产业工会转据振新分会所呈两钧函，则根据工人代表吴福祥等三十余人请愿，似出两歧。且棉纺织业同业公会叙述产业公会原文，则声明已分呈党政令饬本厂遵办，一若工会有法律根据，惟本厂之不遵从者，乃县府命令迄未领到钧函，复与棉纺织业同业函转所据不同，本厂更就意见书各点，再四研究，揆之劳资争议处理法既难适合，复与县党部、县政府之关系条例（五）项，民众团体互相发生纠纷，县政府调解之性质又未附合，惟有工厂法及民法等堪资绳准，为特将钧函所附意见书逐项加注厂方见解，覆请钧会转知商讨，倘彼是而我非，入主而出奴在钧会，能调解完事，固所私愿，否则对方惟有诉诸法院，方能得合法之解决，设日以强暴胁迫，聚众兹扰，危害他人生命财产为惯技，終恐反召祸害也。专此，祇上
中国国民党江苏省无锡县执行委员会

附加注工人意见书一份

振新纺织厂谨启经理蒋哲卿

振新工人对于开工或关车之意见

开工前先决条件

一、九月五日之后，如不开工，在转期停工期内，男女工每人每月由厂方津贴六元。

厂方意见：于法既无根据，于事上亦属骇闻，按本厂一年以来营业亏折不过二十万，如停工后男女工人每月津贴六元，则三千人月需八千元，年需二十万六千元，厂方有此能力，亦早已复工矣。

二、五月十七日半工及七月三十一日二五工，在开工期前发放。

厂方意见：五月十七日之事，厂方虽撤销指告，而原案仍另行侦查起诉，如将来附带私诉驳斥，该日半工当然照发，否则应留作私诉部份之赔偿。但本厂原以此款缴存银行，并将存摺呈送县政府保管，以示本厂全凭法律判断，毫无成见。至七月三十一日工潮，午前即已发动，工人下午在厂，全属计划整队出发，包围经理住宅步骤，工摺于午后即被男工抢去，下午半天完全未做工作。是日厂方按七五工资给已属通融，何得再给请补给二五，须知此日危害经理生命财产之责任，法律上并未免除也。

三、储蓄须依法另筹保证金。

厂方见解：储蓄应否另筹保证金，明文并未规定。以厂方若大之财产，即负责有债务抵余，仍非少数，以之担保工人零星储

蓄，无虞不足，明文之未规定及此，或亦因此。

四、理发票听工人自由购买。

厂方见解：理发票为维持职工俱乐部理发所营业起见，厂方并无丝毫利益，自由购买与否，全属之厂规。本厂民国十八年改组后，男女工人入厂之际，均填写志愿书，声明一切厂规均愿遵守字样，陈情则可，要挟则不可。

五、以后不再搭发购物券。

厂方见解：购物券为救济一时现金缺乏起见，揆之自制、自买、自用，亦极允当，于法亦无所禁，如果工人不愿接受，随时终止契约，声请退厂。

关车条件

一、要求解散费。

厂方见解：此项名目，于法无据。

二、要求发还飞机捐。

厂方见解：飞机捐除已缴外，旋因政府命令停缴，确有一部份剩余。惟系职工合捐，历时既久，职工分子变更，无从发还，不得已于民国二十二年底，拨职工俱乐部基金，事实具在，不难请会计师覆核者也。

三、要求发还年终奖金。

厂方见解：各厂于营业平顺年份，年终恒是给奖金。按公司法，本须营业盈余年份，工人方有奖金或酬劳。本厂早经呈准实业部，对于盈余年份，工人发给奖金办法。年来纱厂营业亏折，全国各厂非有盈余，对于工人均停发给奖金。本厂去年亏折颇巨，困难万分，停止工人奖金，并无不当。工人们故意寻衅，藉口被朱厂长到厂后取销，曾一度纷扰，经说明，业已谅解。往事重提，不无别有作用。

四、五月十七日半工七月三十一日二五工发给。

厂方见解：详前。

五、发还储蓄金及发还存工。

厂方见解：以上两项，当然发还。惟筹措现款尚未齐全，加以发还储蓄金及存工，须同时还工房，清算房租。现在厂中时被工人盘据骚扰，私擅逮捕，监禁职员，发生违法事件，财产帐簿被窃取者无从计算，非俟恢复常态后嘱令主管职员将寄住工房之工人姓名工号造具清册，即可先将未住工房者之储蓄存工逐一发还，收回凭证，其借住工房者于出还工房算清房租随时补发。

六、养成工每名保证金三元。

厂方见解：本厂养成工并无保证金，是否系指导工所收，应向原年交涉。

七、发还二年赏工，每名每月以二工计。

厂方见解：按从前纱厂营业较往〔佳〕之际，各厂为增加生产起见，如全日（除礼拜）不停工者，每月赏工二工，惟停工亦须处罚。近两年来，营业亏折，各厂均事减工，上海各厂首先取销赏工。本厂于二二年起亦遂停止赏工，并取销停工处罚。此项工方与朱厂长纷扰中亦已声明谅解。

无锡振新纺织厂经理蒋曾燠原代电

实业部部长陈钧鉴：文代电谅已邀览。顷见报载，无锡县党部县府电呈钧部称：五月十七日本厂工人忽以待遇怠工。易罢为怠，已属袒护，即真待遇不善，亦应依劳资争议处理法或诉请法院按工厂法救济，罢工不第越轨，何况凶殴毁损刑法，民运均应负相当责任，党政强迫复工，并不缉凶惩办，岂得谓平，党部函转工人条件，初未一按法律指导，究何准绳。至谓工会无组织必要，系指按厂设立分会，于法实无根据而言。党政纵容劳工，工作更形怠惰。厂方痛苦不堪，诉诸法律，并经省政府指示，应归司法办理有案。法院饬拘被告犯罪，自有事实，党部听凭工人聚众胁迫，撤销原诉，厂方已极顾全党部威信。六月工资搭发少数购物券，实因市面衰落，货销停滞，金融紧迫所致，且品类既可任选，定价尤极低廉，何得谓之剥削，如果工人不愿领受，依照工厂法尽可通知厂方，终止工作契约。旧事渐平，新潮又起。七月三十一日，商人卧病城内私宅（右足陡生外症，在普仁医院开刀，有该院美籍院长李克乐可传讯作证），一时不能行动，是日下午，日夜两班数千工人藉索取本月工资，又行罢工，并入城包围商人私宅，由傍晚六时至次晨三时，党政并不制止解散，报界悉受党部支配，诬称厂方积欠工资，工人包围秩序尚佳。试问七月三十一日犹在月梢，本月工资焉得谓欠，何由称积聚众数千罢工滋扰，已具工厂法三十一条（一）项情事，危害雇主生命财产情节尤为重大，且违反工会法第二十三条第二项之规定，应由县府依照工会法第三十七条解散其工会，触犯刑事部份，并应查拿首要，送交法庭惩办。乃党政一任工方之纷扰，置资方痛苦于不问，厂方不获已爰于八月一日宣布发给七月份工资外，并按照工厂法第三十一条（一）项不经预告立时终止，全部工人工作契约〔刑事待经理病愈再向法院告诉〕，商人于惊骇之余，移入本邑普仁医院开刀疗治，工人复自八月二日至五日包围医院三昼夜，滋扰三日，七月三十一日包围商人私宅，幸经该院美籍李克乐院长报告县府及公安局负责保护，工人始未入院，旋闻党部有邀同厂中职员华某姑行，假定一月复工之传说，工人方克解围。惟商人对于复工迄未表示同意及签发任何书面，并对于华君付以委托书状，实因纱厂营业之不景气本达极点，厂方忍痛维持工人生活，已属非易，工人一再越轨行动，党部复不加制裁，商人愈益寒心，金融界既停止接济，营业尤大受影响，即须复业，短时亦难实现，对于已经终止工作契约之工人，亦不愿再行续雇。且闻工人将续行至医院包围，遂扶病移沪疗治。党部工会知事已弄糟，更假厂方不照约复工为辞，自九月五日以本厂工人连日四出请愿，充耳不闻，电呈复一字不提，反谓厂方无人负责，经理避不见面。试问如此无秩序、无保障之地方，何人敢往。商人厂年纳政府统税二十余万元，不能受相当之安全，究竟资方压迫劳方乎？抑党政摧残实业耶？又，存工储蓄问题，厂方应允发还，但须工人出还工房，乃党政所呈谓厂方不允发还，砌词蒙敝，于此可见。至职员索取八月薪水，究竟停工期内应否照给，有无契约，当然属诸民事问题，停止工作依照工厂法，有何责任？并对于已按照工厂法三十一条（一）项终止工作契约之工人应否发给遣散费或维持费暨年终奖金之应有应无，拨归职工俱乐部之飞机捐应否发还，均属适用工厂法及民法问题，要非司法机关如何能判其曲直。刻闻此案，因分呈请示，职工有暂时平静趋势，然官厅从未发布严禁文告，亦未随时实施制止，厂方一经有人到锡出面接洽，数千工人不难卷土重来，故此案县府苟能负责维持秩序，保障安全则已，否则案归司法审判，亦必移转管辖，党政既分别蒙呈，特再逐一据实电闻。想当此励行法治之际，钧部定有合法之指示也。临电主臣急切待命，伏祈垂察。无锡振新纺织厂经理蒋曾燠（哲卿）叩。铣。自上海北浙江路老唐家街十一弄二十五号振新纱厂申事务所发。

〔国民政府经济部档案〕

9．国民党中央民众训练委员会策划破坏中共河南省工运计划的密函

（1928年11月19日）

迳启者：据汉平铁路管理局长黄士谦呈称：（全录）等情到会。业经本会去电开封、武汉、北平各政治分会，征询意见在案。惟事关重要，应请贵部与宣传（组织）部会同研究具体办法，以防不测。兹定于本月二十四日上午十时在本会常务委员办公室开会讨论，届时务请推派一人出席。除分函外，相应函达，即希查照为荷。此致

中央组织宣传部

附抄共党谋乱计划一份

中央民众训练委员会　（十一月十九日）

附全录黄士谦呈文

呈为密呈事。案奉第二集团军总司令部十月二十日函开：兹据密报，共党最近在河南各地，关于工运计划异常凶险，若不严加防范，酝酿日久，必滋祸变。查路局工人份子复杂，倘有少数无识之徒，受其煽惑嗾使，即足破坏路政，阻碍交通，关系至为重要，相应函达，并检附共产党工运计划一份，务希切实防范，藉弭隐患等因。附共产党最近在河南各地关于工人运动之大计划一份到局。查此事敝局近奉阎、李两总司令及武汉胡卫戍总司令先后令电，以冯总司令近日在汴查获共党最近工运工作大纲，内容特别注重陇海、汉平两路各道栅小工，限期成立若干小队，以备总暴动时拆铁路，全线罢工。饬即严密防范，以遏乱萌各等因。当经通饬所属特别注意，严密防范在案。兹复奉函前因，当再密令所属严加预防，以弭隐患。惟查敝路路线绵长，工友不下二万余人，前以豫境各分工会自行组织京汉铁路总工会整理委员会，殊不合法，叠经根据钧会特派委员伍斌抄来钧会指令意旨，通饬所属，严令各工会停止活动，听候中央派员整理，一面并将情形电陈钧会，旋奉铣电，准克日遴员前来整理等因各在卷。现共党在豫，工运计划既特别注意路工，在此工会尚未着手整理，工人必至易受煽惑，趋入迷途。共党利用时机，狡焉思逞，实属异常危险。理合检抄该项工运计划一份，备文陈报钧会，伏祈察核迅赐派员前来整理指导，俾入正轨，以弭隐患，毋任惶悚待命之至。谨呈

中央执行委员会民众训练委员会

局　长黄士谦
汉平铁路管理局　　　　　　　　　　　（章）
副局长萧仁源代

附抄件一份

中华民国十七年十一月五日

共产党最近在河南各地关于工人运动三大计划①

总的办法：强迫工运，除派人外，特规定至九月底派巡视员出发各地。

1．河北区除指定△△兼理巡视所到之地外，省总专派张△△到焦六磁彰新卫巡视一次。

2．豫西区……派徐△△到陕洛郑巡视一次。

3．豫南区……派陈△△到信驻确正郾许巡视一次。

4．南五县……指定王△△、黎△△兼理巡视。

5．南阳和豫东设法巡视。

6．除省总巡视外，各特委不断的派专人去巡视各县。

7．县委派专人去各区，去各厂各业，每月至少巡视两次。

8．巡视员要参加各级会议，传送最近工运一切策略，根据当地各业工人特殊要求，具体讨论，应用一切策略，具体规定进行工作，各县随时报告省总。

汴郑政治工商业中心区

汴郑是统治阶级的政治、军事、工商中心和最后巢穴，汴郑暴动是全省总暴动，摇动全省统治阶级最后的一幕，这种的暴动，一方面需要这个工作很有基础；一方面需要各地暴动来包围，这还不是当前的问题，现在我们当前的问题只是怎样能抓着汴郑的几个产业工会和几万城市手工业店员，市政工人群众发生广大的斗争，创造革命高潮，煽动反革命军队，使之加紧崩溃动摇，广大小资产阶级到革命方面来，这个工作比任何地方任何工作都重要。这工作中心区域，只是指出目前工作的中心方面，而不是整个的总的工作范围。

从经济斗争走到政治斗争

在目前白色恐怖的严厉的站在与工贼侦探监视反对情形之下工人群众，一般的表示畏缩，大的政治斗争不能马上引导起来，只有发动经济斗争，才能进一步的走到政治斗争。我们必须抓着群众的迫切的要求作中心口号，提出容易办到的要求，得到群众的拥护和赞成，得着小的胜利，以鼓动群众的革命情绪，由细小的斗争发展到大的激烈的斗争，由各个局部的斗争，联合而成为整个的斗争，或同盟罢工。只有这样才能从反革命党、反动工会中夺得群众，而使反动工会变成死尸，只有这样，群众才能围绕在我们政治主张和口号的周围，照着我们的政治路线前进，对于群众自动的领导，尤其是重要。

工人赤色武装组织法

工人赤色武装队应从秘密工会小队中发生出来，应由秘密工会里选举工人中的忠勇觉悟分子组织起来，最初人数不宜太多，以便在斗争中去积极扩大他的组织，须按照全国一致的组织系统，要有经济的、政治、军事训练，他的组织在未有秘密工会前亦可与密秘工会互相发展，并可借武卫团体、体育团体等灰色名义组织起来，进行训练工作。

产业工人组织

河南产业工人主要的是以下几种：铁路工人……有万余工人的三条铁路，在政治上、经济上及暴动的地点，都是全省职工运动的中心工作，应占职工运动的第一位，如果这三方工人不能组织在赤色工会之下，河南全省及大规模的暴动是很难谈到的。现在京汉工人中郾城已经有秘密工会组织，信阳、许昌、驻马店、新乡、彰德及郑州等各处分会，起来反对工贼走狗非法成立的官办京总，使官办的京总成为空洞无用。另一方面，即工人小组选送代表，自下而上的改组各分会及京总，组织工人群众自己的工会。

陇海路方面，工人要求各件不遂，已自动秘密组织工会，准备再干。目前应即利用工人斗争情绪高潮，设法把他们发动起来，组织在赤色工会之下，应先将开封、郑州、洛阳、归德、巩县、陕州观音堂等处分会组织起来，设立健全的委员会、干事会，以集中指挥力量。□□工会过去虽曾一致的打倒官办工会、工贼主席、增加工资等，强烈的要求并准其组织秘密工会。目前虽因卫辉纱厂失败，不敢再干，我们应按这些要求，继续发展工作，进行秘密工会组织，这三路工人组织汇合起来，成立全省铁路工会，加入全国铁路总工会。秘密的赤色铁路工会，基础应该建立在道棚上面，以道棚作单位，组织小队。

开封县，以反日名义在工人学生中及反日经济绝交后援会工作，在工厂学校中照具体的规定计划，进行公开散传单（灰色）出画报，最要紧的是发展学生中的反日小团体，及利用反日的机会在工人中活动，成立工人的小团体，极普遍的散布传单标语，以灰色团体名义，在街上演讲，以改变市民的空气，同时在工人上工下工时间，作秘密集会讲演，以接近工人，以恢复建立陇海路工会的组织，反动的对日经济绝交后援会，我们可以以所组织的小团体加入，用我们的群众来影响他的群众，提出正确的主张，严厉督促群众大会或代表会的决议，倘故意推延或执行不力，即揭穿其黑幕，宣布政府及国民党的阴谋。

发展小队组织工会

开封……妇女工厂发展一队，贫民工厂发展一队，兵工厂及铜元局最近打进去各发展一队，洋车夫发展五队，组织秘密工会，推车夫发展五队，组织秘密工会，组织平民联合会，在九月底成立秘密总工会。

郑州，宣传应联系反日、反国民党及军阀混战，应不断的有口头宣传。但在一开始，不应以直线〔接〕的用文字宣传，如何打倒工贼，经济斗争，在一开始口头的宣传，即应联系一块，使工人不致漠视，反日易于进行，在严重压迫之下，必须注意秘密技术，才能畅〔顺〕利的进行工作。

为反日运动组织路工小队破坏交通

发起反日反帝及反军阀斗争运动，促使工人政治觉悟，至九月半组织秘密工会，并在九月底发展到十小队，每队各数由五人至七人。

此次战争，郾城队南角战争区域，当战争最激烈时候，应破坏交通，与以打击，自〔以〕掩护我们的割据局面，使军阀两败俱伤。

确山县，有苏维埃地方极力宣传以谋根本解决由。但在农村中，凡有苏维埃地方，应召集群众大会，散发传单、标语、图画，极力宣传日帝国对中国的侵略，代表豪绅利益的军阀是如何的卖国，中国自救的前途自〔只〕有建立苏维埃政府，在共产党领导之下打倒军阀及其豪绅地主，打倒帝国主义，以谋根本解救。认〔为〕反帝运动，只是恢复城市的工作，而不注意在农村发展，提高农村的政治觉悟，应当严厉纠正。

郾城县，以灰色小团体，接近路工、车工人等到经济斗争，当组织比较灰色小团体，散布传单标语，街上讲演，尤其对码头工人、路工、洋车夫等，以设立交通机关。

建立全省交通网，省委在驻马店、新乡等处设立交通局，专门管理豫南及河北的交通工作。另于郑州设立总的交通机关，陇海路线及豫中均须有经常交通往来，各县应建立全县交通网及与邻县交通线，各县交通均须有专人负责，河南与四邻各省的交通线亦须建立起来。

发展小队组织工会

郑州……指定季△△参加工委，并担负郑州陇海工运，加紧宣传鼓动工人斗争的勇气，在一月内成立秘密工会，并在九月底发展二十队，与全路工人相联络。在各地秘密工会有相当基础时，在郑成立陇海总工会，提出工人迫切的经济要求，煽动大的斗争。

郑州纱厂先解决张△△、杨△△才有办法，在九月底除原有五队外，须发展到十五队，大东打包厂打进去，在过去是五十个有组织的，现在恢复原有组织外，须在九月底发展到五队，洋车夫发展三队，八作工会一队，修械司一队，成立各业秘密工会，推煤工人发展五队，电报工人打进去，在九月底成立市总工会。

洛阳县，在学生、火柴工会宣传，趁机打到路工中。洛阳应在学生中，火柴工会中发展反日团体，进行路工的宣传，以企图打进路工中去，以同志作核心的反日团体，组织化装讲演队，去到农村中宣传，趁机会鼓动反军阀战争，恢复农村的组织，创造农村中革命浪潮。

发展小队组织工会

洛阳……令当地党团切实负责，或当地工委能指定专人负责，从多方面入手，利用工人厌恶反动工会的心理，积极鼓动组织秘密工会，抓着工人的要求，领导作经常小的斗争，于斗争中扩大组织，至九月底至少发展到五队以上。

陕州，发展小队组织工会

陕州当在最近派人去恢复组织，加紧宣传，鼓动工人革命的意识，煽动斗争，与洛阳相联络，成立秘密工会，至九月底须发展三队。

信阳县，□□以原有缝工小队等联合学生作公开的组织，即以原有的缝工小队，店员小队，铁路工人的支部作反日，在工人中核心与学生反日团体联合，以推动反日的潮浪，进一步即扩大工会小队组织，及进行公开接近他们，趁机发展工人的组织，以鼓动其经济斗争。路工的秘密的小队，正可用反日名义公开的作反日活动，以改变工人畏缩的精神，急转直下的发展到经济斗争的路上去。

由道棚发展到机务车务中

郾城道棚工人，差不多完全有系统的组织，而车务则完全没有组织，这种情形的发展，为将来战争中一大危机。所以，现在应由道棚工人发展车务机务，提出全体迫切的经济要求的口号，打破地域的观念，斗争中扩大组织。在九月间，车机两处发展到十小队秘密会员，并派专人负责。郾城道棚工人向南发展沿路道棚，并设法打进机厂。

新乡县，为在学生中成立反日团体接近工人由，新乡焦作均应在学生中成立反日团体，用反日团体名义向工人群众宣传，以接近工人群众，发展党的组织及秘密工会和学生左倾的团体。

要求发现〔展〕组织秘密工会

新乡……由农民打进道棚去，并令当地党部指定一人负责，从多方面入手抓着群众的经济要求，如发欠薪，发雨衣及为工人所酝酿领导的日常斗争，发展组织，至九月底须发展△队，并成立秘密工会。

以旧有工人同志发展，由小的斗争得最后胜利

新乡……与△△去信，迅速找旧有工人发生关系，注意加紧宣传，以增加工资与工人迫切的最低条件相号召，因为工人工资极形低微，生活不能维持，所以最近取消待遇条件，只要能秘密组织起来，由小的斗争中得到胜利，则全体工人马上可以完全组织起来，在一月内把秘密工会组织起来，九月底须发展五队。

卫辉县，为以工人学生成立小团体，增加工资，以图波及其他工厂内。我们应以纱厂工人及学生群众作开始工作的对象，成立反日的种种小团体，扩大其波浪于教职人〔员〕联会及其他工厂

中。

在一开始宣传，即应把经济斗争，打工贼，打成一片，进行组织，群众起来以后，即猛烈的进行打工贼，向厂方作经济的要求，极力设法取得教职联合及学生群众市民的后援，以避免从前斗争的孤立，□□不能过高，如玻璃厂只能提出工作的时间应一月限制，星期日休息，工后增加工资等，纱厂应提出不准无故开除工人，已被开除去的工人应发清工资，工人上学须减少工作时间。

六河沟……由支部发展△小队，成立秘密工会，摧毁反动工会，狙杀指导员，减少工作时间，不要米面，工人成立自己的工会，从斗争中发展群众，九月底组织十队。

〔国民党中央党部档案〕

10. 国民党河南省党部报告英商福公司枪杀罢工工人案经过致中央民运会公函

（1932年6月17日）

中国国民党河南省党务指导委员会公函　中字第3607号

迳复者：案准大会智电，嘱即查明调处福公司枪杀工人一案，以免事态扩大等由。准此，查此案前据直属焦作区执行委员会、博爱县对福公司枪杀华工惨案后援会、焦作福公司矿区民众代表李训资等先后呈报经过情形，请驱逐英商，惩治汉奸，以彰国法，而护主权，各等情到会。当以福公司为英帝国主义侵略我国之工具，早为国人所痛恨，今竟恃强逞凶，擅杀工友。其目无公理，蔑视国人，辱国害民，莫此为甚。若不严予惩办，何以彰国法而保主权。业经呈请中央函转国民政府，严重交涉，并依法惩处祸首在案。兹准前由，相应抄送原呈，函请查照为荷。此致

中央执行委员会民众运动指导委员会

附抄送原呈电三件

中华民国二十二年六月十七日

陈〇〇
常务委员萧　〇
张〇〇

抄原呈

呈为恃强逞凶，枪杀工人，公恳按律惩办，以彰国法，而维国权事：缘英商福公司违背合同，积欠款项，历经本县代表呈诉尚未解决，乃该商怙恶不悛，变本加厉，日甚一日，竟于本月十三日演出流血惨案，罪馨南山之竹，恶流东海之波，蛮横已达极点，气焰无以复加，若不按律究办，将何以立国于大地之间，因就调查所得，谨为钧会陈之。查本地采煤工人，向有得煤旧例，即每人每日由公司发给烧煤十斤，以备家中自用。中原公司早已实行，福公司尚未照发，此时工人援例要求，该公司靳而不与，此互相龃龉之第一原因也。福公司包工宋友三、郭丰瑞两人暗中剥削，工资又不按时开支，遂致工人无法维持，屡次要求未得结果，至本月十二日罢工风潮行将暴发，福公司总理代表蔡克士，运用厂警，鸣枪示威，强迫工人下井，当晚幸未肇事，及十三日七时，李封村工人数名忿不到厂，蔡克士及偕同弹压所所长宇刚率领大队长武子赓，队长张振中、王子澄督饬武警，携枪实弹到李封村挨户拘捕，绳捆索绑，拉吊厂内。工人益愤，立时大哗。观众如堵，群相诘问。此时若以婉言抚慰，尚可转圜，乃张所长素受公司豢养献媚，无所不至，竟传蔡克士命令武警一律开枪。此时工人上天无路，入地无门，群在枪林弹雨之中，奔走呼号，狼狈枕籍，待命而已。统计开枪扫射共发数百响，枪声既息，前往验视，计当场击毙靳狗饶、白转运两人，待毙者四人，重伤无数。血流满地，尸体模糊，见者伤心，言之酸鼻，此英商惨杀华工之实在情形也。窃查弹压所之设立，原为维持地面起见，即令公司与工人相左，亦宜婉言相劝，以期相安无事，乃该所长与队长竟以华人资格，徒知献媚英人，复以媚英之故，不惜惨杀华人，清夜捫心，天良何在，国法森严，岂能幸免；而蔡克士以公司总理代表，仅一商人耳，竟一怒而杀伤华工数人。商人如此，军人更当何如？英国如此，各国当更如何！近传蔡与尸主私和，给二百元将就了结，若果如此，是有二百万元便可杀尽李封、王封两村人民，华人价值虽轻，何至价等中羊。换言之，华人伤一外人，若何牺牲，当能记忆，姑息私和，断难忍受。为此，具陈情由，公恳钧会立予提讯，按律惩办，以彰国法，而维国权，实为公便。谨呈

河南省党务指导委员会

河南博爱对福公司枪杀华工惨案后援会

中华民国二十二年五月　日

抄原呈

呈为呈报事：窃查英商福公司未经政府允准，竟违法开工，且向采用包工制，工人受尽剥削。此次惨案，即由于此。谨将此次惨案经过详述于后，福公司采煤工人原定工资每日每人四角，而工人实得尚不足三角五分，且本地采煤工人向有领煤旧例，即每日每人由厂方发给烧煤若干，备家中自用。此次工人亦循旧例，向公司要求给与烧煤及发足工资，案经数次交涉，未得圆满结果。至本月十二日晚，工人表示如不解决，即行怠工。公司遂唆使武警强迫工人下井，工人于无奈只得下井，当晚未发生事情，至十三日晨，当换班之时，工人齐集厂外，纷纷集议，表示如再不解决，即行全体罢工。公司不但不准，竟用威勒手段，强迫工人下井；更唆使武装警察拘捕工人，将工人揪头撮耳，拉至厂内，以致激起工人及观众之公愤，纷纷集议，意欲反抗。武警即开枪扫射，共发百余响，工人即四散逃生，结果当场击毙工人一名，续死者一名，重伤二名，轻伤五名。死者横卧地上，面色苍白，血肉模糊，惨不忍睹，以致激起焦作各界之公愤，援助代

电，一日数起。焦作各界遂于十四日组织各界惨案后援会，并定于二十日在中山公园招集市民大会，以资援助。为此，理合将此次惨案经过，备文呈报钧会，鉴核示遵。谨呈

河南省党部

中国国民党河南省直属焦作区党务指导委员会谨呈

中华民国二十二年五月二十日

抄代电

（衔略）钧鉴：英商福公司前因压迫工人，以致停工。此次违法开工，对于工人尤属虐待，工资低微，无出其右者。工人以糊口不得，屡向厂方要求增加工资，改善待遇，厂方终未允诺。兹于本月十三日，工人又派遣代表，向厂方交涉，提出三条：（一）增加工资；（二）改善待遇，援中原公司例，每月每人发烧煤三百斤；（三）取消剥削工人的包工制，如不圆满答复，将一致罢工。厂方对于工人要求，不惟置之不理，且将该代表等禁压，强迫工人上工。延至晨七时，工人仍不上工。厂方遂嗾使汉奸弹压所长张宇刚将焦作矿警全部调到，向工人示威，如不上工，即开枪扫射。工人因之大哗，秩序紊乱。厂方即命令开枪，当场击毙靳狗饶、白转运二人，伤重不治者数人，受微伤者不计其数，遂演成“五·一三”惨案。该公司亦于斯日停工。查英商福公司为英帝国主义经济侵略我国之大本营，残暴不仁，无以复加。此次违法开工，已为我国法所不容，无故戕杀我人民，罪岂容诛。唯具狡狯性成，尚欲蒙蔽我政府，误我民众暴动，以饰其罪，藉避法纲，手段毒辣，用心残忍，宁有如斯者乎？训资等为维护人道计，表彰国法；现除依法呈请省政府转呈国民政府饬令外交部提出国际交涉，并依法惩处外，复祈各级政府、各民众团体、各报馆、各公私法团一致声援驱英商，惩治汉奸，表彰国法，维护主权，不达目的，誓不终止。临电迫切不胜翘企之至。焦作福

公司矿区民众代表李训资、李子恭、张延谟、王遵三、刘洗尘、李致敬、李肖青、张荣江等率领矿区民众同叩。删。

〔国民党中央党部档案〕

11．行政院与河南省主席刘峙等关于镇压六河沟煤矿工人罢工斗争情况的往来文电

（1932年7—9月）

（1）行政院致河南省政府密电稿（7月）

代电一九号。开封刘主席、天津王主席钧鉴：密。据六河沟煤矿有限公司蒸电称：本月七日，台寨分矿工人突然罢工，内有共党分子主动。云云。至以戢乱源等语。仰即迅电该县驻军及地方官厅，切实保护防范，妥速解决，勿任蔓延为要。行政院长。印。中华民国二十一年七月　日

六河沟煤矿股份有限公司快邮代电

改用电呈　电字第一一五号

行政院钧鉴：昨据商矿迭次密电报告，本月七日台寨分矿工人突然罢工，内有共党分子主动，暴力迫胁其他工人，并伤警三人，深夜又杀死警察一人；八日和顺窑亦以此相续罢工，查台寨分矿在河北省磁县地方，和顺窑则在河南省安阳县之六河沟地方，当即分请各就地官厅暨驻军实力制止，惟情形仍甚危急，深恐范围扩大，影响地方治安，用特呈请钧院，迅电冀豫两省党政军当局转电该两县驻军及地方官厅，妥为保护，严予防范。并彻究共党分子，以戢乱源，而维矿业，不胜迫切待命之至。谨此电呈。六河沟煤矿有限公司叩。印。蒸。

中华民国二十一年七月十日

（2）铁道部长顾孟余呈报镇压矿工情形致行政院呈（8月17日）

呈为呈报六河沟煤矿工人罢工复工暨军队弹压经过情形并呈送共党宣传品各单等件，仰祈鉴核事：案查六河沟煤矿工人罢工，暨拿获共党一案，业于上月二十日呈报钧院，并迭电饬平汉铁路管理委员会将罢工复工经过彻查具报，并严密防范，以遏乱萌各在案。兹据该委员会呈报：为呈报事：案查六河沟矿工罢工一案，业经元日代电呈称，并先后奉到钧部删电及智业代电，饬将罢工复工情形彻查具报，并转饬所属随时严密查察防范各等因。遵即电请汉口六河沟煤矿分公司查复，并通令各处饬属严密防范各在案。兹据本路警察署呈：为呈报事：窃据护路第一大队转据第二分队呈报：窃据报称六河沟煤矿附近发现共党份子，影响工人罢工等语。当以职属第三排驻在该站押护路煤，应即前往侦查，以明真相，而资准备，职遂即前往调查。兹悉该矿北窑于七月六日有十余人在窑口前手持石块，口呼工人加价，并要与工人起盖住宅，发起罢工，及至八日至南窑口亦发现三十四人，手持铁器木棍，拦工人下窑，吓令全体罢工，并云在观台西大寺会议，企图一逞，嗣经该矿有人向丰乐镇之十五旅六百四十三团报告，遂经张营长率兵一连，前往弹压，并在该寺抓获不良分子四十一名，及宣传品多份，已送彰德旅部法办。至该矿业于九日复工，职属第三排照常押护路煤。除饬该排严加防范外，理合照抄宣传品六份，备文呈请鉴核等情。转报并附抄共党宣传品六份，名单一纸。据此，正核办间，又据顺郾警务段转据第四分段呈同前情。除呈报路警管理局并分饬该大队长警务长等仍督饬所属严加防范外，理合抄同原呈宣传品，备文呈请鉴核备案等情。附抄呈共党宣传品六份，名单一纸。据此，除俟六河沟煤矿公司函复再行续呈外，理合照抄共党宣传品六份，名单一纸，备文呈报，伏乞鉴核备案等情。据此，除令该会饬属仍随时严密防范外，理合抄同该项宣传品名单，备文呈请钧鉴。谨呈

行政院院长汪

附抄呈共党宣传品六份名单一纸

中华民国二十一年八月十七日

铁道部部长　顾孟余

告下窑弟兄书

下窑弟兄们：

咱们团结起来，△加入咱们自己的工会，△罢工，△每日要五角，△五天一开，△十天一清，△礼拜工、纪念日双工，要随支开清，△打倒资本家，△打倒资本家的走狗刮民党及各派军阀，△打倒日本及一切帝国主义，△拥护红军，拥护工农兵代表会议（苏维埃）政府。

六河沟矿工传单

工人团结万万岁！

咱们苦重钱又少，这才大家齐心了，△大家心又齐，△结合好，△我把得的利益表一表，△冬三月，每天加了五斤煤，△渣灯扣分结取消，△不要铜子开现洋，△唱戏他亦不敢要一毛，△这些事情怎办到，△全因大家齐心再搁班，△要他每工长五毛，△五天开，△十天清，△纪念日礼拜工，△随支一定要开清，△乎窑口间盖房子，△欠支一律要开清，△齐到矿局找老魏，△吓死他，△敢不允许咱。

六河沟工人自己工会启　（七月十四日）

告矿警民团公安局兵士弟兄们

矿警民团公安局兵士弟兄们：

我们也是穷弟兄。没饭吃才去背枪、站岗、下操、欠饷不发，妻子老少同样忍饥挨饿。咱们联合起来啊，加入士兵委员会。

穷弟兄不打穷弟兄，要饷、增饷每月十五元，反对资本家，反对地主豪绅，反对刮民的军阀，反对日本及一切帝国主义，拥护红军苏维埃区域，拥护苏联，拖枪参加工农斗争，当红军去。

直南兵士委员会启　（六月十五日）

告兄弟工友们书

工人弟兄们：

五卅是民国十四年英日帝国主义在上海屠杀工友学生的日子，今日是五卅，又是各帝国主义与中国国民党军阀共谋〔危害〕工农革命的祖国苏联与中国工农兵苏维埃政府红军的时候。国民党的卖国的铁证是不抵抗，退出东三省，〔不〕援助上海十九路军、东三省的义勇军，压迫十九路军退出上海，引导国联调查团来中国调查怎样瓜分中国。更另一方面，用尽力想方法压迫剥削工人与利用黄色工会来欺骗工人，他这样的目的完全是为他们的狗命与工人的痛苦。我们纪念五卅，要解决我们痛苦，实现我们的口号：

一、在平窑口赶快盖房子；

二、工人不住下处，要另盖工人住宅；

三、罢工纪念五卅，要纪念日发双工，随资开清；

四、要欠薪一律发清，自五卅起，五天一开支，十天一清算；

五、不支黄色工会会费；

六、反对欺骗人的抗日捐（早已投降日本）；

七、打倒剥削劳苦工人国民党；

八、打倒剥削工人黄色工会包工柜。

告焦炭场装大车剜小车各部工友书

焦炭场装大车剜小车各部工友弟兄们△

咱们真受苦，△得的钱还不够养家活己，△团结起来呀，△

加入咱们自己的工会，△焦炭场大小工，△每天一律工钱四毛，△装大车，每个要洋两块，△剜小车每个要洋二毛，△罢工，△打倒资本家！△打倒资本家走狗刮民党工会，△打倒日本及一切帝国主义，△拥护苏区红军，△拥护工农兵代表会议（苏维埃）政府！

六河沟工人自己工会启　（六月十五日）

打倒矿务局走狗刮民党工会

工友们，咱们结团体要长钱，矿局一听恼心间。刮民党工会当走狗，造谣言，只怕咱们不做难，咱们大家结合好，工农红军帮助咱。红军枪支六十万，工农政府五百县，最近打散陈调元，二十日占领鸡公山，全国工农兵士大联合，把那走狗打个完，利益得到手，有吃有喝太平年。

六河沟工人自己工会启　（七月十四日）

（3）铁道部南京办事处抄送工人罢工传单致中央民运会公函（9月2日）

铁道部南京办事处公函　业字第一〇八六号

迳启者：据平汉铁路管理委员会呈称，据郑州办事处呈：据车务第二总段抄转马头镇站长密呈称：距职站西四十里西佐村怡立煤矿：窑底工人藉口索薪，于本月四日早六时全体罢工，并在该村各处粘贴共党传单标语多种，当经本地驻军八十四师及保卫团各派员协同矿方当局立行筹煤发薪，详为劝导，饬即复工　遂于本月五日早六时完全复工。值此国家多难，共党猖獗，迭奉各宪饬查密报。此次该矿煤工罢工，粘贴传单标语，多为索薪，实含共党作用，事关重大，未敢缄默。除于肇事之日派人暗查，并将所粘贴传单标语抄附呈送外，理合密呈鉴核等情，转呈到会。除仍饬随时严密查防外，理合照抄原呈传单标语，备文呈报钧部

鉴核等情。连同传单标语到部。据此，相应抄录反动传单标语一份，函请查照。此致

中国国民党中央执行委员会民众运动指导委员会

附照录反动传单标语一份

部　长　顾孟余

中华民国二十一年九月二日

朋友社，到死不退心，团体永不散，齐心来罢工，五条要实现。伤坏二十二个人，爹娘忍痛酸。好时候要双工，每人抚恤一千元。〇〇〇刮民党派兵压迫，咱们工人团结体〔起〕一定吃好饭，〇〇〇是四工人，到底死不能莫〔原文如此〕，爹娘勿挂心，孩心有打算，要想〔享〕幸福，只有拼命干，眼看穷人要翻身，光明在眼前。全世界工农都是好朋友，红军更帮咱打倒资本家国民党，工人同心欢，拥护工人自己的政党共产党，建立工农兵苏维埃政权。

六河沟工人自己工会印

标语

红军是我们的好朋友，我们工人罢工，不运军队打红军；红军是我们的好朋友，我们农民不出军事派款，不出捐税，不纳粮，反对国民党军阀运兵打红军。

〔行政院与国民党中央党部档案〕

12．河南省政府转报豫丰纱厂工人罢工反对停工减员斗争经过致实业部咨

（1933年12月31日）

案据建设厅厅长张静愚呈称：案查豫丰纱厂劳资纠纷一案，迭经调解，终未彻底解决，长此迁延，不但本省纱业将受绝大影响，

即地方治安亦必发生纷扰。职以事关重大，特于本月十八日遄赴郑县，分别邀集劳资双方，磋商办法，嗣经双方让步，乃于二十日下午六时调解始告成立。并定于二十三年元月五日复工。数月纠纷，遂告解决，并于工潮解决之余，乘便对于郑县工 商 市 政略一视察。理合缮具该厂纠纷始末详情，及就便视察郑县工商市政各状况，备文呈请钧府鉴核备查。实为公便。等情。附呈豫丰纱厂劳资纠纷解决经过报告一份。据此，查此案纠纷已久。内容复杂，所有调处经过情形，迭经咨请查照在卷。兹据呈前情，此项纠纷，并经完全解决，除呈报行政院军事委员会、豫鄂皖三省剿匪总司令部、暨分咨财政外交部外，相应抄同原报告咨请贵部查照。此咨

实业部

附豫丰纱厂劳资纠纷解决经过报告一份

中华民国二十二年十二月三十一日

主席刘峙

豫丰纱厂劳资纠纷解决经过报告

查郑州豫丰纱厂资本五百余万元，职工四千余人，为河南规模最大之纺织工厂，只因劳资两方，昧于互助之旨，以致争执时起，迄无已时。最近因维持费及复工条件诸问题纠纷又起，至数阅月之久，迄无解决途径，长此迁延，必将影响实业之发展与地方之治安。职于十二月十八日履郑，召集双方，剀切劝导解决，并于工潮解决之余，乘便对于郑县工商市政略一视察，徒以时间仓猝，挂漏殊多，详切视察，惟有俟诸异日。兹谨将豫丰纱厂所有劳资纠纷起因与解决经过详情及郑县工商市政概况分别经陈于次。并随录该厂纠纷解决前后有关劳资双方之协定文件，以资参考。

（一）豫丰纱厂劳资纠纷解决经过

甲、第一次纠纷之起因

二十二年七月二十九日，厂方布告棉花缺乏，资本赔累，终止契约，遣散工人，其遣散办法系依照工厂法第二十七及第二十九两条，发给预告期间之工资。但该厂与工会历年订有不定期团体协约数种，有停工期间发给工人维持费之订定。现该厂藉口终止协约，遣散工人。但团体协约法第二十四条规定，凡不定期团体协约，厂方如欲终止时，须于三个月以前通知对方。该厂不遵协约，违背法令，工会提出抗议，并要求依法赔偿损失（即三个月工资）。且该厂未经呈准主管官署，擅自停工，亦应处罚。此第一次纠纷之起因也。

附录一

劳资双方历年所订团体协约全文另呈

乙、第一次纠纷解决之经过

此次纠纷，双方态度强硬，地方政府无法解决，适县长亦请假离郑，本厅迭据劳资双方之请求，又奉钧座过郑时电令派员前往处理，当经派委本厅科长韩庆文克期赴郑调解，经十余日之调查与劝导，拟定调解条件八条（条件另附），并组织调解委员会，先后会议数次，经调委会电劝该厂驻沪董事会接收，始于八月十六日在郑县政府正式签字成立调解协定共八条，纠纷即告一段落。

附录二

（一）自调解成立之日起，所有以前劳资双方订立各契约及违背劳工法令之一切习惯，概行废止。

（二）嗣后劳资双方除有特别订定条件外，应遵照现行工厂法暨同法施行条例、工会法暨同法施行法及其他关系各法令处理双方一切事宜。

（三）资方对于现有劳工学校、医院、澡堂，须照旧办理。

（四）资方在一部或全部停工期间，所有停工工人须按日发给

生活费，每人暂照旧例发给，以六个月为限。但满三个月后，资方如仍不能复工，依法宣告破产时，维持费停止。

（五）工厂全部复工后，得依法增减工资或工人，工方不得发生枝节。

（六）机工待遇照旧。

（七）厂方雇用工人，得由工会介绍，但不得限制厂方自由去取。

（八）嗣后劳资双方应切实合作，促进工厂之发展与工人之福利。

以上八条，应视同争议当事者间之劳动契约。

丙、第二次纠纷之起因

二十二年九月九日，厂方布告裁减工人一千二百名，延长工作时间至十二小时，并减低工资，工方以八月十六日调解决定书第五条订定（厂方全部复工后，得依法增减工资或工人，工方不得发生枝节）。现厂方尚未复工时，竟行减去工人，且延长工作时间，依法（工厂法第八第十第二十三各条）应加工资至少亦在一角三分左右，该厂不惟不加，且拟减少，违背八月十六日之协定，蔑视法令，提出抗议。此第二次纠纷之起因也。

丁、第二次纠纷解决之经过

此次纠纷，在工方以为厂方违背协定，蔑视法令，得寸进尺，欺诈工人，愤慨异常，情势极为严重。经本厅奉令先后派技工高秀桐及科长韩庆文等赴郑，会同当地各机关及省党部代表等设法处理，终以厂方不肯让步，进而提出其它条件，厂方要求除原提三项外，再增加取销八月十六日协定第四条维持费之协定，（查此条依法任何时厂方停工均需发给维持费）及第二条之规定，按劳工法令，关于工人福利等事项，如死亡抚恤费、女工分娩假期、特别假、纪念日、休假日等，均照旧例，不依法令，以致解决困难。经调委会一再劝导，拟定调解条件五条，其条文如次：

附录三

调委会所拟条件

（一）本年八月十六日调解决定书仍属有效。

（二）工作时间原为十小时，现依照工厂法第十条之规定，延长工时，每名暂加二分，俟厂方营业发达，再行依法办理。

（三）此次裁减工人五百五十名，（按该厂应裁工人数目办理）每名发给遣散费四十元，（系照六个月维持费数目外加十元）童工只发三十元。但省外者一律加发路费十元。

（四）赏工（依法每月应给五个礼拜日工资，该厂旧例不发礼拜日工资，而发赏工三个）、夜饭资（每名四分）、死亡抚恤费、女工分娩假期、特别假、纪念日、休假日均照七月二十九日以前旧例办理。

（五）八月十六日调解决定书第四条之订定，本决定签字后生效。以上条件提出后，厂方表示接受，向沪请示，不料正磋商间，经理赵桂芬定于十月十三日晚潜行赴沪，置诸不理。该厂董事长穆耦初亦来电称其辞职，不再过问，又用种种方法使各方无从调处。但工人自停工至今，已二月半矣，维持费仅得一月，余厂方在调解期间坚不发放，以工人签字为要挟，调委会亦承认工方签字后担保，即日发给，无如该厂赵经理逃沪规避，无人负责，工人生活急不可待，遂商同第一区专员公署暂借棉业银行筹备处洋二万六千元，垫发一月维持费维持生活，地方治安幸免意外。至十一月二十六日，又据该县政府及工会等报称：厂方经理赵桂芬返郑，又请求调解时，适中央民众运动指导委员会派科长刘仰山到汴、本厅又奉命派科长干庆之偕同省党部委员段剑岷等前往调处，留郑约十数日，厂方提出条件更觉苛刻，调委会方面为工人生活压迫，尽量容纳，终以厂方不肯稍有让步，又致破裂。兹将厂方所提条件及调委会所拟条件分别列后：

附录四

郑县豫丰纱厂劳资争议调解决定书（十一月二十二日调解委员会提出草案）

第一条　本年八月十六日，豫丰纱厂劳资两方签字之调解决定，兹双方之同意修正删补，归纳于本决定以内、自本决定签订之日起，所有劳资两方从前成立之任何契约，一概无效。

第二条　以后劳资两方一切权利义务，除本决定特别规定外，悉依照工厂法、工会法及同法施行细则办理，此外不得另生枝节，永绝纠纷。

第三条　工作时间原为十小时，现因外纱倾销，情事特殊，全国各纱厂一致延长，应依照工厂法第十条之规定延长至十二小时，但总时间不得超过四十六小时，所有工资及延长时间之加资，规定每日总额一千七百三十三元，包括赏工夜饭资在内，由工人会议支配之；以后厂方依法增减工人或工资，工方不得稍有异议。

第四条　此次裁工，按照现有额数预定五百五十名，被裁者一律发足维持费六个月，并发给遣散费二十元，留用者维持费发至开工前一日止，将来再裁减工人时，依照左列各条办理，工人不得额外要求。

（甲）凡工友在厂连续服务三个月以上而不满一年者，加给十天之工资。

（乙）凡工友在厂连续服务至一年以上而不满三年者，加给二十天之工资。

（丙）凡工友在厂连续服务至三年以上者，加给三十天之工资。

第五条　此次复工后，再停工或开除工人时，不得再有维持费名目。

第六条　赏工夜饭资（即第三条所载）、学校经费、澡堂经费、医院给药办法、女工分娩待遇、死亡抚恤费、纪念日均照旧章给付；例假日、特别假均照旧章不给付。此种办法概系依照七月二十九日停工以前旧例办法。至工厂法第四十条所规定之年终奖金或盈余，由厂方于章程内择用其一，呈报官署备案，无论多寡，工方不得争议。

第七条　厂方雇用工人，得由工会介绍，但不得限制厂方自由取去。

说明：此系十一月二十二日调解会提出之最后条件，工方有接受可能。

此项条件，如最近期厂方不能接受，拟即交付仲裁。

郑县豫丰纱厂劳资争议调解决定书（十一月二十七日上海寄来草案）

（一）本年八月十六日劳资双方签订之调解决定书，兹经双方之同意，修正删补，归纳于本决定以内。自本决定签订之日起，所有劳资两方从前成立之任何契约，一概无效。

（二）以后劳资双方均须依照工厂法、工会法及同法施行细则办理。此外不得别生枝节，永绝纠纷。

（三）兹为复工起见，工作时间依照工厂法第一条规定，每日两班，每班延长至十二小时，所有两班工资及延长时间之加资，总数暂定为洋一七三三元，包括赏工夜饭资在内。工资大小由厂方支配之。全部工作恢复以后，厂方有随时增减工友数目及增减工资之权，工方不得稍有异议。

（四）此次裁减工人，按照现有额数预定五五五人，被裁者一律由七月二十九日起发足维持费六个月，留用者维持费一律发至十二月二十八日为止。将来再裁减工人时，依照左列各条发给预告期间工资，工人不得额外要求。

（1）在厂继续工作三个月以上未满一年者，于十日前预告之；

（2）在厂继续工作一年以上未满三年者，于二十日前预告

之；

（3）在厂继续工作三年以上，于三十日前预告之。

（五）此次复工后，倘再有停工或减工或开除工人时，不再发给维持费。

（六）赏工夜饭资（均已载明第三条内）、学校经费、澡堂经费、医院给药办法、女工分娩待遇、死亡抚恤费、纪念日均照旧章给付，例假均照旧章不给付。此种办法，系依照七月二十九日未停工以前旧例办法。至工厂法第四十条所规定年终奖金或盈余，由厂方于章程内订定，择用其一，呈报官署备案，无论多寡，工方不得争议。

说明：此系厂方提出，由上海寄来，认为满意之条件，观此可知，双方争点之距离。

本条件第四项关于裁工待遇，厂方口头表示发足六个月维持费外，可酌给遣散费，但不能有二十元之多；关于留用工人之待遇，厂方口头表示可发至十一月底止，但须迟发三月，由厂方出存单。

以上两种条件，均未能使双方满意采纳，而当时工人维持费，厂方已欠二个半月未予发放，工人实难支持。经调委会剀切劝导，经理赵桂芬坚称无力筹发，愿将厂中存纱拨抵，工人亦愿接受。遂于十二月五日在各方监视之下，双方将纱交清，由工方搬存工会，以资变卖。但存纱在上海、中国及浙江、兴业三银行手中抵押。该银行等以不明真相，误为工人擅招，几生争执，终以劝谕，未起争端。此次自厂方将纱拨抵工人维持费后，各方代表遂均离郑。事后，上海银行公会及市商会等曾纷纷来电，对于变售存纱表示反对。其实变售存纱乃出于厂方之自动，如因已抵押，不应变卖，尽可向厂方交涉，与地方政府及调解委员会固无涉也。惟纠纷情态及有关各方表示愈趋险恶化。

钧座为急于解决工人生计及本省棉业问题，即派厅长亲往郑州，召集劳资双方，谋一永远解决之途径。厅长奉命后，即于十二月十八日履郑，适该厂负责人亦到郑请求调解；工人等因饥寒交迫，环请救济。当日分别召集劳资双方代表详询情由，剀切劝导双方让步，不意厂方反将以前所提条件增为十条，另附关于维持工人之解决办法二项，苛刻益甚，条文列后。

附录五

（一）兹经劳资双方同意，本年八月十六日劳资所订之调解决定，经此次修正，归纳于本决定以内。自本决定签订之日起，所有劳资双方从前成立之任何契约，一概无效。

（二）除本决定条文所规定外，此后劳资双方均须依照工厂法、工会法及同法施行细则办理，此外不得别生枝节，永绝纠纷。

（三）按照工厂法第十条之规定，工作时间每日延长至十二小时，每一工人按照其实在工作时间给资，其不满每班所规定之工作时间者，按照比例结算。

（四）厂方于民国二十三年一月五日恢复全部工作，雇用工人三千五百八十二人。照此工人数目（即三千五百八十二人），日夜两班，工资总数定为洋一千七百三十三元，包括赏工夜饭资及延长时间之加资在内（工资细表由厂编制）；俟全部复工后厂方得增减工人数目，而以上所规定之工资总数洋一千七百三十三元亦得随之增减，惟以上工人数目，在民国二十三年四月一日以前，概不减少；此后得自由裁减，每月减裁百人，直减至三千零六十人为度。

（五）将来厂方裁减工人时，发给下列所规定预告期间之工资，此外，并不给付其它任何费用。

甲、在厂继续工作三个月以上未满一年者，于十日前预告之；

乙、在厂继续工作一年以上未满三年者，于二十日前预告

之；

丙、在厂继续工作三年以上者，于三十日前预告之。

（六）从前要求发给维持费之习惯或特别津贴一律取销，此次复工后，将来厂方再有一部分或全部停工，或裁减或开除工人时，不再发给维持费及任何津贴。

（七）加资及夜饭资（均载明第三条内）、学校经费、澡堂经费、医院给药办法、死亡抚恤及纪念日等，均照旧例给付；惟在工作时间不到者，一律照旧扣资。此种办法系按照本年七月二十九日未停工以前旧例办理。女工分娩得享工厂法第三十条所载之利益。

（八）按照工厂法第四十条之规定，并受公司法第一百七十一条之限制，厂方于每年年终，由净利项下提十分之二发给工人作为福利。

（九）当厂方雇用工人时，对于工会所介绍之工人与以相当考虑。但厂方得自由去取，并得雇非工会所介绍之工人。

（十）此决定自签订之日起至民国二十五年十二月三十一日实行有效，双方均应遵守。

豫丰纱厂劳资争议关于维持工人之解决办法

关于本年八月十六日劳资双方因维持此次停工，工人所订之契约条文解释，各方有所争议。现双方均愿早日解决，以友谊态度处理之。

1．本年七月二十九日以前所有在工厂工作之工人（无论任何要求均已完全解决）照下例给付：

（甲）留用工人维持费发自本年七月二十九日起，至民国二十三年正月四日止；

（乙）被裁工人为五五五人，维持费发自本年七月二十九日起至民国二十三年一月二十八日止。

2．厂方对于第一条内所载应发给工人之数目，将于此合约签订后，七日内发给之。

职自十八日上午十二时谈判，至下午八时，始稍具眉目，继交工会征询意见，工会对于此项条件，坚不接受，于十九日大举请愿，提出对策七条，条文列后。

附录六

1．被裁工人维持费发至二十三年一月二十八日，并给川资（即遣散费）二十元。

2．二十三年一月五日复工，如不复工，维持费须发至开工之日止，并于半年内不得藉故停工。

3．此次裁去五百五十工人，以后不得再裁，遇有空额，必须抵补。

4．厂方如因不可抗力发生停工事故，厂方须发给工人维持费。

5．延长工作时间，须依照工厂法第十条办理。

6．延长工作时间之加资及原工资总额，每日为一千七百三十三元，由工厂会议支配之。

7．本协定有效期间至多不得超过一年。

后经一再磋商，意见始渐接近，厂方对于争议各点，亦稍表示让步。乃于二十日下午二时在第一区专员公署举行调解会议，议定调解协定二种，正式签字，至下午六时终结，宣告散会。其工人维持费亦由厅长向厂方交涉，先发二万六千元，余于七日内发清，并定于二十三年一月五日复工，此该厂纠纷调解经过情形也。此次（即十二月二十日）之调解协定分二件，全文附后：

附录七

郑县豫丰纱厂劳资争议调解决定

一、兹经劳资双方同意，本年八月十六日劳资所订之调解决定，经此次修正，归纳于本决定以内。自本决定签订之日起，所有劳资双方从前成立之任何契约一概无效。

二、除本决定条文所规定外，以后劳资双方均须依照工厂法、工会法及同法施行细则办理，此外不得别生枝节，永绝纠纷。

三、按照工厂法第十条之规定，工作时间每班延长至十二小时，每一工人按照其实际工作时间给资，其不满每班所规定之工作时间者，按照比例结算。

四、厂方于民国二十三年一月五日恢复全部工作，雇用工人三千五百八十二人。照此工人数目（即三千五百八十二人）日夜两班，工资总数定为洋一千七百三十三元，包括赏工夜饭资及延长时间之加资在内，工资细表由厂编制。

按照下列条文之规定，厂方得裁减上述工人数目及减少每日工资总额。

（甲）工人死亡及告退之遗额，在厂方斟酌情形之下，得不抵补，而每日工资总额洋一千七百三十三元，自当照减。

（乙）兹为决定在厂工作剩余之工人数目起见，成立一委员会，以七人组织之，内由河南建设厅长委派三人，中国全国棉业统制会主席委派三人，并豫丰纱厂经理一人，共同考察。于民国二十三年六月十五日以前，缮具报告三份：一份呈河南建设厅长，一份交厂经理，一份交工会。该委员会多数通过后，载明于报告上，双方均应接受，在本决定有效期间绝无更改。厂方于民国二十三年六月三十日得将决定项下余剩工人一概裁撤。并于同年七月一日将留厂工人每日工资表修改，以被裁剩工人每日工资所节省下三分之一，加给留厂工人。

剩余被裁之工人，各发给本决定第五条所规定预告期间之工资，此外不给付其它任何费用。

（甲）在厂继续工作三个月以上未满一年者，于十日前预告之；

（乙）在厂继续工作一年以上未满三年者，于二十日前预告

之；

（丙）在厂继续工作三年以上者，于三十日前预告之。

六、自民国二十三年一月五日起以后，实行将所有在厂方停工期间发给维持费或别项津贴等习惯，一律取销，以下列规定替代之：将来厂方如再停工时，在厂工作之工人，在继续停工期间，付给下列之维持费：

（甲）由停工之日起至第十五天内，不发维持费；

（乙）第十六天起至第三十天内，每名发给维持费总数洋二元；

（丙）第三十一天起，每名每天发给维持费一角。

七、赏工及夜饭资（均载明于第四条内），学校经费、澡堂经费、医院给药办法、死亡抚恤及纪念日等均照旧例给付，惟在工作时不到者一律照旧扣资。此种办法系按照本年七月二十九日未停工以前旧例办理。女工得享工厂法第三十七条所载之利益。

八、按照工厂法第四十条规定，厂方于每年年终由净利项下提十五分之二发给工人，作为奖金。

九、当厂方雇用工人时，对于工会所介绍之工人予以相当考虑，但厂方得自由去取，并得雇用非工会介绍之工人。

十、此决定自签订之日起至民国二十五年十二月三十一日实行有效，双方均应遵守。

中华民国二十二年十二月二十日签订

豫丰劳资争议关于维持工人之解决办法

关于本年八月十六日劳资双方因维持此次停工，工人所订之契约条文解释，各方有所争议，现双方均愿早日解决，以友谊态度处理之。

（1）本年七月二十九日以前所有在厂工作之工人，（无论任何要求，均已完全解决）。照下列给付：

（甲）留用工人维持费，发自本年七月二十九日起至民国二十三年正月四日止；

（乙）被裁工人为五五五人，维持费发自本年七月二十九日起至民国二十三年一月二十八日止。

（2）厂方对于第一条内所载应发给工人之余欠数目，将于此约签订后，七日内发给之。

本约于民国二十二年十二月十九日签订。

〔国民政府经济部档案〕

13. 六河沟煤矿工会理事张霖抄报中共直南特委为“九一八”事变三周年纪念告磁县工友书呈

（1934年9月10日）

呈为拾得反动宣传书一纸，请鉴核由，倾据本会会员刘发印密鉴：本月十九日上午十二时下班后，道经天桥以东，拾到抛弃路旁之反动宣言书一纸，其时行人如织，究系何人抛弃，不得而知，谨将宣言呈上鉴核等情。查共产党白日竟敢散发宣言，实属胆大已极。除密令及分函严防外，理合将该宣言抄呈鉴核。谨呈中国国民党中央执行委员会民众运动指导委员会

附中共直南特委为“九一八”事变三周年纪念告磁县工友书一纸

李溪屏

中央直辖六河沟煤矿业产业工会常务理事张　霖

孙　茀

中华民国二十三年十月　日

为“九一八”事变三周年纪念告磁县工友书

磁县各矿各厂工友们：

九一八事变三周年纪念来到了，立即宣布罢工，成立纪念委

员会，纪念我们中国的危机。

因为不但整个中国到了【被】瓜分的新时期，而且整个工人无产阶级的生活已经恶化到极点了。

日本帝国主义占领了中国许多地方后，最近要把华北、内蒙完全夺在他的掌握，而且声明要独占全中国，大批军士在中国随地演习，各种战事侦察全国，派遣军舰等等；法国占领九小岛，正往云贵等省进占；英国占云南班宏老，进攻康藏四川及新疆；美国除军事准备外，大批货物倾销。各帝国主义已经举起“九一八”事变血腥的旗帜来瓜分中国了，更因此使中国经济破产了，把许多工人从工厂里抛在饥寒的街头。豪绅地主资本家的国民党，一贯的出卖当汉奸，给帝国主义掩饰瓜分中国事实，给帝国主义清除道路，屠杀中国千百万的反帝反日战士，不让工人反日，藉口国难，增加工人工作时间，大批开除工人裁员，取消工人待遇，更唆使其走狗黄色工会勒索工人，帝国主义国民党资本家想把他们一切的损失都加给工人自己来担负。他们拿上这些剥削，并不是去抗日救国，而是去用作进攻工人，进攻中国革命的资本。工人们起来，反对帝国主义瓜分中国，反对国民党出卖中国，反对国民党资本家进攻工人。

苏联社会主义建设成功了，工农生活优越了，因而世界各帝国主义，尤其是日本、德国、美国更凶恶的进攻苏联，企图消灭工人的祖国。同时，中国苏维埃红军的胜利与壮大，帝国主义更凶恶的与蒋介石进行绝望的五次围剿，他们企图消灭中国工农革命的势力，好来瓜分中国，因为真正抗日反帝，为中国独立与领土完整而奋斗的工农红军是帝国主义国民党的“眼中钉”。工友们，红军为了进行冲破敌人的包围，直接进行抗日战争，已经派遣抗日先遣队打到福州附近了，工友们组织义勇军来响应红军抗日先遣队，来武装保护苏联，反对帝国主义大战，反对帝国主义国民党进攻红军。

磁县六河沟的工友们，你们过去虽然继续不断英勇的来反对国民党资本家的进攻，但你们还要学习开滦、美亚工友们的同盟罢工，反对帝国主义，打击资本家的要害。

六河沟的工友们要增加你们的工资，要纪念日、礼拜日，要释放你们的领袖赵马，驱逐工贼指导委员会，不让他们在矿立足。

彭城的工友们，要反对黄色工会的欺骗，实行增加工资四分，要组织各窑工友联合会，驱逐那些小卖贼指导员与黄色委员。

峰峰西佑工友们，要清你们的陈支，反对米面算大价，增加工资，反对随便停工。

各矿工友们，要组织罢工委员会来领导罢工，组织工人自卫队来保护罢工，打击一切工贼，一致的团结起来，反对平汉路调兵南下进攻红军。

1. 罢工纪念“九一八”三周年纪念；

2. 反对帝国主义瓜分中国，进攻中国革命！

3. 反对国民党出卖华北，出卖全中国！

4. 反对帝国主义干涉苏联，武装保护苏联，中国工农与苏联弟兄联盟起来！

5. 反对矿上资本家开除工人，反对取消纪念日、礼拜日、官假，减少工资，逮捕工人领袖，米面算大价，做细□要增加工资四分。

6. 成立工人抗日会、义勇军，响应红军抗日先遣队！

7. 拥护中华苏维埃政府与工农红军！

8. 反对日本帝国主义吞并全华北，打倒满洲傀儡国！

中共直南特委九月十日

〔国民党中央党部档案〕

14. 六河沟煤矿工人反对资方裁工减员斗争的有关文件

（1935年10月—1936年1月）

（1）何瑞琪呈实业部文（1935年10月22日）

六河沟煤矿公司以年来工商业不振，煤价低落，最近为减轻成为〔本〕，紧缩开支起见，特提出裁工减资办法。事经工会指导员暨理事商谈一周有奇，未获结果。公司为使计议实现，于十月十七日将所拟裁减办法，直接公布各厂，并定自十月一日起实行。工人以公司此项办法，事先既未经工人同意，贸然公布实行，疑系工会理事承认，群趋工会质问，当由常务理事辩白，系出自公司单方举措，工会并未同意。不料十九日午前十时，工人自动集合六百余人，包围公司经理室，要求立即收回成议。经公司多方解释——谓裁减办法系出公司，而履行与否仍在工人，强迫收回成议，于法于理殊有未合——奈工人坚持如故，非立即收回不可，而喧腾叫嚣之声，更甚于前，至午后三时，公司以指导员、工会负责人无法制止，特电请监督员到场维持，当以职责所在，晓以各安秩序，毋得有越轨行动。不料内中捣乱份子乘势鼓动，谓仗政府势力，压迫工人，一时秩序大乱，更有少数气势凶凶，竟实行包围监督员，以武力相加，幸工会诸常务理事在旁，竭力卫护，得免受害。至此，公司见工人暴动，迫于暴力压迫之下，只得将成议收回。监督员当事变发生后，原拟立即停止工会活动，拿惩肇事凶徒，唯因地方情形特殊，戒备不严，镇压力弱，恐因此再酿成重大事变，故暂取镇静态度。究应如何办理之处，理合备文呈请钧长鉴核示遵。谨呈
部长陈

实业部中央直辖
六河沟煤矿业产业工会 监督员何瑞琪（章）

附抄矿厂管理处函一件
中华民国二十四年十月二十二日

抄录矿厂管理处十月十八日公函一件

迳启者：敝矿因鉴于维持为难，业于十月十七日函达工会文曰：迳启者：本矿困难情形已达极点，近年来煤价逐步狂跌，赔累更属不资，长此因循，断难维持。迭奉总管理处函电减轻成本。对于裁工及减资办法，业经多方询商，共获谅解。兹定自十月一日起，所有里工之星期日、纪念日、双资及病工与养老金、房油津贴等项，一概取消，包工之采煤罐价、装卸大小车之车价及临时工之工资，概按原订数目减低二成计算，俾得稍轻成本而维现状。此举出自逼不获已，兼为顾全失业恐慌起见，素念本矿工友工作多年，备尝艰苦，咸抱休戚与共之旨，尚祈共体本矿困难，以挽颓局于万一。除知照各科组查照办理外，相应函达，即希查照转达为荷。此致工会。在卷。事出逼不获已，相应函达台端鉴照为荷。此致
工会监督员何

六河沟煤矿公司矿厂管理处启

（2）唐健飞的调查报告（一九三六年一月二十五日）

窃健飞于去年年底，奉命前往六河沟，调处该矿减资纠纷，业于前日公毕返部。所有调处经过，除已面向钧座略陈概况外，谨再分项综述如下：

一、近三十年来六河沟煤矿每月收支概况

查六河沟煤矿公司为我国北部大矿之一，产量丰富，品质优

良（有烟煤），自民国五年至十四年为该矿发展过程中之雄飞突进的黄金时代，每年赢余辄数十万元，当时该矿经理人员，以经营得利，顿具野心，如李红坤者竟以中国煤矿大王自居，除在本矿添设炼焦厂、水泥厂，在汉口并办扬子铁厂外，并投资于其他华北各个煤矿，迄后以国家多难、连年战争、交通断绝，百业停顿。该矿所有资金，既以经营其他事业，开支净尽，而每日出产煤炭堆积如山，更无法运销矣。该矿情形遂一变蓬勃活跃之像而为窘枯死态之境，即欲苟延残喘，亦非举债不办，机器损坏，无法修理，员工薪资，无力发放，甚至积欠达十七个月之久者。民国二十年以后，中原底定，国内一统，运销方面固无困难。但以近年日煤倾销，煤价惨落，加以平汉铁路运费较贵，该矿产品，仍难畅销，故近三年来依然处于极困难之境地，每年亏累平均三十万元。兹将该矿三年来每月收入概况列表如下：

A、产量（1）月计平均四三，○○○吨

（2）应除自用月约三，○○○吨

〔附注〕以每吨价值三元五角（通知公司包销以每吨三元五角计价）月共值洋一四○，○○○元

B、开支（1）里工工资　三○，○○○元

（2）外工工资　五○，○○○元

（3）职员薪水　一○，○○○元

（4）材　料　二五，○○○元

（5）工人养老金本利　二，二○○元

（6）总公司开支　一○，○○○元

（7）总　税　一○，○○○元

（8）平汉铁路岔道租　四，○○○元

（9）矿区税　一，○○○元

（10）台矿租金		三，〇〇〇元
（11）当地债务利息		七，〇〇〇元
（12）其他事务费		二〇，〇〇〇元
共计		一七二，〇〇〇元
收支相抵每月亏短		三二，〇〇〇元

〔附注〕所有该矿总公司应付银行团垫款及公司债利息尚不在内。

二、此次减员纠纷之起因

该矿近年收支概况既如上述，为急求维持现状，以徐图将来之发展，只有从事紧缩，减轻成本之一法。查工资一项，实占该矿月支总额百分之七十五以上，欲求紧缩，以节开支，自非先将该项工资核减不可，故于去年十月间，该矿经理李租莱特由北平到矿，立即宣布核减全体工人工资百分之二十。当时工人以事先未经同意，仅由公司单面宣告，殊与订立劳资协约之原则大相违背，且以减资太多，与工人生计发生重大之影响，遂全体齐集该经理办公室，要求立即收回成命。该李经理因被工人包围达六小时之久，中央特派指导员及本部部派监督员均已无法开导，逼不得已自动将原议撤销，始克解围，照常工作。此次减资计划既未实现，工人方面甚觉胜利。然该矿自身隐伏之危机，亦即间接影响五千工人之生计，恐慌始终并未解决。除即日宣告破产，停止经营以外，为求挣扎，以谋生存，仍非旧议重提不可。故迭次呈请中央党部、国民政府、行政院及本部等另派大员临矿调处，以祈于任何困难之中，求得一线生机，本部向本发展实业，保护劳工之旨，对于该矿此次纠纷，极为重视，故特派健飞前往调查，相机办理。

三、处理此次纠纷之经过及其办法

健飞于去年十二月三十日奉命出发，于今年元月二日抵矿，当即通知该矿负责人员，将所有关于该矿经济上之一切实际概况，编成表册，详加说明，以便与我国其他几个较大煤矿作比较之研究，并于当夜详询中央特派驻矿工运指导员戴日喧及本部驻矿工会监督员何瑞琪，关于此次纠纷之一切情形。本月三号以后，即逐日分别召集矿方及工方负责人员详询各方意见，商讨解决办法，迄至六号，解决原则业经决定，减资标准最高不得超过工人原有工资总额百分之十五，详细办法亦经健飞草拟完毕，于七号下午分别召集矿方代表及里工工人代表公开宣布，并详加说明，以求双方明瞭，互相退让，为和平协商之解决。在公司方面虽以此次仲裁之标准与二成减资之原议相距甚远，然为体谅工人生活，顾全政府威信，尚能勉强承认。但在工人方面，大多数人固明知公司历年赔累，无法维持之真像，不便启齿公开反对，然以事关个人利益，始终不肯明白答应，揆其内心则为最好不减，不得已而求其次，则要求少减，此乃人情之常，毫无足怪。惟少数捣乱分子，平日专以时毛高调，讨得工人好感，以求达其个人风头领袖之欲望，乃藉此次减资问题，大肆鼓动，以谋反对。自去年十月以后，工人群众中即有少数分子作此项秘密活动，至今年一月七日夜间，经健飞将减资问题之解决办法宣布以后而更猛烈。但以部派大员坐矿镇压，且以此次解决办法多数工人尚认公允，极难以此次减资办法为口实，与政府人员作正面之冲突，乃另假要求立即开清欠资为名，于八号早晨纠集二三百工人，逾墙夺门而至该矿经理办公室，包围协理李祖恩达五小时之久。揆其用意，一方面故作难题，为难公司；另方面表示力量，向政府示威，盖欲藉要求欠资问题而影响减资问题，使减资办法因之拖延而无法实行。此种变化及其企图，健飞于七号夜间即已得到各方确报，认定此事件绝无和平解决之可能，非将少数捣乱分子略加惩治，无法打开已成之僵局，当即电请河南省政府主席商启予，电令安阳第三区保安司令派队来矿，稍作镇压。盖以该矿地处冀豫晋三省边区，盗匪横行，共党潜伏，乘机暴发，隐患堪虞。故于八号工人聚众围逼公司之时，健飞极力设法，暗中维持，只准好言劝导，避免武力冲突，（该矿有矿警二百余名，附近有保安支队一排，已奉令弹压矿工风潮），以防止事态之扩大。故自八号上午十一时半起包围至下午四时半止，中经五小时之久，始终未有酿成事变，而自动散去。当工人散去以后，因该矿工会平日派系之冲突，由工会常务理事张霖统代工人一百余名拥至东沟工人住宅，寻至另两常务理事李溪平、孙福家中，以该两人勾结公司出卖工人为口实，欲以群众力量加以直接惩治。幸该两人于上午逾墙夺门之时，业经察觉群情凶勇，恐于彼辈不利，即已逃避。仅将该工人住宅之守门壮丁头部殴伤，并夺获其自卫手枪一枝。于是连人带枪，复又拥回工会，始克散去。九号傍晚，安阳保安司令部派来之冯参谋主任率领枪兵七人及临时指挥该矿附近驻军之命令到矿，即与接洽，并详告其事变之经过，及今后处理之办法，完全征得其同意以后，即于当夜由健飞下令，将在东沟首先动手殴人之工人两名，派警前往逮捕，但该两工人自知犯刑，已先逃走，主犯虽未缉获，然其他捣乱份子已皆不敢露头角矣。察考当时情形，大多数工人对于减资办法已无异议，但欲出之以双方签字和平解决之方式，事实上因工人李孙两常务理事之被逼逃避，工会瓦解，无人负责，已无可能，遂与中央党部特派民运指导员戴日暄及冯参谋主任等再度解决办法详加究讨，并令工会常务理事张霖召集全体工人代表，剀切说明，于十一日即将裁定办法以党政军警各界主管长官暨该矿厂管理处名议会同公布。兹将解决办法照录于后：

甲、关于里工部份

一、本工工资照旧。

二、礼拜日、纪念日、双工照旧。

三、关于伤病津贴应自民国二十五年二月份起，依照修正工厂法第四十五条第一项办理。其原有全年加给病工十四天之待遇，应予取消。

四、房油津贴，应自民国二十五年二月份起暂予停止，但以三年为限，非经实业部核准，不得延期。原住公司之房屋者，应按每月壹元贰角纳费，装用公司电灯者应按每月伍角纳费，由公司于每月开发工资时扣除之。

五、原有养老金待遇，应自民国二十五年起取消之。

六、自民国二十五年二月份起，每月每人加给奖金一天工资，其奖励办法另订之。

七、公司积欠工人之工资，限于民国二十五年十月底以前分期付清之。

八、民国二十五年以前，工人应得之养老金，定于民国二十六年六月底一次发还。

九、自民国二十五年二月份起，每月每人加给之奖金一天工资，应依工人储蓄暂行办法第二十一条之规定，作为强制储蓄金额，依法支取。至工人储蓄会应限民国二十五年二月底以前依法组织成立。

十、自民国二十五年起，每两年应行工人考绩一次，分别奖惩，其考绩办法另订之。

乙、关于外工部份

一、外工减资标准，依里工减资原则办理之，最高不得超过百分之十五，并应由包工与工人共同分摊。

二、凡在窑下工作之工人之最低工资，每人每日不得少于大洋四角正。

三、凡装大车、卸煤车及拣渣推罐等工人，每日平均工资不满大洋四角者，由公司酌量核减之，但在工人方面最多不得超过百分之五。

四、公司应取有效方法，严禁包工抬高米面价格。

四、减资纠纷解决以后对于该矿工会之处置

自十一日将裁决办法公布以后，大多数工人毫无异议，照常工作，而尤以欠资有着，（去年旧历年内先发两个月）养老金发还有期，特别表示满意。惟据各方报告，工会常务理事张霖暗中活动甚力，企图于二月初间即旧历新年停工以后，举行罢工（即停工以后暂不复工），以谋推翻减资原议，当即由健飞召集该常务理事恺切劝导，责以大义。幸该理事立即觉悟，并允具结担保不再从事此种活动。至其他平日鼓动风潮最力，而又作技术太劣，不堪造就之工人，计共十八名，即由中央指导员及本部监督员会同命令工会，予以开除会藉之处分，并通知该矿公司准予开除其工作，限期驱逐出境，以免再生事端，有妨劳资双方之精诚合作。至该矿工会因内部派别纷歧，互相倾轧，所有理事监事平日工作不力，诚信不采，加以任期久满（去年十一月应改选），事实上已失去其领导与训练之效能，故由健飞商同中央指导员由本部监督员会同命令该矿工会，将所有理事监事及第一分会干事全体撤职，另派人员暂行保管。将来对该工会之善后办法，令候中央党部决定办法。至未曾参加此次减资纠纷第二分会及河北机厂全体工人，亦由中央指导员会同本部监督员传令嘉奖，以明赏罚，此今年一月十五日事也。该矿减资纠纷，至此已完全解决矣。只要双方遵守办法，切实履行，最近期间决无多大问题发生。健飞遂于翌日发表告该矿工人书，旋即离矿返京复命。

五、对于该矿今后改进之意见

查该矿之煤藏丰富，品质优良，确为我国不可多得之有烟煤矿，而尤以可供炼焦之一点，更为我国发展国防工业及重工业之急需要物。虽以过去经理之不得法，致成今日岌岌不可终日之势，然均属于人力与财力之有所不尽，而于该矿本身之价值与前途丝毫不受损失。健飞于近三年中，先后因公去过该矿两次，此次停留达十五日，除努力设法为减资纠纷迅谋妥善之解决办法以外，对于该矿过去现在及将来之种种情形与改进之途径，多方考察甚详，虽不敢自诩为独到之见解，亦未始非愚者千虑之一得。谨分别略述其梗概如左：

一、公司债务亟应整理。查该矿为有限公司之组织，全部股金为六百万元，但近十年来，所负之债务（当地期条及矿票在外）业经超过股金，以目前状况而言，再等十年，亦绝少有偿还此项巨额债款之可能，若不亟图救济，则银行所投之资，固永无收回之望，而该矿所负之债亦永无还清之力。整理之法，惟有采取增加资本之政策，除将所有债款商得银行团同意后，一律改为股金外，并增加必须之最低流通现金，如此则一方面公司资本无形增大，而公司债务一旦廓清，在精神上无异于给该矿公司打一针强性兴奋剂，免使该矿久困债台，无力发展。另方面，可将银行团与矿公司两者之债权人与债务人的对立关系打成一片，以免隔阂，即主持矿务者可免介于银行团与矿本身，二者交相责难的夹攻之中，而银行团亦可以股东之资格，直接参加公司之管理与监督，极力从内部之改进，免蹈以往之年投巨资而毫无补益的覆辙。

二、当地债务尤应清偿。当地债务分期票（即到期未清之材料帐及临时债），矿票（即工资券）两种，计共约八十万元、矿票因无常设兑换机关，故市面价格恒较票面价额为低，以之开发员工薪资，工人受损为数甚巨，而当地狡黠市侩，甚至该矿职员，专以收买矿票而发财者不知若干。以人口几仅三千、商店不满三百之六河沟观台街，竟有钱庄钱摊五十余家，若以普通市场之商业情形而论，宁非怪事？一般工人因受矿票之害，影响日常生活，即在公司亦受矿票之累，故于每月筹到大宗现款，准备开发员工薪资之先，非叩头求饶于若辈矿票收买人之前，则无法开交矣。矿票现虽仅存八万之谱，期条尚有七十万元之多，按月坐索其苦更有十倍甚于矿票者也。若不急谋清偿，则该矿财政永无办法。至于期条之起源，多发于公司极度穷困之时，公司因无现款购买工程上必需之材料，恒以数倍重价，忍痛接受，签发期票，其利率有高至月息五分者，以如此穷困之矿，连年受巨量之重利盘剥，其不沦于今日之窘境，一蹶不振奄奄一息者几希。查原有期票，因为时甚久，业经辗转入于第三者、第四者或第五者、第六者之手矣。现时期票之持有人均系以五折以下价格收买而来，该矿公司如能于最近期内一次筹得五十万元，则可将一切期条、矿票全数偿还收清，本金既可减少至三十万元，每年利息更可减少若干之支出，而以后公司财政出纳完全独立，丝毫不受地方势力之钳制矣。

三、管理不善应图改良。查工厂管理之得法与否，关系于工业本身之能否发展者甚巨。我国各地工商业界，近年以管理不善而致亏折倒闭者比比皆是。该矿情形亦陷于此。查该矿有里工外工之分，即于工厂之外尚有矿场管理之难，当较普通工业为甚，虽一部份可归咎于财力之不及，然另一部份仍为人力之有所不尽。各机厂、电厂工人工作之散漫松懈，及公开制作私货以为自用或作赠品者，随便参观工人住宅及附近住民家中，到处即可发现零星小件，固无论矣。即在机厂自制铁床搬运木料自建房屋者，为数亦颇可观。至于煤电之被盗窃，则为有视无睹之照例事情，此种损失，日计虽属有限，若以年计，则乃惊人，况该矿之向来如此者乎。工人如此，职员亦然，在每一所职员住宅中，每年浪费之水电煤炭，若加统计，当亦不在少数也。

四、职员纷歧应谋统一。该矿职员就职掌论，计分技术与事务两种，就关系说，则分王（王正廷）派与魏（前经理）派两系。而王系之中又分大王（王正廷）小王（王正黼）两派，以故意见纷歧，明争暗斗，其冲突之结果，反应于该矿工务之进行者有二：（一）在技术方面，各据所见，以为攻击。如去年开凿之新井工程中，经开而复辍，辍而复开者数次之多，耗时费财，无逾于此；（二）在工人方面，各树势力，以谋自重。如今年元月八日上午，工人包围东楼（经理办公室）之事件，机厂厂首则曰电厂工人先发动，电厂厂首曰机厂工人先动，互相议评，专以己厂工人未先发动，完全出于他厂工人胁迫，对下讨好，对上邀功，故事变发生之翌日，电厂工人竟有联合寻殴机厂厂首之举动。此种以工人为工具，以工运为力量之个人冲突，影响于该矿之本身者，较上述之技术上相互攻击，其危险尤有甚焉。现任驻矿协理李租恩，虽以超然态度介处于各派之间，对李个人尚无恩怨，然仍无法调和融洽于一致，故非实行前述之计划，由银行团直接参加，彻底改组不可。以上四点，与此次裁减工资以求紧缩之纠纷，合为该矿目前之五大问题，减资问题虽经健飞勉为解决，然其根本关键尚不在此，如无办法解决上述之四点困难，以令工人永不发生任何问题，该矿前途仍难乐观也。所有调处六河沟煤矿公司减资纠纷经过情形及对于该矿今后改进之意见，理合缮具报告，呈请鉴核。谨呈

部长

次长

劳工司司长唐健飞谨呈（章）

廿五、一、廿五

计附六河沟煤矿公司矿厂管理处布告一件

告六河沟煤矿工会全体工友书一件

里工工资统计表一份（略）

里工工资分析表一件（略）

包工工资分析表一件（略）

包工工资概况说明书一件（略）

工人养老金暂行规则一件（略）

关于公司其他节减部份清单一纸（略）

一、六河沟煤矿公司矿厂管理处布告

为布告事：查本矿历年赔累情形，事实俱在，一因成本过高，二因煤价惨落，虽经整理紧缩，仍苦无法维持，若不急图救济，崩溃立至。其关系工友生计以及国〔家〕要需至为重大。本公司早觉及此，去年以来，实行裁员减薪，撤销各分机关。此外，并于十月间提出核减工资竟成之议，原冀各位工友以共存共荣之心，为自救救矿之举，体谅时艰，忍痛承认。讵因少数份子不明此义，从中捣乱，纠众反对，一变主雇和平之协商，而为劳资争议之纠纷，言念及此，曷胜痛心。纵令本矿崩溃倒闭不足为惜，其于五千工友生计立即断绝何？兹承实业部特派劳工司唐司长莅矿调处，迭经召询各方听取意见，详加审核，就公司提出折减二成之标准，按壹成伍核减，维持实业、体恤工友，兼筹并顾，深为感动。本公司仰体政府挽救实业，刻苦图存之旨，自应遵从决定，继续努力，庶几本矿勉维现状，再图改进，尤冀本矿工友暂忍艰苦，以期将来，慎弗轻信挑拨，自贻伊戚。工友幸甚！本矿幸甚！特此布告。

计开裁决办法十四条如左

甲　关于里工部份

一、本工工资照旧。

二、礼拜日、纪念日、双工照旧。

三、关于伤病津贴，应自民国二十五年二月份起，依照修正工厂法第四十五条第一项办理，其原有全年加给病工十四天之待遇，应予取消。

四、房油津贴，应自民国二十五年二月份起，暂予停止。但以三年为限，非经实业部核准，不得延期。

原住公司之房屋者，应按每月一元二角纳费；装用公司电灯者，应按每月五角纳费，由公司于每月开发工资时扣除之。

五、原有养老金待遇，应自民国二十五年起取消之。

六、自民国二十五年二月份起，每月每人加给奖金壹成工资，其奖励办法另订之。

七、公司积欠工人之工资，限于民国二十五年十月底以前分期付清之。

八、民国二十五年以前，工人应得之养老金，定于民国二十六年六月底一次发还。

九、自民国二十五年二月份起，每人每月加给之奖金壹天工资，应依工人储蓄暂行规则第二十一条规定，作为强制储蓄金额，依法支取，至工人储蓄会应限民国二十五年二月底以前依法组织成立。

十、自民国二十五年起，每两年应行工人考绩一次，分别奖惩，其考绩办法另订之。

乙　关于外工部份

一、外工减资标准，依里工减资原则办理之，最高不得超过百分之十五，并应由包工与工人共同分摊。

二、凡在窑下工作，工人之最低工资每人每日不得少于大洋肆角正。

三、凡装大车、卸车及拣渣推罐等工人，每日平均工资不满大洋四角者，由公司酌量核减之。但在工人方面最多不得超过百分之五。

四、公司应取有效方法，严禁包工抬高米面价格。

六河沟煤矿厂管理处

中华民国二十五年元月十日

告六河沟煤矿工会全体工友书

各位亲爱的工友们：

兄弟今次到矿，系奉部令，专为解决本矿减资纠纷而来。且莅矿之始，除令公司造具本矿损益概算表，包工、里工工资待遇分晰表，里工、外工工资统计表，以及其他营业状况，支收细数等项，详细帐目，以资详加审核外，并迭次召集工会理监事、里工厂〔总〕代表，分别谈话，征询意见，原冀从彼此万分困难之中，求得一互相和平谅解之法，当即决定如何设法保持本矿之存在，亦即所以安定全矿工友之生计，为兄弟解决此次本矿减资纠纷之最高原则，区区苦心，屡次声明。一旬以来，幸我大多数工友，深明大义，均能了然于本矿目前之困难，即是工人自身之危机，虽有少数不良份子，从中捣乱，借题发挥，但对于兄弟提出一五（公司原定为百分之二十）减资之折衷标准，尚无根本之反对与怀疑，现经会商党政军警各方代表，共同决定，计共办法十四条，关于里工者十条，关于外工者四条，除已由河南省第三区司令部冯主任参谋，中央特派戴指导员、实业部何监督员、矿业警察所程所长会同布告外，并令公司即将办法原文，全部公布，俾众周知。兹为使工友彻底明瞭起见，特择要分条说明如下：

一、本工工资照旧。查本工工资系由历年递加而来，不谨为平日工作劳绩之表现，而更为个人工作技能之凭证，其增加也既不容易，随便减低，当不甘愿，此为全体工友意见之所同，故深为采纳，仍予照旧。

二、礼拜日、纪念日、双工照旧。凡继续工作六日者，应有一日之休息，此乃世界各国之通例，亦即神圣不可侵犯之信条。我国各地各业工人，多半以生活困难，工资低微，不能休息，而更因工厂矿场全部停工一日之损失，不愿工人休息，故在工厂法中明文规定休假期内，工资照给，其不愿休假者，给予双工资，国定纪念日亦同。此乃人情之所应当，国法之所赋与，决不容许任何人可以随便剥削，更不容许任何人可以随便牺牲，故仍予照旧。

三、病工待遇应予取消。因公受伤，此为工厂矿场工作工人之通常危险，虽不必有，亦难必无，而更难断定其为每人每年恰为十四天，此种轻重不分，待遇不平之办法，理应取消，凡以后关于工人伤病之津贴，应完全依照修正工厂法第四十五条第一项办理之。

四、房油津贴暂予取消。依照修正工厂法第三十九条之规定，工厂应于可能范围内，建筑工人住宅，本矿工人住宅，仅容一百余人，多数工友均系赁屋而居，公司向例，每人每月津贴房费一元二角，油费五角，无论工资大小，到矿久暂，一律待遇，确系一切待遇中之最实际，最普遍者，为这一点，兄弟几费考虑，屡思保存，即至今日，办法决定公布以后，个人内心，犹觉不安，但以百分十五减资之最低标准，免求适合，舍此莫由。故于忍心决定取消之后，仍附以三年为期之限度，非经实业部核准，不得延期。

五、取消养老金另加奖励金。本矿养老金之设，原为奖励工友工作及安定工友生活，但以罚则太多，限期太久，多数工友均不置信，认为可望而不可即之空头支票，此固由于误会，然上述两种原因亦确有不能令我工友们满意者也。此为奖励勤恳，保障生活起见，另设奖励金一种，凡每月工作满三分之二以上而无过失者，加给奖金一天工资，以此加给之工资作为强制储蓄金额，按月存储，如遇必要时，仍可随时依法提取，决无十年或十五年之长期限制，且系每月给奖一次，亦决不会因一时之过失而取消全年之奖金，至将来工人储蓄会组织仍归全体工友自行管理，当更可取信于我全体工友也。

六、限期开发欠资，发还养老金。开清欠资与发还养老金两个问题，为本矿全体工友所最注意之点，业经估计公司财力，限至本年十月底以前分期发清欠资，而又限至二十六年六月底以前一次发还养老金之全部，庶于此次减资以后，最近生活得赖欠资稍事补助。至一次领得养老金，更可预先打算，或是还帐，或是置产，均可作为一种较大之正当用途。

七、实行考绩办法。在一个工厂里要能赏勤罚怠，则怠者能勤，勤者愈勤，一方面生产效率可望增加，另一方面工人待遇亦可提高。兄弟敢负责向我全体工友告者，本矿经此次减资以后，对于工友们平日工作之最努力者，已再三郑重告知公司负责人员，于最近期内明定奖惩之考绩办法，从本年起，每两年举行考绩一次。

八、外工减资办法不同之原因。本矿外工方面，平日工作甚为勤苦，而每日工资亦较低微，即在待遇方面，以格于包工制度之下诸多向隅。兄弟深知此种情形，故决定外工减资办法，首先须与包工分摊，并严定每日之最低工资，以防止包工对工人之剥削，而平均工资每人每日不满大洋四角者，则严定最高减资标准，不得超过百分之五。

九、严禁包工头抬高米面价格。以本矿目前情形看，一般包工工头，多以抬高米面价格，以剥削工人为其正业。此种丧心病狂之欺人行为，言之殊堪痛心。故再四告知公司负责人，务必从此减资事件解决以后，对于工人之每月工资按期开支，不得拖欠，使工人领得现款，自由购买，即偶有由包工代为垫发米面情事，亦应由公司采取有效方法，严励禁止抬高价格。

以上对于此次减资办法，约略加以说明。想我全体工友，必能以体谅政府之苦心，同情本矿之艰难，忍痛接受，并望互相告诫，彼此劝勉，严守纪律，努力生产，政府当以十二万分之注意，实现“保护劳工须要发展实业，发展实业须要保护劳工”之最大目的，匪特国家之福，仰亦工友之幸也。谨告

实业部劳工司司长唐健飞

中华民国二十五年元月十二日发

〔国民政府经济部档案〕

15. 国民党中央民众训练部关于处理青岛市日资各厂工人罢工斗争有关文电

(1929年8月—1930年5月)

(1)青岛市长吴思豫与行政院往来电(1929年8月—11月)

①吴思豫致行政院电(8月7日)

机急。南京行政院长谭钧鉴：枢密。鱼亥电计达，工整会虽经指委会令暂停止，但各厂仍有纠察队，持棍指挥工人，甚至阻碍厂之交通等项情事。以至劳资间仍形杌陧。本日职邀集党政军警商定一致，应付工潮办法：(一)由党部告戒工友，并取销纠察队；(二)党政军警俱密派人侦查，工人中如有反动分子，即依法严惩，并劝告工友守法；(三)如劝告不从，再有聚众要挟等情，即由军警制止；(四)由市政府向日交涉，速行从速复业；(五)失业工人设法遣送回籍，以免逗留滋事。以上各节，并经市指委会议通过，已即分别实施，地方安谧，特闻。职吴思豫叩。虞。印。

②吴思豫致行政院电(8月11日)

国急。南京行政院长谭钧鉴：枢密。佳电计达，本日召集各工厂工人代表至市指委会，由豫亲加开导，各代表承认转告工友，服从党纪，勿再妄动，并于工厂所在地派宪兵巡逻，以尽保侨之责，而免日商藉口；一面仍饬社会局于厂方磋商，一俟工人安静后，务于三日内开工。因停业工人原由厂方灰日按名发伙食二角，自明日起，厂方停给，当由市府拨款接济。人数在一万五千以上，需款甚巨，势难久延。此后情况，容再续陈。职吴思豫叩。轸。印。

③行政院致吴思豫电（8月15日）

青岛吴市长鉴：枢密。元电悉。疏导防范，悉协机宜，应付有方，良深嘉慰。特复。行政院。删。印。

④吴思豫致行政院电（8月17日）

机急。南京行政院长谭钧鉴：工商部长孔勋鉴：政密。此间工潮自删日起，已派军警严行取缔，业经电呈在案。惟工人见军警则安静，暗中仍秘密活动。昨又发现标语及阻断厂方交通情事，显有反动分子从中煽动。日领又提出将图自卫之表示。兹已密饬军警化装侦查反动份子，认真拘办，以弭隐患，一面亲晤日领，告以负责保侨，停业各厂可速开工。日领答：当俟工人安静后复业。谨电闻。职吴思豫叩。筱。印。

⑤吴思豫致行政院电（9月24日）

机急。南京行政院长谭钧鉴：政密。青市工潮日趋平靖，惟以万余工人闲散，且生活困难，深恐易被煽动，爰先陆续给资遣回，现留者已只二千余人，以免聚众滋事，贻人口实；一面督饬社会局催促各厂复业。因六纱厂须俟津船到青，方能决定，遂先与一丝厂、两火柴公司交涉。本日日领馆派员会同党部在社会局商议开工办法，因党部代表与日方意旨尚未能一致，约定明日续商，知关垂注，谨先电闻。职吴思豫叩。敬。印。

⑥行政院致吴思豫复电（1929年9月27日）

青岛吴市长鉴：政密。该市工潮经该市长办理妥协，弭患无形，良用嘉慰。仍希将复业事妥为解决为要。行政院。沁。印。

⑦吴思豫致行政院电（11月8日）

机急。南京。行政院长谭钧鉴：外交部长王、工商部长孔勋鉴：政密。青市工潮，自奉中央执委会俭电，责成思豫秉承中央训练部意旨办理。遵即积极与日领交涉，业经议有复工具体办法。本已有解决之可能。自冬日马市长福祥派员到青，约期就职，日方闻之，态度勿变，意须俟马市长到后解决。近日来厂方竟有捕殴工人及另招新工情事，显欲横生枝节。现马市长已定真日就职，思豫虽极望交卸前办到复业。惟事与愿违，合将实情陈明，伏祈垂鉴。吴思豫叩。庚。亥。印。

⑧葛敬恩致国民政府主席电（1930年6月12日）

南京国民政府主席蒋、行政院长谭钧鉴：纲密。职市钟渊纱厂，前有被裁不良工人盘踞厂内，煽动工潮，职恐日久滋事，迭经资遣回籍，乃复络续潜回，密图鼓动。日前党部派员约同警察往厂捕共党，有多数工人辱言党员，殴打警察，声言党政人员嗣后不准入厂。职以时事紧张，后方秩序重要，该不良工人受反动派之煽动，近益肆行无忌，党政威信、全市治安亟应维持。历经严密查究，昨捕数人，正待研讯。今日该工人等始则聚集多人向党部要挟，继复号叫。全厂工人手持铁棍、手枪多支，向警所放枪示威，不服制止，复经派队解散，幸未伤人。除商同党部分别劝告查办外，谨此电闻。青岛市长葛敬恩叩。文。印。

（2）中央训练部干事黄俊昌调查青岛工潮报告书（1929年10月6日）

呈为呈报事，窃职前于八月三十一日接奉钧令派赴青岛调查工潮，当于九月二日遵命到部，首途取道津浦到济南，转道胶济路，于九月四日下午抵青岛，计留青岛二十四日，于九月二十九日离青岛，由海道赴沪返京，于十月三日回部。所有在青岛调查及参加调处工作经过，理合呈明于下：

（一）日厂情形及其关于工人设备。此次停业工厂中，以六纱厂为较大,关系较为重要,日人在青隐握全市经济特权，而以纱厂为其大本营。此等纱厂,均系欧战时日方占领青岛后设立,在欧战期中及近数年来,获利极厚。其五十元股票,有时卖至八百元,少亦卖至三百元，可见其获利之厚。六纱厂中，钟渊、宝来、富士三厂设于仓口镇距青岛约四十里；大康、隆兴、内外棉三厂，设于四方镇，距青岛十余里，而尤以大康为各厂之冠。工人在厂工作，所得工资最低日得三角上下，最高七角上下。工资之多寡，以技艺之精粗生熟为准。其有在厂日久，能力充足者，工厂则提升为把头，可管理重要机械或工人，即所谓工头也。惟闻在厂太久，厂方往往藉故开除，盖恐熟悉厂情，或至日久团结,于厂中不利也。而所谓把头者，工资既较多，又比较得厂方信仰，遂不免帮助厂方，抑压工人，因之工人对于把头，多数均怀恶感。工人所目为走狗，目为工贼者多属此种人。至厂方对于工人设备，各厂不相上下，闻以钟渊为最完善。职曾亲至大康参观，见厂中有工人宿舍，凡工人均可赁住，每间月租三角，有在厂日久，或一家有两人作工者免收，一人可赁一间，有家眷者，可赁一间半或两间三间；有工人食堂，由厂中供给饮食，日取费一角；有浴室，有医药室，有工人子弟学校住室，各地有电灯自来水，房舍建筑一律洋式平房。观此种设备，恐在中国自营工厂中，亦不易多得，故大多数工人，对于厂中物质设备，尚表满足。

（二）此次停业原因之表里。此次停业，据日方声言，系因工人日趋恶化,不服厂规,碍难维持，故不能不停业。此固为重要原因,然考其内幕，决不只此一端，可得而言者。查日人在青经营谋划,煞费苦心,后被我国收回,彼国上下,心实不甘，故去年出兵山东,重占青岛,迨今年济案解决，交回青岛,实非彼等所愿。我国接收后，成立党部，扩充党势,尤为彼等所恐惧,盖恐其经济势力一旦摇动故也。因此之故,对党异常嫉视,乘机予以当头打击,使党部此后不再与其为难,此其一。在昔胶澳商埠督办时代,对日人异常敷衍，聘多数日人为参事，大小事彼辈皆得过问，隐然握有政治权威，本年陈专员中孚，接收青岛后，仍聘多数日人为顾问，月奉薪金二三百元、四五百元不等，迨吴思豫代理市长，将所有日顾问一律取消，此辈多系日本上等浪人，既失却地位，又感觉青岛政治彼辈从此不能过问，遂百方计划，设法去吴，至少亦须令吴屈服。尚有一事，系陈专员时向日方订购价值三十余万之港政机械一批，吴就任后，进行取销合同，日方见已得之财忽被夺取，亦使彼等寒心，遂急起作反吴运动，此其二。在昔青岛土著绅耆，在政治上有相当地位，自市政府成立后，重要位置彼等不得占一席，因此彼等遂有市府变成清一色，青岛被外省征服等暗中舆论，此辈与日人素有往来，不免有藉外援以自利之活动，希冀造成吴市长不能立足之局面，此其三。此皆为彼等心志，至如何实行此计划，则不能不由工厂停业着手，盖工人数万，一旦失业，必致迁怒厂方或致殴打日人，砸毁工厂，则彼等陆战队即可上陆，酿成重大交涉，则党部不能不屈服，吴纵不走，亦须屈服。故停业之初，日方停靠海岸军舰有七艘之多，其谋可想见也。纵或不然，工人无法维持生活，必致迁怒政府党部，彼乃以金钱收买激烈分子，使之哄动群众，攻击政府党部，必致酿成惨案，党部政府不能不引咎而退，则其计可售。故停业之初，工人有不要党部，不要政府，欢迎马福祥市长之言论，且今日请愿，明日游行，情势汲汲，大有大祸临头之势，皆为彼辈计谋。在工人中发见有共产党所出工人快报，告工人书等传单。据调查，系扮装日人，居于日人住宅之丁天和所主持发出。丁出街，日人尚以三四人在前后为之保护，其利用操纵，不择手段，有如此者。

（三）前此工人方面情况。民国十二三年时，即有共党至青作工人运动，民国十四年，日厂工人曾罢工一次，旋以山东军阀之极端压制，工潮不久即平，然工人运动暗中仍有进行。去年山东省党部成立，派人至青办理党务，其时青岛尚在日人手中，党务人员对工人组织，亦曾秘密进行，惟因党务人员多属改组派，故工人小领袖亦难免染有彼等气息。本年青岛设为特别市，中央委派指导成立党部，党部见工人关系重要，遂委人组织青岛市工会整理委员会，市工整会于六月中成立后，选任各厂业工人领袖为各厂业工整委员，此辈下级工整委员仍不外历来办理工运之一般人，彼等在军阀时代，受尽抑勒，无气可伸，今既正式取得党部任命，大可扬眉吐气，于是对于厂中职员把头等处处取敌视态度，有不服彼等提调之工人或素有隙怨者，则目为工贼，目为日人走狗，抓打逮捕之事，日有所闻，及后工人声势益大，厂中遂呈怠业状况，此为日人藉口停业原因，亦即工人在停业前之状况也。

（四）停业经过。六月下旬，青岛火柴公司首先停业，至七月下旬，铃木丝厂、山东华祥两火柴厂和田木厂等四家，亦相继停业，失业工人约计一千八百余人。现除青岛火柴公司和田木厂已先后复工外，其余各厂尚继续停业，同时七月二十二日，大康、隆兴、内外棉、钟渊、富士、宝来六纱厂，声言工人怠工，纠纷时起，宣告停业，此为六纱厂第一次停业。后经党部政府多方调停，将厂方所谓不良分子二百十六人饬令退出工厂，由厂方发给工资三月，政府设法安插遣送，于是六厂于二十四日同时复工，至八月四日六纱厂又复二次宣告停业，失业工人计一万五千余人。综计现下在停业中工厂，有山东、华祥两火柴厂，铃木丝厂及大康等六纱厂共计九家，失业工人一万六千余人。

（五）党部政府调处经过。当初停业时，数万工人，骤失依靠，惶惶不可终日，更加激烈者从中鼓动，故游行也，请愿也，遂日在严重状态之中，幸党部政府处置得法，多数工人亦皆训良，谨愿听受指导，故未至酿生事端，党部政府处置之事，可得而言者：一、拘押激烈工人。当群众正栖栖皇皇，无所依归时，激烈者从中煽动，呼之东则东，呼之西则西，难免不发生意外行动。党部政府乃用釜底抽薪之法，将激烈工人领袖数人，暂行拘押。二、遣散。工人之有家业者，党部政府勒令回家，由公家补助船资或给以车票，故大多数均相继回家。三、拨款救济。有二千余工人，连同家眷约计六千人，此辈原为驻防青州旗人，无家无业，故除工作外，即无处谋生，无家可归，党部政府见彼等艰苦，乃由市府发款或购面粉发给，自停业迄今，已发过三次，连同遣散回家者之车船等共计已费去五万余元。四、向日方交涉开厂。随时均与日本厂方疏解讨论，惟以日方所持条件碍难承认，故至今尚难达到开厂目的。

（六）党部工整会对工潮之见解及不一致之点。查青岛党员仅三百余人，工人则有五六万，指委会诸委员遂有工运办好则党好，工运办不好则党部无法办好之见解，且因此不免想将工运之事归入自己权力统辖，以便挟以自重。惟工运之统属，系法令规定，不能随意出入，诸委中因此不免意见参差，工整会之成立，系由市组织部派委整理委员所组织，在工运未划归训练部时，组织部直接指挥工整会，工整会亦漫无计划，尽力组织下级工整会，而下级工整会委员系就工人领袖派委。此辈历来主持工运，在昔军阀时代，不免受厂方或职员等压制，今既得正式为工会整委，遂思以前日受凌于厂方者反其道而报复之，不服提调之工人，则目为走狗，目为工贼，任意殴辱，任意拘捕，市工整会对此等幼稚行动，不惟不加阻止，反而助长下级工整会逮捕之人则为函送公安局拘惩，类此之事，不一而足。日惟以打倒帝国主义相鼓煽，而又无精密之计划与方法，迨至日人先发制人，停业事起，始奔走骇汗，手足无措，此不能不谓为工整会之幼稚疏忽有以成之。工整会系组织部所统辖，委员系组织部所派，故组织部长李委员冀中对工整会不无偏袒，杨委员兴勤与李曾在中央组织部同时服务，故与李委一致。其他三委员，吴思豫负党政军要职，主张持重，对工整会行动多表示不满，李郁庭、丘元武两委亦以打倒日方在青经济势力为时尚早，此时不能不暂取持重，与吴委表示一致，因此党部五委中遂呈三与二对立局面。其后李冀中请组民训会，未得中央允准，民运事件交归训练部办理，训练部长丘元武奔走劝诱，对工人极力设法安定，对工整会虽认为不对，因顾忌党内部不一致，不敢加以改组，仅劝告彼等暂息气焰，关于较大事件多由训练部直接派人办理，故工运改归训练部办理后，局面尚属安靖。对此次停业，李杨二委主张设立罢工委员会筹款救济委员会，使工人作永久坚持，不达日方经济势力崩溃不止，吴丘李三委则以为我方魄力一时尚未达到打倒日方经济势力地步，有可迁就之点无妨稍为迁就，冀早解决。至筹款等事，鉴于前此罢工委员会，反日会等所得款项，工人仅得少许利益，多数概为经手者饱私囊，故不主设立，认为由市府暂时可以维持，必至不得已时再请示中央办理，两方因此案露骨辩争，意见益歧，故此后难免各怀观望。停业事久，不解决党部意见分歧，实为一大原因。

（七）职此次到青参加调解经过。职九月初到青，到各方调查，或与私人谈话，对于工潮发生经过及处理情形，已得眉目。惟党部内部意见不一致之处，大家讳莫如深。又经多少侦察，始得内幕，党部内部既不一致，则身当其冲之人，若与日人接洽，则必有人目为亲日，目为日人走狗，办理殊属困难；日人亦以为工人行动必系党部政府主谋，对党部政府百端疑忌。因此两方主要人恒难晤面，间有言语，仅凭翻译或下级人员转达，故两方意见，迄无接近机会。职既明瞭此种情形，亦恐与日人接洽，又被目为亲日，然以职责所在，不能不权且试试，乃于九月十一日藉参观大康纱厂之名义，谋一与日人接谈机会。偕往者有社会局科员二人及友人数人，与大康厂长，原田忠雄谈话，彼方报告工人怠业经过及经济损失情形，请为公平处置，职则将党部政府并非有破坏外人工厂计划及工人运动之真实意义详为解释。谈话约两小时余，由一日人川村臣三郎，翻译该厂长，并引导参观该厂工人宿舍。果此非正式谈话后，日方见尚有可谈机会，乃由彼方自己发动于九月十八日请职前去谈话、地点在日本纺绩同业会内，彼方参加者有纱绩同业会书记长平冈小太郎、大康董事仓田敬三及六纱厂厂长，我方同去者有市府社会局长邵企雍、洋文秘书杨津生，由杨津生任翻译，谈话亘三小时，所有彼方疑问，经职一一解答，彼等皆十分了解，至此始明白工人之行动并非党部政府政策使然；由此更深进一层了解意见，益为接近。然与党部人员，始终未与谋面，怀疑终不释然。职于谈话后，乃将谈话情形告知党部诸委，并劝其与日人直接接谈．或有接近机会，经若干解释，诸委始同意，由训练部长丘元武前去接谈。于九月二十一日偕同丘元武、邵企雍、杨津生及山东省工整会派至青岛调查工潮之李笃生，到大饭店与日人见面，彼方出席者仅平冈小太郎、仓田敬三二人，由丘元武君将党部办理工运经过及维持日厂安宁苦心详细解说，谈话极融洽妥适，不至酿生事端，不能不谓为干才，不意中央竟与以免职撤回，由杨津生任翻译，亦亘三小时余始散。然对于工潮解决，仍未作具体决定，盖彼方在华纱绩业奉日人船津为领袖，船津此次由青岛至南京，复由南京至日本东京，对此次工潮任解决重责，在青日方诸人以为彼各地奔走，待彼来解决，或于彼方有利，故群怀观望，后船津有电到青，约二十六日到，彼方表示留职与船津晤商解决，乃船津误约未来，职因公出太久，遂不能再待，于九月二十九日反京复命。总之，党部与日方在以前各怀疑虑，不相见面，已弄成僵局，经职斡旋调解，始互相直接晤谈，疑虑既去，解决自较容易。党部训练部长丘元武办事明敏稳重，此次接办工运，正在严重时期，乃能措置妥适，不至酿生事端，不能不谓为干才，不意中央竟与免职撤回，此后接办工运之人，若改变态度，则工潮之解决更无时日。党部内部不一致，何能对外有好办法，此不能不引为遗憾者也。

（八）日方与工人争持之点。我方认为，此次停业系日方自动停业期中工人工资应照数发给，最少亦须发给每日每人伙食二角，市府所出救济工人款项，应由日厂偿还；日人则谓发工资伙食均不可能，惟可以赏金或其他名义发给少许，由彼方自定数额，至市府垫款，彼方表示可还，此其一。我方谓工人失业，系由厂方负责，开厂时对旧有工人不能开除一人，彼方则谓开厂前开除不良工人，彼始能开厂，双方对于此点，距离甚远，将来我方若能让步，准其将不良工人择尤开单，交存市府待开厂后准工人自动退出，由厂方多给两三月工资，则此层或可解决，否则无法解决，此其二。工人要求厂方承认工整会活动，而厂方则谓主持下级工整会人员多属不良分子，决不能再让工整会再行活动，后经职与党部人员商酌，将来或由党部直接派人领导工人，暂时不设下级工整会，日方对此表示赞同，若果能遴派明白事理、智识较高之人至各厂训练工人，日厂谅能容纳也，此其三。我方谓此后日人不能联盟停业，即有不得不停业理由，亦须先行报告我方允可，而日厂则谓停业系彼方自由，不能受我方官厅限制，此其四。此外尚有一事，为日厂特别注意者，则为市工整会问题，我方如吴丘李各委对工整会不满，因格于李杨两委之意，又恐被亲日之名，不敢毅然改组，日方则谓此次工人一切行动概由工整会主使，祸根不除，后患难已，故于市工整会须我方表示有办法，彼等方能安心，此层两方均未正式提出作为条件，实在此次症结完全在此，此其五。至于彼方要求我方官厅须切实取缔不良工人等，我方已表示容纳，固不在争持之列也。

（九）已拘捕三工人情形。已拘捕之三工人徐明光、张振邦、杨永泉等纯系因彼等发言激烈，党部政府深恐其煽动工人酿生事端，故暂时予以拘捕，并非认为系何党何派也。党部政府之意，俟工潮平息后即可资遣出境，并不欲加任何罪名。职曾亲自提询，亦未发见其有若何嫌疑之点，拟请俟将来工潮平息后，令党部政府恢复自由，酌给经费，遣送出境即得。

（十）个人贡献意见。党外一切纠纷，尤以民众团体之纠纷，其原因往往生于党内，党内能一致，则纠纷莫由起，即起矣亦易就解决。青岛此次工潮发生，及久延不决，症结在工整会，最终原因仍在党部自身对于此次工潮观点两言可决，中央若采取打倒日方在青经济势力计划，则工整会为功臣；中央若尚采取容忍态度，则惹起纠纷之责不能不归于工整会，中央若采取前者政策则对于已失业罢工之工人生活应亟急筹拨大批款项，规定详密计划，仿造十四年省港罢工办法，作长久坚持之计．一面自设大工厂，收纳工人，则日厂不打自倒，否则工整会漫无计划，指导不周，行动幼稚，遂令厂工两方相激相荡，酿生停业风潮，办理工整会诸人实属责无旁贷，倘仍令长此办理下去，纵令此次工潮解决，此后工潮恐将源源而来也。工整会人员，有许多来自汉口，曾办理水案罢工委员会、反日会等事，声名不佳，且专以多生事端为工作目标，故吴思豫、李郁庭、丘元武三委员对于彼等行动，咸心怀惴惴，徒以党部内部意见不一，故莫如之何。彼等之意，全望中央决定，加以改组。职个人意见以为青岛日厂工人占大多数日一有工潮，动涉国交，办理工会诸人非老成练达，必致惹起无限纠纷。现在工整委诸人，多在党部兼职，中央尽可以工作重要不能兼职之名义，责令训练部改组，一面将中央对日方策电示党部，令之不能轶出范围，致惹纠纷，惟此事关系甚大，一有不慎，便遭亲日之讥。职因见失业工人艰苦万状，而作工运人员只图痛快一时，不思所以善后，结果受苦者仍属工人，故良心不安，用敢不避嫌怨，率臆直陈。至各厂工人俟工整会健全后，特派干员或由党部直接派员前去指导，作厂工双方缓冲地步，俟工人训练成熟时，再组织工会或工整会，必如此方能免除风潮，至解决此次停业风潮，应请责令党部政府切实协商办理，只求大体不妨碍国权民生，纵小有迁就，亦所不惜。否则吹毛求疵、事事挑剔、则当事者感于应付维难，畏葸不前。转瞬冬令将至，失业工人啼饥号寒，痛苦将更深于今日，殊非爱工人者所宜出。至筹款委员会等浪费甚多，实益至少，办理不善，往往徒饱少数人私囊，非至必不得已时，不必举办。此时失业工人救济，应请责令青岛市政府或由中央拨款办理。所有调查所得情形及个人感想所及，理合据实呈明，是否之处，敬候钧裁。谨呈

部长戴

副部长何

民众训练科干事黄俊昌

（3）吴思豫关于镇压工人罢工情形致陈立夫函（10月9日）

立夫我兄惠鉴：

接展环云，承示中央严厉遏制反动情形，至以为慰。青市方面，弟自当尽力搜捕，前曾将情节较重之曹云卿等二名，电奉主座核准，就地枪决。新近又拿获林毅等二名，于暗杀王复元、丁维遵案有重大嫌疑，正在严密研讯，以冀供出同党，俾得除恶务尽也。至劳资纠纷问题，工人久已安静，只缘此次停业，九厂中之六纱厂，多系日本及上海之支厂，一切须听命总厂及日本纺织同业会之大多数意思，不能擅自开工，是以不得不就其余之三厂（一丝厂两火柴公司）先行解决。但须此三厂开工后平安无事，则六纱厂便可相继复业，此日方预定之步骤也。连日与三厂磋商，初因市党部方面有四点意思，其主要者为复业之初，不可即开除大批工友，即停工期内之工人费用须照给是也。而日方反提出八点，其主要者为此次停业原为欲排除不良工人起见，非开除不良工人不能复业，至停工期内之资亦不允照发。双方意见绝对相反，复经往返磋商，现日方应允无条件开工（即双方意见概暂不提，

厂方亦不开除工友）。但事实上停业期内工友生活之资，万不能无着，现只要求厂方补发工人伙食费，而厂方虽已默认酌给少许，仍未肯明言数目，以至复业尚无确期。惟双方意思不同者只此点，不久当可完全解决。辱承垂注，谨此缕陈。并聆于诸部长前，详为转禀，以明真相，尤为感盼，秋深风寒，维祈珍卫，一切请随时见教，甚幸！祗颂
党祺

弟吴思豫
十月九日

（4）中央训练部转报青岛市解决工潮五点办法呈（1929年11月28日）

呈为呈报事：窃职部接准青岛特别市长马福祥漾电：为该市日厂停工风潮，经与日方订定解决办法五项，定于十一月二十六日复工等由。准此。查所议五项办法，似属可行。兹将检具原电，呈请鉴核。谨呈
中央执行委员会

中央训练部

南京中央党部叶部长楚仓兄译转中央训练部钧鉴：同密。祥真（十一）日就青岛特别市市长职，准吴代市长移交，钧部佳（九日）电承示复工交涉及善后办法四项，仰见调解工潮优待工人至意。当派本府参事孙绳武、秘书王化远遵照指示各点，叠向日方交涉，期获圆满之议决决定。关于全体工人一律准工一层，前往谈判时我方曾有让步之表示，加以停工日久，多数工人迫于饥寒，势已不能再行坚持，反动派又复乘机鼓动，以致号（二十日）养（二十二日）两日，四方大康厂宝来钟渊不愿复工，工人与自动复工工人先后发生大骚扰，日舰陆战队准备登岸，经祥一

面严重交涉竭力阻止，一面饬令公安局督率警察尽力弹压，风潮始渐平息。伏思值此冬防吃紧，军事未平之时，该市工潮尚再延久不决，影响所及实有不堪设想者，因饬孙王二员再向日方积极谈判，业于养（二十二日）夜议定规决要点五项，计（一）工人二百五十名由市政府劝告自动辞职，（二）对于辞职工人之待遇，甲、纱厂工人每名给予四十元，乙、丝厂工人每名给予二十元，丙、滩柴工人每名给予一十五元。（三）复工工人之待遇，甲、纱厂工人每名给予四元，乙、丝厂工人每名给予三元，丙、柴厂工人每名给予二元，二三两项之款全由厂方担任，一次拨交市政府，其发给工人方法市府酌量采纳厂方意见，（四）九厂工人议定于十一月二十六日同时复工，如事实上每厂各部有不能同时开始工作者，厂方须于最短期间内开工，（五）各厂各部开始工作日期在复工前一日（十一月二十五日），由厂方订定公告，并同时由日本领事馆通知市政府，又为解决工人困苦，避免外交风波，只得于漾（二十三）午与日领藤田荣介会见，双方承认所定办法，至于停工期内本市府垫付救济工人之款项亦与厂方议定互让办法，另电奉陈。再关于辞职工人续前生活之维持及将来工作之保障，业与本市各指委详细筹商，拟有具体计划，合并陈明，敬希鉴察，马福祥叩。漾。印。

（5）中央训练部检送青岛工人罢工案始末函（1930年1月20日）

公函第　　号

迳启者：准中央秘书处检交外交部函一件：为准青岛特别市马市长函：青岛日本纱厂停业工潮，业已解决，函达查照等由。并奉常务委员批：将此案始末通告各省市党部。交训练部拟办。等因。遵将本案始末概略附录一份函达，即希

查照是何！此致

○○省　　　　整理
　　　　执行　　委员会
○○特别市　　指导

附青岛日纱厂停业工潮始末概略一份

中华民国　　年　　月　　日

部　长戴○○
副部长何○○

青岛特别市工潮始末概略

青岛处太平洋之滨，当胶济铁路之东端，工商发达，华洋杂处，日人尤多旅居是地，中央以其地方重要，于十八年六月改青岛市为青岛特别市，成立青岛特别市党务指导委员会（以下简称为青市指委会），直隶中央，以指导该市党务之进行。自市指委会成立以后，该市各民众团体亦先后组织成立，开始工作，不料日人方面以我方党务之日形发展及民众之日益团结，将为彼方攫取所谓在华特殊利益之障碍，故处心积虑，举凡足以破坏民运工作及阻挠党务之进行者，无不藉全力以从之。七月中旬，日人在青设立之大康、钟渊、内外宝来等六大纱厂，及铃木丝厂、山东、华祥二火柴厂，总共有十余厂之厂主藉口工人怠工，开始破坏民运，阻挠党务之诡计，将本党之工人同志及觉悟工人开除二百三十余人，斯时正青市工整会工作伊始，凡百进行，诸未就绪，对于日人此种挑拨举动，虽表示不满，然亦未能据理力争，势所然也。无已此二百三十余人，仍由青市指委会劝令忍辱含垢，自动离厂。当时工人虽极愤概，尚知服从党部之指导，顾全大局，市指委会乃将其中优良份子送入民众团体工作人员训练班，以期造成民众运动之干部人才，其余则介绍至各地工厂工作。此日厂方面之联盟停工，进攻我工人之情形也。日人以第一步破坏民运之计划业经得逞，益复变本加厉作第二步之进行。谓各厂工人中不少捣乱份子，开列名单，要求市指委会转饬各工人自动离厂，并以联盟停工相恫吓，市指委会知其阴谋之所在，对于此种无理要求严词拒绝，而日厂联盟停工之事实即于翌日发生矣。查工人在各厂工作者数达二万余人，合家属计六万余人，平日均在厂中宿舍居住，自日厂联盟停工后，各厂主即限于二十四小时内全数搬出，并将厂内一小部份无用之机器自行捣毁，意图诬赖，同时又请彼国驶来之巡洋舰四艘，陆战队二千余人登岸，全副武装，束装待发，盖彼方之此种准备以为我方工人骤受失业之苦，复迫于淫威之下，势必起而暴动，彼之武装军士即可藉口保护侨民，实行占据青岛。讵知我方工人洞烛其奸，虽处此恶劣环境之下，尚能勉抑悲愤，从大处着想，不为一时感情所冲动，竟出日人意料之外。市指委会工整会两方亦因此事体大，未敢擅专，迭电中央请示方针，一面则会同市政府极力设法安插工人，结果尚有四千余人因种种关系不易离青，乃在青市租赁民房，暂行居住。是时东铁事件形势险恶，中俄邦交愈趋严重，中央为顾恤青市工人起见，决议是项工潮派该市代市长吴思豫同志全权办理。日方各厂主亦以停工已久，损失甚巨，群与吴同志协商，设法介决，往返数次，卒无成议，而驻青日领更不愿交涉之成功，暗中阻挠甚力，厥后吴同志奉命他调，交涉为之中断。日方各厂主比即变更策略，收买少数工贼，潜赴各处招募新工，并散布流言，以破坏我方工人之团结，而离间工人对党之信仰。自十月十九日至十月二十三日，五日之间，我方工人或闻新工进厂，前往劝阻，或往他方苦役，行经厂前，计遭日警之痛殴毒打者前后约达数十人。工人刘党尧且有被杀灭迹之说，其证据现正在搜查中。日人横蛮无理之举，竟在我国境内肆行无忌，帝国主义穷凶极恶之真面目，可谓表现无遗矣。十一月初，马福祥同志就青市市长之职，日人又来磋商，马同志念工人失业已久，痛苦堪悯，乃忍辱抑愤与日人重开谈判，决定复工条件五项，至是一场轩然大波始于十八年十一月二十六日忍痛解决。总计此次风潮，历时四月，实兼劳资问题，外交问题二重之意义，征诸日厂之联盟停工，日领之暗中阻挠，巡洋舰之来青，陆战队之待发，机器之自行捣毁，益信彼方实有预定之具体计划，而青市党务之发展与工人群众之觉醒，实出于彼方意料之外，未尝不引为失望也。顾革命事业并不畏艰险之阻挠，彼日人之伺机乘我者，亦暴露其心劳日拙而已。嗣后各级党部各同志应即一心一德，共同努力，秉承总理唤起民众之遗教，一致向帝国主义者进攻，——尤其是日本帝国主义，以废除一切不平等条约而造成我独立自由之国家，诸同志共勉旃。

中央执行委员会训练部

〔行政院与国民党中央民众训练部档案〕

16. 国民党中央停止青岛市工运活动的文件

(1930年4—5月)

（1）国民党中央执委会致国民政府函（4月25日）

中国国民党中央执行委员会公函　第6955号

查青岛特别市工潮起伏靡常，现当国内反动军阀及共产党一切反革命分子狡焉思逞之际，而帝国主义者又正虎视鹰瞵，伺隙而动。该市工人运动既未臻健全，易为反动者所利用。在此特殊情形之下，为巩固地方治安，免牵动军事外交起见，惟有暂采消极防制之法，以杜意外。业于本日密令该市党务指导委员会，密饬该市工会整理委员会及所属工会，一律稍时停止活动在案。相应函达，即希查照，密转该市政府知照为荷。此致

国民政府

中华民国十九年四月二十五日

常务委员　蒋中正　于右任

胡汉民　丁惟汾

谭延闿　　陈果夫
孙　科　　叶楚仓
戴传贤

（2）中央民众训练部致中央执委会呈（5月20日）

呈为呈请鉴核示遵事：案准中央秘书处检送青岛特别市党务指导委员会本月虞日密电一件，为依据中央陷电意旨，拟具该市工会暂停活动办法二条，录案电呈等由。查该会所拟工会暂停活动办法，限制各下级工会不得怠工及任意开会等情，大致尚无不合。惟按照钧会陷电指示方针，第二点接近训练，防止反动之工作，仍须审慎进行。该会所拟办法中对于此点并未有所规定，不无欠妥之处，且该市工会整理委员会是否停止活动，亦未加以说明，亦似有欠周到。现时讨逆军事方兴，该市处特种情况之下，为防范严密起见，所有（工会暂停活动期间）该市工人亟宜积极设法严加训导，使不致为反动份子所煽惑利用。兹参照该会所拟办法，酌予补充修正如左。……（照抄签订意见）……以上修正办法，是否可行，理合缮同该会原电一件，备文呈请察核示遵。谨呈
中央执行委员会

计抄呈青岛特别市党务指导委员会虞密电一件〔缺〕

中央训练部　部　长〇〇〇
　　　　　　副部长〇〇〇

中华民国十九年五月二十日

抄签订意见

甲、在军事发动期内，青市工整会应停止活动，由中央训练部派员会同青特市党部负指导工会之责。

乙、青市各级工会限制活动（停止一部份活动）之办法：

一、在叛逆未肃清以前，各级工会不得有下列各项举动：（一）怠工及其他扰乱秩序之行动，（二）无上级命令自行开会，（三）各下级工会不得直接向厂方提出任何要求，如有要求，应由上级工会呈请市党部会同市社会局核办。

二、该市训练部应随时派员调查工人行动，及严防反动分子之煽惑利用，并向工人解释限制工会活动之意义。

三、在工厂内或其他工作地点，利用工人工余时间，随时召集工人说明中央讨逆之意义，宣传冯阎军阀之罪恶，并讲演其他关于本党主义及工人须知之各种问题。以上补充各点是否，请核示。

〔国民政府档案〕

17．国民党青岛市党部训练部长吴任沧关于该市人力车工人罢工要求减租呈

（1929年12月28日）

呈为呈报本市人力车夫受反动份子煽惑，罢工半日，及复工经过详情，仰祈鉴核事：自唐逆生智叛变以还，本市改组派及反动份子狡焉思逞，旬日以来，煽惑工人，阴谋捣乱之事，实已数见。幸属部发觉较早，先事防范，至未演成剧变。适昨日上午又有人力车夫罢工之举，幸早得各方报告，预为计划制止，未步北平人力车夫工潮之后尘，当于昨日下午全体复工。谨将兹事经过始末为钧部详呈之。本市人力车夫约六千人，车租每月九元左右，每逢夏季，本市游人浩繁，车夫收入尚佳，但至天寒，则生意清淡，车夫生活确感困难。自市工整会成立以后，即有人力车夫工会之组织，各整委均为劳苦车夫，深知自身痛苦，力谋解放，前以各车夫有要求减租之举，曾呈请上级工整会设法，因此事须会同社会局办理，是以未能积极进行。各车夫未明是项手续，因此对人力车工整会微致不满。至于车主方面，亦有人力车同业公

会之组织。该会闻车夫工整会有要求减租之举，以涉及本身非法利益，遂衔之刺骨，时谋有以破坏之，而反动份子乘机活动甚力，因于数日前，利诱车夫杨、刘二人，向工人挑拨，激其反对。该业工整会同业且声言如能停工一日，包围该业工整会者，该会给洋一元，并定二十六日晚在安康里开会。二十七日在大港集合，分发银洋，包围商河路之该业工整会。各车夫头脑简单，当即受其欺骗，因不必工作，而有一元之收入，殊不知彼等所反对者正系为车夫谋减租之工整会也。会前晚六时，市工整会迭据各方报告，谓人力车夫有将罢工情事，当由该会委员杨会鹏、葛子明、干事赵笑天前往黄岛路调查时，杨某已他出，故未遇及。但见车夫数百，聚首喁语，详加探询，未得要领而罢。讵料杨、葛、赵等离开后，多数车夫即从背后赶来，将干事赵笑天揪住，以绳绑缚转拖至某商号内，杨葛二委见无理可喻，遂驰赴公安第二分所报告，该所巡官率警前往解释，亦无效果，最后始将滋扰最烈之车夫荆善德、张春福二人带所，转押公安局，赵笑天亦于是恢复自由。详查此次车夫罢工，先前纯为同业公会所主张，迨此事为本市改组派及反动份子所悉，遂乘机利用车夫，以期造成暴动之恐怖。但见事已败露，均消声匿迹，各车夫自知，受人利用，加以一元代价既无取处，复受工资损失，大呼上当，遂于昨日午后次第复工。而被捕之车夫荆善德、张春福亦自悔孟浪，复经车夫之请求，念其受人〔所〕愚，旋即释放，现已秩序如常。按此事以事先早得报告，预商军警当局，严密防范，故无何等不幸事项发生。现属部除切实注意改组派及反动份子活动外，以上情形理合备文呈报钧部鉴核，实为党便。谨呈

中央训练部

中国国民党青岛特别市党务指导委员会训练部部长吴任沧

中华民国十八年十二月二十八日

〔国民党中央民众训练部档案〕

18. 国民党山东省党部训练部转报桓台张店日商铃木丝厂工人罢工情形致中央训练部呈

（1930年1月9日）

呈为转呈事：案据属部前特派员孙进先呈称：略谓张店日人开设之铃木丝厂，摧残工运，压迫工人，工人罢工失败，情极可悯，请设法救济等情。当据情转饬桓台县党务整理委员会切实调查具复，以凭核办。兹据复称：谨特派员前往调查，其经过情形缮就报告书一份，附上，恳乞鉴核，设法救济，实为党便等情。据此，查其报告书内，该厂工人横被摧残，备受压迫，固由于日人之豹狼成性，工贼之寡廉鲜耻。但驻在该处之宪兵连长丁昌，实亦丧心病狂，甘心媚外，竟敢收受贿赂，助纣为虐，殊属有辱国体，蔑视法纪，此而不究，国纪何在，法典安在，更何以慰我无辜失业之工友。据呈前情，理合抄同该报告书一份，备文呈报钧部转宪兵司令部严予查究，并请转饬外交部向驻在领事严重交涉，以维纲纪，实为党便。谨呈

中央执行委员会训练部

附报告书一份

山东省党务整理委员会训练部长张金鉴

中华民国十九年一月九日

张店铃木丝厂罢工详细情形报告书

第一　缘起

厂内工人六百余名，分内外二工。外工工作不定，工资不定，大概每日工资不过一角之数（厂内管吃）。内工不多十六七元，童工随在厂内工作之年限，分一、二、三等，一等在二年以上，三元至四元；二等在三年以上，四元至五元；三等在四年以上，五元至六元（均按月计算），并工作佳者给少数之奖金

(得者极少)，劣者扣资（扣者极多，甚或将全工资完全扣下，时遭屠打革除）。因工资短少又受虐待，适桓台党部移张店办公，即招工人谈话，作组织工会之发起。后工人将秘密泄漏，遂与厂主发生冲突，而厂主虐待工人益苛，罢工之意随起。

第二　经过

主动者邢本增、张宇义皆桓台人，张信修、高兰继皆淄川人（工人），张仲武（高密人，充翻话员，月薪四十余元，五三事变，日本警备司令部驻该厂时，伊曾作侦探），查子和、郭启正皆月薪三十余元（工头），全厂工人举张宇义、张信修、邢本增等（此时工头尚未参加）屡向厂主提出要求如下：

（一）工资在三元以上者增至五元，四元以上者增至六元，六元以上者增至七元，并指数有加无减，不得扣薪。

（二）将前日夜十五六小时之工作时间减为八点钟。

（三）得将星期日准工人出厂，并每日下午工作完后自由，并准工人回家。

（四）不得有打骂等情。

虽提出要求，然工作如常。厂主不允，最后交涉，厂主答复如下：

此事甚属重要，不敢自专，可致电青岛总厂长，候答复后再议。厂长愿意即行加薪，至于其他待遇，在可能范围以内尽量照办。工头张仲武等见势恐于伊等不利，遂假话与工人合作，恐工人疑伊等，遂签名盖章交于工人为凭，办理妥善，暂同出厂。出厂后，总厂长来电停工，工人等在桓台曹家营子庄（携凭证）附任，某日夜间工头张仲武等率众持械赴该庄将签名盖章之凭单抢回，声言未曾与工人合作（罢工），入厂与厂主信口开河，另招新工，将六百余工人置之厂外，工人四出运动，毫无成效后，厂主言月增洋四分（一律），工人非达目的不止，适桓台临时登证处指导员撤职，党务停止活动，亦无可如何，工人恨工头张仲武等之欺骗愚弄，遂将办事处和移至幸庄（离张店一里路），以图与张仲武等武力解决。张仲武等闭门不出，工人在厂外遍贴标语口号，唾骂工头。伊等出厂挑衅，旋被工人多数虏往驻四十六师第三营处理说，不意日人及张仲武群类登脚踏车追赶至该站北首捉住，将工人毒打，打破头者二人，随倒在地任伊拳脚相加，余者急奔桓台驻张店之自卫团，四十六师营部驻站宪兵告知，均派兵前往排解，伊等登车迅速入厂，军队恐起外交，不敢捕凶手，而宪兵连长丁昌与日人中村（在该厂作办事员）曾同学于上海中国大学时同往来、日人中村常以小贿施之丁昌，丁遂受不辞，昧着良心，竭力撮和，无结果而散。工人去见丁某，丁某谓非打死人命我决不管，并痛斥工人。时至中秋节，张仲武与日人将汽车满载肥猪糕点等类，往驻张营部、宪兵连部下礼物，大加运动，后日人张等任意纵心，丁某及营长皆不加干涉。桓台县临时登记处负责人张希坤等介绍工人邢本增、张信修等二十余人联名往省总工会请愿，并请设法处理，遂设张店铃木丝厂工会筹备处于辛庄，筹备员张信修等（淄川党部证明可托此人办理工会）并淄川荒地炭矿工会常务顾织（天津人）曾以会员名册等给工人填报，长山党部周村办事处亦曾注意此事，桓台党务整理委员会整理委员继续到齐后，即离张赴城，后奉钧会训令，迅速呈报，职部即派张方修同志前往调查。

第三　结果

多数失业工人因糊口，纷纷另谋生活，日人派张仲武等往来胶线，另招新工，张仲武之干儿高化成（长山人亦工人），密将长山桓台淄川之与伊素有交往及回家无法渡日，又不能他谋糊口者三百余名之窃苦工人介绍入厂。凡入厂之工人得经该站宪兵连长丁昌之押保，不得组织工会及罢工等事，方准入厂作工，至厂门口日人及张仲武等偏身搜查，并问是狗是人，意志薄弱者答我是狗，即行入厂，意志坚决者拨头即走，誓饿死不进工厂，及不得丁昌押保者，下余三百人，类皆之嗷嗷待哺，穷苦工人，实极可悯。此即该厂工人罢工之详情情形也。

中华民国十八年十二月十三日

〔国民党中央党部档案〕

19. 国民党青岛市训练部长吴任沧报告大英烟公司南北厂工人罢工要求改善待遇致中央训练部呈

（1930年4月21日）

呈为呈送大英烟公司南北二厂工潮经过报告，仰祈鉴核备案事：窃查属市大英烟公司南北二厂工潮，业经属部先后电呈钧部鉴核在案。现该项工潮经各方调解，已称平静，属部业将经过始末详情编成报告，理合具文呈送钧部鉴核，准予备案。谨呈

中央训练部

附呈本市大英烟公司南北二厂工潮经过报告一份

中国国民党青岛特别市党务指导委员会训练部长吴任沧

中华民国十九年四月二十一日

青岛特别市大英烟公司南北二厂工潮经过报告

本市大英烟公司南北二厂，对于工人待遇，向极不良。工人早怀不满，最近因时局发生问题，反动份子利用此种心理，煽动工潮，工人在此种环境之下，易为欺骗，而不自觉。三月二十八日该厂工整会提出七项条件，要求厂方答复，条件原文如后：

一、前在本会办公人员，因公而失业者，一律复工；二、全厂工友每日每人增加工资两角；三、不准厂方故意开除工友，如欲开除时非经本会同意不能有效；四、包工每月按百分之二十增加；五、由厂方每月津贴本会办公费洋四百元；六、公休例假，厂方应照常发给工资；七、厂方添用新工人，应由本会介绍，非经本会介绍不得入厂等。以上各项条件，厂方原有相当容纳之意，

并表示每日每人可增加工资五分，迨后忽转变态度，于三月十日晚，张贴布告宣布停工，并通知社会局，要求开除工人六十余人，工人闻讯群情惊惶，当夜十二时许，工人方面派代表二十余人，请工整会向厂方交涉，工整会即派员至社会局磋商应付办法，同时工人代表复提出条件：一、要求厂方发半月工资；二、发给奖金及花红；三、请市政府保障工人生活，并禁止该厂招用新工人；四、请市府筹备工人回籍旅费；五、厂方无故停工，按照工会法赔偿工人损失；六、补发三一八、三二九两纪念日休假工资等。

次日（即十一日）市社会局派员会同工整会委员前往该厂召集全体工人训话，劝工人严守纪律，静候解决，并允将日昨提六条件向厂方提出交涉后再行答复，惟交涉时该厂谓已将停工情形电告其上海总厂，故调停事宜须待上海总厂回示，始能正式交涉云。

工人方面自停工后旋即发表告全市工友书，申述此次要求条件之理由与其苦衷，于四月二日下午八时，该两厂工整会代表开会讨论对付厂方短期或长期停工办法，其重要决议案摘录如下：一、催促上级工整会社会局执行三月三十一日本会对于厂方无故停工所提六条件；二、厂方若短期停工必令厂方承认以前两工会要求，改良待遇各条件，在停工期间，工人应得工资由厂方完全发给，复工后不得承认爱普斯为南厂经理；三、如长期停工时厂方须在本市最高官厅签字，并发给工人三个月工资为解雇金等。

及至四月三日，该厂经理爱普斯致函市政府声明和解工潮办法二条，其原文翻译如后：

（一）厂方承认每箱出品给花红两角，平均分发全体工人，以表体恤之意；（二）市政府承认在开工后担保工人之妥善行为，如有不守规则，破坏秩序者，则厂方可随时革除，以维厂纪但于必要时，厂方在革除工人以前，通知市政府。该经理声明取销开除六十余工人之要求，并请令工人复工，市政府葛市长将该函及其声明征求市指委会意见，经慎重周详考虑，结果当即表所述各节可予同意，故复工交涉至此是已成功。四月三日下午二时，训练部长吴任沧在市工整会召集公司南北二厂工整会委员及代表等，并请市政府派员参加，当经吴部长详细报告交涉经过情形及竭诚劝导复工，该下级工整会委员及代表当场答应遵照办理，同时复由训练部训令市工整会转令该二厂工会布告劝导该二厂全体工人即日复工，市政府亦出布告通知工人于五日一律复工。该二厂方于五日晨六时放上工汽笛，工人无一至者，继又于六时半、六时五十分、七时连放汽笛三次，工人仍不进厂上工，事变至此，始证明此次工潮内幕，确有反动份子把持操纵，以遂其捣乱阴谋，市指委会当即商请市政府将各犯严密缉拿，以杜乱萌。其中重要主犯为改组派阎海萍等组织纠察队，阻止工人复工，并加以种种恐吓欺骗，企图将此工潮扩大，派人至本市各工厂运动全体罢工并召集各厂不良工人屡次开秘密会议，计划各种阴谋，然皆为党政当局随即破获，以是计不得逞。八日该厂工人结队拟向市府请愿，嗣经当地警察阻止，始行折转；九日上午十时即有该厂工人代表八人，赴市指委会请愿，当由吴部长接见，代表申述来意后即提出条件五项，要求市指委会办理条件之内容是：一、释放被捕之九人；二、停工期内工资照发；三、厂方不得开除工人；四、要全体工人增加工资一角五，以后厂方应订厂规等。吴部长接得该代表等所提之条件后，当即作圆满之答复如下：一、被捕九人因其不服从党政命令，且阻止其他良善工人上工，扰乱地方秩序，故尔被捕，如全体工人复工，该九人自知悔改，可以具保释放；二、停工期间只限四日以前，四日厂方自动开厂，工人不肯复工，故四日后已非停工时期，而为罢工时期矣。如能即日复工，则停工期内之工资可请市府交涉，谅可办到，最低限度亦须办到发给伙食费；三、不开除工人早已交涉妥当，若工人服从命令，于政府通告复工日复工，原不成问题的；四、增加工资一角当督促政府交涉，竭力办到；五、厂规自应规定，尤属不成问题。代表等对所答复表示非常满意。吴部长并面派陈忠民同志偕代表等同往该二厂工会，并在该厂工会召集全体工人开会，征求工人同意，并说明市指委会答复之各点，以便定期开工。但工人为反动份子所操纵，不能自由发表意见，致无结果而返。同日下午该厂工友复集众结队，向市府请愿，至本市辽宁路时，警察劝其派代表前往，工人不听，两方争执多时，情形冲动异常，遂由警察将为首数人带局，始行散去。

市指委会训练部因大英烟公司南北二厂两工整会不但不能领导全体工人，反受反动分子煽惑，不受上级工会指导，特令市工整会将该厂二工整会着即解散。并由吴部长当即召开全市下级工会委员代表等谈话，当经吴部长说明大英烟厂工潮之发生，并交涉之经过，以及解散该工整会之原因，切嘱工人勿为反动派所利用，各下级工整会委员皆深感动，乃于本月十一日得吴部长之许可，假市指委会开联席谈话会，讨论如何督促大英工人复工，会议结果，担保释放被捕之各工人代表，担保释放后决无轨外行动，担保释放后即可全体复工。

各下级工整会委员开联席谈话会之结果，由吴部长转达市政府，该厂工人即于本月十二日复工。但该公司南北两厂计有工人一千八百余人，是日复工者只一千三百余人，迨十四日除少数因病或私事所羁尚未……〔原缺〕

〔国民党中央党部档案〕

20. 国民党青岛市党部常委方治等报告该市日资大康纱厂工人罢工经过致中央训练部呈

（1930年10月22日）

呈为呈覆事：顷奉钧部筱电开：令将大康纱厂工潮经过详情速覆等因。奉此。窃职会对此次解决大康工潮事，业于寒日电呈在案。兹更陈明经过详细情形，呈请鉴核。查青市纺织业之各厂工会，其经费来源向恃厂方津贴，自本年六七月间，本市发生党政纠纷，各日籍纱厂即藉故停止此项津贴，并有乘机摧残工会之行为。大康纱厂工会每月向由厂方津贴三百元，自七月份起即行取消。厂方并于八月间加雇多数新工人入厂工作。工会方面以工作上并不需要增加人数，当即表示拒绝，驱逐新工出厂；而厂方强使进厂，于是八月以来，常起纠纷，屡驱屡进，风潮愈演愈烈。经社会局会同前市工整会派员调解多次，终未得有相当结果，根本平息，于九月十八日始由职会会同社会局派员调解，订立劳资纠纷和解书，规定四项条件，由双方负责代表签押成约：（一）关于消费合作社问题，决定先设临时商店于厂外，采用委员制，由党部社会局、厂方及工会推派代表共同组织之，所需资本及每月费用，俱由厂方担任。现在工人筹备合作社，对原有货物由厂方以可证明之原价购买之，至开办费一项，应备具详细说明书，交由社会局审查，提出厂方交涉照付。（二）关于工会津贴经费，厂方以诚意表示，如工人在两星期以内有成绩优良之确实证明时，即与各厂协商办理，由社会局担保照付。（三）厂方允许工人李星楷等三人复工，但以后其他工人有与该工人等同一行为时，不得援以为例。（四）厂方允许工人孙集成等四人作为新工入厂工作。以上所立四条，厂方不甚乐从，故又口头提出在二三星期内若不发生怠工及妨碍工作之纠纷事件，方允履行。于是厂方遂指使平日接近之员工及利用素与工会委员不睦之员工，暗中结合，破坏工会，以致纠纷迭起，此乃大康纱厂最近工潮之惟一原因也。当九月二十八九日间，职会已迭据该厂工整会报告，有王子和、吕锡本等勾结厂方，秘密组织叩头会，希图破坏工会等情云云。嗣经派员明查密访，据报告：王子和、吕锡本等领导秘密组织叩头会，阳假拜盟结义之名，阴图结党营私之实，其组织方式分十二人或六人为一组，分组联盟叩头，各组中之为首份子多半为胶东各府县一带之人，素日以地域观念，对于工会委员干事等多数西府人，民多有不洽之处，故易于利用，且以凡加入叩头会者可保无开除失业恐慌之口号相号召，并在东镇永昌书局订印十二人用、六人用兰谱各数十份，秘密散发厂内，工人暗中联盟，风传已有千人加入，而王子和、吕锡本近来每常召集多数工人在东镇卫海路裕康酒店楼上开会各等情。据此，职会一面仍派员继续切实侦查，惟恐其有轨外行动，一面尚以工人头脑简单，易于受人利用，犹思促其觉悟自新，当将王子和、吕锡本等召集来会谈话，以法理大义再三告诫之，不期王子和等毫不知悔，仍复更肆猖狂，返回厂内扬言加入叩头会，反工会者有二三千人之多，于是工会中之干事、组长有张连增等十余人，于九月三十日晚间，分往各处散发白纸名单，测验各工人是否反对工会，并令凡赞成者一律捺印指纹，当即有遵从者，有拒绝者，并有将名单抢去者，工会干事组长等见此情形，深致不满，于第二日（十月一日）早六时许，在该厂工人宿舍内即向反对捺印者大兴问罪之师，遂引起双方冲突，互相斗殴，幸经该管第五区公安分局就近前往镇压，始告平息，并当场捕去行凶者张连增等四人，职会闻讯当即派员驰往该厂，一面劝告工人安心工作，严守秩序，不准再有互殴行为，一面详细调查经过情形，确系工会方面主使行动，首先发难，计是受伤者八人，工会方面仅一人而已，乃第二日（本月二日）早六时许，王子和、吕锡本邀约工人五六十人在厂内职工帐房内（王子和系任该帐房职务）开会，至七时半散会，由吕锡本率领四五十人前来市府及职会聚众请愿，意图要挟，而王子和于八时许又复招集四五十人仍在前帐房内开会，讨论如何煽动工人殴斗事，指使工人张乐亭等于十时许散会后即分赴各厂从事动武，幸职会闻讯较早，当即派员会同社会局公安局及该管第五区公安分局多派警士前往维持，故风潮未致扩大，仅织布厂一部骚动而已。且双方亦无伤害。当场由公安局将双方发难者各捕二人、三人，共捕去五人，复经职会与社会公安两局会商临时维持办法三项：（一）多派警士赴大康纱厂，随时相机维持秩序；（二）如有不听规劝仍敢互殴者，立即一并拘捕，（三）阻止群众集团请愿，如必须向党政机关请愿时，应推举代表，持呈入见，于是风潮遂告平息。惟查此次工人互殴纠纷，工会固属领导无方，办理不善，而王子和吕锡本等之秘密组织叩头会，姑无论其宗旨若何，已属非法团体，显系违法行为，何况更事挑拨是非，离间工人感情，煽动工人互殴，虽无显著轨外行动，然秘密集会，聚众招摇，鼓起工潮，破坏工运，却为不可狡变之事实，长此以往，后患殊多。且当此前方军事尚未结束，叛逆余孽共产党徒蠢蠢思动之际，设有不逞之徒勾结利用，则地方治安将蒙重大影响。职会为严惩工贼，消弭隐患起见，当将调查经过情形及所得证物，分别函请社会公安两局查照办理，迅即依法拘捕发纵指使首要王子和、吕锡本二人，严加惩处，以儆效尤在案。而于工整会主动之本月一日互殴纠纷，本应予以相当处分，然恐引起外间误会，反足以滋长非法组织之声势，故尔再三慎重，另议妥善办法。讵该厂于本月十一日又因第二厂摇纱部工人宿鼎珠（工会干事）懈怠工作，私自睡眠，为管工员查出开除，以致引起第二厂全厂停工三小时，经职会会同社会局派员劝告，始照常工作，并属该工会整理委员等转饬工人宿鼎珠，暂时出厂，静候解决。乃该工整委等不待党政机关之调解，竟让宿鼎珠于第二日（十二日）早仍复进厂上工，扰乱秩序，几又酿成重大纠纷，殊属不当。即或对于厂方随意开除工友表示不满，亦应按照法定手续，呈报党政机关核办。该工会整委等事前既不能调解制止，事后又不依法处理，更不将事变经过迅速报告，种种遗误酿成纠纷，实属办事不力，咎有应得。加之前次互殴风潮，早经负有相当错失，足证该工会整理委员等实乏领导力量，岂容一误再误，亟应撤消，以免后患。当经职会一一五次常会决议，今大康工会整理委员会暂行停止活动，所有文卷器具暂由郭相符、吴心慰保管，静待后命在案。除惩处工会整委外，并经与社会局会商，一面将怠工工友宿鼎珠开除工作，以为不遵命令，擅自进厂复工，破坏秩序者戒，一面严重向厂方交涉：（一）不得因此事变开除其他工友；（二）此次停工期间（三小时），工资照常发给，不得藉端扣除。以上各节，均已分别执行矣。所有此次解决该厂工潮经过详细情形，理合具文呈报，仰祈鉴核。谨呈

中央训练部

中国国民党青岛特别市党务指导委员会常务委员梁醒黄

方　治

素亦文

中华民国十九年十月二十二日

〔国民党中央党部档案〕

21. 国民党中央民众训练部张翰猷等调查青岛工运情况总报告书

（1932年5月20日）

职等前此奉派赴青岛指导工运，遵于四月二十一日由京起程，二十三日抵青，翌日即分别赴市政府与烟业公会理事孙明祥等接洽，并询问青市各工会近况。自四月二十五日起，制表调查各工会，至五月三日止调查完竣，七日将调查结果及感想，分工人生

活及会务维持两项，用书面送请青岛市参考，九日召集烟业工会理事数人，说明各节，所有经过曾经职等在青三次邮寄报告在案。兹再分别详陈于后：

1．青市工业与工运概况

青市命脉系于工业，而工业中以纺织业为首，烟业火柴业次之，其他各行业又次之。各业工厂，就资本与规模言之，日商所经营者为最，其他各国次之，至我国官商所经营者数量虽多，质量则遂不及外人，从下列二表可见一般矣。

（1）青市工厂业别国籍别及厂数职工人数分析表

业别	工厂国籍	厂数	工人 男工	女工	童工	共计
染织业	中国	22	2,251	255	167	2,673
	日本	9	26,207	1,977	188	28,772
	德国	1	120	15	4	139
	计	32	18,978	2,274	359	31,584
化学业	中国	33	1,851	403	440	2,694
	中日合资	2	208			208
	日本	18	1,834	134	65	2,030
	英国	1	157			157
	美国	1	100			100
	计	55	4,150			5,189

续表

业别	工厂国籍	厂数	男工	女工	童工	共计
		工			人	
机械器具建筑业	中国	48	2,287	16	428	2,731
	日本	12	222		80	303
	美国	1	80			80
	计	61	2,589	16	508	3,113
饭食品业	中国	16	630	380	3	1,013
	中日合资	1	15			15
	日本	9	558	50	18	626
	英国	5	1,551	1,086		2,637
	德国	1	70	40		110
	中美合资	1	75	170		245
	计	33	2,899	1,726	21	4,646
	合计	181	28,616	4,523	1,393	34,532

再由上表就各国籍比较之，中国者百十九厂，日本者四十八厂，中日合资者三厂，德国二厂，英国七厂，美国一厂，中美合资一厂。至各厂资本与规模，以日本占最优位置。兹仅就纺织业各厂列表如后：

（2）青市纺织业工厂一览表

厂名出品	国籍	资本	工人数	开办期
华新纱厂 棉纱 棉线	中	2,700,000 华币	2280	民二十年二月
钟渊纱厂 布纱 棉丝	日	10,000,000 银两	6419	民十二年四月
富士纱厂棉纱	日	7,430,000 日金	1355	民十一年十一月
宝来纱厂棉纱	日	3,000,000 日金	1441	民十一年十一月
太原纱厂 棉纱布	日	52,000,000 金元	3441	民九年二月
内外棉纱厂 棉纱	日	16,000,000 日金	3483	民六年六月
隆兴纱厂棉纱	日	未明	1533	民十二年四月

由上表可知，日人在青市投资之多及经济势力之大，华厂以资本微薄，故规模较小，未能与外人竞争。总之，青市工业虽甚发达，多为外资所办，前途堪虑。

全市工人约计三万余人，纺织工人几占三分之二。各业工人籍隶山东者为大多数，余如直皖浙虽间有之，亦系少数。工人来自胶济一带，秉性尚属纯朴浑厚，惟女工多尚缠足，此亦文化未开所致也。青市自我国政府收回后，各业工人在党部指导下，均经组织工会，在社会局立案者计十六个，港务局立案一个，工务局立案者二个，共计十九个。全市三万余工人中加入工会者二万余人，其余未加入者皆因工会法第二十条“工会不得强迫工人入会及阻止其退会”之规定，工人为厂方之忌及免纳会费，故未加入工会。自有组织以来，曾于十八年秋，纺织业与烟业工人因要求待遇之改善，引起重大之劳资纠纷，罢工数月始告平息，从此工会组织尚称团结，工人生活亦渐改善。该次纠纷结果，工人解雇者二百余人皆为工会会员，非会员则无一人，而所得之改善待遇，未入会者亦不劳而获，同等享受，此青市工运前此之大概也。

青市工运与党务

青市各工会因前此之罢工精神，从此团结力量颇称雄厚。该市党务加以扶助，不遗余力，青市党员仅三百余人，类皆党务工作人员及公务人员，农工商学份子甚少。自十九年后，工会优秀份子多吸收入党，因该市情形之特殊，市党部以民运为最重要之工作对象，而民运中尤以工运为首要。年来党部负责人常有更动，党务遂生纠纷，党部负责人因培植私人势力，遂向工会多方拉笼，以攻异己。从此，工会团体转入纠纷旋涡，团体不若前此之一致，理监事亦不似前此之纯洁矣。即如去岁党部未被日人焚毁以前，某工会拥甲党委而反乙党委，某工会又拥乙党委而反甲党委，甚至某一工会内之理事中，某理事拥甲党委，某理事拥乙党委，相互倾轧，不遗余力，此亦工会因党务纠纷而转入歧途也。

各工会现状之调查与统计

职等于抵青后之第三日——四月二十五日——起开始调查各工会，共计七天，始行完竣。调查分下列各点：（1）会名，（2）常务理事姓名，（3）会员人数，（4）组织与训练概况，（5）待遇及工作时间，（6）有无纠纷，其原因及经过，（7）国难中与其他团体有无联络，（8）厂方国籍，（9）其他。兹详陈于下：

自党部被焚毁后，各工会以顿失指导，会务渐形废驰，无法进行，迨九一八事件发生，日方不顾一切协议，取消以前待遇，任意开除工人，诸如此类，不一而足。甚至招雇新工时，竟以永不加入工会为条件，立据为凭，请人担保。工人不堪其苦，请求市政府交涉，亦无结果。各业工人以国难当前，党部负责无人，只有忍痛作工，待诸来日，而服务工会之理监事，多在被开除之列。市政府为不愿工人活动而增对外交涉之麻烦计，更乘机禁止工会集会，每月给工人之少许维持费，以缓和各工会负责人，从此各工会无形停顿，几至名存实亡。自职等抵青后，各工会纷诉苦情，对市府态度除表示不满外，似尚有难言之隐。据闻市社会局职员中有与厂方勾结者，职等以无确证，未敢置信，恐亦不无原因耳。职等驻青半月，总觉市民似无国难一回事，即如受痛苦最深之工人亦无如何表示，探其原因，皆为市府禁止工会集会所致，又何怪市民俨若无事，禁若寒蝉也。各厂对工人之待遇与工作时间如下表：

青市工厂工人工作时间与工资率

工时与工资	业别	染织工业	化学工业	机械建筑工业	饭食品工业
每日工作时间	最长	14.00分	13.50分	13.00分	11.00分
	最短	9.00分	8.50分	8.00分	6.00分
	总平均	11.00分	10.00分	10.00分	10.00分
每月工资数目	最高	25元00分	25元00分	55元00分	26元00分
	最低	7元00分	10元00分	12元00分	11元00分
	普通	15元00分	18元00分	24元00分	17元00分

自九一八事件发生后，对于工人之待遇，如退职金、医药费、房金、米贴等，均无定规，随其愿否而给与之，日厂皆然，其他各厂尚属依照前例，故上述与后附之表，系照前此协议者。

与市府接洽之经过

职等于调查完竣后，将结果与感想曾对市府社会局长、秘书长等会同谈判，并将应注意之点用书面交请市府参考。当声述在可能范围，望其对日厂切实交涉，以恤工艰，而维民运。应注意之点如下，均系依据工厂法及现实情形，意在恢复“九一八”，前之原状。

（A）关于工人本身利益

（1）恢复者：

a、待遇——医药费、抚恤金、退职金、女工妊期、工资津贴等；

b、开除工人之规定——仍须得政府之同意。

（2）改善者：

a、低微工资应按生活指数酌量增加；

b、工作时间以八小时为原则，最多不得过十小时，逾时加资；

c、工人应有卫生及保险等设备；

d、限期举办工人补习学校；

e、工厂雇用童工，应按工厂法之限制；

f、此后厂方招雇工人应有之手续，由政府订定，厂方须遵行。

（B）关于工会会务进行

（1）会议

a、理监事例会，应促其按期举行；

b、会员大会，必要时应准其举行，以维工运。

（2）经费

a、在党部未恢复期间，应照给津贴，以维会务；

b、工会对津贴用途应有报销。

当时，市政府当局曾面允尽力做去，职等认为满意而退。翌日，职等为早日完成使命计，拟集各工会代表转达钧会意旨——指导青岛工运方针，并开导工人在政府监督之下，团结精神，为外交后盾，乃赴市府商量，请其代找会场，不料市政府一再推延，职等又往访秘书长胡家凤，询其原故。伊答：以外面传言，中央民运会所以派两位专员来青，意欲夺取青市民运之领导权也，沈市长亦不全信，不过值此紧要期间，以不召集为宜，免起工潮云云。职等听闻之下，不胜惊骇，当经切实申明：“此次来青，系据工会之请求，在党部未恢复期间，暂时指导工会，以维工运。吾等与市府系在同一立场，决无异趣之举，望市府勿听谣传，并祈转达沈市长”等语。职等除将中央维持民运之意，请烟业工会代达各工会代表，并嘱其在国难期间，应忍痛团结，不可作奢望，致贻外人以可乘之机，遂于五月十日离青返京覆命，此经过之实在情形也。犹意市府秘书长曾告以“有市党部委员某人责难市府，以中央民运会派人只是指导烟业工会，不应派员领往其他工会调查”云云。似此前后对照看来，所谓谣传者不无原因在。噫！同志对同志，犹且无端造谣中伤，实为吾党前途虑。

视察后感想

1．青市工人总计约三万余人，而加入工会者仅三分之二，致工运未能进展。厂方因工会不得强迫工人入会，故预订条件以招雇工人。每次纠纷结果，牺牲者为会员，而非会员坐享其成。似此，工会法第二十条之规定应加修改。

2．青市各业工人，自“九一八”事件后，所受痛苦甚深，现劳资间感情甚为恶劣，如不设法使其恢复前此原状，恐将有不可收拾之日，加之共党在青下层活动甚力，犹为可虑，拟请钧会函青市执委会切实办理，以维工运。

3．青市各业工会，多数已届改选之期，拟请函青市执委会促其改选，藉资整理，而图恢复。

4．各业工会之理事，多数为失业工人担任，市政府屡有不满之词，曾以鼓动风潮为名，逮捕工会理事（失业工人）数次，且失业工人多系被开除者，对厂恐不无挟嫌之处，此点请酌予处理。

上述各项，均系在青经过之实情，理合详陈具报，敬祈鉴核。谨呈秘书转呈

主任委员陈

副主任委员王

职张翰猷
谨呈
李人祝

中华民国二十一年五月二十日

〔国民党中央民众训练部档案〕

22．行政院关于防止淄博煤矿工人罢工问题致实业部密令

（1933年4月25日）

行政院训令　（密）字第一八四四号

令实业部

为密令事：案准中央民众运动指导委员会，函开：案准中央秘书处检送山东省执行委员会呈："为转呈防范淄博两县煤工罢工风潮建议，仰祈核夺施行"等由。查呈称各节，不无理由。除函复外，相应抄同原呈，函请贵院查照办理等由。准此，除密饬山东省政府遵照注意防范，暨分行铁道部知照并函复外，合行抄发原件，令仰该部知照。此令。

计抄发原附原呈一件

中华民国二十二年四月二十五日

院　长汪兆铭

抄原呈

呈为转呈建议恳请鉴核事：案据博山县党务整理委员会莫锡纶呈称：查淄川、博山两县交通便利，五方杂处，不独商业繁盛，工业亦颇发达。两县矿区毗连，不下数十家，矿工约达三万余人。即以博山、昆仑、洪山三站而论，装煤工人已愈二千。故共产党徒及其他反动分子觊觎淄博两县者久矣。然自十七年以还，数年之间，未生若何变故者，以党政各方维持得力也。洎民国二十年四月铁道部颁令煤运加价二成，淄博两县煤商，因反对部令，即从中操纵装卸，工头酝酿罢工，旋经各方疏通，历二十二日之久，始行复运，博山东站于本年三月一日又忽以罢装闻。幸得博山县党部迅速商同县政府派员赴炭业公会，质以罢装原因，并晓以国难当前，不宜发生风潮，假反动派以操纵利用之机会。各矿商尚哓大义，并以罢装理由欠缺，故断然即日复运。此两度罢运风潮虽未扩大，然前途之不可忽视于此可见一般矣。况一遇煤之销路迟滞，或车皮疏通之际，各煤商无利可赚，遇有藉口之处，辄相率罢运要挟，铁路当局冀造各地煤荒，抬高煤价。此等举动若不事先防范，诚恐为反动派所利用，酿成变端，殊堪隐忧。丁兹国难时期，更宜严加防范，为此历陈下情，恭请钧座鉴核，迅予转呈中央党部转函国府，一面训令山东省政府对于淄博煤商罢运严加注意，庶几防患于未然，不致发生其他影响，则党国幸甚，地方幸甚，等情到会。据称各节，查不无理由。为此，备文转请钧会，仰祈核夺施行。谨呈

中央执行委员会

中国国民党山东省执行委员会常务委员　赵纬民

张　村

韩复榘

中华民国二十二年四月元日

〔国民政府经济部档案〕

23. 国民党山东省党部抄送鲁大公司淄川煤矿崩溃淹毙工人惨案经过致中央训练部公函

（1935年5月31日）

中国国民党山东省执行委员会公函　　民字第313号

案准贵会铣电略开：据报载，淄川炭矿崩溃，工人惨遭压毙，嘱将事变经过及善后办法详细见复等由。查鲁大公司淄川矿所十行坑内发生水患。本会据报，当即派员前往调查，并慰问处理，叠据报告，知情形严重，刻下正调查登记被难工人数目，预备交涉抚恤及其他一切善后问题。兹抄同报告两件及工会呈文一件，函达贵会查核。今后应如何办理之处，并希随时指示为荷。此致

中央民众运动指导委员会

附抄报告两件

工会呈文一件

中华民国二十四年五月三十一日

报告第一号

呈为报告事：窃职奉派赴淄川洪山调查鲁大公司炭矿出水，淹毙多数工人惨案，并慰问被难家属。当于十五日夜车东来，十六日晨四时到达洪山淄川区矿业工会，知水势有增无减，营救完全绝望。查鲁大每日出煤约二千五百吨，十行坑约出七百吨，八行坑约出九百吨，其余小井出五六百吨。刻下十层〔行〕坑出水淹没，能将八行坑维护保全，尚可支持。八行坑与十行坑距离共为八十三米达，昨日报载尚余十六米达，今晨则仅七米达，午后三

时则为三米达，六时则八行坑又行淹没，坑外机械亦完全停顿矣。

营救情形：初十行坑内旧有南西两路均有风道，坑内工人被水阻截，必有趋此风道寻求生路者，倘能挖通必可救出一部分工人。乃连日挖掘结果，均已通水，业已绝望，坑口北部并有旧口，挖掘之空道上面，有一二百米斜平面积，能容多数避难工人，该道因无风道，空气被水压榨，向外抵抗，水力不致侵入，推料该处工人尚可苟延性命，如能赶快将水抽出，或亦可以全活多人。惟水量过大，据测流量（最高时每分钟五千三百立方尺，最低时每分钟亦在一千立方尺以上。）该公司现有抽水机即全部出动，亦不过抽水四分之一，以致事变发生以后，所有中外员工虽昼夜抽吸营救，而水势仍有增无【减】已，今八层既已上水，营救工作无从实施，全部员工均已上井，听其淹灌矣。

被难工人数目：公司发表则称四五百人，据工会按照平常情形及本月十余日来各日数目均为八百左右，且十三日为发给工资之期，按之往例，每逢发薪之日，工人多全数下井，（发薪在井底）总比平时多百人左右，以是估计是日上工者在九百余人，逃出者不足百人，被难者总在八百左右。

善后办法：工人生活艰苦，一旦被难，家属立感恐慌，以致前日向公司哭闹，将庶务室捣毁，并闻有不良分子从中鼓动，若不早筹办法，安定人心，地方前途殊为危险。是以今日午刻，会同旅长宁纯孝、县长张蕴藻、民政厅派员李西峰、公司职员中村道一、宋璧如、工会理事顾炽、李文成等，协议办法三项：（一）对于外工工人结付其五月十三日以前之工资，劝其暂行另寻职业，以免闲聚滋事；（二）调查登记被难工人数目，其家属证实无误，先行发给十二日以前工资，再议抚恤费，如工资过少不足维持生活，可由公司暂行垫借，将来在恤金项下扣除；（三）调查登记事项，由公司、县政府、工会三方负责，一方再由旅长、县长会衔布告被难家属，静候官府代为解决，不可聚众滋闹，至生枝节。下午多数工人已按序登记。

以上大略情形，谨先报告。

鉴核。谨呈

常务委员

职刘汝浩

五月十六日

报告第二号

鲁大惨案，自前日议定临时救济办法，秩序较好。兹将近来情形分别报告如次：

一、登记被难工人家属：登记调查办法系由工会、公司、县政府三方面负责，公司只查帐，报告工人数目；县政府召集乡镇长，令分别调查所属村庄被难人数；实际最为忙碌者为工会之登记调查，连日工人家属闻讯前来，麇集工会院内，工会职员将被难工人之姓名、年龄、籍贯、住址、工作地点及家属人数分别登记。职亦从旁宣达钧会慰问之意。刻下登记人数已有五百四十余人，知其确已被难，尚未登记者尚有多人，其只身在外作工，无人为之登记者亦不在少数。总之，被难人数确有八百。

二、责任问题：此次肇祸原因，并非不可避免，是由公司方面平日只顾省钱，安全设备太不周到所致，该矿十行坑南马道原来皆有风道可通，八行坑公司不加修治，渐致湮塞，以致大水猝发，无路走避；其次十行坑之六十四号废坑，从前每日出炭约三百五十吨，八十五号废坑以前每日出炭一百五十吨，均有四五年之久，两废坑平均约有二十万立方米达之容积，所有积水公司从前尚向外抽吸，近来则听其积存，以致大水发生无处容纳，淹没通道，否则只此两号废坑容纳，每分钟五千立方尺之水，已可支持半小时以上，大部工人当可从容逃出。复次皆公司预算每吨煤价成本旧为四元七角，近年以来，逐渐核减，去年原预算为四元三角一分，复经核减为四元二角，以致各项设备均行废弛。以上情形工会闻已详细呈报，望转呈中央函行政院饬实业部派员详予考察，饬令从优抚恤，并改善附近各矿设备，以保障工人性命。

三、大水来源：此次矿中出水，色清味甘，工人均断为附近河水过洞注入。十七日晨华坞工会分事务所工会候补理事宓厚福来会报告，华坞东北有丰水镇，南有泉河，前日骤行干涸，炭坑之水必系此水云云。职于十八日晨偕同工会理事李文成乘车前往视察，丰水镇距洪山约二十六七里，午刻到达该镇，为淄川八大镇之一，居民约七百余户，有完全小学一所，望而知为富庶区域，镇南二里许，旧为湖沼，面积约十余亩，芦苇丛生，夹岸垂杨，风景幽雅，类似江南，是以“泮水渔唱”，为淄川八景之一。旧日湖水荡漾，俗名泉河，中有一岛。据龙王庙碑文称：泉为朱龙河，上源北绕丰镇，会为锦秋湖，传与淄水相通等语。今果干涸，农夫牧童争拾鱼介，从前两岸田亩资其灌概，烟草青菜出产有名，近则水源干涸，膏腴恐将变为沙碛，真不胜仓桑之感。

以上大略情形，谨报告

鉴核。谨呈

常务委员

职刘汝浩　五月十九日

抄原呈

窃查鲁大公司淄川矿业所十行坑内于本月十三日发生水患，十行、八行两坑先后淹没各节，业于寒铣两日连电报告，当蒙电慰各被难工友家族，并派员来矿慰问处理。兹将经过详情及善后办法，汇述如下，恭请鉴核。

本月十三日据报：鲁大公司淄川矿业所十行坑内七十五号炭洞突于上午十时半天板坠落出水，其势凶猛，至十一时许即将十行全部淹没，七十五号工人仅得逃出数十人，其余各部工人无法逃避，完全淹没坑内，其余人数按平日情形推算约八百余。内有第三分事务所干事三人，此外尚有公司技士袁荣芳及日人兰原氏，里工把头等十一人亦同时罹难。本会闻讯，当即派员前往查看，并督促公司迅谋救济办法，无如水势暴涨，每小时上升一米突四十公分，十行排水机件全部淹没。嗣因八行尚有能通达十行之风道数处，均已圮毁，不通出入，如能整理勾通，即可救出工人不少，乃连夜尽力整理，以资营救，终以水涨甚速，至十五日下午十一时许，将即通达，即先后淹没，是时十行井筒已淹没六十余米突，十行工友殆已完全陷入水内，生机绝望矣。在此三日间，一般被难工友家属，焦虑万分，群相来会，并至公司请求从速设法，幸赖军警弹压，未至滋生大变，至十六日午后二时，由宁旅长、张县长、民政厅李委员、钧会刘汝浩委员及本会理监事等与鲁大公司淄川矿业所负责人员会商善后办法，决定先发十三日以前各外工工资，并由各方调查被难工友确实数目，其被难工友家属，在抚恤金未发前，如确系生活困难，由公司借给维持费，俾资糊口。不料至下午五时，坑内水势仍续涨，八行坑亦全部淹没，因之坑上机械大部停止，已成停工状态，刻水势有增无减，将来如何，实难逆料。

综考鲁大公司淄川矿业所此次空前水患，当以该矿业所设备欠缺为最大原因。近年该矿厉行所谓紧缩政策，处处务必撙节，对于预防灾害之设备，概付缺如，一旦发生意外，即行束手无策，此其一。该矿十行南西北各部，以前下卸炭洞，原有多处可容多量之水，近年任其积满，存水不加排泄，否则此次出水有处空洞，千百工友自可从容脱险，浩劫当能消弭，此其二。该矿八行与十行之间，原有风道，以前均互相贯通，遇有事故，不必罐笼升降，即可出入无阻。近来公司撙节费用，任令圮毁倒塌，不加整理，以致堵塞不通，否则此次出水，工友当可由风道绕登八行逃出泰半，何致临时掘通不及，坐令生机断绝，此其三。出水地点为十行七十五号，洞内近年该处采炭改用长壁法，加以节省木柱，乃致天板坠落，且于数月前亦预知该处有水，竟不早日防范，任其酿成巨患，此其四。总之，平素设备欠缺，实为肇祸之由，而事变突忽，噬脐莫及，随至演成空前惨案；是则深觉痛慨扼腕不置者也。

计自此案发生，本会力谋营救，而结果于事无补，实觉遗憾。现在惟有随同各方勉襄善后。惟滋事体大，今后对于本案应如何办理之处，仰祈随时指示，俾有遵循。除将来情形如何，随时呈报外，理合备文呈请鉴核，实为公便。谨呈

中国国民党山东省执行委员会

淄博区矿业产业工会常务理事顾炽

中华民国二十四年五月十七日

〔国民党中央党部档案〕

24. 天津市长崔廷献报告该市比商电车电灯公司工人罢工要求改善待遇经过的文电

（1929年6月）

（1）崔廷献致行政院电（6月16日）

国民政府、行政院钧鉴：准外交部删电开：准比华使电称：天津比商电车电灯公司工人与公司发生冲突，其中含有政治意味，警察拒绝保护，请速设法制止，以敦睦谊等因。此事究系如何情形，希速查明，妥为调解，并盼电复等因。当复以查天津电车电灯工潮，远因系公司与工会素多隔阂，近因系总工会据电车工会向公司提出改善待遇条件十项，祈于廿四小时内答复，因未经答复，以致罢工。事前未据公司及工会报告，抱无政治意味。本府得讯后，当饬公安局妥为制止，乃事出仓卒，党部及民众团体各方面又一律援助罢工，幸赖警察多方劝解保护，故罢工已经五日，未致别生事端，一面本府迭次派员向该洋总公司商洽。该洋总办庐发明知工人要求之条件可以相当容纳，但以必先复工后

再商量为词，且一面登报另招新工抵制，益惹工会及民众愤慨，以致罢工风潮有扩大之势。该公司承办电车公用事业与普通商务不同，罢工以来，公司工人所受损失其事小，市民蒙不利之影响其事大，该洋总办于政府苦衷、社会心理多所误解，除令其顾全大体，免除误会，迅速消弭工潮外，本府现正竭力调解，务期早日恢复交通，以靖地方而安人心，特先电复，敬请鉴察等语。仅电奉闻，敬请垂察。天津特别市市长崔廷献叩。铣。印。

（2）崔廷献致行政院电（6月21日）

抄。急。南京国民政府行政院钧鉴：外交部勋鉴：枢密。铣电谅蒙鉴察。查电车工会向比公司要求改善待遇条件：（一）陈泽霖复工，在被革之日照常发给工资；（二）要求公司因本年六月一日为总理安葬大典未放假，须补行放假一日，或给一日之工资；（三）长短工花红一律；（四）上下工友须由工会通过后施行；（五）长短工友有病时经大夫诊治，签字后一律照给工资；（六）各纪念日一律放假，有工作者给双资；（七）取消俄人在厂内监工；（八）实行八小时工作；（九）取消洋稽查上车查票；（十）常昇亦复工等十条。此外，另附复工二项：（一）工人复工后不得藉故开除；（二）罢工期内公司照给工资，经派员迭次商洽调解，并由廷献连日亲与商量劝导。谨闻。天津特别市市长崔廷献叩。马。印。

（3）崔廷献致行政院电（6月21日）

急。南京国民政府行政院钧鉴：外交部勋鉴：枢密。马电谅蒙鉴察。据党部及工会表示：对第四条可取消，比公司对第二、第五、第六、第七、第九各条可容纳，略有变更，对第一条亦承认，但不列入条件，对第八条、第十条决不承认，对第八罢工期内照给工资一项，谓各国罢工均由工会接济，无资方给工资之先例，不肯承认，对复工后不藉故开除亦承认。此调解之情形也。但党部工会尚未同意，对于工作时间坚持不得过九小时；对于罢工后给工资一节，尤坚持，除续行调解外，谨闻。天津特别市市长崔廷献叩。马二。印。

（4）崔廷献致行政院电（6月21日）

急。南京国民政府行政院钧鉴；外交部勋鉴；枢密。顷接津市党部来函，希严令比公司限三日内解决工潮，过期即以妨害治安，违犯合同为理由，强行接收。否则召集总工会及比公司总办，强迫履行要求十项。该总办如不承认，亦即根据以上理由，强行接收等语。廷献告以罢工系劳资争议，与筹备收回电车公司截然两事，若因罢工而欲强行接收，万无此理，市府绝对制止其酿事。关于收回办法，将来非呈奉中央核准后不敢擅专云云。至于此次罢工，纯是工人主动，党部领导绝无政治意味，所有市府所设之筹备委员，系本公道和平之旨，研究进行。前经呈明在案。并奉令函会同河北交涉员设法收回，与工潮绝无关系，诚恐外间误会，谨电陈明。伏乞鉴核。天津特别市市长崔廷献叩。马三。印。

（5）崔廷献致行政院电（6月30日）

南京。国民政府、行政院钧鉴；枢密。天津电车电灯公司于六月有日职工发生冲突，据公安局报告到府，当饬加派保安队前往保护、并饬属查明肇事者移送法院。据报肇事之人；一、殷梦九入厂找人，不听公司拦阻；二、洋员鲁发，先行动手，击殷之面部流血，激动工人；三、李文生与鲁发互殴，鲁眼青腿部受伤，李脸微伤，业由公安局将鲁发函送比领事署查收，同时并将殷梦九等移送法院，依法办理等语。案关司法，除令公司暨公布公司之职员工人等，均应静候法院依法办理，不得别生枝节外，一面抄公司前后来函，催请法院从速进行。此案可期和缓了事。

谨电肃闻，伏乞垂鉴。天津特别市市长崔廷献叩。陷。印。

（6）国民政府文官处致中央执委会秘书处公函（6月27日）

国民政府文官处公函　第五七〇三号

迳启者：奉国民政府交下天津特别市市长崔廷献马日迭电，报告调解电车工会向比公司要求改良待遇条件十项之经过，及津市党部函请严令比公司限日解决，否则强行接收之情形。并声明此次工潮，绝无政治意味，统祈鉴核一案。奉批：照转陈为荷。此致

中央执行委员会秘书处

计抄送马一马二马三原电三件

中华民国十八年六月廿七日

〔国民政府与行政院档案〕

25. 国民党中央民运会与河北省实业厅等单位关于处理开滦六矿工人罢工要求改善待遇情形的往来文电

（1931年6月—1933年1月）

（1）河北省实业厅长何玉芳报告矿工要求改善待遇致实业部呈（1931年6月10日）

呈为呈报事：前据本厅唐山工厂监察员郭绍裔呈称：开滦六矿工人，拟向资方要求增薪及改善待遇，附具理由书前来。当以开滦六矿，原系散居滦县、丰润、临榆三县境地，设使令各该县政府分别处理，殊感困难。且兹事繁重，工人蓄意已非一日，并须顾及双方利益，衡平实非轻易所能处理周到。按照劳资争议处理法第三条暨第十一条之规定，此项事件，应有组织调解委员会，妥慎处理之必要。呈奉省政府第四六三号令准组织，特派唐山公安局长宁武、唐山二厂监察员郭绍裔、本厅科员丁占梅三人

为调解委员，并通知劳资双方各推定负责代表二人，当该调解委员于五月十日在唐山会集，正拟召集双方代表正式开会调解，适值矿方以北宁路运输停滞问题，于是日布告停工。工人以矿方为其他事件影响工人损失，亦于是日宣告六矿工人每日每班怠工二小时，以为抵制。时经该调解委员等就地双方说项，并经本厅连电劳资即将停工怠工事项速为取消，至五月十四日，劳方始照常恢复工作。同时并据开滦矿务局声请为就近总局便于协商起见，拟将调解委员会改移天津，呈奉省政府第五六五六号令准，遂定于五月二十一日召集资方代表赵君达、柏兰亭，劳方代表张玉堂、倪长生在本厅开会，并呈报省府备案。嗣据调解委员丁占梅、宁武、郭绍裔等呈称：第一日开会即附带将矿方停工问题讨论解决，所有增薪及改善待遇之各要求，历十余日之久，迭经讨论，双方代表始各满意。乃订立调解决定书，于六月四日正式签字，所有酝酿数月之开滦劳资纠纷，至是方得告一圆满解决。理合将签定调解书呈请鉴核分发等情。据此，除由本厅将调解决定书备文分发劳资双方各执一份，并将经过情形呈报省政府备案外。理合抄录原决定书一份，呈请鉴核备案。谨呈

实业部

附抄原决定书一份

河北省实业厅厅长何玉芳

中华民国二十六年六月十日

照抄调解决定书

河北省实业厅为开滦六矿工人向矿务局要求增薪及改善待遇，依照劳资争议处理法第三条暨第十一条之规定，认为有组织调解委员会妥慎处理之必要，呈奉省政府第四六三六号指令准于组织。特派唐山公安局长宁武、唐山工厂监察员郭绍裔，本厅科员丁占梅三人为调解委员，并由矿务局派定负责代表柏兰亭、赵

君达，六矿工人共举负责代表张玉堂、倪长生出席，于本年五月二十一日在天津本厅正式开会。迭经讨论，决议左列各条，双方代表均无异议，愿各遵守，特订立调解决定书。

一、凡属开滦六矿里外工人，依各工人原有工资，一律加洋八分。

二、增加外工花红，矿务局照每年出煤吨数每吨提洋四分，给井下各外工，但每年每份不得少于十五元，其井上各外工暂定每份十二元。如将来改为里工时，应享受里工同等待遇（每年花红须照全年付给）。

三、里外工各级工人名目，矿务局须分别编订清楚，其外工最低工码，由各矿工会向各包工自行订立，工厂监察员须随时监督办理。

四、在工厂法未实行以前，工人如有因公死亡者，矿务局给与抚恤费洋三百元，治丧费洋五十元，棺木一具。如遇有相当缺额，并尽先补用其子弟；残废者，按以上所订成分计算。

五、外工经登记后，得享受入储蓄会之权利。

六、所有井上里工及缸砖窑外工工人，一律将九小时半工作时间缩减为九小时。

七、里外工人住室由矿务局一律加糊蓬顶。

八、所有工人登记事项，由劳资双方协同进行，限本年六月十五日起至八月卅一日止，务必办理完竣。

九、在包工制未经完全取消以前，矿务局须尽力设法先取消井上二包，由工人于大包下自行包活，并监视包工确能按照此次增加数目发给工资。

十、矿务局所办工人子弟学校，须于最短期间内向官厅呈报立案。

十一、学徒与技术小工，如满三年，经考试合格者，得升为帮工匠。以后如工作成绩良好，遇有正工匠缺额时，矿务局得酌量提升。

十二、本调解决定书除适用于里外工人外，并适用于技术员司及下级员司。

十三、前双方所订十八年五月一日合同，除与本决定书相同外，仍继续有效。

十四、本调解书所有决定条件，由中华民国二十年六月一日起，为开始施行日期。

矿务局代表　柏兰亭
赵君达
工人代表　张玉堂
倪长生
调解委员　宁　武
郭绍裔
丁占梅

中华民国二十年　月　日

（2）中央民众训练部关于花红问题致实业部公函

（1932年12月3日）

中国国民党中央执行委员会民众运动指导委员会公函　第二四〇四号

迳启者：案据河北省执行委员会呈略称：开滦矿局发给工人花红，于每年下井不满三百二十班者概减少发给，而于超过三百二十班者，自应比例增加。请函实业部令实业厅转饬厂方于花红之发给特别注意，并多分等级，以持平处理。等情。除函复外，相应抄同原呈，函达查照，转饬办理见复为荷。

此致

实业部

附抄原呈一件

中华民国二十一年十二月三日

主任委员陈公博

付主任委员王陆一

附抄原呈一件

呈为呈复事：案查接管卷内奉钧会第一七四零号公函关于开滦煤矿劳资纠纷一案，内开：此次外工要求发给花红，本为援引里工成案而起，如仅以人数为单位，不问其下井班数之多寡，概给以十五元之数，则外工所得将较里工为优，揆之事理，未可谓平。兹准前由，除函复外，相应函请查照，并转饬工人等遵照此项决定，不得重起纠纷为荷。等因。奉此，窃查该决定书及会议纪录，其决定书中第二条规定：每年每份不得少于十五元一语，系专指每年下井三百二十班者而言，自无疑义。厂方不以人数为单位，而依照该决定书，以每年下井三百二十班者为一份，发给花红，自属合理，于法亦无不符。惟每年下井不满三百二十班者，花红之发给，当较每年每份不得少于十五元之数为少，其中至如何程度，及每年下井不满三百二十班者，花红发给应如何分等规定，除该会议纪录有“作满三百二十班给一整份，少者或得半份与三分之一”之含糊决议外，决定书中并无明白规定。如厂方依该会议纪录发给，每年下井不满三百二十班者半份与三分之一之数，则每年下井超过三百廿班者其花红之发给应依不满三百廿班者减少之数比例增加。换言之，如每年下井三百十九班者，得花红半份与三分之一之数，则每年下井三百廿一班者，应得花红一份半，或加三分之一之数，方可谓平。设厂方于每年下井不满三百二十班，减少发给花红，而于每年下井超过三百廿班者，不比例增加，则不但不能鼓起工人于生产力之增进，势必激起工人之反感，且如每年下井若为三百十九班者，依该会议录之含糊规定，发给半份与三分之一，则只差一班，而少得花红如是之巨，若下井为三百廿一班者，为多一班，公司应否多发半份，或三分之一之数，统须详为筹计，多分等级以谋平允。奉函前因，除令唐山市党部转饬工人等暂行遵照，勿得重起纠纷，并函实业厅筹商办法外，理合具文呈请鉴核，准予函转实业部转令河北省实业厅，饬令厂方对于花红之减少与增加，特别注意，并多分等级，以持平处理，实为党便。谨呈

中央民众运动指导委员会

陈访光印

中国国民党河北省执行委员会常务委员　李嗣璁印

李东园印

（3）中央民众运动指导委员会关于花红问题再致实业部公函

（1933年1月10日）

中国国民党中央执行委员会民众运动指导委员会公函　第二六二五号

迳启者：案准河北省党部艳电一件，为开滦矿工花红发给问题，如不依照比例减少及增加之持平办法发给花红，势将酿成重大纠纷，仍新电实业部迅电河北省实业厅饬令该矿局遵照本会所拟办法办理等由。查开滦矿工花红发给问题，迭经该省党部呈由本会函请贵部转饬办理在案。准电前由，除函复外，相应抄同原电，函达查照，迅予转饬办理见复为荷。此致

实业部

附抄原电一件

主任委员　陈公博

付主任委员　王陆一

中华民国二十二年一月十日

抄附原电

中央民众运动指导委员会钧鉴：关于开滦矿工花红发给问题，业经电请钧会鉴核在案。惟实业厅根据该矿局片面呈称：外工花红支配系依照里工办法，设依省党部所拟比例减少增加，恐引起里工纠纷，且专鼓励里工工人联班工作，与工厂法工作时间规定抵触，碍难照行等语。查该决定书与会议录并无仿照里工字样，且里工系按月发给工资，与外工绝不相同。至联班工作，矿工绝办不到，无须过虑。年关迫近，如不依照比例减少及增加之持平办法，发给花红，势将酿成重大纠纷，仍祈电实业部迅电河北省实业厅饬令该矿局遵照本会所拟办法办理。不胜迫切待命之至。河北省党部叩。艳。

〔国民党政府经济部档案〕

26. 河北省实业厅长何玉芳报告镇压唐山华新纱厂工人罢工经过致实业部呈

（1932年7月18日）

呈为呈报事：本年六月二十一日据唐山工厂监察员郭绍商呈：据唐山纺织业产业工会呈称：华新纱厂营业发达，工众自动到会，请求向厂方交涉，援照厂内员司同等待遇，发给花红。并增加工资等情。正在核办间，复据郭监察员电话报称：该工人等已于二十三日下午一时实行怠工，并据该纱厂漾电报同前因。查该纱厂工人酬劳金向有规定，详载该厂管理规则第八十二条，每年视厂方获得红利多寡，酬给工人酬劳，一次以三日至十五日之工资为限。经前河北省政府工商厅修正核准公布在案。此次发生纠纷，即经本厅电令唐山公安局会同工人监察员依法制止，务使立时复工，按照该厂管理规则第八十二条，并参酌工厂法第四十条办理具报去后。嗣据该员等复称：该工人等并不接受调处，亦不遵法定程序办理，仍继续怠工不止。并呈称：本年度工人酬劳金已于上年废历年终，由工会与厂方协定年前发放七工，年后开工日又发四工，共计已提前预发十一日工资之酬劳金。并抄同该协定书前来。本厅以工人酬劳金每年发给一次，载在该厂管理规则，自应共同遵守，断不能以该厂营业发达即可额外要求，乃该厂不待结帐，提前发放亦属不合。当经本厅指令该员等转饬该厂，再予补给四日工资之酬劳金，以符该厂管理规则规定之最高额数。至增加工资一节，工厂法规定应以各厂所在地之生活状况为标准。唐山各项生活程度，本年并未增高，所请增加工资，实属毫无理由，且该厂于上年秋间，已自动增加工资二分，此时实无再要求增加之理。况唐山为华北工业中心，工厂林立，工人众多，决不能破此为例，引起其他工厂援例要求，并函请省党部整理委员会转令唐山市党部及工区指导员向工人等详为解释，以息纠纷各在案。孰意该工人等不但不遵官府命令，竟延长息工时间至八小时三十分，并声称须厂方发给两月工资之花红，增加工资八分等语。旋据该华新纱厂虞电称：工人于七月六日晚七时起，全体罢工，今晨日班进厂，夜班全体均未出厂，二千余工人盘踞厂内，声势汹汹，危险万分，恳求急电唐山驻军及公安局，饬令工人出厂，并准商厂暂行停工，听候解决。同时，并据唐山工厂监察员电话报称情形相同。并称有多数工人在厂内各持竹板，禁止员司饮食各等情。本厅以该工人等竟敢如是举动，显系有不良份子别有作用，从中鼓惑。当此共党潜伏，虎疫流行之际，二千余名工人盘踞一处，一旦发生剧变，必至无法处理。兹据该厂请求，暂行停工。经查核，确系救急权宜之办法，自应照准。当即电请河北省政府鉴核，并请电令唐山公安局及当地驻军，就近设法饬令该工人等出厂，并妥为保护，一面电复该厂准予暂行停工，一面分电唐山公安局及工厂监察员迅速召集劳资双方负责代表，刻日来厅，听候解决。并电请省党务整理委员会于委员中推举一人来厅，共商办法。旋据唐山工厂监察员报称：华新纱厂已于八日下午六时实行停工，工人等全体出厂等情。至本月十二日据唐山公安局派该局督察长吴超，会同工厂监察员郭绍裔，偕同工人代表许朝光、高凤祥、王恩林、陈鸿茂、白金贵、韩寿全、张年，厂方代表劳健到厅，适省党务整理委员会所派之委员马愚忱，训练主任胡梦华亦同时来厅。当即开会，共同讨论。据唐山公安局代表督察长吴超报告：当停工命令到唐之时，该局局长为免使事态扩大起见，曾邀集唐山党政各机关出为调停，共同主张由厂方发给八日工资之酬劳金，并加给工资一份，劳资双方均愿接受，本可立时复工，且已有上班工作者；不料有不良份子孙玉邦等八人，坚持异议，且以武力干涉其他工人复工，一时秩序紊乱，发生工人互殴，情势严重，军警无法制止，故不得已将孙玉邦等八人看管，仍遵省令，准许该厂暂行停工等语。厅长等以该局长加发酬劳金之主张，虽与该厂管理规则稍有不合，然既经劳资双方均愿接受，若再变更办法，恐其纠纷更难解决。当即共同讨论，仍照唐山党政各机关调停办法，自复工之日起，由厂方发给八日工资之酬劳金，并每工加给工资一分，停工期内不发工资，怠工期内工资照给，于本月十三日下午六时三十分一律复工，双方均愿遵守，毫无异议。至公安局看管之为首煽惑怠工罢工之孙玉邦等，应如何究办，该工会应如何改组，核议结果，拟由党政双方另行依法办理。现在已据该华新纺纱厂元电报告，业于七月十三日下午六时三十分复工，秩序尚好等语。除呈报河北省政府外，所有唐山华新纱厂工潮经过情形，暨党政双方处理办法各缘由，理合具文呈报钧部鉴核示遵。谨呈

实业部

河北省实业厅厅长何玉芳

中华民国二十一年七月十八日

附件：华新纱厂工人罢工传单一份

工友们团结起来，一致要求：

（一）一律要求增加工资六分！

（二）要求发花红两个月！

（三）妇女童工改为六小时工作制，成年工人实行八小时工作制，反对十二小时工作制！

（四）不准开除工友！

（五）添盖工房！

（六）妇女产前休息一个月，产后休息两个月，工资照发！

（七）成立工友自己工会，反对欺骗工友，出卖工友利益的会馆！

（八）反对工头压迫工友！

（九）工友罢工、怠工、开会有绝对自由，不准会馆、厂方及军警干涉和压迫，在怠工罢工时间，工资照给。

（十）立刻改怠工为罢工！

唐山工人自己工会印

1932·7·1

〔国民政府经济部档案〕

27. 行政院关于严防共产党在平汉路石家庄各厂进行活动致实业部训令

（1932年10月5日）

行政院训令　字第三九四四号

令实业部

为令行事：案据铁道部呈称：据平汉铁路管理委员会呈称：顷据本路工会转据所属石家庄事务所呈称：窃本所前闻共党在石活动，曾由本所通知警务段，共同防范，并知会本地公安局注意严防在案。嗣经地方巡警在本处栗村将该党徒捕获，旋准本路警务第三分段第二二三号公函开：案准河北石门市特种公安局第七五五号公函内开：迳启者：案查本局查获共产党人秦见中、李健林两名，并搜获宣传品及工作计划等件。该工作计划关于职工工作：(一)发展三个同志的组织，发动外工组织工会斗争，建立一个里工的革命反对派，至少有群众十人及一个附属组织；(二)大兴纱厂多临城矿各建立一个支部，一个赤色工会小组及一个附属组织；(三)平汉铁路机厂发展一个同志，一个工会小组，及一个附属组织；(四)正太机厂发展两个同志，一个工会小组，及一个附属小组；(五)建立平汉正太的工人支部，工会小组及附属组织。职工工作主要是开辟工作，同时在开辟工作中抓紧工人迫切要求，发动他们的斗争。特委决定马上调三个同志参加生产，并在这两个月中作到：井陉矿（一）发展三个同志，建立团的组织，发动外工，组织工会斗争——建立一个里工工会反对派，至少有群众十人及一个附属组织；（二）大兴纱厂及临成矿——各建立三个支部，一个赤色工会小组及附属组织；（三）平汉机厂发展一个同志，一个工会小组及一个附属组织；（四）正太机厂——发展两个同志，一个工会小组，及一个附属组织；（五）建立平汉正太一般工人支部，工会小组及附属组织；（六）建立各县手工业工会及雇工工会等语。查该共党组织意在阶级斗争，危害国家，殊堪痛恨。除分函外，相应函达，即希查照严防为荷。等因。准此。除通饬本分段长警严加防范外，相应函达，即希查照严防为荷。等因。准此。除注意严防外，理合呈报鉴核等情。据此，除分呈特别党部筹备委员会外，理合具文呈报鉴核，伏乞饬属严密防范，以杜乱源，实为公便。等情前来。除分行车工机警总各处署转饬所属严加防范外，理合备文呈报等情。据此，除指令该路委员会转饬所属切实防范，以遏乱萌外，理合具文呈报鉴核等情。据此，除分令河北省政府外，合行令仰该部，饬属一体严密防范。此令。

代理院长宋子文

〔国民党行政院经济部档案〕

28. 河北省石门大兴纱厂工人罢工经过情形有关文件

（1933年2—4月）

（1）实业部为工人罢工反对裁减工人案致河北省政府咨

（1933年3月 日）

实业部咨 劳字第 号

为咨请事：案准中央民运指委会第三〇三五号公函：以据河北省执行委员会呈报石门大兴纱厂纠纷经过及处理情形，抄同原呈暨附件，嘱查照办理等由。除函复外，相应抄同原附件，咨请查照并案核办，仍希见复为荷。此咨

河北省政府

附抄送原呈一件原附件五件

部长陈〇〇

中华民国二十二年三月 日

抄河北省执委会致中央民众运动指委会呈

呈为呈报石门纺织产业工会与大兴厂劳资纠纷经过及处理情形，仰祈鉴核事：窃石门大兴纱厂开办已十数年，营业极佳，每年盈余约七八十万元，去年因特殊关系，产货不能畅销，停发劳资协定之旧历年年关工人一个月双支。该厂工人以厂方不早宣布，竟于年终骤然停发，生计既难维持，商家年帐又复紧逼，经累次调停无效，不得已遂于一月十七日全体留厂绝食请愿，以求获得厂方哀怜。工人以枵腹已久，无力工作，十八日遂流于怠工状态。惟厂方不但不稍加怜惜，反于是日晚将全厂电灯关息，意图使男女工人紊乱秩序。经当局交涉始罢。厂方以计划不遂，复将厂内暖汽管撤去，使工人既受饿又受寒，迫使秩序不能维持。惟工人窥破厂方阴谋，谨守秩序。厂方以两次计划不遂，复作更

毒之阴谋，是夜八时乘工人酣睡之际，暗令厂警七名，潜入厂内，于工人张文明粗纱机下纵火，希图诬栽工人，不意工人戒备甚严，当经捉获。厂方主使纵火嫌疑人五名，送公安局转送法院究办。本会于一月十七日，据该县党部电呈前情，当即电令：际此前方军事吃紧，人心浮动之时，仰速设法劝导，消弭纠纷，以免事态扩大。并电请河北省实业厅电饬厂方从速酌发工人奖金，并设法消弭纠纷，以免风潮扩大。十八日，据该厂电请派员彻查，复经电令本会调查员会同该县党部从速调处，并电实业厅派员协同处理。准实业厅函复：已由地方当局调解会派员之必要。十九日据该县党部、该工厂先后来电报告：厂内发生火警情事，此即分电河北省政府及实业厅，请速电地方当局从速调解，以免影响大局，并电该厂恳切劝告。复经地方当局一再调解，劳资双方始同意发给工人半个月奖金，纠纷至此方本告一段落。不料厂方以压迫未成，复藉口整顿厂务，于廿一日提出苛刻条件多起，强迫调人签字，调人以于管理规则不合，均主考虑，厂方以不接受该项条件，决不开工。至此工人生活又复濒于危险，一面复登报，颠倒是非，希图混淆听闻，并以该厂职员王筱山因病身死，系被工人威逼该职员签字，承认厂警纵火所致，又向法院诬控工人张文明纵火，将该工人拘押，于是乘此时机，多方活动，藉口工人不接受所提整理条件，拟缩小范围，解雇工人。本会以该厂举动显系越出劳资争议处理法所规定范围，经迭函河北省实业厅请转饬该厂迅速开工，徐图调解，另电该厂在纠纷未解决前，勿得解雇工人，一面派干事蔺笑秦、赵秉镛等前往调处，并电请实业厅派员协同处理。旋又准实业厅电复：是项纠纷已经省政府迭饬地方官吏妥为办理，无再行派员会同处理之必要。本月九日，据蔺赵两干事电陈石门公安局于本月九日召集各关系方面开会，惟工会及本会派员均未被邀参加，即议决开除工人一百七十余人。并电请省政府准以实力施行。本会当以依照劳资争议处理法之规定，调解不成，应即组织仲裁机关处理。兹本案调解与仲裁条件均不完备，突然开除工人于法不合。除电恳中央迅令国府转电河北省政府制止厂方无理压迫，先行开工，听候党政双方公平调处外，经电达河北省政府请依法慎重处理各在案。兹复据蔺干事等返会面称：河北省政府已不顾一切，准当地军政当局决议开除工人一百七十余名，以实力施行。另定本月十三日令厂方实行开工。形势岌岌，请设法救济等情。查调解纠纷自有法律可循，今省政府偏听厂方一面之词，徒以武力为能事，专事压迫，不顾法令，本会有心调解无力防维。在此国难严重期间，如仍凭藉政治势力偏袒一方，不顾国家大局，不顾劳资法令，恐将引起不可解决之纠纷。理合将本案经过及本会处理情形具文呈报，并抄录该县党部呈文等件一并呈报。仰祈钧会鉴核，指令祗遵，实为党便。谨呈

中央民众运动指导委员会

附呈抄录获鹿县党部原呈二件，调查员刘秉彝原呈三件

中国国民党河北省执行委员会常务委员李嗣聪印

陈访先印

李东园印

中华民国二十二年二月　日

照抄调查员刘秉彝原呈

呈为呈报事：大兴纱厂劳资纠纷得告解决，定于一月二十三日恢复工作，业经呈报在案。该厂忽于廿一日邀请各调人及工会理事在厂内开会，当时厂方提出整理厂务方案，经调人对原则赞成，对于所拟定之办法及条款，须有考虑研究之必要。厂方曾强令调人签字，使工人接受，经大家谢绝后，调人关于整顿意见提出几点，因劳资相持不下，未得结果散会。厂方竟未履行开工诺言，以不开工要挟工人承认所拟定条款及办法。现成僵局，恐开

工无期，工人生活堪虞，工会现处风雨飘摇中，时有必摧残之危险。省党部应速为设法挽救，理合具文呈报钧会鉴核施行。谨呈
河北省执行委员会

调查员刘秉彝谨呈

中华民国二十二年一月二十七日

照抄调查员刘秉彝原呈

为呈报事：窃查石门市大兴纱厂劳资双方因年终奖金纠纷，业叠呈在案。自十六日起工作全停，两班工人停留厂内不去，秩序极佳。十八日下午二时，由石门市公安局长邀集各机关团体主脑人并劳资代表在商会开会调解。当场讨论，已有具体办法，定于十九日下午二时决定。不意十八日夜内八时半，在工人睡卧之际，该厂内之护员七人，乘机潜入厂内粗纱部，用火柴将棉絮引着，经工人察觉，唤起工人立将火扑灭，同时将纱厂四门关闭，追捕护员五人，另二名由窗内逃去。后公安局长、十七旅副官长、工厂监察员均莅场勘验，将被捕护员五名，并见证工人三名带回公安局讯究。十九日早八时，工人三名释回，护员五名收押。理合具文将经过情形呈请钧会鉴核。谨呈
河北省执行委员会

调查员刘秉彝

中华民国二十二年一月十九日

照抄调查员刘秉彝原呈

呈为呈报事：查大兴纱厂年终奖金纠纷早告解决，现已半月，趋向愈陷悲境，波折丛生，将来解决恐尤感棘手，劳资损失，何可胜计。此皆缘于当时县党部忙于改选，继续过旧历年，且各方对工人印象甚坏，致偌大纠纷善后置诸脑后，由延宕而生变，始有今日之事实，在工人方面，以为奖金到手，专期早日开

工，而厂方认【为】交涉失败，负气难伸，乘此机会，通电、登报、起诉，分头并进，一变前态。工人张文明于一月卅一日被法院拘押，近日厂方商得军警政各方同意，以缩小营业为名，须将工会之组长干事在此次负责任之一二百人先行解雇，然后开工，已电请实业厅，恐此事实现之日，即劳资冲突激烈之时。资方稍知者必不出此，为预防大规模之纠纷计，请钧会速函实业厅，对该电加以注意，勿与核准。惟速饬该厂早日开工，不但将来大规模之纠纷得以预弭，即现在一切枝节亦可因之全消。理合将大兴纱厂纠纷演进情况及调查员意见，呈请钧会鉴核施行，谨呈
河北省执行委员会

调查员刘秉彝

中华民国二十二年二月一日

照抄获鹿县党部常务委员刘云亭原呈

呈为转呈事：案据获鹿县石门大兴纺线厂产业工会常务理事杨清濯等呈称：呈为请备案并转呈河北省党部设法保障被摧残，速令厂方开工救济工人事：窃查大兴纱厂开厂以来，十有余年，每年盈余甚丰，华北各地纱厂莫能与之比拟，尽人皆知。缘该厂住居华北腹地，原料丰富，人工过剩，是以每年年终工人奖金不生问题。今年厂方藉口营业亏累，奖金完全取消，工人不胜恐慌忧惧，按之管理规则四十三条，固然无要求之余地，爱情姑念工人辛苦一年，且用款有限，连年盈余，今年一亏，可以减少，不应完全取消，再考华北各纱厂无论年终亏盈，总有奖金之分配，须以多寡为断耳。大兴纱厂岂能独异。属会先向厂方交涉无效，继由钧部及实业厅驻石监察委员办公处调解，已被谢绝，后由公安局绅商出首斡旋，厂方态度强硬，无通融之余地，终乃巧用其调，允向汉口总公司请示，用以敷衍，调人下台，果尔回信无效。工人恐慌益甚，有如大难将临，无以为生之概。有一二不良

份子，欲乘机鼓动，经属会察觉，通知党政当局，将其逮捕。属会终日分头向工人解释，无如工人亏空已成，专赖年终奖金补债，而霹雷一声，奖金根本取消，工人颓丧已达绝点。幸工人尚知大体，致未酿成罢工怠工情事，然工人如何争扎，债魔终日遍缠，至一月十六日晚六时，甲班工人绝食留厂，秩序井然，翌日上班，忍饥继续工作，乙班亦留厂不去，至是日上午十二时，工人腹内空虚，均头晕眼花，无力支持，工作继续停止，厂方暂见恐慌，迨至十八日由厂方请求各方出首调解。是日下午二时，在商会开会，商讨办法，允让步，已有解决可能。是晚八时半，厂内护勇九名，潜入厂内，乘工人不备，用火柴引着粗纱部，十四部二道车油棉经工人察觉，当将护勇捕获五名，逃逸四名，由公安局将该护勇五名，工人见证三名带局讯究。十九日早，工人全释，护勇拘押。下午五时，经第十七旅长、公安局长将工人劝解出厂，在工会开会讨论结果，厂方允发奖金半月，属会鉴时局关系，劝工人接受，纠纷遂告终止。开会时间因工人过多，致将工会院内墙挤倒，压伤工人廿余人，当分别送往石家庄医院诊治，内有三人伤重，性命危险，然厂方对于工人不稍体恤，恨心不释，一计不成，再生二计，藉整顿厂务为名，于廿一日提出苛酷工人条款多条，完全违背党政所管理规则，在会议席上，强迫各调人仓卒签字，幸调人均主考虑，毒辣手段不告失败。现已恼羞成怒，如工人不接受该项条款，决不开工，虽一度经实业厅监察办公处何助理员索取该条款，以便研究内容，竟被厂方谢绝，资产阶级之威严可见一班矣。厂方开工无日，工人生活堪虞，厂方对工人决取剥削主义，困苦无告，工人处此环境，实属危险已极。现流言滋盛，工人心惊胆破，又护勇案件后经公安局移送石门法院，未经侦查质证手续，准予保释，敢请钧部，一方设法营救，一方函请法院主持正义，追究放火凶犯，并转呈河北省党部，令厂方即日开工，否则工会将无形解体，三千苦工人生命，危在目前。

理合备文呈请鉴核，转请救济，三千工人之生命，实为党便。谨呈。等情前来。据此，查现值国难綦严，抵制仇货，畅销国货时期，该厂绝不应停工，使货匮乏，无以应需要，且该厂开工无日，则该工会将无形解体，三千苦工人，生命将危在目前。据呈前情，理合备文转呈鉴核，迅予转函河北省实业厅，令饬该厂即日开工，以救济三千工人之生命，实为党便。谨呈

河北省执行委员会

中国国民党河北省获鹿县党部常务委员李云亭

廿二年一月廿九日

照抄获鹿县党部常委原呈

呈为原呈报并速转实业厅饬令大兴纱厂迅即开工事：窃查大兴工潮发生缘由及解决经过，业已呈报在案。刻大兴纱厂竟提改革计划，强迫工人以难胜之工作，工人限于体力，未曾接受，因而厂方以停工相要挟，并食前言，不与停工期间工资，于是问题又趋严重。同时，厂内放火案，工会因限于经费，并未深追。今厂方反从各方运动，用诬工人放火刀伤消防巡长李爽臂部，捆缚吓死科长王筱山等情。查此次怠工秩序井然，每十人派巡逻一名，轮流巡逻，防范周严，非但为工人而防范，实系恐厂方暗中栽赃。果尔十八日晚，突有厂警七人，寻机入厂放火，趁工人开组长干事会，秩序紊乱时，在粗纱部十四部二道车张文明车放火时厂警即被张文明瞧见，遂大呼救火，快拿厂警，一时秩序紊乱，幸我工人动作迅速，立在粗纱部捕获厂警三名，纲丝部捕获一名，共四名。该四人系由清花部门入时，门警尹同文尚未知火警，可见放火是预定计划，当由二分局长在厂警身上【查获】大盒保险洋火大半盒，更可证明火由彼放，此等阴谋残毒，手段皆出厂方，反诬我工人刀伤李爽臂部，吓死职员王筱山，希图嫁祸。夫当李爽慌奔出走，自行碰伤臂，是否情理，职员王筱山当

火起秩序紊乱时，强自外出，工人能否允许时，理事余万卿尚安慰至再，工人对彼于情理可谓至矣尽矣。今而身病致死，竟诬我工人吓死，宁有是理，且病死显有判明。但穷苦工人，经费有限，呈稿办状之需亦难开支。今厂方更以经济封锁，不与工会常年津贴，至是工人遂陷于进退维谷之境，山穷水尽之状。今法院已将张文明拘押，余万卿担保候传，田明保、李满仓在候讯中，此地环境于工人不利，情势甚为严重，理合备文呈请钧会鉴核。并迅转实业厅令饬大兴纱厂即日开工，以缓情势，实为党便。

谨呈

河北省执行委员会

获鹿县党部常务委员李云亭

廿二年二月

（2）实业部为工人否认解决罢工办法致河北省实业厅训令

（1933年3月18日）

实业部训令　劳字第　号

令河北省实业厅

为令遵事，案准中央执行委员会民众运动指导委员会第三一二六号公函内开：案准河北省执行委员会呈：为石门大兴纱厂劳资纠纷一案，据河北省政府电复：经召集双方拟具办法，一致同意履行，惟劳方表示与该省政府所称多不符合，附呈该厂工会代电及宣言各一份，呈请鉴核等由。查此案迭准该会来呈，经由本会先后函请贵部转饬依法处理各在案。惟河北省政府既称召集双方拟具办法，一致同意履行，而劳方复宣言未曾参加该项集会，且否认所拟具之解决办法，是该项纠纷仍未解决，准呈前由，除函复外，相应抄同原呈暨附件，再行函请查照，转饬河北省实业厅妥慎处理，免致纠纷久延等因。附抄原呈一件，宣言一件到部。查本案纠纷迭准中央函嘱转饬该厅迅速处理等由。经已转咨河北省政府查照令饬各在案。迄逾两月之久，仍未解决，准函前因，合亟抄发原呈暨宣言各一件，令仰该厅迅速依法妥慎办理，以息纠纷，并将办理情形具报备查。此令。

附抄发原呈一件，宣言一件。

中华民国二十二年三月十八日

抄原呈

呈为呈报事：案奉钧会第二九七八号公函内开：关于石门大兴纱厂劳资纠纷一案，应依据劳资争议处理法程序办理，除函实业部转电河北实业厅依法调处并释放被逮捕工友外，相应函复等因。奉此，当转令该县党部遵照，并函转河北实业厅查照。兹又准河北省政府电开：关于该厂劳资纠纷，据实业厅委员李英会同石门公安局长等召集关系方面议决办法六条，当一致同意，即督促双方照议履行外，电请核议等情前来。复经电复所议办法六条，经劳资双方同意，应准照办等由。准此，惟连日接到该工会代电及宣言多份，内容与该政府电开各节多有不符之处。除再函河北省政府查核办理，免致纠纷再起外，理合检送原代电及宣言各一份，一并呈请钧会鉴核，实为党便。谨呈

中央民众运动指导委员会

附呈工人宣言一份

中国国民党河北省执行委员会常务委员李嗣聪印

陈访先印

李东园印

二十二年三月三日

石门大兴纱厂工人全体为反对无理压迫裁减工人宣言

亲爱的各界同胞们：

我们自从为双支问题，以至绝食怠工，企得厂长大发慈悲，

不料我们十七日怠工，厂里夜间把电灯就全关了，想使黑暗中数千男女工人自乱，当由工会请求工厂书监察员，赴厂交涉开电无效后，公安局长闻讯，恐妨及治安，立令开灯，是以毒计未得如愿，继续又来停厂内暖气管热水管，迫全体工友不堪饥寒交迫之苦，期其自行分散离厂。我全体工友气愤万分，不为所动，延至十八日晚八时，乃更下毒手，趁我们开干事组长会议，厂警数人乘机入厂，在粗纱部十四部二道车张文明车放火，当被张文明瞧见,遂大呼救火,快拿厂警,一时秩序大乱,幸我工人动作迅速，将火扑灭,并力捕放火厂警五名,后由公安局二分局李局长在厂警身上搜出保险火柴半盒,遂将该厂警带局拘押。况火未起时,消防队即预备妥当，厂方即向各方报告火警，可证放火系预定计划。今反诬我工人,希图嫁祸,可笑亦复可恨。当时厂方情知理亏,所以对放火问题一字不提。又在一月廿一日下午二时,厂方邀请各调人，在该厂开会，讨论厂务改良办法，首由厂方预拟改良厂务办法一册，单读一遍，未经逐条究讨，立请调人签字，使工人接受，幸调人审慎，未允签字。此时黄旅长（调人）提出简单办法三项：第一项，裁人办法，仍依前党政管理规则各项施行，请假革除名额不补，逐渐裁汰；第二项，由劳资双方派员赴各地调查各厂实况，旅费由厂方负担；第三项，在支配办法推行期间，每减少工人一名，其工资劳资各半。以上三点，厂方完全接受，我工会代表为谋工友长久利益计，对一、二两点，表示接受，对第三点则主张定为长期,厂方坚持否认,会议遂无果而终,其咎谁属,社会自有公论。最后虽然争到一点点可怜的救命钱，一十五天慰劳金，厂方毫不觉悟，乘了废历年关的机会，把王筱山之死、厂里放火的罪名，统统加在我们纯白劳苦的工友身上。在法院方面提起诉讼，我们穷苦的工友，没有富裕的钱，也没有余暇的时间，凭什么和人家打官司呢？不过我们是守法的工人，问题既然诉之法律，当然只有听候法律的裁判。那知正在这个关头，厂长便赴平津活动，结果实业厅派了位李英先生和厂长一路而来。这时节，我们便又希望着这位先生能够主持些公道，哪知道这个希望，又是一个梦想！

李先生到厂以后，我们工人代表拜谒数次并未见着，听说周旋了两天也是没有办法，结果便在二月九日下午召开会议，事前既不通知工人参加，并不邀请县党部代表、省党部特派员出席，直到今天早晨霹雷一声，石门日报发表了所谓解决办法五项，于是我们才如大梦初醒。其中最主要的两点便是：一、厂方整理厂务，工人均须服从，二、裁汰雇工百七十余名，这称做加以解释，大家就会明瞭，那就是留厂之工人，要尽量的把血汗精力拿出来给厂方做牛马，一百七十余人的生命，要立时宣布他们的死刑！亲爱的同胞们，劳资纠纷应该由劳资双方磋商解决，这是天经地义，党政分负指导监督之责，任何解决的办法，必需党政双方同意，也是法所应然，我们不仅为了自己的生命，同时为了国家的法律，对于这种解决办法，誓死不能接受。

亲爱的同胞们！事实最雄辩的，现在是青天白日的世界，我们既受党的指导，也遵守国家的法律，但对于非法的无理的压迫，我们是绝不能忍受的，所以我们只有把这种事实，宣布给社会，请大家主持公道，发挥舆论的权威，维护法律的尊严。我们三千劳苦无告的工友，对这种无理非法的压迫，是要奋斗到底的。最后我们高呼：

反对无理裁汰工友！

反对无理的压迫！

维护法律的尊严！

石家庄大兴纱厂全体工人宣言书　二月十日

（3）行政院秘书处检送工潮经过及真象说明书致实业部笺函（4月1日）

迳启者：奉代院长谕：据石家庄大兴纺织有限公司呈报该厂本年工潮经过情形，并称该厂最近发现共产宣传，谨赍呈工潮真相说明书等件，呈请鉴核等情到院。应交实业部等因。相应抄检原件，函达查照。此致

实业部

计抄送原呈一件检送工潮真相说明书暨石门地方法院检察处起诉书及不起诉处分书各一册

行政院秘书长褚民谊

抄原呈

呈为呈报商厂本年工潮经过情形，并赍呈工潮真相说明书，暨河北石门地方法院检察处起诉及不起诉处分书各一份，仰祈鉴核事：窃商厂工人不遵规约，强索奖金，始则罢工，据厂捣毁机件，继则杀人放火，威胁纺织科长致死。经石门地方法院检查处侦查，起诉刑事业已成立，有案可稽。地方党政绅商见工潮日渐扩大，屡次出任调停，工人拒不接受，商厂只得分别向河北省政府暨实业厅呈请歇业，蒙省政府实业厅特派委员李英来石，会同党政当局议决调停办法七条，劳资双方均表示接受，并呈经省府实业厅核准，批令双方切实履行。商厂遵照开工，工人亦皆到齐，劳资极为融洽，工潮至此本可告一段落，不料三月三日，厂内突然发现共产党传单，极尽煽惑之能事。而蛊惑者流又从中鼓动，希图推翻前案，诚恐祸变相乘，迄无宁日，影响地方治安，损伤国家元气，致使亲者所痛而仇者所快。直此外祸紧迫时期，凡属国民尤宜严守秩序，共赴国难，而维后防，固不特商厂之幸而已！钧座志切民生，关怀实业，理合将工潮经过情形呈报，并赍呈工潮真相说明书，暨河北石门地方法院检察处起诉及不起诉处分书各一份，仰祈鉴核，实为德便。谨呈

行政院院长

计呈送河北石家庄大兴纺织公司二十二年度工潮真相说明书

一份

石门地方法院检察处起诉书一份（略）

石门地方法院检察处不起诉处分书一份（略）

石家庄大兴纺织有限公司谨呈

河北石家庄大兴纺织公司二十二年度工潮真相说明书

自九一八事变后，南方各省抵制日货甚力。日货在南方之市场既失。遂极力向北方推销。其日厂持有条约上、金融上、技术上种种利益，其纱布成本既较华商低廉，更获彼国政府援助，实行经济侵略，不断贬价出售，以致华北各厂多难维持。敝厂因此不但亏累甚巨，且积货至一万余包，负债至五百余万，金融完全停顿，营业无从进行，是以于去岁十一、十二两月，迭次呈请河北省实业厅停止布厂，缩小营业，裁汰冗工，案牍在档，可稽可考。是敝厂处境早至山穷水尽矣。（廿一年度营业亏折情形）

查敝厂处境困难有如上述，工人受人蛊惑，不谅苦衷，不遵规约，于一月十六日，藉口要求奖金，全体三千众，盘踞厂内，实行罢工，肆意要挟，始则倒卧车间，妨害厂务之进行，继则捣毁机件，演成不法之暴动，至此则不可收拾矣。（工友强索奖金罢工据厂）

本市各机关当局，目视工潮日渐扩大，于同月十八日二时，由刘公安局长在商会召集十七旅黄旅长代表刘副官长、工厂监察员书年，省党部代表赵秉钧、县党部代表李云亭、工会指导员刘文光、商会会长张庸池、救济院院长周维新及劳资两方代表计二十余人，从事调解。敝厂谓□奖金应以盈余为原则，工厂法第四十条河北省暂行工厂法第十六条及敝厂管理规则第四十三条，均载之綦详。敝厂今年不但并无盈余，且亏累甚巨，何奖金之可言。况公司法有禁止提本作利之规定。划本充赏，殊为法所不许。

奈各调人为息事起见，力劝敝厂少事点缀。敝厂因形势至此，只好从权。惟声明此次纠纷，是因营业亏累而起，欲救亏累，非改革厂务，裁汰冗员不可。结果，各调解人均承认厂方提议，厂方承认发给工资十天，作为改革慰劳金，劳力亦无异言。（第一次地方当局调解情形）

敝厂接受调解人前项办法，正拟向汉口总管理处请示间，不料同日晚八时半，工人张文明在厂放火，厂警高文秀、杨运泽发现，即驰赴消防队等处分途报告，火警消防队长李爽即带同杨运泽、张泽秀、周永亮分持救火物件，奔至清花厂西门启锁入厂救火，工会理事余万卿聚众阻止，张文明持刀砍伤李爽臂部三处，血流满地，余万卿、李满仓、田铭保等复指挥工人捆绑厂警周永亮等五人，监禁职员机匠工头三十余人。斯时纺织科长王筱山闻变出走，余万卿拦住，将其拉至钢丝厂与李爽同置一处。余万卿以日记本逼迫王筱山签字，承认厂警放火。并言恫吓，谓如不签字即将其捆绑杀毙。王筱山拒不签字，余万卿遂将其私禁厂内，自八时半至十一时半，公安局吴督察长、李分局长先后到厂，叩门不开。经工会理事杨清濯通融，李分局长始得进厂，将王筱山、李爽等救出，厂门又被工人关闭，厂内尚有职员工匠二十余人，监禁未出。李分局长复于夜后一点钟同工会指导员刘文光会商，得进厂救出。惟王筱山出厂后，目瞪口呆，神经错乱，不日即死。似此恃强逞凶，实属目无法纪。（工人杀人放火威胁科长致死一切暴行）

同月十九日黄旅长、刘公安局长、书何二工厂监察员、省党部代表赵秉钧、县党部代表卢祝尧、工会指导员刘文光，劝工人出厂。同时通知敝厂徐经理、石厂长到工会与工人调商，迨徐石二人到工会，三千余工人包围于外，由调解人商劝厂方再增加慰劳金五日，合前认可者共半月。敝厂亦即认可。惟发给慰劳金与改革工作裁汰冗工，须同时举行，亦经工人认可。言定二十日放发半月慰劳金，二十一日磋商改革工作及裁汰冗工办法，全体工人并无异议。方拟出工会，工会指导员突当众高呼，询问工人尚有要求否，如有要求，可即提出，致令三千工人去而复返，散而再合，叫嚣狂奔。该会影壁一方，突被挤到，致压伤工人十数名，于是工人等藉词伤人，声言非将徐经理石厂长置之死地不可。当时徐石与黄旅长均在工会楼上，该工人将楼门堵住，其势汹汹，非奔上楼梯不可。黄旅长马弁等随时将楼上后窗揭开，大众二十余人相继由楼上跳窗脱逃，始免于难。然工人尚在后追赶不已。此种嚣张情形已可概见。（第二次地方当局调解工人包围会场形势紧张）

同月二十日，敝厂按工人计算，一律发给慰劳金半月，二十一日邀请黄旅长、刘局长、书何二工厂监察员、省党部代表赵秉钧、调查员刘秉彝、工会指导员刘文光及工会理事等，商议改革工作，裁汰冗工，履行原约。讵料工人于领到慰劳金后，顿翻前议，概不承认。以致会议无结果。似此反复刁难，居心诚叵测矣。（第三次地方当局调解工人无诚意会议无结果）

敝厂鉴于工人气焰嚣张，不可理喻，只得向河北省政府暨实业厅呈请，全部歇业，并请惩办不法份子，而实业厅不肯坐视敝厂之停顿及多数工人之失业，不准敝厂歇业，只准裁汰不良冗工，特派委员李英来石处理。敝厂原拟裁减工人五百八十一名，经李委员、荣县长刘公安局长、书监察员、张商会长、周救济院长等再三劝厂方让步，仅裁减一百七十人，劳方亦表示承认，定于二月十三日开工。讵料鼓动份子，惟恐厂方无事及工潮平息，又暗地勾通不肖工人，到处造谣，恐吓工人，不令到厂作工，已成之局，复为破坏。（实业厅派委员李英来石处理情形）

是月十五日刘公安局长复招集李委员、荣县长、书监察员、省党部调查员刘秉彝、劳资两方代表，继续调解。省党部调查员刘秉彝、工会理事杨清濯等要求再减裁汰工人为一百五十人，劳资双方认可。结果拟定办法七条，经河北省政府暨实业厅核准，令双方切实履行。（一）奖金问题仍依照实业厅修订大兴纱厂管理规则第四十三条之规定办理，以后不得藉故要求；（二）大兴纱厂为改良技术，增加生产起见，以后调派裁减工人，均须按照大兴纱厂管理规则绝对服从；（三）厂方为整顿工务起见，原拟裁减工人五百八十一名，现经各方调解，劳资双方互相让步，决定解雇工人一百五十人；（四）此次停工期内共给三日工资，以示体恤；（五）解雇之工人依照工厂法第二十九条之规定，发给一月工资；（六）大兴纱厂改革工作时，提出减裁工人之工资十分之一，给予担任此项工作之工人，其工作不变动者，工资照旧；（七）于二月十七日早六时开工。敝厂今已如期开工，工人亦已到齐，工潮至此本可告一段落。不料事变之未有非意料所及者。（第四次调解结果）

复工后于三月三日厂内突然发现中国共产党 共产青年团直中特委告大兴纱厂全体工友书，极尽煽惑之能事。就此觑之，此次工潮之发生，其中显系有绝大背景。证其捣毁威胁伤人放火之行为，犹足征信。值此国难期间，石门又为交通冲要之地，容若辈活动于其间，诚恐受害者不独敝厂已耳。瞻望前途，不寒而栗。（开工后共产党传单之发现）

此外，蛊惑者流，多方鼓动，除向华北各工会到处求援外，又向中央党部、实业部、省党部各处努力进行，造谣欺骗，以乱听闻。如天津商报三月一日所载石门通讯一则，谓石门大兴纱厂工潮，自经强制复工后，并有被开除工人多名被捕，迄今尚在拘押。经冀省党部将经过情形电呈中央，请速转令制止并释放工人。昨该部已奉中央民训会令，业已函实业部转令冀省实业厅遵照劳资争议处理办法，公平调处，并即将被捕工人释放云云。捏造事实，满纸虚伪，不知是何居心也。（蛊惑者之造谣）

敝厂自去年来，因销路停滞，纱布山积，金融停顿，早欲停止制造，以谋救济，惟河北实业厅眷念多数工人之失业，不准歇业。后经叠次呈述苦衷，始许缩小营业，裁汰少数不良冗工。可知敝厂欲求歇业之不可得，岂有自相矛盾，强制工人复工之理。况工人数目多在三千以上，势力极大，敝厂有何能力强制其一一复工。敝厂果能强制其复工于后，何不制止其不罢工于前，宁有是理乎。至于无故三日不到工者，以旷工论，即行开除，系根据河北省实业厅修订大兴纱厂管理规则之规定。敝厂历来如此办理，盖不自今日始，并非藉以强制工人上工也。（本厂开会强制复工事实）

此次事变时，工会理事余万卿有首谋聚众，强暴胁迫及私禁威吓王筱山致死，喝令工人张文明杀伤李爽之事实。工人张文明有放火行凶杀人之事实。工人田铭保、李满仓有指挥工人，捆绑厂警及监禁职员之事实。已由各被害人依法分别向法院起诉，刑事业已成立，是非曲直，自有法律公断，此外，并无被捕拘押之人。（本厂并未拘捕工人）

按劳资争议法，虽有在劳资争议期间，厂方不得无故开除工人之规定。但此条不合于敝厂此次事变之应用，盖敝厂此次系因欲救亏累，缩小营业，裁汰冗工。且其计划早在二十一年十月间即已拟定，预备于二十二年二月起实行，不幸于一月十六日忽发生工人因强索奖金而罢工之事，敝厂为便于改革工务，裁汰冗工并平息工潮起见，故有半月改革慰劳金之发给。须知敝厂若无改革工作，裁汰冗工之必要及实施，营业既无盈余，决不肯违背工厂法、公司法及本厂管理规则，牺牲巨金而发给奖金。然为救济亏累及维持敝厂生存起见，即无此次强索奖金之事发生，改革工作、裁汰冗工亦必实行，是敝厂决非因工人之强索奖金故意提出改革工作，裁汰冗工之条件以图抵止，又非因工人之罢工藉故开除，以图报复也。且敝厂雇用工人，均系短工，并无一定雇用期限，照工厂法第二十九条之规定，不雇用时各给一个月之工资，可即时解雇。今敝厂已依照办理自无违法之可言。况此次被裁汰者全系工作懈怠，品行恶劣，嗜好多端者，且以上各工人加入工会者有之，未加工会者亦有之，工头有之，杂工亦有之，北籍者有之，南籍者亦有之，老工人有之，新工人亦有之，敝厂皆一体待遇，自信极为公平，更自信处理此次事变并不违背中华民国任何法律，而社会上一般详知内容者，亦莫不与厂方表同情也。（本厂处理此次事变守法）

敝厂待遇工人向极优厚。（一）如礼拜日停工给资，（二）各纪念日停工给资，（三）女工生产给假两月支半资，（四）一个月不请假者月终奖一工，（五）一年不请假者年终奖洋六元，（六）品行优良，工作勤敏者，提选为模范工年终奖洋三元，（七）夜班作工者奖洋三分，（八）每年度终了如有盈余时每人发给一个月奖金，（九）建有房屋二百八十余间，电灯床位装设齐全，专备工人居住，房租电费概免，并由厂中供给热水，（十）又设有医院，职工子弟学校，工人俱乐部，工人运动场，托儿所工人识字班，新闻宣传班等，应有尽有，多为他厂所无，而敝厂每年因此耗费二十余万元之巨款，敝厂之优遇工人，不可谓不厚矣。（本厂优遇工人各点）

敝厂工潮，不因待遇之优而减少者，因早已养成一制造工潮之惯例。查敝厂工会有理事七人，向不到厂做工，工资仍由厂方照给。且较做工时加多。而会内每月又有厂方供给之津贴洋贰百十元，可以自由支配，不足用时，尤可以再向工人征收会费。因此，工人皆以获得工会理事为快，选举时竞争极烈，故敝厂每遇工会改选理事一次，或更换工会指导员一次，其改选及更换时期前后，而工潮必继之而发生，此次亦然，盖以被选者以代工人谋利益相标榜，藉谋理事之位置，而选举人亦以代工人谋利益相要挟，思得份外沾润，挟制厂方为伊等私相授受之条件，真不啻视厂方为鱼肉，而劳方为刀俎也。加以每次工潮发生，各方调解，均请厂方让步，劳方每次均占胜利，故不肖工人目睹劳方遇事操必胜之券，气焰因之日张，更努力鼓动工潮，非法要挟，厂方任其宰割矣。（本厂历来工潮之起因）

又因敝厂近数年来，随科学之进步，技术之改良，整顿厂务，改良出品等受工人之牵制，未克施行。尤有甚者，即偶一小变更，工人不问其理由如何，即横加阻止。厂内一切行政权为工人剥夺殆尽，以致出货日少，品质日劣，销路日滞，常年积存纱布万余包，计值洋贰百余万元，棉花物料值洋一百余万元；机器房屋不动产值洋五百余万元，合计八百余万元，而流通股本仅三百余万元，不足之数皆由借债弥补，现时负债已达五百万元之巨。夫以三百万元之股本，而负五百余万元之外债，则敝厂之基础本已岌岌可危，维持现状已极不易，况重之以摧残乎。（工人牵制所受之影响）

就敝厂冗工与华商各厂比较，则知淘汰冗工尤为刻不容缓之举。查上海、无锡各厂，每万锭只用二百五十人至三百五十人，布机每人看三部至五部，二十支纱每包工资十三元，每匹布工资一角五分。敝厂每万锭用工人九百二十人，布机每工人只看一部，至多二部，二十支纱每包工资二十四元，每匹布工资四角二分至五角八分。即如同一省分之天津裕源纱厂，有纱锭七万五千三百七十八枚，布机九百另八部，共用工人五千五百六十四人，唐山华新纱厂有纱锭二万六千七百枚，布机二百五十部，共用工人五万二千一百十六人。敝厂纱锭为两万四千七百六十八枚，布机三百九十二部，竟用工人至三千二百九十五人之多。互相比较，裕源纱厂比敝厂纱锭多三倍余，布机多两倍余，而工人则仅多一倍七；华新纱厂比敝厂纱锭多二千枚，布机比敝厂少一百四十二部，其所用工人则少敝厂一千一百七十九人，有中国纱厂一览表可资凭证。照此计算，敝厂每年多出工资约在二三万以上。夫以敝厂冗工之巨，生产之少，品质之劣，消费之多，既无法与外货竞争，即比华商各厂亦相形见绌，势非裁汰冗工，则倒闭可立至矣。（本厂冗工与华商各厂比较势非裁汰不可）

综上所述，敝厂营业赔累，本无奖金之可言，而敝厂委曲迁就，隐忍照发。冗工纷繁，裁汰不可缓，而捣乱分子则用力阻止，惟恐实现，致令敝厂此次停工一月有余，损失不下十余万元，而尤以有未足，仍努力进行煽惑，眷念前途，诚不堪设想。已往者要挟未遂之故，竟敢主使工人暴力胁迫，捣乱机器，盗取物件，计值洋七千余元，且公然放火持刀逞凶，砍伤消防巡长李爽臂部于前，威逼纺织科长王筱山身死于后，尤为人情所不能忍受，将来之暴行恐尤有甚于前者。况榆关失守，热河垂危，我国民众尤宜各安职业，共赴国难，其为工人之领导者应如何遵守法纪，纳民于轨物之中，共臻于郅治之域，乃因争一己之私利，显一人之手段，遂不惜煽惑工人激成事变，致使亲者所痛，而仇者所快，诚不知是何居心也。敝厂饱经世变，茹苦含辛，对于自己工人之横暴压迫，尚时时曲意忍受，又何敢与外人抗衡，辩论曲直。惟祸变相乘，迄无宁日，血本所关，难甘缄默，特将经过实情露布于世，以凭公断焉。

中华民国二十二年三月印

（4）行政院转饬解决劳资纠纷两项办法的训令

（4月13日）

行政院训令　字第一六二九号

令实业部

为令行事：案准国民政府文官处函开：准中央执行委员会秘书处字第五七三三号公函关于中央民众运动指导委员会拟具解决河北石门大兴纱厂劳资纠纷办法两项，奉批照办，检同原附抄呈，希查照转陈等由。经即转陈。奉主席谕：交行政院转饬遵照。等因。相应抄同原件函达，查照饬遵等由。准此，除令饬河北省政府遵照，并函复外，合行抄发原件，令仰该部知照。此令。

计抄发原附抄函暨原附抄呈各一件

中华民国二十二年四月十三日

院长汪兆铭

中央执行委员会秘书处原函照抄

秘第五七三三号

顷准中央民众运动指导委员会第三二七四号函开：案据河北石门大兴纺织业产业工会常务理事蔡绍曾等呈：为沥陈大兴纱厂劳资纠纷经过，恳俯察下情，迅令石门地方法院释放被押工人，并令厂方召集因纠纷被开除之工人复工，以维生命等情。查此案迭据河北省党部来呈，经由本会先后函请实业部转饬河北省政府依法处理各在卷。现为时甚久，尚未切实解决，致工人遭羁押失业之苦。本会兹拟具解决办法两项：（一）因此次纠纷而被开除之工人，应一律复工；（二）因此次纠纷而被拘押之工人，其实系构成刑事犯罪者，应候法院讯判，用特抄同原呈，函请贵处转陈核转国民政府迅饬河北省政府遵照办理。等由。准此，经陈奉常务委员批照办。除函复外，特检同原附抄呈函达，即希查照转陈为荷。此致

国民政府文官处

附检原抄呈一件

抄原呈

呈为呈请鉴核恳乞饬令石门地方法院释放无辜被押工人，及厂方召集被革工人复工，以维生命而免纠纷事：溯自职会工人与厂方劳资纠纷延宕迄今，调停数次，未克持平彻底解决，发生原

因，经过详情，调解办法均经呈请河北党政机关在案。深恐路途遥远，下情壅塞，传播失实，有误听闻。为此，谨将劳资纠纷发生原因，经过情形，调解办法，是实详陈，分述如左：

窃查大兴纱厂，每年年终发给工人双支一月，载有条文，业成惯例。去年（二十一年）十二月初，职会曾与石厂长面谈双支一事，据云不成问题，孰意厂长于是月中赴上海参观，月底始归，竟借口赔累，不开双支。在厂方固属九牛一毛，而工人则生活攸关，实难忍受。且一家数口，嗷嗷待哺，双支倘若不发，工人实难活命。职会前曾同实业厅书工厂监察员向厂方一再解释，而厂方执拗不允，后复邀请当地公安局长、商会主席、救济院长痛陈工人苦况，向厂方情说，要求酌予体恤，厂方复行坚持拒绝。工人无法，既不敢罢工危及社会治安，复不敢回家受债主之迫挤，万出无奈，遂于一月十六日晚全体绝食，忍痛照常工作，洎十七日晚八时，因精疲力竭，不能支持工作，即行怠工。虽情势极为严重，而秩序井然，毫不紊乱。不料厂长于工人绝食期间，不图彻底解决办法，竟大肆其淫威，施行其毒辣手段，始而息止电灯，继而撤去暖气管，终乃停热水管，希图三千男女工人自相扰乱，酿成重大惨剧，其用心毒辣可想而知。惟工人秩序毫不变更，厂方志未得逞。复于十八日晚，纵使厂警在粗纱部十四部二道车张文明车上放火，幸被张文明瞧见，遂即大呼救火，快拿厂警。工人闻声火速前往，在粗纱部捕获三名，绸丝部捕获一名，清花部一名，共五名。当即通知公安局，由二分局长在厂警身上搜出带盒保险洋火半盒。且火未起时，消防队即在厂门口预备妥当，足见放火是厂方预定计划。且是晚厂内放火问题，厂方应负完全责任之理由，分述如下：一、工人此次不得已停工，目的在促厂方觉悟，发给双支，虽三四千工人在厂，秩序井然，决无工人放火出此庸人自扰之举，以破坏自己团体，此工人之不肯放火者一。二、假如工人放火，藉而要挟厂方，发给双支，何不放火于绝食停工之初，而放火于十八日在商会调解厂方允给十日双支之后，此非工人放火者二。三、假如工人放火，有意焚烧纱厂，何不燃火于清花厂或棉花堆栈，而竟放火粗纱部之机车上，此可证明非工人焚烧纱厂者三。四、工商厅修正大兴纱厂工厂管理规则第五十一条第五十五条职工条，禁吃烟及携带火柴等引火物件，工人自绝食起，并未出厂，燃烧物无从获得，此工人欲放火而不能者四。五、厂方护勇放火时被工人捕获，由公安局李分局长亲由护勇身上搜出带盒保险火柴半盒，当时带公安局逮捕护勇之工人，经公安局审讯结果，次日即将工人放回，此足证明起火责任者五。六、火起后，厂内警钟未鸣，厂内消防队即赶到，由队长亲自率领，同时厂方向公安局监察员办公处报，公安局消防队亦赶到，此可证明，厂方放火是预有计画，而反诬工人者六。七、厂方纵火，用意即在反诬工人，引起社会观听，用暴力将工人驱逐出厂，以息风潮，因在十七日晚间，厂方曾利用关电门，断饮水此〔关〕汽管诸此种毒辣手段，皆被工人识破，秩序毫不为乱，此可证明厂方放火用意者七。据上述七条，厂方之用意恶险，应负完全责任者，虽巧口亦难雄辩其责。而厂方反诬工人放火，刀伤李爽臂部，吓死职员王筱山等等，冀图嫁祸工人，掩饰是非。夫李爽慌忙逃走，自行碰伤，情在理中，勿庸赘述，王筱山当火起时，强行外出离厂，工人未允，然请其坐下，并与茶水，后当地党政军各方至厂中调解，另出厂时，该王筱山身体妥服完全无恙，倘工人有威吓情势，伊能不说。至其后染病身死，与工人毫无瓜葛。厂方诬工人吓死，强为栽赃，宁有是理。即日晚，公安局第二分局长将护勇带局捕押，十八日刘副官长前赴工会，力为调停，云劳资双方均须让步，厂方必须给工人发奖金，工人第一必须先行出厂。于是工人表示接受。方才出厂，听候调解。十九日假职会地址，有十七旅旅长、公安局长、县党部代表、工厂监察员、洎理事等商酌调停办法，厂方发给工人十五天奖金，停工期间（即三天）工资照发，并令召集全体工人商酌。工人齐至，只以人数太多，职会院落狭小，且院之中间有一横墙，内外工人拥挤异常，散会时竟将院中之墙挤塌，致将工人砸伤二十余人，幸受伤工人现在次第渐好；复于二十一日由厂方召集调人黄旅长、省党部赵秉钧、刘秉彝、县党部代表刘文光、县代表大会代表卢祝尧、工人监察员书年、助理员何冠民及理事等商谈纱厂改革计画，调处条件：一、裁减工人五百八十□□□□□□工人告长假或违犯厂规，开除者为限；二、厂方节省工人增□□□□□□□平日替班旧例，增加工资二分之一，候整个计画实行后，将所增加二分之一工资取消；三、对于改革计画，每年选派代表工人数名，由厂方携带赴各大纱厂参观，以做改革标准，以上三条，工人已同意接受，惟第二条因工人增加工作所增二分之一工资，候改革计画□□□□□□一，曾表示反对，当时黄旅长见工人不完全接受，气满胸怀，愤走而散会，纠纷遂陷于僵局，按此劳资双方争议，不过所增二分之一工资是否保留而已。如厂方让步，候改革计画实行后仍保留十分之三四，风潮早告平息。此后，厂方颠倒事实，大事宣传护勇放火反诬工人；五十余岁王筱山因病身亡，反诬工人吓死，在法院提起诉讼。检察处未察真伪，即将放火之护勇五名释放，将反诬之职会理事余万卿、干事田铭保、李满仓、会员张文明四人拘押。厂长石志学又赴平津活动，结果实业厅派委李英来石调处。李委员至石后，理事等拜谒数次，未予接见，闻李委员于二十九日召开会议，并未邀请省党部特派员、县党部代表出席，亦未通知职会代表参加，忽于十日石门日报登载大兴纱厂劳资纠纷业已解决，开除工人百七十名，厂方整顿厂务，工人不得干涉，十七日强迫开工，限三日不到者即行开除。工人忍痛上工，因工作加倍，体力所限，实不能担任。开工二日，哭号泣泪，冤苦之声，即已盈耳。工作既已加倍，休息设备完全取消，因不堪其苦，自请告退者竟连日不断。地方检察处初即将工人拘押，复未能详细彻底侦察，听厂方一面之词，竟于三月六日提起公诉，与法院将一切罪名全加之于工人四人身上。现无辜失业者百数十工友，缺衣少食，生命堪虞，亦无法救济，是非倒置，殊堪痛心。为此，谨将劳资纠纷发生原因经过情形与调解办法始末，详为陈述，恳祈鉴核，俯恤下情，审慎处理。迅令石门地方法院释放无辜被押工人四名，及厂方召集被革工人复工，以维生命。至改革工作须经劳资双方同意后方可施行，以杜纠纷，而免损失。实不胜感激之至。谨呈

民训指导委员会

河北省获鹿县石门大兴纺织业产业工会常务理事

蔡绍曾

杨清濯

赵福明代

余万卿

二十二·三·六

〔国民政府经济部档案〕

29．河北省开滦马家沟矿区军警残酷镇压罢工矿工经过的有关文件

（1934年1—4月）

（1）实业部转报惨案经过致河北省政府咨（1月25日）

实业部咨　劳字第　号

案据开滦矿马家沟矿工工会代电，以马家沟矿区保安队扫射失业工友，请伸张公道，等情前来。相应抄录原电，咨请贵省政府核办见复为荷！此咨

河北省政府

附抄原电一件

部长陈〇〇

中华民国二十三年一月　日

快邮代电

南京中央党部常委会国府林主席、行政院汪院长、实业部陈部长、江西蒋委员长、各省市党部、各省市政府、各铁路特别党部钧鉴：全国各报馆、各民众团体钧鉴：党国不幸，暴邻侵迫，唐滦各地，前以环境特殊，党务民运因受种种牵制，不克推施；各业工会亦遭非法停止活动，汉奸滑吏狼狈为市，包工差头乘机苛敛，我滦矿数万工友失却法律保障，自处黑暗地狱，减短工时，克扣工资，不顾工友体力，任意增加工作，稍有拂逆，开革随之。国难发生以来，因厂方无辜开革致遭失业者，五矿数逾二千余人，即以马家沟一矿而论，现时体格壮健之失业工友，尚有五百以上。当兹天冻地裂之时，无衣无食，何以为生，且复家口嗷嗷，全赖一人血汗，以维数口生命。人非木石，岂独乐死。本月十四日马家沟矿全体失业工友，因要求工作，前往工会建议，而矿区保安队三百余人，全副武装，由尚署长率领，不问情由，突将集会群众重重包围，先以铁棒袭击，继以步枪扫射，一时烟火弥漫，血肉横飞，此数百手无寸铁之失业工友，乃在弹雨之下，死伤枕籍，哀号之命。嗣经战区保安队闻讯赶往弹压，并勒令矿队停止射击，工友始得脱险，然已击毙二人，重伤四人，现此重伤工友，尚属危殆，仍有生命之虑。窃以我矿业工人，日处煤井之中，环境特较他业为恶，工资更较他业为低，生活惨苦，毒害频加，今既忍受剥削，顺从驱策，而所得代价乃止一死，青天白日之下，有此惨无人道，勃逆天理之黑暗现象，复何公理正义之可言！保障劳工，国有专法，维护民生，主义所尚，我工人为争取人格，维持生活，誓死与黑暗势力决斗，现已宣告罢工，如工会不得公开，惨案不得正当解决，誓不终止。伏祈党国先进以法纪为重，伸张公道，赐予助力，则我数万沦入黑暗地狱之工人，感再造矣。谨此

电闻

开滦矿马家沟矿工工会叩

（2）实业部转请惩办惨杀工人事致河北省政府咨令

（1月30日）

实业部咨　劳字第　号

案据河北马家沟开滦矿工人代表吴文明等呈：以开滦矿务局及各包工勾结广山公安局长宋逌乾，朋比为奸，违背劳资协约，惨杀工人，恳转贵省政府严加惩办，以维法纪，而申正义。等情前来。查此案前据马家沟矿工工会代电到部，业经据情咨请核办在案。兹据前情，相应抄附原呈，再行咨请贵省政府并案核办见复为荷！此咨

河北省政府

附抄原呈一件

部长陈〇〇

中华民国二十三年一月　日

呈为开滦矿务局及各包工勾结唐山公安局长宋逌乾，朋比为奸，违背劳资协约，惨杀工人，恳祈钧部转函河北省政府严加惩办，以维法纪，而申正义事：窃自滦东事变，开滦五矿工会因受战事影响，停止活动，而矿务局及各包工利用时机，施其压迫工人故技，无故开除工友二千余人，并任便缩减工资，强迫工人承作小包，种种违背协约，摧残工人之行为，不胜枚举。彼时工人等以值强邻压境，国难当头之日，只得忍气吞声，以期有光明之一日。迨战区接收后，工人等犹以政权初复，不敢冒昧要求，故

推举各矿工会职员代表工人，屡次向省政府恳请继续工会活动，以保工人福利。省政府始而虽有允准之意，继而为唐山公安局长宋道乾蒙蔽耸听，从中作梗，终未准予活动。乃矿务局及各包工知工会不能继续活动，益复毫无忌惮，多方剥削。近日以来，不但缩减工资有加无已，且仍强迫工人承作小包，不容稍缓。工人等以每月作工为数既少，复受此重大榨取，生活益难维持，迫不得已，遂于月之十四日讨论，恳请矿务局免除歇双礼拜及请求各包工保持原工资，取消承作小包之办法，并恢复无故被革工人之工作，不意该包工闻工人有此拟议，乃竟诬工人有意捣乱，于是日下午二点班时，各包工公司即停止发灯，不准工人下井。工人见该包工存心为难，乃集聚工会地址，正商讨推举代表前往交涉之际，讵矿区保安队第二署长尚文彬，预得包工之通知，竟率带武装警兵四十余人，将工人四面包围，当经代表出而解释，尚署长不容分说，即喝令逮捕。该代表见事不佳，返身逸去。尚署长遂同警兵开枪射击，枪声响处，受伤倒地者数人，而该署长犹复屠杀不已，幸战区保安队缪队长带队赶到，见该署长率警枪伤徒手工人，强令停止射击，乃得解围。事后检点，工友计受伤者共六人，内重伤者傅增林等三人，迨抬往医院后傅增林及崔升头立即因伤毙命。其余四人亦复昏沉，现在存亡莫卜。伏思开滦矿务局及各包工乘工会停止活动之际，违背劳资协约，任意剥削工人，而宋公安局长一则藉词战区摧残工运，一则怂恿僚属惨杀徒手工人，共与资本家互相勾结，朋比为奸，事实显著，无可讳饰，恳请钧部转函河北省政府将该公安局长宋道乾撤职查办，矿区保安队第二署长尚文彬逮捕严惩，并对矿务局以违犯协约之处分，对各包工处以侵占利益之罪戾，以维法纪而申正义，则无任屏营待命之至。谨呈

实业部长

附死伤工人像片五张

河北马家沟开滦矿全体工人代表

吴文明　吴蕴山　马焕功
郑仲武　广　林　陈武奎
于山云　荣伯文　孙景华
刘　琨　赵仲武　陈梦朝
刘殿荣　刘志训　卓万顺

中华民国二十三年一月十六日

（３）河北省政府关于开滦马家沟矿工风潮事致实业部咨（２月10日）

河北省政府咨　字266号

案准贵部劳字第二六六九号第二六七四号咨：以开滦矿马家沟矿工发生风潮一案，据工会代电暨工人代表呈请伸张公道转请严办，请核办见复各等由。准此，查此案发生以来，迭经电饬实业厅暨唐山公安局，妥为安抚，并函达开滦矿务局，如果包工剥削工人，有确切证明，亦宜妥善处理，俾得相安。嗣经查悉事变之由，实系党部派许闻天及史泰安二员至唐主持恢复工会而起。当以智缓恢复工会一事，原因唐山情形复杂，深恐引起外交，经本府委员会议决有案。经派滦榆区行政督察专员陶尚铭负责主持办理，并请党部调回许、史两员，以杜纠纷。旋据陶专员艳代电报称：查党员许闻天等在唐情形，前经电呈在案。日军方面，认该党员在唐不但鼓动工潮，且有排日及侮辱日军之言行，异常注意，将施以直接行动。在此环境之下，恐于该党员有所不利，为求安全之策，曾于感日设法令其暂时引避。昨据天津驻屯军宪兵部派员会同驻唐宪兵队长来署面询该党员等已否离唐，请告以住址等情。经即答复，业已调回。现于本日将该党员许闻天，史泰安二员保护出境等语。迨许史二员安全离唐，复于世电呈报马家沟等矿工先后复工。事实证明，极为显著。至唐山公安局长宋迺乾遇事迁就，消弭无方，业经调省遴员接替。保安队长尚文斌亦经撤差查办。准咨前由，所有处理此案经过情形，相应咨复查照为荷。此咨

实业部

主席于学忠

中华民国二十三年二月十日

（4）行政院秘书处致实业部公函（1934年4月1日）

奉院长谕：前以开滦局唐山矿区因罢工发生暴动，形势严重，经于本月五日电饬河北省政府主席加派矿区外保安队，赴出事地点，保护制止。兹据于主席鱼电报告办理本案情形，除再电饬妥为办理，并将办理情形随时具报，暨函达中央民众运动指导委员会外，着将来去各电，抄送实业部。等因。相应抄同原电，函达查照。此致

实业部

计抄送本院歌电一件于主席鱼电一件

行政院秘书长褚民谊

中华民国二十三年四月十日

抄原件

天津河北省政府于主席鉴：平密。开滦局唐山矿区，因罢工发生暴动风潮，现形势极为严重，不可忽视。矿区原有保安队不敷压，为维持地治方安电，保护外籍员司计，即希迅速加派矿区外保安队赴出事地点，增厚实力，保护制止，以免牵及外交纠纷，而杜蔓延，是为至要。并盼电复。汪兆铭歌。

抄原电

南京行政院长汪钧鉴：平密。歌电奉悉。唐矿工潮于上月巧晚发动，节经电令陶专员督同队局严密防护，剀切劝导，并组织劳资事务监理处，以为正本之计。嗣以蛊惑有人，迄难就范，而背景复杂，顾虑尤多，因迭饬各员妥为处理，并严拿首要，期以宽猛兼施，慎法两得，及至最近各方肆意要求，矿方绝难承认，委曲至此，已无调解可言，奉令前因，当电陶专员饬于三日内将工潮处理平息。并督饬队警切实保护矿厂及外籍技师，一面拘捕首要赵大中等，解津讯办，一面斟酌情形，如该处警队实力不足，再增调警队前往协助，所有办理唐矿工潮情形，谨电陈鉴核。河北省政府主席于学忠叩。鱼申。印。

〔国民政府经济部档案〕

30．天津日商内外化学肥料公司工人罢工要求改善待遇与日方要求赔偿营业损失案的文电

（1935年11月）

（1）行政院秘书处致实业部笺函（11月14日）

第5112号

奉代理院长谕：天津市市长程克东代电，为天津市化学肥料业产业公会以小孙庄日商内外化学肥料公司对于厂内工人待遇悬殊，请予改善，致起纠纷，现日方坚决要求赔偿营业上之损失，究应如何办理，祈核示一案，应交实业，外交两部迅即会同核复。等因。除分函外，相应抄同原代电，函达查照。此致

实业部

计抄送原代电一件

行政院秘书长褚民谊

中华民国二十四年十一月十四日

抄代电

南京。行政院钧鉴：密。案查二十一年五月间，市长周龙光任内，天津市化学肥料业产业公会，以小孙庄日商内外化学肥料公司对于厂内工人待遇悬殊，请予改善，致起纠纷。当准日领照请严重处分，经饬由社会、公安两局派公安局科长吕律、社会局主任李铭，与该公司经理中条浩造双方协商，颇为接近。未几，该经理复行雇用新工人，以致旧工人为生活问题，联名请愿，要求复工。该公司谓为暴动，迭函约束制止。经饬主管局遵办去后。嗣于同年九月间，据社会公安两局会呈称：该公司被革工人又复联合请愿，于九月二十一日齐集工场，因口角不合，互相殴打，当经该管区警弹压，勒令工人退回，复由吕科长李主任前往公司洽商办理，不意该公司一味坚硬，提出条件四项：（一）次日以后，自由开始工作；（二）工作时保护工厂内外，并责任保证；（三）立即逮捕本日主谋者，严重处罚，将结果通知日本领事馆；（四）保留关于本事件之损害赔偿权。有日宪兵特务队长松下及日领馆代表平川在座，持至日晡逼令签字后始行放出。钞同原件呈报鉴核等情。当以该科长等前往工厂，本系调查劳资纠纷性质，不能接受日侧警宪任何谈判附约定等件，超出本问题范围以外，自不能发生效力，应即发还，指令知照。同时将被革工人由社会局筹款遣散，工会亦即停止活动。讵料该公司以工会未加惩办，认为不满，复以在纠纷时期约定内所载营业上各项损失共三十三万八千九百余两，由日领转函本府要求赔偿。本府即以工会系合法组织，工人联合请愿，不能与好事暴动者同论，且此案系劳资双方促成，若仅一方要求赔偿，于理亦欠公允。且劳工已经遣散，工会人员复经他适，如此巨额，何从赔偿。再查社会局对劳资纠纷处于仲裁及和解地位，公安局系属维持地方治安责任，在法律上事实上万无代人赔偿之理，更无责任可言，所有约定既未经市长当时承认，并已轶出调解纠纷范围以外，当然不能发生效力，亦即无担负责任之义务等语。照复日领去后，追复于兼市长及王张两市长任内，日领及该商迭次接谈哓哓置辩，均以前述理由，先后驳复。现又由日宪兵队长池上迭次交涉，谓约定所载既由社会公安两局职员签字，市府是否承认，纯系内部之事，不能因此卸除责任，坚令照纳赔偿，几经派员折冲，颇形棘手，当此中日交涉紧张之际，若不将约定原则忍痛酌予承认，彼方态度激昂，几有不能相谅之势，倘完全容纳要求赔偿之议，为额甚巨，实无法可以筹措，虽将来极力磋商，数目或可减少，恐非数万元所能了结。究应如何处理之处，敬请俯赐机宜，以凭遵办。理合电请鉴核示遵。程克叩。东。印。

（2）外交实业部致行政院会呈（11月23日）

外交
实业 部会呈 字第　号
字第　号

案准钧院秘书处第五一一二号密函，照录原函等由。准此，查关于劳资纠纷，地方官只负责维持治安之责，断无负赔偿责任之理。此端若开，后患堪虞。惟本案事关地方行政，本部等无案可稽，拟仍由天津市政府本上述趣旨，权衡事势，妥予处理，较为适当。准函前由，理合呈请钧院鉴核。谨呈

行政院

兼署外交部部长汪〇〇

实业部部长陈〇〇

中华民国廿四年十一月二十三日

〔国民政府经济部档案〕

31. 阎锡山关于制止北平市工会活动并解散其组织电

（1928年6月30日）

国急。南京中央执行委员会钧鉴：顷奉钧会秘书处养电悉。前据白总指挥崇禧、陈总指挥调元、杨参谋长杰、朱参谋长绶光、张警备司令荫梧、楚宪兵司令溪春、何市长其巩、赵社会局长正平、赵公安局长以宽电称：阎总司令：普密一密，查容共时期之民众运动，早经四次全会议决停止有案，迄未变更，北平克复，秩序安静，国际观听，日见良好。不意一月以来，二三党部人员，极力鼓惑，工人成立种种工会，煽动阶级斗争，进行猛烈，且有著名共党，公然从中指导。军政机关加以纠正，彼等概置不理，其为预定阴谋，毫无疑问，风声所播，市民疑惧，富室纷徙，若再长此曼延，窃恐一旦暴发，为祸事烈，将更甚于粤汉。崇禧等怀心往事，再四熟商，与其贻患将来，焦头烂额，不如先事预防，徙薪曲突，谨一致陈请钧座，援照四次全会议决，即颁命令，严厉制止，其已成立之工会，一律解散。庶销巨患，而静人心，不特地方受益，党国前途实利赖之，伫候电示祗遵等语。当时今北平初定，人心未安，锡山又远在太原，若任共产党煽动阶级斗争，为患何堪设想，既据前敌将领环请前来，若不准如所请，诚恐成火燎原，将来愧难收拾，故复令严厉制止，并将已成立之工会一律暂行解散，电呈政府在案。嗣复据商主席，傅警备司令，南市长等电称：天津工会均系在党部指导之下，尚无不稳行动，请免解散等语。亦经复准照办在案。并无逮捕民众委员会常务委员之议。准电前因，此后自当遵照中央决议，转令所属一体遵办也。阎锡山卯。卅。印。

〔国民党中央民众训练部档案〕

32. 一九二七年七月武汉地区红色工会组织概况

（1930年）

〔前略〕在国民革命之巨潮中，政治上发生宁汉分裂，国民党之革命运动中心，移至南京，武汉就成为中共之临时根据地。中共中央设于此，主持赤色职工运动之中华全国总工会，亦由广州移设于此，高张赤旗，社会视线，为之转移，固定之社会生活形式，则为之打破。加以无工不组会，无会不罢工，全局愈陷于杌陧不安之境。工人武装纠察队，叫嚣乎东西，隳突乎南北，路人侧目，莫敢谁何。工会裁判委员会则大权在握，予舍予杀，为所欲为。此种暴动政策，连绵推衍，遂使武汉三镇，成为恐怖世界。今日之人士，每忆及当时情景，犹有余悸。

赤色恐怖，既笼罩武汉，于是赤色职工运动，乃得以畅行无阻。湖北全省总工会，即为执行此运动之统属机关。

湖北全省总工会产生于十五年十月十日，主其事者为向忠发、项英、许白昊等人；会之组织，除普通工会所有之执行秘书宣传……等部以外，复拥有纠察队三千人，全副武装，此为争夺政权而设，非纯为保障工会利益也。当时如郭聘帛、袁子英、卢士英三先生，皆有功于工会运动者也，而该总工会以其忠于国民党，竟加以反革命之罪名，课以极刑。其他属于三民主义之工会运动者，或囚或戮，几无一幸免。

在工人组织方面，湖北全省总工会之最重要者，为产业工人。当时将各种产业工人分为十一类，各成立一总工会，每一产业总工会之下，细分若干分会及分支部。兹将总工会所属武汉三镇之产业总工会，统计如左：

工会名称	分会	分部	支部	会员总数	成立时间
武汉码头总工会	17	1	120	26712	15.11.7
武汉店员总工会	15		1084	33184	15.12.14
武汉车工总工会	12		96	26534	16.4.10
武汉纺织总工会	11		142	39785	16.3.18
武汉棉业总工会	5		27	10164	16.4.14
武汉五金业总工会	10	6	141	39785	16.4.27
武汉燃料业总工会	4		23	6728	16.4.1
武汉烟厂总工会	4		4	4080	16.3.6
武汉水电市政总工会	10		29	5102	16.4.26
武汉粮食总工会	3	11	39	7641	16.5.10
武汉木船总工会	20		96	17300	未详

交通工人工会：

工会名称	分部	支部	会员人数	成立日期
湖北邮政总工会	9	5	460	15.9.10
全省电报工会		69	964	16.2.20
京汉铁路江岸分会			2500	9年3月
粤汉铁路徐家棚分会			1754	9年3月
汉口铁路运输工会		7	605	15.12.10
粤汉铁路转移职工会		6	500	16.1.28
汉冶轮驳工会		2	913	15.11.15
海员工会汉口分会	4	3	4000	15.10.14

职业工人工会：

工会名称	分部	支部	会员人数
泥木工会	23		35521
油漆工会		8	1290
石艺工会			367
阳夏砖瓦矿灰工会		11	330
阜成工会		6	135
制造玻璃工会		5	346
琴断口矿灰工会			208
制造轮船工会		4	1000
圆木油桶工会	3		1270
竹艺工会	8	18	2053
油篓工会			3811
轮船肩贩工会			272
烟业工会		7	696
缝艺总工会	6	36	6980
武昌被服工会		8	206
鞋艺总工会	5	6	1400
帽艺工会		5	1690
刺绣工会			886
雨具业工会			260
汉口面粉工会	5		500
面业工会			450
茗业工会	4		1000

续表

工会名称	分部	支部	会员人数
制茶工会			800
制酒工会			802
豆货业工会			1000
乳业工会			62
洋务工会		7	4140
汉口洋务工会		24	2244
洋行工人联合会			5044
洋务职员工会			2317
酒饭面馆工会		17	4000
日华油厂工会			140
青喜骨粉工会			108
蛋业职工会			591
江汉关职工会		7	380
旅栈工会联合会	3	39	3425
校工联合会			749
各机关服务工会		2	1100
苏代工人联合会		42	302
银行工人联合会		2	370
银行行员工会		33	727
轮栈理货工会		12	1663
堆栈店员工会		5	467
厨业工会	2		2604

续表

工会名称	分部	支部	会员人数
鄂岸盐业职工会		4	547
印务工会	1	73	3000
文具业工会		10	1657
汉阳机器饼油工会	3	3	385
捆包工会			356
猪鬃工会			2000
染晒工会		8	1028
肠业工会			439
游戏场职业联合会		13	1100
马场工会		3	300
装璜艺术工会		9	1200
纸盒工会			250
香鞭冥纸工会			500
骨艺工会	3		780
理发工会		19	4100
浴业工会			900
洗衣工会			330
屠宰工会		4	124
钟表眼镜工会			390
武汉摊担工会		5	10430

湖北省各县各级工会：

工会名称	所属工会	支部	会员人数	成立日期
鄂城县总工会	1	21	3180	16.3.11
大冶县总工会	(产)17	(市)6	13000	16.1.11
嘉鱼县总工会	(市)4	13	2212	16.4.16
蒲圻县总工会	(市)3	6	938	16.3.27
咸宁县总工会	(市)4	8	4802	16.2.27
通山县总工会		13	1044	筹备
崇阳县总工会			2000	16.4.28
阳新县总工会	(产)7	10	2860	筹备
通城县总工会			6000	筹备
汉川县总工会	(市)3	11	3019	16.2.27
黄陂县总工会		11	1833	15.11.2
孝感县总工会		16	2429	15.12.2
沔阳县总工会	(市)16		5320	筹备
黄岗县总工会	(市)5		4700	16.4.15
黄安县总工会		11	555	15.11.3
麻城县总工会	(市)1		1284	16.4.4
蕲水县总工会	(市)1	14	2966	16.1.5
蕲春县总工会	(市)4	31	3198	16.2.7
广济县总工会	(市)1	16	4292	15.4.15
罗田县总工会	(市)8	7	1288	15.4.24
黄梅县总工会	(市)1	9	2860	16.11.21
云梦县总工会			4061	16.3.21

续表

工会名称	所属工会	支部	会员人数	成立日期
应城县总工会	(市)7	11	8884	16.2.21
安陆县总工会		3	3200	16.5.7
应山县总工会	(市)1		1000	筹备
随 县 总 工 会		8	2000	筹备
江陵县总工会				筹备
石首县总工会	(市)1		2556	筹备
公安县总工会	(市)1		600	16.4.11
监利县总工会	(市)3	5	2364	16.4.16
稽归县总工会			3000	筹备
五峰县总工会				筹备
钟祥县总工会	(市)2		2000	16.5.1
京山县总工会	(市)3		5312	16.4.11
天门县总工会	(市)7		16000	16.1.2
潜江县总工会				筹备
荆门县总工会		7	420	16.2.12
当阳县总工会	(市)5	14	1400	筹备
襄阳县总工会	(市)18		30000	16.3.27
枣阳县总工会				16.3.5
宜城县总工会				筹备
南漳县总工会		6	2121	筹备
均县县总工会			400	筹备
郧县县总工会				筹备

续表

工会名称	所属工会	支部	会员人数	成立日期
房县县总工会				筹备
竹山县总工会				筹备
金口市总工会		27	965	15.12.12
鱼市市总工会		20	1496	筹备
阳逻市总工会		34	771	16.1.18
新堤市总工会			5729	16.2.15
仙桃市总工会	6	17	6620	16.3.10
新沟市总工会			453	16.4.27
武穴市总工会		6	2400	筹备
荆沙市总工会	2	19	4192	16.1.15
黄陂矶总工会		17	1035	筹备
脉旺市总工会			2000	16.5.1
沙洋市总工会		4	715	筹备
广水市总工会				筹备

统计上列各表所载，当时之武汉及其他各县共有产业工会99，分部38，支部1797，会员总数为二十万零四千七百七十二人。职业工会六十五，分部五十五，支部五百九十三，会员总数为十三万一千八百九十三人。各县市工会六十二，会员总数为十七万六千七百十二人。总共有组织之工人为五十一万二千七百七十七人，其中虽仍较沪粤两处为少，然其组织之严密与其发展之迅速，允推独步。〔下略〕

〔国民党中央执行委员会秘书处档案〕

33. 鲁涤平、何键报告查封安源矿区共产党工运机关并捕获人员情形呈

（1928年9月3日）

呈为呈报办理安源共产党总机关暨捕获要犯一案情形，仰祈鉴核事：窃查湘省共祸之惨，几冠全国，烧杀暴动，蔓延及于三十余县，历时十有数月。属署奉命成立之际，适值共暴嚣张之时，三月以来，分区清剿，击散匪股，规复失地，捕拿要犯，破获机关，兼之进剿至赣之宁冈、永新，摧动悍匪朱德、毛泽东等巢穴。然而各属尚不能无反动份子企图蠢动，即朱毛两股亦未竟摧陷廓清之功。实以该匪党发号施令之总机关未能破获，致匪党有因应事实，阴谋布置之余地。职等悉知此种情形，即特别注视匪党窟穴，迭据各地破获该党机关，起出秘密文件，暨先后捕获共匪首要彭公达、曾鸿斌等鞫讯供证，及自首共党之举发，确知该党湘赣总机关设于江西萍乡县之安源地方。并侦悉该党划安源为新湖南区域所有，湘赣两省特委及湘东特委重要机关均设于其地，各重要首领亦潜伏其间。并拟召集七省代表大会，密谋暴动，交通训练，均有设备，凡湘赣各地一切暴动计划，无不取决于该总机关。其最近暴动方案，为组织安源矿工倒闭矿厂，再挟万余失业工人之力量，向湘赣两省进攻，一旦爆发，势必燎原，阴贼险很，至斯已极，若不迅将该项机关尽量破获，实不足以打破该匪之组织，而收根本肃清之效。查安源虽系赣境，但以共匪党羽密布，消息甚灵，设转请赣军搜捕，诚恐旷日废时，反多未便，爰于本月十五日由职键轻车驰赴该地，会同驻军第三军二十一团长萧希贤严密布置，十六日侵晨即按照搜获与侦悉该党机关地址。逐一加意搜索，计破获共党新湖南区委员、湘赣两省省委会、湘东特委会、安源市委会、少年义勇队、安源总工会、萍乡县委会，及附近南坑、湘东桥、紫家冲等区部各共匪机关，捕获湘东特委

萍矿总工会秘书曾干廷（即曾宪球又名胡受之）、安源电机工人总代表赵国成、军事工作委员余克敏、少年义勇队队长李廷瑞、安源市常委兼萍矿总支部书记梁矿生、共产青年团湘东特委区委书记丁凤祥、袁十金、丁福生、刘自觉，首要九人，党徒六十余人。旋以审讯结果，先将曾干廷、赵国成、余克敏三犯就地处决，以昭炯戒。该地工人民众经布告及训话后，深悉共党之罪恶，凡被诱加入者均表示极深切之悔悟，请求自首。遂商由驻军会同萍乡安源地方团体组织临时清共委员会，办理自首，俾资解散胁从，计登〔记〕时自首者，已有五百余人，仍一面嘱令清查户口，举办联结，以为拔本塞源之计。至捕获而未处决之匪犯，除首要李廷瑞等，以与湘省共案有关，业经带回属署研讯外，其余党徒六十余名，均交萧团长就近查明办理。此职键此次办理安源共产党总机关及捕获要犯经过情形也。窃维安源处湘赣之交，工人万余，群恃矿工为生活，共党图谋攫取该地作为根据，实具深意。此次差幸将该党各重要机关破获，湘境匪党顿失领导机关，即朱毛悍匪亦断绝连络，将来肃清自当较易。惟萍矿既为工人生活之源，应如何整顿，俾免停闭，致工人受失业影响而误入歧途之处，实为善后最要之图，经于筱日电呈钧座核示在案。所有办理安源共党总机关及捕获要犯各缘由，除于铣晨暨号日电呈外，理合具文呈报钧座，伏乞俯赐察核示遵，至为公便。谨呈
国民政府主席谭

湖南省清乡督办　鲁涤平
湖南省清乡会办　何　键

中华民国十七年九月三日

〔国民政府档案〕

34. 行政院抄发浙江省检获之中共红五月工作计划致实业部密令

（1932年5月2日）

行政院密令　字第一二七九号

令实业部

为令行事：案据浙江省政府呈称：据本府密探检送赤匪伪中央组织局所发红五月工作计划一件，察核内容，赤匪希图利用五月各纪念日，鼓动各省商埠群众以及铁路、工厂、矿区、电厂、轮船各项工人发生罢工与示威行动，亟应严行防范，以遏乱萌。除饬属遵办外，理合抄录原件，呈请鉴核施行等情。据此，除指令并分行外，合行抄发原件，令仰该部即便分别转饬，严密防范，以遏乱萌。此令。

计抄发赤匪中央组织局所发红五月工作计划一件

中华民国二十一年五月二日

院长汪兆铭

红五月工作计划

中央组织局为执行中央在红五月中所提出的中心任务，特订出以下的计划：

（一）组织群众的五一、五卅的罢工示威，是今年红五月的最战斗的任务。特别应坚持沪西日厂罢工，准备与发动京汉、中东两铁路工人，昌兴公司、招商局、松花江的海员工人，抚顺、唐山的矿工，满洲的兵工厂、沪东纱厂、天津六大纱厂、青岛的四方沧口等纱厂工人，上海英电、法电、电话、哈尔滨电汽，天津自来水等市政工人，上海报馆与哈尔滨的印刷工人等罢工斗争，与上述工人区域及香港、太源、大连等地示威运动，为红色五月运动的中心骨干。这些罢工与示威，是最实际去拥护苏联，反对进攻苏区，反对国民党，反对日本及一切帝国主义，扩大革命民族战争的运动。

（二）武装无产阶级领导革命的民族战争，这首先要努力去建立与发展工人纠察队，增加沪西工纠两倍，每个工厂支部，每一个赤色工会分会或小组，皆应至少创造一队工纠。这是全党武装工人的工作尺度，要真正用新旧军器武装这些纠察队；其次是组织工人义勇军，创造上海、天津、满洲、青岛、厦门等地工人义勇军，参加到东北、沪宁、沪杭线反日部队中去，中央军委应总结义勇军工作经验，做出义勇军工作大纲；第三是征调工人到苏区与新游击区域中去，对于湘鄂赣各苏区及陕甘边，满洲、海洲，皖西北漳属游击队，江苏、河南、满洲、陕西、河北、福建等党部必须定出计划，在红五月中征调一定数目的工人前去参加。

（三）建立赤色工会的广大基础，第一要扩大现有的海总、上海、工联、哈总，北平印总的群众基础，发展会员建立下层工会组织，创造上海的纱总、市总、印总三个产业工会，中东路、京汉路（郑州、长辛店、北平、信阳）、唐山五矿、河南、上海兵工厂，天津纱厂与市政，青岛纱厂等赤色工会，在上述企业中，党与青年团支部应为建立工会而斗争。同时在红五月中，首先创立起上海邮务、商务、法电、天津电车、厦门建筑业等黄色工会中革命反对派，开展党在黄色工会会员群众中的工作。根据中央的信，在全国工会会员中应讨论职工运动中机会主义问题。

（四）领导普遍全国的失业工人斗争，首先是受日本帝国主义直接蹂躏打击的工人，上海的商务、丝厂、纱厂，吴淞铁路工厂，满洲的兵工厂，安东丝厂，哈尔滨的中东路，天津的北宁路等，主要失业队伍未进行失业斗争，建立起失业工人的组织。在红色五月中，中央职工会应召集一次失业工作会议，准备进行新的失业运动日工作，同时要加紧女工青工的工作。在沪西罢工工人中，举行每一工厂的女工代表会，建立每一工厂的女工委员会，吸引工人参加罢委等机关，青工代表会与青工委员会也应加紧去建立，在沪东、青岛、天津等地，应开始女工代表会工作。

（五）扩大反日会、反帝同盟的组织，首先是上海民众反日会，北平反日联合会，哈尔滨、厦门、成都、重庆、青岛等地反日反帝团体，应积极活动起来，每个地方党部均应创造反日组织，在五一以前召集江苏、河北两省代表大会，同时要坚决执行抵货的口号，在上海、唐山、天津、青岛、汕头、重庆、开封、北平等地，建立工人学生的日货检查队，进行彻底的抵货运动。组织上海、南京、北平、天津等地学生义勇军，参加到东北、沪宁线民族革命战争的前线。

（六）为创造新的苏区与游击区，必须在红五月中加紧领导与帮助陕甘边海州漳属东满等游击队，要派送得力干部党员工人到这些队伍中去。同时，要准备与发动辽西南满（吉长路沿线）直南保属（河北）通海淮盐沪宁线（江苏）济源信阳（河南）、梁山（四川）、合肥寿州（安徽）闽北等地游击战争，开展游击运动。各地党部特别要抓住灾民难民与春荒的斗争，来建立农民组织与武装队伍（义勇军自卫队），准备与发动游击战争。中央军委必须在最近做出游击战争经验的总结。

（七）发展士兵工作，首先是东北（丁超刑占□熙洽部队）、沪宁、沪杭两线，（十九路及其他）反日部队必须努力建立党的支部与士兵反日会、士兵委员会的组织。同时，在京汉线武汉的蒋系部队，两广陈济棠部队，安徽陈调元部队，川军、陕西杨虎城部队，福建张贞、刘和鼎等部队中创造与开展党的工作；各地党部必须派人打入这些反日“剿共”的主要军队与当地军队中去，同时要在满洲、河南、武江、皖北、东江、福建等地组织破坏队，进行破坏工作；天津、北平、满洲、上海、香港、厦门、青岛、武汉等地党部，要组织外国兵突击队宣传队等进行外兵工作。

（八）红五月委员会必须以支部为基础，吸引非党群众与黄色工会及其他反动派别下层群众来参加。在工厂学校作场中，建立起来，运用这种组织，实现下层统一战线，争取广大的群众于我们党的周围，这同样是各地红五月工作一个主要的尺度。同时要扩大青年团，实现赶过党的数量的发展的口号；扩大互济会，建立苏联之友，苏区之友，红军之友等组织。

（九）为增加一倍党员而斗争，是红五月战斗任务之一，每个党员发展一个党员的口号，要百分之百的实现。同时，各地党部要努力创造新的产业支部，特别是主要大企业，在红五月中要完成。上海、天津、青岛、哈尔滨、北平、郑州、厦门等处支部与地方党部的改选，要在领导机关保证过半数的新干部与工人化，抽出各种干部供给中央。这一改选运动中，应当加紧开展反倾向的斗争与实际工作的检查，彻底反对领导方式的官僚主义，各地党部应讨论中央给江苏省委的信，来转变本身的工作。在红五月后，向中央做支部工作报告及通讯。

（十）红五月应以五一、五卅罢工示威为战斗的中心，但同时应抓住五四扩大学生运动，特别在北平、上海、南京、开封等处要发动学生斗争。中央宣传部应在最近讨论全国学生运动的总结与今后任务，抓住五五马克思诞辰，做反派别的斗争与党内教育工作（出各种小册子刊物，组织会议及公开演讲和党内各种训练班）。抓住“五三、五七、五九”，特别扩大反日运动，为着准备红五月工作所举行的反对进攻苏联与苏区，扩大革命民族战争运动周，亦应具体动员群众。在这些运动中，党的宣传鼓动工作必须以党报、工厂小报、学校壁报、小册子、画报、士兵的话为主要内容，要最充分的准备加强发行工作，保证完全深入群众中去。

中央组织部
一九三二年四月十五日
〔国民政府经济部档案〕

35. 彭昭贤为防止汉口申新四厂焚后发生工运请国民党中执会转饬总厂救济呈

（1933年4月8日）

呈为呈报事：顷据申新第四纺织公司呈称：呈为呈报申新纺织第四厂厂基被焚，一时无法复业，请准解散工人，以维治安而免意外事：窃查具呈人申新四厂昨日（即本月廿九日）因黄花岗纪念日，照例停工。在停工期间，即着手修理机器，细纱部地轴方面有损坏，故当派机匠五人从事修理，至四时左右，即据修理机匠报告，该厂内已经失火，并称在未出厂报告以前，已告将灭火机施以紧急救济，奈未生效果，故特出厂报告。具呈人于得悉此项报告后，即尽力灌救，并经各处救火会到场，会同救助。奈当时火势过猛，除其余各部因被焚时防范得法，未曾波及外，所有纱厂全部被焚，计有梳棉机、粗纱机、细纱机以及摇纱机等部份。至失火原因，据当时在场修理机器之机匠报告，亦仅云正在修机之际，忽睹下面冒烟，至因何起火，既未据在场之机匠说明，事后加以精密之调查，亦尚未发觉，现除该彼有重大嫌疑之机匠五人，业经公安局带局研讯究竟外，具呈人等正从事于更进一步之调查，同时并电告上海总管理处，对于善后问题详加慎处。此上述各节，乃敝厂昨日失火被焚之经过情形也。兹再将敝厂资产总额以及近年来营业之盈亏情形详呈如左：查本厂成本，以创始时金价计算，合银二百三十万两左右。（如以目前之金价计算，则不止此数）。故历年保险均在二百二十万两左右。近年因营业不振，亏损至巨，为求金融周转起见，曾由上海总公司以汉埠全部厂基向上海中国银行作抵，计借银一百二十万两，同时节省各项费用，以资挹注计。故往岁保险额为二百十九万八千九百两者，现减保为一百二十一万三千两，因与中国银行本有厂基押款之关系，故上述保险同时即由中国银行保险部承保，所保部份计有清花间、纺纱间，又花纱栈房，其余则不在内。其保险日期在保险单内虽注明保由本年一月一日起至本年十二月卅一日为止，然因上年之二百十九万余两之保险期间，保截至本年三月十五日为止。因同一期间，不得有重复保险情事，故实际上此一百二十一万三千两之保险期间即由三月十五日起始。嗣因此项保险单由中国银行保险部送达过迟，是以当未及向本市公安局登记。此外，福新第五面粉厂名义虽与中新有别，股东各异，然同隶于一个总公司，而厂址亦毗连，故栈房及原动力等通〔共〕同使用。为使钧部通盘明瞭本厂之经济情形起见，故兹特将并陈一班，俾窥全豹。查福新面粉厂所有机器屋房等生财，曾向上海银行押款一百万两，订明每三个月还银七万五千两，现已还偿三十二万五千两，余六十七万五千两尚未清还，所有两厂（指申新、福新两厂而言）货物，又另向上海银行订立仓库押款，计银洋二百〇四万元，又向中国银行信用借款十五万元，综计二百十九万元。至于营业状况，现只就申新纱厂一部份而论，自民国十一年开厂以来，历年之亏损已达六十九万余元，且每年从未折旧，如加提折旧，则亏损数目当尚不止此数。再加以两厂之全部生财，以及全部物货，均已如上述分向各银行抵押借款。售得之款，按约即悉数应由银行方面提去，以抵偿借款本息。是以两厂自近年以来，其困苦艰难实已达于极点。正幸自日寇开衅以来，全国抵制日货，我国之货可以尽量推销，而不料纱厂部分昨日又遭失慎，纵有保险费可资挹注，然因借款之契约关系，须由债权银行收取。是以一时建造厂屋，购置机器，能否有此巨大资本以计划复业，目前尚未敢逆料。即使资本方面筹有的款，然建筑厂基，运购机器亦非一年以内可竣工，此所以具呈人再四思维，只有呈请钧部核准办理，总期于厂方受此巨大灾损之余，不至无力负担，而在工人方面，亦不至于一朝失业，即成饿殍。惟是工人方面良莠不齐，能否顾及厂方之困难，不为已正，具呈人殊未放心，再加之泰安纱厂于本礼拜一已告停厂，闭散工人必不在少数，于本厂解散之际，工人方面能否安然就范，此层务祈钧部一面加以剀切之劝导，一面加派得力军警莅厂维护，否则四五千工人一哄，而实施暴动，则蒙其害，此福新、申新两厂固不待言，而在此国难时期，捣乱份子是否藉此以引起重大纠纷，此则惟有冀于钧部之驭策有方，事先加以周密之戒备，以消患于未萌也。所有具呈人申新纱厂于本月廿九日下午失火被焚以及在最短时期间无从复业，拟即解散工人，暂资结束各缘由，除另行派员诣前详陈外，理合将经过情形具文呈报，伏祈准予备案，实为德便。等情前来。正核办间，复据本市第三区党部呈称：呈为据情转呈事：案据申新纱厂工人代表邬顺堂等呈称：呈为呈请转请上级党部函市府监督申新纱厂保险费，除修理纱厂外，不准挪作别用，并责成该厂早日修理开工，以免工人失业，并令厂方发给工人停工期间火食费，藉维现状，俾免饥馑事：窃查申新纱厂于三月二十九日下午失火，将钢丝粗钢摇纱各部焚毁，致我工人均无工可做。查是日该厂为革命先烈纪念，停工休假，如何起火，真相莫明，无如此二千九百余工人在该厂作工有年，平日所得工资甚微，作工之日生活几不能维持，一旦失业，此二千九百余工人啼饥号寒，惨不忍睹之象，转眼可待矣。查万国胜新面粉厂于去岁三月曾被火焚烧，该厂自动维持工人六月有余，并照常发给工资，嗣后确因不能修复，该厂不能开工之故，复依照工人原有工资发给数月解散费，始将工人解散。代表等为免除工人将来失业及维持工人目前现状起见，为此，呈恳钧会转呈上级党部，转函市政府督令申新纱厂早日修理开工，并拨给工人伙食费，至开工日截止，藉维现状，俾免失业，不胜戴德之至。等情前来。理合转呈钧会核夺施行。等情。又据该工人代表等来会面陈，厂方无意复业，工人生计断绝，恳请救济各等情。据此，查申新纱厂全部被焚损失重大，意图停歇，亦自有其苦衷。惟汉口为五方杂处之地，又值国难严重，赤氛未靖，商贾凋敝，金融枯竭，泰安纱厂亦在停于〔工〕期间，总计失业工人已达四千余人之多。内中良莠不齐，若不设法救济，迫于生计，难免铤而走险，则不独影响社会治安，抑且为渊驱鱼，转增赤焰之高涨。本会有见及此，除已一面商请市府设法维持，分函当地军警严密防范暨呈请豫鄂皖三省剿匪总司令部核办，并于江日电呈请示外，理合备文缕呈详情，务恳鉴核，迫赐电令该申新上海总厂务必力谋恢复，并负责维持停工期间工人伙食费，以维工人生计，而重社会治安。毋任迫切盼祷之至。谨呈

中央执行委员会

汉口特别市执行委员会常务委员彭昭贤等

四月八日

〔国民政府经济部档案〕

（三）国民党防范农民抗租抗捐斗争的措施与各地农民的反抗斗争

一、国民党的农会法与组织概况

1.农民协会组织条例

（1928年7月26日）

第一章　总则

第一条　本条例所称为农民者如左：

自耕农，半自耕农，佃农，农村中之手工业者，及在农村中为体力的劳动者。

第二章　组织

第二条　凡从事农业劳动之农民，不分性别，年龄在十六岁以上，由本会会员二人之介绍，填具志愿书，经当地乡农民协会审查认可后，得为本会会员。

第三条　有左列情事之一者，不得为本会会员：

一、以重利盘剥农民之土豪劣绅；

二、作帝国主义者工具之买办；

三、吸食鸦片及嗜好赌博者。

第四条　农民协会以全国农民协会为最高组织，以乡农民协会及小组为基本组织，其系统如左：

一、全国农民协会——全国农民协会代表大会——全国农民协会执行委员会；

二、省（特别市）农民协会——省（特别市）农民协会代表大会——省（特别市）农民协会执行委员会；

三、县（市）农民协会——县（市）农民协会代表大会——

县（市）农民协会执行委员会；

四、区农民协会——区农民协会代表大会——区农民协会执行委员会；

五、乡农民协会——乡农民协会会员大会或代表大会——乡农民协会干事会；

六、小组——小组全体会议——组长。

第五条　凡农民有四十五人以上，得依本条例之规定，发起组织乡或区农民协会。

第六条　同一乡村之农民，有五人以上，得成立一小组；但每组人数不得过十五人。

第七条　依前条之规定，成立三小组以上时，得召集乡农民协会全体大会或代表大会，成立乡农民协会。

第八条　三个乡农民协会成立之后，得召集区农民协会代表大会，成立区农民协会。

第九条　三个区农民协会成立之后，得召集县农民协会代表大会，成立县（市）农民协会。

第十条　全省各县市农民协会成立三分之一以上时，得召集省农民协会代表大会，成立省农民协会。

第十一条　全国之省或特别市农民协会，成立九个以上时，得召集全国农民协会代表大会，成立全国农民协会。

第十二条　农民协会以全体大会或代表大会为最高权力机关。但在全体大会或代表大会闭幕期间，以执行委员会或干事会为最高权力机关。

第十三条　区农民协会以上，设执行委员会及监察委员会或监察委员，乡农民协会设干事会，小组设组长；其委员及职员人数，视各该会员之多寡，依照下列原则定之，但得酌设候补委员。

一、全国农民协会执行委员定为九人至十一人，监察委员定为三人至五人，职员至多不过二十人。

二、省或特别市农民协会执行委员定为七人至九人，监察委员定为三人至五人，职员至多不得过十五人。

三、县或市农民协会执行委员定为五人至七人，监察委员定为三人，职员至多不得过十人。

四、区农民协会执行委员定为三人至五人，监察委员定为一人，职员至多不得过六人。

五、乡农民协会干事会干事，定为三人，不另设职员。

六、小组组长一人。

第十四条　区农民协会以上之执行委员会，设常务委员会或常务委员。乡农民协会设干事长。

第十五条　全国农民协会内部组织，设左列各处，其处长由执行委员兼任之；但委员如不敷分配时，不在此限。

一、组织处　掌理所属农民协会及本会组织、登记、入会、转会及会员统计等事项。

二、训练处　掌理农民政治的、经济的、组织的、行动的、各种训练事项，及创设农业补习娱乐场所，暨协助自治机关办理乡村自治、农村自卫等事项。

三、农务处　计划并办理调查农民户口，发展农业，改良种子及耕具，振兴水利，创设各种合作社，修治道路等事项。

四、总务处　掌理一切收发及撰拟文件、交际、调查、统计、报告、庶务、会计及仲裁等事项。

省农民协会及县农民协会之内部组织与全国农民协会同，惟改处为科；区或乡农民协会改科为股；但如事务简约时，得将各科股减并之。

特别市农民协会之内部组织与省同。

市农民协会之内部组织与县同。

第十六条　各级农民协会如因办理特殊事项，得设特种委员会。

第十七条　组织区乡农民协会，须同一乡或区之农民四十五人以上之连署，提出立案请求书，并附章程及职员履历，会员名册各二份，呈由当地党部认可后，向当地官署请求立案。

组织县以上之农民协会，须由其直接之下级农民协会连署，提出立案请求书，并附具章程、职员履历及各该下级农民协会负责职员、会员名册各二份，依前条之规定，请求立案。

前项党部及官署，在县为县党部及县政府，省为省党部、省政府，余类推。

第十八条　呈请立案之农民协会章程，须载明下列各项：

一、名称；

二、目的及职务；

三、区域及所在地；

四、职员之人数，职权及选任、解任之规定；

五、会议之组织及选举法；

六、经费之缴纳额及征收法；

七、会员之资格限制及其权利与义务。

第十九条　呈请立案之会员名册，须载明下列各项：

一、姓名

二、年龄

三、籍贯

四、经历

五、住址或通讯处

第二十条　呈请立案之职员履历，除前条各项外，须增载下列各项：

一、党员或非党员；

二、农民运动经验；

三、现任职务。

第三章　经费

第廿一条　区以上之农民协会之经费，由其所属下级农民协会分担之，乡农民协会或小组经费及其纠纷所分担之上级农民协会经费，由下列各项充之：

一、会员入会费，但每人至多不得过五角。

二、月捐，但每人至多不得过一角。

三、特别捐，但须经各该会全体大会或代表大会之议决。

第廿二条　各级农民协会如兴办特种事项（如办理俱乐部合作社及各种农业学校等），得由当地党部及政府，酌量补助之。

第四章　附则

第廿三条　各级农民协会之章程，选举规则及办事细则等，由各该会自定之。但省以下之农民协会须呈报其上级农民协会核准备案；全国农民协会须呈报中央执行委员会核准备案。

第廿四条　本条例如有未尽事宜，得由中央执行委员会修改之。

第廿五条　本条例由中央执行委员会议决，交国民政府公布施行。

〔国民党中央执行委员会秘书处档案〕

2.农　会　法①

（1930年12月30日）

第一章　总则

第一条　农会以发展农民经济，增进农民智识改善农民生活，而图农业之发达为宗旨。

第二条　农会为法人。

第三条　农会得设置农业试验场，农产陈列所，及农具陈列所，并办理农业及农民之调查统计。

① 本法经国民政府公布施行。

第四条　农会对于左列事项，应指导农民及协助政府或自治机关之进行。

一、关于土地水利之改良。

二、关于种子肥料及农具之改良。

三、关于森林之培植及保护。

四、关于水旱虫灾之预防及救济。

五、关于农业教育及农村教育之推进。

六、关于公共图书室、阅报室之设置。

七、关于公共娱乐之举办。

八、关于生产、消费、信用、仓库等合作事业之提倡。

九、关于治疗所、托儿所及养老救济事业之举办。

十、关于粮食之储积及调济。

十一、关于荒地之开垦。

十二、其他关于农业之发达改良。

第五条　农会应答复政府自治机关之咨询，并接受其委托。

第六条　农会得就有关农业之发达改良，建议于中央及地方政府。

第七条　农会分乡农会，区农会，县市农会，省农会。

第八条　同一区内，每级农会，以一个为限。

第九条　下级农会应接受上级农会之委托，为农业调查及报告。

第十条　有左列情形之一时，实业部得召开全国农业联合会议。

一、经实业部认为必要时；

二、经五省以上，省农会之提议时。

第十一条　农会之区域，依现有之行政区域，但有特别事由时，经该管监督机关核准。区农会、乡农会，得不依现有之区域。

第十二条　农会不得为营利事业，但以增进会员利益为目的办理之，生产、消费、信用、仓库、合作事业不在此限。

第二章　设立

第十三条　乡农会、市区农会之设立，应在该区域内，有会员资格者五十人以上之发起，及全体三分之一以上同意。

上级农会之设立，应有直接下级农会过半数之同意。

第十四条　农会于设立前，应拟具章程，呈请该管理监督机关核准。

第十五条　前条章程应载明左列各款事项：

一、名称、区域及会所所在地。

二、会员入会、出令及除名之规定。

三、职员名称、权限、任期及选举、解任之规定。

四、关于会议之规定。

五、关于经费之规定。

第三章　会员

第十六条　凡中华民国人民，住居该区域内，年满二十七岁，具有左列资格之一者，得为乡农会，或市区农会之会员：

一、有农地者；

二、耕作农地面积在十亩以上，或园地面积在三亩以上之佃农；

三、中等以上学校毕业，习农业者。

第十七条　虽具前条资格而有左列情事之一者，不得为农会会员：

一、褫夺公权，尚未复权者；

二、有反革命行为，经判决确定者；

三、禁治产者。

第十八条　上级农会，以其下级农会为会员。

第四章　职员

第十九条　县市以下之农会，设干事长、副干事长各一人，干事三至五人，由会员大会选举之。

第二十条　省农会设理事五人至九人，监事三人至五人；候补理事三人，候补监事二人，由会员大会选举之。

第二十一条　区农会以上之农会，经该管监督机关之核准，得设评议员，由会员大会选举之。

第二十二条　农会职员，应于就职后十五日内，呈报该管监督机关，并转实业部备案。

第二十三条　农会选举之职员，为名誉职。

第二十四条　农会职员，有左列各款情事之一者，应即解任：

一、因不已事由，经会员大会议决，准其辞职者；

二、旷废职务，经会员大会议决，令其退职者；

三、职务上违背法令，营私舞弊，或有其他之重大之不正当行为，经会员大会议决，令其退职；或由实业部，或该管监督机关，令其退职者。

四、发生第十七条各款情事之一者。

第五章　会议

第二十五条　农会会员大会，分定期会议及临时会议两种，由于事长或理事会召集之。

第二十六条　农会会员大会之决议，以会员过半数之出席，出席会员三分之二以上之同意行之。

第二十七条　左列各款事项之决议，以会员过半数之出席，出席会员三分之二以上之同意行之。

一、变更章程，

二、会员之除名，

三、职员之退职，

四、清算人之选举，及关于清算事项之决议。

第六章　经费

第二十八条　农会经费分左列二种：

一、事务费　由会员负担之；

二、事业费　由会员募集。

但有必要时，得由地方行政官署补助之。

第二十九条　农会收支，每年除呈报该管监督机关，并转实业部备案外；应通告各会员。

第七章　监督

第三十条　农会之监督机关如左：

一、省农会之监督机关为省政府。

二、县市农会及其以下各级农会之监督机关为县政府或市政府。

第八章　解散及清算

第三十一条　农会因农会会员大会之决议，违背法律，情节重大者，监督机关得令其解散。但须经上级官署或实业部之核准。

农会经会员三分二以之上出席，出席会员三分二以上之同意，会员大会得决议解散，但须经监督机关之核准。

第三十二条　农会为前条第一项之解散时，其清算人由监督机关指定之；为前条第二项之解散时，其清算人由会员大会选举之；遇不能选举时，由监督机关指定之。

第三十三条　清算人有代表农会执行清算上一切事务之权。

第三十四条　清算人清算及处理财产之方法，应经监督机关之核准；或农会会员大会之决议。

第九章　附则

第三十五条　本法施行法另定之。

第三十六条　本法自公布日施行。

〔国民党中央执行委员会秘书处档案〕

3.农会法施行法

（1931年1月31日）

第一条　农会区域，依现有之行政区域者，冠以该区域之名称，其不依现有之区域者，得另冠名，呈请该管监督机关核定之。

第二条　中华民国人民，具有农会法所定农会会员资格，年满二十五岁，始得被选为农会职员。

第三条　依农会法第十条之规定，召集全国农会联合会议时，其代表人数由实业部定之。

第四条　依农会法第十八条之规定，下级农会为上级农会会员时，应派同数代表出席。

前项代表之名额，乡农会、区农会、或市区农会二人，县农会或市农会一人。

第五条　乡农会或市区农会，依农会法第十四条之规定，为呈请时，应载明左列各款：

一、该区域内，有农会会员资格者之全体人数。

二、该区域内，有农会会员资格同意设立农会者之姓名住址。

三、发起人之姓名、年龄、住所、并应签名。

第六条　区农会以上之农会，依农会法第十四条之规定为呈请时，应由同意设立该农会之直接下级农会负责人签名。

第七条　依农会法设有评议员之农会，其评议员名额，应于农会章程中规定之。

第八条　乡农会或市区农会之会员，依农会法第二十八条第一款负担之额数，每人每年不得逾国币一圆。

第九条　该会图记，由该管监督机关颁发，其文质形式大小，均由实业部定之。

第十条　农会职员任期一年，但得连任。其递补之职员，以补原规定期为限。

第十一条　农会办事规则，由各该农会会员大会议决，并应呈报该管监督机关备案。

第十二条　本法自公布日施行。

〔国民党中央执行委员会秘书处档案〕

4.国民党中央民众训练部制定之农民运动方案

（1930年1月27日）

一　绪论

中国是农业的国家，全国百分之八十以上的国民是直接从事于农耕生产的农民。因为只靠农业生产，在现在工业资本时代，已失却其存立之可能性，大多数以农业为生活的农民，亦顿觉生活摇动，不能安定。所以本党所领导的国民革命，其首要意义即在实现总理所手订的三民主义而解决土地问题，以解除农民的痛苦，而求中国产业的进步。而解决土地问题，与解除农民痛苦，非由农民自己去参加不为功，所以指导农民从事国民革命运动，为本党最大之任务。

二　农民运动的方法

A调查农村情况　调查农村，第一要注意人口，第二要注意农民生活状况。在农村调查中，可以知道农民的困难和农民需要，因而我们对之宣传，始能引起他们的同情，博得他们的信仰。信仰既立，然后再施以训练等工作，才能畅行无阻，而无格格不入之弊。

B宣传　宣传的意义在使农民了解中国产业落后的因原和农民自身所受痛苦之由来，以及农民起来参加革命的必要。其方法宜着重于艺术的宣传，如歌谣、图画、戏剧、影戏、化装表演等；其次为浅近的演说与浅白的标语、传单、小册等。

C组织　既经宣传之后，农民已有相当的认识，由他们的认识，必能生出信仰，所以把他们组织起来，就能生出很大的力量。组织的方法，依照农民协会组织条例，切实执行。惟有特别注意者，即于会员的资格，务须审慎严格，勿使地痞流氓混迹其间。

D训练　农民经组织妥当，每个农民，他是团体中的一份子，这一个人的行为，除掉代表个人以外，还负着团体的责任，所以对于这一个农民推而至个个农民都要加以严格的训练。

一、心理测验　测验农民的心理，然后按其心理所向，锻炼其知识，建设他心理上的健全。

二、主义讲演　讲演的方法，最足以使人易于感觉，主义的训练，用讲演来灌输，能收较大的效果。

三、政治报告　吾人在革命时期，关于国内及国外的政治状况，必要洞若观火，然后发生何项事件，即可知道大概情形。这也是锻炼知识的一种方法。

四、政治问答及讨论　农民知识最浅，政治问答只可及于国家，对于农民的切身问题，不可涉及高深的理论。这样，才能引起他们对于政治兴味与注意。

五、义务教育或夜校　对于农民应设义务教育，使其得有受教育的机会，懂了浅近的科学原理，学会写字写信的方法，这样，不但日用便利，且有裨于农业的改良，农民感觉出切实的利益后，自不难听受指挥，假如他们因做日工无暇受教，则不妨设立夜校，使他们夜间抽暇读书，增进他们的知识。

六、农运特别训练班　我国农民知识都是很低，迷信又深，思想很不开通。一般稍有知识聪明的，往往沦为土豪劣绅。所以忠实不敏的人，非有相当的训练，不敢出来作自治的工作，虽已组织农会，终究不免被人利用，甚至于自害。所以最后一步的重要工作，就是训练农民，尤其是作农民运动的农民，此设立农运特别训练班之所由来也。兹将办法列左：

a宗旨　使办事人明瞭所负责任，尽力工作，以养成农民协会及乡村自治等干部人才。

b人数　每县农协推代表一人调省训练。

c受课时间　临时酌定之。

d课程　视职员程度高低而定。

e时期　三月至六月。

七、小组会议　小组会议是一种基本训练，由小组会议上训练农民，必收实际上的效果。

八、指导活动　以前本党的农民运动，可以说完全让共产党给包办了，所以有许多行动，一面组织农民，使他们有团体，一面训练农民使他们有能力。但是我们对于他们的行动，尤须时时刻刻处于指导地位，使他们的一举一动，都能趋于国民革命的正轨，而不致为共产党——或其他敌党所利用，或更蹈以往共党之覆辙。

E实地应用　训练农民使其知识能认识革命的主义，能力能担负革命的工作，这便是训练的任务完毕。但是，训练工作往往有超越实际，不合应用之弊，以致所得效果，与原定目的，大相迳庭。也如同理想主义的教育家，其所得教育效果，与原定教育目的，大相迳庭是一样。所以我们如果能够在训练工作的进程中，同时注意到将来实地应用一方面，其结果，必能收到美满的效果！就是训练所得的效果必能与原定的训练目的，完全符合；而不致发生空洞理想之弊。所以实地应用在训练工作进程中，为不可少的一种方法。

一、农运训练班学员毕业后的工作，农运工作人员毕业后，以其所学，在各该县觅一适宜地方划成特别试验区，用全力试验数月等有了可靠的成绩，再推行于全县全省；其特别试验区内的设施如左：

A乡村农运工作人员训练班

招集各区、乡农协干事及各组组长按着人数的多寡分为若干期轮流来受训练，每期以六月为限，其训练的类别如左：

1．思想的训练

a务使农民知其本身痛苦之来源和革命的对像。

b使农民了解三民主义的主要意义和理论。

c巩固农民的团体力和合作互助的精神。

d破除其数千年来封建之思想和迷信。

2．组织的训练

a、使其明瞭组织的意义和方式。

b、锻炼农民运用组织之能力，由农民自动组织农村合作社及自治等事业，使能自己照顾自己的利益。

3．行动的训练

a、养成农民有服从团结决议和纪律的精神。

b、指导农民有建设工作之能力。

乡村农运工作人员训练班　应附设以下各机关，农民学校，农民问字处，农民图书馆，阅报所，游行讲演团。

按中国农民不识字者十居八九，如是则各个农民都有识字的机会，无形中给农民以很大的利益。

B农事试验场　吾国农民知识浅薄，思想固陋，对于农事方面，老守成法不图进取，故虽以农立国，若不急速设法改良，则恐永落人后，而农民则愈觉不安矣。故特设农事试验场以改良之，以为将来发达农业之准备，其设施如左：

a、选种　各县市土壤不同，所以出产物品亦因之而异，按着各该县出产之情形，用最精密之方法慎选种子，以图改良。如河北南部出产棉花，保定一带出产高粱玉蜀黍是。

b、园艺　广植梨、苹果等树于园中，详细考察之，比较之，如之何才可以美满它的种子，又如之何才可以铲除它的病虫。

c、畜牧　中国的畜牧，因种类的差别，有远不及外国者急应改良之，如美国的波支猪食量小，生长得大，生产力亦强，据闻此猪普通每个都有四五百斤左右，与中国猪相较则差之远矣，次如瑞士的乳羊出乳较本地羊为多，凡此种种，都应设法传播而改良之。

d、农具　中国的农具如耙、犁、水车、收播器等都甚为拙笨，它一天做的工效很小，所以影响于农业者甚大，这也是应该急速改良的。

三、农运工作人员应注意之点

A不要离开党的立场　作农民运动的人不特不能违背党纲和党的决议，并且不能离开党的指导，才能有好的运动方法，使农民接受，这样，党的政策和主义才能实现。

B不要自己出风头　从事农民运动决不是可出风头的一件事。如果你想出风头，或是自己不农民化，那末，是绝对没有结果的。因为，他们若把你当作了一个名流或官僚，他们对于你便不能不客气与畏惧，所以你便不能接近他们了。

C要注意运动的方法与步骤　因为农民知识太浅，而成见又太深，所以非有种方法和步骤去指导他们不可，譬如宣传训练等方法，有口头的，文字的，艺术的，那种最合适？何者宜先用？都应特别注意。

四　结论

以前本党的同志，因为太不注意农民运动，所以才教共产党恣所欲为，把农民害的稀糟，使农民由怀疑革命而仇视革命。现在我们于民众新创之余，又来作农民运动，不免先与农民以惊惧的印象，所以农民运动的方法，应特别注意。不在打倒某土劣就算完事，尤在训练农民帮同国家作种种的建设，这便是最近作农民运动的一个最重要的信条。

一九三〇、一、二七

〔国民党中央民众训练部档案〕

5.国民党中央民众训练部制定之农人训练暂行纲领

（1932年6月11日）

第一节　训练原则

一、农人训练须遵照中国国民党主义政纲政策实施之。

二、农人训练应以农人在社会生存上之需要为出发点，增进其智识技能，提高其社会道德之标准，改善其生活，正确其思想，严密其组织，促进其生产力与生产额，而达到改善人民生计之目的。

三、农人训练应以扶植农村教育、农村组织、合作运动，及灌输农业新生产方法为主要任务，以谋农业经济之发展。

第二节　训练方针

一、关于党义者

1.使农人对于三民主义有深切之认识与信仰，并明瞭中国国民党之政纲政策，及训政时期民众运动之方针。

2.使农人明瞭中国国民党平均地权之主张，及耕者有其田之意义。

3.使农人明瞭共产主义及其他违反三民主义各种思想之谬误。

4.使农人明瞭世界大势及我国所处之地位，并明瞭本身对于国家社会所负之责任。

5.使农民明瞭实行地方自治，以实现民治之基础。

二、关于德育者

1.培养农人忠孝仁爱信义和平之国民道德。

2．使农人戒除不良嗜好。

3．使农人注意节约与储蓄。

4．使农人革除械斗之恶习。

三、关于智育者

1．使农人明瞭发展农业为振兴工商业之基础。

2．使农人明瞭开垦荒地及移殖边疆与国际民主之关系。

3．使农人革除墨守旧规之陋习，积极改良生产方法。

4．灌输农人以农业上主要之智识与技能。

5．鼓励农人在农业技术上之改进。

6．培养农人阅读书报，应用浅近文字之能力。

7．破除农人迷信观念。

四、关于体育者

1．使农人注意个人卫生与公共卫生。

2．指导农人得到正当娱乐。

3．革除农人妨害体育之陋习。

五、关于群育者

1．使农人明瞭组织团体之意义方式及运用。

2．养成农人团体生活之习惯。

3．指导农人注意地方安宁上之组织。

4．养成农人合作互助之精神。

第三节　训练机关

一、农人训练机关为农会及当地党部。

二、农会实施训练，须秉承所隶属党部之指导。

第四节　训练实施

一、方式

1．个别谈话。解答农人各种疑难问题，其思想行动有错误者，须纠正之。

2．分组训练。按照当地情形及人数多寡，分组训练之。

3．集合训练。为培养农人智识与技能，陶冶其高尚情绪，正确其思想，得举行集合。

例如：

子、演讲会；

丑、讨论会、研究会；

寅、恳亲会、游艺会；

卯、农产品比赛会等。

4．设立学校。遵照党政机关颁布之规章，设立或协助设立学校，例如：

子、农业学校；

丑、农人补习学校；

寅、农村小学校；

卯、农村自治训练所；

辰、注音符号传习班等。

5．出版刊物。使农人交换智识，以供切磋观摩，得举办刊物。

例如：

子、农村壁报；

丑、农村画报；

寅、其他各种刊物。

6．举办事业。指导农人及协助政府或自治机关之进行。

子、关于土地之改良；

丑、关于种子肥料及农具之改良；

寅、关于森林之培植及保护；

卯、关于水旱虫灾之预防及救济；

辰、关于农业教育及农村教育之推进；

巳、关于公共图书室、阅读室之设置；

午、关于公共娱乐之举办；

未、关于生产、消费、信用、仓库等合作事业之提倡；

申、关于治疗所、托儿所、消防队、保卫团，及养老、育幼、恤孤、济贫等事业之举办；

酉、关于粮食之储积及调剂；

戌、关于荒地之开垦，及失业农民之移殖；

亥、关于农村道路之修筑，风俗习惯之改良，及其他农业之发展事项。

二、步骤

1．计划。训练机关实施训练，应根据本纲领，斟酌人财时地，通盘筹划，制定办法，依次施行之。

2．指导。前项办法确定后，即指导下级机关或农人办理之。如办理错误或有不明瞭时，应加以纠正或指导。

3．视察。上级机关应随时派员视察下级机关之训练工作。

4．报告。各训练机关按照规定，向上级机关报告训练工作情形，并每月汇编总报告，递呈中央训练部。

5．考核。上级机关应根据视察报告及下级机关训练工作报告，加考试，按成绩优劣，分别奖惩之。

第五节　训练材料

一、训练材料选择标准：

1．切于农人日常生活之需要者；

2．为一般国民所必须认识者；

3．为改良农业增加生产所必须明瞭者；

4．为推行农村自治、农村教育、合作运动等所必须了解者；

5．富于兴趣者。

二、训练材料举要：

1．总理对于农人之遗教；

2．第三次全国代表大会及第三届各次中央全体会议、常务会议关于民众运动之一切宣言及决议案；

3．以前项之宣言与决议案为标准，酌采左列各项：

子、以前历次全国代表大会中央全体会议及常务会议，关于农民运动之宣言与决议案；

丑、本党先进同志，对于农人之言论。

4．中央颁行农人组织训练有关之法规方案。

5．国民政府颁行与农人有关之现行法令及解释案。

6．当地党政机关颁行与农人有关之规章办法。

7．其他与农人智识、技能、生活、卫生等有关之训练材料，得商同专门人员，依照训练材料选择标准，随时选定之。

第六节　附则

一、本纲领由中国国民党中央执行委员会训练部颁发施行。

二、本纲领不得对外发表。

〔国民党中央执行委员会秘书处档案〕

6．国民党中央民众训练部制定之农人运动指导纲领①

（1933年7月6日）

本党对于农人运动，在民国十六年以前，原极重视。嗣以共党之扰乱，致使农人组织未臻健全，农人运动遂陷于停顿状态中。兹际困难当前，民生益困，国家民族之生命，已至最危险之关头，本党于此，极应唤起占全国人口百分之八十以上之农人，使于本党政纲政策提示之下，作有计划之活动。一方面提高其社会道德，增进其智识技能，促进其生产与生产额，以达到改善生计之目的；一方面健全其组织，对内则使其协助政府，实行本党之土地政策，并以全力肃清共产土匪，以求社会安宁，而促进地方自治；对外则提高其民族意识，启发其自卫能力，共救国家民族之危亡。兹为达到上述目的，使各地党部，指导农人运动有所遵

① 此件经国民党第四届中央执行委员会第七十八次常务会议通过。

循起见，特依据本党最近方针方案，制定农人运动指导纲要如此：

壹、方针

一、全国农人应使其在本党主义、政纲、政策之下，作有计划有步骤之活动。

二、农人运动，须以农人在社会生存上及民族在世界生存上之正当需要为出发点。

三、农人运动，须注重促进本党土地政纲政策之实现，以解除农人痛苦，改善农人生活，并须增进农人智识，改良生产技能，推行合作事业，使努力农业生产，以发展国民经济。

四、农人运动须健全其组织，并以组织之力量协助政府剿除共党，肃清盗匪，维持社会安宁，破除一切阻碍社会进步之障碍，而促进地方自治之完成。

五、农人运动须提高其民族意识，振作其民族精神，努力防御外侮。

六、农民运动须培养其社会道德，增进其政治智识，并使其熟练于四权之行使，而成为完善之国民。

贰、关于组织者

一、农会以党部辅导农人，自行组织为原则。

二、农会组织采民主集权制。

三、省市以下农会采系统组织，以乡农会或市区农会为其基本团体。其会员资格，依修正农会法之规定。

四、农会以先行组织基本团体为原则，基本团体组织完成后，经过相当时期之指导与考核，认为健全时，始得依法逐级合组上级农会。

五、各地之未有农会组织者，应扶助其有会员资格之农人，从速完成其组织。其已有农会组织，而尚未健全，或组织不良，不合农会法者，应设法使其组织健全或改组。其区域内有会员资格之农人尚未加入农会者，并应劝导其尽量加入。

叁、关于训练者

甲、训练原则

一、农人训练应由农会于党部指导之下切实施行之。

二、农人训练应利用农暇时间，以不妨害正当业务为原则。

三、农人训练应利用娱乐事项，施行种种训练，以增进其效能。

乙、训练目的

一、使农人认识并信仰三民主义。

二、使农人了解平均地权，及用政治方法，使耕者有其田之意义。

三、使农人明瞭共产党利用农人之阴谋。

四、使农人了解国家民族之危险情势，以激发农人社会道德，并破除其一切不良之信仰与习惯。

五、提高农人社会道德，并破除其一切不良之信仰与习惯。

六、增进农人普通常识、政治常识与业务上之智识技能。

七、使农人明瞭组织之必要，并养成其团体生活之习惯。

八、使农人明瞭地方自治之意义，并提高其参加地方自治工作之兴趣。

九、使农人熟练四权之行使。

丙、训练方法

一、举行演讲会，讨论会、研究会、恳亲会、游艺会、农产品比赛会等。

二、设立农业学校，补习学校，及农村小学校等。

三、设立书报室、问字室、说书处、公共运动场、俱乐部，及举办壁报、画报或放演活动电影等。

四、利用个别谈话，家庭访问，及农村习俗上之娱乐、集会，或分组训练等。

肆、关于活动之指导者

甲、改良农人生活，发展农村经济之指导：

一、指导农人，整理耕地，振兴水利，改良种子，采用新生产方法，以谋农产量之增加。

二、指导农人筹划水旱虫灾之预防及救济。

三、指导农人，发展并改善农村付业。

四、指导农人，举办农业试验场、农产陈列所及农具陈列所等。

五、指导农人，造林、造路、垦荒等。

六、指导农人，组织各种合作社。

七、指导农人，推行仓储制度。

八、指导农人，举办育幼、养老、救灾、济贫等公益事业。

九、指导农人，设立俱乐部及其他娱乐场所。

十、指导农人，注意卫生上之设施。

十一、指导农人，协同政府调查粮食产销，防止奸商垄断物价。

十二、指导农人，协助政府制裁高利贷之盘剥，及私人经济组合，在灾荒中廉价收买土地。

乙、农人参与政治活动之指导：

一、指导农人，积极参加国民革命军，并巩固革命政权。

二、指导农人，以合法手续，解除压迫，妨害农人利益之恶势力等。

三、指导农人，组织保卫团，扑灭共产党及土匪。

四、指导农人，切实提倡国货，努力经济自卫；并从事于种种反抗帝国主义侵略之运动。

五、发展农人自卫智识，并指导其自卫组织。在困难期间，从事于协助军事，侦察敌情，维持治安，调节粮食，稳定金融，保护交通，办理救护、防灾、慰劳等实际工作。

六、指导农人，协助政府，救济灾民，安辑流亡，并防范敌人对灾民之蛊惑。

七、指导农人，改良农村组织，积极参加地方自治工作，并切实举办清乡保甲等。

八、指导农人，兴筑道路，修治沟渠，并举办其他公益事业。

九、指导农人，革除农村一切不良制度。

十、指导农人，协助政府，切实推行土地法，并逐渐实现平均地权，及达到耕者有其田之办法。

〔国民党中央执行委员会秘书处档案〕

7. 国民党中央民众训练部调查各省市农会及会员数目统计表

（1935年3月）

全国各地农会组织，在数量上除少数省市略有增加外，其余均仍旧，无甚变动。总计全国有省农会二，市（甲种市）农会四，县市农会六九二，区农会三五〇八，乡农会二八三三〇，及基本会员三三六一四二〇，兹分别列表于次：

团体别 省市别	省(市)农会数	县(市)农会数	区农会数	乡农会数	会员总数	报告年月
江苏省		五三	四五二	七,〇五五	四二七,八〇二	二十五年二月
浙江省	一	七〇	三三三	三,〇六九	三八六,五五七	同前
安徽省		三九	二〇七	六三六	一〇三,四三五	同前
福　建		七	三六	三七七	四三,六五二	同前
广东省		二	七	七六七	未详	同前

续表

省市别 \ 团体别	省(市)农会数	县(市)农会数	区农会数	乡农会数	会员总数	报告年月
广西省		七	未详	未详	七,二六四	同前
湖南省		五五	三九三	二,五三三	四六八,六三九	同前
湖北省		二七	七一	三六三	三六二,四七二	同前
江西省		一六	九九	八〇二	一〇四,四七五	同前
贵州省	一	一	九	五二	未详	同前
云南省		四六	一〇〇	六四五	四一,〇〇四	同前
四川省		三三	一八九	三五八	未详	同前
河北省		二一	四七九	三,九一六	四三四,八八一	二十三年十月
山东省		九九	六二二	五,五二三	四六二,〇二二	二十四年八月
河南省		七四	三三三	一,六一八	一六二,二七七	二十五年二月
陕西省		一	一四	二〇	五,二八一	二十四年十二月
甘肃省		二三	未详	未详	一八二,四七九	二十五年二月
察哈尔省		一六	六二	三六七	未详	二十四年五月
绥远省	一	七	二七	九〇	一三,二八四	二十四年六月

续表

团体别 省市别	省(市)农会数	县(市)农会数	区农会数	乡农会数	会员总数	报告年月
青海省		四	一四	四五	九,〇三一	二十五年二月
南京市	一		二七		四,四七一	同前
上海市	一		一三		四,九三二	同前
广州市	一		四		三,〇二三	同前
北平市	一		六		一,二〇〇,八一二	二十四年三月
汉口市			六		三,二六三	二十四年二月
江宁自治实验县		一	五	九四	二,一七六	同前
总计	七	六九二	三,五〇八	二八,三三〇	三,三六一,四二〇	

〔国民党中央民众训练部档案〕

二、各地农民的抗租抗捐斗争

（1）浙江省

1.浙江省政府抄送绍兴耆民呈请查禁农会唆使佃农抗租致国府秘书处公函

（1927年12月21日）

浙江省政府公函　民字第一八〇一号

案准贵处第九九八号公函内开：奉常务委员交下浙江绍兴城

乡耆民等称：无业游民，唆使乡农组织农会，要挟减租，扰乱不堪，请求查禁呈一件。奉谕：交浙江省政府等因。相应抄同原呈，函达查照等因。并附抄件。准此，查是案前据该民公望等呈同前情，即经令饬绍兴县县长会同该县县党部查明妥办县复在案。至浙省佃农缴租办法，系由浙江省党部与敝政府联席会议议决，浙江省本年佃农缴租实施条例通行各县遵办，准函前因，相应抄同条例，备文函复，即希查照为荷。此致

国民政府秘书处

计抄送浙江省本年佃农缴租实施条例一份〔缺〕

浙江省政府委员会主席　何应钦

常务委员　蒋伯诚

陈屺怀

民政厅长　朱家骅

中华民国十六年十二月廿一日

附件：绍兴县城乡耆民呈（12月3日）

为急切上诉，请求查禁无业游民，唆哄乡农，聚众挟制，以遏乱萌，而安主佃事：窃维徒法不能自行，政权不容轻假，即如减租一案，原为依据政纲均平主佃起见，并不令未及七五之县再行轻减，不关农业之人，藉端扰乱也。政纲原于三民主义之民生篇，不过平均地权一语，故政纲减租与废除包田并举。不善读总理书者，误会平均本旨，偏袒农佃，变本加厉，致酿成绍兴今日之乱阶也。绍县夙称蕃庶，而全境田租，不敷常年民食，故向来视农最重，以春花收入，全数归农，作为籽种肥料之资本。又于秋收实获，上田六百斤，中田五百斤居多数，下田四百斤居少数，之中减半，定为三百斤、二百五十斤、二百斤之租额，米租以此类推，是绍额只有五分，又去租水，已在政纲毋庸议减之列。本年收成丰稔，不过一二村歉收，早租业照七五收竣，晚租

亦有惯例，主佃相安，初无异议。奈自省令将下，一般无业游民，唆勒乡村，各设农会，以免除之小费鸡饭等款，收作立会基金，又按亩派捐常年经费，安分老农，谓于佃无益，反受无穷之科派，必贻后患。查其会中，皆素无恒产，不务农业之人，间有著名顽佃，随而附和。其办法先令佃户，邀请田主看田，实则稻已登场，早已拢米出粜，早已自食新粮，仅指留还田主之稻蓬，谓实获只三百九十斤、三百念斤，应照省议减半，定为一百八十五斤、一百六十斤之租额，再去每百二十五斤，又定六分租水，是田主实收谷不及百斤，米不满五斗。佃户有私自多还者，令本村穷人皆到其家坐食度岁；田主有不肯收者，由会代收，领时听还，收费栈租逾六个月不领，歿收充公，布告沿村，一律遵照。始由南乡之王家葑，东乡之严家葑，啸聚邻近七八村。为首率众，哄诱各村，蔓延全境。近如孙垄田主，因谷仍和水不收，即率妇孺二三十人，到其家骚扰，掳掠衣饰而去，并恐吓如敢报官，即焚其宅。又育婴堂在孤狸迳村，收得七五租谷，农会即递责问书，限三日答复。其他各会要约田主之函，纷至沓来，举国若狂，不可响迩，行见汕头无锡之惨剧，将复演于绍兴。耆民等欲出而劝导，虑有破家杀身之祸，若目睹情形，壅不上闻，则危在目睫，揣其作用，并非袒农，别有指使。耆民等诚惶诚恐，草木皆兵，故公呈不敢署名，蒙解倒悬，焚香执鞭以待。惟求速派干员，会同县长，到四乡察看，所陈现象，并无一字虚假，应将非法乌合之会，立令解散，本年照旧还租。一面由县长邀集公正乡民，安分老农，分区正式立会，由分会推举数人，设城总会，照民生真意，实行便农劝稼政策，间议丰歉租水，一指顾间，转祸为福，风行草掩，可坐而待，非雷霆鼓荡，不能解此阴霾也。民等愚见，以为减租事小，煽乱事大，小不忍则乱大谋，燎原之势，及早尚可扑灭，若就现象观察之，大减特减，自用自专，违背政纲省令，非藉此扰乱而何。果如各会办法，其后患有不可言者，田主所入既少，势必不纳国课，现在额征附征，每两【亩】须洋四元二角，正供不纳，则国本动摇，一切公益之附加皆不能举办，且百工皆仰食于田主，田主无力雇工，百工立即失业，上户尚有余蓄，可以暂时支持，余蓄既尽，商业顿时歇闭，店伙又皆失业，而冬令之施衣施粥，荒年之平粜赈饥，责之佃户，佃户不负担也。兵兴以来，筹饷借款，何一不出之田主，如上年北军在绍，每日索米百石，柴草三万斤，佃户不破分文，此后有谁负责，当此外患未平，内讧蜂起，饷源疾蹶，何能统一，皆减租二字，节外生枝，阶之厉也。犹忆辛年，西乡钱清等处，唆哄田户减租，令每户领取执照白旗，悬于村口，先时每照纳费两角，后渐加至一元，愚农受骗，各村争先恐后，积成巨款，纠集二千余人，来城逼官，以五分租水出示，已及半途，幸戒严司令盛公率兵击散，拿获祸魁严惩，并饬乡警，收回旗照，事遂平定。此次之举动，甚于昔年，当亦会议时所意料不及，可知匿迹销声，乘机蠢动，大有人在想拨乱反正者，自有权衡。惟祈采纳刍荛，纳于轨物，绍民幸甚。敬呈

中央政府/党部公鉴

中华民国十六年十二月三日

绍兴县城乡耆民坊董平公望等公上

〔国民政府档案〕

2.浙江省余姚县回龙乡与甘孟寨乡等地农民协会控诉业主私造大斛强逼地租的代电

（1930年8—9月）

（1）余姚县回龙乡农民协会致国民政府代电（8月27日）

南京国民政府钧鉴：窃我余姚业主收租，所用斗斛、素无一

律，任凭业主贪婪增大，素受压迫之农民，苦莫能宣，故今岁县府为解除农民痛苦，特颁行公斛，即标准斛，免致纠纷。吾乡农民，购备公斛，首先向县府过烙。讵我方姚西业主，以四斗数升之大租斛，强作三斗，亦向第四区公所过烙，租斛发现大小不一，引起农民公愤，致电县府、省府请示办理。县府据呈后，即于八月十五日颁布总字第一四五号布告，其大意谓收租缴租，以四斗旧府斛者，仍可通用，如用标准斛收租者，每亩照租额加二起租。譬如每亩旧租额二石四斗起租，用标准斛者，须加二起租，则为二石六斗矣。县府用意良善，实深钦佩，农民愿以标准斛加二起租，惟对于两种斛收租缴租，发生劳资纠纷，势所不免，倘一发生争执，谁负其责，况当今之天下，以党治国，废除不平等条约，尤须于最短期间促其实现，乃总理之遗嘱。余姚全县四方，为解除压迫痛苦，已改用公斛，独中河兰塘处业主，仍以大旧斛收租，乃最不平等之事也。偶一与之讨论，即诬为抗租，故姚西业主，非特重重压迫农民，且已违背总理遗嘱，无可讳言矣。我农民忍无可忍，为此呼吁钧府，迅予颁令废除余姚中河乡兰塘处各种旧斛，统一公斛，藉免劳资纠纷，以重农运，临电迫切，不胜待命之至。余姚县临山区回龙乡农民协会叩感。

中华民国十九年八月二十七日

浙江余姚县回龙市大乘庵迴龙乡农会发

（2）余姚县甘孟寨乡农民协会致国民政府代电（9月6日）

南京国民政府钧鉴：窃我余姚甘孟寨三乡业主收租之租斛，逐年增大，名虽称为之二五斛，即二斗五升斛，实则其容积足有三斗，已将扣获呈缴，业主如此愚弄我农民，欺压我农民，莫此为甚。今岁县政府为遵行钧府所颁二五减租暂行办法，减轻农民负担，布告佃业双方，收租缴租，可用标准公斛，我农民为遵行县府命令，以公斛缴租，无奈业主拒而不收，仍欲以足有三斗之二五斛收取。按我农民之公斛，乃县政府所过烙，以公斛缴租，乃遵县府之命令，该业主不遵县府命令，违反法令，无可讳言。如此重重压迫农民，以致苦莫能宣，为此呼吁钧府，迅予颁令废除余姚甘孟寨三乡二五斛，藉免纠纷，以解民困。临电不胜迫切待命之至。余姚县临山区甘孟寨乡农民协会叩。鱼。

中华民国十九年九月六日

通信处（浙江余姚县西乡临山邮局转甘孰乡三胜庵本会）

〔国民政府档案〕

3. 国民政府文官处检送浙江瑞安郭弼等要求取消二五减租以歇佃业纠纷函

（1930年2月26日）

国民政府文官处公函　第一三〇四号

迳启者：奉主席发下浙江瑞安民人郭弼等呈为瑞安自施行二五减租暂行办法以来，迭起纠纷，恳提政治会议速筹救济办法一案。奉谕：交浙江省政府查明具复等因。相应检同原件函达查照办理。此致

浙江省政府

计检送原呈一件抄摺一扣（另抄一份备案）

中华民国十九年二月二十六日

抄原呈

兹谨陈二五减租纠纷，经济大起惶恐，有妨国计民生，环请恩准提交政治会议速筹救济办法，解除民众痛苦，以消隐患，而维民命事：窃民等伏读浙江省十八年度二五减租暂行办法，详慎周密，钦佩莫名，惟自颁行以来，因奉行者不得其人，视为具文，且各地村里会大多受制于农民协会，农民协会视为剥夺业主

之无上机会，利令智昏，变本加厉。又值瑞安南北各区上年共祸蔓延，屡酿惨变，今虽首恶潜踪，而余孽犹多盘踞各乡区，阴图活动，时常开会，煽惑抗租暴动是其长技。县府畏其势焰，莫敢如何，业主受屈，诉冤无地。民等目睹社会不安之状，切肤之痛，不敢壅于上闻，惟恐驯此不变，共党气焰日张，裹胁日众，难免不重演上年夏间焚掠之恶剧，或犹加甚，未可逆料，心所谓危，难安缄默，用敢举佃农抗租现象与地方经济惶恐情形，荦荦数端，谨沥情和泪，为我主席陈之。

（一）全年收获量难能公平估计。按瑞安惯例，多数稻田分春夏秋三季耕种收获，春季种菜子或小麦，每亩约值洋六七元，全归佃农所有，夏季即早禾，向例早租四成缴交，若佃户早未缴过或未缴足，至晚禾收时照补，如遇灾歉，佃农须邀业主到田勘明，估计多寡，酌量减免，或到田当面均分。晚禾即秋季，为佃业双方结算清理之期，丰年均无异议，若遇歉收，自当照约履行或分割或估计减免，法良意美，待遇公平，鲜有发生争议者。惟近数年来，佃农团结势力，蒙混胡闹，奸恶之徒，从中煽惑，竟有农民结团体，谷租不送城底之议，并倡言本年减二五，明年减对折，后年不用交租之说。今均已证实，故常年正产实收量每亩本有六七百斤者，佃农或仅说二三百斤或三四百斤，争议不休，纠纷迭起，如业主要当面分割，彼则多方推诿，不待协定，擅自私割，或口头允许分割，则于事前私抽禾苗，采撷稻头或移甲作乙，李代桃僵，及业主临田分割，又要留下种子、割工、守稻管穑等种种不道德行为与意外需索，故业主视估稻分稻为畏途，佃农则目为利薮，尤以去年为最甚。查去年早禾收获在省令未颁之前，虽遇风灾水灾，除东区沿江一带损失较重外，其他各乡区因早稻业已成熟，大有丰收之望，故一般佃农均不邀同业主到田勘明，以致收获量没由审定，无如南区各村里农民，（尤以宝香村、周田村、长芬村等为甚）不知根据何项法令，擅定早禾一成五交租，北区桐浦浦西等地，早禾每亩只交十五斤或二十斤，声言系农民协会所定，风声所播，弥漫全邑，业主稍与理论，动即集聚多人，横加阻挠，强蛮藐法，黯无天日。若言晚禾，佃农又不照章履行三方会勘，私割偷收，匿多报少，团结一致，故意留难，业主以一人之口舌，难敌多数强蛮之农民，或则往返徒劳，不得粒谷，或则容忍，先收若干，再图解决，虽向村里会申请调处，玩日愒时，不得决定，以致延误上诉期间，甚有袒庇佃农，助桀为虐，使公理无从伸张。似此情形，定有奸人从中煽惑渔利，苟无切实严厉办法，则佃农相率效尤，各村里任意处分，必至颗粒不缴，使各业主之生计断绝，流为饿莩，阻碍民生，莫此为甚，可哀也矣。

（二）新租约难望重订。查十八年二五减租暂行办法第四条规定，重订新租约，原冀杜绝日后纠纷，法意极为深远。奈佃农藉团结势力，不愿交租，农会村会串通一气，众口喧喧，不务公道。更藉估稻分稻之利，压迫业主，视功令为具文，目法纪为无物。即如业主吞声容忍，情愿减少旧租额，转换新租约，彼则贪得无厌，有恃无恐，深希年年纠纷不绝，为彼辈大利所在。桀黠者把持一切，武断乡曲，良懦者恐招物议，观望不行，新租约无从成立，纠纷日见增多，竟出立法者意料之外，此可见佃农之横行无忌也。

（三）撤佃太加限制，以致流弊丛生。查十八年二五减租暂行办法等八条规定，解约撤佃，除一二两项与惯例相近，尚属可行。而第三项规定之自耕农收回自有田亩或买得田亩，经村里委员会查明确系自耕者云云。细按法意，惟自耕农得享有种田利益，其他各界欲改业为农，得田自耕者万不可能。果如是，军人无解甲归田之日，仕宦无退休林泉之望，学子无研究种植之地，劳工者永远为工，经商者永远为商，如一旦歇业，谋生既无，善术改业又属不能，只有坐以待毙，流为游民，国家目前又无大宗款项，为斯民谋利益，则社会隐忧，方兴未艾。此其弊一也。又查施行细则第十二条规定，自耕农收回自有田亩，必须有自耕能力，而自耕田亩不足者方得撤回自耕云云。按农人自耕，其田当然有自耕能力,今限以自耕田亩不足者方得撤回自耕,则自耕农虽贮蓄多金,因既有田亩足耕,不能再撤他佃农之田收归己种，实无再置田地之必要，以蹈一般业主之覆辙，而工商军政学各界，鉴于买田之无益，又不愿置产，则田地出卖无人承买，地价必见步跌，社会金融因此周转不灵。此其弊二也。况现在国家法律未定，自耕农一人究竟种田几亩，一家兄弟叔侄数人，共限种若干田地，均无一定标准，若照施行细则第十二条办理，则农人一方必言未足，一方定谓已足，争议纠纷无时或已。此其弊三也。又查施行细则第十三条，自耕农置得田亩意欲撤佃自耕者，应准前业主之佃农留种一年云云。原自耕农节省费用，添买田亩，无非急欲收回自耕，增进来年收入，今限其准前业主佃农留种一年，彼必大失所望，若前业主之佃农为刁恶之徒，待明年谷熟，故意抗欠，必起争议，幸而得直，其金钱与工夫之损失已不可胜言。因此自耕田亩不足之农人不愿置产，故去年瑞安田亩出卖无人承受，引起经济惶恐,有由来矣。此其弊四也。又查施行细则第十七条佃业解约撤佃实行时期，应以各该地习惯为标准（如春不撤佃等）云云。按瑞安惯例，撤佃多在冬至前后，稍迟者以废历年终，最迟者以翌年清明及插田前为限。惟从前佃业双方解约撤佃，无须经过村里会调处及县省佃业仲裁会裁决等手续，今省章既颁，声请有一定程序，收租有一定期间，佃业双方设有争议，一经声请，因公文往返与静候裁决，必多迁延时日，转瞬经年，明春又至，若业主居住远方，来往跋涉，动以月计，其间经收租、经调处、经裁决等手续，时日迁延，则撤佃解约期间已过，如是佃农虽有抗缴等行为，仍可在田耕作，肆无忌惮，相率效尤，伊于胡底。此其弊五也。

基上种种流弊，故去年瑞安殷户以及中下之家，因佃农藉口灾歉，抗租不交，收入毫无，或仅收几微，不敷食用，又加以各种派募公债，急如星火，以及正税杂捐，陈报登记，平粜兵差等费，莫不依照田亩之多寡而分派，故纷纷将田出卖，田价虽一落千丈，仍然无人顾问，经济惶恐，达于极点，告贷无门，点金乏术，上无以完国税而急要公，下无以偿私债而维生活，富者变贫，贫者变赤，饥寒交迫，叫苦连天，有田之家既若是，则工商各界因受金融停滞影响，亦莫不随之而俱穷，此实民生之大危，社会之巨患也。更就农家言之，上农中农因多种田亩，得二五减租之益，固丰衣足食，绰有余裕，而小农因种田无多，仍难度活，且子弟长大，田种不敷。上农中农因二五减租之利，必不肯放弃原有田亩，让与小农耕作，则小农更从何处扎得田亩，势必致与小农中农相争相夺，若无救济办法，则地方从此多事。更以近日国家财政未裕，建设多端，百废待举，尚未顾虑及此，惟有仰恳执政者权衡缓急，熟筹利弊，顾全大局，维护民生，解除民众痛苦，以臻郅治之隆，则幸甚矣。民等并非反对二五减租，故作危言，以耸清听，惟不忍坐视地方不宁，民生憔悴，罹于水深火热之危，用敢沥情缕陈，环请主席恩准提交政治会议，速筹救济方法，以消隐患，而维民命，则不胜馨香而祷祝也。谨呈

国民政府主席蒋

计抄粘浙江省十八年度二五减租暂行办法一纸、施行细则一纸、及浙江省政府暂行取消二五减璃租提案一纸附呈察核〔原缺〕

具呈人郭谞年五十五岁

住浙江瑞安城内第四巷业儒

连署者程云、池志清、陈经等一百六十余人

〔国民政府档案〕

4.国民政府文官处抄送松阳县潘宗传等呈控县仲裁会煽动农民抗租案致浙江省政府公函

（1930年9月5日）

国民政府文官处公函　第五四七五号

迳启者：奉主席发下浙江松阳县潘宗传等呈为松阳县佃业仲裁会煽动佃农抗缴田租，恳令浙江省政府转令取消，移归司法办理一案。奉谕：交浙江省政府等因。相应抄同原件函达查照。此致
浙江省政府

计抄送原呈三件

中华民国十九年九月五日

潘宗传致国民政府呈（8月28日）

书为松阳县佃业仲裁会，煽动佃农抗缴田租，迫叩钧府令浙江省政府，转令取销，移归司法办理，以免祸害事：窃松阳佃业租事，原经佃业两方，量度肥瘠，估定获量，协订租额扎据，自祖及孙，相安已久。讵农运一兴，各乡农狭，日就恶化，起而集合农协会，宣传其似共非共之言论，如抗租抗债等等，（司法有案可证）以致一般谨厚乡农，变为犷悍狡黠，前后判若两人，业方虽任彼宰割，如明明一亩，获谷三担，(每担八桶)则佃方乱估为二担，甚或估为一担半，比照二五办法，业方原可得一担一桶，经佃方乱估，乃仅得六桶，甚或仅得半担，如此者比比皆是。业方忍气吞声，不敢与较，而佃方犹白眼狰狞，似乎不夺不厌，响之优待业方如亲家者，今则任佃剥噬，反加恶声如怨家矣。人心之剧变如此之甚，宁是社会进化，党政修明之好现象。民等诚愚，方引领希望取销之有日，而孰意年甚一年。今县仲裁会，且复煽动农民抗租之文告，公然张贴。查其第三号布告，迫订新约，急如星火，内云旧租扎早经一律无效，又云无新租约者，一切缴租纠

纷呈省，声明概不受理等等，是何异明教佃农抗不缴租，盖松阳自农运暴兴，农心剧变之后，历年获量之糊涂，不可胜言，故全县迄未协订新约，而村委会委员，大都是农协恶化主要，为一般佃农所举出，必且领袖佃农抗租，更无调处获量协订新约之可能。县仲裁布告，既旧扎一律无效，业方已失收租凭证，加以不予受理，则告诉无门，农民尽可任意抗租。故自此种布告张贴之后，各乡佃农，均藉口无新约不缴租。如民清源村之田，于本月十九日亲临监割，所有照章应得租谷，概被佃农扣留。查二五减租办法，并未有旧约无效之规定，即国法之时效，新法未行，旧法亦不能遽废，今县仲裁逆知获量无准，新约之不能协订，故为出此文告，以暗示手段，鼓吹抗租，其居心若何，其目的何在，尚可问乎？苦民等仅有薄田拾数亩，壹家数口，只有半载之粮，自十七年减租，虽然照章有收回自耕之文告，而终阻于若辈，不能收回，以致生活日促，欠债累累，欲鬻田以偿债，则又卖田如犯罪，闻者掩耳而逃，似此告贷无门，卖买停滞，所有微租又遭扣留，一家啼号，亡无日矣。而县仲裁之份子，如此居心，如此布告，不与受理，即予管理，民等亦必无幸，为此迫叩钧府，令浙江省政府转令取销，移归司法办理，以免祸害，不胜感德。谨呈

中央国民政府公鉴

具书人潘宗传 住松阳西里年四十一岁业农

潘运轩 住东里年三十二岁业商

中华民国十九年八月二十八日

松阳县佃业仲裁委员会布告第三号

照得佃业双方应依照浙江省二五减租暂行办法暨施行细则，关于订立新租约各条之规定，协订四联单，新租约早经党政两方分别布告周知在案。所有旧租约亦早经失其效力。惟查佃业双方

之已经另订新约者固不乏人，而玩忽其事，迄未协订者十居八九。兹者新谷不日登场，租期转瞬即至，新约如不速行协订，缴租纠纷无凭解决。本会为减少纠纷起见，特摘录本省二五减租暂行办法施行细则有关于协订新租约各条暨新租约式样，重行布告本邑佃业周知。其未经协订新租约者，务须遵照法令，迅速协订，将租约之第三、第四两联分别呈送县政府暨村里委员会备案，如仍玩违，嗣后本会对于未订新约之缴租纠纷，惟有呈省，声明概不受理，仰各注意及之，特此布告。

常务委员陈秦谦

中华民国十九年八月五日

潘寿仙致国民政府呈（8月30日）

呈为奸佃恶农，心怀叵测，希图没收租谷，侵夺业权，呈请察核，迅准通饬禁究，以遏刁风，而安善良事，窃松阳田租，自减除二五，佃农贪心愈炽，良心益坏，当此四乡田稻成熟，收割告竣之际，理当开始缴租，乃近日有等不法痞徒，到处鼓动煽惑，一般奸佃恶农，居心不善，相率闭租，往往有业方到田，分减二五应收租谷，亦截留拦阻，不放出村。其所持理由，谓县佃业仲裁会布告，本年应订新租约，否则概不受理云云。诘以旧租约既然无效，新租约自当照订，惟须由佃业双方自行协定，不得由村委会代为先填，强迫业主捺印，并催本佃速向村委会购来共同妥订。讵佃户延不履行，而田谷约期分割，出自佃方通知，今既分讫，自应照例送交，又截留拦阻，不放出村，究竟是何用意，非故意宕塞，希图没收而何。设不亟请察核，通饬禁究，则佃农玩法抗租，相率成风，诈伪变化，流弊胡底。从此田租之收益既无，捐税之来源何出，非同归于尽不止。瞻念前途，不寒而栗。所有呈请通饬禁究之处，是否有当，伏乞电准施行，实为德便。谨呈

中央政府公鉴

具呈人潘寿仙住松阳县南里年二十八岁业商

中华民国十九年八月三日

徐克宗致国民政府呈（9月1日）

呈为名有办法，实则无之，附抄布告，具就事由，公请核准，电令县仲裁会收回成命，照旧租约减去二五收租，藉免公私两款竭蹶事：缘松阳农民团结，为我浙冠，而二五减租办法之一切实权，均操于村里间邻长所组织之委员会，而该会各员之产生，出自大多数农民之选举。依照办法，村闾长必须识字，方得应选。松邑各长，识字者十无一二（不信饬县长吊齐试验便知言之非虚），虽经告发，准予撤换改选有案者多起，而农民不选，不得不听其依旧行使职权，告如未告，撤如未撤，事实昭然，无可讳饰。足见委员与农民，可谓异体共魂，莫分畛域。故松邑之二五减租定额，照会订办法，本要佃业二方或与委员三方协定，独松不然，名是协定，实则农民自定。乞查历年佃业争议案内，惟高于本原则之租约，由农民自定，作协定而减之，之外，余如低于本原则，或适合于本原则之租约，无一不减去二五，而始得归收，全邑如此，聚蚊成雷，诛不胜诛，实属无可如何之事。有租收者，不得不自认吃亏了之。今县佃业仲裁会于八月五日发出布告，末段载：嗣后本会对于未订新约之缴租纠纷，概不受理等因。其用意所在，实不论租额之多寡，而论租约之新旧，以为纠纷受理与否之标的，未免抵触办法，极端误会。查十八年八月二日，党政会订之佃农二五减租暂行办法第四条载：但向有租约，而缴租额在百分之三七五以下者，由佃业双方同至村里委员会加盖验讫戳记，录案备查，如原有缴租额在百分之三七五以上者，应减至百分之三七五，加盖验讫戳记，录案备查，其效力与新租约等。照此办法，其旧约租额有低或适于三七五之本原则者，尽可照旧使行，绝无问题，即有高者，亦不过减高之其数而已，并非必要新租约而始能收租，始有受理纠纷之余地。第五条载：已届收获期满，而新租约尚未成立者，应由佃农通知村里委员会及业主，临田监视收割，计算实收数量，依照第二条所订百分之三七五原则缴租，施行细则之第二十三条，同一用意，照该两条意旨，只要合于三七五原则收租，亦无新租约之必要，更非无新约之纠纷而可拒绝受理。所缺点者，民等旧租约无各会验讫戳记。但民既无高于原则之约，投会验盖，无所不愿，如多数之各会不肯何。虽细则第七条载有村里委员会舞弊，经人查觉或告发属实，送司法议处一二明文，如上述诛之不胜诛，亦属补救无方。究应如何办法，能达此验盖目的，民等均无不遵行。总之松邑殷户，除田业与少数山场外，别无产息，粮从田出，固不必言，际此建设时期，加以地方治安临时警等公益事，在在须钱，此捐未了，彼捐又来，一旦租被藉口于此次布告，无新租约，便颗粒无收，又无卖买（乞查近年税契征收，较无减租之前，已少过半），可知真所谓救死而恐不瞻，安有余力做公益事件，收租在即，应请迅予如诉办理，照旧约收入有着，庶支出亦有所倚，俾公私两顾，造福何量，为此公请。谨呈

国民政府公鉴

具呈人徐克宗住浙江松阳东里年六十六岁业商

中华民国十九年九月一日

〔国民政府档案〕

5．国民党浙江省党部关于镇压慈溪县三北农民反对防止花会入境暴动经过呈

（1933年4月8日）

呈为呈复慈溪三北莠民聚众暴动一案经过情形，仰祈鉴核事：案查前奉钧会第二九六二号公函，据报载：慈溪县因防止花会

入境，引起三北莠民聚众暴动等语。查该县莠民暴动案，情势严重，亟应由当地党部协助政府妥为调处，以免风潮扩大，嘱查照转饬办理，并将办理情形见复等因。奉此，即经令饬慈溪县执行委员会查复具报去后。兹据复称：查此案于本年二月十二日下午二时发生，当晚即告平息，本会得知之时已在风潮平息之后。惟因案关聚众暴动，恐为反动分子所煽惑，当即详密调查，始悉本县县政府于是日（二月十二日）下午七时许接到县基干队第六分队长电话报告，该队奉令移驻天后宫，于是日下午二时到达，即见附近余姚居民成群结队，阻止驻扎，虽经婉言解释，终属无效后，竟鸣锣聚集一千余人，将该队公私什物任意搬运焚毁。当以众寡悬殊，无法抵御，只得携械夺路走避。县政府据报后立派县基干队队长暨县公安局督察员率领丁警星夜驰赴天后宫弹压，并查拿首要。讵到达时，暴动主从人犯，早已销声匿迹，作鸟兽散矣。查天后宫在邑之北，接壤余姚，近在咫尺。该处附近一带，花会时作，匪徒出没无常。本县县政府为防止花会蔓延入境计，将派基于队第六分队驻扎天后宫，藉资镇慑。不料该地姚属莠民，以有本县基干队之驻扎，深恐障碍其花会之开设，遂为先发制人计，号召群众强行阻止，甚至焚毁公私什物，损失约千余金。此该案发生之原因与经过之大概情形也。又查，当本县县政府派县基干队队长暨县公安局督察员率领丁警星夜驰赴天后宫弹压时，曾经拿获从犯及嫌疑犯七名。现在依法侦讯，至肇事首要人犯，迄今尚未拘获。奉令前因，理合备文呈复，仰祈钧会鉴核转呈等情。据此，除指令外，理合备文呈报钧会鉴核备查。谨呈

中央执行委员会民众运动指导委员会

中国国民党浙江省执行委员会常务委员　张　强

许绍棣

罗霞天

中华民国二十二年四月八日

〔国民党中央党部档案〕

6.浙江省党部关于萧山、余杭、临安三县农民暴动反抗强迫改良蚕种经过呈

（1933年8月31日）

呈为呈复事：案查前奉钧会第三九三二号公函，以阅报载，本省萧山、余杭、临安三县农民，因反对改良蚕种，纠众暴动，饬查明转饬注意调处，以免扩大，并见复等因。奉此，遵经转饬各县执行委员会慎重调处，并将该案真相详实查报去后。兹据各县先后呈复来会，理合抄同原呈，备文呈送钧会鉴核。又萧山县事变发生日期、原因及制止方法，在未奉令饬以前，即由该县执行委员会呈报到会，合并声明。谨呈

中国国民党中央执行委员会民众运动指导委员会

附抄送原呈四份

浙江省执行委员会常务委员　许绍棣

张　强

罗霞天

中华民国廿二年八月卅一日

抄萧山县执行委员会呈

呈为呈报事：案据本县第二区党部常务委员汪仲梅巧电称：筱日上午，南阳痞棍高德福（即协盛阿福）、高德锦、丁芳勋、高毛毛等鸣锣持械，勾结嵊匪，聚众千余，以淫神偶像为号召，哄动愚民，反对改良蚕业模范区，先后闯入宣传改良蚕业之南阳小学，南阳乡农会等所，公然将门窗户壁完全捣毁，器具物件焚

摔掳劫，形同盗匪，危害社会，用特电陈仰祈迅转政府严惩不法，妥办善后，不胜激切。正核办间，复据皓电称：筱日南阳乡农会、南阳小学被暴徒捣毁一空，业经电呈在案。兹据续报，义盛小学亦于筱日被害，瓜沥乡农会，靖江乡农会、靖江小学、甘露小学、夏后小学于巧日先后被害，捣毁情形俱如南阳相同。群众之中杂有嵊匪，公然对抗团警，蓄意扰乱地方，并据第六公安分局长陈清河面报该局警士阮吉,人在瓜沥,被暴徒夺去枪械，殴伤落水，似此行动，俨有组织，形势更为严重，万乞祈转政府，立戢乱萌，免再蔓延，并须亟图善后，以靖地方。无任迫切各等情前来。查本县东乡第第五六第七三区,自去年七月间经建设厅划为浙江第一改良蚕桑模范区后，凡区内育户，一律须受该区办事处之指导，所有蚕种亦均须饲育该区发售之镇江改良种，否则一律禁止饲育。育户偶因细故，动辄派警押捕，足以引起育户极大之反感。去年秋，蚕行将结束之时，育户因茧量歉收，群向县长兼主任张宗海请愿,亦不得圆满之解决,群众尤为怨恨，此为去年该区办理秋蚕之经过情形也。此次该区鉴于饲育春蚕,转瞬即届，为肃清嵊县、余杭等土种起见，举办收毁土种，并规定办法：区内自布告日起至二月廿日止，为收毁土种之期。在此时期，特派员警按户收集，凡前经登记土种及自留杜〔土〕种，须悉数交出，以便定期焚毁。其被收毁之土种，嵊县种每张津贴大洋七角，余杭种每张大洋九角，是项津贴银元，只能兑定改良种，而不得兑现。按改良种价规定，每张大洋八角。但其种量不及土种三分之一，是以农民于经济上深感痛苦。其次，本县东乡南沙一带，每年饲种数达十余万张，一般嵊县余杭蚕种贩商，均以此为生，自经禁饲后，经营该业之商贩，生计上顿受莫大之打击，因而怂甬丝贩，煽动农民，群起反对，一致拒绝收毁。本月十六日，模范区办事处派员至第七区引南乡按户收集土种，育户有熊芝清者,照章缴出土种三张,农民激愤异常,而嵊县种贩乘机煽惑,鸣锣集众千余人，大举骚动，先将熊芝清家草舍五间一律拆毁，继至各乡镇骚扰，被毁之乡镇公所有十处，小学六所，农会及私人住宅亦多遭波及，致学校一律停课，学生失学，社会顿陷不安状态。嗣虽经县长兼该区办事处主任张宗海率派长警及基干队前往弹压，亦难遏止。至十八日晨，幸由保安队二连开到，事态稍平，但人心仍惶惑异常。此次事变损失至为巨大。按是项不幸事件之发生，虽由于农民无知，目光近视，受人煽惑而致妄动。但该模范区办事处事先不广为宣传劝导，一味以高压手段相逼迫，亦为起事之远因。蚕桑关系国民生计，政府欲谋改良，固为急不容缓，然不探民意，一意孤行，欲谋达改良蚕桑之目的，恐为事实所不许。故今后政府对于是项设施，应善察民情，刚柔并施，则尚能获良好之效果。兹据前情，除推员彻查本案究竟有无其他背景再行呈复，并函县政府制止暨令复外，理合先行备文呈请钧会鉴察。谨呈
浙江省执行委员会

萧山县执行委员会常务委员陈欢乐

二十二年三月二十日

抄萧山县执行委员会呈

呈为呈复事：案奉钧会训令民字第四二六号内开：为令遵事：案奉中央执行委员会民众运动指导委员会公函第三九三二号内开：据本月八日中央日报载：浙建厅厉行改良蚕种，曾引起萧山、余杭二县农民暴动风潮，微（五日）余杭农民五六千人又由乡进城，向县政府请愿，县基干队开枪弹压，死伤农妇小孩共五人，农民愤激暴动，当将取缔所等多处捣毁，全县商店一度罢市，至夜始经保安队驱散。又临安县亦发生同样风潮，改良蚕种场被农民焚毁，损失逾十万，今尚有扩大势，保安队已驰往弹压等语。查此案真相如何，现各该县农民风潮有无平息，相应函请 贵会查明，转饬注意调处，以免扩大，并希见复为荷。等因奉此。查该县农

民反对改良蚕种纠众骚动一案，前奉中央函饬查报，下会即经转令该会查复在案。究竟此案起于何时，原因何在，骚动结果如何，地方公私损失若干，如何制止及善后，将来有无再起趋势，均有逐一详查必要。奉函前因，除分令外，合再令仰该会遵照办理具报为要。此令。等因。奉此。查本会自此案发生后即经派员详查，并呈报各在案。嗣因本县法院检察处受理此案，函请调阅本会关于是案卷宗，转送杭地方法院检察处核办。经本会函催，以呈奉案未终结，尚须留供参考，函复来会，致本会呈复迟延。兹除此案发生日期及原因暨制止前经呈报有案，免予再呈外。将此案公私损失及善后办法查明如下：一、公私损失。此案发生后，各地被捣毁者，计有南阳小学、南阳乡农会、南阳镇公所、义盛小学、靖江小学、靖江乡农会、靖江乡公所、化仁小学、化仁乡公所、甘露小学、甘露乡公所、瓜沥乡农会、第六区农会、瓜沥农村信用合作社、夏后小学、熊子清住宅、袁功田住宅、施福钊住宅，以上共计损失约三万元。二、善后办法。此案发生后，当由县政府即派警及基干队并由省保安处派保安队弹压制止，县政府并将认为此案之祸首丁芳勋、高德常等拘案惩办，并责令赔偿所有损失。此案已移送司法机关审理，迄今尚未终结。除学校部份已由建设厅暂拨借三千元，蚕桑模范区二千元，县政府及地方各一千元，共计七千元为恢复之用外，其它机关团体及私人损失迄今犹未有着落。奉令前因，理合将此案公私损失及善后办法查明呈复，仰祈钧会鉴核。谨呈

浙江省执行委员会

萧山县执行委员会常务委员陈乐欢

八月二十三日

抄余杭县执行委员会呈

呈为呈复事：窃奉钧会训令民字第四二五号内开：为令遵事：

案奉中央执行委员会民众运动指导委员会第三九三二号公函内开：据本月八日中央日报载：浙建厅厉行改良蚕种，曾引起萧山、余杭二县农民暴动风潮，微（五日）余杭农民五六千人，又由乡进城，向县政府请愿。县基干开队枪弹压，死伤农妇小孩共五人，农民愤激暴动，当将取缔所等多处捣毁，全县商店一度罢市，至夜始经保安队驱散。又临安县亦发生同样风潮。改良蚕种场被农民焚毁，损失逾十万，今尚有扩大势，保安队已驰往弹压等语。查此案真相如何，现各该县农民风潮有无平息，相应函请贵会查明转饬注意调处，以免扩大，并希见复为荷。等因。奉此。查该县农民前因改良蚕种发育时间与饲养方法，与固有土种诸多互异，不愿舍旧从新，相率反对，纠众骚动一案。前据该县县商会、县农会电陈办法到会。经即转请建设厅查照办理。并准函复略开：关于该县取缔土制蚕种暂行办法，业经省政府委员会第五七一次会议议决暂缓施行。至在骚动中人民损失，抚恤亦由省政府函知。业已饬由民政、财政、建设三厅议复等语各在案。惟此次骚动发生，究系起于何时，迄于何日，骚动结果如何，地方公私损失若干，如何制止，省府善后办法有否到县，将来有无再起趋势，均有逐一详查必要。奉函前因，除分令外，合行令仰该会迅即按照上开各点，详实查明具复，以凭核转为要。此令。等因。奉此。查该项骚动起自三月廿四日县政府假总理纪念厅召开育蚕农民大会，下午一时左右，回乡农民到有数千人，本会闻知人数众多，深恐发生事变，职与郦委员永言、吴委员仲长均亲自莅场，分头劝导，迨振铃开会，县长冯世范登台报告未毕，人声鼎沸，似将骚动，建厅代表沈九如、倪绍雯等见势不佳，即行离场。人声渐静后，士绅鲍储猷报告，亦未得终词而散。时为午后三时许，蚕民散会后，一部份向县政府请求救济，一部份至西乡盛尤里将西湖改良种场分场焚毁。二十五日取缔余杭土制蚕事务所假城内蚕桑研究社成立，倪绍雯为主任，到男女指导员三四十人，民政建设两厅会衔取缔余杭土制蚕种之布告张贴市街。是日下午县政府召集各法团，各乡镇长副会议，倪绍雯等谓余杭土蚕种有毒，须根本铲除，不得有一粒遗留，并谓建设厅对于此事已具决心，无论如何必须实行云云。各法团代表则谓：兹事体大，应经过普遍宣传，并在本县择定相当地点，设一小规模之试验场，引起农民之信仰，方能推行无阻，否则于此短促时期中，强迫实行，易起误会云云。结果无成议而散。二十六日省保安处派兵一连来余，驻扎城乡，局势顿形严重。本会为顾恤民艰起见，召集各法团代表会议，未经决定改良种，劝导人民饲育。在改良种未得人民普遍信仰以前，本县土种亦准其饲育。本此主旨向建设厅陈述。乃突接消息谓：曾厅长准于明日来余，亲自向农民训话，无论如何必须尽育改良种，各法团代表以官民双方已趋极端，势成僵局，客观发言难生效力，遂迟迟进行，不即表示。三十日县政府假余临汽车公司楼厅开会（因曾厅长改定三十日来余），建设厅秘书江家楣、科长张范村代表厅长到会，农民聚集汽车站前数千人，嗣因开会无结果，江张等欲离余，农民群跪于汽车路上，江张等乘包车开去，有农民二人腿骨为车辗伤，当抬城内福音医院诊治。从此，迄四月四日，县政府及本党部逐日派员分赴各区宣传，形势稍为和缓。然在此数日内，取缔事务所，一般指导员，均以职务所在，必须下乡之指导。五日赴东乡之指导员数人，与农民发生冲突，下午三时许东乡农民至县政府请愿，邻近农民误认地方人士被指导员捉去，遂鸣锣告众，设法营救，锣声由东乡接传至西北等乡。先是东乡农民至县政府后经县长劝导，本已散出，忽有人谓蚕桑研究社是吾人民建造者，不愿借作取缔事务所，应将指导员逐出。一唱百和，群至蚕桑研究社，致与守卫之基干队四人冲突，时适城外基干队三十余人驰至，即开枪二十余发，伤三人，群情更加愤激，随将取缔所捣毁，各乡农民因锣声之通告，纷纷进城，约五六十人，时已傍晚，基干队则避至北乡，警察亦无法维持。幸保安队士兵训练有素，认清此种骚动为老百姓迫于生计出此。除竭力劝散外，并不开枪，纷扰至半夜后始告平静。计已焚毁俞某之森和木行、钱寿记之茧壳多担，姚寅正之住屋，亦被捣毁器物多件。六日职与各法团代表赴省请愿，暂缓取缔余杭土种，是夜东西两乡农民，在乡间骚动，第二区公所、东乡姚嘉洪家、章坪家、方佩雄家、章龙生家、西乡鲍储猷家、李子鉴家均被捣毁。七日晨商店罢市。职再邀同本会郦委员永言重赴省，至钧会谒见许委员、方委员报告事变经过，并陈述意见，请求转知省政府，本年务必准育土种，准售土种。是日适值省政府会议，将取缔土种条例暂缓施行，并派秘书李余随带布告来余。傍晚暂缓取缔土种之布告张贴，人心当即安定，八日商店开市，偌大风潮遂告平息。此为此次骚动起讫日期及经过之大概情形，并可见制止此次骚动，全赖省政府立即发贴暂缓取缔土种之布告，若该项布告迟延一二日，即该项骚动不知扩大至若何程度矣。地方公私损失，据各该受损失者原报告所估计，约拾万元左右。可说全是私人财物，属于公的甚微。关于省府善后办法，民政财政建设三厅会衔训令下县。其令文大意仰县长先查明肇事人，令负赔偿责任，公的损失由县政府代表向法院起诉，私的损失由个人向法院起诉。现在县政府尚在侦查中。至于将来有无再起趋势，当视建设厅此后若何办理为断，建设厅若能采纳浙江茧业同业公会联合会本年四月呈请保存余杭土种之呈词办理，将来自无再起趋势，否则颇难预言。奉令前因，理合将查明各点翔实具复，并抄附浙江茧业同业公会联合会呈请保存余杭土种呈稿随文呈送。仰祈鉴核转报，实为党便。谨呈

浙江省执行委员会

计抄附浙江茧业公会呈稿一纸

余杭县执行委员会常务委员黄金声

八月八日

茧业联合会请保存余杭土蚕种呈稿（4月22日）

窃查丝茧为江浙出产大宗，关系国计民生至大且巨。年来丝茧衰落，危及农村经济，虽因世界金融恐慌及日丝倾销所致，然土种产茧缫折退化，遂落人后，亦一大原因。江浙二省政府对于种子改良早具决心，已拟分区改良办法，先将改良区域内土种禁绝，得此根本改造，蚕丝前途自可日就起色。但过渡时代，江浙育蚕地方辽阔，现有改良种子不敷分配，不若以土种改良应需，以免因噎废食。查土种之余杭种，一名绿种，过去已有良好历史，即前数年杭嘉湖各属所育此种，茧质缫折大者五百斤，小者四百五六十斤，平均不过四百七八十斤，较之现在制种场改良种子，产茧之缫折亦未多让，而丝身光滑，拉力坚实，制成织品炼性又佳，远过日本生丝，欧美市场对之亦甚乐用。惟年来饲育不良，日趋退化，若不设法保存，予以改善，一朝禁用，岂仅我国优好原种绝灭，殊深可惜，而特此售种为生之一般农民，势必无法善后，且际此茧价惨落，改良种价数倍土种，非农民经济所能胜任。综观上陈各节，若将土种改良，则蚕业根本、农民生计，庶可兼筹并顾。为此，呈请钧厅设法在余杭土种产地多设指导所，指导农民制种，参以科学方法，矫其不良土种。对于制种收种加以合理取缔，逐渐改良，不数年间，优美之土种，终有驾乎改良种之上之一日云。

（原载杭州民国日报）

抄临安县执行委员会呈

呈为呈复事：案查接管卷内奉钧会令转中央执行委员会民众运动指导委员会函饬将县属农民因反对改良蚕种，聚众滋事一案，详细情形，骚动结果、公私损失、善后办法以及有无再起趋势，逐一详查具复等因。奉查此案滋事情形及前届执委会协助县政府劝导消弭经过，已由前届执委会电陈在案。奉令前因，分项呈复于下：

（一）会同县政府办理善后情形：前届执委会遵奉钧会指示，对县政〔府〕处理此案，力主慎重，切避株连，缉获首要，亦主执法请愿，再三交涉，始得免置极刑，移送省府转解法院审办。为安定人心，催请县政府速发安民布告，并由执委会选派干员，分赴参加滋事之乡镇及重要市集，宣传改良蚕桑要旨及政府处置此案之主张，阐明利害，切戒继续暴动。同时趁机密查滋事起因，有无背景均经分头办理。结果尚佳。

（二）为首主使滋事者之姓名及其因由，此次滋事可分三部分：第一部份，西乡暴民焚毁西湖制种场，其煽动者为潘长根（住灵风乡），本系游手好事之徒，往来余临，传述余杭反对改良蚕种情形，加以演染。乡民反对取缔土蚕种，闻之遂跃跃欲试。其造因者为唐本源（住灵风乡），素性刚愎，因对基干队催收土蚕种曾起龃龉，闻第三区潘区长炯濬赴县报告，深虞不利于已，邀集本乡各村住民协商应付，议未定而潘适至，遂与交涉。其助成请愿者为陈兆蕃（住化石乡），性亦执拗，因公私各方面与该管乡公所不协，强迫收缴土蚕种尤感不满，且其亲友见解相同者纷相赴诉，会商请愿反对方法。闻唐本源在杨桥头开会，与众同往，适与唐潘交涉，遂酿成来县请愿之行。至于焚毁西湖制种厂，则唐陈二人均在城外西坛，未曾进城参加。第二部份，北乡暴民焚毁临安制种厂，策动者为项文理、邵福林（均住云二乡）、楼火根（住横畈镇）等人，均系游手好事之徒。闻西乡方面已有暴动，欲一显身手以快，别无作用。第三部份，南乡暴民焚毁华泰茧行为宋林根、宋紫老、姚子仁（均住锦秀乡）等，接到西乡方面之通知，策划响应。

（三）有无其它背景：此次滋事起因略述于前，由于乡民不了解改良蚕桑旨之趣，误认制种场藉政府权力，施其垄断，而建设厅改良计划不分步骤，未能稍假时间，固已操之过急，区公所奉行功令，又专用命令方式，不知剀切开导，动饬基干队收缴土蚕种，办理草率，更滋误会，遂致激成事变。据各方调查报告，绝无其它政治背景，当时虽盛传有余杭人携款来县勾结，约为响应。现经多方探询，亦无确息，当系无根之谈。惟潘长根于滋事前一日，确由余杭回家，其故将余杭事态扩大传说，是否受人嘱托，无从查悉。

（四）骚动结果及公私损失：此次骚动，县政府始则力持镇静，继则迅速拘捕首要，处置尚称得当，事变旋即平息。并于事平之后，召集全县乡长会议，决定对改良蚕桑继续推行，故于政治、农村及社会秩序方面，尚无不良之后果。蚕桑事业则经一度骚乱，一度观望，育蚕之量大减，桑业之价亦跌，损失巨万。至被捣毁及焚毁之公私损失，西湖制种厂约值八万，临安制种厂约值四千，华泰茧行约值三千，俞时雨家约值三千，董益齐家约值六百，毛长生家约值三百，陈乾德家约计百元，第三区公所及第五区公所均不过数十元，惟第三区公所案牍悉被焚毁，总计全部损失约在九万元左右。

（五）有无再起事变趋势：本县民风尚称淳厚，过去绝无聚众暴动之事，此次造因固多，而又偶然联合，贸然而起，轰然而发，盲然而从，戛然而止，事变既过，是非甚明。再经多方劝谕，群知妄动之不当。现除法院方面尚在审理者外，全县相安无事，不致再起。

以上各节，收集各方侦查报告，缘前届执委会办理区分部之改组及举行第十次县代表大会，未及具报，兹据实胪陈，仰祈钧鉴。谨呈

浙江省执行委员会

中国国民党浙江省临安县执行委员会常务委员胡汨真

二十二年八月十三日

〔国民党中央民众运动指导委员会〕

7. 蒋介石饬解散浙江平阳农民会并拿办为首分子有关令文

（1934年3—12月）

（1）军委会南昌行营致浙江省政府密令（3月17日）

国民政府军事委员会委员长南昌行营密令　治字第三九九七号

令浙江省政府

案据平阳县第四区肥腊乡乡长方闇等呈称：窃平阳农会，不谋农产生殖，专为阶级斗争，其聚党为害，罄竹难书，而江南区为尤甚。江南为平阳六区之一，农会数十，入会数万，确可查核，自当负责证明。其份子复杂，越轨非为，地方受其危害，实指不胜屈。民国十六年间，农首张植、方浙英、林珍、雷高声、陈大同、林岩木、吴传稿等，啸聚成众，焚毁盐堆，杀害盐兵，围攻县署，惨杀上官，箴父子，伙劫麟头地民林友仁、山垟地民薛宗华、徐家庄地民徐越侃复交民人严某（名未详）等家，曾奉缉严办，或在逃，或拘获，或解省枪毙，或就地处决，均有案可稽。当时余党四逸，匿迹闽疆厦门颇多，因平阳地接闽边，故以闽为逋逃薮。前秋农会复立，张植之余孽麇集江南，故一区之中农会竟达三、四十以上，令人骇闻。最著为民害者孙渭、温良材、方济英（即前之方浙英）、周凤鸣、邱志永、朱志光、朱培虎、华拙民、黄子高、孙聚碧、徐寿铭等相继蜂起（即前共党张植余孽），名为减租，实则抗租不交，纯为轨外运动，无事不害乡害民。本年春间，垟心地民陈文和家被抢，监桥地方民人林替侯携款至缪家桥附近被劫。本月十二晚，黄良地方医生黄仲千，船经半河，活遭匪劫，掠鲸头凤仙寺住持荣瑜被抢，江西垟孝谷桥农会白昼抢劫鳌江商会之米，此皆区内地痞流氓所为，经该被害人报县拿办在案。查各地农会多属地痞流氓组织而成，田租不应减而减，田札不应抽而抽，且又抽收亩捐五斤，为农会无赖者挥霍。前经揭据呈省查办，省令县示禁，而横收如故，任所欲为，势如撼狱，法令不能制止，官厅无可如何，党部为之护符，土劣为之奔走，汹汹之声势，石破天惊。侵占乡公所、乡小学，屡饬迁不理，强占李家垟佛寺，故意作反动行为，以示威力，殴夺乡长卢段槐及党员陈荣贵，均拉入粪坑中，似此种种不法行为，叠见层出，乘此闽变发生，即喜出望外，蠢蠢欲动。大江以南，一夕数惊，此全邑所共知，人人所共见，农恶啸聚，地方骚然，农村经济为之破产。呈电日上，而堂高廉远，经查而永搁，政府经党部包围，事莫能白，青天白日之下，竟召此现状耶。最可怖者。农会过多而份子过杂，久居闽境，与闽匪息息相通，不事预防，恐遭后患，民受颠连困苦，已达极点，非休迅赐雷霆将该农会勒令解散，并严拿该会首恶，恐一朝爆发，罗祸无穷矣。等情。查此案前据温州警备司令姚琮呈报，业经电知该省府查照，饬属迅将该县各该农会勒令解散，凡凭藉农会作恶之人，一律指名拿办，仍将办理情形具报在卷。兹据该乡长等呈同前情，合亟令仰该省府遵照，并案办理具报。此令。

委员长蒋中正

廿三·三·十七·

（2）浙江省政府致平阳县县长训令

浙江省政府训令建字　第六六四号

令平阳县县长

案奉国民政府军事委员会委员长南昌行营铣代电内开：密。据温州警备司令姚琮呈略称：云云抄至仍将办理情形具报为要。等因。附抄原呈暨附赍原电呈五件下府，正遵办间，复奉国民政府军事委员会委员长南昌行营密令治字第三九九七号，以据平阳县第四区肥膭乡乡长方闇等呈令前情，令仰遵照备案办理具报。各因。奉此，除先行呈复外，令行抄发原抄各件及密令，令仰该县长迅即遵照会同保安处第四分处处长妥慎办理具报，以凭核转。

此令。

计抄发原抄各件五件及密令一件

抄委员长南昌行营铣代电

浙江省政府鲁主席勋鉴：密。据温州警备司令姚琮呈略称：平阳县各农会迭被呈控，滥收叛徒匪类，广结团体，收费造乱，业经派员会县查复属实，请令饬浙省府转饬温属各县及保安分处，先将是项农会一律解散，另派农运人员加以训练，再行改组，以维农村而绝乱源，祈鉴核施行等情。附抄原呈四件前来。查此案既据该警备司令派员会县调查，各该农会确有违法组织，越轨横行情形，被控均非虚诬，亟应从严惩办，以遏乱萌。除电复外，合亟抄发原附件，希即查照饬属迅将各该农会勒令解散。凡凭藉农会作恶之人，一律指名拿办，仍将办理情形具报为要。中正。铣。行治。印。

附抄原呈暨附赍电呈五件（附两件余略）

二三·三·十六·

照抄温州警备司令姚琮原呈一件

为呈请事：案据平阳县长张玉麟、本部宣传委员会干事包右武为奉查平阳县各农会被控实在情形，会呈请鉴核施行事：案奉钧部训令，以据平阳县第四区协和等乡乡长暨民人陈筹鸿等呈称：平阳县农会肆虐，民不聊生，该会干事李毓湘等煽惑农民，借端啸聚，有碍治安，请予严拿究办等情。并据闽北军事侦探员王致祥电同前情各到部。据此，所控如果非虚，殊属不合，究竟是何实情，仰会查具复。各抄发原电呈三件等因。奉此，干事遵于本月十六日抵平，县长指派建设科长张造时会同前往仪山镇、协和乡、都口乡等地调查。原呈图记名章等均属实在，而如农会之不谋生产，专事鼓吹阶级斗争，亦属实情，见以县区人民都有谈虎色变之概。江南农会凡卅余，每会会员多者达千三百余人，少亦数百，并未按照农会组织条例受县党部干事孙渭、县农会干事方浙英等指使，假借农会名义，时有越轨行动，既实行二五减租，复公然按亩收谷三五斤，虽经陈荣贵等呈控省厅令县示禁，而农会抽收如故（前经县府查明有案）。驯至江南一带，抗租不缴，比比皆然，十室九空，景象惨淡。又查方浙英于前共党胡公冕攻城时曾作响导，经前县长叶燕荪拘押有案，后因县执委黄强等力保出外，诸如此类，更仆难数。抑有进者，查农会之设立，原为发达农业之用，宗旨本属甚善，无如近年以来，凡加入农会者，非属无赖之徒，即为好乱之辈，遑论发展农业，因此良善农人，退避三舍，不屑为伍，而若辈愈趋愈恶，份子愈杂，往往假借农会名义，从中渔利，恃众横行，小者阻碍行政，干涉司法，大者勾结叛逆，聚众谋乱，以此项农会遂一变而为藏垢纳污之渊薮，作奸犯科之集团矣。农村经济反受其蹂躏，致田价低至十分之六七，□□组织地痞流氓甚为会员，但求会员愈多，声势愈大，收入愈多，以为有利，刻经县政府正式立案者，仅数处耳。其有经县府令饬停止者，亦复肆无忌惮，追钧部通令停止集会后，各农会仍不时召集开会为故门悬大旗，声势煊吓。都口农会占乡公所、盘踞学校，侮辱乡长，肉鱼乡民，事均确实。该会干事华拙民、朱志光、叶正辉等，且强拖乡长卢段槐于粪坑，而华拙民曾犯劫案，凶恶更甚；金乡农会干事陈阿根，亦曾串党将金乡士绅陈荣贵拖入粪坑；协和乡农会干事周凤鸣，系刑余拐匪，经乡长周龄等呈控有案；河前镇农会干事李毓湘、吴南浪、吴成祥等，查系青帮，被控任意宣传，力结团体，为共党先锋一节，人言啧啧，自非无因。复有第三区昌门乡农会干事徐显卿、卓阿云等，于夏姑桥地方饰辞截夺商米，拘押在案。盖各干事份子复杂，或系前平邑共党张植余党，或系四十八党份子。近复无可卖，社会经济全盘停滞，往年平阳杀人放火之暴动大案，以及永嘉枬溪上河乡等处之赤匪猖獗，无不借农会名义而酝酿起变也。事实俱在，不难复按。方经闽乱初平，接近边陲县份，地方秩序亟待安定，而一般赤匪乱党，仍多潜伏于各地农会，狼子野心，蠢蠢思动。在此特殊情形之下，为社会秩序计，为大局安危计，宜未雨而绸缪，俾消患于无形。拟恳转陈委座因时制宜，权衡利害，先将所有农会概令解散，使宵小乱徒无所藏形，乱源免去，地方自安，俟将来另派指导农运人员，召集良善农民，训练完成后再行组线，于事实上较为有利。爰将查复经过情形，加具意见缕陈等情。据此，查温州毗连闽境，地近匪区，自有特殊情形，该农会乱收叛徒匪类，广结团体，收费造乱，大背设立农会之本意，若不先事廓清乱源，则将来滋蔓难图。百计思维，惟有仰祈钧座令饬浙江省政府转饬温属各县及保安分处，先将是项农会一律解散，俟将来派农运人员加以训练，再行组织，俾易就范，以维农村而绝乱源。是否有当，理合备文呈请鉴核施行。谨呈。

军事委员会委员长蒋

计抄呈原电呈四件

温州警备司令姚琮印

金贡三致浙江省执委会的调查报告

呈为呈报事：案奉钧会有电，饬会同中央委派余琪同志前往平阳县彻查该县农会被控解散一案，具报凭核等因。遵经于四月廿六日前往该县，先赴县政府调查。查得是案系前温州姚警备司令据该县江南区铁龙乡黄文等十人（联署者计有北雁乡乡长董球、河前镇镇长杨楷龙江乡乡长震阳、芙蓉乡乡长韩邦春、都口乡乡长卢段槐、大东乡乡长陈涛、颖川乡乡长陈岳罗、凤江乡乡长谢杰、笃信乡乡长颜松屏）、协和乡乡长周龄等六人（联署者计有鲸山乡乡长林森、龙镇乡乡长刘仲明、铁龙乡乡长黄文河、前镇镇长杨楷、凤江乡乡长谢杰）、公民王直等七人（联署者陈涛鸿、邵春春、黄大泽、周木泯、汤池、杨森，查均无其人）及闽北军事侦探员王致祥先后呈电（各所控事实已归纳于前姚警备司令呈蒋委员长文中,原件抄奉）。当由姚警备司令派包右武（乐清人,查过去曾反对减租)会同该县政府派建设科长张造时查复报告属实，转呈蒋委员长核办。旋蒋委员长南昌行营铣代电浙江省省政府,转饬解散该县农会,并指名拿办凭藉农会作恶之人。职等到县时，该县保卫团总部经奉浙江省保安处训令，转饬各区区团部遵照办理。职等因县党部经奉钧会电复，商得省政府同意，委派许专员会同彻查，遂电话邀请许专员来平会查，据复并未奉到是项公文，可由佐理员谢持方同志来平就便参加，迨廿九日，谢同志到县，即于翌日会同下乡,经与大奉乡农会干事长董廷洲,垟尾乡农会干事长邱志长,金镇乡农会干事长陈亦慎,都口乡农会干事长朱志光，河前镇农会干事长李毓湘，协和乡乡长周龄龙，山乡乡长刘仲明，都口乡乡长卢段槐，弘善乡乡长李耘青，大东乡乡长陈涛、关系人叶祝平、吴南浪、薛大安、薛忠良、仪山镇镇长陈锡琛等谈话（谈话笔录附奉）及其他非正式报告，藉悉该县农会组织比较尚称健全。总计已举办民众学校者，有张架阁等二十乡农会，已举办合作社者有亭山等十八乡农会，对于其他社会事业,如造林筑路浚河,举行农产品展览会等均能参加，虽因知识幼稚，能力薄弱，无多成积表现，但其能接受党部指导，循轨蹈矩，渐臻健全，已可想见。此次之所以被控，全系该县江南区业主势绅汤国琮、方毅君、杨子凯、陈锡琛等反对本省减租办法（该县政府案牍累累均可覆按）不遂,乘上年闽变发生之际,暗中嗾使乡长周龄黄文等，危词朦呈前温州警备司令，诬以造乱大题，其所举俱非事实，如河前镇农会干事李毓湘、吴南浪、吴成祥等任意宣传为共党先锋,查非事实，彼等均系安份农民,且不识字，有妻子住宅田地。徐显卿（即烈夫）卓阿云截夺商米，系属手续错误，并非有意行劫（参看附件）。陈阿根将陈荣贵拖入粪坑，虽确有其事，但陈阿根并非农会会员，更与农会无关。周凤鸣平日在地，不甚安分，事或有之，但与瑞严寺劫案无关（参看附件）。乡长卢段槐被拖入粪坑，系农民庄阿荣所为，与华拙民、朱志光、叶正辉等无涉，华拙民犯劫有案，查无其事（参看薛大安谈话笔录）。方浙英引导胡公冕攻城，系十九年时，有司法警察受业主嗾使，见方浙英在县政府门口观看牌示，饰词县长有事相召，将方骗入警栅，予以恐吓，方托人走告县党部前常务委员黄强、候补执行委员金翼云，向县长诘问，县长否认其事，而一般仇恨方浙英之人，以为引匪攻城逮捕为辞，故意在外招扬，实则并无其事，故亦无案可稽（参看附件）。都口乡公所学校，系地主庙房屋，农会成立因无处办公，故亦附设在内，该小学原系业主汤国琛创办，嗣因办理不善，学生稀少，由教育局改委该乡农会办理，汤心不甘，遂向县府呈控（该教育局有案），农会经县政府县党部劝导，不愿多生纠纷、迁入大阴宫办公，不料该汤国琛等又以该宫系调解委员会办公之处为辞，不愿使农会迁入办公，其目的完全欲使农会无一办公之所。惨杀上官箴父子案，系民国十六年间青红帮所为之事，现凶犯一概逃避在外，与方浙英绝无关系（县政府有案）。至于孙渭、温良材等，均系本党努力农运之同志，平日无越轨行动，前经该县政府查明报省在案（参看附件）。在前闽变期间警备司令部确曾布告停止民众团体开会，嗣经该县党部呈准钧会，商得保安处同意，合法团体仍可继续开经常法定例会，该区农会间有开会，显非违法，抽收亩捐事，系农会征收会员会费（以谷代钱参看附件），并非取之于业主。至于农民向业主所折扣者，据说以现用市秤之折扣，与农会抽收亩捐无关，所谓有一种五斤亩捐，由农会征收转解党部一节，更属无稽。总观以上被控各节，非虚构事实，即张冠李戴，或将个人事实与团体并为一谈。该县县长张玉麟接事未久，以该区税收为全县冠，士绅势力又大，深恐有所开罪，发生抗赋等情事，不免有迁就业主之要求，故有查复属实情事。至于农会方面，过去因呈请立案，政府大多迄未予批准，开会时亦未见派员监督（据该县建设科长张造时言，农会未立案，故不便参加为辞），不免发生隔阂，加以办事人员能力薄弱，对于该县政府转饬查填各级农会概况调查表等，未能按时填送，与间有少数农会中一二非农民份子（如薛正钗、周凤鸣等）加入农会，信用不免大受影响，再过去农民对于一般业主，均视若神圣，现有农会组织，难免不改变观念，而一般业绅又向视面子为第二生命，今一旦受人藐视奚落，其不平之气不言而喻，故不惜多方设法摧残农运，然其最后真正目的，不外于求取销二五减租。现该县农会既经奉令解散，而早季缴租转瞬即届，若不速谋解决办法，佃业纠纷恐将从此增加。况该区民性强悍，毗连福鼎，本年四月廿日该县前岐（离平阳县境三十里）发生保卫团被共匪缴械情事，此次农会解散，共匪难免不乘机煽惑，治安尤觉可虑。所有奉令调查经过情形，除于曾建设厅长莅瓯时面陈外，理合检同所有关系文件，备文呈请钧会鉴核，迅筹善后办法，以免纠纷继起，事态扩大。谨呈

浙江省执行委员会

职金贡三印

附呈附件八件〔缺〕

（3）中央民运会姜光明等笺呈（5月24日）

查浙江平阳县农会，因受各乡长等控告，奉蒋委员长南昌行营代电浙省府转饬解散。惟据浙江省党部事后派员调查报告，又以乡长原控，全非事实，乃系别有作用。此中谁是谁非，虽未可遽断，然地方士绅因反对二五减租，而迁怒农会，藉端攻击，当为意中之事，今平阳县农会既经奉令解散，似须设法整理，妥谋善后。浙江省党部所拟整理意见，尚属合理，不过实际情形与人民团体整理办法第一条之规定条件未尽符合。经研究结果，以为

该县农会整理事宜，应由该县党部派员直接办理，不必假手原有农会职员，俾免纠纷。并须切实注意下列二事：

（一）已解散之农会会员，一律重行登记，并严密审查甄别，其不合法定会员资格或过去确有劣迹行为不轨者，即取销其会籍，不准加入。

（二）会员登记完毕，应依法定程序重新组织农会，并须呈报政府备案，方得正式成立。

上拟办法，是否可行，及是否须同时另函军事委员会委员长南昌行营查照之处？统请鉴核。

职姜光明　五月廿四日

（4）军委会南昌行营致国民党中央秘书处公函（12月22日）

国民政府军事委员会委员长南昌行营公函　治字第17820号

案准贵处第一六三零七号公函略开：顷准中央民众运动指导委员会函：为关于浙江平阳县农会被控解散一案，办理经过情形，请迅转南昌行营令饬查明复核等由，经陈奉批照办，函达查照核办等由；附抄原函一件，并检送原附件六件及照片两张。准此，查浙江平阳县农会，前因被控，有滥收叛徒匪类、广结团体、收费造乱情事，由前温州警备司令姚琮派员会县查实，呈请解散前来；当以该县毗连闽境，地近匪区，具有特殊情形，未容漠置，爰电令浙省政府迳予解散，并指名拿办凭藉作恶之人，实为预防未然，遏绝祸萌起见，现在闽匪业已肃清，解散之案亦据浙省府呈报已饬县遵办完结。所有该县农会，应准由浙省党部委派妥员前往指导整理，务须认真淘汰，严密组织，以期健全而臻完善；至温良材、方浙英、孙渭等，被控累累，仍应俟获案讯明呈报再行核夺。除令浙省府遵照外，相应函复，即希查照转知为荷。此致中国国民党中央执行委员会秘书处

委员长蒋中正

中华民国二十三年十二月廿二日

〔国民党中央民众运动指导委员会档案〕

8．浙江税警镇压定海岱山渔盐民反对强制食盐归堆暴动情形有关文件资料

（1936年7—8月）

（1）《朝报》新闻：定海岱山渔盐民与税警冲突大惨剧（7月19日）

定海岱山大惨剧，渔盐民与税警冲突，民众被击死伤一百五十余名，税局被焚，全镇渔民逃避一空。

〔定海通信〕：定海岱山盐民渔民反对食盐归堆及渔盐变色，聚众焚毁岱山秤放局、局长缪先被害各情，已略志电讯，兹将经过情形，详志如次。

积愤原因　岱山为定海最大之治岛、居民六万余，以渔盐为主，每当春夏两季，台象奉各帮渔民，广集于此。该区共有盐板二十五万多，设有秤放局，岱山场，五属公廒，税警第五区第三十四队等，缉私甚严。月前岱山场办理归堆，盐民以影响生计，已有停晒之意，又以天时多雨，难以曝晒，致产盐之区，亦起无盐恐慌，盐价骤涨至七八元，今年渔讯本佳，鱼厂因盐价高昂，不敢收鱼，以致鱼多腐臭，一般渔民乃归咎秤放局归堆之不善。又自去年渔盐变色后，渔船至苏省洋面，所载之拌红土渔盐亦作私盐科罚，故对岱山场及秤放局税警队等盐务机关，衔恨甚深。

请愿被阻　本月十三日下午二时许，岱山、高亭、南峰山、北峰山盐民，会同象山东门帮、宁海合山帮、奉化桐礁帮渔民三千余人，在使基乡东狱宫开会，拟请愿要求取消归堆，被驻岱税警第五区三十四分队长胡不归闻悉，带同武装税警十八名，前往弹压，在斯基适与请愿之渔民盐民相遇，言辞间发生冲突，税警开枪，击毙南峰山渔民一人。

武装冲突　群众愤极，当将税警包围，缴夺枪械，各帮渔民，回船携取自卫枪械，向税警开火，驻扎之税警共有百余名，其所佩用者，均系二十响木壳枪，及大刀等，全部出动，前往援助。队长胡不归，即在斯基被群众击毙，同时死伤税警十余名，渔民二十余人，下午四时，税警败退，群众冲至岱山场，全镇商店关门闭户，不敢出视，群众即将该场局包围，内外火并，弹如飞蝗，群众图冲入铁窗，前仆后继，死伤甚众，税警伤亡亦多。

烧毁税局　至晚十时许，盐民纵火焚毁前幢局屋，盐警夺路逃奔，该局书记钱甸和，当被执住，用石块击毙，复将腹部剖开，计被缴去枪枝四十余支，子弹两大箱，至十四日晨，第二层亦被焚毁，全局税警及职员除逃避外，余均被害，秤放局长缪光扮作佃工逃出，因身体肥硕，被人识破，当场击毙。

全镇混乱　渔民见已肇祸，乃将渔船排列江面，禁止船只出入，迨十四日晚间，纷纷逃匿，就地渔民亦逃避一空，全镇秩序异常混乱，盐务稽核所绥南舰已驶往镇慑，统计是役，各帮渔民盐民死者五十余人，伤三十余人，定海县长沈溥前日往出事地点调查，并分电省政府鄞区专员公署，暨区保安司令部核办。

（十六日）

（2）国民党浙江省党部呈送岱山盐渔民与税警冲突调查报告（8月12日）

呈为呈报事：案查本省定海县属岱山盐警冲突一案，前奉钧部养电到会，经电复业派金璇同志彻查，容再续呈在案。旋调查员报告前来，经提本会第一八五次委员会会议讨论，决议：分函主管机关免究胁从，招抚流亡。一面添建盐仓改善盐斤归堆办法，并计划渔民之组织与训练办法。又呈请中央咨国府将两浙盐场划为新盐法实验区首先施行新盐法等语，纪录又在案。除分别函咨呈请外，理合缮同报告备文呈报，仰祈鉴核施行。谨呈

中央民众训练部

附呈岱山盐警冲突案调查报告一份

罗霞天
中国国民党浙江省执行委员会常务委员　方青儒
胡健中

中华民国廿五年八月十二日

抄调查报告（一）

呈为呈复事：案奉钧会筱电内开：定海岱山渔民盐民暴动情节重大，希即便前往实地调查底细报夺等因。奉此，遵于十八日晨自甬趁轮前往定海，先至该县区党部查询，知该党部尚未派员前往调查，因嘱推派熟悉该地情形人员同往彻查，当经该党部推定厉雪帆同志陪同前往。惟以舟山赴岱，交通每日仅早晨开放轮船一次，时职抵定，已在午后，必须翌晨方有专放船只，明午方能到达肇事地点，深嫌迟缓。因为厉同志改行雇轿前往三江井，由三江雇船驶往岱山南浦，八时登陆，即晚九时驰抵肇事地点之使基乡石桥庄。先向就地居民访问，嗣复先后至廿亩，岱东沙角各地，向各界详查底细，暨往各集合及被毁地点勘视情形，于廿一日午后返抵定海。兹将调查所得，分别为钧会陈之。

一、风潮之起因。盐务机关暨缉私部队以职务关系与盐民渔民既属利害冲突，且平日查缉不免过于苛扰，久为盐民渔民所怨恨。此次风潮之发生，盐民方面起自盐斤归堆，渔民则于归堆之外，并有实行秤放及渔盐变色二种，并为结怨之重大原因。查盐斤归堆之举系为防止走私，增加国家税收，果能适应环境，手续略为通融，原无若何病民之处。惟因盐务机关袭于传统观念，一意孤行，不屑稍事开谕，遂使盐民疑虑丛生，一若此项办法实行，生计即受绝大威胁，乃不惜采取一致罢晒，以为抵制。查其所以如此，原因甚多，言其大者，盐民所用盐田虽系海涂，但因占用已久，业权移转，每亩可得售价二三十元至七八十元不等。此次勘觅堆址，事先既不布告，且连乡镇长亦不通知，迳行派员任意测圈，直接占用盐民之土地，间接即剥夺其生计，此其一。归堆实行，所有晒得之盐，均须排至指定之盐仓堆放，其距离均较存放家中为远，既需劳力，又费时间，此其二。盐民晒盐，自晨兴以后，如遇晴天全日均在烈日下工作，每天晒至下午六时半为止，每块盐板约可得盐五斤，随收随藏，迟早均不成问题，若实行归堆，须依照盐务机关所定办公时间，下午四时以前送仓堆放，晒盐工作自须于是时收束，生产亦随之减少，大约每块盐板每日须减少一斤半至二斤左右，否则不独四时以后所晒之盐无处收藏，有遭受藏私处分之虑，即四时以前所晒之盐，如不在限定钟点前送去，亦必因办公时间之限制而受罚办，此其三。至渔民之重要工作固在捕鱼，但鱼须盐腌方不至臭烂，故每一渔船在未落之前必须准备相当盐斤，在未归堆以前，此项盐斤均由盐民自行挑卖，早晚均无妨碍，若在归堆以后一切须向堆仓购买，非办公时间即不得盐，手续既多不便，且渔船之落海，以潮水之涨退为标准，其入海时间每日不同，今对其最重要之盐斤加以时间限制，延误渔期，影响工作，其怨恨可知，盖以往年，渔民之领购渔盐，每道盐引计洋三元，每一渔船领引一道，购买一季渔讯之盐，即可不另出费。本年因实行秤放，每购盐一担，须纳税三角，计斤课税，每船须增加负担十数倍或二十倍不等，而秤放局与税警队各自为政，已税官盐亦每被认作私处罚，以及渔盐变色影响鱼之销路，均无一不使渔民感受生计上之威胁，此则渔民仇恨盐务机关之重大原因也。

二、肇事之经过及各方损害。风潮之起因既如上述，故其酝酿亦匪伊朝夕，惟有形之集会，则始自本月十一日下午，各乡盐民代表均集合于设有岱山板户合作社之资福庙，讨论如何向盐务机关请愿。当决定以罢晒为抵制之工具，如不遵守，拆毁其房屋时到者仅盐民四五百人。事闻于盐务机关，当由秤放局长缪光偕同税警五区区长吕梓荫前往监视，并责问何以不事先通知，擅自集会。各盐民乃诡称召开合作社社员大会相唐塞，虽由缪吕先后登台训谕而散。但翌日起，各盐民因实行罢晒，闲来无事，均聚集使基乡之东狱宫，探听消息，一部分竟分往各乡探察有无全体实行罢晒，追查至离东狱宫十里余之白水岐，发现有黄葆仁者仍在照旧晒盐，意欲毁其盐板，反被黄葆仁纠众殴阻，去者以势不敌，纷纷散回报告于麇集东狱宫之盐民，遂致激成众怒，决定于下午前往黄葆仁家报复。至则黄某已他往，仅其甥李阿富留守，因语言冲突，除将其拥往东狱宫施以吊殴外，并将黄某房屋捣毁一部份，经黄之家属报由乡长分请该地公安局及缉私队营救，公安局长闻报率队先往，至四时许即将李阿富带出，至半途时，缉私队亦派弟兄前来，因已无事，彼此各散。及至十三日东狱宫盐民愈聚愈众，人数虽达数千，初尚无何种轨外举动，其导火线系发生于北峰山测量场地人员因所打木桩被盐民拔去，作函派测夫赴邻近驻警调请部队到地弹压，行至板井头地方，为盐民查获，并在身上搜出请兵函件，当将其押往东狱宫吊禁殴辱。事为税警队所闻，即派队兵十余人会同公安局警士驰往营救。至则盐民已将该测夫押至庙外，拟带往秤放局请愿，当被税警夺回，并捕去盐民二人，拟施惩办，其余盐民见状尾随大声呼冤，税警队置不理采，因此愈聚愈多，愈逼愈近，打夺之声亦随之而起，税警至此亦感惊慌，开枪示威已不见效，且声势益见汹凶，继续开枪，当场击毙一人，垂毙者一人，伤者尤夥。于是惨案开始，前此随旁观之渔民至此亦自告奋勇正式加入，一部鼓动盐民抬尸前往索命，一部则奔返渔船附近聚旗鸣锣集众，分途进攻秤放局及税警局队部。其经过廿亩岱者，竟先将驻防该地玄坛庙之税警五人全数击毙，并将乡公所内留待烙印之快枪二支缴去，向小岭墩前进，斯时自东狱宫退守小岭墩之税警，因见渔民盐民联合分路而来，知不可守，乃退往东沙角队部所在地集合防御。及渔民赶至税警已完全退出。驻守该地之公安局长警亦已由局长率领退往山间，枪枝除公安局内有二杆因持用警士二人事先出外未及携出致被缴去外，别无损失，员警则除玄坛庙之五人及税警班长一名在东狱宫退回途中遭受弹伤外，（外间均说系税警开枪乱放时自已击伤）并无第二人受伤。各报载谓税警队长及公安局长同时遇难，兵警亦死伤颇夥，均绝无其事。于此亦可见至此时止尚无兵民开枪互击情事也。当肇事税警退抵东沙角队部时已在下午三时，各帮渔民及大队盐民亦已相继而来，已成包围形势，税警至此乃退入队部屋内，闭门而守。奉化帮攻其前，东门帮袭其后，合山帮冲其侧，战甚烈。因其房屋坚固，未遭攻陷。迨相持五时许，不幸队部前进房屋起火，所有税警员警均退至后进秤放局内固守，于夜半时全部潜出，经由大岭墩赶至高亭挂帆遁去。秤放局房屋则于是晚二三点钟时被焚，枪声至十四日晨六七点钟后亦告停止。是役盐务方面计焚去税警局队及秤放局房屋共计数十楹，税警仅受伤二人，并无死亡，枪枝约失五六枝（据吕队长谓系在玄坛庙失去与外间所传不符），秤放局人员虽事先得讯避出，但在外间被害者十三日有职员钱振垚、任仕忠、杨士栋三人，钱宗尧且遭剖腹之惨，局长缪光原避入汤悦卿家中，后恐累及汤某，化装逃出，半途被难，系十四日早间事，报载局长家属七人同时被难，则无其事，惟其公馆被劫则事实耳。至民众方面所受损害除东狱宫至小岭墩途中死盐渔民各一，伤数十人外，在东沙角被难者有旁观民众二人，伤数人，渔盐民死伤因事后纷纷扬帆他去，不能知其确数，然据当地民众传说，渔民围攻税警队系取攻势，且人数众多，税警自内放射命中容易，死伤颇多，则可断定也。

三、风潮后之地方情形及善后意见。此次风潮虽纯为盐民渔民反对归堆而起，目标仅在对付盐务人员，其他机关及地方民众均未受有损害，社会秩序翌日即自动恢复，与各地之暴动情形不同。但岱山为浙省渔盐旺地，每届春夏渔讯，各帮渔船麇集，热闹异常，一旦遭此变故，所有客籍渔民均于十四日晨先后驾舟归去，盐民胆小者亦纷纷迁避，不独渔盐生产已一无所有，即市里一切贸易亦全部停顿，加以税警队伍增防，步哨遍布，全岱居民惶惶不可终日，一至天晚，即路绝行人，其萧条景象莫有如此者。根本救治固在新盐法之施行，但新盐法搁浅已久，一时难期实施，依照目前局面，苟能免究胁从，招抚流亡，对于归堆之举，力求适应盐民生活，酌量改善，并广事宣传，以救过去蔑视操切之弊，则损失虽巨，盐民虽愚，亦不难恢复旧观，推行顺利，否则长此停顿，其他损失姑不俱论，即就晒盐一项而言，全岱计有盐板廿七万零，每块日可晒盐五斤，多停一日，即每日多损失一百叁拾余万斤，每担以普通八角计算，至少每日牺牲一万元以上，故当务之急首在恢复晒盐，次即改善归堆办法。盖此为事变之病根，设不根治，虽能苟安一时，终难永久平复也。

总之，本案发动起因，厥为盐场办理不善，税警应付失当，不幸竟因此而引起事变，惨杀官吏，此风诚不可开，为首者尤应严办。但此次开枪抗拒多为各帮渔民，颇鲜岱山土著，肇事以后，均已返船扬帆逸去，元凶在逃，为民众计，既不宜稍事株连，为国防计，尤必须多留元气，此则为我党政当局所应急切注意而予以设法救济也。奉电前因，理合将调查所得暨管见所及，备文复请钧会鉴核。谨呈

中国国民党浙江省执行委员会

（3）事实释正及真相书之原文

（一）盐斤归堆

1．原文：所谓归堆之后，非在盐务机关办公时间，盐民不能送盐归堆，渔民不能到堆购盐各节，系属揣测之词，实际情形，并不如此。

事实：官堆办公时间自晨九时至下午四时，限制苛严，绝不通融，此为盐渔民实受之痛苦，所谓实际情形不如此者，事实俱在，无庸声辩。

2．原文：收用土地，定有掉换或给价公允办法，召集盐民代表从事讨论，其中莠民私贩，竟强迫盐民不准到会，甚至迫令停晒，或毁板烧屋以恫吓者，盐民受其愚弄，一唱百和，酿成事变，是则此次肇事，究竟咎将谁归。

事实：圈用盐田，不先给价，反令每亩纳登记费贰元，致盐田被圈用者，骤失所业，未被圈用者，无力纳登记费，倘能变通办理，审慎和平，体恤盐民，盐民自无不听，断非一二莠民私贩，所能愚弄全体数万盐民，以激成空前之惨案。设有此种莠民私贩煽惑恫吓盐民者，就地盐务当局，既知其情，曷不早为查究，使数万盐民，无切肤之痛，则一二莠民私贩，何从煽惑恫吓，则此事变之造成，其咎究应谁归。

（二）渔盐变色

1．原文：曾经财政部邀请专家详为研究，至再至三，方始规定用红曲炭屑两种为变色原料，无妨咸制，无碍卫生，旋经改用米糠，足见官厅在无背整顿原则之下，无不尽量采择人民意见，力予通融。

事实：变色原料，既经专家详为研究，至再至三，则尽可施行无碍，何必再改用未经专家详细研究至再至三之米糠，则其草率随便，于此可见，反自誉为尽采民意，力求通融，其谁信之？变色之盐，如确无妨咸制，无碍卫生，何至为渔民鱼商食户所诟病，鱼鲞腐烂，发油发红，销路告绝，鱼厂倒闭，此皆变色窒碍之铁证，况新盐法并无变色之规定，据其所说，是借悬想之词，以图掩饰。

2．原文：查岱山奉化帮渔民，向以暴动威胁官厅为能事，不论变色有无妨碍，均不乐从。

事实：税警行动，向来苛暴，近因新发枪械之精锐，声势益形横蛮，渔民视之，畏如虎狼，谁敢轻试锋镝。如渔民果有反抗能力，当不至忍受变色之重大损失，必先盐民而有所表示，更不任登陆渔民之遭无妄击毙，而即怏怏舍业，离岱回洋，以避扰攘。是以暴动为能事及均不乐从云者，皆属别有用意，淆惑耸听之词，以便加祸无辜被捕渔民，以卸自己责任。嗟乎奉帮渔民，不知与彼辈有何仇恨，而遭此莫须有之冤也。

3．原文：同为渔民，奉化帮自不能享特殊之非法利益，乃因取缔，竟胁迫群众，联合暴动，而调查者反曲予原宥，犹责官厅处理之不善，似欠公允。

事实：渔民以捕鱼为业，渔盐为腌鱼之必需品，出海所带盐斤，以领单限制，自用不敷，谁肯贩私，以图不法微利，反对变色，乃因所腌鱼鲞腐烂发红，影响渔业，群起反对，并非奉帮单独意思，更非贪图走私。至胁迫群众，联合暴动，更属混淆事实，颠倒是非。查此次惨案，全为盐民在东狱宫集议请愿而起，在东沙角之渔民，固未先知预闻，事实昭然，非区区不负责的几句偏面文字所能枉屈贾祸，任意诬陷，而所谓调查者反曲予原宥云者，更为嫉忌攻讦之语，其处心积虑，必欲渔民任其宰割，不容地方行政长官之主持公道也。

（三）事变经过

1．原文：此次事变实有主谋唆使之人，数度聚众东狱宫资福寺开会讨论。

事实：不言自己办理不善，不顾众怒民怨沸腾，反谓盐民为自谋救济生计开会请愿之动机，指为主谋唆使，甚且将开会地点之资福寺和尚亦为主使者，试问以一出家和尚，能煽惑数万盐民以徒手试锋镝枪弹乎，欲以主使之名迫之使供出为首盐民也。

2．原文：胡队长不准放枪，上前劝解，不料暴民强夺木壳枪，并将徐警连打三枪，见情势危急，忍无可忍，非发枪难保性命，遂将夺枪暴民击毙。

事实：“你们不赶快散走，我即开枪打死你们。”这不是队长胡不归在民众开会当场的高声威吓吗？该队长不知相机应变，婉为劝导，竟仗恃警械锋利，向众一再强压，卒因盐民不听，恼羞成怒，喝令开枪，当场打死盐民二人，伤多人，所谓仅打死夺枪之暴民一人，此又混淆事实，文过诿罪。

3．原文：当时税警应付暴民，确系一再退让，仅以自卫为目的，如果先发制人，肆意开枪，暴民死者，必不止一人，犹责税警应付失当，是否必须税警自缴枪械，一任暴民屠杀而后可。

事实：右述更为偏面之词，盐渔民除死者三四十人，伤者百余人外，其余漂海浮尸，时有发现，尚未查实，倘非如此肆意开枪，何至死伤若是之多，良善盐民岂应坐待税警开枪屠杀，而不能作赤手自卫肉搏抵抗乎，比诚官警开枪杀人可以不究，是人民生命直比蝼蚁而不如矣。

4．原文：并据缉获奉帮义和盐首林阿丰之供词，渔民向系听从渔业公所赵四爷之主持。

事实：查奉帮义和公所，并无赵四爷到岱主持，显系有意捏造，暗图诬陷。

（四）善后办法

1．原文：本案发生以后，由场署招抚流亡，照常释放，以期维持治安，恢复秩序，群众暴动，盲从为多，除饬属严缉首要真凶外，不治胁从，以免稍有株连。

事实：对于惨案主体之盐民，以有关盐务收入，场局会衔布告，竭力招抚安民，对于回洋渔船五艘，渔民二十四人，不分皂白，尽予扣捕，解杭羁押，渔民既非肇事主使，又非首要真凶，则不治胁从一语，抑若专为盐民而发渔民不在其例，实令人不得其解。而观其全篇内容，有将盐民之所为，移祸于无关系之渔民，而向其着落。故渔民以无辜被捕者迄未准释，复以税警增调，散布洋面，注意奉帮渔船，苛严盘查，夫苛政猛于虎，谁不畏之，况渔民多为穷苦安分之人，谁敢轻试其锋，而蹈无辜被捕之覆辙。故秋季渔讯虽届，而人心皇皇，均裹足不前，无敢放捕者，所谓善后办法，所谓宽大者，又何在，愚民无知，万一因不胜税警强暴威迫，不能安分谋生，铤而走险，则前波未平，后波又起，谁实为之，孰令致之。

总之盐政人员谋盐务之发展，宜兼顾国课民生，此次强激惨变，不悟办理之不善，不知引咎谢过，不知采择地方合法之建议，急谋善后，反哓哓不休，作此臆造偏面之真相，散发淆闻，移祸渔民，以图卸责诿罪，诚堪痛叹，用特略述事实如上，以明岱案真正之真相，幸希明察。

岱山全体盐渔民谨释

二十五年八月

（4）定海岱山盐民渔民呼吁书

（一）缘起　窃岱山为浙东滨海之大岛，居民六万余人，多以晒盐为业，每当夏秋两季，各帮渔船麇集，不下五千余艘，全区共有盐板二十五万余块，设有盐场秤放局税警队等机关，措施稽查，向来苛严，但税率犹轻，办法亦简，尚无十分困难，我盐民渔民靡不服从奉行。讵自本年六月，强行归堆办法，我盐民以影响生计，集合请愿，卒被税警武装压迫，致激成空前惨案，言之曷胜痛心！兹将我盐民渔民平日所受痛苦情形，与此次不幸事件之真相，备述颠末，敬请公鉴，切盼各界主张公道，予以根本救济，以解倒悬，则不胜幸甚！

（二）不近情理之强制渔盐变色　秤放局突然于本年施行渔盐变色，事属创举，群情惶惑，诚以渔产为人民食品，搀羼杂质，有碍卫生，且按照国府公布之盐法，只有农工用盐，有变性变色之办法，对于渔盐，并无此项规定，讵该局随意胡为，擅令搀杂红铅粉，以变盐色，致所腌干咸鱼鲞，因盐质变性，不能经久，且以色泽变异，无人顾问，旋经改用米糠变色，而腌鱼蟹海蜇等，更易腐烂，鲞类亦皆发油发红，我渔民冒风破浪，千辛万苦之所获，而为不合法变色之牺牲品，该局一意孤行，置我渔民渔商之哀号苦诉于不闻不问，今年渔厂因此亏本倒闭者不下半数，而我渔民损失之巨，更何可言！且变色之盐，因经雨渍颜色稍淡，即须罚办充公。

（三）苛刻渔盐领单手续　从前渔厂领单，岁只一次，长年可用，各渔厂每于年底盐价廉时，收买存足，向不受临时盐价飞涨及盐荒之影响。去年底，秤放局通告各厂家，须按单购盐，不能一单长用，并非至用盐时，不准预备存积，违者查出充公处罚，厂家因此不敢囤盐。以致今年渔汛期间，盐少价贵，往年渔汛时，盐价最贵一元许，今年四月半水，突涨至三元七八角，端午水竟飞涨至七元，况鱼厂为渔船之后盾，及所获鲜鱼之尾闾，今年厂家因秤放手续繁琐，税重盐贵，咸为顾全血本，不敢多收。故今年渔产虽丰，而鱼多盐少，鱼廉盐贵，腌量顿减，使鱼腐烂抛海，损失之巨，何可胜言！至渔船领单，亦岁只一次，近年税率渐增，年纳四元，今年实行秤放新则，出海一次，须领单一次，以视往年税额，增至七八倍，前单未罄余盐，概须充公，负担既重，损失愈巨。渔船用盐多少，以渔获物为标准，但出海时宜稍多带，以备应用，如遇获鱼少时，用盐少，余盐即多，旧例余盐许留作下次出海之用，今则余盐一经查出，即作私盐充公苛罚。我渔民既少获鱼，又须将余盐抛海，双重损失，倘惜盐本枉损，带之拢岸，则必受苛查重罚，（罚款数十元至数百元不等）渔业之受摧残，已达极点！

（四）秤放时间短促手续繁琐　渔船购盐，向非由局直接秤放，且无时间限制及手续上之种种束缚。盖渔船捕鱼，以潮汛为准，潮之涨落，未容片刻迟延，全批渔船，随潮来往，不分昼夜，渔民一年之生计，全在此三水渔汛，不容随便贻误。今乃规定秤放时间，自晨九时至下午四时，须在官堆内秤放，过时绝不通融，又不准预购存积，为四时后及夜间来到渔船之预备，致渔船有单无盐，迫于潮汛，有只得淡船出海者。即在秤放时间内，亦因手续繁缓，而误渔汛者，倘渔民急于出海催秤，则秤放局员，即藉端要挟，为难渔民。

（五）渔盐划分区域　渔船出洋，随处往捕，不分省界，此种变色渔盐，在江苏洋面，被缉私查获，又作私盐，扣船拘人，大事苛罚，不但损失罚款，而渔汛亦因之错过，损失更巨。

（六）不顾民情之归堆办法　我盐民日间所晒之盐斤，勒令于每日下午四时前送盐归堆，过时即作私盐论罪。然四时后每板尚可晒盐二斤，以全场念五万盐板计算，每日损失五十万斤，以往年盐价计算，为五千元，若以本年最高盐价计，几达三四万元。且运送归堆，既费时间手续，产量亦受限制，而盐民急待易柴易米之盐钱，又不能随时结算领价，自归堆办法施行以来，盐民生计，日苦一日。并且不许携带斤盐回家充作食用，违者即作私盐严办，使制盐之民，有淡食之虞，诚闻所未闻也。

（七）强制圈用盐田　各场用绳圈围盐田，建筑官堆，非惟不照时值给价，反令每亩纳登记费二元，致有盐田被圈用者，骤失所业，未被围用者，无力负担登记费，我盐民终年勤劳，在丰年仅堪自给，若遇歉灾情形自难设想，但一至岱地参观，即可知我盐民生活之苦矣。

（八）税警之苛扰滥罚　税警查盐，手持枪械，势若临敌，威吓凌虐，直视我渔民犹奴隶之不如，一日之间，一船一户，受稽查者有七八次之多，而苛细横蛮，尤非可理喻。推其所以如此者，实因罚款充赏过重所致（八成充赏）。在上者或以此奖励缉私，而彼辈乃视我无告盐民渔民为其私人之利薮，其因剩余及淡色充公之渔盐，税警举以转旧私贩，不以为奇，又散泊港海巡查税警，勒取渔船咸货鱼鲞，视为渔民应贡之品，倘有与之争理者，即有栽赃诬陷之险。总之，税警无不可为之事，盐渔民无可言之理，暗无天日，莫此为甚！

综上各情，若渔盐变色，盐税加重，余盐充公，越区为私，秤放限制，晒盐归堆等秕政，穷苦盐渔民，何堪受此重重剥削？而捕获之鱼，又尽为变色而跌价，而腐烂，而抛海，并使渔民有鱼无人购，盐民有盐无处售，故实行归堆变色，无异置我盐渔民于死地！

（九）盐民请愿被阻之经过　我盐民因受以上种种之压迫，痛苦恐慌，不可终日，欲谋最后出路，而为请愿之举，爰于七月十二日在桥头镇联合八庙盐民，集议请愿，事被税警第五区三十四分队队长胡不归闻悉，带同武装税警念余人，赶至桥头镇，将我聚议盐民，强迫驱散，其余各庙盐民闻讯愤激益深，二十四庙盐民，十三日下午不召而集，在使基乡东狱宫开会，拟推派代表，向盐场当局请愿，要求取销归堆。

（十）税警武装压迫肇事情形　讵胡不归闻讯，又率领武装税警前来威吓扬言“如不即时散走，不客气，即开枪打死你们”斯时盐民怨愤情绪更为紧张，咸以生计告绝，又受如此压迫，不顾生死，群与辩难，不料胡不归竟敢喝令警队冲锋开枪，当场击毙我盐民二人，伤多人，群众因此愤不顾身，徒手抵抗，致被击毙四五十人，伤百余人，空前惨变，遂于此演成矣。事后盐务官警，不但不妥谋善后，反急调别处大队税警来岱，助威搜捕，民众受惊逃亡，百业停顿，秩序骚然，各帮渔民见此惊惶情形，亦难安于业，相率离岱，以静候地方政府妥谋善后，恢复秩序，再回复业。不料驻奉化翔鹤潭之盐警，见奉帮回洋渔船，又藉稽查为名，开放机枪截阻，末后渔船五艘，以勒索鱼鲞，不遂所欲，即行擅捕无辜渔民念四人，诬为岱案要犯，押解至杭，冀图邀功，而当局不审事实，虽经声请保释，迄未邀准。哀哀渔民，冤受羁押，抑何不幸之甚耶！

（十一）请求善后意见　我盐渔民种种痛苦，既忍受于前，而不幸之惨案，复激成于后，迄今事将逾月，未闻有切实善后之策，致流亡盐民四散渔船趑趄不敢回业。现秋汛已届，若不速谋解决，地方何堪设想！谨将我盐渔民之愿望，条陈于后，伏乞政府及盐务当局，体恤下情，迅予处置，以救我颠连无告之十数万盐民渔民。

1．速谋善后，安抚人心，恢复盐渔业原来秩序。

2．速行释放无辜被押之渔民，以免冤抑，而慰群情。

3．更调原驻税警，以免双方怀恨滋事。

4．取消渔盐变色。

5．取消归堆。

6．取消秤放限时办法。

7．恢复以前领单办法。

8．打通渔盐区域。

9．准许渔船保留余盐。

10．严饬税警革除恶习，不得任意凌害我渔盐苦民。

（十二）根本救济办法　查民国二十年五月三十日国府公布之盐法，关于渔盐者，计有三条：

第三条　盐就其使用之目的分左列三种：

一　食盐

二　渔盐

三　工业用盐及农业用盐

第五条　渔盐以沿海之本国渔业所需用者为限，但非沿海之渔业而许用渔盐者。以命令定之。

第二十五条　渔盐税每一百公斤征国币三角。关于渔盐者，即仅此三条，以外别无规定，可谓法简意美。而其他如第一条之“盐就场征税任人民自由买卖无论何人不得垄断”之规定，更是对目前复杂之前清盐法予以釜底抽薪之解决，如能实行，不仅岱山惨案不致发生，即其他未来之官民冲突，均可杜灭于无形。万望贤明当局发其悯怜之心，怵及苛政猛虎之义，毅然迅予实施整个新盐法，不仅渔民盐民之幸，国计民生，均利赖之。盼望全国同胞，党国先进，予以切实援助，以安人心，而慰民望！

岱山全体盐民渔民谨述

中华民国二十五年八月　日

（5）浙江定海岱山盐民渔民呼吁书（1936年8月）

一、渔盐变色　　鱼鲞腐烂
二、限制领单　　激增担负
三、限时秤放　　妨碍渔汛
四、盐斤归堆　　影响生计
五、圈用盐田　　盐民失业
六、税警凶暴　　横行不法
七、拒绝请愿　　武装压迫
八、枪杀民众　　激成惨变
九、速谋善后　　以苏民困
十、根本解决　　实行新法

中华民国二十五年八月

〔国民党中央民众训练部档案〕

9. 浙江省党部报告镇压余姚县农民暴动反对测丈田亩迫收地价经过呈

（1935年8月14日）

呈为呈复事：案奉钧会第一〇五七九号公函以“据报载余姚北乡庵东六塘下潭海乡等处农民，因反对沙田清丈处催收地价，聚众暴动，饬即转饬该地党部会同政府妥为处理”等因。奉此，遵经转饬该县执行委员会遵办去后。兹据呈复并附呈余姚县六塘奄东镇一带农民捣毁沙田处经过详情报告书一册前来，理合抄同原报告，备文呈复，仰祈鉴核备查，谨呈

中国国民党中央执行委员会民众运动指导委员会

附呈报告书一件

胡健中
中国国民党浙江省执行委员会常务委员 方青儒
罗霞天

中华民国廿四年八月十四日

余姚县六塘庵东镇一带农民捣毁沙田〔清丈〕处经过详情报告书

一、暴动情形 本年七月四日晨，旧六区庵东镇附近六塘一余农民，聚众五百余人，以铁耙锄头等农具为武器，拥至庵东镇带上清理沙田第一办事处第二分处（按第一办事处设在同区天元镇）捣毁器皿，适该分处办事人员均他出，故未伤人。暴众旋拥至冈镇包公殿，将驻于殿内之民政所小三角测量队所置之器具平台仪图表等，一并纵火焚毁，并将该队领班王洪禧及王妻徐氏嫂李氏庸妇王氏等架去，经驻扎庵东镇之县基干队于中途救回，王等略受微伤。嗣暴众复至潭海乡潮神殿沙田测绘队第二组驻所，将器具册据，复行焚毁，幸该组人员事先走避，免遭伤害。此后暴民分三路向天元镇进发，人数愈形众多，沿途将小三角测量队所设高觇标损毁。于下午一时，抵天元镇，即蜂拥至该镇许氏宗祠内清理沙田第一办事处，亦将该处器皿图册等件完全焚毁，该处主任蒋中强，出向群众晓谕，反被群众将蒋及办事员陆仲高，复丈员骆如舜，一并架去。事后天元镇保卫团及浒山镇第六公安分局，均派队前往兜截，至三时许，蒋陆二人始获自由，而骆如舜则由基干队第一分队救回，均受微伤。

二、原因

甲、远因　年来农村经济衰颓，农产物价低落，农民终年辛勤，衣食不周，困苦已极，加以清理沙田事务，在本县虽迭经举办，悉皆虎头蛇尾，每于未经着手而止，然人民之受其累也，已莫挽救矣。职是之故，民众对于今兹之办理沙田事务亦因以前所受不好印象，而怀疑虑之态度也。

乙、近因　1．本县沙田，系历来涨涂养淡后所开垦，其亩分向不准确，此次清理沙田，举行测丈，类皆溢出原有亩分，清理处按照规定，以此等溢出亩分，必须由原业户出价承买给照，并定有限期，逾期即行标卖，值此灾祸之余，多数农民，欲谋一饱而不可得，何来此笔银钱，承买丈出之地价，因未免引起普遍之怨恨。

2．清理沙田办事处，以经费关系，未能体恤民艰，一味催迫丈溢地价图照费及测绘费，有延误者，每至拘人勒缴，遂使民众益怀戒心。加以一部份地主，为本身补益之被削，未免从旁挑唆，农民固多盲目，因有事变之突发。

三、事后处置

甲、团队镇慑　事发后，当日（四日）下午三时，县长林泽会同余上清理沙田办事处专员吴祥堃，率领县基干队四十名及侦缉队全体探员，乘汽车前往天元镇庵东镇一带镇慑，一面侦缉凶犯，同时调派邻近团队至庵东镇一带协缉，惟暴众自离天元镇后，即作鸟兽散，事态遂趋平静。

乙、人犯处置　当日（四日）晚间，弋获嫌疑犯胡阿细等十余人，嗣后县政府据报，以下垫桥承昌油车号经理吕继祥引擎工人张阿仁，有捣毁该地高觇标嫌疑，经获介来县，审讯结果，认张阿仁不无嫌疑，暂押候示，吕继祥当时保释，于廿四日所有获犯王宗敖、蒋鸿开、王忠康、姚宗标、沈双喜、张如宝、张金岳、沈松标、楼节标、张瑞丰、陈金义、张阿森、张阿仁、胡阿细等十四名，县府派警押介宁波保安第二分处讯办。

丙、1．事发后省财政所善后处置　特派沙田官产〔测〕绘大队总队长马飞杨来姚彻查是案真相，并筹商善后事宜。马氏当于十七日下午抵姚，十九日下午二时三十分，偕同林县长沙田专员吴祥堃及余上测绘队队长钟守白等赴云田乡芦城庙召集沙田区域内各乡镇长暨业户等开会，经决议：（一）暴动案在逃首犯责成各乡镇长随时注意侦查密告；（二）沙田办事处及三角测量队被毁所受一切公私损失，应由就地业户及各乡镇长设法筹款赔偿；（三）各乡镇长及业户对于沙田清丈应切实协助，并担保不再有反抗事情发生。

2．第五特处行政督察专员兼第二保安分处长赵次胜氏，奉省令负责查办是案，特于二十日来姚，表示对主犯决从严讯办。至避祸逃外之良民，当出示晓谕令其归来安心工作。

3．赵氏临行时，面谕林县长召集沙田区域乡镇长洽商善后，林县长当于二十四日上午，偕同马飞杨、吴祥堃、钟守白至天元市许氏宗祠第一沙田办事处开会，计到会乡镇长暨业户代表四十余人，估计此项损失万余元。议决：由各乡镇贴偿四千五百元。其分配负担数目如下：仁寿乡一千二百九十元，庵东镇一千二百五十元，福绿乡三百元，潭海乡六百六十元，漾东乡一百元、崔陈乡三百元，埝桥镇利济乡长河镇各二百元，至缴款期限，定八月十日缴三成，二十四日缴三成，九月一十四日如数缴清，并由各乡镇长切实具结，自愿继续密查首犯，保证以后不再有同样事件发生，于是一场大纠纷，至此完全解决矣。

〔国民党中央民众运动指导委员会档案〕

（2）江苏省

1．国民政府文官处与江苏省政府关于镇压吴县、吴江、常熟、昆山等县农民联合抗租斗争往来函

（1930年1月）

（1）文官处致江苏省政府等公函（1月8日）

公函　第九一号

迳启者：奉国民政府主席交下范寿丰等节略：陈吴县、吴江、常熟、昆山四县佃农，受反动份子教唆，藉口螟灾，联合抗租，形势扩大，请饬江苏省府令饬各该县严办查禁，并修改缴租及仲裁条例，制止农协会非法干涉欠租一案。奉批谕：交江苏省政府并送中央党部。等因。除分交送外，相应抄同原件，函达查照，转陈为荷。此致

中央执行委员会秘书处

江苏省政府

计抄送原节略一件（分抄）

节略

谨略者：窃查吴县、吴江、常熟、昆山为归苏州府属，四县地产饶沃，风气纯良，甲于江右。国省政府之视苏属四县，以其赋税为全苏之命脉，在四县业户之供亿，国省赋税亦以田租为最大之来源。然业户数百年来，优待佃农，例如每田一亩，年有米麦二熟，仅收稻租一次，而收租比例，初不及百分之四十。自国府统治后，复经遵照党纲，实行减租。惟以佃农惑于共产邪说，两年以来，相率观望，蒂欠已多。业户忍痛，赔粮隐忍，未敢上达。本年反动分子愈演愈烈，愈推愈广，劝佃农藉口螟灾，联合

抗租，并教以种种方法。迩来形势扩大，地方长吏，尽力劝导，而反动份子暗中教唆，不使佃农有一线悔悟之机，若再壅于上闻，转瞬恐为湘赣赤地千里之续，敢为先生披沥言之。本年四县，以螟灾歉收，节经省厅委员督同各县政府暨自治区区长实地查勘，八成以下者分别核减，不及三成者一律免租，业户对待佃农似以力从体恤。乃自开收匝月，佃农之深明大体，不沾恶化到栈完租者固不乏人，而如吴县之尹山、郭巷、斜塘、车坊、官浦、甪直，吴江之震泽、同里、北块、溪港、吴溇、城区、湖东、湖西，常熟之归辛、安乡、横泾乡，暨与昆山联界之东塘市、任阳、白茆，与江阴联界之凤凰山、西义等乡，昆山之归新阳全境，暨与吴县联界之甪直等处，竟联合抗欠，昌言不缴，以致业户收税，几无成色之可言。粮从租出，忙漕亦因而停顿，社会金融失其调剂，则国家财用亦失其活动。反动分子幸毒计之得逞，益复利用时机，宣传与三民主义不相容之邪说，诸如租可不完，粮可不纳，官法不足慑，种种言词、标语迭见，而各县农民协会，间有少数分子宗旨倾诐，竟有劝告农民暂缓缴租之议决案。更有干涉县府强令释放之文电，当地小报又复推波助澜，肆其簧鼓，（吴县新苏导报奉令查封时发见劝告农民抗租文件至数十种之多）。似此教猱升木，助长反动，谓非别有作用，其谁敢信。吴县、常熟各县政府有鉴于此，曾具呈省厅请示办法，当奉指令，饬令查惩首要，其意存观望者，并依照向来追租办法严行催缴，以维租赋等因在案。无如反动势力潜滋暗长，各县城厢附廓时见反动标语，虽不尽属抗租，而影响更大。且间有聚众包围区长，恶言胁迫良农不准还租，或只许还二三成。常熟前已严惩首要，租风稍为起色，而上述各处依然固抗，吴昆江三县则共党潜伏四乡，黑夜明火，挨户喝阻良农缴租，虽未查得主一名，而佃农确已经其训练，省厅文告视若弁髦，县局劝谕，尤为轻藐，设意长此捣乱，无法处治，则国税收入，地方建设，社会经济，城乡治安，胥蒙其害。此风所煽以一隅而牵动大局，其害尤有不忍言者，瞻念前涂〔途〕，不寒而栗。除具呈国府请求救济外，素仰先生党国忠贞，中央砥柱，肃清反动，素具热忱，必不忍坐视财赋奥区沦胥及溺务，恳建议国府力主饬由江苏省政府令饬各该县从严究惩抗租首恶，查禁反动宣传，并依照习惯修改缴租及仲裁条例，并制止农民协会非法干涉欠租，以安大局，而弭隐患。幸甚！幸甚！谨略

范寿丰　彭文杰　王福华　刘星薇　袁开驷　沈颂墀
赵诒琛　周积芹　徐子为　蒋廷琛　刘星衔　陆嘉福

中华民国十八年十二月　日

（２）江苏省政府致国民政府文官处复函（１月20日）

江苏省政府公函　字第一〇四号

迳复者：两准大函内开：奉主席发下范寿丰等呈：为吴县、吴江、常熟、昆山四县佃农误信反动宣传，联合抗租，影响社会，恳迅饬江苏省政府令县严究首要，解散胁从，并制止各该县区农民协会非法干涉一案。奉谕：交江苏省政府转饬查明究办，并送中央党部等因。除分函外，相应抄同原件，函达查照办理等由。查吴县等处佃农抗租一案，前据吴县业户暨该县长呈报情形，业经敝府委员会第二四三次会议决定办法，分别饬遵。嗣又据该县长电报西山佃农暴动，殴伤区长王松葆、公安分局长郑佛业，并捣毁区公所及住民蒋涵房屋器具。经电饬多派警队切实弹压，拘拿首要，依法惩办。并函省党务整委会彻查是否有不良分子在内操纵各在案。至吴江县佃农，亦据该县县长呈报：同里附近各乡有集合团结，延不缴租，查获宣传刊物，业已密饬所属拘拿首要等情。并经指令特别注意又在案。准函前由，除分行民政、农矿、财政各厅转饬各该县长查明究办，并饬就近驻队随时协同防范外，相应函复查照，并烦转陈为荷。此致

国民政府文官处

江苏省政府委员会主席钮永建

中华民国十九年一月二十日

〔国民政府档案〕

1.江苏省长顾祝同镇压江都东乡农民抗清查田赋暴动经过有关文件

（1932年10月）

（1）顾祝同致行政院呈（10月30日）

江苏省政府

呈为呈报江都县民，因清理田赋，聚众滋事一案经过情形，仰祈鉴核事：案查江都县清查田赋，无知人民，聚众滋事，前于本月宥勘两电报告，谅邀察及。江苏各县田赋紊乱，以江都为最，洲头里书，因缘为奸。经办胥吏，上下其手，朦混影射，陈陈相因，国家人民均受损失，久为一般人士所共知。清理田赋，所以剔清弊窦，确定产权，上以塞国赋损耗之漏卮，下以厚人民权利之保障，早经前届省政府委员会议决施行，已成定案，只以连年时局及天灾影响，延未实行。本年九月二十日，财政厅根据成案，详订办法，通令各县遵行。江都杨县长卓茂奉命办理，并无错误。乃一般莠民，类如洲头里书及无粮业户等，因恐妨害一己之非法利益，不惜捏造种种谣言（如今旧公尺，大小悬殊，及丈量溢出之田，由田之中心挖去一块充公，并可贿免等语）作为反宣传之材料，以鼓惑乡间愚民。故九月十八日发生聚众情事，经杨县长剀切开导，旋即释然。嗣经该县长招集各机关法团及各区长乡镇长副开会，公开讨论，议决详细施行办法，继续进行。首先在该县东乡着手办理，已有数乡清查告竣，推行颇为顺手，足见该县所订办法，并无苛扰不合之处，更为明显。不意少数无知之徒，受不良份子鼓惑煽动，发生误解，突于本月十九日复有二次鸣锣聚众之事。经杨县长派员宣导，散而复聚，逐渐声势汹涌，竟敢恃众冲城，在杨县长心迹坦然，自问无愧，以为理由极易解释，为免除人民误解起见，许其进城，意在面加开导，对于人民误解根本加以纠正。不料民众各持棍棒，不守秩序，拥入城内，沿路勒命商店罢市，冲入县府，肆行捣毁，焚烧案卷等件，劫夺被押滋事人犯。当时为慎重民命，军警并未抵抗。嗣由保安队及第一路指挥部独立团先后派兵到场弹压，始渐散去。省府据报，一面令饬杨县长妥筹善后，一面电请独立团协助维持治安，事先省府因民政厅提出土地整理计划，关于清丈手续核与财政厅现在清赋办法颇多重复，以为地政整理，系根本之图，必须有整个计划，因于十月十八日星期二第五三六次会议将财政厅清理田赋办法暂行停业，由民财两厅会商妥善后呈候核定，旋经公布周知，是该县一部分人民所怀疑之清赋办法，根本已不成问题，乃若辈茫无所知，二十二日仍复继续聚集，竟致有上述捣毁县府暴动行为；二十三日乡民复聚众数千，围集东南西门，手持棍棒枪械刀杖等武器，并挟柴薪，声言如果不许入城，将架柴燔烧，设法攻入，不服劝阻。并以棍棒打伤驻军独立团张团附及连排长士兵十余人，抢去驳壳枪一枝，步枪一枝，刺刀四把。城上驻军不得已正当防卫，始向空开枪，以期镇慑，致流弹击毙七人，伤九人。省府鉴于风潮扩大，特派韩委员李处长驰往查办，并剀切布告，晓以利害，韩李两委到县后，一方开导民众，解释误会，一方侦察此次暴动主因，消弭祸源，所有该县拘留附和滋事人等，并分别准予保释，以为若辈宜可翻然悔悟，自行解散，不料各地乡民连日仍有鸣锣聚众，并发生鼓动焚区长及乡镇长副房屋情事，省府以江都为江北重镇，夙称财富之区，此次偶因冲动，发生纷扰，百业因之停顿，已受重大损失，现值各处匪共乘机活动，设有不良份子羼入其间，致为匪共所乘，万一酿成意外事端，全县受其糜烂，其祸患等于自杀，心所谓危，〔委〕实不忍，人民误入迷途，自贻伊戚，复经二十七日二次布告，剀切晓谕。乃查各地乡民自目前聚众烧掠，迄未停止。二十七日聚有五六千人在西北乡吉家酒店，方家巷、黄珏桥、三星庵、西来庵等处，焚烧各乡镇长及大户房屋，约十余家，并勒缴人民自卫枪枝及款项，显有匪共行为。是日午间，县党部宣传人员前往开导，亲见暴民中有领袖，手持红棍指挥，并高喊他们是中华革命党，不是我们这个党，快把他们捆起来，投在火内烧死等口号。该员等见形势险恶，纷纷逃回。其中有林委员一人，业被捆绑，拟投火中，因营救迅速得脱。该委员等逃回报称：此次暴民确有共匪从中利用指挥。当由韩李两委员令杨县长、陈局长选派土著干警，化装携枪，前往侦察实情，相机捕拿，另派武装警察一队，前往接应，一面商请驻军李团派兵一营跟往镇慑。旋据杨县长报称：警队已将指挥暴民罗才良拿解来城，另一首要陈友喜被暴民夺回，其他一名因当场抢夺被烧房屋之事主刘金万随身自卫手枪误发击毙等情。当经韩李两委审讯，罗良才供称：我系奉陈友善、葛应兴等的命令，叫我带领四百余人，用警笛指挥，又陈友善手持红旗及红色指挥棒一根，他带领五百余人。拿红旗者共有三人，持警笛者连我共四人，不知道名字，每队指挥一人或持红旗一面，或用警笛一个，总共约近万人，专事焚烧各乡镇长及大户房屋，缴枪勒款，然后成立共会，在司徒庙总集合，前来烧城。又葛广兴他常叫我此后不要说反革命的话。又云：成立共会，我们就有办法，就有着落了。葛广兴常到上海去，我们口号是烧大户、不完粮、不丈田等语不讳。又据报称：在乡间曾见有铲除三十六乡镇，打倒中国国民党之标语，并听得乡民口说，我们要打倒资本家等语。现在迭据韩李两委报告，根据罗才良所供出之首要人名，于廿八日令杨县长选派干警数十名，仍化装携械分赴各聚众地点查缉。旋即拿解葛广兴、陈友善、杨德昌、刘玉山、卜登云、蒋廷保、刘经居等十名，当经韩李两委员详加研讯、供证确凿。并据各法团士绅、各界人等及各区乡镇长以暴民既受匪共利用，情势紧急，祸迫眉睫，环请断然处置，严厉制裁，即于廿九日拂晓将最重要之陈友善、罗才良、葛广兴、杨德昌、刘玉山、卜登云等六名呈准执行枪毙，以昭炯戒。其余蒋廷保等四名，系胁迫附和之流，从轻发落，概予保释，并印多数布告，分贴四乡，说明只办主使要犯及当场指挥首领，其余胁从人等一律宽免，概不追究，以安反侧。省府对于杨县长已往措置，虽系遵令办理，并无不合，惟查此次风潮发生后，究不免应变无方，在江都人地不宜，已电令将其调省，另行派员代理，以便妥筹善后。并转据各方报告，本日各乡均已平息，未有鸣锣聚众情事，经此惩抚兼施，嗣后乡民如不再受匪共勾结煽惑，该县风潮当可从此平息。除饬县政府公安局会同驻军仍遵照省府意旨，从事宣抚人民，严防反动，以除乱源外，深恐一般人士对于此案经过不明底蕴，主观少有错误，则持论不免偏颇，舆论偶失重心，即反动有所藉口，当此共祸潜伏，最易为其所乘，万一星火燎原，其害等于自杀，轸念乡邦，至堪杞抱。总之，财厅此次根据成案举办清赋，为势在必行之要政，杨县长奉令办理，公开讨论，并无苛扰不合之行为，民众初次发生误会，业经一度解释，涣然消除，继续进行，已征顺利，是此次根本上无复行聚众之理由。同时，省府为整理土地，须有整个计划，议决将财厅现行清赋办法，暂行中止，交民财两厅会商妥善后呈候核定，固属因行政上统筹起见，并非由于财厅清赋办法之不良，且案经公布，是人民怀疑清赋之目标，既已根本消灭，尤不应再有藉口之余地。现既查明确有反动份子从中鼓动，乘机暴动，肆行烧掠，供证确凿，事实已甚显明，则是此次乡民暴动，实因煽乱，有人受其利用，以至发生惨变，至堪痛心。现在韩李两委员既已查明真象，业将主使反动人犯依法呈准处决，其余胁从附和概从宽免，并责成地方官及驻军妥筹善后，是此案已告一

段落。除分别呈报并尽量披露，以明真象外，所有此案 经 过 始末，理合备文呈报，伏祈鉴核。谨呈

行政院代理院长宋

江苏省主席顾祝同

中华民国二十一年十月三十日

（2）中央民众训练部黄君禹调查报告（10月30日）

目录

甲、江苏省清查田赋之沿革

乙、江都县第一次清查田赋风潮经过

一、清查田赋委员会及办事处之成立

二、事变之发生

三、事变之扩大

四、党政机关之调处

丙、江都县第二次清查田赋风潮经过

一、清查田赋工作之恢复

二、事变之经过

三、流血惨案之发生

四、党政机关之调处

五、省政府派员查办

六、北乡农民之暴动

七、事变之平息

丁、调查之感想

戊、附注

己、附件

甲、江苏省清查田赋之沿革

江苏省政府于民国十九年间，因各县田赋紊乱，册籍散失，政府征收田赋，都被胥吏中饱，以致政府收入受其损耗，人民产

权毫无标准，曾根据国府明令，决定清查田赋，嗣以天灾人事之影响，迄未实行。民国二十年五月，财政厅提议各县组设清查田赋委员会，经省府三九七次委员会议决照准，由厅通令遵照办理。同年六月前任江都县县长陈肇燊呈报，组织清查田赋委员会。惟如何办法，未据续报，迄未推行。本年江都县县长杨卓茂复遵旧案，于六月一日将清查田赋委员会组织成立，并拟具暂行办法及办事细则，呈经财厅修正指令办理。九月二十日财厅召集财政会议，以江都清理田赋暂行办法，尚属妥善，为治标起见，特由厅通令各县仿照办理。嗣后各县均未报告组织成立，省府复因江都县第一次清查田赋曾发生风潮，且以此案与民厅之土地整理计画不无关系，特于十月二十一日五三六次省府委员会议决："清查田赋，由民财两厅会商呈核后再行办理，并通令各县暂缓进行。"不料江都县第二次清查田赋风潮之发生，适在省府决议暂缓进行之后也。

乙、江都县第一次清查田赋风潮之经过

一、清查田赋委员会及办事处之成立

杨县长奉财厅令清查田赋，即先组织清查田赋委员会，委员八人为：（一）县长，（二）财厅委员，（三）财政局长，（四）建设局长，（五）公安局长，（六）教育局长，（七）沙田局长，（八）商会主席。委员会成立后即拟具暂行办法及办事细则，呈经财厅核准办理。江都县共分十个自治区，清赋委员会以第二区之田赋较为紊乱，尤以军田为多，特先从二区着手试办，遂设立第二区清查田赋办事处，委钟泽远为办事处主任，杨绍南、徐济益等为办事员，成质全等为丈量员。十月月初，即在徐凝门外太阳宫地址设处开始办公。

二、事变之发生

办事处于十月十八日派办事员杨绍南、测量员成质全率同测丁孙贵等，前往距城五六里之丁家坝地方丈量。因与乡民索阅田契，乡民反对，致生冲突。乡民乃鸣锣聚众，包围殴打，直至五时许，复拥至办事处将所有文卷器物衣服床帐焚毁一空。又击伤警士及捣毁镇长房屋等。杨县长据报，当即亲率马弁两名前往调查，乡民见县长人少，乃复鸣锣集合，杨县长拘捕鸣锣乡民，弁兵徐间等即乘脚踏车往追，并向空鸣枪三响示威。讵乡民愈聚愈众，一时集有千余人，将两弁兵包围痛殴，嗣由警队派队数十名前往营救，乡民始纷纷逃散。杨县长回城后，当即将肇事情形电报省府财政厅请示办法，并令饬第二区清赋办事处暂停工作。查乡民反对清赋丈量及与办事处人员及警队发生冲突原因，约有下列数端：

1．办事处人员有舞弊情形（丈量不确，私自索费等）。

2．乡民所有田地，多系自动垦荒，恐为官厅查出处罚。

3．有田无契者恐查出被处罚。

4．有人造谣田亩被清丈后即须纳税。

三、事变之扩大

十九日上午太阳宫附近乡民，又集数百人，在钞关、徐凝门一带对河，阻止粪担入城，经公安局派员劝导，始行散去。二十日晨，乡民仍集有男女老幼数百人，在钞关外至白来寺一带对河各摆渡口，阻止粪担菜担入城，复经公安局派员劝导制止。杨县长于本日忽下乡勘灾，以至城内负责无人，公安局长陈埙森以乡民每日围城，于城市治安大有妨碍，乃同督察长邵会璋、第一分局长廖楚良等在汽车站附近召集沿岸集会乡民加以劝导，勿再滋事，以免风潮扩大。乡民等即提出要求：（一）清丈田亩，不能取费，（二）对于原有田亩，如经丈出溢数，不再补纳地价，（三）对于无契之田请求补契，（四）县政府不得查此次肇事主动人员。经陈局长允与县长商量，乡民认为圆满而散。二十一、二十二两日，杨县长仍未回，以至乡民仍有聚众围城之事，幸经各机关一再设法，剀切劝导，形势始渐趋和缓。二十三日晨，三四区乡民，又集合数千之多，各持农具，齐集徐凝门、缺口一带，意欲进城。该城门驻防警无法阻止，紧闭城门，一时城内谣言甚炽。缘二区乡民已有一部拟进城挑粪担菜，乃仍有多数乡民连合三四两区，以风潮迄今数日，未有负责解决，并恐有侦缉主动，严办凶手之事，遂主张全体进乡〔城〕请愿，并邀得陈家乡长陈元松之同意。嗣陈畏祸退缩，乡民遂将陈之房屋捣毁，陈本人亦被殴伤。并连夜鸣锣集合，于黎明即出发来城，在河上架浮桥一座，当时人众拥挤，有一十余岁男孩，落水毙命。及闭城后，县警察队及公安局，派队前往竭力维持秩序，但无若何效果，后由各法团负责人，齐集独立团团部商议办法，结果请团部出示严禁暴动，并由李团长翰卿等亲往劝解，乡民始纷纷后退，二十四、二十五两日风潮仍未解决，缺口一带，仍有少数乡民徘徊河岸，监察卖菜挑粪，并在各乡菜田阻止摘拔，城内之蔬菜缺乏及粪满恐慌，仍未减于日前也。

四、党政各机关之调处

风潮发生之次日，杨县长即赴乡勘灾，城内负责无人，仅由各机关会商向乡民劝导，苟安一时。对于风潮之解决，则毫无办法。迨杨县长回城后，始于二十四日下午二时乃集各机关法团代表开会讨论办法。到有县府各局、县党部、独立团、县商会等团体代表，讨论良久，仍无办法，最后结果，由县府呈省府请示，静候解决，同时二区区长臧六奇亦令各该区乡镇长开会共谋善后。县党部则训令所属各级党部切实劝导农民。省政府于二十五日由民财两厅派周、许两委到杨彻查，二十六日与杨县长及商会王主席等会商解决目前纠纷办法，决定先由商会分别通告劝导，再由各法团派员分头劝解，至二十七日城内与城外交通才完全恢复，风潮遂告平息。

丙、江都县第二次清查田赋风潮经过

一、清查田赋工作之恢复

江都县清查田赋，因前次惹起风潮，已暂行停止进行，杨县长以清查田赋为土地要政，虽因农民发生误会，聚众反对，现在风潮已告平息，清查田赋自应仍须遵令继续推行，特于原有清查田赋委员外加聘戴天球、龚夔石、石竣三为清查田赋委员，于十月一日召集各委员开会，各区区长亦皆列席，讨论清查田赋办法，会中决定清查田赋仍由第一区著手办理，办事处则改设徐凝门外卧佛寺，办事人员仍以钟泽远为主任，下属办事员四人，清丈员二人，重新开始清查田赋工作。

二、事变之经过

殊不知一般乡民对于清查田赋原因，根本未能了解，而洲头里书等又多方从中煽惑，于是乡民再起集众反对。十九日经杨县长拘捕阻挠清赋工作之农民四人，于是群情徨彻，二十一日各渡口有乡民多人聚集，阻止菜担粪挑入城。第二区区长臧六奇闻信来往劝导，无效。杨县长遂再率警队及保安队前往制止，并拘捕不服制止之乡妇四十七人，带县讯办，同日午后又派警察下乡捕获有主使反抗清查田赋之嫌疑犯顾国万、王小麻子、王长山等三名，翌日由杨县长亲自鞫讯，乡民闻信，即四处鸣锣集众，商议办法，至二十二日晨十时左右，遂有乡民数千聚集于钞关、福运门、徐凝门、缺口、东关一带，一面阻止菜担粪挑入城，一面拟过渡进城，声称援救被捕农民，声势汹汹，守城军警拦阻无效。乡民数千遂用洋松冲开福运门，蜂拥〔入〕城，将县政府捣毁，焚烧卷宗，并救出前日被捕之乡民，斯时杨县长仓皇失措，狼狈逃往中委王柏龄家中请示办法，王即电独立团李团长派队维持秩序，李团长当派高富官率兵一排，马四匹，将乡民冲散，并捕获农民二百五十人，漏夜由杨县长严讯。

三、流血惨案之发生

二十四日晨，东南乡一带农民，因昨夜被县府拘押多人，生死莫卜，一般捣乱分子更藉故造谣，纷传被捕乡民已悉被县府枪毙。于是农民莫不悲愤填膺，群集福运门对河一带，阻止船只往来。独立团据报，急派队出城严防，并登城布哨，隔河对峙，乡民乃将渡船搭成浮桥，汹涌渡河，军警因鉴于前次冲打县府不敢任其进城，恐肇大祸，遂向前竭力拦阻，致起冲突，军警遂开枪，时正十一时三刻，当场击毙乡民七人，伤者十人，乡民始稍后退。

四、党政机关之调处

当福运门惨案发生时，县党部召集之紧急会议，正在举行，除县各执委外，中委王柏龄、杨县长、李团长，建设局长李楹、公安局长陈尧生等均列席，闻福运门事变发生，当场推举郁培仁、林肇龙、王敬亭、石竣四人出城劝导。郁培仁四人出城在汽车站广场与农民谈话，农民要求：（一）将所拘乡民一律释放，（二）以后不再丈量田亩，当经王敬亭代表答复：（一）关于释放被捕农民，自可照办，（二）关于不再丈量田亩一点仍须从长计议，乡民虽已表示满意，但仍集于福运门汽车站守候释放被拘农民。至伤者，即由王敬亭代为延医治疗，死者则暂以芦席掩盖，家属围绕痛哭，呼天抢地，惨不忍闻。

五、省政府之派员查办

江苏省政府以江都县清查田赋风潮，愈演愈烈，真象难明，特派省府委员韩德勤、保安处长李明扬赴江都彻查。二十五日韩、李等抵江都，当即召集杨县长、李县长、李团长及县党部委员详询风潮经过情形，并将被押农民分别详询。韩李两委员对于此次风潮，以为多属乡愚无知，宜从轻发落。二十五日讯问结果，释放二百三十六人，二十六日又释十人，二十七日遂全数释放。至于清查田赋，省府又已有令暂停进行，似此农民要求业已达到，理应各安生业，不再滋事。殊不知此事迁延日久，共党以及地方莠民已乘机混入，鼓动风潮，二十八日北乡十一区农民遂再发生风潮。

六、北乡农民之暴动

当东南乡二区发生清查田赋风潮后，北区农民亦起响应，二十八日城北槐子桥，吉酒甸一带农民集众五六千人，四处焚烧富户房屋，县党部宣传员林肇龙等前往劝导，被暴徒殴伤，县警闻信往援，林始脱险。当场捕获指使纵火之主犯罗才良一名。

七、事变之平息

指挥纵火之主犯罗才良带回县城后，即由韩李两委员详加鞠讯，据供称“我系奉陈友善、葛广兴等的命令，叫我带领四百余人，用警笛红旗指挥，专事焚烧各乡镇长及大户房屋，缴枪勒款，然后成立共会”等语。显系有共党从中指使，翌日又将陈友善、葛广兴、杨得昌、刘王山、卜登云等五名捕获，由韩李两委呈准省府，将该六犯执行枪决，一面布告各乡民只办主使要犯，其余胁从一概宽免，以安人心。主恶既去，良民自各归农，一场民变风潮始告平息。

丁、调查后之感想

此次清查田赋，激起民变风潮，据调查所得，其原因略有：

（一）清查田赋与洲头里书有利害冲突，彼等遂鼓动愚民出而反对。

（二）乡民因不了解清查田赋之原因，以为清查田赋，即是田亩归公之初步办法，莫不惶恐。

（三）县政府对于任用清查人员，未能弊绝风清，难免有不肖份子欲藉此敲诈农民。

（四）农民正值灾后无力负担税款。

（五）农会组织不健全，徒有虚名，未能与农民发生关系，以致事变发生，无法应付。

（六）杨县长不谙事理，持事操切。

有以上六原因，遂酿成民变风潮。现在事变既已平息，杨县长亦经江苏省政府停职调省。此后各地党部对于农会之组织，应予严密之注意，务使农会能与农民打成一片，农民痛苦能由农会代为解除；即使偶有意外发生，农会若得农民信仰，亦可从中调解，使风潮不致扩大，似此“本党为人民利益而奋斗”一语，方不致成为空谈。

戊、附注

此次风潮发生，系由清查田赋而起，欲彻底明瞭其中真象，自非将民国十九年江苏省政府对于清查田赋之决议，及本年江都县杨县长所拟之清查田赋暂行办法，详加研究不可，调查员等曾再三向江都县长及江苏财政厅索取是项文件，皆遭婉词拒绝。故加告书中对于清查田赋，未能将实际情形与政府所拟之办法，详报推究，列陈意见，此点影响于报告书之价值至为重大，故于报告书后附此说明。

调查员 黄君禹 董鸿享

（3）国民党江苏省党部致中央民众训练部呈（11月30日）

呈为呈报江都清赋风潮始末及本会派员彻查经过情形，仰祈鉴核祇遵事：查清理田赋，本为剔清弊窦，确定产权，上以塞国赋损耗之漏卮，下以厚人民权利之保障，是项计划，曾经本省省政府令饬各县遵照清赋办法克期实施在案。江都属本省重要县治之一，夙称财富之区，清赋工作较其他各县尤为重要。惟该县县长杨卓茂在事先未将清赋意义作普遍深切之宣传，致一般乡民明则受其洲头里书之朦蔽，暗则受其匪之煽惑，至使清赋风潮屡发屡剧，终至纠合大众包围县城，并拥进城垣，直捣县府，一时气焰嚣张，莫可息止。本会以其情势严重，内容复杂，曾于第七十六次会议决议“推周委员绍成、葛委员建时前往彻查”在案。经周葛两委员彻查所得，以江都田赋素有军田民田之分，该项军田即为驻防军队充饷之备，而其田主皆为军人世袭，对于纳粮义务，每年概不遵行。同时，复有洲头里书土劣之徒，把持民意，对于清赋命令亦与军田田主采一致行动，以期维持个人利益，并捏造谣言，煽惑乡民作空前未有之妄动，实为一因。同时，无知乡民亦认清赋为收税及交税契之比拟，且际此粮食价格低落，农村经济拮据之秋，亦听其洲头里书之煽惑，相与附和。本年九月间，该县政府在东南乡设置主任，实行举办清赋时，该地乡民啸聚大众，殴打主办人员，捣毁办公处及乡长家宅等。县府闻讯复即派干〔员〕前往逮捕，并揭示申诫，以致乡民更起反感，竟与城市断绝关系，举凡乡区供给于城区各项食料及物质用品之小贩，均拒入城，而表示其不合作态度。城区人民因此而顿起恐慌，复经该县县商会出而调停，始告暂息。迨至十月二十二日突有一部份乡民由东南乡迎城而来，人数约数百左右，当时驻军以人数过多，恐遭不幸，乃力加阻止，无如民气沸腾，被拥入城，竟演有上述捣毁县府之越轨行为。此时，县府不加思索，立饬驻军捕获二百余人，下诸囚狱。而该县所潜伏之共产党徒认为有机可乘，乃假造县府枪毙被捕人民之恶耗，遍处宣传，四乡人民因而愤恨刺骨，竟鸣锣为号，再作集众入城之举，比由该县县党部及商农两会各推代表一人出城调解，并将农民所要求停止清赋及释放被捕人员等人民条件一一接受后始返城，与党政当局确商开释办法。不料此时一部份农民不知为何争执，竟与军警冲突，而赤手空拳之无知农民惨死于枪弹之下者十余左右，同时在西北乡一带又有共匪指挥民众纵火焚烧之举，而乡区长及党员住所均遭殃及，县党部以负有领导民众之责。际此反动势力暴涨之时，为使各乡民众明瞭其事实真谛及侦查反动指挥民众之实情起见，特集合同志，组织三大队出发宣导。当时分派至西北乡者，有该县执委林肇龙同志领导，迨到达目的地后，林即向群众讲演劝导，而潜伏群众中之共匪，竟指使农民捕林殴打，并拟架火烧杀，其他各队员目睹此状，卒以寡难敌众，乃折回城中，将共匪残害本党同志之上述事实及侦察共匪中之主使人物来城报告。当即与省府委员李明扬等召集会议，当经决议，迅派干警数十名，赴乡镇压；同时并另派化装侦探，随带手枪混入群众中，随时侦缉。当时乃将指挥乡民暴动之罗才良、陈友喜、葛广兴、杨得昌、刘玉山、卜登云等六名拿解到县，讯明属实，执行枪决，以昭炯戒。该县长杨卓茂业由省政府调回，风潮于焉暂告一结束，此为该县清赋风潮之经过大概情形。本会以此次事变原因固由于该县洲头里书等徒之挑拨与反动份子之乘机活动，而该县县长杨卓茂之处理无方，亦应负有相当责任。爰经十月廿八日本会第七十七次会议决议：一、江都此次事变应请省府妥筹善后办法；二、此次事变之主使鼓动份子应请省府转饬县府严缉追究，依法严办；三、县长杨卓茂对于此次事变处理无方，酿成命案，应请省府先行停职，听候查办；四、令饬江都县党部加紧宣传工作，切实劝导；五、整理田赋治标办法，既经省府议决停止进行，应请省府迅速另订妥善办法等语。记录在卷。除分别函令外，理合将该县清赋风潮始末及本会派员彻查经过情形，备文详呈钧会鉴核，实为党便。谨呈

中央民众运动指导委员会

中国国民党江苏省执行委员会常务委员　马元放

顾子扬

张公任

中华民国二十一年十一月三十日

〔国民政府行政院与国民党中央民众运动指导委员会档案〕

3. 国民党江苏省党部关于南通平湖保卫团屠杀抗捐农民激成暴动经过呈

（1933年3月24日）

案前奉钧会第2759号公函内开：据本月二十一日中央日报载有：南通平湖镇保卫团因征交田亩捐与农民发生冲突，枪杀农民，激起农变，势态严重等语。查事关农运前途，亟应由当地党

部设法协助政府妥为解决，相应函请贵会转饬办理，并希将办理情形见复为荷。等因。奉此，当经令饬南通县党部遵办具报去后。兹据呈复略称：查平湖镇区公所以征收保卫亩捐酿成流血一案，当据公民殷蔚才等及平湖区长王振纲暨第二区党部转据殷蔚才等先后呈报到会。经提交本会第二十七次委员会议决：推姚委员烨、吴委员建章、周委员梦麟、纪委员贯一前往彻查。旋据姚委员等查复到会，经第三十次委员会决议：转县政府、县法院查照办理各在案。嗣准县政府县法院先后函复到会。兹奉前因，提经本会第三十三次委员会决议依据调查报告及县政府、县法院办理情形，呈省备核在案。理合将本会办理此案经过及姚委员等调查报告暨将县政府县法院函复之办理情形，抄同原呈原函及原颁文电两件，一并具呈文报，仰祈鉴核转报，实为党便。等情。并附调查报告一份，县政府、县法院公函各一件。据此，理合抄同原附件，备文呈报鉴核备查。实为党便。谨呈

中央执行委员会民众运动指导委员会

附抄原附调查报告壹份，南通县政府、县法院公函各一件

马元放
中国国民党江苏省　执行委员会常务委员　周绍成
钮长耀

中华民国二十二年三月二十四日

姚烨等调查报告

奉派前往调查平湖区公民殷蔚才等呈诉区长王振纲枪杀公民及区长王振纲呈报河口乡暴民捣毁区分公所，撕毁党国旗及总理遗像，暨第二区党部呈报并转据殷蔚才等呈同前情一案。烨等业于一月二十四日，二月二日两次赴平湖调查，谨将查访结果缮制报告，即乞鉴核办理。

一、乡民暴动之起因　询据马祝三等申称及程瀚如书面报告

证之，与二区党部呈报相符，区公所之派队会同县警队公安分局警士拘捕沈宏奎等六人，系开紧急会议将了之际，根据陈乡长之子亦若报告。迨沈等被捕解县后，其家属纠集二三百人，向区公所要求放人，经该地绅商劝导，并允负责放人，终无效果。其中有无反动分子从中煽惑，未敢断言。总之，乡民暴动之起因，陈乡长咎有难辞。

二、区公所被毁及劝阻情形　一月十五日，乡民集合二三百人，意图到区公所要求开释沈宏奎等六人，上午十时，区公所邀请马祝三、程瀚如、全晋侯等至岔港桥向乡民劝导，乡民中推李冲保老爷为代表，同至金同太行面商。王区长同马程等允于一星期内放人，并负全责。讵正在商洽之际，桥东乡民忽然蜂拥入市，迳至区公所，斯时王区长驰往陆万昌行打电话报县。乡民至区公所后先将电话总机打坏，中山堂党国旗、总理遗像、门窗户闼什物均被捣毁。第二中队部军械库房玻璃亦被打坏，保卫团见势节节退让，至最后一进办公室，乃开枪示威，以致枪杀民众四人。此区公所被毁及劝阻情形也。

三、枪杀民众　据查有一民众系爬中队部军械库房被团士击毙，其余三人系在办公室与团士相殴所致。斯时王区长不在所内，在陆万昌行内打电话，并据团士皮式型，倪连生云：区长曾关照无命令不许乱动。则当日之枪杀，或为团士误伤，或为其他人之指挥，当难臆断。

四、保卫田捐　该区保卫委员会征收亩捐（每亩二角），经呈准县政府，县保卫委员会备案。并非巧立名目，无案可据之捐也。

查该区因征收亩捐而发生如此大血案，实为地方不幸。惟本案之起因，主管人员及乡长等自应负一部分责任。现在行政司法当局业已传讯，将来水落石出，为期不远，为特将调查经过，连同马祝三等谈话记录，程瀚如书面报告，呈请钧会核议。谨呈

执行委员会

姚　烨
周梦麟
纪贯一
吴建章

抄县政府原函

迳复者：案准贵会第二二〇号函抄送调查平湖血案报告，函嘱查照办理见复等由。准此，查此案发生时，敝县长适在益余区视察抽丁，保卫团接转电话立即折回，亲往履勘。查得肇事实情系由该区摧收保卫捐而起，区长王振纲办事操切，保卫团训练员庸志超督属不严，乡长陈曙舫不洽舆情，颟顸从事，以致酿成事变，当即分别撤职，带案讯办。旋将勘讯各情呈奉省府指令连同案犯卷宗一并移送司法办理。所有伤毙之马盘生等四名，虽有暴徒行为，究属一时之愤，罪不致死。当有家属情亦堪怜，商同民厅吴委员妥办善后，拟饬区查明该户属等家庭境况，提出县政会议酌议抚恤。至被毁平湖镇电话分汇所受损失暨区公所被毁门窗什物等件，据大聪电话公司前区长王振纲具清单图册先后呈报到县，并经分令款产处、新任区长妥筹办理，一面再往该区河口乡抚慰善良民众，严查聚众暴动主要人犯，仍查追损失枪弹，以期严密。上项办法令委拟定具文呈复。兹奉省府令准如所拟办理。又经分令第三区公所款产处切实遵办各在案。准函前由，相应将本案办理经过情形函复贵会查照。此致

南通县执行委员会

县长陈栋　三月二日

抄县法院检察处原函

迳复者：案准贵会函以平湖区公所征收保卫亩捐，发生血

案。经派委调查，复经决议，函请查照办理见复等由。计送原呈四付，报告一件到处。准此，查是案早经本处侦查在案。准函前由，相应函复，即希查照为荷。此致

南通县执行委员会

首席检察官刘世铸

〔国民党中央民众运动指导委员会档案〕

4.江苏省保安队屠杀扬中县农民抗苛捐杂税暴动经过有关文件

（1933年10—12月）

（1）《大公报》新闻：扬中县农民抗税（11月27日）

镇江通信：扬中位于镇江东北，为江苏最小之县份，原名太平洲，以在扬子江中心故名。地瘠民贫，一年税收仅敷该县三个月之政费，财政极为困难。具正税额征银元五千四百余元，附税九万零八百余元。该县民众，前曾以附税太重，呈请省厅减免，并相约不论何人，一律不得完纳，当经县政府县党部据情呈请省方核示在案。乃自省厅核定减免数目后，民众仍观望不前，拒不完粮，并于本月廿一日下午一时许，在第三区德水庙召开民众紧急大会，当场议定继续坚决抗税，并决将县党部、县政府及各机关主管人员住宅烧毁。嗣于是日下午九时许，竟有三四五区民众二千余人，鸣锣召集，至三茅镇将县区党部执行委员兼县政府第三科长张子诚、监察委员刘祯祥、童子军指导员刘余林、宣传干事刘余璠、候补执行委员兼第五区区长张元乔、第三区区长鄂振声、公款公产管理处主任陈凤仁、县商会主席杜宝善、保卫团团务主任杜祥兴等数人住屋一律烧毁净尽。当时秩序大乱，人声鼎沸，赖少数保卫团保护县府，由党政双方急电省方请兵驻摄，该省保安处已派兵一连，前往弹压。二十三日开始，驻防清查。此次之事，是否纯因民众激于怨愤，抑另有政治背景，容探续志。（二

十三日）

（2）国民党江苏省党部抄报扬中县农民暴动（10呈月22日）

案奉钧会第五三三一号函开：据十一月二十七日大公报载：有扬中县农民抗税鸣锣聚众，烧毁党政人员住宅，事态严重等语。查事关农运，其真相如何，本会亟待明瞭。应请转饬该县党部查明具报，并指导其协同政府妥为处理，以免事态扩大。相往函达，即希查照办理见复。等因。奉此。当即派朱克峰同志前应切实调查，并令该县党部会同政府处理在案。兹据朱克峰同志将扬中县暴动详情报告到会，理合备文抄检原报告一份呈复，仰祈鉴核，实为公便。谨呈

中央民众运动指导委员会

计附呈扬中县暴动案报告一份

中国国民党江苏省执行委员会常务委员　蓝渭滨　周绍成　邱有珍

中华民国二十二年十一月二十二日

扬中暴动案报告

暴动缘起及迁怒公务人员之原因

此次暴动发生原因，肇于上次清丈风潮之未有良好处置，前任县长包允恭，以律师资格充任县长，措施方面颇欠妥善，事后以一走了之，制造此次暴动之发生。查扬中地区狭小，人口过剩，以与镇江之甲等区相比例尚不能及。近受农村经济衰落之影响，农民生活异常困苦，农产既不值钱，而以有县政府之设立，种种费用，均取给于此狭小之县区，农民负担，似较吃力。今为农民计算，每亩之产品，仅值七元，而每亩之种籽四角，肥料贰元，

人工贰元，捐税壹元有另，耕田牛工陆角，总计陆元，其剩余仅壹元有余。前次因清丈费的问题，所以引起农民的反映。且扬中虽有县长，其实政权都操在几个巨头掌握之中。扬中派别复杂（素有所谓三大宪、五霸、七雄、四金刚、八菩萨之称）。平时互相倾轧，利用民众作工具，而帮会之盛，尤为各地所不及。该县虽仅一区之大，而有上中下洲之界限甚深，而此种土劣势力，亦各有地段。此次暴动则产生于下洲（即八字桥油坊桥一带），该地帮会势力称为特盛，平时以好勇斗狠为称，致养成强悍之风。当前县长包允恭莅任之始，所谓巨头知伊出身法律界，好谈法律，恐不容彼等势力之存在，遂借清丈之大难题，使包县长稍尝利害，然后再出为转圜，如此，方不失其操纵。故清丈风潮发生之时，一班绅士均作壁上观。讵知无知群众，被领放纵之后，即不易处治。此次焚烧暴动，实出彼等计不及此者也。迨包县长去职冯县长到任，思有以处置粮赋问题，呈报省办理，由省方指令招集会议核减。先召集绅士会议，颇能开诚合作，清丈费减为一半，其余如公安、保卫、教育、党务等等经费不能减少，当然不能满农民之欲望，决议一面由县政府布告完纳，一面由列席会议者先行完纳，以资表率。计固良得，而引起暴民焚烧自己房屋之原因，亦殊在此。盖以列席会议之人，即服务公安、保卫、教育、党务诸机关之人，农民认为他们先行完粮，即系便利自己之收入而已。故疾首痛恨，纠众焚烧泄愤。

暴动时之状况及布置

在未暴动前政府及各机关方面即有所闻，已知各区民众在秘密集会图谋不轨，但以这班糊涂虫(公务员)，平时妄自尊大，既不能深知群众心理，更不知群众力量，以为群众可以藐视，不加理睬，亦不防范，及一夫夜呼，遂仓皇失措，无法应付。当二十一日晚民众爆发，当时情形似甚有组织，分为若干队，每队三十人，有一人指挥备有火油柴草，先用锣声聚众，鼓噪进退，先出种种通俗布告标语（录后）并挨户拉入勒迫，附从者不下六七千人，先烧某区长及党务委员住宅，自备火油，用救火皮带遍洒引火，虽狠坚固房屋，在二三小时之内焚毁净尽。其如有邻近房屋，则用救火水龙，两傍□救，偶有无辜殃及者，犹承认赔偿，且声称不烧政府及公安机关，揆其语气，仅痛恨公务人员，而施以报复，以泄愤也。二十二日复峰拥向县政府所在地之三茅镇进发，口称系向县政府请愿，但至距离三里之卞家桥，即被县警察队隔桥阻止，暴众冲锋几次，遭警察队扫射始退，当场击毙三人，伤一人（未死），现在县区仍在戒严，省方派保安处二连分驻该地，表面虽暂时安定，而一班人心犹未脱离恐怖。

被难者之报告

此次暴动之被难者，除第三四区长之私宅，第五区长仅被拖扯游行一周，住宅未焚，保卫团团务主任杜祥兴，在三涠之住宅一所被焚干净，另有款产处主任被焚房屋一所，焚时民众四面包围，亦无人营救，损失总数尚待证实，现各被难之人具有详细控禀在卷。克峰带同姚康秘密前往调查，该县各方面都不知悉，先从民众方面探得如上情形，随后到扬中县政府。关于被难者之报告录后：

被焚者之报告与希望

到达县政府之后，与县长接谈，适被焚烧之人均集县署，由县长招集会议，克与姚均列席。首由某区长报称焚烧时之情形后，复称暴民手枪、新长电筒甚多，俱系一个式样，八点钟开始焚烧，用皮带灌火油引火，当时暴民拟找寻杨石和之房屋，前往焚烧，被带路人带错，一时捉摸不着，暴民中有人云："杨石和小鬼可以放过他吧"。玩其语气，似乎杨石和其人之地位尚不够被烧之资格等语。又另一区长报告，暴民发动地点在第四区开始放火，在第五区数约几千人，内中十分之八是被胁迫附从的。县保卫团杜主任报告略称：暴众用的鱼义棍子，他们的行为不完全为的是钱粮，虽没什么可以断定是共产党，但他们组织很秘密，发动也很迅速，向三茅镇进行的时候，警察阻挡不住,冲锋四五次，警察不得已才开枪，扬中人素来没有这样的胆子，指挥的人都是流痞，并不是真正完粮的农民，农民完全是被胁迫附从的，到现在暴民还在秘密组织进行阴谋，企图屠杀党务人员，郑警察队长报告：“初四日桥头镇发现布告，召集乡民，下午一时开会，我奉县长的命令前往调查，厂四口地方有一万多人聚集在一处，推测他们的企图，不想攻击警察队，二十二的那天，暴众向三茅镇前进，我们的队伍散开，就在距离三里路程之卞家桥阻住，隔河相持，暴众仍然冲锋，才开始射击抵御，击毙两人，暴众仍是肉搏前进，又击毙一人，由此可以知道他内部有相当的组织，颇有牺牲精神,并听见暴众中发现枪声。冯县长报告这次减粮的事件，在七月间，由包县长呈报，由民政厅批示，归县核议呈报。我到任后，复召集乡镇长会议，就有多数人民拥来这里，问民政厅的批示如何，而民政厅批示直到许多时不曾下来，县政府方面发出布告，劝告完纳钱粮，并请各区镇乡长及党务人员先行完纳，以身作则，藉资提倡。后来民政厅批下来了，复行招集乡区长先行劝告，此时接到报告，知道各处有秘密开会，准备杀人放火烧房，鸣锣聚众等等的企图，许多民众被威迫附从实因民众自己没有自卫力量，如不跟从他，自己的房屋首先就要被毁。带去火油稻草，确系预定计划，第二天向三茅镇的进攻形势，可以知道有共产党的指导。据查所得暴民可分三种：（1）旧有董事，就是被打倒的一班土豪劣绅，因为失了权利，惯说不负责任的话，以作煽动；（2）帮匪流氓。他们都是无业，过不惯贫穷的人，平时对公务人员有相当的嫉视与仇恨；（3）新加入指挥的共产党。又称据报告未肇事之前二日，有一穿西装的人，从泰兴那方面来的，到县属之青龙镇，向人宣说，自称他新由江西回来，江西共产党方面如何的好处，个个都是足衣足食，此人去过后的两天，就发生这样的暴变，暴民并有许多钞票，其经济的来源，不无有研究价值。暴变之后，一班带嫌的人都逃去上海，前有扬中旅沪工商协会寄来快邮代电，可想上海是有机关的，种种标语布告，的确有知识分子的领导与指挥。我到出事地点去，许多乡镇长都不敢来见我讲话，完全成了恐怖现象，因为暴民是他们认得的，见了县长不敢说话，说了又怕招怨，只好不见面，扬中土劣和流氓的潜势力非常之大，其暴动捣毁公共机关，有案可稽的已有八次之多，希望省对于这次暴动有个断然处置。换句话说，要叫省方派专员前往从重的法办。

该县舆论之一班

暴变事发之后，一般人的舆论可分为两派：

一种同情被焚烧的人，谓暴众闹得太不成样了，钱粮系国课，不是他们这干人所能做主的，烧他们的房屋，确实冤枉。另一种人谓农民太苦了，减粮是要的，民厅已经批准核议，这干人是自己的进益，不肯让步，烧毁公务人员也是大快人心。不过都是窃窃私议，非深入群众中是听不到的。且云民众对于这班公务人员恨之甚深，二十二日向三茅镇是向县府请愿，一方面因为杜祥兴及王兰均有住宅在三茅镇，非同时烧毁，不足泄愤。

暴动案关系之推测及其隐忧

这次暴动案缘起于清丈费。扬中此次事变的动机或许受了江都暴动的影响，因为各地民众，对于清丈的负担，都是不愿意的虽从这次暴变过程中没有发现有共产党参加的证据，但自清丈风潮酝酿迄今，已经有了好几个月之久，共产党必然会想出种种方法打入的，扬中人民都以手工业作客外地，受有共产党影响亦不可知，关于种种布置指挥方面，井井有条，看来确系有共党之参杂。又从各方面侦察所得，群众本意只在请愿，并不预备放火，似属臆断。但足以证明共党尚未得到领导，盖共产党之利用机会是其所长，如果共党在有十分把握之下，决不会没有色彩之表现，口号标语亦不致如此散漫而没中心。不过有一班流氓与土劣分子，汉奸关系，亦不认为必无事实，其最堪注意者，即若干逃沪之辈，或在上海有何组织，退一步而论，此次暴动或许无共党及汉奸关系，而此一班逃沪者，在上海得有共党汉奸之接济与指导，其重要性当超过此次之焚烧若干倍。

对于善后之刍见

二十二日之暴众数千人，蜂拥向三茅镇前进，警力单弱，颇不足支持，合镇皇皇，惟县长能于极严重时期独持镇定，应付危局，化险为夷。但对于善后一层，尚未有具体办法，希望省方派员办理，亦不过使省方负其全责。现在各地报告是案重要关系人五六十名，其中分土劣、流氓、帮匪、乡甲镇长、共匪、熟师六种，计六七十人俱在必须严办之列。此种以被烧者之意志为之举动，虽治乱以法，当不能认为毫无冤屈，如此办理，未免使人民仇毒益深。假使失之过宽，启人民轻法之心，宜速派大员先执其尤者即加以正法，余均以附从论，予以宣抚，以安定人心。否则尽驱民众入于反动之途，亦非所宜。

另外为彻底了解其真相起见，拟再派镇江县特务员姚康打入肇事地点侦查，俟真相完全了解后，再可决定最后处置办法。

职朱克峰

十一月二十日

〔国民党中央民众运动指导委员会档案〕

5.国民党中央秘书处为转饬拿办江苏武进天宁寺农民抗租抗暴运动领导人员的公函

（1929年11月7日）

中国国民党中央执行委员会秘书处公函第4114号

顷准中央组织部本月四日公函第二三八号内开：查共党秋收暴动计划，在该党反动宣传刊物教育周刊第三期早经登载，其目的在发展工农群众运动。所谓日常斗争，如游行示威，抗租抗捐，一切暴动行为皆在其执行策略之中。其主要之口号则有下列数点：（一）争取群众公开的活动；（二）争取进步势力影响工农群众；（三）秋收斗争要紧密的与城市工人相联系；（四）秋收斗争与反军阀、反国民党、反帝国主义运动相联系。就上各口号，共党秋收斗争之策略与此次苏省武进天宁寺佃农抗租案情节相似，尤以争取群众公开活动之一点足为佐证。复查天宁寺佃农抗租风潮，既有著名共党领袖蒋何畏、张清法、吴洪泉等为其领导，足征此次抗租风潮为共党从中煽惑鼓动，毫无疑义。相应函达，希即查照转陈，令饬江苏省党部饬令所属党部，加紧训练党员，并恺切晓谕民众，勿为共党利用，一面并转令国民政府饬令江苏省政府对该案从严究办，并将已获案之共犯处以相当制裁。等由到处。经陈奉常务委员批：分别函令照办。除由会令行外，相应函达查照，转陈办理为荷。右致

国民政府文官处

秘书长　陈立夫

中华民国十八年十一月七日

〔国民政府档案〕

6.苏州各乡农民抗租运动有关文件资料

（1936年6—7月）

（1）上海《时事新报》载：苏州保安队屠杀抗租农民（6月27日）

本报苏州廿七日电：苏州各乡农民去冬迄今欠租未缴，县府乃于最近分派委员至各乡区设立公栈催收。廿六日下午三时，齐门外渭泽塘附近各乡之农民与保安队大起冲突，结果乡人死三人，伤八九名，保安队亦受伤四人。除地方法院已派检查官朱树芬于廿七

日下午一时赴乡验尸外，县府亦定廿八日晨派韩科长金同公安局长张汗威下乡实地调查。据闻渭泾塘溇子头有乡人顾子安欠田租卅余亩，廿六日下午三时县府委员马润身带保安队第七大队第一中队第一分队赴乡催租，见顾在田工作，当将顾带至公栈。其时锣声四起，即有数十乡民将租差陈凤山殴打，一面乡人愈聚愈众，至三百人手持土枪及农器等，向公栈蜂拥而去。当顾子安抵公栈后，有徐瑞云到栈说情，亦被扣留，第十保保长徐鹤林得讯，正拟赴公栈调解，不料大队乡人已到公栈，将顾徐两人劫去，初至一小茶馆中，保安队追踪至茶馆前，双方遂起冲突。顾子安当场身中四枪身死，徐瑞云小腹等处亦中多枪身死。徐伯谦弹中小腹，子弹未出，现在苏医治，生命堪虞，袁鸿高亦受伤，来苏求治，中途毙命。徐春泉腰受弹伤，徐小根、徐庭云、徐福山、顾凤春、徐鸣岐、徐继善妻等数人均或受弹伤，或受枪柄毁伤，但均无生命之虞。保安队班长周文斌，遍体受伤，队士受土枪伤者三名，轻伤一名，失踪一名，失枪一枝。现受伤队士在乡保安大队部已派医官赴乡医治云。

（又讯）吴县东乡农民抗租，近来渐趋宁静。但乡农缴租者仍未见踊跃，廿六日下午苏州齐门外渭泾塘距镇六七里之乡村，由驻镇保安队第七大队一中队一分队前往劝租时，以乡民不服，与队士冲突，先由乡农持遍〔扁〕担一条，猛击队士，当时晕到〔倒〕，其余队士捕人时，乡人聚众欲夺队士枪械，队士遂即开枪，时乡人亦携土枪，向队士对抗，结果队士受伤者六七人，连枪失踪者一人，乡人死三人。风潮扩大，当地情势异常严重，保安第七大队部二十七晨据报，即由大队长聂德昭率同一分队队士前往镇慑，并彻查经过，一面由地保报法院验尸。

（2）江苏省党部顾子扬报告屠杀抗租农民呈（7月14日）

案奉钧部陷电内开：查苏州农民抗租风潮，近数日来发生多次，据俭日时事新报纪载，情势更形扩大，农民死伤甚多，务请贵部迅派妥员前往查明具报，以凭核办等因。奉此，当经本部电令吴县党部调查，并妥为处理具报去后。兹据复称：窃本县农民抗租风潮，近数月来迭有发生，前经县府拟定折减收成办法，派委分区坐镇督催，颇著成效。其间至七八两区略有波折，但即平息。近来上栈缴纳田租者纷纷不绝，讵料于租事好转之际，本月二十六日下午三时，第六区渭泾塘第五保娄子头地方，忽又发生风潮，农民与保安队冲突，结果农民方面中弹死者三人，伤者八人，保安队士亦被乡农用土枪木棍击伤五人，失踪一人，事后逃回。兹将调查所得真相及处理情形陈明于后：按渭泾塘娄子头地方，设有临时公栈一所，即在保长许伯良家，县府派有常驻催租委员冯国源，保安队亦奉命派有队士一班，计共十人，协助办理催租事宜。曾有娄子头周村顾子安者，欠缴租米近二十担，折合法币七八十元，延不缴纳。又同村之唐吉林亦有同样抗租情事。二十六日晨，公栈方面根据催租员之报告，派员在周村田间将该顾子安扭带至栈内，责令缴租，结果无效，乃将顾暂行看管，一方面预备将唐吉林等传票，一并解县核办。当租差陈明山等下乡传唤唐吉林，唐初不愿往租栈，租差队士即强制执行，乡民于是起哄，将陈明山等围住，原在公栈留守之队士闻警出发援救，见租差陈明山被农民三四十人揿倒田间，任意殴辱，队士即上前将陈救出，讵是时农民仍不服，鸣锣聚众三四百人，手持土枪木棍铁铲等武器，蜂拥至公栈内将在押之顾子安劫夺而出。保安队士上前抵御抢夺，于是双方即在陈瑞卿开设之万和茶馆门口发生冲突，同时发现枪声，据说顾子安当被劫击时，即向守卫之保安队士劫得实弹手枪一支，向保安队士射击二发，惟顾不谙开枪技术，二发均未射击，旋为队士夺回，而顾于仓卒间遂为该队士连击四枪而毙。是日自下午二时许开始骚扰，至四时许止，乡民方面计死徐瑞云、顾子安、袁鸿高三人，伤徐伯谦、徐春泉、徐小根、徐福山、顾凤春、徐鸣岐等八人，保安队方面计伤队士丁德成、王春苗、方兴和、杨培栋、蔡戌堂五人，或为枪击，或为棍伤，内中丁德成一名性命危险，另有队士李广保一名，带枪失踪，越二日找回，枪存弹失，事后省保安第七大队部据一中一分队长石铁城报告，即另调一分队驰往镇压，维持秩序，并派军医下乡为受伤之农民士兵治疗。县府同时接得催租委员冯国源报告肇事经过情形。除电饬第六区区长范风驰往妥慎办理外，复饬第一科韩科长、公安局张局长下乡实地察勘，地方法院因据该处地保阙明德投报，即由检查员朱树芬前往检验，验毕即饬死者家属收殓。无锡区行政督察专员公署于二十七日晨亦派有张科员濯城莅苏御究。惨案发生后，经各方协力处理，即告平息，未曾扩大，乡民恐怖心理业已怯除，公栈仍以合法手续照常和平劝导催租。查斯案之症结在业佃之机构问题，此次发生之惨案亦不过是机构上不合理所发生之一种现象。故本案之重心解决还在业佃根本之调整，合理的改革，此点不能获得解决，将来甚为危险，反动份子随在均可乘机而入，煽惑鼓动。至惨案善后之责任问题，法院业已受理，当能公平判断。惟就行政手续可得研究者：（1）租差陈明山究奉何人之命而往传唐吉林；（2）租差传唐有无威力行为，激动众怒，经过剖视，租差依势凌人，横加压迫，已为不可掩饰之事实（如该处块上乡乡长张载德兼任役差，平素剥削佃农为人所共知）。行政上自应予以严惩。至保安队士之开枪，如为正当防卫，当不负若何之责任。本部于是案发生后，即策动特务严密侦查有无背景，结果尚无发觉有何显著之证明，惟该处民风素称强悍，开堂收徒，风气甚炽，死者顾子安即属在邦者，平素行为不正。现本部正拟就根本业佃机构问题缜密研究，合理彻底改善办法。至必要时，并拟举行座谈会，邀集关心是项问题之专家，共同商讨，冀能获得结果，转请政府采择施行，而有以根本解决是项累年延搁之严重问题。除赓续侦查该案之背景，严密防范外，理合将调查所得真相及处理经过呈报钧会鉴核示遵，不胜迫切待命之至。等情。据此，理合备文，呈请钧部鉴核备查，实为党便。谨呈

中央执行委员会民众训练部

曹明焕
中国国民党江苏省党部常务委员　顾子扬
张公任

中华民国二十五年七月十四日

（3）中央民运部周建云、吕震书笺呈（7月22日）

案据苏省党部报告，苏州农民风潮刻已平息，惨案责任，已由法院受理，不难判断。惟业佃机构根本问题之解决，尚有待于讨论。按租佃问题，为我国目前土地问题之中心，租佃关系未废，佃业所生问题将不胜其烦。我国除对于土地生产问题外，对于土地分配问题，尤为严重迫切，而佃租制度之不良，实即制成分配不均之基因。据土地委员会调查，我国十六省一百四十四县平均租金，与通常农产收获总值比在39%以上，较诸我国土地法所规定之37.5%尚高1.5%，如浙江、湖南、福建、广东，则在40%以上；山东、山西在50%以上，若以地价与租金相比，则全国租金对地价之总平均为10%强。此外，如租期短促，对于土地利用影响殊大。土地委员会所统计永佃占21%强，定期占70%，不定期占7%。所谓定期者，亦在一年一计，故我国之佃租期限太短，使佃农不爱护其土地，实行掠夺农作，地力因之日减，农民生活亦日坏，社会问题亦随之发生。况缴租方法，多为佃农送租，运输损失，无从得价，正额之外，且有需索，租约甚至订明“丰歉不减”。因此，佃农生活，危险更甚。佃农、雇农在全国约占25%强，在东南沿海及长江中部所占成数极大，故东南沿海及长

江中部区内尤应以解决租佃问题为急务。本案拟函请苏省党部会同省政府对于解决目前佃租问题即早根据本部土地政策、法规，拟具办法，在苏实施，以期逐渐推广。是否有当，敬请核夺。

职　周建云　吕震东　谨签　七月二十二日

〔国民党中央民众训练部档案〕

（3）其　他

1.国民党中央民运会黄君禹调查宿县灵璧县农民武装抗捐抗暴斗争经过有关文件

（1932年8—11月）

（1）《中央日报》载：皖北灵璧农民暴动（8月10日）

灵璧全县农民，鉴于宿县民众，因抗缴烟税结果胜利，并得该县现在军政当局抚慰，灵民因亦啸聚三千人，支（四日）微（五日）两日，集合五区，将区公所捣毁，声言索回已缴烟税。区长张汝南，乘机脱险来徐。警察队长李慎，五区公所会计李翰卿，均被农民击毙。鱼（六日）暴民北侵，至尤集杨山，阳（七日）午又展至八区宝里乡，将该乡长掳去，迫令担任指挥。庚（八日）又犯近铜镜之杨楼、双沟一带。该股暴民，每占一处，即断绝交通，威胁就地农民一概参加，声势汹汹，似有共党从中操纵。铜镜各区长庚（八日）呈县告急。

（2）中央民运会致蚌埠警备司令函（8月27日）

中国国民党中央执行委员会民众运动指导委员会公函　字第2510号

迳启者：据报载：皖北宿县及灵壁县农民，因追索已缴烟捐，发生暴动等语。本会以其事关农运，业经分电安徽省党部、省政府会商转饬持平处理，迅谋解决在案。兹为明瞭事变发生真相起见，特派本会职员黄君禹同志前往实地调查。除分函外。相应函请查明，饬属妥为保护。至纫公谊。此致

蚌埠警备司令蒋

中华民国廿一年八月廿七日

（3）黄君禹报告第　号（9月4日）

为报告事：窃职此次奉派赴宿灵两县调查民变真相，遵于八月卅日起程，是日夜间安抵宿县。翌日闻县东北乡农民再起暴动，农民领袖王效白于卅日夜回时，率众三千余人围攻时村，该县警备队及区乡保卫团，前往救援，缴战颇烈，双方死伤五十余人。驻军第九师独立旅第三营亦参加作战。九月一日，县长章世嘉亲率队进驻灰古，职亦于同日星夜驰往调查。二日始抵时村，时王效白围攻已三日，未能得手，暂稍退，准备再大举进攻，村寨四面枪声时闻，情形严重。此次农民复起暴动之主要原因如下：

（一）前次农民暴动，围攻村寨，撤毁土劣房屋，一时土劣纷纷逃窜，后风潮平息，章县长出示严禁农民复仇，鹤山农民刘某因撤毁土劣刘清房之房屋，且被县拘办，于是一般土劣，莫不眉飞色舞，认为复仇之机已到，凶焰再张，各乡农民皆惴惴自危，恐大祸之将及矣。

（二）略

（三）略

大呈

杨
萧　秘书转呈
张

陈　主任委员钧鉴
王

职　黄君禹　谨呈
九月四日于宿县

（4）黄君禹报告第三号（9月五日）

为报告事：顷据九师独立旅周旅长开勋报告："王效白等经宿萧两县警队及驻军夹击，寡不敌众，败退至萧县灵壁交界之梅山张家寨一带，被围缴械，余众溃散。王效白被捕，同时被获计廿七人。王效白现押萧县第十区区公所。宿县章县长已赴萧境之云衢，面晤王县长商提王效白等回县法办"。等语。右呈

杨
萧　秘书转呈
张
陈　主任委员钧鉴
王

职　黄君禹　谨呈
九月五日于宿县紫云楼旅馆

（5）调查皖北宿县灵壁县农民暴动报告书（1932年11月）

引言：年来本党对于农民运动，实等于完全停顿，以致农村中传统的剥削体系，不惟依旧存在，且益形猖獗。他们这种封建式的旧军阀、贪污的官吏、豪强的地主绅士们所构成的剥削阶级，都是由上而下，层层相因地来榨取农民的血汗，摧残农村中的生产份子，促成全国农业生产的崩溃，使占全国人口百分之八十的农民们生机断绝。我们试问，年来国势日趋贫蹙，赤焰愈形

嚣张，到底祸源在什么地方？这些祸源的促成者，无疑地是这般农村中的剥削阶级。一般愚蠢而温良的农人们，处在他们剥削的铁蹄下，只有两条路：第一，去当兵，为匪；第二不堪压迫，起而反抗，在反抗的高潮中，每易走入歧途。所以，这次皖北宿县、灵壁县的农民暴动，就是后一种现象的表现。兹除将调查后感觉到应火速赶办之点，另行摘要呈请核办外，谨将调查所得，分述于后：

宿县农民第一次暴动

宿县在安徽的极北部，与江苏境毗连，津浦铁路由县的西门通过。全境大约有二千七百方里，人口是八十三万，人民大都从事农业。近年国家多故，政治不良，官吏贪污，土劣肆虐。宿县的农民处于重重压迫之下，痛苦穷困，如水益深，火益热。今年六月军阀与贪污土劣，勾结勒逼烟苗税，致一般农民被逼暴动，事实是这样的：

甲、暴动的起因：

1. 远因：

A区公所之滥行职权。民国十九年中央为推行地方自治起见，曾令将各县划分为若干区，筹办地方自治事宜。宿县在那时就遵令划分为十区，并选派学生李心铭、张淑云、孙贻恭等赴安庆考入区长训练班。这一批学生毕业后，多回县任各区区长，地方呼之为实习区长派。彼等受任为区长后，对于地方自治应办事务，毫无建树，反与军阀贪官勾结，以剥削农民。于是筹办地方自治之区公所，遂一变而为贪官土劣之大本营。一区公所之组织，几等于一县政府。平日诬良为盗，断曲为直，不惜以种种卑污残狠之手段，收括民财。农民稍有反抗，轻则吊打非刑，重则实行屠杀。农民受其荼毒，都是敢怒而不敢言，怨毒久积，有机即行爆发。

B地方保卫团之助桀为虐。宿县各区，皆有武装团练，名为地方保卫团，设一区团总率之。各区保卫团人数至不一律，多者如濉溪口区之保卫团有四五百名，少者亦有二三百人。彼等名为保卫地方，实为土劣鱼肉农民之工具。各区区团总多为土劣所把持。凡有苛捐杂税，即由保卫团武力征收，农民无力缴纳时，则肆行拘捕，施以非刑，或夺其耕牛，以抵税款。一般农民，辗转于保卫团铁蹄之下，久思报复。

C小银米之苛征。查小银米苛税之来源，由于倪嗣冲长皖时，有疏浚濉河之举，沿河各县，按照户口征工挑河，名曰挑河工。后以按户征工，富户多有规避，未能普遍，遂改照征收钱粮的方法，按照地亩征工。自此以后，土劣凡有诛求，悉援此例办理。所谓区公所行政费也，保卫团团饷也，名目繁多，悉以此法，征之于民。地方人民以其依照地亩额征收，而又非钱粮正税（地方人称钱粮为大银米），故称之曰小银米。此种小银米苛税，征收之额至不一律，因各区开支不一，保卫团之人数多寡相差亦巨也。此种小银米，由区长分四季任意向农人苛索，无报销，亦不必在县存案，故一般土劣藉此剥削农民以自肥，所征之数目，每年有超过正税竟达二十倍者。区长之稍具人心者，则征额稍轻，然亦超过正税至十一二倍。宁非骇人听闻！一般农民多无知识，土劣凡有需索，只有尽力输将，不知问，亦不敢问也。

D地方土劣之乘机鼓动。宿县自民国以来，地方绅士，党派纷歧，五光十色，应有尽有，大约分为：

旧绅派：周玉山、王少清、徐仲山、晋书丞等属之，以周玉山为领袖。

新绅派：笑面虎陈雪香、薛禾萱、周树堂、陈西林、神弹子李隽生、黑骨头惠四等属之，以陈雪香为领袖。

新新绅派：马佑堂、马星五、神枪手马济民、陈铸九、陈云桥、蒋华石等属之，以马佑堂为领袖。

福履民生社：以夏福堂为首领，东北各区党员多属之。

小攺子派：即共党之自首者，以孔禾青为首领，此派在教育界中颇占势力。

实习区长派：李心铭、张瑞亭（此二人为此次勒逼烟款激起民变之祸首）、孙贻恭等属之。

宿县绅士，派别既多，倾轧亦极剧烈。此派一起，则对于彼派，自首领以下至附从者，一律施以严厉之报复，是故一派失势，不唯其首领出外流亡，即其下级党徒，亦不能在县安居。于是失势者愈聚愈多，不惜以种种方法，引藉任何势力，以攻击其敌派，必至其失败下台而后已。于是循环报复，无有已时，而地方福利安宁不可问矣。此次农民暴动，主要原因虽为反抗苛税，而新绅派从中鼓煽，以冀推倒新新绅派，亦一原因也。

2．近因：

苛征烟苗税：我国自鸦片战争以后，创巨痛深，举国上下深知鸦片之为害，实足以亡国而灭种，故自政府以至于社会，皆一致坚绝反对鸦片。本党总理，对于鸦片之禁绝，尤抱决心。曾说："鸦片为人民之公敌，如政府有敢征收一文钱之鸦片税者，人民应该起来打倒他。"但自本党统一全国以来，因为未能将封建残余之势力彻底肃清，致使烟祸重行猖獗，川滇黔湘鄂赣冀鲁闽粤等省都遍行种植，安徽省也就在陈调元主皖的时候，沦于烟祸之中。宿县因交通便利，种烟也较他处为早。在王均警备津浦路线的时候，他保委陈吉庭为宿县县长。陈氏到任之后，厉行鸦片政策，提倡种烟，不遗余力。为裕烟税之收入起见，更行强迫种烟，勾结地方土豪劣绅，倡行鸦片公卖，设局征税。现在宿县东关外有烟土行七十八处，每届烟收之后，土客云集，烟务繁盛，蔚成大观。全县吸食鸦片异常普遍，有十一二岁之儿童亦吸烟者。入夜，东关一带贫民窟之茅棚中，莫不烟雾腾腾，个中居停，什九皆为黑籍中人。吾人岂料距首都不过数百里之地方，竟另有一鸦片世界！官厅在东关设特货检查所，专查烟土并包运烟土，由宿县运至浦镇，每两运费一角二分五厘。特货检查所每日此项收入可得七八千元至一万元，而烟苗税收入之大，征收之苛，尤足惊人。兹将去年与今年征收烟苗税之情形，分述于后：

A去年征收烟苗税之情形

△征收手续：征收烟苗税时，先由乡长向农民征收，征收后缴筹备员，由筹备员缴区长，由区长再缴县政府。但经过一次手，必剥削中饱若干，缴至县政府时，不过全数三四分之一。去年全县烟苗税共征收九十万元，其分配为省府若干，军部若干，县政府若干，大部份则由经手之土劣分润之。

△征收方法：由各区长将农民所报之烟苗亩数，呈报县政府，县政府按各区之报告，酌量派款若干，由区长负责收缴。农民去年每亩缴烟税八元至十元。

△每亩之产土量：去年每亩产土，平均可达七八十两，当时之市价，每两约值大洋一元，统计每亩除缴税而外，可得净利六七十元。官厅虽获巨税，人民亦得大利，官民均甚满足。故今年种烟者尤多，占全县土地十分之二，而今年官厅征收则亦尽巧妙搜括之能事。

B今年征收烟苗税的情形

△烟苗之正税：官厅规定每亩烟苗税十元，又县长区长公益费（即提倡鸦片之公益）各一元，各区筹备员、庄长各一元，各集办公费一元，共计洋十五元。后每亩再加十成，总共每亩须缴税十八元。

△额外之勒索：官厅以去年征收烟苗税手续未能完备，故一般农民以多报少，致影响烟苗税之收入。今年为防备此流弊而裕收入起见，特设大批烟苗查勘委员，往乡间调查。此等委员，多系地方有势力之土劣，及县政府之恶吏，平日对于剥削农民富有经验，今既得一烟苗税好题目，于是种种惨无人道的方法，都尽情使用出来，以勒索民财。兹将额外勒索各项，胪列于后：

（一）登记费：县政府派委员下乡调查烟苗时，先令农民登记，农民每亩须缴登记费三元，纸笔费一元；此外还须缴委员费，委员招待费，此项收入，为委员私人之收入，不报县政府的。

（二）勘验费：县政府为恐登记不确，再派大批委员前往各区勘验。农民须缴勘验费，每亩三元，此外仍须缴委员费，委员招待费等。

（三）测量费：县政府因勘验或再不确，故再派大批委员分往各区实地测量，农民除缴纳测量费每亩三元及委员费招待费外，尚须缴（a）绳子费及绳子贿赂费。当委员测量时，以绳子为测量器具，农民每亩须缴纳绳子费一元。在测量时，绳子之曲直及施行他种手法于烟苗地之多少有关，农民如能施行贿赂，则可少算亩数。（b）插橛子费。在测量后，每块地须插一木橛，上书某区某乡某人种烟若干，农民须缴橛子费每个一元。此项橛子不得失落，否则以十倍处罚，所以农民于夜间即将橛子取回家，以防失落，白日仍将橛子置原处，以备委员不时之查验。宿县城内有一委员，以四角钱造橛子，而收得橛子费八百元者，可谓一本万利矣。（c）拔橛子费。木橛经委员插入烟苗地之后，收烟后仍不得任意拔出，必须委员亲自去拔，农民又须缴拔橛子费，每个一元。（d）纸笔费。在测量时所需纸笔墨等，农民又须缴费。

（四）复查费：经过测量后，恐仍有遗漏。换言之，即恐农民脂膏尚未榨尽，县政府再派委员复查，农民须缴复查费每亩三元，及委员费招待费等，委员即以旧册去复查，如有遗漏则照十倍处罚，农民无法，只有施以贿赂。

（五）再复查费：此再复查是查上次复查的遗漏者。农民每亩依然缴费三元，及委员费招待费等，如此再三复查，竟达四五次之多。查一次，农民便糊糊涂涂地受一次罚，纳一次贿，而于事实仍无所补。再三勘查之结果，使农民不知究竟谁为负责之真委员，亦不知此种查勘究至何时为止。

△委员的委员：县政府委下大批委员，此等人多系地方头等土劣，不愿亲自下乡，遂由该委员等转委若干委员，于是层层转委，一直委到五六次，最下层的委员，才是亲手剥削农民的。

△委员的谘议：委员们感觉到欺诈敲剥农民，恐有好事的人出而捣乱，乃妙想天开，多方设法延聘此种人物为谘议，月给维持费四十元。

△观色掌杆员：县政府因恐农民负担太重，届时不能悉数缴纳，就赶造了二十四两一斤的大秤一百二十杆，以备农民无钱缴税时即用此秤征收他们的烟土。每个秤委一个委员掌管，名曰观色掌杆员。观色者，观察烟土之成色也。

这一般烟款委员们，由上到下，无虑数十层，个个张牙舞爪，准备吞噬农民。他们恐怕农民们刁滑狡赖（委员们看农民都是如此），不肯尽力输将。于是争夺斗巧地想出方法来对付，其中以十区时村之土劣马佑堂、马星五、马济民、胡泽甫等所用的方法最为惨酷。他们在未收烟前，就请铁匠多人连夜加工赶打铁炼数百付，以备农民无力缴款之需；另外有一种“鼻捺子”穿其鼻，如牵牛然，牵往推行地方自治之区公所内法办。亦有嫌前两种方法费事，仅将犯无力缴款罪的农民，把他的头和马头缚在一起，由委员骑在马上，带回法办者。

△征收烟苗税的情形：今年官厅拟在宿县一地征收烟税三百万元，于是在五六月间收烟的时候，一般委员们遂率保卫地方之保卫团，如狼似虎地往各区征收。农民因今年春荒，兼以烟之收成亦坏，每亩只能收三四十两。今年烟价又低，新烟上市，每两只值三角，平均计算每亩只得十二三元，而查苗时已经若干次之剥削，连同正税每亩需缴四十余元至七八十元之多，当时民力已尽，虽将地卖出，亦不能偿税。且正值荒后，地价低落，寻买主亦至不易。于是委员即先以二十四两之大秤，将农民所收之烟土秤去抵税，不足则将耕牛牵去抵税，再不足则将农民拘押，严刑

追逼。故农民一闻委员下乡，则四出奔避，如丧家之犬，留老年妇女在家应付。杜工部的“老翁逾墙走，老妇出门首”，不图竟为今日写照。以上所述种种，非身亲目睹者，将訾为荒诞，万难置信也。

乙、暴动之发生：

1．暴动之初起：这一般委员们在乡征收烟税，横暴万端，头两次老年妇女环跪哀求，倒还动了一点恻隐之心，及至第三四次，如壮年农民不在，则对老年妇女也一律待遇。这时第九区陆疃地方，就有委员们酷打跪求的妇女的事，于是一般老年妇女被逼不过，群情愤激，相约数百人，手持链刀木棒，与委员拼命，警兵见势逃去，委员遂被妇女们用刀砍伤，狼狈回城，报告匪警。地方保卫团即出动剿灭，施行屠杀。于是官民械斗，遂以开始。

同时，第五区顺河集有一农民，名叫王效白，现年三十四岁，家居顺河集东南二里许之王家场，世业农。有田七八十亩，父在，母于去岁逝世。王曾卒业于宿县省立第四中学，后执教鞭于地方小学，为人使气任侠，好打不平，一般乡人皆极敬重他。这时他看见这一般烟款委员们的横暴，民不堪命的情形，遂召集各区乡农民起而反抗，在陆疃事变一发生，他就开始率领农民反抗烟税。第五区区长李心铭、区团长张瑞亭就诬他为共产党，率领地方保卫团去拿办他，两方在新集子相遇，实行激战，李张败逃回城，请求陈吉庭援助。陈氏一面派警察队出发，一面急电王均，报告共党暴动，请派兵剿办，在七月中间，第七师辎重营及全县的警察就出动了。

2．暴动的声势：那时候一般民众都久受压迫，起而反抗，大家抱了死中求活的精神，不期而集的有一两万人，辎重营将到厌古堆，就被民众们围着，后经营长出面解说，始得狼狈返城。陈吉庭见事不成，又请十二师曾万钟派六十八团往剿，六十八团到了宿县，观察实在情形，知道是贪污土劣逼民暴动，就和陈县长说："我们革命军枪口不对民众放的，你如想屠杀民众，可以请高明"，就把队伍开走了。陈吉庭这时黔驴技穷，只得再朦骗蒋鼎文军长，请派军剿共。蒋派马昆旅长前去相机行事，临行时蒋对马昆说："在江西，我们剿共产党已经剿得不少了，我们不能让贪污土劣再制造共党。"当然，事实是遮掩不著的，马昆见是农民反抗贪污土劣，自然也不肯打。在这时候，王效白率领农民，浩浩荡荡攻破陆疃、顺河渠、王场、灰古堆、夹沟、桃沟等处，七月三十日就把土劣最后的大本营时村攻破了。时村周围数十里的妇女们，都来为农民送饮食，他们队伍所过之处，秩序井然，除了土劣烟款委员筹备员的房屋被毁，家产被抄外，真是秋毫无犯。时村既已攻破，土劣马佑堂、胡泽甫仓皇窜匿在灵壁县境的冲疃地方。

3．农民内部之组织：设总指挥一人，众推王效白担任，副总指挥众推马凤山担任，民众基本队伍的组织，共分十三大队，每队之下再设分队，凡是为打倒贪污土劣作战受伤者，由民众捐款医治，阵亡者由民众捐款抚恤。

4．农民的要求：第一取消烟税；第二取消小银米；第三严惩土劣李心铭、张瑞亭；第四通缉土劣马佑堂、马星五、胡泽甫等；第五取消土劣指挥之地方保卫团，由人民自动组织庄会，保卫乡村；第六保障王效白之生命财产，凡参加此次暴动之民众，概不追究。

丙、党政机关之应付

1．党部方面之应付：宿县的县党部，一共有五位同志负责，组织是缪海鸣同志，宣传是陶达源同志，训练是杜全铎同志，常委是杨艺舟和樊德荫同志，在中央各部改称委员会已经有了半年多，宿县党部的同志们仍然是称什么部部长的。全县的党员二百七十多人，里面十分之九是公务人员和教育界的人，农人、工人的成份绝少，至于农人运动，早已光沈响绝，声息全无了。为国民会议的选举而速成的农会，本来是有十个区农会的，可是现在除了一两处还有块招牌而外，其余是连招牌都不见了。农人们自始至终就连农会这个名字未曾听过，自然谈不到发生关系。所以，此次农民运动，党部事前是毫不知道的。但是，征收烟款的委员筹备员们，到有许多是党员的。譬如此次逼起暴动的祸首李心铭、张瑞亭，一个是区党部的负责人，一个是前县党部委员，在贪污龌龊为人所不齿的陈吉庭被撤职查办的时候，一般土劣假藉地方团体名义，通电挽留，通电后面赫然列著宿县县党部的名，而李心铭和张瑞亭被蒋鼎文在蚌扣留，宿县和蚌埠的区分部又纷纷来保释他们（这些都是蒋鼎文同志在蚌告诉调查员的），这便是本党皖北的下级党部！我们试问：本党若以这种下级党部为基础，如何能担得这艰苦救国的千钧重担！如何能抵抗暴日！这问题初看似乎只是关系下级党部的小问题，但是仔细想来，是整个党的问题，整个国家的问题，关系非常严重。自然以这样的党部，在农民暴动一发生，他们的主张只能跟著贪污土劣走，就是内中有一两位好同志，也只能在开会的时候，主张剿抚兼施，以相应函达的公文，送往县政府，并于事后印发告民众书，责任就算完了。

2．政府方面的应付：

A陈吉庭的倒行逆施：这次农民暴动，完全是由陈氏勾结土劣，剥削民众而起，而变起之后，陈氏不知悔祸，反而诬民众为共匪，请兵剿杀。殊不知七师辎重营失败之后，六十八团又不肯打，陈氏遂陷于进退维谷之中。这时陈之后台老板王均适奉调剿共，津浦路警备的责任，由第二军蒋鼎文担任。军委会并令蒋负责处理宿县民变的事件。蒋氏目睹陈吉庭之贪污，致激起民变，遂电请将陈撤职，遗缺皖省府以章世嘉接充。

B章世嘉之顺从民意：章世嘉于七月廿四日接任视事，廿五日召集地方绅士们开会讨论应付方法。当场决议：（1）由县政府布告不收烟捐，（2）派代表贺潮澄、周树堂等赴各区劝慰民众。三十日章亲赴东北乡，驻灰古，闻时村被民众攻破，土劣马佑堂等逃遁，章即电蒋鼎文、吴忠信、罗良鉴，报告马佑堂、马星五之劣迹，并函灵璧县孙县长克宽协捕。一日发告民众书，允许民众：（1）不收烟苗税，（2）取消小银米，（3）严惩土劣，（4）以往聚众事概不追究，（5）允许人民自动组织联庄会，保卫乡村，（6）死伤民众由县抚恤其家属。

丁、暴动之平息：各代表携章世嘉告民众书，往时村劝慰，一般民众皆欣然解散，释兵归农。王效白惧祸，率八十余人往陆疃鹤山。章世嘉返城之后，一班新绅派绅士自告奋勇，邀请王效白入城。八月七日，王入城见章世嘉及九师独立旅周开勋旅长，章面允严办李心铭、张瑞亭、马佑堂、马星五、胡泽甫等，一场暴动风潮遂暂告平息。

宿县农民第二次暴动

宿县农民第一次暴动，自五月底起至八月初止，为时两月有半。参加人数几包括东北乡全部的农民，各区人民生命财产的损失也很重大，至于地方秩序的破坏，全县人民精神上蒙【受】的损失，更非可以数计。但是，事变平息不到半个月，第二次的暴动又起了。

甲、暴动前两件值得注意的事：

1．王效白之返乡：在第一次暴动后，王效白的声名就大噪起来，一般人对他都很重视，他经新绅派周树堂、薛禾萱等的挽劝，八月七日就返城与章县长、周旅长晤面。章、周对他备极称许。章并有请他组织联庄会、自卫乡村之说。王效白就安心在财政局住下，过了两天，夹沟方面又有少数人滋事，王效白就自告奋勇，请下乡去处理。章世嘉的意思欲留王在城内多住一会，以免回乡另生枝节。当时周树堂、薛禾萱等就担保王下乡不会有其他变故，王始得于翌日返其故里顺河集。

2．共产党及无极道等之活动：当八月十一日，王效白还在城里的时候，城西北乡第八区属之古饶集（距符离集十五里），在那天晚上，突有数十武装暴徒，袭击保卫团丁排，欲围缴枪械，丁排突围逃出报告，县长即派警察第一分队房树桐率队往剿，十三日暴徒就被打散了，当场击毙蔡宝贞一名，捕获宁怀善、张二敦、周骚乎三人（见图），并共产党的标语（见图）和会议纪录小册多件。从文件里知道，他们此次的首领名周永水，同时皖北著名的共党董小岩、朱学孔、郑殿五、曹学荣、赵华堂等由沪潜返夹沟一带活动。他们都想利用这次农民暴动的机会，来造成赤色恐怖的。其他尚有灵璧宿县交界地方的无极道。……这是一种农民在天灾人祸交迫中想求出路的一种迷信团体……和红杆子会，时时都有聚众滋事的小纷扰。

乙、暴动的原因：

1．县长章世嘉之欺骗民众：章县长在调解第一次暴动的时候，曾发告民众书，允许民众六个条件，等到事变平息，他就不打算履行了。

A关于征收小银米：章于八月中旬出示通告征收治安费，有“治安费为各区团饷项，不得以苛税并论”的话。其实仍是正税及附加以外按照田亩征收的一种非法税即小银米。查宿县全年钱粮正税为十二万元，警饷子弹服装费之附加，当正税百分之六十弱，全年即有七万余元，以之豢养警团，当足以捍卫地方，即云不足，则辅以民众组织之联庄会，则地方何虞匪患。且地方保卫团之勒逼苛税，鱼肉乡里，农民受害已久，不知章果何所爱于保卫团，而孜孜为之措筹饷项？

B关于严办土劣：章世嘉于民变平息返城后，八月七日曾由县出票拘办勒逼烟款之土劣马佑堂、单幼昆、胡泽甫等。拘票于七日签发，竟延至廿一日始行发出，而应拘人犯，早已逃走一空，月余以还，未闻惩办土劣一人。而曾经章世嘉函请灵璧县协捕之土劣马佑堂、胡泽甫等，且于八月廿七日明目张胆，重返时村，亦不复闻章县长有拘捕之议矣。

C关于保障民众安全：前次章曾允民众以不咎既往，以安人心，殊不知事变平息，即接受土劣刘清房之控告，出票拘传前民众队长刘清霭；同时土劣陈晓晨、陈云樵，实施贿赂，由县出票拘捕前次捣毁土劣房屋之农民多人（见王效白八月廿七日复十区区团长李利三函）。至是民众咸觉惴惴。

D关于联庄会：章于八月一日告民众书中允许民众自动组织联庄会，自卫乡村，民变一平，即行反悔。以为允许民众组织联庄会，有碍县政府行使职权，未便照准。

2. 新绅派之鼓动：此次驱陈（吉庭）拥章（世嘉），新绅派出力最多，新绅派之拥章，盖欲使章受彼等利用，章之科长潘鲁安有鉴及此，遂劝章联新新绅派以为抵制。于是章返城未久，新新绅派中渐有人回县，与章接洽，此事为新绅派所知，大用疑惧。遂鼓吹王效白再起事，彼等在城内为呼应，以便彻底肃清新新绅派，并威吓章之就范。

3. 共党从中煽惑：在第一次暴动后，著名之共党董小岩、朱学孔、徐明古、郑殿五等，相率由沪返宿，俟机活动。彼等深知若直接鼓吹赤化，必遭民众之反对，不若利用王效白为掩护，暗中工作。于是当王效白尚在城内时，彼等即派与王最接近之窦仪敏前往游说，并加以恐吓，诱王再起。

丙、暴动的经过：当王效白由县返家的时候，一般参加前次暴动之民众队长，如刘清霭等，群向王质问：章县长之失信，拘捕民众，纵容土劣，请王再干，以贯彻原来主张。于是王为所动，于廿六日午前十时，在夏桥召集民众队长十二人开会，集合民众，殊不知一般民众偷安性成，以为烟款既已取消，则其他概可不问，其参加遂不若前次之踊跃。廿七日王效白召集民众讲话，申述章之欺骗民众，廿八日率众攻破曹庄。朱家圩大秦庄之红杆子会、灵壁县之无极道首领朱宗武亦率众参加，桃沟及蒿沟一带民众亦渐渐集合，三十日王遂率众再围时村。因斯时著名土劣马佑堂、胡泽甫均由灵壁返时村，民众皆欲得之而甘心。

丁、政府之处置：章世嘉于此次农民再起暴动之如何应付，并无一定主张。而其最信任之潘科长鲁安，深知农民偷安之惰性，烟款既已取消，农民参加自不踊跃，趁此时机，联合驻军（因章世嘉与蒋鼎文之参谋长李筱和系至好），急起压制，以显示政府之威严，除去将来征收税款推行县令之阻碍。于是章遂决派警察第一分队房树桐率警前往时村援助马佑堂，一面请独立旅第三营进击，并分请萧县县长王公屿带队协剿。三十一日独立旅第三营由县出发，一日章世嘉率警队进驻灰古堆，二日王效白围攻时村失利，退孙家寨，三日由南杆山退柏下集，同日章率队进驻时村，接受前欲拘捕之土劣马佑堂等之欢迎，五日王效白率众退萧灵交界之青塚湖、眉山圩。斯时王所率之民众，因多系农民，未受军事训练，沿途多自由散去，及抵眉山圩，余众不过二三百人。斯时，萧县著名共党吴雨章，于午夜率众来迎，誉效白为英雄，邀王加入共党，允以实力援助。王斯时进退维谷，只有口头接受其邀请，以冀得其援助。

戊、暴动之结局：殊不知吴见王处势之孤危，绝无发展之希望，潜率其众遁。王遂被捕。同时被捕之首领有窦仪敏、徐怀宁二人。并搜出共党工作分配名册一部，内载王为萧宿铜灵四县游击司令，窦仪敏为外交委员长，徐怀宁任书记，郑殿五为秘书长，徐明古为游击大队长。被捕诸人由王公屿押解徐州警备司令部李延年处法办。李电军委会请示办法。十四日得复电，遂将王等枪决。其余被捕之民众，一部羁押灵壁县，一部由萧县移交宿县，至时村，章徇土劣马佑堂等之请，枪杀二十一名，尚余极少数押解回县。于是第二次之农民暴动又告平息焉。

灵壁县农民暴动

灵壁县在安徽的极北，和江苏的萧县铜山睢宁连界，在宿县东南一百十里，全县地方由东至西五十余里，由南到北长二百余里，是个长方形。人口四十四万八千四百十四人，北区多湖田，濉河横贯其间，土地肥沃，南区则土壤欠佳，较北区为穷瘠，农产以麦豆高粱为主，亦有稻，唯质与量皆不佳。人民风俗朴质而强悍。近年来受政治不良的影响，贪污土劣的剥削，人民穷困，多迫而为匪。乡间各集镇地名多冠以姓氏，如高家楼，尹家集、冯家庙等，同血族的人便聚集在一处生活，处处露出中古时代民族社会的遗迹。因为交通不方便，地方瘠苦，故烟苗也不及宿县之繁衍，种植烟苗多在北区南区，农民栽鸦片的很少，灵壁鸦片的栽植，虽不及宿县，而地方土劣剥削农民手段的酷烈，也不亚于宿县。所以在宿县农民为反抗烟税第一次暴动之后，灵壁的农民也继起暴动。事实是这样的：

甲、暴动的起因

1．远因：

A土劣之剥削农民：灵壁县共分五区，每区设区长一人，区团总一人，地方保卫团即归其统率。所有各区区长区团总多为地方土劣所把持，藉以鱼肉农民，其中以第五区张汝南、张伯荫，四区马健民最为贪酷。而彼辈之首领李慎五，则把持全县之警备队。关于警备队之饷项另设有警饷经理处为之筹措。处长李汉卿亦为李之同党，自县城以至各乡区皆为李慎五一系所把持，狼狈为奸，莫敢谁何。警饷由李汉卿任意向人民筹措苛索，如敢稍有反抗，即先由地方保卫团拘押于区公所，然后解至县警备大队，施以酷刑，如坐快活床、上杠子等。彼等征款时，给农人一收条，仅注明收到某人钱若干，至于用途及税款名称，概不登载，其征收之数目及次数，悉以二李之意志为决定。今春彼等忽花样翻新，由李慎五、张汝南发起组织备荒储蓄会，以地痞游桂儒为经理，用武力强迫农民认股，每股洋五十元。斯时正值春荒，一般农民日食尚虞不给，自无余力储款备荒，然既经彼辈指定入股，则不问其有钱无钱，非如数缴纳不可。有农民马兰勋竟被逼死，其余无钱入股有被毒打者，有被羁押者。此种劝募股本方法，诚属旷古奇谈！又滥发纸币一万串，强迫人民使用，人民受害，只有吞声饮泣，不敢与较也。

B地方派别之倾轧：灵璧县地方虽小，而派别亦颇复杂，约分：

旧派：王奎璧、李俊卿、刘品清、吴幼彬等属之，王奎璧为领袖。

雷派：雷杰三、徐四老虎（佛舟）、王得志等属之，雷杰三为领袖。

新派：李慎五、周孟斌、李汉卿、张汝南等属之，李慎五为领袖。

新派系由雷派分裂而出，警备队教练官本为雷杰三，后李慎五取而代之，故雷与李由友好变为仇仇，至于旧派对于雷派、新派皆不协洽。故县政推行，因党派之争，时受阻碍。彼等党同伐异，彼此侯隙，只求遂一己之私，全县之福利不问也。

2．近因：

索还烟款。灵璧烟苗不多，烟苗税之征收亦不若宿县之苛酷。然贪污土劣之中饱，为数亦堪惊人。全县所收烟苗税有帐可稽者为二万余元，其余未入帐者，至少在三万元以上，全县烟苗〔税〕合计有五万余元。然由县报解省府者，仅三千余元，其余悉被贪污土劣吞蚀。此事为旧派之李俊卿等所悉，且以正值宿县农民反抗烟税结果胜利。于是李即由京函游集之小地主马焕卿，嘱其向张汝南算帐索款，李允在外援助。于是马焕卿遂于八月二日率农民百数十人赴五区区公所向张汝南算帐。张应付词穷，恼羞成怒，遂以马有心捣乱，请李慎五派警备队前往拘捕。农民积久之怨毒，遂一旦爆发矣！

乙、暴动之发生

1．暴动之初起：当县警备队尚未由县开出，而消息已传至游集，农民久受警备队之压迫，消息传来，人人惴恐。三日晨，人心皇皇，群众游集村外，至午聚众已达四五千人。下午县警备队果已开到，见集外聚众甚多，不敢贸然出击。民众见已到生死关头，不得不策最后之抵抗，公推田学敏为总指挥，共筹自卫之方，因田曾在第五师熊式辉部任连长，颇谙军事，人极豪爽，素为乡人所推重也。时土劣张伯荫正率警备队出击，与田所率之民众相遇，双方激战，农民虽未经训练，然为愤怒所激，皆奋不顾身，拼死搏战，张败，仓皇逃匿于高家楼，集内一部分警备队，闻张败亦退回县城。

2．暴动之声势：警备队既退去，农民遂将游集土劣游桂儒之商店捣毁，再赴李家楼、扬山、古城、将土劣李慎五、李汉卿、张汝南之家捣毁，并分散其粮食，同时渔沟、大路、沙滩、第四区之浍塘沟、尹家集，农民亦纷起响应。

3．农民之要求：（1）退还烟苗罚金，（2）严办土劣李慎五、李汉卿、张汝南、张伯荫、游桂儒等，并查抄其家产，赔偿民众损失，（3）参加此次暴动之民众概不追究。

丙、党政机关之应付

1．党部方面：灵壁县党部，共有委员五人。此次压迫农民激起暴动之罪魁李慎五即为县党部之监察委员，李汉卿为执行委员，其余如周孟斌（现因被人告发吸食鸦片，潜逃上海），赵觉民等多为李之党徒，彼等一切贪污残民之举，悉以党部为之掩饰，此次农民暴动发生，李慎五、李汉卿立即逃避，赵觉民则奔走京蚌间，向旅京同乡李俊卿等为之缓颊，请其出任调停。

2．县长王肖山之处置：王县长于八月十一日到任视事，时正事变紧张之际。王氏立即下乡，十二日抵冯家庙，十三日往大路浍塘沟，沿途劝慰民众。在浍塘沟徇民众之请，立将虐民之区长马健民、圩长程凌云撤职；十九日赴游集，召集民众代表田学敏、田祥五、杨尚武等会商解决办法。王面允：（1）将土劣警备队教练官李慎五、警饷经理处长李汉卿、第五区长区团总张汝南、张伯荫等一体撤职惩办，（2）烟苗罚金由被罚各户据实填明，交由各圩长报县转请民政厅设法发还；（3）区公所立即撤消、暂推地方公正绅士维持地方；（4）此次民众暴动概不追究。

丁、暴动之平息：民众见王县长答复圆满，遂渐渐归家。王县长并邀民众领袖田学敏、田祥五、杨尚武等入城会商地方善后事宜，一场农民暴动风潮，以王氏善于处理，赴机敏捷，遂告平息焉。

调查员　黄君禹

报告书附件清单

1. 宿县灵壁县农民暴动摄影一册〔原缺〕
2. 宿县灵壁县农民暴动详图一纸，宿县县地图一纸
3. 宿县县政府出示征收治安费布告一纸
4. 宿县第五区窦效唐告父老书一纸
5. 宿县县党部告东北各区民众书二纸
6. 马凤山启事一纸
7. 第九师独立旅周旅长告民众书一纸
8. 宿县第三、六、七、八各区区长告民众书一纸
9. 古饶集所获宿县工农游击队宣言一纸
10. 宿县勒索烟款激起民变之要犯名单一纸
11. 宿县参加征收烟款激起民变之党员名单一纸
12. 宿县财政局征收田亩附加戳记一纸
13. 灵壁县王县长为处理民变上省政府民政厅文稿一纸
14. 灵壁县十万民众代表田学敏等报告书一件

15. 灵壁县烟苗罚金调查表一纸

16. 灵壁县土劣滥发之纸币一纸〔原缺〕

17. 灵壁县备荒储蓄会股单一纸

18. 灵壁县土劣勒索农民之收据一纸

19. 蚌埠警备司令蒋鼎文同志致本会函一件

调查后之感想及拟办各事

君禹此次奉命调查宿灵民变，于八月三十日出发，九月廿三日返京，为时二十有五日。调查所至之地计县三：曰宿县，曰灵壁，曰蚌埠。所至之集镇乡村有灰古堆、顺河集、王场、朱渡口、桃沟、界沟、冯家庙、大路、禅堂、渔沟、浍堂沟、游集、李家楼，凡十有四，行程计一千七百余里。所有调查报告之材料系由：

1. 民众及民众领袖……如田学敏、杨尚武等之口头谈话，或报告文件；

2. 各该县县党部负责同志……如杜金铎同志，赵觉民同志等之口头谈话，或检阅关系文件；

3. 各该县县长或负责人……如章世嘉、王肖山、潘鲁安等之口头谈话，或检阅关系文件；

4. 驻军长官……如蒋鼎文、周开勋等之谈话；

5. 地方绅士及关系人物……如周玉山、薛禾萱、张验勋等之谈话；

6. 旅行途中耳闻目睹之资料。

以上实际之材料，经严慎之选择，客观之判别，集合而成。其中尤偏重于农民闲谈中之资料，盖事实之真象多存于农民闲谈茶话之中也。兹于报告完毕后，谨将调查后之感想及拟办各件，胪列于后：

甲、关于健全本党下级党部者：查宿灵两县县党部，多为土劣所把持，藉本党神圣之名义，以行其贪酷龌龊之私图，使负有唤起民众、领导民众之党部，不但不能领导民众，反日与民众远离，甚至为民众所深恶痛绝。试观此次宿灵两地农民反抗烟税，本党党员多为勒逼烟款之委员，为民众反对之对象，吾人固不必在理论上求本党信仰日益坠落，以及不能肩起救国重任之原因，此种赤裸裸的事实表现，已大足使吾人猛省。君禹以为此种贪污土劣潜入本党，侵蚀本党之基础，其罪实浮于共党，其危害党国同于暴日，拟请由会转呈中央：

1．严令安徽省政府即将勒逼烟款，激起暴动之党员李心铭、张瑞亭等处极刑。

2．严令安徽省党务特派员，迅将宿灵两县征收烟税之党员查明开单，呈送中央开除其党籍，并严缉归案惩办。

3．将灵壁县监察委员李慎五、执行委员李汉卿，永远开除党籍，并通缉归案严惩。

4．严令安徽省党务特派员，对于宿灵两县党务应于特别注意。

5．通告全体党员，应各束身自爱，为民表率，应领导民众而解除其痛苦，如敢自甘堕落与贪污土劣为伍而压迫剥削民众者，中央将以党纪国法严绳之。

6．由军委会转令蒋鼎文，将残贼民众，为害农村之土劣马佑堂、马星五、马济民、胡泽甫、张汝南、张伯荫等捕获严惩。

乙、关于恢复农运健全农会组织者：民国十六年以前，本党对于农民运动，原极重视。

总理曾再三说明，农民运动在中国运动中地位之重要，本党第一次全国代表大会宣言中有：“……故国民革命之运动，必恃全国农夫工人之参加，然后可以决胜盖无可疑者”。第二次全国代表大会宣言更明白昭示：“中国尚在农业时代，农业生产占全生产百分之九十，其人数占全人口百分之八十以上，故中国之国民革命，质言之即是农民革命。吾党为巩固国民革命的基础，惟有首先解放农民，无论政治的经济的运动，均以农民运动为基础。党之政策，首须著眼于农民本身之利益，政府之行动，亦须根据于农民利益，而谋其解放。因农民苟得解放，即国民革命大部分之完成，而为吾党三民主义实现之根据。”我人试看现在农村中的情形怎样，全国的农民在经济方面是处于高度地租、高利借贷、买卖不公、苛捐杂税重重压迫之下，尤其是在灾荒连年，土地的价值低落，土地的兼并愈趋剧烈，土地所有权的集中和使用权的过度细分，使农民恃以为生之土地，日益集中于坐收地租者之手，由此即产生我国一切之乱源……土匪，军队、赤匪的预备队。就拿灵壁一县来说，因为去年的大水和今年的春荒，土地一亩的价值由四五十元跌落到六七元，当地俗语说："一荒抵三收"，盖荒年地价低落，地主购田，可获大利，可抵三年之丰收也。故一般地主多乐荒年，县之东北高家楼，高氏弟兄三人……高引之、高元之、高资卿有田六七百顷，其佃租悉系大头租……江南称为铁板租，无论水旱荒歉，每亩收租四斗（该处上田每亩至多收七斗），农民向其借贷，多系于麦前二月借一斗，麦后六七月还三斗，时不四月，地主即获利三倍，农民遂常有于秋收后将所有收获悉以偿债而出外乞食者。至于农民教育，则文字与农民根本不发生关系，各圩圩长尚有多数目不识丁者。最近更发生一奇事，城外有一小学校长，竟为不识字之文盲（闻现已撤换）。全县学龄儿童约有九万，而全县小学以及私塾共计只能容小学生二千人，今年有许多七八十亩小地主之子弟，因学校名额已满，而不能入学者，盖在灵壁县中，初小教育已成少数地主子弟之奢侈品矣！农民教育如此低落，故一般农民，平日浑浑噩噩，任土劣之剥削榨取，不知反抗，一至生活不能维持，则横决作盲目之暴动。王肖山县长呈安徽省府民厅云："此种穷苦无知之农民，平时忍痛输将，凶岁铤而走险"。诚为痛语。言及农民在政治方面，则饱受贪污土劣层层压迫，莫由自振。故君禹以为今日我国农村社会问题，并非自然的静的技术问题，而为人为的动的社会关系。本党领导农民，素以改良农村组织，增进农人生活为职志，对于上述诸端，岂容漠视？拟请

1．由会在宿灵两县设立农民运动实验区，指导该县党部政府，实际从事改良农村中各种恶劣现象，使农民得获经济上政治上之解放。而目前尤须注重：1．实行二五减租，2．厉行农民补习教育，务使农民生机渐复，文盲渐次减少。

2．由会分派同志赴各地视察农会组织情形，各地之未有农会组织者，应扶助其有会员资格之农人，从速完成其组织，其已有组织而尚未健全或其组织不合农会法之规定者，应设法健全其组织或改组之。由下而上，使全国农民形成一整个灵活之大团体，在本党指导之下，以合法手段解除压迫妨害农人利益之恶势力，然后进而从事剿匪、御侮，以及推行地方自治等。上拟各条，实为恢复农民生机，改良农村组织，预防暴动再起，藉以巩固党国基础最低限度之条件，故敢依据事实，冒昧上渎。是否有当，敬乞核示。谨呈

秘书转呈

王
　主任委员
陈

农人科科长范苑声
　　　　　　　　谨呈
调　查　员黄君禹

附件（一）宿县灵壁县农民暴动摄影一册〔原缺〕

附件（二）

宿县县政府布告第　　号

为布告事：照得区团之设，即所以捍卫地方，保障人民，故人民对区团有供养之义务，而得以享受安全之福利，互相表里，

关系最为密切，此本县治安经费之所由出也。查陈前县长任内，乡民以苛收烟税，群起反抗，甚至连同治安经费一律要求罢免。殊不知征收烟税，确系虐政，当然可以取消，而治安经费，为各区团饷项，焉能与烟税相提并论，况治安经费一经免除，则区团势必不能存在，区团既不能存在，地方即无自治能力，则人民生命财产与夫地方安宁秩序终无寄托，虽云增加负担，其效用仍属诸本身，绝与其他苛捐杂税迥然不同。治安经费亟应照收，其理极明。乃近闻有不良份子，藉此煽惑愚民，施行其封锁诡计，以冀取消区团，乘机蠢动，而乡民忘不加查，只知吝惜目前小费，不顾将来隐患，竟行从而附和，措不缴纳，殊属非是。须知尔等各有生家，复有财产，假使从此不收治安经费，任各区团自行散去，现当匪共滋扰之时，若无相当实力足以自卫，欲求一夕之安，恐不可得。现奉省令，亟应改编保安总队，其经费亦系就地筹款。（此项治安费当地民众即呼为小银米，其数额较诸正税超过竟达二十倍，诚属骇人听闻之恶税，其用途除一小部分拨充土劣驱使以鱼肉农民之区团饷项外，大部分均入土劣私囊）。该项治安费用，仍须继续照收，毫无疑义。尔民众等务宜审察利害，从早觉悟，踊跃输纳，倘敢迁延，执意抗缴，妨害地方，本县长决不稍示宽容，致贻后患。除饬各区团长召集各集董庄长剀切劝谕外，合行布告，仰合县人民一体遵照。自此之后，如再有抗缴情事，定系甘心捣乱，危险地方，准由各区团长查明送案究办。其各凛遵毋违。切切。此布。

县长章世嘉

中华民国二十一年八月　日

附件（三）

宿县第五区窦效唐　赵润三　徐明古　单子民等敬告全县父老书

各级党部、各法团暨全县父老兄弟姐妹钧鉴：吾宿不幸，贪劣互生，狐假虎威，狼倚狈行，横征暴敛，民生憔悴，数年以来，苦于苛法者久矣。溯自去岁陈前县长任宿，比时烟苗正届征税，一般恶劣士绅，百端逢迎，为虎作伥，上下盘剥，反复敲诈，以第五区而论，加征约达十余万元之巨。又年来征收小银米，每年每两完纳一百余串，实超过国税五倍以上，黑暗尤大，民情愤激，业已怨声沸腾。今岁当灾荒之后，民众仰冀烟苗，藉补残喘。乃贪官陈吉庭，设立铲苗办事处（即征收处），勾结地方著名之土劣及筹备员等，皆续办烟税熟手者，经验既深，剥削亦工，于三月间即行馋吻难俟，提前预借。值春荒饿殍载道之际，正缇骑四出之时，鞭扑拘禁，任意鱼肉。民众多以所领赈款转缴，或卖儿得钱完纳，惨痛万状，言之泪堕。及届烟苗收获，烟地亟须调查，乃县府有委，区长有委、烟苗处有委、总视察处亦有委，甚至筹备员、区团总又有委，且大委之中复有小委，其名目有视察委员、登记委员、丈量委员、监察委员、决察委员、复察委员等，往来似梭，莫可数数。不啻千百虎狼纵之野而食人肉也。以言税费，有登记费、委员费、区长办公费、筹备员办公费、招待委员费，又有从古未闻之橛子费，扯绳费（扯绳丈量再以木橛子插在地内，上书某某烟地，如捐〔损〕失加罚十倍）重重苛敛。人民尚难措，加征加亩之命令，又见告矣。综计每烟地一亩，除上列各项杂费外，须纳正税三十余元。查烟苗每亩收获，上等者不过四十两，每两市价值三角伍分，约仅得洋十四元，以之缴税，当然不敷尚巨，而各委员率队催逼，急如星火，如稍迟滞，鞭箠拘罚，又复如前，且又任意诬民匿报亩数，指为遗漏，有私罚一户至三千元者。民众当此荒岁之借贷须偿，烟税之催迫又急，即倾家荡产，将所收干麦与地尽数并缴，仍然不敷，是不死于岁者，又死于苛捐。以致被逼而自缢者有之，因受辱而吞烟者有之，冤气弥天，哭声震野，人孰无情，何以堪此。效唐等桑梓关怀，尤为心痛。

然困兽思斗，不平则鸣。于是弱者衔冤，强者思逞。其始也不过相率以图逃，其继也即乌合而欲动；又适值灰古、新集等处事先发难，而贪官劣绅又复勾军剿杀，风声所播，义愤愈烈，沉舟破釜，莫可遏抑。斯时效唐等伏处乡里，关切地方观念，未敢越分加入，孰民众数百，先之以邀约，继之以催迫，并声明专为抗缴苛捐，其他概不干预。效唐等义愤所激，情难反顾，不得已徇其所请，藉以维持，本畏死以求生，谋正当之自卫，各民众等亦深明大义，所到之处，鸡犬莫惊，秋毫无扰。嗣蒙蒋军长、周旅长、章县长亲履乡间，剀切劝告，并奉谕允：（1）不征烟税，不征小银米，酌减杂税；（2）检举土劣，分别轻重，依法科罪；（3）抚恤伤亡民众；（4）没收土劣家产，留作地方办公；（5）民众解散后，当局决不追究既往等因。仰见体念民艰，抚辑备至，民众无不欢感至于涕零。于是不旋踵间，释荷归农，于八月六日尽数解散。伏思此次民众集合，其目的在抵制苛捐。效唐等谬膺代表，月余工作，悉本良心所驱使，义愤所冲动，匹夫有责，当仁不让，只谋地方利益，绝无私人作用，一草一木，迄未骚扰，此心此志，可质天日。现在纠纷已解，责任早卸，第恐过去与以后有假效唐等名义作其他举动，名誉攸关，效唐等概不负责。披沥陈辞，维希垂察。

附件（四）（a）

中国国民党宿县党务整理委员会宣传部告民众书

亲爱的民众们！

这次你们抗税，聚众纷扰，当初我们是很原谅宽恕你们的，但是现在新政府对于你们不缴烟税，取消小银米，□□□已布告撤消。仁者之心，昭然共见！论你们目的已达，就该各安生业，才不失为真正的良民，何以现在还是聚集不散，危害治安？亲爱的民众们，你们应该快快觉悟，不要受人欺骗利用，吃苦而不自觉呵！

现在政府、党部一再派员宣示德义，县长委员等也亲自前来，向你们开诚心，布公道，只要你们解散，一定不予追究，这种苦口婆心，你们应该知道的，如若你们一味盲从，不受劝谕，那末你们跟着反动份子跑，走到杀人放火的这条路上去，你们的前途真有不堪设想的危险呵！

至于赤匪这几年在中国，所害死人民的生命，所牺牲人民的财产，为数之大是不能统计的！远的像湖南、湖北、江西、福建姑且不谈，就我们安徽而论，相英山、霍山、六安、霍邱、广德、秋浦这几县，差不多是赤匪盘驻或随时扰及的地方，你看那些老百姓，那个不是破产倾家，妻离子散？父母被杀的，姊妹被奸的，处处都可以看见，伤心惨目的事，真是不堪提起呵！

赤匪平时所做的事，不外烧、杀、淫、掳、烧、杀，是他威吓老百姓，要你骇怕服从他，淫掳就是他的目的。前月正阳关陷了以后，人民所受的蹂躏，你们或者也许亲眼看见了罢！亲爱的民众们，你们切切不要受他利用，后悔不及，要知道赤匪是一时利用你们，为他自己利益打算，并非来为你们解除什么痛苦，到了不得已的时期，他就把你们整个的人民做他的牺牲品。亲爱的同胞们，你们要以六安、霍邱、霍山、英山的老百姓受赤匪的痛苦为前车之鉴，赶快觉悟自救呵！

现在政府已派剿抚军队，倘是自拔来归，一定不究既往，若再执迷不悟，政府为求地方安全起见，不再作投鼠忌器的怀疑了，亲爱的民众们，赶快回头，时不为晚，不要再错过机会罢！

附件（四）（B）

再告宿县东北各区民众书

亲爱的民众们！

这次你们反对烟税、反对小银米，政府都已布告不收，论理你们目的已达，就应该各安生业，全数解散，不再聚众滋扰，危害治安才是。

可是县长同我们这次下乡，一再向你们宣示，党政军对你们是同情的态度，以后大部份亲爱的民众，可算各人都回家务农了。但是还有少数的人，仍是聚集不散，到处开会，到处示威。最近据我们的观察，像这种不法举动，一定是别有所图，不是你们当初抗税的本意了。亲爱的民众们，你们应该赶快觉悟，不要为反动份子利用，吃苦而不自觉呵！

现在我们不惜再回向你们劝导，特别的希望你们未解散的民众，立刻解散，不要聚集开会和寻仇报复，要知道你也报复，我也报复，究竟报到何日止呢？可是你们意在报复，反动份子就会利用你们了，将来弄到星火燎原，吃苦的还不是大多数的民众吗？至于你们所要惩办的土豪劣绅，已拿到的当然严办，未拿到的，希望你们依正当手续检举。党政军各方面绝对负责代你们办理，这一层你们可以不必挂虑的。

所以，我们这次作一个最后的敬告，希望你们解散归农，各安生业。同时，我们的军事长官，决定派队驻扎夹沟一带，如若你们还是聚众纷扰，不受劝导，那末决由驻军武力制止，不再有所姑息了。亲爱的民众们，赶快觉悟解散，不要给予反动份子利用你们造祸呵！

中国国民党宿县党务整理委员会
宿　县　县　政　府　印
国民革命军陆军第九师独立旅第一团团党部

附件（五）马凤山启事

全县父老兄弟钧鉴：溯自陈县长莅事以来，勾结土劣，任意剥削，横行摧残，人民受其苛政久矣。而其最惨毒最残忍者，尤莫甚于烟款勒征，一再派委查验，到处鸡犬不宁，人民稍有疏忽，鞭笞勒罚，动则千余元。当斯今春，饿殍载途，灾民嗷嗷，已不堪其生，富者或典当田产，贫者或出卖儿女，甚有因而自尽者亦不下数十百户。上峰虽三令五申，严行停止。彼等反变本加厉，我民何辜受此荼毒。凤山虽才识浅薄，激于义愤，当仁不让，谬受父老之使命，不忍坐视全县父老之待毙，乃随乡里民众之后，与贪官土劣抵抗，破釜沉舟，一切不顾。数十日以来，昼夜未尝安枕，努力于死里求生。现在民众痛苦已竟〔经〕解除，身率父老返归乡里，各安本业。不幸久经风雨，病魔作祟，只得在家稍事休养。嗣后如有不良份子，借凤山名义，扰害地方，自有官厅处理，凤山概不负责。特此郑重声明。伏希公鉴。

附件（六）告宿县东北各区民众书

宿县东北各区民众们：

本旅长这次奉命率部移驻宿县，接替防务，同时深悉你们正处在水深火热之中，作悲痛呼吁的挣扎。这种不幸的事体发生后，谁都能说是过去的当局，不能抑制他狂炽的私欲，把你们安静生活的波浪，突然掀动起来，这是很值得本旅长为你们同情的慨叹！

在过去的当局，他是不思关怀民瘼，朋比一般"城狐社鼠"似的土劣，作弄些苛捐杂税的魔术，猛力的压榨着你们的脂髓，一滴不存的尽量着吮吸，直到你们"力竭声嘶"，终于激起聚众抗捐的反应。这种愚蠢而错误的行为，当然是你们当中每个人都不愿意干的，确实是一般失势的土劣把你们煽动起来，做他们少数人的夺取权力和金钱的工具，结果把你们弄得"焦头烂额"，无谓牺牲，真是替你在旁边叫苦。

好啦，朴实可怜的民众们！中央这次很能谅解你们所暴露错误弱点，并且严令查办过去贪污的当局，使你们得到正义裁判的安慰，本旅长盼望你们赶快去解散你们这悲伤痛苦危险的团体，各人回家仍度着你们安静的生活，不得仍继续你们这纠众要胁的行为。本旅长因同情你们被压的痛苦，所以来诚挚的告诉你们，深望你们翻然觉悟，忍痛释怨，本旅长可做你们一切的保障，不要仍徘徊在那危险境地吧！

陆军第九师独立旅旅长周开勋

附件（七）宿县第三、六、七、八区区长王承志、宋如德、王宜俭、孙英等敬告各界民众书

宿县各界同胞、同志均鉴：

同人等谬膺区政，在苒年余，成绩毫无，惭悚曷极。顾莅任伊始，原拟本一得之愚，共同努力，推进地方自治，解除民众痛苦，确立训政时期下层政治之基础，以为宪政时期民主政治之宝筏。乃阻力横生，事与愿违，赤心耿耿，徒呼荷荷。非特同人等之志愿未酬，而群魔当道，民处深热，极搜括之能事，实万感而椎心，封建之势力雄厚，土劣之气焰熏天，作福作威，为鬼为蜮，丧心病狂，亦难言矣！而同人等委曲求全之苦心，坚苦卓绝之意志，任环境如何，固始终不谕。凡兹过去之事实，自有公正之舆论，又何须多事逻辑，致蹈矜伐？惟倜党非常之士知之。

兹幸时机转变，救生降临，宿县之政局更新，前途始可乐观。且民众觉悟群起而作求生存之奋斗，魔障冲开，光明之大道实现。将来团结力量，赓续进展，实施革命建设，以完成三民主义之新宿县，有若探囊得珠，绝非理想奢念。同人等虽属去职之身，犹为公民一份子，今后益当愤发有为，不敢自暴自弃，本曩日训练与经验之所得，步地方名流硕彦之后尘，不惜奋斗牺牲，以期有所建树，惟望名流硕彦捐除私见，遇事公开，作精诚之团结，以情感与理智之作用任事，则众志成城，发荣〔扬〕光大，将来之宿县必为民有、民治、民享之乐土。区区之意，沥诚陈述。诸维垂鉴！

附件（八）宿县工农游击队宣言

宿县工农兵劳苦群众们！

我们是工人和穷光蛋的队伍，我们专帮助工人加工钱，帮助农民来分粮，抗帐，抗租，抗捐税，反对豪绅地主，我们要不断的肃清豪绅地【主】，收缴他们的枪枝，扩充我们的队伍，我们进一步还要没收地主土地，把我们的队伍变成工农红军，建立宿县的工农政府。

劳苦群众们！我们在国民党压迫底下，没有法子再活下去了，大家联合起来，无事不可干成。工人们赶快起来成立工会，要求加工钱；农民们赶快起来成立农民会，各村各庄都团结起来，自动去分粮抗债、抗租、抗捐税，缴地主的枪枝，烧地主的地契。你们要成立自己的自卫队，不要半个地主富农钻进去，一方面保护自己，一方面帮助我们来消灭我们的死敌。

现在正是帝国主义来瓜分中国，国民党彻底投降的时候，现在正是工农红军拼命打倒国民党，马上直接赶跑帝国主义的时候，现在也正是各种劳苦群众无法生活，都要起来和我们一齐来干的时候到了。

大家赶快起来！今天起来，明天就是胜利！

宿县工农游击队第一大队印

附件（九）宿县勒索烟款激起民变之要犯名单

①李心铭 ②张瑞亭 ③刘逸华 ④马星五 ⑤晋枢丞
⑥陈铸九 ⑦单幼昆 ⑧丁良弼 ⑨马佑堂 ⑩张香圃
⑪徐迎舟 ⑫黄道平 ⑬姜华石 ⑭胡泽甫 ⑮马济民
⑯赵兰田 ⑰戴更堂 ⑱戴云浦

附件（十）宿县参加征收烟款激起民变之党员名单

宿县各区党部党委党员勾结贪官陈吉庭勒收烟款逼成民变各份子列左：

第一区党部党委　徐迎舟（全县征收烟款总参议兼全县提款委员）　党员李心铭（参议兼烟委）　党委戴民声（烟委）　陈炳坤（烟委）　党员孔春霆（烟委）　丁幹（参议兼烟委）　徐健民（烟委）　赵忠滨（参议兼烟委）　王梦侯（烟委）　丁梦贤（参议兼烟委）　王铭盘（烟委）　张瑞亭（参议兼烟委）　任检斋（烟委）　刘从文（烟委）　刘本化（即刘宜华参议兼烟委）

第五区党部党员　郭幼珊（烟委）　赵克滨（烟委）　任士珍（参议兼烟委）

第七区党部党委　谢若曾（烟委）　张永春（烟委）

第八区党部党委　单幼昆（烟委）　黄启厚（即黄开基烟委）

第一直属区分部党委　陈鼎（即陈铸九，参议烟委）

附件（十一）　宿县财政局征收田亩附加戳记

奉令每征国省税洋壹元
附加筑路基金壹角
人事登记壹分捌厘
积谷贰分
水利贰分
服装子弹费伍分
义务教育费壹角
警饷伍角
自治附加壹角玖分壹厘捌毫
外加串票教育费叁分

附件（十二）　灵壁县王县长上省政府民政厅呈文

为呈复事：窃县长处理北乡民变经过情形，业经先后遵办并电呈在案。兹再为钧座缕晰陈之。查此次民变，其动机原为索还孙前任经征烟苗罚金而起，其主因确为警饷区捐，横征滥罚而来。县长于八月十一日到灵接印视事，正非常紧急之时，叠接报告，据称：民众业占有北乡全境，离城仅四十余里，声称入城，索还烟苗罚金，解除警队武装。城内人心皇皇，各机关代表及警队官佐齐集县府，请求维持。县长负有地方治安之责，处此局势严重之时，乃决心亲赴北乡视察，其相随带警队均令后行，免生误会。十二日到冯庙集，环境险恶，县长力持镇静，比晚召集各圩长开会，劝令已聚民众，各安本业。十三日早亲往民众聚集处，再四晓喻，幸皆听命解散。午后据报，距冯庙集十八里之大路集，发生民众缴团防枪枝情事。县长立即前往大路集，此处确有民众千余人，并闻有土匪张维城、程明胜混入，形势非常复杂。经县长召集民众，痛陈利害，允以正当的合理的要求。除程、张两匪裹胁数十人他去外，余众悉散。比晚驰赴浍塘沟，此处为四区区公所、团防局所在地，亦为该区民众集中地。十时到浍，所有大部民众已往渔沟，遂与商民及民众代表商决，区长马健民、圩长程凌云虐民属实，当即宣布撤职。地方防务公推练总程星福暂任之。十四日连接高楼圩、沙滩、尹集报告，该处俶扰滋甚。县长遂冒雨乘舟前往。查知警备队营副兼队长张百荫，原驻双沟，被五区民众所逐，退入高楼圩，以致沙滩、尹集各处民众聚集三千余名，欲将高楼圩包围袭击。县长察看情形，力为调解，一面允撤张职，一面限令民众立刻解散，十五日复乘原船遵大路过浍塘，比因要公，必须回署，乃派代表持函往五区劝导，此县长第一次下乡处理民变经过之实在情形也。旋奉钧座元电，令再亲往视察。县长遵于十七日离城赴乡，先抵冯庙，将驻冯团队随带回防，所有大路、沙滩、浍塘等集团队，亦令克日回防，以维治安。十八日驰赴五区，道经四区，各集悉心考察，秩序逐渐恢复。十九日赴游集，即民变开始发难之处，亦武装农民集中之地，道过渔沟镇，闻渔之东北上陶寨申圩，有睢县股匪窜入，该镇集有练勇贰百余名，仅资防堵，因匪有机枪小炮，不敢往剿也。县长当即委练总马泰来为该镇团队长，而警备队畏缩不前，一再严令各集团队练勇协助，幸未得逞。比日下午抵游集，当召集民众代表开导再三，允将该区团防局长张汝南撤职，另由各圩长公推继任之人；二十日晨亲向集合农民劝导，历三时之久，始将远道农民七百余人，并数千民众分别解散，二十一日召集四五两区耆绅，妥商善后办法：（一）烟苗罚金，由被罚各户据实填明，交由各圩长报县转呈钧座示遵；（二）原有团防分队一律回防，以资防守；（三）区公所立予撤销，由圩长遴选各区团长，经县委任，以专责成。此县长第二次下乡处理民变经过之实在情形也。查警备队原为保卫地方而设，而灵县警队适得其反，警饷区捐，横征暴敛，怨声载道，此次民变，实为警饷处经理李翰卿、五区区长张汝南、防灾储蓄会经理游于儒激迫而成。而李翰卿则已拎款潜逃矣。当时警饷无着，军心动摇，四造空气，淆惑听闻，致蒋军长及陈总指挥均奉蒋委员长电令内开：据报灵壁民变，确系共党李曜临等在内操纵，现分东南西北四军，每军分廿四队，每队二百余人，正集中万余人，有枪四千余枝，拟分数路向外发展。灵壁四区兵匪激战中，宜反攻扑灭之等语。希查明核办电复等因。蒋军长派陈参议两次来灵调查，今则蒋军长及陈总指挥各派队伍到灵驻防。其实皆由警备队方面负责无人，造谣所致。此则灵县警备队漫无军纪，暨蒋军长与陈总指挥派队来灵之情形者也。县长处理民变，筹办善后，若不将控案累累害民已甚诸人分别撤惩，实不足以平民愤。除各区区长遵令取销外，业将警备队教练官李开典勒令辞职，遴委张肃侯接充，各区团防局长亦已分别撤换。至李翰卿、张汝南、游于儒实为造成此次事变之罪魁，县长拟请省府将李翰卿、张汝南、游于儒财产查封，通缉归案，以凭严惩。是否有当，仍候钧裁。此则县长筹办民变善后之实在情形也。总之，地方民变决非偶然之事，县长衡情度理，博访周咨，实具有两大原因：

（一）土地问题。查灵民性质为富多属不仁，就以高楼圩一处摊捐而论，以一百顷之家，与二十亩之户比较，其摊捐之数相等，所有警饷、区捐、教育费等项，多为穷民担负，因是富者愈富，贫者愈贫，平时忍痛输将，凶岁铤而走险；（二）派别倾轧。查灵县派别甚多，人材甚少，就新派而论，毕业大学者全县仅二三人，旧派不仅思想落后，纯洁者亦少，助理行政事宜人材至感缺乏。其平时各树一帜，互争私利，不顾公益，一切纷扰又皆若辈为之背景。综上两因，实为灵县多事之根。由县长一面赶办善后，一面应付兵差，内外兼筹，心力交瘁，前于奉辞时，钧座以安民二字谆谆训示，但能减少民众痛苦，一身之劳瘁在所弗辞。所有处理民变经过详情，理合备文呈请鉴核。准予备案，实为公便。谨呈

附件（十三）　灵璧县十万民众代表田学敏等报告（九月十七日于灵璧城内）

为报告事：自民众因不堪张李等苛捐滥罚，种种勒派，起而为万不得已之债权人自卫运动，当经王县长苦口劝导，五事相约，有行在案。兹再列举事实，恳予通缉严办，以泄民愤，而彰国法。一苛收烟苗罚金。查四五两区烟苗罚金二万余元，官厅收不过二千元左右，张汝南经手七千余元，李开典五千余元，张少复、马建民侵吞亦在数千元，余则县府正在调查中。二、警队武力借款。警饷处经理主任李翰卿，挟李慎五警队武力。对全县各区农民强迫借款，有案可稽者一万一千八百廿元，私自罚收尚不在内，至少亦有六七千元，所以全县农民【对】李慎五、张少复、李翰卿恨之刺骨。三、区长之非法强借。五区区长张汝南借口经费不足，强迫借款千余元。四区区长马建民借款更多于张，农民被伊擅用非刑吊打逼借者，并有拷绑拘捕之李学武，无款缢死之马兰勋，顶架鸣罗游街之代振先，无钱算牛之

彭广达等。四、擅立备荒储蓄会，实行剥诈侵吞。李慎五、张汝南在尤集地方，擅立备荒储蓄会，由奸商尤贵儒包办，额定一百股每股五十元，强迫农民入股，不肯入者即送区公所吊打。又滥发双河镇纸票一万串，强迫各圩各庄使用，尚余六万张，预继续行使，滥用警队武力与地方行政权，以售其诈欺取财，吸收农民血汗之毒计，县政府已将尤贵儒拘押，通缉在案。五、借口湖田交涉，损人利已。青冢湖之主犯，即为李慎五、李翰卿、张少复、张汝南滥用威权，强夺民产，被害之人呈控民政厅、县政府，皆有案可稽。六、利用党部挟县殃民。县党部近年以来，完全为李慎五、周孟斌、李翰卿之利用机关，李慎五以教练官兼监察委员，李翰卿以警饷处主任兼执行委员，周孟斌以财政局长兼执行委员，兵权财权之下，布满私党，挟持县府，残害人民。最可恨者于王县长两次下乡，苦口婆心，劝导民众之际，散布谣言，鼓惑人心，希图民众运动扩大，并捏造是非，通电各机关，预遂其鱼肉乡民之毒计。先总理积四十年之艰苦，委员长经百战维护之国民党，尽为土劣李慎五、李翰卿、周孟斌之贪污巢窖。且李周皆食鸦片，被民政厅法院调验通缉有案。请除伊党籍，免污国党。七、请令查封土劣张、李之房产、土地，留伊不得不归案偿时款之抵押公有。查二李二张等强收民众各款数万元，挟之潜逃，即不归家，亦有生活阔绰之可能，将民众血汗逼缴于春荒倒悬之际，充伊私产，即所以安民众也。综上陈述，言之痛心，恳请通缉严办，一泄民愤，一维公安，不胜待命之至。谨呈

中央民众运动指导委员会调查员黄

　　　　　　　　　　王乐庭　游振英　朱允昭　陈秀夫
灵壁十万民众代表　马学文　李从政　王会溥　李长慰　谨呈
　　　　　　　　　　田学敏　田祥五　徐子英　孙保泰

中华民国廿一年九月十七日

附件（十四）　烟苗罚金调查表

灵璧县政府制

区及区长姓名	
圩及圩长姓名	
庄及庄长姓名	
被罚人姓名	
罚款数目	
经手人及其职业住址	
备　考	

年　月　日调查者

附件（十五）　灵璧县土劣滥发之纸币一纸〔原缺〕

附件（十六）　灵璧县备荒储蓄会股单

迳启者：备荒储蓄会业已组织成立。

阁下认二股入会，摊入股金洋壹百元正。现在急待购买粮食及印刷图券，订于废历八月十七、十八、十九三日一律缴清，相应函达贵股东，届时完缴，领取收条，是为至荷。此致

王训玲股东先生台鉴

正主任李慎五
副主任张汝南启　九·十六

附件（十七） 灵壁土劣勒索农民之收据

今收到
灵壁县第四区 镇邱楼圩王老庚庄该户王有连计地 亩
每亩完纳 洋 角 分 厘共摊洋卅元 角
分 厘如数完纳发给收据
中华民国廿一年一月廿八日

附件（十八） 蚌埠警备司令蒋鼎文同志致本会函一件

蚌埠警备司令部公函秘字第118号

迳启者：准贵会第一五〇号公函以皖北宿县、灵壁农民因追索已缴烟捐发生暴动，事关农运，为明瞭真相起见，特派本会职员黄君禹同志前往实地调查，希查照饬属保护等由。准此。查宿灵二县民变，震动遐迩，值此前方剿匪垂成，后方治安关系綦重，敝军受命移驻蚌埠之时，正二县民变先后勃发之日，审慎处置，幸免燎原。爰将此次民变原因详陈于后，藉供参考。查皖北各县，风气闭塞，人民强悍，循吏抚之则易治，贪污临之则易变。如不胜压迫，则群起反抗，铤而走险，亦所不计也。宿灵两县民变之动机，均由于贪官污吏，土豪劣绅剥削压迫善良农民所激起。该县原有烟苗秕捐，人民负担颇重，前宿县县长陈吉庭，又复嗾使土劣变相之职员党员多人，苛暴聚敛，骤加三倍，征收不遂所欲，辄以非刑滥施，以致该县农民因税款无出，迫而自杀者层见迭出，其变卖拼凑勉力抵偿，因而破家者亦所在多有。宿县连年灾歉，民困未苏，苛暴横加，无异竭泽。而烟委差警坐守严追，敲骨吸髓，急如星火，以致全县呻吟憔悴，大有生不如死之慨。各地农民为保持生存起见，不约而同，群起向该县县长为展缓减轻之呼吁。讵该陈吉庭等倒行逆施，蔑视民命，竟以啸聚谋叛之朦词，冀耸听闻，并调警队向无抵抗之徒手民众开枪射击，遂造成击毙无辜民众之惨案。该县农民，忍无可忍，相率齐集至时村一带，聚众至数千人之多，持有枪械，声势汹汹，以撤惩贪污，豁免烟税为号召，共党莠民，从旁煽惑，邻邑震动，燎原堪虞。鼎文稔知征〔症〕结，叠电蒋委员长报告请示，奉复电命鼎文前往，相机办理。遂于七月廿八日，驰往该县，召集各界，剀切晓谕。适安徽省政府以陈吉庭罪恶稔著，明令撤办，另委新任章世嘉到县抚慰，并允将烟税永远豁免，祸宿各犯，从严惩治。民众见目的既达，怀德畏威，亦即自动解散。此宿县民变经过之大概情形也。查该前县长陈吉庭，罪恶多端，激成民变，固属罪不容诛，而最堪痛心者即李心铭、徐迎舟等，身为本党之党员，不脱本来土劣之面目，勾结贪污，为虎作伥，丧心病狂，无过于斯。其自身之不知自爱，甘蹈法纲固弗足恤，而因本党少数份子之不良，致失全民对于本党之信仰，此则危害本党者甚大。据调查所得，其身为党员，而勾结贪污，勒收烟款者，计有李心铭、徐迎舟等二十名。除前县长陈吉庭业经通缉，李心铭、张瑞亭两名业经宿县各法团代表扭送本部，转解安徽省政府法办外，爰将助恶党员另单抄附，请即分别彻查严惩，又据调查所得李心铭罪恶尤著，并请转电安徽省府严加惩办，以照炯戒而挽党誉，党国幸甚！此致

中国国民党中央执行委员会民众运动指导委员会

抄附宿县党员勾结贪污勒收烟款各份子名单一份〔缺〕

司令蒋鼎文

中华民国二十一年九月二十六日

〔国民党中央民众运动指导委员会档案〕

2.何源湛关于北平市农会概况与郊农负担苛捐杂税情况的调查报告

（1933年3月—1934年4月）

（1）北平市农会概况调查报告（1932年3月1日）

调查报告移付普字第212号

为移付事：兹据北平调查员何源湛呈送第二次报告到会，相应摘录与贵科有关之项，移请查照。此致

农人科

秘书办公室（二十二年）三月一日

北平市农会概况

一、农会之沿革

平市之有农民组织，实始于民国十七年党务公开之后，是时北伐初告成功，人民咸庆解放，各种民众团体，蜂踊而生。平市农民受时代之刺激，在平市党务指导委员会领导之下，爰照有北平特别市农民协会之组织，而于是年八月廿日开成立会于平市宣外之麻芝店九号。惟此成立伊始，会员人数甚少，参加范围亦仅限于西南两郊。时经三月，适北平警备司令部有征收大车捐之举，农民身受剥削，团结觉悟，油然而生，于是东北两郊农民亦相继入会，此为平市农民运动之鼎盛时期也。至十八年一月，平市砸电车案发生，平市当局下令停止民众活动，农会组织遭受打击，以迄十九讨冯阎之役，盖完全趋于停顿之中矣。民国廿年平市党务开始整理，整委会设人民团体指导委员会，将全市农民划为东西南北、外三、外四六区，分别整理。至国民会议代表选举前宣告完毕，计共成立区农会六，乡农会一百八十四，参加会员达十二万余人。国选后，复成立北平市农会，由是而代表全市之统一农民组织始再恢复。去岁七月奉令改选，依法取消乡农会，是即

现在平市农会之概况也。

二、农会之组织

本会在前期为农民协会，其组织系采三级制，即除代表全市农民有市中农民协会外，后依本市郊外警察行政区域之划分，设有东郊、西郊、南郊、北郊与中一、中二六个区农民协会，每区依地域关系复分设若干个乡农民协会是也。至本期市农会成立，所有组织初仍旧制，但将中一、中二两区名称改为外三、外四区，嗣又取消乡农会组织，则已变三级制为二级制矣。兹将平市农会及各区农会现任负责人员姓名表列如次（见附表）。

三、农会之工作

无论在农协时代或最近阶段，虽不所谓为十分积极，但大致尚称努力，其主要工作每因时而异，举其特要者，如在农协时代，则有反对征收大车之请愿，有反对菜税之请愿，动辄万余人，激昂慷慨，游行城市，是为本身经济利益而表现之工作也。在九一八时代，则有抗日救国之宣传运动，在长城各口战争发生时代，则有慰劳将士救护伤兵及努力后方工作之活动。在市民实行反日工作之际，则有抗日救国会之参加，以及抵货运动之促进，是为救国而表现之工作也。现在时局苟安，闻该会拟又从事于建设活动，而其欲首先实行者，则为改良乡村教育，设立农村师范传习所，以训练私塾教师，俾增进农民知识，促进农村文化，是亦不可缓之工作。惟负责人员本身程度即不高，一切活动端赖本党及同志之指导，而经费不充，尤为工作之大障碍也。

四、农会之经费

在农民协会时代，由市党部按月津贴贰百元，社会局按月津贴壹百元，合共三百元，虽不足以言充足，经常用费尚有自出，及民运停止，社会局、市党部津贴先后停给，迄于国选后，市农会成立，遂益告困难，虽旋电市党部按月复津贴五十元，较之以前为数甚少矣。九一八以后，并须按八扣发给，实际所得仅四十元，今则已增为六十元矣。

五、农会与本党之关系

中国农民最为守旧，尤以处历代专制政治积威下之平市农民，其懦弱顽固更为特别，益以识字者少，智识不高，于农会之组织真能了解其意义，并对于本党提倡民众运动之旨趣能加以理解者实不甚多。故欲多数农民，其有信仰本党、拥护本党之热诚自谈不到，但就各级农会负责人之态度行动及言论以观，则对本党主义尚能相当接受，一切活动亦能在党的指导之下进行。惟此辈负责人类多农民中之具有土地及智识者，态度从违，均系为其本身利害之计，以言代表农民及谓党的力量已透入民众下层未免过分矣。又平市四郊住民共约八十万人，其中农民约占十分之八，现在农民之参加农会者共计不过十二万人，比例悬殊，为数甚大，即以数量而言，亦有待乎积极之发展矣。

北平市各级农会主要负责人员表

名称	负责人
北平市农会	执委：高星辅　杜玉亭　吕翰卿　王亚蕃　张平如　杜晓峰　蒋子厚　张伯庵
	监委：夏席儒等五人
东郊区农会	正干事长：何子祥　副干事：张师涛
	干事：林伯泉　崔岐　马锡棠　刘润田　盛饶轩
西郊区农会	正干事长：陈云圃　副干事：单宝善
	干事：阳品三　吕德厚　王子惠　王凤彩　周振东

续表

名称	负责人
南郊区农会	正干事长：尹吉甫　副干事：郑稚亭
	干事：品善亭　牛魁芳　孙海泉　王泽甫　盛　宽
北郊区农会	正干事长：王颧亭　副干事：陈双寿
	干事：王亚藩
外三区农会	正干事长：张平如　副干事：陈松泉
	干事：金子毅　计俊峰　吴文山　李润芝　阎然惠
外四区农会	正干事长：田逢喜　副干事：顾福林
	干事：张佐目　王万利　叶万顺　王鉴　丁铃

（2）北平市党部关于郊农负担苛捐杂税情况的复函
（1934年4月7日）

迳覆者：前准贵会俭电，以各地苛捐杂税，亟应设法废除，嘱转饬农人团体切实呈报等由。准此，当经本会饬令北平市农会查明具覆去后。兹据覆称：为呈覆事：案奉钧会平字第六号训令内开：为令遵事：案准中央民众运动指导委员会俭电开：查各地苛捐杂税，无补公帑收益，徒增人民负担，亟应设法废除，以苏民困，业经行政院农村复兴委员会通电全国详细报告，以备查核办理在案。事关复兴农村，各级党部应即协助政府积极进行，并通饬各地农人团体切实呈报，俾资转促政府撤裁，相应电达，即希查照办理，并见覆为荷。等由。准此，除分函北平市参议会外，合行令仰该会，即便遵照办理具报为要。等因。奉此。遵即分别转知各区农会调查具报各在案。顷据各区农会报称：查本市捐税之繁于全国，而农民负担较各省尤重。近数年来，灾祸频仍，疮痍满目，又兼地近抗日战区，横遭驻军蹂躏，农村经此巨创，本已苟延残息，而索捐罚漏者日益迫切，农民叫号东西，诉苦无门。今幸中央施恤民之政，解倒悬之绳，调查苛捐杂税，以便废除，拨云见日，庆幸莫极，谨具数端，胪陈于后：本市民房，月须纳捐。查该捐之规定，原以城内及关厢为限，并未及四郊，乃因富官殷商不居农村之故也。嗣因执政者增加收入计，又将四郊包括其中。现因该捐款收入过巨，指为警饷专款。又于房捐之外，另征二五自治附加捐，农人处于义务之下，虽无力担负，亦须按月典质，以偿此郊外房捐，似应取缔者一也。前北平自治筹备委员会创办四郊地亩捐，每亩征捐二角、一角五分、一角三等，名为办理公益之用，实际无所设施。查各项地亩，向有田赋之课，农民处此万劫之余，未见减轻，今又增加是项重捐，不啻堕井下石。此其二。农民豢养猪羊牛马，必须领照，按年纳捐。关于猪羊一项，原为年节自屠自食，并不入城售卖，而执政者亦按入城售卖章则处治，每个征屠宰税四角，检验税七角，并派警察按户登记，随时巡查，遇有数目缺少及私自屠宰者，严厉处罚，揆诸情理，实属殃民。此其三。农民自用大车、手车、脚踏车，按月纳捐，否则处罚。此其四。农民锯伐自种树木及翻盖住房、掘井、建筑，亦须遵章呈报纳费。此其五。农民税契，于正税之外，另征加一自治捐款。此其六。综上所述，虽有补于公帑者数项，亦属捐重病民，为此检举呈报，恳请转为呼吁减轻，其中巧立名目、藉端聚敛者，恩予解除，不胜屏营待命之至。等情。据此，理合具文呈报钧会鉴核，转呈中央，藉以解除，实为德便等情。据此，相应函覆贵会查照为荷。此复。

中央民众运动指导委员会

中华民国二十二年四月七日

〔国民党中央党部档案〕

中華民國史檔案資料滙編

第五輯 第一編

政治（二）

中國第二歷史檔案館 編

鳳凰出版傳媒集團 鳳凰出版社

目　录

〔二〕中国国民党历次会议重要决策与党内派系斗争

（一）中国国民党历次会议宣言与重要决议案

一、国民党中央特别会议
1．国民党中央执行委员会公布的宁汉沪三方谈话会决议案
（1927年9月）…………………………………………………… 1
2．中国国民党中央特别委员会宣言
（1927年9月16日）………………………………………………… 4
3．中国国民党中央特别委员会重要决议案
（1927年9—11月）………………………………………………… 6
二、国民党第二届第四、五中全会
1．中国国民党二届四中全会宣言
（1928年2月7日）……………………………………………………14
2．中国国民党二届四中全会重要决议案
（1928年2月）…………………………………………………………23
附录：（1）中国国民党二届四中全会预备会议记录
（1927年12月—1928年2月）………………… 29
（2）中国国民党二届四中全会记录
（1928年2月2—7日）………………………… 34
3．中国国民党二届五中全会宣言

（1928年8月15日）……………………………………………51
4．中国国民党二届五中全会重要决议案
（1928年8月）…………………………………………… 52
三、国民党“三大”与历次中央全会
1．中国国民党第三次全国代表大会宣言
（1929年3月28日）……………………………………………61
2．中国国民党第三次全国代表大会重要决议案
（1929年3月）……………………………………………68
3．中国国民党三届一中全会重要决议案
（1929年4月）……………………………………………115
附录：中国国民党第三届中央执行委员会第一次全体会议经过
（1929年4月）……………………………………………121
4．中国国民党三届二中全会宣言
（1929年6月18日）……………………………………………123
5．中国国民党三届二中全会重要决议案
（1929年6月14—18日）……………………………………………126
附录：中国国民党第三届中央执行委员会第二次全体会议经过
（1929年7月）……………………………………………138
6．中国国民党三届三中全会宣言
（1930年3月6日）……………………………………………148
7．中国国民党三届三中全会重要决议案
（1930年3月）……………………………………………150
8．中国国民党三届四中全会宣言
（1930年11月18日）……………………………………………168
9．中国国民党三届四中全会重要决议案
（1930年11月）……………………………………………173
附录：（1）中国国民党第三届中央执行委员会第

四次全体会议经过
（1930年11月）……………………………………190
（2）中国国民党中央执行委员会政治会议的报告
（1930年11月）……………………………………200
（3）中国国民党中央执行委员会常务委员会工作报告
（1930年11月）……………………………………233
（4）中国国民党中央执行委员会组织部工作报告
（1930年11月）……………………………………245
10．中国国民党第三届中央执行委员会第一次临时全体会议重要决议案
（1931年5月）……………………………………287
11．中国国民党三届五中全会通过的为一致协力扑灭“赤匪”通告全国同胞书
（1931年6月15日）……………………………………294
12．中国国民党三届五中全会重要决议案
（1931年6月）……………………………………296
附录：中国国民党第三届中央执行委员会第五次全体会议经过
（1931年6月）……………………………………301
13．中国国民党第三届中央执行委员会第二次临时全体会议重要决议案
（1931年11月）……………………………………306
四、国民党“四大”与历次中央全会
1．中国国民党第四次全国代表大会对外宣言
（1931年11月14日）……………………………………318
2．中国国民党第四次全国代表大会宣言
（1931年11月23日）……………………………………321
3．中国国民党第四次全国代表大会重要决议案
（1931年11月）……………………………………323

4．中国国民党四届一中全会宣言
（1931年12月29日）……………………………………………342
5．中国国民党四届一中全会重要决议案
（1931年12月）……………………………………………………345
附录：中国国民党第四届中央执行委员会第一次全体会议经过
（1931年12月）…………………………………………351
6．中国国民党四届二中全会宣言
（1932年3月6日）……………………………………………358
7．中国国民党四届二中全会重要决议案
（1932年3月）……………………………………………………360
附录：中国国民党第四届中央执行委员会第二次全体会议经过
（1932年3月）……………………………………………367
8．中国国民党四届三中全会宣言
（1932年12月22日）…………………………………………375
9．中国国民党四届三中全会重要决议案
（1932年12月）……………………………………………………377
10．中国国民党四届四中全会宣言
（1934年1月25日）……………………………………………403
11．中国国民党四届四中全会重要决议案
（1934年1月）……………………………………………………406
附录：中国国民党第四届中央执行委员会第四次全体会议中央组织委员会工作报告
（1934年1月）…………………………………………413
12．中国国民党四届五中全会宣言
（1934年12月10日）…………………………………………452
13．中国国民党四届五中全会重要决议案
（1934年12月）……………………………………………………454

14. 中国国民党四届六中全会重要决议案
(1935年11月)……465
五、国民党“五大”与历次中央全会
1. 中国国民党第五次全国代表大会宣言
(1935年11月23日)……481
2. 中国国民党第五次全国代表大会重要决议案
(1935年11月)……491
附录：中国国民党第五次全国代表大会之召集及会议经过
(1935年11月)……547
3. 中国国民党五届一中全会重要决议案
(1935年12月)……563
4. 中国国民党五届二中全会宣言
(1936年7月14日)……582
5. 中国国民党五届二中全会重要决议案
(1936年7月)……586
附录：中国国民党第五届中央执行委员会第二次全体会议经过
(1936年7月)……590
6. 中国国民党五届三中全会宣言
(1937年2月22日)……594
7. 中国国民党五届三中全会重要决议案
(1937年2月)……600
(二)国民党内的派系斗争
一、蒋介石胡汉民与汪精卫改组派的争斗
1. 国民党南京市党部为反对汪精卫请江浙沪各省市党部一致促胡汉民回宁主政代电
(1927年12月)……632

2．国民党中央对南京市党委处置之矛盾
（1928年11月11日）……………………………………………633
3．飞剑：为胡汉民先生痛哭
（1928年11月11日）……………………………………………634
4．枪影：胡党之训政观
（1929年1月10日）……………………………………………639
5．中国国民党改组同志会第一次全国代表大会宣言
（1929年2月）……………………………………………………642
6．汪精卫等关于最近党务政治宣言
（1929年3月11日）……………………………………………646
7．叔庠：第三次代表大会之前
（1929年3月10日）……………………………………………649
8．甦人：悲壮的南京全市代表大会
（1929年3月31日）……………………………………………655
9．中国国民党护党革命大同盟缘启
（1929年5月）……………………………………………………664
10．中国国民党护党革命大同盟成立宣言
（1929年5月）……………………………………………………667
11．关怀国：蒋中正叛党窃国证
（1929年6月8日）………………………………………………672
12．国民政府关于查禁上海改组派总机关的密训令
（1929年11月19日）……………………………………………686
13．国民党福建四十八县各级党部代表联席会议否认非法之三全会的通电
（1929年）…………………………………………………………687
14．江波：蒋介石篡党阴谋的急进化与党的出路问题
（1929年8月1日）………………………………………………690
二、蒋介石与桂系及北方军阀的争斗
1．国民党广州政治分会关于赞同李宗仁政见的通电

（1928年7月21日）……………………………………………………696
2．达达：白崇禧辞职之内幕
（1929年1月29日）……………………………………………………698
3．国民党广西湖北等代表团关于不出席第三次全国代表大会宣言
（1929年3月）…………………………………………………………699
4．冯玉祥为拒绝进京并表示愿与蒋介石共同引退电
（1929年5月15日）……………………………………………………701
5．蒋介石关于和平息争及共同下野等问题与阎锡山往来密电
（1930年2月）…………………………………………………………703
6．国民政府关于否认阎锡山在华北所发纸币债款等电令
（1930年5月）…………………………………………………………714
7．蒋介石与冯玉祥阎锡山的离合
（1930年）……………………………………………………………716
三、蒋胡矛盾与宁粤纷争
1．蒋介石历数胡汉民反对制定约法企图不轨等罪状书稿
（1931年）……………………………………………………………720
2．国民党驻美总支部关于对胡案主张致广州市党部等函电
（1931年5月2日—7月7日）…………………………………………725
3．蒋介石为邓泽如等四监委通电宣布其罪状事与国民党中央执监委员会往来文件
（1931年5月）…………………………………………………………734
4．蔡元培等五监委为卅电责蒋事致邓泽如等电
（1931年5月3日）……………………………………………………735
5．蒋介石在国民党中央党部纪念周关于广东问题的报告
（1931年5月11日）……………………………………………………737
6．国民会议处理粤案有关文电
（1931年5月）…………………………………………………………741

7．国民党浙江省党部规劝陈济棠等服从中央电
（1931年5月17日）……745
8．国民党中央执行委员会为粤方促蒋下野事致邓泽如等电
（1931年5月30日）……746
9．孔祥熙关于粤事的谈话
（1931年5月）……748
10．吴稚晖关于广东反蒋事件答记者问
（1931年）……749
11．龙云反对邓泽如等弹劾蒋介石通电
（1931年6月6日）……758
12．何应钦等劝告陈济棠拥护中央通电
（1931年6月11日）……760
13．国民党三届五中全会关于粤案的决议
（1931年6月）……762
14．孙科为促蒋介石下野致戴季陶电
（1931年8月26日）……764
15．孙科促蒋介石下野电
（1931年8月26日）……764
16．蒋介石为下野事复孙科电
（1931年8月28日）……766
17．唐绍仪等敦促蒋介石下野电
（1931年9月21日）……767
18．蒋介石关于下野事复唐绍仪等电
（1931年9月）……768
19．汪精卫关于召开国民党“四大”条件致朱培德函
（1931年9月6日）……769
四、上海“和平统一”会议
1．蒋介石关于派蔡元培、陈铭枢赴港协商共赴国难事致汪精卫等函

（1931年9月）……770
2．蔡元培等关于与粤方议定双方同时发表引咎通电及变更京沪卫戍警卫组织事与蒋介石往来电
（1931年9月29—30日）……771
3．蔡元培等关于粤方要求宁方于十月五日共同发表通电后始行召集统一会议事致蒋介石电
（1931年10月1日）……775
4．宋子文、朱培德关于蒋介石愿与汪精卫合作并希汪早日到沪致黄蘅秋密电
（1931年10月1日）……775
5．李石曾、吴铁城为蒋介石引退绝非目下时局所许可并请力促粤方速派代表赴沪谈判致蔡元培等密电
（1931年10月1日）……776
6．蒋介石令陈铭枢等同粤方谈判必须坚持原订三原则电
（1931年10月2日）……777
7．陈铭枢等关于与粤方谈判情形并请勿改原议定条件等与蒋介石往来电
（1931年10月2—3日）……778
8．陈铭枢关于宁粤双方同时发表通电的用意等致蒋介石密电
（1931年10月3—4日）……779
9．蒋介石关于引退通电必俟粤方代表到沪后发表复陈铭枢等密电
（1931年10月5日）……780
10．陈铭枢关于汪精卫力主赴沪及粤方非常会议不再坚持先发通电后赴沪事致蒋介石密电
（1931年10月4—5日）……781
11．蒋介石欢迎汪精卫力排众议来沪共赴国难密电
（1931年10月5日）……781

12. 陈铭枢为汪精卫决心赴沪并请胡汉民同时到沪会面致蒋介石密电
（1931年10月 6 日）…………………………………………782
13. 陈铭枢为与汪精卫会谈完满拟赴沪汇报等致蒋介石密电
（1931年10月 7 日）…………………………………………782
14. 张继等为粤方代表坚持俟胡汉民到沪后始行起程致蒋介石电
（1931年10月 8 日）…………………………………………782
15. 蒋介石关于胡汉民同意赴沪参加会议事致蔡元培等密电
（1931年10月11日）…………………………………………783
16. 蔡元培、张继关于粤方代表等赴沪日期及对日问题致蒋介石密电
（1931年10月13—16日）……………………………………783
17. 蒋介石请林森约粤方代表来沪密电
（1931年10月16日）…………………………………………784
18. 蔡元培等为粤方代表即将抵沪请提前实施四事致蒋介石密电
（1931年10月16日）…………………………………………785
19. 熊式辉劝陈铭枢勿以和议代表自居请粤方代表速赴沪密电
（1931年10月18日）…………………………………………785
20. 陈铭枢为张发奎等表示投蒋并请严密保护粤方代表等与蒋介石往来密电
（1931年10月18—19日）……………………………………786
21. 蔡元培等关于粤方代表已抵及会商办法等与蒋介石往来密电
（1931年10月21日）…………………………………………786
22. 特种外交委员会请于右任邀汪精卫及胡汉民等赴南京共商外事密电

（1931年10月23日）……………………………………………787
23．蔡元培、张继请汪精卫等推派代表赴南京参加外交会议的往来密电
（1931年10月23日）……………………………………………788
24．蔡元培等关于外交问题及宁粤双方合开国民党“四大”办法等致蒋介石密电
（1931年10月26日）……………………………………………788
25．蒋介石关于对日方针及召开国民党“四大”问题复蔡元培等密电
（1931年10月27日）……………………………………………789
26．蒋介石为更正上海第一次会议报导致张静江密电
（1931年10月27日）……………………………………………789
27．吴铁城为粤方代表在会议前提出“党政改革案”致蒋介石电
（1931年10月29日）……………………………………………790
28．蒋介石关于粤方“党政改革案”不应在上海会议提出讨论复吴铁城等电
（1931年10月29日）……………………………………………792
29．蒋介石关于通电下野事致蔡元培等函
（1931年10月）……………………………………………………792
30．上海“和平统一”会议记录
（1931年10月27日—11月7日）…………………………………794
五、西南实力派继续与蒋介石的斗争
1．吴铁城报告西南决议拥胡并对三全大会提案等情密电
（1932年11月3日）………………………………………………811
2．吴铁城报告西南反对借美麦案不出席三全会密电
（1932年11月22日）……………………………………………812
3．唐绍仪等反对蒋介石召开所谓临时全国代表大会电
（1933年4月4日）………………………………………………812

4．吴铁城关于西南倒蒋具体办法等致汪精卫密电
（1933年5月22日）……813
5．吴铁城报告西南仍决定用反蒋不反“中央”政策密电
（1933年5月31日）……814
6．吴铁城报告粤陈力谋缓和胡系决定先行倒蒋密电
（1933年6月14日）……814
7．吴铁城为扣留西南对时局通电致汪精卫密电
（1933年12月25日）……815
8．吴铁城报告胡汉民决重组中华革命党密电
（1934年2月25日）……816
9．胡汉民等为补充五全大会议题致南京国民党执监委员会齐电
（1934年9月8日）……816
10．胡汉民等质询南京政府对齐电意见电
（1934年9月25日）……819
11．陈济棠、李宗仁等为重提四案作为五全大会新议题与南京国民党中央往来电
（1935年10月）……822

〔三〕第三党的崛起与其他党派社团的组织活动

（一）邓演达与中国国民党临时行动委员会

1．邓演达关于中国革命最近的严重局势之由来的报告
（1927年8月17日）……827
2．中国国民党临时行动委员会政治主张
（1930年9月1日）……841
3．第三党之真相
（1933年）……871

（二）生产人民党

1．生产人民党总纲草案

（1933年11月）……………………………………………873

2．生产人民党发起人签名名单

（1933年11月24日）………………………………………886

（三）中国青年党

一、中国青年党的组织活动

1．陈启天等著：民国十二年到现在的国家主义运动

（1929年9月）……………………………………………887

2．中国青年党暨国家主义青年团第五次全国代表大会宣言

（1930年8月15日）………………………………………897

3．中国青年党政策大纲

（1930年10月）……………………………………………906

4、中国青年党及国家主义青年团湖北省支部“反对国民党御用的国民会议”宣言

（1931年5月5日）…………………………………………909

二、国民党对青年党的防制措施

1．葛覃为取缔国家主义派刊物致国民党中央训练部呈

（1930年1月15日）………………………………………910

2．国民党中央宣传部关于取缔国家主义派活动复中央训练部公函

（1930年2月8日）…………………………………………911

3．贾毅请防止国家主义派活动呈

附：国家主义派之总检讨

（1930年12月25日）………………………………………912

4．教育部为在中央大学发现“中国青年党政策大纲”饬注

意侦查取缔密令
（1931年1月17—23日）……………………………………923
5．国民党中央训练部丘景尼等关于防止国家主义派活动办法签呈
（1931年2月2日）……………………………………924
6．国民党中央训练部为防止国家主义派在平津活动致教育部函稿
（1931年3月13日）……………………………………925
7．蒋介石关于饬令平津防止国家主义派活动复国民党中央训练部呈
（1931年3月18日）……………………………………926
8．国民党中央秘书处关于防制国家主义派办法致行政院公函
（1931年6月6日）……………………………………927

（四）中国国家社会党

1．中国国家社会党沿革史略……………………………………930
2、中国国家社会党党纲
（1932年5月）……………………………………931

（五）中华民族社会党

1．中华民族社会党组织纲领
（1934年1月6日）……………………………………945
2．中华民族社会党青年团组织纲领
（1934年1月6日）……………………………………949
3．中华民族社会党中央最高干部成立会议记录
（1934年1月8日）……………………………………952
4．中华民族社会党重要纪律
（1934年）……………………………………955

5．中华民族社会党入党志愿书示例及部份党员名单
（1934年1月）……………………………………………………953

（六）其他社团的组织活动

一、铸魂学社
1．铸魂学社缘起
（1932年6月5日）………………………………………………957
2．铸魂学社宣言
（1932年6月5日）………………………………………………960
3．铸魂学社总章
（1932年11月）……………………………………………………964
4．安若定：铸魂运动之两方面
（1935年12月）……………………………………………………972
5．安若定：《新人论》自序
（1935年12月）……………………………………………………976
6．南京铸魂学社声讨殷逆电
（1935年12月）……………………………………………………977
7．李山樵：中国文坛挽近转变的检讨
（1935年12月）……………………………………………………979
二、中韩民族抗日大同盟
1．中韩民族抗日大同盟申报组织备案呈
（1932年4月7日）………………………………………………986
2．国民党上海市党部关于调查中韩民族抗日大同盟组织活动情形复中央民众运动指导委员会公函
（1932年8月1日）………………………………………………989
三、中华五族救国同盟会
1．中华五族救国同盟会章程
（1932年11月）……………………………………………………990
2．黄国英等为成立中华五族救国同盟会申报立案呈

（1932年12月27日）……994
3．国民党中央民众运动指导委员会关于中华五族救国同盟会立案事的批答
（1933年1月14日）……996
四、革命青年同志会
1．革命青年同志会政纲政策草案……996
2．革命青年同志会1933年度工作纲领
（1933年）……1001
五、华北民众自卫救国会
1．朱化鲁等关于华北民众自卫救国会成立经过并报送会章备案呈
（1933年7月24日）……1002
2．国民党中央民众运动指导委员会准予华北民众自卫救国会备案批答稿
（1933年9月8日）……1007
六、上海市忠义会
1．甘雨亭关于上海市忠义会成立经过并报送会章备案呈
（1934年2月）……1007
2．国民党中央民众运动指导委员会特社科罗照关于上海市忠义会备案签呈
（1934年3月13日）……1014
七、江西各界统一救国大同盟
1．龚学遂等关于江西各界统一救国大同盟成立经过呈
（1937年2月）……1015
2．江西各界统一救国大同盟宣言
（1937年2月）……1016
3．江西各界统一救国大同盟章程
（1937年2月）……1018
4．江西各界统一救国大同盟职员名单

（1937年2月）……………………………………………………1020
5．江西各界统一救国大同盟委员名单
（1937年2月）……………………………………………………1021

〔二〕中国国民党历次会议重要决策与党内派系斗争

（一）中国国民党历次会议宣言与重要决议案

一、国民党中央特别会议

1．国民党中央执行委员会公布的宁汉沪三方谈话会决议案

（1927年9月）

宁汉沪三方同志接洽统一党务之经过

本党不幸，遭共产党之谋害，致有沪粤之对立，继以汉宁之分离，组织破碎，党务纠纷，凡我忠实同志，无不惄焉忧之。兹幸各方觉悟，一致团结，到有汉方同志汪精卫等到沪后接洽经过，谅系锦注。兹特录出，以释远念。

中华民国十六年九月十一日第一次及十二日第二次宁汉沪三方同志谈话会决议案

（甲）关于党务者

（一）组织特别委员会统一党务。

（二）特别委员会由宁汉沪三方共同推定若干人组织之。

（三）宁汉沪三方中央党部将其职权委托于特别委员会。

（四）特别委员会除行使中央执行委员会职权外，应负责统一各地方之中国国民党党部并筹备开第三次全国代表大会。代表大会最迟十七年一月一日开会。

（五）特别委员会委员三十二人，候补特别委员五人，三方共同提出，宁汉两方将全体人名由中央执监委员临时会议发表之，上海中央党部亦同时将全体人名发表之。

（六）中央各部长人选由特别委员会决定之。

（乙）关于政府者

宁汉两政府之合并及改组方法并人选，为（1）政府委员；（2）各部部长；（3）军事委员会委员等；由特别委员会决定之。

（丙）统一宣言，推汪精卫、谭延闿、蔡元培、谢持起草。

中华民国十六年九月十二日第二次谈话会推定特别委员及候补特别委员名单

汉方推出特别委员：

谭延闿　孙　科　何香凝　于右任　朱培德　程　潜

候补特别委员：

顾孟余　陈公博　甘乃光

宁方推出特别委员：

李宗仁　李煜瀛　蔡元培　王伯群　伍朝枢　李烈钧

候补特别委员：

褚民谊　缪　斌　叶楚伧

沪方推出特别委员：

林　森　许崇智　居　正　谢　持　覃　振　邹　鲁

候补特别委员：

茅祖权　刘积学　傅汝霖

宁汉沪三方共同推出特别委员：

汪精卫　胡汉民　张　继　吴敬恒　戴传贤　张人杰
蒋中正　唐生智　冯玉祥　阎锡山　杨树庄　李济琛
何应钦　白崇禧

右特别委员三十二名，候补特别委员九名，均于第二次谈话会一致通过。

特别委员抽签所定次序　九月十四日第　次谈话会

一	李宗仁	二	杨树庄	三	李烈钧
四	冯玉祥	五	谢　持	六	蔡元培
七	汪精卫	八	唐生智	九	蒋中正
十	程　潜	十一	王伯群	十二	覃　振
十三	何香凝	十四	阎锡山	十五	胡汉民
十六	孙　科	十七	朱培德	十八	林　森
十九	于右任	二十	戴传贤	二十一	张　继
二十二	许崇智	二十三	伍朝枢	二十四	谭延闿
二十五	吴敬恒	二十六	邹　鲁	二十七	李煜瀛
二十八	张人杰	二十九	居　正	三十	李济琛
三十一	何应钦	三十二	白崇禧		

候补特别委员抽签所定次序

一	刘积学	二	傅汝霖	三	缪　斌
四	褚民谊	五	甘乃光	六	顾孟余
七	陈公博	八	叶楚伧	九	茅祖权

中华民国十六年九月十三日第三次宁汉沪三方同志谈话会决议案

一、在特别委员中公推五人代行监察委员会职权。关于人选，由谈话会商定发表，手续依照关于党务第五项办理之。

二、公推张继、于右任、何香凝、李煜瀛、蔡元培五人代行监察委员会职权。

上列各谈话会出席署名者为：

汪精卫　邹　鲁　伍朝枢　程　潜　谭延闿　叶楚伧
李烈钧　王伯群　谢　持　杨树庄　许崇智　张　继
覃　振　于右任　居　正　茅祖权　刘积学　甘乃光
傅汝霖　李宗仁　张人杰　蔡元培　缪　斌　李煜瀛
褚民谊　孙　科　朱培德

本中央党部除照上列决议各案依章执行外，特此公布。

中国国民党中央执行委员会（印）

〔国民党中央执行委员会秘书处档案〕

2．中国国民党中央特别委员会宣言

（1927年9月16日）

（一）中央特别委员会宣言

（民国十六年九月十六日）

一、总理不忍共党误入歧途，故毅然定容共政策。

二、共党亦声明只以个人资格加入，服从国民党主义。

三、沪粤两党部对立，为反共容共意见上之不同。

四、宁汉两党部对立，亦为反共容共意见上之不同。

五、各方一致取反共政策，乃商组特别委员会。

六、特别委员会代行中央执监委员会之职权。

七、特别委员会一方继续清党，一方继续北伐。

我总理孙先生致力国民革命，组织革命团体，自兴中会始，其后有同盟会，国民党中华革命党之组织。至中华民国九年，而政〔改〕组为中国国民党，十三年有收容中国共产党党员之政策。在总理之意，以中国共产党党员，震于德国马克斯之学说，俄国列宁之政策，以为新奇可喜，欲举而移殖之于中国，实为误解，深不忍其误入歧途，故欲一切罗致。使知三民主义实较马克斯阶级斗争之主张为善，行之中国且较列宁之集产制与新经济政策为适当，而努力于中国国民党之实现，故毅然定容共政策。其时非无表示怀疑之党员，终信以总理之魄力与度量，必足以移化此等中国共产党党员而有余。且总理与苏俄代表越飞氏共同宣言中，已声明苏俄协助中国打倒帝国主义，完成中国在东亚之国民革命，并不要求宣传共产。中国共产党加入本党时，亦曾郑重声明，只以个人之资格，服从国民党之主义，故皆信之而不疑，不意总理竟于十四年之三月弃我等全体党员而而〔而字衍〕溘逝，中国共产党党员遂乘此机会，渐试其篡党之手腕。是时有一部分中央执行委员，已窥见彼等之伎俩，谋加以制裁。于是年十一月在北京西山总理殡舍前，为清党之会议。而留粤中央诸同志，以笃信总理容共政策之故，对于提议裁制之诸同志，不能采用其意见，于是此派反共之同志，不得已而在上海召集代表大会□别组执监委员会，组织中央党部，此粤沪两党部对立之原因，全起于容共反共意见上之不同者也，既而北伐进展，粤中中央党部与国民政府，随北伐军之胜利而次第北迁，先莅南昌，次抵武汉，当是时也，共产党阴谋利用中央党部及国民政府之掩护，包办民众运动，勾结地痞流氓，激起各地之骚扰。多数监察委员，认为党国危机，间不容发，爰警告各地忠实之执行委员，请以非常手段，制止共派与附共者之破坏国民革命行动。于是粤闽江浙诸省，同时清党，本总理遗志，建立中央党部及国民政府于南京，此宁汉两方中央党部与国民政府对立之原因亦全起于容共与反共意见上之不同者也。未几武汉诸忠实同志，发现共派消灭本党之阴谋，认为与总理容共政策，根本上不能相容，遂于七月十五日在湘鄂赣三省，厉行清党，于是吾中国国民党一致取反共政策，别无何等不同之意见，当然无复有同等机关对立之必要。于是约集三方面同志，推诚协商，而有组织特别委员会之建议，并定于南京各开中央执监临时会议以决之。今临时会议业已可决，推出委员组织中央特别委员会，代行中央执监委员之职权，改组国民政府，并于三个月内筹备第三次全国代表大会，而从前特立之三党部，均不复行使职权，从前三方面互相攻击之言论，皆成陈迹，不得复引为口实。本会受任以后，遵总理遗训，服从全党公意，一方面继续清党，不使全党中有一不忠实之党员，得厕身其间；一方面继续北伐，期于最短期间，完成中国之统一，以图三民主义之实现，拯全国同胞于水深火热之中；而完吾党之天责。谨此宣言，尚希公鉴。

〔中国国民党中央执行委员会秘书处档案〕

3．中国国民党中央特别委员会重要决议案

（1927年9—11月）

（一）中央特别委员会宣言〔略〕

（二）中央党部组织案

（民国十六年九月十六日中央特别委员会第一次会议通过）

决议：中国国民党中央党部组织如次：

秘书处

组织部

组织委员会　组织部长为主席，其他各部长为当然委员

宣传部

宣传委员会　宣传部长为主席，其他各部长为当然委员

工人部

农民部

商民部

青年部

妇女部

海外部

凡关于组织部及宣传之事务，均由组织部宣传部办理，工人农民商民青年妇女海外六部分掌不属于组织宣传之运动，并担任关于组织及宣传事务之建议。

（三）国民政府组织案

（民国十六年九月十六日中央特别委员会第一次会议通过。）

决议：

国民政府组织如次：

国民政府　委员若干人，常务委员五人。

内政部

外交部

财政部

司法部

农工部

实业部

交通部

大学院

军事委员会　委员若干人，主席团若干人。

参谋处

秘书处

陆军处

海军处

航空处

经理处

审计处

革命军事裁判处

政治训练处

又决议：设置监察院。

（四）国民政府监察院组织法案

（民国十六年十一月九日中央特别委员会第九次会议修正通过）

第一条　国民政府监察院，根据中国国民党党纲组织之。

第二条　监察院受中国国民党之监督指导，与国民政府之命令，掌理监察国民政府所属行政司法各机关官吏事宜。

第三条　监察院职权如左：

（一）关于发觉官吏犯罪事项；

（二）关于弹劾官吏事项；

国民政府及各省政府，对于所属官吏亦得弹劾之。

（三）关于考查各种行政事项；

（四）关于中央及地方审计事项；

（五）关于官厅簿记方式及表册之统一事项。

第四条　监察院行使职权时，调查各官署之档案册籍，遇有疑问，该官署主管人员，应负责为充分之答覆。

第五条　监察院弹劾官吏，发现刑事犯罪时，应将刑事部份移交司法机关审理。前项案件，得由监察院监察委员一人，行使刑事起诉权。

第六条　监察院置监察委员七人，对于左列事项由委员会议决行之。

（一）弹劾事项；

（二）分配事务事项；

（三）其他院内行政事项。

第七条　监察院置秘书处及下列各司：

秘书处承委员会之命，掌理印信，记录，编撰文书，收发，会计，庶务及其他不属于各司事务。

左列各司承委员会之命，办理事项如下：

第一司：掌理考查各种行政事项。

第二司：掌理弹劾官吏及关于官吏犯罪事项。

第三司：掌理中央及地方审计及统一厅簿记表册事项。

第八条　监察院置秘书长一人，秘书五人，司长三人，分管秘书处及各司事务。

第九条　秘书处及各司设科长科员若干人，分科办事。

第十条　秘书长司长为简任职，秘书科长为荐任职，其余职员为委任职。

第十一条　监察院因缮写文件及其他事项，得酌用雇员。

第十二条　监察院各项办事细则，由监察院另定之。

第十三条　本组织法自公布日施行。

（五）中央特别委员会议事规则案

（民国十六年九月十七日中央特别委员会第二次会议通过）

（一）本会会议以中央特别委员及候补委员出席举行之，但候补委员无表决权。

（二）本会会议须有委员三分之一出席，出席委员仅及四分之一时，即由候补委员依次递补，至法定人数为止。

（三）会议之主席于开会时临时推定。

（四）本会会议于星期二上午九时举行之，但于必要时得开临时会议。

（五）本会得开分组会议。

（六）本会推定常务委员三人，每日到会办事，凡对外文件，至少须有常务委员二人签名。

（七）本会对外发表文件，以中央执行委员会行之。

（八）委员不得派代表出席会议。

（九）本会会议录，由秘书处制定，下次会议检阅无误后分发之。

（十）本会会议不许旁听。

（十一）本会议决案，每届会议毕，即由主席签字，发表与否，由主席定之。

（十二）本规则由本会通过后实行。

（六）中央党部各部办事通则案

（民国十六年九月二十七日中央特别委员会第四次会议通过）

（甲）各部委员联席会议

一、各部委员联席会议，以在京常务委员及各部委员过半数之出席举行之。

二、各部委员联席会议，讨论各部相关之事件，决议后交主管各部分别执行之。

三、各部委员联席会议，以常务委员为主席。

四、各部委员联席会议，于星期四日上午十时举行之，遇必要时经常务委员或两部委员之同意，得召集临时会议。

（乙）组织委员会及宣传委员会

五、各部主任为组织委员会宣传委员会之当然委员。

六、组织委员会之主席，以组织部主任委员充任之，宣传委员会之主席，以宣传部主任委员充任之。

七、组织委员会宣传委员会之决议案，由组织部宣传部分别执行之。

八、组织委员会宣传委员会之会议规则另定之。

（丙）部委员会

九、各部部务，依各本部委员会议决议案执行之。

十、各部委员会，以各本部在京委员过半数之出席举行之，如不足开会人数时，主任委员得会同在部委员，对于紧急事项，临时处理。

十一、各部于必要时，得由主任委员召集本部科员以上职员，开部务会议。

十二、部委员会及部务会议之议事细则另定之。

（丁）各部组织

十三、各部委员推定主任委员一人，会同到部委员常川办公，如主任委员缺席时，得由到部委员推一人代理之。

十四、各部设秘书一人，受主任委员之命令，协赞部务，编辑报告，起草规则，文件，接洽一切事务。

十五、各部分设若干科，科设科长，承主任委员之命令及秘书之指导，主管科务。

十六、科务繁剧时，得分股工作，股设主任，主管股务。

十七、各部得依事实需要，酌设科员书记。（十六年十月十七日第六次会议决议科员改为干事）

十八、各部秘书科长之任用，均须经常务委员之核准，中央特别委员会之备案。

十九、各部得常务委员会之同意后，得附设特种委员会。

二十、各部办事细则另定之。

（戊）秘书处

二十一、秘书处设秘书长一人，受中央特别委员会常务委员之命令，批发文书，撰拟稿件，综理中央党部会计庶务。

二十二、秘书处设秘书若干人，协助秘书长分理党务政务之秘书事务。

二十三、秘书处组织除二十一、二十二两条外，均照十五、十六、十七、十八、二十条办理。

（已）附则

二十四、本通则各条，如有未尽事宜，得由各部委员会联席会议修订，呈请中央特别委员会核定之。

二十五、本通则经中央特别委员会核准施行。

（七）训政实施方案委员会组织大纲案

（民国十六年十月二十四日中央特别委员会第七次会议通过）

第一条　本委员会根据建国大纲，以科学方法拟定训政时期应行次第设施之各种政治方案及时期。

第二条　本委员会委员由中央特别委员会指定。

第三条　本委员会分下列各组，由委员分组规划各方案：

（一）法制组　（二）土地组　（三）户口组

（四）农林组　（五）矿冶组　（六）工程组

（七）卫生组　（八）教育组　（九）训练组

（十）军政组　（十一）警卫组　（十二）行政组

第四条　本委员会委员，得就其分组之职务，约集专门学者研究，以收集思广益之效。

第五条　本委员会设常务委员五人，处理会中事务，由中央特别委员会指定之。

第六条　本委员会所决定之方案，由中央特别委员会核定后，交国民政府举办之。

第七条　本大纲由中央特别委员会通过后实行之。

（八）统一党务办法案

（民国十六年九月二十七日中央特别委员会第四次会议通过）

1．在同一区域内有两个以上之同级党部者，由上级党部派员督促统一之。

2．凡各级党部非经上级党部正式派员组织者，另由上级党部派员组织之。

3．凡各级党部现有职员，除有变更之必要者外，一律加委。

4．各地各级党部，一律称为某党部，其委员会非正式成立者，称为某党部临时委员会。

5．各地各级党部，除关于普通党务照常进行外，应特别进行下列各职务：（1）厉行清党，（2）重新登记，（3）成立正式党部，（4）办理第三次全国代表大会代表之选举。

6．全体党员须一律重新登记。

（九）农人运动大纲案

（民国十六年十一月十六日中央特别委员会第十次会议通过）

我国人口，稽之户册，农人约居百分之八十以上，所谓国民革命为谋大多数国民幸福云云，实不啻以农人之幸福为指归，故在今日农人解放，实为最急迫之要求，农运工作，实不可缓之要图，十三年本党改组之初，总理所手订农工政策，昭示至再，耀若日星，凡在吾党固应遵循，以求实现。顾熟察最近农人实际状况，乃有大谬不然者，差胥之搜括，奸商之垄断，土地之剥削，土豪劣绅之鱼肉，贪官污吏之蹂躏依然也。其在北方，受残余军阀肆虐而外，更益之以帝国主义之侵凌；其在南国，遭共产党徒压榨而外，更益之以流氓地痞之专横。农人痛苦，不但未减，抑又加甚，遂使全国百分之八十以上之农人，咸陷于水深火热之中，而无以自拔，此皆本党同志未能实践总理遗训，积极从事农人运动，以致有此忽略。及今奋斗，宜各自勠既往，而筹将来。本特别委员会，受全党之委托，无时不以总理遗训为念，而于农人痛苦，尤深悯恻。爰秉总理遗训，及历次代表大会议决案，明定农运方针，列为八条，胪举于后，俾我同志，知所遵循，以求实现。尤当注意者，农人运动，殆有异夫学运工运，学生知识较富，易于领会；工人集合易，便于组织。若农运则须百端喻解，多方奖掖，求各个分子的觉悟，而进为普通的团体组织，由慎始的广大宣传，而演为持久的稳定基础，毋躁进，毋躐等，致陷以往之覆辙，毋假借，毋挑拨，致效共产党之劣迹。盖必审慎周详，而后始有成效之可言，尚望吾党同志勉之勉之，以期有成。

一、中国民族的经济及生产主力，皆以农人为基础，故本党以农人为革命之基础，亦即为建国之基础。

二、农人运动，当依据本党政纲及决议，尤须精密体认客观之事实，而确定实施方案与步趋。

三、农人运动，系以农村经济利害相关引起相同之利害观念为相互之关系者——自耕农半自耕农佃农雇农及农村中之体力劳动者为对象。

四、农人在本党指导之下，有组织团体之自由，本党应以政治权力扶助其组织，使之充分发展。

五、以科学方法改良并扶助农业之发展。

六、养成农人之政治能力，以实行乡村自治权，为开始运用政权之基础。

七、减轻农人负担，改善其生活。

八、农人运动，同时须注意到其他工商学兵之利益。

〔中国国民党中央执行委员会秘书处档案〕

二、国民党第二届第四、五中全会

1. 中国国民党二届四中全会宣言

（1928年2月7日）

中国民族为世界民族中文化最古而贡献最大之民族。人口之数量，在前两世纪，占全世界人口之半数以上。此一百年来，因文化落后与经济落后，受欧洲帝国主义东侵之压迫，日趋于衰微；而中国民族独立自强之革命运动，亦即与帝国主义东侵之历史，相因而起。是以此一百年间，在形式上为中国民族势力衰颓之时代，而五千年文化民族生命之复兴的努力，亦即在此衰颓堕落之时代中，不断的继续前进。本党总理孙中山先生所领导之国民革命，即领导中国民族独立，文化复兴，民生发展之救国运动，而从事于革命建国之伟大的努力也。

此一百年间，中国革命运动，随时代之进展变化，而时有变迁。然而其唯一的精神，绝无二致者，则民族独立，文化复兴，民生发展之要求是也。总理中山先生所创造之三民主义，实为综合中国民族之历史的文化精神与现世界之科学的学术经验而成之革命的最高指导原则。此一原则，不特足以指示中国之国民革命之理论与行动；全世界一切人类，欲求得普遍而永久之和平与进步，其政治的社会的组织，国家与人民之行动，绝不能背离此原则。此实过去与现在世界之一切政治的社会的经验之所能确实证明者也。

过去百余年间，由生产的进步与民族的发展变化流转而成之现代的帝国主义，于不断的战争与压迫之中，终至造成十年前之欧洲大战。死于战伤者数百万人，因战争而死于瘟疫饥馑流离，以及宗教的残杀者数千万人。全世界十数万万之民众，无不受此战祸之影响。而最悲惨之共产党的暴力革命，遂发生于战前专制最烈，文化最低，战时受创最大之俄国，而蔓延于中欧南欧。集中于俄国之共产党人，踞民族统治之埸，而耽共产之梦，继帝俄南侵之野心贪欲，而变其策略。于是百年来受压迫于帝国主义之亚洲民族间，亦受此强暴的赤色恐怖影响。各民族之崇高而伟大之革命的民族独立，文化复兴，民生发展的运动，在一时期中，一部份之经过，往往失其正确健全之进展，而变为革命的发狂。土耳其与中国，皆经验最深之国民也。

今日国际之情况，盖合全世界而为一大封建制。帝国主义在今日之世界犹古代战国之群雄，而第三国际所领导之共产革命，亦犹继战国而起之暴秦专制而已。不特同为霸道而已也，赤色的帝国主义之共产党，其专制暴虐，过于白色帝国主义者百十倍而不止。自一九一九年以来，至今八九年间，俄国共产党之在俄国，已由各种惩创而自知其政略之错误，一再改变其内政外交之策略，而在理论上之文过饰非，则依然如旧。在帝国主义侵略与压迫下之民众，尚未能烛察共产党人所持为辩护之共产主义之非，而一再受其愚弄与蹂躏。一方面既使一切民众自身之组织，不得遂其健全的发育，一方面复使其民族自身之独立复兴的运动，不得遂其健全的进步，由民众自身之猜忌与斗争，而使社会生活，民族生存，国民生计，群众生命，陷于危殆，一切弱小民族仅有之生机，且将因此而夭折。是第三国际所统治之共产主义的运动之在世界，尤其在东方被压迫民族间，实为民族独立运动之大敌，而不容须臾缓其惩创者也。

吾党在此伟大的怀抱与坚苦的努力之下，而有去年四月之清党工作，而有扑灭共产党的工作，而有反抗俄国一切非法行动与之断绝政治关系之工作。在此工作前后三年之间，吾党同志或以思想，或以行动而与共产党斗争者，不知凡几。虽中经无数之困苦艰辛，分崩离析，而其结果则复归于共同。此更足证明中国之国民革命，其基本之目的，在于民族独立，文化复兴，民生发展，而所取之途径，则舍总理所指示之三民主义而末由也。

中国之革命，今方由理论宣传与武力征服期，逐渐进于此两种工作与政治的建设经济的建设并行之时期。自此之后，吾党同志与全国国民，当切实承认过去中国革命之一切失败，乃在于不能遵信，总理之三民主义。由此之故，乃生放纵共产党危害中国，及召来一切更重大之国际的国内的纠纷，使国民革命运动，不得遂其健全之进行，今后更始之图，其最重要之基本，则在确实遵守总理之遗教，以努力于革命的建国事业之完成。

中国国民党中央执行委员会全体会议，负此重大之革命的任务，以最强毅之决心，督率全党同志，领导全国国民，在此根本的觉悟之下，致力于实现三民主义，完成国民革命之工作，更为集中党内外之视听与努力，因应国民革命入此阶段之需要，条举其最重要之方针如次。

第一，内政的建设，一以实行建国大纲所指示之工作为目的，而如何能达到此目的，则第一项决定确立法治主义之原则。过去数年之间，吾党因注全力于军事的发展与民众之宣传，于是一切政治的施设，均为应付各个之事实，不暇及于系统的法令规章之制定。而共产党徒之非国家的煽动宣传，益使国人群趋于社会的争斗。而漠视法治与国家之关系。于是造成法治的国家为革命一重要任务之义，几不复见知于国民。须知一切政治的主张，若不成为具体的法律；政治之组织，若不造成宏远精密之制度，不特一切理论尽属空文，而社会之秩序，人民生命财产及一切生活关系，均无保障。建国的中国国民党之重要任务，固在唤起民众，而尤在建设国民生活之秩序与保障，此实吾党今后应以全力赴之者也。其次，则为行政之建设。总理讲民权主义，置重于政权与治权之分别，而最要之目的，在于建设有能力之政府。盖无论何种良好之主义与政策，若不得良好之政府施行之，皆空言而已矣。吾党今日唯一责任，在为中国国民造成良善之政治，以实际的解除人民之痛苦。此良善之政治，即以良好之行政组织与其运用为基础。曩昔吾党曾以建设廉洁政府为行政之方针，今后之目标，不特在此消极的努力而已也，尤须积极的建设良好之行政制度而使之推行尽利。盖吾党之政治纲领，已具备于第一次全国代表大会之宣言，而实现此宣言，必须造成能负建设责任之制度与人才也。

第二，关于教育的建设，实为中国国民之生死关键。自欧战以来，中国青年学生对于社会问题，政治问题，渐具觉悟，种种不满足于现在境遇之心，与日俱进，而实际之政治组织教育设施，不足应时代之要求。于是各地学潮，风起云涌。共产党徒，乘青年知识不充，修养不足，社会无进步之组织，人民无确实之保障，利用社会弱点，世界潮流，煽动青年，用为工具，惑之以利，乱之以色，迷之以虚伪口号，强之作破坏暴举。现在全国青年之误入歧途者，既已陷身魔窟而不自知，知之又苦无自拔之道。即多数赋性和平诚实者，亦均徬徨歧路，正如盲人瞎马，夜半深池，稍一失错，遗恨终身。各地教育机关，外受战祸与政变之危害，内受学潮之影响及人才缺乏之困苦，几于无一人能安心求学，无一校能安稳维持。重以政治之派别分歧，引诱之法术无穷，学校在校之学生，变为政争之货品，由互争而互斗，由互斗而互杀。如此情形，不从速救济，则历时愈久，流毒愈深，不但教育破产，一切社会机能，皆将陷于绝境。就今日受痛苦最大之点言之，无过有未成年之学生，参加政治斗争，社会斗争之一事。夫政治运动及社会运动，及关系人民实际生活，国家实际利害之问题；参与此种运动者，必须有实际利害之认识与正确知识之判断。未成年之青年男女，身体精神之发育未完全，基本之智识经验未具备，即个人之私生活，尚不能离成年者之保佐而独立；何况国家社会之大事，乃放任于未成年者之自由行动，是不特将民族可爱可宝之未来生命付之无代价之牺牲，亦直是以国家社会全体之生命，作儿戏之试验品也。各国法律，在私法上规定行为能力之年龄，未成年者，一切行为，不认其法律上之效力，亦不科以法律上之责任；而国民之公权，则更有各种限制。此不特维持社会公共生活之秩序，国家之安全发展，亦所以培养青年保护青年者也。以目前中国之情形论，文化落后，经济落后，国民之身体精神无不衰弱，所仅足属望者，惟后起之青年耳。然当其应受培养与保护之时代，不教之以正当之学问，导之以正当之道途，使其身体精神得遂其自然而健全之发展，乃欲付以成年者所不能胜之重任。及其已陷于错误，而祸害已波及于社会国家，然后不得已而科之以未成年者所不能应受之严州。此岂足以救亡，实所以召灭种之祸而已。救济之道，首在保护教育之独立，充实教育之内容，防止青年之恶化腐化，普及国民教育，提高民众知识，以造成健全之国民者，为建设国家之基础。而对于女子教育，尤须确认培养博大慈祥之健全的母性，实为救国保民之要图，优生强种之基础，凡此诸端，皆须全国人民切实觉悟，而与本党协力图之者也。

第三，国民经济生活之建设，为国民革命最主要之目的。今日中国国民之生活，已陷于破产，欲从帝国主义者经济压迫之下，而得国民生活之苏生，实以经济建设为最要之图。过去数年之间，共产党徒，利用人民生活之困苦，专以煽动国民间之经济的阶级斗争，为若辈取得政权之工具。于是最幼稚之新兴工业的生命，及最贫弱之农业的生产的基础，益陷于倾覆破产，而大多数之工农民众的痛苦，更失解除之道，同陷于澌灭之深渊。夫吾党唤起民众之努力与乎革命的民众之奋起，其根本的目的，乃在求民族全体之生存，而非自寻生存途径之断灭；乃在发展中国之产业，而非破坏中国之产业；乃在建设生产之秩序，而非破坏生产之秩序。吾党今后，必以强毅而坚忍之决心与不断的努力，以发展中国之农业工业者，裕中国国民之生活，建国家富强之基础，实现总理建国方略宏远之计划，而达人尽其才，地尽其利，物尽其用，货畅其流之目的。为维护我目的之遂行，必须提携全国革命民众，运用强固的政权与良善之法律，以全力为国民建设工作之后盾。反乎此义者，则是国民之蟊贼，必尽全力以芟除之，决不任其危害社会之生活，民族之生存，国民之生计，群众之生命也。

第四，吾国在国际间之地位，此百年来，日陷于衰颓；而此百年中，国际间一切非人道之斗争，更为人类空前之祸害，吾国民革命之努力，唯一之根本目的，在于民族之平等，与国家之独立；而废除不平等条约，则为达此根本目的之具体的方案。吾国民今日，虽不恃强大之武力与世界帝国主义者相周旋，然而强毅之建设的努力，终必能造成中国达此目的之能力。吾国民须知一切反帝国主义之运动，惟有以实际的建设，为真正手段者，乃得实际之效果。彼共产党徒所用之手段，足使贫弱之中国，成为白色帝国主义与赤色帝国主义斗争之材料，而自陷于灭亡。生聚教训，为独立自强之始基，独立自强，为平等地位之根本。此之义理，实一切历史所诏示于吾人之原则。盖世界一切民族，无不可为中国之友，亦无不可为中国之敌。取得独立平等地位之实际工作，在理论为正义与人道之宣扬，在实际为国民能力之表现。昧乎此义，则联合世界被压迫民族共同奋斗之愿望，实现为艰，欲人以平等待我，亦无不劳而获之易事。此为吾国民所当卧薪尝胆刻苦自励者也。

而犹有为世界各国政府告者：则中国独立讲和平之建议，为世界和平之保障。过去亘五年之世界大战，及战后新发生之一切革命的恐怖，应足为切实深刻之教训而有余。吾党总理在欧战初终时，所发表于世界之中国建国方略，一为中国革命建设之规模，而同时即为今日世界如何而后能得和平之唯一方案。苟世界各国而不知赞助此方略之实现，与我信奉三民主义负有实现此方略之政治责任，且握有中国实际政权之中国国民党合作者，是徒耽于自私自利之迷梦，而各以其国民之幸福与世界之和平同为孤注者也。

第五，根据国民革命之特性，及中国民族生存意识之要求，凡一切阻碍本党救国建国的伟大使命之任何势力，其必须扫除，且必能扫除，毫无疑义。是以北伐完成，不过时日问题。但须知革命之行程愈推进，则阻碍革命者之抵抗亦随而愈顽强；在此时期中，军阀之运命多一日苟延，即统一的大计迟一日实现，而民众实际之痛苦稽一日解除。本党革命之意义，固不仅限于军事之成功，但统一之始基，实有待于军政时期之早结，故加倍努力以促进北伐之完成，实为今日不可稍缓之工作。本党鉴民众之颠连，应时期之需要，特别定更确实有效之军事编制与方策，付托蒋总司令中正及全体将士，以克日完成北伐军事之大任。必北伐成功，而后全体民族之精神与意力得统一之寄托，亦必建国之工作循程并进，而后无数同志为革命效死之牺牲乃更有积极的意义。本党今日已统治中国五分之四以上之区域，而主义之灌溉，又普及于全国之人心，则于北伐军事加速推行之际，同时依照建国大纲规定之程序，切实努力以训练人民对于政治之运用与认识，俾总理召集国民会议之主张得如遗言所训示于最短期间实现之。此又本党所应切实负荷之使命，愿郑重宣示于吾全国国民而悬为标的者也。

第六，关于党之整理与建设，尤有为吾全体党员告者：吾党唯一之生命，唯在于负担中国民族平等，国家独立之任务，领导全国民众从事于革命的建设。欲达此目的，必须全党同志之思想言行完全遵奉总理遗教，以主义为精神，纪律为规范，造成一主义绝对共同之合成的人格；必须充实此合成的人格之历史的精神，而后乃能挽回中国民族数百年衰颓之运命，以建设中华民国之永久的基础。吾党所代表之国民的利益，实为中国民族独立平等之生存与发展，而绝非部分的阶级利益。近数年来，国人受帝国主义与由帝国主义的压迫而生之反动的共产主义之流毒，忘却国民革命之整个的责任，于虚无缥渺之间，假设其代表阶级之观念，左倾右倾之流毒，深中于人心；离间民众与欺骗民众之恶习，亦遍布于各地。吾党此次之更新，实为全国同志根本觉悟之机，大同团结之会，亦彻底锻炼之期。自今以后，不能从心理的建设，一洗前愆，则清党反共之工作，不唯全归无效，而恶化与腐化，仍足以陷吾党于覆灭而不自知。自今以往，一切过去纠纷轧轹，应完全抛弃。全党新旧同志之间，不得再有以派别自居，以派别攻人之谬见。尤不得模效共产党徒暴乱之言行，假借党部之组织与地位，伪托民众团体之名义，为法外之煽动，以阻挠本党政治之设施，与妨碍人民生活之自由。三民主义为救国主义，三民主义之信徒，应为全国人民之忠实的革命前驱，更应为社会忠实服务之公仆。苟稍有背于初衷，斯为帝国主义者与共产党所窃笑，而离间挑拨，皆乘之而起矣。是以自今以后，不特从组织与理论上绝对肃清共产党与共产主义，尤必须从组织与理论上建设真正的三民主义的中国国民党。夫共信不立，则互信不生；互信不生，则团结不固。吾党过也之所以被扰乱离间于共产党徒者，实由吾党同志不能确立共信之标的，陶融互信之情意所致。"自古皆有死，民无信不立"。今后党国之生存与革命之工作，其成功之基础，唯在吾全党同志，信仰主义，服从纪律，捍卫国家，爱护民众之坚强的意志，与高尚的情感；而中国民族文化的创造力之自信，更为保障此意志情感之精神。总理曩昔，时以恢复民族之自信力勉励吾国民，视为中国民族生死存亡之关键。此一基本要义，尤我同志之不可须臾忘者也。

上列各项，皆本党积痛苦之经验，应革命之需要，而确认为今后努力之纲领；亦为达到救国目的，实现本党政纲之必不可少的条件。荦荦大端，特为提示，誓竭全力，导引民众，努力实行。至于其他党纲党章所已列举之事项，必应遵守，无待赘述。夫人群目的，一曰生存，二曰发展，横尽大宇，竖尽古今，心理从同，蕲向无二。徒以觉有先后，识有偏全，取径有正斜，意量有广狭，遂令和平乐利，猝不可期，而错误创残，复演无尽。积本党改组以来之经验，证以世界一切治乱兴亡之陈述，益令吾人确信三民主义，为综合中国民族数千年历史经验，及全世界最进步之科学的理法而成之人类进化，世界大同之最高指导原则，必须此主义光大发扬于世界，而后世界人类乃可减少无数不必要之牺牲，实现普遍永久的和平与进步。任何一个民族国家，若能奉此主义，彻底指导其政治的社会的一切施设，则此民族即可发扬无量之活力；而中国之国民革命，则更惟有以坚强的自信，刻苦的努力，奋勇迈进，以实现总理遗示吾人之主义，乃足以避免一切错误，盲从，迷旧，迷新之失败；竟革命之功，成凝命之德，导国民于正轨，奠国基于永固。自今以往，吾党之全体同志，其痛自彻悟，精诚团结，急起直追，无间生死，以完成三民主义之革命，建设世界最大最善最美之中华民国者，解世界人群之大厄，立世界大同之基础。今日之痛苦牺牲，即他日之庄严灿烂。前进！努力前进！

三民主义万岁！

中国国民党万岁！

中华民国万岁！

〔中国国民党中央执行委员会秘书处档案〕

2．中国国民党二届四中全会重要决议案

（1928年2月）

（一）第二届中央执行委员会第四次全体会议宣言〔略〕

（二）改组国民政府案（民国十七年二月四日第二届中央执行委员会第四次全体会议通过）

决议：国民政府仍设大学院；经委员享颐等所提设立教育部案，留候第三次全国代表大会讨论。（国民政府组织法全文附后）

（附）中华民国国民政府组织法

第一条　国民政府受中国国民党中央执行委员会之指挥及监督，掌理全国政务。

第二条　国民政府由中央执行委员会推举委员若干人组织之，并推定其中五人至七人为常务委员，于常务委员中推定一人

为主席。

第三条　国民政府委员处理政务，以会议行之。日常政务由常务委员执行之。

第四条　国民政府委员会议，须有国民政府所在地委员过半数之出席，如出席委员不足法定人数时，即以常务委员代之。

第五条　国民政府委员会议，于国民政府所在地行之。

第六条　公布法令及其他关于国务之文书，由主席及常务委员二人以上之署名，与各部有关者，并由各该主管部部长连署，以国民政府名义行之。

第七条　国民政府设内政，外交，财政，交通，司法，农矿，工商等部，并设最高法院，监察院，考试院，大学院，审计院，法制局，建设委员会，军事委员会，蒙藏委员会，侨务委员会。

第八条　国民政府各部及其他机关之组织法另定之。

第九条　国民政府委员会，设秘书处，副官处，印铸局，参事厅，受主席及常务委员之指挥，其规程另定之。

第十条　本法得由中央执行委员会随时修正之；国民政府委员，于必要时得提出修正案。

第十一条　本法自公布之日施行。

附注：二月六日又通过国民政府组织法第七条军事委员会应列于建设委员会之上。

（三）整理各地党务决议案　（民国十七年二月四日第二届中央执行委员会第四次全体会议通过）

一、各地各级党部，一律暂行停止活动，听候中央派人整理。

一、各地党员，一律重新登记，在登记期间，停止征求党员。

一、各省及等于省之党部，由中央派党务指导员七人至九人，组织党务指导委员会，办理该省党务整理及登记事宜，党务指导委员会组织条例，由中央另定之。

一、在整理期间，党务指导委员会，代行执委会职权。

一、登记及整理期间定三个月（自中央指定之日期起算），如有特别情形，可由中央酌定延长，但以一月为限。

一、凡省党务指导委员须先经中央常务委员会切实考查，将其考查结果公布，半月后方可派赴各省；县党务指导委员须先经省党务指导委员会考查公布，十日后方可派赴各县；其考查方法，由中央常务委员会定之。

一、凡党务指导委员须守以下之原则：（1）绝对信仰本党主义。（2）绝对不组织或加入其他团体。（3）绝对不藉党营私。（4）绝对不以个人情感或意气用事。

一、党员登记时，应慎重考查，凡曾加入本党以外之政治团体者，须切实声明与该团体脱离关系，其登记条例及登记表，由常务委员会详细规定之。

一、海外各党部及国内未能公开之各党部，有困难情形时由中央常务委员会按月酌量办理。

（四）整饬党纪之方法案　（民国十七年二月六日第二届中央执行委员会第四次全体会议通过）

一、凡属党员，无论何人，必须绝对遵守党纪，违犯党纪者，必须服从党部之处分。

一、违犯党纪时，必须由党部按照合法手续处分，任何机关或私人，不得干涉。

一、凡属党员，非经中央党部许可，无论党内党外，不得自行组织或加入其他政治团体。

一、凡属党员，不得违犯党纲党章及一切决议案之主张，各级党部不得有违犯党纲党章之决议。

一、凡属党员，必须绝对服从党部之决议及命令；下级党部必须绝对执行上级党部之决议及命令。

一、各地政府与党部，如有冲突时，须分别呈明各上级机关，共同处理。

一、凡属党员，绝对不准以个人名义，代表本党发表宣言。

决议：（1）原案修正通过。

（2）政治会议第十五次会议通过中央常务委员会第五十八次会议议决照准交国民政府公布之党员背誓条例（原文附后）交常务委员会修正。

（3）兵士入党，须依照党章，履行入党手续，由常务委员会列入党员登记条例中，严加规定。

（附）党员背誓条例

第一条　党员违背誓言而为不法行为者，分别情形，按刑律加一等以上处罚之。党员任官职而未宣誓者，亦以宣誓论。

第二条　党员反革命图谋内乱者，不分既遂未遂，一律处死刑。

第三条　党员以职权操纵金融，图利自己或他人者，处死刑并没收其财产。

第四条　党员舞弊侵吞库款满一千元者，处死刑，并没收其财产，但因公挪移未及弥补者，不适用本条。

第五条　在职党员，违背党义而犯罪者，永远除名党籍。

第六条　知党员犯罪而不举发者，常人以违警法处罚，党员以从犯论。

第七条　党员犯处死刑各条之罪，由中央执行委员会组织临时法庭审判。

第八条　本条例经中央执行委员会议决，由国民政府公布施行。

（五）训练党的人才方法案 （民国十七年二月六日第二届中央执行委员会第四次全体会议通过）

（一）由中央办一大规模之党务学校，令各省党部选送青年党员，以作养成干部人才之准备，其党务学校章程由常务委员会另行规定之。

（二）在中央及各省县区党部下，均设一训练委员会，其职务如下：（一）中央训练委员会专司关于训练的计划；（二）省训练委员会考核下级党部训练工作之成绩；（三）县市训练委员会实行参加各区分部会议，予以指导；（四）区党部训练委员会，凡党员入党经区党部认可时，须先送训练委员会，至少训练三个月。再行核准。

（三）各省党部须办一党务训练班，轮流训练各下级党部执行委员，其章程由中央核定之。

（四）中央宜分别规定党员训练大纲，颁发各级党部，以作训练党员之标准。

（五）定各种训练党员教材，使党员的意志统一。

决议：交常务委员会参酌办理。

（六）整理特别党部案 （民国十七年二月六日第二届中央执行委员会第四次全体会议通过）

（一）所有各级党部及行政机关，固定的军事机关，公安局，学校及工会特别党部，均应撤消，为便于集会及训练计，所有整个的党部组织，不妨整理改组，一律划归地方党部统辖。

（二）其有职业团体确为流动性质，所属党员事实上绝对不能隶属普通党部者，如军队铁路海员特别党部等，仍准根据第二次全国代表大会所立之原则，继续存在，藉以应付一种特殊环境之需要，补充党的组织之不足。

（三）一切特别党部之职位与权能，与县党部同，但选举全国代表大会代表之权利，于全国代表大会选举法中酌量情形，另行规定之。

（四）原有“特别党部组织通则”，及“军队特别党部组织条例”，应行修正之点甚多，统由组织部根据上列原则，详为改订，提请中央执行委员会常务会议议决施行。

（七）军事委员会组织大纲案〔略〕

（八）国民革命军总司令部组织大纲案〔略〕

（九）改定军事系统案　（民国十七年二月六日第二届中央执行委员会第四次全体会议通过）

决议：现时军事系统，暂以军为单位，候全国军事大定，得以师为单位。在作战期间，为便于统率指挥国民革命军各军起见，得设总司令及总指挥。

（一〇）改良军队政治工作案　（民国十七年二月六日第二届中央执行委员会第四次全体会议通过）

决议：各军政治工作，甚关重要，现仍照常积极进行。至如何扩充，由军事委员会调查各军政治状况，并训练政治工作人材，提出办法，交中央核定。

（一一）军事案审查委员会附加意见案　（民国十七年二月六日第二届中央执行委员会第四次全体会议通过）

关于以上（七、八、九、一〇）等项军事案审查委员会提出附加意见两条。

（甲）不得自由增加军队，现在军队数量过多，军费总额核准，不得增加。

（乙）统一兵工厂，国民政府区域内所辖之兵工厂，应由军事委员会管辖，对于前方各军军实之补充，则由总司令咨军事委员会发给，以便统筹，无论任何军事长官，不得以个人命令，直接向兵工厂或军械局提取械弹。

决议：军事审查委员会报告中所附关于不得自由增加军队，统一兵工厂两种意见，交国民政府负责办理。

〔中国国民党中央执行委员会秘书处档案〕

附录：（1）中国国民党二届四中全会预备会议记录

（1927年12月—1928年2月）

（1）第一次预备会议议事录

十六年十二月三日下午三时在上海拉都路三百十一号

出席者　谭延闿　何香凝　戴传贤　宋子文　经亨颐　孙科　丁超五　伍朝枢　何应钦　褚民谊　周启刚　王乐平　李济深　王法勤　朱霁青　甘乃光　蒋中正　于右任　汪精卫　丁惟汾　朱培德　柏文蔚　陈树人　吴铁城　缪斌

列席者　李宗仁　陈果夫　王宠惠　蔡元培　张人杰　邵力子　吴稚晖　潘云超

主　席　蔡元培

纪　录　邵力子

主席恭读总理遗嘱——全体肃立

决议事项

一、全体会议之法定人数案

决议：以十九人为法定人数。

二、改本日之谈话会为预备会案

决议：通过。

三、组织秘书处案

决议：公推褚民谊委员负责筹备（旋又加推邵力子委员。）

四、对于南京惨案应如何处分案

决议：（一）组织特别法庭审判。由（1）地方法院院长，（2）军法处处长，（3）江苏省政府代表，（4）南京市政府代表，（5）民众团体农工商学妇女代表五人，（6）中央委员代表二人，组织之。

民众所指控之十人，先行监视，听候法庭检举传讯。

五、第四次全体会议应发表宣言案

决议：通过，并推汪精卫、戴季陶、丁惟汾、伍朝枢、谭延闿五委员为起草员。

六、下次会议提早从二时起案

决议：通过。

（2）第二次预备会议议事录

十六年十二月四日下午二时在上海拉都路三百十一号

出席者　何香凝　褚民谊　丁惟汾　宋子文　朱培德　戴季陶　于右任　朱霁青　孙科　甘乃光　王法勤　吴铁城　陈树人　伍朝枢　经亨颐　缪斌　蒋中正　何应钦　汪精卫　李济深　王乐平　谭延闿　周启刚　丁超五　柏文蔚

列席者　张人杰　邵力子　蔡元培　王宠惠　潘云超　李宗仁　李煜瀛　陈果夫

主　席　汪精卫

纪　录　邵力子

主席恭读总理遗嘱——全体肃立

决议事项

一、特委会及其所产生之各机关存废案

决议：（一）特委会应于全体会议开会之日即行取消。

（二）在开预备会时，军政重要事项，应由国府军委随时先与预备会议协商。

二、常务委员会组织案

决议：（一）常务委员会应照党章组织。

（二）常务委员九人，在全体会议中全部改选。

三、中央党部各部组织案

决议：组织“中央党部各部组织审查委员会”；以李石曾、戴季陶、陈果夫、甘乃光四委员为审查委员。

四、湖北党务纠纷如何处置案

决议：电程颂云、陈护黄两委员，请其核办。

五、下次会期案

决议：明日下午二时继续开会。

（3）第三次预备会议议事录

十六年十二月八日下午二时在上海拉都路三百十一号

出席者　朱培德　于右任　柏文蔚　王乐平　陈树人　甘乃光　丁超五　伍朝枢　周启刚　王法勤　经亨颐　朱霁青　何香凝　汪精卫　宋子文　吴铁城　丁惟汾　褚民谊　孙科　李济深　谭延闿　蒋中正　戴季陶

列席者　陈果夫　蔡元培　潘云超　邵力子　张人杰

主　席　蒋中正

纪　录　邵力子

主席恭读总理遗嘱——全体肃立

决议事项

一、请变更日程先讨论全体会议之地点与日期案

决议：仍照日程开议。

二、政治委员会组织案

决议：组织一委员会讨论之，以丁惟汾、戴季陶、谭延闿、于右任、经亨颐五委员为审查委员。

三、改组国民政府案

决议：组织一委员会讨论之；以戴季陶、甘乃光、周启刚、陈果夫、陈树人五委员为审查委员。

四、宁汉两方决议案审查案

决议：俟开全体会议时付审查。

五、党员审查登记案

决议：俟开全体会议时决定。

六、召集第三次全国代表大会案

决议：召集第三次全国代表大会日期，必须第四次全会会议决定之，特别委员会决定之十七年一月一日召集，不生效力。

七、汪委员等程委员等两提案内其他各项

决议：先交秘书处，审查合并，再提出全体会议。

八、全体会议之地点及日期案

决议：明日延会一日，下次预备会议决定。

（4）第四次预备会议议事录

十六年十二月十日下午二时在上海拉都路三百十一号

出席者　丁惟汾　伍朝枢　王乐平　柏文蔚　于右任　朱培德　汪精卫　何香凝　谭延闿　周启刚　朱霁青　宋子文　蒋中正　陈树人　甘乃光　王法勤　经亨颐　褚民谊　戴季陶　缪斌　吴铁城　丁超五

列席者　邵力子　潘云超　陈果夫　蔡元培　陈璧君

主　席　于右任

纪　录　邵力子

主席恭读总理遗嘱——全体肃立

决议事项

一、汪精卫、王法勤、何香凝等十一委员提议请蒋介石同志复职案

决议：即日促蒋介石同志继续行使国民革命军总司令职权，以完成北伐，并筹备全体会议之进行。

二、正式全体会议在何地何时举行案

决议：十七年一月一日至十五日在南京举行。

三、改组军事委员会案

四、改定军事系统案

五、改良军队政治工作案

决议：以上三案，均交付审查。审查委员会，由谭延闿、柏文蔚、朱培德、李宗仁、蒋介石五委员组织之。

六、确定整理党务根本计划案

决议：交汪精卫、李石曾、陈果夫、甘乃光、吴铁城、戴季陶、朱霁青、孙科、丁惟汾九委员组织审查委员会审查。

七、李委员宗仁之提案

八、丁委员惟汾等之提案

九、吴委员铁城之提案

十、朱委员霁青等之提案

十一、周委员启刚之提案

决议：以上五案，均交付第六案之审查委员会审查。

（五）第五次预备会议议事录

十七年二月一日下午二时在南京中央党部

出席者　褚民谊　缪斌　丁超五　于右任　王乐平　柏文蔚　朱霁青　白云梯　陈肇英　朱培德　蒋中正　经亨颐　有〔丁〕惟汾　宋子文　何香凝　谭延闿　陈树人　何应钦　李烈钧

列席者　张人杰　郭春涛　陈果夫　李宗仁　蔡元培　邵力子

主　席　蒋中正

书记长　李仲公

记　录　王子壮　狄膺

主席恭读总理遗嘱——全体肃立

报告事项

一、主席报告今日开第四次中央执行委员会全体会第五次预备会议，现在出席人数，执行委员十九人，监察委员六人，共二十五人，已足法定人数。开会。

决议事项

一、第四次中央执行委员会全体会议正式会议开会日期案

决议：兹定二月二日上午十时举行第四次中央执行委员会全体会议开会式，三日开议。

二、决议：推蒋中正、谭延闿、于右任三同志为第四次中央执行委员会全体会议主席团。

三、决议：蒋委员中正《关于党务之提案》，及陈委员果夫之《整理务党〔党务〕计划》，均交《中央党部各部组织》及《整理党务根本计划》审查委员会审查。

四、决议：以中央执行委员会秘书处书记长李仲公为第四次中央执行委员会全体会议秘书长。

〔中国国民党中央执行委员会秘书处档案〕

（2）中国国民党二届四中全会记录

（1928年2月2—7日）

（1）开会式记录

时　间　民国十七年二月二日上午十时

地　点　南京中央党部大礼堂（丁家桥）

出席者　白云梯　张人杰　李烈钧　蔡元培　陈肇英　黄实　柏文蔚　朱培德　何应钦　丁超五　宋子文　潘云超　朱霁青　陈树人　经亨颐　于右任　邵力子　褚民谊　陈果夫　蒋中正　何香凝　李煜瀛　丁惟汾　王乐平　王法勤　缪斌　谭延闿　郭春涛　李宗仁

主　席　于右任

秘书长　李仲公

记　录　狄膺　王子壮　罗学濂

主席恭读总理遗嘱——静默三分钟

蒋中正委员致开会词：

各位来宾、各位同志、各位委员：今天是中央委员第四次全体会议开会的第一天。总理去世已经三年，本党改组亦已四年，而总理的三民主义、五权宪法，于今一点也没做到。死了的同志，武装的与非武装的，总算有数万之多。国民革命军势力已达到黄河以北，在中国本土内，在本党国民政府治下的有十六省，可是北方的残余军阀尚占据北京，我们想实行总理的主义与政策，但至今还不能实现。我们做党员的，非常之惭愧，我们对于总理、对国家、对一般已经死了的同志，都抱著不安。

但是，我们为何不能实行三民主义？革命为何不能成功？残余军阀为何还能盘据在北京呢？各位委员及来宾都知到〔道〕完全因为共产党在本党内破坏，操纵，使本党分裂，直到今日才能团结起来，来开今天的四次全体会议。从前是共产党来妨害我们的革命，及本党的主义，我们已经晓得了他们的阴谋，把他们推翻了。至今纯粹的忠实同志，绝无其他参杂其间，来开今天的会，可以说今天的会是本党中兴的一个会，亦是中国中兴的一个机会。

以后我们的唯一工作，会开成后，希望能够遵照的遗嘱，开国民会议，废除不平等条约，这都在我们身上去做。此外我们本身上的第三次代表大会，亦在我们本会身上。以后工作，尽在今天开始进行。希望第三次代表大会与全国国民会议由此成功，希望总理遗嘱由此实现。这一点是我们今天开会很大的责任，也是我们惟一的希望！

但是，我们要达到使第三次代表大会及国民会议之成功，全凭全体中央委员领导一般同志去做，而惟一的方法，就是共同一致反对共产党。我们不仅反对他的主义，而且要反对他的理论与方法。至于我们革命的理论和方法，总要认定总理的建国大纲为最高原则，唤起国民，团结武装的与非武装的同志，由中央委员会领导着，以国民革命的方法，来完成国民革命。共党的理论与方法，务要铲除净尽，不许留在本党遗害中国。倘若共党仍然存在，他们的理论与方法还未清除，我相信共产党从新起来，三个月后，国民党便会分散，国民革命仍旧不能成功！所以各位委员和各位同志，对于共党的势力，须要有坚确的决心，根本上来铲除消灭。此一点须注意！

为什么要消灭共产党？因为他破坏本党的国民革命，所以要反对他，消灭他。但对于侵略中国的帝国主义，做军阀的后盾来破坏我们革命势力的，仍然是同反抗俄国的一样来反对他。今天是四次全体会议开会的第一天，希望本党从此切实地将总理的建国大纲，三民主义实行。这是今天最大的意义，也是最大的目的。今天开会，还有一个最大的意义，就是本党并不会因共党离间而灭亡。而且还能团结起来，共同一致来领导国民革命，整理本党的理论与方法，使革命前途放一光明。这是兄弟的一点感想，也就是安慰总理在天之灵。希望各同志同心协力，促成第三次代表大会，开国民会议，完成国民革命的使命！

散会

（2）第一日议事录

（一）

时　间　十七年二月三日上午九时

地　点　南京中央党部

出席者　陈树人　丁超五　白云梯　朱霁青　朱培德　王乐平　何香凝　经亨颐　黄实　谭延闿　于右任　楮〔褚〕民谊　陈肇英　宋子文　王法勤　缪斌　丁惟汾　何应钦　蒋中正　李烈钧　周启刚　柏文蔚　戴季陶

列席者　潘云超　张人杰　蔡元培　李宗仁　邵力子　郭春涛　李煜瀛　陈果夫

主　席　谭延闿

秘书长　李仲公

记　录　狄膺　王子壮　谷锡五

主席恭读总理遗嘱——全体肃立

报告事项

一、秘书长李仲公报告：秘书处收到关于第四次全体会之文件甚多，大别为三类：一为各委员各党部提案，二为各民众各团体之建议，三为对于大会之拥护及祝贺文电近千件。前二种已分别交付各种审查委员会，其送来较迟者则将单独提出大会讨论。第三种应否宣读，请公决。

（众不必宣读）从略。

二、党务根本计划案审查会报告（书面）

关于党务根本计划案审查结果，分五项，将各委员各党部及党员个人之提案分别采取，共为五案，请大会公决。

1．本党的理论纲领

2．民众运动的方针

3．整理各地各级党部计划

4．整饬纪律之方法

5．训练党的人才方法

三、中央党部改组案审查会报告（书面）

关于中央党部改组案，审查结果，赞成改组。惟改组之方式有三种主张：

1．常务照旧，设组织、宣传、农、工、商各部，取消妇女、海外、青年。

2．常务照旧，设组织、宣传两部，训练委员会，群众运动委员会。

3．设组织、宣传、训练三部及民众运动委员会并各项特种委员会。（系陈果夫、丁惟汾、蒋中正三同志提议。）

决议事项

一、各委员依次递补案

决议：中央执行委员，因隶共产党而开除党籍者六人：谭平山　林祖涵　于树德　吴玉章　杨匏安　恽代英

附逆有据，开除党籍者一人：彭泽民

已故者二人：朱季恂　李大钊

停止职权者一人：徐谦

候补中央执行委员，因隶共产党而开除党籍者七人：毛泽东　许甦魂　夏曦　韩麟符　董用威　屈武　邓颖超

附逆有据开除党籍者一人：邓演达

已故者一人：路友于

停止职权者一人：陈其瑗

总上所列，现时候补委员应有十人补为中央执行委员：白云梯　周启刚　黄实　王乐平　陈嘉祐　朱霁青　丁超五　何应钦　陈树人　褚民谊

二、决议：中央监察委员因隶共产党而开除党籍者一人：高语罕

候补中央监察委员因隶共产党而开除党籍者一人：江浩

停止职权者二人：邓懋修　谢晋

候补监察委员应递补者一人：黄绍竑

三、决议："中央党部各部组织"及"整理党务根本计划审查委员会"所提出之五项标准，其第四项"整饬纪律之方法"，第五项"训练党的人才方法"，俟该案第一二三项审查完毕，再行讨论。

四、改组中央党部案

决议：改组中央党部案，照陈果夫、丁惟汾、蒋中正三同志

之提案通过。

原提案人主张将训练部项下所列之“民众训练科”取消，第四项“民众运动委员会”改名“民众训练委员会”。

（二）

时　间　十七年二月三日下午二时

地　点　南京中央党部

出席者　陈树人　丁超五　白云梯　朱培德　王乐平　何香凝　经亨颐　黄实　谭延闿　于右任　褚民谊　陈肇英　王法勤　缪斌　丁惟汾　何应钦　蒋中正　李烈钧　周启刚　柏文蔚　戴季陶

列席者　潘云超　张人杰　蔡元培　李宗仁　邵力子　郭春涛　李煜瀛　陈果夫

主　席　于右任

秘书长　李仲公

记　录　王子壮　谷锡五　狄膺

主席恭读总理遗嘱——全体肃立

报告事项

一、秘书长李仲公报告首都各界一一二二惨案后援会前来请愿情形。

二、首都各界欢迎中央全体委员大会筹备处，前来表示欢迎中央委员及拥护本会议；并定于星期日（即二月五日）开欢迎大会，届时请各委员参加。

三、政治委员会审查案审查报告（书面）

谨报告者：惟汾等承全体会议预备及谈话会嘱审查政治委员之组织，业于二月一日下午六时开会。到谭延闿、于右任、经亨颐、蒋中正暨惟汾五人。当将旧政治委员会组织条例，修正条例，政治会议分会条例，暨此次全体会议各同志关于政治委员会之提案，汇合审查。议得：政治委员会现称政治会议及各地方分会可暂时存在，候第三次全国代表大会决定；惟各地方分会的设置，须通盘筹画，不宜多设；且各分会应专理政治，不兼管党务。照现在国民政府管辖区域，宜在广州、武汉、开封、太原四处，设立分会。关于政治指导之区域，拟将广东、广西，属诸广州分会；湖南、湖北，属诸武汉分会；河南、陕西、甘肃，属诸开封分会；山西及绥远、察哈尔等区，属诸太原分会。其不属于以上四区会议者，概由中央政治会议处理之。是否有当，仍候大会公决。

再前年七月政治委员会改为政治会议时，并未订定条例，如拟有修订，可即就政治委员会组织条例及第三次全体委员所改订的条例加以修正。并以附注。

决议事项

一、政治委员会改组案

决议：中央政治会议及各地方分会，可仍存在，候第三次全国代表大会决定。各分会应专理政治，不兼管党务。现在经本会通盘筹划，于广州、武汉、开封、太原四处，设立分会。关于政治指导之区域，广东、广西，属广州分会，湖南、湖北，属武汉分会，河南、陕西、甘肃，属开封分会，山西、绥远、察哈尔，属太原分会。其不属于以上四区分会者，概由中央政治会议处理之。

二、决议：政治会议组织条例及政治会议分会条例，交中央常务委员会修订。

三、改组国民政府案

决议：改组国民政府审查委员会所提出之中华民国国民政府组织法第五条，“未经中央执行委员会议决之重要政务，国民政府无权执行”取消，将是条之意义交中央常务委员会，于修订政治会议组织条例时列入。

第七条，保留下次讨论。

其他十条，修正通过。

四、王委员乐平临时提议，应用全体会议名义慰劳前敌将士，勉其努力北伐案

决议：照办。

（3）第二日议事录

（一）

时　间　十七年二月四日上午九时

地　点　南京中央党部

出席者　陈树人　褚民谊　柏文蔚　朱培德　黄实　于右任　李烈钧　陈肇英　经亨颐　丁超五　周启刚　宋子文　朱霁青　何应钦　王法勤　丁惟汾　王乐平　何香凝　谭延闿　戴季陶　蒋中正　缪斌　白云梯

列席者　李宗仁　蔡元培　潘云超　邵力子　郭春涛　陈果夫　李煜瀛　张人杰

主　席　蒋中正

秘书长　李仲公

记　录　王子壮　谷锡五　狄膺

主席恭读总理遗嘱——全体肃立

报告事项

秘书长李仲公宣读第一日决议案并报告文件。

一、钮永建等函缕陈江苏党务纠纷情形，请中央注意江苏省党部人选

决议：交中央常务委员会。

二、中央党务学校之建议书

决议事项

一、关于南京一一·二二惨案之决议如何施行案

决议：十六年十一月二十二日南京惨案，政府业已组织法庭，是案应归法庭依法审判。至于死伤各员，应另由政府参照党员抚恤条例从优抚恤，不必别定条例。至政府常务委员请求处分

之处．应毋庸议。

二、续议改组国民政府案

决议：国民政府仍设大学院；经委员亨颐等所提设立教育部案，留候第三次全国代表大会讨论。（中华民国国民政府组织法全文附后〔略〕）

（二）

时　间　十七年二月四日下午二时

地　点　南京中央党部（丁家桥）

出席者　李烈钧　白云梯　朱霁青　周启刚　丁超五　陈树人　丁惟汾　何香凝　王乐平　经亨颐　朱培德　何应钦　陈肇英　谭延闿　柏文蔚　蒋中正　王法勤　黄实　缪斌　褚民谊　戴季陶　于右任

列席者　潘云超　郭春涛　邵力子　李宗仁　陈果夫　蔡元培　李煜瀛　张人杰

主　席　谭延闿

秘书长　李仲公

记　录　王子壮　谷锡五　狄膺

主席恭读总理遗嘱——全体肃立

报告事项

秘书长李仲公报告：

一、首都各界一一·二二惨案后援会前来请愿。

二、各省市党部代表为一一·二二惨案前来请愿。

决议事项

一、决议：改组军事委员会，改定军事系统，及改良军队政治工作三案，重付审查。

二、决议：加推戴季陶、何应钦两同志审查关于军事之三案。

三、决议：中央党部各部会之组织，其节目名称由常务委员会规定之。

四、决议：关于本党的理论纲领及民众运动的方针，其重要之点，由大会宣言中表示之，不另立专案。

五、“整理党务根本计划”审查委员会提出整理各地党务决议案。

决议：修正通过。（全文附后〔略〕）

六、决议：丁惟汾、陈果夫、蒋中正三同志所提整理党务计划，交中央常务委员会讨论时，以本日通过之“整理各地党务决议案”之各条为原则。

（4）第三日议事录

（一）

时　间　十七年二月六日上午九时

地　点　南京中央党部（丁家桥）

出席者　何应钦　褚民谊　白云梯　陈肇英　陈树人　丁超五　经亨颐　朱霁青　王法勤　黄实　朱培德　缪斌　于右任　蒋中正　谭延闿　柏文蔚　何香凝　王乐平　丁惟汾　李烈钧　周启刚

列席者　蔡元培　李宗仁　潘云超　张人杰　李煜瀛　郭春涛　邵力子　陈果夫

主　席　于右任

秘书长　李仲公

记　录　王子壮　谷锡五　狄膺

主席恭读总理遗嘱——全体肃立

报告事项

一、秘书长李仲公报告文件，并宣读第二日决议案。

二、何委员应钦提议：国民政府组织法第七条，军事委员会应列于建设委员会之上。

众无异议。

决议事项

一、整理党务根本计划审查委员会提出整饬党纪之方法案

决议：（1）原案修正通过

（2）政治会议第十五次会议所通过，中央常务委员会第五十八次会议议决照准交国民政府公布之“党员背誓罪条例”，交常务委员会修正。

（3）兵士入党，须依照党章履行入党手续，由常务委员会列入党员登记条例，妥为规定。

二、整理党务根本计划审查委员会提出训练党的人才方法案

决议：“训练党的人才方法案”交常务委员会参酌办理。

三、蒋委员中正、戴委员季陶提出整理特别党部案

决议：通过（该案原则四条附后〔略〕）。

整饬党纪之方法案〔略〕

（二）

时　间　十七年二月六日下午二时

地　点　南京中央党部（丁家桥）

出席者　白云梯　周启刚　丁超五　柏文蔚　陈树人　朱霁青　王乐平　丁惟汾　于右任　何香凝　陈肇英　黄实　朱培德　蒋中正　缪斌　经亨颐　褚民谊　何应钦　王法勤　谭延闿　李烈钧

列席者　李宗仁　郭春涛　邵力子　李煜瀛　张人杰　蔡元培　潘云超　陈果夫

主　席　谭延闿

秘书长　李仲公

记　录　王子壮　谷锡五　狄膺

主席恭读总理遗嘱——全体肃立

报告事项

一、秘书长李仲公报告中华女子参政会等团体前来请愿。

二、“改组军事委员会”、“改定军事系统”及“改良军队政治工作”三案审查委员会审查报告（书面）。

（甲）改组军事委员会审查案

说明——全国统一后，应设军政部，军事委员会应即改为军事咨询机关。现为运用各方军事起见，暂仍其旧。

决议：（一）军事委员会改常务委员制，设常务委员十五人，互推一人为主席，处理日常会务，以三个月为任期，但得联任。

（二）军事委员会委员暂不定额。

（乙）改定军事系统案

说明——现当北伐作战期间，不宜多所变更，故决议如左：

决议：暂时以军为单位，俟全国军事大定，即以师为单位。在作战期间，为统率指挥国民革命军各军队起见，得设总司令总指挥。

（丙）改良军队政治工作案

说明——政治工作固极重要，惟现在各军单位日见增多，设置亦多参差不完，且政治人才缺乏，遽加扩充，亦复不易，应先由军事委员会调查各军状况，一面训练政治人才，再由中央核定办法。

附加意见——

1．不得自由增加军队　现在军队数量过多，军费总额超过预算甚巨，以后应裁弱留强，非经中央核准不得增加。

2．统一兵工厂　国民政府区域内所辖之兵工厂，应由军事委员会管辖。对于前方各军军实之补充，则由总司令咨军委会发给，以便统筹。无论任何军事长官，不得以个人命令直接向兵工厂或军械局提取械弹。

决议事项

一、第三次全国代表大会召集日期案

决议：本党自经共产党扰乱，党务不能统一，致不克依期召集第三次全国代表大会。现又决议在三个月内重办登记，并须整理各级党部。第三次全国代表大会，定于十七年八月一日召集之。

二、宁汉两方决议案审查案

决议：宁汉两方决议案，交执监两委员会常务委员联席会议审查，审查之原则如下列：

一、凡与联俄容共政策有关之决议案，一律取消。

二、凡因反共关系开除党籍者，一律无效。

三、改组"军事委员会"、"改定军事系统"、"改良军队政治工作"三案审查委员会提出：

（1）国民政府军事委员会组织大纲

决议：修正通过（原文附后〔略〕）

（2）国民革命军总司令部组织大纲

决议：修正通过（原文附后〔略〕）

（3）改定军事系统案

决议：〔略〕

（4）改良军队政治工作案

决议：〔略〕

（5）决议：军事审查委员会报告中所附关于"不得自由增加军队"、"统一兵工厂"两种意见，交国民政府负责办理。

四、国民政府移送中华民国暂行刑法草案请通过再公布案

决议：中华民国暂行刑法草案，交中央常务委员会迅予审议通过。

五、于委员右任提出集中革命势力限期完成北伐案

决议：于委员右任所提集中革命势力，限期完成北伐案，交国民政府责成军事委员会北伐全军总司令，统筹全局，从速遵办。

六、决议：二月七日下午举行第二届中央执行委员会第四次全体会议闭会式。

（5）第四日议事录

（一）

时　间　二月七日上午九时

地　点　南京中央党部（丁家桥）

出席者　朱培德　黄实　李烈钧　褚民谊　戴季陶　丁超五　白云梯　朱霁青　缪斌　经亨颐　陈肇英　何应钦　周启刚　陈树人　丁惟汾　王法勤　王乐平　何香凝　蒋中正　于右任　谭延闿　柏文蔚

列席者　李宗仁　蔡元培　邵力子　潘云超　郭春涛　陈果夫

主　席　蒋中正

秘书长　李仲公

记　录　狄膺　谷锡五　王子壮

主席恭读总理遗嘱——全体肃立

决议事项

一、蔡元培、李煜瀛、张人杰、李宗仁、陈果夫五委员提议制止共产党阴谋，所有共党之理论、方法、机关、运动，均应积极铲除，请全体会议交由执监两委员会与政治会议随时审查执行案

决议：照办。

二、中央执行委员会常务委员会人选案

决议：一致推举：戴季陶　丁惟汾　于右任　谭延闿　蒋中正，为中央执行委员会常务委员。

三、国民政府委员人选案

决议：兹推举：丁惟汾、于右任、王伯群、王法勤、王宠惠、孔祥熙、古应芬、白崇禧、白云梯、田桐、伍朝枢、朱培德、

朱霁青、李宗仁、李烈钧、李济深、汪兆铭、何香凝、何应钦、宋子文、宋渊源、林森、周震鳞、柏文蔚、胡汉民、陈调元、孙科、许崇智、张人杰、张之江、张继、黄郛、黄绍竑、钮永建、程潜、冯玉祥、杨树庄、经亨颐、熊克武、邓泽如、蔡元培、赵戴文、樊钟秀、刘守中、蒋中正、蒋作宾、戴传贤、阎锡山、谭延闿，为国民政府委员。

四、国民政府常务委员及主席人选案

决议：兹推定：谭延闿、蔡元培、张人杰、李烈钧、于右任，为国民政府常务委员，并推定谭延闿为国民政府主席。

五、军事委员会委员人选案

决议：兹推选：于右任、方振武、方声涛、王均、石青阳、白崇禧、田颂尧、朱培德、朱绍良、宋哲元、李宗仁、李烈钧、李福林、李景曦、李鸣钟、李济深、何成濬、何应钦、汪兆铭、周西成、岳维峻、金汉鼎、胡宗铎、胡汉民、柏文蔚、徐永昌、马福祥、孙良诚、孙岳、孙科、陈可钰、陈季良、陈训泳、陈焯、陈绍宽、陈嘉祐、陈铭枢、陈调元、夏威、曹万顺、张之江、张群、商震、鹿钟麟、贺耀组、黄绍竑、程潜、温寿泉、冯玉祥、钮永建、杨杰、杨虎城、杨爱源、杨树庄、邓锡侯、邓宝珊、樊钟秀、熊斌、钱大钧、卢师谛、刘文辉、刘郁芬、刘峙、刘湘、刘骥、蒋中正、蒋作宾、鲁涤平、赖心辉、龙云、阎锡山、谭延闿、顾祝同，为军事委员会委员，交国民政府特任。

六、军事委员会常务委员及主席人选案

决议：兹推定：于右任、白崇禧、李宗仁、李济深、何应钦、朱培德、程潜、冯玉祥、杨树庄、蒋中正、阎锡山、谭延闿，为军事委员会常务委员；并指定蒋中正为军事委员会主席。

七、各委员提案中未付审查之各案

（1）何委员香凝关于提高党权等七项提案

（2）白委员云梯为蒙古防止外患、改进内治等二提案

（３）缪委员斌三提案

（甲）建设的民众运动案

（乙）兵工政策案

（丙）明定外交政策案

（４）陈果夫、李煜瀛、张人杰、蒋中正四委员提议本党应特别提倡合作运动案

（５）柏委员文蔚两提案

（甲）政治建设初步案

（乙）军事善后计划案

（６）何委员应钦三提案

（甲）扶助国内生产事业，倡用国货案

（乙）保障革命军人人权案

（丙）保障革命人员工作案

决议：凡此次会议不及讨论之各委员提案，悉交常务委员会办理。

（二）

时　间　十七年二月七日下午二时

地　点　南京中央党部（丁家桥）

出席者　王法勤　丁惟汾　陈树人　丁超五　周启刚　经亨颐　朱霁青　王乐平　白云梯　柏文蔚　何应钦　谭延闿　戴季陶　缪斌　陈肇英　何香凝　褚民谊　于右任　蒋中正　李烈钧　朱培德　黄实

列席者　潘云超　蔡元培　邵力子　李宗仁　郭春涛

主　席　于右任

秘书长　李仲公

记　录　狄膺　谷锡五　王子壮

主席恭读总理遗嘱——全体肃立

决议事项

一、中国国民党第二届中央执行委员第四次全体会议宣言案

决议：修正通过（原文附后〔略〕）。

（6）闭会式记录

时　间　民国十七年二月七日下午四时

地　点　南京中央党部大礼堂（丁家桥）

出　席　王法勤　丁惟汾　陈树人　丁超五　周启刚　经亨颐　朱霁青　王乐平　白云梯　柏文蔚　何应钦　谭延闿　戴传贤　缪斌　陈肇英　何香凝　褚民谊　于右任　蒋中正　李烈钧　朱培德　黄实

列　席　潘云超　蔡元培　邵力子　李宗仁　郭春涛

主　席　于右任

秘书长　李仲公

记　录　狄膺　罗学濂

主席恭读总理遗嘱，全体肃立——静默三分钟

主席于右任致闭会词：

诸位同志！大会今天告成了！中间费了许多周折，得各同志的奋斗，人民的呼吁，才有今天的好结果，并得了很完满的决议案。以后我们大家团结起来，本先总理大无畏及大公无私的精神，将我们的决议案，一一见于实行，以慰总理在天之灵，完成国民革命的使命。现在宣读全体会议的宣言（另录）。

还有三个口号，请大家高呼：

（一）中国国民党万岁；

（二）三民主义万岁；

（三）中华民国万岁！

散会

〔中国国民党中央执行委员会秘书处档案〕

3．中国国民党二届五中全会宣言

（1928年8月15日）

第四次全体会议以来，本党最重要之工作，一方面为党务之根本整理，同时着手于内政、外交、经济、教育之根本建设，而一切努力之集中点，尤在于促进北伐，统一全国。凡此旨趣，已具述于四次全会宣言。赖全体同志同胞之奋斗牺牲，于最短期间，完成使命。兹军事既终，实施训政之一大责任，为本党所负荷，而无可旁贷。中国国民党中央执行委员会切认革命的武力所成就之功绩，亟须保障之以革命的建设，方能外一世界之观听，内定全国之人心。爰召集第五次全体会议，审慎讨议，凡法制、内政、外交、经济、教育、党务之施设方针，在四次全体会议宣言所已经决定者，今后自宜继续实行，不俟另述。兹就本会议所决议最重要之点，为同胞同志述之。

一、北伐成功后之军事整理，不仅为建设统一国家的实际力量之表现，尤为国家能否获得自由平等与民众能否享受安宁幸福之唯一关键。本会议之召集，决定军事整理，实为重要使命之一。爰就常务会议及军事负责同志之两提案，郑重讨论，确定根本原则，交由军事负责同志，本此主旨，切实规划，努力实施。尤愿同胞同志，相互戮力，以助其成。

二、革命事业之目的，在解除民众之痛苦，而良好的行政系统与组织，及党部政府与人民权责之明确规定，尤为实现三民主义急要之轨范。本会议举行于训政开始之际，对此特加重视。关于政治实施之基本，与机关权责之分际，悉为明确之规定。实现法治之规模，确定财政之系统，根据总理建国大纲，设立行政、立法、司法、考试、监察五院，逐渐实施，并决定迅速起草约法，预植五权宪法之基础。

国家衰危，人民涂炭久矣！此次革命之军事的成功，为中国历史上空前之伟绩，继承此革命救国之事业而完成之，惟在我同胞同志刻苦坚忍，忠诚无间，本总理天下为公之精神，建中国独立平等自由之基础。谨此宣言，愿共努力！

〔中国国民党中央执行委员会秘书处档案〕

4．中国国民党二届五中全会重要决议案

（1928年8月）

（一）第二届中央执行委员会第五次全体会议宣言〔略〕

（二）安葬总理案　（民国十七年八月八日第二届中央执行委员会第五次全体会议通过）

决议：

（一）总理安葬日期暂定十八年一月一日，关于筹备事宜，即于总理葬事筹备处委员会中，增加委员若干人，负责进行；葬期须在两月前公告。

（二）电孙夫人及海外各委员，务请于总理安葬期前归国，参与葬仪。

（三）革命青年之培植及救济案

丁委员惟汾提

（民国十七年八月八日第二届中央执行委员会第五次全体会议通过）

为提议事：查本党总理提倡革命，海内外同志追随附从，风起云涌。辛亥之后，因不能实践总理之主张，致遭失败。多数青年同志，惘惘无所归宿，或屈节腐化，或放荡落伍，或惨杀幽禁，甚至挺〔铤〕而走险，以营其不得已之罪恶生活，流离颠沛，悽怆惨苦，耳闻目睹，所在皆是。且此辈青年，皆当时之最急进分子，

血气方刚，罔〔罔〕知利害，际此进不可退不可之时，热血奔腾，溃裂四出，而靡所底止；加以当时领导者措置无方，遂演成如此之惨象。夫青年之根本弱点，在于缺乏知识，而才力，经济，时间三者，并非不能求学，以革命之故，遂完全牺牲。于奋斗进展之时，既无暇挽救于前，徬徨沦落之顷，又不能补救于后，以无学识无经验之青年，堕入恶浊社会，环境引诱，人事压迫，刺集交集，安能自制，其结果之流离堕落，在人意中，往事昭昭可为殷鉴。今革命又告一段落矣，从前为军政时期，此后已转入训政时期。训政之需要，厥为建设人才；而参加革命之同志，虽十百倍于前，然确能担任建设工作者，实居少数，此其为因，实与辛亥无二。盖青年同志，牺牲一切，从事革命，救人救国，自所乐从。兹者全国统一，彼辈亦功在社会，若不急谋出路，当然抑郁不平。且本身学业，以革命牺牲，而才术技艺，又不能应社会之要求，谋生无路，经济压迫，因激于解放社会之大义，反使自身陷于绝境，世界最悲痛之事，孰有过于此者乎；且今日环境又与辛亥不同，共党潜伏，甘言利诱于困迫之时，挟热烈之气，无所发泄，逼入歧路，小之引起局部之纠纷，大之引起社会之变乱，瞻念前途，不寒而栗。故补救要义，在使此辈同志，永远纳入正轨；其训练方略，亦当随环境而变，今后既入训政时期，应以建设之技能，为训练之要素：盖其根本缺点，既荒废学业，对症投剂，不能不从补充艺能入手也。惟汾鉴于辛亥以后之积弊，恫于国家前途之隐忧，抉其病因，草为方案。第一，拟请中央对于参加秘密工作之同志，考选其卓有成绩，学业稍深者，派遣各国留学，一面考察政治经济，社会各种情况，回作本国参考；一面研究高深学问，以为建设新中国人才之准备。第二，对于努力工作而程度过低，不能留学者，就第四次全体会议议决之各项党政训练机关，尽力扩充，分别收容，并特别注重社会教育，养成实际工作之能力，其欲研究专门学科者，可豁免学费，优予补助，使就专门学校刻苦补习。前列二项之详细办法，自当另行规定，至于训练主旨：第一，应使所学所习，一一建筑本党主义之上，不能外驰。第二，使所修学艺，切合实用，学问与实际打成一片，学成工作，入手刃解，不至临时仓皇，茫无致理。第三，凡上述学生，于卒业之后，应由中央明定，分别技能，尽先录用，以从事建设工作。既以鼓舞向学之心理，更以免除一切之怨望。似此于党义之中，寓建设之计，有用青年，既得所归宿，辛亥惨象，亦无由发现。刍荛之见，略具梗概，细目详科，统俟核定之后，更由中央规拟。是否有当，敬祈公决。

决议：对于努力革命工作确有成绩之同志，考选其学有根底者，派遣各国留学；其程度过低而不能留学者，应特别设法，给以受教育之机会，以养成其实际工作之能力。其详细办法，由中央规定之。

（四）统一革命理论案

中央宣传部提

（民国十七年八月十一日第二届中央执行委员会第五次全体会议通过）

理由：自总理逝世，迄至现在，党的革命理论，由同志凭各个对主义的认识，及革命实际变动的观察，致革命理论，纷歧万端。致理论中心不能建立。共信不立，互信不生，则宣传不能统一，行动不能一致，力量不能集中。数年来，党内纠纷百出，实源于党员对于革命理论未能统一。现在本党宣传刊物如雨后春笋，其思想立场，微有出入者有之，绝对异趋者有之，其中最令人忧惧不安者为：

（一）党员之间，都有以意气而分派别的倾向，甚至有剑拔弩张，形成敌对团体的危险。

（二）对党取批评的态度，缺乏拥护的真诚。

（三）偏重于吹毛求疵的琐屑的攻击，鲜有具体的建议。

这样推衍下去，必至将整个的党，捣成粉碎，这是毫无疑义的，现在我们不能说谁的动机是对或不对，只有及早定出一个言论标准来令全体党员准照标准发表，免得大家凭着意气来做真理，庶几思想统一，则党的团体容易坚固了，为此提出，请求公决。

决议：统一革命理论案交常务会议，指定中央委员若干人，组织理论审查委员会，将研究结果，提交下次全体会议通过公布。

（五）民众运动案

（民国十七年八月十一日第二届中央委员会第五次全体会议通过）

决议：人民在法律范围内，有组织团体之自由，但必须受党部之指导与政府之监督；政府应从速制定各种法律，以便实行。

（六）各级党部与同级政府关系临时办法案

（民国十七年八月十一日第二届中央执行委员会第五次全体会议通过）

决议：凡各级党部，对于同级政府之举措，有认为不合时，得报告上级党部，由上级党部请政府依法查办。

各级政府对于同级党部之举措，有认为不满意时，亦得报告上级政府转咨其上级党部处理。

（七）政治分会存废案

（民国十七年八月十四日第二届中央执行委员会第五次全体会议通过）

决议：

（一）各地政治分会，限于本年年底一律取消。

（二）政治会议分会暂行条例第四条："政治分会之决议案，交该特定地域内之最高级地方政府执行之"之下，增加但书分左："但不得以分会名义对外发布命令，并不得以分会名义任免该特定地域之人员"。

（八）政治问题案

（民国十七年八月十四日第二届中央执行委员会第五次全体会议通过）

（一）依据国民政府建国大纲，应设立司法、立法、行政、考试、监察五院，逐渐实施。行政院下设内政、外交、军政、财政、农矿、工商、教育、交通八部，及建设委员会，设计委员会，侨务委员会，蒙藏委员会，其他特种委员会；并设参谋部，训练总监部，军事参议会。

（二）其他关于政治各提案及政府人选，均交由常务会议详细研究，妥为处理。

（三）立法、行政、司法、监察、考试五院设立之次序，由常务会议决定之。

附：国民政府组织系统表〔略〕

（九）整理军事案

（民国十七年八月十四日第二届中央执行委员会第五次全体会议通过）

关于军事整理问题，本大会认为根本原则，必须确守者有下列数项：

（一）军政军令必须绝对统一，军队之组织，更必须十分完备，方能使全国军队，成为真正之国军；逐渐实行征兵制，以收内安外攘之效，破除旧日一切以地方为依据，以个人为中心之制度及习惯。中央军事系统及组织如另图。

（二）全国军队数量必须于最短期间，切实收缩。军费在整个预算上至多不得超过百分之五十；同时军队之经理制度，更必须统一确立。

（三）军事教育之统一，为完成国军之基础。今后整理军事教育之方案，必须有切实规划。大学教育及专门教育之建设，尤为统一各军之要件。必须将现在各军中年富力强，学识俱优之精壮士官，以公平而严格之方法，调入大学或专门学校，合一炉而冶之，俾得于最短期间，成信仰坚实，学识渊深之高级干部，以为统一军令军政，建设健全国军，完成国防计划之基础。

各军各地方不得自设军官学校及类似军官教育之学校。一切军事教育归中央统一。至于正在进行中之学校及军官补习教育，由中央妥定办法处理之。

（四）裁兵为整军理财之第一要务；化兵为工为总理多年之主张；移兵垦拓，亦为中国向来之良政；第一次代表大会亦已有殊遇革命军人之议决案。以后裁兵计划，必须与此原则相合，亦必须与国家及人民之能力相应。务须本此之主旨，切实施行。

（五）在国防上，海军空军及军港要塞之建筑，均为重要。总理之实业计划，一方面即建设于国防计划之上，吾国海岸线既长，版图又大，现在海军实力微弱，空军尚无基础。今后之国防计划中，必须实事求是，发展海军，建设空军，俾国防计划归于完成。

以上各事，及整理军事之要点。此次中央及军事当局之两提案，均已有详细规划，此两案应仍交蒋中正、冯玉祥、阎锡山、李宗仁、李济深、杨树庄六同志，本此主旨，切实规划，由国民政府核定施行；俾人民有休息之生机，国家有强固之保障。

（附）中央军事组织系统图

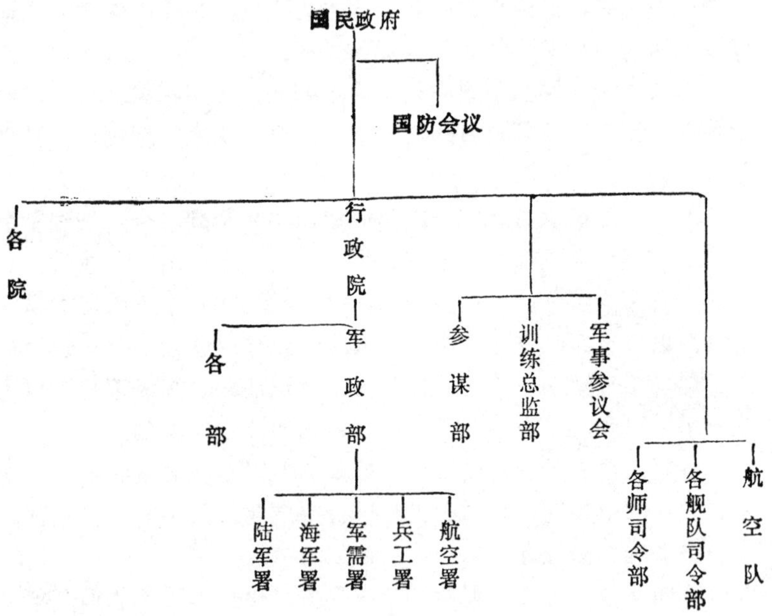

（十）统一财政确定预算整理税收、并实行经济政策财政政策以植财政基础而利民生建议案

（民国十七年八月十四日第二届中央执行委员会第二次全体会议通过）

案文（略）

原案提出三项要点简单说明如下：

（一）划分国家、地方两税，请依照财政，经济两会议决案执行，以树统一财政之基础。

经济财政两会议，系财政部召集金融界，实业界，经济学者，财政专家及各省地方长官组织，凡所议决各案，本总理遗教，经各界或地方代表之通过，故关于国地两税，纲举目张，较为详明。大会照此议决者之理由有三：（A）宁息国地收入争执之纠纷；（B）适合各省政府人民意旨；（C）推行整理财政计划之便利。因此三端，所定标准如下：

（1）国家收入：如盐税，海关税，内地税，常关税，烟酒税，卷烟税，煤油税，厘金及一切类似厘金之通过税，（指裁厘未经实行以前）邮包税，印花税，交易所税，公司及商标注册税，沿海渔业税，所得税，遗产税，国有财产收入，国有营业收入，中央行政收入，及其他属于国家性质之现有收入。

（2）地方收入：如田赋、契税、牙税、当税、屠宰税、内地渔业税、营业税、市地税、所得税之附加税、船捐、房捐、地方财产收入，地方营业收入，地方行政收入，及其他属于地方性质之现有收入。

（二）关于国税之规章、用人、行政、收支四项，请由财政部主持办理，以明统一财政之责任。国地两税既经划分，地方税已归各省管理，则国税亦应由财部主办，各重职权，事乃有济。国税既属财部主管，其规章用人行政收支当由财部负责；规章宜求划一，用人宜审才识，行政宜权轻重，收支宜严出入，如臂使指，办理始可收效。以上诸端具载经济财政会议议决案内，本会定为法规，财政庶能尽统一之责。

（三）关于军政各费，请由国民政府设立预算委员会，先定收数，次为支配，以收统一财政之实效。国民政府为全国军事政治所自出，财部为筹发军政各费之枢纽，必先定预算，财部乃有支配之标准。（A）请由国民政府设立预算委员会，财政部将所有收入，列册请委员会核定，俟核定后，财政部即本此标准，整顿收入，统由国库经理，是谓收入统一。（B）财政部预定军政各费，年需若干，请预算委员会核定，俟核定后，财部即照所定预指拨，是谓支出统一。（C）倘国地收支，中央与地方意见参差，或有互相协助之必要时，可由预算委员会秉公解决，是谓政令统一。（D）如遇收入不足时，由预算委员会先就预备金项下填补，再有不足，照预算所列之数，按成均派以免偏畸，是谓分配统一。决议：财政部长宋子文关于财政之建议案，大会认为其原则甚属妥当，交国民政府，详细规划，妥慎施行。

（十一）取消大学院改设教育部案

郭委员春涛等五人提

（民国十七年八月十四日第二届中央执行委员会第五次全体会议通过）

前文（略）

（一）学术与教育原为两事，而大学院则不能包括全部教育，教育行政机关亦非专管学术，理至显明。且以小学迁就大学，初小教育基础落空，与本党以儿童为本位之旨，大相违背。

（二）设立大学院之意，原在实行大学区制，但各省试行大学区者，仅江浙二处，其他各省仍施行教育厅制，迄未更易，强多数合于实际需要之制度，迁就方在试验中之办法，毋乃太偏？况江苏自试行以来，流弊丛生，已招物议，岂可不顾事实，强制施行？

（三）按今日之人才两方言之，大学制度，均不能推行全国，如于财力不足之省，强设大学，徒有其名而无其实，反足使文化减低，教育堕落。

（四）江浙两大学，现均改为国立，其行政系统，又属省立，混国立省立于一身，行政方面，殊多障碍。

（五）一年来试行大学区制之结果，对于教育厅之缺点，未见改善，即本身之流弊丛生，（A）如大学教育之畸形发展；（B）经济分配之不均；（C）偏重学术忽视教育；（D）行政效率减低；（E）易为少数份子把持等。

办法：

（一）取消中华民国大学院，改设国民政府教育部。

（二）大学委员会仍然存在，设于中央党部，委员得聘专家及学者充任之。

（三）教育部以统筹全国社会教育民众教育等为主，期于最短期间，普及中小教育。

（四）研究院仍存在，直辖于国民政府，为学术研究之最高机关。

（五）教育部长为大学委员会当然委员。

审查意见：照建国大纲，改设教育部。

决议：照审查意见通过。

〔中国国民党中央执行委员会秘书处档案〕

三、国民党“三大”与历次中央全会

1．中国国民党第三次全国代表大会宣言

（1929年3月28日）

（一）

人类历史，依生存为中心之进化定律而演进。至近代三百余年来，因要求生存方法及生存之组织之改造，而起一普遍重大之变革。吾党总理孙中山先生感受世界此重大长期变革之潮流独早，面〔而〕认识其中所生基本问题之意义独深。故于四十余年前发动中国革命于东方，一方面固为领导中国人民，力谋改造其己身之生存方法与生存组织，一方面亦为中国民族，以其历史上所备具之文化能力，与世界各民族共图解决此世界的革命时期中所含之各种基本问题，而致人类生存方法与生存组织于最善之途也。然以西方各民族革命所循之途径，因其历史上、地理上各种不同的因缘，一方面固以打破宗教上，政治上，经济上不适宜之制

度。一方面则又产生以个人主义为基础之资本主义，与海外殖民竞争，造成以特殊阶级为中心之军国主义，与虚伪的民主政治。于社会则酿成阶级斗争，于国际则形成海陆争霸。而弱小民族遂备受侵略与压迫，世界人类亦同蒙其祸。本党总理深知西方各民族此种变革之经过为不合于改善生存组织之正当途径，故于努力领导中国革命之始，即标示一精深博大之三民主义，以为依此不独足以实现中国民族生存之愿望与目的，抑且可以矫正三百余年来世界大变革取径之失也。

总理观察过去历史上之一切变革，认为当归纳为三大问题，即民族问题、民权问题、民生问题是已。此三大问题，必须同时为之确定一连带解决之根本方案，然后可以致人类于生存最大乐利之域，而三民主义实依此旨而创造阐发以及于完成者也。过去史迹所昭示：单纯的民族运动，只能产生国家主义与帝国主义；单纯的民权运动，只能产生虚伪之民主制度或阶级政治；单纯的经济运动，只能产生资本主义与个人主义的社会主义。总理观察此等史迹之流弊，乃毅然负起三民主义之革命，以为唯有实行民权主义的与民生主义的民族主义，始不致变为帝国主义。唯有实行民族主义的与民生主义的民权主义，始不致变为虚伪之民主制度与阶级政治。唯有实行民族主义的与民权主义的民生主义，始不致变为资本主义与个人主义的社会主义。此一博大精深之主义，肇始于同盟会创立之时代，其后屡得世界重大事变之征实，而日益彰明。至于今日，则三民主义为国民革命唯一之准则，盖为举世所公认矣。

（二）

吾党同志，追随总理孙先生之后，以实行三民主义为革命之使命。既于辛亥一役，颠覆满洲之君政，创立民国，以为三民主义从此可以实现。而不意事实上乃遇两种谬误之心理，遂使革命事业发生挫折。在党员方面，咸以为清室既覆，即革命已无障碍，可以不必依总理预定之革命程序，此其谬误者一。在国人方面，只存已治已安之幻想，不作求治求安之建设；殊不知专制政体虽去，反革命之传统势力犹存，破坏未竟全功，建设亦无准备，此其谬误者二。袁世凯乘此两种心理之弱点而起，遂使一切传统之反革命势力，得以蚁附袁氏一人，徐图毛羽之自丰。十余年来，北洋军阀之割据相循，战乱延续，实以此为之厉也。

自二次革命以后，本党之努力乃不能不集中革命之势力，以扫除国内军阀，断绝帝国主义者在中国强固之资援。故过去十七年间，实为本党赓续辛亥革命所未完成之绪业。努力之结果，袁世凯以次之南北诸军阀，莫不先后为本党之革命势力所倾覆。总理于历年艰苦奋斗之中，常虑战乱之未易戡定，人民之苦痛未易解除，革命大业之未易完成，故于十三年一月召集本党第一次全国代表大会于广州，以托孤之精神，将革命大任付诸全党之同志，并发布宣言，确定对内对外之政纲；同时复创立黄埔军官学校，造就党的基本武力，使党之宣传，组织与武力三者得有充实之基础。是时以弹丸之广州，外与帝国主义相争持，内与跳梁之叛逆相肉搏，北则传檄中原，与曹吴诸军阀作殊死之战。而总理更于军务政务丛脞之中制定建国大纲，讲演三民主义，期全国同志及国民得以了解国民革命之真实目的。迨曹吴既覆，总理更挺身北上，冀以和平方法统一全国，召集国民会议，废除不平等条约，以绝军阀帝国主义互相勾结之根源。讵意积劳成瘸，创业未半遽尔殂谢，而以托孤大义付与第一次全国代表大会者，至是乃简括痛切垂示于最后之遗嘱。总理生时，终身为全国人民而致力。总理既逝，则全党同志及全国人民，本总理生平之期望而奋斗，故总理之革命主义与其精神得于其逝世后普遍深入于全国之人心。吾党是时，在悲壮沉痛精神之下，接授〔受〕总理遗嘱，努力继志，肃清两广，成立国民政府。盖必两广统一，全国统一之基础乃为确立；必全国统一，革命之建设乃能真实开始也。本党既已巩固此革命之策源地，乃于十五年一月召集第二次代表大会，完全接受总理遗教，对于第一次代表大会宣言及政纲，亦无所增修，唯期见诸施行。同时更加努力，决定北伐大计，裁制阴谋篡窃党权之共产分子，使后方赖以巩固，而国民革命军乃在党与政府监督指挥之下而出师北伐矣。

本党以此次之北伐，乃为继承总理之遗志，扫除军阀余孽统一全国之时期，故于出师之始，由国民政府特任蒋中正同志为国民革命军总司令，专命北征，誓师之日，于中央党部授以军旗，使之统一军权，严整纪律，集中党力，以制残余军阀最后之死命。大兵既出，不两越月而收复湘鄂，更四越月而赣闽俱下，江浙皖诸省次第克复，至十六年三月，大江南北，完全奠定。唯此战之胜利，实由国民革命军忠勇将士之戮力，与全党忠实同志及全国革命民众之奋斗，始克获取。乃共产党徒甘受第三国际所掩护之赤色帝国主义之指挥，羼入本党，阴谋操纵。始则反对北伐，阻挠出师，继则混迹于本党之军事政治机关，乘国民革命军之胜利，而散布党羽，夺取民众，麕集武汉，逞其扰乱后方破坏革命之企图。终则压迫党军，残杀人民，排除异己，使甫由国民革命解放而出之湘鄂赣诸省人民，复陷于恐怖流血之境。是时本党鉴于彼辈之猖獗残暴，不忍以凭绝大牺牲所获得之国民的胜利任其宰割，故于四月奠都南京，举行清党。当时孙传芳、张宗昌之残余势力仍负固于山东，北方军阀犹保持其北京政府以抗革命势力之进展。若使共产党徒得以逞其异志，则革命大业，其不为此两种反革命势力夹攻而中堕者几希。是故清党一举，在党为恢复固有之重心，在革命为巩固北伐之基础。此后国民革命之势力得以群策群力，直捣幽燕者，实皆以此为枢纽。

清党以后，本党之努力，完全集中于北伐之完成。蒋中正同志再总师干，继续迈进，向残余军阀猛击。斯时日本帝国主义者见其所恃以为侵略之最后工具消灭即在目前，图穷匕见，出兵山东，屠杀我军民，轰毁我城堞，致演成五月三日空前未有之惨案。幸蒋中正同志持之以忍辱负重之精神，北伐将士处之以严厉悲壮之步骤，而全国人民复出之以卧薪尝胆之决心，遂使日本帝国主义阻碍国民革命之阴谋，不得卒逞。吾人痛念此役之经过，益信总理生平所言“吾人必须团结四万万人民为一大国族，建立三民主义的强固充实之国家，始足以生存于今日世界”之遗训，至是益验，而北伐伟业，卒在此日本帝国主义暴行示威之下克告完成。

北伐完成以后，本党以全国军事急待整理，遂由蒋中正同志召集各总司令于北平，商决全国军队缩编之纲要。又以军政告终，训政伊始，建设问题不独限于军事整理一端，而国家制度，训政规模，俱当为根本之筹谋。乃于去年八月召集中央全体会议，建立五院组织之国民政府。本年一月更召集全国军事编遣会议，决议整理国军之进行程序。凡此皆本党力求依照总理所制之革命程序与全国人民共谋和平建设之基本工作，为我国人所共见者也。

（三）

本党过去一切奋斗经验所积之教训，足以使吾人信仰益坚，用力益专者，即三民主义之建设，至今日已不容再缓是已。今就已往之事实与现在之情势，以证此一教训之真实意义，而分释之如下：

（一）自党之本身言之，过去十余年间，因军阀官僚之割据地盘，操持国柄，使本党之努力，事实上不能不集中于军事斗争与政治斗争。然而以军阀官僚恶势力之雄厚，而革命之斗争延长，以迄于今，吾党同志即不为生命财产之牺牲者，亦受聪明才力上之损失，致令党之人才断绝学问技能上之进展，无由遂其三民主义贡献确实能力之心，党之思想与意志之纷歧庞杂，实缘于此。简括言之，过去之斗争，只增高党员之政治欲望，而消磨其真实之学问与能力。此种大病，唯有以实际之具体建设可以救济。盖党之理论，本党以总理之遗教为理论；党之意志，亦以总理之遗教为意志；不容丝毫假借。而今日党员之所以思想纷歧意志摇惑者，乃因其个人昧于党之理论，而为曲解，离于党之意志，而存奢望，党固不任其咎也。然本党对于此种现象，仍不能辞其匡救之责，匡救之方，惟有以具体之建设，示以三民主义之实际，则党内一切见解不纯之现象，自可归于统一矣。

（二）自政治方面言之：三民主义之建设，乃国家新生命之所在。建设延缓，国家即受其病，无可疑者。吾人虽已扫除十余年来展转割据之军阀，然而国中养成军阀之环境，则犹如故也。此种环境，定使中国形成省自为政之局，战乱扰攘，必无宁日。欲打破此造成分割之环境，惟有实际的三民主义之建设，乃为不可抵抗之利器。今日之好为不负责任之批评者，往往以其十余年来指摘军阀官僚政治之旧观念旧心理忖本党之政府。殊不知今日之政治设施之困难，即由此历史遗留之特殊环境为之障碍。而本党目前之任务，唯在黾勉坚忍以求打破此环境之障碍，而非可仓卒以图功。欲使本党得以打破此种环境之障碍，则必予本党以实施三民主义建设之机会与时日，而尤当予本党以建设上所不可缺乏之一切精神物质之赞助。诚以本党革命之使命与国家生存之要求实相一致。若人民昧于此义，徒以旁观指摘之态度牵制本党，而使不得尽力于建设，坐令过去造成分割混乱之环境继续存在，本党固不能免于疚戾，而国家前途岂有生机回复之望耶。

（三）自人民现有之痛苦言之：十余年来之内战，早已陷人民于水深火热。过去之主张立宪，主张联省自治，主张阶级斗争，为解救人民痛苦者，其结果不特无以解救，而国家之危亡，人民之痛苦，且更加甚焉。是故证以事实，人民所求者不在空泛偏额抽象之议论，而在社会秩序之安定，土匪盗贼之削除，农工商业生产之发展，与食衣住行四大需要之得有解决而已。欲适合人民此种实际之需要，唯一途径，更舍实施三民主义之建设无由也。

（四）

如上所述，则知全国人民乃至本党自身之一切痛苦经验，皆可归纳于一点，即已往之痛苦，乃在不能确信三民主义努力实际建设之过。今后之生路，亦即在于努力实施三民主义之建设。能如此，则一切目前所遇之阻力皆可摧毁。吾人确信建设之先决条件，必须全国人民有救国自救之能力，与誓行革命主义之决心。对于民众之宣传组织与训练，自当继续为加倍之努力。而在建设实施之先，则首当保持革命势力之统一，巩固革命所得之政权，齐一国民政府之命令，绥靖各地之土匪，以安社会之人心，裁减全国淆杂之军队，以苏军民之喘息。其有悍将暴民，不从此旨者，本党当督责政府执法制裁，无令为梗于革命建设之前途，以延长全国人民亟待解救之痛苦也。本届大会举行于全国统一训政开始之时，亦适当革命元气渐次恢复之后。就本党内部以言，三年以来艰难痛苦之经过，非一致集合于总理遗教之下为解除人民实际痛苦而努力，无以对过去牺牲之先烈。就国家环境以言，非急起直追以实现三民主义之建设，亦无以绝帝国主义之觊觎，遏封建势力之再炽，而达中国民族独立自由之目的。在此继往开来之大会中，全国同志，怀使命之重大，瞻前途而知奋，是用兢兢业业，承总理遗教，博采众议，加以审慎之讨论考虑，制定关于党务政治军事教育训政实施纲领等决议案，宣示本党今后努力之方向，以服役于全国国民，愿全国国民于此政开始时期，依照总理所著之建国大纲，与本党以效忠宣力之赞助，课本党以效忠宣力之责任，举国一致，勇往直前，以努力于国民革命之完成。谨此宣言。

〔中国国民党中央执行委员会秘书处档案〕

2. 中国国民党第三次全国代表大会重要决议案

（1929年3月）

（一）第三次全国代表大会宣言〔略，见前文〕

（二）对于第二届中央执行委员会党务报告之决议案

（民国十八年三月二十七日第三次全国代表大会通过）

大会听第二届中央执行委员之党务报告后，既郑重审查其内容，所述过去三年间之经过，而总核其意义，可分为五期：（一）自十五年一月至是年四月，为本党肃清两广反动军阀势力之后，共产党徒乘第二次全国代表大会之机会，羼入中央党部，蓄谋篡窃党权之时期。（二）自十五年五月至十六年三月，为本党制裁共产党徒之猖獗势力，并出师北伐之时期。（三）自十六年四月至是年十一月，为本党克服长江流域后，因共产党徒挟持武汉军政机关，以谋倾覆本党，乃不能不大举清党之时期。（四）自十六年十二月至十七年七月，为本党一面渐谋收合党的创伤，一面速即完成北伐之时期。（五）自十七年八月以迄于现在，为本党力谋团结内部，统一国家，开始训政之时期。大会对于本党过去三年间所经历之艰难险阻，与所得之巨大成就，既怀悲痛，尤深感奋。以为关于上述五时期之工作，应加以忠实之检查与批评，而对于今后之工作，亦当予以确定之方针与步骤，兹分别言之如次：

大会认为所举五时期间之党内一切不幸的事实，皆以共产党徒阴谋离间本党之领袖，分拆本党之势力，篡窃本党之党权，为其根本原因。在前述之第一时期，共产党徒，背弃其从前以个人资格加入本党，服从三民主义之誓言，妄以本党第二次全国代表大会对于彼等之大量宽宏，为彼等伸张气焰之大好机会，遂至诬陷本党同志，开除纯粹反共之同志林森等十人之党籍；同时复把持本党中央党部，在党政军各方面，均极其煽惑跋扈之能事；而其逆迹，乃以三月二十日中山舰之事变而大著。幸赖一面蒋中正同志迅速处置三月二十日之事变，一方面中央执行委员会召五月十五日之全体会议，通过整理党务案四项，予彼等以相当之裁制，而其气焰始稍杀。本党是时之所以未遽予彼等以根本之决绝者，一则以总理生平博大仁慈之精神，已成为本党之环宝，不可因不满于少数共产党徒之嚣张而失之；一则本党已决定出师北伐，广东为应须安定之后方，不可为求满足一时铲除共产党徒之公愤而扰之。大会于此，深赞蒋中正同志处置三月二十日之事变，及中央执行委员会五月十五日整理党务案裁制共产党徒之举为正当；而于因纯粹反共致受处分之同志林森等十人之党籍，曾经中央执行委员会第九十七次常会决议先行予以恢复者，大会亦于此次加以追认。简切言之，大会认为在此第一时期中，本党同志对于共产党徒之处置，见解虽有先后，而爱党之精神则无厚薄。故一切错误，皆当归之于客观上共产党徒窃权谋叛之一历史的事实，而吾党同志之先后起而摘奸发伏，均无负于本党之大义，此大会所引为深慰者也。

自十五年五月整理党务案决议而后，本党发布出师北伐宣言与对于全体党员之训令，并齐一党内政令，以巩固后方，而防共产党徒之牵掣。此为过去本党经过之第二时期。在此期间，本党军事之胜利，在苦战恶斗中而奠定大江南北。乃共产党徒，复逞异谋，于政治上军事上则破坏政令军令之统一，以断绝后方之接济，而遏阻前方之发展；于党务工作上则散布羽翼于各地，以遮断本党与民众接触之机会。是时中央执行委员在中枢者既不多，而散处者亦复不易召集。党之命脉，几至中断。幸蒋中正同志以艰苦坚忍之精神，与彼辈相持于南昌与武汉间者数阅月；迨沪宁底定，中央监察委员会召集急紧会议，检举共产党徒谋叛之证据，并知照蒋中正同志予以非常紧急之处置，于是十六年四月二日之清党运动，得以开始于南京。大会检查本党此段之经过，深感本党是时，因中央执行委员会不能充分行使职权，几至断送党的生命。此一历史的教训，实吾党同志所当痛念者也。

十六年四月二日以后，中央执监委员张人杰，胡汉民，吴敬恒，蔡元培，戴传贤，李煜瀛各同志与国民革命军总司令蒋中正同志共同主持大计；且于四月十七日奠都于南京，中央党部与国民政府同时迁宁，是为第三时期。是时总理三民主义与国民革命之真面目，在过去一年间，渐被共产党徒所曲解蒙混者，至此乃得重视于国民之前，而军事上之进展，则已北及徐州，西达中原。残余之北方军阀，仅得局处于鲁燕一隅。顾以过去党内历史的创伤已深，共产党徒虽被清除，而共产党所遗之创痕则犹未易合。故宁汉沪三方之合作，求之愈急；而党的创痕，露之愈显。虽以特别委员会作一时绷带之裹束，曾不足以掩本党全体同志之呻吟痛楚也。吾人鉴于本党过去所受创痕之不易收，当知凡集合主义信仰相同之大多数人于一党，则断不可如共产党徒之以一部份少数人，挟其一时特异之结合与目的，向其余之多数人施剖割之技。人群在社会连带生活之关系与责任上，剖割其一部分，即他部分亦同受其痛楚；甚至剖割他人，其痛楚立即还诸自身。此理非具有总理博大崇高之精神者不能深知，而效法共产党徒而循其故道者，则更当所深念者也。

惟本党已往之痛楚虽深，而创痕究不可不治。故在第四时期中，一方召集第四次中央全体会议，决议改组党之内部及国民政府，以巩固根基；一方以完成北伐之大任，托诸蒋中正同志。至十七年三月，乃大举北伐，陆海各军，分道并进。师次济南，竟遭日军之阻梗，演成五月三日之惨案。帝国主义之悍然直接与国民革命为敌，以此役为最显著矣。然以蒋中正同志之艰苦卓绝，指挥有方，各将领踊跃用命，步骤严整，卒使日本帝国主义无所逞其阻碍革命军进展之阴谋。故不旋踵而平津俱下，北伐大业，乃告完成。总合此时期中之经过，在党务方面，因过去行动上有可议之点之党员，前经中央监察委员会之检举，而留待本届代表大会议处者，大会已分别决议处分。是全党同志为从前党的本身创伤而起之纠纷，至此已得其平。在政治方面，则自总理所遗赉于本党北伐大业，既告完成，今后之所当努力者，乃为遵照总理所定之革命程序，实施训政之计划矣。

故自去年八月以迄于现在，本党在此第五时期间之工作，如八月一日所召集之中央五次全体会议，及今年一月一日所召集之全国编遣会议，实为决定政治建设军事整理之重要关键。至党务方面，本党总章规定所应召集之全国代表大会，因过去三年间在北伐军事进展之中，事实上无由召集；故展转延期，至今日始得举行。大会对于第二届中央执行委员会一再延期召集第三次全国代表大会之决议，完全认可。且以中央诸同志在此时期中能笃守总理遗教，苦心以求党基之稳定，国家之统一，政府之巩固，使此次大会得以安然举行，尤为大会同人所引为满意者也。

总核前述五时期本党之重要经过，大会认为皆属于本党与共产党军阀及帝国主义斗争之回顾；而反观本党内部组织宣传与训练之工作，有须批评与指示之点者尚多，不能不更析言之。

自党的组织方面言，过去所表现之缺陷，实有二端，其一，在第三届中央执行委员会四次全体会议以前，党内组织之大弊，为自中央党部以至于地方基本党部，皆露呈若干纵线的割裂部份，如农民部，工人部，商民部，妇女部，青年部等，各成系统，各自活动，结果遂完全丧失整个党的一致之行动，而使人民对党认识不清，对主义认识不清。其二，在四次全体会议以后，此种纵线的割裂之弊，已被除去，而将从前各个离立之系统，缩为组织，宣传，训练三种组织；于是运用之结果，又露呈各级党部横线的隔断之弊端，致使中央与省市及县区三层之间，各不相谋，而党之权力，几失其上下一贯之效能。大会认为此两种谬误，今后必须以全力纠正之，故于组织之原则确定之如左：

（一）各级党部之各部必须与上级党部各主管部相连贯；同时由各部组织而成之各级党部，必须以整个机关受整个上级党部之指挥，而为健全之运用。

（二）党部各部处之设置，对内部党务，应避免一切职权上之重复冲突与运用之不灵活；对党务以外行政司法诸权，应避免一切之冲突与干涉。

（三）各个党员与上级党部，应保持密切的相互之联络，中央党部应力求明瞭党员之个性及其工作之实际。

（四）省党部介于中央与县之间，应以司掌中央党部与地方党部之承转联络为其主要之组织原则。

自宣传方面以言，过去本党之宣传，在辛亥以前，则以对于党内同志砥砺气节，祛除权利思想，提高牺牲精神，誓死忠诚团结为主。在辛亥以后，此种党德上宣传之效力，仍能保持多少，不致完全断绝。至十三年改组以后，则一转而以全力作党以外之宣传，在国民革命之迅速进展上，实有巨大之成绩，此固大会之所深许者。然而同时则失去辛亥以前对于党员以党谊党德互相砥砺之美德，致精神上党之团结基础日趋颓丧；迄于今日，全党同志，几乎一致感觉党德之不健全，党的意志之不一致，与理论之不统一。故总核其原因，一则由于本党十三年改组以来，完全不顾党员党德上之训练。二则由于本党对党外之宣传机构与宣传物之数量虽多，而其质量则过于滥滥。三则由于党员不知以总理全部遗教为唯一之理论基点，而辄妄作聪明，冀求自见。四则由于宣传者之学力见识不足，往往非偏于空论，即过于迁就事实，以致凡一问题，未能从三民主义的基础上，寻得至当不易之论点，为解决之原则。此四者，可以概括一切宣传上弱点之总目。大会为谋此种弱点之救济，故特确定下列之准则，为今后党的宣传之方针：

（一）对于党内同志，必须予以党谊党德之宣传与训练，务以祛除一切政治的恶思想恶习惯，而以矢忠主义，牺牲个人之一切自由权利幸福，为最高之美德。

（二）关于党的一切理论政纲之最高原则，应从总理遗教及本党最高权力机关之解释，各级党部及党员个人，不得妄出己见。

（三）凡党的一切宣传机关与其出版品，均须呈由中央党部核准登记，非得有中央党部之审定核准登记者，不得任意自认为党之宣传机关或宣传物。

（四）既经中央党部核准登记之宣传机关或刊物，其言论有违反党义时，中央党部应定纠正方法以处之。

党员之训练，为本党全程中至重要工作之一。苟无完善之方针，精详之考查，与有系统之设计；则非流于懈怠宽泛，即各自为政，使整个的党失步骤一致之精神。而党员对于党义之认识，党章之遵守，党的决议案之奉行等，亦无不受其影响。党员之训练而不普遍不正确，则党的组织与宣传，固无法得优美之成绩，民众训练尤无进行之可能。训练工作之重要，既如此。回顾过去呈现之一切事实，随时随地可以证明此项工作之不普遍不统一不正确。其原因之显著者：（一）为共产党之份子虽逐渐驱除，而其遗留于党内之方法态度等，实未湔除。（二）党员缺乏本党历史之培养，且未了解其在党内之地位与责任。（三）在横的方面，与组织宣传等工作无密接之联络；在纵的方面，各级党部之训练工作，缺少联贯之机能。因此种种，亟应确定党员训练之工作原则如下：

（一）消极湔除共产党遗留于党内之残毒，积极以总理遗教，培养党员历史的德性。

（二）在训政期内，党员与其所属之党，实为人民由训政以至于宪政时期之教师，故其本身必具备政治科学之常识，并了解本党所决定之训政方案，及一切建设计划。

（三）各级党部于训练党员工作，应在中央指定范围以内，整个进行，并以各种切实有效之方法，联贯考查。

（四）各级党部于训练党员进程中，应于组织宣传等方面互相照顾，并确定其相互的关系。最后，自民众运动方面言之，本党观察民众运动之缺憾，可总括之为三点：其一，过去所作之民众运动，并未预先确定民众运动之根本办法，而只知单纯作唤起民众之运动。迨民众既起之后，民众本身无办法，乃并作民众运动者亦无办法以济之，结果遂陷民众于妄动暴动之境。其二，过去所作之民众运动，只知顾及民众之组织，而全未顾及人民全体在社会生存需要上之组织。故其结果则只见以一部份少数人民变为民众之运动，而不见以一部份民众扶植大多数人民社会的组织之运动。其三，过去军事时期中所施行之民众运动方法与组织，甚不完善。故以之施于训政时期，已立即暴露其不适于实用之大弱点；甚至以军事时期民众运动方法上与组织上固有之优点，而仍施之于今日之训政时期，根本上亦已不适用。诚以训政时期之工作，已与军政时期之工作大异其趣。过去工作，在于革命之破坏；今后工作，则在革命之建设也。因此三种缺点，故大会认为最近第二届中央执行委员会常会所颁布之识字，造林，卫生，保甲各项运动，实为今后亟图补救以上三种缺憾之方法之一部分工作。惟今后民众运动之全部方针，大会认为于原则上有须明白确定者四端，兹举之如下：

（一）民众运动，必须以人民在社会生存上之需要为出发点，而造成其为有组织之人民。

（二）全国农工已得有相当之组织者，今后必须由本党协助之，使增进其知识与技能，提高其社会道德之标准，促进其生产力与生产额，而达到改善人民生计之目的。

（三）农业经济，占中国国民经济之主要部份，今后之民众运动，必须以扶植农村教育，农村组织，合作运动，及灌输农业新生产方法，为主要之任务。

（四）本党对于男女之青年，今后应极力作成学校以内之自治生活，实行男女普遍的体育训练，提倡科学与文艺之集会结社与出版，奖励实用科学的研究与发明。

以上就于本党过去三年间之经过与今后党务努力之方针，总括为原则上之决议，具如此矣。大会于此次决议之根本目的，盖在以此结束过去之一切疑义，而坚决的团结本党之精神，使今后全党之意志与行动，皆统一于总理遗教及此次全国代表大会所确定之一切原则指导之下。凡我同志，尤宜力洗从前任人挑拨离间，乃至互相倾轧之伤心史迹；而一心一德，本亲爱精诚之义，以努力于训政时期之建国工作。此责此志，无可旁贷，惟我全党同志奋勉图之。

（三）对政治报告之决议案

（民国十八年三月二十七日第三次全国代表大会通过）

大会听国民政府及各省之政治报告后，加以郑重之检查与考虑，认为就于国民政府及各省之政治的现实状况，应须示以明确之施政方针，而指导其努力之方向。大会审核政治报告之全部，别之为七大端：（一）政府组织与地方自治；（二）财政与金融；（三）军事；（四）外交；（五）建设；（六）教育；（七）蒙藏新疆。大会于此七端，认为均有切合现在实际情况确定本党今后主义实行方针之必要。惟其关于军事与外交之报告，大会以为须作各别之决议，故本案于其他五大端，谨作总合之决议如左：

一、政府组织与地方自治

过去十七年间，本党经历军政时期，负建国大责，其主要之革命工作，为扫除政治上之军阀官僚及社会上之一切障碍。今后本党入于训政时期，受治国之重托，其主要任务，则在一方面赓续军政时期已成立绪业，使军阀官僚永无再起之日；一方面萃全国之治人于一党，以实行治法于全国。而其进行之方针，则为于中央必须建设治权所赖以付托之政府，于地方必须培养政权所赖以行使之国民。盖以总理遗教所在，治权必须备具五权之组织，政权必须完成四权之使用。两者毕具，然后国家主权，始能真实属于国民全体：而中华民国完满之建设，乃克底于成。

在此国家建设之行程中，本党所当努力之中心问题，实为治权之建设与政权之建设二者。大会于此，对于去年十月三日中央执行委员会所颁布之训政纲领及国民政府组织法，完全同意。诚以在过去军政时期，本党事实上得全国民众之努力参加革命，而完成开国之大业，更受全国人民之信赖而付以训政之大任。此一历史的事实，经训政纲领与国民政府组织法之颁布，乃成为法律上确定之效力。过去国民革命之军事进展，根本上实挟有全国人民同怀依据三民主义五权宪法以建设国家之愿望。此一普通的愿望,经训政纲领与国民政府组织法之颁布,乃得从政权与治权之创始建设上,开辟其实现之途径。故训政纲领与国民政府组织法之颁布，实为国民革命由军政时期入于训政时期之一大展进也。

大会于此，认为今后之努力，则当畅行本党对于国家制度上所定之方针。自制度上以言，总理遗教，以治权属之于政府，故国民政府当从速完全成立五院，期其组织上由简约而臻于完密，效能上由中枢而普及于全国。迨其组织完备，基础深厚，成效大著，庶几让渡于将来宪政时代之民选政府，始能保证其敏活之运用与健全之发展。自实质上以言，治权乃政府之最高权能，其作用在于为人民服忠实之义务，谋最大之幸福；总理所谓国家必须有万能之政府者，其义盖在此。过去十七年间，国人既无此种国家组织之观念，而军阀官僚，复将前清帝政时代所遗传之统治权裂而分之，以致政府与人民之权力，两受其害。投机之政客，更从而各倡集权之分权之谬说，以济其恶。于是国民对于国家权力之正当组织，益无从获得明确之观念。殊不知治权属于中央政府，政权属之于地方人民，治权与政权各有所属，则窃取中央政府权力以归于各省者，固为国家所不容，即倡分权集权之说者，亦为无病而呻者也。大会以为今后必当遵守总理区分之遗教，于政府则求其有能，于人民则求其有权。能即治权之谓，权即政权之谓；唯有以治权属诸中央，则政府始能造成为有能之政府。故本党今后为求中央政府能为人民服忠实之义务尽巩固国家之职责计，必当依据总理教义，凡应归诸中央掌握之治权，如军政、外交、内政、财政、立法、司法、考试、监察诸权，悉纳之于国民政府，由五院分别掌理而执行之，以求统一之实效。盖唯如此，国家始能树立强固之治权；亦唯如此，政府始有力量从事于民权之训练与县自治制度之建设；而总理所垂示之一切政纲政策，方不致落于空谈。

治权建设之方针既如此，则政权之建设，当以实现国家主权属于国民全体之目的，为今后努力之方向。在人民未能实际直接掌握政权以前，本党最高权力机关，固当代表国民以行使之。然同时必当制定县组织法及县自治法，并以行使直接民权之知识与方法，训练全国之人民。于此有当郑重指明者，即吾人今后必须矫正从前重省轻县之传统观念，而易以总理重县轻省之新观念。总理于民权主义与建国大纲中，汇精集神，唯在直接民权，对于县自治之实际行使。由此可见，县自治者，实三民主义之基本组织。虽建国大纲中规定宪政时期国民大会亦有行使选举罢免创制复决之权，然国民大会所行使之四种政权，仍为间接民权；唯有县及县以下之地方自治团体所行使之四种政权，乃为真正之直接民权。以是之故，本党今后之实际工作，不特必须确立县以下之自治制度，而尤当扶植地方人民之自治能力。盖政治建设与经济建设，非以地方为重心，皆将无实际之成绩也。吾人今于经历大乱之余，苟一探究十余年来军阀展转相因之害，即知其客观的原因，皆坐中央与县之权限同时过轻之弊。唯有依照总理建国大纲及第一次全国代表大会宣言所确定之省县权限之原则，凡省内之国家行政，悉受中央指挥，凡地方自治与建设，悉归各县办理；省只为县自治之监督，立于中央与县之间以收联络之效。如此，方足以扫除从来省权过重之积弊；而国家之政力与财力，必能植根于原壤深厚之处，茁长其繁荣之新生命矣。

二、财政与金融

中国财政，自满清末年，即已支离紊乱，不可纪极；积累至今，几于无从整理。其所以致此之由，实坐于从前国家统治权之日趋瓦解者半，坐于历来当道者无财政之秩序与计划者亦半。详言之，即政纲崩溃；军阀朋兴；国家岁入，均被截留；省与中央，滥借外债，以供军政两途之挥霍，迨其终极，则中央与地方之财政关系，益增紊乱；国家主要财源，沦为外债之抵押品；而金融之命脉与工商业之资源，亦随之而斫丧，以至民族生命，人民生计，俱濒于破产之境。凡此，皆满清末年，与军阀时代，历来国家财产，社会经济，交相崩溃之情景，而本党今后所当为之谋根本之救济者也。

据目前之财政状况而言，十八年度之全国收入，约计四万万五千七百万元；而支出则在五万万另七百万元。出入相较，不敷之数，当在五千万以上。本年关税自主所颁行之新关税率实行以后，每年当可增收数千万元。然而应偿还之内外债，尚不在上述支出总额之列。惟吾人若仅从数目字上以较量财政之盈绌，实非善策；根本之方，唯在切合中国财政历来受病之原因，从而力矫其失，庶克有济。大会以为从前行政，久不统一；国家财政与地方财政之分配，素不确定；国家耗损过滥，而军费尤为膨胀；本国币制紊乱，而外币充斥市场；内外债积累过巨，而信用乃益低落；全国税制杂出，而系统破坏无余。凡此种种，既皆为中国财政积病之源，则今后根本救济之方，必须确定财政整理之计划，而预定其实行之步骤。本年一月编遣会议决议裁减全国兵额之后，对于十数年军事膨胀过甚之积弊，从此须努力实行矫正之，以开财政根本整理之先路。诚以国家一切根本之计划，皆以裁兵缩饷为唯一之关键。吾人若不以全力打破此关头，斯一切建设无从着手。只就财政立场言之，编遣会议之决议案实行以后，则政府即当次第确定财政上具体之计划与政策。大会认为是项计划与政策所恃以为根本之原则，不外左列十点：

（一）统一全国之财务行政。

（二）确定国家行政经费，省行政经费，县行政经费，及地方自治经费之分配。

（三）依国家财务行政统一进行之步骤，编制全国之精确预算，以期预算制度之确立。

（四）划分国税与地方税，凡应归国家征收之税，各省不得截留。

（五）整理国税与地方税制，并杜绝收税机关之一切积弊。

（六）根据第一次全国代表大会宣言对外政策各款，分别整理外债，并筹备偿还外债之方法。

（七）权衡国家建设政策之轻重缓急，节省政费，裁并一切骈枝之机关。

（八）依本国生产力之情况与世界经济之大势，整理币制，巩固金融。

（九）在保护本国商业及国民经济之原则上，统一货币之铸造权，与纸币之发行权，使外国货币，不得充斥于国内之市场。

（十）依照建国大纲所定经济建设之原则，凡土地之岁收，地价之增益，公地之生产，山林川泽之息，矿产水力之利，皆为县政府所有，而用以经营地方人民之事业；各县天然富源与大规模之实业，本县资力不能发展与兴办者，当由中央政府为之协助，而其所获之纯利，中央与地方各占其半。

以上十则，为今后财政根本政略之要点。于此尤须特别指明者二端：其一，中国以前财政上有一谬误之趋向。即省政府一方面吸收各县之财源，致令地方无复自给自养之余力；一方面索求中央之经费，致令国家无法供应，则迫而入于举债之一途。大会认为此种谬误之倾向，今后必须矫正。盖国家财政之源，必须取自地方，然若使地方毫无保育生产事业之能力，则财源必陷枯竭，而索求亦终有尽时。今国家既入于训政时期，建设事业，当从各县立其健全之基础，庶几人民始有宁息昭苏之望，而国家财力亦有敏活深厚之源。其二，中国社会经济上，历来亦有一谬误之趋势，即金融界中人，往往以资本作投机之事业。故其结果，小之不过分得外国资本家之余馂；大之实足以扰乱本国之金融，断绝本国生产事业开发之正路。本党认为今后必须纠正此种社会经济危险之趋向；一面唤醒作投机事业者之迷梦，引导社会资本设诸正当生产之途；一面以法律及政治之力量，裁制投机事业，奖励正当之生产力。如此，方足纳社会经济于正轨，而扶助其健全之发展。此二者之意义虽殊，然在保障国家之经济建设与社会之经济建设平衡发展上，实为同样必要之条件，缺一不可。

三、建设

经济建设，为三民主义物质的基础。诚以物质的基础不固，即民族无由保障其独立，民权无由充实其发展，民生问题无由得真实之解决。然而依总理之实业计划，其规模宏大，实非咄嗟所能力办。因此之故，吾人必当就其计划，权其轻重，为之逐渐分期举行。大会认为今后首宜举办之经济建设，厥为交通与水利。盖此二者，为农业与工业开发之基本条件；国家苟能于此获取相当之成就，社会即能随之发舒其他相当之新生产力，可断言也。过去一年间，国民政府于交通上曾整理现有之铁路管理，增设电线电话及无线电。今后必须一方面使电气交通遍布于全国；一方面根据总理所定国营铁道建筑计划中之西北系、中央系、东南系，预定步骤，于最短时期间，开始设计建筑。然而铁道之交通，尤当以汽车公路为之辅，且其建筑亦较铁路为易举。故吾人今后，必须以全力提倡公路之开辟。其进行方法，可分国道、省道、县道三种：国道由中央筹划经营之；省道由各省政府自行建筑；县道则由地方人民合力举办；而各省县之市街，则由其所在地方县市政府负责修筑之。质言之，铁道公路与电气交通，为陆上交通事业之骨干。吾人必须于此努力企求其第一步之成功，然后全民族之经济组织与政治生命之环境，必能大改旧观矣。

水上交通，在总理实业计划中，实以浚治河道建筑港口为主。大会斟酌国家现有之财力，认为大规律之水利计划，一时不易实行；故第一步之进行方针，宜从疏治现有河道入手。具体言之，即疏导运河，淮河，西江，诸河流，以利输运；筑造黄河堤岸，并浚治其水道，以免水患；同时于北部中部建造森林，以调节农田之灌溉。如使此初步之工作顺利举行，则内地之农商小工业，必能由恢复而进于繁荣也。

地方之建设，为三民主义之物质基础最坚实之部分。吾人只须依据总理建国大纲之所规划者，即知地方建设，乃大别为三类之工作：第一，县于筹备自治期间，必须从事于人口之调查，土地之测量，警卫之办理妥善，四境道路修筑成功。第二，县自治开创之时，必须由政府制定土地法，土地使用法，地税法，地租法，农村法等。于此时期，即须规定全县私有土地之价；其法由地主自报之，地方政府则照价征税，并可随时照价收买；若土地因政治改良及社会进步而增价者，则其利益当为全县人民所共享，原主不得而私之。第三，土地之税收，地价之增益，公地之生产，山林川泽之息，矿产水力之利，与夫大规模之工商业，其属于地方性质者，得任地方政府经营；其属于地方资力不能发展者，当由中央政府协助之。此种地方之天然财源，其由地方政府经营，抑或由中央政府监督指导，固当由国家为之划定范围，无待赘论。然吾人于此之三种工作中，当知其具有必然之顺序，不可先后倒置。故大会以为今后地方建设之实行，必当以户口调查，土地测量，道路修筑为开始；然后依各县社会情况及经济能力，决定从事于其他物质建设之举办。简切言之，即地方建设，亦必与国家建设同其原则，而以着手于解放一切经济势力所恃以为发动力之基本事业为建设之初步工作。至于中央政府与省政府对于地方之建设，一方面应以法律及政治之力量，予以充分之扶助与保障；一方面仍宜顾全地方有余力之财力，使其得以从事生产事业之开发与进展。盖以中国今日贫乏之现状，与其为人民行俭约，毋宁为人民造生产之为根本之救济也。

四、教育

于中国现在之教育，无论为学生，为教员，为主持教务者，乃至为掌理教育行政之人，皆怀不满之心理。自一方面言之，负教育行政之责者，每不满于办学之人，办学者每不满于学生之学风；自他方面言之，学生每不满于学校，而学校每不满于掌理教育行政之机关；上下交相不满，驯至教育与社会亦互相隔离，而整个中国教育，乃露呈其弱点与危机。夫既人人对于教育存在不满之心理，则当平心推究其所以致此之由，从而确定根本之方案，从实际上相与努力执行之，庶于事有济。吾人推究今日教育受病之源，此为实由于最近半世纪以来，中国文化旧基础即于崩溃，而新基础尚未确立所致。在此青黄不接之中，教育制度，乃陷入事实上流于放任之境。由此放任，遂生六滥：一、学生滥；二、办学之人滥；三、师资滥；四、教材滥；五、招生滥；六、升学滥。由此六滥，更生四恶：学校往往成为个人制造势利之工具，一恶也；教员与学生虽有天才，亦遭其戕贼，二恶也；不能养成一般青年之学问品格与技能，只足增高青年放浪之精神与物质之欲望，三恶也；为社会增加分利失业之徒，为国家斫丧民族托命之根，四恶也。总此四恶，即成三害：一曰害个人；二曰害社会；三曰害国家。举此三害，即知教育上所种之恶因，乃直接予中国以民族危亡之恶果。盖父母生人，学校教人，国家用人，三者有一不得其当，即足为全民族生存上之隐忧，而况三者之已相因而至耶？

吾人认为数十年来教育上之病理状态，积至今日，已成为一急须救治之大问题。大会于此，以为本党今后必须确定整个教育方针与政策。其根本原则，必须以造成三民主义的文化为中心。换言之，必须以三民主义之精神，融化东西文化之所长，使全国人在“人民之生活，社会之生存，国民之生计，群众之生命”上备具三民主义之实际功用，以达民族独立，民权普遍，民生发展之目的，然后教育之功能始尽。为欲期此功能之增加，则必矫正从前教育上放任之失，而代之以国家教育之政策。言其要点，则必确定国家由训政时代以至宪政时代所要求于国民之知识能力品格道德究为如何之标准，从而改善教育制度提高教育内容，以期养成国家所需要之国民及人材，而发展时代所需要之科学与文化，然后所谓国家教育政策者，始为有健全充实之内容也。简括言之，教育乃国家建设永久之任务，其功用应始于胎教，而终于使个人能为社会生存之总目的，各献其健全之能力。因此之故，吾人必须从优生学之基础上建设父母教育，从社会伦理学之基础上建设儿童教育；从国民经济学之基础上建设国民教育；从世界实用科学之基础上建设高等教育。吾人若能将中国教育置于此种健全基础之上，则全民族生存，始为有深厚稳固之资源。总理尝谓近世文明各国政府之职务，已由政治而兼及教育；中国古代所谓教养兼施之治理，盖亦同此原则；后世退化之政府，委去教养之职务，而听人民自教自养，政府则只以消极不扰民者便为善政；此则远不及于古代，近不逮乎现代文明各国矣。大会秉此要义，认为本党今后必当于教育上采积极方针，合其他建设方针，以成国家教养兼施之全部训政计划，而努力实施，则于国民革命之责任，庶几无遗憾矣。

五、蒙藏与新疆

本党致力国民革命，既以实现三民主义为唯一目的，则吾人对于蒙古西藏及新疆边省舍实行三民主义外实无第二要求。虽此数地人民之方言习俗，与他省不同，在国家行政上，稍呈特殊之形式，然在历史上地理上及国民经济上则固同为中华民族之一部，而皆处于受帝国主义压迫之地位者也。辛亥以前，满洲以一民族而宰制于国内各民族之上。而列强之帝国主义，得图谋侵略而瓜分之。故辛亥革命，其意义一方铲除满洲之宰制政策，一方为打破列强之瓜分政策。不幸满清既倒之后，国内之军阀代之而兴，列强之帝国主义，一方援助军阀以压迫国内各民族，一方变瓜分之说为共管之说，变武力的侵略为经济的压迫。其结果遂令蒙古西藏与新疆之人民，在经济上政治上教育上所处之地位，无稍增进。今幸军阀之恶势力已被催〔摧〕毁，中国境内之民族，应以互相亲爱一致团结于三民主义之下，为达到完全排除外来帝国主义目的之唯一途径。诚以本党之三民主义，于民族主义上乃求汉满回藏人民密切的团结，成一强固有力之国族，对外争国际平等之地位。于民权主义上，乃求增进国内诸民族自治之能力与幸福，使人民能行使直接民权，参与国家之政治。于民生主义上，乃求发展国内一切人民之经济力量，完成国民经济之组织，解决自身衣食住行之生活需要问题也。

大会于此，认为今后宜本此主义上之真，以全力昭示蒙古新疆之人民；并根据国家生存上共同之利益，努力实现汉满蒙回藏诸族有组织的密切团结，共谋经济上政治上教育上之建设。盖唯国内民族政治巩固之力量，始足以戡止国外帝国主义之政治掠夺；唯国内民族经济及教育充实之力量，始足以排除国外帝国主义之经济侵略。本党敢郑重述明：吾人今后，必力矫满清军阀两时代愚弄蒙古西藏及漠视新疆人民利益之恶政，诚心扶植各民族经济政治教育之发达，务期同进于文明进步之域，造成自由统一的中华民国。必如此，庶足以保持中国永久之和平，而促进世界之大同也。

六、本案之根本精神

以上五大端，胪列本党今后对于政府组织，地方自治，财政金融，建设教育，及蒙藏新疆各问题之施政方针，务期全党同志率导国民，一致努力，以求贯彻。顾莸〔犹〕有不能已于言者，大会于确定本案五大端之原则，实企求总理遗教之按步实现，使中国由建设而成为一民治民享之新国家。惟如何而能使此目的完全达到，如何而能使全国人民依本案之原则，作建设之总动员，则根本上必以全国安定为其先决条件。顾今之议者，往往以为本党必须保持军事时代之一切状态，使全党党员及全国民众长在风潮恐怖之中，乃为革命。抱此观念者，实繁有徒。大会认为此种观念，实为辛亥以前一般党人倡总理为理想家而非实行家之说，及元年以后一般党员只知一民主义或二民主义而不知三民主义者，同其谬误。盖革命之进程，实有不可逾越之顺序，此总理所以有军政训政宪政三时期之规定也。吾人今已入于训政时期，其建设工作，必须和平奋斗，始能救中国，若仍留恋于军政时期之方法与政策，其势非至将十余年来军事所得之成就捣毁净尽不可。此则非自甘陷于反革命之流，或不惜自列于帝国主义工具之林者，断不忍出此。当知军政工作，与训政工作之性质大异；前者为非常的破坏，后者为非常的建设。非常破坏，所要求者为不顾成败猛烈的奋斗；而非常的建设，所要求者乃沉毅精进的和平努力。破坏只能推翻横梗于革命前面之旧国家上层建筑，唯建设始能树立三民主义的新国家建筑于社会深厚基础之上。故破坏可以从国家上层建筑推翻而下，其效易见；若建设则必从下层基础修造而上，其效难睹。然欲求建设之效之易睹，亦非难事；其唯一条件，则在政治安定，社会安定，人心安定而已。安定之道，首在革命军人明瞭三民主义实行之步骤，与国家不能再遭扰乱之世界大势。盖革命军人自身之利害，巳〔已〕与国家之利害归于一致。中国现在所得之建设机会，乃革命军人之热血所换来之机会。吾人能保障此机会不致再遭危害，即中国之建设必易成功，而革命军人之热血所换来之机会。吾人能保障此机会不致再遭危害，即中国之建设必易成功，而革命军人之功勋亦不可磨灭。否则，中国十年二十年以内不能建设成功，世界帝国主义之第二次大战若起于亚洲，则中国必亡，而现在不容国家安定建设之军人亦必将无噍类。故中国军人，于训政时代，尚欲造成一系一派之势力，而求将来个人夺取权利者，吾人敢断其自掘之坟墓即在目前，而不在其所预期之将来。大会因此，一致认定救国之方，唯在实行建设；建设之步骤，唯在执行本案之决议；而本案决议之实施，尤在于巩固国家，安定社会，为唯一之先决条件。此则本案之根本精神，凡我同志，及全国国民，所当共同注意者也。

（四）对军事报告之决议案

（民国十八年三月二十七日第三次全国代表大会通过）

大会听国民政府之军事报告后，对于本党自十五年六月自广东出师北伐，至去年六月北伐完成，其间我国民革命军先后经历深大之苦战恶斗与险阻艰难所获得之胜利，实有无穷之钦慰；而且对于此两年间为本党军事工作而牺牲其生命或幸福之同志，尤表深长痛切之敬意！

大会于此，敢郑重声言，本党全体同志及全国人民之所以拚绝大之牺牲，历无限之痛苦者，其唯一目的，乃在使数十年分崩离析之中国民族，复归于统一，以建一自由独立之三民主义的国家，而使之为民所有为民所治为民所享也。今当国民革命之大业，已由军政时期而入于训政时期，凡百建设，事实上皆以军事整理为其先决条件。大会因此，对于本党第二届中央执行委员会第五次全体会议所决议之军事整理案之原则，完全同意；对于根据军事整理案之决议而产生国军编遣委员会之决议案，亦应由国民政府切实执行。诚以此种决议，乃军事收缩与国军改编之必要步骤，非为此不足以确立三民主义的国家在军事上之基础也。

惟于国民政府整理军事及改编国军之方针，大会认为须标示其基本的原则，兹确定之如左：

一、国军之最高统帅权，依国民政府组织法之规定，完全统属于国民政府，所有全国陆海空军之建设保持运用及关于一切军政与军令之权，皆完全属于中央最高军事机关掌握，务求军事绝对统一，使国家不蹈从前军权旁落割据相循之覆辙，而立国权巩固国防充实之基础。

二、国民政府应依中国国情及国际情势，确定国防计划，以为今后国家陆海空军建设之根据。

三、全国现有之军队，须依财政状况及国防计划，编留必要限度之正式国军。其余被裁遣之官兵，应依总理之兵工政策，由国民政府制定工兵及屯垦计划，分别施行。

四、全国军队之训练与教育，应根据国防计划，实施军队之三民主义化。实施三民主义化之方法，应在事实上使军事教育与三民主义教育成为一体原则。而实行此原则之方法，第一步在使服役之兵士能复归于善良而有职业之人民；第二步则在使善良而有职业之人民能成为国家服役之兵士。建成以良民为良兵基础，良兵为良民模范之党化的军事教育制度。

五、依国民经济发展，国民教育改善，及地方自治基础确立之进行，逐渐废除募兵制而改行征兵制度。

以上五点，大会确认为今后整理军事建设国军之基本方针。至其所以推行此项方针之具体步骤与详细办法，当由本党最高权力机关，随时监督国民政府，负责订定，力求完善，切实施行。

本会于此决议，更有应痛切诚恳为全国人民全党同志及我国将士告者：吾人今后不特在军事政策上，应以巩固国权充实国防为唯一之基点；而在军人努力之目标上，尤应以实现本案原则，达到巩固国权，充实国防之目的，为唯一之出路。十余年来，因国内战事之延续，全国军人，无论其为将领或士卒，其心目中之对象，唯在作战时之敌人与作战中之活动，而其结果，遂致忘却一切国权巩固，国防充实之必要准备。于国家生存上，固然失其保障；于军人本身之事业上，亦将无由打破个人主义之环境。吾人今后为矫正已往军人之歧误心理，开辟国家生存发展之新路计，必须使之认识：唯服从中央乃可以巩固国权；惟巩固国权，乃可以保障人民之权利与幸福；惟充实国防，乃可以保障国家及民族之生存；惟国家民族之生存得确实之保障，乃为取得永久安全与和平之正道。而总理所云使武力与人民相结合，使武力为人民之武力者，至是始得完全实现其内容也。

（五）对外交报告之决议案

（民国十八年三月二十七日第三次全国代表大会通过）

大会听国民政府之外交报告后，审知本党对外政策所坚持之平等互惠一原则，已于最近取得国际上之接纳；而关税自主，亦获得初步之成功。凡此皆系全国人民在奉行三民主义的中国国民党领导下，一致团结，共同努力之结果。惟大会认此不过为本党对外政策之初步工作，而非本党对外政策所要求之全部。本党于第一次全国代表大会时，曾于对外政策确定取消一切不平等条约，重订双方平等互尊主权的条约之原则。惟以过去数年间，帝国主义者与军阀互相勾结之故，一方延长吾人所预期之军政时期，一方复使废除不平等条约之目的，未能完全实现，今军政告终，训政伊始，先宜根据总理生平所怀抱外交计划之精神，更明确决定今后对外之方针如左：

第一次全国代表大会所确定之对外政策七项，实含有基本原则三点：（一）从前中国与列强间所有之不平等条约，必须取消，重订双方平等互尊主权之条约。（二）以后中国与外国所订条约，务须不害双方主权为原则。（三）中国所借外债，必须以使中国政治上经济上不受损失为标准，而重行整理之。此三点不特为废除现有一切不平等条约之原则，且为恢复中国在国际间自由平等地位之唯一途径。良以八十余年来，我国备受帝国主义者政治的军事的经济的威力之压迫，已陷于次殖民地之地位；而其一方足以为中国民族之桎梏，一方又足以为外来帝国主义之护符者，厥为一切不平等条约。故吾党今后当萃全党同志及全国人民之力量，蕲求第一次全国代表大会所定对外政策之全部实现，使中国脱离其所处次殖民地之地位，而恢复其自由独立之主权也。

惟废除不平等条约，有先决之必要条件二端：其一，为全国之真实统一。即全国人民之思想，必须统一于三民主义之下；全国之内政，外交，军事，财政，必须统一于国民政府之下。其二，全国之建设，必须依照总理所著之建国方略，使物质建设，迅速进行；国民经济，日臻稳固，而后国力充实，外交上方有胜利可期。吾人于此二事，能多获一分之成绩，即事实上于不平等条约之废除，能减少一分之障碍。倘此二事能早一日完成，则不平等条约，即能早一日废除。此于训政时期中，全党同志，暨我国民所当卧薪尝胆，黾勉以求之者也。

不平等条约废除而后，中华民国当正成为强固富裕之国家，于国际上占有重要之地位。是时吾党则当更求总理生平所怀抱之外交政策全部精神之实现。总理外交政策之全部精神，乃本天下为公之义，从世界各民族平等之基础上，建立世界之和平。盖总理认定世界历史上，从来即有两种不相容之外交政策：其一以中国古时所谓济弱扶倾之政策为代表；其二以西方近代帝国主义之政策为代表。此两种外交政策，自来即有其互异之精神。帝国主义的外交政策，在于灭人国家，夺人经济生存的命脉，乃至绝人固有之文化。故其结果，遂使世界形成帝国主义与弱小民族之两大壁垒，一如其资本主义社会形成压迫者与被压迫者之两大阶级者然。而其事实上之罪恶，更有较资本主义者为尤甚者，则为各帝国主义间因争霸而起之世界大战。总理认为此种帝国主义的外交政策所循之途径，实为人类自相残戕之死路。故始终坚持以中国民族之所以恢复其民族主义者，恢复我国从来济弱扶倾的外交政策之精神。试观中国在历史上为强大之国家已数千年，固已予高丽缅甸安南暹罗诸国以优越之文化，而未尝丝毫侵害此小国之独立。反之，近代各帝国主义之国家，其称强不过百年或数十年，而已尽举此等独立数千年或数百年之小国沦为殖民地。即此可知世界历史上之两种外交政策之优劣，尽人可得而辨矣。因此之故，总理对于中国外交之根本原则，曾明白垂示，谓“中国如果强盛，不但要恢复民族的地位，还要对于世界负一个大责任”。而此种大责任之所在，必须“先决定一种政策，要济弱扶倾，才是尽我们的天职”。换言之，即吾人对于弱小民族必须扶持，对于列强必须抵抗，而用固有之道德和平为基础，以统一世界，成大同之治。依此济弱扶倾之精神，本党之根本外交政策之原则，应确定从民族平等之基础上，谋世界永久之和平。若世界之民族，事实上均能造成平等之独立，使未平等者归于平等，使已平等者互相尊重其平等之地位，则世界和平必能期诸永久；而人类从来为战争所消耗之一切精神上物质上之力量，均可用之于和平的文化发展之途矣。

以上外交政策之原则，步骤虽有不同，精神仍属一贯。此固为十年百年之外交确定根基；然亦实吾中国民族利益上最急切之要求，而为今后吾党所当努力者也。

（六）根据总理教义编制过去一切党之法令规章以成一贯系

统确定总理主要遗教为训政时期中华民国最高根本法

（民国十八年三月二十一日第三次全国代表大会通过）

大会鉴于本党过去数年党之一切理论，法令，规章，为共产党之反动思想所搀混；以致全党在思想上失却统一之意志，在法令上缺乏一贯之系统，在实际行动上减少团结之力量，在国家建设上尚无共信共守的根本大法之原则与标准，兹谨本于以党建国以党治国之职责，为如下之决议：

（一）中国国民党中央执行委员会应根据总理教义，编制过去党之一切法令规章，以成一贯系统。毋令反动思想再存留于本党法令规章内，以立共信共守之典筏，巩固全党之团结。

（二）确定总理所著三民主义，五权宪法，建国方略，建国大纲及地方自治开始实行法，为训政时期中华民国最高之根本法。举凡国家建设之规模，人权民权之根本原则与分际，政府权力与其组织之纲要，及行使政权之方法，皆须以总理遗教为依归。

大会对于上项决议，更附以如下之说明：

（一）总理创造中国国民党，同时创造三民主义，五权宪法诸教义，以为全党建造国家之准绳。总理生时，本党党员之努力，一以总理之言行为依归；总理既逝，则吾党同志之努力，一以总理全部之遗教为准则。是故总理之全部教义，实为本党根本大法；凡党员之一切思想言论行动及实际政治工作，悉当以之为规范而不可逾越。盖必如是党员之意志始能统一，本党之力量始能固结，全党之法令规章始能系统一贯，而建国治国之大业始能期其日起有功也。

（二）中华民国之创造，以迄于建设之完成，其所赖以为努力者，事实上皆为总理所领导之中国国民党；其所恃以为努力之步骤，乃为总理所定不可逾越之军政训政宪政三大程序；其所据以为此三大程序中一切典章制度之源泉，乃为总理所垂示之遗教。

因此之故，中华民国之统治权，系由国民参加于总理所领导之中国国民党，依照革命建设之程序，实行总理之遗教，而蕲求其全部之实现之一伟大的使命所产生。此伟大的事实，即为总理以“国民造党，以党建国，待国建成，而后治之”之要义。在此全部建国之行程中，本党集合全国人民之努力，事实上由开始革命，创造民国，以底于全国之统一，皆属依遵总理之遗教。是故从国民革命创始于军政时期，总理遗教不特已成为中华民国所由创造之先天的宪法，且应以此为中华民国由训政时期达于宪政时期根本法之原则，其效力实较中国以前所见之约法为更大也。辛亥以前，总理于革命方略中有“每县于敌兵驱除，战争停止之日，立即颁布约法”之规定；然此为革命军占取一县后之强制约章，而非可以拟于全国根本大法之性质与内容。民国元年，总理未暇及于三民主义五权宪法之制定，临时遂同意于约法之颁布；然而其内容多非三民主义五权宪法之主张，实不惬总理之本意。迨本党在广州开创政府之时，总理先后著成三民主义，五权宪法，建设方略，建国大纲诸要典，乃不复以约法为言。盖其意以为关于一切建国之最高理论的原则，已详于三民主义，五权宪法，建国方略诸书；关于具体的根本大法，则已散见于民权初步，地方自治开始实行法，及实业计划；且更总括的结晶以成建国大纲，而以政治名义宣布而广传之。是建国大纲，已为中华民国根本法之具体部份；而其他三民主义，五权宪法，建国方略诸要典，则为中华民国根本法之理论与政略之原则部份。总合言之，则总理遗教，不特训政时期以之为根本法，即宪政时期亦须以之为宪法之准则。凡此要义，皆可以总理遗教为之证明。建国大纲第一条曰：“国民政府，本革命之三民主义，五权宪法，以建设中华民国”。即此可知三民主义五权宪法为建设中华民国之根本宪典。总理建国大纲自序有曰：“制定国民政府建国大纲二十五条，以为今后革命之典型”；“本政府郑重宣布，今后革命势力所及之地，凡秉承本政府之号令者，即当以实行建国大纲为唯一之职任。”此可知建国大纲又为中华民国不可逾越之宪典。总理遗嘱复言：“务须依照余所著建国方略，建国大纲，三民主义，及第一次全国代表大会宣言，继续努力，以求贯彻”。此又可知，总理之主要遗教，皆为贯彻中华民国建设之典型。今吾党既于十四年之际，决议接受总理之遗教，且以本之以为实现革命建设之原则；而全国人民亦复予以服从及拥护，共趋于统一建国之正轨。是总理遗教，在国民之意识上已有根基，在社会之群力上已有渊泉，在法理之根据上已有普及全国造成统一之效能。故大会认为总理之三民主义，五权宪法，建国方略，建国大纲，地方自治开始实行法等遗教，已具有训政时期中华民国根本法之实质，而大会秉代表国民行使政权之职任，予以正式的法律之效力，盖当然之理也。

大会认为以上之说明，于阐明本案之主旨上，异常重要。总言之，本案之主旨，第一项在于使全党党员之言论行动皆统一于总理遗教之下；第二项在于确定总理遗教为国家之最高根本法，使全国人民之民族生活与国家生存发展，皆统一于总理遗教之下。凡我同志及全国国民，均宜恪守勿渝者也。

（七）中央执行委员会第一七二次常会决议训政纲领请追认案

（民国十八年三月十九日第三次全国代表大会通过）

中国国民党实施总理三民主义，依照建国大纲，在训政时期训练国民使用政权；至宪政开始，弼成全民政治，制定左之纲领：

一、中华民国于训政期间由中国国民党全国代表大会代表国民大会领导国民行使政权。

二、中国国民党全国代表大会闭会时，以政权付托中国国民党中央执行委员会执行之。

三、依照总理建国大纲所定选举罢免创制复决四种政权，应训练国民逐渐推行，以立宪政之基础。

四、治权之行政立法司法考试监察五项，付托于国民政府总揽而执行之，以立宪政时期民选政府之基础。

五、指导监督国民政府重大国务之施行，由中国国民党中央执行委员会政治会议行之。

六、中华民国国民政府组织法之修正及解释，由中国国民党中央执行委员会政治会议议决行之。

（八）确定训政时期党政府人民行使政权治权之分际及方略决议案

（民国十八年三月二十一日第三次全国代表大会通过）

中国革命之目的，在于三民主义；而三民主义之实行，必须依照总理所定之革命程序以为建设。总理生平既分革命建设为军政训政宪政三时期，冀其循序迈进，以完成革命之工作；更为之诠解其要义“曰：不经军政时代，则反革命之势力无由扫荡；而革命之主义亦无由宣传于群众，以得其同情与信仰。不经训政时代，则大多数之人民，久经束缚，虽骤被解放，初不瞭知其活动之方式，非默守其放弃责任之故习，即为人利用，陷于反革命而不自知。前者之大病，在革命之破坏不能了彻；后者之大病，在革命之建设不能进行。”积十余年来反革命势力屡图颠覆民国拆离本党之痛苦经验，益足以证总理预定革命程序之要义，为有远大之预见也。

本党在此十余年来痛苦经验之下，以为北伐既经完成之后，当进而履行总理手定训政程序之遗教。中央执行委员会爰本此意，于十七年十月三日第一七二次中央常会，制定训政纲领而公布之曰：

中国国民党实行总理三民主义，依照建国大纲，在训政时期训练国民使用政权；至宪政开始，弼成全民政治，制定左之纲领：

（一）中华民国于训政期间，由中国国民党全国代表大会代表国民大会，领导国民行使政权。

（二）中国国民党全国代表大会闭会时，以政权付托中国国民党中央执行委员会执行之。

（三）依照总理建国大纲所定选举，罢免，创制，复决四种政权，应训练国民逐渐推行，以立宪政之基础。

（四）治权之行政、立法、司法、考试、监察五项，付托于国民政府总揽而执行之，以立宪政时民选政府之基础。

（五）指导监督国民政府重大国务之施行，由中国国民党中央执行委员会政治会议行之。

（六）中华民国国民政府组织法之修正及解释，由中国国民党中央执行委员会政治会议议决行之。

依此训政纲领而标举其内含之原则，要有二端：其一，总理遗教认定由国民革命所产生之中华民国人民，在政治上的智识与经验之幼稚上，实等于初生之婴儿；中国国民党者，即产生此婴儿之母。既产之矣，则保养之，教育之，方尽革命之责。而训政之目的，即以保养教育此主人成年而还之政，为其全部之根本精神。故训政纲领，开宗明义，即以中国国民党负“依照建国大纲，训练国民使用政权，至宪政开始，弼成全民政治”之全责。其二，总理所定五权宪法之基本原则，其目的在于造成人民行使四种政权，政府行使五种治权之国家。训政纲领本此原则，故于第一条至第三条，以政权付托于中国国民党之最高权力机关，务训练国民，达到直接行使政权之目的；于第四条，以治权付托于国民政府；而其最高指挥监督之责，则于第五第六两条，仍属之于中国国民党。此其以中国国民党独负全责，领导国民，扶植中华民国之政权治权，而使之发展以入宪政之域，固至为明显也。

大会认为训政纲领，依据总理遗教，确定训政时期间以政权付托于中国国民党之最高权力机关，以治权付托于国民政府，分别总揽执行，以造成中华民国之宪政基础，实为训政时代政权治权所由区分之不可移易的原则。今本此原则，对于党，政府，人民，行使政权治权之实际的分际与方略，更为明确之规定如左：

第一，培植地方自治之社会的基础，宣传训政之方针，开导人民接受四权使用之训练，指导人民努力完成地方自治所必备之先决条件，并促进一切关于地方自治之工作，由中国国民党中央执行委员会指挥并监督下级党部推行之。

第二，依据总理遗教，决定县自治制之一切原则及训政之根本政策与大计，由中国国民党中央执行委员会政治会议行之；但政治会议行使是项职权时，对外不发生直接之关系。

第三，实施县自治制及执行一切训政之根本政策与方案，由国民政府及其所属主管机关行之。

第四，中国国民党中央执行委员会政治会议，在决定训政大计指导政府上，对中国国民党中央执行委员会负责；国民政府在实施训政计划与方案上，对中国国民党中央执行委员会政治会议负责。

第五，中国国民党最高权力机关，为求达训练国民使用政权弼成宪政基础之目的，于必要时，得就于人民之集会结社言论出版等自由权，在法律范围内加以限制。

第六，中华民国人民须服从拥护中国国民党，誓行三民主义，接受四权使用之训练，努力地方自治之完成，始得享受中国国民党最高权力机关考核之。至训政终了，宪政开始之时，由中国国民党最高权力机关负责召集国民大会，决定宪法而颁布之。

决议：照修正案通过。

（九）确定地方自治之方略及程序以立政治建设之基础案

（民国十八年三月二十三日第三次全国代表大会通过）

总理自序建国大纲云：“革命之目的，在实行三民主义；而三民主义之实行，必有其方法与步骤。”又云：“今后之革命，不但当用于破坏，尤当用于建设；且当规定其不可逾越之程序。”夫革命为非常之破坏，故不可无非常建设以继之，积十三年痛苦之经验，当知所谓人民权力与人民幸福，当务其实，不可徒袭其名。”“建国大纲者，以扫除障碍为开始，以完成建设为依归。”“倘能依建国大纲以行，则军政时代，已能肃清反侧，训练时代已能扶植民治，虽无宪政之名，而人民所得权利与幸福，已非藉宪法而行专政者所可同日而语；且由此以至宪政时期，所历者皆坦途，无颠蹶之虞。”扶植民治，总理言之綦详。其言曰：“训政时期之宗旨，务指导人民，从事于革命建设之进行。先以县为自治之单位，于一县之内，努力于除旧布新，以深植人民权力之基本；然后扩而充之，以及于省。如是则所谓自治，始为真正之人民自治，异于伪托自治之名，以行其割据之实者。而地方自治已成，则国家组织，始臻完密，人民可本其地方上之政治训练，以与闻国政矣。”总理云：“不经训政时代，则大多数之人民，久经束缚，虽骤被解放，初不瞭知其活动之方式；非墨守其放弃责任之故习，即为人利用，陷于反革命而不自知。”此种活动之方式，质言之，即地方自治；而地方自治，总理已定有实行方法，即“地方自治之范围，当以一县为充分之区域；如不得一县，则联合数村而附有纵横二三十里之田野者，亦可为一试办区域。”试办之事有六，其次序如左：

（一）清户口。

（二）立机关。

（三）定地价。

（四）修道路。

（五）垦荒地。

（六）设学校。

总理所谓地方自治团体，不止为一政治组织，并为一经济组织；且规定自治机关之职务，更有：

（甲）农业合作。

（乙）工业合作。

（丙）交易合作。

（丁）银行合作。

（戊）保险合作。

自治机关之职务，犹有关于经济而应设专局以经营者。

（一）粮食管理。

（二）运输交易。

凡此诸端，于建国大纲，既明定其纲；地方自治实行法，并详定其目。盖必依此方式以为活动，始能得到充分之民权，并为真正民生之解决。兹谨就此义，确定其实行之方略及程序如左：

一、确定县为自治单位，努力扶植民治，不得阻碍其发展。

（理由）本条以建国大纲第十八条及中国国民党政纲对内政策第三条之规定为根据。但一方须扶植其发展，一方须排除其障碍，故积极则应为广大之宣传及实际之训练，而消极则防范贪官污吏之压迫，土豪劣绅之假借。

二、制定地方自治法，规定其强行部分，使地方自治体成为经济政治的组织体，以达到真正民权民生之目的。

（理由）本条以“地方自治实行法”为根据，认地方自治体不只为一政治组织，而且为一经济组织。盖必如是，始能达到真正民权民生之目的。至于自治机关之组织与职务，人民对于自治团体之义务与权利，四权行使之方式与条件，孰应强行，孰可任意，在自治法中，均应分别定之。

三、由国民政府选派曾经训练考试及格之人员（限于党员）到各县协助人民，筹备自治。

（理由）本条系以建国大纲第八条为根据。地方自治之筹备，为训政开始必须之工作；苟非有经训练明党义并考试及格者，不能肩此重责。故以党员为标准，庶人民得易瞭知活动之方式，不致放弃责任，或受人利用。然必由国民政府选派，始能一致，而不致各自为政；甚或因循，而延阻宪政之实施。

四、地方自治之筹备，宜逐渐推行，不宜一时并举；以自治条件之成就，选举完毕，为筹备自治之终期。

（理由）本条根据建国大纲第八条之规定，以清查人口，测量土地，妥办警卫，修筑道路，为自治完成之条件。并根据同条，应以曾受四权之训练，完毕国民之义务，誓行革命之主义，为审查选民资格之标准。县长议员依法选出，即协助筹备自治之工作告终，而该县达于完全自治之域。但自治之筹备，宜分行不宜并举，应于各省先择一二县试办，逐渐推行，则人才易于集中，而组织始克完密。

以上四端，系以建国大纲第八条至十八条，及本党政纲与地方自治实行法为根据而定之标准。乃完成宪政所必历之过程，而训政时期本党最大之职责也。

决议：照修正案通过

附注原案由为确定施行政纲之方略及程序以定政治之实行标准案经提案审查委员会修正

（十）确定教育宗旨及其实施方针案

（民国十八年三月二十五日第三次全国代表大会通过）

教育为立国之大本，国民精神生活与实际生活，能否臻于健全与畅遂，全视教育方针能否适应民族与时代之需要；而国民革命之基础，若不充实之以教育的建设，则三民主义亦将无彻底实现之期。过去本党因注全力于障碍之扫除，对于教育，未暇为整个方针之树立。今当全国统一，训政开始，本党在政治上之地位与责任，更不同于往日。三民主义的国家建设社会建设与物质建设，全国人民方延踵以企本党之启导；而过去自清末以来，无方针无目的之教育所遗留之恶影响，积数十年之造因，正于此时，乘民族衰颓民生凋敝之会，并合而为总发露。本党于此，若不明定教育之方针，确立实施之原则，作全国更始之基，而洗弛废因循之弊，则不唯训政时期一切建国救国之计划，感跬步而难行；即国家民族今后之生机，亦必陷于困危而无可救。此全国迫切之要求，亦本党不容旁贷之责任也。

中华民国今后之教育，应为三民主义之国民教育，已无疑义。唯真正的三民主义之教育，非仅标三民主义之名所能收功，亦非仅令各级学校诵习三民主义之文字即为毕事。必须使一切教育上之设施，全部皆贯之以三民主义之精神，无处不具备三民主义之功用，而后方可达民族独立，民权普遍，民生发展之目的。过去教育之弊害，一为学校教育与人民之实际生活分离；教育之设计，不为大多数不能升学之青年着想，徒提高其生活之欲望，而无实际能力之培养以应之。结果使受教育之国民，增加个人之苦痛。以酿社会之不安。二为教育之功用，不能养成身心健全之分子，使在国家社会之集合体中，发挥健全分子之功用，以扶植社会之生存。三为各级教育偏注于高玄无当之论，未能以实用科学促生产之发展，以裕国民之生计。四为教育制度与设施，缺乏中心主义，只模袭流行之学说，随人流转，不知教育之真义，应为绵延民族之生命。四弊相承，遂使共党虚伪偏激之教义，得以乘间侵入，贻重大危害于我国，而几乎摇动国民革命之根本。过去教育病因之总因，既由于违反三民主义之精神，则今后彻底更始之谋，自非明定三民主义为教育之宗旨，并就最急要之点，确立实施方针不为功。

甲　教育宗旨

中华民国之教育，根据三民主义，以充实人民生活，扶植社会生存，发展国民生计，延续民族生命为目的。务期民族独立，民权普遍，民生发展，以促进世界于大同。

乙　实施方针

前项教育宗旨之实施，应遵守下列之方针：

（一）各级学校三民主义之教学，应与全体课程及课外作业相贯连：以史地教科阐明民族之真谛，以集团生活训练民权主义之运用，以各种生产劳动的实习，培养实行民生主义之基础。务使知识道德融会贯通于三民主义之下，以收笃信力行之效。

（二）普通教育必须根据总理遗教，以陶融儿童及青年“忠孝仁爱信义和平”之国民道德；并养成国民之生活技能，增进国民生产力为主要目的。

（三）社会教育，必须使人民具备近代都市及农村生活之常识，家庭经济改善之技能，公民自治必备之资格，保护公共事业及森林园地之习惯，养成恤贫防灾互助之美德。

（四）大学及专门教育，必须注重实用科学，充实学科内容，养成专门知识技能，并切实陶融为国家社会服务之健全品格。

（五）师范教育，为实现三民主义的国民教育之本源；必须以最适宜之科学教育，及最严格之身心训练，养成一般国民道德上学术上最健全之师资为主要上之任务。于可能范围内，使独立设置，并尽量发展乡村师范教育。

（六）男女教育基本平等，女子教育并须注重陶冶健全之德性，保持母性之特质，并建设良好之家庭生活及社会生活。

（七）各级学校及社会教育，应一体注重发展国民之体育；中等学校及大学专门须受相当之军事训练。发展体育之目的，固在增进民族之体力；尤须以锻炼强健之精神，养成规律之习惯为主要任务。

（八）农业推广，须由农业教育机关积极设施。凡农业生产方法之改进，农民技能之增高，农村组织与农民生活之改善，农业科学智识之普及，以及农民生产消费合作之促进，须以全力推行。

决议：修正通过。

附注：原案由为确定教育方针及其实施原则案，经审查委员会修正。

（十一）训政时期经济建设实施纲要方针案（中央执行委员会提）

（民国十八年三月二十三日第三次全国代表大会通过）

主席团对于审查报告第三号“训政时期经济建设实施纲要方针提案”审查结果，特提出修正案如下：

（一）本案标题拟改为确定训政时期物质建设之实施程序及经费案。

（二）依据建国方略实业计划所指示之方策原则为确定物质建设实施程序之标准，而以交通之开发为首要。

（三）以全国税收之半，充物质建设经费。

甲、以国家收入之半为中央建设经费，由中央政府办理：（1）铁路，（2）国道，（3）其他交通事业，（4）煤铁及基本工业，（5）治河，（6）辟港，（7）水利灌溉垦荒移民等事业。

乙、以地方收入之半为地方建设经费，由地方政府办理，（1）省道及地方交通事业，（2）农业改进灌溉垦荒水利等事业，（3）都市改良及公用事业，（4）卫生建设。

（四）在五年期内以中央建设经费之半兴筑铁路，以地方建设经费之半办理一切直接改良增加农业生产之建设事业。

（五）前两项为建设经费原则上之规定，其实施办法由国民政府斟酌国家地方财政状况，随时决定之。

（六）中央政治会议认为有必要时，得召集全国经济会议，讨论及决定经济建设之实施问题及设立经济设计委员会，任命及聘请国内外经济设计专家为委员及顾问，专任经济建设设计事宜。

决议：照修正案原则通过，交中央执行委员会讨论。

（十二）中国国民党总章修正案

（民国十三年一月二十八日第一次全国代表大会通过）

（民国十八年三月二十七日第三次全国代表大会修正）

中国国民党第一次全国代表大会，为促进三民主义之实现五权宪法之创立，特制定中国国民党总章如左：

第一章　党员

第一条　凡志愿接受本党党纲，实行本党决议，遵守本党纪律，履行本党义务，请求入党经本党许可者，不分性别，得为本党党员。

第二条　本党党员分党员及预备党员。

（甲）党员　凡年龄在二十岁以上，并曾为本党预备党员，受党的训练一年以上，由区分部呈请区执行委员会考查合格，经县市委员会之审查，及省执行委员会核准者，方得为党员。

（乙）预备党员　凡年龄在十六岁以上，由本党党员二人以上之介绍，填具入党志愿书，向所请求之区分部党员大会之通过，区执行委员会之考查，及县市执行委员会之核准，方得为预备党员。

第三条　党员有发言权表决权选举权及被选举权，预备党员只有发言权。

第四条　凡本党党员须在所属党部领取党员证书，其证书由中央执行委员会制定之。

第五条　党员移居时，须即时在原住地方之区分部报告，向所到地方之区分部登记，同时即为所到地方之党员，如移居两个月不履行报告或登记者，以违反党纪论。

第二章　党部组织

第六条　范围包括一个地方之党部，为上级机关；范围包括该地方一部分之党部，为下级机关。

第七条　各党部以全国代表大会，地方代表大会，地方党员大会，为各该党部之高级机关。

第八条　地方党员大会，地方代表大会，及全国代表大会，须各选出执行委员组织执行委员会，执行党务。

第九条　本党党部之组织系统如下：

（甲）全国　全国代表大会　中央执行委员会

（乙）全省　全省代表大会　全省执行委员会

（丙）全县　全县代表大会　全县执行委员会

（丁）全区　全区党员大会或代表大会　全区执行委员会

（戊）区分部　区分部党员大会　区分部执行委员会　区分部为本党基本组织。

第十条　本党之权力机关如下：

（甲）全国代表大会，但闭会期间为中央执行委员会。

（乙）全省代表大会，但闭会期间为全省执行委员会。

（丙）全县代表大会，但闭会期间为全县执行委员会。

（丁）全区党员大会或代表大会，但闭会期间为全区执行委员会。

（戊）区分部党员大会，但闭会期间为区分部执行委员会。

各权力机关，应接受上级机关之命令并执行其决议，但在执行上有困难时，得用书面陈述意见，若上级机关仍令遵照执行时，应即服从执行。

第十一条　中央执行委员会得分设各部，执行本党通常或非常党务，各部受中央执行委员会之管理，各部之职务及组织法，由中央执行委员会决定之。

省以下各级党部之内部组织，由中央执行委员会决定之。

第十二条　各下级党部执行委员会，须受上级党部执行委员会之管辖。

第十三条　各下级党部之成立，启用印信，须经上级党部之核准。

第十四条　本党在不能公开或半公开地方，于必要时得组织党团，其组织法由中央执行委员会定之。

第三章　特别地方党部组织

第十五条　凡未经改省之行政区域（如蒙古及西藏）其党部与省党部同。

第十六条　各地关于党务如有设置特别区之必要者，由最高党部决定之。

第十七条　特别市党部与省党部同，直接受最高党部之指挥监督。

第十八条　重要市镇党部与县党部同，直接受省党部之指挥监督。

第十九条　重要市镇党部之设置，由各该省党部开具计划，经中央执行委员会之许可方得设立。

第二十条　国外党部，总支部等于省党部，支部等于县党部，分部等于区党部，分部之下设区分部。

第四章　总理

第二十一条　本党以创行三民主义五权宪法之孙先生为总理。

第二十二条　党员须服从总理之指导，以努力于主义之进行。

第二十三条　总理为全国代表大会之主席。

第二十四条　总理为中央执行委员会之主席。

第二十五条　总理对于全国代表大会之议决，有交覆议之权。

第二十六条　总理对于中央执行委员会之议决，有最后决定之权。

附注：

总理已于中华民国十四年三月十二日逝世，十五年一月第二次全国代表大会接受总理遗嘱，并努力实行之，保存此章以为本党永久之纪念。

纪念总理仪式规定如左：

（甲）凡本党海内外各级党部会议场所，应悬挂总理遗像。

（乙）凡集会开会时，应宣读总理遗嘱。

（丙）凡本党海内外各级党部，及国民政府所属各机关各军队，均应于每星期举行纪念周一次；但有特别情形，经该上级党部许可，得改为两星期一次。

第五章　最高党部

第二十七条　本党最高权力机关为全国代表大会，常会每二年举行一次，但中央执行委员会认为必要，或有省党部及等于省党部半数以上请求时，得召集临时全国代表大会。

中央执行委员会遇有不得已情形时，对于全国代表大会常会之召集，得通告展期，但不得超过一年。

第二十八条　全国代表大会常会，开会日期及重要议题，须于三个月前通告各党员。

第二十九条　全国代表大会组织法，代表选举法，及地方应派代表之人数，得由中央执行委员会规定之。

第三十条　全国代表大会之职权如下：

（甲）接纳及采行中央执行委员会及中央各部之报告；

（乙）修改本党政纲及章程；

（丙）决定对于时事问题应取之政策及政略；

（丁）选举中央执行委员候补执行委员，与监察委员候补监察委员。

第三十一条　中央执行委员及监察委员之人数，由全国代表大会决定之。

第三十二条　中央执行委员出缺时，由候补执行委员依次递补。

第三十三条　中央执行委员会之职权如下：

（甲）对外代表本党；

（乙）执行全国代表大会之决议；

（丙）组织各地党部并指挥之；

（丁）组织本党之中央机关各部；

（戊）支配本党党费及财政。

第三十四条　中央执行委员会有执行中央监察委员会决议之义务，但认为必要时得请覆议一次。

第三十五条　中央执行委员会全体会议，每半年至少开会一次，候补执行委员得列席会议。执行委员有缺席时，得由到会候补执行委员依次照额递补，在会议中有临时表决权，余只有发言权，但候补执行委员有表决权者，不能超过出席执行委员人数三分之一。

第三十六条　中央执行委员互选常务委员五人至九人，组织常务委员会，在中央执行委员会全体会议闭会期间，执行职务，对中央执行委员会负其责任。

第三十七条　中央执行委员会遇必要时，得设特种委员会。

第三十八条　全国代表大会，中央执行委员会全体会议，及常务委员会，均须于本党中央政府所在地举行之。

第三十九条　中央执行委员会，须将其工作概况，通告各省执行委员会及其他直辖党部，每月一次。

第四十条　中央执行委员会得派中央执行委员候补中央执行委员，分赴各地，指导党部执行党务。

第四十一条　中央监察委员会之职权如下：

（甲）依据本党纪律，决定各级党部或党员违背党纪之处分；

（乙）稽核中央执行委员会财政之出入；

（丙）审查党务之进行情形，及训令下级党部，审核财政与党务；

（丁）稽核中央政府之施政方针及政绩，是否根据本党政纲及政策。

第四十二条　中央监察委员互选常务委员五人，在中央执行委员会所在地，执行职务，每半年至少开全体会议一次，候补监察委员得列席会议。监察委员有缺席时，由到会候补监察委员依次照额递补，在会议中有临时表决权，余只有发言权。但候补监察委员有表决权者，不能超过出席监察委员人数三分之一。中央监察委员会，得派中央监察委员候补监察委员，分赴各地执行职务。

第六章　省党部

第四十三条　全省代表大会每年举行一次，但有左列情形之一者，得召集临时全省代表大会：

（甲）中央执行委员会训令召集时，

（乙）省执行委员会认为必要时，

（丙）县执行委员会半数以上认为必要时。

第四十四条　全省代表大会组织法及代表选举法与人数，由省执行委员会拟定后，请中央执行委员会核准。

第四十五条　全市代表大会之职权如下：

（甲）接纳及采行省执行委员会及本党省机关各部之报告；

（乙）决定本省党务进行之方策；

（丙）选举省执行委员候补执行委员，及监察委员候补监察委员。

第四十六条　省执行委员会之职权如下：

（甲）执行上级党部之命令及全省代表大会决议；

（乙）设立各省各地方党部，并指挥其活动；

（丙）组织省党务机关各部；

（丁）支配党费及财政。

第四十七条　省执行委员会，须将其工作情形报告中央执行委员会，每月一次。

第四十八条　省执行委员会每星期至少开会一次，候补执行委员得列席会议。执行委员有缺席时，由到会候补执行委员依次照额递补，在会议中有临时表决权，余只有发言权。但候补执行委员有表决权者，不得超过出席执行委员人数三分之一，省监察委员会同。

第四十九条　省执行委员会选举常务委员三人至五人，执行日常党务。

第五十条　省执行委员出缺时，由候补执行委员依次递补。

第五十一条　省监察委员会之职权如下：

（甲）依据本党纪律，决定所属党部或党员违背纪律之处分；

（乙）稽核省执行委员会财政之收支；

（丙）审查全省党务之进行情形；

（丁）稽核省政府之施政方针及政绩，是否根据本党政纲及政策。

第七章　县党部

第五十二条　全县代表大会每六个月举行一次，但有左列情形之一者，得召集临时全县代表大会：

（甲）省执行委员会训令召集时；

（乙）各区执行委员会半数以上请求时；

（丙）县执行委员会认为必要时；

（丁）该县党员半数以上请求时。

第五十三条　全县代表大会组织法选举法与人数，由县执行委员拟定后，呈请省执行委员会核准。

第五十四条　全县代表大会之职权如下：

（甲）接纳及采行县执行委员会及本党县机关之报告；

（乙）决定本县党务进行之方策；

（丙）选举县执行委员候补执行委员，及监察委员候补监察委员。

第五十五条　县执行委员会选举常务委员一人，执行日常党务。

第五十六条　县执行委员会之职权如下：

（甲）执行上级党部之命令及全县代表大会之决议；

（乙）设立全县各地方党部，并指导其活动；

（丙）组织县党务机关；

（丁）支配党费及财政。

第五十七条　县执行委员会，须将其工作情形报告省执行委员会，每两星期一次。

第五十八条　县执行委员会每星期至少开会一次，候补执行委员，得列席会议。执行委员有缺席时得由到会候补执行委员依次照额递补，在会议中有临时表决权，余只有发言权。但候补执行委员有表决权者，不能超过出席执行委员人数三分之一。县监察委员会同。

第五十九条　县执行委员出缺时，由候补执行委员依次递补。

第六十条　县监察委员会之职权如下：

（甲）依据本党纪律，决定所属党部或党员违背纪律之处分；

（乙）稽核县执行委员会财政之收支；

（丙）审查全县党务之进行情形；

（丁）稽核县政府之施政方针及政绩，是否根据本党政纲及政策。

第八章　区党部

第六十一条　全区党员大会，每两月举行一次，但因所辖区域过广或党员太多不得召集党员大会时，经县执行委员会之核准，得召集全区代表大会。

第六十二条　全区党员大会或代表大会之职权如下：

（甲）接纳及采行区执行委员会之报告；

（乙）决定本区党务进行之方策；

（丙）选举本区执行委员候补执行委员，及监察委员候补监察委员。

第六十三条　区执行委员会之职权如下：

（甲）执行上级党部之命令及全区党员大会或代表大会之决议；

（乙）组织本区内之区分部，但须经上级党部之核准；

（丙）指挥所属区分部党务之进行；

（丁）支配党费及财政。

第六十四条　区执行委员会互选常务委员一人，执行日常党务。

第六十五条　区执行委员会，须将其工作情形报告上级党部，每星期一次。

第六十六条　区执行委员会，每星期至少开会一次，候补执行委员得列席会议。执行委员缺席时，由候补执行委员依次照额递补，在会议中有临时表决权，余只有发言权。

第六十七条　区执行委员出缺时，由候补执行委员依次递补。

第六十八条　区监察委员职权如下：

（甲）依据本党纪律，决定所属党部或党员违背纪律之处分；

（乙）稽核区执行委员会财政之收支；

（丙）审查全区党务之进行情形。

第九章　区分部

第六十九条　区分部为本党之基本组织，其人数须在五人以上。

第七十条　区分部党员大会至少每两星期开会一次，其职权如下：

（甲）接纳及采行区分部执行委员会之报告；

（乙）决定本区分部党务进行之方策；

（丙）研究本党主义与政纲及讨论党务政治问题；

（丁）选举本区分部执行委员及候补执行委员。

第七十一条　区分部须选举执行委员三人，组织区分部执行委员会，其职权如下：

（甲）执行上级党部之命令及区分部党员大会之决议；

（乙）征求考查并训练党员；

（丙）分配本党宣传品；

（丁）收集党费及党员特别捐。

第七十二条　区分部执行委员，互选常务委员一人，执行日常党务。

第七十三条　区分部执行委员会，须将其工作情形报告上级党部，每两星期一次。

第七十四条　区分部执行委员会，每两星期开会一次，候补执行委员得列席会议。区分部执行委员缺席时，由候补执行委员照额递补，在会议中有临时表决权，余只有发言权。

第七十五条　区分部执行委员出缺时，由候补执行委员依次递补。

第十章　任期

第七十六条　代表于会期终了时，其任务即为终了，但须向所代表之党部报告大会之经过及结果。

第七十七条　中央执行委员及监察委员任期定为二年，省县执行委员及监察委员区执行委员及监察委员任期为一年，区分部执行委员任期定为六个月。

第七十八条　各省各县执行委员与监察委员人数，由中央执行委员会规定之。

第七十九条　各级党部执行委员监察委员，不得兼任其他党部执行委员监察委员。但中央执行委员监察委员经各该委员会之许可，得兼任其他党部执行委员监察委员，候补执行委员及候补监察委员同。

第十一章　纪律

第八十条　凡党员须严守下列各项纪律：

1．遵守党章，服从党义；

2．党内各问题得自由讨论，但一经决议后，即须绝对服从；

3．严守党的秘密；

4．不得于党外攻击党员及党部；

5．党员不得加入其他政党；

6．党员不得有小组织。

附注：

本党领有历史的使命而奋斗，我国领土之完全自由及和平，全赖本党奋斗之成功，欲求此成功，必赖纪律之森严，党之成败，全系于此，望共勉之！

第八十一条　凡违反前条所举纪律者，分别予以下列之惩戒：

1．警告；

2．一定期间内停止党员应享之权；

3．短期开除党籍；

4．永远开除党籍。

开除党籍处分，须由下级党部检举，省党部判决，中央核准后执行之。已开除党籍之党员，不得在本党政府机关服务。如地方全部违犯前条列举之纪律者，须受以下之处分：

（甲）全部党员重行登记，分别去取；

（乙）全部解散。

第八十二条　凡党员个人或地方全体党员被控告或弹劾时，须由所属党部监察委员会或监察委员全部审查议定处分，交由该级执行委员会执行。如被处分者认为不当时，得上控于上级执行委员会，以至于全国代表大会；但未得上级执行委员会或全国代表大会决定办法以前，此项处分仍须执行。各级党部被控告或弹劾时，其办法亦同。

全国代表大会得判决党员个人或地方全体党员恢复党籍。

第十二章　经费

第八十三条　本党经费，以党员所纳之党费与特别捐及其他收入充之。

第八十四条　党费每月每人应缴银二角，党员遇失业疾病等事故时，经在所属党部登记后，得免缴党费；但该党部须将此项情由报告上级执行委员会。

第八十五条　党员未得允许而不缴纳党费至三个月，即暂行停止其党员应享之权。

附则

第八十六条　本总章解释之权，属于本党最高权力机关。

第八十七条　本总章由全国代表大会议决公布之日起，发生效力。

〔中国国民党中央执行委员会秘书处档案〕

3．中国国民党三届一中全会重要决议案

（1929年4月）

（一）中国国民党中央执行委员会组织案

（民国十八年四月四日第三届中央执行委员会第一次全体会议通过）

附：中央执行委员会组织系统图说明

1.统计处设主任一人。

2.法规编审委员会委员七人。（三部一处各派一人，其他三人为专任委员，由常会就专任委员中指定一人为主任委员）。

3.财务委员会设主任委员一人，以常务委员兼任之。

4.组织部设评议委员会，评议员五人至九人，他部缓议。

5.各部副部长由部长就执行委员或候补执行委员中介绍于中央执行委员会选任之。

6.组织部设秘书三人，宣传训练二部各设秘书二人。

7.各部处关于统计科取消。

8.旧交际科事务，并庶务科。

9.旧卫生科取消。

10.各部处关于法规审查事项取消。

11.民众训练设计委员会仍直辖于本会，于训练部设民众训练科，于组织部设民众组织科。

12.省县党部民训会之事务，分别交省县党部之组织部训练部办理，特别市普通市之民训事务，由中央酌量当地情形，另行分别规定之。

中国国民党中央执行

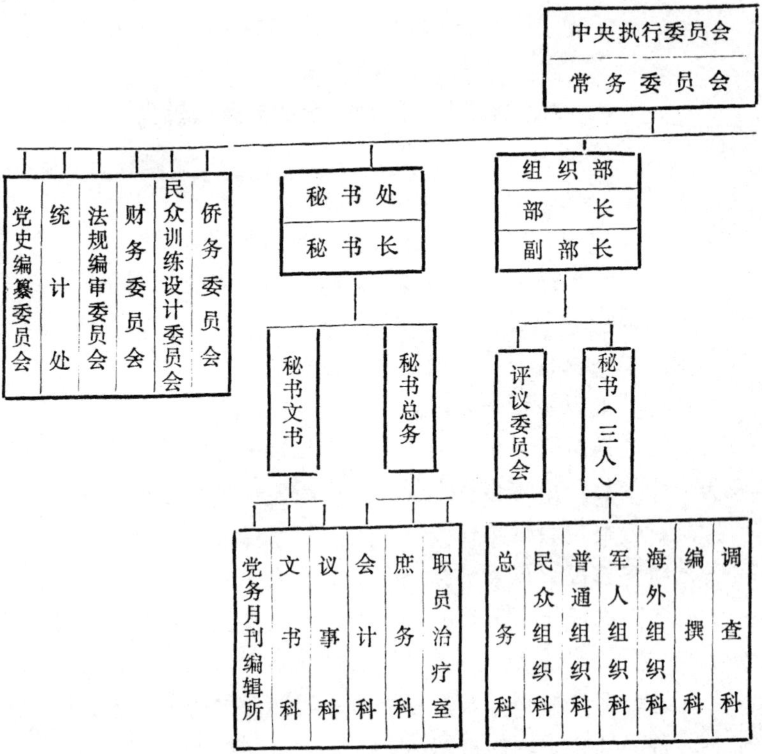
中央执行委员会
常务委员会
党史编纂委员会
统计处
法规编审委员会
财务委员会
民众训练设计委员会
侨务委员会
秘书处
秘书长
秘书文书
秘书总务
党务月刊编辑所
文书科
议事科
会计科
庶务科
职员治疗室
组织部
部长
副部长
评议委员会
秘书（三人）
总务科
民众组织科
普通组织科
军人组织科
海外组织科
编撰科
调查科

委员会组织系统图

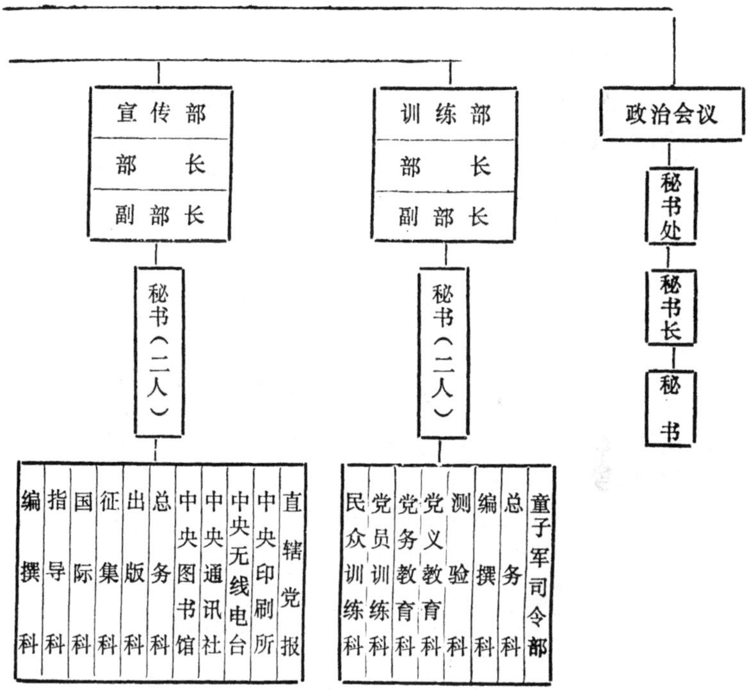

宣传部
部长
副部长
秘书（二人）
编撰科
指导科
国际科
征集科
出版科
总务科
中央图书馆
中央通讯社
中央无线电台
中央印刷所
直辖党报
训练部
部长
副部长
秘书（二人）
民众训练科
党员训练科
党务教育科
党义教育科
测验科
编撰科
总务科
童子军司令部
政治会议
秘书处
秘书长
秘书

（二）训政时期经济建设实施纲要方针案

（民国十八年四月四日第三届中央执行委员会第一次全体会议通过）

决议：交常务委员会

（附注）本案经第一次常务会议推戴传贤、孙科、陈果夫、李文范四委员审查，提经第四次常会修正通过，并更其标题为“政训〔训政〕时期物质建设之实施程序及经费案”，兹将常会通过此案全文附印于后，以供参考。

（附）确定训政时期物质建设之实施程序及经费案

（民国十八年四月二十二日第三届中央执行委员会第四次常务会议通过）

（一）依据建国方略实业计划所指示之方策原则，为确定物质建设实施程序之标准，而以交通之开发为首要，建设事业之重要顺序如下：

（甲）关于国家之物质建设者

一、铁道

二、国道

三、其他交通事业

四、煤铁及基本工业

五、沿河

六、开港

七、水利灌溉垦荒移民等事业

乙、关于地方之物质建设者

一、省道及地方交通事业

二、农林蓄牧垦荒水利等事业

三、都市改良及公用事业

四、卫生建设

（二）自民国十八年起，每年关税之收入，其超过于十七年度关税收入全部之增加额，应用之于国家之物质建设。自民国十八年度起，每年关于土地之税收，其超过于十七年度关于土地税收额之全部，应用于地方之物质建设。

（三）前两条为建设程序及经费原则上之规定，其实施办法，由国民政府斟酌国家地方之情况决定之。

（三）整饬党纪之通令案

（民国十八年四月四日第三届中央执行委员会第一次全体会议通过）

第三届中央执行委员会全体会议承第三次全国代表大会之后，义当依党的系统与纪律，领导全国同志，接受大会一切决议案，切实执行。此次大会关于党务之决议案，乃罗列过去事实，根据总理遗教，深思熟考，以求党的生命，由危迫而健全，党的力量，由涣散而团结之关键，中央而不严毅执行大会决议案，为不忠于党，各级党部以及各个同志而不以服从大会者服从中央，亦为不忠于党。中央与各级党部以及各个同志而不以服从大会者服从中央，亦为不忠于党。中央与各级党部以及各个党员而有不忠于党者，则党之生命，无由健全，党之力量，无由集中，此理至明，无待烦言。

关于党务之决议，在总章修改案中，列举綦详。如“党内各问题得自由讨论，但一经决议后，即须绝对服从”，“不得于党外攻击党员及党部”，“各权力机关应接受上级机关之命令并执行其决议案”，“党员不得加入其他政党”，“党员不得有小组织”等；凡此明着切要之规章，应为全体党员所共守。乃就最近事状言之，有至足痛心者，如区党部不受上级党部之指导，擅自组织非党章许可之联合办事处，以截断党的系统也；如以一个或数个区分部区党部之名义，不循组织系统建议中央，而擅发抗议以破坏党的统一也；如挟持一部分盲从之徒众，为其私人组织之武器，沿袭共产党技〔伎〕俩，叫号跳踉于党内，以分散党的力量也；如不受中央实际建设之指导，如唱高调，调愈高则离实际愈远，小则使地方行政无所措手，大则使训政事业无从进展，直接间接以斫削人民对于本党之信仰也；如对中央不为好意的陈述，而向个人作恶意的攻讦，匿名不负责任之传单小报等，皆为其挑拨谩骂之利器，有意无意授敌人以进攻本党之机会也；诸如此类，皆为党员自戕以戕及于党之行为。方今一切反动势力，如改组派，第三党，垂败军阀，共产党徒以及失意政客等，正勾结呼应，向本党环攻而来，本党同志宜如何相亲相爱相谅相助，一致奋斗，以战胜群魔，而同志中，乃有欣然以自戕为快心之举，若恐敌人之无隙可乘，而遥应于内者，此实吾党之大憾，本会所不容膜〔漠〕视者也。

其有关于目前之时局者，××① 等称兵谋叛党国，全国代表大会为伸国法，以立党纪，全场一致决议讨伐，而一切反动分子及失意之军人政客，又认此为捣乱之机会，造谣滋事，挑拨离间，中央对于此种坏法乱纪之徒，唯有与叛逆同科，执法以绳。盖法纪乃立国之根本，亦是维持正义之要道，当此建国肇始之期，更不能有丝毫假借，此则我同志之更宜认真明瞭，互相惕砺者也。

本会受第三次全国代表大会付托之重，一方面须使党的生命健全，党的力量集中，以完成总理所指示之训练工作，一方面负指导各级党部，训练党员之全责。各级党部或其所属党员，苟有纪律所不许之行动者，本会对于总理对于本党，均负重疚，在训练指导之中；与全体同志，谊若弟兄，正维视同志如弟兄，必知无不言，言无不尽，本亲爱精诚之遗教，以刻苦督责其弟兄，不避怨以误党，不姑息以资敌，生死安危可不计，而此志不可或

① “××”即指李宗仁、白崇禧。

渝。故于此承受第三次全国代表大会付托之时，列举党务决议案之关于重要纪律者，党员过去行为之有重大错误者，以申告诫。自今以后，务望各自警省，各级党部尤当随时考察其所属党员，如发见仍有上述之出轨言动，应立即制止，制止之不从，则中央当以本党所付与之职权处分之，特此通令。

〔中国国民党中央执行委员会秘书处档案〕

附录：中国国民党第三届中央执行委员会第一次全体会议经过

（1929年4月）

第三次全国代表大会闭会后，第三届中央执行委员于三月二十八日下午三时在中央党部大礼堂举行宣誓就职典礼，第一次全体会议即于同日开会。此次全体会议承全国代表大会之后，其主要事项：一在分配工作，一在充实中央各部之组织，此外则为大会议决及未决各案之整理与结束。至于党务政治之根本方策，则大会已有精详之决议案，只须依据实施。是以此次全会审查整理时多，而讨论时少。计自三月廿七日起至四月八日止，阅时约两星期，开正式会议三次，兹将情形，略述如次：

三月二十八日下午三时举行第一次全体会议开会式，由谭委员延闿主席，仪式甚形简单，旋即开第一次会议，当决议：（一）推举蒋中正等九委员为常务委员，（二）推叶委员楚伧为全体会议秘书长，（三）民众训练委员会归并训练部，（四）推王宠惠等七委员整理第三次全国代表大会交下议案，（五）推戴传贤等五委员组织修改党部组织方案委员会，（六）各部增设副部长等案。

四月四日下午三时开第二次会议，当决议：（一）通过中央执行委员会组织系统，（二）国府侨务委员会收归中央执行委员会办理，（三）通过第三次全国代表大会对于党务政治军事外交报告四项决议案之文字整理，（四）整饬党纪之通令等案。

四月八日下午三时开第三次会议，当决议：（一）通过第三次全国代表大会议事录文字整理，（二）通过第三次全国代表大会交下根据总理教义编制过去一切党之法令规章以成一贯系统确定总理主要遗教为训政时期中华民国最高根本法等四案之文字整理，（三）通过总章文字整理，（四）凡未经大会决议之案件一律交常务会议讨论，（五）推定中央各部部长，（六）推定中央秘书长，（七）关于中央政治会议委员之规定，（八）增加党费，（九）奖慰蒋中正同志等案。议毕而举行闭幕典礼，由主席谭延闿致闭会词，略谓：第三次中央执行委员第一次全体会议已闭幕了，这一次和平常的全体会议有些不同，为什么呢？因为此次会议是在代表大会之后召集的，所以讨论的时候少而审查的时候多，我们可以看见这些审查报告，都非常清楚，非常详细，所以我们的结果，虽不敢说很圆满，但是可以告慰本党同志的。我们希望以后在中央负责的同志，要秉承总理遗教来切实做去。我们晓得当第一届中央执监委员在广东时，大家都是很负责的，在那时候总理还是很健全，努力于革命。到第二届中央执监委员的时候，情形就大不相同，在那时候总理已逝世了，而新的份子也乘机混进来，弄得引起了很多的纠纷。所以中央委员的人选，应该要严格规定。现在各位委员，在党内都是有革命的经验而有功绩的人，大家能够切实地负责，这是本党一个好现象。况且现在正是我们讨伐破坏和平统一的桂系军阀的时候，桂系军阀只晓得扩充一系一派的势力，而不晓得什样是主义，他们所依靠者是军队，是枪炮；但是中央是以主义为依归，所依靠者是正义，是总理的遗教，现在能于最短时间肃清叛逆，也是为此。今后在中央负责的同志，责任是何等重大，无论是关于党务或政治都要负重大的责任。所以我们须要继续此次全体会议的精神，秉承总理的遗教来努力进行，才能够有很好的成绩表现出来。这是本席在闭会的时候所贡献的几句话。

〔中国国民党中央执行委员会秘书处档案〕

4. 中国国民党三届二中全会宣言

(1929年6月18日)

在训政期内，本党最主要之工作，在于确遵总理遗教，实施三民主义之具体建设，训练人民行使政权，以竟革命之全功，而立民国巩固之基础。现在国家之统一，总理之奉安，均已告成，中央执行委员会承全国代表大会付托之重，全国国民属望之殷，特召集第二次中央执行委员会全体会议，举党、政、建设之各种根本问题，为更精详之讨论，以立具体确实之方案，而期于切实之执行。

本会议之任务如此，故一切议题，均以根本建设为中心，一切决议，尤以积极具体为原则。各个问题，务为极纤悉之剖示。而凡所决定，皆期立时可措之施行。开会以来，经讨论决定者，如党务进行之规划，训政期限之确定，人民组织之方案，地方自治之推进，治权行使之规律，五院组织之充实与完成，皆就党国大计定其切要方略。而关于外交、军事、财政、交通、教育、内政、农矿、工商、经济、建设以及治河、剿匪、禁烟与振兴蒙藏之各种行政，皆确定其分期实施之时限，划清其应尽应守之权责，以策训政工作之实效，宏根本建设之规模。盖中国之现状，本党之责任，早已进于统一训政之阶段。人民之所望于本党者，惟在于负责力行。斯本案之领导全国期于共同努力者，亦应有详细切实的具体方案之规定，本会议确信全党同志全国人民凡洞识中国所处之现状与革命实际之需要者，必能以全部之精诚，拥护本党之决议案，而促其实施。故本会议犹为全党同志全国人民告者：

一、欲求本党主义之实现，必须保持全国之真正统一；欲保持中国之真正统一，其根本方法，固在以遵奉总理遗教，推行具体建设，改造国家精神物质之环境，俾割据自私之军阀思想无由缘附以滋生。三次代表大会所阐示之原理，诚为全党之所确认。惟推行建设之始，若非国家有和平统一之根基，全国有一致拥护诚意，则政令之推行，触处皆生阻碍，而民志之摇动，又在在足以影响于各种之建设。故本党一面固当致全力于治本之建设工作，而同时仍须继续以革命精神努力扫除一切有形无形之封建余毒与反动势力。因果既相贯连，标本所宜兼顾；凡破坏和平统一挠乱训政建设者，无论出之以何种之形式，皆须全国一致以公敌视之，此其一也。

二、本党主义之实现，其又一先决条件，即在国家之自由平等，苟不平等条约一日存在于中国，无论有如何美善之建设方案，独立国家之主权既有偏损，即一切设施亦受限制，不平等条约之废除，端在吾人之奋斗与实际之努力。自本党统一全国一年以来，此义已充分证明。今后之急起直追，更不容缓。本会议认为于实施一切决议案之际，应本实现国家独立平等之目的，以切合实际之方法，正当坚决之手段，积极进行废除一切不平等条约，而济之以全国一致不辞任何牺牲之决心，此其二也。

三、训练人民行使四权，实施地方自治，为训政时期主要工作。总理遗教，如建国大纲，地方自治开始实行法，言之已详。苟地方自治无积极进行之实施成绩，则本党政府总揽之治权部份，纵令百废俱举，亦将无过于普通国家贤明执政者之所为，训政二字意义，将无归着。而人民痛苦之解除，三民主义之建设，亦将无由实现。本会议确认以推行地方自治为训政工作之重心；故一面规定推进地方自治及限期完成县自治案，而同时复决定以促成地方自治为党员必要工作。凡吾全党同志，苟自认为总理忠实之信徒，即应以全副精神全部能力贡献于地方自治之推进，此其三也。

四、训政时限之确定，本会议兹依据总理遗教，定为六年，于民国二十四年完成之。夫以中国幅员之广阔，人民程度之不齐，反动势力之环布摇惑，本党实惴惴六载光阴之短促与实际任务之繁重，而惟恐稍有怠弛。惟同时我全国人民尤须切实认识者，即本党革命建国之目的，在于完成训政实施宪政，奉政权于人民。此一使命，不独本党应竭全力以赴之，尤须全国人民觉悟于国家之需要，一致为积极之努力，始能迅速奏功。苟全国人民不能服膺本党之主义，相与积极努力；实现训政完成之先决条件，日月易逝，坐令总理革命建国之大业不能如期告成，岂惟本党之疚戾？而国家民族之前途将不堪问！本党所愿为全国人民剀切道之者，此其四也。

右之四端，本党在最近期内所戮力自矢之中心工作。本会议以为军阀余孽不足平，反动势力不足畏，封建余毒不足除，患在我全党同志不能确认总理遗教，勇猛精进，一致努力于革命之建设。本会议又认为帝国主义之侵略不难排除，国际平等之目的不难达到，患在我民族不能刻苦黾勉，示人以不可侮之力量。本会议更认为危机无过于散漫，腐化无过于怠弛，苟本党能扫荡军阀之武力于前，而不能克制民族之惰习于后，则革命成绩将无保障。苟本党不能以主义政策解除人民之痛苦，不能以实际建设巩固人民之信仰，则过去牺牲为虚掷。目前中国非和平无以纾民困，非统一无以致和平，非铲除割据自私之军阀余毒，无以巩固统一之基础，非努力训政与建设无以防止军阀之再起，而尤非厚集全国之一切力量，不足以言建设，因果倚伏，如环无端。将欲突破一切之困难，自求奋斗之生路，惟有全党同志全国人民淬厉奋发，向前迈进，以主义为先驱，以牺牲为后劲，誓以坚毅之决心，一致完成训政与建设；人民实际痛苦之解除在此，民国基础之巩固在此，即一切反动势力之消弭，国际平等之获得，亦莫不系乎此，愿矢忠矢勇，一德一心以图之！谨此宣言。

〔中国国民党中央执行委员会秘书处档案〕

5．中国国民党三届二中全会重要决议案

（1929年6月14—18日）

（一）第三届中央执行委员会第二次全体会议宣言〔略〕

（二）关于振刷政治案

（民国十八年六月十四日第三届中央执行委员会第二次全体会议通过）

（甲）决议：

（一）于最短期间内，加紧废除不平等条约之工作：如撤消领事裁判权，收回租界等。

（二）厉行禁绝鸦片及其一切代用品。关于禁种、禁运、禁售、禁吸之实施办法，由政府限令有关系之各部会制定之；同时切实施行。

（三）统一币制，整理金融，财政部须于本年底确定实施计划，负责执行。

（四）整理盐法，减轻盐税，剔除积弊，调节盐价；财政部应于十八年内制定此项计划，负责执行。

（五）应严厉革新财务行政制度，整顿机关，清除积弊，养成下级财务人员，制定财务人员任用法；由政府组织专门委员会于六个月内规定实施办法负责执行。

（六）岁计、会计、审计制度之确定及厉行；民国十九年度之预算案，必须如期确定。

（七）由参谋部整顿测量机关，培养专门人才，并筹备飞机测量，特别加紧注重国境之测量；限于民国二十八年以前制成全国五万分一之地图。

（八）五院中未成立之各院，限三个月内完全成立。

（乙）决议：

（一）关于蒙、满、回、藏之待遇及扶助案；推定蒋中正、古应芬、赵戴文、谭延闿、恩克巴图、克兴额、邵力子七委员拟定实施方案，提会讨论；由蒋委员召集。

（二）关于司法制度之完成，及改良进步之规划案，推戴传贤、李文范、刘芦隐三委员草拟实施方案。

（三）关于中央各部会职权之划分案，连同王委员柏龄等所提“确定训政时期中央行政系统案”，及王委员伯群“统一电航两政职权节略”，交回政治组并案重行审查。

（四）关于奖励农产，发展林业，兴办水利，提倡农村合作，改良农民生活，以确立农业政策，为发展工商之基础案，推戴传贤、陈果夫、孙科三委员草拟实施方案。

（三）训政时期党务进行计划案

（民国十八年六月十五日第三届中央执行委员会第二次全体会议通过）

〔一〕权责

根据十七年十月三日中央执行委员会第一七二次常会所颁布之训政纲领，及十八年三月二十一日第三次全国代表大会所议决之确定训政时期党政府人民行使政权治权之分际及方略案，规定党与政府对于训政之权限及各级党部与同级政府之关系如左：

（甲）党与政府对于训政之权限

一、中央党部指挥并监督下级党部推行左列各事：

1.培植地方自治之社会的基础。

2.宣传训政方针。

3.开导人民接受四权使用之训练。

4.指导人民努力完成地方自治所必备之先决条件。

5.促进其他关于地方自治之工作。

二、中央执行委员会政治会议决定县自治制之一切原则，及训政之根本政策与方略。

三、国民政府执行县自治制之实施计划及一切关于训政之根本政策与方略。

（乙）各级党部与同级政府之关系

一、凡各级党部对于同级政府之用人，行政，司法及其他举措，有认为不合时，应报告上级党部，由上级党部转咨其上级政府处理。

二、凡各级政府对于同级党部之举措有认为不满意时，应报告上级政府，转咨其上级党部处理。

〔二〕工作

县及县以下各级党部之工作，应以集中工作于县自治为原则，而以下列三种办法行之：

一、党义之宣传——【宣】传之方针与方法，由中央宣传部详细规划，限两个月内颁发之。

二、社会之调查——调查之方针与方法，由中央组织部详细规划，限两个月内颁发之。

三、地方自治之督促——县政府实施地方自治及建设工作时，县党部处于指导督促地位，应予以宣传推行之助力，其工作范围与工作进行方法，由中央执行委员会常会于三个月内详细规划颁发之。

〔三〕推进党务的方法

（甲）中央党部

一、关于民众团体之组织，指导及训练各事项，一律并归训练部办理，组织部不必另设民众组织科，以一事权而免工作纷歧重复之弊。

二、已经中央决议设置之各机关，如法规编审委员会，民众训练设计委员会，及中央图书馆等，应即指定专员负责筹备成立，积极工作。

（乙）地方党部

一、各省一切民众训练事宜，概归各级党部训练部办理，惟特别市党部得因指导民众团体事务之繁剧经中央之特许，设立民众训练委员会，以主管之。

二、各级党部代表或委员候选人之资格、年龄，均应分别加以限制；其在选举前后，并须由上级党部加以检定与考查，以救选举制度之穷。

三、各级党部执行委员工作之分配，除常务委员外，于必要时，上级党部得分别指定之。

（丙）连贯中央与地方党部之关系

一、中央委员分区巡回视察并指导各省市党务。

二、中央于必要时，得召集各省市党部委员或部长会议，并得分别调询各省市党部委员及部长。

三、各省市党务委员，得随时被调至中央服务若干时后，再赴各该省工作。

四、各省市党部得推定在各该地方办党务有经验有成绩之同志，加入中央各部处实际练习若干时日，其详细办法另定之。

五、中央应刊行传达中央消息及指导各省市各项党务工作之专刊。

六、中央各部应于每月之终根据各下级党部主管部之报告，汇编各地各项党务工作进行概况，比列批评，分发各下级党部。

（四）训政时期之规定案

（民国十八年六月十五日第三届中央执行委员会第二次全体会议通过）

决议：训政时期，规定为六年，至民国二十四年完成。其训政工作分配年表，交政治会议根据中央决议，于十八年九月前制定之。

（五）分区剿匪案

（民国十八年六月十五日第三届中央执行委员会第二次全体会议通过）

决议：全国剿匪事宜，由国民政府责成编遣委员会分划区域，指定陆海空军，于最短期内各区分别严定限期，一律肃清，其办法如左：

（1）剿匪条例，由编遣委员会会同军政部，内政部拟定；

（2）剿匪军费，由编遣委员会规定，交由地方政府负担；

（3）地方警卫部队，由地方政府切实整理，协同国军同时举行清乡事宜，其清乡条例由内政部定之。

（六）继续执行编遣会议决议案

（民国十八年六月十五日第三届中央执行委员会第二次全体会议通过）

决议：继续执行编遣会议决议案，限于民国十九年六月编遣完竣，其办法如左：

（1）编遣会第一次会议，决定全国之军额，于可能范围内，再酌缩减；并努力于国防之建设。

（2）为继续执行编遣会议之决议，其编遣会之重要职员，应速补充健全。

（3）编遣委员会同有关系各部，迅速筹备被裁官兵之遣置办法：如兵工、屯垦、筑路、浚河、造林、筑堤、筑港、开矿等事之设备。

（七）关于整顿并发展教育案

（民国十八年六月十八日第三届中央执行委员会第二次全体会议通过）

决议：关于整顿并发展教育之设施，政府应即实行下列二事：

一、于民国十九年春季，由教育部召集全国教育会议。在会议未召集前，教育部应即组织教育方案编制委员会，根据本党政纲及历届代表大会，中央全体会议，常务会议等关系教育之决议案，参照十七年大学院召集之全国教育会议之议案等，制成实行整顿并发展全国教育之方案；此方案中并必须包含整个教育经费之预算。教育方案编制委员会之组织，由中央政治会议决定，限于十八年七月内成立，开始工作。

二、在首都设置教育馆，陈列全国各省市县之教育成绩，及各种统计表册。并于此教育馆内，陈列各国教育图籍，及教育用之仪器标本，以供从事教育者及人民之观摩，而资改良进步之研究。由教育部即日开始筹办，限于明年春季完全成立。

（八）普及教育案

（民国十八年六月十五日第三届中央执行委员会第二次全体会议通过）

决议：厉行国民义务教育及成年补习教育：其计划及规程与实施程序，限于十八年九月底由教育部制定，经中央执行委员会决议后，积极办理。其全部计划，限于民国二十三年底实现。

（九）拨用庚款发展建设事业案

（民国十八年六月十七日第三届中央执行委员会第二次全体会议通过）

决议：

（一）努力发展铁道事业，并提前完成粤汉、陇海、新陇绥各线；由铁道部负责办理。粤汉限民国二十一年底竣工，陇海限民国二十三年底竣工，新陇绥限民国二十六年底竣工。

（二）就庚款全部中拨用三分之二，为铁道建筑经费，以庚款全部三分之一，为水利及电气事业等建设经费。

（三）拨用庚款完成之铁路，及其他建设事业，其母金所得之赢余全数，用为文化教育经费。

（十）确定行政事项之统属案

（民国十八年六月十七日第三届中央执行委员会第二次全体会议通过）

决议：

（一）航空事业统归军政部主管，航空邮运及其经费，归交通部主管。

（二）建设委员会所管之无线电，移转于交通部，其移转办法由行政院妥定之。

（三）海政归于海军部管理，航政归交通部管理；至其范围之划分，由行政院拟定迳呈中央政治会议核定。

（四）全国铁道之敷设及其经费，归铁道部统一筹办，各省境内，于经济上特别有益之路线，得呈请铁道部核准建筑；在铁道部监理之下，依法经营之。

（五）各市之公用事业，如电话、电灯、电车、自来水等，归各市政府监理。

（六）招商局与汉冶萍公司，由国民政府特派专员负责整理，并组委员会监督指导。

（七）各部会公款，及因各部会办理主管事业而发行之公债，一律由中央银行经理存储。外债及以赔款作抵之公债，亦由中央银行经理存储。各部会不得自设银行，以求统一之实。

（八）其他行政事项，应确定其统属者，由中央政治会议，按照本党政策，行政系统，事项性质决定之。

（十一）关于大学区之存废及建设委员会之归并问题案

（民国十八年六月十七日第三届中央执行委员会第二次全体会议通过）

决议：

（一）由教育部定期停止试行大学区制。

（二）建设委员会毋庸并入各部，照该会组织法行使职权。

（十二）完成县自治案

（民国十八年六月十五日第三届中央执行委员会第二次全体会议通过）

决议：于民国十九年，依照县组织法完成县组织，同时训政人员初期训练完毕；二十一年底以前，初期调查户口，清丈土地完毕；二十二年底各地筹备自治机关，完全设立；二十三年底以前，完成县自治，其实施方案，由行政院切实制定。

（十三）人民团体组织方案案

（民国十八年六月十七日第三届中央执行委员会第二次全体会议通过）

第三次全国代表大会关于民众运动之全部方针明白确定下列四端：

一、民众运动必须以人民在社会生存上之需要为出发点，而造成其为有组织之人民。

二、全国农工已得有相当之组织者，今后必须由本党协助之，使增进知识与技能，提高其社会道德之标准，促进其生产力与生产额，而达到改善人民生计之目的。

三、农业经济占中国国民经济之主要部份，今后之民众运动，必须以扶植农村教育，农村组织，合作运动，及灌输农业新生产方法为主要之任务。

四、本党对于男女之青年，今后应竭力作成学校以内之自治生活，实行男女普遍的体育训练，提倡科学与文艺之集会结社与出版，奖励实用科学的研究与发明。

兹为实现此原则特制为人民团体组织方案如下：

第一节　人民团体之分类

本案所称之人民团体除地方自治团体另案规定外，分职业团体及社会团体二种。

一、职业团体为农会、工会、商会等。

二、社会团体为学生团体，妇女团体，及各种慈善团体，文化团体等。

第二节　党部对于人民团体之关系。

本党对于依法组织之人民团体，应尽力扶植，加以指导；对于违反三民主义之行为，应加以严厉之纠正，对于非法之团体，本党应尽力检举，由政府制裁之。

第三节　人民团体之组织程序

职业团体，为农会、工会、商会等，依左列程序组织之。

一、凡欲组织职业团体者，须有在当地有住所之发起人五十人以上之连署，推举代表，具备理由书，向当地高级党部申请许可。

二、接受申请之党部，应即派员视察；党部认为合格时，即发许可证书，并派员指导。指导员之任用，及其工作方法，由中央常务委员会另行详细规定之。

三、许可证书内载明将来组成之团体，必须遵守下列事项：

（一）不得有违反三民主义之言论及行为。

（二）接受中国国民党之指导。

（三）遵守国家法律服从政府命令。

（四）会员以真正同业者及法律所许可之人为限。

（五）有反革命行为或受剥夺公权处分者不得为会员。

（六）除例会外各项会议须得当地高级党部及政府之许可方可召集。

（七）违反上列规定者受应得之处分。

四、发起人领得许可证书后，得组织筹备会，推定筹备员，并呈报政府主管机关备案。

五、筹备会拟订该会章程草案，呈请当地高级党部核准后，再依章程草案进行组织。

六、前项章程草案内必须载明左列事项：

（一）名称及业务之性质。

（二）目的及职务。

（三）区域及所在地。

（四）职员之人数职权及选任解职之规定。

（五）会员之资格及其权利义务。

（六）会议之组织。

（七）经费之来源。

（八）会计。

（九）解散及清算。

七、团体组织完成，经当地高级党部认为健全时，应呈请政府核准章程立案。

社会团体应在党部指导政府监督之下组织之，并须依法呈请政府核准立案。

（十四）治权行使之规律案

（民国十八年六月十七日第三届中央执行委员会第二次全体会议通过）

国民政府五院所属机关，现已渐次成立，国家大政，各有专司，亟应认明权限，各尽厥职，以立法治基础，而免治丝益棼。自今以后，政府所属各机关，应严守范围，毋得越权或废职：举其大者，略有数端：

（一）一切法律案，（包括条例案及组织法案在内）及有关人民负担之财政案，与有关国权之条约案，或其他国际协定案等属于立法范围者，非经立法院议决，不得成立；如未经立法院议决而公布施行者，立法院有提出质询之责。其公布施行之机关，以越权论；立法院不提出质询者，以废职论。

（二）人民之生命财产与身体之自由，皆受法律之保障，非经合法程序，不得剥夺；其未经合法程序而剥夺之者，司法院及其所属有提出质询之责，其非法剥夺以越权论；司法院及其所属，不提出质询者以废职论。

（三）在考试院成立以后，一切公务人员之考试权，皆属于考试院；其不经考试院或不遵考试院所特定之办法而行使考试权者，以越权论，考试院不提出质询者，以废职论。

（四）在监察院成立以后，一切公务员之弹劾权皆属于监察院，凡对于公务人员过失之举发，应呈由监察院处理，非监察院及其所属，不得受理。其不经监察院而公然攻讦公务人员或受理此项攻讦者，以越权论；监察院不提出质询者，以废职论。

（五）各级政府之行政范围，已经划分者，应各守其范围，其逾范围者，以越权论；其受侵越而不提出抗议者，以废职论。

（十五）关于蒙藏之决议案

（民国十八年六月十七日第三届中央执行委员会第二次全体会议通过）

一、举行蒙藏会议。蒙古由各盟旗长官及人民各推出代表若干人，西藏由达赖班禅喇嘛及西藏人民各推出代表若干人，同来中央参加会议；并由中央派定若干人一律出席。会议之任务，为报告蒙藏之实际情况，讨论关于推行训政及蒙藏地方之一切改革事宜；呈请中央核定施行之。蒙藏委员会之委员，对于蒙藏会议，应一律参加。此项会议于民国十九年三月前举行。

二、派员宣慰蒙藏。由中央特派对党国有重要资望之专员十人至二十人，分赴蒙古西藏，宣达中央扶植蒙藏民族之政策与决心，慰问并调查蒙藏人民之疾苦。

三、于首都设立蒙藏学校，为储备蒙藏训政人员及建国人才之机关。由蒙藏各地选送优秀青年，应试入学；并附设蒙藏研究班，指导促进关于蒙藏事情之专门研究。

四、关于蒙古与西藏经济与文化之振兴应以实行发展教育为入手办法；其要点如下：

（一）通令各蒙旗及西藏西康等地主管官厅，迅速创办各级学校，编译各种书籍及本党党义之宣传品；实行普及国民教育，厉行识字运动，改善礼俗，使其人民能受三民主义之训育，具备自治之能力。

（二）确定蒙藏教育经费。

（三）在教育部特设专管蒙藏教育之司科。

（四）在首都及其他适宜之地点，设立收容蒙藏青年之预备学校；特定国立及省立之学校优遇蒙藏新疆西康等地学生之办法。

上列各项事宜，由行政院负责制定详细计划迅速实行。

五、蒙藏委员会应根据施政纲领及实施程序，积极筹办实施。在第一期内，应特别注重于调查蒙藏情况，革新行政制度，兴办教育，及筹备自治诸项。

六、加紧对于蒙藏之宣传，撰制各种浅显之宣传品，译成蒙藏文字，色〔包〕括下列各要点：

1.阐明蒙藏民族为整个中华民族之一部，并释明三民主义为蒙藏唯一之救星。

2.说明蒙藏民族所处地位之危险，帝国主义有侵略阴谋之恶毒，及第三国际曲解民族自决之煽动宣传。

3.说明对于蒙藏各地教育经济之设施与交通实业之建设，应由中央政府协助其地方政府依据本党主义政纲尽力进行。唯军事外交及国家行政，必须统一于中央，以整个的国家力量，谋蒙藏民族之解放。

4.说明本党训政之意义，督促蒙藏人民积极培养自治之能力，完成自治之组织，并优先登录蒙藏人民参加地方行政，并奖励蒙藏优秀分子来中央党政机关服务。

〔中国国民党中央执行委员会秘书处档案〕

附录：中国国民党第三届中央执行委员会第二次全体会议经过

（1929年7月）

本党第三次全国代表大会闭幕后，中央即举行第一次全体会议；惟以时间所限，对于大会一切决议案之推行未及十分具体的讨论。自总理奉安典礼告成，中央最主要之工作，乃为确立训政时期之党、政、军事、建设方案，使在一定期间见诸实施；爰定于六月十日召集第二次全体会议，以完成此任务。

十八年六月十日上午十时，第三届中央执行委员第二次全体会议在中央大礼堂举行开会式，到委员林森、蒋中正、叶楚伧、胡汉民、戴传贤、谭延闿、林云陔、刘峙、刘纪文、杨树庄、孙科、王伯群、古应芬、周启刚、恩克巴图、朱培德、孔祥熙、邵力子、王柏龄、丁超五、克兴额、王正廷、赵戴文、刘文岛、张群、赵丕廉、方振武、陈肇英、陈果夫、陈立夫、刘芦隐、张道藩、朱家骅、方觉慧、吴铁城、桂崇基、余井塘、程天放、邵元冲、缪斌、李文范等，暨政府各机关代表等共二百余人；主席胡汉民。仪节：（一）中央委员就位；（二）奏乐；（三）唱党歌；（四）向党国旗及总理遗像行三鞠躬礼；（五）主席恭读遗飄；（六）静默三分钟；（七）主席致开会词，词曰：

“各位来宾，各位同志，各位委员：今天是第三届中央执行委员第二次全体会议开幕的一天，自第三次全国代表大会闭幕以后，我们同志所负的使命和责任，比往前更加重大。在第一次全体会议中，我们还有问题，未及十分具体讨论。我们既接受了第三次全国代表大会的决议，自然要将许多问题，无论是关于党务的，或关于政治的，一一求其实现。但是，为时间所限，而且当时大家都着力于治标的紧急的问题，所以有许多根本问题未及推行尽利。按照总章的规定，中央执行委员会全体会议，每半年至少开会一次；现在刚刚在总理奉安之后，有许多问题亟待全体会议来决定的，所以大家都希望召集第二次全体会议。因为好几年来，中国已陷于四分五裂的状态中，而不能归于统一。所以总理奉安的大典耽迟了很久，今年我们已把总理的灵柩由北平移来了，本党全体的同志，都以至诚至敬的心来完成这一个奉安大典。但是我们要晓得总理的体魄已奉安了，而总理生平的主义政策所遗给我们的，我们怎样来努力实施，才能安总理之精神，安总理之心？我们同志见到了这一点，所以在完成总理奉安大典之后，大家都希望同志在这个时候召集一次全体会议，来商量种种的问题。尤其是在总理奉安后。我们召集这一次全体会议的本意，觉得我们的党员自己的任务，和对于国民所负的责任都应该切实的讨论一下。我们都晓得本党是总理主义政策所领导的一个组织，一个团体。如果我们对于总理的主义政策不能实施一天，就是我们党员的义务没有尽了的一天。固然，以本党同志的努力奋斗，国内一切的障碍已被除了，而这些都是在军政时期中所应该努力的。在训政时期中总理所谓革命的建设，我们还没有做到，尤其是在第三次全国代表大会闭幕以后，我们根据总理的遗教所确定出来在党在国的这些原则，虽然已加以一番讨论，但是还没有把她一一来推行。因为我们尚未把更具体的方案确定出来，使她在一定的期间内可以马上实现的。关于这一点，希望今天我们的同志，在开会时，要注意到的。现在我们天天做工作而天天做不好，这是甚么原因呢？就是国内的一切障碍还没有打破尽净。在现在军政终了，训政开始的时候，在党内还有些少不良的反动份子。在国军编遣会议闭会后，我们曾再三声明和平统一是目前救国的一个大方针，是人人不可侵犯的。但是有些少反动分子还在那里破坏，所以我们为维持国家的和平统一计，不能不给他们以严厉的制裁。因此我们不只是在消极方面打破这一种障碍就算了事，尤其要在积极方面来努力进行，以实现总理所遗给我们的主义政策。同时在这个时期内人民所期望于我们的，我们应该给予相当的满足，在这些地方都要我们全体会议来讨论使成功很具体的方案，在一定的期间内，能够切实实现。但是这些具体的方案我们非彻底的详细的讨论不可。在现在的时期内，一方面我们已把障碍物扫除了。但是一件事，不是消极的可以做得好的，必须有积极的精神，积极的政策，积极的计划，积极的去做，才能够做得好，这是很明显的。现在所以产生反动份子的原因，是从那里来的呢？他自己个人固然有种种的原因，自走到反革命的路上去，但多少是历史上所遗下来的流毒。所以在社会上演成了这一种方式，十多年来，这种军阀割据的毛病还没有去掉。而我们也当从根本上去解决，我们经过了若干事实，以后凡是一件事到了眼前，就拿相当的手段应付他，这不是治本的办法。所以我们晓得在建设上，在制度上，在实施上，应当从根本上做起，我们觉得有多少时候，党国中心建立起来之后，而党国中心往往要预备应付各个治标的问题，而把我们根本的建设倒耽搁了。这是我们的一大缺憾！现在时间已到，我们对于人民，如何使人民的要求能够得到相当的满足？即对外而言，我们如何的努力，才可以把不平等条约废除？我们一定要使种种的实施，和外交相辅而行，才可以达到废除不平等条约的目的。再就现在而言，军事上如何才能养成这些军队为国家的军队，不至成为私人的军队？财政上如何的做去，才使财政的基础能够巩固？并且在建设上，如何才能够尽力实施，凡此种种，都希望我们同志委员在这一次全体会议开会的时候，多多注意到！使他都成为马上所能够实施的具体方案，使党国做事的人把精神振刷起来。这一个时期，我们切不可忽略的。今天兄弟在行开会式的时候，承各位同志不弃，推兄弟讲几句话，兄弟所感想到的是如此。但这是些感想是大家所共有的。兄弟向来是不会讲演的，所以简单的把大家意思说出来，并且把开会时我们所希望实现的请各位多多留意，所以期实施而完成革命的建设。这是今天兄弟的一点感想。请各位注意！”（八）奏乐；（九）礼成。礼成后，即在中央第一会议厅开会。出席者：李文范，王柏龄，方觉慧，陈肇英，刘纪文，赵戴文，胡汉民，刘峙，叶楚伧，邵元冲，张群，杨树庄，朱培德，蒋中正，朱家骅，谭延闿，周启刚，孙科，刘芦隐，陈立夫，戴传贤，吴铁城，陈果夫，方振武。列席者：林云陔，刘文岛，程天放，王伯群，鲁涤平，陈耀垣，桂崇基，丁超五，张道藩，缪斌，赵丕廉，克兴额，恩克巴图，古应芬，王正廷，孔祥熙，林森，余井塘，邵力子。主席胡汉民。如仪开会，主席报告：本日出席执行委员廿四人，已足法定人数；但议案尚少准备，故先开预备会一次。决定事项：（一）冯玉祥业经开除党籍，并革除其中央委员；应以王伯群递补为正式中央执行委员。（二）推叶委员楚伧为第三届中央执行委员第二次全体会议秘书长。（三）组织提案审查委员会，分为以下四组：党务组，政治组，军事组，建设组；其人选下次决定。（四）推举蒋中正，胡汉民，谭延闿，戴传贤，孙科五委员为第二次全体会议主席团。（五）全体会议会期定为五日至七日；上午七时至十一时开会。（六）明日上午七时正式会议。

六月十一日，上午七时正式会议第一日。出席者：谭延闿，朱培德，蒋中正，陈肇英，陈果夫，叶楚伧，胡汉民，杨树庄，刘芦隐，刘纪文，王柏龄，刘峙，方振武，陈立夫，戴传贤，吴铁城，朱家骅，朱文范，周启刚，邵元冲，张群，赵戴文，王伯群，孙科，方觉慧。列席者：刘文岛，鲁涤平，林云陔，古应芬，林森，桂崇基，余井塘，张道藩，陈耀垣，张人杰，吴敬恒，孙祥熙，丁超五，缪斌，克兴额，王正廷，赵丕廉，邵力子，程天放，陈布雷。主席：蒋中正。议决：（一）冯玉祥业经革除中央委员，应由王委员伯群递补。（二）推定分组审查委员：推吴敬恒，陈果夫，刘芦隐，张道藩，余井塘，周启刚，桂崇基，克兴额，邵力子为党务组审查委员，由陈委员果夫召集；推赵戴文，李文范，程天放，方觉慧，缪斌，古应芬，林森，朱家骅，邵元冲，王正廷，丁超五，陈布雷为政治组审查委员，由赵委员戴文召集；推杨树庄，李培德，王柏龄，刘峙，鲁涤平，方振武，陈肇英，赵丕廉为军事组审查委员，由朱委员培德召集；推张人杰，王伯群，孔祥熙，吴铁城，刘纪文，陈立夫，陈耀垣，张群，恩克巴图，刘文岛，林云陔为建设组审查委员，由孔委员祥熙召集。（三）常务委员所提各案分交四组委员审查。（四）从明日起，开审查会三日；星期六继续开正式会议。

十一日午后三时，审查委员会党务组及建设组均开第一次会议；四时，政治组第一次会议。

十二日午后二时，审查委员会军事组第一次会议；三时，党务政治两组第一次联席会议；八时，政治组第二次会议。

十三日午后三时，审查委员会党务组第二次会议；八时，党务政治两组第二次联席会议。

十四日上午七时续开正式会议。出席者：叶楚伧，王柏龄，朱培德，刘纪文，陈肇英，曾养甫，戴传贤，赵戴文，张群，李文范，谭延闿，刘峙，胡汉民，邵元冲，方觉慧，孙科，方振武，王伯群，陈立夫，陈果夫，杨树庄，周启刚，于右任，蒋中正，刘芦隐。列席者：吴敬恒，林森，刘文岛，古应芬，鲁涤平，余井塘，桂崇基，丁超五，苗培成，缪斌，王正廷，张人杰，赵丕廉，陈布雷，邵力子，程天放，恩克巴图，焦易堂，张道藩，孔祥熙，克兴额。主席：胡汉民。议决关于振刷政治各案（见决议案）。同日午后二时，审查委员会党务组第三次会议；四时，建设组第二次会议；又，军事组第二次会议。

十五日上午七时，正式会议第三日。出席者：胡汉民，王柏龄，叶楚伧，戴传贤，方觉慧，刘纪文，刘峙，张群，赵戴文，朱培德，邵元冲，曾养甫，陈肇英，李文范，陈果夫，王伯群，陈立夫，周启刚，孙科，方振武，蒋中正，杨树庄，谭延闿，刘芦隐。列席者：吴敬恒，余井塘，张道藩，古应芬，刘文岛，陈耀垣，鲁涤平，焦易堂，丁超五，苗培成，克兴额，程天放，王正廷，孔祥熙，林森，赵丕廉，桂崇基，陈布雷，邵力子。主席：孙科。议决：（一）训政时期党务进行计划案，（二）分区剿匪案，（三）继续执行编遣会议决议案，（四）确立农业政策为发展工商业之基础案，（五）训政时期之规定案，（六）完成县自治案，（七）普及教育案，（八）二五减租案，（以上各案全文均见决议案）。同日午后五时，审查委员会政治组开第三次会议。

十六日上午十时，审查委员会政治组开第四次会议。

十七日上午七时，正式会议第四日，出席者：周启刚，邵元冲，王柏龄，陈肇英，李文范，叶楚伧，胡汉民，王伯群，方觉慧，陈果夫，蒋中正，戴传贤，杨树庄，张群，刘峙，曾养甫，孙科，朱培德，方振武，刘芦隐，刘纪文，谭延闿，赵戴文，陈立夫。列席者：吴敬恒，鲁涤平，刘文岛，陈耀垣，张道藩，桂崇基，王正廷，苗培成，焦易堂，古应芬，余井塘，孔祥熙，程天放，邵力子，陈布雷，克兴额。主席：戴传贤。议决：（一）拨用庚款发展建设事业案，（二）改善工人生活改良工作制度案，（三）积极进行导淮治河工程案，（四）关于矿产之开采案，（五）确定行政事项之统属案，（六）关于大学区制之存废及建设委员会之归并问题案。（以上各案全文均见决议案）

同日下午三时继续开会。出席者：叶楚伧，王柏龄，刘峙，李文范，刘纪文，胡汉民，戴传贤，张群，刘芦隐，方振武，陈立夫，谭延闿，赵戴文，杨树庄，周启刚，孙科，陈果夫，朱培德，陈肇英，邵元冲，方觉慧，蒋中正。列席者：鲁涤平，桂崇基，刘文岛，王正廷，张道藩，程天放，克兴额，余井塘，苗培成，焦易堂，吴敬恒，陈布雷，陈耀垣，孔祥熙，邵力子。主席：戴传贤。议决：（一）人民团体组织方案案，（二）关于第三次全国代表大会修正本党总章各级权力机关产生方法之解释案，（三）关于司法制度之完成及其改良进步之规画案，（四）治权行使之规律案，（五）关于蒙藏问题案，（六）于最短期内整理铁道行政案。（以上各案全文均见决议案）

十八日上午九时，正式会议第五日。出席者：戴传贤，叶楚伧，刘芦隐，王柏龄，陈肇英，蒋中正，赵戴文，刘纪文，周启刚，谭延闿，李文范，张群，吴铁城，方觉慧，邵元冲，刘峙，陈立夫，孙科，胡汉民，朱培德，杨树庄，陈果夫，方振武。列席者：吴敬恒，林森，陈布雷，丁超五，苗培成，桂崇基，焦易堂，余井塘，鲁涤平，陈耀垣，恩克巴图，古应芬，张道藩，程天放，刘文岛，孔祥熙，克兴额，邵力子，王正廷。主席：蒋中正。议决：（一）常务委员会报告关于处置冯玉祥叛乱事件之经过案，（二）整顿并发展教育案，（以上二案均见决议案）（三）本会议宣言，（四）所有大会未及讨论之案均交常务委员会。十一时举行闭会式，胡委员汉民致闭会词，词曰：

“各位同志：今天第三届中央执行委员第二次全体会议已闭会了。这一次全体会议讨论的时候不多；但是在讨论的时候，彼此都是很一致的，大家都一心一意的按照总理的遗教来决定最切于实际，最合于现在而能够推行的具体方案。并且大家觉得这些方案都是急于实行的，所以都拿全副的精神注重在这一点，使在一定的期限内，能够实施。在今天我们通过的第二次全体会议宣言中说得很明白：其重要的一点，就是这一次全体会议通过之党、政、军及建设等具体的确实的方案，不但我们同志须尽心尽力去努力实施，同时，还期望我们同胞在现在的训政时期中，应认为这些决议案是根本建设的要图。大家把自己应负的责任担负起来，一心一意的来拥护，使他能够实行。在议决案中，最重要的是训政期限之确定。我们遵照总理的遗教，确定训政期限是六年。我们觉得本党所负的使命是这样重大，人民之期望是这样殷切，内外面的环境乃至内部所应该做的事情是如此复杂，在六年的当中，要完成三民主义的建设，由训政终了，到宪政开始的时期，这是不容易的工作。全望我们的同志，能够加倍的努力，全国的国民能够认清他所处的地位和负的责任，在实际上做工夫，来推行总理的主义政策！关于这一点，我们在全体会议闭幕后，觉得自己的责任更是重大。我们既担负了这种重大的责任，大家都该兢兢业业的做去。在过去若干的时间中，有许多人以为要做的建设事情很多，但是往往总做不通。这是甚么原因呢，到了现在才晓得有许多事情往往重在空的理论上，而不注重实际能够实施的方案；所以往往有许多要做的事情只把章程定了就算了事，而不去推行，以求他实现。譬如我们今天讨论关于整顿并发展教育施政一案的时候，同时便觉得去年的全国教育会议，他们在原则上理论上都曾有郑重的讨论，而实施的计划多忽略。所以开过会后实施的成绩还看不出来。一方面期望整顿教育的人民仍不能得到相当的满足。关于此类的事，不一而足。所以我们立方案的时候，应该求其确实。这一次全体会议所议决的案子是根据这一点意思。希望我们同志，尤其在中央的同志，应该互相督促，应该一心一意把这种决议案和宣言中讲的一一来实行，以实现总理的主义，以巩固民国的基础，以消灭一切的反动势力，以改造中华民族种种不好的环境。现在我们所期望的是甚么？就是在决议案一一能够实行。这些议决案，关系于党国很大，而且包括得很完全。关于党务的，应由全党的同志一致去努力；关于政治的，也应该如此。譬如去年召集的国军编遣会议，他的范围是很大，他的目的要把全国私人的军队成为人民的军队成为国家的军队。当开会的时候，有军队的人，在军事上负重要责任的人，都来京参加。等到开会后，有些人所做的，完全与编遣会的决议案背道而驰。这是甚么原因呢？因为这些人的目的，与编遣会议的目的完全不同。编遣会议的目的，我刚才已经说过，就是把私人的军队化为国家的军队；打破封势势力，使反动分子无所寄托为完成国民革命之先决条件。从前所有建设方案所以不能实现是因为财政困难；财政困难的原因，是因为军队没有整理好。国军编遣会议关系之重大与夫决议案之应该实行，是全国皆知的，是没有异言的。但是，有封建思想的军阀，还是不赞成。一等闭会后，想种种的方法来破坏，而因此他们的原形真相就一切暴露出来了。他们自己晓得从前那种割据式局面再不能维持下去，而那些以捣乱为能事的新旧政客亦将无所容身，所以闭会后反革命的战线就联合起来，马上有反动的行为。但不久就都消灭下去。这一点是给后来的人一个好的教训。在现在的时候，如果有人还想破坏和平，破坏统一的，都是自寻死路，非消灭不可。我们因此就认识：凡是我们为党的决议案，为政治上经济上以种种革命建设的方案，尤其是现在，关于完成地方自治的方案，也是如此。他有他的对象，他有他的障碍，如果要做他的对象和障碍，其结果便与编遣会议一样。编遣会议的决议案，无论党里的同志，全国的人民，如果认识他是必要的，当然没有不拥护的。但是这些决议案，刚刚不合于军阀的生存，所以有些军阀自然是不能服从的。在建设时期中，诸如此类的障碍，也很不少。譬如讲地方自治，我们目的就是要完成训政，使人民都晓得民权怎样行使和规划，达到宪政时期。但是中国有许多封建思想，个人主义的人，乃至于劣绅，土豪，贪官，污吏，他们不愿意服从关于地方自治的决议案，就等于军阀不愿意服从编遣会议的决议案一样。我们既然很用心的定了许多建设方案，很确实的想了许多办法，而同时在实施的时候，却免不了这些障碍，那末我们就先要用力量打破这种障碍，要用力量打破这种障碍，就是总理所谓革命建设一件事情，如果不是根本上把旧的坏的东西去掉，另外换一个新的好的东西，固然不是革命的建设；同时在建设的时候，没有牺牲奋斗的精神，也不是革命的建设。我们在小小的地方或是点缀一下，或是铺排一下，固然不能称建设；同时在建设的时候，以为天下已安已治我们可以不劳而获，也是不对的。现在是建设的时候，所余的障碍，和在军事时期中所余的障碍一样，我们也只有用革命的精神去扫除他。决不能说，建设时期可以从容犹豫，不必振刷精神，向前奋进。前天纪念总理蒙难的时候，我们回想到以前总理在革命过程中，奋斗的精神牺牲的精神，能够一切不顾，百折不回的做去，这些都是给我们模范。我们现在做事，一定要拿总理的人格，来做我们的表率，做我们的模范。我们为革命才来努力。我们要常常记得总理'革命尚未成功，同志仍须努力'的遗训，和遗嘱上'继续努力以求贯彻'的话。不能说，今天情形好一些，不必由大家负责，可以休息一下。这种心理是不能存的。总理在革命过程中，尤其在七年以前，总理为什么要这样奋斗，能忍人之所不能忍，能为人之所不能为，这种精神我们是应该效法的。我们一定要有总理那样奋斗牺牲自己，为革命努力的精神，庶几这一回第二次全体会议所议决的方案才可以实现，才可以推行尽利。今天最后的一次的会议由蒋委员主席，已把宣言通过。这一次会议对党内的同志和全国的人民所要说的话，也都在宣言中说得很清楚，不必赘述。兄弟承各位委员之嘱托，来说几句话，兄弟就简单的把会议经过和近来兄弟所得到的感想报告一下，作为同志间贡献的。完了。”散会。

〔中国国民党中央执行委员会秘书处档案〕

6. 中国国民党三届三中全会宣言

（1930年3月6日）

本党【第】三次全国代表大会遵奉总理遗教，确定训政时期党国建设大计而后，中央执行委员会于第一次及第二次全体会议曾先后就党政大计规划其分期实施之方略，而誓之以坚苦黾勉之决心，期与全党同志全国人民协力推行，以谋三民主义之具体实现。数月以来本党同志及政府上下，共循斯旨，分途并进，所相与致力者，即在求以和平统一厚集训政与建设之力量，同时亦以训政建设深植统一与和平之基础，中间虽因残余军阀与反革命势力迭谋构乱，致和平与统一几遭危害，训政与建设多所间阻，然和平与统一每遭一次之危害，国民拥护和平统一之志则愈坚，训政与建设多受一分之阻障，国民渴求训政建设之心则愈切。本党深知国民之愿望与本党之政策已融合而趋于一致，故特召集中央执行委员会第三次全体会议，举数月以来努力推行分期实施之各种党政计划为精密之考核与讨论，以立今后更切实际之具体方法，庶使本党之主义与政策由方案而变为事实，人民之愿望由言论而变为国是。开会以来，凡所讨论决定者，如关于党务之推进，政治之整饬，经济建设之进行，三民主义的教育之实施，皆就过去所推行之党政方略而定更充实具体之方法与步骤。惟本会议有当为全党同志及全国国民告者：总理所定之主义与方略，不在托诸空言，而在形诸事实；不仅施诸国家之法律政令，而尤宜见诸民间之实际生活。故吾党同志与全国国民今后必当以孜孜不舍之精神，萃全力于地方自治工作，俾三民主义得以从人民之社会生活中茁发滋长，庶于革命救国之义乃有实际。盖以今日社会之衰败，人民生计之窘枯，舍以全党同志投身于民间之实际社会事业外，莫由拯救脆弱困苦之人民，而实际社会事业之振兴，舍扶植地方自治外无入手之途径。故今后党务所以必须集中于县及县以下之地方社会事业者，此一义也。欲谋社会事业之振兴，必赖政府之力量以开发国家之财源，而后社会之经济得以疏达，故经济建设不可稍缓，总理所定物质建设之计划，本党已据之确定发展各种基本工业之方案矣。今后则当就各种基本工业发展之方案，依各省人民需要之缓急，与国家财力之厚薄，次第举办。如首都之建设，国内工商业之保护，西北各省河道之疏浚，以及其他电气水利铁道之举办。规划既详，进行必力。盖目前社会经济之危机与日俱迫，非以举国之心思财力，一方厉行节约，一方利用外国之机器与技术，不足以举建设敏速之效，而解人民生计之苦，此二义也。地方社会事业与国家经济建设，二者之能否循环并进，必赖三民主义教育之普及于民间。惟教育始可以推进社会，惟教育始可以培养国力，故今后之努力，不惟必须以教育建立三民主义之社会，而且必须以教育充实三民主义之国家，不如此则中国民族应有之建国伟力不能充量舒展，此三义也。由此数义，本会议以为今后中国之政治生命，必须恃地方自治经济建设与普遍之三民主义教育三者之努力推进，而呈活泼充实之新生机。十余年来，因封建思想军阀割据所积存之政治，今后不特必须尽全力以扫除其余毒，尤须以三民主义之实体建设而替换其全部之构造与生命。必使三民主义成为实际之社会组织与国家建筑。然后中国始有修明之政治，人民始有乐利之幸福，而国际平等之地位始能巩固。愿我全党同志及全国国民共喻此旨，协力以图之！谨此宣言。

〔中国国民党中央执行委员会秘书处档案〕

7. 中国国民党三届三中全会重要决议案

（1930年3月）

（一）第三届中央执行委员会第三次全体会议宣言〔略〕

（二）推进党务工作案

（民国十九年三月三日第三届中央执行委员会第三次全体会议通过）

（一）说明

自第二届中央执行委员会四次全会决定整理党务以来，各级党部之工作渐由散漫凌乱而入于整齐划一。各地党部能恪守中央意旨，遵照中央法令办有成绩者固有之，然多数尚未能趋入正轨。考其原因，或由于缺少工作方案与具体计划，或由于不明办事程序与实施方法，轻重倒置，步伐错乱，以致党务工作日益空虚，党部威信日益失坠。兹将其错误之点，分别如左：

一、偏重书面的工作，而缺乏实地的活动。

二、偏重表面的宣传，而缺乏实际的事功。

三、偏重形式的遵守，而缺乏工作的效能。

四、对于党员缺乏正确的训练与指导。

五、不认识执行委员会与监察委员会间的分际，故其工作常多发现重复之弊。

六、不认识党部与政府间的分际，致成党政间的争执与纠纷。

七、不能领导民众努力社会的改革与政治的促进。

八、负责人员有因努力其主管部份之工作，而忽略其他部份之联络与协调，致形成畸形之发展，乃致各部本身工作亦生窒碍。

（二）办法

今后推进各地党务工作方法，亟应惩前毖后，补偏救弊，以期组织严密，运用灵活，人尽其才，事无不举，然后人民始起信仰，党权始可提高，政治社会始能革新。兹依此义，拟订其要点如次：

一、各级党部执行委员及监察委员不得擅离职守，并颁行服务条例以资遵守。

二、凡上级党部应轮调下级党部委员前来报告党务工作状况，并予以必要的指导及纠正，藉收联络之效，而免隔阂之弊。

三、各级党部今后须注意实际工作，努力为人民服务，以期改革社会，推进政治。

四、各地情形不尽一致，工作类别及其进行程序，自亦不能完全相同，上级党部应酌量各地现状，分别订为方案，指授机宜，督促施行。其由各该党部自行拟订者，并须呈请上级党部核准。

五、下级党部工作类别，以简单而能便于施行者为当，不宜过于复杂，如同时着手事项太多，势必顾此失彼，一无成效。故上级党部宜通盘筹划，订为具体方案，按照规定程序，逐步训令下级党部施行，务使集中力量，计日观成。

六、党务工作须切合其时地，其性质，或为公开的或为秘密的，均须斟酌情势而定，未可固执一成之见。

七、党务工作以建设为目的，应避免以个人为攻击的对象，同志间尤须注意。

八、省县党部监察委员会对于检举事件，须注重搜集证据，故应先事实行严密监察，并须经过慎重审查，否则空言检举，流于谩骂，不独无补事实，反足损落党的威信。

九、各级党部应注意增加实际工作，勿徒限于书面工作。

十、各级党部应互相派员演讲，以资策励。

十一、县及县以下之党部均须注意养成党员为党服务的精神，其日常党务工作，以委员及所属党员利用职业余闲分担为原则。县党部应裁少工作人员，县以下之党部非有异常需要，经上级党部之许可者，不得任用工作人员。党务工作人员生活费减少，党之活动费增加，党务方易发展。

十二、县及县以下之党部尤须注意养成党员为社会服务的精神，使从事于提高民众教育协助地方自治的工作及一切社会事业，以取得人民的信仰，提高党的尊严。

决议：修正通过。

（三）扶植同志增加工作效能案

（民国十九年三月四日第三届中央执行委员会第三次全体会议通过）

本党以悠久之历史，赖同志长期之奋斗，以有今日，其间为本党杀身或残废其肢体者，虽已有旌奖抚恤条例可援，使老有所养，幼有所长，而毁家辍学以及因努力革命流离困苦者，虽日在中央系念之中，尚多遗珠向隅之感。不特此也，凡久经为党努力之同志，不问其年事如何，经验学问如何，皆具有革命之精神与对于主义深切之信仰，值此训政开始百端待理之时，凡我同志尤当各尽所能，以奔赴一切有效之途，领导民众，完成训政，本此主旨，本党应一面勗勉同志使各具为自己生存为国家生产之技能，而一方面尤宜与一切适当之机会。向有一部份同志自忘其有自动建树于社会国家之能力，而欲依赖于党，使党为各个的要求，穷于应付，固为重大之错误、即中央若坐视此无数为之人才，使日即于颓废，亦至可惜！兹拟具扶植同志，增加建设效能办法如下：

一、凡曾努力革命之青年同志，今后应由破坏方面转变趋向，努力从事于一种实际建设工作，中央为谋发展其意志与能力起见，应注意个人之所长，予以相当之机会，其例如下：

（一）经考试后办教育事业或担任教师。

（二）赴各地任社会经济调查工作。

（三）研究及考察边省教育政治及实业之发展。

（四）经考试后，任县长或地方行政佐治人员，使筹备地方自治。

（五）经考试后，任领事官及使领馆之馆员。

二、青年同志之能力不足以应付工作上需要者，中央应设法加以训练与培养，使成为建设上有用之人才。

三、奖励与党义及党治有关之著作及译述，俾青年同志共趋向于努力为学之途径，中央并特设编译处以招致此项人才，并指导其工作，审查其成绩。

四、凡曾参加革命著有成绩之老同志，现时尚无适宜之工作者，中央宜设法招致，从事于下列工作：

（一）编纂党史

（二）编纂国史

（三）视察行政

（四）监督屯垦

（五）演讲党史

（六）纂修各地志书

（七）派赴外国考察

五、凡有功之革命老同志，年老力衰不能任事者，宜由中央予以养老年金，以酬勋劳，并令注意提倡社会事业，将其经过情形每年报告中央。

决议：通过，交常务委员会。

（四）军队政治训练事宜应归并军队特别党部办理案

（民国十九年三月五日第三届中央执行委员会第三次

体会议通过）

查军队政治训练之实施，实为特别党部工作之主体。然旧制复设政治训练处以掌理之，就经验所得，各方职权，既难划分，工作亦嫌重复。为今之计：宜急谋合并，以一事权而专责成，兹拟定办法数则，列举于后：

一、除训练总监部政治训练处以外，各级政治训练处一律裁撤；关于士兵政治训练事宜，并归各该级军队特别党部办理。

二、凡军队特别党部由中央委派曾经训练考试合格之人员为特派员，实际指导督促各该军队政治训练工作之实施。

三、凡未成立特别党部之军队，由中央增派特派员筹备组织特别党部，并担任政治训练工作。

四、前项特派员，由训练总监部政治训练处，特设政治训练班以训练之；训练班以训练总监为主任，其训练方案，由中央常会核定之。

五、各军队中下级军官未曾受过政治训练者，应由训练总监部政治训练处轮流调至中央，分期训练。

决议：修正通过。

（五）训练党员工作方针案

（民国十九年三月三日第三届中央执行委员会第三次全体会议通过）

今后训练党员之方针应从精神教育入手，使党员明白其本身在社会上之地位及其所负之责任，培养其健全之人格，坚定其主义之信仰，根本纠正其谬误之心理与幼稚之行动。下列各点，于训练党员时应使每个党员切实注意：

一、党员须知提高党权在其人格之健全学识之修养与能力之充足，如其在社会上取得人民的信仰，然后能领导人民以实行主义，若不努力实际工作，徒以提高党权之口号号召群众，反有损于党务之发展。

二、党员须努力为社会服务，使地方教育事业经济事业俱能发展，则人民自能发生信仰，劣绅土豪在政治上或经济上的特殊地位自然不能存在。

三、党员须以服务为目的，不以夺取为目的。

四、党员是人民的导师，应该到学校去教育青年，到社会去教育民众。

五、党员须注意与人民接近，宣传主义在感化人心，使人民心悦诚服，其态度务要和善，始能取得人民的同情与信仰，则进行党务工作自能减少障碍。

六、党员必须虚心认识自已能力之不足，而时时增加智识，必须注意发展创造能力，而处处之求其实效。

（六）训政时期党务工作方案案

（民国十九年三月四日第三届中央执行委员会第三次全体会议通过）

训政时期之党务工作，当注重地方自治之组织宣传与训练，总理确定以县为地方自治之单位，故县党部为督促地方自治之主要机关，其工作之进行，尤宜确定。兹将县党部以次各级党部及党员本身在职权内普通工作之外，其应注重之工作，分别订之如次：

（甲）县党部之工作

一、指导下级党部或直接派员赴各乡村作普及党义之宣传，务使全县人民明瞭三民主义，以完成军政时期开化人心之工作。

二、协助政府在开始实行地方自治之际，竭力宣传下列各事之利益，以便利政府之推行训政而无所阻碍。

（一）清户口，（二）立机关，（三）定地价，（四）修道路，（五）垦荒地，（六）设学校。

三、提倡合作事业，指导人民生产之改进务使全县经济能有充分之发展。

四、特别注重教育之普及，并提高其程度。

五、指导人民组织自治机关，并准据民权初步训练四权之使用。

（乙）区党部之工作

一、普及本区内党义之宣传。

二、宣传全区七项运动，并扶助全区自治工作之进展。

三、指导各区分部及各党员在各职业团体，文化团体及社会团体中之活动。

四、教导全区人民组织各种团体，受上级党部之指导，习练全区民权之运用。

五、在本区内倡设教育文化生产等事业机关。

（丙）区分部

一、领导党员在本区内参加各自治团体实际工作。

二、尽量吸收本区内之优秀分子，以扩大党之组织及主义之宣传与实行，并须努力增进党员及人民之知识与能力。

三、实行七项运动，以期各种社会事业之发展。

（丁）党员

一、党员人人均负有宣传主义参与自治事业及扶助人民之义务，每人至少应就地方之需要，直接担任下列各种社会事业中之一种工作：

一、国民义务学校

二、成年补习教育

三、平民识字教育

四、平民教育馆

五、图书馆或阅书报社

六、学术研究会

七、体育场

八、各种竞赛会

九、公共会场

十、公园

十一、俱乐部音乐会游艺会

十二、各种展览会

十三、各种陈列馆

十四、各种合作社

十五、各种生产事业

十六、职业指导所

十七、农业推广

十八、造林与苗圃

十九、建筑道路桥梁堤坝

二十、疏浚河道

二十一、保卫团或保甲组织

二十二、消防队

二十三、医院及卫生事业

二十四、救济院养老恤贫救灾育婴等

二十五、风俗改良

二十六、社会调查

附则

一、区党部或区分部必须直接经营上项社会事业之一，党部必须设立于各该事业机关内。

二、本党之基本工作必须特别注重推行平民教育，乃得达到巩固民国基础，启发人民智识，增进人民生活能力之目的。各乡村地方区党部区分部及其党员之工作，必须集中于此。其办法另行规定之。

（七）关于训政时期党务工作附则增修案

（民国十九年三月六日第三届中央执行委员会第三次全体会议通过）

（一）于原案附则增加第一项如左：

本届二中全会，训政时期党务进行决议案内规定：“县政府实施地方自治及建设工作时，县党部处于指导督促地位，应予以宣传推行之助力。”此规定之意义，系明白说明县党部对于县政府予以宣传推行之助力，以扶助地方自治及建设工作为实行指导督促之方法。而本案第一节各项，即为说明此方法之实际内容。各县党部应切实遵守，努力其份内之工作。若对于县政府之举措认为不合时，应严格遵守同决议案中关于党部与政府对于训政权限之规定，报告上级党部，由上级党部转咨上级政府处理。

（二）原案附则第一项第二项须改为第二项第三项。又（甲）（乙）各项番号，改为某节。

（八）训政时期民众训练方案案

（民国十九年三月五日第三届中央执行委员会第三次全体会议通过）

本党第三次全国代表大会为补救过去民众运动之缺憾，决议于今后民众运动之全部方针，为原则上之确定者四端：

（一）民众运动必须以人民在社会生存上之需要为出发点，而造成其为有组织之人民。

（二）全国农工已得有相当之组织者，今后必须由本党协助之，使增进其组织与技能，提高其社会道德之标准，促进其生产力与生产额，而达到改善人民生计之目的。

（三）农业经济占中国国民经济上之主要部份；今后之民众运动，必须扶植农村教育，农村组织，合作运动，及灌输农业新生产方法，为主要之任务。

（四）本党对于男女之青年，今后应竭力作成学校以内之自治生活，实行男女青年普遍的体育训练，提倡科学与文艺之集会结社与出版，奖励实用科学之研究与发明。

为实现上项方针完成训政工作起见，爰制为民众训练方案，分为四节：一曰民众训练基本原则，二曰组织，三曰训练，四曰党部与政府对于人民团体之权责。诚以在训政时期中，为运用第三次全国代表大会所决议之民运方针，对于理论上亦有首应确定者；故第一节规定人民组织之精神，及训练上注意之要点。其次则训练人民，必须使人民有健全之组织，而后训练工作之进行方易著有成效；故第二节规定本党各地党部如何指导人民团体之组织。至训练之范围，及训练之方式与方法，则于第三节中规定之。又征之过去各地党部与政府对于各地人民团体之职责不清，对于民运工作之进行，不无障碍；故第四节对于党部与政府对于人民团体之权责，加以具体之规定，此项方案，系根据训政时期之需要，为原则上之规定；至如何施行，当交由中央常会根据此项方案，分别拟订详细方法，以便实施。

第一节　民众训练之基本原则

1. 人民组织团体，以自动组织为原则。

2. 训练人民，须认清人民在社会生存上之需要，及以党训政之精神。

第二节　组织

1. 党部应指导各种人民团体为健全之组织。

2. 党部应指导各种人民完成其组织。

第三节　训练

第一目　训练之范围

1. 一般的训练：

甲、组织训练　使人民明瞭组织之意义及方式。

乙、思想训练　使人民对党义有深确之认识与信仰，并明瞭共产党鼓吹阶级斗争之错误，及彻底了解训政时期之民运方针。

丙、行为训练　使人民行动合于党义，并实践三民主义之建设工作。

2．特殊的训练：

甲、业务知识上的训练　使人民充实其业务上之智识，并明瞭其对国家社会之任务。

乙、业务技能上的训练　使人民增进其业务上之技能，促进建设事业之发展。

第二目　训练方式

1．分组的：将各团体之会员划分为组，俾便于训练之实施。

2．集会的：各团体之会员大会，民众集会，举行总理纪念周等。

3．学校的：设立平民学校，特种业务补习学校等。

4．社会的：设立通俗图书馆，业务俱乐部，各种实验场等。

第四节　党部与政府对于人民团体之权责

1．人民团体受党部之指导，政府之监督。

2．党部对于人民团体不受指导而予以处分时，须呈准上级党部，以命令行之，但对于人民团体之解散，并须转请当地政府依法执行之。

3．政府对于人民团体认为须解散时，须依法办理，但事前须知照当地党部后执行之。

（九）限制官吏兼职案

（民国十九年三月四日第三届中央执行委员会第三次全体会议通过）

修明政治，必须官有专责，职有专司，庶能增进效能，砥砺廉隅。自本党定都南京以来，国民政府迭经颁布政务官不得兼薪、事务官不得兼差之明令，此于砥砺兼隅之旨，固有相当效果，而于增进效能之点，犹未推行尽利，本届中央执行委员会第十六次常会复经决议由党政机关分别严定兼职之限制，而以种种窒碍，官吏兼职之限制，至今尚未确定，坐是政治上之效能，末〔未〕由增进，而事业停滞，官方不整，势必相因而至。兹为积极策励效能促进事功起见，确定官吏兼职之限制如左：

一、为求国家意志之统一，施政方针之连贯，政务官得任兼职，但以不违背二三四各项为限。

二、中央官吏不得兼任地方官吏。

三、各院部会官吏不得兼任其他院部官吏。

四、各省市官吏不得兼任其他省市官吏。

五、事务官除在本机关外，不得兼职。

决议：修正通过。

（十）修正中央执行委员会政治会议条例案

（民国十九年三月四日第三届中央执行委员会第三次全体会议通过）

第一条　政治会议为全国实行训政之最高指导机关，对于中央执行委员会负其责任。

第二条　政治会议委员，由中央执行委员会就中央执行委员中央监察委员中推定之。

第三条　政治会议委员之名额，不得超过中央执行委员中央监察委员总数之半数。政治会议得设候补委员，但其名额不得超过委员名额三分之一。

第四条　政治会议讨论及决议之事项，以左列者为限：

甲、建国纲领

乙、立法原则

丙、施政方针

丁、军事大计

戊、财政计划

己、国民政府主席及委员、各院院长副院长及委员及特任特派官吏之人选。

第五条　政治会议不直接发布命令及处理政务。

第六条　政治会议由委员互推一人为主席。

第七条　政治会议委员，除特别紧急重要事件经本会议之许可得派人代表列席报告外，平时不得派代表出席。

第八条　政治会议之决议，直接交由国民政府执行。

第九条：政治会议之决议有提交国民政府及各院各军事最高机关讨论决定执行者，由各该长官负责办理。

第十条　政治会议因政务人员之请求，得随时许可其列席报告。

第十一条　政治会之下，设政治组、经济组、外交组、财政组、教育组，及其他专组，设委员五人至九人，分别担任审查与设计事宜。其人选就政治会议委员及非政治会议委员之中央执行委员中央监察委员中推定之。

第十二条　政治会议设秘书长一人，秘书若干人，特务秘书若干人，办事员若干人，由主席任命并指导之。

第十三条　政治会议议事规则另订之。

第十四条　本条例自决议之日施行。

决议：通过。

（十一）关于建设方针案

（民国十九年三月三日第三届中央执行委员会第三次全体会议通过）

革命固重在破坏，而尤重在破坏之后能建设。总理之“国际共同开发中国计划”，尝示吾人以设建〔建设〕之道路矣。顾言建设经纬万端，非可以一蹴而几，欲求实际不落空谈，吾人亦惟有择其需要最迫切者以逐渐推行之耳。以言需要，则敷设铁道，改良水利，经营工业，开发矿产，扶植农商，均为目前迫切之图，所刻不容缓者也。惟其中如铁道，水利，造船，制铁，炼钢等伟大之建设事业，依照总理节制资本之义，宜由国家经营之，如国库不足，于不妨碍国家主权之范围内，借用外资，乃为必要。盖借外资以用之于兴利之途，本为总理之主张，吾人所笃信为可以行之而无弊者。环顾国内民生凋敝，哀鸿遍野，欲解倒悬以出水火，舍建设无他术矣。本总理以党建国之精神，为国家树永久之基础，为此拟定最近建设方针如左：

〔一〕依照总理之计划，注重铁道建设及水利电气建设。

〔二〕总理之实业计划注重在农业，凡开发东北西北及整理水道等，莫不为中国之农业着想，故本党今后应特别注意农业之发展。

〔三〕中国农民占全国百分之八十以上，故政府对于教育方针应特别注重于农民教育，俾农业发达，农事振兴。

〔四〕竭力提倡农业合作。

〔五〕各省应限期成立农民银行，扶助农村经济之发展。

〔六〕煤铁矿之已开采有成绩而无逆产之关系者，应准予继续开采。其有逆产关系，只收其逆股，作为公私合办。惟规定该项矿地为国家公有，在若干年之内政府不取租金，以后每年纳租金，至某年完全收归国有。

〔七〕煤铁油铜矿之未开发者，均归国家经营。政府得照总理所定之国际发展实业计划，在一定之范围内，准外人投资或合资创办。

〔八〕其他特种矿之采取，应照总理所定准租与私人立约办理。

〔九〕中国之普通工业，在政府之提倡农业增加原料减轻原料之价格及政府施行保护税则之范围内，准其自由发展。

〔十〕中国之特种工业，在总理实业计划内所规定应新创设之厂，均由政府计划办理，并得借用外资及人才。

〔十一〕政府应在二年之内筹设（一）大规模之制铁炼钢工厂，（二）造船厂，（三）电机制造厂，得借外资兴办。

〔十二〕党员应竭力扶助及提倡工业农业之发展，并协助政府禁止一切破坏工业农业之非法行为。

决议：交政治会议拟定实施方案

（十二）由中央与地方建设机关合资开发黄洮泾渭汾洛颍等河水利以救济西北民食案

（民国十九年三月三日第三届中央执行委员会第三次全体会议通过）

理由：现在国内农产日减，民食日艰，增加农产，实为当今之急务，而兴办水利尤为增加农产之要图，西北各省——陇、秦、豫、晋、绥——为我国民族最早繁殖之地，向赖黄、洮、泾、渭、汾、洛、颍各大河滋润灌溉之利，故能土壤膏腴，农产繁富，秦、汉、唐、宋各代，又时时修治河流，引渠灌溉，载之史册，成效可稽。明清而后，政略渐紊，西北水利亦归废弛，驯至近时河流淤塞，沟渠圮废，雨量稀少，旱灾频仍，甘肃、陕西、河南、山西、绥远各省酿成饿莩载道，人争相食之惨案。东南各省亦受粮食缺乏哀鸿遍野之影响。故欲挽救我国现今生产缺乏之危局，识者皆知移民垦荒为要图。然若河渠不治，水利不兴，则移民适以供旱魃之牺牲，仍不能为生产之增加。是以修治西北河流，兴办水利，较之其他各处及其他各事业尤为迫切。现拟依据往代河渠之成规，采用科学灌溉之方法，分年兴修，庶几数年之后，荒芜尽变膏腴，灾歉永除，丰稔可必，则其裨益定可计量。

办法：

（一）经费之筹措。暂定经费每年为五百万元，由中央任三百万元地方任二百万元，由国府从十九年三月起，饬财政部每年拨三百万元，地方二百万元，由陇、秦、豫、晋、绥会商分担。

（二）工程之实施。第一年以经费百分之九十为修治各河急切工程之用，同时并举，兼寓以工代赈之意。其余百分之十则作为详细测量及设计永久工程之用。第二年以后，计划既定，则集中经费，专作修治一河或两河工程之用，此处工竣，再治彼处，预定七年可将黄河河套及其他六道河流修治工程大体完成。以后如何继续修治，届时再定办法。

（三）工程之计划及管理。由建设委员会会同陇、秦、豫、晋、绥五省建设厅组织一修治西北河流处，办理一切调查测量计划及工程各事宜。

（四）经费之收回。工程完竣后，沿河各田亩，均能收受水利之益，故修治时所用经费，可向受益田亩分年征收，俾可移作兴办其他水利事业之用，其详细办法由建设委员会会同有关各省商定。

决议：修正通过。

（十三）厉行节约运动案

（民国十九年三月三日第三届中央执行委员会第三次全体会议通过）

甲、属于政府方面者：

1．中央以及各省，凡关训政建设无迫切需要之骈枝机关应酌量裁并。

2．中央及各省之机关，应竭力淘汰冗员，凡任用一人，必有一定重要之职务，不能虚拟名额位置闲曹，仍踏因人设事之积习。

3．中央及各省之机关，其所需经费，应重定预算，力求缩减撙节。徒供消耗之颖，移作建设经费，或以之奖励各种生产事业。

4．各级政府以及各项机关，不论其负责者为何如人，应注意其在事实上工作上之效能和成绩。凡在一定期间规定其责任范围内必须完成之工作，应如期办理完竣，如有特别故障应事先申叙情由，得中央与上级机关之核准，否则因循贻误，应即予以相当之处分，而负其责者更当自行引咎。

乙、属于民众方面者：

1．由各级党部对节约运动为广大之宣传，使一般民众明瞭其对于个人社会国家之利益。

2．禁止各种不正当而消耗最大之娱乐如赌嫖烟酒之类。

3．一切婚丧庆吊应铲除繁文缛礼，提倡节俭，在可能范围内，并由机关及各种团体规定一相当之数额，使一般人不致为应酬而影响其生活之安定。

4．提倡或规定使用国货，先由在党政军服务之人员与各学校学生一律实行，再推及于各种团体，使普遍于全国民众。

5．设法推广邮便储金，创设储蓄银行及产业合作社或其他性质相同之机关，务使引起节约之兴趣，利用节约之经费以增加生产。

决议：通过交常会分别实施。

（十四）对于中央组织宣传训练三部工作报告之决议案

（民国十九年三月六日第三届中央执行委员会第三次全体会议通过）

（甲）关于中央组织部者

一、中央及各省市民众团体组织及训练事宜，均归并训练部办理。惟特别市民众训练事务较繁，经中央特许者，得设民众训练委员会以主持之。此系因地制宜之办法，施行以来，尚属妥善。

二、关于各级党部工作之考核方法，实施以来，尚具成效。

三、全国县市党部及海外党部之总数中，正式党部已过半数，此实下级党部日渐稳定之良好现象。惟此后必须督责各级党部健全其组织，并依据中央所定各项党务工作方案条例，切实努力社会事业，而由中央考核其实际之成效。

四、全报告太偏于部务之报告，而忽略于各省党务之报告，故未将各省党务分别汇列而加以批评，以致无从审查。以后务须将各省党务进行状况逐一叙述，加以考核及批评，分省汇呈下次全体会议审核。

乙、关于中央宣传部者

一、关于党义政纲政策及对内对外之时事宣传，甚为努力，而其成效，亦颇有可观。惟过去偏重于应付时事之宣传，而其力量上不能深入于全国最优秀之知识分子，不下〔下不〕能普及于不识字之大多数民众，今后必须一方面注重高深而有科学根据之宣传，一方面注重文字以外的各种通俗方法，使党义普及于全国人民。

二、通〔过〕去八月中所刊发之宣传品，其数量视前增加，且能考核其到达之时地，此亦是以显示宣传工作之普遍，较前有进步。惟以经费困难，而直接印发宣传品，亦非普及宣传之善法。今后宜督责下级党部注重间接宣传方法，使社会团体及个人能因时因事为本党所施行之主义政纲政策自动宣传，庶能收更普遍之成效。

三、此次工作报告书，亦有偏重部务忽略各省宣传情况之缺憾，以后必须注意改正，以求详实。

（丙）关于中央训练部者：

一、自二中全会后，中央训练部所决定之工作，均已次第举办。其中尤以各机关工作人员之党义测验，其办理之成绩，颇有可观，以后宜继续进行。

二、民众训练之组织及指导日有进步，同时对于人民团体之组织原则及管理法规，亦皆先后厘定，今后必须依照中央所定关于民众训练与组织之方案方法，尽力实行，以求人民组织之健全与发展。

三、此次报告乃部务之报告，而非整个党的训练工作之报告，此一大缺点，今后必须注意充实，其方法须将各省各级党部之训练工作分别汇列，加以考核与批评，于下次全体会议提出。

〔中国国民党中央执行委员会秘书处档案〕

8. 中国国民党三届四中全会宣言

（1930年11月18日）

半载以来，一切反革命势力之联合，以逞其最后之破坏。本党最艰巨之工作，即在戡平叛乱，以致国家真实之统一与和平。经数月之奋斗，卒将梗阻中国统一之最顽强的反动团结，为彻底之摧毁，而三民主义的建设之坦途，自兹遂一空其障碍。疆场壮勇之牺牲，国民一致之尽瘁，使中华民国之国基得一坚实之保障，确信自兹以往，蹈叛逆之覆辙而与民国为敌者，将绝迹于国中。此诚举世之所共认，亦全国国民之所庆幸而感奋者也。中央执行委员会当讨逆胜利之时，于总理诞辰之日，举行第四次全体会议。深维总理之诞生，实为吾中国民族新生命所托始，而此次芟夷障碍之彻底成功，实为三民主义之伟大胜利，国事前途，更成一光明俊伟之新时期。全体会议当此举国望治之时，弥自觉职责之重大，对于过去工作，既为质直无隐之检查，亦矢以加倍奋迅之精神，提挈全党同志与全国同胞切实完成三民主义之建设。举凡充实中央、整理地方，以及党务、军事、经济、教育诸大端，皆以精详之讨论，为简要必行之决议。兹就本会议所决定列举今后戮力之途径，为全国同志同胞述之。

一、定期召集国民会议以立建国之基础。速开国民会议，为总理遗嘱所垂示，本党自十七年统一全国以来，靡日不思实践总理之遗志，顾以当日革命之扫荡未彻，军阀割据之恶习犹存，仓卒集会，将必有假借兵力，劫持选举，收买政客，僭窃民意，以妨害建设之大计而挠乱初定之国基者，鉴于民元当时之覆辙，不得不持之以审慎，故必先之以编遣会议，以期军阀制度之实际消除。乃一切假革命者连续叛变，而中央遂亦不得不为戡乱而用兵。今者，反动军阀既已扫除净尽，一切政客官僚与封建余孽已失所凭依，纪纲既振，风尚一新，思想已有统一之象，社会亦得安定之机。爰于此次会议，郑重决议于二十年五月五日总理就任非常总统纪念日举行国民会议。将以一切建国根本问题，恳切开陈于全国国民，用期齐一全国国民之心志，集中全国国民之力量，以立民有民治民享之基，而开本党执政时期之责任。其颁布宪法日期，前已规定于训政纲领，亦提请国民会议正式议决之，以确定本党归政于民之时日，而速建国事业之早日完成。盖此次所召集之国民会议，实为国民一致决心矢志共同接受总理建设民国之遗教遗业而努力实行之开始，本党所倡导之三民主义为总理精心之创制，亦即为救国建国之唯一道途，非任何国家之史例所得而缘附，亦非任何主义思想所得而比拟。全国国民必须一致真诚信受，努力实行，然后乃可救民族之危亡，而完成国家之建设。此愿为全国同胞道之者，一也。

二、集中人才以充实建国之力量。总理有言：“教养有道，则无枉生之材，鼓励以方，则无抑郁之士，任使得法，则无幸进之徒。”一任何国家之健全发展，皆赖人尽其才，才尽其用，以适当之人，任适当之事，而后人无冗闲，事无旷废。以中国今日百事之待举，自尤必须集中全国之材智，向同一之目标而努力。然而国家社会之建设，犹到处皆有才难之叹，此或教养之不得其道，鼓励之不得其方，任使之未得其法也。今国家统一，已有确实基础，选贤任能，应使各当其职。全会于此，特加注意，一方面决定关于政治犯之赦免，予一时失足者以自新之机，而同时又必严惩贪惰，澄清政途，俾慷慨志节之士，有所激劝而乐于自效。此后登庸人才，将一以能力与人格为标准，但使服从本党之主义政纲而合于甄选任用之法令，不复再为如何之制限，庶使各级政治皆得廉洁有能之政府为之主持，而一切建设咸得遂其健全之发展。盖由中国内外之环境言，已不容吾人对于革命建设有片刻之因循，而国内仅有少数之才智，又不能任其闲散而旷废。此愿为全国同胞道之者，二也。

三、改善制度刷新政治。革命迄今，军事上已有不少之进步与特殊之建树，而政治之改革，常不能与之相应，此其中固有种种之关系，然制度系统之未能切合实际之需要，驯致酿成荒废松懈之恶习，则为行政效率低落之主因。全会就于过去政治之实际工作，一为严密之考查，认为非改正制度，无以谋密切之联结；非减少机关，无以期工作之紧张；尤非以整齐严肃之治军的精神治政，无以一振颓靡之风气，而求训政工作之依限完成。爰就中央之制度系统，加以相当之修改，俾国民政府得以切实督率从政之人员，各自振奋于其所任之工作，以举革命政治之实，而副党国之期望。此愿为全国同胞道之者，三也。

四、确定铲共剿匪与军事善后为施政急务。为政之要，在斟酌于国家人民最切之需要，以制先后缓急之宜。全会鉴于过去半年以来各地共党土匪之披猖，实为人民切肤痛苦之所在，而以连年征伐之频繁，国内军事之有待于整理与善后者，又至亟。拟于最近期内，定铲共剿匪为国民政府消极方面首要之急务。而积极方面则集中力量以谋军事之善后。诚以今日之事，第一须谋社会秩序之安定，与政治秩序之确立。匪共之祸不除，人民咸逃死之不遑，社会秩序将成迅速之崩颓，而贻举国以莫可收拾之大患，而军事方面，以连年转战，饷糈之待清厘，兵额之待整理，驻地之待指定，战费之待结束，若不为之迅速规复平时之状态，则一切政治亦将无由安定而进行。惟此两种工作，必有待于人民之一致协助，始可按日以计功。此愿为全国同胞道之者，四也。

五、救济灾民与振兴实业。建国首要在于民生，此为总理最重要最剀切之遗教。革命最初之原因与最后之目的，皆在于此。中国经济落后，百年以来受帝国主义者之经济压迫，人民生活日益困穷，重以二十年来国家多故，战乱频仍，人祸天灾，两相煎迫，死亡流离，遍于全国，其尤惨者，厥为西北，古来文化中枢物产天府之关中，化为荒凉之墟，两年之间，人口减少三百余万。中央自统一全国，即注全力于救灾之施设，认此要政为一切建设之先务，乃残忍愚劣之军阀，因欲遂其割据之野心，转劫掠赈粮，杜绝交通，背叛中央，重兴战祸，政客流氓土匪，得此凭藉，益得肆其猖獗。经此一年之战事，死亡流离，益加悲惨。中央全体会议认为当此军事胜利全国底定之时，正为遂行既定政策之日，关于急赈工赈皆有具体之议决，而于根本之建设，造森林，兴水利，完成陇海铁路，及移民垦殖诸端，皆有大体之办法。至于其他各地人民，或受天灾，或遭人祸，流离颠沛，亦至可悯。请愿之文，至数十件。中央对于各地人民之请愿，无不接受，愿竭力以求减除其痛苦而登之衽席。此实中央真诚之所在，而为本届会议重要之决定。又复决议定于民国二十年一月一日实行废除厘金制度，以减轻人民之负担，而谋工商业之振兴。此愿为全国同胞道之者，五也。

六、完成地方自治更定地方区划。确立县以下之自治制度，扶植地方人民之自治能力，总理认为民国建国之基础，民权实施之起点，而三次代表大会政治决议案定为最重要之实际工作。中央秉斯决议，既竭全力以推行，然军兴之际，反动势力控制之省分，既苦于不能奉行中央之政令，其他各省又大半受匪共横行之影响，自治组织之能如期完成者，犹在少数，而乡村之空虚凋敝，则已为普遍之现象。是以今后地方之施政纲要，亦必须以安定秩序培养民力，为最大任务。而尤必须奖进乡里热心笃实之人士，俾得尽瘁公益，以促各级自治组织之完成。同时，全体会议又认为现行省区，非为之更定区划，酌量缩小，终不能祛省权过大之弊，打破封建恶习，以确立民国之基础。此一决议，将为元明以来行政上最大之改革，而于县自治之发展，中央指挥地方之灵活，与国家统一之保障，必有最显著之影响。虽其如何划分之实施方法，尚有待于深长细密之研究，而更定区划之为必要则可断言。民权主义之实现系于地方自治体之健全充实，此为训政工作之核心，举国应竭全力以赴之，此愿为全国同胞道之者，六也。

此次讨逆战事结束以后，三民主义靡坚勿摧之伟力，已得充分之证明，国家之和平统一，已植深固不拔之根基。武力戡乱之工作既已告厥成功，此后本党同志及全国国民最大之僇力，应悉集中于和平的经济建设及文化建设之一途，此盖举国意志之所同，亦为民族兴衰之所系。中华民国今后之发展，革命建国之工作，至此已不啻开一新纪元。语有之，“时者，难得而易失，”革命以来，困苦艰难，亦非一矣，惟今日之环境，实空前所未有。则吾人竭智尽忠以求适应此一伟大之新机运者，更宜如何有举国一致之僇力。弛怠者紧张之，颓靡者振作之，散漫者齐一之，延缓者急起直追而补足之，戒慎恐惧，以自鞭策，乐观兴奋，以赴事功，瞩目前瞻，富强安乐之伟大中华民国的完成，已伫待于光明灿烂之前路，总理毕生之志事，将达最后之成功。我全国同志同胞其振作精神，齐一心志，努力迈进，共成大业。谨此宣言。

〔中国国民党中央执行委员会秘书处档案〕

9．中国国民党三届四中全会重要决议案

（1930年11月）

（一）第三届中央执行委员会第四次全体会议宣言〔略〕

（二）关于党部组织案

（民国十九年十一月十七日第三届中央执行委员会第四次全体会议通过）

（一）原则

一、统一决定及指挥党务的权力，以严密其组织，充实其力量，尽量避免政治机关袭用之一切形式及手续。

二、各项事务部份〔门〕，应在统一的指挥之下执行其工作，以避免因分工而成分权之局，又因分权而生人地隔阂。

三、工作人员之任用与支配，须能适应减少书面工作，注重实际工作的需要。

（二）组织方法

甲、关于省市党部者

一、权力集中于执行委员会，关于全省或全市党务方案与法规之决定，人员之任用与更调，及党费之支配等，均由委员会决议行之。

二、常务委员三人，执行决议案，主持日常会务，指导各项工作，并兼任设计，依照地方实际情形作成有系统的方案。常务委员下设书记长一人，秉承常务委员，处理日常事务，不另设秘书处。

三、组织、宣传、训练三部，均改为科，各置主任一人，不得以执行委员兼充；承常务委员之命及书记长之指挥，办理所属

事务，不得对外发布命令。

四、特别市党部民众训练委员会，一律取消。

五、党部工作人员，应尽量缩减。

乙、关于县党部者

一、权力集中于执行委员会，关于全县党务法规之决定，人员之任用与更调，及党费之支配等，均由委员会决议行之。

二、常务委员一人，执行决议案，主持日常会务，指导各项工作，并兼任设计，依照地方实际情形，作成有系统的方案，不得兼任任何职务。

三、常务委员下设组织、宣传、训练干事各一人，承常务委员之命，办理所属事务。

四、全部工作人员，均应从事实际工作之指导与推行，其书面工作应减至最低限度。

五、未成立党部之县，派宣传员一人至三人，前往宣传，并注意介绍地方之优秀分子为预备党员。

（三）关于党务工作案

（民国十九年十一月十七日第三届中央执行委员会第四次全体议会〔会议〕通过）

甲、党务工作之标的

（一）须深植党的基础于社会各种事业与组织之中，以增进人民使用四权及发展各种社会事业之知识与能力。

（二）须使党的主义与全国各种教育事业相融贯，以启导全国青年男女于三民主义之途径。

（三）须切实宣传指导并督促地方人民从事于地方自治之工作，以植民主政治之基础。

乙、党务工作之要点

（一）由中央依照三全大会决议及二中全会所决议之“训政

时期党务进行案”，三中全会所决议之“推行党务工作案”，“训政时期党务工作方案案”，及其他关于党政间之法令等，为考核各级党部标准；其考核办法，由常会制定之。

（二）党员应知惟有忠实服务于社会，乃真能忠实服务于党；惟有取得社会之同情，乃能确立党之基础。以后，全体同志，不可再如以前使党务脱离社会事业，甚至以党部干涉行政司法，引起人民的反感。上述之社会服务，尤须注意于民众学校，乡村学校，图书馆等，以推进中央所规定之七项运动。

（三）学生党员以努力学问，修养人格为对党的最大义务；同时在课外联络有学养，能言，能文之同学，共同研究学术，宣传主义。

（四）任校长教职员之党员，以指导学生努力学问，修养人格为对党之最大义务；同时应兼负所在学校学生思想之引导，反动思想之纠正，及同事间有效之联络，使整个的学校融化于三民主义。

（五）在工厂的党员，应以努力生产及增加其技能知识为对党的最大义务，并设法参加合作事业，以改善其生活状况；同时应联络工友宣传主义。

（六）在商界的党员，应以提倡国货，发展工商业为对党最大之义务；并设法力谋劳资合作，以增加国家的生产；离绝投机买卖，以培养正当之企图；同时应联络一般同业，宣传主义。

（七）在农村的党员，应以接受党部及党化的农村教师、技师的指导；除害虫，选善种，改良农具，增加农产，改进农村生活，并以之宣传附近农民，为对党最大之义务；同时应注意于农村的自卫，防止匪共的潜侵。

以上为就党务工作的积极方面而言，兹再就消极方面纠正之点，列举如下：

（甲）各级党部不得干涉、接受、及批答关于民刑诉讼事件，并不得对党外之团体，用命令式之公文。

（乙）各级党部应酌量减少例行文件。

（四）关于党务经费案

（民国十九年十一月十七日第三届中央执行委员会第四次全体会议通过）

本党经费以取之于党员用之于社会为原则，其理由：

一、总理以利他的精神，牺牲小己的精神为本党之基础，必如是而后能贯彻总理所遗与之精神。

二、本党自同盟会起，几经失败起伏，凡在党员养党时期，则党的信用与其力量发展，在党养党员时期，则党的信用与其力量低落，此为历史显著之事实。

三、以党养党员，则投机为受养而来者必多，趋向所及，党员将成为一无业或失业的集团。

四、党员须有自身之职业，乃能于训政终了以后，取得自身之生活及在各种职业社会活动之机会。

五、寄生于党之党员日多，则党员之质量日劣，驯至原有利他精神之党员，亦渐受其影响。

六、地方党政间之纠纷，有多少部份起于经费问题；民间对党员信仰之低落，有多少部份因为经费问题。

七、至少能以一部分时间、体力、智力供给于党，才不愧对以血供给于党之先烈。

依上述之理由，关于党费应亟行纠正者数点：

1．即日取消一切藉名党费之税收。

2．次第剔除中央省县预算中所列支出党费门。

3．重行订定上级党部对下级党部补助办法，确定以成绩为之标准。

4．力行撙节党的内部经费，扩充事业费。

上述纠正办法第一二两项，一经实行，现有之党部经费，几将全部落空，因仍拟党费之来源如下：

一、中央之党费，以中央直辖各机关人员之所得捐充之。

二、省党部之经费，以省政府及所属各机关人员之所得捐充之。

三、县党部之经费，除以县政府所属各机关人员及全县党员所得捐四分之一拨充外，由省党部以成绩为标准补助之。

四、区党部之经费，以全区党员所得捐四分之二充之。

五、区分部之经费，以党员所得捐四分之一及印花费充之。

六、特别党部之事业费，由中央以成绩为标准补助之。

七、海外党务经费，由海外党员自筹之。

八、党的特别费，由中央党部或省党部呈准中央另行筹集之。

九、党员之抚恤金及已由中央派送留学之经费，皆由政府发给之。

十、行政人员及党员所得捐之百分之率另定之。

（五）召开国民会议案

（民国十九年十一月十五日第三届中央执行委员会第四次全体会议通过）

此次讨逆之战，实为全国永久和平与真正统一之基础。亟当于讨逆军事结束之际，确定召集国民会议之时期，以副全国人民之期望。本党遵奉总理遗教，负民国建国之重任，民国人民应行使之政权，由本党代理而行使之，以期保育民国之健全发育，而不为专制余孽之毒害。在训政开始之时，一切建国根本问题，应与国民共约，乃得齐一全国国民之心志，集中全国国民之能力，以立民有民治民享之基，而明本党执政时期之责任，此国民会议所以亟应召集也。在前年首都奠定，五院制度成立之时，所以未即决定召集国民会议者，盖统一甫告成功，军阀割据之恶习尚未完全打破，深虑国民会议召集之际，不免有依恃兵力，劫持选举，收买政客，伪造民意者，转将引起纠纷，妨碍建设。故先从事于编遣会议，以从实际上以消灭军阀，减轻国民负担，不意因此激起假革命真军阀之叛，中央亦不得已而兴师讨逆。然此战之后，军阀既经扫除净尽，则一切政客，官僚、败类与夫恶化、腐化分子，皆无所凭藉以为祸党乱国之工具。纪纲既振，风尚一新，思想已有统一之望，社会亦得安定之机，于是国民会议乃有召集之可能与必要。且在此次战事中，逆军集全国各派反动势力之大成，而终不免于覆灭，则今后决不致再有军阀敢于破坏统一与背叛党国。一切反动分子在实力上既失所凭依，亦无从再事其捣乱。故本党于此乃可遵照总理遗嘱，召集国民会议，集合全国国民之意志与能力，而建设我三民主义之中华民国。其颁布宪法日期，前已规定于训政纲领，宜再提请国民会议正式议决。兹特提议：请决定于民国二十年五月五日召集国民会议，其召集方法应请交常会赶速制定，由国民政府公布施行。谨此提议，伏候公决。

决议：于民国二十年五月五日召集国民会议，其召集方法，交常会赶速制定，由国民政府公布施行。

（六）中华民国国民政府组织法修正案

（民国十九年十一月十七日第三届中央执行委员会第四次全体会议修正）

中国国民党本革命之三民主义，五权宪法，建设中华民国。既用兵力扫除障碍，由军政时期入于训政时期，允宜建立五权之规模，训练人民行使政权之能力，以期促进宪政，奉政权于国民。兹谨本历史上所授予本党指导监督政府之职责，制定国民政府组织法，颁布之如左：

第一章　国民政府

第一条　国民政府总揽中华民国之治权。

第二条　国民政府统率陆海空军。

第三条　国民政府行使宣战、媾和及缔结条约之权。

第四条　国民政府行大赦、特赦及减刑、复权。

第五条　国民政府以行政院、立法院、司法院、考试院、监察院五院组织之。

第六条　国民政府设主席委员一人，委员十二人至十六人。

第七条　国民政府五院院长、副院长，由国民政府委员任之。

第八条　国民政府主席，代表国民政府接见外使并举行或参与国际典礼。

第九条　国民政府主席兼中华民国陆海空军总司令。

第十条　国民政府主席，因事故不能执行职务时，由行政院院长代理之。

第十一条　国民政府会议由国民政府委员组织之，国民政府主席为国民政府会议之主席。

第十二条　院与院间不能解决之事项，由国民政府会议议决之。

第十三条　公布法律，由国民政府主席署名以立法院院长之副署行之，发布命令，由国民政府主席署名主管院院长之副署行之。

第十四条　各院得依据法律发布命令。

第二章　行政院

第十五条　行政院为国民政府最高行政机关。

第十六条　行政院设院长副院长各一人。

院长因事故不能执行职务时，由副院长代理之。

第十七条　行政院设各部，分掌行政之职权。

关于特定之行政事宜，得设委员会掌理之。

第十八条　行政院各部设部长一人，政务次长，常务次长各一人，各委员会设委员长，副委员长各一人，均由行政院院长提请国民政府分别任免之。

第十九条　行政院各部部长，各委员会委员长，于必要时得列席国民政府会议及立法院会议。

第二十条　行政院关于主管事项，得提出议案于立法院。

第二十一条　国务会议，由行政院长，副院长及各部部长，各委员会委员长组织之，以行政院长为主席。

第二十二条　左列事项，应经国务会议议决。

（一）提出于立法院之法律案。

（二）提出于立法院之预算案。

（三）提出于立法院之大赦案。

（四）提出于立法院之宣战案、媾和案、条约案，及其他重要国际事项。

（五）荐任以上行政官之任免。

（六）行政院各部及各委员会间不能解决之事项。

（七）其他依法律或行政院长认为应付国务会议议决事项。

第二十三条　行政院各部及各委员会得依据法律发布命令。

第二十四条　行政院及各部各委员会之组织以法律定之。

第三章　立法院

第二十五条　立法院为国民政府最高立法机关。

立法院有议决法律案，预算案，大赦案，宣战案，媾和案，条约案，及其他重要国际事项之职权。

第二十六条　立法院设院长副院长各一人。

院长因事故不能执行职务时，由副院长代理之。

第二十七条　立法院设委员四十九人至九十九人，由立法院院长提请国民政府任命之。

第二十八条　立法院委员，任期二年。

第二十九条　立法院委员不得兼任中央政府，地方政府各机关之事务官。

第三十条　立法院会议，以院长为主席。

第三十一条　立法院之决议，由国民政府会议议决公布之。

第三十二条　立法院之组织以法律定之。

第四章　司法院

第三十三条　司法院为国民政府最高司法机关，掌理司法审判，司法行政，官吏惩戒及行政审判之职权。

关于特赦，减刑及复权事项，由司法院院长提请国民政府核准施行。

第三十四条　司法院设院长副院长各一人。

院长因事故不能执行职务时，由副院长代理之。

第三十五条　司法院关于主管事项得提出议案于立法院。

第三十六条　司法院之组织，以法律定之。

第五章　考试院

第三十七条　考试院为国民政府最高考试机关，掌理考试，铨叙事宜，所有公务员，均须依法律经考试院考选铨叙，方得任用。

第三十八条　考试院设院长副院长各一人。

院长因事故不能执行职务时，由副院长代理之。

第三十九条　考试院关于主管事项，得提出议案于立法院。

第四十条　考试院之组织，以法律定之。

第六章　监察院

第四十一条　监察院为国民政府最高监察机关，依法律行使左列职权：

一、弹劾

二、审计

第四十二条　监察院设院长副院长各一人。

院长因事故不能执行职务时，由副院长代理之。

第四十三条　监察院设监察委员十九人至二十九人，由监察院院长提请国民政府任命之。监察院监察委员之保障，以法律定之。

第四十四条　监察院会议以监察委员组织之，监察院院长为监察院会议之主席。

第四十五条　监察院监察委员不得兼任中央政府及地方政府各机关之职务。

第四十六条　监察院关于主管事项，得提出议案于立法院。

第四十七条　监察院之组织以法律定之。

第七章　附则

第四十八条　本法自公布日施行。

（七）刷新中央政治改善制度整饬纲纪确立最短期内施政中心以提高行政效率案

（民国十九年十一月十七日第三届中央执行委员会四次全体会议通过）

（甲）关于中央制度组织之更革

（一）充实中央政治会议。政治会议之委员，须有三分之二以上常驻于中央。交常会于修正政治会议条例时注意。

（二）充实中央政治会议秘书处之组织。所有外交、军事、财政、经济、教育、法律，地方自治各组之特务秘书必须设置完全。特务秘书以行政院各部之政务次长充任之。

（三）修改国民政府组织法中关于国务会议与行政会议之规定。

（四）行政院之组织，应酌加变更如下：

一、农矿、工商两部暂行合并为实业部。

二、卫生部并入于内政部。

三、建设委员会应注重设计，指导国民建设，不必列于行政机关，当直隶于国民政府；其有模范事业请求国民政府批准者，亦得设计试办。

四、其他各部会之组织，应力求缩小，严定员额，由中央政治会议审议决定之。各部会之直属机关，亦应减少员额，节省经费。

（乙）关于肃正纲纪与刷新政治之方案

（一）国民政府于民国二十年元旦颁布大赦，除背叛党国之元恶及怙恶不悛之共产党及有卖国行为者外，其他政治犯，应予赦免，以示宽大；由行政院司法院拟具范围，交由立法院议决，呈请国民政府执行之。

（二）旌奖努力革命及有功于国家社会之人员，并由国家给予年金。

（三）由中央交国民政府切实申诫各机关，不得再有泄沓偷惰割裂纷歧之恶习，务令各自振奋，切实负责。

（四）限期成立监察院，实行监察职权，并订定监察人员失察失职之惩戒条例。

（五）划清各部会之权限，确定各部会之责任。凡事务之涉及一部以上者，分别按其性质，确定何部为主办机关，由中央政治会议审议决定之。关于国营企业之管理经营，尤应明定职权之范围，俾民办事业得以保障。

（六）限期实行各级考试，厉行铨叙甄别之各种法令，并规定各机关每三月造送职员进退表及职员名额薪额详细表，分别呈送上级机关审核。各机关如有朦报职员资格或任用定额以外人员，应予其主管长官以处分。

（七）厉行减政，裁并并废止骈枝机关，由中央政治会议决定原则，交由国民政府逐级执行之。

（八）限期成立主计处，直隶于国府。凡中央各机关一律限于十二月底以前，地方政府限于二十年三月以前，造齐本会计年度之机关预算及其主管范围内之预算，呈请国民政府核定。此后各机关之收支计算书及附属单据，必须依法造送，呈请审核，违者分别申诫或撤惩其主管长官；经审核而查有不符法令手续之支出或舞弊浮冒之证据者，由审计机关呈请监察院办理之。

（九）由立法院另定贪赃惩治法，规定凡官吏收受赃贿或侵蚀公款在金额若干元以上查有实据者，由国民政府按非常程序处以无期徒刑或死刑，仍查抄其财产。

（十）严定政务官吏请假条例，限制官吏任意请假离职，并规定旷职之处分，绝对禁止官吏兼任商业机关之职务与从事投机市场之交易，并规定中央政务官绝对不得兼任地方行政。

（十一）根据中央决议，厉行会计之统一，各部会此后不得再以特别会计之名义，迳自支配其主管范围内之款项，凡属国家收入及庚款等项，不论何种性质，概须存储于中央银行及代理国库之国家银行，更严禁各部会之设立各种银行，期收统一之效。

（丙）最短期内施政中心及地方施政纲要

（一）今后一年以内之政治，应以安定秩序，培养民力为目标，集中力量，以祛除最大之弊害，适应国家最切之需要。

（二）中央施政之中心

一、消极方面　集中于铲共、剿匪、禁烟、裁厘之工作。

二、积极方面　集中于军事善后，财政整理之工作。其次如有余力，则发展交通与水利。

（三）地方之施政纲要，应集中于（一）肃清土匪，（二）清查户口，（三）兴办保甲，（四）奖励农产，（五）普及教育整顿学风之各项，而归结于地方自治之推进与自治组织之完成。

（四）关于铲共剿匪，中央应视为最要急务，党政军民各以全力切实协作，期于三个月至六个月内办理完竣，就于必要之地区，并得设置临时之总揽指挥机关。其办法由中央政治会议决定之。

处治共产党之办法，应于普通司法程序外由中央政治会议制定原则，交立法院另定之。

（五）关于禁烟事项，交政治会议另拟专案办理。

（六）定二十年一月一日实行裁撤厘金及类似厘金之交通附加捐等，各省不得以任何理由，请求展期。

（七）关于军事善后之纲领如下：

一、军事善后，包含下列工作，限半年至一年以内完成之。

1．编制之确定与兵额之充实，2．欠饷之清理，3．老弱之裁汰与安顿，4．定额以下官佐兵士之遣置与收容，5．伤病兵之善后与阵亡官兵之抚恤，6．战时出力官兵之奖叙，7．士兵教育训练计划及初步国防计划之确定，8．驻军区之规定，9．战事机关之收束与讨逆军费之清理，10.服装军实之整理与补充。

二、关于军事善后之费用，应另行筹集专款，不妨碍通常政费军费之预算。但此一年期内，其他积极方面之建设，应分先后缓急，不宜同时兼举。如各部因建设事业而需发行公债时，应提请政治会议审核，必须保证确实需要急迫及不影响公债信用，不增加国库负担，方得核准发行，并由财政部统一发行。

三、关于军事善后筹集之专款，应由中央军政机关会同关系团体，组织军事善后专款保管委员会管理之，所有收支，公开报告。

（八）关于地方自治，应照原定程序，督促进行，并应注意于区乡镇公所之组织与人选，务使地方之优秀分子及乡里老成笃实之人士，得以安居其乡，遵从本党主义，尽量参加地方自治之工作。其办法由中央训练部及内政部制定之。

（九）关于整顿财政，清理内外债与确定金融之基础，由财政部限期制定方案，呈报核夺。

（八）对于中央常会及组织训练宣传三部工作报告之决议案（民国十九年十一月十八日第三届中央执行委员会第四次全体会议通过）

（一）常会总报告

自本届中央执行委员会第三次全体会议以后，适逢××叛变，汪精卫等勾结各派反动分子，冀图篡窃党权，摇动国本。常务委员会于此时期，能以暇整精神，指导中央各部及各级党部，统一党员意志，巩固党的团结，并从事于反动势力之廓清，异端邪说之纠正，终至克复叛逆，奠定国基，此为本党莫大之庆幸。

中央三中全会所决定之“推进党部工作办法”，“训政时期党务工作方案”，“训练党员工作方针”，及其他关于训政建设等案，虽迭经分别督促进行，但因一切力量集中于讨伐叛逆，致未能一一如期实现，此为事实所限，无可讳言者。在本届全体会议闭会以后，自应将上届决议案之未执行者，本届决议案之待执行者，一一由常会积极筹划进行。

（二）组织部报告

自三中全会以后，本党各级党部渐由散漫零乱而近于整齐划一，省市党部及特别党部海外党部之正式成立者，逐渐增多，经整理指导就绪，于短时期内有正式成立希望者亦复不少，此为组织部显著之成绩。惟反动区域以内之党部，因中央指导之中断及环境之压迫，致一般组织，未能如期完成。今反动势力已逐渐摧毁，应由组织部熟察各地情况，考订有效方案，于可能时期内，完成全国各级党部的组织，同时各级党部之组织，有徒具外形者，有散漫无纪者，有尚未成熟勉强成立者，此种情况，散见各地，若不予以彻底的整理，将妨碍本党的健全。关于此点，除另有提案，希望组织部加以周密注意。

（三）训练部报告

在训政时期中央训练部负有督促各级党部训练党员训练民众之两重重要使命，自中央取消民众训练委员会，改为民众训练处，直属于中央训练部后，中央训练部得双方兼顾，关于实际之指导，法规之编订等，均能规模毕具，逐渐进行，此则于此报告中可睹其大概者。

惟三中全会所决定之训练党员工作方针等案，今尚有未能完全实现者。不特此举，全国教育应与训练部有密切之维系，换言之，国家教育方针与本党的训练方案，必须融成一片，乃能得真正以党训政之途径。就现在一般之党务工作论，各级党部与其所属之党员，在任何方面，可发现幼稚或越规言动，尤其在党化教育的标示之下，学校教育与党的训练，不能融会贯通，此种现象，训练部亦曾注意及之，惟因情况复杂及实施方案未尽具备，至今尚无圆满之结果。关于此点，希望训练部于此后注意考订一切有效之方法。

（四）宣传部报告

宣传部工作，在此时期中最大之努力，为讨伐叛逆，纠辟邪说，使一切反动刊物及无意识谣传，逐渐消歇，并能于本身工作之外注意于国内外各级党部宣传工作之概况，各报言论之趋势，及三民主义文艺之提倡，惟今后当有应继续为更大之努力者三点：

一、为国际宣传之筹备与充实。关于此点，中央宣传部亦曾加以注意，故有三民主义之各种译本，英文定期刊物之发行，及上海、北平等处英文日报之联络或组织。国际通讯，因种种关系，远不能与各国抗衡，以至常受日英等通讯社之诬蔑煽弄，此为中央宣传部以后宜注意者一。

二、七项运动及其他平时临时一切宣传，中央宣传部虽已制成方案，但是否能由各级党部已达于民间，尚属疑问，此为中央宣传部以后宜注意者二。

三、各级党部所办之党报，每以党报二字标明于社会，而其组织及内容多不能健全，是适足以宣传本党之弱点，即曰健全，欲谋深入社会亦无标明党报之必要，此为宣传部以后宜注意者三。

（九）对于各级党部及全体党员之训令决议案

（民国十九年十一月十八日第三届中央执行委员会第四次全体会议通过）

吾党之使命，在于实现总理所创之三民主义，为求确实能成就此伟大之使命，必须全党同志人人努力充实其聪明才力与人格，以成社会之模范，同时即须以其聪明才力与人格，贡献于本党，使吾党觉得举全体党员聪明才力与人格所集而成之伟大力量，措三民主义于实施。故吾人所负荷之使命，当以牺牲一己造福人民为始终一贯之精神。使此精神失堕或竟消亡，于个人则必陷于落伍，于党则必陷于失败。若此精神日益振拔，于个人则生命常新，于党则成功锐捷。辛亥革命之成就，前年北伐之完成，与夫最近两年来迭次戡平逆乱之胜利，此皆无数以服务为目的之先烈志士所得之成绩，而一般以夺取为目的之假革命者固无与也。本会检查各级党部与各地方党员过去之工作，发现其中种种错误，有与吾党所负革命使命及历来一贯精神大相刺谬者，竟至不胜枚举，兴言及此，实可痛心。细察过去一切错误之总因，由于制度之运用不善者占其小半，而由于党员本身之不健全者乃占其大半。错误之由于制度之运用不善者，本会已于此次就组织上及工作方针上加以具体之决议，切望今后各级党部严格遵守而为适当之运用，错误之由于党员本身之不健全者，则非吾党同志人人努力，各从其自身作严格之省察而互为切实之纠正不可。党员本身所应纠正之最大错误，归纳而举之，厥有三端：一曰对党之误解。一部分党员，往往因其自身未尝经历吾党过去缔造艰难之苦境，而亦绝不涉想革命建设前途之如何任重道远，以为目前之革命已获成功，而希冀吾党为其个人生活取资之具。以此妄念，遂致欲望日奢，能力日减，党若课之以责任，则气焰甚炽，而工作不力，彼若对党有要求，则稍不如意反动随之。此种党员，经过此次逆乱荡平之后，当已成为绝对的少数，然其残余之习尚，仍隐然流布于各地。吾党同志，今后不特务宜严防此种恶风之侵袭，尤须力除恃党为生之恶念。盖吾党唯有主义足以给与全党之同志，而全党同志，则当人人以其余力给于全党，使精神上与物质上确立党员养党之基础，而不致陷于党养党员之苦境，必须人人具此牺牲之决心，有此深切之认识，然后吾党始能成为不可抗之革命政党，此其一。二曰对于党部之误解。过去多方面事实之观察，则知党员往往误以所在地之党部与政府为对立之机关，而人民则反往往误以所攀仰之党部与政府为同级之衙门。由此两种奇谬见解辗转发生之弊端，实有非吾人之所忍言，而为吾党同志自身所当深恶痛绝者。须知吾党既拚绝大之牺牲，以取革命之大权，则以吾党主义之实施与政纲政策之推行，当完全透过党之最高权力机关而付托之于政府，决无取于党部对于每级政府施以节节之干涉，甚或加以事事吹求。吾人必须以代表各级党部之整个党的最高机关，督责代表各级政府之整个国民政府以施行党治，乃足达到政令一贯之目的，若欲以每一级党部督责其同级政府施行党治，则不啻视各级党部为各个离立之政党，而以之督责各级政府施行其各有所见之党治，则亦不啻视各个政府为各个离立之政府，岂不大谬。是故党部决不可自跻于政府相等之机关，而当努力为人民有组织有能力之一种中心团体，不可自趋于与政府对立之地位，而当努力以国民之资格推进社会协助政府，以求实行吾党主义政纲政策。此其二。三曰对于人民之误解。各地党员往往有失检之言论行动，甚或因袭以民众为工具之恶化气习，而要之皆由于不明吾党为人民忠仆之义，以致原则民间之党员，反与人民相隔离，最亲近地方民众之党部，转与社会相捍隔。殊不知吾党同志最大之努力，在于深入人民与社会各种事业及团体之中，以救人救国之热忱，立人立己之人格与能力，取得社会之信仰，指导人民各自努力于其己身对社会国家应尽之责任，必如此始不愧为吾党之党员。吾人若求革命之效用，决不可使党员自异于人民，而当使人民融协于吾党之主义，庶建国之伟业，得因全国人民之共同努力而早企于完成，此其三。总此三义，不特为吾党同志今后所宜深切体认，而尤当戒慎恐惧，在一己之聪明才力与人格上，作充分之修养，务期能恪遵此三义而力行勿失。凡我同志，其共勉之。此令。

〔中国国民党中央执行委员会秘书处档案〕

附录：（1）中国国民党第三届中央执行委员会第四次全体会议经过

（1930年11月）

十九年十月间，讨伐阎冯之师，进攻郑汴。于是反动势力，全部崩溃。中央以反侧既平，统一重奠，所有党政大计，诸待筹商，以谋训政之实施。爰于十月九日中央第一百十二次常会决议：定于十一月十二日召集第三届中央执行委员会第四次全体会议。当即电达海内外各地中央执监委员。迨十一月初旬，各委员先后集于首都，到会人数之盛，为历届全体会议所未有。计自十二日开幕至十八日闭幕，中经八日，共开正式会议八次，预备会议一次。举凡建国大计，以及党务政治之革新与整饬，均有精详之讨论，与具体之决议。兹将会议经过，略述如次：

十一月十二日为全体会议开会之期，是日适逢总理诞辰，上午八时在中央党部大礼堂举行纪念会，即于九时举行第四次全体会议开会式，计到委员及各级党政军机关代表共千余人，由胡委员汉民主席，行礼如仪，后由主席致开会词，（词见附录）礼成后，全体委员赴总理陵墓参加总理石像揭幕典礼。

十三日上午八时开预备会，计出席中央执行委员二十九人；列席候补中央执行委员十四人，中央监察委员九人，候补中央监察委员三人，由胡委员汉民主席。当经推定全体会议主席团及秘书长，并以国民政府委员张学良同志适来首都，经决定通知其列席全体会议。

十三日上午九时正式会议第一日第一次。计出席中央执行委员二十九人；列席候补中央执行委员十四人，中央监察委员九人，候补中央监察委员三人，由蒋委员中正主席。讨论中央执行委员递补案及组织提案审查委员会等案。提案审查委员会分为党务、政治、军事、教育、经济五组，当经推定各组审查委员，并经决议：一切提案先交各组分别审查。是日下午二时，各组均开第一次审查会。

十四日上午八时正式会议第二日第二次。计出席中央执行委员三十一人；列席候补中央执行委员十二人，中央监察委员九人，候补中央监察委员三人，由胡委员汉民主席。讨论刷新中央政治及缩小省区等案，并决议开除赵丕廉赵戴文陈嘉祐经亨颐等党籍。是日下午党务，政治，经济三组，各开第二次审查会。

十五日上午八时正式会议第三日第三次。计出席中央执行委员三十人；列席候补中央执行委员十二人，中央监察委员九人，候补中央监察委员三人，由于委员右任主席。通过关于召集国民会议，整理军政及完成总理陵园工程等案。

十六日为星期日，正式会议停会一日。上午八时党务组开第三次审查会。下午三时政治经济两组开联合审查会。

十七日上午九时正式会议第四日第四次。计出席中央执行委员三十一人；列席候补中央执行委员十二人，中央监察委员九人，候补中央监察委员二人，由丁委员惟汾主席。通过关于党务工作，党务组织，党务经费等案，并决定发布宣言及对各级党部及全体党员训令推定委员起草。

十七日下午三时正式会议第四日第五次。计出席中央执行委员三十二人；列席候补中央执行委员十一人，中央监察委员九人，候补监察委员一人，由戴委员传贤主席。通过刷新中央政治修正国民政府组织法及发行公债救济陕灾等案。

十八日上午八时正式会议第五日第六次。计出席中央执行委员三十二人；列席候补中央执行委员十一人，中央监察委员九人，候补中央监察委员二人，由蒋委员中正主席。决议推选蒋中正同志兼行政院院长，于右任同志为国民政府委员兼监察院院长，并决定筹集建筑中央党部经费办法等案。

十八日上午十时正式会议第五日第七次。出席委员及列席委员人数，与同日第六次会议同，由胡委员汉民主席。通过全体会议对各级党部及全体党员训令。又提案审查委员会各组汇案报告审查各提案建议案及意见书之审查报告，均经决议通过。

十八日下午三时正式会议第五日第八次。计出席中央执行委员三十二人；列席候补中央执行委员十一人，中央监察委员九人，候补中央监察委员一人，由于委员右任主席。通过全体会议宣言。

十八日下午五时在中央党部大礼堂举行闭会式。计到委员及各级党政军机关代表暨中央党部职员共千余人，由于委员右任主席，行礼如仪后，由主席宣读全体会议宣言，继由蒋委员中正致闭会词，（词见附录）旋礼成摄影散会。

中国国民党第三届中央执行委员会第四次全体会议开幕词（胡委员汉民）

各位委员！各位同志！今天是总理六十五周年的诞辰，我们于纪念总理诞辰之后，举行第四次中央执行委员会全体会议，实在有很重大很深刻的意义。

自本党举行第三次全国代表大会以来，中央委员全体会议，已开过三次。在这三次会议中，都曾遵照总理遗教，厘定一切救国建国治国的方案和方法，希望切实执行，完成革命的使命。可是这种种方案和方法，因受军事的乃至我们工作不力的影响，迄未一一执行。现在残余的军阀，已经完全扫除，在此时期，我们召集第四次中央全体会议，意在严正的检查过去，策励未来大家切切实实把自己的聪明才力贡献到党里来，使本党的精神由我们的努力而表显，人民的热望由我们的努力而满足。这实在是继往开来的一个大关键，大家对于此义一定是已有深刻的认识的。

有人说：昨天是十一月十一日，世界著名双十一节；这是欧洲空前的大战最后获得和平的一天，各国都很热烈的纪念他，认他为世界和平的一个大枢纽。可是兄弟想来，这个双十一节的意义，断断没有我们今天总理诞辰纪念的伟大。欧洲各国，本其资本帝国主义的怀抱，为扩张商场发展殖民地，莫名其妙的混战，混战了数年，看到死亡之惨，战祸之酷，大家都有些寒心了，才不得不休战而恢复和平，这种和平，只是消极的不打仗，而于积极的保障和平，既没有主义，更没有方法，所以双十一节所成就的，是虚伪而没有内容的和平。近来军缩海缩等会所呈现的怪象，适足以见各国和平之虚伪而已。今日——十一月十二日——则不然，我们的总理，在六十五年前今天诞生，他几十年的努力，把主义和方略遗留我们，我们遵照他的主义和方略，不但已经建立民国，而且可以进到世界大同，这真是人类的救主，世界和平的创造者，所以这人类救主世界和平创造者的诞生日，比欧洲各国停战的纪念日，意义实在伟大而充实得多。

普通人的见解，以为不打仗才是和平，如果一打仗，便谈不上所谓和平了。其实和平的内容，决非如此简单的，如果我们不先扫除和平的障碍，便无从获得真正的和平。现今欧洲各国所标榜的不打仗，仅仅是苟安，而不足称之为真实的和平。至于我们总理所倡导的和平，不但有根本的主义，而且有实行的方法，便是总理在遗嘱中所标举，要我们“务须依照”的几种。我们认定这是我们中华民国的根本法，为任何人所不能违悖的。如果有违悖——甚至企图破坏实行总理遗教的国民政府，甘心为和平的障碍，那只有讨伐，更不容有异议了。（鼓掌）在过去的时期中，我们军事之所以不容已，这便是唯一的原因。诚然，人民所受战乱的痛苦，我们未尝没有深刻的体念，但亦唯深刻体念到人民的痛苦，才更坚强了我们讨伐叛逆的决心；盖不讨伐叛逆，民国必亡，人民所受的痛苦，也必更大了。自阎冯叛变，我们同志，——尤其是武装的同志，能深识此义，一致站在革命的最前线，运用革命的武力，作消灭叛逆的工作，奋斗六阅月，卒能夷平大难，保障国家的统一，我们今天得以召开第四次中央全体会议，商榷今后建设的方略，对于武装同志这种伟大的功绩，不能不表示钦感；对于一切为党，为国，为民牺牲的将士，尤其应该致深刻的哀敬。（斯时全场起立静默）自今以后，我们个个同志，必须严重体念革命代价之重大，矢勤矢勇，努力忠实于职务，以仰慰总理，并一切为革命而牺牲的先烈之灵！

在这次中央委员全体会议中，第一件重要的事，便是对于我们自己工作的检查。兄弟常想：我们做党务或政治的工作，其实际并非与军队有别；每个军队，当他出征回来，即使打了胜仗，必有一番严正的检查，检查自己的缺点，为以后努力改进的张本。我们自举行第三次全国代表大会以来，已经一年多了，在第三次全国代表大会乃至历次的中央全体会议中，都会有许多关于党务，政治，教育，社会种种良好的决议，并确定原则，为切实推行的准备；可是我们试一反省，在这一年多功夫中，究竟实现了几多？推行了几多呢？这一个数目字，兄弟确信凡在中央的同志，谁都不敢毫无愧怍地作答！为什么这一切决议未能推行呢？推求其故，兄弟以为有两个重要原因：

第一，军事影响。这并不是自己的责任，而是事实做我们坚确的根据的。我们先举党务上的宣传为例：在历次军阀的叛变中，宣传上最大的任务，便是打破逆敌的谬误议论，纠正一切迷惑人心的谣言，因此，对于依照总理遗教向人民条分缕析策进革命建设的宣传，自然就不暇兼顾了。如果对叛国殃民的逆敌，也仍旧作和平的建设的宣传，便是“对黄巾讲孝经”，我们对黄巾不能讲孝经，这便是军事影响宣传的一例。再就教育来说：当军阀尚未崩溃，地方尚未绥靖的时候，一切教育的计划，也一定无从实施。几天以前，兄弟遇到若干西北读书教书的同志，他们告诉兄弟：“西北的教育经费，已经给冯玉祥挪尽，兵士占了学校，桌椅做了柴料，当学生的无书可读；做教师的，无书可教，”试问在这种情形之下，如何谈得到教育的建设！这又是军事影响教育的一例。此外，因为军事刚刚结束，一切党务政治工作人员精神上也一时不易回转到和平与建设上面来，仍旧是用他们在前方处理战事的方法来执行事务，有的甚至以为在前线努力几个月，回来便要松懈下来，更把实际应努力的工作延缓下去，这更是一种必须预防的毛病。这件事兄弟可以举一个譬来说明，在欧战的时候，法国有一个飞机师，驾驶飞机的技术非常高明，在战斗时历次都把德国的飞机战败了，一天他回巴黎，巴黎人士对他自然十分钦敬，便在车站上举行盛大的欢迎；当时有一辆迎他的汽车，请他上座，他以为开马达总是他的拿手戏，便要求自己开车，于是他以飞行家的资格，秉着在天空中纵横自如的开机法，开他所坐的汽车，横冲直撞，撞死了四五十个欢迎者，其余的欢迎者不好如何责备他，只好劝他停止了。这个抽象的譬喻，虽象不十分贴切，但我们看看过去实际的党务与政治，若干负党务政治责任的人，一定有很多犯了以飞行家开汽车的毛病，这也是军事上一种间接的影响。

第二，用人不当。这是不可讳言的事实，卑之无甚高论，试问一切建设工作的不能推进，除了受军事的影响以外，一切负党务政治责任的人，是不是个个都在可能范围内努力忠实于本职呢？兄弟敢很坚决的说，在过去的时期中，实在并不会人人在可能范围内努力忠实于本职。年余以来，本党所有关于党务政治的决议，不可谓不多，可是实际的工作，却渺乎其微，甚至微到使人不由得不心惊胆战。就兄弟而论，到现在再想在大会中提案，不但不敢，甚且愧赧了。这种现象，就革命的立场说，一定在用人行政方面，有许多极不适当的地方。兄弟相信，凡是人都是"行"的，"行"于此者，不必行于彼，如总理所说："开车者有开车者的聪明能力，做厨子的人，也自有做厨子的特长，如果相互调换，则有碍于工作，一定毫无疑义了。"这一点，希望在本届会议中，各位委员，都要很认真的加以讨论，规定确当的方法，在用人行政方面，努力增进我们党务政治的效能。同时对于历来政治上只尚形式不重实际的弊病，也要严峻地加以纠正。

其次，每个同志应该尽其所能，把所有聪明才力贡献给党，这原是总理的遗训。但断断不可以某人为万能，希望一切事情都由他一人去负担，以为如此，便是把所有的聪明才力，都贡献给党了。可是目前却深犯这个毛病，因此兼职之风一时大盛，兄弟认为实有严重纠正的必要。事实是很明显的，兼职的结果，一定注重了空间，忽略了时间，换言之，要做的事大〔太〕多，而所需的时间不够，上焉者虽明知于事无补，但还肯尽心力而为之，下焉者则实逼处此，竟至敷衍了事了。兄弟个人，每感兼职的痛苦，虽然二年以来，没有离开南京一步，早上四点半起身，晚上十时或十一点睡觉，对于任何事情，都想尽其心力去料理。然而时间不许，往往勤了这里，便怠了那里，假如有人问兄弟："你的聪明才力，是不是已经贡献给党呢？"兄弟惟有毫不迟疑的说："没有，——因为时间不允许。"或者自己宽恕一点，也只能说："只贡献了一半聪明才力给党。"这种痛苦，不仅兄弟为然，凡现在中央的同志，都一定有相同的感觉，试问这在党政前途，是何等重大的危机！

因此，兄弟站在同志的朋友的立场上，对于本在中央而还没有贡献其一半聪明才力给党的同志，认为应该有真实的革命自觉。觉悟到自己本是中央的一人，而过去还不能彻头彻尾为党来努力，是一种重大的错误。我们要认识继承总理的志业去建立中国，治理中国，是中国国民党无可委卸的重任，全国人民，也无不真实期待本党能完成这个重大的使命，这样在施行训政的今日，我们每个同志，——尤其受全党同志付托之重的中央委员，其任务之严重，更不待烦言了。批评党务现状的人，每说：地方的党务不行。其实我反躬自问，所谓中央的党务，究竟又如何呢？以这样空虚怠慢的中央，而想领导地方，求所谓党务的推进，这怕不仅是冥想：简直是乖谬吧！总理曾说："革命尚未成功，同志仍须努力，"这一般遗训，在我们一般同志的心目中，好象已将次第泯灭了，兄弟真不懂，难道总理交给我们革命的使命，我们已经完成了么？我们很晓得总理之所谓革命成功，是三民主义的完全实现；眼前的现象，只是军阀推翻，和土匪共产党的消灭，已有把握而已，这正是我们个个同志，无论在党在政治各方面，仍须努力的时期，而所以努力，便是"奋斗"与"牺牲"了。总理说："党员是只尽义务，没有权利的"，又说："人人应该以服务为目的，不应以夺取为目的；"可是兄弟遇到很多"向为身死而不顾"的同志，现在的精神，竟大差特差。问其所以，便说："现在国民政府成立，革命不是已成功了么？"

其意若曰："政府成立，革命者便当享安乐了，"这真使兄弟骇然！而若干新进的同志，尤其昧于入党的真义；求为党员，争为委员，无非在求个人欲望的满足，于是党的精神不能表显，党的力量不能集中，党的工作也就无从推进了。这真是从总理倡导革命，组织革命党以来，所未有的现象。记得三十年前在东京成立同盟会，总理必很严正的问入会者："你入会，是预备砍头的么？是预备为国为民来牺牲你自己的么？"入会的人，无不慨然允承！这真见革命的精神。目前的现象如果不图挽救，则长此以往，已足亡党亡国而有余，更不必再言训政了。兄弟在十二分悲痛忧急之余，敬以至诚，希望在此次大会中，大家能集中精神，多多注意到此点，庶几能继续总理的精神，负荷革命的使命。

最后，我们要晓得，全国的人民对于这次会议的希望，是十二分恳切的。我们此次会议，不仅在会议之中，要一心一德的讨论，尤其要在会议之后，能切实去执行。过去的会议，已不可谓少了。然而成绩微渺，正是我们深刻引为鉴戒的地方！有人说：现在的会议，可以"四不"了之。甚么是"四不"呢？便是会而不议，议而不决，决而不行，行而不动；这真能是深中时弊的批评。但是我们今天召集的会，不是四不会，而是四全会。中央同志，集合讨议，时间之可贵，是不待言了。兄弟希望我们在切实商量之后，能继以切实的执行，这才不负中央召集此次全体会议的本意。

〔中国国民党中央执行委员会秘书处档案〕

中国国民党第三届中央执行委员会第四次全体会议闭幕词（蒋委员中正）

主席！各位同志！今天是第三届中央执行委员会第四次全体会议行闭幕礼的日子。此次大会的宣言，刚才已由主席于委委

〔委字衍〕员朗读过了，所以兄弟也毋庸多说。现在乘大会行闭幕礼的时间，在宣言以外，再补充说几句话。

自第三次全国代表大会闭会以来，中央执行委员会全体会议已召集过四次了。在历次会议中，有很多的决议案，也有很多的宣言，都是要我们去切实实行的。但是我们审察一下，现在四中全会的时候，且看看三中全会的宣言和决议下来的案子，究竟有几多已实现了呢？想到这层，我们觉得非常惭愧，非常难过，不只是要受国内同胞的责备，并且连外国人也讥笑我们，说是我们中国人只能坐而言，而不能起而行。各种方案方法固然规定得很具体很确当，而实际上并没有实现了几分之几。以后希望同志们，尤其是中央党部各部会的同志和国民政府各院部会的同志，大家统要照着决议案和宣言努力做去。须知道这许多决议案和宣言，要能不能实行？就是本党三民主义之能不能实现的一个生死关头，我们万不能再因循下去了。此次大会对于政治和建设方面，又决议了许多重要的案子，兄弟很希望大家把此次大会的决议案和宣言悬诸座右，每天或每星期检查一回，自己所应办的决议案和宣言，究竟办了的多少？未办的多少？如果没有办，就赶快去办。大家能这样做去，兄弟相信我们总理的三民主义一定有实现的希望。在从前还可以说有军阀捣乱，我们不能进行一切建设事业，　人民可以谅解，而现在军事已结束了，军阀已消灭了，我们更不能有所藉口了。如果大家还是从前那样，还不能一条一条的努力实行，则非但对不起总理，而且也对不起全国的人民啊！

总理讲“革命先要革心”，如果我们不能革心，不知道自己的错误，或知道了错误，而不能改正，那完全是欺人自欺的行为，决不是我们革命党党员所应有的。此次会议的提案中，已指出了我们从前许多的错误，固然这些错误不过仅举几端荦荦大者而言，此外没有举出的，和我们没有知道的，一定还有很多，希望同志大家要一一改正才好，然后我们才能够负得起建国的重任。

今天兄弟在闭会的时候，没有旁的话讲，就是只贡献这一点意思，希望各位同志今后都能革自已的心，改正以前一切的错误，使会议中所决议的案子和宣言，一一见之于实行，这是兄弟所补充的几句话，愿与各位同志互相勉励。

〔中国国民党中央执行委员会秘书处档案〕

（2）中国国民党中央执行委员会政治会议的报告

（1930年11月）

目次：

一、审核各院部会训政工作分配年表之进行情形。

二、立法原则。

三、施政方针及重要政务。

四、财政与金融。

五、政务官任免之程序。

六、政治会议内部之改革及充实。

〔附〕政治会议办理中央执行委员会第三次全体会议交议各案情形一览表政治会议办理中央执行委员会第三次全体会议交办各案情形一览表。

溯自本届中央执行委员第三次全体会议闭会以还，洎今凡八阅月。政治会议秉承历次代表大会及全体会议既定之方针，从事于整个政治的推进所拟一切方案，无不审慎至再，以期适合实际上需求。虽成效未必尽彰，而规模实已渐备。际兹统一告成，万端待理，自当为循名核实之谋，藉以收计日功程之效，兹谨将政治会议工作情形自第三次全体会议闭会之日起，至现在为止，择其较为重要者，分别叙述如次：

一、审核各院部会训政工作分配年表之进行情形

各院部会所编造之训政工作分配年表，节经政治会议分别审核，所有详细情形，业已报告第三次全体会议在案。惟各该年表内所拟之工作计画，除少数机关而外，余皆规模远大，需费至巨。若欲于短时间内，一一许以实施，则以最近财政情况而论，中央方萃全力于消弭全国反动势力，一时自难筹得大宗款项，俾资挹注。故政治会议迭加审酌，不得不权其轻重缓急，更新厘订。现实之资料，既有待于搜寻，告竣之时日，遂难免于展缓。兹先将军政部及参谋本部训政工作年表第一步审查结果，列述如次，余俟分别审查完毕，再行制作总表，报请察该〔核〕。

（甲）军政部

（1）关于铨叙事项：应于备考栏内载明“应协助考试院办理”。

（2）关于改定军制事项：应于备考栏内，载明“（一）关于改建师单位一节，已于编遣实施会议第四次会议制定原则，以师为单位。（二）确定常备兵额，亦经国军编遣委员会大会所通过之国军编遣进行程序大纲第八条规定，全国兵额约八十万人”。

（3）关于全国绥靖事项：本表十九年度工作栏内列有清查户口一项。按调查户口，系属于内政部职掌范围，故内政部已拟有较详之办法，列于该部年表十九年度工作栏内，本表应行删去。又清乡期限改为十九年完成，以内政部所定者一律。

（乙）参谋本部

（1）原表系条举说明体，交还参谋本部改造表式，于时间及性质所许可范围内，造送来会。

（2）原表第七项“推行征兵制度”，改为“计划征兵制度之推行”。

（3）原表第八项第四款宣传事项，其第一年度工作项下，“或派员审查稿件”一句，改为“于必要时得派员会同主管机关审查稿件”。

（4）关于动员计划事项：查关于动员计划，与参谋本部职掌范围，不无关系。军政部既经训政工作年表内拟有动员计划一项，参谋本部年表内亦应列入。

二、立法原则

（甲）法院组织法原则

按司法事务之改进，必以法院制度为之基础。民国肇造，十有余年，法院组织法，迄未制定，识者病之。第二三一次政治会议，爰制定法院组织法原则十二项如下：

一、刑事诉讼就现行之检察制度，加以改善，并扩张自诉之范围。凡因犯罪而被害之个人，以许自诉为原则。

二、每县或市各设地方法院。但县或市区域狭小者，得合数县或市设一地方法院。其县或市区域辽阔者，得设分院。

三、实行三级制度地方法院，为法院之单位。上级为高等法院，再上级为最高法院。以三审为原则，二审为例外。

四、地方法院审判案件取独任制，高等法院审判案件为三人合议制，最高法院为五人合议制。

五、各省及特别区域各设一高等法院。其省区辽阔者，增设分院，将本院分院之行政事项酌予划分。

六、在交通未发展以前，得于距离中央政府所在地较远之处，设立最高法院分院。但关于统一解释法令之事项，应加以限制。

七、各级法院及分院，均置院长，以综理行政事务。但地方法院之分院，如推事员额，仅有一人时，因行政事务之简单，即由该推事兼理之，不另设院长。

八、各级法院及分院之院长，均兼任推事。

九、检察官员于刑事自诉案件，应协助之。其自诉人撤回起诉时，除告诉乃论之罪外，如认为应起诉者，并担当之。

十、凡法院均配置检察署，以为检察官员执行职务之所。

十一、实任推事除有法定原因，并依法定程序外，对之不得有勒令停职，免职，转职，及减俸等事。

十二、各级法院均设分院，故不采巡回审判制度。

（乙）民法亲属继承两编原则

民法第一编总则，第二编债，及第三编物权，均经政府次第公布。其第四编亲属，及第五编继承，则尚未属草。政治会议以该两编与本党党纲及各地习惯所关至大，若不详加考虑，将来施行之际，将不免多所扞格，经即征询各委员意见，并参酌本国国情，兼采取各国立法例，于第二三六次会议就立法主义上最有争议各点，分别议定如下：

亲属法先决各点

第一点　亲属分类

亲属应分为配偶，血亲，姻亲三类。

第二点　夫妻及子女间之姓氏。

一、以妻冠夫姓，夫人赘妻家时，冠妻姓为原则。但得设例外之规定。

二、子女从父姓。

三、赘婿之子女从母姓，但得设例外之规定。

第三点　亲属之范围

亲属不规定范围，而规定亲属之定义及亲等之计算方法。

第四点　成婚年龄

成婚年龄男十八岁，女十六岁。

第五点　亲属结婚之限制

与左列亲属不得结婚：

一、直系血亲及直系姻亲。

二、旁系血亲及旁系姻亲之辈分不相同者。但旁系血亲在七亲等以外，旁系姻亲在五亲等以外者不在此限。

三、旁系血亲之辈分相同，而在六亲等以内者。但表兄弟姊妹不在此限。

第六点　夫妻财产制

一、夫妻财产制，应定为法定制及约定制两种。

二、法定制定为联合财产制。

三、约定制除左列三种外，得规定他种制度。

（一）共同财产制。

（二）统一财产制。

（三）分别财产制。

四、夫妻得以契约于约定制中，选择其一为其夫妻财产制。

五、夫妻未以契约订立夫妻财产制者，当然适用联合财产制。

六、适用约定制（除分别财产制外）或法定制后，遇有特定情形，当然或依法院之宣告，改用分别财产制。

七、适用约定制后，在婚姻存续期内，夫妻得以契约改用他种约定制。但须加以适当之条件。

第七点　妾之问题

妾之问题，无庸规定。

第八点　家制应否规定

家制应设专章规定之。

第九点　家制本位问题

一、家制之规定，应以共同生活为本位，置重于家长之义务。

二、家长不论性别。

继承法先决各点

第一点　宗祧继承应否规定

宗祧继承，无庸规定。

第二点　遗产继承是否以宗祧继承为前提

遗产继承，不以宗祧继承为前提。

第三点　继承人之范围顺序及其应继分

一、继承人分法定继承人，及指定继承人两种。

二、法定继承人除配偶外，依左列顺序定之：

（一）直系卑观属。

（二）父母。

（三）兄弟姊妹。

（四）祖父母。

三、非婚生子女，经抚育，或认领者，于继承财产，与婚生子女同。

四、第一顺序之法定继承人，不问性别，以亲等近者为先。

五、第一顺序之法定继承人中，有于开始继承前死亡，或丧失继承权者，由其直系卑亲属继承其应继分。

六、法定继承人不只一人时，不问性别平均继承。但有特别规定者，不在此限。

七、养子女之继承顺序，与亲子女同。但应继分为亲子女之二分之一。

八、于无直系卑亲属时，得就财产之全部，或若干分之几，指定继承人。

九、指定人及被指定人，均不问性别。

第四点　配偶应否继承遗产

配偶应有相互继承遗产之权。

第五点　配偶继承顺序及应继分

配偶继承，不限于一定之顺序，其应继分，依左列各款定之：

一、有第一顺序之继承人时，与各继承人平均分配。

二、与第二顺序或第三顺序之继承人同继承时，其应继分为遗产二分之一。

三、与第四顺序之继承人同继承时，其应继分为遗产三分之二。

四、无第一顺序至第四顺序之继承人时，其应继分为遗产全部。

第六点　继承开始前赠与之财产应如何计算

法定继承人在继承开始前，因结婚分居，或营业等原因已从被继承人受有财产之赠与者于继承开始时，应将其受赠财产并入遗产计算。但被继承人于赠与时有相反意思之表示者，不在此限。

第七点　对于遗产有贡献之继承应否规定报偿

对于遗产有贡献之继承人，无庸规定报偿。

第八点　特留财产应否规定

特留财产，应加规定。

第九点　特留财产之范围

特留财产之范围，依左列各款之规定：

一、各直系卑亲属，及配偶之特留分，为其应继分二分之一。

二、父母之特留分，为其应继分二分之一。

三、兄弟姊妹之特留分，为其应继分三分之一。

四、祖父母之特留分，为其应继分三分之一。

（丙）危害民国紧急治罪法

按中央第一〇五次常务会议送，由政治会议讨论者，本为“危害党国紧急治罪法原则”。政治会议比即转交立法院，而立法院则以此案关系重大，即关于手续上各项规定亦应格外审慎。因将所拟全文再行呈由政治会议第二四七次会议修正，将该法改称为“危害民国紧急治罪法”，同时并规定其有效期间及施行日期，均以命令定之，其要点有二：

1.罪刑加重　该法规定凡“以危害国民为目的”，而有“扰乱治安”，“私通外国，图谋扰乱治安”，“勾结叛徒，图谋扰乱治安”，“煽惑军人，不守纪律，放弃职务，或与叛徒勾结”等行为者，处死刑。有“煽惑他人，扰乱治安，或与叛徒勾结”，“以文字，图画，或演说为叛国之宣传”等行为者，则处死刑，成〔或〕无期徒刑。有“受上述罪犯煽惑，而不守纪律，放弃职务，或与叛徒勾结，或扰乱治安，或为之展转宣传”等行为者，则处无期，或十年以上有期徒刑。有“为叛徒购办，或运输军用品”，“以政治上或军事上之秘密泄漏，或传递于叛徒”，“破坏交通”等行为者，则处死刑，无期徒刑，或十年以上有期徒刑。他如“以危害民国为目的，而组织团体，或集会，或宣传与三民主义不相容之主义”，以及“明知其为叛徒而窝藏不报者”，亦均处徒刑有差。盖该法为刑法之特别法，其目的专注重于保护国家利益及镇压反革命，故其所定罪行，自较通常所适用之刑法为重也。

2.手续简捷　凡犯该法所定各罪者，在戒严区域内，由该区域最高军事机关审判。在剿匪区域内，则由县长及司法官二人组织临时法庭审判。其审判为军事机关时，应附具案由，报经该管上级军事机关核准后执行。审判为临时法庭时，则应附具案由，报经高等法院核准后执行，并报省政府备案。若该管上级军事机关，高等法院，对于该项审判认为有疑误者，得令会审或派员会审。其所采手续颇与惩治盗匪暂行条例相类似，盖一以简便迅捷为主旨也。

（丁）共产党人自首法之修正

共产党人自首法第七条，规定“自首应向法院或其他官署为之”。政治会议以审核共产份子之有无自首理由，法院或其他官署常不如高级党部之见闻真而认识确。因令立法院将该条修正为“自首应经由高级党部核准，然后向法院或其他官署为之”，以示慎重。

（戊）邮政储金汇业局组织原则

邮政储金汇兑及汇业局之组织问题，关系国民经济，国家财政，及一切实业建设，均极重大。政治会议经于第二四六次会议，将王委员伯群所拟“邮政储金法”及“邮政汇兑法原则草案”，交立法院参考，并决定邮政储金汇业局之组织原则如下：

1.邮政储金汇业局，应单独设置。

子　总局设局长一人，副局长二人。

丑　交通重要地点，得设分局。分局之设置，由交通部呈准行政院，以院令定之。

2.监察机关之组织，应成为组织法中之一章或一节。其监察权之行使，另以章程定之。

（己）电影检察法原则

电影检察法原则，为中央第八十二次常务会议所通过，计有四点：（甲）电影检察事宜，由各特别市政府负责办理。但特别市党部应派员参加指导。（乙）甲地检查后，乙地免检查。（丙）检查手续，应力求简单与迅速。（丁）国产影片，免收检查费。嗣立法院以关于电影检查之手续，似宜集中，故于电影检查法第三条第一项规定云：“电影检查，由教育部派四人，内政部派三人，组织电影检查委员会办理之”，又第二项云：“电影检查委员会检查电影时，应请中央党部宣传部派员参加指导”。此条虽与原则第一项由特别市政府，负责办理之标准微有出入，然按诸原则第三项力求简单与迅速之旨，似更贯彻。政治会议依据此项请求，经即予以通过，并函报中央常务会议备案。

三、施政方针及重要政务

（甲）内政

1.规定行政年度起讫日期

政治会议以训政时期既经第二次全体会议规定为六年，所有种种革新方案，亟须分年实施。爰决定行政年度起讫日期，亦应与会计年度相同。盖大规模之建设，在在与国家财政有关。非两者相应，不为功也。

2.修正甄选县长方案

按关于县长人选问题，早经第三次全体会议交由内政部拟具甄选县长方案，政会议旋亦附具意见，送请中央常务会议讨论。中央常务会议当推戴委员传贤等审查，另由审查委员草拟县长考试任用原则草案。提经第一〇八次常务会议，再送政治会议，政治会议因决议如下："县长之任期，定为三年，其叙用及考绩方法，应由政府详细规定。原拟之县长考试任用原则草案，交政府参考"。

3.筹拟移民殖边办法

我国工业凋敝，人民失业者日多，加以各地饥馑，饿莩载途。而政府财力有限，一时又不及一一加以救恤，欲谋补救，自宜先从移民垦殖入手。如东北三省，物产丰富，现皆蕴蓄未发，而日韩俄三国每年移入人数，则已达数十万，侵并阴谋，无时或已。次如新疆，则白俄缠回，在在皆是，若不早为防范，其所有利源，尤不免为俄人所侵蚀。政治会议爰拟定移殖东北办法三则，交国民政府酌办。一面依据内政部所拟计划，交由政府令行新疆省政府，对于白俄缠回，妥为取缔。并令其按照国籍法，转入中国国籍，务使外国垦民，均受我国法律统治。其移殖东北办法如下：（甲）"移殖之举，既以救济灾民与失业工人为目的，应取断然办法。由中央密交工赈机关，主持办理，以免主持部会往返商洽，稽延迟误，致失救济本意"。（乙）"主持机关，应先直接与东三省长官，商洽安插移民垦荒应急办法，呈请中央核准施行。"（丙）"移民事项，应与有灾各省赈务机关协商进行。移工事项则与各省市政府会同办理"。

4.核定实施全国农业推广计画

实施全国农业推广计画草案，为中央农业推广委员会所拟，经内政教育农矿三部，会同审核，认为该计画草案所定开始实施年度，当视国家财力，定其迟早。至中央补助各省经费一层，拟以每年二百四十万元为最高限度。现各省推广经费有超过该计画草案所订豫〔预〕算时，则由各省县分担，中央自可不另补助。政治会议详加讨论，亦以此案大体可行。当即交由国民政府审酌办理。同时并令各省设立高等农业学校，以为推广之基础。盖如此，既可以培养不少之农业人材，而又可使之与行政机关相辅助，于进行上实不无裨益也。

5.整理国医学术

我国医术，由历代先哲苦心研究，各以其经验，笔之于书，始陆续传诸后世。现在提倡西医，希望西医精粹，输入我国。第以地广民众，西医人才，骤难培养足用。而中西医术，又互有短长，自非并行提倡，实不足以收普遍疗救之功。惟历代著作颇繁，其间学有心得，堪为世资者固多，而附会穿凿，无裨世用者，亦复不少。政治会议爰决定设立国医馆，以科学方法，整理中医学术，并为中药之研究，其工作约分为：（甲）学说的整理，（乙）诊断法的整理，（丙）药品的研究，（丁）针灸法的整理。务期系统秩然，便于实施。至详细办法，则交由国民政府核定之。

6.救济民食计划

（子）举行足食运动　我国以农立国，而年来食粮动感缺乏，实为国计民生上一大隐患。考其致此之由，固在生产之不裕，与分配之不均，而一般人民对于食粮之消费，不知节省及补救，亦未始非原因之一。值此军事尚未彻底解决，财政极形困难之际，从前所拟各种根本救济方案，多难实现。在现在情况之下，欲于全国民食有所补救，除随时应付处理各种消极问题外，其力所能为者，如就提倡米麦之代用品，提倡饮食上之节约限制，粮食之正当消耗等办法中，从事宣传，则亦可以使家喻户晓，较诸一纸文告之颁，收效实大。且更不致受时局财政各方面之影响，而阻碍其进行也。政治会议爰令民食委员会专门委员，分别撰拟宣传小册，送交中央及地方各级党部以及公共团体，广为颁发。一面请中央党部，规定足食运动周举行之时期，并通令全国各级党部及公共团体，届时作普遍之宣传，其宣传要目如下：(一)说明各种食用作物之成分及营养价值。提倡米麦之代用品，如豆类，马铃薯，甘薯，玉蜀黍等，以补米麦之不足。（二）提倡食用糙米。（三）宣传酒害，及其耗费食粮之点，以冀减少粮食酿酒。（四）提倡宴会及办理婚丧等之简单化。(五)提倡公墓，以增耕地。（六）倡导农家副业，以裕农家经济。（七）宣传农民合作，及公共仓库之利益。

（丑）重申禁止遏粜之令　查禁止遏粜，早经国民政府以明令公布。嗣各省政府间有以收成欠旺，呈请准其特别禁止，将该省所产粮食搬运出境者，政治会议以其与通案显相违背，因函由国民政府重申禁止遏粜之令，并申明禁止遏粜，系包括禁止阻碍米麦流通而言。

（寅）调节上海面粉及吉林食粮　私运粮食出口，亦久己〔已〕悬为厉禁。而上海市面粉同业公会，则一再呈请将面粉特予弛禁，政治会议认为现在国内面粉产额不足，若再弛禁，势必更感缺乏，本国民食非仰赖洋粉输入接济不可。同时并查得上海面粉厂，现存面粉约四十万包，江浙皖内地各厂存五十万包。又十七年海关报告洋粉进口约值关平银三千一百四十余万两，而出口数目虽值三千三百余万两，然大部分均属转口，行销内地，直接运销外洋者，不过四十余万两。是我国内地目下尚需巨量外粉，则本国面粉一时实难弛禁出口，故对于该公会之请求，迄未之许。至吉林所出产之粮食，本以高粱小麦为大宗，其产地遍于全省，运出之路，则集中哈埠东绥、芬南，由长春出境。自受禁运之制限以后，此项产额，遂致供过于求，价值低落。政治会议考察属实，因准予特别弛禁。盖彼此情形既有不同，其处置方法，亦不能不因而互异也。

（卯）核定进出口及转口米粮查验登记办法　国内各地米粮到销数目与民食之调剂分配，颇有关系。政治会议经饬由民食委员会拟具办法三项："（一）各重要口岸米粮进出口及转口之查验登记，应由中央办理，或暂由中央酌量情形，分别委托各省市办理。但须受中央之指导及监督。（二）上海市进出口及转口米粮之查验登记，应由农矿部，上海农产物查验所办理，并得由该部邀请江苏省政府，上海市政府，及其他有关系之机关团体派遣代表合组一委员会，作为咨询机关。（三）米粮查验登记费，一律免收，手续务求简单。"旋上海市政府以该市进出口及转口米粮查验登记，不应责成技术机关办理，请照第一项办法责成该市社会局负责进行，以资熟手。复经政治会议转行民食委员会，议定办法如下："（一）上海出口转口米粮查验登记事宜，向由该市政府社会局办理，现应移归上海农产物检查所接办。（二）进口米粮之查验登记，市政府向未办理，自应由检查所同时办理。（三）到销米粮之查验登记，由市社会局办理。（四）检查所与市政府间，关于民食问题，彼此应切实合作。"同时，并将农矿部所拟之进出口及转口米粮查验登记章程修正通过。其农矿部所请进口及转口米粮查验登记事宜，上海广州等处，由该部农产物检查所办理，及由行政院财政部转饬总税务司通令沿海各关，凡进出口及转口米粮，应由各该关员司，知照承办商人，先将关单，提单，通行证，及其他有关系文件，送由各该地米粮查验登记机关，加盖图记两节亦经考核，认为可行。惟以事关执行手续，当交行政院予以核定，以符政治组织上之统系。

（辰）整理各地积谷仓并设法维持农产物之价格　今年各地丰收，粮食颇有余裕。然以去年存底枯竭情形而论，明春恐仍有青黄不接之虞。现在收获已毕，农民或因他种消费，或清偿债项，势不得不将粮食廉价出售。故最近粮食跌价，殊非农民之利。为维持民食计，政治会议当经交由行政院查照前案，通饬各地，立即设置积谷仓，已有者应令扩充其积谷数量，由各省政府按照当地情形，从速规定。如缺乏款项，可准其向金融界息借，即以存谷为保证，并由地方公正人士，组织委员会，负责监督。若已设有农民银行，尤应令其兼营农民米麦抵押，其未设立农民银行之地方，则应令各典当在中央规定利率范围内，办理米麦抵押。一面不许商民囤积，并严禁米谷出洋，务期农民有周转机会，不致多受捐〔损〕失，而各地粮食状况，亦得保其平衡。

（己〔巳〕）严禁各地奸商以矿质白粉掺入米中　各地奸商，希图渔利，多有以一种矿质之白粉，掺入米中，增加重量。如上海汉口等处，业已发现。政治会议以此种杂质混和米中，其影响于人民生计及健康者甚大。当交行政院通令各省市及农矿部农产物检查所，从严检查，加以科学及技术上之化验。如查有实据，应与以严厉之处罚及禁止。

7.国葬谭故委员延闿

谭委员延闿，追随总理，从事革命工作，自辛亥以及讨袁护法诸役，无役不从。迨国民政府成立，翊赞中枢，悉心擘划，其德量渊醢，勋猷彪炳，早为国人所仰望。年来以久病之躯，从容坐镇，弘济时艰，大节昭昭，尤堪矜式。乃不幸于本年九月廿二日上午九时五十五分，因病溘逝。政治会议追念前劳，爰交国民政府特予国葬，以示中央崇德报功之意。

（乙）外交

（1）收回威海卫交涉之经过

威海卫一地，原属山东省，文登、荣城两县辖境。清光绪初元间，为北洋海军根据地。所有海军设备，本甚完全，甲午一役，尽被摧毁。迄二十四年，即西历一八九八年，始订约租于英国。计至民国十二年，已满原定二十五年之租借期限。当民国十年十二月华盛顿会议时，英代表白尔福宣称愿照适当条件，交还中国，旋于十一年二月，致函我国代表施肇基，声称有若干事项，须互相解决，方能实行交还。遂列举英舰于夏季仍得在威海卫避暑，并装卸存储海军军需品，保留所需产业，借海面训练海军，保护外人财产，准外人参与市政，请中国建筑铁路，联络内地等条件。嗣我国派梁如浩督办接收威海卫事宜，与英委员于是年十月间在威海卫开议。因英委员所提条件过苛，会议中缀。后于十二年三间，又在北京续议，至五月议定接收。意见书二十四条，附件四件。当时各界对于该意见书，极表不满。前北京外交部亦认为有应行修正之点。迭向英使提议修改，最后于三〔十三〕年二月间，英政府表示文字形式，尚可修正，实质上不能再行修改，否则宁作悬案，延期交还。五月二十八日，准梁如浩辞职。本案由前北京外交部接办，六月十二日，与英使重开谈判，磋商十数次，英使稍示让步，当经议定专约草案二十九条，及附件等。该草案于十三年十月二十三日，由北京政府国务会议议决通过。其时英使亦至北外部，称奉本国政府训令，准予签字。遂约定于十一月二十八日正式签字。厥后政局变动，此案遂因而搁置。迨国民政府建都南京，外交部复向英使提出交涉。英使以交收威海卫专约草案已于民国十三年议定，维持照原草案签字，只字不能变更。惟我方以形势变迁，认为原草案应行修正之点甚多，英使谓上次修正梁如浩氏意见书，已属特别通融，如欲将十三年议定草案重行修改，在英国政府之意，惟有将该案继续搁置。双方争执至数月之久，英始让步，允与中国开议。惟无论为文字之修正，或实质上之变更，英使必多方为难，谈判在若断若续之间者，复经半载有余，卒于十九年二月十三日，将草案议定，分为专约与协定两部。计专约廿条，协定六条，即于是日由政治会议分别予以核准。其内容虽不能尽照我方提出之方案，但较之十三年议定草案颇多变更之处，兹择其尤重要者，略述如下：

（一）借用刘公岛海面消夏问题　查十三年议定草案第二十三条，规定“中国政府允将刘公岛内房屋数所及便利数项，无偿借与英国政府作为英国海军消夏养疴之用，以十年为期。期满后，经两国政府同意后，得适用原条件续借。”一面用换文声明，“如英国政府于十年期满后，提议续借，中国政府对于此项提议，非有适当理由不辞却考虑，或拒绝续借。倘中英两国政府解释适当理由一语，意见不同，不能由通常外交手续解决时，应按照公法及惯例所规定之其他友谊方法解决之。”是十年期满后，在名义上虽须经两国政府同意方可续借，实则中国非有适当理由，不能拒绝续借。所谓适当理由，殊属漫无标准。倘使双方解释不同，势必采用国际仲裁方法解决之。此种办法，决非中国所愿。此次与英国交涉，关于此点，争执最烈，屡濒决裂。最后议定借用刘公岛消夏条约不列入专约之内，而另以协定订定。（以十年为期，期满后，经两国政府同意，得适用原条件或适用其他经两国政府同意议定之条件续借。）至附加之换文，英方同意，完全取消。较之十三年议定草案其不同之点有二：（1）十年期满后，我方如不愿再借于英国，即可拒绝续借，无须提出适当理由。（2）十年期满后，我方即愿续借，但对于租用条件及期限，均可酌量情形，加以修改，不必尽照原条件办理，较有活动余地。

（二）行政专区之取消　查十三年议定草案第十二条规定，（中国政府声明将威海卫地域划作专区，由中央政府简派行政长官管理……），又第二十条规定，（中国政府声明维持爱德华埠为国际通商居住区域，……爱德华埠之外，另一附近区域，如附图A中红色线所标志者，将来开放为外人通商及居住之用……）。而关于该区行政，则另订有威海卫商埠章程。此项章程，名为由我订定，但其内容，先经英方同意，并须正式通知英方，在行政上颇受限制。查我国收回威海卫后其最大之目的，乃欲以刘公岛为我国海军根据地，如爱德华埠永为国际通商居住区域，则英海军借用刘公岛消夏办法，虽于十年期满后完全取消，其对于我国军港计划，仍有妨碍。且威海卫既经交还，则主权属我，是否划作专区及日后如何设施，我国应有自由决定之权。此次与英使磋商十余次，始改为中国政府在决定将威海卫口岸关闭，并完全保留作为海军根据地以前，将维持该口岸为国际通商居住区域。故中国政府如果决定以刘公岛为海军根据地，即可将威海卫口岸关闭，以免海军要塞为外人所窥伺，至划作专区规定，及商埠章程，亦均取消。

（三）关于外人永租权之规定　查保护外人财产，为英代表白尔福要求条件之一。关于此点，十三年议定草案第十四条规定，（凡从前威海卫英公署所发给外人之地契，中国政府应换给三十年为限之租契，期满后，租户得适用原条件续租）。又第十五条规定，（凡从前威海卫英公署所发给之租契，中国政府认为有效。但得该租户同意时，可将该租地赎回）。依上述之规定言之，（一）外人之土地所有权，将改为永租权。（二）外人之永租权依旧享有，其永租地亩之赎回，须得租户之同意。但是，威海卫一带外人之永租产业，非经租户同意，中国政府将无权收回。日后中国如欲以刘公岛为海军根据地，必多掣肘〔肘〕之处。此次与英使一再磋商，加以修正。即一方面承认外人有永租权，一面定明如中国政府决定以该区为海军根据地时，得以公平价格收回其产业。此外英国领事馆等处之借用，亦以未决定作为海军根据地以前为限。

（四）淤地优先权之取消　查十三年议决草案第十六条有二项规定，（如果海滨发现淤地，该业主及租户有优先租用之权）。但承认永租，本属不得巳〔已〕之办法，若海滨淤地许外人优先租用，是不仅维持外人之既得权利，且其既得权有扩大之可能，与收回之本旨相背。此次迭与英使磋商，始将此项规定完全删去。

（五）建筑汽车大道之取消　查英国白尔福代表于一九二二年二月三日致函中国施代表，即以中国建筑铁路，联络内地，列入交还条件之中。故十三年议定草案第十八条规定，“因建筑联络爱德华埠与内地铁路认为不便，中国政府声明担任于接收威海卫后，从速建筑行驶汽车及大车之道路，使威海卫与内地便于交通”。不知建筑道路，属于我国行政范围，在条约内自不应有所规定，致受束缚。且此项筑路办法，对于我国军港计划，有无妨碍，亦须详加考虑，几经磋商，始将该项规定删去。日后应否筑路，由中国政府自由决定。

（六）威海卫财政问题　查十三年议定草案，关于威海卫之财政在条文内虽无规定，但另以换文声明如下：“（四）威海卫行政公署将继续担任关于德胜码头及坞口改良计划，英国政府对于商家所负之义务，及对于汇丰银行借用尚未还清款项之责任。此项借款付息还本，应由中国威海卫海关收入项下，除本关办公费外，优先拨付。（五）威海卫行政长官于该地常年收入项下，将提出的款，为办理各项市政费用。其数目与自一九二〇年四月至一九二三年三月底止之三年平均数目相等”。查英国经营威海卫，初非中国政府所委托，对于商家银行所负债务，不应责中国政府代为清理。至威海卫市政经费，亦应由中国政府自行核定，非英国所得干涉。且此种办法，将来中国军港计划，根本冲突。此次迭与英使磋商，将该项换文，完全取消。总之十三年议定草案，其目的，系欲开放威海卫为国际通商居住区域。故对于军港计划，未尝顾及。此次议定草案，则以建筑军港为收回威海卫最大之目的。目前虽许外人通商居住，但日后中国政府有关闭口岸，拒绝外人居住之权。此为二者精神上不同之点，（交收专约及协定原文从略）。

现在威海卫业于十月一日接收。惟该地并非贸易中心，若组织为市，则恐未必有如何发展，而财政上亦将不易维持。政治会议体察实际情形，爰决定管理方法如下：（一）设威海卫管理公署，置专员，简任，由行政院拟组织法。（二）设海关，不规定为无税港。

（2）对俄交涉

中东铁路问题，我方对俄交涉方案，早经报告第三次全体会议在案。惟俄方并无解决诚意，迄今为时已将近一年，几经磋议，终不能谋一适当之解决。政治会议本其既定方针，迭经令由外交部密电莫代表德惠，指示机宜，现仍在交涉进行中，故尚无具体结果，足资报告。

（3）议定我国出席国际军缩会议时之提案

本届国际军缩会议，关系我国军政前途者綦重。我国所应取之方针，自应由国防会议先行决定。但国防会议迄未举行。政治会议经即议定提案四项，密令参谋总长转知出席代表，俟会议中讨论各问题时，相机申述。提案如下：（一）请制定计算陆军兵额之标准，并依土地人口国境线之状况为原则，以规定各国最低限度之兵额。（二）规定海洋自由。（三）撤废国家总动员制度，尤须撤废工业动员限度。（四）设立国际军缩监督机关。

（4）加入国际联盟行政院非常任会员之进行

国际联盟行政院非常任会员。以我国人口土地而论，本应被选。此次国际联盟闭会，政治会议即令外交部电知伍代表朝枢等，妥速进行。嗣据报告，国际联盟秘书处劝我放弃行政院非常任会员，改图大会会长，以为交换。政治会议复交外交部，复以会长不妨接受，但无论成否，不得以此为进行选举行政院会员之交换条件。其时亦有主张我国不能加入行政院，不如乘机退出者。政治会议则认为暂时不宜退出，故未采此项建议。

（5）废止日本对华文化事业协定及换文办法

日本对华文化事业协定，系民国十三年二月二十六日所订。其中对于庚子赔款余额，并无抛弃或退还字样。而民国十四年五月四日之芳泽照会，则名庚款为日本对华文化事业特别会计资金。其款列入该国历年预算，须经会议通过。事务则归外务省特设之对支文化事务局主管，且须逐年进行，预计赔款终了之后，尚可永久维持。又依该协定第三第四第六第八各条，日本得在中国内地设医校、病院、研究所、博物馆、图书馆。而北京所设之图书馆、研究所，且得享有土地权。此项协定，实不啻二十一条第五款第二项之复活。至其所标榜之东方文化事业总委员会，虽系根据协定第一条，由中日两方共同组织，但实际上则须受日本外务省对支文化事务局之指挥操纵。其所能筹划管理者，依换文之芳泽照会所声明，须在不抵触日本文化事业特别会计法，及关于该法之法规范围以内。其与中国法令有无抵触，及是否侵害中国主权，则在所不问。实言之，此盖日本籍庚款关系，希图伸张其行政于我国领土以内而已。本党方以废除不平等条约为职志，对于此种丧权辱国之协定及换文，何可尚承认其继续有效。政治会议爰本斯旨，当饬由外交部转知驻日公使汪荣宝，向日政府交涉。惟迄未得要领，旋从议定进行计划，函知国民政府，令行各该主管机关，分别遵照。务使日本退还庚款，须与英美等国同样办理。

（6）改定政府机关与外人涉讼办法

我国现正进行撤销领事裁判权，对于外国在华法庭，在政府方面，自未便予以承认。乃政府机关，间有未经政府核准，贸然用国民政府及中华民国代表名义，向外国在华法庭起诉情事。政治会议认为此种举动，未免有损国体。经咨由国民政府通饬各机关，嗣后遇有此类案件，如，须向其本国法庭进行司法手续，应由原订合同经手人或机关，呈经主管院部核准后，以原经手人代表原订合同机关，或迳以该机关名义起诉，不必以国民政府代表或中华民国代表名义起诉。

（7）惩办辛浦森之交涉

英人辛浦森，凭藉阎逆锡山势力，强迫接收津海关。政治会议经即令外交部先后以书面及口头向英公使交涉，将其驱逐出境，依法惩办。现虽据该公使答复，已转电英政府核办，惟尚未完满解决。

（丙）司法

（1）不追溯科罚侮辱总理遗像之行为

全国对于中国国民党总理遗像，如有意图侮辱，公然加以损坏除去或污辱之行为者，业经国民政府于十八年六月二十七日，以明令公布，应依照刑法第一百六十七条，“意图侮辱民国，公然损坏除去或污辱民国之国旗国章者，处一年以下有期徒刑，拘役三百元以下罚金”之规定论罪。在十八年六月二十七日令文公布之后，如有此项行为，自应依法办理。惟在令文公布以前，而有此项行为者，可否追溯科罚，论者主张不一致。政治会议以为刑法第一条之原理言之，行为时既无科以刑罚之法令，依照法律效力，不溯既往之原则，则此项行为，自应不为罪。

（2）延长惩治盗匪暂行条例施行期间

惩治盗匪暂行条例第十一条所规定之施行期间，本为六个月。厥后迭经延长，然计至本年五月十八日止止〔止字为衍〕，又已届满。政治会议以现在各省军事未定，匪共潜滋，爰将该项条例所定之施行期间，自十九年五月十八日起，再延长六个月。

（3）核准武汉所适用之理债标准继续有效

武汉在十六年施行现金集中政策之后，金融停滞，市面紊乱，各商号一切往来，完全断绝。其在现金集中以前所欠银行钱庄款项，亦以纸币跌落之故，轇轕横生，相持莫决。前武汉政治分会曾爰呈请政治会议核准，在武汉设立一临时商事法庭，并制定武汉临时商事法庭理债标准，以期将该项债权债务之纠纷，彻底解决。嗣武汉临时商事法庭，因届满一年期限即行结束。政治会议以其所适用之理债标准，虽有武汉临时商事法庭字样冠于其上，然实系因解决武汉市商人因现金集中所生债权债务之纠纷而制定。武汉临时商事法庭结束之后，关于该项债权债务之纠纷，既未扫数结清，自应由普通法院继续清理，爰决定将该项理债标准核准，继续有效，俾资适用。

（4）改组广东法官学校为国立广东法科学院

广东法官学校，为民国十三年间总理在大元帅任内所创办。成立之初，归广东高等审检两厅直辖，及十五年间前司法部在粤时，曾一度裁撤，校长改用委员制。委员均系由部派委。迨司法部迁汉以后，又将旧制规复。学生先后毕业者，有二百九十七人，现在校内修业者，有七百六十二人。学业成绩，尚称优良。政治会议以该校系总理手创，且隶属司法机关，由来已久，历史上实具有特殊情形，爰依据司法行政部所拟改组计划，将该院直隶于司法行政部，所有聘任校长等项，均由司法行政部办理，仍咨教育部备案。至经费一层，则由广东省司法收入项下补助。盖司法收入，本指定为改良司法专款，且属国家收入之一种，以之补助此项国立法科学院，亦属名实相符也。

（5）限期成立各省反省院

反省院之组织，早经中央决定原则。并由国民政府公布组织条例，分饬施行。惟各省或因经费无着，或因勘觅基地，遂致成立者，尚属寥寥。政治会议议定反省院之经费，在各省者，由各该省政府担任；在省都者，由中央担任。现除浙江、安徽、广东等省业已报告成立外，其余经即饬由主管机关分别拟定成立限期，严令遵办。计江西省限一个月，江苏省限三个月，山东省以一个月为筹备期间，三个月建筑完成，合计不得逾四个月。湖北、湖南、福建三省以三个月为筹备期间，六个月建筑完成，合计不得逾九个月。此外其他各省，则或尚在进行中，或事实上一时无从进行，其筹设期限，应俟办法拟妥后，再行酌定。至上海一市，依照反省院条例规定设立地点，惟限于高等法院所在地。江苏高等法院所在地之吴县，既须设立反省院，该市此项人犯，自可并予收容。况上海一隅，夙为反动份子集中之所，对于此项人犯，尤以收容于距离较远之地为宜，故上海市不设反省院。

（6）筹设首都反省院并通过首都反省院条例

反省院本为收容反革命案件之人犯而设。首都为全国观瞻所，对于此项设置，自应力求完善。惟经费一层，实为先决问题。兹假定其容额五百人，约计建筑费开办费两项，即非十四五万元不办。而每年之经常费，亦约须十万元左右。政治会议经议定此项经费，应由中央担任。同时并将国民政府拟送之首都反省院条例第十一条通过，仍交政府办理。盖反省院条例规定，反省院之设立，须限于各省高等法院所在地。而反省院院长，则以高等法院院长兼任。首都情形既与各省不同，关于组织方面，自非另定规程，不足以资依据。首都反省院条例规定首都反省院置院长一人，兼总务科科长。训练科科长，请由中央党部指派。管理科科长，则由院长呈请司法行政部遴派。并由院长各科科长中央指派人员一人，最高法院检察署检察官一人，组织评判委员会。凡依反省院第五条规定，而其犯罪地在首都，或经中央党部议决送入之反革命人犯，均应入首都反省院。至依反省院条例第五条规定，其犯罪地在各省而该省未设立反省院，或犯罪地已设立反省院之省分，而有特别情形之反革命人犯，则得入首都反省院。余从略。

（丁）教育

审核改进全国教育方案情形

中央执行委员第二次全体会议决议，“于民国十九年春季，由教育部召集全国教育会议。在会议未召集前，教育部应即组织教育方案编制委员会，制成实行整顿，并发展全国教育之方案。

此方案中并须包含整个教育经费之预算。”教育部比即遵照此项决议，组织教育方案编制委员会，编成改进全国教育方案。计分实施义务教育初步，计划实施成年补习教育初步，计划筹设。各级各种师资训练机关，计划改进初等教育，计划改进中等教育，计划改进高等教育，计划改进社会教育，计划改进华侨教育，计划实施蒙藏教育，计划全方案总预算等十章。其党义教育计划，则已由中央训练部党义教育专员编制。至义务教育计划，及成年补习教育计划，亦另由该部呈送中央执行委员会，交中央训练部审查。政治会议对于该方案细加考核，认为与本党政纲及历届会议关于教育之决议案，大体尚无抵触，乃先付之全国教育会议讨论。旋经全国教育会议修正通过。并由教育部分别加以整理。政治会议以该案关系重要，因复交由教育组审查，现尚在审查中。

（戊）工商

（1）议定允许外国公司注册之标准

外商在我国设立公司，不问本店支店，均应依照我国法规，呈请注册，方取得法人资格，此定则也。惟各国对于外国公司注册所取政策，原各不同。有与本国人设立公司，同一待遇者，亦有以相互认可为原则，先以对方国家，允许己国公司在彼国注册为先决条件者，更有于相互认可以外，另设其他种种限制者。就我国现在情况而论，对于各国公使之注册，过于宽大，则恐启滥设之端，若限制过严，事实上恐更不无窒碍难行之处。政治会议细加审酌，乃决定对于外国公司注册，除有法令限制外，应依据相互原则，以对方国家允否我国同类公司在彼国注册为先决条件。

（2）取缔外商援用机制洋式货物税办法之步骤

机制洋式货物税办法，本为以往维护国货之办法。自一千八百五十八年中英天津条约订立之后，洋货运销我国内地，只纳百分二五子口税一道，免除一切税厘。而当日华商仿制洋货，若复任关卡重征，势必难与之抗衡。故光绪年间，李鸿章，张之洞，于上海，于武昌，设立机器织布局时，奏准清廷。凡该厂出口只纳一道出口正税，免除一切重征。嗣后工厂踵起，相继援例。沿及民国，遂订专章，称为机制洋式货物税。现行办法，以期促进我国工商业之发展，而免洋货之侵逼，原含有特殊性质，与一般税法用意，本不相同。惟自一千八百九十六年中日公立文凭第三款规定，“洋商在中国口岸开设工厂，其出品应与华商同等纳税”，遂致外商在我国设厂者，纷纷援例请求，数十年来，已成惯例。方今我国工商业正在幼稚时期，保育奖励，且犹虞不及，若再任令外商挟其雄厚资本，利用机制税法与之竞争，则华商必不足以自存。然欲一旦遽将此项办法根本取消，则又相沿已久，而新税则亦未厘订就绪，事实上将不免感受种种困难。政治会议以外商在中国设厂者，多未依照中国法令呈请注册，为适合目前需要起见，爰议定救济方法两项：（一）外商在我国设厂，须遵奉中国法令，呈请注册。不注册者，其产品不准行销。（二）以奖励本国人自立工厂为宗旨，由工商财政两部，妥拟办法。如此，外商虽尚可继续享受与我国人民同等之利益，而我国法令之效力，则不难逐渐普及于外人，亦未始非收回法权之一助也。

（3）改正工商同业公会会员代表推派办法

各地商民协会，早经中央通令限期结束，其旧有各该协会之组织份子，自应按照中央第七十次常务会议所通过之撤销商民协会办法，酌予参加商会或工商同业公会之机会，以资调剂。惟原办法关于会员代表选举资格之限制一层，似与我国商场实在状况，未尽适合。盖我国商场习于旧例，一切组织，又未完备，一经选举，必易发生流弊，或更引起别种纠纷。且选举必从多数商业用人中之店员，无论如何限制，必多于商业主体人及经理，而公会之组织则必成为店员总会之变相。在原办法第二项店员应有充任代表机会之原则，固当尊重，而公会以增进同业公共利害及矫正营业弊害之前提，亦宜兼顾。欲谋劳资协调，必劳资两方互助互谅，方能收通力合作之实效。政治会议爰将工商同业公会法施行细则第八条修正如下："本法第七条之会员代表，每一公司行号，得推派一人至二人，以经理人或主体人为限。但其最近一年间平均店员人数在十五人以上者，得增派代表一人，由各该公司行号之店员互推之。"

（已）建设

改并黄河水利委员会之职权

黄河为患中国已久。政治会议于十八年一月即经决定设立一黄河水利委员会，直隶国民政府，办理该河全部及其支流测量疏浚灌溉，及一切兴利防患筹款施行事务。嗣因军事发生，该会迄未组织成立。及至本年三月，第三次全体会议通过张人杰、吴敬恒、李煜瀛、叶楚伧，四委员所提"由中央与地方建设机关，合资开发黄洮泾渭汾洛颖等河水利，以救西北民食"一案，并由政治会议送经国民政府，转行行政院令饬建设委员会遵照办理。而洮泾渭洛汾颖等河，又均属黄河支流。按之治水原则，凡属水利工程，贵在统筹全局，决不可有上下游之分。建设委员会既经奉令筹办开发西北水利，所有计划治理黄河事宜，政治会议遂亦决定改归该会统筹办理，以专责成。

四、财政与金融

（甲）审核预算案之方针

现在财政困难已极，而各机关多只就本身着想，竞为扩充发展之计。所报十九年度支出预算数目，较十八年度类皆大为增加，其中固亦有属于事实上需要，不能不增加者，但斟酌情形，可暂从缓办，或仅系铺张扩大，并无急切需要者实多。政治会议对于预算案，爰决定采紧缩政策，以期与国家财政收入，不致相距过远，其余进行情形，分段以说明之：

1.救济十九年度预算不能如期成立时之办法

十九年度试办预算章程，规定各机关于十九年三月三十一日以前，编制第一级预算，送由各该主管机关，于十九年四月三十日以前，汇编第二级预算，送经财政部分类签注意见，限十九年五月三十一日以前，分批送达政治会议。原期十九年度预算于年度开始以前，分别予以核定，以立国家预算之基础。惟因事实上种种关系，各机关多不如期造送。政治会议节经饬由财政部严催，且令其定一期限。各机关不依期造送预算者，不发经费。（财政部呈覆拟以本年十月底为限，各主管机关务在此期限内，就可能范围编成主管部第二级预算书，连同各机关原编第一级预算书件，送由该部核转。其第一级预算书编送后时不及编入第二级预算者，随时专案核转）。一面决定各机关预算在十九年度开始时，未经核定者，可照十八年度核定案执行。至新事业预算，则由政治会议核定之。财政部旋即依照此项原则，拟具施行细目五项：（一）十九年度内所需经费经主管机关查核，认为比较十八年度核定案可以节略者，即照主管机关减定额费用。（二）十九年度内所需经费，经主管机关查核，认为比较十八年度核定案应行增加，而非急切需用者，暂照十八年度核定数支用。其急切需用无可延缓者，由主管机关声叙理由，专案呈请中央政治会议核准，分令财政部审计院照案执行之。（三）原文所言，可照十八年度核定案执行者，系指十八年度预算，曾经核定有案者而言。其十八年度预算未经核定有案者，可依十九年度试办预算章程第二十九条后半段之规定，照最近年度核定案执行之。其最近年度亦无核定案，（如军务费之类），而事实上必须支用经费者，暂照十八年度支付成案办理。（四）所谓新事业者，系指在本年度内新设之机关及新创之事业而言，其原有机关之扩充及原来事业之推广，均不作新事业论。（五）新事业之预算，以编入第二级预算送核为原则。但在第二级预算已经送核以后，或因特殊障碍，其第二级预算一时难于编成，而该项新事业有急于成立或举办之必要时，得专案送核政治会议细加审酌，认为该项办法尚属切要，当经决定，准加所拟办理。

2.补救十八年度未了案件及十九年度内特殊案件之办法

各机关所有十八年度，及以前各年度关于国家收支经临预算，早经国民政府通饬限于十九年四月十五日以前，送达财政部。财政部应于四月三十日以前，扫数转由财政委员会复核，以资结束。嗣财政部以各机关十八年度应编预算，间有因手续不合，辗转驳结，不及依限办竣，临时发生意外事故，提出追加预算，未及由财政委员会核定者，其所支出之经费，拟请由该部逐案审核，认为应支之款，即填发支令，俾完领资，及抵解手续。一面汇报行政院，转呈国民政府备案。又十九年度该部所属征收及财务机关，因兵燹匪祸等特殊事故，受有损害报请支销者，事前既无法造具预算，事后更无从援引上年度成案，拟请由该部逐案审核，认为应支之款，可援照十九年度试办预算章程第二十六条及第二十八条规定，呈报行政院转呈国民政府以命令准其支出，仍汇编预算书，转请政治会议追认。政治会议核其所拟办法，系为清厘旧案及应付事实上需要起见，自属可行。惟十八年度各机关应编预算之因手续不合被驳，不及依限办竣，及在限期以后临时发生意外事故，提出追加预算，未及由财政委员会核定者，其所支出之经费，经财政部审核，如认为不应支出，仍应呈由政治会议核定后，向主管人员按数追偿，以重公帑。

3.严禁各机关在预算定额以外开支

各机关经费，在十九年度预算案未核定前，只能照十八年度预算定额开支。在政治会议所决定十九年度预算未成立前救济办法，及施行细则中已有规定。但各机关间或不免仍有在定额以外开支情事。政治会议爰交国民政府，明令申禁。其有未经核准超出定额以外之一切开支，无论其款项来源，系属本机关收入项下，或存储项下，均非正当依审计法及会计则例，应责令出纳官吏，负责赔偿。

4.裁撤财务委员会

财务委员会自十八年一月成立以来，开会甚少。现在十九年度预算既经决定，不归该会审核，则该会自无继续设置之必要。政治会议当令该会裁撤。所有案卷等件，并着移交政治会议接收，以节经费。

（乙）救济金贵银钱之计划

自去岁金价暴涨，银价低落以来，我国家经济受有影响者，至重且大。政治会议为通盘筹划起见，当经交由行政院分饬各主管机关，先行将下列六点，调查具报：（一）各地存金数之估量。（二）各地存银数之估量。（三）最近一年来进出口之报告。（四）世界产银数。（五）世界各银矿之生产价格。（六）世界银销路之现象。一面令财政经济两组，详细研究。并邀立法院经济财政两委员会委员，及统计处处长，一同列席，综合各方面意见，及其所搜集之材料，计拟有治本办法三项：（一）力求国际贸易之入超变为出超。（二）试行金银并行本位制。（三）改革银行制度。但此三项办法，与我国经济组织及工商业关系，极为密切。若欲于短时间内仓猝决定，于事实上恐或不免有所扞格，故均留俟全国经济会议（召集经济会议办法详另款。）开会时，交付讨论。至关于治标办法，先是政治会议以我国币制，现尚未定，欲谋因应世界大势免除损失，将来自非逐渐改行金本位制不办。惟国内金货本已有限，而牟利之徒，尚纷纷利用时机，将仅存之金货，运售出口，同时各国银货银币之输运来华者，亦不绝于途。当经决定禁止外国大宗银币入口，禁止金出口。除随身佩带之金饰外，一切金器，均在禁止之列。并饬由财政部拟定金饰范围如下：（一）所谓金饰，系指备具饰物形状全部，或一部为金所制成者。（二）旅客所带金饰，以确供本人自用者为限。（三）旅客所带金饰，其金之总值，每人不得超过国币五百元。嗣后经济财政两组，另行提出取缔交易所投机买卖，及发行金公债，奖励华侨回国兴办实业三项。复经政治会议分交财政部、工商部研究，并拟定详细办法。其关于华侨投资一节，则由工商部与侨务委员会会商办理。总之，兹事体大，其应采之办法若何，施行时之步骤孰先孰后，政治会议自当内审本国实情，外察世界趋势，赓续规划，务期其与国计民生，两有裨益而后已。

（丙）召集全国经济会议

经济建设，为本党最要施政方针之一。不独一切建设方案，非集思广益不易拟定，即一切临时办法，亦宜讨论。政治会议爰制定召集全国经济会议办法纲要八条，交由行政院依据拟具详细章程及一切办法，即日公布施行。原纲要如下：

一、定名，全国经济会议。二、目的，依据总理遗教，讨论一切经济问题，及实施办法，建议于政府，以图解决人民之生计，进展国家之设施。三、召集，行政院。四、地点，首都。五、时期，九月一日。六、会议组织，由政府分别委聘下列人员组织之：（甲）政府专员十人至二十人。（乙）专门学者十人至二十人。（丙）经济界三十人至六十人。其分配如下，银行业及钱业至多十五人，工业至多十五人，商业至多十五人，农业至多十五人。七、会议之行政组织如下：（甲）主席团，五人，由行政院指定。（乙）常务委员，九人，至十五人。政府专员及专门学者共三分之一，经济界共三分之二，均由全体会议推举之。（丙）秘书处，由常务委员会组织之。（丁）议事规则，由全体会议自定。八、本纲要遇有必要时，由行政院呈请国民政府修正之。

（丁）展缓裁撤全国厘金日期

全国厘金及类似厘金之一切税捐，政治会议于本年一月，即经决定自本年十月十日起，一律裁撤。并饬由财政部积极筹备。一面召集各省财政人员及经济专家，开会筹议抵补方案。原冀如期实施，但不幸军事发生，加以各省共为扰，一旦骤形更张，障碍实多。政治会议体察情形，不得不将前次所定裁厘日期，暂行展缓。惟同时函知国民政府，必须于二十年一月一日以前，见诸实施，不许再延。

（戊） 议定国民政府主计处组织方案

我国财政，夙称多弊，欲求养成各机关财务出纳人员之廉洁，因而增高国家财政之信用，及促进国家财政之统一，自应先将全国会计岁计，归纳于一总机关，使之独立行使职权，以为进行。第一步计划，政治会议经长时间之考虑，爰议定主计处组织方案九项，发交立法院，依据起草组织条例。其施行日期，则由国民政府决定，在开始时范围宜略缩小，先由中央各机关办起，逐渐推行于各省，原方案要点如下：（一）主计处直属于国民政府与文官处，参军处，并列设主计长一人，主计官六人至八人，内分会计、岁计、统计三局。（二）关于主计事项，得定期或临时召集全部或一部有关系之机关长官，或其代表开主计会计。（三）全国各机关办理会计统计事务人员，按其繁简分为三等：1.会、统计长，2.会、统计主任，3.会、统计员。（四）会议统计人员之设置，及其施行次序，由国民政府以命令定之。（原方案第一第二第六第八第九各项，余从略）。

（己）取缔普通商号兼营储蓄业务

储蓄事业，原为促进平民注意节俭，而间接使社会金融得以日趋巩固。各银行专办或兼办此项业务，自应受极严格之限制，其有不先行呈经主管机关核准者，则不得营业，盖非如此，将不足以保障储户之利益也。乃近来各省市地方，每多普通商号，亦假借名称，擅营储蓄。事前既未经呈准有案，究竟其资金多少，与储金之运用如何，概不得知，设一旦有倒乞情事，则受害者何可胜计。政治会议对于此种情形，认为应严加取缔，当即责成财政、工商两部，拟订储蓄法草案，送由立法院讨论，俾资遵守。

（庚）分配英俄庚款余额三分之一用途

第二次全体会议，对于庚款曾经决议“就庚款全部中拨用三分之二为铁道建筑经费，以庚款全部三分之一为水利及电气事业等建设经费”“拨用庚款完成之铁路，及其他建设事业，其母金所应得之赢余全数，用为文化教育经费。”政治会议旋亦组织一委员会，先后指定蒋中正、谭延闿、孙科、蔡元培、古应芬、王正廷、宋子文、张人杰、马福祥、胡汉民、李煜瀛为委员，专司审核英庚款之用途，及拨付事宜。本年五月，经议定英俄庚款余额三分之一以百分比分作兴办水利及电气事业之用，其分配方法如下：（一）导淮工程百分之四十。（二）黄河水利百分之二十。（三）广东治河百分之二十。（四）电气事业百分之二十。电气事业项下，能否分拨一部分为基本工业之用，由工商部与建设委员会协商。至该款应如何管理，则交由国民政府督促与该项余额有关之各部会，从速组织一管理委员会，妥议办法。

（辛）处置阎逆锡山强迫接收津海关，破坏财政系统，致令国家对外信仰，亦未免稍受影响，其罪责不可胜诛。政治会议除严饬外交部向英公使交涉，将辛浦森驱逐出境依法惩办外，同时并决定处置方法如下：（一）津海关所有官吏，一律撤退。（二）运往天津货物，一律在上海、青岛、大连、秦皇岛等关，缴纳关税。

五、政务官任免之程序

政治会议旧例第五条第五款规定，应归政治会议决定任免之官吏为：“国民政府委员、各院院长副院长、及委员；各部部长、各委员会委员长；各省省政府委员、主席、及厅长；各特别市市长；驻外大使、特使、公使及特任特派官吏”等，而关于政务官与事务官之界限，则经政治会议第一八九次会议，解释为“凡须经政治会议议决任命之官吏为政务官。”嗣第三次全体会议将该项条款，改列第四条第六款，并修正原文如下，“国民政府主席、及委员、各院院长、副院长、及委员、及特任特派官吏之人选。”至是政治会议所能议决任命之官吏，其范围视前此为狭小，因而各方面对于政务官与事务官之解释，亦不免发生疑问。政治会议斟酌目前政治情形，爰决定凡政治会议旧条例第五条第五款所载各官吏之现归国务会议决定任免者，决定之后，仍宜报告政治会议，为最终之审核。其第一九八次政治会议议决政务官之解释，则不必更改。厥后国民政府特任刘恒为卫生部长，免去派驻意大利公使、立法院委员郭泰祺本职，任命彭养光为立法院委员，特任马福祥为蒙藏委员会委员长，均经依照上项程序报告政治会议，随亦一一予以追认。

六、政治会议内部之改革及充实

政治会议自改组之后工作情形，较之从前紧张。惟各组委员离京者，往往而有。为进行上便利计节经分别补充，并于每一组指定委员二人主持。盖其责任既各有所专属，则关于案件之审查，计划之厘定，自不致复有积压延滞等弊，兹附录最近各组委员名单如次：

（1）“政治报告组”　古应芬　丁惟汾　叶楚伧　陈立夫　刘芦隐　邵元冲　李文范

“主持委员”　古应芬　李文范

（2）“经济组”　张人杰　戴传贤　邵元冲　陈果夫　王伯群　孙科　表〔曾〕养甫　孔祥熙

“主持委员”　孙科　陈果夫

（3）“外交组”　胡汉民　王宠惠　王正廷　孙科　孔祥熙　宋子文　戴传贤　叶楚伧　古应芬

“主持委员”　王宠惠　孙科

（4）“财政组”　吴敬恒　赵戴文　宋子文　于右任　孙科　陈果夫　陈立夫　邵元冲

“主持委员”陈果夫　宋子文

（5）“军事组”　何应钦　朱培德　杨树庄　陈肇英

“主持委员”　何应钦　朱培德

（6）“地方自治组”　赵戴文　李煜瀛　方觉慧　吴铁城　刘纪文　桂崇基　方振武

“主持委员”　吴铁城　刘纪文

（7）“法律组”　王宠惠　胡汉民　戴传贤　林森　李文范　焦易堂

“主持委员”　胡汉民　王宠惠

（8）“教育组”　吴敬恒　蔡元培　戴传贤　朱家骅　邵力子　程天放　胡汉民　叶楚伧　邵元冲　刘芦隐

“主持委员”　戴传贤　邵元冲

又政治会议虽为中央最高政治指导机关，然向不直接对外所有会议，决议案均须交由国民政府执行。至所属各组及民食委员会等决议议案，则更须送经政治会议为最终决定。故政治会议认为此项决议案，在未执行以前，实均无发表之必要。爰经决定凡政治会议及所属各组会决议案，除特别事项经会议议决发表者外，其余概不发表。

〔中国国民党中央执行委员会秘书处档案〕

（3）中国国民党中央执行委员会常务委员会工作报告

（1930年11月）

本年三月，本届中央执行委员会举行第三次全体会议，自三次全会闭幕以来，常务委员会开会凡三十七次——由七八次至一一五次，为时盖八阅月。适于此时阎冯之叛变以作。常务委员会因致力于一切反动势力之廓清，致三次全会所示关于党务政治之方针，未能切实执行。今者反动势力既已次第肃清，党政诸大端，均有待于第四次全体会议详细之厘定，谨就此八月间工作经过择要陈述如左：

（一）第三次全体会议决议案之执行

三次全会因益于当日之情势，凡所决议，均本诸三次代表大会所决定之原则，进而规定具体切要之方案。其荦荦大者，在党务方面：有“推进党务工作办法”，“训政时期党务工作方案”，“训练党员工作方针”。在政治方面：有“关于建设之方针”，“注重县长人选”，“开发黄洮泾渭汾洛颖等河水利以救济西北民食”，“中国工商业之国际关系采用保护政策”等案。自全会闭会后，常务委员会即分别督促执行。关于党务者，则责成中央各部处会计划实施，并训令各级党部遵办。八月以来，凡所工作，虽无积极之表现，而全部党员，在阎冯倡乱震撼之时，类能接受党的命令，服从纪律，奋不顾身，向反动势力努力攻击，未尝或懈。是足证党的力量已日趋于充实与统一，而党员亦以党的熏陶与训练，渐进于集体的系统的组织矣。关于政治者，则交由政治会议及国民政府暨所属各机关负责办理。其间未有因阎冯之叛变，全会交下之决议，未由整个的实施；而个别问题之经已举办者，有如左数种：

（一）县长人选案——经一〇八次常会决议：县长考试任用原则草案交政治会议讨论。旋据政治会议报告，经审查送立法院。

（二）励行节约运动案——经七八次常会决议：原案甲项属于政治方面者，交国民政府酌量办理；乙项属于民众方面者，交由中央训练部酌量办理。

（三）整理招商局案——经一一四次常会决议：招商局应收归国营，关于股权债务之清理等事宜，由招商局整理委员会妥拟办法，呈请国民政府核定施行。其他如建设方针之实施，水利之兴办，以及其他关于国计民生之事，虽未能积极进行，然均经照案分别规划，并于可能范围，力求其实施，其详见诸政治会议及国民政府以下各部之报告。

（二）会务

甲、常务会议及常务委员谈话会

常务会议向例每星期一星期四为开会时间，即每周开会两次。嗣以一切党务问题，容或以例会时间之局促，不便从长讨论；而又格于议案之丛脞，临时提案，事实上亦难计划周详。因于八九次常会决议：星期一常务会议，改为常务委员谈话会。自是以后，关于促进党务之方法，多于谈话会为缜密之讨论其有关各案，然后将其结果提出每星期四常会，会议运用，较前便利多矣。

乙、政治会议委员缺额之递补

原任政治会议委员汪兆铭、冯玉祥、阎锡山，经先后开除党籍，并免除本兼各职，所遗政治会议委员缺额，经九七次常会决议：依法应以候补委员李文范、朱家骅、邵元冲三委员递补。又九八次常会决议任朱委员培德为政治会议候补委员。

丙、建筑事项

一、建筑中央党部　本党已由军政时期进为训政时期，转瞬即到宪政时期。中央党部为本党最高机关，于训政时期，虽可权借国家机关，但于宪政时期以前，实应由本党同志之力而完成之，故建筑中央党部，实为树立本党亿万年不拔之基础，非徒以壮观瞻而已。爰经九四次常会决议由本党党员出资建筑中央党部；复经九五次常会决议：（一）筹备委员人选——除常委全体加入外，推定林森等八同志为筹委。（二）地点——定在总理陵园南部。（三）建筑费——预定二百万元。（四）委员会章程——并由秘书处起草。

二、中央广播无线大电台之工程　中央党部内之无线电台，电力仅及于国内，于宣传能力颇感薄弱。在二中全会以前，即决定扩充，今复积极进行，在南京江东门辟地九十三亩余，建筑五十启罗瓦特电力播音台，建筑、修道、运输机械，均在进行中，不久即将竣工。此项播音机之宏大，将远及南洋日本蒙藏等地。

三、华侨招待所行将落成　华侨赞襄革命事业，不遗余力。近年来一部份华侨有挟资回国振兴工商业之心，苦于国内情形，不甚稔悉。爰经本届二一次及四九次常会先后决议建筑华侨招待所。旋以鸠工建筑费用达十五万余元，超出原预算颇巨。复经一〇二次常会决议准追加。工程刻将告成。

丁、中央经费之收支状况

查本会上年结存余数（智记在内）计十二万九千八百六十八元五角八分四厘。自本年一月份起至十月份止，计共向财政部领到经费三百四十二万元（除财部前欠九十万元外，尚欠六十二万元）。杂项收入十万零五千二百八十五元七角八分六厘。支出总数四百二十一万五千三百四十二元三角二分。收支相抵，计不敷五十六万零一百八十七元九角五分。又所得捐共收入八十一万七千五百七十六元四角八分五厘。支出二十九万一千六百十三元二角二分七厘。收支两抵，计结存五十二万五千九百六十三元二角五分八厘。除所得捐余款另行保存，以备抚恤及留学生费用外，其不敷经费，除已由所得捐项下移借三十六万一千另七十六元八角四分外，其他概系向银行政治会议裁兵协会等借支；此外尚欠发各级党部各报社及其他团体等八十四万八千八百五十一元五角，惟此项不敷之数，实以财部积欠太巨。且党务推行日益发展，经费用途因以繁多，尤以讨逆军兴，临时宣传费用动辄数以万计。各项开支浩繁，较前几至倍蓰。挹东累西，亏欠已如上数。纵使财政部新近积欠经费六十二万元悉数领齐，犹不足以补亏空。盖以每月支出，超过预算者辄五六万。日积月累以形成此巨大之亏欠也。谨将本会经费收支实况列表报告于后。（表册另有油印本）

（三）组织

上次全会鉴于各级党部之工作，虽渐由散漫凌乱而入于整齐划一，然推进党务之实施步骤，尚未能趋入正轨，其症结所在，由于缺少工作方案与具体计划，因决定推进党务工作要点为十二条。自大会闭幕以来，爰秉斯意，积极进行。其有纠纷者，则先从事整理；整理完竣者，则督促其工作之进行。兹述关于组织方面之概况如左：

甲、各地党部之指导与整理

（子）执监委员之选举与圈定

一、依照中央规定执监委员人数及选举法，将选举结果呈由中央圈定者，计：

国内为：广州特别市党部　上海特别市党部　南京特别市党部浙江省党部　中央军校武汉分校特别党部

海外为：驻法总支部

二、自行选出执监委员，呈由中央核准备案者，计：

国内为：海军特别党部　首都卫戍司令部特别党部　第九师特别党部　五十六师特别市党部　五十师特别党部　十二师特别党部　七师特别党部　广东黄埔学校特别党部

海外为：驻秘鲁利马支部　葡属帝汶直属支部　驻河内直属支部

驻南洋英属总支部　驻伦敦直属支部　驻加拿大总支部

驻美国总支部　驻朝鲜总支部　驻横滨直属支部　驻长崎直属支部

（丑）原经成立之党部重行整理，或指导无方，重行改组者：

一、安徽省党部内部纠纷，绝少工作成绩，该省执监委员经一并撤职，并派整理委员重行整理。

二、甘肃省执行委员会行为反动，执委一律撤职；监委刘郁芬等十四人当选无效；该省各级党部一律暂停活动。

三、贵州省指委全体撤回，另行派员指导。

（寅）视察员或特派员之派出与从新整理之党部：

一、特派员——边远省之新疆内蒙古各五人；陆军五十一师、二十六师、十二师、十五师、十六师、十七师、十八师、十九师、四十四师、五十四师、四十七师、四十八师，新编二十六师、骑兵二师，经先后各派一人；又海外之安南派一人。

二、视察员——古巴加拿大共派一人。

三、东京直属支部新近成立，派整理委员开始整理。

（卯）党部隶属之变更

一、国内——汉阳兵工厂内汉口特别市第十二区党部准改为直属区党部，归湖北省党部管辖。广州市警界党员另行组织直属区党部，划归广东省党部管辖。

二、海外——驻日总支部撤销，改为东京，神户，横滨，长崎，仙台五个直属支部。

（辰）反动区域内党部办公地点之迁移

一、在阎冯叛变期中，天津、北平、河北、山西、绥远诸地党部，以环境关系，党部机关不能不停止活动，然以党员实际之工作，则与阎冯以莫大之打击，他如山东省党部移青岛，河南省党部移驻马店，平汉铁路特别党部移汉口办公，皆所以于极艰难之环境，秘密领导各该地党员从事工作也。自阁〔阎〕冯倾覆，除平汉路特别党部暂仍在汉口外，均已先后回驻原地矣。

二、其次为长沙事变，湖南省指委会移岳阳，事寝，则回湘垣。四川则政变迭侵，省指委会在成都，于党务进行，反多牵制，中央准其在重庆办公。

复次：关于海外之英属总支部，暹罗总支部等，以当地政府肆意压迫党部，摧残党员，已不能公开。刻虽严饬交涉，然以帝国主义者之穷凶极恶，一时尚虽奏效，只能斟酌情势秘密进行而已。

乙、特许入党与预备党员

特许入党——党员之成分，关系于本党之前途至重且大，欲其组织健全，力量充实，非吸收社会之有能力的份子不为功。矧本党由秘密而公开，由军政而训政，凡百待举，事赖专才。为充本党之能力，从速完成所负之重要使命计，爰经九一次常会决议规定特许入党办法三项，于限制綦严中示广罗人才之意。截至本年十一月六日止，经常会核准特许入党者计有二十四人。

预备党员——征求预备党员，经于本届三〇次常会通过实施办法八条，并先后核准征求预备党员之党部，截至上次大会止，海内外凡十八个党部，均经一一报告。自大会闭幕后，续经常会核准征求预备党员之党部及征求之期限：

国内为：上海（延长一个月） 广州（三个月） 云南（五个月） 贵州（五个月） 南京（两个月） 中央军官学校（一个月） 中央军校武汉分校（一个月） 黄埔军官学校（一个月） 首都卫戍司令部（一个月） 三十八军（三个月） 第八师（三个月） 京沪沪杭甬铁路特别党部（一个月）

海外为：驻美国总支部（六个月） 驻缅甸总支部（六个月） 驻印度总支部（四个月） 驻南洋英属总支部（六个月） 驻加拿大总支部（三个月） 驻马达格斯加直属支部（四个月） 驻伦敦总支部（三个月） 驻神户直属支部（三个月） 驻利物浦直属支部（延长一个月） 驻东京直属支部（两个月） 驻横滨直属支部（三个月） 驻海防直属支部（三个月）帝汶直属支部（两个月） 驻长崎直属支部（两个月） 仙台直属支部（两个月）

自开始征求预备党员起，截至本年十月止，经审查合格，经给予预备党员证书者：

国内　三九八一人

海外　一一八三人

总共五一六四人

（四）宣传

上次大会举行时，阎冯即蠢然欲动，中央亦已烛破其奸。徒以民众望治情殷，不忍遽加诛戮。乃大会甫经闭幕，阎锡山即发难于前，冯玉祥复跳梁于后，一切反动势力竟且麇集丛聚，以图叛变中央，中央为保障和平力谋统一计，遂不得不下令拿办，声罪致讨，与民除害。值此时间，本党之宣传工作，几举全力集中于讨逆宣传。其次，因共产党之乘机思逞暴动于湘鄂赣区域，故讨逆宣传以外，厥惟铲共宣传。外此则本党三民主义的文艺运动，合作运动，以及其他有关于宣传方面之工作，当详于宣传部之报告，兹不赘陈外，令将其重要者略陈如左：

甲　讨逆宣传

自阎锡山篠电发出，中央仍本爱好和平之心，电令指正；同时电令各级党部予以宣传之方针及其步骤。迨阎锡山叛迹日张，晋冀平津各地党部，均被封闭。爰经八二次常会决议：（一）训令晋冀平津各地党员坚苦决绝努力奋斗。（二）发告三编遣区武装同志书，促其觉悟。至对于晋冀平津各地民众，日处于反动势力之下，亦经同次常会决议。（三）发告各该地民众书，暴露阎锡山罪恶，及中央不得已而用兵之苦心。

自阎锡山与冯玉祥并力以抗中央之势成，所谓扩大会议者，复出见于北平，侈言党政，为虎作伥。中央为正国人观听见，爰于一〇五次常会决议。（四）发表告国民书。凡此皆应时宜，收宣传之效极大者。观于讨逆时期，北方党员之能接受党的命令与反动势力相肉搏，北方民众之捣乱阎冯后方，阎冯军队之投诚中央，以及全国民众深恶痛绝阎冯之心理，要皆可为宣传工作显著之奏功也。

乙　铲共宣传

（一）当中央军正讨伐阎冯之时，共产党乘机暴动，致演成长沙及湘鄂赣各地空前未有惨剧，为彻底铲共计，经于一〇七次常会通过各县肃清匪共宣传办法，及肃清宣传方略。

（二）自军队政治部取销后，军队中已无政治工作可言，剿匪各军，于铲共宣传颇感困难。为事实需要计，经一〇四次常会通过各师宣传大队组织大纲，并转令各军队尊重宣传人员以利工作进行。刻已组织宣传大队，分赴共匪区域。

丙　国际宣传

本党对于国际宣传，均由中央宣传部负责办理，近已日臻健全，除原有之英文时事周报外，并刊行英文民族周刊，每周出版。对于日报，如北平之英文导报等报纸，亦均有指导之办法。

丁　宣传机关之整理与特种宣传

一、党报　（1）设置党报条例，颁行以来，于指导管理上，尚欠完善，经于八一次常会废止；同时修正通过指导党报条例。（2）各级党部主办之党报，从前隶属于各级执行委员会。按诸指导党报条例，未能符合，于统一宣传，盖亦难收指臂之效，经九六次常会决议通令各级党部主办之报，应直辖于各级党部宣传部。

二、蒙藏周刊　蒙藏远处郊边，民智闭塞，于党务进行，殊感困难，故宣传极为重要。经九四次常会决议开办汉蒙藏周刊，由中央直辖，蒙藏委员会所办之蒙藏周刊，由中央接收归并。

三、推行国历　自国历颁行以来，乡民以积习不可破，尚多沿用夏历者。经九八次常会颁布推行国历办法六项，交由政治会议转送政府执行。

（五）训练

上次全会鉴于各地党部对于训练党员工作缺乏实际效能，曾指出其错误之点，并厘定训练党员工作方针为六项。常务委员会秉承大会意旨，对于此项工作特加注意。兹将此一时期关于训练方面之重要事项略举如左：

甲　关于党员者

一、全国训练会议　此项会议之决定召集，本拟在上次全会以前。嗣以原定会期为三月一日，适在上次全会召集期间，遂展期至三月十五日，距前次全会之闭会九日也。计自三月十五日至二十日，出席者多各级党部负训练责任之人员，共开会五日，开大会四次，经大会决议之案，计五十余件，由大会决议交由中央训练部整理，并为七十案。类皆能秉承上次全会关于训练工作方针之诏示，而其内容可约略如以下之四项：（一）使全体党员服膺本党主义，更能以身作则，领导民众向三民主义之道迈进。（二）确立民众训练基础，推进地方自治，完成训政建设。（三）普及三民主义之训练，建设三民主义的社会。（四）发展儿童本能，养成自立、互助、勇敢、牺牲、爱民族、爱人类之精神与习惯，俾为三民主义之忠实继承者。

二、考选党员留学　本届二六次常会通过“资送革命青年出国留学办法”实施考选以后，经于六〇次常会通过录取党员七十名，于本年二月资遣出国。此为考选党员留学第一批。其第二批则为一〇九次常会通过录取之党员十五名，于本年八月资遣赴美。

乙　关于民众者

本党对于民众运动，素所重视。训政时期之民众运动，其真义在如何训政于民，导民于建设之途。上次全会决议之民众训练方案已恺切计及之。故因应时势之需要，于民众组织，自当别为厘定。然后民众训练乃可得其端倪，兹略举其重要者如左：

一、已废除者

（一）社会团体组织程序，经一〇一次常会决议废止。

（二）旧有人民团体组织法规，计十四种，经七九次常会决议废止，以免分歧。

（三）商民协会组织条例，经七〇次常会决议撤销。

二、经改革或增益者

（一）人民团体组织方案，经已由本届二中全会决议通过，嗣以政府对于各项人民团体之法规次第颁行，为唤起人民对于法治之注意起见，对于原案须加以补充之规定。复经一〇一次常会通过本案之修正案，其要点在指示各项团体之组织，当根据本党所决定之原则，及政府颁布之法令以为准绳，较前盖益臻完备矣。

（二）指导人民团体改组办法及人民团体组织指导员任用规则，经一〇三次常会决议通过。

（三）海外党部指导人民团体办法三项，经九五次常会决议通过。

（四）商人团体改组办法，经九七次常会决议三项：（1）浙、广州、沪，经呈准设立者，依限一律办竣。（2）粤、桂、苏、皖、鄂、滇、黔、京、汉、青，依下列各款办理。（甲）依限办竣，（乙）半个月内结束，（丙）加入商协或同业公会依法改组。（3）其余各省市商人团体之改组办法另案办理。

（五）农会组织原则，农会暂行条例，均在分别拟议中。

（六）学生妇女文化等团体组织原则及大纲，均经六七次常会修正通过。妇女团体组织大纲第五条，经由九八次常会修正。

其次关于各地民众纠纷，则有上海法商水电工潮、青岛人力车夫工潮、大英烟公司工潮、东川邮务工人与邮务长之争执，均先后一一调解处理。

复次，有关于国际者，则第十四次国际劳工大会，在日来瓦开会，八八次常会派方觉慧同志前往，代表中国劳工出席，方同志已于前月回国。

丙　关于童子军者

中国童子军第一次总检阅，如何发展儿童之本能，实为本党一部份最重要之工作。三次全国代表大会已确定中华民国教育之宗旨，必须根据三民主义，则党治下之中华民国儿童，务必使其人格高尚，常识丰富，体魄健全，然后三民主义的中国之使命，乃克完成。本党历年来对于童子军教育，专科训练，其义盖在此。为明瞭童子军成绩，与奖励童子军事业起见，经由七〇次常会决议，定于本年四月十八日举行中国童子军第一次全国总检阅及大露营。嗣以如期霪雨，乃于十八日在本京小营举行检阅典礼，计参加之童子军团共一百四十二团，童子军共三千三百六十六人，服务员约三百余人，总计其他代表约共三千八百余人。检阅时，类皆步伐整齐，精神饱满。自十八日迄二十二日，中经营火，童子军事业讨论会，党义演讲会，赴总理陵墓纪念周，赴中央军官学校举行闭幕典礼。虽连朝阴雨漫漫，而童子军本来声色并不稍减。大会为钦仰总理革命精神之伟大，全体捐建纪念亭一座，地点定在中山陵园天堡城旧址。经已将建筑纪念亭办法呈报一一二次常会鉴核备案。

（六）侨务

一、奖励　海外侨胞，历次赞襄革命，踊跃输将，厥功甚伟，爰经一一〇次常会决议颁布：（一）华侨革命义捐稽奖条例，（二）华侨革命义捐奖励章程，（三）华侨革命义捐稽奖局章程，（四）华侨革命义捐登记规则。

二、教育　华侨教育，极为重要，经于上年十一月召集华侨教育会议。嗣以该会各项决议案急待执行，经于十五次常会修正通过华侨劝学委员会组织规程及海外劝学宣传大纲。

三、海外党部指导人民团体办法　经九五次常会通过如下：（一）【党】部能公开地方，对于同情本党之我国人民组织团体由党部依法指导进行。（二）党部不能公开地方，对于该地同情于本党之我国人民组织团体，由党部酌量情形，相机指导。（三）对于不同情于本党之我国人民组织团体，无论该地党部是否公开，政府机关对于该团体之立案与监督，均应征得该地高级党部之意见。

四、移殖保育方案　侨胞之在海外者，为数极多，南洋尤为国人殖民场所。为推进民族自动移殖之精神与事业，及提高华侨在国际上地位起见，经一一二次常会通过移殖保育方案，分别实施。

中央执行委员会常务委员会

中华民国十九年十一月十日

〔中国国民党中央执行委员会秘书处档案〕

（4）中国国民党中央执行委员会组织部工作报告

（1930年11月）

自中央执行委员会举行第三次全体会议，迄今计已八月；在此八月中，张桂阎冯诸逆，相继叛变，各地共党匪徒复乘机猖獗，中央迭加挞伐，全国党务虽积极照常进行，然因环境各殊，不无稍受影响者，如北方党部，受暴力之压迫，负责同志多往来于平津一带，从事秘密活动；湘鄂赣闽以及西南各省，则匪共为患，以致党务工作，皆不能不侧重于铲共一事。至军队党部，变动尤甚，如前第二、三、四集团军所属各部队，均曾举行党员总登记，次第成立党部；乃各该部队，相继叛变，党部活动，多归消沉，即目前中央直辖之部队，因频年征戍，转徙靡定，党部之组织，遂亦未能完整。惟海外党部，虽有时受帝国主义者之压迫，然党员之意志统一，精神团结，努力工作，拥护中央，用能制止各地反动分子之活动。此国内外各下级党部之大概情形也。本部于指导并促进各下级党部之实际工作，除按照各地情形，分别指定中心工作，以期集中精力，次第举行外，并分别派员视察，随时予以考核与纠正。实行以来，尚见效果。其他如废除各省市党部、各特别党部每周工作报告表之填报，以减少书面工作；规定设置市党部之办法，以限制市党部之滥设；通令各级党部于选举前应定党员移转登记之期限，以防止因选举而发生之纠纷；及确定党员换领党证办法等，此均为按照一般之需要，而随时订定者。至如指导各地党部征求预备党员，与侦查反动二事，则尤为近来工作之主要部份也。兹为便于检阅起见，将各省市、军队、及海外三部份，分别概述如下：

（一）各省市党部及各特别党部

各省、市、特别区、及铁路、海员特别党部。现计（甲）正式成立者有：南京、上海、广州、广东、浙江、江西、山西等七省市，京沪沪杭甬、津浦两铁路及直属中央政治学校区党部等。（乙）在指导期间者有：青岛、北平、福建、湖南、河南、绥远、热河、黑龙江、吉林、辽宁、云南、贵州、四川等十三省市。（丙）在整理期间者有：汉口、天津、江苏、湖北、山东、河北、广西、安徽等八省市。（丁）尚待派员整理者有：陕西、甘肃二省。（戊）派遣特派员者有：哈尔滨、察哈尔、新疆三省市。（己）尚在筹备期间者有：平汉、平绥、北宁、武长株萍四铁路及广东省港澳轮船公司特别党部。全国党员总数，截至十九年十月底止，共为二十七万零四百六十七人；预备党员，各地尚在陆续征求中，其已发党证者，截至十九年十月底止，共为三千九百八十五人。至各省市及各特别党部之党务状况，再为各别叙述如左：

南京市　该市第二届执监委员，于本年二月二十二日照额选出加倍人数；三月十三日，经中央第七十八次常会决议，圈定：萧吉珊、楼桐孙、赖琏、黄仲翔、洪陆东，史维焕、杨熙绩等七人为执行委员，周蔚棠、谢澄宇、朱芸生、严慎予、钱沄等五人为候补执行委员。三月二十日第八十次常会依中央执监委员会常务委员会同提出之名单决议圈定田载龙、王漱芳、邓刚、李元白、刘季洪等五人为监察委员，张厉生、陈立夫二人为候补监察委员。该员等于四月七日宣誓就职。后监委刘季洪经准辞职，以张厉生递补，旋张又经准辞职，以陈立夫递补。其职务分配，执委会常务委员为萧吉珊、史持焕、杨熙绩，组织部长洪陆东，宣传部长赖琏，训练部长楼桐孙，民训会常委黄仲翔。监委会常委李元白。

该会自四月八日起至九月二十三日止，共开会五十一次；每星期工作报告，自四月二十日起至十月二日止；呈送二十三次；组织部每月工作报告，送至八月份。全部职员原为八十二人，嗣以民众训练委员会工作繁剧，经呈准增加五人，共为八十七人。

全市共有区党部十一，区分部一百一十一，就中组织严密，工作努力者固多，然松懈散漫者，亦复不少。现该会正从事重新划分党区，拟亟力加以整顿。全市计有党员七千六百五十四人，其大部份除参加各种党的集会外，其他工作，无甚表现。然有少数区党部，尚能努力识字运动，创办民众学校，培养学生达千余人，成绩差强人意。中央所规定之社会调查，进行迟缓，现据呈报者，仅少数社团调查报告耳。

该市征求预备党员期间，业经中央第一一三次常会决议以两个月为限，自十九年十一月一日起至十九年年底止，所有征求实施计划，及补助经费预算，经先后呈准矣。

上海市　该市第五届执监委员，于十九年三月一日改选，当经照额选出加倍人数，呈请中央圈定。经三月二十日中央第十次常会议决，圈定：吴开先、陈德征、潘公展、陶百川、童行白、范争波、陈君毅、杨清源、吴伯匡等九人为执行委员，后大椿、黄旭初、周斐成、蔡洪、田鲍容等五人为候补执行委员。又四月十日，第八十五次常会，依中央执监委员会常务委员会同提出之名单，议决圈定朱应鹏、邓通伟、熊式辉、陈希曾、王延松等五人为监察委员。姜怀素、吴修二人为候补监察委员。旋吴修辞职，经中央照准。其职务分配，执行委员会常务委员为潘公展、范争波、吴伯匡，组织部长为吴开先，宣传部长为陈君毅，监察委员会常务委员则为王延松。

查该执监委员会，工作人员超过中央规定以上，其原因该市区比较其他市区为广袤，社会情形，异常复杂，历来一切反动势力，皆以此为逋逃薮，该会工作较为繁剧也。

自三月卅一日至十月廿九日止，该会执委员会共开会议六十次，会议录均已缴部，组织部每月工作报告送至八月份。呈报延积，虽一再纠正，未能改善。

该市原有党员共六二三四人，计成立区党部九，区分部二百，直属区分部二。各区分部各种会议，大多数不能按期举行，除有少数党部筹备创办民众学校，组织合作社外，其他实际工作，无多表现。此后应特别予以督促。

自去年十二月起，经准开始征求预备党员，以三个月为期，以手续繁剧，故限满已久，至今犹未结束。截至九月底止，本部已核发该市预备党员证书二四四五份。其中以学生、商人较占多数。该会之社会调查，除教育、人口、交通、工商业、土地农业、财政、金融各项外，余尚在继续进行中。

广州市　该市第四届执监委员，已于本年六月廿八日选举，经中央第一〇三次常会议决，圈定欧阳驹、林翼中、林时清、陆幻刚、陈策、范其务、谭惠泉、程天固、蒲良桂等九人，为执行委员。孙甄陶、陈庆云、唐允恭、伍智梅、陈雁声等五人，为候补执行委员。又经中央第一〇五次常会，依中央执监委员会常务委员会同提出之名单，议决，圈定：霍广河、金曾澄、何启礼、沈载和、黄焕庭等五人，为监察委员。郑炳忠、黄河沣等二人，为候补监察委员。执委会工作之分配，常务委员为林时清、谭惠泉、欧阳驹，组织部长为范其务，宣传部长为陆幼〔幻〕刚，训练部长为程天固，民训会委员为林翼中、陈策、范其务三人。

该市前届执行委员会，共开会八十三次，本届执行委员会，至本年九月廿五日止，共开会五次。会议录均已报部，组织部每月工作报告，已呈请报至八月份，内容稍嫌简略。该市党部内，所有职员约百人，（最近尚未呈报）已超过中央规定。俟其呈报实数后，再行核办。

该市已成立区党部十二，其执监委员均已于本年六月间改选完竣。又该市内之警界党员，经中央常会决议，另行划分，成立直属区党部，归广东省党部管辖，惟办理结果，尚未据报告。党员原有一〇二八四人，自警界党员划出后，约有七六〇〇人，人数顿减，各下级党部，当大有变更。

该市经中央第七十八次常会核准，征求预备党员以三个月为期，自六月一日起，至八月终结束，其征求实施计划，经本部审核备案。现尚未将征求预备党员表册送部，故尚未能知其数目。

该市执委会对社会调查工作，止呈报一次，内容尚丰富。惟党员及党部对社会实际工作，无多表现耳。

汉口市　该市党部临时整理委【员】，原为宫全斌、蒋坚忍、邱鸿钧、查光佛、王怡群、王芸圃、陈希平、曾集熙、蔡受之等九人。本年三月十三日，中央第七十八次常会决议：宫全斌、蒋坚忍辞职照准，以单成仪，庞境塘补充。五月八日，中央第九十一次常会决议：曾集熙辞职照准，以刘云补充。二十九日中央第九十四次常会议决，蔡受之撤职。七月三日，中央第九九次常会议决，加萧若虚为该市党部临时整理委员。现在职务分配，常务委员为刘云、邱鸿钧、王芸圃、查光佛、陈希平，组织部长为王怡群，宣传部长为萧若虚，训练部长为庞境塘，民众训练委员会常务委员为单成仪。

该会自三月一日至十月一日，共举行会议三十八次；每星期工作报告，在未通告废止以前，自三月二日至八月二十五日，共送到三十八次。组织部工作报告，送至八月份。全会职员八十五人，超过中央规定，经令饬裁减，后据呈复，已遵照办理矣。

该市区域包括汉口、汉阳两镇，原有区党部十四；本年六月五日，中央常会议决：汉口市第十二区党部（即汉阳兵工厂）改为直属区党部，划归湖北省党部管辖。

该市原有党员五六一二人，现有区党部十三，区分部一百八十六。其组织在形式上早经整理就绪，惟其精神散漫，各种党的集会，未能按期举行。自讨逆军兴以来，除侦查反动尚著功效外，其他工作则未能同时进行，社会调查，除经济、交通、社会团体各项，曾经呈报外，其余未见办理。

北平市　该市党务指导委员，原为商震、罗家伦、李汉鸣、周学昌、张明经、尚武、薛广汉等七人。其工作分配，常务委员为商震、李汉鸣、尚武，组织部长为张明经，宣传部长为商震，训练部长为周学昌，民训会常委为李汉鸣、薛广汉。去年十一月十四日，中央第四十八次常会议决，薛广汉他调，以李远大补充。本年一月廿三日，中央第六十七次常会议决，罗家伦辞职照准，以张荫梧补充。五月廿二日中央第九十三次常会决议，张荫梧撤职议处，遗额未补。

该市党员原有一七七四人，共有区党部十一，区分部七十二。去年十月廿八日，中央第四十四次常会议决，准该市征求预备党员，若能顺利进行，则一切工作，可望渐上轨道，无如准备工作尚未完竣，而阎冯相率叛变，党部横遭压迫，工作人员只能秘密活动。现叛逆虽已消灭，但党务于摧残之余，重新整理，尚待计议。本部现正召集华北各省市党务负责人员来部谈话，咨询一切，并授以今后工作方略，以利推行。

天津市　十八年七月十八日，中央第廿五次常会议决，天津特别市执行委员，全体辞职，另派傅作义、苗培成、崔廷献、鲁荡平、陈石泉、刘不同、焦守显等七人为该市党务整理委员。其工作分配，常务委员为苗培成、傅作义、崔廷献，组织部长为陈石泉，宣传部长为鲁荡平，训练部长为刘不同，民训会常委为焦守显。十九年三月廿七日，中央第八十二次会议议决，崔廷献撤职。五月廿二日第九十三次常会议决，焦守显撤职议处，遗缺未补。

该市原有党员七百七十二人，分区党部八，直属区分部二，区分部三十二，去年十月，中央第四十四次常会，已决议准该市征求预备党员，尚未着手进行，而阎冯之乱遽作，自后该市党务，从事秘密活动，直至九月廿一日，始得恢复工作。

青岛市　十八年五月二日，中央第五次常会议决，派吴思豫、李翼中、杨兴勤、李郁廷、丘元武等五人，为青岛特别市党务指导委员，后丘元武撤回，以吴任沧补充；旋又准吴思豫辞职，以马福祥补充；十九年八月二十一日，中央第一〇六次常会议决：马福祥他调，又准吴任沧、李郁廷辞职，杨兴勤另有任用，各该遗额，以侯圣麟、梁醒黄、方治、秦亦文补充。现在工作分配，常务委员为方治、秦亦文、梁醒黄，组织部长梁醒黄兼，宣传部长为李翼中，训练部长为侯圣麟，民训会常委为秦亦文，各部处工作人员，间有不合党务工作人员任用条例者，均经本部分别纠正，饬令撤换。

该会自本年三月四日起至十月三日止，共开会议三十九次，会议录则仅缴到三十二【次】；每周工作报告表，自三月三日起至七月十四日止，共缴到二十次；组织部每月工作报告，自三月至八月共缴到六次。

该市党员共二百八十四人，计区党部七，直属区分部一，区分部二十三。征求预备党员一事，前经中央第四十四次常会核准，于十九年二月一日开始，为期三月，所有征求计划，均事先呈经本部核准。征求结果，共一千五百一十人，截至最近止，经本部审查合格颁发预备党员证书者，共一千四百七十七人，以年龄在三十岁以下者为最多，约占百分之六十五，以职业分，则工人为最多，约占百分之三十三，农人次之，教员又次之，学生仅占百分之六有奇。

该市党员人数较少，故意志比较统一，一切工作，尚易进行。惟因党员在过去缺乏训练，对党认识甚浅，易为环境所转移。如前次阎冯叛变之际，一般党员，遽呈徬徨不安状态，工作亦因之停滞，殊堪注意也。

江苏省　十八年十二月二日中央第五十三次常会决议，解散江苏省执监委员会，另派张道藩、吴保丰、叶秀峰、祁锡勇、朱坚白、张渊扬、武葆岑等七人，为江苏省党务整理委员，并指定祁锡勇为组织部长，张道藩为宣传部长，吴保丰为训练部长。后武葆岑因病辞职，经中央照准，并派胡朴安补充。至十九年七月张道藩、叶秀峰、吴保丰相继辞职，经中央第一〇二次常会决议照准，并将朱坚白调回，另派马饮冰、黄宇人补充。复指定黄宇人为组织部长，马饮冰为宣传部长，张渊扬为训练部长。中央第一〇六次常会决议，加派杨兴勤、黄明焕为该省党务整理委员。

该会自本年三月起，至十月十五日止，共开会议四十三次，会议录均已缴部，每周工作报告及组织部工作月报，亦均能按期呈缴，各部处工作人员之额数，皆遵照中央所规定。

该会最近并拟订各部处工作计划大纲，一面对会内事务，加以整理，一面对于党务不健全之各县，分别派员整理。最近并派员分赴各县视察，实地加以指导，以期整理工作早日完成。近又按照各县情形，划定等级，以规定党员及委员额数之标准。

该省党员原有一五，五一二人，全省六十一县中，除镇江、宝应、盐城、常熟、泰县、高邮、丰县、奉贤、兴化、阜宁、吴江十余县，已成立正式党部外，余均为党务整理委员会，各县呈报社会调查者，有金由、宝应、靖江、嘉定、阜宁、江宁、溧水等县。

该会近拟于党务整理略有成绩之各县，分别筹开县代表大会，成立正式县党部。

浙江省　该省于本年五月三十一日，召集第三次全省代表大会，选出省执监委员定额之加倍人数。经中央第九十七次常会，圈定朱家骅、周骏彦、许绍棣、叶溯中、陈希豪、郑炳庚、张强、项定荣、方青儒等九人为执行委员，叶风虎、马文车、胡建中、杨云、姜卿云等五人为候补执行委员。又中央第九十九次常会，圈定陈布雷、郑文礼、李超英、周觉、陈诚等五人为监察委员，竺鸣涛、戴福权等二人为候补监察委员。执委会之工作分配：常务委员为朱家骅、叶溯中、方青儒，组织部长为张强，宣传部长为许绍棣，训练部长为项定荣，监察委员会常务委员为陈布雷。该会第二届执委会，共开会一一七次。第三届执委会，计已开会二十三次，每周工作报告表，均按期呈报，每月工作报告，已呈报至九月份，其内部工作人员，共一百〇七人。虽已超过定额，但查该省执委会工作，确较繁剧，且各个工作人员，均分配有相当工作，暂时似未便强令裁减，该省组织部，近正抽调全省各县组织部长谈话，藉以明瞭各县党务组织状况，及研究征求预备党员之实施办法，并分别派员指导全省各县代表大会之进行。

该省党员原有一二，七一九人，中央第四十四次常会，已议决准予征求预备党员，以五个月为期。其征求之实施计划，已经本部核准施行。该省组织部以计划，拟再征求预备党员一八〇〇〇人，与原有党员，合计成三〇〇〇〇人，其与人口之差额，冀造成一与七〇〇之比，质言之，即平均每一党员负领导训练七百个人民之责任也。其征求预备党员之成份标准，约为农民百分之四十，青年百分之三十至四十，其他百分之二十至三十。现在所有征求预备党员之准备工作，均已完成，并定于十九年十一月十日起开始征求矣。

该省共有县党部七十五，除建德县为党务整理委员会外，余均为执监委员会。各县党部，现多从事改选及征求预备党员等工作。各县社会调查，多未及呈报。现经本部函催，或可陆续报部也。

广东省　该省党部现任执行委员为陈济棠、李文范、陈铭枢、林云陔、马洪焕、黄季陆、罗伟疆、陈融、蒋光鼐等九人，候补执委为李扬敬；监察委员为古应芬、冯天如、许崇清、李明瑞、陈森等五人，候补监委为谢仪仲。工作分配：执委会常务委员为陈铭枢、林云陔、黄季陆，组织部长陈济棠，宣传部长为黄季陆兼，训练部长为陈铭枢兼；监委员〔会〕常务委员为冯天如。查该执监委员等，均于十八年二月第二届中央第一九七次及二〇一次常会圈定，任期早已届满，因军事倥偬，未暇召集全省代表大会，故迁延至今，尚未改选。

该省委员多兼军政重要职务，其能时常到会者，执委方面仅三、四人，监委方面仅二、三人。自三月五日至九月十日，共开会议二十四次，会议录均已送部。每周工作报告，自三月三日至九月十四日，共缴二十八次。组织部每月工作报告，送至八月份，内容均尚详赡；惟呈报愆期，虽累经纠正，未见改善。该省现正筹开第四次全省代表大会，关于大会各种法规，又经费预算，先后呈经中央核准，惟日期尚未据规定。

该省党员原有六二八三九人，所属下级党部，除紫金、龙川两直属区党部外，有正式县市党部八十三，铁路特别党部三，海外支部三；另有广州市警察党员，经中央议决，组织直属区党部，归该省党部管辖，惟至今尚未据报正式成立。

该部曾分期派员分赴各地视察各下级党部，除于防制反动份子之活动较有注意外，其他实际工作，尚少表现。

该省各县党部，均已于本年七、八、九三个月间，先后改选完竣，并经呈报中央核准备案。各县社会调查，曾造送者，仅有郁南等八县。

广西省　十八年十月三十一日，中央第四十五次常会议决派吕焕炎、杨腾辉、曾如柏、郑介民、刘抱一、黄子琪、温仲琦等七人为广西省党务整理委员。本年一月，该员等在梧州设立临时办事处，分科办事。五月一日，中央第九十次常会议决，刘抱一免职。七月十日，中央第一〇〇次常会议决：吕焕炎遇害出缺，刘抱一已他调，杨腾辉附逆撤职，遗缺以吴鲁贤、杨愿公、刘崛三人补充。八月二十五日，吴等在梧州宣誓就职，分配工作，推刘崛、吴鲁贤、杨愿公为常务委员，曾如柏为组织部长，温仲琦为宣传部长，黄子琪为训练部长。并呈报结束临时办事处，组织省党务整理委员会。

该会会议录，及各项工作报告，久未呈缴，内部工作，殊形弛懈。其下级党部，除梧州附近数县经派员整理外，余多在反动势力之下，无作作可言。全省党员原有七一九九人，为反动派所蛊惑者不少，整理考查，一时尚难完竣也。

湖南省　该省党务指导委员，原为张炯、王凤喈、王祺、酆悌、何键、谭常恺、黄士衡、李毒〔毓〕尧、刘岳峙等九人。七月十七日，中央第一〇一次常会决议，准李毓尧、黄士衡、刘岳峙辞职，以沈遵晦补充。八月廿一日，中央第一〇六次常会决议，准王凤喈辞职，以彭国钧补充。现任委员七人，其职务分配，常务委员为何键、张炯、沈遵晦，组织部长为张炯，宣传部长为谭常恺，训练部长为王祺。

该会委员王祺、刘岳峙二人，因病久未到会，李毓尧、王凤喈、酆悌三人，皆因故先后离省，至七月廿七日，共匪陷长沙，张炯又被迫离湘，故自十九年三月至九月，迄未开会一次，工作停滞。共匪入城后，该会房屋以及一切文件册籍，全被毁灭，职员星散。其下级党部，因叠经事变，亦多残缺不完。故全省党员，对于党部负责人员，啧有烦言。至十月初，张炯、王祺、沈遵晦三人回湘，本部亦随派视察员前往，始举行委员会议议决整理全省党务方案，并由各委员分往各县市视察，精神为之一振。

该省党员原有二一，〇八二人。县市党部经正式成立者，计有长沙、常德、桂阳等廿九县。又因共匪盘踞，不能公开活动者，计有平江、浏阳二县。指导委员会，计有衡阳、来阳、邵阳等十四县。直属区党部，计有古文、保靖、凤凰等八县。登记处，计有水口山、永明、大庸、嘉禾等四处。特别党部，计有全省公路局特别党部筹备委员会一处。在张桂逆军侵入长沙后，各县市党部，因委员或党员附逆而解散，另派保管员者，有长沙市、岳阳、湘阴、临湘等四县市，现长沙市已派员整理矣。

当张桂逆军入湘时，各县党部委员之附逆者，计长沙市三人，岳阳县二人，湘阴县三人，祁阳县一人，共九人，业已呈请中央开除党籍。其党员有无附逆者，现在尚未调查清楚，据该省负责人言，即或有之，总数当不出二十人。至共匪入湘时，各县委员有附共嫌疑者，止平江县党部委员一人而已。关于此种事实，均由本部视察员责成该会组织部切实调查具报矣。

自本年三月以来，该会内部工作，虽未能有甚表现，惟各县党部之工作，则未尝稍懈，如造林运动，国货运动，在各县均有相当之成绩。共匪入湘时，各县党部多能协同县政府，筹集巨款，整顿挨户团（即民团），或组织铲共义勇队，以捍卫地方，颇得民众之信仰。

湖北省　该省党部临时整理委员，原为夏斗寅、陈祖烈、王镜清、贾伯涛、刘柏芳、吴醒亚、杨在春、左铎、金亦吾等九人。十九年五月八日中央第九十一次常会决议，贾伯涛、陈祖烈撤职，以喻育之、汪世鎏补充。八月二十一日中央第一〇六次常会，准王镜清辞职，遗缺以王献芳补充。十月二日，中央第一一一次常会议决，金亦吾撤职议处，遗缺以闻钧天补充。现在职务分配：常务委员为喻育之、刘柏芳、汪世鎏、夏斗寅、杨在春，组织部长为吴醒亚，宣传部长为王献芳，训练部长为左铎。

该会自本年三月起至九月止，共开会六十次，均有会议录缴部，每星期工作报告表，在未通告废止前，共送过二十七次。组织部每月工作报告，送至八月份。全会职员，共九十二人，超出中央规定数目。且全会委员职员，多有兼职，以故工作懈弛，无甚表现。

该省党员原有一万六千一百零七人。下级党部已正式成立者，有武昌等三十二县市。党务指导委员会有南漳等五县。直属区分部有崇阳等二县。因特殊情形，组织临时指委会者，有黄安等三县。最近各县因工作不力，营私舞弊，业经呈准本部全体撤职，另派员整理者，有鄂城、汉阳等七县市。全省因匪共猖獗，环境险恶，各级党部对外既缺少工作，内部又时起纠纷，以致党的基础，极形薄弱，该省党务尚待切实整顿也。

该省直属之汉阳兵工厂区党部，原为汉口市之第十二区党部，本年六月，中央常会议决，改为直属区党部，划归该省管辖。共有党员四千三百余人。该区党部执监委员，尚能切实负责，颇有工作表现。

江西省　该省于本年二月成立正式省党部，其执行委员为陈泮藻、邹曾侯、萧赣、郑仲武、刘抱一、巫启圣、刘振群、尹敬让、刘作舟等九人，候补执行委员为田克明、赖维周、龚伯循、刘伯伦、何人豪等五人，监察委员为熊育锡、陈纲、孔绍尧、周利生、蒋笈等五人，候补监察委员为萧谦、姜伯彰等三人。嗣于七月十七日，中央第一〇一次常会议决，执行委员刘抱一撤职，遗额以田克明递补。八月十四日中央第一〇五次常会，准执委陈泮藻辞职，遗缺以赖维周递补。八月二十一日中央第一〇六次常会，准邹曾侯辞职，遗额以龚伯循递补。该会现在职务分配：常务委员为巫启圣、郑仲武、刘振群，组织部长为刘作舟，宣传部长为田克明，训练部长为尹敬礼，监委会常务委员为蒋笈。

该会自三月十七日至十月一日止，共计举行执行委员会议三十六次，每周工作报告，送至二十七次，组织部每月工作报告，送至八月份。

该省下级党部，除贵溪、广昌现为整理委员会，永新、莲花、修水、德兴现为指导委员会，东远为临时登记处外，其余已正式成立者，计有南昌、新建、萍乡等六十六县，南昌、赣州、九江、景德镇四市、及南浔铁路直属区党部，全省共有党员二〇八八一人。阎冯叛变后，该省匪共，乘机作乱，势甚猖獗，全省大半遭其蹂躏，以致各县党务，或仅维持现状，或竟完全陷于停顿。为应付特殊环境计，经本部订定办法，交该省党部分别办理。近来匪势渐杀，秩序亦趋安定，党务可有恢复之望也。该省社会调查，尚未办理。

福建省　十九年四月二十四日，中央第八十九次常会决议：福建省党务指导委员冯思定、林寄华、林学渊、詹调元、丁超五、陈乃元、方治、杨树庄、冯济安等九人，一律撤回。派詹调元、甘溎、冯济安、陈联芬、康绍周等五人，为该省党务指导委员。该员等于六月十一日，宣誓就职，开始工作。七月十七日中央第一〇一次常务会议决，加派王怀晋、林黄卷为该省党务指导委员。其职务分配，常务委员为詹调元、康绍周、王怀晋，组织部长为冯济安，宣传部长为甘溎，训练部长为陈联芬。

自五月三十一日至十月十一日，计开会议二十八次。每星期工作报告，在未通告废止前，自六月二日，至九月二十二日，呈送十六次。组织部每月工作报告，呈送至八月份，内容尚详晰。该会职员，共有一百十一人，超过定额四十一人，已饬令裁减矣。

该省党员原有七八八九人。现在正式县党部，计有龙溪等七县。党务指导委员会，计有闽侯、闽清等二十四县。党部筹备委员会计有东山、长泰、德化等三县。直属区党部计有连江、漳浦等十二县。闽西闽北各县，因在共匪卢匪扰乱之下，党部负责人员星散，党部活动，几完全停止。

该会近已拟具推进党务计划，经本部令饬切实办理。现除莆田、思明、闽侯等三县党员，组织讨卢宣传队，作宣传工作外，其余大多数党员，对党认识浅薄，毫无工作，且常有纠纷发生。社会调查，亦因匪共扰乱，尚无呈报者。

安徽省　安徽省党部，原为执监委员会，因内部纠纷，与下级党部之不健全，全省党务几陷于停顿。本年七月三日中央第九十九次常会议决：该省执监委员一律撤职，另派马福祥、程天放、李范一、周曙山、吴企云、熊文煦、王健今等七人为该省党务整理委员。八月十四日中央第一〇五次常会决议：准周曙山辞职，以田崐山补充。九月十八日，中央第一〇九次常会议决：准李范一辞职，调陈调元补充。十月二日，中央第一一一次常会议决：准马福祥辞职，调于恩波补充。十月二十三日，中央第一一四次常会议决：加派刘复、宁坤为该省党务整理委员。现在职务分配：常务委员为程天放、田崐山，组织部长为王健今，宣传部长为熊文煦，训练部长为吴企云。

该会自八月一日至十日〔月〕十一日，共开会议十八次，组织部每月工作报告，送至八月份，内容尚充实。该会职员，共计九十人，超过规定二十人。

该省原有党员一一九六四人。下级党部，因过去纠纷甚多，自整理委员会成立后，除灵璧、旌德、全椒、来安四县党部，及宁国直属党部，青阳县党务指导委员外，其派员整理者，有怀宁、芜湖、南陵等三十六县；派员保管者，有合肥等十四县，并将安庆、大通、芜湖三市党部，分别归并怀宁、铜陵、芜湖三县党部。各县党部在保管期间者，党员均无活动；保管员除负责保管文卷册籍外，兼作调查工作。

该省各县之社会调查，已呈报者，有祁门、五河、来安、歙县、宣城、东流、休宁、无为、英山、庐江、望江等十一县。

山东省　该省党务整理委员，原为何思源、刘涟漪、张金鉴、陈鸾书、阮肇昌、陈调元、范熙绩等七人。十九年五月，中央第九十次常会议决：准阮肇昌辞职，以张苇村补充。又九十二次常会议决：调回张金鉴，以于恩波补充。九月十八日第一〇九次常会议决：调陈调元为安徽党务整理委员。十月二日第一一一次常会议决：调于恩波为安徽党务整理委员。现仅有委员五人。其工作分配：常务委员为刘涟漪、张苇村，组织部长刘涟漪兼，宣传部长为何思源，训练部长张苇村兼。

该会自本年三月三日起至九月八日止，共开会议三十二次，均有会议录缴部。每周工作报告表，共呈报十六次，组织部工作报告，自三月起至五月止，均能按期呈报。自六月下旬，中央军退出济南后，该会遂迁往青岛办公，工作稍受影响。迨济南克服，该会迁回济南，照常工作，组织部已将六、七、八、九四个月之工作报告补缴，其余会议录等，则尚有残缺。

该会各部处工作人员，于阎逆军队侵入时，投机反动者，颇不乏人。济南克服，省整委会迁回办公后，即将前任之工作人员一律停职，听候审宜〔查〕，重新分配职务。

该省党员，原有六千八百五十三人，下级党部，已正式成立者计长清等十四县。在整理期间者，计历城等六十二县。派指导委员者，计青城等县。派遣特派员者，计蓬莱等七县。成立直属区党部者，计有安邱等十七县。成立直属区分部者，计有高苑等三县。自阎冯叛变，全省区域，多沦为战区，除郓城、曹县等少数党部尚能积极协助讨逆工作外，其余多已停顿。且自阎逆军队侵入后，间有一二党员受其蛊惑，另组织伪党部以窃名捣乱者，是亟可注意之一事也。

河北省　河北省原为正式党部，十八年八月十五日，中央第三十次常会议决：河北省执行委员会领导无方，全体执行委员及候补执行委员，一律撤职。另派陈访先、郑国材、王保身、贾毅、李嗣璁、徐永昌、温寿泉等七人为该党务整理委员。并指定陈访先为训练部长，郑国材为组织部长，贾毅为宣传部长。该省党员，原有一八二七八人。全省一百二十九县四市中，除三县尚无党部外，其余均有党部之组织。惟自阎冯叛变后，一切工作，均在秘密进行，至最近始得公开，一切整理办法，本部正在计划进行中。

河南省　前河南省党务指导委员邓哲熙等五人，于十八年五月间，经中央决议，一律撤回。六月廿七日中央第十九次常会议决：派韩复渠〔榘〕、李敬斋、韩立纶、张善与、陈泮岭、武文、李远大、范争波等八人为该省党务指导委员。后中央令范争波，仍在上海工作。又以李远大与北平市薛广汉对调。十一月中央第四十一次常会议决：武文免职，以杨一峰补充。其工作分配：常务委员为韩复渠〔榘〕、韩立纶、张善与，组织部长为陈泮岭，宣传部长为张善与，训练部长为薛广汉。

该会于十八年十二月，因开封情势变化，移至驻马店办公。十九年三月至九月十日止，计开会十一次。每星期工作报告，及组织部每月工作报告，俱未见呈报。最近开封克服，党部已移汴垣办公。

该省党员原有八〇六〇人。下级党部整理委员会计有开封、郑州、周口等三市，尉氏、郾城等三十一县。党务指导委员会计有马店、焦作两市，新蔡、正阳等二十七县。已成立正式党部者，计有汜水、洛宁等十八县，及封邱、潢川、郏县、原武等四直属区党部，考城、辉县两直属区分部。

自阎冯叛变后，该省区域，大半沦为战区，党务工作，侧重宣传，尚著成绩。去年十月，中央第四十四次常会，已议决准予征求预备党员，定期为五个月。亦以战事关系，未着手办理，今后当能顺利进行矣。

山西省　山西于十八年四月，成立正式省党部，执行委员为苗培成、韩克温、梁贤达、赵连登、李嗣璁、胡伯岳、侯鸿业、耿步蟾、陈受中等九人，候补执行委员为苏寿余、刘冠儒、李汾、张岫岚等四人，监察委员为阎锡山、姚大海、李进贤、李敏、仇元琦等五人，候补监察委员为刘怀琪、邱仰璿等二人。十八年八月，中央第三十次常会议决：调李嗣璁为河北省整理委员，遗缺以候补苏寿余递补。又监委阎锡山已开除党籍。

该省党员原有九一二四人，曾成立正式县市党部五十一，直为〔属〕区党部二十一，直属区分部三，整理委员会三，临时登记处十四。自阎锡山叛变后，一切党务工作，仍秘密维持原有之基础。

陕西省　陕西省党务，自十七年三月，中央派遣指导委员以来，因受冯逆及其部下之阻挠，迄未顺利进行。十八年七月十八日，中央第二十五次常会议决：陕西省党务指导委员黄统、宋哲元、于振瀛、延国符、张守约、王惠、安汉等七人一律撤职，分别查办，继以阎冯叛变，故中央迄未派员整理，停顿至今。但党员自动的宣传主义，拥护中央，孤军奋斗者，亦尚有人。

该省总登记尚未完毕，已经本部核发党证者，仅有一〇六七人。

甘肃省　十八年三月十一日，第二届中央第二〇四次常会议决：圈定骆力学、曾三省、何履亨、李瓛、苏振甲、王定元、杨慕时、李世军、吴至恭等九人为甘肃省执行委员，潘镇、王昇荣、杨作荣、王振纲、阎重义等五人为候补执行委员。自圈定后，迄未有工作表现。自阎冯叛变，有一部份委员附逆，中央乃严加裁制。十九年五月二十九日，中央常会议决：（一）执行委员路力学等九人，后〔候〕补执委潘镇等五人，一律撤职，分别查明议处。（二）监察委员候圈人刘郁芳等十四人，当选无效。（三）各级党部一律停止活动。自后因交通梗阻及他种障碍，迄未另派员整理。停顿至今。

该省总登记已完毕，全省党员共二五七六人。下级党部，前有兰州、皋兰等二十八县市党部，两当等四直属区党部、东乐等四直属区分部，其余武都等十四县均设宣传员办公处。

察哈尔省　十八年十一月，中央改派杨爱源、谷毓杰、刘诚宣、纪亮、马亮等五人为该省党务特派员。本年一月，加派杭绍彭为特派员。该员等在张家口设立办事处，分科办事。其职务分配：秘书处秘书为刘诚宣，组织科主任为谷毓杰，宣传科主任为纪亮，训练科主任为马亮。

该省党员，原有九六三人，下级党部，原有县市党部十三，直属区分部二。经该员等先后视察，正拟分派员整理。适值阎冯叛变，下级党部，皆做秘密工作，至今尚未正式恢复。

绥远省　十八年七月，中央改派徐永昌、王靖国、陈国英、潘秀仁、纪守光、赵伟民、赵允义等七人为该省党务指导委员。其职务分配：常务委员为潘秀仁、赵伟民、王靖国，组织部长为赵允义，宣传部长为陈国英，训练部长为纪守光。当经本部订定该省党务整理办法，交该会分别办理。

该省党员，原有一七八七人。其下级党部，据呈报已正式成立者，有包头、集宁二县。在整理期间者，有归绥、和林、萨县、武川、托县、清水河、凉城、兴和、丰镇、五原等十一县市。按照本部规定之整理办法，该省正式党部原不难计日成立，惟自阎冯叛变以来，各项工作，皆秘密进行，至今尚未能正式恢复。

云南省　十八年十一月十四日，中央第四十八次常会决议：派龙云、卢汉、张邦翰、陈廷壁、裴存藩、陈玉科、曾三省、杨大铸等八人为云南省党务指导委员。并指定裴存藩为组织部长，陈玉科为宣传部长，陈廷壁为训练部长。由该员等公推龙云、卢汉、曾三省为常务委员。于十九年三月十一日正式成立云南省党务指导委员会。至六月组织部长裴存藩，随讨桂军出发前方，其部长职务，由曾三省代理。九月曾三省因病请假，又以陈玉科兼代组织部长，张邦翰代理常务委员。八月间杨大铸病故，遗缺未补。

该会自三月十一日起，至九月十一日止，共开会三十五次，均有会议录缴部。每星期工作报告表，共送呈二十八次。组织部每月工作报告，已送至九月份。该会职员人数尚未超过定额，亦无兼职者。委员意见均能一致，对于工作，颇称努力。

该会党员，原有五六八人。十九年六月经中央九十八次常会决议：准予征求预备党员，以五个月为限。已〔已〕于十月一日开始征求。惟因距京过远，至今尚未据呈报前来。

该会对于查缉共党，异常努力，五月间，发现共党籍反帝大同盟为介绍机关。其后又破获共党秘密机关四处，拿获要犯十一人，宣传品及用具七大箱。八月间发现共党在监狱内组织支部，及国家主义派开会地址。最近又拿获共党军委张芳，并由其身旁搜获密秘〔秘密〕文件多种。

该省下级党部，有昆明、河口二市指委会，阿迷、昆明二县指委会，华坪、征江、宜良、蒙自、呈贡五县指委办事处，及滇越铁路党务特派员办事处。于七八两月先后组织成立。以党员人数过少，除昆明外，各县均不能成立正式党部，加之人材、经费异常困难，故该省党务，须于征求预备党员充实本身力量后，始能有所进展。

贵州省　十九年一月二十三日，中央第六十七次常会议决：派张华封、窦居仁、毛光翔、程毅、平刚、马培中、傅启运等七人为该省党务指导委员。三月二十三日，中央第八十次常会，加派李居平、刘祖纯为该省党务指导委员。于五月八日，正式成立指导委员会，推毛光翔、窦居仁、刘祖纯为常务委员，傅启运为组织部长，程毅为宣传部长，张华封为训练部长。九月重新分配工作：以毛光翔、窦居仁、张华封为常务委员，程毅为组织部长，刘祖纯为宣传部长，平刚为训练部长。自指委会成立起，至九月底止，共开会三十四次，均有会议录缴部。每星期工作报告表，呈报甚少。组织部每月工作报告，送至八月份。职员人数共五十余人，其中有十余人尚无党籍，已令其更换。该省党务经费尚称裕如，亦一特点也。

该省党员仅有四百五十三人，分布于十六县，因人数过少，故除贵阳外，多不能成立正式党部。十九年六月，中央第九十八次常会决议，准核〔该〕省征求预备党员，以五个月为限，所有征求之实施办法，均由本部订定发交该会遵照办理。至何时开始，尚未据呈报。

社会调查，亦因各县党员过少，办理困难，该省党务必须俟征求预备党员，充实本身力量，始能有所进展也。

四川省　十八年七月十八日，中央第二十五次常会决议：四川省原有党务指导委员，一律撤职。另派卢师谛、向传义、石青阳、宋绍曾、吴淡人、陈杰、彭纶、徐中斋等八人，为四川省党务指导委员。十八年十一月二十五日，经中央第五十一次常会决议：指定徐中斋为组织部长，彭纶为宣传部长，吴淡人为训练部长。

该会各委员除卢师谛、石青阳因病未到，陈杰因留学离川外，余均于十九年一月，集中成都，几经波折，延至今年三月一日，始正式恢复工作。其第一步即从事整理内部，川省党务因停顿年余，又以省党部内曾一度驻兵，所有文件及登记表册，凌乱残缺，清厘不易，直至五月，始理有端绪。第二步着手调查整理各县党务，惟因路途遥远，交通不便，省内军队复杂，多所阻碍，故所有工作报告，均未能按时送到。至现在止，计送到会议录二十四次，工作周报十七次，组织部每月工作报告未呈报。该会内部任用工作人员，计七十四人，已超过中央规定额数。

该省党员，因总登记尚未办完，而指委会即遭挫折，未能呈报确数，现已经本部核发党证者，仅有八百一十人，各县市党部工作，久经停顿，省指委会虽一再通令从速恢复，然以各县市党员，多受反动派蛊惑，纠纷甚多，无法解决。且经费无着，故实际上能恢复工作者甚属寥寥。该会乃根据各县市指委会之报告，及各方面之调查，以过去之成绩及个人思想行动为标准，分别将各县市指委撤职，遴选忠实努力之党员补充。四川全省，共有一百四十三县市，经该会先后委派西北各县市指导委员三次，共五十县市。阎冯叛变后，川中各反动派，如改组派、共产党、国家主义派、第三党、社会民主党等，形形色色，均乘机大肆活动，该省军政当局夤缘播弄于其间，不加取缔，该会阨于环境，最近已移至重庆办公矣。

辽吉黑哈四省市　十八年八月八日，中央改派张学良、王君培、彭志云、王树常、康明震、李绍沅、徐箴等七人为辽宁省党务指导委员，张作相、韩介生、熙洽、林常盛、石九龄、张心洁、顾耕野等七人为吉林省党务指导委员，万福麟、王宪章、田见龙、王秉钧、孟传大、吕醒夫、陶经武等七人为黑龙江省党务指导委员，张冲、张景惠、张翰、张大同、刑士廉五人为哈尔滨党务特派员。惟该员等尚未就职，以致党务活动，无甚表现。

热河省　十八年五月，中央改派李元箸、谭文彬、于明洲、张启明、梁中权等五人为该省党务指导委员，七月加派汤玉麟、金鼎臣等二人，共为七人。本年七月廿七日，中央第一〇一次常会议决，梁中权撤职议处。又九月廿五日，中央第一一〇次常会议决，准张启明辞职。现有五人，惟该省党务迄未能顺利进行，嗣后亦应亟谋改进之法。

京沪杭甬铁路　该路正式党部，于十八年二月成立，执行委员为罗泮辉、闵罗钢、陈承栻、郑文利、王补勤等五人，候补执委为陈伯华、陈佑申、庄守华等三人，监察委员为胡朴安、殷之辂、闵孝盛等三人，候补监察委员为陈福海。嗣胡朴安于本年四日〔月〕辞职，由陈福海递补。现在职务分配：常务委员为闵罗钢，组织委员为陈承栻，宣传委员为王补勤，训练委员为刘文利。

该部自本年三月三日至十月廿日，共开执委会议廿六次，均有会议录缴部，每星期工作报告，自三月一日至九月六日，共呈送廿七次。组织部工作月报，送至五月份，内容草率，虽选经纠正，未能改善。委员任期，早经届满，因时局关系，未准召集大会改选，故延期至今。该部内容工作，既不紧张，对于下级党部工作，亦无推进计划，经本部于五月间订定工作纲要，令饬遵办，藉示督促。

该路党员，原有三百九十三人。共有区党部六，区分部廿三。本年九月十一日，中央常会核准该路征求预备党员，期限为一个月，其征求实施计划，已经本部核准，现正在准备进行中。

津浦铁路　该路特别党部，现任执行委员为熊正琬、孙鹤皋、王声汉、章阜春、嵇铨等五人，候补执行委员为陈一郎，监察委员为杨毅、孙作人、刘浩等三人。其职务分配：常务委员为孙鹤皋，组织委员为王声汉，宣传委员为章阜春，训练委员为熊正琬。自去年十二月以来，该路因受军事影响，党务深受影响。今年三月以后，仅开会议十一次，均由会议录缴部。每周工作报告已呈报二十三次。组织部每月工作报告，送至九月份。实际工作甚少。王声汉、嵇铨二人担任北段路局职务，未能时常到会负责，该会职员超过定额，已令饬切实裁减具报矣。

该路党员，原有六百五十九人，共分区党部六，区分部三十七，其第一二三四各区党部，及所属各区分部，均于本年七日〔月〕先后遵章改选。第五、六两区，俱在北段，因受反动派影响，工作未能顺利进行，现由该会派员前往调查，以便着手整理。

平汉铁路　该路特别党部筹备委员，原为茹馥廷、闻天鸣、周培卿、刘维炽、伍若泉等五人。本年二月六日，中央常会议决，茹馥廷等一律撤职，另派莫子材、曾觉先、杨致焕三人继任。三月十三日中央常会议决，加派周培卿、娄伯棠二人。其职务分配，常务委员为莫子材，组织委员为杨致焕，宣传委员为莫子材，训练委员为曾觉先。

该会自三月一日至九月十九日，计开会议三十次，每周工作报告，送至六十四次，组织部工作月报，未能按期呈送。内部职员已超过定额二人。前经本部训令切实裁去，后据呈复，实因人少事繁，暂准保留。

该路党员原有九百六十九人，有区党部十，嗣以第五区党部所属区分部，党员甚少，区分部距离过远，经该会呈准，将该区党部裁撤，所属区分部，一律改为直属区分部。现有区党部九，区分部五十，直属区分部三，党员大半系该路之职工。数月以来，该路北段，被反动派盘踞。南段因军事关系，全路党员，对于党务工作，未能积极进行。

平绥铁路　该路特别党部筹备委员原有刘宗华、臈彭寿、康世弼、李秉义、班廷献等五人，据去年九月报告，该路有区党部七，区分部四十一，直属区分部一，但工作毫无表现。今年一月以后，各项报告，均未据呈报。全路党务，完全停顿。班廷献、李秉义、康世弼三人行为反动，甘心附逆，经中央常会于本年五月廿二日议决撤职，迄未补入。以后该路党部，尚待切实整顿。

北宁路　该路特别党部筹备委员，原为邓少铭、陈一郎、单成仪、庞镜塘、梁其镀等五人。本年二月，中央第七十五次常会决议：单成仪另有任用，陈士烈补充。三月十三日，中央第七十八次常会议决，庞镜塘调任汉口市整委，遗缺以秦亦文补充。八月二十一日，中央第一〇六次常会议决，秦亦文调任青岛市指委，遗缺尚未补充。现在职务分配，常务委员为邓少铭、梁其渡，组织委员为陈一郎，训练委员为陈士烈，宣传委员为秦亦文，现秦他调，尚未据报另推。

该会自三月以后，仅开会议七次，均有会议录缴部，每星期工作报告仅送至三月底止，组织工作每月报告，则未据呈报，该会职员原有五十余人，超出规定，自阎冯叛变后，缩小范围，秘密工作，职员仅留九人。

该路党员，原有六百三十一人，党部组织，现仅及于山海关，关外党员人数过少，以致现在尚无进展，关内共有区党部四，区分部三十四，本年三月以前，均已次第正式成立，党员中除少数系该路职员外，余均为该路工人，在该工会中，尚有相当之活动。

该部于去年十月经中央核准征求预备党员，期限为一个月，本年三月，开始征求，惟甫经着手，适值阎冯叛变，中途停顿。

武长株萍铁路　该路特别党部筹备委员，原为刘存忠、袁廷镛、王锡笏、蔡文政、李世仰等五人。七月二十四日，中央第一〇二次常会议决：准蔡文政辞职，以段木贞补充。十月九日，中央第一一二次常会议决：准袁廷镛、王锡笏辞职，以曾省斋、林昌炽补充。二十三日中央第一一四次常会议决：林昌炽撤回，以张金鉴补充。现在职务分配，尚未据呈报。

该会自三月四日，至十月七日，共开会议十四次，均有会议录缴部，每星期工作报告，未据呈送，组织工作每月报告，送至九月份。该会过去内部，常常发生意见，以致工作毫无进展。

全路党员原有六百五十一人，共有区党部六，区分部二十四，区党部尚未正式成立，本年七月以后，该路交通，常遭匪共之侵扰，株州、醴陵、安源一带，久被共匪占据，所有下级党部，悉被摧残，现在岳阳方面，又有匪共猖獗，党务陷于停顿状态。

海员　广东省港澳轮船公司海员特别党部，筹备委员为邝石、李拔南、萧桂、蔡文修、黄玉书、李思辕、杨植生、梁楚三、陈槐卿等九人，均系十七年十二月第二届中央第一八八次常会议决委派者。其职务分配：常务委员李拔南，组织委员邝石，宣传委员为蔡文修，训练委员未据报推定。

该会委员除二三人外，余均离会他去，以致逾年不能举行会议。十八年五月以前，尚有负责人办理党员总登记事宜，五月以后，则各项工作，即未呈报，等于停顿。

海员党员，原有三二八五人，共分区党部五，区分部二十，直属区分部一。惟下级党部，迄未完全成立，党员之未加入区分部者，尚居大半。今后尚须切实整顿，该特别党部所辖区域，甚为辽阔，特为列表如左。

附该会各区党部及直属区分部一览表

区别	党部所在地	所辖区域	所属区分部数目	备考
第一区党部	广州南关	广州内河及省港轮船	四	
第二区党部	广州长堤	广州西北江沿岸各轮船及外洋轮船	十四	
第三区党部	广州长堤	省港澳各轮船	四	
第四区党部	惠州	东江沿岸一带	五	
第五区党部	汕头	汕沪及潮梅外洋各轮船	三	
上海直属区分部	上海	上海		

直属中央政治学校区　该会现任执行委员为刘振东、彭善承、马伟，候补执委为段锡朋、刘觉民，监察委员为吴挹峰，候补监委为梅思平，其职务分配：常务委员为刘振东，组织兼训练委员为彭善承，宣传委员未据报推定。

自本年三月至十月，共开过党员大会三次，执行委员会议十六次，均有会议录缴部，每周工作报告，呈送十四次。

该区党员原有二百六十六人，因该校叠次招生，约增加一倍。现有区分部十五。去年十二月，经中央第五十八次常会核准该区征求预备党员，以该校学生为限，结果共计征得六十三人，均经本部制发预备党员证书矣。

（二）海外党部

自三中全会闭会以后，海外党务，关于组织方面，除驻日总支部取消，改设五个直属支部外，余均无甚变更。计现有总支部十五处，直属支部十五处。除驻暹罗总支部，驻东京直属支部尚在整理期间，驻模里斯直属支部尚在指导期间外，余驻美国、加拿大、澳洲、南洋英属、南洋荷属、缅甸、印度、檀香山、古巴、墨西哥、南非洲、安南、菲律宾、法国各总支部、及驻朝鲜、利物浦、秘鲁利马、河内、海防、马达格斯加、长崎、仙台、神户、横滨、伦敦、葡属帝文、大溪地各直属支部均已正式成立，共有党员八万三千五百一十六人。至此次征求预备党员，除驻安南、暹罗、法国、古巴、南非洲等总支部及驻模里斯、大溪地直属支部外，均经中央核准征求，并有呈报结束者，截至现在止，计经核准之预备党员一千一百八十三名，又经中央核准免除预备党员程序之新党员六十名。至各该总支部直属支部党务概况及工作进行情形，分述如左，并对〔附〕海外各党部委员一览表，以便检阅。

驻美国总支部，所属支部有八，直属支部十二，分部四十三，党员四千余人，“各分部以下之区分部，因地域辽阔，党员散处，开会不便，种种关系，多未能如国内之组织成立”。各支分部均能在总支部领导之下，努力工作，防止反动。讨逆军兴，更能积极筹募伤兵院款，计已汇来者，有三藩市分部国币六千元，美洲意基忌英金三百磅。总支部近刊行党务月刊，并筹建总理纪念音乐亭，各项工作，均能遵照中央意旨，努力进行，党务日臻发展。该部经中央第七八次常会核准征求预备党员，征求期限，定为六个月，自本年七月一日起，即已开始征求。本年十月一日，并曾举行第四次代表大会选出新任执监委员。

驻加拿大总支部　所属支部三，分部六十五，党员六千八百六十七人，党务日见发展，虽屡受致公党宪政党之压迫，党员尚能团结一致。本年七月间，曾举行代表大会，改选执监委员。现该部经中央第一一零次常会核准征求预备党员，征求期限，定为三个月，现尚在准备开始征求中。该处同志侨胞，素极热心党国，捐资助饷，颇不后人。近因赞助讨逆，正在积极筹募伤兵院款云。

驻南洋英属总支部　该部所属支部十五，直属分部五，分部一百零八，区分部二百八十七，党员一万二千四百六十九人。本年二月间曾召开第二次代表大会，选举第二届执监委员。惟自本年三月被当地政府禁止活动以来，党务进行，大受影响。最近该总支部执行委员郑螺生、方之桢二同志，筹募伤兵医院捐款事，被迫出境，虽先后由外交部提出交涉，迄今尚无结果。现该总支部本身，已无形停顿。幸下级党部及所属党员，均坚忍忠贞，百折不挠，犹能在暴力压迫之下，秘密工作继续进行。自阎冯叛变，该地反动派，颇形嚣张，惟各党部同志，均能一致团结，设法对付，卒不得逞。该总支部早经中央核准征求预备党员，惟因受当地政府压迫之故，尚未开始办理。

驻南洋荷属总支部　所属支部二十，直属分部十七，分部一百三十七，区分部六百九十四，党员约二万人。其党务之发达，党员之众多，实居海外第一位。各级党部之组织，尚属健全，工作亦称努力，且能依照中央意旨，领导侨胞同志，努力于拥护党国之各种活动。本年二月间，该部因移借党所建筑基金问题，内部发生意见，工作稍形停顿。惟下级党部，未受若何影响。七月间，经本部派员前往视察调处，现已趋于融洽。近复由中央委派李笃彬等九人，为该部第二次代表大会筹备委员，负责筹开代表大会。惟该属党务未能完全公开活动，以居留政府对于党务工作人员及党义教师，报馆记者，时有驱逐出境情事，尤以限制党义刊物为甚，凡由国内寄往者，几全数退回或没收。此于党务进行，实有莫大之阻碍，亟应设法交涉者。至该部征求预备党员，早经中央核准，定期为六个月，并已开始征求矣。

驻暹罗总支部　该部自十七年成立指导委员会以来，因反日运动，遭当地政府之忌，所属党部、学校、书报社等，辄被搜查封闭，党务工作人员被拘捕驱逐者，叠有所闻，党务进行，深受阻滞。本年二月间，中央将前指委会撤销，改派党务整理委员九人重新策划进行。然暹罗政府之压迫取缔，未稍松懈，故五月间，复有整理委员吴士超被逐出境之事发生。所幸整理计划，已具规模，秘密进行，尚有成效。原有支部三十余处，拟分别裁并，存留半数，则组织严密，指挥统一，前途必有可观。

驻菲律宾总支部　该处党务，前因马尼拉第一、第二两支部之分立、致内部纠纷叠起。十八年九月，中央派员前往整理，将该两支部合并改组为吕宋支部，并于本年一月召集总支部代表大会，产生执监委员，现已归于完整。党务亦如常进行。所属支部六，分部五十一。党员三千八百余人均散布菲律宾各岛。各支分部对于党务工作，颇能切实进行，惟该地因接近本国及侨胞众多之故，国内反动份子，多逃之匿迹其间，每乘机捣乱，或煽惑侨众。最近总支部执委颜武煌，吕宋支部常委王泉笙，在马尼拉被刺受伤，亦为反动份子所主使，其猖獗情形可见一斑。然苟驻菲领事能与该地党部切实合作，自不难设法消灭，而党务之进展，亦自可期也。该部征求预备党员，已经中央核准，但尚未开始征求。

驻安南总支部　计有支部九，分部五十六，区分部二百一十四，党员八千一百零三人，党务尚称发达。近因总支部执监两会发生意见，经中央派谢作民同志前往调处。到达后，遵照中央命令，筹开第三次代表大会，另选委员，顷据电告：大会经于十月廿四日闭幕，选出加倍执监委员呈由中央圈定。

驻缅甸总支部　所属支部六，分部二十二，党员约三千人，颇称团结。讨逆军兴后，先后捐输国弊〔币〕壹万两，为慰劳将士及筹建伤兵院之用。总支部现任执监委员任期已满，应即改选。但因五月间彼处遭大火地震等损失，一时无法举办，经呈准中央展期至明年一月举行。至征求预备党员，业经开始，现尚在进行中。

驻澳州总支部　所属有支部六，分部四十二，党员二千七百一十二人，皆能团结，一致为党努力，该处虽有致公党、保皇等反动团体，亦无所施其技。彼间经中央核准征求预备党员，定期为六个月，且已开始征求，但尚未呈报结束。

驻墨西哥总支部　所属支部六，分部三十七，党员二千八百余人。各支部组织，尚称完整，党员意志，亦颇一致。惟墨国地方辽阔，总支部代表大会不易举行，以距离较远之支部，每因经济所限，未能派遣代表出席，本部迭经指导，以促成总支部代表大会之举行。现据电告，大会于十月廿八日举行，嗣后该处党务，当更有进展也。又自阎冯叛变，该地同志甚为愤慨，纷募款项，筹建伤兵院，足见其拥护党国之热诚。该部经中央核准征求预备党员，定期六个月，业于三月间开始征求，不久当可结束。

驻古巴总支部　所属有支部三，分部二十二，党员二千二百五十人。本年春间，总支部执行委员会与监察委员会因意见发生争执，党务进行，颇受影响，四月间中央派李国瑞同志前往视察调处，并负责指导召集代表大会。嗣据李同志电请停止该执监两委员会职权，并委派梅景周等五人为代表大会筹备委员，以期彻底解决。惟所属下级党部工作，尚能照常进行。而同志、侨胞，爱护党国，亦颇具热忱。近曾汇寄香港币六千八百元，为筹建伤兵院之用。

驻法总支部　自去年十月间，中央重新派员成立指导委员会后，同志已能一致团结，进行尚属顺利。阅时九月，整理告竣。本年八月一日，举行总支部代表大会，由大会选出执行委员及监察委员之加倍候选人，呈请中央圈定。并经中央第一〇九次常会圈定其执行委员。关于组织方面，该总支部所属各级党部，或因人数过少，名不符其实，或则名称未当，易滋误会，或则管辖地域，分划不清，殊多不完整处，本部经分别加以指正，督促改善。

驻檀香山总支部　所属有支部三，分部十一，党员五百余人。该部以前略有纠纷，自十八年整理后，意志已归统一，组织日就严整。惟该地保皇党余孽，未尽觉悟；改组派复乘机煽惑，破坏党务。幸该地各级党部能应付适宜，卒未得逞。现总支部已拟定种种消灭反动及推进党务计划，着着进行，党务前途，定有可观。至征求预备党员，该部现已呈报结束。其经中央核准之预备党员共三百一十五人，又免除预备党员程序者二人。

驻印度总支部　该总支部有支部三处，党员八百余人，规模虽不甚大，党员意志，尚能一致，进行颇称顺利。现经中央核准征求预备党员，定期四个月，惟何时开始，尚未据呈报。

驻南非洲总支部　所属有支部二，党员仅二百九十六人。自十七年整理以来，负责人员，颇称努力。但自汪逆回国倡乱后，该总支部一二不明事理之委员，乘机挟其私怨，作反动宣传，希图诱惑下级党部。本部据报后，常分别函电令其消除意见，共谋团结，现已渐趋融洽。而总支部之代表大会，亦将定期召集矣。

驻日本各直属支部　日本原设有总支部，并经正式成立。惟总支部本身颇不健全，不断的发生纠纷。本年四月三日经中央议决将该总支部撤销。并将该总支部原有之东京、神户、横滨、长崎、仙台五个支部直属中央。而以原有之千叶直属分部，及北海道直属分部归并东京支部，大阪直属分部归并神户支部，福冈直属分部归并长崎支部。至原有之广岛支部，党员人数太少，亦暂行归并神户支部。当派谢作民同志前往视察，并指导一切。现长崎、神户、横滨、仙台各属支部 均经正式成立，惟东京支部自直属中央，均能努力工作。此次阎冯叛变，该处反动份子乘机活动，卒以各支部之严厉对付及努力宣传，无所施其技。而神户、仙台等支部并先后募集伤兵院款，亦足见该处侨胞同志热心党国之一班。现各支部均经中央核准征求预备党员，现已开始进行。长崎支部曾于八月间举行第一次代表大会，神户支部则于十月间举行第一次代表大会。至各支部所属党部，除东京支部在整理期间，未据呈报外，神户支部有分部六，直属区分部二，区分部十八，长崎支部有分部四，区分部十二，仙台支部有分部三，区分部八，横滨支部有分部三。

驻秘鲁利马直属支部 所属有分部十五，区分部五十四，直属区分部四，党员一千三百八十八人，组织尚称完整。本年三月间曾举行支部代表大会，结果甚善，该处业经中央核准征求预备党员，定期为四个月，现尚未结束。

驻葡属帝文直属支部 所属有分部五，区分部二十二，党员五百余人，党员意志一致，组织亦属完整。党务工作颇见进展。侨胞对党颇为信仰，该部亦能领导为拥护党国之运动。在他处党部与商会常发生龃龉者，而在帝文则商会受党部之领导，行动几趋一致。本年四月间，该部曾举行第三次代表大会，改选执监委员。至征求预备党员，亦经中央核准，现正在办理中。

驻法属大溪地直属支部 该支部原属澳洲总支部管辖，嗣以该支部所在之大溪地埠，系法国属地，而澳洲总支部所在之雪梨埠及其所属其他各部之所在地，概系英国属地，英法两国对本党态度不同，党务进行方法自异。且大溪地距离雪梨甚远，所有中央命令及宣传品等辗转发布，易失时效，故为发展该支部党务计，经本部提请中央常会决议准予直属中央。自改属以来，支部工作，尚称努力，党员亦有九百余人，该属同志对于党国，甚称热心，此次讨逆军兴，先后捐助伤兵院款共有五万四千佛郎。

驻马达格斯加直属支部　所属有分部三，区分部十，直属区分部三，党员四百余人，均能互相团结，致力于党务之推展，故成绩尚佳。该地同志极热心党国，本年六月间，曾捐集七万五千余佛郎，为中央购置飞机之用。最近因主持爱国运动事宜，支部常务委员被控于当地法庭，迄今尚未了结，惟党务之进行未受影响。现全岛代表大会，已依期召集，最近即可举行。征求预备党员事，亦经中央核准，定期为四个月。业于本年五月五日开始征求，现尚未据呈报结束。

驻海防直属支部　该处历史悠久，有分部十一处，党员一千三百余人。党务进行，尚称顺利，同志亦能一致团结。该部经核准征求预备党员，现正在办理中。

驻河内直属支部　该部于本年一月间，曾举行第二次代表大会，选举执监委员。所属有分部九，区分部三十三，直属区分部四，党员八百余人，均能团结一致，故反动份子虽屡谋破坏，亦无机可乘，现已开始征求预备党员。

驻伦敦直属支部　所属有分部二，党员一百七十余人，经整理后，组织已渐完整。当该地反动份子嚣张之际，负责人员，尤能领导所属同志，努力奋斗，卒使逆焰日就消灭。本年三月间，支部曾举行代表大会，改选执监委员。新委员就职以来，工作甚紧张。现已开始征求预备党员。

驻利物浦直属支部　所属有分部四，党员二百六十人。该部自正式成立后，改善所属党部之组织，推展党务，颇具成绩。党员意志，亦甚坚定。自讨逆军兴，该部曾汇寄捐款英金三百余磅，为筹建伤兵院之用。现支部执监委员任期已满，并经本部核准召集代表大会，依法改选。但开会日期，尚未据呈报。该部征求预备党员，业已结束。经中央核准之预备党员，共有一百五十七人。

驻朝鲜直属支部　所属有分部六，直属区分部三，区分部十八，党员五百余人。组织尚称完整，意见亦颇一致。本年四月十六日举行代表大会一次，选出第二届执监委员。该部征求预备党员，现已结束，有预备党员三百九十四人，又经中央核准免除预备党员程序者二十一人。

驻模里斯直属支部　自十七年派出指导委员后，迄今尚未据呈报正式成立。惟据该地回国同志来京报告，则谓早经整理就绪，业已依法召集代表大会，产出执监委员。本部前函电催促，迅将选举经过呈报备案。查该部党务弛缓，原因实多由于地方偏僻，交通不便之故。

海外各总支部及直属支部委员一览表①

驻加拿大总支部　执行委员为黄贤熹、关崇颖、林燕波、胡峰卓、林逸川、郑君孺、李给珉、胡英三、刘儒堃，候补执行委员为关绍曾、龚耀墀、曾云峰、关雁舟、赵屏珊，监察委员为黄适为、刘瑞石、孙咏秋、叶剑胆、李达，候补监察委员为林寿民、高云山。

驻美国总支部　执行委员为黄启文、蔡坚白、黄滋、陈雨亭、邓亚魂、刘涤寰、李白俦、陈子祯、林屈伸，候补执行委员为余缵庚、雷品杰、赵峻尧、张洛川、刘国湛，监察委员为余兆华、余缵堂、黄范五、谭赞、张少龄，候补监察委员为叶乐、梁树南、张喜占。查该部业于十月一日开第四次代表大会，选出新任执监委员。惟尚未据呈报备案。

驻墨西哥总支部　执行委员为胡待春、关焜植、赵华森、颜盛衍、赵炜庭、李连三、麦均、梅胜源、赵象，候补执行委员为

① 为方便起见，将原表格形式作了改写。

陈元瑨、黄洪益、陈子鸣，监察委员为甄茂庆、李天瑞、何孔照、岑如星、曾少星，候补监察委员为陈内熊、梅佛。

驻古巴总支部　执行委员为李月华、蒋绘球、赵继犹、胡贯瑜、余之权、林冷观、蒋安亮、吴子龄、杨洪焜，候补执行委员为陈伯龙、伍瑶芬、黎颂韶、潘仲贤、许若山，监察委员为黄玉泉、周秋贺、钟翰生、谭广祥、许石山，候补监察委员为岑崇辉、孙翰清。

驻檀香山总支部　执行委员为程就、邓明三、杨福荣、冯省三、林康叙、林叠、余君武、李成功、杨雁翔、萧祖喜、杨刚存，候补执行委员为刘聘、邓富、邓东梦、林仲池、林杰樵、邓锡寅、周严，监察委员为梁华显、秦生、刘润柱、陈杨、邓想，候补监察委员为欧帝球、林志。

驻菲律宾总支部　执行委员为吴记球、林寿伯、黄天爵、邵荣、黄汉章、吴少开、黄开物、高祖川、颜武煌、黄乃杰、吴积玉，候补执行委员为王泉笙、林书晏、朱道南、蔡功南、黄哲真、戴正中，监察委员为林美回、谭佐廷、吴记藿、吴麟趾、潘嘉，候补监察委员为戴金华、曾瑞文。

驻南洋英属总支部　执行委员为郑螺生、郑受柄、张开川、张永福、何如群、赵发、方之桢、胡炎、林友桐，候补执行委员为邓子实、何选民、谢文进、李怡星、徐未如，监察委员为李振殿、陈占梅、朱育民、何泽云、王吉士，候补监察委员为戴宝珍、黄吉宸。

驻安南总支部　执行委员为彭胜天、胡达生、周启初、吴醒民、欧阳敬之、梁作民、郑满霖、李滙、黄鹰扬、李琼生、黎伯挺，候补执行委员为杨维三、钟济时、李轶伦、梅芳庭、吴养初、吕沃萱、韩湘云，监察委员为黄赞岐、香玉堂、林泽臣、冼颂馨、黄棋廷，候补监察委员为陈涛、古信生、杨樵轩。查该部执监委员会因内部发生纠纷，经中央决议明令停止职权，委派谢作民同志前往整理。

驻缅甸总支部　执行委员为朱碧泉、陈少雄、何若稽、管震民、黄壬成、陈辉石、邝金保、陈东平、陈白祥、朱端石、林星平，候补执行委员为朱伟民、伍瞻云、邓连进、朱乾汉、陈芳如、梁乾保、马云汉，监察委员为刘庆标、朱城记、朱锦乔、曹畴五、朱家钧，候补监察委员为吴一民、周金清。

驻印度总支部　执行委员为张国基、谭文昶、蒋海筹、李渭滨、刘世兴、劳炎牛、谢震欧、谢柏城、熊剑豪、梁为英、冯如根，候补执行委员为谭重贤、黎南兴、王雨我、林月九、李志果，监察委员为李克明、陈汝庆、陈兰孙、李幼珊、詹贵兴，候补监察委员为谭永亨、古光宇。

驻澳洲总支部　执行委员为刘傅明、刘子谦、欧阳南、郭照、马伯乔、李少勤、张子桢、郑观陆、刘业安，候补执行委员为董晃、卢华岳、何钦燕、陈福、吴子声，监察委员为张绍峰、林汝扬、董直、陈富章、邝镇，候补监察委员为刘笼、陈福祥。该部委员因选举手续不合，由部暂行准予备案，并令召代表会重行选举。

驻法总支部　执行委员为王烂芬、陈杰、郭观仪、黎东方、郑彦棻、胡靖安、陈继烈、章骏骄、吴增城，候补执行委员为丘正欧、陈俊厚、马克强、林业建、吴求胜。查该部监察委员尚未经中央圈定。

驻南非洲总支部　执行委员为朱袤、叶汎、霍秀石、梁景星、黎朴大、朱印山、黎耀波、陆子□、何善侬，候补执行委员为黄镜生、李福同，监察委员为陈介眉、郑张维、何伟臣、霍汝湘、霍居南，候补监察委员为潘宠一、任锡辉。

驻伦敦直属支部　执行委员为郑坦、程瑞霖、高宗禹、黄发兴、欧阳格、张汝锦、莫耀，候补执行委员为郑异、郑绍经、李蔚唐，监察委员为曾乐平、黄运成、度航，候补监察委员为张梦熊。

驻利物浦直属支部　执行委员为冯安、郭子而、周有、黄文卿、刘天昌、谭俊沣、张隽青，候补执行委员为李树生、冯老山、冯德光，监察委员为顾根福、谭双、周胜，候补监察委员为古来。

驻秘鲁利马直属支部　执行委员为潘炳融、罗殿祥、孙树荣、萧惠扶、黄敦和、伍尚纲、陈乐居，候补执行委员为张展鹏、黄贺、潘廷煜，监察委员为崔泽南、梁岘樵、罗俭成，候补监察委员为唐芝云。

驻朝鲜直属支部　执行委员为张鸿海、郑维芬、李毅生、张之城、司徒绍、王公温、王成鸿，候补执行委员为刘德增、吴觉民、周世显，监察委员为王翰辅、吴廷龄、吴松龄，候补监察委员为张友芳。

驻河内直属支部　执行委员为杨温泉、骆连焕、周伯寿、叶药文、老文杰、黎碧阶、岑欢如，候补执行委员为谢香林、刘金雄、梁华仿，监察委员为梁雍池、陈一鸣、胡子昭，候补监察委员为杨文光。

驻海防直属支部　执行委员为郑肃山、梅翼之、黄翼举、黎联根、李文彪、陈梅生、王光全，候补执行委员为萧礼臣、萧星如、阮其昌，监察委员为梁少垣、陈燕堂、曾静山，候补监察委员为梁干之。

驻葡属帝文直属支部　执行委员为赖文彪、黎克仁、李垣基、黄叔铠、杨益新、谢华、谢碧梧，候补执行委员为钟瑞荪、黎若文、黄蔚文，监察委员为杨竹汀、杨维新、黎观林，候补监察委员为李善群。

驻马达格斯加直属支部　执行委员为陈苏芸、陈洵侪、陈泽寰、周振华、何金泉、陈畅云、邓永接，候补执行委员为陈静波、韦式就、岑浩安，监察委员为谭强亚、祝展华、韦冠福，候补监察委员为邓服平。

驻大溪地直属支部　执行委员为余伯良、吴威廉、丘仲贤、钟弈尧、丘启新、阮汉祥、巫笑竹，候补执行委员为陈国安、杨云程、黄道宏，监察委员为廖汉伟、连庆湘、杨国俊，候补监察委员为刘逐胡。

驻神户直属支部　执行委员为徐荪初、文鉴辉、谭泰德、杨其焕、王介尘、黄杏堂、梁郎卿，候补执行委员为周耀琳、阮兆琮，监察委员为陈清机、萧镜□、何世锠，候补监察委员为郑裕麟。查该部已于十月十七日举行第一次代表大会，选出新任执监委员。惟尚未据呈报备案。

驻横滨直属支部　执行委员为吴熙民、杨光庆、岑伟民、温惠臣、鲍连就、郑志远、鲍应章，候补执行委员为鲍胜常、梁杰贤、朱成模，监察委员为黄维炘、李象礼、梁沛然，候补监察委员为陈顺成。

驻长崎直属支部　执行委员为叶少珉、黄海楼、张羽生、黄文耀、潘其荣、黄文政、谢硕锦，候补执行委员为李国强、张文治、张玉骥，监察委员为高迪贵、黄毅、陈玉珂，候补监察委员为王信溯。

驻仙台直属支部　执行委员为林日亭、林盛京、林友健、林同发、俞进顺、林孝宗、林世忠，候补执行委员为薛馨钫、许木兴、林孝扬，监察委员为林圣塘、林孝楼、林元亮，候补监察委员为陈金元。

驻南洋荷属总支部　会别：荷属总支部第二次代表大会筹备委员会，委员为李笃彬、陈隆吉、赖景生、沈选青、黄熙绩、范春阳、庄西言、温志光、李涛。

驻暹罗总支部　会别：党务整理委员会，委员为陈道吾、周受来、雷再春、吴士超、陈维新、李希穆、罗革非、李树伦、邝少智。

驻东京直属支部　会别：党务整理委员会，委员为魏延鹤、王景新、李璞、任党伍、刘庄。

驻模里斯直属支部　会别：党务指导委员会，委员为霍璧堂、霍友生、侯俊、招源康、胡玉阶、岑翼如、李伯宇。

（三）军队党部

军队党部系包括全国陆海军及中央直辖各军官学校之特别党部而言。在本年三月三中全会时，陆军方面成立正式党部者为第一、二、三、五、六、七、八、九、十、十一、十二、十三、十四、十八、十九、二十、二十四、二十九、三十二、三十三、三十五、三十六、三十七、三十八、三十九、四十、四十一、四十二、四十三、四十六、四十九、五十、五十四、五十六等三十四师，及暂编第一师、第三编遣区、首都卫戍司令部、中央陆军军官学校，中央陆军军官学校武汉分校、黄埔军官学校、陆军大学、第二十一军等共四十二处。尚在筹备中者，为广东编遣区第一师、第六十一师、第二十四及三十八两军等四处。自阎冯叛变后，所有第十四、二十四、三十二、三十三、三十五、三十六、三十七、三十八、三十九、四十、四十一、四十二、四十三、四十九等十四师及第二十四军、第三编遣区各部队，均因附逆关系，或已消灭，或在改编，其党部早已停止活动，正待整理。其在反动环境中工作停顿者，则为陆军大学。最近因学校停办，其党部亦随之结束者，为黄埔军官学校，综计现在尚存之正式党部共有二十五处，在筹备中者三处。至海军方面，正式成立党部者为海军特别党部一处。

自三中全会后，各特别党部曾举行执监委员改选者，仅首都卫戍司令部、黄埔军官学校、海军三处。其余中央直辖之各军各师，或在前方讨逆，或在后方剿匪，此七八月中，转徙伤亡，改编补充，多已非复旧观，所有已成立或正在筹备中之特别党部，均无形停顿，或则改变活动方式，专任战区宣传。此大多数参加战事之军队特别党部，当俟战事完全结束，各该军师整理就绪后，始能恢复党的活动。故本报告仅能将在后方照常工作之军队特别党部，概略述之而已。

在后方军队党部之照常工作者为中央陆军军官学校、中央陆军军官学校武汉分校、首都卫戍司令部、及海军四处。

中央陆军军官学校特别党部　该党部原有党员六千八百四十九人，所属区党部五，区分部二十四，直属区分部二，小组八十一，自第七期及军官研究班学员毕业分发出校后，党员人数骤减，目前组织仅有区党部二，分部及直属分部十四，以致急应举行之代表大会，至今始经中央决定，令其即行召集党员大会，改选执监委员。至该校第八期及高级班学员多未取党籍，业经呈准中央，征求预备党员，正在办理中。该党部经费甚为充足，每月收入在4千元以上，工作进行比较顺利，且学校与党部两相合作，党员又皆系智识分子，自应树立一军队党部之良好模范。但据本部迭次派员视察之结果，核其全部工作，大都偏重对外宣传；至对内工作则除统计图表整理有序外，而实际方面，颇多缺憾。本局拟俟其改选后，切实指导，期收美满之效果。

武汉分校特别党部　该党部于三中全会闭幕时，始筹备完毕，举行第一次党员大会，选出执监委员候圈人，经中央第八十、八十八次常会圈定胡伯翰、龚时英、张达、刘孟衡、唐果民、宋恩一、段麟郊、缪嘉琦、方天等九人为执行委员，王慎敏、蔡正中、孙世希、汪奇伯、钱冲五人为候补执行委员，钱大钧，赵锦虔、张良莘、毛鸿、范钦五人为监察委员，李模、李熙茂二人为候补监察委员。所属区党部六，区分部二十二，党员多由各地党部移转而来，共五百六十二人，新征预备党员一千一百七十九人。惟现该校学生多因毕业离校·党员人数锐减，下级组织亦随之变更矣。该党部经济状况颇佳，党员皆系智识分子，工作进行，自属顺利，惟负责人员多系兼职，未能专心党务，殊为缺憾，嗣后尚须切实督促也。

首都卫戍司令部特别党部　该党部于本年四月一日，开第二次代表大会，直接选出朱静涛、王前传、任森、成侁、王公遐、赵中、吴天鹤、徐志道、袁家佩九人为执行委员，陈世贤、王隆道、丁昌、韩文焕、袁世俊为候补均〔均字衍〕执行委员，谷正伦、陈步云、孙伯文、吕学书、任诚五人为监察委员，袁守谦、蒋笔先为候补监察委员。所属团党部三，连党部三十九人，队党部一，小组一百七十六，最近又正筹备宪兵第四团党部，党员共千余人。现该党部因所辖宪兵第一第二两团之官佐士兵，多未取得党籍，业经呈准中央征求预备党员，业已办理结束，正在审查中。至其党务工作，则因经费困难，负责人员较少，致各种计划，皆未能圆满实现。

海军特别党部　该党部为海军方面之唯一党部，因范围太广，组织复杂，所属党部除陆战队第一第二两旅之团党部易于清查外，其余各舰队、造船所、海军学校及各港要塞等之党部组织及数目，迄未据有明确之报告，本部业已依照军队特别党部组织条例，并参照海军实际情况修正其组织系统及所属党部之名称，令其改组，以利进行。其党员人数共九千五百六十七人。本年六月二日，开第二次代表大会，直接选出任光宇、陈训咏、郑友益、陈绍宽、马德骥、李世甲、王筹延、李孟斌、吕德元九人为执行委员，陈鼎、林元铨、叶宝琦、林寿国、孟琇椿五人为候袖〔补〕执行委员，陈季良、陈策、曾以鼎、吴振南、周兆瑞五人为监察委员，林国赓、郁邦彦两人为候补监察委员。

军队党务工作之情形，既如上述，至其党员总数，亦因变化过多，难于核算。其经十七年总登记者，不下百万，后以第二、三、四各集团军所属部队，相继叛变，多归淘汰，其经本部审查合格发给党证者，数仅三十五万六千二百六十人。其不合格者，因各该特别党部之请求通融，复经本部审查核准补发党证者，有七万七千六百八十一人，现正在制发中。计总数四十三万三千九百四十一人，惟自参加战事以来，吾同志之为党奋斗捐躯沙场者当亦不少，欲求其实数，固有待整理之后。至各师特别党部所属党员之人数原各在数千以上，其详亦不得知矣。

中央各军队前此均有政治训练处之组织，惟其职权在在与特别党部重复，因在战时，久未归并。本年三月经中央第三次全体会议决议，除训练总监部政治训练处外，所有各级政治训练处，一律裁撤，关于政治训练事宜，归并各该级军队特别党部办理。并由中央遴选合格人员为军队党务特派员，实地指导督促各该军队政治训练工作之实施。该项军队党务特派员条例业于本年五月八日经中央第九十一次常会通过，关于特派员之资格及职权，均明白规定，现已派出各师之军队党务特派员，计有第十二师钱义璋、第十五师李达扬、第十六师杨节青、第十七师田毅安、第十八师宋焕达、第十九师史宏烈、第二十师蒋国钧、第四十四师张汝翰、第四十七师刘骞、第四十八师郑承德、第五十四师郝瑞征、新编第二十六师骆德荣、骑兵第二师刘冠世、第二十六师陈盈恭，及第五十一师杨起凤等十五人。就中除第十二、十八、十九、三师外均未成立特别党部，党务特派员在各部队中，得负责筹备之。此后军队中之党务工作，当可集中统一，易于进展矣。

就以上所述国内外党部组织上之情况，则知自三中全会以来，因阎冯张桂诸逆，相继叛变，各地党部组织，不免蒙受影响，尤以军队特别党部在讨逆作战期间，党的工作，几归停顿。其照常活动之各省市及海外党部等之工作成绩，亦未能尽符愿望，本部依实际观察所得，综合其缺点如下：

一、各地党部委员与委员之间，多未能精诚团结，反动派每得乘机煽动，或施行挑拨，以致各处地方党部每因纠纷阻碍工作。

二、党部本身，偏重书面工作，缺乏实际活动，故与社会人民，渐生隔膜状态。

三、一般党员，缺少训练，不明纪律，意志既不集中，故党的力量，未由表现，而对于一切社会事业，尤多未能努力参加。故三中全会所通过之训政时期党务工作方案，未能充分实行。

四、海外党部，对于一般侨胞，多不能为切实的联络，而国内反动分子，且或溷迹其间，利用各种团体，以谋捣乱。且海外侨胞甚众，地方辽阔，未有党部组织者尚多；其已组织者，又或当地政府对本党态度不同，而同志之横被摧残者，亦不乏人。

上述各点，均足证明近数月来各地党部组织松懈，工作废弛情形。兹为补偏救弊之计，以为今后各地党部，在组织上应减少形式之扩大，在工作上应增进实际的效能。务使全体党员，参加社会团体中，努力活动。并按照各地情形，指定中心工作，取其单纯而切要者，分别责成各省市党部及所属各级党部切实办理，计日观成。次则中央以至各省，尤须注意视察工作，以便实际指导与督促，一则谋各级党部本身之健全，一则谋地方党务之推进。至若海外党部，尤宜用外交力量，保护党部及同志，获得活动之自由。同时驻在各国使领人员，亦应由政府慎重人选，使能与所在地党部，和衷共济，以利海外党务之进展。

〔中国国民党中央执行委员会秘书处档案〕

10．中国国民党第三届中央执行委员会第一次临时全体会议重要决议案

（1931年5月）

（一）确定教育设施之趋向案

（民国二十年五月二日第三届中央执行委员会第一次临时全体会议通过）

中国目前之教育，无论在数量上质量上，均不足以适应国家之需要，而弊害之最显著者，尤莫如教育设施与国民实际生活不相应，以致未受教育者尚能秉其家庭社会递相传习之知能道德各自安于艰苦之生活。而既受教育者，则知识技能之修养既不成熟，性行气质又往往涉于浮夸与游惰，驯至学校一毕业之学生，社会即增一失业之分子，家庭即少一有用之子弟，诟病交起，弊害丛生，及此不为适应之娇正，将见教育愈普及而公私生活所受之祸害愈广。且以中国目前所处之环境而言，正须以卧薪尝胆之精神，为生聚教训之努力，方足以达民族生存之目的，断非模袭外邦，徒侈观美，所能救危亡而奠根本。政府对于教育之普及与推广，自当根据于中华民国教育宗旨，排除万难，与国民为一致之努力。唯默察国家之需要与过去教育上已著之弊害，深觉确立教育设施之趋向，尤为训政建设时期所必要。必须明定我国此时所需要者为何种之教育，而后教育推广之工作，方不致蹈于空虚。必须确知此时国家所需要而希望由教育以养成之者为何种之国民，而后教育方足以救国，而不致于祸国。中国最大之祸患唯贫与乱，实为循环相倚之二因，故教育设施，必须于民族自救之一大原则下，针对此二者而为紧急之救治。唯欲达此目的又必须全国国民确知此义相与集中心力向同一目标而推进。爰就最近教育设施，条举下述之要项，以为推行之根据，自救救国，舍此未由，甚望一致赞助合力推进，国家幸甚，民族幸甚。

一、各级学校之训育必须根据总理恢复民族精神之遗训，加紧实施，特别注重于刻苦勤劳的习惯之养成与严格的规律生活之培养。

二、中小学教育应体察当地之社会情况，一律以养成独立生活之技能与增加生产之能力为中心，务使大多数不能升学之学生皆有自立之能力。

三、社会教育应以增加生产为中心目标，就人民现有之程度与实际生活，辅助其生产技能之增进。

四、尽量增设职业学校及各种职业补习学校。职业教育之制度科目应使富有弹性，并接近固有经济情况，私人筹设职业学校者，国家应特别奖励之。

五、尽量增加各种有关产业及国民生计之专科学校。

六、大学教育以注重自然科学及实用科学为原则。

（二）实业建设程序案

（民国二十年五月二日第三届中央执行委员会第一次临时全体会议通过）

当训政开始时期，应集中全国之人才经济协力同心，共谋物质建设，以树新邦之规模，而利民生之发展。但物质建设，经纬万端，筑室道谋，徒资聚讼，程序不立，轻重难衡，若不按岁计程，势必因循坐废。就全部计划而论，应遵照总理手定之成规，树百年建国之大计。今因人才财力之有限，致荩谋硕画未能同时举行。谨择其在可能范围以内，应国计民生之迫切需要，而必须立即建设，限期完成者，定一最低限度之计划。政府人民，一致努力，立标以赴，期观厥成，如届期不成，当科主办者以重罚。凡事始简毕巨，进行自有困难，即就经济一项而论，除集中国家资本国民经济而外，犹须于确实有利条件下，借助外资，以从事建设。总之建设事业之能完成与否，全视政府人民是否有此决心。现在国民政府有此决心，尤望全国人民，视为本身生存之大计，而尽全力以协助者也。谨定六年期内最低限度之实业建设程序，提案如次：

（一）确定总理建国方略中之实业计划，为中华民国物质建设之最高原则，由国民政府详定分期实行计划，依次遵办。

（说明）按实业计划为总理毕生研究中国物质建设之结晶，谋国苦心，震铄千古，规模宏大，百世典型，自当确定为中华民国物质建设之最高原则，竭全国之力以赴之，即由国民政府按照人才经济及技术上之可能，与国民经济发展之后先缓急分为若干时期，依次进行，务须依照遗嘱，于最短期间促其实现。

（二）按照现在国计民生之急切需要，限期完成以下铁路：

（甲）粤汉路

株州至韶关　限民国二十二年完成

（乙）陇海路

1．潼关至西安一段　限民国二十一年底完成

2．西安至兰州一段　限民国二十五年底完成

3．运河站至台儿庄支线　限民国二十一年六月完成

（丙）　新陇绥路

包头至宁夏一段　限民国二十三年六月完成

（丁）京湘路

南京至株州　限民国二十二年完成

（戊）沧石路

沧州至石家庄　限民国二十一年六月完成

（说明）按粤汉路为中国南北交通要道，现已拨付庚款一部分动工修筑；陇海路为西北交通要道，现已动工修筑，新陇绥路同为开发西北要道，且与北部边防极有关系，将来如有财力，当首先接至迪化伊犁一带；京湘路经过江南产米及其他项农业区域，此路告成，对于全国民食之转输，至为便利；沧石路为北方煤粮转运要道。以上各路，对于国计民生，至为急需，无论如何当限期铺设完成。至于其他路线，俟一有余力，即择其重要者首先举办。如首都轮渡，关于京沪平浦两路之联运亦关重要，已切实进行；又关于粤汉等各路之道里费用等详情可参观附表。（分年修筑重要铁路及附属工程一览表略）

（三）限于民国二十四年底导淮工程全部完成，修治黄河工

程应即由国民政府优先办理，限期完成。

（说明）按导淮工程关系国计民生至大，倡之虽久，但最近方由国民政府认真切实进行，并设导淮委员会专司其责。按照工程技术上之推断，于民国二十四年底完成，苟无经费上之困难，实系可能之事。治黄一端，同属国计民生之要图，但因工程技术上之困难，自难限期治就，应由国民政府优先举办，务期至民国二十四年底，亦有相当规模。

（四）限至民国二十四年底止，必须将南方东方两大港及葫芦岛海州两港之第一步工程建筑完成。

（说明）按南方东方两大港为总理生平最注意之实业计划部分，南方大港关系中国整个南部之商务，将来粤汉【路】完成以后，且影响及于长江区域。东方大港关系东南丰庶，同属重要，且利于收回租界进行。陇海路及导淮工作既限期完成，则海州港影响西北及淮黄流域之运输，尤为重大。就目前之需要，应即建筑。至于北方大港，因葫芦岛筑港不久完成，海州港即须建筑，且有青岛可以辅助，俟有余力，再行建筑。

（五）限至民国二十四年底止，全国必须增加并须完成二十万公里之公路，其路线之分配，由国民政府按照交通需要规定之。

（说明）按公路一项，为辅助铁路水道之不足之要政，总理生平本有建筑全国公路一百万英里之计划（见国际共同发展中国实业计划），五年以来，全国公路之发展，差有成绩可以告慰。综计民国十五年全国公路仅二〇〇〇公里，十六年增至四五二〇公里，十七年增至一八三二三公里，十八年增至四四二七七公里，十九年增至五一二一〇公里。按照此项增加比例计算，苟能全国积极进行，则民国二十四年增加二十万公里之公路，当非难事。

（六）限至民国二十四年底止，全国必须增加五万里以上之航空线，及一千架商用飞机，由国民政府积极筹设及奖励。

（说明）航空不特为军用国防上之利器，而且为邮件商用所必需之交通工具，欧美日本无不尽量提倡航空事业，国民应有远大眼光认定世界趋势。中国航空事业进行较迟，如沪汉汉宜京平航线均开办未久，将来开发西北及川滇康藏等处交通有需于航空事业进展至大也。

（七）限至民国二十四年底止，增加国营航业自二十万至三十万吨，除内河及沿海岸航业外，应开办南洋及国外航业，对于人民经营航业应加以奖励及协助。

（说明）按中国航业至为衰微，不特绝少国外航线，而且内河航行，亦多属外人轮船，国民重要运输事业，操之外人，殊属危险，国民生计因之受绝大妨害，华侨在交通上所感受之痛苦，更不待言。查英国一九二九年航业统计轮船多至二〇，〇四六，〇〇〇吨，日本亦多至四，一八七，〇〇〇吨，今因国家经济能力之限制，仅求国营航业于五年之内增加至二三十万吨，实觉瞠乎其后，尚望国民一致奋起，积极经营航业，政府必极力与以奖励与协助，此亦各国之成规也。

（八）水利电气及钢铁酸碱煤糖煤油汽车等项基本工业，应由国民政府积极兴办，其余由私人投资兴办者，政府应奖励协助，并予以切实保障。

（说明）按水利一项，关于全国农业生产及农民生计，如导淮治黄，本系水利之基干工作，但全国一般农村灌溉，亦应积极注意，此种事业有益于国民经济之全部。而国库省库并无显著之收入，为注重民生政策计，应不惜经费，努力进行。电气有关各种农业工业，筹办刻不容缓，至钢铁酸碱等项，各国均认为基本工业，非此则他项工业无由发展，此必须政府国民一致尽全力以从事者也。

（九）关于农业生产之增进，应以农业科学化为原则，除水利电气等项重要建设外，应一并注重农业之实验改良，与造林事业之推进，并于每省划定实验县区，作改良农业之模范，其详细计划，由国民政府切实制定推行。

（说明）按农业生产为中国民生问题最普遍之基础，而农业之衰落尤为年来最惨痛现象，甚至米面供给尚藉舶来，其将何以立国？农业科学化为增进农业生产与改进农民生计不易之原则，应切实注重，将研究与推广二者，同时并进，就各省土壤气候生产事业习惯之所宜，于每省划定实验县区，俾农业研究与推广，便于进行尤为切实。应即由国民政府拟定计划，限期办理。

（十）对于东北西北及西南之开发，应努力从事，如交通之建设，土地矿产之开辟，移民及屯垦之举办，应由国民政府按照当地情形，并参酌国防上之需要，拟定详密计划，限期实行。

（说明）东北与西北及西南之开发，关系中国全民族之生存，他国侵略之野心与事实，允令人惊心怵目，设不急起直追，势必任人宰割。年来东北发展，卓著成绩，然未辟之土地，未开之矿业与天然富源，正无限量。西北开发以交通为先务之急。自苏俄环绕新疆境外铁路完成，及其与西伯利亚铁路接轨以后，对华侵略，势成常山之蛇，西北形势更属危急，屯垦事业应即举办。西南亦有外人窥伺，而且天然富源，久付旷废，亦应积极开发。此项详密计划，应由国民政府另行妥拟，限期进行。

以上十项，均系举其大者，必须全国集中目标，集中经济，集中人材，方能期其有成。利用外资及外国技术人材，尤属事实所必需。至于其他实业建设事项，自不能逐条列举，苟属需要迫切，亦当次序筹办。如可稍缓，断不能以有限之人力财力，分途消耗。谨列纲要，敬希公决。政治与人民之决心，悉将以此觇之，谨此提案。

（三）中华民国训政时期约法草案〔略〕

〔中国国民党中央执行委员会秘书处档案〕

11．中国国民党三届五中全会通过的为一致协力扑灭“赤匪”通告全国同胞书

（1931年6月15日）

赤匪秉其残忍之性，乘我社会之多故，倡乱迄今，忽逾岁月，杀人放火，势渐披猖。夫以中国文化之优美，民族之纯良，总理遗训之昭垂，本党拨乱之往绩，论挞伐所及，朴〔扑〕灭何难。徒以军事频仍，使若辈得乘机啸聚；闾阎穹困，使若辈得乘机勾煽。政府未尽剿治之能，民间未尽自卫之力，以致星星之火，若将燎原，鄂赣诸省，匪焰尤炽。本党以解救民困为职责，对于罹匪区域同胞之死亡流离，靡日不引为疚痛。今政府决于匪祸已成之区，大举师徒，克期剿灭。于匪患未成之区，积极清乡，防其滋蔓。同时由本会训令各级党部，与地方政府通力合作，同遏乱萌，示以方略，严其考试。如此悉国内之力，以□方张之寇，自可壁垒一新，歼此丑虏矣。但念赤匪之患，有如肺菌，其潜伏为至深，基暴发焉至烈，且挟其一切残酷技〔伎〕俩以临吾乡邑柔和同胞，吾同胞或有苟求宁息而不悟罹患益深者，爰就一致协力除恶务尽之义，为吾同胞详切言之。

其一，愿吾同胞勿存徼幸之心理。今日国人皆已知赤祸之烈，而多数居住于匪区以外者，犹或以袖手旁观之态，作幸不我及之想。不知赤匪之背后，既有赤色帝国主义为之发纵指示，其所欲得而甘心者，实为我整个之民族。而其入手之方法，则在造成不可收拾之流寇。此时若不觉悟，则流窜所及，势将同被其祸。此其一也。

其二，愿吾同胞勿存畏怯之心理。赤匪之所以造成空前恐怖，及采用所谓游击式的暴动者，其目的即在震摇人心，胁制良善，使有所怯而不敢与抗，然后彼得逐渐以施其宰割。此中狡

毒，最宜认清。须知天下事唯有决死之心，而后始有必生之望，唯有不夺之气，而后始无可乘之机。赤匪实力本无足数，其在匪区以内，种种惨无人道之举动，固由其残暴性成，亦欲以先威胁人民。我若烛其奸谋，示之以不摇不惑之决心，无畏无却之奋斗，则彼寡我众，彼怯我定，彼虚我实，以石击卵，歼之必矣。此其二也。

其三，愿吾同胞勿存推诿之心理。今日国人群知赤匪与我不两立，然终以为权不我操，责不我属，征剿防守，军队主之，绥靖侦缉，官厅主之，于吾人民若无与焉。夫官厅军队职责所在，自无旁贷，但亦赖人民有自救之勇气，自卫之决心，而收效以宏。譬如军队欲搜索残匪，乡民匿匪迹而不以报，政府方举办清乡，村落知有匪而不敢以闻，则剿办虽力，而肃清匪易。此其三也。

其四，愿吾同胞勿存消极观望之心理。多难兴邦，古有明训，自求多福，唯在人为；赤匪之势虽张，而其残忍狠毒，毫无人理。被裹陷贼者已日有觉悟，而群思自新，曾被蹂躏者亦奋志复仇，而誓不两立。罪恶日昭，末日已近。吾同胞若能奋民族自卫之伟力，起而为一心一德之驱除，凡区镇乡村之间，同尽守望相助之职，张网以伺，严阵以待，使匪出入无所遁形，奔走不得宁息，则根本□灭指顾可期。否则震其宣传，惑其声势，袖手待变，唯事咨嗟，苟安之望未必终达，鱼烂之势遂以形成，则正赤匪所求之不得者。此其四也。

右述四事，本党非对同胞为过量之求，实以国家兴亡，匹夫有责，赤匪既为吾民族之大患，自非集全国一致之力量以扑灭之不可。本党秉承总理遗教，并受国民会议委托之重，靖难剿匪，自属责无旁贷。而吾同胞亦必须以自救自强之心，尽卫国保种之力，或修缮保卫，安定闾阎，或敌忾同仇，协助剿伐，或纠正邪说，遏其披猖，或侦索匪踪，杜其隐伏，群策群力，咸以扫此妖孽为急务，则岂有以四万万人之努力，而不能灭此卖国祸种之穷寇者。爰于告诫党员督责政府之外，对吾同胞为恳切之丁宁，唯吾全国同胞察焉。

〔中国国民党中央执行委员会秘书处档案〕

12. 中国国民党三届五中全会重要决议案

（1931年6月）

（一）为一致协力扑灭“赤匪”告全国同胞书〔见前文〕

（二）关于废置征求预备党员限制及改订免除预备党员程序办法案〔略〕

（三）中华民国国民政府组织法案〔略〕

（四）修正中央政治会议条例第三条案

（民国二十年六月十四日第三届中央执行委员会第五次全体会议通过）

决议：修正如左：

政治会议委员之名额不得超过中央执行委员中央监察委员总数三分之二。政治会议得设候补委员，但其名额不得超过中央执行委员中央监察委员三分之一。负党国之重任；其地位在特任官以上者，经中央执行委员议决，亦得为政治会议委员，但其名额不得超过中央委员之政治会议委员名额四分之一。

（五）对于常务委员会及组织宣传训练三部工作报告之决议案

（民国二十年六月十四日第三届中央执行委员会第五次全体会议通过）

〔一〕常务委员会总报告

综合常务委员会自上次全体会议以来之报告，对于指导中央各部执行四次全体会议决议案之进行，颇著成绩。而尤所引为欣慰无已者，常会能督促政府实行裁厘，并如期召集国民会议，制定中华民国训政时期约法，使人民对本党益增信仰。又如实行中央委员分区视察之决议，于各地党务之改革与推进及民众团体之组织，获益尤多。此后仍宜继续推派，分头视察，俾于各地党务更易收指臂之效。惟四中以来之全体决议案，规划宏远，有待督促实现者甚多。在全体会议闭会以后，更望常务委员会继续策进，以竟全功。又据常会报告经济状况至为支绌，此层自应速谋救济，勿使整个党务之进行受其影响也。

〔二〕组织部报告

自四中全会闭会以来，迄兹六月。在过去六阅月中，组织部对于各省中地位不甚重要之市党部及党员较少之县党部，先后撤销，分别改组或归并，使散漫者归于完整，松弛者归于严密。于海外各地党部，则分别减少隶属之级数，使经济人才皆能集中。而于各军队党部，亦先后派员筹备成立。至如边远省区之党务，如辽、吉、黑、哈、热河等区之党部，最近亦组织成立。所有工作，均能适切实际，措施得当。在本党整个组织方面，不能不谓有显著之进展。唯本会议犹有如左之意见，希望组织部加以注意者：

（一）全国各省已成立之县党部，在边远省区者，因环境之特殊关系，固多未臻健全。而在内地各省者，或组织未能完整，或工作未尽适宜，党务进行不免发生濡滞。今后组织部应订定切实有效之工作方案，对各下级党部切实指导。凡县党部之已成立者，务逐渐使其健全，未成立者，应设法促其成立。

（二）各级党务与同级政府间之关系，尤以县党部与县政府之间仍多隔阂之象，今后应继续使各级党部认明与同级政府间之权责，相辅并进。

（三）为谋党部之健全与党务进行之顺利，应注意吸收各地优秀分子，介绍入党，以充实本党之质量，甚望组织部制定方案，指示下级党部切实进行。

〔三〕宣传部报告

统观自四中全会后，宣传部之工作大致均称适当。关于宣传品之编撰，选材扼要，而于艺术宣传，尤其电影工作，更有显著之进步。在宣传工作之指导方面，对于地方党部宣传工作之指导，颇见努力，已渐收呼应一致之效。而使国内电讯迅速达到海外一层，尤堪满意。在国际宣传方面，对重要时事均有相当之阐述。此外在审查工作上，对于发觉反动刊物，遏止邪说传播，亦均致力扼要，处理有方，于整个党政之进行，裨益匪尠。唯尚有应继续改进者：

（一）对于乡村宣传尚缺注意，通俗宣传品之编撰亦觉贫乏，今后对于宣传效力如何普及乡村，应积极规划，指示下级党部积极推行，尤应致力于通俗宣传品之编撰。

（二）国际宣传方面尚少一贯之计划，虽系经济与人力所限，仍应就可能范围内力求精进。

（三）本党致全力于扑灭赤匪，今后宣传工作宜在积极消极各方面于此点特加注意，期与军事政治之实际工作相互推进。

〔四〕训练部报告

过去六阅月中训练部之工作，如派遣视察员分区视察，解决各地人民团体之纠纷，以及关于党义教育之各种措施，均有相当之成绩。尤以督促下级党部在最短期间内完成人民团体之组织，使国民会议之代表如期产生，尤为训练部在此期中最显著之努力。惟今后全部工作尚有应注意者数端：

（一）各地人民团体既经组织完成，应即继续颁布各项切实有效之训练方案，并指导各级党部积极推行，使全国人民确实得到组织团体之真正利益。

（二）地方自治为训政时期之主要工作，应速制定各种协助推进之实施方案，督促下级党部协同地方政府迅速推行，以期全国地方自治之早日完成。

（三）关于党义著述之提倡与奖励及党义教育之实施，应即依照中央所定办法，切实进行，以促进教育之改善，并发扬三民主义之文化，而于党义教育实施之利弊，尤宜随时考核。

其他童子军之各项计划，及各地训练工作之视察，亦希望训练部积极努力，积极推行。

（六）对各级党部训令案

（民国二十年六月十四日第三届中央执行委员会第五次全体会议通过）

本党处艰难之时会，负建国之大任。深信现时全国国民最深切之要求，乃在获得和平之建设。故凡为和平建设之障碍，有妨训政工作之进行者，本党必本国民之公意，努力扫除，以树立建国之真实基础，使国民咸得集中其精神才力，从事于和平建设之一途。且自国民会议开会以后，国民频年所渴望之训政时期约法，亦已制定公布，根本之大法既立，法治之进步可期。此后只须我全体同志，抱矢诚矢勇之精神，为贯彻始终之努力，领导国民，积极奋斗。以吾国天然之富厚，人口之繁庶，数年以后一切之建设，必能循序发展，地方自治亦能次第完成。民权民生之基础既经确立，民族自由平等之目的乃克实现。国民永久乐利之基础亦于是渐底于完成。惟年来赤匪肆虐，蔓延于长江数省，赣省尤为匪患最炽之区，毒焰所及，不但赣省民众水深火热，痛被屠杀焚掠之祸，即湘鄂一带民众，亦时受损害，惴惴于祸至之无日。夫匪患不清，则民生不安，地方不靖，则交通阻绝。不但一切之建设无由实施，即人民最低限度安生乐业之希望，亦莫克实现。况赤匪勾结异族，祸乱宗邦，忮悍暴戾，莫可比伦。倘任其滋蔓，不加锄伐，极其毒焰所至，危国祸民，岂堪设想。中央目击艰危，知赤匪之祸一日不能肃清，则民族之生命终无自而获安全，建设之事业亦无自而着手。因确定方略，授权于国民政府，切实督剿。数月以来，赖我将士之忠勇奋发，业已合围，盘踞于湘赣一带之赤匪，守窮两艰，势已穷蹙，歼灭可期。乃自粤中变起，人心惶惶，赤匪乘机，复肆窜扰，增长贼焰，重困民生。彼少数反动，必有最后之觉悟，于大局本不生影响，而为民大害者，仍为赤匪之行动，故大会认为此时全体同志，应尽其最大之努力于剿匪之工作，以拔民于水火涂炭之中。而欲发挥剿匪最大之效力，必须我各级党部督率全体同志，以严正坚实之步骤，发扬踔厉之精神，而致力于下列之各要点：

一、凡中央以及上级党部所指示之事件，须于实际工作中求最大之效率，革除过去一切虚浮濡懈的积习。

二、以全力侦察赤匪之行动，组织，机关，并与当地行政机关密切联络，务使赤匪无潜伏滋蔓之可能。

三、不断的为剿匪宣传，尤须组织健全的巡回乡村宣传队，此项宣传队同时负有侦察匪踪的使命。

四、对于地方上纯正老成，办理社会事业著有成绩，乡望素孚之人士，应与之切实联络使其劝导当地民众，共同组织，以增加剿匪工作之力量。

五、省市党部应即与省市政府商定侦察拘捕等互助办法，此项办法决定后，应密呈中央党部及国民政府。

六、省党部应随时派员分赴各县，县党部应随时派员分赴各区，视察所属党部党员之剿匪宣传等工作。（正在筹备各级代表大会者，即以指导员为视察员）

七、在暑假期内，各级党部应设法联络回籍教员学生组织临时讲演会、展览会、表演会等，或特约优秀忠实之分子组织临时宣传队等，以增厚剿匪宣传之力量。

八、在匪患未炽区域内，应从宣传本党主义及训政建设的意义与成绩上，根本扑灭赤匪煽惑之根源，并应从各种积极的指导与协助工作上，确立民族自救之基本，养成人民自保自卫之勇气与力量。

九、对于地方自治之具体工作，应以全力在地方上加紧推进，对于民众团体应遵照三民主义以切实有效之指导增进其生计，改善其生活，尤应注意阐明阶级协调以谋民族利益之意义，勿以偏隘之宣传为助长阶级对立之暗示。

以上各点，均为完成剿匪工作与根本扑灭赤匪之必要努力。在此种努力之中，仍望各级党部就各地情状，于指定范围以内，发挥最大之效率。须知革命之最大目的在救民，本党工作之方向，应悉唯民族需要之所命。处此艰难重大之时期，非于安定社会培养民力之二大目标下，集中心力以完成剿灭赤匪之工作，则革命前途之荆棘，将使过去先烈之牺牲等于虚掷。不懈不挠，有进无退，所以自效于国家民族者在此，所以消灭一切佥人乱徒之阴谋者在此，所以表现本党之精诚与力量者亦在此。大会熟察乱源，蒿目时艰，故不惮谆谆致意，愿我同志本历史授与之使命，努力于靖乱之大任，唯共勉之。

〔中国国民党中央执行委员会秘书处档案〕

附录：中国国民党第三届中央执行委员会第五次全体会议经过

（1931年6月）

自第四次全体会议迄今，时阅半年，按照总章规定，已届全会闭会之期。加以国民会议已庆成功，训政约法亦经公布，本党受全国人民付托之重，对于今后之党政方策，应有扼要之规划。同时第四次全国代表大会之召集日期，亦亟待决定。爰于六月八日中央第一四四次常会决议，定于六月十三日举行第三届中央执行委员会第五次全体会议。自十三日开幕至十五日闭幕，计开正式会议三次，预备会议一次。其间经过情形，略述如左：

六月十二日为全体会议开会之期。是日上午八时在中央大礼堂举行开会式。计到中央委员及各机关代表来宾共千余人，由于委员右任主席，并致闭会词（词附后）。

十三日上午八时半开预备会议，计出席中央执行委员二十三人，列席候补中央执行委员五人，中央监察委员三人，候补中央监察委员一人，由于委员右任主席。经推定于右任、叶楚伧、丁惟汾三委员为大会主席团；陈委员布雷为秘书长；并决定大会会期为三日。

十三日上午九时正式会议第一日第一次。计出席中央执行委员二十三人，列席候补中央执行委员五人，中央监察委员三人，候补中央监察委员一人，由于委员右任主席。讨论常务委员会提出之（一）报告处理广东事变并请决定方针案，（二）全国一致协力剿灭赤匪案，（三）修正国民政府组织法，（四）常务委员会报告等案。均决议交付审查，并推定各案审查委员。是日下午三时，各审查委员会均开会。

十四日上午八时正式会议第二日第二次。计出席中央执行委员三十一人，列席候补中央执行委员六人，中央监察委员四人，候补中央监察委员一人，由丁委员惟汾主席。决议关于处理广东事变经过，剿灭赤匪，确定四次全国代表大会日期改选中央各部处人选等案；修正国民政府组织法，中央政治会议条例，并改推中央政治会议委员三十二人，中央政治会议候补委员十一人；选任国民政府主席，及国民政府委员四十人。

十五日上午八时正式会议第三日第三次。计出席中央执行委员二十人，列席候补中央执行委员五人，中央监察委员三人，候补中央监察委员一人，由于委员右任主席。通过颁布为扑灭赤匪告全国同胞书。

十六日上午九时，在中央大礼堂举行全体会议闭幕典礼。计到中央委员及各机关代表来宾共千余人，由叶楚伧主席，由吴委员敬恒致闭会词。（词附后）礼成，闭会。

中国国民党第三届中央执行委员会第五次全体会议开幕词 （于委员右任）

今日为本党第三届中央执行委员会第五次全体会议开会之日，深念总理伟大遗教之指示，基于国家开创建设之程序，民族生存繁荣之需要，循革命途径，以致力于此巨大工作之完成。中央执行委员会，因所负职责之重，在革命发展之每一个时期，皆先决定适合事宜之纲领及其施行方案，以为全体党员意志行动之准则，而期以沈毅精勤之成就，外则盱衡国际形势，内则适应于国民之所企求，以确定一时期中之中心工作。每次中央全体会议之招〔召〕集，皆本斯旨，故能斟酌至当，践履翔实。政府则循事致切，国民与党员，则一其心力，相与奋进。年来戡定祸乱，救济灾危，每于沉痛裹创之余，不忘淬厉兴复之业。近者国民会议已遵依总理遗嘱，开议完成，此总理谆劳顾命于党人国人者。日月不居，山陵在望，民生所急，国命所关，制根本之法，宏久远之图，凡会议接受总理全部遗教，而承奉本党三民主义五权宪法之治者，与夫训政时期约法之实施，及会议所决应由党与政府领导处理之事，首当详悉规划，推之于实行。举其要者，则训政时期约法，实为国民以其革命需要及政治上之抉择，承认本党政权之行使，能完成其蕲望，因以建国治国之责，信托于本党，本党亦以所应负荷者，郑重与国民相约，期以藏年，可观成效。国民于此时期中之权利义务，一以本党所服行之主义，及所趋赴之目标，剂轻重缓急以为断。至于政府职责，则规制务欲其详，诚以国民生计国民教育诸端，为革命中心问题所在，俾政府弹其所能，为国民忠实之任使，则革命利益，乃能归之于国民，而经济政治诸实际施设，乃能以革命之政府，完成革命之要求，社会内部所蕴蓄之危机，及国际所加遗于吾国家民族之侵迫，乃能因此根本大法之施行，悉蠲弭于和平乐利之境。至于会议移付之其他事案，如实业建设程序，教育设施趋向等，皆本党视为当务之急，而政府决当坐论起行者，又仍与约法精神歆合符契。故此后之党治，实全国之民治，而此后之政府，实全民之政府；此为国民会议完成后，中央亟应集议纲领以领导政府与人民者一也。

国民政府根据约法，总揽〔揽〕中华民国之治权，中华民国训政时期约法既已公布，则政府组织亟应依法完成。约法规定训政时期由中国国民党全国代表大会代表国民大会，行使中央统治权，代表大会闭会时，其职权由中国国民党中央执行委员会行使之。是此次中央全体会议之召集，关于政府组织之法案，实为施行约法之要端，必有良善之制度，乃有良善之政府，中枢巩固，全国统一，关系极为重大也。至于约法所举各项法律之制定，大会交付各项决议之执行，训政时期中，地方自治开始实行，及一切建设事功，胥赖强有力之政府总揽〔揽〕而策其成，此中央关于约法公布后之政治制度，亟应集议规模而完成组织者二也。

吾国家吾民族以赤匪频年之扰乱，各地方残破耗斁，诚极有史以来之惨酷，人民生命丧失，及农村城市生产事业之全部破坏，赤匪固以此为阶级斗争所应尔，而我国家及民族之创夷已不堪问矣，此则本党穷于感化，敝于补苴，决不得不出于用兵戡定之一途，否则人民万不能保其生存，更遑论安居乐业，共跻约法之治。顷自广东事件发生，据得自前方之报告，赤匪极引以为庆幸，此诚关系我国家之存亡，民族之兴灭，苟非同志戮力一心，全国人民战士一致动员，而整齐以中央统一明决之指挥，督促以公忠勤国之将帅，势将滋蔓难图，陷国计民生于不复，革命之人民，革命之政府，其何以自救自存，而革命之本党其将何以自全其职责。故中央为督励剿匪，绥靖地方，指授机宜，戢止助长祸乱计，亟应集议方略，戒厉图功者三也。

此次中央全体会议，责务之巨大，时机之严重，自当深凛总理教命，审察党国所急，群策群工，以大慰国民与同志之望，今当开会，敬谨致辞。

中国国民党第三届中央执行委员会第五次全体会议闭幕词（吴委员敬恒）

主席，各位同志，今天是中国国民党中央执行委员会第五次全体会议闭会的日子，大会宣言，已决议将“告全国人民书”替代，今天所要报告的，就是这一次全体会议的重要任务。自约法公布后，我们党的责任，格外重大，所以第四次全国代表大会的召集，急不及待，因此由大会的决议，定于今年十月十日开第四次全国代表大会，把约法公布后，一切的设施由第四次全国代表大会来规划指导，这是此次全体会议第一个重要任务。其次目前重要的，就是政治最高机关的组织法与约法有不同的地方，所以大会依照约法的规定，把国民政府组织法修正几条，这样，在进行上，才不致有障碍，这是此次全体会议第二个重要任务。第三个重要任务，因为国家不幸，自和平统一以来，政府在修明政治的时候，忽有赤匪势力的蔓延，赤匪势力之所以养成，简单的说，由于赤匪把老百姓摆在里头，做他的掩护，如果赤匪不以人民做掩护，原不过是跳梁小丑，以警察的力量已够消灭，现在硬把老百姓摆在里头，以致养为巨大势力，则政府不能不以重力来消灭，否则老百姓亦将不堪问闻了。目前赤匪潜伏各地，利用人民做前驱的牛马，到处焚毁杀掠，已造成中国的大患，所以现在到了杀鸡用牛刀的时候，必须用重兵作一个打尽之计，才能销〔消〕灭净尽，关于这一点，大会已有郑重的决议。还有一点，现在稍为有一点纠纷，这就是从前扰乱和平的一地余波，因为有许多反动分子，虽然已消灭了，但中央素主宽大不去处置他们的行动，于是他们潜伏了以后，重新又勾结起来，尤其最痛心有很好的同志，竟受了他们的愚弄，在那里发动，甚至要响应赤匪，不过关于这一件事我们全会本来对于反动分子固不必太宽大，但是对于被勾引的同志希望他们慢慢地觉悟起来，所以在他们不主张称兵作乱的时候，他们还用和平统一的方法来解决。本来国家对此原有两种方法，一种是用刑，一种是用兵。现在政府当在刑上设想，非到不得已的时候，不用兵的，所以此次全体会议还没有主张下讨伐令，而主张以政治的方式去解决。这次政治会议为什么有此主张呢？我们相信现在政府定有力量，可于最短期内，把赤匪消灭，使人民有休养生息从事建设的机会，所以希望不再有其他枝节发生，或许到了赤匪被消灭后，一般反动分子就可以销声灭迹，再没有反动的机会了。因为他们本来想靠赤匪的骚扰，想趁火打劫的，同时我们相信，有些资格的同志，决不会做这种害绝天良的事情，如果他们绝对误会，也可以由党来劝告说明，所以此次全体会议对于这一件事，不如外面那样严重注意，现在外面受惯了惊恐。往往以微小风波，看得很严重，其实这一次没有多大的影响，只要我们大家同心协力，努力于肃清赤匪，一切的设施，受第四次全国代表大会来指导，从和平建设方面去努力，则国家自然可以达到繁荣滋长的地位，这是今天在全会闭会时的一点报告。

〔中国国民党中央执行委员会秘书处档案〕

13．中国国民党第三届中央执行委员会第二次临时全体会议重要决议案

（1931年11月）

（一）改进宣传方略案

（民国二十年十一月十日第三届中央执行委员会第二次临时全体会议通过）

自第三次全国代表大会党务报告决议案确立四个宣传准则以来，三年之间，党的宣传方面散漫者渐归统一，淆杂者渐趋整齐，党谊党德之认识渐见确定，各级党部之宣传工作亦多能遵一贯之指导而少纷歧之现象，原案所指之四种缺点，已有相当之改善。顾细察实际，庞杂之弊去矣，而病在枯乏，统一之效见矣，而或不免于疲滞；至如效力之未能普遍深入，工作之未臻细密联络，以及一切表现缺少生动积极之气象，皆属不能为讳。良以过去三年之间，国家多故，人才经济时间多耗于消极之应付，故历次全体会议虽有良好之决议，而多无由见其推行也，代表大会之主旨，在于检阅过去，规画将来，似宜斟酌情势，确定方略，以为今后之准绳。而尤其重要者则本党革命志在服务于全国国民，故宣传之事决不可以党务工作自囿，而必须与文化教育及一切社会事业相沟通，明乎此义，则宣传之设计方能圆融如意，否则未有不陷于孤调独弹事倍功半者也。爰根据最近之需要，拟定今后之宣传方略案如下：

（一）宣传工作之内容

甲、关于总理遗教之宣传，党员人人均有此义务（由中央及省市宣传部制定各种方案，并准备相当材料分发应用）。

乙、关于推进政治之宣传，（传布建设成绩，介绍地方自治情形，说明施政方针及政策，批评政策之设施），党的出版机关并联络一般刊物任之。

丙、关于培养民族力量之宣传（文艺、学术、经济、产业各方面），联络或扶助各种文化学术团体任之。

丁、关于应付特种事项及重要时事之宣传（如水灾、匪祸、外患之类），由各级党部联络相当之人员或机关共同担任之。

戊、关于国际之宣传，由中央特设机关办理，并指导海外党员，使领馆人员及留学生等共同担任之。

（二）关于宣传之方法及态度

甲、一切宣传均应以服务国民为出发点，处处为国家与人民利益着想，而以灌输正确之智识，提高国民之程度、增进国民之能力为目标。

乙、应认定宣传工作为复兴民族建设国家之重要工作之一，使一般国民知宣传之责任不仅限于党部与党员。

丙、一切宣传应考虑最有效之方法，务使读者听者潜移默化而自然接受。

丁、充分采用各种实际问题为宣传之材料，力避笼统呆板之宣传。

戊、使口头宣传与文字宣传并重，多多致力于讲演及其他表演（如幻灯、电影、戏剧、图画及各种展览会之类）。

己、宣传之工作在发扬三民主义、阐述建国方略等，应尽量与学术团体及著作界合作；在提高民众程度、灌输正确知识方面，应尽量与教育界合作。

庚、今后宣传工作之设计，于通俗方面及国际方面应特加注意。

（三）对于言论出版事业之方针

甲、充分尊重在法律范围内之言论自由。

乙、尽量扶植文化出版事业及新闻事业之发展。以登记表彰奖励取缔等方法，达到去莠存良之目的，而促其进步。

丙、征求人民对于本党工作意见并解答其疑问。

丁、对于危害国家破坏民族利益之反动文字或刊物，应禁止其传播外，并积极的予以驳斥或纠正。

（四）对于推进宣传工作上应注意之点

甲、应充实人才

〈一〉调查擅长文艺著作、讲演及学术上有素养之人才，设法网罗，使同任宣传工作。

〈二〉随时注意新闻界、教育界及曾任外交工作之优秀份子以及社会上素有信誉能以言文行指导人民团体之活动者，设法与之联络。

〈三〉训练担任新闻事业、印刷事业之人。

乙、应准备宣传之材料——中央及省市宣传部均应设置完备之材料室，征集类藏各种统计调查及一切档卷图表名录等，足供宣传参考之材料。

丙、务于最短期内完成中央广播电台，并充分利用之。

丁、务于最短期内设立一有力之通讯社，藉以完成国内及边境之通信网，并逐渐造成为有国际信用之通信社。此项通信社，或就中央通讯社扩充，或扶助国内已有信用之通信社而充实其组织。

戊、积极推进电影宣传。

己、改善党报之组织与内容，并重行规画党报之设置。

（二）改进中央党部组织案

（民国二十年十一月十一日第三届中央执行委员会第二次临时全体会议通过）

按中央党部组织，自依照第二届第四次中央全体会议决议案改变以还，事权之行使虽已较前完密，但其全部机体结构犹未能运用灵活。兹拟略事变更以求完善。其理由如左：

第一，常务委员会为中央执行委员会全体会议闭会期间之最高党务执行机关，而诸常委每以事务繁冗，鲜能集中全力躬自统纪纲领指导工作，日常事务惟恃秘书处以总其成，但秘书长在组织上仅为秘书处之事务领导者，与各部部长分别任事，地位平衡，权殊不属，自难措施一切，笼照全局，于是在事务之进行方面，权力乃分属于各部，而不能集中于常务委员会，涣散之象，于以形成。本案拟于常务委员会下设秘书长一人，其人选即由常务委员互推，负责执行常务会议决议案，并综理日常会务，如此，则常务委员虽不能逐日到会办公，而代行其职权者有人，故提高秘书长之权力，无异集中权力于常务委员也。

第二，现行组织常委会之下，于秘书处外，分设组织、宣传、训练三部，而实际上训练一部似无单独存在之必要，盖不独组织、宣传之进行均寓训练之意，即其他各项工作亦无不含训练之意义，故训练工作机能寓于一切工作之中，似不能与其他工作分存骈列。兹拟取销训练部，以其民众指导事宜列入特种委员会，另设教育文化委员会，而以党员升学及童军训练等属之。至组织、宣传两部职责綦重，亦宜另设组织委员会及宣传委员会为之设计评议，以期完善。

第三，本党事业浩繁，需款至巨，各级党部经费之支配，监督预算之执行，以及稽核审计等事务，允宜设立专部以司理之，庶几事权可以集中，而党的经费能维持于不堕，拟设财务部，并保留原有之财务委员会，以为设计评议之机关。

第四，本党史料原为国史之一部，在先国民政府未设国史馆，故由中央设置委员会搜集编纂之。兹以国史馆已在国府筹画设立之中，拟俟该馆成立，将原有党史史料编纂委员会移并该馆。又侨务委员会虽经改隶国府，但其间仍有属于党务方面之工作，兹拟另设海外党务委员会处理之。

第五，事务之有共同性或独立性者，均应另设专职机关，直属于常务委员会，由秘书长指导之，如此，则事权可免纷歧，组织不致散漫，例如调查统计编译工作，均为事权有共同性者，应将各部处关于此项工作划出，另设专职机关。至印刷所、图书馆、通讯社、广播电台，原属宣传部而实际上皆为有独立性者，亦宜由宣传部划出，直属常务委员会。

中央政治会议为党政间之联系机关，亦即中央党部与国民政府沟通之枢纽，本党一切政策胥有赖于中央政治会议之设计、决定、审核与传递，故其作用实为党治下全国政治之发动机，居于中央与国府之间，受党的指挥，以运用其权与能者也。其地位性质既已阐明，其内部组织自当准是以求完善，务使其权能可以充分运用，切合实际，而训政时期以党治国之真精神于以显现。其组织之充分与改进，应由中央执行委员会讨论决定之。

（三）推进地方自治案

（民国二十年十一月十一日第三届中央执行委员会第二次临时全体会议通过）

地方自治之工作，为训政时期全部工作之重心。本党承总理遗教，于第三次全国代表大会政治报告决议案中，以政权之建设当以实现国家主权属于国民全体之目的为今后努力之方向，并为矫正从前重省轻县之传统观念，特置重于县自治之行使及地方之建设，以期达到真正之民治，措国家于磐石。复确立地方自治之方略及程序，详列施行之方法与各项之标准，以利实施；历届中央全体会议亦迭经议决限期完成县自治案并训政时期各级党务工作应以县自治为原则等案；凡所以促进地方自治之推行者，无不黾勉为之。顾自颁布县组织法以及区乡镇自治施行法实施地方自治以来，为期已及二载，非特自治之成效不可睹，而最初步之组织亦多未见完备；其号称组织已完备者，亦无非稍具形式，离自治之真际尚远。虽因连年不靖，各地或难循理而自治，然以江浙秩序较为完善之区，其成绩亦未甚著，甚且利未见而弊已乘之，此则制度设施之有待改善盖无可疑。夫地方自治既为训政之基础，而事实所示，又必需有所改善，兹特就其最重要各点分别说明因革之所宜，以为实施之准则，倘经决定，则此后党部对于地方自治工作与指导之协助，以及政府之依据实施与夫自治法规之厘订，皆得有所准则。兹分述各点如下：

（一）整理各县财政以确定自治经费

民国初元之试办地方自治，虽经费有裕，尚不至如今日之窘，以江浙较称富庶之省，而每区自治经费平均亦不过百元之谱，且有时短少不能照领，仅仅供给机关自身之维持犹为不足，遑论建设事业，颇闻视察员赴各地视察竟有簿籍文具亦不能全备者，江浙如此，其他各省更可概见，按建国大纲土地之岁收，地价之增益，公地之生产，山林川泽之息，矿产水力之利，皆为地方政府之所有，今各县以传统之习惯，所有收入除对于上级应有之负担外，大概列作普通行政经费，而所谓普通行政，实大部即自治事务，以项目之不清，故经费之支配不能得当，致使极少数区乡镇自治之开办费亦不能筹拨，虽区乡镇本身亦应有一定之收入，惟以国民经济之幼稚，负担能力容有未充，自不得不仰给于上级之补助，但额外之经费能有几何，更何能为长期之维持？为今之计，除一方严格划分全县自治事务之范围外，应将县财政彻底整理，划分省县用途，俾全县各项事业得以同时发展，对于自治经费之标准确实决定其数目与来源，按年编制预算，以期逐渐达到会计独立；一方更努力于天然财源之开发及公共事业之收入，以增加自治之经费。现时各省有以田赋附加税为自治费之挹注者，虽系临时办法，然曷若整顿旧有田赋，剔除积弊，并积极开垦荒地以辟财源，其所得固将愈于彼也。

（二）按各省情形分别完成自治之期限

吾国幅员广大，各地之文化经济状况既难强同，而风俗习惯亦迥相悬殊，自不能等量齐观，合一炉而并治；为政贵在适宜，强不同者而欲之同，结果必虚应故事，苟且塞责，无成绩之可言。故推行地方自治，初不必斤斤整齐划一之观，尤宜斟情度势，因地制宜，为适当之措施。第一，各省完成自治之期，不妨稍参差，以期符合实际，推行尽利，依建国大纲第七条、第十六条、第二十三条之规定，凡一省完全底定日则为训政开始之时，凡一省全数之县皆达完全自治者则为宪政开始时期，全国有过半数省份达至宪政开始时期，即全省地方自治完全成立时期，则开国民大会决定宪法而颁布之，是各省之不能同时开始训政宪政时期也明甚。又观于第八条、第九条之规定，可知各县之完全自治，亦不必定于同时实现，第三届二中全会议决训政时期为六年至民国二十四年完成，复决议民国十九年内完成县组织，二十一年底初期调查户口清丈土地完毕，二十二年度各地筹备自治机关完全成立，二十三年底完成县自治，似此规定，未免过于刚性，设使进行有碍，转乏伸缩之余地，衡之事实，殊多困难，故宜按各省情形，将训政时期分省公布。在此训政时期，各省得各因其省内各县之情形分别规定完成县自治期限。至全国有过半数省份均已完成县自治，然后开国民大会决定宪法，而真正民治于以实现。否则，同时公布各省训政时期，如有一省未达完全底定之期，而亦强令开始训政工作，事实上必多困难，而不能完全达于宪政之域。第二，中央对于各省地方自治只宜规定大纲，其详细办法可由各省拟订呈准中央施行。欧美各国下级地方自治组织，类多错杂不取纯一，盖为顾虑现实情况，尊重地方利益，不得不尔。以吾国各地情形之复杂，千差万别，欲以同一之法规为普遍之应用，削足适履，势必有所不可，此其情形与不能画一时期完成自治盖同。如现行制划分区乡镇闾邻办法，因各地境域之广狭，人口之疏密，每多不能适合之处，非失之割裂，即于散漫，此虽无论何种精密之法文，亦决不能为各种详尽之规定，不如让诸地方政府之妥为筹画也。

（三）厘定自治团体之任务范围

建国大纲以县为自治之单位，省立于中央与县之间，以收连络之效；省为本省自治之监督，关于省内之国家行政则受中央之指挥，是县之性质固明明为一单纯之自治体，但有时亦得承上级机关之令执行其他行政，正若大陆各国之地方组织，一方为执行自治之机关，一方复为中央之代表也。且本党所领导之自治，乃欲培养地方之基本，以谋全民之幸福，而查县组织法第三条之规定

“县设县政府，于省政府指挥监督之下处理全县行政，监督地方自治事务”，以全县行政与地方自治相对列，且与前者名之曰处理，后者名之曰监督，一若前者为主目的，而后者反为副目的，殊与以县为自治单位之旨相抵触。学者对于自治体之任务大别为二：一为固有事务，即欲达自治体本身存在之目的者；二为委任事务，即与自治体存在之目的无关，而为国省所委任处理者。二者间性质分明，主从显然，县即为自治单位，自以其自治事务为惟一基本之工作，至于其他行政，不过受任上级之委托，不能视为重要之一部，故其自身乃居于实行自治之地位，非若省之于县，置身地方自治之外，仅负监督之责而已。再查训政时期完成县自治实施方案内政部主管事务分年进行程序内确定自治经费项下，有所谓地方行政与自治经费之分，用语极为含混，味其意似以县所办为地方行政，而以自治专属之于区乡镇，实为大误，故县自治体之任务范围必须重加厘定，俾无背于自治之本质，而为适当之运用，以一新人民之耳目，集中力量，自可收事半功倍之效。

（四）提高县长职权以重责成

地方自治之发达，固有待于群策群力，而设施推行，县长实负有重大之责任，故训政之能否完成，实视县长之能否切实负责。三届三中全会有鉴于此，故有注重县长人选之决议。惟县长之人选为一问题，而县长之职权能否充分发挥其才能以尽其责任与否又为一问题，故必先扩张县长之职权，而后能严课其实施之成效。今日各县政务除一部分设科隶属于县政府外，他如公安、财政、教育、建设等项，类多设局专管，县长虽负综理监督之名，而不能收指挥统一之效，各局遇事秉命于主管各厅，各厅亦随意指挥各局，县长仅为其承转机关；至各局长之任用，依县组织法之规定，原应由县长就考试合格人员中遴选，呈请省政府核准委任，但事实上各局局长往往由主管厅任意推荐，或直接委派，其应奖应惩，亦大都惟主管厅之命令是从，县长更受牵制，几同傀儡，对于其所属之重要政务及人员不尽指导监督之责，又何能完成其重大之任务。今后惟有依照重视县政之原则，力矫已往之习惯，对于县长职权须首先提高，使于法令范围内有完全用人行政统一指挥之权，县之所属各机关均一律对县长负责，县长再向省府负责，则系统职权自可分明。各县苟非必要，县政府各局务力求减少，而归并县府之内，以节糜费而严组织。如此，乃可提高县长职权，以专责成，同时并慎重县长人选，务以人才为主义，并严定考核，如有劣迹或不能胜任者，应立即罢黜，否则不能任意更动，以资保障，庶以增加行政效率，以促进自治之发展。

（五）严格训练区长并使之深入民众

区自治组织介乎县与镇之间，实为地方自治之中坚。现时各区区长，大概由省考试训练合格人员而后分发于各县，在形式似无遗憾，惟按之实际，则非议四起，成效鲜著，此其故虽不能尽归之于区长，而区长实亦不能辞其咎者。盖今之区长，青年居多，学识既无素养，世情尤所未谙，虽经短时间之训练，对于自治并非有深切之认识，一旦使之莅事，不谙条例方法，以致动辄龃龉；其有沾染腐化者，则俨然官僚习气，深居简出，绝少与民众相接近。二者之弊，过犹不及，要之皆不能深入民众，以引起同情而得其助力，民众对之信仰，益为薄弱。欲救其弊，必须对于各区长加以更严格之训练，于学识而外，并注重其性情、道德、言语、态度之种种修养，俾易与民众相接近。今各省有设长期自治训练机关者，应用轮流训练办法，将派出之区长分批召回训练，俾得理论事实两相参证，益臻圆满。其无长期训练机关者，则各县区长当由县长任继续训练之责，于县长设立相当机关，定期集会，指导研究，藉以改进种种之缺点。又对于区长之任用，现由民政厅直接委充，诸多不便，应改由县长遴选年在三十岁以上、学行俱优并经训练或经检定合格者，呈请民政厅委派，并将县组织法第三十三条修正之。至乡镇长虽同属重要，但既产生于人民之选举，而非政府所委派，欲为形式上之严格训练，较为困难。且乡镇人士对于自治职务每多趋避而不愿为，尤不乐受训练之名，于此有不得不稍稍迁就事实，由各区设立常期研究会演讲会等，于无形中灌输自治之智识，避去训练之名，而收训练之实。

（六）整顿各县警政并从速完成县保卫之组织

比年以来，国事不定，兵革屡兴，其直接遭逢，军事之区固不必论，即非军事之区，亦多萑苻遍地，闾里不宁，欲求安居而不可得，实为推行自治一大障碍。现和平告成，全国统一，除尚有少数匪区当由中央或省派遣军队限期肃清外，其他各地之零星匪徒，当责成各县政府督同地方设法消弭。惟各县警政每多窳败，且警士多集中城区，不及四乡，以致城区之外一任匪徒蹂躏，同属管辖范围之内，而显分轻重，实非安定地方之道。以后应严饬各县对于警政切实整顿，并须不分城乡，兼筹并顾，为适宜之分配。但各县以厄于经济，警力或嫌单薄，故宜同时依照县保卫团法从速完成各地方保卫组织，充实人民自卫力量，以补警力之不及。按地方保卫，原为自治事业之一种，特至今日尤为切要，故必提先举办，使地方安宁，民皆乐业，而后其他自治事业始有次第建设之可能，直接排除自治之障碍，间接即所以促进自治也。

（七）积极发展乡村经济

今日乡村两大痛苦，一为秩序不宁，二为经济枯竭，故除一方努力地方自治之外，尤当积极发展乡村之经济。吾国以农立国，乡村经济之发达与否，实占国民经济之重要部份，连年天灾人祸交相为害，乡村生计窘迫万分，稍有力者咸皆迁居城市，因之乡村日益空虚，各种设施皆无从进行。总理谓地方自治团体不止为一政治组织，亦并为一经济组织，故主张应同时举办各种合作事业，诚为洞察症结之言。按我国民间虽亦有类于此种之组织，惟是缺陋不备，流弊滋多，已难适合时代之需要；惟合作制度简便易行，且能随所需而运用，当为今后发展乡村经济有力工具，应由地方党部及地方自治团体等先行试办，以资模楷，一经提倡，推行自易。此外，政府对于农工业之改良、指导以及奖励、保护等，亦当采用适当之政策，以助长生产之发达，培植社会之实力，此实建设地方之根本问题。虽其效果不可期之旦夕，要为推行地方自治所当积极从事不容稍缓者也。

以上所举，均为促进地方自治之荦荦大端，其中或关于制度之变革，或关于方法之改善，或为总理所已昭示，及历届中央会议所已规定而犹未能切实举行，然与地方自治之推进皆有极密切之关系，苟此诸端不能得圆满之解决，必仍蹈过去之覆辙，地方自治决难有发展之望。至地方自治实施之要端，已具详于地方自治开始实行法中，倘能参酌实际情形，依据实施，自能日起有功，渐臻完成，而民权之训练，尤须依据总理之会议通则，应用之于各项集会，俾养成其习惯。方今全国敉平，除极少数之剿匪区域尚需兵力剿抚外，已可积极为政治之建设，中央对于训政基本之地方自治工作自宜研究已往利弊之所在，决定原则，制为方案，俾党部政府就地方实际之状况，确定推行步骤，以利进行，俾观厥成。是否有当，敬祈公决。

附注：以上三案为对四全大会之提案，经大会审查，交第四届中央执行委员会审议办理。

〔中国国民党中央执行委员会秘书处档案〕

四、国民党“四大”与历次中央全会

1. 中国国民党第四次全国代表大会对外宣言

（1931年11月14日）

一、日本一再不遵国联决议撤兵，使和平无法实现。

二、日本唆使复辟党组织非法政府，破坏中国领土主权之完整。

三、中国国民之疑问：

1.国联盟约是否有效？

2.非战公约是否有效？

3.九国公约是否有效？

4.日本利用租界破坏中国是否条约所许？

5.日本提取盐税，是否妨害中国履行条约之行为？

四、国民政府准备以实力收复东三省。

五、国联应执行盟约第十五条第十六条之规定。

六、非战公约九国公约签字应履行其条约上之义务。

九月十八日日本军队，袭取沈阳，相继进占辽吉两省之各重要城市，至今瞬将两月。当事变之初，中国即提请国联合法处理，期以国际间保障和平机关之制裁，伸张正义与公理。国际联合会行政院，于九月三十日全体一致议定，限令日本撤兵，并规定其撤兵完成之期，在十月十四日，行政院举行下次会议以前。此项决议，且经日本正式声明接受。乃在此期间，中国政府尊重国联决议，极力避免冲突，加意保护日侨，使无任何事件发生，而日本军队，不但无丝毫撤退表示，反以飞机袭击锦州，破坏北宁铁路，扩大占领区域，增派军舰来示威于沿海及长江各埠。于是国联乃有十月十三日提前之集会，于十月廿四日，除日本外，一致通过决议，明确限定日本于十一月十六日以前，完全撤兵，由中国接收所有日兵占领之各地方。中国政府复尊重国联决议，除依据该议决，派定接收负责人员通告日本外，并履行中国方面关于该决议之其他一切义务，且中立国视察员亦早派定，乃日本蔑视前项决议，概置不理，并施行种种之破坏与阻挠，使中国与各友邦共同努力之和平，无法实现。嗣十一月二日白里安议长致日本覆文，声明议决案仍有执行力量，不承认日本在东三省之条约权利与日本人民生命财产之安全有相互关系，并唤起日本履行其撤兵之义务。乃日本不但延未撤兵，而且增兵不已，进占洮南等处，屡次进功通辽，袭击嫩江之中国军队，图谋进攻黑龙江省会之齐齐哈尔，复在辽宁吉林，唆使中国土匪及复辟党，组织非法政府，进行独立运动，予中国以实行接收之困难。又在营口长春等处提取盐税收入，直接破坏中国之财政，间接影响中国履行对外经济负担之能力。复自十一月八日起，竟在天津日租界利用匪徒，给予武装，由该租界出发袭击中国公安局，及其他行政机关。且自日本兵营迭次发炮轰击管辖之境，不但为各国人士所共见共闻，而且炮弹枪械证物俱在，似此不宣而战之敌对行为，其毒辣实为世界所仅见。是不特违反一切国际条约，国际公法，且系对于文明对于人道及对于国联盟约非战公约，与华盛顿九国条约之直接破坏与挑战。在此时期日本仍藉口其所提五项基本原则坚持中国须先承认进行直接交涉，是日本明明欲在其兵力威胁下，强迫中国承认其要求。中国国民对于日本向国联狡词饰辩，所请条约之主张，证以九月十八日以来日本方面之行动，为国际公约之尊严计，不能不发下列五端极深之疑问：（一）国联盟约是否有效？何以日本能不顾盟约之规定，公然违反国际之决议，国联是否应援用盟约第十五第十六两条之条款，与以正当之制裁，（二）非战公约是否有效？何以日本军队向我中国军队公然进攻，竟以武力实施其侵略之国策，签约各国对其背约举动，是否应速加以纠正？（三）华盛顿九国公约，是否有效？何以日本公然侵犯我主权独立，与领土行政之完整，签约各国对其背约举动，是否有所挽救？（四）日本在中国领土内之租界，是否限于通商居住之通则，其在天津利用租界地位，以为破坏中国之阴谋策源地，是否为条约所许可？（五）为保证中国对各国应履行债务之盐税，而日本竟任意提取，其破坏我国财政固不待言，抑此等举动，又是否为妨害我国履行条约义务之行为？似此胁令我国单方尊重所谓条件权利，而其自身则蔑视条约，乃至破坏条约之举动，层出不穷。是日本将不仅为破坏国际和平之祸首，亦且为破坏条约尊严之罪魁。国联行政院即将重行开会，本大会谨郑重唤起国联会员国，及非战公约华盛顿九国公约签约国之严重注意，俾知日本自九月十八日以来，早已视国联公约如废纸，中国主权独立，及领土行政之完整，已为日本实际破坏。本大会坚决主张国民政府应速准备，实力收回东三省，保障中国领土之完全，勿令其有丝毫损失。并望国联于此次开会时，执行盟约第十五条及第十六条之规定。迅速予日本侵略行动以有效之制裁，更望非战公约与华盛顿九国条约签约之友邦，履行其各该公约上之义务，务使远东及世界和平，不致为日本所破坏，正义人道，不致为武力所屈服；国联及国际条约之尊严，不致因此而失堕。日本武力占领东三省，至今已将两月，中国忍耐至今，已至最后之限度。如日本继续蔑视国联保持正义之主张，不顾国际公约之尊严，而国联及各友邦无法履行其签约国神圣义务之时，中国民族，为保障国联盟约，非战公约，及华盛顿九国条约之尊严及执行民族生存自卫权，虽出于任何重大牺牲亦所不恤，为生存自卫而抵抗，为独立国家应有之权利，亦国际公约所允许，本大会自当领导我全中国民族，奋斗到底，誓不稍屈于横暴武力之下，以保持国际之正义，与完成我签约国对于国际公约之神圣责任。谨此宣言。

〔中国国民党中央执行委员会秘书处档案〕

2．中国国民党第四次全国代表大会宣言

（1931年11月23日）

一、暴日乘我之危，强占我土地。

二、救国真理，惟在团结。

三、国民要有勇猛精进之心。

四、民族自信力，必能表现于国家危难之时。

自本党第三次全国代表大会迄今，历时二年有八月。在此期中，本党与全国国民所共同努力者，厥为实现训政时期之建设，与巩固和平统一之基础。以障碍纷乘，党国多故，致使民生国力，受无量牺牲，训政工作，未按预期而实现。迄今年五月，始克召集国民会议制定训政时期之约法。方谓自兹以后，全国国民与本党，得依公定之轨范，为一致之僇力。当国军方在赣鄂各地，从事于戡定赤匪之时，全国忽遭空前未有之水灾，流离荡析，死亡遍野，举国呼号，尽全力于救恤工作，而横暴之日本，突于此时，乘我之危，施其侵略，强占我土地，残杀我人民，轰炸我城市，勾结叛徒匪类，以继续不断之暴行，破坏我国家之完整，国难之深，于此为极。大会举行于此国难严重之时期，认为我中国民族，若不以决死之心求生路，则国族将永陷于沦亡。本党同志，若不能团结一致，完全担负救国之重责，誓死前驱，则革命之绪业，将自此而中斩。当此危急存亡之秋，特以基本之要义，竭其至诚，为我全国同胞同志道之：

总理有言："吾人必须团结四万万人民，为一大国族，建设三民主义的强固充实之国家，始足以生存于今日世界。"救国真理，唯在于此。故欲求全国一致之团结，必先自本党有真实之团

结始。任何国家，当复兴建国之际，凡全国人之心志，与革命中心势力相坚固结合者，靡不成，反之则靡不败。吾人今日试一为坦率之检察，敢言全国人民，对于三民主义之信仰，实历久而无谕，而对于本党之期望，则渐见其淡薄。此种无可讳饰之现象，固由于本党内部散漫分离之迹象，与国民以痛心；亦由于本党各个之同志，能以坚苦之实际工作，起国民之爱敬。今当困难严重之会，实为自反自赎之机，大会谨以总理之心为心，达总理之志为志，泯灭已往一切之睽离，以求全党之精诚团结。我全体同志，应一德一心，恢复互信，过则相恕，劳则相先。遵循总理牺牲自由贡献能力之遗训，造成不可摇动之精神结合，披发缨冠，共御外侮，则可以谢人民，可以纾国难。同志尤必痛切检查已往工作之错误，防止散漫因循重形式而轻实际之缺点，随时随地，以牺牲为全国倡，以力行为天下先，以尽忠职务为实行主义，以达救国救民目的之唯一责任，确立见危授命之决心，表示革命党人基本之道德，则国民尊重本党之心理，必日见其浓厚。挽国运于垂危，期主义之实现，转祸为福，非异人任，此大会愿为吾党同志告者也。

近世立国之基础，寄于统一之巩固国力之充实，尤赖国民有勇猛精进之决心，立共信而一致以求其实现。总理垂留于吾人之三民主义，建国大纲，与建国方略，实为保持民族生存之最高原则，苦心创制，期策成功于后死之吾人。乃数载以还，建设之实效未彰，国力之增进犹鲜。最近复来此空前之外侮，凡举国同胞之所责难于本党者，本党诚无所自逭其责任，而今后之所以谢吾全国者，亦唯尽力所及，与吾同胞共为救亡御侮之牺牲。深信以吾全国之一致努力，必能战胜任何之艰难，而保持国家之安固。唯吾全国同胞既共喻国势之阽危，自必能省察责任之重大，应变御侮，必须有牺牲个体，以全群体之精神，而根本图存之策，尤必剑及履及，创成真正之力量。旷观并世诸国起衰振敝之史迹，罔不以极端之刻苦，任加倍之劳役，捐弃个人自由权利，以贡献于国家之建设。此等艰苦卓绝，急起直追之精神，实为我国所必当取法。大会以为今后国家之建设，亟须从军事、教育、经济三方面，就物质精神同时为彻底猛进之改造，一扫侥幸之心理，造成巩固之国防，以确保民族永久之生存。切望吾全党同志，遵守决议，努力从事，团结全国同胞，实行全国总动员，以一致之步骤，最大之决心，完成我建国之大任。

大会深信民族精神之重振，必于国家最危难之时，亦惟当国家最危难之时，方能充分表现与试验民族之自信力，愿我全国同胞，全体同志，竭其忠诚，赴以勇毅，集中于三民主义之下，作积极救国之准备，对外则捍御强侮，保卫国权，为国际正义和平而奋斗，为民族生存自卫权而奋斗，一时之利钝非所计，一切之牺牲非所惜，入道不灭，文明不毁，最后之胜利，必属于我；对内则刷新政治，努力建设，兼程并进，义无反顾，以树立中国民族永久独立自强之基础，亦即所以保持中国民族永久之生存与繁荣，我全体同志应知救国即所以救党，我全国同胞当能共喻，非一体贡献吾人一切精神物质之力量以听命于中央之指挥，无以挽回国难而克尽救国之责任也，谨此宣言。

〔中国国民党中央执行委员会秘书处档案〕

3．中国国民党第四次全国代表大会重要决议案

（1931年11月）

（一）第四次全国代表大会宣言〔略〕

（二）第四次全国代表大会对外宣言〔略〕

（三）对日寇侵略暴行之决议案

（民国二十年十一月二十日第四次全国代表大会通过）

日本以武力侵占我国东三省领土以来，国际联合会两次决议

令日本在中立国代表观察之下限期撤兵；关于决议案所付与之义务，中国政府完全履行。日本不惟置国际公意于不顾，且益肆其阴谋与暴力；一面教唆各种反叛运动之进行；一面以武力节节北进，扩张其侵占之区域；致中国在黑龙江之少数军队不得不为正当之防卫。现在形势日趋严重，在国际重行集会期间，日本以武力侵占我齐齐哈尔，侵占地带愈加扩大，而国际间保障公道之权威，渐有被日本强权屈服之危险；全世界国家所赖以保持和平生存之一切国际公约，行将陷于破坏之厄运。本大会为保障国家之生存与国际正义世界和平，兹更郑重为下列之决议：

一、中国黑龙江省政府主席马占山对于日本军队进攻之正当防卫，不独为保障中国国家之领土，尤为保障国际正义与世界和平之存在，亦即为维持国联盟约，九国公约及一切国际公约之存在而牺牲；本大会郑重唤起国联各会员国及非战公约九国条约各签约国，对于其自身所负神圣义务之真实的注意！

二、国民政府于日本侵占东三省行为发动以来，一切对内对外争取之政策及临机处置，本大会认为确能尽忠于国家与民族。兹更郑重决议：今后关于捍卫国权，保护疆土，本大会授与国民政府以采取一切必要的正当防卫手段之全权。益望励其忠诚，为保障国家生存与世界和平而奋斗；并不惜任何牺牲，在精神上与物质上为政府之后盾！

本大会更以至诚告我全国民：我国之奋斗，并非孤立，世界各国之拥护正义与和平者，无不同情于我国；即日本国内主张公道之国民，亦无不以大军阀所持者为害人自害之政策。我全国国民坚持其团结一致以保障国家生存与国际正义世界和平之决心，信任政府，努力奋斗，则最后胜利终在我国也！

（四）依据训政时期约法关于国民生计之规定确定其实施方针案

（民国二十年十一月十七日第四次全国代表大会通过）

总理建国大纲，开宗明义，即言建国之首要在民生，是国民生计之建设，为训政时期第一重要之工作，自不待言。约法列国民生计为专章，即此精义之表现，且重要纲领已经包举无遗。兹为确定实施方针，特拟定要点如次：

第一，现代世界之经济关系，至极密切。一切经济生产之组织已超过纯正国民经济之时代，而入于世界经济之时代。国民经济之意义，在政治上与经济上，均渐次成为世界经济中之组织成分。中国为生产落后之国家，欲迅速发展其国民经济，及一切生产事业之建设，须谋利用国内与侨胞之资本，然尤非充分利用外国之资金与技能不可。总理之建国方略，及实行其方略之方针，实为中国经济政策上不易之原则，其最要之根本要件，即为完全无缺之政治上之主权，法律上之管辖权，与经济上之管理权。所谓操之自我即存，操之于人即亡是也。此为国民生计建设之方针一。

第二，水利为中国最大之问题。此次水灾遍于三河两江，今后之危险，更难逆料。自南京建都以后，治河治淮，虽已设立机关，而因军事未停，办理未著成效。政府应专设统筹机关，迅即切实进行各项水利工程，尤宜以促进造林事业为治水工程之主要助力。此为生计建设之方针二。

第三，关于永久之建设计划，总理之建国方略，已经详细规划。现在所应决定者，乃在此数年间之工作方针，而非庞大之方略。总理在建国方略中，以铁道网之完成，为一切经济事业之根本，就目前实际情况，认为今后之铁道政策：第一应整理现有之铁道，第二应迅速完成已经成就及半之粤汉陇海两铁道，第三应迅速进行由广东至云南，由云南达四川，由四川到陕西与陇海联络之铁道。此三线为最宜急切进行之工作，其余线路应由国民政府就实际情形，从事规划。此为国民生计建设之方针三。

第四，中国为农业国家，今后固须尽力于基本工业之建设，而尤不能不注意于农业之发展，合作事业之提倡，以及本党土地政策之实施；一切水陆交通，运输事业，金融事业之建设方针，均须以便利于农业之发展，与农民之生计为要件。此为国民生计建设之方针四。

第五，边地开发屯垦与移民实边，为发展国民经济之重要方针。必须订立方案，积极进行，并予以财政及其必要之援助，而对于边地土著人民生计之筹划，尤为紧要。故开发边地，必须特别注重边地土著人民之生计。此为国民生计建设之方针五。

第六，一切国民经济事业，均须在本党民生主义节制资本原则之下，以法律为之保障。现在各种税法及实业法规缺陷尚多，应以切实保障发展民营事业，及增进劳工与社会利益为目的；于各种法规未备者，迅速制定，有缺陷者切实改良，而治安之维持，尤为切要。此为国民生计建设之方针六。

（五）依据训政时期约法关于国民教育之规定确定其实施方针案

（民国二十年十一月十七日第四次全国代表大会通过）

政治之要事惟教与养，我总理手定民国建国之纲领，厥以此二事为先务。本党历届大会，及中央全体会议，无不有至明确之决议，示政府以应取之方针，道国民以应由之道路。训政时期之约法，恪遵此旨，国民教育生计定为专章，关于国民生计之实施方针，既已别提专案，兹更就关于国民教育之实施方针，特举其最切要者，贡献于大会：

关于国民生计，总理建国方略中，有实业计划，详明周到，无所不至；吾人只须恪遵遗训，集合专家，就国家之能力，与国民之需要，分别先后缓急，设计而实行之，便为已足。而教育之事，其在总理遗教，则散见于各书，具体计划，尚无专著。是以过去数年之间，吾党尽其全力于确立三民主义之教育宗旨，与制定三民主义之教育计划，费无限之精力，经无限之困苦，至于今日，总理所切望于国民之恢复固有道德智能，与迎头赶上世界科学文化之大经大法，始渐为多数国民所认识。然而偏见曲解之思想主张，尚不绝于号为智识分子之间。于此益信行之匪艰，知之惟艰之学说为可宝；而确立三民主义之信仰，实救国救民之唯一根本矣。

中华民国国民教育之根本宪章何在，此为民国国民所不可不切实了解，更不可须臾或忘者也。总理教育青年之训词曰：三民主义，吾党所宗，以建民国，以进大同，咨尔多士，为民前锋，夙夜匪懈，主义是从，矢勤矢勇，必信必忠，一心一德，贯彻始终。此四十八字，实已将全国教育之根本要义说明之无余蕴。授教者守之不失，即为良教育家；受教者守之不失，即为良好学生；国民守之勿失，即为真正爱国而有用之国民；世界一切人民守之勿失，亦即为最文明之人类。总理革命四十余年，即持此义以革命建国。总理逝世以来，七年之间，吾党同志与乎信仰三民主义之同胞之努力，即继此志述此事，以期完成革命建国之任务；一切革命先烈，皆为完成此任务而牺牲。更扩而言之，举凡一切世界优良之教育文化，虽彼或尚不知此义，未闻此旨者，亦皆为不知而行此义之成绩。本会所竭其至诚以告于我同志同胞者，此其最要之主旨也。

自全国统一，首都奠定以来，本党关于国民教育之决议案甚伙；为完成总理所昭示吾人之教育宗旨，今后不须更加讨论，应即继续努力以求其实现者，兹一一分别录之如次：国人之缺陷，往往一次会议，必求得一更新之决议，而于过去所决议之良法美意，反往往因一新决议之成立而遗忘。此喜新厌旧之心理，有时固亦足以成为改良之要素；而障碍建设之成功与秩序之确定，弊害亦不少，其在教育所关尤巨。本会所以将已往之决议案，择要重录之，深望同志同胞特加意焉！

第二届中央执行委员会第四次全体会议宣言，关于教育的建设者：

关于教育的建设，实为中国国民之生死关键。自欧战以来，中国青年学生，对于社会问题，政治问题，渐具觉悟，种种不满足于现在境遇之心，与日俱进；而实行之政治组织，教育设施，不足以应时代之要求。于是各地学潮风起云涌，共产党徒乘青年知识不充，修养不足　社会无进步之组织，人民无确定之保障，利用社会弱点，世界潮流，煽动青年，用为工具，惑之以利，乱之以色，迷之以虚伪口号，强之作破坏暴举，现在全国青年之误入歧途者，既已陷身魔窟而不自知，知之又苦无自拔之道。即多数赋性和平诚实者，亦均徬徨歧路，正如盲人瞎马，夜半深池，稍一失错，遗恨终身，各地教育机关，外受战祸与政变之危害，内受学潮之影响，及人才缺乏之困苦，几于无一人能安心求学，无一校能安稳维持。重以政治之派别分歧，引诱之法术无穷，学校在学之学生，变为政争之货品；由互争而互斗，由互斗而互杀。如此情形，不从速救济，则历时愈久，流毒愈深，不但教育破产，一切社会机能，皆陷于绝境。就今日受痛苦最大之点言之，无过于未成年之学生，参加政治斗争，社会斗争之一事。夫政治运动，及社会运动，乃关系人民实际生活，国家实际利害之问题，参与此项运动者，必须有实际利害之认识，与正确智识之判断。未成年之青年男女，身体精神之发育未完全，基本上之智识经验未具备，即个人之私生活尚不能离成年者之保佐而独立；何况国家社会之大事，乃放任于未成年之自由行动？是不特将民族可爱可宝之未来生命，付之无代价之牺牲，亦直是以国家社会全体之生命作儿戏之试验品也。各国法律，在私法上规定行为能力之年龄，未成年者，一切行为不认其有法律上之效力，亦不科以法律上之责任；而国民之公权则更有各种限制。此不特维持社会公共生活之秩序，国家之安全发展；亦所以培养青年，保护青年者也。以目前中国之情形论，文化落后，经济落后，国民之身体精神，无不衰弱。所仅足属望者，惟后起之青年耳。然当其应受培养与保护之时代，不教之以正当之学问，遵之以正当之道途，使其身体精神，得遂其自然而健全之发展，乃欲付以成年者所不能胜之重任；及其已陷于错误，而祸害已波及于社会国家，然后不得已而科之以未成年者所不应受之严刑，此岂足以救亡，实所以召灭种之祸而已。救济之道，首在保护教育之独立，充实教育之内容，防止青年之恶化腐化，普及国民教育，提高民众智识，以造成健全之国民者，为建设国家之基础。而对于女子教育，尤须确认培养博大慈祥之健全的母性，实为救国保民之要图，优生强种之基础。凡此诸端，皆须全国人民切实觉悟，而与本党协力图之者也。

第三次全国代表大会，确定教育宗旨及其实施方针案：

教育为立国之大本，国民精神生活，与实际生活，能否臻于健全与畅遂，全视教育方针能否适应民族与时代之需要。而国民革命之基础，若不充实之以教育的建设，则三民主义亦将无彻底实现之期。过去本党因注全力于障碍之扫除，对于教育未暇为整个方针之树立。今当全国统一，训政开始，本党在政治上之地位与责任，更不同于往日的三民主义的国家建设，社会建设，与物质建设，全国人民方延踵以企本党之启导。而且去自清末以来，无方针无目的之教育，所遗留之恶影响，积数十年之造因，正于此时乘民族衰颓，民生凋弊之会，并合而为总发露。本党于此若不明定教育之方针，确定实施之原则，作全国更始之基，而洗废弛因循之弊，则不唯训政时期之一切救国建国之计划，感跬步而难行；即国家民族今后之生机，亦必陷于困危而无可救。此全国追切之要求，亦本党不容旁贷之责任也。

中华民国今后之教育，应为三民主义之国民教育，已无疑义。唯真正的三民主义之教育，非仅标三民主义之名，所能收功，亦非仅令各级学校诵习三民主义之文字，即为毕业。必须使一切教育上之设施，全部皆贯之以三民主义之精神，无处不具备三民主义之功用，而后方可达到民族独立，民权普遍，民生发展之目的。过去教育之弊害：一为学校教育，与人民之实际生活分离。教育之设计，不为大多数不能升学之青年着想，徒提高其生活之欲望，而无实际能力之培养以应之。结果，使受教育之国民，增加个人之苦痛，以酿社会之不安。二为教育功用不能养成身心健全之分子，使在国家社会之集合体中发挥健全分子之功用，以扶植社会之生存。三为各级教育，偏注于高玄无当之理论，未能以实用科学，促生产之发达，以裕国民之生计。四为教育制度与设施缺乏中心主义，只模袭流行之学说，随人流转，不知教育之真义，应为绵延民族之生命。四弊相承，遂使共党虚伪偏激之教义，得以乘间侵入，贻重大危害于我国家，而几乎摇动国民革命之根本，过去教育病因之总因，既由于违反三民主义之精神。则今后彻底更始之谋，自非明定三【民】主义为教育之宗旨，并就最急需之点，确立实施之方针不为功。

甲、教育宗旨

中华民国之教育，根据三民主义，以充实人民生活，扶植社会生存，发展国民生计，延续民族生命为目的。务期民族独立，民权普遍，民生发展，以促进世界于大同。

乙、实施方针

前项教育宗旨之实施，应遵守下列之方针：

（一）各级学校之三民主义之教育，应与全体课程及课外作业相贯连。以史地教科阐明民族之真谛，以集团生活训练民权主义之运用，以各种生产劳动的实习，培养实行民生主义之基础。务使智识道德融会贯通于三民主义之下，以收笃信力行之效。

（二）普通教育，须根据总理遗教，以陶融儿童及青年“忠孝仁爱信义和平”之国民道德，并养成国民之生活技能，增进国民生产能力为主要目的。

（三）社会教育，必须使人民认识国际情况，了解民族意识，并具备近代都市及农村生活之常识，家庭经济改善之技能，公民自治必备之资格，保护公共事业及森林园地之习惯，养老恤贫防灾互助之美德。

（四）大学及专门教育，必须注重实用科学，充实学科内容，养成专门智识技能，并切实陶融为国家社会服务之健全品格。

（五）师范教育，为实现三民主义的国民教育之本源，必须以最适宜之科学教育，及最严格之身心训练，养成一般国民道德上，学术上，最健全之师资为主要之任务。于可能范围内，使其独立设置，并尽量发展乡村师范教育。

（六）男女教育，机会平等，女子教育并须注重陶冶健全之德性，保持母性之特质，并建设良好之家庭生活及社会生活。

（七）各级学校及社会教育，应一体注重发展国民之体育，中等学校，及大学专门，须受相当之军事训练，发展体育之目的，固在增进民族之体力；尤须以锻练强健之精神，养成规律之习惯为主要任务。

（八）农业推广，须由农业教育机关积极设施。凡农业生产方法之改进，农民技能之增高，农村组织与农民生活之改善，农业科学智识之普及，以及农民生产消费合作之促进，须以全力推行。并应与产业界取得切实联络，俾有实用。

第三次全国代表大会对于政治报告之决议案，关于教育者：

于中国现在之教育，无论为学生、为教员、为主持教务者，乃至为掌握教育行政之人，皆怀不满之心理。自一方而言之，负教育行政之责任者，每不满于办学之人，办学者每不满于学生之学风。自他方而言之，学生每不满学校，而学校每不满于掌理教育行政之机关。上下交相不满，驯至教育与社会，亦互相隔离；而整个中国教育，乃露呈其弱点与危机。夫既人人对于教育存不满之心理，则当平心推究其所以致此之由；从而确定根本之方案，从实际上相与努力执行之，庶于事有济。吾人推究今日教育受病之源，以为实由于最近半世纪以来，中国文化旧基础即于崩溃，而新基础尚未确立所致。在此青黄不接之中，教育制度，乃陷入事实上流于放任之境。由于放任，遂生六滥：一、学校滥，二、办学之人滥，三、师资滥，四、教材滥，五、招生滥，六、升学滥。由此六滥，更生四恶：学校往往成为个人制造势力之工具，一恶也；教员与学生，虽有天才，亦遭其戕贼，二恶也；不能养成一般青年之学问品格与技能，只是增高青年放浪之精神与物质之欲望，三恶也；为社会增加分利失业之徒，为国家斫丧民族托命之根，四恶也。总此四恶，即成三害：一曰害个人，二曰害社会，三曰害国家。举此三害，即知教育上所极之恶因，乃直接予中国以民族危亡之恶矣。盖父母生人，学校教人，国家用人，三者有一不得其当，即足为全民族生存上之隐忧；而况三者之已相因而至耶？

吾人认为数十年来，教育上之病理状态，积至今日已成为一急须救治之大问题，大会于此，以为本党今后必须确定整个教育方针与政策；其根本原则，必须以达成三民主义的文化为中心，换言之，必须三民主义之精神，融化东西文化之所长，使全国人在“人民之生活，社会之生存，国民之生计，群众之生命”上，备具三民主义之实际功用，以达民族独立，民权普遍，民生发展之目的，然后教育之功能始尽。为欲期此功能之增加，则必矫正从前教育上放任主义之失，而代之以国家教育之政策。言其要点，则必确定国家由训政时代以至宪政时代所要求于国民之知识能力品格道德者，究为如何之标准，从而改善教育制度，提高教育内容，以期养成国家所需要之国民及人材，而发展时代所需之科学与文化，然后所谓国家教育政策者，始为有健全充实之内容也。简括言之，教育乃国家建设永久之任务；其功用应始于胎教，而终于使个人能为社会生存之总目的，各献其健全之能力。因此之故，吾人必须从优生学之基础上，建设父母教育；从社会伦理学之基础上，建设国民教育；从世界实用科学之基础上，建设高等教育。吾人若能将中国教育，置于此种健全基础之上，则全民族之生存，始为有深厚稳固之资源。总理尝谓近世文明各国政府之职务，已由政治而兼及教育，中国古代所谓教养兼施之治理，盖亦同此原则。后世退化之政府，委去教养之职务，而听人民自教自养，政府则只以消极不扰民者便为善政，此则远不及于古代，近不逮乎现代文明各国矣。大会兼此要义，认为本党今后必当于教育上采积极方针，合其他建设方针，以成国家教养兼施之全部训政计划，而努力实施。则于国民革命之责任，庶几无遗憾矣。

上列三案，其论列过去教育之得失，确定现在将来教育实施之方针，实已应有尽有。司教育行政之责者，与任教育者，苟能一一切实奉行，则凡学制之整理，课程之制定，教科书之编纂，师资之养成，学校之管理，以及其他一切教育上之问题，皆有可以遵循正当途径，是惟在吾同志之努力耳。

（六）关于党义教育案

（民国二十年十一月二十日第四次全国代表大会通过）

（甲）关于国民教育案

（1）归并党义教材案。

说明：

党义不宜立特科，其理由有二；（甲）流于硬化，为一般意识所难洽合。（乙）在训政时期，党义原为国民应有之常识，今乃一若于一般常识之外，则设特种学识，无异自毁其普遍性，陷于专门，与一般意识隔离。若是而言党化教育，实只有党而不化。而过去党义教育之所以无甚成效，即此之故。拟并入社会常识科（公民科）而为中心，使社会常识党义化。

（2）渗透党义教材案。

说明：

过去之各种教材，除党义一科外，均不涉党义，此无异与训政时期教育宗旨隔离，而党义科既因特设，造成硬化特殊化而不发生效果。于是党义教育，不特不深入国民意识，且并不与国民意识有多大关系矣。若是者谓之无党义教育可也。拟用渗透法与归并法并行，将党义软化编入国语（文）教材，商农业教材，地理教材中。（国语一科，包括极广，凡艺术文学以及其它各项题材均可入之，"三民主义文学"即可以于此陶冶其基础。至商业农业地理等，皆民生主义所寄；例如基本工业土地问题等是，地理一科，尤当以实业计划为经纬也。）

（3）确定民生史观案

说明：

过去历史之取材与编法，一封建史观者耳，绝无现代价值。求其合乎资本主义社会之要求而不可，况三民主义乎。夫历史之于民族文化之开展，且可左右民族之盛衰，故欲建设三民主义社会（与信仰），非从历史着力不为功。欲从历史着力，则以民生主义观，说明历史过程，乃必要之图。历史之进化，一唯物之辩证乎？一民生之辩证乎？固待我党之昭示之，故宜确定民生史观。

（乙）改进党义教育之实施方法案

本党负建国之重责，其所举行之主义及政纲政策，必须得人民充分之认识与信赖，始克发生广大之力量，树党治之基础。故党义教育之实施，实大有关于国民革命之前途，中央年来厉行党义教育，国内大中小学均有党义课程之设置。惟综其结果，不但成效难收，反使一般学生，感觉三民主义之空虚干燥，与无意义。是固由于师资教育不当，但其实施之方法，自大有其未妥善处，盖党义于一般社会科学之外，特立课目，授者虽言之谆谆，听者以其为自作宣传，反觉藐然无味。而普通担任党义教师者，每对于社会科学，根本无基础，以之而讲授宏博渊深之三民主义，自难能尽发扬。兹拟改进党义教育之实施方法，一扫过去特设党义课程之弊病，而渗透党义于各种社会科学书籍中。如历史地理之书籍，应渗入以民族独立运动之精神，如日本为我国不共戴天之深仇，应卧薪尝胆以雪耻；五权制度之特质与运用，应渗入于各种政治学书籍中。虽三民主义系一种主义，不可分而为三；但仍分别寓于各种社会科学，自可融会而贯通。盖宣传之最有效方法，厥有一完善之结论，不在见之以自赞自扬也。学校教育之实施党义方法应如是，社会教育与文艺亦应以渗入为根本之原则。至于如何编制众多之三民主义社会科学书籍，及三民主义的文艺书籍，自非有专门研究之学者不可。中央应依事实之需要，克期创办一大规模之完善的三民主义研究院，以培植人材。必如此，而后党义教育，方能积极实施。

决议：通过教育部妥拟办法。

（七）确定边区建设方针并切实进行案

（民国二十年十一月十九日第四次全国代表大会通过）

实业建设与文化建设之重要，昭垂遗教，毋俟赘陈。迩年以来，国人对于腹地农工商之建设，陈义叠叠；在中央历次会议及全国教育会议，关于此类之决议案亦甚多。惟中国幅员辽阔，边远省区，与腹地各省，地理不同，历史不同，风俗不同，人民习惯思想亦不同。若以建设腹地之见解与方案，强而施之于边远省区，则削足适履，格格不入，非惟不克达建设之目的，且或惹起无谓之纠纷，发生意外之阻力。是以边远省区之实业建设，及文化建设，有特定方针之必要。且自东北事件发生以来，一日而蹙地千里，国人视线所集，益觉边远省区建设之急切与重要。兹特详察现状，根据事实，确定边远省区实业与文化建设之方针：（一）在人口稀少地方，须以不损害当地人民之利益，充实人口开发土地为首先要着，而以其他建设为辅。（二）在人口数量较多之地，应以经济建设为主，文化建设为辅。（三）在人口繁殖经济发达之地，须侧重文化建设。右定之方针，盖先庶后富，先富后教之义，此为我国数千年来一贯相传之哲理，亦图谋建设者一定不易之途径也。盖有土地而无人民，根本是不能言建设，即有人民而悉为赤贫，能力上亦不能言建设。有人民有富力，然后礼教可备，文化可兴矣。实施方针时之一般方法：（一）各种毕业之第一实施目的，在谋国家民族全体之利益，其次则为谋各该当地人民之利益；充实人口办法，亦以不损害当地人民之利益，并使当地人民发展向上为前提。（二）移民垦殖及其他各种经济建设，须以交通建设并减免移民来往之交通费为首要。（三）对于各该地人民之宗教信仰，须尊重之；宗教行政取渐进的改良，并以唤起各教信徒自谋改良为原则。（四）对于各该地人民之社会习惯风俗，亦应采取渐进的改良。（五）进行建设时之宣传方针，以灌输三民主义，介绍现代之实际科学知识，唤起各地人民之觉悟及同情为主。对于各地风俗习惯之记载，须和平诚恳，不可有动人恶感之文字，在可能范围内，必须以新旧思想之融洽为宣传要领。（六）中央各重要机关，须注意于录用边远各地人才。（七）多派专家组织科学考查团，调查各地实况，依其详细之报告，而定进行之方法。（八）奖励在中央服务较久，学识丰富，品行纯厚之人员，前往边地服务。（九）尽力发展边地人民之教育，在中央及邻近边地之文化发展地方，由国家设置完善之补习学校，以谋其升学之便利。各大学专门学校，应特别优待边远地方之学生，而各边远地方之教育，更应由中央宽筹经费，特别提倡，以求其迅速发展。以上所陈，悉为建设边远省区之方针与一般办法，至若详细之步骤与方案，则因时因地而不同，未经调查以前，不能为想像之拟定。本原则通过以后，应交由中央执行委员会转国民政府，饬令主管部会，分别组织调查团，详拟计划，限年施行。庶边围日益巩固，强邻无从生心。

（八）国家建设初期方案案

（民国二十年十一月二十一日第四次全国代表大会通过）

国家建设，总理遗著言之详矣。此所谓国家建设者，即迫于最近的情势，客观的环境，急切的需要，决定初期最低限度之实施方案，以救危亡，而立国家之基础。夫吾国目前严重之局势，固已尽人感受其危险。然此种危险仅属萌芽，来日之艰难，尚有不堪言状者。盖世界各国，正在准备其制造危险，与应付危险之实力；各国国家之建设，皆以准备此种实力为中心，俟其准备成熟，则世界第二次大战，必然突发，且必以我国为疆场。彼其时也，吾民族何以免于束手待毙之浩劫；则自今日起，自有全国一心努力挽救之必要。大会于此，决定以四年为期之初步建设方案，务期实现，以图国家民族之生存。其建设纲要有三：（一）以国防为建设中心；（二）以假想敌为建设对象；（三）以必要与可能为建设范围。其建设方案亦有三：（一）军事建设；（二）经济建设；（三）教育建设。（下略）

（九）对于第三届中央执监委员会党务报告之决议案

（民国二十年十一月二十二日第四次全国代表大会通过）

详核报告，深觉自民国十八年三月本党第三届全国代表大会之闭会，迄于今兹本届大会之开会，实为本党实施训政之开始时期，在此训政开始时期中，本党所遇之困难环境，诚无减于自第二届至第三届大会间军政时期之所遭逢者。自第二届至第三届，本党之使命，在困苦恶斗，以树立革命之基础。自第三届至第四届，本党之使命，在坚忍卓绝以推进革命之主义，即实施训政。总核中央执行委员会报告，其两年来工作之根本精神，即在实施训政。然其所遭遇之困难，则有二面：其一，为国内之叛变，及赤匪之扰乱；其一，为国外帝国主义之压迫。此两方面之困难，实为训政之大障碍。且在此二年间，事实上所发生之变故，又往往为始料所不及者。而中央执行委员会当此困难环境中，尚能努力于训政之推进，其成绩虽不如预期，然其确守主义，力求实施，诚为本党党员及全国国民所应加认识者。兹分项批评如次：

一、关于实施训政者　总理称训政时期，为约法之治，而于遗言中，又有开国民会议之诏示；故召集国民会议，及制定约法，实为开始训政之基本条件。盖本党以党训政之主张，自与所谓开明专制者殊科，训政时期中，党与政府之任务与职权，必须有根本大法为依据。亦必须以根本大法为制限，绝非漫无制裁之所谓最高权力者可比。且训政之目的，原在扶植民治。而民治之第一要义，在乎人民生存上必需之基本权利有所保障。总理举约法之内容，于人民之权利，及革命政府之职权，言之綦切，即此意也。然约法之产生，如由本党片面公布，则诚恐于人民之所期望，或有不相适合之点，且亦与民治国家根本法制定之原则相背驰。故约法必须由国民之公意以成立，实无容疑。且本党在训政时期之政权，乃根据于约法，而约法乃由于民定；如此，然后本党之政权，方为国民之所自行委托，而非类于帝制自为者。故于训政开始之初，召集国民会议，由国民会议以制定约法，由约法赋予本党以政权，其理自顺，其事不得不然也。故审查委员会，对于中央执行委员会召集国民会议，及制定约法诸方案，及其实行程序，皆认为深符，总理训政主张之本旨，及适合现在之事实。

二、关于戡定内乱及剿赤者　总理所定训政时期建国之方针：一面在训练国民之自治能力；一面在以革命政府之力量，努力于物质之建设。然此二者，皆必以国家之统一为前提。已往二年余间，最大之不幸，即国内发生无数之叛变。此等叛变，非但阻碍训政之进行，且已斫丧国家之元气。中央执行委员会能于迭次叛变发生时，指导国民政府，迅速敉平，以巩固国家之统一，而扫除训政之障碍，审查委员会认为中央执行委员会于此点，能尽其职责，而不负全党之委托。至赤匪之扰乱，诚为中国民族之根本大患，中央执行委员会能指导国民政府努力进剿，实可欣慰。刻余孽虽未肃清，主力多已摧毁。惟嗣后仍须努力清剿，勿使功亏一篑，使赤匪得以死灰复燃。

三、关于废除不平等条约者　总理训政主张之目的，固在培养我国人民之自治能力；然国民经济，如不发展，则人民将维持生计之不暇，尚何自治之可言，而产业如不进步，则我国国家将永陷于半开化之文明阶段，而无由自跻于现代国家之社会中。过去之协定关税，诚为国外资本向我国侵略之莫大利器，亦即我中华民族生存上莫大之打击。盖在协定关税之下，国内农工商业，将永无发达之日。近二年来，中央执行委员会确能指导国民政府，为此方面困难之破除。现在关税自主之目的业经达到，产业发展之束缚，业已解除，此不得不认为本党在政治上重要之贡献者。至租界租借地，及领事裁判权与不平等条约，或为经济侵略之辅助工具，或甚至直接有侵害我国主权及领土之意义；兹据报告，亦已得一部份之废除，殊为欣慰。此后本党仍须切实指导国家政府，努力于一切不平等条约之废除，以减却目前训政上之困难，而保持我国民及国家永久的生存之命脉焉。

总核中央执行委员会全部工作，其努力方向确为切当，且亦深明总理建国之精神。惜两年来所遇困难过多，致所预期之成绩，未得具体实现，此诚中国之不幸也。

审查委员会对于中央执监委员会之工作，亦不无认为遗憾之处，兹分述之如次：

一、关于指导政府方面者：据训政时期约法，本党全国代表大会，及中央执行委员会，均为行使中华民国统治之机关，全国代表大会既不能时常开会，则行政统治权之任务，悉为中央执行委员会是赖。兹详核中央执行委员会对于国民政府之指导工作，尚有未能发挥党治之力量，及表示党治之精神者，其最关重要者为下列数点：

甲、中央政治会议未能健全，中央执行委员会，既以政治会议为指导政府之机关，然现在政治会议内容组织，殊过于简单，因之对于政府之指导，即不能有健全之力量。

乙、地方自治工作未能进行，训政时期，固以完成地方自治为基本工作。然近来国民政府所定地方自治法规，多与事实捍格不通；而中央执行委员会，亦未定有推进地方自治详密可行之具体方案，此同人所深引为憾事者。

丙、第二届全国代表大会决议案，及中央执行委员会历次决议案，多未施行，此固由于环境困难，而中央亦不能完全辞其责也。

二、关于党务方面者：

甲、全部工作有下列诸缺点：

（一）中央执行委员会全体组织，尚未充实，其工作亦未能十分紧张，致失去全党总枢纽之机能，而未能推动全党党务之进行。

（二）中央党部各部会间工作，未能收联络一贯之效力，工作计划，往往不能一致，甚或至互相重复冲突，且工作上往往近于夸张不切实际。

（三）征求党员似有滥收之弊。从前特许入党手续，其用意固在吸收特殊革命人才，然结果适至于党籍浮滥，贻社会以讥评，今后征收党员务须以严格为主。

（四）地方党务上之纠纷，往往不能依据事实辨别是非，作彻底之解决。今后地方党务纠纷，务须设法减少。

乙、宣传工作有下列诸缺点：

（一）未能注意于党义之阐扬，及党的理论之建设。今后应提倡深刻伟大之党义著作，使总理思想能日见发挥光大。

（二）新闻政策，过于幼稚。今后对于本党自办之通讯社及日报，切实严加整顿，以收实效。并须设法运用私人办理之新闻机关，为本党宣传上之辅助。

（三）凡遇重大问题发生时，不能有一贯之方针与计划指导下级党部；且宣传力量，往往不能立即集中，以表示本党之政策与精神，今后对于此点宜深加注意。

（四）国际宣传工作，毫无进步，致使国际上不能明瞭中国之地位与形势，此后务宜极力充实本党在国际间宣传之力量。

丙、训练工作有下列诸缺点：

（一）党员训练，未能切实施行。现在党员在事实上，几绝对无受训练之机会，而中央亦未定有训练党员切实可行之计划，诚为本党莫大之危机，今后应有完善的党员训练之方案，并应切实施行。

（二）民众训练，未能切实推进，致使党与民众之间，日形隔离。今后当使各种民众团体，与本党能作实际上之联络，党部与民众团体之关系，不徒为表面上形势之关系，务使本党力量能在民众组织中，有充实的表现。

（三）党义教育，只注重形势，且所用方法，系根本错误。盖党义绝非一种独立学科可以设课讲授者，现在所用方式，乃党义自为党义，而各种学科讲授之内容，仍可与党义相背驰。此后改良方法当使党义容纳于各种学科之中，自小学以至大学，一切学科之内容，均不得与党义相冲突，而党义亦即无另设独立学程之必要矣。

丁、组织工作有下列诸缺点：

（一）下级党部组织太不健全。现据报告各省市党部正式成立者，仅有七处，虽因历年有内乱及赤匪骚扰等之意外困难，似组织工作上之松懈，亦确为原因之一。望今后于最短期内，成立各省市正式党部，并须严厉督促县以下党部之成立，及充实其组织。

（二）军队党务，未能充实推行。当此国家甫告统一之时，军队党务异常重要，如能切实推行，确能使军队服膺党义，而为民众之武力，军阀叛党之野心，亦即可戢息。此后对于军队党务，应力加整顿。

戊、监察工作有下列诸缺点：

（一）党的纪律不能严厉执行，往往有中央负责之同志，离开中央自由发表言论，而监察委员会不加以制裁。

（二）对于政府之监察，似未执行职权。据本党总章，中央监察委员会，有稽核中央政府施政方针及政绩是否根据本党政纲及政策之权。但此种权力，中央监察委员会，似向未执行，深望今后幸勿再放弃此种职责也。

〔中国国民党中央执行委员会秘书处档案〕

4．中国国民党四届一中全会宣言

（1931年12月29日）

本党秉承总理遗训，努力国民革命，虽险阻备尝，毋或稍渝。际此内忧外患之时，共矢精诚团结之愿，爰于二十年十二月二十二日，开第四届第一次中央执行委员全体会议，其目的为同心同德，谋中华民族之生存，中华民国之独立。欲达到此目的，必须先扫除同志间一切障翳，永矢真诚。必须先适应人民所急迫要求，公开庶政，必须集中人才，共赴国难。必须安靖闾阎，培养生产。而尤要在依总理忠孝仁爱信义和平之遗教，树立党员的人格，以及于全党，以及于全民。

暴日侵略东北，凶焰益张，全国人士，同深愤慨。大会认为际此存亡之顷，为国牺牲，为民前锋，乃本党应有之责任。本党今日矢志与国家共存亡；本此决心，熟察局势，无论为自卫之国际准备，为自卫之外交方策，均待世界公理之判断，全国人民为之后盾。中国苟离国际，而陷于孤立，人民与本党之步骤，苟不能一致，则国家失败，可以断言。故本党于此，一方面，应切实认识最近世界情势，为一切急迫之有效行动；一方面，将立即召集国民救国会议，与国难会议，以定救国之根本方针。

国难会议与国民救国会议之目的有二：其一，为集中全国专门人才之计划，使成一整个的准备；其二，为集中全国人民之意见，使成一整个的表现。有全国整个的意见与准备，然后乃可作对外长期间奋斗，以复我疆土，完我主权。故国难会议与国民救国会议之召集，事在必成，期待至迫，本党将于最短时期内，规定办法，立即实行。

国难会议与国民救国会议之目的，与急待召集，已如上述矣。大会依民主政治之原则，更认为有早日完成地方自治，依据建国大纲，召集国民参与政治机关之必要。年来因军事及匪患问题，致地方自治之计划，不能循序渐进。但本党平日完成训政，授权于民之诚，则未敢偶荒，故一方面，决定努力促进自治制度，以提早宪政时期之实现；一方面，决定于国民政府组织法中，先与人民以参与政治之机会。

国民政府组织法中，有立法院、监察院、参加民选委员之规定，乃本力求推行民主政治之原则，循训政之轨，以导人心于宪政之途者也。大会又认为国民政府之组织，固当与人民以参加之机会，并应保障元首地位之稳定，与五权独立之行使，爰规定国民政府主席，不负实际政治责任，且使五院，各自对最高权力机关负责。

政治改革之原则，既已一一实现于国民政府组织法矣。在此训政时期中，苟不积极谋党的健全，则势必影响于政的健康。大会对于党的组织，认为应集中干部人才，以健全中央党部；应确定各级党部选举办法，以树立党内民主集权之规模，应改善民众运动指导方案，以整齐全国一致之步骤。此次关于改进党务诸案，无不依此主要意义以定议。

“一致对外”为本党与全国人民，共同之呼声。大会认为尚有急需注意者，国内生产，日渐衰落，因生产衰落，而社会经济逐渐崩溃；因社会经济逐渐崩溃，而失业日多，因失业日多，而赤匪之焰张，因赤匪之焰张，而生产更益衰落。因果相循，回环不已，腹心之患，甚于外敌。大会对此，认为应爰定操之自我，无损国权，仅应用国外资本技能，以发展国家生产，实现总理实业计划之方针。并继续努力肃清赤匪，以安定社会秩序，积极进行水利工程，普筹赈款，以救济灾区人民。盖必如是，而后可以息内患，充国力，专心一致，以御外寇也。

以上所述，荦荦诸端，皆为国难期中救亡必要之图。而大会愿与全党同志，全国同胞，共相勖勉，一致努力以迈进者。吾全党同志，尤应知本党之基础为民众，服务之目的为国家，党离民众，党无与立，民众离党，则国无以存。当此国难寇深之际，应共秉忠诚垣〔坦〕白之怀，相亲相爱，相信相助，而后训政可以完成，民治可以实现，国难可以共济，持颠扶危，端赖今后不断共同之最大努力。敬此宣言，惟吾同志同胞共鉴之。

〔中国国民党中央执行委员会秘书处档案〕

5．中国国民党四届一中全会重要决议案

（1931年12月）

（一）第四届中央执行委员会第一次全体会议宣言

〔略〕

（二）关于中央政制改革案

（民国二十年十二月二十五日第四届中央执行委员会第一次全体会议通过）

决议：修正通过如左：

一、国民政府主席为中华民国元首，对内对外代表国家，但不负实际政治责任。并不兼其他官职，任期二年，得连任一次，但于宪法颁布时，应依法改选之。

二、国民政府委员会设委员若干人。

三、在宪法未颁布以前，行政、立法、司法、监察、考试各院各自对中央执行委员会负其责任。

四、行政院长负实际行政责任。

五、司法行政改隶行政院，设部管理。

六、国府主席及委员五院院长，由中央执行委员会选任之。

（三）树立党的中坚干部以建筑党的重心案

覃委员振等三人提

（民国二十年十二月二十六日第四届中央执行委员会第一次全体会议通过）

原案要点：（一）取消党费由国家支出制度，并增加党员所得税；（二）各省党部实行委员长制度；（三）取消区分部；（四）民众团体不直接由党部指导。

决议：

一、党部费用应力求缩减，逐渐免由国库支出；至迳由党员负担之原则，中央曾有决议，交常务委员会切实办理。

二、原委第三项核与总章规定不符，碍难变更总章，应留交常务委员会在总章所许可范围内，酌量办理。

三、原案第二项并“关于党务改革”案讨论；第四项并“确定民众运动方案”案讨论。

（四）关于党务改革案　顾委员孟余等十四人提

（民国二十年十二月二十六日第四届中央执行委员会第一次全体会议通过）

原案要点：（一）中央党部之组织宣传两部，应改为组织委员会，宣传委员会，训练部应即取消，另设民众运动委员会；（二）县及普通市以下之各级党部应一律秘密；（三）实行民主集权制，各级党部应由党员所选举之委员主持之。

决议：

一、中央党部组织宣传两部，改为组织委员会，宣传委员会，训练部取消，另设民众运动指导委员会。

二、原案第二项连同审查意见交常务委员会。

三、原案第三项原则通过。

（五）确定民众运动方案案　陈委员公博等十四人提

（民国二十年十二月二十六日第四届中央执行委员会第一次全体会议通过）

原案要点：（一）以后民众运动以党团的作用在各民众团体中活动；（二）应准许民众团体成立全国的纵的组织。

决议：

一、原案第一项通过。

二、原案第二项交常务委员会切实研究。

（六）遵照总理实业计划应用外国技术资本以发展国民经济增进国际福利案

（民国二十年十二月二十八日第四届中央执行委员会第一次全体会议通过）

（甲）原则

一、中国为逐渐实现总理实业计划，于在国际间平等互惠，不损害中国主权行政之条件下，得充分利用外国之资本技术，以发展国内天然之富源，发展国民经济，增进国际福利。

二、为谋前项原则之实现，关系国家，彼此间法律上，税则上，应力谋相互融合，平等，互惠，以利进行。

(乙)实施

一、以上原则决定后，交国民政府详拟办法，经由中央执行委员会核定之。

二、友邦或友邦经济团体，如能依照前项办法，对中国之经济建设，愿为善意之合作者，应由国民政府妥与协商，采取最有利之办法，以利进行。

（七）关于国难会议国民救国会议及国民代表会等之组织以及缩短训政实行宪政各案之决议案

（民国二十年十二月二十八日第四届中央执行委员会第一次全体会议通过）

主席团按：关于本案性质相类之提案计有：（一）孙委员科等提国民代表会大纲案，（二）王委员法勤等迅速召集国民救国会议案，（三）朱委员齐青等提训政时期应设立民意代表机关案，（四）何委员香凝提政治公开由人民组织监政委员会行使三民主义中民权主义之原则案，（五）李委员烈钧等提缩短训政时期入宪政时期案，（六）杨委员庶堪等提缩短训政速行宪政案，

（七）冯委员玉祥等提为国家当前对外备战计应以民众组织监督政府及军事机关并各地军队案。经主席团合并整理归纳为原则两项，当否仍希公决。

一、国难会议由国民政府于半个月内召集，讨论御祸救灾绥靖各事宜。

二、国民救国会议之组织及召集，交由常会筹议办理。

决议：

一、国难会议由国民政府于半个月内召集讨论御祸救灾绥靖各事宜。

二、国民救国会议之组织及召集，交由常会筹议办理。

三、应从速限期完成地方自治，筹备召集国民代表机关，交中央常会遵照建国大纲，妥速议定办法。

（八）请从速实行征兵制以御暴日案

（民国二十年十二月二十六日第四届中央执行委员会第一次全体会议通过）

引文〔原略〕

甲、关于原则者：

1.凡中国人民年在二十岁以上四十岁以下有正当职业者，除已加入义勇军外，应悉数分期征调充当兵役。

2.每期征兵名额，至少须满五百万，并应按照各省（市）情形，酌量支配征调之。

3.各省（市）支配征兵之名额，应酌量支配于所属各县（市），其各县（市）应征之人数，至少须满一千五百名。

4.各县（市）应征之名额，应按照各县（市）情形，分区支配，并就地施行军事训练。

5.每期征兵训练之期限，暂定为六个月，每日训练之时间，暂定为二小时。

6.征兵除受军事训练之时间外，应仍努力于其固有之职业。

7.每期征兵训练期满后，应即举办第二期之征兵，但第一期已受训练之征兵，每日应仍会操一二次。（以下各期类推）

8.全国应充征兵之人民，悉数依法经过军事训练后，更应更番征调，加以军事训练。

9.征兵所用之武器，除枪炮外，得以马刀梭标等补充之。

10.征兵训练人员，应酌调各县（市）保卫排长，及公安局巡长以上人员充任之，遇有不足时，并得召集退伍军人补充之。

11.各省（市）应酌派具有高深军事学术之高级军官数人，分区轮往各县（市），召集各县（市）征兵，及负责训练征兵人员，分别施行训练。

12.征兵所用之武器及制服等，必须之费用，亦应筹募救国捐供给之。

13.征兵及征兵训练人员，均为义务职，但必要时得酌给膳宿费。

乙、关于应注意事项：

1.由中央根据征兵原则，通令各级党部，对各当地人民，加以切实之宣传。

2.由中央饬国府，根据征兵原则，于三星期内制定征兵法规，颁行全国。

3.由中央饬国府递饬各县市，于三星期内将所属户口，为详密之调查，并造册汇呈国府备查。

以上所陈，是否有当，敬请公决。

决议：原则通则，施行时期及办法，交国民政府妥为筹划。

附注　本案系与何委员香凝提案合并讨论。

（九）修正中华民国国民政府组织法案〔略〕

（十）中央政治会议组织原则并请推举中央政治会议常务委员案

（民国二十年十二月二十八日第四届中央执行委员会第一次全体会议通过）

决议：

一、通过中央政治会议原则如左：

1.中央政治会议以中央执行委员中央监察委员组织之。

2.中央政治会议设常务委员三人，开会时轮流主席。

3.中央候补执监委员得列席政治会议。

二、推选蒋中正，“汪兆铭”，胡汉民三同志为中央政治会议常务委员。

（十一）改善财政制度方案案　焦委员易堂等六人提

（民国二十年十二月二十五日第四届中央执行委员会第一次全体会议通过）

引文〔原略〕

（一）实现超然主计制度，使各机关办理预算会计统计决算之人员得独立行使其职权，以防各机关主管长官任用私人，串同作弊。

（二）实现就地审计稽察制度，使办理审计稽察事务之人员，得明瞭各机关事实之真相，不受揑造报销之朦蔽。

（三）实现统一的国库制度，凡办理各机关出纳及保管公款之人员，应向国库缴纳相当保证金，以防止滥支公帑及卷逃公款等情弊。

（四）中央财政之征收，除关盐两税应暂分别办理外，其他一切赋税专卖等行政，在同一区域内，应由同一之国税机关分科办理之，一切骈枝机关，应予撤销，以便监督，而节糜费。

（五）中央银行，应脱离财政部之直接指挥，以保持其调节金融之超然地位，总裁副总裁，应聘富有银行学识经验者任之，不随财政人员进退，并不得由政府人员兼充。

决议：原则通过，交国民政府办理。

（十二）维持金融以安人心案

（民国二十年十二月二十五日第四届中央执行委员会第一次全体会议通过）

引文〔原略〕

一、凡发行钞票之银行，按照银行则例，六成现款，四成担保品，其担保品须纯粹内国债券，不得操用其他有价证券，或不动产契约。由财政部派员随时彻查，如有不遵照办理者，得撤销其发行钞票权。

二、通令全国省县政府，责成所在地金融机关（有发行钞票权者除外）须按资本总额十分之一，购存债券，否则不准营业。

三、由财政部筹拨的款若干，沪上各银行钱庄，亦各筹现金若干，汇成巨数，公同组织一维持债券机关（或名为内国债券平价事务所）公推一人经理其事，而由财政部派员指挥监督之，专以维持债券之现状为宗旨，相机出纳，俾剂于平，如因挽回债券颓势而有亏蚀，则在财政部所拨的款项下照支，如是则金融界乐于从事，而债券赖此维持之机关，亦决不致发生影响。

对本案的说明〔原略〕

决议：原则通过，交国民政府酌办。

〔中国国民党中央执行委员会秘书处档案〕

附录：中国国民党第四届中央执行委员会第一次全体会议经过

（1931年12月）

自本年十一月第四次全国代表大会闭幕以后，精诚团结，共赴国难，愈为全党一致之蕲求。第一次全体会乃于十二月下旬，集会于首都。此次会议集干部同志于一堂，抚过去之创痕，念当前之危难，用能共矢忠诚，殚精竭虑，树党国复兴之宏基，诚本党历史重要之页也。自全会定期召集，至十二月十九日到京委员已有五十余人，爰于是日开谈话会一次，商定全会秘书处之组织，旋于二十二日开幕，至二十九日完成，计开预备会议两次，正式会议四次，兹将经过情形，略述如次：

十二月二十二日　本日为全体会议开幕之日，上午九时在中央党部大礼堂举行开幕典礼，计到中央委员党政各机关代表及来宾共千余人，由于委员右任主席并致开会词，旋礼成摄影散会。同日下午二时，即开第一次预备会议，计出席中央执行委员四十五人，列席候补中央执行委员三十五人，中央监察委员七人，候补中央监察委员八人，当推于委员右任为临时主席，当议决：（一）主席团人数及人选，（二）组织审查委员会并通过各组审查委员名单，（三）决定会期。

十二月二十三日　下午三时开第二次预备会议，计出席中央执行委员三十八人，列席候补中央执行委员三十七人，中央监察委员五人，候补中央监察委员六人，由何委员应钦主席。讨论主席团提议。为精成〔诚〕团结集中人才起见，拟额外增加候补执行委员十二人候补监察委员六人案，当决议通过。嗣签定候补委员次序，并决议一、推伍委员朝枢代理特种外交委员会委员长，顾孟余邹鲁李文范三委员为特种外交委员会委员。二、电促蒋汪胡蔡许戴及其他未到京各委员来京出席。

十二月二十四日　上午八时开第一次正式会议，计出席中央执行委员四十二人，列席候补中央执行委员三十八人，中央监察委员九人，候补中央监察委员十一人。由孙委员科主席，讨论关于中央政制改革案，议决修正（一）（二）两原则，全案交主席团整理提下次会议讨论。　同日下午审查委员会各组分别开会。

十二月二十五日　上午八时开第二次正式会议，计出席中央执行委员三十八人，列席候补中央执行委员四十三人，中央监察委员九人，候补中央监察委员十二人，由于委员右任主席，首由主席团报告：宁粤双方全国代表大会决议及交议各案，经主席团议决，拟请大会移交中央执行委员会分别处理，当经决议通过。嗣继续讨论中央政制改革案，经修正通过原则六项。再次讨论党务组审查提出之案一件，政治组审查提出之案五件，军事组审查提出之案四件，财政组审查提出之案二件。除议决分别交办或保留并案讨论者外，尚有如下之决议案：一、切实保障人民实行集会结社言论出版居住信仰之自由，二、交国民政府严电张学良对于日本攻锦州应尽力之所及积极抵抗。　同日下午提案审查委员会各组分别开会。

十二月二十六日　上午八时开第三次会议，计出席中央执行委员四十二人，列席候补中央执行委员四十人，中央监察委员六人，候补中央监察委员十二人。由于委员右任主席，讨论党务组审查提出之案四件，军事组审查提出之案四件，外交组审查提出之案一件，教育组审查提出之案一件，其较为重要之决议案，关于党务者，有：一、中央组织宣传两部改为委员会训练部取消另设民众运动指导委员会；二、党费力求缩减，逐渐免由国库支出；三、以后民众运动应以党团作用活动等。关于军事者有：一、除捍御外侮外仍应集中兵力积极剿匪并拟定经费以竟全功交政府妥筹速行；二、关于实行征兵制及保障现役军务人员均通过原则交政府筹办。会议至上午十二时休息。同日下午三时继续开会，首讨论薛委员笃弼等临时动议：通知政府速电张学良责成固守锦州案，当经决议：交国民政府办理。嗣讨论主席团提出：一、修正国民政府组织法案，经修正通过；二、国民政府主席选举标准案，决议：国民政府主席以年高德劭者选任之；三、遵照总理实业计划与国际合作案，付审查。最后推定宣言起草委员四人，并议决延长会期一天。

十二月二十八日　下午三时开第四次会议，计出席：中央执行委员四十七人，列席：候补中央执行委员四十五人，中央监察委员十人，候补中央监察委员十八人。由居委员正主席，首推举中央执行委员会常务委员及秘书长，嗣选任国民政府主席，国民政府委员及五院院长副院长。又通过中央政治会议组织原则三项，并推举政治会议，国民救国会议及国民代表会等之组织，及缩短训政实行宪政各案，经通过决议案三项，大略如下：一、国难会议于半个月内召集；二、国民救国会议之组织及召集交常会筹议办理；三、从速限期完成地方自治，筹备召集国民代表机关。复通过遵照总理实业计划应用外国技术资本以发展国民经济增进国际福利案及全体会议宣言。

十二月二十九日　全体会议既将各重要议案讨论竣事，乃于本日上午九时在中央党部大礼堂举行闭幕典礼。计到中央委员党政各机关代表及来宾千余人，由主席团推居委员正主席，孙委员科致闭会词，于委员右任宣读大会宣言。嗣冯玉祥、李济深两委员演说。旋礼成摄影散会。

中国国民党第四届中央执行委员会第一次全体会议开幕词　（于委员右任）

各位同志：今天举行中国国民党第四届中央执行委员会第一次全体会议。在此庄严隆重的开幕典礼当中，我们深念到这一中全会的开成，是由于国难的迫促，国民的期盼，与同志间互相谅解，互相退让，才能举行这一个全体会议。我们于此更要以哀痛的沉默，对总理报告这一次全体会议之开成；我们并要念到这一次的全会，是自总理逝世以后，未曾有的全会，也是自有全体会议以来未曾有的一个全会；因此我们这次所要得到的成功，必是一个未曾有的成功。

我们试一抚视过去的创痕，这创痕中，不知有多少同志的血和泪，也不知有多少国民的血和泪，幸而在不断的艰难困苦之中，同志们都感觉到精诚团结之必要，才使全党仍得由分而合，由破碎而完整。可见在一个共同信仰之下，绝无不可牺牲的意见，绝无不可和协的感情，也绝无不可转回的道路，许多同志，和许多国民，既以无穷之血泪，为我们这一条新道路的奠基，所以这次全会，总要大家殚精竭思，尽心尽力，对于国家的内忧外患，决定一个总解决的方策，必是这样，然后才有以慰国民的希望，慰同志的蕲求，也才能完成这次全体会议的使命。

这次全会能够使同志间不容易在一起的都集合在此开会，在这会议中，大家必定是非常坦白的谋纾国难，共策党务的进行，我们极明确的认定，救国必先救党，救党才能救国，全会的任务，便在这个主要的地方，分举来说：

第一，本党所负的使命，是关系整个国家民族前途的，更是关系全世界全人类的，三民主义一日未实现，即本党工作一日未完成，经过一次的全会，应当有一次的推进，这次必须大刀阔斧的，开辟党的新道路，使每个党员，都负担起中央本党的工作，我们坚决自信要为我国家和民族，以至世界人类创造一个新生命。其次现在在国难期间，全会应当以极果敢的努力，排除存在于党内的一切障碍。斩断一切纠纷，党的一般纲领，和国家的政策制度，凡是应当改正的，便痛痛快快的去改正，凡是应当建设的，便痛痛快快去建设，决不掩讳，决不怠慢，党员整个的为国民作前驱，而给予国民一个救国家救民族的有力保证。

再则此后党的工作，极重要的是在政治方面的表现，使政治施设，成为党的工作之结晶，制度务求精确有效，政策务求切实能行，人当于职，才当于用，政治的成功，即是党的成功，这次我们务要集中注意于一个命题，就是以良善的政治，与国民相见，以慎重的授职，如国民之所期。

近来环绕着本党的反动局面，日益纷腾，我们在坚定的信仰下，固然不必有所忧疑，但检点工作之下，却不能不万分戒惧，内忧如此，外患如此，大家都觉得首先要从精诚团结这一个口号而努力，现在全体会议开了，为我们的党，为我们的国家民族，我想大家都不禁垂泪而相慰！但是兄弟以为精诚团结，实不仅党要如此，而全国家全民族都要如此，这次全体会议也才能表现其伟大的意义。

或者有人说，这次的团结，在党纪上在国法上，不免有多少的缺憾！我以为认错了，我们能做到精诚团结，已足弥补此缺陷而有余，精诚团结，就是国法之国法，就是党纪之党纪，我们只须永远保持着这个精诚团结就好了。并且就目前说，要救护我们的国家，就将来说，要建设我们的国家，救国建国的责任，本党既负荷在身，党内同志应当念兹在兹的，唯一就是精诚团结这句话。否则救国建国之业必无所成，时期是如此严重，反动者又时时造谣，事事中伤，同志间务要兢兢业业的公忠爱党，公忠体国，一念之是非，关系国家民族之存亡，这次全体会议就是大家表现这伟大精神的所在，我们要对得住总理，对得住国民，对得住党和国家民族，一切都要在这次会议中见之，这次全会的成功，不独本党的成功，不独我全国家全民族的成功，循着这道路前进，直是全世界人类的成功，兄弟承大会之命，敬谨以此意致辞。

中国国民党第四届中央执行委员会第一次全体会议闭幕词　（孙委员科）

主席，各位同志：第四届中央执行委员第一次全体会议，自从本月二十二日开会起至今天有一星期了。在这一星期中，开过两次预备会议，四次正式会议，已得到很圆满的结果。不但是我们一般同志都觉得安慰，就是总理在天之灵，看到我们大会有此良好结果，也是很安慰的。过去几年来本党同志中间，因有种种的纠纷，大家散之四方，没有好的机会，能共聚一堂，讨论党国的大计，今天居然能够如愿以偿，无论东西南北，各方面的同志，都相率来京，集合一堂，决定党国今后的方针，这种良好的现象，是从来所没有的，也可以说是本党改组以来，没有那一次全体会议能如这一次大会，有亲爱精诚，团结一致的伟大的表现，这一点不但是一般同志可以告慰自己，同时我们对于此次来京同志救党救国的诚意表示最大的敬意，这一次党内同志，能够得到精诚团结的结果，我们又不能不想起蒋介石同志，这种伟大精神的表现，如无蒋同志这种伟大精神的表现，也不能感动全体同志有此良好的机会，使大家集合在一起的，所以我们回想这几天内开会精神之良好，结果之圆满，不能不对蒋同志表示最大的敬佩，过去间党内种种，使一般国民失望的，希望经过这一次全体会议的讨论，为党开一新纪元，使本党全体同志都能集中聪明才力，领导民众，为国民革命努力，以完成总理未竟之大业，这是今后本党同志所负的最大使命，这一个重大的使命，除了中国国民党以外再没有一个团体，或一个力量能继承负得起的，在此国难方殷的期间，对内对外的困难，为从来所未有，但是一般国民在过去间，虽对于本党失望，今后本党当抱定最大的决心，充实革命的力量，为国民前驱，合国民期望，对外竭力应付空前未有之国难，对内尽力解除四万万同胞之痛苦，这两种重大的工作，还是在本党同志继续不断的努力，所以本党同志，感觉到自己的责任重大，尤应彻底觉悟，以忠诚坦白之怀，相亲相爱，相信相助，共同为国家为民族而努力，这是以前在方法上做的不对，不能在最短期间完成训政，这一种过失，是要我们负担的，但不是那〔哪〕一人的过失，是本党全体同志的过失，那末，我们应有自省的觉悟。其次我们要晓得革命工作，所以不能完成，是由于方法不对，今后应改良方法，纠正过失，重新努力，以完成我们的使命，这不只是关系于本党的前途，抑且关系中华民族的存亡，如果从今天起，大家还不能纠正以前的过失，改弦更张，为党开一新生命，则民众对于党的信仰必丧失殆尽，本党如失去领导民众的地位，结果我们的党，必遭灭亡，同时党亡了，国家也没有出路，所以今后的工作，简单的说，就是救党救国的工作，因为我们要救国，所以不能不使党充实，而先救党，救党的目的，是在救国，救国的使命，是在党，以党救国并非以党专政来支配国家，使中华民族永远在党的训政之下讨生活，是要实现宪政，使人民能够运用直接民权，完成民主政治，训政不过是一种革命的手段，宪政才是革命的目的，这是我们党的唯一使命。

我们党员的责任既如此重大，我们从今天起，在总理遗像之前，下最大的决心，纠正以往过失，重新努力来完成总理未竟之事业，而达到救党救国的目的，这是在今天大会闭会时兄弟所贡献一点诚恳的意思，希望得着中央同志，及全党同志诚意采纳的。

〔中国国民党中央执行委员会秘书处档案〕

6．中国国民党四届二中全会宣言

（1932年3月6日）

国难日深，正本党见危授命之时。本全会综括议决各案宣言如下：方今之急，首曰御祸。此次淞沪武装同志，奉命守土，克尽天职，以流血争民族之生存，其壮烈牺牲，实树全军之模范。全国军队，应抱同一长期抗战之决心，其有托故逡巡诿卸指定任务者，即为政令所不容，举国所共弃。至于绥靖剿匪所以巩固后方，昭苏民厄，亦不容忽视。外交与军事相辅而行，尤须衡情审变，由统筹民族利害而决策，不以应付国内环境而定计。政治之改进不特关系目前御侮，抑且为国家雪耻图强之大本，应依次改革，沈着进行，拟先澈澄吏治，肃清贪污，确定军事负责人员不兼地方政务长官之原则，以期纳地方政治于常轨，于财政则首重公开，实行减政，务致清明廉洁，而培国力民生。宪政之完成，本有一定之程序，惟在训政时期，应先积极设置民意机关，以培养民治之基础。必如是，而后互信能生，威权确立。兹有为我同志告者，在此国难期间，我同志应以协力御侮为神圣天职，明是非，辨真相，坚固团结，集中力量，以负责为国人倡，以力行为天下先，为主义而牺牲，以树立革命党人之自信力与人格，则本党历史之发扬光大，自必未艾。更有为我同胞告者：今日已为我整个民族争生存之时期，而非互相责难之时期，国难至此，因果綦繁，中央既定长期抵抗之决心，同胞应为国家存亡而奋斗，勿虚娇，勿懦葸，勿轻于乐观，勿易于悲观，应以沈着勇毅之精神，表现民族最高之意识，举凡前此纷张之派别，繁复之意见，全融铸于此伟大民族意识之中，国家乃能有救，民族复兴之关键，端在是矣。尤有为世界各国告者，国际公约，既为各主权国家凭自由意志而签定，自必共同保障其尊严。此次中国不得已为自卫而抵抗，同时亦即为保障公约之尊严而抵抗，公约如沦废纸，世界既无和平，暴日不受制裁，东亚即无宁日，舐糠及粟，应为寒心，为虺不摧，终将噬臂。本全会深信中国为有组织有抵抗力之国家，淞沪近况，即为事实之表现。战区故因战略需要而时有更变，而中国抵抗之决心，则随时随地将历久而无间。任何屈服难堪之条件，决无承认签订之理。凡主持公理保障公约之友邦，在不损中国领土主权范围以内，中国无不乐与为经济上竭诚合作，此不特愿各友邦能有明确之认识，即日本人民知其军阀专横为非者，亦希其有深刻之觉悟也。要之，外兵压境，国家已入非常时期，一切决定，先及大者，此后惟从力行中图实现，从奋斗中求生存。谨此宣言。

〔中国国民党中央执行委员会秘书处档案〕

7. 中国国民党四届二中全会重要决议案

（1932年3月）

（一）第四届中央执行委员会第二次全体会议宣言〔略〕

（二）关于施政方针报告决议案 （民国二十一年三月四日第四届中央执行委员会第二次全体会议通过）

军事

（一）切实施行军事委员会所定全国防卫计划。

（二）全国军队应以国防为主目的，剿匪为副目的，同时并当积极改进，务适于国防之用。

（三）以科学的应用，求武器及兵工材料之充实。

外交

（一）根据国际联盟公约，华盛顿九国公约，凯洛格非战公约，要求签约各国干涉日本之侵略行动。

（二）对于日本之交涉，以决不屈服于丧权辱国之条件为主旨，其方法取公开的，及系统的行动。

财政

（一）实行财政公开

（二）实行减政

（三）成立财政委员会，并使得自由行使职权。

政治

（一）现役军人不得兼任政务长官之规定。

（二）筹设各级民意机关，以导入于宪政时期。

（三）国难期间临时党务工作纲要案

（民国二十一年三月五日第四届中央执行委员第二次全体会议通过）

本党在暴日凭陵国难日亟之期间，各级党部除照原有组织进行日常工作外，全党同志应集中才智，淬厉精神，致力于御侮自卫之工作，以应当前之急务，兹拟定临时工作纲要如左：

甲、中央方面

一、中央常务委员，除有特别任务者外，应全体集中中央，负切实领导之责任。

二、中央各委员会，应即完成其组织，各委员会委员，除有特别任务者外，应全体到会切实负责。

三、中央应斟酌地方需要，分派中央委员赴各省市实地指导下级党部之御侮自卫工作。

四、中央各委员会于必要时，得派员分赴各地协助各该地党部工作。

五、中央各委员会，应根据下列要点，制定国难期间工作实施方案。

1.关于组织者：

甲、积极整理下级党部之组织。

乙、尽量征求党外优越爱国分子。

丙、侦查敌人侵略之行动与计划。

丁、指导各级党员互通情报。

2.关于宣传者：

甲、对内利用原有一切宣传工具扩大其宣传。对于民众以唤起民族意识，复兴民族精神，御侮自卫共赴国难为主旨，其对党员以精诚团结，互助互信，领导民众一致对外为主旨。

乙、对外竭力改善新闻电讯之传播，以谋国际宣传效果之增进，其对国际以揭露暴日侵略真相，促进国际对我同情为主旨，其对日本国民以宣布日本军阀黩武野心足以斫伤日本国家命脉，破坏中日邦交，以促其国民自觉为主旨。

3.关于民运者：

甲、积极指导民众团体之组织并扶助其发展。

乙、指导民众协助地方自卫之进行，办理清乡保甲，增加生产，储备粮食，救济难民，募集饷款，并供给战区一切需要事项。

丙、在战区内指导民众协助军事之进行，办理军需、交通、粮食、伕役之供给，及救护医治侦查情报等事项。

丁、厉行经济制敌之有效方法。

乙、各省市方面

一、各省市党部，应遵照中央颁布之工作方案，积极督促下级党部努力推行。

二、各省市党部委员，除有特别任务者外，不得轻离职守，应各加紧工作以为全体党员之率。

三、各省市党部委员，应分赴所属区域实地指导，及视察下级党部御侮自卫之工作。

四、各省市党部，除指导各该下级党部努力工作外，于必要时，应协同各省市政府，及尽量扶助当地民众团体组织并进行地方御侮自卫事宜。

五、各省市党部应随时向中央呈报各该地方之情形及工作之经过。

丙、各县方面

一、县以下党部，应遵照中央颁布工作方案，接受各省市党部之指导，实际进行御侮自卫之工作。

二、县以下各级党部委员，应指导各该地党员，领导民众，分别战区，及非战区，组织御侮自卫团体，并为其活动核心。

三、县以下各级党部，应随时向省市党部呈报各地之情形及工作之经过。

丁、党员方面

一、本党党员应绝对服从所属党部命令，实际努力御侮自卫之工作。

二、本党党员在国难期间，除本身职业外，应各本其智力、体力、财力，分别担任御侮自卫任何一种工作，以尽党员之天职。

三、本党党员，应向所属党部，随时报告个人所得各种消息及工作之经过。

戊、经费

国难期间国家财政困难，各级党部应就减成经费尽量撙节，并紧缩其办公及生活费用，移充为御侮自卫之活动用项。

己、海外党部及各特别党部，对于本工作纲要有关各项，均斟酌适用之。

（四）中央委员分赴各地工作规则案

（民国二十一年三月五日第四届中央执行委员第二次全体会议通过）

（一）中央党部得派中央委员分赴各地，秉承中央意旨，以指导当地党部之工作。

（二）国难时期当地党部关于御侮自卫之工作，中央委员得秉承中央意旨以直接指导之。

（三）关于当地政治、军事，中央委员得以其意见提出于当局，并得建议于中央政治军事最高机关。其详细办法另定之。

（四）关于当地民众团体组织之运动，中央委员得参加指导，但须避免命令形式。

（五）中央委员得在当地设通讯处，随时以当地情形报告于中央党部，并随时建议暨与当地及各处之机关团体互相联络。

（六）凡在当地之中央委员，即未经中央党部之派遣，亦得参加通讯处会议及一切工作。

决议：通过。此项规则颁发后，从前各地所组织之中央委员办事机关，无论具何名称，及已奉中央核准与否，一概取消之。

（五）关于军事委员会案

（民国二十一年三月五日第四届中央执行委员会第二次全体会议通过）

决议：

一、军事委员会之设立，其目的在捍御外侮，整理军事，俟抗日军事终了，即撤销之。

二、军事委员会暂行组织大纲修正案通过。

附国民政府军事委员会暂行组织大纲

一、国民政府军事委员会直隶国民政府，为全国最高军事机关。

二、本会职掌如左：

甲、关于国防绥靖之统率事宜；

乙、关于军事章制，军事教育方针之最高决定；

丙、关于军费支配，军实重要补充之最高审核；

丁、关于军事建设，军队编遣之最高决定；

戊、中将及独立任务少将以上之任免之审核。

三、本会设委员长一人，委员七人至九人，由中央政治会议选定，由国民政府特任之；此外行政院长，参谋总长，军政部长，训练总监，海军部长，军事参议院院长为本会当然委员，并由委员中互推三人至五人为常务委员，辅助委员长筹划一切事宜。

四、关于军令事项，由委员长负责执行。

关于其他职掌事项由委员长召集常务委员或委员以会议讨论决定后，交由各主管部办理。

五、本会设置一办公厅，办理会内事务，办公厅设主任一人，副主任一人，其组织另定之。

（六）提议以洛阳为行都以长安为西京案

（民国二十一年三月五日第四届中央执行委员会第二次全体会议通过）

此次中央党部及国民政府，迁至洛阳办公，其理由详于国民政府主席林森、行政院长“汪兆铭”一月三十日通电。窃以南京为中华民国之首都，载诸约法，本无疑问，但按诸目前情形，实有以洛阳为行都之必要，行政院已设有行都设备委员会经理其事。至于陪都之设定，在历史地理及国家将来需要上，终以长安为宜，请定名为西京。并由中央特派专员担任筹备，从本年三月起，以一年为期，筹备完毕。

决议：

一、以长安为陪都定名为西京。

二、以洛阳为行都。

三、关于陪都之筹备事宜，应组织筹备委员会，交政治会议决定。

（七）关于蒙藏政治教育等问题十则请予决定施行案　白委员云梯提

（民国二十一年三月五日第四届中央执行委员会第二次全体会议通过）

引文〔原略〕

一、关于内蒙者，请决定速恢复内蒙党部，并请即派蒙古青年革命同志负责办理内蒙党务，以便内则唤醒蒙众团体，外抗暴日之侵略。

二、请决议蒙藏政治以蒙藏人主持办理之，以副总理扶助国内各弱小民族自治自决，而于政治经济教育社会上均得平等地位之遗教，而免不肖之徒藉此再来蒙蔽欺骗政府于上，压迫弱小民众于下，以逞其私欲流弊于无穷也。

三、请决议令政府速派有能力之军队，收复满蒙已失之地方，而免一般弱小民众被暴日铁蹄下长久蹂躏，以资早日救出我数千万同胞于水深火热之患。

四、关于内政者：对于各族于原有土地及公共财产，民众私人原有之土地财产由国民政府行政院通令各沿边省政府切实予以保障，并不准任何人擅行侵占，以固蒙民内倾之心，而安分守业，则帝国主义者挑拨离间之路，自无启矣。

五、关于蒙藏教育，务于极力提倡，以启人民知识，而增国家思想，俾免被人利用。尤将中央曾经决议补助蒙藏之教育经费，由各国庚款内分期拨付之，以维中央之威信。

六、对于人民自由组织之义勇军及原有保安队或民团由中央指导之，由政府援助之，以便外抗强敌内维地方。

七、关于西康者：一面派西康青年同志，前去筹办党务，唤醒土民团结一致。一面扶助其地方自治，而万勿令边邻军队来蹂躏压迫。

八、关于外蒙西藏之问题：应以本党之主义及建国大纲，允准其自治以便自然内倾，而免赤白帝国主义者之挑拨离间，而遂其侵略之欲。

九、对于满洲回回二民族之一般民众生计教育亦应设法救济，其财产尤应予以保障，不应置之不顾。

十、请将中央关于蒙藏之所有决议案，例如一中全会曾经决议中央党部添设国内民族委员会、蒙藏委员会增加常务委员等案，乞一律彻底实行，以昭信用。

以上十项是否有当，敬请大会公决。

决议：交常务委员会斟酌办理。

〔国民党中央执行委员会秘书处档案〕

附录：中国国民党第四届中央执行委员会第二次全体会议经过

（1932年3月）

二十一年一月二十八日，日军进扰淞沪，震动首都，中央及国府审时应变，以三十日迁洛阳办公。嗣以国难日急，亟应集中干部同志共商御侮救国之大计，经中央第八次常会决议于三月一日召集第四届中央执行委员会第二次全体会议于洛阳行都。计自三月一日开幕至六日闭幕，共开预备会议三次（因最初三日远道委员未及齐集，故均开预备会议），正式会议三次。兹将经过情形略述如次：

三月一日　本日为全体会议开会之期，上午九时在洛阳西工东花园举行开会式，到中央委员党政军各机关代表及来宾共五百余人，由汪委员兆铭主席并致开会词。礼成后于上午十时即开第一次预备会议。计出席：中央执行委员三十人，列席：候补中央执行委员二十一人，中央监察委员六人，候补中央监察委员七人。由于委员右任为临时主席，当推定汪兆铭、蒋中正、于右任、居正、顾孟余五委员为大会主席团，叶委员楚伧为秘书长，叶楚伧、邵力子、罗家伦、程天放、周佛海五委员为起草委员，并决定全体会议会期为五日。

三月二日　上午九时开第二次预备会议，计出席：中央执行委员三十一人，列席：候补中央执行委员二十六人，中央监察委员六人，候补中央监察委员八人。由汪委员兆铭主席，讨论国难期间临时党务工作纲要等案。

三月三日　上午九时开第三次预备会议，计出席：中央执行委员三十四人，列席：候补中央执行委员二十七人，中央监察委员七人，候补中央监察委员九人。由居委员正主席，通过国难期间临时党务工作纲要案，并决议密电在粤中央委员催促粤军出赣接防及致电慰勉上海前方将士，又决定组织提案审查委员会分为军事、政治、外交三组，并推定各组审查委员。

三月四日　上午九时开第一次正式会议，计出席：中央执行委员三十七人，列席：候补中央执行委员二十八人，中央监察委员七人，候补中央监察委员九人。由顾委员孟余主席，如仪开会后，全场起立为抗日殉国将士人民默哀三分钟。嗣由汪委员兆铭作政治报告，何委员应钦作军事报告，当决议接受政治报告中行政院长所定之施政方针。又通过慰劳前方将士及慰劳战地同胞两电文。至十二时主席宣告休息。下午三时继续开会，讨论关于军事组审查报告之案八件，外交组审查报告之案四件，其重要之议决案，关于军事者，有军事委员会设置委员长案，关于政治者，有否认东北伪政权以实力恢复领土完整及对于参加伪组织份子之处置案。

三月五日　上午九时开第二次正式会议，计出席：中央执行委员三十五人，列席：候补中央执行委员二十六人，中央监察委员七人，候补中央监察委员九人，由汪委员兆铭主席，讨论议案二十余件，其重要之议决案略举如下：一、以长安为陪都以洛阳为行都，二、颁行大赦，三、划一刑法，四、修正国民政府组织法第三十七条条文，五、在洛阳召集国难会议，六、设抚恤委员会办理历年阵亡及残废将士抚恤事宜等案。又通过：一、中央委员分赴各地工作规则，二、国难期间临时党务工作纲要，三、修正军事委员会组织大纲等。其他提案有交国民政府执行者，有留交常务委员会者。

三月六日　上午九时开第三次正式会议，计出席：中央执行委员二十八人，列席：候补中央执行委员二十五人，中央监察委员六人，候补中央监察委员七人。由汪委员兆铭主席，当核发复淞沪将士及致全国武装同志电文两则，嗣讨论关于中央政治会议及行政院会议问题，经决议：在国难期间应于时局之必要，中央政治会议得由常务委员二人随地召集之，行政院会议得由院长随地召集之。最后通过全体会议宣言。 同日上午十一时举行闭会式，计到中央委员党政军各机关代表及来宾共六百余人，由汪委员兆铭主席并致闭会词，嗣叶委员楚伧宣读大会宣言，礼成散会。

中国国民党第四届中央执行委员会第二次全体会议开幕词 （汪委员兆铭）

各位同志，各位来宾，今天中国国民党第四届中央执行委员第二次全体会议在这里开会，这在中央党部国民政府移洛办公的时候，各种头绪没有完全整理好，同时我们耳所闻的，是上海不断的枪炮声，和武装同志不断的奋斗声，我们在这个【庄】严时期内开会，有极重大的意义在，现在当中国国家存亡中华民族盛衰的关头，中央同人不远千里而来，不避艰难困苦，同时搁下了自己的重要职务，可知此次全会的关系，非常重大，如能得到圆满的结果，则才对得起这几天宝贵的光阴，在此开会的时期内，我们想甚么方法，可使各种问题得一完满解决，现在兄弟就把召集此次全会的意义报告一下。

第一、我们第一次全体会议开会，是标榜“精诚团结共赴国难”八个字，一月以来“精诚团结”四个字，我们正在进行，不过因东北问题未得解决，而沪变又继续发生，中央为不受日本威胁且为自由行使职权计，于一月三十号经中央国府同人紧急商议，决定移洛办公，关于这一点，已由国府主席林森同志与兄弟通电说明，政府不肯签丧权辱国的条约，所以才移到洛阳来，二月二号在洛阳开中央常会，追认这一个紧急处署，但虽经中央常会追认，而各种大计，还须待二中全会决定，以后是不是以南京为首都？迁地办公是不是预备一适当地点？昨天常会中有几位同志提议以西安为陪都洛阳为行都，此种大计亟须待全会解决的。

第二、大家觉得军事时期已到，而以现在中国的军队情形说，不能和日本争胜负，也是事实，不过我们既下了抵抗的决心，应该有相当的准备，我们知道九一八事变发生，因为东北军队不抵抗，所以于二十四小时内，失了辽吉两省几千方里的土地，现在淞沪驻军经过三十天的抵抗，淞沪还在我们手中，固然一方面我们不能说夸大的话，而一方面我们也不能自妥，应该积极抵抗，现在日本不断的向上海增兵，因为日本与中国只隔一海，以兵舰运送，非常利便，二月二十号日本又向淞沪驻军及上海市长提出哀的美敦书，同时以三个师团的兵力向淞沪猛力进攻，又继以三个师团的援军开沪，日军在上海作战共有六个师团的兵力，以后还须络续增派，而我们军事的调度已有事实证明，不过日本以偌大的兵力，经过三十天的猛攻，而淞沪未曾到手，决不肯甘心的，我们军队，为正当的防卫，也决不稍让，所以在此极严重的时期中，全国军令的统一，军备的充实，军事计划的决定，虽有参谋本部，军政部海军部等主管机关负责，不过大体方针须经全会决定，现在全国的武装同志，都已抱定决死之心，尽其所有的力量积极抵抗，决没有那一省的军队保持地盘保持实力，而抛弃全国家全民族的观念，即使不幸，有这种人，也决不能存在于中华民国之内。

第三、自九月十八日日本进兵东北以来，我们在外交上的道理，很是充足，中国和日本都是国联会员国，且都是非战公约签字国，那末中国根据国联盟约非战公约，九国公约要求各国共同监视日本行动，也是正当手续，现在我们在外交上所缺乏的，并非公理，而是强权，就是我们得不到满意的解决，也是为此，我们现在固不能唱高调，但简单的说，如果外交上有调停余地，我们为国家的人格和主权，可使我们满意的，我们也可以接受，不过如超过了我们最低限度的要求，兄弟相信无论那一个国民，必不肯接受的，抵抗是外交上重要的方针，三月三日国联将召集全体会员大会，中央政治会议外交委员会外交部，当然有具体办法，但是外交重要方针，也须由全会决定，使办外交的同志有所遵循。

第四、目前财政的困难，大家都很明瞭，一月以来全国军政用费不敷甚巨，甚至武装同志也有挨饿的，在孙院长的时候，所发军费不到十分之一，及淞沪战事发生，财政更感觉困难，大家知道金融机关，大半在上海，现在上海发生战事，各业停顿，财政收入，当然减少许多，宋子文同志接任财政部长，在上海筹划财政，很费苦心，向来未获通过的公债延期付本息案，已得到人民谅解经于二月二十四日由国民政府明令公布，但收入减少行政费发不到三成，军费也是如此，故很难于维持，今后要使财政充裕，与日本作持久的奋斗，重要方针，亟待全会决定然后再交主管机关拟定方案筹划进行。

以上四种问题，都须经全体会议详密的讨论，而亟要得圆满的解决，所以此次全会所负的任务，非常重大，日本对中国作侵战行为，事实上已在战争的状态中，要提高中华民族的意识，全赖中央以甚么方法来领导全国民众，因为各种工作散漫，则军事也不能持久，现在全国社会的组织，都很松散，因此日本可以在国联会场中，公然提出说中国是没有组织的国家，不能享受国联的权利，这完全污辱我们中华民族，我们要洗雪这种污辱，必须我们一致努力，把国家社会的基础，树立起来，这才能作持久的决斗，我们的物质不如人，固无可讳言，但是我们不承认我们民族的意识，已失去了，物质缺乏固然有物质上的条件，不能马上使我们满意，而组织是精神的条件，我们随时可以补救，如果组织不健全，即使有物质，也不会利用，所以国家社会的组织是我们民族生存的要件，如何能使组织健全，希望国民党的同志，进行做领导的工作，一方面党内的同志，如何组织起来，同时国内的同胞，如何组织起来，国家当此危急存亡的时期，此种重大工作，也是要此次全会负责来规划进行的，这样才能使全国人民认识，我们国民党可以负得起来中华民族复兴的重大使命。

兄弟代表中央同人将开会的意思报告各位同志各位来宾。

中国国民党第四届中央执行委员会第二次全体会议闭幕词 （汪委员兆铭）

各位同志，这一次中央执行委员第二次全体会议在洛阳举行，前后六天，开了三次预备会议和三次正式会议，在各次会议中间，各同志都注重在危急存亡时候，应该首先解决的几个最重大的问题，预备一致去实行。所有议决各案，其重大意义，都已包括在大会宣言中，不再赘述。我们在开会的时候，精神注重在讨论和研究，在议决以后，则注重在实行；也只有视决议案的能否实行，才可以证明这次会议有无效果，这次会议有无意义。所以，在今天闭会的时候，实在没有多少话可以说的。

不过在许多决议案以外，我们却有一个总的概念。从历史上告诉我们，我们国家现在存亡的关头，只要稍不留神，稍不注意，我们就很容易蹈了二百七十多年前明朝亡国的覆辙。明朝亡国，由满洲侵略辽东开其端；现在中国的祸患，也是先发动在东北。但现在的敌人，却比明朝的敌人更利害。明末的时候，单有东北事件，或者还有对付的办法；同时又有李自成张献忠等流寇之患。这些流寇，固然很野蛮，初起的时候，称为米贼，也可说是为物质问题或经济问题而起的扰乱。现在共产党丢了他们的主义，和明末的李自成张献忠一样，做出种种杀人放火的事情，也是由于目前政治问题、经济问题没有得到解决的办法，才发生这种流寇式的祸患。由此我们知道现在处境之困难，正和明末仿佛；我们更应该时时刻刻提心吊胆，设法去挽救过来。

从历史上看来，明朝对于满洲人和流寇的祸患，是有能力挽救，有方法挽救的；可惜当时在朝的人，不知道用自己的能力，想不到挽救的方法。他们最大的弊病，概括说来，就是犯了“虚骄”两个字。明知道敌人的力量强大，还是表示骄傲的态度，所谓在朝的清流，对于全国人民，只以说激烈的话为唯一方法；将这种方法，应用到军事上去，发言惟恐不激烈，破坏唯恐不厉害。拿这种态度来对付满洲，对付流寇，致使流寇愈剿愈多，愈抚愈乱，而外患也愈演愈烈。同时朝野之间，以客气相尚，完全没有真正的爱国心。结果怎样呢？我们在历史上看到的忠臣义士，除了死没有别的办法；由孙承宗以至史可法，所恃以报国的就是死。他们天天准备死，没有别的方法可以报国。因为在全国骄傲激烈的空气之中，不许他们有别的方法；所以他们不得不把没有战事经验的兵，及未经训练的民众去牺牲报国。当时所谓忠臣义士，完全是这样，都充分的表现出不怕死的精神；有的简直被满兵以两板夹住，从头往下锯成两片都不怕。我们对他们这种人格，表示很钦佩，但对于他们的境遇，却很可悲。我们知道，报国不是可以一死塞责的，而他们何以只知准备一死，这是那时的社会逼得他们这样的。无论对满人，对流寇，都用空论去对付，而不用方法去对付；所以他们只得一死了。这是明亡最大的原因。当时大家对于这个原因看不出来，过了几十年，才有人看出来。我们在书上发现的是黄梨洲的明夷待访录；他说明朝亡国有两个原因，一是政治没有人负责，一是政治人人都负责。虽然他的书上没有明白的这样说，但我们很容易看出来的。因为明太祖杀了胡维庸之后，不许他的臣民做宰相，执大权，于是整个政治组织立不起来。人人有权，人人无权，要负责任的人没有权力，所以只得去死；因为除了一死，更无可以报国。这是明亡的最大的原因了。

现在我们有了这二百多年的痛苦经验，同时又受世界潮流之激荡，比明朝的情形，当然比较进步。虽然目前的外患，比当时满洲压境的情形，更要严重，国内共匪的捣乱，比李自成张献忠等流寇更要厉害；但是相信我们的国家民族，已比从前进步了。如今我们在政治上主张民主集权，如民主而不集权，就成了散漫；集权而不民主，就成了专制。所以主张民主，而同时又要主张集权，把民主集权实现于政治，这是我们在政治上所抱的最大目的。我们觉得，现在对外抵抗日本，对内肃清共产党，决不是完全靠军队的力量。如果我们的政治组织好，军队才能够效命；反而言之，政治组织不好，结果一般武装同志，好的只有做史可法，以死报国，坏的便做高杰，首先投降了。除了这两条路外，决无第三条路可走。由此我们晓得，政治组织之重要是如此，但是怎样求政治组织的严密呢？就是要求民主集权的实现。以前我们反对集权，是再三声明是制度问题，不是人的问题；现在我们的目的达到，今后当努力求制度的逐渐实现。如还是维持集权的制度，而不求民主的实现，我们决以死争，决不是讲一时的合作，也决不是求一时的便利。但是同时我们也要晓得，讲民主而不讲集权，这个弊病，也是相同。这几年来我们同志都错了路，一方面讲民主而不讲集权，一方面讲集权而不讲民主；于是使政治组织愈加紊乱。所以专讲集权，而不讲民主，固然我们所不愿，而专讲民主而不讲集权，也是我们所不愿的。民主集权制，在政治上树立了重心，对外才可以抵抗日本，对内才可以肃清共产党。现在全国的舆论，看到东北军队的不抵抗，非常愤激，对于淞沪军队的抵抗，非常注重；这固是良好的现象，但是太不注重中央的事情，使政治组织依然支离破碎，亡国就在我们眼前。中国不亡于日本，不亡于共产党，而亡于中国人自己；就是由于中国的政治组织不严密，不能实现民主集权制的原故。所以，一中全会的注重在此，二中全会的注重也是在此。精诚团结，共赴国难，决不是说空口的话，必须各人以经验所得，合成新的方法，求民主集权的实现，使政治组织严密，才可以对内对外。一中全会的工作在此，二中全会的工作也是在此。这样做去，我相信中国不会随便亡国，而且乐观的说，中国绝对不会亡国的。所以，目前我们不是注重在一时军事的成败，不是注重在国民对外的愤慨意识，不是注重在和共产党争什么领导权，而是注重在我们同志的诚意合作，求民主集权的实现，来完成中国的政治组织。不过我们既下了很大的决心，就要有这个能力来做到。目前的中国，在危急存亡的时候，无数的同胞，和无数的武装同志，天天在枪林弹雨之中，我们的心，非常紧迫，但同时非常坚定；认清我们以往的弊病，决心改革，努力以求民主集权的实现。中国国民党万岁！中华民国万岁！

〔中国国民党中央执行委员会秘书处档案〕

8．中国国民党四届三中全会宣言

（1932年12月22日）

中华民国二十一年十二月十五日，本党举行第四届中央执行委员会第三次全体会议于首都。开会以来，咸以和衷共济之精神，共赴艰危，凡全国国民，所蕲求于本党，与本党所应自效于国家者，无不精诚规划，力求实践。兹综举决议要点郑重宣言：本党负建国之责，系安危之重，总理遗教□，瘝瘰未□，全民呼吁，相需益亟，大会于此，敬先以共具之决心，昭告国人。

一、本党之责任，为求中国之自由平等，以巩固国家领土主权行政之完整，苟有侵犯及于此者，誓与国人以全力抵御恢复之。

二、本党之责任，为集中国族之全力以保障世界之和平，其有危害世界之和平者，誓领导全国国民，与世界尊崇信义之民族，共同努力，以弭缉之。

三、本党之责任，为训政完成以后，实现宪政，以归政权于全民，凡一切有效而又正确之途径，誓秉总理遗训与约法成规，以全力赴之。

大会既具此决心，并深信必全国一心一德，乃克有效。故首先遵循总理遗训，及约法规范，决定国民参政会纲要，及宪法起草国民大会召集之时期等，以示国人以至诚。惟以中国土地之广大，民情之复杂，经济状态之悬殊，知识程度之参差，欲依此程期，推行无阻，实攸赖于全民之奋然兴起，确信总理遗训，实行自治，以举本党推诚相与，而能竟革命之全功，成建国之大业。纲领既举，则节目虽略而不遗，根本已安，则枝叶顺理而自茂，故所决议如关于政治制度者，关于外交政策者，关于军事设施者，关于国民生产者，关于教育方针者，关于团结国族者，关于整饬吏治者，关于改进党务者，无不同归于集中民意培养实力树立国本共赴国难之一途。大会深信转危为安之道，必须于实践中求之。负责力行者，固不在多言，明理达义者，亦无待于负责者之多言也。欲策将来之力行，必须严过去之检阅。大会于此，乃搜五年以来之重要决议案，而类别其已经执行者，在执行中者，因种种关系有待于执行者，检察其难易之故，症结所在，知庶政之推行，御侮之策进，胥赖乎民生繁荣，地方绥定。以我国民性之诚朴，土地之丰饶，生聚教训，宜有可观。乃因赤匪奔突，村邑为墟，腹地既残，藩篱不治，遂致安内攘外，兼顾两难。本党一年以来，所旁皇忧思者，莫过于此。大会开会之日，值剿赤告捷之时，匪区善后，亦已开始进行，苟循已成之轨，迈进不息，必能收肃清余孽之功。内憨既歼，民力渐裕，以是为国，始可有为。此大会深望于国人共同戮力，以竟全功者也。

〔中国国民党中央执行委员会秘书处档案〕

9．中国国民党四届三中全会重要决议案

（1932年12月）

（一）第四届中央执行委员会第三次全体会议宣言〔略〕

（二）整理本党实施方案案　孙委员科等二十七人提

（民国二十一年十二月二十日第四届中央执行委员会第三次全体会议通过）

说明

本党领导中国民众抗御帝国主义之侵略，推翻满清及军阀之统治，数十年来，实负有国民革命之使命。乃自北伐以后，名义上国家政权属于党，实际上党的政纲未能施诸民，而党的本身，则以同志间意见支离，演成瘫痪无力之象，终至于中央党部无能尽其推动革命之全责，地方党部更多流为牵碍行政，招怨人民之渊薮。似此腐窳日深，掩讳无从，自谋不臧，止谤何益，以此渐趋衰弱之集团，完成中国革命之重任，非特人皆疑其不可能，即党中明达亦将失其平昔之自信。然试察今日之中国，外则帝国主义经济吮髓，武力据地，内则苛政苛捐，农村破产，人民尽作濒死之啼号。本党为适应时代需求，复兴国民革命而从事于党的根本整理，实亦情势所不容自已。窃以本党之衰落原因虽多，而其根本病症，实在于脱离民众立场，丧失革命精神，致一般党员于不知不觉中生活腐化，思想落伍，理论徒托空言，行动惟求利己，故今日欲整理本党，复兴革命，必先确认下举纲要为根本原则：

甲、根据总理创造本党之初意，恢复本党自来代表最大多数被压迫民众利益之立场，举凡今后一切党的组织宣传，政纲之规定，以及党员之思想行动，均须本此宗旨，不得违离。

乙、实践总理“迎头赶上”之遗训，重振“为民前锋”之革

命精神，关于中国国民革命之理论，社会问题之解析，以及党的组织、工作方法，固应以总理创行之革命的三民主义为原则，但尤须以适应时代潮流环境需要为指归，以救拘泥空言思想落伍之弊。

丙、确认目前革命进程已至民生主义中心的阶段，应规定彻底施行平均地权节制资本之具体政纲，如征收土地价值税，土地分归贫农，实行“耕者有其田”之主张，征收资本收入累进税、遗产税，一面培养国民生产力，以提高国民经济，一面建设国有资本，以树立社会主义之经济基础。

办法：

（一）关于党员之入党脱党者

甲、党员以减量增质及职业化为原则。

乙、废止以前入党办法，确定以后以农工商知识劳动者为党员职业之标准。

丙、现有之全体党员，均须经过严格甄别手续。以淘汰不合标准之分子，其甄别办法另定之。

丁、在党的正式组织外，组设中国革命少年军及三民主义青年团，以为征选青年党员之预备组织，少年军以高小程度为加入时最低之知识标准，收纳自十二岁至十七岁之少年加入之。手续为经过体格常识之考验，及生活习惯之视察，由中国革命少年军训练年满，再经严格之选拔，始得加入为三民主义青年团团员。加入青年团三年后，始有被选为中国国民党党员之资格。少年军及青年团之组织，考试及训练办法另订之。

戊、准许党员自由脱党及自行停止党权，但脱党后不得再行入党，并不得有二次停止党权之请求，其详细办法另定之。

（二）关于党员之权责及工作者

甲、拟定党员对党内行使选举、罢免、创制、复决四权之办法。

乙、党员工作，以领导农工及一切劳苦民众，努力求得全民族及其本身之利益为最高原则。

丙、党员之基本任务：

一、义务的担任党的事务工作　以后任党部职员，只得支取最低之生活补助费，所担负之职务，不得对党外公开。

二、努力本党之各种社会工作　以后凡党员均须有社会职业，并加入社会团体，为党活动。

三、担负党费　以后党的常用经费，应由党员以收入多寡为比例自行担负之，取消现有之所得捐。党员担负党费详细办法另定之。

丁、规定指定奖励及协助党员加入农工教育等职业生活之法规。

戊、规定党员对社会工作之考核奖惩法则。

己、制定党员对各种职业团体活动之各别的纲领。

庚、党员参加社会工作，须随时持社会职业者之态度，以工作技能与革命精神，逐渐取得领导地位，且非至必要时不得公开其为党员。

辛、规定党员个人及下级党部对党的上级负责人及上级党部批评抗议办法，保障党的言论自由。

（三）关于组织者

甲、组织以增进活动效率及秘密化为原则。

乙、除中央党部外，各级党部均须绝对秘密。

丙、地方党部之基本任务为指导与训练党员之社会工作，绝对不得以党的名义干涉地方行政民众团体，或作任何公开活动。

丁、各级党部内部组织，以系统简单减少人员节省经费而严课其工作效能为标准。

戊、取消现有之区分部。

己、党的基层组织为区党部，而活动单位为职业党团，其组织原则如下：

一、职业党团，直属于区党部。

二、凡党员均须在其所属之区党部管辖区域内，就其职业之性质，组成各种职业党团，其一时无职业者，应依据其以前之职业性质或所预定以后之职业，加入某种职业党团。

三、凡同一乡村之农民，同一工厂之职工，同一学校之学生，同一性质之自由职业者，有党员五人至三十人，组织该职业党团一团，人数超过者，依例组织第二党团，人数不足者，加入其他地区及性质相近之党团。

四、党团为绝对秘密之组织，对内名称按照其所属之区党部与其本身之职业性质或机关规定之，例如“第一区党部学生第一党团，第八区党部某村农民第三党团，第五区党部自由职业者第二党团，第三区党部某某工厂第一党团”。

五、党团活动之意义，在使党员于各种社会职业中领导其分子，努力于革命工作及其本身之利益。

六、遇必要时，经上级党部之决定，各种同业之党团得组织全区全县市全省之某种同业党团联席会议，各全省教职员党团联席会议等。

七、遇必要时，经上级党部之决定，得组织特种党团或临时党团。例如某处发生某种社会工作之必要时，或某处发生某种民众运动，以及某处开始施行地方自治，某处举办政治选举，则本党应组织对某事件之特种党团或临时党团，以期达到某种问题所期望之效果。

（四）关于宣传者

甲、宣传以切合实际需要及社会化为原则。

乙、凡所提出之标语口号，必须根据现状之需要，尤应注意事实之可能，废除一切不切实之空泛宣传。

丙、随时提出关于农工知识劳动者及各种职业份子之实际生活的专门口号。

丁、地方党部，除遇特殊必要，如某地发生某种重大事件，必需以党的名义表示主张外，废止用党部名义之宣传出版品。

戊、党的宣传出版品，均应假社会职业团体或教育文化机关刊行之。

己、党员须努力加入各种教育文化出版机关，取得其主持地位，藉以发挥党义。

决议：

一、原案办法第（一）项中丙款关于甄别党员者，交付常务委员会酌办。第（二）项中之戊款，规定党员对于社会工作之考核奖惩办法，事属切要，交由常会拟具详细办法切实施行。又（一）项中丁款所述少年军，与现在童子军组织用意相同，至青年团之组织，可交常会研究。第（四）项关于宣传六点，均极切实，并交常会办理。

二、原办法已见常务会议及组织委员会各报告中者，为办法第一项中之甲乙两款，关于党员入党之原则及标准；第（二）项中甲乙丁已庚辛各款及丙款中一二两节，关于党员权责及工作各规定。又第（三）项中之甲乙丙丁已各款，关于组织各原则，常会及组织委员会已分别订有方针或已具办法，应并交常会参考，切实推行。

三、原案办法第（一）项中之戊款关于党员自由脱党一节，事关变更总章及历次全会之决议案，又第（三）项中之一款，关于密秘组织一节，中央已另有规定，戊款关于取消现有之区分部一节，查县市以下区党部业经采用密秘方式，无需根本取消，且与总章不合。又丙项中之三关于取消所得捐者，因本党所征收之所得捐，系指定作抚恤之用，故不能办到，以上各节均予保留。

（三）改善党部组织

（民国二十一年十二月二十日第四届中央执行委员会第三次全体会议通过）

决议：

一、中央党部工作人员，应酌量裁减，其方法以派赴各地做实际工作为原则，其办法交常会定之。至恢复旧制各部组织一节，认为现行制度尚能适用，各特种委员会尚无虚设，且施行未久，仍以因袭旧制为宜。

二、关于组织之活动方式之变更，与经费之筹措及分配，中央常会已通过有改善县市以下党部组织及其活动方式一案，内容已包括详尽，应设法推动施行，不必另定办法。

三、省市党部为实行第二项之办法，应尽量集中有魅力有专长之同志，组织各种事业指导委员会，切实指导及分布下级同志于各种社会事业中，在行动中求主义之实现，及民权之发展，生产技能之增进，以解决民生为目的。其经费依事业之多寡，由中央财务委员会重行计划。

（四）指导民众运动方案案　陈委员肇英等十一人提

（民国二十一年十二月二十一日第四届中央执行委员会第三次全体会议通过）

引文〔原略〕

第一项　指导民众方针

一、提高民众民族意识，加紧自卫工作。

二、健全民众组织，推进地方自治，树立民治基础。

三、指导民众努力生产，发展国民经济。（在不违犯共同利益条件之下增进其本身利益）

第二项　民众团体组织原则

一、各种民众团体，均采民主集权制。

二、省市以下各种民众团体，得采纵的组织。

三、民众团体之组织，以由民众自动为原则。

各级党部应切实指导各种民众团体之党员，参加各种人民团体活动，组织党团，为各该人民团体之核心，尤须逐级接受上级党部之命令及指导。

四、民众团体之构成分子，以禁止非现在从事本业者参加为原则。

五、各种民众团体，皆以先行组织基本团体为原则，由基本团体逐级推行，并须经过相当时期之指导与考核，认为健全，始得合组上级团体，其无基本组织者，经党部认可，政府核准后方准成立。

六、特种工会之组织，如海员为整个流动体，得设立总工会，各埠设立分工会，各船设立支部；铁路工会，以路线为组织区域，各段设立分会，各站设立支部；邮电工会，则于所在地设立，均不得有总的组织，或全国的联合组织，其组织法规，单独制定之。

七、特种社会团体之组织，就性质及所在地区为范围，不得有纵的系统组织。

八、各种民众团体法规之应修正者，及一切过甚之限制，均应根据前列方针与原则，分别予以修正。

第三项　指导民众运动工作原则

一、农民运动：以实现本党政纲对内政策第九项“清查户口、整理耕地、调整粮食之产销，以谋民食之均足”，第十项“改良农村组织，增进农人生活”之规定，与地方自治开始实行法所指示之点，及改良生产技术，实现本党土地政策，提倡公益救济自卫事项为标准。

二、工人运动：以实现本党政纲对内政策第十一项“制定劳工法，改良劳动者之生活状况，保障劳工团体并扶助其发展”之规定，及调和劳资关系，革除不良意识，增进生产智能及效果，推行合作事业为标准。

三、商人运动：以提高民族意识，发展对外贸易，流通本国商品，改良因袭习惯为标准。

四、青年运动：以注重自治生活，造成读书风气，提高学术修养，革除狂嚣惯习，培养高尚人格，以备担当国家民族生存持续之重任为标准。

五、妇女运动：以改良生活习惯，增进家庭福利，参加社会事业，及充分实现本党政纲对内政策第十二项“于法律上经济上教育上社会上确认男女平等之原则，助进女权之发展”所规定之权益为标准。

六、特种社会团体，以不背本党主义作各种裨益社会国家之活动为标准。

第四项　国难期间指导民众运动工作纲要（此项秘密）

说明：本项仍用中央第十二次常会所通过之指导民众运动方案中第三项国难期间指导民众运动工作纲要原文，未有修改，故从略。

决议：

甲、民众运动方针修正通过如左：

一、提高民族意识，增进民族自信力。

二、健全民众组织，推进地方自治，树立民治基础。

三、指导民众努力生产，发展国民经济。（在不违反共同利益条件之下，增进其本身利益）。

乙、原案第二项组织原则，及第三项工作原则，交由常会参酌大会之方针及各种施行之法规，从速订定。

（五）请定期召集国民参政会并规定组织要点交常会切实筹备以期民意得以集中训政早日完成案

（民国二十一年十二月十九日第四届中央执行委员

会第三次全体会议通过）

原案要点：（一）国民参政会，于民国二十二年内召集之。（二）国民参政会代表之产生，参用选举及延聘两方法。（三）国民参政会之职权，应以训政时期约法为基础，参酌中央政治会议及国难会议所举各点规定之。（四）关于国民参政会之一切法规，交由中央执行委员会常务会议于四个月内，依照立法程序制定，颁布施行。

决议：通过，交常委会切实筹备。

（六）中国力挽救危亡案

（民国二十一年十二月二十日第四届中央执行委员会第三次全体会议通过）

说明：〔原略〕

办法：

（一）关于外交

（1）以彻底抗日为目前外交上主要方针，而与其他各关系国作切实的互惠之联合。

（2）确定联美及英法等国之方策，兼作对未来世界大战之准备。

（3）为求远东之与国，应积极进行中苏邦交之恢复。

（二）关于目前之内政

（1）为使全国人力集中，各尽其才，俾得内部相安，共御外侮，及调节中央与地方之关系，消弭一切内战计，除另定促成宪政召集国民代表大会办法外，目前内政上应有下列各种之设施。

（甲）政府应向人民负责宣布切实履行本党保障人民集会结社言论出版居住信仰各种自由之政纲，禁止一切非法干涉滥行拘捕。

（乙）因事实上之必要指定相当地点，设立各地政务委员会，实行中央与地方均权，中央委员分别参加各地政务委员会。

（丙）北平、广州两处已有政会，应与其他各地新设者同时由政府以正式命令及加委。

（丁）一切地方措施应由各该管辖机关依法执行，不得以临时机关或个人名义，擅发命令，紊乱行政系统。

（戊）由中央委派政治考察大〔人〕员分赴各地视察施政得失人民疾苦，按期呈报中央，中央应根据实情确定兴革，明定赏罚，此种报告及中央之对策，并随时公布以征全国舆论之向背。

（三）关于宪政之准备

（1）为集中民族力量彻底抵抗外患挽救危亡，应于最近期间，积极遵行建国大纲所规定之地方自治工作，以继续进行宪政开始之筹备。

（2）拟以二十二年一月至六月为宪法起草期间，由立法院起草宪法草案准于二十二年十月十日将宪法草案发表，以备国民之研讨，为提交国民代表大会之准备。

（3）于民国二十三年四月召开第一届国民代表大会议决宪法，并决定颁布日期。

（4）宪法颁布后政府应依照宪法规定地方制度，切实完成地方自治及所有训政时期未尽工作。

（5）假定民国二十三年十月十日为宪政开始日期。

（6）全国人民在不违害中华民国不违反三民主义原则下，皆得自由组织政治团体参加政治，除现役军人应行停止外均有国民代表大会之选举及被选举权。

（四）关于国民代表大会

（1）第一届国民代表大会由全国人民按照各省区各特别市人口之比例及各省区各特别市之职业团体分别选出之代表，共同组织之。其人数之比配及详细选举法，由立法院于二十二年六月前制定之。

（2）国民代表大会每届任期两年，每年召集大会一次，会期一个月，但遇重要事故政府不能负责解决时，得召集临时会以半个月为限，代表大会闭会期间，其职权交由大会选出之立法院监察院分别执行之。

（3）国民代表大会之职权。

甲、为代表中华民国全体国民统治国家之最高权力机关。

乙、制定并修改中华民国之宪法。

丙、议决法律案预算案决算案议决宣战媾和及政治经济军事重大计划。

丁、选举国家元首政务首长最高司法长官。

戊、选举立法院监察院委员组织立法院监察院。

己、对政府之监督与弹劾。

庚、监督并促成全国自治。

（4）国民代表大会不受解散及任何之干涉，其代表不受拘捕。

（五）关于省民代表大会

（1）于国民代表大会召集前，由政府视各省地方政治情形分别规定各省省民代表大会之召集，其选举及组织法由立法院于二十二年六月前制定之。

（2）省民代表大会每年开会一次，每届另选代表，会期十日，在闭会后即解除代表职务。

（3）省民代表会之职权为：

（甲）选举省参议会于省民代表大会闭会期间，代表省民参预省政，其组织法，由立法院另定之。

（乙）议决促成地方自治之实施办法，议决省预算案及省单行法规。

（丙）向监察院代表省民弹劾省行政及司法官吏。

（丁）向行政院代表省民提陈省政兴革意见。

（4）省政府对于举办新税捐发行省债及增加省民负担事项，必须征求省民代表会或省参议会之同意方得执行。

（六）关于国防及军事者

（1）确立国防计划，以某国为国防上对象，在最低限度自卫的国防上为一切必要之设备。

（2）国防属于中央，保安属于地方，国防地带划为若干国防区，其余则划分绥靖区，限期完成绥靖工作，国防区及绥靖区不必固定以省区为范围。

（3）确定常备兵额以师为平时最大单位，采用逐步的征兵制，规定军费预算，以国库总收三分之一为标准。

（4）陆海空军及要塞军港之设置，须适合国防上的目的，在数量求紧缩在质量上求增进。

（5）陆军应依据常备兵额为有程序的编遣，编余之军队，酌量情形编为地方保安警察等部队，或移为屯垦河工之用。

（6）海军以能供国防上防御为目的，注意于潜水艇鱼雷艇之建造，不适于国防上之军舰，应停止建造，或酌量改为商船。

（7）空军应宽筹经费为计划的扩充，并唤起侨胞及民众之同情，集资捐助国防用的空军。

（8）设立统一的各级军事学校，作育人才。

（9）视国家财力，分别筹设钢铁厂、飞机厂、造船化工厂、兵器厂、呢革厂、被服厂等于不被外敌威胁之地点，以供军需。

（10）凡关于培养地方私人武力之一切军事制度，均宜从事实上谋改革，并以法律限制之。

（11）为便利实施中央所规定之国防军事计划及整个训练各地国防军起见，得临时设置各地军事委员会，其详细办法由中央另行制定。

决议：

（一）修正通过各节如左：

第一　密

第二　关于目前之内政

一、为使全国人力集中，各尽其才，俾得内部相安，共御外侮，及调节中央与地方之关系，消弭一切内战计，除另订促成宪政召集国民大会办法外，目前内政上应有下列各项之设施。

甲、政府应切实履行本党保障人民集会、结社、言论、出版、居住、信仰各种自由之政纲，禁止一切非法干涉滥行拘捕。

乙、各地以不设政务委员会为原则，原有之政务委员会，至事实上无必要时，即行取销。

丙、一切地方措施，应由各该管辖机关，依法执行，不得以临时机关或个人名义，擅发命令，紊乱行政系统。

丁、由中央委派政治考察大员，分别各地视察施政得失人民疾苦，按期呈报中央，中央应根据实情，确定兴革，明立赏罚，此种报告及中央之对策，并须随时公布，以征全国舆论之向背。

第三　关于宪政之准备

一、为集中民族力量，彻底抵抗外患，挽救危亡，应于最近期间，积极遵行建国大纲所规定之地方自治工作，以继续进行宪政开始之筹备。

二、拟定二十四年三月开国民大会，议决宪法，并决定宪法颁布日期。

三、立法院应速起草宪法草案，并发表之，以备国民之研讨。

（二）原案第四关于国民代表大会，第五关于省民代表大会两节，均交政治会议参考。

（七）实行缩小省区提案

（民国二十一年十二月十九日第四届中央执行委员会第三次全体会议通过）

查民国十九年第三届中央执行委员会第四次全国会议时，朝枢由美电请提出缩小省区一案，经议决："省区应重行划定并酌量缩小，如何划分及其实施方法，交由中央政治会议组织专门委员会详细研究，拟具方案，送交中央常会以备提交全国代表大会或国民会议决定之。"现在事逾二年，尚未闻有如何进行，应请大会催促中央政治会议，从速办理，管见如此，当否谨提请公决。

决议：催促中央政治会议从速办理。

（八）修改国民政府组织法第三十条及第四十八条案

（民国二十一年十二月二十一日第四届中央执行委员会第三次全体会议通过）

决议：修正如左：

第三十条　立法院设立法委员四十九人至九十九人，由立法院院长提请国民政府主席依法任免之。

第四十八条　监察院设监察委员二十九人至四十九人，由监察院院长提请国民政府主席依法任免之。

（九）救济陕灾案　于右任提

（民国二十一年十二月二十一日第四届中央执行委员会第三次全体会议通过）

原案办法：

（一）请令国府迅速赶办冬赈，或依照前案发行救灾公债，或另拨的款，输运大宗赈粮入陕发放，及办理平粜事宜，同时筹办水利、道路等项工程，施行工赈。

（二）由国府明令豁免灾区田赋一年，并令饬该省政府迅即蠲免一切繁细捐税。

（三）所有驻军队军饷，由中央直接发放，禁止以任何名义在地方筹派军费及供应。

决议：第一第二项通过，第三项交政治会议妥筹办理。

（十）开发西北案　褚委员民谊等六人提

（民国二十一年十二月十九日第四届中央执行委员会第三次全体会议通过）

引文〔原略〕

开发西北计划大纲

界说：

（一）所谓西北之范围，以陕、甘、绥、宁、青、新各行省全境及外蒙西部，唐努乌梁海、科布多、阿尔泰等处。

（二）所谓开发之范围，在不妨害各地方政府行政之施行，特由中央政府划出建设事业之一部，用中央之政治及经济力量以经营之。

组织：于国民政府行政院直辖之下，设西北拓殖委员会，置委员十五人至十九人，除西北范围内之各省主席为当然委员外，由政府任命专门委员六人至八人，技术委员三人至五人，并选任常务委员五人，负一切事务进行之责。

委员会下设次之各局：

（一）国道局　办理道路工程，经营汽车运输，以及养路护运各事。（铁道）

（二）劝业局　办理由政府独营或与商民合营之各种企业，及国际贸易与信托保险等事。（实业）

（三）采矿局　办理国营各种燃料及金属或化学原料之各种矿业事业。（实业）

（四）垦殖局　办理移民垦荒及屯垦奖励等事。（内政）

其各局暂定事务，列表说明如次：〔表略〕

所有各局之进行计划，及经费预算，分别说明于后〔原下略〕

决议：开发及救济西北，至为重要，案内所开各节，交政治会议妥筹办法。

附注：本案系与邵委员力子提：设立西北工赈委员会特定筹赈办法案，及刘守中六委员提：开发西北案，由经济组并案审查提出。

（十一）发展工业提案　伍委员朝枢等九人提

（民国二十一年十二月十九日第四届中央执行委员会第三次全体会议通过）

办法：

甲、关于生产运销之整理

（一）奖励生产

先就棉麦羊毛烟叶四项，积极整理，计吾国棉地约有三千五百余万亩，麦地约有四万八千五百余万亩之多，而蜀鲁二省之烟叶，口北之羊毛，产量均甚丰富，应由政府一方加以指导改良种植方法，一方减轻各项税捐，予以特殊便利，其他工业上必须原料，国内已设厂制造者，政府应设法助其推广。

（二）改良运输

由政府指导工业界，组织大规模之转运公司，并为详订公司营业与管理规则，同时速令各地海关路局组织商货转运处，对于货品出入，均随到随提，随运随发。

（三）开拓市场

对外商工业重要国家派遣商务随员，令其与各地领事，调查各国商业需要，工业状况，随时报告。对内应由政府于各省相当冲要地点，设商务专员，专任调查各地原料之出产，及货物销路之畅滞，并将其改良方法，建议于政府及工业界。

乙、召集全国工业生产会议

在政府指导下，由工业界召集工业生产会议，解决一切关于工业上的困难，并妥拟方案，呈请政府核定施行。

丙、制定工业团体组织法

由政府于人民团体组织法第一节第一项职业团体内加入全国工业联合会地方工业协进会等字样，并另定工业团体组织法。

决议：原案甲、关于生产运销之整理，乙、召集工业生产会议两项原则通过，交行政院转行主管机关核办。丙、制定工业团体组织法一项，交中央常会。

（十二）救济农村案

（民国二十一年十二月十九日第四届中央执行委员会第三次全体会议通过）

（甲）冯委员玉祥等九人提案

原案要点：（一）取消苛捐杂税，（二）各地方设立农民银行及各种合作社，（三）取缔高利贷，（四）肃清土匪整理治安。

（乙）马委员超俊等五人提案

原案要点：（一）原则上消极的解除农民之压迫，积极的改善农业生产之方法，所提办法，须适合我国农业之特质，而其利益又为农民所显而易见。

（二）实行：

一、逐渐减轻农民之捐税，并严厉禁止各地政府及驻军团防等之巧立名目，勒派捐税；

二、提倡农村自治；

三、提倡农村合作事业；

四、注重水利，培植森林；

五、组织农民，并培植其自卫之力量；

六、田赋征收农产品；

七、解决土地问题；

八、严禁高利贷；

九、注意灾荒之预防；

十、有计划的实施农村教育；

十一、注意农村娱乐；

十二、流通都市过剩之资金，返入农村；

十三、奖励扶植农业；

十四、增设农业学校，切实研究农业改善之方法；

十五、征收外国粮食进口税。

以上两案，经济组合并审查提出。

决议：（一）原则通过。（二）实行办法，交由行政院斟酌情形办理。

（十三）慰勉蒙藏来京各员并团结国族以固国基案

（民国二十一年十二月十九日第四届中央执行委员会第三次全体会议通过）

决议：通过如左：

一、对于远来与会之班禅、章嘉两大师，及各盟旗领袖表示欢迎。

二、宣告汉、满、蒙、回、藏各地同胞一致团结，以御外侮，而奠国基。

三、关于开发边疆地方之一切政教施设，应以尽先为各该地方土著人民谋福利为原则。

四、以后中央各机关于可能范围内，应多任用边地各族人员，以为训练其政治能力之机会，并增加国族团结之实力。

五、令行政院赶速□首都地方为蒙藏僧俗来京供职人员，设备适宜之住所，并参酌旧制制定各项办法。

（十四）首都奠定全国统一以来中央各项决议案总报告书之审查决议案

（民国二十一年十二月十九、二十日第四届中央执行委员会第三次全体会议通过）

（甲）关于国防及军事部份

查该报告书，已将历届决议实施状况，分别叙述，尚称详尽，其未能完全实行部分，仍应责成主管机关，继续负责进行。

（乙）关于教育部份

关于教育各项决议，历次中央全体会议业已规划周详，历年来主管机关，亦尚能举行不悖，其尚未实行者，应送国民政府交教育部从速实施。

（丙）关于经济部份

原报告书第四关于财政一节所举今后急应继续贯彻者四端，应力图实施者五端；又第五关于国民生计及物质建设一节所举今后应进行之方针；关于农业者八端，关于工业者五端，关于交通者三端，关于商业者四端，关于劳动者三端，又第八关于团结民族与开发边疆一节所举四项要点，均属扼要之图，应分别交各主管机关切实磋议实施办法及步骤，依据进行，以期中央各项决议案均可次第实施。

（丁）关于政治部份

一、关于训政纲领及行政制度之各项决议案，有业经施行者，有正在筹备中者，有仅有案而未实现者，此次全会应决议交常会按照历来决议精神，继续努力执行。

二、关于外交方针及国际关系之各项决议案与主张，大致妥善，应本此旨积极进行。

三、关于地方自治之各项决议案及今后方针，认为妥善，惟须注重各省实验区之推进，以便宪政早日实现。

（戊）关于党务概况部份

查此四年间党务之进行，尚有相当成绩，惟于历届大会及全会之决议案，仍未能完全奉行，今后允宜赓续致力，其已经办理者，仍应推进，其未经举办者，应从速实施。

（十五）对于常务委员会及组织宣传民众运动海外党务四委员会工作报告之决议案

（民国二十一年十二月二十日第四届中央执行委员会第三次全体会议通过）

总核常务委员会自本届第一次全体会议以来之报告，深觉过去一年间外迫强邻内扰匪共，中央所经历之艰难险阻，实有逾于恒常，常务委员会仍能以暇整精神，沉着应变，其于一月三十日移往洛阳，十二月一日迁回南京，并定长安为陪都，洛阳为行都，无非因应非常，挽回危局。四月七日在洛阳召开国难会议，讨论御侮救灾绥靖诸大端，用资政府施政之参考，凡此措施，应完全予以认可。而尤所引为欣慰者，常会于强寇侵犯之际，能督促政府力与周旋，迨沪战告终，复能运用全力以铲除势焰方张之赤匪，蒋中正何应钦两同志总集师干，分途进击，经半载以上之岁月，豫鄂皖湘诸省已先后肃清，今后抚辑流亡，共图生聚，除肘腋腹心之患，安定内攘外之基。此外指导中央各处会及各级党部，执行历届全会决议案，统一党员意志，巩固党内团结，于国内外各地党务之改革与推进，亦著成绩。又据常会报告经济状况，尚无浮滥竭蹶之处当谋救济。复次，常会竟能于经济困难之中，积极完成广播无线大电台建设计划，卒于十一月十二日告成，今后本党宣传将无间遐迩，益宏效率，于此应加以赞许。顾以环境艰虞，致力应变，于党外则应付国难清剿赤匪，于党内则力谋团结，建设心理，致对于历次全会之党务决议案，尚未能完全切实推行，底于尽善，其交付常会分发各委员会办理案件报告中，亦未举述实施经过及其困难之点，使全会无从参稽，实属遗憾！至中央内部组织，经参酌报告统筹兼顾，现行制度尚能推行利便，可仍旧贯，无须损益。惟于组织宣传民运各委员会之工作，有须批评与指示之点尚多，兹更分析言之：

一、组织方面，于内忧外患交相煎逼之际，能坚定党员之信心，恢复组织的精神，实为本党最近应付环境之重要关键，至其所订组织训练之各项方针，全会认为皆属根本切要之图，其未能一一实现之故，时日迫促固属一端，而下级党部迄未能一致完成组织，致推行濡滞，亦为重大之原因，现值共匪肃清，下级组织之障碍已去，今后应设法完成各下级党部之组织，使形体精神渐趋齐一，以便指挥，依照既定方针，切实推进，兹再揭举其重要者，并引申其义如左：

1．应使全体党员同以“义”为出发点，以健全本党之细胞，并尽量发展党员的组织能力，从组织中求本党主义之展布，以巩固党的基础。

2．扩展关于各种社会事业之党的基本组织，以转移一般同志之目光，使向外发展。

3．尽量发展党员的组织能力，从集中全国人才于本党，分布全党人才于社会，征求党员质量并重，以求整个党的充实，训练党员，增进智能，以求党员本身之充实。

4．使三民主义之信仰者，尽成为三民主义之工作者，以有组织的行动，用分工的方法，求工作的效能。

5．整饬纪律，以范围党员之言论与行动，以严密党的组织。

6．改善县市以下各级党部组织暨活动方式，实施方案现已经中央常会通过，应速就择定之省市切实施行。

二、宣传方面，在国难期间，能因应时机于国内外不少有效之表现，剿赤宣传亦有相当成绩，而通俗文艺运动之进行，尤为正确路线之获得，惟检点过去策画方来以后应注意改善者有下列各点：

1．过去太注重目的的宣传，今后亟宜同时注重步骤的宣传，予民众以不断的希望，庶不致与目的相悬过远，使因失望而灰心，可依照政治设施预定一年之宣传计划循序进行。

2．应注意分工的宣传，不可偏重于整个的宣传，可寻绎主义之所需要各点，分别作成纲领，各项工作，分途推进，共照预定之方针，以达共期之目的。

3．凡属党员均应向各地作有计划之宣传，以尽其后知后觉者所负之责任，贡献能力于党，宣传委员会尤应促进各个党员对此责任之自觉，切实订定方案，逐步推行，于学校方面，须加意致力，使本党主义深入青年心理以祛异说。

4．人民每需要新的刺激，以增加革命之情绪，宣传之意气，即在每一时期中能转移全党同志之目光于某一事，从某一事之发动以刺激人民，使常有朝气，则愿协助本党完成革命之大业。

三、民运指导方面，民众运动指导工作之原则已经确定，本此原则而组成之民众团体亦确具规模，今后之趋向应如左列：

1．过去对于各种民众团体，大都仅指导其组织，使为政治活动之行的发展而缺乏知的进益，今后应向此方努力前进。

2．学生运动为现在状况下民众运动之重要部份，盖学生界思想庞杂，组织不易健全，应设法以民族意识，科学知识，道德观念指导其团体工作，使于组织及工作中受本党之训练，养成健全之爱国青年，实际上成为党的组织。

3．农人运动向属幼稚，应设法推进，并须以扶植农村教育、农村组织、合作运动等，使以人的组合趋向于事业的组合，以不知者之团集趋向于知者之互助。

4．工人运动稍具历史，但迄未入正轨，今后应减低本身利益之追求，向民族利益而迈进，从生产技能之需要，启生产责任之自觉。

5．商人运动向多纠纷，应从店东员工之隔阂，指导其趋向于共同利益之维持，从权利之争持，进而为责任之分担。

6．其他文化社会各团体，基础均未巩固，当指导其组织，指示其工作方向，纠正其错误，使能在三民主义共同需要之下，求政治知识及政治活动能力之充实。

（十六）关于教育之决议案

（民国二十一年十二月二十一日第四届中央执行委员会第三次全体会议通过）

教育之目标，应随时势之需要而定，审察目前教育状况，小学未能普遍，职业学校嫌其缺乏，而中央大学及独立学院则又觉太滥，各级学校办理均欠完善，尤以职业学校不能养成生产能力，私立大学任意招生，管理训练课程均极松懈，为极不良之现象，故此后普通教育，一方面应注重发扬民族精神，灌输民族思想，以及恢复人民之民族自信力，而达中华民族独立自由平等之目的。另一方面则应注重养成生产技能及劳动习惯，使学校毕业之学生，均为社会生产分子，以矫正过去教育徒事空谈忽略实践之弊病，至人才教育，则应重质不重量，对于现有之大学及中学，应严加整顿，务使大学所造成者为真正之人才，本此数原则，爰决议如下：

甲、关于国民教育者

一、国民教育，使儿童具备中国国民必备的常识，其内容应包括三民主义，国文、本国历史地理、世界历史地理，以及数学、卫生、自然科学等之初步知识，使之了解且能应用，尤注重训练儿童合群生活之习惯，刻苦强毅之精神，及灌输儿童中华民族过去伟大之事迹及伟大人物之言行，以坚定其自信力，及爱国家爱民族之观念。

二、以四年或六年之小学为施行国民教育之场所，由教育部制定标准，颁布全国小学一律遵行，不得有所出入，如四年小学因财力关系，一时尚不能普及，则为目前救济起见，应于最短期内，先行推行短期义务教育，普遍设立短期小学。

三、中央及各省应各定一岁入之百分数为补助各县市扩充小学之用，此款项应逐岁增加，期于若干年后普及国民教育于全国儿童。

四、应利用既有学校之设备及师资，或另筹经费推广民众教育，以树立地方自治之基础。

乙、关于生产教育者

一、小学应就儿童环境所宜，授以生产技能，且养成其劳动习惯，务使小学毕业之儿童，一方面具备国民常识，一方面成为社会生产分子。

二、各省市应尽量扩充职业学校，私人捐资兴学，亦由省教育厅或市教育局劝其设立职业学校，私人办理有成绩之职业学校，由公家予以补助，公私立中学成绩不佳或地方无此需要者，一律改办职业学校。

三、职业学校应注重生产技能，劳动习惯，不必规定同样毕业年限，且不必分农工商等科，应就地方之需要，注重单科专设。

四、职业学校以不收学费为原则，俾贫寒子弟有入学之机会。

五、高级职业学校，注重专门技能训练，必须与实习场所打成一片，而不仅为书本或理论教育。

六、高级职业学校，应由教育部视各省需要，斟酌缓急逐渐添设。

丙、关于师资教育者

一、中等师范教育机关，分简易师范学校、师范学校等，均由政府办理。

二、师范学校应脱离中学而单独设立。

三、现有之师范大学，应力求整理与改善，使其组织课程训育各项，切合于训练中等学校师资之目的，以别于普通大学，且与师范学校等力谋联络。

四、大学得呈准教育部设立师资训练班，凡大学毕业生愿任教师者，应入该班加修教育功课一年，以备中等学校教师之选，凡进师资训练班之学生，其待遇与师范大学毕业生同。

五、师范学校及师范大学，概不收学费，师范学校并以由政府供给膳宿制服为原则。

六、师范学校及师范大学修业完毕后，由教育部或省教育厅市教育局指定地点，派往服务，期满始发给毕业证书，始得自由应聘或升学，其有规避服务或服务不尽力者，取消资格并追缴费用。

丁、关于人才教育者

一、中学为预备人才之地，应提高程度，充实内容，并采取绝对严格训练主义，现有中学应加以整理或淘汰，其有请求新设中学者，应由教育部严定标准，切实考核限制。

二、高中不分文理科，现有之工农商等高中均应改为职业学校。

三、大学宜提高程度，充实内容，政府每年应拨给巨款，扩充国立大学之设备及补助私立大学之有成绩者。

四、现有之国立省立或私立大学，应由教育部严加管理，同一地方，院系重复者，力求归并，成绩太差，学风嚣张者，应即停办。

五、高中及大学均应设多数奖学金额，以造就家境贫苦而成绩优良之学生。

六、各省市及私立大学或学院，应以设立农工商医理各学院为限，不得添设文法学院。

七、各大学及学院之课程应注重本国教材。

八、各公私立大学及学院，应由教育部斟酌情形，举行毕业会考。

九、教育部应详细订定大学及学院训育原则与办法，以养成学生善良品性与严整风纪。

（十七）对于行政院及所属各部会工作报告之决议案

（民国二十一年十二月二十一日第四届中央执行委员会第三次全体会议通过）

该院各部会工作，大体均能依照计划进行，惟尚有数点，应加注意，分举如下：

一、内政

训政时期，内政之基本在于指导及完成地方自治，而发展地方之经济，维持地方之治安，慎选地方行政官吏，俾得人民之信仰，皆为内政部应切实注意之点。

二、实业

1．农业以改良种子为最要，棉麦二项尤为每年进口大宗，对于棉种麦种，应切实改良。

2．造林为水利根本，治黄导淮，均应注意造林。

3．关于设立各项工厂，除必须国营外，应以民营为主，政府应立于提倡保护之地位。

4．培养渔业人才，实为改进渔业之先决条件，应加注意。

三、教育

年来教育趋势，大学文法科过分发达，不适实际需要，应于理农工医各科，切实发展，其中小学校课程，多偏于空泛，职业教育，亦未能发达，似宜切实注意，为普及教育计，对于师资之充分培养，应有切实之计划，而至国防科学及应用化学等学科于国防关系极巨，亦应切实提倡。

四、交通

关于一般航业之发展及扬子江□□□整理，皆为切要之举，至电讯事业关系交通最巨，尤宜力求减低电费，以利民众。

五、铁道

1．负责运输一项，已办有成效，应再积极进行，惟货物运输之价应设法减低，对于必需品工业原料及国产各品，更应减等收费。

2．复兴京沪沪杭甬两路计划，应积极进行。

3．对于粤汉陇海铁路之完成，尤应从速切实进行。

〔中国国民党中央执行委员会秘书处档案〕

10．中国国民党四届四中全会宣言

（1934年1月25日）

本党此次举行第四次中央全体会议于首都，检阅过去之工作，审察将来之方针，于疾痛警惕之中，深觉自第三次全体会议，以迄于今之一年间，实为内忧外患备极艰虞之时期。而此一年中，本党与全国国民之应付此等纷起迭乘之事变者，亦历尽未有之艰苦。然此困苦奋斗之过程，足使吾人获得一重要之启示，即民族意识之伟力，将支配一切国事之前途，本党革命之使命，已与举国民众之祈求相符合，此全体会议同人所引为奋兴，尤不能不引为策励之资者也。溯自日军横占东三省以来，去年一月有榆关之惊，继则有热河之失，喜峰冷口古北口诸役，我将士冒飞机重炮之威力，浴血奋斗，支持阵地，死伤者四万余人，民命牺牲，更不可计。此种英勇惨烈之苦战，实为我国历史所仅见。于此足证我国家所以未能达御侮雪耻之目的者，实由国力之未充，而士气实大有可用。然所以造成此英勇之战绩，则以死卫国之民族意识，为之策动也。当北方战事紧张之时，剿匪部队，兼程檄调，至垂烬之赤匪，乘机窜突，重肆猖狂。然自围剿计划，继续实施，全体将士，义愤奋发，作战意气倍于常时，迭破溃匪之主力，收复重要之地区，歼灭之效，可期旦夕。而全国国民对剿匪军事之期待与鼓励，亦为前此所未有，此亦足证赤匪利用外患危害民族之阴谋，适以加强我全国军民深厚的民族意识之反应也。剿匪军事之胜利，本已达克竟全功之候，而福建××诸逆，忽于此时丧心病狂，起毁党弃国之叛变，期于骇惑人心，动摇国本，乃叛帜甫扬，举国声讨，福州伪府不旬日而危，未匝月而溃，倡乱极未有之离奇，而戡平亦奏空前之神速。国军收复福州之日，青天白日之国徽，飞扬遍于全市，民众欢呼狂热之诚，真有重见光明之概。此尤足见唯总理遗垂之救国的三民主义，乃为整个民族生命真实之寄托。苟有昧于此义，而妄冀为自残自裂之图者，一与蓬勃炽烈之民族意识相接触，未有不披靡覆灭者也。综观一年以来，国家每遭遇一度存亡呼吸之危机，全国潜在之民族意识，必一度发挥其伟力。国人对于御侮剿匪戡乱诸役，为国牺牲之将士，愿致最高之荣敬与哀思，而抚循往事，弥觉此一年间全国国民意志之沈着坚定，认识之明晰正确，能于国运艰危农村衰落之状态下，整齐步骤，克保秩序，而为坚苦之迈进，允足为我国家复兴之保障。此一结论，尤愿特别提示于全党全国，以为奋发兴起之资也。

救国图存之大计，条目万端，要之，可提以下列二条之纲领：一曰非集中国力不足以救亡图存；二曰非充实国力不足以救亡图存。此全国有识之士所公认，亦为本党历年所致力。而近察国事之推移，纵观国际之趋势，尤确认此二大前提，绝对有实现之必要。盖近世立国之要素，第一必要使此国家首尾呼应枝干连系成为一组织坚密之机体，第二必须使此国家血脉调畅肌体充盈成为一表里健全之机体，二者缺一，或虽有组织而无力量，或虽有力量而无组织，则将外不足以自立于国际之林，内不适为保障人民利益之工具。是以由国家政治言，则统一与建设，俱为绝对必要也。凡妨害统一与建设者，即为妨害救亡图存之大计。由构成国家之分子言，无论在本党为全体之党员，在中国为全体之国民，团结与努力，均为绝对的必要也。凡不能实践团结与努力者，即为稽延救亡图存之大计。中国国家之危殆至矣，失土未复，而谋我者近更假借帝制余孽，妄称名号，吾人苟不急起直追，以巩固国家之统一，完成一切之建设，以立御侮之根本，则国家必将陷于破碎支离而不可救。况乃国际风云，已有时不我待之势乎，是以本会议深思熟虑，认为此日所应揭□者，厥为有关国本之荦荦大纲，凡全国所确认为无可移易之途径，皆为全党同志全国同胞所应团结一致，并力以赴之目标。举国之所望于本党者，固不在乎多言，本党之所以痛自惕警，引为己责者，亦唯期于实践。本会议认为在此时期，吾人唯当以不矫不讳之精神，克己合群，以努力巩固革命之基础，确立救国之根本。至于上届会议所决策，或因中梗稽阻而未行，或已在进行而未竟，以及本会议关于政治军事经济教育党务各种设施之方案，誓必以一贯之精神，与确实之步骤，尽力推行。所望由全党同志之精诚团结，以造成全国国民与本党之精诚团结，以全党同志之刻苦力行，感到〔动〕全国国民，而相期以加倍之努力，自靖自献，毕效精诚，一德一心，挽回危局。国家民族之生存发展，革命救国大业之完成，必于全国一致之赤诚与努力中求之。谨此宣言。

〔中国国民党中央执行委员会秘书处档案〕

11．中国国民党四届四中全会重要决议案

（1934年1月）

（一）第四次中央执行委员会第四次全体会议宣言〔略〕

（二）确定今后物质及心理建设根本方针案——关于物质建设部份

（民国二十三年一月二十三日第四届中央执行委员会第四次全体会议通过）

原案要点：

一、确定国民经济之中心于富有自然蓄积并不受外国商业金融支配之内地，以下列步骤发达之。

1．统一之于中央政府势力之下；

2．国家及私人大工业今后避免其集中于海口；

3．以各种合作社筹划农业金融并以政府之力推销其农产物，使经济中心区之农业复兴；

4．改订赋税捐纳制度以保工业事业之发达；

5．道路航路之开辟以此地为线网之中心，尤须首先完成西向之干路使吾国于海口外尚有不受海上敌国封锁之出入口。

二、于经济中心区附近不受外国兵力威胁之区域确定国防军事中心地。

三、全国大工厂铁路及电线等项之建设，均应以国防军事计划及国民经济计划为纲领，由政府审定其地点及设备方法。

决议：通过，交政治会议妥筹施行。

（三）关于开发西北之各种决议应即速实行案

（民国二十三年一月二十五日第四届中央执行委员会第四次全体会议通过）

原案要点：

一、令全国经济委员会特别注重西北建设，对于三中全会交办之西北工赈开发救济建设各案及政治会议之培修黄帝陵道案，迅速筹拟实施。

二、西京市经费每月三万元，应饬部即行照拨，在西京市未成立以前，责成西京市筹备委员会或全国经济委员会西北办事处承领，专用于市政建设方法，籍省行政费用而促市政进行。

三、防止兽疫在西北极关重要，全国经济委员会有卫生组，应令其筹办。

决议：通过，交国民政府。

（四）整理田赋先行土地陈报以除积弊而裕税源案　孔委员祥熙等八人提

（民国二十三年一月二十五日第四届中央执行委员会第四次全体会议通过）

原案要点：

甲、各省政府就地方情形，详订土地陈报章则，由县遴选公正士绅法团代表组织，清赋机关，分区劝导人民从事土地陈报，以便政府编造征册更定科则等事宜。

乙、由中央明白规定此次陈报新增之赋额，准留充各该地方经费，并用以抵补附加，藉资奖劝。

丙、凡有地无粮或地多粮少依限陈报者，一律准许升补不追既往，城市无粮宅地，尤须尽先举办，其有隐匿不报经人举发者，应查明从严处罚，或没收其隐匿田亩，所有罚款及没收田亩，准分成提充本县及本区乡办理公益之需并奖励举发人，但捏词诬告者依法惩罚。

丁、凡依限陈报或延期陈报者，准酌减或酌增税款以示惩奖，不陈报之土地即认为丧失产权，移转抵押继承均以土地陈报凭证为有效。

戊、凡办理陈报人员经政府考核并抽查陈报地亩，认为成绩优良者，分别予以奖励。

己、由县选用原有册书，委为有给员吏，并加以切实保障，令将原有证册和盘托出以供查考。

庚、由省政府仿照建筑师会计师等之登记办法厘定专章，考选有测绘学识或经验人员给人执照，准在各县执行测丈业务，以便人民随时委托测丈田亩。

决议：原则通过，交行政院核办。

（五）减轻田赋附加以救济农村解除民困案

（民国二十三年一月二十五日第四届中央执行委员会第四次全体会议通过）

原案要点：

甲、确定县地方财政预算，将全县一切经常临时收支各款，无论县府各机关以及区乡公所经收经付，均一律编列概算经县审查后，报请省府严加审核。

乙、省政府审核县地方预算，对于田赋各项附加应各按其是否需要，分别缓急及应否归由地方负担切实裁减，其已核准列入预算之县事业费如因限制附加有不敷时，除将土地陈报及城市无粮宅地增收之税酌予抵补外，得再由省府拨款补助，如省预算不敷时，并得呈请中央核明特准协济。

县地方一切财政收支，无论为县款区款，均应由县财政机关统一审核分别公告，并准由各法团随时稽查账目。

县预算审定公布后，遇有预算外之收支，非事前经省政府专案核准者，应由省厘定惩罚规章从严处办。

决议：大体通过交行政院核办。

（六）从速实行倾销税以保护新兴工业案

（民国二十三年一月二十四日第四届中央执行委员会第四次全体会议通过）

理由：

一、我国新兴工业，本在列强经济压迫之下极难发展，自世界经济恐慌，各国均以其生产过□之货物倾销我国，日俄两国尤甚，虽关税已得自主，税率迭见增加，而倾销仍未稍减，二十二年贸易入超将近八万万元，更超过已往各年，殊足令人骇惧，外货倾销如此，国内工业焉能自立，欲塞漏巵而保工业，则倾销税之推行不容缓矣。

二、民国二十年二月九日公布倾销货物税法，二十二年十二月十七日更公布倾销货物税法施行细则，并由财政部实业部会同设立倾销货物审查委员会审查外货，自税法【公】布已历两年余，施行细则公布、审查委员会设立又历一年余，未闻有一外货征收此税，岂外货竟无一种倾销者乎？推原其故，或由定法过于抽象，倾销税法第二条所定有左列情事之一者视为倾销：（一）较其相同货物在出口国主要市场之趸售价格为低者；（二）较其相同货物运销中国以外任何国家之趸售价格为低者；（三）较该项货物之制造成本为低者，上列三项估定价格既属不易，收集证据亦属綦难，所以立法两年等于具文！夫倾销意义应以不正当的商业竞争，摧残对方攘夺市场为断，于是有所谓货币倾销〔外文略〕故意使货币汇价低落，而货价在国外市场自亦无形低落是也。有所谓社会倾销〔外文略〕藉特殊低廉工资使货本低落，剥削劳工以压制国际市场是也。二者列国行之不一，其例如法国于英放弃金本位后，对英货特加汇兑调节税百分之一五，至直最近改订商约始行取消，此防制货币倾销之一例也；各国对苏俄来货，除非特别订约大都施以重税，此防制社会倾销之一例也，今我国外货倾销如是之烈，国内工业有不能维持之势，非从速实行倾销税则全国市场将全被外货并吞，影响之巨何堪设想！此本案提出之理由也。

办法：国民政府令财政实业两部，考核倾销货物审查委员会之工作，规定某种货物（如布匹，煤，水泥等倾销之最烈者）应实施倾销税，如倾销税法有难以实行之处，当由立法院速为修正，务于最短期间内实行之。

决议：交国民政府办理。

（七）改革政制推进政治以实行三民主义案

（民国二十三年一月二十五日第四届中央执行委员会第四次全体会议通过）

决议：

（一）全案修正通过如左：

一、遵依总理遗教力行三民主义之治，务使民族独立，民权普遍，民生发展。

二、为实现上述之目标，对于东北四省领土仍未恢复，本党应引以自责，更应精诚团结，集中国力，充实中央，共救危亡。

三、政府之目的在努力维护国权解放民权，故对外必须抵抗帝国主义之侵略，以保障国家之独立，对内应依法确实保护人民言论出版集会结社一切自由，同时遵依建国大纲实行地方自治，使人民有参与政治之机缘及其能力。

四、中央与地方实行均权制度，凡事务有全国一致之性质者划归中央，有因地制宜之性质者划归地方，不偏于中央集权或地方分权。

五、为求民生之发展，应积极扶植农村，开发交通，扩展工商业，厉行关税自主财政公开，并废止苛捐杂税。

六、政府之组织，须遵依照总理遗教，政府之用人须以选贤任能为原则，而要求能以奉行本党之主义为标准，夤缘荐举之陋习，务彻底革除之。

以上第二项交宣言起草委员会，其余各项交中央政治会议。

（二）原案第四项军需独立军队指挥之权操之政府，现正逐渐推行，不必另提专案。

（三）原案第五项划分国防军区一节，与程委员潜等提案并案交国防委员会参考，其撤废军事委员会一节，为应付内忧外患之国难，一时不能更张。

（八）重设国史馆案

（民国二十三年一月二十四日第四届中央执行委员会第四次全体会议通过）

原案要点：

一、国史馆直隶于国民政府。

二、国史馆掌理中华民国国史及特种史料之编纂审定编刊一般史料及历史图书之征集整理保管事宜。

国史馆除规定之职务以外，得承国民政府之命办理特种史料之审查订正及修纂事宜。

四、现有关于史料征集整理及保管之各机关，除由国史馆委托代办者外概划归国史馆办理之。

五、国史馆之组织大纲及经费概算由中央政治会议定之。

决议：通过，交政治会议。

（九）对于常务委员会及组织宣传民运指导各委员会工作报告之决议案

（民国二十三年一月二十四日第四届中央执行委员会第四次全体会议通过）

过去一年间，常务委员会于时局大计颇能顾念环境，为适宜之应付，对外如华北之抗敌与停战及临时办事处之设置，对内如清剿赤匪及处置闽变等，凡所措施悉中机宜。于第五次全国代表大会之筹备与展期亦能斟酌情形因时处理，似应完全予以追认。至关于各委员会之工作，属于组织委员会者；一年以来该会颇能依照上次全会对于组织工作决定之原则订定计划，指导各级党部循序实施，惟今后如何增加效力，仍望该会详细计划与切实推进，此外各地党部之纠纷，尚未能尽免，亟应设法制止，使党务工作不能消蚀于同志间互相争执之中，组织大体得以益臻充实。属于宣传委员会者：该会于电影事业之倡导，抗日剿匪之宣传，均能努力，深堪嘉许。今后关于新闻方面，应集中经费于少数报纸培成有力之言论重心，对于文艺方针及社会新闻政策尤宜有整个计划及实施办法，随时对下级党部为切实之指导，并据此全国之新闻界及出版界作有效之统制。属于民众运动指导委员会者：该会工作亦见努力，惟不免偏重于规章方案之订定，今后应根据三中全会所定之方针为实际有效之推进，其报告中所述之困难，望常会有以为之解除，其有待实施之规章，并望常会早日予以核定以利施行。

（十）关于政治会议工作报告之决议案

（民国二十三年一月二十五日第四届中央执行委员会第四次全体会议通过）

在过去一年中，内忧外患洊起迭乘，乃政治会议艰苦因应，使一般建设不致停顿，行政设施大体妥善，除认为应行注意各点分别列举于后外，大会对于政治会议工作报告予以接受。

一、关于立法原则者，对于行政法规之各种修正均属适合，惟此后尤须注意行政系统之整理。

二、关于内政者，1.对于各省政府应注意督促其健全，2.对于边地人民应随时宣述中央意旨，文字上足以引起误会者应注意祛除。

三、关于教育者，认为对中小学党义教材，应尽量编入地理历史国文课程中，以唤起民族精神及灌输民族意识，对于一般学风尤应切实矫正现时浮薄奢靡偷惰之习惯，以养成健全朴实之品性，鼓励好学求知之兴趣。

四、关于交通行政者，应注意于一般干线铁道之展拓，尤其对于发展西北至重要之陇海铁道之延长。

五、关于实业者，应注意于本国固有农工业之维持与改良。

六、关于建设者，应注意于西北之开发及国营民营航空事之发展。

七、关于财政者，应注意于二十二年度假预算之切实励行，以树立一般行政机关尊重预算之习惯。

〔中国国民党中央执行委员会秘书处档案〕

附录：中国国民党第四届中央执行委员会第四次全体会议中央组织委员会工作报告

（1934年1月）

引言

谨按本党之组织，经历年的规划与实施，形体方面，虽未尽齐整，而体系已成，规模粗具。其间因外侮之凭陵，共匪之滋扰，反动者之纷乘，组织之根本几于动摇，幸经奋力维护，卒无所损于本体，此于本会上次报告中已屡陈之矣。是组织之形体，虽仍须续加整饬，而组织之效用，尤有待于切实发挥，庶几体用兼赅，能切合组织工作之意义。过去历届代表大会与历次中央全会皆以注重党部及党员之实际工作为首要，意即在此。上次全会于此尤三致意，对今后之方针，有具体之决议；于工作之进行，有确定之原则。综合所示，概有五点：曰，集中才智于党，分布同志于社会，以建树党的基础于社会事业也；曰，建设关于各种社会事业之党的基本组织，以发展党的运用于人民团体也；曰，改善下级组织与活动方式，以增进党部与党员之工作效能也；曰，训练党员人格与其智能，以使其能致用于社会，渐进而能领导社会也；曰，征求党员，质量并重，以增厚党的基础，充实党的力量也。凡此五者，有体有用，互为因果，要皆以健全本身，扩展组织，努力社会事业，以实现本党之主义为依归。一年来本会率循斯旨，就各地方过去之基础，及环境之所宜，分别指导，虽以时间迫促，不能使各地方齐一步趋，并有超越之成绩；而方针已定，规划渐备，循是以进，效益可期。兹将本会对于上述方针之规划及实施之经过，与其他临时工作之处理，以及各下级党部之现况，与其荦荦大者，分项报告于后，是否有当于上次全会之指示，及今后工作应取若何之途径，仍有待于全会之察正与启示也。

甲、工作之方针与实施

（一）建立党的基础于社会事业

一、方针之指示　按训政时期党部工作，应竭力从事于社会事业。俾能从各种实际事业之中，协助训政建设之进行。故二届中央颁布之下层工作纲领，及三届中央颁布之训政时期党务工作纲要，无不注重于此。愿以环境阻滞，成效未彰。本届三中全会复指示具体方法，规定组织方面工作“应指导并分布下级同志于各种社会事业之中，在行动中求主义之实现，民权之发展，生产技能之增进”，本会当本此原则，指示各省市及铁路党部规定其下级党部之实际工作应集中于社会事业，而以社会教育为运用之中心。各省市党部，应设立下列各项事业委员会：（1）地方自治，（2）农村经济，（3）社会教育，（4）合作事业，（5）保甲运动，（6）社会调查，（7）新闻事业。各委员会之任务：一为训练该项事业人员推进工作；二为组织各县富有各项事业经验学识之党员，并指导其从事各该事业之活动；三为调查联络全省各项事业之组织及人员，并吸收其优秀份子，加入本党；四为计划全省各项事业之发展。所有各委员会人选，由省市党部延聘省市中富有各项事业学识经验者充任之，不必限于党员。各委员会各设正副主任一人，由中央指定委员二人分任之。同时各省市党部委员于日常工作之外，应各就其学识能力，及与社会关系，自行认定工作一种，分向下列各方面活动：（1）大学教育，（2）中学教育，（3）小学教育，（4）社会教育，（5）新闻界，（6）文艺界，（7）出版界，（8）经济界，（9）商界，（10）工界，（11）农界，（12）侦查反动，（13）政界；并就上列各方面宣传党义，吸收优秀份子，以便协力进行。其各铁路党部，则以情形特殊，于工作之分配，分为工人教育，工人生活，工人技能及侦查反动四项，分工进行。各下级党部于此项分工办法，亦须斟酌施行。

二、实施之概况　本会上述方针，制订各省市党部推行社会事业委员会组织通则及工作计划，颁发各省市党部遵照实施。现已设立此项委员会者，有江苏浙江两省。其他各省市尚在筹备设立之中。但工作方面，则均已遵照上述各项分工共进。其实施状况，以教育新闻及合作事业较有成绩，各省市负责大中学教育之委员，对于所在地之大中学校，先调查其内容，然后设法与各校之教职员及学生切取联络。其负社会教育方面之责者，则督促所属下级党部设立民众学校及俱乐部，均至努力。至关于合作事业与地方自治之促进，及联络新闻界等工作，亦均能为普遍之实施。此外铁路党部办理职工教育，亦颇著成效。

本会复为推进各县党部之社会事业起见，于二十二年八月间通告各省党部转饬各县党部，推选同志专事研究各项事业，以为进行之准备；并择其目前尤为重要者，先行研究。计地方自治推选五人，合作事业推选三人，保甲及社会教育农村经济各推选二人。同时由省党部指定专人，指示研究之方法，考核研究之成绩，并由中央派员考察。限于文到一月后，将各县负责研究之同志名单具报备查。现各省正陆续呈报中。

本会为调查各地社会事业以资借镜起见，复于二十二年四月，派职员项昌权同志调查全国合作事业，并于六月间派职员杜维涛、李谟栋两同志赴定县、邹平、无锡、汲县等处，考察民众教育及乡村建设状况。现已各就考察之所得，编辑详细之报告，拟印发各级党部，用备参考。同时本会为使职员研究社会事业，以便指导下级党部起见，特于会内成立七种社会事业研究会，俾各就所近习，参加研究。

江宁自治实验县县党部，自改隶中央以后，由中央特派指导员，直接指导。本会即以之作为社会事业之实验区。将来实验结果，即可作为各县党部推行社会事业之参考。现该县正积极进行，其方法系以社会教育为中心，藉教育之机会，以接近民众，并以教育方法，提高人民知能，改进人民生计。由此以启发人民结合之要求，及其自动之能力，以推动各种社会事业之发展。该县党部现正与县政府协力进行，将来成绩当有可观也。

（二）发展党的运用于人民团体

一、方针之指示　党的社会基础在于民众，党的作用，则在于领导民众；领导不仅在于形式，而贵有实际推动之核心，以往党团之组织，清党以后，无形停止。三全大会于总章之修改，曾有“本党在不能公开或半公开地方于必要时得组织党团”之规定，而各地党部以既属公开，遂完全停止此项党团之组织。人民团体中之党员，既无联络，因之领导工作，遂感困难。本届三中全会，关于组织工作之指示，有“扩展关于各种社会事业之党的基本组织及尽量发展党员的组织能力”之决议，盖即所以发展党的运用于人民团体。本此原则，指示各地党部，除尽力推行社会事业外，并应指导人民团体中之党员，在其隶属团体之中秘密组织干事会，推动人民团体工作，以实现党的主义政纲；并从人民实际生活中训练民众，建立党的信仰，实行党的运用。

二、实施之概况　本会上述方针经制订人民团体中党员组织工作通则，提经中央第四十七次常会通过，于二十二年一月二十六日颁发各省市及铁路党部，以资实施。凡人民团体中之会员，如有五分之一以上为党员时，当地最高党部即将其中一人为书记。其党员人数少于此者，干事人选，则由当地最高党部指定之。干事会以不用名称为原则，必要时得用各种可以公开之名称。干事之职务为：（1）计划及指导所属团体中党员之活动，（2）宣传本党主义及政策，（3）吸收优秀分子加入本党，（4）侦察并制止反动分子之活动，（5）执行当地最高党部所指定之工作。干事之任期，以其隶属之人民团体职员任期为准。干事会至少开会一次。人民团体中如无本党党员时，当地最高党部应设法介绍其优秀分子加入本党；或设法使该团体领导人接受本党之领导。

此项办法，各地党部均已着手实施。凡各重要城市及铁路沿线之人民团体中，均已先后成立干事会，或其他核心组织，以资运用。其工作成绩之最著者，为工人教育，合作事业，及吸收优秀分子等项。

（三）改善下级党部组织及活动方式

一、方针之指示　自中央决定县市以下党部及活动方式之原则暨实现方案而后，本会即遵照中央决议，分别指定若干省市，先行试办，以资推广。二十一年冬第三次全体会议，复有继续改善下级党部组织及活动方式之决议。本会除指导指定先行试办之各省市努力实施外，并分别指导其他各省市择其可以先行试办者斟酌实施。其要点如左：

（1）实施以职业划区分部之原则　按照改善县市以下党部组织及活动方式实施办法，规定区分部之划分，于施用地域划分方法以外，兼采用以职业划分之原则，使组织工作与党员训练，相互为用。各下级党部应斟酌情形，分别实施，俾便训练。

（2）活动方法之改善　党部及党员在社会及民众中活动时，除法令规定者外，应避免以命令方式干涉其活动；惟应指导党员秘密作党团的活动。

（3）减少党部人员筹立党费基础　党部内部人员，应设法减少至最少数额。党部经费，除以最小部分作党务费外，应以大部分作党部或党员所从事之社会事业经费。同时并设法筹立各县市党部之经济基础，务期于相当期内可达党员养党之目的。

二、实施之概况　本上述方针，本会经提请中央常会指定江浙两省及南京市先行试办。并指导其他各省市择要实施，兹将实施状况分述如下：

（1）指定先行试办之各省市实施状况　自中央第四十四次常会通过改善县市以下党部组织及活动方式、实施方案，并指定江苏、浙江两省及南京市先行试办后，本会即指导各该省市遵照实施。浙江省于奉到此项方案后，随即依照规定程序，先拟订改善县市以下组织及活动方式、实施计划呈核；次即指定杭县、临安、嘉兴、海盐、吴兴、长兴、鄞县、慈溪、绍兴、诸暨、金华、兰溪、衢县、龙游、淳安、桐庐、临海、黄岩、永嘉、平阳、丽水等二十一县，为实施区域，并于二十二年三月五日召集各该县常务委员谈话，指示实施办法，及其他应注意之手续。据该省党部呈报，各该县均已遵照规定实施改善，将区党部一律裁撤，直属于县党部，指挥运用，较前灵敏便利。下级党部与政府间因取秘密监督方式，直接冲突，不复发生。对于地方事务，不以党部名义处理，故藉党营私事项，亦可减少。至区分部集会，由县党部直接派员参加，指导机会较多。以上均为改善后表现之优点。惟一般对党向抱沉默之党员，因秘密后而愈形淡薄，此为其劣点。至活动计划，因推行未久，其利弊尚未明显也。又去年二月间该省党部以该省中等以上学校内党员为数颇多，为便训练计，特呈请本会核准将各中等学校之党员划出，另行成立区党部或区分部。在省者直属于省党部，在县者直属于县党部，先从杭州入手，俟试行有效后，再推广实施。江苏省于奉到此项方案时，适在改选，及新执委会成立，始着手进行，拟订实施办法呈核。其办法原拟全省各县普遍实施，本会以与中央规定之程序不合，除饬先选择组织比较健全、党员比较众多者若干县实施外，并限于三个月完成组织工作。该省党部遵即择定江宁、镇江、上海、启东、吴江、武进、无锡、南通、涟水、江都、泰县、丰县、灌云等十三县为实施区域，并经召集各该县党部负责人员谈话，指示一切，其改善情形，尚未据报。至南京市党部，除由本会令饬遵照外，并派员指导，当即拟订实施计划。先参酌自治区之划分，以整理党区。于二十二年四月间调查全市党员实数，决定重划全市为九区，辖区分部一百八十四，比前增加区分部八十，业经中央核准。并于五月底成立各下级党部。

（2）指导其他各省市择要实施　二十二年三月，本会特通告其他各省市颁发此项实施办法，俾便预为参考，并酌量实施。除豫鄂皖三省已依照三省党务整理纲要变更下级组织外，其他各省市已择要实施者，有下列数项：（1）各省市工作人员，多已相当裁减，以所节省经费从事于社会事业，（2）制订人民团体中党员组织工作通则，规定人民团体中党员，应组织干事会，以从事党团的活动，（3）党部工作应努力于社会事业之活动，从社会事业之中以施行党的运用。

（四）训练党员人格与其智能

一、方针之指示　三中全会后，本会以国难方殷，党员尤应振奋。训练工作，应使党员对于主义及政治社会均有明确之认识，以建立中心信仰；同时培养党德党谊，使党员明瞭本身在社会上之地位，及其所负之责任。又以三中全会决定党部及党员应集中于社会事业，应使党员各自注意知识智能之修养，使党员均能有创造发展之能力，与勤勉坚毅之精神；俾置身各种社会事业有良好之成绩，以取得民众信仰，及社会之优越地位，并发展其组织能力于民众团体而为之领导。经本此方针，指示各下级党部切实遵照施行。

二、实施之概况 一年以来，本会依照上述之方针，对于党员训练工作，切实实施。兹分普通党部及军队特别党部两部，述其概况如左：

（1）关于普通党部者 本会为明瞭各省市下级党部党员训练工作情形，并遵照中央指示方针，予以切实之指导起见，特于二十二年召集苏、浙、皖、赣、湘、鄂、豫七省及京、沪、汉三特别市党部组织科主任来会谈话。关于党员训练工作之实施及改进意见，均有详尽之讨论与指示，并为鼓励党员精神计，特摘录总理遗教中关于党员之修养及党义纪律各要点，制为各级党部应用标语百条；以便下级党部张贴及宣传之用，俾常目存之，知所奋勉。又为训练党员对于党义之认识计，特制定党义研究纲要及党员阅读党义书籍目录，颁发各下级党部转饬党员遵照研究，按时阅读，并由各级党部随时考核。此外复颁发下列各项方案，督促各下级党部切实施行：（1）颁发以党治国的真义指导大纲——本书为坚定党员信仰，使其明瞭今后党治之意义起见，特制本大纲，陈经中央常会通过，颁发各下级党员，转饬全党同志知照。（2）颁发特种问题讨论大纲——本会为使党员认识目前政治状况起见，特先后印发各种特种问题讨论大纲，以便区分部举行讨论会时有所据，计先后颁发者，有抗日剿匪及提前召开国民大会问题数种。（3）颁发党员识字教育实施办法——本会为普及党员认字起见，特制定本办法，其内容规定各区分部不识字党员易于集合者，由区党部负责实施；其距离较远，不便集合者，由各区分部分别负责实施。其实施期间暂定四个月为最低限度。

其教师，指定党员担任，纯为义务职。课程暂以教育部编订之三民主义识字课本甲、乙、丙三种任选一种为标准，此项课本得呈请上级党部颁发。（4）拟订各种训练刊物——如指导通讯．区分部委员自省表，党员的信条，党员对党应尽之责任，国音符号简易教学法，党义测验题集，党义研究丛书等，以为训练之辅助。

（2）关于军队特别党部者　本会为欲贯彻中央训练党员之方针于军队党部起见，特先从训练军队党部工作人员入手。经规定军队特别党部工作人员轮次调回训练办法，举办军队党务人员训练班。将各军队党部工作人员轮流调回训练，现第一期早经训练完毕，第二期亦正在进行中。又以军队党员随军剿匪，驻地无定，对于国际形势，国内政情诸感隔膜；每一政治问题发生，更感难于认识，特于每月印发政治通讯二期，以为各党员思想上之指导。并印发蒋先生言论集，以为各党员精神上之指导。对于各军事学校如陆军大学及步兵、骑兵、工兵等学校，则为之规定党义政治课目及时间分配表。各学校党部则令其依据各该校实际情况及本会指示方针，拟定训练计划以利实行。并着各该党部书记长兼任训练部干事，以一事权。

（五）征求党员充实党的质量

一、方针之指示　本届三中全会决定本党组织方面应继续征求党员以充实党的质量，本会经即督促各地党部对于因政治关系未及登记之党员补行登记事宜迅行结束，俾能专力于党员之征求。同时考察各地过去征求实况，或偏重城市区域，或偏重党员数量，均未臻于妥善。为求本党基础遍植于农村及党的力量能推进社会事业，特指示左列方针，俾各地党部对于征求工作，有所率循：

（1）规定征求成份及应征人数　本会于各地党部开始征求之前，着饬根据各该地方人口及其他环境预拟应征之成份及人数候核。凡因沿积习，有造成党员集中城市及侧重知识分子之倾向者，必酌加厘正，务使所征求之党员成份以农工占多数，以青年占十之三，而应征总数则另行分别统筹。除浙江、江西、云南、贵州、青海、绥远、宁夏等地早经规定外，其陆续酌定者，为江苏、安徽、湖北、湖南、河北、南京、上海、北平诸省市各三万人；山东省四万人；河南、陕西两省各二万人；天津市二万六千人；汉口、青岛两市各一万人。至广东省及广州市则前届征求尚未结束，广西、福建二省则组织未臻健全，四川省则总登记事宜仍在进行，故暂均未予规定。

（2）尽量吸收人民团体中优秀分子　本党组织之目的，在以本身之组织，作人民团体一切组织发展之核心。凡民众团体中之本党同志，固应严密团结，而各团体中之优秀分子亦应尽量吸收。本会特于各地征求党员期间，通告各该地方党部，对于此点力加注意。至吸收方法，则应先行督促所属党员随时随地参加各种社会事业，以期与社会间之优秀分子接近；而且地方急需之事业如救灾、水利、赈济等团体事业，尤应积极从事，既以取得人民信仰，更以便利征求工作。

二、实施之概况　本上方针，本会经于本届三中全会之后将各地党部补行登记事宜，分别结束，于征求党员工作，重行开始。迄今时逾十月，其已征得之总数及指导概况略述如左：

（1）审核方案及颁发表格　本会于审核各省市党部预备党员总数及成份，务使各县各区数额之分布及成份标准力求均衡，俾与既定之方针相符。并经通告各省市党部，限制将各该省市学生、工人、农民及其他一切社会职业团体中之主要优秀分子征求入党，并制订地方优秀分子调查表，颁发各省市党部转饬填报。旋据上海、北平两市党部先后拟送征求人民团体中优秀分子入党办法，核与各该市之环境及实际情形均能适合，当分别准予备案，并饬克日实施。

（2）变通边远省区征求手续　陕、甘等省，原有党员为数甚少，组织健全之县份亦复不多，对于征求手续之严密规定，势难完全遵照履行，经迭据请求，周密考虑，酌准变通二事：（1）党员人数过少之县份，请求入党人之调查人准以预备党员充任；（2）各级党部对于审查意见须加盖印章一项，以各级党部组织全完之县份为限，但须于入党表备考栏内明白申叙。

（3）征求结果　自本届三中全会以后迄于今兹，国内各省区及铁路特别党部所征得之预备党员及在中央办理直接入党之预备党员，经本会审查合格颁发证书者，计一万二千四百五十四人，连同三中全会以前所征得之二十二万五千二百十六人，合计三十三万八千二百六十人。海外各地党部征有预备党员三千零十一人，连同三中全会以前所征得之一万二千六百四十六人，合计一万五千六百五十七人。

本会除核发预备党员证书外，更一再令饬各地党部转令所属党员，凡党费印花已贴满及因故遗失之党证均应随时呈请换发或补发，以符法令。至二十二年十二月止，综计各地党员呈请换发或补发党证者，国内各省市及铁路特别党部所属党员达十三万八千零七十三人，军队特别党部所属党员达二万二千零五十四人，海外各地党部所属党员达九千六百八十二人。

（六）剿匪工作区域指导

一、方针之指示　二十年豫、鄂、皖三省剿匪司令部成立，中央为整理匪区党务及便利剿匪军事起见，经第十三次常会决议，推剿匪总司令蒋中正同志监督指导剿匪区之党政事务。同年十一月间三省剿匪总司令部拟订豫、鄂、皖剿匪区内暂行党务整理纲要，呈经中央第四十八次常会核准备案。该纲要内容要点如下：（1）县市党部暂行改设干事一人，书记一人，负整理各该县党务之全责；但党员不满二百人之县，应联合二县以上共设一党部。（2）干事书记概就现在该地方原有职务或本有固定职业之忠实得力同志，而其生活不依赖党之给养者，从中择优充之。（3）各县干部、书记应由省党部依照总部制定县党部干事、书记训练规则，定期轮流调集训练之。（4）干事、书记概属无给职；其党部必需之费用，须力求节省，概由各该县党员自行捐输，不得再由省库、县库支给或移用地方公款，以树党员养党之模范。（5）党部门额、印章及文牍之样式，另行规定，以矫正党衙党官之恶习。除党部与党部间、或党部与党员间之相互关系外，不得以党部或党员之名义对外，尤不得以党部或党员之名义干涉地方行政或司法事务；但遇公务员有违法渎职之行为者，得搜集实据，由县党部陈报省党部转达总部或省政府查办。（6）省党部及特别市党部之经费应速筹自给自足之方法，二十二年以后，不得再由省库、市府支给。二十二年一月本会复规定豫、鄂两省实施暂行党务整理纲要办法五项，呈经中央第五十四次核定颁发，其内容如下：1．各县党部遵照总部命令办理，指定现任该地方原有职务之忠实得力同志为干事、书记各一人，其事业经费依总部令由地方筹拨。2．原任各县党部委员及工作人员并无其他职务者，调省训练，但至多不得过五百人，（鄂省不得过三百人）。所有训练经费，由该省制定预算经中央核定，函总部令省政府照拨。3．所有选举事宜，一律暂行停止。4．省党部工作人员分别调充训练所工作。5．依照各该省之需要，先从保卫合作农业经济三项（鄂省加调查一项）举行训练。二十二年八月本会以江西各地受匪祸最深，为正本清源计，更应注重社会教育，俾赤匪无所用其煽惑伎俩，已函饬该省党部切实遵办。

二、实施之概况　自中央颁发豫、鄂两省实施暂行党务整理纲要办法后，该两省党部已遵令设立工作人员训练所，养成各项专门人员，分派各县协助地方自治，恢复农村经济。施行以来，颇著成绩。现豫、鄂、皖三省各县干事书记均经各该省党部派出，原有人员均调省训练。该三省原拟另行筹办社会事业人员训练所，以经费关系，未能实现。其训练所规程已呈经中央核准备案。

江西为受匪蹂躏最烈之省，党务整理推进，尤为刻不容缓，现已实行分区指导，其办法如下：（1）分全省为七区，（2）由省执委七人每人指导一区，（3）每区设一中心县，（4）省执委必要时在中心县指导，（5）县党部职员尽量裁减。并为督促驻赣剿匪各师及独立旅特别党部工作进行起见，除颁发剿匪军队党部工作纲要，及剿匪必备一书外，复经派李崇诗同志为江西剿匪军队党务指导员，并规定其职责如下：（1）秉承中央命令随时视察各军队党部工作情形，对各党部之处理及设计事宜，得负责计划，建议中央；（2）指导并督促各党部工作进行事宜；（3）考核各党部工作人员之工作成绩；（4）参加各党部一切会议，并负指导纠正之责；（5）办理各剿匪区内与军队有关之特殊事项。业经分令各有关之军队特别党部知照。同时并通令豫、鄂、皖、湘、赣五省党部轮流赴前线工作，以励剿匪军队之士气，并实际访问民间疾苦，以便改进党务工作。

乙、党务之视察与调查

（一）党务视察　一年以来，本会对于各省市及铁路军队党部之改选改组，或有特殊事件发生时，均分别派员前往视察，随时指导。二十二年二月间因华北战事紧急，派牟震东同志赴平、津、察、晋等省市指导一切工作，并成立华北各党部联合办事处，统一工作步骤。四月间本会主任委员亲往平津各地视察，除指示各地党部之工作外，并赴各校演讲，宣传党义，指导人民组织。六月间又赴湘、鄂、赣三省视察，实地指示一切。

（二）党务及特务调查　过去一年间，本会之调查工作，仍赓续前定方法进行，兹分述之：

一、党务调查　党务调查，自本届三中全会迄今，计派员根据规定范围分赴各地从事实地调查者，有苏、鲁、川、滇、黔、晋、陕、豫、湘、赣、鄂、皖、甘、宁夏、新疆、平、津、汉，及青岛等省市，及津浦、京沪沪杭甬、武长洙〔株〕萍等路。此外，各地方党务之纠纷案件亦经派员分别调查，所有材料，均加以整理，除逐日编列党务日报外，并摘要登录，依其性质编为有系统之专册。其海外部份经于二十二年三月分函中央派遣留学英、德、法三国之学生就近调查各该地党务状况。

二、特务调查　特务调查系侦查各地反动党派之企图及活动，以期消弭于未然，或制止于事后。除由本会责成各地党部随时侦查及协助地方军警破获各地反动组织外，并抽调各地特务工作同志来京分别加以指导训练，用利进行，计年来工作结果：（1）协助军警机关破获反动案件，凡百余件。（2）反动文件之搜集，计共搜获文件一千一百七十九件，刊物七百九十一册。（3）根据是项文件及各地调查报告，编为各种有系统之丛书，计二十余种。

以上两种调查，其工作之进行，除派员实地调查外，即为通讯调查，国内外重要地方，均设有此项调查员，组织通讯网，一年来计共收到通讯报告六千余件。本会并以言文之研究，与调查工作，关系极重，由调查科指定工作同志数人专任征集国内外各种报纸刊物书籍，加以审查研究整理，以备参考，计中文报纸七百八十三种，中文刊物二百三十九种，外国文报纸及刊物各十余种。以上各项材料，除分别登记或剪贴整理外，并研究其背景与作用，其重要者，并加以编译，如各种政党组织活动之研究，国际政治之分析，以及各方对重大时事之言论，均特为摘出，编成专册，以贡中央之参考。

三、社会调查　仍本订定之社会调查纲要，详细指示调查实施之方法，通告各省市限期办理完竣，并迭次通告催促，惟各地每以特殊原因，不能切实进行，依限填报。现除青海、宁夏二省已办理完毕外，其余各省均只送呈一部份。计按照本会新颁之纲要填送者有二百二十余县市。连前此依照组织部所订纲要填送之三百余县市，合计五百余县市。以全国计，虽尚不及四分之一，然对于各地社会情形，已可窥见一斑，实属不可多得之珍贵材料。本会特就报告中特殊现象，加以整理，编订成册，以为指导党务之参考。

二十二年十月复颁发军队党部驻地社会调查纲要，饬随时填报，俾本会明瞭各驻军地域之社会情形，以为改进军队党务之依据。

丙、筹办五全大会代表选举之经过

自中央第六十四次常会决议于二十二年七月一日召开临时全国代表大会后，本会即从事筹办国内外各地方及各军队党部出席代表之选举事宜；先后拟订大会代表选举法，及初选复选选举条例，呈经中央常会核定，颁发施行，并规定各地办理选举日期，派员前往监选。嗣经中央第七十三次常会决定临时全会改为五全大会定期二十二年十一月十二日举行。各地方及军队党部已经选出之代表，即认为五全大会之代表，其未选出者，着继续办理。

计国内各地方已产生出席代表者，有南京、上海、天津、北平、青岛、江西、山东、云南、宁夏、绥远、湖南、江苏、浙江、湖北、河南、安徽、陕西、河北十八省市，津浦、京沪沪杭甬、北宁、胶济、陇海、平绥、武长株萍、平汉、正太、九路特别党部，及中央政治学校区党部。他如山西、广东，及边远各省区，则因环境关系，尚未办理选举。据海外各党部先后呈报选出代表者，有驻古巴、檀香山、缅甸、安南、菲律宾、暹罗、印度、澳洲、荷属南非洲、驻法等总支部，及驻伦敦、利物浦、秘鲁、马达格斯加、河内、海防、帝文、朝鲜、长崎、高棉、森美兰、雪兰峨、槟榔屿、北婆罗洲、德国、智利、巴拿马、巴西等直属支部。其未选出者，有驻加拿大、美国、墨西哥等总支部，及驻模里斯、大溪地、东京、横滨、仙台、神户、新加坡、柔佛、马六甲、霹雳、吉打、香港、澳门等直属支部。至军队党部代表之选举，仍照三、四届代表大会成例，由本会规定出席代表名额，提出候选人，呈奉中央常会通过，发交各军队党部于候选人中选举之。全国军队党部，共为一百十六，此次已选出代表者，有九十三党部，其余尚未办理。

二十二年九月，中央第九十次常会复有五全大会展期于二十三年十一月十二日举行之决议，国内各地方各军队之未选出代表者，尚待继续办理；至海外各地，距京辽远，且各党部选出之代表已有先期回国者十余人，大会既经展期，自应设法安置，爰由本会拟订海外党部选举代表已办或未办事宜，及选出回国来京各代表之安置办法，提经中央第九十三次常会通过，现来京各代表除有特别情形者外，已陆续遄返原属党部矣。

丁、党员之统计

党员数量及质量之统计，除死亡、迁徙、更名、除籍等项，均按期分别登记外，去年更新订党员移转月报表，逐级转发各区分部，令饬按月将党员移转情形依式填报，径呈本会稽考。另发党员调查表限期填报呈核，俾明各地党员之分布情况。同时复制有党员职业统计表格分令按月填报，籍明各个党员之职业经验，兹分别数量与质量二者，列举如左：

（一）数量方面　各省市党部自中央颁布因政治关系未及登记之党员补行登记办法后，自二十一年五月起，先后举办登记者，计有南京、上海、汉口、青岛、北平等市，及山东、安徽、福建、河南、湖北、湖南、绥远、浙江、江苏、河北、江西、宁夏、贵州、广东、云南等省。共缴有补行登记表一万三千九百七十二份，经本会复审与规定相符者，计四千四百五十九人，不合规定者三千九百七十八人，手续不完者五千五百三十五人。至海外各地党部举办补行登记之结果，经本会复核合格之党员，计五百三十三人。

自三次全会以后，截至去年十一月止，在中央直接入党同时免除预备党员程序者八百四十六人，由预备党员呈准免除预备党员程序者三百七十五人，两计一千二百二十一人。军队特别党部所属党员，经核准免除预备党员程序者三千七百二十四人。海外党部所属党员，经核准免除预备党员程序者一百三十六人。

依照总章第二条之规定，各省市党部及铁路特别党部所属预备党员训练期满，考核合格晋为党员者，计一万一千五百二十六人，军队特别党部所属预备党员训练期满晋为党员者，计九千九百九十八人，海外各地党部所属预备党员训练期满晋为党员者，计一千九百六十八人，综计上述三项所增加之党员总数为三万三千五百六十五人，若合并原有党员计之，则本党最近所属党员总数为八十四万七千六百十人，计隶属各省市及铁路特别党部者三十一万二千二百二十二人，隶属军队特别党部者四十四万六千零五人，隶属海外党部者八万八千七百七十三人。又预备党员总数为四十二万四千一百七十六人，计隶属各省市及铁路特别党部者八万八百零五人，隶属军队特别党部者三十三万八千二百六十人，隶属海外党部者一万五千六百五十七人。

（二）质量方面　统计国内各省市及铁路特别党部所属全体党员，男性占党员总数百分之九六．五七；女性占百分之三．四三；党员年龄在十九岁以下者占总数百分之一一．一；二十岁至二十九岁者占百分之四五．〇三；三十岁至三十九岁者占百分之二六．一六；四十岁至四十九岁者占百分之一二．四八；五十岁至五十九岁者占百分之四．二四；六十岁以上者占百分之〇．九五；填报不明者占百分之〇．〇五。党员中未受教育者计占总数百分之七．五；受家庭教育者占百分之一四．一二；科举出身者占百分之〇．一二；受小学教育者占百分之二〇．九四；受中学教育者占百分之一九．四一；受师范教育者占百分之一〇．九八；受专门教育者占百分之五．五七；受大学教育者占百分之六．

四；曾留学外国者占百分之〇．八二；受特种教育如党务军警等学术者占百分之六．九六；填报不明者占百分之七．一八，其间学有专长与仅具普通智识者之比约为一与二。类能本其所学服务社会，失业者仅百分一，但其经济状况，则家境丰裕者仅得百分之六．六，其入不敷出者逭及百分之二六．三五。

海外各地党部所属党员，男性占党员总数百分之九八．一二；女性占百分之一．八八。年龄在十九岁以下者占总数百分之二．八九；二十岁至二十九岁者占百分之二六．三七；三十岁至三十九岁者占百分之三三．七七；四十岁至四十九岁者占百分之二四；五十岁至五十九岁者占百分之一〇．二四；六十岁以上者占百分之二．五一；填报不明者占百分之〇．二二。党员中未受教育者计占总数百分之六．一七；受家庭教育者占百分之五五．六九；科举出身者占百分之〇．〇二；受小学教育者占百分之一八．七；受中学教育者占百分之二．一四；受师范教育者占百分之〇．四；受专门教育者占百分之〇．三；受大学教育者占百分之〇．二六；曾留学者占百分之〇．二；受特种教育者占百分之一．四；填报不明者占百分之一四．七二；其间学有专长与仅具普通智识者之比若一与三，失业者不足百分之一，至其经济状况则家境丰裕者仅百分之四．〇五，入不敷出者计百分之八．六三。

最近根据调查结果，统计南京、浙江、河北、江西等地党员职业分配状况，则南京市所属党员从事农林渔牧矿业者占百分之〇．一八，工业者占百分之〇．六三，商业者占百分之二．四九，服务各机关者占百分之五一．八八，自由职业者占百分之一．七六，其他职业占百分之〇．〇四，无职业者如学生等占百分之一七．四，失业者占百分之五．〇七，填报不明者占百分之二〇．五。浙江省所属党员从事农林渔牧矿业者占百分之一七．七九，工业者占百分之二．六三，商业者占百分之一五．二一，服务各机关者占百分之一七．〇六，致力教育文艺及艺术者占百分之三二．四一，自由职业者占百分之〇．九一，其他职业者占百分之八．二四，无职业者占百分之五．七五。河北省所属党员从事农林渔牧矿业者占百分之二〇．九六，工业者占百分之一．二三，商业者占百分之五．二，服务各机关者占百分之一五．七七，致力教育文艺及艺术者占百分之三一．八三，自由职业者占百分之三．三四，其他职业者占百分之一．七三，无职业者占百分之五．九五，失业者占百分之四．三六，填报不明者占百分之九．六三。江西省所属党员从事农林渔牧矿业者占百分之六．五二，工业者占百分之三．三六，商业者占百分之一五．五，交通业者占百分之〇．八九，服务各机关者占百分之二三．七二，致力教育文艺及艺术者占百分之二四．七九，自由职业者占百分之二．七四，其他职业者占百分之四．七二，无职业者占百分之七．〇五，失业者占百分之五．一，填报不明者占百分之七．六一。其他各省市则因填报未完，致尚不能加以统计。

戊、国内外党务概况

（一）国内党部

各省市党部之已正式成立者，有：南京、上海、广州、江苏、浙江、广东、广西、湖北、湖南、山西、山东、河北、绥远、江西等省市。

各铁路及直属党部之已正式成立者，有：京沪沪杭甬路、津浦路、平汉路、武长株萍路、陇海路、中央政治学校、直属汉阳兵工火药厂、直属江宁县党部等。其在整理中者，为：平绥路、胶济路、北宁路。新成立筹备委员会者，有：正太路、及海员特别党部。

各省市党部现在整理中者，有：北平、汉口、天津、青岛、安徽、甘肃等省市。

各省党部向未正式成立现尚在指导期间者，有：河南、云南、福建、贵州、陕西、新疆、察哈尔等省。

各省现为特派员办事处者，有：四川、热河、宁夏、青海、西康等省。

此外辽宁、吉林、黑龙江及哈尔滨等省市，现合并成立东北党务办事处于北平。兹将各地下级党部工作实况分述于后，以资参阅。

（1）成立正式党部者

南京市　该市于二十一年九月举行党员直接选举，产生第四届执监委员，于十月初宣誓就职。推定常委，经中央第四五次常会备案。十一月经中央指定试办改善下级党部组织及活动方式实施方案，该市遵照办理。关于组织之改善，现已次第完成，至活动方式之改善，则尚未见成效。二十二年二月举行第三次全市代表大会，讨论党务方针进行事宜。并遵行国难期间临时工作纲要。同时举行党员总调查，办理征求预备党员，按照指导通讯分配各党员中心工作，增设民众学校。最近复举行剿赤、国货各种宣传，识字运动，党义演讲比赛，及市民大会申讨闽逆。

上海市　该市于二十一年九月，召开第八次代表大会，选出执监委员，十月宣誓就职。旋拟定本届工作实施方案。关于推进全市党务及社会事业颇著成效。征求预备党员已达二千余人，对于预备党员之训练及考核，尚能认真办理。其一年来重要工作为：指导党员参加地方自治，每月视察并考核各区分部工作，举行党员党义测验，创办民众学校、平民夜校、劳工医院多所，及举行党政军联席会议，应付国难期间临时抗日工作，对于防制反动份子之活动，尤著成效。

广州市　该市第五届执监委员于二十一年五月选出，呈报就职，经中央三十三次常会准予备案。该市执委会工作报告及会议纪录，尚能陆续呈送。

江苏省　该省于二十一年十二月召开全省代表大会，时该省执监委员因意见纠纷，经中央令饬暂停工作，由中央派筹备员三人，前往办理选举。第三届执行委员候选人及监察委员，二十二年一月间经中央分别考选圈定备案，于二月六日开始工作。关于改善县以下组织及活动方式一案，该省亦为指定试办省区之一，已拟定实施办法，择定镇江等十三县为实施区域。又以各县党员党籍混乱，足为改善组织之阻碍，乃于四月间清理各县党员党籍，重行划分下级党区。至于推行上项社会事业之工作，该省执委会成立时，本会即饬成立各项事业委员会，并指定该会执委及候补执委为各该委员会正副主任，本分工合作之旨，积极推进。各委员会均已分别成立，并经订定工作计划及实施方案，该省原未征求预备党员，现已开始办理。各县党务时起纠纷，去年十月经中央令饬停止各县选举三个月，从事整饬。

浙江省　该省第五届执监委员会于二十一年十一月间开始工作，拟定二十二年度工作计划，一切工作，均能按规定程序切实进行。关于改善县市以下组织及活动方式一案，该省亦系指定试办省区之一，已择定杭县等二十一县为实施区域。各该县已着手进行。关于国难期间临时工作，如指导救国团体，计划抗日事宜，募购飞机及抵制日货，均甚努力。此外，如指导各县办理民众学校，协助进行农村合作事业，亦有成效。对于训练考核预备党员，更能切实办理。

河北省　该省于二十一年八月举行第四次全省代表大会，选出执监委员，经中央三十七次常会备案。执监委员会成立后，由中央颁发该省党务工作实施纲要，规定各项社会事业推进办法。徒以施行未久，受华北军事之影响，致未能循序进行。二十二年该会拟具征求预备党员计划，呈经中央核准，现各县仍在征求中。当华北军事紧张时，该会为领导民众从事抗日工作起见，参加华北各党部联合办事处，组织人民自卫指导委员会。关于前方救护慰劳，以及协助地方军政当局，维持后方秩序等工作，皆能积极进行。

山西省　该省党部自二十年十二月突被暴力捣毁，发生纠纷，致全省党务，均陷停顿后，中央明令恢复工作，该省执委相继于去年二月间返晋，惟以反动份子多方阻挠，省府未加制止，经费亦无着落，党务工作依然停顿。同年九月执委梁贤达复被暴徒殴伤，该会因在太原不能行使职权，现已迁移北平办公。

湖南省　该省第三届执监委员任期业于二十一年十月届满，二十二年六月经中央核准，于七月二十日召开该省第四次全省代表大会，嗣以内部意见未尽一致，延未举行。十一月复经中央核定本年二月一日举行，并派员前往协助办理选举事宜。该省下级组织尚称健全，对于推行地方自治，办理人民自卫组织，及社会教育诸工作，尚有成绩。

湖北省　该省执委会于二十年十二月成立。二十二年二月该会依据三省剿匪区内党务暂行整理纲要，及中央五十四次常会备案之豫鄂两省实施暂行党务整理纲要，将县以下各级党部一律先后改派干事书记。为整理下级组织计，并办理全省党员总报到。继由全体执监委员轮赴各县视察，并以办理社会教育为中心工作。

江西省　该省党务于二十二年五月整理完毕，办理选举，成立正式党部。执监委员会随即开始工作，以该省匪情较重，经中央颁发工作纲要，由该会执行委员分区指导党务。其重要工作为：协助剿匪，办理社会教育，及协助地方政府修筑公路等事。至各县党部则已停止活动，改派干事助理各一人，处理日常事务。

绥远省　该省原定二十一年十一月召集第二次全省代表大会，选举执监委员，嗣以国难发生，中央令其暂缓举行，仍由第一届执委会负全省党务之责。该会拟订下级党部国难期间临时工作纲要，暨该省各县党部委员轮流指导区分党部委员工作要点，先后施行，尚有成效。其他如筹备组织推进盟旗党务委员会，办理各县改选事宜，征求预备党员，调查统计各民众团体之情况等工作均颇努力。下级党部组织亦尚健全。

山东省　该省于二十二年一月一日举行第二次全省代表大会，产生执监委员，经中央五十四次常会备案。六月该会拟具各级党部工作实施纲领，呈经中央核准，分期施行。该会一年来重要工作为：推进各项社会事业；领导各级民众团体，从事御侮自卫；及征求预备党员。惟各县党部工作松懈，除书面报告尚能按期呈送外，别无显著成绩。

广东省　二十一年三月一日该省开全省代表大会，选出第五届执监委员，经中央十七次常会备案。该省执监委员会工作报告及会议纪录尚能按期呈送。

广西省　该省第四届执监委员于二十一年十二月选出就职，经中央七十七次常会议决暂准予备案。各项工作未据报告。

京沪沪杭甬路　该路党部执委会于二十一年十二月第三届任期届满，由党员直接选出陈承栻等为执监委员。一年来重要工作为办理工人子弟学校及补习学校，征求党员，成立航空筹款委员会及节约运动委员会等工作，颇著成效。下级党部尚属健全。

津浦路　该路党部于二十一年六月选出陈文彬等为第二届执监委员。一年来除依照国难时期工作纲要进行慰劳捐款等工作外，并组织职工教育委员会、津浦通讯社、图书馆、及国术团、消费合作社等，工作颇为努力。

平汉路　被〔该〕路党部于二十一年七月直接选出刘文松等为第一届执监委员。一年来工作除征求预备党员、成立国民空军创立会，及节约运动会外，并办理工人学校，颇著成效。下级党部亦颇健全。

陇海路　该路党部于二十一年五月直接选出黄学周等为执监委员。其一年来工作，除征求党员，侦查反动外，并办理工人教育及消费合作，领导工会，均颇著成效。

武长株萍路　该路经中央派员筹备，于二十一年五月举行第一届执监委员选举，当选出田昆生等，成立正式执监委员会。该会每三月呈送工作计划一次，尚能陆续呈送。但因工会份子复杂，不受党部领导，致时起纠纷，工作无法推进。

江宁自治实验县党部　江宁县自经江苏省规定为自治实验县后，中央为增加工作效率起见，于第六十九次常会决议，将该县党部改隶中央，自二十二年七月一日起划归中央直接指导。本会当即颁发该县党务工作进行纲要，并推定李委员敬斋指导该县工作。又据该县执委会拟具推行社会教育实施计划，经予核准，刻在实施中。该县组织有社会教育设计委员会，计划全县社会教育之推广，又以该县党员数量太少，且分布不均，经拟具征求预备党员计划呈准中央开始征求预备党员。所属区党部及区分部于二十二年十月间任期届满，经该会先后派员指导，改选完竣。

中央政治学校直属区党部　该部于二十一年十二月改选第四届执监委员，一年来举行全区党员大会三次，党员演讲竞赛大会一次，又捐款慰劳前方将士及购置飞机。对于训练并考核预备党员，颇为认真。所属区分部因党员皆在校内，集会较易，故各项会议，均能按期举行。

直属汉阳兵工火药厂区党部　该部原属湖北省党部，二十二年八月改归中央直属。关于整理各区分部，办理工人子弟教育颇有成绩。去年十二月召开该区代表大会，改选执监委员已据呈报核准备案矣。

（２）尚在指导期间者

河南省　该省自二十二年二月起遵照三省剿匪区内党务暂行整理纲要，及中央五十四次常会备案之豫鄂两省实施暂行党务整理纲要办理。各县党部一律改派干事书记。其重要工作为：推进社会事业，办理地方团警政治人员训练，及协助剿匪，均能努力进行。该省原拟于二十二年五、六月间召集全省代表大会，选举执监委员，成立正式省党部；嗣因全国代表大会闭会期近，中央令饬稍缓办理。

陕西省　该省指委会自开始后拟订工作计划大纲，实施以来，尚未见若何效果。因该省党员党籍混乱，故各级党部组织未臻健全，现正督促清厘全省党员党籍，以巩固该省下层基础。一年来该省对于防制反动工作，甚著成效。

福建省　该省党务，历经派员指导，成效鲜著。二十二年二月以来，全省党务益多纠纷，内部问题尚未解决。前经中央将各指委调回，另派蒋光鼐等开全省代表大会。闽变发生后，蒋光鼐以附逆撤职，经中央一〇二次常会决议，推林森等七委员为该省党务审核委员，凡关于该省组织、宣传、民运等党务，经审核委员会审核执行。

云南省　该省党务指导委员会于十九年三月成立，去年内该省组织工作颇有进展，边远重要县分党务，已能逐渐推进，如盐津、开远、镇雄、绥江、罗次等县及威信、麻栗坡等行政特区均已相继设立党部，办理党务。该省党员稀少，散处乡村者，施行通讯训练，尚能因地制宜。并办党务工作练习生一班，以造就推进边疆党务人材。倘能继续努力，边疆党务可望发展。

贵州省　该省党务指导委员会于二十一年十月成立，党务进行较为迟滞，下级党部组织亦未臻健全。

新疆省　该省原派有特派员主持党务，经中央第六十次常会决议，改为党务指导委员会。因交通阻滞，各委员多未能到省工作。工作情形，未据呈报。

察哈尔省　该省原为特派员办事处，二十二年四月奉命改为党务指导委员会。该会曾拟具国难时期党务临时工作计划大纲，惜施行未久，突遭政变，党部竟被封闭，党务完全停顿，负责人员均先后离察赴平。旋在平成立通讯处，办理一切通讯调查等事宜。至八月察事解决，该省始恢复工作。省指委高惜冰等四人先后去职，中央于九十三次常会决议，以秦德纯等四人补充。现已到会开始工作矣。

（3）尚在整理期间者

北平市 该市自二十一年九月中央改派整理委员后，即拟订暂行工作实施纲要，按序施行，颇有进展。去年十一月本会颁发该市四个月工作纲要，促进该市党务。关于指导地方自治工作，该会依照中央颁布工作纲领，拟具实施计划，分别指导，颇著成效。其他重要工作为：依照中央颁布人民团体中党员组织通则，成立该市各学校党员干事会；改选成立各区分党部；组织人民自卫指导委员会，征求优秀份子入党，办理党员识字训练，并拟订秘密工作计划，应付临时抗日及肃反工作。

天津市 该市于十九年十二月经中央一一七次常会委派钱家栋等九人为该市党务整理委员。二十二年拟选举执监委员，成立正式党部，嗣因华北抗日军事紧张，未便举行。该会曾拟订推进下级党部工作计划，民运工作计划，宣传工作大纲。去年十一月本会颁发该市四个月工作纲要促进该市党务，逐项进行，尚有成绩。该会一年来重要工作为：改选各区分党部；每区党部举办民众学校一处或二、三处；各级工会，创办工人子弟学校多所；征求预备党员，并拟定指导地方自治工作计划；及非常时期工作纲领等。

汉口市 该市于二十二年一月经中央核准党员直接选举执监委员，因选举发生纠纷，经中央五十八次常会议决，将该市选举宣布无效。另派李范一等五同志为整理委员，于三月二十七日开始工作。关于工作计划，除由本会颁发该市党务工作整理纲要外，该市并呈送党务整理方案，经予修正，按序施行，已先后将区分部区党部改选完竣。本会于二十二年九月间函饬征求预备党员一万人，该市即遵拟征求预备党员计划，现正在进行中。此外对于抗日剿匪、筹设民众学校及民众阅报社等工作，皆颇努力。并以节余经费设置武汉大学奖学金，提倡文化运动，推进社会事业，均有实际表现，十月举行全市组训会议讨论案件颇多。下级党部组织渐臻完密。

青岛市　该市第一届执监委员于二十年七月选出，二十一年一月日本侨民焚毁该部，市政府停发经费，工作停顿四阅月，后经中央指示方针，继续秘密工作，然以各委员工作毫无表现，二十二年经中央决议将该市执监委员一律撤职，改派刘志平等五人为该市党务整理委员，于五月间开始工作。随即呈送整理纲要，清理党籍，划分党区。组织工作，尚能照计划进行。现区分部皆已成立。对于办理民众学校及图书馆，均甚努力。惟民众运动政府尚以外交关系未肯划归党部指导，征求预备党员正在计划办理中。

安徽省　二十二年二月中央派整理委员七人成立该省党务整理委员会，一切工作计划均遵照三省剿匪区内党务暂行整理纲要，及中央颁发之皖省党务工作指导要点办理。该会业将该省分为七区，每委员指导一区，以社会教育保甲运动为中心工作。该省各县党部情形复杂，时有纠纷，自停止活动改派干事书记后，稍为安定。一切工作不易推进。党员党籍，亦甚紊乱。现正在办理总调查，俾短期中，厘定全省党员党籍。

甘肃省　十九年十二月中央第一百二十次常会决议，派田昆山等七人为该省党务整理委员，成立甘肃省党务整理委员会。该会曾先后呈送各县市工作方案，及该省党务划区工作方案，均饬切实施行。至一年来重要工作为：督促各主要县整理各附属县党务，征求预备党员，及令各县党部，联合当地各界组织防共委员会。

平绥路　该路党务于二十年由中央派员筹备，二十一年十月选出执监委员加倍人数，经中央圈定曾广瓤等为执监委员，成立正式党部。旋因纠纷，中央另派陈宗周等为整理委员。二十二年八月该会呈报各科工作计划大纲，经中央修正备案，对于整理各下级党部，已略有成效。自华北局势紧张，该会遵中央颁发之国难期间各级党部工作纲要进行，颇有成绩。去年方振武于绥远叛变，该会领导民众，参加讨逆，并协助军运，极为努力。

胶济路　该路原属山东省党部，省党部委派该路党务整理委员。二十一年九月中央决议改隶中央，各整委仍旧。惟以该会工作松懈，于二十二年八月令该会拟具详细工作计划送核，迄尚未据呈报。下级党部，工作亦不紧张。

（4）设有特派员办事处者

四川省　二十二年二月中央第六十次常会决议派曾扩情为该省党务特派员，同年四月成立四川省党务特派员办事处于重庆。中央第六十次常会通过四川省党务临时整理办法。该办事处亦先后呈送整理川省党务计划大纲，该处工作实施方案，及剿匪期中各县市指委会工作纲要，均经令饬切实推行。半年来重要工作为：解决各县前指委会及前整委会间之纠纷，清理全省党员之党籍并分区派员视察。

西康省　该省特派员办事处于二十年四月经中央常会决议委派格桑泽仁为特派员，成立办处事〔事处〕于巴安。二十二年五月奉令迁移康定办公。旋经中央决议，该省党务缓办，格桑泽仁亦于是时辞职照准。

青海省　二十年一月中央委派该省党务特派员三人，成立办事处，筹备各县党务，曾拟具国难期间党务视察纲要，及推进玉树党务与各县党务巡回宣传视察队等计划，均因经费困难，收效甚微。其他重要工作为：筹设西宁县党部，整理各县社会调查，及征求预备党员。下级党部组织未臻健全。

宁夏省　二十年一月中央委派该省特派员五人，成立党务特派员办事处。拟有省特派员分区视察办法，蒙古党务政治工作人员训练所章程及实施计划，均因经费困难，尚未举行。该处一年来重要工作为：分调各县党部筹备委员来省，面示各级党部严密组织方法；组织宣传队，宣传暴日侵略之情形；征求预备党员；及拟制各县党部筹备委员会工作报告要点等。下级党部组织未臻健全。

热河省　自承德失陷后，该省指导委员即移北平办公。中央以该会数年来，工作毫无成绩，遂于二十二年五月第六十九次会议决议，将该省党务指导委员会撤销，派谭文彬为热河省党务特派员，准在北平成立办事处，于六月开始工作。半年来先后派员往热省境内组织各区特派员联合通讯处，调查附逆党员及义勇军抗日情形，调查日伪在热实力及其军事布置，调查热河伪省县政府之组织及政区之划分。此外并准备在平征求热籍优秀分子为预备党员。

北宁路　该路特别党部自成立以来，工作废弛，纠纷迭起，全体执监委员指导无方，现经中央一律撤〔撤〕职，另派天津特别市党务整理委员童耀华兼任该路党务特派员切实整理，已据呈报成立办事处开始工作，并由本会颁发工作纲要督促施行。

东北党务办事处　九一八事变后，辽吉黑三省相继沦陷，党务进行，极感困难。二十二年二月中央第五十七次常会决议，将辽吉黑三省及哈尔滨市党部合并组东北党务办事处，办理各该省市党务；并分别指定各该省市指导委员主持该处日常事务。三月间成立办事处于北平。先后呈送第一期工作计划，组设各地通讯处办法大纲，及调查东北旅平同志及学生工作计划等件，均经复准备案，施行以来，尚著成效。其他如：设立北宁、南满等线通讯处，搜集各地情报，调查东北义军民团，及居住平津之东北同志行踪志趣及其活动情形等，皆为该处一年来之重要工作。

（5）尚在筹备期间者

正太路　该路于二十一年八月由中央委派郭树栋等五人为筹

备委员，十一月正式开始办公，除办理党员报到，成立下级党部外，其他工作无甚表现。

海员特别党部　二十一年十月中央派杨虎等五人为筹备委员，十一月成立筹备委员会，该会于二十二年八月拟定工作计划，着重于派员分赴各地，筹备成立各下级党部，现已略有成效，如上海、汉口、青岛等处，已成立区分部。该会一年来工作，着重调查党员，成立下级党部，卒因海员生活流动关系，进行极慢，现正从事征求预备党员。

（二）蒙藏党务

三中全会后，本会对蒙藏党务，仍本前此既定之目标，积极推进。关于工作方针，除前定“训练工作人员”、“党务工作侧重教育事业”，及“接邻蒙藏之各省党部应注意蒙藏党务”诸项外，更注意优秀份子之吸收，通饬与蒙藏有关系之各省党部推进各盟旗党务时，对所属盟旗各界人才及青年学生，应在可能范围内，尽量吸收加入本党，以求党务教育及各种社会事业之普遍发展。准上述原则，订定各种方案，其已施行者，有“热、察、绥、宁盟旗党务指导方案”，“征求蒙藏预备党员实施办法”等案；已拟定者，有“蒙古党务工作人员选送中央训练办法”，“推进蒙古及西藏党务工作计划大纲”，“国难期间蒙古党员工作方案”，“蒙藏社会调查纲要”，“组委会派员会同有盟旗各省征求蒙古预备党员计划”等案。凡此皆本会对蒙藏党务工作之策划也。

至于实施方面：就有关系之各省言，如热河及东蒙各盟旗因在特殊情势之下，除秘密工作外，难有显著之设施；如察哈尔则已订定“介绍盟旗党员临时办法”及“入党介绍证”，并经呈准中央积极进行；如绥远则已成立“推进盟旗党务委员会”，负推进之专责；如宁夏则现正筹办“蒙古党政人员训练所”，其计划章程已呈经中央备案；如青海则已在省垣设立蒙藏招待处，以联络蒙藏感情、宣传党义为职志。且察、绥、宁、青诸省均在积极征求蒙古预备党员，并设法联络团结旧有同志，及进行调查、宣传等必要工作。凡此种种，皆接邻蒙藏诸省遵照本会既定之方针，对于蒙藏党务推进之概要也。

就蒙藏当地言：在蒙古因环境特殊，党务实施仅限于内蒙古各盟旗部落。十四年春曾正式成立内蒙党部，经数年之努力奋斗，一般智识阶级及优秀份子大半均加入本党，民众对党之认识亦尚深切。故目下工作，侧重于一切计划之实现，尤重在团结与训练旧有党员，同时积极吸收新份子，以期巩固并扩张本党在内蒙之基础与势力。在西藏则因地处浓厚的宗教势力支配之下，民众对本党主义尚未能明瞭，一切工作现只注重准备方面，同时采因势利导循序渐进之方法，积极督促与该地接壤及有藏民居住之省份，如青海、西康等省党部，使之特别注重对藏民之联络，及宣传调查等初步工作，为今后入手实施之准备，各省亦均能遵照施行。

（三）海外党部

自九·一八事变后，海外各党部每移其主要工作于抗日筹款，毅力热忱，颇著成绩；惟以中央经济困难，停发海外各党部津贴，而海外党员复因世界经济普遍衰落影响，失业者众，致党费拮据，党务进行，不无阻碍。其有受当地政府之压迫者，工作进展，更觉困难。本会参酌上述情形，分别拟具各地党务工作推进计划及分别指导通讯，用资推进。兹就海外各党部组织状况及工作情形，概述如下：

驻美洲党部　美洲党部包括美国、加拿大、墨西哥、古巴四总支部，秘鲁、智利、巴拿马、巴西四直属支部。美国总支部计辖美西、美中、美东三支部，尼国直属分部，掘地孖罅直属分部，尼国衣世地利直属区分部，蓝田直属通讯处。该地同志对于国事，向极热心。惟近年以来，因环境恶劣，异派纷乘，遇机生事，谬为反动宣传，致使一部份不明国内实际情形者，往往对中央施政方针，有所误会。且该总支部自民国十五年一度发生纠纷以后，曾有一部分同志自行组织“屋仑总支部”，本会为力谋该地同志精诚团结，复以二十二年三月底中央决议召开临全大会，深恐该地同志不能合作致影响临全大会代表之选举，当饬驻美国总支部分别筹备选举出席临全大会代表及改选总支部执监委员，并会同屋仑朱贯日等共商进行。其朱贯日等于十七年总登记时，未经登记，应照补行登记手续补缴表格。复因陈委员庆云赴美，托其便道调查该地党务实际情形。旋复函知意见仍未捐除，一时未易合作。嗣该总支部请准中央于去年九月二十四日至二十九日召开第六次代表大会改选委员，但一切会议经过详细情形，迄未陈报，故尚未准予备案。加拿大总支部计辖加西、加中、加东三支部，所属分部六十七处，总支部于去年二月二十一日举行第六次代表大会，但近以受世界经济衰落影响，市役汗妈力等处分部，已无形停顿。各支部亦多感经费无着，维持困难。古巴总支部计辖支部三处，分部二十二处，该部前曾有一部分党员因受政治影响，延未登记，另行组织正义俱乐部；九·一八事变以后，双方同志力谋团结，经中央于前年九月间委派罗安等十三人为该部第七次代表大会筹备委员，并办理补行登记事宜。代表大会于前年十二月十二日开幕，并改选执监委员。其关于补行登记者，亦达三百四十五人。该部除日常工作外，尚能领导当地华侨，努力于抗日等爱国运动，及努力对外宣传。第八次代表大会已定于二十二年十二月四日举行。墨西哥总支部计辖顺省、申老亚、下加宽省、墨京祺省、参省、芝省等六支部，及尼利打、莱苑两直属分部。所属分部凡三十七处。该地华侨因于前年突遭土人排斥，间关过美而回国者，已十余批。尤以顺省及申老亚省一带华侨受害为最烈，以致该两支部之党务进行，无形停顿。惟其他各支部，尚能努力于抗日等爱国运动。又该总支部以经济关系，未能召集代表大会，曾于去年四月间呈请准予通讯选举，产生执监委员。嗣以各种手续，多有未合，经函饬现任执监两委员会暂时负责处理日常事务，再定整理办法。秘鲁直属支部计辖分部十六处，直属区分部三处，去年十月十日召开第七次代表大会，经过情形，尚未据报。智利直属支部计辖分部四处，直属区分部二处。巴拿马直属支部计辖分部五处，直属区分部三处。以上两直属支部原属美国总支部管辖，前年始改隶中央，颇有勃兴气象。二十二年二月间经分别召集代表大会，改选执监委员。而巴拿马直属支部，尤能努力对外宣传，及与当地政府重要人员切实联络。巴西直属支部亦原属美国总支部管辖，去年四月间始令其改隶中央，并以苏利南分部划归该支部管辖，经于十一月间召开代表大会，惟大会经过情形，以道途遥远，现尚未据报告到会。

驻南洋荷属及帝文党部　荷属总支部，辖原支部十九，直属分部十九，分部一百三十七，直属区分部三十，党员二万余人，实为海外党务最发达之地方。惟年来因受经济衰落影响，同志失业者众，以致各级党部经费极感拮据，党务进行颇受阻碍，现该部业经陈准定于去年十二月五日召开第四次代表大会，改选执监委员。帝文直属支部辖分部七处，组织尚称健全，工作亦属努力，所属各侨团，均能受其领导，现定于本年一月二日召开第六次代表大会，并改选执监委。

驻日及朝鲜党部　日本有直属支部五，曰驻东京直属支部，所属分部八，直属通讯处二；曰驻神户直属支部，所属分部十二，直属通讯处一；曰驻长崎直属支部，所属分部三，直属区分部一，直属通讯处五；曰驻横滨直属支部，所属分部三；曰驻仙台直属支部，所属分部三。而朝鲜直属支部则辖有分部九，直属区分部三，直属通讯处三。查驻日各地党部自九·一八事变以来，均遭当地警察严重监视，同志亦多被迫返国，以致党务进行极感困难。近数月来情势已稍觉和缓，工作亦渐次恢复，关于东京党务整理，行将就绪，即将选举执监委员。而横滨、仙台、神户三支部，亦经先后于二十二年二月十二日，六月五日，六月十日，用通讯选举法改选执监委员，均经中央备案。至朝鲜党务虽亦时受监视，然较日本为宽，各同志亦极努力奋斗，颇能应付困难，经于二十二年三月十二日召开第四次代表大会选举第四届执监委员。

驻越南党部　越南党务，包括安南总支部，及高棉、河内、海防三直属支部而言。安南总支都〔部〕辖有支部十，分部四十三，直属分部一。高棉直属支部辖有分部十八，直属区分部一。河内直属支部辖有分部九。海防直属支部辖有分部十一，直属区分部一。各该党部所在地，虽同在法人统治与监视之下，惟尚有殖民地与保护地之分，故党的活动，亦因之而异。自不景气之现象弥漫举世，该地失业党员，为数甚巨。党部方面遂因经费拮据，对于工作进行颇感艰困，但多仍努力奋斗，以谋展进。安南总支部，经于二十二年五月二十三日召集第四次代表大会，选出第四届执监委员。高棉直属支部，经于二十二年二月二十日召集第二次代表大会，选出第三届执监委员。河内直属支部，已于去年十一月十日举行第五次代表大会，选举结果尚未据报。海防直属支部，则因困难情形特多，当饬依照投票通讯选举规程，定期改选下届执监委员。

驻南洋英属党部　南洋英属党务，向由南洋英属总支部办理。自遭解散后，中央乃于二十年五月间，分令组织新加坡、马六甲、槟榔屿、北婆罗洲、吉打邦、霹雳邦、雪兰莪邦、内基森美兰邦、柔佛邦等九直属支部。吉打邦支部辖有吉礁等八分部，雪兰莪邦支部辖有分部十八处，内基森美兰邦辖有分部十一处，北婆罗洲支部辖有山打根等五分部，及纳闽直属区分部，柔佛邦支部辖有分部十四处，均已组织成立。新加坡支部辖有分部九处，槟榔屿支部辖有分部十五处，与马六甲、霹雳两直属支部，俱在筹备中。该属党务，向得公开办理。二十年四月间，中英换文有所未谨，该地政府复修改社团法例，致该地党务，遭受重大打击，几于无法进行。所幸该地同志，尚能于恶劣环境中，努力奋斗，藉办理学校、阅书报社、及俱乐部等机关为掩护，勉强维持，甚属非易。二十一年雪兰莪俱乐部曾被封闭，雪兰莪邦及吉打邦两直属支部委员，曾被逮入狱，驱逐出境。近来雪兰莪邦党务，经由中央委派临时执监委员处理常务，并于二十二年十月十日召集第三次代表大会；吉打邦党务，由中央指定被驱逐回国之同志为驻京通讯员，负一切通讯责任。驻北婆罗洲直属支部于二十二年三月五日，举行通讯选举，改选执监委员。驻内基森美兰邦直属支部于二十二年五月五日，召开第二次代表大会，改选第二届执监委员，经呈准中央备案。新加坡、马六甲两直属支部筹备委员中有少数辞职，经另派员补充。大致该地党部工作，多注重教育及慈善事业，故办理抗日宣传及捐助饷械各事项，亦均以慈善事业为掩护。现本会已拟定种种改善通讯方法，以求该属党务推进顺利。

驻菲律宾檀香山党部　菲律宾总支部计辖有吕宋、宿务、怡朗、三宝颜、纳卯及苏洛等六支部。共有分部五十六处。该地政制，略如美国，党务得公开办理。但近来反动分子不能存身国内，多以该地为逋逃薮，致时有反动宣传。该总支部除努力侦查反动分子之活动外，并积极组织侨众，对于当地华侨教育复多所匡助，曾办有学校童子军、社会童子军数团。惟以经济关系，未能召集代表大会，经呈准中央采用通讯选举，于去年七月间，选出第六届执监委员。檀香山总支部辖有澳华湖、茂宜、及希炉三支部。该部党务，发展最早，数十年来，成绩卓著。最近工作，注重于抗日宣传，及筹款助饷方面。第九次代表大会，定去年十二月八日举行。

驻暹罗总支部　该总支部所辖支部十三，直属分部十一，分部五十五。同志之间，本甚团结，惟受国内政治影响，曾一度分歧。并以种种关系，未能召开代表大会，呈准中央改用通讯选举，于去年三月底选出第二届执监委员，均经中央圈定，准予备案。惟委员中有因被选为第五次全国代表大会代表而回国者，以故迟未举行宣誓就职；但各种工作，均已逐步进行，对于中暹邦交之增进，亦正在致力。

驻缅印党部　驻缅甸总支部所辖支部六，直属分部十八。总支部现任执监委员，任期已满，当饬其从速筹开代表大会，办理改选事宜。现据电复，已定本年二月十日召集第五次代表大会矣。驻印度总支部所辖支部三，分部九。第七次代表大会已于去年十月十五日开幕，但详细经过情形，尚未据报。查印缅两地同志，虽因言语不同，间有隔阂，然均能知大体；对于党务进行，亦能一致。近因困难未夷，对于唤起民众，宣传抗日，及募捐助饷等工作，仍复进行不懈，成绩均有可观。

驻非洲党部　本党在非洲及其邻岛，设有驻南非洲总支部，及马达格斯加、模里斯二直属支部。南非总支部距中国遥远，交通不便，一切党务设施，往返指导，颇费时日；而该属党员又多未能受得充分训练，以致内部意见未能均齐；且前因驻非领事未得其人，致党务进行受其阻碍，现正由会拟具整理办法中。

驻马达格斯加直属支部辖分部二，（原有分部三，嗣撤消其一，将所有区分部改为直属区分部）直属区分部七，直属通讯处八。去年四月间，曾召开第六次代表大会，改选执监委员，业经中央准予备案。该地党员虽不甚多，惟均能团结一致，努力工作，在非洲各党部中，成绩最著。二十二年华北抗日战争，该部极能本中央意旨，向侨胞宣传，故该处救国捐款，为数甚巨。

驻模里斯直属支部辖分部三。年来该部委员星散，负责无人，致执监委员虽届期满，无法改选。现经由中央委派整理委员五人，负责办理一切。一面由本会指示该地党务进行方针，令其征求预备党员，以期发展该地党务。

驻欧洲党部　驻欧洲党部有驻法总支部，及驻德、伦敦、利物浦三直属支部。驻法总支部辖有支部九，直属分部四，分布于法兰西、荷兰、瑞士、西班牙、丹麦、比利时等国。二十二年六月间，该部有一部分同志未明国内实际情形，对于华北停战协定等颇有误会之处；后经该部出席五全大会代表回部后切予解释，均已悔悟，具请时加指导，以免错误。中央经予致函慰勉。

驻德直属支部因委员散处各方，办事不能集中，致负责无人，党员人数亦未能增加，党务工作遂少进展。

驻伦敦直属支部所辖分部三，直属区分部四，经呈准于二十二年十一月二十一日召开第五次代表大会，结果如何，尚未据报。

驻利物浦直属支部所辖分部四，现正从事召开第四次代表大会。按欧洲为国际政治之中心，各该地党务工作，于九·一八事变以后，颇致力于国际宣传，每足为吾国外交上之助力。

驻澳洲党部　驻澳洲党部包括澳洲总支部，及大溪地直属支部。澳洲总支部辖有支部七，分部二十五，直属分部十一。该属同志对党均极热心，工作亦称努力。二十二年七月，该部召开第五次代表大会并改选执监委员，均经中央备案。

大溪地同志亦颇努力，对于历次募集救国捐款，成绩均佳。惟因距离祖国甚远，复因反动宣传之朦〔蒙〕蔽，对于中央施政方针，或多未能明晰。

驻香港澳门党部　该两支部自中央决议改为直属支部后，本会曾经派员视察，并于二十二年五月间请由中央各派筹备委员五人成立筹备委员会。本会并派有港澳党务指导员一人负责指导。数月以来，关于党员之调查登记，下级党部之整理组织，均已渐次就绪。据报最近期间即可召开代表大会，选举执监委员。乃澳门支部忽于前月为奸人构陷，以“将在澳门暴动”罪名，向当地政府诬控，致党部被搜，同志亦几被捕，现正延聘律师多方交涉；而澳政府亦已明瞭真相，最近当可恢复工作。

（四）军队党部

军队党部在四全大会时，共计八十处，成立正式党部者二十三处，尚在筹备中者五十七处。嗣经本会分别督促，先后成立正式党部者二十一处，又经中央核准筹设党部者十六处，至三中全会时，已成立者为四十四处，尚在筹备中者五十二处，总共为九十六处。去年复经分别督促指导，先后成立正式党部者十六处，经中央核准筹设者二十一处，其中因故经中央停止活动者二处，故现在军队党部尚在筹备中者五十九处，已成立者六十处，总计为一百十九处。去年中经分别派员视察，并订定各种方案。兹依据其部队之任务与其驻扎之地区，分述其工作概况如左：

驻赣各师党部　驻赣之军队党部计三十九处，因均参加剿匪，致组织工作之进行，不无迟缓，训练工作亦每无法进行。惟对于调查匪区情形及剿匪宣传方面，多能切实努力。其他如协助地方政府办理封锁匪区工作，及举办民众学校，组织民众等工作，颇有相当成绩。将来军事告一段落，于组织训练工作，当特别注意，以期健全。

驻豫、鄂、皖各师党部　驻豫、鄂、皖军队党部总计为三十处，组织方面，大致就绪，其他工作，虽有计划，因经费困难，除工作人员少数生活费外，事业费极少，致未尽实施。且多数党部书记长均由政训处长兼任，工作计虑，每有不周，虽间有举办民众学校者，因军队调动无常，多未能继续办理。经费稍裕之党部，间有图书馆、俱乐部之创设，及刊物之发行。驻鄂各党部对匪情之侦察及民众之联络各种工作，颇著成绩。

驻山东各师党部　驻鲁军队党部计四处，因经费极度困难，一切工作无法进行，除第二十师党部，尚继续活动外，余均在停顿状态中。

驻闽各师党部　注〔驻〕福建军队党部计七处，属于十九路军三处。组织工作均已就绪，协助地方各种工作，亦均能努力。惟各工作人员，大多缺乏党务经验，未能充分表现其功效。自闽变发生后，尚未接各党部工作报告，最近情况如何，不得而知。

驻华北各师党部　驻华北军队党部计八处，其中二处为最近始派员筹备者。各党部去年随军抗日，对于调查社会情形及抗日宣传方面，多能切实努力，其他如联络地方，组织民众，及抗日受伤兵民之慰劳宣抚，亦颇具成绩。惟训练方面，成绩稍逊，现正按照一切计划，努力实施。

驻西北各师党部　驻西北军队党部计五处，其中除驻甘肃天水之第一师党部，组织健全，工作紧张外，其他皆为人力财力所限，未臻完善。

驻西南各师党部　驻西南军队党部计九处，各党部因环境不同，且距中央太远，督促指导，均感不便，故至今已成立正式党部，尚不多观。现已派员前往视察指导，设法改善。

驻江浙各师党部　驻江浙各军队党部计十七处，多系固定性质，故组织方面，进行较易，成绩亦较优良。至于训练方面，视察员程度之高低，均已分别举办党义研究会，政治讨论会，识字运动，以及其他文字方面之训练，颇见功效。惟以经费支绌，各种措施亦时感困难。

结论

一年来本会遵照三中全会及中央历次常会对于组织工作之决议，订定方针，指示各下级党部于社会事业中求组织工作之实际效用者，概如上述。顾以时日迫促，策划未周，人事殷繁，施行难偏，未能尽如始愿之所期，瞻念来兹，益用策勉。今后当续循既定之方针，努力迈进，于国内各地党部，期于最短期间，整齐其组织之形体，增进其推行社会事业之动力，使各集中力量，于各项社会事业中，深植党的基础；尤当注意下层组织之健全，切实训练县党部工作同志，俾能于地方上参加实际事业，取得社会之领导地位，纳地方自治工作于正轨，以达本党训政之目的。更以世变日亟，国际风云，一触即发，本党应领导民众，有所准备，故对于沿海、沿江及边疆各地党部之同志，除拟施以通常之训练外，并将有因应世变之特殊训练。同时加紧蒙藏党务工作，吸收蒙藏优秀份子，用以宣扬主义，联络情感，扩展本党组织于边远，此亦有关于国际问题之准备工作也。于军队党部，则将严密其组织，指示其宣传及训练工作之方针，俾可转施于军队，提高士兵之思想，增进士兵对主义之认识与信仰，使军队与党融合为一，为主义而奋斗，于世界危机中共谋民族主义之实现。于海外党部，则将力求组织之改善，以期呼应灵敏，指导便捷，使海外同志，能随时随事，晓然于中央之意旨，不因地域之辽远，而有纷歧之措施。凡此皆本会于今后工作所拟订之途径，谨于报告工作之余，略陈梗概，用备参稽。

〔中国国民党中央执行委员会秘书处档案〕

12．中国国民党四届五中全会宣言

（1934年12月10日）

中国国民党第四届中央执行委员会第五次全体会议，于民国二十三年十二月十日，集会于首都，距第四次全体会议，适为一载。此一载中，国难依然，外侮未已，本党同人，受国民付托之重，懔临深□薄之危，竞竞自持，罔敢怠逸。深知攘外必先安内，雪耻端在自强，救亡图存之工作，当以充实国力修明政治为先务，一切设施，胥以此为准则。举如增筑公路铁道，以便交通，兴复水利农业，以裕生产；改革行政制度，以增效率；废除苛捐杂税，以苏民困；赖政府人民一致之努力，较之一载以前，尚有可睹之成绩。其尤使吾人足以告慰国民者，赤匪盘踞赣闽，数载于兹，凭藉险要，设置伪府，啸聚亡命，恣行破坏，非仅当地人民，有水深火热之痛，实为国家民族腹心大患，最近以全体剿匪将士之忠勇奋发，为国忘身，卒将积年沦匪之地方，次第收复，号称天险之匪巢，根本摧毁，综览一年以来之经过，益使吾人深信民族意识之发扬，足以战胜任何艰难之环境也。唯是来日大难，赣闽匪区虽告收复，而疮痍满目，劳来绥集之善后工作，实更为艰巨。匪巢虽经摧毁，而残余股匪，突围西窜，图扰川黔，尤有待于剿匪将士之再接再厉，根本殄灭，以永绝祸萌。一切关于充实国力之建设，虽具规模，而较之列强，则相去綦远，益以年来受世界经济衰落之影响，农村日趋凋敝。本年不幸，黄河及长江流域，复有水旱之灾，灾区人民，流离失所，如何抚绥振恤，尤为责无旁贷。况今国际风云，日趋险恶，我国以积弱之余，当首冲之地，危机一发，动召沦胥，国步艰难，实无过此于日者。本党同人尤应益自警惕，益自奋励，期于艰危困苦之中，求民族生存之路，以无负国民之付托也。救亡图存，有赖于国力之充实，而欲求充实国力，则必先谋全国真正之统一和平。中央与地方，彻底树立互信共信之基础，推诚扶掖，网循政治正轨，实为达到和平统一之唯一途径，本会议于此，特加注意，决定原则，交由中央政治会议制为方案，切实推行。而自第四次全国代表大会以来，历次中央执行委员全体会议，关于救亡图存之各项决议，或牵于环境，尚未施行，或虽已施行，而未收全效；以后当尽量推行，惟力是视，以求满足全党同志全国同胞之期望。多难兴邦，古有明训，世界各民族，由衰敝而复兴之史实，尤足增吾人之淬砺，我国今日国势虽危，国难虽重，若中央地方政府人民，均抱极大之决心，作最大之努力，共向此救亡图存和平统一之目标而迈进，则民族复兴之伟业，必可因吾人之勇决自信而完成之也，全国同志同胞共勉之！

〔中国国民党中央执行委员会秘书处档案〕

13. 中国国民党四届五中全会重要决议案

（1934年12月）

（一）第四届中央执行委员会第五次全体会议宣言〔略〕

（二）中华民国宪法草案案

（民国二十三年十二月四日第四届中央执行委员会第五次全体会议通过）

决议：

（甲）宪法草案审议程序如左：

一、将宪法草案发交常务会议，组织宪法草案审查委员会，此会至少每星期开一次，并得邀集立法委员及专家列席，以备咨询。

二、于第五次全国代表大会前两月，将修正意见发交法院根据修正。

三、立法院修正后再呈由常务会议审核，提出第五次全国代表大会。

四、第五次全国代表大会通过后作为本党决定之宪法草案，依法提出于国民大会。

（乙）中华民国宪法草案，应遵奉总理之三民主义，以期建立民有民治民享之国家，同时应审察中华民族目前所处之环境及其危险，斟酌实际政治经验，以造成运用灵敏，能集中国力之制度，本草案应交常会依此原则郑重核议。

（三）划分中央与地方权责之纲要案

蒋委员长中正、汪委员兆铭提

（民国二十三年十二月十二日第四届中央执行委员会第五次全体会议通过）

今日救国之道，莫要于统一，而实现统一，端在乎和平，惟和平而后能得真正之统一，亦惟有真正统一，而后乃有永久之和平，吾人当此历史上空前未有之国难，若非举国一致，精诚团结，促成全国真正之和平统一，树立安内攘外之根基，不足以言救亡而图存，而和平统一之途径，必须避免武力，为解决内政之工具，消弭冲突增进团结，充实国家之力量，乃为今日全国所应共守之惟一方针。不惟中央与地方应彻底树立互信共信之基础，推诚扶掖，同循政治之正轨，即凡国人之有正当政治之主张，而不恃武力暴动为其背景者，亦应依法使其有言论结社之自由，而不加防制，夫以党治国，固为吾党不易之主张，然其道当在以主义为准绳，纳全国国民于整个国策之下，为救国建国而努力，决不愿徒袭一党专政之虚名，强为形式上之整齐划一，而限制国民思想之发展，转以丧失训政保育之精神，盖中国今日之环境与时代，实无产生意俄政治之必要与可能也。

吾人果坚定和平统一之信念，而为分工合作之努力，则挽救国难，复兴民族，当可操券而待。顾数年以来，所以未能收分工合作之实效者，盖因中央与地方之权责，划分未清之故为多也。其最显著之弊害，则在地方之责任未明，中央之运用不灵，以致行政效能趋于低落，各项建设，艰于发展，故重新厘订中央与地方之权责，力谋政治设施之适宜，实为当前之急务，然欲达此目的，必须中央对于地方，免除其掣肘之虑，消失其疑难之端，同时地方对于中央，亦应本休戚与共之真诚，遵国家整个之政策，怀当前严重之国难，守法奉命，一扫往昔割据与形同对立之形势，一致努力，以期蜕变中古时期封建之遗习，而创造三民主义新时代整个之国家，倘中央与地方之负责者，皆同心一德，本此而行，不仅所以救党国，抑亦所以自救也。查总理建国大纲所垂示者，中央与地方采均权制，凡事务有全国一致之性质者划归中央，有因地制宜之性质者，划归地方，不偏于中央集权，或地方分权，此乃划分中央与地方权责之最高原则。惟于此过渡时期，不能不有斟酌损益，以为应时应地权宜之变通，期臻于统一正轨之大道，兹本上述之要旨特拟中央与地方之权责划分纲要如左：

一、关于官吏之保荐与任命问题　国家庶政殷繁，需才孔多，用人大权，虽操之中央，而保荐人选，则不妨属于地方，现行各级官吏之任用法规，已多采取此项之精神，然举贤与能，因材任使，必须负责者有辟荐之实效，而后能便利指挥，专一责任，谓宜重申此旨，一切文武官吏，应由各地方之主管长官，就有法定资格者自行选择，荐于中央，由中央任命之，务使适应事实，登进材能，于统一中央命令权之中，更充分发挥地方主管长官之权责，此对全国官吏之保荐任命法规，必须本此主旨重行增订切实施行者一也。

二、关于官吏之任期与保障问题　凡百庶政，责专始举，若存五日京兆之心，必有苟且因循之弊，各地方文武官吏，宜确实规定其任期，师古人三载考绩之遗意，以三年一任为原则，并规定保障切实执行，无故不得撤职，其成绩优良者，任满之时，仍由中央重加任命予以连任，俾得久于其位，假以时日，课以考成，使材智之士，感国家任使之重，无设施不竟之忧，各展怀抱，献替国家。此对全国官吏之任期与保障法必须分别增订切实施行者二也。

三、关于地方行政及经济问题　欲谋地方事业之发展，必须加重地方主管长官之责任，而欲各地之事业皆在国家整个政策之下进行，得免彼此冲突或畸形发展之弊，则必须中央有统筹兼顾指挥监督之权，故各地方行政方针，与夫经济建设，应由各地方斟酌实情，拟定计划，编制预算，呈请中央核定施行。中央既经核定之后，只须按其期程，考其成绩，而不必遇事干涉，辄令纷更。其他各项要政，凡具有地方性质者，亦概可依此原则，责令地方因势利导行之，则事半功倍矣。此对地方事业必须责成地方政府自由发展者三也。

四、关于中央与地方之财政问题　中央与地方财政，亟应根据现行办法，明确划分，凡属于全国性之国家财政，应归中央统收统支，例如对外之关税等之税例与收支，尤应绝对由中央管理，地方固不得越权干涉，其他关税，亦应遵守中央所颁布之规则及税法办理，但在此过渡时期中，各地方经费确有不足者，自可由中央核准补助，使内外相维，以为调剂。此对于中央与地方财政之关系，应急谋解决者四也。

五、关于国防军及地方兵警之问题　国防军为捍卫国家之武力，故关于国家之正规军，自需中央统一管辖指挥，但在目前过渡时期，得依平时之统属关系，对于统属官佐之任免，准由其最高主管长官，呈保中央任命。至属于地方性质之兵警，各保安队保卫团警察队等，除编制数额，须由中央核定，不得自由增减外，概准由地方行政长官训练调遣。无论国防军或地方兵警，若必须向外国购买武器时，可由中央统一购订，以免品类庞杂，减少效用。此对全国军事必须划清中央与地方之权责者五也。

六、关于法制之制定问题　吾国幅圆广大，交通阻滞，各地习俗悬殊，国民程度不齐，经济产业状况均互有差异，不但因自然地理之关系，在行政设施上应有轻重缓急之别，且因文化程度之不同，更应有因时因地与因人制宜之必要，若概由中央颁布整齐划一详密繁杂之法制，强使一体施行，是无异削足适屦，扞格难道。故今日我国之法制，欲使全国推行无阻，必须中央核定原则大纲，务使富于伸缩力，其一切实施办法与详密条理，应由各省市根据原则大纲，因地制宜，而自订单行法规，并呈请中央备案，以期切于实用。此对全国法规必须因应事实者六也。

以上诸端，不过举其荦荦大者，"兆铭"等认此要项，为中央与地方权责划分最切实际之标准，亦即为增进中央与地方过去矛盾隔阂之现象，常可一扫而空，全国负责之文武长官，皆得安心任事，精诚团结，共赴国难。和平统一之途径，复兴民族之基础，皆在于斯。应如何具体规定，以蕲其实施，敬候公决。

决议：原则通过，交中央政治会议详细规定办法。

（四）请由政府切实设法救济全国纱厂恐慌及推广土布销路以裕民生而维企业案

（民国二十三年十二月十四日第四届中央执行委员会第五次全体会议通过）

决议：照审查意见通过办法五项，分交主管机关办理。办法如左：

一、由政府联络金融界，使与全国纱业互相提携并实行低利贷款，以济资本之不足；

二、于可能范围内酌量提高入口关税并减低对内税则；

三、由政府实行统制，如有组织之生产与推销；

四、全国纱厂设置地点须分配适当，管理及生产方面须实行科学化与合理化；

五、全国公务人员、党务工作人员、各学校教职员与学生须一律服用国货，绝对禁止服用非国货服装。

（五）请由政府励行保护政策，扶植国内产业之发展，并于对外贸易施行管理以期减少入超案

吴委员敬恒等五人提

（民国二十三年十二月十四日第四届中央执行委员会第五次全体会议通过）

原案要点：

由政府励行统制及保护政策，对于各种主要产业，施以详密之调查，何者宜以奖励之方式扶植其发展，及辅助其推销，何者应施以改良，而使之能对外输出，一一均予以切实适当之指导；

又国外何种产品为我国目前所最需要，例如机器工具之类，其能促进我国生产技术及企业之发展者，则尽量使其输入，如奢侈消耗之属，则课以较高之入口税以防止之。并与凡需要我国某种产品之国家，分订相互推销货物之商约，以有易无，交相提携，如此则输入品能适应我之需要，而我国过剩之产品亦得适当之市场，以为消泄，入超数量，自可减少。

决议：原则通过，交主管机关妥拟办法切实施行。

（六）关于盐政改革案

（民国二十三年十二月十三日第四届中央执行委员会第五次全体会议通过）

陈委员肇英等四人提：请克日成立盐政改革委员会一年内实行盐法案

周委员启刚等五人提：恢复人民食盐自由并准许人民自由贩运案

以上两案政治组合并审查提出

决议：

一、按照盐法第三十七条规定，限一个月内成立盐政改革委员会，筹议各项规章及施行细则。

二、在盐政改革委员会内，组织产场整理处，积极调查及整理产场，限一年内办竣。

三、限于民国二十五年底完全施行盐法。

四、盐政改革委员会，每月应将工作进行情形，报告中央政治会议。

五、由中央政治会议推定委员三人，负责审核该会工作报告，并督促其进行。

（七）实施义务教育标本兼治办法案

（民国二十三年十二月十四日第四届中央执行委员会第五次全体会议通过）

查实施义务教育，最为我国今日当务之急，本党政纲，原有厉行国民教育之一项，训政时期约法，亦有已达学龄儿童，应一律受义务教育之一条。盖我国大多数人民，并最低限度之教育亦未经受，无论国家政令，社会建设，施行举办，动生障阂，复兴民族最基本之工作，殆无过于义务教育者。旧有四年义务教育办法，虽经中央及地方教育当局，努力督策进行，卒因经费困之，师资稀少，及其他种种关系，收效尚微，直至今日，通都大邑，触目皆是文盲，穷乡僻壤，更不待言。据教育部十九年度统计，入学儿童，仅占学龄儿童百分之二一．八，际此世界风云坚迫之秋，吾人倘不采取更有效之方法，于最短期间推行义务教育，则民族前途实有不堪殷忧者。教育部前曾订定小学法规，经过立法程序，于二十一年十二月由政府公布，此外又有第一期实施义务教育办法大纲，及短期义务教育实施办法大纲，于二十一年六月由部公布，并已编就短期小学课本四册，颁发应用，此外则有小学采用二部制之通令，徒以未有强迫法令，令各省市遵照办理，故宽严迟早，颇未能一致。兹特将前项办法，自叙概略，并补具意见如下：

一、应限期实施一年制之短期义务教育，对十足岁至十六足岁年长失学儿童，实行强迫教育，此为治标办法。

民国九年，曾有举办义务教育之法令，其推行期限为八年，国民政府成立后，第二次全国教育会议，改定义务教育推行期限为二十年，然其推行对象皆为四年义务教育，所需经费之浩大，所需教育之众多，衡诸国家财力，社会经济，及现有师资之实际状况，皆相去甚远，欲达到教育普及之目的，殆有河清无期之概。查前颁短期义务教育办法，实为适应我国特殊环境之救急方策，将义务教育之年限暂时缩短为一年之短期小学或短期小学班，使十足岁至十六足岁之年长失学儿童，每日分班受两小时之教育，并免收学费，供给书籍用品，以便贫寒子弟一面工作一面免费入学。二十年来，中央及地方提倡推行义务教育，不可谓不力，然而经时久用力多获效甚鲜者，实以四年义务教育，所需经费师资亦属数量太巨之故。短期小学或短期小学班，则以一教员于上午下午及晚间教年长失学儿童三班，以每班四十人计之，一年中得毕业儿童一百二十人，与普通小学儿童两班，予以全日之教育，亦以每班四十人计，四年毕业儿童，仅八十人者，两相比较，经费多寡之悬殊，不啻一与十八之比也。短期小学或短期小学班之课程，仅为识字及简单常识浅易算术，教学至易，不过视现行民众学校，略进一步，稍知书算者均能担任，故其师资不限曾否经受师范训练，及有若何之教学经验，与普通小学课程繁多，教员必须严格检定者，情形各殊。前项实施办法大纲规定："教职员除聘请合格人员外，应充分利用下列人员：（一）当地师范学校或乡村师范已届实习之师范生，（二）已受相当训练可为代用教员之私塾教师，（三）当地公务人员，（四）当地具有相当程度之人员，（五）志愿担任教员并尽义务者"。将教员资格，特别放宽，此各国开始举办义务教育时共有之事实也。且年事较长，学习能力亦较富，一年之效果，有时或竟与六岁入学受四年教育者，相差无几。而年长之人，一经毕业，即可出而服务，就整个社会言，又不啻逐年增加多量之识字青年也。查各国实施义务教育，皆从推广小学教育着手，使小学教育成为义务教育，年限亦逐渐延长。我国文盲太多，财力太绌，义务教育与小学教育实不能并为一事，对于年长失学儿童，缩短其义务教育年限，以期迅速普及，实为至不得已之事。根据上述理由，拟请由中央规定，自二十四年度起，为实施义务教育开始时期，暂以四年为期，并指定短期小学或短期小学班为实施义务教育场所，对于十足岁至十六足岁年长失学儿童，实行强迫教育。

二、应竭力推广充实小学教育，并切实推行半日二部制，此为治本办法。

前述短期义务教育，乃专为救济年长失学儿童而设，至为增加学龄儿童入学机会，提高普通小学教育效率起见，则对于小学教育之推广充实，尤属切要。前订小学办法小学规程，关于地方教育之研究，小学之编制，经费之支配，设备之充实，训育之改革，教职员之待遇进修均有严密之规定，尤于课程一事，特别注重，以期现有各小学得遵此种种规定，以充实其内容。在第一期实施义务教育办法大纲中，并规定分年分区及实验推行之程序，以期渐臻普遍。然逐期逐地实验推行，颇需年岁，师资之造就，虽一面于普通师范学校外，又增设简易师范学校，简易师范科，特别师范科，然亦缓不应急，且亦无从于短期间训练多量之人才，则又不得不另想应急办法。此办法为何？即采用二部制是也。据十九年度统计：全国小学幼稚园数二五〇八四〇所，小学教员数五六八四八四人，在学儿童数一〇九四八九七九人，平均每一校收儿童仅四十四名，每一教师教儿童仅十九名，不经济若此，实为世界各国所鲜见。彼教育发达经济远胜于我之国家，每一教员所教儿童，均多于我，以我国之贫瘠，反如此浪费，殊不合理，即国家前途之危险，亦有不堪设想。二部制为就现有经费师资之数量，于两不增加之原则下，力谋小学教育扩充发展之绝好办法。欧洲大战以后，已有若干国家先后采用，颇著成效。而半日两部制，较间日两部制尤适合于我国目前经济原则，以无须增添校舍及游戏休息场所也。就儿童获益言之，二部制虽稍不及普通小学，惟相差亦不致过远。且为整个社会着想，少数之在学儿童为大多数之失学儿童略为减少几分教育上之幸福，以尽互助之天职，衡情论理亦属应然。二部制推行后，各省市小学经费教员，只须略事增加，即可添收加倍之儿童，换言之，即一校可作两校之用，全国顿可增加一倍之小学，一面并将现有小学尽量利用，充实学额，则儿童入学机会当可增加数倍，寖寖将普及于全体学龄儿童矣。根据上述理由，拟请中央积极提倡，由国民政府明令全国各小学切实推行半日二部制，诸乡村城市小学供不应求之处所，尤需力求照改，一面并利用私塾教师，加以训练，以补上列各项师范教育之不足。

至上述义务教育经费之来源，在实施办法大纲中，业有详明之规定，其大要除就地筹措外，得呈请主管教育行政机关，予以补助，惟实行强迫以后，地方经费不敷之数，必更巨大，拟请中央自二十四年度起，各拨的款，专为实施短期义务教育，及推行小学二部制之用。（查二十一年十二月二十一日，第四届中央执行委员会第三次全体会议，关于教育之决议案（甲）关于国民教育者，其二三两项，对此曾有规定，合并声明）。上述实施义务教育标本兼治办法，是否有当，敬请公决。

决议：通过，交政治会议。

（八）对于党务政治报告之决议案

（民国二十三年十二月十四日第四届中央执行委员会第五次全体会议通过）

察阅常务委员会暨组织宣传民运海外各委员会工作报告及政治会议工作报告，深觉过去一年间常会之工作，颇能依照上次全会宣言所揭示救亡图存之纲领，从集中国力与充实国力两点，策划进行。于剿匪军事方面，竟能指挥若定，廓清匪巢，允为一年来特殊之伟绩，各剿匪将士忠勇迈进之功，实有足多，应予奖勉。在政治方面，则各省苛捐杂税之渐次废除，以及财产之整理，交通之建设，教育之改革，皆有相当之成绩，其安定国本培养民生之种种策进与收获，均足为努力孟晋之表征。又本党第五次全国代表大会行将举行时期，适值剿匪军事正待收功之际，身在前方之中央委员及军队党部代表势难离防，常会盱衡情势，应各方之请，决议延展会期，此种措施甚属适当，应加追认，至组织宣传民运海外各委员会之工作，亦均能循率上次全会指示之要点，力求进展。组织方面，则力量较前集中，训练工作之施行亦多切要。宣传方面，则电影事业与新闻事业之扩充与改善，均著成效。民运方面，则工作之计划与实施，皆较前切实，于民众团体，已能渐为有效之策动。海外党务方面，则策划指导之进行亦见努力。是各委员会工作大体尚著成绩；惟查各地党务之推展仍属参差不齐，与地方政治，每多不能互相平衡，提携共进，致实际工作难于一致著效，诚属憾事！故所希望于常会会同各委员会切加注意与努力者，仍有下述诸端：今后中央各委员会在工作上应有密切之联系，务使各项计划与实施能互相沟通，呼应一致，以收统一指挥之效，此其一。确立今后党务工作之中心与实施之方法，使各地党部能集中力量，同时进展，此其二。切实改善党政关系，并订定具体方案，使地方党部与政府能本合作之精神，共谋建设事业之发展，此其三。政治方面，凡有革新计划，应同时制定一与该计划相为呼应之宣传方案，颁发下级党部，指导党员分头宣传，引起民众对新计划之热望，以利推行，此其四。使同志参加教育行政，以取得党与教育之横的连系，同时使教育行政者，多领受中央之教育方针，以取得纵的连系，此其五。训练工作，应注重能力之培养，对省市党部负责同志，须增益其实际行政之能力，对县市党部负责同志，须增益其从事教育行政及社会事业之能力，俾党的主义从宣传而达于实行，至每个党员，则应予以民族未来光明之启示，使本此意识与方向，扩展其组织能力，同时从事于种种运动，领导民众齐趋于文化复兴民族复兴之坦途，以振奋民族精神，使民众能自动为主义效力，共同完成革命事业，此其六。以服务的人生观激励党员，不但同志间应尽互助互济之道，且须随时随地以党的意识纠正青年思想，领导民众为有益身心之活动，并努力于救济与扶助人民危难之工作，以取得社会之同情与信仰，此其七。此外边疆党务，亦□准酌情形为逐步之推进，以协成边疆政治之设施，此其八。以上为今后党务努力之方针，总括为原则上之决议，具如此矣。深望常务委员会本既定之方针，为党务政治继续之推进，以竟训政之全功；尤望政治会议仍前努力，因应时艰，并指导全国政治为孟晋之建树，对于充实国力复兴农村，扶植国民经济，发展工业基本建设，推进民族教育，整饬全国吏治各要政，更能为有效之推进，以充实国家建设之基础，亦即救济民生扶植民权之要图也。

〔中国国民党中央执行委员会秘书处档案〕

14. 中国国民党四届六中全会重要决议案

（1935年11月）

（一）中华民国宪法草案案

（民国二十四年十一月二十五日①第四届中央执行委员会第六次全体会议通过）

决议：

一、本会议认为立法院最近修正之宪法草案大体均属妥善，唯为适应国家现实情势及便于实施起见，尚应有充分期间，加以详尽之研究与讨论，但现距代表大会为日无多，且代表大会会期甚短，恐亦无暇逐条详商，为最后之决定，本此理由，应连同本宪法草案送请第五次全国代表大会，请将宣布宪法草案及召集国民大会日期先行决定，并对于本草案加以大体审查，指示纲领，再行授权于下届中央执行委员会为较长时间之精密讨论后，提请国民大会议决颁布之。

二、各中央委员关于宪法草案之意见，应指定委员分别整理

① 国民党四届六中全会的召开日期关1935年11月1日至6日，故此处似应为“五日”。

附同草案并送五全大会以资研究。

（二）救亡大计案

（民国二十四年十一月五日第四届中央执行委员会第六次全体会议通过）

一、切实保障人民言论出版集会结社居住信仰之完全自由。

理由：本党主义重在解放六大自由，载之宣言，并叠经决议实行保障，现进行制定宪法，前项自由更应保障。

二、大赦政治犯。

理由：共和国家，原应实行政党政治，连年以政见不同，致遭缧绁者颇不乏人，现危亡益迫，正国家用人之时，应请颁布大赦，以系人心。

三、精诚团结。

理由：团结同志，固在所采用之大计，足以合乎国人之心理而救危亡，但散居海外及各地之同志，诚恳邀商，亦为紧要，故应电请胡汉民同志回国，其他同志，亦电约之。

四、充实军备。

办法：

（甲）扩大航空计划及设备，并提倡民间航空。

（乙）裁兵练兵。

（丙）增设军事分校，全国学校完备军训，全国人民施以军训。

（丁）鼓励出洋留学，攻习军事航空机械各件。

五、注意防灾救灾。

理由：频年灾祸，民不聊生，已成灾者，急应切实赈救，而防患未然尤应集中专家从事研究，分别实施。

六、请拨款派员修理淞沪战事阵亡将士苏州墓地，并致祭扫，以慰忠魂。

理由：淞沪战事时，有阵亡将士八十余人，曾由地方人士李根源、张一麐、惠心可等葬于天地山下，每逢一二八纪念时，远近来祭者数千人，第有风雨凄凌牛羊践履之虞，故请拨款派员修理并购置祭田，以树久远，用安忠魂。

七、综核名实。

理由：年来政治之病根，在于辞费而事不举。即如历届决议案多未见诸实行，似此奚以臻国家于法治，今后凡议决之案，均应切实履行，以昭大信。

决议：

一、切实保障人民言论出版集会结社居住信仰之完全自由一项，应依法切实保障。

二、大赦政治犯一项，交政治会议核议。

三、精诚团结一项，应照原案办理。

四、充实军备一项，密交军事委员会。

五、注意防灾救灾一项已筹定之救济赈款迅速拨给。防灾一节交主管机关办理。

六、修理淞沪阵亡将士苏州墓地并致祭扫一项，交行政院办理。

七、综核名实一项，交常会随时注意切实厉行。

（三）教育改革案

（民国二十四年十一月五日第四届中央执行委员会第六次全体会议通过）

引文〔原略〕

一、公立学校经费须力求合理化并补助私立学校

理由：

1．就教育部所公布二十年度全国各大学之经费及学生数统计，比较观之，其不均衡情形，实足令人无限惊异者，兹列举左

列各大学二十年度每生岁占经费数，可窥一斑。

校　名	经　费　数	学　生　数	每生岁占数
武汉大学	一，三五五，六七一元	五七一人	二，三七四元
同济大学	六二五，九〇〇元	二八一人	二，二二七元
清华大学	一，二五〇，四三一元	六六四人	一，八八三元
山东大学	四〇〇，五六八元	二六〇人	一，六九五元
浙江大学	八五九，〇五九元	六一四人	一，三九九元
中山大学	一，五九二，〇五九元	一，三七九人	一，一五五元
中央大学	二，一六六，二四七元	二，一四六人	一，〇〇九元
暨南大学	七三一，四三八元	七三一人	一，〇〇〇元
北京大学	七六〇，七〇一元	九四一人	八〇八元
北平大学	一，六〇二，四七五元	二，一五二人	七四五元
交通大学	四八二，九二四元	七〇一人	六八〇元
北平师大	八六六，八九二元	一，二八八人	六七三元
四川大学	四五六，〇三一元	一，四三六人	三一八元

吾人又于教育部公布山东、山西、河南、甘肃诸省初等教育统计，知每一小学学生、岁占经费数，皆在五元左右，或不及五元者，即以全国总平均数计，每一小学生岁占经费八．一四元，现以小学生每人岁占费八元计，则其与左列各大学生岁占费之比较，更足惊人。

校　名	各该校每生岁占费相当小学生岁占费之倍数
武汉大学	二九七倍
同济大学	二七八倍
清华大学	二三三倍

山东大学　　二一二倍
中央大学　　一二六倍
东陆大学　　五七〇倍

且同为国立性质，而武汉大学每生岁占费达二，三四七元，四川大学仅三一八元，相差七倍以上。同为省立性质，而东陆大学每生岁占费至四，五六二元之巨，山西大学仅三〇〇元，相差十五倍以上。若以国立省立各大学生每年所耗之费，与成绩优良经教育部立案之私立大学学生每年所耗之费相比较，则相差更不啻有天渊之判。据二十年度教部公布统计，私立大夏大学经费一七六，〇五一元，学生一，一六〇人，每生岁占费一五二元，私立复旦大学经费一九六，四七八元，学生一，二五一人，每生岁占费一六二元，与国立武汉大学比较，相差十五倍以上，与省立东陆大学相比，相差三十倍以上，公立大学之注重经济效率，浪费公帑，无可讳言，而私立大学经济之拮据，亦可想见。同为国家培植专门人才之学府，而俨然有贫富阶级之悬殊，教育当局熟视无睹，如秦人视越人之肥瘠，宁非怪事。关于公私立中小学每生岁占费之比较，虽乏充实统计数字，可资参考，但其经费支配偏枯不均，可以断言。全国公私各校经费不均衡之畸形，亟应设法调剂，截长补短，以资平均发展。

2．目前我国公立各级学校学额太少，不能适应青年求学之需要，例如每年国立清华北平中央等校招生，应试者各有四千人，而录取名额每年仅一二百人，仅及投考额数二十分之一。甚至如江苏省立上海中学、上海市立万竹小学等校，每次招生录取名额，亦仅及投考生额十分之一，此大多数具有求学能力之青年，理应享受教育之权利，徒为名额所限，而丧失求学之机会，苟无私立学校以容纳之，则是使全国青年十分之九，进中学小学之权利，亦为之剥丧无遗，是直愚民政策而已。故应奖励并补助私立学校，以辅公立学校之不足。

3．当此国难严重民力凋敝之秋，为积极培养建设人才计，为加速推广普及教育计，政府对于全国学校，应有整个之筹划，而教育经费之支配，尤应力求其合理化，务以最经济方法支出，而收最宏大之效果。

办法：

1．国立及省立专科以上学校经费，力求其合理化，每生岁占费规定以五〇〇元为标准。

2．若国立及省立专科以上学校学生岁占费平均以五〇〇元计则全国合计每年可节省经费八，四六八，五六八．一九元，其计算方法，即以二十年度国立专科以上学校每生岁占费总平均数九五五．九五元，今以五〇〇元计，每生可节省 四 五 五．九 五元，合全国国立专科以上学校学生一三，九三六人，共节省六，三五四，一一九．二〇元。又二十年度省立专科以上学校每生岁占费七九一．九二元，今以五〇〇元计，每生岁占费即可节省二九一．九三元，合全国各省立专科以上学校学生七，二四三人，共节省二，一一四，四四八．九九元，两项合计为八，四六八，五六八．一九元。若与国立专科以上学校经费 合 计 一 三，六一五．六〇元，省立专科以上学校经费合计 五，五 四 〇，〇 一三元，两项合计一九，一五五，六一六元之剧相比较，则可节省百分之四十四以上。

3．将节省国立及省立专科以上学校之经费八百四十六万余元，补助私立专科以上学校，则国库不必另增负担，而私立专科以上学校所得补助费，可较二十三年度七十二万之数，增加十一倍以上，较二十四年度五十九万之数，增加十四倍以上。查私立专科以上学校经费，多赖捐款维持，际兹国民经济枯竭，筹款维艰，莫不拮据万分。二十三年度政府补助全国私立专科以上学校经费共七十二万元，受补助者三十二校；二十四年度补助全国私立专科以上学校教习费十八万八千元，又设备费四十万二千元，合计五十九万元，受补助者三十二校，杯水车薪，于事奚济。以此区区之补助，而望私立专科以上学校长足进展，欣欣向荣，何异操豚蹄以祝篝黍？

4．公私立小学学生岁占费，亦应由主管教育行政机关酌量限制，并尽量补助私立优良中小学。

5．凡捐资兴学及热心办学与服务私立学校之教职员，著有成绩者，均应特别褒奖，以资鼓励。

6．各国退还庚款之拨归教育基金者，尽量补助优良私立大学及私立专科学校。

二、各级学校升学应注重考试成绩，不宜完全以资格为标准。

理由：

1．目前各级学校升学，均受资格限制，纵有努力潜修确具相等学力之青年学子，苟无一纸文凭，仍无入学之希望。亦有在校肄业数年，将届毕业，成绩并不后人，而因资格发生问题，中途勒令退学者，违背教育原理，莫此为甚。

2．学费浩繁，贫寒子弟无力负担，程度愈高，费力愈大，仅资产阶级之子弟，有力可以继续。而事实上贫寒子弟，多努力向上，不乏英才，膏粱子弟，大半骄怠成性，转为庸流，国家设学育才之结果，适得其反。

3．倘各级学校入学，不全凭资格，注重考试成绩，则私塾出身以及校外自修学生，均有进身机会，国家可以收甄拔人才之效，而在校肄业者祛滥等毕业之心，互相竞争鼓励，亦可藉以矫正目前敷衍泄沓之学风。

4．于学校制度以外，多辟人民读书求学之机会，鼓励学生自修，提倡自由讲座，并厉行考试制度，不第可以救济失学青年，补助学校教育之不逮，而且养成好学风气，于促进国家文化，提高民族智识，均影响甚大。

办法：

1．各级学校升学，以考试成绩为标准，招收同等学力学生可达二分之一。

2．由教育部分年举行甄拔考试一次，凡校外自修之学生，按级考试，及格者即可取得与各该级学校同等资格。

3．在可能范围，开放学校设备，供给校外自修学生应用。

4．各地广设自由学术讲座，由政府予以津贴。

5．各地广设科学馆，图书馆，研究所，并附设自学辅导处。

6．于国内若干区域内，择规模较大之学校，设函授部，俾牵于时间限于地址而失学之青年，得照函授办法而学习。

7．各地私塾，由教育当局订定严密方法，督促改良，其已改良者，待遇与学校同。

三、减低私立中小学开办费及经常费数额，奖励私人设立中小学，以推广教育俾资普及。

理由：

1．教育部修正私立学校规程第三十二条，规定称立中小学开办费及经常费数额过高；依其规定，如创办私立初级中学一所，需存储开办费及第一年经常费共计五万元，高级中学则需八万元，高级农业亦需八万元，高级商业六万元，家事学校六万五千元，高级工业则需十二万元，依目前国民经济状况，私人创办学校实无此种能力。

2．现在一般办理私立中小学者，为遵奉公令起见，类多设法取巧，商同银行，假立存折，上下相朦，徒资虚伪之风。

3．关于私立小学之开办费及设备，在今日民穷财尽时，亦应变通办理，因地制宜，若严悬一格，使热心办学者，心余力拙，望洋增叹，无实现之可能，则无异杜绝私人办学。

4．就实际情形观之，私立小学之需要，异常迫切，总计全国学龄儿童四九，一一六，〇六〇人，已受及现受义务教育儿童数一〇，八四八，一三一人，失学儿童数三八，二七一，九二九人，已受及现受义务教育儿童，仅占学龄儿童数百分之二二。〇七。设欲普及义务教育，则所需之经费，每一儿童岁占费平均以八元计，每年须支出洋三〇六，一七五，四三二元，所需之教师，以每一教师平均数二十学生，计一，九一三，五九六人，所需之学校数每校平均五十人，计七六五，四三九校，目前政府既无余力完成此种国家根本大计之义务教育，惟有鼓励私人设校以完成之。

5．目前中等学校之需要，正与小学相同，兹就全国中等教育情形分析之：现有全国中等学校学生数五一四，六〇九人，十九年全国小学毕业生数二，三四三，六〇八人，中等学校六年毕业，则一年级可容学生八五，七六八人。依此计算，则小学毕业生失学学生数实达二，二四八，八四〇人之巨，小学毕业生升入中等学校之百分比，仅得百分之三。六七，其失业者竟达百分之九六．三三。呜呼！此巨量之失学青年，政府现无财力扩充公立中学，加以吸收，则私立中学之提倡，愈不容矣。

办法：

1．减低私立中小学开办费及经常费数额，依据地方状况及人民经济能力，多留伸缩余地。

2．恢复已经立案之私立师范学校或高中师范科，以培养师资。

3．取消限制私人设立普通中学之规定。

4．奖励全国热心教育之人士，广设私立小学及短期小学。

5．政府应指拨的款，补助优良私立中小学。

6．私立中小学之各项捐款，（如房捐田赋等）一律豁免，以减轻私校负担。

结论：〔原略〕

决议：原案通过，交政治会议详拟办法。

（四）努力生产建设以图自救案

孔委员祥熙等六人提

（民国二十四年十一月五日第四届中央执行委员会第六次全体会议通过）

理由：〔原略〕

办法：

一、注重生产教育　中小学教育为教育之基础，与人民生活、国家生存，关系至巨。现既努力于生产建设，则教育方针，自应以生产为目标。凡中小学课程，应注重教授学童以关于生产之智识技能，并予以相当练习之机会，使之出校以后，即能独立谋生，直接增加生产之效能，间接养成人民自立之习惯。

二、集中人民生产力量　我国素重礼文，平日应酬或婚丧仪式，所费甚巨，耗费食用之金钱，养成奢侈之积习，亟宜痛加改良。拟请规定婚丧寿祭各种礼仪及酬赠宴会限制办法，明定标准，不得滥用，违者处罚，并设法提倡节俭储蓄，俾用之于生产事业。又我国寺庙公祠，置备甚多，大多用之于消耗，非独有妨生产，亦且养成人民坐食之风。应以法令规定，所有民间庙产祠产等项，应尽量利用，以一部份兴办生产事业，一部份移充养老恤孤教育公益用途，并由地方政府，严加考查，酌予奖劝。拟请由内政财政两部核议办法施行。

三、保障银行使用　自世界经济恐慌发生，各国金融紧缩，百业均大受影响，即资本雄厚之美国，亦施行紧急处分办法，由政府援助银行，始获渐臻安定。我国各银行，资本薄弱，组织亦不健全，而工商事业，复亟待融通资金，以图发展，非政府对于各银行力予援助，使得安心投资于各业，则一遇风险，即可立致崩溃。此后拟对于各银行之资金运用保管合法者，由政府的为保障，并令对于农工事业，予以低利贷款，其利率之亏耗，由政府酌予补助。庶几金融基础得以巩固，而产业之发达，亦可预期。

四、推进劳资合作　各国工业发达，劳资各成阶级，斗争甚烈，两俱不利。我国近奉遗教，以三民主义立国，自不容有阶级之争。惟现在工厂略具萌芽，劳工团体，亦渐进展。政府为预防劳工斗争，并维持工业健全发达起见，亟宜采用劳资两调政策，对于劳资两调之保护，无所偏倚。使资方对于劳方，予以适当之工资，并为相当之设备；劳方对于资方，亦应尽力工作，以求生产效率之增加。双方互相了解，互相协助，各尽其力，各得其所，生产自可增进，成本自可减轻，匪独推广国际贸易销场，亦可使劳资界之纠纷无形消灭。故凡关于时间工资标准，在现行法令中有，未尽当者，应酌予修改，勖于可行。至劳资仲裁，劳资保险，职工教育，劳资消费合作等事，亦应同时注重。拟请交由实业部妥议办理。

五、倡导兴办重工业　重工业为各种工业之母，其重要性殆驾其他工业之上。总理在建国方略物质建设篇，主张先设立农具等工厂，用意至周。又如苏联第一五年计划，亦倾注全力从事机械工业之设置，而置轻工业于辅助地位，故能树立工业基础，生产因而猛进。我国轻工业，近来略具萌芽，惟所需机械，及金属原料，十九购自外国，产业失其独立，致受外人挟制，前途殊为可虑，故为工业发展计，对于重工业，应特别注意，一方面应择要由国家经营，一方面尤应奖励人民投资兴办。其现有民营具有成绩之重工业，应设法扶助扩充，庶五年十年之后，生产工具或可自给。请由实业部确定办法，从速进行。

六、促成工业之合理化　国内工业，年来略具萌芽，但多以管理不得法，技术不精良，或因其他缺点，以致成本过重，不足与外货竞争，且多有停闭者。亟应由主管机关，调查国内工厂，详施考核，如有上列情形，应即督令改良，或代为管理，或令其彻底改组，使趋于合理化，俾得减轻成本，增加产额，以扶国产，而利推销，其详细方案，请由实业部妥为拟定呈请施行。

七、提倡家庭工业　我国自古以男耕女织并重，即如国内所产土布，出自女子纺织者为多。自洋纱入口，此业遂废，家庭妇女，坐食无所事事，习为侈靡，只知消费，而不生产。即各地方间有经营发网花边刺绣等业，并以其制品推销外国，其范围甚狭，且多系外人提倡，收效尚微。似应从速制定奖励家庭工业办法，并督励人民组织家庭工业合作社，共同经营，以宏成效。庶使失业男子与在室之妇稚，皆得借小工业以自给，既增加生产力量，复可养成节俭之风。拟请交由实业、内政各部核议办法施行。

八、利用荒废土地　中国可耕之地，据专家统计，不下四十万万亩，而现在用以耕种者，不过十五万万亩，土旷民闲，生产萎缩，遂致日用粮食与工业原料，须仰给于外人。为今之计，除对于已耕之地，尽力改良，俾得增加产量外，凡荒废之地，应即调查明确，督令设法利用。其属于私人者，三年以内，如不垦辟，五年以内，如无成效，应即收归国有；其属于国有者，应由中央与各地方合组垦荒机关，从事拓殖，或征用民工移徙编遣兵士，以供服役，即贫瘠之地，不宜耕作者，亦宜师法意大利开拓山隙种植葡萄以供造酒之利，各就土宜，酌选品种，分别栽植。其详细方案，请交由实业财政两部会商拟定。

九、妥筹国际贸易平衡办法　历年以来，我国入超甚巨，漏卮不塞，无以图存。为今之计，宜从速设法力求国际贸易趋于平衡，凡进口贸易，可由政府直接间接加以管理，其施行步骤，应斟酌各国通商情形，分别妥商物物交换或进出口比额办法。并将国际贸易局，改归财政实业两部管辖，以完成上列任务。对于出口货物，并应斟酌商情，规定标准，以求划一，而利推销。请交财政实业两部，妥拟方案，从速进行。

十、统一国营事业　生产事业，贵于集中，不特收效较宏，费用亦省。以我国资力薄弱，人才缺乏，如各种建设事业，组织纷歧，事权分化，计划既虑不周，成本亦将加重，不免有事倍功半之虞。应将各项国营事业，设法统一集中，凡不必要及重复之设备，均予废除，骈枝机关，均予裁汰，以期减少经费支出，增加工作效能。请由政府召集各主管机关，妥拟定切实办法，次第实施。

十一、采用征工制度　我国力役之征，向与税赋制度并行，原以公共事业，需用劳工，而人民得出其余力，以助国用，意至善也。现方从事于各种建设，工甚多，与其需加增赋税，增加负担，毋宁推行征工办法，惟不能亲与工作者，宜改纳金钱，以昭公允。拟请规定国内壮丁自二十岁至五十五岁，对于国家与地方之建设事业，每年应尽义务工作三日，于农隙时为之；其有固定职业或收入无暇应征者，应按三日工资，输纳金钱，拨充所指定之用途。凡中央与地方兴办事业，与公共利益有关，或供人民公用者，均得适用征工办法，至如何征用与分配，请交内政部拟定大纲，由各地方详定细则，呈核施行。

决议：原则通过，送政治会议。

（五）财政部安定货币金融办法案

（民国二十四年十一月五日第四届中央执行委员会第六次全体会议通过）

（一）自本年十一月四日起，以中央、中国、交通三银行所发之钞票定为法币，所有完粮纳税及一切公私款项之收付，概以法币为限，不得行使现金，违者全数没收，以防白银之偷漏，如有故存隐匿，贪图偷漏者，应准照危害民国紧急治罪法处治。

（二）中央中国交通三银行以外，曾经财政部核准发行之银行钞票，现在流通者，准其照常行使，其发行数额即以所至十一月三日止流通之总额为限，不得增发，由财政部酌定限制，逐渐以中央钞票换回，并将流通总额之法定准备金，连同自印未发之新钞及已发收回之旧钞，悉数交由发行准备管理委员会保管，其核准印制中之新钞，并俟印就时一并照交保管。

（三）法币准备金之保管及其发行收换事宜，设发行准备管理委员会办理，以昭确实而固保用，其委员会章程另案公布。

（四）凡银钱行号商店及其他公私机关或个人持有银本位币或其他银币生银等银类者，应自十一月四日起交由发行准备管理委员会，或其指定之银行兑换法币，除银本位币按照面额兑换法币外，其余银类，各依其实含纯银数兑换。

（五）旧有以银币单位订立之契约，应各照原定数额于到期日概以法币结算收付之。

（六）为使法币对外汇价按照目前价格稳定起见，应由中央中国交通三银行无限制买卖外外〔外字衍〕汇。

决议：追认，交国民政府通令施行。

（六）对于党务报告之决议案

（民国二十四年十一月四日第四届中央执行委员会第六次全体会议通过）

常务委员会及各委员会，十月来之工作，悉能遵照上次全会之指示分别推行。于政治之领导方面，尤能使各地方于中央政令之下益收共信互信之效。剿匪军事之推动，较前益为迈进。至各委员会之工作，虽仍未能于各方面谋整个之推进，而均能于工作中寻得重心，积极努力。组织方面，颇能运用组织之效能于社会事业，对于地方之保甲及合作等工作，亦有实际贡献。宣传方面，颇能权衡事实之需要，对于新闻及文艺事业，于有效的统制之中，而收指导推进之效。民运方面，颇能以民族复兴为目标，而从民族生活中加以实际之训练。海外党务方面，亦多切实之指导，凡此皆特著之进步也。其所陈困难，胪列请示各点，多关本党根本制度问题，如党政关系之如何确定，党的训练如何集中统一等，在在均有待于详切之商讨，深望全会于五全大会中具体提出决定，俾遵循有自，而益利今后党务之进行也。

〔中国国民党中央执行委员会秘书处档案〕

五、国民党“五大”与历次中央全会

1. 中国国民党第五次全国代表大会宣言

（1935年11月23日）

中国国民革命之主旨，见之于总理孙先生之遗教者，曰求中国之自由平等，曰以建民国，以进大同，曰和平奋斗救中国，曰吾人必须团结四万万人民为一大国族，建设三民主义的强固充实之国家，始足以生存于今日之世界。是知革命目的唯在于救国与建国，而革命先烈之前仆后继，冒万死而不辞，本党同志之遵奉主义，为革命而奋斗，以及全国之志士仁人愿率循总理遗教以共同致力者，厥唯期求救国建国二大使命之完成，使中国由阽危而巩固而发扬光大，更以自立立人之步骤进求世界之大同。如此重大之工作，本党所以毅然负之者，诚深信国家民族之生存发展，罔不由于自身艰苦之奋斗。任何国家之复兴改革，亦罔不由少数人为之先驱，而后感动全国国民，相与为一致之努力。回溯革命先烈之牺牲，以及全国同胞所受之痛苦，无非求此目的之实现。至于近年，乃遭此空前未有之国难，积因甚多，良非旦夕之故。本党同志对于总理所遗之使命，与对于国家应负责任，无日不懔然于负荷之弗胜，而环顾四境，瞻望前途，则又深觉吾党之仔肩无所诿卸，惟有本总理“同志仍须努力”之遗教，唤起国民，共同奋斗而已。第五次全国代表大会举行于国难严重之今日，纵观近年国势之迁变，审察吾国家今后生存之出路，检查过去之工作，深觉吾人此日若不舍弃个人之一切，贡献所有之能力，合同团结，以自效于国家，则革命大业将有中断之危，而民族前途有不可想像之惧。更有见于近年以来，举国同胞在极端艰困痛苦之中，对于总理革命救国之主张认识愈深，其共赴国难之精诚，亦日益深著。认为国家前途光明之希望，即寄于此举国一致之觉悟。由是感奋，集中心力，以审酌乎国家大计，则以为救国建国，虽事有本末先后之殊，而在中国今日，则非以自身刻苦之奋斗，彻底更始之觉悟，恢复民族精神，追踪近代进步，以建立一人力物力并皆发展充实之近世国家，决无以克环境之艰危，致国家于巩固。为求得此建设国家之机会，则当不辞任何牺牲以僇力于自强自立之本务。诚以自侮人侮，古有明训，国家之衰危既非无因而至，则其由剥而复，由艰困而复兴，亦非可以徼幸而致。世上任何民族，当其孕育新生之机能，往往经过极端危险困苦之阶段，其卒获济艰难，又罔不由九死一生之决心，任宏远巨大之事业。本大会鉴于此等历史之教训，愿以救国建国同时致力之意义，昭示吾全国同胞，期相与为同德同心之努力。爰举今日要计有关于建设国家挽救国难者，为我同胞详切陈之。

第一　崇道德以振人心

总理致力革命，以恢复民族道德为恢复民族地位之本，而推究国家之治乱，谓系于人心之振靡。证以吾党革命以来，无数先烈之成仁取义，罔非涵濡孕育于数千年来至德要道之所致。是知振衰起敝，宜务其本，而后艰危得以匡济，国族乃能久安。本大会既通过党员一致信行之守则，亦期与我全国同胞努力于复兴之先务，综其要义，厥有四端：

一曰，切实阐扬总理遗教，一致为真切之宣传，使全国各地家喻户晓，人人尽敬存诚，自知吾民族光荣历史之尊，与在世界地位之重要，以恢复固有之道德智能，迎头赶上世界文化，树民国万世无疆之基础。

二曰，确立与国家社会家族个人现代生活相应，繁简适中，文质合度之体制。

三曰，制定与国家社会公共生活相应，庄敬正大刚健和平之乐章，陶育民族道德，润泽国民奕世不衰之生命，四曰，在社会实际之生活上，提倡服劳互助整洁有序之习惯，俾养成普遍自然之风尚，以立克己合群之始基。

第二　兴实学以奠国本

自来盛衰兴废，靡不由于学术，而学术之克呈其伟大之功用以贡献于文化之发扬者，则必与时地人事之实际相适应，亦必符合于国家社会整个生存发展之真切要求。处国力相竞之今日，欲举迎头赶上之实，所宜集中心力以图首要之计，则如下述：

一曰，中央研究院及一切学术研究机关与各公私立大学之研究工作，必须与国家社会成密切联系，俾国家得学术之用，社会获学术之益。

二曰，确立奖学制度，迅速尽利推行，使真才有进学之方，实学得补助之益。

三曰，促进中国科学之独立与发展，以自然科学与人文科学并重。俾学术一方面能尽物之情，一方面能尽人之性。以期增进人力，发展物力，而造成坚实之国力，推进久远之文明。

四曰，注重技术之修习，推广技术专科之设置，以矫偏重理论之风，而收分科专习之益，藉应国家物质建设迫切之需要。

第三　弘教育以培民力

关于教育之发展改进，本党历届大会决议已多，兹重申前议，更举要端，促政府之决心，集国民之意志，其第一第二两款之为教育始基，更不待论。至审察国情，尤认为文事教育与武事教育应根源于同一之精神，而于国民基础训练，则两者尤宜并重，以复吾国固有之良规，而应现代国家之需要。概举其目，有如下列：

一曰，实行教科书之统一与改良，裁并不切实用之学科，充实必用学科之内容。

二曰，积极推行义务教育，改良中小学制度。小学应以不能升学之贫民能切实致用为方针，中学应为升学与不升学两种学生同谋利益为前提，使贫寒子弟有普受教育之机会，学生获立身致用之实学。

三曰，充实师范教育之制度，推广师范教育之设置，注重于人格陶冶与爱国观念之坚定，以养成中小学健全之师资。

四曰，发展女子教育，培养仁慈博爱体力智识两俱健全之母性，以挽种族衰亡之危机，奠国家社会坚实之基础。

五曰，增加教育经费，奖设教育基金，同时以真实之努力与精密之注意，节制各级学校之浪费。

六曰，普遍推行国民训练，与武教，重武德，以养成国民集团生活之习惯，健全国民身心之教育，培养社会组织之基干，造成国家独立自由之实力。

七曰，推行社会教育与成年补习教育，以教养卫三者一贯兼修之方法，沟通政教之关系，养成国民自救救国之能力。

第四　裕经济以厚民生

现代经济以金融为事业之中心，现代政治亦以金融为财政之枢纽，吾国今日当国民经济组织尚未健全之时，受世界工业国家之重大压迫，自农村以至于都市，均陷于破产之厄运，是以吾人下最大之决心，行金融之统制。然而国民须知国家所以下最大决心行此空前之政策者，乃所以挽救当前之大难。至若今后真实之经济建设，则惟有合政府与人民为一体，致力于下列各点：

一曰，确立治水之行政制度，集中事权，以排除省自为政，县自为谋，与水争地，与地争政之积习，开始大禹以后最艰巨之治水工程，防国民百世之灾，兴国家万年之利。

二曰，发展交通，必须便利大量货物之运输，达到时间迅速，运费低廉，保护周到之目的，而后方足成为完善之交通网，以适应国计民生之需要。货物交通之建设，尤难于思想交通与人体交通之建设，必须全国上下全力以赴之。

三曰，劝农垦荒、造森林，开矿产，奖畜牧，励渔业，因天时地利人事之宜，别本末先后轻重缓急之道，以期一切兴举，有利于全国而无损于地方，有功百世而无害于现代。

四曰，振兴工业，凡一切与国利民福关系重大之事业，应以国营为原则。一切国有营业应以原有之整理与新兴之事业并重。同时对于一般工业，则应力除与民争利之弊害，并与以积极之扶助与保护，协调劳资关系而助其发展。

五曰，确定土地行政制度，完成丈量，规定地价，调整土地分配，促进土地使用，活动土地金融，以增加农业之生产，而谋平均地权，实现三民主义之主张。

六曰，提倡义务劳动，恢复吾国社会协作之良规，整治地方产业发展之初步建设，用以劳教民之手段，达救济民生之目的。

七曰，立计政，严审核，统一币制，调节金融，以期扶植民力，充实国用，畅遂货物之流通，培养国家之元气。

第五　慎考铨，严考绩，以立国家用人行政之本。

欲使事无不举，必须人尽其才，革命之始，诸端草创，作育之道既不易完全，黜陟之方亦难期严整。今国民政府成立，已届十年，而国家一切建设，随处需要多量之专材。各级行政机关，又非有适宜合格之官吏，懔奉公尽职之教条，无以增进行政之效率，且幸进之途一日不塞，则抑郁之叹一日不得而舒，因循之习长此不革，则勤能之士无由自励，循环相应，国力人力两受其损，艰危之局何由克济。故考铨制度之完成，与尊重公务员考绩之严格履行，实为当前急切之需要。类而举之，其尤要者有三。

一曰，完成铨叙制度之运用。铨叙制度之独立，为吾国立国之唯一特色。吾国之所谓人治者，实以立严密之人事制度为其要素，自古代之天官，至清末之吏部，名虽不同，均列于百僚之首，掌全国之人事。今铨叙部虽已设立，而距制度之完成尚远，将欲登进才能，增加行政与建设之效率，所宜应于时势之演进，逐渐减少例外之权宜，俾贤者有自献之机，能者有保障之望，此必须全国一致，中央地方协同努力，方能期其有效。

二曰，充分发挥考试制度之效能。自古考试与学校成为不可分之一贯制度，今之事实亦莫不然，而制度不能尽合，方针不能一致，总理所谓教养其道，鼓励以方，任使得法之三大方针，尚未能尽利推行，今后必须立遵行遗教之决心，承中国固有制度之精神，采取各国特长，适应现代需要，以立良美完备之政制。谋作育考试与登庸三种程序之相互贯连，此又必须中央地方政府一致协力以赴之。

三曰，严格执行各级公务人员之考绩。国民政府成立以来，为求政务之迅速进行，每以一定之程期，限时日而促其完成，证以近代新兴国家建设之成规，应以此法为最有效之推进，顾施行既久，多无遵奉之诚，转生欺玩之习。本大会以完成国家一切建设，实为存亡成败之关键，特通过公务人员贻误国计应予处罚之原则，期政府著为明令，使各级官吏咸自振奋。以促一切急要事业迅速完成。

第六　尊司法，轻讼累，以重人民生命财产之权。

司法新制行于吾国，在新政中为最早，以教化失效，旧习新制不能相应，良法虽颁，美意未著。今欲渐跻宪治，必须顺应民情所宜，完成司法制度之独立，注重法官任用之程序，推广调解制度，实行感化政策，培人民守法之德，养社会纯朴之风，以期案无积压，民无冤抑，而达刑期无刑之旨。至于保护未成年之儿童与出狱人，尤为正人心厚风俗之要政。凡此诸端，皆宜即行，实施之方针则有二点：

一曰，司法制度之最大目的，在于保民，而便民尤为保民之第一要义，必须尽力审酌于制度之本身，与推行方法之尽利，使能减少人民时间之损失与经济之负担，解除人民实际之痛苦，故慎审与迅速，均为今后改良司法之最要方针。

二曰，我国古时以政简刑清为善政，而今世为减免积压，乃不得不以办案多寡为奖励之标准。其因此发生之流弊，有非始计所及者。如何收案无积弊之效，而同时亦达减刑息讼之目的，实政府今后所应以全力图之。

第七　重监察，励言官，以肃官方而伸民意。

考试所以登进贤良，监察所以纠弹失职，相辅为用。凡以促公务之进行，增行政之实效，值此百废待举，首宜整肃官方，故目前要义，必须尊重监察权之独立，保障监察权之行使，使言官举尽言之责，政府收自励之效，国无乱法渎职之官，而后人民生守法爱国之信。兹举其要，约有二端：

一曰，总理知人治与法治两者相维相系而不可分，故立五权宪法，一以复古制之隆，一以济新制之美，而监察权之独立于五权之中，一方与考试权具前后相承之体，一方与司法权有左右相维之用，以立法权之健全为其因，以行政权之健全为其果。必如何方能分工合作，完成政府之机构，以收五权制度之效，观今鉴古，应求恢闳其作用，而充分发挥其机能。

二曰，御史之制原于史官，春秋大义即其原则，故曰，言者无罪，闻者足戒。自古言官之出身，有最严格之规定，虽清要与学官相同，而森严实为万人所敬，故能得不言而人知自爱之益。吾国五权宪法制度，欲为世界万国所尊崇取法，则监察制度之充实，与运用之适当，政府必须悉力以图之。

第八　重边政，弘教化，以固国族而成统一。

为实施总理民族主义之遗教，因应国家当前之环境，必须扶助国内各民族文化经济之发展，培养其社会及家族个人自治之能力，尊重其宗教信仰与社会组织之优点，以期巩固国家之统一，增进国族之团结。其基本实施纲领，有如下列：

一曰，对于边疆各地与间在西南各省间之民族，其一切施政纲领，以优先为当地土著人民谋利益为前提，从前大会屡有郑重之决议，必须切实奉行。

二曰，自后国内蒙族、藏族、新疆回族，以及散在内地各小族，选举代表，必须在当地有确实籍贯者，期能充分表达各族人民之情意。

三曰，对于上列各地民族之教育，中央应切实制定妥善方案，而努力以谋其发展，国家对于各族之教育，必须宽筹经费，确立预算。

四曰，关于上列各地之经济建设，应取保育政策，于其原有之产业与技能，应尽量设法使之逐渐改良，俾人民能直接获益。

五曰，政府应培养边地人才，俾中央各机关得充分任用边地出身之人员，以收集思广益之效，而厚真正统一之力。

第九　开宪治，修内政，以立民国确实巩固之基础。

建国之本，在以集人民合同之力量，谋人民真正之福利。故一面宜培植民权，一面宜督劝民事，二者之功实相表面，吾国训政工作虽因连年多故未臻完成，骤言宪治，有越程序，惟三民主义之灌溉确已普及于全国，则以制作宪典，创共守之轨范，以集合群力，促地方自治之实现，因应事势，实为必要之图。本大会认为国民大会亟应限期召集，俾人民咸知肩负国事之重责；而同时必须修明内政，遵依建国大纲之规定，加强督促地方自治之早日完成，培民权健实之基础，即所以造成全国共同之力量，所必须标举而力行者，有如下列：

一曰，国民大会须于二十五年以内召集之。宪法草案并须悉心修订，俾益臻于完善。一面仍宜遵照建国大纲及地方自治开始实行法之规定，斟酌各地实际情形，分别制定程序，切实督促各级公务人员，并唤起人民，共同努力于自治基础工作之完成。

二曰，内务行政之整饬与充实，为政府所首宜注意，总理制作精义，县为地方自治单位，中央政府之内政部实司其总枢，而建国大纲之实施项目，则为建国方略中诸般建设发展之基本，国家一切军政、财政、教育、交通、实业，各种重要行政，实莫不以内务行政为基础，而于征兵、征工、经界、治水、劝农，以至发展地方自治，扶助人民自卫，完成保甲组织等，亦无一而非内务行政之要端。今后欲造成均衡发展之国家，以举非常之事业，则内务行政必须充实其机能，完善其组织，俾充分发挥应有之职责。

三曰，实施均权制度之原则，确定中央与地方之分际，俾充分发挥各省区之政治效率，赋以相当之权力，假以应有之便宜，使因地制宜，各为迅速切实之发展。

四曰，保障言论公开，以宣达民意，统一民志。关于言论著作出版之管理，必须悉心改善其方法，权〔积〕极善导，使于自由发展之中，共趋齐一健全之途，宪法未颁布前，对于人民权利，并宜根据训政时期约法保护之。

第十　恪遵总理遗教，恢复民族自信，确立正当之对外关系，以保持国家独立平等之尊严，而达世界大同之目的。

我国以文明最古之国家，中更式微而沦于次殖民地之地位，总理致力革命，即为挽中国之危亡，民族主义之演讲中所以警惕吾人者，言之唯恐其不尽。至于今日，乃遭兹空前之国难，举国人民悲愤痛苦，咸愿尽心竭力为国家求光明之出路。吾人以为中国国难之构成，既非一朝一夕之故，欲谋自救救国之道，亦唯有求之于数十年前先知灼见之总理遗训。故第一，吾人应切认总理所倡导之民族运动，实包含对外求自由平等对内求自立自强之二义，而后者实为前者所由达到之必然的努力。此吾人当切实反省，急起直追。第二，决定国际关系，应以整个国家命运与永久民族利害为对象，而不为一时之变化与感情所牵引。吾人为今日中国之国民，对国家对世界有当尽之义务，对祖先对后世有应负之责任。故吾人今日唯有一秉不偏不倚之固有德性，以无畏无惑之精神，权衡于国家百年真正之利害，以定决策。明于国家定律依人定胜天之意义，而僇力于自助自救。第三，应知在此国家改造期中，建国之业未就，世界之变方殷，横逆险阻，非可预知，则必对于完成国家中心基础工作，立共同坚决之信念，尽心力以排除障碍，期底于完成。同时则以应变赴机保障国家生存利益之责任，付中枢以当机应付之权能，而一致以听命。吾人今日唯有以自力奋斗，求自国之生存，亦愿本尊重和平互助之民族天性，与并世各国图共存，既不欲偏向任何国家，亦不欲妨害任何国家。盖吾中国数千年来有高尚伟大之国际道德，无间古今，始终信守，继绝世，举废国，治乱持危，朝聘以时，厚往而薄来诸义，实发以〔于〕诚正修齐治平之一贯大道，尤为人类所应共行以达大同之目的。吾人之所以革命，所以力图自立自强，恢复民族地位与国家自由平等者，即欲以自立者立人，以自救者进而救世界之大危。观于欧战牺牲之大及其结果，与列强所预期者相反，即可知我中国于三千年前所以能合千万邦为一国，合亿兆人为一体者，其至理要道必为世界有国家者之所当效法，吾人不欲托于高远之理想以自弛实现之奋斗，然亦不因一时处境之危难而斯须丧失其自信，至吾人处此国难严重之时期，所持以应付危局者，亦唯有秉持总理“人定胜天”与“操之自我则存，操之在人则亡”之二大遗训，以最大之忍耐与决心，保障我国家生存与民族复兴之生路。在和平未至完全绝望之时，决不放弃和平，如国家已至非牺牲不可之时，自必决然牺牲，抱定最后牺牲之决心，对和平为最大之努力，斯〔期〕以真诚决意，转捩时局，务达自立自存之目的，与并世国家共同勖勉于世界大同之实现。是为中国国民在此时期中之最大义务，全国国民所宜一致真信力行者也。

上述诸端，乃建国救国之要计，亦团结国民共同努力之前途。其他政治军事经济教育，今后致力之方案，如民力物力之培护，如迅速剿灭危害国家之匪患，已另有决议，不再复述。今日之事，已无治标治本之可分，必须为同时并进之努力。凡前文所揭橥，或事关基本，或包举广大，原非能期成于旦夕，要不可不急起以直追。诚以一时期之生命，即千万年生命所绵延，而千万年历史不摇之基本，即无数人民所累积。吾人生乎今日之世界，丁此危急存亡之时机，上之须保持吾民族光荣之历史，下之须为国民建万世不替之宏业，此承先启后之责任，已加于吾全国国民之肩头，而吾全党同志，实为其前驱健卒。自来巨大宏伟之建国良规，必于极艰危之时期，由国民深刻之觉悟，起全国真实之努力，而后有远大之成就，诚使举国人人咸有顶天立地持颠扶危之志气，深信中国必能成为富强康乐之国家，人类不灭，则真理不灭，吾中华民国之光荣，与数千年民族历史之精神，必与世界同其无极，愿吾举国同胞，秉此信念，矢忠矢勇，一心一德，以共赴之！

〔国民党中央执行委员会秘书处档案〕

2.中国国民党第五次全国代表大会重要决议案

（1935年11月）

（一）第五次全国代表大会宣言〔略〕

（二）中国国民党党员守则案

（民国二十四年十一月十八日第五次全国代表大会通过）

总理承先启后救国救民之大志，创造三民主义五权宪法之宏规，领导国民革命，兴中华，建民国，于今全国同胞皆能一德一心，共承遗教者，斯乃我总理大智大仁大勇之所化，亦即中国列祖列宗所遗天下为公大道大德之所感。今革命基础大立，革命主义大行，而内忧外患与革命之进展同时加重，凡我同志应知吾党上对亿万世之祖宗，下对亿万世之后代，中对全国国民与世界人类所负之责任，更千百倍于往昔。我总理深知国者人之积，人者心之器，国家之治乱，系于社会之隆污，社会之隆污，系于人心之振靡；又知往古圣人诚正修齐治平之一贯大道，与修身为本之惟一至德，为救国救民救济全世界人类之无上要义，故不惮于遗教中再四谆谆告诫。本大会懔于遗教之伟大深切与国难之严重，更鉴于世界人类祸患之方兴未已，确信自立为立人之基，自救为救人之始，特制为全党党员守则十二条，通令全体同志一致遵行。务期父以教子，师以教弟，长官以教属僚，将帅以教士兵，共信共行，互切互磋，亲爱精诚，始终无间。人人能成为世界上顶天立地之人，斯中华民国成为世界上富强康乐之国，然后三民主义能实行于全国，弘扬于世界，千年万世，永垂无疆之休，惟我负革命建国大责重任之全党同志共守之。

中国国民党党员守则

一、忠勇为爱国之本。

二、孝顺为齐家之本。

三、仁爱为接物之本。

四、信义为立业之本、

五、和平为处世之本。

六、礼节为治事之本。

七、服从为负责之本。

八、勤俭为服务之本。

九、整洁为强身之本。

十、助人为快乐之本。

十一、学问为济世之本。

十二、有恒为成功之本。

（三）召集国民大会及宣布宪法草案案　中央执行委员会提

（民国二十四年十一月二十一日第五次全国代表大会通过）

溯自九一八东省事变以还，国民痛于国难之严重，咸认御侮救亡，人各有责，各地舆论，要求政权公开者，风起云涌。盖本党三民主义已深入人心，国民皆有参与政治权利之义，已为民众所熟晓，况当国难正亟，其要求参政之情绪，自益真切也。

二十年十一月，本党第四次全国代表大会，鉴于上述情势，爰有设立国难会议延揽英才案之决定，旋于二十一年四月召集国难会议于洛阳，于政治改革案中，有如下之决议：（一）切实办理地方自治，如期结束训政；（二）宪政未实施前，提前设民意机关，定名为国民代表会，限期二十一年十月十日以前成立，并明定国民代表会权限，请修正国民政府组织法。

中央以兹事体大，不能由常会决定，乃于是年十二月十五日召开中央执行委员会第三次全体会议，提请决定，旋于十二月十九日决议，定期于二十二年内召集国民参政会，并规定组织要点，交常会切实筹备，以期民意得以集中，训政早日完成。同时孙委员科等提议集中国力挽救危亡一案，亦经全会修正通过，并决议：（一）于二十四年三月召集国民大会，（二）由立法院从速起草宪法草案以备国民之研究。

至二十二年三月三十日第六四次中央常务会议，“汪委员兆铭”以国难严重，地方自治难望于二十四年以前完成，拟提前举行国民大会，以入民主政治之途，蒋委员中正孙委员科亦有同样之表示，遂决定七月一日召开临时全国代表大会，冀将下列诸议题如（一）国民大会应否提前召集，（二）倘国民大会提前召集，则国民参政会是否仍需如期召集，（三）既开临时全代会，五全大会是否展期，于大会得取决焉。然卒为时局所阻，未克举行，至七月一日，中常会乃决议临全大会改开五全大会，又以同志未能一致，亦不能照章举行。中央为团结弭争共御外侮计，卒又于九月二十八日常会决议，五全大会展至二十三年十一月召集，此国民参政会遂因召集国民大会后是否仍须召集之疑问而停顿，而国民大会亦因全代会之屡次展期，尚未得付诸讨论。

以上所述，为自第四次全国代表大会迄今中央对于筹备召集民意机关之经过，中间以时事日亟，进行多阻，未能如愿实施，固不胜其歉憾也。

至宪法草案案，立法院奉令起草后，即于二十二年一月，组织宪法草案起草委员会，由院长孙科自兼委员长，以委员张知本吴经熊为副委员长，并指派立法委员四十人，从事工作，以两个月为原则研究时期，六个月为初稿起草时期，三个月为初稿讨论时期，前后开会廿四次，完成初稿，当经刊布，征求各方意见，至二十三年二月宪草会遂告结束。初稿刊布后，前后所得意见甚多，经院长孙科指定委员傅秉常等三十六人为审查委员，先将各方意见，分别整理，计开初步审查会八次，全体审查会九次，将初稿修正通过，于是年九月提立法院大会讨论，计开大会七次，三读通过，于二十三年十月呈报国民政府，转送中央政治会议。

二十三年十二月十四日，四届中央执行委员会第五次全体会议，对于立法院通过之宪法草案，乃为如下之决议，曰：

"中华民国宪法草案，应遵奉总理之三民主义，以期建立民有民治民享之国家，同时应审察中华民族目前所处之环境，及其危险，斟酌实际政治经验，以造成运用灵敏能集中国力之制度，本草案应交常会依此原则，郑重核议。"

至二十四年十月，中央常务会议，始得宪法草案审查完竣，决定下列原则五项："（一）为尊重革命之历史基础，应以三民主义建国大纲及训政时期约法之精神，为宪法草案之所本；（二）政府之组织，应斟酌实际政治经验，以造成运用灵敏能集中国力之制度，行政权行使之限制，不宜有刚性之规定；（三）中央政府及地方制度在宪法草案内应于职权上为大体规定，其组织以法律定之；（四）宪法草案中，有必须规定之条文，而事实上有不能即时施行，或不能同时施行于全国者，其实施程序，应以法律定之；（五）宪法条款不宜繁多，文字务求简明。”交立法院重加修正，立法院奉令后，当经遵照中央决定原则，于十月二十五日院会三读通过修正，都为一百五十条，送呈国民政府转送中央。

至本年十一月，中央执行委员会第六次全体会议，复将立法院修正之宪法初稿，加以审查，并为如下之决定：

“本会议认为立法院最近修正之宪法草案，大体均属妥善，唯为适应国家现实情势及便于实施起见，尚应有充分期间，加以详尽之研讨，但现距全国代表大会，为日无多，且代表大会会期甚短，恐亦无暇逐条详商，为最后之决定，本此理由，应连同宪法草案，送请第五次全国代表大会，请将宣布宪法草案及召集国民大会日期，先行决定，并对于本草案加以大体审查，指示纲领，再行授权于下届中央执行委员会，为较长时间之精密讨论后，提请国民大会议决颁布之。”

是为由四届三中全会迄今中央对于宪法草案起草审查及修正之经过，兹当五次全国代表大会开会，亟待大会对于斯案之重要原则，有所指示，使下届中央有所率循焉。

中央同人，当国家危难之秋，受全体同志付托之重，与全国国民属望之殷，咸认国事至此，舍团结实无以图存，非统一则不能对外，四年以来，竞竞翼翼，惟期有以齐一全国之人心，集中全国之力量，坚苦搘柱，劳怨弗辞，虽当前环境，备极困难，而独于此精诚团结共赴国难之旨，始终恪守毋敢或逾。盖深信以吾四万万众之人民，倘能共同一致，努力图强，则强寇不足畏，而国事大可为也。对于总理遗教之三民主义，建国大纲，与乎以党治国之主张，革命进行之方略，尤奉行唯谨，毋敢稍懈。惟当兹国难严重，为团结人心，集中力量起见，则提早召集国民大会，俾民意有所宣达，庶举国上下，咸能有一致之精神与步骤，以解除外患，挽救危亡，实于总理平昔昭示唤起民众革命救国之旨，互相符合，非谓召集国民大会，公开政权以后，即吾党于革命建国之责可以卸除也。

至立法院最近修正之宪法草案，根据总理之遗教，秉承中央之指示，苦心修订，逾年始成，于理论事实，尚能兼顾，似宜依照第六次全体会议之议决案切实办理，以期成为完善之草案，他日国民大会开会一经通过，全国国民永矢咸遵，夫然后能竟革命之功，成凝命之德，中华民族复兴民国巩固之基础于焉确立矣。

决议：

（一）宣布宪法草案及召集国民大会日期，由大会授权于第五届中央执行委员会决定之，惟务须于民国二十五年内实施之。

（二）宪法草案由大会接受之，但应由第五届中央执行委员会扩大会通过之重要宪草各提案修正之。

（四）拟定宪法草案修正要点请公决案

"周委员佛海"等五十三人提

（民国二十四年十一月二十一日第五次全国代表大会通过）

对于宪法草案为适应现实情势便于实施起见，认为有应修改之处，列举要点如下：

一、为集中民力发展国民经济，应规定人民有服工役之义务，并规定政府对于破坏国民经济与妨害社会秩序之罢工，应加取缔。

二、为使宪法颁布后全国得以施行无碍，应规定未设省之区域及边远省份，因礼俗及经济生活之不同，得适用特殊之法律及政制。

三、为符合建国大纲之规定，在地方政制章关于县民行使直接四权，及县长民选之条款上应规定以县自治完成为条件，各县自治完成时期，另以法律定之。

四、为使宪法对于处常处变，均得适应国家需要，应规定总统有紧急命令权。

五、国民大会为二千余人组成之机关，集会不易，其职权应加以明确规定。（选举罢免权应缩小，创制限于立法原则，不创制条文，复决宜规定提议之人数等）。

六、在总统职权章应规定总统总揽治权，使五种治权之行使，均得由总统统率而调节之，总统对国民大会负责。

七、立法监察两院，既属治权机关，其委员之性质即非民意代表，故两院委员之产生方法应变更。

八、于国民大会以外，应另设一代表民意机关，一方面即为国民大会之缩小体，一方面并应容纳于民国有特殊勋劳者及全国经济学术界之负有资望者，而以原草案内属于立法院之财政外交同意权及戒严大赦等之同意权归此机关行政使之。

上列要点，拟请大会采纳后，作为修改宪法草案之纲领，交由下届中央执行委员会审议修改，是否有当，敬候公决。

决议：

交第五届中央执行委员会，于修改宪法草案时积极采用。

（五）实施宪政程序暨政治制度改革案

许代表孝炎等四十七人提

（民国二十四年十一月二十一日第五次全国代表大会通过）

甲、实施宪政之程序

根据本党总理在建国大纲中之规定，实施宪政应经过左列之程序：

一、凡一省全数之县皆达完全自治者，则为宪政开始时期。国民代表会得选举省长为本省自治之监督，至于该省内之国家行政，则省长受中央之指挥。（第十六条）

二、全国有过半数省分达至宪政开始时期，即全省之地方自

治完全成立时，则开国民大会决定宪法而颁布之。（第二十三条）

三、宪法颁布之日，即为宪政告成之时，而全国国民则依宪法行全国大选举，国民政府则于选举完毕之后，三个月解职而授政于民选之政府，是为建国之大功告成。（第二十五条）

就此规定看来，训政时期与宪政时期之间，尚有一宪政开始时期，以为两时期交替之枢纽，必须经过这个时期，然后才能召集国民大会，公布宪法，全国人民依法举行大选举，国民政府于大选后三个月解职，授政于民选之政府。总理何以划出这一个时期呢？我们就建国大纲来分析可以看出三个重要的意义：

一、对已完成地方自治之县及省逐步交还政权。（第十六条）

二、在县或省之较小范围内，先予人民以参政之权，使人民到实际的政治训练，以为将来参与全国政治之准备。（第十六条）

三、完成训政时期未完成的地方自治工作。（第二十三条）

这三层意义，是极值得我们注意的，因为各省县之地方自治，以各地教育与文化程度之不齐，在训政时期未必能整齐划一的在一个期间同时完成。如是，为对地方自治已完成之省县，仍实施训政以俟其他各省县地方自治之完成，然后开始宪政，则截长补短，未免有削足适履之嫌，苟只顾及少数已完成地方自治省县之利，而忽视全国其他各地之实际情形，贸然召集国民代表大会，公布宪法，实施宪政，则拔苗助长又不免有躐等求功之惧。且在训政时期人民对四权之行使，虽已受相当的训练，然以实际政治经验缺乏，对国家整个认识不清，骤然使之参与全国政治必至手忙脚乱，茫无头绪，故必在范围较小之省县区县内，使之在本党监督之下，得到实际练习机会，则将来宪政实施后，始能应付裕如。总理有见及此，故在训政与宪政两时期之间，再划出一过渡时期。名曰宪政开始时期，一以贯彻训政之效能，再则以政权逐渐交还于人民，其考虑之周详，计划之精密，不容我们稍忽视也。

抑又有进者，本党之训政之时期，开始于民国十八年，期限定为六年，截至本年业已届满，惟自训政开始之后，内忧外患，接踵而来，全党精力，悉用于救亡图存，无暇及于训政工作。故至训政时期届满，而地方自治未能如期完成，此诚本党所引为遗憾者也。为今之计，苟延长训政时期，则使党失信于民，苟贸然召开国民大会，实施宪政，则宪政之基础未立，国家之根本未固，躐等求功，亦非国家前途之福。本党处此两难关头，惟一出路，端在一方如何能避去训政之名，而他方却能收训政之实，诚欲得此，则惟有在训政与宪政之间另划出一过渡时期，承上启下，以竟全功。此揆诸实际情况，愈觉宪政开始时期有划定之必要也。

乙、宪政开始时期之工作

一、宪政开始筹备时期　宪政开始之筹备之期限，定为一年，由本方案施行之日起算，以便制颁法令设立机关，训练人才，为宪政开始工作之准备。

二、工作方针　贯彻训政效能，分期归政于民，所谓贯彻训政效能者，即凡建国大纲第八条所规定之工作，未能于训政时期完成者，在本期内应一律限期完成之，其项目分列如左：

1.调查全县人口；

2.测量全县土地；

3.办理全县警卫；

4.修筑全县干路；

5.办理公民登记；

6.推动义务教育；

7.实施公民训练。

所谓分期归政于民者，即根据建国大纲第九条之规定，于一县训政工作完成之后，即以政权授诸国民，使之直接选举或罢免官吏，创制或复决法律，惟归还政权，须按照一定程序，由下而上，逐步进行，方不致因躐等而发生意外障碍。兹拟定进行程序如左：

第一期　完成乡村自治

1.举行村民或镇民大会，选举村长或镇长。

2.举行乡民大会，选举乡长。

3.举行区民大会，选举区长。

第二期　完成县省自治

1.由区民代表会选举县参议员若干人，组织县参政会。

2.各县参议会选出代表，组织省民代表会，选出省参议员若干人，成立省参议会。

3.选举各该县出席国民大会之代表。

于此应附带声明者，即县长与省长之选举，因与宪法有关，故须于宪法公布后，依据宪法规定办理云。

三、工作时期　宪政开始时期之限期定为四年：第一期为完成乡村自治之时期；第二期为完成县省自治之时期，限于四年底，召开国民大会，公布宪法。

四、工作组织　分中央，省（甲种市同），及县（乙种市同）三级。

1.中央：设全国自治监理委员会，直隶于国民政府，由本党中央执行委员一人为委员长，六人为委员，会同国民政府内政部长及教育部长组织之，受中央监政会议之指导监督，处理左列各事：

子、委派各省市自治工作人员；

寅、考试及训练自治工作人员；

丑、厘定自治工作计划及法规；

卯、筹划自治经费；

辰、考核各地自治工作或成绩，拟定归政时期；

巳、调节各级自治机关，与同级行政机关之关系；

午、筹备国民大会；

未、其他未尽事项。

2.各省：设省自治监理处，直隶省政府，由全国自治监理委员会委派主任一人，委员四人，会同省民政厅长及教育厅长组织之，受省监政会议之指导监督，督察各县自治工作之进行，并负责筹备省民代表会，及监督各县出席国民大会代表之选举。

3.各县：设县自治监理处，直属县政府，由省自治监理处呈准全国自治监理委员会委派主任一人，委员二人，会同县公安局长及教育局长组织之，秉承省自治监理处之命令，办理第二项工作方针中所列各事。

五、工作经费　各级自治监理机关之经费及各级自治团体之经费，应由中央统筹支配，列为行政费经常预算。

丙、宪政开始时期之政治制度

一、宪政开始时期之约法　在宪政开始时期，宪法尚未公布，而训政时期之约法与此时期之精神又不甚吻合，故应由本党全国代表大会修改之，使成为宪政开始时期之约法。

二、国民代表机关　在宪政开始时期，以中央监政会议为代表人民行使政权之最高权力机关，但每二年中央监政会议应召集国民代表会议一次。

1.中央监政会议由中国国民党全国代表大会选举之中央委员全体组成之，任期同于党章之规定。

2.国民代表会议　由全国人民选举代表若干人组成之，会议完毕，代表即行解职。国民代表会议代表之选举方式，遵照总理规定之国民会议代表之选举方式。

国民代表会议之职权：

（1）政府应将施政方针及施政状况报告会议；

（2）代表人民对政府提出建议；

（3）对政府向中央监政会提出弹劾案。

三、中央政府之组织　根据建国大纲第十九、二十、及二十一条之规定，在宪政开始时期，中央政府之组织应包含左列各点：

1.国民政府之组织采取总统制，总统之选举，由中央监政会议选举之，任期四年，连选得连任。

2.总统之下设行政、立法、司法、监察及考试五院，五院院长及副院长人选，由总统提交中央监政会议通过之。

行政院、监察院、司法院及考试院所辖各部部长及次长人选，由各该院院长全权负责，提请总统征取中央监政会议同意后任命之。

立法院立法委员及监察院监察委员会由中央监政会议通过，呈请总统任命之。

四、地方政治制度

1.省设监政会议，由中央监政会议指定委员若干人组织之，省党部主管人员为当然委员。

省监政会议之职权如下：

（1）通过施政方针；

（2）稽核施政成绩；

（3）审核财政收支及经费预算与决算；

（4）监督地方自治工作之进行；

（5）决议有关政治进行事件。

2.地方政府组织，省设省长一人，由行政院呈请总统任命之，县设县长一人，县以下仍维持原地方自治组织。

县政会议县党部应派员出席。

决议：交第五届中央执行委员会议定训政未完成之工作时，切实采用。

（六）确定救党救国原则案

李代表显庭等二十七人提

（民国二十四年十一月二十二日第五次全国代表大会通过）

目前时局之危险，及救国工作之不可缓，早为党内外人士所共识，救国乃人人应有之责任，而本党同志所负责任尤重，夫岂待言。然救国必先救党，使党有办法，而后救国方可期实效，否则党亡而国亦随之矣。下列三端，即为救党救国之原则。

一、为冲破目前危局，统一全党意志，集中全民力量起见，应授权于本党文武兼赅伟大崇高之领袖，使之统筹一切，全党同志，听其指挥。

二、训政尚未完成，立宪为时尚早，然为集中全国人才起见，可设一咨询机关，如参政院之类，或就其所长，分担中枢政务，庶才能之士，各有参与政事之机会，俾得共负救亡图存之责任。

三、为切实准备复仇雪耻工作起见，全体党员应立即武装起来，以为全民之先驱。

以上三项，不过略举原则，究应如何详细计划之处，尚希大会公决施行之。

决议：

原案除第（一）项交总章审查委员会于讨论总章时核议，第（二）项交政治组讨论外；第（三）项党员应受军事训练一节，原则通过，其办法留交第五届中央执行委员会拟定。

（七）本党为实现主义，完成革命复兴民族巩固党　应于中央执行委员会之下设置国民军事训练计划委员会

国民经济建设计划委员会地方自治计划委员会案（民国二十四年十一月二十二日第五次全国代表大会通过）

引文〔原略〕

（甲）中央党部应设立国民军事训练计划委员会案

1.理由

本党既以复兴民族为己任，然民族如何可以复兴，其方法虽有多端，而养成其抗敌御侮之精神与体魄，实为必要。中国内忧外患，于今为极，国民非不知爱国，政府非不欲抗敌，只以国防上之设备未固，全国民之意志未集中，国民军训亦未曾及早着手，假使一旦下令总动员，举国人民手忙脚乱，莫知所措，而军旅战阵之事，更茫然不知所从。故科等认为目前不欲救亡图存则已，苟其欲之，则非从根本上培养国民之复兴民族意识与能力不可。然训练培养若无统一之机关，则令出多门，其弊滋大，其效亦鲜。

2.办法

此种培养训练方法，即须于普通教育之外，加紧国民军训工作，应以大中小学校学生及一般民众为对象。其目的在灌输国民以民族思想，锻练其体魄能力，教以普通作战技术，及一切动员防卫种种军军〔事〕上应有之常识。其领导权，应属诸中央党部，由中央党部计划一切，授命于各级党部监督促进，而另假教育部及军事训练总监部之力，以协助其成，其办法由中央党部设置"全国国民军事训练设计委员会"，推举中央委员二人为正副委员长，以董其成，下设各种委员会，聘请专门人员分负其责，委员会职权，专门在设计方面，仍以现有之实施国民军事训练各种机关负实际训练责任。但须酌量改进其组织，整饬其内容，调节划一，同归属于本会，同时有监督考核之权，俾收指臂贯彻之效。如此则国民军事训练一切事宜，直接由中央党部计划监督，党部能实际负领导民族革命之责，同时藉党之普遍深入势力，得以达到真正民族复兴之目的。

（乙）中央党部应设立国民经济计划委员会案

1.理由

吾国处此外患内忧之非常时期，国家经济机构急需加以彻底改造，已为举国上下一致公认之事实。近年世界经济恐慌加甚，吾国所受帝国主义者之经济侵略亦日深；因国内外种种不安，中国旧有之封建的或新兴的私人资本之经济机构，实已摧破备至，不足以适应世界潮流与吾国环境。时人倡为国民经济建设之议，所以谋改革旧制重建一新的经济基础者，其意义实深且大，本党同志，不应忽视。经济改革之基本原则，总理已于民生主义遗教中，予吾人以正确之训示。然究应如何依据此种原则，以顺应此非常时期之具体办法，则非集合本党同志及国内经济专家，作精深之研究与致密之擘画，不能收效。如美、德、俄、意等国，均有所谓脑筋托辣斯之组织，或全国经济计划机关，以筹划监督其新经济政策与实业计划，成效昭著，举世皆知。吾国欲采计划经济，必有充分之准备，年来政府虽有全国经济委员会与资源委员会，但按其性质，一属于建设之实施，且在谋国际之合作；一重在国防之筹备，以偏于军事；对于全国整个的经济政策及实业计划之全部，则未遑兼顾。爰根据世界近例及吾国需要，提议中央执行委员会内增设全国国民经济计划委员会，以期实行计划经济，俾本党之民生主义，得以逐步实施，不在〔再〕徒托空言也。

2.办法：兹拟具详细办法如左：

（一）全国国民经济计划委员会，设于中央党部，受中央执行委员会之指挥。

（二）全国国民经济计划委员会，由中央执行委员会推选对于经济有专门研究之中委二人为正副委员长，指派党内对于经济财政有专门研究之同志，并聘请国内著名专家及经济界有实力之人力，共三十人至五十人为委员，共同组织之。

（三）全国国民经济计划委员会，为国民经济建设之设计，指导，监督及最高机关，担任下列职责：

（1）制定全国国民经济建设之详细计划及实施办法；

（2）与执行此项计划之主要机关，取得密切联络，随时指导其工作；

（3）监督此项计划之实行，随时注意其进展之程度；

（4）随时调查各地经济状况并进行各地专门研究，以备实行全国经济建设之参考。

（四）全国国民经济建设计划委员会，必要时可分下列各组，或增减之。

一、国际贸易国营组

二、金融统制组

三、粮食管理组

四、土地组

五、农业组

六、燃料组

七、盐业组

八、交通组

公路

航运

铁道运输

民用航空

电政

九、水利组

十、渔牧组

十一、矿产组

十二、重工业组

十三、轻工业组

十四、化学工业组

十五、商业组

十六、合作组

十七、中央财政组

十八、地方财政组

十九、战时经济组

（五）进行程序

一、该委员会成立于三个月内，按各组性质，着手将现有材料搜集完竣，并派员直接调查补充。

二、自第四月起，即须根据已有材料，拟定各项初步计划，其完成期以三个月为限。

三、各项计划完成由中央决定后，即由政府交有关机关执行，该委员会与执行之主要机关，须随时有密切之联系与合作，并策动其工作。

四、计划实行时，该委员会须长期监督，注意进展程度，及施行结果，俾可及时纠正，或另制新方案。

（丙）中央党部应置地方自治促成计划委员会案

1．理由

总理有言："民国人民当自为计，速从地方自治以立民国万年有道之基"。又曰："自治者民国之基础也，基础固而国固"。复谓："军政时期及训政时期所最先着重者，在以县为自治单位，盖必如是民权有所托始，主权在民之规定，便不至成为空文"。诚以地方自治为革命建设之初基，为民权主义之起点，固不容忽视者也。建国大纲第八条以至第十八条，关于如何实施地方自治一事，不特明定其纲，且详举其目，吾人当可覆按。本党第三次全国代表大会，且于十八年议决通过"确定地方自治之方略及程序以立政治建设之基础”一案，其要点曾有四项之规定。（从略）同年六月十五日，第三届中央执行委员会第二次全体会议，议决通过“完成县自治案”，对于进行程序，曾分期有所规定，并限于二十三年底以前完成县自治。内政部复拟具训政时期完成县自治实施方案，该部主管事务分年进行程序表，提经中央政治会议第二〇七次会议通过。同年五月立法院通过县组织法，九月通过县组织法施行法，区自治施行法，乡镇自治施行法。十九年七月通过乡村自治职员选举及罢免法，二十一年六月通过县参议会组织法，七月通过县参议员选举法。以上各项自治法规，均经呈由国民政府公布在案。由上所述，可知地方自治，不仅在总理遗教中，定为训政时期最主要的中心工作，即自第三次全国代表大会以迄现在，历次中央重要会议，亦无不以推行地方自治为讨论中心。然迄今训政将告结束，而事实上全国一千九百余县中欲求一达到建国大纲之自治程度能成为一完全自治之县者，盖杳夫不可得，更遑云完成自治之省。夫如是则训政如何能结束，宪政如何能开始耶？现在无论实行宪政与否，总之，地方自治工作，再不能延宕推缓，致失革命之基础。科等认为过去地方自治，未能如期推行之原因，一方面固由于国内变乱频仍，实际上并未完全脱离“军事时期”之色彩，一方面则推进自治之原动力，失去真正“党治精神”作用，亦不无关系。所谓党治精神者，非仅依照党纲规定发布命令之谓，必须由党部推动，由党员领导。换言之即须将官办自治，改为民办自治，将土劣自治，改为革命自治，庶几地方自治始有彻底实现之可能。基此原因，谨提议在中央党部内，成立一“地方自治促进计划委员会”，以综其事。因过去中央党部与地方隔离，党员与民众隔离，今后须党与地方、党与民众，能完全打成一片，地方党部一律秘密起来。凡属于地方自治范围内之合作组织，保甲、民练、乡村教育……经济建设种种工作，概由党员以党团方式参加骨干，中央上级党部课地方党员之成绩，即以其职业成绩为标准，使办党之人，同时即为各种职业之直接从事者。如是则党员不致成为特殊阶级之党官，而在党部指导下之地方自治，方不致落空，上级党部随时指挥监督考核党员之成绩，亦即所以此为促进地方自治之有效工具，既可使党的势力深入民众，又可补救官府不能直接监督乡村自治之缺陷，盖一举两得者也。

2.办法

（一）由中央党部成立一地方自治计划委员会，专司计划、研究、联络、考核、监督之责，综合各省各地实际情形，搜集党部报告，参照行政机关施行法，厘定详细规章，提请中央通令实行。由中常会推定中央委员两人为正副委员长，主持一切，另在部内及有关机关中（如内政部）与党外专家，聘请若干人为委员，分司其事。

（二）虽本委员会侧重在设计方面，自不能对行政机关有侵权行为，但既居于领导地位，即有建议监督及备咨询之权。最要者尤在调节党与地方行政之关系，即须使党员能以各地方从业人员之资格，负直接实行地方自治之责。地方党员所负的使命，即为实现地方自治工作。（如组织各种合作社，推进民众识字运动，发起试验稻种，改良办理保甲、清查人口、修筑道路等等具体工作）而上述之设计委员会，即所以计划、考核并调节党与行政机关间之关系也。

（三）委员会限于一月内成立，三月内完成详细计划案，提请中央颁布施行，并随时监促之。过去中央所颁布之分期施行案，既未实现，今后即须由本会从新拟定，分别缓急先后，限期实行。其实行方式，不必仅恃由上而下之行政机关一纸空文，必须由下级各种职业中之党团，分负其责。故委员会又必须与党部密切合作，始能收尽□运用之效，此种分别先后缓急之“进行程序”工作，即由委员会商取党部与行政机关之意见而执行之。

（四）依照建国大纲第八条之规定，完成地方自治既有一定条件，故应在本委员会下，设立各种指导委员会，以分司其事。如（一）自治机关组织指导委员会（如关于县组织与区自治组织及乡村自治组织参议会乡村评议会等），（二）民众自治运动指导委员会（如乡村自治职员之行使四权运动训练事项），（三）人口清查指导委员会，（四）土地测量指导委员会，（五）地方保卫指导委员会，（六）各种合作事业指导委员会，（七）改进农村生产指导委员会，（八）改进地方教育指导委员会……等等，各参考各主管机关组织法令，详密计划，以党政两方面之力，促其实现。

上述种切，不过其大凡耳。总之地方自治之须及早实施，乃政府与人民之共同要求，科等提出此议，其要点乃在使中央党部，在此时期中，对地方自治能为整个计划，同时须以党的力量，推进地方自治，利用党员以地方从业员之资格，负实际地方自治之责。如是而党部与地方打成一片，党员与民众融为一体，则党之革命基础确立，地方自治自赖以逐步推进也。

上列三案，关系国家兴衰，民族存亡者极巨，所陈各节，不过撮要言之而已，修正补充，端赖同志，是否有当，应请公决。

决议：原则通过，交第五届中央执行委员会于改订中央党部组织法时采用。

（八）今后海外党务应如何改进案

李代表显庭等25人提

（民国二十四年十一月十八日第五次全国代表大会通过）

查海外各地党务年来虽互有进展，然困难之点亦层出不穷，如经费无着，人才缺乏，工作无中心，上级之指导监督未能集中等等，几成一致之感觉。今后海外党务应行改进之处，略如下列各端：

一、中央对海外党务之指导监督，应设立一专会或专部，以免纷歧。

二、海外各地，应仿照国内各省办法，分区设特派员，以便就近指导。

三、照旧例按月津贴海外各地党部经费。

四、以宣扬祖国文化，普及华侨教育，联络当地国族感情，为海外各级党部中心工作。

五、恢复中央政治学校华侨训练班，或由中央专设一海外党务工作人员训练学校，以期造就党务人才。

六、增加国际宣传经费。

七、注重华侨实际利益，务使党的力量深入华侨。

八、海外各级党部，在未设使领地方，应负责国际情报工作，如已设有使领地方，则辅助使领馆人员施行之。

右列各项，是否有当，应请大会公决之。

决议：原案除（一）（二）两点留待总章审议委员会合并讨论，第三点已有专案决定外，其第四、五、六、七、八各点原则均通过，并交第五届中央执行委员会。

（九）统一本党理论扩大本党宣传案

河南省党务特派员办事处提

（民国二十四年十一月十六日第五次全国代表大会通过）

理由：查本党革命之目的：在求民族生存，民权发展，民生乐利，今者外侮频仍，国难未已，人心涣散，思想繁杂，戴季陶先生云："共信不立，互信不生；互信不生，团结不固"。可见吾国事之败坏全由于人心之涣散，而人心之涣散，乃由于共信之不立。故统一理论，实为拯救目前颓局之惟一良药；而扩大宣传，又为阐扬主义，统一理论之惟一工具。谨将统一本党理论及扩大本党宣传办法，分陈如下，以备采择：

（甲）关于统一本党理论者

一、由中央负责编辑党义专书，并严厉取缔曲解三民主义之著述；

二、严厉取缔鼓吹阶级斗争之谬说；

三、厉行党义著述奖励办法；

四、各机关各学校各团体，均须组织党义研究会讲演会等；

五、确定新闻政策，严厉取缔反动宣传；

六、凡关于文学社会科学之一切著述，均须以本党主义为原则；

七、对时事宣传，应先由中央决定标准，颁发遵行。

（乙）关于扩大本党宣传者

一、扩大国际宣传，以期世界各国真确认识本党主义及政治情形；

二、利用无线电及电影，以宣传党义普及教育；

三、各级党部，除运用所属机关以尽量发挥宣传力量外，对于有关宣传之各种组织，均应与之联络，使为本党宣传；

四、对于人民团结之宣传，应使负有宣传责任之同志，深入民众组织中活动；

五、为使宣传普及一般民众，应斟酌当地风俗习惯及民众知识程度，采用各种通俗宣传方法。

决议：原则通过，交主管部参考。

（十）确定文化建设原则与推进方针以复兴民族案　陈代表石泉等22人提

（民国二十四年十一月二十一日第五次全国代表大会通过）

说明：文化建设之振废，关系于国家兴衰民族存亡，至深且巨，此乃人人所不能否认之事实也。我国古代虞夏商周文物相承，汉唐而后教播绝域，国家民族所以长治久安，不为外族颠播，而能同化万方也。近世以来对于文化事业，不陷于抱残守阙，故步自封，即盲目前进，自蹈绝路。本党执行之后，抑尝关心于文化之运动，然又囿于摧陷廓清，徒重消极的工作，而忽略于积极的："把我国固有文化从根救起"与"吸收外来文化，融会而贯通之"之伟大树立。以故社会顿成纷纭，矛盾，错综，复杂之现象，青年无中心动向，而徬徨而没落。际兹国际风云险恶，民族国家生死关头，苟再不有建立以唤起全国民众集体之意识，窃恐文物衰颓，日就颠蹶耳。爰特拟具"文化建设原则与推进方针"数则于后，敬请大会确定施行。

甲、文化建设原则

一、确定三民主义为中国文化建设运动之最高原则。

二、应针对时代需要，务期中国革命文化之建设与国民新生活之创造，相为辅车。并以发扬光大中国固有之文化与吸收外来文化，为文化建设之中心工作。

三、消极的肃清与纠正封建思想，阶级斗争，颓废习尚，奴隶自弃之观念。积极的发扬民族精神，提倡科学知识，促进集团统一之生活，磨练伟大创造之毅力，开展人生服务之目的，以为文化建设之范畴。

四、在国家政治社会经济之建设上，辟除阶级奋斗与自由竞争之主张，而遵照最高原则，实施统制运动，以为文化建设之趋向。

乙、推进方针

一、中央应设文化委员会，主持全国文化运动之推进，与其事业之发展。并在该会之下，广罗人才，设置各项事业设计委员会，以统筹文化建设之工作。

二、分别划定全国之重要都市与著名乡村为文化中心区，以为文化建设之实验区域，而谋逐渐推广其运动。

三、对于中外合组之文化基金委员会，应由本党负责，分别改进其组织上之运用，并统筹与稽核其现存文化用途上之经费，务使适合本党文化建设之宗旨，且拨定的款为今后文化建设之经费。

四、由中央文化委员会筹备召集文化界领袖，举行全国文化建设工作讨论会，计划工作之推进。

五、尽量扶助全国各文化团体，文化刊社，或对文化有贡献之新闻纸，戏剧，艺术等组织，与努力文化事业之人物，并策进其工作。

六、对于各项文化事业，应分别设法采取统制运动方法，移使适合本党建设原则，而向前迈进。

七、设置文化事业各项奖金，奖掖对于文化事业特有贡献之人才及团体或机关。

八、设置各种学术研究组织，提倡笃实精进及独立自尊之美德，确立创造文化，服务人群及贡献民族之信念。

九、设置或扩充原有之大规模编译机关及出版机关，介绍现代思想，阐明国际情势，吸收外来文化，纪述国内事情，作有系统之学术编述，以不背民族立场，不害民族健康为目标。

十、扩充民族文艺运动，消灭普罗文艺、封建文艺及颓废文艺之流传，并奖励民族文艺之创作。

十一、为转移一段社会风气，提倡以礼义廉耻为中心，以革新国民之生活习惯。务使在个人生活上以勤劳简朴整齐清洁为基准，在集团生活上有负责任重纪律信仰领袖服从团体之美德。

十二、为奠立民族复兴之基础，尽量提倡国民体育，传播健康智识，以期扫除文弱，养成刚劲勇敢之气概，增进自卫自强之能力。

十三、扶植国内电影事业，及扩展电力播音工作，并注重发展国际宣传事业，务期以民族利益为依归。发扬我民族文化之精神，以巩固中华民族之基础。

十四、对国内固有之文化事物，或与文化有关之历史遗迹重大设备，应设法整理，妥加保护。

决议：原则通过，交国民政府核办。

（十一）提请在国难严重时期应集中一切力量充实国防建设案 杨代表锦昱等21人提

（民国二十四年十一月二十二日第五次全国代表大会通过）

（一）理由

巩固国防，充实军备，为现代国家争生存所最注目之事件。我国积弱既久，国防空虚，造成今日国难非常严重之局面，主要原因不外三点：（一）国民经济枯涩，国家财用不足；（二）军事上可利用之技术等人材，从未集中，闲散荒废者尤多；（三）现时各地建设不辨轻重缓急，所有措置，大半糜费。然则今后国防建设，亟应针对三点，拟制具体方法，认真施行，方能期于有效。

（二）办法

甲、减缩骈枝机关。现在中央与各省地方，凡性质类似之事业，能由一机关主持办理者，不必分离设立，其已设立者，即予裁撤合并，则事业不停，耗费可减。若因扼于实际需要难予撤销者，亦应极力紧缩范围，以求撙节。

乙、各省市政建设，无关急需，可予缓办者，不得藉口繁荣市政，有所修筑。例如马路辟建，房屋改造，公园设立，以及一切不急之需，一律停止，以免浪费。

丙、所有撙节经费，应尽量提拨购置飞机，潜艇，重炮之用。

丁、核实现有军费支出数额，绝对厉禁军事虚掷，确定常年□拨岁收一万万元，为国防建设费。

戊、筹设钢铁厂、汽油厂、飞机制造场。

己、征收人民娱乐捐，拨充国防设施费。

庚、成立边疆调查局，分二组：（一）派遣富有方舆知识及军事经验人员，驰赴各边境，调查军事要地，统计记载，以备利用。（二）派遣有测量技能人员，分往各边疆，实地测绘，确立经界，杜绝国界不明争执。

辛、沿海各县县长，拣选富有新知识之军事人材，由省委用，责令担负军事上一切设施责任。

壬、成立军用理化制造场所，集中理化人材，从事一切物理化学军需品之制造。

癸、成立军需品统制机关，除理化品制造场所外，凡闲散有军需知识人员，悉数录用，分发各地方，帮同各地政府，从事军需品有关物产之调查，统计与管理。

右述充实国防办法十条，是否有当，敬希公决。

决议：

办法甲项交国民政府斟酌办理，其余各项均交国民政府转各主管机关参考。

（十二）全国厉行节约集中生产案　周代表杰人等22人提（民国二十四年十一月二十一日第五次全国代表大会通过）

窃惟生之者众，食之者寡，为之者疾，用之者舒，此生财之大道，亦治国之常经，古今中外，悉无二致，故开源须与节流并重，生产须与消费均衡，此在平时犹然，而值国库空虚，民生憔悴之时，尤为需要。昔卫文公承用弊之余，一面布衣帛冠，示民以俭，一面务财训农，通商惠工，以增加国产，用能挽社稷于垂危。德国大战之后，全国至于无黑面包可食，势穷力蹙，几濒于危，卒以全国厉行紧缩，集中生产，数年之间，复臻大振。今吾国当此国难日深民穷财尽之秋，自应遵循往训，借镜他山，从经济上以求打破难关。然而考之实际，则举国无紧张之气象，到处有松懈之颓风，财力人力物力三者，浪费实多。入超与年俱增，奢侈品装饰品占数极多，此财力之浪费也。机关多骈枝，人员多冗滥，朝有生糜廪粟之闲官，野有舍业而嬉之惰民，登庸之规未备，人不得尽其才，教育之方不良，学不能致其用，此人才之浪费也。铺张表面，习尚奢靡，会议多而实行少，费力多而成功少，有名无实，有始无终，有说无做，有表无里，做官必兴修衙署，举事必先立机关，建设未尽关乎民生，施政不能适应需要，此物力之浪费也。然浪费虽多，使生产之力足以应之，犹无伤也。顾吾国生产力何如乎？农村已形破产，都市亦趋萧条，固有之农业手工业，既无法维持，新兴之工商业又不足以继其后，货弃于地，力不出身，粮食亦仰舶来，日用莫能自给，消费超乎现代，生产犹囿于陈规。且也经济无统制之方，产销失均调之道，地自为政，人自为谋，组织复杂，力量分离，纵有少量生产，亦无整个计划，朝不谋夕，得不偿失。他国丁此国难，全国人民工作十小时犹虞不暇，而环顾我国上下，则嬉游如故，泄沓如故，酣歌恒舞，烟酒吃唱如故，百废待兴而莫兴，万事须办而未办，生产云乎哉。夫以此有限之生产，供彼无穷之浪费，源既不能开，流又不能节，此种现象，适为生之者寡，食之者众，为之者舒，用之者急，如此而欲挽救穷困，又乌可得乎？此在平时犹不可，矧当内忧外患之今日乎？为今之计，窃以为全国励行节约，集中生产，实为今日救国之不二原则，语其办法，则有下列数端：

甲、关于节约者

一、凡全国各机关，无论中央地方，其性质相类似，范围可归并，或虚有名义，无事可办，或徒备一格，本不需要者，一律分别裁并，并规定各机关人员组织，凡在规定外之冗员，一律裁汰。

二、中央及各地方举办事业，均须分明缓急，凡无益于国计民生者，一律停止，严禁奢筑衙署，及兴修寺庙。

三、重行厘订全国文武官吏薪给，一律以生活为度，并订定条例，限制其私产。

四、政府实行统制国际贸易，限制洋货及奢侈品入口，并一面严格限令全国公务员党员服用国货，去奢崇俭。

乙、关于集中生产者

一、政府实行统制国内生产事业，厘订生产计划，并订定生产奖励及限制私人投资之法令，尤须注意生产力量应先行集中于一般民众日常生活之必需品，使不感受缺乏。

二、举办全国职业登记，任何人物无论贫富，其无职业者一律强迫工作，政府举办建设事业时，并得采用征工办法，人民均有为国家作工之义务。

三、地方政治考成，以生产建设为中心，教育以适应生产为原则。

是否有当伏候公决。

决议：原则通过，所拟办法交国民政府参考。

（十三）请积极发展民营工业以充实国力案

徐代表庭瑶等21人提

（民国二十四年十一月二十二日第五次全国代表大会通过）

理由：查重工业为现代立国骨干，一切工业发展之基础。所谓重工业，即制造钢铁、机器、电机、燃料、船只车辆、飞机、军舰、金属原料，国防用具，交通器材等工厂是也。帝国主义者悉以重工业为其侵略之工具。

重工业欲谋积极发展，端在运用民间财力，奖励民营，政府无力自办，此欧美各国皆然。我国为从事经济建设，应速完成重工业，中央予以指导，令各省分别举办，以民营为主，或官民合办以助成之。就国防上言之，重工业尤为重要，依欧战之先例，参战各国总计所用军费，约为七百万万英磅（合国币一万万万余元1000000000000）大半消耗于武器弹药机械器材等项。各国平时倾全国之财力，不能储备如许巨量之作战消耗品，且又为国家经济原则所不许，但应乎国防之需要，平时不能不有所准备。准备之方法，即发展民营重工业，使战时全国工业能以动员，以供给临时之需要，国家如无重工业，更不可以言国防。

办法：

举办重工业，需款极巨，如赖现款举办，事实甚难。查德国重工业家，近以机器出产过剩，销路困难，而该国日用必需品之原料，有须向外购办者，但无现款。欧洲各国，对德不合作，现德工业家甚欲与我经济提携，即供给我国各种机器器材，邦助生产，可以生产品作价，以偿机器价值，或以其他机器代偿价值，或分期付价均可，而对于官民合办之企业，尤愿表示合作。以中国原料劳力极丰之国家，外人无不乐于投资，实业当局，如认识重工业为当务之急，筹办实易。

决议：交国民政府。

（十四）西北国防之经济建设案

（民国二十四年十一月十八日第五次全国代表大会通过）

引文〔原略〕

甲、重工业计划案

（一）煤炭　西北煤炭储量，陕西一省，已达九百余万万吨，约占全国总储量（三千余万万吨）三分之一，他如甘绥两省所藏，亦有二百万万吨之谱；新疆所储，虽无确实统计，而每年所产，亦不下十万万吨，宁夏每年约产六千余吨。兹将其出产情况及将来开掘之计划，分述如下：

陕西产煤区域及其产量（表一）

县	位置	产量	备考
府谷	县治东北郝山村地方	月产一九，五〇〇担	农矿公报载
神木	县治正西神树沟村一带	月产一五，六〇〇担	同
榆杜	县治东西梁家山乡一带	月产五，〇〇〇担	同
横山	县治东南波罗堡一带	月产六，七五〇担	同
延川	县治西北永年镇一带	月产一，一七〇担	同
肤施	县治东北白家牙村	月产五四〇担	同
朝城	县治龙门峪沟		同
中部	县治正西柳树村	月产九〇〇担	同
白水	县治东南冯富庄	月产三七，〇〇〇担	同
耀县			
同官	县治东南黄堡镇一带	月产七，二〇〇担	同

据以上记载，知陕北及陕中各县，几于无处不有煤矿，其可供开采，便捷且易收效者，厥为同官及朝城煤田。查朝城煤田，可采量约有七七万吨，煤质为上等烟煤，适于炼焦，而煤层倾角颇平，开采极易。宜于同官朝城各设煤炭公司，同时进行采掘。

煤产之次要区域，当推绥远省，归绥附近之大青山各矿，其最大及最有价值之矿产，起自包头东北，以至万家沟一带，再东则渐少。西部煤质，多含有石油，东部者则系石炭，或无烟煤，兹附表（二）以说明其种类，产地，及产量各情：

绥远藏煤详表（表二）

种类	埋藏地	储量
含油质者	一、水涧沟	
	二、巴图沟	一，三〇〇，〇〇〇，〇〇〇吨

三、五常沟　一，三〇〇，〇〇〇，〇〇〇吨
四、珠儿沟
石炭无烟炭　五、大西沟　六五〇，〇〇〇，〇〇〇吨
六、万家沟
共　计　一，九五〇，〇〇〇，〇〇〇立

以上各地，现在虽有以新法开采者，然规模太小，且以运输不便，殊不足以论其国防价值。按各煤田，煤质极佳，有烟无烟，兼而有之。若能大规模开采，则可因化学工业之并进，解决现在入超最巨之燃料问题，其功用固非仅工业的利益也。计宜在万家沟设立国营煤矿公司，并修筑运煤铁路至包头，与包绥路衔接，万家沟至包头共五六十里，修筑铁路，所费无几。

除上述二大煤区，施以大规模开采外，其余储煤各地，则应按照需要，兼作小规模之开采。

（二）石油　依各专家估计，我国储油量不下十三万万桶，按现在之消费率计可供三百年之用。其中陕西省油田，位于省北延长，肤施，延川等县，虽对其确实数量及价值，颇多争论，但以各产油国家之史实观之，自以进行大规模钻探为宜。并应利用地震仪，及扭秤等地性测定仪器，俾得大油源所在，立即策划开采制炼。诚以需用迫切，漏卮巨大，有不容吾人缓息者。

此外甘肃新疆均有发见，甘肃油区分布地带，则西起燉〔敦〕煌，石门，东至酒泉，张掖，山丹等，而积甚广。其自然流溢地面者，往往有之，专家化验，认为成分极佳。新疆油区，在库车，新乌苏，绥来，迪化，塔城诸县，与俄属土尔其斯坦之弗克纳油田相接，现虽无较确之调查报告，但以弗克纳油田推之，常有绝大希望。新甘油区，同应与陕西油区，开始钻测，至少亦应分期计效，逐步完成。

（三）钢铁　今日工业发展之程度：国无轻工业者贫，无重工业者弱。钢铁为一切工业之本，各国方在竞求自给。我国储铁

量，约计九万七千万吨，而每年消耗钢铁原料，总约六十万吨，大半赖于他人。今若不谋奠立国防及经济基础则已；否则西北各省，铁矿甚多，为应国家根本及急切之需要起见，急须择所藏较富区域，作大规模之开采。兹将西北各省储铁情形，及开采制炼，述之如下：

陕西南部沿秦岭大巴山脉，铁之蕴藏量，现由当地人民以土法采掘者，其产量如下：

陕西各县铁产量表（表二）

县名	矿名及位置	产量
雒南	东南庾家河	月产（16年）熟铁一五〇〇担
洋县	正北黑峡镇正大户子沟	熟铁八八四担
镇安	正东铁厂铺一带 麋黑沟（国二十里）铁掌铺	月产熟铁一二〇〇担
西邮	东南上高川洋缓本竹坝，新东坝，老曾坝，米家山等	月产熟铁一〇〇〇担
凤县	西南狮子沟，老厂长坪，铁龙泉，大石岩，九子山等	月产熟铁四五〇担
留坝	东河，叶子厂，江口，白岩河	均已开过
佛坪	袁家庄铁厂（三家）	
略阳	黑木林，红铜坝，老人坝，铁厂坝，大瓜桥等	

甘肃产铁各县，据查两当县之大山地，有铁矿之面积，一百二十余万公亩，南乡太平里有铁矿之面积，一百二十余万公亩，徽县四家河铺有铁矿之面积，七十三万余公亩，南乡梁家后沟，有铁矿之面积，二十四万五千余公亩，成县南乡赵家铺，有铁矿之面积约三十二万九千余公亩。附近其他各地产量亦多，惟无详细数字，姑不列。其成县南乡铁厂年产额，约二千吨。至于成色则

石门沟，双峡沟，二处铁矿，经北平地质调查所化验报告：该二处苗矿，计含养化铁百分之七十三以上。查两省产铁区域，紧相毗连，为便于大规模之开采，应在该区域之中心地凤县；设立西北国营钢铁厂，与各储铁区域联以轻便铁道，更应将已计划之同成铁路西汉段（西安至汉中），于最近期内先行筑成。盖此铁道对于凤县钢铁厂之建设，有直接关系。且陕南农作物，亦可得该路输出。再者，上述产铁区域，更有金银铜硫黄石棉石炭石墨及其他五金矿产。石炭固为炼钢厂必须之燃料，自宜同行采掘，以资应用。即其他如石墨五金等，亦为军械制作所不可少者，就中石墨质量特佳，尤应统筹。

（四）机械　若欲吾国踏入工业化之境地，建立经济及国防之基石，则必须于建设钢铁工业外，同时致力于机械工业。今既宜于凤县设立国营钢铁厂，似宜就其附近建造大规模之机械工厂，以应轻重工业农业以及军需品之急需。其较详细计划，祈参看附件一。

乙、化学工业计划案

查酸碱工业与汽油炼制等，乃工业基本，亦国防急需，兹依西北各地实际情形，将各业略述于后：

一、酸厂　磺为制酸原料，陕省，蒲城，白水，澄县，洛河沿岸产量极丰，现在居民多用土法提炼，年约数千吨。查酸类进口，据二十二年海关调查，其价值为三百五十余万元，今后自必逐渐增多，宜由政府设厂，俾供给染料肥料等之需求；并奠立军需化学品之基础。

二、碱厂　陕北神木县长城以北，有天然碱田约二百顷，所产约含纯碱在百分九十五以上，其收取容易，纯任天然潮生，稍经提炼即可备用。现在产量，以投资过少，年仅二万余锭，每锭约重一百公斤，行销陕北及山西一部。查列强业碱者只二十余家，而其取用原料，绝未有如我之易者。诚宜将该地碱场，尽量扩充，制成氢氧化钠（烧碱）炭酸纳（纯碱）等，以供应求。详细设计，自应由专家详勘该地情形后计划之。

三、棉籽制油厂　在未来战争中，油比血液，为不易之名言。除原油之发掘外，宜充分注意代用品之实验，年来西安绥靖公署，曾援助若干专家，对此有所努力。比较可靠之成绩，为以植物油用氢化法，使其油类中成分变化，去炭加氢，其分子组成比重发火点，经过十数次之实验，均与石油制出者相近。按所用原料，系采取陕中出品最多之棉油籽，及秦岭区域之桐漆实粒。兹请特设工厂，以应急需，其较详之设计，祈参看附件二。

丙、制药厂计划案

按西药原料，全仰国外输入，据近年海关报告，每年恒达三千万元，诚可惊人。一旦国际战争，来源断绝，则民族卫生，势必遭受绝大威胁。

查西北生药产量，几占全国之半，若果设圃栽培，专家研究，开厂提制，前途极有把握，应于最近期间完成此厂，其详细计划，请参看附三。

丁、建筑咸韩铁路计划案

西北军需工业之建设，既如前次计划，为谋一切轻重工业所需燃料及原料之联络运输起见，则修筑咸韩铁路，实为要图。此线以咸阳为起点，泾阳，三原，耀县，同官，白水，澄城，邵阳，以达韩城。经过各县如：泾阳则产棉，同耀产煤，同官之瓷业，白水，澄城，韩城富煤矿，尤以韩城之煤量多而质纯。且渭北全部，农产甚丰，麦为大宗，将来若更自韩城北展，以达延长，不但延长，延川，所产大量石油，可资运输，全部国防上亦为陇海主要支线。是该路之重要，不啻政治经济军事三者协调之路。查咸阳至韩城，约计华里四百余里，沿线所经，尽为黄土层地区，并无高山大山之阻隔，故铁路建设，工程当不艰巨，至筑路经费，预计八十五磅标准轨敷设，每华里约需洋二万五千元，以全线四百里计，共约需洋一千万元。将来修筑时所有土方及运输工程，全以工兵担任，其所需当可减少。拟请本大会议决，转由政府即速筹资兴筑。

且此路西安经咸阳、三原、耀县、同官一段，为总理实业计划西安大同线之一段，总理曾一再说明，此线经过陕西有名之煤油矿，及山西西北煤田之全部，是该路之重要性，益可证明。

附件一、西北机械工厂计划细目〔原略〕

附件二、制油厂计划细目〔原略〕

附件三、制药厂计划细目〔原略〕

决议：交国民政府转饬主管机关分别从速核办。

（十五）请兴筑滇省通江通海通缅铁道以应国防需要而辟经济泉源案 李代表培天等23人提

（民国二十四年十一月二十二日第五次全国代表大会通过）

滇省僻在南陲，介于英法，森林丛茂，矿产富饶，当国防冲要，具经济泉源，洵救亡图存，复兴民族之根据地也。徒以山脉绵亘，川流错杂，交通阻隔，发展维艰。以言国防，则内与两粤川黔接壤，而呼应不灵，外受滇越铁道挟制，而出入不便。以言经济，则矿藏无力开发，物产无路运输，坐视货弃于地，宝蕴于山，而一筹莫展。丁此中日战祸一触即发之秋，沿江沿海，随时有被封锁之虞，交通关系国防至巨，为适应需要，除提早完成滇黔公路，确有及时兴筑川滇线滇钦线以通江海之必要。一旦中日战事延长，大宗军用品，非来自欧美不可，国际海运途径既欠安全，国际路运之西伯利亚铁道，复以间隔，不能利用，万一法不允我假道越南，则兴筑滇缅线以利运输，益为目前当务之急。为国防需要计，应请兴筑滇省通江通海通缅铁道者一也。谨按先总理手订西南铁路系统之川滇滇钦滇缅三线，即滇省通江通海通缅三铁道，均占国防经济重要地位。通江线成，则水运畅达，沿江各省陆运衔接川汉等线，与华中华北指臂相连；通海线成，则既可由剥隘藉珠江水运，直达广州，复可与粤汉、广九、株韶各线，首尾相应，通缅线成，则不虞强敌扼我咽喉，英美军需，可源源而来。且不仅西南数省，脉络贯通，经济可以尽量繁荣，国防可以周密布署，而救亡图存之根本大计实系于此。为复兴民族计，应兴筑滇省通江通海通缅铁道者二也，查通江铁道，起于云南昆明，讫于四川坝圩，约七零五公里；通海铁道，起于云南昆明，经广西百色而讫广东钦县海峰，约长一七零零公里；通缅铁道，起于昆明，讫于蛮允，全在滇境，与英人所筑至八莫之铁道衔接，约长八七零公里，合计约长三二七五公里。沿线山水杂沓，迥异平原，估计兴筑用费，每公里约需国币五万元，然仿照京芜路之购料兴筑方式，则材料费可省若干。又除四川、广西、广东境内，可否利用公路路基情形未详外，滇境以内，皆可利用公路路基。计通江线公路已成者三三六公里，通海线公路已成者四零一公里，通缅线公路已成者四二八公里，合计一一六五公里，关于削平山径，堵塞水流，敷设桥梁涵洞等工作，均已就绪，循此兴筑铁道，又可节省费用时间不少。况历年商贾行旅，耗于滇越铁道之运费又过境税者甚巨，欲求富源之开发，经济之繁荣，非解滇越铁道之束缚，杜塞漏卮不可。为辟经济泉源计，应请兴筑滇省通江通海通缅铁道者三也。至若权衡三线兴筑之轻重缓急，则为使西南半壁与中原呼应灵通，免除法人铁道侵略，并期富源开发，经济繁荣，通江通海两线，似较通缅路线为切要；而预防海口为敌封锁，则滇缅铁道之需要尤切。总之，上述三线铁道，虽无一不涉及滇省，然兴筑功效，动系全局安危，并非滇省自便私图，且绝非滇省财力所能办者。事关救亡图存，应请中央主持一切，俾早观成。谨附兴筑滇缅通江通海通缅铁道计划简表（表略）提请公决。

按京芜铁路系向外商购取旧铁轨敷设，故工料价值较省，附此注明。

决议：交国民政府办理。

附注：本案系与孙委员科等23人提速筑成广（成都至广州）沙昆（长沙至昆明）两铁路为西南之交通中心，赶修同成铁路）(大同至成都)及陇海铁路西兰段（西安至兰州）为西北之交通中心案，经经济组审查合并提出。

（十六）请促政府于民国二十五年年底实行整理新盐法案　方代表青儒等24人提

（民国二十四年十一月十八日第五次全国代表大会通过）

理由：

吾国盐务，因袭亡清旧制，以专商垄断，弊窦百出，黑幕重重，互相勾结，食弊者众，至今已成积重难返之势，非根本改革，不足以裕国税而利民生，此稍有常识者类能道之。自本党执政以来，十七年全国财政会议，即决议以就场征税自由贸易为原则，先从整理场产划一盐税入手。十八年六月本党二中全会更决议："财政部应于十八年内制定整理盐法，减轻盐税，剔除积弊，调节盐价各项计划，负责执行"。十九年五月立法院遵照总理民生主义及本党最高权力机关迭次决议案，起草盐法三十九条，二十年三月经立法院大会修正通过，同年五月经全国国民会议决议，交国府克日公布施行，国府于五月三十日公布之。去年五中全会复通过限期实行新盐法案。新盐法中最重要原则为"盐就场征税，任人民自由买卖，无论何人不得垄断。（盐法第一条）"此原则完全适合，总理民生主义，现行引□制度，如同厘金，为吾国最不良的税法，早为全国人民所诟病，除食弊者流，盐专卖商及与专商直接或间接有关系者外；全国国民，无不主张克日施行新盐法，应请大会催促国府限期施行，以利民生而除中饱，是否有当，敬候公决。

办法：

一、由国府令行政院

1．于二十五年六月以前完成各场坨建筑工程及整理场产工作。

2．平均税律，分三期施行，二十四年十二月实行第一次均税，全国食盐一律每一百公斤征税十元（查去年全国食盐平均税率每市担约合五元，合每百公斤十元）；二十五年十二月实行第二次均税，每百公斤征税八元，二十六年十二月实行第三次均税，每百公斤征税五元。

3．于二十四年十二月起，废除长卢山东之垄断专商，恢复人民买卖食盐自由。

4．于民国二十五年六月废除两淮两浙之垄断专商，恢复人民买卖食盐自由。

二、除税率分期平均外，限于二十五年十二月实行整个新盐法。

决议：交国民政府饬主管机关于二十五年底起分区施行新盐法。

附注：本案系与龚代表德柏等21人提增加税率实行新盐法案及严厉革除盐商侵占之国税增加国库收入案，经济组审查合并提出。

（十七）关于积极推行本党土地政策案

（民国二十四年十一月十九日第九次全国代表大通会过）

（一）萧代表铮等二十四人提：积极推行本党土地政策案，（二）周代表伯敏等二十七人提：设置土地银行流通金融复兴经济案，以上两案经经济组审查合并提出。

决议：

（一）通过积极推行本党土地政策纲领五项如左：

一、实行土地统制，以便调整土地分配，促进土地使用，而利整个国民经济之建设；

二、迅速规定地价，实行累进之地价税及增值税，以图平均人民之负担，充裕政府之收入；

三、实现“耕者有其田”，以谋改进农民之生活，增加农业之产量，兼以巩固农村之组织，奠定民族之基础；

四、促进垦殖事业，以扩大可耕之面积，增加国家之富力，兼以调剂人口，充实边疆。

五、活动土地金融，以调剂农村经济，取缔高利贷，扶植自耕农，增加农村资本，奖励土地生产。

（二）萧铮同志等提案所列设施办法：“甲、成立中央地政机关”，“丙、设置中央土地银行”两项，原则通过，交民国〔国民〕政府从速筹办，乙项“设立军垦及垦实民验区”，交第五届中央执行委员会转交主管及关系机关会商办理。

（三）周伯敏同志等提案并送国民政府。

（十八）请改良兵役制度实行征兵案

徐代表庭瑶等二十七人提

（民国二十四年十一月十九日第五次全国代表大会通过）

军队之组织，主要者为兵，兵役制度之良否，关系国军之实力至巨。查征兵制为世界多数国家通行之最完美制度（日、俄、德、法、意、土、捷克、波兰……等国皆征兵制），我国应即早日实行，兹将其重要性及理由分述如左：

理由：

（甲）为应现代战术之需要，补充兵战时非有大量不克，欧战时德法两军，有步兵一团士兵阵亡达一万五千余人者，但双方对于兵之补充，尚不感缺乏，因德法系用征兵制，每一步兵团皆有二万以上之后备兵，能以陆续补充，募兵制则无此项巨量补充兵之储备，为就战时需要，应实行征兵制。

（乙）国家欲增进人民爱国责任，在使人民对国家有直接之切身关系，征兵制人民有供献生命于国家之义务，故爱国心不得不因而发生，且使人民对于国防军备之重要，尤能彻底认识。

（丙）国际战争，作战人员，赖全国人民共同担任，非政府所能包办，此世界各国皆然，募兵制兵员之准备，系责令政府包办性质，而募兵在事实上现在已属异常困难，人民不愿应募，法律上不能迫其服兵役，国家处危急存亡之交，而兵无人肯当，非急极改善兵役制度，不足以应目前之需要。

（丁）增加军队质量，在有良好素质之兵，募兵制度之素质低下，军队质量，难求根本普通良好。

又现在战争，为科学战与技术战，技术兵需要之程度甚高，需要之人数亦多，此项技术兵，亦赖征兵制度实行后，始可选出以应需要。

（戊）国家兵役制度，应视对象国而决定，中国之对象国，悉系征兵制国家，我国兵役法，如不能另较征兵制完善时，则应采取征兵制。

综上之理由，我国整理军备，先决问题，则在改革兵役制度也。

办法：

（一）请先以一两师指定管区，责令督率该区各县，限期完成户口调查及管理人民居留证等事，同时完整所要之营房，俾先期试办，求得经验与完善办法。

（二）在军政部内设一兵役司，尽量搜集各征兵国之兵役法，及施行细则，以为实施之参考，并召集实行征兵部队长官，详细讨论实施办法，决定后向该师管区内人民公布。

（三）实行征兵之师，同时试办军需独立，及军官人事纳入轨道办法，以为改善国军军需人事制度之准备。

（四）第一期举办系属初创，办法尚难臻于完善，预定在实行一期后，按事实上之适合，决定永久兵役法，公布全国实施。

决议：

关于兵役法，国民政府业于民国二十二年公布，本案之办法，交国民政府转饬主管机关切实推行。

（十九）青年党员应急施军事训练案

（民国二十四年十一月二十二日第五次全国代表大会通过）

理由：查训政时期约法，凡国民有服兵役之义务，本党党员，负有救护国家之重责，尤应站在国民最前线，以为人民之表率。当兹国际风云紧急，强寇侵凌日甚之时，吾国自有急谋准备，应付世界大战之必要。因此人民必须受军事训练，使其有相当军事常识，随时皆能临赴战场服役。惟征兵制度，一时未克实行，在我国未实行全国征兵制以前，本党党员凡在二十岁至四十五岁者，应限于一年内全体施以短期军事训练。使每个党员，不但平时能努力革命，且能于战时实行执干戈以卫国家，庶一般人民皆知所奋起也。兹拟定办法大要如左，是否有当，敬请公决。

办法：

1．党员军训以一个月至三个月为期，以最简易之方法，教练普遍应用学识与器械。

2．党员不论何种职业与地位，凡在壮丁年龄内者，皆应受训。

3．训练以各省市县为施行单位，俾当地驻军军官为教练。

4．军训必要所需经费，由各省市党部酌为筹拨，或由中央统筹发给。

5．受训后之党员，即加相当之编制与组织，以后每季召集一次，作为党军之基本组织，永久保留存在。

决议：并交第五届中央执行委员会核办。

附注：本案系与刘家树等三十二人提本党青年党员均受三个月以上之军事训练案经党务组审查合并提出。

（二〇）各级政府之行政官吏公务人员均须施以党义训练并以各级党部为训练机关藉收以党训政之实效案

（民国二十四年十一月十八日第五次全国代表大会通过）

理由：本党自北伐成功，掌握政权以来，对于过去政治上之积弊，固已扫除殆尽，但地方政治，尤其县以下之基本政治，现仍为一般贪污土劣所把持操纵，旧日施诸人民之一切苛政，今后有加无已，以致一般人民对于本党之绝大信仰与拥护，轻轻断送于彼辈之手，言之殊堪痛心。推原其故，莫不由于地方行政官吏及公务人员对于本党主义政纲，政策未能深切明瞭，身体力行，所使然也。故对于行政官吏公务人员，施以党义之基本训练，殊为必要。在兹训政时期，党部原负有训练之专责。故对于行政官吏公务人员之党义训练，应由各级党部负其责任，当无疑义。盖如此方可以收"以党训政""以党监政"之实效也。

办法：

一、各级政府各项行政负责人员，应由上级党部予以训练，认为合格后交由同级政府委任。（如省行政人员由中央党部训练后交由国民政府任命；县行政人员由省党部训练后交由省政府委任；区乡行政人员，由县党部训练后交由县政府委用）。

二、各级行政机关之公务人员，须随时接受同级党部之训练。

三、公民训练应由党部负责办理。

四、其详细实施办法，由中央党部规定，公布施行。

决议：

一、各级政府之行政官吏公务人员，均须施行党义训练；

二、一切党政及社会事业之短期训练工作，应由各级党部主办；

三、党义测验应列入公务人员考绩之一；

四、各项训练办法及法规，由第五届中央执行委员会拟订施行。

（廿一）加紧提倡全国体育以树立复兴民族之基础案

王委员正廷等二十一人提

（民国二十四年十一月十八日第五次全国代表大会通过）

理由：民族之兴亡，视国家捍卫国家能力之大小为断，而捍卫国家能力之大小，又视国民体格之强弱与国民团结力量之大小而定，近数年来列强之竞争益烈，民族复兴之需要益大，国民捍卫国家之责任亦愈重。一九一六年间，美国参加大战测验全国壮丁体格，结果三分之一不及军国民之体格。彼体育素发达之国家尚如是，况我国乎？前年江苏省高中毕业之考航空学校者有四十九人，而体格及格者不过三人，尚不到十分之一。吾国国民之缺乏捍卫国家之能力可见一斑。现列强如德如意，多极力扩张军备，首从加紧提倡体育入手，培养国民体格，作军国民之基础，彼体育极发达之国家尚如是，况吾积弱之民以后正应如何日夜淬励，急起直追，此实为目前急待解决之问题，兹拟办法于下：

办法：

（一）确定中央体育经费，体育同他项教育事业，非有确定之经费无从讲提倡，苏俄第一五年计划中，补助设游泳池一项经费有七千二百万之多，与其他各项合计为数实堪惊人。德国体育每年由中央补助一百万马克。意大利提倡青年及民众体育之经费每年有四千万义币，合国币一千万元之多。吾国地方体育经费，为数至微，而中央体育经费，毫无预算，欲谋体育发达难矣。故以后中央体育经费，应按以下三办法筹措：

甲、由国库正式指定的款；

乙、由中央命令各省岁收中抽出若干；

丙、推行全国娱乐捐（如跳舞场捐、戏捐等），一部份作为中央体育经费。

（二）中央及地方体育行政机关添设体育行政人员，欲体育之进行迅速而有效，在中央及地方教育行政机关，不能不设体育行政人员，如德国教育部第三处（按：处等于吾国教育部之司）为体育处，苏俄教育部下特设体育专员，意大利教育部下特设体育司司长兼巴利拉青年团团长，新兴诸国体育发达之速，行政人员之力量居多。吾国教育部只有体育督学一人，全国体育行政无司又无科，推动无人，欲望其发达难矣。故为今之计，虽不能如德意之在教育部中设司，亦至少在普通教育司或社会教育司下设一体育科，设科长一人，科员若干人。至于各省教育厅应设专任体育督学一人，及体育科员一人。各县教育局亦应有专门视学一人，以资推行。

（三）增设师资训练机关，实施体育事业之人为体育师资，意大利设全国体育大学，三年毕业给博士学位，苏联亦有体育大学，训练中小体育教员，一届有五百人之多，德国师资训练机关，有国立体育大学，各大学设有体育系。吾国体育师资之养成，虽华北有师大之体育系，及河北女子师范学院体育科，华东有中央大学体育科及国术体专，华南有广州省立体专，而此等训练机关，招收学生不多，迫于经费，不能发展。故以后训练机关最好筹办体育大学，否则令以上各校增设名额，扩充设备加紧训练，一方因现在各省市中小学体育教员大半资格不合程度不齐，中央教育机关宜下令检定，将程度资格不及格者，由上举之体育训练机关，另开补习班，重加定期之训练，以事补习。

以上各节是否有当，敬请公决。

决议：原则通过，交国民政府核办。

（附注）原案办法，经审查会补充一项，即（四）促进体育之普及体育教育之实施，应由学校推行至社会、由城市推行至乡村，其设备之完善与简单，随宜而定。

（廿二）积极推行民众教育办法案

彭代表国钧等二十一人提

（民国二十四年十一月十九日第五次全国代表大会通过）

（一）中央照厉行义务教育办法，岁拨巨款，补助地方推行民教。

（二）各省市县政府每年教育经费预算于民教，至少须占四分之一。

（三）国内办理民教有成绩或团体之个人，政府应酌予奖励或补助。

决议：修正通过，交国民政府。

（廿三）确定今后教育改进方针案

（民国二十四年十一月十九日第五次全国代表大会通过）

一、初等教育

中央及地方应各宽筹经费，促成义务教育之普及。

自清季兴学以来，义务教育计划，叠经社会主张，政府拟订，辄以困于经费与格于政局之频变，未及实行。本党政纲，早有“励行教育普及”一项。最近中央预算始列有义务教育补助经费；各省市因受中央之补助与督促，亦已开始作成义务教育之预算，积极推行。唯中央及地方之义教预算，均尚微小；倘欲依教育当局之计划，尽四五年期间，全国完成短期义教，尽十年期间，全国完成四年义教，则非逐年增加义教经费，势必不能贯彻目的，缘全国失学之学龄儿童现不下二千八百万，年长失学者尚不在内，义教工作之艰巨可以概见。自下年度起，应责令中央及各省市，无论财政如何困难，均逐年增加义教预算，务使全国小学至少每年可增加五百万学童。一面并当增设成人补习学校，以期小学义务教育与民众教育同时并进，而扫除文盲之工作，得以及期完成。

二、中等教育

中等教育之方针，在中等职业教育与中等师范教育方面，应力谋数量之扩充；在普通中学方面，应注意质素之改善。

中等职业学校与中等师范学校之学生，系以就业为主要目的；普通中学校数约占百分之六十，中等师范学校占百分之三十，中等职业学校，不过百分之十。就经费言，普通中学且占全国中等教育经费百分之七十以上，师范不过占百分之二十，职业不过占百分之十。近来〔年〕以来，政府提倡生产教育，此种情形，虽已略有娇正，然普通中学之数量，仍远过于其他中等学校。实则大多数中等学校学生，因家境之贫苦或天资之限制，初无受高等教育之能力；换言之，即不应入普通中学。而为增进一般国民之生产能力起见，则中等职业教育之需待扩充，至为明显，为供给义务教育及普通小学所需求之师资，则师范学校之增设，亦属刻不容缓。以是之故，今后中等教育之设施，应亟谋职业学校与师范学校之数量的扩充。至于普通中学，则当注意现有学校质素的提高。于其设备师资，以及入学毕业等条件，均当严定标准，使成为高等教育之良好预备机关。

三、高等教育

全国公私立专科以上学校应力谋质素上之改善；办理完善者当助其发展；其根基薄弱或办理不良者，应严行取缔，以期继续提高高等教育之水准。

全国公私立专科以上学校现达一百十一校；学生数达五万六千余名。就现状言，数量上殊属不小。就中成绩优良者固多，而办理不善者仍复不少。近年专科以上学校毕业供过于求，颇多失业，已成国家社会之严重问题。为谋适当之统计，一方面政府应努力扩充建设工作，以吸收大量之专门人才。而在教育行政方面，亦须力谋高等教育水准之提高，以祛前此粗制滥造之弊；其所设施，应着重于次列诸端：（一）对于公立专科以上学校之办理较善者，应宽予经费，充实其教学与研究之诸种设备；（二）对于私立专科以上学校之办理优良者，予以补助；（三）公私立专科以上学校之能力薄弱或办理不善者，应责令缩小范围或停办；（四）严厉限制各专科以上学校滥收中等教育不完全之学生；（五）提高专科以上学校师资之标准。

四、各级学校均应切实注重人格训练与团体训练，以矫正过去一般教育之弱点。

吾国各级学校，向不注重训育，而专科以上学校为尤甚，至于体育，近年虽渐有进步，专科以上学校仍大都未能使全校学生均受相当体魄训练。军事训练在专科以上学校亦尚未能产生相当之成绩。此种情形，中央及地方教育当局今后应为更大之努力，以图矫正，务使一切学校均有适当之训育组织；其在大学并应酌量采用导师制度，以为学生进德修业之助；体育课目，应定为大、中、小一切学校之必修课目，而使一切学生切实修习，军训师资应力图改善，军训实施尤应较前认真。诚能如此，若干年后国民之品德与体魄，当有显著之进步，教育救国云云，乃不至徒托空言。

决议：通过，交政治会议办理。

（廿四）请大会授权政府在不违背另文陈述之方针下，应有进退伸缩之全权，以应此非常时期外交之需要案　蒋委员中正提

（民国二十四年十一月十九日第五次全国代表大会通过）

此次大会开幕，一切工作，业已过半，连日诸同志开诚讨论各项提案，一种精诚团结之精神，弥漫全会，实为国家前途最可庆幸之事，中正今日更愿借此全国代表聚首一堂之机会，对于年来吾国之对外关系，率直的有所披陈，幸诸同志悉心的加以讨论后，有切实的指示。

溯自九一八事变发生以还，继续不断的上海事件，华北事件，接踵而来，全国上下，均陷于极度烦闷苦痛之中。中正受全党同志付托之重，担任中央常委，实感觉责任最大，苦痛更深之一人。惟吾人经过长期间国难之结果，深信全国已达到一种深切之体认。体认维何？即吾党三民主义之第一义，所谓民族运动，决非单纯的对外运动。盖民族运动应有内外两面，对外运动仅为民族运动之一部份，决不足以概民族运动之全。换言之，对外应向国际为吾民族求独立平等，对内应向民族为吾国家求自立自强，恭按总理遗教实早已昭示吾人，总理对外固主张为吾民族求自由平等，固主张废除一切不平等条约，但同时对内极力主张精神建设，物质建设。吾人每读"建国大纲"、"建国方略"等各种遗著，总理向我全民族要求共同奋斗为国求自立自强之道，实随处皆是，而民族主义第五讲所以昭告吾人者，尤为明显。故吾人今日亟宜切实反省十数年来吾全国对一切精神建设物质建设所谓自立自强之道，究竟努力至何程度，尤应了解民族运动之两面，必须同时平衡进展，方有成功之望，若仅着力于一面之突出，必

遭意外之挫折，此必然之势，今日之所欲披陈者一也。

其次国与国间之关系，及个人与个人之关系，完全不同，国家与国家间决无百年不解之仇，征诸欧洲各国相互间百年之外交历史，或合或离，即其明证。盖国与国间之关系，事态复杂，范围广泛，决不若个人相互间之简单。每有就某一事件某一方面观察，似甲乙两国决无可合之理，然更就另一事件另一方面观察，似甲乙两国又决无可离之道，此种情况，各国相互间实例甚多，故国际关系，纯系比较的，而非绝对的，易词言之，决定国际间离合友敌关系，应以整个的国家盛衰，及整个的民族利害为对象，不应以一时的感情，及局部的利害为对象。其间权衡缓急，比较轻重，以定决策，实为负责之政治家，与革命党员应守之规范。吾人每遭横侮之来，惟有反躬自省，尝读民族主义第五章，总理所昭示吾人者，总括其意，以可以灭亡我中国者，不止一国，此吾人不能不引为猛自警惕者也。因为此次空前之国难，自有其因果律，决非偶然发生的，孟子所说人必自侮而后人侮之，国必自伐而后人伐之，总理亦每引此以告吾人，苟吾人自暴自弃而不能自立自强，则今日之友邦，成为明日之敌，反之吾人果能自立自强，则今日之敌，未始不可成为明日之友，古人所谓自助人助与自求多福者皆此理也。吾人丁此国难之际，惟有努力于自助与自求而已，此今日所欲披陈者二也。

尤其是吾党“国民革命”之使命尚未完全成功，凡一国在革命过程中一切对内对外之设施，多半与旧有之利害关系发生冲突或变化，故阻力之来，诽谤之兴，乃必然之势，吾人处此时会，应须注意者约有二点：其（一）应完成“国家中心之基础工作”为绝对的坚决的共同信条，不应斤斤于一时利害之冲突，孔子所谓小不忍则乱大谋者是也。盖非常时期之外交，决非普通国家所用之经常手续可资应付。其（二）国际关系，瞬息万变，机微莫测，每一事变发生，均有当机立断，迅赴事机之必要，试观欧洲战后，东西诸国，在革命过程中内外两面所发生之困难与阻力，大都与吾国最近十年间之政象相同，然卒因全国上下有坚决的共同信仰，负责当局有立断的应付权能，故均能转危为安，国基大定，此今日所欲披陈者三也。

吾民族占全世界人口四分之一，其盛衰兴亡，影响于全世界之和平及全人类之福利者，至深且巨，各友邦之贤明政治家，不能见及于此，而我东邻日本，关于东亚之和平与彼此两国之福利，亦必关心更切也。吾人今日孳孳以求者，不过对本国求自存，对国际求共存而已，岂有他哉。诚能对国内为健全坚实之改进，对友邦为坦白诚挚之周旋，自信必有内外相谅之一日。吾人于此，可下一结论如下。

基于上述三项意见，苟国际演变不斩绝我国家生存民族复兴之路，吾人应以整个的国家与民族之利害为主要对象，一切枝节问题当为最大之忍耐，复以不侵犯主权为限度，谋各友邦之政治协调，以互惠平等为原则，谋各友邦之经济合作；否则即当听命党国，下最后之决心。中正既不敢自外，亦决不甘自逸。质言之，和平未到完全绝望之时，决不放弃和平，牺牲未到最后关头，亦决不轻言牺牲；以个人之牺牲事小，国家之牺牲事大，个人之生命有限，民族之生命无穷故也。果能和平有和平之限度，牺牲有牺牲之决心，以抱定最后牺牲之决心，而为和平最大之努力，期达奠定国家复兴民族之目的，深信此必为本党建国唯一之大方针。

陈述至此，中正谨披肝沥胆，向大会建议，大会如以上述方针为是，请大会授权政府，在不违背方针之下，政府应有进退伸缩之全权，以应此非常时期外交之需要，政府誓必竭诚尽能，对全党负完全责任，是否有当，敢请大会公决。

主席宣告：大会如赞成蒋同志建议，请起立表示接受。全场一致起立接受。

（廿五）切实推行地方自治以完成训政工作案

（民国二十四年十一月二十二日第五次全国代表大会通过）

党务组审查意见：本组对于本案认为非常重大，原案仅属原则之提供，似尚有应加补充之处，经查照过去中央关于地方自治之决议案及政府所颁地方自治法令，并融合原提案及本届大会有关地方自治各提案之要点，另拟“切实推行地方自治以完成训政工作案”。（全文录后）

查训政时期以推行地方自治为主要工作，盖革命为非常之破坏，不可无非常之建设以继之，故总理有言：“自治者，民国之基础也，基础固而国固”；又于建国大纲自序谓：“训政时期之宗旨，在指导人民从事革命建设之进行，先以县为自治单位，于一县之内努力于除旧布新，以深植人民权力之基本，然后扩而充之，以及于省，如是所谓自治始为真正之人民自治，异于伪托自治之名，以行其割据之实者，而地方自治已成，则国家组织始臻完密，人民可本其地方上之政治训练以与闻国政矣。”因此第三次全国代表大会曾于民国十八年根据建国大纲议决通过“确定地方自治之方略及程序以立政治建设之基础”一案，同年第三届中央执行委员会第二次全体会议复议决通过“完成县自治案”，对于进行程序，亦分期有所规定，并限于二十三年底以前完成县自治。当由政府本此原则，拟具训政时期完成县自治实施方案，及分年进行程序表，以为实施步骤，旋为适应地方需要，又有各省县市地方自治改进办法大纲，及改进地方自治原则之订定，同时关于自治法规方面，如县组织法，县组织法施行法，区自治施行法，乡村自治职员选举及罢免法，县参议会组织法，县参议员选举法等均先后于民国十八年至二十一年间由立法院制定，呈由国民政府公布在案。果能一一依照施行，自能收获相当效果，乃回顾过去成绩，全国一千九百余县中在此训政将告结束之际，欲求一达到建国大纲之自治程度，能成为一完全自治之县者，犹杳不可得，更遑言完成整个地方自治工作。揆其所以致此之因，固由于环境牵掣，而下述几点，亦实为厉阶。

（一）政府只注重书面应付，而忽略实际工作，每藉口剿匪关系，或经济无着，以因循敷衍，奉行故事，徒有自治之名，而无自治之实。

（二）地方党政当局多欠密切连系，党部欲推进而不可能，如过去中央曾有地方自治协进会之组织，令各地党部筹设分会，以协助政府，推行自治，乃地方政府在积极方面不参加合作，在消极方面复以经费困难为辞，而取漠视态度，结果该项组织乃无形瓦解，毫无成就，即此一端，足证地方党政当局之未能切取联系，而影响于自治前途者甚大。

上述两种缺点，在由于推动自治之原动力失去真正"党治精神"作用。所谓党治精神者，非仅依照党纲规定发布命令之谓，即必须由党部推动，由党员领导，换言之必须将官办自治改为民办自治，将土劣自治改为革命自治，而后真正地方自治始有彻底实现之可能。方今训政工作既亟待完成，推行地方自治，实不容或缓，兹本以上论断，根据党纲及历次议决案，并参照实际需要，订定办法如次：

（一）全国各地地方自治限期迅速完成，（但剿匪区域及有特殊情形者例外，但须于令到一月内呈报核准。）交国民政府通饬遵照，如有不遵行者，予以不尽职之处分。

（二）由中央党部成立一地方自治计划委员会，为全国地方自治设计及考查机关，得随时派员分赴各推行自治区域视察指导，限一月内成立，内设左列各种委员会，以分司其事。

（甲）组织委员会（关于县组织与区自治组织及乡村自治组织参议会乡村评议会等组织指导事宜属之）

（乙）民众训练委员会（关于乡村自治职员之行使四权及民众教育等指导事宜属之）

（丙）农村生产委员会（关于改良生产粮食管理运输交易等指导事宜属之）

（丁）保甲委员会（包括地方保卫事宜之指导）

（戊）合作委员会（关于农业合作、工业合作、交易合作、银行合作、保险合作等指导事宜属之）

（己）户口委员会（负土地测量及厘定地价等指导之责）

（三）各省市设一地方自治分会，由各该党政当局会同组织，秉承中央地方自治计划委员会之指导，为当地地方自治设计考查机关。内部职员由党部政府调用，以节经费，党部则专司设计考核，负督促切实推行之责；政府除会同设计外，则专司执行。至内部组织，亦得酌量情形，分设“组织”、“民众训练”、“农村生产”、“保甲”、“合作”、“户口”、“土地”等组，俾分工合作，切取连系，共谋地方自治之完成。

（四）地方自治应力求克负教养卫之使命，并应尽先树立保甲组织，限民国二十五年上半年内完成，（大多数省份早经举办保甲，此项限期虽促，并无若何困难。）用为安定社会复兴农村之助。

（五）地方自治经费，应分别按照当地财政状况，除由县税项下划拨专款外，并应由省政府就省税收入项下酌量补助，务以不虞匮乏为原则，其已划拨为地方自治之税收，无论属县有或省有，概不得挪用，以保障自治经费之独立。

（六）确定推行地方自治为各省市党部主要工作，其对党员之训练，党员工作之考核，均须以地方自治为主要项目，对于民众运动，亦须以领导完成自治组织及发展自治事业为依归。

（七）由中央党部于两月内筹设一地方自治学院，为培植自治人才机关，饬各地党部就各该党部工作人员及所属党员中遴选富有相当学力者保送入院，授以自治智能，（期限三月）俟卒业后派赴各地工作，其地方上乡望素孚，或有正当职业而能热心任事者，亦须酌量施以适当训练，以养成地方自治之领袖人才。

决议：照党务组所拟切实推行地方自治以完成训政工作案通过。

（廿六）对于政治报告及军事报告之决议案

（民国二十四年十一月二十二日第五次全国代表大会通过）

大会听国民政府之政治报告及军事报告后，深以国家在此四年间所遭遇者实为历史上所未有之艰难，国民政府于此内外忧患时期，能审察革命之环境，秉持坚卓之精神，凡所措施，一以保障国家民族永久生存为旨归，而倡导国民相与为艰苦之努力，其效绩彰著于事实者：有如铁道电线公路各种交通建设之猛进；有如发展国民经济初步程序之逐渐完成；有如普及教育计划渐有具体之规模；皆与发展国力充实民力之目的相符合。其在军事方面，既以忠勇牺牲之精神，淬励全国将士，尽瘁效命于捍卫国家剿除匪患诸战役，而于军政之刷新，军制之改进，亦复有不断之努力，尤以完成各兵科之教育，普及官僚士兵之精神训练，与提倡国民军事教育致力最多，亦最能适应国家之需要。凡诸设施，权衡本末，知所先务，本大会认为悉治机宜，应予接纳。惟我国为久衰积疲之国家，又处此国际形势演变最剧之时代，设非急起直追，终将望尘莫及，国民政府应本其已往积极之精神，为建立近代国家而更有确实奋迅之努力。于行政则务求效率之增加，于建设则务求数量质量之推进；于公务人员则严定考核以为有效之鞭策，而使按日以呈功；于民力物力则于实际训练集中使用之外，更须尽力于培养与节储，以期国本之日益充实。其在军事方面，则望铲绝残余之赤匪，积极从事军队之整理，对于军事建设，尤望能应国家一切建设之进程，而力求完成近代之设备。对于军事教育，应使高级学术更有深造之机会，同时更宜继续前规，推行精神训练与职业训练于将校士兵，实施国民军事教育于学校与民众，既以造成堪为良民模范之士兵，亦以造成确为良兵基础之人民，庶几刚健整肃之风气，与卫国自卫之知识能力，得以普及全国，以为国家生产发展之保障。深维多难兴邦之古训，必须济之以生聚教训之苦心，此尤愿吾全国人民与政治军事当局相与一致僇力者也。

（廿七）对于党务报告之决议案

（民国二十四年十一月二十三日第五次全国代表大会通过）

大会听取第四届中央执监委员会之党务报告，经郑重审查，深知此四年间本党同志几无日不在艰难奋斗之中，大会感奋之余，爰择其要者予以详密之检查与批评。

一、年来国难严重，忧患交侵，中央同志抱见危授命之决心，僇力应付，沪战既起，以首都深受威胁，乃迁都洛阳，举行二中全会，确定救亡图存之策，召集国难会议，讨论安内攘外之方。沪战告终，热河继陷，长城抗战，未克奏功，不得已忍痛停战。本届大会第四次会议时蒋同志中正报告对外关系，谓和平未到绝望时期，决不放弃和平，牺牲未到最后关头，决不轻言牺牲；又谓以不侵犯主权为限度，谋各友邦政治协调，以互惠平等为原则，谋各友邦之经济合作；大会深信蒋同志所述各点，常为年来中央应付国难之整个方针，认为无可非议。惟来日大难，方兴未艾，本党懔全国同胞期望之殷，今后当于艰难危困之中，更坚持自力复兴之图。

一、赤匪为民族复兴之大患，上届大会，曾有清剿赤匪之决议，四届中央更致全力于此，委托蒋同志中正总率师干，数度围剿，卒于摧破匪巢，肃清大患，残匪流窜黔滇，川甘边匪，亦迭经重创，大会对蒋同志之不辞艰苦，戡平内患，全体中央同志之同心一德，力图治安，深为嘉慰。惟陕甘一带，余孽尚存，仍应迅予肃清，安定边陲。且祸患频年，人民陷于水深火热之中，尤宜从速安辑流亡，赈济灾黎，庶几建设事业，循序渐进。

一、第四次全国代表大会宣言谓近世立国之基础，寄于统一之巩固，与国力之充实，尤赖国民有勇猛精进之决心，立共信而一致以求其实现。四届中央本此纲领，黾勉将事，使全党同志意见趋于一致，得有今日之盛会，此足示统一之基础已臻巩固。而年来政府对于生产建设，国民教育诸端，革固树新，不遗余力，于新生活运动之推行，尤著成绩。故无论心理建设与物质建设，均有等量之充实，因此全国民众翕然从风，一致信赖本党之主义，斯窦大可欣慰者也。自后仍须本此方针，僇力猛进，以挽民族于垂危，而期主义之实现。

一、四届中央对于推进党务之各项设施，大致可称满意，以言组织：如改善党部组织暨活动方式，使运用灵活；训练下级干部，以充实力量；均能切实进行，颇见成效。惟本党责任重大，党的组织自应力求严密，改革过去散漫状态，务使运用灵活，增进工作效率，同时吸收优秀分子尤其技术人才加入本党，淘汰现有党员之缺乏革命奋斗精神者；并以本届大会决定之党员守则为准，实施训练，务使质量俱见精进，俾能担负重大之使命。其次宣传方面。如党报及新闻机关之指导，文艺运动之推进，及电影事业之发展，均颇能收效。惟环境日有变迁，宣传方法应力求适合，尤须与实际政治设施相应，以启发社会观感，增进人民对本党之信仰。至于民众运动：四届中央特设民众运动指导委员会，以专其责，数年来对于方案法规之审订，各种人民团体之整理与充实，凡所措施，尚有成绩。惟党员与民众隔阂尚多，党的力量未能深入民间，今后各地党部须指挥党员参加各种人民团体，导之于民族复兴之途。

以上就本党过去四年间之经过，与今后党务努力之方针，作简赅之检讨与指示，大会会期迫促，未遑多及，甚希全党同志共体时艰，努力奋勉，而本届大会关于党务政治之决议，尤望今后中央同志统率全党党员，一一见诸实施，本党前途，庶几有豸。

〔中国国民党中央执行委员会秘书处档案〕

附录：中国国民党第五次全国代表大会之召集及会议经过

（1935年11月）

本党第四次全国代表大会，于民国二十年十一月十二日举行于首都，依照总章每二年举行之规定，本次大会原应于二十二年十一月举行，因时势之演变，因应之所宜，一再展延，以迄于今兹，其经过情形，有得略而言者。先是，二十二年三月间，中央以国难日亟，本党负国家民族兴亡之重，亟应团结全体同志之意志，为积极之奋斗，同时关于国民大会之召集，及宪法之制定，亦待郑重商讨，爰经第六十四次常会议决于是年七月一日召集临时全国代表大会，所有临时大会一切法规章则，均经常会先后制定颁行，通告各地党部遵照办理。迨六月间因时局关系，筹备不及，事实上难如期举行，且依照总章第五次全国代表大会原应于是年十一月召集，相距已属不远，故于第七三次常会议决改定于是年十一月十二日径行召开第五次全国代表大会，所有各地党部已选出之代表，即作为正式大会代表，各项法规章则，亦适用于正式代表大会。自是各地党部继续办理大会代表之选举，原冀可如期举行，嗣因西南各同志之恳切提请，经第九十次常会议决展期一年，各地党部已选出之代表，继续有效。迨二十三年八月，中央以大会为期伊迩，特依照总章第二十八条之规定，通告重要议题于各级党部，其全文如左：

“本党第四次全国代表大会开会于二十年十一月，于今已及三年，第五次全国代表大会日期，业经本会决议通告在案。兹依总章第二十八条之规定，通告重要议题如后：

慨自九一八以来，举国忧愤，震撼百端，本党同人本第四次全国代表大会及历届中央执行委员会全体会议决议案，对内则抒和平亲爱之诚，共赴国难之途，对外则衡量国情，力求自卫，三载以来，兢兢业业，未敢怠荒，凡关于御侮剿匪外交财政诸大端，自当对大会为详细之报告，以待大会之审度。今国难未纾，外审国际则风云日恶，待机即发，内察国情则民力未苏，百端待举，凡我同志，应具沉毅勇迈之决心，共赴救国之大任，对于如何健全本党之组织，整饬工作之方式，如何推进安内攘外之设施，以期国力之昭苏，均应审思熟虑，计画周详。矧召集国民大会历有成议，应如何事先准备，以期与国民共同努力，达到挽救国难之目的，均须予以严密之考虑。综上所述，此次第五次全国代表大会重要之议题如左：

一、召集国民大会案

二、修改总章案

三、推进党务案

四、确定施政方针案

以上各题，内容繁赜，望我全体同志缅怀我总理伟大之精神，省识环境，明辨缓急，审慎研讨，期于至善，党国前途，胥利赖乏。特此通告。”

时则盘踞江西之赤匪，正因蒋委员中正总率师干，奋力围剿之结果，濒于溃灭，伪都克复在即，魁渠授首可期，最后努力，不容稍懈，而参加战斗之部队数十万，应选之代表数十人，不特战地不易办理选举，即届时亦难轻离防地，用是纷纷电请展期，中央以浮屠合尖，收功在即，爰经第一四四次常会援第三次全国代表大会因北伐延期之前例，议决延期，其日期则留待是年十二月举行之第五次全体会议决定之。旋经第五次全体会议正式决定于二十四年十一月十二日举行。此本届代表大会召集之经过也。

※　　　※　　　※　　　※

当大会开幕之前，中央为检讨四年来党务政治工作以备报告于大会，特召集第四届第六次全体会议。此次会议原拟于九月下旬举行，嗣以代表大会期近，为免京外委员往返费时旷职计，乃改于十一月一日举行。此次会议到会人数之盛，为历次全会所未有，本党精诚团结之精神一得以充分表现。计开会五日，于六日闭幕。

十二日为总理诞辰纪念，第五次全国代表大会特于是日在总理陵前举行开幕典礼。上午九时谒陵，计到中央委员一〇三人，各地党部出席代表及列席者四〇五人，由蔡委员元培主祭，行礼如仪，主祭恭读总礼〔理〕遗嘱并献花圈，全体行三鞠躬礼，静默三分钟后，由主祭领导，鱼贯步入灵寝，恭谒遗容，谒毕复位。十时，举行大会闭幕式，由林委员森主席，并致开会词（见演词栏），词毕奏乐，礼成。下午一时半，代表资格审查委员会在中央党部第一会议厅开第一次审查会。

十三日上午九时在中央党部大会会场开第一次预备会议，出席代表三四四人，出席中央委员七〇人，列席代表八八人，列席候补中央执监委员四六人，临时主席于右任。议决主席团名额及推选方法，追认中央执行委员会请派叶楚伧为大会秘书长，王子壮等为大会秘书，通过大会会期，提案截止日期，并签定席次。下午五时代表资格审查委员会开第二次审查会。

十四日上午九时开第二次预备会议，计出席代表三五一人，出席中央执监委员七〇人，列席代表八二人，列席中央候补执监委员五〇人，主席蒋中正。通过修正议事规则及大会主席团之组织，并以汪兆铭同志被奸徒狙击，张人杰同志覆车受伤，经议决由主席团推举代表以大会名义前往慰问，又议决以大会名义电请胡汉民同志及旅外各中央同志早日返旆，共荷艰巨。十时，主席团开会，依照大会决议分别办理，同时对于代表之递补及补派事项，及关于提案范围及处理手续，亦均有所决定。

十五日上午九时，开第一次大会，出席代表三五八人，出席中央执监委员七十人，列【席】者一三六人，主席林森。通过提案审查委员会等之组织及人选，并临时决定对抗日剿匪阵亡将士，及死难人民与本党同志默哀，电慰前方剿匪将士，慰劳国民政府主席及军事委员会委员长。十一时，主席团开会。下午三时半，提案审查委员会党务、政治、经济、教育、军事五组分别开会。

十六日上午八时代表资格审查委员会开第三次审查会。八时半，主席团开会。九时，开第二次大会，出席代表三九五人，出席中央执监委员六八人，列席者一四四人，主席张继。何应钦同志军事报告，蒋中正同志政治报告，并对于提案审查委员会各组审查提出之案分别予以决议。下午三时，总章审议委员会开会，提案审查委员会各组分别开会。

十七日星期日，大会停开。上午九时，提案审查委员会党务组开会，下午二时，继续开会。四时，主席团开会，决定政治报告军事报告均交决议案整理委员会草拟决议，并推定宣言起草委员。

十八日上午八时半主席团及代表资格审查委员会分别开会。九时开第三次大会，出席代表三九九人，出席中央执监委员七一人，列席者一六〇人，主席邹鲁。通过中国国民党党员守则，并议决提案审查委员会各组审查提出之案二十余件。下午二时，主席团开会，决定宪法草案审查委员会委员人选等。三时，提案审查委员会政治经济教育军事四组分别开会。四时，总章审议委员会与提案审查委员会党务组联合开会。

十九日上午八时半，主席团开会。九时，开第四次大会，出席代表四一一人，出席中央执监委员七一人，列席者一五九人，主席阎锡山。议决提案审查委员会各组审查提出之案三十余件，通过接受蒋中正同志关于外交之建议。下午二时，总章审议委员会与提案审查委员会党务组联合开小组会议。二时，宪法草案审查委员会开会。三时，提案审查委员会政治经济教育军事四组分别开会。四时，总章审议委员会与党务组联合开会。四时，主席团开会。

二十日下午二时提案审查委员会党务组开会，会毕，与总章审议委员会联合开会。五时，宣言起草委员会开会。

二十一日上午八时代表资格审查委员会开第五次审查会。八时半，主席团开会。九时，开第五次大会，出席代表四一二人，出席中央执监委员六七人，列席者一五七人，主席蒋中正。议决宣布宪法草案及召集国民大会日期，由大会授权第五届中央执行委员会决定，并议决各委员会审查提出之案五十余件。议毕，休息十分钟，十一时二十分继续开会，主席冯玉祥。通过第五届中央执监委员名额及选举方法，并议决不修改总章。末由主席宣告大会业已五日，尚有案件未及议毕，延会一日。

二十二日上午九时开第六次大会，出席代表四一八人，出席中央执监委员七一人，列席者一三二人，主席孙科。通过切实推行地方自治以完成训政工作案，及对于政治报告军事报告之决议案，又提案审查委员会各组审查提出之案五十余件，分别予以决议，其未经审查之案，则议决由主席团处理。后又由主席团报告第五届中央执监委员候选人名单，无异议通过。

二十二日下午三时开第七次大会，出席代表四二五人，出席中央执监委员七三人，列席者七七人，主席居正。开始第五届中央执监委员之选举，由主席指定监选员七十二人，发出执监委员选举票各五百张，晚七时半，分十二组开票，每组以监票员二人，唱票员一人，纪票员五人组织之，分班工作，主席团轮流分班监视，至二十三日晨十时开票计算完毕，选出执行委员蒋中正等一百人，候补执行委员吴开先等五十人，监察委员林森等四十人，候补监察委员鲁荡平等十八人。

二十三日下午三时继续开第七次大会，秘书长报告选举结果，主席宣告依大会通过之选举办法，除已选出之二〇八人外，尚余五十二名，原应由主席团提出六十人由大会决定之，主席团为节省时间计，拟定五十二人名单请大会公决。并由蒋中正同志说明主席团为边疆及各方面团结关系，拟定名单经过及各人履历，当即通过执行委员罗桑坚赞等二十人，候补执行委员陈耀垣等十人，监察委员章嘉等十人，候补监察委员崔广秀等十二人。又当选中央执行委员之骆美奂及当选候补中央执行委员之黄仲翔、陈石泉、陈焯、酆悌五同志愿放弃当选资格，并推荐边疆或有关系之同志麦斯武德为中央执行委员，马鸿逵、尼玛鄂特索尔、经亨颐、李品仙为候补中央执行委员，由大会予以接受。最后通过对于第四届中央执监委员会工作报告之决议及大会宣言。下午五时二十分在中央党部大礼堂举行第五次全国代表大会闭幕礼，由蒋委员中正主席，行礼如仪，主席致闭幕词（词见演词栏），礼成散会。

中国国民党第五次全国代表大会开幕词（林委员森）

自从第四次代表大会以来，至今整整已有四年，经过好几次因不得已原因的延期，直至今日才举行第五次全国代表大会。关于筹备和延期的经过，中央党务报告中当另有说明，不待重述。我们历次延期，固然因为有种种事实的原因，最主要的还在希望大会多得集思广益的机会，使大家在大会中格外能表现踊跃团结的精神。这次参加大会的代表及中央委员，人数超过了历届的纪录，内部的团结情形，较之四次代表大会时更有增进，这一层全党同志必定觉得很安慰的。

我们开会的日期正是总理的诞日，大家在参谒总理陵墓以后来参加开幕典礼，人人心中必然感觉得有总理伟大的精神照临乎我们之上，全体同志追念总理的遗训，体察国家当前情势的艰危，人人心中又必然都感觉到有两个问题：（一）我们对于总理遗留给我们的革命救国的使命，所已尽力者几何？（二）我们对于今后努力奋斗的途径又应该怎样？这两点正是代表大会的使命，即所谓检查过去工作和决定将来方针。本党负有建国的责任，在代表大会开会期间，举国同胞均属〔瞩〕目于我们大会的进行，我们大家应该如何以总理之精神为精神，发挥总理未竟的绪业，安慰全国同胞的期望，鼓舞起一致救国的热诚，振衰起敝以挽回艰危的国运。

在过去四年中间，国家所遭遇的国难，重叠相乘，难以尽述。四次代表大会举行于国难发生之始，到今天国难的严重，更十倍于当时，因了外患的加深，加上了水旱天灾匪祸以及经济变动的剧烈，使得举国民众备尝屈辱流离和痛苦。在责备我们的，都说是我们的工作，不能和国家艰危紧迫的环境相应合；在原谅我们的，则以为我们在这几年中并不是没有向上的努力，国家与人民并不是没有相当的进步，只是世界形势的变迁，外来困难的加甚，证明革命救国的工作正在经过一重极辛苦的试验。不论是责备或是原谅，我们都觉得应自己鞭策，我们站在党内的地位，实在是愧对总理，愧对我们革命的天职；站在本党对国家的责任来说，实在也可以说是愧负一般的国民！为完成我们的使命，当然应有更深一层的自省和努力！

大会对于过去的工作，在开会中间必有严切的检查，来作成决议，但最重要的任务，尤其在开创今日以后努力途径，使我们的党与全体国民提挈一致以尽救国复兴的责任。因此对于本党的章制，以及党务的推进，我们应考虑有没有应改善的地方，研究如何切实改善的方法，使本党能在革命救国的工作上切实负起比一般国民还要吃重的责任，来实现总理的遗教，对于今后政治上对内对外的设施以及一切建设，我们应悉心讨论，确立精详切当的方针。对于团结国民共同奋斗，我们应该讨论如何鼓起全国的热诚集中全国的心思才力以共济艰危的方案。我们相信到会代表同志必然有很完美的议案，很精详的讨论，来作成切实有效的决议，以慰全党全国的期望。我们觉得我们当前的工作应重在将来，因为本党是负有时代使命的党，而时代是始终前进的。

由今日来比较第四次代表大会时代的情势，有一点显著的变迁，是使我们感到兴奋，这便是国民对于本党的态度。在四次代表大会当时，一般国民对于国家的环境和前途，似乎还没有十分深刻的认识，对于本党，只是片面的责难或不满，甚至因对党的不满而对总理救国的主张及一切遗教也发生怀疑的，到了今天，则大多数知识分子及有觉悟的国民，一改其片面的责备而为加重责任的期望，在党外的舆论，只是责备我们没有完全尽到总理交给我们的使命，不断鞭策本党的努力自爱，愿意在一个目的之下，与本党共同尽瘁，来努力于国家的建设和复兴，这一个显然的变迁，一方面证明总理遗教和主义的伟大，表示我们时代的进步，但同时也使我们身为党员的全体同志，格外感觉得责任的重大，我们若不能一致的努力，切实负起救国的责任，将不仅为总理的罪人。

因此更使我们想到第一次代表大会时总理所谆谆告诫党员的遗训，总理当时曾说：“我们国民党要有一种精神结合，第一牺牲自由，第二要有贡献能力。”并且还申说了必须个人能牺牲自由，然后全党才能得自由，个人能贡献能力，然后全党才能有能力，党有了自由和能力，才能担负革命的大事业来改造国家。总理说这一番话，远在十余年以前，但我们观察这十几年以来许多新兴国家由困苦危亡中奋斗成功的途径，实在不外牺牲自由与贡献能力两句话，可惜总理这样的精识远见，我们过去没有能完全奉行，其实要组织一个健全的革命救国的集团，固然必须全体党员能牺牲自由与贡献能力，要造成一个独立自由的国家，也不外乎使全体国民人人都能为国家而牺牲自由与贡献能力，这个精确不磨的理论，真是我们今后努力的大道。牺牲自由就是能克己，贡献能力就是能效命，我们要以党内牺牲自由的精神，来感动全国国民都为国家来牺牲自由，我们又必须加倍刻苦来贡献能力，才可以团结全国同胞人人贡献能力为国家效命。在这个安危兴亡的关头，我们重述总理这一番的遗教，更觉得有深长的意义，希望全体同志充分表现这两句遗训的精神，来尽我们应有的使命。敬祝大会成功！

中国国民党第五次全国代表大会闭幕词（蒋委员中正）

各位同志，今天我们大会闭幕，心里真是悲欢交集，有很多的欢慰，有很多的痛苦。各位同志自这次会议闭幕之后，就要回到各个地方去工作，我们在这几天会议中间，共叙一堂，讨论党国大计，自今天闭幕后，不知道要在什么时候再能见面，因此兄弟在这临别之时，心中有很多感慨！

自从上届大会到这次大会四年以来，我们的党，我们的国家，环境上所受到的，只有重重叠叠的耻辱！我们国家受人家的压迫、侵略，我们的党受人家的讥评、侮辱，这是我们大会诸位同志所深切知道而觉得无限痛心的！现在会期已过，各位同志将要回到各地，临别赠言，只希望各位从今以后时时刻刻对于本党和国家所受的耻辱，必须刻骨铭心的放在脑中！

回溯过去四年中间，前届中央委员，并我自己在内，对于本党，对于国家，对于总理，实在没有充分尽到力量与责任，因此我们党与国家，受了莫大的耻辱，说起来很抱歉，很惭愧的！但是过去的事情已经过去了，我们也不必再提。这次承全体同志选举我们为中央委员，在这个党国基础飘摇万状的今日，新当选的中委各同志，受了这样重大的付托，一定要共负责任，效力党国。但是没有当选的各位代表也要知道自己在道义上，在党员的天职上，在革命者的人格上也要共同担负责任的，这次有已经当选的五位同志自动放弃中央委员的地位，让给和党国更有重大关系与历史的同志来填补，这一点格外表现了本党精诚团结的精神，尤其是我们党内有这种牺牲自己的权位，牺牲自己的一切来贡献与党的精神，可以说是自有本党以来最光荣的一页历史！

大会今天闭会了，兄弟觉得本届执监委员的责任一天重大一天，因为国家的危险，本党的艰难，一天加重一天了，从今以后，我们非有十分决心，至诚来为党国牺牲一切，是不能尽到责任的，很希望这一回当选的中央委员各同志，各人自己要内省我们的至诚，严守本党的纪律，庶几不辜负这次选举我们的各同志。我们的权利可以牺牲，我们的生命可以牺牲，但是我们党的纪律，是不可以毁损的。如果我们党的纪律，由我们中央委员自己严守起来，领导全党，风动全国，树立起牺牲个人刻苦负责的风气来，如此，我们的党，我们的国家，纵然艰危，必可挽救。要是照过去因循弛懈，蔑视党纪，我们不但要亡党，而且要亡国的！所以第一点希望当选的各位委员要认识我们自己所处的地位之重要和所负责任之重大，中央委员是领导全党来完成我们革命的责任，进而领导全国国民共同奋斗来完成革命责任的。要负起这样重大的责任，我们将凭藉什么做基础？最要紧的，就是凭藉我们的人格。我们的人格在什么地方表现出来？就是要能牺牲我自己的一切！我们在今天大会闭幕大家临别的时候，有很多的话没有工夫细说，很忠诚很简单所希望于大家的，我们以后必须时时刻刻检查我们过去一切的思想行动是不是无忝于一个革命党员？一切的工作和修养是不是不愧为中央执监委员？在此次大会中，全体代表同志种种为党为国的苦心，已充分表现精诚团结的精神，但是我们已经当选的中央委员，要自己反省，自己勉励，不要再有一事的怠废，一刻的因循，务必秉承大会的决议，尊重全体同志的期望，共同一致来领导全体党员、全国同胞，完成革命的使命。

今天大会是闭幕了，兄弟于无限感慨无限悲痛之中，没有什么特别的话可以贡献于各位，不惮重复的说一句，惟有希望各位同志要时时刻刻记到我们的耻辱和危险！过去本党所得到的，只有耻辱的历史，悲痛的历史，我们对于这种种耻辱，将如何湔雪？将如何以今后的奋斗来洗涤以前的悲痛？这一点，各位同志回到各地工作，领导同志、领导同胞的时候，不能一刻忘记，并且要拿这个意思，告诉各地的同志们，使我们全体的同志们，不惮牺牲，不忘团结，刻苦奋勉，一致努力，尤其要遵守总理所昭示的“一心一德，贯彻始终”的遗训。我们处这艰难的环境中，唯有一心一德，贯彻始终，才能完成总理交给我们的使命！

中国国民党第五次全国代表大会代表席次表

甲、出席者：

1 吴铁城	2 石九龄	3 张　继	4 蔡元培
5 何应钦	6 卓衡之	7 罗　煊	8 饶健生
9 刘文松	10 林学渊	11 杨德昭	12 黄社经
13 宋垣忠	14 林书宴	15 杨　虎	16 苏振甲
17 王敬久	18 魏寿永	19 萧　铮	20 陈石泉
21 陈璧君	22 蒋中正	23 吴开先	24 金维系
25 李中襄	26 何思源	27 谷正鼎	28 胡维藩
29 汤国桢	30 李　墀	31 丁惟汾	32 黄家声
33 龚德柏	34 林　森	35 刘芦隐	36 刘纪文
37 彭革陈	38 陈光组	39 戴传贤	40 邹　鲁
41 陈　策	42 刘维炽	43 李光忱	44 缑克敬

45 张 炯	46 于学忠	47 赵伟民	48 夏斗寅
49 贺云章	50 陈立夫	51 杨虎城	52 朱贯三
53 陈希曾	54 陈颂平	55 格桑泽仁	56 邓鸿业
57 邓亚魂	58 吴遵明	59 郭凤祥	60 邵力子
61 熊育锡	62 马立三	63 李煜瀛	64 贾 毅
65 殷德洋	66 王法勤	67 朱家骅	68 陈廷璧
69 经亨颐	70 吴挹峰	71 吴家象	72 杨在春
73 姚大海	74 许惠东	75 陈果夫	76 萧 洒
77 陈泮岭	78 陈 诚	79 吴任沧	80 牟震西
81 李嗣璁	82 李显廷	83 杨集瀛	84 白云梯
85 李生达	86 阎锡山	87 朱普元	88 蒋伯诚
89 王廷松	90 翟玉航	91 王星舟	92 刘健群
93 周 复	94 谷曙今	95 张国威	96 陶百川
97 陆京士	98 李 淮	99 潘公展	100魏廷鹤
101卢瀚如	102伍朝海	103顾希平	104张竹溪
105梅公任	106张 钫	107冯钦哉	108贺衷寒
109臧启芳	110邱开基	111黎宗烈	112周受来
113佘凌云	114温菊朋	115覃焕征	116朱贯日
117吴醒亚	118叶 汎	119邓川山	120高惜冰
121彭 纶	122许崇诗	123刘家树	124陈寄虚
125茅祖权	126张任民	127王超凡	128叶秀峰
129于右任	130黄麟书	131张善与	132王漱芳
133张 强	134黎子机	135胡梦华	136方觉慧
137黄仲翔	138李黎洲	139洪兰友	140黄河沣
141高士栋	142吴逸志	143陈春圃	144钱公来
145林长盛	146刘守光	147何选民	148许孝炎
149余仲平	150张导民	151王伯群	152李炳燊
153洪陆东	154余俊贤	155萧 训	156谢 持

157海　涛	158李宗黄	159潘秀仁	160李平衡
161李玉堂	162乐景涛	163赵光庭	164刘咏尧
165李慕青	166程天放	167谭文彬	168张国元
169刘祖纯	170卫立煌	171巴文峻	172王永盛
173上官云相	174陈文彝	175王维嵩	176曹浩森
177张知本	178包悦卿	179刘家驹	180王玉宾
181吴鹤龄	182秦启荣	183萧之楚	184许绍棣
185褚民谊	186周杰人	187单成仪	188韩克温
189罗霞天	190周厚钧	191马　亮	192黄国桢
193汪世鎏	194胡达生	195刘岳厚	196张瑞璜
197董　霖	198滕　固	199陈　焯	200宋志先
201傅汝霖	202杨庶堪	203曹叔实	204邓家彦
205吴伟康	206江述之	207张学良	208谭冠三
209张　群	210马超俊	211冯剑飞	212刘守中
213王柏龄	214居　正	215曾养甫	216陈肇英
217吴敬恒	218冯玉祥	219王冠英	220庞炳勋
221陈公博	222梁冠英	223徐庭瑶	224杨　杰
225蒋作宾	226周启刚	227丁超五	228刘　庄
229骆介子	230甘乃光	231林泽臣	232周杰三
233倪　弼	234张慕光	235程　潜	236范争波
237骆美奂	238詹朝阳	239曹启文	240叶楚伧
241梁贤达	242郑文礼	243向传义	244林　叠
245李东园	246郑满霖	247汤德民	248毛　飞
249秦望山	250田毅安	251尼玛鄂特索尔	252韦云淞
253孔祥熙	254罗桑坚赞	255柳亚子	256张发奎
257胡伯岳	258刘建绪	259顾孟余	260柏文蔚
261徐恩曾	262艾毓英	263杨一峰	264张学恭
265梁士俊	266刘成灿	267王　俊	268孙海筹

269谢东山	270周绍武	271蒋子孝	272陈国英
273陈国桢	274章斗航	275郑亦同	276马绍武
277汪兆铭	278凌子惟	279王秉谦	280沈鸿烈
281何如群	282覃　振	283陈绍宽	284孙　科
285陈　仪	286李文斋	287张公悌	288何竞武
289李　汾	290张策安	291陈维屏	292陈绍平
293李培天	294赵连登	295郭根劫	296周伯敏
297张　冲	298彭昭贤	299张明经	300阎振熙
301毛邦初	302林天予	303李子瀛	304王泉笙
305恩克巴图	306石　瑛	307刘志平	308陈调元
309张治中	310雷　震	311刘德清	312陈衮尧
313李仲公	314曾济宽	315刘镇华	316王宪章
317马元放	318谷正伦	319孙连仲	320丘正欧
321黄天爵	322陈承栻	323王树常	324韩清沦
325燕化棠	326徐中岳	327冯汝根	328康　泽
329汤恩伯	330宋发祥	331蒲良柱	332张　旆
333李天民	334齐世英	335康士品	336郑其妙
337赖　琏	338甄香泉	339朱福南	340戴恩赛
341陈文彬	342王秉钧	343王绍祐	344陈孟瑜
345黄天佑	346邵　华	347吴忠信	348李笃彬
349王致云	350王　祺	351耿轮升	352马愚忱
353王靖国	354陈伟义	355方青儒	356时子周
357李振殿	358郑螺生	359王梦古	360刘业清
361方　治	362许镜莹	363于中和	364张鹏高
365吴绍澍	366曹德宣	367王南复	368何百祥
369胡健中	370钱家栋	371宋从颐	372涂鹏南
373钮长耀	374李烈钧	375李血生	376彭国钧
377苏邨圃	378何金泉	379潘炳融	380阎秉乾

381徐　桴	382叶少珉	383许崇智	384张国基
385侯　俊	386龚乾初	387黄魂醒	388李永新
389周佛海	390顾耕野	391胡英三	392程润生
393杨锦昱	394陈志明	395郑家俊	396王志远
397桂崇基	398何成浚	399伍鸿南	400杜松延
401何　键	402黄　杰	403骆美中	404陇体要
405葛武棨	406经天禄	407王正廷	408李世中
409陈　畴	410吴焕章	411麦斯武德	412鲁荡平
413朱培德	414黄坚白	415邵汉元	416喻育之
417张　贞	418胡子昭	419詹调元	420何麟溪
421梁植生	423陶尧阶	423刘不同	424李文范
425叶溯中	426邵元冲	427李绍沆	428周天放
429张维翰	430翟宗涛	431张志俊	432郑维芬
433冷曝东	434温燮南	435裴存藩	436张邦翰
437张德流	438谢仁钊		

乙、列席者：

1 朱霁青	2 陈树人	3 缪　斌	4 陈耀垣
5 刘文岛	6 张道藩	7 赵丕廉	8 余井塘
9 薛笃弼	10 焦易堂	11 鹿钟麟	12 苗培成
13 程天放	14 克兴额	15 区芳浦	16 萧吉珊
17 黄旭初	18 朱绍良	19 程天固	20 龙　云
21 詹菊似	22 谢作民	23 黄秀陆	24 梁寒操
25 钱大钧	26 关素人	27 殷锡朋	28 李任仁
29 郑占南	30 曾仲鸣	31 黄慕松	32 崔广秀
33 张厉生	34 黄复生	35 罗家伦	36 张定璠
37 戴愧生	38 李敬斋	39 王　祺	40 何世桢
41 范予遂	42 曾扩情	43 王懋功	44 唐生智
45 陈庆云	46 谷正纲	47 唐有壬	48 杨爱源

49 王陆一	50 黄绍竑	51 郭春涛	52 李福林
53 潘云超	54 陈布雷	55 商　震	56 陈嘉祐
57 林云陔	58 邓青阳	59 缪培南	60 李绮庵
61 陈中孚	62 邓飞黄	63 孙镜亚	64 黄少谷
65 萧忠贞	66 纪　亮	67 李次温	68 王世杰
69 王用宾	70 陈绍宽	71 陈大齐	72 刘瑞恒
73 钮永建	74 马寅初	75 吴尚鹰	76 傅秉常
77 吴经熊	78 何　遂	79 陈之硕	80 陶履谦
81 徐　谟	82 孙蔚如	83 曹福林	84 万福麟
85 许协揆	86 蒋坚忍	87 何柱国	88 罗卓英
89 严登汉	90 孙　楚	91 俞济时	92 周保黎
93 邓文仪	94 刘　戡	95 谭道源	96 谷良民
97 展书堂	98 罗念前	99 高桂滋	100潘尧年
101杨　森	102周遂初	103刘幼甫	104李厚如
105井岳秀	106项致庄	107吴恩豫	108周浑元
109李其相	110许行怿	111陆　杰	112李服膺
113郭汝栋	114刘文辉	115欧阳格	116唐式遵
117熊式辉	118赵登禹	119刘汝明	120潘文华
121王缵绪	122李品仙	123杨永泰	124廖　磊
125黄光华	126徐　箴	127王圣五	128曹配言
129陈剑如	130王天觉	131黎天才	
132程中行（即程沧波）		133谢冠生	134萧同兹
135谭熙鸿	136酆　悌	137韩静远	138钟天心
139陈访先	140沈　默	141杨兴额	
142史新三（即史赞铭）		143高一涵	144张凤九
145赵一峰	146贾景德	147武肇煦	148王昆仑
149朱云光	150彭学沛	151陈克文	152梅恕曾
153林柏生	154张必果	155余成勋	156吴人初

157徐　堪	158伊德钦	159暴步云	160冷　融
161邹明初(即邹德高)		162马　湘	163张默君
164田昆山	165李世军	166赵允文	167刘振东
168彭尔康	169庞镜塘	170周一志	171陈铭德
172邓公玄	173杨栋林	174王子壮	175胡　翰
176伍仲衡	177张庚田	178王启江	179王子弦
180闻亦有	181沈君匋	182狄　膺	183吴士超
184伍士焜	185梅芳庭	186李琼生	187何叔莞
188张伟民	189伍华芳	190黄志超	191王文生
192许伟雄	193李武功	194吴炽寰	195蓝耀赓
196李克旋	197李树生	198何平吾	199韩心传
200姚玉辉	201江　彪	202余　荣	203陈雨亭
204蔡坚白	205黄海山	206张鼎铭	207李汝霖
208赵德兰			

〔中国国民党中央执行委员会秘书处档案〕

3.中国国民党五届一中全会重要决议案

（1935年12月）

（一）关于召集国民大会及宣布宪法草案案

（民国二十四年十二月四日第五届中央执行委员会第一次全体会议通过）

一、中华民国二十五年五月五日宣布宪法草案，十一月十二日开国民大会，国民大会代表之选举，应于十月十日以前办竣。

二、设宪法草案审议委员会，指定叶楚伧、李文范、周佛海、潘公展、王陆一、梁寒操、王世杰、陈布雷、邵元冲、刘芦隐、傅秉常、王用宾、彭学沛、吴经熊、陈公博、茅祖权、张厉生、张知本、乐景涛十九委员组织之，并以叶楚伧、李文范两委员为召集人，负责审议草案及经大会认为应予采纳之提案，于两个月内拟定修正案，呈由常会发交立法院迅速议决公布。

三、国民大会组织法及代表选举法，应即并交审议委员会草拟原则，呈由常会发交立法院迅速议决公布。

（二）关于召集国民大会及宣布宪法草案补充办法

（民国二十四年十二月五日第五届中央执行委员会第一次全体会议通过）

一、召集国民大会宣布宪法草案，现已确定日期，应即赶办各省市地方自治，完成训政工作，以周宪政之基础。

二、现立法院所定之地方自治法，及自治施行法，或有应行修正之处，当以简括易行，便于宪政之推进为主，应并交宪草审议委员会重行审议，拟定修正原则，呈由常会交立法院速行修正以便公布。

三、各省市自治实施之先后，及限期筹备之进度，由行政院依地方实情定之。

决议：交常会速核议施行。

（三）关于今后党务工作纲领案

（民国二十四年十二月七日第五届中央执行委员会第一次全体会议通过）

本案由党务组就有关今后党务工作各提案汇集研究，拟具提出。

全体会议遵奉第五次全国代表大会关于党务报告之决议，并检讨以往工作之成规，与大会宣言昭告国人诸大端而谆笃全党同志奋勉赴工者，既已规拟机构，明定权责，使组织因适事功而加坚强，即工作须随需要而有进展，举凡过去规定之方针计划，允宜积极实施，从速完成。兹更因应时需，就中央各部份之职掌与实地应举办之事宜，分别订定其工作纲领，为今后切实工作之依据。缓急之间，远迩之际，已有谨严之剂酌，立可督勉于施行。

（一）关于组织者

甲、国内方面

一、调整下级党部组织，并分别确定其方式——过去下级党部组织形式虽见整齐，而力量实甚散漫，此次五全大会为因应时艰，维护党基起见，于总章虽未加修改，而于下级党部之一切组织，则授予中央执行委员会以调整之权。常会亟应从速遵照大会决议，另订下级组织方案，改善一切，以补救过去事权不能集中，指挥不能统一之弊。至各地方党务活动方式，亦应因地制宜，分别予以确定，而规定其组织与运用之方法。

二、训练党员积极推行地方自治——应使党员组织能力尽量发展，从组织中本党主义之展布，并以地方从业人员之资格，负实际地方自治指导之责，而为国民大会工作之准备。常会亟应本此方针，订定完善的党员训练方案。

三、整饬各级学校训导工作——各大学及各专门学校应设训育主任一人，由中央派充之，负责指导党义教育及军训事宜。各中小学之训育主任及公民教员之资格，由各省市党部严格审查之，并详细规定其指导联络之方法，于一定期间由各省市党部会同教育厅局施行短期之严格训练。各学校之童子军组织应力加充实，其办法由常会定之。

四、防止反动匡正思想——此项工作虽属消极方面，而年来政局之稳定，与夫反动气势之消沉，未始非特务工作之力，今后分别区域，派遣忠实干练之同志，参加政府工作，会期当地党部缜密的侦缉反动方面之行动与计划，并以针对之理论，普遍宣传，藉以匡正思想，预防反侧。

乙、军队方面

军队本为有组织的行动之集体，若再加一重党的组织，徒紊乱其本身的组织，而毫无实益，过去军队党务推行之困难，实即因此，今后应力加矫正，运用其原有组织，而致全力于训练工作。至训练方针有如下列数种：（一）使明瞭本党主义政纲及政策。（二）使充实国家民族意识，（三）使信仰领袖，（四）使服从长官。为主持上项训练工作，于每师增设副师长一人，由军事委员会委员长荐请中央派充之。

丙、铁路海员方面

今后铁路海员党务之推进，应以训练为达到组织之结果。其形式应力求简单，或设法秘密。至训练方针，除灌输主义外，当以增加其技能与知识为第一要义，同时并使参加合作事业，以改善其生活状况。为主持上项工作，于铁路航政机关中增设副主管人员一人，由中央派充之。

丁、边远省区方面

一、应派遣熟习边区情形之中央委员主持边区党务，组织党部并配遣各项专门人员，襄助工作，藉以振发边地同志集团工作之兴趣，以培养其集团行动之力量，同时由政府慎选同志主持边区行政，以协助党务之推行。

二、应加紧边区党员训练，使充实其革命修养，以为服务社会领导民众之准备。

三、增设中央政治学校边区分校，并令附设各种短期训练班，藉为边地训练人才，以提高边地文化运动。

戊、海外方面

海外党务工作，应适应其环境，及注意其事业上之连锁性，以严密组织，领导侨胞，努力祖国建设事业为工作之本体。盖华侨散处各地，本党同志应直接间接予以指导，使能密切联系，团结一致，立于不败之地。至华侨中之生长外国或侨居外国过久者，对于国内情形或不免隔膜，本党同志应使明瞭国内之情况，以加强其民族性，并应努力宣传国内物质建设之需要，使踊跃投资祖国，发展事业。对于华侨在海外经营之商业，应予以协助，使能尽量发展。华侨教育尤应有整个计划，以增进其知识，统一其思想。所有驻外各领事，对于所在地方之党务，有尽力维护之义务，其副领事一职，由中央遴选人员交主管机关派充之。

（二）关于宣传者

甲、国内宣传

一、发挥总理遗教。应会同教育部中央研究院依据总理遗教，编著哲学教育政治经济社会诸理论学说，使本党理论完全渗透贯彻于各种学说之中，以收潜移默化之效，一扫已往党义自党义，学说自学说，彼此捍隔不入之弊。

二、提高民族意识。应本总理遗教，发扬民族自信力，与爱护国家精神，沉着迈进，以跻民族于复兴之境域。

三、完成地方自治。应使民众认识地方自治为革命建设之初基，民权主义之起点，现值宪政将近开始之期，亟应本总理遗教与政府法令，加紧完成地方自治工作，以实现民治之真部，而固民国之国本。

四、实施国民经济建设。中国系农业国家，年来农村破产，百业凋敝，为致贫积弱之一重大原因。欲挽救此种危机，即须集中民力，从事经济建设之工作，繁荣农村，积极生产，以裕民生。

五、普遍国民军事训练。救亡图存，端赖民力，提高国民复兴民族之意识，固为先着，而培养民力复兴民族之体魄，犹为当今急务。今后亟应以宣传力量，促进国民军事训练之普遍，一扫国民以往颓废散漫之积习，养成严肃勇武之精神，以增厚民族自卫之实力。

六、策进边区宣传。团结国族，共赴国难，为目前急切之要图，须以地理历史人文之提示，增进边区人民国家民族之意识，及对本党主义之信仰，并启发其知识，以增益生产之技能。

上举六点，为今后宣传工作之重要部份，欲期其推行顺利，普遍实施，对于宣传方法，必须切实改善，如对于全国新闻界出版界以及其他文化事业团体，应本统制之精神，改变已往消极取缔之办法，而有积极领导之计划，导入健全发展之途径，一新社会之观感。此外如对于文艺宣传、电影宣传、新生活运动宣传等项，亦应扩大规模，兼筹并顾，以完成宣传工作最大之使命。

乙、海外宣传

一、须使侨胞明瞭国家当前之环境，与政府对内对外之方针，而坚确其对于政府之信仰，且进而就其职业地位能力之所及，设法向外宣传，为国际宣传之辅助，以增进吾民族在国际上之地位。

二、在政府正厉行经济建设充实国力之时，应广为宣传，使侨胞一本其爱护祖国之精神，踊跃投资，赞助国内生产事业之发展，共同完成建设新国家之使命。

三、应以宣传工作为辅助华侨教育之工具，冀侨胞青年受祖国文化之熏陶，明瞭其自身之责任，而增厚其爱国之观念。

四、海外党部所办之报纸，应将国内有系统之新闻材料尽量充实，并应注意侨胞乡土消息之供给，同时搜集有关国际贸易及一切商业上之纪载，以应侨胞之需要。

今后为顺利推行海外宣传工作起见，须于海外各重要区域，斟酌设立报馆（避免党报名义）以树立海外中心宣传之机关，对于海外侨胞所创立之报纸及其他宣传团体，应一致取密切之联络，并扶助其发展，必要时并须派员前往协助其工作之进行。

丙、国际宣传

一、须使国际间明瞭本党革命之目的，政府对外之方针，与其民族对内求自救，对外求共存，维护国际和平，增进人类幸福之信念，而对我有深切之了解。

二、须使国际间明瞭我国家民族当前所处之地位，与遭受侵凌压迫之史实，以及我国民为爱护民族国家伸张正义公理而奋斗之决心，以取得国际间诚挚之同情与赞助。

依据上述二点，今后对于国际宣传，即须专设机关，负责进行，在中央方面应创立国际宣传处，隶属于中央宣传部，统筹国际宣传事项，在各国方面，应分设宣传机关，附属于当地之使领馆，以收彼此策应之效。

（三）关于民众训练者

一、确立本党领导民众之效能。党部应从主义之训导，与工作中心之把握，忠诚服务，表率社会，在民众间取得坚实之信仰，以师保之精神，负艰重之责任，使民众由亲爱本党而完成本党之领导作用，然后训练策动，方为有效，以矫过去民众隔离之失。

二、提高民众对国家民族之意识，并辅助其组织，在此国难严重期间，本党训练民众之最高鹄的，在于提高民众对国家民族之意识，民众团体之组织，悉应趋向于此鹄的。其活动之范围，工作之中心，均予以适当之规定，至一般实际工作之推进，为国民经济之建设，国民教育之普及，国民道德之培养，国民体质之改进，均在此鹄的之下以党部政府民众合作之精神，兼采整齐统制之方式，使组织悉有意义，而训练可获成功。

三、实际增益民众之福利矫正民众团体之弊失。过去耕农与地主之对立，及劳资之不协调，商人间之矛盾，学生妇女运动所受之损耗，由于局部的经济政治之着眼，遂致自播纠纷，斫丧国力。今后党部工作，即在矫正上项弊失，由整个国家民族福利中训导民众为积极共同之努力，其工作则寄于地方自治、人民自卫、新生活运动之推行及生产知识技能之增进等。

四、边区民众训练工作之推进。边区人民因生活阶段文化程度信仰关系之不尽相同，故训练工作应注意因地制宜，并以实际事业如教育救济卫生等事项之举办，寓最忠诚之辅导。至民族关系之增进，尤须特别注重，如民族间有互欠了解及互欠亲睦之处，本党亟应尽精诚调和之责，生活文化各方面，更应切实辅助其推进与增善。

五、改进特种社团之领导与扶助。本党过去对于学术文化公益慈善各种社会团体之工作多偏于消极方面，今后为使本党主义与政策深量渗透于民间故，对于各种社团应为有力之领导与扶助。并为增进本党同志学识素养与社会工作之志趣计，应加强本党对于特种社团之关系。

六、加紧公务人员之党义训练。过失〔去〕各机关公务人员研究党义虽曾有组织，但积久即视为具文，今后应力加整顿，务使各公务人员均能于严整组织下加紧党义的训练，其党员之任公务员者，尤有运用此项组织努力党的工作之义务。

七、青年运动之方式。青年运动，原为民众运动之重要部份，端赖领导得宜，训练有方，若不得其当，将足使误入歧途而难入培植。今后不但使组织及工作中受本党之训练，尤宜特别注意于民族意识、科学知识、道德观念之培养，以达到养成爱国青年之目的。

八、确定民众团体事业经费之补助办法。民众团体所需之训练事业各费，应令政府宽筹补助，以扶助其发展。

此外各地方自治国民经济建设军事训练等项工作，均为本党今后急须领导全党同志全国民众共同努力而完成者，惟此项工作之原则，已经五全大会之决定，而于实施之详细计划，以及党与政府如何分工努力之处，尚有赖于各计划委员之切实研讨，拟具具体方案。

附注：关于上述各项工作，审查会中亦有概括之意见，兹存其荦荦大者于后，以作将来各委员会研讨时之准则。

一、关于地方自治者

各县设地方自治筹备员，由中央党部选定曾经训练合格之党员，交国民政府行政院分发各省市委派之，于限定期内完成下级自治组织。

二、关于国民经济建设者

扶助国民经济生产之发展，并统制各项职业团体。

甲、中央党部对于国民经济建设之指导，应详订各项计划。

乙、各级党部应组织各种职业团体生产组合同业公会等经济团体而统制之，各地同志各应按其职业参加各种团体以策动之。

三、关于国民军事训练者

以中等以上学校之男生，四十五岁以下之公务人员，及一般民众为对象，计划如何组织，如何考核，如何监督领导，并如何灌输以民族思想，锻练其体魄能力，教以普通作战技术，及一切动员防卫种种军事上应有之常识，其实际训练责任，仍由各主管机关负之。

决议：大体通过，交由常务委员会斟酌实际情形，分别订定其实施方案。

（四）中央执行委员会组织大纲案

（民国二十四年十二月六日第五届中央执行委员会第一次全体会议通过）

一、中央执行委员会推定常务委员九人，并就常务委员中推定主席及副主席各一人，组织常务委员会，在中央执行委员会全体会议闭会期间执行职务。

常务委员会开会时，中央监察委员会常务委员中央政治委员会正副主席，国民政府主席，五院院长，及中央秘书长，组织宣传民众训练三部部长，各计划委员会主任委员，均得列席。

二、中央执行委员会之下设秘书处，组织部，宣传部，民众训练部。秘书处设秘书长一人，组织、宣传、民众训练三部，各设部长一人，副部长一人，综揽各部处事宜。各部于必要时，得设委员若干人，担任设计工作。

三、中央执行委员会之下，设海外党务计划委员会，地方自治计划委员会，国民经济计划委员会，国民军事训练计划委员会，文化事业计划委员会，财务委员会，抚恤委员会，党史史料编纂委员会，及其他特种委员会，各附属机关。各委员会设主任委员一人，副主任委员二人，委员若干人，掌理各委员会事宜。

四、中央执行委员会设政治委员会，由中央执行委员会就中央执行委员中央监察委员中推定主席一人，副主席一人，委员十九人至二十五人组织之，为政治之最高指导机关，对中央执行委员会负其责任，其组织条例另定之。

政治委员会开会时中央常务委员会主席副主席，国民政府主席五院院长副院长，军事委员会委员长副委员长均应出席。

本会所属各专门委员会主任委员及国民政府各部会长官于必要时得通知列席。

五、政治委员会设秘书处，置秘书长一人副秘书一人。

六、政治委员会之下设法制、内政、外交、国防、财政、经济、教育、土地、交通，各专门研究之党员充任之，并得聘请专家为顾问。

各专门委员会设主任委员一人，副主任委员一人，副主任委员不得兼任其他职务。

附注：

（一）中央执行委员会及政治委员会之下各计划委员会及专门委员会成立以后，政府机关有同性质之组织者，应即取消，以其人才集中，事权统一。

（二）中央执行委员会各部处会之组织条例，应分别修正或起草，由常务委员会指定若干人办理之。

决议：修正通过。

附组织系统图：

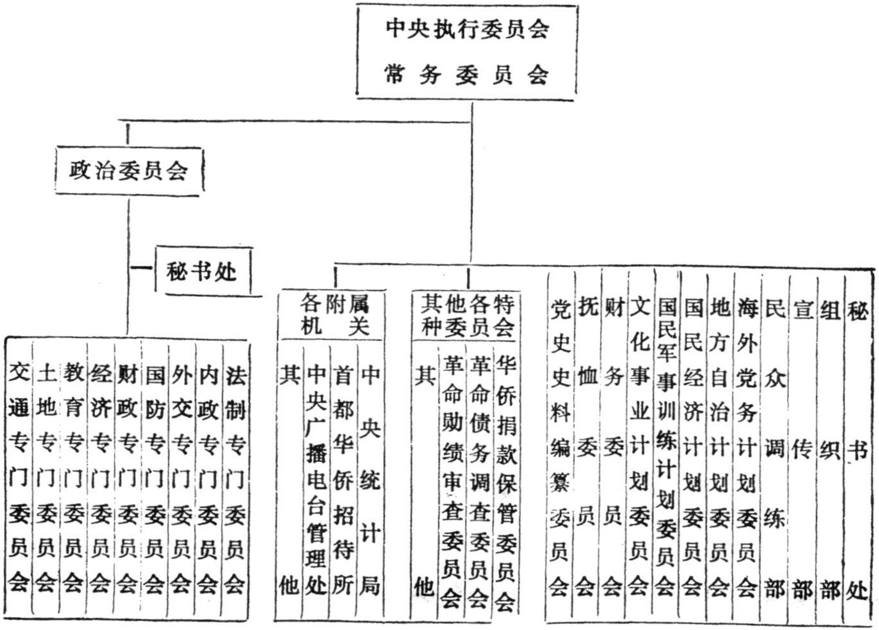
中央执行委员会
常务委员会
政治委员会
秘书处
交通专门委员会
土地专门委员会
教育专门委员会
经济专门委员会
财政专门委员会
国防专门委员会
外交专门委员会
内政专门委员会
法制专门委员会
各附属机关
中央统计局
首都华侨招待所
中央广播电台管理处
其他
其他各种委员会
华侨捐款保管委员会
革命债务调查委员会
革命勋绩审查委员会
其他
秘书处
组织部
宣传部
民众调练部
海外党务计划委员会
地方自治计划委员会
国民经济计划委员会
国民军事训练计划委员会
文化事业计划委员会
财务委员会
抚恤委员会
党史史料编纂委员会

（五）确定党务人员任用标准案〔略〕

（六）本党应确定训练青年政策案〔略〕

（七）厉行考绩淘汰成绩过劣人员以增行政效率而便铨叙案〔略〕

（八）确定国民经济建设实施计划大纲案

萧委员铮等二十一人提

（民国二十四年十二月四日第五届中央执行委员会第一次全体会议通过）

吾国今日外被强邻暴力之侵凌，世界经济不景气狂流之袭击，内受水旱天灾之煎迫，赤共残匪之扰攘，农业衰落，商市凋零，旧有手工业，既已日就崩溃，新兴民族资本，亦复同遭摧毁，国民经济之生机，已濒绝灭，社会组织之机构，日见动摇。值此国际风云，益趋险恶，设战事一旦爆发，海洋交通隔绝，外货来源阻断，举凡吾人平日衣食住行之所需，将立呈极度之恐慌，届时即无强敌之侵入，我亦将因社会经济之混乱而自行溃亡也。言念及此，能不寒心。本党政府，处此险恶环境之下，秉坚苦之精神，为生存而奋斗，应速具勇往果断之决心，采取最进步最有效之方式，迅作适当之准备，调整原有生产组织，统制社会经济行动，使国民经济，得为有组织有计划之活动，社会组织有坚实巩固之基础，虽暴力压境，而吾国民经济，有恒久持续之能力，社会组织，无土崩瓦解之危机，此实为目前救亡关存之根本大计，而亟应确定方针，尽速实施者也。兹拟具国民经济建设实施计划大纲如左：谨提请公决施行。

一、标的

站在整个民族生存之立场，整理原有之经济组织，及生产单位，凡从事于经济活动之个体，均列为生产单位，如：工厂、工场、商店、田庄、合作社、金融运输、交通等机关等，使之密切联结，以集体之力量，团结之精神，共同挽救农村经济之没落，维护都市工业之生存，在平时得藉以图国民经济之发展，在战时得资以为经济动员之准备，及长期抵抗之基础。

二、原则

（一）生产之要素为“人力”、“地力”、“资力”及“组织力”，今欲谋原有生产事业之持续，及未来生产行动之发展，必须人力、地力、资力、组织力予以适当合理之配置与运用，使成为有系统有组织有意识有计划之活动；顾生产要素之合理配置，非一蹴可几，国民经济之计划发展，非咄嗟可办，故入手办法，惟有将原有经济组织及生产单位，予以切实之调整结合，使成为有机之组织体，然后始得为有目的有计划之统制与推动。

（二）各种经济活动，错综繁复，交相织合，殊难为截然之区划，故建设国民经济，必须为全盘之统制，若强为割裂，局部施行，断难收切实之效果，证诸过去之蚕丝统制棉业统制之事实，当益可征信。即如最近之通货管理，亦应亟与物价统制对外贸易统制等同时并进，方能获预期之成效。

（三）国民经济之建设，应以整个民族为目标，在目前国际情况之下，尤应审查各地交通地理之形势，凡基本工业之创办，重大工程之建筑，均须择国防后方之安全地带而设置之。

（四）为适应目前之国际形势，应以县为国民经济组织之基本地域单位，凡一县以内之生产、交换、消费、运输等经济行为，务使其组织之机构，极为灵活完整，俾使利于国防经济之动员，同时又复适合于个别之图存，纵使一旦交通隔绝，或暴力侵袭，社会经济生活，仍得持续，而不致立时溃乱。

（五）地方防卫组织，暨教育事业，应与经济建设打成一片，使其在整个目标之下，相互助长。

（六）“人力”为生产之重要原素，建设国民经济，应将社会全部“人力”为有计划之动员，凡壮年男女，（假定为十八岁至四十五岁）均有服务劳动之义务，并视各地实际需要，规定其应行服务之时期。

（七）一县以内，壮年男女之口数，及其能力之性质，如适于作工，作农，服兵役，充任医师看护或教师等，均应为详细调查，并分别登记，以便随时动员。

（八）为便利“人力”之动员与统制，应就登记之“人力”，予以严密之组织与适当之训练，“人力”之训练，除培养其生产之技能，及集团工作之精神外，尤须教练其自卫能力，即适当之军事训练，如挖壕、射击、掷弹、国术、及防空、防毒、救护等，俾得在可能范围之内，各以自卫之力量，保障其经济建设事业之安全。

（九）土地为生产必须之工具，各县应将境内土地之面积与种类，分别测丈或调查估计，并统制其利用，调整其所有关系。

（十）积极进行灌溉，疏导，填筑等水利工事，以增加可耕之面积。

（十一）无地农民，应尽量设法给与土地，俾尽“人力”而增“地利”。

（十二）各地应酌量创立模范农场，应用适当之方法及机械，以提高产率，增加产量。

（十三）以模范农场之优越生产能力，鼓励农民，使其自动采用新式耕种技术，或组织合作田庄，以谋农业经济之改善及农业生产之增进。政府对于合作田庄，须酌予特惠，（如公有机械之使用，技术之指导，运输之便利，经济上之协助，以及文化保卫事业之设备等）以促进农民从事于集体生产。

（十四）副业为农民消纳胜〔剩〕余劳动之尾闾，其影响于农民之收入者甚大，政府需按各地副业分布情形切实指导，改良其出品，并增加其产量。

（十五）设立健全之农村信用组织，调剂农村金融，以扶植新兴之合作田庄，及资助一般农业之发展。

（十六）凡各种大规模及基本工业由政府经营或监督之，并以适当之条件或“租营”之办法，奖励国内外资本者之投资。

（十七）各种手工业之具有特殊效用者，政府按各该手工业营业情形，予以鼓励改进，以补救目前机械生产之不足。

（十八）依政府之财力与需要，逐渐布“原动力网”于各地，供给居住、制造、运输等事业所需之光、热、电等动力。

（十九）轻工业厂之建设，须合于下列原则：

（1）凡附近原料出产之地，尽量集中其相联之各种工业品之制造，俾生产成本，可以减少，出品标准，便于统一。

（2）在可能范围内广设小规模工厂于各农业中心区域，便于农民参加制造工作。如是，则乡村不至因人口减少，而呈萧条之状态，城市不至因工厂过多，而人口拥挤，烟雾弥漫，有害于社会之卫生，及造成社会恶劣之环境，而户口之分布，亦得以均衡，各地富源得以普遍开发，即遇暴力摧残，亦得不致全部被毁。

（二十）在保障投资安全及维护劳动福利之原则下，竭力调整劳资关系，使协力谋整个国民经济之发展。

（二十一）商品之交换，应予以适当之统制，务使生产者与消费者，及原料供给者与制造者之间，缩短其行程。

（二十二）每一个地方商品之进出口，须予适度之统制，藉以平衡供需，便利运销，其法由各该地方商业同业公会联合组织进出口贸易总枢纽，凡商品之进口出口，必须经由该总枢纽办理之，其有单独行动者，由同业协力制裁之。

（二十三）各地消费品之种类、数量与来源，以及本地生产品之种类数量及行销区域，应详为调查统计，使商品之交换，渐臻合理化，凡非必需之消费品而又非本国制造者，应尽量限制之。

（二十四）物品价格，应予合理之统制，以保障生产者适当限度之利润，同时平衡贩买者之盈益。

（二十五）各地金融机构，应使其集中在整个经济建设计划之下，充分运用其功能。

（二十六）交通运输之建设，应使其适合理经济建设及国防形势之需要，由中央及省县各就事业之范围设计进行。

（二十七）经济建设之进行，须赖有巨量之专门人才，或曾受适当教育人员之参加，在开始时，可征调中央及地方现有党政机关服务人员，各据其能力之性质，分发各地，担任各项适当之工作。

（二十八）关于各级学校教育之方针，务须尽量切合经济建设之需要，同时各种文化团体之活动，应集中力量为经济建设作普遍之宣传与鼓动。

三、组织

按照目前吾国国防之形势，以及经济发展之阶段，国民经济建设之组织，应以县为基本地域单位，省与中央负计划调整及指导督促之责，至属于全国或全省范围之经济建设事项，由中央与省直接计划进行，至其组织之原则约有左列数端：

（一）建设国民经济所涉范围至广，故中央指导机关应由中央党务政治军事各最高机关联合组织之，而以党务机关为其主体。

（二）省指导机关之主持人员，由中央指派，县指导机关之主持人，由省指派，俾收意志集中，指挥灵活之效。

（三）各机关之工作人员尽量就各级党政军文化各机关中调用，俾各项人才易于集合，机关经费得以节省。

（四）平层之基本组织为镇市同业公会及乡村农业协会，应由县机关分别指导组织之。兹根据上述原则，拟具各级组织如下：（以下各种组织除镇市同业公会及村农业协会外，对外均不公开）。

子、中央机关

（一）中央设中央国民经济建设委员会，由中央执行委员会派委员一人，暨军事委员会、经济委员会、建设委员会、行政院，及参谋本部等各机关首领组织之，设主任委员一人，由中央执行委员会之代表担任之。

（二）委员会之下设秘书、计划、指导、考核一处，计划处之下设调查、统计、劳动、土地、财政、生产、消费、贸易、物价、交通、运输、及文化、防卫等组，各组主任及组员，由委员会调用中央党政及文化各关系机关适当人员充任之。

（三）委员会之下，依事业之分类，设立各种专门委员会，分别以行政院各关系部部长或次长，暨国内经济及技术专家组成之。

（四）中央国民经济建设委员会，负全国经济建设之计划，调整、指导、考核之责，关于应由中央直接举办之经费建设事项，交由中央原有各主管行政机关办理之。

（五）中央国民经济建设委员会暨附属各机关之组织规程另定之。

（六）委员会之经费，除调用人员均由各机关支薪外，其余经费由中央筹拨之。

丑、省机关

（一）各省设省国民经济建设委员会，置委员五人，由省党部省政府各派代表二人，暨中央执行委员会指派委员一人组织之，设主任委员一人，由中央就委员中指定之。

（二）省委员会下附属机关之组织与中央同。

（三）省委员会负全省经济建设之计划，调整，指导，考核之责，关于应由省直接举办之经费建设事项，由委员会交由原有主管省行政机关办理之。

（四）省委员会暨附属各机关之组织规程另订之。

（五）相当于省之市及区，其组织与省同。

（六）省委员会办理业务之经费，由省政府筹拨之。

寅、县机关

（一）县设县经济建设委员会，置委员五人，由县党部县政府各派代表一人，及由省委员会指派委员三人（其中二人，应就当地人士之熟悉经济情形者指派之）组织之，设主任委员一人，由省委员会指定之。

（二）县委员会下设秘书、计划、组织兼指导，以及考核等组，各组主任由委员兼任，组员由会向县党政及文化各机关调用之。

（三）县委员会之任务如左：

1．调查县内各项经济状况，并按时报告于省委员会。

2．决定本县经济建设计划，并督促其施行。

3．执行省及中央关于本县经济建设事项之命令。

4．组织县内各同业公会及村农业协会，并指导督促其工作。

5．核定各业之经济建设，或生产之计划，并督促其实施。

6．解除各业经济发展上之障碍。

7．监督实施进出口之统制。

8．调整劳资关系。

9．指导各业关于技术上，经营上，以及组织上之改进事项。

10．调整各业间之相互关系。

11．管理全县食粮之存贮与支配。

12．监督全县金融之活动。

（四）县委员会之组织另订之。

（五）县委员会之经费由县政府筹拨之。

卯、镇市同业公会

（一）每一市镇内之工商交通运输及文化等基本单位，应各按照其职业之类别，分别组织各种同业公会。各种同业公会，并应联合组织同业公会联合会。

（二）各同业公会由县经济建设委员会派员指导组织之，凡同一市镇内，同一职业各单位，均须加入该镇市之同业公会。

（三）各同业会之主席，由会员公选候选人三名，呈由县会圈定之。

（四）各同业公会之费用，由会员公摊之，不足时得请由政府辅助之。

（五）同业公会之任务：

（1）对于所属分子，应尽力解除其事业上之困难，并调整其相互关系，使其互相扶助以图其整个企业之发展。

（2）按期报告诸同业之营业状况于县经济建设委员会，并拟就本业之经济计划呈送县会。

（3）遵照县会命令，执行全县经济建设计划之关于本业部份者。

（六）各同业公会组成后，经县会之核准，得向政府请求经济上以及技术上之协助。

辰、村农业协会

（一）凡有农户百家之农村，须组织农业协会，其未满百家者，得集合若干村合组之，其工作由县会随时派员指导之。

（二）村农业协会主席由村中各农户之代表，推选候选人三名，由县会圈定之。

（三）村农业协会之办事经费，由会员分任之，不足时得请由政府设法补助之。

（四）加入村农业协会之农户，须将其农务之经营，管理状况，以及关于农业经济上各种事实，详细报告农业协会，并每年每季于规定之时期内，拟定每年每季之生产计划。

（五）村农业协会之任务：

1.调查本村之农业状况，并拟就本村之生产计划，呈送县会。

2．解决会员生产上之困难问题，并调整其相互关系。

3．执行县会之命令。

4．接受县会之指导，实施农业技术、谷种、蚕种、肥料，以及副产品制造之改良，并从事水利、防灾等设施。

5．协力谋信用组织之发展，并改善会员原有债务状况。

决议：大体通过，交常务委员会妥拟实施办法。

附注：

本案系经五全大会决议交下核议。

〔中国国民党中央执行委员会秘书处档案〕

4．中国国民党五届二中全会宣言

（1936年7月14日）

一、举国同胞，共赴国难；

多数同志，精诚团结。

二、完成“近代国家”之组织，为今日救国第一要义。

三、“近代国家”组织之精神，尤在于力量之统一与纪律之严明。

四、消弭异动，务以政治方法；

对于军事同志，仍愿寄以国防事权。

五、国家处境愈艰危，国民之意志与行动，愈益整齐严肃。

六、国民惟有本救国之诚心，予中央以彻底之信任。

本会议之举行，距五次全国代表大会及第一次全体会议之期，已逾半年。回溯此期中，内外环境，弥感艰危，举国同胞，在极度烦闷苦痛之中，共赴国难之精诚，日益深著。国人所殷切期望于本党者为如何统一人民救国之意志与力量，以御当前之外侮，而保民族之生存。而本党之所为坚忍负责，致其最大之努力者，亦以是为鹄的。此次全会，中央各同志赴会之盛，为历届所未有，多数同志，或躬负重责，或久未来京，无不专莅首都，共商大计。而西南两机关之撤销，出于两粤多数同志之提议，尤足以扫除四次代表大会以来睽离隔阂之形迹，表示党国集中统一之实际，以根绝中伤分化之阴谋。可见精诚团结，早具同感，艰危共济，弥见决心。而外察环境，内审国情，必如何方能确实统一救国之意志，达到救亡图存之目的，则此次全会所欲昭示于全党同志与全国同胞者。

五全大会于救亡图存既已明示吾人以正确不易之方针，其基本要点，则以为在中国今日非以自身刻苦之奋斗，彻底更始之觉悟，以建立一人力物力并皆发展充实之“近代国家”，决无以克环境之艰危，奠国家于巩固，而对于当前御侮之要略，亦明示抉择国策之限度，济之以最后牺牲之决心。凡所决议，不仅本党同志共信为救亡图存之真理，即一般爱国明义之国民，亦无不认此为共同努力之基点，全会检阅半年来中央党政措施，认为确能秉承五全大会所交付之方针，坚苦奋斗，于内忧外患交相煎迫之环境中，幸获相当之进步，就外交言，国难程度虽日益深刻而严重，然以中央政府严正应付，坦直周旋，务纳外交于正轨，致冀察及全国将士为维护国权而努力，已使国际对我之观感，显有转变，而和平折冲之望，因之亦尚未全绝。就内政言，则如币制之改革，金融之稳定，建设之进展，以及铲除匪患，防遏天灾，无不于艰苦备尝之余，收迅速显著之效，而宪法草案之如期颁布，国民大会之定期召集，循序进行，既以昭信于国人，亦将厚集全国之心思才力，以共图救国之大计。至若完成“近代国家”之组织，原为今日救国之第一要义。有些组织，方足以建立完固之国防，保障民族之独立。半载以来，中央不特在物质方面力谋国民经济之建设，及自卫能力之充实，而对于恢复民族固有道德，唤起民族意识，尤努力培养各地民众训练与学生训练，凡足以统一救国意志，振起卫国精神者，无不积极进行，同时对国民教育求普遍之发展，为失业青年谋服务之机会，其主旨亦莫不在于民德民力之增进，无形中为国防增厚其基础，亦即为完成“近代国家”组织致其不断之努力。果能共同一致，循此迈进，必能确立民族复兴之始基，此固全国贤智之士所共与其役，而深信不疑者也。

抑所谓“近代国家”之组织，其精神尤在于力量之统一与纪律之严明，世未有力量涣散而可以御侮者，亦未有纪律废弛而可以建国者。今日全国上下诚欲攘外御侮，均须爱护此十载艰辛牺牲换来之统一局面，尤须绝对恪守民族生命所系之公共纪律。在教育上组织上能训练纪律，则国民可以团结而不散漫，国家自能增加其力量。在政治上军事上能尊重纪律，则中央与地方乃能如身之使臂，臂之使指，而割据封建之残余形态，可以一扫而空，国力乃【有】积累之增加，与真正之统一，而国家对外奋斗所需坚固不拔之基础，亦于是乎确立。质言之，救亡图存之道，固莫要于御侮，而御侮之先决条件，乃在集中一切救国力量，于中央指挥之下，齐一其步调，巩固其阵线。故御侮救国之有需于统一与纪律，实为无可动摇之铁则，而军政军令之统一，尤为完成“近代国家”组织之最低限度，此为言国防者所不可不知，亦为今日全体同胞所不可不察者也。

最近两粤异动，揭橥对外之旗帜，摇动统一之根本，使国家于忧患痛苦之中，增分崩离析之惧，一方面足以反映中国今日所处环境之艰难复杂，同时更足证明国家各部分间如不能维持严整之纪律与统一，决不足以立对外抗争之基础，而适足以加重国难。中央自此事发生，感于国事之危艰，爱护国家之实力，始终以和平方法，苦心善处，期挽危局于无形，而促一致之觉悟。所幸全国舆论，咸能明辨是非，正言规戒，而我革命策源地之粤中民众，久受革命主义之薰陶，不为诡词妄行所摇惑，粤中陆海空军将士，多能昭揭正义，葆爱革命光荣之历史，尽力于国家统一之维护，此实全国爱国同胞所一致欢慰，亦我国难严重期中真正意志与力量之表现。而广东军事当局，既已首唱异议，自由行动，破坏党国纪律，摇动革命根基，虽经中央苦心之容忍，仍无悔悟之表示，律以国家之纪纲，宜为国民所不恕。全国对两粤异动固切痛心，而一念国事艰危，断不忍以仅有之实力，轻用于对内之制裁，故仍本于总理宽大之精神，务以政治方法，消弥异动，纳入正当轨道，只求国家政令军令，自兹得以确实贯彻，是非顺逆之辨，昭然大白，纲纪法令，两无毁损，不仅不欲对此事变加以苛求，且追溯睽离乖误之原因，进谋消弭离间利用之凭藉，对于共同革命具有历史之军事同志，仍愿寄以国防之事权，谋更进一步之团结。同时又感于各地负责同志，咸具救国之精诚，而鲜共同研究之机会，值兹存亡兴废关头，益宜集中心力，共负艰巨，爰成立国防会议，期于荟萃全国之心思才力，发抒关于救国之良谟，为整个国防策完〔安〕全充实之图，以树救亡图存之根本，全会深信此种措置，必与全国热望救国之要求相符合，而益以造成协同团结之力量也。

尤有为吾全国同胞告者：国家之处境愈艰危，国民之意志与行动宜愈趋于整齐与严肃。而以救国自任之国民与负责之中枢，必更有需于彻底之信任与坚强之毅力。能如是者复兴，反是者灭亡，古今中外，莫不皆然。盖必具有牺牲奋斗之决心，方足以任宏远艰巨之事业。以中国近百年来之内多病根，外受束缚，而又处此国际冲突之漩涡，言乎建国，其难可知。本党秉总理之遗教，负革命之大任，险阻之来，本可意计，断不因国事之艰虞，而自懈其应负之职责。亦惟熟审于民族百年之利害，决不容掉以轻心。诚以一人一党之牺牲事小，而国家民族之牺牲事大。吾国家既已临此历史未有之非常时期，此时决策之当否，实系数千年历史绝续，与民族千秋万世之安危，故不仅负责建国之本党所宜坚毅沉着以赴事机，即吾全国同胞，丁此存亡危急之际，亦宜对于过去之历史与民族之将来，负起一切职责，认清时代责任，而以绝对严肃慎重之态度临之。

总之，中国目前形势，非以决死之心求生存，则不能得安全之保障；非举国一致以整齐之步骤谋挽救，则将无逃于各个击破之危机。故此时全国国民惟有本于救国之诚心，予中央以彻底之信任。诚能一致团结，保持统一，巩固中枢，俾能负起责任，运用举国协同之力量，以救护国家，保全民族，则环境纵极困难，必可转捩危机，造成复兴之大业。否则意志不一，步骤不齐，筑室道谋，自坏纪律，根本既伤，虽无敌国外患，亦必崩溃而不救。本党受全国同胞付托之重，对于国家兴亡，必当尽其心思才力，贯彻始终。即或形势更趋险恶，亦必于层围夹攻之中，百折不回，为我中国确立国家健全组织之基础，为我民族求得永远生存之保障。所敢郑重告于国人者，国家既处此非常之形势，吾人对内唯有以最大之容忍与苦心，蕲求全国国民之团结，对外决不容任何侵害领土主权之事实，亦决不签定任何侵害领土主权之协定。遇有领土主权被侵害之事实发生，如用尽政治方法而无效，危及国家民族之根本生存时，则必出以最后牺牲之决心，绝无丝毫犹豫之余地，此则五全大会所决定之方针，兹更诠释揭示，以期全党同志全国同胞之共喻者也。

〔中国国民党中央执行委员会秘书处档案〕

5．中国国民党五届二中全会重要决议案

（1936年7月）

（一）第五届中央执行委员会第二次全体会议宣言〔略〕

（二）国防会议条例案

（民国二十五年七月十三日第五届中央执行委员会第二次全体会议通过）

第一条　为整理全国国防，特设置国防会议，讨论国防方针，及关于国防各重要问题。

第二条　国防会议以左列各员组成之：

一、议长　军事委员会委员长

副议长　行政院院长

二、会员

（一）中央军事机关各长官

军事委员会两副委员长

参谋总长

军事参议院院长

训练总监

航空委员会委员长

（二）行政院关系各部长

（军政、海军、财政、外交、交通、铁道等部长）

（三）中央特别指定之军政长官

第三条　国防会议审议之事项如左：

一、国防方针，

二、国防外交政策，

三、关于国防事业与国家庶政之协进事宜，

四、关于处置国防紧急事变事宜，

五、国家总动员事宜，

六、关于战时之一切组织，

七、其他与国防相关联之一切事宜。

第四条　国防会议由议长召集，每年开大会一次，必要时得召集临时会议。

第五条　国防会议决议事项，由议长呈请中央交国民政府令主管院部会执行。

第六条　国防会议每次开会以一星期为限，如遇必要时得延长之。

第七条　国防会议设置秘书厅，秘书厅厅长由参谋总长兼任，副厅长两人由军委会办公厅副主任参谋次长兼任，其组织另订之。

第八条　本条例经中央执行委员会核准施行。

（三）中央宜设立调剂民食机关以均多寡而救荒歉案
（民国二十五年七月十三日第五届中央执行委员会第二次全体会议通过）

理由：

国内向无调节民食总机关之设立，对全国各地民食供求是否相适，盈不足之差额若干，虽有统计数字，而总觉其不甚精确，以故丰年则谷贱伤农，每遇荒歉，辄缺乏适当之措置，商贾因以居奇，灾民依然咨嗟，此虽由天事之不可抗，要亦人谋之不臧耳。谓宜急设一调节民食总机关，专司其事，庶不致临时张致也。

办法：

（一）全国经济委员会设一民食调节委员会，于中央总司全国民食调节事宜，各省设分会于实业厅或建设厅，各县市设支会于市县政府。

（二）会内分设调查购籴运输平粜各科。

（三）运输费由国家担负，如遇丰年农产物价低落之时，宜由国家提高其价格，定价收买。

（四）各省市县政府未经调节委员会同意，不得禁止米粮出境。

（五）各省市县政府及商民未经调节委员会核准，不得为大量之屯籴。

（六）中央调节委员会应由各省农会推派代表常川驻会，关于各省米粮输出输入之禁止，非经该省代表同意，其命令为无效。

各省调节会应由各市县农会推派代表常川驻会，关于各市县米粮出入，非经各该市县代表同意，不得禁止。各市县调委会应由各农民直接推派代表常川驻会，关于本市县米粮输出入，非经其同意，不得为禁止，或开禁之命。各省市县农会及各区农民认为其所推派之代表不能代表或不称职时，得即时撤回，经撤回之代表所同意之命令完全无效。

决议：

调节民食，极关重要，应从速设立专责机关，其组织及办法由政治委员会妥议速办。

（四）对于常务委员会及组织宣传民众训练三部工作报告之决议案

（民国二十五年七月十四日第五届中央执行委员会第二次全体会议通过）

综核常会及各部自一中全会闭会以来半年间之工作，大体均能依照五全大会决定原则，及一中全会决议之纲领，努力施行，惟按诸实际，似犹未能切实运用既定之方针，使党务增加活力而稳固基础。是固由于环境方面不能免于障故，而党的组织与实际政治社会情况未能因时并进，使相适合，尤为症结之所在。故今后于组织方面，似有切加改善之必要。按县为自治工作之中心，本党既以训练民众入于自治之途为首要，则党务工作自亦不能不着重于县，而主持各县党务之人选，更属重要。过去本党组织情形，适与此相反，一般学识丰富能力充足之同志，大都集中于上级党部，而县以下党部则反空虚无力，以致地方工作难于推动，呈轻重倒置之象，党的基础日趋薄弱，前途实堪忧虞。兹为补偏救弊起见，拟订彻底改善本党组织原则如下：（一）由中央常务委员会遴选优秀同志加以定期训练，择尤迳行派往各县工作；（二）党务经费由中央统筹，饬各省将原有党务经费迳解中央，妥为支配。如此则人力财力均可充实于下级，不致如过去仅有组织之形式矣。至详细办法，拟交常务委员会迅速妥订施行。盖本党处此危难之时，全党同志全国人民所责望于本党者，至殷且切，今后如何确定工作之途径，以及国民大会后党的地位诸问题，均应与上述改善组织各点同时筹议。凡过去历次大会全会决议案，尤须一一复按，切实施行。使本党组织益臻健全而能始终负训练民众共挽危亡之大责，以完成革命之使命。

〔中国国民党中央执行委员会秘书处档案〕

附录：中国国民党第五届中央执行委员会第二次全体会议经过

（1936年7月）

第一次全体会议举行于去年十二月上旬，继第五次全国代表大会之后，秉承大会宣言及决议，决定党政纲领，调整中央组织，推定常务委员执行会务，迄本次全体会议之召集，为时七阅月。在此短期之过去，内外环境，弥感艰危，全党同志举国同胞在烦闷苦痛之中，精诚团结，共赴国难，以是在政治经济建设诸方面，均有相当之进步。常务委员会为适应时局需要，并检讨工作起见，爰经第十四次会议议决遵照总章规定，于七月十日举行第二次全体会议。此次全会会期虽促，但各地委员躬负重责或久未来京者，无不专莅首都，共商大计，确定现代国家组织之基础，泯除睽离隔阂之形迹，根绝分化中伤之凭藉，则此次全体会议之重要收获也。全会于十日如期开幕，十四日闭会，中经五日，共开预备会议一次，正式会议三次，重要决议案，具见纪录，兹记其经过如左。

开幕典礼　七月十日上午六时在总理陵前举行第二次全体会议开幕式，计到中央委员蒋介石、林森、冯玉祥、叶楚伧、唐绍仪、蔡元培、孙科、居正、柏文蔚、王宠惠、陈立夫、孔祥熙、邵力子、经亨颐、陈公博、吴敬恒、丁惟汾、杨永泰、邵元冲、吴忠信、蒋作宾、方治、方觉慧、陈璧君、褚民谊、王懋功、谷正纲、谷正鼎、刘健群、俞飞鹏、罗翼群、余俊贤、吴开先、傅秉常、姚大海、田昆山、黄慕松、薛笃弼、戴愧生、邓家彦、蒋伯诚、刘镇华、彭学沛、叶秀峰、雷震、张钫、曾养甫、王漱芳、何思源、李文范、何应钦、徐恩曾、朱霁青、李嗣聪〔璁〕、陈泮岭、商震、夏斗寅、甘乃光、王昆仑、周伯敏、潘公展、闻亦有、谢作民、王世杰、朱家骅、胡文灿、赵丕廉、孙镜亚、鹿钟麟、王用宾、石敬亭、陈树人、贺衷寒、谷正伦、时子周、张强、孙连仲、刘维炽、邵华、苗培成、徐堪、庞炳勋、赵允义、谭道源、陈仪、傅汝霖、周启刚、赖琏、丁超五、陈绍宽、王陆一、张道藩、马超俊、洪兰友、吴经熊、段锡朋、程天固、萧忠贞、余井塘、张默君、欧阳格、朱培德、张厉生、赵棣华、梅公任、张贞、杨熙绩、萧铮、王祺、陈庆云、彭国钧、王秉钧、陈策、罗家伦、王柏龄、焦易堂、许崇智、曾扩情、于学忠、鲁荡平、乐景涛、麦斯武德、洪陆东、李敬斋、狄膺、陈访先、吴保丰等百余人，由林委员森主席，首奏乐，行礼如仪，献花圈，主席致开会词后，复领导全体瞻谒总理遗容，复位，奏乐，礼成。相率回抵中央党部，在第一会议厅开预备会议。

预备会议　出席中央执行委员八十四人，列席候补中央执行委员四十二人，中央监察委员二十二人，候补中央监察委员二十人，由丁委员惟汾临时主席。当经议决推定蒋中正等九委员为主席团，叶委员楚伧为秘书长，提案审查委员会分党务政治经济教育军事五组，由主席团决定各组委员人选，报告大会，所有提案均先交提案审查委员会审查后，送由主席团商定提会，会议日期定为三日，十一日下午十二时截止收受提案。

第一次会议　十一日上午七时举行第一次会议，出席中央执行委员八十三人，列席候补中央执行委员三十九人，中央监察委员二十四人，候补中央监察委员二十人，孙委员科主席。主席团报告提案审查委员会各组委员名单；次党务报告，常务委员会部份由居委员正说明；次政治报告，外交部份由张委员群说明；旋决定以党务政治报告分交提案审查委员会党务政治两组审查。

第二次会议　十三日上午八时举行第二次会议，出席中央执行委员八十三人，列席候补中央执行委员四十人，中央监察委员二十六人，候补监察委员二十人，居委员正主席。孔委员祥熙报告财政状况，何委员应钦、程委员潜报告军事状况。主席声明大会对于外交财政军事各报告深用嘉慰，应予接受，仍盼各负责同志本既定方针，继续努力，以竟全功，众无异议。旋讨论提案审查委员会各组审查报告，对于政治报告，认为第五次全国代表大会闭会迄今，甫经半载，政治委员会及政府各机关正遵照大会指定之方针进行，此时不必另作决议；撤销西南执行部及西南政务委员会案一致通过；又讨论主席团提出组织国防会议及对于粤桂两省军事政治之调整案，蒋委员中正对于本案意义，作详细之报告，词另录；最后推陈布雷等五委员为宣言起草委员。

第三次会议　十四日上午九时举行第三次会议，出席中央执行委员八十三人，列席候补中央执行委员三十八人，中央监察委员二十四人，候补监察委员十九人，孔委员祥熙主席。通过电慰汪主席兆铭，及对于党务报告之决议，第二次全体会议宣言。旋即散会，在中央党部大礼堂举行闭会式。

闭幕典礼　冯委员玉祥主席，领导行礼如仪，并致闭会词，词毕，宣读第二次全体会议宣言，至十一时半，礼成散会。

中国国民党第五届中央执行委员会第二次全体会议开幕词　（林委员森）

诸位先生，诸位同志：今天五届二中全会开会，中央本定全体会议每六个月举行一次，现自一中全会闭会迄今，已有六个月，所以定今天起开二中全会。

现在正当我们国家多难的时候，也就是我们对党国工作最艰苦的时候，我们必须格外努力来渡过这难关，因为我们知道国家的地位还没有十分稳固，我们要怎样使国家的地位在国际上与人家平等，我们最低限度先要把我们内部的政治上轨道，要政治上轨道，必然先要使政治有一个系统，使他发挥能力。换一句话说，就是要绝对的统一，政治权统一之后，自然能发挥伟大的力量，大家团结一致，把所有的力量集中在中央，这样，我们对内对外才可以有一定的步骤，如果有一方不能团结，这便是分散，大家散在各处就没有力量，因为散则分，分则力薄，这是一定的道理。如果能够团结起来，团结就是集中，集中则力量自然伟大了。所以现在我们同志最要精诚团结，一心一德，奉行总理遗教，努力向前做去，那末无论前途如何困难，如何有种种的障碍，我们也必然能够把他排除。假使我们不能团结，意志分歧，前途便非常危险。大家看清楚了这一点，必能翻然觉悟，一心一德，奉行党义，遵守纪律，团结一致，发生伟大的力量，使对外有一定的步骤可循，对内也能使地方人民安居乐业。

今天二中全会行开幕礼，我们集党中先进及各地负责同志于一堂，共同商讨党国的方策，依照总理遗教，努力做去，相信今后政治上必定能够一天天的进步，这是本席今天对各位所贡献的意见，同时祝各位健康。

〔中国国民党中央执行委员会秘书处档案〕

中国国民党第五届中央执行委员会第二次全体会议闭幕词　（冯委员玉祥）

这次二中全会会期虽然不长，但是精神很好，在这样热的天气，大家平心静气聚在一起，讨论一切救亡大计，这样好的光景，在别的地方看不到的，实在是很好的现象。

这回大会中最紧要最值得我们特别注意的，就是国防会议，这回会议可以说是救国会议，实在非常重要的，全会闭幕宣言中曾说过，希望我们一般有决心的同志，参加到这个会议，把意见贡献到中央来，大家一致共同努力，尤其是最要紧的，恐怕有一部份不十分清楚中央意旨的同志，应当尽我们的力量，使他们都能够清楚，我们要真正赤坦地为国家民族去说话，使他们了解中央意旨，幡然来和中央站在一条战线上，唯有如此，我们的民族才有生路，在前昨两天会议中，有两位先生报告关于国防的问题，这就是恐怕我们一部分同志不清楚，所以特地详细报告出来，使大家明瞭中央的准备情形。

今天我们会议完毕了，在散会之后，希望各同志都要本着在会场的精神，奋发努力，尤要本着总理的教训，努力向前，救我们的国家，复兴我们的民族。

〔中国国民党中央执行委员会秘书处档案〕

6. 中国国民党五届三中全会宣言

（1937年2月22日）

一、对外方针

和平未至完全绝望之时，决不放弃和平；

国家已至非牺牲不可之时，自必决然牺牲。

二、对内方针：和平统一。其真谛：

1. 明乎整个国家之义，则知统治权不可分；

2. 明乎整个民族之义，则知民族利害超出一切个人团体利害之上。

三、经济建设：务求适合国防及人民生活之需要。

1. 发达国家资本

2.保护私人资本

四、凡此方针，标本兼治。

去年七月十日第二次中央执行委员会全体会议开会之际，中央同人鉴于内忧外患有加无已，同心戮力，以谋挽救；其所郑重决议者，对外为领土主权之维护，对内为和平统一之进行。开会以来，努力不懈，至今七月矣。此次全体会议，检阅过去之成绩，体察现在之情势，决定将来之趋向，于对内对外各问题，经详细之讨论，为郑重之决议。谨挈其大者，以告我同志及我国人：

国难之由来，总理于民族主义中已告吾人，而于吾人所以自救自强之道，亦已昭示无遗。自九一八以后，吾人于极度痛苦之中，唯有恪遵遗教，求为民族开一生路，五全大会宣言曾明确表示：谓“吾人处此国难严重之时期，所持以应付危局者，亦唯有秉持总理‘人定胜天’，与‘操之自我则存，操之在人则亡’之二大遗训，以最大之忍耐与决心，保障我国家生存与民族复兴之生路。在和平未至完全绝望之时，决不放弃和平；当国家已至非牺牲不可之时，自必决然牺牲。抱定最后牺牲之决心，对和平为最大之努力，期以真诚决意，转捩时局，务达自立自存之目的，与并世国家共同黾勉于世界大同之实现”。二中全会宣言，引申此意，而更加以严正之解释：谓“国家既处此非常之形势，吾人对内唯有以最大之容忍与苦心，蕲求全国国民之团结，对外则决不容忍任何侵害领土主权之事实，亦决不签订任何侵害领土主权之协定。遇有领土主权被侵害之事实发生，如用尽政治方法而无效，危及国家民族之根本生存时，则必出以最后牺牲之决心，绝无丝毫犹豫之余地”。二中全会闭会以后，对日交涉，本此进行，其间数月，往还折冲，濒于破裂者数，而固守立场，始终无变。及匪伪各军进扰绥远，则合全国之力，以从事于守土御寇，西安变作，倡乱者虽欲假借种种口号，为煽动人心之具，而国人屹然无所动摇。盖数年来对本党主义认识日深，知救亡图存，舍此实无他道也。此次全会对外方针，仍当继承不变，且努力以策其进行。盖吾人始终如一之目的，厥为对内求自立，对外求共存，即使蒙受损害，超过忍耐之限度，而决然出于抗战，然亦只有自卫之心，绝无排外之意，故牺牲之决心与和平之期望，初无矛盾。假使和平之期望犹未完全断绝，吾人固仍愿确守平等互惠与互尊领土主权之原则下，求其初步之解决，使匪伪失其依附，主权克臻完整，如是则两国间悬而未决之问题，虽未完全着落，而以和平方法解决纠纷之可能，始得露其端倪。此在吾国，必当举国一致，于最短期间期其贯彻者也。至于其他国际关系，自当循国际和平之路线，力谋友谊之增进，凡政治的协调，经济的合作，必本两利之原则，以求相互关系之日趋于密切。此为吾国历年来所取之态度，亦即吾民族主义所固有之精神，吾人唯有坚守不谕，且益蕲其发挥光大而已。

对外方针，如上所述，至于对内，则和平统一。数年以来，为全国共守之信条。盖必统一，然后可以建设国家，以当救亡图存之大任，必和平然后人人皆知精诚团结，共赴国难，以驯至于真正之统一。惟于此有宜注意者，和平统一与停止内战，其函义有广狭之殊。和平统一之目的，在集中整个国家整个民族之力量，以排除当前之国难，且进一步以踏入于民权主义之大道；明乎整个国家之义，则必知统治权之不可分，尤其军事、外交、财政、交通诸荦荦大端，有关于国防之需要者，不可不由中央总揽其成，否则部分独立，适成为劣等之有机体，终无所逃于国际之淘汰；明乎整个民族之义，则必知同为国民，休戚相关，纵因职业关系，个人间或团体间情感稍有差异，而整个民族之利害，终超出于一切个人一切团体利害之上；况当此外侮洊至，为国民者，存则俱存，亡则俱亡，万不可惑于阶级斗争之说，以自析其团结。凡此二义，实为和平统一之真谛，故所谓停止内战，乃谓在同一主义之下意见之分歧不取决于武力，而取决于商榷，非谓分裂国家分裂民族之举动，亦可藉停止内战之口号以为掩蔽，而无忌惮以进行。自去岁七月以后，统一事业渐以形成，地方割据之迹，将成过去，此后惟当依据和平统一之原则，以适应国防，且以奠长治久安之局。至于共产分子，近日虽假共同御侮之口号以号召，然征之往事，十三年以来，扬言加入本党以从事国民革命，而实则破坏国民革命，十六年以来，以暴动手段，危害民国，使国家对外之力量为之减削，人民无量数之生命财产为之荡析，种种罪恶，实不能以片言之表示，即予置信，本党为国家计，为人民计，决不忍数年以来，掷其血汗以从事剿匪工作之武装同志及一切同志怀功亏一篑之痛，无论用任何方式，必以自力使赤祸根绝于中国，免贻将来无穷之戚．而永奠民族复兴之基，此当明白为天下告者也。至于组织民众，训练民众，俾得共同参与建国之大业，实为本党之天职，自国难发生，本党深念职责所在，挺身以赴，义无旁贷。同时复深念覆巢之祸。人有同感，故以精诚团结共赴国难之意识，普及于全国，并于本党历次重要会议讨论决定国民大会之召集，五全大会更郑重决议于二十五年内召集国民大会及宣布宪法草案，一中全会根据此决议，明定以同年十一月十二日为期，并成立指挥监督办理全国选举事宜之选举事务所，订定办理选举全部限程，同年十月限程已届，而各地因种种关系，代表选举，未能如期依法办竣，始不得已决议国民大会延期举行，俟全国各地代表依法选出，即行召集。此次全体会议，以国民大会关系重大，特定于今年十一月十二日举行，自今以后，惟有督促主管机关依法进行，以期国民大会得以如期召集，议定宪法，共资遵守，盖不惟团结民众，于此得其具体的表现，而民权主义，亦将于此得其基础也。

抑尚有言者：国家统一之进行，必有待于经济之统一，始为真正之成功，而当救亡图【存】之会，国力之增长，尤有待于民力之充实，故经济建设，实为目前重要之图，而经济建设，不可不遵据总理所定民生主义以为进行，民生主义对于马克斯学说判为社会病理家，而非社会生理家，郑重说明社会之所以有进化，由于社会上之大多数经济利益相调和，非由于社会上之大多数经济利益有冲突，故阶级斗争，仅为社会进化之际可以发生之病态。因此种病态，可以思患预防，不必坐待其至，且努力以促成之。其尤反覆丁宁者，以中国现在之地位，欲解决民生问题，当根据事实，不当徬徨于玄渺之理想与空洞之学理，中国目前显著之事实，为一般的贫穷，所谓贫富不均，不过于一般贫穷之中，强为大贫小贫之别。故中国民生问题之解决方法，为思想预防计，则当从事于平均地权，节制资本；为增进生产计，则当从事于发达国家资本，而对于私人资本，同时加以适当之保护。凡此指示，皆为经济建设不易之方针，盖中国之所以贫穷，外由于敌国之凭陵，内由于生产之落后，若于民族之内，煽动阶级斗争，对外则适足以冲消民族整个之力量，而陷国家于灭亡，对内则适足以引起各生产分子间之混战，阻止生产建设之进度，其结果惟有使人民之小贫化为大贫，而大贫则即于死亡而已，数年以来，共产分子流毒所被，庐舍丘墟，生民涂炭，是其明证，遂使吾国于外患洊至危急存亡之际，既须注力国防，又须注力于剿匪，而剿匪期间，于军事的扫荡，政治的保障之外，于经济建设，尤须尽其可能之努力，其关于农民者，如废除苛捐杂税，以解除痛苦，设立农业之研究机关，以改良技术，创置运销机关，以便利运销，组织农民银行与合作社，以灵活金融，治河造林，以防止灾害等，其目的皆在于为农民增加其生产力，盖必生产力增加，始可以谋“耕者有其田”原则之实现。否则在目前生产条件之下，自耕农亦入不敷出，纵予以土地，不久亦必抵押变卖，而复沦为佃农也。数年以来。共产分子之所蹂躏，多在农村，农业固被其摧残，乡村仅有之手工业，亦遭其破坏，此外上海一隅，有相当数目之轻工业，为国内从事实业者数十年来拮据经营之所得，然秘密之宣传组织，使阶级斗争之毒念，潜入人心，为患亦不可胜言。总理尝言：所有工业生产的剩余价值，不专为工厂内工人劳动的结果，凡社会上各种有用有能力的分子，无论直接间接，在生产方面皆有贡献，而此种有用有能力的分子，在社会中占大多数，其所指示至为深切著明，若以阶级斗争之说煽动工人，则除工人之外，一切皆所仇视，此等有用有能力的分子，将不复能存在。即以资本家而言，数十年来，在外国雄厚资本优越技术之下，就极简陋之厂屋，用极经济之方法，竞竞业业，以谋撑拄，往往一来之中，始终忙于借款应付，隅一不继，即因而倒闭破产者，比比皆是。其艰难奋斗之情形，知其内容者，实不胜同情，何忍复言打倒，此无异欲使新兴之工业，归于幻灭，而不知工人亦必同归于尽也。为经济建设前途计，对于此种工业，必当维持爱护，即有时应于必要施以统制，亦纯为此等工业之生存发达起见，至于其他较大之工业，或其性质上宜为国营者，或其事业非私人资力所能经营者，则当努力于发达国家资本，以负其责任。二中全会前后，币制之改革，金融之稳定，已有助于经济建设之进展，此次全会更当以最大之决心，最善之努力，促其发达，凡所举措，务求适合于国防及人民生活之需要，而尤必遵守民生主义之原则，务使社会利益，相互调和，平均发达，以驯至于共有，共治，共享之域，决不纵容阶级斗争之谬说，以召致社会之扰乱，亦决不酿成贫富不均之厉阶，以重贻将来之纠纷，目前救亡图存之工作，其完成有赖于此，而民生主义之实现，亦将起点于此也。

以上所举，为此次全会确定方针，以言治标，非此无以排除当前之国难，以言治本，非此无以实践三民主义之涂辙，至于一切国本民生大计，五全大会所规定，一中二中全会以来所奉行者，自今以后，惟有继续努力，无待于复述，凡我同志，务当深念国步之艰难，本党所负使命及责任之重大，同心同德，以期负荷，总理在天之灵，实式凭之！

〔中国国民党中央执行委员会秘书处档案〕

7. 中国国民党五届三中全会重要决议案

（1937年2月）

（一）第五届中央执行委员会第三次全体会议宣言〔略〕

（二）请设置总理纪念奖金以提倡学术奖励服务蔚成风气案（民国二十六年二月十九日第五届中央执行委员会第三次全体会议通过）

理由：总理逝世十有二年矣，年来国家虽已统一，政治建设虽多猛进，但总理所昭示我人恢复我国固有能力，及迎头赶学西洋科学之遗训，似尚未能贯彻斯旨。我国国故之尚未整理，美术之未能发扬，一切文化事业之故步自封，生产物质之拘泥落后，均为事实，毋庸讳言。查世界科学发展，日新月异，每有不惜生命以赴之者，如同温层之上升，南极洲之探险，以及航空之比赛，潜水之探讨，无不再接再厉，前仆后继，凡此科学界之纪录，我国似尚未能有所表现。最近我人所举世界者，除我先民文化之遗泽外无他物，立国于大地，在文化学术上对世界无新贡献，斯真为民族之耻辱。我民族之聪明才力，非不如人，特近以生活未定，奖励无道，致缺少埋头探讨潜心学术之精神。彼欧洲在十九世纪，科学之进程亦尚有限，及至二十世纪，设置诺贝尔科学奖金后，物理、化学、生物、及医药上之进步乃一日千里。关于物理学上物质之构造，元素之形成，新力学之基础法规，如伦琴发现X光，居利夫人发现镭，汤姆孙之发现电子，雷那德之发现紫外线，爱因斯坦之发现相对论等；关于化学原子学之发展，以有机无机应用化学之特殊功绩的表现，如凡特荷夫之创立新溶液论，阿累尼乌斯之确立游离说，哈柏之空气中氮的固定法，培页之发明靛蓝，裴西耶与柏吉乌斯之制取石油等；关于生物医药上之实际视察及解剖实验，使药物学毒物学营养学治疗学均有显著之进步，如科赫之培养微菌，波尔德之发明血清治疗，嫔克曼与霍布金斯之发现维他命，巴夫罗夫之倡交替反射说等。以上各种新发明新发现，有助于人类社会之幸福者至巨且大。各发明者何莫非受诺贝尔奖金之赞助奖励，全世界亦莫不以能得诺贝尔奖金为殊荣。可见表彰褒奖用得其当，自足以促进文艺科学之进步，波诺贝尔以私人之遗产，尚能刺激世界智力之成功者，我国为奖进学术，提倡研究，亟应有所效法。如以本党之力，登高一呼，其效力则可远胜于诺贝尔奖金，数年之后，不难有奋发有为之士，为国争光，对于我国固有之文化则发扬光大之，对于世界新兴学术则精进发明之，事非不可能，全在本党之督导劝励有当耳，此设置总理纪念奖金之意义一也。

三代以下无不好名者，我国政治，向以褒奖为劝善设治之方，故地方事业往往不藉公家之力，得以举办完善，主持者以得在上者一言之奖为荣，此种民族合作之力，急宜培养。总理遗训亦昭示我人：“人生当以服务为目的，而不以夺取为目的，聪明才力愈大者，当尽其能力以服千万人之务，造千万人之福，聪明才力略小者，常尽其力以服十百人之务，造十百人之福。”凡能为十百千万人服务造福者，皆圣贤才智之士也，如能善为劝导，多方督奖，则此辈人士或尽其能力，或输其财产，各为地方造福，亦即为国家服务，此种牺牲一己，急公好义之精神，自应培养而扩大之。我国现在法令规定者，只有捐资兴学奖励一种，故捐助巨资设学校者，穷乡僻壤，年有其人。至其他社会服务，补助政府力之所不及者，尚无明令规定，自应推广此意，多方诱导，使地方人士乐于从事。此设置总理纪念奖金之意义二也。

我国近年以学校学生缺少出路，故论者有毕业即失业之言，青年学子每引为苦闷，在校时既少专心从事课业之心绪，毕业出校更无继续研究学问之精神，甚且惟奔竞汇缘之是务，说者谓此亦迩来政治不易清明原因之一，不无相当理由。今欲使天下聪明才智之士，各善用其才能，则必须转其注意力于精深学术之钻研，使其埋首于图书馆中，专心于实验室内，庶可学有专长，且得乐趣，出而应用，亦可有所贡献于利用厚生。此凡学术之研习，初非一朝一夕之功，必与浸沉于此，废寝忘食，积年累月方能稍有成就，非上智而小康者，或未免不中途而废，初非人心之无恒，抑亦事势所必然。故国家除设立研究院，搜罗人才外，更宜厚设奖金，普遍鼓励，使青年学子得以安心潜修，乐于为学，不致放弃所学，误入歧途。此设置总理纪念奖金之意义三也。

总之，现在我国对于学术文化从公服务奖励之法尚少，每年颁赐勋章不及平民，才智之士自不甘于埋首窗下，及今劝勉犹不为晚。总理纪念奖金之设置，即所以端正士习，丕变风气，今姑拟订总理纪念奖金简要办法如后，至其详细办法，当待本索〔案〕原则决定后，另行补充。

办法：

一、本党为宏奖学术，提倡服务，以图复兴民族，建设近代国家，特设置本奖金，其详细办法由中央文化事业计划委员会定之。

二、本奖金分下列五类：

（一）文艺奖金　凡对于文学艺术有精深之研究，或特殊之创作，或其学说作品为文艺界所公认为权威，而能发扬民族文化，或激励国民之民族意识者，均得领受此类奖金。

（二）社会科学奖金　凡研究哲学、法律、经济、历史、地理，或其他社会科学有特殊贡献，或实施其研究所得，有利于国家社会者，均得领受此类奖金。

（三）自然科学奖金　凡研究生物、物理、化学、天算等理论科学，或从事农业、工矿、工程、医药等应用科学，有特殊心得，或有新发明新发现，有利于民生国防者，均得领受此类奖金。

（四）教育奖金　凡对于教育学识研究有素，并有独特之心得，或优良之著作者，或热心从事教育事业，数十年如一日，地方上一致推崇，或主持教育事业，影响远大，多数人受其利益者，或对于某科教学方法，特殊优良，确能增加效率者，均得领受此类奖金。

（五）社会服务奖金　凡非因职务关系，而热心主持社会公共事业如建设、救济、保卫等项，办有成效，并不受公家补助者，或赞助政府，劝导民众接受政府重要设施者，或其他公众服务，多数人受其利益者，均得领受此类奖金。

三、本奖金如能每年核发五类，自然最佳。否则每年核发一类。就过去五年内于该类最有贡献者奖之，五类轮流举行，五年轮毕亦可。但无论何种核发方法，应发某类奖金时，而无适当得奖之人一概从缺。

四、每类奖金第一名一人，奖国币二万元；第二名一人，奖国币八千元；第三名一人，奖国币五千元；第四名二人，各奖国币二千元；第五名三人，各奖国币一千元。以上共计国币四万元，五类同发则为二十万元。各无合格者宁缺毋滥。（诺贝尔奖金亦分五类，每类每年约有四万元上下之奖金）

五、由本党指定奖金三百万元，存入中央银行生息，每年只用息金，不得动用基金。（查诺贝尔奖金有美金九百万元之多）

六、本奖金委员会由本党组织之，办理一切选录人才，审核成绩，分配奖金等事宜，必要时得邀请有关系部会及国立研究学术机关团体会同办理。委员会组织及办事章则另定之。

七、凡中华民国人民，不论性别，或中华民国人民所组织之团体或机关，均得将本人或本团体机关研究或服务成绩送委员会审核。但得奖人不限于送审成绩者，委员会亦得就调查所得给予奖金。

八、凡得奖人之姓名等第及其成绩，由本党公布之，以昭激劝。

九、得奖人除应得奖金外，并有荣誉奖状，以资证明。其不愿领奖金者得事先声明，另给奖章。

决议：设置总理纪念奖金基金三百万元，分三年拨足，其详细办法，由文化事业计划委员会再行拟定，候中央常务委员会决定。

（三）中央及省市遴训党务工作人员办法案

中央组织部提

（民国二十六年二月十八日第五届中央执行委员会第三次会议通过）

甲、中央

一、中央应选择适宜地点，举办党务工作人员训练班。

二、各省市党部及铁路、海员、军队特别党部、直属县区党部之委员、特派员、书记长、科长均应参加受训，由中央混合调集之，其干事中央认为必要时，得遴选参加受训。

三、训练期间：每期三个月至六个月，分期训练完毕。

四、训练课目：分精神、智识、技能、军事、工作方法等项：

1．精神方面：注重人格思想之锻炼，信仰服从之坚定，勇敢牺牲刻苦负责之养成。

2．智识方面：注重社会科学知识问题之研讨，与国际情势国势之剖析。

3．技能方面：注重宣传、情报、侦察、交通等技术之熟练。

4．军事方面：注重学科、术科、国防常识，及生活习惯之改良。

5.工作方面：以注重应付非常时期工作为基准，而详研组训民众及肃反除奸之有效动作。

五、训练经费：由中央筹措之。

乙、省市

一、各省市应择适宜地点举办党务工作人员训练班。

二、受训人员，由各省市党部就各县市党部，各区党部，各区分部负责人及工作人员，分期调集之。

三、训练期间，每期为三个月，轮流调训，以完毕为止。

四、训练课目，比照中央举办党务工作人员训练班所规定之项目办理。

五、训练事宜，由中央派员会同省市党部办理。

六、训练经费，由各省市党部于原有经费项下划拨，不足时由中央酌量补助之。

决议：党务工作人员训练部分照案通过，党员训练部分，交由常务委员会另订办法。

（四）拟请确定以举办社会服务事业作为今后地方党部之中心工作案　吴委员开先等十九人提

（民国二十六年二月十九日第五届中央执行委员会第三次全体会议通过）

说明：

查本党地方党部之工作，现在仍不变其民国十六年之旧贯，其流弊为偏重斗争破坏之消极工作，而忽略直接造福民众之建设工作，故社会对党之观感，向为敬而敬之，今后若能举办社会服务事业，如教育性质之补习学校，及民众书报室；如经济性质之简易合作社；如救济性质之简易诊疗所，及法律指导所，则其利有四：（一）可以直接为人民服务，解除其痛苦，增进其福利；

（二）可以博取社会对党之同情，觉得本党之可爱可亲；（三）可以接近民众而取得其信仰；（四）可以开辟本党之经济来源。尤其在训政结束以后，本党常可用此名义，向外界募捐，并请政府补助经费，若能发动党员义务的担任工作，（每日一小时或每周半天）则又可发挥党员劳动服务之精神，为民标率。至其详细办法，应交中央执行委员会主管部会妥为拟订，兹谨提供二点意见，以备采择：

（一）各地政府原办之事业，其性质纯为社会服务，并以交由同级党部主持办理为宜者，如民众补习学校公共体育场，民众教育馆，平民医院，平民住宅，应由省市党部与省市政府会商决定，以党部名义办理之，其经费自应仍由政府支拨。

（二）各地党部应就全部经费中划出五分之一，作为社会服务之经费。

决议：通过，交常务委员会。

（五）改进海外党务案

（民国二十六年二月十九日第五届中央执行委员会第三次全体会议通过）

甲、关于调整组织者

一、调整海外党务单位之区域，凡海外分部所在地，与其上级党部所在地之国别不同者，于必要时得由中央直接指导之。

二、党务不能公开之地方，应以严密简单组织为原则，各级党部必要时不采用委员制，改设主任副主任负责主持之。

三、清厘海外党籍

1.限期办理总报到；

2.对未登记者将来酌定补救办法。

乙、关于工作对象者

一、推进华侨教育；

二、提倡体育运动；

三、注意侨民生计及一般的调查；

四、设计调整健全各地侨民之组织；

五、识字运动，推销国货运动，新生活运动，国民经济建设运动等应按照时地，分别为合理之设计，并实行之。

六、宣传中央政府之政绩，传播中国社会进步之情形，唤起外人对中国之新的观感，与正确的认识；

七、注意联络各地方政府及地方人士；

八、推行各种救国运动。

丙、关于经费确定及支配者

一、津贴海外党部事业费，其数目总支部每月不得超过一千元，直属支部每月不得超过四百元，由中央按照各地情形酌定之。

二、核定海外党务视察费，依照本届中央第十九次常会通过之整理海外党务计划庚项所划定之区域为标准，第一区国币二千元，第二、三两区各五千元，四、五两区各七千元，六区六千元。

三、海外党费印花，统收统支，其办法另定之。

决议：修正通过。

（六）推行各省边区党务办法案

（民国二十六年二月十八日第五届中央执行委员会第三次全体会议通过）

一、就各省边区县份中择其尤要者划出若干县，合并设置特别区，所有该区党务，由中央酌派人员及抽调各该省党部职员前往办理，并由中央直接指挥监督之。

二、特别区之划分，以天然地势之毗连，社会情形之相仿，党务工作之落后，并参酌剿匪军事之辖区为标准；并于其交通便利之地置为中心县，设立区办事处。特别区所辖县份及中心县另定之。

三、工作之推进，应依后关各项原则：

（一）从民族意识上唤起民众；

（二）从自卫意义上组织民众；

（三）从实干苦干上表现党的精神；

（四）从社会教育上启发民智；

（五）从生产建设上培养民力；

（六）从伦理观念上发扬民德。

四、特区之主要工作如左：

（一）指导并组织民众防匪自卫；

（二）防止汉奸，清除反动；

（三）灾区救济及善后事宜；

（四）特种教育之推行；

（五）领导民众筑路；

（六）宣传本党主义；

（七）其他工作应按各特区实际需要妥为规定。

五、为求上项工作便利执行，藉收实效起见，各特区指导员应与所在地最高军政长官切取联络。

六、特区工作应需经费，呈由中央执行委员会核定之。

（七）对于西安事变之决议案

（民国二十六年二月十九日第五届中央执行委员会第三次全体会议通过）

大会接受蒋同志中正关于西安事变之报告，及所辑西安半月记小册后，深以当时变起仓猝，幸赖蒋同志于至险至恶之危难中，独能持不可犯之正气，秉大无畏之精神，使倡乱者衷心慑服，感动悔悟，故卒能扶危定倾，弭正大乱，大会于其为党为国夷险不渝之风谊，深致佩慰。

在此事变中，因抵抗不屈而殉难之文武人员，或守正犯难，以殒其生，或忠勇抗拒，以殉所职，其效命党国，成仁取义，均正气凛然，可歌可泣，大会尤致景仰悼惜之意。至倡乱者之所谓八项主张云云，当其要求蒋同志提出中央时，蒋同志即毅然以严正之态度，声明反对，大会尤深佩慰。此项主张，不问其内容如何，惟既出以叛逆之行为，及胁迫之方式，显系托词造乱，实为国法军纪所不容，大会应不予置理，以绝效尤。惟本党秉承总理大仁恕之遗教，及与人为善之精神，对于迷途知返，悔悟自拔者，概可推诚相与，绝不追究，但冀此次悔过诸人，真能革面洗心，彻底觉悟，失〔矢〕其忠诚，以报党国。

（附）蒋委员中正对于西安事变经过之报告

谨报告者：中正于去年十二月以西北剿匪军事，按照预定计划，半月至一月间，即可完成，特由洛入陕，亲加督促，不图张学良等突然构乱，致有十二月十二日之事变，在临潼西安同时发难，托兵谏之名，行劫质之实，在陕中央军政长官，同被留置，凌乱纪纲，震惊中外。中正推诚过笃，虑患不周，仅携少数警卫，皆因抗拒以殉。彼时遘变仓皇，与外间音问隔绝，唯以舍生殉义之决心，求无愧于革命之天职，且深信我中央必能秉总理遗垂之精神，对于戡弭变乱，巩固国本，定有至当之措置。其后卒因中枢决策攸宜，全国军民同心一德，昭宣正义，使倡乱者慑服悔祸，事变得以弭正。中正旋于十二月二十六日回京，张学良则束身自投，愿领受应得之罪罚，对于事变经过，理宜详陈始末，唯自十二月十二日以后，中正虽蒙中央优容，未加谴责，而有亏职守至此，实早以待罪之身自居，未敢更以公职之地位，有所报告，只就当时躬历情形，按目追记，辑为小册，藉答同志之垂询，谨以检呈。乞赐鉴察。查当时陕变诸人，曾经发出通电，陈述其所谓陕事之主张，颇引起外间注意。中正在事变发生之日，对张学良始终严词斥责，彼遂不得尽所欲言，及事变发生后之第三日，始知其有所谓八项主张者，即（一）改组南京政府，容纳各党各派，负责救国；（二）停止一切内战；（三）立即释放上海被捕之爱国领袖；（四）释放全国一切政治犯；（五）保障人民集会结社一切自由；（六）开发民众爱国运动；（七）确实遵行孙总理遗嘱；（八）立即召开救国会议，张学良以此为彼等共同主张，坚请中正允其实行，中正始终命其立即悔罪，送中正回京，此外不欲听其有何陈述。除指出其行动背谬及此等主张之无意义外，并诰谕以党国自有一定之组织与系统，即有意见，亦应向中央依法陈请。张以回京后向中央提出为请，中正即向说明纵可提出中央，但余必声明余不赞成尔等之主张。此段谈话经过，亦具详于小册，唯此节关系较大，不得不特为提叙，俾到会各同志注意。值兹全会开议，对于西北善后，当必有确当之指示，对于国事亦必有详审之检讨，一切取舍可否，自当取决众议，爰特将张学良向中正陈述八项主张之经过，据实叙述，藉供察酌，除中正手辑小册之西安半月记，一并检送请予鉴核分发到会各同志外，特此报告。此致第五届中央执行委员会第三次全体会议

蒋中正　二月十八日

附送西安半月记

（八）迅予组织民众训练民众武装民众以为抗战总动员之基础案　李委员宗仁等九人提

（民国二十六年二月十八日第五届中央执行委员会第三次全体会议通过）

我国为军备及产业落后之国家，对外抗战所可恃为利器者，乃我广大民众之力量。盖民众力量之造成，端赖良好之组织及严格之训练，否则一盘散沙乌足为用，至组织民众训练民众之施法，即以广西数年来所行之民团制度，颇觉有效，按广西本一偏

僻贫瘠之区，人民程度向落人后，自民廿以还，厉行民团制度，将全省壮丁组织训练，民众自卫力量，日益加强。前年共匪倾巢西走，进犯广西歼灭极众，全恃民团之力。此种民兵，一旦发动抗日，行见全国皆兵，其力量洵为无限也。其他如民权之训练，民生之培育，皆能透过民团制度，而著成效，是民团制度，实为实现三民主义之唯一的基层机构。当此国难深重之际，欲发动整理民族之力量，以达救亡图存之目的，除迅即组织全国民众，训练全国民众，武装全国民众，集中力量，共赴国难，别无他途。决议：交由常务委员会参酌广西民团制度，与现在各省已举办之组织与训练民众工作，以及实际情形，妥议办法，统筹施行。

（九）全国妇女实施训练案　王委员泉笙等九人提

（民国二十六年二月十九日第五届中央执行委员会第三次全体会议通过）

引文〔原略〕

理由：

一、改正妇女缺点，如散漫、依赖、轻浮、小气、自私、消沉、毒辣等恶习惯。

二、改正妇女妖俗的装束，消除浮华虚荣的观念。

三、养成妇女刻苦、耐劳、敏捷、公正、严肃的精神。

四、增加生产能力，消除家庭间因多病的消耗。

五、锻炼强健的体格，为一切事业做基础。

六、振发妇女生动的气概，解放思想之沉沦。

七、减少国家每年化装品之巨量金额外流。

八、统一意志，切实为国防充足力量。

九、锻炼强健意志，预防其他不正当思想之引诱。

十、促进爱国情绪，扶助男子爱国精神。

十一、养成妇女广大见识，主持儿童教育。

十二、准备为国防之后备员。

十三、准备为非常时期之护士。

十四、全国妇女一致进入新生活之途径。

办法：

（一）全国妇女训练分学生训练及社会妇女训练两方面进行。

（二）学生训练先行开始，比较易于实现，下学年即可开始。

（三）社会妇女训练，比较学校为散漫，本年先行筹备，下年度开始，除有疾病产期，年过四十五岁者外，应一律参加。

（四）学生训练分军事及看护两种，但实际上二者不能分离，知看护而不知军事常识，是等于零。故以后除切实训练看护而外，须增加军事训练及军事管理。

（五）是项训练，除纯粹之女校外，其男女同学之学校，与男生合并训练之，以省经费。

（六）各校除看护钟点外，军事训练每周二小时，包括学术两科。（课程纲要另定之）

（七）教练人材，先由各省市男教官兼任之，各体育教员协助之。

（八）积极训练女教官人材，利用女子体育学校，增加军事教育课程，促进国民军事体育合一精神。

（九）本学期立即开始各省市举办干部训练班，增加训练效率。

（十）本年夏季利用暑假，长期举行，召集全国女体育教员集中受训，期限三个月，地点南京，如不愿受训者，下学期不能继续聘用。

（十一）服装式样，上装可与男子同，下装改为西装式马裤，行动便利，质料用国货布或国货呢，颜色冬季黑色，夏季白色或淡黄色。

（十二）受训终了，应于下一年分期集中受训之女学生，施行集训及检阅考试，合格者给予证书，藉收统一之效。

（十三）是项训练，经考试不及格者，不准毕业。

右案是否有当，提请公决。

决议：

交中央民众训练部。

（十）促进救国大计案 冯委员玉祥等十六人提

（民国二十六年二月十九日第五届中央执行委员会第三次全体会议通过）

第五届全国代表大会开会以来，我国已于艰难多事之中，开辟统一庶政抗日救亡之新现象。此种新现象，在人民为坚决一致御侮之要求，在政府如两广、西安事件处理之妥善，及对日本横暴七项要求之拒绝，与夫绥远抗战之胜利，皆足以唤起全民之奋起与拥戴，并得英美诸邦之同情者也。而多难兴邦，遂能渐现总理遗教，用收联合全民以抗强暴之效，当此世界备战日亟，日本复竭力于军事政治经济之新侵略时，愚等检讨过去之得失，瞻望未来之利害，并审视目前之内外情形，敢请大会明定抗日国策之进一步具体办法，以达到国家领土政治完整平等自由之目的。谨就管见所及，拟定重要办法数条于下：

一、努力收复失地，首先督助华北军队，并增派劲旅，先行收复察北冀东以为收复东北四省之准备，而在抗日战争之前提下，应先划一军队之待遇，以期统一全国武装队伍之政令与编练。

理由：收复失地，为政府唯一之责任，而在绥战胜利敌人动摇之时，又为雪耻之良机，且积国民革命以来之经验，应全国人心之希望，集中全民力量于抗日战争，殆又为达到真正统一之捷径，更无可置疑者。

二、采取积极外交

理由：

我国外交处于被动者非一日矣，此向来外交失败之总因也。日本对我国，非言辞恐吓，即武力威胁，而前者收效恒多，后者乃在其次，亦异事也。五全大会以还，以我政府对外交态度之强劲，敌谋遂未得逞，此民族复兴之象也。今敌扰于内，而务于外，斯进取之时至矣。愚等以为我国外交，今后应采取积极方针，以图废除不平等条约，收回被侵占之土地，则国际形势可因之转变。昔之土尔其，今之德意志，不费一卒一矢，收回国权，其明证也。

三、集中全国人才严惩失职

理由：

安内攘外诸端大政，首需要者为统一之领导，其次则在人才。当兹积极抗日之际，更应无偏无颇，容纳全国人才，悉令效力于政府之下，务使人尽其材，贤能并举。反之渎职失职，与夫贪官污吏，均应严予惩罚，所谓赏罚既彰，政治修明是也。集中人才办法，如荷采纳，当另条陈。至于政府官吏，黾勉奉公者固多，渎职与失职者亦时有，是宜从严整饬，以重责成。其惩办贪污，政府曾有通令，甚冀严厉施行，渐臻上理。

四、筹划开办基本工业

理由：

钢铁、机械、煤油、飞机、汽车等重工业，实为经济建设之根本，国防设备之基础，此而不备，无论军事经济永无独立之时。过去数年，虽曾见及此，终此种种原因，或废或止，或虽以进行，尚未收效。应请大会，确定原则，积极开发资源，从事兴办，其有为政府财力所不及者，则尽量运用人民经济才力，及筹借外资，积极举办。

五、励行议而必决决而必行之精神

理由：

每次会议，议案甚多，而其效力多限于会场争议之中，贻人笑柄久矣，实为党国威信与时效所攸关，应请大会，明白宣谕，举凡一案之提出，必也尽量发议，充分辩论，认以为是者是之，认以为非者非之，不要敷衍，切戒模棱，而作一确定之决议，事后并应随时由中央党部，加以审查其实行之程度，督催与奖惩之。以上所陈，为救亡图存，未可或忽者，应请迅议，公决施行。

决议：密交常务委员会及国民政府分别切实办理。

（十一）对于撤废各国在华领事裁判权应由政府向有关各国交涉早日实现以维我法权之完整案

（民国二十六年二月十九日第五届中央执行委员会第三次全体会议通过）

窃查我国自一八四二年与英订立江宁条约，允许设领事裁判权而后，美法各国，群起援最惠国条款，相率效尤，由是列强对我之侵略，日甚一日，其寄居我国之侨民，遂以享受其本国法律保护之故，蔑视我国司法尊严，行动□轨，肆无忌惮。我法权之受人蹂躏，于今已九十余年，中经辛亥革命，原为我民族复兴，废除不平等条约之良机，旋因军阀割据，变乱作起，因是政府未曾努力于法权之收回。直至一九一九年巴黎和会开幕，我国代表曾于大会提出撤废领判权案，因与会各国代表漠视不理，遂遭失败。迨一九二一年，美政府又于华盛顿召集太平洋会议，我国与会代表王宠惠氏，亦曾将撤消此制问题，提出于太平洋远东问题委员会，仅得该会决议，由与会各国组织一调查委员会，调查中国司法实施之情形，报告于各国政府，然后决定其对于在华领事裁判权撤废与否之态度，一九二六年（民国十五年）各国（十二国）委员实行来华调查后，作成报告书四编，中间对于在华领事裁判权之弊害，及中国司法之改良虽均承认不讳，然该报告书第四编对于中国之建议：（1）法院应不受行政机关及其他民政或军政机关之干涉；（2）改良法律及司法警察监狱制度，并完成公布民刑商银行破产专利土地收用公证人等法，法律之存废，应有划一制度，推广新式法院监狱及看守所，并应有相当经费之设备，以维持司法机关；（3）实行建设至相当程度以前，如主要部份业经实行，可商议渐进撤废领判权之办法。上列三项建议，于我国领判权之撤废，并无相当之效果。自法权调查会闭幕后之二年，国府奠都南京，统一全国，遵本党孙总理之遗言，以撤废不平等条约为对外政策之中心，对于领判权之撤废问题，尤具甚大之决心。民国十八年（一九二九年）四月二十七日外交部照会英美法荷挪威巴西等六国驻华公使，要求对于领判权之撤废，予以同情之考虑。同年八月我外部第二次照会关于各国，要求立派代表磋商必要办法，以废止在华领事裁判权之制度。同时我驻英美两国公使亦各向关系国政府从事接洽，是年十二月即由我国国民政府公布撤废领判权命令，旋又于二十年五月四日公布“管辖在华外人实施条例”十二条，并定自民国二十一年一月一日起实行。凡此均表示我决心撤废领判权之意，同时英蓝使对于管辖在华外人实施条例之公布，原已有相当默契，事将垂成，而二十年九一八事变发生，外交形势突变，我国民政府因于是年十二月二十九日公布命令，谓“兹因本年各地天灾变故，所有应行筹备事项，尚未就绪，该项管理外人实施条例，应即暂缓进行”。数十年来之法权约束，遂因以延长，迄于今兹，而就此数年中其危害我国主权之甚，尤以今日为最。彼欧美人士虽以享受领判权保护之故，尚多束身自爱，未有如今日日人之肆意滥用者，试观日本年来放纵浪人，组织大规模之走私机关，致我国关税年损数千万，而国内工商业所受之间接损失尤巨。他如包庇烟毒，探刺国防，参加或教唆内变之事，更指不胜屈。是领判权之存在，实为我国主权之致命伤，设不从速废除，则今后国家一切安内攘外复兴民族大计，恐均难收实效。为今之计，我国政府应即抱定决心，根据国府撤废领判权命令，向有关系各国交涉，俾二十年公布之管辖在华外人实施条例，早见实施。该条例内容对于享有领判权之外人利益，已有充分之保障，预料欧美人士，当能同情，况据十八年各国对我要求考虑撤废领判权覆牒，原颇重视法权调查委员会之建议，事实俱在，不难复按。分析言之，如该建议（1）关于保障法院以防行政或军事机关之干涉司法问题。查我国司法独立之精神，原不逊于欧美各国，一切普通人民之司法事项，均归法院掌管，近数年来政治改革已上轨道，从无如各该建议所虑行政或军事机关越权干涉司法之事实。（2）关于法律之改良实施，及法院监所之推广问题。查我国民事刑事商事之实体法程序及其他土地国籍公证人等各项重要法律，均经我立法院外采各国立法精义，内审社会实际情形，分别次第制定。由国府明令公布施行，而草拟法案时且均经过立法程序，致密讨论；至于法院监所之增设，多年以来司法行政部努力进行计划扩充，在一九二六年调查法权委员会来华时，全国新式法院共仅一百卅九所，现已增至四百〇四所，（东北四省尚不在内）并渐次废止县政府兼理司法制度，通令各省改设县司法处，期于短期内使全国各省区每县均能设立新式法院一所。全国监狱现时共一千三百余所，新监之数，则已增至七十七所，较诸法权委员会来华时增加二十二所，一切教诲作业之事悉备，对于卫生尤见注意，并计划陆续增设，期使新式监狱，普及于全国。各该法院监所，均有固定经费，以资维持。由此种种事实，已可证明我国实行该建议已至相当程度。同时外人亦将无调可加以推诿，实为对外提出交涉之适当时机。而提起交涉时，则应分别检察各国条约满期与否，以决定应付之步骤。现查各国在华享有领判权者，实际上虽有十五国之多，就中条约未满期者，仅有英、美、法、荷、挪威、巴西、秘鲁、瑞士等八国，彼英国对于撤废领判权之要求，素固表示同情于我，此时应首先与英开始切实谈判，期其就我范围，然后以次及法美二国。如果与英美法三国交涉顺利，允许放弃其在华之领判权，其他各国在外交上向惟英美法三国之马首是瞻，预料当不致有若何之阻难。以上条约未满期国家如果全数或多数解决，则其余义、比、丹、葡、西五国原已与我订立新约，正式撤废领判权，其换文中附条件之保留原因，既已不复存在，自均不成问题。至若日本瑞士二国则旧约早已满期，惟有促其改订新约，勿任其为无理由之延期。总之，时至今日，从国家主义上，条约关系上，以及我之司法改良成绩上种种方面观察，则领判权之撤废问题，已至无可再缓。允宜衡度情势，在外交上作一切实之努力，庶几多年来之法权约束，或可如我期望，回复原来状态，杜绝外人侵扰之源。以上所陈，是否可行，敬候，公决。

决议：通过，交主管机关切实办理。

（十二）中国经济建设方案案　蒋委员中正等四人提

（民国二十六年二月十九日第五届中央执行委员会第三次全体会议通过）

谨拟就中国经济建设方案，期于五年以内完成各种必要之建设，为民生国计树立健全坚实之始基，并使全国得有集中力量，一致努力之方向，是否有当，敬候公决。

（一）目标

中国经济建设之目标有二：一为充实国防需要，一为提高民众生活，前者所以完成民族主义，而后者所以完成民生主义也。

（二）政策

中国经济建设之政策，应为计划经济，即政府根据国情与需要，将整个国家经济如生产，分配，交易，消耗诸方面，制成彼此互相联系之精密计划，以为一切经济建设进行之方针。在此政策之下，全国人力与资源，得不分界域，为全盘适当之配置，以发挥最大之效率；生产之结果，得共同利用，为公平适当之方配，以提高大家之福利。此外在消极方面，政府应排除一切经济建设之政治的与社会的障碍，以期推行之顺利。

（三）内容

经济建设，中央及地方政府与人民应打通一气，在个整〔整个〕系统下及整个计划中进行，目下亟应推进者，有下列各项。

甲、确立金融制度

社会经济之有金融，犹人身之有脉络，盖金融不仅为固有资金之挹注，尤须善用信用工具，以创造富有弹性之新资金，庶市场金融活泼，工商业得其灌溉而滋繁荣。是故经济建设首须有健全之金融制度以为基础。我国中央银行为全国金融事业之中枢，应专任统一钞权，集中准备，调剂金融，代理国库之责；其普通商业银行业务，概不经营。此外中国银行应以调剂国外贸易为原则；交通银行应以发展国内交通与实业为原则；中国农民银行应以调剂农业金融为原则；农村合作银行应为农村合作社之总金库机关；各省市银行，其主要职责，应为各该省市收支之金库，次为发展地方实业；其他商业银行，概由民营，惟政府有监督之权。在此金融制度之下，各方面分工合作，齐驱并进，以调剂全国之金融，促进经济之发展。

乙、厘定预算政策

预算为政策之具体表现，为实行有计划之经济建设起见，中央政府与地方政府均应将全部预算，分为两部，其一为经常预算，包括一切行政经费，依行政之实在需要而编制，并须本节约之原则，以求力行；其二为事业预算，依建设事业之资本支出而编制，并须确定经费来源，庶几经济建设得以迈进。

丙、准备土地改革

土地改革之根本目的，为实行耕者有其田，以安农耕，而尽地利。故政府应即限期完成全国土地清丈及登记，以为实施土地改革之准备。此外扶助佃农，奖励垦荒，提倡合作耕种等等，亦均为政府实施地政之要务。

丁、发展交通事业

交通事业，其属于全国交通干线如：铁路、公路干线，主要水道航线及航空线，应由中央政府负责建设。至地方局部之筑路浚河，则由地方官民合力举办之。

1．铁路　铁路之建筑，应以国防运输及沟通经济中心为原则，使成为全国交通干线。铁路网之分布，应普及于各个省区。

2．公路　公路之建筑，应为铁路及主要水道航线之培养线，以成相需相成之局面。政府应限期完成各省公路网及公路联络线，已完成者，其护路经费，宜妥为筹划。

3．建设全国水道航线及发展南洋航线。

4．建设全国航空线。

5．建设全国电信网。

戊、修治全国水利

全国水利事业，应由中央负责办理。至地方局部水利事业，由地方负责办理；惟需款较大者，中央与地方亦可合力办理。

子、水利建设，包括引河、开渠、农田灌溉、模范灌溉场，水利实验所，及其他水利事业。

丑、水道测量，如河流地形图之测绘以及水纹站、水标站、雨量站、测候所一类之设置。

寅、水灾防御　如筑堤，河道疏浚及治导。

己、促进实业建设

实业之建设，凡有关全国计划，如重工业基本化学工业，基本矿业及需要高深之技术者，原则上由中央政府举办，但若干部分亦得斟酌情形与地方政府及人民合办，至地方局部农事改良之推广，造林筑路合作事业，与地方公用工业（如电灯自来水）原则上由地方政府负责举办，但资本较大者，中央亦可与地方政府及人民合办。至一般普通轻工业，各种农产加工事业，农林垦殖渔牧等营利事业，及本方案未列举事业，原则上由人民投资经营，中央与地方政府处于监督保护之地位。惟政府有时为提倡起见，中央与地方政府与人民得合资举办某项大轻工业及其他资本巨大之事业，以官资为事业保障与民股保息之用，以资奖励，待事业相当成功时，官股即可逐渐让与人民，完全由人民经营，腾出资力，以举办新事业。

1．农业

子、促进农业改良及生产，如（1）改良种籽，（2）改良肥料，（3）改良农具，（4）防除病虫害，（5）防止水旱灾等。而对于米麦等主要食粮及丝、茶、棉、桐油、蛋等主要输出品，尤须注意生产，力求自给或增加输出。

丑、发展农业副产，如牧畜及家庭工业等。

寅、便利农产运销，如（1）加增舟车运输力量，（2）减轻运费，（3）普设农仓，（4）组织运销，（5）检验农产。

卯、调剂农业金融，如树立农村合作银行系统，以调剂短期及中期农业信用，建设农地抵押银行系统，以调剂长期农业信用。

2．工业

子、立即举办以下之重工业与基本化学工业：钢、铁、机器、电料、电力、制酸、制碱、酒精、染料、造纸、人造丝及炼油。

丑、指导并监督全国轻工业之发展。

（1）视察各地天然资源，及民众需要，规定全国为若干经济区，并规定每一区域内，应行发展之轻工业种类及生产数量。

（2）每一经济区轻工业之建设，政府应处于提倡监督保护之地位。（3）政府对于各区之轻工业应随时指导其生产技术与工厂管理之改进，调解劳资纠纷，及建议合理之盈余分配。

寅、扶助并促进乡村工业

（1）利用农暇及廉价原料与人民特殊技艺，提倡有市场需要之农村副业，及制造大工业简易部分之田园工厂。（2）指导技术上之改进，尤须注意简易动力，及机械之引用，与出品之标准化。（3）改良工业之组织，尤须利用合作之方式以经营之。

3．矿业

子、举办炼焦、烟煤、石油、铁、钨、锰、锑、锡、铜、铅、锌等基本矿业。

丑、调查研究全国地质及矿藏。

4．商业

子、建设国内贸易网，促进国货销售。

丑、设立对外贸易机关，发展国际贸易。

5．林垦

子、关于林业事项，重要者有：督促各省划分林区、育苗、造林，并保护原有森林，及木材商品化组织等。

丑、关于垦务事项，重要者有：调查全国荒地，整理盐垦，设立模范垦区等。

6．渔牧

子、关于渔业事项，重要者有：实施保护渔业，设立水产学术试验机关，设立渔市场等。

丑、关于畜牧事项，重要者有：改良牧畜品种，及畜牧管理方法，调查并防治全国兽疫等。

（四）经费

甲、经费之划分

经济建设之经费，应分为两部分：（一）为经常经费，凡经济建设行政经费，（包括保息及各种奖励及补助费在内）技术经费（包括各种常设之技术的试验、研究、推广、调查、设计机关在内）统名之为经常经费。此种经费为间接生产性质，中央的应由中央政府在经常预算内，地方的由地方政府在经常预算内充实筹足。技术部分并得奖励中外公私团体个人之补助。（二）为事业资金，凡带投资生利性质者，即直接生产之资金，均名为事业资金，可别为五类：

子、中央事业资金，应在中央经常预算外筹划，设立中央建设资金委员会保管之。

丑、地方事业资金，应在地方经常预算外筹划，设立地方建设资金委员会保管之。

寅、人民资金，政府当然应充分利用，凡一般经政府允许民营之工业，及各地方大小轻工业，各种农产加工事业，及农林渔牧各种营利事业，均奖励人民投资经营。

卯、流动事业资金，此种投资，完全为长期或短期借贷性质，应分别种类由中央金融机关农本局联合各商业银行及地方金融机关接济周转之。

辰、国际借贷资金，凡购买各种机关，无论公营或民营，在可能范围内，均用长年分期付款办法，以加强资金运用之效力。待国际信用加增，能直接借用外资时，更以种种方式，增加外资输入之便利。

乙、经费数额及筹措

子、交通及水利建设

五年中铁路建设资金共需九万万九千四百八十万元，其中由国库分年支出者共二万万二千八百三十万元，计二十六年度四千八百五十万元，二十七年度五千五百二十万元，二十八年度五千四百二十万元，二十九年度四千一百七十万元，三十年度二千八百七十万元。其余七万万六千六百五十万元，可由铁道路本身吸收国内金融机关之周转，及国际材料机器之借贷，以筹措之。五年中电航建设资金约需□万三千七百六十一万七千七百元，其中由中央政府筹措者一万万元（每年二千万元）其余可利用国内金融机关与人民投资及国际材料机器借贷，以筹措之。五年中水利建设资金约需一万万元，五千万元由中央政府筹措，（每年一千万元）其余五千万元可由国内外金融机关借贷。五年中公路建设约需资金五千万元，全数须由国库分年支出之（每年约一千万元）。

丑、实业建设

五年中约需实业建设之事业资金七万万元，即矿业约二万万元，各种工业及基本化学工业约三万五千万元，其他农业商业林垦渔牧等约一万五千万元。照实业建设之原则分配，大约需要中央政府资金二万五千万元（每年五千万元）各地方政府资金一万万元（每年二千万元），人民资金一万万元（每年二千万元），各金融机关流通资金一万万元（每年二千万元），国际借贷金一万五千万元（每年三千万元）。

寅、经费筹措

自二十六年度起五年内，中国之交通水利及实业建设共需资金二十万零八千二百万余元。其中由中央政府筹措者共六万二千八百余万元，由地方政府筹措者约一万万元，其余十二万万元，可由国内外金融市场吸收而得。中央政府筹措之六万万二千三百万余元，内铁路建设资金二万万余元，公路建设五千万元，须由国库支出。其余实业与水利建设之四万万元，可由中央政府于五年内，每年发行建设公债一万万元。假定中央政府（一）第一年能筹出一千万元的款为实业建设公债基金，以后四年每年递增一千万元基金，为公债本息第一担保；（二）五年中所办建设事业及所生利益为公债本息第二担保；（三）五年后建设事业所生利息不足付建设公债本息时，政府应核定的款补充之，为建设公债第三担保，则此每年一万万之公债即可发行。五年内各省政府所需建设资金一万万元，亦可照同样办法发行地方建设公债。

照上计划，中央政府自二十六年度起每年须由国库支出之建设资金约如左表：

二十六年度	六九，〇〇〇，〇〇〇
二十七年度	七五，〇〇〇，〇〇〇
二十八年度	九四，〇〇〇，〇〇〇
二十九年度	九一，七〇〇，〇〇〇
三十　年度	八八，七〇〇，〇〇〇

（五）组织

中央经济建设之实施工作，如：重工业、基本化学工业、铁道、交通及大规模水利建设等，应由中央各主管机关，分别担任执行。各经济区之大小轻工业，得由中央政府地方政府与人民合力推进，照公司组织经营。至地方经济建设实施工作如：地方局部之公用、交通事业、农工建设、地方合作事业等，则由地方政府举办，或地方官民合力举办。但为统筹建设经费及集中设计与考成起见，中央应有一最高之经济建设机关，举凡有关全国经济建设之政策与计划，统归其厘定而发布之。中央各种建设进展之程度，办理之成绩，亦统归其监督与考核。地方经济建设技术上得受中央之指导，至其工作成绩，则应由地方政府依法呈报中央。中央组设最高经济建设机关时，对于中央现在各经济主管机关之职掌，须有相当之调整，以免事业重复而增工作效率。

决议：经济建设应为今后全国一致努力之目标，交常务委员会确定五年计划，切实执行。

（十三）关于国防经济建设案

（民国二十六年二月十九日第五届中央执行委员会第三次全体会议通过）

提案审查委员会经济组提：（一）中央民众训练部提：请拟制统制全国工业劳动计划，以备非常案。（二）孙科等十九委员提：确定经济建设方针，调整建设行政机构，以促进经济建设案。（三）叶秀峰等十委员提：政府应订定工业方针，俾国民经济建设得有迅速之发展案。（四）林云陔等二十七委员提：增筹建设经费，征集建设人才，确定建设程序，扫除建设障碍，以推进经济建设案。（五）曾养甫等十一委员提：拟请发行国防建设公债案。（六）洪陆东等十三委员提：确定国民经济建设十年计划，以坚固统一案。以上六案，经合并审查，认为均关国防经济建设，于国计民生，以及应付非常时期，尤为切要，所提办法，俱属妥善，经综合各案要点如下：

一、确定经济建设五年计划。

凡国防建设经济建设之方针与程序，应先有详密精细之研讨，再作定案之决定，俾便遵行，尤应注意订定保护工业方针，统制全国工业劳动计划，以及扫除建设障碍等，以利建设之推进。

二、增筹建设经费及发行建设公债。

凡经确定之建设计划，其所必需之经费，应分别列入中央及地方预算，严定最低数额，并发行建设公债，或利用外资，均应指定其用途。

三、调整建设行政机构。

凡中央与地方之建设机关，其计划执行监督之权责，应行规划调整，俾增进建设效能。

四、注意建设人才。

征集及培植技术人才，并统制劳工及励行劳动服务，以期速成建设计划。

五、奖励及保护民营事业。

各种建设固应由政府提倡，同时必须鼓励国民投资，收效方大。故政府应确定奖励及保护民营事业方针及办法，予以种种维护及便利，庶民力发展，国力乃能充实，建设方可成功。

综括上述五点，拟请大会原则通过，交常务委员会核办。

决议：照审查意见通过。

（十四）关于国民大会之提案案

（民国二十六年二月十九日第五届中央执行委员会第三次全体会议通过）

主席团提议：查本会议关于国民大会之提案，计有（一）刘纪文等六委员提：请修改国民大会代表选举法及分配候选人名额；（二）潘公展等九委员提：修改国民大会组织法选举法，并定期召集国民大会两案。经交提案审查委员会政治组审查，拟交常务委员会参考，主席团以案关重要，本会似应为原则上之指示，俾常务委员会有所遵循。

决议：

一、督促该管机关继续办理选举，于今年十一月十二日召开国民大会，制定宪法，并确定宪法施行日期。

二、关于国民大会组织法及代表选举法如有应行修正之处，授权常务委员会办理。

三、所有关于国民大会之提案，提交常务委员会参考。

（十五）对于常务委员会及组织宣传民众训练三部工作报告之决议案

（民国二十六年二月二十日第五届中央执行委员会第三次全体会议通过）

综核常务委员会自五届二中全会至今之工作，认为能本上次全会所指示之方针与决议案，正确进行，所见于事功者，为使第四次全国代表大会以来国内睽离隔阂之形迹得以泯除，而调整军政于统一，筹策国防之安全，尤大慰全党同志全国人民之蕲求。对外关系则政府方面能本确守之国策，坚定之立场，折冲周旋，不挠不屈。对绥东绥北匪伪之侵扰，尤能从容决策，鼓励守土将士，浴血抗战，克复百灵庙大庙子，使全国人心为之振奋，民族精神于焉焕发，实为我国策之表现，及武装同志忠勇之伟绩，此大会应特致其嘉慰者也。

当此国是甫见曙光之际，而忽有上年十二月十二日西安之变，负党国重责之蒋副主席蒙难，举世震骇，本党同志，尤切惊忧，常务委员会制置急变，处理得宜，同时赖全国上下之热诚拥护，更以蒋副主席伟大人格之感应，使谋叛者终于怀德畏威，束身听命，国步固化险为夷，国本亦免于摇剥，此实全党全国所同深欣慰。但以受命剿匪之将领，竟敢犯上作乱，毁法荡纪，犹望于宽大之中，更能为纪纲之整肃，而有以遏止乱萌，此则大会所属意于常务委员会者也。

此外国民大会之召集，因时间迫促，选务未竣，常务委员会决议延期，亦属事实之所限，应予追认，并于将来报告第六次全国代表大会，以重大会之决议。今后应如何慎重选务，稽厘法规，使于总理建国大纲之精义，不因变更程序而有所逾越，及国民大会召开以后，本党主义政策之推施，与政治上联锁之关系，尤须早有决策，此皆大会特致其切望者也。

组织宣传训练三部工作，尚能遵照五全大会及一二两次全体会议决定之方针努力推行。组织方面：对各下级党部组织之调整与工作之策进，均有缜密之规划，与适当之处理，党员训练方面，尤有成效可睹。宣传方面：对和平统一，应付事变，慰勉将士，剿匪御侮各项宣传，亦能因应事机，随时予民众以正确之启示；对文化事业之指导与扶植，亦有相当之成绩。民众训练方面：对人民团体组织之整饬，民众运动之指导，以及地方自治工作之策进，悉能妥定方案，奋勉从事。凡此措施，皆堪嘉许，今后若能将所规划，一一勉于实行，心能益臻进展。复查本党历次代表大会及全体之决议案，其间虽多因时制宜之规划，但对于整饬组织，指导工作之具有永久性者，亦复不少，但征之过去，尚未能充分实施，是宜详加检讨与整理，并由常务委员会督策主管部积极实施，按程计功，庶足以清积案而宏效益。再查近数年来中央处于内忧外患之中，所措施者，大都为艰虞之应付，对于事业之建树，尚无具体精确之方案，致工作不能得一中心，党的生命，不能活跃，前途实堪隐忧。现在国民大会行将召集，而建国大任，本党仍责无旁贷，为继承过去之历史，开辟将来之途径，亟应将党的工作，建树于实际事功之上，审查现时实际情况，择定中心事业，订定精确有效之实施步骤，限期观成，务使党的生命，有所寄托，党的基础，得以巩固，此则大会所深致勖望者也。

（十六）关于根绝赤祸之决议案

（民国二十六年二月十九日第五届中央执行委员会第三次全体会议通过）

本党以历史之使命，奉总理遗教，致力国民革命，以建设国家，复兴民族，本春秋无外之旨，对于世界殷殷焉蕲至于大同之治，对于国内更断无町畦畛域之见，惟求集中国力，奠定统一之基，以谋中国之自由平等。故凡服膺三民主义，遵奉革命方略，而愿共同努力于国民革命者，无不引为同志，而竭诚容纳，此为总理创立兴中会、同盟会、中华革命党以迄中国国民党一贯之精神。有以兴中同盟时代，延致具有民族意识之志士，十三年改组时，则容纳共产党员个人加入本党，史实具在，可考而知也。乃共产党人加入本党之后，竟食誓言，在本党掩护之下，初则对本党阴分壁垒，继则对本党多方分化，当时本党犹力予容忍，冀其自悟，逮国民革命军出衡湘，克武汉，乃复遮断本党与民众之连系，播植赤化之祸种，以谋颠覆本党革命建国之基础，阻挠东下沪宁之师，牵掣北定郑汴之役，演成两湖之恐怖，构成□汉之痛史，北伐大业，几致停顿。又复昌言创立红军，破坏本党干部，鼓动阶级斗争，夺取革命政权，本党为巩固党基，完成北伐，以救拔人民计，乃不得不当机立断，以有我党之役，此共产党人以自绝于国民者，自绝于本党，往事历历，为当世所共见共闻者也。嗣复一面竟其邪说，荧惑青年，一面结集成队，四出骚扰，为患十年余，荼毒十数省，远之如武汉南昌广州长沙之变乱，以及粤之陆海丰，闽之龙岩、永定，赣之吉安、上饶、永新、铜鼓、弋阳，湘之平江、浏阳、华容，鄂之沔阳、黄安、监利，豫之商城、潢川等县，匪踪所至，田畴为墟，又复伪立政府，致赣粤闽浙湘鄂等省受彼等蹂躏最久，人民之苦痛最深，中央有保育人民之责，对于毒害人民之匪类，自不得不予以荡除。数年以来，节节清剿，赖我将士智勇忠诚，秉持三民主义，牺牲奋斗，卒能扶其根株，凡经匪众盘踞而为国军克复之地，立即为之区处条理，招辑流亡，不数月而渐复旧观。民获安居，咸庆得所，以我宽仁，易彼残暴，相形之下，妇孺皆知。彼等自江西总崩溃后，由湘黔滇边境而四川而甘陕宁晋青等省，于人民则裹胁之后，继以残杀，于庐舍则摧毁焚烧，惟恐不尽，城市农村之经济，莫不尽力破坏，鲜有孑遗，是皆陈事昭彰，无待总举。其尤可痛心疾首者，九一八以来，国难严重，全国国民在统一政府之下，实行集中国力，精诚团结，悉心建设，充实国防，以御外侮，犹恐不及，而共产党人乃秉国家危急存亡之际，肆意扰乱，于淞沪之役，则猛攻赣州，长城各口之役，则猛攻抚州，危及南昌，使抗战之师，为之牵制，其他破坏国防，摧残民力之事，更变本加厉，言念及此，举国共愤。今者共产党人于穷蹙边隅之际，倡输诚授命之说，本党以博爱为怀，决不断人自新之路，惟是鉴往思来，不容再误，非彼等精诚悔祸，服从三民主义，恪遵国法，严守军令，束身为中华民国良善之国民，则中央为保持国家之治安，维护全国人民之生命财产计，不能置亿万人永久之利害于不顾，而姑息少数巧言暴行之徒，以贻民族无穷之殷忧。就目前最低限度之办法言之：

第一、一国之军队，必须统一编制，统一号令，方能收指臂之效，断无一国家可许主义绝不相容之军队同时并存者，故须彻底取消其所谓“红军”，以及其他假借名目之武力。

第二、政权统一，为国家统一之必要条件，世界任何国家断不许一国之内，有两种政权之存在者，故须彻底取消所谓“苏维埃政府”及其他一切破坏统一之组织。

第三、赤化宣传与以救国救民为职志之三民主义绝对不能相容，即与吾国人民生命与社会生活亦极端相背，故须根本停止其赤化宣传。

第四、阶级斗争以一阶级利益为本位，其方法将整个社会分成种种对立之阶级，而使之相杀相仇，故必出于夺取民众与武装暴动之手段，而社会因以不宁，居民为之荡析，故须根本停止其阶级斗争。

要之，凡独立自主之国，断不能容许有反国家反民族而依附外力之团体，亦决不容忍任何残害民生毁弃道德之行为，本党负建国立人之责，共产党封建割裂专制残酷之策略。及其以国际组织为背景，而破坏国家统一之行动与宣传，实与建国立人之要旨，绝对相反。吾人须知必先恢复中华民族固有之精神与道德，树立中华民国独立自主之人格，乃能恢复中华民国固有之版图，承继我中华民族历史之光荣，以实现三民主义。故赤祸必须根绝，乃为维护吾国家民族至当不易之大道，凡喻斯旨，果具决心，而以事实表曝于全体国民之前者，均所容与；否则仍当以国脉民命为重，决不能轻信诡言，贻国家民族以无穷之患；此乃本党责任所在，敢为全国同胞昭告者也。

〔中国国民党中央执行委员会秘书处档案〕

（二）国民党内的派系斗争

一、蒋介石胡汉民与汪精卫改组派的争斗

1．国民党南京市党部为反对汪精卫请江浙沪各省市党部一致促胡汉民回宁主政代电

（1927年12月）

江苏、浙江、安徽、江西、四川省党部、上海特别市党部、湖北党务整理委员会，并转各级党部均鉴：敝会顷致胡展堂先生一电，文曰："上海棋盘街民智书局林焕亭先生转胡展堂先生均鉴：本党不幸为共产党所篡窃者数年于兹，今幸各地同志均先后洞烛共逆之奸谋，实行清党，精诚团结，重谋本党之整顿，方谓可以消灭昔日意见，开诚布公，共商大计。乃以汪精卫之忽西走武汉，忽南赴百粤，遂有唐生智之东征，张发奎之叛变。共产党复得借尸还魂，大肆活动，广东编贴'打倒亡党之清党'之标语，已为第三国际主宰下之地区。所谓忠实同志之大团结，至今亦不复睹。敝会目击党国之纠纷日甚，忧心如捣。而一般党员复因先生高蹈，党失重心，惶惶无所适从。值兹党国多难之秋，岂是一了之时？为此，恳请先生慨任艰巨，速行命驾来宁，重主大局，俾党国得免靡烂，共逆敛迹。本党前途，实深利赖。临电不胜迫切待命之至。南京特别市党部临时执行委员会叩。"等语。窃自胡先生远引以来，党国纠纷日趋繁重。希即一致敦促胡先生早日出山，支此危局，党国幸甚。南京特别市党部临时执行委员会叩。

〔国民政府档案〕

2．国民党中央对南京市党委处置之矛盾①

（1928年11月11日）

自从胡汉民氏海外归来，入主中枢，党里纠纷，层出不穷，矛盾现象，不一而足。近来中央对京市党委的行动，迭加警告，而对他们的辞职，却始终慰留，这不能不说是上级党部对下级党部应付上一个很大的矛盾。

如果京市党指委会的行动真是捣乱，中央给他警告，硬不接受，那就是违反纪律，反抗中央，中央应该执行纪律，撤职严惩，以儆效尤，那里还能一再慰留，以毁威信呢？

反之中央自己离开党义，违反党章，京市党指委会确是站在革命的立场，本全市党员的意见，为党为国，建议中央，以冀中央改正其错误，而利革命的进行，那就应该采纳其意见，奖励其行动，不应随便施以不正当之警告，更不应为无理之谩骂（听说胡汉民在中央常会席上对指委会请愿代表毫无理由的大骂一顿）。

中央这种处置不当，凡是稍稍明瞭党义，留心党务的人，都能知道。我们的党，是民主的革命政党，而胡汉民等却要把它变成一个腐败的封建集团。京市党指委会反对指派第三次全国代表大会代表，就是要拥护本党的民主制度；他们反对特别登记，就是要保持本党的革命精神。他们的主张不能贯彻，他们认定革命工作无法进行，他们应尽的责任已经尽了之后，他们当然只有辞职之一途。中央对于他们的主张加以驳斥；同时对于他们的辞职加以慰留，这种矛盾的应付方法，是绝对于党无利益，而且不能解

① 此件选自国民政府查扣的改组派期刊《青年呼声》第二十六期，原标题为《中央对京市党委处置之矛盾》，作者笔名为“鸣”。

决京市指委辞职的问题的。

中央对京市指委会应付的矛盾，乃是整个党里矛盾现象之反映。现在党里最大的矛盾，就是革命的党而有反革命份子的活跃，民主的党而时常显露封建的色彩。胡汉民氏生恐反革命份子不能战胜革命份子，封建势力不能战胜民主势力，乃异想天开，用特别登记和指派代表的方法，以为他们胜利的保障。这样一来，本党的矛盾现象，愈益扩大。这种矛盾一旦不解决，中国革命是没有法子可以进行的。然则我们应该怎样解决这个矛盾呢？

第一，必须中央站在革命的立场上，迅速取消指派代表和特别登记两个议决案。

第二，必须全国党员一齐起来要求中央取消上述两个议决案。

第三，最好违反党义背叛党章的胡汉民氏暂时歇歇，往外国学点革命方法后再回来主持。

第四，第三次全国代表大会，明年一月一日务必召集，俾得彻底的解决本党里一切矛盾。

鸣

〔国民政府档案〕

3．飞剑：为胡汉民先生痛哭①

（1928年11月11日）

一个革命党，固然需要伟大而有力的下层同志，然而同时却又需要上层的领袖。没有上层领袖的组织和指导，下层同志，不能表现有组织的力量，不能进行正确而有计划的工作。因为这个

① 此件选自南京国民政府查扣国民党改组派期刊《青年呼声》第二十六期。

原因，我们对于党内具有革命历史，革命精神，革命道德，革命能力，而足为本党领袖的同志，我们都是竭诚培植，尽力拥护，使他们能够成为健全的领袖，领导全党同志，去实现本党应负的使命。我们决不愿而且不忍对于本党的领袖，加以打击和摧残。因为培植一个领袖，要长时期的努力，而摧残一个领袖，比较是一件容易的事。

我们知道这种态度，是非常正大的。不过这乃是我们一般党员所应取的态度，至于领袖的本身，却另有他们应取的态度。下层同志，自然不应无故的摧残领袖，然而领袖自己，却应该时时反省，要没有足受人反对的言行；下层同志，固然要拥护领袖，然而领袖本身，却要有足以受人拥护的事迹！如果领袖自己，自甘暴弃，或假公济私，或破坏党纪，甚至于违反革命，那末，下层同志，就是不积极的反对，他们的领袖的地位，也自然会渐次丧失。所以我们一方面固然不忍无故摧残领袖，同时却希望领袖自己要自重。

我们对于胡汉民先生，也是取的这一种态度。在我们许多同志之间，胡先生也是一个可以为我们领袖的一个人。因为他追随总理，在革命阵营中奋斗了几十年，到现在还是努力不懈。虽然有许多老同志说他器量狭隘，性情刻薄，居心阴险，然而这是个人的个性问题，只要他能够站在革命的最前线，领导全党的同志，始终和反革命势力奋斗，还不失为一个革命领袖，我们还诚恳的拥护，而听其指导。所以在最近以前，我们对于胡先生，还抱有热烈的希望和诚实的信仰。

不幸我们对于胡先生的希望，渐次变成失望，更从失望变成绝望！我们对于胡先生的信仰，渐次变成怀疑，更从怀疑，认定他是反革命势力的总结晶。这不是我们的心理无故的变迁，乃是客观的事实逼我们这样。我们狠〔很〕不愿对胡先生绝望，然而胡先生自己的行动，却令我们对他绝望！我们狠〔很〕不忍认胡先生为反革命的份子，然而胡先生的行动，却在在表示他是反革命势力的结晶！我们为党痛哭，更因胡先生的自甘暴叶〔弃〕而为胡先生痛哭！胡先生要自掘坟墓，我们怎能阻止其自杀。胡先生，我们对你是爱莫能助了！我们请你想想，你的行动，究竟是不是革命的行动？我们更请读者检阅下述胡先生的行动。

海外归来的胡先生，我们以为他从基玛尔和墨索利里学得一些建设的知识，回来为中国建设一个新的局面。那晓得他回来的主要工作，就是引进反革命的份子，以腐化本党，把持中央，以操纵第三次代表大会！

谁也知道本党的组织原则，是民主集中制，谁也知道本党代表大会的代表，要由本党党员选举。胡先生因为怕他所代表的反革命的份子不能当选为代表，更怕反革命的份子不能加入第三届的中央执监委员会，于是妙想天开，极力主张第三次代表大会的代表要由中央指定一半；登记未竣的区域，更全部由中央指派！这种主张，在目的上，是要排斥革命份子，引进反革命份子；在法理上，是完全破坏本党的总章。这是胡先生为反革命张目的第一步。

这次的总登记，肃清党内的反革命和腐化的份子，要算是主要目的之一。所以不了解党义的腐化份子，有些不敢登记。这些腐化份子，没有取得本党的党籍，这实是本党一件最可庆幸的事。然而胡先生却恐怕党内没有腐化份子，他自己便失却了群众；他指派为第三次代表大会代表的老同志（？），却没有国民党的党籍。于是更妙想天开，主张特别登记法。用特别登记法，将以前不敢登记以及登记不合格的腐化份子，全部重新网罗入本党，以编为胡先生的部下。特别登记法的目的，在收罗腐化份子，是一件很明白的事，可以不必多说。但是在党的法理上，特别登记法，究竟有甚么根据？中国国民党的党员，在权利义务上，都是平等的，都是一样的党员，决没有特别党员和普通党员的区别。现在硬把党员分做两部分，一部适用特别登记法，一部适用普通登记法，这不是促成党的分裂是甚么？然而，不以特别登记法收罗腐化份子，胡先生那里有群众，那里能操纵代表大会？所以特别登记法和代表指派法，是有“连环性”的。只可惜中国国民党的生命，便在胡先生这个“反革命的连环性”之下断送了。

然而各省市党部，却有些登记已完和将完的。胡先生以为这些省市指导员，都是他计划的障碍，如不彻底排除，实在不能令他畅所欲为。于是又妙想天开，主张组织甚么“党务审查委员会”。他认为不能操纵的省市党部，就以种种口实，由党务审查会去提议改派。更妙的，就是这个审查委员会，连组织部的文卷和工作，都要审查起来。组织部部长，是蒋介石同志，过去是陈立夫同志负责代理。胡先生以党务审查委员会审查组织部，不是明白的对蒋介石同志和陈果夫同志表示不信任是甚么？然而这不仅是胡先生对蒋陈二同志不信任的问题，他们个人之间的信任和不信任，和我们全体党员关系很小，实在他的用意，是要撤换组织部所派的各省市指导员，要清一色的造成一个胡家党！今日报载苏浙指委有改派的消息，乃是胡先生老早就已预定的计划。

从上所述，我们就可知胡先生已定了篡夺党权交给腐化份子的整个计划。上述种种办法，都不过是实行这个计划的具体办法。所谓代表指派法，特别登记法，和党务审查委员会，都具有连环性的。胡先生真不愧为智多星，他不仅能创造“连环性”，而且能运用“连环性”。革命的同志们！我们要举起我们革命的铁锤，击破这个反革命的连环计！

我们就退一万步说，假正现在的各级指委以及一般党员，幼稚无能，如果代表大会的代表，由他们选举，一定组织不成健全的代表大会，胡先生为党心切，苦心焦思，所以想出以老成谙练的中央委员，尤其是胡先生指派代表的妙法。所以胡先生的居心是很光明的，的确是为革命的是为救党。我们即使下这个假定，即使假定胡先生居心光明，然而我们要问，胡先生的夹袋中，究竟有多少真正了解党义，真正具有革命道德和革命能力，真正能为党牺牲，不顾私利的革命份子？多得呢！我们老早已替胡先生想到了。胡先生所要指派的代表，总不外是冯自由、马素、谢持、邹鲁等一类的老同志（？）！这不是我们胡意和胡先生开玩笑，我们只要看一看胡先生所提出的立法委员的名单就可推定。几十个立法委员之中，除四五个人以外，其余的立法委员，恐怕连立法两个字的意思还不懂！拿这些老腐的、无知无觉的人做立法委员，如果能立出适合世界潮流和中国社会的法制，把我的头砍下来！我们且不必苛求，且不必把标准悬得太高，只就胡先生自己所定的标准来看。胡先生所定的标准之中，不是有没有叛党的言行的一条吗？然而立法委员之中，却有许多是十三年改组的时候，总理不要他们加入的人！总理不认为同志的人，胡先生却请他们来替国民党立法！胡先生忠于本党之处，就在这里！从胡先生所提出的立法委员，我们就可断定他将来所要指派的代表。有些人说这次立法委员，是集腐化之大成，如果第三次代表大会由胡先生包办，怕不集腐化之大成吗？所以我们退一万步说，假定胡先生居心光明，而其结果，一定是断送中国国民党的生命！

胡先生在外国跑了一次，却学得了断送本党的妙法！我们怎能不替胡先生痛哭！但是革命的同志们！痛哭有甚么办法？胡先生他要自杀，我们有甚么法可以阻止？但手〔手字衍〕是我们切不要因为胡先生的自杀，牵连到党的自杀。我们要救党！我们要拥护革命！一切同志！我们要誓死反对特别登记法！我们要誓死反对代表由中央指派！胡先生自掘坟墓，我们准备送葬罢！

〔国民政府档案〕

4．枪影：胡党之训政观①

（1929年1月10日）

一、胡党的革命外交　自“老民党”王正廷传得北京外交家顾维钧的衣钵，南下主持外交以来，国民政府始能承帝国主义之欢心，汉案、宁案得以赔款谢罪了事。王正廷之“革命”外交，于此已足使人心惊胆怕，不料近又宣布其中比中义新约，使不平等之“革命”卖身契更得一层保障！新约在关税方面虽已博得“限期”自主的美名，但仍实行段家政府所开的关税会议（那时王博士亦为段家内幕中之一人）曾由日英美所“协定”的七级差等税率，且此项正式协定税率，已由国民政府照会八国，准于明年（一九二九年）二月施行。撤消领事裁判权，则以外人在内地自由居住、经商与土地收买等权为交换条件。且在参与华府会议主要九国没有过半数承认撤消以前，仍旧原〔原字衍〕维持现状！如此之卖国条约，连昏庸老朽之蔡元培、张人杰之流，亦大放厥词，认为未妥，而王正廷尚强颜抗辩曰：有政治上“完全平等”四字的保障，有法律上加以限制的自由，不足为虑。且公然宣言“文明大国，有求无予，殊不合完全平等自由的原旨”！呜呼！诚不愧巍巍大国，礼让成风！《经》云：“来而不往非礼也”！蒋总司令既提倡“三民主义系出自四书五经”于先，复何怪王博士实用于后！

二、胡党的军政统一　“北伐告成”，五总司令曾在北平联名宣言实行统一军政，彻底裁兵。但现在除五总司令外，又加上一个国府委员保安总司令张学良“同志”！几月来“裁”汰老弱

① 此件选自南京国民政府查扣国民党改组派出版之《光明周刊》第二卷第一期，作者笔名“枪影”。

添招壮“兵”的结果，除增加了几十万的绿林“同志”之外，各集团军的战斗力反因“裁兵”而增加，这是军阀自愿裁兵的原因，也是军阀实行裁兵的结果！前且因“蒋总司令”之巡阅部队，久不闻的长江风云，又由酝酿而日趋于激化，此次编遣会议或许就是正式爆发的一个好机会。展堂先生原来在这中间也不过一个军阀的超等走狗、高等政客，仅有十个理由论当缩编，而没有十个建议案论怎样编法。

三、胡党之禁烟运动　全国禁烟会议议案之墨迹未干，而上风因烟争风之丑案乃起！上海驻军之包运鸦片，中外皆知，而警察之设馆抽头，亦为公开秘密。据熟悉内幕者言，此次丑案之背景，为白崇禧与蒋介石。因戴石浮与张定璠为白之爪牙，而熊式辉为蒋之手足。此次烟土系白派人由四川运来，后为蒋系所探悉，蒋乃令熊先期截获。故事实上警备部非为拿土而为抢烟，公安局想在强盗手中夺回原赃，以致发生冲突。这说是否绝对事实，我非运烟者，固不得知，但反动军警之包运鸦片与不配禁烟，则已无辞可饰。关于此案，最可笑而又可怜者，尤为不在军警之互讦，而在政府之“两姑之间难为媳”。丑案发生已近两月，政府不敢将真相宣布，尽法惩办，而只捉了几个【可】怜的水手出气！大概将来不出戴石浮与傅肖先着即免职，另派优差了案罢！鸦片则自然由军警平分！（注意，据戴石浮报告，原存鸦片二万两，而张之江封存时只剩一千多两，其余一万八千两则早已烟消云散云。）

四、胡党的“筹安会”　胡党筹备举行第三次代表大会，原为其假借民意篡夺党权的具体阴谋。不料京沪之下级党员，于事前未克由“党务指导委员会负责指导”，致冒不韪，析发其奸，认胡党之指派与圈定代表办法，根本违反总理所手定之本党总章之民主集权精神，并赠以“欺骗民众”的绰号。幸而好，他们下级“同志”不久也就“体察时艰”、“深明大义”，虽曾抗议质问，旋亦雪散冰消！十二月八日报载代表产生的原则，一则曰“经中央审查认为组织健全者，其代表得完全由党员选举”；二则曰“由省党务指导委员会负责指导所属党员，依照中央规定之选举法，选出加倍人数由中央圈定，或由中央指定加倍人数，由省或等于省之代表大会选定之”；三则曰“县市以下之下级党部，其代表由中央指定之”。其中所谓“审查健全”、“负责指导”，就是“圈定”、“指派”的别名。在反动中央的议决案中，这样露骨的无耻技〔伎〕俩，固无足奇怪，这次代表产生法通过以后，一般下级党官们谅必只要能“荣膺代表”，亦不致如前次之再起波澜，故高身价？如此本党的第三次代表大会，可以变成胡党的“筹安会”了！本党既以入其裤中，任你少数下级党员如何挣扎奋斗，自然也不过如裤缝中的跳蚤一样，当不了一个魔手的指甲！

五、胡党之媚日　南京民众所贴的反日标语，均为胡党的军警所撕毁。在全国反日运动再接再励〔厉〕之时，政府原来以如是压迫民众取媚日本为天职！不错，胡党欲取得日本帝国主义承认其七级差等税率，俾每年可增加三千万元的税收，以为其置械造弹，祸国殃民的基础，且不惜承认偿还无担保日债，即全国人民锥心泪血所反对的西原，参战两大段家私债为交换条件，是应该的！日本帝国主义者自然久已看穿了这个南京光棍中央和政府（离间了民众，故呼之曰光棍）与以前所使用的北京旧工具，初无二致，所以大胆顽强毫无忌惮。派政友会的私淑走狗床次竹二郎来华，与党国要人“交换意见”，也是和派内田赴英、林权助赴奉一样，因为“制华”的一贯的外交方针，并且床次与“老民党”颇有渊源，据东报宣传：“孙总理在时与长岛隆二氏有密约，故床次直接走访国府要人，以行交涉，国府要人必不能否定孙总理之约”云云。床次既赍“密约”前来，胡党之徒正可效赵高故事“矫诏立胡”，完全他的子孙帝王万世之业！如果因床次之来华，胡党转而亲日，则太子科已跻总理于帝王之材（见本刊三期要闻一束），胡玄又安得有独无偶？昔云：“亡秦者胡也”，吾亦仿为谶语曰：“亡中国者胡党也！”且括〔刮〕目以观之！

〔国民政府档案〕

5．中国国民党改组同志会第一次全国代表大会宣言

（1929年2月）

中国国民革命，是整个的三民主义的革命。民族主义的目的，是国际平等，民权主义的目的，是政治平等，民生主义的目的，是经济平等。我们估量中国革命之已否成功，要看三民主义之是否实行，判定三民主义之能否实行，尤要看达到三民主义的障碍已否消灭。自民国十六年中国国民党瓦解以来，帝国主义由惧畏革命势力而转为反攻，封建军阀和土豪劣绅买办阶级更联合而向革命势力压迫。这些反动势力虽早已胚胎于南京政府成立之时，然而到十七年五中全会之后，始告成熟。至于今日，中国国民革命业已中断，中国国民党业已没落。我们为挽救中国中坠的革命，为挽救没落的中国国民党，用是集合革命同志开会于上海，重新决定纲领，准备改组中国国民党。除党务、政治、会务、工人、农民、商民、青年、妇女、经济、军事、外交、政制、耕地之各别决议外，谨发如左之宣言。

（一）

中国国民党，自从民国十三年改组以后，第一因西山会议派之破坏，第二因汉宁之分裂，第三因共产党之叛变，第四因特别委员会之产生，整个的党早已破碎不完。至于今日，中国国民党已被军阀、官僚、政客、买办、劣绅、土豪所侵蚀盘据、盗窃、把持，孙总理之三民主义，已被他们所窜改，第一第二次代表大会决定的纲领，已被他们所唾弃，本党的革命份子更被他们

视作仇敌，所以今日南京的中央，已成为一切反动势力的大本营，对帝国主义是投降，对一切封建势力是屈服，我们只见几个互相矛盾的封建军事集团，只见依附于封建军阀的官僚、政客、买办和土劣，我们固然再看不见三民主义的实行，并也再看不见中国国民党的组织。最近他们召集所谓第三次代表大会，我们更可判定其代表不论为指派或圈定，其人数不论为一人以至百人千人，这种代表决不是代表革命的农工和小市民，必然是代表几个封建军阀和相与依附的反动势力。这种会议，整个的和革命漠不相关，部份的也不能扫除本身的矛盾，暂时的只为割据分脏〔赃〕，终极的必再成军阀混战之局。我们要继续革命，必须重新整饬担任革命的中国国民党大本营，必须反对南京的反动中央和最近善后会议式的第三次代表大会，并且毫不犹疑的继承第一第二次代表大会的系统而重新改组中国国民党。

（二）

本党继承孙总理的三民主义，不但为中国革命所需要，抑亦为世界革命所需要，尤其是一切被压迫民族所需要。辛亥革命以三民主义为号召而推翻满洲皇室，此次北阀以三民主义为号召而铲除北洋军阀。可是本党的反动分子，在辛亥成功之时即出卖三民主义，向反动势力投降。此次革命军进抵长江，本党反动分子亦抛弃三民主义向反动势力妥协。所以我们承认中国革命的失败，是失败于三民主义之未尝实行，失败于第一第二两次代表大会纲领之尽被抹煞。本会继成〔承〕本党孙总理的革命精神，以至诚接受孙总理的全部遗教，和第一次第二次代表大会的纲领，继续努力，以实彻贯。

（三）

中国革命失败，意志薄弱之分子渐次动摇，不仅出卖其本身以投降，而且割裂孙总理之三民主义，以阿附反动势力而易取个人之权位。或妄倡谬说，甘为新兴统治阶级作护符，或曲解附会，促成专制学说之复辟。目前本党变为反动集团，在思想上这种谬妄的解释为厉阶。本会为确定同志的革命观念，决奉行孙总理遗给我们的革命的整个的三民主义，根本扫除一切不着边际的空想，与矜夸欺人的大言。

（四）

中国最受压迫的是农工和小市民，而切要革命的也是农工和小市民，一切生产固以农工为主干，而全中国的人口也以农工占百分之九十以上。同时小市民在社会上、经济上亦有其重要之功用，而所受之困苦，与农工并无不同，且时时站在革命的前线和农工一致奋斗。我们要明白，没有广大的民众要求，一个革命决不会产生，没有广大的民众拥护，一个革命也决不会得到保障。农工小市民是今日中国广大的劳苦民众，被压迫民众，是要求立刻解放的民众，本党代表农工小市民的利益而奋斗，决然的要联合这条革命的坚强战线，奋斗到底。

（五）

反帝国主义为民国十三年本党改组的重要纲领，也是本会继续的坚强的纲领。孙总理曾说："余致力国民革命，凡四十年，其目的在求中国之自由平等"。中国之不能自由平等，完全出于国际帝国主义所压迫和侵略。自革命退潮以后，帝国主义者更向中国软取和硬攻，英国之联合向华出兵，日本之强行占领胶济，以致现在所谓关税协定，一方显露帝国主义对于中国加紧进攻，一方显露南京政府对帝国主义俯首降服。帝国主义不去，中国无法生存，故本会决然继续反对帝国主义，并扩大反帝国主义的行动。

（六）

中国旧的军阀，未曾消灭，而新的军阀，又近产生。现在的军事集团，已代北洋军阀而起。他们一方面形成帝国主义的新工具，一方面领导着一切反动势力，破坏中国革命，颠覆中国国民党，障碍三民主义之实行。不但劳苦民众所受的痛苦，较之北洋军阀时代为甚，即一般人民的负担，亦较之北洋军阀时代叠有增加。此种新军阀不去，必重演混战之局，使中国民众痛苦日甚；此种新军阀不去，中国永远不能统一，革命永远不能成功。本党为解除劳苦民众的压迫，应努力铲除一切新旧军阀。

（七）

本党孙总理以三民主义领导中国革命，而三民主义实以民生主义为中心，所以建设民生主义的国家，乃是本党的最终鹄的。而南京政府，丝毫没有建设民生主义的表示，足见其已抛弃建设民生主义的企图。平均地权，节约资本，建设国家资本为本党建设民生主义国家的主张，本党努力于封建势力之扫除，及资本主义之抑制，务以达到民生主义，实现经济平等而后已。

（八）

以党治国，以党建国，夙为孙总理的主张，而且经同志过去的困苦经验，深知非以党的努力消灭一切反动势力，则中国革命终难成功。举凡代表一切封建势力的反动党，和代表流氓屠杀民众的共产党，本党皆应努力扫除之。唯有以党治国，始克实现三民主义，唯有以党治国，始克为革命的领导者，本会深信总理的主张为完成革命的唯一途径，以不妥洽〔协〕不犹【豫】的精神，实力奉行。

（九）

帝国主义为保障殖民地之故，决然防〔妨〕害中国国民革命；第三国际为利用共产党夺取中国政权之故，决然防〔妨〕害中国国民革命。我们确认中国革命为一切被压迫民族解放之先锋。中国革命须与被压迫民族及被压迫阶级的解放运动相联合。所以欲植革命的基础，扩大反帝的运动，唯有遵守孙总理“联合世界上以平等待我之民族”之旨，促成被压迫民族的新的国际组织，使中国革命为被压迫民族解放运动的先锋。同时，联合帝国主义下的被压迫阶级，共同奋斗，使三民主义扩大为国际的主义。

（十）

要之，时至今日，中国形势又成了革命的前夜，帝国主义已在进攻，国内的反动势力已在压迫，一般的劳苦民众已在呻吟。本党为担负中国革命的党，尤其是解放民众痛苦的党，在此革命中断之日，应巩固组织，加紧行动，使中国革命运动复兴。本会继承本党孙总理的三民主义，继承第一第二次代表大会的纲领，集合革命同志，努力改组运动，务期重新建设能担负实现三民主义的中国国民党而后已。凡我忠实同志，三民主义信徒，其即集合于改组中国国民党旗帜之下，重新共同奋斗。特此宣言。

〔国民政府档案〕

6. 汪精卫等关于最近党务政治宣言

（1929年3月11日）

海内外各级党部、民众团体、各报馆均鉴：中国政治，完全为封建势力所支配。中国之社会与经济，所以停顿于中古状态，不能发展，亦由于国内封建势力与帝国主义者互相结托，以保其以暴力为基础之统治权。十余年来，各地军阀，割地纷争，无有宁岁。其所求即在扩充各个人之领域，在领域之中，任意支配人民之生命财产，征兵拉夫，供其使役；抽捐加税，备其聚敛；迫种鸦片，便其贩卖；控制交通，任其勒索。而凡此种种，莫不可暴力行之。故封建势力一日不铲除，割据之局面一日不终了，则国家统一必不可期，农工商业必不能发展，而全国之破产亦必日急一日。欲推倒封建势力，必须使人民起来抵抗暴力，拒绝作军阀官僚之掠夺品与剥削品。同时必须在此种运动中，将各界民众团结于健全组织之下，依其共同民族意识，与其各个的物质要求，造成民主势力之基础。本党目前之使命，即领导民众，构成此民主势力，以与封建势力斗争。本党以前之统一广东，及北伐之获从胜利，即为此政策节段之成功。不幸北伐胜利之后，党中腐化分子及投机分子，以为地盘已得，权力在手，遂避难就易，抛弃本党主义，违反民众要求，吸引党外之反动势力，以明分自北洋军阀手中夺来之政权。至人民之权利，则一无所获；生命，财产及自由，毫无保障，一与北洋军阀时代无异。政治集于官僚，人民不得参与，亦与北洋军阀时代毫无不同。致数十万兵士党员生命与数万万财产之牺牲，仅换得极少数人之权利。此种只更换统治者个人而不更换政治制度之革命，实已失掉革命之意义。虽表面上一切政令尚拥党的名义以行，但实际上党已不能代表民众之意思，而每为军阀官僚所利用。在民众普遍的失望与悲哀之中，其一线之望，在本党第三次全国代表大会之召集。以为真正代表民意之大会一开，或使真正民意可以表现，党的危机可以挽回。乃现在中央历次所决定之全国代表大会选举法及各地代表产生法，益足促成本党之官僚化而使民众绝望。依照该代表选举法与代表产生法，将近百分八十之代表为中央所圈定与指派，将本党民生〔主〕制度之精神蹂躏殆尽。本党曾反对段祺瑞之善后会议，以其为少数军阀政客所操纵。今本党最高权力机关代表之产生，亦与类似，其将何以自解于国人？且以正式成立党部，不得选择自己之代表，无党部之地方，反由中央任择夙与该地方党员民众毫无关系之人充数欲〔欲字衍〕，则所谓代表者，已完全丧失其意义。若谓为防范共党之计，选举不可公开，则更属欺人之谈。中国所以有共党之患，其原因在军阀官僚之横行，使中国政治不能入于正轨，使中国经济不能向于繁荣，故共党得乘政治经济紊乱之机，施其诱惑鼓动之伎。今主持中央者以少数人之私意，蹂躏党员与民众之公意，而饰之曰防共，此与北洋军阀以反共之口实，而反对国民革命者何异？此种防共之法，其结果恐益增共党煽惑之机会而已。革命为民众之事，欲使革命不至完全失败，与使近年内战与民众运动之牺牲尚得保留相当之结果，则必须扶助民众行使政权。惟建立民主政权，然后可以建立廉洁而有效能之政府，然后可以实现国家之统一，然后可以开始物质之建设，然后本党之主义可以贯彻。须知北洋军阀政府之所以成为万恶之丛，匪独其人之不臧，实其背弃民主主义之军阀官僚的专断制度有以致之。此种专断制度，无论用任何名义，不宜傚效，以蹈北洋军阀之覆辙。本党欲继承总理之遗教，担负中国革命之使命，惟有严防共产党及一切反动派之利用与软化，团结本党革命份子，保持十三年改组精神，厉行民主集权制，使中央之意志即为党员之意志，中央之命令可以指挥全体党员之行动。然后，党的主张，乃可代表民众要求；党的力量，乃可摧毁封建势力。同人等忝为本党中央委员，于已往本党之官僚化无力纠正，于本党之被反动份子破坏无力防止。对于本党，深滋惭愧。一年以来，同人等被反动势力之压迫，不能预闻中央执行委员会之任何决议。而全体会议，又被人破坏，不能按照议事规则进行，使党的基础完全破坏，以致酿成今日纷乱之局面。五次全会失败以后，同人等之希望惟在第三次代表大会之从速召集，本党同志之真正意思可以从速表现，俾同人等之责任可以从早终了。乃第三次代表大会虽然召集有期，而现中央所规定之代表产生法，又完全违反本党民主之原则。同人第对此违法之代表产生法，虽屡次提出异议，而主持中央者乃悍然不顾，竟欲据此以做成类似善后会议之第三次代表大会，借遂私图。若此种大会一旦开成，即不啻将本党生命根本断送。同人等为誓志遵守总理遗教，努力革命，对此种大会誓不承认。当此本党陷于危亡、革命频于失败之今日，决不畏强御，始终与本党忠实同志共同奋斗，并望全体同志共起图之。特此宣言。汪精卫、陈公博、恩克巴图、顾孟余、柏文蔚、何香凝、王法勤、白云梯、王乐平、朱霁青、陈树人、陈璧君、郭春涛、潘云超。

中华民国十八年三月十一日

〔国民政府档案〕

7. 叔庠：第三次代表大会之前①

（1929年3月10日）

一、旧式的专制与新式的专制

路易十四说："国家就是我"。当代中国的武文新贵们说："国家就是党，党就是我们"。由一个等号变为两个等号，这就是十八世纪与二十世纪之所由分。为什么现在要这两个等号呢？原来，"国家就是我"这话的详细意思是说，"国家是上帝之意造成的，而我是上帝所命的"。无论中外的专制政体，都建设在这种神权封信之上。但是自从神权论推倒以后，专制政体确已失了存在的根基。而那些想行专制的人们，也就非另外找出理由不可。于是莫斯科先生们就发明了一个"无产阶级"去实行专制。莫索里尼先生就发明了一个"意大利祖国"去实行专制。而中国新兴的权贵们也就借用孙中山先生的老招牌——青天白日旗帜的国民党——去实行专制。其实，"无产阶级"一个名词是很高贵的，"意大利祖国"也或者在世界文化上有相当的地位，"青天白日旗帜的国民党"，那更应当是唯一担负挽救中国任务的政治集团。可是招牌与实际，名称与真象，是最要分辨清楚的啊！

二、党的拜物教

中国国民党是一个革命的民众的党。革命与民众，是构成中国国民党的两个基本要素。不革命不要民众，则中国国民党根本失掉本性。中国国民党的主义是三民主义——民族、民权、民生

① 本件见国民党改组派出版之民意周刊第一期，作者笔名叔庠。

主义，三民主义不是佛龛中的神位，只待求福者的顶礼与奉供。三民主义也不是传家的古董，只供主人的赏玩与眩〔炫〕耀。三民主义乃是解决民众日常生活问题的方针。离开民众日常生活问题，更没有三民主义；离开民众日常生活问题，也便没有国民党。如果以革命之命〔名〕，行反革命之实，用民族、国家等等的好听名词以图谋个人的私利，虽然挂着党的招牌，实际上已是党的叛徒、党的罪人。帝国主义者在殖民地屠戮土人，必要祷告上帝求其帮助，所以有“拿着圣经与枪杆”的口号，中国的强盗杀人劫货之后，必要念佛求神。他们都是把一切自身的罪恶，诿之于上帝，诿之于神，以安慰自己的良心。现在的武文权贵们，出卖民族，摧残民众，剥削民生，也都是打着三民主义的招牌，用着党政府的名义。一切罪恶，卖国、杀人、抢财、盗窃，都是以“党政府”作护符。北洋军阀们不懂这套把戏，他们只是赤裸裸的作恶。他们不知信奉“党的拜物教”，所以他们究竟是落后的。

三、制造中的代表大会

“法”是实际利益的保障，也是实际情形的正名。自从北伐胜利，地盘扩大以后，国民党的法已经实际上成了中国的法。在从前革命时代，国民党的招牌，是一种危险。而在现在呢？国民党的招牌却成了一种便利了。不但是便利，并且是升官发财的捷径。因此，一切反革命者——从前国民党的敌人——现在都挂起“党”的招牌，崇奉“总理的”三民主义。一切从前骂孙文为“叛徒”、“乱党”、“大炮”、“光棍”的人，现在都是“党”的最忠实的同志。党中的革命份子，则都是“共产工具”，都已被打倒驱逐。民众早已镇压下去，不敢抬头，对外和帝国主义业已订下了修好条约。在这时节，党皇帝，党诸侯，党大夫，如欲永保权位利禄，最重要的便是进一步在“法”上得到保障。于是所谓全国第三次代表大会就有赶快制造的必要。据南京中央所制定的第三次代表大会产生方法，国内党部代表之由选举而产生者，只有京、沪、广州及广东四处；选举加倍人数由南京中央圈定者，有津、汉市及苏、浙、甘、鄂、桂、晋各省；由南京中央指定派遣者，有察、绥、热、辽（奉天）、吉、黑、陕、豫、鲁、皖、湘、川、闽、赣、滇、黔、河北、北平各省市；由南京中央指派到席者，有西康、外蒙、新疆、西藏、宁夏、内蒙各省区。铁路职员特别党部中，由南京中央圈定者，有沪宁、沪杭甬、津浦；由南京中央指派出席者，有平汉、粤汉；由南京中央指派到席者，有平绥、平奉。至于各军队的特别党部，十分之九自然是受长官的支配，完全服从总司令总指挥们的命令。再由人数方面看，各党部的各种代表人数，有如下表：

1．选举之省区代表人数统计

南京	8
上海	8
广州	8
广东	10
加拿大	7
三藩市	5
墨西哥	5
古巴	4
澳州	5
安南	8
缅甸	4
南非洲	2
河内	1
印度	2
共计	77

2．圈定之代表人数总计

江苏……………………………………9
浙江……………………………………9
湖北……………………………………8
汉口……………………………………6
天津……………………………………4
山西……………………………………7
广西……………………………………9
甘肃……………………………………4
沪宁路…………………………………1
沪杭甬…………………………………1
津浦……………………………………1

共计……………………………………59

3．指派之代表总计

哈尔滨…………………………………3
察哈尔…………………………………2
绥远……………………………………3
热河……………………………………3
黑龙江…………………………………3
吉林……………………………………4
辽宁……………………………………6
北平……………………………………8
陕西……………………………………6
河南……………………………………7
山东……………………………………7
安徽……………………………………9
湖南……………………………………9
四川……………………………………9
福建……………………………………7

江西……………………………………6
云南……………………………………7
贵州……………………………………6
河北……………………………………8
平汉……………………………………1
粤汉北段………………………………1
海员……………………………………1
檀香山…………………………………2
海防……………………………………1
暹罗……………………………………5
利马……………………………………1
驻法……………………………………2
驻日……………………………………2

共计………………………………… 129

4．选举及圈定各半之统计

南洋英属……………8（选四派四）
南洋荷属……………9（选四派五）
菲律宾………………4（选二派二）

共计：　指派…………………………11
　　　　选举…………………………10

5．军人特别党部在八十个以上，每个党部指派或圈定代表一人。（正式成立者选二人圈一人，未正式成立者指派一人）

共约八十人。

6．指派列席之代表

西康……………………………………1
外蒙古…………………………………1
新疆……………………………………1

青海……………………………1
西藏……………………………1
宁夏……………………………1
内蒙古…………………………1
平绥铁路………………………1
平奉铁路………………………1

共计……………………………9

以上党员选举的代表………………………………八七人
　指派圈定的代表…………………………………一九九人
　军队党部指派圈定的代表………………………八〇人
共计…………………………………………………三六六人

此三百六十六人中，选出者占十分之二，圈定指派者，占十分之八。又指派之各地代表，不必为该地之党员，而可就南京任择一人指派。我们看见这种情形，不由得联想到参政院和善后会议。

四、结果如何

我们很怀疑，这种种计划，究竟有什么用处。党员的意思，果然是可以包办的么？党员所代表的民众的意思，果然是可以强奸的么？上海、广州党部的贿选，除去腾笑中外之外，还有什么功用？如欲使党作政权的保障，只有一个方法，这方法就是：使党成为民众的党。不然，曹吴未尝没有“恢复法统”，未尝没有召集“旧国会”，何以不数月而覆灭，而国会反为全国人所唾骂？我们要知道，同是一个旧国会，在孙中山先生代表民主势力的护法运动的旗帜之下，才是进步的，革命的，受民众欢迎与信任的，到了曹吴的封建势力之下，乃变为退步的，反革命的，受民众之反对与憎恶的了。受封建武力集团与封建士大夫卵翼而产生的第三次代表大会，根本上是一个夭产，在降世之前，已经成了民众的一个怀疑与憎恶的对象。天下一切事物的价值，要由他的用处而决定。佛灯与夜壶，虽然都是陶器所成，只因用处不同，所以贵贱有别。直系恢复的旧国会的用处，是在举出曹大总统，以革命的南京约法去保障反革命的北洋军阀政府；乱伦的婚姻，不会长久，不会圆满，不会受人家敬重的。第三次代表大会的用处是什么？它是为保障革命势力呢？还是为保障反革命势力呢？

〔国民政府档案〕

8. 甦人：悲壮的南京全市代表大会①

（1929年3月31日）

（一）代表大会的由来及产生

本党自经共党之叛变，亡党的清党，特别委员会的产生，革命势力已涣散无余。十三年改组的精神，已消灭净尽。军事虽以妥协而告终，政治乃变应割据的统一。党更是入于昏庸老朽新军阀之手，不复成其为总理所领导的中国国民党了。然而大多数党员还是殷殷的很耐心的希望它恢复起来呢！

自从五次全会以后，中央常务会议的违法造法，引起大多数党员的怀疑和不满；自从一七九次亡党的两大决议以后，全体同志没有一个不是悲愤着热烈的抗议。决议自决议，二者始终未能发生关系。其实下级党部的各种决议，有那一次是被采纳过的呢？

自从违反本党民主集权原则与夫操纵包办的三次代表大会代表产生法产生代表以后，三次代表大会的非法已为一般同志所公

① 此件原载国民党改组派出版的《民意》周刊第二、三、四期合刊，原标题为《悲壮的南京全市代表大会——民主势力和封建集团肉博的一页》，作者笔名甦人。

认，但以处在军权支配之下终没有能够高呼着反对的口号，除河南省党务指导委员会，和南京全市代表大会以外。可是二者皆已遭封建势力摧残了！

南京市全体党员，一方面根据本党总章，一方面咸觉市党部为官僚所包办，一方面感觉党员总意之无法表示，一方面欲于非法的第三次全国代表大会开幕了之前，得贡献其意见，于是热烈的南京全市代表大会于三月十四日开幕了。

衙门似的市党务〔部〕，官僚样的委员，何尝不厌烦这些小党员，何尝愿意开这个代表大会，只是因为各区党部联席会议一请再请，一逼再逼，没法才请得丁家桥党部的许可，十二日才决定下来。

因为这样的匆促——十二日才决定召集，十四日须开会议，十三日须将全市代表统统产生出来，——官僚的市党部委员，就没有能够包办选举，所以这次代表的产生，比较的是能代表全市党员的意志。

作者是一个代表，一切事件的经过，均曾身历其境，所以对这个悲壮的大会比较的清楚些，现在很愿意将这事实的经过，详细的忠实的写出来，给读者知道革命的现阶段。

（二）行开幕典礼时之情形

代表大会秘书处，毫无筹备，礼堂的布置，草率纷乱，大会的日期，规定一日呵【成】，原来市党部是拿这个代表大会来敷衍全市党员的！我们听到主席方觉慧致开幕辞，就哑然失笑的而莫名其妙。又听到丁家桥党部派来的一个什么代表某某某致训辞，说什么请你们照中央的范围讨论，——原来这次代表大会，丁家桥党部特规定须在两个范围以内讨论：第一关于南京市党务事项，第二关于建议三次代表大会事项。——并希望不要讨论空洞的议案，于是腐沉的空气，充满了全屋。到了代表谷正纲致答辞的时候，代表的精神始兴奋起来，屋内的空气始紧张起来。结果使市党部委员目瞪口呆，这是上午十时至十一时半的时候。

（三）第一次会议时的情形

这次会议的时间，完全用于选举主席团及提案审查委员会委员，所以没有什么可记的。这是在上午十一时三刻至下午一时半的时候。

（四）第二次会议时的情形

在主席报告开会的时候，就有一位代表提出临时紧急动议的议案："呈请中央第二届执行委员会，根据本党民主集权原则，重行召集合法的第三次全国代表大会案"。在各代表发言，及主席征求三分二附议的时候，就有代表提议请提案审查委员会审查提案中是否有与此相同之提案，如果是有，就即行提出，将紧急动议合并作普通提案讨论，以省去繁重之手续。结果提案审查委员报告同此性质之提案有十数件，于是乃交主席。主席因乃付讨论综合该案之理由：（一）违反本党民主的原则，（二）代表有多为非党员及曾被开除党籍与刑事犯和反革命者，（三）代表多数不熟悉代表地情形，（四）私人包办结果将成善后会议。当这个时候，封建势力的御军，市党部委员某某及各不知名的幕僚，相率不安起来，于是乃设法捣乱会场秩序。然以其人数之少，不足以破坏，于是乃叫骂起来，冲打起来，并有站在凳上大呼这些代表都是共产党。结果会场的玻璃打破，凳椅冲坏，廖仲恺先生的遗像打落。而这些反革命分子终退出会场之外，市党部委员亦逃避不见一个，会场的书记职员，更不用说是跑走了。这场纠纷，已经将革命势力和封建势力严整的划开。这是在下午二时至三时半的时候。

会场被捣乱以后，爱护全市代表大会的代表们，又重新集合起来开会。点足了法定人数以后，继续讨论"反对非法的第三次全国代表大会"一案。正讨论时，市党部委员及各反动代表又络〔陆〕续的入场了。大约在这个退出会场的期间中，反动代表及市党部委员，已将各种准备布置好了。这个提案，虽然是很重大，但讨论是很成熟，所以不多时，主席即以付表决，先作“是否还要继续讨论”的表决，继作该案原则上的表决。当表决时，反动代表当然百方寻故捣乱，但“无须再行讨论”已大多数通过了。接着就要做赞成或反对第三次代表大会的表决，表决结果，“反对非法的第三次全国代表大会案”的原则，已由七十票多数通过了。当时反动代表更甚的扰乱着，市党部委员洪陆东起立，称表决不精密，并违反民权初步。主席乃加质责，并作第二次之表决，结果仍如前次票数通过。在通过后，主席尚未将此案宣告前，反动代表后〔即〕喧扰着起立退出会场，并将砖石投击主席，不中，致将总理遗像打落。市党部委员方觉慧拍桌大骂主席，并抢夺主席台上之案卷。是时谷正纲被三数〔个〕反动代表扭住，经党校代表之维护，从后窗跳出，而会场中已空无一人了。这是在下午三时三刻至四时半的时候。

（五）事变的发生及其经过

全市代表大会，是市党部召集的，是在市党部开会的，会场经数次之扰乱，非但不见市党部委员出来维持和保护，委员方觉慧反乘机大闹，——其实何尝是乘机，事变的发动，完全是他们主使的——代表等当然恨之切齿。是时代表等已纷纷退出会场，各自分散而成临时的集团。党校代表见暴力已作一度的横来，乃与其他代表合成一阵线，以作不测之防御。维时方缓渡而来，代表等欲食其肉，乃蜂拥饱以老拳，不幸被逃脱。未数分钟，军官学校研究班代表龚大风、金亦吾，率领卫戍司令部宪兵，各执枪弹棍棒，向谷正纲及党校代表包围而上，同时棍棒如雨点齐下，呼喊之声震撼瓦屋，拖拉扭打，约有半小时之久。拖至大门时，伊等所预备之汽车开到，乃强行纳谷正纲于车内，欲载之出。经代表之身阻，始未能行。后谷正纲卒在各代表呼喊与保护之下，营救出来。在殴打谷正纲的时候，宪兵在军官学校代表指挥下，拘捕主席团主席、提案审查委员与会场中发言者，共计逮捕七位代表，拘于市党部禁卫室约一时余。

事变发生的地点，是在南京特别市党部。事变的时间，是在下午四时至五时半。被惨害的同志，是南京特别市最高权力机关的代表，主要凶手是少数代表。并且事变发生的时候，门外数千观众眼睁睁的望着，市党部大多数职员拱手的立着，在这种严重的关头，市党部委员，一个也不见了，并且在一小时半的长时期内，始终未见市党部来设法维持秩序。一任有枪阶级横逞威风，市党部难道能不负责任吗？

在有枪阶级暴行之下，虽然彼辈口中不断的呼着，是奉总司令的命令，心中横存着，是市党部的意志。赤手空拳、目眦发指的代表们，不能忍见这种事变继续的由反革命者演下去，于是乃与彼辈作数数的肉博。终之有枪阶级在五时半的左右，退了下去，反革命的代表，亦相继走出。而是时凶手龚大风乃被代表包围住，交市党部卫队看管起来。

在有枪横逞威暴一小时余后，市党部出来两个人。但只是个人出来的，对于事变的责任，秩序的维持，丝毫没有办法。不但如此，在大门禁止出入的时候，市党部还放走两个凶手，这可以更切实的证明这次事变是市党部预定的计划。市党部委员段锡朋在谷正纲被纳入汽车的时候，已经跑出来了，但是他绝未设法营救，自己也跑进汽车内，命令汽车夫开车。不是经代表们的拦阻，谷正纲或即将因此而失踪惨死，也未可知呢！随后洪陆东亦出来调解，他是同段锡朋一样的不负责，屡次请被拘捕的七位代表无条件的出来，同受伤者赴中央党部解决，并请让凶手龚大风走开。

在五时半至七时的当中，代表们不断的悲愤着，呼喊着，叫骂着，痛哭者，段锡朋、洪陆东仍是来调解。至七时余，段锡朋称中央党部召往谈话，于是代表们（未被拘捕代表，被拘捕代表，受伤代表）乃乘车赴丁家桥党部。

（六）蒋介石之训话

代表们到了丁家桥党部后，伫立着，饥饿着，直等到十点半钟，始闻蒋先生的命令。既至礼堂后，各代表起立发言，或则说明事变的经过，或则诘问事变中的情节。综合其要点：（一）是否是蒋总司令的命令？（二）宪兵为何听反动代表的指挥殴打代表？（三）市党部委员方觉慧等是事变的主使犯，应予处分。（四）由市党部解来之被拘捕代表，请予处置。（五）惩办凶手。（六）代表大会尚未结束，请以后对该会负绝对保护的责任。（七）谷正纲却为何在此时免职？蒋先生的训辞及答复要点：（一）代表大会的纠纷，是表征党部组织尚未健全，中央的指派圈定，就是为此。（二）代表大会发生纠纷，宪兵出加干涉，是宪兵的责任。（三）殴打等事项，属于刑事范围，应由司法办理。（四）代表大会所发生的一切事项，应由市党部调查呈报中央，中央不能直接处理。（五）谷正纲之免职，校长有此权力，你们不能与问。这种答覆，代表认为不能满意，复相责问，巨〔讵〕蒋谓今晚我的话已讲完，我的答覆如此，我们的谈话就此告终，你们再问我，就不答覆了。丁家桥党部的解决办法，就是如此。

代表等离席后，即复在该礼堂集合讨论善后问题，决定次日休会；在休会期间，一方面由主席团责成市党部对以后开会负保障之责，一方面由各代表召集各区分部开会声援。并决定将凶手龚大风送交市党部。但结果市党部仍不肯负责。是夜代表等直十二时余始散。

（七）休会期间之形势

全市党员得此消息后，愤满〔懑〕填膺，群欲举行大规模示威游行，扩大宣传，唤醒本党全体党员，一致声援。但终以处在军阀势力之下，未能举行。

主席团与市党部交涉之结果，终未得切实之保障，以是大会召集日期尚未能定。

党务学校学生，闻谷正纲重伤，并被免职，即拟全体向丁家桥党部请愿，但以种种剀切之训话，而莫能动！

此事变之发生，本以军官学校代表作前锋，故在休会日，军校即开全体党员大会，决议：（一）枪毙谷正纲。（二）解散党务学校。（三）肃清反动分子——开除拥护“反动〔对〕非法的第三次全国代表大会案”的代表党籍。

本文暂止于此，以后情形，当续为写出，以饷读者。

（八）结语

这悲壮的南京全市代表大会，很明显的反映着下列几个事实：

（1）反革命势力与革命势力阵线的划分——革命势力与反革命势力，本来是冰炭不相容，不过在现在份子复杂的国民党内，反革命者亦往往打起革命者的招牌，常致鱼目混珠。但是从这一次南京全市代表大会可以深刻的认识，现在的国民党内革命势力与反革命势力的壁垒，已经是很森严，并且团结的很坚固。这种势力，一到某种场合，就自然的形成起来，对立起来，斗争起来。这种状态，我相信绝不是南京市所特有的，是普遍着于全党内。我们要认为这是本党复兴的朕兆，并且要设法巩固这种势力，以与反革命者作殊死斗争。所以我们现在的口号：改组本党！团结革命势力！

（2）民主势力对封建势力的斗争——中国不但是一个半殖民地的国家，并且是一个残余的封建的社会。在国际的关系上说，中国固然是帝国主义统治的一部份，但就国内的关系来说，直接统治中国【的】还是封建势力。他们一方面是帝国主义的工具，一方面握有支配社会的特殊权力。他们只晓得剥削民众，以肥私囊，压迫民众，以固地位。以致革命的国民党，被他们拆得四分五裂，革命的三民主义，被他们搅得粉碎虚空。这次他们违反本党民主集权原则，以善后会议的方式来召开第三次全国代表大会，更是利用革命招牌来打击革命势力了。这是本党最凶猛的敌人。中国的革命，除了用民主势力打破封建势力，没有方法可以完成。中国革命的新阶段，是民主势力对封建势力的斗争。这种斗争，已在南京全市代表大会充分的表现出来了。所以我们现在应高呼铲除封建势力！

（3）民众的武力成为封建军阀的工具——本党自出师北伐，克复武汉以后，党代表之制消灭，政治部之有等于无，军队乃日益庞杂，军长乃日益跋扈，以致新军阀复生，割据局面复现，民众武力的意义，根本消蚀。这种现象，在全国各地，充分的表现着，而在这次南京全市代表大会，尤明显的表现着。所以我们现在的口号：武力要民众化！

革命的同志们！你们不要以为这悲壮的斗争是南京市所仅有的，我相信这种斗争，已在全国弥漫着，潜伏着，只要时机一到，就澎湃奔流了。我们只要奋勇的前进，胜利终是属于我们的！

十八年三月十六日于南京

〔附录〕

一、南京全市代表大会呈文

呈为中国国民党南京特别市全市代表大会场被毁，代表受伤，廖仲恺先烈暨总理遗像均被暴徒捣碎，请求迅赐严惩，以维党权，而申党纪国法事。窃南京特别市于本月十四日，遵照总章，呈准中央，开全市代表大会。本市党务进行之方策，与夫党内一切问题之讨论，正赖斯会以决定。不料惨变之来，起于俄顷。所经情形，确足证明暴徒事前为有计划之捣乱，绝非偶然。当大会通过开会期间及选定提案审查委员后，开始讨论“抗议中央指派圈定三代会代表一案”之始，即有少数蓄意破坏大会之代表，举动既不守会场秩序，而发言又不依民权初步之规定，任意叫嚣，继且乱掷石块。廖仲恺先烈遗像于此时被捣立碎，始呼啸而去。旋由大会主席出而维持，重行查点人数，计九十六人，仍足法定，大会仍继续开会。在场代表，全体起立，静默为廖先生遗像被毁致哀敬之该。乃当时呼啸而去之蓄意捣乱份子，亦仍蜂集。大会宽其既往，未加深究。亦冀其自悔改，不致有妨进行。讨论前案，历二小时之久，始付表决，以大多数通过。而该捣乱份子，如龚大风、金亦吾、田载龙等，益复肆意妄为，竟举坐凳向人丛中抛掷。是时总理遗像，遂以被毁（业经送至钧会）。会场四周玻璃窗户，类变粉屑。在场代表不得不四散暂避。当是时，市党部执委兼大会主席团主席之方觉慧，拍桌喝打，旋即驰去。未几，即由外率领宪兵入场，持枪装弹，如临大敌。而市党部之候补监委曹立瀛，亦率武装警士多名，蜂拥而入。方、曹二人，并即指挥军警，声称奉总司令命令，逮捕大会主席及在场代表。而龚大风、金亦吾、田载龙等，亦忽携来贾伯涛及身背皮带之形似军官多人，向大会主席谷正纲同志云：“蒋总司令叫汝去”！谷答：“去就去”。乃谷同志之答语甫毕，即被贾等将谷同志按倒在地。撕去谷制服上之证章，并将谷上衣剥脱，拳足交加。金亦吾即将会场凳脚扯下，排殴谷身。当时代表（系党校学生）有目击不忍者，以身翼蔽。金即舞动两手所持凳脚，遍击穿党校制服之代表。故当时受伤者甚多。并有大呼“打倒中央党校”之声浪。而方、曹所指挥之军警，则乱捕代表七人，拘禁于市党部门房中，凡三时之久。时市党部执委段锡朋、洪陆东赴大门调解，暴徒及形似军官之辈，亦将其两手反缚，用拳□背。市党部执委刘纪文，职兼本市市长，有指挥警士维持治安之权，对此次事变，竟袖手旁观，不发一语，实有用消极方法以伤害代表之嫌。其他列席于大会之执委，如萧吉珊、叶秀峰、勒鹤声等，均先后兔逸不知去向。混乱至下午六时余，始稍宁息。然尤人出入，至七时余方始解严。当时是四象桥一带，则军警密布，行人均受检查。对于妇女，尤肆戏侮。关于此节，附近市民目睹者众，均相传述。似此以上事实，发生于中央所在之首都，而被捣毁者，乃为本市最高权力机关之全市代表大会。若无适当解决，党权何在？载诸党史，耻辱曷极！为此权同受伤各代表之伤单一纸，仰祈鉴核。对于违党纪负党责之辈，分别依法惩处，万勿纵使漏网。党国幸甚。谨呈。

中国国民党
南京特别市 全市代表大会

〔国民政府档案〕

9．中国国民党护党革命大同盟缘启

（1929年5月）

自本党十三年改组，应新时代的要求，确定新纲领，树立新组织，以致得到革命民众的同情和拥护，使党的地位随革命高潮以俱涨。乃能首先在广东肃清杨刘，扫平东江，统一广东。复由广东出师北伐，渐渐由珠江流域发展到长江。但在这个时期，一般大小封建军阀、投机政客、土豪劣绅、贪官污吏、买办洋奴等，以震于本党声威，先后改头换面，混入本党。同时，本党的腐化份子，尤其是与反动势力未能绝缘的军事头目蒋介石，更与之勾结溶化，操纵利用，以快其消灭本党的私图。汉宁分裂，已为新军阀叛党的先声。至特别委员会成立，过渡到第四次及第五次中央执监会，党已完全失掉固有的机能，惟受有权者的支配。于是党权旁落，党纪凌夷，组织涣散，形同虚设。日日言“清党”、“整理”，事实上则去一共产党，招来无数大小军阀、投机政客、土豪劣绅、贪官污吏、买办洋奴等，成了一切反动份子

的渊薮。

现在更其奇妙的是，自从所谓第三次代表大会以后，党由少数人的瓜分而成为蒋介石一人所御用。什么指派代表，圈定中央委员人选，是公开的办法，而各地党部亦由直接或间接蒋系小团体及其走狗所包办。蒋介石尝自命为总理唯一信徒，遂毫不愧怍的把总理遗产——本党抱在自己怀里。其实他道道地地做了新军阀和一切反动份子的头目，背叛和出卖本党的罪魁。试从蒋介石过去行动视之：广州三月廿号事件，逼走汪精卫同志，以图独揽大权，已为军事支配党权的厉阶。此后北伐出江西，经安徽抵南京，屠杀民众，摧残党部，利用青红帮的“公安系”（即以青红帮组织的团体。专任长江各地公安局长，做屠杀民众的勾当），演出白色恐怖，乃渐渐暴露了本来面目，招来新的反动局面。

汉宁分裂，是蒋介石破坏本党统一的公开罪状。四次及五次执监会议，蒋介石更利用左右派冲突而取渔人之利。现在，他御用工具第三届中央成立，乃告亡党的大成功。所以，蒋介石在表面上为党努力之日，即是其处心积虑破坏本党，消灭本党，利用本党之时。蒋介石一天一天推动本党向反动道路，同时党权即一天一天落在蒋介石的手里。蒋介石个人地位，完全为本党的光荣历史及民众的流血牺牲所造成。可是一到蒋介石如愿以偿时，党的精神和实质，民众的利益，都在蒋介石铁腕之下丧失尽了！

只有蒋介石最明白，没有本党，他的一切权利都毫无凭藉。因此，他要攫取政权、军权，必先拿到党权。他天天在想党、政、军三位一体，都以自己做中心，所以什么党部主席，政府主席，海陆空总司令，都是一人兼任。他天天呐喊要服从中央党部、中央政府的命令，其实无非要服从他自己（如这次讨伐桂系，即蒋介石盗据中央党政军权，征服异己，作吴佩孚武力统一的勾当之明证）。他尝是假借党治之名义，摧残民众，排除异己，然而事实上是要做“中华民国大皇帝”、“意大利的莫索里尼”的好梦天长地久！

本党已被蒋介石断送了，自然革命亦同时失败。最明显的，在蒋介石反动之开始，即为一切反动势力抬头，割据局面与时俱长，帝国主义反攻日兴未艾，一般革命民众之被杀戮和流离转徙及呻吟牢狱者，不知有几千万人，所有断头台上无不流着革命志士之血，幸而得保残喘着，亦不胜压迫、剥削、榨取的痛苦，言论、行动等自由一点也没有，甚至思想、信仰亦受干涉。卖国的外交（如济南惨案，日人占领中国领土，杀戮人民，反要向日本帝国主义道歉，压迫反日运动，西原借款也要承认等），腐败的内政，财政的苛索，官吏的贪婪，社会的凄凉，文化的暗淡，差不多是空前所未有。因此使一般民众对本党信仰拥护之忱，变做失望和仇视。

同人等本对三民主义的信念，应民众要求，仰体总理缔造本党的艰难，继续总理革命精神，誓把护党的责任切实负担起来，同时即不惜与叛党的反动的蒋逆新军阀及一切反动份子作殊死战。我们愿以自己的热血，扫除革命的障碍和洗涤本党的污点。并愿以自己的生命，去复活本党革命精神，完成中国革命。凡是一切爱护本党的革命份子或团体，我们都愿竭诚合作。现在我们主观的力量虽然感觉不足，但是我们相信，本党一切革命同志及一切革命民众，都愿意和我们共同奋斗。革命同志们，起来吧！我们要携手高呼：

1．恢复革命的中国国民党！

2．继续总理革命精神！

3．拥护第一及第二次全国代表大会宣言及议决案！

4．欢迎汪精卫宋庆龄及一切革命领袖归国护党！

5．打倒盗窃党权政权的蒋介石！

6．打倒勾结帝国主义的蒋介石！

7．打倒新军阀领袖的蒋介石！

8．蒋介石即是破坏本党的罪魁！
9．要救党只有先打倒蒋介石！
10．蒋介石是屠杀民众的刽子手！
11．要解放民众只有先打倒蒋介石！
12．反对蒋逆御用的伪第三届中央委员会！
13．继续反帝国主义！
14．继续反新旧军阀及封建势力！
15．革命同志联合起来！

〔国民政府档案〕

10．中国国民党护党革命大同盟成立宣言

（1929年5月）

民国十三年，先总理以坚毅之精神，改组本党，集中革命势力与北洋军阀斗争。因政纲策略之确定适合被压迫民众之要求，获得四万万同胞之拥护，故能于最短时间肃清东江，统一广东，建设政府，准备北伐。此时方期革命统一，完成辛亥革命未竟之业。无如蒋中正早蓄异志，私植党羽，准备篡夺党权、政权、军权，以造成个人专制。故有广州三月二十日之变。

广州三月二十日事变，蒋中正派兵占据中央党部，包围政府机关，威迫军事领袖，逮捕忠实同志。叛党叛国，行为与陈炯明之包围大总统府、谋杀总理无异。虽然作贼心虚，仍藉口于防备共产党之阴谋，其实欲迫走国民政府主席、吾党领袖汪精卫同志，使大多数忠实党员失其指导，俾便于实现其篡窃攘夺之计划。

自从汪精卫同志被迫出国以后，蒋中正益飞扬跋扈，目无党国。吾党同志因鉴于北洋军阀之罪恶贯盈，北伐之刻不容缓，乃不得不以党国为重，暂时容忍，授蒋中正以北伐军事重任，命其率师北伐。方望其觉悟缔造党国之艰难，完成吾党北伐之大业，

为党立功，以盖前愆。及师出长江，奠定湘、鄂、赣、皖、闽、苏、浙诸省相继克复，吴佩孚、孙传芳诸逆部队狼奔鼠窜，北方军阀张作霖、张宗昌等为之胆破，北伐大业成功在即。此皆先总理在天之灵所默佑，与忠实党员牺牲所获得之结果。而蒋中正乃攘以为功。及国府迁移武汉，准备第二次北伐，蒋中正乃违背命令，击破友军，占据南京，自设政府。叛迹昭彰，全党愤恨。蒋中正深知自祸于党国，为国人所不容，乃公开背叛革命，勾结帝国主义，通款北洋军阀，解散工农团体，禁止民众运动。更假借清党之名，屠杀忠实同志。其倒行逆施之行动，殊堪令人发指。可是，当时有一部分武裂〔装〕同志，堕其奸计，甘受其利用，坐使先总理数十年艰难缔造之本党失却其本来面目，变成封建集团。而吾党整千整万的忠实同志，亦在蒋中正假借清党名义，以铲除异己政策之下牺牲了生命。至今，白色恐怖犹遍满国中，而蒋中正实为之祸首。迨至武汉革命集团分裂，本党亦名存实亡，负有中国革命使命之本党亦完全被蒋中正摧残以尽。至于第二次北伐，纯粹是蒋中正一人利用国民党的军队，以扩充个人地盘。故北平陷落，统一告成，即行攘夺主席，包办党部，剪除异己，军队遍布爪牙，以达到个人专制之目的。今者耀武扬威，穷兵黩武，攻桂迫冯，皆是由此目的而来。

溯蒋中正自篡夺中枢以后，外交则以献媚帝国主义为能事；吏治则亲戚故旧、贪官污吏、土豪劣绅尽据要津；财政则滥发公债，贩运烟土，苛捐杂税有增无减；军事则假编遣会议名义，扩充军备。凡此诸端，已比之北洋军阀专政时代，其腐败黑暗程度有过之而无不及！乃蒋中正野心未已，乃乘三全大会之际，挟其淫威，圈派代表，操纵选举，抹杀数十百万党员群众之公意，推翻本党民主集权制之精神。故三全大会以后的国民党，几乎尽变成蒋中正个人御用的党。吾党同志誓死不能承认！致因欲达到武力统一的目的兴师伐桂之故，不惜出卖济，以邀日本帝国主义者之帮助，承认西原借款，禁止反日运动。近更因对冯作战，派人赴日勾结日本田中，展缓撤兵。此等亡国的外交，凡有血气之伦，无不痛恨。故蒋中正之罪恶，诚不胜诛。而吾党护党之责任，更义不容辞矣！

蒋中正之敢于破坏吾党，吾党之所以不能裁判叛党的蒋中正，原于吾党革命同志团结之不坚。今者党国前途更臻危险，及此不救，将必使一般忠实党员尽为蒋中正之淫威所屠灭以尽而后止。吾党同志，为党国前途计，为个人生存计，皆有团结一致，拥护党国，以推翻蒋中正统治，重建革命政府，完成先总理革命遗志之必要。同人等追随先总理革命有年，目睹党国危机，岌岌不可终日。故不揣棉薄，集合同志，发起组织中国国民党护党革命大同盟，领导护党运动。设总部于沪上，设分部于各行省。缘起发出，参加者百有余团体，各省闻风响应，次第筹备。此足见人心未死，吾党同志护党革命之精神尚充溢于人间也！今者筹备完成，开代表大会于沪上，议决一切进行方案。爰在成立之日发表宣言，昭告全国。并将本大同盟护党革命之决议撮录大要，公开发表，使全国同志得按照执行，作一致之步伐，完成护党革命之事业，以慰先总理在天之灵。斯则本大同盟同人等所企祷者也。

本大同盟为整个中国国民党革命同志所结合，在继续先总理革命的精神与遗志，拥护本党第一、第二两次代表大会宣言及决议案等鲜明标帜之下，公开作护党革命之运动，并未挟有丝毫政治投机与阴谋。故本大同盟构成分子，纯是以本党同志或本党直接组织之非政治团体为单位。至本党以外之团体或个人，赞成本大同盟者固甚欢迎，惟只可作为党外之同情者。又本大同盟既是整个中国国民党革命同志所结合，故非党内一派一系所构成，尤非党内某派某系所包办。如有违反此原则者，无异于破坏护党运动，甘作叛徒蒋介石的走狗，当摈斥于本党之外。

本大同盟完全为全国大多数党员群众自动集合组织而成。依照本党民主集权组织之精神，作护党革命，恢复党权之运动。故愿以党员群众之诚心与热情，欢迎吾党领袖汪精卫、宋庆龄等同志归国护党，及国内外吾党革命领袖捐除成见，团结一致，谋革命势力之集中，完成护党革命之大业。

本大同盟为恢复党权故，要铲除叛徒蒋中正一切势力。因此决定组织护党革命军，直捣南京政府，肃清反动势力。至现在全国皆属于中国国民党军队，亦皆有护党革命之责任。故本大同盟对于任何军队，皆不分界域。惟有助桀为虐，甘心附逆，帮助蒋中正抵抗义军者，本大同盟誓以武力歼灭之。

本大同盟否认南京蒋中正的政府。决定组织护党政府，以继续政治中国之职责。故在伪三全大会后南京政府所有一切命令与外交，以及所发出各种公债证券等，皆告无效。

本大同盟以革命的热忱，谨请第二届中央执行委员会，中央监察委员候补委，自动集合，重组中央党部，以领导全党。

本大同盟商请各省市党部派出代表，开联席大会，解决一切党内目前紧急之问题。

本大同盟与中央党部及各省市党部联席大会商定，于最短时间召集正式全国第三次代表大会，以解决全党根本问题。

本大同盟认总理遗嘱所昭示开国民会议及废除不平等条约两项为救国之最善方法。故护党政府成立之日，即时公布国民会议召集法，集合全国国民之公意，建设代表全国民意之国民政府。不平等条约亦同时宣告废除，以解除中国民族之羁绊，而建设民族独立国家。

以上所陈，是本大同盟代表大会所公决，依次切实执行。至于一切政治纲领，皆根据本党全国第一、第二两次代表大会宣言及决议案，分别见诸实行。并由本大同盟随时按照民众要求，提出于护党政府，促其实行。惟是护党革命军既以护党救国为职志，故护党革命军队所过，即应废止苛捐杂税，实行二五减租，保障工农团体，恢复民众运动，禁绝鸦片赌博，人民有言论、集会、出版之自由，释放一切革命政治犯等，以减除民间痛苦。

本大同盟成立伊始，规模粗备。兹将其意旨宣言如右：惟护党革命，凡属党人，皆有责任。同人等忝属党末，迫于义愤，组织斯盟，冀挽回党国之危机。成败利钝，非所计及。但兹事体艰巨，深虞陨越，尚赖党国先进诱掖而指导之，俾护党事业克底于成。此不独本党之幸，抑亦中国民族前途之幸也。谨此宣言。我们的口号是：

1．恢复革命的中国国民党！
2．继续总理革命精神！
3．拥护第一、二次全国代表大会宣言及决议案！
4．欢迎汪精卫、宋庆龄及一切革命领袖归国护党！
5．打倒盗窃党权政权的蒋介石！
6．打倒勾结帝国主义的蒋介石！
7．打倒新军阀领袖的蒋介石！
8．蒋介石即是破坏本党的罪魁！
9．要救党只有先打倒蒋介石！
10．蒋介石是屠杀民众的刽子手！
11．反对蒋逆御用的伪第三届中央委员会！
12．继续反帝国主义！
13．继续反新旧军阀及封建势力！
14．革命同志联合起来！
15．中国国民党万岁！
16．中国国民党护党革命大同盟万岁！
17．中国国民党护党革命军万岁！
18．中国国民党护党政府万岁！

〔国民政府档案〕

11. 关怀国：蒋中正叛党窃国证

（1929年6月8日）

一、序言

问蒋中正：今日之所谓中央者从何处来？蒋中正必答曰：是由三全大会产生而来。问蒋中正：所谓三全大会之代表者从何处来？蒋中正必答曰：此三百六十六人中，有八十七人是由选举者，有二百七十九人是由中央指派或圈定者。

呜呼！国民党组织原则，系取民主集权制铸为党纲，布之天下。今三全大会之代表由中央指派或圈定者，居然达百分之七十六以上！试问此等代表，代表各地党员乎？代表中央乎？直代表蒋中正个人耳！民主集权制之党纲安在？数十万党员之公意安在？数十万党员之人格更安在？向者吾人反对袁世凯之参政院，反对曹锟之贿选，反对段祺瑞之善后会议，并非与彼个人有何嫌怨也，盖皆认其为强奸民意，欲以只手遮天，私天下为一家也！吾人欲保持此贞操之人格，不能不拒绝其强奸，而为之声罪，致讨袁、曹、段往矣！蒋中正毁灭党纲，私派代表，私开三全，私生中央，即欲挟此私生之中央以制天下，以视袁、曹、段之当日。其凶顽卑劣，殆更有过之而无不及。

夫蒋中正者，本为宁波一无赖，青红帮中一喽啰耳！生平秽史，沪浙三尺之童所能详也。以险诈叛，许汝为而攫，许汝为之兵。党纪国法，苟有丝毫效力，罪实不容于死。兹且以险诈叛党，以险诈窃国，又复甘心卖国矣！淫威所被，天日为昏。蔡公松坡有言："吾人今兹之举，直为国民争人格耳！"四万万国民乎，其亦知人格之不可不争乎！中国者，四万万国民之中国也。以党专政，于"天下为公"之义已说不通，又况并党而抹杀之乎！大盗窃国，人人得而诛之。人心果未尽死，正义当前，匹夫有责。我全国国民其甘于低首下心，认贼作父乎，吾无说矣。其有不明瞭蒋贼叛党窃国之经过事实者乎，则有此编以为铁证。

信宜关怀国序于香江

寓次一八。六。八。

二、

甲　蒋贼强奸党意之铁证

第一百七十九次中常会议

第一百八十七次中常会议

第一百九十一次中常会议

第一百九十五次中常会议

第一百九十六次中常会议

第一百九十七次中常会议

第一百九十八次中常会议

第一百九十九次中常会议

第二百〇一次中常会议

第二百〇二次中常会议

第二百〇三次中常会议

第二百〇四次中常会议

第二百〇五次中常会议

三月十五日补发第二百〇四次中常会议案

乙　海内外各级党部反对蒋贼指派代表文电〔原略〕

1. 河南省党部抗议指派代表通电
2. 汪精卫等关于最近党务政治宣言
3. 吉林省指委会反对指派代表通电
4. 河北省指委辞职并抗议指派代表通电
5. 北平市各区联席会议反对指派代表通电
6. 汉口市党部反对指派代表电
7. 山东全省代表大会否认指派代表之三全会电

8．福建四十八县各级党部联席会议否认非法三全会通电

9．绥远归化二区分部反对指定二刘为代表文

10．中国国民党驻法总支部反对指派三全会代表宣言

11．河南省指委反对指派代表的第二次通电

12．四川省指委反对指派代表宣言

13．广西湖北汉口及十五军等出席三全会代表团拒绝出席之通电

14．苏浙皖赣护党同志联合会否认非法第三次全国代表大会宣言

15．河南省农工学生妇女等团体联名抗议指派三全会代表电

16．北平特别市党部指委会反对指派三全会代表通电

17．哈尔滨特别市党部否认三全会之决议案通电

18．黑龙江省党部否认三全会决议案通电

19．河南省农民协会反对三代会通电

20．中国国民党各省市党部外外〔国〕总支部联合办事处反对非法三全大会宣言

21．谷正纲为不出席非法的三全会警告南京全市同志书

22．中国国民党南京特别市第一次全市代表大会为(三一四)事件告全体同志书

23．上海特别市区分部联合办事处为反对非法的三全会告民众书

24．辽宁省指委会反对指派代表通电

25．中央党部工作党员为抗议指派代表上书

26．河南总工会反对指派代表通电

甲、蒋贼强奸党意之铁证

第一百七十九次中常会议

出席：谭延闿、蒋中正、胡汉民、孙科、戴传贤。列席：陈

肇英、郭春涛、缪斌、李济深、蔡元培、王宠惠、古应芬、陈果夫、何应钦、叶楚伧。主席：胡汉民。

讨论专项如下：

（一）关于第三次全国代表大会案，议决：一，全国代表大会，依第一次全国代表大会例，由省市选出全额之半，中央指定全额之半，选举法另定之；二，未办完登记、未正式成立之省，特别市党部，代表由中央指定之，海外各总支部及国内各特别党部，亦合用以上第一第二两项办法，名额另定之。

（二）关于登记案，议决：一，登记截止期为十七年十二月底；二，凡同盟会、中华革命党及登记于中国国民党成立至十三年改组时之同志，得合用特种登记者，有妥实之证明，即承认其党籍，特种登记表另定之。

第一百八十七次中常会议

出席：孙科、谭延闿、蒋中正、胡汉民、戴传贤。列席：褚民谊、白云梯、王宠惠、陈肇英、恩克巴图、陈果夫、丁超五、叶楚伧、吴铁城、蔡元培、周启刚、缪斌、邵力子。主席孙科。讨论事项如下：

一、中央组织部提出三次全国代表大会组织法，选举法案请核议案，决议，修正通过。

第三次全国代表选举法第四条如下：——复选之标准规定如左：

甲，各省或特别市在十八年二月十五日以前成立正式省或特别市党部，中央审查认为组织健全者，得依照中央规定选举法办理第二项复选，选出正式代表。

乙，各省特别市在十八年二月十五日以前，其县或市之下各级党部已组织，而正式省或特别市尚未成立者，其代表之选举，由中央审查各该党部实际情形，指定下列选举法之一种举行复选，——一，由第一次复选或初选代表，按照该省或特别市应产生代表名额，选出加倍之候选人呈报中央圈定正式代表；二，由中央按照该省或特别市应产生代表名额，提出加倍之候选人，为第一次复选或初选代表，即就此项候选人中选正式代表。

丙，各省特别市，在十八年二月十五日以前，县或市以下各级党部尚未组织健全者，其代表由中央指定之。

十七日一九一次中央常会

出席：谭延闿、胡汉民、孙科。列席：邵力子、丁超五、蔡元培、朱培德、叶楚伧、恩克巴图、周启刚、褚民谊、古应芬、李煜瀛、李宗仁、李济深。主席孙科，讨论事项如下：六，中央组织部提议，第三次全国代表大会举行在迩，各党部产生代表名额，当待分别规定，海外各党部远隔重洋，文书往还，较需时日，似应先行决定，特拟定附呈，请公决案，决议，照办。

海外各总支部及直属支部出席第三次代表大会代表名额如次：加拿大七人，三藩市五人，墨西哥五人，古巴四人，檀香山二人，驻日二人，菲律宾四人，南洋荷属九人，南洋英属八人，澳州五人，安南八人，暹逻五人，缅甸四人，印度二人，驻法二人，南非洲二人，秘鲁利马直属支部一人，海防直属支部一人，河内直属支部列席代表一人，伦敦直属支部列席代表一人，模利斯直属支部列席代表一人，利物浦直属支部列席代表一人，马达格斯直属支部列席代表一人，朝鲜直属支部列席代表一人，葡属帝文直属支部列席代表一人。

四日下午三时中央党部开第一九五次会议

出席：胡汉民、戴传贤、谭延闿、孙科。列席：周启刚、蔡元培、叶楚伧、陈果夫、邵力子。主席胡汉民。讨论：

（一） 关于第三次全国代表大会代表之人选标准案。

决议：规定第三次全国代表大会代表人选如左：甲，取得本党党籍并为本党服务二年以上，经此次登记合格领有新党证或登记证者；乙，从未有违反本党言论或行为者；丙，从未违反党纪者。

七日中央第一九六次中常会议

出席：孙科、蒋中正、胡汉民。列席：李宗仁、李石曾、蔡元培、何应钦、叶楚伧、邵力子。主席胡汉民。讨论事项：

（二） 决议：通过各省党部、各特别市党部出席及列席第三次全国代表大会出席名额。

甲，南京市八人，上海市八人，北平市八人，广州市八人，汉口市六人，天津市四人，哈尔滨市三人。

乙，江苏九人，浙江九人，安徽九人，广东十人，广西九人，湖南九人，湖北八人，河南七人，四川九人，甘肃四人，山西七人，河北八人，山东七人，绥远三人，察哈尔二人，福建七人，江西六人，云南七人，贵州六人，陕西六人，辽宁六人，吉林四人，黑龙江三人，热河三人，（以上为出席，以下为列席）普通党部列席代表人数，外蒙古一人，新疆一人，青海一人，西藏一人，西康一人，宁夏一人，内蒙古二人。

丙，特别党部，一，军队特别党部已正式成立者，每一特别党部选举两人，由中央圈定一人，未成立者由中央指派一人；二，铁路、海员特别党部，已成立者选举者二人，由中央圈定一人，未成立者由中央指派一人。

十四日第一九七次中央常务会议

出席：胡汉民、孙科、戴传贤。列席：陈果夫、王宠惠、何应钦。主席孙科。讨论：

（五） 关于正式成立之各特别党部出席第三次全国代表大会代表产生方法案。决议：已正式成立之各特别市党部出席第三次全国代表大会之代表选举完毕后，应将选举结果呈报各该特别党部，汇同开票，以得票最多二人呈报中央，再行圈一人。

二月十九日中央第一九八次常务会议

到谭延闿、胡汉民、戴季陶、邵力子。由谭延闿主席。决议案如下：

（决议）补行登记或特补登记，已经审查合格尚未领得党证者，得被选为执监委员及出席第三次全国代表大会充代表。

（十一） 中央组织党临时提议，拟定海外各党部出席第三次全国代表大会代表之产生方法，请公决案。

（甲）应选派者：加拿大、三藩市、墨西哥、古巴、安南、缅甸、印度、澳洲、南非洲、河内，（乙）应指派者：檀香山，利马、驻法、驻日、海防、暹逻，（丙）应指派一部分，选派一部分者为：南洋英属，指派四人，选举四人；南洋荷属，指派五人，选举四人；菲律宾，指派二人，选举二人。决议：维如所拟办理。

二十一日中央一九九次常务会议

出席：孙科、戴传贤、胡汉民。列席：何应钦、陈果夫、蔡元培、李煜瀛、缪斌、叶楚伧、邵力子。主席胡汉民。讨论事项如下：

（六） 中央组织部提议，请决定各地党部出席及列席三次全国代表大会代表之产生方法案。决议：各地党部出席及列席全国三次代表大会代表之产生方法分别决定如左：

（甲）普通党部，（一）选举者：南京、上海、广州、广东；（二）选出加倍人数而由中央圈定者：江苏、浙江、湖北、汉、吴、津、山西、广西、甘肃；（三）由中央指派者：哈尔滨、察哈尔、绥远、热河、黑龙江、吉林、辽宁、北平、陕西、河南、山东、安徽、湖南、四川、福建、江西、云南、贵州、河北；（四）由中央派定列席者：西康、外蒙古、新疆、西藏、宁夏、内蒙古。

（乙）铁路及海员工会特别党部，（一）选出加倍人数，由中央圈定者：为沪宁、沪杭甬、津浦三路；（二）由中央指派出席者：平汉路及河北海员二会；（三）中央指派列席者：平绥、平奉两路。

（丙）军队特别党部则另定之。

三月一日中央第二百零一次常务会议

出席者：于右任、蒋中正、胡汉民、谭延闿。列席者：周启刚、恩克巴图、缪斌、叶楚伧、蔡元培、陈果夫、何应钦、邵力子。主席蒋中正。兹将讨论事项分录如下：

（一）中央组织部提议，请圈定第四集团军总司令部等军队特别党部出席第三次全国代表大会代表案。决议：圈定各军队特别党部出席三全大会代表如左——四集团总司令部张华辅，陆军第二师黄杰，十四师韦云淞，十八师鲁涤平，十九师王大桢，念四师陈子衡，念八师张维藩，十一军李鞠生，第八师总指挥部邓家彦，五十三师周武彝，陆军第五十二师凌楫川，独立第一旅吴将，陆军第二十七师赵风林。

三月四日中央第二百零二次中央常务会议

出席：蒋中正、谭延闿、胡汉民、于右任、孙科。列席：萧佛成、陈肇英、白云梯、恩克巴图、叶楚伧、陈果夫。主席于右任。讨论事项如下：

（一）指派各地党部出席第三次全国代表大会代表案。决议：分别指定如左：

甲，出席：安徽九人，陈调元、吴醒亚、程天放、刘真如、徐仲白、吴忠信、曹杰、邵华、杨虎；北平八人，冯玉祥、罗家伦、阎锡山、方振武、白崇禧、孔祥熙、王正廷、鹿钟麟；河南七人，李敬斋、韩复渠〔榘〕、王天晓、张鸣惊、刘积学、薛剑光、邓哲熙；陕西六人，焦易堂、王陆一、曹醒言、薛笃弼、过之翰、茹欲立；辽宁六人，刘不同、王秉谦、何成濬、徐寿轩、王树常、方本仁；察哈尔二人，朱云光、邓宝珊；吉林四人，刘广漠、邱鸿钧、吴保丰、刘文岛；热河三人，李光著、谭文彬、周炳琳；哈尔滨三人，谷正伦、张介民、新鹤声；黑龙江三人，莫成仪、熊秉坤、田见龙；绥远三人，焦守高、刘监训、刘景薪；河北八人，卢仲琳、商震、张厉生、赵戴文、王礼锡、高冠贤、郑异、张继；江西六人，桂永清、桂崇基、刘芦隐、罗叶炎、王正端、周利生；湖南九人，曾杰、粟显扬、贺耀组、鄷悌、杨熙绩、伍家宥、王雪喈、易培基、刘岳峙；贵州六人，谭星阁、王濑英、张志韩、王伯群、李元白、李仲公；粤汉铁路北段一人，罗毅荪；平汉铁路一人，陈祖烈；海员特别党部一人，赵植之；日本二人，陈访先，杨寿彭；云南七人，沈君苏、张禄、张维翰、张廷休、吕志伊、黄宇人、杨杰；福建七人，詹调元、邱河清、陈绍宽、林寄华、曹立瀛、方声涛、杨树庄；四川九人，向育仁、张群、曾扩情、陈杰、谢持、赵铁桥、吴谈人、卢师漳、黄季陆；山东七人，何思源、骆美奂、冷钢峰、王子庄、孙良诚、吕子文、吕云章；内蒙二人，乌勒吉、包悦卿；法国二人，史尚宽、张道藩；檀香山二人，刘安、郑疏秀；暹逻五人，詹菊似、方瑞麟、区灵祸、岑维新、萧吉珊；菲律宾二人，黄昌谷、周佛海；南洋英属四人，邓青阳、陈楚楠、吴铁城、狄膺；海防一人，邵元冲；南洋荷属五人，赖琏、陈肇英、李次温、郎醋石、林业明；利马二人，陈安仁。

乙、列席，西康一人，魏乾初；新疆一人，张风九；西藏一人，格桑泽仁；青海一人，田昆山；宁夏一人，马福祥；外蒙一人，满都勒图；陇海铁路一人，肃同兹；平绥铁路一人，陈君朴；平奉铁路一人，梁寒操；朝鲜一人，张鸿海；伦敦一人，曾乐平；利物浦一人，张静愚；文帝一人，黎天机；马达加斯加一人，莫天林；模利斯一人，欧阳骏。

（二）圈定苏省出席第三次全国代表大会代表，决议：圈定叶秀峰、李寿雍、王柏龄、顾子杨、叶楚伧、汪宝瑄、倪弼、陈立夫、钮永建九人为江苏省出席三全代会代表。

（三）圈定陆军第一师、第四师、第五十一师、第五十四师、及第四军各特别党部出席三全代会代表等。决议：圈定陆军第一师刘峙，第四师朱晖日，五十一师谭宗鄴，五十四师王泽民，第四军徐琏。

（四）决议：通令海内外各地党部：甲、凡业经中央指派为某省市某特别党部及海外某地党部，出席或列席派代会代表，同时又被选为其他省市特别党部及海外党部之全会代表者，其由中央指派之资格即行无效，其代表遗额，由中央另行指派；乙、凡因故不能出席大会之代表由中央另行指定之。

（五）决议：第三次全国代表大会之内蒙代表改为出席。

（六）决议：陇海路三全代会代表由中央指派一人列席。

三月七日中央常务会议第二零三次会议出席：于右任、孙科、谭延闿、胡汉民、蒋中正。列席：白云梯、恩克巴图、陈肇英、王宠惠、陈果夫、李煜瀛、蔡元培。主席谭延闿。讨论事项如下：

（一）决议，圈定涂允檀、潘宜之、胡国亭、李四杰、李慎安、孙绳六人为汉口特别市出席三全代会代表。

（二）决议，圈定各军师特别党部出席三全代会代表如下，五军廖鸣欧，十五军毛飞，九师蒋鼎文，十师方鼎英，十五师赵守钰，二十九师曹浩森，四十六师范熙绩，四十九师李肖庭，五十师岳森，独立四师张贞，首都卫戍部伍诚仁，三十二师马国琳，三十三师谢桢祥，三十四师张荫远，三十五师刘奉滨，三十六师吴经安，三十七师□靖国，三十八师不廉，三十九师杨荫溥，四十四师王则鼎，四十一师郭瑗，四十二师刘殿棨，第二集团军冯玉祥。

（三）决议：未正式成立党部之各军师出席三全代会分别指派如下：六师陈焯，七师王均，十二师金汉鼎，三十八军卢汉，海军总司令部陈李良，粤黄浦军校黄珍吾，二十一师唐重氏，二十四军张希骞，二十二军李霖。

（四）决议：一，未经中央派员筹备党部之各军师，由中央指治〔派〕一人列席三全代会；二，指派各军师列席代表如下，二十二师张继清，三十师徐维烈，三十一师张之江，暂编十四师庞炳勋，十七师马鸿逵，十八师刘庶滋，十九师刘镇华，二十师齐真如，二十师杨虎城，二十四师马鸿宾，骑兵一师吴锡祺，一师刘骥，二师刘庶滋，十六师杜韩甫。

三月十一日中央第二零四次常会

出席：蒋中正、谭延闿、胡汉民、于右任、孙科。列席：褚民谊、丁超五、陈肇英、恩克巴图、萧佛成、王宠惠、缪斌、周启刚、陈果夫、叶楚伧、何应钦。主席胡汉民。决议案如下：

（三） 圈定习文德、孙铁人、汪世蹯、王绍佑、刘树杞、张映南、曾开中、叶荫汉等八人，为湖北出席三全会代表。

（四） 圈定李超英、郑留、许绍棣、洪陆东、朱家骅、周炳琳、萧铮、梅思平、郑炳庚，为浙江出席三全代会代表。

（五） 圈定韩克温、苗培成、姚大海、胡伯岳、梁贤达、侯鸿业、刘冠儒为山西出席三全代会代表。

（六） 圈定何履亨、曾三省、李世军、苏振甲为甘肃出席三全代会代表。

（七） 圈定黄同仇、叶光亶、黄华表、包公瀚、陈锡光、黄剑鸣、张少杰、盘球新、黄纬芳为广西出席三全代会代表。

（八） 圈定蔡增基为沪宁、沪杭甬路特别党部出席三全会代表。

（九） 圈定孙鹤皋为津浦路特别党部出席三全代会代表。

（十） 圈定各军师特别党部出席三全代会代表，三师陈继承，八师朱绍良，十三师夏斗寅，十四师孙传瑗，四十师孙光普，三集团总部赵一峰，中央军官学校张治中，十六师张家鼎，二十一师李兴中，十一师关麟征，五十六师梁绍文。

（十一） 决议：圈定陈天秩为二十四师特别党部出席三全

代会代表，李炘为二十七师特别党部出席三全代会代表。

（十二） 指定各军师列席三全代会代表如左：第十八军王荫椿，二十九军王亚持，第五十五师程宗伊。

（二十） 决议：一，圈定第五师熊式辉，第十七师高叔康为出席三全代会代表，指定代表〔代表衔〕第四十三师石荣熙为列席三全代会代表。

（二十一） 指定彭志云、朱光沐、刘觉、康明震、锻公来、张识尘、董耕、卢兴才、郭任生、王育文、李绍沅十一人为东北各列席三全代会代表。

三月十四日第二零五次中央常务会议

出席：谭延闿、于右任、孙科、胡汉民、蒋中正。列席：王宠惠、古应芬、李济深、王正廷、陈肇英、蔡元培、张人杰、李煜瀛、何应钦、缪斌、吴铁城、邵力子、萧佛成、周启刚。主席孙科。决议案：

（一） 推谭延闿、蒋中正、胡汉民、于右任、孙科、陈果夫、古应芬、吴敬恒、张人杰九委员为三全大会代表资格审查委员会委员。

（二） 三全大会由中央指派之代表未出席者，由执监委提出交代表审查委员会决定补充。

（八） 中组部提议，请圈定津特市出席三全大会代表案。决议：圈定杨京周、焦实龄、任培遡、周仁齐四人为出席代表。

（九） 决议：新疆省列席三全大会代表改为出席代表。

（十） 圈定各军队特别党部出席三全大会代表案：一，圈定刁纪昆为三十一师特党部出席代表；二，圈定李曾缴为二十二师特党部出席代表；三；陆军第二十七师特党部出席三全大会代表王靖国，因职守重要，不能出席，另圈定李光洋补充。

（十一） 关于前指派各地出席三全大会代表，被选为其他党部代表者，应另指派案。决议：一，前指派平特市出席代表冯玉祥，现当选为二集团军总部特党部代表名额，另派蒋梦麟补充；二，前指派河北省出席代表郑异当选为浙省代表，其河北代表名额，另派萧瑜补充；三，前派热河出席代表周炳琳当选为浙省代表，其热河代表名额，另派魏道明补充。

（十二） 关于前指派各地出席三全大会代表，自请辞职者，应另指派案。决议：一，鲁代表王子风辞职，另派崔唯吾补充；二，湘代表王风喈辞职，另派彭国钧补充；三，河北代表王礼锡辞职，另派贺翊新补充。

（十三） 关于以前指派各地出席三次全国代表大会代表，因故不能出席者，应另行指派案。决议：一，北平代表阎锡山因父病不能出席，另派朱绶光补充；二，河北省代表商震因事不能出席，另派贾景德补充；三，河南省代表韩复榘，因故不能出席，另派熊斌补充；四，山东省代表孙良诚因故不能出席，另派虞典书补充；五，陕西省代表过之翰因故不能出席，另派李冲三补充；六，陆军第七师代表王均因故不能出席，派朱世贵补充；陆军第二十师代表石敬亭因故不能出席，另派刘治洲补充。

（十四） 加派各地出席及列席第三次全国代表大会代表案。决议：一，派杨翟旷、李成民为檀香山总支部出席代表；二，派陈伟义为缅甸总支部列席代表；三，派郑族宥为南洋英属总支部列席代表；四，派詹顾哲、陈若、郑宗芬、彭襄为驻法总支部列席代表；五，派杨继高为甘肃省列席代表；六，派会以鼎、刘传绶为海军特别党部列席代表。

（十五） 指派各军队列席三次全国大会代表案。决议：一，指派刘德豫为陆军四十八师列席代表；二，指派何竞五为第一集团骑兵第二师列席代表；三，指派成宪孟为独立第十三师列席代表；四，指派陈炳光为念五军列席代表；五，指派凌霄为海军第二舰队列席代表；六，指派张皇为第□集团军暂第念师列席代表。

三月十五日中央补发二零四次常会决议案

补派三全会代表数人如下：

（一） 前指派驻法总支部出席三次全国代表大会代表张道藩，现被选为沪特别市出席代表，其所遗法总支部代表一额，指派狄膺补充。

（二） 前指派南洋英属总支部出席三次全国代表大会代表狄膺，已另派为驻法总支部代表，余额以郑良生补充。

（三） 南洋英属总支部所选代表应以黄吉宸、姚定尘、张永福、郑受炳四人出席。

十八日三全大会陈果夫报告代表资格审查委员会审查结果：中央二零五次常会决议指定中执委胡汉民、蒋中正、谭延闿、孙科、于右任，中监委张人杰、吴敬恒、古应芬、陈果夫，组织代表资格审查委会。十五日下午开第一次审查会。到：孙、谭、蒋、胡、古、陈六委员。十六日上午开第二次审查会。到：蒋、胡、谭、陈、古五委员。其已报到二五五代表中审查结果，大致无甚问题。各代表中有因遗失党证或登记证者，如邓彦华所携登记证，已由古应芬同志为其证明；又粟显扬虽已登记，经中央审查合格，但尚未领得党证，已由谭延闿同志为之证明，已不成问题。其有受不负责任攻击者，经决定办法二项：一，关于选举经中央圈定，或经中央核准备案者，其攻击为无效；二，对于各代表私人行为攻击者，无效……又根据中央二零一次常【务】会议，因故不能出席大会之代表，由中央另行指定。又二零五次议决：三全会，由中央指派之代表未出席者，由中执监委提交代表资格审查委员会决定补充之。又各项决议案如下：一，经中央指派而辞职者，陕代表王陆一、曹配言拟照准，中委另提以王用宾、黄郛二人补充。二，墨西哥因非常事变，驻墨总支部不能选派代表，且杳无消息，拟以当地老同志及其它忠实同志余和鸠、梁楗三、张廷林、李范□、李蟠为墨西哥出席代表。三，云南代表张廷休调充墨西哥代表，所遗云南代表以李宗黄补充。四，驻日总支部代表杨涛彭因故不能出席，指派王培仁补充。五，各师特党部代表因故不能出席，改派补充如下：十三师夏斗寅改俞飞鹏，一师刘峙改伍翔，二师黄杰改葛敬恩，八师朱绍良改伍玺璋，九师蒋鼎文改吴恩豫，十师方鼎英改邓文价，十二师金许鼎改严尔艾，十一师向鳞征改殷祖绳，第八军吴尚改龚心印。

三全大会廿三日下午二时第十次会议，报告事项：——

（三）据资格审查委会来文嘱报告三事：一，四师出席代表朱晖日同志，不能出席，请以关巩固同志补充，已由本会审查合格，准其出席。二，四十六师代表范熙绩现在河北，不及出席，请于阮肇昌、张鼎勋二人中，择一人补充，已由本会决定以阮肇昌补充。三，三藩市总支部代表，原定林直勉出席；因林同志有病未能出席，昨接该总支部来电，补派邓公立出席，已由本会审查准照补。（完）

〔国民政府档案〕

12. 国民政府关于查禁上海改组派总机关的密训令

（1929年11月19日）

民国政府训令　第一一一七号

令行政院

为密令事：案据本府文官处签呈称：准中央执行委员会宣传部函开：据三藩市总支部呈称：张逆发奎乘目下中俄交涉时机，受赤帝国主义者指使，甘心卖国求荣，悍然称兵作叛。消息传来，凡我忠实同志，无不函电纷驰，揭诚拥护中央及国府迅将张逆扫除。乃驻美屋仑伪总支部及其宣传机关《国民日报》一般反动分子，怙恶不悛，竟敢大发通电助逆，分明勾结赤俄。犹复饰词以愚惑侨众。罪大恶极，莫此为甚。查此间反动分子所发之通电，固然凭空捏造，架词诬蔑，及盗窃名义，以虚张声势，尽用其种种卑劣伎俩。然闻其尚有总机关设在上海，以为指挥。所有一切反动宣传，均由其总机关。所谓各省、市党部、海外总支部联合办事处及驻美伪总支部、罗省伪分部在《国民日报》所发表之通电各一份，随文呈上察阅。务恳转函政府，严密搜查封禁该反动机关，以遏乱萌，实为党便。等情。呈请转呈到部。查改组派反动总机关设在上海，破坏党国，影响颇巨。除已由本部函令上海特别市党部侦查该派之总机关活动情形具报外，相应据情并检同附件函达贵处，转陈国民政府，严令上海军政机关，将改组派组织之所谓各省市党部、海外总支部联合办事处严密侦查、封禁，以遏乱萌为荷。等由。附件纸二件。准此。理合签呈鉴核。等情。自应照办。除饬处函复外，合亟令仰遵照，密令上海军政各机关，严密遵照办理。具复。此令。

中华民国十八年十一月十九日

主席　　蒋中正
行政院院长谭延闿
立法院院长胡汉民
司法院院长王宠惠
考试院院长戴传贤
监察院院长赵戴文

〔国民政府档案〕

13. 国民党福建四十八县各级党部代表联席会议否认非法之三全会的通电

（1929年）

海内外各级党部、各团体、各报馆均鉴：枭雄窃位，毁法乱党，新军阀封建暴力，内篡党柄，外结国仇——帝国主义——以遂其出卖民族，摧残民权，剥削民生的野心。际兹军队恶化，外交软化，政治腐化，党权日堕之时，四万万民族、数十万党员，日坐针毡鼎镬之中，呼号悲鸣，渴望来苏！其一线希望，在本党第三次全国代表大会的召集。以为革命力量集中真正民族表现，腐恶贪污扫薙朝夕，普天解放，亡党灭种的危机庶可挽回。孰知中央为少数军阀政客所把持，背叛总理，蔑弃党纲。其第一百八十七次、一百九十九次常务会议决定的纳污藏垢、腐恶集团的党员特种登记与补行登记，暨第一百九十六次议决的树党营私、朋比贿选的全国代表大会选举法，及各地代表产生法，益足促成亡党灭族的末日降临，忠实党员、革命民众的绝望。党外无党，党内无派，是党权集中的基础；天下为公，民主集权，是本党施政的方策。遗训诏人，中外共瞻。如反革命派的中央少数份子，效步其逆，篡窃本党，以遂其升官发财，残民以逞，认贼作父的阴谋，组织安福系替身，狼狈为奸的CC小组，各省党务指导员，多出其门下。以谋包办创设"全国筹安会"第二的御用"励志社"，联合腐恶，以资助进特别党员登记。广招从前谩骂总理"叛徒"、"乱党"、"大炮"、"光棍"为"党"的最忠实同志、总理信徒。更因那些愚蠢蹒跚，不识风头的稽与圣诞——党员总登记——特颁布行登记之恩旨，党同伐异，以遂其私。袁、段、曹、吴诸逆所不敢为，新军阀官僚党奸窃党权，悍然孤行而不恤，并髦党纪，蹂躏党权，摧残同志，血肉人民。本党革命的使命焉寄？其将何以自解于国人！

据南京中央御用的三全【会】代表产生法，国内代表之由所谓合法的直接选举而产生者，只有京、沪、广州、广东四处；选举加倍人数，由南京中央圈定者，有津、汉市、及苏、浙、甘、鄂、桂、晋各省；由御笔指派者，有察、绥、热、辽、吉、黑、陕、豫、鲁、皖、闽、赣、滇、黔、河北、北平各省区。铁路特别党部中由圈定者，即沪宁、沪杭、津浦；由指派出席者，有平汉、粤汉；由指派列席者，有平绥、平奉。至于各军队特别党部，更变本加厉，强拉爪牙，滥于党籍。作此次“贿选”之预备，十分之九，自然受其长官的支配，完全服从其“首长”的乱命。

尤有进者，其夹袋物——周佛海、邵元冲、赵铁桥、黄昌谷等，——数十辈，向与海外痛痒无关，竟指充海外各地支部代表。更利用昏庸老朽势利小人，如福建代表詹调元、林寄华辈。一省如此，他省可知。呜呼！

查此决〔次〕代表人数：（一）属于所谓直接选出者，如京、沪等四区，都七十七人。（二）圈定者，计江苏、津浦路等十一省区，都五十九人。（三）指派者，有国内外廿八省区，都一百二十九人。（四）选举及圈定者，如菲律宾等三属，共计指派十一人，选出十人。（五）军队特别党部，在八十个以上，每个指派或圈定代表一人，共约八十九〔人〕。（六）指定列席者，如西康等九特别区，共九人。综以上由南京中央御笔指派或圈定的代表，共一百九十九人，军队特别党部指派或圈定的代表八十人，而党员选举的代表只八十七人，合计共三百六十六人。此全数代表中，由御用式产生者，竟占全数十分之八；即所谓合法的、正式选举的省区——京、沪、广、粤——亦以“贿”闻。党纪何在？民主集权的精神云乎哉！此“全国筹安会”、“善后会议”第三的全代会开会之日，即本党宣告死刑之时！千钧一发，义岂返顾。同人等服膺革命十有余年，孤专奋斗，刀踞余生。总理的窀穸未安，忍着本党沦亡，革命破产，重贻总理及先烈忧辱乎？爰于三八之节，纠合延、建、邵、汀、兴、龙、闽海等四十八县党部代表，聚议于石鼓之巅，誓天泣血，否认此非法亡党祸国的伪三全代表大会。谨此宣言。福建四十八县各级党部代表联席会议叩。

〔国民政府档案〕

14. 江波：蒋介石篡党阴谋的急进化与党的出路问题①

（1929年8月1日）

一

蒋介石个人年来的活动，差不多支配了中国幅员的一半，其举措行为，大可以比美当年的吴佩孚，虽然还不如段祺瑞及袁世凯。近年他的野心，益发具体化了，白热化了，连中国的时代需要也不认识，因之倒行逆施的行事，天天在吾人眼前过去。即中国国民党，彼亦认为其囊中物，篡夺的阴谋，一天一天比以前进步，这尤其是一件廿世纪中国的莫大怪事。关于这点，多半依于蒋氏的个性而起，因为他的个性完全是从封建的池中濡染出来的。他自幼便受强制的军事训练，所以处处足以养成他的支配热。在军队中间，我们不用说了，对于党，对于政治，他也是如法泡裂〔炮制〕，铸成今日之大错。这也无怪其然，本来一部政治史，多少总免不了受政治家个性的影响，其间好坏的界说，殊未易言。但军事的人物，出而掌握政治，其结果可判断其必然是十分恶劣的。其主要的原故，便是军人的个性，无论如何都与民主政治的思想大相违反；其次，蒋介石本人的坏处，不单是为一般军人的专断而已，而且他藏在隐微里的私心，也是比一般人来得十足。过去他能颠倒各派的原因，专在于此。此篇本拟对他的阴谋篡党的行动，下一番解剖的功夫，但为使阅者明瞭起见，故不得不先说一说他的强项的个性及其深藏的利己思想，来做一个引子。

① 本件原载国民党改组派出版之《革命战线》旬刊第一期，原标题为《蒋介篡党阴谋的急进化与党的出路问题》。

二

蒋介石篡党阴谋，追溯起来，蓄积已经是好几年了。他的目的，也不可谓不高远，他是要继承孙先生做唯一的中国国民党第二总理的。但他不先认识他自己是一条什么材料，任性妄为，“智小谋大，力轻任重”。这个结果，除了危害党国的生命之外，更无别话可说。但是他的阴谋，虽然来的甚早，其发现的时期，却又甚迟，这是他今日能够操纵各种封建势力的总原因之一。当他在广东削平东江的时候，便已不把中国国民党放在眼里。这个时候，他的支配欲的凭借物，是共产党。他自家诚实地相信共产党可以帮助他发展支配的欲求，结果他是被黄埔军校的共产党，谥了他一个“南方段祺瑞”的徽号。他由是知道共党不是始终扶佐他发展支配欲的工具，于是他隐微处一移动而三月廿日之变发生了。这件事情，未免来得太唐突，连所在地的国府主席、军委会及政委会主席都不得一预闻。于是汪精卫先生便去国了。自此以后，北伐期中，南昌武汉间的轧轹，国共间的斗争，以及宁汉间分裂，这些过去的陈迹，我们如认为国共间冲突，则属大误。这些事实，都不过蒋氏为发展其支配的欲求之一时的隐微处的移动而已，特因表面上蒙着清党分共冲突的招牌，蒋氏的野心，遂掩饰过去，不为一般人所能认识了。

三

蒋氏在十六年秋被逼下野以后，比前少收敛一点，而他的篡党阴谋也确定在此时。他的目的，是要以他的黄埔学生封建集团为中心，造成清一色的黄埔国民党。计划既定，所以其进行的步骤也一天比一天来得紧张。他进行的步骤：

第一步，利用左派，恢复其既失的南京政权；

第二步，利用右派，取得政治的中权以军制政；

第三步，打击左派革命同志，使党完全毁灭；

第四步，以黄埔派——中派为中心，操纵各省党务。

蒋介石一生的历史，除了危难的时候，是丝毫不认识革命为何事的，这已是屡见的事实。四中全会时，他为了恢复南京政权，对于主张与行动，都极力表示左倾，和左派合作。结果左派于当时新丧之余，也愿意他出来负责，结果蒋氏得到了国民革命军总司令的要职，主持南京政权。蒋氏第一步的计划，算是胜利了。

十七年的开始，南京政权无论如何都掩饰不了他的空虚。于是蒋氏乘着革命退潮的时期，拉拢右派的一切老古董，如胡汉民、戴季陶、蔡元培之流，成立非法的五院，自己一面任主席，拿着政治的中枢，实行以政制党，各个地方，渐行将党权支给军人；一面派出大批黄埔学生，到各级军队中去勾结，作为他将来拉拢军人，操纵党权的地步。蒋氏私家的力量，此次大见增进，这是蒋氏的第二步胜利。

党务整理案，是决定于四中全会的，当其进行之始，党的势力的确曾为一度之反时代潮流之兴起，蒋氏看见了这种现象决〔绝〕对不是他的利益，于是施以极端压迫手段。其初，震〔镇〕压南京全市的党员意志，激起京市全体质问蒋氏的大风潮，至此他便认清了党的民主是于他的支配绝对不利的。对于党的篡夺实行采用急进政策，委托陈果夫一手包办到底，连胡、戴也并不能赞一词；在中央方面，积极进行包办全国三次代表大会。一七九次中央常会决定代表用指定圈派方法产生，虽激起海内外的一切反对也毫不顾忌；在各地方面，蒋氏实行利用CC，打击左派，综起先后撤回改组的党部，如东三省、河南、河北、山东、北平、天津、山西、福建、四川等，为数在十五省区以上。这种办法一实现，党的色彩已完全沉没，党的左派革命同志大受打击。直至伪三代会开除顾孟余、陈公博，警告汪先生，以及最近的大骂党中改组派为止，都为蒋氏消灭革命同志，毁灭了党的计划的现实〔实现〕，法统上形式的党，目今是完全毁弃无遗了。这是蒋氏篡党的第三步。

现在蒋氏开始实行篡党的第四步了。各省党务，已决定要完全以黄埔为中心，将来蒋家子弟兵遍了中国，蒋先生当然可以做皇帝了。各地方党务的改组，每省至少要参入一、二人。最近四川党务改组，加入了黄埔生、吴淡人等三人，湖南加入了酆悌等二人。其余还多，可不必多引。在进行时他们攻击别人的利器，是借口于小组织。别人革命的小组织固然也应该攻击，但是蒋氏私家的黄浦〔埔〕同学会四处篡夺党权的罪恶，比任何一小组织之恶为大，难道不应该攻击吗？目前南京的CC首领段锡朋等，已在他们猛力攻击之下，河北、天津的CC，也不为蒋介石、陈果夫所欢心，天津也解决了，河北当初也在劫难逃，其余各地非蒋心腹的党部，其命运也当与为同样而次第被其解决。CC不是陈果夫弟兄一手提拔组织的吗？何以反得到如此结果？这便是蒋氏篡党计划的日益急进的表示。他拟于最短时期以黄浦〔埔〕的党代替了一切小组织的党，因之就是前日他所御用的，现在也要作“秋扇之捐”。CC的命运，便牺牲在蒋氏的支配欲之一时的激发与其隐微间的暗暗移动。我们对于CC及类似一类的团体之忠而见疑，盖亦不胜其今昔之志矣！

四

党在今日的现象，综合言之，表面是：

一、私家化

二、封建化

目今党人不是私家的，便不能在公开的党部里立足；要当他们的党人，必须是有些封建关系，黄埔学生自然特好，不然就是浙江派，还可以相安一时，但不能有大用：CC封建化于一时，不能私家化于永久，这是失败的大原因。蒋氏的第四步现在开始实行了，将来党中间将成为一广大的分野：愿意作私人所属的，向蒋家去；愿意作党人继续革命的，向新处来重新做起，过去忸忸怩怩，委委缩缩的行为，现在已无用武的余地。革命分子的决心，在这种情形底下，我想一定会日益坚决。其次，蒋氏今日已为吴佩孚第二，意志软弱的人，当然受其迷惑。他的命运问题也值得大家来研究决定。我们从客观事实断定蒋氏的崩溃，也如其它军阀一样，或者更见迅速，何以见得呢？黄埔青年是蒋介石完全可御用的吗？蒋氏的丰衣美食，及其最近所骄宠的德皇军官所教练的教导团，他能够必定为其效死吗？目今革命理论的宣传，已普遍而深入了全国人心，纵拿破仑复生，也不能改易这种群众心理。目今黄埔【同】学会里所存留的青年，不过是黄埔的糟粕。黄埔的革命青年，自家另有组合，而不去自附于蒋氏的门墙，且就此加入黄埔同学会者中间，亦大多数不同意蒋的篡党行为。“季孙之忧……在萧墙之内”，他的崩坠，已为事势所必然了。复次，中国国民党的人才，多出自五四、五卅两大运动，此种人才多有党的经验及力量，他们的思想，天然与私家的反革命行为相反，只要大家有了同一的觉悟，向着一定的反革命派进攻，这一个中国封建势力的堡垒——蒋介石派——黄埔同学会及德皇军官练成的武士团，是不能不倒塌的。蒋氏自身的命运，必然地牺牲在这里；其在军人方面，目前谁不猜忌乃至反对不革命的黄埔学生？他们这种蓄意篡党的分子，早迟间，革命的同志团结起来时，将他们清除出去，必且比较清除共产党还要容易些。

五

蒋介石的命运是注定了，蒋氏的篡党阴谋之必然受严重的死刑宣告。已然如此，但如其除了党中的同志的加紧努力，则在此封建势力猖獗之时，蒋氏仍可广延时日，结果必定益加障害中国民主政治的成功及三民主义的实现。当前的问题是在同志们的努力，这其间我们的办法，也略举其概括一点地于此，以与海内外一切革命的同志商榷商榷。

目前的问题是怎样重整革命的势力的问题。提得出问题自然便有办法。今日党已属支离破碎至极了，在革命者的本身，早已失掉力量，于此我们当然不能怪反动势力的复兴。目前唯一集合革命势力的方法，第一，唯有催促第二届革命的中央执监委员继续行使职权，完成讨逆定乱的工作，然后以合法的方式，奠定以党专政的民主政权。一切革命势力应该集中在第二届革命的中央执监委员之下，接受其领导，并服从其指挥。

其次，四中会议之后，各地的党部，本不乏革命的同志在负责任，反对非法的三代会之风起云涌，蔚为风潮，便是实证。此种组织，在过渡时期，仍可以负责指挥各地下级的合法的党组织。党的中央对此应严加审核，使其联合起来执行地方的党务工作，推动今日各地革命事业的兴起，而定讨逆大功；其在适当地方为应付非常镇压蒋系反革命的党派起见，得由第二届革命的中央执监委员指派干练同志，收合一切革命势力，成立非常的地方党部执行工作。

这样，党的内容组织便充实了。然后进而尽力宣传，一方在短时期内，使党的意识，完全浸入了各级政治层及军事层，增强反蒋的势力，俾第二届革命的中央执监委员，得于适当地方行使其大会所赋与及革命同志所切望的非常职权；一方扩大宣传，深入民众，恢复旧日民运的革命精神，实行消灭一切反动的封建势力，并以拥护党的革命领导权，能在今日沉沉欲绝的民气当中，尤属复兴国民革命的重要工作。这必是目前革命的同志所应急切努力要求的。

六

中国国民党今日的出路，除了如此去作之外，实无第二善法。这种办法的唯一特色，便是合乎今日的民主潮流。中国年来的革命不能成功，不是坏于军阀，坏于共产党，坏于帝国主义，而只是中国民主势力的培养未成熟。前几年培养粗在根底的民主势力，被专事支配的蒋介石破坏了，目前唯一打破个人支配的，仍然只有这民主的一条路，因为必须有党的民主，而后可打破个人的支配，建立三民主义的新国家！从前民主势力的中蹶，只是一时的顿挫，而不是得民主本身的失败。这是目前应要求一般担负国民革命责任的同志认识的大事啊！吴老老稚晖在几天前曾发表过一篇自相矛盾的通信，说“臂如一桶水，军阀恃而倒之，民又恃而倒来……”。他谬在老眼昏花，不能够分别善恶，军阀来倒水与人民来倒水，是两件极端不相容的事体。中国过去只见有新旧军阀的倒来倒去，几曾见有民主势力的倒来倒去？中国今日所需要的，正是民主势力来倒，这正是中国民族及中国政治的一条新的生命。吴老老稚晖偏在那里大惊小怪，目的在藉民主的摇惑一般有良心的军人，要他们一起都怕民主，共同走入新军阀的死路，肮脏一气，以断从〔送〕中国的命运。人老了而至于荒唐至此，真足应该为他发“讣文”了！

一九二九，七，廿二日上海

〔国民政府档案〕

二、蒋介石与桂系及北方军阀的争斗

1. 国民党广州政治分会关于赞同李宗仁政见的通电

（1928年7月21日）

南京中央党部、中央政治会议、国民政府军事委员会蒋总司令、各部院会、开封政治分会、太原政治分会，北平政治分会、上海杨总司令、各省省市党部、省政府、各总司令均鉴：顷复李主席德鳞一电，其文曰：文电敬悉。北伐成功，训政伊始，整理建设，经伟〔纬〕万端，不有审度全局之谋，难收举措适宜之效。尊论所及，具见尽筹；智虑周详，尤深景仰。承示七端，实属仁言利溥，自当力表赞同。奉张盘踞关外，残民以逞。此次，恶贯满盈，竟遭覆灭。军阀土崩，天人交庆。我军似宜直出关外，捣其老巢。但军阀有罪，民则何辜，若事穷追，必至糜烂地方，横生枝节。对奉问题，如能以政治手腕解决，自无庸再有军事行动，以重苦吾民。此应赞同者一。幽燕底定，军事即将告终，节让缩军，实为当务之急。此举关系于国家前途甚大，尊电主张兵工政策，可谓根本要图。此应赞同者二。军事甫定，民困待苏，自宜安集劳来，销除隐患，使人民共敦孝悌忠信之行，并获衣食住行之乐。政治美善，斯无乱阶。此应赞同者三。我国对外交涉，向来失败，固由于无强大武力以为后盾，亦由于外交软弱以启侵凌。此后对外政策，自宜力矫前非，以期达到先总理诏示吾人"废除不平等条约"之目的，此应赞同者四。现在党务散漫无纪，实由全体党员对于党义未有正确之认识。尊论主张先从整齐理论，统一意志入手，并由中央训练干部人才，使当指导之任。语语中肯。此应赞同者五。党务仍未整理完成，民众亦非训练有素，对于总理遗训所诏示之国民会议，似宜有相当之准备。若徒务虚名，难免转滋纷扰。药石之言，明见万里。此应赞同者六。民胞物与，一视同仁；兄弟阋墙，外御其侮。古训昭垂，尤宜法则。吾党今日宜本先总理博爱互助之德，对党外力示宽大，对党内力谋团结，庶不致为亲爱者所痛，见仇者所快。此应赞同者七。至于主张在日〔目〕前过渡时期，各地政治分会处理一切政治，上分中央之劳，下尽地方之责，一俟建设渐具规模，然后再使各方贤智集之中央，成为绝对强有力之政府。见解超卓，本会尤极赞同。所望中央政府尽量采纳，各方同志悉表同情，使国民革命早日成功，党国幸甚。特此电复，惟祈鉴察。等语。诸公老成谋国，如表同情，尚望一致主张，以期实现，曷胜企祷。政治会议广州分会。马。印。

中华民国十七年七月二十一日

〔国民党北平临时政治分会档案〕

2.达达：白崇禧辞职之内幕①

（1929年1月29日）

第四集团军总指挥白崇禧，勇敢善战，机警过人。在今日国民革命军中，可为有数之才也。白氏自随蒋总司令由粤北伐以来，所向披靡，功绩颇著。乃近日报章忽有白氏辞职之电文发表。其原因，各大报均未揭载。然只白氏之辞职电文观之，虽极为平常，而其中亦颇有可述者。兹为注重事实起见，特将其远因与近因，约写数点如下。

远因：白氏之与蒋总司令，关系素极密切。只以广州去年共党暴动，白氏以第四军教导团有赤化色彩，主张缴械改编。蒋总司令以第四军为党的基本军队，战斗力极强，此种空疑揣测，不能即以罗织人罪也。白氏对蒋，因此稍有芥蒂。其后双方不相往还者至数月之久。观于白氏辞职通电文中，追述如何随蒋参与机戎，如何共同奋斗，弦外余音，哀婉动人。此白氏辞职之远因也。

近因：白氏在国府治下，虽参与北伐大役，每次必与，然其名义固为一总指挥也。近虽有武汉政治分会委员及北平政治分会委员之衔名，然政分会之寿命，至久不得过三月十五日。光阴如箭，转瞬即届。是白氏在政治上徘徊瞻顾，终觉有顾影自慨之感。最近全国编遣会议开会，又议决蒋总司令、总指挥等名称取销。白氏又受此打击。盖总司令、总指挥之如蒋介石、冯玉祥、

① 此件选自国民党查扣的上海朝日书局印行《看不得》一书，原载1929年9月1日《福尔摩斯》小报。达达系作者笔名。

陈调元等，固均已先期取得主席、院长或师长之实缺也。白氏之总指挥取消后，尚无下文。此若驻防新疆国防等之不能成为事实，在白氏眼光观之，仅可作为枝叶问题，又岂白氏辞职之本心哉？（福尔摩斯一八、一、二九。）

〔国民政府档案〕

3. 国民党广西湖北等代表团关于不出席第三次全国代表大会宣言[1]

（1929年3月）

中国国民党第三次全国代表大会各代表、全国各级党部均鉴：党国不幸，迭遘大难。在革命未成之今日，而全党为个人所把持，党的组织行且根本破坏。言念及此，痛心曷极！溯本党自十三年改组以来，党内本无派别存在。有之，则自蒋中正利用共产党始。盖必党内有派，而后桀黠者得以捭阖之手段，操纵于其间。寖假而小组林立，光怪陆离，不可究诘。蒋则利用之，以提高其个人之地位，而置党于不顾。此实蒋对党一贯的策略。故分化本党者，不仅共产党，蒋实为暗中分化本党之主要人物！往者已矣，姑不具论。现在开会中之第三次全国代表大会，为本党最高权力机关，又值本党统一全国，整理党务之后，实为全党新生命所寄。宜如何恪遵党章，慎重人选，俾得完成其使命？乃事有大谬大然者。姑无论代表之由指定而来者占绝大多数，已将本党民主的精神摧残无余，即日迁就事实，不得不舍经从权；而指派之经过亦悉为蒋一手所包办。指派代表表面上虽出于中央常会之决议，而实际上先由组织部拟具名单。凡组织部所提出之名单，殆无不整个的通过。圈

① 此件选自国民党查扣的《响报》第1期（1929年3月27日上海出版）。

定各省代表，有迟至大【会】开幕前一日而始发表者。若非蒋中正把持中央，以私意操纵于其间，何为而至此乎？不宁为是。全國党务经十阅月之整理，而得以自行选举代表者，仅京、沪两市，广东及广州市而已。换言之，即各省及等于省之党部，皆尚未组织健全，而此健全与否之判断，又出于组织部。若非蒋中正怀挟私意，以遂其窃党弄权之阴谋，岂全国之大而党部之组织健全者仅此四处乎？又此次大会代表人选，中央本议决三种标准，而事实上并未悉依此标准而行。有入党甫及一年，居然入选，且由蒋中正提出当选为主席团矣；有根本上未取得党籍，仅以一、二私人之证明，居然得代表资格矣；又有包庇共匪确凿有据，在其本省万难被选，而居然被指定他处代表矣；甚至指派之代表对于其所代表之地方，从未身莅其境者。此皆蒋一念之私，遂不惜倒行逆施，以扶植其个人势力，寖假而排斥本党忠实分子，置全党于其个人势力之下。蒋家党成，革命党消，然彼历来分化本党之阴谋，至此而告厥成功，可以颐指气使，为所欲为矣。此次全国代表大会既完为蒋所包办，于是全党最高权力机关满布其私人，至一变而为蒋家之御用机关，更可以利用大会之决议，实行其中央集权、武力统一之一贯政策，而巧避扰乱党国，有坏统一之罪名。凶焰所煽，顺余者生，逆余则死。代表言论、身体之自由，在开会期间几于完失去，稍不如意，斥逐随之。而阴谋犹未已也。窃党造派，愈演愈烈。公开组织者则有励志社。其奉蒋命而秘密成立之小组织，更仆难数。无非为把持中央，以发展其个人之地位，造成蒋家之天下。似此干冒党纪，玩弄大会，罪浮于袁、段，毒甚于贿选。彼个人之成败得失原不足惜，而先总理所艰难缔造之党，诸先烈以生命换来之革命事业，以及全党同志拼命奋斗与全国同胞忍受直接无穷损失所造成之中华民国，将悉为彼一手所毁坏。是则代表者所痛心疾不〔不字衍〕首，而【不】能已于言者也。代表等认现在开会中之代表大会完全在蒋中正威胁之下，绝不能行使职权。为国家存元气，为本党守正义，为个人争人格，均不能不拒绝出席。抑更有进者，代表等深信，欲求国民革命之完成，不能不先谋党的健全；欲求党的健全，不能不先除党的障碍。现在本党已濒于存亡绝续之交，药弗眩瞑，厥疾弗瘳，惟有本先总理迭次改善本党之精神，再造本党，庶足以除障碍而臻健全。党之得救与否，将视全党同志是否有此决心而定，救党救国义无返顾。除别报告各原选举地方全体同志外，谨此宣言。

中国国民党广西省、湖北省、汉口特别市、国民革命军第十五军第十五师、第十六师、第十七师、第五十五师、第五十六师出席第三次全国代表大会代表团

〔国民政府档案〕

4. 冯玉祥为拒绝进京并表示愿与蒋介石共同引退电①

（1929年5月15日）

南京。蒋主席钧鉴：密。奉读元电，读重心长，发人深省，回环雒诵，能不动心？惩前毖后，犹有不能已于言者。去岁统一告成，军事已定，玉祥奉召赴京，爰将豫、鲁、陕、甘各军交由鹿钟麟、刘郁芬分别负责整理，以便长期在京供职。多月之久，建白毫无。复悚贻讥，滥竽滋愧。继因养病北旋，诊治未效，迭承电召，迄难赴京。及昨奉元电，不容再搁。病虽未痊，决言南下料理政务，乃为同人所阻。其所持理由，谓李任潮曾为蒋公前参谋总长，以息事宁人入京，旋即遭禁；李德邻、白健生均与蒋公久共患难，军事甫定，生忌生变。李、白诸公且如此，其余可

① 此件曾发表于1929年5月28日国民党改组派期刊《护党》第3期。

知。又谓津浦、平汉增兵益多，警戒森严，如临大敌。此时南下，究何所取？又谓部中寓所均被查封，书籍什物悉为抄去。玉祥对此虽决不置信，然事实俱在，能不考虑？即不顾一切，决然入京，其于国家无补何。前次鹿次长赴沪，玉祥深谓其不然，及今思之，盖有由矣！此其一。革命重事实，不尚空谈。编遣之事，为救国唯一要道。窃以编遣军队开会之际，似应与百川、德邻诸公详商熟计，方不失会议之精神。但形式虽为会议，而德邻则为命令与会者，言未发而气已沮，心有余而力不逮，莫不退有后言，引为遗憾。近闻武汉既定，军队改编，旅编为师，师更加多，编遣结果，适得其反，遂有人谓武力对冯之准备。在玉祥，认此举与编遣不符则容或有之，若谓纯为消灭此间之计划，决不敢信。此其二。天下为公，总理遗训；一视同仁，尤其夙怀。但西北瘠苦，于今为烈，我国对此间军队既以一律待遇相许，本期早日见诸事实，然云霖在望，甘雨未施，数十万饥军几陷绝境。若谓东南生活较高，西北习于劳苦，则是推此以言，民生主义可以不讲，国民革命将无意义！至于豫、陕、甘等省财政，早经迭电中央，呈请派员管辖，但迄今尚未接收。若竟以财政不统一而谓祥亦有责，又何故敢替承耶？此其三。国民革命以武力为统一之手段，而统一之后必赖夫和平。若复纵横捭阖，黩武穷兵，即为破坏统一之罪人，不仅为中央所不容，亦必为国人所共弃。覆辙俱在，万难幸存。玉祥不敏，常韪斯旨。惟现在造谣者大有人在，纵我公不信玉祥，而推波助澜之人将切实其说，以遂其私。自昔以讹成实者固比然也。然而谣言之起，究非无因。履霜坚冰，木腐虫蚀，其由来固已渐矣。既非空言可辟，终当寻其症结。自第二集团军总司令部取消后，军政部长一职亦有人代理。玉祥养疴关中，惟亲泉石，入京与否，何关宏旨！症结如何，固不在此也。知前任潮应召，战端反开，亦足见结合不在形迹，而有赖于精神者也。此其四。拥护中央，本玉祥本志。乃有谓豫省指委抗议指派三全代表，皆玉祥所指使者；亦有谓中央指派圈定似失立法之原则，劝祥发言争持者。玉祥于此，惟有毁谤由人，求良心之所安而已。此其五。西北奇灾，公所深知。近因久旱，灾象复呈，饿死人民日以万计。玉祥目睹此状，寝食难安。而公私钱粮则因交通不便，沿途停滞。祥为赈救灾黎起见，代为运输之便利，聊尽保护之责。若指此为积储粮秣，谋抗中央，不知造谣者诚居何心？玉祥甘心退让，至再至三。而秦晋结好，各不相犯。玉祥以何名义图攻燕晋，甘居戎首？苏俄不但为我国之敌，亦为世界之敌，玉祥无似敢冒天下之不韪耶。至于联络胡、陶残部，以谋进攻武汉，尤属可笑。知桂系可联，岂在失败以后？凡此谣诼，尽挑拨离间之能事矣！此其六。凡此数端，皆玉祥不敢言而言者。惟既承辱教，敢不尽区区。总理奉安期近，我公北上迎榇，玉祥忝为党员之一，本应躬亲趋奠，以尽其诚，惟病体未痊，正在加意调治，届时能否参与盛典，悉视病状如何以为断。我公党国无勋，奉安后拟通电谢职，功成身退，明哲所处。惟政治未上轨道，人民未得革命之幸福，遽然引退，似非所宜。万一志切去国，藉谋休息，玉祥久具同情，窃愿追随骥尾，携手同去。征之往古，莫不急流勇退，以保泰而持盈也。言有艰而意无穷，意似激而心已恐。肺腑之诚，亮察为达。特电肃复，无任依依。冯玉祥叩。删。印。

〔国民政府档案〕

5．蒋介石关于和平息争及共同下野等问题与阎锡山往来密电

（1930年2月）

（1）蒋介石致阎锡山电（2月9日）

太原阎总司令百川兄勋鉴：密。近因弟将赴粤，次公未回，

故好乱反动之徒，又乘机造谣，以售其计，殊为可叹。今日中国危机已达极点，为救国之事，与祸国之罪，皆由我两人实负此责。弟与我兄有不一心一德贯彻始终者，党国历史之所不容也。次陇先生此次回晋，关系既大，故兄早日回京，亦为急务，尚祈敦促次陇先生日内来京，共商大计，俾弟得如期赴粤，否则，次陇先生不来，非特无以息谣传，安人心，且不足以表示与弟一心一德贯彻始终之真诚，并盼即复。弟中正。佳申。印。

（2）阎复蒋电（2月10日）

南京蒋总司令钧鉴：密。佳申电奉悉。中国危亡已达极点，诚如钧论。锡山前由郑北返，深虑党国前途非有切实办法不易收拾，反复筹思，每至昼废其食，夜失其眠，终无法以纾党国之难，解钧座之忧，继虽有一得之愚，屡欲与钧座言之，尚未敢冒渎聪听者，诚以党国前途关系甚大，尚欲再加考虑耳。今读钧电，肝胆照人，深入肺腑，情不自已，敬为钧座陈之：窃念钧座受先总理付托之重，艰难缔造，完成党国，犹复坚忍卓绝，力谋军队之编遣，党国之整理，以期树党国万年之基，而后功成身退。此钧座与锡山屡言之者。锡山以多病之躯，尚力图振奋以报钧座者，区区之意，亦在此耳。乃事与愿违，变乱迭乘，党内之纠纷愈烈，军人之恐慌愈甚，挑拨离间者之机会愈多，加以民间之疾苦日增，士兵之怨望日蓄，若再继之以兵戎，非特钧座爱党爱国之心不易表现，反使国人不明钧座之真正意旨，疑窦丛生。此锡山所以忧心如，终夜徬徨而不知所措也。以钧座爱党之切，忧国之深，负责之勇，锡山非惟不忍与钧座进消极之言，抑亦不忍自言消极也。维思同持青天白日之旗，同为党军而互相肉搏伤亡者，皆我武装同志；同奉三民五权之训，同为党员而开除逮捕残者，皆我总理信徒。况军心不定，武力将何所恃？党已破碎，党国将何以全？山以整个的党，统一的国，原为先总理在天之灵所殷望，亦即钧座与山拳拳服膺不敢失者。我总理以中西文化精神，创造三民五权之最高原则，实足为世界开大同先例不幸粤沪分裂，三全异议，理论各执一端，祸乱相寻不息，言之慨然。为今之计，礼让为国，舍此莫由，山窃愿追随钧座，共息仔肩，党是决诸党员，完成整个之党，自此以往，党事、国事完全实行党的决议案，如有跋扈军人，违抗国家命令者，仍由钧座以党国元勋之资格，负责纠正。山不敏，窃愿追随钧座之后，冀效绵薄。抑山尤有进者。前此西北事起，山自思既不能介西北军饥寒之困，有失信约，又不能为国家消民戎之祸，有愧职责，日夜徬徨，无以自解，曾二次派员购得船票，意欲离国远游，藉减愆泪，而迟迴却顾，终未忍恝然而去者，诚恐孤钧座殷殷图治之苦心也。今者山确认为武力统一，不特不易成功，且不宜用于民主党治之下，山决意下野，以遂初衷，实不敢以不忍孤钧座者致负钧座，且礼让为国，为黄炎民族固有之精神，在野负责，为今日救国唯一之途径，钧座以仁让风全国，岂特树党国亿万年太平之基，亦可导全国亿万人礼让之路，从此钧座之苦心，自可大白于天下，山以惊骀得附骥尾，亦与有荣焉。滴泪上陈，敬祈垂察。暨锡山叩。蒸。印。

（3）蒋致阎电（2月12日）

太原阎总司令百川兄勋鉴：密。蒸电奉悉。承示礼让为国，及武力统一不宜于民主党治，相约同息仔肩，深佩恤民忧国之诚。惟愚见有须奉商者，革命救国本为义务，非为权力，权利自当牺牲，义务不容诿卸。此时国难正亟，非我辈自鸣高蹈之时，若因反动派谋叛不已，而轻弃党国赋与之重责，以张若辈之气焰，是乃奖乱助争，与礼让为国之旨适得其反。自北伐完成，中央始终以和平统一为职志，筹办编遣，悉取公开，苟非反动派运动一部份不逞之武力以为扰乱之工具，全国兵戎早息，中央决非有轻用武力之意，惟对于凭藉武力谋危党国者，舍以武力裁制之外，更有何不以实现和平统一之目的。此不但全国国民所当共谅，即兄前月毅然出师以消灭改组派为已任，固亦此意也。中绝非贪恋权位之人，去年四月讨桂曾宣言军事结束即行辞职，不幸叛变迭出，责任未尽，遂使弟又不得不继续尽瘁存死而后已之心。成败利纯，非所逆睹，而革命救国之本怀，则未忍须臾背弃。我兄革命元勋，党国安危所系，万不可肥遯鸣高，轻卸救国重任。窃谓目前党国阽危已极，但我辈能一德一心，共谋匡济，消弭反侧，实非甚难，一俟和平统一真正完成，国民革命进行无阻，兄如有遨游海外之逸兴，中敬当追随同行，今则绝非其时，务望采纳愚诚，勿稍消极取消下野之意，同竟救国之功。临电迫切，伫候裁复。弟中正叩。文。

（4）阎复蒋电（2月13日）

南京蒋总司令钧鉴：密。文电奉悉。钧座欲底定国家而后身退，锡山深知之，且深信之，惟察时度势，进如利党利国，则愿同钧座进，退如利党利国，则愿同钧座退，进退悉当以党国福利为依归。锡山与钧座一德一心，共维党国，矢志勿渝，惟思治国之道，重在止乱，不重在勘乱，且能止乱，戡乱始有结果，不能止乱，而一味戡乱，乱终无戡了之一日。谨将钧座见商者，分别答复于下：革命为义务，非为权利，权利当牺牲，义务不容诿卸。锡山以为，今日非革命与不革命的问题，是革命的力量互相残杀与整个团结的问题。今日所开除、通缉的党员，何者非尽力国民革命的分子？今日所讨伐作战之军队，何者非矢力国民革命之军人？革命的党员破裂，革命的军人残杀，非惟革命救国不易，革命成功亦难。至云因反动派谋叛不已，而轻弃党国赋与之重责，以张若辈之气焰，是乃奖乱助争，与礼让为国之旨适得其反。山意当开编遣会之际，大家一德一心，毫无疑义，因党务、财政至起戎端，一处发难，众处响应，贤者之责备，集于钧座之身，并及于山，而怀疑恐惧者，亦在钧座之身，并及于山。锡山以为，山随钧座暂卸仔肩，使攻击者无其目的，反动者无所藉口。无目标，无藉口，当然无人附和，是灭其气焰，是止乱，是息争，非奖乱非助争也。否则，一波未平，一波又起，反动其气焰，乱不能止，争不能息也。山蒙不弃，共当国事，国家安危，关系至巨，故不能不尽情与钧座言之，非敢以佞言惑钧座也。至云凭藉武力谋危党国者，舍以武力裁制之外，更有何术以实现和平之目的。山意彼以凭藉武力维护党国为口实者，我辈能以武力尽平之乎？亦正不必以武尽平之也。且今日所谓凭藉武力以谋害党国者，皆昔日努力党国革命之军人也，何乃正于前而邪于后，若是之相悬耶？愿钧座安其心而杜其口，山以为能化险为夷也。至锡山之讨伐改组派，以其仍窒破碎党的路径，必陷党于循环报复，此仆彼起，祸乱终无已时，故努力而讨伐之也。锡山于此尤有顾虑者二点，请钧座加以考虑：将多数党员划出，党员圈外，国民革命能否进行无阻？多数军人置诸讨伐之列，和平统一能否真正完成？锡山以为将共产党除外，凡属国民党者团结一致，取决多数，以解决国事，完成整个的党，使党颠扑不破，中央常立在理直气壮的地位，然后有阻碍国民革命者，驱除之，破坏和平统一者，扑灭之。今日多数党员、多数军人，居于不合作之地位以图治，钧座以为得力乎，否乎？党国之危机减乎，增乎？国人之信仰，外交之同情多乎，少乎？钧座达革命救国之目的易乎，难乎？锡山以为党国大治大乱之机，正此一转移间，乞钧座察之。阎锡山叩。元。印。

（5）阎致蒋电（2月18日）

南京蒋总司令钧鉴：密。元电迄未蒙复，甚为悬念。顷接京讯，盛传钧座接电后赫然震怒，以为锡山受人挑拨，背叛钧座，将大张挞伐，已下令动员肃清鲁、豫，问罪冀、晋，闻讯之余，惶恐无既，山之衷曲，迭电言之。奠定国家，钧座确有认错处，钧座待山甚厚，知山亦深，山如有负钧座之心，当发现于钧座危急存亡之时，必不发动于钧座平乱之后，山此次敢犯钧意者，日夜筹思，纯属为国为党，兼为钧座及锡山之历史谋也。愿钧座深察之。钧座如必以此罪锡山，无须劳师动众，一纸命令，锡山无不服从，谨再奉陈。阎锡山叩。巧。印。

（6）蒋致阎电（2月19日）

太原阎总司令百川兄勋鉴：巧电奉悉。元电未即裁答。以中所陈，革命救国本为义务，吾人不容放弃责任，以奖乱助争及中央努力于和平统一，惟不得不以武力制裁叛逆之义，不邀谅察，重加责难。以我辈平日相待之厚，相知之深，而结果如斯，中惟有痛自愧悔，更何容哓哓辞费，且已由胡、谭、王三院长续进忠言，果兄不认为逆耳之谈，临崖勒马，正未为晚，尤不必中之渎陈。中日来静默思过，何以平日负疚党国之处，不能得兄随时指陈匡救，而突于此时严重督责，雷轰霆击，必欲中立即放弃党国赋与之重任，以证实外间所传兄利用他人失败，不得不亲出倒蒋之谣言，自愧诚信未孚，更何敢赫然震怒。以增罪涓，且中方于删日请杨部长回晋，敦促次龙先生来京。斡旋大局，京中情状及所抱希望，兄均可向杨部长详询，慎勿轻信挑拨离间者之谰言也。中亦迭接报告，谓兄已决定对中央作战，所有总指挥、各路司令，均已委派，且又强二集军以主力中郑、洛直取武汉，以大部进犯襄宛，对平汉路局与北平电局之中央机关，皆派队监督，且以武力强取，而对北平行营所施电报，施行检查，在河北各县征发车骡，急如星火，中未敢据以诘责，辄因来电为兄言之，兄矢言服从中央命令，甚善。然中央付兄以重大之责任，固未尝许兄轻自放弃，中与各院长苦口敦劝，亦冀兄继续为党国尽瘁，兄果有服从命令之诚意，则请立即取销下野引退之说。非然者，兄虽矢言服从命令，恐兄动员令完毕之日，即兄通电辞之时，而辞电朝布，兵祸夕发，是以礼让为名，争夺为实，不惜甘为党国罪人。兴言及此，中实不寒而栗也。尤有为兄言者，我辈革命，在公，当服从党国命令；在私，当重视个人信义。党国未许我退，我不能擅自言退，此为服从命令者所宜知，而信义为礼让之本，无信义，则所谓礼让者，皆属虚伪。兄与焕章有通谱之雅，亲同手足，共事尤久，其交谊固视中正与兄尤有过之。去年八九月间，中央迭促焕章出洋游历，旅费二十万元亦早拨请尊处转发，使焕章早就成行，则西北战祸可免。不幸兄坚约焕章同行于前，束缚焕章行动于后，刘兰江之来，中央方竭诚款洽，而西北军出兵东犯之电，突自太原发布，迄今思之犹有余痛。往者不追，兄今日宜首践请焕章出洋之约，复其自由，并切实负责实行编遣会议之议决案，以昭示大信于天下，天下亦将群信兄之光明磊落，始终为革命党人而服从命令，非出诿诬，挑拨二集军确为谣诼，群疑尽息，人心大安，斯真和平统一之福星，愿兄图之。承蒙不弃，故敢以个人资格直陈一二，尚希察其愚，而鉴其诚也。弟蒋中正。皓。印。

（7）阎复蒋电（2月20日）

南京蒋总司令钧鉴：密。奉读皓电，惶恐无似，锡山追随钧座，共生死患难者有年矣。山自处如何，对钧座如何，对国家如何，钧座皆知之。谅我，罪我，锡山决不愿以一言一字致烦钧听，惟对于党国安危大计，一得之愚，不忍缄默，锡山前电所陈，戡乱不如止乱，必须能止乱，戡乱始有结果；若不能止乱，一昧戡乱，乱终无戡定之一日。锡山所见如此，全体大会为党国最高机关，不可贻人以口实，若有贻人口实之处，必须设法消除，止乱有方，戡乱始有结果。至于编遣，固为当务之急，惟党国是以党国为主体，个人中心之武力是党国之障碍，应一齐交还于党，再实行编遣，否则，钧座编遣之苦衷，反不能使人谅解，而事实上亦窒碍难行也。此锡山不惮忌讳敢陈钧座者，区区之意，纯为党国久远计耳。深望钧座于此两点有所指正，锡山无不竭诚接受也。若谓锡山别有辜负钧座之谋，于津浦、平汉准备军事，纯系挑拨离间者之言，祈勿轻信，是为至祷，谨电陈复，并乞谅察。阎锡山叩。号。印。

（8）蒋致阎电（2月24日）

太原阎副司令百川兄勋鉴：密。号电奉悉。中皓电所陈，扼要两点：一、兄自行取消礼让引退之议；一、兄实践请焕章出洋之约，复其自由，实施编遣。此在兄极易采纳，而兄若毅然实行，则可立即消释群疑。乃来电概未置答，仍执似是而非之理论，重相责难，良可惋惜。革命理讨，本极明瞭，服从党国之命令与决议，为党国尽瘁牺牲而不辞，祗此为革命惟一信条，若舍去大本，别拾枝辞，往复辨论，将如庄生所言，此亦一是非，彼亦一是非，徒乱人意，终无裨益。戡乱止乱之义，胡、谭、王三院长早为兄详言之。至全体大会之论，稚晖先生又重为次陇院长明剖无遗，兄若捐除成见，明辨审思，必能豁然无疑，何待中再辞弗。以个人为中心之武力，今日诚不宜再有，惟吾人所统率之武力，皆受之于党国，吾人无背叛党国之行动，既武力为捍卫党国之干诚，内省不疚，正不必以个人中心之武力，自惭形秽，兄自居何等，诚不敢知，若中则自信祗知有党，祗知有国，不知有个人，吾人以身许党，为国服务，即举生命与自由尽献之于党国，以党之意志为意志，以国之休戚为休戚，生命且不敢自私，岂武力可据为己有，但在党国命令之下，造成健全之武力，用以戡定叛乱，实现主义，巩固国防，正吾人天职所在也。今日本党之武力，乃总理千辛万苦，艰难缔造，付之吾人，以求国民革命之成功者。中躬受总理之付托，创办党军，又奉党国命令，就任国民革命军总司令及中华民国陆海空军总司令，非敢如以个人武力为中心，受少数叛乱军阀之推戴，不惜为违犯党纪，反抗革命，祸国殃民，争权夺利之具也。中实不忍妄自菲薄，尤不愿轻受诬蔑，使中果有背叛党国之罪状，党国当予以最严厉之惩罚。又或中违反党纪，淆乱国是，倡为党人治党、国人治国之谬说及别设枢密院、元帅府以解决国事之怪论，则亦无所逃于清议之责备。今中惟服从党国之命令，执行党国所赋予之职权，以为党国扫除叛逆，何得指为个人中心之武力乎？兄于本党革命历史或尚未尽明瞭，故惊礼让之虚名，责中正以引退，而不知兄议果见实行，无异为反动者解除本党武装，阻止本党革命，此中所以万万不敢从命也。兄或谓总理曾让位于袁世凯，以促成南北统一，中正何人，乃违让德，不知总理之让位，系服从当时本党干部之决议，非循任何人之情，尤非以此自鸣高蹈。而总理毕生尚以此事为憾，使无让位袁世凯之举，实行总理革命之主张，彻底荡涤瑕秽，不与反革命者妥协，则中国革命早日成功。十余年来，兵祸相寻，如袁氏之称帝，溥仪之复辟，以及国民党之解散，陈炯明之叛变等，使我革命党之命脉几乎中绝者，皆当时一般失节党员，与无聊政客不明党义，贩卖革命者高谈礼让所误也。善学总理者，当学其致力革命，百折不挠，大无畏之精神，而弥补其遗憾，况今日党国尤未尝许中以去职乎？编遣会议之产生与进行实经过党之决议，政府之命令，兄亦始终参予其事，今不能服从其决议案，而必相约放弃党国所付之重任，始能实施编遣，恐兄之苦衷实不能使人谅解。兄若真能信仰革命之主义，服从党国之命令，凡所指示，中甚愿竭诚讨论，冀得真理，仍望于皓电所陈，切实赐答，否则，革命与礼让，真伪难容，文电往还，无补高明，徒灾梨枣，甚为感然不安也。弟蒋中正叩。养。印。

（9）阎复蒋电（2月24日）

南京蒋总司令钧鉴：密。养电奉悉，答复钧座两点如下：一、取消引退之意，可以取消钧座引退之意，不能取销锡山引退之意。二、锡山与焕章出〔洋〕系钧座力阻而止，焕章在晋，原本自由，无所用复。至实施编遣一节，锡山本曾竭力施行，裁去步、骑、炮兵共卅六团，点验委员报告有案，今欲再行实施编遣，锡山考察情形，非将一、二、三、四集团之军权全行交还于党，难于实行。此答复钧座者也。锡山号电所陈两点，全体大会为党国最高机关不可贻人以口实，必须设法消除，党国以党为主体，个人中心之武力是党国之障碍，应一齐交还于党，再实施编遣，在锡山之愚，确认识为党国安危之关键，故敢请加指示，钧座因总理之谦让为憾，锡山以为总理之让袁是迫于强力，我辈之交还军权于党是归于正义，两者实不相同。再锡山有不忍与钧座言者，又不忍不与钧座言者，三全大会代表四百零六人，而指定者二百一十二人，纯粹选出者只七十三人，在钧座理直气壮者，以为编遣讨伐皆本党之议决案而行，外间之不知钧座者，以为指定过半数以上之三全大会，乃钧座之三全大会，编遣讨伐无异于钧座一人之命也。党国危乱，实肇于此，亡羊补牢，尚犹有术，愿钧座察焉，并乞赐复为祷。阎锡山。敬。印。

（10）蒋致阎电（2月26日）

太原阎副司令百川兄勋鉴：密。敬电奉悉。兄宜取消引退之理由，迭经详陈，革命未成，非可自鸣高蹈，人必未定，惧将引起兵戎，不蒙谅察，殊深遗憾。焕章出洋，中未阻止，因兄当时坚行三个月后编遣完竣同行，故请稍缓时日。兄谓焕章在晋，本属自由，甚善。今请焕章离晋，给资出洋，当荷鉴许，促其成行，实施编遣，乃就焕章出洋后，二集团军依照编遣会议原案办理而言，兄所举三集团军编遣情形，如果属实，乃又谓非将军权全行交还于党，难于实行，抑何自相矛盾至此？军权本为党所赋与，果无叛党行为，无庸自渐形秽，养电已详言之矣。全体大会之说，稚先生暨胡、谭、王三院长均已剀切说明，指派圈定第一次全国代表大会实创其例，第二次全国代表大会亦师其意，三全大会代表产生之方法，系第二届中央执行委员会常务会议所决定指派或圈定之代表，亦均提出常务会议经众公决，兄乃谓三全大会，乃中之三全大会，因谓编遣讨伐，亦无异于中一人之命令，非特厚诬中个人，且厚诬第二届中央执行委员会与党员全体矣。党国危乱，乃由失意者与野心家勾结捣乱，附会法理，破坏党纪。今之反对三全大会代表产生方法者，在当时或曾竭力主张指派圈定，不料今反以此诋毁中央，而兄反拾其唾余，且兄本身当选中央执行委员已将一年，果不满于指派圈定，何以从无异议，亦不拒绝当选，忽于今日要挟中正同退，始振振有词，真爱党爱国者果如此乎？无怪论者谓兄别有用心，仅以此为倡乱之口实而已。总之，□不明革命原理，不悉本党历史，始分党事国事为两截，欲推翻总理以党治国之主张，其心目中固不知有党；继持全体党员投票表决之异论，不惜破坏本党之总章，其心目中仍不知有党。以不知有党者，而高谈党之主体，中不得不为党国惧也。最可怪者，兄至谓总理之让袁为迫于强力，直于总理天下为公之器量与威武不能屈大无畏之精神毫无体会，而以为总理且为强力所迫退，强力固犹可用以迫人，则兄不惟失却革命之精神，而且诬蔑总理革命之人格，昔之对袁劝进者，今殆欲以袁自居，而以武力迫人也。果若此，又何必谈革命，何必谈党国，中犹冀兄之不至此，故不惮烦而再尽最后之忠告，结束无益之辨论，停止不祥之举动，临崖勒马，维持和平，固党国之大幸也。蒋中正叩。宥。印。

（11）阎复蒋勘电（2月28日）

南京蒋总司令钧鉴：密。宥电奉悉。锡山引退一节，碍难取消，以国家安危之点，锡山所见与钧座所见不同，锡座以为负责心安，锡山以为引退心安，只好各行其所安而已。钧座嘱结束无益之辨论，停止不祥之举动，临崖勒马，维持和平云云、自此以往，锡山不复再言国家事矣。维持和平，本属素志，哓哓不休愿亦在此，山本无举动，何须停止？本未临崖，何须勒马？再锡山有日返五台晤焕章转述钧意，本日偕同返林，并钧座对焕章有何意见，可迳行电商，锡山亦不再作中间人，益增咎泪也。特电奉复。阎锡山叩。勘。印。

〔国防部史政局战史编纂委员会档案〕

6. 国民政府关于否认阎锡山在华北所发纸币债款等电令

（1930年5月）

（1）古应芬致蒋介石电（5月21日）

电

主席钧鉴：席密。顷闻阎逆滥发纸币之数日益增多，并加发大宗军用票，以为囊括净尽之计。经与组展二公商定，拟由政府发一明令，通告冀、晋、豫、陕、甘、察、绥各省人民，俾知该逆逃亡之期已不在远，对其所发种种证券，务各惩前毖后，一致拒绝，以伸正义而遏逆氛。是否可行，伏乞核示，祗遵。古应芬叩。马午二。印。

（2）蒋介石覆古应芬电（5月22日）

行营

南京。古文官长勋鉴：马午二电悉。〇密。尊见甚是，希即商承组展二公，照办可也。中正。养机。印。

（3）告北方人民令（5月23日）

令

阎逆锡山，背叛中央，破坏统一，前经政府明令通饬拿办。现在国法未伸，该逆盘踞太原，对于晋、冀、察、绥各省，横征暴敛，肆意搜刮。蹂躏所及，诸如加收特捐，预借田赋，截留国税，劫夺赈粮，摊购烟土，强征军实之事，日有所闻。从前，山西一省滥发纸币，多逾六千万元，贻害商民，群情咸愤。政府正拟设法为之救济。不图整理晋省金融公债条例甫经颁布，该逆即挟以谋叛，一面藉名筹饷，增发钞票，一面吸收现银，悉数辇晋，遂致平津暨北省金融愈形紊乱，人民更增痛苦。近以日暮途穷，仍复罔恤民怨。数月以来，续发纸币之数益益增加，并发行大宗军用票，以为囊括净尽之计。似此丧心病狂，诛求无已，穷黎垂毙，其何以堪？政府轸念冀、晋、豫、陕、甘、察、绥各省人民久在水火之中，咸切来苏之望。现该逆屡战屡败，逃亡之期已不在远。搜括现款，以为远扬之计。自今以往，当视前日为尤甚。诚恐商民无知，既受军阀之愚，复陷从逆助乱之罪，爰特申令，剀切劝导。嗣后对于该逆所发种种纸币、债券及各项票据，务各惩前毖后，一律拒绝，以遏凶氛而长正义。此令。

（4）告各银行商号令（5月24日）

令

阎逆锡山，称兵叛乱，前经明令通饬严行拿办在案。所有该逆叛变以来用伪总司令及所属从逆各机关名义发行之一切内外公债及缔结合同，政府一概不予承认。其有以官款抵押，向银行商号透支之各种款项，一经查出，定为各该银行商号是问。此令。

〔国民政府档案〕

7. 蒋介石与冯玉祥阎锡山的离合①

（1930年）

一九二八年七月六日，蒋（介石）冯（玉祥）阎（锡山）李（宗仁）四总司令会于北京，北伐军事告一段落，蒋等同至西山祭告孙灵；即晚会商善后，蒋以“协力同心”勉冯阎等。

八月五日，冯发表通电，倡统一军权、裁兵等六项主张，裁兵声浪大起。十一日，国府会议通过裁兵善后委员会组织法。十三日，蒋冯阎李在西山商定军事整理案，决议组织编遣委员会。

一九二九年元旦，编遣会议在蒋主持下开幕，冯阎等都参加。蒋发表关于国军编遣委员会之希望一文，用日本讨幕废藩的故事为喻。一月十四日，该会决议全国兵额至多不得过六十师。十七日通过编遣程序。

由于编遣委员会的产生，内乱的因素，从此构成。

三月，蒋对桂系战起。那时冯阎的态度，虽对蒋不满，但还是中立的。

（1）反冯

一九二九年五月七日，蒋发表“和平统一为国民政府唯一之政策”一文，其中说：“欲消弥内乱，非铲除军阀不可；欲铲除军阀，非根本扑灭封建地盘思想不可”。

当然蒋冯交恶之谣甚盛。五月十日，冯电蒋，责一、二集团军发饷不公，拒绝赴京之请。

十六日，蒋突电冯，质问武胜关炸桥毁路事。（当时蒋对冯将用兵，冯部炸桥毁路以防之。）

---

① 此件选自陈彬禾：《论蒋介石》（1942年香港太平书店出版）一书中的《蒋与党内同志的离合》章。

二十三日，中常会议决将冯永远开除党籍，革去党国各职。

二十五日，蒋对于冯已下严厉处置之后，又电冯云："兄日辟勾俄之谣，乃以数十万士兵退处于粮尽援绝之地，论者终不能无疑。谓兄日暮途穷，真将倒行逆施，自甘□毒？果其如此，兄之背信弃誓，卖国事敌，当无以自解。兄果欲据西北以抗中央，真自趋死地而已！

二十七日，冯为不忍引起内乱，通电下野。

六月三日，六中全会开幕，追认开除冯党籍及革职等处分，并表示冯须出洋。阎请冯赴西山，冯即自华山东行，二十四日与阎会于介休。二十四日抵晋祠长住。二十六日，国府命令任阎为西北宣慰使，兼办西北善后。二十五日，蒋亲到北京。三十日，阎到北京会蒋，坚欲偕冯出洋，各方挽留。七月二日，阎病入德国医院，谢客养病。

十月十日，西北将领宋哲元、刘郁芬、张良诚等二十八人通电，推戴阎冯为总副司令，谓："蒋氏不去，中国必亡……谨率五十万武装同志，即日出发，为国杀贼。"

二十八日，蒋于孙中山遗象〔像〕前宣读讨冯誓师辞。同日，国府任阎为陆海空军副司令，使勿为冯助。于是河南大战爆发。

（2）反阎与冯

一九三〇年二月十日，阎锡山电蒋，请共同下野。电文中说："同持青天白日之旗，同为党军而互相肉搏，丧亡者皆我武装同志；同奉三民主义之训，同为党员，而开除、逮捕、摧残者，皆我总理信徒。况军心不安，武力将何所恃？党已破碎，国将何以全？不幸粤沪（是时蒋在上海）分裂，三全异议，理论各执一端，祸变不已，言之慨然。为今之计，礼让为国，舍此莫属。锡山窃愿追随钧座，共息仔肩。"

十三日，阎又电将说："今日非革命不革命的问题，是革命的力量互相残杀与整个团结的问题。今日所开除通缉的党员，何者非尽力国民革命之份子？今日所讨伐作战之军队，何者非尽力国民革命的军人？彼以凭藉武力维护党国为口实者，我辈能以武力尽平之乎？亦正不必以武力尽平之也。且今日所谓凭藉武力以谋害党国者，皆昔日努力党国革命之军人也，何能前正而后邪若是之相悬耶？愿钧座安其心而杜其口，锡山以为必能化险为夷也。将多数党员划出党的圈外，国民革命能否进行无阻？多数军人置之讨伐之列，和平统一能否真正完成？治国之道，重在止乱，不重在戡乱。且能止乱，戡乱始有结果；不能止乱，而一味戡乱，乱终无戡了之一日。”仍请共同下野。

蒋对阎十三日电置之不覆。

十八日，阎再电蒋说：“闻钧座接十三日电，赫然震怒，将下令动员，大张挞伐，惶恐无既。锡山如有负钧座之心，当发于前此危急存亡之时，必不蠢动于协助平乱之后。如必以此罪锡山，无须劳师动众，但一纸命令，无不服从。”

二月二十一日，李宗仁、白崇禧等联名电阎冯，勉以讨蒋。电文中说：“溯自北伐告终，海内喁喁望治，乃至今兹，党国破碎，民苦流离，推原祸始，皆介石一念之私，有以致之。故介石一日不去，整个的党，统一的国，一日不成。为介石计，应即遵守总理天下为公之遗训，毅然引退，以谢国人。”

二月二十一日，蒋复阎电说：“似是而非之论，重相责难，良可惋惜。兄于本党革命历史，或尚未尽明瞭；故骛礼让之虚名，责中正以引退，而不知兄议果见实行，无异为反动者解除本党武装，阻止本党革命，此所以中正万万不敢从命也。”

二十二日，蒋再电阎说：“一，兄自行取消礼让引退之议；二，兄实践请焕章（指冯玉祥）出洋之约，复其自由，实施编遣。”

二十三日，阎冯李（宗仁）等四十五人通电，主张党员全体投票，以实现整个的党，统一的国。

当时蒋召集三全大会，拟通过“党的决议”，实行讨伐北方。阎又于二月二十四日电蒋云：“全体大会为党国最高机关，不可贻人以口实，必须设法消除。三全大会代表四零六人，而指定者二百一十人，圈定点〔者〕一百二十二人，纯粹选出者只七十三人。在钧座之理直气壮者，以为编遣讨法〔伐〕，皆是党之议决。而外间之不直〔知〕者，以为指定之过半数以上之会员大会，非国民党之三全大会，乃钧座之三全大会。编遣讨伐无异钧座一人之命令也。党国危亡，实肇于此。”

二月二十六日，蒋又覆阎电，对三全大会有所辩正：“全体大会之说，指派圈定，则第一次全国代表大会实创其例，第二次全国代表大会亦师其意。三全大会代表产生方法，乃第二届中执会常会决议，指派或圈定之代表，亦经公决。兄乃谓三全大会乃中正之三全大会，因谓编遣讨法〔伐〕无异中正个人之命令，非特厚诬中正个人，且厚诬第二届中执委员乃党员全体也。无怪论者谓兄别有用心，以此为倡乱之口实而已。总之兄不明革命原理，不悉本党历史，始分党事国事为两截。”

三月九日，冯自晋返陕抵潼关。

十四日，二、三、四集团军将领五十七人发通电，劝蒋引退。蒋于是开始反冯军事部署。

四月一日，阎通电就总司令职，冯、李亦就副司令职。阎电文说：“党国不幸，三全大会指定过半数之代表，致使党权高于一切之党，变而为一人之化身，专制独裁，为所欲为。而政治上之一切错误，其责任悉归之于党，以致贿赂公行，国人不敢诘责。筹巨款，借巨债，无非成全其篡窃之具。张挞伐，行暗杀，无非扩张其篡窃之威。党不党矣，政不政矣，国不国矣，民不聊生矣，犹复迫我以武力，助其铲除异己。从之不忍，拒之则怒。古有挟天子以令诸侯者，全国必起而讨伐之，今有挟党部以作威福者，全国人亦当起而讨伐之。”

同日，冯玉祥就职宣言说：“玉祥本以至诚辅翼蒋氏，欲使其为造成全国统一之人才，协之以救我民族耳。乃蒋氏刚愎成性，济以阴险，在我进忠益切，在彼猜忌亦深。迨其悍然指派代表，造成伪三全大会，由是挟党以欺国民，侵害有加，诛灭异己。种种罪恶，因是以起。近来陕甘两省，大股土匪到处焚掠。拘获匪首，身边皆有委任状，乃煌煌全国主席蒋中正所颁发，已有数十路之多。此则蒋氏时时藉口受国民委托，实则穷凶极恶，虽汉之赤眉，唐之黄巢，明之李自成、张献忠，无以愈之矣。此而不讨，何颜以对国人？

四月四日，国府免阎锡山职，并加以通缉。七日，中常会又决议，开除阎锡山党籍。

四月八日，蒋由南京出发，九日到徐州视察。

五月一日，冯阎会于彰德，河南大战开始。

九月十八日，张学良通电主张罢兵，一切静候中央措置。同日，阎发表寒（十四）电，“愿退避三舍”。

十月三日，蒋电国府，请召开国民会议，及制定训政时期约法。

七日，蒋氏通电告捷，大战告终。

此战历时七月，死壮士三十万，伤不计。

（文集第一集十年观潮记）

三、蒋胡矛盾与宁粤纷争

1.蒋介石历数胡汉民反对制定约法企图不轨等罪状书稿

（1931年）

展堂先生尊鉴：自民国十七年冬，先生于北伐完成之后翩然返国，迄今两年余矣。中正以先生虽未参加北伐，究为追随总理最久、在党历史最深之人，其所以尊敬先生爱护先生者，仍无微不至，以不忍先生弃绝革命，更不忍本党旧日同志稍有损失，以减少本党革命历史之价值也。中正自审对于先生之爱护尊敬始终如一，总理晚年对先生有所不满，恐先生未知其详，故为先生略述之。当时革命委员会之组织未列入先生与精卫之名，中正深为不安，强诤于总理，总理乃函覆中正，说明理由。虽其后加入精卫，而先生卒不得与，但中正之期望于先生者固甚至也。十四年八月廖案发生后，许汝为、鲍罗廷等必欲置先生于死地，以中正坚持不可，先生乃得保其生命。现时鲍虽驱逐离华，而汪、许犹尚生在，先生不难面质虚实也。近两年来，中正不仅推尊先生为本党领袖，且常思以政治领导之责奉之先生，自审一身不能常兼国府主席与行政院院长两要职，故提议将行政院会议并入国务会议，希望先生常时代为主席，习于政治运用。中正遇有机缘，得遂让贤之志。曾商于稚晖先生，拟俟湘、鄂、赣共匪肃清，即辞国府主席，而推先生继任。中正之期望于先生者如此，使先生鉴其愚悃，与中央诸同志推诚相见，苟有异同，而相商榷，而于党政大计，相与戮力，共同负责，务使其敏活进行，则党国前途利赖。岂只中正一人之幸。乃先生对于中央诸同志及中正个人，从未有所纠正，而惟阴为掣肘，或漫肆讥评，甚至设为政不成政、教不成教之蜚语，若必欲使中央信用丧失、革命无由完成而后快者。时至今日，匪共未清，人心浮动，内忧外患相逼而来，先生只存私见，不顾大局，中正终觉为党为国不安于心，故不能不为先生质直言之。《语》曰："君子爱人以德"。又曰："惟善人能受尽言"。想先生必能谅察也。两年以来，党国多故，叛变纷起，此固革命必经之过程，而吾人念及数十万将士生命之牺牲，无数国民财产之损失，不能不为技术塞源之计，以求战祸之永不复作。中正于去年十月军事将终之际，曾以江电主张数事，一为赦免政治军事犯，一为召集国民会议，一为拟订训政时期之约法，一为提前召集第四次全国代表大会。须知此电积我数十万将士之鲜血，战地无数人民之牺牲，疮痍满目，痛定思痛，惩前毖后，滴滴血泪之所成，竟以此触先生之忌，不值先生之一顾，而以反对约法为先生毕生之政治主张，何忍心乃尔。今约法固为先生始终所不愿闻，即第四次全国代表大会提前召集又为先生所反对。及今法定时期已届，先生亦始终持不愿召集之主张，报载先生最近谈话，国民会议不应议及约法，以总理生前从未有此表示。先生且屡言总理反对约法，不知总理所不满者为民国元年参议院之约法，固未言训政时期不当有约法。且先生既明总理为渴求统一与建设而主张速开国民会议，则吾人遵从总理遗教而召集国民会议，是否对于和平统一最有关系之约法，可以不许其提议。诚问无约法，则何能求统一；无约法，则人民之生命财产尚无所保障，又何能言建设？先生主持立法，尝自诩为今日唯一之政治家。试遍查各国历史，在革命政府成立而统一亟需巩固之时期，是否均有一全国国民公守之大法。今即退一步而政府不提出训政时期之约法案于国民会议，亦必由国民会议自身决定应否议及约法。乃先生必预欲剥夺国民会议提及约法之权，是直欲限制国民会议，压迫国民会议，使国民会议之真意全失，仅预为捣乱者再留一为约法而战之题目而已。先生如因躬为立法院院长，必欲包揽立法大权于一身，不许国民会议之置喙，其害犹浅，倘惟恐天下无事，不欲和平统一之确有保障，则害之中于党国者将不可思议矣。为党为国以求革命完成之政治家，固如是乎？先生尝对中正等自诩政治手腕惟史太林差可比拟，其不欲第四次代表大会早为召集，是否以强迫中正辞退组织部未遂乃致，先生个人之布置尚未周妥，所以模仿史太林者，尚须逐渐准备。中正不欲轻相揣测，但本党果能有史太林，则中正亦自愿为托罗斯基。惜先生无为史太林之可能，总理生平信任先生之专，甚于列宁之信任史太林，而总理不能如列宁亲见革命之成功，先生实应负其责。总理尝言：凡事余须迁就汉民之主张要居十分之九或百分之九十九。其言之沉痛可知是。先生对本党过去失败之历史，其责任果为何如？总理晚年不欲先生加入革命委员会，其理由又何在？至今先生犹自诩追随总理数十年以自尊，盖不思本党革命之失败，使总理抱恨长逝者，皆断送于先生追随总理数十年之中。总理固早已不认先生为革命同志矣。先生不自反而乃欲以史太林自拟乎？先生学史太林不成，乃适与鲍罗廷相类。鲍罗廷对本党之阴谋，不外使其制度支离分裂，不能集中运用。今先生对于政制之应单纯简捷者，必使之复杂纷纠，以致一切政治皆东牵西制，不能运用自如。建国大纲中并无国民政府与国务会议分立之制，乃国民政府五院既已成立，而于国民政府会议必欲以五院院长牵制，行政且皆欲以立法院主张是从，而以立法院为国民政府之重心，此是否为五权宪法之真精神？果为实现五权宪法，抑为破坏五权宪法？先生自视为天下至智之人，而视人人为愚拙可欺，思欲以一手掩尽天下之耳。凡此岂政治家所为，又岂正大光明之革命家所为乎？愿先生自思之。且中正于四中全会提出之刷新政治案，先生已共同签名，乃会议时忽又反对此提案，务使窒碍难行，出尔反尔，尤未知先生是何用意。岂必欲消灭革命政府、破坏建国大纲之真意而后快耶？鲍罗廷常使本党受破坏之恶名，而共产党享其实惠。今先生于中正未尝面加规劝，徒以军人不懂政治之诽语腾说于中外人士之前，甚且谓今日政不成政、教不成教，似欲以政治一切罪恶诿于中正一人之身者。先生既为党国元勋，为人长者，固应若此乎？鲍罗廷常阻挠本党革命政策，使之不能建设，先生亦以种种方法挟制反对，行政院要案有搁置一年之久不得通过者，且壹意攻击外交诋毁政治。中正不足惜，其如行政院与国民政府信用全失，政治将无法进行何？！鲍罗廷常不欲本党收揽人才，务为限制离间，以便共党之扩张势力。今先生对于党外才智之士，既务持狭隘之见，拒之千里之外，而于同志间尤备极嘲骂挑拨之能事。鲍罗廷常使法制随时变更，以图共党之私便。先生之主持立法，全以个人利害为重，故于党国大法，不愿他人之提及，而惟欲总揽立法大权于一己，通过否决，惟所欲为，将使法律成为个人之法律，不复为党国之法律。先生痛恶鲍罗廷，而其所行所为，乃相类若此。鲍罗廷既以破坏革命而为本党所驱逐，中正何忍先生以追随总理最久之人，而甘蹈鲍罗廷之覆辙乎？且先生之阻碍和平，破坏统一，其事实尤有为我中央同志所共知者。当统一告成，东北竭诚拥护中央，我中央正宜开诚相与，示以大公，使各省心悦诚服，怀德知感，不致再启纠纷，贻祸党国，使我人民得有休养生息之机。乃先生褊狭怀疑，必曰东北无诚意，严防固拒，屏诸化外，凡有提议东北之人与东北之事者，先生必从中阻挠，竭力反对。推先生之意，若必欲使中央失信于东北，引起东北对中央之恶感，使中央原定之和平政策不能实现，军政不能统一，党国永无安宁之日。诚不解先生是何居心也。廖案在本党为必须解决之案，先生果自问无他，自当设法促其解决。今于廖案有嫌疑之人庇护援引，不惜引起本党无穷之纠纷，先生扪心自问，将何以对死者，又何以对后世？先生即不为党国前途计，岂能不为本身历史计，而乃自昧若此？同时且尝欲引用许汝为以反对中正，且于谋害中正，如陈某、温某，其罪犯有案可据者，先生亦以接济老同志之名义接济之，岂先生欲学曹孟德所为，宁使我负天下人，毋使天下人负我乎？此固司马昭之心，路人皆知矣。今日国际地位危险万状，而先生以恶意攻击外交，使外交无从进行。今日国家经济濒于破产，而先生犹任意破坏财政，使建设、整理皆无从着手。今日匪共未除，人心不宁，而先生诋毁政府，阴谋内讧。今日军事初定，政令未一，而先生播弄是非，企图不轨，若长此捣乱，不惟政不成政、教不成教，抑且国不成国、党不成党，而人不成人矣。岂诚国民革命为先生一人阴谋所破坏，即本党总理以来革命既有之历史与成绩，亦将因先生之作祟而消灭矣。中正不忍负先生，尤不忍总理与各先烈创造之党国败坏于先生之手，故敢披沥肝胆，直陈于先生之前。先生如因中正此次之忠告而能深悔前非自新，则先生仍不失为本党元老。以恢复革命之历史，中正当于匪共肃清军事大定以后，请先生重出执政。届时中正亦可引咎辞职，以让贤路而谢天下。倘先生以为现时无须于中正，而先生已至执政之时期，则祇须中央赞同先生提议，允许中正礼让，中正固无时不以辞职为快，且惟恐求之不得也。言出至诚，中正对于长者绝不敢稍有掩饰，自欺以欺先生，知我罚我，在所不计。是非公私，亦惟请先生亮察而已。临书不胜惶悚待命之至。

〔蒋介石个人全宗档案〕

2. 国民党驻美总支部关于对胡案主张致广州市党部等函电

（1931年5月2日—7月7日）

（1）5月2日公函

迳启者：胡中央委员展堂先生追随总理最久，而于总理全部遗教尤有深切之研究，三年来翊赞中枢，主持立法，夙夜匪懈，勤劳备至，而于国事党务得胡公之指导尤多，方期继续努力完成训政建设之功，不图竟以约法之争，倏然以病告辞国府本兼各职。日前奉到中央电告，本会同人佥以胡公去就关系党国安危，而训政期间应否制定约法，尤应根据总理遗教加以详慎考虑。爰本此旨，几经向中央电商，虽未蒙采纳，然本会对于此事经过不能不为各级党部告也。兹将与中央往还电文分录如下：

（一）三月二日接奉中央执行委员会秘书处冬电，文曰：驻美国总支部鉴：本日中央开第一百三十次常会。一、蒋中正等十二同志提议召集国民会议，应于三民主义的训政范围以内，确立本党与全国人民共同遵守之约法案。决议通过并推定吴敬恒、李煜瀛、于右任、丁惟汾、王宠惠、蔡元培、叶楚伧、邵元冲、刘芦隐、孔祥熙、邵力子十一同志为约法起草委员。二、胡汉民同志因积劳多病，又值国民会议又将开会，不膺重要繁剧之任，辞国民政府委员、立法院长本兼各职案。决议通过并选任林森同志为立法院院长，邵元冲同志为国民政府委员兼立法院副院长，在林森同志未回京以前，由邵元冲同志代理立法院长。特此电达。中央执行委员会秘书处。冬。印。

（二）同日接奉中央执行委员会冬电，文曰：驻美总支部鉴：此次胡汉民同志之辞职，积劳多病，不胜繁剧，固其一因；同时因关于国民会议之约法起草问题，胡同志之持论与中央同志相殊，愤而辞职。中央经再三郑重考虑之后，为完成依于三民主义确立本党与全民共同遵守之约法计，决准其辞职。因此本日中央常会临时会议将起草约法与准胡辞职两案同时决定，深恐外界未知其详情，即依据斯旨，切实简单说明，同时须以中央对于制定约法之决心，努力宣传，以遏谣论而示大公。中央执行委员会。冬。印。

（三）本部于三月二日致中央执行委员会萧电文曰：中央执行委员会钧鉴：冬电奉悉。胡委员遽因病辞去国府本兼各职，不胜骇异，于训政进行顿失臂助，惟希胡委员迅复健康，同任艰巨，以慰职属同志之渴望。驻美总支部叩。萧。

（四）本部同日致胡委员电文曰：中央秘书处转胡委员鉴：闻公遽辞国府本兼各职，曷胜惶骇，惟冀早日出任艰巨，完成训政建设，以慰美洲同志之殷望。驻美总支部叩。萧。

（五）本部于三月四日致中央支电文曰：中央执行委员会鉴：此间各报纷传胡委员被监视，人心惶骇，有无其事，请电覆，以释群疑。驻美国总支部。支。

（六）本部迭接各党部函电，对于训政时期而制定约法，似于总理遗教有所抵触。爰开列疑点，于三月六日拍致鱼电，请求中央解释如下：

中央执行委员会鉴：迭据近各级党部函电，对约法案异常骇怪，并请解释下列三点：

1.训政时期内何以不依照建国大纲，而必斤斤于制定约法。

2.中央常委会有权决议属于改变政策之约法案，根据党章何项？

3.约法案何以不先开四全代会议决，其理由何在？恳速电示，俾释群疑。驻美国总支部。鱼。

（七）本处据中西各报电称：胡先生病势沉重，廑念殊切，而汤山远离首都，决难医病。爰于三月七日拍致中央阳电文曰：中央执行委员会鉴：闻胡委员病势沉重，属部党员廑念殊切。胡公为党国柱石，关系大局安危，务请迎回京中，善为调治，并恳电复胡公病况，以慰同志。驻美国总支部。阳。

（八）三月七日接中央秘书处、中央宣传部拍来阳电文曰：驻美国总支部并转各报均鉴：冬电计达。胡汉民先生因连年积劳，辞去政府职务，以资休养，党部职务仍旧担任，于二日赴汤山，由邓真德医生主治，五日再请刘瑞恒博士往诊。昨今两日病已减轻，俟体气平复，便回京寓就治，请释远念，勿信谣言为祷。中央秘书处、中央宣传部阳叩。

（九）三月十日接奉中央来电文曰：驻美国总支部鉴：佳（九日）日国府纪念周蒋报告谓胡因政见不合，辞职赴汤山养病。事极平常，病亦不重，外间谣传惟恐天下不乱，实卑劣。胡齐（八日）已返京邸，总理说我们争国家和民族的自由，不是争个人的自由，胡亦讲党员官吏无自由，党与政府因需要亦可限制党员官吏的自由。胡追随总理甚久，对大义定能实行，故胡自由与否非大问题，事实上胡文字仍在报章发表，谣言不攻自破。胡因止谤，今后拟长住京，中央同志亦希如此，只有如此，才能保全过去历史，中国廿年变乱，即政治负责者下野后复捣乱，胡之历史经数十年奋斗，得来不容易，我们不忍毁弃，为公为私均应保全，故盼胡不离京为是。

（十）三月十四日奉中央秘书处复本部支电文曰：驻美国总支部鉴：支电悉。胡委员汉民以约法问题与中央各委员意见不合，即因病自动辞职，现尚在京中，行动殊自由，仍希广为辟谣，以释群疑为荷。中央执行委员会秘书处。寒。印。

（十一）本部于四月二十日奉中央指令一件，对于本部鱼电解释如下：

来电阅悉。查制定训政时期适用之约法，不独无轻视建国大纲之意，且为实现建国大纲起见，本党历届全国代表大会及中央全体会议并无训政时期不应颁布约法之决议，二届五中全会且明白决议“训政时期应依总理遗教颁布约法”，至第三次全国代表大会通过“确定总理遗教为中华民国最高根本法”一案，系以当时国民会议尚未至开会时机，约法无由产生，为统一党的意志端正国民趋向起见，故剀切提示总理遗教而勉以共信共守。今国民会议举行有期，自应根据总理遗教以与国民相共约，此次应以约法提交国民会议，常会中之提案前文为“敬遵总理遗教……”，意义更为明显，故制定约法不惟无改变政策之可言，且于历届大会之决议并无抵触，中央所以急急于国民会议之召集与约法之制定者，良以反动廓清，统一重奠，全国国民对于本党信仰已立，对于训政实施期望甚切，本党不得不亟求有以副国民之愿望，以适应此非常之机运而促进大业之早日完成。来电所陈，不免多所误解，望本此意，剀切说明，是为至要。

（十二）本部对于上列中央所解释认为未能明白，而制定约法实与第三次全国代表大会决议案抵触。且自胡公辞职后，远近同志同感不安，盖因胡公为本党最明瞭总理主义之同志，于党政要务有待胡公擘划者正多，自未便任其长此高蹈。除议决联合各总支部向国民会议提案：（一）以国民会议名义请中央复任胡展堂先生为国府委员。（二）以国民会议名义请胡公复任艰巨，翊赞训政建设。业经如议执行并草就议案，交由当选为国民会议美国代表黄伯耀、郑占南两同志届时提出外，复以中央于五月一日开临时全体会议，本部特于四月三十日再拍陷电一通，文曰：中央执行委员会钧鉴：属会对于训政时期制定约法与三次全国代表大会议决确定总理主要遗教为训政时期中华民国最高根本法案原文抵触，敬请郑重考虑，并速开四次全国代表大会解决之，又准胡汉民委员辞国民政府本兼各职案，影响大局甚巨，务恳收回成命，以定人心。驻美国总支部执行委员会。陷。

总观以上来往文电，当知本会于月来，为制定约法及胡委员辞职两问题已不啻再四陈达，以表示我海外同志之主张，而期中央予以郑重之考虑。各地同志对于此两项问题自必系念同切，苟细看上列文电，当可释然矣。专此布达，希为查照。此致

广州市　　部执行委员会

　　　　　中国国民党驻美国总支部执行委员会常务委员

中华民国二十年五月二日

（2）5月6日快邮代电

支部鉴：查胡中央委员汉民先生，因与蒋主席争论约法问题，竟被囚禁，本部迭电中央，商请恢复胡公自由，未蒙接纳。爰于昨日再拍支电，文曰：中央执行委员会暨中央监察委员会钧鉴：展堂被禁，党纪荡然。粤变若成，党国破裂，萁豆相煎，痛愤奚极，切望中央执监诸公，速起仗义执言，消除兵祸，以救危局。否则，恐海内外同志不能为公等恕也。兹提出请求三项：（一）速释展堂，并恢复原职；（二）劝止粤方不得异动；（三）介石擅囚中央执行委员，目无党纪，请由中央执行委

员会检举，交由中央监察委员会处分。迫切陈词，敬希电示。驻美国总支部执行委员会。支（四日）。等语。盖吾人为维持党纪起见，不得不仗义执言，否则中央委员既可无端而任意拘捕，则国法党纪便成废物，而吾党精神亦为之丧失。瞻望前途，实深危惧。贵部同志，热心爱国，久所钦迟，切望一致奋起，共作维护党纪之进行，急电中央，要求释胡惩蒋，消弭粤变，以伸正谊而定人心，党国幸甚。临电迫切，尚希鉴谅。

中国国民党驻美国总支部执行委员会常务委员

中华民国二十年五月六日

（3）5月23日公函

迳启者：本部对于中央委员胡展堂先生无辜被囚一案，迭向中央陈请释胡惩蒋。所有来往电文均经汇录布达在案。兹将最近为于胡案电文分录如下：

（一）中央宣传部五月十五日来电：

盼电促陈济棠等维护和平统一，勿受反动份子利用，妄起衅端，自绝党国。删。

（二）本部于十五日复中央宣传部电：

删电悉。粤变因囚胡而起，若胡恢复自由，粤方失所藉口，请查照属会支电，先释展堂以平粤愤，属部自当劝告济棠，以维大局。否则，不仅粤变大局将愈形破裂，如何请电覆。美总支部。咸。

（三）中央宣传部于十六日覆本部电：

驻美国总支部鉴：咸电悉。中央对常务委员胡汉民事正商办法，对广东省主和平设法解决。惟广东省假胡事为口实，轻举妄动，非国家之幸，胡委员亦曾致电劝告也。中央宣传部。铣。

（四）本部于十八日覆中央宣传部电：

铣电悉。经电劝济棠勿受汪派利用，破坏党国。驻美国总支部。

（五）本部于十八日致中央电：

中央执行委员会鉴：属部迭电请恢复胡委员自由迄未奉覆。迩闻胡委员愿出洋养疴，而国民会议又已闭会，中央尚未许以自由，则确被监禁可知，将何以示信天下而平同志之义愤。中央对于胡案究竟如何处置，务请切实电复，以释群疑。美国总支部。巧。

（六）本部于十八日致广州市陈济棠电：

济棠同志鉴：蒋介石违法妄囚胡委员，应请中央执行党纪，予以惩戒，并恢复胡委员自由，盖党中问题应依党章解决，而和平统一尤应力予维持，汪精卫等皆叛党国，久为全国民众所共弃，更不应受其利用，自绝党国。特此忠告，惟慎择焉。美国总支部。巧。

本部对于胡案虽已尽应有之天职，迭向中央竭诚请求，惟中央至今尚未有切实之答复，以致群疑莫释，义愤难平。而两粤风云又日趋紧张，瞻望前途，殷忧靡已，想中央诸领袖爱党綦切，将来当能整饬纪纲，申张正义，有以慰吾人之望。今惟有静候中央早日解除此种纠纷，庶不阻碍训政进行。容日接到消息，当另函报。此致

××× 部

中国国民党驻美国总支部执行委员会常务委员

中华民国二十年五月廿三日

（4）5月30日公函

迳启者：蒋介石此次非法拘禁中央委员胡展堂先生，为海内外同志所共愤。迭经各地函电商请，迄今尚未允将胡委员释放，遂致激成粤变，重现分裂。本部近以对于粤变中内局殊不明瞭，而据中外报章登载且有联汪倒蒋之传说，因特连电古应芬、

林直勉、李文范诸同志，探询内容，幸承明白电覆。兹特将本部与古同志等来往电文分录如下：

（一）本部于五月一日致古应芬等电文：湘芹、君佩、直勉同志鉴：闻粤中实行联汪倒蒋，诸公对此时局如何主张，请电示进行。至因何联汪，是否事实，尤希见教。美总支部。东。印。

（二）古、李、林等同志等接到本部东电后，即由林直勉同志将邓、林、萧、古四中央监委向中央监委向中央监委会检举蒋中正电全文（前已录印寄发）拍来，惟未有道及粤局情形及古氏等之主张，因于五月廿五日再致林直勉同志一电：兄与湘芹、君佩、泽如是否主联汪，请电覆，并港通电址。时局要讯，恳随时港电告，费到给。径（廿五）。

（三）古应芬同志等于五月三十日覆本部电文：汪已声明彻底觉悟，与改组等派脱离，而服从公意，共同倒蒋，故公意以为倒蒋则有联汪之必要，弟等亦以联汪倒蒋服从公意，非个人有所成见也。芬（古应芬）。文（李文范）。直（林直勉）。陷（卅日）。

吾人于此可以知粤方诸人之公道及其所以联汪之原因矣。特此布达，即希查照。此致

×××　　部

中国国民党驻美国总支部执行委员会秘书处

中华民国廿年五月三十日

（5）7月7日公函

迳启者：自蒋介石非法拘禁胡委员展堂先生后，粤变因之而起，党国陷于纠纷。凡我同志莫不悲愤交加，殚精竭虑，以寻求和平解决之道，故本总支部曾一再电请中央惩戒蒋介石，以维党纪，复胡展堂先生职权，以主持党国大计，并电劝陈济棠勿生异

动，以顾全统一。所有来往电文，均经先后函达周知在案。兹将最近与中央往复电文录印，随函附发，到希查收。此致

部

附：油印电文一份

常务委员

中华民国二十年七月七日

（一）六月十六日本部致蒋介石电文：

中央组织部转蒋主席鉴：胡委员辞职，引起党国纠纷，欲释群疑，莫若请胡出洋休养，敬请敦促胡委员来美养疴，以息误会。如何，希电复。驻美国总支部执行委员会监察委员会。铣。印。

（二）六月二十日蒋中正复本部电：

驻美国总支部执监委员会诸同志均鉴：铣电悉。当以尊意与中央诸同志及胡同志协商办理。蒋中正。哿（廿日）。印。

（三）六月二十日本部致中央党部电：

中央执行委员监察委员诸公鉴：奉蒋委员哿电。敬悉与诸公及胡委员协商敦促胡委员来美养疴。务恳力促胡委员从速就道来美休养，藉释群疑，以利党国。如何，请电复。驻美国总支部。号。

（四）同日本部致胡委员汉民先生电：

中央组织部转展堂委员钧鉴：属部经电恳中央，请公来美养疴，请速就道，以慰众望。驻美国总支部。哿。

（五）六月卅日本部致中央执监委员会电：

中央执行委员会、监察委员会鉴：号电谅邀洞鉴：顷闻胡委员仍欲游美，惟迄未获中央允许，殊难索解，务乞迅令胡公成行，以慰众望。如何，仍乞电复。驻美国总支部。陷。

〔中国国民党中央执行委员会秘书处档案〕

3. 蒋介石为邓泽如等四监委通电宣布其罪状事与国民党中央执监委员会来往文件

（1931年5月）

（1）蒋介石致国民党中央执监委员会呈

中央执行监察委员会钧鉴：中正受中央付托，承乏国民政府主席兼海陆空军总司令，忘其驽钝，不辞劳怨，数载以来，谤毁丛集，以彼反对者，多为手挟重兵之军阀与依附军阀之政客，惟有奉行中央命令，整饬国家纪纲，以确保统一和平之局，个人生死，且置之度外，毁誉自更无足惜；犹幸中央，鉴其愚忱，不加督责。乃于四月三十日，突有自广州发出邓泽如、林森、萧佛成、古应芬四监委列名之通电，指斥中正罪状，接阅之下，惶悚万分，原电所列中正罪案，使果确实，则在党纪国法皆无可恕，邓、林、萧、古四同志皆为中央监察委员会委员，虽其通电列举军政负责同志衔名，于正式弹劾手续有所未合，但中正为尊重党纪计，不得不请求中央彻底查办，谨请中央监察委员会按照邓、林、萧、古四监委所列各款详细审查。如中正果有应得之罪，即请决议处分，提请中央执行委员会公决执行，中正理当静候查办，服从党命，决不稍有恋栈，以引起党国之纠纷，掬诚上陈，惟希监察。蒋中正谨呈。

（2）国民党中央监察委员会复文

蒋主席同志勋鉴：奉同志交到邓、林、萧、古四同志卅电，其语皆摭拾浮言，任意指斥，深可骇诧！四同志身为本会委员，不应措词漫无斟酌，虽无损贵同志之毫末，然本会职责所在，不能不先加根问。惟因该电列举多方面之衔名，又称提请贵会提出弹劾，所称之会不知何会，固如同志所言，未合正式弹劾手续，甚且莫名其所以然，经本会集议，似必有无知之秘书等仓卒起稿，邓等不加检点，漫然拍发，因收电人衔名涉及本会委员蔡孑民、张溥泉、李石曾、张静江、吴稚晖五同志。本会已请五同志电复邓等，问其是否失于检点，得复再行交议。至于此电既未明其真相，所言又毫无根据，请贵同志暂勿深究。来件保留，特复。中央监察委员会。

〔中国国民党中央执行委员会秘书处档案〕

4．蔡元培等五监委为卅电责蒋事致邓泽如等电

（1931年5月3日）

泽如、子超、佛成、襄勤诸先生勋鉴：密。奉三十电，回环雒诵，怀疑莫释。一朝之忿，其词惟恐不尽，必不出于诸公，必有少年典签，惑于流言，拟稿塞责，公等繁忙，不暇详读，遂拍发耳。子、佛二公远在海外，泽公常住香港，仅征请列名，告其主旨，未举条文，抑又可知。此电主旨，止为爱护展公，执笔者爱之弥笃，不觉言之过情，其意亦不必恶。若在朋友责善，义可一切容忍，惟所至于普遍关系，又涉党国，方面一多，倘一有少数率直之人，闻之不堪忍受，可引起极危险之纠纷，结果何堪设想！展公之事，来电引介公电粤一则，谓深恐党国纠纷，特与详细讨论；又谓胡先生欲静居择地、谢见宾客。弟等所知之真相亦尽如此。彼此政见虽暂有异同，而朋友交谊，实更增深厚，欲避地而城厢屡迁，欲谢见而杂客偶摈，事极寻常，而道路传说，小报装点，远道必尤幻异闻。于是公等之所闻，与弟等当然不同。且因远道同志，忧惶莫释，弟等亦有护侍展公之责者，每相形而不安，致尤亲厚者不能自明，难免用消极方式表示无他，皆流言之为害。公等亦深知民国以来千百次之纠纷，成于事实者少半，成于流言者过半。展公之意，不欲遽行远离，即恐谢政之事方

新，好事者讹传为多，倘居远道，入耳之后，于心不安，或偶有毛细之讨论，形之函电，必立见郑重。展公负党国重望，不能如我等之自由讨论，而注意者较少，倘为佥壬利用，造作汪胡合作等之谣言，设竟更进一步，出于展公防维以外，则汪先生因左右无定，反覆皆可，遂毁其历史。展公人格坚如金石，岂愿佛头之上着此微秽？故知安然留京，遇有要政，就近口头商讨，言之较可详确。即同志遇有艰巨，欲请求展公仍负仔肩，隔宿相浼，次晨可应，亦较便利，情以此等曲折，展公未遽出游，同志未赞远离，如是而已。国议将开，同人正望展公出席，领导群伦，尤盼公等刻日来京，同抒伟画，会时详知展公起居，必极告慰。会后展公频年未遑家食，亦可计划南游，兼旬往返，小换空气，以利宿疴，切望诸公遍告同志，天下本来无事，万勿听庸人之扰。故卅电所及可归诸绝对误会，彼此可不再论，因卅电出于仓卒，意善而词未核者至多，即如电中保举少数姓名，明抉其失，执笔者似皆不过据普通之传闻，随手摭引。夫管度支者，被疑侵贪，居党部者，被疑把持，诸如此类，往往局中甚苦，而局外莫谅，泽、佛两公闲居自适之日多，蒙此不虞之谤亦少，而襄、子二公贤劳经国，日在要津，贤者之俦，必当受责，深知若据以为通电声罪之资料，皆有商量之余地，经弟等之说明，执笔者亦必莞尔。且卅日电仓卒，亦已极矣，列衔自中央党部、国民政府先生、司令、主席、团体以至于报馆，请其均鉴，而开始则曰提请贵会严予处分，此会何会，未及叙明，其仓卒一也；章士钊之高等顾问，小报所传，毫无事实，此或道远难知，而徒从未在时事新报作文，久在时事新报者乃张东荪，公等与时人皆熟知之，执笔者未察，其太仓卒又一也。此等毛细，非敢赘举，徒欲举例以慰诸公，见卅电，亦执笔者仓卒陈词，或未有提请之程度，以劳诸公之踌躇，则释然于介、展之间，一切如常，纠纷不起，党国幸甚，人民幸甚。千虑之得，伏求亮鉴，敬此特覆。弟蔡元培、张人杰、张继、李煜瀛、吴敬恒同叩。江（三日）。

〔中国国民党中央执行委员会秘书处档案〕

5. 蒋介石在国民党中央党部纪念周关于广东问题的报告

（1931年5月11日）

主席、各位同志：我们念总理遗嘱最后两句话，“最近主张开国民会议及废除不平等条约”的时候，总想到总理从提倡废除不平等条约，主张开国民会议起，如今已有六年。经过这六年时间，我们能有今日遵守总理遗嘱，完成总理遗志的一天，这是我们全党同志非常欣慰的事情，也就是全国国民一种非常的安慰。全世界对于中国表同情的民族，也都发出赞美中国的舆论。国民会议开过之后，我们国家一定更有光明的希望，并且能很迅速的达到废除不平等条约的目的。全国国民，全党同志，对于这次国民会议，应该如何的拥护，如何的认识呢？国民会议所决议的事情，必须切实进行，才不辜负总理的遗嘱，才不辜负国民会议的代表不避艰苦困难，大家集聚在一堂，讨论国家统一建设而开的会议，使我们国家不久即能真正达到统一的目的，这是自从革命以来积许多光荣的历史所得到的最大的成绩。全党同志，应该知道革命到现在第一时期的工作，已经告一段落，第二时期中废除不平等条约的工作，从此便开始了。我们开过国民会议以后，更要努力加紧革命的奋斗，然后才能完成总理遗志，才能做本党总理的信徒。

其次，在这国民会议开幕的时间，有一种谣言，就是关于广东的问题。广东问题是本党内部的问题，我们很不愿意因党内的问题，使广东为本党的事情而受到痛苦；因为广东是我们革命的根据地，总理在广东的时候，广东牺牲了无数的人民财产，并且我们为着广东的统一，和谋广东人民幸福起见，所以本党及国民革命军，不惜牺牲无数的头颅，才达到统一广东的目的；由广东统一之后，才完成中国的统一，这是何等重大，何等艰巨的事情。我们历尽无限的艰苦困难，牺牲了无数生命财产、鲜血头颅，才巩固那革命的根据地。这次中央监察委员古应芬、邓泽如等四人，拿监察委员的地位，对于我个人提出弹劾，当然如果我有错误，在革命立场，在党员立场上，应该受监委的弹劾，不能只求自己悔过或反省便算了，而要静候中央的训令查办这件事情，所以四位监察委员提出的弹劾案，无论他的手续是否合法，在党的立场上言，无论那一个人，都只有诚心要求党的公平查办，或公平处分。

近来忽又听见第八路总指挥陈济棠也有一个通电响应四位监委，这一点就未免太不好了。我们带军队的人，最紧要的是服从党的命令，依照党的主义来做，尤其是我们军人，格外要谨守党纪，谨守国家的法律，不能随便乱讲话。如果党没有命令，自己就自由发表意见，那便犯了军阀一样的毛病，所以带军队的人，尤其是革命的军人，一定要服从党的命令，遵守党的纪律。党要怎样就应该怎样，必须这样，革命才能完成，国家才能有纪律。无论那一个人，党如果没有命令，他决不能越出党的范围之外，轻易说话，或任意行动。现在广东的情形，省政府主席陈铭枢已离开了广东，各位大概都已知道了。又听说陈济棠想利用这四位监委的名义背叛中央，还有讲他连络张桂等军，并与改组派汪精卫这些人统统联合起来，割据广东，来反抗中央，我们相信陈济棠如果有革命性，他自己是一个革命党员，就绝对不应有这种事情，而叛变的事实，也就决不会发现。不过这里面的内容，可同各位讲讲。因为各位在座的同志多是党员，所以特在这里顺便报告一下。

驻广东的第八路总指挥陈济棠，中央在广东每月的收入，完全提给他做军费，这还不够，还要在广东省收入项下提款。他的军队，一共只有五师人，照中央规定的军费算，不到一百五十万，每月便可发清全饷。现在陈济棠每月却要到四百三十万之多。以中央军队比较起来，差不多已在三倍以上。这四百三十万的中央军费和地方经费之外，还有在广西所占领的地方，亦有八十万，也不由中央支配，不报告中央，合起来大概有五百多万。以五师人，而每月要五百多万军费，世界上无论古今中外，都没有听见过。所以这个问题，可说酝酿已是很久了。因之广东省政府主席陈铭枢，一件事情都不能做，就是赌也不能禁，土匪也不能肃清，一切的收入，完全被他的军队把持，什么事情都不能动。陈主席本已早想辞职，但我总是劝他，现在广西的战事还未平静，对于这种军队，不良的习惯，只能渐渐把他改良，现在不好叫他马上就范，致使地方不安，这样的情形已经很久了。同时，陈济棠对于陈铭枢的不满意亦已很久。因为陈铭枢是一个省政府主席，财赋总不能随他的意思征收，尤其是中央已经下了裁厘的命令，厘金实行裁了之后，他的军队在各处把持勒收的厘金，也完全不能再收；这一点也是他们所不满的地方。他恐怕陈铭枢同他算帐，因为中央编制的军费已有规定，他五师人至多不能支过一百五十万，但他五师人为什么要五百几十万呢？这是他不安于位最大的一个原因。所以我想起来，如果陈济棠是有革命知识、有党员立场的人，一定能够明白，中央决不能让他这样过去，这是中央革命的政令所不容许的事情；而这些事情，又完全有电报公事可以稽考，统统有事实可以证明。所以设使果有这种事情发生，他们内部一定也不免要发生冲突。不过他这样一来之后，既是拿军队的武力驱走一个省政府主席，并且又是用武力来挟制中央，威迫中央，这种事情，我们相信他如果是有一点革命头脑的人，就决不会做这种叛乱的事情，由这一点推想起来，他是决不敢主动这件事情的。当民国十五〔十三〕年的时候，总理带了许多军队北伐，在江西方面进得很快，已经到了吉安，后来陈炯明在广州独立造反，遂使北伐的军队不能成功，而且失败，但是我们革命军队虽是失败，陈炯明到最后却做了千古的罪人，而且到最后，他还是根本失败。现在正是中央军队在赣南剿匪，已经把共产党土匪围困起来，马上便可以消灭的是〔时〕候；如果陈济棠要冒天下的大不韪，一定要学陈炯明的样子，使得我们把共产已合围的军队不能即时剿灭匪共，那末陈济棠就是第二个陈炯明。他的军队是有革命历史的军队，不能走反革命的道路，违反全国人民的心理。由这一面看来，如陈济棠尚有革命知识，当然就不会主动这种事情；如果要主动这种事情的时候，那末他就是第二个陈炯明，一定要同陈炯明一样的失败。因为我们国民革命军在过去无论那一个叛变，那一个便被消灭；就是想同陈炯明一样的苟延残喘，几年几月，亦不可能。这种叛乱，不光是为全国所不容，即广东革命根据地，——本省的人民，也将不会容许。这样想来，亦可证明陈济棠不会叛变，不敢造反。

陈济棠如果叛变的时候，他必定还要同改组派合作，并同张桂军共同反抗中央，如此他就未免太蠢了。各位已经知道，广东的民众，广东的军队，都曾受过我们革命主义的感化，是非顺逆，利害公私，一定都很明白。无论是广东的军队或人民，又都一定知道三民主义，知道本党的革命的正确道路，这几年来，我们已把叛变的改组派消灭，已把张桂军消灭，并且广东的军队，为着改组派而死伤的人，还不晓得几多。广东人民，为了张桂军遭烧杀的，也不晓得几多。那是决不会忘记的一种凶残而痛苦的情形。广东的人民，广东的军队，对于改组派张桂军，都是痛心疾首恨恶有加，他们一定不会忘却自身亲受的灾害，如果陈济棠要拿从前的冤家仇敌当作现在的朋友，把朋友当作仇敌，联合各种反动势力来反对中央，这事情实在太蠢了。不仅是广东人民，就是广东的军队，也不会原谅他。如果陈济棠走错了路，联络改组派、张桂军，那就不仅是中央军队要打他，他自己的军队和当地的人民，也一定要反抗他，而他就不久自会消灭了。就上面所述的理由看来，广东军队绝没有反抗中央的余地，也没有联合反动势力来反抗中央的理由。因为这事情实在太蠢，我们相信这事情起头的时候，或许有反动派阴谋煽惑，但到最后，他如明白现在革命的情形，尤其在现在国民会议正在举行的时候，一切不平等条约快要取销的时候，他们如果要无理取闹，真像陈炯明一样，来背叛本党，反抗中央，那他就是第二个陈炯明，他应该不会这样愚蠢。所以就这次事变的内部情形分析起来……在国民会议闭会以后，尤其是党国的基础已经稳固的时候，再没有第二个陈炯明出来，可以破坏党国，背叛中央的。这一点在今天纪念周的时候，特对各位同志大略的报告一下，使大家可以安心。其余的事情，因为国民会议开会时间已到，不能详细报告。（完了）

〔中国国民党中央执行委员会秘书处档案〕

6．国民会议处理粤案有关文电

（1931年5月）

（1）致陈济棠电（5月15日）

警告陈济棠电

——二十年五月十五日国民会议第七次大会通过

广州第八路军总指挥部陈总指挥、香师长翰屏、余师长汉谋、李师长扬敬鉴：本会议代表全国国民，方集合首都，以定国家长治久安之计，而执事忽有江日通电，摭拾邓、林、萧、古四监委失实之弹章，对于党政措施肆意攻许〔讦〕，道路传闻且谓执事调动部队，似将别有图谋，本会议殊为骇怪。执事身隶党籍，重膺军寄，以党的纪律言，党内一切问题，应由党的最高机关解决，凡属党员，只有服从党纪，未容紊乱系统，自作主张；以国家纲纪言，军人以绝对服从为天职，未得上级命令，不得擅移部队，尤不得越位失序，对国家政治任意发言，自来军阀倡乱，动托兵谏之名，卒人民意共弃，罔不接踵覆亡，自李、白、张、唐以迄阎、冯，往事昭昭，可为殷鉴。和平统一为总理病榻弥留所垂嘱，亦举国民众一致之祈求，数载以来，中央戡乱平逆，日昃不遑，费无数之牺牲，掷巨大之代价，仅乃得有此日又安之局，岂容任何个人加以破坏。且今日赤氛未清，挞伐方殷，憔悴民生，亟待苏救，苟稍有爱国恤民之志，宜竟此九仞一篑之功，又岂容自乱步伐，使顽寇闻风益肆猖獗。民意国是趋向至明，执事乃于此时张皇腾讯，忘出位之戒，耸天下之听，若无所爱于昔日光荣之革命历史，亦无所惜于国内和平统一之基础者，事之不详，孰过于此。本会议遵奉总理遣〔遗〕教，确认国家之武力，当拥护国民之利益，而国民之需要，必保障之以严正之法纪；断不坐视法纪之凌夷，亦不忍执事之自隳其令誉，而贻祸于国家，用是正式决议，代表全国民意，对执事郑重之警告，唯民意之裁判，实祸福之攸系，望懔悬崖之危，勿贻噬脐之悔，何去何择，唯执事为国自省。国民会议。删。

（2）告广东全体将士书（5月16日）

告广东全体将士书

——二十年五月十六日国民会议第八次大会通过

广东全体将士公鉴：陈总指挥江电发出后，本会议曾以一致之决议，正式致电警告。陈总指挥身为党员，重膺军寄，贸然为出位之言，露异动之迹，是非顺逆，既已彰明，成败利钝，不难预料。夫以陈总指挥言行之乖谬，同人等犹不恤重致其惋惜，而望其悔悟。矧诸将士自来服膺总理之主义，历次躬与革命义战，同为党内信徒，同为国家干城，在此祸福成败之关头，讵能无一言以互勉。夫和平统一，为总理毕生所训示，亦为今兹国民会议一致所拥护，万众一心，昭然若揭，苟有违反潮流，图谋不轨者，覆亡立见，无待蓍龟。夫以过去民意未尽发扬，而弄兵祸国之军阀，犹相继同归于歼灭。况今日国有中枢，民有喉舌，党纪国法，彪炳字内，皓日之下，宵露曷存，且革命之武力，宜合民众为一体，革命之武力，为民众之武力，尤为总理平昔所期望革命之军人者。革命军人，可为主义所驱使，而不能作个人之工具，革命军人乐为国家效死，而不愿为私人捐躯，故其事业功名，扬溢宇内，流播无穷。不革命军人，则可诱以利而胁以威，昔日军阀祸国，以个人私欲驱策将士，而将士因未受主义之薰陶，盲目附和，甘受劫持，无益于国，终戕其身，事之可痛，宁过于此。革命军人与不革命军人之荣辱，有显著之区分，可知真革命军队，决不甘为叛徒所驱策。我粤中诸将士，久居革命策源地，对于总理遗教，国家纪律，濡染浸润既久，自己瞭然。陈总指挥为政府官吏，义应服从，今遽为出位之言，若不自彻悟，则已身不正，何令可行。本会议深知驻粤将士，具有革命之历史，久著奇伟之勋劳，于此顺逆成败之间，自有效忠党国之道。瞻望前途，曷深眷念，具布斯意，惟三思之，幸甚！国民会议。铣。印。

（3）告广东民众书（5月16日）

告广东民众书

——二十年五月十六日国民会议第八次大会通过

广东全体民众公鉴：自邓、林、萧、古四监委发布三十日通电，继以陈总指挥江日通电，摭拾浮词，淆乱观听，举国骇然，群情惶惑。近数日来中外报纸记载，且谓八路总指挥部积极准备军事动作，以图威胁中央。自昔军阀弄兵，乱端未开以前，辄有文士奉承意旨，先假文电，以为张目。而细究其内容，无非预为启衅之张本。此次粤省事变，不幸竟与历次军阀之兴兵，行动如出一辙。查四监委通电之内容，自言为对政府之弹章。夫以监察委员对党之政府行使监察职权，固非同人等所欲过问。然中央监察委员会对四监委之弹章，既认为失实，而拒绝受理；邓、林、萧、古身为监察委员，自应服从监委会之决议，而监委会以外之人，更不应于此有任何主张。乃中央监委会对邓、林等之复电方经披露，而陈总指挥忽有江日通电，摭拾邓、林等失实之弹章，以危天下之视听。陈总指挥凭何资格、依何立场为此不负责之言论。同人等代表全国国民，出席国民会议，方接受总理之遗教，议定训政时期之约法，与全国国民共促三民主义之实现，树国家万年之宏基，议定约法以后，并已通电全国，拥护和平统一，警告陈总指挥矣。夫广东者大之为中华民国版图之一部，小之为中华民国之粤籍同胞利害所寄托，断不容三数军人所得据为己有，更不容三数军人资以孤注一掷。今若不幸有人据此作乱，不特全国和平于以破坏，即地方治安亦必因而摇动，况湘赣边境赤氛未熄，呼啸而来，糜烂立见。彼赤匪者，将资以为得利之渔翁，吾全粤同胞，何忍重为失火之池鱼，即此利害关头，已足憬然彻悟，且广东为革命策源之地，全粤同胞，浸润于总理遗教，至深且挚，和平统一之大义，早已家喻户晓，地域偏见之谬误，宜必明辨熟思，身臂干枝，本为一体，国家地方，原同休戚，际此安危治乱之会，同具宁人息事之心，本会议用是谨对吾亲爱之广东同胞致其无穷之厚望，并深信吾亲爱之广东同胞，见闻较近，烛理必真，对于三数不肖军人破坏和平渎乱纪纲之行动，原无待本会议叮咛，自能奋起正义，翊护中央，以坚卓之精神，戢乱阶于指顾也。海天遥望，不尽惓惓。国民会议。铣。印。

〔中国国民党中央执行委员会秘书处档案〕

7. 国民党浙江省党部规劝陈济棠等服从中央电

（1931年5月17日）

广州。第八路总指挥部陈总指挥济棠、香师长翰屏、余师长汉谋、李师长扬敬勋鉴：国民会议开会，全国国民方欣和平统一得其保障，训政建设获渐完成，乃邓、古等摭拾谰言，诬诋党政设施，摇惑人心，全国骇愤。又闻执事等江日通电响应，且准备军事，异图威胁中央，骇听之余，既深虑本党历年艰难奋斗所得之和平统一由兹破坏，复深为执事等革命令誉惜也。党有纪律国有纲维，应共遵崇，不容渝犯，执事等身为党员，兼绾军符，岂可缅越常轨，致自绝于党国。自来违法背纪以破坏和平统一者，靡不旋踵覆灭，张、唐、冯、阎可为殷鉴。执事等前曾加以痛斥者，奈何至今复蹈其覆辙乎？赤匪肆毒，国人切齿，方今大军合剿，歼灭有期，而执事等乃于此时妄逞异动，不啻为赤匪张目，纵令匪氛乘机蔓延，国民遍罹浩劫，执事等不将为千古罪人乎？改组派等反动政客，为个人之意气权利，不惜将人置诸炉上，执事等与阎、冯较，孰为优强？本党革命策源地，是否能容其糜烂割裂？苟执事等一念及此，则知反动政客，其毒实过蛇蝥，奈何复受其蛊感〔惑〕，破坏统一，重苦吾民，而自身亦将为阎、冯之续，窃为执事等不取也。夫迷途知返，往哲是与，临崖勒马，只争片刻，尚冀执事等翻然悔悟，服从中央，共歼赤氛，维护统一，庶国家训政设施有期，而执事等令誉亦永保矣。祸福所系，尚惟抉择。中国国民党浙江省执行委员会。篠。

〔中国国民党中央执行委员会秘书处档案〕

8. 国民党中央执行委员会为粤方促蒋下野事致邓泽如等电

（1931年5月30日）

广州中央监察委员邓泽如同志、古应芬同志，中央执行委员孙科同志、李文范同志、刘纪文同志，并转候补委员陈济棠同志、陈策同志、林云陔同志、邓青阳同志均鉴：诸同志之于中央，阕隔未久，忧疑多端，初本家人责难之诚，竟入宵小投机之彀，与敌以隙，欲罢不能，俯仰神明，能无感痛！中央之于诸同志，久共患难，谊若弟昆，即有违言，终冀握手，故自接读卅电以后，每获一讯，辄复泫然！既为国家忧刚纪之失坠，又为诸同志忧环境之困难，简书不绝，行人在途，呼吁和平，不辞瘏喑，此为全国所周知，全民所共谅，乃道路传闻，形势益棘，共产党之左右及其他反革命者，竟欲居诸同志于炉火，画半壁以自娱，此则不特为爱国爱党者所不许，亦为爱诸同志者所不容终默者矣。总理以国民革命之责任付诸全体党员，由全体党员产生全国代表大会，由全国代表大会产生中央执行委员会，由中央执行委员会选任蒋中正同志为国民政府主席。按诸法章，统系昭然。况国民会议既开，训政约法已定，蒋同志之进退，非三数人所能指挥，此义至明，无烦覼缕，中央对于诸同志不合法理之纠弹，固能曲谅，谓为一时意气，别有因缘，然而白圭之玷，虽尚可磨，黄雀在后，其何能免？此中央所念念于诸公者也。凡政治集团之得相与维系者，其道有二：一曰平生相信，一曰纪纲相守，今与诸公相处者，倏然翔集，暂若甚欢，然而追念平生，则有如冯道者，有如李、阎者，有如少正卯者，信守总理遗教，服膺主义，始终一贯者，诸同志思之，能有几人？诸同志此次抉□而南，以就乌合，力不足以驭骄悍，法不足以制反侧，瞠目拱手，伴食画诺，其为痛苦，已难言喻！况既冒首违约法之嫌疑，又身毁党纪之保障，进退失据，比匪终凶，此又中央所念念于诸同志者也。中国大患，厥为赤匪，湘赣大军，合围已久，节节搜剿，狝薙可期，乃自粤中生变，赤氛复炽，益以汪张相为呼应，浩劫之碑既隳，长堤之口将决，小则糜烂两粤，大则颠危全国，谁为引狼入室之人，执负放虎出柙之责。蒋中正同志受命剿匪，夙夜匪懈，成算已定，指日肃清，而诸同志之左右，竟欲窃骑劫故智，为赤匪解围，若不于此幡然警醒，自谋谋国，则洪水猛兽之难作，亡国灭种之祸成，总理之灵，天下之口，无一愿为诸同志恕；而诸同志所悻悻于意气，斤斤于鸡虫者，又何在哉？切望大彻大悟，勿以一事之差池召不可收拾之祸害，勿以一时之意气毁悠久光荣之历史，勿因环境恶劣灭损回头之勇气，勿受小人浸润摇动革命之目标。中央对于诸同志愿共终始，绝无成见，但念党国任重，亘其事急，特致肫诚，驰电劝告，中央秉承总理遗教，全国付托，认为惟有督促国民政府积极剿匪，乃足以定社会之秩序，廓清训政之障碍，同志间一事之争，一时之误，举愿以宁息之中怀，定是非于他日，诸同志其勉之！中央执行委员会。卅。叩。

又：

暹罗萧佛成同志，檀香山林子超同志，陈耀垣同志，上海李协和同志、马星樵同志均鉴：广州诸同志新有误会，滥发通电激起纠纷，恐诸同志未知其详，今将劝告广州诸同志电文一通奉闻，文曰（文同致邓泽如同志等电）等语，请诸同志协同劝告，不胜企祷。中央执行委员会。（三十）。印。

〔中国国民党中央执行委员会秘书处档案〕

9．孔祥熙关于粤事的谈话

（1931年5月）①

中央对于粤事，始终主张和平，良以年来变乱频仍，人民苦战已久，故此次粤方发生变动后，即不惜婉转斡旋，冀化干戈为玉帛。无如粤方将领，始终执迷不悟，观其目标，虽只反对蒋先生一人，然其立场，实属错误已极！此次又要求蒋先生于四十八小时内下野，其一种不明事理，概可想见，盖蒋先生受命于党，一切行动，概须受党的指挥，若辈果欲蒋先生下野者，正不妨以其主张建议于党，由党方处决之。乃若辈不此之图，且又误会党与蒋先生即为一人，须知党为全党同志所共有，非蒋先生一人所得擅专，更非若辈片文只电所能任免党内高级人物，现下中央方面，虽深憾若辈之举动失轨，然为维持国内和平统一计，苟有一线希望，可以不启干戈者，自当力为设法。盖在此训政时期，民生凋敝之秋，中央正力谋建设之不遑，又安忍重起干戈，增加民众之痛苦！至于粤方现状，在目下观之，组织政府一事，或将不免。孙哲生之赴粤，原谋所以竭力斡旋。惟观其近日行动，实已被人包围。盖孙氏在沪时竭力主张和平，中央第一次派员来沪斡旋时，孙氏本拟即日赴京，行装均已运至车站，嗣以夫人病尚未痊，致未成行。此次南去，初本抱有斡旋和平之重大决心。惟抵粤后，即被包围，失去常态矣。至陈友仁氏，本昧于吾国情形，且不能识华文，讲华语，凡属吾国一切政治，彼必倩〔请〕人翻译，于是辗转附和，亦遂盲从。迩下张溥泉在粤，尚在竭力调解中，不日即将北还。张氏此行，亦不过尽其人事耳。现在中央方面亦不能不稍有准备，此在任何国家，平时均如此，试观驻泊黄

---

① 原件日期不详，据内容判断，似是1931年5月底发表的言论。

浦江中之各国兵舰，无论驻防久暂，其烟囱之内，必日日生火不绝，此即被等军事准备，倘必要时，一奉命令，随时随地均好立即出发也。

〔中国国民党中央执行委员会秘书处档案〕

10．吴稚晖关于广东反蒋事件答记者问

（1931年）

（1）吴稚晖首次答记者问

（问）现在时局，到底还是和平呢？还是要战争？你知道中央的意志如何？

（答）我向来是浪漫惯的，十分紧要的内容，我止是知道得甚少，但我晓得，自从国民会议开过后，中央想实行约法，应有先干的两件事，一是大规模的剿赤，在短期内把赣楚的赤匪扑灭净尽。二是督促地方政府，将各处的土匪，也严密的肃清，把只两件事干好了，才说得到一切。至于广东要想帮助赤匪，掣政府之肘，使无法进行，且恐天下不乱，急燃改组派等之死灰，政府自然叫苦。但广东今番的大集会，除了改组派等之外，其余的人皆曾怂恿过政府用兵讨逆，结果是差不多上了当，他们此仆彼起，怂恿讨逆的，转瞬就谋逆，好像预先约定，用小鬼跌金刚的方法叫人疲于奔命，把人民弄得九死一生，他们以为想得利的可得着利，想出气的可出着气，故尔我想此次中央决不轻易再下讨伐令等等，再上老当，暂可以放任一下，叫他们在这剿匪时节良心发现，对不过人民，渐渐的散伙或改正，所以和平固是保不定，战争也是说不到。

（问）你知道陈友仁、孙哲生的到粤，并不是去调和，是去加入熟闹的吗？逼人下野的通电，已经发出吗？

（答）我听到陈友仁同孙哲生同行，已是惊奇，又听到汪精

卫、古应芬、李宗仁、许崇智、陈济棠、白崇禧都可济济一堂，那是北平扩大会议以后，又叠起一个垃圾堆，在大垃圾堆里腾出来的怨气，当然冲天，逼人下野，已是客气到万分的了，承改组派特在香港南华报上剪了几个电稿寄来，信上写“敬恒老狗，且看此报，……吊你妈寄”，我才看见他们的大文章，他们知道我狗嘴里掉不出象牙来，惯会戳穿他们的西洋景，所以他们急急乎毁我的人格，知道还不是苍髯老贼、皓着匹夫的漫骂所能糟蹋，于是又造了监察院弹劾某主席，由某主席贿赂吴稚晖，得以保全等之奇谈，把我掷倒粪坑里去，只就是陈博公〔公博〕造我得到李任潮金钱美女的老法子。但是我这“有忌惮小人”的刘老老，就给共产党来剥皮也不怕，对了准共产党开几句玩笑，是任凭如何，连我自己也塞不住自己的口的。

（问）他们剪来的是那几个电报呢？你想电报的主动是谁呢？

（答）他们剪来的，一是唐绍仪等二十二人的有电，一是孙科个人的宥电，其余还有些零星记载，骂人的话，说到电报的主动，就揣测不出了，据我所知，只二十二人，约分六派。

一是超然派，就是唐绍仪、王宠惠、林森、李烈钧四位先生，唐先生自是一个老前辈，但他的视察往往糊涂，民国十三年监察委员谢无量先生，曾随了孙哲生在上海见唐，唐对哲生说话，大意以为你还懂得道理，你父亲常常不对，批评人家的父亲，可以不对，那未〔末〕现在止是批评人家的朋友，当然更可以不对。他是没有工夫细细考量的。王先生始终是为出席国际法庭，昨天还同李石曾先生通长途电话，他是绝不愿与闻是非，他的名氏是随便砌下去的。李、林两先生，也各在一方，他们不晓得如何措词，远道以为要替胡先生说话，被人征求列名，或许漫应其请，或是被砌的。

二是古、陈的国民党右派，又分两个性质，甲是邓泽如、萧佛成、陈耀垣、邓青阳四位先生，邓、萧二先生坚决反共，爱好中国，听了一面之词，先人之言，或因打着抱不平，容许列名；乙是古应芬、陈济棠、陈策、马超俊、李文范、刘纪文、林云陔七位先生，是发难的中心人物，但除古、陈外，止是亲者无失其亲，不能不裹入罢了。

三是西山派，就是孙科、许崇智、邹鲁三位先生，许、邹跑进了扩大会议，本与孙先生异趣，孙先生是一触就跳的。有人（如陈友仁之类）知道不将他牵入，各派将贴不拢来，所以就把他也据上炉火了，好在他是谁也愿意他太太平平，决无灾难的，至于许、邹，是正想出出寡气，不必我说咯。

四是桂系，就是李宗仁先生，李先生本是古、陈的死对头，大约古、陈听了西山派的怂恿，要改组派加入，那就与改组派成为新相知的桂系不能不连带加入。

五是改组派，便是汪兆铭、唐生智两位先生，只是他们的时来运来，替他们失败于北平后来吐口恶气，但他们一闯进去，必有喧宾夺主之可能，故目前汪先生要避免冲突，此在小心谨慎，力抑其徒党，是十分辛苦的，但狐狸尾巴终是要拖出来的。

六是国民第三党，便是第一美男子的陈友仁先生，他与谭平山、邓演达结合为一党，恐毕竟对于第三国际负有使命，他是乘机拨动的要素，只番涂了保护色回国，就想造机会的，现在是来得正好。把六派的结合看起来，除唐、邓、林、萧等被动外，而电报是你一句我一句说着，一个笔健的人写成，尚无所谓主动，观于孙先生又个人特发一电，以明其不得已，他也是被动的罢了。

（问）这一回的纠纷，其原因何在，你当略知一二，究属专为了胡先生的问题吗？

（答）我想胡先生的问题，是目前的原因，而原因的原因，却在他们二十二人有电中几句紧要话，他们里面的古、陈诸先生亦没有注意。有电起头有一段，他们说："自国民革命军完成北伐，统一中国以来，固已有实行本党主义，以造福于国家及人民之机会，乃为执事断送都尽，人民之失望与怨毒达于极点，为同志者忍无可忍，始奋起以抗执事，屈指计之，自十八以来，国内所有战争，皆由对执事一人而起。"只〔这〕种话似乎说得太简单，请教"十八以来"，第一次战争岂非就是讨伐桂系，今可由古、陈先生与李、白先生并坐谈心，既"同志忍无可忍，始奋起以抗执事"，盖为而古、陈先生偏又对忍无可忍之同志，助执事以相抗，公等谥之曰桂逆，我等在汤山齿为之震，然当时公等亦知国家之大决未可为"执事一人"、任人逞兵作乱，八股先生所谓国家自有常刑，天讨在所必加，我等不能不对公等而屈服也，我等知相安一时之不易，为民命而求隐忍，虽有小理由，自愧为姑息，公等为中央保威信，饬纪纲，自是正大，然境过情迁，昔日以为大义者，今日竟以为"执事一人"之罪案，不无滑稽之至矣。所以五月八号孙先生已允赴京矣，其夜马超俊先生至张宅，言孙夫人恐孙先生至京有不利，张静江先生未加深思，乃言我等可担保，马先生即调侃曰：你们失信于任潮矣，恐难取信。我即忿然曰：此言出于悠悠者之口则可，若出于马先生，你能还问古先生，负保险之责者，我等乎？古先生乎？此非翘及琐屑，以逞其悻悻。特欲追怀往事，致其曲折之思，那就陈迹愈分明，可备彼此之洁矩而已，把往事总算账起来，公等则严正，我等则浪漫，惟以公等之严正，致"执事一人"成罪案，未免大上其当，而古、陈先生等因此而种恶因，直牵连而有今日。

（问）何为以公等之严正，致"执事一人"成罪案，未免大上其当。

（答）总理之教，则为均权制，不偏于中央集权，或地方分权，这个精义，不容易适合，所以主浪漫的遂有分治合作之希望，固属有几分不合，而主严正的，遂持民主集权之论，亦未免稍过，努力奋斗之同志，多偏于严正，所以对于不能集权，常若有碍统一，于心歉然，其实我们人类的感情，容易偏执，保护统一太殷，常企图调兵遣将，能用一纸命令，马上遵奉，方以为能收集权之效，假若有人自行擅逐大员，在所必问；设或竟敢反诘中央，意图逞兵，在所必讨，只是坐在中央，议论集权而严正者以为此是军政的常轨。这就是古、陈先生帮助中央，称桂为逆，并不以“执事一人”为嫌也。又如最近吾于财政当局的集中财权偶有微词，立法院的陈长蘅先生亦不以我为非，然彼又迷信学说，以为多有特别会计，财政乃无法整理，则复隐赞财政当局之锐意集中，此又议论集权而严正者以为理财不常轨。然一至军事屡战胜，行政较有力，财政将集中，而所谓“执事一人”，自然独当其冲，果否“执事一人”竟有一人独占之意，则未经盖棺，无从论定，然就表面而观，一若战胜为彼一人，勤政为彼一人，集财为彼一人，加以挟贵挟贤有勋劳者，集人之权，彼不自觉，权为人集，乃不胜其束缚，于是昔日导人集权者，异日忽指集权者为自利，喜怒随境遇而用事，前后判若两人，彼执事一人，异日果将为独占之一人，多受指摘，自亦应当，倘若止为国家辛苦，集权亦不受人见谅，岂非大上厥当，早知今日，古、陈先生竟指昔日讨桂等罪状者，不如当日胡、陶一发迎头痛击之通电，执事即于四十八小时内向桂系引退，省得后来对于张、唐、阎、冯做尽冤家也。

（问）何为古、陈先生等因此而种恶因，直牵连而有今日。

（答）我辈自命为新人物，终需稍有清空气，革命决非为富贵，止为主义，这一点点的小观念，应当常常存着，所以刘老老常出入大观园表面止似趋炎，内幕亦有苦痛，因为若姓名常不见于党义之册，局外人亦可起不合作之揣测，故依回裙屐之中，自为高尚故旧所不善，而硁硁然不敢自逾于冬烘先生之待遇，即所以保持“有忌惮小人”之地位，此非忽于百忙中自作佳傅，因为执笔而论是非，终需明示他人以个性之概念，则或有所责备于贤者，亦使知此人之主张所在，故有云云，即或不至疑及其人之无理取闹矣。

革命决非为富贵，止为主义，既当第一步常常自省，而再进一步，对于自己所持之主义尤当商量不叛，古人对名位而致其忠贞，今日自可无此封建思想。然对主义相同，既已合作之集团，亦当自有其忠贞。不然，一不得志，即起此处不留人，自有留人处之愤慨，亦将等之道于马牛。吾于十三年国民党改组时答华林书中，即斤斤以此讨论也。吾人今日之集团，一绝对反赤之集团，故吾之朋友，子为共产党，即绝其子，婿为第三党，即远其婿。亦古人大义灭亲之微意。如何可以一不得志，即南越北胡，随便乱走，昔仇今友，随便集合，此扩大会议之所以见销于中外，而今日广州六集团之不伦不类而凑集，又于人类存污点也。如何邓泽如、汪兆铭并坐，古应芬、李宗仁同席，陈济棠、白崇禧握手，唐绍仪、陈友仁脱帽，而肌肤之上能不起毛栗，此吾所以叹为恶因。

但此不忠贞于自己主义集团之恶因，恐更源于虽做新人物，而空气不太甚清之故。观于近日陈真如先生在日发电，忠告陈伯南先生，其意若曰："逐我一人已可矣，更欲尽剪保安队，则又胡为者。"则此次广州冲突之原因，起于陈伯南要赶走陈真如，此广州三岁小孩都能言者，即全国稍知时局者，亦个个知道已久，陈伯南何以要赶走陈真如，其内容即源于讨桂，古、陈先生大有勋劳于国家，陈伯南自应取李任潮而代之，乃有陈真如横插而入，无从得代，于是不得不处心积虑，出于赶走之一途。赶而为权乎？则今日诟詈"执事"为占领一国者，自己即欲占领一部，空气一不清也。赶而为利乎？则今日疑心处理国家之财，即若个人之财者，自己即欲私有一省之财，空气又一未清也。故有第一恶因，遂种第二恶因，而胡先生问题，遂产生于夹缝之中。

（问）何为胡先生问题遂产生于夹缝之中？

（答）因有胡先生问题而赶走成，因谋赶走而有胡先生问题，故曰胡先生问题产生于夹缝之中。观于今日赶走亦必小动干戈，则方其谋之之时，隐恃其干戈可知。古先生曷为而一去再去，势将久假不归，其政见之参差，牵及于有关系之旁人，乃自然之趋势，政见彼此不同，乃日日所有，时时所有，何至遂生问题，殊不知甲乙相共，政见偶相不同，无不可以相忍，亦且相谅，此常事也。惟甲乙政见不同，起于丙丁互谋，响应而来，而丙丁之互谋，仍进行不已，则甲乙不相互谅之情必显，至少必有消极之动作，请问一经发生辞职之事，若有人仍如今日，必利用其名，必遂赶走之谋者，留则加以扣留之名，去则加以迫逐之罪，借为口实，有以异乎，恐无以异也。

（问）既然左右皆罪，自然无可理说，而胡先生个人问题，将如何解决？

（答）胡先生个人问题，无所谓解决不解决，几几〔“几”字衍〕乎可以说本无问题，亦用不着解决，过去之事实，胡先生至今血压犹高，即预定将要出游，本来未可旅行，至于将来病愈后之行动，原可自定，我们朋友所望者。胡先生若去广州，为人挟入垃圾堆，与汪先生周旋，必非胡先生所乐，因胡先生为吾反赤集团之主人翁，决不能与准赤集团之首领汪先生为政见之妥洽，果如今日广州大张旗鼓，以为师出有名，即因有人“扣留胡先生”，胡先生即欲敬领彼等之情，请问三四年本未出南京一步，不过偶谢政务之繁剧，稍资休养，而中央党部之常务，依然悉待主持，他人存问请会，常致殷勤者，乃称曰“扣留”。将使避去若浼，反使与他人主张伴往冰天雪地之木司科，曾经滑稽的被称为“充军”者，偏能胡汪合作，并坐鼓簧，并坐鼓瑟，岂不使胡先生闻之而喷饭。故以胡先生问题为名，意在赶走同官，以鸣不平者，不过一时糊涂，与前年桂同志赶走湘主席，原版翻印，丝毫不走数。若古、陈先生就近与李德邻先生一提往事，当年诸先生谥之为逆，尚有理由，知当时非为“执事一人”，必能翻然改图。若竟欲借胡先生问题表显中央不合不顾一切，激起战乱贻祸人民者，则何以可以联合曾主“充军”之汪先生？主义可以反叛，且不必说而救护胡先生之诚意何在？这个西洋景一拆穿，我想邓泽如先生必首先曰上了大当。广州人民亦无非知道拆去十六年十二月十一日大屠杀之纪念碑，丝毫无意于胡先生，是表显明白，止是便利汪先生，甲乙丙丁，拔茅连茹的先引进改组派，更引进第三党，终了引进共产党，再起大屠杀而已矣，我想说到这里，孙哲生先生必大起恐慌曰：吴稚晖瞎说，应下拔舌地狱，我们有唐绍仪先生保险，有何惧哉！我答曰：你们引进汪先生，是对胡先生无诚意，你们尽可以飞进多舌天堂，也已辩不得，至于唐先生是开过保险公司的，他的公司牢靠不牢靠，应该注意一下，好了，且看下文罢！好我在〔在我〕准备尝尝共产党剥皮风味的人，也不怕什么大屠杀，反正孙先生通电是深惧共祸的，孙先生必有最后弭乱的方略，安慰我们。

（问）你说孙先生也是被动，何以我们这回听见孙先生单独发的电报不少，而且说得很利害呢？

（答）孙哲生先生止擅长建设。实行总理的实业计划起来，他是一个肖子。至于处理党国被人利用了，他就发了少爷脾气，青天没有箬帽大，什么新奇的话，都一说就出的，他倒也不愿意袒护那一方，一冒火，可以替甲痛骂乙，一认错，又可以替乙痛骂甲，他骂起共产党来，咬牙切齿，但他在汉口的时节，替共产党说话，他曾经表示过国民党也可以不要的意思，或着都是人家替他做着，他来夯水木梢的罢。只回广州，弄得把那一个人出名说话都不相当，所以这根水木梢，权且请他夯一夯，他等待知道上了当，又会把自己说过的话，叫人替他一一驳过的，他一天到晚留心建设，那里高兴管许多，不过他有资格说戆话，闹不出乱子，不比我们说说笑话，还要斟酌斟酌为善，但是他的戆话，党国人民会因他而吃苦吗，那就他也不负责任了。

（问）这件事情究竟如何？

（答）究竟如何，且要看发展到如何，才再能讨论。但是我们的朋友，这回被感情完全用了事去，把扣留两字，自己催眠，弄得唉声叹气，就随便容许充军别人的，也来猫儿哭老鼠，跟着慈悲，恐最后一幕揭开来，是一出容共集团大胜利，反赤集团大崩坏的把戏，第三国际吃吃作鹭鸪笑，我们是要鼓起一点振不起的精神出来，想想法子，不是隔岸观火，可以事不干己的呀！你想我们赣楚的剿赤，嫌现在的方法，精神还觉不够，广州这班不思议的朋友，还来分我们的精神，难道止有古、陈等心中的乘人之危，更无汪、唐等心中的一帆风顺，在那里各门法宝吗？我们止有一条路，拿起精神来先扑灭赣楚的赤匪，使之净尽，你们如果无举动，他们里头也有懂得中央威信及纪纲应该要不要的，他们自会悔祸，否则他们帮助赤匪来扰乱，也当他赤匪一样待遇罢了。

（2）吴稚晖续答记者问

中委吴稚晖氏，十六日语往访之记者云：蒋主席自接得林子超（森）庚电，请胡展堂（汉民）赴庐山养病后，蒋主席即于日前特派人赴胡私邸，微询意见。惟胡现在读书作诗，颇能自娱，不愿即行离开首都，以免有舟车跋涉之劳。况蒋主席赴赣剿匪后，关于党国大事，当就近向胡商议，故胡赴庐休养之举，将不能见诸事实。据胡氏意见，拟俟其女公子分娩后秋凉时再赴美国静养。至报载予（吴氏自称）昨日往晤李任潮（济深），并无此事。李氏杜门读书，亦颇自得，目前尚不愿出而任职，据张溥泉（继）返京报告，谓粤方决无向中央先用兵之意，惟彼等能否保信用，则尚难预断，惟据予个人观察，粤方内部极为复杂。予前次发表之答客问，已分析得十分详细，兹更补充其说。当十四年廖仲凯同志被刺时，汪精卫一方面的人以为是胡汉民所主使，当时即用种种方法骗胡氏于莫司科，胡在俄住了半年，回至威海卫，几乎被汪害死。现在汪又回到广州，说是为胡汉民的问题，岂不使人捧腹。世上那有这样的事。原来广东事件的发端，不过是陈济棠赶跑陈铭枢，自己想做主席；他们的目的，在割据地盘破坏和平统一。现在他们内部极难持久，此事当可平安解决。况蒋主席此次亲自赴赣剿匪，尤为全国一致之祈祷。盖共党为祸之烈，实有甚于洪水猛兽，若粤方再不及早觉悟，甘冒不韪，此诚千载万世之罪人。外传粤方要求于广州设立两广政治分会，专为处理两广政务，亦无此事。盖真正之统一，为本党最高之原则，中央绝对无商量之余地。现在他们把汪精卫装做一个老虎，将来恐怕这个老虎还是要吞食自己才罢。至于北方更无问题，阎锡山回晋回不来，冯玉祥出山也出不了，张副司令对中央态度素极忠实，外间所传，全系日本造谣，希图破坏中国，因此目前中国的问题，只在蒋主席此次亲往湘赣，把赤匪剿净后，即可天下太平云。

〔中国国民党中央执行委员会秘书处档案〕

11．龙云反对邓泽如等弹劾蒋介石通电

（1931年6月6日）

特急。南京中央党部、国民政府各委员、各院院长钧鉴：国民会议各代表、各部部长、河北张副司令、王主席、湖南何主席、湖北何主席、江西何主任、鲁主席、河南刘主席、安庆陈主席、山西商主席、山东韩主席、陕西杨主席、四川刘主席、并转邓、杨、田各军长、重庆刘督办、贵阳毛主席、江苏叶主席、浙江张主席、福建杨主席、各路讨逆军总指挥、各路要塞司令、各舰队司令、全国各省市党部、上海各报馆均鉴：接诵邓泽如等卅

日通电，摭拾浮词，妄肆攻讦，泄一朝之私忿，而不顾大局之安危，曷胜骇异。夫提案弹效〔劾〕自有正当程序，令不问全体监委是否同意，提案是否成立，而遽贸然通电，故作张皇；明明泄忿，而假托公言；明明煽乱，而诡称护党。其发动之方式，固已自陷于违法；其煽惑人心，摇动大局之阴谋，更复昭然共见于天下。且既依法提案，自当听候依法解决，乃不旋踵而有陈济棠等江电，如响斯应，挟武力以相恫吓，复欲陷国家于分崩离析之中；稍有人心，宜莫不叹息痛恨。阎冯新败，赤寇方张，人民之痛苦未苏，列强之凭陵犹昔；中央秉承遗教，夙夜忧勤，操危虑深，力谋统一。一方将纠纷之局，渐趋建设之途，同属国人，怀漏舟覆巢之戒，宜如何激发天良，共图赞护。矧在负责同志，更当体念艰难，顾全大局。若稍一不谅，徇私害公，逞意气于一时，置党国于不顾，是直丧心病狂，自绝于党。我革命袍泽，本党同志，洞悉利害，明辨是非，必不致为所摇惑盲目附和也。蒋公靖献党国，身系安危，遣大投艰，精诚不二；受命于党，何云把持，党国公忠，岂同劫夺。其挺身以负国家之重任，非出于争权夺利之私，方今收回法权，初开国议，外交内治，急切莫逾此时，方勉竭股肱以翊赞之不暇，又何忍倒行逆施，相煎太急。云于蒋公无所偏护，策念内战频年，甫有统一希望，蒋公身先北伐，实为完成总理遗志之人。如果有背党叛国行为，则吾辈亦岂能坐视。若因其忍辱负重，遂责以违法榄〔揽〕权，使当事者救过不遑，谁复为国家任艰巨，诚不忍统一大局，光明前途，败坏于一二佥壬之口，伏望举国同胞，本党同志，仗义执言，力辟邪说，主张正气，讨伐奸宄，云虽无似，不敢后人也。仅布区区，伏维公鉴。讨逆军第十路总指挥，云南省政府主席龙云叩。鱼。印。

〔中国国民党中央执行委员会秘书处档案〕

12．何应钦等劝告陈济棠拥护中央通电

（1931年6月11日）

南京中央党部、国民政府、张副司令钧鉴：国民会议各代表、各院长、各部会长、各级党部、各省市政府、各路总指挥、各军长各师长、全国各报馆钧鉴：本日致广州陈济棠电，文曰：广东陈总指挥勋鉴：日前接阅邓泽如同志等陷日通电，摭拾蜚语，肆意攻讦，只图发泄私忿，不惜动摇国本；举国骇异，斥为不祥。惟以邓、古既为中央监察委员，复自附于提案弹劾之形式，中央监察委员会自能为适当之纠正，吾人犹深冀不至引起政治上之纠纷，乃蔡、张、李、张、吴五监委之劝告，未能促邓、古之谅解；而兄等又突有江日之通电，真如主席因兄之异动，不得已而离省，且闻兄积极准备军事，威胁中央；畴昔张唐冯阎之所为，兄曾痛斥其不韪者，今乃甘此蹈其覆辙，此应钦等所为大惑不解，而不得不为兄痛切言之也。数年以来，反抗中央之军阀，无不自取崩溃，而本为革命军人，忽又背叛革命者，其灭亡尤速，兄今者或以指摘中央之词自解，而不承认为背叛革命，然邓、古通电到京，蒋主席即呈请中央审查议处，其他误会之点，蔡、李等五中监委亦多有说明，兄等果有爱护党国之诚意，自应取消前言，停止一切行动，对于胡先生个人之事，吾人果有意见，尽可以党员立场，献替于党。如党未准胡先生辞职，而政府或个人擅自处置，则党自不许启个人擅权之渐。如党愿留胡先生在京任职，个人亦不应有独异之主张，以强迫胡先生离京。总之，此为党内之事，吾辈党员只有听命于党，服从党令，胡先生既为党员，其行动亦必以党之公意为依归，非任何个人或少数人所可违反党义，越俎代谋。况兄为军人，尤应服从党义，免蹈武力干政之嫌；若必以私人之意气，少数人之成见，一意孤行，不

惜破坏党国，虽欲不谓为背叛革命而不可得矣！广东虽为财赋之区，究属一隅之地，何能与全国为敌。昔总理能以广东为革命策源地者，以其有主义有组织，而自身又为最伟大之领袖，今兄何所恃乎！兄虽握有重兵，积厚资，自审孰如。陈炯明在粤功非不高，望非不重，以一念之差，身败名裂，永为耻笑。回思十一年北伐之师，长骗〔驱〕入赣，本可直捣幽燕，以陈炯明在后方叛变谋乱，乃至全功尽隳，陈炯明之罪，不仅背叛总理，尤为阻挠义师。今赤匪肆毒于湘鄂赣诸省，我革命军人竭数月之力，从事围剿，方在彻底肃清之中，若兄又挑起内战，妨碍我剿匪计划之完成，授赤匪以重延残喘之机，蔓草难图，国亡无日，兄之罪将更浮于陈炯明矣。兄或惑于政客之煽动，以为广东一经发难，西南各省皆将响应，然邓、古陷电距今已旬日，兄之江电亦迄一周，孰则起而附和者？云南龙主席为义正词严之声讨，可知公道自在人心。天下厌乱久矣，兄奈何复受反动政客之欺，而犹不自知耶？又闻兄将勾结张桂以为外援，姑无论张桂平日对兄恩仇何若，能否甘为兄用，而兄一旦反颜事仇，引狼入室，能保部下皆不携贰乎！至改组派及共产党之化身，不仅破坏党国，且曾贻广东以烧杀之祸，全国国民视为洪水猛兽，广东同胞尤为切齿痛恨；今闻邓、古赧颜勾结，必欲使我革命军人为虎作伥，为匪张目，是数年来将士奋不顾身，艰难缔造，以巩固革命根据地，事得有今有今日统一之局者，皆将复中若辈共产党之狡计，而为之破坏无余，不惟总理在天之灵无所慰藉，广东人民与兄之部属，亦将作何设想，而兄更何以自安乎？北伐之初，广东一省之财力，足供国民革命军全部之饷源，今兄所部连蒋蔡各部，仅足五师兵额，而月索饷项至四百三十万元之多，广东一切建设事业皆无从设施，以悉兄之取求犹不足，则在梧州悉索广西之所入，月计亦在五十万元以上，不特全国部队得饷之厚无与伦比，即古今中外亦无此饷例，若兄犹不知厌足，广东广西之人民，能长受此剥削乎！兄之部下能不萌攘夺之心乎？若兄执迷不悟，则天下后世，必将谓兄既以兵威驱逐地方长官之陈主席，复以武力威胁中央，干涉党政，此何如事，兄能忍受之耶！应钦等素知兄能明是非，辨利害，无论为公为私，当不至出此，兄今日背弃中央，则政治之生命尽绝，兄仍能拥护中央，则革命之光荣永存，凶吉祸福，在兄自择，此时能否剿灭赤匪，以拯救吾民，其关键尤在兄一身，赤匪祸国至深，烧杀之惨，诚旷古未有，若再任其蔓延，我辈同无噍类，应钦等负责剿共，忧国至切，爰以最大之热，为久陷匪患之诸省同胞请命，谨致最后之忠告，以尽我久共患难同胞之职责，尚冀采纳忠言，化除私见，合力剿灭赤匪，善保数年来致力革命之历史，勿为破坏和平统一之罪人。须知广东为中国之广东，决非个人所得而割据，军队为国家之军队，亦非个人所得而私有，况革命之军队与革命根据地，岂容一二人之故，自毁其革命之历史，甘为党国之罪人乎？悬崖勒马，未失为勇，舍刀成佛，乃可为仁，善人能受尽言，惟望兄恕其狂直而省察之为幸。惟冀全国同胞全党同志一致主持正论，以促其最后之觉悟，藉保和平统一之局。党国幸甚。何应钦、何成濬、何键、鲁涤平。真（十一日）。

〔中国国民党中央执行委员会秘书处档案〕

13．国民党三届五中全会关于粤案的决议

（1931年6月）

中执常会提案　国民会议遵总理遗教，训政之实施，经于五月五日由国民政府召集于首都，制定约法。政府所提政治报告案、剿灭赤匪报告案、建设实施程序案、教育方针案等，均经大会一致之决议，以执行决议案之责任付与政府。五月十七日，国民会议开幕。六月一日，国民政府公布约法。本党于此方当竭尽

智虑，领导全国人民，一心一德，以和平奋斗之遗训，赴训政建设之前途。不幸乃有少数同志，惑于流言，不念比匪终凶之戒，谋破和平统一之局，集会伙盟，迷途罔反，中央一意斡旋，于兹逾月。溯粤事之始，为古应芬等于四月三十日突由广州发表通电，对蒋同志中正作背理蔑法之纠弹，其所摭拾，悉属浮言，蒋同志于五月一日呈向中央监察委员会，认为古等卅日电摭拾浮言，不足损蒋同志之毫末，又以署名此电之人，未必全为同意此电之人，应先详细根问，俾白内容。因请蔡孑民、张溥泉、李石曾、张静江、吴稚晖五同志电致古等，纠其错误，一方力邀适在上海之孙科同志，共同劝告，维系和平。不图古等既无反省之表示，孙科同志入粤之后，复为唐绍仪领衔之电，嗣是以后，诸同志之在粤省如陷重围，益难自拔。虽经中央诸同志、海内外各级党部多方劝告，而一切恶化腐化分子，乘在粤诸同志一时之误，纷集于广州，举行所谓非常会议，组织所谓国民政府矣。中央常务会议于此认为此种反动集团之行动，已拂逆人民之意思，危害和平统一之基础，妨碍剿灭赤匪之进行，乃于五月十三〔三十〕日，中央执行委员会对在粤诸同志作竭诚之劝告，同时于六月一日，发表宣言，痛陈中国当前之祸为赤匪，政府惟一之责任为剿匪，对于粤事力主宽大，冀其觉悟。今蒋同志即日亲自督师剿匪，党国存亡，系此一局，为特略述经过情形，及中央始终重护和平、专力剿匪之决心，提请大会讨论，决议施行。

五中全会决议　决议：常务委员会处理此事经过，本会议认为适当，本案应由中央监察委员会查明处理。

〔中国国民党中央执行委员会秘书处档案〕

14. 孙科为促蒋介石下野致戴季陶电

（1931年8月26日）

急。南京戴院长季陶兄鉴：在沪曾接兄电，匆匆奉复，未尽所怀。介石数年以来，予智自雄，目空一世，排除异己，构害忠良，以为从此做去，即可以完成其独夫专制之迷梦。吾辈为顾全大局，过于涵忍，介石乃益无所顾忌。胡案发生，实其罪恶之最大暴露。当时吾兄与弟相对太息，知天下从此益复多事。顾处淫威劫持之下，言论行动且不能自由，更何以为谋挽救之道。粤事既起，弟曾电劝介石速复展兄自由，冀能斡旋，可免战祸，而介石毫不悔祸，犹发为粤事不足平之大言。如是逆施倒行，虽有善者其如之何。总理服人，在诚与爱。而介石则机诈残酷，适得其反，致使革命同志四海飘零，北伐同袍仅存硕果，长此任其主持，国事其何能□。弟经月来深长考虑，认为介石不去，党国均无和平统一可望，故决然南下，与诸同志会商今后大计。昨经由少川先生领衔促蒋下野，尚祈吾兄早下决心，知所善处，并婉劝介石立放屠刀。公谊私交，计无逾此。南天翘首，不尽欲言。弟孙科叩。宥。印。

〔陈布雷个人全宗档案〕

15. 孙科促蒋介石下野电

（1931年8月26日）

广州

蒋介石兄鉴：自四监委提出弹劾某后，兄谓党事当从党中解决，责科出任斡旋，曾上微电请兄先复展公自由，余事方易解决。复于庚日以此意电告粤中诸同诸〔志〕，业得粤方复电，亦以展公自由为先决条件，均承鉴及。顾兄则直至今日，对于非法扣留展公一事，迄未有半语只词自承，其过犹欲遮尽天下耳目，谓胡实因病辞职，并无扣留，且复予智自雄，发为粤事不足平三大言。科主是乃知兄实毫无悔悟之诚意，犹迷信权力金钱可以战胜一切，淫威权术可以牢宠万类，故一意孤行，无稍顾忌，曾不知兄之地位实已滔于途穷日暮，虽有大力莫之能挽矣。兄当知今日举国汹汹夫岂仅在胡案，胡案特其近因，已至忍无可忍，乃一触即发耳。回首两年以来兄一人谬误之措旋〔施〕，而引起国内战祸，历历可数。科等事前既不克预闻，事后惟勉为隐忍，所以若是者，良以党国艰危，何志决绝，终冀兄能有日觉悟，好自努力，由统一和平而训政建设，克慰举国喁喁望治之情，则功过相偿，或尚获同志之谅恕而幸能相安于永久也。犹忆今年总理逝世纪念，《中央日报》征求发表感想，科举公、诚、忠、恕四字为总理伟大人格之表现，意在规兄思所补过。何图兄最近益倒行逆施，心劳日拙，凡所以翦除异己箝制舆论者，无所不用其极。所有在南京之各种会议咸在兄淫威劫持，无由有真正公意之表现，欲以此而造成惟我独尊，天下莫予毒之局，亦徒得其反而已。今党中国中有历史有殊望之同志咸已大彻大悟，共起团结认为【非】督促兄下野，和平决不可得。至于各军领袖平昔曾与兄共患难者，几无一不为兄排除，今幸存者谁不戒惧。北伐努力患难与共之同袍尚不能相安见容，则为势所迫新附来归之众乃可恃乎？兄试自思，现在更尚有何将、何士肯为兄效死者耶？冒签逼签之通电，其果足以吓人耶！战事一起，行见四方响应，而兄平昔在党经过之功绩乃扫地以尽矣。记兄曾云：制定约法乃为谋国家永久和平，使欲得和平果为兄志，则此时决然引退以谢国人，千秋万世终有为兄见谅者。此科为公为私，均不能不为兄进此最后之忠告也。惟善人能受尽言，愿兄勉之。弟孙科叩。宥。印。

〔陈布雷个人全宗档案〕

16. 蒋介石为下野事复孙科电

（1931年8月28日）

广州孙哲生先生大鉴：顷读宥（二十六）电，附和唐少川、汪精卫诸先生，嘱中正于笑谈之顷，放弃党国所付与之职责，惊异之余，弥深惋痛。中正尽瘁革命，系受总理付托，所任本兼各职，均奉党国命令，既非赵孟之所贵，亦非赵孟所能贱，兄以为中正有负总理付托之重，应去职以谢党国，得以合法之手续向党部建议可也。党果决议令中正去职，中正决不敢稍须恋栈，兄乃不此之图，而甘受惯于扰乱之反动分子、共产党徒所利用，意图破坏和平，破坏统一，以胁迫中正，中正个人之进退不足惜，其如党国之纲纪何？至谓中正平日对于政事独断自专，更不知何所指而云然。数年以来，国家重大兴革，无不受命于党，且无一不为兄等所共同主张，兄等既躬亲参加于前，奈何横加訾议于后，今昔矛盾，宛若两人，诚可异也，兄若以为前事应有更张，尽可以合法手续修正，凡党有令，谁敢不从，至少川先生等，不知以何种资格要求中正去职，惟有以一笑置之，惟念兄为总理之子，而去粤之时，迭对吴、李、蔡诸先生声言以调解斡旋为志，今抵广州，乃有此变，度必为环境所逼，非出本怀，深维革命尚未成功，同志仍须努力之遗训，又确信革命乃为责任，并非权利之争，攘夺固所不许，放弃亦所不甘，尚希望吾兄顾念总理创业之艰难，同志奋斗之努力，恪遵总理和平统一之遗训，一秉在沪时调解斡旋之初心，继续努力，共同完成革命，幸勿为一时之诱惑，误入歧途，毋为仇者所快，而为亲者所痛。掬诚奉覆，尚希省察为幸。蒋中正。俭（二十八日）。印。

〔中国国民党中央执行委员会秘书处档案〕

17. 唐绍仪等敦促蒋介石下野电

（1931年9月21日）

南京蒋介石先生鉴：国府同人，顷为和平统一发布通电，想承鉴及。今日剿共救灾对外诸紧急问题，非执事下野无法解决；而推倒个人独裁，实行训政，造成民主政治诸根本问题，尤非执事下野无从开始进行，深望执事以党国为重，一己为轻，曲徇众意，敝屣政位。度执事或以外交紧急，负责无人为藉口，然执事之为此言屡矣。始则曰：我若下野，党国无人负责。然党国纠纷，正因执事而起，执事不去，党国纠纷更无已时，此可以事实言明者。再则曰：我若下野，剿共无人负责。然数月以来，执事所谓剿共成绩安在，不但赣祸未已，且延及闽湘，此又可以事实言明者。今再若曰我若下野，外交无人负责，原以十七年间，日本占领济南事件，十八年间请求日本延期济南撤兵事件及中东铁路事件，执事所谓负责，其结果不外辱国丧权。今日东三省事件执事遂能不为前事之续乎？此不特同人所不能信任，即全国人民亦无人能代表也。执事勿以为同人有与执事争胜之念。执事下野，此间政府随以取消，另行组织统一的国民政府，全国人民苦个人独裁久矣。统一政府成立以后，本民主集政制之精神，同心同德，荡涤兴污，发扬新治，敬内对外，始有政策可循。执事若不忍党之为执事一人受过，以致人民失其信仰；不忍国之灭亡，种之沦灭，则望即下决心，安危之之机，决于一念恃之。唐绍仪、孙科、汪兆铭、萧佛成、陈济棠、邓泽如、李宗仁、陈友仁、马超俊、古应芬、唐生智。马。印。

〔陈布雷个人全宗档案〕

18．蒋介石关于下野事复唐绍仪等电

（1931年9月）

马电诵悉。当此国危民辱，举国号呼团结内部一致对外之日，而兄等反借日本外交关系，攻击中正个人犹为未足，且欲推翻本党唯一基础之中央政府，非唯中正所不敢承受，亦恐非出诸兄等之本怀。且电中所诬指者，皆为外寇挑拨我内战破坏我国家之阴谋，而兄等当日有同在中央共同负责者，当亦不愿摭拾外寇之余唾，以诬人而自诬也。今日之事，以国家言，非团结四万万同胞群策群力无以图存；以本党言，非集合全党同志和衷共济无以对总理与国民。吾人若于此时仍不能中止兄弟阋墙之争，以外御其侮，直非中华民族之同胞矣。中正无似尝诵“天下兴亡匹夫有责”之言，纵负责只有一人，中正亦必奋斗到底，一息尚存，此志不懈。每念危急存亡之秋，总理常以陆秀夫期中正，中正岂肯自负？平生临难苟免当仁退让乎。我等身受总理熏陶，许身革命，所为何事岂能徇少数人之私意，以国事为儿戏，凭一纸电文而即轻弃职责，置国亡种灭于不顾乎。中正个人进退实不成问题，惟兄等必欲中正引退，既无合法手续，又无具体办法，而又身在数千里以外，既不肯来京负责，又不愿中正尽职。如中正不顾一切，亦如世俗畏难托词所谓高蹈让贤者，则中正既去，而兄等未到之间至少须有十日之时间，政事中断，职责虚悬，国家陷于无政府状态。当此间不容发之秋，安可留此时间供外寇从容运用，使得藉口于中国无政府而无所欲为，是无异于助长外寇残杀手足乎！兄等苟有爱国精神，当不忍授人以柄，自戕其国至此也。以总理以党治国之遗教言，则兄等之马电党纪国法皆无所据，实失遗教之精神；以民主集权之制言，则兄等更应速来中央共同讨论取决于多数之决议。未有先破坏党纪而后再能以党治国

者，亦未有少数专断而反能实行民主者也。中正之所以负疚待罪而不忍卸责者，非有踌躇于个人之去留，实恐法纪一经破坏，从此国事更难收拾，而亡国灭种之祸亦即肇端于此耳。虽然国危至此，遑论其他。如能挽救危亡，则何事不可以相商？过去是非罪恶中正皆愿一身任之，唯愿兄等以党国为重，念危亡在即，一德一心，相见以诚，不复以平时之龃龉为芥蒂，泯绝猜嫌，实现团结，共度此艰难危险之局，以挽漏舟覆巢之惨祸，毋使后世秉笔作史者谓中华亡国之痛史由于本党只争意气不恤国难所构成，而使总理蒙垢含痛于地下，则中正虽被谬辱犹为殊荣。区区进退岂足容怀，披沥奉覆，唯乞为党为国平心察之。

〔陈布雷个人全宗档案〕

19．汪精卫关于召开国民党“四大”条件致朱培德函

（1931年9月6日）

益〇先生惠鉴：今晨晤蘅〇，得诵八月廿二日手书，敬佩交至。书中所述四次全国代表大会将中委名额扩充，“凡一、二、三届曾任执监各委除共产党之跨党分子外，悉所恢复，共谋国是”，实为解决目前纠纷至当不易之方法，弟完全赞同，敢信同事诸人亦完全赞同。唯开会之前宜有布置，否则开会不成，无从进行。故弟以为开会之前，至低限度应办到三事：（一）介〇通电下野；（二）广州通电取消政府；（三）双方派出全权代表数人妥议军事政治之处置，地点以不受任何一方军事势力之影响为宜。此三项做到，则第四次大会自然开成，先生之主张亦可贯彻矣。如此办法，于各人立场均无所损，而于党于国有益。此次纠纷若能不以军事解决而政治解决，实为党国之福，望先生努力至成之。会前布置万不可少，十六年秋宁汉合作不成即因会前布置

不周，致重行破裂，故不能不于第三项尤为着重也。高明裁之至幸！敬请台安

汪〇〇谨启　九月六日

〔陈布雷个人全宗档案〕

四、上海“和平统一”会议

1．蒋介石关于派蔡元培、陈铭枢赴港协商共赴国难事致汪精卫等函

（1931年9月）

精〇、勷〇、哲〇并转各同志：党国不幸，天灾人祸，相逼而来，最近东北横被侵掠，师熸国蹙，危亡无日。本党承总理之遗教，受国民之付托，坐致全国在水深火热之中，而国命驯且不保，罪戾滋重，何以对总理，何以对国人。环顾今日，方激于意气纠纷，错迕各走极端，演成今日之惨祸，悲哀曷极。当今全国同胞涕泣相告，之非举国同心协力，无以挽救危亡。况吾辈共负革命使命，有何不可牺牲一切，共赴国难。当国三年，愆尤丛集，过去之是非曲直，愿一人承之，谴无所加，何心复求诿卸。唯愿诸同志以党国为重，念危亡在即，各自反省，相见以诚，不复以平苦之龃龉为芥蒂，度此漏舟复巢之惨祸，无使五千年神明之胄自我而斩，毋使亡国之惨史将为中山党徒只顾内争不恤国难之所致，则弟视谬辱为殊荣矣。特属蔡陈两同志赴港就商一切，拙笔不能罄弟之血诚千百一。真如必为委曲宣达，且完全代表此间各同志之恳求也。

〔陈布雷个人全宗档案〕

2. 蔡元培等关于与粤方议定双方同时发表引咎通电及变更京沪卫戍警卫组织事与蒋介石往来电

（1931年9月29日—30日）

（1）蔡元培等致蒋介石电（9月29日）

南京蒋主席钧鉴：枢等于昨日到港。傅秉常同志到船招待，见告汪精卫、孙哲生、李文范三同志将于午后五时到港。届期三同志果到。自六时开始讨论面递钧座手书，三同志均感诚意，恳切的交换意见至十一时止，虽大体已具，而尚有数点未甚妥洽，约定今晨九时继续研讨。届时复开议至十时半，议妥：（一）钧座发一通电，为时局危急引咎，并声明议定统一政府办法时立即下野。粤方亦发一通电，亦向国民引咎，并说非统一不能救国；赴京开会，取消广州政府，并不以钧座下野与否为条件。两电均须同时发表，电稿均在草拟。（二）须立即变更京沪卫戍警卫组织，俾粤方诸同志即可安心来京，在总理陵前宣誓开会，议决统一政府办法。是否有当，候训示。培、继、枢叩。艳。午。印。

（2）蒋介石复蔡元培等电（9月30日）

去电　九月卅日

万急。蔡孑民先生、张溥泉先生、陈真如先生均鉴：密。艳午、艳未两电奉悉。诸先生苦心调护各同志亦以诚意协商至深欣佩。京沪卫戍事宜请真如兄主持，即日照办。中应引咎自责及个人去就不成问题，早经陈明，惟两方通电时间若与实际解决相距过远，照目前形势深虞于外交、财政发生影响。此间各同志咸主张请诸先生邀同各同志即日来沪，详商一切。京沪相距既近，协商自较便利，而电文发表以后，即可将商定办法实施，免使人心浮动，实于大局有益。至公同商决之事，中无不诚意遵从。诸先生及各同志何日来沪？盼即电示。中正。陷。未。

（3）张继等致蒋介石电（9月29日）

蒋主席均鉴：谨为均座拟通电稿，其文曰：中正自十五年秋季受命党国出师北伐以来，赖国民及同志之一致戮力，得完使命。十七年秋季全国统一，训政开始，谬承重托，使当国民政府主席之任。原欲鞠躬尽瘁，以奉行总理之主义及政策，无如德薄能鲜，诚信未孚，训政统一之局复陷于分崩离析。乎！最近天灾人祸交相愈逼，强邻得间肆其侵侮，此诚中正行能无似重贻党国之累，夙夜忧惕，自责不遑，当此危急存亡之际，救济之道惟有以统一会议产生统一的国民政府方足以安内攘外。倘使统一会议所产生之国民政府能克日成立，中正当能除党国所赋予之一切任务，即日引退，以谢同志，以谢国民，并当以在野之身随时献替，不敢自逸。窃维训政开始以来，瞬三载，总理遗教未得实现，人民痛苦未得解除，此诚中国之忧抑尤吾党之耻。倘自今日以后，我全党同志念既往之痛苦，来日之艰难，同德同心，以奉行总理遗教，内植民治，外抗强权，中正虽解除重责必仍不敢忘此天职，黾勉以随我全党同志之后也。谨布腹心，惟共鉴之。又广州政府拟发通电，其文曰：本党自十七年间扫除军阀，统一全国以来，原期奉行总理遗教，致中国于自由平等，谋人民之福利，乃荏三载，事与愿违，统一之局复陷于分崩离析。最近共祸根株未灭，沿江水灾无法救恤，外侮随至，益没之不可终日。同人奉职无状，无以对国家，无以对人民，内疚神明不敢自贷。窃念内忧外患如此，非统一会议产生统一的国民政府实无以救危亡，谨以一致之决议诚告于全国人民。如统一会议开成，统一的国民政府产出，则现在广州之国民政府当即取消，同人愿解职待罪，以在野之资格对党国有所贡献。惟同人一得之愚，有不能已于言者，训政以共和为目的，非以专制为目的，总理遗言固已深切言之，故训政时期当注意于民权之培植生长，以期渐进于宪政。且训政时期承接军政，欲举训政之实，则必使政治不受军事势力之威胁。夫如是然后政治得以公开，财政出入、外交方针皆得与国人开诚相见，从事政治者亦得自由保障。进以礼，退以义，一切把持操纵攀援依此之恶习一扫而尽，政治清明始有阶阔可循，国情之立，国难之纾，必有待于是。已往同志之血不为徒流，国民之牺牲始得所偿矣。耿耿之诚，窃愿勉谨陈悃愊，维垂察之幸甚。此电广州国民政府委员同人署名。继培叩。艳。中。

(4)蒋介石复张继等电(9月30日)

去电　九月卅日

香港、广州。陈总司令官真如兄转蔡张二先生。密。艳午、艳未两电奉到，即经奉复，顷又接艳□电及所拟两方电稿。现京沪卫戍事已明令发表，原则亦已赞同，请各同志即行到沪协商。电文发表日期及词句斟酌统可在沪商决也。中正。卅午。

(5)蔡元培、张继致蒋介石电(9月29日)

蒋主席钧鉴：前电谅荷察及，变更京沪卫戍警卫组织以人选为第一义，拟请任陈真如为首都卫戍司令兼淞沪警备司令，已得陈及粤诸同志同意，如蒙许可，请即发表。粤诸同志甚愿早日到京，此事为和议重要关键，发表之期愈早愈好。培、继叩。艳。

(6)蒋介石复蔡元培、张继等电(9月30日)

急。真如兄转精卫、哲生、君佩诸先生均鉴：密。顷接蔡张两先生暨真如兄艳电，当即电复。此间各同志咸盼诸先生即日来沪，俾早商决一切，同赴国难。中尤深致望，务希克日邀同各同志来沪，并先电示。行期中稍能抽暇，当赴沪恭迓也。中正。陷。未。

（7）陈铭枢致蒋介石电（9月29日）

蒋主席钧鉴：前钧座欲畀枢以警卫京沪之责，此间而粤集商，粤方同志亦坚持此议，枢惟知欲效忠党国、效忠钧座，当此国难当前，凡有利于和平统一之局，枢无不尽力。钧座如有所命，自当秉过之愚诚，受中央与钧座之指导，以拥护中央权威为职责。此间文武各同志邀枢等入广州，意见已洽，此行亦是使外间疑虑早释，故枢等未及请命，决于明晨乘车入广州矣。职铭枢叩。艳。戌。印。

（8）陈铭枢致蒋介石电（9月30日）

蒋主席钧鉴：昨三电想均荷鉴及。所拟办法纯本于精诚合作之精神，并非提出何种条件。两方通电，均有以在野之身尽力于党等语，表示此次下野云云纯为改组政府的手续，至将来何人应负何种责任，于会议时共同计议而后决定较为妥当。至卫戍司令易人一端，粤方同志甚为注意，尤盼早日发表。继等现为与粤方全体同志接洽起见，于今日九时赴广州，到后再报告。培、继、枢叩。卅。辰。

（9）蒋介石致陈铭枢电（9月30日）

陈真如兄勋鉴：密。本日发表任兄为京沪卫戍总司令官兼代淞沪警备司令，请即日来京就职，俾在粤同志早日莅沪共商大计。蒋中正。卅。

〔陈布雷个人全宗档案〕

3. 蔡元培等关于粤方要求宁方于十月五日共同发表通电后始行召集统一会议事致蒋介石电

（1931年10月1日）

蒋主席钧鉴：陷各电敬悉。已询粤方各同志，于通电发表之前不能来沪。粤方电稿，除谨以一致之决议，诚告全国人民二句，以有政府自己取销之嫌，改为谨遵照中央执监委员非常会议之决议，诚告于全国人民外，余均经非常会议通过。此电完全由粤方同志负责，钧座似不必代为斟酌。至钧座通电，粤方同志为希望早日发表起见，应如何修改，尽由钧座斟酌，不再要求先电粤方征其同意。发表之期，希望在本月五日，如钧座赞同，请即电示。如果于五日发表，则粤方赴沪之各同志于六日即可起行。又粤方同志拟邀集第一届、第二届、第三届中央执监委员全体组织党务会议，自通告发表日至开会日至少三星期，并须十九路军全部到达京沪以后，两方所希告之十月十日四全代表大会，拟由两方亦于五日宣告展期。又粤方同志为表示两方业已一致对外之精神起见，要求钧座现在关于东三省交涉进行随时通知广州政府得其同意。以上两项如荷赞同，亦祈一并电复。培、继、枢。东亥。

〔陈布雷个人全宗档案〕

4. 宋子文、朱培德关于蒋介石愿与汪精卫合作并希汪早日到沪致黄蘅秋密电

（1931年10月1日）

（一）

急。香港。黄蘅秋兄：祥密。请译转精卫兄鉴：艳电奉悉，

兄能来京面商，欣幸何如。介兄与弟等愿与我兄合作，纯出至诚，谅荷洞察。昨已发表真如京沪卫戍总司令，至其他各问题俟兄到后当能彻底解决。目前日本问题万分紧急，兄能早日命驾，尤为介兄与弟等所昕夕盼祷者也。弟子文、培德叩。东。

（二）

香港跑马地观马台八号黄蘅秋兄鉴：密。东电计达，余意未尽，兹补充如下：汪先生艳电及蔡、张、陈来电，介石暨此间同人均无异议，惟目前外交、金融千钧一发，若准双方通电后，旦夕无具体办法，则危险所届，宁堪设想。经多方考虑，极盼同仁迅集沪上，以敏捷之定谋新局之发展，于党国始为有益。汪先生老成谋国，谅能容纳，请转达为盼。弟朱〇〇。东。

〔陈布雷个人全宗档案〕

5．李石曾、吴铁城为蒋介石引退绝非目下时局所许可并请力促粤方速派代表赴沪谈判致蔡元培等密电

（1931年10月1日）

限即刻到。广州探送蔡委员孑民先生、张委员溥泉先生、陈委员真如先生勋鉴：口密。顷于介公处得阅东亥电。藉悉粤中同志希望本月五日发表电电。又所拟之统一会议，自通告发表至少三星期，并须十九路军全部到达京沪以后开会。如就如此仓促决定，即时影响大局。至于介公去留，在彼个人本无不可，但当此国势阽危应付为难之时，介公藉此引退，于彼个人固甚得计，但绝非此时局势之所许可。此中种种危机亦为公等所深稔，不胜备举，仍望诸公力促粤中同志或公推代表即日命驾来沪，互相开诚，缜密讨论，以策万全，固党安国，间不容发，深望粤中同志勿再踌躇。现京沪卫戍责任已尊重粤中同志意见，安全更无问题，公等已两次至粤，粤中同志无论如何似亦应公推代表数人来

沪，与京沪同志一度晤面，或亦为互相往返，协商合作所应尔也。如何？盼复。煜瀛、铁城叩。东酉。

〔陈布雷个人全宗档案〕

6. 蒋介石令陈铭枢等同粤方谈判必须坚持原订三原则电

（1931年10月2日）

广州陈总司令官真如兄并转蔡张二兄先生大鉴：中国只有一个政府，统一中国方能对外救国。故于此党国存亡之际，不得不在事理上求一圆满解决之道，特与兄等面定三个原则如下：（一）如粤中能负全责，则在中央同人尽可退让，一切请在粤同志整个的迁来首都，改组政府。至中正个人下野更无问题，只要粤中能确实负责，前来接代，则中正即可通电下野。此其一也。（二）如粤中不能负责，则应归中央负责主持，而广东政府自当取消，粤方同志即应齐集首都，共赴国难。此其二也。（三）如要各方合作，则中正更为欢迎，但必须来沪面商，方是开诚相见，同舟共济之道。此其三也。舍此三者之外，而欲必有条件相要胁，则于情于理于公于私皆不能通，无异背道而驰，殊非中正所愿闻也。兄等竟忘此三个原则及无条件三个字，而乃来此绝无磋商余地之东电，未知何意，诚令人不解。且中央接兄等艳电提议后，以有利党国且为合作之基础，故立任真兄为卫戍总司令，此亦以不愿有所条件，竭望竭诚合作之意也。今粤中同志既不在情理与国难中求解决，又不能来此面商，则先发通电更滋纠纷，无补于事，尚望兄等本以上之意与各同志恳切妥商，如期前来，俾得完满解决也。蒋中正。冬戌。

〔陈布雷个人全宗档案〕

7. 陈铭枢等关于与粤方谈判情形并请勿改原议定条件等与蒋介石往来电

（1931年10月2—3日）

（1）陈铭枢致蒋介石电（10月2日）

蒋总司令钧鉴：陷三电均奉悉。此次枢等抵港，秉钧座委曲为国之诚，与粤方代表研讨竟日，甚至张先生与君佩同志相对下跪，乃得议定。昨日才广州若干老同志尚持异议，复经枢涕泣慷慨陈词，众均动容，始无异言。至少今晨此间非常会议商定结果及粤方同志对钧座所示斟酌辞句及发表日期须双方在沪商决等意见，经枢与张察两先生东亥电陈明，谅已鉴及，乞速容纳电复，俾和议即底于成，共御国难。又粤同志对钧座通电请自行修改发表，不必征求粤方同意。惟通电中统议产生之国民政府成立，当解除任务，即日引退一节，乞勿更改，免至和议根本动摇。又钧座电令卫戍京沪，当自服从，勉竭驽骀，恳速电调十九路军来京沪负责，庶令粤方同志安心。录至此，适得密报，尚有人欲加提困难条件，对和议施其破坏伎俩，精卫、哲生绝不为动，惟仍恳钧座于东亥电所陈，从速容纳电复，俾得底定，免再生枝节，不胜企祷。陈铭枢叩。冬丑。

（2）蒋介石复陈铭枢电（10月3日）

广州陈总司令官真如兄勋鉴：冬丑电悉。如粤中果有诚意，诸同志来沪有期，则对剿匪事亦须与之切商会剿办法。十九路军剿防任务须由粤方派对接代，倘粤方同志能如期即来，则一面当令十九路军先开一部来京，以拱卫戍，当留一部在原防，以待粤方接防后全部开来京沪。粤方究派何部接防及对剿匪态度如何？盼复。余详昨夜复电，故不赘述。中正。江午。

（3）蔡元培等致蒋介石电（10月4日）

蒋主席钧鉴：江午电敬悉。钧座对于培等东电似有误会，此间各同志意见颇多，所谓两方同发通电，全由汪孙两同志苦心磋商之结果，通电一发，彼等次日即可来沪把晤，不过以通电为会晤之枢钮，非作为条件也。江午钧电到后，误会者尤多，现由汪同志设法解释，结果如何，再行报告。培、继、枢叩。支冬。

〔陈布雷个人全宗档案〕

8. 陈铭枢关于宁粤双方同时发表通电的用意等致蒋介石密电

（1931年10月3—4日）

（1）陈铭枢致蒋介石密电（10月3日）

南京蒋主席钧鉴：密。必亲译。职今日赴港，拟即乘轮复命，适接溥泉先生电话，奉到钧座江电，乃又赶返广州。以职连日观察，钧座如通电后汪孙两同志必可离粤赴沪，汪孙离粤，则中央对外对内均可绰有余裕。日来与汪孙两位应付某等，煞费苦心，如通电不发，则某等必于双十节日开四全大会，汪孙两位再无术可以斡旋，形成更僵之局。此通电用意，在促成双方会面之机会，并不与三原则相违背，愿深审之。又伯南愿出兵剿匪，经与成议，职深恐钧座复电，藉口破坏，不得不与哲生重入广州，告汪同志密为挽救。生死关头，系于瞬息，恳再赐察核，速电示遵。职陈铭枢呈。江亥。

（2）陈铭枢致蒋介石密电（10月4日）

来电　十月四日

蒋主席钧鉴：江亥电想察钧览。刻偕哲生抵广州，据蔡张两先生云，钧座江午电到后，精卫极着急，同某等疏解中。按粤中群情庞杂，老同志成见极深，某等复存心破坏，精卫、哲生暗中调协，意甚诚切。对钧座三个原则，以为将来当使第三原则实现，日前所以须双方同时发通电者，实为应付各人积嫌心理，不得不如此。而双方同向国民引咎，并表示俟会议成功，新政府产生，同时下野，令诸人释然，无可藉口，国人亦可变易视听，并非有何等条件。在目前关键全国，汪孙两人能往沪，舍通电外有何善法使其行，职等固已绞竭心血，斡旋其中，望钧座亟再电示。职拟于鱼日返交，此电送由香港发。陈铭枢呈。支午。

〔陈布雷个人全宗档案〕

9．蒋介石关于引退通电必俟粤方代表到沪后发表复陈铭枢等密电

（1931年10月5日）

香港、广州。陈总司令官真如兄勋鉴：并转蔡张二先生：江亥支午未各电悉。对于通电原则，前电本已赞同，且甚愿早发，无所犹豫。惟当此外交紧急，存亡呼吸之际，不可一日无政府，此电文句虽发电后仍未下野，而中外心理与事实已等于入无政府状态，此岂危急之时政府可任令其虚悬至如此之久乎？在〇通电发表之后，粤中同志尚未来到之前，中间负责无人，万一发生意外，不但〇无以自解，即粤中同志亦与有责。如粤中同志能早日来沪，此电夕即发。诸兄若不能来，则此电为国家计，实不能不负责审慎，非敢等国事如儿戏也。想诸兄以国家为重，必不惜一举趾之劳也。如何？请与粤中同志迅予商决为幸。中正。歌午。

〔陈布雷个人全宗档案〕

10. 陈铭枢关于汪精卫力主赴沪及粤方非常会议不再坚持先发通电后赴沪事致蒋介石密电

（1931年10月4—5日）

（1）陈铭枢致蒋介石密电（10月4日）

来电　　十月五日

蒋主席钧鉴：密。极秘。汪先生坚决主张赴沪，下午与某等大议论，哲生与汪意见一致，伯南受激动亦甚赞成，明日他们开非常会议解决。他们即不通过汪亦必行，枢极劝孙同行，前途可乐观。枢明午后赴港，谨闻。职陈铭枢叩。支亥。

（2）陈铭枢致蒋介石密电（10月5日）

来电　　十月五日

蒋主席钧鉴：支未电想荷鉴及。顷据汪同志报告，非常会议已决议，对于先发通电一层既有不便，不复坚持，俟铭枢到京后邀展堂同志到沪，则此间被推赴沪之同志立即起程。特此报告，俟枢到面详一切。培、继、枢叩。微午。

〔陈布雷个人全宗档案〕

11. 蒋介石欢迎汪精卫力排众议来沪共赴国难密电

（1931年10月5日）

万急。限即刻到。香港。陈总司令官真如兄勋鉴：密。转汪先生：兄排除众议，毅然来沪，共赴国难，患难乃见真友，遥闻之下，无任铭感。何日起程？乞示复。弟中正叩。歌申。

〔陈布雷个人全宗档案〕

12. 陈铭枢为汪精卫决心赴沪并请胡汉民同时到沪会面致蒋介石密电

（1931年10月 6日）

蒋主席钧鉴：歌午、歌申两电均敬悉。密。职歌晚抵港，七日晨始有船，预计九日可到沪。精卫同志来沪，已具十二分决心。惟古等以高压手段阻其行，俟职到京面陈详情后，无论展堂同志肯到沪与否，汪同志亦愿来沪，虽至决裂亦所不惜。昭私衷亦甚愿和，惟亦为此秘情势所制，在职未到京以前，恳钧座时电张蔡两先生转粤中同志，勉以大义，动以至诚，并转劝展堂同志于汪同志等到沪时亦来会面，共商一切。职陈铭枢呈。鱼寅。

〔陈布雷个人全宗档案〕

13. 陈铭枢为与汪精卫会谈完满拟赴沪汇报等致蒋介石密电

（1931年10月 7日）

蒋主席钧鉴：密。必亲译。刻再与汪会谈，更极完满，待面陈一切。钧座既全权命职代表，望勿再发负责电报，免生枝节。职与顾孟余、黄华表同来。职陈铭枢叩。虞午。

〔陈布雷个人全宗档案〕

14. 张继等为粤方代表坚持俟胡汉民到沪后始行起程致蒋介石电

（1931年10月 8日）

蒋主席钧鉴：密。奉鱼电，敬悉。抄送汪孙李三同志，并询可否即日推定赴沪人选，提前起行。今午三同志来告，午前提出非常会议大多数仍主张俟展堂同志到沪后始行。特此报告，并请示胡同志行止。继、培。庚。

〔陈布雷个人全宗档案〕

15. 蒋介石关于胡汉民同意赴沪参加会议事致蔡元培等密电

（1931年10月11日）

万急。广州蔡孑民先生、张溥泉先生：学密。请转湘芹、精卫、哲生三先生暨各同志：真如兄到，转述种切，并奉□教，荷承勉以精诚团结，共赴国难，并将偕同蔡张两先生来沪，感慰无已。顷已邀展堂先生同意，三日之内即赴沪，届时中正亦当到沪相候，会商一切。乞示行期，毋任翘盼。再，十九路已电令陆续调京沪，望伯南同志速调军接该部现在赣南之防务，诸难卓裁示复。中正。真戌。

〔陈布雷个人全宗档案〕

16. 蔡元培、张继关于粤方代表等赴沪日期及对日问题致蒋介石密电

（1931年10月13—16日）

（1）10月13日电

蒋主席钧鉴：密。文电敬悉，即送汪、孙、古三同志。汪君顷见告，读电后甚感诚意，午后三时曾提出会议，因古君病假未到，未能推定赴沪之人，明日再行讨论。明日有法船由港开，已来不及，此后到十七日始有船，准可行。至汪君等真如兄电中询及

对日交涉进行征粤方同意一层何以未复云云，纯系出于此间明瞭现状之渴望，决非以此为行否之条件，请勿误会为要。汪孙两君因尚未与古君接洽，尊电暂缓答，代为声明。培，继叩。元酉。

（2）10月14日电

蒋主席钧鉴：密。元酉电想荷鉴及。此间盛传尊处有对日宣战之议，甚以为念。培等亦以为日军来扰，亟应抵抗，然以不宣战为稳健。尊意如何？钧座及展公于何日抵港？亦请电示。培、继叩。寒酉。

（3）10月15日电

蒋主席钧鉴：密。本日粤中各同志已推定汪精卫、孙哲生、李君佩、伍梯云四君为代表偕继等准于巧日乘大来公司总统轮来港。特此报告。继、培。删戌。

（4）10月16日电

蒋主席钧鉴：密。培等今晚酉时偕梯云、子超两君先到港，汪、孙、李三君明晚来。谨闻。培、继叩。铣酉。

〔陈布雷个人全宗档案〕

17. 蒋介石请林森约粤方代表来沪密电

（1931年10月16日）

广州林院长子超先生勋鉴：密。闻公已回国，请即与蔡、张诸先生约粤方同志速来为荷。中正。铣。

〔陈布雷个人全宗档案〕

18. 蔡元培等为粤方代表即将抵沪请提前实施四事致蒋介石密电

（1931年10月16日）

蒋主席钧鉴：密。删已电敬悉。汪、孙、李、伍四同志准于巧晨偕培等搭总统麦的生号行，艳上午可到港。精神团结已无问题。有四事请尊处提前实施，以表示亲爱精诚之意。（一）电饬津、沪暨各处属于非常会议之同志，一律予以自由；（二）通饬上海暨各处报馆，对于此间言论通讯予以登载；（三）请戒饬各地党部及各军队长官，不得于和平会议时轻率发表主张，致有胁迫之嫌；（四）请通告民众团体，对于来港代表应任其自由行使职权，不得为示威包围等举动。以上各端，皆目前切要之图，务祈即予施行为幸。培、继叩。铣午。7233转。

〔陈布雷个人全宗档案〕

19. 熊式辉劝陈铭枢勿以和议代表自居请粤方代表速赴沪密电

（1931年10月18日）

限即刻到。广州陈总司令真如兄勋鉴：密。总座复兄东亥电谅已得达。现在国家存亡间不容发，总座手披肝胆与粤中诸公谋救亡御侮之道，凡有补于国无不乐从，个人任何牺牲皆所不惜，当亦兄所深知。且中央决心总座下野亦可，政府交代完全由粤中诸公组织亦可。此时粤中诸公似不应提出条件作议和方式，令人痛心。吾兄亦不宜自居和议代表，接收此种议和式之条件转达于总座，因总座血诚相示已书于语兄之三大原则也。目下应请粤中诸公速决速行之事，即先派数人到沪，或完全接收中央政府而主持之，或与中央诸公协商而共同处理之。寇深矣！此何时耶！昔宋人议论未定，兵已渡河，可为殷鉴，心所谓危，聊贡一得之见，备兄参考也。弟熊式辉叩。巧。

〔陈布雷个人全宗档案〕

20. 陈铭枢为张发奎等表示投蒋并请严密保护粤方代表等与蒋介石往来密电

（1931年10月18—19日）

（1）陈铭枢致蒋介石巧申电（10月18日）

蒋总司令钧鉴：密。极秘。（1）季宽、向华、赓陶在港与职谈倾诚钧座，现应约同汪来沪；（2）沪公安局有人拟密使多人接船时质问粤方代表，请饬岳军兄严密保护；（3）伯南复电，俟和议有着落即接防。职陈铭枢叩。巧申。

（2）蒋介石复陈铭枢电（10月19日）

上海陈总司令官：巧申电已电悉。上海党部与各团体欢迎粤方同志，请勿念。中正。皓。

〔陈布雷个人全宗档案〕

21. 蔡元培等关于粤方代表已抵及会商办法等与蒋介石往来密电

（1931年10月21日）

（1）蔡元培等致蒋介石电（10月21日）

蒋总司令钧鉴：密。继等已偕汪、孙、李、伍四君及其他诸同志于本日十一时到沪。汪、孙诸同志甚愿以尊电三原则第三则为基本熟商办法，不必有和平会议等名目。继等甚望钧座于本晚即临沪，与粤来诸同志会晤，以表示亲爱。如需继等先来京报告，候电即行。继、培。马。群代印。

（2）蒋介石复蔡元培等电（10月21日）

上海蔡孑民、张溥泉先生鉴：闻公等与粤方同志已抵沪，中定明晨乘机来沪，请公等不必来京。中正。马。

〔陈布雷个人全宗档案〕

22．特种外交委员会请于右任邀汪精卫及胡汉民等赴南京共商外事密电

（1931年10月23日）

上海张市长即亲译转于院长右任先生惠鉴：〇密。外交问题关系国家存亡者至大，一月以来，竭力撑持，艰苦之状，为先生所深知。现在根本问题急待决定，当前之事更须紧急处理。今汪、孙、伍及诸同志幸已到沪，展堂先生亦已晤谈，此实举本党同志精诚团结，国事转危为安千载一时之际遇。此时能立待表现一致努力对外之事实，必更可得国际之同情与全国国民之一致救国功程，此实最为重大紧急。国联方针将于此两日决定，而京中同志艰苦亦达其极，兹特竭诚电请先生即刻亲往，请汪、孙、伍暨粤诸同志及展堂先生，务必赶于今晚专车来京，共同商定，因目前待决之事断不能迟至明日午后。事急，诸先生处不另致电。时机急迫，言不尽意，谨为党国前途，竭诚奉恳，诸维惠鉴。时间决定，望即电复。特种外交委员会叩。梗。

〔陈布雷个人全宗档案〕

23. 蔡元培、张继请汪精卫等推派代表赴南京参加外交会议的往来密电

（1931年10月23日）

（1）蔡元培等电

上海。张市长转汪精卫、孙哲生、伍梯云、李君佩、邹海滨、陈友仁先生勋鉴：申。外交紧急，今晚有重要外交会议，请兄等推派代表来京参加会议。何时来京？盼复。蔡元培、张继。梗晨。

（2）汪精卫等复电

特急。限即刻到南京。国民政府文官处速转蔡孑民、张溥泉两先生勋鉴：密。梗辰电敬悉。弟等此来系负责讨论和平统一问题，如此问题能得到解决，则即所以应付外交，故仍守昨日谈话结果，专候诸先生驾临会议。关于外交消息尚祈随时赐示，弟等臆虑所及，必当竭诚贡献也。汪兆铭、孙科、李文范、伍朝枢、邹鲁、陈友仁。梗未。

〔陈布雷个人全宗档案〕

24. 蔡元培等关于外交问题及宁粤双方合开国民党"四大"办法等致蒋介石密电

（1931年10月26日）

特急。限即刻到南京。蒋主席钧鉴：密。今日午后二时与粤方代表在住宅谈话，对于外交问题，驳外间各团体所要求退出国联与对俄复交两点之不妥，作本党一致之主张，已交通讯社发表。对于四全大会一、二、三届中委均作为代表出席及京粤两方

代表合开大会两办法，由个人提出，颇受全体赞同，并未决议。尊意如何？祈请电示。继、培叩。宥。群代。印。

〔陈布雷个人全宗档案〕

25. 蒋介石关于对日方针及召开国民党“四大”问题复蔡元培等密电

（1931年10月27日）

上海。张市长勋鉴：震密。转蔡、张、陈诸先生：宥电诵悉。国内最近并无退出国联之要求，不必有此驳词，否则反使国联怀疑，且使中国丧失信义。且欲表示对外一致，亦须由中央外交委员会发表，不能由上海迳行发表。类似筑室道谋，见笑外人。弟意现时对外所急应表示者，即日本如不撤兵完毕则我国决不与其直接交涉之方针，此为今外交成败党国存亡之唯一关键，请公等须于此点有一共同精神之表现，其他则非今日外交之所急需也。至于各届中委均作出席代表及京粤代表合开大会一节，须经中央全体会议决议方能定夺。如何？酌核。中正叩。感午。

〔陈布雷个人全宗档案〕

26. 蒋介石为更正上海第一次会议报导致张静江密电

（1931年10月27日）

上海张市长勋鉴：申。阅报载上海谈话有第一次会议之说，应请更正。在沪只作谈话，中央并未准有会议之形式也。请转告蔡元培先生等。中正。感辰。

〔陈布雷个人全宗档案〕

27．吴铁城为粤方代表在会议前提出“党政改革案”致蒋介石电

（1931年10月29日）

蒋主席钧鉴：今早未会议前，粤对代表提出党政改革案，蔡先生等以此案关系重大，中央未之前闻，不便讨论。兹将该案电陈如后。

党政改革提案

一、关于统一会议

（1）统一政府的会议。（甲）组织本会议由中央执监委员非常会议与南京中央各派代表五人至七人共同组织之；（乙）任务：一、决定统一政府之产生，二、商定党务统一会议之进行；（丙）会议由双方代表商定之。

（2）统一党务的会议。（甲）组织由本党一、二、三届中央执监委员共同组织之；（乙）任务：一、商定关于召集四次代表大会之一切事宜；二、商定粤宁两中央机关之统一问题；（丙）会期统一政府的会议完结后即举行。

二、关于政治者

1．国民政府主席为国家元首，不负行政实责，同于内阁制国家之总统，任期二年。

2．行政院长负实际行政责任，同于内阁制国家之国务总理。

3．立法、司法、考试、监察四院长不与行政院长同进退。

4．国府主席及各院院长均不得以现役军人充任。

5．国府委员之责权为处理各院间权限之冲突。

6．国府主席由中央执委会投票选举。

7．行政院长由主席向中央提出，求其同意。

三、关于军政制度

1．国府设国防委员会，设委员若干人，由国府任命，并指定常委三至七人。

2．国防委员会不直接施布命令，一切军令由国府行之。

3．边疆各地酌设若干国防区，每区设国防分会。（国防区之划分不必与现有省区相同）。

4．国防委会及分会委员须加入文人。

5．腹地各省与国防无关者平时不得多驻军队，地方治安以宪警维持之。

6．确定军队编制，以师为最大单位。

7．将现有过量军队分调防边，实行屯垦。

8．国府仍设军政部、参谋本部，剿匪事宜临时设剿匪司令官任之。

9．军需独立设部。

四、关于财政者

甲、原则

（1）实施财政公开；（2）厉行预算制度。

乙、办法

（1）特设财委会，由政府授予左列职权：整理财政，执行预算，稽核报销，公布收支帐目。

（2）财委会以十五人组织之。

政府事，银行界事，工商业事，经济学者事，有经验之专家事。

五、关于地方制度者

1．为实现以均权求共治主张，将全国各省划为若干政治区，每区设政治委员会。

2．各省之管域及权限宜缩小之。

3．积极推行县地方自治。

附　则

1．主席人选以年高德劭而望重者为宜。

2．行政院长以精明强干而能整饬庶政者为宜。

3．外交部长以有革命历史能实行革命外交者为宜。

4．财政部长以富有理财经验学识者为宜，不限党员。

蔡先生等嘱电请示，如何应付，请示遵。铁城。勘。

〔陈布雷个人全宗档案〕

28．蒋介石关于粤方“党政改革案”不应在上海会议提出讨论复吴铁城等电

（1931年10月29日）

上海张市长勋鉴：译转李先生暨铁城先生鉴：铁兄勘电奉悉。党政改革提案内容姑不具论，精神上即与团结对外之主旨不相合，此时为党为国均唯有从速集合首都，共赴国难。至党政根本问题，应俟本党多数之讨论决议，无以十余人在租界内谈商即可决定全党全国大计之理。吾辈既为党员，党章必须共守；同为国民，应急国家之难。苟为忠实同志，爱党救国出于真诚，而非如外间所议以权利及分赃为目的者。此等违反党章，不恤国难之提案，不应提出讨论，以负国人之热望。特此奉复。中〇艳未。印。

〔陈布雷个人全宗档案〕

29．蒋介石关于通电下野事致蔡元培等函①

（1931年10月）

孑民、石曾、溥泉、静江、真如、铁城六同志大鉴：关于中

① 此函系1931年10月31日由吴铁城携沪之件。

通电下野之事，在当时香港原议“中发一通电，为时局危急引咎，并声明议定统一政府办法时立即下野；粤方亦发一通电，亦向国民引咎，并说非统一政府不能救国，赴京开会，取消广州政府。”有当日议定通电原意，本非电发即时卸职而去，即近粤方所谓表示结束过去之意见也。此种先表示而不立即去职本非中所愿为，唯为促进和平起见勉从公意，拟就电稿，并声明粤方同志朝到沪则通电夕即发表。乃粤方同志到沪以后，中托铁城兄将电稿携交，而粤方同志不主立即发出，遂以延搁至今，社会纷纷引为传说，一似中不愿发此通电也者。实则中之求去不自今始，苟于党国有利个人毫不成问题，此意应为公等所洞察。唯既延搁至今，则表示形式之时期已成过去而已至实行通电辞职之时，故发电辞职应并为一事，一面发电，一面立即实行卸责，再不能徒为一种形式之表示。此中曲折不能不为公等道之。我辈此番之苦心合作，在求国家之安全，而决不可使人心稍有摇动，不料粤方并未通知我方，亦未得中同意，而遽以通电之稿向记者发表，以致数日以前平津报纸竞相揭载，外报亦纷纷传译。未发之稿，竟成公布之件，社会纷传，人心摇动，金融市场遽起恐慌，华北及长江一带军队心理皆受影响。近日山东方面自委税吏，据韩向方来电，即为此种惶惑心理所造成也。夫仅传布草稿，其影响已如此，若通电果发，其影响更可知。故中以为此时欲求国家社会之安定，外交财政之顺利进行，万不可再有一种并不立即辞职而先表示下野之通电。否则，电文既发，已成临去之身而辞职尚未实现，则政无中心，人心皇皇，社会金融军事胥呈摇动之象。在此将去而尚未去之时，中忝主中枢，欲负责已无名义，不负责则继任尚未产生，此身将陷上下不得进退维谷之境遇。即为大局计，经此一段虚悬延待之时间，国际地位摇动，国家社会纷乱，各省各军均感惶惑，则后来者将如何收拾此局面。中个人痛苦从不足惜，独可不为国家计乎？故中以为此时所发通电，不能再如前议先为一种表示式之通电，而必须为言出行随之实际的辞职通电：（一）通电发出之日，应即为个人辞职交代之时；（二）必须先推定继任之人，接受职责；（三）中发电辞职时，粤府亦同时取消。必须此三者确定，而后通电发出，不致承接无人，如此粤府取消，国家有实际统一之利。中辞职，政治亦不致受丝毫影响。故中今日所求者，乃在速发辞职通电，同时粤府亦实行取消，否则外间不察，以为我方不愿发电辞职，致合作不能进行，徒归咎于我方，而不知彼方所提办法，徒为扰乱政局，动摇人心，作弄朋友，儿戏国事，而非精诚合作，共赴国难之道也。总之，若未有实行之准备，而姑为一种表示，今日已非其时，且为国为党，均有莫大弊害。爰不惮琐琐为公等详切道之，庶于磋商之时，知中苦衷之所在，诸维荃察不备。祗颂公绥。

〔陈布雷个人全宗档案〕

30. 上海“和平统一”会议记录

（1931年10月27日—11月7日）

第一次会议录

地　　点　上海戈登路二十九号

日　　期　中华民国二十年十月二十七日

出席代表　张人傑　伍朝枢　李文范　汪兆铭　孙　科　陈友仁　邹　鲁　蔡元培　陈铭枢　张　继　李煜瀛（吴铁城代）

主　　席　蔡元培

纪　　录　钟天心　杨宗炯　邱锦贤

主席恭读总理遗嘱。

报告事项：

一、李代表煜瀛电达蔡代表元培、张代表继并转吴铁城先生，请吴铁城先生代表出席。

讨论事项：

双方代表会商和平统一之经过应作成录案。

决议：照汪代表兆铭所宣布双方代表会商之经过作成纪录（附纪录全文）。

会议进行之经过情形

自九月二十八日粤方接蔡孑民、张溥泉、陈真如三先生电，知动程由沪往港后，广州中央非常会议即决议派汪精卫、孙哲生、李君佩三同志到港与蔡张陈三先生会晤。抵港后，由蔡、张、陈三先生交来蒋先生亲笔信一封，信是给精卫、湘芹、哲生同志转各同志。信内大略说，自日兵暴行发生之后，中国地位是极危难，应立即团结，共赴国难，以前纠纷是非曲直，如说是完全归罪余个人负责亦无不可，今后应本总理精神共挽大势。六人在港讨论结果，决定拟两电稿，一为蒋通电，一为粤府通电，主张由统一会议议决改组统一政府，俟统一政府成立后，蒋即解除职务，粤府即取销。此两电稿由蔡、张、陈三先生拍返南京。到九月三十号，蔡、张、陈三先生即与汪、孙、李三先生一同返粤。随后，又接蒋先生覆电说，两电均悉，原则可赞成。惟发表日期与字句修改俟粤方同志到沪后再商，粤方接此电后亦赞成来电意思，并盼胡展堂先生到沪后动程。蒋先生后即答应胡先生亦即抵沪。非常会议即派定汪精卫、孙科、伍朝枢、李文范四人代表赴沪，随后再加派邹鲁、陈友仁二人代表粤方。六代表十月廿一日到沪，晤蔡、张、陈三先生，交出经已修改之蒋先生通电。谈话时关于此电发表日期问题因尚待解决，故未发出。蒋先生随后由京飞沪谈话一次，因事又返京去，当即由粤方各代表连署一函，将谈话结果告蒋先生。南京即派李石曾、蒋元培、张继、陈铭枢、张静江五人代表出席，即开成此会。

二、双方通电原稿应何时发表案。

决议：双方通电原稿，俟本会讨论就绪，再定发表日期。

三、决议：定二十八日上午九时开第二次会议。

蔡元培

第二次会议录

地　　点　上海戈登路二十九号

日　　期　中华民国二十年十月二十八日

出席代表　汪兆铭　李煜瀛　张人杰　蔡元培　朱文范　伍朝枢
　　　　　孙　科　陈友仁　邹　鲁　张一继　陈铭枢

主　　席　汪兆铭

纪　　录　钟天心　程中行　杨宗炯　邱锦贤

主席恭读总理遗嘱

报告事项

一、宣读第一次会议录。

二、首都各校抗日救国会致本会各代表意见书一件。

三、首都各界抗日救国会函本会各代表陈述意见四点，敬祈采纳。

四、美国三藩市中国国民党驻美总支部电黄伯耀同志转本会各代表，请双方同志蠲除成见，一致对日，并展期明年三日开四全代表大会。

五、南京市农民代表倪光和致本会各代表建议书一件。

六、首都各界抗日救国会工界代表徐源泰致本会各代表请恢复工运请求书一件。

讨论事项：

一、首都各界抗日救国会请求允许民众团体代表列席本会应如何办理案。

决议：函复该会现在的会议其目的为双方代表交换意见各界代表未便参加惟会议讨论决议各项必随时公开披露报端以资各界

参考。

二、决议　此会议目的，在彼此讨论办法以拟定具体方案，其最后决定权在于双方之中央党部。

三、决议　本会议先将粤方代表十月廿二日致蒋介石先生函所列各点依次讨论（附录原函）。

介石先生惠鉴：弟等此次受在粤同志之托，前来晤商，一以谋党国诸疑难问题得一解决，共赴国难。顷承教益，以纠正过去之错误相期勖，并切望以后再无此等不幸之纠纷发生。此正弟等所寤寐以求者。关于实现此等期望，第等曾提出办法如左：

（一）为共赴国难，计先谋外交之一致行动。

（二）关于党国诸疑难问题，拟请尊处派出代表数人，在沪与弟等详细讨论解决方法，俟此同意，乃开正式会议，以决定实行。

（三）弟等认定党国根本问题，最要在集权于党，而按照建国大纲所定程序，以完成民主政治此点乃根本原则，尚希鉴察。

（四）关于党务，拟召集一二三届中央委员会议，共谋解决产生健全的第四次全国代表大会，务扫除过去纠纷，以确定将来基础。

（五）国民政府主席，拟仿法、德总统制，以年高德邵之同志任之，现役军人不宜当选。

（六）陆海空军总司令一职，拟废除之，另设军事机关，其详另定之。

（七）目前在粤所拟双方通电，其用意在使从前纠纷得一结束，决非彼此抛弃责任，故会议决定以前彼此应尽之责任，应照常担负。至于此后对于党国如何服务，一听命于会议。

以上各点，诚未足概今日待决问题之全部，但先举其大者，余可于讨论时继续提出。至于居觉生、方叔平诸同志之恢复自由，及邮电新闻之免除检查，俾自由意志得以从容展布。既承而允，尤盼早赐施行。谨托蔡孑民、张溥泉两先生代达一切，惟祈鉴纳，是所深幸。专此。敬请台安。弟汪兆铭、孙科、伍朝枢、邹鲁、李文范、陈友仁同启。

四、为共赴国难计，先谋外交之一致行动案。

决议　（一）关于外交事件其交涉进行由南京政府任之其方针及原则即在本会议讨论并随时报告，并非必要时不向外发表。

（二）关于外交方针决议如左：

甲、此次日本对我国并未宣战，乃系用强盗明火打劫办法，侵略我国领土主权，故即使我国对之极力抵抗，亦不必用宣战方式。

乙、此次日本暴行，乃绝无理我国有要求国联及非战公约各国主张公道裁制日本之权利，故外间团体有所谓退出国联之主张，乃系一时愤激之谈，宜设法劝止之。

丙、对俄复交乃另一问题不必于此时提出。

（三）关于日本问题，以前及现在将来各种重要文件，请南京政府将副本寄交本会议。

（四）本会议于必要时，得派员至南京参加特种外交委员会。

五、决议　十月二十九日上午九时开第三次会议。

汪兆铭

第三次会议录

地　　点　上海戈登路二十九号。

日　　期　中华民国二十年十月二十九日。

出席代表　蔡元培　张人杰　伍朝枢　汪兆铭　李文范　孙　科
　　　　　陈友仁　李煜瀛（吴铁城代）　张　继　陈铭枢

主　　席　蔡元培

纪　　录　钟天心　程中行　杨宗炯　邱锦贤

主席恭读总理遗嘱。

报告事项：

一、宣读第二次会议录。

二、上海各大学学生抗日救国联合会来函，请准全沪各大学学生派代表列席和平统一会议。

三、中国青年抗日救国会通电一件。

四、星架坡中华基督教联合会请为谋和平牺牲一切电。

五、陈白涛、钱鼎奎等拟具条陈十则，请采纳。

六、金宝玉致本会各代表函一件。

讨论事项：

一、决议　解释上次决议，所谓外交一致，系有限度的，如外兵侵入而言不抵抗，丧失国土而无人负责，此种政策及情况本会议不能表示一致。

二、决议　日本始终不敢承认系占领东三省，故吾国目前应即派员带领警察或宪兵前往恢复地方行政及维持地方治安，在此计划实行以前，应即将实行日期正式通告国联及日本公使。

三、此次日本以兵力侵占东三省，事前并未经国际上应有之外交手段，又未经过宣战之形式，突然进兵屠杀我人民，掠夺我财物，其行为实与强盗闯入人家明火打劫无异。东北边防军有守土之责，自应极力抵抗，即使为力未逮，而猛烈之抵抗与牺牲，一方可表示我国人守土奉职之精神，一方可唤起世界各国之同情与援助。此等抵抗行为，与宣战不同，乃系守土者应有之义。乃东北边防军竟绝不抵抗，袖手以视领土主权之被蹂躏，是何居心？并闻此乃奉令行动，发此命令之人应负责任，否则各处守土者相继效尤，国家领土主权岂不沦丧以尽。应通饬全国军队，申明此义，如有外国军队闯入领土为侵占行为，应一面报告政府，一面悉力抵抗，以尽守土之责。

四、决议　十月三十日上午九时开第四次会议。

蔡元培

第四次会议录

地　　点　上海戈登路二十九号

日　　期　中华民国二十年十月三十日

出席代表　伍朝枢　张人傑　蔡元培　李文范　汪兆铭　孙　科　陈友仁　张　继　陈铭枢

主　　席　伍朝枢

纪　　录　钟天心　程中行　杨宗炯　邱锦贤

主席恭读总理遗嘱。

报告事项：

一、宣读第三次会议录。

二、上海人民救国会议，请各代表消除一切意见，欢然入都，并提出主张三点函一件。

三、上海私立小学校教职员抗日救国会，为挽救国家危亡条陈六项，并请准许民众团体列席呈一件。

四、上海持志学院抗日救国会，为呼吁和平，提出意见七点，请粤方代表采纳呈一件。

五、妇女救国大同盟函致溥泉、石曾、梯云、鹤卿、静江、铁城诸先生，为谊切救国，有愿面陈请示时间，以便推举代表趋教。

六、上海市二区十七分部致本会各代表代电一件，请团结一致对外。

七、张作霖、张学良在东三省多年，对于日本种种无理要求尚能抗阻，不肯抛弃国权，张作霖因此为日本人所嫉恨，狙击以死。张学良此次惨受日本袭击，亦即不慊于日本人之证。惟此次所谓不抵抗主义，实足误国，故不能不申明责任。尤有进者，十数年以来，东三省政治军事，对于中国似处于半独立状态，此实为诱致外侮之主因。此后应在制度上事实上极力消灭此种半独立状态，方足以内兴民治，外保国权。此实为根本要图，特附带声明，以冀唤起注意。

讨论事项：

一、决议　本会议每次所发表之消息，均先经各代表同意，由当日会议之主席签名，交各新闻记者钞录，外传发表之会商经过情形，与事实颇有出入，未免误会，应予声明。

二、决议　由双方代表各电双方中央党部，请将四全大会开会日期暂行展缓，俟双方商议就绪再定日期。

三、中央政制改革案

决议：

甲、原则

一、使五院能独立负责行使职权，以实现五权制度之精神。

二、使政治系统与组织简单化，以增加政治效能，而避免重复转折责任分散之病。

三、使政治实际的民主化，中央政治机关应参加民选分子，使政府与人民之关系日益亲切，以共同负担建立宪政之目的。

乙、办法：

一、（1）国民政府主席改称总统为国家元首不负实际行政责任。

（2）总统不兼其他公职。

二、（1）废除中央政治会议之组织设国民政府委员会为国家最高之权力机关等于立宪国之国会。

（2）国民政府委员会设常务委员三人于会议时轮流主席。

三、国民政府委员会设委员若干人，中国国民党中央执行监察委员为当然委员。

四、决议　十月三十一日上午九时开第五次会议。

伍朝枢

第五次会议录

地　　点　上海戈登路二十九号

日　　期　中华民国廿年十月三十一日

出席代表　汪兆铭　孙　科　蔡元培　陈铭枢　张　继　吴铁城
　　　　　陈友仁　李文范　伍朝枢　张人傑

主　　席　蔡元培

纪　　录　钟天心　程中行　杨宗炯　邹锦贤

主席恭读总理遗嘱。

报告事项：

一、宣读第四次会议录。

二、宁方加派吴铁城为代表。

三、冯自由请加入临时中央委员参加党务会议函一件。

四、章百年请照粤中国府成立初次宣言继续努力函一件。

五、中国国民党浙江革命同志会执行部常务干事曾祖熙等，为安内攘外条陈八点，请作参考意见书一件。

六、中国国民党江苏省吴县救国同志会常务委员程中青等，誓以至诚拥护和平统一，并请以革命精神建立健全之统一政府快邮代电一件。

七、吴县各业工会联合办事处常务委员施之范等，请速定党国大计恢复民众运动，共济国难快邮代电一件。

八、中国国民党无锡县救国同志会执行委员诸祖荫等，拥护统一会议，实现民主政治快邮代电一件。

九、中国国民党江苏无锡县各业工会，拥护统一会议，实现民主政治，恢复民众运动快邮代电一件。

十、中国国民党党员盛挚人、向道成，为促进和平统一会议，胪列意见四点，请裁察快邮代电一件。

十一、浙江省自治厉行会对和平会议，提出意见五项，并报告赵、蒋两师奉调沪杭甬函一件。

十二、上海市一区三分部预备党员王积庆，主张政府与人民应约法两章，即保障人民有绝对言论自由及集会自由条陈一件。

十三、李、岳对党务政治、军事、外交条陈意见请鉴纳函一件。

讨论事项：

一、中央政制改革案办法第一条修正案。

决议：第一项，改称总统四字删去，并于不负实际行政责任下加等于内阁制国家之总统，任期二年得连任一次十九字。

第二项，总统二字改为国民政府主席六字。

二、中央政制改革案办法第二条修正案。

决议：等于立宪国家之国会九字删去。

三、中央政制改革案

决议：

乙、办法

四、行政院负实际行政责任等于责任内阁对国民政府委员会负责。

五、立法、司法、监察、考试四院对于国务不与行政院长连带负责。

六、行政院长及行政部各部长为国民政府委员会当然委员。

七、司法院为最高司法裁判机关不另设最高法院，其司法行政移归行政院设部管理。

八、每年或每两年由国民政府召集国民代表会议一次，其组织另定之。

九、国民代表会议得选举立法、监察两院委员之半数。

十、行政院各部长之人选应采人材主义不必限于国民党员。

十一、关于国民政府主席及五院院长人选应采人材主义，不必限于国民党党员。

十二、关于国民政府主席及五院院长人选资格，于国民政府组织法规定之。

第六次会议录

地　　点　上海戈登路二十九号

日　　期　中华民国二十年十一月四日

出席代表　汪兆铭　张人傑　蔡元培　伍朝枢　李文范　孙　科　陈友仁　邹　鲁　吴铁城　张　继　陈铭枢

主　　席　汪兆铭

纪　　录　钟天心　程中行　杨宗炯　邱锦贤

主席恭读总理遗嘱。

报告事项：

一、宣读第五次会议录。

二、中国国民党党员徐召南等四十人，函致本会议主张四全大会改期明年三月另行召集。

三、王与楫函致本会议各代表，为亡国之祸迫在眉睫，请容纳冯焕章马电，迁都备战，用人公开。

四、旅苏四川遂宁县公民胡耀奎函致本会议各代表，为前上政府刍荛管见及党国药石二书，请检查原书择尤举行。

五、丁先训函致汪代表，贡献实现三民主义之新方略，并附陈房业合作社简章一份。

六、安徽旅沪同学抗日救国会函致本会议各代表，关于外交条陈四项，关于内政条陈两项，请采纳。

七、陈铭鉴为集中全民力量，安内御侮，条陈五项，请本会议各代表裁察，快邮代电一件。

八、商船驾驶员陈白涛等，拟具提案大纲十则请采纳意见书一件。

九、青海省党政军各机关全体艳电本会议各代表，请推诚相与共御外侮并候明教。

十、全浙公会对于本会议提案提出补充意见三项，请列为议案，快邮代电一件。

十一、中国国民党上海特别市一区十三分部常务委员朱树鉴，请本会议各代表相衷共济，共赴国难函一件。

讨论事项：

一、中国国民党第四次全国代表大会开会案。

未议决延会。

中华民国二十年十一月六日继续第六次会议

报告事项：

一、旅京华侨抗日救国会，请双方精诚团结，于最短时间实现和平统一，领导全国同胞共赴国难，快邮代电一件。

二、公民朱建行请双方开诚合作，共拯危亡函一件。

三、中国国民党湖南省长沙市执行委员会，请立捐成见，巩固中枢，即日正式对日宣战，快邮代电一件。

四、上海青年会会员抗日救国会，请速行团结一致对外，并公推殷芝龄等趋谒面陈函一件。

五、浙江省鄞县中等学校反日救国会联合会，请屏除成见，无条件的精诚团结函一件。

六、武穴日报社，为武穴日报发刊在即，请时加指导，并予题词，函一件。

七、党员陈昆林，请宁粤合作，从速实现统一政府，绝对不准军人把持政治，函一件。

八、党员徐瀛，请牺牲一切，共赴国难函一件。

九、李海臣请提取上南京监察院之意见书，以为反日之对内工作之参考，意见书一件。

十、江苏省革命外交后援会，请化除成见，团结精神，共御外侮，快邮代电一件。

十一、驱日前线敢死队，誓以热血竭诚拥护本会议所议决各案，快邮代电一件。

十二、江苏省铜山县农会，请抛弃一切成见，共筹党国大计，快邮代电一件。

十三、陈炳堃条陈意见五项，请提付会议，函一件。

十四、中国国民党驻美国总支部黄伯耀等，为被派充代表，斡旋和平，请准参加会议，并先行通知，以便出席，函一件。

十五、中国国民党平绥铁路特别党部筹备委员会，请念国运之艰屯，作精诚之团结，俾统一大业早日观成，快邮代电一件。

十六、安徽同志誓死抗日救国团，拟具条陈六则，交由黄博汉等四代表面陈，乞鉴核函一件。

十七、中国国民党党员安徽盛挚人等，胪举陈调元罪状，快邮代电一件。

十八、陈家鼎请当机立断，委曲求全，俾双方听命于和会之制裁，作坚强彻底之解决，函一件。

十九、北平市各自治区公所，为对日问题条陈三项，请采纳，快邮代电一件。

二十、中国国民党平汉铁路特别党部筹备委员会，请命驾入都，共定外交大计，所有内部一切问题，均应归候四全大会解决，快邮代电一件。

二十一、中国国民党南京革命同志会，为双方代表集议上海，团结革命势力，复兴民主政制，同志等誓作后盾，函一件。

廿二、中国国民党未登记党员刘电声等，呈请任用，整理上海党务，使昔日各区党部被摈的同志，得以集合整个的党庶可实现呈一件。

廿三、严谓渔为被加以反动罪名，拘押于蚌埠公安局，乞仗义营救，快邮代电一件。

讨论事项：

一、中国国民党第四次全国代表大会开会案。

双方讨论此提案时，以南京中央主张第一办法，广州中央主张第三办法，乃拟定采用第二办法。

双方以合作精神，在京粤分别开会，并各向中央请示。

二、决议

（一）设全国财政委员会由政府授予左列职权：

1．整理财政；

2．审核预算；

3．审核公债之发行；

4．稽核报销；

5．公布收支帐目。

（二）财政委员会以左列人员组织之：

1．政府若干人；

2．银行界若干人；

3．工商业若干人；

4．经济学者若干人；

5．有经济之专家若干人；

6．右列各项其人数须相等。

（三）财政委员会主席以行政院长兼任之。

三、决议　为防止内战起见，中央及地方之财政收入，如提供军费，应以国防及剿匪为限，财政委员会得拒绝关于内战之一切负担。

四、关于中央银行案

（一）中央银行独立，不受财政部长之支配。

（二）财政部长不得兼任中央银行总裁。

（三）中央银行加入商人资本。

决议　保留送交全国财政委员会。

五、决议　建议双方政府，数年以来因党务政治问题致被逮捕拘禁及通缉者，请一律释放。

第七次会议录

地　　点　上海戈登路二十九号

日　　期　中华民国二十年十一月七日

出席代表　蔡元培　张　继　吴铁城　邹　鲁　陈友仁　孙　科
　　　　　李文范　伍朝枢　汪兆铭　张人傑　陈铭枢

主　　席　蔡元培

纪　　录　钟天心　程中行　杨宗炯　邱锦贤

主席恭读总理遗嘱。

报告事项：

一、宣读第六次会议录。

二、北平市各界抗日救国会亟望代表克日赴京，共襄中央以挽危局，快邮代电一件。

三、江苏启东县党员代表蔡云山等，为竭诚拥护和平统一早得实现快邮代电一件。

四、上海各大学生抗日救国联合会，请参加检阅义勇军函一件。

五、察哈尔省反日救国会，恳请捐除成见，开诚筹议，以谋统一而救危亡，快邮代电一件。

六、南京特别市第三区党员大会，请精诚团结，于最短期间完成重大使命，藉慰国人，快邮代电一件。

七、江西省党部执委会，电陈和平意见四项，请予采纳快邮代电一件。

八、汕头市公民联义社代表何立民，为国难当头，请一致团结，安内攘外，并条陈意见，请予采纳，函一件。

九、留日同学抗日救国会代表，请捐除前嫌，牺牲个人，一致团结御侮，函一件。

十、长沙新宁同乡会，为国家多难，请团结一致御侮，函一件。

十一、上海总工会及各业工会，请贯彻初见，在沪继续开会，以谋永久和平，呈二件。

十二、东北留平学生会抗日救国会，电请精诚团结，速谋对外，痛雪国耻，快邮代电一件。

十三、清华大学抗日救国会，请蠲除成见，合救危局，电一件。

十四、印度同盟会代表，请指定日期以便晋谒函一件。

十五、中小学生及民众来函共一千一百九十三件。

讨论事项：

一、决议　京粤双方，以合作精神，各于所在地克期开第四次全国代表大会，其办法如左：

1．开会时双方发表通电，表示本党统一。

2．双方四全大会一切提案，均交第四届中央执行委员会，在南京开第一次全体会议时处理之。

3．双方协商中央执监委员候选人产生方法。

4．由四届第一次全体会议修改国民政府组织法，并改组政府。

二、决议　至于前述双方通电原稿，俟本会讨论就绪再定发表日期。现在根据关于党务之决议第四项办法，中央政府改组后广州政府当然取销，故上述通电原稿无须发表。

三、关于军事案

决议：

1．关于陆海空军总司令之存废问题，于修改国民政府组织法时决定之。

2．关于政治之纠纷，非开中央执行委员会全体会议有委员三分之二以上之出席，及出席委员无记名表决三分之二以上之可决，不得以兵力解决之。

四、决议　由本会议推定蔡元培、张继、吴铁城三同志往南京，孙科、李文范、陈友仁三同志往广州，报告本会议经过及实现本会议议决各案。

五、决议　本会议致各级党部各同志各团体各报馆通电。

附录通电全文

五月以来，中央与广州非常会议所发生之冲突现象，在中央认为：此为关于政治、党务之纠纷，不欲以兵力解决。在广州亦认为：但求于政治党务诸重要问题得正当解决，则和平方法更为有效。故同人遂负双方使命，集议上海。自开议以来，首先讨论者为外交问题。盖自日本侵扰东三省以来，危急存亡，不可终日，为共赴国难，当先谋外交之一致行动，故即议决：关于外交事项，其交涉进行，由中央政府任之；其方针及原则，即在本会议讨论，举其要点，在以日本违反国际信义之事实，诉之国际联盟及非战公约签字各国，要求主张公道。日本之横暴行为及在军事、经济上为最后抵抗之准备，对于外交既已一致，乃进而为政治、财政、军事之讨论。关于政治之决议，有中央政制改革案。其原则：一、使五院能独立负责行使职权，以实现五权制度之精神；二、使政治系统与组织简单化，以增加政治效能而避免重复转折，责任分散之病；三、使政治实际的民主化，中央政治机关应参加民选分子，使政府与人民之关系日益亲切，以共同负担建立宪政之目的。至于办法，凡十一条，曾在报端披露，恕不赘述。关于财政之决议：拟设全国财政委员会，以政府及人民经济团体共同组织，付以整理财政、审核预算、审核公债之发行，稽核报销公布收支帐目之权，及郑重决议，为防止内战起见，中央及地方之财政收入如提供军费应以国防及剿匪为限，财政委员会得拒绝关于内战之一切负担。关于军事亦郑重决议：关于政治之纠纷，非开中央执行委员会全体会议有委员三分之二以上之出席及出席委员无记名表决三分之二以上之可决，不得以兵力解决之。关于党务之决议：京粤双方以合作精神，各于所在地克期开第四次全国代表大会。其办法如下：一、开会时双方发表通电，表示本党统一；二、双方四全大会一切提案，均交第四届中央执行委员会在南京开第一次全体会议时处理之；三、双方协商中央执监委员候选人产生方法；四、第四届中央执行委员会第一次全体会议修改国民政府组织法，并改组政府。关于外交、政治、财政、军事、党务诸荦荦大端，既经议定，其他如保障人民权利自由及赦免政治犯，则双方认为无须讨论即当负责实行者。至于前经拟定蒋主席表示下野通电及广州国民政府表示取销通电两原稿，原定俟本会议讨论就绪再定发表日期，现在根据党务决议第四项办法，中央政府改组后广州当然取销，故上述通电原稿无须发表。以上各项，除互推元培、继、铁城赴南京，科、文范、友仁赴广州，报告请求决定施行外，谨以奉闻，诸祈鉴察。李煜瀛、蔡元培、汪兆铭、伍朝枢、李文范、孙科、陈友仁、邹鲁、吴铁城、张继、陈铭枢、张人傑。

〔孙科个人全宗档案〕

五、西南实力派继续与蒋介石的斗争

1．吴铁城报告西南决议拥胡并对三全大会提案等情密电

（1932年11月3日）

限即刻到。南京。宋代院长钧鉴：团密。顷接港电报告如

下；粤中委前以拥胡上场事与伯南商，陈曰：如此局面，虽胡先生上场，恐亦无办法。胡闻而不怿，陈颇悔失言。为统一意见，调和情感起见，昨在政务会大宴各中委，并表示请胡来省共商大计，但又云，西南局面仍旧保持，胡公出处不必急于研究。复声明有军事责任者不出席。执行部对三全提案决议：一、彻底清共；二、长期抗日，由三全会明令国府收复失地；三、强硬外交，对报告书彻底反抗。由海滨、翼中起草。等语。谨闻。铁城叩。江申。

〔国民政府行政院档案〕

2．吴铁城报告西南反对借美麦案不出席三全会密电

（1932年11月22日）

限即刻到。南京。宋代院长钧鉴：团密。港电报告如下：执行部昨常会，各省代表均出席。将借美麦案，认为独裁阴谋暴露，一方挑起川、黔、鲁内争，一方以经济压迫两粤民食，认为事极严重，已筹商应付。同时，对三全会，拟联合沪粤及西北各中委全体不出席，另在粤召集会议。粤空军初期计划已成完，编两大队六中队。等语。谨闻。铁城叩。养中。印。

〔国民政府行政院档案〕

3．唐绍仪等反对蒋介石召开所谓临时全国代表大会电

（1933年4月4日）

南京。中国国民党中央执监委员会，国民政府钧鉴：近接中央艳电，决于本年七月一日召开临时全国代表大会，共决救国大计。夫今日救国大计，无过于抗日剿共，而抗日剿共，则已早决于第四次全国代表及历次中央全体会议，亦且为全国民众所要

求。今不努力贯彻此等抗日剿共之救国方案，乃欲别求所谓大计者，此予国人怀疑莫释，而国家目前危急存亡之情势所万不容许者也！第四次全国代表大会决定对日不能再失寸土。曾几何时，关外抗日诸义军以始终未得政府之救援而相继失败！榆关、热河亦以政府始终不定抗战之计而相继沦陷！今日，敌复有进窃华北之企图，而政府犹不如〔知〕反省已往之失策，对于长城附近抗日诸军，仍未闻加以补充与接济，一若务必短抗战之士气，长敌寇之锋焰，方足以证验其不能抵抗之预言为得计者。政府对于抗日之决议既如此。第一、二、三各次中央全体会议了抗日之外，决定剿共各案，已予国人以共见。今剿共历时已及数年，而共党势焰仍未熄。政府对于剿共之决议又如彼。夫国家当前之大难！既莫急于日敌与共匪，则政府之责任，惟有努力贯彻抗日剿共已成之政策。舍此政策而不行，尚欲召开临时全国代表大会，别求途径，诚不知其用心如何！若政府不能努力贯彻此已成立政策，则惟有深自引咎，以谢国民。今不自引咎，反欲召开临时全国代表大会，以为代己分过之工具，此其乖谬，实陷党国于灭亡！同人等于此认为，临时全国代表大会之召集，不独无此必要，且不当行。尚希全党同志一致反对，并希全国国民共喻此旨，党国幸甚。唐绍仪、胡汉民、邓泽如、萧佛成、陈济棠、李宗仁、邹鲁、林云陔、白崇禧、黄旭初、林直勉、邓青阳、刘芦隐、林翼中、区芳浦、余汉谋、香翰屏、李杨敬、缪培南、刘纪文、李任仁、陈耀垣、崔广秀、詹菊似、关素人、李绮庵叩。支。印。

〔国民政府行政院档案〕

4．吴铁城关于西南倒蒋具体办法等致汪精卫密电

（1933年5月22日）

限即刻到。南京。汪院长钧鉴：行密。本日港电如下：西南

政会连日讨论对付中央帑电，意见参商，无具体办法。昨始决发起全国反妥协运动，将由外协会先发电党部，社团响应：（一）宣布蒋罪，（二）警告汪、孙，（三）请冯、阎合作抗日，（四）告全国将士，及劝川、黔息争。必要时否认中央政府，俟电发后视全国态度如何再定第二步办法。胡宅昨夕密议，少川、云陔、纪文等均参加。等语。谨闻。铁城叩。有申。印。

〔国民政府行政院档案〕

5．吴铁城报告西南仍决定用反蒋不反“中央”政策密电

（1933年5月31日）

限即刻到。南京。汪院长钧鉴：行密。顷接港电如下：西南政策，仍决定用反蒋不反中央旧本，以妥协众集中蒋一人。现已分电请李、白、唐、陈、蒋、沪委及西南各省高级长官，或派代表来粤，并迎马苏加入。迎胡在酝酿中，将由党部及民众团体邀请。胡现在港，赴津不确。伯南虽不欲附和，恐亦无法制止胡闹。等语，谨闻。铁城叩。世申。印。

〔国民政府行政院档案〕

6．吴铁城报告粤陈力谋缓和胡系决定先行倒蒋密电

（1933年6月14日）

限即刻到。南京。汪院长钧鉴：行密。顷接港讯如下：西南元老最近决定，先劾蒋，随在粤组中央党部及国民政府，与民二十方式同。胡表示愿上省主持；如伯南不赞同，则全体离粤。伯南向挟政客以自重，对此颇感困难。为和缓计，已露先剿匪后言政治意见。军事会议后，西南时局当有相当解决。谨闻。铁城

叩。寒申。印。

〔国民政府行政院档案〕

7. 吴铁城为扣留西南对时局通电致汪精卫密电

（1933年12月25日）

限即刻到。南京。汪院长钧鉴：行密。此间扣留西南发表之通电一件，原文如下：闽省事变，背叛本党主义，招致外寇，煽扬赤焰，实贻国家民族以无穷之祸。然独裁军阀之抨击异己，至于藉寇酝酿毁党卖国，动全党全国之愤实亦不能辞其咎。故闽省当局宜幡然改图，中央军政当局亦应退避贤路，使全党全国得恢复自由，以共同解决当前之纠纷，而重定今后之国策。同人等于前月养日复闽电及感日致中央电既已言之，昨读胡汉民先生对时局宣言，尤为洞中。时病症结，痛切尽言，而条举今后推进政治之具体方案，洵为解决时局，弭乱救亡不易之办法。盖廿余年来分崩离析之局，其总原因在武力挟制政治。凭藉武力，其势必出于独裁，方兴之民主势力断非独裁势力所能消灭，纷纭接踵，遂无已时。根本救济之途，惟有一面扶植民权，一面使武力受政治之支配。在此训政期间，应以政权属诸党，治权属诸政府，而掌兵者绝对受政府之指挥监督，不能干预政事。中央与地方政府之权限，则遵依总理遗教，实行划分，然后一切纠纷可以消弭，用人行政，兴利革弊，不受掣肘，乃有培养民力以抵抗外敌，肃清匪患之可能。故同人等对于胡先生之主张极端赞成，而竭诚以促其实现也。总理有言：为公仆者受国民之反对，犹当引退，况于国民以死相拼，杀一不辜，以得天下犹不可为，况流天下之血以填一己之欲？国事危殆，莫过于今日，深望当局屏除成见，采纳尽言。并盼全党同志、全国同胞共起而督促之。西南执行部、西南政委会叩。马。等语。谨电转陈。弟铁城叩。径。印。

〔国民政府行政院档案〕

8．吴铁城报告胡汉民决重组中华革命党密电

（1934年2月25日）

特急。南京。汪院长钧鉴：行密。顷接港讯如下：胡因党领袖问题，决重组中华革命党，自任领袖。经密召邹等来港商决，以元老为基础，智识份子为中坚，民众为号召。俟组党完成，再谋取得政权。现对政局暂取缄默态度。等语。谨闻。铁城叩。宥未。印。

〔国民政府行政院档案〕

9．胡汉民等为补充五全大会议题致南京国民党执监委员会齐电[1]

（1934年9月8日）

南京。中国国民党中央执行监察委员会公鉴：奉中央执行委员会八月十二日通告，确定于十一月十二日召开第五次全国代表大会；并根据总章第二十八条“全国代表大会常会开会日期及重要议题，须于三个月前通告各党员”之规定，颁布重要议题四项，为：（一）召集国民大会案；（二）修改总章案；（三）推进党务案；（四）确定施政方计案。奉读之下，不胜骇叹。查自民国二十年十一月召集第四次全国代表大会以来，瞬轻三载，大会决议百未行一，而国家民族之危亡势如累卵。内外同志，实深恫心。全国代表大会为本党最高权力机关，振衰起弊，救亡图存，

① 本件系选自胡汉民主编《三民主义月刊》第4卷4期。

责任至为严重，内外之属望最殷。乃观中央通告及所颁布之议题，无一及于当前救亡之大计。究之失地丧权者，何以谢责？危害党国者，何以惩处？今后之外交，将如何决策？内政将如何更新？反动军权之统治，如何为彻底之更张？国家之基本建设，又如何谋实际之推进，使党基巩固，正义伸张，失地可复，主权可保，而后以完整之国家，奉之于中国之国民；使本党同志得稍赎前愆，上有以慰总理，下有以对国人？顾中央不此之务，徒以前述空洞落漠之议题填塞此党国存亡绝续之五全大会，此诚为同人所引为大惑不解者也。同人等认为，国危急至此，党内问题实无争持之必要。当前所急，厥为挽救危亡，所以自救自续而已。故于中央八月十二日之通告及所颁议题，认为不适于今日救亡之需要，特加补充，列举说明于后。

（一）整饬政治风纪，惩戒丧权辱国之军政当局案。

九一八事变发生，负守土之责者秉承最高当局之意旨，固持不抵抗主义。洎呈诉国联既告失败，犹复因循坐误，致沦陷国土达四省之多。本党第四次全国代表大会所定“严令各省官吏严守疆土，不得放弃职守案”与“蒋中正同志迅即北上，共赴国难案”等，不特绝未实行，而丧权屈辱之事则层出不穷。举其要者，如坐令十九路军之绝援溃败，而签订上海停战协定案；如对日迁避，而使著名亲日之黄郛北上签订塘沽协定案；如籍〔藉〕口技术问题，而实行通车通邮案。此外，如最近大连会议，于冀东之别辟战区行政案；及毁法乱纪，径由政治会议之审核，而实施对日优惠之海关进口税新税则案。至如伪满僭号，竟以不成讨伐对象，聊自解嘲。凡此种种，实非本党以治权付之政府之本意，非严惩为戒，不足以整饬政治之风纪，严肃本党之纪律。此应列为议题者一。

（二）严惩一切淆乱社会、危害党国祸首案。

年来，毁党造党之声浪喧扰内外，长江、华北各地，至有公然背叛主义之一种非法组织，肆无忌惮，至于此极。空穴来风，断非无目。此辈党徒之滥用权威，任意杀人，造成社会恐怖，数年来事实昭然，尤不能以口舌争。此必作俑有人，指使有人，始恣张跋扈，至于此极。非严予惩处，不足以振饬党纪，保障人权，巩固党基。此应列为议题者二。

（三）确立外交方针并国防计划，以维护国家之生存案。

九一八以还，政府当局于外交、国防两者，绝无方针计划，徒以大言欺人。其始也，则曰镇静忍耐，听候国联解决，继则曰一面抵抗，一面交涉。卒之抵抗固属空谈，而所谓交涉云者，亦不过尽量屈辱而已。四月十七日，日本外务省发表其狂妄之声明书，各国政府皆仗义执言，独我国当局噤若寒蝉，且复密电驻外使领，不得有反对日本之言论表示。畏葸至此，国家人格，实为损辱无余。今国际形势日趋险恶，而更有所谓建立黄郛政权者，尤为空前之悖谬。中国为恢复失地或应付未来之世变，苟非于外交上别立方针，固持挺进，必无以自存。就国防言，数年以来，但闻当局整个计划之说，然失地如故，丧权如故。所谓整个计划，其事实之昭然竟如此！对外屈辱，对内残杀，此真国人所引为深痛者。故非积极就外交、国防两者确定方针，打开僵局，不足以维护中国之生存。此应列为议题者三。

（四）确定最低限度生产建设计划，取消破坏本国之商业及国民生计发展之媚外关税税则，并整理财政，救济农村案。

本党定都南京以还，发行公债达十五万万，皆用于循环不息之内战。国内资金集中都市，投机浪费，百废不举，民力日耗。农村枯竭，此实主因。人民困苦颠连，求生无所，此与本党所持民生主义之旨截然背悖。就工商业言，国内市场尽为国际帝国主义者所侵占。近自海关进口税新税则实行，中国经济命脉尤有为日本独占之势。以人民有限之脂膏，填国际帝国主义者无穷之欲壑，国安得而不穷？民安得而不死？而政府办理财政，又徒以掊克聚敛为能事，人民财富之源，尽为蔽塞涸澈〔辙〕之鱼，固知其不能久也。故非实行生产建设，严格整理财政，积极救济农村，不足以苏民困而维国本。此应列为议题者四。

上列四端，同人等认为必须纠正补充，列为第五次全国代表大会议题，决议实行者，盖以第五次代表大会召集于内外丛脞之今日，实为本党存亡绝续之机，倘不能振刷精神，更新现局，使一切过去错误之政策得以为根本之改革，则国亡党亡又何待言？且以如此重大之事件，党国所关根本之大计，本党唯一之最高权力机关竟可阙而不提，置而不议，则召集此种大会，尚复有何意义？究其所极，大会结果，亦不过继续既往丧权辱国之政策，与其排除异己之主张，益陷国家民族于万劫不复而已。同人等受本党同志付托之重，谬膺中央委员之任，无补时艰，徒惭清议，引咎自劾，宁有违言。兹当大会召集之期，谨以夙昔所怀，公诸中央。同人等为维护本党，巩卫国家，誓必坚持上述主张，奋斗不已。苟利于党国，任何牺牲在所不辞。特电奉达，敬冀采纳。中央执行委员、中央监察委员胡汉民、陈济棠、李宗仁、萧佛成、邓泽如、白崇禧、黄旭初、李任仁、刘纪文、陈嘉祐、林翼中、林云陔、黄季陆、区芳浦、邹鲁、关素人、陈耀垣、崔广秀、邓青阳、李绮庵、詹菊似等叩。齐（九月八日）。

〔国民政府档案〕

10．胡汉民等质询南京政府对齐电意见电①

（1934年9月25日）

南京。中国国民党中央执行、监察委员会公鉴：同人等自接奉中央八月十二日召集第五次全国代表大会通告及颁布之议题后，

① 此件原载《三民主义月刊》第4卷第4期。

经于齐日补充“整饬政治风纪，惩戒丧权辱国之军政当局案”、“严惩一切淆乱社会、危害党国祸首案”、“确立外交方针并国防计划，以维护国家之生存案”、“确定最低限度生产建设计划，取消破坏本国工商业及国民生计发展之媚外关税税则，并整理财政，救济农村案”等议题四项，冀中央于采纳之后公布海内外，庶各地同志得以瞭然于五全大会之使命，事前充分研讨，共挽危亡。不料自齐电发出后，中央竟置而不议，受而不答。其在各地并严禁报纸登载。即有少数维护正义之报纸一为披露，竟横遭严酷之处分。专横无道，不遵党纪国法，肆无忌惮，至于此极！同人等于齐电中曾一再声明，国家危亡至此，党内问题实无争持之必要；当前所急，厥为挽救危亡，求所以自救自赎而已。不意同人等垂涕而道之者，中央竟视若罔闻，置之不答。存亡危急，无动于怀。同人等以中委地位，根据党章，建议发言，尚受如此之压迫，舆论界转载本党中委之电文，尚受如此之摧残，则五全大会召集于军权统治之区域，其不能自由讨论决议，充分行使其职权，尚待言耶？同人等受本党同志付托之重，谬膺中央委员之任，数年以来，虽主张不行，而所以纠正当局之错谬，谋挽党国于危亡者，靡不悉力以赴。全国代表大会为本党最高权力机关，此时开会，实为本党唯一存亡绝续之机。凡本党同志，全国国民，应本良心之主张，共图救亡之大计，俾由大会议决实行，庶几巩固邦基，更新政治，扫除奸恶，拯救民生，保持总理所定之党纪政纲，慰全国同胞同志之望。自齐电公布，虽当局严禁披露，然流转所至，海内外各级党部及民众团体，响应纷乘。人心背向，从可知矣！中央对齐电所陈，实不应置若罔闻。究竟是否采纳，即祈明白宣示。仰〔抑〕尤有进者，国难至今而极矣！其最大原因，厥为在党则为民主集权制之破坏，在国则为人民权利自由之丧失！党失重心，民无保障，致狡黠者流得以尽情肆虐，陷党国于支离破碎之局。国难之日益严重，盖有由也。同人等为谋保障五全大会之能充分行使其职权，认为必须根据党纲及目前实际之需要，于五全大会开会之前实行二事如次：

一、履行本党“人民有言论、出版自由权”之政纲，容许一般人民对于政治、外交之建议及批评。数年以来，中央对于人民言论自由之压迫摧残，无所不至，故于民间舆论，有所谓舆论指导员者遍布各地，出版刊物之检查密如网罗；时政记载动辄得咎。报纸之封闭，记者之被囚被杀，尤日有所闻。甚或记载偶涉私人，此私人者亦往往假借政治机关之权力，横肆干预。防民之口甚于防川，中央不自省悟，惟以钳制人民言论为事，言之痛心。今大会召集在即，同人等认为，自即日起，应即严令停止各地新闻检查及一切对于舆论界之无谓吹求。其因宣传抗日或批评时政、纠弹个人而被封之报馆，被捕之记者及国民，应立予启封、省释。其背叛党纲、摧残舆论、捕杀新闻记者及爱国国民之祸首，尤应严予惩办，以平民愤。使国民对于国内政治有一体贡献其主张意见之机会，庶能与本党推诚合作，共挽危亡。

二、厉行本党民主集权制度，予中央委员及海内外各级党部党员，对于党务、政治、军事、外交，应有充分建议、讨论及批评之完全自由。

过去数年间，因中央之不健全，党同伐异，自为派系，钳制同志，变本加厉，民主集权之精神实已堕失无余。五全大会召集在即，苟不能恢复党员对于时政建议、讨论、批评之自由，则此种大会断不足以代表全党之意志，徒为少数人所把持，以施展其僭窃本党之阴谋。故同人等认为，于大会召集之前，应充分予党员以选举代表之完全自由权，杜绝过去一切指派之卑劣举措。而过去因效力革命，致被中央一、二人员假借权力，非法剥夺党权之党部党员，亦应准其一体选举代表出席大会。此外，凡因抗日救国而受非法处分，致被开除党籍及擅被拘禁之本党党员，应一律恢复其党权与自由。

同人等认为，必须先行上列两者，庶五全大会能真实行使职权，全国国民、全党同志庶能充分贡献其主张，以共趋于一致救亡之途。务希合齐电所陈立即施行，以慰内外喁喁之望。否则，同人等为主持正义，维护党国，今后引起任何党务政治上之纷扰，同人等实不能任其咎也。敬电质询，即乞明教。中央执行委员、监察委员胡汉民、陈济棠、李宗仁、唐绍仪、萧佛成、邓泽如、白崇禧、黄旭初、李任仁、刘纪文、陈嘉佑、林翼中、林云陔、黄季陆、区芳浦、邹鲁、熊克武、张定璠、何世桢、陈中孚、刘芦隐、桂崇基、孙镜亚、关素人、陈耀垣、崔广秀、邓青阳、李绮庵、詹菊似等叩。有（九月二十五日）。

〔国民政府档案〕

11．陈济棠、李宗仁等为重提四案作为五全大会新议题与南京国民党中央往来电[1]

（1935年10月）

（1）李宗仁等致南京国民党中央执监委员会电（10月23日）

南京。中央执行委员会、监察委员会公鉴：昨接巧电，知中常会对于铣电所提四项议题、及东文等电一再所陈应行采列此项议题之理由，均未蒙接纳，而反视为不谅苦衷之责难，实使同人等不能不再贡忠言，以正中常会诸同志之误解。夫铣电之所以从新提出齐电四案，请求列为五全大会议题者，一则以去年通告之议题迄今已失时效，不能适应今日救亡之需要；二则以此种通告之议题，如所谓修改总章案、推进党务案、施政方针案，无一而非空洞落漠之议题，亦无一及于当前救亡之大计；三则以国势阽

① 本件系选自胡汉民主编《三民主义月刊》第6卷5期。

危至此，党内问题皆应无所争持。当前所急，唯求以本党最高权力机关应内外殷殷之所属望，振衰起弊，救国自救而已。故铣电所提之议题，实同人所认为团结本党，统一国家，救亡图存，适合时势之最切要方案也。若仅以去年之议题提交大会，而无新议题以危〔拯〕救今日之危局，则试问过去对外失地丧权者不予以惩处，将何以谢国民？今后外交之方针不为之确立，将何以保国本？若大会不能以此等议题为主要，又试有〔问〕尚有何种议案值得同等之重视？大会为本党最高权力机关，同人只知其当前所当急者，在求其使之如何能负解决此等问题之责任，而不暇对于任何个人加之以责难。若同志间果能以解决此等问题为职责，以救党国之危亡，则任何苦衷，均应相谅。舍此而言苦衷，则其苦衷实为无足转重之遁辞。中常会诸同志不于此等处为党国根本问题着想，而徒回溯往事以诿责，则不能不举往事之症结，以正诸同志之谬误。查去岁请求大会展望之电，陈、李两同志虽亦曾列名，然当时各同志之意见甚多，而决定展期之责，则完全由中央负责之，不能卸责于一、二同志之请求。若中央果知俯循同志之意见，则数年来同人对中央建议之主张，何以悉未置诸实行？然去年之大会虽经展期，而今年大会之代表则仍应从新选举，方为合理。若不从新选举，则在粤所开之四届大会时入党之党员，因中央概未发给党证，无从参加选举及被选举，未得为公。而三年前选举之代表所以不能代表全党者，亦以此故，不能与中央委员之时效混为一谈也。因此种种事实，故文陈之所指陈者，一在使在粤四届大会入党之党员得与在宁四届大会入党之党员一律参加五全大会代表之选举，一在使全党党员之公意解决当前足以适应国家急难之议题。其所以然者，实正以求意之真正团结，舍此必无他道。国势之挽救，亦舍此必无他道。总之，同人等之所见以为，救亡图存实今日之唯一目的；国内与党内之问题，实无争持之必要。中常会诸同志果有期与党列同志努力团结，共同奋斗之诚心，则当采纳铣电所提之四案，全为大会之议题。所以必须列为大会议题者，其要旨在于提出大会时，不经过一般提案、联署、审查、归并、减省之手续与处置，俾得视为必须讨论决定之议题。且于讨论之时，只能受然否之决定，而不能作失去其愿意之修改。同时，又必须经在粤开四届大会入党之党员参加全国代表选举所产生之大会，共同参加此等议题之讨论与决定，始能符合全党之公意。中常会诸同志果能如此以策大会之进行，则努力团结始有实效，共同奋斗始有径途。若此不图，而徒空言团结，空言共趋一的，则本来团结之党国，必愈由中央统驭之失当而陷于分崩离析之境；本来可以共趋于一的之目标，亦必因中央之深闭固拒而无由实现。此一关键，实为国家与本党存亡之所系。何去何从，深愿诸同志自择之。萧佛成、邹鲁、陈济棠、李宗仁、白崇禧、林云陔、唐绍仪、黄旭初、刘芦隐、刘纪文、林翼中、余汉谋、李扬敬、陈耀垣、区芳浦、缪培南、邓青阳、黄季陆、詹菊似、李任仁、崔广秀叩。梗（廿三日）。

（2）南京国民党中央致李宗仁等电（10月18日）

广州。萧佛成、邹鲁、陈济棠、李宗仁、白崇禧、林云陔、唐绍仪、黄旭初、刘芦隐、刘纪文、林翼中、余汉谋、李扬敬、陈耀垣、区芳浦、缪培南、邓青阳、黄季陆、詹菊似、李任仁、崔广秀诸同志均鉴：□密。顷接文电，知诸同志以此次代表大会系以去年之议题，玩弄前年之戏，责难备至，未谅苦衷。是不能不回溯往事，以冀诸同志之追省。查本党代表大会每二年举行，载在总章。前岁以国难严重，国势危亟，代表大会未克依期举行。至去年，始有全国代表大会召集之通告。诸凡筹备业已就绪，终以各同志一再要求展缓，爰乃展期，于去年十一月举行。第五次代表大会是中央循陈济棠、李宗仁诸同志之要求而展期，系属确定事实，亦中央为维护大局之苦心。既云展期，更何能推翻以前之筹备？则由全党同志正式选举之代表，中央亦绝难否认其为代表。诸同志谓每届代表大会系由每一届选出之代表所构成，是全在已正式选出之代表，并未为他届所产生，诸同志自察本身之仍为第四届中央委员，当亦知是言之不谬也。同代表大会按照总章须于三个月前通告诸议题，不过指示代表大会注意之趋向。按诸向例，并无所谓主要议题与非主要议题之区别。未经中央通告而经大会通过之议题，所在多有。且去岁通告之议题，如推进党务案、施政方针案，俱为包罗极广，可因时制定方案，以策党政之改善。此等议题既无所谓新旧，诸同志有何意见，自可尽量发抒，冀供大会采择。而诸同志必谓非主要议题，将置铣、巧两电之提议于不论不议之列，诚不知何所据而云然。总之，国势危殆，团结为欲。中央但期努力团结，共同奋斗之有裨，当不辞任何之牺牲，以促其实现。征之往事，概可想见。惟望诸同志鉴此苦衷，共趋一的，使国事前途不因本党之纠纷而益趋黯淡。至所幸企，专此电复，诸维亮察。中央执行委员会常务委员会。巧。印。

〔国民政府档案〕

〔三〕第三党的崛起与其他党派社团的组织活动

（一）邓演达与中国国民党临时行动委员会

1. 邓演达关于中国革命最近的严重局势之由来的报告①

（1927年8月17日）

一个小序

一九二七年六月底，因为整个的武汉中央决心背叛革命，自己所担任的工作根据，一概被动摇破坏，因此唯一的出路是做“党的革命”。这件事是非常重大的，当与叛变的中央领袖汪精卫谈判决裂以后，（主要的纲领有农民土地问题）只知道宋庆龄同志还是一个热心护党的，和她说过了一番痛苦的谈话以后，就秘密的离开了武汉，八月十五日来到赤都。一来回忆过去那种复杂而痛苦的经过，应该整理整理，思索思索；二来有多少同志要我做报告，也应该有个具体的说明，所以有这一篇话。因为匆匆秘密的出行，一点材料也未有带着，全靠着“回忆”，所以好几处有引证日期和引用文句的地方，有多少错误，只好等到后来订正，并盼望看的同志们指出。

1927.8.17.邓演达于莫斯科

---

① 此件系邓演达在共产国际举行的欢迎会上的讲话，原件系油印件，封面标题为《报告——中国革命最近的严重局势之由来》。文中小标题系原标题，除顺序编号A、B、C有误，改为一、二、三……外，全文保持原貌。

中国革命最近的严重局势之由来

谁都明白中国革命之有明显的轨路，及中国革命民众之政治的觉悟，是在一九二四年春天中国国民党因他的唯一领导者孙中山先生勇敢的决断的改组以后开始。

谁都不会忘记：中国革命的性质，由混沌的复杂的局势，一天一天的走向明显的单纯的道路，更不能忘记而深深刻在历史上的，是：西方的被剥削工人阶级，与已经解放的苏联工农群众，三、四年来不断的拿他们的血汗与一切努力去为中国的劳苦群众解放帮忙。只便在至困苦艰难的境遇当中仍然挣扎着前进，虽然遇着了不断的袭击与仇视。

中国革命现在诚然到了一个新的时期，这个新的时期的历史意义是：劳苦的工农及城市的贫苦无告者，已经确实认识他们一直到现在的联盟者的背叛，确实认识一切倚恃等待都是怯懦的失败；只有拿着自己手里头的组织去和他们的敌人奋斗、战争，结果才能得着地狱的出口，得着自由之路。现在为容易明瞭起见，要作一面概括的简单的历史叙述，以说明此次严重局势的由来。

一、中国国民党改组后的主要工作

一九二四年春天的中国国民党改组，自然是一件历史的重大工作之一。但是只可惜改组时以及改组以后，党里都只是自由的封建地主，及城市的海外华侨的商工业资本阶级，及其他依附动摇的贵族知识分子，及自由急进的知识分子作主要的成分，劳苦的工人及农民十分少数。在这种情势下面，中国国民党的革命纲领自然不能产生；只便极少数的上层领袖与最下层的新进工农成分有启蒙的急进的革命要求出现着，他的政治纲领在改组的第一次大会表现出很清楚，是一个极平常的极低度的改良□纲领。但是他的工作路向是在下面的主要事实表现出来：

1．在广东区域内农民之开始组织，工人之充实的组织，及入党成分之增加；

2．封建成分（除开有实力的以外），及海外大商业资产者，极反动的知识分子的逐次驱逐淘汰；

3．新的武装力量的构成；

4．扑灭革命根据地之反革命武装。

上述工作路向，一直到一九二六年初第二次大会止，自然是很有成绩的发展，尤其是得着国内外资产阶级的同情——因为他们开始相信国内的封建余孽可以由这个党去肃清。但是工作的最大缺陷和错误自然是：1．为环境所恐吓，不能明显的提出该党的革命纲领——关于这一层自然已死的和未死的左派领导分子要负若干责任；2．新武力的构成完全为封建的资产阶级——蒋介石派——所包办，而不极力注意下级军官的社会成分及军队的最高权柄的制裁。

二、“三月二十”事变的因果

一九二六年三月二十日的事变，我们要追溯他的原因：

1．工农组织的突飞进步和斗争行动的开始；因此，封建资产阶级受了威吓，为了保持他们自已的地位，必然生出反动的行为。

2．由上述左派工作错误的结果，封建资产阶级已经得着了一个重要的武力根据，得着一个力量的核心，去反对工农的组织和他们的利益。

3．党的民主化的波浪扰害了封建独裁的清梦，因此由社会背影所酿成的领袖意见纷歧，卒之要爆发了成为单一的独裁权力。

这个事变的结果如何？

事变的结果，汪精卫和平的沉默的出亡，一方面证明左派力量的脆弱和无决心奋斗，一方面左派力量的团结于是乎就有了口号和机会，成为他日南昌武昌破裂的开端了！

汪精卫出亡后，事实上蒋介石已经代表着封建资产阶级在党及政府独裁，应该有一个具体资产阶级纲领和单纯的政治行动继续下去，但是不久，一九二六〔年〕五月一日代表者蒋介石复回头来找左派联合，去努力北伐，这是个什么理由？这是不难说明的：

1．在同一战线内封建军阀的利害冲突，尤其是对个人独裁的结果，使其余的大将领们不能往前一样干预政权，招致不满和反对的酝酿，这个就压迫蒋介石在他的微弱的阶级力量以外要找联盟者以自固。

2．帝国主义的压迫并不以有“三月二十”事变而减轻，反以加重；如英国嗾使其走狗吴佩孚、孙传芳等进兵两湖闽赣，是以威吓压迫蒋介石所代表的势力，使他和北方封建军阀与帝国主义决战，在这个决战刚才开始的时候，微弱的资产阶级不敢而且不能单独担负，也必须找同盟者来利用。

这样就是“三月二十”之后蒋介石很巧妙的去转变他的策略，而进一步进行他的所谓“北伐”了！

三、北　伐

“北伐”这个概念，在当时实在是一个“谜语”。右派想得到出路固如上边所说去计划主张；即在左派也因为受了一个打击之后，似乎很侥幸的得到形式上的挽回，也一心一意想在北伐中间求出路，然而他的错误也就在中间了。——(这个等后面再说)。

北伐的路线——主力所经过的——是湘鄂赣，恰好是农民组织进行容易的地方，因此在战争顺利的景况当中，的确是大大的发展了农民组织；但是在战争的时期仅只知道利用军事胜利而不知不觉的把蒋介石造成一个新的偶像，这个就是党的宣传工作的错误。及后武汉占领，固然得到一个新的地盘作进行工农运动的支撑点，但是因为左派政治纲领的动摇而无决心，结果在北伐的第一个段落——到南昌占领——当中，在民众方面，不能确实使民众——尤其是农民——具体的得到利益或认识可以得到利益的程度，为后来与蒋介石所代表的右派决裂时民众怀疑而且恐慌之远因；在党务方面，始终未曾提出左派的具体纲领及对右派的明白要求，结果所谓武汉的左派运动，多只有其名而漂荡无所根据，为后来与蒋介石派决裂时阵线分析不清的远因。这个是很明显的。南昌占领以后，蒋介石派的社会基础渐渐扩大而稳固，他很敏锐的晓得与左派的暂时的结合必然是在完全利用左派帮助的条件上面，一旦左派不为他利用而反为害时，他必然要取进攻的态度；只可怜左派的领导，在北伐出发以前——当蒋介石要求联合出兵的时候，无条件的屈服于蒋介石，既不曾有相当的保障条件使后方的民众运动得到顺利的进行，又不能使左派的群众确切明瞭暂时退却的准备工作。总而言之，北伐的第一个段落的结果是：胜利的部分，蒋介石代表的右派多过左派。左派始终未曾准备与右派决斗，因此南昌占领以后，蒋介石能很顺利去进行扑灭左派的工作。

四、南昌武昌之争斗——左右派争斗以至于决裂

一九二六年十一月南昌占领后，右派在军队武装的数量上增加了不少，同时因为东南各省次第伸张，经济的来源又渐渐丰富。湖北右派的社会地盘扩大，他们的组织自然更扩大而有力；在左派方面武汉都会新组织的数十万工人，和两湖——特别是湖南——的数百万农民，自然是最有力量的对右派反攻的生力军，而武汉天然是一座反攻的炮台。右派反对农工运动——特别是对武汉工人经济的罢工运动，和湖南的农民打倒土豪劣绅的政治运动——格外起劲，右派的军事独裁，自然不但是在民众及党徒方面，感觉危险和不安之国民党旗下的军阀首领也蠢蠢欲动想思借题做作。这样就加大了左右间的矛盾，并且加速了政治斗争的时期。这个斗争的爆发点，虽然在一九二七【年】一月，国民政府及中央党部的驻地在南昌及武昌的争论，而实际则为一切政治的矛盾的总结。现在应该举出左右派的政治口号和行动。（总结至一九二七年三月）

Ⅰ．右派方面　政治口号：拥护革命的中心力量；拥护总理的建国大纲；（内分军政训政宪政三时期，此所谓拥护，自然是只拥护军政时期的办法，即拥护军事独裁，反对党的民主化和民众运动。）奠定东南作为革命的新根据地；巩固革命的联合战线；反对工人的无理罢工；反对凌辱淳厚安分的农民；保护工商业者。

党务口号：统一党的领导；保存党的主席独裁制。

行动：竭力扩张嫡系的军队，该派的黄埔学生，尽量安插在新成【立】军队内面；竭力准备财政的集中；竭力发展右派的民众组织；竭力拉拢长江下游及北方的工商业者，和新官僚及失意的军人；竭力调查左派的有力人员及组织，并时时破坏之；竭力促进东南各省的占领；竭力破坏汪精卫的复职。

Ⅱ．左派方面　政治及党务口号：1．拥护党的权威；2．一切权力属于中央执行委员会；3．促汪精卫同志复职；4．速开执行委员全体会议，解决一切问题；5．实行民主政治；6．肃清党内外的昏庸老朽。

行动：在群众方面，开始公开的宣传欢迎汪精卫复职的口号；在军事方面，和一班不得志的军队领袖——代表者唐生智——拉拢并抬举之；在政府方面，行使国民政府的职权；在党务方面，开始第三次执行委员会议，及开始讨论蒋介石个人的错误行动。

我们在上面一个简单的对照表，也可以看出右派的口号，虽然在党务方面很未有什么道理，而政治经济的纲领已经大概形成一种力量，且其准备至紧密而急切。在左派方面，仅仅提出空口的“党的民主化”的口号，对于革命纲领始终未曾提及，尤其是对于革命群众的迫切要求置之度外；其行动更荒谬，似乎是站在“和”与“战”之间，工农武装固然是不着力去准备，即可靠的同志在军队服务的也未曾准备战斗；在宣传方面，民众仅仅了解蒋介石个人的若干不是，其整个政纲之背叛民众利益——反革命，则不但民众不了解，即所谓左派的大多数同志中亦还在梦中。这样左派的形势，很象对右派说“我要打你们那个龟蛋”，但是对自己的人们还是摇头摆尾的清谈歌舞升平，甚至在上海、广州各处的左派党部还有多少怀疑反对武汉的心理。这就是决裂前（四月十二日以前）的局面。

上海占领了，接着南京也占领了，东南重要的资产阶级及帝国主义的地盘，素来为右派所心望的，而今得到了。在这个时候，左派有一个很好的机会去破坏右派的结合枢钮，就是：占领南京的站在左派方面的第六军和第二军，应该趁右派军队的集中还未曾完毕的时候，迅速扑灭在南京一部分的右派队伍，确实占领南京；同时在上海的武装工人，应该与靠左边走的第一师和其他部分进行连合响应南京，扫除在上海的右派队伍。自然这个机会，如果左派的总领导者——武汉党部——有决心先期免蒋职并下令讨伐，是可以得到胜利的；不幸左派领导的迟疑不决，卒之〔终于〕使一切在东南左派势力为蒋介石的“先发制人”所扫荡扑灭。直到一切事件结束了，然后武汉中央始下滑稽的免职拿办令!!! 在这个时机，已经不是武汉拿办蒋介石，而是蒋介石要讨伐武汉了!!!

“蒋介石免职拿办”这个声响，自然是在武汉进步的群众中，早先已经轰轰烈烈的；然而落后的革命群众，尤其是农民群众，简直是百分之九十不知道是一件什么把戏。我们拿左派中央的宣传纲领来看，已经知道这个“党内民主化”的要求，是与工农群众无直接的利害关系；反而因为先前“蒋总司令”的偶像崇拜突然碰着这个“免职拿办令”，似乎是有个甚么内乱来到，又要受无价值的打仗盘剥，农民这样的想。军队的将军英雄，尤其是唐生智，自然是在免职令下后“乐不可言”，因为两湖巡阅使毕竟比东南五省瘦些，此后可以做总司令，包办国民党了!!!

东南各省已由蒋介石所领导的军队统治了，自然要对左派作战，自然要成立一个党的领导和政权，这样就发生了南京的国民政府和南京的中国国民党中央，这样南京和武汉的中央就对立起来了。逻辑上，两个对敌的中央，应该有两个对敌的政治纲领，但他们的领导成分应该是对敌的社会成分的代表，然而实在却不是这样。资产阶级领导着一切落后的成分团集起来，一面反对帝国主义和北方封建军阀，一面要和武汉作对。在武汉方面呢，是在资产阶级背叛了革命以后，他的中央成分应该是工人，农民，革命的中产以下的市民；但是事实不但大资产阶级存留在左边，甚至比蒋介石派还要右的更反动的，一样的存留在武汉的左党！！！（如徐谦、谭延闿、顾孟馀等及军队的各个首领）这个就足够证明武汉之对付南京，不是政治原则上的不相同和对敌；实在是上层的领导组织中间多数对蒋介石个人独裁的不平，和军队首领的私闻所集结起来的一种行动。因此，就可知到〔道〕武汉中央和南京中央在政治的纲领上相同，时时有改变到与蒋介石之屠杀政策的可能。我们说到这里，就应该知道并且应该承认：对蒋介石派——右派——的决裂，毫无准备的毫无计划的无原则的无政治斗争的错误，为左派领导的一个不可恕的过失。

第三次执行委员会全体会议开了，口头上是有多少比以前一切大会和中央会议有更左的倾向，而实际却也只是口说，而毫未曾顾虑到与南京的决斗，和对左派内边的敌人奋斗，而准备实力，在当时的形势，很可以在武汉中央极顺利的左倾而唐生智等军阀正垂涎得食的时候，提出左派的要求，或则集中工农武装，或则扩大及新成【立】由忠实同志所组织的军队。但是大众都似乎为一般投机分子的甘言所饵，为封建流氓的唐生智的狡猾手段所欺骗，结果只有为他们所利用，而自己未曾有一点实力的把握。“这个只用外交手腕政客式的拉拢而不准备实行革命的武力”，也是我们左派的【一】个致命的罪过。

四月十二日事变以后，在武汉方面的群众自然非常的激昂，本来应该即行倾全力去讨伐南京的中央，拆毁他们那座反工农的炮台。但事实变了，张作霖的力量一天一天的向南方迫近，时时可以危害武汉的存在。而且当时的南京，事实上还在上海的帝国主义的军队和孙传芳、张宗昌的军队胁威下面。如果武汉倾全力以取南京，不但在京汉线上难得固守，即到南京以后，仍无法以控制上海帝国主义的武力胁威，和抵御孙张二军阀之合击，蒋介石派的军队，自然可以安然退守浙闽，仍然可以行使他们中央的权柄。结果于军事计划是有大害。所以经过十多天的讨论，“往东”——打南京——“往北”的计划前后变更了四五次，卒之为如下之理由取决“往北”去：“把张作霖在河南的队伍肃清，把冯玉祥的队伍接出来，然后把对付张作霖于京汉路线上的责任托付给他，我们的队伍专致力于东南肃清。”这就是决定“第二次北伐”时的总方略。这个方略，唐生智、张发奎总是不十分赞成的，因为他们未曾□看了南京的力量，总是不放心。就是当时的汪精卫也曾经说过一句漂亮话：“我们不决心讨蒋，就不要免蒋的职；已经免职，就非先讨伐他不行。”这句话虽然有其他的政治背景——这随后再说——而却是左派应该取的策略！

五、土地革命之第一响与“土地委员会”

当着与南京派争斗的时候，大众盼望的汪精卫回到武汉来了，（这是四月十号的事）一切左派的同志和群众都深深的慰喜：“现在党的领袖回来了，革命有了领导了！可以镇压动摇分子了！可以压倒右派的宣传口号了！”（蒋介石屡次宣言听汪精卫的指导）自然是革命的空气更加浓厚，革命的力量似乎增加一支生力军。接着湖南的农运更进了一步：由政治的争斗口号“打倒土豪劣绅，打倒不法地主”，进到经济的剧斗场上来了。自然贫农要求“土地”，要去没收地主的积谷，和管理乡区的剩余谷物。这样的一个伟大的斗争，虽然在湖南实现的还不过几县，但是普遍的组织起来的成百万农民群众，要一天一天的明显的勇敢的去实现他们自己的要求了。因此，不但领导他们的农会有了落后的倾向，就是当地的党部也很象手忙脚乱来不及应付这个“突然”来到的工作，这是在湖南地方的景况。在武汉中央呢。虽然早已经有极少数的中央同志在叫唤“耕者有其田”，但是实际对土地问题的普遍的注意，不能不说是由四月初旬由中央执行委员会所组织的“土地委员会”起。这个委员会初组织成的时候，不过讨论些多少统计的报告。不久湖南农民的土地要求一天一天的显著了，然后做“尾巴”般赶紧应付开扩大会议。参加这个扩大会议的，除了中央的重要同志以外，还有重要的军官领袖们。初几次的讨论十分热心，即如后来首先投降的叛徒如徐谦顾孟馀，军官领袖如唐生智，甚至刽子手何健，都先后发过赞成“急切解决土地问题，要没收大地主的土地交给贫农”的议论和其他好听的话，当时在场赞成的更是所谓左派领袖，汪精卫格外热心。但是事实告诉我们：随着湖南土地革命波浪的推展与整个的农村革命的惊涛，已深深的震动而且冲撞了封建地主及一切封建势力之最后的铜墙铁壁。“封建地主的武装”，所有唐生智的□□军队——尤其是何健的——与及其他一切湘籍的队伍，都已经觉得忍无可忍要起来挽救他们自己的社会生命。却是因为北伐的工作正在纠缠，而且领袖们对蒋介石派的冲突还要利用当时的中央政府去增加自己的实力，所以一面隐忍不发，一面联络一切封建的地主武装，预备待机作大规模的反叛。这样武汉首都的危迫与著名的许克祥反叛快来了。这个光景就是在武汉中央日夜讨论轰轰烈烈的“土地委员会扩大会议”场中，所以许多“煞像有介事”的口说先生们一次比一次沉默，最后至于藉词推宕反对的理由了。扩大会议闭幕，对中央执行委员会做了几个不关重要的报告——内中多是推宕的决议以及关于改良的办法；但是连这几个不甚重要的报告，也不能一一为中央容纳，只说“待机而行，现在尚不是时候”!!但是一面口里还不敢据实说明反对；一面中央直属的武装队伍反叛的机缘已经成熟了。——（当时比较忠于群众相对的赞成农民革命行动的张发奎的队伍，已悉数调付〔赴〕河南作战，正在疲战的时候。）这样就来了夏斗寅的叛变，和长沙许克祥之所谓“马日事变”。“马日事变”（五月二十一日）这个爆发的信号，是叫起了一班投机依附模棱两可的先生们，叫他们“再不要跟着共产党失败，因为这个失败是永远的失败，我们要做我们的。”（顾孟馀六月中旬给汪精卫的警告电报中的话。）这样，土地委员会的生命就上了十字架，武汉中央就心惊胆落蹲伏在封建地主的枪头底下了!!!

六、武汉中央之背叛革命，中国国民党的上层领袖的自己宣告“出殡路由”

五月上旬的形势，已经是十二分的危急——军队叛变的酝酿和领袖的变节，但是因为河南前方陆续胜利，所以大家——无论革命的反革命的——都延长了颈子等待河南奉军肃清后去求出路。这个就是所谓“郑州会议”的形成。郑州会议始于六月十日，完于十三日，前后不过三日。这个会议的意义是什么？不过是给“变节的领袖们一个大机会让他们去宣传武汉过去的过激”，以及左派政治主张及群众运动的危险，并造成“第三派的联合”。冯玉祥的军队到河南来了，革命的想拉冯靠左边，并叫他□代武汉挡住北门，实行东下讨蒋。反革命的呢，自然和上边说的，一部分巴不得相见恨晚就跪在冯将军的膝下求救；大部分就打定了算盘做他们的“修正”运动；军队呢，在总司令的头衔得到了以后的唐将军，也就开始揭开他的真面目回湖南去“查办”去了。同时，中央对军队中的政治工作，及农民运动讲习所，及在左派影响下的政治学校，都一齐加以攻击；并下了“军队中政治工作人员须受军官的监督（!!!），并不准秘密开会（!!!），违者枪决”的命令。接着“徐州会议”开了，蒋冯的联合已由冯自己的威吓电报供出，自然武汉中央要发抖（并不是怕冯反对武汉的政治，而是怕蒋的力量压倒武汉！）。接着何健将军的“威名”起了，今天有发难的谣言，明天有暴动的消息。接着“唐总司令”的真主张来了：“要先驱逐C.P.,然后有办法”，“长沙事变，系农民过火及暴徒”（C.P.及左派的代名词）的鼓煽，军队为自卫（这是真的！）起见，不得不然。（指许克祥的暴动）这个真面目的开始揭开，就是证明了利用军阀底最后的结果，这种结果的发展到用恐怖手段屠杀工农，才真正教训了工作的同志们：带封建性的军阀必须根本扑除，使“猴子手到火炉中去取栗”，结果只有自己浑身受火伤。

此外，财政的危机，帝国主义的封锁，武汉失业工人的增加，工商业资产阶级对政府的怠工示威，农工群众对中央的怨望等等，都一天一天的压迫武汉中央领袖们赶快决心投降封建军阀及资产阶级取背叛革命的手段。

除了上边说的以外，我们还要记住，促成武汉中央背叛的另一个重要的诱胁是：“第三派的运动。”第三派是什么？就是超然于蒋介石派及反蒋介石派的左派以外的一个政治组合。这派虽然未有公开的组织，但是在很久（至少从南昌武昌的斗争开始时起）已经有一个大概的形成，他们的主张是：“蒋太自私专擅，应该滚去；左派（他们却是指明C.P.）的危险，也要不得，要赶出。”这就是他们唯一的政纲。这派的分子，自然是名义上在蒋下的军队领袖如白崇禧、李宗仁、李济琛、朱培德等等；这派的政治纲领，自然名义上要取资产阶级的民主方式，而实际不过是夺取蒋介石政权及推倒左派政权的一个武器。结果必然是封建式的割据。但是这样的主张，跟着武汉的危机成正比例的有力而范围扩大了。他们的手段就是抬汪精卫出来做名义上的政治傀儡首领，一面压倒蒋介石，一面可比较民主些（！）去分赃割据。于是乎动摇的，无原则的，对蒋介石逞私斗的，所谓“左派领袖汪精卫”就自愿的跳下第三派的深坑，穿起“黑衬衣”挂出卖身的招牌，并且检拾孙中山先生遗著一二句的意思，公开的背叛民众，断送三民主义的革命意义了。这样，就由他领导着一班自由的封建地主（谭延闿），投机政客（徐谦），病态的教授（顾孟馀），大工商业者（孙科），及他的参谋长（？）买办官僚化的留美学生代表（陈公博），去写了武汉中央背叛革命的供状，并且宣告了“中国国民党上层领袖的出殡路由了”！！！

七、由南京及武汉之变叛，我们所得到的总教训是甚么

我们晓得：每个革命的党，他对于群众的影响和关系，首先要看那个党的政治纲领；而在一个党内——尤其是在多阶级联合的中国国民党内——派别的形成，必定各有各的政治纲领的大小差别，才能发生政治的争斗。左派的最大缺陷，就是由始至终无一个主要具体的政纲，因此所谓左派的名词虽然是十分普遍，而原则上与右派的差别，或彼此互认的标准，始终混淆。因此左派不能有划然严密的争斗组织，这自然是对右派挑衅的遭遇战时（如三月廿前后）及此次对右派决战时所以失败的一个最大原因。因为什么呢？第一，无具体的纲领，则分化不能显明，所以到南京武汉分立时，可以有许多比蒋介石更右的分子混在左派战线内，为后日反叛投降的大敌。第二，无具体的纲领，则民众不能认识我们为什么奋斗，不知道敌人的罪过和背叛民众的地方，因此在北伐时及与南京派决裂时，许多群众守中立的态度，在怀疑发抖。第三，不能统一左派的政治活动的路向，所以同在武汉中央，可以有领袖们去做公开的或秘密的反左派利益——反工农利益——的工作，这就是公开的承认内敌的存在。第四，不能严正的防止领袖们的私斗，如汪精卫对蒋介石，和唐生智对蒋介石等；尤其是不能使民众鉴别他们底领导的过失。

其次，左派始终未曾准备和决心与右派决斗。“三月二十”以后，左右派的调解已成为“等候下次决战”的宣战书，在这个

时候，应该怎样去充实作战的准备，但是只见著在群众中先先后后喊几个“打倒新军阀”的口号！在南昌武昌争论的时候，必定要断然的趁右派的动员还未曾完毕的时候，加以致命的打击；却是始终等候着，只做些都市的空口宣传工作，等待到自己的手足快被右派斩截完了，然后张开口说打仗。这种“大意”，和“不紧张”，“不得要领”，自然不是革命争斗的原则，恰好是我们应该扫除的。

第三，太讲究上层的外交工作而不注意下层的充实工作。利用外交手腕，本来是革命党的一件重要的工作；但是他的使用，是有一定的限度和条件。限度是甚么？就是被利用者的行为，不会危害革命；而且这个“利用”的利益，要群众相当的了解，否则丢去了革命原则，必使群众怀疑党的纲领而失去信用。条件是甚么？就是被利用者能接受和允许革命的活动工作。我们在过去利用唐生智等军阀和其他政治人物，一样的犯了这上边的过错。唐生智是利用我们增高他的政治地位，使他能把持党；利用我们去压倒蒋介石，使他能替代他的地位。他的社会成分，比较蒋介石还要落后些，因此我们利用他，刚是拿他整个的力量去对付蒋介石是不够的，我们一定是要设法使他的力量不能对掉过枪头来对付我们。所以我们的工作，不仅把唐生智的名字高高的抬起，我们是应该尽量的分化他的部下，和尽量的使革命的农民追入他的队伍去。一面拼命宣传“拥护劳苦功高的唐总司令”，“拥护革命的唐总司令”；一面却任他的部下自由组织反革命的指导——长沙事变确实是他自己的暗示——这真是饮鸩止渴，对民众失信用啊！此外如徐谦，本来是一个政客，也不应该多多的使他在群众〔中〕的地位增高，致后来的不可收拾。

外交的工作最吃亏的，就是丢去了政治纲领的原则，比如对蒋派的决裂，我们的目的未有说明，左派的群众很多以土地问题突然提出为讶异，这都是丢开原则去讲上层外交的结果。

第四，不努力于革命的武装力量的组织。每个革命政治纲领之实施，都是在一种最剧烈的社会争斗之后，才有可能；尤其是利害关切最大，最为旧社会的上层分子所依赖的。所以必须准备作剧烈的斗争底武装力量，才能和敌人争斗，才能得到胜利。土地革命是封建地主的死敌，是动摇私有财产的强烈暗示，是整个的封建经济组织的死刑。所有旧社会的宰制者——官僚、地主、绅士，与地主绅士相关的城市工商业资产者，及其结晶的军队领袖，必然要联合起来，反抗这个凶猛的争斗。所以在土地革命的纲领还未曾出现或未曾实施以前，还可以和军阀们拉拢拉拢，讲几句风流话，一下子到了实施的时候，就必然即刻变为死敌。所以我们在过去犯了一个疯症，就是："在老虎头上捉虱子"，就是说拉拢封建地主的军队去做土地革命！！！我们自然应该在武汉中央和南昌争斗最酣热的时候，唐生智的地位未曾稳定的时候，努力使忠实的同志们组织军队，尽力武装工农于军队中，做土地革命的张本。

自然事后的观察、批评，比较容易，当时工作的困难条件，也是千条万绪；但是我们的批评，并不是否认过去的工作，只是我们应该晓得过去的缺陷和错误，做此后工作的借鉴。

〔国民党中央执行委员会秘书处档案〕

2．中国国民党临时行动委员会政治主张①

（1930年9月1日）

一、中国社会的结构

政党负着解决政治问题的责任，而每个政治问题都是经济及

① 此件系邓演达为中国国民党临时行动委员会起草的政治纲领，经行动委员会全国干部会议通过。

社会的要求的反映，也可以说是在某个时代里特定的社会的全般结构的反映，所以我们先要明白了解中国社会的结构，然后才能着手解决中国的政治问题。现时的中国究竟是一个甚么社会呢？对于这个问题的答复，有下列的几种，可以代表流行的见解：

第一个答案：中国现时还是封建的社会。

第二个答案：中国现时已经是资本主义的社会。

第三个答案：中国现时正在由末期封建社会及前资本主义的社会向着资本主义社会过渡。

上面的三种答案，各各言之成理，相互排击诋毁。究竟那一个对呢？我们以为必需要先有正确的定义和科学的根据，才不致陷入错误的争论。并且我们知道，要了解一个社会的全般结构，必须从经济的、政治的、社会的三方面去观察分析，把它们的结果综合起来，然后才能得一个明确的结论。我们现在先下封建社会及资本主义社会的定义。我们认为封建社会的经济方面，主要的是：以政治的力量占有土地的地主对农民（或农奴）行生产品之剥削和掠夺，并压迫农民做无偿的劳役，所谓自足自给经济占社会经济统辖地位。封建社会的政治方面，主要的是：居统治地位的阶级是广大土地的占有者，他们有军民财政的全权。封建社会的社会方面，是：在这个社会内有梯子式的阶级或身分差别，各阶级和各身分中间有严整的界限，如地主和农奴，商人和贵族，手工业的雇主与学徒，地主与王侯等等。反映这个梯子式的阶级和身分差别的社会意识是“名分”“礼教”，是“上下有序”“尊卑有别”的要求，是主奴从属主义。资本主义社会的经济方面，是：工厂工业的大规模商品生产占社会经济的统辖地位。生产者主要的是工钱劳动的工人，他们和生产手段脱离。资本主义的政治方面，是：工商业者及金融资本家居统治阶级的地位，国家政策视工商业者及金融资本家的利害为转移。资本主义的社会方面，是：社会的阶级差别，主要的是工钱劳动的工人和资本家，而流行的社会意识是自由主义，是个人主义。

定义既经确定，我们再去考察中国社会客观的内容。

如果我们只是根据西北西南等落后省区的社会结构来说，那我们就很容易肯定第一个答案，以为中国现时还是一个封建的社会，因为在这些区域内面还是以自给自足的经济为主，官僚政治的封建性更保存得完整，如甘肃马氏，不但自身拥有广大土地，而且累代为官。官衙的徭役供应还是十分盛行，在许多地方，人口的买卖，奴婢的养育，等等，是公然由社会官厅承认的。

如果我们只是根据沿江沿海沿铁路的地区的经济结构来说，那我们又容易得到第二个答案，以为中国已经是形成了近代资本主义的社会，因为不但那些地方的农村经济已经完全为资本所统治，农民为商品而生产，而且在都市中已经有近代资本主义的影像，新式工厂到处可见。

但是，如果我们考虑如下的事实：70%以上的人口住在农村中，差不多30%的人口住在城市中，差不多只有3%的人口住在有新式工业影迹的城市里，其余的城市差不多只是行着简单再生产的手工业及半农业的城市，产业工人的数量，连煤矿工人及码头工人计算在内也不过占全数人口0.5%（千分之五），在各地农民所生产的农产品当中，自行消费的，平均约占40%，拿去和手工业及机器工业制品交换的平均约占15%，其余的45%的农产品是被地主、商人以田租高利贷及“不等价交换”（商业的欺骗）等等形式，被政府以捐税征发掠夺的形式剥削了去。再从工业的消费量来说：农民每人每年平均收入约为三十元，其购入工业品的价值至多为收入的15%，城市人民每人每年的平均收入约为五十元，其购入工业品价值至多为收入的35%，又中国人民全体所消费的工业品中由外国输入的约占45%，由本国自制的约占55%，而且本国自制品中，手工业生产品约占其大部分，由新式工业所制的不过占其小部分。又，在中国的新式工业当中由外国人资本经营的占80%，本国人的不过占20%。如果我们考虑这些事实，那么，就可以得到中国社会经济结构的影像：中国的社会经济从主要点说，实在还是在农业手工业生产的阶段中。在这个阶段中，地租虽然以土地私有及自由买卖的形式发生出来，而实际上主要是由政治掠夺发生的。商业资本的高利贷和不等价交换，虽行着极凶暴的积累，而不过是工业资本发生以前的现象，并非近代资本主义（工业资本）的本质。其他官僚的剥削及政府的捐税也是封建政治的附属物，与贡赋徭役实无二致。微弱的本国资本主义的经济组织一方面受着帝国主义的压迫竞争，他方面因为农村破产的缘故，得不到销场，所以不但不能发展，而且最近有日行破产的现象。因此为中国社会经济的主体之农业手工业生产，一方面因政治的掠夺及帝国主义经济的竞争而日就崩坏，他方面则无法过渡到一个近代资本主义生产的新阶段，只是残留在原日的阶段中，不绝的朽腐，不断的挣扎，这个就是从经济方面观察中国社会所得的结果。

在政治方面，我们知道：现时中国的政治组织是封建官僚主义。这种官僚主义虽为历朝统一的集权组织的骨干，而实则每个行政区域内的官僚首长都保有任免下级官僚及自行征收赋税、训练兵马的全权。强固如元代及清初的统治，皇帝且不能多所过问，更不必说到每个朝代的衰微期和现时的腐败统治。中央政府徒具形式的统一规模，一切放任于省区的官僚（曹、吴时代有巡阅使，现时有几省剿匪司令），省区的官僚更委之于县（清代更有道、府、州等），最后才有县官的爪牙联络着绅士们（士大夫或地主）去宰制农村。每个官僚形式上是对职守负责，而实际上是对他们的主人（长官）个人负责。这样形成一个多层阶的统治。各个层阶，都是以首长官僚为中心，而以血缘及过去的主属关系去团结及布置爪牙僚属，构成一座很高的而专以压迫剥削人民、包办军民财政为务的金字塔，塔底是农民及其他平民群众，塔尖为皇帝总统或主席总司令。从官僚的出身来说，他们都是士大夫，商人不过占少数的一部。士大夫大抵是由地主或其他占经济特殊地位的家庭出身，即不然，也会在服官以后很快的变成地主，和其他经济的统治者。士大夫的意识主要的是礼教和名分。因此我们要断定，中国的政治组织，实际上还是变形的封建统治。

在社会方面，我们知道农村中，特别是南方的农村中，还带着很浓厚底氏族社会的色彩。差不多在全国中，血缘关系是支配社会生活的中心。妇女固然是普遍的奴属于男子，而奴婢什役的买卖及处分尤为地主家庭中自由的事件。士大夫的“礼教”“名分”的意识支配着社会的大部。

象这样的一个社会的全般结构，我们固然不能根据它去承认上述第一说，以为中国还是一个封建社会；同时我们也不能根据它去承认第二说，以为中国已经是近代资本主义的社会。我们只是认为。中国现时的社会，在形势〔式〕上固有异于古代的封建制度；但，就其内容的性质而论，的确还离不了封建势力的支配。因此，整个的中国社会，还滞留在封建势力支配阶段，还是前资本主义的时代。同时又因为帝国主义势力支配着中国的缘故，使中国社会益呈复杂的状况。这两重支配，都是使中国社会不能向前进展的大障碍。

（注：上文的数目系以现存的统计及记录为基础引申出来的，不十分可靠，但大概可以相信的。）

二、中国社会的历史前程

由上面的分析看来，中国实在是一个很复杂的社会，而构成中国社会的封建残余成分及前资本主义的成分实比其他的成分较多而且重要，现在我们要问：中国社会底历史前程到底是什么？

我们在答复以前，先要限定问题的意义：如果题意是指较远的将来的前程，那么我们可以肯定的说，是社会主义的社会，因为社会主义社会是人类的历史前程，中国不能独在例外。但是我们现在所要求答复的是紧接着中国社会现阶段的前程。

推测一个社会的历史变迁，应着眼于下述的事件：第一，一般的经济条件；第二，各阶级的力量。我们现在应用这个观点去推测中国社会的历史前程。

第一，从一般的经济条件去考察。

根据上述的分析，中国的社会经济，现时主要的还停滞在封建残余及前资本主义的阶段。因此，社会主义革命的条件实未曾具有。现在要问：是否中国必须经过资本主义的革命，形成高度的资本主义，然后才能过渡到其他的社会形态？

我们的答复是否定的。为什么呢？

1.因为中国是一个半殖民地的国家，半独立的国家，主要的国民经济机关都在帝国主义者手上，帝国主义者一面挟其高度资本主义大量生产的商品和巨额的过剩资本以破坏中国的农业手工业经济，同时压抑中国资本主义经济，使之不能长成；他方面更挟其政治的力量以延长中国内战，使中国不能得到资本主义所必需的统一，以维持帝国主义者自己的统辖地位。中国的资产阶级实无独立的进行资本主义革命的能力。帝国主义者固然不许中国平民群众行反抗帝国主义的革命，也不许中国资产阶级形成与帝国主义竞争的中国资本主义。

2.因为现时的中国是处在生产技术十二分发达的时代中。十八世纪及十九世纪欧美各国的革命，固然类似中国现时的革命一样，同时推翻封建势力，消灭障碍生产力发展的因素的革命；但是，当时欧美各国的生产技术比较现时世界的生产技术实在已有天渊之别，因此当时欧美各国革命，不但因为领导革命的是资产阶级，要走上资本主义的道路，而且在生产组织上亦非形成自由竞争的资本主义不可。在现时的中国，如果平民群众掌握政权，如果农工阶级能成为政权的重心，则必然能鉴于现时欧美资本主义的覆辙，开始即应用现时的生产技术以建设国营及公营的大规模的产业，并能运用政权，防止私人资本主义的弊害，使资本逐步的社会化，绝不致于以利润、利息及田租等形式把资本化的剩余生产物积累在私人手里，重新形成私人资本主义。

第二，从各阶级的力量去观察。

1.我们首先估量中国资产阶级的力量。中国的资本主义因受帝国主义及封建势力压迫束缚的缘故，不能顺利的发展。以致本国的资产阶级并非单纯的工业资产阶级，而是与帝国主义、军阀、官僚及地主等相结合的买办、高利贷者及商业资本家为多，即极少数的新兴民族资产阶级，也是依存于帝国主义的政治及经济的势力以保障资本的安全，因此本国的资产阶级的政治意识是暗昧的，他们一方面不能彻底的扫除封建势力，无力改造落后的经济组织，他方面不能坚决的反对帝国主义，废除不平等条约。

2.其次再估量中国大多数平民群众特别是工农阶级的力量。中国大多数的平民群众，特别是直接生产者的农工阶级，他们在数量上占中国人民的绝对大多数，他们在政治上受着严重的压迫，在经济上受着惨酷的剥削，十二分的需要解放的争斗。他们现在虽然因为反动的政治压迫，大部分无法进行直接斗争的工作，却是已经有不少的分子从事斗争，客观上，在不远的将来，那些被压迫剥削的大多数平民群众，必然的会参加伟大的政治斗争及经济斗争。也必然是要他们参加政治的斗争，才能形成代表他们自己利益的平民政权，要掌握了政权，才能进行经济解放的工作——向着无剥削的社会前进。资本主义的建设对于广大的平民群众，特别是农工阶级是无益而有害的事，因此觉悟的农工大众，绝不会在自己掌握政权之后再去做仿效欧美，形成近代的私人资本主义。

因此，从各阶级力量去观察，我们可以决定，需要社会主义的农工大众力量，现时已比资产阶级为大，而且在最近的将来还要迅速地增强扩大。

我们综合以上的观察，知道中国只有两条出路：或者是沦为国际帝国主义的殖民地，叫中国永远受帝国主义的支配；或者是由中国大多数平民群众自己起来推翻帝国主义及封建军阀的统治，建立平民政权，进行经济的解放。

如上所述，社会主义革命的条件在中国虽还未曾具备，但是处在生产技术十二分发达的今日，如果以农工为中心的平民群众能夺取政权，则必能立即运用国家力量，进行国营及公营的大规模产业建设，防止私人资本主义的弊害，发展生产，为产业社会化的基础，向着社会主义前进。象这样的经济政策，为由现时前资本主义到社会主义的过渡办法，这种过渡期的经济组织，我们可以叫它做国家资本主义。

国家资本主义的内容与趋向是因执掌政权的阶级分别而不同，即：如果政权在资产阶级手里，则此种组织适为高度资本主义国家的资产阶级对本国的劳动阶级进行高度的剥削与对敌国竞争的工具，现时的德、美、意、日均有此种显著的倾向；如果政权在广大的劳动民众手里，则能在产业大规模发展的条件下面，使资本逐渐社会化，为建设社会主义的工具，现时的苏联已采用这种组织的办法。我们所主张的国家资本主义，当然是平民政权下的国家资本主义。

我们认为运用过渡期的经济政策——国家资本主义的组织——为平民政权建立后必然的出路。只有这种出路可以解放中国人民，可以达到社会主义。

三、我们的争斗目的

上述的中国社会的历史前程，是客观的必然的趋向，然而却不是不须革命的斗争就可以自然而然的发现出来，并且，只有在革命的斗争进程当中才能实现出来。

我们相信，实现上述的中国社会历史前程的革命，不是一个单一性的革命——不是纯民族革命，不是纯民主革命，不是纯社会革命——而是一个复杂性的一种革命，具有民族、民权、民生三种革命性而以社会主义为归宿的革命。我们更相信，这个革命不是先后继起的三个革命——民族革命、民权革命、民生革命——的历史的阶段合成的，而是以同时并存的三种革命对象——帝国主义者，封建军阀地主以及依附前两者为生的高利盘剥的、反动的资本阶级——为对象的。这种特殊的革命方式，是由中国的特殊条件所决定，而中国广大的平民群众底参加革命的斗争，实为决定将来中国命运的枢纽。

孙中山先生的主义，完全是适应上述的环境和要求而生的产物。因为他一向站在大多数平民的立场上，所以他的思想内容，自始即没有离开社会主义的道路；尤其是他晚年的主张，很明白的指示我们向社会主义的前途去奋斗。不幸孙先生的叛徒们，非特曲解了三民主义，而且还假借孙先生的名义去作他祸国殃民的掩护。这么一来，不独革命中断，而且把三民主义弄得扑朔迷离，为民众所厌闻，好些革命分子遂亦因噎废食，想抛弃了三民主义去别求途径。

我们坚决的相信，三民主义这个名称虽然被叛徒们所盗窃，它的内容虽然被叛徒们所曲解，但三民主义的真相，却并不因此而受丝毫损失。我们要努力去打倒这些叛徒们，恢复中断的中国革命。只有使三民主义更加具体化，使它更加切实的适应大多数平民群众的要求，并坚决的使他们的要求实现出来的人们，才是忠实的中山主义的信徒。简单一句话，我们的斗争目的就是实现三民主义。具体的说，我们争斗的目的，是要彻底的肃清帝国主义在华的势力，取消一切不平等条约，使中国民族完全解放，要使平民群众取得政权，要实现社会主义。

四、我们的争斗手段

我们已经明白了我们的目的，我们必须更进一步的去找出实现目的的方法，这个实现的行程，就是我们的斗争的手段，我们应取的主要方法是下面这样：

1.要彻底的肃清帝国主义在华的势力，取消一切不平等条约，使中国民族完全解放，一定要唤起并组织广大的民众，使其觉悟的参加反帝国主义的斗争。只有广大的民众觉悟起来，组织起来，才能无畏的作反抗帝国主义之斗争，直接由国民会议决定，立行取消一切不平等的条约。复次，我们相信：中国革命可以扩大并影响于被压迫民族与阶级的解放斗争，同时世界被压迫民族与阶级的革命运动也可以促进中国革命，声援中国革命。但是，中国革命与第三国际所号称的世界革命实为两种相异的范畴。因为中国革命有其特殊之性格，而民族的要求更不能不由民族自行解决。第三国际所号称的世界革命，是以中国革命为手段，为其所谓世界革命的先锋，并且中国革命要由它一手包办。象这样办法，实在是忽视了中国民族的要求，客观上必然会阻碍中国解放的工作，延长中国人民所受的苦痛。因为如果把中国革命放在世界革命的范畴内面，则必然的要等待所谓世界革命完全实现之后，中国才能得到解放，此种策划，是和事实的要求相背的。

中国革命的势力在反对帝国主义的斗争工作中，可以并且应该与世界被压迫的民族和阶级联合起来作斗争的同盟。所以孙先生临死的时候还要嘱告同志们："联合世界上以平等待我之民族共同奋斗。"我们一定要联合以平等待我的革命势力及民族，而排斥及抗拒不以平待等我、蔑视中国民族要求的势力及民族，才能解放中国。

2.平民群众要取得政权，必定要用平民群众的本身组织形成坚强的力量，去推翻千余年来传统的官僚政治。过去的换朝与革命，都只是新旧的封建统治者的交替，新旧的士大夫阶级的交替，和人民隔离，所以人民必然的会受欺骗。过去的猪仔议员及最近的“党衙门”都是好例。即虚伪民主的欧美流行的代议制，也不是广大平民群众所要求的制度，他们所要求的是和人民利益关切不离的政治权力与组织。

3.要实现社会主义，一定要在以直接生产的工农为重心的平民政权确固以后，运用政权去发展生产，统制生产，使生产组织化及社会化。

五、我们具体的方案

上面所说的，只是一些要点，现在要把各种问题，做一个具体的说明：

（一）平民政权之建立

1.平民政权的涵义和先决条件。政治制度是政治争斗的结晶，因此所谓政权是统治者权力的具体表现。我们的党是代表大多数劳动群众利益的党，党的要求就是大多数劳动群众的要求。凡是自食其力而不剥削他人的，无论是直接的或间接的参加生产行程的分子，都应该是劳动者，也就是我们所代表的人们：如直接参加生产的各种工厂工人、手工业者、自耕农、佃农、雇农及设计生产、管理生产与担任运输分配等等及其他辅助社会生产的职业人员。这些直接的及间接的参加社会生产的人们都是被现存封建势力及资本势力压迫着，都是要求解放的平民，所以我们总称上述这些人们为平民群众。这个广大的平民群众既要解放，自然要夺取政权。这个已经夺得的政权，必定掌握在平民群众手里，因此我们叫做平民政权。构成平民群众的工人与农民，因为他们所受的压迫最为厉害，更因为数量较多而争斗较勇的缘故，必然的成为平民群众的重心，因此所谓平民政权，就是以工农为重心的争斗同盟，并借参与政权的比量，保障这个重心。夺取政权的过程，就是这个广大的平民群众向目前的统治者作经济的和政治的争斗，即等到推翻整个的反动统治，确实建立自已政权为止的过程。

建立平民政权的先决条件是形成平民群众本身的组织。无组织的平民群众等于一盘散沙，虽多无益，只有在坚强组织之下，平民群众才能发挥他们的伟大的威力。在今日的中国，在平民群众的组织当中，最切实的莫过于职业的组织，如工会、农会等。只有职业组织能使从事各种生产的平民发生密切的利害关系，只有职业组织能够团结他们。其次重要的是准职业组织，如学生会、妇女组织、兵士组织等等。唤醒平民群众和组织平民群众，这是平民政权的必要的先决条件。只有这样才能真实的集中平民力量，只有这样才能有力量从根本上推翻官僚政治、军阀势力及其他一切封建遗骸，而把政权收归平民手里。主张平民革命而不尽全力去唤醒平民，组织平民，从事于政治和经济的斗争，等于自欺欺人，完全是假革命的行为。至于害怕民众组织，借口于民众组织之不易节制而去禁抑它的人们，那当然无疑的是反革命了。

2.平民政权的组织。要收平民政权的实效，必须以有组织的职业团体代表构成中央及地方的政权的发动机关。因为只有如此才可以使参加生产各部门的民众确实的和政权联接而不发生隔阂；只有如此才可以彻底的铲除官僚制度及军阀政治的积弊，不再发生新的官僚政治。同时，我们以为：欧美流行的地域选举代议制度，容易酿成少数操纵多数的弊害，此种弊害与中国过去的“猪仔议员”及现在的“党衙门”等怪现象，都是因为民众和政权隔离，才会发生，要消除及预防上述的弊害及怪象，只有由职业团体代表掌握政权的方法。

我们主张：各职业团体及准职业团体，应按下列的比例数派遣代表，以组成全国最高权力机关的国民大会：

直接参加生产的农民工人占60％。

其他各职业团体及准职业团体占40％。

临时接收政权，议订宪法的国民会议，应按此原则组成之。

各地方权力机关应以地方的职业团体为单位按上述原则组成之。

必须用这样的组织才能使平民群众相信革命党的领导，才能免除那些假借“训政”及“以党治国”的名义去压抑平民群众剥削平民群众的流弊。其次，我们反对欧美流行的三权分立制，而主张立法机关不与执行机关分离，一切权力属于国民大会，在国民大会之下设立执行机关。各地方的权力机关为省民大会，县民大会，乡民大会等。

3.中央政权和地方政权。我们认为，在历史地理及经济的条件上，过去的中央政权都只是形式的统一，并且妨害了地方人民的发展。我们主张，应将中央权限缩小至最低限度，除外交军事以及关系全国产业统制，全国的交通及全国的财政事项等等必须中央举办者外，其余应由各地方负责自行治理。只有这个分权的原则，才能使庞大而落后的中国，向上发展。当然我们是要坚决的反对一切军阀割据式的“联省自治”和无政府的“分治合作”。在另一方面，我们主张，应于最短期间根据经济、地理、国防的种种条件，将现今的省区，从新施行一种合理的划分，因为这样才能使各省区均等发展。

4.政权的保持。要从根本上扑灭军阀产生的根源，必须造成人民的武力。过去数年来的事实已经昭示我们，人民武力不是单靠什么“以党治军”“党权高于一切”的空话可以造成的。要建设人民武力，必须一面限期实现普遍的征兵制度，一面暂时用职业团体强迫征兵的方法，使各生产部门的民众，在取得政权以后按额抽丁入伍，组成真正人民武力以保护革命。只有由有组织的城市并乡村的平民职业团体确实的掌握政权；才能使广大的平民群众热忱自动的形成自己的武力，保持自己的政权；所以平民的职业团体的政权和人民的武力二者有不可分的关系。

（二）外交政策

1.国际的形势。大战以后的世界显然的区分成四种力量。这四种力量，一面是独自形成，一面又是互相交错的影响或排击〔挤〕。我们中国革命，是世界历史进程中的一个重要环扣，是重要的一页。所以要了解中国革命与世界的其他政治力量的关系，就不能不了解现时支配着世界政治的力量的因素：

A.帝国主义者的力量。帝国主义者的基础，虽在它对它本国的生产者并消费者的剥削，但是它的生命却是依存于殖民地及半殖民地剥削的。所以各帝国主义者对于市场争夺彼此间虽有不可调和的冲突；然而，同时却也因此各帝国主义者才会对于革命势力——尤其是殖民地及半殖民地的革命势力——的镇压有其共同的利害，常常联合起来。

大战以后美国帝国主义已经有压倒英国帝国主义的倾向。这种倾向，以一九三〇年初的伦敦海军制限会议表现得最明白。支配了世界大部数百年的英国帝国主义，自从欧战以后，一方面因市场缩小，工业衰颓，资本输入减少，无法减免国内的社会斗争的扩大；他方面更因为不能抵抗日美的进攻，使日原在南美、加拿大、南洋群岛、印度等地方的政治的经济的支配势力大大的缩退，现时的英国正在防御战的时期。这个防御战的阵线，在欧洲，是被美国所威胁，不能不对大陆——尤其是对法——取英美协调的形态；在亚洲，是被埃及、印度与正在兴起的中国革命所威胁，作总退却前的反攻，对于日本作继续的让步。这道防御阵线一方面是为维持帝国主义联合的依据，他方面却是构成帝国主义者相互冲突的预备。“团结大宗主国与殖民地自治邦，构成亲密的经济联盟”，为目前英国的政策要点。但是这种政策只是病者无聊的哀号，决不是真能做到的办法，因为殖民自治邦已经大部分具备了独立的条件。

一九二五年五卅以后直到一九二七年中国革命失败的前夜，英国在华的经济势力几乎为日本所侵代，因此英国的东方政策在此时期为退守的时期，而联美抗日的倾向十分明显。济南事件以后，英国对日的经济斗争已入于反攻的局面。日本的让步与最近美国新经济势力的来侵，引起英国在东方有联日抗美的可能倾向。因此，整个英国在中国的政策是往复于联日抗美及联美抗日之间。

美国自大战以后已成为世界金融资本的中心，并且差不多掌有全世界主要生产额之半。它一面挟其过剩的资本，使世界各国，尤其是欧洲及南美、加拿大等，为其政治的经济的附庸；他方面更因为它本国的工农业能相对的平均发展及有很大的消费力的缘故，能尽量的行高度合理化的生产。但是，现时生产过剩的危机却首先由美国爆发。美国内部的社会危机，现时并不比任何国家为小，因此美国帝国主义向外发展的要求，必然更加迫切。

美国对于中国的策略，始终是以“门户开放”为口号，想用纯然的金融资本的势力，使中国加速的殖民地化。它想帮助南京政府用武力去统一地方军阀，正因为它想借此：第一，打破各地方的英日的势力；第二，讨好于希望统一的多数国民；第三，镇压中国的革命势力；第四，直接扶植中国新兴的资本阶级，使为己助。总而言之，它是想借此以发展它的帝国主义的势力。它对于苏联东部也有拓殖的企图。象这样的太平洋独霸政策，必然的要和英国及日本冲突，虽然它在欧洲现时与英国正有协调的姿势。

日本自欧战以后，资本主义的发展加速度的前进，它的市场差不多一半依靠中国、印度、及南洋，一半依靠南北美洲。它的工业原料的取给大部分是依靠中国。它的投资经营，在中国东北及东部已经有很深固的基础。因此，日本资本主义的运命，完全依存于中国及美国。更因为敌对美国及英国的缘故，不能不在中国确立更稳固的根基。这种要求就是日本对华政策的出发点，也就是它和苏联妥协的缘故。

日本对于中国行着一个三重政策或三段姿势（三段构）：第

一段是利用中国的所谓中央统一政府，独霸中国（如它对袁世凯的政策）。如果这段的策略不成功，就退一步行第二策，扶助一个北方大军阀，使其替日本当守卫黄河流域以北的走狗，以防御英美势力的北侵（如象它利用段祺瑞和张作霖）。如果这一策也不成功，它第三段就用死力抓住满蒙，使满蒙为日本所谓特权范围（如象张作霖横死时日本所表示的态度）。日本关于中国问题对英、美、俄及中国所采用的方略，始终不出这三段姿势的一段。

其余强大的帝国主义国家如法，如意，甚至后起的德国，虽然在世界政治上有很大的作用，却和远东特别是和中国的关系，不比上述英、美、日三国的重要。

B.苏联的力量。苏联因为地域占全世界六分之一，有强大的群众参加政治争斗，生产作用上有很大的潜伏势力，并且因为地理的位置不易为外力所进攻，所以它仍然是一个世界力量的重要因素。但是，因为革命后的复兴问题及原来的经济组织比西欧十分落后的缘故，现时还要集中精力于内部的建设。因此，虽然在宣传上对帝国主义取完全敌对的方式，而实际不能不和帝国主义，特别和日本妥协。苏联现在也是在一个防御战的时期。因为是这样，所以苏联对于世界弱小民族的号召，只算是一种自己本位的策略，它对中国的政策，只是想使中国革命势力替世界革命“扛木梢”。

C.第二国际领导下各国社会党的力量。这个力量，特别是在德国及英国与其他中欧、北欧的国家中，保有左右政权的相当能力。但是他们的作用只是限于在各该本国，并且在他们的对外政策上，几和帝国主义者本身无甚大的差别。特别是他们的殖民地政策，对于被压迫民族——如印度、安南、荷属印度、中国等——一样的行高度的压迫政策。他们对于中国的政策，完全是跟着帝国主义者的脚跟走的。

D.被压迫民族的力量。这个力量正在奋斗及发展中。他们是一面独自的反抗压迫他们的帝国主义与其代理人，一面是要联合世界各国革命的势力，增大争斗的声势及催促解放工作的完成。在现时觉醒中的被压迫民族，在近东有埃及、土耳其、阿拉伯、波斯、阿富汗；在远东有印度、安南、中国、朝鲜、菲律宾，特别是中国与印度为民族解放运动的主力。他们的共同敌人是帝国主义，他们的共同目的是民族解放。

2.我们的政策。根据以上的分析，我们知道，在现时的世界中有四种相异的力量。这四种力量中的第一种——帝国主义——是我们的敌人，我们必须针对它们之间的矛盾，用种种方法努力和它争斗。第二种——苏联——力量，客观上可以做我们的朋友，但是如果它要利用中国扛木梢，要干涉中国的革命，则我们不能因为它的口头上的宣传而不抗拒它。第三种——各国的社会党——在它们的纲领上应该可以做我们的朋友；但是在实际对外政策上是反对我们要求的，我们应该提防它们，并且攻击它们政府的反动政策。第四种——被压迫民族们——是我们真实的朋友，真实的政治联盟者。我们应该联合起来，共同去反抗帝国主义，达到民族解放的目的。

因此我们具体的外交政策如下：

A.废除一切不平等条约。

B.重新订立完全平等的条约。

C.对苏联，以双方完全平等及不干涉中国革命为限，与之恢复邦交。

D.与各弱小民族团结成亲密的关系，建立反帝国主义的联盟。

（三）经济政策

根据我们上述的分析，我们知道，紧接现阶段的中国社会的历史前程为国家资本主义，即是说：国家资本主义为由现阶段到社会主义的过渡时期底经济结构。

国家资本主义底本质主要在：第一，集中。以农工为重心的平民群众，利用掌握在自己手上的国家权力，把一切大产业、关键产业、特别是带有独占性的产业由国家专营，并奖励公营的企业，使发展生产所必需的资本蓄积由国家及社会集积起来，不致于完全以利润、利息及佃租的形式归私人所有，更运用由国家集中的资力行有计划的经济建设；第二，干涉。为促进全国产业的发展，适应广大群众的消费需要起见，允许经营中小规模的私人企业，但国家利用其集中的金融机关与财政政策以防止私人资本主义势力底膨胀，并使其逐渐的社会化。

现时中国主要的国民经济机关，大部分掌握在帝国主义者手里，国内的产业，一方被压抑于帝国主义者，他方被妨害于封建的残余，还在十分幼稚的阶段。故平民政权建立以后，即应立刻消除帝国主义者在华的经济统治势力，消灭封建的残余，在集中与干涉的两个原则下面建设国家资本主义。

我们把经济政策区分为二部，即：A.对外的；B.对内的。

A.对外经济政策

对外的经济政策主要的在：消除帝国主义者在华的经济统治势力，以建设本国的产业。为国民经济枢纽的关税权，现时名义上中国自主虽被“承认”，而实际是为帝国主义者所限制掌握。所谓“互惠”政策，更为帝国主义者片面的掠夺中国的手段。银行被其垄断，交通运输机关被其独占，矿山为其经营，而赔款及其他政治的剥削（如私运军火等）与毒害物品（如私运吗啡、鸦片、高根、海洛因、士丁宁等）尚不在内。这些状况如不根本的改变，则全国人民生产的结果必大部分被帝国主义者掠夺而去，国民经济无法向上发展。因此我们对外的经济政策如下：

1．关税权绝对的自主，并用高度的保护税政策，以保育本国工业的发展及救济农业的衰颓。

2．收回一切银行、铁路、航业、通信机关、矿山及其它重要的由外资经营及外人管理的企业。

3．设置国家特许的租营制度。在产业落后、资本贫乏、技术落后的中国，利用外国专门家以开发各种产业，组织各种产业，实为有利的事件。但因放任及被强迫的结果，致造成现时帝国主义经济势力在中国横行的现象，不但产业无由开发，而且日就衰微。因此我们一面应如上述，绝对的取消帝国主义者在中国的经济特权和收回其经济基础；同时我们应设置租营制度，在一定的年限内，以完全遵守中国的法律及其他有利于财政及工人为限，允许外国投资团在本国经营企业。中国政府有完全制御的权柄。这样，一方面可以免去从前的毒害，一方面可以收开发产业的利益。

B.对内经济政策

要使中国的社会经济向上发展，除廓清帝国主义在中国的统治势力以外，必须彻底肃清封建的残余。我们所认为封建残余的，除政治及社会的领域以外，在这里特别注重于经济的领域。现时的中国，在割据分立的军事封建势力下面，造成无数的破碎支离的“经济体”。这些破碎支离的经济体，一面依赖于地方官僚军事的压迫势力及商业资本为彼此区域间接合的纽带，他方面却正因为官僚军事的统治及商业资本的剥削，而使以农业、手工业为基础的落后经济体更濒于破灭或倒退于更幼稚的形态，这种形势特别是在北部及西北、西南各省区为著。地主的势力普遍的与官僚及军阀相结，为剥削农民的最下的一个统治者。他们掠夺人民（特别是农民）的形式是佃租、劳役、自由加捐、征发物品、征用人丁牲畜、强种鸦片，滥发纸币等等。这些剥削的形式无不由于政治的权力，与资本主义时期的自由竞争的剥削不同，因此我们叫它做封建的残余。必须肃清这封建的残余，才能进行积极的经济建设。因此我们扩清封建残余的对策如下：

1.废止厘金制度、包税制度，废除现行的税率，特别是一切苛捐杂税及不合理的田赋。

2.消灭恶币、不换纸币、军用票等等军阀的财政设施，及其他依存于封建军阀政权的掠夺制度。

3.消除官僚军事机关的浪费。

4.消除产业发展的障碍，特别是佃租、高利贷及地方公所行会等不合理的制限等。

上面所述只是消极的政策。我们积极的经济政策却在于有计划的经济建设。其主要事项如下：

1.金融机关国有及一般的财政政策。

2.大产业、关键产业及独占性产业的国营、公营并促进合作社的组织。

3."耕者有其田"及一般的农业政策。

4.城市及农村发展的均衡。

兹分别详述如下：

1.金融机关国有及一般的财政政策

我们知道，自由竞争的工业资本主义，到二十世纪已变形为独占的金融资本主义。金融资本主义底特质在：一切产业机关由极少数的大银行控制，而国家的政策，主要的由金融资本家支配。这种现象在产业越发达的国家越是明显，因此成为帝国主义后期的特征。金融资本不但对外有控制外交政策的力量，而且对内为集中资本，支配国家财政及国民收入，统一的施行经济建设的中枢，因此金融资本主义为资本主义发展之最高形态。在这种形态中的资本主义，它的一切经济的基础和社会主义的已相差不远了。不过金融资本的国家政权操纵在少数金融家手上，为他们自己的利益罢了。资本主义发展到这个阶段，无产阶级只消一旦发动，把一切中枢的机关——特别是金融机关接收过来即可以实行社会主义建设。落后的中国，它的金融机关，在国内还大部分在封建的、高利贷商业的钱庄、当铺等等手上，他方面则被控制于帝国主义的银行。虽然有不少的中国资本家经营的新式银行，但它的业务主要的是在投机的买卖，而不是产业的控制，而且资本还是非常薄弱。这种现象，是半殖民地特有的。如果中国的平民群众取得政权，一方面为着颠覆封建官僚的统治，必须把那些为封建官僚统治的财政基础加以改造清厘；一方面必须把一切可用为国家金融机关的设备如各银行及大钱庄等，分别由国家有偿的收用；特别是帝国主义在华的金融机关，必须分别收回，以构成国有金融机关的基础。至于收回金融机关所需的资本，可用发行公债的办法筹划出来。金融机关集中的收回国有之后，对于吸收人民储蓄，利用外资，推广国际贸易，统一币政，调剂金融，发展产业。以及其他一切控制资本、运用资本等等为国民经济中枢的事务，自然容易进行。

上述种种，皆为建设国家资本主义的要务；但必须辅以一贯的财政政策，才能确实得到控制私人资本，使资本逐渐的社会化的效果。因此必须实行抽收累进的所得税，资本收益税，遗产税等。同时，更须在废止现行的税率之后，切实的另订合理的税率，统一币政，实行金本位制，使全国人民负担公平，使产业向上发展。这样，私人资本的逐渐社会化便容易做到了。

2.大产业、关键产业、独占性产业的国营公营及促进合作社的组织。

在产业落后的中国，新式大规模的产业，还十分稀少。现存的大规模产业大部分由外人及外资经营，其中关键产业（制造生产手段的产业，如钢铁工业、机器工业、造船业等）在本国更十二分的幼稚，差不多全数仰给于帝国主义者。独占性产业（如铁路，运输，矿山等）差不多全数由外人独占。其余中小企业虽属不少，而实不能应本国的需要，因此每年对外贸易入超之数日增，以致本国工业无法建立，产业日就衰落。

在平民政权建立之后，一方面用金融国有政策以集中资本，收回由外人经营的产业及本国的大规模的私人企业；一方面即将集中的资本建设大规模的产业。在半殖民地的落后的中国，也只有用集中资本的统一的计划，才能建设大规模的国家的产业基础，才能把资本积蓄于私人手上的弊病逐渐的消除，为产业社会化的准备。

除国营产业之外，我们必须用国家权力及人民自觉的力量推行产业公营及合作社的组织。我们在政权上主张地方分权及地方自治的制度，因此自治团体——如市政府、县政府等——应行产业公营，以免一切大产业事务集中于国家，致管理官僚化的弊病更形扩大。自然，工人及消费者参加产业管理，实为救济及预防产业管理官僚化的善法，我们必须采用。同时，我们知道，在产业高度发展的资本主义国家，工人和生产手段脱离，实为社会争斗的动因。在中国，虽然因为手工业及自耕农还相对的保留，生产者与生产手段脱离的弊害还不如欧美之甚，但是，大产业国营公营的办法，尚不能包括产业的全部，小规模的私人企业必须允许其存在，使能辅助国有公有产业进行生产。因此，生产者脱离生产手段的事实还是相对的存在。所以，我们除尽力发展国营公营产业以外，必须推行合作社的组织。各种合作社，应一面由国家力量补助及提倡，一面由生产者及消费者自行组织。这样不但可以防止及救济生产者与生产手段脱离的弊害，并且可以养成生产者管理产业、经营产业的技能及共同生活的习惯，为将来产业社会化的阶梯。

3."耕者有其田"及一般的农业政策

我们为着建设社会主义的基础，必须达到土地国有的目的。但是在目前的阶段，如果立刻普遍的实行土地国有，则不但容易引起农民的反感，妨碍革命的进行，而且必然的因为生产技术落后的缘故，管理及经营均发生困难，以致农民不能安心改良土地，生产力低落，甚至使农地荒废。这样，不但不是提高农业生产的方法，而且会更增加农民的痛苦，使农民离村的倾向，比欧洲资本主义国家中所发生的为更甚。所以我们的原则上主张土地国有，而用耕者有其田为过渡的办法。

农民离村的倾向，普通的说，是因为资本集中和聚中的缘故，使多数农民保不住固有耕地，所以不才能不离村别求生路；同时又因为在大资本下面，城市工业发达，需用多数工人，所以只得集中城市去求生路。只有梦想着农业社会主义的乌托邦的人们，才会承认农民离村有百弊无一利；同样也只有中了公式主义化的毒的人们，才会绝对的承认农民离村是好现象，才会主张牺牲农民利益以促进工业的发展。我们的主张主要的是这样：一方面实行大产业，关键产业及独占性产业的国营公营，以免产业资本家之自由剥削，一方面实行耕者有其田为土地国有的过渡，以免地主的夺收和剥削。只有这样才是合理的办法。

中国的农业现在已快到完全破产的地步。大多数的农民除了卖身为兵，为奴隶（到外洋去的“猪仔”）之外，只有做土匪及流寇的出路，否则即不能不束手待毙（如西北各省的饥民），并且因为农业经济在中国为国民经济的躯干，关系于全国人民的存亡，所以我们现在要把中国农业破产的主要原因详细些叙述出来：

（1）经济的原因。构成经济的原因的是：生产技术的幼稚，耕地的过度分裂，人口分配的不平均，地主及高利贷与商业资本剥削的凶暴，家庭手工业底破产，国际农业底竞争，农村资本底缺乏。

（2）政治的原因。主要的在政治的剥削及掠夺（如苛税预征钱粮，鸦片税，不兑换纸币，使用恶币，勒捐军费，征用牲畜及现物等），国家农业设备（如水利，模范农场，谷仓等）底荒废，运输交通机关的破坏，国家对外贸易政策（如所谓“互惠”

政策）及财政政策（如包税及厘金公债等）底反动等等。

上述各种经济的及政治的原因，表面上看来似乎是各自独立，其实是互相关联，而且循环的互为因果。因为生产技术幼稚的缘故，各级农民的平均生活水平十二分的低下，凶暴的地主，要得到丰裕的生活，只有利用统治的威力以重租高利盘剥农民。因为城市工业不能发展，所以城市及农村已累积的资本只有购买土地，因此自耕农日益减少；同时农村的过剩人口无法由城市容纳，大部壅塞在农村中，因之佃农日益加多，农村的耕地日见分裂。耕地过度分裂的结果，更不能利用现存的进步的生产技术，因此生产能〔效〕率十分降低。因为各地方人口分配不均的缘故，致东北、西北各省区，有地缺人耕种，而东南各省的农民每户平均不过得到数亩耕地，实在不敷生活的需求。因此农民以借贷为生，终身受高利贷的盘剥；因此自耕农的土地被其卷去，变为佃农，佃农变为雇农。佃农受制于地主，必须纳全世界所未有的高度佃租以求得土地耕种，半死半活的生活实在比农奴时代更为悲惨。雇农更受着非人类的劳役的拘束，做两足的牛马。更有许多其他过剩的人口为佃农雇农而不可得，不能不流为兵匪流寇。在闭关时代，家庭手工业还在盛行，大部分的日用品可由农村及附近镇市自给。开关以后，帝国主义者以廉价商品侵入农村，家庭工业于是崩坏，因此农村人口过剩的现象日益加剧，而商业资本的剥削日益加深。国际的农业，特别是在南北美洲及英、法、荷兰、日本的殖民地（印度、安南、爪哇、台湾等），利用其高度的生产技术及贸易政策或特殊有利的生产条件，以较低廉价格的农产品输入中国，本国农产品无法与之竞争（特别是因运费高昂纳税繁重的缘故），因此沿江沿海对外交通便利的地方，外国农产品有垄断市场的趋势。因此农民的收入更加减少，农业的荒废衰落无法幸免。至于农村资本的缺乏，一方面是由于生产技术的幼稚，无法有剩余生产的积累；他方面更由于政治的剥削使农民皮肉不存，及最近商业资本之集中于都市，用公债、特税、包税、贸易独占等方法，间接去剥削农民，使农民生产品赤裸裸的无偿的被官僚军阀买办等所掠夺征发，更谈不上农村资本问题。因此农业的生产或完全停止，或以自杀的方法，耗费地力，使生产能〔效〕率大大的降低，土地改良完全绝望。

象上面所述的经济的现象，虽然表面上是生产行程的结果，而实际多由于反动的政治力量所促成。政治的剥削及掠夺，当然驱迫大多数农民陷于破产流散；国家农业设备底荒废，当然使生产技术更加落后，更加无法改良耕地；运输交通机关底破坏，当然使交换行程窒塞，使农民不能不低价售卖农产品，不能不高价购买工业品，而生活水平更加降低。国家的反动贸易政策，只有使外国农产品更容易压倒本国农业；反动的财政政策，只有把一切租税负担转嫁于农民身上。象这些的政治原因，都是促使农村加速度的破产。因为农民破产的缘故，更增强统治者的反动，行更苛酷的掠夺，以促农业经济及全国国民经济的灭亡。象这样：政治原因与经济原因的交互循环，遂有数十年来使中国内战不能停止，使中国民族物质的文明与文化同陷于消亡的地步。这种现象如无法消灭，中国人民必无死所，更不用说社会主义基础的建设无丝毫希望。

我们认为要消灭上述的现象，使农民得到解放，使全国的国民经济向前发展，应有如下的农业政策，而政策中的耕者有其田的办法实为实行农业政策的先驱。因为一切政策的经济的剥削所加于农民的结果是：土地更加集中，大小地主剥削佃农及雇农更加利〔厉〕害，农民离村的现象更加普遍。就是说，都集中于土地问题。在现时，全国约50％的土地由佃农耕种，全体农民约50％为佃农；佃租平均约占主要生产量50％。在现时严重的农村破产现象底下，如果无法首先使农村剥削停止，使农民返村，使农业生产行程恢复，则一切其他农业政策，甚至全国的政治设施都无从着手。而首先解决土地问题，实行耕者有其田的办法，实为消灭农村的寄生，使农民返村及使农业生产行程恢复的唯一手段。也只有如此，革命势力才能得到大多数农民的拥护；只有如此，工人失业的现象才能消灭，工人的生活标准才能增高。

我们实现耕者有其田的具体方案与程序如下：

甲、立行宣布耕者有其田的法令，不耕作的人不能有耕地。

乙、立行宣布免纳佃租，其耕作中的佃农及雇农可暂行保有原来佃耕土地的使用权与收益权，听候详细办法解决。但地主回村并能实际耕作者，主佃两方，暂时共享土地使用权与收益权，其形式以契约定之。

丙、由国民会议规定土地法，并斟酌各地方状况，分别规定农户占有耕地的最高额及最低额，及国家收买土地定价法。

丁、在允许私人占有耕地最高额以外的土地，应由国家以全国国有土地为抵押，发行五十年长期土地公债，按照国民会议所规定的土地定价原则及各地方政府所决定的土地价格，收买归为国有。在最低额以下的土地，应强迫使其相互合并或加入合作社经营之。

戊、国家以外的公共团体所有土地亦按私有土地收归国有法，由国家买收为国有。

己、一切军阀贪官污吏土豪劣绅等的及其他反革命的团体的全部财产，应没收为国有。

庚、所有一切收为国有的土地，应由土地管理机关按照土地分配原则及各地方标准，负责分配于耕作的农民。原日佃耕的佃农，及无地的雇农与退伍的革命军人等，应有同等的机会领用土地，但只限于使用权与收益权。

辛、领用土地而不行耕作，或怠工、耕作不力的农民，应被剥夺其土地使用权与收益权。耕作私有土地的农民如犯以上条件，则并剥夺其占有权。

壬、不准私行买卖土地，必不得已时的土地占有权及使用权的转移，应按土地法得土地管理机关的允许而后行之。我们一般的农业政策如下：

甲、消灭寄生剥削的大小地主，使不耕作的不能保有土地，而要从事耕作的人民随时可以得到土地耕种。即是实行耕者有其田，使农民安心改良土地并提高生产力。

乙、改订田赋，清丈田亩，依照各地收益情形及农民收益状况，厘定税制。

丙、积极的利用科学方法以振兴水利，及一切农业改良的设备，发展内地交通，推广农业教育及研究，办理农业调查，广设模范农场，务使各农村均能进行农业实验及改良的工作。利用国内外的资本广设农民银行，供给农村以必须的资本。

丁、提倡及促进农业合作。利用生产合作，使各农户能自由联合行大规模的耕作，用进步的技术以改造农业。利用贩卖及购买合作以消灭商业资本的剥削，利用信用合作以消灭高利贷。这些合作的进行，即为农业社会化的过渡。

戊、办理国营及公营的农业，尽量的应用新的技术及经济方法，使农民彻底的明了大农业及小农业的利弊。使农民能逐渐的志愿的由私营及合作的阶段，进入农业社会化的阶段。

己、速行办理移民及垦殖事务，使人口与土地的比例能相对的平均。

4. 城市及农村经济发展的均衡

商工业支配农业及城市支配乡村的倾向，是资本主义社会内一般的倾向。因为，在大量商品生产经济破坏了自给自足的经济之后，那些握着大量商品生产权的城市商工业者，自然会在实际上支配并压迫那些难行大量生产品的乡村农业。结果，城市繁荣，农村凋弊，城市膨胀，农村萎缩，城市集中，乡村冷落等现象，便不可避免的发生出来。这些现象，从工业化的观点上看来，虽然是进步的；而从人口及食粮政策的观点上看来，却是反动的。为什么反动的呢？因为城市经济和农村经济的不均衡的发展，一方面会引起国内食粮不足，民食非依靠海外不可的畸形现象（如象在英国）；在另一方面会引起困难的剪刀问题（农工业发展步骤不一致的问题），使社会主义的建设的路上发生巨大障碍（如象在苏联）。

我们认为，在经济落后的中国，城市的繁荣、膨胀和集中也是必然的趋势，然而我们却须得并且也能够预防农村的凋弊、萎缩和冷落。我们一方面要用合作社的办法，防止农村之被压迫被支配；一方面要用金融政策及租税政策，调剂城市和农村间的不平衡的发展。我们认为在消极的防止和积极的调剂两种政策下面，一定可以免除国内食粮不足的毛病，一定可以解决困难的剪刀问题。

（四）社会政策

我们认为，我们在积极方面，固然应该用种种方策，努力建设社会主义的基础，同时在消极方面，也应该施行种种社会政策，以救济社会上现存的弊病。我们以为应该竭力改良工人的生活，确定女工童工保护法，危险工作保护法，地下工作保护法，确定八小时工作制（地下工作六小时），确定工人罢工权，确实施行工场法，使工人逐渐参加生产管理。施行种种社会保险，成立职业介绍所。规定工资与生活增加的比率，缩小劳心劳力职员薪俸的差额，提高士兵和警察的生活，给退伍士兵以土地与资本，使其耕种。创设无偿的平民医院、育婴堂、恤嫠院、孤老院。禁止纳妾或蓄奴及人口买卖。

（五）文化政策

我们认为：特殊的士大夫阶级专有知识，平民群众无法及无机会识字知书，更说不到专门知识，这件事是中国广大的平民群众的痛苦及屈辱的原因之一。我们为着消除士大夫阶级，为着解放大多数平民群众，必须坚决的主张下面的文化政策：

1．文字普及政策

A．限制文言，流通白话。

B．限期普及注音符号及简字并统一读音。

C．普及文盲救济运动。

2．教育政策

A．限期推行无偿的义务教育制。

B．普及政治教育。

C．举办普通的农业教育，劳动教育及其他职业教育，其目标在使农民子弟及各职业团体的职工能直接受必需的教育，使学得其用，用本于学。

D．关于社会科学及自然科学的教育，以实证的应用的研究为着眼点，使其普遍的深入于全国各地方学校。并极力防止学术脱离社会，陷入空谈，致有产生新士大夫阶级的危险。

E．确定教育经费，改良各级教师之待遇，保障教师职业之安全，规定养老金制。

F．认教育为社会事业，只由国家监督，不由国家包办。

G．确立国家会考制，打破学校修业期满获得文凭制。

H．停止教会在中国的文化侵略工作，一切教会学校应由中国收回自办，其他外国文化机关亦然。

六、我们和共产党及改组派的分界

（一）我们和共产党的分界。共产党纯粹是国际的，而我们是带民族性的。共产党以中国革命为手段，而我们的目的就是中国革命。共产党以为中国现时的经济组织已经主要的是资本主义的组织，因此它要用共产主义革命的方式去解决中国问题；我们以为中国现时的经济组织还是以小农及手工业的生产为主的组织，是被本国的高度佃租、高利贷、商业资本的剥削及其他政治的掠夺，并帝国主义所窒塞妨害而日就崩溃破产的组织。我们以为中国社会经济发展的障碍不是资本主义，而且在中国还未形成近代资本主义，因此，我们反对用不对症的药方——共产主义革命——去破坏一切现存的经济组织，而主张要把妨害中国经济发展的根源除去，去发展社会主义，建设社会主义的基础。共产党只是想利用农民威劫农民，去建立一部分的工人独裁政权，我们却是要使农工的利益都确实得到保障，使工农的利益能够平行的发展，用这种方法建立平民的政权。共产党只盲目的追求未来的空想，我们却要把历史现阶段上的要求得到解决。因此共产党在目前要使中国社会更穷乏混乱化，我们却要使中国新的社会秩序早日形成。

（二）我们和改组派的分界。从改组派上部分份上说，它是一大群旧社会的统治者或半统治者的集团，他们只是因为偶然的一时的利益共同合作，只是各自寻出路。所以它无从建立一个共同的纲领，它的政策忽左忽右，忽而投降南京，忽而反对南京而投降北洋系和西山派。它的工作对象只是勾串及依附旧势力，它无决心实现革命的主张。它只是反蒋而不反南京的统治，所以结果至多是取蒋而代之，或去一蒋介石而产出多数蒋介石。我们和改组派不同，我们不但要和现存一切的统治势力绝缘，而且坚决的要推翻一切反动的统治势力。我们认定，只有抱稳孙中山先生革命的旗帜，继续不断的和一切叛徒们战斗，才能克服伪善和凶恶，而使中国民众历年所受的痛苦羞辱一齐摆脱洗涤净尽。

〔《革命行动》第一期〕

3. 第三党之真相①

(1933年)

一、第三党之缘起。宁汉分裂时，邓演达为武汉政府总政治部主任而操政治之大权，其背后则为共产党所操纵而为加伦将军之傀儡。迨宁汉合并，孙科、汪精卫、顾孟余、陈公博等与宁方意见一致，断行国民党与共产党分离。于是包含多数共党之第二方面军（时张发奎为方面军军长）遂起一大分裂。贺龙与叶挺之共产军在南昌暴动，张发奎率师回粤，邓演达则赴德国学习政治经济。道经俄国，曾与斯丹林数次会见。鉴于国共断不能相容，本身又为国共所摒弃，失去政治背景。回国后，乃收容同病相怜之分子如谭平山、徐谦、黄琪翔、章伯钧等，组织中华革命党，采民主集权制。其组织与国民党相仿佛。该党第一届中央委员为邓演达、谭平山、徐谦、章伯钧、黄琪翔等。以上海为其中央之所在地。嗣为便于宣传及吸收一般不满意国共两党之份子起见，改称为第三党。

二、第三党之分裂。嗣邓演达与谭平山意见相左，至民国十九年，二人不能继续合作。邓主张解散第三党，重组社会民主党，取得第二国际政治经济之接济然后方有出路。谭则因脱离共党后遭遇许多困难与失败，走头无路，得重复左倾。于是第三党内部实行分裂。自邓演达伏诛后，第三党由章伯钧、黄琪翔、徐谦等继承，各具利己之主张，又形成三个小派。

（一）徐谦派：徐在第三党中无相当之称意和地位。邓死，徐有继为党首之希望。其嫡系群众为法大学生及西北军人。

（二）章伯钧派：章原为第三党共产系之第二首领，自谭平

① 此件节选自黄庭光编：《讨平闽乱记稿》第二章第一节第二款。

山消极后，章即继承谭在第三党之地位。邓死后，章即具一部分群众之力量，能自成一派。

（三）黄琪翔派：黄为第三党中青年军人之第二首领。自邓死后，由黄收拾残余，自成系统，有压倒徐、章两系之势。

三、第三党在闽省活动经过。福建乃第三党心目中之根据地，社会民主主义之试验场。民国十七年，邓演达即派其政治部科长江董琴（闽人）为福建特派员。江赴闽后，以自身色彩关系，行动不便，遂寻访其知交陈祖康（陈亦共党），结果陈为江所收买。由陈之介绍，又罗致闽共章余生等，负责在闽南发展第三党之党务。

第三党流入闽南之后，与共党互通声气，跟着共党而发展其组织。利用农民协会、工会、火花会、自由社、妇女协会、革命军人会等灰色名义团体以吸引同志。至民国十七年冬，第三党之组织已推广至厦门、漳州、上杭、永定、连城、长汀、龙严、武平等县，并在漳州组织临时省党部。负责人物为陈祖康、章余生、陈正、罗焘春、李立民等，而江董琴则为该党中央代表。

民国十九年，邓演达投降第二国际，由欧回国。复派杨名仙为福建党务视察员，将中华革命党改为社会民主党。杨名仙本为共党中之跨党分子，故杨奉命后，即在共党中取得参观赤区名义，使共产党与社会民主党组织上互相联系，其关系更为密切。不久邓演达伏诛，该党在沪不能立足，即与陈铭枢勾结。迨十九路军奉调到闽，该党在其卵翼之下，乃敢为所欲为，公开活动矣。

〔国民政府战史编纂委员会档案〕

（二）生产人民党

1．生产人民党总纲草案

（1933年11月）

生产人民党总章草案

生产人民党基于下列之四个根本原则：

（一）以直接生产的农工及由农工出身武装保护生产之士兵为最基本的成份；

（二）党的组织及活动应事势之须要，概为秘密的；

（三）为应付革命的斗争起见，必须树立极严明的纪律；

（四）为增进革命的力量起见，党员间应实行普遍的自我批评；

而制定生产人民党总章如下：

第一章　党员

第一条　凡志愿接受本党党纲，实行本党决议，遵守本党纪律，履行本党义务，年龄在十六岁以上，经介绍入党，得本党许可者，不分性别，得为本党党员。

第二条　本党党员分正式党员及预备党员：

（甲）正式党员　凡曾为本党预备党员，经过党的一定期间的工作训练，由支部呈请区干部会考查合格，经县市干部会之审查及地方干部会核准者方得为正式党员。

（乙）预备党员　凡由本党党员二人以上之介绍，填具入党誓书，并履行宣誓手续，经向所请求之支部党员大会之通过，区干部会之考查及县市干部会之核准，方得为预备党员。

预备党员之期间，农工及士兵为一个月，学生三个月以上，商人、自由职业者及其他，六个月以上。

第三条　凡志愿加入本党而为本党中央干部会认为有特殊之必要，不能履行普通手续者，得为本党秘密党员。

第四条　秘密党员对内对外均为绝对秘密的。但因工作之必要，对中央或地方干部会之负责人，得部分公开之。

第五条　党员有发言权、表决权、选举权及被选举权，预备党员只有发言权。

第六条　无论为正式党员或预备党员，对外均为绝对秘密的。

第七条　党员在未加入本党以先，曾加入其他政治组织者，应宣告绝对脱离关系。未经直属干部会之许可，不得加入党外一切外层政治组织及社会团体。

第八条　党员为本党集体之组织员，只有集体行动，绝对不许有个人之行动。

第九条　党员遇有疾病灾害及工作关系发生生活困难时，得由直属干部会斟酌其情形，给以最低限度之救济。党员生活保障条例另定之。

第十条　凡由本党各级干部会指定参加政治机关或社会团体工作之党员。未得直属干部会之许可，不得有怠工或规避之情事；如欲改调工作，应请求所属干部会核准。党员服务条例另定之。

第十一条　凡本党党员须在所属干部会领取党员证书，其证书由中央干部会制定之。

第十二条　党员移居时，须即时在原住地方之支部报告，经其核准，取得证明书，向所到地方之支部登记，同时即为所到地方之党员。如移居二周内不履行报告者或登记者，以违反纪律论。

第二章　干部组织

第十三条　各级干部会以全国代表大会，地方代表大会，地方党员大会，为各该级干部会之高级机关。

第十四条　地方党员大会，地方代表大会，全国代表大会，须各选出委员组织干部会执行党务。

第十五条　各级干部会之组织及活动及其负责人员之姓名，对内对外，均为绝对秘密的；但因工作之必要，对内得部分公开之。

第十六条　本党之组织系统如下：

（甲）全国　全国代表大会——中央干部会

（乙）地方　地方代表大会——地方干部会

（丙）全县　全县代表大会——县干部会

（丁）全区　全区党员大会或代表大会——区干部会

（戊）支部　支部党员大会——支部书记处

（己）小组

（庚）各级党团

（辛）特别小组

第十七条　本党之权力机关如下：

（甲）全国代表大会，但闭会期间为中央干部会

（乙）地方代表大会，但闭会期间为地方干部会

（丙）全县代表大会，但闭会期间为县干部会

（丁）全区党员大会或代表大会，但闭会期间为区干部会

（戊）支部党员大会，但闭会期间为支部书记处

各权力机关，应接受上级机关之命令并执行其决议，但如有异议时，得用书面提出抗议，抗议期内，仍应绝对服从。

第十八条　中央干部会得分设各局，执行本党之通常或非常党务，各局受中央干部会之管理；各局之职务及组织法，由中央干部会决定之。地方以下各级干部会之内部组织，由中央干部会决定之。

第十九条　地方干部会所管辖之区域，由中央干部会划定之。

第二十条　各下级干部会须受上级干部会之管辖。

第二十一条　各下级干部会之成立，须经上级干部会之核准。

第三章　特别地方干部

第二十二条　各地关于党务，如有设置特别干部之必要者，由中央干部会决定之。

第二十三条　重要市镇干部会与县干部会同，直接受地方干部会之指挥与监督。

第二十四条　重要市镇干部之设置，由各该地方干部会开具计划，经中央干部会之许可，方得设立。

第二十五条　海外干部，视其党务发展之情况，由中央干部会斟酌设置之。

第四章　最高干部

第二十六条　本党最高权力机关为全国代表大会，每年举行常会一次，但中央干部会认为必要或地方干部会半数以上请求时，得召集临时全国代表大会。

第二十七条　全国代表大会之组织法，代表选举法，各地方应派代表之人数及开会日期，由中央干部会规定之。

第二十八条　全国代表大会召集日期及重要议案，须于三个月前通告各直属干部会。

第二十九条　全国代表大会之职权如下：

（甲）接纳及评议中央干部会及中央各局之报告；

（乙）确定并解释本党之最高政治原则及理论；

（丙）修改本党政纲及章程；

（丁）确定一般党务工作之最高原则；

（戊）决定对于一般政治问题应取之态度与策略；

（己）选举中央干部会委员及候补委员。

第三十条　中央干部会委员及候补委员之人数，由全国代表大会决定之。

第三十一条　中央干部会委员出缺时，由候补委员依次递补。

第三十二条　中央干部会之职权如下：

（甲）对外代表本党，

（乙）执行全国代表大会之决议，

（丙）确定本党行动纲领及实际斗争方案，

（丁）组织各地干部会并指导其活动，

（戊）组织本党之中央机关，

（己）支配本党财政及核定全部预算决算。

第三十三条　中央干部会，每一周开会一次，以全体委员三分之二以上之出席举行之。候补委员得列席会议；委员有缺席时得由到会候补委员依次照额递补，在会议中有临时表决权，余只有发言权；但候补委员有表决权者，不能超过出席委员人数三分之一。

第三十四条　中央干部会遇必要得设特种委员会。

第三十五条　中央干部会须将其工作概况每月通告各地方干部会一次。

第三十六条　中央干部会得派委员、候补委员分赴各地方指导干部执行党务。

第五章　地方干部

第三十七条　地方代表大会每年举行一次，但有下列情形之一者，得召集临时地方代表大会。

（甲）中央干部会训令召集时，

（乙）地方干部会认为必要时，

（丙）县干部会半数以上请求时。

第三十八条　地方代表大会之职权如下：

（甲）接纳及采行地方干部会及地方机关各局之报告，

（乙）决定地方党务进行之方策，

（丙）选举地方干部会委员及候补委员。

第三十九条　地方代表大会之组织法及代表选举法与代表之人数，由地方干部会拟定后，呈请中央干部会核准之。

第四十条　地方干部会之职权如下：

（甲）执行中央干部会之命令及地方干部会之决议，

（乙）规划地方党务工作方案，

（丙）设立县市干部会并指挥其活动，

（丁）组织地方党务机关，

（戊）支配地方党员及编制预算决算。

第四十一条　地方干部会须将其工作情形报告中央干部会，每月报告一次。

第四十二条　地方干部会每周至少开会一次，候补委员得列席，但无表决权。

第四十三条　地方干部会得随时派员视察各干部会党务情形并指导其活动。

第六章　县干部

第四十四条　全县代表大会，每六个月举行一次，但有下列情形之一者，得召集临时全县代表大会。

（甲）地方干部会训令召集时，

（乙）各区干部会半数以上请求时，

（丙）县干部会认为必要时，

（丁）该县党员半数以上请求时。

第四十五条　全县代表大会之组织法及代表选举法与代表人数，由县干部会拟定后，呈请省干部会核准。

第四十六条　全县代表大会之职权如下：

（甲）接纳及采行县干部会及本县党机关之报告，
（乙）决定县党务进行之方策，
（丙）选举县干部会委员及候补委员。
第四十七条　县干部会之职权如下：
（甲）执行上级干部会之命令及全县代表大会之决议，
（乙）规划县党务工作方案，
（丙）设立全县各地干部会并指挥其活动，
（丁）组织县党务机关，
（戊）支配党费及财政。
第四十八条　县干部会须将县工作情形报告省干部会，每两星期一次。
第四十九条　县干部会每星期至少开会一次，候补委员得列席，但无表决权。
第五十条　县干部会得随时派员视察各区党务情形并指导之。

第七章　区干部

第五十一条　全区党员大会每三个月举行一次，但因所辖区域太广或党员太多，不能召集党员大会时，经县干部会之核准，召集全区代表大会。
第五十二条　全区党员大会或代表大会之职权如下：
（甲）接纳及采行区干部会之报告，
（乙）决定区党务进行之方策，
（丙）选举区干部会委员及候补委员。
第五十三条　区干部会之职权如下：
（甲）执行上级干部会之命令及全区党员大会或代表大会之决议，
（乙）规划区党务工作之方案，
（丙）组织区内之支部，但须经上级干部之核准，

（丁）指挥所属支部党务之进行，

（戊）支配党费及财政。

第五十四条　区干部会须将其工作情形报告上级干部会，每两星期一次。

第五十五条　区干部会每一星期至少开会一次，候补委员得列席，但无表决权。

第五十六条　区干部会得随时派员视察各支部党务情形并指导之。

第八章　支部

第五十七条　区划支部单位之标准，视其性质不同，得分为下列数种：

（甲）以地域为单位者——如街、坊、村、镇支部等，

（乙）以职业团体为单位者——如学校、商店支部等，

（丙）以生产团体为单位者——如工厂支部等，

（丁）以工作范围为单位者——如中央、地方之直属支部等，

（戊）其他。

第五十八条　已满基本小组五组以上者，始能正式成立支部，但一支部至多不得超过十五小组。

未满五小组者，只能称为临时支部，由邻近之已正式成立之支部指导之。

第五十九条　支部党员大会，每二月举行一次，由支部书记处召集之。其开会日期，须于三日前通告各党员。

第六十条　支部党员大会之职权如下：

（甲）接纳及采行支部书记处之报告，

（乙）决定支部党务进行之方策，

（丙）选举支部书记及书记长。

第六十一条　支部须选举支部书记长一人，书记二人，组织

支部书记处；其职权如下：

（甲）执行上级干部之命令及支部党员大会之决议，

（乙）讨论训练党员方案，

（丙）讨论工作方案，

（丁）指派出席小组指导人员，

（戊）核准党员登记。

第六十二条　支部书记处每周至少开会一次，处理支部党务。

第六十三条　支部须将其工作情形报告上级干部，每两星期一次。

第六十四条　支部之变更及废除，由区干部会决定之。

第九章　小组

第六十五条　小组为本党党员活动之基本组织。

第六十六条　小组之划分，视党员之工作、居住及职业决定之。

每一小组限于五人至七人，但环境上有必要时，得以三人为一组。

第六十七条　小组每星期至少开会一次，其任务如下：

（甲）研究理论及本党政纲与党务问题，

（乙）研究一般政治问题及斗争方法，

（丙）征求党员，

（丁）实行斗争，

（戊）调查社会情形及刺探一般的政治及社会消息，并编造报告，

（己）分发本党宣传品，

（庚）自我批评及相互批评，

（辛）推举小组组长。

第六十八条　小组设小组组长一人，由小组会议推举之，必

要时，得由支部指定之。

第六十九条　小组组长任期为三个月，必要时得变更之。

第七十条　小组组长职权如下：

（甲）指导党员并决定其工作，

（乙）考查党员生活情况及言论与行动，

（丙）征收党费及所得捐，

（丁）召集小组开会，

（戊）编造小组工作报告。

第十章　党团及特别小组

第七十一条　在公开、半公开或秘密之政治、文化或民众团体内，必要时，得秘密组织本党党团或特别小组。

第七十二条　党团及特别小组须受所属干部会之指挥。

第七十三条　党员及特别小组设书记一人，由所属干部会指派之。

第七十四条　隶属于党团或特别小组之党员，须绝对服从书记之指挥。

第七十五条　党团及特别小组每星期至少集会一次，由书记召集之。

第七十六条　党团及特别小组之活动，对内为绝对秘密的，但因工作之要，对所属干部会之负责人，得部分公开之。

第七十七条　隶属于党团及特别小组之党员，不参加普通小组，一般的党内工作亦得变通之。

第十一章　任期

第七十八条　出席各级代表大会之代表，于会期终了时，其任务即为终了，但须向所代表之干部报告大会之经过及结果。

第七十九条　中央干部会委员，地方干部会委员，县干部会委员，区干部会委员，任期为一年；支部书记长及书记，任期为六个月。

第十二章　纪律

第八十条　凡党员不得违犯下列各项纪律：

（甲）政治的：

一、发表违反本党之根本主张及政治路线之言论，

二、泄露党的秘密，

三、投降敌人或告密，

四、在党外攻击党员及党部，

五、参加其他政党，

六、不得党的许可，参加党外的社会团体，

七、借党的名义在外活动，

八、不服从党的决议及所分配之工作与警告，并故意违反之，

九、在党内秘密结合小组织，

十、其他。

（乙）技术的：

一、开会迟到，

二、工作错误及不努力，

三、不交纳党费及所得捐，

四、滥用党费，

五、确定不正确的政治路线及斗争方案，

六、因受敌压迫而吐露党的秘密，

七、因不服从党的工作秘密之原则而遭敌人破坏，

八、不遵守党章，

九、不申明理由而不参加小组会议，

十、其他。

第八十一条　凡违反前条所举纪律者，分别予以下列惩戒：

（甲）批评，

（乙）警告，

（丙）一定期间内停止党的工作，

（丁）短期开除党籍，

（戊）永远开除党籍，

（己）特殊处分。

开除党籍以上之处分，须由下级干部检举，地方干部会详细审查，将经过情形并附加意见，报告中央干部会，核准后执行之。

特殊处分之执行，应由本党特设执行机关，其活动为绝对秘密的。

遇有党员违〔危〕害本党，情形紧迫时，得由地方干部会紧急处分，但须将经过情形，报告中央干部会。

第八十二条　凡违犯纪律之党员被处分者，认为不当时，得上控于上级干部会以至全国代表大会，但未得上级干部会或全国代表大会决定办法以前，此项办法仍须执行。

第十三章　经费

第八十三条　本党经费以党员所纳之党费，所得捐，特别捐及其他收入充之。

第八十四条　党员每月应纳党费国币二角，农工党员每月二分。

第八十五条　党员所得捐条例另定之。

附　则

第八十六条　本总章解释之权，属于本党最高权力机关。

第八十七条　本总章由全国代表大会议决公布之日起发生效力。

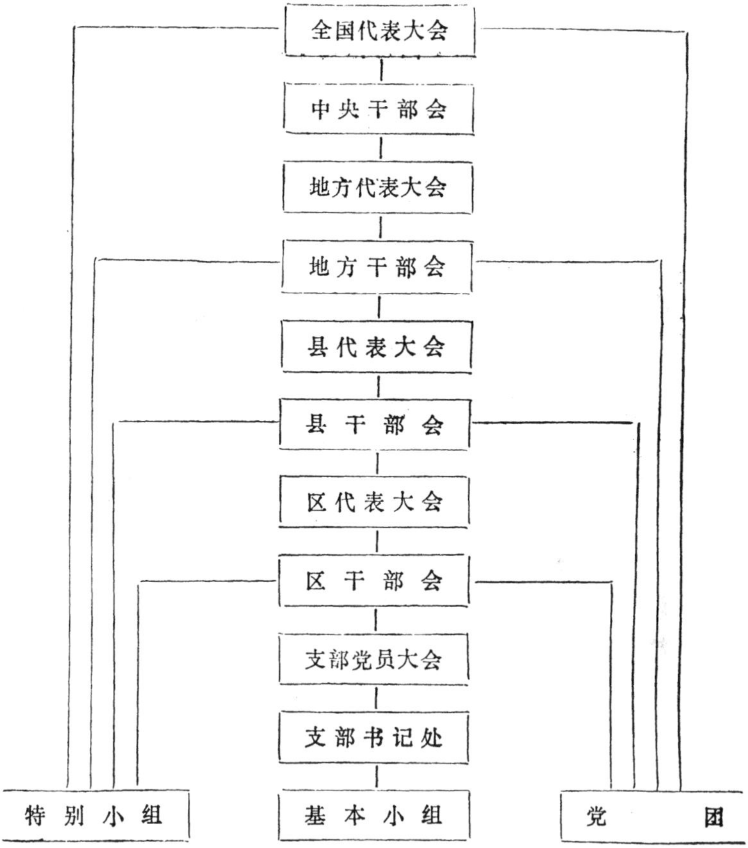
全国代表大会
中央干部会
地方代表大会
地方干部会
县代表大会
县干部会
区代表大会
区干部会
支部党员大会
支部书记处
特别小组
基本小组
党团

〔陈友仁个人全宗档案〕

2. 生产人民党发起人签名名单

（1933年11月24日）

生产人民党（元年十一月廿四日）①

许锡清	陈友仁	李章达	胡秋原	沈光汉
毛维寿	谭启秀	张　炎	徐名鸿	钟喜焯
黄艮庸	罗长海	梅龚彬	蒋光鼐	李济深
戴　戟	程希孟	林崇墉	陈公培	区寿年
何公敢	陈铭枢	林一元	魏育壤	谭冬青
林植夫				

〔福建省档案馆藏档案〕

① 括号中的"元年"，即福建人民政府的建元中华共和国元年。原件藏福建省档案馆。

（三）中国青年党

一、中国青年党的组织活动

1.陈启天等著：民国十二年到现在的国家主义运动①

（1929年 9 月）

（一）最近国家主义运动的起因及其经过——最近的国家主义运动发端于民国十二年。从这年起，我们何以要来提倡国家主义呢？总说一句，是迫于中国的实际需要。分说起来，共有几个原因：第一从民国八年到十二年新文化运动的结果，虽将一切旧思想、旧制度、和旧礼教打碎得干干净净，使思想界全陷于一种无政府的状态，但是立国不能没有一种中心思想做团结全国人民的工具。中国究竟应用什么来做立国的中心思想呢？无政府主义吗？吴稚晖曾说要三千年以后才能实行，我们要现在即能实行的主义，自然管不到三千年以后的问题。共产主义吗？俄国业已试验失败改行新经济政策。以中国国情与国际关税说，实在不能容许我们用赤色恐怖的方法来杀人放火，将中国供俄国外交策略的牺牲品。平民主义吗？既一面偏重个性发展，又一面偏重国际同情，而介于个性国际之间的国家反被提倡平民主义的人们忘却了。这样只能使人民的思想益加混乱，那能做中心思想呢？三民主义吗？孙中山曾说，“三民主义是个大圈圈，共产主义是个小

① 此件摘自陈启天等著《国家主义运动史》的“民国十二年到现在的国家主义运动”。

圈圈”，“民生主义就是共产主义”。我们也曾细读三民主义，十分觉得他的内容过于混乱矛盾，拿来做中心思想，便要生问题。因为以上各种主义都有问题，所以才选定比较合于国情而且已经有数十年历史的国家主义来提倡。

第二我们眼见数年来的实际政治不但南北分裂，而且南与南争，有孙陈战役；北与北争，有直皖和直奉战役。人民在这种层出不穷的内乱下，实际生活不下去，“我们不管政治，政治要来管我们”。（胡适在《努力周报》上说的话）我们当时确实不管政治，以社会运动相标榜，全在文化学术和教育上用功夫。实际政治既要来管我们，逼得我们不得不出来管政治。至十二年中最使我们不得不出来管政治的一个大刺激，就是五千年来没有的曹锟贿选。我们认为这件事是八百猪仔议员同时卖身，不但暴露了议员的无耻，而且污辱了国民的人格。我们再不出来管政治，政治便要来辱我们。我们再不设法唤醒全国人民来管政治，政治便要来害人民！人民不管政治的大原因，只在他们缺乏国家观念，所以我们选定以国家为前提的国家主义唤醒人民来管政治，改造政治。

第三我们觉得自民国八年到十二年的世界和平的声浪虽然高唱入云，我们在当时也有人曾经梦想世界果真和平了，岂不是可以坐享太平幸福？但是我们对于国际的要求已被巴黎和会完全拒绝，特别为“中国问题”开的华盛顿会议也多口惠而实不至。随后开的什么法权调查会并未见将领事裁判权取消，什么关税会议也不许中国即刻实行关税自主。所谓世界和平的光明，究竟在那里，我们到了外国去留学的朋友更十分感觉外国人通常对于有色人种的待遇几与下人相等，未免不忍甘居劣败。十二年临城匪案掳了几个外国人去了，外国报纸竟大骂中华民国为“中华匪国”，中国在国际上的地位，一时大为低落。凡是有血气的中国人见了这种情形，自自然然的要想方法来改造中国，使中国在国际上站得住。我们考察各国的历史，要将一个不独立和不统一的国家变成独立和统一的国家，须得国家主义才成功。所以我们依据历史的指示，要求国际平等，不得不选定国家主义来提倡。

第四，五四运动以后因思想界的大解放，共产主义得以输入中国。一般青年因好怪好新的缘故在思想上不免盲目的承受。其实对于任何新思想都是这样的幼稚。在民国九年的时候俄国人已经派人拿钱到中国来收买青年秘密组织共产党，在青年界暗中活动。他们首先活动的策略，是提倡政治运动，反对社会运动。少年中国学会会员有几个著名的共产党员如李大钊、恽代英、毛泽东、邓中懈（亦名中夏）、黄日葵、刘仁静等常常想方法运动全体会员放弃社会运动，以便逐渐入他们的伙，向俄国去领卢布。民国十一年少年中国学会在南京开年会的时候他们一致主张政治活动，曾引起非共产党的会员大多数的激烈反对。后来又在《少年中国月刊》上出了两期会务专号讨论政治运动的问题，结果还是多数反对。当时曾琦李璜和我以注重社会缘故都曾激烈反对过他们所谓政治运动，他们在少年中国学会的活动，首先便遇着这个打击，但是他们仍旧还要来缠绕，不肯放手。自此以后，我们便渐渐发觉共产党这个怪物，要在中国闹起大乱子来。民国十二年共产党谨遵俄国的命令，加入国民党，做共产党的工作。我们觉得这样一来，共产党在中国斗的乱子必定更大更快。我们要救中国，要唤醒青年不受共产党的骗，更不得不一面提倡国家主义，一面反对共产党。

以上是我们当初提倡国家主义的四种原因，以下再说最近国家主义运动的大略经过。在民国十二年的时候，不但少年中国学会有一部分会员感觉共产党可恶，即留法学界以共产党捣乱旅法各团体救国联合会引起许多人的反感。当时曾琦李璜张子柱在法联合许多人共同对付共产党以制止共产党的活动，为国家主义的组织下一个种子。乃得于是年十二月二日秘密成立国家主义的正式组织。在此组织尚未成立以前，国家主义的的鼓吹业已进行。余家菊李璜以《少年中国学会丛书》的名义刊行《国家主义的教育》一书散布教育界，很能引起一部份人的注意。当时在南京的少中会友二十余人对于实际政治和教育，都不很满意，曾将国家主义切实研究讨论一番。陈启天受大家的委托草成《国家主义与中国前途》一文于是年十二月二日开会通过，并一一签名送在《少年中国》月刊发表。从此以后共产党便与我们正式开火，恽代英曾在《少年中国》反驳国家主义，我们也有许多人接连在《少年中国》和各种杂志上，做文章拥护国家主义，而在国内形成一种国家主义的论战。教育界和青年界赞成国家主义的人一天多一天，不约而同的自由提倡并运动起来。

在民国十三年的上半年，巴黎《先声周报》时常有鼓吹国家主义的文字，很能引起德法英比留学界的同情，国家主义之组织遂得由法国扩充到德英比奥各国留学界，均建成稳固的基础，一直发展到现在，是年九月曾琦李璜自法归国，联合一般赞成国家主义的人们发刊《醒狮周报》，于十月十日在上海出版，始有正式宣传国家主义的机关报。自此以后，我们在积极方面发挥国家主义的理论与政策，在消极方面反对列强，军阀，共产党，国民党的联俄容共，以及教会学校等，很能得到爱国青年的同情。于是我们的组织渐次普及到全国各都市和日本，美国，南洋，与敌人开始作战。

入了十四年以后，最能使国家主义运动扩大的便是五卅惨案。在五卅惨案以前，国家主义的宣传虽已奏了相当的效力，但是还有一部分人对于国家主义持游移的态度。五卅惨案一发生，大足证明国家主义为救国的唯一方法，不容游移的人长久游移。而我们在各地业已信仰国家主义的朋友立即总动员参加各种爱国运动。有的向文界宣传如北京英使馆的工人罢工即是我们在那里指导；有的向军界宣传如赴河南某军演讲，有的联合学术界共同救国如上海发行《公理日报》，我们最大多数的朋友是国内外的学生，就以学生的身份参加各地学生运动。各地热诚爱国的青年先后单独或与我们联合组织各种国家主义的团体；在北京有国魂社，救国团，在河南有光华学会，在四川有惕社，起舞社，在湖南有固中学会，在湖北国铎社，在江苏有国光社自强团，上海商界青年同志会，大夏青年团，在浙江有爱国青年社浙江青年社抗英急进团，在安徽有安庆青年社，在广东有独一社，在云南有复社，在日本有华魂会江声社，在美国有大江会大神州社，在法国有工人救国团。还有一个教育界的大团结，便是国家教育协会，设总会于上海，设分会于南京北京武昌和美国，以上各种团体都有独立发行的刊物，鼓吹国家主义，团结爱国青年。在各地早已着手组织的国家主义青年团，也于十四年十月十日在《醒狮周报》上发表国家主义青年团宣言主张及简约，并联合各团体组织国家主义团体联合会以便集中力量共同奋斗。这样联合奋斗 到民国十五年，而在教育界与青年生了极大的影响，一面热诚爱国的青年感于无组织或小组织的力薄弱，相率加入国家主义青年团，使可集中组织，加厚力量，从前各种小团体可以无须别立门户的便自动取消了。十五年以后国家主义团体的数目虽然减少，而国家主义青年团的支部却从都市推广到县城，使国家主义运动更进一步。

（二）六年间我们所受的痛苦经验——本来革命事业要从痛苦的经验中奋斗出来才有成功的可能性，我们的国家主义运动既是一种革命事业，自然免不了有许多痛苦的经验来至成我们的革命事业。就这六年间，在十二三四年的痛苦经验尚比较少，到了十五年以后便一天多一天，这是大概的情形。详细说点罢，在十二年我们在法留学的朋友即已十分感受共产党的压迫不能自由做爱国运动，有的人竟被共产党徒打得头破血流。因此我们感觉要用组织与共产党作战，人自为战绝对无效，乃开始国家主义的组织。同年国内赞成国家主义的朋友已发现几个共产党徒到处作怪，感觉不满，但因为他们的人数还少，不能十分压迫我们，只在言论上反驳我们，十三年《醒狮》出版以后，共产党不但在言论上肆意诬蔑我们，并在行动上开始压迫我们，不要我们爱国。我们不得不与他们在言论上行动上继续奋斗。到十五年，我们在各地的组织打定了一个基础。十五年三月十日我们联合爱国团体在北京大学开反俄援侨大会，共产党徒率工人打手入场捣乱会场，杀伤数人，大会主席李璜几遭不测。同年六月十三日陈启天应国家教育协会之请，借用武昌中华大学讲演“中国教育政策”，突被共产党捣乱，杀伤该校师生数人，并毁坏校舍，我以爱国青年的掩护，仅免于难。经这两次大战之后，我们所得的痛苦经验，便是爱国也要挨打，而共产党的横暴便为人所不齿，许多人给我们深厚的同情，更有愤激加入我们的组织共同奋斗的，也可稍稍给我们以安慰。自后党军北伐，共产党便借用国民党的力量联合压迫我们。首先禁《醒狮》不得在广东湖南湖北公开发卖，剥夺我们一部份的言论自由权。更利用帝国主义军阀势力抄查《醒狮》的社址，拘捕我们的朋友十余人，《醒狮》几为之中断。我们在上海从事工人运动的朋友马致祥为共产党所惨杀，是我们的第一个牺牲者，还有一个同志被共产党杀伤残废了。十五年下半年至十六年上半年共产党借国民党的势力，在广东、湖南、湖北、四川、江西、安徽等省，关闭我们的学校十余所，禁止我们的报纸二十余种，没收我们的家产三十余人，拘禁并杀戮我们的同志百余人（计广东二十余人，湖南三十余人，湖北三十余人其中卢琰系狱最久曾为文发表他的经过，江西十余人，四川二十余人），殃及对我们表同情的朋友更不计数。我们在此时总算痛苦万状了，尚幸我们的组织并未因此动摇，到现在仍旧在那里暗中继续发展。十六年国民党反共以后，共产党在国民党内外固然还是继续压迫我们，本年在湖南惨杀我们的同志赵登萧可做证明。而国民党更直接压迫我们，查禁《醒狮》不能在上海发行，拘捕我们的同志，计上海五人（曾琦即其中一人曾被拘于上海法租界工部局两日）。南京五人，南过三人，宁波二人。凡是爱国的，国民党均认为罪不在赦。即安心读书的同志，也一律加上反动派的头衔，不许读书教书。究竟我们犯了什么罪？国民党要这样倒行逆施的压迫我们，无非是怕我们的革命勇气还不十分充足，要用压迫来鼓励我们罢！

在过去六年间我们不但在南方受共产党与国民党的压迫，并且也饱受北方军阀的压迫。寄到北京的《醒狮》不知禁止了多少次。我们在北京的同志非常奋斗，曾被北方军阀捕去尝铁窗风味的，前前后后有陈价卿、施志先、曾昭若、林君郡等二十余人。在山东的朋友办了一个《渤海旬刊》反对张宗昌，即被张宗昌派人四出拿办主编的人。由此可见共产党与国民党对于我们的种种造谣中伤，全被事实所反证了。

我们由以上共产党、国民党和军阀的种种压迫所得的痛苦经验，即是我们多经一次痛苦，我们的运动便进一步。以后我们还要欢迎多得一点痛苦的经验，使我们的组织真能成个革命的组织，可以改造中国政治，增进人民幸福。

（三）六年间国家主义运动的总成绩——从我们过去六年间的痛苦经验中所得到的总成绩可以粗略的决算如下。

第一完成国家主义的系统理论——国家主义在原则上以国家为前提，在实施上以事实为根据。所以他的系统理论不能象共产主义一样从外国去抄袭过来。我们为建设中国的国家主义系统理论曾在四年来的《醒狮周报》上不断的发挥。已即成单行本的有李璜的《国家主义浅说》、陈启天的《建国政策发端》、余家菊的《国家主义概论》。待印单行本的有曾琦的《国家主义三讲》、胡国伟的《国家主义通释》。以上各书都是对于国家主义做系统的证明。从政治经济教育学术各方面说明国家主义的汇编，有张子柱的《国家主义与世界潮流》、曾琦、余家菊、陈启天等的《国家主义论文集》第一第二集，《国家主义讲演集》、《国家主义的理论根据》。专从历史方面发挥国家主义的有常乃惠的《国家主义小史》、程君的《国家主义之历史观》、谢君的《国防与外交》、《中国丧地史》、陈启天等的《国家主义与近代欧美教育以及其他》。专从教育方面发挥国家主义的，有余家菊的《国家主义教育学》、陈启天的《国家教育论文集》以及许多专攻教育的人合编的《国家主义的教育研究集》、《收回教育权研究集》、《师范教育研究集》、《留学教育研究集》、《小学爱国教材研究集》。专从经济方面发挥国家主义的有王君的《国家经济学》。以外还有正在编印的各种小丛书。国家主义的系统理论，在大体上总算完成了。我们还有人预备从政治经济学术教育历史上作成几种国家主义的大部著作，也无妨预先说说。

第二确立国家主义革命组织——我们过去六年间联合爱国青年与共产党、国民党、军阀以及一切帝国主义的国家作战，使我们的国家主义的革命组织从实际行动中渐次确立起来，那便是"中国国家主义青年团"。十二年十二年〔月〕二日开始成立，十四年十月十日公开名称，自成立到现在共已开代表大会五次。十五年七月，十六年七月，和十七年七月先后发表全国代表大会对时局第一次第二次第三次宣言。他的宗旨是"外抗强权，力争中华民国的独立与自由；内除国贼，建设全民福利的国家……"。他的性质是革命的政治团体。他的政策条目非常的多，载在《国家主义浅说》上，提要说来：在政治上主张全民政治，反对一党专政；在经济上主张对外采保护政策，对内采社会政策，反对共产主义；在教育上主张养成以国家为前提之爱国国民，力谋全国男女贫富之教育机会均等，励行国家教育，反对党化教育，反对教会学校；在国防上主张整顿海陆空军奖励军事科学奖励航空以巩固国防，反对私人军队与党派军队的混战；在外交上主张废除一切不平等条约，反对依赖外人与一切帝国主义者勾结；在财政上主张公开整理，反对随便增加捐税剥削人民；在司法上主张人民一切自由须有法律的保障，反对司法党化，随便捕杀人民。他的分子有工人，有农人，有商人，有军人，有学生，有教员，有专家，有学者，及他种未受恶化腐化的有为青年，在团体指导之下从事各种实际运动。这个组织总算确立起来了，现在还在设法充实扩大，以求能够充分领导全民革命运动。

第三指导爱国青年的思想行动——一个国家的人民天生下来便渐渐的知道爱国，而以青年时期为热烈。不过青年思想又多好高骛远，不着实际，很容易使行动陷入歧途，所以必须加以指导。在新文化运动中青年界的思想完全陷于无政府的状态，混乱已极，共产党因而乘机暗中飞跃，以诱惑青年，尤其需要指导。所以我们自民国十二年即开始提出国家主义做指导青年的方针。经过六年间的努力，直接受我们的影响的至少有十万人，间接受我们影响的更不计其数。其中最纯洁最热烈的爱国青年多数已先后加入我们的组织，在团体指导之下参加各种爱国运动，如五卅惨案，万县惨案，汉口惨案，沙基惨案，北京三一八惨案，南京惨案，济南惨案等的运动无一不有我们的同志在当中努力，学得了许多实际经验。同时指出共产党的种种阴谋唤醒青年勿为共产党所欺骗，致为国民党与共产党相惨杀时所牺牲。结果，有许多爱国青年未加入国民党去受左右做难人之苦，更未加入共产党去杀人放火，总算为国家保存着一部份元气，可在今后为国家继续努力！

第四获得反共反俄的相当效果——共产党是俄国侵略中国的工具。他们的主张根本错误，完全不能在中国实行。他的活动捣乱一切，毒辣危险。国民党容共联俄足以亡党亡国。这种种意见在民国十三四年我们已经力竭声嘶的在那里大声疾呼。而共产党藏在国民党内活动，同时国民党又实行容共，一般人从来对于政治问题不大注意，竟将我们的大声疾呼忽略过去。但是入了十五（一九二六）年以后共产党在北京捣毁反俄援侨大会，在武昌捣毁中华大学，我们与之血战的结果，方才引起全国的大注意。同年七月以后共产党随着党军发展，到湖南湖北江西无恶不作。正是一般老百姓水深火热之时，而趋炎附势的投机分子加入共产党竟达五万之多，共产青年团及所谓国民党左派更不知多少。共产党的势力可算极盛了。然而我们仍旧从各方面鼓动彻底反俄反共以救国救民。到十六（一九二七）年，容共的国民党不得不反共。附共的国民党左派不得不一时消声匿迹。投共的青年也纷纷脱党有四万之多。号称铁的纪律的共产党不能不分为左右两派。共产党右派首领谭平山、陈独秀被俄国开除了，要另外来组什么"第三党"。一般人见了共产党都要来想方设法扑灭他。这种现象都是证明我们反共反俄的主张，在事实上业已奏了相当的效果。现在共产党左派虽然谨遵俄国的命令恢复并组织国民党左派以便实行全国农工总暴动，但是谁跟共产党跑便谁被牺牲，即共产党也是徒牺牲，我们要救一般青年与民众不致为共产党所牺牲，还须继续彻底反共反俄！

第五收回教育权的提倡与实行——民国十二年我们还未提出国家主义以前，余家菊即在杂志上做文章开始提倡收回教育权。这篇文章发表后，并辑入《国家主义的教育》中很能引起教育界素来留心教会学校问题的朋友之注意与研究。十三年七月中华教育社在南京开年会，我和余家菊联合十余人共同提出收回教育权案与教会派激烈争论两日，始得多数通过。大旨为教育应由本国人自办，宗教应与教育分离，不许外国在中国制造教民的教会学校存在，致丧失了主权，破坏了教育。同年十月十日全国各省教育联合会在开封开会通过收回教育权的两个案件。接着我们的朋友在某杂志出一期《收回教育权运动号》详细说明收回教育权的必要与方法，销行至一万五千份以上。教会学校受了这个理论上的大打击，有几个教会教育家便出来与我们辩论，我们在《醒狮》与各种教育刊物上尽量反驳过去，使其在理论上不能不为我们所屈服。十四年五卅惨案发生，独教会学校不许学生自由参与爱国运动，使收回教育权的主张在事实上更感必要，无论何人必要来推进这个运动了在中国历史最久的教会学校上海约翰大学学生因外国人压迫爱国运动全体学生离校另组成光华大学，从前反对我们的教会教育家现在也不能不出来赞成了。一时各地教会大学和中学学生离校另立学校的很多。原来的教会学校纷纷闭门。又经这种事实上的大打击后，教会学校的地位更一落千丈。现在还存在的教会学校也要声言交给中国人自办，并取销强迫的宗教课程，才能勉强支持。收回教育权运动总算收了极大的效果，推进这种运动的人自然不只我们，不过发动这个运动的是我们，继续不断的参加这个运动的是我们，以后要彻底完成这个运动的，那就希望不只是我们！

以上五项是我们过去六年间的主要成绩，自然我们的总成绩不只这五项，但是不能尽在此地说明，所以暂且以从略，留待将来再说罢。

〔国民政府行政院档案〕

2. 中国青年党暨国家主义青年团第五次全国代表大会宣言

（1930年 8 月15日）

本党七年来的工作及所受的痛苦

本党反对国民党联俄容共的经过

本党反对国民党一党专政的理由

国民党七年来对于国家应负的责任

本党对于国家前途的使命

中国青年党暨中国国家主义青年团第五次全国代表大会闭幕

于中华民国十九年八月天灾人祸交至迭乘之际，十九年来，国难的急迫，民生的倒悬，莫有过于今日，这是全国国民所共见而共感的。本党以革命救国，拥护民治的目的，结合于七年之前；七年以来，深愧革命势力，推进过缓，以致国贼强权，纵横宇内，造成今日危殆的局面。回数七年以来，本党以微弱的势力，孤军转战于重重压迫之下，目击国家祸乱方兴未艾，对于造成国难的动因，与夫对于国难直接负责的党派人物所持的政策动作，毫无顾忌地加以指斥攻击，言论具在，人所共知，到了今日，本党所有预言，俱已一一不幸而言中。然而一般负责的党派人物，对于已往责任仍然毫无引咎的行为，对于未来祸更无预防的方策，举国上下，埋头于私权私利的攘夺加倍地制造祸乱，加倍地替国家生命掘凿坟墓，被压迫于专制势力下的中国国民，既无自由参政的机会，又无自由言论的权利，只有静待痛苦，只有坐视乱亡，这种情形是稍有独立文化程度的国民所不能忍受的。本党既以革命救国，拥护民治的目的而组织，对于这个国难的蔓延，不能不引为已责，挺身出来，唤醒，组织，而且领导全国被压迫于专制势力下的爱国国民，一致投身于全民革命的战线，为国家的独立自由，为全民的福利而战。时至今日，种理论已成空谈，只有事实是强有力的证据，本党已往所为国家努力的在什么地方？七年来国家政治的败坏过程是如何？谁人应该负这种责任？种种都有事实证明，本党当本此次全国代表大会闭会之初，愿意以最切的心情，将事实经过，明白陈述于国人，全国国民不少明达公正的人，敬请将这些事实仔细审查一下，对于已往政治加以总决算，明白了祸乱的要因，责任的所在，才可以一致认清道路，向国家主义的路上去找寻真正的生命。

国家主义潮流的推进中国国民，也就和推进世界其他民族一样，为一种必然不可免的事实。自鸦片战争以来，九十年中的中国，国家主义运动与反国家主义的各种潜在势力的斗争，包含了历史的全部。生息于大一统帝国之下的中国国民，和平大同思想深入人心，知有世界而不知有国家，造成一种传统的偏见。以苟安退让为美德，以竞争进取为可耻。民族心理积习如此，虽屡受事实的刺激，难以骤改，本党结合之始：内则议会腐化，人心积不能平，外则临城匪案，受列国的讥笑，时势如此，稍有人心的早就应该一致觉悟，以国家主义集中全国的精力，安内对外，不意人心锢蔽，沉溺不已。大多数民众，无知无识，静待宰割，固不必言。少数具有知识的政治界思想界领袖，也仍旧陷溺于传统思想的迷梦，以国家主义为狭隘而别求所谓广博的歧路。笃旧的笃守伦理，知有家族而不知有国家；骛新的竞争自由，知有个人而不知有国家；好高的诵言大同，知有世界而不知有国家，尚奇的醉心共产，知有阶级而不知有国家。至于怀抱部落思想，以党系派别，地域的私利为结合而妨害国家公务，社会公益者，更所在多有。本党同志，鉴于种种歧说的误国误民，有如东晋的清谈，将致神陆沈，华夏丘墟，始觉悟今后救国救民，非有光明正大，切合实际需要的主义为中心思想，不足以集中革命势力，扫除传统的偏见。本党成立以后，正值国民党领袖孙文君在广州改组该党，容纳共产分子加入，实行亲俄政策之际。本党以为中国问题当由中国国民自行解决，授权外人，引狼入室，实行自杀的拙策。国民党所倡的三民主义，就原始的意意义而伦，本不出国家主义的范围，孙文君及其一部份相从日久的党员，奔走国民革命垂四十年，创造共和，不无劳绩。虽学说支难破碎，知有民族而不知有国家，但就其最初的意义而论，尚足寄以相当的同情。不幸自民十三以后，激于速成的一念，联俄容共，以与民族主义决不相容的共产主义，并为一途，以致进退抵牾，终生派别之争。本党同志在未组党以前，与共产党人时有言论的冲突，事实的接触，深知其阴险毒辣，无所不为，断非颟顸自大的国民党所能劫制。况苏俄赤化世界的阴谋，早有成算，一九二三年以后，西进政策失败，即并力于东方，以民族主义为前驱，以共产主义为后盾，名为援助国民革命，实则挑拨阶级斗争，以破坏全民的联合战线。本党以为中国生产落后甚远，本无阶级的可言，即在阶级分野已较显著的国家，如英德等国，其属于社会主义的政党，也多持稳健改良的政策，徐谋经济制度均平。诚以经济组织，与政治不同，复杂万分，举全社会为一联带关系，不能用鲁莽灭裂的手段，希望一举成功。苏俄的由共产主义复返于新经济政策，可为殷鉴。苏俄共产党人，以其本国试验失败的政策，阴谋移植于中国。其为嫁祸于人，从中渔利，不问可知。本党自成立以后，即曾以此中利害，屡次忠告国民党人，无奈当时该党上下，利令智昏，贪苏俄饷械援给的便利，不惜举全党的大权，拱手让诸共产党人，任其操纵。当时为国民党联俄容共政策辩护的，以为中国国民革命应为世界革命的一部分，打倒全世界帝国主义，乃为国民革命的最终目的，此种不合事理的奇谈，至今犹为一部分国民党人所迷信。不知帝国主义乃至资本主义在世界上本不是一个整个的组织，其本来性质就含有竞争冲突的成分甚多。对于中国侵略也不是国际的，而是国别的，中国若想解除不平等的束缚，只有利用这种列强间冲突抵触的形势，从中分别应付，断不能高唱打倒一切帝国主义，促成列强的团结一致，自行断送独立的生命；尤不应甘心受苏俄的卵翼，盲目前趋，代人受祸。此种理由，本党当时对于国民党人公私争舌，无不竭尽忠告，不意言者谆谆，听者藐藐，孙文君死后，虽有一部分党员，脱离广州政府，另为反共的新组织，但当时该党的根据地两广，尚握于共党及亲共派之手，以致共产党势力，遍布珠江流域，实行嗾使流氓，把持农工组织，反对民团及其他地方人民的自治自卫运动。对于国民党则分化左右派，务期使桀黠者赤化，忠直者排除。在此时间，本党对于受共产党胁持下的国民党人，犹不惜苦口忠告，以共产党阴谋颠覆该党的证据，示诸该党重要分子，结果为共产党人所深忌，遂以国民党政府的名义，在两广举行反国家主义周，大规模地反对国家主义，逮捕本党同志，破坏本党组织，事虽共党主动，但国民党党员，甘心坐视共党的活动，不加否认，其为同谋反国家主义的运动不言可知。自经民十五年三月中山舰事变之后，共产党的阴谋虽已部份地暴露，广州政府虽渐有反共的趋向，然蒋中正誓师北伐，犹称愿受第三国际的指挥，奉鲍罗延为谋主。本党对于此种替苏俄为前驱的北伐运动，认为远背国民革命之旨，非中国国民之所忍为，借外力而扫除内乱，纵使徼幸成功，也终为外力所挟持，石敬唐、吴三桂的往事，相去未远。因此于本党言论机关大声疾呼，痛加反对，结果被国共两党加以反革命之罪，在其势力范围之内，屠杀摧残，不遗余力。武汉取得以后，果不出所料，共党把持政府，对于国民党忠实党员，概加禁锢罢免，对于两湖民众，任意屠杀，甚至有四十岁以上人民一律屠戮的阴谋。本党当时对于该党的军事领袖蒋中正，即加以严重警告，以将为克伦斯基第二为戒。蒋氏知事实的严重，始断然为清党反共之举，并宣言国民党也属广义的国家主义，取消打倒国家主义派的标语。当时汪精卫及所有袒共的国民党左派，尚复盘据武汉政府，高唱‘革命的往左边来，不革命的往右边走’的口号，以国民党的正统自居。湘鄂赣诸省在武汉政府的统治之下，纵容共党培植深厚的势力，今日长江中部的共匪惨祸，实种于此时。论者有为武汉政府辩护，以为外交胜利，收回租界主权，不无劳绩。不知武汉政府的外交政策，当时全受俄人鲍罗廷的指挥，以苏俄的劲敌英吉利为唯一敌人，这是以俄国为主的外交政策，不是以中国为主的外交政策，有何胜利之可言。武汉政府统治的结果，只使长江中部更加糜烂，幸有两湖民众及军人自动反共救民，长河马日事变，将两湖几千万人民的生命救出危险，汪精卫和一般袒共的国民党左派，见民意所在不可深侮，始趁风转舵，仓皇分共，并发出可怜的宣言道：‘非我不容共，实共不容我。'（见当时汉沪各报）究之共党势力的养成，谁负其责？共势已成，仅虚言分共，又于实际有何补助。武汉政府的失败，并不是偶然的事。武汉政府既经失败，蒋中正所领导的南京国民政府，暂时取得统一政府的名义，倘使认清国家需要所在，一反容共时代的所为，以政权还之国民，建立公平廉洁的民治政府，则中国政治，未尝不可逐渐入于轨道本党在南京政府成立之初，以为该党既经觉悟容共政策之非，或许尚可以从此改途换辙，有自新的机会，因此本党第二次全国代表大会，曾经郑重宣言，如国民党真有觉悟，本党愿本政党政治的精神，立于在野党地位，为善意的监督，本党不念旧恶的诚意，于此可见。不意蒋中正自徼幸统一以后，倒行逆施，日趋于军阀政治的绝路。假借训政的各义，招权纳贿，无所不为，政治腐败，有目共睹。不顾外交的危急，不顾民生的凋敝，惟日肆挑拨离间，造成内战的机会，以遂其武力统一的野心迷梦，对于本党则最初纫以甘言诱迫，使本党抛弃固有的立场，投到他们的麾下。及知利诱无功，乃转变态度，更肆压迫，以对付共产党的手段对付本党。禁锢言论，逮捕党员，与广州武汉容共时代丝毫无异。本党同志为国家主义全民政治作战，对于一党专政的国民党，祸国殃民的新军阀蒋中正，誓死反对，毫无妥协的余地。三年以来，在南京政府统治之下，本党同志先后因拥护民治，反对党治而入狱的，至数百人以上，前仆后继，至今未已。自讨蒋军兴以来，兵连祸结，中原涂炭，追原祸首，直接则为祸国殃民的新军阀蒋中正，间接则为一党专政的国民党，本党的远见卓识到今日才渐为一般人所了解，本党因不敢以此自居首功，但事实所在，也不能不明白宣布出来，使国人彻底明瞭七年来的真相是如此。

此次南北大战，开始至今已过半年，战线延长几千里，双方陈师百万以上，可以说是十九年来空前的内战。就目前情势而论，阎冯固无力南征，蒋中正也决不能陈师北伐，完成它的武力统一的迷梦，结果旷日持久，尚不知更要延长到何时。前线人民，生命财产，供战争的蹂躏，后方人民，苛捐杂税，供战争的挥霍，究竟目的何在！意义何在？不但人民不知所谓，就是双方当时的人，抚躬自问，也恐无以自解。考之实际战争的现状，则战线与半年以前初开战时候的状况丝毫无异，这半年中的兵连祸结，所为何来。长期战争的结果，无论胜败谁属，结果只有造成土匪流寇的机会，增加秩序的紊乱。近年以来，全国各地，因捐税的繁重，天灾的流行，人民久已有死之志，无生之心，长期战争一日不止，国民一日不得苏息，全国国民经济的总破产，就在目前，这种情形，纵使无共产党从中煽动，也必会酿成流寇的惨祸，况共产党在第三国际指导之下，数年以来，处心积虑，潜伏各地，待时而举，以具有智识的分子，加入土匪流氓与合作，有充分的金钱，有可用的器械，其为祸之大，必千百倍于黄巢李闯，最近长沙的事变，犹不过其小焉者。本党自成立以来，就与共产党转战各地，旗鼓相当，对于该党阴谋毒计，知之较深。国民党联俄容共，遗中国百年内不绝的巨患，本党自始就以屡尽忠告，终不见听。广州及武汉政府，既公然纵任共党，培植深厚势力于长江以南，南京政府清共以后，全国幸告统一，各方实力相安无事，本可以趁此时机，以全力肃清共党，永绝匪患的根株不意蒋中正及南京诸国民党领袖始终轻视共党认为癣疥之患不足劳师动众。彭湃××，前后占据海陆丰，至三年以上，南京政府从没有剿绝的计划；朱德毛泽东以数千土匪转战闽粤赣湘数省，如入无人之境；江西湖南全省四分之三，早入共匪之手，南京政府及地方守土官吏，闭城不问，江苏江南北各县，距离南京咫尺，萑苻遍地，俱假借共党的旗号，杀人越货，公然行于白昼，甚至攻陷城镇，如江阴、无锡等县，俱经惨劫南京政府也充耳不闻，不知是何心理？本党鉴于国民党之纵贼扰民，无可信任，非人民起而自卫，不足以抵抗流寇的巨祸，乃分遣同志，就地创办民团等自卫组织，与共党作持久的战争，本党与国民党无涉，而有时反遭国民党的诬陷忌妬，加以摧残。同志赵登蒋，在湘西创办联团，反共卫民，久著成绩，乃为国民党诬为共产党人当场格杀；南京晓庄乡村师范，有一部分共产党人聚众阻碍交通，扰乱秩序，南京政府乃诬以国家主义的罪〔名〕而加以解散，是非颠倒，黑白不分，今日长江以南的匪祸，本党于数年以前就早知其必然至此了。再以近来长沙事变而论，共匪事先盘踞湖南各属，为时已久，不必待其进窃长沙，早已应该加以注意，乃南京政府不但事先毫不注意，即于长沙事变发生之后，仍不发一兵一卒，任令何键以孤军抗数万方张之寇，谭延闿对人谈话，甚至以阎冯为必讨而共匪转可以缓图，有兵以应付内战，无兵以应付匪患，这种居心，不知基于何种观点。本党以为国民党七年来容共纵共政策的结果，已将共匪的势力培养成功，湘鄂赣三省已大部入于共匪之手，纵使武汉南昌长沙孤埠仅存，长江赤祸终难幸免，况中俄战争甫经结束，俄人凭藉中东路权，外人蒙根据，与共匪南北联合，席卷中国，为必然的步骤。共匪的势力伸张一步，即中华民国加入苏维埃联邦的机会更进一步，五千年来的文明古国，将步印度安南朝鲜之后尘而为赤色帝国主义俎上的肉，中国的国民，如果尚有热血，尚不甘以李克用张邦昌自居，必定不能坐视这种滔天巨祸的蔓延而不加以防杜。况中国今日处于国际势力平衡政策之下，牵一发则全身动，苏俄赤化政策成功之日，即欧美列强实行干涉之时，中国全部化为赤白色帝国主义斗争的战场，彼时中国国家到何地步？人民作何情形？国人不乏明达之士，可以不烦思而得。本党数年以来，所以唷口哓舌，不惜受任何牺牲摧残，百折不回，从事反共救国者，也无非早见及此种大祸之临头，而思加以抵抗而已。然而谁令共匪猖獗至于如此？则不能不追溯之于数年以前，主张容共的国民党左派领袖汪精卫及其党徒，以及三年来有意纵共的国民党右派蒋中正及其党徒，这一笔账无论写在那一派身上，我们终是要和国民党算的。

中国的国家主义运动不但由理论所造成也是由事实所推进的，事实至于今日，共产党的狂悖，国民党的错误，俱已证明本党的主张政策也因事实的演推而越增加了正确严重的性质。国民党执政的数年间，一方面固为反动势力猖狂之日，一方面也为国家主义和全民政治的真理逐渐取得胜利之时，蒋中正既宣言国民党系属国家主义于先，汪精卫又宣言拥护民主势力于后，无论所言是否由衷，足见本党主张已渐为敌党领袖所承认。而本党素来所主张之职业代表，国营实业等政策，又复尽为改组派所窃取，此外一党专政的为害国家，全民政治的必须拥护，经本党数年来的鼓吹，尽已成为一般公认的事实，本党之所贡献于国家者，可谓已竭能力。但本党有不能已于言者，国家之事，当有公是公非，是非既定，功过自见。如认国家主义，全民政治为不足拥护，甘心走共产党杀人放火的路，自不必言；如果还以为国家主义为中国今日应采的途径，则数年来负容共责任的国民党左右派，不应该仍让其盘踞于南北政府之上，如还以全民政治为合理的政治制度，则国民党的一党专政早应取消。然而就今日的事实看起来，不但祸国殃民的蒋中正及其党徒尚在盘踞南京政府，穷兵黩武；而且昔日在广州武汉政府时代直接负联俄容共责任的汪精卫及其党徒，又复腼颜北上，公然活动。党之政党，不知道有责任，国民也不知起而追问责任的所在，这是本党所不能已于言者。

中国青年党是领导全民革命的政党，对于一切恶势力，只有战斗，没有妥协。中国国事，到了今日，断非苟安调和所能奏效，有胆量有气魄的人。只有挺身起来，加入救国革命的新组合，一致向前与一切恶势力奋斗到底。本党愿以沉着的精神，缜密的计划，坚忍的意志，一步步地领导国民，从事全民革命的工作。国家主义的胜利是必然的，欧战后十年来波兰，捷克，爱尔兰，土耳其，印度等全世界被压迫民族的建国运动，曾经给我们不少的自信心。共产党尽管猖獗，国民党尽管把持，新的军阀尽管恣肆，中国如果尚有一部分信仰国家主义，拥护全民政治的共和国民，肯出来为革命牺牲到底，国事终久还是有希望的。有革命性的爱国民众，大家起来，加入领导全民革命的中国青年党和中国国家主义青年团，来：

打倒一党专政的国民党！

打倒杀人放火的共产党！

打倒祸国殃民的新军阀！

为国家主义，全民政治而作战！

中华民国十九年八月十五日

〔国民政府行政院档案〕

3. 中国青年党政策大纲①

（1930年10月）

一、政治

——全民政治——

第一条　拥护共和　拥护五族共和，反对一党专政，并主张由国会或国民会议制定共和保障律，以永奠民主共和国体。

第二条　保障人权　保障人民政治上应享之权利及自由。

第三条　联省自治　实行联省自治，以完成统一，实现民治。

第四条　职业选举　国会采两院制，并用职业代表制与地方代表制。

① 此《大纲》系录自1931年5月14日国民党汉口市政府请行政院通令查禁中国青年党反动宣传品呈文附件《救国真铨》（1930年10月10日“全民书局”印行）。

第五条　总统民选　主张总统民选，采取责任内阁。

第六条　司法独立　保障司法独立，不得以军政势力干涉之。

第七条　官吏考试　一切行政官吏，采用公开竞争之考试制度。

第八条　男女平等　实现法律上、政治上、经济上男女之平等待遇。

第九条　蒙藏自治　尊重蒙古、西藏固有之宗教与文化，并保障其自治，以巩固五族共和。

第十条　保护侨民　对海外侨民，实施国家教育，发展其经济事业，并保障其政治权利。

二、经济

——社会政策——

第一条　承认私有财产权，但得依法律限制之。

第二条　保障人民在经济上之工作权及生活权。

第三条　关于公共利益之大企业，如铁路、邮电、矿山、水利、森林之类，得以法律手续收归国有。

第四条　保护劳工及雇主在职业上集会结社之自由。

第五条　征收所得税、遗产税及其他直接税，减经间接税，以均衡国民之负担。

第六条　制定劳工待遇、工作时间、薪金标准、工厂管理等法律，以增进劳工之福利。

第七条　为谋人民公共福利起见，得以法律规定并限制人民土地享有权。

第八条　为扶助小农户及改善佃农生活起见，由国家设立农民银行，提倡合作事业，减轻农产税率，并制定其他保护农民之法律。

第九条　实行保护关税，奖励基本工业，扶植国际贸易，以谋国民经济之发展。

第十条　完成铁路干线，发展海外航业。

三、教育

——国家教育——

第一条　明定教育宗旨为：爱护国家，发扬民治。

第二条　实行强迫教育及成人补习教育，以谋全国男女贫富之教育机会均等。

第三条　厉行教育与宗教分离。

第四条　禁绝外人在华办理与国家教育宗旨相违反之教育事业。

第五条　确定教育为国家事业，对于私立学校，厉行严格监督。

第六条　国办师范教育，以贯彻国家教育之宗旨。

第七条　实施学校军事教育，以养成国民卫国能力。

第八条　提高科学教育，以谋本国学术之独立。

第九条　增加教育经费，改善教师待遇。

四、外交

——平等外交——

第一条　废除一切不平等条约，收回已丧失之国权。

第二条　禁绝外国人在国内之一切军事措施。

第三条　赞助世界被侵略民族之独立建国运动。

第四条　创设平等化的国际组织，以保障国际正义，促进世界和平。

五、国防

——自卫国防——

第一条　国防以自卫为原则，采陆主海从主义。

第二条　实行征兵制及义务民兵制，特种兵采用志愿制。

第三条　统一军权，划一军制，以建设国家军队。

第四条　建设新海军，以巩固国防，在海军未充实以前，注重飞潜政策。

第五条　社会设施，力求军事化，以为全国总动员之准备。

六、财政

——公开财政——

第一条　财政公开，严格实行预算决算制度。

第二条　整理税制，取消苛税杂税，划分中央与地方之税权。

第三条　统一币制，由国家银行发行钞票，禁止外币之流通。

第四条　整理内外债，以稳定社会金融，巩固国家信用。

〔国民政府行政院档案〕

4．中国青年党及国家主义青年团湖北省支部“反对国民党御用的国民会议”宣言

（1931年5月5日）

国民会议原是一个多么好听的名词；但是现在所谓国民会议，国民既未真正实行选举，会议什么我们国民也不知道，简直成了党民会议，那里算得国民会议？这种党民会议与袁世凯准备做皇帝的筹安会，几乎相同，不过假借国民会议的招牌，做国民党实行专政的工具而已。

国民会议的选举法是国民党自定的，国民会议的选举团体通同是国民党指定选举的。国民党以外的政党固未参加选举，即号称人民的职业团体也不过有选举之名，无选举之实，强奸民意，称代表，□□与国民无干！何得称为国民□□□□□□敢与全国国民共同否认此御用的国民会议，否认此钦派的党人代表，并坚决反对所谓国民会议的一切决议。

我中部各省的人民既受国民党的压迫与剥削，又以国民党容共于前纵共于后，酿成今日赤祸滔天，迸生无地的惨境，而国民党犹不知悔改，其所谓同志竟乌烟瘴气的争所谓国民会议代表，置共祸不顾。我们国民为救死起见，再不能忍受了。我们要消灭共祸，必先打倒国民党的党治，要打倒国民党的党治，必先否认国民党御用的国民会议！

中国青年党及国家主义青年团湖北省支部

二十年五月五日宣言

〔国民政府行政院档案〕

二、国民党对青年党的防制措施

1. 葛覃为取缔国家主义派刊物致国民党中央训练部呈

（1930年1月15日）

为呈报事：窃覃由中央派遣来东留学，初来几个月间，人地两生，对于此地情形甚形隔膜。近来得悉此地共产党、国家主义派等反动团体活动甚为利害，去年十一二月份报告表已略为呈报，并请中央速为设法防止或取缔。本年国家主义派更大肆活动，除刊发传单刊物或小册子公开宣传其主义对于本党尽力攻击外，近更在各校公开招收党员，组织团体，以扩大其势力，闻其党员恐在二百名以上云。吾党如不速设法制止或严厉取缔，将来或恐成大患也。兹设法调查得有《留东评论》、《醒狮》、《反俄救国》、《中国青年党公开党名宣言》、《中国青年党及中国国家主义青年团第四次全国代表大会宣言》、《中国国家主义青年团政策大纲》、《国家主义浅说》、《中国国家主义青年团致国民党书》、《中国国家主义青年团第三次全国代表大会对时局宣言》、《反俄特刊》十种反动刊物，特为呈报，并查《反俄特刊》系上海英界留日俱乐部发行，《留东评论》系上海法界留日学会发行，其他书籍闻多系上海中国书局印刷，请中央鉴核设法取缔。不胜切盼之至。此呈
中央训练部

葛覃谨呈
十九年一月十五日
〔国民党中央宣传部档案〕

2. 国民党中央宣传部关于取缔国家主义派活动复中央训练部公函

（1930年2月8日）

中国国民党中央执行委员会宣传部公函　第267号

迳复者：准函据中央派遣留日党员葛覃呈称：近来国家主义派在东大肆活动并附呈反动刊物《留东评论》等多种，嘱为制止等由到部。查国家主义派反动刊物《国家主义浅说》、《留东评论》、《醒狮》、《青年党公开党名宣言》、《反俄特刊》，均经本部分别密饬查禁有案。兹据最近调查该派反动书籍有二十七种，定期刊物有十八种之多，葛同志所报均在其内，而其总经售处系在上海爱文书局，已由本部密令上海特别市执行委员会宣传部会商当地政府，按照葛同志所报及本部调查所得之地址查究，并抄发该派反动刊物目录，密令各省市党部宣传部一体严密查禁暨各地邮件检查所一体检查扣留。其在日本方面出版或发行者，自应遵照中央通过之防止消弭及取缔在日反动份子办法切实执行，亦已密函驻日总支部查照办理矣。准函前由，相应函请查照为荷。此致
中央训练部

部长　叶楚伧

中华民国十九年二月八日

〔中国青年党档案〕

3. 贾毅请防止国家主义派活动呈
附：国家主义派之总检讨

（1930年12月25日）

呈为呈请严行防止国家主义派活动，以遏乱谋而固党国事：窃以本党敌人，其重要者一为共产党，一为国家主义派。共党猖獗于南方，尽人皆知；国家主义派滋长于华北，则知者盖鲜。此实党国前途之隐忧也。查该派虽倡导于曾琦等数人，但自民十五以还，余家菊、邱椿等，新自美归，见本党革命势力日渐澎涨，遂乘孙传芳、张宗昌等军阀仇视本党之机会，依附其肘腋之下，图谋推翻本党。而孙、张军阀亦乐为利用，以号召青年。自此以后，北方军阀与国家主义派遂结不解之缘矣。迨孙、张失败，我军克复平津，该派重要份子，目睹革命力量之进展，遂相率出关，托庇于东北势力之下，秘密组织，公开宣传。东北一般血气方刚之青年，因受日俄两帝国主义者之压迫，又不明瞭本党之主义政纲，遂误认国家主义为救国之良方，群相附和，积久成风。此次东北军入关，将昔日寄生之国家主义份子陆续起用，俾以重任，该派得此掩护，遂由少数私人之秘密组织一变而为多数团体之公开活动矣。此实关系本党革命前途匪浅，中央若不从速严行制止，则其遗患于将来社会国家者，或有甚于今日之共祸也。兹将该派之活动情形及防止之方法详陈于下，敬备采择。谨呈中央执行委员会训练部副部长苗

前河北省党务整理委员会委员贾　毅

附呈国家主义派之总检讨

中华民国十九年十二月二十五日

国家主义派的总检讨

一、国家主义派的产生。

国家主义派是借着五四运动的机缘产生的，当五四运动，掀起革命的怒潮的时候，国家主义派的领袖曾琦、李璜、余家菊等，曾为此次运动中的中坚份子，当日本帝国主义强霸青岛时，一部分留日学生如曾琦等罢学归国，奔走关内，作反日帝国主义运动，曾琦等留居北京，结合北京各大学青年学生，组织国家主义团体，宣传青年救国事宜，以后又成立少年中国学会，发行《少年中国》杂志，《少年世界》月刊、《新潮》、《国民杂志》。那时，他们国家主义的意识还未十分明显，后来因为共产份子加入了少年中国学会，内部遂日趋分裂，曾琦、王又新等，遂分赴英法留学，到民十二回国，才赴上海创办《醒狮》周刊，发挥救国保种的议论，同时少年中国学会也将共产份子清除，国家主义的意识，在这个时期才算完成。到民国十三年本党改组，在欧美留学的国家主义派的学生，遂组织大江会，国魂社，大神州社，联合国内的醒狮社，少年自强会，国家主义青年团，遂成为很有势力的团体。但因为彼等唱着，“内除国贼，外抗强权，内不妥协，外不亲善，全民政治，全民革命，”的口号，却为军阀作了工具。如余家菊为孙传芳制三爱主义，曾琦为张作霖创四民主义，就是明证。一方面又打着外抗强权的旗帜，但不敢提示打倒帝国主义的口号、以间接献媚于帝国主义。民十七年本党北伐成功，他们随着东北军退到关外，把持教育，培植势力，今年九月间，乘着本党讨伐叛逆之际，彼等图谋死灰之复燃，而有中国青年党的组织，到东北军入关之后，遂大肆活动，攻击本党，此等反动行为，影响于本党之主义政策，实不可不加以注意也。

二、国家主义派的理论。

平心静气的来说，国家主义派无论闹得怎样乌烟瘴气，他们的口号无论喊得怎样响彻云霄，但总归已成了时代落伍思想行动，早已被革命的狂潮把他打入了腐朽的坟墓了。不过为了使大家更明瞭他们起见，本文不妨对他们作一次概括的叙述及批评。

甲、他们的中心主张——他们的中心主张大概不外乎以下三点：

A、主张全民政治，否认革命民权。国家主义派第一种的主张，便是什笼统含混的"内除国贼"、"外抗强权"的口号，就是所谓全民政治，反对本党的以党治国，反对本党革命民权的主张。国家主义派的大将李璜在他的《我们为什么而奋斗？》——一文中说："民主立宪的运动，在我们中国自戊戌政变以来，至少也有三十多年的历史了，如果到了今天来，还要否认民主势力，还要施行一党专政或训政，甚至认为民主制度在中国根本不可能，这种想法或办法，简直要认三十年来的运动都算作无意识的举动，而许多仁人烈士为立宪或革命所流的血，都算作无意识的牺牲。"这种似是而非的理论，实在是错误之至！本党的以党治国，本党的实行训政，正是为了求真正的全民政治，求树立真正的民主势力，这在本党第一次全国代表大会宣言中，曾有以下的几句话，可为证明："国民党之民权主义，与所谓天赋民权者殊科，而为求所以适合于现在中国之需要，盖民国之民权，唯民国之人乃能享之，必不轻受此权于反对民国之人，使得彼得藉以破坏民国。详言之，则凡真正反对帝国主义之个人及团体，均得享有一切自由及权利，而凡卖国罔民以效忠于帝国主义及军阀者，无论其为团体或为个人，皆不得享有此等自由及权利。"这些言论，本已明晰的说明本党以治国及以党训政，正是要防止危害民主势力的份子或团体，而造成真正的民主政治，比国家主义派的浅薄主张要透澈完善得多了。

B、主张联省自治，相安一时。关于联省自治的理论，更是不值一驳，本党第一次全国代表大会宣言上，已把他们严词驳斥了，宣言上说："推其结果，不过分裂中国使小军阀各占一省，自谋利益，以与挟持中央政府之大军阀相安于无事而已、何自治之足云？”该派闻之，将作何辞以自解耶？

C、反对打倒帝国主义：在所谓“中国青年党及国家主义青年团第五次全国代表大会宣言”上有著以下这些荒谬的言词：“当时为国民党联俄容共政策辩护的，以为中国国民革命应为世界革命的一部分，打倒全世界帝国主义，乃为党人所迷信。不知帝国主义及资本主义，在世界上本不是一个整个的组织，其本来性质，就含有竞争冲突的成分甚多，对于中国的侵略也不是国际的而是国别的。中国若想解除不平等条约的束缚，只有利用这种列强间冲突抵触的形势，从中分别应付，断不能高唱打倒一切帝国主义，促成列强的团结一致，自行断送独立的生命，尤不应甘心受苏俄的卵翼，盲目前趋，代人受祸。”这些投照帝国主义者心坎说出的言论，真不知天下有羞耻事！近年以来，中国成了各国宰割下的次殖民地，只有自国的民众团结起来，并联合全世界各弱小民族及以平等待我的民族共同奋斗，才是唯一的生路，安有屈膝在多数帝国主义的脚下，名为“分别应付”，实为“挨门叩头”的勾当，尚能取得自由平等的道理！这种恬不知耻的奴性表现，这种投机取巧的机会主义的劣性表现，实沾污我庄严灿烂的全中华民族，真是可鄙之极了！

乙、他们的政策大纲——在《醒狮》第六年第二二〇—二〇一期合刊上刊有《中国青年党政策大纲》，凡六部分，兹照录如左〔略〕

丙、他们的攻击本党——他们对本党的攻击可以分过去和最近两项来说明：

A、过去的。中华民国十七年八月，有所谓《中国国家主义青年团致国民党书》（对于国民党之十大质问）所谓十大质问如下：

1．今日中国之统一为真统一乎？抑假统一乎？

2. 由联俄容共所生之恶果，其责任应谁负之？

3. 一党专政与天下为公之旨，有无冲突？

4. 训政制度与满清预备立宪有何区别？

5. 打倒旧军阀，扶起新军阀，是否国民革命之初旨？

6. 每年数千万元之党费，是不是民膏民脂？

7. 号称国民革命，何故牺牲民众，又复停止民众运动？

8. 号称革新运动，何故利用青年？又复停止青年运动？

9. 号称解放民众，何故给民众以种种束缚，更增加其痛苦？

10. 在今日人才缺乏之中国，究竟能以一党之力包办国事？对外收回失地？对内制止混乱？

以上的十个质问，在他们认为是何等冠冕堂皇，足以难倒本党而有余，其实这些浅浮的问题，差不多尽人皆知，实无答复之价值。

B、最近的。最近攻击本党，详见胡国伟、关汉璞著的《党治问题》一书，及《东方公论》，《北方公论》等刊物。归纳之，约有以下十点：

1. 长沙共祸应由本党负责。

2. 此次战乱皆一党专制所造成。

3. 蒋中正之专横为一党专政所造成。

4. 压迫新闻界言论。

5. 实施党化教育麻醉青年。

6. 讨袁与讨蒋同一意义。

7. 污蔑总理三民主义不澈底。

8. 攻击知难行易的学说，谓行易知亦易。

9. 不颁布宪法。

10 .不承认民权。

以上十点，不是些错误的谬见，便是些恶意的咒骂，有识者稍加思索，就知其毫无学理的根据，根本不了解现代中国的环境与其需要，简直令人无驳斥之价值！

三、国家主义派的活动

自东北军入驻平津后，国家主义派声势渐涨，由潘阳香港而集合于北平，以教育局、中小学为该派活动之大本营；一方面趁华北党务尚未公开之际，遂大刊其反动刊物及传单，最近北平《晨报》之出版，更证明该派活动之剧烈，彼等主义之浮浅无聊及其手段之卑鄙龌龊，虽然有目共睹，但一般思想未定之青年学子，终不免被威迫利诱而误入歧途，长此以往，本党前途之危险诚不堪设想矣。谨将该派之活动，详述如左：

甲、组织方面〔略〕

乙、宣传方面：

A、宣传概观

1. 意义和目的；

2. 材料和工具；

3. 对象和希望；

4. 种类和通则。

B、宣传种类的分析：

1. 从目的上分析：

一、破坏的宣传，二、建设的宣传，

三、兴奋的宣传，四、解释的宣传，

五、离间的宣传。

2. 从材料上分析：

一、通常的宣传，二、临时的宣传。

3. 从工具上分析：

一、语言的，二、符号的。

4. 从对象上分析：

一、农，二、工，三、商，四、学，五、军，六、妇女。

5. 从希望上分析：

一、松懈敌势的宣传，二、减轻阻力的宣传，
三、扩大同情的宣传，四、增厚声援的宣传，
五、吸收团员的宣传。
C、 宣传者的学养：
1. 宣传者的态度与精神；
2. 宣传者的知识与技能。
D、宣传的通则：
1. 要了解被宣传者的心理；
2. 要熟察被宣传的环境；
3. 要联络被宣传者的感情；
4. 要引起被宣传者的需要；
5. 要动以被宣传者的本身利害；
6. 要晓以被宣传者应尽的天职。
E、宣传的方法：
随时空变更。
丙、训练方面：
A、训练的标准：
1. 理论的训练：
一、主义；二、政策；三、与他党比较。
2. 工作的训练：
3. 行动的训练：
一、心理建设；二、道德建设。
B、 训练的方法：
1. 集体的训练：
组织：
一、主义研究会；
二、政策讨论会；
三、讲演辩论会；

四、武术团。

2. 个别的训练：

一、谈话；

二、生活指导。

C、训练的材料：

1. 主义、政策；

2. 团内消息；

3. 时局真像；

4. 工作方法；

5. 其他。

D、训练的实施：

1. 组织：

一、理论指导股；

二、活动指导股。

2. 步骤：

一、整顿时期；

二、改进时期；

三、发展时期。

丁、首领：

A、醒狮派

李璜

曾琦

藏启芳——天津市市长

邹作华——东北炮兵司令

王捷侠——北平教育局局长

罗士清——新任北平师范学校校长

余家菊（即余景陶）北平师范学校教育学教员

邱　椿——师范大学教育系主任

古　梅——前北平师范学校教育学教员

韩廉选——新任第一中学校长

许兴凯——北平教育局督学

金　铎——民铎中学校长

姜蕴刚——北平教育局编辑主任

纪清漪——北平教育局编辑

廖继盛——大学讲师

王化周——北平师范学校教务主任

B、青年团

陶元麟——北平师范学校训育主任

隋树森——第六小学校长

傅继良——第二十九小学校长

苏耀曾——第十九小学校长

孙　敏——商业学校校长

许步奎——北平师范学校学生工大消费社经理

戊、机关：

A、总机关——日本东京市牛込区若松町早稻田邮便局二号朱定远。

B、中国新国家主义青年团北京分部——西城端王府夹道九号工业消费社

己、计划：

A、攫取北平中小学教育权。自王捷侠任北平教育局长后，按照预定计划，委任罗士清为北平师范学校校长，许兴凯为教育局督学，韩廉选为第一中学校长，姜蕴刚为教育局编辑主任，纪清漪为教育局编辑，隋树森为第六小学校长，傅继良为二十九小学校长，孙敏为商业学校校长，现王捷侠、罗士清一切会议均不读总理遗嘱，亦反动之一证也。

B、麻醉青年威迫利诱加入该党。该派主要份子，既已分布

各校，于是明目张胆宣传国家主义，北师党义教员陶元麟对本党主义，妄加批评，故北平师范学校已为国家主义化之学校。目前北师演说预赛会许步奎公开宣扬国家主义。其演题为《中国现在四大势力的分析》：1.军阀 2.共产党 3.国民党 4.新国家主义青年团。力诋前三势力之非，而对青年团则极为榆扬。此外民铎中学校校长金铎诱劝学生加入该党，凡经三次劝导而不加入者，即开除学籍。其余朝阳大学，也有少数学生加入。凡该派把持之学校，对于纪念周，率多阳奉阴违，敷衍了事，间周举行者，停止举行者亦不在少数。闻该党对于入党者，按其工作之成绩，报酬由四元至四十元不等。

C、新闻界活动。北平晨报出版就是事实，社长与东北要人素多渊源，经费得自东北津贴，该报第一日社评，《本报之使命》文中，即揭明用国会方式；第二《发展民治》文中，并无三民主义及国民党字样；且担任论文者，多系国家主义派巨子，如王捷侠、罗士清等皆是也。

庚、活动：

A、出版东方公论。社长王一新，编辑王施真，经理李慕白，印刷发行者，沈阳东门内长城书店。长城书店为该派在东北出版及活动之机关。

B、出版北方公论。青年团主编，社址北平端王府夹道九号。

C、发表第五次全国代表大会宣言。

D、公布中国青年党政策大纲。

E、散发该党八周年宣言。

F、粘贴反动标语。北平各处时发现下列口号及标语：

1. 打倒中国国民党！

2. 打倒一党专政的中国国民党！

3. 打倒新军阀蒋中正！

4. 中国国家主义万岁！

5. 中国青年团万岁！

G、刊发香港实报。社址香港士丹利二十六号。

H、印《行党治》问题。编者香港实报社，著作者胡国伟、关楚璞，印刷者香港文兴印务局。

1. 出版《现代教育》月刊。北平教育局主编。附国家主义派宣传品：

《中国国家主义青年团致国民党书》。

《醒狮》二二〇——二二一期合刊。

《东方公论》合订本

《北方公论》五期

《党治问题》

《现代教育》月刊第一号

《北平晨报》一份　　　中国青年党《云南起义纪念宣言》一纸

四、制止国家主义派计划。

关于国家主义派的产生，理论及其治动，业已详述，国家主义派以前可说，只是无聊浅薄的狂吠，而无积极的行动，今后确有窃据华北，取本党而代之之势。兹特拟定严防该党活动计划如下：

A、消极的——以制止为原则：

1. 由中央明令华北各省市当局详查所辖机关人员中如有国家主义派份子，立即停职查办，分别处分。

2. 由中央明令平津省市党部一体严密侦查国家主义派，有确实证据时，径函各地公安局缉拿究办。

3. 所有该派一切宣传品，令各地邮件检查所查获扣留。

B、 积极的——以党义感化为原则：

1. 由教育部令平津各学校党义课程，须由检定合格之党义教师充任讲授，至低亦须为本党党员。

2．各学校纪念周，须按中央规定举行，并由省市党部随时派员参加讲演。

3．《华北日报》、《民国日报》各党报，务须多登反国家主义派之文字。

4．由中央津贴私人办一旬刊或半月刊，多作文字，力批其谬。

总而言之，平津既有省市党部及军政公安机关国家主义派之活动，居然敢明目张胆，肆无忌惮，这不能不说是本党的奇耻大辱，这不能不归罪于北方同志们的疏懈，故草拟防止计划，望我中央有以采择焉。

〔国民党中央民众训练部档案〕

4．教育部为在中央大学发现“中国青年党政策大纲”饬注意侦查取缔密令

（1931年1月17—23日）

（1）给中央大学密令（1月17日）

教育部密令　密字第七六号

密令国立中央大学校长

案准中央执行委员会宣传部密函开：准首都警察厅函：“据敝厅督察处长李进德报告：顷据特务股主任李金培转据特□员报称：昨在中大各宿舍巡视，在第四宿舍发现国家主义派反动印刷品标名曰中国青年党政策大纲，共五份，报请察核”等情，转报前来。除存留一份备查并饬继续严加注意外，理合检同原印刷品四份，请察核”等情，并附呈中国青年党政策大纲。据此，查该印刷品确系反动宣传，自应查禁，以免传播。除将原件函送南京市宣传部查照，并通令所属一体查禁外，相应检同原件一份，函

送察照，等由。准此，本部详加查核。此项反动印刷品，既在中央大学宿舍发现，显有该中国青年党反动份子，潜伏活动。应请贵部密饬该校当局，严密注意侦查，随时取缔。相应抄同原送反动刊物，函请查照办理见复。等由。准此，查该印刷品反动宣传，亟应严密查禁。除函复外，合即抄发原件，密仰该大学严密注意侦察，随时取缔，以杜反动。并将侦查情形具报为要。此令。

中华民国二十年一月十七日

兼理教育部部长职务蒋中正

（2）给中央大学密令（1月23日）

教育部指令　密字第79号

密令国立中央大学

呈一件，呈复查禁中国青年党政策大纲情形由。

呈悉。已据情转复中央宣传部鉴核，仍仰该大学随时注意侦察。再，嗣后关于密令复文，务须标明密件，以防泄漏而昭慎重，仰　知照！此令。

中华民国二十年一月廿三日

兼理教育部部长职务蒋中正

〔国立中央大学档案〕

5. 国民党中央训练部丘景尼等关于防止国家主义派活动办法签呈

（1931年2月2日）

（一）公开的

一、中央委员到北方视察党务时，就便商同东北当局设法制止国家主义派之活动，并随时到各校讲演，以纠正青年思想之错误。

二、函教育部，令平津两市教育局对各校党义课程，务须由检定合格之党义教师担任讲授。

（二）秘密的

一、函教育部，密令平津、各国立学校当局，注意学生之活动。

二、秘令平津党部各负责党务同志，相机到各中小学讲演，随时参加各校纪念周，并调查国家主义派活动情形，详细具报。

三、由本部会商组织部，制定网罗优秀青年办法，吸收各校无主见之青年及无力求学之优秀分子。

四、关于国家主义派之活动，多偏于宣传方面，应与宣传部会商制订秘密防止办法。以上六项，系临时治标之办法。惟为严行防止国家主义派活动起见，将来应制整个的根本的防止办法，以免滋蔓难图也。是否？请核示。此上

主任王转呈

秘书史

〔国民党党务机关档案〕

6．国民党中央训练部为防止国家主义派在平津活动致教育部密函稿

（1931年3月13日）

密函　第　　号

迳密启者：据前任何北省党务整理委员会委员贾毅呈为请严行防止国家主义派活动，以遏乱谋而固党国，并检附所拟《国家主义派的总检讨》藉备采择等情。正核办间，复准中央宣传部函据该委员呈同前情，请核办等由到部。查国家主义派，为腐化集团与恶化集团之共产党同为本党敌人，惟共产党人皆知其为祸甚于洪水猛兽有害于社会，而国家主义派则鲜有知其为祸亦不减于共

产党者。现该派正图谋滋长于北方，如平津一带，无不见其踪迹，而在各学校内尤多活动。为严密防范以遏乱萌起见，拟请由贵部转令平津两市教育局，对于各校党义课程务须由检定合格之党义教师担任讲授，并密令平津各国立学校当局，注意学生之活动，随时设法纠正，籍清反动而利教育。相应抄同原呈及原检附件函达希即查照办理，并见复为荷。此致

教育部

计抄送原呈及原检国家主义派的总检讨各一份（略）

〔国民党党务机关档案〕

7．蒋介石关于密令平津防止国家主义派活动复国民党中央训练部呈

（1931年3月18日）

案准贵部第一三八一二号密函略开：据前河北党务整理委员会委员贾毅呈，为请严行防止国家主义派活动，检附所拟国家主义派的总检讨，藉备采择等情，到部。查国家主义派，在平津一带，无不见其踪迹，而在各学校内，尤多活动，为严密防范起见，拟请转令平津两市教育局，对于各学校党义课程，务须由检定合格之教师担任，并密令平津各国立学校，注意学生活动。相应抄同原呈检同原件，函达查照办理见复，等由；并附原呈原件各一份；准此，自应照办。除分别密令河北教育厅、北平市教育局暨平津国立各学校遵照办理外，相应函复，即希查照为荷！此致中央执行委员会训练部。

兼理教育部部长职务　蒋中正

中华民国二十年三月十八日

〔国民党党务机关档案〕

8．国民党中央秘书处关于防制国家主义派办法致行政院公函

（1931年6月6日）

中国国民党中央执行委员会秘书处公函　　第10393号

顷奉常务委员交下中央宣传部呈称："案据四川省党务指导委员会宣传部呈为据中江县党务指导委员会宣传部呈拟防制国家主义派办法，请采纳施行等情，据情转呈鉴核示遵等由到部。查原呈所拟防制国家主义派办法两项，甚有见地，理合抄同原呈转请钧会鉴核示遵"等情一案。奉批："交训练部参考，并交行政院注意"。除分函外，相应抄同原呈函达，即希查照为荷！此致行政院

附抄原呈一件

中华民国二十年六月六日

秘书长陈立夫

抄原呈

呈为据情转呈请予采纳施行事：案据中江县党务指导委员会宣传部部长廖鹏霄呈称：为国家主义派肆行无忌，叛迹益彰，谨贡防制办法，恳祈采纳，并请鉴核示遵事。窃查国家主义派，原系少数无耻文蠹，思想封建，行为卑劣者之反革命集团，窃假内除国贼外抗强权之名，煽惑一般失意官僚政客遗老盲少而成。所谓内除国贼，实则媚事万恶军阀，甘作爪牙；名为外抗强权，又实投降于帝国主义为其工具，故为国人所唾弃者久矣。溯自本党统一全国以后，以彼狗偷不足成事，并冀以博大精深之三民主义予以根本上之感化，乃明示宽大，未加以若何严厉之裁制。殊若辈竟得寸进尺，日肆披猖，既多方营谋钻入各地教育界，以欧西落伍

思潮灌输于圣洁之青年头脑中，更进而效法共匪之故技，秘密组织中国青年党，麻醉一般思想游移暨本党损弃之腐恶份子加入，图谋不轨，致月前在本党指导下之北平《华北日报》因揭载该派阴谋，竟被其纠众捣毁，扰乱治安，并敢散布标语传单，惑人听闻。似此公然反动，叛迹益彰，若不迅予严厉防制，将见滋蔓难图。星星之火，亦可疗原。本党限期完成训政促进地方自治之时又多此一层障碍，鹏霄心所谓危，惄焉忧之。为巩固党国计，为宁静社会为消患无形计，除《华北日报》事件，应请钧部转呈中央澈底严办外，谨将管见所及，拟具防制办法：（一）查若辈自钻入各地教育界，自谓已握操纵大权，于是公开宣传狗化教育，冀图换魂夺舍。该会人士及青年学子，因见政府未严切制止，多被诱惑，劣性已若，仅遇有□派份子，始加以指斥，未从根本防制，恐亦难于移转。拟请呈请中央转饬教育部严定限制对于各级学校校长及训育教务主任之人选，非属本党忠实党员并经本地高级党部考查允许不得任用。至各校教职员学生，亦该由各地高级党部逐月施以三民主义测验，如成绩不良者，立于斥退。如此本党党义既得阐扬，即属该派份子而日受熏习，亦得逐渐纠正其谬误。（二）查反革命治罪法早经公布，既危害党国，刑律亦有专条，年来军政当局，因共匪暴动，严密查捕，破获时闻，对于国家主义派份子以其罪恶未彰，遂忽略视之，以致该派得明目张胆在各地集会结社，或发刊反动言论，与本党为敌，实非国家止遏乱源之旨。拟请由国府明令军政机关明密查缉，不得仍前疏失。对怙恶不悛者，固当按法以绳，如属无智盲从，仍准反省，具保释出，予以自新，并明定自动退出免咎条例，俾于惩恶之中仍属劝善之意。一得之愚，敬贡刍尧，尚祈采纳，是否有当，恭聆训示祗遵。谨呈等情。据此，查此呈各节，尚有见地，可否如拟施行，理合据情转呈钧部，请予鉴核示遵。谨呈

中国国民党中央执行委员会宣传部

中国国民党四川省党务指导委员会宣传部 部长彭编
秘书周开庆代

〔国民政府行政院档案〕

（四）中国国家社会党

1. 中国国家社会党沿革史略①

一、本党的命名

本党定名为中国国家社会党，国人每误认与德国希特勒政党的性质相同，其实，希特勒所重者在民族，在日耳曼的血统，照其原意应译为民族社会党，根本上与本党风马牛不相及。本党发起人，在定党名的时候，确从学理上、世界趋势上和国内环境上，下过一番工夫。关于此，张君劢在《立国之道》一段的自序中说的很明白："鄙意凡为民国之人，其责任一方为保存民国缔结之传统（民国成立，中山先生实为首功。其直接间接援助民国者有黄克强、段芝惠、梁任公、蔡松坡诸先生。凡爱护民国者，应继诸先生之遗迹而加以发扬光大），他方不绝注意世界潮流，于斟酌去取之中，指示我们的出路。……况且抗战前后，吾国介于世界两战潮流对峙之中，在经济上言之，一方为资本主义，他方为共产主义；就政治上言之，一方为十九世纪式之民主政治，他方为俄、意、德之反民主政治。吾中华民国苟不愿为世界两大壁垒所拉扯，惟有超然两者之上，自求解决之法。"换句话说，我们虽不赞同国家至上论，但仍认为国家还是有其存在的重要性。在另一方面，我们又恐代表国家的政府，重踏西方资本主义国家的弊点，加深阶级斗争的裂痕，酿成社会革命的惨剧起见，所以主张发展社会主义的体制。这是本党倡导"国家社会主义"的由来和

① 此件摘自俊生：《中国国家社会党》第一至第三节，原载《再生》（革新版）第5期，总104期（1946年1月8日）。

其时代背景。

二、本党简史

本党的先进，在清末早已从事于宪政运动，至于海外部份，更具有一种浓厚的悠久的民族革命思想。所以假使欲进溯本党的历史渊源，恐怕比同盟会还要早些，也可以说是中国讲宪政最早的一个政党。研究系、进步党，虽然在名字上内容上和今日的国社党并不完全有关连，但未尝不可说是一脉相承。任何一个政党，其酝酿似乎都没有我们这样长久，……。

本党于民国二十年十月在北平正式发起筹备，时以政府的压迫，所以一切的活动都是秘密的。二十一年发表本党政纲，二十三年召开第一次全国代表大会，二十五年召开第二次。

三、本党的组织

本党组织分中央、支部、分部三级。全国代表大会为最高机构，选举总务委员，下设常务委员，主持党的对内外大计。常务委员不开会时，由总秘书负责。现任总秘书是张君劢先生。

……

〔中国青年党等少数党派档案汇集〕

2．中国国家社会党党纲

（1932年5月）①

（甲）总则

第一条　以国家力量使民族有一体之自觉，社会尽协和之机能，个人得自由之发展；并对外取得平等地位，——改善国际关

---

① 此件系印件，无年月日，但“党纲”条款与1932年5月20日《再生》杂志创刊号发表的《我们所要说的话》提出的条款相同，唯在重要条款之后增加一些阐释文字。据此，此件印发时间当在1932年5月以后。

系，期达永久和平。

第二条　基于（一）确定平等基础，（二）保持个性自由，（三）力求效能增进三点，确立关于政治经济教育之整个计划。

人类文化，有三个要素，一不可缺：就是进步、公平与自由。老实说各国情形不同，未可一概而论。本有自由的国家，其所急需的当然是公平。本有进步的国家亦然。中国在今日各方面均感大大不足，不过比较上还是贫乏为最大之患，我们尤其应该注意进步。换言之，即重视效率。所以必须有一个全体计划，把政治经济教育军备冶于一炉，对于中华民族所以生存与发展之道，作一个大大的推进，于是使政治经济教育军事合成一个大效率。但在这样办法之中，却又须切切铭记，不可有亏于公平与自由，因为没有自由，则国家便常在变态之中，纵有效率，得不到真的进步。没有公平，尤是一种社会的病态。

总之我们于政治是把根据效率的科学，与个性差别的科学，以与站在平等原理上的民治主义调和为一。于经济，是把易于造产的集产主义，与宜于分配的普产主义，以及侧重自治的行会主义，调和为一。于教育，是把淑世主义，与自由主义调和为一。然后三方面再综合之，成为一个整个的机构。

（以上关于总则）

（乙）政治

第三条　以民主政治为根本原则，依国情充量实现之。

须知我们的意思，只是主张民主政治，仅仅是一个原则。按照这个原则而实施于中国，当然必须看人民的程度而定其可以实现的量度。就是说，能实现到百分固然是好，若使不能，则九十九分亦好；再不能，便降至九十八分亦未尝不好。照这样下去，纵使降至五十分或四十分都不能说不是民主政治。明白了这一点，则人民程度便不生问题。

我们的“修正”民主政治，其实乃是真正的民主政治。至于普遍所谓民主政治，却是根据民主政治原则而生有偏弊的政治制度。

我们所想出的修正案是什么？第一，必须建立一种政治制度，在原则上必须合乎民主政治的精神，在实施上必须使党派的操纵不能有所凭藉。在平时，不拘两党或多党都能运用，即假定无党亦能运用。而在紧急时，立刻可以集中全民的意思与力量。

我们又主张被选者的资格可以分类。例如乡村镇可以人人都有被选举权，而县的被选人，则不能不限于那些对县政有能力的人们，以此类推。

我们的"修正"民主政治，即是使民主政治由空想的而趋于科学的，因此不妨即名之曰科学的民主政治。

第四条　国家政事重在效率，贵乎敏活切实；社会文化欲其发展，当任其自由歧异；以此为集中与开放的分界。

我们主张为政治效率增高起见，政府权力当然宜于集中，但集中的限度是以行政为界，断不容侵犯到社会上去，把人民的自由并受剥夺。

我们必须做到政权务求其统一，行政务求其集中，而社会务使其自由，思想务听其解放。

第五条　政治制度中务使专门家占有地位，以减少党派操纵俾〔捭〕阖的作用。

我们主张不仅是借重专门家的知识，并且必须使专门家占有地位，这个地位不能为政党作用所左右，或为政潮所冲动。不仅在于使政务各部份都用专门知识来处理，并且使政务的大部份，因为由专门家设计之故，更为坚实稳定。总之我们于行政希望能尽量办到专门化，稳定化，敏活化，与统一化；但必须在不背民主政治原则之下。

第六条　国民代表会议行使国家主权，由全体公民每若干万选出代表一名组织之。其职权为（一）选举宪法起草委员，及修正案起草委员；（二）表决宪法及宪法修正案；（三）表决政府所提各种定期建设计划大纲。

第七条　中央议会采用一院制，其产生方法为直接选举，其职权为（一）表决立法案；（二）表决预算决算案。

第八条　中央行政院由中央议会选出行政委员若干名组织之，其任期与中央议会议员相等。行政委员互选一人为委员长，对外代表国家，对内公布法令。其余行政委员分任各部部务。

第九条　司法独立。法官不受党派之限制，并须有严格保障。

第十条　行政诉讼应划归司法范围。广设法庭，使人民对于行政处分受害有所救济。检察官对于行政违法事项得自行检举起诉。

第十一条　设立全国经济会议，由各种从事于生产之职业团体推举代表组织之，为全国经济之咨询与建设机关。

第十二条　各级政府（乡、县、省、中央）之组织法及选举法，以宪法规定其大纲。

第十三条　各级议会之选举，以普选为原则；被选举权，以人民之能力资格为标准；但其名额分配，应依照社会生活各方面之情形规定。各种技术团体（如工程学会，农学会，经济学会，会计学会等）以及各种专门家，商业家，务须取得最低限度之代表权。

第十四条　设立审计院，实施事前与事后监督。

第十五条　制定文官保障法及惩戒法，确定分科考试为登庸制度。

第十六条　凡宣战媾和以及缔结借款条约，均应得中央议会之同意。变更领土应得国民代表会议之认可。

第十七条　宪法上所规定人民之身体言论结社集会信仰等自由权，除扰害公安外，不得加以限制。凡法律与此相背者无效。

第十八条　政府为执行行政或司法行政职务，致人民或其财产受不当之损害者，国家应负赔偿之责。

第十九条　为社会经济发展及文化分布之便利计，得更定现行之省区或县区等。

第二十条　确立预算决算制度。

第二十一条　财政之保管与支付，应由各别之机关掌管之。

第二十二条　以平等互惠为原则，修正现行一切有损国权之条约。

第二十三条　试行征兵制度，实施兵工政策。

第二十四条　设立中央军政机关，统一编制训练及调遣全国军队。

第二十五条　依照国防计画划定国军驻防地点。扩充兵工厂，使军事制造与普通工业取得相当联络。

第二十六条　规定优待军人办法。现役军人于军职外不得兼任其他职务，不得干预政治，其一切行动应对普通法庭负责。

第二十七条　除中央政府依宪法规定许可外，任何机关不得宣布戒严。

第二十八条　订定惩治官吏纳贿舞弊之单行法。

第二十九条　奖励人民自卫，组织民团；订定惩治盗匪条例。

（以上关于政治原则及制度）

行政求敏活，自然政权不能不求统一；但若无平衡抵制之势力，必流于专制。我们所以主张行政愈趋集中，则司法非完全独立不可。我们以为由立法而监督行政，往往把行政的稳固化与计画化减低了，不如以司法来任此钳制的作用。因此不能不特别注意于行政诉讼。行政诉讼得在各法院另设一庭，即于民庭刑庭以外，另设一行政诉讼庭，与所谓平政院完全不同，因为平政院仍在行政系统以内，无独立之权。

我们既不能采用不信任投票制度，亦不主张立法机关有弹劾之权。总之我们在精神上赞成平衡与钳制的原则，但以为宜由司法任之；至于行政与立法虽可合一，然仍须有相当限制。

（丙）经济。

第三十条　为个人谋生存之安全，并改进其智能与境况计，确认私有财产。

私产的存废，不是问题，而真问题乃在如何利用科学的发明，以逐渐减轻私产的需要。根据这一点，便知道对于私产是不能用革命手段来废止的。现在科学的应用尚未充分，生产的工具还十分幼稚，而竟要咀咒私产制度，真是妄人妄谈。

须知资本制度之所以发生，以及其所以演成现在的畸形，其故不是由于私产制度，而实由于放任主义。质言之，即有了私产再加以放任，始有资本主义。可知资本主义的动摇，不必连累及于私产的存在。况且经济的历程，在实际上总是混杂的。即在社会主义国家，亦不妨有私产。

又私产的保留，足以奖励人类从事生产的努力。盖人类于其自己所手造之品，无不有其爱护宝贵之心，而想自己受用。可见私产之功用很大，只看你如何处置而已。

第三十一条　为社会谋公共幸福，并发展民族经济与调剂私人经济计，确立公有财产。

〔公产的作用有二，都是根据产业的性质而成。就是说，有若干产业不宜私有。万一私有了，便致不能普化（普化之义见后）。这便是说，若要有私产，而不至于集中于少数人手中，则有若干种产业，必须归于公有。此外尚有许多产业，是本大利轻的，倘由私人来办，则这类产业，势将无人过问。但为大众福利起见，却又不能不办，所以这类产业，也应属于公有。换言之，即于私产外必须有公产，这个主张，和上文所述的混和经济，是相通的。〕

第三十二条　不论公有或私有，全国经济，须在国家制定之统一计画下，由国家与私人分别担任而贯彻之。

我们根据大量增加生产的需要，按出有效的方法，而把国家资本的经济，与私营经济，以及合作经济，制定一个相当比例，在统一计划之下进行。

第一，必须把一个民族在国际上对外作一个经济单位。换言之，即第一，国家必须办到完全自给，至于仍有不得已时所需的外国货品，必须由国家代为采办，于是国家可以酌定何种需要，何种不需要。第二，必须把全国的经济由国家来通盘计划，定一个统一发展的方法。第三，必须国家以公道与平和的方法，吸收或移转一大部份私人经济的社会生产上剩余价值于国家，俾得用之于再生产。这三点可简括之如下：（一）国际贸易管理；（二）一切产业通盘计画权；（三）吸收一部份社会生产剩余价值以充国家资本权。

第三十三条　依国家计画，使私有财产渐趋于平衡与普遍，俾得人人有产，而无贫富悬殊之象。

这条新路，就是所谓产业普遍化，曾有人名之曰普产主义。例如在农业，则划定耕作单位，把佃农变为自耕农，大农变为小农，于是人人都有土地了。在工业上，可分给工人以股票，于是工人便尽变为股东了。

但这样的产业普化，必须国家有公产，方可调剂，所以才有第卅一条的规定。

第三十四条　国家为造产之效率增加及国防作用计，得以公道原则，平和方法，移转或吸收私人生产或其余值，以为民族经济扩充之资本。

老实说，居今日中国，那一个不知道造产（即增加生产）是一百二十分的重要。以中国目前情形而论，实在是患寡远甚于患不均。所以中国唯一无二的问题，是如何增加国家民族的富力。

想增加生产，必须由民族自己努力，什么利用外资，或联合无产者的国际，都是有害而无利的。

第三十五条　谋民族经济在世界经济上取得平等地位并得辅助之，并促进世界经济问题之解决。

（以上关于经济原则）

第三十六条　国家对于全国土地有支配权，与整理权，及公用征收权。

俄国宣布一切土地属于国有，农民只有使用权而无所有权。但使用权与所有权仅属名词上之差别，反不如主张土地私有，而国家有全盘整理权，与支配权，及公用征收权。

说到国家如何支配土地，第一个标准，是田地的所有，应该以实际耕种者为限。第二个标准，是田地的多少应该以实际耕种者自力所能及者为限。由第一点而言，是变佃农为自耕农。从反面来说，乃是废除坐食的地主阶级。就第二点而言，是免除雇农（即农工或长工）。我们未尝不可斟酌各地的特殊情形，设法依和平与公道之原则间接化除之。

要之，在未开发的边陲，土地广大，不妨酌采俄国的集合农场办法；而在已开发的内地，还是以规定耕作单位，听其各别经营为宜。

第三十七条　农业区务使能与工业区联合，俾农人得兼为工人。

我们以为除了若干重工业与国防有关系的以外，工业的开发应该与农业联合。

第三十八条　规定耕作单位。

第三十九条　依法律与公道，使佃农逐渐变为自耕农，并以公道与平和方法化除工农。

第四十条　普遍设立农业贷款银行，并补助与奖励农业合作社之建立。

现在一般农村的困苦，全在金融枯窘，所以首先非解决这个问题不可。关于这一方面，恐怕合作社是一个最好的法子了。

第四十一条　大兴与农业有关之水利等。

第四十二条　以科学方法改良种籽，与耕作器具，及种植方法，并改良其副业。

第四十三条　提倡并奖励畜牧及造林。

（以上关于农业政策）

第四十四条　国家于全盘经济计画中，依社会之需要，规定工业开发之程序。

国家创办新工业，必须先立一个通盘计划。先调查主要的工业有若干种为必需品，然后根据这个需要，定出开发的步骤。其中有关于国防的，当然提前赶办，至于其他，须以性质分类。例如有独占性质的，应归国家或地方开办。他如人民日常生活必需品之轻工业，则不妨奖励人民自办。

第四十五条　依工业之性质，定公有私有之分别；凡天然富源及公用事业，如矿业、电力、铁路等，应以公有为原则，其已归私有者，得议价收回之。

第四十六条　各项企业依计画所定，得招致国外商人参加，其首先投资者，许以减税，或减轻运费等优待权利。

第四十七条　由国家就交通发展状况，依农林牧矿所在地势，在全盘工业计划上制定各种制造业之分配方法。

第四十八条　奖励特种国货之制造，并保护技巧之手工业。由国家予以补助，或保证其借款之利息。

第四十九条　原料品应免除运输捐税。

（以上关于工业政策）

第五十条　设立劳动保险，对于工人死伤疾病失业，以国家力量救济之。

第五十一条　承认工人对于雇主有团体缔约权。

第五十二条　承认工人有罢工权，但不得扰乱秩序。

第五十三条　提高工人知识、能力、品行，以渐达于工厂立宪制度。

为提高劳工的人格计，第一，便是承认罢工权，但不得扰乱秩序罢了。第二，是团体承雇权，即工人得以团体名义向工厂缔结劳动契约之权。换言之，即工厂招工由工会承包，而不对于工人直接接洽。但关于工会的组织，国家须有规定，以防止工会自身流于专制。第三，是所谓工厂立宪制。把一个工厂比做一个国家，内中设立一个议会，由工人推选代表，议决一切厂政。

第五十四条　以生产效率为标准，定分红制度，得分给股票与劳动者。

我们是深信科学管理法的，以为惟有改善劳工的生活，提高他们的体力与智力，并加以训练，方可以使生产的效率提高。

须知劳工享受的改善，当以其效率为正比例。此说完全以生产为本位，和所谓温情主义根本不同。

第五十五条　以各地生活指数为最低工资标准。

第五十六条　设立调解机关，以劳资双方与代表消费者之第三者组织之，以执行强制调解。

第五十七条　另定完善之工厂法注重工人福利。

（以上关于劳工政策）

第五十八条　根据租税原理与社会政策，重订税制，废除恶税。

第五十九条　所得税、遗产税，及土地税等直接税，均应采用累进税率。

第六十条　力谋征收机关之单一化，以统一机关征收各税，以比例分解中央与地方。

第六十一条　关税完全自主，入口贸易应由国家办理。

我们今日应确立一定政策，把所有租税彻底改正一番，此项政策包括左列各原则：

一、必须合于经济学上之租税原则；

二、必须能藉此以达到社会的经济公平；

三、必须不妨碍企业的发展；

四、必须兼能吸取私有产业的剩余价值使归公有，为再生产之用。

关于征收方法，我们主张统一征收机关；不问租税的性质是属于中央抑属于地方，亦不问租税的类别，凡可以统一征收的，不妨即归一征收机关办理。规定百分之几归中央，百分之几归地方，如此，则地方不得自由增税，把全国的租税，列在一个统一的计划下，与一个统一的计算中。至于征收人员的养成，则宜另立专门学校。不仅注意专门的技术，并且须有坚苦卓绝的操行。同时又宜严订单行法规，专对于经手财务的官吏有贪赃舞弊的情事而设。

第六十二条　划一币制，统一国库，并统一纸币发行权。

第六十三条　由国家设立对外贸易银行，并设置对外贸易准备金。

第六十四条　依全国人口分布与经济状况，分区以定银行设立之数目，过此得限制之。

第六十五条　设立调节物价之机关，并限制投机事业。凡民食及其他生活必需品，尤须使各地价格，无甚高下。

（以上关于财政与金融政策）

第六十六条　依农林牧矿之天然产地，及以海岸河流为根据，筹建全国平均发达之铁路路线，于最短期内先完成干线，及在边陲之环线；其分线支线得招商承办。

第六十七条　整理内河航路，制定保护航业办法，并收回内河外商航权。

第六十八条　收回外商沿海岸航权，创办远洋航业。

第六十九条　兴办大规模航空事业。

（以上关于交通政策）

第七十条　平衡并调节各地人口之密度，实行内地移民。

第七十一条　垦荒殖边，以国营农场，或集合农场法创办之。

第七十二条　根据淑种学（优生学）原理，于教育卫生以外，更以刑事政策，汰除不良人种，并设法予人民以节制生育之便利。

（以上关于人口政策）

（丁）教育

第七十三条　发扬民族文化，普及国民。

第七十四条　增进人民生产能力。

第七十五条　励行公民训练。

第七十六条　养成共同生活之道德习惯。

第七十七条　提高贡献于人类之学术研究。

第七十八条　保障思想自由与学术独立。

第七十九条　使人民不因财产限制，而失其受教育之平等机会。

现在教育的弊病，全在放任状态：（一）只知大批制造，而不预计将来的销路；（二）出什么价买什么货，没有钱的人，便受不到良好教育；（三）所有教材不切于今日中国的需要。

我们有一个改革案，其精神在把教育认为是造成民族团结之唯一方法，及再造国民经济之最好途径。

我们的意思必须办到人人都受教育，受教育的结果，是把一个人变成民族国家总动员之一，于是每人都是生产者。换言之，即把全国的人每个都变成军事动员之一，生产动员之一，才是教育的成功。

因此我们的教育标准，必须注重三点：（一）军事训练的普遍化；（二）生产能力的普遍化；（三）共同生活的新道德习惯之创造与养成。

第一，是指强迫教育的实施。第二，是指免费的实行。第三，是说所有中小各级学校都与其所在地的产业发生联络，使学生有生产实习的机会，俾于毕业后得有生产的技能。第四，所谓军事训练的普遍化，其目的在养成民族自觉心，与军人生活的习惯。第五，所谓共同生活的习惯，是指另造一种生活态度而言，所以教育的目的，不祗在授以技能，乃兼在造成新人。

与教育相关的，是思想问题。我们认为第一应办到学术独立，于事实上养成自由讨论的风气，尤重要的是学术机关自己维持秩序，不受外人干涉。其次是言论应该自由。

（以上关于教育原则）

第八十条　实行强迫教育，以县为单位，分区实施，分区推行，并缩短年限。

第八十一条　设立工作学校，养成各地方需要之生活技能。

第八十二条　使各级学校分别与农村或工厂联络，实施个人生产技能，与共同生产习惯之训练。

第八十三条　实施公民训练，养成国民对于国家负责之观念。

第八十四条　中等以上学校，严格实施军事训练。使军人生活之优点为之普及。

第八十五条　以社会教育方式对于男女青年人实施民众成人教育。①

第八十六条　设立托儿所，就农村与城市分别实施之。

第八十七条　设立分区之教育视导制度。

第八十八条　设立感化院，对于不良少年施以特种感化教

---

① 此条原件同第八十六条，现据《我们所要说的话》订正。

育。

第八十九条　各学校教学活动，励行团体竞争法，以矫专用个人竞争法之弊，使共同生活与个性发展并重。

第九十条　中小学，托儿所，成人教育，平民教育等，一律免费，膳宿书籍概由国家或地方供给。

第九十一条　多设专门学校；专门学校与大学，不论国立私立，均由国家就所需用之人才，与社会各业之需要，指定各科学额之比例与人数，超过限度者，得禁止之。

第九十二条　大学设奖学金制度，使贫寒子弟仍有求得高深学识之机会。

第九十三条　为全国平均发达起见，中等以上之各学校，应视人口密度，与地方需要，分开设立之；私立学校亦同一办理。

第九十四条　各种学校教员，实行按若干年为一级之进级增薪制，并予养老金。

第九十五条　设立专攻高深学术之研究院，颁布学位法，以提高中国对于世界文化之贡献。

第九十六条　规定资送学生出洋办法，限制资格。

第九十七条　改师范学校为教育专门学校，养成健全师资，俾有领导社会，与建设工作之道德知识与能力。

第九十八条　划出一部份教育行政权，由教育会执行之。

（以上教育政策）

〔中国青年党等少数党派档案汇集〕

（五）中华民族社会党

1. 中华民族社会党组织纲领

（1934年1月6日）

第一章　总　则

第一条　本党为集权制革命党，党权完全集中于本党中央最高干部。

第二条　本党中央最高干部暂采常务委员制。

第三条　本党中央最高干部，暂设上海。

第二章　组织

第四条　本党组织，完全军队化，本党党员，绝对服从本党一切纪律命令及政纲，下级党部绝对服从上级党部。

第五条　本党组织、以组为本党最低级单位，由组而上，分村及镇党部、县党部两级或市一级党部、市二级党部两级，或特一级党部、特二级党部两级，各皆隶属于区党部、各区党部又总辖于中央最高干部。

第六条　各级党部皆采委任独裁制。每级党部皆由中央最高干部，就该级党部党员中，遴选委任一人，主持党务，区党部就该级党部党员中，遴选委任一人，主持党务，区党部以下各级党部主持党务者，得由各区党部部长呈请中央最高干部核委。

第三章　组

第七条　组以本党党员五人组成之。

第八条　每组设组长，就该组五人中遴委，有指挥管理该组一切之全权。

第九条　每组党员之职务，由组长分配，但须呈经上级党部核准，中央最高干部备案。

第四章　村及镇党部　市一级党部　特一级党部

第十条　村及镇党部、市一级党部、特一级党部，皆以最少五组组成之。

第十一条　村及镇党部、市一级党部、特一级党各设部长一人，就各该党部党员中遴委有指挥管理各该党部一切之权。

第十二条　各该党部遵照中央最高干部之规定，得由各该党部部长遴选各该党部职员呈经上级党部核委，并呈中央最高干部备案。

第五章　县党部　市二级党部　特二级党部

第十三条　县党部以最少五个村镇党部组成，市二级党部，以最少五个市一级党部组成、特二级党部以最少五个特一级党部组成。

第十四条　县党部、市二级党部、特二级党部，各设部长一人，就各该党部党员中遴委有指挥管理各该党部一切之全权。

第十五条　各该党部遵照中央最高干部之规定，得由各该党部部长遴选各该党部职员，呈经上级党部核委、并须呈经中央最高干部认可。

第六章　区党部

第十六条　区党部以最少五个县党部或五个市二级党部或五个特二级党部组成之。

第十七条　区党部设区长一人，由中央最高干部就各该区党部党员中遴委，有指挥管理各该区党部一切之全权。

第十八条　各该区党部、遵照中央最高干部之规定，得由各该区党部部长遴选各该区党部职员，呈经中央最高干部核委。

第七章　中央最高干部

第十九条　中央最高干部，以常务委员五人至七人组成之；

第廿条　中央最高干部常务委员、以本党党员资望最深才识最高功绩最大者充任。

第廿一条　常务委员缺员时，由中央最高干部于本党党员中推补；

第廿二条　中央最高干部设秘书长一人，由中央最高干部于常务委员中指定一人充任之，秉承中央最高干部主持本党一切事务，秘书长缺员时，由中央最高干部于常务委员中另行指定一人补充。如因公离职他往时，得由其他常务委员暂行代理至秘书长回职时为止。

第二十三条　中央最高干部得斟酌事务之繁简，于中央最高干部之下，分设各部，掌管本党中央各部一切事务。

第廿四条　各部之下得由各部呈请中央最高干部议决，分设各科或委员会，处理各部一切事务；

第廿五条　各部部长、由中央最高干部于本党党员中遴委，但科长或委员会委员，均须呈经中央最高干部核准加委，其余由部长遴委，但须呈经中央最高干部之核准、各部组织章程及办事细则，由中央最高干部另定之。

第八章　党员

第廿六条　凡中华民国人民，除附属于帝国主义者之军阀买办阶级及附属于军阀之官僚政客以外，不论男女，年龄在十八岁以上，信仰本党民族社会主义，志愿遵守本党一切纪律命令及政纲，经本党党员二人以上之介绍，由介绍人所隶之党部审查许可，并呈由本党中央最高干部审查许可者，均得为本党党员。

第廿七条　凡入本党者，均须填具入党【志】愿书，由最低级党部送呈中央最高干部审查许可，方准核发党证，认为本党党员。

第廿八条　凡入本党党员均须宣誓。

第廿九条：凡入本党党员，均须照章缴纳所得税。

第卅条　凡入本党党员，以不得脱退本党为原则；

第卅一条　凡本党中央最高干部常务委员及各部部长、永远不得脱退本党。

第九章　经费

第卅二条　本党经费、概由中央最高干部负责统筹。

第卅三条　本党中央最高干部经费，由中央最高干部遴员出纳保管，每年并应编造预算、决算，送由中央最高干部核定及核销，如遇有临时特别大宗支出非经中央最高干部议决许可，不得滥用。

第卅四条　本党各级党部经费，概由中央最高干部遴员出纳保管，每年并应编造预算决算，由区党部汇送中央最高干部核定及核销。如遇有紧急大宗支出，事先不及呈经中央最高干部议决者，事后仍须请求追认。

第十章　罚则

第卅五条　本党党员、有违反民族社会主义之言论及行动，经由中央最高干部查实者，得组织特别法庭判处死刑。

第卅六条　本党党员、如有脱退本党且泄漏本党一切秘密者，一经查实，得交特别法庭判处死刑。本党中央最高干部常务委员及各部部长，如有违反本组织纲领第三十一条者，立即处以死刑。

第卅七条　本党党员任本党经费出纳保管之重责者，如有侵占诈欺情事一经查实，得交特别法庭判处死刑。

第卅八条　本党党员，故意或过失为不法之言论及行动违反中华民族一切社会公益者得交特别法庭斟酌处罚。

第十一章　附则

第卅九条　本党组织纲领，如有不备不妥之处，得由中央最高干部派员组织审订委员会详细审订后，呈经中央最高干部核议修正。

第四十条　本党组织纲领、由中央最高干部议定施行。

〔中国青年党等少数党派档案汇集〕

2. 中华民族社会党青年团组织纲领

（1934年1月6日）

第一章　总则

第一条　本党为实施主义，促进革命，于本党之下组织民族社会党青年团。

第二条　本青年团采独裁制，凡团员皆由团长统率指挥训练调遣。

第三条　本青年团团部设上海。

第四条　本青年团团员概须信仰民族社会主义，服从本党政纲及本党一切纪律与命令。

第五条　本青年团团员概须受严格的军事教育及训练，以准备作全民族之领导者，为全民族之牺牲者、实施民族社会主义促进民族社会革命。

第二章　组织

第六条　本青年团以组为最低级单位，每团员三人为一组，四组为一小队、五小队为一中队、六中队为一大队，每区一大队各区大队总辖于团。

第七条　本团设正副团长各一人，由本党中央最高干部遴委，团长掌管本青年团一切事务，副团长襄助团长办理本青年团一切事务，团长缺员时，副团长得代理之，正副团长办理本青年团一切事务时，概须秉承本党中央最高干部，并服从其命令。

第八条　本团各区大队，各设大队长、大队副各一人。各大队长掌管本团各区一切事务，各大队副襄助大队长办理本团各区一切事务，大队长缺员时，大队副得代理之、大队长大队副均由团长遴选，呈请本党中央最高干部核委。

第九条　本团各区中小各队，各设队长一人，掌管本团各区中小各队一切事务，统由团长遴委，但须呈经中央最高干部之核准。

第十条　本团各区各组各设组长一人，掌管本团各区各组一切事务，统由团长遴委但须呈经本党中央最高干部备案。

第十一条　本团团部之下，得分设各科掌理团部各项事务。区得组区本部于区本部之下，并得分设各科，掌理区本部各项事务。中小各队各得组队本部于队本部之下，得分设各股，掌理队本部各项事务、团部职员由团长就团员中遴委。区本部职员、由各区大队长就团员中遴选呈请团长核委，但均须呈经本党中央最高干部之核准。队本部职员由各队长就团员中遴选，呈请团长核委各组事务，由组长就各组团员分配，但须呈报团部认可。团部及团部以下各区队组之内部规程及办事细则，由团部拟定呈请本党中央最高干部核准。

第三章　团员

第十二条　凡中华民国人民不论男女年龄，在十五岁以上二十五岁以下有健全之身体，信仰本党民族社会主义志愿，遵守本党一切纪律命令及政纲，可以养成健全之革命人格者，经本团团员二人以上之介绍，由介绍人所属队本部转呈团部审查合格，并经团部呈由本党中央最高干部审查许可，均得为本青年团团员。

第十三条　凡入本青年团者，均须填具入团志愿书送由团部转送本党中央最高干部审查许可，方准核发入团证书，认为本团团员。

第十四条　凡入本青年团团员，均须宣誓。

第十五条　凡入本青年团团员，均须照章缴纳年捐。

第十六条　凡入本青年团团员，均须编入各组，严格教育及训练。

第十七条　凡入本青年团团员，不得中途脱退。

第十八条　凡入本青年团团员，除信仰民族社会主义以外，不得有其他一切主义之信仰，但由本党及本青年团特派加入其他党团工作者，不在此限。

第十九条　凡本青年团团员，年龄达三十岁以上，全体由本青年团介绍加入本党、缺员之团员，由新加入者补充之。

第廿条　凡加入本党之本青年团团员，概作为本党之后备队。

第四章　经费

第廿一条　本青年团经费，概由本党中央最高干部负责统筹，本青年团每年应造预算决算，送呈本党中央最高干部核定及核销。

第廿二条　本青年团经费，由本党中央最高干部遴员出纳保管，遇有临时特别大宗支出，非呈经本党中央最高干部议决许可不得滥用，或因紧急处分事先不及呈报，事后仍须请求追认。

第廿三条　本青年团团部以下各区队组经费，由本团团部遴员出纳保管，但须呈请本党中央最高干部核准，遇有大宗支出非呈经团部议决许可，不得滥用或因紧急处分，事先不及呈报，事后仍须请求追认。

第五章　罚则

第廿四条　本青年团团员，有违反民族社会主义之言论及行动，经由团部查实者得呈请本党中央最高干部交特别法庭判处死刑。

第廿五条　本青年团团员，如有中途脱退，且泄本党及本青年团一切秘密者，一经查实，得由团部呈请本党中央最高部交特别法庭判处死刑。

第廿六条　本青年团团员，任本青年团经费出纳保管之重责者，如有侵占诈欺情事，一经查实，得由团部呈请本党中央最高干部、交特别法庭判处死刑。

第廿七条　本青年团团员，有故意违反本党政纲与本党及本青年团一切纪律命令，且信仰其他一切主义之事实，经团部侦查确凿，得呈请本党中央最高干部，交特别法庭斟酌严厉处刑。

第廿八条　本青年团团员，故意或过失为不法之言论及行动，违反中华民族一切社会公益者，得由团部呈请本党中央最高干部，交特别法庭斟酌处罚。

第六章　附则

第廿九条　本青年团组织纲领，如有不备不妥之处，得由团部呈请本党中央最高干部议决修正。

第卅条　本青年团组织纲领，由本党中央最高干部议定施行。

〔中国青年党等少数党派档案汇集〕

3．中华民族社会党中央最高干部成立会议记录

（1934年1月8日）

二十三年一月八日午后三时，在上海大中华饭店六楼六百二十四号，开本党中央最高干部成立会，举行本党中央最高干部常务委员秘书长、各部部长、各部以下各委员长、委员就职宣誓典礼。计到本党中央最高干部常务委员四人：（一）华强，（二）天健，（三）化民，（四）夏逊人（尚有常务委员季宗因未在沪未到会）。当场由各常务委员指定常务委员华强为本党中央最高干部秘书长，秉承中央最高干部主持本党中央一切事务。又由中央最高干部遴委华强为本党青年团团长常务委员，华强兼中央最高干部枢要部部长组织部青年委员会委员长、组织军人委员会委员长、总务部经济委员会委员常务委员。化民兼中央最高干部总务部部长、组织部工人委员会委员长、组织部商人委员会委员长、枢要部宁沪委员会委员长、总务部经济委员会委员、常务委员。夏逊人兼组织部妇女委员会委员长、枢要部宁沪委员会委员、总务部经济委员会委员常务委员。天健兼组织部部长、总务

部经济委员会委员长、常务委员。季宗兼训练部部长、组织部农民委员会委员长、总务部经济委员会委员。仲南为交通部部长兼组织部军人委员会委员、总务部经济委员会委员。郭韬为组织部军人委员会委员。力员为组织部军人委员会委员兼组织部青年委员会委员。党民为总务部经济委员会委员兼组织部青年委员会委员。凡已受委任之各员，今日未到者，均应即日通知，补行就职宣誓典礼。

次讨论本党今后进行方针。

（一）党旗仍采“白地黄狮，脚捧黑地球，口吐红光，照射黑地球上”式样。

（二）团旗暂与党旗同式。

（三）党证暂用黄地红字搪磁章中刻“民社”二字。

（四）党印：本党党印用正方形中刻篆字阳文“中华民族社会党之印”九字。

（五）钤记：本党钤记用长方形中刻篆字阳文“中华民族社会党之钤记”十字。

（六）委任状：凡中央最高干部各部部长以下均用委任式。

（七）凡独立机关独立行使职务者概须颁发钤记。本党青年团钤记用长方形中刻篆字阳文“中华民族社会党青年团之钤记”十三字。本党中央最高干部下各部各委员会及各区各县各市各特别党部，各村镇党部一律用钤记。本党青年团以下各区队本部亦一律用钤记，概由中央最高干部核准颁发。

（七）本党党员所得捐用累进制按月抽收

五十元以下，按月抽收百分之一；

五十元以上至百元，按月抽收百分之五；

百五十元以上至二百元，按月抽收百分之十；

二百元以上至三百元，按月抽收百分之十五；

三百元以上至四百元，按月抽收百分之二十；

四百元以上每增百元，按月增抽收百分之二十。

（八）本党青年团团员年捐每一团员每年缴纳年捐一元。

（九）经费问题：（甲）党员特别捐；（乙）党外募捐；（丙）党员事业生产费但以有独立营业者为限。

（十）党员物色问题

（甲）基本党员由各常务委员推荐交组织部部长审查后，再陈请中央最高干部通过。

（乙）普通党员由各党员介绍经过所隶属之党部审查，呈送中央最高干部交组织部部长覆查后再陈请中央最高干部通过。

（十一）青年团团员物色问题，由本党青年团团长根据青年团组织纲领负责罗致；

（十二）党员训练问题，由秘书长及训练部部长根据本党政纲草拟方案送陈中央最高干部核定施行；

（十三）青年团团员训练问题，由青年团团长负责办理；

（十四）党外联络问题，由秘书长及交通部部长草拟方案，送陈中央最高干部核定后分别交各部各委员会遵照办理；

（十五）中央最高干部以下秘书处、各部、各委员会组织章程及办事细则，由秘书长督率各部部长、各委员会委员长分别拟定呈送中央最高干部议决施行；

（十六）外层团体组织问题决议先组织“中国建设事业讨论会”，其系外层团体之组织由秘书长随时负责计划，陈请中央最高干部核议批准施行；

（十七）刊物问题决议先出“月刊”、“周刊”两种，月刊定名为“大中国”由“中国建设事业讨论会”发行周刊仍定名为“中国公论”由“中国公论杂志社”发行。

〔中国青年党等少数党派档案汇集〕

4．中华民族社会党重要纪律

（1934年）

1.不得干部许可，无论何时不得有违背主义之言论。

2.居住、职业有变动时，须通报所在地之党部，无党部地则通报干部。

3．须遵章缴纳所得捐。

4．须遵缴纳特别捐，其多少由干部斟酌情形定之。

5．须努力于干部所指定之工作。

6．干部于必要情形指令党员行动时须服从之。

7．各处党员须将与党有关系之经历与观察随时报告，至迟不得过二个月以上。

8．须随时物色人材，报告干部，以备征求。

〔中国青年党等少数党派档案汇集〕

5．中华民族社会党入党志愿书示例及部份党员名单

（1934年1月）

（1）中华民族社会党入党志愿书

楼文耀，誓愿加入本党，信仰本党民族社会主义，遵守本党政纲及本党一切纪律与命令，甘为本党奋斗与牺牲，促成民族社会革命。如违誓言，愿受最严厉之处罚。此誓。

加入者　楼文耀　党名　夏逊人

介绍者　杨正宇　郭文鹤

中华民国二十三年一月七日

（2）中华民族社会党部份党员名单

姓名	党名	备注	
杨正宇	华强	留日	教界
郭文鹤	天健	留日	教界
赵南公	化民	留日	实业
楼文耀	夏逊人		教界
李维章	季宗		
郭文鹏	郭韬		
侯广明	党民		
邓勋	力员		教界

〔中国青年党等少数党派档案汇集〕

（六）其他社团的组织活动

一、铸魂学社

1. 铸魂学社缘起

（1932年6月5日）

大侠魂者，修心立命之本，匡人救世之学也。尝考古今中外历史之所争者，义利而已矣。争利者多则天下大乱；争义者多则天下平治。故曰政者正也，己身不正，如正人何！又曰生于其心，害于其政。概自末世流俗，学风衰落，士气卑污，巧尚手段，以策略为标榜；蔑弃信义，视利害而分合；国民之道德不立，民族之精神何有，而国家社会之组织生命亦何以充实而存在？近年政治混乱，每况愈下，信义沦亡，于今为烈，全国滔滔，人心惶惶，一如大乱之将至！默察社会，父不能信其子，兄不能信其弟，师不能信其徒，主不能信其仆，人不能信其友，人心失其维系，举世丧其信仰，此诚今日社会组织破裂莫大之危机，而为我中华民族国家致命之伤也。语曰：人必自侮而后人侮之，国必自伐而后人伐之，外患之深，岂偶然哉！譬之躯体，细胞组织已经破坏，虽无外感，亦何能久，其不消失生命者鲜矣。孟子曰：行有不得者，皆反求诸己，其身正而天下归之！呜呼！匡人救世之学，必归本于修心立命，此大侠魂真情之不可以不择善而实有也！所谓择善而实有者，穷理格物，诚意正心，以决机于最初之一念是已。既能真情而择善实有矣，然而身世之困苦，生活之压迫，与夫环境之诱惑，虽有大智而使无大仁以继之，则必不能热肠以行而自得健全也。所谓自得而健全者，处世泰然，安之若素，超越世俗之毁誉荣辱得失计较，以力持于中间之一守是已。又既能热肠以行而自得健全矣，然而当成败于俄顷之间，定生死于倏忽之际，虽有大仁而使无大勇以成之，则仍不能无畏以至而任重胜利也。所谓任重胜利者，知己知彼，或屈或伸，明去就，轻生死，不能成功，便当成仁，以争胜于最后之一着是已。故能真情择善者，必须热肠自得以继之；能热肠自得者，必须无畏任重以成之。故曰真情是生命，热肠是向上，无畏是创造；又曰真情以立，热肠以行，无畏以至也。此为人格斗争之圆满也，此亦大侠魂使命之完成也。十五世纪以还，自亚里斯多德之伦理学出，世人遂知逻辑为科学之科学。故此科学之科学，乃为研究一切科学之利器。人有恒言，二十世纪是科学的世界，亦是主义的世界，此两个时代产儿，如能互相提携，均等发展，则人类前途光明，不难早日共跻于真美善理之域！昔人谓工欲善其事，必先利其器。今研究科学，早已有科学之科学为之利器；则实现主义亦须有一主义之主义为之推动是何等急迫？故大侠魂主张择善真情以立，决机于最初之一念，自得热肠以行，力持于中间之一守；任重无畏以至，争胜于最后之一着，是即能认识主义，推动主义，完成主义矣。且真情择善者，是主义之救心也；热肠自得无畏任重者，是主义之训心也。夫中山先生之三民主义，人知其为救国主义；国民党奉行总理遗教，以实现中国民主立宪政治，人知其须经过一训政时期；然而救心主义不立，则救国主义将何所托？训心主义不行，则训政功效亦无以见。故救国的三民主义以及一切任何社会事业，均须有此主义之主义，为之救心训心，立下基础，而后其主义事业，乃能活泼而推进，克期以观效，此必然之理也。夫主义之主义者，大侠魂也。大侠魂云者，真情择善也，热肠自得也，无畏任重也，一言以蔽之，曰诚而已矣，信而已矣。孟子云，诚者天之道也，思诚者，人之道也。孔子云，自古皆有死，民无信不立。同人悟此主旨，本此精神，历年奋斗，未敢或懈。迩来外患益亟，内祸日深，国将不国，民不堪命，凡有血气，能不动心，爰集新旧同志，改组铸魂学社于首都，从事修心立命之本，致力匡人救世之学，以期登高一呼，重振颓风，庶于人心世道，有所补救，亦即尽我国民人类应尽之天职也。虽然，今日世风日偷，人情凉薄，积弊已深，而欲一旦荡涤旧污，开辟新机，譬犹七年之病，而求三年之艾也，同人亦惟有动心忍性，本自助互助之旨，负立已达人之责，持之以恒，守之弥坚，虽磨顶放踵而无所惜焉。盖闻人者造风气者也，不可为风气所造；人者转移风气者也，不可为风气所转移。先贤有云：凡有一二人之心之好善，则众人无不好善；一二人之心之向义，则众人无不向义。然则大侠魂精神一日不死，则中华民族一日不亡，而世界人类最高理性文化之正义公理，亦一日不宣告破产，可断言也。抑本社同人更欲言者，天职固不可放弃，而功成亦不必自我，海内同仁，其有声应气求，闻风响应者，同人将亲之若兄弟，尊之如师友；即社内同志，其有貌合神离，自甘暴弃者，同人亦轻之如敝屣，视之若路人。不以亲疏穷通分畛域，不以爱憎恩仇废公义，而一以主义精神为依归！故真理在人，则肉袒负荆而应为；真理在我，亦赴汤蹈火而不辞！无以失败忧患丧其气，无以安乐成功溺其志。本智深勇沈之教，养理得心安之天。本社同人深信均有此自觉之心，自信之力，即使十年百年而后，纵曰人类浩劫，宇宙毁残，而苟剩有本社同志一人者，亦必只手擎天，力挽狂澜，使学以致用，风动士林，以达到同人最后之愿望，无辱本社神圣之使命也。谨述缘起，以告我国人焉。

〔国民党中央执行委员会训练部档案〕

2.铸魂学社宣言

（1932年6月5日）

一九三二年太平洋的怒涛，已经冲破中华领土，带去了东北半壁，掀起那世界未来一幕不可测度战神的巨吼！全世界民族莫不惊心动魄，苦虑焦思，沉机应变，以静待世界又一个新局面的开展。回顾主角的中华，朝野酣嬉，上下离心，国贼家奴，冥顽如旧，推究病因，而知其故，为之慨曰：

> 老大衰弱的民族，怎样使它少年活泼起来？糟腐散漫的心理，怎样使它精洁坚凝起来？萎悴萧索的人生，怎样使它煊烂光华起来？这是关系今日民族消长存亡之一大问题，也是今日中华少年所应有必有担负的唯一责任。

地球上古国文明老大民族的中华，到了二十世纪还靦颜地自己号称着睡狮！民族精神气质既有五千多年的不堪老大衰弱，却同时站在世界后起血气方刚好勇斗很进取奋发之少年民族底队伍里，给人家当做厩中牛马盘中鱼肉看待，还是终天侥倖希冀着不劳而获地梦想和平，这简直不是睡猪是什么，什么是睡狮？这种睡猪民族，直是有走向孤城落日白杨荒草坟墓之绝大危险的可能。

中华少年看到现在我们民族精神有衰老消亡的危险之第一个原因，是在“伪意”。它底特质，便是“欺诈”“猜嫌”与“反覆”。试看今日全国社会风行弥漫着投机欺诈的心理，弄到尔诈我虞，你欺他骗，好朋友便是拆白党，噉饭所变做仙人跳，朝亲暮仇，昨是今非，除了自己更没有第二个可以肝胆相照相信付托的人，这是社会组织上何等严重的一大危机！且因这种翻云覆雨，诡谲幻变的生活结果，到了后来连自己都没有相信之可能。这种“欺诈”“猜嫌”“反覆”的“伪意生活”，好像一棵大树之生了烂根，很足以引起人们生活之厌倦，与社会组织之破裂，而使民族心理与社会事业组织发生根本的动摇！

我们要使这老大衰弱的民族重新少年活泼起来，糟腐散漫的心理重新精洁坚凝起来，萎悴萧索的人生重新煊烂光华起来，那我们惟有努力扫除“欺诈”“猜嫌”“反覆”的伪意生活，提倡“忠实”“融洽”“系恋”的“真情人生”。

中华少年看到现在我们民族精神有衰老消亡的危险之第二个原因，是在“冷血”。它的特质，便是“偷惰”“淡漠”与“游移”。试看今日全国朝野上下，都是传染着一种偷惰不振作，得过且过，俗谚所谓度死日“自了汉”，因循苟且不负责任之心理。对于世界什么公理正义是非，只是淡漠觉得无可无不可，或者见人家嚷着反而嫌他是多事。因此，人人只顾着私利，除了发财观念外更无第二个企图。这样不长进的化石的社会冷血心理，好像一棵树干之变做僵木，成了老不中用的劣材！凭你出了天大事情，声嘶泪竭地喊着，好如泥牛入海，回响全无。有时也许得到他袖手冷冷地笑了几声！除非你已是一个得意者成功者，他也就换过笑面掉转身体向你鞠躬打揖了。这种“偷惰”“淡漠”“游移”的“冷血生活”，直使一个民族卑鄙堕落到十八层阿鼻地狱！

我们要使这老大衰弱的民族重新少年活泼起来，糟腐散漫的心理重新精洁坚凝起来，萎悴萧索的人生重新煊烂光华起来，那我们惟有努力扫除“偷惰”“淡漠”“游移”的冷血生活，提倡“有为”“批判”“解决”的“热肠人生”。

中华少年看到现在我们民族精神有衰老消亡的危险之第三个原因，是在“懦怯”，它底特质，便是“浮夸”“屈伏”与“贪嗔”。试看今日举国人民浮夸不切实际，平时招摇自负遇事畏难苟安，往往言不顾行行不顾言“说话”与“做事”分成两截。其次，更是苟全性命，以为位卑而言高，罪也！尤其在威胁利诱之下，艰难困苦之中，不能自持其宗旨，自保其人格，所谓义侠节烈的行为，悲壮歌泣的人生，坚贞卓绝的操守，他简直梦都没有想到。金钱重则义理轻，势位贵则人道贱，伈伈伣伣，醉死梦生，沽名钓誉，患得患失，勇意全消，朝气毫无，与世浮沉，过他非人的奴隶的自欺欺世的生活。这种“浮夸”“屈伏”“贪嗔”的“懦怯生活”，好像不能生育底石女，结不出果实的秕草，最是可看不中用的废物！

我们要使这老大衰弱的民族重新少年活泼起来，糟腐散漫的心理重新精洁坚凝起来，萎悴萧索的人生重新煊烂光华起来，那我们惟有努力扫除“浮夸”“屈伏”“贪嗔”的懦怯生活，提倡“实践”“奋斗”“牺牲”的“无畏人生”。

真情是人类生活的生命，没有真情，世界就要死灭；热肠是人类生活的向上，没有热肠，文明就要没落；无畏是人类生活的创造，没有无畏，进化就要退转。所以这真情热肠无畏三大人生，便是人类生活中须臾不可离的强烈燃料。有了这种强烈燃料烧着，才能发动人类行为的引擎，放出如锦如花如火如荼惊天动地光明伟大的事功。我们更探究他底内容，真情第一个条件是不欺诈，是曰忠实；真情第二个条件是不猜嫌，是曰融洽；真情第三个条件是不反覆，是曰系恋；故“忠实”“融洽”“系恋”三个口号，这便是我们真情人生的实现。热肠第一个条件是不偷惰，是曰有为；热肠第二个条件是不淡漠，是曰批判；热肠第三个条件是不游移，是曰解决；故“有为”“批判”“解决”三个口号，这便是我们热肠人生的实现。无畏第一个条件是不浮夸，是曰实践；无畏第二个条件是不屈伏，是曰奋斗；无畏第三个条件是不贪嗔，是曰牺牲；故“实践”“奋斗”“牺牲”三个口号，这便是我们无畏人生的实现。由真情的发动，便能择善；由热肠的发动，便能自得；由无畏的发动，便能任重。古往今来圣哲豪杰多少学问事功的创造与成就，莫不有真情以决机于最初之一念，有热肠以力持于中间之一守，有无畏以争胜在最后之一着！总而言之，真情择善所以立，热肠自得所以行，无畏任重所以至，这是一而三，三而一的：没有真情择善，那热肠无畏的自得重任，便无由发生，无所根据；没有热肠无畏的自得任重，那真情择善，亦无由实现，无所完成。择善是出发点，故曰真情以立；任重是决胜点，故曰无畏以至；自得是中间之过程，故曰热肠以行；这三种精神连环的一气呵成，便是人格斗争之圆满，便是大侠魂人生的实现。大侠魂的原理是平性动而爱力生，平性动谓之真情，爱力生谓之热肠无畏。凡物不得其平则鸣，这是大侠魂精神自动的活跃表现；路见不平拔刀相助，这是大侠魂精神他动的活跃表现；总之这种平性流露，便是真情之表现，而鸣与拔刀相助，便是爱力运用，即为热肠无畏之工作。中华少年看到今日国内的状况，外察国际间情势，感觉到处处不平，真情的火焰，已经迸出万丈的光芒！而继之以热肠以行无畏以至，这便是中华少年知行合一的精神！而怎样穷理格物，以飞迸真情火焰的光芒；怎样锻炼体魄，以运用拔刀相助的爱力；这便需中华少年文武合一的精神！中华少年能够知行合一，文武合一，那末老大衰弱的民族才能少年活泼起来，糟腐散漫的心理才能精洁坚凝起来，萎悴萧索的人生才能煊烂光华起来！如此我们可以救自己，我们可以救民族，我们可以救人类。我们不但个人修养要如此，我们更希望四万万二千万同胞以至全人类都如此。我们相信个人之运命由于个人之人生观而定，那末民族的运命亦由民族的人生观而定，而全人类的运命亦由于全人类的人生观而定，这是毫无疑义的了。所以我们确定个人的人生观，便是为我们个人铸成健全的灵魂，以开展我们个人前途的运命；确定民族的人生观，便是为我民族铸成健全的灵魂，以开展我们民族前途的运命；同时深信现在世界交通，全人类的生活已经打成整个一片，休戚相关，牵一发而动全身，所以更要进一步确定全人类的人生观，为全人类铸成健全的灵魂，以开展全人类前途的运命而达到共存共荣之境界。这便是二十世纪中华少年适应时代需求而组合铸魂学社唯一的伟大的主旨！

最后结论：我们为再造国运而重铸黄魂，我们为主持正义而反抗强权，愿以沉痛之呼声，发为悲壮的吹号。所以——

我们的口号是

文武合一！

知行合一！

我们的旗帜是

平其所不平！

爱其所当爱！

我们的信条是

生命的大真情！

向上的大热肠！

创造的大无畏！

〔国民党中央执行委员会训练部档案〕

3．铸魂学社总章

（1932年11月）

我们底旗帜：

平其所不平！

爱其所当爱！

我的底信条：

真情以立；

热肠以行；

无畏以至。

我们底态度：

真理的态度；

革命的态度；

合作的态度；

武士的态度；

劳动的态度。

弁言

尝谓方生之动植物，受日光空气雨露之赐而日益成长；然已死之动植物，则受日光空气雨露之加而腐臭愈速；非其环境之有殊也，盖其内性反应，一以充实，一以空虚之不同也。故人体之疾病，外感无所惧，惧者体内空虚，细胞组织，缺乏抵抗力；国家之衰弱，外患不必忧，忧者人心散漫，团结奋斗，缺乏持久性。世论英之民族尚沉着，法之民族尚活泼，德之民族尚坚毅，美之民族尚自由，俄之民族尚忍耐，意之民族尚冒险，日之民族尚奋斗，故皆能国势强盛，称雄于全球。盖一人有一人个性，于民族亦莫不然，个人之成败得失，民族之兴亡盛衰，非偶然也。德人有恒言：只须一个地方，有三个德人，无有不组织团体者。喀莱尔（Carlyle）亦言：英国人愚于讨论而智于行动。最近苏俄电讯有改造民族性之运动，其口号为“打倒郁闷之魔”与“笑之总动员”。夫苏俄政治，建筑在唯物史观基础之上，乃亦有此精神文化之建设，可知民族性之转变，关系国家之兴亡盛衰者大矣。岂特此也，世界思想学术文化之转变，全人类之安危休咎亦系之焉！今者世界之风云日亟，而国家之麻木益甚，民族则老大衰弱，心理则糟腐散漫，人生则萎悴萧索，伪意冷血懦怯之病象，充斥于社会，民族性之空虚如此，虽无国难外感，其亦何能卓然自存于天地间乎？铸魂学社诸同仁有鉴于此，爰欲集合真情热肠无畏之海内外同志，以肩荷发扬大侠魂文化运动之使命，共议修订章程，改善组织，将为中华民族及世界人类放一历史之异彩：务期改变民族气质，黄魂由我而重铸；建设人类心理，世界自我而复兴；推翻民族失败黑暗昏沉的片断，开始历史使命庄严灿烂的一页，岂不盛欤！予乐为赘词之下，复有感矣。顷读某君所著各国民族性一书，其结论谓新兴民族性的共同点，为（一）感情热烈；（二）意志坚强；（三）有组织；（四）信仰；（五）创造；（六）有秩序。衰亡民族性之共同点，为（一）感情微温；（二）意志薄弱；（三）个性强而群性弱；（四）怀疑；（五）摹仿；（六）无秩序。又曰：欲一国政治之有轨道，必自一国社会有秩序始；欲求一社会之有秩序，必自个人思想有系统始；若一民族之思想无系统，社会无秩序，而欲政治之上轨道难矣。衰亡民族，非特政治无秩序也，即社会亦凌乱非常，脑筋亦多无系统。痛哉言乎！可谓与本社所见，若合符节矣。呜呼！我中华民族之无热情无意志无组织无信仰无创造无秩序也久矣！伪意也而真情不立，冷血也而热肠不行，懦怯也而无畏不至。以故无择善之知，不能决机于最初之一念；无自得之情，不能力持于中间之一守；无任重之意，不能争胜于最后之一着；上下偷惰，民族低能，国之不亡，其可得乎！先觉之士，兹已共认大侠魂文化运动为今后中华民族之生命线，且为今后世界弱小民族之起死回生丹矣。则此后拿起大侠魂旗帜，平其所不平，爱其所当爱，潮流急转，时代变色，虽谓二十世纪为大侠魂之世纪，亦谁曰不宜。噫！黄魂重铸，人类复兴，灿烂之奇花开矣！庄严之硕果结矣！植真情子，护热肠干，供无畏果，发扬大侠魂，打到小鬼魄，请俟十年，以证今日。

中华民国二十一年十一月一日若定写于铸魂学社

铸魂学社章程　民国廿一年十月卅日修订

第一章　总纲

第一条　本社定名为铸魂学社。

第二条　本社本发扬大侠魂文化运动之使命，以提倡读书风气，鼓吹尚武精神，改造民族气质，建设人类心理为宗旨。

第三条　本社以“黄魂重铸”为公约。

第四条　本社以文武合一，知行合一为口号。

第五条　本社社址，设立于中华民国之首都南京。（现暂设国府路二五八号，待社务发达，经费充裕之时，即自建社所，以巩固中华民族大侠魂新文化运动之基础。）

第二章　社员

第六条　本社社员，分下列各种：

一、赞助社员　凡年高德劭，或学行优胜，以精神或经济，热心扶助本社事业之发展者，得由本社征求同意，聘请为赞助社员。

二、基本社员　本社以发起人为当然基本社员。凡社员经本社德业督励，确有真情热肠无畏精神者，经干事会审查合格，得为基本社员。

三、社员　凡具有真情热肠无畏精神，赞同本社旨趣者，由本社基本社员一人或社员二人以上之介绍，经干事会审查合格，得为本社社员。

四、志愿社员　凡年龄在十八岁以下，愿受本社熏陶者，由基本社员或社员一人之介绍，经干事会通过，得为本社志愿社员。

第七条　本社各种社员，须绝对遵守本社章程，切实发扬大侠魂文化运动，充分表现真情热肠无畏精神，完成人格斗争，转变社会风气。

第八条　本社除赞助社员得随时声述意见，志愿社员无直接建议权外，基本社员及社员对干事会均有建议权；惟基本社员须有五人以上之连署，社员须有十人以上之连署，方为有效。

第九条　本社除赞助社员外，各种社员应有接受本社干事会之决议，担任本社各项工作，及推销本社各种出版刊物之责务。

第十条　本社各种社员，均得享受本社一切出版物优遇赠阅之权益。

第三章　组织

第十一条　本社设主干一人，干事九人至十二人，组织干事会，决定本社一切进行事宜。

第十二条　干事会酌设若干组，组设若干股，每组设组长一人，组副一人，每股设股长一人，分别处理日常事务。其组股名称如下：

一、研究组　设问学股，编译股，图书股，出版股等；

二、演讲组　设星期演讲股，巡回演讲股，特别演讲股等；

三、艺术组　设音乐股，美术股，游艺股等；

四、运动组　设技击股，器械股，竞赛股等；

五、社会组　设调查统计股，民众教育股，合作事业股，卫生股等；

六、经济组　设审核股，保管股，设计股等；

七、社员组　设登记股，甄察股，指导股等；

八、总务组　设文书股，交际股，会计股，庶务股等；

前项各组股组织办事细则另订之。

第十三条　本社于必要时，得酌设各种研究委员会，及各种设计委员会，协助社务进行。其组织细则另订之。

第十四条　本社得应事实需要，组设顾问，股设指导员，协助社务进行，其组织细则另订之。

第四章　干事及职员

第十五条　本社干事除由当然基本社员充任外，如有出缺，由主干于基本社员或社员中选提干事会通过递补之。

第十六条　本社干事，须刻苦耐劳，以身作则，绝对表现本社之精神。

第十七条　干事会各组组长，得由干事兼任外，由主干于基本社员中征选，提交干事会通过聘任之。

第十八条　干事会各组组副，及各股股长，由主干商同组长，于基本社员或社员中征选，提请干事会通过聘任之。

第十九条　干事会各组组长组副，秉承干事会之意志，主干之指导，处理各该组一切事务。

第二十条　干事会各组组长组副对干事会有建议权，对所属各股负有指导之责。

第二十一条　干事会各股股长，秉承主干之意志，各该组长组副之指导，办理各该股一切事务。

第二十二条　干事会各股股长，对干事会有间接建议权。

第二十三条　本社研究委员、设计委员、顾问、指导员，得征选社员或聘请各界有专门学识技能者聘任之。

第五章　社长

第二十四条　本社社长，由干事会互推之。

第二十五条　本社社长，对内总理本社一切事务；对外代表本社全体。

第二十六条　本社社长，担任理论上及社务上之指导。

第六章　事业

第二十七条　本社应举办事业，其范围约举如左：

一、编印丛书；

二、发行定期或不定期刊物；

三、公开演讲；

四、提倡国术；

五、组织进德会合作社；

六、鼓吹大侠魂文学、音乐、及艺术；

七、开办学校；

八、举办流通图书馆；

九、设立书局及印刷所；

十、其他社会事业。

第二十八条　本社应事实需要，社员兴趣，得随时举行游艺会、演说会、联欢会、恳亲会，或组织游猎团、旅行团、调查团、远足队、探险队等。

第七章　经费

第二十九条　本社经费之收入，分社费与捐募二种。

第三十条　本社社费，得视各人经济能力，自由认缴。其规定如下：

一、基本社员〔入社费〕于入社时已经缴纳，不再另缴。〔常年社费〕分（铸）十元；（魂）五元；（学）三元；（社）一元；（员）五角。但当然基本社员，除缴纳常年社费外，须缴纳入社费十元。

二、社员〔入社费〕分（真）五元；（草）三元；（合）一元；（武）五角；（劳）二角。〔常年社费〕分（真）六元；（草）四元；（合）二元；（武）五角；（劳）二角。

三、志愿社员与赞助社员，各费免缴之。

第三十一条　本社常年社费，如遇社员失业，或经济恐慌时，得声明理由，经干事会调查属实，缓期征收之。

第三十二条　本社捐募规定如下：

一、志愿捐　各种社员，除应缴各费外，尚有余力，愿再捐助者；及各界人士，赞助本社旨趣，自愿捐助者等类属之。

二、征募捐　本社推广事业，遇财力不足时，向外公开征募属之。

第三十三条　凡各界人士，志愿或征募捐助本社经济者，除得征求同意，聘请为赞助社员外；并得聘请为名誉顾问，或酌赠纪念品，其办法另订之。

第八章　会议

第三十四条　本社干事会，于每年春秋二季，各举行一次；

由主干召集之。

第三十五条　干事会各组组务会议，每月至少举行一次；由各组组长召集之。

第三十六条　前项会议，如有临时发生重要事故，得召集临时会议决定之。

第三十七条　干事会各组，于必要时，得举行联席会议；由主干召集之。

第三十八条　干事会议如干事居在远方，不便出席者，得用书面声明，不以缺席论。

第三十九条　各种会议，如组长组副股长因故离京，商得干事会同意托代理人代表出席者，不以缺席论。

第九章　约束

第四十条　本社各种社员，如有不守社章；及无故欠缴社费；或假借名义在外招摇作不规则行动者；经干事会查明议处，或取消其社籍。

第四十一条　本社各种会议，除因故请假外，不得缺席。如有缺席两次以上；或并未离京，连续请假至五次以上者；即取消其出席权及职务，另选其他社员递补之。

第四十二条　干事会各组组长组副各股股长等，不得自由怠职。如因障故，或能力不克胜任时，得用书面声请辞职；由干事会另选其他社员递补之。

第四十三条　本社干事如有发现腐恶行为；或违反本社精神，不受干事会劝告者；得由干事会举行总投票议处，或取消其社籍。

第十章　附则

第四十四条　本社自干事会以下，关于大侠魂理论之发挥及解释，应尊重大侠魂发明者安剑平同志之意见。

第四十五条　本章程解释之权，在干事会。

第四十六条　本章程如有未尽事宜，得由干事会随时修正之。

附捐助本社经济酌赠纪念品办法要则

（一）捐款一万元以上者　建立永久纪念物

（二）捐款一千元以上者　赠金质纪念盾

（三）捐款五百元以上者　赠金质纪念章

（四）捐款一百元以上者　赠银质纪念盾

（五）捐款五十元以上者　赠银质纪念章

（六）捐款十元以上者　赠纪念证书

〔国民党中央执行委员会训练部档案〕

4．安若定：铸魂运动之两方面

（1935年12月）

殷逆汝耕卖国求荣后之最大教训

铸魂运动之两方面　　若定

中华民族到了这样危急存亡生死关头之际，居然还有这类天字第二号小鬼魄殷逆汝耕出现（天字第一号小鬼魄是溥仪），真是令人哭笑不得了！环顾大势，时局演变，恐怕将来无量数的汉奸小鬼魄，还要像雨后春笋一批一批地出现！这是无疑的，早有宋哲元氏说过："亡中国者是中国人，"我们从中外历史上看来，大抵亡国惨祸都是从直接或间接的内奸身上闯起来的。这已成了一个公式。

宋氏又说："救中国者亦是中国人，"这也是一定的，别的不说，就本地风光从本社为什么要发刊大侠魂一点看来，也就可证明"楚虽三户能亡秦，岂有堂堂中国空无人"了。现在各地正有无量数的爱国志士，无名英雄，潜伏在无用武之地，所谓我们不见疾风，不知劲草罢了。这个在历史上亦已成了一个公式。

不过中国是全民族底国家，不是少数志士英雄底国家，所以要做救国工作，不是少数志士英雄独有底事业，乃是全民族广大群众在全国总动员的旗帜之下共有奋斗的事业。志士英雄不过是站在领导发动的地位，单有少数领导发动而没有全民族广大群众觉醒跟上，仍是没用的。所以总理说得好："积四十年之经验，深知欲达到此目的，必须唤起民众……"。我们怎样来唤起民众？这就是本社大侠魂旗帜下如火如荼如锦如花的人格斗争之铸魂运动！

铸魂运动之两方面，第一是修心立命，第二是匡人救世。换言之，即是一面发扬大侠魂，一面打到小鬼魄。

发扬大侠魂又有两方面：第一发扬自己的大侠魂，即如何修业进德；第二发扬人家的大侠魂，即如何奖贤劝功。我们处在这个空前的危急国家之中，什么是我们最高度最光荣的修业进德呢？无疑的便是"救国事业"！什么是我们最大限最切迫的奖贤劝功呢？无疑的便是"救国志士"！

打倒小鬼魄亦有两方面：第一打倒自己的小鬼魄，即铲除自私自利；第二打倒人家的小鬼魄，即铲除人私人利。我们处在这个空前的丧乱国家之中，什么是最可耻最可诛的自私自利呢？无疑的是"卖国求荣"！什么是最可恨最可杀的人私人利呢？无疑的是"卖国汉奸"！这"卖国汉奸"才是天字号的小鬼魄！这"卖国汉奸"才是民族复兴运动中底致命伤！所以亦只有"卖国汉奸"才是我们今日大侠魂旗帜下打倒小鬼魄之最大对像！只有"卖国汉奸"才是我们今日大侠魂旗帜下人格斗争之唯一死敌！

但是"卖国汉奸"卖国，其祸尚小；"奸官"卖国，其祸实大。我们底铸魂运动，是在减少无数的"奸民"的产生，这个或者在力量上还容易做到；至于不少的"奸官"的产生，我们是十分同情于中央日报十一月廿七的社论，它说得好：我们最可危惧的，是漫山遍野，已布满了殷汝耕式人物的种子。“野火烧不尽，春风吹又生”。讨伐殷汝耕要铲除殷汝耕式人物的环境。又沉痛地说：从殷汝耕的叛乱，我们可以得到严重的教训，烦难危险之局，不是没有灵魂的人所能轻易去尝试的；更不是什么“通”不“通”的人所能担当一部分责任的。今天大家应该诚意的承认：外交的事务，不只是一个技术，技术更不只是腿会跑嘴会说。中国若干年来一个极大的错误，便是政治上奴才的盛行。上面的人，乐用奴才，奴才自然滚滚而来。奴才当然有奴才的本领，可以讨上头的欢心，用惯奴才，自然用不惯人才，人才是有灵魂，有骨头，还有信仰与主义。奴才的本领，就可以使大人先生们痛快如意，殷汝耕是奴才的典型，也是什么“通”的标准“通”。过去着实使他的大人先生指挥如意，得心应手，不过这种如意的代价，是二十二县的领土罢了！今日大人先生们，如果自觉中国的幅员广大，中国的国土，还尽有百十个二十二县，那就不妨多用几个奴才。……

中央日报是我们国民党的党报，又是代表中央最高党政机关之喉舌，但他这一次能够这样勇敢地恳切地大胆讲他应讲的话，讲他无所顾忌的话，这是使得我们万分钦佩的！虽然知人知面不知心，中央用人在事前亦不能把个个官吏的心肺一一看出，在任用偌大中国几千万的大小官吏，不能一一送在天平秤上称称，难免不会闹了几个乱子；但是我们为免除这个流弊，为确定这个责任，及为打破这个环境起见，至少以后乱世用人，必须采取军队连坐法的意思，应使举荐的人受到连带处分！不然，一人登天，鸡犬皆升，用人惟私，不问其才，国家登庸了奴才，就无形播下了汉奸种子。若一定要等到国破家亡以后，再来几个文天祥、史可法、陆秀夫，这在国家说来，不是可庆可喜之事。

所以，我们底铸魂运动，不但要深入社会的广大群众，同时，亦须深入政治的大人先生。说句卑无高论的旧调，还是“发扬大侠魂，打倒小鬼魄”两句口号，也就是第一修心立命，第二匡人救世。

所以，就理论说：这“修心立命”与“匡人救世”，是铸魂运动之两方面。就事实说：这“民众爱国”与“政府用人”，亦是铸魂运动之两方面。现在我们主张：理论的方面，要统一起来！单是“修心立命”不做“匡人救世”的隐士贤人，在今日是不需要的。事实的两方面，要合作起来！单责“民众爱国”而宽“政府用人”，在今日是不允许的。同时更须特别注意的：民众爱国方面，要特别提倡气节，努力人格运动，拥护廉洁官吏，崇拜民族英雄；政府用人方面，要特别提倡气节，努力人格运动，救济民众失业，刻苦本身生活；这都是为今日国家培养元气的要着。

人类底劫运之神，正在迈步前进的开始着，远东时局亦快在一天一天严重的到来！将委员长说得好：和平不到完全绝望，决不放弃和平；牺牲不到最后关头，决不轻言牺牲。这确是谋国老成铁肩担当之语。我想，全国热烈而又冷静的爱国民众，必能深深体会这个意思的。

现在，日人虽是同样提倡尊孔，联络汉人，很有少数民众怨恨政府，希望日人到来，但这个是一时的欺骗政策，不久就会揭去假面具露出狰狞的真面目来的，我们看看台湾高丽，知道亡国奴的痛苦，千万不要短视上骗。

我们底铸魂运动，在三民主义的旗帜之下，在党国中枢的权威之下，要艰苦奋斗地唤起朝野上下全国一致的精诚团结，统一意志，整齐步伐，来担负这个时代艰巨的救国使命！同时，我们要提出几个最简单切实的救国口号！

民众方面：

1. 拥护中枢到底！

2. 抵制仇货到底！

3. 检举汉奸到底!

4. 唤醒同胞到底!

政府方面:

1. 录用人才到底!

2. 淘汰奴才到底!

3. 官吏连坐到底!

4. 救国革命到底!

这样,才是大侠魂“人格斗争”之光荣!才是大侠魂“铸魂运动”之壮烈!才能把凄风苦雨中底中华民族复兴起来,从这个简单起码的口号之下初步的开始!

〔国民党中央执行委员会训练部档案〕

5. 安若定:《新人论》自序

(1935年12月)

《新人论》自序　　若定

天地闭,侠士隐,大道绝,六合苍茫,四海混沌,呜呼,此何时耶?!夫“大侠”余不敢,“同伴”余所求,而“新人”“New-Person”则可为吾辈理想中之人生也。昔仲尼设教,一曰圣,二曰贤,三曰士,然不敢以圣自居者,非谦辞也;尧舜犹病,寡过而未能也。大侠魂者,为求“大侠”而作也。“大侠”者,大公无我,真实不虚,可以惊天地涕鬼神,只手擎天,一念真实,而平其所不平,受其所当受者也。然不敢自承者,非自怯也;羽毛不丰,有志而未逮也。儒家之学,由士而贤,由贤而圣,皆以个人为单位;而侠者之学,由同伴而新人,由新人而大侠,则纯以集团为立场。故儒家主张,可以兼善,可以独善,而均不失为圣贤;惟侠者则反是,无独善之新人,更无独善之大侠,亦无独善之同伴也。同伴者,以文武合一为一体,以知行合一为一体，必以修心立命匡人救世八字为整个一体不可分拆之人生也。故曰同曰伴，其意义可深长思矣！今日国际风云，瞬息万变，而神州禹甸，陆沉无日，安得“大侠”者出，领袖群伦，转坤旋乾，重整河山，而以造福于民族国家自任，更进而为解放世界人类者乎？余将为之执鞭以从，虽磨顶放踵，而弗辞矣！告我同伴，新人运之要旨在斯也。民国二十四年黄魂节后之十日。

〔国民党中央执行委员会训练部档案〕

6．南京铸魂学社声讨殷逆电

（1935年12月）

本月三日，南京各学术团体为声讨殷逆，团结御侮起见，举行全京学术团体联合会于中央大学，本社派殷震夏马星阁二同伴出席参加，并推瞿明宙同伴起草讨逆通电三则，以资激励而申同仇，兹将原电披露如下：

（一）中央执行委员会，国府林主席，蒋委员长暨各院部会长钧鉴：殷逆汝耕，以我政府命吏，背叛党国，倡乱冀东。丧权辱国不足尽其恶，食肉寝皮不足惩其凶。幸诸公当机立断，明令拿办，法纪申而人心称快，乱萌遏而奸徒敛形。惟元凶尚在，国贼未诛。务恳统筹全局，策任巨艰，明令华北军政领袖，速为实力制裁，以保黄胄，固疆圉，而维国际威信。属社应国难产生，四五年来，仰承总理遗教，诸公领导，日惟以大侠魂人格斗争，重铸黄魂之旨趣，训我社员，励我国人，亦冀统一民族意志，以坚凝我民族结合之阵线，恢复民族道德，以促进我民族复兴之完成。乃竟有为虎作伥，卖国祸民，无耻已极之殷逆其人者，出现于我神州大陆，此乃我民族绝大之污点。今法令既申，伏诛当不在远。惟杜渐防微，后方实不容稍忽，属社今后当益奋励，积极以人格斗争，坚凝国民之意志，消极以绝灭奸徒，巩固民族之阵线。誓溅赤血，以洗奇耻！伏祈垂鉴是幸。南京铸魂学社叩。江。

（二）北平何部长、宋司令、保定商主席暨华北各军政领袖勋鉴：殷逆为虎作伥，倡乱冀东，占丰台，胁平津，此不能以寻当叛逆论罪，中央既明令拿办，民众亦鸣鼓齐攻。诸公党国干城，北疆坐镇，务恳继续过去光荣历史，再接再励，坚持到底，使国贼伏诛，山河无缺。本社应国难产生，四五年来，以“大侠”“铸魂”主义，惕励国人。丁兹巨艰，当益唤起后方民众，誓为诸公后盾也。南京铸魂学社叩。江。

（三）全国各同胞各职业团体，学术团体公鉴，九一八溥逆叛国，亡我东北；不旋踵而淞沪糜烂，热河失守；更不旋踵而察东事起，华北震惊。凡有血气，莫不发指！方期戮力全国，共雪奇耻；何物殷逆，竟甘冒不韪，卖国祸民！殷逆自绝国人，万年遗臭，原不足惜，独痛我中华民族，蒙此绝大污点，能不椎心愤恨无穷！现政府已明令拿办，华北疆吏亦誓言报国，巨奸伏诛，当不在远。惟我同胞惩前恐后，鉴往如来，今后危机已远过九一八时十百倍，应速严整后方，集中全力，在政府统一领导之下，以坚凝民族意识，发扬民族精神，求民族复兴之迅速成功。外侮之来，必有其因，大奸巨慝，非来天外，我同胞宜深自反省！此次殷逆倡乱一般地痞土棍，牛鬼蛇神之徒，受其嗾使，而标猪名狗义，以淆惑听闻者，固不足道。乃曾膺国家重任之文武僚属，亦觍颜拾异族唾余，言其所谓“亚细亚”主义，成其所谓“亚细亚”团体者！虽少数败类，不足影响我整个民族之团结；然于此亦可了解在此国难期中，我民众之“言论”“集会”应如何在民族复兴一致的立场上，为有组织之活动！方可树民族之共同目标，而免奸徒之假名盗窃。敝社于九一八事变发生，即深为兹惧，爰揭橥大侠主义人格斗争之旨，以训练同人，策励同胞，亦期心理之建设统一，民族复兴之基础乃可奠定也。今形势日急，已有时不我与之慨。深愿我同胞共鉴斯旨执戈待命，迅速集合于中央统一旗帜之下，作有组织有效力之奋斗！流涕陈词，伏维公鉴。南京铸魂学社叩。江。

〔国民党中央执行委员会训练部档案〕

7．李山樵：中国文坛挽近转变的检讨

（1935年12月）

中国文坛挽近转变的检讨　　李山樵

“自由平等”“阶级斗争”为首倡祸乱之远因！

大侠魂平爱的“人格斗争”“新人运动”才是救人救世之至宝！

以我之孤陋寡闻，胸无沈墨，和于中国的文坛，本无置喙的余地与可能；但看到目前的局势，对最近数十年来国贼家奴之顽横，与夫军阀政客之跋扈倾轧，不禁内心裹起了一种感慨，“文化是时代底前趋”，这是任何人不能否认的，我们由这句话看起来，那末对于中国的文坛，也就要下一翻检讨的工夫。

中国的文坛，已往虽因门户的关系，斗争甚烈，最显明的是孔学与杨墨，他如王阳明之评击朱子等等，在中国学术史上已数不胜数，虽有“学术至宋而大变，文章至唐而大变”的议论；但仍皆在一个统治下的所谓尧舜之道讨生活，所以不论他们怎样的攻击，总不出乎“人心唯危，道心唯微，唯精唯一，允执厥中，”和修齐治平的范畴。时代的车轮，不停地向前飞驰着，停滞了几千年的中国文坛，到了五四，才转变了一个新的趋向。五四运动，实是中国文坛转变最显明的一个新象征。

五四运动的得力者，我们不能不归功于胡适之、陈独秀二先生的努力，他们当时的口号，就是“打倒孔家店”，经过这次运动以后，“孔家店”是被打倒了，一般青年学子，都渴望着胡陈

二位新店的开张，以偷求知欲的渴求！但这二位先生只知旧店货物不好；然也不知新店所应卖的以何种货物为适合于现代的需要，旧店既被毁无余，则新店势又不能不开，他不但无良好的货物，且感着货品的恐慌，结果，只有把欧美“自由平等”“阶级斗争”的劣货搬到中国来贩卖，而一般青年学子以为这种货物，是他二先生的舶来品，当然是新奇精良，皆无疑的争先恐后的买取，因之新店的生意，也就如雨后春笋，非常发达，不久的期间，“不自由毋宁死”的“自由平等”与“阶级斗争”的舶来品，已风行畅销于全国！但这种货品究竟是否适合于我国家民族的需求？这由数十年的教训得来的经验，已有正确的结论。

中国自立国以来，历代的变乱，确也不少，所以史家曾有“合久必分，分久必合，一乱一治”的定评，然从无如今日变乱之足以令人痛心疾首！我国以往的历史上，最扰攘纷争的时期，要算春秋时代，乱臣贼子虽也不少，然孔子作春秋而彼辈尚知有所惧，诚不若近世军阀之联甲倒乙、联丙倒甲势焰之嚣张，且中国自古以来之军人，率皆以忠义为尚，以从一主将为荣，至死靡他。自民国肇基廿余年来，因军人气节之丧败，致使国家扰乱不已，迄无宁日，因之国本斫丧，弄得今天外侮频仍，这可以说都是此辈的造成，然军人之气节何以丧败于今日，岂今人不及古人耶？曾文正云：“风俗之厚薄奚自乎？自乎一二人心所响而已！”这初由于一二少数军人因变节而得高官厚禄，以致相率成风；另一最大的原因，就是“自由平等”学说的实现！如此话来，那末我不是反对“自由平等”的一个吗？我当说否否。“自由平等”，自有“自由平等”之真理与存在之价值，但这并非是师长与军长在职权上可以讲平等，也不是师长可以不听军长的命令叫自由。中国的国民，与法美的国民不同，法美二国的国民，曾受过不自由的法治的残害，他们不得不争“自由平等”，的确，他们所受的束缚太狠了，只要我们打开世界史就可以看出，所以他们因争“自由平等”，还经过几次的大流血，这实是他们健儿的骨筑物，所以有“不自由，毋宁死”的口号！中国过去虽也是专制政体，然人民并没有直接感受不自由的法治的残害，所以他们有对于国事漠不关心的“种谁地纳谁粮”的风凉话，这是见人民本来是自由的象征。还有一个很显明的例证，就是中国国民从来漫无组织。这样，不提倡自由，已如一盘散沙，已是时代落伍的民族，已不足存立于此廿世纪竞争的舞台之上，何况还大声疾呼你有你的自由，我有我的自由，一律平等呢！？所以孙中山先生亦再三谆谆告诫党徒，要牺牲我们个人之自由平等，以争取中国国家之自由平等。至于阶级斗争之说之损害于国家与民族，诚亦有罄南山之竹亦不能尽书其详之慨！现在单就青年一方面讲，受其损害的，何止万万！而国家有形的无形的损失，那真就不可以道里计了！因此，我曾说：“胡陈二先生是中国文坛革命的功臣，同时是中国国家的大罪人！”

由上述看来，我又好像是复古派的论调，诚然，在中国目前现状之下，文化二字，真是难谈，一开口就有不入杨即入墨的论评，以学无根蒂的我，又何敢大胆地来分析批判？但一得之见，或不无小补于国家社会及人群，所以我才毅然的来批评一下，至于我是否是复古或反古家，在后面自然有一个定评。

自从五四运动以后，中国的文坛，已转入新的途径，这已在前面说过。因之文坛上的份子，也就分出一个界线来：一边是反古；一边是复古；还有一群是徘徊歧路无所适从的怀疑者。

反古派多主张唯物论的，以物质为万能，这固是现在生产技术的改进，世界交通便利，生活方式变换，应运而生的一个产儿；然这也可以说是目前人欲横流的急先锋！不错，世界上总有民生革命总爆发的一天，然这在现代的欧美资产集中的国家，当然免不了这种发动。而中国是农业国，且多是自耕农，工商业既不发达，且日趋于没落的途径，民生日艰，举目全国，只有大贫与小贫之分，奖励生产之不暇，何能再倡阶级斗争？是的，经济的狰狞的面孔，锐利的爪牙，能剥吃社会上的一切，这不是数千年前慈祥面孔的孔学，所能维系人的心理；然文化之演进，自有其历史的源流，要想掣刀断流，另辟源泉，这在事实上不可能的，反古派就是掣刀断流另辟源泉抛弃历史观的病理家。

复古派是有鉴于反古派的贻害于国家社会，所以大声地疾呼着复古运动，但我要问：数千年前的衣冠器具，移作今天的使用，可不可以？无疑的不适合，文化又何独不然？这样，就是只知有源，不知浚流，违背时代潮流的没落家。

徘徊歧途的怀疑家，他既没有勇气去参加反古派，复无坚决复古的意志，既以新的为歧路，又知旧的为落伍，对于一己中心的思想，无一定的准则，所以是是否否，随流浮沉！他们最易走入悲观或堕落的途径，或存遁世疾俗的心理，他们真如迷途的羔羊，彷徨无措，所以我说："惟有这一派最危险，也惟有这一派最可怜！"

我们既已将这三派分别加以概要的批判，那末我们今后应努力于那一途？我们贡献于今日文坛的，又是些什么？这是读者诸君所急欲知道的。现在我再把我们的主张贡献于文坛，以释群疑。

我在未谈我们主张以前，先引一段话来作一个开场白，乐记有云："夫民有血气心知之性，而无喜乐哀怒之常，应感起物而动，然后心术形焉。是故志微噍杀之音作，而民思忧；谇谐慢易繁文简节之音作，而民康乐；粗厉猛起奋末广贲之音作，而民刚毅；廉直劲正庄诚之音作，而民肃敬；宽裕肉好顺成和动之音作，而民慈爱；流辟邪散狄成涤滥之音作，而民淫乱。"又曰："声音之道，与政通矣。"我们由这一段话看起来，就可以知道文化与国政关系之密切，也就可以知道我们今日之所需要的是何种文化。目前迷漫于全国的，莫不是流辟邪散狄成滌滥之音，这真是亡国之风！所以人人存着乱世鸡犬得过且过的心理，颓唐，萎靡，醉生梦死，“今朝有酒今朝醉”，谁去管什么国亡族灭！即以燕赵古称多慷慨悲歌之士的地方，时至今日，想求慷慨悲歌之士，亦是甚难，这怎不令人怀念“风萧萧兮易水寒，壮士一去兮不复还”呢！？

吾人今日欲挽狂澜，扶颓风，则惟有提倡粗厉猛起奋末广贲与廉直劲正庄诚之音，而想建筑国民心理上之长城，改换国民之气质，则惟有提倡大侠魂文学。大侠魂文学，就是真情热肠无畏的文学，它的特色，第一是有生命的，而非死灭的；第二是向上的，而非堕落的；第三是创造的，而非退消的。所以又称作积极的文化，朝气的文化，少年的文化，也就是有生命性向上性创造性的文化。其具体的内容：以“真情是择善”，以“热肠是自得”，以“无畏是任重”，为人生心理建设之三大法则。其表现于行为动作，则是“真情以立”，“热肠以行”，“无畏以至”之三个方式，其原则为“真情是生命”，“热肠是向上”，“无畏是创造”，而可以应用于社会伦理教育以及一切事业，也就是说明一切现象事物本体的究竟。他是以“平爱”为体，而以“真情”“热肠”“无畏”为用。平性，由静面观之，是“无平不陂”，故大侠魂主张“善性”；由动面观之，则如机器中之发动机，故曰“平性动而受力生”。从个人修心立命着手，推之于匡人救世，而以契合宇宙为极。诚如谓“放之弥六合，卷之退藏于密”也。至于究竟修心立命匡人救世的工夫，怎样做法？我记得大侠魂周刊创刊号上有“大侠魂的使命”一文，对于修心立命匡人救世这八个字，有很精确的论述，我现在把它再介绍一下：

一、修心　修心即是正心。大学说“心正而后身修，身修而后家齐，家齐而后国治，国治而后天下平”。这见得修心的重要。现在青年男女，甚至党国伟人，只知修面，修脚，修衣饰，修起居，其上者修学问，修名誉，修事业，而每多忽略了修心的工夫。不知这心是人生的根本，若不知修心，便不能确立人生观，即没有健全的灵魂。于是，专讲修头修脚者固然做了粉面金身的泥菩萨，而单知修学修名者亦仅做了打字机的好书生，甚至伪君子。一旦安危当前，利害变观，遂不能卓然以立，而士穷见节义，终将做了恶浪险涛中的牺牲品！故修心者，正心工夫也。

二、立命　孔子说："不知命无以为君子"，这是劝人莫作妄干非分的希冀，所以减少个人痛苦与社会罪恶而已。至于"当仁不让"，"见义勇为"的精神，孔子却未尝一日放弃。申包胥说"天定胜人，人定亦能胜天，"所谓操之在我则存，操之在人则亡。盖各人之运命，由于各人之人生观而定。天助自助者，未有自己甘于堕落，吃鸦片，作偷贼，而名誉美满功业开展者也。故立命者，立志工夫也。

三、匡人　杨朱拔一毛利天下而不为，这固然是孟子的形容太过；然单讲独善其身的为我主义，也还做到了人生的半面，不是人生整个的立场。譬如将见孺子入井而不援之以手，这还成了何种社会，何种心肠？所以"己立立人己达达人"的治学工夫，也极重要。孔子的"好学不怠"，就是己立；至于"诲人不倦"，就是立人。故匡人者，立人工夫也。

四、救世　墨子说："磨顶放踵，利天下而为之。"故论到救世精神，墨氏最称宏愿。孔子亦说过"大道之行也，天下为公。"一个人没有救世的宏愿，天下为公的精神，那末就是他修心立命匡人三步工夫做到，还是为山九仞，功亏一篑，不能称为大丈夫的行为。现在的人，大多一天到晚感于物质势利之欲，说不到修心立命匡人，更谈不到救世二字。然试问到了天下大乱之秋，你一个人还能逍遥自在，安居乐业吗？顾亭林说："天下兴亡，匹夫有责。"故救世者，兴世工夫也。

这样对于修心立命匡人救世的解释，可谓尽详尽善，归纳下来，又叫做"人格斗争"。个个人都如此，合而观之，又称是

"新人运动"。

但，或者还有人以为我们这种论调，又落入于唯心论的范畴；这决不是的，我们既讲真情是生命的，即是"唯生的"，所以大侠魂的真情主义，一方主张直觉，一方又极主张格物。一切事物，全本着"真理"做去，善善恶恶，无丝毫的虚伪夹杂其间，与道学家的唯心论者不同。饿着肚子不能革命，这也是任何人不能否认的事实。而我们也是这样主张着。所以我们既不落入于唯物或唯心的一偏，又不主乎反古或复古的一得，乃是承认历史文化的源流，不主张掣刀断流的方法，而是用的浚流方法，采取中国旧有的文化，和观察大自然界宇宙之原理，以哲学归纳演绎的方法，务期适合于科学的逻辑，以适应现代潮流人生之需要。故初重"真理"研究，次重"革命"认识，再次重"合作"方法，再次重"武士"训练，再次重"劳动"服务，而以献身大我社会为归结。故合作的方法，又最重"共集团""共纪律""共甘苦""共责任"之道德律。他是不主张无条件的自由平等，而是主张规律与责任的生活。又不主张单纯的经济的阶级斗争，而是主张一切以平爱为中心的人格斗争的。这是大侠魂文化的特色。所以修心立命，注重责任的自觉；匡人救世，担荷进化的使命，这才是整个的"人格斗争"与"新人运动"，他是不偏的，不易的，唯生的，生命的。总之，大侠魂是能文能武，必知必行，亦庄严，亦灿烂，真是如锦如花，如火如荼，实为廿世纪最新的文化与人生。

兹录表如下：

两种斗争之比较

- 阶级斗争
  - 1.理论……唯物的
  - 2.实行
    - 劳动者反抗资本家
    - 无产阶级反抗帝国主义
    - ——纯经济的立场
  - 3.结果
    - 利的方面……打倒……破坏……利用反抗性
    - 弊的方面……重物……轻人……人为物制（见财变心）
- 人格斗争
  - 1.理论……唯生的（即生命的）
  - 2.实行
    - 修心立命＞（自治）
    - 匡人救世＞（治人）
    - ——平其所不平，爱其所当爱——精神的、道德的、血统的、政治的、经济的｜人格的立场
  - 3.结果
    - 利的方面……立己立人救心救国……发自责任性
    - 弊的方面……无复古派偏重精神文化之弊

此处我不过述其概要，欲知其详，请再阅安剑平先生所著之《大侠魂论》、《社交哲学》、《大侠魂人生态度》及《新人论》等书，则知不但是中国文坛上的新贡献，且是廿世纪学术史及社会思想史上最光明的一页。

山樵草于嘉定

〔国民党中央执行委员会训练部档案〕

二、中韩民族抗日大同盟

1. 中韩民族抗日大同盟申报组织备案呈

（1932年4月7日）

为呈报事：窃本同盟为适应环境需要，抵抗暴日侵略，切实联合中韩民族，共谋解决远东问题起见，经于本月四月四日在沪正式组织成立。除一面开始实行工作外，理合具呈连同盟约宣言呈报钧部备案，并予指导进行，实为公便。谨呈
中国国民党中央党部

附呈执委一览表

中韩民族抗日大同盟

中华民国二十一年四月七日

大韩民国十四年四月七日

中韩民族抗日大同盟中央执行委员会一览表

周公谋（中）	李　昂（中）	严恒燮（韩）	伍平一（中）
萧碧川（中）	崔友江（韩）	嵇翥青（中）	李迪文（中）
金起元（韩）	赵素昂（韩）	吕春荣（中）	金东宇（韩）
金　澈（韩）	陈其英（中）	李裕弼（韩）	廖　袁（中）
赵石龙（中）	徐天放（中）	安恭根（韩）	

中韩民族抗日大同盟盟约

一、本同盟以联合中韩民族反抗日本帝国主义，图谋两民族之共同生存，各自解放为宗旨。

二、本同盟定名为“中韩民族抗日大同盟”。

三、凡赞成本同盟宗旨，愿意遵守本同盟盟约，经盟员二人以上之介绍，中央常务委员会通过，得加入本同盟。

四、本同盟盟员有选举权、被选举权、建议权及表决权，并有遵守盟约，服从决议，担负工作之义务。

五、本同盟设总部于上海，于必要时得设分部于各地。

六、总部设中央委员会，处决并执行本同盟一切重要事务。由委员十三人至二十三人组织之，各分部组织由中央临时决定。

七、中央委员会由总部所在地之盟员选举之。

八、中央委员会设常务委员五人，秘书三人，由中央委员互选之，常务委员处理日常事务，轮流为会议主席，共同负责召集中央大会，秘书管理中央会议记录，及一切文书事宜。

九、中央委员会下设：经济、组织、宣传、特务各种委员会，每委员会设正副主任各一人，委员若干人，主任由中央委员互选之，委员由中央委员会任之。

十、凡同盟决定之议案，或进行之工作，未经中央许可，任何盟员不能对外发表，否则严加惩罚。

十一、本盟约如须修改时，须经中央委员会之决议。

十二、本盟约由成立大会通过后发生效力。

中韩民族抗日大同盟宣言

中韩辅车相依，唇亡齿寒。两国拥历史地理政治文化之密切，与双方处境之危迫，及未来使命之重大，久为中韩人士所共认。倭寇既并吞高丽，益肆侵略中国之野心，冀遂独霸亚洲之迷梦。近更制造万鲜惨案，强占满蒙，凭持陆海空军暴力，进逼苏沪，置世界公论于不顾，等国联盟约如弁毛。我中韩革命同志，处兹严重时局，乃不得不精诚团结，共同携手，以自谋解决远东之时局。

一、两民族共存之必要。庚戌三韩惨遭劫亡后，所有经济武力，悉受暴日剥夺俱尽。韩人藉中国为逋薮，侨寓东省，以开拓稻田谋生者为数逾二百万。倭寇惧韩人经济复兴，则革命势力将随之而澎涨，因而煽动指挥，酿起事变，离间双方情感，断绝韩民生机，非中韩智识阶级，相互谅解，惨祸且蔓延于无穷。吾人于此，深信韩人果无中国援助，势难实现复国运动，而中国坐视三韩沦胥，亦必招致暴日蚕食，此证诸过去事实与当前危机。认中韩两民族共起图存，为万不容缓之图也。

二、两民族图存之时期。倭寇既强占中国东北，复进犯中国腹地，其传统北进政略，已至图穷匕见之时。综彼常备军额，不过二十一师团。以之侵略中国沿海省区，镇压国内反动，势必捉襟见肘，而中国拥有强盛陆军，随之足痛予膺惩。逐渐消灭其实力。一旦华北动员，大举出关，行见青天白日之国徽，与三韩太极之锦旗，遥相辉映。蹂躏公理与破坏和平之暴日军阀，指顾歼灭。吾东方民族独立之色彩，将永久光照于人寰，诚千载一时之机会也。

基此两点，吾中韩两民族誓抱共存共荣之信念，本互爱互助之精神，剑履及难，铁血周旋，以突破远东氛围，以摧挫倭虏凶焰，以唤醒大和民族，以造三岛政治，由是而潜消帝国主义之野心，促进世界人类于大同，惟吾中韩同胞急起而图之。谨此宣言。

〔国民党中央民众训练部档案〕

2．国民党上海市党部关于调查中韩民族抗日大同盟组织活动情形复中央民众运动指导委员会公函

（1932年8月1日）

中国国民党上海特别市执行委员会公函　第1410号

迳启者：案准贵会第八六七号公函开：为中韩民族抗日大同盟组织内容及份子如何？希查明见复等由。准此。当经本会派员调查去后。兹据复称：查该大同盟组织份子以韩人为多，华人仅居少数，目的专任联合中韩两族人民，一致抗日，并无其他政治背景。惟自本市公共租界虹口公园炸弹案发生后，旅沪韩侨，逃避一空，致该会会务无形停顿。现暂由中国红十字总会秘书嵇翥青负责主持等语报告前来。准函前由，相应备案奉复，即希查照。此致

中央执行委员会民众运动指导委员会

常务委员

中华民国二十一年八月一日

〔国民党中央民众训练部档案〕

三、中华五族救国同盟会

1．中华五族救国同盟会章程

（1932年11月）

中华五族救国同盟会章程　一九三二年十一月起草

第一章　总则

第一条　本会定名为中华五族救国同盟会。

第二条　本会以铲除我民族当面的仇敌日本侵略主义，挽回固有利权，促进国际地位平等及发展生产事业为宗旨。

第三条　本会分总部、分部、支部三部，总部设北平，分部设各省省会，支部设各省必要地方。

第二章　会员

第四条　凡赞成本会之宗旨，年在十八岁以上，品行端正，有爱国思想者，均得为本会会员，但亚东被压迫弱小民族志愿参加者，亦得为本会会员。

第五条　会员入会须有本会会员二人以上介绍，经总部核准后，方得为本会会员。

第三章　组织

第六条　本会总部会员代表大会、分部会员代表大会、支部会员大会为各该部最高机关。

第七条　本会各部最高机关大会须各选出执行委员、监察委员及候补委员组织各委员会。

第八条　本会各部执行委员，执行各该部会务。

第九条　本会总部执行委员会设秘书、参事、总务、特务、财务、交际、建设、宣传各处，办理各处事务。

第十条　本会总部推选执行委员二十五人，候补六人，监察委员七人，候补二人，分部推选执行委员九人，候补三人，监察委员三人，候补一人，支部推选执行委员三人，候补一人，监察委员三人，候补一人。

第十一条　本会总部设主席团七人，推选首席一人，分部设主席一人，副主席二人，支部设主席一人，副主席一人，均由各部执行委员会中推选之。

第四章　会议

第十二条　本会总部会员代表大会每年一次，分部会员代表大会六个月一次，支部会员大会每月一次，其会期另定之，但各该部遇必要时得召集临时大会。

第十三条　本会总部会员代表会议，以各分部列席过半数始得开会；分部会员代表会议，以各支部列席过半数始得开会；支部大会，以会员过半数始得开会，其议决案，以列席代表过半数表决之。

第五章　权限

第十四条　总部代表大会之权限如下：

一、审核各部执行委员会、监察委员会及其他各项报告与建议。

二、决定本会一切政策。

三、评议各部执行委员会、监察委员会之得失。

四、核议各部收支、预算、决算之编定。

五、讨论本会一切章则有无应行变更。

第十五条　总部执行委员会之权限如下：

一、总会代表大会闭会后执行其职权。

二、代表各会对外一切事宜。

三、执行总部代表大会之决议案件。

四、指挥所属各部及统制本部事宜。

五、遇必要时得补选总部执行委员及指定所属各执行委员。

第十六条　各部监察委员会之权限如下：

一、稽核各该部执行委员财政出纳事项。

二、审查该部职员及会员之工作情形。

三、遇必要时得补选各该部监察委员。

第十七条　分部及支部执行委员会之权限如下：

一、各该部代表大会闭会后执行其职权。

二、执行各该部代表大会决议案及总部命令。

第十八条　本会各部主席总揽各该部事务，并召集会议，如主席有事故时，得由其他主席及副主席代行其职权。

第十九条　本会各部委员缺席时，得由各该候补委员依次补充。

第二十条　本会各部委员任期一年为限，但得连任之。

第二十一条　会员对会内各事务，得自由讨论提出意见，一经决定，须一致进行。

第二十二条　本会会员违反下列各项之一者，经总部执行委员拟定后，由该管执行委员会处分之。

一、言论行动违反本会章程及总部执行委员会决议者。

二、假借本会名义在外招摇徇私者。

三、应行出席各会议连三次无故缺席者。

第六章　财政

第二十三条　本会会费以会员乐捐及会外赞助金充之。

第二十四条　本会各分支部所收会费一律报解总部，其应需费用均由总部核发。

第二十五条　本章程自成立大会通过，呈准立案后公布施行。

中华五族救国同盟会体系表

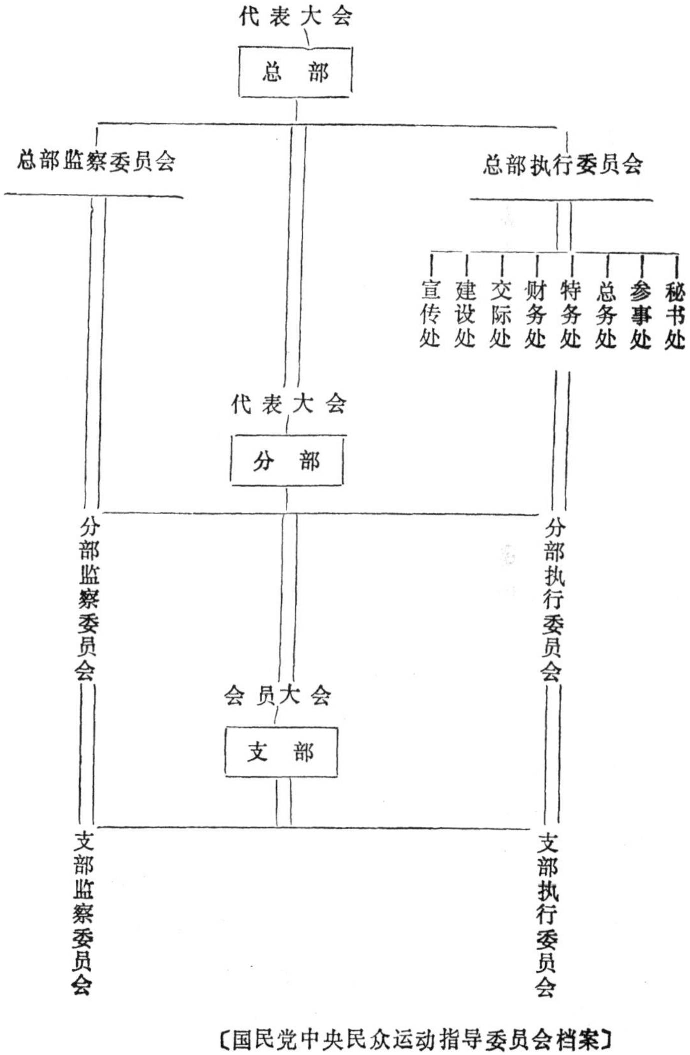

〔国民党中央民众运动指导委员会档案〕

1. 黄国英等为成立中华五族救国同盟会申报立案呈

（1932年12月27日）

呈为呈报在平设立中华五族救国同盟会附送组织章程恭呈仰祈鉴核迅准立案示遵事：窃查我国以汉满蒙回藏五族人民建国，该国族对国家与本身立场上均有整个团结之必要，世界各国绝对公认，即该国族集会、结社与夫言论自由，尤应随时随地受一切法律之保障，原为约法所深许。记我党府统一南北以来，靡日不以提高民权相号召，而唤起民众联合世界上以平等待我之民族共同奋斗。又为先总理遗嘱所昭示于国人，三尺学童辄呼此语。惟频年内忧外患，革命尚未成功，致令民生凋敝，国本几乎动摇，政府力虽未厚，民众亦昧身决，应相维系而反疏远，故难慰先总理在天之灵。兴念及兹，良为心痛。乃去岁九一八发生剧变，当局误于不抵抗主义，致使三省土地、人民政事不翅拱手让于倭奴。痛犹未定，维以沪滨惨案，幸我十九路军自卫挺抗，民军纷纷举义，苦战将届弥月，敌胆至今犹寒。自此东北义勇军忧如潮以续起，满期众志成城，直捣黄龙而痛饮。不料伪国明目张胆以揭晓外交更添一层荆棘，义军孤苦，饷弹无援，失地未收，反形日蹙堪叹。数月以还，暴日益挟其淫威毒计以谋我，试睹热河风雨已入于万劫之境，如徒恃国联解决中日纠纷，识者早悉无异缘木以求鱼。长此迁延，国岂能国，来日大难徒苦民胞，朝鲜、台湾可为殷鉴。是用急起直追，惟谋国族之团结，力湔过去之大错，共图方来之新机，使义军有声援，备政府之后盾，雪耻复仇应赖义举，海枯石烂，矢志不渝，复我国族之精神，仍执东方之牛耳。狡尔倭寇，退处岛屿。顷我国民多怀此志，顾空谈无补实际，巧妇乏米难炊，至谓长期抵抗，更须力大而愿宏。爰合五族同志，或与当年革命或系现时义军一致推枕共同御侮，已于十一月在平成立救国团体，定名曰中华五族救国同盟会。主办先决问题端在发展各种生产事业，尤以西北为着手要点，渐次推及各省，利源既浚，饷糈自饶，民力果裕，无待外援，届时交通畅利，实业振兴，物辛民康，人归天与，自以整个而争存，岂策东北之光复。本会同志原无别图，或筹款，或捐资，佥以自动，务在求实。根本经费惟赖侨胞，沪上爱国团体纷纷为之同情，国族同胞靡不奋发。本会总部拟设北平，分支部设各省埠，因北平襟北宁而带平绥，实为华北之枢纽。本会将来所负任务，重在谋实力以厚民生而复失地，宗旨正大，分子纯洁，此外一切行使始终誓不干预。此正尊崇先总理革命一贯之精神，不得不求民众之自决，尤符三中全会二次会议议决宣告汉满蒙回藏各地同胞一致团结以御外侮而奠国基案，正拟呈明，欣逢议案，仰见党国贤豪领导救危之至意，中华复兴，殆在是欤。所有上述五族救国同盟会各缘由，除向北平军分会、市党部、市政府分呈先设筹备处请查照外，理合检同组织章程备文呈请钧部鉴核，迅准查照全会议案批示祇遵，并赐分别查照施行，中国全民幸甚。谨呈

中国国民党中央党部

计呈送中华五族救国同盟会组织章程二份〔略〕

发起人黄国英

刘士元

李树声

黄元益

钱利民

高　英

金衍蕃

金国宾

柳基锡

金宝忱

中华民国二十一年十二月二十七日

〔国民党中央民众运动指导委员会档案〕

3. 国民党中央民众运动指导委员会关于中华五族救国同盟会立案事的批答

（1933年1月14日）

批中华五族救国同盟会发起人黄国英等

呈一件。为在平设立中华五族救国同盟会附送组织章程请迅核准予立案示遵由。呈及附件均悉。查该会章程第一章总则第三条有总部、分部、支部之设立，与修正民众团体组织方案第二项不符，仰修正后迳向北平市党部呈请核办可也。此批。

〔国民党中央民众运动指导委员会档案〕

四、革命青年同志会

1. 革命青年同志会政纲政策草案①

（一）政纲

1. 本会以三民主义为最高原则，以革命群众为基础，复兴中华民族，促进世界大同。

2. 本会当前之任务为树立革命群众之政权，发展国家资本，充裕民生，建设国防，联合被压迫民族，打倒帝国主义。

3. 凡以国家主义为主张，阶级斗争为手段及其他一切漠视社会进化过程之政治集团，本会皆反对之。

（二）政策

① 原件时间不详。

甲、政治

一、根据以党治国之原则，彻底统一军权与政权。

二、重划省界，缩小省区。

三、省采省长制，在宪法未颁布前，省长由中央任命之，省行政纲领由中央颁发之。

四、县设县长，在训政期间之省分县长，由省长遴选呈请中央任命之，县行政纲领由省政府参照当地情形制定颁发之。

五、人民依法有集会、结社、言论、出版、居住、信仰之自由权。

六、于法律上、经济上、教育上、社会上确认男女平等之原则，助进女权之发展。

七、彻底肃清赤匪及一切反动派。

八、厉行保甲制度。

九、统一全国宪警，推广宪警教育，宪警生活由国家保障之。

十、统一民国组织，并促其发展。

十一、限期禁绝鸦片或类似鸦片之毒物。

十二、厉行考绩制度，切实惩奖公务人员。

十三、厉行监察制度，彻底肃清贪污，并死刑制裁贪污在五百元以上之公务人员。

十四、订定公务人员保障条例，并切实施行之。

十五、凡私有财产在五万元以上者，不得充任政务官。

十六、凡公务人员不得经营私人企业。

乙、经济

十七、实行国家统治经济。

十八、由国家规定《土地法》、《土地使用法》、《地价税法》，设立地政机关，限期清丈土地，平均地权。

十九、厉行左列之规定，实行耕者有其田。

1，将荒芜无人耕种之田地收归国有。

2．凡军阀官僚由贪污剥削所得之田地，一律没收归为国有。

3．无耕地之农民，由国家给以耕地，但只限于使用权与收益权，若领用后耕作不力，则由地政机关随时收回。

二〇、凡土地之税收，地价之增益，公地之生产，山林川泽之息，矿产水力之利用，均应归国家或地方所有，用以经营地方人民之事业及育幼、养老、济贫、救灾、卫生等各种公共之需要。

二一、厉行劳动法令。

二二、确定劳资分配红利之办法。

二三、厉行劳动保险、失业保险。

二四、劳资纠纷，政府得强制仲裁。

二五、经营国有农场，并奖励兴办集团农场。

二六、增设农业实现学校及模范农场。

二七、奖励兴办农村生产消费及信用等合作事业。

二八、设立农民银行，以最低利息贷款农民。

二九、确立农业保险制度。

三〇、确定最高额之佃租，必要时得限令停止佃租之一部或全部。

三一、严定田赋地税之法定额，禁止一切额外征收。

三二、制定民食法，限定民食之买卖、贮藏、输出、输入及其价格。

三三、振兴水利，广设义仓。

三四、制定森林法，奖励并保护森林之发展。

三五、设立移民机关，奖励移民垦殖。

三六、总理实业计划所规定之建设事业，国家应限期完成之。

三七、凡关系全国之交通事业与有独占性质之公用事业及关系国家前途之基本工业及矿业等，均由国家建设并经营之。

三八、私人企业在不违反国家统制经济计划之限度内，由国家予以保护及奖励。

三九、国际贸易由国家经营管理之。

四〇、发展合作事业。

四一、华侨回国兴办实业，须予以特种保护。

丙、财政

四二、严定预算制度，实行会计独立，并提高审计机关之职权。

四三、实行保护关税政策。

四四、提高奢侈品税率。

四五、实行烟酒专卖。

四六、整理币制，统一全国货币。

四七、严定银行法，钞票发行权及国际汇兑事业归国家银行办理。

四八、确定累进税率，征收财产、遗产及所得等税。

四九、实行废除一切苛捐杂税。

丁、军事

五〇、统一军权，划分军区。

五一、整理并充实陆军军备，扩张空军，并改善其素质、编制与装备。

五二、确定军事教育方针，统一军事训练。

五三、普及国民军事教育。

五四、推行兵工政策。

五五、改进军队政治训练。

五六、严定军官资格及任免标准。

五七、登记过去之失业革命军人，并设法安置之。

五八、改善并保障官兵生活。

五九、从优抚恤伤亡官兵，并救济其遗族。

六〇、实行军需独立。

戊、教育

六一、励行生产教育，特别注意农工商医等项专门人才之养成。

六二、普及义务教育及社会教育。

六三、实行教育经费独立。

六四、实施国语统一运动，初级中学禁用外国语文为必修科。

六五、严定出国留学条例。

六六、提高师资，改良农村小学教员待遇。

六七、奖励捐资兴学，严定私立学校立案之标准。

六八、划拨奖学基金，规定免费学额，优待农工医各科专门学校之贫苦学生。

六九、华侨子女归国求学，须予以相当便利。

己、外交

七〇、凡以武力或其他方式侵略中国领土主权者，中国当引为国仇。

七一、联合以平等待我之民族，并援助东方被压迫民族之解放运动。

七二、一切不平等条约，如外人租借地领事裁判权，外人管理关税权及外人在中国境内使行一切政治的权力侵害中国主权，皆当取消，重订双方平等互尊主权之条约。

七三、愿放弃一切特权之国家及愿废止破坏中国主权之条约，中国皆将认为最惠国。

七四、中国所借外债，当在使中国政治上、经济上不受损失之范围内保证并偿还之。

七五、在不损害中国政治上、经济上之权益范围内，欢迎外资输入，发展中国产业。

七六、设法使中国侨民在居留地取得平等待遇。

〔小党派档案汇集〕

2．革命青年同志会1933年度工作纲领

（1933年）

目前，中国实处在危急存亡关头，外则日寇压境，东北沦亡未复，且进逼不已，第二次世界大战爆发之期虽不能肯定而已成为不可避免的事实，其结果势必决定中国之命运。内则党失重心，政治紊乱，民生凋敝、赤匪纵横，而政客军阀正图利用国难趁机打劫。倘此时而无安内攘外的一切准备，则中国将沦于万劫不复。如于此时建立一足以镇服国内反动与国际新形势之力量，则正可利用第二次世界大战机会，对日作最后一战，争取民族的独立自由，收复东北的失地实非难事。故中国今日之环境为可以复兴，亦可以沦于万劫不复的严重关头，而吾人最近的工作目标为在三民主义原则下复兴中国革命，建立一足以应付第二次世界大战力量，争取中国的独立自由，收复东北失地。

同时，吾人今日之处境，一面因党的离异不能即时改善政治的紊乱，一面又因党的政治的牵制致军权无法统一，亦即无法以扫荡军阀的割据，维持现状则困难于应付敷衍，脱离现局则反动势力又将因此〔下缺〕故本会今日非在朝，亦非在野，而处于即朝即野之境地，既不能苟安现状，又必须对时局负责。故吾人最近工作之路线为：（1）整理并运用现有力量以应付现局；（2）树立新的力量作复兴中国革命运动的基础。本此要义，特制定工作纲领如左：

（1）坚决的把握复兴中国革命的旗帜，以领导复兴中国革命运动。

（2）建立各地会的细胞，发展会的核心及外围组织。

（3）建立全国及各国重要安都市的通讯网及侦探网。

（4）调查并组织优秀的革命青年。

（5）加紧机械工人、交通工人与反动部队的士兵运动。

（6）发展合作运动特别法，意于信用合作以促进农村运动的恢复。

（7）催动地方党务，采秘密活动的方式，以便秘密参加下级党部工作。

（8）改进军队政治工作，以增进整理军警与掌握部队之功能。

（9）加紧童子军及中等以上学校国民军之训练。

（10）西南西北各省可为民族复兴运动的后方根据地，应积极加紧工作。

（11）设法参加东北义勇军的活动。

（12）东方被压迫的民族的革命运动，青年应取得切实联络与组织。

（13）肃清赤匪。

（14）积极对日备战，反对盲目的宣战论。

〔小党派档案汇集〕

五、华北民众自卫救国会

1．朱化鲁等关于华北民众自卫救国会成立经过并报送会章备案呈

（1933年7月24日）

呈为呈请事：窃查东北沦陷，热河复失，华北各省密迩强敌，亟须筹办民众自卫事宜，以备万一。本会同志有鉴于此，特于本年四月十日发起组织华北民众自卫救国会，各省同志踊跃参

加，爰于本年五月十日开成立大会。通过简章，并选举执行委员十五人，监察委员五人，复由执监委员分别开会，选举执行委员会常务委员七人，选举监察委员会常务委员一人，并按照简章，分配职务。于是，内部组织悉告完备，并在华北各省各县市斟酌情形，分别成立执行部及分会，分途工作，以利会务。在本会成立伊始，即在中央执行委员会华北办事处呈请立案，并承发给工作费五百圆。数月以来，本会即按照本会简章规定，及华北办事处之意旨，努力工作，期于自卫救国有所补益。所有本会组织缘起及成立经过，理合具文连同本会简章、会员名册、执监委员及常务委员名册，呈请监核，准予备案，并请予以指导，实为公便。谨呈

中央执行委员会民众运动委员会

附呈：简章一份

会员名册一份〔缺〕

执监委员及常务委员名册一份

华北民众自卫救国会常务委员朱化鲁

申梦奇

钱公来

孟传大

赵光庭

中华民国二十二年七月二十四日

华北民众自卫救国会简章

一、名称：本会定名为华北民众自卫救国会。

二、宗旨：本会以组织人民自卫，维持地方治安，努力抗日救国为宗旨。

三、会员：凡居住华北之中华民国国民，赞同本会宗旨，由会员二人以上之介绍，经常务委员会审查认可，并填具入会志愿

书者，得为本会会员。

四、会址：本会会址暂设北平。

五、组织

（1）执行委员会：本会由会员大会或会员代表大会选举十三人至二十七人，组织执行委员会，并同时选定过半数之候补执行委员。

甲、常务委员会：本会由执行委员中互选五人至九人，组织常务委员会，内设左列各部：

（一）总务部：内设文书、庶务、会计三股。

（二）组织部：内设组织、训练、调查三股。

（三）宣传部：内设宣传、编辑二股。

以上各部由执行委员会中推任委员三人，并指定一人为主任，视各部事务之繁简，由常务委员就会员中推选干事若干人，担任各股事务，每股并指定主任干事一人。

乙、经济委员会：本会由执行委员会于会员中推选五十至十五人组织之，内设经募、保管、审计三股，由经委会委员分任之，视会务之繁简，得由会员中聘任干事若干人。

丙、特种委员会：本会遇有特殊事项，得设特种委员会。

（2）监察委员会：本会由会员大会或会员代表大会选举五人至十五人，组织监察委员会，由监察委员中互选一人至三人为常务委员，同时选定过半数之候补监察委员，均不得兼任其他委员会委员。

（3）执行部及分会

甲、本会执行委员会视会务之需要，得于华北各重要地方设立执行部。

乙、各市县会员满十人以上时，经执行委员会之许可，得成立分会。

六、职权

（1）会员大会乃会员代表大会：会员大会为本会最高权力机关，会员大会闭幕后，其职权由执行委员会行之，但各执行部、各分会成立后，以会员代表大会为本会最高权力机关。

（2）执行委员会：执行会员大会或会员代表大会议决案，并议定处理本会一切事宜。

（3）常务委员会：处理执委会交办事宜及本会日常事务。

（4）经济委员会：经理本会募集保管及审计款项一切事宜。

（5）各部职务

一、总务部：掌管文书、庶务、会计及不属各部会一切事宜。

二、组织部：掌管自卫团体之调查、组织训练并会员之登记、训练各事项。

三、宣传部：掌管宣传、编辑各事宜。

（6）执行部：秉承执行委员会之意旨，于所在地处理本会一切事宜。

（7）分会：秉承本会或执行部之命令，办理各该分会一切事宜。

（8）监察委员会：监察稽核本会一切事宜。

七、会议

（1）会员大会或会员代表大会：除成立大会外，每年九月十八日及三月四日各开大会一次，由执行委员会召集之，有必要时，得召集临时会议。

（2）执行委员会：每月开会一次，由常务委员会召集之，有必要时，得召集临时会议。

（3）常务委员会：每周开会一次，有必要时得召集临时会议。

（4）监察委员会：每三个月开会一次，有必要时，得召集临时会议。

（5）经济委员会：每月开会一次，由常务委员会召集之，有必要时，得召集临时会议。

以上各项会议，以会员或委员过半数之出席，出席会员或委员过半数之表决行之。

八、选举：各项委员会之委员，每年改选一次，但得连选连任。

九、经费：本会经费由会员担任捐助或劝募。

十、纪律：凡本会会员，如有违反本会宗旨，不守会章或违反决议并破坏本会名誉、信用者，经发觉后，由监察委员会审议属实，提交常务委员会施以停止出席若干次，或开除会籍之处分。

其执行部及分会如有上项行为，由监察委员会提出弹劾，经执行委员会议决者，应施以申警或解散之处分。

十一、附则：

（1）会员代表大会之组织法及各委员会、各执行部、各分会简章并各部股办事细则，另定之。

（2）凡海内外中华民国国民热心赞助本会者，经执行委员会决议，得聘任为本会特种委员。

（3）本简章如有未尽事宜，得于会员大会或会员代表大会修正之。

（4）本简章自通过之日施行。

华北民众自卫救国会执监委员及常务委员名册

执行委员十五名：

朱化鲁　李子青　孟传大　申梦奇　张文栋　赵光庭　沈君持
钱公来　韩静远　向质清　齐梅阁　赵晋巨　柴蠕瞻　张逸云
俞劭农

常务委员七名：

朱化鲁　李子青　孟传大　申梦奇　张文栋　赵光庭　钱公来

监察委员五人：

武和轩　张仁山　马耀三　任　重　徐　倚

常务委员一人：

张仁山

〔国民党中央民众训练部档案〕

2. 国民党中央民众运动指导委员会准予华北民众自卫救国会备案批答稿

（1933年9月8日）

批答　　单　号

批华北民众自卫救国会

呈一件。为呈报该会缘起及成立经过，连同简章、会员及执、监委员名册请予备案由。

呈及附件均悉。准予备案，仰即知照。此批。

〔国民党中央民众训练部档案〕

六、上海市忠义会

1. 甘雨亭关于上海市忠义会成立经过并报送会章备案呈

（1934年2月）

呈为呈报事：关于上海市忠义会之组织，前经面为呈报在案，复奉谕随时报告，各等因奉此。查上海市忠义会，以信仰总理遗教，集合忠实同志，本互助之精神，修造该会会员之人格为宗旨，并于本年一月十四日开成立大会于沪西曹家渡，当场选举杨大祥等十五人为执行委员，会务进行各事已详载报端及该会章程。职于开成立会时，曾赴贝里南路租界门牌一三五、华界门牌九二四号该会会所参加傍听。该会宗旨，甚为纯正，业经奉有上海市党部批执字一千二百五十号准予备案。奉谕前因，理合将该上海市忠义会开会情形，连同报载新闻及章程各一份，一并呈报鉴核。谨呈

主任王

上海市民众团体秘查员　甘雨亭谨呈

中华民国二十三年二月

上海市忠义会职员就职

沪西曹家渡上海市忠义会，曾于一月十四日开成立大会，推举执行委员杨大祥、王富贵、孙兆麟、严松、王殷、浦维润、柏正德、丁鸿奎、陈开宝、陆根宝、张鉴泉、马勛、孙士荣、沈金康、戴传师等十五人，候补执委储袁章、夏进臣、何亚夫、谢传义、许金奎、张树楼、陈细林等七人，监察委员夏庆云、陶广德、唐毓仁、方培文、胡廷春、任季龙、杨守知等七人，候补监委周斌、谭维明、周恒山、杨玉春、谭恒春等五人，于昨（二十五）日在该会大礼堂举行宣誓就职典礼。市党部派指导员喻仲标，社会局派职员毛圣和，莅场监誓。公安局六区署谭区长（刘巡官代表）、中央军官学校毕业生调查科上海通讯处副主任何家忻、市党部职员毛云、大夏大学军事教官夏三杰及各团体多派有代表参加，到有会员约二百人，由杨大祥主席。宣布开会宗旨后，党部社会局指导员及各来宾皆相继演说，大意谓该会精神甚好，宗旨正大，发扬互助精神，团结民众力量，将来定能为国家之臂助。现成立不久，而义务学校、图书部、俱乐部、国术研究社俱相继成立，足见各职员从公甚力，希望全体会员遵从团体意旨，将来发展，无可限量云云。继由杨主席致答辞，略云：本会

在市党部领导、社会局监督之下，努力互助事业，望上级及来宾时加指导云云。该会并印发告全体会员书（辞长从略），并附设民众义务学校，以救济一般失学青年，每周放映电影一次，以供会员正当娱乐，对于社会上之印象，极为良好，现值征求会员时期，正努力以谋发展，俾达到挽回社会不良风气，提倡礼义廉耻，以为政府助之目的。

上海市忠义会章程

第一章　总则

第一条　本会由信仰三民主义之忠实同志，本信义之精神，与互助之志趣，修养人格，提倡忠义，促进社会合作，努力国民革命为宗旨。

第二条　本会定名为上海市忠义会，奉市党部批答执字第一千二百五十号准于成立。

第三条　本会总会暂设曹家渡五角，必要时得设分会于各处。

第二章　会员

第四条　凡身家清白、无政治反动嫌疑者，不分性别，不论贫贱富贵，经本会二人以上之介绍，提交执行委员会通过者，得为本会正式会员，或预备会员，凡赞助本会者，由本会聘请为赞助会员。

第五条　会员入会时，纳缴入会费洋二元，每月于廿日以前并须缴月费洋二角，预备会员于入会时缴入会洋二角，每月纳月费铜元十枚，预备会员于任何时补足入会费（月费除外），即为本会正式会员。

第六条　本会会员，凡履行一切义务及手续者，其享受权利一律平等。

第七条　凡会员有不法行为，因而失去二年以上之自由或褫夺公权，以及欠缴会费至半年以上，经二次催告不理者，由监察委员会察查属实，得提出大会，取消其会员资格。

第三章　组织及职务

第八条　本会最高权力机关为会员大会，闭会时为执行委员会。

第九条　本会由全体会员组织会员大会，以会员三分之二为法定人数，处理下列各项：

一、关于变更章程，与会务改革事项；

二、关于预算决算事项；

三、关于职员之任免，与开除会员事项；

四、关于财产变更事项；

五、关于本会之改组与解散，及清算事项；

六、其它重要事项。

第十条　会员大会之主席，临时推定之，并由上届主席先行报告会务经过及收支账目等事。

第十一条　若遇特别情况，经全体会员十分之一以上连署声请，而监察委员会亦认明有必要时，得由执行委员会召集全体会员大会。

第十二条　倘遇临时重要事件，非执行委员会单独所能处理者，得由主席委员召集执监联席会议议决之。

第十三条　会员大会选举执行委员十五人，候补执行委员七人，监察委员七人，候补监察委员五人，组织执行监察两委员会。

第十四条　执行委员互选常务委员三人，组织常务委员会，处理日常事务，并由常务委员中互选主席委员一人，对外为本会代表，对内为会议主席。

第十五条　常务委员会以下，设总务、组织、训育、宣传、互助等五股，并成立妇女部，每股设主任一人，常委不得兼任，各股视事务之繁简，设办事员一人至五人，由各股主任提交执行委员会任用之，其各股职权如左：

一、总务股：办理文书、会计、庶务、交际、收发事项；

二、组织股：办理组织、调查、统计、登记事项；

三、训育股：办理教育、训练、卫生事项；

四、宣传股：办理讲演、修养人格、提倡忠义等理论及其他宣传事项；

五、互助股：办理救济及维护会员之急难、庆品与介绍职业等事项；

六、妇女部：办理妇女补习班、教育妇女识字工作及家庭中应知之卫生常识、儿童教育等事项。

第十六条　监察委员会除监督考核会务进行、财政出纳、审核预决算与纠正及检查会员之不当思想及行为外，并得复决其认为有碍于执行委员会之议决案。

第十七条　本会各委员，系纯粹义务职，任期一年，但得连选连任。

第四章　会议

第十八条　本会会议之种项及召集程序如左：

一、每年一、七两月由执行委员会决议召集会员大会一次，其日期除由书面通知外，并登报通告之。

二、每月由常务委员，定期召集执行委员会一次，必要时，经常委会决议，得召集临时执行委员会，监察委员亦得列席，但有发言权而无表决权。

三、每星期开常务委员会一次，由主席委员召集。

四、每月开监察委员会一次，由监察委员轮流主席，并召集之。

第十九条　执行委员开会时，候补执行委员得列席会议，但无表决权，如执行委员不足法定人数时，得以候补执行委员依次递补之，监察委员会同。

第二十条　本会除特别规定外，无论开会或议决案，均以过半人数之出席表决为有效，并载入会议录，由主席签字，以昭郑重，开会时，如不足法定人数，得延长一小时，倘仍不足，即改谈话会，如主席因事不能出席时，得推举临时主席。

第五章　经费及用度

第廿一条　本会经费，由发起人百名为基本会员，各捐洋五元，为开办费，余以会员入会费及月费为浥注，如有特别支出，均由会员捐助，但发起人得免缴月费，以示优异。

第廿二条　本会基金积至一千元以上，即办会员婚丧疾病救助等事。

第廿三条　本会会费充分时，得设娱乐游艺，以助会员兴趣，并于可能范围内，举办学校，发行刊物，俾增会员学识，且择期举行联欢大会，以联络会员感情。

第廿四条　本会收支会计，依照本市公益团体会计通则办理之。

第廿五条　会员如有特别贡献及巨大捐款，得由本会褒奖之，凡热心公益自愿以物质或精神帮助本会者，得由本会聘请为指导员，或顾问之职。

第廿六条　本会账目财产清算事项，依照民法总则第卅七条至四十七条办理。

第六章　附则

第廿七条　本章程经公布日施行。

第廿八条　本章程如有未尽事宜，得提出大会修改之。

附录互助股规则

庆贺

一、本会男女会员结婚，经来会报告者，由本会赉送贺仪洋四元，并备爆竹菓盒等，推举代表前往恭贺，以示庆祝之意，惟女会员则派女代表前往。

二、本会男女会员生育之喜，经来会报告者，由本会赉送贺仪洋二元，以表庆祝。

丧吊

三、本会男女会员己身亡故，经其子女或其他办理该亡者丧事之人，于未出殡前，来会报告者，得由本会负担丧葬费最多五十元。

四、如会员父母、妻室、夫（女会员以其夫之父母为限，未嫁者例外）死亡，在未出殡前报告本会者，由本会捐助丧殡费洋五十元，但以在本埠者为限。

五、会员先逝而发生第四条之情形者无效。

六、上列三四两条利益，本会基本会员或普通会员始得享有，并须于入会后三月，方得享受是项利益，其赞助会员或预备会员，仅由本会送奠洋二元。

七、凡会员及会员父母妻室夫仙逝者，如查其平日未缴足月费，本会概不捐助。

八、本会会员在外埠或家乡死亡者，仅由本会送香仪洋二元。

九、领取各项丧殡金，须持本会会证来会，经调查确实，并由承领人取具殷实销保，方能领取。

义务

十、本会会员遇有疾病困难等情来会求助者，全体应有援助之义务。

十一、本会会员遇有正当危难及意外不幸事件等来会求助者，全体会员须尽力援助之，务达妥善而后止。

十二、凡捐助之丧殡费，均由会员公摊，每次每人不得超过五角，于本会每次通告后之一星期内缴清，如逾期不缴者，即将该会员于互助股所应得之利益，一概取消之。

十三、凡经执委会决议之议案，各会员有服从之义务，本会内一切设备，各会员尤宜爱护之。

十四、如遇国庆或重要纪念日，全体会员应踊跃输将并参加，以资荣庆。

十五、本会会员宜相亲相爱，精诚团结，如有故违，则交监察委员会议罚之。

权利

十六、凡会员如遇失业等情，经来会登记者，得享有本会介绍职业之权。

十七、凡本会会员中其父母兄弟夫妻姊妹数人或二人同隶本会者，关于前面之吊丧部分第四条，只能共同具领一份。

十八、凡本会会员有自动退会者，其已缴之一切基金，概不退还。

十九、以上规则，如有未尽事宜，得提大会修正之。

二十、本规则自成立之日起施行。

中华民国廿三年一月十四日

〔国民党中央民众训练部档案〕

2. 国民党中央民众运动指导委员会特社科罗照关于上海市忠义会备案签呈

（1934年3月13日）

据民众团体秘查员甘雨亭呈报：上海市忠义会之组织，宗旨纯正。复查该会章程，尚无不合，既经沪市党部批令成立，准予备案，本会应准备查，拟批令知照。当否，请核。

特社科　罗照谨签

三月十三日

〔国民党中央民众训练部档案〕

七、江西各界统一救国大同盟

1. 龚学遂等关于江西各界统一救国大同盟成立经过呈

（1937年2月）

窃江西各界人士，鉴于国难严重，久思组织救国团体，以集中力量，齐一意志，站中央指挥领导之下，共同担负复兴民族之重任。自上海各界组织统一救国大同盟后，风声所播，人心向往。江西省农会爰特发起邀请省政府、省党部、省商会、工会、教育会、新闻记者公会、妇女会、各学校、各银行、各报馆、各慈善社团等八十余机关团体，于二月十九日假肖公庙一七二号江西省农会开成立大会。计到省党部代表苏郇圃，省政府代表王青华、罗肖华，省农会代表王忱心，省商会代表万竹郇，省工会代表吴子文，建设厅长龚学遂，省会警察局长黄光斗，记者公会代表张任石，中央银行代表杨国桢，上海银行代表程顺元，律师公会代表李郁，妇女会代表李觉时，教育界代表吴自强，地方名流彭程万、欧阳武、李尚庸、李定魁等一百七十五人，公推省农会代表王枕心主席，通过江西各界统一救国大同盟简章，电呈中央党部及三中全会采纳统一救国主张，通电拥护蒋委员长完成统一救国大业，电上海各界统一救国大同盟一致主张组织全国统一救国大同盟等案，并推举龚学遂等八十八人为执行委员（名单附后）。二十日下午二时，复假省农会开第一次执行委员会，计到龚学遂、熊滨、黄光斗、王枕心、苏郇圃、张任石、杨国桢等六十一人，公推苏郇圃主席，推举龚学遂、熊滨、黄光斗、范争波、俞百庆、苏郇圃、王枕心、彭程万、欧阳武、张任石、杨国桢、程顺元、余建丞、王青华、郭礼伯、李觉时、吴自强、李郁、吴子文、刘定远、季炳奎等二十一人为常务委员，并推龚学遂为主任常委，王枕心、苏邨圃为副主任常委。均于当日分别宣誓就职。除分呈请江西省党部备案外，理合将本同盟成立经过情形及组织简章、执委名单、大会宣言、职员名单，一并检呈钧鉴，敬乞察核备案，指示祗遵。谨呈

中国国民党中央党部

〔附件略〕

江西各界统一救国大同盟主任常委　龚学遂

副主任常委　王枕心

苏邨圃

中华民国二十六年二月

〔国民党中央民众训练部档案〕

2．江西各界统一救国大同盟宣言

（1937年2月）

今日国家处境，艰难倍至，险阻横生，帝国主义已张牙舞爪，扼我咽喉，压我心腹，赤匪为患于内，强邻诱迫于外，致数千万同胞流离于铁蹄蹂躏之下，亡国灭种，不朝即夕。然人谁不爱其国？谁人愿目睹〔下残〕艰虞困顿，百倍于往昔，人民生计之凋敝，民族命运之危殆，难以言状，吾人缅怀过去抚创而思痛，□念未来临冰而知危，吾人欲挽此未倒之狂澜，唯一要求，即须先达到军令与政权之真正统一，其理由如次：

（1）就世界趋势言：一九三六年之危机虽已过去了，然敌人之野心未死，世界之战机日迫，则一九三七年非和平之年，更无疑义。列强为惧民族国家不能持久战，乃极力发扬爱国情操，极力锻炼有组织有纪律之社会，以组织对组织，期以全国总动员之实力，为国家民族争生存，故现今各国在经济上极力采取经济国家主义之经济机构，而在政治上，则采取一党治国之政策，摒

□多党政治下之“比例政府”。此种以党治国制度，可使中央政府得放手扶持国家内外之大计，应付一切紧急事件，在战争时，得控制一国政治上之权威力，军事上之战斗力，经济上之生产力，以争取国家斗争之最后胜利，吾人认清世界目前之趋势，更应积极努力救国，必以巩固统一为第一步工作。

（2）就吾国现状言：今日国家在内忧外患交相煎迫之下，国民视线，皆集中于剿匪抗日两途，固为当务之急，不宜有所偏废，然缓急轻重，容或有秋毫之差。多难兴帮，古有明训，然因决策无方，举棋不定，历代分崩之现象发生，致兆亡国之祸者，如五胡之乱华，元之灭宋，清之亡明，皆足资吾人之殷鉴。故今日吾国需要统一，实为颠扑不破之真理，举国人民能推诚相与，惨淡经营，方可救亡国存。虽然，在极□切需要之下，须认清一切“反统一”之势力。

“反统一”之势力有三：（一）封建之残余军阀；（二）中国共产党以及所谓“联合战线”；（三）为敌人作伥之汗〔汉〕奸，为溥仪、殷汝耕等之徒。尤须认清，目前，统一虽仅是统一之刍形，但吾国家民族所付统一之代价已极巨大。倘已付如斯巨大之代价，仅具雏形之统一均不能保，则已往三十余年间之革命牺牲，岂不皆成无代价之牺牲。况吾辈之敌人随时随地有使用分化策略，实现其分裂中国宰割中国之梦想，使吾国不能经统一而复兴。瞻往观未，更应对此仅具雏形之统一，如何珍卫之、保育之，使其稳健成长，所有残余军阀与无耻政客欲继续割据，及甘为□□及为敌人作伥之共匪、汉奸之逆行，吾人誓以整个民族大力，量力以排击之。

□之中国今日非有真正统一，不能攻克割据地方之反动势力。且以国际危机之日迫，尤需统一局势之加速完成，国家有统一之政权为之保障，则各种建设易于推行，然后始能救中国，际兹民国二十六年之肇始，吾人秉爱国之血诚，揭橥“统一救国”

之呼声，望本省各界，一致赞□集中国力，拥护吾强固有力之中央政府，彻底了解"覆巢之下决无完卵"之意义，来参加民族救亡之运动，凡我同志，盍兴乎来！

〔国民党中央民众训练部档案〕

3. 江西各界统一救国大同盟章程

（1937年2月）

第一章　总则

第一条　本同盟定名为江西各界统一救国大同盟。

第二条　本同盟以拥护政府，统一政令、军权，完成除奸御侮，建设救国为宗旨。

第三条　本同盟设于南昌北坛。

第二章　盟员

第四条　凡江西各界民众，赞成本同盟宗旨者，经盟员二人之介绍，委员会之通过，得加入本同盟。

第五条　有左列各款情事之一者，不得加入本同盟。

一、有汉奸嫌疑及反革命行为者；

二、褫夺公权，尚未复权者；

三、禁治产者。

第六条　凡盟员在本同盟章程所规定之范围内有应寻之权利及应尽之义务。

第三章　组织

第七条　本同盟设执行委员会，由大会选举之，并由执行委员互选常务委员（　）人，正主任委员一人，副主任委员二人，处理日常事务。

第八条　执行委员任期定为一年。

第九条　执行委员会设总干事一人，副总干事一人，襄助常务委员办理日常事务。

第十条　执行委员会之下设总务、组织、宣传、调查、研究、经济、纠察七组，各组得设主任一人，副主任一人，干事若干人，其主任人选由常委聘定，分掌各该组事务，其□事细则另定之。

第十一条　执行委员会每三周开会一次，讨论一切会务，遇必要时，得由主任常委召集临时会议，常务委员会每两周开会一次，遇必要时，得召开临时会议。

第十二条　各组会议，由各该组主任随时召集之。

第十三条　盟员大会每年举行一次，如执行委员会认有必要时，或经过半数盟员之请求，亦得召集临时大会。

第十四条　盟员大会之任务如左：

一、修改简章；

二、决定工作进行方案；

三、采纳及采行执行委员会之报告；

四、选举执行委员；

五、其他。

第五章　经费

第十五条　本同盟经费以盟员所纳入盟金一元、常年费贰元及其他收入充之。

第十六条　本同盟之盟员应纳各费，如有特殊情形，经常务委员会之许可，得减免之。

第六章　纪律

第十七条　盟员如有妨害本同盟名誉或其他不正当之行为者，经常务委员会之决定，送由执行委员会通过除名，并得按其情节之轻重，分别议处。

第七章　附则

第十八条　本章程如有未尽事宜，经执行委员会或盟员五十人以上之提议，由盟员大会修改之。

〔国民党中央民众训练部档案〕

4. 江西各界统一救国大同盟职员名单①

（1937年2月）

总干事：罗肖华
副总干事：金树馨
正总务组长：涂燦之
副总务组长：万少康
正宣传组长：何勇仁
副宣传组长：黄国俊
正组织组长：陈光震
副组织组长：刘　健
正国民经济组长：李赞华
副国民经济组长：赵明燦
正调查组长：计宁一
副调查组长：熊文钊
正国际研究组长：张哲农
副国际研究组长：任远统
正纠察组长：黄明调
副纠察组长：杨彩珍

〔国民党中央民众训练部档案〕

① 此件系龚学遂等1937年2月致中国国民党中央党部呈文附件。

5．江西各界统一救国大同盟委员名单

（1937年2月）

主任委员：龚伯循

副主任委员：苏郇圃　王枕心

委员：

范争波	熊　滨	欧阳武	彭程万	李定魁	黄光斗	梁仁杰
胡思义	王明选	熊在谓	刘家树	刘百川	李尚庸	俞百庆
毛邦初	郭礼伯	熊　遂	肖庆云	范致远	余建丞	李中襄
燕方畋	熊漱冰	卢　佐	方宪武	杨晓波	郭德彰	程顺元
邓警铭	万竹村	季炳奎	金锐新	杨国桢	欧阳瀚臣	刘光甫
王冠英	程达一	王菁华	贾绍宏	冯　琦	谢　杰	邱道东
王卓民	李德剑	廖士翘	陈熙乾	李盛鸿	林锡钧	张任石
吴自强	车　驹	刘　恒	胡　薰	何勇仁	李赞华	方　琦
金树馨	江泳雨	曾华英	杨不平	刘定远	阳宣吕	廖心仁
陈光震	欧阳钦	易　振	李　郁	李觉时	李叔和	赵明燦
吴子文	杨元瑞	王镜如	罗肖华	任远统	谭之澜	林国台
谢文清	张哲农					

〔国民党中央民众训练部档案〕